威 和 辞 典

（ウェールズ語 – 日本語辞典）

GEIRIADUR

Cymraeg–Japaneg

Ishii Junji, M. A.

凡 例

1. 略語一覧表

m	男性名詞	*Merch V*	The Merchant of Venice ヴェニスの商人
f	女性名詞	*Cor*	Corinthians（新約聖書）コリント書
pron	代名詞	*Dan*	Daniel（旧約聖書）ダニエル書
rel	関係詞	*Deut*	Deuteronomy（旧約聖書）申命記
coll	集合名詞	*Eccl*	Ecclesiastes（旧約聖書）伝道の書
vn	動詞の名詞	*Eph*	Ephesians（新約聖書）エペソ人への手紙
sing	単数形	*Exod*	Exodus（旧約聖書）出エジプト記
pl	複数形	*Ezek*	Ezekiel（旧約聖書）エゼキエル書
t	他動詞	*Gen*	Genesis（旧約聖書）創世記
i	自動詞	*Heb*	Hebrews（新約聖書）ヘブル人への手紙
t&i	他動詞と自動詞	*Hos*	Hosea（旧約聖書）ホセア書
aux	助動詞	*Isa*	Isaiah（旧約聖書）イザヤ書
a	形容詞（*m*男性, *f*女性, *pl*複数）	*Jer*	Jeremiah（旧約聖書）エレミヤ書
ad	副詞	*Job*	Job（旧約聖書）ヨブ記
prep	前置詞	*John*	John（新約聖書）ヨハネによる福音書
interrog	疑問詞	*Josh*	Joshua（旧約聖書）ヨシュア記
conj	接続詞	*Judg*	Judges（旧約聖書）士師記
art	定冠詞	*Kings*	Kings（旧約聖書）列王記
int	間投詞	*Luke*	Luke（新約聖書）ルカによる福音書
part	小詞	*Mark*	Mark（新約聖書）マルコによる福音書
pref	接頭辞	*Matt*	Mattew（新約聖書）マタイによる福音書
suf	接尾辞	*Num*	Numbers（旧約聖書）民数記
comb fm	連結形	*Pet*	Peter（新約聖書）ペテロ書
cf, cf	参照	*Phil*	Philippians（新約聖書）ピリピ人への手紙
c	およそ	*Prov*	Proverbs（旧約聖書）箴言
NB	注意	*Ps*	Psalms（旧約聖書）詩編
Shak	Shakespeare	*Rev*	Revelations（新約聖書）ヨハネの黙示録
Corio	Coriolanus コリオレイナス	*Tim*	Timothy（新約聖書）テモテへの手紙

2. 専門語分野-用法名

アイ	アイルランド	化学	化学	金融	金融
ア伝	アーサー王伝説[物語]	家具	家具	菌類	菌類
医学	医学	家政	家政学	銀行	銀行
石工	石工, 石大工	甲冑	甲冑	空軍	空軍
イ伝	イスラム教伝説	カト	カトリック	ク綱	クモガタ綱
遺伝	遺伝	カ教	カトリック教会	クリ	クリケット
印刷	印刷	カナダ	カナダ	軍事	軍事
韻律	韻律	株式	株式	経済	経済
ウ語	ウェールズ語	株取	株式取引	ゲーム	ゲーム
ウ史	ウェールズ史	貨鋳	貨幣鋳造	化粧	化粧, 化粧品
ウ神	ウェールズ神話	ガ製	ガラス製造	結晶	結晶, 結晶学
ウ文	ウェールズ文学	カ哲	カント哲学	外科	外科
英	英国, Briticism	眼科	眼科	劇場	劇場
英教	英国国教会	岩石	岩石	ケ伝	ケルト伝説
英史	英国史	幾何	幾何学	言語	言語, 言語学, 言語史
英法	英国法, 英法史	機械	機械	言史	言語史
エッ	エッチング, 腐食銅版画[術]	機工	機械工学	原子	原子, 原子力
鉛管	鉛管	気象	気象	原物	原子物理
園芸	園芸	球技	球技	建設	建設
演劇	演劇, 劇場	教育	教育, 学校	建築	建築
織物	織物	教会	教会	工学	工学
音楽	音楽	教史	教会史	光学	光学
音声	音声, 音声学	競技	競技	航空(機)	航空(機)
カー	カーリング	行政	行政	工芸	工芸
絵画	絵画	漁業	漁業	考古	考古学
会議	会議	魚類	魚類	公告	公告
海事	海事	ギ史	ギリシャ史	公示	公示
海兵	海兵隊	ギ神	ギリシャ神話	豪	豪州, オーストラリア
会計	会計	キ教	キリスト教	豪史	豪州史
解剖	解剖学	キ史	キリスト教史	鉱物	鉱物
海洋	海洋	金加	金属加工	国際	国際法
貝類	貝類	金細	金属細工	古生	古生物学

略語	意味
古哲	古代哲学
古詩	古典詩学
諺	諺, 金言
ゴルフ	ゴルフ
昆虫	昆虫
細菌	細菌
採鉱	採鉱
賽子	賽子
裁縫	裁縫
財政	財政
サッ	サッカー
三函	三角函数
三角	三角法
産科	産科
産業	産業
算数	算数
歯科	歯科
詩学	詩学
自動車	自動車
写真	写真
車両	列車, 電車, 自動車
宗教	宗教
宗史	宗教史
修辞	修辞学
ジャ	ジャーナリズム
社会	社会学
獣医	獣医
宗宗	宗教史
重挙	重量挙げ
出版	出版, 出版業物
狩猟	狩猟
柔道	柔道
書簡	書簡
商業	商業
証券	証券
植物	植物
小児	小児語
商標	商標
乗馬	乗馬
植物	植物
神学	神学
新聞	新聞
心理	心理学
神話	神話
人名	人名
人類	人類学
水泳	水泳
水力	水力学
数学	数学
スキー	スキー
スケ	スケート
スコ	スコットランド, Scotticism
ス法	スコットランド法
ス哲	スコラ哲学
スポ	スポーツ
製靴	製靴業
生化	生化学
税関	税関
成句	成句
聖会	聖公会
製紙	製紙業
聖書	聖書
政治	政治
政史	政治史
精医	精神医学
精分	精神分析
生態	生態学
政党	政党
生物	生物学
製本	製本
税務	税務所
製薬	製薬
生理	生理学
石画	石版画
占星	占星術
洗濯	洗濯
漕艇	漕艇
藻類	藻類
造船	造船
ダーツ	ダーツ
体育	体育
体操	体操
大学	大学
大工	大工
ダイス	ダイス
タイプ	タイプライター
ダンス	ダンス
チェス	チェス
チェ	チェッカー
畜産	畜産業, 畜産学
築城	築城
地質	地質学
地勢	地勢
地名	地名
彫刻	彫刻
彫版	彫版
中世	中世史
鳥類	鳥類
地理	地理学
通信	通信
釣	釣り
哲学	哲学
テニス	テニス
テレ	テレヴィ
天文	天文(学)
電気	電気
電算	電算機
電工	電子工学
電法	電話法
登山	登山
独史	独逸史
道具	道具
統計	統計学
陶磁	陶磁器
動物	動物
時	時
時計	時計製造
東教	東方正教会
図書	図書館
土壌	土壌
土木	土木業
ドミノ	ドミノ
トラ	トランプ
度衡	度量衡
内機	内燃機関
農業	農業
走跳	走高跳び
馬具	馬具
馬術	馬術
バスケ	バスケットボール
爬虫	爬虫類
針網	針網
バレエ	バレエ
美術	美術
病理	病理学
ビリ	ビリヤード
フェ	フェンシング
服飾	服飾, 衣服
フボ	フットボール
仏史	仏国史
仏教	仏教
物理	物理
プロ	プロテスタント
文人	文化人類学
文学	文学
文法	文法
兵器	兵器
米	米国, Americanism
米史	米国史
封建	封建法
砲術	砲術
紡織	紡織
ボート	ボートレース
ボウ	ボウリング
宝石	宝石細工
法律	法律
簿記	簿記
ボク	ボクシング
保険	保険
ホッ	ホッケー
マー	マーケティング
民族	民族
木工	木工
モ教	モルモン教
紋章	紋章学
薬学	薬学
冶金	冶金
郵便	郵便, 郵便局
ユ教	ユダヤ教
窯業	窯業
洋裁	洋裁
洋仕	洋服仕立
予算	予算
ラグ	ラグビー
力学	力学
陸軍	陸軍
ラジオ	ラジオ
陸競	陸上競技
理髪	理髪
両性	両性綱
料理	料理
林業	林業
倫理	倫理(学)
レース	レース編み
歴史	歴史
レス	レスリング
労働	労働
ロカ	ローマカトリック
ロ史	ローマ史
ロ法	ローマ法
ロ神	ローマ神話
ロボ	ローンボウリング, ボウルズ
論理	論理学

3. ウェールズの地図

図版上から

A. Anglesey (Ynys Môn) アングルシー島
　1.Holyhead (Caergybi) ホリヘッド
B. Gwynedd グウィネズ州
　1.Llandudno シャンディドノー
　2.Conway (Conwy) コンウェイ
　3.Bangor バンガー
　4.Caernarvon (Caernarfon) カーナーヴォン
　5.Snowdon (Yr Wyddfa) スノードン
　6.Pwllheli プシェリ
C. Clwyd クルーイド州
　1.Mold (Yr Wyddgrug) モールド
D. Powys ポウィス州
　1.Welshpool (Y Trallwng) ウェルシュプール
　2.Brecon (Aberhonddu) ブレコン
E. Dyfed ダヴィッド州
　1.Aberystwyth アベリストウィス
　2.Aberayron (Aberaeron) アベアイロン
　3.Lampeter (Llambedr) ランピター
　4.Fishguard (Abergwaun) フィッシュガード
　5.St David's (Tyddewi) セントデイヴィッズ
　6.Carmarthen (Caerfyrddin) カーマーゼン
F. West Glamorgan (Gorllewin Morgannwg)
　ウェストグラモーガン州
　1.Swansea (Abertawe) スウォンズィー
G. Mid Glamorgan (Morgannwg Ganol)
　ミッドグラモーガン州
　1.Caerphilly (Caerffili) カフィリー
H. South Glamorgan (De Morgannwg)
　サウスグラモーガン州
　1.Cardiff (Caerdydd) カーディフ
I. Gwent グウェント州
　1.Newport (Casnewydd) ニューポート

はじめに

1.英国留学

　昭和50（1975）年、筆者は、当時、広島大学付属中・高等学校教諭として英語を担当していました。しかし、英語の力不足を痛感していたので、英語誕生の国で英語を学びたいという思いにかられていたのです。そして、ついにその機会がやって来ました。広島大学の飯島学長から「海外研修旅行命令通知書」を頂いたのです。それには「昭和50年9月13日から昭和51年9月12まで連合王国へ研修旅行を命ずる」とありました。

　昭和50年9月10日（水）：広島から上京。

　12日（金）13:20：羽田空港からアエロフロート（Aeroflot）機で出国。

　14日（日）17:00：ロンドンのヒースロー空港（Heathrow Airport）着。Nutford House（Brown Street）泊。

　15日（月）10:40：パディントン駅（Paddington Station）発。13:17：カーディフ中央駅（Cardiff Central Station）着。Cardiff Centre Hotel泊。

　16日（火）大学でMrs. Taylerから下宿するflat（212 Cathedral Road, Cardiff）を紹介して頂く。フラット代：1ヶ月￥56,000

　10月1日（水）入学（Enrollment）。入学の手続を終える。15:00：Diploma TEFLコースのスタッフの紹介があり、その後はスタッフと留学生がコーヒー、ビスケットなどを頂き歓談する。

筆者は留学先の大学としてウェールズ大学を選びましたが、その理由は、日本人留学生が少ないだろうと思ったからです。予想通り、大学のキャンパスで出会ったのは僅か3名でした。

2.ウェールズ雑感

　ロンドンには多くの鉄道ターミナルがある。パディントン駅はその中の一つで、最も西に位置しており、ウェールズへの入口になっている。この駅でインターシティー一二五に乗れば、二時間ほどでウェールズの都カーディフの中央駅に着く。プラットフォームに降りると、大きな看板が目に留まる。

　そこにはウェールズ語で「クロイソ　イ　ガイルディーズ」と書かれている。この意味は、その下に英語で併記されている「ウエルカム　トゥー　カーディフ」によって知ることができる。カーディフとは「タフ河畔の砦」の意味で、この砦は、現在のカーディフ城である。かつて、この地のウェールズ大学に留学中、黒い水をたたえたタフ川の土手道から、カーディフ城の前を通って通学したものだった。

　最近の資料によれば、ウェールズの総人口は約二百八十万人であるが、ウェールズ語話者はその中の約20％にすぎない。これは、言語的には「英語化」、文化的には「イングランド化」が急速に進行しているからである。従って、ウェールズ語とその文化は、二十一世紀には消滅するであろうとの予測もある。

　しかし、ウェールズ人は先住の「ケルト」民族であることを大変誇りに思っている。また、ケルト民族こそがイギリス文化の源流を成していると考えている。そこで現在、ウェールズ語とその文化を存続させる努力が、学校教育、ラジオ放送、テレビ番組、新聞、そのほか出版物等によってなされている。

　ウェールズに多少ともかかわりがあった私としては、ウェールズ語とその伝統文化が、今以上に発展することを切望せずにはいられない。（石井　淳二　呉工業高等専門学校教授＝広島市）（2000（平成12）年11月1日（水曜日）中国新聞夕刊「でるた」に掲載）

3.ウェールズ語-日本語辞典作成の動機

　母語のウェールズ語と外国語の英語が併存するウェールズの地で、英語を学ぶという状況に少し戸惑いがあり、しっくりしない気持を覚えました。イングランド（England）の大学で学ぶべきだったかもしれません。しかし、両言語が置かれている現実とそれらの微妙な関係を少しは認識し理解できたと思います。筆者にとっては無謀とも言えるこのウェールズ語-日本語辞典を作るきっかけを与えてくれたのはウェールズ大学への留学です。この辞書の語彙に関しては、Collins Spurrell Welsh Dictionaryに倣っていますが、派生語をできるだけ多く追加しています。語句、例文に関してはThe Welsh Academy English-Welsh Dictionaryに倣いました。ここに厚く感謝申し上げます。

A, a

A, a (-âu) *f*（発音a:）ウェールズ語アルファベット
の第1文字（全部で29文字 [a, b, c, ch, d, dd,
e, f, ff, g, ng, h, i, j, l, ll, m, n, o, p, ph, r, rh, s,
t, th, u, w, y] あるが厳密には，J, j を除外して
28文字になるとする説あり）: lefel (-au) *(f)* A
[教育]（英）（一般教育証明書試験（GCE）
の）上級課程

a : ac（母音の前で）*conj* **1.** (a)[語を対等に連
結して] そして，および，…と… ; ci a chath 犬
と猫; pupur a halen 塩と胡椒 (b)[数詞を接
続して] cant ac ugain 120 (c)[密接な関係]
cerbyd (-au) *(m)* â dau geffyl 2頭立ての馬
車; bob hyn a hyn, yn awr ac yn y man 時々
(d)[同一語を結び反復，強意を表して]…にも…
も，…と… : mi redais ac mi redais 私は走り
に走った; llai a llai ますます少なく (e)[成句]
ac yn y blaen, ac felly ymlaen …など **2.**[節
を対等に連結して] gallai ddarllen ac
ysgrifennu 彼は読み書きができた

a *conj*[間接疑問文を導いて]…かどうか，…か
（または…か）: a wyddoch chi ~ yw/ydyw
ef gartref? あなたは彼が在宅しているかどう
か知っていますか? ; tybed ~ yw hi'n iawn彼
女は正しいのかな? ; ni wn ~ yw'n wir ai
peidio 私はそれが正しいかどうか知らない

a *rel*[制限用法;主語として]…する(した)(人):
(a)[肯定]（a は会話ではしばしば省略される）:
y dyn ~ ddaeth ddoe 昨日来た男性 (b)[…す
る] 人は誰でも: a laddo ~ leddir（諺）殺す者は
誰でも殺される

a *rel*[目的語として] **1.**[肯定]（…する）ところの
(人): y dyn (~) weli di あなたが見ている男
性 ; y llyfr ~ brynais i ddoe 私が昨日買った
本 **2.**[先行詞を含む] a garo'r duwiau ~ gaiff
fedd cynnar（諺）神の愛する人は若死にする
(Byron, *Don Juan*)

a *rel*[人・物を表す先行詞を受けて; 通例，制限
用法; 主語として]（…する[である]）ところの
(人・物など): gwelsom y dynion ~ oedd
yno 私たちはそこにいた人たちを見た;[目的語
として] y llythyr ~ anfonais atat 私があなた
に送った手紙;[非制限用法; 先行する語句を
受け主格補語として] edrychai fel clerc wedi
ymddeol ~ dyna ydoedd 彼は退職した事務
員のように見えたが，実際にそうであった

a *interrog part*[疑問小詞] **1.**[限定主語を伴い
be動詞の前に] ~ ydyw'r te'n barod? お茶の
用意ができましたか? **2.**[集合・不加算名詞主

語を伴いbe動詞の前に] ~ yw/ydyw aur yn
rhad? 金は安いですか?; ~ yw llew yn
hawdd ei ddofi? ライオンは飼い馴らしやすい
ですか?: **3.**[一般動詞の前に] ~ gaf i agor
illythyr hwn? この手紙を開けてもよろしいか?;
~ ydych chi'n ei hoffi? あなたは彼が好きです
か?

a *int* ああ!

â:ag（母音の前で）*conj* **1.**[同程度の比較]…
と同じくらい: mae ef cyn daled â mi 彼は私と
同じくらい背が高い; 'rwyf i cyn daled ag ef
私の身長は彼と同じくらいだ **2.**[直喩]…のよう
に（実に，最も）: cyn ysgafned â phluen 羽根
のように軽い; cyn wynned â'r galchen（病
気・恐怖などで顔が）真っ青な，血の気のない

â:ag（母音の前で）*prep* : **1.**[同伴・同居・仲
間]…と共に[一緒に]: cydweithio â rhn 人
と一緒に働く **2.**[所持・所有・付加]…を持っ
て，…のある: cyllell â charn arian 銀製の柄
のついたナイフ; merch â llygaid gleision 青
い目をした少女 **3.**[交渉・取引・交際]…と:
masnachu â Ffrainc フランスと貿易をする;
gohebu â rhn 人と文通をする **4.**[感情・態度
の対象]…に（対して）: beth fynnwch
chi â mi? 私に何の用ですか? **5.**[関係・立
場]…に関して[対して]; …の場合: bod yn
amyneddgar â rhn 人に対して我慢強い **6.**[一
致・調和]…と: 'rwy'n cydymdeimlo ~ chi
私はあなたに同情します; nid wyf yn
cytuno â chi 私はあなたと意見が合いません
7.[敵対]…と，…を相手に: cystadlu ~ rhn
人と競争する; ymladd â rhn 人と戦う **8.**[分
離]…と（離れて），…から: ymadael â rhth 物
を手放す **9.**[道具・手段]…を用いて，…で:
torri rhth â chyllell 物をナイフで切る **10.**[材
料・中味]…で: llenwi piser â dŵr 水差しに
水を満たす

a- *pref* 無 [非]…: amoral 道徳とは無関係の;
atheist (-iaid) *mf* 無神論者

ab（母音の前で）: **ap**（子音の前で）*m*[伝統的な
ウェールズ人の名前の前置語]（…の）息子:
Siôn fab Dafydd デイヴィッドの息子ジョン; Ifan
ab Owen Edwards オーエンエドワーズの息子
イヴァン

âb (abau, abiaid) *m*[動物] 類人猿（ゴリラ，
チンパンジーなど）

abad (-au) *m* 大修道院長 : A~ Afreswm
（昔のスコットランドで）お祭り騒ぎの司会者

abadaeth (-au) f 大修道院長の職［職権・任期・管轄区］

abades (-au) f 女子大修道院長

abadol a 修道院の

abatir (-oedd) m 修道院の地所

abaty (-tai) m 修道院

abdomen (-au) m［解剖］腹（部）

abdomenol a［解剖］腹部の

aber (ebyr, -oydd) mf 1.（潮の入ってくる川の）河口 2.（河口の）入江

Aberaeron mf［地名］Aberayron（アベアイロン; アベリストウス（Aberystwyth）の南西, アイロン（Aeron）河口の小さな町）

Aberhonddu mf［地名］Brecon（ブレコン; ホンズイ（Honddu）川とアスク（Usk）川の合流点に位置する市の立つ古い町; 国立公園がある）

Abermaw mf［地名］Barmouth（バーマス; ウェールズ北西部グウィネズ州の海辺の町. 近くにあるDinas Oleuが有名）

aberol a 河口の; 河口にできた;（船など）河口向きの

Abertawe f［地名］Swansea（スウオンジー; ウェールズ南東部, タウイ（Tawe）河口に位置するウェストグラモーガン州の海港・州都; Cardiffに次ぐ人口第2位の都市）

aberth (-au, ebyrth) mf 1.神に生贄を捧げること; 生贄, 捧げもの, 供物: ~ dynol 人身御供;（神への）奉納, 奉献 2.犠牲（者）; 犠牲的行為: gwneud yr ~ eithaf（国家のためになどに）一命を捧げる;（女性が）しぶしぶ最後の一線を許す; hunanaberth m 自己犠牲

aberthol a 1.生贄［犠牲］の 2.犠牲［献身］的な

aberthu t 1.犠牲にする. eich ~'ch hun自分を犠牲にする 2.（動物などを神などに）生贄として捧げる 3.［商業］安く売る, 特売りする

aberthwr (-wyr) m : **aberthwraig (-agedd)** f 犠牲にする人;（特に）聖職者

aberu t（川が水を）注ぎ出す, 放出する
i（川が）流れる, 注ぐ: ~ yn y môr 海に注ぐ

Aberystwyth f［地名］アベリストウィス（ダヴィッド（Dyfed）州北西部, カーディガン湾（Cardigan Bay）に面し, ウェールズ西海岸の中央部に位置する; カーディフと並ぶウェールズの学問・文化の中心地である）

abid (-au) f［服飾］1.衣服 2.（修道士・修道女の）衣服, 法衣

abiéc mf アルファベット

abl a 1.（…することが）出来る; 有能な: parod, bodlon ac ~ 準備も意思も能力もある, やる気満々である 2.（体が）丈夫な, 強壮な: dyn ~ 強健な男 3.富裕な

abladiad (-au) m 1.［外科］切除 2.［地質］（溶解または水力による氷河・岩石などの）削磨: til（m）~ 氷礫土

abladol (-ion) m［文法］奪格

a［文法］奪格の

abladu t［外科］切除する

abladwr (-wyr) m［外科］切除医

ablawt (-iau) m［言語］母音変差［交替］, アブラウト

abl-iach a 1.（心身が）健康で 2.［スポ］（運動選手など）よい調子［コンディション］で

abnormal a 1.異常な; 変態の, 病的な 2.奇形の

abnormalaeth (-au) f : **abnormaledd (-au)** m : **abnormalrwydd (-au)** m 1.異常 2.異常な物［事, 点］

abseil (-iau) : **abseiliad (-au)** m［登山］懸垂下降

abselio : abseilu i［登山］懸垂下降する

absen mf : **absenoldeb** m 1.不在, 欠席, 欠勤: yn ei absenoldeb 彼の不在中に; 彼のいない所で; cennad（mf）absenoldeb 請暇, 賜暇; 休暇（期間）2.無いこと, 欠乏, 欠如

absennol a 1.不在［欠席, 欠勤］の : ~ heb goniatâd［軍事］無届け外出［欠勤］で 2.不在者の: landlord ~ 不在地主; 不在投票者の 3.欠けて

absennu t 陰口をきく, 悪口を言う

absennwr (absenwyr) m 陰口をきく人

absenoliaeth (-au) f 1.常習欠席［欠勤］2.不在地主制度;（地主の）長期不在

absenolwr (-wyr) : **absenolyn (-olion)** m 不在［欠席, 欠勤］者

absinth m アブサン（ニガヨモギ・アニスなどで味を付けた芳香のある緑色の強いリキュール）

absisa (absisâu) f［数学］横座標

absoliwt a 1.絶対の, 絶対的な 2.無条件［制約］の 3.［数学・航空・気象］絶対の: gwerth ~ m［数学］（複素数の）絶対値; lleithder ~ m［気象］絶対湿度 4.［音楽］絶対の: cerddoriaeth ~ f 絶対音楽 5.［物理］絶対温度での; 絶対単位の: sero ~ m絶対零度 6.［電算］機械語で書かれた: cyfeiriad ~ m 絶対アドレス

absoliwtiaeth f［政治］専制［独裁］政治

absoliwtydd (-ion) m［政治］専制［独裁］主義者

abwth m 恐怖

abwyd (-au, -ydd) m えさ, 餌

abwydfa (-feydd) f（ミミズと生ゴミなどを入れる）コンポスト

abwydyn (abwyd, abwydod) m［動物］ミミズ, みみず

academaidd : academig a 1.学究［学問］的な 2.学園［大学］の 3.［芸術］伝統にとらわれた, 型にはまった 4.［哲学］アカデミア［プラトン］学派の

academi (-ïau) f 1.（学術・文芸・芸術の）学会, 協会; 学士［芸術］院: yr A~ Brydeinig 英国学士院; yr A~ Gymreig ウェールズ学士

academia — **achludo**

院 2.学園, 学院; 専門学校

academia *f* 大学［学園］の生活［環境］

academiaeth *f* 1.(学術・芸術の) 伝統主義, アカデミズム 2.学究的態度［思考］3.伝統尊重

academwr (-wyr) : academydd (-ion) *m* **: academwraig (-agedd)** *f* 1.学士［芸術・美術］院会員 2.大学人; 学究肌の人

acasia (acasiâu, -s) *f*［植物］アカシア

acen (-ion) *f* 1.(地方・外国) なまり 2.［音声］: アクセント; ~ ddyrchafedig (acenion dyrchafedig) 鋭アクセント; ~ grom (acenion crwm) 曲 (折) アクセント; ~ ddisgynedig (acenion disgynedig) 低アクセント; ~ draw (asenion traw) 高さアクセント (日本語・中国語など); ~ bwys (acenion pwys) 強さアクセント (英語・独 語など)

aceniad (-au) *m* 1.アクセントの置き方: aceniad eilaidd 第二アクセント; prif aceniad 第一アクセント 2.強調

acennair (aceneiriau) *m* アクセントのある単語

acennod (acenodau) *m* アクセント記号

acennog *a* (語に) アクセントのある［を付けた］

acennu *t* (語・音節に) アクセント［強勢］を付ける［置く］

acer (-i) *f*［度衡］1.エーカー (面積の単位; 4840 平方ヤード, 約4047平法メートル) 2.［*pl*］エーカー数, 面積, 坪数

aciwbigiad (-au) m 鍼療法, 鍼術

acme *m* 絶頂, 極致, 全盛期

acne *m*［病理］にきび

acolad (-au) *m* 1.ナイト爵授与 (式) (国王またはその代理者が受爵者にもとは抱擁・接吻を与えたが今ではその肩を剣の背で軽く打つ) 2.［建築］アコレード (蓮華アーチを用いた扉や窓の開口部上の飾り)

acolit (-iaid) : acolyt (-iaid) *m*［カト］侍祭 ; ミサ答え, 侍者

acosmaeth *f*［神学］無宇宙論

acrobat (-iaid) *mf* 曲芸［軽業］師

acromat (-iau) *m*［光学］色消しレンズ

acromatig *a*［光学］収色［色消し］性の

acryl *m*［化学］アクリル

acrylig (-au) *m* 1.アクリル樹脂［繊維］2.［通例*pl*］アクリル製品 3.アクリル絵の具 4.アクリル絵の具による絵

  a 1.［化学］アクリルの 2.［美術］アクリル絵の

acses : acsys *mf*［病理］1.瘧, マラリア熱: yr acsys fud 潜在マラリア 2.悪寒

acsiom (-au) *m* 1.［数学・論理］公理 2.原理, 原則

acsiomatig *a* 1.公理の 2.原則の

acsiwn (-iynau) *f* 競売, 競り売り, オークション

act (-au) *f* 1.行為 2.［演劇］幕; 出し物 : drama

dair ~ 三幕劇［物］3.［聖書］(新約聖書の) 使徒行伝 : Actau'r Apostolion 使徒行伝

actadwy *a* (劇が) 上演できる

actif *a* 1.能動的な: cludiantactif *m*［生化］能動輸送 2.［医学］(病気が) 活動性［進行中］の: clefyd ~ m 活動性疾患; imiwnedd ~［病理］能動免疫 3.［電算］実行可能状態の

actifadu *t* 1.［物理］放射能を与える 2.［化学］(炭素などを) 活性化する

actifadydd (-ion) *m*［生］化学］活性体［剤］

actifedd (-au) *m* 1.活動 2.［物理］活量 3.［化学］活性: ensymig 酵素活性 (度)

actifiaeth *f* 行動実行主義

actifiant (-iannau) *m*［物理］物質に放射能を与えること

actifydd (-ion) *m*［政治］活動家

actiniwm *m*［化学］アクチニウム

actio *t*［演劇・映画］役を演じる; 劇を上演する *i* 出演する, 演じる

actiwr (-wyr) : actor (-ion) *m* 俳優, 役者, 男優: ~ - reolwr (~ - reolwyr) *m* 座元兼俳優

actores (-au, -i) *f* 女優, 女役者

actorol *a*［演劇］(劇・役割が) どんな下手な俳優がやっても必ず受ける

acw *a* あそこ［向こう］の : y goeden ~ あそこの木

  ad あそこ［向こう］に (様態の副詞 (adverbs of manner) はyn+形容詞で作られる: yn+ gofalus → yn ofalus 注意深く; yn+cyflym → yn gyflym 速く yn+ rhamantus → yn rhamantus ロマンティックに (llまたはrhで始まる形容詞は例外で語頭音は変化しない)

acwariwm (acwaria) *m* 水族館

acwsteg *f* 1.(単数扱い) 音響学 2.(複数扱い) 音響効果

acwstegwr : acwstegydd (-wyr) *m* 音響学者

acwstig *a* 音響 (学) の

ach *int* うふ!, うっ!, うえっ! (嫌悪・恐怖・咳・不平などを表す)

ach (-au) *f* 1.血統, 家系 2.系図 3.(立派な) 家柄

achen (-au) *m*［植物］痩果 (キク科植物の果実など)

achles (-au) *mf* 1.保護, 救援 2.肥料

achlesol *a* 肥料の

achlesu *t* 1.守る, 保護する 2.(土地に) 肥料を与える

achludedig *a* 1.［化学］吸蔵された 2.［気象］閉塞された

achludiad (-au) *m* 1.［化学］吸蔵 2.［気象］閉塞

achludo *t* 1.［化学］(固体がガスを) 吸蔵する 2.［気象］閉塞する (寒冷前線が次第に温暖前線に追いつき暖気団を地表から分離する)

achlust / **adalw**

achlust *m* 噂, 風説

achlysur (-on) *m* 1.場合, 折, 時: ar ~ 時折, 折にふれて 2.儀式, 式典, 祭礼

achlysurol *a* 1.時折の: cawodydd ~ 時折のにわか雨 2.予備の, 臨時の 3.特別な場合のための

achlysuroliaeth *f* [哲学] 偶因論, 機会原因論

achlysurolwr (-wyr) *m* [哲学] 偶因論者, 機会原因論者

achol *a* 系図の; 家系 [系統] を示す

achos (-ion) *m* 1.原因 2.理由 3.[医学] 病例 4.[法律] 訴訟 (事件); 訴訟原型; 判例: cyfraith (*f*) achosion 判例法 5.[法律] (係争者の立場を支持する) 訴訟事実, 言い分, 主張: datgan yr ~ 言い分を述べる 6.[宗教] 大義 7.[医学] (ある病気の) 病例, 症例, 容態; 患者: hanes (*m*) ~ (hanesion achosion) 個人歴史 [記録] (治療または研究下の個人・集団の血統・背景など各種の詳細な記録; 社会学 [事業]・精神医学などの資料用) 8.(特定の状況から生じる) 必要: nid oes gennyf ~ cwyno 私は不平を言う必要がない; petai ~ 必要が起きたら, いざという時には 9.(ある特定の) 場合: ym mhob ~ あらゆる場合に (おいて); mewn ~ brys 非常の場合には, まさかの時は 10.(個々の具体的な) 事例: astudiaeth (-au) (*f*) ~ 事例研究, ケーススタディー

achos *conj* 1.(Whyで始まる疑問文の答の冒頭に用いて) なぜなら, というのは 2.(なぜなら) …だから [なので]; という訳は…だから: fydd Dewi ddim yma heddiw ~ fod e'n sâl デウイは具合が悪いので, 今日ここへ来ないでしょう 3.[否定文の主節と共に用いて] …だからといって (…ない) 4.[名詞節を導いて] …ということ

achoseg *f* 原因論, 因果関係学

achosegol *a* 1.原因を明らかにする; 因果関係学の 2.病因学の

achosi *t* 1.(…の) 原因となる, (…を) 引き起こす: ~ tân 火事を引き起こす 2.(人に…) させる 3.(人に心配・面倒などを) かける

achosiad : achosiant *m* 1.原因 (作用) 2.因果関係

achosiaeth *f* 1.[哲学] 因果律 [説] 2.因果関係 3.(ある結果を引き起こす) 原因

achosol *a* 1.原因の, 因果関係の 2.[文法] 使役的な, 原因表示の 3.[論理] 因果関係の

achrediad (-au) *m* 信任状

achredu *t* 1.(人・言葉などを) 信用させる 2.[外交] (大使などに) 信任状を与えて派遣する; (人に) 信任状を与える

achres (-i) : achrestr (-au, -i) *f* 1.系図, 系譜 2.家系, 家柄

achrestru *t&i* 系統をたどる [調べる]

achrestrydd (-ion) *m* 系図 [系譜] 学者

achub *t* 1.(人・生命・財産などを) 救う, 救い出す: ~ bywyd rhn 人の命を救う; ~ eich pen/croen eich hun 危うく難を逃れる, 危害を免れる 2.(危害・損失・災難などから) 救う, 免れさせる, 保全する 3.(機会などを) つかむ, 捕らえる: ~ cyfle 機会を逃さずにつかむ 4.[海事] (船舶・貨物などを海難・火災から) 救助する 5.(名誉・面目などを) 保つ, 取り戻す: ~ eich enw da 名声を回復する 6.[法律] (…を…に) 占有 [所有] させる 7.[神学] (人・魂) を救済する: ~ eich enaid, cael eich ~ [否定文の強調] どうしても

achubadwy *a* 引揚げ [救出] 可能な

achubedig *a* 引揚げられた, 救出 [回収] された

achubiad (-au) *m* : **achubiaeth (-au)** *f* 1.救出, 救助, 救援 2.海難救助 (海難に船舶や貨物の救助)

achubol *a* (神の恩寵によって) 救済する: flydd ~ (自分を) 救済してくれる信仰

achubwr (-wyr) : achubydd (-ion) *m* : **achhubwraig (-agedd)** *f* 救助 [救出] 者

achubyddol *a* 救済の

achwr (-wyr) : achydd (-ion) *m* : **achyddes (-au)** *f* 系図 [系譜] 学者

achwyn *i* 1.不平 [苦情] を言う 2.(警察などに) 正式に訴える 3.(病苦を) 訴える: ~ am afiechyd 病気を訴える

achwyn (-ion) *m* 不平, 苦情

achwyngar *a* 不満そうな, ぶつぶつ言う, 不平を鳴らす

achwyniad (-au) *m* 1.不平, 文句, 苦情 2.[法律] 告訴, 申し立て

achwynwr (-wyr) : achwynydd (-ion) *m* : **achwynwraig (-agedd)** *f* 1.不平家 2.[法律] 告訴人, 原告

achydd (-ion) *m* : **achyddes (-au)** *f* 系図学者

achyddiaeth *f* 系図学

achyddol *a* 1.系図の 2.家系を示す

ad- *pref* 1.非常に, 大変: atgas とても嫌な 2.第二 (番目) の: adladd (牧草の) 二番刈り 3.悪い: adfyd 不運, 逆境 4.また, 再び: adlais (-leisiau) *m* こだま, 反響

adagio (-s) *m* [音楽] アダージョの楽章 [曲]

adain (adenydd) : aden (-ydd) *f* 1.(鳥・飛行機などの) 翼: ar ~/adenydd y gwynt (風に乗って飛ぶように) 迅速に (cf *Ps* 18:10); rhoes ofn adenydd iddo 彼は恐ろしいので一目散に走った 2.(車輪の) スポーク 3.[自動車] 泥よけ, フェンダー 4.(船・自動車・鋤などの) 安定板 5.[建築] そで, 翼 6.[航空] 垂直安定板 7.妨害, 邪魔: rhoi ffon yn ~ rhn 人を妨害 [邪魔] する

adalw *t* (人を) 呼び戻す; (大使を解任するため) 召還する

adalwad (-au) *f* 呼び戻し;(大使などの)召還

adalwadwy *a* 1.呼び返される 2.取消しできる 3.思い出される

adamant (-au) *m* [鉱物](伝説的な)堅硬石

adamantaidd *a* 金剛石のような

adara *i* 野鳥を捕らえる, 猟銃を撃つ

adaraidd : adarol *a* 1.鳥(類)の 2.鳥に似た

adardy (-dai) *m*(動物園などの大型の)鳥の檻, 飼鳥園

adareg : adaryddiaeth *f* 鳥(類)学

adaregol *a* 鳥(類)学の

adaregwr : adaregydd (-wyr) *m* :
adaregwraig (-agedd) *f* 鳥(類)学者

adargi (-gwn) *m* [狩猟]レトリーヴァー(射止めた獲物を探して持ってくる猟犬) *cf.* **cyfeirgi (-gwn)** *m* セッター(獲物を指示する猟犬)

adargraffiad (-au) *m* 再版

adargraffu *t* 再版する
i 再版[増刷, 翻刻]される

adargraffwr (-wyr) *m* 再版者

adarwr(-wyr) *m* 1.野鳥捕獲者, 野鳥猟者 2.愛鳥家

adarwriaeth *f* 野鳥捕獲, 鳥撃ち

adarwyddo *t*(書籍に)連署[副署]する

adarydd (-ion) *m* 野鳥観察者

adarydda *i* 野鳥を観察する

adbryn : adbrynedig *a* [商業](質草・抵当などを)請戻した, 質受けした

adbrynadwy *a* [金融](株式・公債など)償還される

adbrynu *t*(物を)買い戻す;質受けする: ~'ch watsh 時計を質受けする

adbrynwr (-wyr) *m* [商業]買戻し[請戻し]人, 質受人

ad-daladwy *a* 返済できる

ad-daliad (-au) *m* 返済, 払い戻し

ad-dalu *t* 1.(金銭を)返済する, 払い戻す 2.(親切・尽力などに)報いる, 恩返しする: ~ cymwynas 人の親切に報いる; ~ dyled ある恩義に報いる

ad-drefniad (-au) *m* 再整理[配列]

ad-drefnu *t* 再整理[配列]する

ad-ddynodi *t* 再成文化[法典化]する

adechelin : adechelinol *a* 1.[植物]葉が軸の側にある向軸面の 2.[動物]体の中軸に近い

adeg (-au) *f* 1.季節, 季(四季の一つ) 2.(特定の)時, 時期, 時節, 季節: yr ~ honno その時は; ~ y Pasg 復活祭季節に; yr ~ hon o'r flwyddyn この季節に; ~ cyrraedd 到着時間; ar bob ~ [聖書](時を選ばず)いつも, 明けても暮れても, 間断なく(cf *2 Tim* 4:2); ~ y glawogydd 雨[梅雨]期 3.機会, 好機 4.(社交・演劇・スポーツなどの)活動期, シーズン: ~ y gwyliau 休暇のシーズン, 休暇期 5.[*pl*]時代: yn/ar ~ y Rhyfel Mawr 第一次世界大戦の時代に

adeilad (-au) *m* 1.建物,(大)建築物 2.構成物

adeiladaeth (-au) *f*(知性・徳性・信仰心などの)涵養, 教化, 啓発

adeiladol *a* 1.建設(上)の 2.構成的な, 構造上の 3.建設[積極]的な

adeiladu *t* 1.(家・船などを)建てる, 造る, 建造する: ~ cestyll in yr awyr 空中楼閣を築く, 空想に耽る 2.(説などを)立てる 3.(鉄道などを)建設[敷設]する

adeiladwaith *m* 1.組織, 体系 2.(劇の)構成 3.[社会]構造 4.[化学]化学構造(分子内の原子配列) 5.[地質](岩石・地層が示す)構造

adeiladwr : adeiladydd (-wyr) *m*(家などの)建築者, 建築業者, 建設者: cyflenwr (-wyr) *(m)* adeiladwyr 建材業者

adeiladwy *a* 施行[構築]可能な

adeiledig *a* 1.組み立ての 2.(家が)建設された 3.(区域など)建込んだ: ardal (-oedd) ~ *f* 建込んだ区域

adeiledd (-au) *m* = **adeiladwaith**: ~ cymdeithas 社会構造

adeileg *f* 1.建築学 2.[哲学]建築術

adeinio : adeino *t* 1.(困っている人などを)援助する, 救う 2.(凧・飛行機などを)飛ばす 3.(ある距離・海などを)飛行機で飛ぶ 4.(魚の)鰭を切取る 5.(…に向けて矢を)射る: ~ saeth 矢を射る 6.[機械]鰭を付ける
i 1.(鳥・飛行機などが)飛ぶ 2.(時間が)飛ぶように過ぎる

adeinig (-ion) *f* [航空](飛行機の)補助翼

adeiniog *a* 1.翼のある: geiriau ~ 翼ある言葉,(矢のように)口をついて出る(要領を得た)言葉(Homerの句から) 2.翼に乗って行くような; 迅速な

adendriad (-au) *m* [法律]私権剥奪

adenilladwy *a* 1.矯正できる 2.埋め立てられる

adenilliad *m*(土地などの)埋立て, 干拓, 開墾

adenillwr : adenillydd (-wyr) *m* :
adenillwraig (-agedd) *f* 回復[復帰]者

adenill *t* 1.(物・地位・健康などを)取り返す[戻す], 回復する: ~ nerth 力を回復する 2.(人を)改心させる, 矯正する;(悪行などから)立ち直らせる: ~ rhn o ddrygioni 人を悪行から立ち直らせる 3.(場所・状態に)復帰する, 再び到着する: ~ eich troedle (倒れた者が)起き上がる, 立ち直る 4.(沼地・荒地などを)埋め立てて土地を作る, 干拓する;(荒地を)開墾する: ~ tir o'r mor 海を埋め立てる 5.(損失を)償う, 埋め合わせる: ~ amser colledig 失った時間を取り戻す[埋め合わせる] 6.(廃物を)再生利用する

aderyn (adar) *m* 1.鳥: ~ cân/canu鳴鳥 ; adar treigl/crwydr 渡鳥; ~ Paradwys コウチョウ,

aderynnaidd — 12 — **adladd**

(俗に)極楽鳥(ニューギニア・インドネシア産の美しい鳥) 2.女性歌手, 歌姫 3.[修飾語を伴って]人, 奴

aderynnaidd *a* 1.(顔立ち・声など)小鳥のような 2.(動きが)敏捷[軽快]な 3.(体つきが)華奢な

adfach (-au) *m* (矢じり・釣り針などの)あご, 掛り, かえり

adfachu *t* (釣り針などに)あご[掛り, 逆とげ]を付ける

adfachyn (-fachau) *m* 1.小さいあご[逆とげ] 2.(鳥の羽の)小羽枝

adfail (-feiliau, -feilion) *m* 1.[しばしば*pl*]廃墟, 荒れ跡,(建物の)崩壊: mae'r adeilad yn ~/adfeilion その建物は廃墟になっている

adfarch (-feirch) *m* 去勢馬

adfeddedig *a* 充当された

adfeddiad (-au) : adfeddiant (-nnau) *m* 1.充当, 割当 2.私物化, 私有; 占有; 横領 3.充当金, 予算割当額, 政府支出金 4.[英史]十分の一税その他の寄与

adfeddiannu *t* (代金不払いの商品・賃貸料不払いの土地家屋などを)取り返す[戻す, 回収する]

adfeddu *t* 私物化[占有]する

adfeiliedig *a* (建物などが)破壊された, 荒廃した

Adfent *m* [教会]キリスト降臨

Adfentyddiwr (-ion) *m* [教会]キリスト再臨派信者, キリスト再臨論者

Adfentyddiaeth *f* [宗史]キリスト再臨説

adfer *t* 1.(紛失物・盗品などを)返す[戻す, 返還]する 2.(古い建物・美術品などを)再建[修復, 復原]する 3.(原文を)校訂する 4.(人を)復職[復位]させる: ~ brenin i'r orsedd 王を復位させる 5.(体力・元気などを)回復させる: ~ iechyd rhn, ~ rhn i'w iechyd 人の健康を回復させる; ~ bywyd rhn 人を正気に返らせる 6.(制度・自由・秩序などを)復活[復興, 再興]させる

adferadwy *a* 1.回復できる, 取り戻される 2.治療できる 3.救済できる 4.矯正できる

adferedig *a* 回復[復元]された

adferf (-au) *mf* [文法]副詞

adferfol (-ion) *m* 副詞類, 副詞的語句

a 副詞の

adferiad (-au) *m* 1.(紛失物などの)返還 2.(原文の)校訂 3.(健康・地位・職・景気などの)回復[復位, 復職 4.[政治](王などの)復位: yr A~[英史]王政復古(1660年の Charles二世の復活を指す) 5.(古い建物・美術品などの)修復[復元]

adferiadaeth *f* [神学]万人救済説

adferiadol : adferol *a* 1.[医学](食物・薬などが)元気を回復させる; 治療上の 2.矯正的な 3.[教育]治療教育の

adferiadwr : adferiadydd (-wyr) *m* [神学]万人救済論者

adfeliedydd (-ion) *m* [医学]栄養食; 気付け薬

adferwr (-wyr) *m* (美術品などの)修復家

adfilwr (-wyr) *m* 新人, 新会員

adflas (-au) *m* 1.(口に残る, 特に不快な)後味 2.(不快な経験後の)名残, 後味

adfocad (-au) *m* 1.[法律]主唱[唱導]者 2.[スコ]弁護士

adfresychen (adfresych) *f* [植物]芽キャベツ

adfwl (-au) *m* 去勢牛

adfyd *m* 1.逆境, 不運, 貧苦 2.[しばしば*pl*]災難, 苦難, 不幸な出来事: ~ a ddaw â dysg yn ei law 艱難の功徳大なるかな(Shak, As YL 2.1.12.) 3.貧苦, 哀れな境遇

adfydus *a* 不運[不利]な

adfyfyrdod (-au) *m* 熟考; 反省

adfynach (-aich, -od) *m* 背教修道士, 反逆の僧侶; 隠者

adfyw *a* 半死半生の

adfywhaol : adfywiol *a* 1.爽やかな, 清々しい 2.生き返る, よみがえる 3.[医学]興奮させる

adfywhau *t* 元気づける, 爽やかな気分にする *i* 1.生き返る 2.元気が回復する 3.(産業などが)復興する

adfywiad (-au) *m* 1.(生命・意識の)蘇生, 復活,(元気)回復 2.(文芸などの)復活, 復興 3.[宗教]信仰復興

adfywio *t* 1.生き返らせる, 蘇生させる 2.(希望・想い出などを)回復させる, 想起する 3.(政党を)再興する 4.(慣習を)復活させる 5.[法律](遺言・命令を)更新する *i* 1.生き返る 2.(気分・産業などが)回復する 3.(慣習が)復活する

adfywiwr (adfywwyr) : adfywydd (-ion) *m* 1.復活させる人 2.刷新[修繕]者

adiabatig (-ion) *m* [物理・化学]断熱 *a* [物理・化学]断熱の, 断熱的な

adiad (-au) *m* [数学]足し算[加法]

adio *t* [数学](足し算で数を)足す, 加える: ~ chwech ac wyth 8に6を足す *i* [加算]をする: fedr hi ddim ~ 彼女は足し算ができない; fedri di ~?, fedri di wneud syms ~? あなたは足し算ができますか?

adiol *a* [数学]加法の: unfaithiant ~ *m* 加法する単位元;(関数が)加法的な

adiolyn (adiolion) *m* 1.添加物 2.添加剤

adlach (-iau) *f* 1.急激な跳ね返り 2.(政治・改革への)過激な反動[反発] 3.[機械]バックラッシュ, がた, あそび(歯車や部品間の緩み); 逆回転

adladd : adlodd *m* 1.(戦争・災害などの)余波, 影響 2.[農業](牧草の)二番生え; 二番

作

adlais (-leisiau) m こだま, 反響（音）, 余韻

adlam (-au) m 跳ね返り, 反発, 反動；（鉄砲の）後座

adlamol a（ボールが）よく弾む, 弾力性のある

adlamu i 1.（ボールなどが）はね返る, 弾む 2.（バネなどが）はね返る, 反動する 3.（銃などが発射後に）後座する, 反動する

adlaw (-iaid) m 1.身分の低い人 2.粗悪品

adlef (-au) f こだま

adleisio t 1.（音を）反響させる, こだまさせる 2.（人の言葉を）まねる, 鸚鵡返しに繰り返す i（音が）反響する, 鳴り響く

adleisiol a 1.反響［こだま］のような；反響しやすい 2.［言語］擬音的な

adlenwadwy a 詰め替え［補充］可能な

adlenwi t 再び満たす, 補充する

adlewyrch : adlewyrchiad (-au) m 1［物理］（音などの）反響 2.［光学］（光などの）反射 3.（鏡・水面などの）映像, 影

adlewyrchiadol : adlewyrchol a 1.（表面などが）反射［反映］する 2.反射による；反射的な 3.内省的な 4.非難している

adlewyrchu t 1.（光などを）反射する 2.（鏡・水面などを）映す 3.反映する, 示す i 1.熟考する 2.（行為などが）悪影響を及ぼす, 信用を損ねる, 体面を傷つける: ~'n wael ar enw da rhn 人の名誉を傷つける

adlewyrchwr (-wyr) : adlewyrchydd (-ion) m 1.反射物［板］2.反映 3.熟考者

adlifo i（潮が）引く, 逆流する；（水が）噴き返る

adlofnod (-au, -ion) m 副署, 連署

adlog (-au) m［金融］（金利の）複利 cf **llog (-au) syml** 単利

adloniadol a 面白い, 休養の気晴らしになる

adloniant (-iannau) m 1.娯楽 2.催し物, 余興, 演芸: treth (f) ~ 興行税

adlonni t 1.（人を）楽しませる, 慰める 2.（人を）元気づける

adluniad (au) m 1.再建, 復興 2.復元 3.再建［復元］された物

adlunio t（事件などを）復元［再現する］

adlyn (-ion) m 粘着［接着］物

adlyniad (-au) m 1.粘着［接着］（物）2.［病理］癒着 3.［植物］接着 4.［物理］付着力 5.［化学］付着

adlyniadol a 粘着の［に関する］

adlynol a 1.（テープなど）粘着性の: celloedd ~［動物］粘着細胞 2.［生物］合成の

adlynu i（物が）付着［粘着］する

adnabod t 1.（人と）知り合いである: dod i ~ rhn 人を知るようになる; 'rwy'n ei 'nabod o ran ei weld 彼の顔（だけ）は知っている 2.（性的に）知る: ~ merch［聖書］女性を性的に知る (cf Gen 4:1, 25) 3.（声・制服などで人が誰であるか）分かる,（人・物が）誰［何］であ

るかを確認する: 'roeddwn i'n ei ~ ar/wrth ei gerddediad 私は（彼の）歩き方で彼だと分かった 4.同一視する 5.［医学］（病気を）診断する

adnabyddadwy a 1.知ることのできる 2.認識できる 3.身元が確認できる 4.見分けがつく, 見覚えのある 5.同一であることが証明できる, 同一であると見なしうる; 身元が確認できる

adnabyddedig a 身元が確認された

adnabyddiaeth f 1.（人・場所を）知っていること, 知識 2.（研究・修練などによる）知識, 見聞: ~ o'r byd 世間を知っていること 3.見て誰［何］であるか分かること, 識別, 見知り: gwen o ~ 誰であるか分かっている微笑 4.性交: ~ gnawdol［法律］（少女に対する）性交

adnabyddol a 認知の

adnabyddus a 1.知ることのできる, 認識できる, 2.（人が）（よく）知られている

adnabyddwr (-wyr) m : **adanabyddwraig (-agedd)** f 1.知っている［理解する］人 2.確認者, 鑑定人 3.（人・場所の）識別者

adnau (-neuon) m 銀行預金 : adneuon cyhoeddus 公的預金

adnawd a［生物］1.合生の 2.側生の

adneuo t 1.［金融］預金する 2.（貴重品・金などを）（人・場所に）預ける 3.［商業］手付金として支払う

adneuol a（銀行・金庫などに）預金する, 預ける

adneuwr (-wyr) : adneuydd (-ion) m（銀行の）預金者

adnewid t 1.（部分的に）改変する 2.［動物］（新しい目的に適応させるため体の一部を）根本的に変化［進化］させる

adnewyddadwy a 1.更新できる 2.再開できる

adnewyddiad (-au) m 1.更新 2.再開 3.修理

adnewyddu t 1.一新［更新］する 2.再開する 3.修理する

adnewyddwr(-wyr) m : **adnewyddwraig (-agedd)** f 1.刷新者 2.再開者 3.修理［修繕］者

adnod (-au) f［教会］（聖書の章を細分した）節: rhoi/nodi pennod ac ~ 出典を示す

adnodol a（聖書の）節の

adnodd (-au) m［通例pl］資源; 財源: cyfuno ~ 資金を出し合う; ~ adnewyddol 再生資源

adolesens m 青春期

adolesent a 青春期の

adolwg (adolygon) f 回顧, 追想

adolwyn 願望

adolygadwy a 1.回顧できる 2.批評できる 3.検査できる 4.覆審できる 5.閲兵できる

adolygiad (-au) m 1.回顧, 回想 2.批評, 書評 3.再調査［検査］, 検閲 4.［法律］再審理 5.［軍事］閲兵

adolygol *a* 回顧の

adolygu *t* 1.回顧[回想]する 2.批評[書評]をする 3.[法律]再審理する 4.[軍事]閲兵する

adolygwr (-wyr) : adolygydd (-ion) *m* 1.批評家, 書評[評論]家 2.検閲者

adraddiant (-iannau) *m* [地質](河床の)増勾作用, 河床上昇

adraddio *t* [地質](河床を)増勾する
i (河床が)増勾する

adran (-nau) *f* 1.(本の)節, 段落, 部, 章 2.[音楽]楽節;(オーケストラの)部門: ~ bres (adrannau pres) 金管楽器の部門 3.[印刷]文節副部, セクション, 章標 4.[行政](英国行政組織の)省, 局, 部: A~ yr Amgylchedd 環境省 5.[法律](法令の)項, 条 6.[軍事](陸軍)師団: ~ arfod 機甲師団;(英)分隊

adrannol *a* 1.部門別の: Llys A~(英)部門法廷; siop (-au) ~ *f* デパート, 百貨店 2.省[局]の 3.分割しての 4.(利害など)地域的な; 部門的な 5.師団の

adref *ad* 1.我が家[自宅]へ : dod ~ 帰宅する 2.自国[故国]へ

adrefu *i* 1.帰宅する 2.帰郷する

Adriatig *m* [地理]アドリア海(イタリアとバルカン半島の間の入海): yr A~アドリア海

adrodd *t* 1.(話などを)話す, 物語る 2.(詩などを)暗唱する, 朗唱[朗吟]する 3.(事実などを)報告する, 伝える: ~ am gynnydd 経過を報告する

adroddgan (-au) *f* [音楽]叙唱, レチタティーボ(オペラやオラトリオなどで叙述するかのように歌われる部分)

adroddiad (-au) *m* 1.(出来事などの)詳しい説明, 詳述 2.叙述; 物語, 説話 3.朗唱, 吟唱(文)4.[法律]判決文;[*pl*]判例集 5.[議会]委員会報告: stad (*f*) yr ~ 報告審議

adroddiannol *a* 物語(風)の

adroddiant *m* 1.物語ること, 叙述 2.物語, 説話

adroddwr (-wyr) *m* : **adroddwraig (-agedd)** *f* 1.(話などの)語り手, 物語る人 2.暗唱[朗吟]者

adrywedd *m* (獣が通った後に残る)臭い, 遺臭, 臭跡

adsefydliad *m* 更生, 社会復帰, リハビリテーション

adsefydlu *t* (犯罪者などを)更生させる

adundeb : aduniad (au) *m* 1.再会(の集い); 親睦会 2.[宗教](教会の)再結合[合同]; 融和

aduniadaeth *f* [教会]カトリック教会と英国国教会との再一致[合同]論

aduniadol *a* 教会再一致論(者)の

aduniadwr (-wyr) *m* 教会再一致論者

aduno *t* 1.(分離した物を)再結合させる 2.(人々を)再会させる

adwaith (-weithiau) *m* 1.反応, 態度 2.[心理]反作用 3.[化学]反応 : ~ cadwynol [物理・化学・原子力]連鎖反応 4.[政治]反動, 復古 : gwrthryfel ac ~ 反乱と反動

adwasgaeth *f* 1.抑制 2.[心理]抑圧

adwasgol *a* [心理]抑圧的な

adweithedd (-au) *m* [電気]誘導[感応]抵抗, リアクタンス

adweitheddol *a* 1.反応の 2.[化学]反応性の 3.[物理]反作用的な

adweithiant *m* 1.反応性 2.[化学]反応力 3.[物理](原子核)反応度

adweithio *i* 1.(刺激などに)反応する 2.反発する 3.[化学]反応する 4.[物理]反作用する

adweithiol *a* [政治]反動的な

adweithiwr (-wyr) *m* : **adweithwraig (-agedd)** *f* [政治]反動主義者

adweithred (-iadau) *f* [生理]反射作用

adweithydd (-ion) *m* 1.[電気]リアクター 2.[原物]原子炉

adwerth *m* [商業]小売り

adwerth : adwerthol *a* 小売りの: pris (-iau, -oedd) (*m*) ~/adwerthol 小売価格; cyfanwerthol ac adwerthol 卸売と小売の

adwerthu *t* (商品を)小売りする
i 小売りされる

adwerthwr (-wyr) *m* 小売業者

adwy (-au, -on) *f* 1.(壁・垣などの)裂け[割れ]目, 隙間

adwyo *t* (城壁などを)破る, 破れ目を作る

adwyog *a* 隙間がある

adydd (-ion) *m* 1.[数学]計算者, 加える人 2.計算機 3.[電算]加算器

adyn (-od) *m* 悪漢, 悪党

adysgrif (-au) *f* : **adysgrifiad (-au)** *m* 写し, 複写

adysgrifedig *a* 複写された

adysgrifio *t* 写す, 複写する

adysgrifol *a* 転写に関する, 書写的な, 写本のような; 複写をする

adysgrifwr (-wyr) : adysgrifydd (-ion) *m* 1.謄写係, 写字生 2.模倣者

addas *a* (仕事などに)合っている, 適した, 適切な, 相応しい

addasadwy *a* 1.(人が)順応性のある, (動植物が)適応できる 2.[機械]調節[調整]できる

addasedig *a* 1.順応[適応]した: cf ymaddasedig 1.[心理]うまく順応した, 精神的に安定した 2.調節[調整]された

addasiad (-au) *m* 1.適応, 順応 2.(争議などの)調停 3.(機械類の)調節, 調整

addasrwydd *m* 適性, 適合(性), 適切, 相応

addasu *t* 1.適応[適合]させる, : ~'ch dull ar gyfer eich cynulleidfa 話し方を聴衆に合わ

addaswr

せる 2.[金融](金額・物価などを)調節[調整]する: ~ prisiau 価格を調整する

addaswr : addasdd (-wyr) *m* 1.(仮縫いなどの)着付け人 2.改作[翻案]者 3.[電気]調整器,アダプター 4.調整[調節]者

addaweb (-au, -ion) *f* [商]約束手形

addawedig *a* 約束された

addawol *a* 有望な,見込みのある

addäwr (addawr) *m* : **addaw-wraig (-agedd)** *f* 約束者

addef *t* 1.(要求・主張・過失などを)認める 2.(罪などを)自白[白状,告白,公言]する 3.[カト](司祭に罪を)告解する
i 1.白状する 2.(信者が)告解する

addefadwy *a* 1.告白できる 2.一般[世間]に認められる

addefedig *a* 1.(本当であると)認められた,容認された,公認の,自認した,明白な 2.自白[自認,告解]した

addefiad (-au) *m* 自白,白状,告白,自認,公言

addefol *a* 容認的な

addefwr (-wyr) *m* : **addefwraig (-agedd)** *f* (率直・大胆に)認める人

addewid (-ion) *mf* 約束: cadw'ch ~ 約束を守る

addfain *a* (人・体などが)ほっそりした,均整のとれた

addfwyn *a* 1.(人柄・態度などが)優しい,温厚[柔和]な,おとなしい: gwyn eu byd y rhai ~ [聖書]柔和な人は幸いである(cf *Matt* 5:5) 2.(気候・環境など)快い,快適な

addfwynder : addfwyndra *m* 1.優しさ,親切,おとなしさ 2.(気候などの)温和

addien *a* 1.美しい 2.優しい

addo *t* 1.(人に)約束[誓約]する: ~ rhth i rn 人に何かを約束する 2.誓って(…すると)言う: ~ gwneud rhth 誓って何かをすると言う

addod (-au) *m* 1.保管所,倉庫 2.宝物: ŵy (wyau)~ 擬卵;(将来のための)蓄え 3.家,住居

addoed *m* 1.死 2.傷,害

addoedi *t* [政治](英国などで議会を)停会[閉会]する

addoediad (-au) *m* [政治](英国議会の)停会,閉会

addoer *a* 1.冷たい,寒い 2.悲しい 3.残酷な

addoladwy *a* 崇拝[礼拝]できる

addoldy (-dai) *m* 礼拝所,教会

addolgar *a* 敬虔な,信心深い

addolgarwch *m* 敬虔,崇敬,信心深さ

addoli *t* 1.(神を)崇拝する,崇める 2.(人を)敬慕[熱愛]する
i 拝む,礼拝する

addoliad (-au) *m* [宗教]礼拝(式): ~ sanctaidd 礼拝(式) 2.(神の)崇敬,崇拝

aeddfed

addolwr (-wyr) *m* : **addolwraig (-agedd)** *f* 1.[宗教]崇拝者,礼拝者 2.熱愛者;求愛者

adduned (-au) *f* 1.決意,決心: ~ Blwyddyn Newydd 新年に当たっての決意 2.(特に宗教的性格の)誓い,誓約: addunedau priodas 結婚の誓約; cywiro ~ 誓いを果たす,誓約を実行する; torri ~ 誓いを破る 3.[キ教]誓願

addunedol *a* (誓いによる)奉納[奉献]の: offrwm (-rymau) (*m*) ~[キ教]誓願の奉納物

addunedu : adduno *t* 誓う,誓約する

addunoldeb *m* 献身性

addurn (-au, -iadau) *m* 1.装飾;装身具,装飾品 2.勲章 3.[キ教][通例*pl*]礼拝用品: rhuddell (*f*) yr addurniadau [英教](礼拝用品に関する)礼拝規定

addurnedig *a* 装飾された,飾り立てた

addurniad (-au) *m* 1.装飾;装身具,装飾品 2.[音楽]装飾音

addurniadaeth *f* 装飾主義

addurniadol *a* 装飾の,装飾的な

addurniadwr (-wyr) *m* 装飾主義者

addurno *t* 飾る,装飾する

addurnog *a* = **addurnedig**

addurnol *a* = **addurniadol**

addurnoldeb *m* 装飾性

addurnwaith (-weithiau) *m* (家の)内装,装飾(品)

addurnwr (-wyr) *m* 装飾者,室内装飾業者(ペンキ屋・壁紙張り職人など)

addwyn *a* 1.高潔な 2.優しい 3.立派な

addysg *f* 教育,教授: ~ oedolion 成人教育; ~ gynradd 初等教育; ~ uwch/uwchradd/ uwchraddol 高等教育; ~ iechyd 健康教育; Tystysgrif (*f*) A~ Gyffredinol (英) 一般教育証明書

addysgadwy *a* (人が)教育されうる,教育可能な

addysgadwyedd *m* 教育の可能性,陶冶性

addysgedig *a* 教育を受けた,教育のある

addysgedigrwydd *m* 教養

addysgfa (-feydd, -oedd) *f* 学校

addysgiadol *a* 教育に役立つ,教育[啓発]的な

addysgiadoldeb *m* (教育上の)有益性

addysgiaeth *f* 教育,教授;訓練

addysgol *a* 教育[教授](上)の,学校教育の;教育的な: y byd ~ 教職

addysgu *t* (人に)教育[教授]する
i 人を教育する;家庭教師をする

addysgwr (-wyr): addysgydd (-ion, -wyr) *m* : **addysgwraig (-agedd)** *f* 1.教育者[家] 2.指導教授 3.教育理論家

aeddfed *a* 1.(人・精神・知力などが)円熟[成熟,成人]した 2.(果物・穀物などが)熟した,実った: afal ~ 熟したリンゴ 3.(腫物が)化

aeddfediad   16   **aflednais**

膿した, 寄りができた 4. (ワイン・チーズなどが) 食べ[飲み]ごろの: caws ～ 熟成チーズ 5. [金] (手形などが) 満期の

aeddfediad m (果物の) 成熟

aeddfedol a 成熟の

aeddfedrwydd m 1. (人などの) 円熟, 成熟 2. (果物などの) 成熟 3. [商業] 満期

aeddfedu t 1. (人・心などを) 円熟[発達]させる 2. (果物・穀物などを) 成熟させる 3. (腫物などを) 膿ませる
i 1. (人・心などが) 円熟[発達]する 2. (果物・穀物などが) 熟す, 成熟する 3. (腫物などが) 膿む 4. [商業] (手形などが) 満期になる

aeddfedwr (-wyr) m 熟成促進化合物

ael (-iau) f 1. 眉(毛): crychu ～眉をひそめる 2. 山の端, 坂の頂上: uchel-～ インテリ(向き)の

ael (-oedd) f (犬・豚などの) 一腹の子

aele a 悲しい, 哀れ[悲惨]な

aelgerth f 顎

aelod (-au) m 1. (人・動物の) 手足, 肢 2. 手先, 子分: ～ o'r gyfraiⅠ法律の手先(警官・法律家・裁判官など) 3. (英・米下院の) 議員: A～ Senedol (A. S.) (英) 下院議員 4. [数学] 項, 辺; (集合) 要素

aeolaidd a (音が) 風によって生じた, 風のような

aelodaeth f 1. (組織・団体の) 会員[社員・議員]であること, それらの地位[資格・職]: tâl (m) ～ 会費 2. 会員[社員・議員] 数

aelodfawr a 大きい[強い] 手足の

aelodi i 会員[議員]になる

aelodog a メンバーを有する

aelodwan a 弱脚の

aelwyd (-ydd) f 1. 家, 我が家 2. 家庭, 炉端: a chartref ～ 家庭 3. 炉床: treth (f) ～ [英史] 炉税(1662年にイングランド・ウェールズで始まり, 炉一つにつき2シリングを課したが, 不評のため1689年に廃止され, 間もなく代わりにwindow taxが始められた)

aer (-ion) m : **aeres (-au)** f [法律] 相続人

aer m 空気: ～ cywasgedig 圧縮空気; ～ cyfnewid [生理] 一回呼吸(気) 量

aerdymheru m 空気調節(装置)

aerfa (-feydd) f 1. 戦闘 2. 虐殺(の場所)

aerglo (-eau, -eon) m 1. エアロック, 気閘(圧縮空気の中で工事する時, 高圧部と外部との境界に設ける出入口) 2. (宇宙船・潜函などの) 気密式出入口 3. (パイプ・チューブの中で液体の流れを阻止する) 気泡

aerglos a 気密の

aerglosrwydd m 気密, 密閉

aerofod m 宇宙空間, 航空宇宙: diwydiant (m) ～ 航空宇宙産業

aerofodol a 航空宇宙に関する, 宇宙空間の

aeronen (aeron) f [植物] 液果 漿果, ベリー(イチゴのように核が無く果肉が柔らかで汁を含んだ実)

aeronog a [植物] 1. 液果[漿果]を生じる, ベリーが実っている 2. ベリー[液果, 漿果] 状の

aerwy (-au, -on) m 牛の首輪

aes (-awr, -or) f 盾, 円盾

aestheteg f 美学

aesthetig a 美学の, 美的な

aeth (-au) m 1. 苦痛, 痛み; 悲嘆 2. 恐れ, 畏怖, 衝撃

aether m [化学] エーテル

aethnen (-nau, -ni) f [植物] ヤマナラシ, ポプラ(特にヨーロッパヤマナラシ, アメリカヤマナラシ, オオバヤマナラシ, ポプラなど風に当たって葉の震える種類をいう): crynu fel yr ～ ヤマナラシ[ポプラ] の(葉の) ように震える; dail ～ ポプラの葉

af- pref 不…(この接頭辞はan-の代用でi-, gl-, ll-, rh- の子音で始まる語に付加される)(例) llwyddiannus (成功した)→aflwyddiannus (失敗した); iach (健康な)→afiach (不健康な)

afal (-au) m 1. [園芸] リンゴ, りんご 2. (リンゴに似た) 丸い果実: ～ breuant/freuant 喉仏; ～ sur (afalau surion) (小粒で酸味の強い) 野生リンゴ

afalans (-iau) mf 雪崩

afaleua t リンゴを摘み取る

afallen (-nau) f [植物] リンゴの木

afanc (efync, -od) m [動物] ビーヴァー

afanen (afan) f [植物] 木イチゴ(の実)

afiach a 1. (人が) 不健康な 2. (場所・気候などが) 健康に悪い 3. (精神[肉体]的に) 不健全な, 病気の 4. (感情・物語・曲などが) うんざりする, 嫌になる, いやに感傷的な 5. (食物・味・臭いが) とても嫌な, 胸の悪くなるような, 悪臭のある 6. (空気が) 汚い: awyr ～ 汚れた空気

afiachus a 1. 病気の[で] 2. 病弱な, 病身の 3. 弱々しい, 青ざめた 4. (食物など) 胸の悪くなるような 5. (肉体的・精神的に) 健康によくない 6. (道徳的に) 不健全な

afiachusrwydd m 1. (食物などが) 健康によくないこと 2. 病的状態[性質]; 不健全 3. [医学] 罹病率

afiaith m 1. (笑いさざめくような) 陽気な騒ぎ, 楽しい笑い, 歓喜 2. 熱心, 強い興味

afiechyd (-on) m [医学] 病気, 病弱, 慢性病

afiethus a 陽気 [愉快] な, 楽しい

aflafar a (音声・楽器などが) 耳障りな, 不快な, 調子はずれの

aflafaredd : aflafarwch m 耳障り

aflan a 1. 不潔な, 汚い, 汚れた 2. 悪臭のある 3. (話などが) 淫らな, 卑猥な, 下品な 4. [聖書・神学] 不浄の: ysbryd ～ [聖書] 悪霊, 悪魔 (cf *Mark* 1: 27)

aflawen a (場所・天候・音楽・物などが) 陰気な, 侘しい, 喜び [元気] のない

aflednais a (人の言動などが) 無作法 [下品,

afledneisrwydd / 17 / **afreolaidd**

粗野]な

afledneisrwydd *m* 1.不謹慎 2.無作法, 厚顔, 下品

aflendid *m* 1.(道徳上)下品, 卑猥, 不純 2.不潔, 汚物 3.(宗教的)不浄

afleoledig *a* 1.[医学]脱臼させた 2.[地質]変位させた

afleoli *t* 1.[医学]脱臼させる 2.[地質](地層などを)変位させる

afleoliad (-au) *m* 1.[医学]脱臼 2.[地質]断層, 地滑り

aflêr *a* 1.(人・服装が)だらしない, 無精な 2.(部屋などが)取り散らかした, 乱雑な

aflerwch *m* 1.だらしなさ, 無精, 自堕落 2.取り散らかし, 乱雑

afles (-au, -oedd) *m* 1.(精神的)苦痛 2.損害, 損失 3.損失の原因

aflesol *a* 有害な, 不利益な

afliwiad (-au) *m* 変色, 退色

afliwio *t* 1.変色[退色]させる *i* 変色する, 色あせる

afliwiog *a* 変色した, 色あせた

aflonydd *a* 1.(夜が)眠れない, 休めない 2.不安な 3.(子供が)落ち着きのない, じっとしていない 4.(感情などを)かき乱した 5.(水面などを)波立たせた 6.(惑星の軌道を)乱す

aflonyddiad (-au) *m* 妨害, 邪魔

aflonyddol *a* 不安にする, 心配させる

aflonyddu *t* 1.(人・静穏・平安などを)乱す, 妨げる, (人に)迷惑をかける 2.(計画・仕事などを)妨害する 3.(人・動物を)苦しめる, 悩ます 4.(女性・子供に)性的な嫌がらせをする, しつこく言い寄る 5.(水などを)揺り動かす;(水面を)波立たせる *i* 落着きをなくす[失う]

aflonyddwch *m* 1.(心の)動揺, 不安, 興奮 2.(社会的な)不安, 騒動, 争乱

aflonyddwr (-wyr) *m* : **aflonyddwraig (-agedd)** *f* 1.苦しめる[悩ます]人 2.痴漢 3.妨害[騒乱]者

afloyw *a* (ガラスなどが)不透明な

afloywder *m* (ガラスなどの)不透明

afluniad (-au) *m* 1.(顔・手足などの)歪み, ねじれ 2.(事実などの)歪曲 3.(テレヴィの映像・光などの)ゆがみ

afluniadol *a* 歪んだ, 変形した

afluniaidd *a* 奇形の, 不格好な

afluniedig *a* 歪められた

aflunio *t* 1.(事実・真理などを)歪める, 歪曲する 2.作り損なう

afluniol *a* 歪める, ねじる

afluniwr (-wyr) *m* 歪曲させる人

aflwydd (-au, -ion) *m* 災難, 不運, 不幸(な出来事)

aflwyddiannus *a* (計画・行為などが)不成功の, 失敗した

aflwyddiant (-nnau) *m* 不成功, 失敗

aflwyddo *i* (計画などが)失敗[挫折]する

aflym (*f* **aflem**, *pl* **aflymion**) *a* 1.(刃先などが)鈍い 2.[数学]鈍角の

aflymder : aflymdra *m* 1.(刃先などの)鈍さ, なまくら 2.[数学]鈍角

aflywodraeth (-au) *f* 1.失政, 悪政 2.無秩序, 無政府状態

aflywodraethus *a* 抑制されていない, 抑制[制御]できない

afocado (-s) *m* [植物]アヴォカド(の実)(熱帯アメリカ産): coeden (coed) (*f*) ~ アヴォカドの木

afon (-ydd) *f* 川: ~ wrthlif(afonydd gwrthlif)逆従川; ~ gydlif(afonydd cydlif)(地表面の傾斜の方向に流れる)必従河川; ~ wythiennog (afonydd gwythiennog)[地理]網状流路; glan (-nau)(*f*)~ 川岸, 川の土手

afondduw (-iau) *m* 川の神, 水神

afonfarch (-feirch) *m* [動物]カバ, 河馬

afonig (-au) *f* 小川, 小流, 細流

afonladrad (-au) *m* [地理]川の争奪(ある川の上流が隣の川の流域内に伸びてきてその上流部を奪い取る水系変更現象)

afonol *a* 1.川の, 河川の 2.[生物]河川に生じる[住む] 3.[地質]河川の作用で出来た

afrad : afradlon : afradus *a* 1.物惜しみしない 2.浪費する, 浪費癖のある, 放蕩の: y mab afladlon [聖書](悔い改めた)放蕩息子 (cf *Luke* 15:11~32)

afradlondeb (-au) : afradlonedd : abradlonrwydd *m* 浪費癖, 無駄づかい, 放蕩

afradloni : afradu *t* (時・金などを)浪費する, 無駄づかいする : ~ arian 金を浪費する *i* 浪費する: abrad pob afraid [諺]無駄がなければ不足もない

afradlonwr (-wyr) *m* (時・金などの)浪費[乱費]家

afradwr (-wyr) *m* : **afradwraig (-agedd)** *f* 1.浪費[乱費]家 2.道楽者, 放蕩息子[娘]

afraid : afreidiol *a* 1.不必要[余計]な: ~ dweud 言うまでもなく, 勿論 2.余分の, 有り余る 3.(表現などの)冗長な 4.[電算]冗長性を持つ

afrasol *a* 無礼[無作法]な

afrealaidd : afrealistig *a* 1.非現実[妄想]的な 2.非写実的な

afreidiol *a* 不必要[無用, 余計]な

afreidioldeb *m* 不必要

afreidrwydd *m* 1.(文章などの)冗長 2.[電算]冗長性

afreol : afreolaeth *f* 1.失政, 悪政 2.(社会的・政治的)無秩序, 無政府状態

afreolaidd *a* 1.(時間などが)不規則な, 不定期の 2.(形などが)不揃いの 3.(人・行動など)無法な, 乱れた 4.(場所が)乱雑な 5.[文

afreoleidd-dra 18 **agennu**

法]不規則変化の 6.[法律]治安紊乱の, 公安妨害の 7.[軍事]正規兵でない, 不正規の

afreoleidd-dra *m* 1.不規則性, 変則, 不定期 2.不揃い 3.不正行為, 規則違反

afreolus *a* 1.統制[制御]できない, 手に余る 2.(人・行為など)無法な, 乱暴な 3.[法律]治安紊乱の, 風紀を乱す: ymddygiad ~ 治安紊乱行為

afreswm (-au) *m* 1.不合[不条]理: theatr (*f*) (yr) ~ 不条理演劇 2.愚かさ, 馬鹿げたこと

afresymol *a* 1.不合[不条]理な 2.(人が)非理性的な, 無分別な, 思慮の無い 3.(注意・行動・値段・料金などが)不当[法外]な

afresymolaidd *a* 非合理主義(者)の, 不合理な

afresymoldeb *m* : **afresymoliaeth** *f* : **afresymolrwydd** *m* 不合[不条]理, 不当

afresymoli *t* 理性をなくする, 不合理[不条理]にする

afresymolwr : **afresymolydd (-wyr)** *m* 非合理主義者

afrifed *a* 数えきれない, 無数の

afrllad (-au) : **afrlladen (-nau)** *f*[教会](カトリック・英国国教会でミサの時に用いるパン種を入れずに焼いた)薄焼きパン, 聖餅

afrosgo *a* 1.(人・動作など)不器用な, 動きが鈍い 2.(言い訳などが)拙劣な, まずい 3.(物が)扱いにくい, 不格好な

afrwydd *a* 1.(問題・パズルなどが)難しい, 困難な, 理解しにくい 2.(人が)気難しい, 扱いにくい

afrwyddineb *m* 1.ぎこちなさ, 流暢さの欠如 2.困難, 障害

afrwyddo *t* 1.(通路・入口などを)塞ぐ 2.(進行・活動・視野などを)妨げる, 邪魔する 3.(議事の進行などを)妨害する

afryw *a* 1.異種[異質]の 2.雑多な, 異成分から成る 3.(場合・目的に)不適切な, ふさわしくない 4.(事実・規則・扱い方などが)誤った, 合わない: cyfansoddair ~ *m*[文法]誤った複合[合成]語 5.(人の振る舞いが)無作法な, 淫らな

afrywiog *a* 1.(人が)強性を張る, 性格がひねくれた, 片意地な 2.粗野な, 無作法な 3.(木材が)木目の不規則な 4.[法律](評決が)不当な 5.[精医]性倒錯の 6.[音声]上昇する:deusain (-seiniaid) (*f*) ~ 上昇二重母音(後の母音が前の母音よりも強い二重母音)

afrywiogrwydd *m* 1.ひねくれ根性 2.粗野, 無作法

afu (-au) *m* 1.[解剖]肝臓: sosej (-is) (*f*) ~ レヴァーソーセージ 2.[医学]肝臓病 : dioddef o'r ~ 肝臓が悪い

afwyn (-au) *f* 1.(馬の)手綱 2.統御, 支配

affaith (affeithiau) *m*[心理]感情, 情緒, 感動

affeithiad (-au) *m*[文法]後続する音の影響による母音・子音の変化, 変音(特にケルト語の文法で用いられる)

affeithio *t*[文法](母音・子音に)影響を及ぼす

affeithiol *a*[法律]共犯[従犯]の

affeithioldeb *m*[心理]感情[情動]状態

affeithiwr : **affeithydd (-wyr)** *m*[法律]共犯(者), 従犯

afferol *a*[生理](血管など)輸入性の, 導入の 2.(神経が)求心性の

Affgan : Affganaidd *a* アフガニスタン(人)の

Affganeg *mf* アフガニスタン語
a アフガニスタン語の

Affganiad (-iaid) *mf* アフガニスタン人

Affganistan *f*[地理]アフガニスタン(西アジアの高原にある共和国; 首都Kabul)

affinedd (-au) *m* 1.親近感 2.[化学]親和力

afflau *m* 1.掴む[握る]こと, 把握 2.理解力 3.支配力 4.抱き締めること, 抱擁

affliw *m* 僅か, 少し, 少量; 皆無

affräe (affraeau, affraeon) *f*[法律](公の場所での)乱闘, 騒動

Affrica : Affrig *f*[地理]アフリカ

Affricanaidd *a* アフリカ(人)の

Affricaniad (-iaid) *mf* : **Affricanwr (-wyr)** *m* : **Affricanes (-au)** *f* アフリカ人

affrithiad (-au) *m*[音声]破擦音化

affrithiol *a*[音声]破擦音の

affrithiolyn (-iolion) *m*[音声]破擦音([t], [d]など)

affwys (-au) *m* 底知れぬ深い穴, 奥底 : ~ anobaith 絶望のどん底

affwysedd *m*[修辞]漸降法, 急落(漸次高まった崇高・荘重な文体から急に卑俗で滑稽な調子に転落する表現法)

affwysol *a* 1.奈落の, 深い淵の 2.(貧困・無知など)極端な, 全くの 3.ひどく悪い 4.[地理]深成の

ag *conj*[母音の前で][同程度の比較]…と同じく(のように, ほど): 'rwyf i cyn daled ~ ef 私は彼と同じくらい背が高い *cf* **â**

ag *prep*[母音の前で][同伴]…と一緒に: nid oes gennyf neb y fynd allan ~ ef 私には一緒に出歩く異性の人は誰もいません *cf* **â**

agalen (-nau, -ni) *f* 砥石

agat (-au) *m* 1.[鉱物]めのう, 瑪瑙 2.[印刷]アゲート(5.5ポイント活字)

agen (-nau) *f* 1.(岩石・厚板などの)割れ[裂け]目, 亀裂 2.(自動販売機などの硬貨の)投入口

agenda (-âu) *f* 協議事項[日程]

agendor (-au) *mf*(岩などの)裂け[割れ]目

agennog *a* 割れ目が多い

agennu *t* 1.割る, 裂く, 破る, 割れ目[裂け目, 亀

ager — 19 — **angau**

A

裂]を生じさせる 2.細長い穴を付ける, 細長く裂く

ager *m* 蒸気: baddon (-au)(*m*) ~ 蒸し風呂; codi ~[鉄道](蒸気機関を動かすだけの)蒸気を立てる

agerfad (-au) *m* 蒸気船

agerlong (-au) *f* 汽船, 商船

ageru *t*(水などを)蒸発させる

agerw *a* 1.(動物・人などが)獰猛[攻撃的]な 2.敵意のある, 冷酷な 3.(感情・行為などが)猛烈な, 激しい

agnostig *a* 不可知論(者)の

agnostig : agnostic (-iaid) *mf* 不可知論者

agnostigiaeth : agnosticiaeth *f* 1.[哲学]不可知論 2.[神学]不可知論

agor *t* 1.(閉じている物を)開ける, 開く, 広げる 2.(行動などを)始める, 開始する: ~ sgwrs 会話を始める 3.(店・事業などを)開く, 開始する 4.(心などを)開く, 打ち明ける: ~ eich calon 心のうちを打ち明ける 5.(眺望を)広げる 6.(鉱山・道などを)開発する, 切り開く *i* 1.(ドアなどが)開: ~, Sesame! 開けゴマ[ごま, 胡麻]! 2.(劇場・病院・店などが)開く, 開店[開演]する 3.(人が)心を開く

agorawd (-au) *f*[音楽]序曲, 前奏曲

agored *a* 1.(窓・ドアなどが)開いた, 開いている 2.(店・学校・病院などが)開いている, 営業中で 3.公開の, 自由に参加できる, 出入り自由な: llys ~ 公開の法廷: y Brifysgol A~(英国の)オープンユニヴァーシテイー 4.率直な, 公然の 5.(地位・職などが)空いている, 空位の 6.広々とした, 遮る物の無い: yn yr awyr ~ 戸外[野外]で 7.(病気・影響などに)罹りやすい, 受けやすい 8.覆い[屋根]の無い: car ~ オープンカー 9.(問題など)未解決[決定]の: (会計が)未決済の 10.(刑務所など)開放的な 11.[音声](母音が)広母音の;(子音が)開口的な 12.[法律](法律上)責任があって, 服すべきで: ~ i dreth 税金を払うべきで 13.[音楽](オルガンのパイプが)開口の 14.[軍事](都市などが)無防備の: tref ~ 無防備の町

agorell (-au) *f*[道具]1.(缶切り・栓抜きなどの)開ける道具 2.(錐穴の)穴ぐり具, 拡孔具

agorfa (-âu, -feydd) *f* 1.(管・トンネルなどの)開口部, 穴, 口, 出口 2.(空気・液体などを出し入れする)穴, 通気口 3.[光学](レンズの)口径: cymhareb (cymarebau)(*f*) ~ 口径比

agoriad (-au) *m* 1.穴, 裂け目: ~ cudd 隠された穴 2.開くこと: 開会, 開始: agor (iad) y Senedd 議会の開会 3.鍵 4.[機械]スパナ 5.開ける道具

agoriadol *a* 1.開始の, 初めの: symudiad (-au)(*m*) ~(話などの)切り出し 2.就任式の: darlith (*f*) ~(教授の)就任公開講義

agorwr : agorydd (-ion) *m* : **agorwraig (-agedd)** *f* 開く人; 開始者

agrowr (-wyr) : **agorydd (ion)** *m* 開ける道具: agorwr (-wyr)(*m*) tuniau缶切り

agos *ad*[名詞・形容詞・副詞・前置詞の前で]ほとんど, たいてい: ~ yn farw ほとんど死んだ

agos *a* 1.(場所・時間などが)近い, 近くの: y Dwyrain A~ 近東 2.(関係が)近親の, 親しい: cyfaill ~ 親友 3.よく似た, 本物に近い: cyfiethiad ~ 原文に忠実な訳 4.(数量・時間などが)近似の, おおよその 5.近づいて来る, 差し迫った: ei farwolaeth ~ 彼の差し迫って来る死 6.(自動車・馬(車)が)左側の: yr ochr ~ 左側

agosaol *a* 近づいて来る, 差し迫った

agosatrwydd *m* 友情, 親交, 親密, 親しみやすさ

agosáu *i* 1.(場所・時間などに)近づく, 接近する 2.[ゴルフ]アプローチ(ショット)をする

agosrwydd *m* 1.(時間・場所の)近さ, 近いこと, 接近 2.親しさ, 新蜜, 親交, 縁[関係]の近さ 3.(数量・時間などの)近似 4.切迫, 急迫

agreg (-au, -iadau) *f* 1.[地質]集成岩, 異質鉱物集合体 2.集合[集成](体)

agregu *i*[地質](異質鉱物が)集まる, 集合する

agronomeg *f* 農耕[耕種]学(土壌管理と作物栽培技術に関する学問)

agronomegwr : agronomegydd (-wyr) *m* 農耕[耕種]学者

agwedd (-au) *f* 1.心的態度, 心構え 2.(物事の)様相, 局面: pob ~ ar bwnc 問題のあらゆる面 3.(問題の)見方, 見地 4.[文法]相(開始・終了・継続・完了などを表す動詞の形式) 5.[占星]星の相, 星位

agweddi (-iau) *mf* 1.[法律]寡婦産(亡夫遺留不動産のうち寡婦が終身受け継ぐ部分): tŷ (*m*) ~ (tai agweddiau)[英法]寡婦用住居(相続によって住宅が相続人に移った場合にも寡婦産の一部として特に寡婦のために留保される住居) 2.(新婦の)持参金, 持参の家財道具

agweddol *a*[文法]相の

agwrdd *a*(人・物などが)力強い, 強力[強大]な

an- *pref*[名詞・形容詞・副詞などの前に付けて]非[不, 無]…: anfodolaeth 非存在; 無; anamericanaidd, an-Americanaidd 非アメリカ的な; anseisnig, an-Seisnig 非英国的な; anghymreig, ang-Nghymreig 非ウェールズ的な

angall *a* 思慮のない, 愚か[馬鹿, 無分別]な

angau (angheuau, angheuoedd) *m* 1.死(亡): hyd oni wahaner ni gan ~ 死が私たち二人を分つまで(結婚式での誓約の文句); glyn cysgod ~[聖書]死の影の谷, 死の迫る(苦難の)時 (cf *Ps* 23:4) 2.[A~]死神: yr

angel 20 **anghydweld**

Angau

angel (angylion) *m* : **angyles (-au)** *f*
1.[神学] 天使 2.天使のような人: mae hi'n
angyles 彼女は天使のような人です 3.守護神:
angel gwarcheidiol 守護天使 4.使者, 先触れ:
angel angau 死のみ使い

angen (anghenion) *m* 1.必要, 入用: os
bydd ~, rhag/wrth ~ もし必要なら, まさかの
時に 2.[通例 *pl*] 必要な物: prin yw
fanghenion 私の必要とする物は少ない 3.貧
乏, 貧困, 困窮 4.まさかの時, 難局

angenfilaidd *a* 奇怪な, 奇形の; 怪物のような,

angenoctid *m* 1.(生活必需品などの) 欠乏,
窮乏 2.貧困, 困窮,

angenrheidiol *a* 必要 [入用] な,

angenrheidrwydd *m* 必要, 入用: o ~ 必要
に迫られて, やむを得ず

angerdd *m* 1.(表現・言葉などの) 激しさ, 激
烈 2.熱情, 情熱 3.激怒, 癇癪

angerddol *a* (感情・言動などが) 激しい, 熱烈
な, 情熱的な

angerddoldeb *m* (性質・感情などの) 強烈
[熱烈] さ

anghaffael *m* 1.不幸, 不運 2.欠陥, 欠点

anghall *a* 思慮の無い, 無分別な, 愚かな

anghallineb *m* 無知, 愚行

anghanonaidd *a* 1.[A~](聖書) 外典の
2.(典拠・真偽の) 疑わしい

angharedig *a* 不親切 [不人情] な, 無慈悲な

angharedigrwydd *m* 不親切, 不人情, 無
慈悲

anghariadoldeb *m* 1.無慈悲, 無情 2.不親
切, 不人情

anghefnogaeth *f* 不同意, 不賛成, 反対, 妨
害

anghefnogi *t* 1.落胆させる 2.思いとどまらせ
る, 反対する

anghefnogwr : anghefnogydd (-wyr)
m 不同意 [不賛成] 者, 反対 [妨害] 者

anghelfydd *a* 不器用 [未熟] な

anghellog *a* [生物] 細胞を含まない; 細胞に分
かれていない

anghenfil (angenfilod) *m* 1.怪物 2.怪奇な
形の動物 [植物] 3.極悪非道な人, 悪党: ~
drygionus 極悪人 4.巨大な物

anghenog : anghenus *a* 困窮している, 貧
乏な

anghenraid (angenrheidiau) *m* 必要, 必
須

angheuol *a* 命にかかわる, 命取りの, 致命的な

anghlod *m* 非難, 誹り, けなすこと

anghoel (-ion) *mf* 1.信じ (ようとし) ないこと,
不信 (用), 疑惑 2.不信仰

anghoelio *t&i* 信じない, 信用しない

anghofiedig *a* 忘れられた [ている]

anghofio *t* 1.忘れる, 思い出せない: ~'ch

Cymraeg ウエールズ語を忘れる; ~ urddas 我
を忘れる; 自制心を失う 2.(持ち物を) 置き忘れ
る

anghofrwydd : anghofusrwydd *m* 忘れっ
ぽさ, 健忘症

anghred *f* 1.不信, 疑念 2.不信仰, 不信心

**anghredadun(-iaid, -ion, anghredinwyr):
anghrediniwr (-wyr): anghredwr
(-wyr)** *m* : **anghredinwraig (-agedd)** *f*
1.信じない人 2.不信心 [不信用] 者

anghrediniaeth *f* 1.不信, 疑い深いこと 2.不
信心, 不信仰

anghrediniol *a* 信じようとしない, 懐疑的な

anghredu *t&i* 信じない, 信用しない: ~ yn
rhth 何かを信じない

anghrefyddol *a* 不信心な, 無宗教の

Anghrist (-iau) *m* キリスト (教) の敵 [反対者]

anghristnogol *a* 1.キリスト教精神に反する,
無慈悲な 2.途方も無い

anghroesawgar : anghroesawus *a* もてな
しの悪い, 無愛想な [不親切] な

anghryno *a* 緻密 [簡潔] でない, 散漫 [冗長]
な

anghwrtais *a* 失礼 [無作法] な

anghwrteisi *m* 無礼, 無作法

anghydbwysedd *m* 不均衡

anghydfod (-au) *m* 1.不一致, 不調和 2.意
見の相違 3.不和, 仲違い 4.(気候・食物など
が体に) 合わないこと, 不適合

anghydffurfiaeth *f* 1.不一致, 不調和 2.[し
ばしば A~](英) 国教反対, 非国教主義

anghydffurfiol *a* 1.非協調 (主義) の 2.[しば
しば A~](英) 非国教徒の

anghydffurfiwr (-wyr) *m* :
anghydffurfwraig (-agedd) *f* 1.非協調
主義者 2.[しばしば A~](英) 非国教徒

anghydlif : anghydlifol *a* 流出 [溶解] 性の

anghydlifiad : anghydlifiant *m* 流出; 流
動性; 溶解

anghydnabyddus *a* 1.(人が物事を) よく知ら
ない, 精通していない 2.(物事が人に) よく知ら
れていない, 馴染みの無い, 見慣れない

anghydnaws *a* 1.(人と) 気が合わない, 意気
投合しない 2.(仕事などが) 性に合わない, 適さ
ない 3.(事が) 両立しない, 矛盾する

anghydnawsedd *m* 1.(性格・趣味などの)
不一致, 不相性 2.(仕事などが) 性に合わない
[適さない] こと

anghydryw *a* 異種 [異質] の

anghydsynio *a* 1.(人と) 意見が合わない [違
う] 2.(話・報告・数字などが) 一致しない
3.(気候・食物などが) 体に合わない

anghydweddol *a* = **anghydnaws**

anghydweld *i* (人と) 意見が違う [合わない]

anghydwelediad *m* = **anghydfod**

anghyfaddas *a* 1.不適当[不適切, 不似合い]な 2.不適任[不向き]で

anghyfaddasu *t*（人の）資格を奪う, 不適任と判定する,（人を）無資格にする

anghyfamodol *a* 契約[誓約]に基づかない

anghyfanedd-dra *m* 1.荒廃させること 2.荒廃（の状態）; 荒地

anghyfanheddle (-aneddleoedd) *m* 荒れ果てた場所, 荒地

anghyfanheddol *a* 1.荒廃させる 2.侘しくさせる 3.砂漠のような, 住む人もいない

anghyfannedd *a* 1.（島・場所など）人の住んでいない, 無人の, 人気のない, さびれた:pentref ~ さびれ果てた村, 廃村 2.（土地など）荒れ果てた, 荒涼とした, 砂漠のような

anghyfansoddiadol *a* 憲法違反[違憲]の

anghyfansoddiadoldeb *m* 憲法違反, 違憲

anghyfartal *a* 1.（数・量・大きさなどが）等しくない, 同等でない 2.不平等[不釣り合い]な: cystadleuaeth ~ 不公平な試合 3.（人が仕事などに）適さない, 耐えられない 4.（考えなど）異なる, 共通点のない

anghyfartaledd : anghyfartalrwydd : anghyfartalwch *m* 1.不均衡, 不釣り合い, 不平等 2.不適任

anghyfarwydd *a* 1.（人が物事を）よく知らない, 見たことがない, 馴染みのない,（…に）通じていない, 不慣れで: mae'r pwnc yn hollol ~ iddo 彼はその問題には全く通じていない 2.（物事が人に）よく知られていない

anghyfeb *a*（動物の雌が）子を産まない, 不妊の

anghyfebrwydd *m*（動物の雌の）不妊

anghyfeillgar *a* 不親切[冷淡]な; 敵意のある

anghyfeillgarwch *m* 不親切, 疎意, 隔意

anghyfesur *a* 1.（大きさなどが）同じ基準で計れない, 比較にならない, 桁違いの 2.[数学] 共通因数を持っていない

anghyfiaith *a* 1.外国の: gair（geiriau）~ *m* 外国の言葉 2.異質な, 相いれない

anghyfiawn *a* 1.不公平[不当]な 2.[宗教] 罪深い

anghyfiawnder (-au) *m* 1.不公平, 不公正 2.不法[不正]行為

anghyflawn *a* 1.不完全[不十分]な, 未完成の 2.[文法] 他動（詞）の: berf ~ 他動詞; berf gyflawn（berfau cyflawn）自動詞

anghyflawnder *m* 1.不完全, 不十分, 未完成 2.[文法]（動詞の）他動性

anghyfleus *a* 不便[不自由, 迷惑]な, 都合の悪い

anghyfleuster (-au) : anghyfleustra *m* 1.不便, 不自由, 不都合, 迷惑 2.不便[迷惑]

なこと

anghyflogadwy *a*（労働者として）雇えない, 雇用に向かない

anghyflogadwyedd *m* 失業の可能性

anghyflogaeth *f* 失業

anghyflogedig *a* 仕事のない, 失業した

anghyfnewidiol *a* 変化の無い, 不変[不易]の

anghyfnewidioldeb *m* 不変(性), 不易性

anghyfraith *f* 不法（行為）, 無法（状態）

anghyfranadwy : anghyfrannol *a*（秘密・悲しみなどを）伝える[言う]ことが出来ない

anghyfranoldeb *m* 伝達不可能

anghyfreithlon *a* 1.不法[違法, 不合法]の: aflonyddu（*vn*）~ 違法なハラスメント[嫌がらせ] 2.（子供が）私生[非嫡出]の

anghyfreithlondeb :
anghyfreithlonrwydd *m* 1.不法, 違法 2.非嫡出, 庶出

anghyfreithloni *t* 非合法化する

anghyfreithloniad *m* 違法化

anghyfrifol *a* 1.（人・行動が）無責任な 2.（人が）責任能力の無い; 責任を負わない

anghyfrifoldeb *m* 無責任, 責任を負わぬこと

anghyfforddus *a*（椅子・部屋などが）心地よくない, 座り[着, 履き]心地の悪い

anghyfforddusrwydd *m* 不快感, 居心地の悪さ

anghyffredin *a* 普通でない, 異常な, まれな, 珍しい

anghyffredinedd *m* 普通でない事, 異常, 珍しさ

anghyffwrdd *a* 1.触れることの出来ない 2.実体のない, 無形の 3.（雲を掴むように）掴み所がない; 不可解な

anghyffyrddoldeb *m* 1.触れることができないこと 2.（問題などの）掴み所のなさ

anghyffyrddus *a* = **anghyfforddus**

anghymaroldeb *m* 比べる物のないこと, 比類のなさ, 無比, 無類

anghymedrol *a* 1.節度のない 2.法外な, 過度の

anghymedroldeb *m* 1.節度のないこと, 不節制 2.過度, 極端

anghymen *a* 1.無謀な 2.大胆[勇敢, 果敢]な 3.愚か[馬鹿, 無分別]な 4.獰猛[凶暴]な

anghymeradwy *a* 受入れられない, 認められない

anghymeradwyaeth *f* 不同意, 不賛成, 不満

anghymeradwyo *t* 不(認)可とする
i 賛成しない, 不賛成である, 難色を示す: ~ gwneud rhth 何かがなされることに賛成しない

anghymeradwyol *a* 不賛成を示す, 不満の: golwg ~ 不満の顔つき

anghymeradwywr (-wyr) *m* :

anghymeradwywraig (-agedd) *f* 不同意を唱える人, 不賛成の意を示す人

anghymesur *a* 1.非対称的な, 不均衡 [不釣合い] の: plyg (-ion) ~ *m* [地質] (地層の) 非対称褶曲 2.節制のない, 中庸を欠いた 3.過度の, 法外な 4.(大きさなど) 比較にならない, 桁違いの 5.[数学] 通約できない 6.[植物] 非相称の

anghymesuredd *m* 1.不釣合い, 不均整; 非対称 2.過度 3.[数学] 通約不可能性 4.[植物] 非相称 *cf* **anghymedrodeb**

anghymharol *a* 1.比べる物の無い, 比較の出来ない 2.無類 [無比] の

anghymharus *a* 1.不似合 [不釣合] いの 2.(人と) 気性が合わない 3.両立しない, 矛盾する

anghymhendod *m* 1.無精, 乱雑, だらしなさ 2.愚かさ 3.下品, 無作法

anghymwyster (anghymwysterau) *m* 1.不適任, 不向き 2.[法律] 無能力, 無資格, 資格剥奪 3.失格理由

anghymodlon *a* 1.(人など) なだめにくい, 和解しにくい 2.(恨みなど) 執念深い

anghymodlondeb *m* 1.なだめ難いこと 2.執念深さ

anghymwys *a* 1.不適格 [不向き] な 2.[法律] 失格した

anghymwyso *t* 資格を奪う, 失格させる

anghynefin *a* 1.(物事が人に) よく知られていない 2.(人が物事をよく知らない: yr wyf in ~ ag ef 私はそれをよく知りません 3.慣れていない, 不慣れの

anghynefindra *m* よく知ら (れてい) ないこと, 不案内, 不慣れ

anghynhyrchiol *a* 非生産的な, 成果を上げない

anghynnes *a* 1.憎悪すべき, とても嫌な 2.(人・態度などが) 冷淡な, よそよそしい

anghynyrchioldeb *m* 非生産性, 不毛, 無効果

anghysbell *a* (場所が) 人里離れた, 辺鄙な, 片田舎の: mae'r pentref braidd yn ~ その村はかなり辺鄙です

anghyson *a* 1.両立しない, 矛盾する 2.比較できない

anghysonair *a* 1.(問題などが) 異論のある, 議論を呼びそうな 2.(人が) 議論好きな 3.[法律] 係争の

anghysondeb (-au) : anghysonder (-au) *m* 1.不一致, 矛盾 2.矛盾した事物

anghysur (-on) *m* 1.(体・ベッドなどの) 不愉快, 心地悪さ 2.不快な事, 不便

anghysuro *t* 不快にする, 苦しめる, 落胆させる

anghysurus *a* 1 = **anghyfforddus** 2.(人が) 気持の落着かない, 不安な, 気詰まりな

anghysylltiad *m* 1.支離滅裂, 矛盾 2.矛盾した考え [言葉]

anghysylltiol : anghysylltus *a* (考え・発言などが) 筋の通っていない, 支離滅裂な

anghytbwys *a* 1.不均衡な 2.(人が) 心の平衡を失った, 判断力を欠いた, 錯乱した 3.(力などが) 平衡していない, 釣り合わない 4.[物理] (車輪などが) 不安定な, ぐらぐらする 5.[商業] (勘定が) 未決算の

anghytbwysedd *m* 傾斜性

anghytgord (-iau) *m* 1.不一致, 不和, 仲違い 2.[音楽] 不協和 (音)

anghytrig *a* 対応 [相当] する

anghytûn *a* 1.(人と) 性質 [気質] が合わない, 調和しない 2.(事と事と) 両立しない, 矛盾する 3.(意見などが) 一致しない

anghytundeb (-au) *m* 1.不一致, 不調和, 意見の相違 2.不和, 争い 3.(気候・食物などが体に) 合わないこと

abghytuno *i* 1.(人と) 意見が合わない 2.(話・報告・数字などが) 一致しない, 違う 3.(気候・食物などが) 合わない, 害になる

anghywair *m* (修理・手入れ不足による) 破損 (状態), 荒廃

anghyweithas *a* 1.つむじ曲がりの, 片意地 [強情] な 2.(行為など) 無礼 [無作法] な 3.未開の, 野蛮な

anghywir *a* 1.(答え・説明などが) 正しくない, 間違った, 誤った: mydd ar y trên ~ 間違った列車に乗る; rhif (-au) ~ *m* (電話) 間違った番号 2.(道徳的・法的に) 悪い, 不正な 3.(人・行動などが) 不 (誠) 実な: cyfaill ~ 不信の友 3.(物が) 本物でない, 偽の, 人造の 4.(機械・器具などが) 不完全な, 欠陥 [欠点] のある

anghywirdeb (-au) *m* 1.不正確, 杜撰 2.誤り, 間違い, 3.不誠実, 裏切り

angladd (-au) *mf* 葬式, 告別 [埋葬] 式: gwasanaeth (-au) (*m*) ~ 埋葬式; ~ cyhoeddus 公葬

angladdol *a* 葬式 [埋葬] の

Anglicanaidd *a* [教会] 英国国教会の: yr Eglwys A~ *f* 英国国教会

Anglicaniad (-iaid) *mf* : **Anglicanwr (-wyr)** *m* : **Anglicanes (-au)** *f* [教会] 英国国教徒

angoel (-ion) *mf* 1.信じない事, 不信 2.不信心, 不信仰

angof *m* 1.忘却, 忘れ去ること 2.忘れられている状態

angor (-au, -ion) *m* 1.[海事] 錨: ~ blaen 主錨 (船首の大きい錨); codi ~ (出帆のために) 錨を上げる; bwrw ~ 錨を降ろす, 停泊する 2.頼りになるもの, 頼みの綱

angoredig *a* 錨を下ろした

angorfa (-fâu, -feydd) *f* [海事] 停泊地, 投錨地

angori *t* 1.(船を) 停泊 [錨泊] させる 2.(物を)

固定する, つなぐ

i 1.(船が) 停泊する, 投錨する 2.(物が) 固定する

angorle (-oedd) *m* = angorfa

angorwr (-wyr) *m* [スポ] 1.(綱引きの) 最後尾の人 2.(リレーチームの) 最後の走者 [競泳者], アンカー

angwanegu *t* 1.(数・量などを) 増やす, 増加させる, 加える, 追加する, 大きくする 2.(質などを) 強める, 増進させる

i 1.(数・量などが) 増える, 多く [大きく] なる 2.(質などが) 強まる, 著しくなる

angylaidd *a* 天使の (ような)

ai *interrog part* [疑問小詞]: ~ Iwan dorrodd y ffenest 'ma? この窓を割ったのはイワンでしたか (それとも他の人でしたか)? *cf* a

ai *conj* 1.または, あるいは, …か…: ~ bachgen yw, yn teu merch? その子は少年ですか, それとも少女ydyw? ~ bachgen ~ merch ydyw? その子は少年ですか, それとも少女ですか?; ~ gwenci, neu garlwm, neu rywbeth tebyg, oedd ef? それはイタチでしたか, ストートでしたか, それとも何かそのようなものでしたか? 2.[関節疑問の名詞節を導いて] …かどうか: gofynnais ~ dyn a welodd hi 私は彼女が見たのは男の人なのかと尋ねた 3.[相関接続詞] …かまたは…か: un/nail ~ dewch i mewn neu [ynteu] ewch allan 入るか出るかどっちかにしなさい 4.[譲歩の副詞節を導いて] …であろうとなかろうと (いずれにせよ): byddwn I gyd yn marw, [pa] un ~ heddiw neu yfory 今日であろうと明日であろうと, 私たちは皆必ず死ぬであろう

AIDS *m* [病理] エイズ, 後天性免疫不全症候群

aidd *m* (仕事・宗教・政治などの) 熱意, 熱心, 熱中, 熱情

Aifft *f* [地理] エジプト (Egypt) (アフリカ北部の共和国; 首都Cairo): yr A~ エジプト

aig (eigiau) *f* 大勢, 多数, 大群, 多量

aig *f* 海, 海洋, 大洋

ail *a* 1.2番目の, 第2の: byw ar yr ~ law 3 [2] 階に住む 2.よく似た, 再来の: mae'n ~ Ddickens 彼は第2のディケンズだ

ail- *pref* 再び, また, 新たに: ailaddysgu 再教育する; ailbriodas (-au) *f* 再婚

ailadrodd *t* 1.繰返して言う 2.要点を繰返す, 要約する 3.繰返して行う 4.[音楽] (前提部の旋律を) 再現する

ailadroddiad (-au) *m* 1.(言葉・物語などの) 繰返し, 反復 2.要点の繰返し, 要約 3.[音楽] 反復奏, レペティション

ailadroddol *a* 1.繰り返しの, 反復性の 2.要約的な 3.[音楽] 再現部の

ailarholiad (-au) *m* [教育] 再受験

ailbriodas (-au) *f* 再婚

ailbriodi *t&i* 再婚する

ailbrisiad (-au) *m* 1.再評価 2.[経済] 平価切

上げ

ailbrisio *t* 1.再評価する 2.[経済] 平価を切り上げる

aildrefnu *t* 1.(物を) 再整理する; 再配列する 2.(会議・約束などを) 変更する

aildrydaniad (-au) *m* [電気] (電池の) 再充電

aildrydanu *t* [電気] (電池を) 再充電する

ailenedigaeth (-au) *f* 再生, 復活, 復興

aileni *t* 再生 [復活] させる

i 再生 [復活] する

Ailfedyddiaeth *f* 1.[キ教] 再洗礼主義 (1523年ZurichでZwingli派から起こった新教の一派の教義で, 成年後の再洗礼の必要と全身浸礼・政教分離などを主張する) 2.再洗礼 [浸礼]

Ailfedyddiol *a* [宗教] 再洗礼派の

Ailfedyddiwr (-wyr) *m* : **ailfedyddwraig (-agedd)** *f* [キ教] 再洗礼主義者

ailgylchadwy *a* 再生利用できる

ailgylchedig *a* 再生利用した

ailgylchu *t* (廃物を) 再生利用する

ail-law *a* 1.中古 [古物] の; 古物を商う 2.間接の, 受け売りの: siop (*f*) lyfrau (siopau llyfrau) 古本屋

ail-lenwad (-au) *m* 新補充物, (元の容器を利用しての) 詰替え品; (ボールペンなどの) 替芯

ail-lenwadwy *a* 補充 [詰替え] できる

ail-lenwi *t* 再び満たす [詰める], 補充する

ailolygiad (-au) *m* 校訂 (本)

ailosod *t* = aildrefnu

ailosodiad (-au) *m* 再整理 [配列]

ailystyriaeth (-au) *f* 1.再考 2.再審議

ailystyried *t* 1.再考する, 考え直す 2.(動議・投票などを) 再審議する

Ainw (Ainwaid) *mf* アイヌ人

Ainw : Ainweg *mf* アイヌ語

Ainwaidd *a* アイヌ (族) の

Ainweg *a* アイヌ語の

âl (alau, aloedd) *f* (雌牛の) 出産

alabastr *m* [鉱物] 雪花石膏

alabastr : alabastraidd *a* 雪花石膏製の

alaeth *m* 1.悲嘆 2.後悔

alaethu *t&i* (人の死・不幸などを) 嘆く, 悲しむ

alaethus *a* 1.悲嘆に暮れている, 悲しんでいる, 悲しげな 2.(知らせなどが) 悲しませる, 痛ましい

alai (-au, -on) : ale (-au, -on) : ali (-iau) *f* 1.(庭園・公園などの) 小道, 遊歩道 2.[建築] 側廊 3.[教会] (教会堂の座席列間の) 通路 4.(劇場・講堂・レストランなどの) (座席間の) 通路 5.(人込みの中などの) 通路 6.[ボウ] レーン 7.[海事] (船と波止場を連絡する) 道板

alarch (eleirch, elyrch) *m* 1.[鳥類] ハクチョウ, 白鳥 : mae pob gŵydd yn ~ iddo 人は何

alarches 24 **alpaidd**

でも自分の物はいいと思っている; ~ du (elyrch duon) コクチョウ, 黒鳥 2.詩人: A~ yr Afon エイヴォンの白鳥 (Shakespeareの俗称)

alarches (-au) *f* 雌の白鳥

alaw (-on) *mf* 1.[植物] ユリ, ゆり, 百合 (の花): ~ crewyll [植物] スズラン, 鈴蘭 2.睡蓮 3.[音楽] 旋律, 曲, メロデイー

alban (-au) *m* 1.昼夜平分時, 春 [秋] 分, 彼岸の中日: A~ Elfed 秋分, 秋の彼岸の中日; A~ Eilir 春分, 春の彼岸の中日 2.[天文] 至: A~ Hefin 夏至; A~ Arthan 冬至

Alban *f* [地理] スコットランド (Scotland) (Great Britain島の北部を占め, England, Wales, Northern Irelandなどと共にthe United Kingdomを構成する; 1707年にEnglandと合併するまでは独立国であった; 首都Edinburgh); yr A~ スコットランド

Albanaidd *a* スコットランド (人) の

Albanwr (-wyr) *m* : **Albanes (-au)** *f* スコットランド (婦) 人

albinaidd : albino *a* 白子の

albinedd *m* 1.[生物] 白化, 白変種 2.[病理] 白子

albino (-aid, -s) *mf* = albinedd

albwm (albymau) *m* 1.アルバム (写真 [切手, 絵葉書] 帳など) 2.(レコード [カセット, CD の] アルバム: ~ stampiau (収集家の) 切手帳

alcali (-ïau) *m* [化学] アルカリ

alcaliaidd : alcalin : alcalinaidd *a* [化学] アルカリ性の

alcalinedd *m* [化学] アルカリ性

alcam *m* [金属] すず, 錫

alcemeg *f* : **alcemi** *f* 錬金術

alcemydd (-ion) *m* 錬金術師

alcof (-au) *mf* 1.(室内の) 入り込み 2.壁龕, 凹所, 床の間

alcohol *m* 1.[化学] アルコール 2.アルコール飲料, 酒

alcoholaidd *a* アルコール (入り) の

alcoholiaeth *f* アルコール依存症, アルコール中毒 (症)

alcoholig (-ion) *mf* アルコール中毒者

alch (-au, eilch) *f* 1.[料理] (肉・魚などを焼く) 焼き網 2.(暖炉の) 鉄格子, 火床

aldramon (-myn) *m* 1.(イングランド・ウエールズの州 [市, 町] 議会の議員により選出される) 参事会員, 上級議員 (1974年に廃止) 2.(米国・オーストラリアの) 市会議員, 区長

alegoraidd : alegorïaidd : alegorig *a* 寓話の, 寓話的な

alegori (-ïau) *f* 1.例え話, 寓話 2.[修辞] 寓喩

alegorïwyr (-ïwyr) *m* 寓話作者

alergaidd : alergol *a* 1.[病理] アレルギー (性) の 2.大嫌いな

alergedd (-au) *m* 1.[病理] アレルギー 2.反感, 毛嫌い

alergydd (-ion) *m* アレルギー専門医

alfeolaidd *a* [解剖] 歯槽の

alfeolws (-oli) *m* [解剖] 歯槽

alga (-âu) *m* [植物] 藻

algaidd *a* [植物] 藻の

algebra (-âu) *mf* 代数学

algebraidd *a* 代数 (学) の

algebreg *f* = algebra

algebrydd (-ion) *m* 代数学者

Algeraidd *a* アルジェリア (人) の

Algeria *f* [地理] アルジェリア (北アフリカの共和国; 1962年フランスから独立; 首都Algiers)

Algeriad (-iaid) *mf* アルジェリア人

algorithm (-au) *m* [数学] 互除法: ~ Ewclid ユークリッドの互除法

algorithmig *a* [数学] 互除法の

alias (-au) *m* 別名, 偽名
ad (特に犯人が) 別名は…, またの名は…

alibi (-ïau) *m* [法律] アリバイ, 現場不在 (証明): profi ~ アリバイを証明する

aliniad (-au) *m* 1.一列 [一直線] にすること, 一列整列 2.一直線

alinio *t* 一直線に並べる, 一列に揃える

aliwn *a* = anghyfiaith

aliwn (-s) *m* 外国 [異邦] 人

alm : alwm *m* [化学] みょうばん, 明礬

Almaen *f* [地理] ドイツ (Germany) (ヨーロッパ中北部の連邦共和国; 1949年東西に分裂; 90年統一; 首都Berlin): yr A~ ドイツ

Almaenaidd : Almaenig *a* ドイツ (人) の

Almaeneg *mf* [言語] ドイツ語
a ドイツ語の

Almaenwr (-wyr) *m* : **Almaenes (-au)** *f* ドイツ (婦) 人

almanac (-iau) *m* 1.暦, カレンダー 2.年鑑

almanaciwr (-wyr) *m* 暦 [年鑑] の編集者

almon : almwn (-au) *mf* [植物] アーモンド: almon melys/felys (almonau melys) スイートアーモンド

almonwydden (almonwydd) *f* [植物] アーモンドの木

aloewydden (aloewydd) *f* [植物] アロエ

aloi (-au, -on) *m* [冶金] 合金: dur (m) ~ 合金 [特殊] 鋼

alotio *t* (資金・時間などを) 当てる, 充当する

alotiad (-au) *m* 1.割当, 分配 2.分け前

alotrop (-au) *m* [化学] 同素体

alotropaeth *f* : **alotropedd : alotropi** *m* [化学] 同素

alp (-au) *m* [地理] 高山: yr Alpau アルプス (山脈); Alpau'r Swistir スイスアルプス

alpaca (-od) *m* 1.[動物] アルパカ (南米ペルー産の家畜) 2.[織物] アルパカ毛織

alpafr (alpeifr) *f* [動物] アイベックス, 野性ヤギ

alpaidd *a* [地理] 1.アルプス山脈の 2.高山の;

alsoddeg 25 **alltudedd**

blodau ～ 高山の花; porfa (-feydd) (f) ～ アルプスの牧草地 [牧場]

alsoddeg f = algebra

altimedr (-au) m [航空] 高度計

alto (-s) m [音楽] 男性最高音 (域); f 女性最低音 (域)
a [音楽] アルト: cleff (-iau) (m) ～ アルト記号

altrad (-au) m 1.変更, 改造, 手直し 2.変更 [改造] 箇所

altro t 1.(形・性質・位置などを部分的に) 変える, 改める 2.(衣服を) 作り替える: ～ sgert [洋裁] スカートを作り替える
i 変わる, 改まる

alwminiwm (-iymau) m [化学] アルミニューム: ffoil (m) ～ アルミフォイル

Alzheimer m アルツハイマー: clefyd ～ [病理] アルツハイマー病

allafon (-ydd) f [地理] (本流から分かれた) 分流

allan ad 1.外へ [に]; 外出して: mynd ～ 外出する; cael noson ～ 一夜を外で遊び明かす 2.旅行へ [に]; 海上 [外国] へ [に] 3.(潮が) 引いて 4.(外へ) 突き出て, 伸びて 5.間違って; 損をして 6.流行しなくなって 7.(関節などが) はずれて 8.(クリ・野球) アウトで 9.(ゴルフ) アウト (前半の9ホールを) 終了して 10.[政治] 政権を離れて: mae'r Toriaid ～ トーリー党は野党になった 11.(太陽・星などが) 現れ出て

allanfa (-feydd) f 出口: ～ frys 非常口

allanol a 1.外部の; 外側の: y gŵr ～ m 外なる人, 肉体 2.外面 [表面上] の 3.無関係の, かけ離れた 4.対外的な, 国外の, 外交上の 5.[医学] 外用の 6.(英) (試験官が) 学外の: arholwr ～ 学外からの試験官

allanoldeb m 1.外部 [外面] 性 2.[論理] 外界存在性, 外在性

allanoli t 1.(感情・考えなどを) 外面 [客観] 化する 2.[心理] (感情・観念などを) 外在化する

allanoliad (-au) m 1.具体 [外面] 化 2.[心理] 外在化

allanoliaeth f 1.外形主義 2.外界崇拝 3.外在論

allblyg : allblygol a [心理] 外向性の

allblygedd : allblygiad m [心理] 外向性

allborthladd (-oedd) m [海事] 外港

allbrint (-iau) : allbrintiad (-au) m [電算] (印字装置による) プリントアウト; 印字されたもの

allbwn (-bynnau) m 1.生産 (物, 高) 2.[電算] アウトプット, 出力 (信号, 操作)

alldafliad (-au) m [物理] 1.原子灰の降下 2.放射性降下物,「死の灰」

alldaflu t [生理] 排泄する

allddod i 発生 [出現] する

allddodyn (-ddodion) m 代用品

allergedd m 1.[病理] アレルギー 2.反感, 毛嫌い

allfa (-feydd) f 1.(下水道などの) 出口 2.(感情などの) はけ口

allforio t&i (商品・原料などを) 輸出する

allforiwr (-wyr) m 輸出者 [商,業者,国]

allforol a 輸出の

allforyn (-forion) m 輸出 (品): allfforion anweledig [経済] (資本・サーヴィスなどの) 見えざる輸出

allfrig a (需要などの) ピークを過ぎた, 最高時をはずれた: 閑散期の

allfro m 1.外国人 2.外国

allfudiad (-au) m (他国への) 移住

allfudo i (他国へ) 移住する

allfudol a 1.(他国へ) 移住 (民) の

allfudwr (-wyr) m : **allfudwraig (-agedd)** f (他国への) 移民, 移住者

allfwriad m (祈り・呪文による) 悪魔 [厄] 払い

allfwriwr (-wyr) m 1.悪魔払いの祈祷師 2.[カト] 祓魔師

allfwrw t (悪霊などを) 追い払う, 厄払いする

allgar : allgarol a 愛他 [利他] 主義の

allgaredd : allgarwch m 愛他 [利他] 主義

allgarwr (-wyr) m : **allgarwraig (-agedd)** f 愛他 [利他] 主義者

allglofan (-nau) mf [政治] 飛び領土 (本国から離れて他国内に入り込んでいる領土; 飛び領土の主権国から言う語で, その領土が入り込んでいる外国からはclofan (-nau) と言う)

allgofnodi i [電算] ログオフ [ログアウト] する (電子計算機の使用を終了する)

allgylch (-au) m [数学] 傍接円

allgyrchol a [物理] 遠心性 [力] の: grym ～ m 遠心力

allgylchu t [数学] (三角形の外側に円を) 傍接させる

allor (-au) f [キ教] 祭壇, 聖餐台: allorfaen (-feini) m (祭壇の) 祭石

allordal (-iadau) m (祭壇への) 供物

allorwr (-wyr) m [カト] (ミサの) 侍者

allosod t 1.[数学・統計] (既知の数値などから未知の数値などを) 補外 [外挿] する 2.(既知の事実から将来のことを) 推測 [推定] する
i 1.[数学・統計] 補外 [外挿] 法を行う 2.推測する

allosodiad (-au) m 1.[数学・統計] 補外 [外挿] 法 2.推定

allt (elltydd) f 1.(道路の) 坂, 傾斜 2.山腹

alltaith (-teithiau) f 探検旅行, 遠征

alltraeth a (風が) 沖に向かう

alltud (-ion) mf 1.亡命者 2.追放人

alltud : alltudiedig a 1.亡命した 2.追放された

alltudedd : alltudiaeth (-au) f 1.亡命 2.追放

alltudio *t* (故国から) 追放する

alltudiwr(-wyr) *m* : **alltudwraig(-agedd)** *f*
追放する人

allwedd (-au, -i) *f* 1. 鍵 : gadael yr ~ yn clo
ドアに鍵をさしたままにしておく 2. (問題・謎など
を解く) 鍵, 手掛かり 3. (図形などの) 解説
4. (ピアノ・吹奏楽器などの) キー, 鍵 5. [音楽]
(譜表の) 音部記号 6. 小さなスパナ 7. [*pl*]
[神学・カト] 教皇権 : awdurdod (*m*) yr
allweddau 教皇権 8. [植物] 翅果, 翼果

allweddell (-au) *f* (ピアノなどの) 鍵盤, キー
ボード

allweddol *a* 主要[重要]な : gweithiwr (-wyr)
~ *m* 主要労務者

allweddu *t* 鍵をかける[で締める]

allwyriad (-au) *m* 1. (進路などの) 曲がり, 逸
れ 2. [物理] たわみ, 偏向, 振れ 3. [電工] 偏
向

allwyro *t* (光線などを一方に) 逸らす, 偏向させ
る, 曲げる
i (光線などが進路から) 逸れる, 偏る, 曲がる

allwyrol *a* 逸れを生じる, 偏向的な

allwyrydd (-ion) *m* [機械] (気流・燃焼ガス
調節用) デフレクター, 変流器, 逸らせ板

allyriad (-au) *m* (ラジオ電波の) 送達, 送波

allyrredd *m* [化学・物理] 放射率

allyrrol *a* 放射性の

am *conj* …だから[なので], 何故ならば…だか
ら : fe'i cymerais ~ fy mod mor newynog
私はとても空腹だったので, それを飲んだ[食べ
た] ; fe ohirlwyd y cyfarfod ~ fod cynllieid
o bobol wedi dod ほんの少数の人しか来な
かったので, 会議は延期された

am *prep* 1. [交換・代償] …と引き換えに ; (商品
など) に対して ; …の金額 [値段] で : gwerthu
rhth ~ ddeg punt 何かを10ポンドで売る 2. [時
間・距離] …の間 : carchar (*m*) ~ oes [法律]
終身刑 3. [目的・意向] …のために[を目的とし
て] : mynd ~ dro 散歩に行く 4. [準備・保
全・防止] …に備えるために[の] ; …を保つた
めに[の] : mae'r cyfarfod ~ 7:30 i
ddechrau ~ 8:00 会は8時に開始のため出席
は7時半からとします 5. [感情・趣味・適性など
の対象] …に対して, …を理解する : mae hi'n
dda ~ ddewis lliwiau 彼女は色を見る目があ
る 6. [対応・対比] …に対して : cyfieithwch
air ~ air 逐語訳をする 7. [慣用表現] : ~ a
wn i 多分, 恐らく 8. [時・年齢] … (歳の時)
に : ~ chwech (o'r gloch) 6時に 9. [数量・費
用・代価] …で : bris rhad 安い値で10. [方
向・目標・目的] … (をねらって), …に (向かっ
て) : chwerthin ~ ben rhn 人を (あざけり) 笑
う 11. [関係・従事] …について[関して], …に
従事して : ~ beth mae hi'n sôn ? 彼女は何に
ついて話していますか? ; beth ~ heynd allan
? 外出してはどうですか? 12. [周囲・周回]

の周りを回って, …を一周して : 'roedd ei
freichiau ~ ei gwddf 彼は彼女の首を抱いて
いた 13. [希望・願望] …したい : 'rwyf ~
ymuno 私は中に入りたいです 14. [付着・所
持] …を身に付けて[所持して] : het ~ ei ben
彼がかぶっている帽子 15. [動作の方向] …に
向かって : martsio ~ Lundain ロンドンに向
かって行進する

am *a* [感嘆文] 何という : ~ syniad！何という途
方も無い考えだ！

amaeth *m* 農業, 農学 : y Weinyddiaeth (*f*)
A~ 農業省

amaethadwy *a* 1. (土地など) 耕作できる
2. (果樹など) 栽培できる 3. (能力など) 啓発で
きる

amaethdy (-dai) *m* 農家, 農場主の住宅

amaethu *t* (土地を) 耕す, 耕作する
i 耕作する, 農業をする, 農場を経営する

amaethwr (-wyr) : **amaethydd (-ion)** *m*
1. 農学者 2. 耕作者, 農業家, 農場主, 農場経
営者

amaethwraig (-agedd) *f* 農場の女主人 ;
(特に) 農場主の妻

amaethyddiaeth *f* = amaeth

amaethyddol *a* 農業[農学]の

amalgam (-au) *m* 1. 混合物 2. [冶金] アマル
ガム 3. [鉱物] 天然アマルガム

amarch *m* 無礼, 失礼

amarchu *t* (人に) 失礼をする, 無礼な態度を取
る

amatur (-iaid) *mf* 1. アマチュア, 素人 2. 愛好
家
a アマチュアの, 素人の, 専門家でない : theatr
~ アマチュア演劇

amaturaidd *a* 素人臭い, 未熟な

amaturiaeth *f* 1. 素人芸, 道楽 2. [スポ] アマ
チュアの資格

amau *t* 1. 疑う : nid wyf yn ~ na ddaw ef 私
は彼が来ることを疑いません 2. 恐れる, 気遣う
3. (人に) 容疑をかける, 怪しいと思う 4. (危険・
悪事などに) 感付く, 気付く : ~ (bod) perygl 危
険に気付く 5. (事柄・物に) 不信を抱く
i 疑う, 疑いをかける

amau (amheuon) *m* 疑い, 疑惑, 不信, 疑念

ambegynol *a* 1. [地質] (海洋などが) 周極の,
極地近くにある 2. [天文] (天体が) 北極[南
極] の周囲を巡る

ambell *a* 時折[時たま] の : ~ waith/dro 時折
[時たま]

ambiwlans (-iau, -ys) *m* 救急車 : Brigâd
A~ Sant Ioan セントジョン救急隊 (病院・一
般家庭で応急措置・看護奉仕を行う民間奉仕
団体)

ambr *m* [鉱物] 琥珀
a 琥珀色の

amcan (-ion) *m* 1. 推測, 推量 : ar ~ 推測で,

amcanestyniad 当てずっぽうで 2.目的, 意志, 意図, 意向: nodau ac amcanion, amcanion cyffredinol ac amcanion penodol[教育]目標と目的; drwgamcan *m*悪意 3.考え, 見解 4.見積, 評価, 推定: ~ bras, bras ~ 大雑把な見積

amcanestyniad (-au) *m* (将来人口などの) 推定, 予想

amcangyfrif (-on) *m* 1.見積(書), 推定: ar ~ bras 大雑把に見積って 2.(人物などの) 評価

amcangyfrif *t* 1.見積る 2.評価する

amcangyfrifedig *a* 見積[推定]の

amcangyfrifol *a* 1.評価できる 2.概算の

amcangyfrifwr (-wyr) *m* 1.見積人 2.評価者

amcanol *a* 1.目的のある; 意図を持つ 2.(人・性格など) 決断力のある, きっぱりした

amcanu *t* 1.(…する) つもりである, (…) しようと思う 2.(人・物をある目的に) 向けるつもりである

amcanus *a* 1.目的 [意図] のある, 故意の, 果断な 2.熟練した, 巧みな

amchwaraefa (-feydd) *f* 1.[建築・劇場] (古代ローマの) 円形競技場 [闘技場] 2.(近代劇場の) 半円形の階段式観客席

amdaith (-deithiau) *f* 1.巡回, 迂回 (路), 回り道: gwneud ~ 迂回 [遠回り] する 2.(劇場・映画館などの) 興行系統 3.[電気] 回路, 回線

amdo (-eau) *m* 1.経帷子 2.覆い, 幕, 帳

amdoëdig *a* (死体が) 経帷子で覆われた

amdoi *t* 経帷子を着せる

amdöol *a* 経帷子で包み隠す

amdorch (-dyrch) *f* (花・葉などで作り, 名誉・勝利の印として頭に付けたり首に掛ける) 花輪, 花冠

amdro *a* 回転する

amdroi *t*[論理] (命題の主語と述語の位置を) 換位する

amddifad (-aid) *m* 孤児, みなしご: plentyn ~ (plant amddifad) 孤児

amddifad (-aid) *a* 1.親の無い; 孤児のための: yr oedd yn ~ o dad 彼は父親を亡くした 2.(人・境遇などが) 恵まれない; (衣食住などが) 欠乏して [無くて]: ardal ~ (ardaloedd ~) 恵まれない [貧困] 地域

amddifadedd : amddifadrwydd *m* 1.(生活必需品などの) 欠乏, 不足 2.赤貧, 貧困 3.孤児の身

amddifadiad *m* (官職・特権などの) 剥奪

amddifadu *t* 1.(死・事故などが人などを) 奪う; 孤児にする 2.(希望・喜び・理性などを) 失わせる 3.(人が物などを) 奪う

amddifadus *a* 貧しい, 貧乏な, 困窮した

amddifaty (-tai) *m* 孤児院

amddifedi *m* 1.貧困, 赤貧 2.欠乏, 不足, 窮乏 3.孤児の身

amddiffyn *t* 1.(行為・意見・主義などを) 弁護 [擁護] する 2.[法律] (弁護人が被告のため) 弁護 [抗弁] する 3.(軍隊などが) 守る, 防衛する

amddiffynfa (-feydd) *f* 要塞, 砦, 堡塁

amddiffyniad (-au) *m* 1.防御, 防衛, 守備 2.(思想・信仰などの) 弁護, 弁明 [書] 3.[法律] (被告の) 弁護

amddiffynnol *a* 1.防御的な, 自衛上の 2.(言葉・態度などが) 守勢 [受身] の 3.[法律] 被告の

amddiffynnwr (-ynwyr) : **amddiffynnydd (-ynyddion)** *m* : **amddiffynwraig (-agedd)** *f* 1.防御 [守備] 者 2.弁護 [擁護] 者 3.[スポ] 選手権保持者 4.[スポ] (ホッケー・ラクロスなどの) ディフェンス, 守備員 5.[A~] (英) 護国卿 6.保護 [安全] 装置

amddyfrwys *a* 1.力強い 2.荒い 3.硬い 4.厳しい 5.沼地の (ような)

amedr (-au) *m* [電気] 電流計

amen *int* アーメン (キリスト教徒が祈り・賛美歌の最後に唱える言葉)

amen (-iau) *f* アーメンの言葉 [唱和]

America *f* [地理] 1.アメリカ合衆国, 米国, アメリカ: Unol Daleithiau'r ~ アメリカ合衆国 2.北米 3.南米 4.アメリカ大陸

Americanaidd *a* 1.アメリカ合衆国の 2.米国人の 3.アメリカ大陸の

Americanwr (-wyr) *m* : **Americaniad (-iaid)** *mf* : **Americanes (-au)** *f* アメリカ [米国] 人

Americaneg *mf* [言語] アメリカ英語, 米語

Amerig *f* = **America**: yr A~ アメリカ合衆国 [大陸]

amfeddiad (-au) *m* [英教] 教会財産を宗教団体または個人 [俗人] の手に移すこと; 宗教団体または個人 [俗人] の手に移った教会財産

amfeddu *t* [英教] (聖職禄を) 宗教団体または個人の財産に移す

amfeddwr (-wyr) *m* [英教] 教会財産を個人財産として所有する俗人

amfesur (au) *m* [数学] (平面図の) 周囲, 周辺; (多角形などの) 周辺の長さ

amffibiaidd *a* 1.水陸両用の 2.[動物] 水陸両生の 3.[軍事] (攻撃などが) 水陸共同の, 陸海軍共同の

amffitheatr (-au) *f* = **amchwaraefa**

amgae (-au) *m* 囲い塀

amgaead (-au) *m* 1.囲い込むこと, 包囲 2.(手紙の) 同封物

amgaeëdig *a* [通信・書簡] (手紙などに) 同封されて, 添えて

amgant (-au) *m* 1.(物体の) 外面, 外囲 2.[数

amgantol 28 **amhersonoli**

学](円・長円などの) 周囲, 円周

amgantol a 1.周囲[周辺] の 2.重要でない, 末梢の 3.[解剖](神経が) 末梢の 4.[電算] 周辺装置の

amgarn (-au) m (杖・蝙蝠傘などの) 石突き; (ナイフの柄などの) 金輪

amgáu t 1.(牛・牧草地などを塀・柵・垣根で) 囲む, 囲いをする 2.(手紙・小包などに写真などを) 同封する

amgen a 1.違う, 異なる, 他の, 別の: un peth yw gwyddoniaeth, peth ~ yw celfyddyd 科学と芸術は別物だ 2.もっと[より] よい
ad 他に, その他に, 別に, 別の方法で: nid ~ 即ち, つまり

amgenach a もっと[より] よい: mae gennyf ~ pethau i'w gwneud 私にはなすべきもっとよいことがあります

amgrwm (*f* amgrom, *pl* amgrymion) 1.凸面[凸状] の 2.[数学] 凸面の, 凸集合の: hwl ~ 凸包; cromlin amgrom *f* 凸曲線

amgueddfa (-feydd) *f* 博物[美術] 館: A~ Genedlaethol Cymru ウエールズ国立博物館; A~ Werin Cymru ウエールズ民族博物館; yr Amgueddfa Brydeinig 大英博物館

amgyffred t 1.理解する 2.含む

amgyffredadwy a 1.理解できる 2.掴みうる

amgyffrediad m 理解(力)

amgylch (-au, -oedd) m 1.周行, 巡回, 周遊 2.[幾何] 外接円 3.[*pl*] 環境:(都市などの) 周囲, 近郷

amgylchedig a 1.[幾何] 外接した 2.取囲まれた

amgylchedd (-au) m 1.周辺, 周囲, 円周 2.環境: Adran (*f*) yr A~[政治] 環境省

amgylcheddol a 1.環境の: astudiaethau ~ 環境学 2.環境保護論者の

amgylcheddwr (-wyr) m 1.環境保護論者 2.環境問題研究家

amgylchfyd (-oedd) m = amgylchedd

amgylchfydaeth *f* 環境説

amgylchfydol a = amgylcheddol

amgylchfydwr (-wyr) m = amgylcheddwr

amgylchiad (-au) m 1.[*pl*] (周囲の) 状況 事情, 環境: dan yr amgylchiadau 現状では; こう[そう] いう事情なので; mae'n dibynnu ar yr amgylchiadau それは時と場合による 2.[*pl*] (経済的な) 境遇, 暮らし向き: mewn amgylchiadau cyfyng/tlawd 貧窮[困窮] して 3.出来事, 事実 4.(特定の事が起こった) 場合, 時, 折: ymateb i'r amgylchiadau 臨機応変の処置を取る, 難局に対処する

amgylchiadol a 場合[状況] による, 状況的な: tystiolaeth ~[法律] 状況[間接] 証拠

amgylchion *pl* = amgylchoedd

amgylchol a 1.取り囲んでいる 2.周囲[近郊]
の

amgylchu t 1.(取り) 囲む, 包囲する 2.[幾何] (円などを) 外接させる

amgylchyniad (-au) m 取囲みみ, 包囲

amgylchynol a 1.取囲む[巻く] 2.周囲[近郊]の 3.[幾何] (多角形・多面体を) 外接させる

amgylchynu t 1.(危険・問題などが) 悩ます, 付きまとう 2.[軍事] 包囲する, 取り囲む

amharchedig a 名誉を汚された

amharchu t 1.(人などに) 失礼をする, 無礼な態度をとる[言葉を吐く] 2.(人などの) 名誉を汚す, 恥辱を与える 3.[商業] (銀行が手形などの) 支払いを拒む, 不渡りにする

amharchus a 1.失礼な, 無礼な 2.評判のよくない, 不面目な

amharchusrwydd m 尊敬の欠如

amhariad (-au) m 損害, 損傷, 減損, 悪化

amharod a 1.準備[用意] が出来ていない 2.即席の 3.即座の気転がきかない

amharodrwydd m 1.準備[用意] ができていないこと 2.即席

amharu t 1.(健康などを) 害する, 損なう, 傷つける 2.(価値・美点・力などを) 減じる

amharus a 1.腐った, 朽ちた, 老朽化した 2.衰微[荒廃] した 3.障害のある

amharwr : amharydd (-wyr) m 1.障害を与える人 2.損なう物質

amhendant a 1.(言葉・意味・感情などが) はっきりしない, 不明確[曖昧] な 2.(願望・意見・意向などを) はっきり言わない, 言葉を濁した 3.(目・表情などが) ぼんやりしている, 上の空の 4.(輪郭・色などが) 不明瞭な, ぼやけた 5.(数量・大きさなどが) 不定の, 限界のない 6.[文法] (代名詞など) 不定の 7.[数学] 不定の

amhendantrwydd m 不定, 不確定, 曖昧さ

amhenderfyniad m 優柔不断, 不決断

amhenderfynol a 優柔不断な, 決断力の無い

amhenodol a = amhendant

amhenodolrwydd m = amhendantrwydd

amherchi t 1.(人の) 名誉を汚す, (人に) 恥辱を与える 2.(人を) 侮辱する

amherffaith a 1.不完全[不十分] な, 欠点のある: diweddeb ~[音楽] 不完全終止 2.[文法] (時制が) 未完了の: yr amser ~ 未完了時制

amherffeithrwydd m 不完全, 不十分, 不備

amhersonol a 1.個人に関係のない, 非個人的な 2.人格を持たない, 非人間的な 3.[文法] 非人称の

amhersonoldeb : amhersonolrwydd m 1.非個人性 2.非人間[人格] 性 3.非人間的なもの

amhersonoli t 非人格化する

amherthnasedd : amherthnasoldeb *m*
1.無関係, 不適切, 見当違い 2.見当違いの意
見

amherthnasol *a* 1.無関係[不適切]な, 的外
れの 2.重要でない

amheuaeth (-au) *f* 1.疑い, 疑惑: ag ~ 疑っ
て, 怪しんで 2.不信: bwrw ~ ar rth 何かを疑
う 3.感づく[気づく]こと 4.懐疑[無神]論

amheugar : amheuol *a* 1.疑い深い, 懐疑的
な 2.懐疑論の, 無神論的な

amheus *a* 1.(人が) 疑いを抱いている, 疑い深
い, 信用しない 2.(人物が) 怪しげな, いかがわ
しい 3.(物事が) 疑わしい, はっきりしない, あや
ふやな

amheuthun (-ion) *m* 美味しいもの, 珍味, ご
ちそう
a 1.(食物が) 美味しい, 美味な, 風味のよい
2.(食品などが) 選りすぐった, 精選した, 最上
等の

amheuwr (-wyr) *m* : **amheuwraig
(-agedd)** *f* 1.疑う人, 疑い深い人, 懐疑論者
2.無神論者

amhiniog (-au) *m* [建築] 軒縁, (角) 額縁 (窓・
出入口周囲の化粧縁)

amhlantadwy *a* 1.子供のない 2.(女性が) 子
を産まない, 不妊の

amhlantadrwydd *m* (女性の) 子供がいない
状態, 子供ができないこと

amhleidgar : amhleidiol *a* 1.偏らない, 偏
見のない, 中立の, 公平な 2.[政治] 中立 (国)
の

amhleidgarwch *m* 偏らないこと, 不偏, 公平,
公明正大

amhleidioldeb *m* 1.[政治] 中立, 局外中立,
不偏不党 2.= **amhleidgarwch**

amhoblog *a* 人口が希薄な[少ない]

amhoblogaidd *a* 人気のない, 評判の悪い,
流行しない

amhoblogrwydd *m* 不人気, 不評判, 人望
のないこと

amhosibl *a* 1.不可能な 2.信じ難い, とてもあり
得ない 3.(人・状況などが) とても嫌な, 我慢が
出来ない: mae'n un ei drin 彼はとても嫌な人
だ 4.(品物などが) 奇妙な, とても変てこな

amhosiblrwydd *m* (仕事などが) 不可能

amhriodol *a* 1.(言動などが) 不適切な, 不穏
当な 2.(治療・処置などが) 誤った, 不十分な,
妥当でない

amhriodoldeb *m* 1.不適当, 不穏当 2.誤り,
間違い

amhrisiadwy *a* 極めて貴重な, 非常に価値の
ある, 値踏み出来ない

amhrofiadol *a* 無経験の, 未熟な, 不慣れの

amhrydlon *a* 時間[約束, 期日]を守らない;
几帳面でない

amhrydlondeb *m* 時間を守らないこと; 几帳

面でないこと

amhur *a* 1.汚い, 不潔な 2.純粋でない, 混ざり
物のある 3.(言葉などが) 淫らな, 口汚い 4.(道
徳的に) 不道徳な, 猥褻な 5.(臭い・味が) 悪
臭のある, 腐敗した 6.(天候が) 悪い, 荒れた
7.(宗教的に) 汚れた, 神聖でない

amhurdeb (-au) : amhuredd (-au) *m* 1.不
潔 2.不純物, 混ざり物 3.(道徳的に) 淫ら, 猥
褻 4.[冶金] (金属の) 浮きかす, 不純物

amhuriad *m* 1.汚すこと, 汚染 2.汚染物質

amhuro *t* 1.(水・空気などを) 汚染する 2.(精
神を) 汚す, 堕落させる 3.(神聖な場所を) 汚
す, 冒涜する

amhurol *a* 汚染物質の

amhurwr (-wyr) *m* 汚染者

amhwyllo *i* 気が狂う, 発狂する

amhwyllog *a* 気が狂った, 狂気の

aml- *pref* 多く [複数, 過度] の: amlsllafog *a*
多音節の; amlysgrifwr (-wyr) *m* 多作家;
amliethedd *m* 他国語使用; amlgellog *a* 多
細胞の

aml *a* 1.たびたび [しばしば] の, 頻繁な: yn ~
たびたび, しばしば 2.豊かな, 豊富な

amlblwyfaeth *f* [キ教] 数教会の聖職禄兼領

amlblwyfol *a* [キ教] 聖職禄兼領の

amlblwyfydd (-ion) *m* [キ教] 数個の教会の
聖職禄を兼領する人

amlder : amldra : amledd (-au) *m* 1.豊富,
多数, 多量 2.[生態] (種の) 数度 (一定の調
査面積内の種類別個体数, あるいは個体数を
出現枠数で割った値) 3.[無線] 周波数 4.頻
発, 頻繁 5.[統計] 回数, 頻度 (数) 6.[物理]
度数, 振動数 7.[無線] 周波数: amledd uchel
高周波; amledd isel 低周波; amrediad (-au)
(*m*) amledd [電気] 周波数帯

amlddiwylliannol *a* 1.多文化の [的な] 2.多
種類の教科 [学科] を持つ

amldduwaidd : amldduwiol *a* 多神論 [教]
の

amldduwiad (-iaid) *mf* 多神論者 [教徒]

amldduwiaeth *f* 多神論 [教]

amleiriaeth *f* : **amleiriogrwydd** *m* 冗長,
冗漫, くどいこと

amleiriog *a* (話・文章などが) 冗長 [冗漫] な,
くどい

amlen (-ni) *f* 1.(手紙の) 封筒: ~ ffenestr/
ffenestog 窓付き封筒 2.(書物の) カヴァー,
ジャケット 3.(気球などの) 気嚢 4.[植物] (芽な
どの) 外被

amlgellog *a* 多細胞の

amlgellogrwydd *m* 多細胞

amlgyfryngol *a* 複合媒体の [を使う]

amlhad *m* 1.増加, 増大 2.増加量 [額]

amlhau *t* 1.増やす, 増加 [増大] させる 2.[生
物] (動植物を) 繁殖 [増殖] させる

amlin (-au) : amlinell (-au) *f* 1.(山などの)

形, 輪郭, 外形線 2.略図, 下書き, 3.(書物などの) 大要, 概略, あらまし

amlinelladwy *a* 写生に適する

amlinelliad (-au) *m* (書物・事件などの) 梗概, 大要, あらまし

amlinellol *a* 1.輪郭 [外形] の 2.概略の 3.略図の: map (-iau) (*m*) ~ 白 [地] 図

amlinellu *t* 1.(山などの) 輪郭を描く 2.略図 [下図] を書く 3.概説 [略述] する, 要点を述べる 4.[測量] 輪郭 [等高線] を描く [付ける] 5.(道路を山腹などの) 自然の地形に沿って作る *i* 1.写生する 2.略図を書く

amlinellwr (-wyr) *m* 写生する人

aml-loriog (建物が) 多階 [高層] の

amlochredd *m* 多才, 多芸, 多能

amlochrog *a* 1.(人・性格・才能などが) 多才の, 多芸な 2.(問題が) 多方面の [にわたる] 3.(政治) 多数の国が参加の, 多国間の

amlochroldeb *m* 多角 [多辺] 主義

amlochrydd (-ion) *m* 多国間 (自由貿易) 主義者

amlosgfa (-feydd) *f* 火葬場

amlosgi *t* (死体を) 火葬にする

amlosgiad (-au) *m* 火葬

amlosgiadol *a* 火葬の

amlosgwr (-wyr) *m* (火葬場の) 死体焼却者, 火葬作業員

amlwg *a* 1.(物事が) 明白な, 明らかな, 明瞭な 2.目に見える, 目立つ 3.著名な, 重要な, 傑出した 4.突起した 5.[心理] 顕在的な: swyddogaeth ~ *f* 顕在的機能

aml-wraidd 一妻多夫の

aml-wriaeth *f* 一妻多夫 (制)

amlwreiciaeth *f* 一夫多妻 (制)

amlwreiciol *a* 一夫多妻の

amlwreiciwr (-wyr) *m* 一夫多妻者

aml-wrwraig (-agedd) *f* 一妻多夫者

amlwyth (-i) *m* (貨物輸送用の) コンテナ

amlwythiant *m* コンテナ輸送 (化)

amlwytho *t* (貨物を) コンテナ輸送 (化) する

amlygiad (-au) *m* 明示, 表示, 現れ,

amlygrwydd *m* 1.目立つこと, 目につきやすいこと, 顕著: dod i ~ 目立つ 2.卓越, 著名, 名声, 重要 3.明白さ, 一目瞭然 4.(世間の) 注目の的

amlygu *t* 1.(隠されていた物事を) 明らかにする, 明示する 2.(感情・性質などを) 表明する, 示す 3.目立たせる, 強調する

amnaid (-neidiau) *f* (意志表示・合図の) うなずき, 手招き, 手振り, 身振り

amneidio *t* 1.(うなずき・手招き・身振りなどで人を) 招く, (手・顎で) 合図する 2.(挨拶などで (頭を) うなずかせる 3.(同意・承諾などの意を) うなずいて示す *i* 1.うなずく 2.会釈する 3.居眠りする,

amnest (-au) *m* 恩赦, 大赦, 特赦: A~ Cydwladol アムネスティインターナショナル (政

治犯・思想犯の釈放を目的とする国際的人権擁護組織)

amnewid (-iadau) *m* 1.交換, 置換 2.[数学] 順列

amnewidiad (-au) *m* 取り替え, 代用

amnewidiol *a* 代用 [代理] の

amnyth *a* 巣ごもった

amnythu *t* (鳥などに) 巣を造ってやる; 巣に入れる

amod (-au) *mf* 1.規定 [明文] 化 2.(契約・支払い・給金などの) 条件: gosod amodau ar rn 人に条件を課する 3.[法律] 合意, 協定; 契約 4.[*pl*] 状況, 事情: amodau gwaith 労働環境

amodadwy *a* 条件付けが可能な

amodedig : amodol *a* 1.契約の 2.(協定・約束などが) 条件付きの, 暫定的な 3.[文法] 条件を表す: y modd amodol 条件法 3.[法律] 条件付きの: rhyddhad amodol 仮釈放 4.[植物] 托葉のある

amodi *t* 1.(契約者の一方が) 契約 [約定] の条件として要求する 2.(契約者・条項などが) 規定する, 明記する 3.(契約などで) 約束する, 保証する 4.(人・動物などの) 調子を整える 5.(人・動物などを) 慣らす, 条件づける *i* 1.契約する 2.規定する

amodiad *m* 1.規定, 明文化 2.契約, 約定 3.条件

amodolaeth *f* 条件主義

amodoldeb *m* 条件付きの状態

amodwr (-wyr) *m* 契約者

amonaidd *a* [化学] アンモニアの

amonia *m* [化学] 1.(気体の) アンモニア 2.アンモニア水

amonit (-au) *m* [古生] アンモナイト, アンモン貝, 菊石 (頭足類の化石)

amorffaidd *a* 1.[化学] 無定形 [非結晶] の 2.[生物] 無定形の

amp (-au) : amper (-au) *m* [電気] アンペア (電流の単位; 1秒間に1クーロンの電気量を送る電流の強さ)

amperedd (-au) *m* [電気] アンペア数

amrant (-au, -rannau) *m* まぶた, 瞼

amrantiad (-au) *m* 1.まばたき 2.一瞬時: ar ~ またたく間に, 一瞬のうちに

amrantu *i* まばたきする

amrediad (-au) *m* (知識・能力などの及ぶ) 範囲, 領域, 区域: ~ cyflogau 給料の幅

amreiniol *a* 特権のない, 基本的人権を与えられていない

amrwd *a* (肉などが) 生の, 加工していない, (火を用いて) 料理していない

amrwym (-au) *m* 包帯, 包布

amrwymo *t* 包帯する, (布などで) 包む, 巻く

amrydedd *m* (肉などの) 生, 未加工

amryddawn *a* (人・才能などが) 多才 [多芸] の, 多方面にわたる, (スポーツなどが) 万能の

amryfaen (-feini) *m*［地質］礫岩

amryfal : amryfath : amrywiol *a* 1.多様な, 種々雑多な, 多彩な: ~ bethau 雑貨 2.集団になった 3.（花・葉など）雑色の, 多色の, 色とりどりの

amryfus *a* 不注意な, うかつな

amryfusedd (-au) *m* 不注意, 手落ち, 間違い, 失敗

amryffurf (-iau) *f* 1.［生物］多形（体） 2.［化学・結晶］多形, 同質異像
a 1.［生物］多形（性）の 2.［化学・結晶］多形の, 同質異像の

amryffurfedd *m* 1.［生物］多形性, 多形（現象） 2.［化学・結晶］多形, 多像, 同質異像

amryliw *a*（花・葉などが）多色［色とりどり, まだら, 雑色］の

amryliwio *t*（異なった色で）変化をつける, まだら［雑色］にする

amryw *a* 1.幾つかの, 数個［名, 度］の 2.多数の: am ~ resymau 色々な理由で 3.多彩な, 色とりどりの

amrywiad (-au) *m* 1.多様［角］化 2.（形状・程度・質などの）変化, 変異, 変動: ~ cerrynt ［電気］電流変化［変動］3.変形物, 変種, 異体 4.［数学］変動, 変分: calcwlws（*m*）~ 変分法 5.［音楽］変奏（曲）6.［バレエ］バリアシオン

amrywiaeth (-au) *mf* 変化, 多様性, 雑多, 寄せ集め: ~ sy'n rhoi blas ar fywyd［諺］変化こそ人生の薬味

amliwiant (-iannau) *m* 1.変化, 変異, 変動 2.［数学・統計］分散 3.［化学・物理］分散量 4.［経済］変動性 5.（米）（通常の法・規則では禁止されているものの）認可

amrywio *t*（物事を）変える, 変化を与える, 多様化する
i 変わる, 変化［変動］する

amrywiol *a* 1.様々［色々］な, 種々雑多な: ~ bethau 雑貨 2.変化のある［に富んだ］, 多彩な

amrywioldeb *m* 多様性

amrywiolyn (-iolion) *m* 1.変体, 変形, 変種 2.［言語］（発音・綴り字などの）異形

amrywiwr (amryw-wyr) *m* 変化する［を与える］人, 変改者

amser (-au, -oedd) *m* 1.（過去・現在・未来と続く）時, 時間: y Tad A~ 時の翁（時間（time）の擬人化で大鎌（sythe）と水差し（water jar）または砂時計（hourglass）を持ち, 禿げ頭で顎髭を生やした老人の姿で表される）; ~ a llanw nid archsant am neb; nid erys ~ am neb; pawb yn aros yr ~, a'r ~ nyd erys ar neb［諺］歳月人を待たず 2.（一定の長さの）時間, 間: ers peth ~ 暫くの間 3.（…するのに必要な）時間［時間］, 余暇 4.（ある決まった）時, 期日: （パブなどの）閉店の時間: ~ cau, gyfeillion! 皆さん, 看板［閉

店］です! 5.［通例*pl*］（歴史上の）時代, 年代: arwydd o'r amserau 時のしるし, 時勢, 時代の徴候, 世の流れ（cf *Matt* 16:31）; Baner ac Amserau Cymru ［ジャ］ウェールズの旗と時代（1861年7月から数年間週2回発行された新聞）6.（特定の）時期, 折: hanner ~［スポ］ハーフタイム（中休みの時間）; bob ~ いつも, 常に; ar gamamser まずい［不適切な］時に; mae i bopeth ei ~ a'i le 全ての物には時と場所がある, 物事には全て潮時がある（cf *Eccles* 3:1）7.標準時: ~ Greenwich グリニッジ標準時; ~ haf 夏時間 8.［産業］勤務［労働］時間: ~ hanner（時間外労働のために体する）5割増し賃金; ar ~, yn cadw ~ 時間通りに, 定刻に; ~ symud 時間と作業 9.（個人の特定の）時, 時期; 体験, 経験: fe gawsom ~ da 私たちは楽しく過ごした 10.（何）回［度, 倍］11.［文法］時制: yr ~ presennnol 現在時制 12.［音楽］拍子, 調子, 速度: cadw/curo ~ 拍子を取る

amseredig *a* 時限の; 定期の

amseriad (-au) *m* 1.タイミング, 時間調節, 計時 2.［音楽］テンポ, 拍子, 速度

amseriadur (-on) *m*［医学］（心臓の）ペースメーカー

amserlen (-ni) *f* 1.予定計画表, 2.（乗物の）時刻表 3.（学校の）時間割

amsernod (-au) *m*（ラジオ・テレビの）時報

amserol *a* 1.（援助・忠告・贈物などが）時宜を得た, タイミングのいい: anamserol 時宜を得ない, 折の悪い 2.現世［この世, 浮き世］の 3.時の, 時間の: ~ a gofodol 時間的空間的な 4.［文法］時制の

amseroldeb *m* 時宜を得ていること

amseroni (-ïau) *m* = **almanac**

amseru *t* 1.（行動・事件などを）よい時機に合わせる, よい頃合いを見計って行う 2.（列車・船などの）時間を定める;（時計の）時刻を合わせる 3.（競争などの）時間を計る 4.調子［拍子］を合わせる 5.（絵画・文学作品などに）時代を示す, 年代を定める 6.（手紙などに）日付を記入する, 年月日を書く 7.（考え・言葉などが）年齢を示す 8.（芸術家・芸術作品などを）時代遅れにする, 新鮮味を失わせる

amserwr : amserydd (-wyr) *m* 1.［スポ］（競技の）時間記録係, 計時係 2.［産業］作業時間係

amserydd (-ion) *m* 時間記録［計時］器: ~ ticio 記録タイマー

amseryddiaeth *f* 1.年代学 2.年代記, 年表 3.（事件の）年代順配列

amseryddol *a* 1.年代順の: trefn ~ 年代順 2.年代学の 3.年代記［年表］の

amsugnad (-au) *m* 1.併合, 編入 2.［化学・物理］吸収

amsugnadwy *a* 吸収される, 吸収性の

amsugnedd *m*［光学］（真）吸光度, 光学

amsugno 32 **analluog**

(的)濃度

amsugno t 1.[化学・物理](熱・光などを)吸収する 2.(音・衝撃などを)消す,和らげる,緩和する

amsugnol a[化学・物理]吸収性の,吸収力のある

amsugnwr (-wyr): **amsugnydd (-ion)** m 吸収剤

amwisg (-oedd) f = amdo

amwisgo t = amdoi

amwynder (-au) m [pl]生活を快適にするもの,楽しみ,(文化的・娯楽的)設備

amwys a 1.(語・文などが)両意に取れる,多義の 2.(意図・態度などが)曖昧[不明瞭,不確か]な

amwysedd (-au): **amwyster (-au)** m 1.両意,多義性;曖昧,不明確 2.曖昧な表現

Amwythig f [地名]シュローズ[シュルーズ]ベリ(Shrewsbury; イングランドSalop州の首都)

amylu t [服飾]裁ち目をかがる,かがり縫いする

amynedd mf 1.忍耐,我慢,辛抱: caffed~! 辛抱しなさい! 2.根気,堅忍,頑張り 3.[トラ]一人遊び,ペイシェンス

amyneddgar a 1.我慢[辛抱]強い 2.根気のある,頑張る

an- pref [名詞・形容詞・動詞などに付けて]…でない,無[不,非]…,反対の動作などを示す: anfantais 不利; anwybodaeth 無知無学; anghyson 一致しない; annigonol 不十分な; amhersonal 非個人的な; annheg 不公平な; anghytuno 意見が合わない; anhrefnu (秩序などを)乱す: anghredu 信じない,疑う

anabl a 1.(…することが)出来ない 2.身体障害のある: gyrrwr ~ 身体障害のある運転者 3.無能の

anabledd (-au) m 1.身体障害 2.無力,無能 3.(法律上の)行為無能力,無資格 4.[医学](身体上の)廃疾

anablu t 1.(人を)無力にする 2.(人の)手足などを利かなくする,不具にする

anabolaeth f : **anaboledd** m [生理・生物]同化(作用)

anacroniaeth (-au) f 時代錯誤,時代錯誤の人[物,こと]

anacronig a 時代錯誤の

anad prep [順序・優先]…に先んじて[より先に,に優先して]: yn ~ dim 特に,とりわけ,就中,何よりも; yn ~ neb 誰よりも; ondyn ~ dim wi eisiau i chi fod yn hapus fan hyn しかし私は何よりもあなたがここで幸せになって欲しいと思います; Siwan, yn ~ neb, ddylai wybod am hynny ジョアンはその事について誰よりも知っておくべきです

anadferadwy a 修理[修復,修繕]出来ない,取り返しのつかない

anadl (-au, iadau) mf : **anadliad (-au)** m

1.息,呼吸,呼気,吸入: prawf(profion)(m) ar ~ (飲酒の有無を調べる)呼気検査; tynnu eich ~ olaf 息を引き取る,死ぬ 2.(呼吸の)一息,一呼吸: ar un ~ 一息[一気]に; 同時に 3.(風の)そよぎ 4.ほのかな香り: mae ganddi ~ pêr 彼女の息は甘い香りがする 5.吸入物[剤] 6.[言語]気息音[符]: ~ called/crych (ギリシャ語の)語頭の気息音;(アラビア語の)有声咽頭摩擦音

anadlol a 1.呼吸している 2.吸込む,吸入用の

anadlu t 1.吸う,呼吸する 2.(言葉などを)口に出す,囁く;(溜息などを)漏らす 3.(生気などを)吹き込む 4.(花などが香りなどを)放つ 5.(精神などを)示す,表す 6.(馬などを)運動させる 7.[音声]無声音で発音する
i 1.呼吸する,息をする: ~'n drwm/ddwfn 深呼吸する 2.生きている 3.(風が)そよぐ

anadlwr (-wyr) m 吸入器

anadnabyddus a (人が)無名の

anaddas a 1.(人・物が)不適当[不適格,不向き,不似合い]な: tŷ ~ i fyw ynddo 人が住むのに適さない家 2.正しくない,誤った 3.不健康な 4.無資格な

anaddaster : **anaddasrwydd** m 1.不適当,不適格,不向き,不似合い 2.不健康 3.無資格

anaddasu t 1.不向き[不似合い]にする 2.資格を奪う 3.(病気などが)不能にする 4.[スポ](規則違反などで)出場資格を取り上げる

anaeddfed a 1.生の,未熟な 2.機の熟さない,時の至らない

anaeddfedrwydd m 1.生,未熟 2.時期尚早,機が熟していないこと

anaele a 1.恐ろしい,恐怖の 2.ひどい,極端な,嫌な 3.極めて緊急を要する 4.治せない,不治の

anaf (-au): **anafiad (-au)** m 負傷,怪我,傷害: amser(m) anafiadau[フボ](負傷などによる)試合時間の延長

anafu t 1.怪我をさせる,傷つける,痛める 2.身体障害者にする,不具にする
i 痛む

anafus a 1.怪我をした,痛めた 2.身体障害(者)の,不具の

anair (-eiriau) m 1.不評判 2.悪口,中傷

analog (-au) m [数学]相似[計量]型,アナログ
a アナログ式の: cyfrifiadur(m) ~ アナログ[相似型]計算機

analytig a 分析的な,分解の

anallu (-oedd): **analluedd** m 1.無(気)力,無能,不能 2.[病理](男性の)性的不能,陰萎,インポテンツ

analluog a 1.(…することが)できない 2.無能な,無(気)力の: meddw ac ~ 酔いつぶれて 3.無資格の 4.効果のない 5.体力がない,虚弱な;老衰した 6.[病理](男性が)性交不能[陰萎,インポテンツ]の 7.(物事が)許さない,受け

analluogi 付けない

analluogi *t* 1.無(能)力にする 2.不具にする 3.[法律]資格を奪う 4.(機械などを)使えなくする, 運転不能にする

analluogrwydd *m* 無能力

anaml *a* 稀な, 滅多に無い: yn ~ たまに, 稀に *ad* 稀に, たまに; めったに[稀にしか]…(し)ない

anamlder : anamledd *m* 稀な[めったにない]こと

anamlwg *a* 目立たない, 人目を引かない

anamlygrwydd *m* 目立たなさ, 控え目

anamserol *a* (行動などが)時宜を得ない, 折の悪い

anamseroldeb *m* 時期尚早, 時期外れ

anap (-au, -on) *mf* 不運[不幸]な出来事, 奇禍, 事故: ~ ni ddaw ei hunan [諺]不幸は続くもの, 「泣き面に蜂」, 「弱り目に祟り目」

anaraul *a* 1.日の射さない[照らない] 2.暗い, 陰気な, 侘しい, 気の滅入るような

anarchaidd *a* 無政府(状態)の, 無政府主義(者)的な

anarchiaeth *f* 1.無政府(状態) 2.無秩序, 混乱 3.無政府主義, アナキズム

anarchydd (-ion, -wyr) *m* 無政府主義者, アナキスト

anarferol *a* 1.普通でない, 異常な, 例外的な 2.他と異なった, 独特の 3.見た[聞いた]ことのない, 風変わりな

anarfog *a* 1.非武装[無防備]の, 武器を持たない 2.(信管・雷管が)不発状態の

anatomaidd : anatomegol : anatomyddol *a* 解剖(学上)の

anatomeg *f* 解剖学

anatomeiddio *t* 解剖する

anatomi (-iau) *m* (人間の)体

anatomydd (-ion) *m* 解剖(学)者

anathraidd *a* 1.(水・空気などを)通さない, 不浸透性の 2.(道などが)通り抜けられない

ancr (-iaid, -od) *m* : **ancres (-au)** *f* 1.(信仰上の理由による)隠者, 世捨て人 2.[キ教]隠修士(3世紀末のエジプト地方に始まった, 主に古代キリスト教の世俗を逃れ荒地・砂漠に独居した修道者; 今日でも東方正教会や西方の一部(Carthusianなど)のうちにその風習が残存する)

ancrdy (-dai) *m* 隠者の住み家, 庵

ancwyn (-ion) *m* デザート

anchwiliadwy *a* 1.計り知れない, 神秘的な 2.捜し出せない

anchwiliedig *a* 捜しだされ(てい)ない, 探求され(てい)ない

andras (-iaid) *m* 1.のろい 2.悪態, 毒舌 3.災い, 災禍, 疫病神, 厄介 4.悪魔 5.極悪人, 悪漢

Andreas *m* [人名]アンドルー(Andrew; 愛称

Andy): Gŵyl *(f)* A~ セントアンドルーの日(スコットランドの守護聖人; 祝日11月30日)

andwyo *t* 1.(前途・健康・帽子などを)駄目[台無し]にする, くじく: ~'ch niweidio'ch/difetha'ch rhagolygon 前途を台なしにする 2.(子供などを)甘やかして駄目にする 3.人を破産[没落, 零落]させる 4.(場所を)破壊[荒廃, 崩壊]させる, 増長させる 5.(投票用紙を)無効にする *i* 1.(果物・魚などが)傷む, 腐る, 台無しになる 2.破壊[破滅, 荒廃]する

andwyol *a* 1.(建物などが)破壊された, 荒廃した 2.破壊[破滅]を招く 3.没落[破産, 零落]させる 4.没落[零落, 破産]した 5.(女性が)堕落した

anedifar : anedifeiriol *a* 1.悔い改め[悔悟]しない 2.強情[頑固, 頑迷]な

aneddegwr : aneddegydd (-wyr) *m* 人間居住工学研究者[専門家]

aneffeithiol *a* 1.効果[効き目]のない, 無駄な 2.(人が)無力[無能]な, 役に立たない

aneglur *a* 1.暗い, 暗がりの, どんより曇った 2.(意味・説明などが)曖昧[不明瞭]な, 理解し難い 3.[文法](母音が)曖昧な, 曖昧母音の

anegluradwy *a* 1.(行為・事件などが)説明の出来ない, 不可解な 2.(字が)読みにくい, 判読しにくい

aneglurdeb : aneglurder *m* (原文などの)不明瞭, 曖昧, 判読不能

anegni *m* 1.不活発, ものぐさ, 遅鈍 2.[物理]慣性, 惰性, 惰力

aneirif *a* 数えきれない, 無数の

aneliad (-au) *m* 狙い, 見当

anelio *t* (金属・ガラスなどを)焼き戻す, 焼を入れて丈夫にする

anelu *t* 1.(銃・カメラなどを)向ける 2.(石などを人などに向けて)投げる: ~ carreg at rn 人に向けて石をぶつける 3.(言葉などを)向ける, 当てつける *i* 1.目指す, 志す 2.狙う, 照準する

anemia *m* [病理]貧血(症): ~ Addison 悪性[アジソン]貧血

anemaidd : anemig *a* [病理]貧血(症)の

anemomedr (-au) *m* [気象]風速[風力]計

anenwog *a* 無名の, 名声を得ていない

anerchiad (-au) *m* 演説, 講演; 挨拶の言葉

anesboniadwy *a* (行為・事件などが)説明の出来ない, 不可解な

anesgusodol *a* (言動が)言い訳の立たない, 許し難い

anesmwyth *a* 1.(夜が)眠れない: treulio noson ~ 眠れぬ夜を過ごす 2.不安な, 心配な, 気にかかる: cael noson ~ 不安な夜を過ごす 3.(子供・動作・態度などが)落ち着きのない, じっとしていない 4.静止することのない, 止むこ

anesmwythder とのない, 不断の **5.**(状態・関係などが) 不安定な **6.**心地よくない, 窮屈な, 堅苦しい, ぎこちない

anesmwythder : anesmwythdra : anesmwythyd *m* **1.**(心の) 不安, 心配, 落ち着かないこと **2.**(政治的・経済的) 不安, 不穏 **3.**窮屈

anesmwytho *t* (人・心を) 不安にする, 悩ます, 乱す
i **1.**不安である, 心配する **2.**落ち着きがない, じっとしていない

anesthetig (-ion) *m* 麻酔薬
a **1.**麻酔の **2.**無感覚[鈍感]な

anewyllysgar *a* 気が進まない, 嫌々ながらの, 不本意の

anewyllysgarwch *m* 気が進まないこと, 不本意

anewyllysio *t* 翻意する

anfad *a* **1.**(人・言行・考えなどが) 邪悪な, 悪意のある, 不正な, 不道徳な **2.**悪人[悪党]の

anfadrwydd : anfadwch *m* **1.**不正, 不道徳, 意地悪 **2.**極悪, 凶悪

anfadwaith *m* 悪事, 悪行

anfadwr (-wyr) *m* 悪者, 悪漢, 悪党, ごろつき, ならず者

anfaddeuedig *a* (犯罪は) 許されない, 容赦されない

anfaddeugar *a* (人が) 許さない, 容赦しない, 執念深い

anfaddeuol *a* **1.**(行動が) 許し難い, 容赦できない **2.**(嘘が) 悪意のある

anfantais (-teision) *f* 不利, 不便, 不利な立場

anfanteisio *t* (人に) 損害を与える, 不利な立場におく

anfanteisiol *a* 不利な, 都合の悪い

anfarwol *a* (名声などが) 不滅[不朽, 不死]の, いつまでも記憶に残る: yr ~ fardd 不滅の詩人

anfarwoldeb *m* **1.**不滅, 不死 **2.**不朽の名声

anfarwoli *t* **1.**不滅[不朽]にする **2.**不朽の名声を与える

anfarwolwr (-wyr) *m* (何かを) 不滅[不朽]にする人

anfarwolyn (-wolion) *m* 不朽の人; 名声不朽の人 (特に作家・詩人などについて)

anfedrus *a* 不器用[未熟]な,

anfedruswydd *m* 不器用, 不細工, 未熟

anfeidraidd *a* [数学] 無限の

anfeidredd (-au) *m* [数学] 無限大

anfeidrol *a* **1.**無限の, 果てしない **2.**無数[無量]の, 莫大な

anfeidroldeb *m* **1.**無限, 無辺 **2.**無量, 無数

anferth : anaferthol *a* **1.**(大きさ・量・程度などが) 巨大[莫大, 広大]な **2.**巨人のような

anferthedd : anferthrwydd :

anferthwch *m* **1.**巨大, 莫大, 広大, 無量, 無数 **2.**巨大物 **3.**極悪非道

anfesuradwy : anfesurol *a* **1.**限りのない, 計ることができない **2.**果てしない, 広大[巨大]な

anfetel (-au) *m* [化学] (炭素・窒素などの) 非金属

anfetelaidd : anfetelig *a* [化学] 非金属の

anfodlon *a* **1.**不平[不満]のある **2.**気が進まない, 嫌々ながらの, 渋々の

anfodloni *t* **1.**(人に) 不平[不満]を抱かせる **2.**不快[不機嫌]にさせる, 立腹させる
i 人の気持を害する

anfodlonrwydd *m* **1.**不満, 不平 **2.**不機嫌, 不快, 立腹 **3.**不承不承

anfodd *m* 気が進まないこと, 不承不承

anfoddgar : anfoddlon : anfoddog *a* = anfodlon

anfoddio *t&i* = anfodloni

anfoddlonrwydd *m* = anfodlonrwydd

anfoddogrwydd *m* = anfodlonrwydd

anfoes (-au) *f* **1.**不道徳, 不品行, 不倫 **2.**不道徳行為, 乱行

anfoesgar *a* (人・行為が) 無作法[無礼, 不躾, 失礼]な

anfoesgarwch *m* **1.**無礼, 無作法 **2.**無作法な言動

anfoesol *a* **1.**不道徳[不品行]な **2.**(書籍・絵画・映画などが) 猥褻な

anfoesoldeb *m* **1.**不道徳, 不品行, 不倫 **2.**猥褻 **3.**不道徳行為, 乱行

anfoesolwr (-wyr) *m* : **anfoesolwraig (-agedd)** *f* 不道徳な人

anfon *t* **1.**(手紙・小包・通信などを) 送る, 発送[送信]する: ~ llythyr at rn 人に手紙を送る **2.**(急使・代表者などを) 派遣する
i 送信[放送]する

anfoneb (-au) *f* [商業] **1.**送り[仕切り]状 **2.**明細記入請求書, インヴォイス: ~ daledig (anfonebau taledig) 受領印を押した請求書

anfonebu *t* **1.**[商業] (商品などの) 送り状を作る **2.**(人などに) 送り状を送る

anfoneddigaidd *a* 紳士らしくない, 紳士にあるまじき, 無作法[下品]な

anfoneddigeiddrwydd *m* 非紳士的性質[状態]

anfonheddig *a* = anfoneddigaidd

anfoniad (-au) *m* **1.**(手紙・小包などの) 発送: ~ nodyn (nodau) (*m*) ~ [郵便] (外国向け小包郵便に付ける) 小包送票 **2.**(人の) 派遣

anfonog (-ion) *m* (会議などに派遣する) 代表者, 使節,

anfonwr : anfonydd (-wyr) *m* : **anfonwraig (-agedd)** *f* (手紙などの) 送り主, 発送者

anfri *m* **1.**無礼, 失礼 **2.**不人気, 不評, 不興

3.不名誉, 不面目, 恥辱

anfucheddol *a* 1.不道徳な 2.不品行な, 身持ちの悪い, 淫らな 3.(本・絵・映画など) 猥褻な

anfuddiol *a* (活動・努力などが) 無駄な, 無益の, 役に立たない

anfwriadol *a* 故意でない, 何気なく[無意識で]やった

anfwyn *a* 無作法[粗野, 粗暴]な

anfwynder *m* 無作法[粗野, 粗暴]

anfynych *a* = anaml

anffaeledig *a* (判断・行動などが) 全く誤りの無い, 絶対に正しい

anffaeledigaeth *f* [カト]教皇の不可謬性, 教皇無謬説

anffaeledigrwydd *m* 絶対に誤りの無いこと, 絶対確実, 不誤謬: ~ y Pab [カト]教皇不可謬性 (1870年に第1回ヴァチカン公会議 (Vatican Council) で決定されて教義となったもの; キリストの代表者で全ての真理において聖霊に導かれた者としての教皇が「ペトロの座から」(ex cathdra Petri) 信仰および道徳上の事に関して宣言することには決して誤りがないという説)

anffaeledigwr (-wyr) *m* 教皇無謬説の支持者

anffariol *a* 1.都合の悪い, 不利な, 逆の 2.不向きな 3.好意的でない, 批判的な

anffawd (anffodion) *f* 1.不運, 不幸, 逆境 2.不幸な出来事, 災難

anffitrwydd *m* 不健康

anfflamadwy *a* (布・素材などが) 不燃性の

anffodus : anffortunus *a* 1.(人が) 不運[不幸]な 2.(物事が) 不吉な, 幸先のよくない 3.不適当[不適切]な 4.残念[遺憾]な

anffodusrwydd *m* 不運, 不幸

anffrwythlon *a* 1.(土地が) 不毛の, 作物の出来ない 2.[生物](植物が) 実を結ばない, 不稔の 3.(動物の雌が) 子を産まない

anffrwythlondeb *m* (動物の雌が) 子を産めないこと

anffrwythlonder : anffrwythlonedd *m* 1.(土地が) やせていること, 不毛 2.[生物](植物が) 実を結ばないこと, 不稔性

anffurfiad (-au) : anffurfiant (-iannau) *m* 1.醜くする[美観を損ねる]こと; 醜さ, 不格好 2.奇形 3.[物理]変形, ひずみ

anffurfiadol *a* 醜くなる傾向がある

anffurfio *t* 1.醜くする, 美観を損ねる 2.(顔・手足などの自然な形を) 歪める, 捻る, 不格好にする 3.[物理](物体を) 変形させる
i 形が損なわれる

anffuriedig *a* 1.醜い, 美観を損ねた 2.歪められた

anffurfiol *a* 1.非公式の, 略式の 2.儀式張らない, 打ち解けた; 正装を必要としない 3.(言葉遣いが) 堅苦しくない, 口語体[話し言葉]の

anffurfioldeb *m* 1.非公式, 略式 2.形式張らない行動

anffyddiaeth *f* 1.[哲学]無神論 2.[宗教]不信心, 無信仰

anffyddiol *a* 無神論者の

anffyddiwr (-wyr) *m* : **anffyddwraig (-agedd)** *f* 1.無神論者 2.不信心者

anffyddlon *a* 1.忠実[誠実]でない, 不実な 2.(夫または妻に) 不貞な

anffyddlondeb *m* 1.不忠, 不実 2.不貞, 不義 3.不実な行為

anhaeddiannol *a* 受けるに値しない, 不相当の, 分に過ぎた

anhaeddiant *m* 欠点, 落度

anhafal *a* (大きさ・量などが) 等しくない, 同等でない

anhafaledd (-au) *m* [数学]不等式

anhapus *a* 不幸[不運, 惨め]な, 悲しい

anhapusrwydd *m* 不運, 不幸

anhardd *a* 1.醜い, 不器量な 2.嫌な, 不快な

anharddwch *m* 1.醜さ, 不器量 2.不似合い, 不体裁

anhawdd *a* 難しい, 困難な

anhawddgar *a* 人好きのしない, 取っ付きにくい, 無愛想な, つっけんどんな

anhawster (anawsterau) *m* 1.難しさ, 困難 2.障害, 難事: gyda'r ~ mwyaf かろうじて, やっとのことで

anhedd (-au) *f* 1.居所, 住所 2.[*pl*](土地・付属物を含む) 家屋, 家屋敷; 構内, 店内 3.[法律]前述の事項 4.[法律]証書の頭書 5.[論理]前提

anheddeg *f* 人間居住工学

anheddfa (aneddfeydd) *f* : **anheddiad (aneddiadau)** *m* 植民[開拓]地, 小さな村落: anheddiad gwasgarog [社会]散村

anheddle (aneddleoedd) *m* 住所, 居所

anheddol *a* 1.住むことができる, 住むのに適した, 住みよい 2.人間居住工学の

anheddu *t* 1.(人を) 泊める 2.植民[移住]させる
i 住む, 居住する

anheddwr (-wyr) *m* 1.住人, 居住者 2.植民地開拓者, 植民者

anhepgor (-ion) *m* 1.必要不可欠な物, 必需品 2.[通例*pl*]本質的要素, 主要点

anhepgor : anhepgorol *a* 1.欠くことの出来ない, 絶対必要な, 必須の 2.本質[根本]的な 3.[音楽]主要な, 基本の

anhepgoredd : anhepgoroldeb *m* 欠くことのできない[不可欠な, 絶対必要な]こと

anhoffter *m* 嫌い, 毛嫌い, 嫌悪

anhraethadwy : anhraethol *a* (喜び・苦痛・拷問など) 言葉に言い表せない, 言語に絶する

anhraetholdeb *m* 言葉に言い表せないこと

anhrefn f 1.不整頓, 乱雑 2.混乱, 無秩序 3.組織 [秩序] の破壊

anhrefnu v 1.乱雑にする 2.乱す, 混乱させる 3.組織 [秩序] を乱す 4.無政府化する 5.組織 [秩序] を乱す

anhrefnus a 1.取り散らかした, 乱雑な 2.だらしのない, 無精な 3.混乱した, 無秩序の

anhreiddiadwy a 1.(水・熱・空気などを) 通さない, 不滲透の, 2.(神秘など) 計り知れない, 理解できない, 不可解な 3.[物理] (物質など) 不可入性の

anhreuliedig a 1.消費 [消耗] され (てい) ない 2.消化され (てい) ない, 未消化の

anhrugar : anhrugarog a 無慈悲 [無情, 冷酷] な

anhrugaredd m 無慈悲, 無情, 冷酷

anhuddo t 覆う, 覆い隠す, 包む

anhun f : **anhunedd** m 1.不眠 (症) 2.不安, 心配, 動揺

anhunanol a 没我 [利他] 的な, 利己的でない

anhunanoldeb m 1.無私無欲, 寡欲 2.(性格など) 淡白

anhunog a 1.不眠症の 2.(暑さ・騒音などで) 眠れない

anhwyldeb (-au) : anhwylder (-au) m [医学] (心身の) 不調, 倦怠感, (軽い) 病気

anhwylus a 1.気分がすぐれない, 加減が悪い 2.(女性が) 生理中で 3.不便 [不自由, 迷惑] な, 都合の悪い

anhwyluso t (人に) 不便を感じさせる, 迷惑をかける

anhwylustod m 1.不便, 不自由, 不都合, 迷惑 2.不便 [不自由, 迷惑] なこと

anhyblyg a 1.弾力 (弾性, 伸縮性) のない 2.(棒・骨組みなどが) 堅い, 硬直した, 曲がらない 3.順応性のない, 融通の利かない

anhyblygedd : anhyblygrwydd m 1.伸縮性のないこと 2.曲げられないこと, 不撓性 3.(棒・骨組みなどの) 堅いこと 4.不撓不屈; 強直 5.[医学] 硬直

anhyboen a [神学] (神の) 苦受不可能な, 苦痛を感じない

anhyboenedd m 1.苦痛を感じないこと, 無感覚 2.[神学] 通行不能性

anhydawdd a [化学] 溶解しない, 不溶解性の

anhyder m 1.不信感, 疑惑, 邪推 2.自信の欠如, 気後れ 3.内気, 遠慮

anhyderus a 1.自信が無い, 気後れを感じている 2.内気 [遠慮がち] な, おずおずとした, 自信無げな

anhydraidd a = **anhreiddiadwy**

anhydreiddedd m [化学・物理] 不浸透性

anhydrin a 1.(人・動物・気質などを) 制御できない, 操縦し難い, 手に余る, 強情な 2.(物事が) 取り扱いにくい, 始末に負えない, 収拾不可能な 3.[医学] (病気が) 治りにくい, 難治の

4.(金属が) 加工しにくい

anhydrinedd m 1.強情, 手に負えないこと 2.扱いにくさ, 処置しにくいこと 3.[医学] 不応性

anhydwyth a = **anhyblyg**

anhydyn a = **anhydrin**

anhydynrwydd m = **anhydrinedd**

anhyddysg よく知らない, 精通 [通暁] していない, 暗い

anhyfryd a (人・性質・事物などが) 不愉快な, 嫌な, 気に入らない, 感じの悪い, 無愛想な

anhyfrydwch m 1.不愉快, 不快 (感) 2.不快な事柄, 不和

anhyffordd a (道路などが) 通り抜けられない, 通行 [横断] できない

anhygar a = **anhawddgar**

anhyglyw a 聞こえない, 聞き取れない

anhyglywedd m 聞こえないこと, 聴取不能

anhygoel a 1.信じられ [信用でき] ない, 疑わしい 2.(程度・量・強さなどが) 凄まじい, 途方もない, 非常な

anhygoeledd m 信じられ [信用でき] ないこと

anhygyrch a (場所が) 到達し [近づき] 難い

anhygyrchedd m (場所が) 到達し [近づき] 難いこと, 接近不可能性

anhylaw a 1.手頃でない, 扱いにくい, 不便な 2.不器用な, 下手な, 不手際な 3.太り過ぎの, 不格好な; 巨大な

anhylosg a 燃えにくい, 不燃性の

anhylosgedd m 不燃性

anhynod a 1.目立たない, 特色の無い 2.区別 [差別] のない [をしない]

anhysbys a 1.(人・物などが) 知られていない, 未知の, 不明 [無名] の 2.匿名の, 作者 [筆者] 不明の 3.(顔・景色などが) 特徴の無い, ありふれた 4.[数学] 未知の: swm (m) ~ 未知数 [量]

anhysbysedd : anhysbysrwydd m 1.匿名 [無名] であること, 作者不明 2.匿名者 3.個性の欠如

anhywaith a = **anhydrin**

anhywasg a (堅くて) 圧縮できない

anhywasgedd m 不圧縮性

anial a (土地などが) 荒れ果てた, 砂漠のような, 荒涼とした, 住む人もない

anial (-oedd) : anialdir (-oedd) : anialwch (-ychau) m 1.砂漠, 荒地, 荒野: yn yr anialwch (政党が) 政権を離れて, 下野して 2.(砂漠のような) 殺風景な場所 3.(荒野のように) だだっ広い [侘しい] 場所 [状態] 4.(物・人の) 雑然とした集まり 5.無量, 無数

anian (-au) mf 1.自然 (界) 2.性質, 気質, 気性 3.(時代・国民・言語などの) 精神, 特質, 神髄

anianawd (anianodau) m 1.自然 (界) 2.性質, 気質, 気性

anianeg *f* 自然哲学 [科学]

anianol *a* 1.自然 [天然] の 2.生まれつきの, 気質上の 3. [音楽] 本位の

anianyddol *a* 物理学の

anifail (-feiliaid) *m* 1.動物; 四足獣 2.家畜 3.(人間に対し) 獣, 畜生: Teyrnas (*f*) yr Anifeiliaid 動物界; Fferm yr Anifeiliaid [文学] 動物農場 (George Orwell作; 1945)

anifeilaidd : anifeilig *a* 1.動物 (性) の 2.獣のような, 動物的な 3.残酷 [野蛮] な

anifeileidd-dra : anifeileiddiwch : anifeiligrwydd *m* 動物性

anifeileiddio *t* 1.(神を) 動物の形で表す 2. [美術] (人間・神の姿を) 動物の形で描く

anifeiliaeth *f* [哲学] (人間には霊性が無いとする) 人間動物説

anifeilydd (-ion) *m* 1. [哲学] 人間動物説主張者 2. [美術] 動物画家

animistaidd *a* 1.物活説 [アニミズム] の 2.精霊崇拝の

animistiad (-iaid) *m* 1.物活説信奉者 2.精霊崇拝者

animistiaeth *f* 1.物活説, アニミズム 2.精霊崇拝

anion (-au) *m* [物理] 陰イオン

anionig *a* [物理] 陰イオンの

anlwc *m* = anap

anlwcus *a* = anffodus

anllad *a* 1.(人・考えなどが) 好色 [浮気, 多情] な 2.(絵画・書物などが) 猥褻 [卑猥] な

anlladrwydd *m* 1.浮気, 不貞 2.猥褻, 卑猥

anlladu *i* 浮気をする

anllosgadwy *a* = anhylosg

anllygradwy : anllygredig *a* 買収されない, 清廉 [潔白] な

anllygradwyedd *m* : **anllygredigaeth** *f* 買収されないこと, 清廉潔白

anllythrennedd : anllythrenogrwydd *m* 読み書きが出来ないこと, 無学, 文盲, 無筆

anllythrennog (-llythrenogion) *mf* 読み書きの出来ない人, 文盲
a 読み書きの出来ない, 無学 [文盲, 無筆] の

anllywodraeth *f* 1.混乱, 無秩序 2.失政, 悪政

annaearol *a* 1.この世の物とも思われない, 気味の悪い, 異様な 2.(時間などが) 途方もない (早い, 不都合な): ar awr ~ 途方もない (早い) 時間に

annaearoldeb *m* 不気味さ

annarbodaeth *f* 1.先見の明の無いこと, 不用意, 無思慮 2.倹約 [節約] 心の無いこと 3. [経済] 不経済; 費用の高くつく要因

annarbodus *a* 1.先見の明の無い, 先のことを考えない 2.倹約 [節約] 心の無い

annaroganadwy *a* 予言 [予想] 出来ない

annatod : annatodadwy *a* (絆・友情など

が) 堅い, 不変の

annaturiol *a* 1.不自然な, 異常な 2.わざとらしい, 気取った

annealladwy *a* 理解できない, 分かりにくい, 難解な

anneallus *a* 無知 [愚鈍] な

annedwydd *a* = anhapus

annedwyddwch *m* = anhapusrwydd

annedd (anheddau) *f* 住所, 住居: ~ pant [考古] (主に先史・原始時代の) 竪穴住居; ~ ar byst (先史時代の) 湖上住宅, 水上家屋

annefnyddiol *a* 役に立たない, 無益 [無用, 無駄, 無益] な

annefnyddioldeb *m* 無用, 無益, 無駄

annel : annêl *mf* = aneliad

annelwig *a* 1.(形・色などが) 輪郭のはっきりしない, ぼやけた, 無定形の 2.(意味・言葉などが) はっきりしない, 曖昧な, 漠然とした

anner (aneiri, aneiredd, aneiriaid, aneirodd, aneirydd, aneiryd) *f* (3歳未満でまだ子を産まない) 若雌牛

annerbyniad *m* 不承諾

annerbyniadwy : annerbyniol *a* (特に裁判の証拠が) 採用できない, 承認 [容認] し難い

annerbyniedig *a* 受入れられて [気に入られて] いない

annerbynioldeb *m* 1.承認し難いこと 2.不歓迎

annerch (anerchion) *mf* 挨拶

annerch *t* 1.(人に) 話しかける 2.(会衆に) 演説をする: ~ cyfarfod 会衆に演説をする

annewisol *a* 望ま [好ま] しくない, 不快な

annhebyg : annhebygol *a* 1.似ていない, 異なる 2.ありそうも [見込みの, 本当らしく] ない

annhebygolrwydd : annhebygrwydd *m* 1.似ていないこと; 不同性 2.ありそうも [見込みの, 本当らしく] ないこと

annheg *a* 1.(行動・状況などが) 不公平 [不当, 不正] な, 公明正大でない 2.(値段・料金などが) 不当な, 無茶な

annhegwch *m* 不公平, 不当, 不正

annheilwng *a* (…に) 値しない, (人などに) 相応しくない

annheilyngdod *m* 値し [相応しく] ないこと

annheimlad : annheimladedd : annheimladrwydd *m* 1.無意識, 人事不省, 昏睡状態 2.無感覚, 鈍感 3.冷淡, 無関心

annherfynol *a* 1.無限の, 果てしない 2. [文法] 不定形の, 不定詞の

annherfynoldeb *m* 1.無限 2.無数, 無量

annhirion *a* = anfwyn

annhiriondeb *m* = anfwynder

annhoddadwy *a* = anhydawdd

annhoddadwyedd *m* 不溶解性

annhosturi *m* 冷酷, 無慈悲

annhosturiol *a* 冷酷[無慈悲, 無情, 薄情]な

annhuedd *f* 嫌気, 気が進まないこと

annhueddol *a* 気が進まない, 気乗りしない

annhueddu *t* (人に) 嫌気を起こさせる

annhyciol *a* = anfuddiol

annhymig *a* 1.(出産・死などの) 時が早い, 早すぎる, 早産の 2.(雪・霜など) 時ならぬ, 時候はずれの 3.(冗談などが) 折悪しく, 時宜を得ない

annhymigrwydd *m* 1.早熟, 早咲き 2.早計, 時期尚早 3.早産 4.(言動・時間などの) タイミングの悪さ, 好機を逸すること

anniben *a* 1.(部屋などが) 取り散らかした, 乱雑な 2.(人・服装などが) だらしない, 不精な

annibendod *m* 1.取り散らかしていること, 乱雑 2.だらしないこと, 不精, 不注意

annibyniaeth *f* 独立, 自立, 自主

annibynnol : annibynnus *a* 1.独立[自主]の, 自由な 2.独立心の強い, 他人に頼らない 3.自活している, 独り立ちの 4.働かずに暮らせるだけの 5.無所属[無党派, 独自]の 6.民営[私立]の

Annibynnwr (-ynwyr) *m* : **Annibynwraig (-agedd)** *f* [キ教] 1.独立教会主義者 2.(ウエールズの) 会衆[組合]派の信徒

annichon : annichonadwy : annichonol *a* = amhosibl

annichonoldeb *m* 不可能

anniddan *a* (人が) 慰め[楽しみ]のない, 侘しい

anniddig *a* 1.気難しい, 怒りっぽい, 短気な 2.(夜) 眠れない

anniddigrwydd *m* 怒りっぽいこと, 短気, いらいら

anniddos *a* 漏れやすい, 漏れ穴のある

anniddosrwydd *m* 漏れやすいこと

annieithr *a* (権利などが) 譲渡[奪うことが] できない, 固有の

annifeiriol *a* 数え切れない, 無数の

anniflan : anniflanedig : anniflanol *a* 1.色のあせない, 容易に萎れない 2.不滅[不朽, 不死]の

anniflanoldeb *m* 不死, 不滅[不朽]性

annifyr *a* (人・物・事柄などが) 不愉快[嫌]な, 気に入らない

annifyrrwch *m* 不(愉)快, 不快感

anniffodd *a* (火が) 消され(てい) ない

anniffoddadwy *a* (火を) 消すことのできない

annigonedd *m* 1.不足, 不十分 2.不適切[適任]

annigonol *a* 1.不十分な, 不足している 2.不適当[適格]な

annigonoldeb : annigonolrwydd *m* = annigonedd

annigwyddiad (-au) *m* 1.期待はずれの行事 2.実際に起こらなかった出来事

annileadwy *a* 1.(インクなど) 消すことのできない 2.(印象・汚名など) 忘れられ[拭い去れ]ない, 消すことの出来ない: inc(m)~ 消えないインク

annileadwyaeth *f* : **annileadwyedd** *m* 消す[拭う, 忘れる] ことのできないこと

annilys *a* 1.出所不明の, 典拠のない, 不確実な 2.偽(造)の, 本物でない 3.(論理・結論などが) もっともらしい, 誤った, 非論理的な 4.[法律] 無効の

annilysiad (-au) *m* [法律] 無効, 失効

annilysrwydd : annilyster : annilystra *m* 1.無効 2.非真正性 3.病弱

annilysu *t* [法律] 無効にする

annilyswr : annilysydd (-wyr) *m* 無効にするか無効にできる職員

annillyn *a* (形・姿など) 優美でない, 不格好な, 野暮な

annillynder *m* (形・姿などが) 優美でないこと, 不風流, 無粋, 野暮

annioddefadwy : annioddefol *a* 耐えられない, 我慢できない, 忍び難い

annioddefoldeb *m* 耐えられなさ

anniogel *a* 1.(人が) 自信[確信] がない 2.(職・境遇などが) 不安定な 3.(建物・機械・活動・地域などが) 危険な, 物騒な

anniogelwch *m* 不安(定), 危険

anniolchgar *a* 1.感謝しない[されない], 恩知らずの, 忘恩的な 2.(仕事・活動などが) 骨折り損の, 嫌な

anniolchgarwch *m* 恩知らず, 忘恩

annirnad : annirnadwy *a* (物事が) 理解できない, 不可解な, 計り知れない

annirnadrwydd : annirnadwyedd *m* 不可解

annisgrifiadwy *a* 言い表せない, 言語に絶する, 漠然とした

annisgwyl : annisgwyliadwy : annisgwyliedig *a* 予期しない, 思いがけない, 意外な

anniwair *a* 1.不貞な, 身持ちのよくない 2.(趣味・態度などが) 好色な, 淫らな, 猥褻な

anniwall *a* 飽くことを知らない, 貪欲[強欲]な

anniwallrwydd *m* 強欲, 貪欲

anniweirdeb *m* 不貞, 不身持ち, 淫乱, 淫奔, 猥褻

anniwylliedig *a* (人・社会などが) 未開の, 野蛮な, 教養の無い

annoeth *a* 軽率な, 無分別な, 思慮のない

annoethineb *m* 軽卒, 無知, 無分別, 無思慮, 不謹慎

annog *t* 1.駆り立てる, 追い立てる: ~ ceffyl yn ei flaen 馬をせき立てる 2.勧める, 促す, 励ます 3.(悪事・犯罪などを) けしかける, 扇動する 4.(人に…するように) 注意する

annormal *a* 1.異常[病的]な, 変則[変態]の

annormalaeth 39 **anrheithiedig**

2.奇形の
annormalaeth f : **annormaledd (-au)** m : **annormalrwydd (-au)** m 1.異常, 変態 2.奇形, 異常物
annos t = **annog**
annosbarth m 1.混乱, 乱雑, 不整頓 2.(社会的)騒動, 暴動
annosbarthedig a 1.分類[区分]されていない, 未分類の: ffordd (ffyrdd) ~ f 未分類の道路 2.(書類など)機密扱いでない
annosbarthol : **annosbarthus** a 1.(場所が)無秩序[乱雑]な, 混乱した 2.(人・行動が)制御できない, 騒々しい 3.(髪などが)乱れがちな, まとまりにくい
annosbarthu t 1.(秩序などを)乱す, 乱雑にする 2.(心身の)調子を狂わせる
annuw a 無神論(者)の
annuw : **annuwiad (-iaid)** m = **anffyddiwr**
annuwiaeth f 無神論
annuwiol a 1.神の存在を否定する, 神を認めない 2.不信心[不敬]な, 罪深い: yr rhai ~ 罪深い[邪悪な]人々 3.ひどい, とんでもない
annuwioldeb m 不信心, 不浄
Annwfn : **Annwn** m [ウ神]あの世, 来世
annwyd (**anwydau, anwydon**) m [病理]風邪: mae ~ arnaf ; mae gen i ~ 私は風邪にかかっています
annwyl a 親愛な, 最愛の, 可愛い, 愛しい: A~ Syr (手紙などの敬称として)…様; o'r ~! diar ~! bobl ~! [間投詞]おや[あら]まあ!
annyledus a (手形その他の債務が)支払い期限に達しない, まだ支払い義務がない
annymunol a = **anhyfryd**
annymunoldeb : **annymunolrwydd** m 不愉快
annynol a 1.人間でない, 非人間的な 2.不人情[冷酷, 残酷]な
annynoldeb m 1.非人間性 2.不人情, 薄情, 残酷
annysgedig a 無学の, 教育の無い
anobaith m 1.絶望, 断念: mewn ~ ynghylch rhth 何かに絶望して 2.絶望させるもの[元]; 全く見放された者: plentyn sy'n achos ~ i'w rieni 両親もお手上げの[匙を投げている]子供
anobeithio i 絶望する
anobeithiol a 1.絶望した, あきらめた 2.(病気などが)回復の[成功する]見込みのない 3.無能[苦手]な
anobeithiwr (-wyr) m : **anobeithwraig (-aged)** f 絶望した人, 望みを失っている人
anochel : **anocheladwy** a 避けられない, やむを得ない, 必然の
anocheledd m 不可避, 必然性
anod (-au) m [電気]陽極
anodig a [電気]陽極の[に関する]

anodd a 1.(問題など)難しい, 困難な: cwestiwn ~ ei ateb 答えるのが困難な質問 2.(人が)気難しな, 扱いにくい
anoddefgar a 気短な, 我慢できない, 落ち着かない
anoddefgarwch m 短気, せっかち, 耐えられないこと
anogaeth (-au) f 1.説論, 説教, 訓戒 2.刺激, 誘引, 勧誘, 鼓舞, 扇動
anogaethol a 奨励の, 勧告[訓戒]的な
anogwr m : **anogwraig (-aged)** f 1.駆り[急き]立てる人 2.勧める[忠告する]人 3.扇動[教唆, 幇助]者
anolrheinadwy a 追跡できない, 跡を辿ることができない
anolrheiniedig a 追跡されていない
anolygus a 見苦しい, 目障りな, 不体裁な, 醜い
anolygusrwydd m 見苦しさ, 不体裁, 醜さ
anonest a 不正直[不誠実, 不正]な, 狡い: cyfeddiant ~ m [法律]不正流用
anonestrwydd m 不正直, 不誠実
anorac (-iau, -s) mf [服飾]アノラック
anorchfygol a 1.(力・欲望などに)抵抗[克服]できない, 抑えられない 2.(魅力などが)人を悩殺する:(人・物などが)魅力的な 3.(軍隊・議論などが)無敵の, 打ち破ることの出来ない
anorchfygolrwydd m 1.抵抗できない[抑えられない, 我慢できない]こと 2.悩殺, 魅力 3.無敵, 征服不能
anorecsia m [精医]無食欲, 食欲不振: ~ nerfol 神経性食欲不振, 拒食症
anorectig a [精医]食欲不振[拒食症]の
anorfod a 避け[逃れ]られない, 不可避な
anorfodrwydd m = **anocheledd**
anorffen : **anorffenedig** a 1.終わりのない, 無限の 2.(旅など)果てしのないような, 長々しい 3.不完全な, 未完成の 4.無数の
anorffenadwy a 完成不可能な
anorffenedigrwydd m 不完全さ
anorthrech a = **anorchfygol**
anostwng a 1.(元の形式・状態以上には)単純化できない 2.(ある形式・状態などに)帰す[復す]ことができない 3.削減できない
anraddedig a (計器などに)目盛り[等級]がない
anraslon : **anrasol** a (人が)神に見離された, 堕落した
anrhaith (anrheithi, anrheithiau) f 1.略奪, 強奪 2.戦利品, 獲物
anrheg (-ion) f 贈り物, 土産: dych chi wedi prynu'ch anrhegion Nadolig? あなたはクリスマスの贈物を買いましたか?
anrhegu t (贈り物として)贈呈[贈与]する: cafodd lyfr yn anrheg 彼女は本を贈られた
anrheithiedig a 略奪された

anrheithio *t* (山賊・侵略軍などが物を)略奪[強奪]する, 分捕る

anrheithiol *a* 略奪する

anrheithiwr (-wyr) *m* : **anrheithwraig (-agedd)** *f* 略奪[強奪]者, 盗賊

anrheolaidd *m* 変則, 異例, 例外 — *a* 変則[異例]の

anrhesymol *a* = **afresymol**

anrhesymoliaeth *f* = **afresymoliaeth**

anrhydedd (-au) *mf* 1.敬意, 尊敬 2.名誉, 光栄, 面目, 体面: gradd (*f*) er ~ 名誉学位: colli'ch ~ 名誉[面目]を失う; derbyniad er ~ [商業]手形の引受 3.(高い地位の人などの好意・交際を受ける)特権,光栄 4.名誉となるもの[人]5.道義[廉恥, 自尊]心, 節操,(女性の)貞節, 淑徳: mae'n ddyn hollol anrhydeddus 彼は高潔そのものだ 6.(大学の)優等(の学位): cyd~共同優等学位; rhestr yr anrhydeddau 学生が学位試験で取った等級に従って彼らを類別する試験官によって発行されるリスト 7.[*pl*]叙勲, 叙位; 名誉賞, 勲章 8.[*pl*]儀礼, 礼遇: (主人役による社交上の)儀礼: rhoi croeso anrhyddus i rn 礼を尽くして人を迎える 9.(判事・市長などへの敬称)閣下: eich/ei A~ 閣下 10.[トラ]最高の役札

anrhydeddu *t* 1.尊敬する, 敬う 2.名誉[栄誉, 光栄]を与える 3.[商業](手形・小切手などを)引き受けて支払う

anrhydeddus *a* 1.尊敬すべき, 立派な 2.名誉ある, 高貴な 3.[yr A~](敬称として)閣下, 先生, 様 4.無給[名誉職]の 5.(地位・学位など)名誉上の, 名誉として与えられる

anrhydeddwr (-wyr) *m* 名誉[栄誉]を与える人, 礼遇する人

anrhywiol *a* 1.[生物]性別[性器]のない, 無性の: atgynhyrchu (vn)~ 無性生殖 2.性に無関心な

anrhywioldeb *m* [生物]無性(状態)

ansad *a* 1.(建物, 歩き方などが)不安定な, ぐらつく, よろよろする 2.気が変わりやすい, 落ち着きのない, 情緒不安定な

ansadrwydd *m* (テーブル・歩き方などの)不安定 2.(心の)変わりやすさ, 移り気

ansafadwy *a* = **ansad**

ansathredig *a* (滅多に)人の行か[通ら]ない, 人跡未踏の

ansawdd (-soddau) *mf* 1.質, 品質: o ~ da/dda 質のよい; rheolaeth (*f*) ar ~ [経営]品質管理 2.良質, 高級 3.特質, 特性, 長所 4.[音声]音質

ansefydlog *a* 1.(人・心・決心などが)動揺している, 情緒不安定な 2.(天候などが)変わりやすい, 定まらない 3.(建物・地位などが)不安定な 4.(ある地域が)定住者のいない 5.[化学](化合物が)分解しやすい, 不安定な

ansefydlogi *t* 1.心を乱す, 不安にする, 落着き

を失わせる 2.(胃の)具合を狂わせる

ansefydlogrwydd *m* 1.不安定 2.(心の)変わりやすさ, 移り気 3.(天候の)不安定, 変わりやすさ

ansicr *a* 1.(時間・数量などが)不確かな, 未定の: mae ei gof yn ~ 彼の記憶は不確かです 2.(結果・成り行きなどが)不確実な, あやふやな: mae'n ~ pwy fydd yn ennill 誰が勝つか不明だ 3.(人が)確信のない, 断言できない, 疑いを抱いている

ansicredig *a* 安全にされていない; 保証[抵当]のない, 無担保の: credydwr ~ [法律]保証のない債権者

ansicrwydd *m* 1.疑い, 疑念, 半信半疑 2.不確実, 不確定, 不安定 3.優柔不断, 躊躇

ansiofi *m* [料理]アンチョヴィー: past (*m*) ~ アンチョヴィーペースト

ansoddair (-eiriau) *m* [文法]形容詞, 修飾語句

ansoddeiriol *a* [文法]形容詞の, 形容詞的な

ansoddi *t* 1.資格[権限]を与える, 適任とする 2.制限[限定]する 3.[文法]修飾する

ansoddol *a* 1.質的な, 性質(上)の 2.制限[限定]する, 叙述的な 3.[文法]修飾[限定]する

ansoddyn (ansoddion) *m* [化学]成分

ansyber *a* 1.失礼[無作法, 不躾]な 2.(人・服装などが)だらしのない 3.(部屋などが)取り散らかした, 乱雑な 4.無精[不注意, ぞんざい]な

ansymudol *a* 動け動かせない 不動[静止]な

ansymudoldeb *m* 不動, 固定, 静止

Antarctica *f* [地理]南極大陸

Antarctig *f* 南極(地方): yr A~ 南極(地方) — *a* 南極(地方)の

anterliwd (-iau) *f* [音楽]間奏曲

anterliwd : anterliwt (-iau) *f* [演劇・英史](英国の道徳劇から起こった15~16世紀頃の)幕間の短い喜劇, 笑劇, インタールード

anterliwtiwr (-wyr) *m* 1.笑劇作家 2.笑劇の俳優[役者]

anterth (-au) *m* 1.[天文]子午線, 経線; 子午線通過, 南中, 正中; 天頂 2.(成功・幸福・権勢などの)絶頂, 全盛期, 頂点: yn ~ ei ogoniant 彼の栄光の絶頂期に; yn ~ ei fri 彼の名声の絶頂に; yn ~ ar y storm 嵐の絶頂に 3.(健康・気力の)盛り, 全盛期: yn/ar eich ~ 壮年期[働き盛り]に

anterthol *a* 1.[天文]正中[南中]している, 子午線上の, 天頂の 2.最高点[絶頂, 頂点]にある, 全盛の

anterthu *i* [天文](天体が)最高度[子午線]に達する, 南中する

antibiotig (-au, -ion) *m* [生化]抗生物質 — *a* [生化]抗生の

antiffon (-au) *mf* 1.[カト]交唱(聖歌) 2.[音楽]応答頌歌

antiffonïaidd *a* 応答頌歌の

antiseiclon (-au) *m* [気象] 1.逆旋風 2.高気圧

antiseiclonaidd : antiseiclonig *a* [気象] 1.反対旋風の 2.高気圧性の

antiseptig (-ion) *m* [医学] 防腐 [消毒] 剤 *a* [医学] 防腐 [無菌] 性の, 消毒の

antur (-iau, -ion) : anturiaeth (-au) *f* 1.冒険 (心)：stori antur *f* 冒険物語；cae (-au) (*m*) antur (市中・公園などの) 冒険広場, がらくた遊園地 (子供が自分で工夫して遊べるように木造物・ロープ・タイヤなどが置いてある遊技場) 2.冒険的な出来事 3.企業 (冒険的) 事業：anturiaeth wladol 国有企業

anturiaethus : anturus *a* 冒険心のある, 冒険好きな, 進取の気性に富んだ, 行動的な

anturiaethwr (-wyr) : anturiwr (-wyr) *m* : **antures (-au)** *f* 冒険家

anturio *i* 1.危険に身をさらす 2.思い切って (…に) 着手する 3. (危険な場所に) 踏み込む

anthem (-au) *f* 聖歌, 賛美歌, 祝歌：~ genedlaethol (anthemau cenedlaethol) 国歌

anther (-au, -i) *m* [植物] 葯

antholeg (-au) *f* 1.名詩選集 2.名句選

anthropoid (-iaid) *m* [動物] 類人猿

anthropoleg *f* 人類学

anthropolegol *a* 人類学 (上) の

anthropolegwr : anthropolegydd (-wyr) *m* 人類学者

anudon (-au) : audonedd (-au) *m* : **audoniaeth (-au)** *f* [法律] 偽証 (罪)：tyngu anudon 偽証罪を犯す, 偽誓する

anudonus *a* 偽誓 [偽証] の, 偽証罪を犯した

anudonwr (-wyr) *m* : **anudonwraig (-agedd)** *f* 偽誓 [偽証] 者

anufudd *a* 不従順な, 反抗的な, 不孝な, 違反する

anufudd-dod *m* 1.不従順, 反抗, 不孝 2. (法律・命令・規則などに対する) 違反, 反則

anuhuddhau *t* (人・命令などに) 従わない, 背く, 反則する

anuhuddhawr (-hawyr) *m* 1.反抗者 2.違反者

anundeb : anundod *m* 1.分離, 分裂 2.不和, 不統一, 内輪もめ

anunedig *a* 分離した；反目している

anunion *a* 1.曲がっている, 屈曲した, 歪んだ 2.犯罪的な, 不正直な

anuniondeb : anunionder *m* 1.不正 2.不正行為

anuniongyrchedd *m* 1.遠回し 2.不正直；詐欺 3.無目的

anuniongyrchol *a* 1. (結果・効果などが) 間接的な, 二次的な, 傍系の 2. (道・旅などが) 真っすぐでない, 遠回りの 3. (表現・情報などが) 間接の, 遠回しの

anuno *t* 1.分離 [分裂] させる 2.不和にする, 反

目させる

anunol *a* = anunedig

anurddo *t* 1. 1. (物事を) ひどく傷つける, 損なう, 台なしにする 2.醜くする, 美観を損ねる

anwadal *a* (人が) 気が変わりやすい, 気まぐれな, 気迷いする, 考えのぐらつく, 優柔不断な

anwadaliad (-au) *m* 1.動揺, 気迷い 2.変動, 高下

anwadalu *i* 1. (二つの意見・決心・判断などの間で) 迷う, ためらう, 考えがぐらつく, 躊躇 [動揺] する

anwadalwch *m* 1.気まぐれ, 移り気 2. (心・考えなどの) 動揺, ためらい, 優柔不断

anwadalwr (-wyr) *m* : **anwadalwraig (-agedd)** *f* 気まぐれ [優柔不断] な人, 気迷いする人

anwahanadwy : anwahanol *a* 分離できない, 不可分の, 離れられない

anwahanoldeb *m* 不可分性

anwar : anwaraidd *a* 1.文明化されていない, 未開の, 野蛮な 2. (人・言動などが) 粗野な, 無作法な

anwar (-iaid) : anwariad (-iaid) *mf* 野蛮人

anwaredd : anwarineb *m* 1.野蛮, 未開状態 2.残忍, 凶暴性

anwarddyn (-ion) *m* = anwar

anwareidd-dra *m* = anwaredd, anwarineb

anwastad *a* 1. (表面・道路などが) 平らでない, でこぼこの 2.一様でない, 不規則な, むらのある：~ iawn yw ei waith 彼の勉強には非常にむらがある 3.気まぐれな, 気が変わりやすい, 移り気の 4. [数学] 奇数の

anwastadrwydd *m* 1. (地面などの) でこぼこ (状態) 2.むら (のあること) 3.不釣り合い

anwe (-oedd) *f* [織物] 横糸, ぬき：edefion ~ 横糸

anwedd (-au) *m* 1.蒸気, 湯気：baddon (-au) (*m*) ~ 蒸し風呂 2. [物理] 蒸気：motor (-au) (*m*) ~ 蒸気エンジン

anweddadwy *a* 蒸気にできる, 気化可能な, 蒸発させることのできる, 蒸発性の

anweddaidd : anweddus *a* 1.下品 [淫ら, 猥褻] な 2.不体裁な, 見苦しい：ymosodiad (-au) (*m*) anweddus [法律] 強制猥褻罪；dinoethiad (-au) (*m*) anweddus [法律] 公然猥褻罪

anweddeidd-dra *m* 1.下品, 猥褻 2.下品 [猥褻] な行為 3.見苦しさ, 不体裁, 不適当 4.無作法, 無礼

anweddiad (-au) *m* 1.蒸発 (作用), 気化, 発散 2. (希望などの) 消散, 消失

anweddol *a* 1.蒸気のような [多い] 2.蒸発する, 蒸発 (化) の 3.気の塞いだ

anweddoldeb *m* 蒸発する傾向；蒸発の速度

anweddu *t* 蒸発 [気化] させる *i* 1.蒸発 [気化] する 2. (希望などが) 消散する

anwedduster : anweddustra : anweddusrwydd *m* = anweddeidd-dra

anweddwr (-wyr) *m* 1.蒸発させる人［物］ 2.気化器；霧吹き

anweddydd (-ion) *m* 蒸発［蒸化］器

anwel : anweladwy : anweledig *a* 1.目に見えない 2.顔をみせない，姿を現さない

anwelladwy *a* ［医学］治せない，治療できない

anwelladwyaeth *f* : anwelladwyedd *m* ［医学］不治，治療不能

anwes (-au, -oedd) *a* : anwesiad (-au) *m* 愛撫，抱擁；capel anwes（教区教会に遠い人や会堂に入り切れない人のための）分会堂，支聖堂

anwesgar *a* 愛撫する，可愛がる

anwesog *a* 1.情愛の深い，愛情のこもった，優しい 2.甘やかされた

anwesu *t*（人・動物・物などを）愛撫［抱擁］する

anweswr : anwesydd (-wyr) *m* : anweswraig (-agedd) *f* 愛撫［抱擁］する人

anwir *a* 偽り［虚偽］の，間違った，誤った

anwiredd (-au) *m* 1.嘘，偽り：gwahaniaethu rhwng gwirionedd ac ~ 真実と嘘とを区別する 2.虚偽，欺瞞，不真実

anwireddiad (-au) : anwiriad (-au) *m* 1.偽造，変造 2.(事実の）歪曲 3.虚偽の立証，反証，論破

anwireddu *t*（記録などを）偽る，曲げる，歪曲する

anwireddus *a*（人が）偽りを言う，嘘をつく，不正直な

anwireddwr (-wyr) *m* : anwireddwraig (-agedd) *f* 1.偽造者 2.曲解者 3.嘘つき

anwirio *t* = anwireddu

anwiw *a*（行為などが）下劣な，卑しい

anwlws (anwli) *m* 1.環，輪 2.［数学］環形 3.［植物］(シダ類の胞子嚢の）環帯 4.［天文］金環

anwr (-wyr) *m* 卑劣漢，卑怯［臆病］者，恥知らず

anwrol *a*（行動が）臆病［卑怯，柔弱］な

anwroldeb *m* 臆病，卑怯，柔弱

anwybod *m* : anwybodaeth *f* 無知，無学，不知，不案内：melys pob anwybod［諺］「知らぬが仏」；anwybodaeth anorchfygol［神学］個人の判断・理解能力を超えた無知，倫理的に責任のない無知

anwybodadwy *a*（物事を）知ることができない

anwybodus *a* 1.無知［無学］の 2.知ら［気づか］ない，不案内の

anwybyddadwy *a* 無視できる

anwybyddu *t* 無視する，知らない［見て見ぬ］振りをする

anwybyddwr (-wyr) *m* : anwybyddwraig (-agedd) *f* 無視する人

anwydog *a* 1.(日・天候など）冷え冷えする，薄ら寒い 2.(人が）寒けがする；風邪を引いている 3.(態度など）冷淡［冷やか］な 4.(物語など）ぞっとさせる

anwydol *a*［病理］インフルエンザの

anwydwst *m*［病理］インフルエンザ，流行性感冒：yr ~ インフルエンザ

anwyldeb : anwylder *m* 1.愛情，情愛，溺愛 2.可愛さ，愛すべき性質

anwylo *t* = anwesu

anwylyd (-liaid) *mf* 最愛の人

anwylyn (-liaid) *m* お気に入りの人，人気者

anwythiad (-au) *m* 1.誘導 2.［数学］数学的帰納法 3.［論理］帰納法 4.［電気・磁気］誘導，感応

anwytho *t* 1.［電気・磁気］誘導する 2.［論理］帰納する

anwythol *a* 1.［電気・磁気］誘導(性)の，感応の 2.［論理］帰納の，機能的な

anwyw *a*（樹木が）常緑の：derwen (derw) (*f*) ~ 常緑性のカシ類の総称

anymarferol *a*（計画などが）実行できない，非実用的な

anymarferoldeb *m*（計画などの）実行不可能

anymatal *m* 1.淫乱，不貞 2.［病理］(大小便の）失禁

anymataliol *a* 1.淫乱な 2.［病理］失禁の

anymddiried *m* : anymddiriedaeth *f* 不信感；疑惑，邪推

anymochredd *m* = amhleidioldeb

anymochrol *a* = amhleidiol

anymwybod *m* : anymwybyddiaeth *f* 無意識，人事不省：yr ~［精分］無意識

anymwybodol *a* 1.意識を失った，人事不省の 2.気づかない，知らない 3.無意識の，何気なく（口に）した 4.［精分］無意識の

anymyriad *m* : anymyrraeth *f* 内政不干渉，不介入

anynad *a* 気難しい，怒りっぽい，腹立ちやすい，短気な，いらいらする

anysgrifenadwy *a* 書く［書き表す］ことができない

anysgrifenedig *a* 書かれて［成文化して］いない，暗黙［口伝，口碑］の：y rheol (*f*) ~ 不文律

anysgrythurol *a* 聖書に合わない［よらない］，経典に反する

anystwyth *a* 1.曲がら［曲げられ］ない 2.(物が）堅い，硬直した 3.(ドア・機械など）すらすらと動かない

anystwythder *m* 硬直，剛性

anystwytho *i* 硬くなる，こわばる

anystyriaeth *f* 不注意, 無頓着, 無分別, 軽卒

anystyriol *a* 不注意[無頓着, 無分別, 軽卒, 無謀]な

anystyrioldeb *m* 無謀, 向こう見ず

anystywallt *a*(人・性格が)手に負えない, 御し難い, 手に余る, 強情な

aorta (-âu) *f*[解剖]大動脈

aortaidd : aortig *a*[解剖]大動脈の

apanaeth (-au) *f*[英史](国王が世継ぎ以外の王子たちに与える)扶持, 采地

aparatws *m* 器具, 装置

apartheid (-au) *m*[政治]人種差別[隔離]政策, アパルトヘイト(南アフリカ共和国における黒人・有色人種に対する人種差別政策; 1945年廃止)

apêl (apeliadau) *f* : **apeliad (-au)** *m* 1.魅力 2.訴え, 懇願, 懇請 3.[法律]控訴, 上訴, 上告: Llys (-oedd)(*m*) A~(英国の)控訴院

apelgar *a* 魅力的な

apeliadol *a* 哀願的な

apeliadwy *a* 上訴可能な

apelio *i* 1.[法律]上訴[控訴, 上告]する 2.懇願[懇請]する 3.(人心に)訴える, 気に入る, 興味を引く: mae'r cynllun yn ~ ataf 私はその計画に興味があります 4.(法律・世論・武力などに)訴える: ~ at y gyfraith 法律に訴える

apeliol *a*[法律]上訴[控訴, 上告]の

apeliwr (-wyr) : apelydd (-ion) *m* : **apelwraig (-agedd)** *f* 上訴[控訴, 上告]人

apelyddol *a* = apeliol

apig (-au) *f*(三角形の)頂点

Apocryffa *m*[聖書]聖書外典: yr A~ 聖書外典, アポクリファ

apocryffaidd *a*(聖書の)外典の

apoleg (-au) *f* 1.弁明, 弁護 2.弁明書

apolegwr (-wyr) : apolegydd (-ion) *m* 弁明[弁護]者

apostol (-ion) *m* 1.[キ教]使徒(キリストの十二使徒の一人): Credo(*mf*)'r Apostolion 使徒信条(キリスト教の最も基本的な信仰箇条); Actau'r Apostolion 使徒言行録[行伝](新約聖書中の一書); llwy (-au)(*f*) ~(昔, 小児洗礼で名親が記念に贈った)柄の先が使徒の像になっている銀のスプーン 2.(政策・主義などの)主唱[唱導]者

apostolaidd : apostolig *a* 1.12使徒の, 使徒的な: yr Eglwys Apostolaidd 使徒教会 2.ローマ教皇の

apostolawd (-au) *m* : **apostoliaeth (-au)** *f* 1.使徒の職 2.教皇職

apostoligrwydd *m* 1.使徒的性格 2.使徒伝承(性)

apothecari (-ïaid) *m* 薬屋, 薬剤師

aprofi *t*[英史](囲い地法以前の英法で荘園領主などに許可されたように荒地・公有地を)私的に囲い込む, 私物化する

aps (-au) *m*[教会・建築]後陣(教会の東端に張り出した半円形または多角形の奥室)

apwyntiad (-au) *m*(地位・職などの)任命, 指名

apwyntiedig *a* 任命された

apwyntio *t* 任命[指名]する

apwyntment (-s) *m*(会合・面会などの)約束, 予約, 取り決め

âr *m* 1.耕作 2.耕地
a 耕作に適する: tir ~ 耕地

ar *prep* 1.[場所の接触]…の表面[上]に[の]: ~ y Cyfandir ヨーロッパ大陸の 2.[手段・器具]…で: a yw hi ~ y ffon? 彼女は電話中ですか? 3.[支え・支持]…で: ~ eich dwylroed, ~ ddeudroed 徒歩で 4.[関与・従事]…に関与[従事]して: mae hi ~ y pwyllgor 彼女は委員会の一員です 5.[近接]…に接して[面して]: ~ y briffordd fawr 主要道路に面した家 6.[動作の対象]…に対して[当てて]: gwenu ~ rn 人に微笑む 7.[根拠・基準・条件]…に基づいて: seiliedig ~ ffaith 事実に基づいた 8.[日・時]…に: ~(y) Suliau 日曜日に; gyda'r nos ~ y cyntaf o Fehefin 6月1日の夕方に 9.[状態・動作]…して: ~ fenthyg 貸し付けて, 借りて; ~ werth 売り物に出て; ~ y llwyfan[演劇]舞台に立って, 俳優となって 10.[関係]…に関して[について]: darlith ~ hanes 歴史に関する講演 11.[累加・添加]…に加えて: trychineb ~ ben trychineb 重ね重ねの災害 12.[賭け](金などを馬に)賭けられて: arian ~ geffyl[競馬]馬に賭けられた金 13.(飲食物の勘定などで人が)支払う,(人の)奢りで 14.[支配・優位]…を支配して[の上位に, に優って]: teyrnasu ~ wlad 国を統治する 15.(電話・ラジオなど)によって: ~ y radio ラジオで; ~ y ffon 電話によって 16.[離れた位置]…の上方に[の]; …の真上に[の]: y bont ~ yr afon 川に架けられた橋 17.[範囲・数量・程度]…を越えて[より多く]: ~ ben eich cyflog 給料より多く 18.[成句]~ fy ngwir/ngair! 誓って!, 確かに!

arab : arabus *a* 1.機知に富んだ, 才気のある 2.滑稽な, おどけた

Arab (-iaid) *m* : **Arabes (-au)** *f*[民族]アラブ[アラビア]人

Arabaidd *a* アラブ[アラビア](人)の: Y Mil Noswaith(*f*) ac Un[文学]千一夜物語, アラビア夜話

arabedd *m* 1.機知, 頓知, 気転 2.滑稽, ひょうきん, おどけ

arabésg (arabesgau) *mf* 1.[建築]アラビア風装飾, 唐草模様 2.[バレエ]アラベスク

Arabia *f*[地理]アラビア(紅海とペルシア湾の間の大半島)

arad : aradr (ereidr, erydr) *mf*(耕作用の)犂: aradr feirch 馬に引かれる犂

aradrwr / 44 / Arctig

aradrwr (-wyr) *m* 犂を使う人; 農夫

araf : arafaidd *a* 1.(速度・動作などが) 遅い, ゆっくりした: mor araf â malwen のろくさい; symudiad araf *m* [映画・テレ] スローモーション 2.(物覚え・理解などが) 鈍い, 時間がかかる, 知恵遅れの: plenty araf 知恵遅れの子供 3.(人が) ゆったり [のんびり] した, 悠然とした 4.尻込みする, 内気な 5.活気のない, 不景気な 6.(テニスコートなど) 球が速く進まない

arafiad (-au) : arafiant *m* 1.遅滞, 遅延; 妨害 2.減速 3.[物理] 遅れ, 減速度

arafol *a* 1.減速する 2.(薬品効果・火の燃え移りなどを) 遅らせる, 防ぐ

arafu *t* 1.減速させる, 遅らせる; 妨害する 2.成長 [発達] を妨げる
i 速度が落ちる, 遅くなる

arafwch *m* 1.熟考, 思案 2.(動作の) 緩慢; (行動の) 慎重, 入念 3.進歩の遅いこと, 遅鈍性 4.尻込みがち, 気後れ性 5.原始的なこと, 原始性

arafwr (-wyr) : arafydd (-ion) *m* 1.減速する人 2.減速機 3.抑制剤

arail *t* 1.世話をする, 面倒を見る; (子供などを) 養育する 2.抑制する 3.(思想などを) 心に抱く 4.(作物・菌などを) 栽培 [培養] する 5.(友情・交際などを) 深める 6.(才能・品性・習慣などを) 養う, 養成 [教化] する

araith (areithiau) *f* 1.(記念式・葬式の時などの) 正式の) 演説, 講演, 式辞: ~ y Frenhines / Brenin [政治] (英国議会で) 開院式の勅語 (上院で読まれる) 2.[文法] 話法: ~ union (gyrchol) 直接話法; ~ anunion (gyrchol) 間接話法

arall (eraill) *a* 1.もう1つ [一人] の: aeth pum awr ~ heibio もう5時間が過ぎ去った 2.他の, 別の, 異なった: y byd ~ あの世: a welsoch chi rywun ~? あなたは他に誰かを見ましたか? 3.代わりの, 代わりとなる: ffordd ~ (ffyrdd eraill) *f* 代わりのルート

arall (eraill) *pron* 1.他の物 [人] : 'does gennyf yr un ~ 他の物は持っていません: rhai … eraill ~ … な物 [人] もあれば ~ な物 [人] もある 2.[pl] 他人

aralleg (-au, -ion) *f* 1.風喩 2.寓話, 例え話

aralleiriad (-au) *m* 意訳, 言い替え

aralleirio *t* 意訳する, 言い替える

arallenw (-au) *m* = alias

arallenwedig *ad* = alias

aralliad (-au) *m* [法律] 譲渡, 転用

arallrwydd *m* 異なっていること, 他性

arallu *t* [法律] (財産・不動産権を) 譲渡する

arallwr (-wyr) *m* [法律] 譲渡人

aranadliad *m* [キ教] (聖霊を与えるための) 息吹

aranadlu *t* [キ教] (受洗者・洗礼の水に) 息を吹きかける

araul *a* 1.日が照る, 日当りのよい 2.(空・天候など) 晴れた, 晴朗な, 雲のない

arawd (-au) *f* = araith

arbed *t* = achub

arbediad (-au) *m* 1.[フボ] 敵の得点の阻止 2.海難救助, 遭難船舶貨物救助

arbedadwy *a* = achubadwy

arbedol *a* (神の恩寵によって) 救済する

arbedwr (-wyr) *m* 1.救助者 2.節約家 3.(救世主である) キリスト 4.[しばしば複合語の第2構成成素として] 節約器 [装置] : ~ sgrin スクリーンセーバー

arbelydredig *a* [物理] 放射線を照射された

arbelydriad (-au) *m* [物理] (放射線の) 照射

arbelydrol *a* [物理] 放射線を照射する

arbelydru *t* [医学・物理] 放射線を照射する

arbelydrwr (-wyr) *m* (放射線) 照射器 [装置]

arbenigaeth (-au) *f* : **arbenigiad (-au)** *m* 特殊 [専門] 化

arbenigedd (-au) *m* 1.専門, 専攻 2.特製 [特産] 品 3.特色, 特質

arbenigo *i* 専門にする, 専攻する

arbenigol *a* 1.専門的な, 専門化した 2.専門家の

arbenigrwydd *m* 特色, 特質, 特徴, 個性

arbenigwr (-wyr) *m* : **arbenigwraig (-agedd)** *f* 専門家 [医] : arbenigwr (ar) y gallon 心臓病の専門医

arbennig *mf* 1.特別 [臨時] 列車: tren(trenau) ~ *mf* 臨時列車 2.(新聞・雑誌の) 特別通信, 特電, 号外; 臨時増刊: rhifyn(-nau) ~ *m* 増刊号 3.特別料理: saig(seigiau) ~ *f* 特別料理 4.(テレビなどの) 特別番組: rhaglen(-ni) ~ *f* 特別番組
a 1.特別 [格別] の, 特殊な 2.臨時 [特別用] の

arbetalog *a* [植物] (花が) 花冠着生の

arbost (arbyst) *m* [建築] 迫元 (アーチの内輪の起点)

arbrawf (arbrofion) *m* 実験, 試み: ~ cymharu [生物] 対照実験

adbrisiant (-iannau) *m* [財政] (価格の) 騰貴, 上昇

arbrofi *i* 実験する, 試してみる

arbrofol *a* 実験 [用] の, 実験的な, 実験に基づく

arbrofwr (-wyr) *m* : **arbrofwraig (-agedd)** *f* 実験者

arc (-au) *m* 1.弓形, 弧形 2.[数学] (円) 弧 4.[電気] 電弧

arcêd (arcedau) *f* 1.アーケード (屋根付きの街路・商店街), 仲店通り: ~ siopau 屋根付き商店街 2.[建築] 拱廊, 列拱 (建物の側面に廊下のように多くのアーチを並べたもの)

arcio *i* [電気] 弧光を発する

Arctig *m* 北極 (地方) : yr A~ 北極 (地方)

arch 45 **ardystio**

a 1.北極（地方）の 2.[a~] 極寒［寒帯］の

arch (eirchion) *f* : archiad (-au) *m* 1.懇請, 要望 2.命令, 指令: Archiad Dwyfol［カト］神からの命令

arch (eirch) *f* 1.箱: A~ y Cyfamod［ユ教］契約の箱（モーゼの十戒を刻んだ2個の平たい石を収めた箱; ユダヤ人にとって最も神聖なもの）2.棺, 柩 3.[聖書] 箱船: ~ Noa ノアの箱船

arch- pref 首位［第一］の…, 大…: archgelwyddgi (-gwn) *m* 大嘘つき; archelyn (-ion) *m* 大敵

archangel (-angylion) *m* 大天使, 天使長

archdraf (-au) *f* : architraf (-au) *m*［建築］軒縁, 額縁（窓・出入口周囲の化粧縁）

archdderwydd (-on) *m* : **archdderwyddes (-au)** *f* ドルイド大祭司

archddiacon (-iaid) *m* 1.[英教] 大執事 2.[カト] 大助祭

archddyfarniad (-au) *m*［法律］（裁判所の）判決, 命令: ~ absoliwt/diamod［英法］離婚判決

archeb (-ion) *f* : archebiant (-nnau) *m* 1.命令, 指令, 指図: ~ banc（口座からの）自動振替の依頼; ~ bost (archebion post) 郵便為替 2.[商業]（商品の）注文, 注文書［品］3.[財政] 課税査定額による金銭徴収［支払］命令

archebu *t*［商業］注文する

archebwr : archebydd (-wyr) *m*［商業］注文者

archeoleg *f* 考古学

archeolegol *a* 考古学の, 考古学的な

archeolegu *i* 考古学の研究をする

archeolegwr (-wyr) : **archeolegydd (-ion)** *m* : **archeolegwraig (-agedd)** *f* 考古学者

archesgob (-ion) *m* 1.[英教] 大主教（Englandには CanterburyとYorkに一人ずついて, 主教を統率する）2.[カト] 大司教

archesgobaeth (-au) *f* 大主教［大司教］の座［職, 管区］

archfarchnad (-oedd) *f* スーパーマーケット

archgyhuddiad (-au) *m*［法律・政治］告訴, 告発, 弾劾

archgyhuddo *t*［法律・政治］告訴［告発］する, 弾劾する

archif (-au) *f*［通例 *pl*］公文［古文］書

archifdy (-dai) *m* 記録［公文書］保管所, 古文書館

archifo *t*（文書・記録などを記録保管所などに）保管する

archifol *a* 1.記録［古文書］の 2.記録保管所の

archifydd (-ion, archifwyr) *m* 記録［公文書］保管人, 古文書係

archoffeiriad (-iaid) *m* 大司祭, 祭司長,（特に古代ユダヤの）大祭司

archoll (-ion) *f* 1.傷, 負傷, 怪我 2.（名誉・信用・感情などの）痛手, 苦痛

archolli *t* 1.傷つける, 負傷させる 2.（感情・名声などを）傷つける, 害する

archwaeth (-au) *m* 1.食欲 2.欲望, 欲求

archwaethu *t* 1.（飲食物の）味見をする 2.（飲食物を）口にする, 食べる, 飲む 3.（喜び・悲しみなどを）味わう, 経験する

i（物が…の）味がする, 風味がある

archwiliad (-au) *m* 1.照合, 引き合せ 2.検査, 精査, 調査 3.会計検査, 監査 4.監視, 監督 5.[医学] 診察, 触診, 健康診断

archwilio *t* 1.調べる, 精査する, 検査検閲する: ~ paciau 荷物を検査する 2.（会計・帳簿などを）検査［監査］する 3.（国・地域などを）探検［踏破］する: ~ gwlad 国を探検する 4.（問題などを）調査［探究］する 5.[テレ]（映像を）走査する 6.[通信]（レーダーである地域を）走査する

archwiliwr (-wyr) *m* 1.調査［探究］者 2.[財政] 会計監査官, 監査役 3.検査官 4.[行政] 投票検査員

archwys *m* 滲出,（汗などが）にじみ出ること

archwysiad (-au) *m* 滲出物

archwysol *a* 滲出性の

archwysu *t*（汗などを）にじみ出させる

i 滲出する,（汗などが）にじみ出る

ardal (-oedd) *f* 地方, 地域: A~ y Llynnoedd 湖水地方（England北西部の景色の美しい湖水・山岳地帯）; nyrs (-us) (*f*) ~（地方を巡回する）保健婦; yn ~ Bangor バンゴー地方で; ~ adoiledig 建て込んだ地域; yn ~ Caerdydd カーディフ地域で

ardalydd (-ion) *m*（英国の）侯爵

ardalyddes (-au) *f* 侯爵夫人, 女侯爵

ardaro *i*［物理］ぶつかる, 衝突する

ardeleriad (-au) *m*［英史］治外法権の特権を許した協定

ardoll (-au) *f*（税金などの）徴収, 賦課, 町税: ~ gyfalaf (ardollau cyfalaf) 資本課税

ardrawiad (-au) *m*［物理］衝突, 衝撃: ~ grymus 強い衝撃

ardraws *a* 横の, 横断する

ardrawslin (-iau) *f* 1.横断物 2.[幾何] 横断線

ardreth (-i) *f*［行政］地方税, 固定資産税

ardrethol *a* 税を負担すべき, 課税すべき

ardrethu *t* 課税のために評価する, 地方税を課する

ardyst *a*［畜産］（牛・牛乳の）無病［無菌］を証明された

ardystiad (-au) *m* 1.[法律]（証書などの真正の）証明 2.[英史] 誓約約束

ardystiedig *a* 1.保証された, 証明付きの: llaeth ~［農業］保証牛乳 2.精神異常と証明された 3.[畜産]（牛・牛乳の）無病［無菌］を証明された 4.[財政]（小切手などに）裏書きした

ardystio *t* 1.（人の言説などを）保証する 2.[商

ardystiwr 46 **arestiwr**

業](小切手などに)裏書きする: ~ bil 手形を裏書きする 3.[法律](宣誓などによって証書などの)真正を証明する 4.[畜産](牛・牛乳の)無病[無菌]を証明する

ardystiwr (-wyr) m [法律](証書作成の)立会い証人

arddangos t 1.(物・顔・姿などを)見せる, 示す, 現す 2.(道・場所などを)教える, 案内する 3.(勇気・感情・才能などを)出す, 示す, 発揮する: ~ eich doniau 才能を現す 4.(無知を)さらけ出す 5.(映画・番組・劇などを)上映[放映, 上演]する 6.説明する 7.(商品などを)展示[陳列]する 8.(商品などの)実物宣伝をする: ~ modur[商業]車の実物宣伝をする

arddangosfa (-feydd) f 1.(商品などの)展示, 陳列 2.[農業・商業]展示[展覧, 品評]会 3.見世物, 興行

arddangosiad (-au) m 1.証明証拠 2.説明, 解明 3.[商業](商品・車などの)実物宣伝, 実演販売 4.表現, 表示 5.見せびらかし, 誇示 6.[印刷]意匠組版 7[電算]表示装置, ディスプレー

arddangosiaeth f 自己顕示, 自己宣伝癖

arddangoswr (-wyr) m : **arddangoswraig (-agedd)** f (展覧会などの)出品者

arddangoswr : arddangosydd (-wyr) m [教育](化学・解剖学などの)実地教授者; (特に英国の大学で)実地[実験]教授者[助手]

arddegau pl 十代

arddegol a 十代の(若者の)

arddel t 1.認める, 公言[明言, 告白]する 2.主張する 3.(権利などを)要求する

arddeliad (-au) m 自認, 公言, 告白

ardderchog a 1.優れた, 優秀な 2.立派[華麗, 見事]な 3.(情操など)気高い, 高潔[崇高]な

ardderchogrwydd m 1.卓越, 傑出, 優秀, 優良 2.輝き, 光彩 3.立派, 見事 4.[A~]閣下: Ei A~(間接に)閣下

arddodi t [印刷]組付ける

arddodiad (-au) m [キ教]按手(人の頭に手を載せて祝福を祈り聖霊の力の付与を祈ること): ~ dwylo 按手式[礼]

arddodiad (-iaid) m [文法]前置詞: ~ cyfansawdd 複合前置詞; ~ rhediadol/rhedadwy 語形変化した前置詞(例えば, ウェールズ語のiddoは彼に[彼のために]の意の前置詞iの語形変化)

arddodiadol a [文法]前置詞[的]の

arddu t (畑を)鋤く, 耕す

arddull (-iau) mf 1.(服装などの)流行型; (商品などの)型 2.(人・物の)上品, 洗練, 品位 3.文体, 口調 4.(芸術・建築などの)様式, 型, 風

arddulleg f 文体論

arddulliad (-au) m 様式化

arddullio t (芸術上の表現・手法などを)様式化する

arddulliol a 文体(論)の

arddulliwr (-wyr) : **arddullydd (-ion)** m (髪型・衣服・装飾などの)意匠家, デザイナー

arddullwr : arddullydd (-wyr) m **arddullwraig (-agedd)** f 名文[文体]家

arddunedd : ardduniad : ardduniant m 1.荘厳, 崇高, 壮大 2.絶頂, 極致

arddunol a 1.荘厳[崇高, 雄大]な 2.この上ない, 素晴らしい 3.(行動・態度などが)とんでもない, ひどい

arddunoli t [心理](性衝動などを望ましい行為に)昇華する

arddunoliad (-au) m [心理]昇華

arddweud : arddywedyd t (手紙などを)書き取らせる

arddwr (-wyr) m = aradrwr

arddwrn (-ddyrnau) m [解剖]手首: watsh (-is) (f) ~ 腕時計

arddwys a 1.集中[徹底]的な 2.[農業]集約的な: ffermio ~ 集約農業 3.[医学]集中的な

arddwysedd (-au) m 1.(性質・感情・力・熱などの)強烈, 激烈, 猛烈 2.強さ, 強度: mynegrif (-au) (m) ~ 強さの指標

arddywediad (-au) m 口述, 書き取り

arddywedwr (-wyr) m : **arddywedwraig (-agedd)** f 書き取らせる人, 口授者

arddywedyd t (手紙などを)書き取らせる, 口述する

aredig t = arddu: ~ ag anner rhywun arall 他人の物を自分のために利用する (cf *Judg* 14: 18)

areiniad (-au) : **areinment** m [法律](被告の)罪状認否

areinio t [法律](被告人を)法廷に召喚して罪状の認否を問う

areitheg f 雄弁(術)

areithio i = annerch

areithiwr (-wyr) : **areithydd (-ion)** m : **areithwraig (-agedd)** f 演説[講演]者; 雄弁家

areithyddiaeth f = areitheg

areithyddol a 1.演説[雄弁]の 2.演説法[雄弁術]上の 3.修辞的な

arel m [植物]月桂樹

aren (-nau) f [解剖]腎臓: ~ osod (arennau gosod) 人工腎臓

arena (-âu) f 闘技[試合]場

aresgid (-iau) f (ゴムの悪天候用)オーバーシューズ

arest (-iadau) : **arestiad (-au)** m 逮捕, 検挙: arestiad tŷ 自宅監禁, 軟禁

arestio t 逮捕[検挙]する

arestiwr (-wyr) m 逮捕する人

areulder : areuledd m 1.晴朗, のどかさ, うららかさ 2.晴朗な空, 平穏な海［湖水］ 3.静けさ, 静穏 4.平静, 落ち着き, 沈着

arf (-au) mf 1.(通例pl)武器, 兵器, 凶器: arfau ystlys 着装［携帯］武器(使用しない時, 身体の側部か帯革に付ける銃剣・剣・ピストルなど) 2.対抗手段 3.道具, 工具 4.[pl]紋章]紋章

arfaeth (-au) f 目的, 意図, 意志, 決意, 意向, 計画

arfaethedig a (旅行など)予定された

arfaethu t = **amcanu**: ~ i rn fynd i'r offeiriadaeth/weinidogaeth 人を聖職に就かせるつもりである

arfbais (-beisiau) f [紋章](盾形の)紋章: grant (-iau)(m) ~ 紋章の授与

arfdy (-dai) m [軍事]1.兵器庫 2.兵器工場 3.兵器類

arfer t 1.(人・動物などを寒さなどに)慣らす, 慣れさせる 2.実行［実践］する 3.(頭・能力などを)働かせる, 行使する 4.(ピアノなどの)練習［稽古］をする 5.(医術・法律などを)業とする

i 1.実行する 2.練習する 3.(医者・弁護士などを)開業する 4.(…)するのが常であった［したものだった］: yn blant 'roeddem yn ~ chwarae 子供のとき私たちは一緒に遊んだものだった

arfer (-ion) mf 1.(個人の)癖, 習癖, 習慣: o ran ~ いつもの癖［習慣］で 2.(社会の)慣習, 慣例, しきたり, 習わし: moes ac ~ 風俗習慣; yn ôl defnydd ac ~ 慣例に従って 3.用法, 使用: ar ~ 用いられて 4.取扱い, 待遇 5.[言語]慣用法, 語法: ~ Cymraeg heddiw 現代ウェールズ語慣用法 6.[法律](不文法と見なされる)慣習, 慣例, 慣行: ~ gwlad 一般的慣習 5.練習, 稽古 6.実行, 実施 7.[教会](各教会・主教管区に特有の)儀式, 礼［拝］式: ~ Bangor バンゴー［バンゴル］大聖堂の慣行礼式

a 1.慣れた, いつもの, 例の 2.(…に)慣れて: yr wyf wedi ~ â chodi'n gynnar 私は早起きには慣れています

arferiad (-au) m = **arfer**

arferol a 1.いつもの, 通例［通常］の, 習慣的な 2.常習的な 3.[法律]慣習による, 慣習上の

arferwr (-wyr) m 1.開業医, 弁護士 2.常習的実行者 3.計画［立案］者

arfin (-au) m [機械]ナイフエッジ(天秤・はかりなどの支点となる楔形の刃)

arfod (-au) m (力・知識・能力などの)範囲, 領域, 区域

arfog a 武装［軍備］をした: lluoedd ~ 軍隊

arfogaeth (-au) f 1.軍備, 武装: mewn llawn ~ 完全武装で 2.[英史](騎士の)鎧兜, 甲冑 3.[軍事](戦車・軍艦などの)装甲 4.[生物]防護器官

arfogi t 1.武装させる 2.[軍事](兵士に)装具を着ける

arfogwr (-wyr) m 武具［甲冑］師

arfoll (-au) m 1.約束, 誓, 誓約, 宣誓 2.保証

arfor : arforol a 1.海(上)の, 海運上の 2.沿海の, 海岸近くに住む 3.海岸［沿岸］の: gwastadedd (-au) arfor m 海岸平野

arfordir (-oedd) m 海岸, 沿岸(地方): ~ cydgordiol [地理]整合海岸

arfordirol a 海岸［沿岸］の: cerrynt (cerhyntau) ~ m 海岸［沿岸］流; 近海の

arfwisg (-oedd) m = **arfogaeth**

arfwisgo t (人に)鎧を着せる

arffed (-au) f [解剖]膝: ci ~ 膝に載せて可愛がる小さな愛玩犬, 抱き犬

arffedog (-au) f [服飾]エプロン

arffin (-iau) f 1.境界(線) 2.限界, 限度, 範囲

arg (-iau) m [数学]偏角

argae (-au) m [水力](河流などの)堰, ダム: ~ bwa [土木]アーチダム

argaen (-au) f : **argaeniad (-au)** m [木工]化粧張り, 張り板, 薄板

argaenwaith m (家具などの)寄せ木［はめ木］細工, 木象眼

argáu t (川・谷などを)ダムでせき止める, ダムを造る: ~ dyffryn 谷をダムでせき止める, 谷にダムを造る

argeg (-au) f [解剖]咽頭

argeisio t 1.探す, 探し求める, 探求する 2.(…しようと)努める

argel (-ion) mf 1.隠蔽, 隠匿, 潜伏 2.避難場 3.避難所, 隠れ家

a 1.秘密［内密］の 2.隠れた, 奥まった

arglwydd (-i) m 1.(土地・家の)所有者, 主人: ~ y faenor 大邸宅の所有者 2.(世襲権・高位による)首長, 支配者: arglwyddi'r greadigaeth 万物の霊長, 人間 3.(封建時代の)領主, 君主 4.神, 主, キリスト: [教会]A~ Dduw 主なる神; yr A~ Iesu 主イエスキリスト 5.貴族, 華族 6.(称号として)卿: yr A~ Huw Huws ヒュウ・ヒウス卿 7.上院(議員): Tŷ'r Arglwyddi 上院

arglwyddaidd a 君主の, 貴族に相応しい

arglwyddes (-au) f [A~]貴族としてレイディー; …夫人, …令嬢[(姓・領地名の前につけて)女侯爵［伯爵, 子爵, 男爵］または侯爵［伯爵, 子爵, 男爵］夫人の略式敬称; (本人の洗礼名の前につけて)公爵［侯爵, 伯爵］令嬢への敬称; (夫の洗礼名の前につけて)Lordという優遇爵位を持つ夫の夫人への敬称; (姓の前につけて)準男爵［勲爵位］夫人への敬称]: yr A~ Huws ヒウス卿夫人

arglwyddiaeth (-au) f 1.支配［統治］権, 主権 2.[英史]領主の権力 3.(領主の)領地, 領土 4.[神学]主天使

arglwyddiaethu t [政治](国・国民などを)

argoed 48 **arlais**

治める, 統治［支配］する

argoed (-ydd) *m* 樹木の囲い

argoel (-ion) *mf*（凶事・重大事の）兆し, 前兆, 予感: drwgargoel (-ion) *f* 凶兆

argoeli *t* 前兆を示す, 予示する
i 前兆となる

argoelus *a* 1.不吉な, 縁起の悪い; 不運な 2.前兆の, 予示する

argoelusrwydd *m* 不吉, 縁起の悪いこと

argraff (-au, -ion) *f* 1.押印, 刻印, 印, 跡, 痕跡 2.影響 3.印象, 感銘: gwneud ~ ar rn 人に印象［感銘］を与える; ~ arlunydd 芸術家の印象［解釈, 表現］; 想像図,（完成）予想図

argraffadwy *a* 感じやすい, 感受性の強い, 影響されやすい

argraffadwyedd *m* 感受［感動］性

argraffdy (-dai) *m* 印刷所

argraffedig *a* 1.印刷された 2.透かし模様の入った

argraffiad (-au) *m* 1.印刷 2.［出版］（本・雑誌・新聞などの）版 3.印象, 感銘

argraffiadaeth (-au) *f* 1.［美術］印象主義［派］2.［文学］印象主義 3.［音楽］印象主義

argraffiadol *a* 1.印象の, 印象的な 2.［美術］印象主義［派］の

argraffiadwr : argraffiadydd (-wyr) *m* 1.印象主義者 2.印象派の芸術家［作家］

argrafflen (-ni) *f*［印刷］大判の紙を使った普通の新聞

argraffnod (-au) *m*［出版］出版事項

argraffol *a* 印刷上の

argraffu *t* 1.（印などを）押す, 刻印する 2.（人・心・記憶などに）銘記痛感させる, 留めさせる, 印象づける 3.［印刷］［出版, 刊行］する 4.（スタンプを）活版で作る

argraffwaith *m*［印刷］1.活版印刷 2.活版印刷術 3.印刷の体裁, 刷り方

argraffwasg (-weisg) *f* 印刷機

argraffwr (-wyr) : argraffydd (-ion) *m* 1.印刷工, 印刷業者 2.印刷機 3.［電算］印字装置, プリンター: cadwyn-argraffydd (-ion) *m*［電算］チェインプリンター

argrwm : argrwn *a* 凸状［面］の

argyfwng (-yngau, -yngoedd) *m* 1.（運・人生などの）危機, 難局, 転機 2.緊急（事態）: mewn ~ 緊急［非常］の場合には, まさかの時には

argyhoeddedig *a* 1.確信を持った, 信念のある 2.確信して

argyhoeddi *t* 1.確信［納得］させる 2.（人に罪などを）悟らせる: ~ rhn o'i bechod 人に罪を悟らせる 3.（人を）有罪と宣告する

argyhoeddiad (-au) *m* 確信, 信念, 自覚

argyhoeddiadol *a* 説得力のある, 納得させる

argyhoeddwr (-wyr) : argyhoeddwraig (-agedd) *f* 確信させる人

argymell *t* 1.勧める, 忠告［助言］する 2.（人・物などを）推薦推奨する 3.（意見・批評などを求めて）提出する 4.［法律］（弁護士などが）具申する

argymhelliad (-au, -hellion) *m* 1.勧告, 忠告 2.推薦推奨 3.具申, 提案 4.［法律］仲裁付託合意書

alholi *t*［教育］（学生などに学科の）試験をする

alholiad (-au) *m*［教育］試験: ~ mynediad 入学試験

alholiadol *a* 試験の

alholwr (-wyr) *m* : **alholwraig (-agedd)** *f*［教育］試験［審査］官

arhosfa (arosfeydd) *f* : **arhosfan (arosfannau)** *mf* 停留所, 停車場: arhosfan/alhosfa bysiau バスの停留所, バス停; arhosfa ar gais 乗客の要求があった時のみ停車するバスの停留所 2.滞在, 逗留

arhosiad (arosiadau) *m* 1.（行進・進行・移動などの）停止, 休止, 停車 2.滞在, 逗留

arhosol *a* 永久的な, 終身の, 耐久性のある: dannedd ~ 永久歯

arial *m* 気概, 気骨, 元気

arian *m* 1.［化学］銀: ~ Almaenaidd［冶金］洋銀, 洋白 2.銀貨 3.金, 貨幣, 通貨: ~ papur 紙幣; ~ called 硬貨; ~ treigl 通貨; ~ parod 現金, 即金; ~ sy'n cyfrif; ~ sy'n mynd â hi ［諺］金がものを言う（人間万事金の世の中）4.［pl］（特定の種類・名称の）通貨 5.（公的な）財政, 財務 6.［pl］財源 7.［pl］［法律］金額

a 1.銀（製）の: ganed ef â llwy ~ ynei geg 彼は富貴の家に生まれた 2.銀色の: gwallt ~ 銀髪

ariandy (-dai) *m* 銀行

ariangar *a* 欲の深い, 貪欲な

ariangarwch *m* 強欲, 貪欲

ariannaidd *a* = **arian**

arianneg *f* 財政学

Ariannin *f*［地理］アルゼンチン（Argentina）（南米の共和国; 首都Buenos Aires）
a アルゼンチンの

ariannog *a* 富んだ, 裕福な, 金持ちの

ariannol *a* 1.貨幣［通貨, 金銭］の 2.財政［財務, 金融］の

ariannu *t* 1.銀をかぶせる, 銀メッキする 2.金を融通する, 融資する

ariannwr (arianwyr) : ariannydd (arianyddion) *m* 1.財政家; 財務官 2.金融業者, 資本家 3.（銀行の）現金出納係 4.（会社などの）出納係 5.（デパート・商店などの）レジ係

arien *m* 霜, 白霜

aristocrat (-iaid) *mf* 貴族

aristocrataidd *a* 1.貴族の, 貴族的な 2.貴族政治の

arlais (-leisiau) *f*［解剖］こめかみ

arlein : ar-lein *a*［電算］オンライン（式）の *ad*［電算］オンラインで

arloesi *t* 1.（未開地などを）開拓する 2.（新分野などを）切り開く, 開拓する *i* 開拓する, 開拓者になる

arloesol *a* 1.開拓者の 2.先駆的な, 先駆けとなる

arloeswr (-wyr) *m* : **arloeswraig (-agedd)** *f* 1.（未開地の）開拓者 2.（新分野の）先駆者

arluniaeth *f*（肖像）画法

arlunio *t* 絵［肖像］を描く

arluniwr : arlunydd (-wyr) *m* : **arlunwraig (-agedd)** *f*［美術］画家

arlwy (-au, -on) *mf* 1.用意, 準備, 備え 2.祝宴, 宴会, ごちそう

arlwyaeth *f* 1.（食料品などの）支給, 調達 2.料理の仕出し（業）, ケータリング（サーヴィス） 3.［英史］（食料などに体する国王の）徴発権, 強制買上権（1660年廃止.）

arlwyo *t* 1.（食事などを）調理する, 作る 2.（食料品などを）調達する, 賄う *i* 料理を調達する

arlwywr (-wyr) *m* : **arlwywraig (-agedd)** *f* 1.料理の仕出屋, 賄い屋 2.（食料など必需品の）徴発官

arlywydd (-ion) *m*（共和国の）大統領: darpar ~（就任前の）大統領当選者

arlywyddiaeth (-au) *f*（共和国などの）大統領の職［地位, 任期］

arlywyddol *a*［政治］大統領の

arlliw (-iau) *m* 1.色合い; ほのかな色 2.（意味などの）僅かな相違: ~ o ystyr 意味の僅かな違い; （言葉の）あや, ニュアンス 3.少量, 気味 4.毛髪用染料 5.［エッ］線ぼかし, 隈: bloc (-iau)(*m*) ~ 隈を刷る版

arlliwiedig *a* 1.薄く色をつけた, 染めた 2.気味を添えた

arlliwio *t*（毛髪などに）薄く色をつける, 染める

arllwys *t* 1.（液体などを）注ぐ, 流す 2.（空気・煙などを）出す 3.（感情などを）発散させる, ぶちまける: ~ eich digofaint 鬱憤をぶちまける *i* 流れる, 注ぐ

arllwysfa (-feydd) *f* 1.河口 2.（水・煙などの）出口, はけ口

arllwysiad (-au) *m*（液体・気体などの）排出, 放出, 流出

arllwyswr : arllwysydd (-wyr) *m* 注ぐ［流す］人

armada (-âu) *f* 1.艦隊 2.軍用飛行隊 3.［A~］無敵艦隊: yr A~ Anorchfygol 無敵艦隊; A~ Sbaen スペインの無敵艦隊（1588年英国海軍に破られた）

armel *m* 豆乳

armes *f* 1.予言 2.［キ教］予言, 神のお告げ 3.災難, 不幸, 惨禍

arnodedig *a*［金融］（小切手などに）裏書きされた

arnodi *t*［商業］（小切手などに）裏書きする: ~ bil 手形に裏書きする

arnodiad (-au) *m*（小切手などの）裏書き

arnodwr (-wyr) *m*［金融］（小切手などに）裏書きする人

arnodd (-au, -ion) *f*［馬具］犁柱, プラウビーム

arobryn *a* 1.入賞の, 受賞した 2.賞賛［尊敬］すべき, 立派な

arofal (-on) *m* 1.持続, 維持 2.整備

arofun *t* 1.意図する,（…）しようと思う［するつもりである］2.（人・物をある目的に）向けるつもりである, 予定する 3.意味する

aroglau (-euon) *m* 1.臭い, 臭気: ~ drwg 不快な臭い 2.香り; 香気: mae ~ lafant ar yr ystafell hon この部屋はラヴェンダーの香りがする; peraroglau llwyddiant 成功の甘い香り（人々を成功に引きつけるもの）

aroglber : arogleuber *a* 香りのよい, 芳香を放つ

arogldarth (-au) *m* 1.香, 香料 2.香のかおり, 芳香

arogldarthu *t* 香を焚く; 焼香する

arogleuad *m*［医学］嗅覚（作用）

arogleuo *t* 1.臭いを嗅ぐ 2.臭いを感ずる *i*（花などの）臭いがする

arogleuog *a* = **aroglber, arogleuber**

arogleuol *a*［医学］嗅覚の; 嗅覚器の: llabed ~ *f*［解剖］嗅葉

arogli *i* = **arogleuo**

arogliad *m* 嗅覚

aroglus *a* = **aroglber, arogleuber**

arolau (-euadau) : aroleuad (-au) *m*［理髪］（頭髪の染色の）ハイライト

aroleuo *t*［理髪］（頭髪の染色で）髪全体のベースカラーよりも明るいカラーを部分的に入れる

aroleuwr : aroleuydd (-wyr) *m* 蛍光ペン

arolwg (arolygon) *m* 1.（事情・世論などの）調査, 概観, 概説 2.（土地などの）測量（図） 3.（建物などの）検分, 査定: ~（o'r）awyr, ~（o）awyren 空からの調査, 航空測量; Arolwg Ordnans, Arolwg yr Adran Fapio（英国政府の）陸地測量部

arolygadwy *a* 1.一望できる 2.測量できる

arolygiad (au) *m* 1.検査, 点検 2.（公式の）視察, 検閲 3.監督, 管理, 指図

arolygiaeth (-au) *f* 1.監督, 管理, 監視指示 2.監督地域 3.監督者の地位［任務, 任期］ 4.（大学で）指導教官による個人指導

arolygol *a* 1.検査［検閲, 視察］の 2.検査官の職務の 3.監督［管理］の

arolygu *t* 1.（人・仕事などを）監督［監視, 管理, 指図］する 2.調査する: ~ llong 船を調査する 3.（土地などを）測量する 4.（大学で）学生の個人指導をする

arolygwr (-wyr) : arolygydd (-ion) *m* :

arolygwraig (-agedd) *f* 1.（土地などの）測量者, 測量技師 2.（大学の）個人指導教官 3.検査［監査, 検閲, 監督］官: Arolygydd Ysgolion 視学官; Prif Arolygydd（警察の）警部

arolygyddiaeth (-au) *f* 監督者の職［地位, 任務, 任期］

aroma (-âu) *m*［化学］芳香族化合物（ベンゼン, ナフタリンなど）

aromatig *a*［化学］（ナフタリンのような）芳香性の

aromatherapi *m* アロマセラピー, 芳香療法

aromatherapydd (-ion) *m* アロマセラピスト, 芳香療法士

arorwt *m*［植物］クズウコン, 葛鬱金 2.葛粉（葛生紺の根茎から採る澱粉; 料理・菓子の製造に用いる）

aros *t* 1.待つ, 待ち望む, 期待する: ~ eich cyfle 辛抱して好機を待つ; parseli'n ~ i'w danfon 配達を待つ小包 2.（物事が）延期できる: fe gaiff hynny ~ それは延期できます 3.（物事・運命などが）待ち構えている, 用意されている *i* 1.留まる, じっとしている: ~ gartref 家にいる 2.待つ~（arhoswch）eiliad/funud ちょっと待って下さい 3.（動いている物が）止まる, 停止する 4.残る, 残存する 5.（ある状態の）ままである, 持続する: ~ ar eich eistedd 坐ったままでいる 6.とどまる, じっとしている: ~ gartref 家にいる 7.滞在する, 泊まる, 客となる 8.（夕食などまで）ゆっくりしていく 9.住む, 居住する

arosgo *a* 1.斜めの 2.［幾何］斜角の

arosod *t* 1.重ねる, 上に置く 2.［数学］重ねる 3.［物理］重ね合わせる

arosodadwy *a* 上に置ける, 重ねられる

arosodiad (-au) *m* 重ね合わせ

arsenaidd : arsenig *a*［化学］砒素の

arsenig *m*［化学］砒素

arsugnadwy *a*［化学］吸着できる

arsugniad *m*［化学］吸着（作用）

arsugno *t*［化学］吸着する

arsugnol *a*［化学］吸着性の

arsugnydd (-ion) *m*［化学］吸着剤

arswyd (-au, -ion) *m* 1.恐怖, 不安, 心配: ffilm (-iau) (f) ～ スリラー映画 2.恐怖の種, 恐ろしい人［物］

arswydlon *a* 怖い, 恐ろしい

arswydo *t* 怖がる, 恐れる

arswydus *a* = arswydlon

arsylw (-adau) *f* : arsylwad (-au) *m* 1.［測量］実測 2.［天文］天体観測 3.［海事］天測

arsylwi *t* 気付く, 見つける

arsyllfa (-feydd) *f* 観測所; 天文台, 気象台, 測候所

arsyllu *t*（天体・気象などを）観測［実測］する

arsyllwr : arsyllydd (-wyr) *m* : arsyllwraig (-agedd)** *f* 1.観測者 2.気象観測員 3.［軍事］機上偵察員

artaith (-teithiau) *f* 1.拷問 2.（精神的）苦悩, 苦痛, 苦悶

arteffact (-au) *m* 1.（天然に対して）人工物, 加工品 2.［考古］（自然の遺物に対して）人工遺物

arteffactaidd *a* 人工物の［に関する］

arteithboen (-au) *f* 1.（精神的・肉体的）苦痛, 苦悩 2.苦の種, 厄介物

arteithglwyd (-i) *f*［英史］（中世ヨーロッパの）拷問台

arteithiedig *a* 1.拷問された 2.ひどく苦しめられ［悩まさ］れた

arteithio *t* 1.（人を）拷問に掛ける 2.悩ます

arteithiol *a* 1.拷問する 2.（咳など）身を苦しめる,（苦しくて）我慢のできない

arteithiwr (-wyr) *m* 拷問に掛ける人; ひどい苦しみを与える人

arteithle (-oedd) *m* 拷問室

artiffisial *a* 1.人造［人工］の, 人為的な: deallusrwydd ~［電算機］人工知能 2.不自然な, わざとらしい

artiffisialrwydd *m* 人工, 人為

artisiog (-au) *m*［植物］キクイモ: ~ Jerwsalem キクイモ（その塊茎は食用）

artist (-iaid) *m f* 芸術［美術］家

artistig *a* 1.（物事の処理など）手際のよい, 巧妙な 2.風雅な, 趣のある 3.芸術［美術］的な

arth (eirth) *f*［動物］クマ, 熊: ~ wryw (earth gwryw) *f* 雄熊

arthes (-au) *f* 雌熊

arthio:arthu *t*（人が）怒鳴り声で言う *i* 怒鳴る, がみがみ言う

arthritig (-ion) *m f*［医学］関節炎患者 *a*［医学］関節炎の

arthritis *m*［医学］関節炎

aruchel *a* 1.高尚［高遠, 高雅］な 2.荘厳［崇高］な, 気高い

arucheledd *m* 1.高尚, 高遠, 高雅 2.荘厳, 崇高, 雄大

arunadwy *a* 融合可能な

arunedig *a* 1.合同［合併］した 2.混合［融合］した 3.［冶金］アマルガムとなった

aruniad (-au) *m* 1.合同, 合併 2.融合 3.合成［混合］物

arunig *a*（人・生活などが）孤独な, 隔離された

arunigedd *m*［精分］隔離

arunigyn (-gion) *m* 孤独者

aruno *t* 1.（会社などを）合同［合併］する 2.（種族・思想などを）混合［融合］させる 3.［冶金］（金属を水銀と化合させて）アマルガムにする *i* 1.（会社などが）合併する 2.融合する 3.［冶金］アマルガムになる

arunol *a* 1.融合的な 2.合同的な 3.［冶金］アマルガムになりやすい

arunwr (-wyr) *m* 1.合併者 2.アマルガム機

aruthr *a* 1.驚くべき, 不思議な, 信じられないような 2.奇妙奇怪な, 風変わりな

aruthredd (-au) *m* 1.豪華, 壮麗, 壮観, 雄大さ 2.巨大さ

aruthrol *a* = **anferth**

arwahanol *a* 1.分離している, 別々の 2.不連続の 3.[数学]離散の

arwain *t* 1.(人を)導く, 案内する: ~ y ffordd 先に立って案内する; ~ merch at yr allor 女性を祭壇に導く(女性と結婚する) 2.(人をある行為・状態に)導く, 誘惑する: nac ~ ni i brofedigaeth[聖書] 私たちを試み[誘惑]に会わせないで下さい(cf *Matt* 6:13) 3.(人・動物を)連れて行く(綱などを付けて)引いて行く: ~ ceffyl 馬を引いて行く 4.先導[指揮]する, 率いる 5.(人を…する)気にさせる 6.(競争などで)首位に立つ, リードする 7.監督[指導]する 8.支配[管理]する 9.(業務などを)行う, 処理する: pwy fydd yn ~ y trafodaethau? 誰が交渉を行うのでしょうか? 10.[音楽](楽団を)指揮する 11.[トラ](札を)打ち出す

i 1.(道などが…に)通じている, 至る: pa stryd sy'n ~ ar yr orsaf? どの[どちらの]通りが駅へ通じていますか? 2.(結果などに)なる, 至る: ~ at ganlyniad da よい結果になる

arwaith (-weithiau) *m* 1.(ピアノなどの)機械装置, アクション 2.[物理・化学]作用

arwedd (-au, -ion) *f* 特徴, 特色: ~ nodweddiadol[物理]特徴的な機能

arweddu *t* 運ぶ, 持って行く

arweddwr (-wyr) *m* 1.(荷物などを)運ぶ人, 運搬人 2.(小切手・手紙などの)所持者, 持参人, (手紙の)使者

arweiniad *m* 1.指導, 手引き, 案内 2.経営, 運営, 管理 3.(聖歌隊・オーケストラなどの)指揮, 指導力 4.指導者[指揮者・ガイド]の地位[任務] 5.[宇宙](宇宙船・ミサイルなどの)誘導: ~ dan reolaeth[航空・宇宙](ロケット・ミサイルなどの)指令誘導

arweiniedig *a* 案内された, 導かれた: taith (teithiau)(*f*)dan arweiniad ガイド付き旅行[ツアー]

arweiniol *a* 1.序言[前置き, 紹介]の, 入門的な 2.導く, 先導する: cwestiwn ~[法律]誘導尋問 3.指揮[指導]する: achos ~[法律]指導的判例

arweinlyfr (-au) *m* 旅行案内書, ガイドブック

arweinydd (-ion, arweinwyr) *m* 1.(グループの)指導, 指導, 指揮者: Arweinydd y Tŷ[議会](上・下院の)院内総務; Arweinydd yr Wrthblaid 野党党首 2.案内人, ガイド; (団体旅行の)添乗員 3.[音楽](楽団の)指揮者

arweinyddes (-au) *f* 案内人, 道案内

arweinyddiaeth (-au) *f* = **arweiniad**

arweinyddol *a*(オーケストラの)指揮者の[に関する]

arwerthiant (-iannau) *m* 1.大安売り, 特売: ~ clirio 蔵払い, 在庫一掃セール 2.競売

arwerthu *t* 競売で売る, 競売に掛ける

arwerthwr (-wyr) *m* 競売人

arwisgiad (-au) *m*(官職などの)授与, 任官 2.授与[任官]式

arwisgo *t* 1.(官職・位階・権利などを)与える, 授ける 2.法服を着せる

arwr (-wyr) *m* 1.英雄, 偉人 2.(劇・小説・詩などの男の)主人公

arwraddoliaeth *f* 英雄崇拝

arwraddolwr (-wyr) *m* : **arwraddolwraig (-agedd)** *f* 英雄崇拝者

arwraidd *a* 勇ましい, 英雄的な, 勇壮な

arwres (-au) *f*(劇・映画・小説などの)女主人公 ヒロイン

arwrgerdd (-i) *f* 叙事詩, 史詩: ffug ~ 擬似英雄詩; anifeilgerdd (-i) *f* 獣叙事詩

arwriaeth *f* 英雄的精神[勇気, 行為]

arwrol *a* 1.英雄の[を扱った]: yr Oes A~ 英雄時代(Troy滅亡前のギリシャ史詩時代) 2.勇ましい, 大胆な, 英雄的な 3.叙事詩の 4.叙事詩的な 5.[詩学]英雄詩に用いられる: barddoniaeth ~ *f* 英雄詩; mesur ~ 英雄詩体

arwybod (-au) *m* 気付いていること, 意識, 認識

arwydd (-ion) *m* 1.手真似, 手振り, 身振り: iaith (*f*)arwyddion 手真似[身振り]言語 2.(言葉・動作による)合図, 信号, 暗号: ~ rhybudd (io) 警報; iwmon (iwmyn)(*m*)yr arwyddion[英海軍]信号係下士官兵 3.信号機 4.象徴, 表象: arwyddlyfr (-au) *m* 寓意画集 5.(存在・徴証などを示す)印, 現れ, 前兆, 徴候, 兆し: mae'n un o arwyddion y roes/amserau それは時の印[時勢]です(cf *Matt* 16 : 3) 6.跡, 痕跡, 形跡, 気配 7.[数学・音楽などの]記号, 符号 8.看板, 標識: ~ ffordd (arwyddion ffyrdd)道路標識 9.[天文・占星]宮, 星座

arwyddair (-eiriau) *m* 標語, 座右の銘

arwyddedig *a* 意味した, 表した

arwyddlun (-iau) *m* 印, 象徴, 表象, 記章

arwyddlunio *t* 1.表象で表す 2.(事物が)象徴する

arwyddluniol *a* 1.象徴[典型]的な 2.表象する

arwyddluniwr (-wyr) *m* 1.標章考案者 2.寓意画作者

arwyddlyfr (-au) *m* 寓意画集

arwyddnod (-au) *m* 1.署名, 自署 2.印, 記号, 符号 3.[印刷・製本]折記号(付刷紙); 背丁

arwyddo *t* 1.(手紙・書類・小切手などに)署名する 2.(手真似[身振り]などで)示す, 知らせる, 表明する: ~ eich cydsyniad 同意を示す 3.あらかじめ示す 4.表象で表す 5.(事物

arwyddocâd 52 **asgell**

が）象徴する

arwyddocâd *m* 意味, 意義, 語義

arwyddocaol *a* 意味のある, 意義深い

arwyddocáu *t* 意味する, 表す

arwyddol *a* 署名した, 記名調印した

arwyddwr (-wyr) *m* : **arwyddwraig (-agedd)** *f* 署名 [調印] 者

arwyl (-ion) *f* : **arwyliad (-au)** : **arwyliant (-iannau)** *m* 葬式, 葬儀, 告別式

arwylo *t&i* = **alaethu**

arwyneb (-au) *m* 1.表面, 平面, 外面 2.外観, 外貌 3.[幾何] 面: ~ crwn 曲面; geometreg (*f*) ~ 平面幾何学

arwynebedd (-au) *m* 1.面積; ~triongl 三角形の面積 2.面, 表面, 外面

arwynebog *a* 舗装した

arwynebol *a* 1.表面的な, 深みのない, 浅薄な, 皮相の 2.表面 [外面] の 3.陸上 [海上] 輸送の, 陸路の

arwynebolrwydd *m* 浅薄, 皮相

arwynebu *t* 1.平ら [滑らか] にする, (…の) 表面仕上げをする 2.(路面を) 舗装する

arwynebwr (-wyr) *m* 表面処理, 下地塗り, 仕上げ用塗料

arwyrain *f* 1.賛辞, 賞賛 2.賞賛の演説 [文]

arwystl (-on) *m* 1.[法律] (譲渡) 抵当 2.(譲渡) 抵当権 3.抵当権設定の (住宅) ローン

arwystladwy *a* 抵当に入れることができる

arwystledig (-ion) *mf* [法律] 抵当権者

arwystlo *t* (土地・財産を) 抵当 [質] に入れる

arwystlwr (-wyr) *m* [法律] 抵当権設定者

Aryad (Aryaid) *mf* [民族] アーリア民族, アーリア [印欧] 語族 (Aryan)

Aryaidd *a* アーリア民族 [語族] の, 印欧語族 [民族] の

Aryeg *mf* [言語] アーリア語
  a アーリア語の

aryneilio *t* 交互にする, 交替させる

arysgrif (-au) : **arysgrifen (-nau)** *f* 1.(貨幣・メダルなどの) 銘刻 2.(建物・立像に刻まれた) 碑銘, 碑文, 金石文

arisgrifedig *a* 表面に書かれた, 刻み込まれた, 刻印された

arysgrifennu *t* (石・金属などに文字などを) 記す, 彫る, 刻む

arysgrifiad (-au) *m* 1.[金融] (登録公債などの) 登記 2.[*pl*] 登録公債

arysgrifiaeth *f* 1.碑銘 2.碑銘研究, 金石文学

arysgrifio *t* (英) [金融] (公債などの購入者名を) 登録 [記録] する

arysgrifol *a* 1.碑銘の, 銘句 [文] 的な 2.碑銘研究 [金石文学] の

arysgrifwr (-wyr) *m* 1.碑銘学者, 碑銘 [金石文] の専門家 2.刻み込む [彫る] 人 [道具], 印字機 3.記名 [登録] 者

âs (asau) *mf* 1.[トラ] 1の札 2.(賽の) 1の目

3.(ドミノなどの) 1の駒

asb (iaid) *f* [動物] (爬虫類の) エジプトコブラ

asbaragws *m* [料理] アスパラガス (の若芽): blaenau ~ アスパラガスの先端

asbestos (-au) *m* 石綿, アスベスト

asbestosis *m* [医学] 石綿 [アスベスト] 症

asbig *m* [料理] 肉汁入りゼリー

asbri *m* 元気, 活気, 活発, 気迫, 勇気

âs-bwynt (-iau) *m* [テニス] 1.サーヴィスエース 2.サーヴィスエースで得た1点

ased (-au, -ion) *m* [金融] 1.資産 2.(個人・会社の) 資産, 財産: ~ cygredol [会計] 流動資産; ~ sefydlog [会計] 固定資産

aseiniad (-au) *m* [法律] (財産・権利の) 譲渡 (証書), 委託, 移転

aseiniwr (-wyr) *m* [法律] (財産・権利の) 譲渡人

asen (ais, -nau) *f* 1.(蝙蝠傘の) 骨 2.[解剖] 肋骨, あばら骨 3.(牛・羊などの肋骨の付いた) あばら肉: ~ frân (asennau brain), ~ fras (asennau breision) 豚の肉付きあばら骨 4.[建築] 迫持の肋, リブ 5.(船・コラクル舟の) 肋材, 肋骨 6.[航空] 小翼

asen (-nod) *f* 雌のロバ

asennog *a* 1.肋骨 [肋材] のある 2.肋材で支えた

asennol *a* 肋骨の

asennu *t* 肋骨 [肋材] を付ける

aseptig *a* [医学] 無菌の, (外科的) 防腐処置の

asepsis *m* [医学] 1.無菌 (状態) 2.(外科的) 防腐処置

asesadwy *a* 査定 [評価, 課税] できる

asesiad (au) *m* 1.(人・物などの) 評価: ~ parhaus [教育] 持続的評価 2.(被害・環境などの) 評価 3.(課税の対象としての財産・収入などの) 査定 4.評価 [査定, 賦課] 額

asesu *t* 1.(人・物事を) 評価する 2.(土地・環境・被害などを) 評価する 3.(課税のために財産・収入などを) 査定する

aseswr (-wyr) *m* 1.(税額・財産などの) 査定者, 評価人 2.[法律] 裁判所補佐人

asetad (-au) *m* 1.[化学] 酢酸塩 2.アセテート

asetylen *m* [化学] アセチレン (ガス)

asetyn (-nau, asetion) *m* = **asetad**

aseth (esyth) *f* [建築] 木摺, 木舞

asffalt *m* アスファルト

asffaltio *t* (道路を) アスファルトで舗装する

asgell (esgyll) *f* 1.(鳥などの) 翼, (昆虫などの) 羽 2.(魚の) ひれ: ~ belfig (esgyll pelfig) 腹びれ 3.(建物などの) 翼, 袖 4.[劇場] 舞台脇, 袖 5.(サッカー・ホッケーなどの) 翼, ウイング 6.[航空] (飛行機の) 垂直安定板 7.[軍事] (本体左右の) 翼, 側翼 8.[空軍] 飛行 [航空] 団 9.(党派などの右翼・左翼の) 翼, 派 10.[鳥類] アトリ科の小鳥の総称: ~ fraith

asgellig 〜 **astrus**

(esgyll brithion) f ズアオアトリ(ヨーロッパ産の美しい声で鳴く鳥)

asgellig (-au) f 1.小さな翼 2.[動物]小翼

asgellog a 1.翼のある 2.[魚類]ひれのある

asgellu t (矢を)射る: ~ saeth 矢を射る

asgellwr (-wyr) m 1.[スポ](ラグビー・サッカー・ホッケーなどでウイングを守っている)ウインガー, ウイングの選手 2.[政治](右翼・左翼の)人: ~ de 右翼の人; ~ chwith 左翼の人

asgellwynt (-oedd) m 横風, 側風

asgen (-nau) f 1.癖, 性癖, 性向 2.傾向, 風潮, 趨勢

asgetaidd : asgetig a 禁欲的な, 苦行の: diwinyddiaeth asgetaidd/asgetig f [神学]修徳神学

asgetiaeth : asgetigiaeth f 1.禁欲主義 2.[キ教]苦行(生活) 3.[カト]修徳(主義)

asgetig (-ion) mf 1.禁欲主義者 2.苦行者, 修道僧, 行者

asglodi t 1.(斧・鑿などで)削る, 刻む, 彫る 2.(木・石などから人形などを)削って[彫って]作る 3.(ジャガイモなどを)薄く切る 4.(陶器などを)欠く
  i (石・陶器などが)欠ける

asglodiog a (陶器・石・木などが)欠けた

asglodiwr (-wyr) m 1.削る人 2.[料理](じゃがいもの)薄切り器

asglodyn (asglod, asglodion) m 1.(木・石の)切れ端, 木っ端, 経木 2.[料理]ジャガイモのフライ, フレンチフライ

asgre f 1.心臓 2.胸, 乳房 3.心, 感情, 胸中 4.愛情, 同情心 5.中心, 核心, 本質 6.(キャベツなどの)芯 7.ハート形の物;[トラ]ハートの札 8.元気, 勇気

asgwrn (asgyrn) m 1.骨: ~ cynnen (犬が一本の骨を巡って争うことから)紛争の種; tynnu/gwenydd (鳥の胸の)叉骨(食事の際, 皿に残ったこの骨を引き合い長い方を取った人はどんな望みでも叶うという); sych fel ~ (骨のように)かさかさに乾燥した; ni thorrir ~ gan air câled [諺]言葉がきついだけなら怪我はない 2.サイコロ 3.ドミノ牌

asgwrneiddiad (-au) m 1.(感情・感覚・思考力・思想などの)硬直[無感覚]化 2.[生理]骨化

asgwrneiddio t 1.[生理]骨化させる 2.(考え・感情などを)無情[頑な]にする 3.保守化[因習的に]する
  i 1.[生理]骨化する 2.(考え・感情などが)無情[頑な]になる 3.保守的になる

Asia f [地理]アジア: A~ Leiaf 小アジア(黒海とアラビア間の地域)

Asiad (-aid) mf アジア人

asiad (-au) m 1.溶接, 鍛接 2.溶接[接合]点 3.[解剖](特に, 頭蓋の)縫合線 4.[生物]縫合線, 継ぎ目

asiadol a 1.[解剖](骨の)縫合の 2.[生物]縫合の[に関する]

asiadwy a 1.溶接できる 2.結合できる

Asiaidd : Asian a アジア(人)の

asiant (-iaid) m [商業]代理[周旋]人, 仲介者: ~ hysbysebu 広告代理業者

asiantaeth (-au) f [商業]代理[取次]店, 周旋所: ~ hysbysebu 広告代理店

asid : asidaidd a 1.酸味のある, 酸(性)の 2.酢漬けにした 3.気難しい, 苦々しい気持の 4.[化学]酸を形成する 5.[地質]酸性の

asid (-au) m [化学]酸: ~ cryf/crynodedig 濃酸

asidedd (-au) : **asidrwydd** m 1.酸味 2.[化学]酸(性)度

asideiddio t 1.酸っぱく[酸性に]する 2.酢漬けにする
  i 酸っぱく[酸性に]なる

asidig a = asidaidd

asidio t&i = asideiddio

asiedydd (-ion) m [木工]指物師, 建具屋, 接合職人

asimwth (-mythau) m [天文・測量]方位(角): cylch (m) yr ~ [天文]方位圏[環]; cwmpawd (m) ~ [天文]方位羅針儀

asimwthol a [天文・測量]方位角の

asio t 1.(人・物を)まとめる, 結合[接合]する 2.(金属などを)溶接[接合, 結合]する: arcasio t アーク溶接する; ~ dau ddarn o haearn 2つの鉄片を接合する 3.(人・団体・活動などに)加わる, 参加する 4.(川・道路などが)落ち合う, 合流する
  i 1.(骨などが)接合する, 結びつく 2.溶接される 3.参加する, 一緒になる

asiwr (-wyr) m 1.溶接工 2.溶接機

astalch (estylch) f 1.盾, 円盾 2.[紋章]盾形

astell (estyll, estyllod) f 1.床張り板 2.板, 厚板, 目板, 小割板: ~ feiston (estyll beiston) サーフボード, 波乗り板 3.棚, 本棚 4.[海事]当て木

astellu t 1.床板を張る 2.小割板を張る 3.[海事]当て木をする

asteroid (-au) m [天文]小惑星[遊星]

asteroidaidd a [天文]小惑星状の

astroffiseg f 天体物理学

astroffisegol a 天体物理学の

astroffisegwr : astroffisegydd (wyr) m 天体物理学者

astroleg f 占星術

astrolegol a 占星術の

astrolegwr (-wyr) : **astrolegydd (-ion)** m : **astrolegwraig (-agedd)** f 占星家

astronawt (-iaid) : **astronot (-iaiad)** m 宇宙飛行士

astrus a 難しい, 難解[深遠]な

astrusi — **ataliwr**

54

A

astrusi *m* 難解さ

astud *a* 熱心[勤勉]な, 注意して聞く

astudiaeth (-au) *f* 1.[教育]勉強, 勉学 2.研究, 調査, 捜査: gwneud ~ ar/o rth 何かを研究する; ~ amser a symud 時間動作研究; ~ achos[社会]事例研究

astudio *t* 研究[調査, 捜査]する: ~ pwnc問題を調査する; ~ teitl[法律]所有権を調査する *i*[教育]勉強する, 学ぶ: ~ ar gyfer arholiad 試験に備えて勉強する; ~ ar gyfer y bar 弁護士を志して勉強する; ~ map 地図を勉強する[調べる]

astudiwr (-wyr) *m* 研究[調査]者; 捜査員[官]

astudrwydd *m* 1.勤勉, 精勤, 精励 2.注意深さ

asur *m* 1.空色 2.青空

asur : asuraidd *a* 空色[青色]の; (雲ひとつない)紺碧の

aswiriadwy *a* 1.確信できる 2.保証できる 3.保険の掛けられる; (損害が)保険で填補されうる

aswiriant (-iannau) *m*[保険](生命)保険

aswiriedig (-ion) *mf*[保険]被保険者 *a* 生命保険を掛けた

aswirio *t*[保険](人命に)保険を掛ける

aswiriwr (-wyr) *m*[保険](生命)保険業者

aswy *a* 左(側)の

asymptot (-au) *m*[数学]漸近線

asyn (-nod) *m* 1.雄のロバ 2.馬鹿者

asyneiddiwch *a* 愚鈍, 頑固

asynnaidd *a* 1.ロバの(ような) 2.愚かな

at *prep* 1.[運動の方向・到着]…の方へ[に, まで]: aethant ~ furiau'r ddinas 彼らは町の城壁まで進んだ; tyrd/dere ~ dy dad! 父の所で来なさい!; mi af ~ y meddyg 私は医者に行くつもりです 2.[方向]…の方へ[に, を]: (tuag) ~ y dref 町の方へ 3.[限度・程度]…に(至る)まで[するほどに]: gwlyb (hyd) ~ y croen ずぶ濡れになって; ymladdasant hyd ~ y dyn olaf 彼らは最後の一人まで戦った; wedi ei siglo (hyd) ~ y sail/seliau 土台まで揺るがされて 4.[感情・態度の対象]…に対して: caredig tuag ~ bawb 誰に対しても親切で 5.[準備・目的]…のために[の助けとなるように]: cynilo tuag ~ wyliau 休暇のために貯金する 6.[利益・影響]…のために[にとって]: mae hun yn dda ~ annwyd これは風邪にとってよいです 7.[目的・意向]…のために, …を目的として[を目指して]: eich tasg ~ yfor あなたの明日の予習; ~ beth mae'r peth 'ma? これは何のためにあるのですか? 8.at を支配する主な動詞: anelu(当てつける), anfon(送る), cyfeirio(言及する), cyfrannu(寄付する), synnu(驚く), ysgrifennu(書く)

atafael : atafaelu *t*[法律](職権で, または罰として財産を)没収する, 差押える

i 差押える

atafael (-au, -ion) : atafaeliad (-au) *m*[法律]動産差押え, 押収, 没収

atafaeladwy *a*[法律]没収[押収]されるべき

atafaeledig (-ion) *mf*[法律](動産)被差押え人

a[法律]差押えられた

atafaeliwr : atafaelydd (-wyr) *m*[法律](動産)差押え人

atafaelol *a* 1.没収[押収]の 2.(税金など)厳しく取り立てる

atafiaeth *f*[生物]隔世遺伝, 先祖返り

atafiaethol *a*[生物]隔世遺伝の

atafist (-iaid) *mf* 隔世遺伝の人[もの]

atafistaidd *a* = atafiaethol

atafistiaeth *f* = atafiaeth

atal *t* 1.(漏水・進行・成長などを)止める, 阻む, 阻止する 2.防ぐ, 予防[防止]する 3.(承諾・情報・権利などを)与えない, 差し控える 4.(交通・往来などを)遮る, 妨害する: ~ traffig 交通を遮る 5.(供給・支払いなどを)停止する: ~ taliadau[商業]支払いを停止する; ~ siec 銀行に小切手の支払いを停止させる 6.(人が…するのを)妨げる, (人に…)させないようにする 7.[法律](判決を)阻止する: ~ dedfryd 判決を阻止する 8.[心理]抑制する 9.[海事・法律](船舶・船賃を)差押える 10.[スコ・法律](財産を)差押える

atal (-ion) *m* どもり, 口ごもり, 吃音: mae ~ dweud arno; mae ganddo fo ~ 彼は言葉が詰まります

ataleb (-au) *f*[法律]禁止命令

atalfa (-feydd) *f* 1.停止; 妨害, 阻止 2.抑制, 抑止 3.障害, 妨げ 4.邪魔な人, 障害物 5.障壁, 棚 6.[心理・生理]制止, 抑制, 阻止 7.[軍事・政治]戦争抑止物[手段]

atalgar *a* 抑制[抑圧]された

ataliad (-au) *m* 1.= atalfa 1〜4 2.(支払い・休暇などの)停止 3.[法律]延期, 停止 4.[心理・生理]抑制, 制止, 阻止 5.[英法]土地処分禁止命令 6.[英教]聖務停止命令 7.[軍事・政治]戦争抑止物[手段] 8.[通例pl][政治・国際法]制裁: gosod ataliadau ar wlad 国に制裁を加える

ataliadwy *a* 止め[妨げ]られる, 予防できる

ataliant (-au) *f* 1.抑制, 制止, 阻止 2.[心理]抑制, 制止 3.[政治]戦争抑止

ataliedig *a* 1.阻止された 2.(怒りなどを)抑えた 3.[心理]抑制された

ataliol *a* 1.予防の, 防止に役立つ 2.戦争抑止の 3.[心理・生理]禁止の, 抑制する 4.[法律]禁止の

atalioldeb *m* 予防性

ataliwr (-wyr) : atalydd (-ion, -wyr) *m* : **atalwraig (-agedd)** *f* 1.止める人, 停止者, 妨害者, 邪魔者 2.許可を与えない[差し控え

atalnod 55 **atgwympo**

る]人, 抑える人 3.予防[防止]者 4.抑制機
5.[医学]予防法[薬] 6.[化学]反応抑制剤;
酸化防止剤 7.[生物]抑制遺伝子

atalnod (-au) *m* 1.[印刷]句読点[記号] 2.[文
法]終止符, ピリオド

atalnodi *t* (文などに)句読点を付ける

atalnodiad *m* 句読法

atalnwyd (-au) *f* 1.[精分]コンプレックス, 観
念複合体 2.[心理]抑制, 制止

atblyg : atblygol *a* 1.[生理]反射作用の
2.[文法]再帰的な: berf (-au) atblygol *f* 再
帰動詞

atblygadwy *a* (光・熱など)反射される, 反射
性の

atblygedig *a* [植物] (花弁など)反り返った, 反
曲した

atblygiad (-au) *m* 1.[生理]反射作用[運動]
2.[言語] (前期からの)発達形, 対応語

atbreis (-iau) *m* [英法]所有地からの毎年の
支払い

atchweliad (-au) *m* 1.後戻り, 復帰 2.退歩,
退化, 堕落 3.[天文] (惑星の)後退, 逆行

atchweliadol *a* 1.後退の, 復帰する 2.退歩
[堕落]する

atchwelyd *i* 1.後戻りする 2.退歩[退化]する
3.[天文]後退[逆行]する

ateb (-ion) *m* 1.(口頭・書面などによる)答え,
返事, 返答, 回答: i ~ eich llythyr あなたの
手紙に答えて; modd (*m*) ~ [電算]応答モー
ド; ag ~ taledig [電報]返信料付きの 2.(問題
などの)答え, 解答: fe ŵyr yr ~ i bopeth 彼
は全ての答を知っている; llyfr (-au) (*m*) ~ [教
育]解説書, 虎の巻 3.(願い通りの)理想的な
人[物]: mae'n ~ i weddi unrhyw ferch 彼
は若い女性にとって理想的な魅力的な男性です
4.[音楽]応答 5.[キ教]応唱, 応答文[歌]

ateb *t* 1.(人・質問・手紙などに)答える, 返事
をする: ~ llythyr 手紙の返事を出す 2.(電話
に)出る: ~ y ffôn 電話に出る(ノックなどに)応
答する 3.(問題・謎などを)解く, 解答する: nid
oes ~ hawdd i'r cwestiwn その問題に答える
のは容易でない 4.(攻撃などに)応酬する
5.(希望・要求などに)応える, 添う, 合致する
6.(目的などに)かなう, 役立つ: ~ y diben 目的
にかなう
i 1.答える, 返事をする 2.(電話・ノックなどに)
出る, 応答する 3.(言葉・行動で)応酬する
4.合致[符号]する 5.責任を負う 6.役に立つ,
間に合う 7.(…に代わって)答辞[謝辞, 答弁]
する

atebadwy *a* (問題などに)答えられる

atebiad (au) *m* 1.答え, 返事, 返答, 応答, 回
答 2.[教会]応唱, 答辞

atebol *a* 1.答える, 応答する 2.反応する, 敏感
な, 感じやすい 3.[法律]法的責任[義務]の
ある 5.[教会]応唱する, 応答歌を歌う

atebolrwydd *m* (法律上)責任のあること, 結
果責任, 義務: ~ cyfyngedig 有限責任

atebwr : atebydd (-wyr) *m* [法律] (離婚訴
訟の)被告

ateg (-au, -ion) *f* 支柱, つっかい棒

ategiad (-au) *m* 1.支持, 援助, 賛助, 擁護
2.確認, 確証 3.[法律]確約(証言)

ategol *a* 1.(証拠・証言などが)確認の, 確証
的な 2.(壁などを)支える, 支持する 3.補助
[付属, 付帯, 付随]的な, 副の: nerf (-au) ~
mf 副神経 4.[法律]付属の, 付加的な

ategu *t* 1.(意志・決心・意見などを)強める, 固
める 2.(考え・推論などを)確かめる, 確証する
3.(人・主義・学説などを)支持[支援, 擁護]
する 4.[法律] (人・犯行・罪を)教唆[幇助]
する: helpu ac ~ rhn 人の犯行を幇助する
5.(条約などを)批准する 6.[建築] (建物を)
控え壁で支える, 支柱を施す

ategwaith (-weithiau) *m* [建築]迫持受け,
迫持台, 橋台(アーチの両端を受ける台)

ategwr (-wyr) *m* 1.確証者 2.[法律]扇動
[教唆]者

atgas *a* (罪悪など)憎むべき, 憎らしい, 忌々し
い, 嫌な

atgasedd : atgasrwydd *m* 1.憎しみ, 憎悪,
恨み, 忌々しさ, 嫌悪 2.不評, 悪評, 非難

atgenhedliad *m* [生物]生殖, 繁殖: ~
anrhywiol 無性生殖

atgenhedlu *t* [生物]繁殖[生殖]させる, 産む
i [生物]繁殖[生殖]する

atglafychiad *m* [医学] (病気の)ぶり返し, 再
発

atglafychu *i* [医学] (病気が)ぶり返す, 再発
する

atgno (-au, -eau, -eon) *m* 良心の呵責, 自
責, 後悔

atgof (-ion) *m* 1.記憶: 思い出, 追憶, 回想:
atgofion bore oes 幼年時代の思い出 2.形見,
記念品 3.[*pl*] (よろしくとの)伝言

atgofiad (-au) *m* 1.思い出させる物 2.(宗教
的)沈思, 黙想

atgofio *t* 思い出す[出させる], 回想する, 連想
させる, 気付かせる

atgofus *a* 1.(人が)覚えている, 忘れない 2.(物
が)思い出させる, 思い出の種となる

atgoffa *t* 思い出させる

atgoffa : atgoffâd *m* = **atgofiad**

atgoffaol *a* 1.昔を偲ぶ, 追憶に耽る 2.(他の
物を)思い出させる, 関ばせる

atgoffäwr (-awyr) *m* 思い出させる人

atgrychyn (-nau) *m* [音楽]16分音符

atgwymp (-au) : atgwympiad (-au) *m*
(非行・犯罪などの)逆[後]戻り, 堕落

atgwympo *i* (犯罪・邪道などに)再び陥る, 堕
落する

atgyfaniad ｜ 56 ｜ **atseiniol**

atgyfaniad (au) *m* 再統合, 回復

atgyfannu *t* 再び完全にする, 再統合［回復］する

atgyflyru *t*（元どおりに）修理［修繕］する

atgyfnerthadwy *a* 強化可能な

atgyfnerthiad (au) *m* 1.補強, 強化, 増強 2.補強材, 強化物 3.［電気］昇圧機, ブースター 4.［電工］増幅器, ブースター 5.［通例*pl*］［軍事］援兵, 増援隊, 援軍

atgyfnerthol *a* 強化［強力に］する

atgyfnerthu *t* 1.補強［増強, 強化］する 2.（体力・元気などを）回復させる

atgyfnerthwr : atgyfnerthydd (-wyr) *m* 補強［強化］する人

atgyfodedig *a* 復活［復興］させた, 生き返らせた

atgyfodi *t* 1.（死者を）生き返らせる, 復活させる: ~ rhn o blith y meirw 死者を生き返らせる 2.（昔の慣習・流行などを）復活させる, 復興する 3.（政党などを）復活させる, 再興する 4.（古い劇・定期刊行物などを）再演［再上映］する, 復活させる
i 1.（死者が）生き返る, 復活する: ~ fel ffenics o'i lwch（不死鳥のように）再生する 2.復活［復興, 再流行］する

atgyfodiad (-au) *m* 1.（死者の）生き返り, 復活 2.（古い習慣などの）復活, 復興, 再流行

atgyfodiadaeth *f* 死体盗掘

atgyfodol *a* 復活の

atgyfodwr (-wyr) *m* 死体盗掘者

atgynhyrchiad (atgynyrchiadau) *m* 1.（絵・写真などの）複写, 複製 2.（動植物などの）生殖, 繁殖

atgynhyrchiol *a* 1.再生［複写］の 2.生殖［繁殖］の

atgynhyrchu *t* 1.（音・画像などを）再生［再現］する 2.（絵・写真などを）複写［複製］する 3.（動植物が子孫を）産む, 繁殖させる
i 1.再生［再現］できる 2.複写［複製］できる: print sy'n ~'n dda うまく複写ができているプリント 3.生殖［繁殖］する

atgynhyrchwr : atgynhyrchydd (-wyr) *m* 1.（録音・録画などの）再生装置 2.生殖［繁殖］する動植物

atgyrch (-oedd) *m*［生理］反射作用: llwybr (*m*) ~ 反射弓［弧］

atgyrchol *a* 1.［生理］反射作用の, 反射的な 2.［物理・光学］（光・色などの）反射した

atgyweiriad (-au) *m* 1.（車・道路などの）修理, 修繕: atgyweiriadau ffordd/ffyrdd 道路の修理 2.（美術品・記念碑・建物などの）修復, 補修, 復元 3.繕い物

atgyweiriadwy *a* 修繕がきく, 改良できる

atgyweirio *t* 1.（家・道路などを）修理［修繕］する 2.（絵画・記念碑などを）修復［復元, 再建］する 3.（衣服などを）直す, 繕う 4.［海事］

---

atgyweiriwr (-wyr) *m* 修繕人, 修理工

atig (-au) *f* 屋根裏（部屋）

Atlantaidd : Atlantig *a* 大西洋（沿岸）の

Atlantig *m* 大西洋: yr A~ 大西洋

atlas (-au) *m* 地図帳［書］: ~ glôb, glôb-atlas (-au) *m* 世界地図帳

atmosffer (-au) *m*［物理・気象］大気（圏）

atmosfferig *a* 1.空気の 2.［物理］大気（圏）の: amhuriad ~ *m* 大気汚染; pwysedd ~［気象］（大）気圧

atodeg *f*［数学］応用例題

atodi *t* 1.追加［添付］する 2.（法令に）付帯条項を添える

atodiad (-au) *m* 1.（本・新聞・書類などの）付録, 別冊, 補遺, 補足, 追加, 添付 2.付加［添付, 付属, 付随］物 3.［法律］（法的文書・判決などの）付帯条項, 付則; 副書

atodlen (-ni) *f*（法的文書の）付帯条項, 付則

atodol *a* 1.補助［付帯, 補足, 追加, 付属, 付随］的な, 副の: budd-dâl (budd- daliadau) ~ 補足給付; blaguryn (blagur) ~ *m*［植物］副芽 2.［法律］共犯［従犯］の

atodyn (atodion) *m* 1.付加［付属, 付随, 添付］物 2.［幾何］補角［弧］3.［解剖］付属器 4.［生物］付属器官（手足など）

atol (-au) *f*［地理］環礁, 環状珊瑚礁

atolwg *int* 願わくは, なにとぞ, どうぞ

atolwg : atolygu *t* 1.（慈悲・許可などを）嘆願する 2.（人に…するように）懇願する 3.祈る

atom (-au) *mf*［物理］原子: bom (-iau) (*mf*) ~ 原子爆弾

atomadur (-on) *m* 噴霧器, 香水吹き

atomaidd *a* 1.原子の 2.原子力の［を用いた］ 3.原子爆弾の［を用いる］4.極めて小さい, 極小の

atomeg *f* 原子学

atomeiddio *t* 1.粉砕する 2.（液体を）霧にする［吹く］3.個別化する 4.原子爆弾で破壊する

atomfa (-feydd) *f* 原子力発電所

atomiaeth *f*［心理・哲学］原子論

atomig *a* 原子（力）の, 原子爆弾の: yr oes ~ 原子力時代

atomydd (-ion) *m*［哲学］原子論者

atosodiad (-au) *m* 推測, 仮定

atred (-au) *m*［印刷］オフセット印刷［版］

atsain (-seiniau) *f* 1.こだま, 響き, 反響: siambr (-au) (*f*) ~［ラジオ・テレ］反響［残響］室 2.（世論などの）反響, 反映, 共鳴 3.（人の意見・考えなどの）繰り返し, 模倣 4.［音声］共鳴音

atseinio *t* 1.（音を）反響させる 2.（感情などに）共鳴［反映］する 3.（人の意見・言葉などを）繰り返す, まねる
i 1.（音声・楽器などが）鳴り響く, 反響［共鳴］する 2.（場所が音で）響き渡る, こだまする

atseiniol *a* 1.（音・声などが）反響する, 鳴り響

く, 響き渡る 2.(壁・部屋などが) 共鳴を起こす 3.(場所が音で) 反響して, 響き渡って

atwf (atyfion) *m* 1.(作物などの) 二番生え 2.二次[再生]林(森林の伐採後に生えてくる林)

atwrnai (-neiod) *m* 1.(委任状による) 代理人 2.(米) 弁護士: A~ Gwladol (英) 法務長官;(米) 司法長官

atygol *a* = **afferol**

atynfa (-feydd) *f*[通例*pl*] 人を引きつけるもの, 呼び物, アトラクション

atyniad (-au) *m* 1.人目を引くこと, 魅力 2.[通例*pl*] 人を引付けるもの, 呼び物 3.[物理]引力

atyniadol *a* 人を引付ける, 魅力的な

atyniadwy *a* 人を引付けることができる

atynnol *a*[物理]引力の

atynnu *t* 1.(注意・関心などを) 引く 2.魅惑する, 引き付ける

atynnwr (atynwyr) *m* 1.引付ける人 2.[物理] アトラクター

Athen *f*[地名] アテネ(Athens)(ギリシャの首都)

Athenaidd *a* アテネの

Atheniad (-iaid) *mf* アテネ人

athletaidd *a* 運動競技の

athletau *pl* 1.運動競技 2.陸上競技

athletwr (-wyr) *m* : **athletwraig (-agedd)** *f* 1.運動選手 2.陸上競技者

athraidd *a* (気体・液体が) 滲透できる, 透過性の

athrawes (-au) *f*[教育] 女教師: ~ gartref (athrawesau cartref)(住み込みの) 女性家庭教師

athrawiaeth (-au) *f* 1.教義, 教理 2.主義, 信条, 原則

athrawiaethol *a* 教義[学理]上の

athrawiaethus *a* 純理論的な, 空理空論の, 理論一辺倒の

athrawiaethwr (-wyr) *m* 純理論[空論]家

athreiddedd (-au) *m* 1.滲透[透過]性 2.[物理]透磁率

athreuliad *m* 1.摩滅, 消耗 2.(数・人員などの) 減少

athreuliol *a* 1.摩擦[消耗]の 2.減少の

athrist *a* 悲しい, 哀れな

athro (athrawon) *m*[学校] 教師, 先生: ffefryn (-nod)(*m*) athro/athrawes 先生のお気に入り

athrod (-ion) *m* 1.悪口, 中傷, 侮辱 2.[法律](口頭による) 名誉毀損

athrodi *t* 1.悪口を言う, 中傷する, 陰口をきく 2.[法律] 名誉を毀損する

athrodus *a* 1.中傷的な, 名誉を毀損する 2.[法律] 名誉毀損の

athrodwr : athrodydd (-wyr) *m* :

athrodwraig (-agedd) *f* 1.悪口を言う[陰口をきく] 人, 中傷者 2.[法律] 他人の名誉を毀損する人

athrofa (-feydd) *f* = **academi**

athrofaol *a* = **academaidd**

athroniaeth (-au) *f* 1.哲学 2.人生観[哲学] 3.哲理, 原理

athronydd (-ion, athronwyr) *m* 1.哲学者 2.哲人, 賢人: maen (*m*) yr ~ 賢者[哲学者] の石(中世の錬金術師が卑金属を黄金に変える力があると考えた物質)

athronyddol *a* 哲学の

athronyddu *t* 思索[哲学]する

athrylith (-oedd) *mf* 1.才能, 天分 2.天才(の人), 英才 3.天才的[非凡な] 才能

athrylithgar *a* 才能のある, 有能な, 天才的な

athrywynol *a* 伸裁の

athrywynnu *i* 伸裁[調停] する

athyriad (-au) *m*[地質] 集塊岩, 塊状集積

athyrru *i*[地質] 塊になる

aur *m*[鉱物] 金, 黄金: ~ coeth 純金; nid ~ (yw) popeth melyn[諺] 輝くもの全てが金とは限らない

a 金の, 金色[金製] の

awch *m*(剣などの) 鋭い刃(先),(刃などの) 鋭さ

awchlym *a* (*f* **awchlem**, *pl* **awchlymion**) 1.(刃などが) 鋭い, 鋭利な 2.(食欲などが) 激しい

awchlymu *t* (刃物などを) 鋭利にする

awchus *a* 1.(刃などが) 鋭い, 鋭利な 2.熱心な 3.熱望[切望]して

awditoriwm (awditoria) *m*[劇場] 観客席

awdl (-au) *f* 1.賦, 頌, オード(しばしば特定の人物に寄せる叙情詩) 2.(ウェールズの) 厳密な拍子で構成される長い詩

awdlaidd *a* オードの

awdur (-on) *m* : **awdures (-au)** *f* 著者, 筆者, 作家

awduraeth *f* 1.著者, 原作者 2.著述業

awdurdod (-au) *m* 1.(政府・支配者などの) 権力, 権威, 支配: pwy sydd mewn ~ yma? 当地の権力者は誰ですか? 2.権限, 職権, 許可, 公認 3.権威者, 大家 4.権威性 5.[行政] 官庁, 当局, 官憲, 機関: ~ lleol 地方自治体; ~ cyhoeddus 公共企業 体

awdurdodaeth *f*[法律] 1.司法[裁判] 権: ~ ddiannod 即決裁判権 2.管轄[支配] 権: ~ gysefin 第一審管轄権

awdurdodaethol *a* 1.司法[裁判] 権の 2.管轄権に関する

awdurdodaidd *a* 権威[独裁] 主義の; 独裁主義的な

awdurdodedig *a* 1.権限を授けられた 2.公認された, 検定済の: y Cyfieithiad A~[聖書] 欽定訳聖書(英国王James一世の命により翻訳編集

awdurdodi *t* 1.(人に)権限を与える 2.(行動・計画などを)認可[公認]する

awdurdodiad (-au) *m* 権限の授与, 公認, 許可

awdurdodol *a* 1.権力を持つ 2.(情報など)信頼すべき, 権威のある

awdurdodus *a* 権威[独裁]主義の, 独断的な

awdurdodydd(-wyr) *m* : **awdwrdodwraig (-agedd)** *f* 1.独裁[権威]主義者 2.権限を与える人 3.許可[公認]者

awdurdodyddiaeth *f* 権威[独裁]主義

awdurdodyddol *a* = **awdurdodaidd**

awdurol *a* 著者の

awel (-on) *f* 微風, そよ風: ~ iach 爽やかな風

awelog *a* そよ風の吹く, 風通しのよい

awelogrwydd *m* 爽やかさ

awen (-au) *f* 1.(馬の)手綱 2.制御, 統御, 支配: awenau llywodraeth 政権 3.詩 4.詩才 5.詩人

awenydd (-ion) *m* : **awenyddes (-au)** *f* 詩人

awenyddiaeth *f* 1.詩, 詩歌 2.詩情

awenyddol *a* 1.詩の 2.詩的な, 詩趣に富んだ

awenyddu *i* 詩を作る, 作詩する

awff (-iaid) *m* 薄のろ, 頓馬, 無骨者, 粗野な男

awffaidd *a* 頓馬[無骨]な

awgrym (-iadau) : **awgrymiad (-au)** *m* 1.暗示, 示唆: ~ amlwg 明白な暗示; hunanawgrymiad (-au) *m* 自己暗示 2.微量, 僅か, 気味, 気配: ~ o acen Gymreig ちょっとしたウェールズ語訛り 3.提案, 提言: blwch (blychau) (*m*) awgrymiadau 投書箱

awgrymadwy *a* (考えなど)暗示できる

awgrymiadol : **awgrymol** : **awgrymus** *a* 暗示的な

awgrymog *a* 1.暗示的な 2.刺激的な, 猥褻な

awgrymoldeb : **awgrymusedd** *m* 煽情, 余情, 挑発的であること

awgrymu *t* 1.暗示[示唆]する 2.提案[提議]する 3.思いつかせる, 連想させる
i 暗示する, ほのめかす

awgrymwr (-wyr) *m* : **awgrymwraig (-agedd)** *f* 暗示[示唆]する人

awr (oriau) *f* 1.1時間: ~ a hanner 1時間半; hanner (haneri) (*m*) ~ 半時間, 30分 2.(時計で示される)時刻, 正時: o ~ i ~, fesur ~, bob yr ~ 時々刻々と 3.(特定の)時, 折, 時期: yr oriau brys ラッシュアワー, 混雑時間; ar yr unfed ~ ar ddeg 土壇場で, 際どい時にぎりぎりで(間に合って) (cf Matt 20:6, 9) 4.いつもの[決まった]時間: [*pl*] 勤務[営業]時間: oriau swyddfa 執務[営業]時間 5.[*pl*] (カト)時課(定時の祈り): llyfr (*m*) oriau 聖務日

課[祈禱]書 6.(何)時間の行程: mae'n daith/waith ~ o Gaerdydd カーディフから1時間かかる 7.[天文]: awrgylch (-au) *m* 時圏

awrdal (-iadau) *m* 時間給

awrlais (-leisiau) *m* 時計

awrora (-âu) *m* 極光, オーロラ

awroraid *a* 1.曙の, 曙光のような 2.極光のような

awrwydr (-au) *m* 水[砂]時計

Awst *m* 8月: yn ~ 8月に

Awstin *m* [人名] 1.アウグスティヌス(354-430; 初期キリスト教会最大の指導者・神学者・哲学者; 北アフリカHippoの司教) 2.アウグスティヌス, オーガスティン(?-604; ローマの修道士; 597年英国に上陸し, 伝道師団の長として英国人のキリスト教化に尽くし, ケント王Ethelbertの援助を得てCanterburyを拠点に布教を進めた; Canterburyの初代大主教; 祝日5月26日; St Austinまたthe Aposle of the Englishとも呼ばれる): Saint Awstin (Hippoの) 聖アウグスティヌス; Awstin Fynach (Canterburyの) 聖アウグスティヌス

Awstralia *f* [地理] オーストラリア, 豪州(英連邦内の独立国; 公式名the Commonwealth of Australia(オーストラリア連邦); 首都Canberra)

Awstralaidd *a* オーストラリア(人)の, 豪州の

Awstraliad (-iaid) *mf* オーストラリア人

Awstraleg *mf* [言語] オーストラリア英語

Awstria *f* [地理] オーストリア(Austria) (ヨーロッパ中部の共和国; 首都Vienna)

Awstriaidd *a* オーストリア(人)の

Awstriad (-iaid) *mf* [民族] オーストリア人

Awstreg *mf* [言語] オーストリア語

awtarchiaeth *f* 1.専制(独裁)政治 2.専制(独裁)国家

awtistiaeth *f* [心理] 自閉症

awtistig *a* [心理] 自閉症の

awto- *pref* 1.自身[自己, 独自]の 2.自動の 3.自動車の: (例) awto-seicl (-au) *m* 補助エンジン付き自転車; awtociw (-iau) *m* [テレ] オートキュー

awtocrat (-iaid) *m* 専制君主, 独裁者

awtocratiaeth (-au) *f* 1.独裁権 2.独裁政治 3.独裁国家

awtocratig *a* 独裁の, 独裁的な

awtomasiwn *m* 自動操作

awtomatig *a* (機械・装置などが)自動(式)の

awtomeiddio *t* 1.(操作などを)自動化する 2.自動操作する

awtonomaidd *a* 自治権のある, 自主的な

awtonomiaeth f 自治(権)

awtopsi (-ïau) : **awtopsia (iâu)** *m* 検死(解剖)

awydd (-au) *m* 1.願望, 切望, 熱望, 欲望 2.熱

心

awyddfryd *m* 熱心, 熱中, 熱意

awyddu *t* 願う, 望む, 欲する

awyddus *a* 1.熱心な 2.熱望[切望]して

awyr *f* 1.空: ~ benddu/goprog/gymylog 一面に曇った空 2.空気: ~ iach 新鮮な空気

awyrblan (-au) *m* 飛行機

awyrborth (-byrth) *f* 飛行場

awyrbwysedd (-au) *m* 気圧

awyrell (-au) *f* 通気孔, 穴

awyren (-nau) *f* = **awyrblan**

awyrendy (-dai) *m* (飛行機の)格納庫

awyrenegol : awyrennol *a* 航空(学)の, 飛行(術)の

awyrenfa (-feydd) *f* (小規模の)飛行場

awyrenneg *f* 航空学, 飛行術

awyrennwr (-enwyr) *m* : **awyrenwraig (-agedd)** *f* 飛行士[家]

awyrfaen (-feini) *m* 隕石

awyrgylch (-oedd) *m* 雰囲気

awyrgylchog *a* 雰囲気のある

awyriad (-au) *m* 空気に晒すこと, 通気, 換気

awyriadol *a* 1.風通しのよい 2.通風[換気]の

awyriadur (-on) *m* 換気装置

awyrladrad *m* 飛行機の乗っ取り

awyrlong (-au) *f* 飛行船

awyrlun (-iau) *m* 航空写真

awyrofod (-au) *m* 宇宙空間

awyrofodol *a* 宇宙空間の

awyrol *a* 1.空気[大気, 気体]の 2.空虚な, 想像上の 3.(態度・動作などが)軽快[快活]な

awyru *t* (部屋・建物・衣服などに)空気を通す, 通風[換気]する: gwyntyll (-au, -oedd) (*f*) ~ 換気扇

i 1.(部屋などが)換気される 2.(衣服などが)外気に晒される

awyrydd (-awyrwyr, -ion) *m* = **awyriadur**

B, b *f* (発音biː, *pl* bïau)：[音楽] ロ音：B fflat 変ロ音

baban (-od) *m* 赤ん坊, 赤ちゃん

babanaidd *a* 赤ん坊じみた, 大人げない

babandod *m* 1.幼少, 幼稚 2.乳児 [幼児] 期, 幼年時代：dosbarth (*m*) y ~ 幼児学級 [学校]

babanladdiad (-au) *m* 幼児殺し

babanleiddiad (-iaid) *mf* 幼児殺害者

babanu *i* 子供らしく [子供っぽく] なる

babi (-s) *m* = **baban**

Babilon *f* [地理] バビロン (メソポタミア地方の古代都市)

Babilonaidd *a* バビロニア [バビロン] の

Babiloneg *mf* [言語] バビロニア語

Babilonia *f* [地理・歴史] バビロニア (メソポタミアも古代王国；首都Babylon；紀元前538年頃ペルシャに制服された)

Babiloniad (-iaid) *mf* [民族] (古代) バビロニア人

babŵn (-s, babwniaid) *m* [動物] ヒヒ, 狒狒

bacas (-bacs (i) au) *f* 足部のない長靴下

bacio *t* (車・馬などを) 後退させる, 逆行させる： ~ car 車を後退させる
　i (車などが) 後退する

baco *m* (刻み) たばこ：~ cnoi 噛みたばこ

bacsen (-bacs (i) au) *f* けずね毛

bacterioleg *f* 細菌学

bacteriolegwr : bacteriolegydd (-wyr) *m* 細菌学者

bacteriwm (bacteria) *m* 細菌, バクテリア

bacterol *a* バクテリア [細菌] の [から成る, による]

bacwn *m* ベーコン：~ mwg 燻製ベーコン

bach *a* 1.小さい：bachgen/hogyn/crwt ~ 小さい男の子；tŷ (tai) ~ *m* 便所, トイレ (ット) 2.(声など) 弱い, 細い, 小さい

bach (-au) *m* 1.鈎, 留め金, ホック：~ a dolen, ~ a llygad [服飾] (服の) ホックと止め穴；~ mainc [木工] 作業台の止め具；~ atal [航空] 着艦フック (空母などに着艦する時に飛行機を引き止めるフック)；~ cig, cigfach (-au) *m* [考古] フレッシュフック；tyndro (*m*) ~/bachyn 鈎頭ねじ回し 2.帽子・コート掛け 3.掛け鈎, 自在鈎：~ crochan (炉の上に鍋を掛けるS字状の) 自在鈎 4.蝶番 5.[通例 *pl*] [印刷] 括弧： bachau sgwar/petryal 角括弧 6.(魚釣り用の) 針：~/bachyn pysgota 魚釣り針

bachdro (-eon) *m* ヘアピンカーブ, U字形の曲折 (路)

bachell (-au, -ion) *f* [レス] しっかり掴むこと； 取っ組み合い

bachellu *t* 取っ組み合いをする

bachgen (bechgyn) *m* 男の子, 少年, 若者： dyna natur bechgyn [諺] 男の子はやはり男の子である (いたずらは仕方がない)

bachgendod *m* 少年期 [時代]

bachgennaidd *a* 1.少年らしい 2.(女性が) 男の子のような

bachgennes (-au) *f* 女の子, 少女, 娘

bachgennyn (-gynnos) *m* 幼い男の子

bachiad (-au) *m* 1.(スレートなどの) 割れ目, ひび 2.[ボク] フック 3.[ゴルフ・クリ] フック

bachigol *a* [文法] 指小の

bachigyn (-igion) *m* [文法] 指小語 [辞]

bachog *a* 鈎 [ホック] の付いた

bachu *t* 1.(指などを) 鈎状に曲げる 2.(物を) 鈎で引っ掛ける [吊す]：~ llen yn ei hôl カーテンを鈎で吊す 3.(服などを) ホックで留める 4.(魚などを) 釣り針に引っ掛ける
　i ホックで留まる：gwisg sy'n ~'n sownd yn y cefn 背中のホックで留まるドレス

bachwr (-wyr) *m* [ラグ] フッカー (スクラムの最前列にいてボールを蹴り出す選手)

bachyn (bachau) *m* = **bach**

bad (-au) *m* (覆いのない) 小舟, ボート：~/ cwch 'stlyllod 帆船, ヨット；~/cwch rhwyfo 漕ぎ舟, オールで漕ぐ舟；~ camlas/glo (運河などの) 平底の荷船, はしけ；~ achub [海事] 救命艇 [ボート]

badwr (-wyr) *m* ボートの漕ぎ手

baddo *t* (子供・病人などを) 入浴させる
　i 入浴する

baddon (au) *m* 1.入浴, 水浴び：Urdd y B~ バス勲位 [勲章] (1399年Henry四世の戴冠式の時に制定され, 17世紀中葉以後廃れたが, 1725年George一世により再設され；1971年より女性にも授けられる) 2.浴槽, 湯ぶね 3.浴室

Baddon : Bath *f* [地名] バース (イングランドAvon州南東部にある都市；ローマ時代から有名な温泉地)

baddondy (-dai) *m* 1.浴室 2.風呂屋

bae (-au) *m* 1.[地理] 湾, 入り江：Bae Ceredigion カーディガン湾 (アイリッシュ海の大きな入江で, ウェールズ最大の湾) 2.[建築] 格間；張出し窓： ffenestr (*f*) fae (ffenestri ~) 張出し窓 3.太鼓

腹

baeas *m* ベーズ（ナッピング仕上げをした緑や赤の単色の紡毛織物; 現在は密度を粗にしてテーブル掛け・カーテン・玉突き台などに使う）: ~ gwyrdd 緑色のベーズ

baedd (-od) *m*［動物］（去勢しない）雄豚: ~ gwyllt イノシシ

baeddu *t* 1.（続けざまに）打つ, 叩く 2.（物の表面を）汚す, 汚損する 3.（名声などを）汚す: wnawn i ddim ~ fy nwylo gydog ef 彼に関係して身を汚したくない 4.道徳的に汚す, 堕落させる
i 汚れる, しみがつく

baetio *t* 1.（釣り針・罠などに）餌をつける 2.（人を餌でだまして）誘惑する 3（人を）いじめる, ひどいことを言って怒らせる 4.（娯楽として繋いだ動物に）犬をけしかけていじめる

baetiwr (-wyr) *m* : **baetwraig (-agedd)** *f* 動物に犬をけしかけていじめる人

bag (-iau) *m* 袋, 手さげ, かばん: ~ papur 紙袋

bagad (-au) *m*（人の）群れ, 大勢, 一団, 一味, 仲間

bagadu *i* 一団になる

bagio *t* 1.袋に入れる 2.［劇場］（席などを）取る, 確保する 3.後退［逆行］させる
i 後退［逆行］する

bagl (-au) *f* 1.松葉杖, ［*pl*］松葉杖一対, 脚 2.（羊飼いの）柄の曲がった杖 3.司教杖

bagliad (-au) *m* 1.つまずき, よろめき, 倒れかけること 2.失策, 過失

baglog *a* 1.つまずき［よろめき］ながらの 2.言葉に詰まり［つっかえ］ながらの 3.松葉杖にすがった

baglor (-iaid) *m* : **baglores (-au)** *f*［教育］学士: Barglor yn y Cerfyddydau 文学士

bagloriaeth (-au) *f* 学士の称号［資格, 身分］

baglu *i* 1.どもる, 口ごもる, つかえながら言う: ~ wrth siarad 言葉がしどろもどろになる 2.（石などに）つまずく, よろめく 3.逃げる, 逃走する

baglwr (-wyr) *m* 1.よろける人 2.へまをする人

bai (beiau) *m* 1.（性格・知性などの）欠点, 短所, あら: gweld ~ ar rn 人のあらを探す 2.（過失の）責任, 罪 3.非難, 咎め 4.悪習, 悪癖, 堕落行為

baich (beichiau) *m* 1.荷; 重い荷物 2.（心の）重荷, 苦しみ 3.（義務・責任・課税などの）負担, 重荷: ~ y dreth 税の負担

bais *m* 1.（川などの）歩いて渡れる所, 浅瀬 2.川［湖, 海］底

bala *m* 湖の水が川となって流れ出ている場所

balans *m*（力の）釣り合い, 均衡, 平均

balansio *t*（倒れないように）体の釣合をとる: ~ ar un droed 一本足で体の釣合をとる

balast *m* 1.［鉄道］（軌道に敷いたコンクリートに混ぜる）道床, 砂利, 砕石, バラス 2.［電気］安

定抵抗 3.［海事］バラスト, 底荷（船に安定を与え, 喫水を大にするため船底に積む石・鉄・水など）4.［航空］バラスト（軽気球のゴンドラに積む砂袋・水）

balastio *t*［海事］（船に）底荷を積む: ~ llong 船に底荷を積む

balc *m* 1.［農業］（境界などのための）鋤き残しの畝 2.［野球］ボーク

balcio *i*［野球］（投手が）ボークする

balcon (-au) : **balconi (-ïau)** *m*［建築］バルコニー, 露台

balch *a*（*pl* beilch, beilchion）1.誇りに思う, 得意になって: ymffrost ~ 誇らしい自慢の種 2.うぬぼれた, 高慢［尊大］な 3.誇り高い, 自尊心のある 4.（人・物・事が）立派な, 誇るに足る 5.［病理］（傷跡などが）膨れ上がった: cig ~ （傷などが直って生じる）肉芽 6.喜んで, 満足して: 'rwy'n falch iawn ohono それは大変嬉しいことだ 7.（…して）嬉しい, 喜んで（…する）

balchder (-au) : **balchedd** *m* 1.自慢, 得意 2.虚栄心, うぬぼれ, 高慢, 傲慢 3.自尊心, 誇り, プライド: balchder gwag 誤った自尊心 4.喜び, 満足, 嬉しさ

balchïo *t* 誇る, 誇りに思う, 自慢する

baldordd *m* 1.くだらない［内容の無い］おしゃべり: ~ lleisiau 口々に飛び出すおしゃべり 2.（群衆の）がやがや言う声

baldorddan : bardorddi *t*（たわいないことなどを）ぺちゃくちゃしゃべる, たわごとを言う
i ぺちゃくちゃしゃべる

baldorddus *a* 1.片言を言う 2.ぺちゃくちゃしゃべる

baldorddwr (-wyr) *m* : **baldorddwraig (-agedd)** *f* 1.片言を言う幼児 2.おしゃべりな人

bale *m* バレエ, 舞踊劇: dawnswraig（*f*）fale バレエダンサー

baled (-i) *f* 1.バラッド, 民謡 2.［音楽］感傷的な恋歌: canu ~ バラッドを歌う

baledol *a* バラッドの

baledwr (-wyr) *m* 1.バラッド売り［作者］2.民謡歌手 3.へぼ詩人

balisteg *f* 弾道学

balistig *a* 弾道（学）の

balm (-au) *m* 1.香油, 香膏 2.鎮痛剤; 慰め

balmaidd *a* 1.香油のような, 香りのよい 2.慰めとなる 3.気のふれた

balog (-au) *mf*［服飾］股袋（15-16世紀の男子服装で, ズボンの前あきを隠すための装飾的な袋）

balsa *m*［木工］（軽くて強い）バルサ材

balŵn (balwnau, -s) *mf* 1.［航空］（軽）気球: ~ alchwilio 気象観測用気球 2.（おもちゃの）風船（玉）

balwnio *i* 気球で行く［上昇］する

balwniwr (-wyr) : **balwnydd (-ion)** *m* :

ballasg   62   **bar**

B

balwnwraig (-agedd) *f* 気球に乗る人, 気球操縦者

ballasg (-od) *m* [動物] ヤマアラシ, 山荒: pysgodyn (pysgod) (*m*) ~ [魚類] ハリセンボン科の魚類の総称

balleg (-au) *f* 1. (蓋の付いた食料品などを入れる) 詰め籠 2. 詰め籠に入れた食料品の贈物 3. 網 4. 小銭入れ, がま口, 財布

ballegrwyd (-au) *f* 1. [漁業] 地引[底引] 網 2. (警察の) 捜査[警戒] 網

bambŵ (-au) *m* 1. [植物] 竹 2. 竹材: y Llen (*f*) Fambŵ (1950-60年代に中国と西欧諸国との間にあった思想・軍事・政治上の障壁)

ban (-nau) *mf* 1. (先の尖った) 山頂, 峰 2. (山脈の) 支脈 3. (川の) 支流 4. (木の) 枝 5. 隅, 片隅 6. 角, 曲がり角, 町角 7. (都市の) 地域, 地区 8. (椅子・ソファーなどの) 肘掛 9. 詩節, 連

banana (-s) *f* バナナ (の木): gwlad (*f*) fananas (gwledydd bananas) バナナ共和国 (経済・政情不安定で外貨に操られる中南米の小国など)

banc (-iau) *m* 1. 銀行: clerc (-od) (*m*) ~ 銀行員; B~ Llegr イングランド銀行 (1696年設立); gŵyl (gwyliau) ~, gŵyly ~ 一般公休日 (英国で1871年制定) 2. (賭場で) 親元の用意した金, 胴元の持ち金 3. 貯蔵所: ~ gwaed [医学] 血液銀行 4. (ピアノ・タイプライターなどの) キーの列, 鍵座 5. (古代のgalley船の) オールの列 6. 漕ぎ手座 (漕ぎ手の腰掛)

banc (bencydd, -iau) *m* (小道や畑の境界線となる) 土手, 土盛り

bancaw (-iau) *m* 1. 紐, 縄, 帯 2. 束縛, 絆 3. (糸・羽毛・毛髪などの) 房

bancer (-s) *m* [サッカーくじでの] (クーポンに記入したチームの勝敗の) 予想的中率

bancer (-iaid) : banciwr (-wyr) *m* 1. [金融] 銀行家 2. (賭場の) 親元, 胴元 3. [漁業] (Newfoundland漁場の) タラ漁船 [漁夫]

banciadwy *a* 1. [金融] 銀行に担保にできる, 銀行で受け付けられる 2. 金になる, 必ず利益をもたらす: actor ~ ドル箱スター

bancio *t* (金を) 銀行に預ける *i* 1. (銀行に) 預金する, (銀行と) 取引する 2. (賭博で) 親元になる 3. (助け・金などに) 頼る, 当てにする

bancrafft (-iaid) *m* [法律] 破産者

band (-iau) *m* 1. 紐, 帯; (帽子の) 鉢巻き: ~ het (bandiau hetiau) 帽子の鉢巻き 2. 楽団, 楽隊, バンド: ~ pres 吹奏楽団, ブラスバンド 3. [通信] バンド, 周波 (数) 帯

bandais (-eisiau) *m* [医学] 包帯

baner (-au, -i) *f* 1. 旗印, 表象 2. (広告・宣伝用などの) 垂れ幕, 横断幕 3. (国旗・軍旗・校旗などの) 旗; codi ~ gwrthryfel反旗を翻す; ~ cyfleustra 便宜置籍国旗 (税金その他の点

で自国よりも便宜を与えてくれる国に船籍登録する場合のその国の旗) 4. (昔の君主・領主などの) 旗, のぼり

banerog *a* 旗を立てた[備えた]

baneru *t* 旗を立てる, 旗で飾る

banerwr (-wyr) *m* 1. 旗手, 旗持ち 2. (社会運動・政党などの) 首魁, 主唱[唱道] 者 3. [軍事] (1871年以前の英国の) 旗手

banffagl (-au) *f* 1. (祝いの) 大かがり火, (野天の) 焚き火 2. (激しい) 炎, 火炎

bangaw *a* 1. (人が) 雄弁[能弁] な 2. (弁舌・文体など) 巧妙な, 悪名高い 3. 表情豊かな 4. 旋律的な 5. 調子の美しい, 音楽的な 6. 熟練した, 巧み[器用] な

Bangladesh *f* [地理] バングラデシュ (インドの東に接する共和国; もと東パキスタンの一州であったが1971年に独立; 首都Dacca)

Bangor *f* [地名] バンガー (グウイネズ州北西部の都市; 大聖堂 (Bangor Cathedral) と大学 (University College of North Wales) がある)

bangor (-au) *mf* 1. 編み枝細工の壁 2. (特に男子の) 修道院

bangori *t* (垣・壁などを) 編み枝で作る

bangorwaith *m* 編み枝細工: ~ a dwb [建築] 荒打ち漆喰

banhadlen (banadl) *f* [植物] エニシダ (豆科の低木)

banhadlog *a* エニシダの生い茂る

baniar (-ieri) *mf* 1. = baner 2. 叫び, 大声

banjo : banjô (-s) *m* [音楽] (弦楽器の) バンジョー

banjôwr (-wyr) *m* [音楽] バンジョー奏者

banllawr (-lloriau) *m* ステージ, プラットフォーム

banllef (-au) *f* 大声

banllefain *i* 大声で叫ぶ

bannod (banodau) *f* [文法] 冠詞: ~ benodol/ bendant 定冠詞; ~ amhenodol/ amhendant 不定冠詞

bannog *a* 1. 角のある, 角状の 2. (高さ・位置など) 高い (所にある); 高められた 3. 目立つ, 人目につく 4. 有名な, 名高い

bansai *int* 万歳: ~! 万歳

banwes (-od) *f* (子を産んだことのない) 若い雌豚

bar (-iau, -rau) *m* 1. (木・金属の) 棒 2. [法律] (法廷の) 柵; 法廷; 審判; 被判: y carcharor wrth y ~ 刑事被告人 3. (英) 法廷弁護士の職; 弁護士界[団] 4. (酒場・軽食堂などの) カウンター; 酒場, バー: ~ llaeth ミルクバー 5. [音楽] (楽譜の小節を分ける) 縦線; 小節 6. [活字] 横木, 横棒 7. [体操] 棒: barrau cyflin 平行棒 8. (河口・港口の) 砂州 9. 障害 10. [気象] バール (気圧の単位) 11. [物理] バール (圧力の単位)

bâr *m* 1.怒り, 立腹, 激怒 2.欲張り, 貪欲, 食い意地

bara *m* パン; ~ ymenyn バターを塗ったパン; ~ Ffrengig/hir フランスパン

barbaraidd *a* 1.野蛮な, 未開の 2.残忍[獰猛]な

barbareidd-dra : barbariad : barbarwch *m* 野蛮, 未開状態

barbareiddiwch *m* 1.野蛮, 未開状態 2.残酷, 残忍 3.蛮行, 残虐行為 4.(文体などの)粗野

barbareiddio *t* 野蛮化する
i 野蛮になる

barbariad (-iaid) *mf* 野蛮[未開]人

barbariaeth *f* = barbareidd-dra

barber (-iaid) : barbwr (wyr) *m* 床屋, 理髪[理容]師: mynd i siop y barbwr 床屋へ行く; polyn (polion) (m) barbwr 床屋の看板柱

barc *m* (皮の)黄褐色

barcer (-iaid) : barciwr (-wyr) *m* なめし皮業者

barcio *t* (皮を)なめす

barclod (-iau) *m* [服飾]エプロン

barcty (-tai) *m* 製革場, なめし皮工場

barcud (-iaid) : barcut (-iaid) : barcutan (-od) *m* [鳥類]トビ, 鳶

barcut (-iaid) : barcutan (-od) *m* (おもちゃの)凧

barcuta *i* (トビのように)空を舞う

barcutwr (-wyr) *m* : **barcutwraig (-agedd)** *f* ハンググライダーの操縦者

bardd (beirdd) *m* : **barddes (-au)** *f* 1.(古代ケルト族の)吟唱詩人, (放浪)楽人 2.ウェールズ芸術祭 (eisteddfod) で認められた詩人: cadair/cadeiriol, cadeirfardd (cadeirfeirdd) *m* 椅子付き吟遊詩人(ウェールズ芸術祭で吟遊詩人の椅子を授与された詩人)3.詩人: B~ yr Afon エイヴォンの歌人 (Shakespeareのこと)

barddas *f* 詩学, 詩論

barddol *a* 1.詩(人)の 2.詩的な, 詩趣に富んだ 3.吟唱詩人の

barddoneg *f* = barddas

barddoni *i* 詩を作る, 詩作する

barddoniaeth *f* 1.(文学の一分野としての)詩(歌)2.[集合的に](ある作家・時代・国などの)詩歌 3.詩情

barddonol *a* = barddol

bared (-au) *m* = argae

barf (-au) *f* 1.顎髭: gwisgo ~ 顎髭を見せびらかす 2.[*pl*] 頬髭

barfog *a* 顎髭[頬髭]のある

barfu *t* 髭を伸ばす

bargen (bargeinion) *f* 1.安い買い物, 買い得品, 見切り品 2.売買契約, 取引, 協定, 約束

bargeinio : bargenna *i* 1.(売買・契約などについて)話し合う, 約束をする 2.値切る 3.予期[予想]する

bargeiniwr (-wyr) *m* : **bargeinwraig (-agedd)** *f* 売買の交渉人

bargod (-ion) *m* 1.突き出し, 張り出し 2.(家の)軒, ひさし 3.(屋根・バルコニーなどの)張り出し

bargodfaen (-feini) *m* [建築](ひさしなどに付けた)石製の水切り, (窓・戸口などの)雨だれ[雨押え]石

bargodi *t* 1.(川などの)上に掛かる, 突き出る, 張り出す 2.(危険などが人などに)迫る
i 突き出る, 張り出す

bargodiad (-au) *m* = bargod

bargodol *a* 突き出た, 張り出した: craig ~ 張り出した崖

bargyfreithiwr (-reithwyr) *m* : **bargyfreithwraig (-agedd)** *f* (英)法廷弁護士

bariaeth *mf* 1.貪欲, 欲張り, 食い意地 2.悪, 邪悪 3.災い, 災害, 害悪 4.深い悲しみ, 悲嘆 5.嘆きの種 6.怒り, 激怒, 憤り

barics *m* 1.(通例*pl*)兵舎, 兵営 2.バラック(式建物)

baril (-au) *mf* 1.(胴のふくれた)樽 2.(物の)胴体: organ faril (organau baril)(大道音楽師の)小型手回しオルガン 3.銃[砲]身

barilaid (barileidiau) *mf* 一樽の分量

bario *t* (ドアなどに)かんぬきをさす, 閉じる

bariton (-au) *m* [音楽]バリトン(男声の中間音域)
a バリトンの

bariton (-iaid, -wyr) *m* バリトン歌手

bariwm *m* [化学]バリウム

bariwns *m* 垣根, 柵

barlad : barlat *m* [鳥類]アヒル[カモ]の雄鳥

barlys *m* 大麦

barlysyn *m* 大麦一粒

barn (-au) *f* 1.(個人的)判断, 意見, 見解: yn fy marn i 私の判断[考え]では; mater o farn 見解の問題[相違]2.(医師・弁護士などの)専門的意見, 鑑定 3.世論: arolwg (arolygon) (*m*) ~ 世論調査 4.判断力, 思慮, 分別 5.[法律]裁判, 審判: Dydd(*m*)B~, Dydd y Farn [神学](この世の終わりの神による最後の)審判の日

barnadwy *a* [法律] 裁くことのできる, 審理できる; 審理されるべき

barnais (-eisiau) *f* 1.ニス, ワニス 2.ワニス塗りの光沢面 3.うわべの飾り, ごまかし

barnedigaeth (-au) *f* 1.判定 2.罰, 処罰, 刑罰

barneisio *t* 1.ワニスを塗る 2.マニキュア[ペディキュア]する 3.(体裁などを)取り繕う, 粉飾する, ごまかす

barnol *a* 判断力のある

barnu *t* 1.判断する, 思う 2.[法律](人・事件

barnwr 64 **bathodyn**

を) 裁く, 裁判する

barnwr (wyr) *m* : **barnwres (-au)** *f* [法律]
裁判官, 判事

barnwrol *a* 司法の, 裁判[官]の

baroc *m* [建築・美術・音楽] (17世紀に起こっ
たヨーロッパ・米国の) バロック式; 怪奇趣味
a 1.バロック式の 2.(趣味の) ひどく凝った
3.(文体など) 過度に装飾的な 4.奇異[奇異]
な

baromedr (-au) *m* 気圧[晴雨]計

barometrig *a* 気圧(計)の

barriff (-iau) *m* [地理] 堡礁(海岸線に平行し
礁湖(lagoon)の海面をはさんで発達する珊瑚
礁): Y B~ Mawr グレートバリアリーフ, 大堡礁
(オーストラリア北東部Queensland海岸沿いの
世界最大の珊瑚礁; 長さ2,000km)

barrug *m* 霜, 白霜

Bartholomeus : Bartlemi *m* [人名] 1.バー
ソロミュー(男性名) 2.[聖書] 聖バルトロマイ,
バルトロメオ(キリスト12使徒の一人)

barugo *t* 1.(窓などを) 霜で覆う 2.(果樹に) 霜
害を与える

barugog *a* 霜で覆われた

barus *a* 1.貪欲な, 欲張りの 2.食いしん坊な, 食
い意地の張った, むさぼり食う

barwn (-iaid) *m* 1.男爵 2.[英史] 王の直臣,
(地方の) 豪族

barwnaidd *a* 1.男爵の 2.(建物などが) 立派
な, 堂々とした

barwnes (-au) *f* 男爵夫人

barwniaeth (-au) *f* 1.男爵の位[身分] 2.男
爵領

barwnig (-ion) *m* 準男爵

barwnigiaeth (-au) *f* 準男爵の位[身分]

barwnol *a* = **barwnaidd**

bas (beisiau) *m* [pl] (川・海の) 浅瀬, 洲

bas (beision) *a* 1.(流れなどが) 浅い 2.(人・
心が) 浅薄な, 浅はかな 3.(皿などが) 浅い

bas *m* [音楽] バス, 男声最低音(域)
a バス[低音]の

bas (-au) *m* 1.[化学] 塩基 2.[野球] 塁, ベー
ス

basaidd *a* (人・心が) 浅薄な, 浅はかな

basalt *m* [地質] 玄武岩

basâr (basarau) *m* 1.雑貨店 2.特売場 3.デ
パート

basbel *f* 1.野球 2.野球ボール

basged (-i) *f* 1.かご, ざる: ~ ddillad (basgedi
dillad) 洗濯かご 2.(食物を入れる蓋付きの)
手提げ, 詰めかご, バスケット

basgedaid (-eidiau) *f* 1.かご一杯分 2.詰め
かごに入れた食物

basgedwaith *m* かご細工(品)

basgedwr (-wyr) *m* : **basgedwraig
(-agedd)** *f* かご製造人

basgerfiad (-au) : basgerflun (-iau) *m*

[美術] 低浮彫り

basgrwth (-grythau) *m* [楽器] コントラバス

basig *a* 1.[化学] 塩基[アルカリ]性の 2.[地質]
(塩)基性の: craig fasig (creigiau basig) *f*
(塩)基性岩 3.[冶金] 塩基性(製鋼)法:
proses fasig (prosesau basig) *f* 塩基性(製
鋼)法

basigedd : basigrwydd *m* [化学] 塩基(性)
度

basil *m* [植物] メボウキ (ハッカに似た草木; 葉
は香味料・薬用)

basilws (basili) *m* [細菌] バチルス, 悍菌

basn (-au) *m* 1.洗面器, 水鉢: ~ ymlochi 洗
面台 2.鉢, 椀 3.[地質] (川の) 流域 4.[地質]
(米) (鉢状の) 窪んだ地域: ~ llwch 黄塵地帯

bastard (-iaid) *m* 1.非嫡出子, 私生児, 庶子
2.嫌な奴
a (形・大きさ・作りなど) 普通でない: ffeil (*f*)
fastard (feiliau bastard) [道具] 荒目のやすり

bastardeiddio *f* 質を悪化させる

bastardiaeth (-au) *f* [法律] 庶出

baster *m* 1.(流れなど) 浅いこと 2.(知性など)
浅はかさ, 浅薄なこと

baswn (baswnau, basynau) *m* バスーン,
ファゴット(低音木管楽器)

baswnydd (-wyr) *m* バスーン[ファゴット]奏
者

baswr (-wyr) *m* [野球] 内野手, 塁手

bat (-iau) *mf* 1.[野球] バット 2.[クリ] 打球棒;
打者

bataliwn (-iynau) *mf* 1.[軍事] 大隊 2.[しば
しば *pl*] 大勢, 大群

batiad (-au) *m* 1.[野球] イニング, 回 2.[pl]
[クリ] イニング(打撃する回; 打撃番)

batio *i* [野球・クリ] 打席に立つ, 打者となって
打つ

batiwr (-wyr) *m* [野球・クリ] 打者

batog (-au) *f* [道具] (つるはしに似た) 根掘り
鍬

baton (-au) *m* 1.警棒 2.[音楽] 指揮棒 3.[陸
競] (リレー用の) バトン 4.(バトンガール・楽隊
指揮者の) バトン

batri (-s) *m* [電気] 電池

batri *m* [野球] バッテリー(投手と捕手)

bath (-au) *m* 種類: pa fath ar goeden yw
hi? それはどんな種類の木ですか?

bath (-s) *m* 1.入浴: cael ~ 入浴する 2.浴槽

bath : bathedig : bathol *a* 1.(貨幣) 鋳造
[造幣] された 2.(新語(句)など) 造り出され
た

bathdy (-dai) *m* : **bathfa (-feydd)** *f* 造幣局

bathiad (-au) *m* 1.(新語などの) 発明, 新造
2.貨幣鋳造 3.貨幣 4.貨幣制度

bathio *t* (赤ん坊・病人などを) 入浴させる
i 入浴する

bathodyn (-nau) *m* 1.記章, 肩章, 勲章, バッ

bathor (-ion) *m* [動物] ヤマネ

bathos *m* 1.[修辞] 漸降法 (荘重な調子を急に滑稽に落とすこと) 2.平凡, 陳腐

bathrwm (-s) *m* 浴室

bathu *t* 1.(貨幣を)鋳造する: ~ arian 貨幣を鋳造する 2.(新語などを)造り出す

bathwr : bathydd (-wyr) *m* 貨幣鋳造者

baw *m* 1.泥, ごみ, 汚物 2.牛馬糞, 肥やし, 糞尿: mae aur mewn baw [諺] 糞[汚れ]のある所に金がある(汚れる仕事は金になる)

bawaidd *a* (環境などが)むさ苦しい, 汚い

bawd (bodiau) *f* (手の)親指: Twm B~ 親指トム(英国童話の一寸法師); ~ (*f*) troed (bodiau traed) 足の親指

baweidd-dra : baweiddrwydd *m* 1.猥雑, 不潔さ 2.(行為・動機などの)下劣さ, 汚さ, 見苦しさ

bawiach *m* [集合的に]くだらない人間ども, 能無したち

bawlyd *a* = bawaidd

bawmwci *m* [植物] ゴボウ

becso *i* 悩む, 心配する

Beda *m* [人名] 1.ビード(男性名) 2.聖ベーダ (Saint Bede (673~735) 英国の聖職者・歴史家・神学者): B~ Ddoeth 尊者ベーダ

bedel (-iaid) *m* (昔, 教会の雑務をした)教区吏員

bedwen (bedw) *f* [植物] カンバ: ~ arian シラカバ, 白樺; ~ Fai 五月柱, メイポール(花やリボンで飾り広場に立てる高い柱; May Dayにその周囲で踊る)

bedwlwyn (-i) *m* カンバの木立

bedydd (-iadau) *m* [キ教] 洗礼: cael/ derbyn ~ 洗礼を受ける

bedyddfa (-fau, -feydd) *f* : bedyddfan (-nau) *mf* (教会の)洗礼室, 受洗所

bedyddfaen (-feini) *mf* (教会の)洗礼[聖水]盤

bedyddiedig : bedyddiol *a* 洗礼の, 洗礼を施された

bedyddio *t* 1.洗礼を施す 2.洗礼を施して命名する 3.洗礼を施してキリスト教徒にする

bedyddiwr (-wyr) *m* 洗礼者

Bedyddiwr (-wyr) *m* : Bedyddwraig (-agedd) *f* バプテスト, 洗礼教会員(幼児洗礼を認めず, 成人して信仰告白をした人にのみ全身洗礼(immersion)を行うべきだと主張するカルヴァン派系の人): Ioan Fedyddiwr 洗礼者ヨハネ

bedd (-au, -i) *m* 墓, 墓地, 墓穴: torri/agor ~ 墓を掘る: torrwr (torwyr) (*m*) beddau 墓堀人

beddargraff (-iadau) *m* 墓碑銘, 碑文

beddfaen (-feini) *m* 墓石, 墓碑

beddrod (-au) *m* = bedd: y B~ Sanctaidd,

B~ yr Iesu (キリストが復活まで葬られていたとされる)聖墓

befar : befer (-od) *m* ビーヴァーの毛皮

befel (beflau) *m* 斜角; 傾斜, 斜面

beger (-iaid) *m* : begeres (-au) *f* 乞食

begera : begian : begio *t* 1.(金銭・食物などを)請い求める 2.(許し・恩恵などを)懇願する, 頼む

i 1.施しを請う, 乞食をする 2.願う, 頼む, 懇願する

begeraidd : begerllyd *a* 1.乞食のような, 無一物の 2.貧弱な

behemoth (-iaid) *m* 1.[しばしばB~] [聖書] ビヒモス(牛のように草を食い, そのあばら骨は鉄の棒のようだという河馬に似た巨獣; cf *Job* 40:15~24) 2.巨大なもの

bei (-s) *f* [クリ] バイ(ボールが打者とウイケットキーパーとを通り越した場合の得点): ~ i'r chwith 球が打者の(手以外の)体をかすって得た点

Beibl (-au) *m* (キリスト教の)聖書

Beiblaidd *a* 聖書の, (言葉・句などが)聖書から出た

beic (-iau, -s) *m* 自転車: clip (-iau) (*m*) ~ 自転車乗用クリップ(ズボンの脚部を足首のところで固定するクリップ); ~ mynydd マウンテンバイク; ~ modur オートバイ

beicio *i* 自転車に乗る, 自転車で行く

beiciwr (-wyr) *m* : beicwraig (-agedd) *f* 自転車乗用者

beichiad (-au) *m* (牛の鳴き声)モー

beichio *t* 1.(涙・気持などを)すすり泣きで出す[表す]: 'roedd hi'n ~ wylo/crïo 彼女は胸の裂けるほど[身も世もあらぬように]泣きじゃくっていた, すすり泣きながら話す 2.(重荷を)負わせる 2.悩ます, 苦しめる

i 1.すすり泣く 2.(牛が)モーと鳴く

beichiog *a* (女性が)妊娠している

beichiogi *t* (女性が子供を)宿す, はらむ

i 妊娠する

beichiogrwydd *m* [医学] 妊娠

beichus *a* 重荷となる, 煩わしい, 厄介な

beidr (-oedd) *f* (農場への) 小道, 細道

beiddgar *a* 1.勇敢[勇猛, 大胆]な 2.[芸術] (ファッション・スタイルなど)大胆な, 奔放な, 斬新な, 型破りの, 前衛的な: gwisg feiddgar 大胆なドレス 3.押しの強い, 無遠慮な 4.(常識から外れた)法外[理不尽]な 5.(気性・行動が)乱暴[凶暴]な

beiddgarwch *m* 大胆(不敵), 向こう見ず, 図太さ

beiddio *t* 敢えて[思い切って, 大胆にも]…する

i 1.危険を冒して試みる 2.思い切って進む

beiddiwr (-wyr) *m* 思い切ってする人

beili (beilïaid, beilïod) *m* 1.(法の)執行吏

beili 66 **berman**

の下役 2.土地管理人

beili (-ïau) *m* (城の)外壁: mwnt/tomen a ～ モットアンドベーリー(小高い丘の上に設置された木製または石造のキープ[天守閣]と矢来や防御用の堀のある城)

beilïaeth (-iaethau) *f* 執行吏補佐人の地位

beindar (-s) *m* 縛る物

beindin (-nau) *m* [洋裁](衣類などの)縁取り材料: ～/rhwymiad bias[服飾]バイアステープ

beio *t* 1.(人の)あらを探す 2.非難する, 咎める 3.(罪過を人・物事の)責任にする

beirniad (-iaid) *m* 1.(コンテストなどの)審査員 2.批評[評論]家: ～ cadair esmwyth 観念的批評[評論]家 3.批判者, 酷評家

beirniadaeth (-au) *f* 1.(コンテストなどの)判定 2.(文芸・美術などの)批評, 評論: ～ ffurf[文学]形式批評 3.批判, 非難

beirniadol *a* 1.判定の 2.批評[評論]の 3.批判[酷評]の

beirniadu *t* 1.審査員を務める 2.(客観的に)批評[評論]する 3.非難[批判, 酷評]する
i 1.審査員を務める, 判定する 2.批評する 3.批判[あら探し]する

beisfa (-feydd, -oedd) *f* : **beisfan (-nau)** *mf* : **beisle (-oedd)** *m* 浅瀬, 洲

beisfor (-oedd) *m* 浅い海

beisgawn (-au) *f* (干草・麦藁などの)堆積, 干草[麦藁]の山

beisgawnu *t* (干草・麦藁などを)山に積む

beisicl : beisigl (-au) *m* 自転車

beisio *t* 1.(水流・川を)歩いて渡る, 浅瀬を渡る 2.[海事](水深などを)測る
i 水深を測る

beisleog *a* 歩いて渡れる

beius *a* 1.欠点のある, 不完全な 2.[法律]過失のある, 責め[咎め]られるべき

beiusrwydd *m* [法律]過失があること, 責められるべき状態, 有罪性

belai (-au) *m* [登山]確保, ビレイ(ザイルで繋いだ仲間が墜落するのをザイルで食い止めること), ザイルを巻き付けること

bele (belaod) *m* [動物]テン, 貂: ～'r coed (欧州産の)マツテン, 松貂

Belg *f* [地理]ベルギー(Belgium)(ヨーロッパ北西部の王国; 首都Brussels)

Belgaidd *a* ベルギー(人)の: cwningen Felgaidd (cwningod ～)ベルギーウサギ

Belgiad (-iaid) *mf* ベルギー人

bellach *ad* 今後, これ以後, これからは

belt (-iau) *mf* ベルト, バンド: dal y ～[ボク]選手権を保持する

bendigaid : bendigedig : bendigol *a* 1.神聖な, 清められた: y Fendigaid Forwyn (Fair) 聖母マリア 2.祝福を受けた, 恵まれた

bendigedigrwydd : bendigeidrwydd *m* 幸福, 幸運

bendith (-iau, -ion) : bendithiad (-au) *m* 1.祝福(の言葉):dweud y fendith (牧師が)祝福する 2.(食前・食後の)感謝の祈り: gofyn bendith 食前[食後]の祈りをする 3.恩恵, 天恵 4.賛成

bendithio *t* 1.(人を)祝福する 2.(神を)賛美する 3.(神が人に)恵みを垂れる 4.神聖にする, 清める

bendithiol *a* 恩恵に満ちた

bendithiwr (-wyr) *m* : **bendithwraig (-agedd)** *f* 祝福する人

bensen *m* [化学]ベンゼン

benthyca *t* 1.借りる 2.貸す
i 借りる

benthyciad (-au) *m* 1.貸付け, 貸出 2.貸付金; 公債: codi ～ 公債を募集する 2.借用(物) 3.前払い, 前金

benthyciwr (-wyr) *m* : **benthycwraig (-agedd)** *f* 1.借り手, 借用者 2.貸主, 貸付人, 債権者

benthyg (-ycion) *m* 1.貸付け, ローン 2.貸付金; 公債 3.借用語: gair (geiriau) ～ *m* [言語]借用[外来]語; cyfieithiad (au) (*m*) ～ 翻訳借用(語句)
a 1.借りた, 借用の 2.貸した, 貸し出した, 貸し付けた

benyw (-od) *f* 1.女性, 婦人 2.[動物]雌
a 1.[動物]雌の: cath fenyw (cathode fenyw)メス猫 2.[植物]雌性の

benywaidd *a* 1.女性の 2.女らしい 3.[文法]女性の 4.[音楽]女性終止の

benywol *a* 女性[女子]の

ber (-rau) *f* 脚, 足

ber (berau) *mf* (焼き肉などに用いる細長い)金串, 焼き串

bera (berâu, -on) *mf* 1.[農業](干草などの)堆積, 干草積み: ystôl (ystolion) (*f*) ～ 干草積み台 (rickの支えにする 木・石の柱) 2.ピラミッド[角錐]状のもの

berdasen (berdas) *f* : **berdysen (berdys) : berdysyn (berdys)** *m* 小エビ, シュリンプ

berem (-au) *m* 酵母(菌), パン種, イースト: teisen (*f*) ferem (teisennau berem)(パン・菓子を作る時に用いる)生イーストの塊; ～ cwrw ビール酵母

beret (-i, -s) *m* ベレー帽

berf (-au) *f* [文法]動詞: ～ gyflawn (berfau cyflawn)自動詞; ～ anghyflawn 他動詞

berfa (-fâu, berféi) *f* 手押し一輪車

berfâd (-fadau) : berfáid (-feidiau) *f* 手押し車一台分の荷物

berfenw (-au) *m* [文法]動詞的名詞

berfol *a* [文法]動詞の, 動詞的な

bergam *a* がに股の, ワニ脚の

Berlin *f* [地名]ベルリン(ドイツの首都)

berman (-au) *m* = **berem**

bemanu **: bermo** *i* 1.(ワインなどが) 発酵する, 泡立つ 2.興奮する

Bermo *f*[地名] バーマス(Barmouth): Y B- バーマス(ウェールズ北西部グウイネズ (Gwynedd)州の海辺の町)

berth : **berthog** *a* 1.美しい, 綺麗な 2.金持の, 裕福な 3.高価[貴重]な

berw *m* 1.泡立ち, 煮沸, 沸騰(点) 2.興奮, 騒動, 混乱
a 1.(波浪など) 泡立って[逆巻いて] いる 2.騒然とした, 殺気立った

berwad (-au) *m* 1.沸騰, 煮沸 2.興奮状態, 騒然としていること

berwedig *a* 煮た, 煮沸した; 泡[煮え] 立っている: dŵr ~ 白湯; mae'r tecell yn dechrau ~ やかんの湯が沸き始めている

berwedydd (-ion) *m* 1.煮沸係 2.煮沸器 3.ボイラー, 汽罐

berwedd-dy (-dai) *m* (ビール) 醸造所

berweddu *t* (ビールなどを) 醸造する

berwi *t* (液体を) 沸かす, 沸騰させる
i 1.(液体が) 沸く, 沸騰する: cadw'r crochan i ferwi なんとか暮らしを立てていく; 景気よく続けていく 2.泡立つ, 逆巻く 3.(群衆・国などが不平・不満などで) 沸き返る(ように騒ぐ), 騒然とする;(場所が人で) ごった返す: mae'r stryd yn ~ gan/o bobl 通りは人々でごった返している

berwr (-wyr) *m* 煮沸係

berwren (berwr) *f*[植物] カラシナ類の植物;(特に) クレソン

bery (-on) *m* **= barcud**

beryl (-au) *m*[鉱物] 緑柱石 (エメラルドなど)

beryliwm *m*[化学] ベリリウム

besawnt (besawns) *m* 1.ベザント金[銀] 貨 2.[紋章] 金色の小円

bet (-iau) *mf* 賭け(事): ~ bob ffordd [競馬] 複勝式の掛け

betgwn *mf* 1.ベッドガウン 2.ウェールズの(伝統的な)ドレス

betio *t* 1.(金などを) 賭ける 2.(財産などを) 賭け事で失う: colli'ch arian ar/wrth fetio 金を賭博で失う 3.(…であると金などを) 賭ける: ~ deg i un fod … 10対1で…であると賭ける 4.主張[断言] する
i 賭け事[賭博] をする

betiwr (-wyr) *m* 賭けをする人, 賭博師, ばくち打ち

betws (betysau) *m* 1.[教会](特にカトリック教会の) 小礼拝堂 2.(学校・病院などの) 礼拝堂 3.カバの木立

betysen (betys) *f*[植物] ビート, 砂糖大根, 甜菜: ~ (goch) (betys (cochion) *f* ビート[砂糖大根] の根; siwgwr (*m*) betys 甜菜糖

beth *interrog pron* 何, どんなもの[こと], 何物[事] 1.[主語として] (pa) ~ sy'n digwydd?

何が起こっているの? 2.[補語として] (pa) ~ yw hwnna? それは何ですか? 3.[他動詞の目的語として] (pa) sy' arnat ti (arnoch chi) ei eisiau? あなたは何が欲しいのですか? 4.[前置詞の目的語として] am beth 'rwyt ti'n chwilio? あなたは何を探しているのですか? 5.[間接疑問の節で] dywed wrthyf (pa) beth sy'n digwydd 何が起きているのか教えて下さい 6.[感嘆用法] (pa) ~ nesaf！驚いた!, あきれた!, けしからん!

beudag (-au) *f*[解剖] 喉頭

beudy (-au, -dai, -dái) *m* 牛小屋, 牛舎

beunos *ad* 毎夜, 夜ごとに

beunosol *a* 毎夜の, 夜ごとの

beunydd *ad* 毎日

beunyddiol *a* 毎日の: bara ~ *m* 日々の糧, 生計; dyro inni heddiw ein bara ~ [聖書] 我らの日用の糧を今日も与えたまえ (cf *Matt* 6:11); ymarferion ~ (体力増強のための) 毎日の体操

bias (-au) *m* 1.[服飾] (布地の裁ち目・縫い目の) 斜線, バイアス 2.[電気] バイアス, 偏倚

biasu *t*[電気] (真空管の格子・トランジスター のベースなどに) バイアスをかける

bib (-iau) *mf* (幼児の) よだれ掛け, 胸当て

bicer (-i) *m* 1.(化学実験用の) ビーカー 2.(取っ手の無い) 広口の大コップ 3.[考古] ビーカー (広口の背の高い土器): Pobl y Biceri ビーカー族, 鐘形杯文化人 (金石併用時代にヨーロッパにいた種族; 円い塚に死者と共に埋葬された広口ビーカー形の土器がその文化を代表する)

bicini (-s) *m*[服飾] ビキニ(の水着)

bid (-iau) *f* (サンザシの) 生垣

bidio *t* (サンザシの) 生垣を作る

bidog (-au) *mf* 1.[軍事] 銃剣 2.[印刷] 短剣符

bidogan (-au) *f* 短剣, 小剣, 短刀

bidogi *t* 銃剣で突く
i 銃剣を使う

bîff *m* 牛肉, ビーフ: ~ rhost ローストビーフ, 焼き牛肉

bigitian *t* いじめる, からかう, 悩ます, 怒らせる

bihafio *i* 1.振舞う 2.行儀よくする

bil (-iau) *m* 1.勘定書, 請求書: ysgrifennu ~ 請求書を書く[作る] 2.証書, 証券: Bil Trysorlys 大蔵省証券;(為替) 手形: ~ cyfnewid (外国貿易用) 為替手形 3.表, 目録: biliau matwolaeth [英史] (ロンドンとその近辺の) 定期刊行の死亡者統計表 4.(米) 紙幣 5.[法律] (起) 訴状, 調書: ~ ysgor 離婚届

biled (-au) *m*[軍事] (民家などを借りた兵士の) 宿舎

biled (-au, -i) *m*[冶金] 鋼片

biledu *t* (兵士に) 宿舎を割り当てる

biliards *mf* 玉突き, ビリヤード: bwrdd (byrddau)

bilidowcar 68 **blaenffrwyth**

(m) ~, bord (f) filiards (bordydd billiards) 玉突き台

bilidowcar (-s) m [鳥類] ウ, 鵜

biliwn (biliynau) f 10億

biliwner (-s) m : **biliwneres (-au)** f : **biliwnydd (-ion)** m : **biliwnyddes (-au)** f 億万長者

bilwg (-au) m [道具] (木の剪定などに用いる) 鉈鎌

bin (-iau) mf 1. (蓋付きの) 大箱; 貯蔵箱 2. ごみ箱: ~ (y) sbwriel (戸外・公共の場の) ごみ箱

bingo m ビンゴ (数を記入したカードを使ってする富くじ式のゲーム)
int やった!, 大当たり! (期待していたことなどがうまくいった時の歓声)

binomaidd a [数学] 二項 (式) の

binomial (-au) m [数学] 二項式

biocemeg f 生化学

biocemegol a 生化学の

biocemegwr : biocemegydd (-wyr) m 生化学者

bioleg f 生物学

biolegol a 生物学の

biolegwr : biolegydd (-wyr) m 生物学者

bisâr a 奇怪 [風変わり] な

bisgeden (bisgedi) : bisgïen (bisgis) : bisgisen (bisgis) f ビスケット

bishi a 忙しい, 多忙な

biswail m = baw

bisweilio i (動物が) 糞をする

bit (-iau) m [電算機] ビット (情報伝達の最小単位; 二進数の0か1)

biwgl (-au) m (軍隊の) らっぱ; ビューグル

biwglwr (-wyr) m らっぱを吹く人, らっぱ手

biwrét (biwretau) m [化学] ビュレット (少量の液体を計る目盛付き試験管)

biwro (-au, -s) : biwro (-s) mf 1. [家具] 書き物 [事務] 机 2. 事務所 [局]

biwrocrat (-iaid) m 官僚 (主義者)

biwrocrataidd : biwrocratig a 官僚的な, 官僚政治の

biwrocratiaeth (-au) f 官僚主義 [政治]

blacin m 靴墨, 黒色塗料

blacmel m ゆすり, 恐喝

blacmelio t 恐喝する, (金などを) ゆすり取る

blacmeliwr (-wyr) m 恐喝者

blaen a 1. 一番先の, 真先の: blaendal (-iadau) m 委託販売人に支払う前金; 前貸金; cystadleuydd (-wyr) ~, rhedwr (-wyr) ~ (競争の) 先頭に立つ人; 最有力候補 [選手]; [競馬] 逃げ馬 2. 一流の, 重要な 3. 最前部の, 正面 [前面] の, 表の: mainc flaen (meinciau ~) f [政治] (議会の) 前列席 3. [音声] (母音が) 前舌的: llaffariad flaen (llafariaid ~) f 前舌母音

blaen (-au) m 1. (針・剣などの) 先, 先端 2. (物の) 前部, 前面, 先端: ~ felt フェルトペン, サインペン, マジック 3. (草木などの) 先端部 4. (杖などの先端に付ける) 金具, 金輪, 石突き 5. (靴の) 先革 6. (釣竿の) 先端 7. [音楽] (弦楽器の) 弓の先の部分 8. (谷の) 始まり, 源 9. [ビリ] (キューの) 先端 10. [機械] リード, 進み; 先開 き 11. [海事] 船首部; 前檣: ar y ~ (旗が) 前檣 (頭) に揚げられた

blaen- pref 1. 前部 [前面, 前方] の: blaenymennydd (-iau) m [解剖] 前脳 2. 前もって, あらかじめ

blaenaf a 1. 最初の 2. 第一位 [一流, 首位] の, 主要な 3. 重要な, 重きをなす

blaenasgellwr (-wyr) m [フボ] 前衛ウイングの選手

blaenbori t 1. (店などで) 漫然と商品を見る 2. (本などを) 拾い [立ち] 読みする 3. (家畜が草を) 食う
i 1. (本などを) 拾い [立ち] 読みする 2. (家畜が) 草を食う

blaenbrawf (-brofion) m 1. (将来の苦楽の一端を) 前もって味わうこと; 予想, 予測 2. 前触れ

blaenbrofi t 前もって味わう; 予想する

blaendal (-iadau) m 1. 前払い 2. 手付金, 前金, 保証金, 敷金: ~ rhagarweiniol 手付金

blaendalu i 1. 前払いする 2. 手付金 [頭金] として払う

blaendardd (-au, -ion) m 若芽, 新芽, つぼみ

blaendarddu i 芽が出る [を出す]

blaendir (-oedd) m (風景・写真・絵画などの) 前景

blaendoriad (-au) m 1. [言語] 語頭音消失 2. [動物] 切断

blaendorri t (樹木・円錐などの) 頭 [端] を切る

blaenddalen (-nau) f (書物の) 標題紙, 題扉

blaenddant (-ddannedd) m [解剖] 門歯

blaenddodi t [文法] (語に) 接頭辞として付ける

blaenddodiad (-iaid) m [文法] 接頭辞

blaenfain a 先細の

blaenfeinio t 先を次第に細くする, 尖らせる

blaenffrwyth (-au) m 1. (昔, 神に捧げた) 初収穫, 初穂, 初物 2. 最初の成果 3. [pl] [カト] 年納, 聖職禄取得納金 (司教などの聖職就任後初年度の収入; もとローマ教皇に上納したが, 英国では1534年以来国王に納め国教のために使用され, 後にQueen Anne's Bounty (アン女王基金, アン女王御下賜金制度) の中へ納められた; この制度は英国国教会の貧困牧師の俸給を増すためにアン女王の下賜金を基に1703年に始められた)

blaengad (-au) f 1.(社会運動・芸術などの) 先駆者, 先導者, 前衛 2.[軍事] 前衛, 先陣

blaen-gantores (-au) f 1.(歌劇の) プリマドンナ, 主役女性歌手 2.自分勝手な人, お天気屋

blaengar a 進歩[急進, 革新] 的な

blaengaredd : blaengarwch m 1.[政治] 進歩主義, 革新性 2.企業心, 独創力

blaengarwr (-wyr) m 進歩主義者, 進歩[革新] 論者

blaengroen (-grwyn) m [解剖](陰茎・陰核の) 包皮

blaengrwm a (f **blaengrom**, pl **blaengrymion**) 1.[家具](戸棚などが水平方向に) 弓状に張り出した 2.[建築](家が) 弓形張出し窓のある

blaenhwyl (-iau) f [海事] 前檣帆

blaenllaw a = **amlwg**

blaenllym a (f **blaenllem**, pl **blaenllymion**) 1.(先端などが) 鋭い, 鋭利な, 尖った 2.(山頂が) 尖った

blaenllymder m (ピン・針・杖などの) 鋭さ, 鋭利, 尖り

blaenllymu t 1.(鉛筆などを) 削る, 尖らす 2.(刃物などを) 研ぐ, 鋭利にする

blaenor (-iaid) m [教会] 1.(教会の) 長老 2.(非国教派教会の) 助祭

blaenores (-au) f 1.[演劇] 主役; 主役女優 2.(非国教派教会の) 女子執事

blaenori t 1.(時間・順序などで)(…に) 先んずる, 先に起こる 2.(…の) 前置きとする 3.(位・重要性などで)(…に) 優先する

blaenoriaeth (-au) f 1.(時間・順序などが) 先立つこと, 先行 2.優先(権): yn ôl ~ 重要度順に 3.[経済](貿易などの) 特恵

blaenoriaethol a 優先する: rheol (f) ~ (年金負債の) 優先規則

blaenorol a (時間・順序が) 前の, 先の, 前述の; 先行する

blaenswm (-symiau) m 1.(物価などの) 上昇, 値上げ 2.前払い, 前金, 前借り

blaenwr (-wyr) m 1.[演劇] 主役; 主役俳優 2.[音楽](オーケストラの指導的役割を果たす) コンサートマスター, 主席ヴァイオリニスト 3.[フボ] 前衛, フォワード

blaguro i 1.(草木が) 芽を出す, 芽が出る 2.(才能などが) 伸び始める, 発達し出す

blagurol a 芽を出しかけた

blaguryn (blagur) m [園芸・植物] 芽, 新芽, 若芽: ~ a todol 副脇芽

blaidd (bleiddiaid, bleiddiau) m [動物] オオカミ, 狼

blaidd-ddyn : bleidd-ddyn (-ion) m (伝説上の) 狼人間

blanc (-iau) m (貨幣・鍵などの) 未完成品, 半加工品

blanced (-i) f 1.毛布 2.[印刷](ゴム) ブランケット; ゴム胴

blas (-au) m 1.味, 風味, 香り 2.(個人的) 好み, 趣味: byddaf yn cael ~ ar gerddoriaeth 私は音楽が好きです

blasenw (-au) m 1.あだ名 2.愛称

blasenwi t 1.あだ名[愛称] をつける 2.あだ名[愛称] で呼ぶ

blasio t 味を付ける, 風味を添える

blasu t 1.(飲食物の) 味見をする, 試食[試飲] する 2.(飲食物を) 食べる, 飲む 3.(ニンニクなどの) 味がする, 味を感じ取る 4.(喜び・悲しみなどを) 味わう, 経験する: ~ dedwyddwch 喜びを味わう
i 1.(食べ物が…の) 味がする, 風味がある 2.味がする, 味を感じる

blasus a 1.味のよい, 風味に富む, 食欲をそそる, 香りのよい 2.(ニュースなどが) 面白い: stori fach flasus とても面白いゴシップ

blasusfwyd (-ydd) m セイヴァリー (食後か時には食前のappetizerとして出す辛味の料理)

blasusrwydd m (食物などの) 美味, うまさ, 風味

blasyn (-nau) m 1.食欲を増進させるもの, 前菜 2.景気付けとなるもの, 前景気

blawd (blodiau) m 1.小麦粉: ~ codi ふくらし粉などを入れた調合済みの小麦粉; ~ gwenith cyflawn (ふすまを取り除かないで挽いた) 完全小麦粉 2.(麦・豆などのふるいに掛けない) 粗挽き粉, 挽き割り: ~ pysgod 魚粉 (乾魚の粉末で肥料・家畜飼料用)

ble ad どこに[へ, で]: ble'r wyf i? 私はどこにいるのですか?, ここはどこですか?

bleiddast (-eist) : bleiddiast (-ieist) f 雌オオカミ

bleiddgi (-gwn) m ウルフハウンド (狼狩り用の猟犬)

bleiddaidd a 狼のような

bleind (-s) m ブラインド, 日よけ

blend (-iau) m 混紡

blendio t 1.混ぜる, 混合する 2.(混合して茶・コーヒー・酒などを) 調整[ブレンド] する
i 1.混ざる 2.調和する

blêr a = **aflêr**

blerdwf m [地理] 不規則な広がり; (都市の) スプロール現象

blerwch m = **aflerwch**

blesawnt (blesawns) m = **arfbais**

blewgi (-gwn) m 毛深い人

blewiach pl (人の) 産毛, 柔毛

blewog a 1.毛深い, 毛のある 2.(犬など) 毛むくじゃらの: ci (cwn) ~ 毛むくじゃらの犬 3.[植物](茎・葉など) 柔毛のある, 産毛状のものの生えた

blewyn (blew) m 1.一本の頭髪: hollti blew (議論などで) 無用の細かい区別立てをする,

blewynna | 70 | **blog**

些細な事にこだわる 2.体毛 3.(草の)葉 4.少量, 僅か, 毛ほど(のもの): i'r ~ 寸分違わず 5.魚の骨 6.[*pl*] 毛皮(製品), 毛皮の衣服 7.[*pl*](動植物の)毛

blewynna *t*(本などを)拾い読み[立ち読み]する
i 1.(本などを)拾い読み[立ち読み]する 2.(店などで)商品を漫然と見て回る

bliant *m*[織物]ローン(極めて薄地の上等綿またはリンネル布)

blif (-iau) *m*(古代から中世の)弩, 投石機

blin *a* 1.疲れた, くたびれた 2.飽きた, うんざりした 3.気難しい, 不機嫌な, 怒りっぽい, いらいらしている 4.(仕事などが)困難な, 骨の折れる

blinder (-au) *m* 1.疲れ, 疲労 2.飽き, 嫌気 3.(心身の)苦悩, 苦痛 4.うるさい[厄介な]もの, 心配事 5.困難さ

blinderog : blinderus *a* 1.(仕事など)疲れさせる, 骨の折れる, 厄介な 2.(人・話など)退屈な, うんざりする 3.困難な, 面倒な, 厄介な

blinedig *a* = blin

blingo *t* 1.(獣などの)皮を剥ぐ 2.酷評する, こき下ろす

blingwr (-wyr) *m* 皮を剥ぐ人

blino *t* 1.疲れさせる 2.飽き飽きさせる, うんざりさせる
i 1.疲れる 2.飽きる, 退屈する

blith (-ion) *a*[畜産](牛・山羊など)乳を出す, 搾乳用の: buwch flith (buchod blithion) 乳牛

blith-draphlith *ad* 1.慌てふためいて 2.乱雑に

bloc (-iau) : blocyn (blociau) *m* 1.[政治](政治・経済上の特殊利益のため提携した国家・団体などの)団, 圏, ブロック 2.(木・石などの)塊; 建築用ブロック: blociau adeiladu 建築用ブロック 3.(帽子の)木型 4.(車輪・檣・戸などを固定する)輪留め, 枕, くさび: ~ brêc/brâc (blociau breciau/ braciau)[機械]ブレーキ片 5.(多くの商店・住居などに仕切られた)大きな一棟の建物 6.(米)(都市の碁盤目形の)一区画, 街区: ~ swyddfeydd オフィスビル 7.[精医]思考途絶, 遮断: ~ meddiliol 心的遮断 8.[鉄道]閉塞(ある区間に列車・車両が入っている間は他の列車・車両が入らないようにすること) 9.[金融](有価証券の)取引単位: ~ o gyfranddaliadau(単一取引で一括して売られる)大量(の株など) 10.[クリ]ブロック(打手がバットを休めているまたは球を打止める場所, 打球点) 11.[彫版]版木, 金板 12.(滑車の)装置 13.[電算]ブロック(ソフトウェア・ハードウェアなどの一まとまりの部分からなる全体の構成要素)

blocâd (blocadau) : blocêd (blocedau) *m* 封鎖, 閉鎖, (道路などの)妨害

blocio *t* 1.(道・管などを)塞ぐ, 封鎖する 2.[製本](本の表紙に)型押しする 3.[クリ](球を三柱門の直前で)バットに当て打止める

blodamlen (-ni) *f*[植物](花の)がく, 萼

blodeuad (-au) *m* 1.開化(期) 2.花形で飾ること 3.花形模様, 花飾り

blodeuaidd *a* 花のような, 美しい, 優美な

blodeugerdd (-i) *f* = antholeg

blodeuglwm (-glymau) *m*(通例衣服などに付ける)小さな花束

blodeuo *i* 1.花が咲く 2.(草木が)繁茂する 3.(人が歴史のある時期に)活躍[在世]する: bardd a flodeuai yn y bymthegfed ganrif 15世紀に活躍した詩人 4.(事業などが)繁盛[繁栄]する, 成功する

blodeuog *a* 1.花の多い, 花で覆われた 2.花のような, 花で飾った, 花模様の 3.(言葉・飾りなど)派手な, 華麗な, けばけばしい 4.繁茂する 5.繁栄する, 隆盛な

blodeuwaith *m*[彫刻・印刷]装飾曲線; (花文字・署名などの)飾り書き

blodeuwr (-wyr) *m* 花模様を作る職人

blodeuyn (blodau) : blodyn (blodau) *m* 1.花, 草花: dim blodau, os gwelwch yn dda 弔花はご辞退申し上げます(死亡広告文句) 2.開花, 満開: mewn blodau 開花して, 花盛りで 3.盛り, 盛時, 盛年 4.詞華: blodau rhethreg 詞華, 言葉の綾 5.[*pl*]精粋, 精華: blodau'r marchogion 騎士道の華

blodfresychen (blodfresych) *f*[園芸]カリフラワー, ハナヤサイ: blodfresych called ブロッコリー

blodigyn (-igion) *m*[植物]小花

blodiog *a* 粉状の, 粉をふいた: tato/tatws ~ 粉吹きじゃがいも

blodionyn (-ionos) *m* = blodigyn

bloddest (-au) *f* 1.喜び, 歓喜 2.(称賛・賛成の)大喝采 3.[*pl*]歓呼; 祝賀; 歓楽 4.(喝采・拍手で賛意を示す)発声投票

bloedd (-iadau, -iau) *f* 叫び, 大声, 怒号: bloeddiadau o chwerthin 大笑い; ~ ryfel (bloeddiadau rhyfel)鬨の声, 喊声

bloeddfawr *a* 1.大声で叫ぶ, 怒鳴る, やかましい 2.(抗議など)うるさく言い立てる

bloeddio *t* 大声で叫ぶ[言う], 怒鳴る
i 叫ぶ, わめく, 怒鳴る

bloeddiwr (-wyr) *m* : **bloeddwraig (-agedd)** *f* 叫ぶ[怒鳴る]人

bloesg *a* 1.(言葉・発音など)不明瞭な, 舌足らずの, 曖昧な 2.しゃがれ声の, (ジャズ歌手が)ハスキーな

bloesgedd : bloesgni *m*[音声] 1.舌足らず[舌もつれ]の発音, (発音の)不明瞭さ 2.ハスキーな発音

bloesgi *i* 舌足らずに発音する

bloesgwr (-wyr) *m* 舌足らずに発音する人

blog (-iau) *m* ブログ(ウエブサイト)

blogio *t* ブログに書く, ブログを更新する

blogiwr (-wyr) *m* ブログで情報を発信する人

bloneg *m* 1.ラード(豚の脂肪から精製した半固体の油脂): mochyn (moch)(*m*) ~ 脂肪用豚 2.脂肪 3.獣脂

blonegen *f* 1.(豚の腎臓周辺の) 脂肪層 2.(米) 上質のラード

blonegog *a* 1.太った, 肥えた: rhn (rhai) ~ お金持ち 2.(猟鳥獣が) 脂が乗り切って, ちょうど食べごろで 3.(羊毛・毛皮など) 脱脂しない状態で, 刈取ったままの

blonegu *t* 1.ラードを塗る, 脂で汚す 2.[料理](料理前に赤身肉などに)豚肉[ベーコン]の小片を挟む

blot (-iau) : blotyn (blotiau) *m* (インクなどの) 汚れ, しみ

blotio *t* 1.(インクなどで) 汚す, しみを付ける 2.(吸い取り紙で) 吸い取る *i* 1.(インクが) にじむ 2.(吸い取り紙が) 吸い取る

blotiog *a* しみの付いた, しみだらけの

blows (-iau, -ys) *mf* 1.(婦人・小児用) ブラウス 2.上着 3.仕事着

blowsio *t* [洋裁](衣服の身頃などをブラウスのように) たっぷりさせる

blowson (-au) *f* [服飾](婦人用) ブルゾン(裾に紐やベルトが付いてやや膨らみのある上衣)

blwch (blychau) *m* 箱

blŵm (blymau) *m* [冶金] ブルーム, 塊鉄, 鋼片

blwng *a* 1.怒った, 腹を立てた 2.不機嫌な, むっつりした 3.陰気な, 元気のない

blwydd (-au, -i) *f* 1.年, 1年 2.[数詞の後で]…歳: ~ oed 1歳; canmlwydd ord 百歳

blwydd-dâl (~daliadau) *m* 年金

blwyddiad (-iaid) *mf* 1.(動物の) 満1年子 2.[競馬] 明け2歳馬

blwyddiadur (-on) : blwyddlyfr (-au) *m* 年鑑, 年報

blwyddnod (-ion) : blwyddnodyn (-nodion) *m* (年代記中の1年間・1事項などの) 記録

blwyddyn (blynyddoedd, blynyddau) *f* 1.年, 1年: y flwyddyn hon 今年; y flwyddyn ddiwethaf 昨年; Blwyddyn Newydd Dda! よい新年を!, 新年おめでとう! 2.(特定の計算による) 1年, 年度, 学年: ~ galendr 暦年

blychaid (blycheidiau) *m* 箱1杯, 1箱分

blynyddol *a* 1.毎年[例年]の, 年1回の 2.(出版物など) 年1回の, 年刊の: adroddiad (-au) ~ *m* 年報 3.[植物] 1年生の: cylch (-oedd) ~ *m* (木の) 年輪

blys (-iau) *m* 1.強い欲望, 渇望 2.肉欲, 色情

blysig *a* 1.好色な, 淫らな 2.貪欲な, 欲張りの 3.食いしん坊な, 食い意地の張った

blysigrwydd *m* 好色

blysio *t* 1.切望[渇望]する 2.色情を催す

bo *int* ブー, ぶー(脅し・軽蔑・不賛成などを現す)

boba *f* おば, 叔母, 伯母

bobin (-au) *m* 1.[織物](紡織機械・ミシンなどに用いる筒形) 糸巻き, ボビン 2.[電気](コイルを巻く) 巻き枠, ボビン

bo-bo *m* (悪い子を食べるという想像上の) お化け

bocs (-ys) *m* 1.箱 2.[劇場] 枡席, ボックス席: ~ llwyfan 舞台脇の特別席 3.テレヴィ 4.[法律](法廷の) 証人席

bocsach *m* 虚勢, 空威張り

bocsachu *t&i* 自慢する

bocsachus *a* 自慢する, 高慢な

bocsen (bocs) *f* [植物] ツゲ, 柘植

bocsio *i* [スポ] ボクシングをする

bocsit *m* [鉱物] ボーキサイト(アルミニウム原鉱)

bocsitig *a* [鉱物] ボーキサイトの

bocsiwr (-wyr) *m* ボクシングの選手, ボクサー

boch (-au) *f* 1.ほお, 頬: bochau cochion バラ色のほお; bochfoch â rhn 人と非常に親しくて 2.[機械] チーク(滑車の外殻の両側面), 殻側 3.尻

bochdwll (-dyllau) *m* (ほお・顎の) えくぼ

bochdyllog *a* えくぼのある, えくぼができた

bochgern (-au) *f* [解剖] ほお骨: ~ mochyn [料理] 豚のほお

bochgoch (-ion) *a* バラ色の頬をした, 紅頬の

bochio *t* 1.膨れさせる 2.(食物を) がつがつ[貪り] 食う *i* 1.膨れる 2.(壁などが) 外側へ曲がる, 出っ張る

bod *i* 1.(…で) ある[です] 2.存在する, ある: mae Duw yn ~ 神は存在する 3.生存する, 生きている: ~ neu beidio a ~ 生きるべきか死ぬべきか (cf Shak, *Hamlet* 3. 1. 56)

bod (-au) *m* 1.存在, 実在: mewn ~ 存在して, 現存の; dod i fod 生まれる, 生じる 2.生存, 生きていること, 人生 3.人間, 生き物

bòd (bodion) : boda (-od) *m* [鳥類] ノスリ(タカの一種)

bodeg *f* 1.[哲学] 存在論[学] 2.[神学] 本体論

bodegaeth *f* [神学] 本体論主義

bodegol *a* 1.[哲学] 存在論[学] 的な 2.[神学] 本体論的な

bodegydd (-ion) *m* 本体論学者[主義者]

bodfys (-edd) *m* = **bawd**

bodio *t* 1.指に触れる, 指でいじる 2.(本などのページを親指で) 手早くめくる: ~ trwy lyfr 本に急いで目を通す 3.(ヒッチハイカーが車への便乗を) 親指を立てて頼む: ~ pas 親指を行きたい方向へ向けて自動車に便乗させてもらう *i* ヒッチハイクをする

bodiaid (-ieidiau) *mf* [料理](塩などの) 一つ

bodis **bolrwym**

まみ, 少量

bodis (-iau) *m* ボディス (婦人用) 胴着, 下着 2.(婦人服の) 胴部

bodiwr (-wyr) *m* : **bodwraig (-agedd)** *f* ヒッチハイクをする人

bodlon *a* 1.喜んで…する 2.満足して, 満足で: bod yn fodlon 満足している 3.(英) (上院で) 賛成で

bodlondeb : **bodlonrwydd** *m* 満足 (感)

bodlongar *a* 満足している, 満ち足りた, 満足そうな

bodloni *t* 1.(欲望・食欲などを) 満足させる 2.(人を) 満足させる 3.(必要・条件などを) 満たす; (要求・期待などに) 応える

bodo *f* = **boba**

bodolaeth (-au) *f* 1.存在, 実在 2.生存

bodoli *i* = **bod**

bodd *m* 1.意志, 意図, 意向 2.望み, 願い: wrth eich ~ 幸福な, 楽しい; rhwng ~ ac anfodd しぶしぶ; rhyngu ~ 喜ばせる, 楽しませる, 満足させる

boddedig *a* 1.溺れた 2.水浸しになった

boddfa (-feydd) *f* 1.洪水, 大水 2.溢れること, 氾濫, 充満: ~ o ddagrau 溢れる涙

boddhad *m* 満足, 本望, 達成

boddhaol *a* 満足な, 満足を与える, 十分な, 申し分のない

boddhau *t* = **bodloni**

boddhaus *a* 喜んだ, 満足した, 嬉しい

boddi *t* 1.水死 [溺死] させる; 投身自殺する 2.浸水 [冠水, 氾濫] させる 3.(騒がしい音・声が他の音・声を) 消す, 聞こえなくする 4.(苦痛などを酒で) 紛らす: ~'ch gofidiau mewn diod 悲しみを酒で紛らす 5.(大量・多数の物が) 殺到する, 押し寄せる 6.(光などが) みなぎる, 充満する 7.[自動車] (気化器に) 燃料を過剰に供給する: ~ carbwradur 気化器に燃料を過剰に供給する

i 1.溺れ死ぬ, 水死する: dyn yn ~ , dyn ar foddi 溺れている男 2.(川などが) 氾濫する, 水浸しになる 3.殺到する, どっと来る 4.(自動車の気化器に) 燃料が過剰に供給される

boddiant *m* 1.満足 2.喜び, 楽しみ

boddio *t* = **bodloni**

boddlon *a* = **bodlon**

boddlonrwydd *m* = **bodlonrwydd**

boddran : **boddro** *i* 苦にする, 思い悩む

böed *t* [三人称の目的語を伴う命令法で] …させて下さい: ~ felli! しかあれかし!, それならそれでよい!

boeler (-i, -ydd) *m* 煮沸器, ボイラー, 汽罐

bogail (bogeiliau) *mf* 1.[解剖] へそ, 臍: llinyn (*m*) ~ (llinynnau bogeiliau) 臍の緒 2.(車輪の) ハブ, ボス, 轂 3.(盾の) 心, 盾心 (盾の中央に付けた金属製の鉢)

boglwm (-lymau) : **boglyn (-nau)** *m* 1.締

め金, バックル 2.(装飾的な) 突起, (疣状の) 飾り鋲 3.気泡

boglymu *t* (靴などを) バックルで締める *i* (靴などが) バックルで締まる

boglyniad (-au) *m* 浮彫り, 浮出し

boglynnog *a* 浮彫りを施した, 浮出し模様の

boglynnu *t* 浮彫りにする, 浮出しにする, 浮彫り細工を施す

boglynwaith (-weithiau) *m* 空押し模様

boglynnwr (boglynwyr) *m* 浮彫り [打出し] 細工師

Bohemaidd *a* 1.ボヘミア [人, 語] の 2.[b~] 自由奔放な, 伝統に捉われない

Bohemia *f* [地理] ボヘミア (チェコ西部の地方; もと王国; 中心地Prague)

Bohemiad (-iaid) *mf* 1.ボヘミア人 2.[b-] 自由奔放な生活をする文人 [芸術家]

bohemiaeth *f* 奔放主義, 放浪的気質

bol (-iau) : **bola (boliau)** *m* 1.(人・動物などの) 腹, 腹部: bolddawns (-iau) *f* ベリーダンス 2.(男性の) 太鼓腹 3.(物の) 内部 4.(ヴァイオリン・瓶・樽などの) 膨らんだ部分, 胴 5.(飛行機の) 胴体の下部: bol-laniad (-au) *m* 胴体着陸

bolaheulo *i* 日光浴をする

bolaheulwr (-wyr) *m* : **bolaheurwraig (-agedd)** *f* 日光浴をする人

bolard (-iau) *m* (街路の真中にある交通島の) 保護柱 (車の進入禁止・歩行者横断用)

bolchwyddi *m* [病理] 鼓脹, 腹部張満

boldyn *a* 腹一杯になった

bolera *i* 暴飲暴食する

bolero (-au, -s) *m* 1.[ダンス] ボレロ (軽快な 3/4拍子のスペイン舞踊) 2.[服飾] (婦人用) 短い前開きの上着, ボレロ

bolerwr (-wyr) *m* : **bolerwraig (-agedd)** *f* 大酒飲み, 大食家

bolgar *a* = **barus**

bolgarwch *m* 大食, 暴飲暴食

bolgi (bolgwn) *m* = **bolerwr**

bolgno *m* : **bolgnofa (-feydd)** *f* [病理] 疝痛, 差込

bolgod (-au) *m* [動物] (有袋目動物の) 育児嚢

bolgodog *a* 1.[動物] 有袋目の 2.袋 (状) の

bolgodog (-ion) *m* [動物] 有袋目哺乳動物 (コアラ・カンガルーなど)

boliad (-eidiau) : **boliaid (-eidiau)** *m* 腹一杯, 暴飲暴食

bolio *t&i* = **bochio**

boliog *a* 1.太った, 肥満した 2.太鼓腹の

boliogrwydd *m* 肥満

boloch *m* 1.心配, 不安 2.痛み, 苦痛 3.破壊 4.絶滅

bolrwth *a* = **barus**

bolrwym *a* 便秘の

bolrwymedd *m* [病理] 便秘

bolsbryd (-au) *m* [海事] 第一斜檣, やりだし

Bolsiefaeth : Bolsieficiaeth *f* 1.ボルシェヴィキの主張 2.過激思想

Bolsiefaidd : Bolsieicaidd *a* 1.ボルシェヴィキの 2.多数派の 3.過激派の

Bolsiefic (-iaid) *mf* 1.ボルシェヴィキ 2.共産党員 3.過激主義者

bolsothach (bplythosach) *m* 1.専門[職業]語 2.訳の分からない言葉, ちんぷんかんぷん; たわごと 3.ひどい方言 4.(訳の分からない)外国[未開]人の言葉

bollt (-iau) : bollten (-ni) *f* 1.(弩で射る)太矢: buan y saetha ynfyd ei follt (諺)愚か者の矢はすぐ放たれる(取って置きの矢が無い, 議論の種の蓄えがすぐ尽きる) 2.電光, 稲妻, 雷電 3.[機械工学]ボルト 4.かんぬき, 留め金

bom (-iau) *mf* 爆弾: ~ H/hydrogen 水爆; ~ atom/atomig 原子爆弾

bomiedig *a* 1.被爆[被弾]した 2.(酒・麻薬で)泥酔した

bomio *t* 爆撃する

bomiwr (-wyr) *m* 爆弾兵; 爆撃手; 爆破犯人: ~ hunanleiddiol 自爆テロ犯

bôn (bonau, bonion) *m* 1.底, 土台, 基部; 柱基 2.(木の)根元, 根株 3.(指の)付け根 4.根源, 根本: gwraidd a ~ 根こそぎ, 根本的に, 完全に 5.切断後の手足の基部 6.(折れた)歯の根 7.[文法・言語]語基, 基体, 語根, 語幹 8.[数学]底辺, 底面; 基数 9.(武器・道具などの)太端 10.(鉄砲の)砲尾, 銃尾

bôn-asiad (-au) *m* [金加]突き合わせ溶接

boncath (-od) *m* = **bôd**

bonclust (-iau) *m* 耳の上の張り手[一撃]

bonclustio *t* 人の耳を平手[拳]で殴る, 横っ面を張る

boncyff (-ion) *m* 1.丸太, 薪: ~ Nadolig クリスマス前夜に炉で焚く大きな薪 2.(木の)幹

bond (-iau) *m* 1.[金融]証文, 証書; 債券, 公債: ~ llywodraeth 国債; ~ premiwn (利子の代わりに毎月籤で賞金を出す政府発行の)割増し付き債券 2.[化学]結合: egni (*m*) daduno ~ 結合解離エネルギー

bond-ddaliwr (-wyr) *m* [金融]債券[公債]所有者

bondigrybwyll *ad* (今はしばしば軽蔑・疑い・皮肉を暗示して)本当に, いかにも, 確かに, 勿論
a ほとんど言及するだけの価値がない

bondio *t* 結ぶ, 繋ぐ

bondo *m* = **bargod**

bondrwm *a* [数学]真の: ffracsiwn (ffracsiynau)~ *m* 真分数

boned (-au, -i) : bonet (-i) *mf* 1.[服飾]ボンネット(紐を顎の下で結ぶ婦人・子供用帽子) 2.[自動車]ボンネット

bonedd *m* 貴族[上流](階級)

boneddigaidd *a* 紳士的な, 礼儀正しい

boneddigeiddrwydd *m* 礼儀正しさ, 紳士的なこと

boneddiges (-au) *f* 1.貴婦人, 淑女: ~ breswyl (boneddigesau preswyl) (女王・王女の)侍女, 女官 2.女性, 婦人: foneddigion a boneddigesau! 皆さん!, 紳士淑女諸君! (聴衆に呼びかける言葉) 3.[敬称として]レイディー: [姓または領地名に冠して]女侯爵[伯爵, 子爵, 男爵]または侯爵[伯爵, 子爵, 男爵]夫人の略式の敬称: [本人の洗礼名に冠して]公爵[侯爵, 伯爵]令嬢への敬称; [夫の洗礼名に冠して]Lordという優遇爵位を持つ夫の夫人[未亡人]への敬称; [姓に冠して]準男爵[勲爵士]夫人[未亡人]への敬称

bonesig *f* 1.(勲位に叙せられた婦人の敬称)レイディー, デイム: y Fonesig Jones レイディー・ジョーンズ 2.= **boneddiges**

bonetog *a* ボンネット付きの

bongam *a* = **bergam**

bongamu *i* 両足を広げる; 股を広げて歩く[立つ, 坐る]

bongorff (-gyrff) *m* (体の)胴体

bonheddig *a* 貴族の, 高貴の: o dras fonheddig 高貴の生まれの, 貴族の出の

bonheddig (boneddigion): bonheddwr (-wyr) *m* 貴族

bonllef (-au) *f* = **banllef**

bonllost (-au) *f* ペニス, 陰茎

bonllwm *a* 尻丸出しの

Bonn *f* [地名]ボン(旧西ドイツの首都)

bonsai *m* [園芸]盆栽

bontin (-au) *f* (馬などの)尻

bonws (-au, bonysau) *m* 賞与, ボーナス: taliad ~ 賞与の支払い

bonyn (bonau, bonion) *m* 1.(木の)幹 2.(鉛筆・煙草などの)使い[吸い]残り 3.[金加](鍛冶屋などの)小金敷, 金床 4.(小切手帳・切符などの)控え, 半券

bopa *f* = **boba**

bôr (-s) *mf* うんざりさせる[退屈な]人

boracs *m* [化学]硼砂

bord (-ydd) *f* 食卓, テーブル: ~ fach 予備テーブル; y Ford Gron [ア伝](Arthur王が部下の騎士に上下の別をつけぬため坐らせた大理石の)円卓

bordar (-iaid) *m* [英史]封建時代の居住者(領主からcottageと数エーカーの土地を与えられ召使いの仕事をした)

borden (-ni) *f* 1.(鋤の)撥土板(鋤先後部の湾曲した広い部分) 2.(ブルドーザーの)ブレード 3.(コンクリートの型枠の)枠板

border (-i, -ydd) : bordol (-au, -s) *m* へり, 端, 縁

bordhwylio *vn* [スポ]サーフィン, 波乗り

bordhwyliwr (-wyr) *m* : **bordhwylwraig** (-agedd) *f* サーファー

bore (-au) *m* 朝: ~ heddiw 今朝; ~ da お早う (ございます)
a 1.朝の, 朝用いる, 朝食べる[飲む]: papur (-au) (*m*) ~ 朝刊 (新聞); salwch (*m*) ~ [病理] 朝の吐き気; つわり 2.早い, 早めの: ben ~ 早朝に

boreddydd (-iau) *m* 夜明け, 朝

boregwaith *f* ある朝

boreol *a* 朝の, 朝行われる: ~ weddi *f* [英教] 早祷, 朝の祈り

boreubryd (-au) : **boreufwyd** (-ydd) *m* 朝食

bors *f* [病理] ヘルニア, 脱腸

bos *f* 手のひら, 掌

bosn (-s) *m* [海事] (商船の) 甲板長, ボースン

Bosnia *f* [地理] (南東ヨーロッパのバルカン半島にあるボスニアヘルツェゴビナの略称; 首都Sarajevo)

bost (-iau) *m* 自慢 (の種), 誇り

bostfawr *a* = **bocsachus**

bostio *t* 1.自慢して言う, 誇りとして持つ 2.(タイヤ・爆弾など) 破裂 [爆発] させる, 裂く
i 1.自慢する, 鼻にかける 2.破裂 [爆発] する

bostiwr (-wyr) *m* : **bostwraig** (-agedd) *f* 自慢家, ほら吹き

bostus *a* = **bocsachus**

bostwm : **bostwn** *m* [病理] ひょう疽

botaneg *f* 植物学

botanegol *a* 植物 (学) の

botanegwr : **botanegydd** (-wyr) *m* : **botanegwraig** (-agedd) *f* 植物学者

botasen (botas, botasau) *f* バスキン, 厚底の半長 (編上げ) 靴, コトルノス (昔ギリシャ・ローマの悲劇役者が用いた短靴), 長靴

botgyn (-au) *m* 1.(レースやリボンを通すための) 紐通し針 2.(裁縫・手芸用の) 千枚通し

botwledd *m* : **botwliaeth** *f* [病理] ボツリヌス中毒 (腐ったソーセージ・缶詰肉から起こることが多い)

botwm (botymau) *m* 1.ボタン: cau ~ ボタンを掛ける 2.[植物] つぼみ 3.[フェ] (危険防止のため剣先に付ける) 先皮, 皮たんぽ

botymog *a* ボタンを掛けた

botymu *t* 1.(衣服などに) ボタンを掛ける [で留める] 2.[フェ] 剣先の先皮で触れる

both (-au) *f* 1.(車輪の) ボス, ハブ, 轂: cap (*m*) ~ (capiau bothau) [自動車] (車軸の末端にかぶせる) ハブ [ホイール] キャップ 2.[海事] (推進器の) ボス, 軸孔

bow *m* (リボンなどの) 蝶結び

bowl (-iau, -s) *f* [ロボ] 偏重の木玉

bowler (-i) *f* [服飾] 山高帽子

bowliad (-au) *m* [クリ] 球

bowlin (-iau) *m* [登山] もやい結び

bowlio *t* 1.(球を) 転がす 2.[クリ] (球を) 投げる: ~ pel 球を投げる 3.[ボウ] (得点を) 挙げる
i 1.ボウリング [九柱戯] をする 2.[クリ] 投球する

bowliwr (-wyr) *m* 1.[ボウ] ボウリングをする人, ボウラー 2.[クリ] 投手

bowt (-iau) *m* (ボクシングなどの) 一勝負, 一試合

bra (-s) *m* ブラジャー

brac *a* 1.自由な, 束縛のない 2.率直な, 隠し立てをしない 3.話好き [おしゃべり] な

braced (-au, -i) *mf* [建築] 1.(腕木で支えた) 張出し棚 2.(棚や軒などを支える) 腕木

bracsan : **bracso** : **bracsyd** *i* 1.(川・雪・泥・砂などの中を) 歩いて渡る [行く] 2.苦労して進む, やっと切り抜ける

bracty (-tai) *m* ビール醸造所, 麦芽製造所

brad (-au) *m* 1.裏切り [背信] (行為); 密告 2.[法律] 反逆 (罪), 陰謀: Brad y PowdwGwn [英史] (1605年11月5日Guy Fawksらが企てた議会爆破の陰謀)

bradfwriadu *t* 陰謀を企てる, (悪事などを) 企む

bradlofrudd (-ion) *m* 暗殺者, 刺客

bradlofruddiad (-au) *m* 暗殺

bradlofruddio *t* 暗殺する

bradog *a* 裏切りをする, 反逆の, 悪だくみのある, 不実な

bradu *t* (時間・金などを) 浪費する, 無駄にする

bradwr (-wyr) *m* : **bradwres** (-au) *f* 1.裏切り者, 背信 [密告] 者 2.反逆者 3.[産業] 労働組合に反対する労働者, スト破り

bradwriaeth (-au) *f* = **brad**

bradwrus *a* 反逆 (罪) の; 裏切る, 不忠の

bradychiad (-au) *m* 裏切り [背信] (行為); 密告

bradychu *t* 1.裏切る, 背く 2.(秘密などを) 漏らす, 暴露する

bradychus *a* = **bradwrus**

bradychwr (-wyr) *m* = **bradwr** : **bradychwraig** (-agedd) *f* = **bradwres**

braen : **braendod** *m* 1.腐敗 (作用), 腐朽 2.(木などの) 腐朽物

braen *a* 腐った, 腐敗した, 悪臭を放つ

braenar (-au) *m* [農業] 休閑 (地)

braenaru *t* (土地を) 鋤き返して休めて置く, 休閑する

braenedd *m* 1.腐敗 (作用) 2.腐敗物 3.[獣医] 肝蛭症

braeniad *m* 1.分解, 解体 2.腐敗 (作用) 3.腐敗物

braenllyd *a* = **braen**

braenu *t* 腐敗させる, 朽ちさせる
i 腐敗する, 朽ちる

braf *a* 1.よい: swydd ~ 手際よくいった仕事, 上出来 2.楽しい, 快適な: noson ~ 気持ちの良い夕べ; mae hi'n oer ~ yma ここはとても涼しい

です; ~ eich cyfarfod chi 初めまして, よろしく (挨拶の言葉) **3.**健康な, 元気な: babi ~ 健康そうな赤ん坊

brag (-au) *m* 麦芽, モルト: wisgi (*m*) ~ モルトウイスキー

bragaldian : bragaldio *t* 早口で言う
i 早口に[ぺちゃくちゃ]しゃべる

bragaldiwr (-wyr) *m* 早口なおしゃべり(人)

bragdy (-dai) *m* = **bracty**

bragio *i* 自慢する

bragiwr (-wyr) *m* 自慢家, 法螺吹き

bragod (-au) *m* ブラケット(aleと蜂蜜などで造られた飲物)

bragodi *t* ブラケットを作る

bragu *t* **1.**(ビールなどを)醸造する **2.**(大麦などを)モルト[麦芽]にする
i モルト[麦芽]になる

bragwair *m* 品質の悪い草

bragwr (-wyr) : bragydd (-ion) *m* **1.**醸造業者 **2.**麦芽製造人

braich (breichiau) *mf* **1.**[解剖]腕 **2.**(椅子・ソファーなどの)肘掛け **3.**腕の形をした物: ~ (*f*) olwyn (breichiau olwynion) 車輪のスポーク[輻] **4.**(物の)突出部;(十字架の4本の)手 **5.**(山の)支脈, 支系

braidd *ad* [動詞を修飾して] **1.**かろうじて, もう少しで, やっとのことで: ~ na faglodd 彼はもう少しでつまずくところだった **2.**ほとんど…ない: ~ byth 減多に…しない **3.**やや, 幾分, 多少

braint (breiniau, breintiau) *f* **1.**(官職などに伴う)特権, 特典: ~ seneddol, ~ y senedd 議員の特典 **2.**光栄: mae'n fraint i mi gyflwyno i chwi 慎んで皆さんに贈呈します

braisg (breisgion) *a* **1.**ひどく太った, ずんぐりした **2.**妊娠している

bralog *a* **1.**(衣服などが)ぼろぼろの **2.**(人が)ぼろを着た

bralyn (bralau) *m* [通例*pl*] ぼろぼろの服

bran *m* ぬか, ふすま; 糠殻

brân (brain) *f* [鳥類] カラス, 鴉, ミヤマガラス: ~ dyddyn (brain tyddyn) ハシボソガラス; cigfran (cigfrain) *f* ワタリガラス

brand (-iau) *m* [商業](商品の)銘柄, ブランド

brandi (brandiau, -s) *m* **1.**ブランデー(葡萄酒・果実酒を蒸留した酒): pelen (*f*) frandi (pelenni/peli brandi) ブランデーボンボン(ブランデーで香り付けしたキャンディ); brandi eirin スリヴォヴィッツ(ハンガリー・ルーマニア・ユーゴスラヴィア産の辛口で無色のplum のブランデー) **2.**コニャック(フランスのCognac地方産の上等のブランデー)

bras (breision) *a* **1.**(液体などが)濃い, 濃厚な, どろどろした **2.**(肉が)脂肪の多い: cig ~ *m* 脂肪の多い肉 **3.**(声が)豊かな **4.**(土地が)肥沃な: tir ~ *m* 肥沃な土地 **5.**(糸が)太い, (布が)厚い, 厚みのある **6.**(仕事など)実入りのよ

い, 儲かる **7.**大きい: cenllysg/cesair ~ 大きなあられ[ひょう] **8.**[演劇](役柄など)見せ場の多い, やり甲斐のある: part ~ (partiau breision) *m* もうけ役 **9.**[印刷](活字など)肉太の **10.**(作物など)豊かな, 沢山の **11.**(飲食物が)栄養分の多い **12.**大雑把な, 大まかな, 概略の: ~ ddosbarthiad 大まかな分類 **13.**(冗談などが)下卑た, 下品な, 淫らな: stori fras 淫らな話 **14.**(仕事など)体力を要する, 力仕事の **15.**(生地・木目・肌などが)きめの粗い, ざらざらした: brethyn ~ *m* 目の粗い布, 地の粗い織物 **16.**(物など)品質の劣った, 粗悪な: pysgodyn ~ (pysgod breision)(サケ科以外の淡水産の)雑魚; 釣りの対象にもならず商品価値も無い魚

bras-actio *m* [演劇](舞台での)俳優の位置・動きなどの演出;(背景・道具・照明などの位置を決める)舞台[場面]演出

brasamcan (-ion) *m* 概算, 見積

brasamcanu *i* (数量などが…に)近い

brasáu *t* 太らせる
i 太る

brasbwyth (-au) *m* [洋裁]仕付け, 仮縫い

brasbwytho *t* [洋裁]仮縫い[仕付け]をする

brasbwythwr (-wyr) *m* 仮縫いをする人

brasgamu *t* (溝などを)またぐ, またいで越す
i 大股に歩く

brasgywir *a* (数量・程度など)おおよその, 近似の

Brasil *f* [地理] ブラジル(南米の共和国;首都 Brasilia)

Brasilaidd *a* ブラジル(人)の

Brasiliad (-iaid) *mf* ブラジル人

braslun (-iau) *m* **1.**(小説などの)粗筋, 概略, 大要 **2.**[美術] スケッチ, 写生画[図]: llyfr (-au)(*m*) brasluniau スケッチブック, 写生帳

brasluniadwy *a* = **amlinelladwy**

braslunio *t&i* = **amlinellu**

brasluniwr (-wyr) *m* = **amlinellwr**

brasnadd : brasnaddedig *a* **1.**(木材・石材が)荒削り[造り]の **2.**粗野な, 教養のない

brasnaddu *t* **1.**(材木・石を)荒切り[削り]する **2.**荒造り[仕上げ]する

brasnaddwr (-wyr) *m* 荒削り[造り]する人

braster (-au) *m* **1.**(料理用)油 **2.**(肉の)脂肪: ~ morfil 鯨などの脂肪

brasteru *t* [料理](肉などを料理する時)バターや垂れをかける

brastod *m* (言葉などが)粗野, 下品, 卑猥

brat (-iau) *m* = **barclod**

bratiaith (-ieithoedd) *f* 下劣な言葉

bratiog *a* **1.**(声・音などが)耳障りな **2.**(演奏など)雑な, 不完全な, 仕上げの足りない: perfformiad ~ 雑な演奏 **3.**(人が)ぼろを着た **4.**(衣類など)ぼろぼろの

brath (-au) : brathiad (-au) *m* **1.**(蛇の)毒牙 **2.**(言葉などの)皮肉, いやみ, とげ, 風刺 **3.**刺すような痛み, 苦痛: brathcydwybod 良心の呵責

4.傷: clwyf brath 刺し傷 **5.**(リンゴなどの)ひとかじり, ひとくち **6.**(ソース・味などの)ぴりっとした味, 辛味 **7.**(道具などの)切る力, 食い込み, かみ合い

brathedig a かまれた, 刺された

brathgi (-gwn) m かみつく犬, 猛犬

brathog a **1.**かみつく, 食いつく **2.**刺すような **3.**(皮肉など)鋭い, 痛烈な

brathu t **1.**かむ, かみつく **2.**(魚が餌に)食いつく **3.**(体などを)刺すように痛める, ずきずき[ひりひり]させる **4.**(精神的に)苦悩させる, 苦しめる, 苛む: ~ rhn i'r byw 人の心にぐさっと突き刺さる

brathwr (-wyr) m : **brathwraig (-agedd)** f **1.**かむ人 **2.**かみつく犬

brau a **1.**(堅いが弾力性が無いため)脆い, 砕け[壊れ]やすい **2.**(約束・関係など)当てにならない, 不安定な, 変わりやすい **3.**(性質が)傷つきやすい **4.**(人が)暖かみのない, 厳しい **5.**(音が)鋭い, 金属的な

braw (-iau) m **1.**(非常な)恐怖, 恐れ **2.**恐怖の種 **3.**不安, 心配, 懸念 **4.**[仏史]恐怖政治(時代): Teyrnasiad (m) B~ 恐怖時代; y ~ gwyn (反革命派の)白色テロ

brawd (brodyr) m **1.**兄, 弟, 兄弟: ~ bach 弟; ~ cyfan (brodyr cyfain) 同父母兄弟; ~ yng nghyfraith 義理の兄[弟], 義兄[弟]; 配偶者の兄弟; 姉[妹]の夫; 配偶者の姉[妹]の夫; y Brodyr Jones [商業] ジョーンズ兄弟商会 **2.**[教会]同一教会員, 同信の友 **3.**[カト]修道士; (特に)托鉢修道会の修道士: B~ Awstinaidd アウグスティノ修道会の修道士

brawd (brodiau) f **1.**判決, 審判 **2.**[法律]判決債務 **3.**[神学]最後の審判: Dydd B~, Dyddbrawd m (この世の終りの最後の)審判の日

brawdfaeth (-od) m 乳兄弟

brawdgarwch m 兄弟間の情愛, 友愛, 同胞愛

brawdladdiad (-au) m 兄弟殺しの罪

brawdle (-oedd) mf (神の行う最後の審判の日の)審判の庭

brawdleiddiad (-iaid) mf 兄弟殺しの犯人

brawdlys (-oedd) mf [英史][法律]巡回裁判(民事・刑事事件を裁くためLondonから裁判官をEnglandとWalesの各州に派遣して行った; 1971年に刑事はCrown Courtに, 民事はHigh Courtに引き継がれた)

brawdol a 兄弟の[らしい]

brawdoliaeth (-au) f **1.**兄弟の間柄 **2.**兄弟間の情愛, 友愛, 同胞愛 **3.**友情, 連帯感, 仲間意識 **4.**同業者仲間, 同好者同士 **5.**(同業)組合, (友愛)団体

brawdwr (-wyr) m = barnwr

brawddeg (-au) f **1.**[文法]文: ~ gymhleth

(brawddegau cymhleth)複文; ~ gyfansawdd (brawddegau cyfansawdd)重文; ~ seml (brawddegau syml)単文 **2.**[音楽](楽式構造の)楽節

brawddegol a [文法]文の(形をした): ffwythiant ~ m [論理]命題関数

brawddegu t 文を作る[構成する]

brawedig a びっくりした, 慌てた

brawl m **1.**自慢(話), 法螺 **2.**早口で訳の分からないおしゃべり, 無駄口

brawlan i くだらないおしゃべりをする, べらべらしゃべる, 無駄話をする

brawychedig a (脅迫・暴力などにより)恐嚇[威嚇]された

brawychiaeth f テロ行為[手段], テロリズム

brawychol a 暴力主義[テロ]の

brawychu t **1.**(脅迫・暴力などにより)脅嚇する **2.**脅して…させる **3.**恐怖政策で支配する

brawychus a **1.**恐ろしい, 怖い **2.**恐るべき, 凄まじい, 大変な

brawychwr (-wyr) m テロリスト

bre (-oedd, -on) f 丘, 丘陵, 高地

brebast (-iaid, -od) m 阿呆, のろま

brêc : brâc (-iau, -s) m [乗物]ブレーキ, 制動機: brâc/brêc llaw 手動ブレーキ; brâc/brêc troed 足踏みブレーキ

breci (-iau) m ウォート(発酵前の麦芽浸出液, ビールの原料): te ~ 濃い茶

brecwast (-au) m 朝食: ~ Ffrengig 大陸[ヨーロッパ]式朝食(パン・バター・ジャム,コーヒーなどからなり加熱調理した食物はない); ~ Seisnig 英国式朝食(ベーコンエッグ・ソーセージ・トマト・トースト・紅茶・コーヒーなどから成る)

brecwasta i 朝食を食べる

brech (-au) f [病理][通例, 合成語で]痘症: ~ yr ieir 水痘, 水疱瘡; y frech goch はしか; y frech wen/folog f 天然痘, 疱瘡; ~ y fuwch 牛痘 **2.**梅毒

brechdan (-au) f サンドイッチ: ~ gaws (brechdanau caws) チーズサンドイッチ **2.**バターを塗ったパン[一切れ]

brechedig a **1.**種痘をされた **2.**ワクチン[予防]接種を受けた

brechiad (-au) m [医学](伝染病予防などの)(ワクチン)接種; 種痘

brechlyn (-nau) m [医学] **1.**痘苗 **2.**ワクチン: ~ geneuol 経口ワクチン

brechol a 接種[種痘]の

brechu t **1.**ワクチン[予防]接種をする **2.**種痘をする

brêd m [裁縫]組紐, 平紐, 真田紐, ブレード: ~ ric-rac [服飾]リクラク, 蛇腹(ジグザグ状のブレード; 子供服などの装飾に用いる)

bredych (-au, -ion) m **1.**悪漢, ごろつき, 与太者 **2.**内通, 密告, 裏切り **3.**恐れ, 恐怖 **4.**不安,

心配, 懸念

bref (-au) *f* : **brefiad (-au)** *m*（牛・ロバ・羊・山羊などの）鳴き声

breferad *m* 牛の鳴き声

brefiad (-au) *m*（牛・ロバ・羊・ヤギなどの）鳴き声

brefu *i*（牛・ロバ・羊・山羊などが）(もー［めー］と）鳴く

breg *m* 1.狡猾, ずるさ 2.策略, 悪だくみ 3.欠点, 汚点 4.仲違い, 絶交
a 1.壊れやすい, もろい 2.欠点のある, 不完全な

bregiant (-iannau) *m* 1.接合［接着］(点)

bregliach *t&i* = **bragaldian**

bregliach *m* 片言, 子供染みた話, 無駄口

breglyd *a* = **brau**

bregog *a* 継ぎ目［関節］のある

bregus *a* = **brau**

brehyr (-au, -ion, -od) *m* 貴族, 華族

brehyraidd *a* = **barwnaidd**

brehyres (breyresau) *f* = **barwnes**

brehyriaeth (-au) *f* 男爵の位

brehyrig (breyrigion) *m* = **barwnig**

brehyrol *a* = **barwnaidd, barwnol**

breichdlws (-dlysau) *m* : **breichled (-au, -i)** : **breichrwy (-au)** *f* 1.腕輪, ブレスレット 2.[*pl*] 手錠

breicheidio *t* 1.抱擁する, 抱き締める 2.(主義・信仰などを) 奉じる, 信じる

breichledr (-au) : **breichrwym (-au)** : breichydd (-ion) *m*（アーチェリーの）腕甲

breindal (-iadau) *m* 1.[出版]（著者などの）印税, 著作権使用料 2.(劇などの) 上演料 3.特許権使用料

breinio *t* 特権［特典, 財産など］を与える

breiniol *a* 1.特権［特典］を与えられた 2.特許を受けた, 公認の: arian ~ 通貨, 貨幣 3.（発言・情報など）免責特権の 4.貸切りの

breinlen(-ni) *f* 1.憲章 2.勅許(状)3.特権 4.(発明の)特許(状), パテント

breintiedig *a* = **breiniol**

breintio *t* = **breinio**

breintlythyr (-au) *m* 1.[英法]開封勅許状, 専売特許証 2.(発明の) 特許 (権), パテント: swyddfa (-feydd)（*f*）breintlythyrau 特許局

brem (bremiaid) *m* [魚類] ブリーム (ヨーロッパ産の扁平なコイ科ブリーム属の淡水魚; 鱗は光によって変化し, 模造真珠の塗料に成る)

brenhinaidd *a* 1.国王のような, 王に相応しい 2.堂々とした, 立派な, 素晴らしい

brenhindod *m* 1.王位; 王権 2.君主政治［政体］, 君主制 3.君主国

brenhines (breninesau) *f* 1.女王, 女帝: mam frenhines (~ freninesau)皇太后 2.王妃 3.(美しさ・権勢・地位などで) 最も優れた女性, 花形, (…の)女王: ~ harddwch 美人コンテストの女王,

（特定の土地・地域などで女王に例えられる)最も優れたもの: pwdin（*m*）y frenhines［料理］パン粉・牛乳などを合わせてパイ皿で焼き, 果物やジャムをのせ, メレンゲをかぶせて焼き目を付けたプディング 4.[トラ]クイーン 5.[チェス]クイーン, 女王 6.[昆虫]（ミツバチ・アリなどの）女王 7.同性愛の男性

brenhinfainc (breninfeinciau) *f* 1.王座 2.王位; 王権

brenhinfraint *f* 君主の大権

brenhingal *a* 勤王［王党］の

brenhingyff (breningyffion) *m* 王朝, 王家

brenhiniaeth (breniniaethau) *f* = **brenhindod**

brenhinlin (breninlinau) *f* = **brenhingyff**

brenhinlle (-oedd) *m* 宮中, 王宮, 宮廷

brenhinllys (-oedd) *m* [植物]メボウキ

brenhinol *a* 1.国王［女王］の; 王室の 2.国王の保護を受ける; 王立の: Y Post B~ ロイヤルメール (英国の郵便業務部門の正式名)3.勤王［王党］の 4.王らしい, 王に相応しい 5.堂々とした, 立派な

brenhinwr (-wyr) *m* : **brenhinwraig (-agedd)** *f* 1.勤王家 2.王党員, 君主（制）支持者

brenhinyn *m* 小王, 小国の王

brenigen (brennig) *f* [貝類]笠貝 (岩礁に付着する)

brenin (brenhinoedd) *m* 1.王, 国王, 君主: y B~ Arthur, Arthur Frenin アーサー王 (5, 6世紀頃 Britain島でブリトン人を率いて, 侵入するアングロサクソン人と戦ったとされる伝説的王; 円卓の騎士団 (Knights of the Round Table) を従えた) 2.(王朝・世襲の) 君主 3.[トラ] キング 4.[チェス] キング, 王 5.王に例えられるもの: ~ braw 恐れの王, 死 (cf *Job* 18:14)

breninesaidd *a* 1.女王の 2.女王に相応しい, 女王らしい

breninlinol *a* 王朝［王家］の

bres (bresau) *m* [劇場]締金, 留金: ~ llwyfan 背景留具

bresen (bresys) *m* [服装] ズボン吊り

brest (-iau) *f* 1.乳房 2.胸; 胸郭; 肺: llais（*m*）~ [音楽] 胸声; annwyd ar y frest 咳風邪 3.(衣類の)胸部: poced（*f*）frest (pocedi ~) 胸部のポケット 4.[料理]（子牛・鶏などの）胸肉

bresychen (bresych) *f* キャベツ

bretyn (bratiau) *m*（掃除用などの）ぼろ切れ, 布切れ

brethyn (-nau) *m* 1.[織物] 布, (毛) 織物: ~ main 織り目の細かい布; ~ cotwm 綿布; ~ cartref 手織りの布, ホームスパン; cap (-iau)（*m*）~ 鳥打ち帽, ハンチング; ~ aur 金糸織;

brethynnwr 78 **brith**

torri'r got yn ol y ~ [諺] 資力[収入]に合った生活をする 2.聖職服, 黒の聖服

brethynnwr (-ynwyr) *m* 呉服[服地]屋, 反物商

breuan (-au) *f* 1.(穀類・胡椒などを挽く)(手)挽き臼 2.乳鉢: ~ a phestl 乳鉢と乳棒

breuder *m* 1.脆さ, 壊れ[砕け]やすさ 2.儚さ, 弱さ: ~, ys gwraig yw d'enw! 脆きものよ, 汝の名は女なり(Shak, *Hamlet* 1. 2.146)3.弱点, 短所

breuddwyd(-ion) *mf* 夢: B~ Nos Gŵyl Ifan 「夏の夜の夢」(Shak作の喜劇); ~ lliw dydd, ~ effro 空想, 白昼夢; ~ gwrach 希望的観測; [精分]願望的思考

breuddwydfyd *m* 1.夢[空想, 幻想]の世界 2.夢の国, ユートピア

breuddwydio *t* 1.夢を見る, 夢に見る 2.夢想[空想]する

breuddwydiol *a* 1.(人が)夢の多い, 夢見るような, 空想に耽る 2.(物事が)夢を見させるような, 心を静める 3.(記憶など)夢のような, おぼろげな 4.(考えなど)非現実的な 5.すてきな, 素晴らしい

breuddwydioldeb *m* 1.夢のような状態 2.空想

breuddwydiwr (-wyr) *m* :
breuddwydwraig (-agedd) *f* 1.夢見る人 2.空想[夢想]家

brewlan *i* = **brawlan**

brëyr (brehyrau, brehyriaid, brehyrion) *m* 1.男爵 2.貴族, 華族

bri *m* 1.名声, 有名, 高名: o fri 非常に有名な 2.非凡, 優秀性 3.敬意, 尊敬

briallen (briallu) *f* [植物]サクラソウ, 桜草 (春に薄黄色の花を咲かせる): briallu Mair sawrus キバナノクリンザクラ(春に牧草地などに生え, 芳香のある黄色の花が咲くサクラソウの一種)

bribsyn (bribys) *m* 1.(パン・チーズなどの)小片, かけら, 破片, 切れ端 2.少量, 僅か

bricio *t* 1.レンガを敷く 2.レンガで囲む[塞ぐ]: ~ ffenestr 窓をレンガで塞ぐ

briciwr (-wyr) *m* レンガ職人, レンガ工

bricsen (briciau, brics) *f* レンガ: tŷ brics レンガ造りの家

bricwaith *m* レンガ積み(工事)

brid (bridiau) *m* (動植物の)品種, 種類

bridio *t* 1.(家畜などを)飼育する, 繁殖させる 2.(悪行などを)(引き)起こす
i 1.(動物・人が)子を産む, 繁殖する 2.(好ましくない物事が)生じる

bridiwr (-wyr) *m* : **bridwraig (-agedd)** *f* 1.繁殖者, 家畜の飼育者, 畜産家 2.[原子力]増殖(型原子)炉

brifo *t* 1.(人に)怪我をさせる, 傷つける, 痛みを与える 2.(人の感情を)害する, 傷つける: ~

teimladau rhn 人の感情を害する: ~ balchder rhn 人のプライドを傷つける
i 1.痛む 2.人の気持を害する

briff (briffiau) *m* 1.[教会](ローマ教皇の)教書, 親書, 書簡 2.[法律]訴訟事件摘要書: ~ gwylio 訴訟警戒依頼(書)(訴訟当事者でない第三者が, その訴訟について行う用心のための訴訟依頼)

briffio *t* 1.(法廷弁護士に)弁護を依頼する: ~ bargyfreithiwr 法廷弁護士に訴訟事件を依頼する 2.要点を話す, 事前に必要な情報を与える

brig (-au) *m* 1.(木などの)梢, 先端部 2.[*pl*] (木の)小枝, 細枝 3.(ページなどの)冒頭, 上部, 上段 4.(山などの)頂, 頂点, 先端 5.(名声・生涯などの)絶頂, 極致, 極点 6.(鉱脈・地層などの)露頭, 露出部: glo (*m*) = 石炭の露頭, 露天掘りの石炭

brigâd (brigadau) *f* 1.[軍事][陸軍]旅団 2.(軍隊式編成の)団体, 隊, 組: ~ dân (brigadau tân)消防隊

brigadu *t* 1.[軍事]旅団に編成する: ~ milwyr 陸軍旅団に編成する 2.組に編成する

brigadydd (brigadwyr) *m* [軍事]陸軍准将

brigand (-iaid) *m* 山賊, 盗賊

brigantîn (-inau) *f* [海事]ブリガンティーン(2本マストの帆船の一種)

brigbori *t&i* = **blaenbori**

brigdonni *i* = **beistonna**

brigdorri *t* 1.(木などを)刈り込む, 切り取る, 剪定する 2.(余分なものを)取り除く, 簡潔にする 3.(予算などを)削減する

brigdrawst (-iau) *m* [劇場]客席に突き出た狭い通路

brigell (-au) *f* = **anther**

briger (-au) *m* 1.頭髪, 頭毛 2.頭のてっぺん

brigerog *a* = **blewog**

brigeryn (briger) *m* [植物]雄蕊, 雄しべ

brigiad (-au) *m* (地層・鉱脈などの)露頭, 露出部

briglwyd (-ion) *a* (髪が)霜のように白い, (老いて)白髪の

brigo *i* 1.(植物が)枝を出す 2.表面に現れる, 表面化する 3.(鉱脈・地層などが)露出する

brigog *a* 1.枝のある[多い, 茂る]; 枝で覆われた 2.小枝のような

brigwth (-iadau) *m* [地質]隆起

brigwyn *a* (*f* brigwen, *pl* brigynion) = **briglwyd**

brigyn (-nau, brigau) *m* 小枝, 細枝; 切り枝

brilwm (brilymiaid) *m* ぼろ服を着た汚い人 [子供]

brisged (-i) *f* = **brest**

brisyn *m* = **awel**

brith *a* (*f* braith, *pl* brithion) 1.(馬などが)白黒まだらの, 斑の, 雑色の: ceffyl ~ (ceffylau brithion) 白黒まだらの馬; bara ~ 種無し干しぶどう入りパン 2.(髪が)白髪の, 灰色の 3.(形などが)ぼやけた, ぼんやりとした, 不明瞭な 4.(考え・記憶などが)ぼんやりした; ~ gof m 漠然とした記憶 5.モザイク[象眼]の 6.モザイク式の, 寄せ集めの

brithder m 1.まだら, 斑 2.(毛に)斑のある動物

brithedd (-au) m (花・葉など) 雑色, まだら, 斑入り

brithgi (-gwn) m (動植物の)雑種,(特に)雑種犬

brithlas (-leision) a 灰色に黒斑のある

brithlaw m 霧雨, こぬか雨

brithlawog a 霧雨の降る, 時雨模様の

brithlen (-ni) f 綴織, 綴錦, タペストリー

brithlwyd (-ion) a = **brithlas**

brithni m = **brithedd**

britho t まだら[斑, 雑色]にする
i まだら[斑, 灰色]になる

brithwaith (-weithiau) m モザイク(画[模様])

Brithwr (-wyr) m [民族・英史]1.ピクト人 2.ピクト族 (スコットランド北東部に3世紀から9世紀頃まで住み, 845年スコット族(Scots)に征服された民族)

brithyll (-iaid, -od) m [魚類]マス, 鱒 (サケ科ニジマス属の主に淡水産の魚類の総称; 食用・釣りの対象魚として珍重される; ブラウントラウト(ヨーロッパ原産); ~ seithliw ニジマス(米国カリフォルニア州・カナダ西海岸原産)

brithylla *i* [釣]マスを釣る

briw (-iau) m 1.傷, 負傷, 怪我: ~ bwled 銃創 2.触れると痛い傷, すりむけた所, 赤肌

briw : briwedig a 砕けた, 折れた

briwadwy a = **brau**

briwdda m [料理]ミンスミート(細かく刻んだリンゴ・果皮・干しぶどう・スーエット(suet) -香辛料・砂糖などを混ぜ, ブランデー・ラムを注ぎかけてねかせたもの; パイなどの詰め物として用いる): teisen friwdda (teisennau ~) ミンスパイ (細切れ肉入りのパイ)

briwedig a 1.怪我をした, 負傷した, 傷ついた 2.砕いた, 粉々になった

briwell (-au) f [家政]ひき肉機

briwfwyd (-ydd) m 1.細切れ肉, ひき肉 2.= **briwdda**

briwgig m [料理]ひき肉, 小間切れ肉, ミンチ

briwio t 1.(武器などで)負傷させる, 傷つける 2.(パンを)砕く

briwlan t 小さな水滴を霧雨のように振りかける[降らせる]
i 霧雨が降る

briwlaw m : **brwlen** f 細雨, 霧雨, こぬか雨

briwlio t (肉・魚を)焼く, あぶる *i* (肉が)焼ける

briwo t 1.(武器などで)傷つける, 負傷させる; 損害を与える 2.(人の感情などを)害する, 傷

つける 3.(肉などを)細かく切り刻む

briws m 1.ビール醸造所 2.酪農所 3.調理場

briwsioni t [料理]1.(パンを)小さく壊す[崩す]2.(料理に)パン粉を振りかける, パン粉にまぶす 3.(食卓から)パン屑を払う
i 1.(パン・石などが)ぼろぼろに砕ける[崩れる]2.崩壊する, 脆く消失する

briwsionllyd : briwsionog a 1.(パンが)脆い, 砕けやすい 2.パン屑の多い

briwsionyn (briwsion) : briwsyn (briwsion) m (パンなどの)屑, かけら

briwydd (-ion) m = **briwell**

briwydd f [植物]アカネ科ヤエムグラ属の植物の総称(元, その茎を干して床わらに用いた)

bro (-ydd) f 1.国, 国家, 国土 2.生国, 祖国, 故国 3.地域, 区域, 地方, 地帯 4.谷, 谷間, 流域, 盆地: Bro Morgannwg グラモーガン盆地 5.場所

broc m [法律](難破船から)岸に打ち上げられた貨物[積荷]: ~ mor 岸に打ち上げられた貨物; ~ môr/dŵr 流木; ~ rhew/ia 流氷
a 1.(馬・牛などが)葦毛の(黒・赤・灰・茶などの地色に白の差毛のあるものに言う): ceffyl (-au) (m) ~ 葦毛の馬 2.灰色の, 灰色がかった

brocêd (brocedau) m [織物]錦, 金襴

brocedio t [織物]錦織りにする

brocer (-iaid) m 1.株式仲買人: ~ stoc, stocbrocer (-iaid) m 株式仲買人 2.仲介商仲立人周旋屋 3.古物商 4.差押え物件の評価販売人

brocerdal m 仲買手数料

broceriaeth f 仲買業

brocilo (-s) : brocoli (-s) m [園芸]ブロッコリー

broch (-od) m [動物]アナグマ, 穴熊

broch m 1.怒り, 立腹 2.騒ぎ, 騒動, 暴動 3.泡, 泡沫 4.(風の)吹き荒れ,(波の)騒ぎ

brochi *i* = **berwi**

brochlyd : brochus a 1.(人が)怒鳴り散らす, 空威張りの 2.(風・海などが)吹きすさぶ, 荒れ狂う, 猛烈な: gwynt brochus 荒れ狂う風

brodiad (-au) m (ほころびの)繕い, かがり

brodio t 1.刺繍する, 縫取りをする 2.(破れた服などを)繕う, かがる 3.(物語などを)潤色[粉飾]する: ~ ar gynfas stori 話を潤色する
i 1.刺繍をする, 縫取りする 2.繕物をする 3.粉飾する, 誇張する

brodiog a 1.刺繍[縫取り]された 2.繕った, かがった

brodiwr (-wyr) m : **brodwraig (-agedd)** f 刺繍する人, 縫取り師

brodor (-ion) m : **brodores (-au)** f (旅行者などと区別して)土地[土着]の人: tro'n frodor (旅行者などが)その土地の流儀に従う, 現地人と同じ生活をする

brodordy (-dai) *m* (托鉢修道会の) 修道院

brodoredig *a* [政治] 帰化した

brodori *t* [行政] (外国人を) 帰化させる

brodoriaeth (-au) *f* = **brawdoliaeth**

brodorol *a* 1.(人が) ある土地 [国] 生まれの 2.(言語など) 出生地 [国] の: iaith frodorol (ieithoedd ~) *f* 自国語 3.(動植物・服装など) 原産の, 土着の, その土地本来の

brodwaith (-weithiau) *m* 1.刺繍, 縫取り 2.(話などの) 尾ひれ

broes (-au) *m* (樽の) 穴あけ錐

broga (-od, brogaid) *m* [動物] 1.カエル, 蛙 2.蹄叉 (馬類の蹄底の中央にある三角形の弾性角質の軟骨), 馬蹄軟骨

brogaredd *m* 地方 [地域, 故郷] に対する愛情 [愛着]

brogarwch *m* 郷土偏愛, 地方主義

brogla : bloglau : brogle *a* = **broc**

brol (-iau) *mf* = **bost**

brolgar : broliog *a* 1.自慢したがる; (話など) 自画自賛の 2.(…を) 自慢して

brolgi (-gwn) *m* = **bostiwr**

broliant (-iannau) *m* [出版] 1.(新刊書など のカヴァーに刷り込む) 推薦文, 誇大広告 2.(推薦) 広告

brolio *t&i* = **bostio**

broliwr (-wyr) *m* = **bostiwr**

brolwraig (-agedd) *f* = **bostwraig**

bromid (-au) *m* 1.[化学] 臭化物, 臭化カリ 2.[薬学] (鎮静剤としての) 臭化カリ一服 3.陳腐な考え [話]

bromin *m* [化学] 臭素

bron *ad* (名詞, 動詞, 形容詞, 副詞, 前置詞の前で) ほとんど, 大抵, もう少しで ~ bob amser ほとんどいつも; o'r ~ 連続して, 相次いで

bron (-nau) *f* 1.(女性の) 乳房: plenty ar/ wrth y fron 乳飲み子 2.胸

bron (-nydd) *f* (山・丘の) 山腹, 丘陵の斜面, 坂

brôn (bronau) *m* [料理] 雄豚の肉

bronciaidd : bronciol *a* [解剖] 気管支の

broncitig *a* [病理] 気管支炎の

broncitis *m* [病理] 気管支炎

broncws (bronci) *m* [解剖] 気管支

bronddor (-au) *f* [甲冑] (鎧などの) 胸当て

bronfraith (-freithod) *f* [鳥類] ツグミ, (特に) ウタツグミ

brongengl (-au) *f* [馬具] 鞦, 胸当て, 胸帯

bronglwm (-lymau) *m* = **bra**

brongoch : brongochyn (brongochiaid) *m* [鳥類] (赤い胸の) コマドリ, 駒鳥, ロビン (春の到来を告げる鳥とされるヨーロッパ産の小鳥で, 英国人に最も愛されており1960年より国鳥に指定)

bronhau *t* 乳を飲ませる [与える]

bronnog *a* (女性が) 豊かな胸をした

bronrhuddyn (-nod) *m* = **brongoch**

bronwen (-nod) *f* [動物] イタチ, 鼬

bronwyllt *a* 1.(人・言動が) 情熱的 [熱烈] な 2.興奮した

bronwyn *a* (*f* **bronwen**, *pl* **bronwynion**) 白い胸をした

brown *m* 褐色, 茶色 *a* 1.褐色 [茶色] の: bara ~ *m* 黒パン (ふすまを取らない小麦粉で作る褐色のパン) 2.(皮膚が) 浅黒い; 日焼けした

browngoch *a* (毛髪など) 鉄錆色の, 紅 [赤, 金] 褐色の

brownin *m* [料理] 褐色着色料 (色や味を付けるのに用いる焼砂糖など)

brownio *t* 1.褐色 [茶色] にする 2.日焼けさせる *i* 1.褐色 [茶色] になる 2.日焼けする

bru (-oedd) *m* [解剖] 子宮

brud (-iau) *m* 予言, 予知

brudio *t&i* 予言 [予知] する

brudiol *a* 1.予言者の 2.予言的な

brudiwr (-wyr) *m* 予言者

brut (-iau) *m* 年代記, 編年史

brutiwr (-wyr) *m* 年代記作者 [編者]

brwchan *m* [料理] フラメリー (ミルク・卵・小麦粉で作る柔らかいデザートの一種)

brwd *a* 1.(物が焼けるように) 熱い, (気温・気候など) 暑い 2.(熱など) 火のような, 焼けるように熱い 3.暖かい, 温暖な 4.(人が) 熱烈 [熱心] な 5.(人・態度が) 温かい, 思いやりのある, 心からの: cymeradwyaeth frwd 盛大な拍手; llongyfarchiadau ~! 心よりお祝い申し上げます! 6.(言葉・動作など) 情熱的な, 激しい, 激烈な: cystadleuaeth frwd *f* 激しい競争

brwd *m* 1.熱さ; 暑さ 2.暖かさ 3.熱; 温度 4.熱烈, 熱情; 興奮 5.煮沸, 沸騰 (点)

brwdaniaeth *f* : **brwdfrydedd** *m* 熱烈, 熱情, 熱心, 熱狂

brwdfrydig *a* = **brwd**

brwmstan *m* [化学] 硫黄

brwmstanaidd : brwmstanllyd : brwmstanol *a* 硫黄質の, 硫黄色の, 硫黄臭い

brwnt *a* (*f* **bront**, *pl* **bryntion**) 1.悪臭のある 2.(空気・水など) 汚い, 汚れた, 不潔な: dŵr ~ *m* 汚水 3.(犯罪など) 悪い, 不正な, 卑劣な: arian ~ 不正な金 4.(言葉が) 下品な, 淫らな, 汚らわしい 5.(衣服などが) 汚い, 不潔な, 汚れた 6.(天候などが) 悪い, 荒れた 7.[スポ] 規則に反した, 反則の: chwarae ~ *m* (競技の) 反則 8.[海事] 船体に [貝殻・海草などが] 付着した

brws (-iau) *m* ブラシ, 刷毛

brwsiad (-au) *mf* ブラシ [刷毛] をかけること

brwsio *t* 1.(衣服などに) ブラシをかける 2.ブラシで払いのける

brwyd　　　　　　81　　　　　　**brysiog**

brwyd (-au) *m* : **brwyden (brwyd)** *f* 1.［織物］(織機の)綜絖 2.串, 焼き串

brwyd *a* 1.(花・葉などが)様々な色の, まだら［雑色］の 2.血痕の付いた, 血まみれ［血染め］の 3.(精神的に)打ちのめされた, がっくりきた 4.ぐったりした

brwydo *t&i* = **brodio**

brwydr (-au) *f* 1.戦争, 戦闘, 会戦: ennill ~ 戦いに勝つ 2.競争, 闘争: ~ aruthrol 大乱戦［混戦］;大論戦

brwydro *t* 戦う
　i 1.戦う: ~ yn erbyn afiechyd 病気と闘う 2.口論する 3.(悪・困難などと)闘う, 奮闘する

brwydrwr (-wyr) *m* 1.戦士, 闘士 2.［軍事］戦闘員

brwydwaith *m* = **brodwaith**

brwylgig (-oedd) *m*［料理］照焼き, 炙り肉

brwyliad (-iaid) *m* 焼肉用若鶏, ブロイラー

brwylio *t* 1.(肉・魚などを)焼く, 炙り焼きにする 2.(太陽が)照りつける;(炎熱が)焼けつく
　i 1.(肉が)焼ける 2.(人が)焼けつくように暑く感じる

brwyn *m* 1.深い悲しみ, 悲嘆, 悲哀 2.嘆きの種

brwyna *t* 藺草を刈り取る

brwynen (brwyn) *f*［植物］イグサ, 藺草, トウシンソウ, 灯心草: cannwyll (*f*) frwyn (canhwyllau brwyn) 灯心草蝋燭

brwyniad (-iaid) *m*［魚類］1.キュウリウオ(キュウリウオ科の食用魚の総称; 北半球の温帯・亜寒帯の浅海に分布し, 淡水域に入る種類もある) 2.アンチョヴィー(カタクチイワシ科の小魚の総称; 地中海に多産する) 3.［料理］アンチョヴィー(塩漬けにしたり, ペーストを作る)

brwynog *a* 1.イグサで作った 2.イグサの多い

brwysg *a* 1.酔って, 酔っ払った 2.夢中になって, うっとりして

brwysged (-i) *f* = **brest**

brwysgedd *m* 酩酊, 酒浸り

brwysio *t*［料理］(肉・野菜を)油で炒め, 少量の水などを加え, 鍋で弱火で蒸し煮にする

brycan (-au) *mf* 1.毛布, ブランケット 2.敷物 3.膝掛け

brych *a* (*f* **brech**, *pl* **brychion**) = **brith**

brych *m*［医学］後産

Brycheiniog *f*［地理］ブレコン州(Brecon)(ウェールズ南部の旧州; 1974年Powys, Gwent, Mid Glamorgan 州の一部となった)

brycheulyd *a* 斑点［そばかす］のある

brycheuyn (brychau) *m* 1.(光・光線の)斑点, 斑紋 2.(皮膚の)斑点, そばかす 3.(埃などの)微片, 小片, 微塵

brychfelyn *a* (*f* **brychfelen**, *pl* **brychfelynion**): **brychlyd** : **brychog** = **brycheulyd**

brychiad : brychiedyn (-iaid) *m*［魚類］ヨーロッパ産陸海型のブラウントラウト, ウミマス

brychni *m* = **brycheuyn**

brychu *t&i* = **britho**

bryd (-iau) *m* 1.心, 精神, 感情, 気持 2.心臓, 胸 3.意見, 考え 4.意図, 意志, 意向 5.目的

brydaniaeth *f* 1.熱烈, 熱情 2.熱中, 熱意, 熱心, 熱狂; 狂信

brydio *t* 1.(液体を)沸かす, 沸騰させる 2.煮る, 茹でる 3.燃やす, 焼く 4.焼き焦がす, 火傷［日焼け］させる 5.［医学］(体組織に)炎症を起こさせる
　i 1.(心臓が)鼓動する, (脈が)打つ 2.(恐怖・苦痛などで)どきどき［ずきずき］する 3.(興奮などで)震える 4.(場所が)活気に溢れる

brydiog *a* 1.(人・態度が)温かい, 思いやりのある 2.熱心な 3.熱烈［熱狂的］な 4.熱い; 暑い 5.炎症を起こした 6.動悸のする 7.躍動する 8.(海が)荒れ狂う

brygowthan *t* 1.早口［不明瞭］にしゃべる, ぺちゃくちゃしゃべる 2.(台詞などを)わめく
　i 1.ぺらぺらしゃべる, 無駄話をする 2.わめく; 大言壮語する 3.(役者などが)台詞をわめくように言う

bryn (-iau) *m* 丘, 小丘, 小山, 丘陵: dros bant a ~, dros fryn a dôl 丘を登り谷を下って, 至る所に

bryncyn (-nau) *m* 小さい丘, 小丘

bryndir (-oedd) *m* 丘陵［小山］の多い地方［地帯］

bryngaer (-ydd) *f* 丘砦

bryniog *a* 丘［小山］の多い, 丘陵性の

brynnig *a* 1.不潔な, 汚い, 汚れた 2.臭い, 悪臭のする

brynti : bryntni *m* 1.不潔, 汚物; 泥, 埃, ごみ 2.(道徳的)汚らわしさ, 下品, 卑猥

brys *m* 1.急ぐこと, 急ぎ, 急［迅］速: ar frys 急いで, 慌てて; mwya'r ~, mwya'r rhwyster［諺］急がば回れ 2.急ぐ必要 3.焦り, 性急, 軽卒

brysfynag (-egion) *m* 電報

brysgar *a* 1.急な, 慌ただしい 2.早まった, そそっかしい, 軽率な 3.短気な, いらいらした 4.速まる 5.よみがえらせる 6.活発にする, 元気づける

brysgerddded *i* 1.急ぐ, 急いで行く 2.元気よく歩く

brysglwyn (-i) *m* 薮, 茂み, 雑木林

brysgyll (-au) *m* (市長・大学総長などの職権の表象とする)矛形の権標

brysgyllwr (-wyr) *m* 権標奉持者

brysio *t* 1.(人を)せき立てる, 急がせる, せかす, 急いで連れて行く 2.(仕事などを)急いでする, 早める, 促進する
　i 1.急ぐ, 急いで行く 2.急いで…する 3.焦る, 慌てる 4.(自動車で)スピード違反をする 5.速度を増す

brysiog *a* 1.急(速)な 2.大急ぎの, 慌ただしい 3.慌てた, せき立てられた

Bryste 82 **Buddug**

Bryste *f* [地名] ブリストル (Bristol) (England 南西部Avon河口に近い商工業都市・重要な 貿易港で Avon州首都): pasbord (*m*) ~ ブリ ストル紙 (名詞・カード用などの上質厚紙)

Brytanaidd *a* [英史] (古代) プリトン人 [族] の

brytáu *t* 暖める、暖かくする
i 暖まる、暖かくなる

brytheiriad (-au) *m* げっぷ

brytheirio *i* げっぷをする

Brython (-iaid) *m* : **Brythones (-au)** *f* [英 史] 1. (古代) プリトン人 2. プリトン族 (ローマ軍 侵入のころGreat Britain島南部に住んでいた ケルト人) 3. (昔Great Britain島南 西部のWalesやCornwallなどに住んでいたケ ルト族で、Briton人の一派に属する人)

Brythonaidd : Brythonig *a* ブリソン人の

Brythoneg *a* ブリトン語群の

Brythoneg *mf* ブリトン語 (群) (ケルト語派の一 分派で、Welsh, Cornish, Bretonを含む)

brythwch *m* 1. 嵐、暴風雨 2. 騒ぎ、騒動 3. 心の 乱れ、(激情の) 嵐、激動 4. 呻き [呻り] 声 5. 不平 不満の声

bryweddu *t* 1. (ビールなどを) 醸造する 2. (お 茶などを) 入れる 3. (陰謀などを) 企む

brywes (-au) *m* 肉汁: sgot ~ スコッチブロス (牛または羊肉と野菜に大麦を混ぜた濃いスー プ)

bual (-au, -od, buail) *m* [動物] 1. スイギュウ、 水牛: アフリカスイギュウ 2. バイソン、野牛; ヨー ロッパバイソン; アメリカバイソン

bual (buail) *m* (酒を入れる) 角製杯

buan (buain) *a* 1. (速度・行動などが) 速い、敏 速な、素早い 2. 早速の、即座の 3. すぐに…する [しやすい] 4. 敏感 [鋭敏] な、理解の早い 5. (時 計が) 進んでいる、早い: mae'r cloc bum munud yn fuan 時計は5分進んでいる
ad 素早く、敏速に

buander (-au) : buandra : buanedd *m* 1. (動作・行動などの) 速さ、速力、迅速 2. [物 理・機械] 速度、速力

buandroed *a* 足の速い

buarth (-au) *m* 1. (建物に隣接し、しばしば舗装 された戸外の) 囲った地面、庭、中庭: ~ tafarn (buarthau tafarnau) 宿屋 [旅館] の庭 2. (学 校の) 構内、校庭: ~ ysgol 校庭 3. (住宅・納 屋・牛舎などに囲まれた) 農家の庭、農場の構 内

buarthfor *m* 湾、入江

buarthu *t* (動物を) 囲い [檻] に入れる

bubach (-od) *m* 愚者、馬鹿者

buchdraeth (-au) *f* 伝記

buchedd (-au) *f* 1. (個人の) 命、生命 2. 生活、 暮らし方 3. この世、世間 4. 道徳、品行、素行、モ ラル: dyn drwg ei fuchedd 不品行な男 5. (聖 人の) 伝記: Buchedd Dewi聖ダヴィデの伝記 (Saint David (?~?601) ウエールズの司教、同

地方の教化に尽くし多数の会堂を建てた; ウ エールズの守護聖人; 七守護聖人の一人; 祝日 3月1日)

bucheddol *a* 1. 道徳 [上] の、倫理的な 2. 道徳 的 [品行方正] な

bucheddu *i* 1. (人・動物が) 生きる、生存する、 生きている 2. 住む、居住する; 暮す、生活する 3. 活躍 [在世] する

buches (-au, -i, -ydd) *f* (家畜の) 群れ; llyfr (-au) (*m*) ~, bucheslyfr (-au) *m* (牛・豚など の) 血統書

buchfrechiad (-au) *m* [医学] ワクチン [予防] 接種; 種痘

buchfrechu *t* [医学] (牛痘の) 予防接種をす る; 種痘をする

budr (-on) *a* = **brwnt**

budrchwilen (-wilod) *f* [動物] トカゲ、蜥蜴

budreddi *m* 1. 汚物、不潔物; 糞便 2. 不道徳、 堕落、下品 3. 卑猥な言葉、猥談

budrelw *m* 不正利得、悪銭

budrelwa *i* 汚い金を手に入れる、悪銭を得る

budro *t* 1. (物の表面を) 汚す、染みを付ける 2. (名声・名誉などを) 汚す

budrogen (-ogod) *f* 1. だらしない [淫らな、不 身持な] 女 2. 売春婦

budd (-iau, -ion) *m* 1. (金銭的な) 利益、利 得、儲け 2. 益、ためになること 3. 有利な立場、 優位、利点、強み

buddai (-eiau) *f* 攪乳器 (バター製造機 [容 器])

buddai *m* [鳥類] サンカノゴイ (サギ科の鳥)

budd-dâl (~-daliadau) : budd-dal (~-daliadau) *m* [行政] (社会保障制度によ る) 給付、手当: budd-dal diweithdra失業手 当; budd-dal mamolaeth (国民保険の) 出産 手当

buddel (-wydd) *m* (牛を繋ぐための) 牛舎の 柱

buddfawr *a* 有利 [有益] な

buddiant (-iannau) *m* = **budd**

buddio *t* (人などの) 利益になる

buddiol *a* 1. 有益な、ためになる 2. 有利な、好都 合の 3. 賢明な、当を得た、得策な

buddioldeb *m* 1. 利益 2. 便宜、好都合 3. 得策

buddioli *i* 利益を得る

buddiolwr (-wyr) *m* [法律] 信託受益者; (年 金・保険金・遺産などの) 受取人

buddran (-nau) *f* [金融] (株式の) 利益配当、 配当金

buddsoddi *t* [金融] 投資する

buddsoddiad (-au) *m* [金融] 投資 (金)、出 資: ~ anwythol [経済] 誘発投資

buddsoddwr (-wyr) *m* : **buddsoddwraig (-agedd)** *f* 投資家 [出資] 者

Buddug *f* [人名] ブーデイカ (Boudicca;?~A. D.62; Briton人の一部族Iceniの女王; ローマ

軍の横暴を憤りローマ総督に反旗を翻して Londonに攻め入り, 61年に焦土と化したが, 総督軍に敗れ捕えられて服毒自殺した; カーディフ市市舎とロンドンのウェストミンスター橋西端に二人の娘を連れた彼女の像がある)

buddugol *a* (戦いなどに) 勝った, 勝利を得た, 勝ち誇る

buddugoliaeth (-au) *f* 勝利, 戦勝: B~ Adeiniog Samothrace [美術] サモトラケの翼のある勝利の女神像(1836年エーゲ海北東部のSamothrace島で発見された; cf *Acts* 16:11)

buddugoliaethus *a* 1.勝った, 勝利を得た, 勝ち誇る: [神学] yr Eglwys Fuddugoliaethus 凱旋 [勝利の] 教会(現世で悪との戦いに勝利を得て昇天した天上の霊魂)2.勝利の, 戦勝の [を示す]

buddugwr (-wyr) *m* : **buddugwraig (-agedd)** *f* 勝利者

bugail (-eiliaid) *m* 1.羊飼い, 牧羊者, 牧夫: [聖書] y Bugail Da よき羊飼い, イエスキリスト 2.(英国国教会以外の) 牧師

bugeilaidd *a* 1.牧羊者の 2.(土地が) 牧畜用の 3.田園生活の; 牧歌的な 4.牧師の

bugeileg (-ion) *f* 牧歌, 田園詩

bugeiles (-au) *f* 女性の羊飼い

bugeilffon (-ffyn) *f* 1.羊飼いの杖 2.[キ教] 牧杖, 司教杖

bugeilgerdd (-i) *f* = bugeileg

bugeilgi (-gwn) *m* 羊の番犬, 牧羊犬

bugeiliaeth (-au) *f* 1.[プロ] 牧師の職務 [身分, 任期, 管区] 2.[カト] 主任司祭の職務 [身分, 任期, 管区], 司牧責任

bugeilio *t* 1.(羊の) 世話 [番] をする 2.(群衆などを) 導く 3.(人に) 精神的指導を与える

bugeiliol *a* 1.牧羊者の 2.(土地が) 牧畜に適した 3.田園生活の, 牧歌的な 4.[教会] 牧師の

bugeiliwr (-wyr) *m* 1.田園詩人 2.(豪) 牧羊者, 牛飼い

bugeilyddiaeth *f* 1.牧歌的なこと, 田園情趣 2.牧農主義

bugunad (-au) *m* (牛の) 鳴き [吠え, 唸り] 声

bugunad *i* (牛が) 大声で鳴く, 吠える

bulwg *m* [植物] ムギセンノウ, ムギナデシコ (ヨーロッパ産のナデシコ科の一年草)

bun *f* 少女, 娘, 未婚の女性

burgyn (-iaid, -nod) *m* (獣の) 死体; 死肉, 腐肉

burum (-au) *m* 酵母(菌), パン種, イースト: teisen (*f*) furum (teisennau ~) 生イーストの塊(パンや菓子を作る時に用いる)

burumaidd *a* 1.麦芽発酵種の泡 [酵母] のような, 泡立った 2.間抜けの, 気が狂った

busnes (-au, -ion) *m* 1.事務, 業務, 仕事, 勤め 2.用務, 用事, 用件: mae gennyf fusnes ag ef 私は彼に用がある 3.実業, 職業: merch/

gwraig (*f*) fusnes (merched/gwragedd ~) 女性実業家 4.商取引, 商売: cyfarfod (-ydd) (*m*) ~ 商談会; ~ yw ~ 商売は商売だ(寛容とか感情などは禁物; 勘定は勘定) 5.(個人的な) 事柄, 関心事: fy musnes i yw hynny それは君の知った事ではない 6.[しばしば否定文で] 干渉する権利, 筋合い: paid (peidiwch) busnesu; meindia dy fusnes (meindiwch eich ~) それは君の知った事ではない

busnesa : busnesu *i* 干渉 [口出し] する

busnesgar : busneslyd *a* 干渉 [口出し] する, おせっかいな

busnesol *a* 1.実業 [商業, 商売] に関する 2.商業 [商売] 上の 3.事務 [実際] 的な 4.能率的な; てきぱきした 5.おせっかいな

busneswr (-wyr) *m* : **busneswraig (-agedd)** *f* 干渉者, おせっかい屋

bustach (bustechi, bustych) *m* 1.去勢牛 2.(4歳未満の) 雄牛

bustachu *t* 1.へまをする, しくじる, やり損なう 2.(波・不運などが人を) 左右に打ちつける, 揉む

bustl (-au) *m* 1.[生理] 胆汁: dwythell (*f*) y ~ [解剖・動物] 胆管 2.癇癪, 怒り, 不機嫌

bustlaidd *a* 1.胆汁 (性) の, 胆汁症の 2.気難しい, 怒りっぽい

bustledd *m* 1.[病理] 胆汁症 2.短気, 気難しさ

bustlog *a* 胆汁の多い

buwch (buchod) *f* 雌牛, 乳牛: ~ flith (buchod blith) 乳牛

bw *int* ブー!, ぶー!(脅し・不可・非難・反対・軽蔑など示す): ddywed e ddim ~ wrth gath fach 彼はガチョウも脅せない[非常に臆病である]

bwa (bwâu) *m* 1.弓: ~ (a) saeth 弓矢 2.[音楽] (楽器の) 弓 3.[建築] アーチ, 弓形門: ~ pedol 馬蹄形アーチ 4.アーチ [弓] 形, 半円形: bwa'r arch/hin 虹; ~ llifwaddod [地質] (沖積) 扇状地 5.[教会法] Llys y Bwâu カンタベリー大主教管轄下の控訴裁判所

bwan *t* (人を) ブーと言ってやじる
i (人に) ブーと言う, (ブーと言って) やじる

bwaog *a* [建築] アーチ [弓] 形の: sgôl fwaog (sgoliau ~) *f* [気象] アーチ形スコール(赤道地方に起こる突風で, 密集した黒雲がアーチ形に前進し激しい雷雨を伴う)

bwbach (-od) *m* 1.お化け, 幽霊: ~ brain 案山子, こけおどし 2.怖いもの, 悩み(の種) 3.鼻くそ

bwbachu *t* おびえさせる, 脅かす, 怖がらせる

bwced (-i) *f* 1.手桶, バケツ; つるべ 2.手桶 [バケツ] 一杯 (の量) 3.(浚渫機の) バケツ, 汲子 4.(水車の) 水受け

bwcedaid (-eidiau) *m* バケツ [手桶] 一杯の量

bwci (-ïod) *m* = bwbach

bwcio *t* 1.(部屋・座席・切符などの)予約をする 2.記入[記帳]する

bwcl (byclau) *m* = boglwm

bwcled (-i) : bwcler (-au, -i) *mf*[甲冑]円盾

bwclo (靴などを)バックルで締める
i バックルで締まる

bwcram *m*[織物]バックラム(糊・膠などで固めた亜麻布; 洋服の襟芯・製本用)

bwch (bychod) *m* 1.ダマジカ[ノロジカ]の雄 2.動物の雄: ~ gafr (bychod geifr) 雄山羊 3.(米)ドル 4.[農業・スコ](小麦・ライ麦など穀物の)刈束の山

bwdram : bwdran *m* = brwchan

bwff *m* 淡黄色

bwgan (-od) *m* = bwbach

bwgi-wgi *mf*[音楽]ブギウギ(テンポの速いジャズピアノ曲)

bwgwl (bygylau) *m* 1.脅し, 脅迫, 恐喝, 威嚇, 脅威 2.(危険・災いなどの)兆し, 恐れ, 前兆 3.危険な物 4.困り者

bwhwman *i* (二つの意見・感情などの間で)迷う, 躊躇する

bwi (-au) *m*[海事]浮標, ブイ: ~ achub 救命浮標[浮輪]

bwio *t&i* = bwan

bwl (bylau) *m* 1.球, 球体, 玉 2.(ドア・引出しなどの)球状の取っ手, 引手, 握り

bwla (-od) *m* 去勢された雄牛

bwlch (bylchau) *m* 1.(壁・垣根などの)裂け目, 割れ目, 切れ目, 穴 2.途切れ, 空白, 空所 3.(意見などの)相違, ずれ: y ~ rhwng y cenedlaethau, ~ y cenedlaethau 世代間のずれ[断絶, ギャップ] 4.(記事などの)脱落部分 5.V字形の刻み目, 切り目 6.(米)山間の道, 峠道 7.[電気]ギャップ, 火花放電間隙

bwldagu *t* 1.(人などを)窒息させる 2.(パイプ・水路などを)詰まらせる
i 1.息が詰まる, 窒息する 2.喉を詰まらせる

bwled (-i) *mf* : **bwleden (bwledi)** *f* (拳銃などの)弾丸, 銃弾

bwlfard (-iau) *m* 1.広い並木街路 2.(米)大通り

Bwlgaraidd *a* ブルガリア(人)の

Bwlgareg *mf*[言語]ブルガリア語
a ブルガリア語の

Bwlgaria *f*[地理]ブルガリア(Bulgaria)(ヨーロッパ南東部Balcan半島の共和国; 首都Sofia)

Bwlgariad (-iaid) *mf*[民族]ブルガリア人

bwli (-ïaid, -ïod, -s) *m* 1.(学校で)弱い者いじめをする人, いじめっ子, がき大将 2.暴漢, 暴れ者, ごろつき 3.売春の斡旋をする男

bwlïaidd *a* 弱い者いじめの

bwlïo *t* (弱者を)いじめる
i[ホッ]ゲームを開始する

bwliwn *m* 1.金[銀]塊;(金・銀の)延べ棒 2.[刺繍]金銀糸などで作ったレースやコード

bwlyn (-nau, byliau) *m* 1.(ドア・引き出しなどの)取っ手, 握り, ノブ 2.(去勢していない成熟した)雄牛

bwm (bwmau) *m* 1.[海事]ブーム(帆のすそを張る円材) 2.(大砲の)轟, ドーンと鳴る音

bwmbart (-iau) *m*[英史・軍事]射石砲(中世の大砲で石製の弾丸を打ち出した)

bwmbeili (-iaid) *m* 執達吏, 執行吏

bwmbras (-au) *f*[甲冑]椀甲(特に二の腕当てをいう)

bwn (byniaid) *m*[鳥類]サンカノゴイ

bwncath (-od) *m* = boncath

bwnd (byndiau) *m* 1.(インドなどの海岸・河岸の)築堤; 岸壁 2.(極東諸国の港市の)海岸通り, バンド

bwndel (-i) *m* 1.(くくった物の)束, 巻いた物 2.包み 3.塊

bwndelu *t* 1.束にする, くくる 2.包む

bwngler (-iaid) *m* : **bwngleres (-au)** *f* へまをやる人, 無器用者, 下手な職人

bwnglera *t* 1.下手に繕う 2.下手にやる, やり損なう
i へまをやる, やり損なう

bwngleraidd *a* (仕事・対応などが)へま[下手, 不器用, 不手際]な, ぎこちない

bwnglerwaith : bwnglerwch *m* 1.へま, しくじり 2.不器用, ぎこちなさ 3.下手な仕事

bwnglerwr (-wyr) *m* = bwngler : **bwnglerwraig (-ageddd)** *f* = bwngleres

bwr *m*[彫版](銅版彫刻などの)粗い削り目, ぎざぎざ
a 1.(人が)太った, 肥えた 2.(食肉用の動物を)特に太らせた 3.(力・体などが)強い, 丈夫な, たくましい 4.大きい

bwrdais (-deisiaid) *m* 1.中産階級の市民 2.有産者, 資本家, ブルジョア 3.[行政](自治都市の)市民, 公民, 自由民 4.物質本位の無教養者

bwrdais : bwrdeisaidd : bwrgeisaidd *a* 1.中産階級[ブルジョア]の 2.資本主義の 3.ブルジョア根性の, 俗物の

bwrdeisiaeth : bwrgeisiaeth *f* 1.中産階級 2.資本家[有産]階級

bwrdeisiwr : bwrdeiswraig *f* : **bwrgeisiwr (-wyr)** *m* : **bwrgeiswraig (-ageddd)** *f* = bwrdais

bwrdeistref(-i, -ydd) *f* 1.[英史]自治[特権]都市: cyngor(m) ~(cynghorau bwrdeistrefi)(自治都市の)市会 2.地方自治体(市・町など) 3.市[町]当局 4.[集合的に](市・町などの)住民 5.選挙区としての市, 都市選挙区

bwrdeistrefol *a* 自治都市の, 市[町]の; 市[町]営の

bwrdd (byrddau) *m* 1.テーブル, 食卓: ~ coffi コーヒーテーブル; ~ uchel(英大学の)食堂で

bwriad 85 **bwth**

B

学生用よりも一段と高い所に設けられた学長・教授などの食卓: moesgarwch (*m*) wrth y ~ テーブルマナー, 食卓の作法; ~ bach 予備のテーブル; nythaid o fyrddau (大きいテーブルの中に小さいテーブルを収納できる) 入れ子式テーブル 2.食事, 食物: wrth y ~ 食事中で[に]; mae'n arlwyo'i fwrdd yn dda; wrth y ~ 彼はいつもごちそうを食べる 3.仕事台, 遊戯台, 手術台: ~ llawes [洗濯] 袖うま (服の袖にアイロンをかけるための台); pêl-droed (*m*) pen ~ テーブルフットボール [サッカー] 4.[キ教] 正餐台: Bwrdd yr Arglwydd, Bwrdd y Cymun 正餐台 5.板: ~ lluniadu 製図板, 画板: ~ sgrialu, sgrialfwrdd *m* スケートボード; ~ ffeibr/ffeibrau 繊維板 6.(遊戯の) 盤, 台 7.黒板; 掲示板; ~ hysbysu, hysfysfwrdd (hysbysfyrddau) *m* 掲示板 8.[*pl*] [演劇] (劇場の) 舞台 9.委員会: ~ cygarwyddwyr [商業] 役員会, 理事会, 重役会, 取締役会 10.(官庁の) 庁, 院, 局, 部: Bwrdd Croeso Cymru ウエールズ観光局 11.[海事] (船の) デッキ, 甲板: ~ glanio/hedfan/lansio (空母の) 飛行甲板

bwriad (-au) *m* 1.目的, 意図, 計画: ~ pendant 決まった目的; o fwriad 故意に, わざと, 目的を持って, 計画的に: crynodd (-au) (*m*) [医学] (何かしようとする時に生じる) 意図振戦 2.決心, 決断力: bwriadau da 行いを改めようとする決意

bwriadol : bwriadus *a* 故意の, 意図 [計画] 的な

bwriadu *t* 1.意図する, (…する) つもりである, (…しようと) 思う: beth ydych chi'n ~ ei wneud? あなたは何をしようとするつもりなのですか? 2.(人に…させる) つもりである 3.(人・物をある目的に) 向ける, 予定する, 運命づける: ~ i rn fynd i'r offeiriadaeth/weinidogaeth 人を聖職につかせる予定である

bwriant (-iannau) *m* [論理] (三段論法の) 小前提

bwrlésg (bwrlesgau) *m* 1.[文学・芸術] バーレスク (真面目な事件や作品を戯画化した滑稽な作品) 2.(人の言動などの) 滑稽な物まね
a 1.滑稽に作り替えた, 戯作的な 2.茶化した, おどけた

bwrlesgio *t* ばかばかしく滑稽に演じる, 茶化す, 戯画化する

bwrlwm (byrlymau) *m* = **boglyn**

bwrn (byrn, byrnau) *m* 1.[商業] 梱, 俵 (船積みのため圧縮して鉄たがを掛けたりズックに包んだりして荷造りした商品) 2.心配事, 苦労, 難渋

bwrnais *m* 艶, 光沢

bwrneisio *t* (金属などを) 磨く, 光らせる

bwrneisiwr (-wyr) *m* 1.磨く人 2.磨き器

bwrw *t* 1.投げる; (サイコロを) 振る; (投網を) 打つ; (釣糸を) 投げる; (票を) 投じる; (錨・測鉛を) 降ろす: ~ angor 錨を降ろす 2.(目・視線などを) 向ける, 注ぐ; (光・影・疑惑などを) 投げかける, 落とす; ~ cysgod 影を落とす 3.(不要な物を) 投げ捨てる (葉・毛・角などを) 落とす; (蛇が) 脱皮する; (鳥が羽毛を) 落とす; (衣服を) 脱ぎ捨てる 4.(母獣が子を) 生む, 早産する 5.計算する 6.(地金などを) 鋳型に入れる, 鋳造する: ~ cerflun 像を鋳る 7.打つ, 叩く, 殴る 8.(血・灰・キス・殴打などを) 雨のように降らす, 浴びせる, たっぷり与える 9.数える, 計算する 10.数 [勘定] に入れる, 考慮に入れる 11.思う, 見なす, 想像 [推定] する 12.(金を) 使う, 費やす 13.(時間を) かける, 過ごす, 送る: bwrw'r Sul yn y wlad 週末を田舎で過ごす 14.仮定する
i 1.雨が降る: mae hi'n ~ 雨が降っている; ~ fel o grwc, ~ adre 雨が土砂降りに降る 2.(雨のように) 降る: ~ eira 雪が降る 3.数を数える, 計算する 4.(物の) 数に入る, 重要である 5.頼る, 当てにする

bwrw *m* 1.(ボールを) 投げること, 投球 2.(投網・釣糸の) 投げ込み; サイコロの一振り 3.[織物] 横糸
a 鋳鉄 (製) の: haearn (*m*) ~ 鋳鉄; dur (*m*) ~ 鋳鋼

bws (bysiau) *m* バス: minibws (-bysiau), minibys (-ys) *m* ミニバス, 小型バス; ~ deulawr 2階付きバス: arhosbon (arosbannau) (*mf*) bysiau/byssus バスの停留所, バス停; gorsaf (*f*) fysus (gorsafoedd byssus) (長距離用) バスステーション; safle byssus ar gais 乗客の要求があった時のみ停まるバス停留所; mewn ~, yn y ~, ar y ~ バスで

bwshido *m* 武士道

bwsiel (-au) *m* ブッシェル (容量の単位: = 4 pecks: (英) 乾量・液量の単位; 8ガロン, 約36リットル; (米) 乾量の単位; 約35リットル)

bwtler (-iaid) *m* (食堂・酒類貯蔵室・食器などを管理する) 執事, 使用人

bwtres (-i) *mf* [建築] 控え壁

bwtri (bwtrïau) *m* 1.(英国の大学で学生に食料や飲料を供給する) 食料室 2.(酪農場内の) 搾乳場, バター・チーズ製造場

bwtri (bwtrïoedd, -s) *m* 1.(家庭の台所または食堂に隣接する) 食料貯蔵室 [戸棚], 食器室 2.(ホテル・病院などの) 冷凍食品貯蔵室

bwtwm (bytymau) : bwtwn (-au) *m* = **botwm**

bwth (bythau, bythod) *m* 1.小さな仕切り [部屋]; ブース 2.電話ボックス: ~ ffonio (公衆) 電話ボックス 3.映写室 4.仮設投票用紙記入所 5.(田舎の) 小家屋, 田舎家: ysbyty ~ (その土地の全科開業医が巡回して治療にあたる) 小病院 6.(羊飼い・狩猟家用の) 小屋 7.(家畜・飼

bwthyn い鳥の)小屋 8.山小屋

bwthyn (bythynnod) *m* (田舎の)小家屋, 田舎家: pwdin (-au) *(m)* ~ コッテージプディング(あっさりとしたケーキに果物やチョコレートのソースをかけたデザート)

bwyall : bwyell (bwyeill, bwyelli) *f* 1.(手)斧, まさかり: ~ ddeufin (bwyeill deufin) 両刃の斧 2.(アメリカ原住民の)まさかり戦斧

bwyd (-ydd) *m* 1.食物, 食糧, 食品: bwydydd parod/sydyn インスタント食品; ~ diwerth/ sothach ジャンクフード(栄養価のバランスを欠くインスタント食品など); ~ sydyn ファーストフード(短時間で調理できるハンバーグ・フライドチキン・ピザ・ホットドッグなど); ~ tun 缶詰食品; tocyn (-nau) *(m)* ~ 食券; cadwyn *(f)* fwyd (cadwyni/cadwynau bwydydd)[生態]食物連鎖; Trefniadaeth *(f)* B~ ac Amaeth 国際連合食料農業機関 2.(飲み物に対して)食べ物: bwyd a diod/llyn 飲食物; cadwyn *(f)* fwyd (cadwyni/cadwynau bwydydd)[生態]食物連鎖 3.(家畜などの)飼料, 飼葉 4.(精神的な)糧;(思考・反省などの)材料, 資料: ~ i'r meddwl 心の糧(書籍など)

bwyda : bwydo *t* 1.(子供・病人などに)食事を与える 2.(乳児に)授乳する 2.(原料を機械に)送り込む: bwydo peiriant â rhth 機械に物を送り込む

bwydlen (-ni) *f* 献立表, メニュー

bwydlys (-iau, -oedd) *m* 1.野菜 2.セロリ 3.サラダ

bwydlysieuwr (-wyr) *m* 菜食主義者

bwydlysieuyn (-lysiau) *m*[植物]野菜, 青物

bwydlysyddiaeth *f* 菜食(主義)

bwydo *t* 1.(動物などに)餌をやる;(乳児に)授乳する,(幼児・病人などに)食事を与える 2.(家族などを)養う 3.(機械に材料を)送り込む, 供給する

bwyd-offrwm *m*[聖書](古代イスラエル人の)穀物の供物(小麦粉・塩に油・香料を加えた供え物)(cf *Num* 7:13)

bwydwr (-wyr) *m* 1.飼育者 2.餌箱

bwyellgaib (-geibiau) *f* つるはし

bwyellu *t* まさかりで打つ[切る, 殺す]

bwylltid (-au) *m* 1.[機械]周り継ぎ手, 自在軸受け 2.(回転椅子の)台座

bwyllwr : bwyllwrw (-yriau) *m* 旅の備え[準備]

bwysel (-au) *m* = bwsiel

bwysmant : bwysment (-au) *m* 待ち伏せ(場所)

bwystfil (-od) *m* : **bwystfiles (-au)** *f* 1.動物; 四足獣 2.獣のような人, 人でなし

bwystfilaidd *a* 1.獣のような 2.残酷な 3.愚鈍な 4.肉欲的な 5.ぞっとするほど不快な 6.忌々しい, 嫌な, ひどい

bwystfileiddiwch : bwystfileidd-dra *m* 1.獣的性情, 野蛮, 残酷 2.猥褻

bwyta *t* 1.食べる, 食べ[飲み]尽くす: bwyta'ch brecwast 朝食を食べる 2.食い荒らす, 腐食[浸食]させる 3.(心・社会などを)蝕む

i 1.物を食べる, 食事をする: ~ i fyw, nid byw i ~ 生きるために食べる, 食べるために生きるのではない; ~ fel ceffyl 大食する 2.腐食する, 浸食される

bwytadwy *a* 食べられる, 食用に適する

bwytadwyedd *m* 食用に適すること

bwytawr (bwytawyr) *m* : **bwytawraig (-agedd)** *f* 1.食べる人: ~ mawr 大食漢; nid yw'n bwyta llawer; bwytawr bach ydyw 彼は大食家ではありません 2.生で食べられる果物

bwyteig *a* 1.貪欲な, 欲張りの 2.食いしん坊な

bwyty (-tai) *m* レストラン, 飲食[軽食, 料理]店, カフェテラス

byclu *t&i* = bwclo

bychan *a* (*f* bechan, *pl* bychain) 1.(形状・規模など)小さい, 小型の: ar raddfa fechan 小規模に; lle fychan yw'r byd 世間は狭い; ty ~ bach ちっちゃな家; cychod bychain 小型ボート; beic ~ (beiciau bychain) *m* 子供用小型自転車; Meistri Bychain リトルマスターズ(16世紀前半に主に版画で活動したドイツの版画家のグループ) 2.少ない, 少数[量]の: adnoddau bychain 僅かな資源 3.些細な, 取るに足らない, 小規模の: siopwr ~ 小商人 4.(声が)低い 5.(心の)狭量な, けちな, 卑劣な: meddwl ~ 狭量(な人) 6.[印刷]小文字の: llythrennau bychain 小文字

bychander : bychandra : bychanrwydd *m* 1.小さいこと, 短小, 微小 2.僅少 3.狭量, 浅ましさ, 卑劣

bychaniad *m* 1.軽視 2.卑下 3.悪口, 非難 4.(価値などを)下げること

bychanol : bychanus *a* 1.(名声・人格などを)傷つけるような 2.(言葉など)軽蔑的な, 見くびった, 蔑んだ, 鼻であしらう

bychanu *t* 1.見くびる, けなす: eich bychanu'ch hun 卑下する 2.小さくする[見せる] 3.(価値・名誉などを)落とす, 減じる, 損なう

i 減じる, 落とす

bychanwr : bychanydd (-wyr) *m* : **bychanwraig (-agedd)** *f* 1.事を最小に考える人, 過当に低く[過小]評価する人 2.(名誉毀損の目的で)悪口を言い触らす[けなす]人

byd (-oedd) *m* 1.世界, 地球: mynd rownd y ~ 世界を一周する: Gwe Fyd Eang[電算機]ワールドワイドウエッブ 2.世の中, 俗世間: y ~ nesaf, y ~ arall, y ~ a ddaw あの世, 来世 3.世界中の人たち, 人類, 人間: yr holl fyd, y ~ i gyd, y ~ yn grwn, y ~ cyfan 全世界の

bydaf 87 **bynnag**

人々 **4.**(特定の人種・職業・集団などの)世界, …界: ~ llên, ~ llenyddiaeth, y ~ llenyddol 文学界, 文壇 **5.**多数, 多量: fe wnaiff hynny fyd o les ichwi それは大いにあなたのためになるでしょう **6.**(churchに対して)政府: y Byd a'r Betws 教会と国家(政教分離)

bydaf (-au) *mf* ミツバチの群れ [巣箱, 蜜]

byd-eang *a* 全世界に広まった, 世界中に知れ渡った, 世界的な

byd-enwog *a* 世界的に有名な

bydio *i* **1.**住む, 居住する **2.**生きる, 生存存在する **3.**暮らす, 生活をする **4.**(人が)活躍 [在世] する **5.**(事業などが)繁盛 [繁栄] する

bydol *a* **1.**この世 [現世, 浮世] の **2.**世俗的な, 俗物の: materion ~ 俗事

bydoldeb *m* 世俗的なこと, 俗心; 俗事

bydoldoethineb *m* 処世, 世才

bydoldoethyn (-oethion) *m* 俗人, 俗物: B~ 俗物, 世俗人(Bunyan, *Pilgrim's Progress* 中の人物)

bydolddyn (-ion) *m* 世俗的名利を追う人, 俗人, 俗物

bydolrwydd *m* = **bydoldeb**

bydwr (-wyr) *m* 助産夫 : **bydwraig (-agedd)** *f* 助産婦, 産婆

bydwreigiaeth *f* 助産 [産婆] 術, 助産婦学

bydysawd (-au, bydysodau) *m* 宇宙

byddag : byddagl (-au) *f* **1.**(引くと輪が締まる)輪縄, 引き結び **2.**(魚を捕らえる)筌 **3.**[海事] 挽き解け結び, 滑り結び

byddaglu *t* **1.**輪縄を掛ける **2.**輪縄で捕える **3.**(人を)陥れる, 誘惑する, つけ込む

byddar *a* 耳が聞こえない [遠い], 耳の不自由な: ~ bost, ~ fel cilbost 全く耳が聞こえない

byddar (-iaid) *m* 耳の聞こえない人

byddardod *m* 耳が聞こえない [遠い] こと

byddarol *a* 耳をつんざくような

byddaru *t* 耳を聞こえなくする [つんざく]

byddin (-oedd) *f* **1.**陸軍 **2.**軍隊, 兵力 **3.**(軍隊組織の)団体 : Byddin yr Iachawdwriaeth救世軍 **4.**大勢, 大群

byddiniad (-au) *m* 動員

byddino *t* **1.**[軍事](軍隊・艦隊を)動員する; 陣容を整える, 戦陣を張らせる **2.**(産業・資源などを)戦時体制にする **3.**(支持・力などを)結集する **4.**(富などを)流通させる *i* (軍隊が)動員される

byddinog *a* [軍事] 陣容を整えた, 戦陣を張った

byffer (byffrau) *m* **1.**[鉄道](車両などの)緩衝装置 **2.**[化学]緩衝剤 **3.**[電算機]緩衝記憶装置, バッファー

byfflo (-s) *m* **1.**スイギュウ, 水牛 **2.**アメリカバイソン

bygegyr (-on) *m* [昆虫](ミツバチの)雄バチ

bygwth (bygythiau, bygythion) *m* **1.**脅し, 脅迫, 威嚇 **2.**(悪いことの)前兆, 兆し: mae hi'n ~ (bwrw) glaw 一雨来そうな様子だ

bygwth : bygylu *t* **1.**脅す, 脅迫 [威嚇] する **2.**脅して…させる

bygylog : bygylus *a* **1.**脅す, 脅迫する **2.**(空模様などが)荒れ模様の, 険悪な

bygylwr (-wyr) *m* **1.**脅迫者 **2.**(学校の)弱い者いじめをする人, いじめっ子, がき大将 **3.**暴漢, ごろつき

bygythiad (-au) *m* = **bygwth**

bygythio *t* = **bygwth, bygylu**

bygythiol *a* = **bygylog, bygylus**

bygythiwr (-wyr) *m* = **bygylwr**

bygythlyd *a* **1.**脅迫しがちで **2.**怒鳴り散らす; 空威張りの **3.**吹きすさぶ, 荒れ狂う

byl (-au) *mf* (コップ・茶碗などの) 縁, ふち: hyd y fyl 溢れるばかりに, なみなみと

bylb (bylbiau) *m* **1.**[植物](ユリ・タマネギなどの)球根, 鱗茎 **2.**[電気]電球; 真空管 **3.**[解剖]眼球

bylchfur (-iau) *m* [築城]狭間胸壁, 銃眼付き胸壁

bylchog *a* **1.**連絡のない, 切れ切れの **2.**隙間だらけの, 破れ目のある **3.**ぎざぎざ [でこぼこ] のある, ジグザグ形の

bylchu *t* **1.**(城壁・防御線などを)破る, 突破する: ~ rhengoedd y gelyn [軍事] 敵の防御線を突破する **2.**破れ目を作る **3.**(約束・法律などを)破る

byngalo (-s) *m* バンガロー(ベランダのある簡単な木造平屋の建物)

bynnag *part* (不変化詞)(この語は現代ウエールズ語でparticleとして存在し, 疑問詞に付加される. 英語で '-ever' を付加する特徴があり意味を疑問から不定へと変化させる. **pron** としている辞書もある) **1.**[譲歩表現を強調して] たとえ [どのように] …とも: ni waeth pa mor fawr ~ y boたとえそれがどんなに大きくても **2.**[any, no, whatに続く名詞を強調して] どんな…も, 全然: a pha fwriad ~ y'i gwnaeth 彼がそれをどんな目的でしたにせよ **3.**[先行詞を含む不定関係代名詞として]: (…する) もの [こと] は何でも: gwneuch ba beth ~ a fynnoch chi 君は何でも好きなことをしなさい; どちら (の…) でも: cymer ba un ~ sydd orau gennyt どちらでも一番好きなのを取りなさい; (…する) 誰でも, どんな人でも **4.**[譲歩節を導いて]どんなこと [もの] が…でも, いかに…でも: (pa) beth ~ a ddigwyddo, peidiwch a chynhyrfu 何事が起こっても落ち着きなさい; どちらが [を] …しようとも: pa un ~ a ddewiswch/ddewisoch, cewch fargen dda どちらを選んでも, よい買い物をすることになるでしょう; 誰が…とも: pwy ~ ydyn rhw, dw i ddim eisiau gweld nhw 彼らが誰か知らないが, 会いたくない; pwy ~ ydych/foch, llefarwch! 君が誰か知らんが, 口をきけ!

bynen 88 **byw**

5. [列挙した後に置いて] その他なんでも: cathode, cwn, neu beth ~ y bo 猫とか犬とか何とか 6. [(…する所は)はどこ(へ)でも: …する場合はいつでも: mi af i ba le ~ yr hoffech imi fynd 私は君が望む所はどこへでも行くつもりです; ble ~ y bo modd 可能な場合はいつでも 7. [譲歩節を導いて] どこに[へ]…しようとも: ble ~ y boch 君がどこにいても 8. [譲歩の副詞節を導いて] どんなに…でも: pa gyn lieid ~ どんなに小さくても 9. [強意の関係副詞として] どんな…でも; どんな仕方でも 10. [強意関係詞として] どんな…でも 11. [譲歩節を導いて] たとえどんな…でも; どちらの…が[を]…しようとも: cymerwch ba lyfr ~ sydd orau gennych どちらの本でも一番好きなのを取りなさい

bynen : bynsen (byns) f (通例甘味を加、香辛料や干しぶどうなどを入れる小型の) パン、丸パン: bynen/bynsen y Grog ホットクロスパン(表面に十字形の模様を付けたパン; Easterの前のGood Friday (聖金曜日)に食べる)

byr a (f **ber**, pl **byrion**) 1. (長さ・距離・時間など) 短い: gwallt ~ 短い髪; mewn ~ amser, mewn ~ o dro 短期間に、間もなく; arhosiad ~ 短期間の滞在 2. (分量・目方など) 足りない、不足している 3. (話・手紙など) 短い、簡潔な 4. [音声] 単音 の: llafariad fer (llafariaid byrion) f 短母音 5. [商業] (手形など) 短期の; (証券など) 空売りの: biliau dyddiad/tymor ~ 短期為替手形

byrbryd (-au) m 軽食: bar (-rau) (m) ~ 軽食堂

byrbwyll a 向こう見ずな、無分別な、軽率な、衝動的な

byrbwylltra m 向こう見ず、無分別、軽卒、性急

byrder : byrdra m 1. (時の) 短さ: byrder bywyd 人生の短いこと 2. (表現の) 簡潔さ

byrdwn (-ynau) m 1. (歌の) 折返し句、畳句、リフレイン 2. (演説などの) 要旨、趣旨

byrddaid (-eidiau) m 1. 一食卓分 (の数量) 2. 一食卓を囲める人数

byrddio t 1. 板を張る 2. (船などに) 乗る、乗り込む: ~ llong 船に乗る

byrddiwr (-wyr) m 1. (食事付きの) 下宿人 2. [学校] 寮生、寄宿生

byrddydd a [植物] (短い日照時間で開花する) 短日性の

byrfodd (-au) m [印刷] 省略 (形)、略字、略語

byrfyfyr a 即座 [即席] の、即興的な

byrgorn a 短角牛の

byrhau t 1. 短く [短縮] する 2. (語などを) 短縮する、略して書く
i (日など) 短くなる

byrhoedledd m 人生の短いこと

byrhoedlog a 短命の、儚い、一時的な

byrlymu t [化学] 泡立たせる

i 1. 泡立つ 2. (水などが) ごぼごぼ [どくどく] 流れる、ごぼごぼ [ぶくぶく] 音を立てる

byrnio : byrnu t = **bwndelu**

byrnwr (-wyr) m 干草・藁などを梱包する機械

bys (-edd) m 1. (手の) 指: ~ blaen 人差し指; ~ troed (bysedd traed) 足の指; ~ mawr troed (bysedd mawr traed) 足の親指 2. (ピアノの) 鍵 3. (時計などの) 針: ~ bach, awrfys (-edd) m (時計の) 時針

byseddu t (手・指などで) 触る、触れる、いじる

bysio t [音楽] (楽器などを) 指で弾く

bysledr (-au) : byslen (-ni) f [医学] (革・ゴム製の) 指サック (傷の保護・手工芸用)

bystwm : bystwn m = **bostwm, bostwn**

bytio t 1. [ボク] 頭で突く 2. [金工] (二つの端を重ねずに) 接合する

byth (-oedd) m 永遠、永久

byth ad 1. [否定文で] かつて (…することがない); 決して (…ない): anaml y byddaf yn darllen, os ~ 私は滅多に読書しません 2. [条件文で] いつか: os ~ y daliad ef 彼を捕えようものなら 3. [強意語として] (as…asを強めて) できるだけ…: cyn gynted ~ ag y medrwch できるだけ急いで 4. まだ、なお、今まで通り: mae ef yma ~ 彼はまだここにいます 5. [比較級を強めて] なお (一層)、もっと、なおさら: mwy fyth まして、いわんや 5. [疑い・驚き] まさか…ではあるまい 6. [強い否定で] 決して…ない: paid ~ â digalonni 弱音を吐くな 7. いまだかって…ない、決して…することがない: amser maith yw ~, hir yw ~ [諺] もう決してなどとは滅多に言わぬこと、物事を感嘆にあきらめるな; nid yw fyth yn bwrw na bydd yn tywllt [諺] 降れば必ず土砂降り、物事 [(特に) 不幸] は重なるもの 8. am ~ 永久 [永遠] に: Cymru am ~! ウェールズよ永遠なれ!

bytheiad (-eiaid, -eid) m [狩猟] フォックスハウンド、猟犬

bytheiriad (-au) m げっぷ、おくび

bytheirio i げっぷをする、おくびを出す

bythgofiadwy a 1. 記憶すべき、忘れられない 2. 覚えやすい

bythol a 1. 永遠の、永久に続く、不朽の 2. 永続性の、耐久性のある 3. (植物が) 乾いても色や形の変わらない

bytholi t 永続させる、不滅にする

bytholiad m 永久化、不朽にすること

bytholrwydd m 永遠、永久、永続、不滅

bytholwyrdd : bythwyrdd (-ion) a (樹木が) 常緑の

bythynnwr (-ynwyr) m 小住宅に住む人

byw t 1. (…の) 生活をする [送る]: ~ bywyd hapus 幸福な人生を送る; ~ fel cwn a moch/brain 夫婦がいがみ合って [喧嘩ばかりして] 暮らす 2. [演劇] (俳優が役を) 熱演する: ~

bywgraffiad 89 **bywynnaidd**

rhan 役を熱演する

i 1.生きる, 生きている, 生存する: ma ear bawb eisiau ~[諺]己も生きよ他も生かせ(世の中は持ちつ持たれつ) 2.生き長らえる, 長生きする: ~ fyddo'r Brenin! 国王万歳! 3.暮らす, 生活をする: ~'n onest 正直に暮す; ~'n wyllt 人生を楽しむ 4.住む, 居住する: mi fum i ~ yno, mi fum i'n ~ yno 私はそこに5年間住んだ 5.(…に頼って)暮して[生きて]行く: ~ ar obaith 希望で生きて行く; ~ ar y gwynt 霞を食べて生きる 6.(思い出などが)存続する: fe fydd ei enw fyw byth 彼の名は残るだろう

m 1.(爪下の)身身, 生き身;(傷口の)新肉 2.(感情の)急所, 痛い所 3.[集合的に]生きている人々: y ~ a'r meirw 生者と死者 (cf *Acts* 10: 42)

a 1.生きている 2.生えている木から成る: perth fyw (pethi ~) *f* 生垣; genedigaeth fyw (genedigaethau ~) 生児出生, 生産児 3.(放送など)生の; 実演の: darllediad (-au) (*m*) ~ *m* 生放送 4.(水など)流れて止まない 5.(電線など)電気が流れている: gwifren fyw (gwifrau ~) *f* 送電線 6.[工学]活…: llwyth ~ 活荷重, 積載荷重(車両などと積み荷を合わせた重さ)

bywgraffiad (-au) *m* 伝記
bywgraffiadol *a* 伝記の
bywgraffiadur (-on) *m* 人名辞典
bywgraffydd (-ion) *m* 伝記作者
bywgraffyddol *a* = **bywgraffiadol**
bywhaol *a* 1.生気を与える 2.活気づける鼓舞する 3.(空気など)爽快な, 爽やかな
bywhau *t* 1.生命を吹き込む 2.活気づける, 励ます
bywhäwr (-wyr) : bywiocäwr (-wyr) *m* 1.元気づける人[もの] 2.刺激物; 強壮剤
bywiocâd *m* 活気づけること
bywiocaol *a* = **bywhaol**
bywiocáu *t* = **bywhau**
bywiog *a* 1.(人など)元気のよい, はつらつとした, 快活な 2.(色が)鮮やかな
bywiogi *t* = **bywiocáu**
bywiogrwydd *m* 1.元気, 活気 2.快活, 陽気 3.鮮明 4.生命[活, 体]力 5.持久[持続, 存続]力 6.活性化
bywiogus *a* = **bywhaol**
bywiol *a* = **byw**: dyfroedd ~[聖書]流水
bywioldeb *m* 1.元気, 活気 2.快活, 陽気
bywoliaeth *f* 暮らし, 生計: ennill ~ 生計を立てる
bywyd (-au) *m* 1.生命: pren y ~[聖書]生命の木 (cf *Gen* 2:9; 3:22) 2.生物: ~ llonydd[美術]静物(画) 3.生涯, 一生, 寿命: yn ystod fy mywyd 私の存命中 4.生活, 暮らし方: byw ~ da 幸福な生活を送る; am fywyd! なんてことだ! (不満を表す)

bywydaeth *f* 1.[生物]生気論(生命現象は物質の機能以上の生命力によるとする説) 2.[哲学]生気論(有機体には無機的物質の機械的結合以上の生命原理があるとする説); 生命主義(Bergsonらに代表される生の創造的進化説)
bywydeg *f* = **bioleg**
bywydegol *a* = **biolegol**
bywydegwr : bywydegydd (-wyr) *m* = **biolegwr, biolegydd**
bywydfad (-au) *m*[海事]救命艇[ボート]
bywydol *a* = **bywiol**
bywydolaidd *a* 生気論の, 生命主義の
bywydoliaeth *f* = **bywydaeth**
bywydolydd (-ion, -wyr) *m* 生気論者, 生命主義者
bywyn (-nau) *m* 1.中果皮(オレンジ・グレープフルーツなどの皮の内側の白い粗鬆質) 2.パンの柔らかい中味
bywynnaidd : bywynnog *a* 髄の[ある, ような]

C

C, c *f* (発音ek (ec), *pl* -iau): yn llonnod C [音楽] 嬰ハ音で; C.B. [軍事] 外出禁止, 禁足

cab (-iau) *m* (昔の御者台が後方の一段高い所にある2人乗り1頭立て2輪または4輪の) 辻馬車, ハンサム 2. (トラックなどの) 運転手台

cabál (cabalau) *m* (通例政治的な) 秘密結社, 陰謀団

cabalatsio *i* 馬鹿なことを言う

cabalatsiwr (-wyr) *m* 馬鹿なことを言う人

caban (-au) *m* 1.小屋: C~ F'ewythr Twm [文学] アンクルトムの小屋 2. (船・航空機などの) 客室, キャビン

cabatsien (cabaets (h), cabaits (h)) : cabetsien (cabets (h)) *f* = bresychen

cabidwl (-dylau) *m* [教会] (大) 聖堂参事会

cabidyldy (-dai) *m* (大) 聖堂参事会会館 [会議室]

cabin (-au) *m* (船などの) 客室, キャビン

cabinet (-au) *m* 1. (食器・薬品などをしまうガラス戸付き) 飾り棚, キャビネット 2. [写真] キャビネ判 3. [政治] 内閣
a 1.飾り棚に適した 2. [写真] キャビネ判の: llun (-iau) (*m*) maint ~ キャビネ判写真 3. [政治] 内閣の: gweinidog (-ion) (*m*) ~ 閣僚

cabl (-au) *m* 悪口, 中傷, 罵詈

cabledd (-au) *m* 1.神への不敬, 冒涜 2.罰当たりの言動

cableddus *a* 1. (人・言葉など) 不敬な, 冒涜的な 2.悪口を吐く

cableddwr (-wyr) *m* 不敬の言葉を吐く者, 冒涜者

cablu *t* 1. (神や神聖なものに) 不敬の言葉を吐く, 冒涜する 2. (人の) 悪口を言う, 罵る
i 1.不敬の言葉を吐く 2.悪口を言う, 罵る

cablwr (-wyr) *m* 1.悪口を言う [罵る] 人 2.冒涜者

cabol *m* (家具などの) 磨き粉, 光沢剤, ワニス

caboladwy *a* 磨ける, 光沢の出る

caboledig *a* 1.磨かれた 2.洗練された, 優れた

caboledd *m* 1.輝き, 光沢, 艶 2. (家具などの) 艶出し, 磨き粉

caboli *t* (物を) 磨く, 艶を出す 2. (言動などを) 洗練する, 上品にする

cabolwr (-wyr) *m* : **cabolwraig (-agedd)** *f* 1.磨く [光沢を出す] 人 2.研磨 [艶出し] 器

Cabwci *m* [演劇] 歌舞伎

cacamwci : cacimwci *m* [植物] ゴボウ (欧米ではとげのあるいが (burr) が衣服に付く厄介な雑草とされ食用としない)

cacen (-nau, -ni, cacs) *f* ケーキ, 洋菓子: ~ gri (cacenni cri) ウェルシュケーキ

cacoffoni *m* [音楽] 不協和音

cacynen (cacwn) *f* [昆虫] マルハナバチ: ~ feirch (cacwn meirch) ジカバチ

cacynes (-au) *f* [昆虫] スズメバチ

cachfa (-feydd) *f* 1. (特に水洗でない) (屋外) 便所 2. [生理] 排泄 (作用)

cachgi (-gwn) *m* 臆病 [卑怯] 者

cachgïaidd *a* 臆病 [卑怯] な

cachiad *m* 大便: cael ~ 大便をする

cachu *m* 1.大便 2. (動物の) 糞: yn y ~ 非常に悪い [困った] 状況にある 3.たわごと: malu ~ 下らない事を言う 4.下らぬ奴, 糞ったれ

cachu *t* 1. (ズボンなどに) 大便をする 2.思わず大便をもらす; すごく恐れる
i 大便 [糞] をする

cachwr (-s) *m* = **cachgi**

cachwr (-wyr) *m* 下らぬ奴, 糞ったれ

cad (-au) *f* = **brwydr**

cadach (-au) *m* 1. (掃除用) 布切れ, 雑巾 2. [*pl*] (昔, 新生児に巻き付けた) 細長い布

cadair (-eiriau) *f* 1.椅子: ~ esmwyth 安楽椅子 2. [鉄道] チェア (レールを支える座鉄) 3. [農業] 作物, 特に穀物を揃えて刈るために大鎌 (scythe) に付ける5本指状の枠 4. (牛・羊・山羊などの) 乳房

cadarn (cedyrn) *a* 1. (力・体などが) 強い, 強健な: cyfansoddiad (*m*) ~ 強健体 2. (物が) 堅い, 丈夫な 3. (柱・釘などし) っかり固定した, ぐらつかない: ~ fel y graig 岩のようにしっかり固着している 4. (感情などが) 激しい 5. (意志・信念などが) 強い, 変わらない 6. (飲物・酒類など) 濃い, 強い: diod (*f*) gadarn 酒類 7. (臭いなど) 強烈な 8. (能力などに) 優れた, (学科など) 得意な 9.有力な, 勢力 [権力] のある 10. (薬など) 効能 [効き目] のある 11. (風など) 強い 12. (証拠など) 強い, 説得力のある 13. [商業] (市況・物価など) 強気の, 安定している: marchnad gadarn 堅調の市況, 買いが支配的な市場

cadarnhad *m* 1.断言, 確言 2.確認, 確証 3.肯定

cadarnhaol *a* 1.断言 [断定] 的な 2.確認の, 確証的な 3.肯定の, 肯定的な: ateb ~ 肯定的な返事 4.賛成の

cadarnhau *t* 1.断言 [断定] する 2.肯定する 3. (所信・陳述などを) 確かめる, 確証する

4.(決心・意見などを)強める, 固める; (人に信仰・意志などを)固めさせる 5.(体などを)強くする

cadarnle (-oedd) *m* 砦, 要塞

cad-drefniad (-au) : cad-drefniant (-iannau) *m* 1.[軍事](軍隊・艦隊などの)機動(作戦), 戦術的作戦 2.策略, 操作

cad-drefnu *t* 1.[軍事](軍隊・艦隊などを)機動[演習]させる 2.巧みに操作する
i 1.機動[演習]する 2.策略を用いる

cad-drefnydd (-ion, drefnwyr) *m* [軍事]策略[術策]家

cadeirfardd (-feirdd) *m* 名誉の椅子に載せられ高く持ち上げられた吟遊詩人

cadeirio *t* 1.(人を)椅子に座らせる 2.(会議の)議長を務める 3.(人を)祝福して椅子に乗せて担ぎ回る

cadeiriog *a* 椅子に座らせた

cadeiriol *a* 1.椅子に座らせた 2.大聖堂のある: dinas gadeiriol (dinasoedd ~) 大聖堂のある町

cadeiriwr (-wyr) *m* (17~18世紀に用いられた一人用の椅子付き籠(sedan chair)の)籠かき

cadeirlan (-nau) *f* 大聖堂

cadeirydd (-ion) *m* : **cadeiryddes (-au)** *f* 議長, 司会者

cadeiryddiaeth (-au) *f* 議長の職[任務]

cadernid *m* 1.力, 強さ, 権力 2.しっかりしていること, 不動, 堅固, 着実, 不変 3.(梁・家具などの)強度, 耐久力

cadét (cadetiaid) *m* [軍事など]1.陸軍士官学校[海軍兵学校]生徒 2.(陸・海・空・警察の)士官[幹部]候補生

cadfa (-feydd) *f* : **cadfaes (-feysydd)** *m* : cadfan (-nau) *mf* 戦場

cadfarch (-feirch) *m* 軍馬

cadfridog (-ion) *m* [陸軍]大将, 将軍: y C~ Owen オーエン将軍

cadfwyell (-eill) *f* (昔の)戦斧

cadi (-iaid) *m* [ゴルフ]キャディー

cadi-ffan (-iaid, -s) *m* 柔弱な男性

cadlanc (-iau) *m* = **cadét**

cadlas (-au, -oedd, cadleisau, cadleisi, cadlesydd) *f* 1.囲い地, 共有地 2.中庭 3.農家の構内 4.干草積み場[庭]

cadlong (-au) *f* 軍艦, 戦艦

cadlys (-oedd) *mf* 1.本部, 司令部, 本署, 本社 2.塹壕で固めた陣地 3.(城・大邸宅の)中庭

cadlywydd (-ion) *m* [軍事](陸軍)元帥

cadno (-aid, -id) *m* : **cadnöes (-au) : cadnawes (-au)** *f* [動物]キツネ, 狐

cadoediad (-au) *m* 休戦, 停戦, 休戦協定: Cadoediad Duw [英史](中世の教会が特定の曜日・祝日に戦闘・私闘の中止を命じた)神の休戦

cadofydd (-ion) *m* 戦略[戦術]家

cadofyddiaeth *f* 戦略, 戦術

cadofyddol *a* 戦略[戦術]的な

cadw *t* 1.(約束・法律などを)守る: ~ rheol 規則を守る 2.(儀式・祭りなどを)行う, 祝う: ~ gŵyl 祝祭を行う 3.(人を)守る, 保護する, 助ける 4.[スポ](ゴールを)守る: ~'r gôl ゴールキーパーを勤める 5.(家族を)扶養する;(女を)囲う: ~ meistres 妾を囲う 6.(犬・猫・家畜などを)飼う: ~ defaid 羊を飼う 7.(日記・帳簿などを)つける: ~ dyddiadur 日記をつける 8.(店などを)経営する: ~ siop 店を経営する 9.(ある動作・状態を)維持する, 続ける: ~ trefn 秩序を保つ 10.引き止める, 拘留する 11.妨げて…させない 12.保持[保有]する, (食品などを)保存する 13.友達[異性]と交際する: ~ cwmni / cwmpeini i rn 人と付き合う 14.(ある場所を)禁じる[禁猟]とする;(猟獣・魚などを)禁漁する 15.(名誉・信用などを)安全に守る: ~ wyneb 顔を潰さない, 顔が立つ 16.(将来の使用・目的のために)蓄える, 取っておく 17.(金銭・労力を)節約する, 省く 18.(機械・道路・建築物などを)維持[保全, 維持]する 19.(席・部屋などを)予約する: ~ sedd i rn 人のために席を予約する 20.精力を蓄えておく 21.(道などを)ずっとはずれずに進む: ~ ar ganol y ffordd 道路の中央を通り続ける
i 1.(食物などが)もつ 2.(ある位置・状態に)ある, 留まる, ずっと(…)である

cadwadwy *a* 保存[保護]できる, 保存[貯蔵]のきく

cadwedig *a* 保護[保存]された

cadwedigaeth (-au) *f* 保存, 保護

cadweinidog (-ion) *m* [軍事](王族・将官付きの)副官

cadw-mi-gei *m* 貯金[献金]箱

cadwolyn (-olion) *m* 防腐剤, 予防薬

cadwraeth (-au) *f* 1.扶養 2.調和 3.(法律・儀式・慣例などの)遵守 4.(自然・環境などの)保護, 管理 5.(歴史的事物・芸術品などの)保護, 保存 6.(資源などの)節約, 保存, 維持

cadwraetholdeb *m* 1.保守性, 保守主義 2.[通例C~]保守党の主義

cadwraethwr (-wyr) *m* : **cadwraethwraig (-agedd)** *f* (河川・森林などの)保護主義者

cadwrol *a* 1.保存の, 保存力のある: llawfeddygaeth (*f*) gadwrol [外科]保存外科 2.予防する

cadwrus *a* 1.保存[手入れ]のよい 2.(年配者が)年の割に若く見える

Cadwrydd (-ion) *m* [教会](フランシスコ会の中で特に戒律を厳守する)厳守派の修道士

cadwyn (-au, -i) *f* 1.鎖 2.(自転車・自動車などの)チェーン, 循環鎖 3.一続き, 連続, 連鎖

cadwyno 92 **Caerllion**

4.[地理]山脈, 連山

cadwyno *t* 鎖でつなぐ, 束縛する

cadwynog : cadwynol *a* 鎖でつながれて, 束縛されて

caddug *m* 暗さ, 闇

caddugo *t* 暗くする, 曇らせる

caddugol *a* 1.(夜など) 暗い, 闇の, 暗黒の 2.(意味・内容など) 不明瞭な, 曖昧な

cae (-au) *m* 1.[農業] (生垣・土手などで囲まれた) 畑, 田畑, 牧草地: ~ reis 稲田, 水田 2.[スポ] 競技場: ~ rygbi ラグビー競技場 3.囲い地, 構内

caead (-au, -on) *m* 1.覆い, カヴァー 2.(箱などの) 蓋: Lundain heb gaead arni 内幕 [欠点, 嫌な点] を曝け出しているロンドン 3.まぶた 4.雨戸, 鎧戸, シャッター 5.[写真] シャッター *t* (穴などを) 塞ぐ: ~ twll 裂け目を塞ぐ *a* 1.囲いをされた, 囲いのある 2.(店など) 閉められた, 閉店の; 閉鎖された

caeadle (-oedd) *m* [競馬] (競馬場内の有資格者のみ入れる) 特別区域

caeadu *t* 1.雨戸 [鎧戸] を閉める 2.(窓に) 雨戸 [鎧戸] を付ける

caeëdig *a* 1.閉じた, 閉鎖した 2.閉鎖 [排他] 的な 3.[音声]: sillaf gaeëdig (sillafau ~) *f* 閉音節 (子音で終わる音節) 4.[化学] 閉鎖の特徴をもつ: cadwyn gaeëdig (cadwynau ~) *f* 閉鎖

cael *t* 1.(努力して利益・名声・信頼などを) 得る, 獲得する, 手に入れる: ~ enw 名声を得る 2.(賞・勝利などを) 得る, 獲得する: ~ y fuddugoliaeth 勝利を得る 3.(…から) 得る, 受け取る: ~ siwgwr o fetys ビートから砂糖を取る; ~ caws o fol ci, ~ gwaed o garreg 冷酷者から同情を得る, 強欲者から金を得る; 無理なことをする 4.(知識・教育などを) 受ける, 身につける 5.(手紙・給料などを) 受け取る 6.(飲食物を) 食べる, 飲む: ~ te gyda rhn 人とお茶を飲む 7.(人に物を) 買って [手に入れて] やる 8.(人を客として) 招く: ni fyddwn yn ~ llawer o ymwelwyr 来客は多くありません 9.(人・動物が子を) 産む: ~ plentyn 子を産む 10.(時などを) 過ごす 11.(病気などに) かかる: ~ y frech goch はしかにかかっている 12.(同情・注目などを) 受ける, 経験する: ~ cydymdeimlad 同情を受ける 13.(口・足などが) 使えるようになる: ~ eich cefn atoch, ~ eich traed danoch (赤ん坊・病後の人などが) 立てる [歩ける] ようになる; 自信がつく 14.(紛失物・人を) 見つけ [捜し] 出す 15.ふと見つける, 偶然出会う 16.(経験によって) 知る, 悟る, 分かる, 気付く 17.(人に…) させる, してもらう: ~ torri'ch gwallt 髪を刈ってもらう 18.捕まえる 19.(習慣などを) 身につける: ~ cast 悪癖がつく 20.[法律] (陪審などが) 評決 [判定] する: ~ rhn yn euog 人を有罪と評決する

caen (-au) : caenen (-nau, -ni) *f* 1.(ペンキなどの) 塗り, 塗装, 被膜 2.[料理] (玉ねぎなどの) 皮 3.(雪・氷などの) 覆い 4.(垢・ほこり・すすなどの) 薄皮, 薄膜, 被膜

caenog *a* (石などが) 薄片から成る, はげ落ちやすい

caenogrwydd *m* 薄片に分かれている性質, 薄片状態

caentach (-au) *f* 1.口論, 論争, 言い争い 2.不平, 苦情

caentach *i* 1.口論する, 言い争う 2.不平を言う

caenu *t* 1.(ペンキなどを) 塗る 2.(木材などに) 上塗りをする 3.(埃・すすなどが) 覆う

caer (-au, ceyrydd) *f* [軍事] 城砦, 要塞, 砦: bryngaer *f* 丘砦; C~ Gwydion, C~ Arianrhod 天の川, 銀河

Caer : Caerllion *f* [地名] チェスター (England の Cheshire 州の首都 Chester)

Caerdroea *f* [地名] トロイ (小アジア北西部の古都 Troy)

Caerdydd *f* [地名] Cardiff (カーディフ; ウェールズの首都; 地名はタフ河畔の砦の意)

Caeredin *f* [地名] エディンバラ (Scotland の首都 Edinburgh)

Caerefrog *f* [地名] ヨーク (England 北東部 North Yorkshire 州の首都 York)

caerfa (-feydd) *f* 1.要塞 2.城

Caerfyrddin *f* [地名] カーマーゼン (ウェールズ Dyfed 州の首都 Carmarthen; スウォンズィーの北西, タウイ (Towy) 川に面する断崖の上の町; この地名は Arthur 王を助けた魔法使い Merlin の町の意)

Caerffili *f* [地名] Caerphilly (カフィリー; この町は 20 世紀初めまでカフィリーチーズ (白色のクリーム状の全乳チーズ) で有名; 町の中央には ウインザー城に次ぐ巨大なカフィリー城が聳え立っている; 地名はウェールズの族長フィルの砦の意)

Caergaint *f* [地名] カンタベリー (イングランド Kent 州東部の古都市; 英国国教会の全教区は Canterbury と York の二つの管区 (province) に分けられ, 前者は Canterbury の大主教 (archbishop), 後者は York の大主教によって統括される)

Caergrawnt *f* [地名] ケンブリッジ (England 中東部の都市; Cambridge 大学の所在地)

Caergybi *f* [地名] ホリヘッド (Wales の Anglesey 島北西部の Holy Island にある古い町 Holyhead)

Caerliwelydd *f* [地名] カーライル (England の Cumbria 州の首都 Carlile)

caeriwrch (-iyrchod) *m* [動物] ノロジカの雄

Caerloyw *f* [地名] グロスター (England 南西部 Gloucestershire 州の首都 Gloucester)

Caerllion *f* [地名] Caerleon (カーリオン; (ウェールズ南東部, グウェント (Gwent) 州の

Caernarfon / cafflo

Newportに隣接する町Caerleon; 昔ローマ軍の駐屯地でそこの城塞があった; Arthur王の宮廷があった所とも言われる)

Caernarfon *f* [地名] Caernarvon (カナーヴォン (ウェールズの Gwynedd州北西部メナイ海峡南端の都市; ノルマンの古城 (Prince of Wales 即位の地) がある)

caerog *a* 1.城壁を巡らした, 城壁で防備した, 要塞化された: tref gaerog 城壁を巡らした町; gwastadedd (-au) ~ *m* [天文] 壁平原 (月面の周囲を城壁のように囲まれた広い区域) 2. [織物] 錦織 [錦模様] の, 綾織りの, 綾に織った: brethyn (-nau) ~ *m* 綾織り

Caersalem *f* [地名] エルサレム (Jerusalem) (イスラエルの首都)

Caerwrangon *f* [地名] ウスター (Englandの Hereford & Worcester州の首都Worcester)

caets (-ys) *m* 鳥籠

caetsh (-is) *m* 1.鳥籠 2.獄舎

caeth (-ion) *m* : **caethes (-au)** *f* 1.捕虜, 監禁されている人 2.奴隷 3. (麻薬などの) 常用者; 中毒者 4. (恋などの) 虜となった人

caeth (-ion) *a* 1.閉じ込められた, 捕われた, 捕虜の 2. (仕事などに) 拘束された 3. (規則・規律など) 厳しい, 厳重な, 厳格な

caethanedig *a* 奴隷生まれの, 生まれながら奴隷の

caethder : caethdra *m* 1. (翻訳などの) 正確さ, 厳密さ, 精密さ 2. (規則・規律などの) 厳しさ, 厳格さ 3. [病理] 喘息, 呼吸困難

caethfab (-feibion) *m* 奴隷

caethfasnach *f* 奴隷売買

caethfeistr (-i) *m* 奴隷所有者

caethferch (-ed) : caethforwyn (-ion, -forynion) *f* 女奴隷

caethglud *f* [聖書] バビロニア [バビロン] 捕囚 (バビロニア王Nebuchadnezzarによってユダ王国の人々がバビロニアに移され捕囚生活を送ったこと (597~538 B.C.))

caethgludo *t* (人を) 捕虜にする

caethiwed *m* 1.単調な骨折り仕事, 苦役 2. (病気によるベッドへの) 引きこもり 3.捕われの身, 監禁, 拘束, 幽閉 4.屈従, 隷属 5.奴隷にすること, 奴隷の身分 6. (麻薬などの) 常用癖

caethiwo *t* 1.閉じ込める, 監禁する 2.奴隷にする 3.捕虜にする 4. (麻薬などを) 常習 [中毒] させる 5. (人を) 麻薬中毒にする

caethiwus *a* 閉じ込める [められた], 監禁する [された] 2.拘束 [束縛] されて 3. (薬剤など) 常習癖がつきやすい, 習慣性の

caethlong (-au) *f* 奴隷 (貿易) 船

caethwas (-weision) *m* 奴隷

caethwasnaeth : caethwasiaeth *m* 1.奴隷の身分, 奴隷の身 2.奴隷制度, 奴隷制作 3. (行動の自由の) 束縛, 屈従 4.農奴の境遇; 賎役 5. (情欲・食欲などの) 奴隷であること

caethwr (-wyr) *m* : **caethwraig (-agedd)** *f* 奴隷

caewr (-wyr) *m* : **caewraig (-agedd)** *f* 1.閉じる人 2. (衣服・靴などを) 縫い合わせる人

cafalîr (cafaliriaid) *m* 1.騎士 2.婦人に丁重な男 3. [C~] [英史] (17世紀英国のCharles 一世時代の) 王党員

cafaliraidd *a* 1.騎士のような; 騎士気取りの 2. (人・態度・行為など) 磊落 [無頓着] な 3. (人・態度など) 傲慢な

cafalri *m* 騎兵隊: brethyn ~ *m* [織物] 堅い撚り糸で傾斜の大きい線条をもつ丈夫な毛織物

cafeat (-au) *m* 1. [法律] 手続差止申請: cofnodi ~ 差止願いを出す 2.警告

cafell (-au, -oedd) *f* [教会・建築] (教会堂の) 内陣

cafiâr *m* キャヴィア (チョウザメの腹子の塩漬け)

cafn (-au) *m* 1.飼い葉桶, 槽: ~ bwyd 飼い葉桶; ~ dŵr (動物の) 水飲み用槽; ~ llyfrau V型陳列台 (V型の書籍展示棚) 2. [地理] 谷, 地溝 3. [気象] 気圧の谷: ~ o wasgedd isel 低気圧の谷 4. (大きな樋形の) 流水 [用水] 路 (灌漑・発電所の取水や材木を流すためのもの) 5.溝, 側溝 6. (すくい取られて出来た) 穴, 窪み

cafnaid (-eidiau) *m* 桶一杯分

cafnedd *m* 1.凹状 2.凹面 [所], 窪み

cafnio : cafnu *t* 1. (丸太などを) くり抜く, えぐる, 空ろにする 2. (溝・模様・穴などを) 丸のみで彫る [彫り出す], すくって掘る, えぐる

cafniog : cafnog : cafnol *a* 1.窪んだ, 凹面 [形] の, 谷のような形をした 2.中空の

cafod (-ydd) *f* 1.にわか雨, 夕立 2.シャワー (を浴びること) 3. (弾丸・ミサイルなどの) 雨, 洪水

caffael *t* = cael

caffaeladwy *a* 得られる, 入手できる

caffaeledd *m* 利用できる [役に立つ] こと

caffaelgar *a* 1.欲しがる; 欲張りの 2.得ようとする

caffaelgarwch *m* 欲張り, 貪欲さ

caffaeliad (-au) *m* 1.獲得, 習得, 入手 2.取得物 3.利点, 長所, 強み

caffaelwr (-wyr) *m* 獲得 [取得] 者

caffe (-s) : caffi (-s) *m* 1.コーヒー店, 喫茶店: caffe/caffi rhyngrwyd インターネット [サイバー] カフェ 2. (ヨーロッパなどの) 料理店 3. (歩道に一部出ている) カフェテラス 4. (英) (酒を出さない) 軽食堂

caffeteria (-s) *m* カフェテリア

caffio *t* ひったくる, 奪い [もぎ] 取る

cafflo *t* 1.騙す, 騙して取り上げる 2. (髪などを) もつれさせる 3. (交通などを) 混乱させる *i* ごまかし [不正] をする: ~ wrth chwarae cardiau トランプでいかさまをする

cafflwr (**-wyr**) *m* (特にトランプの) いかさま師

cagl (**-au**) *m* (羊・山羊の) 糞, 肥やし

caglen (**-nod**) *f* だらしない [ふしだらな, みだらな] 女; (特に) 売春婦

caglog *a* (衣服・髪など) 引きずって汚れた, 取り乱した; 汚くなった

caglu *t* 1.汚す, けがす 2.(衣服などを) びしょ濡れにする, 濡らして汚くする

cangell (**canghellau, canghelloedd**) *f* = **cafell**

cangelloriaeth (**-au**) : **cangellyddiaeth** (**-au**) *f* 大蔵大臣 [大学の名誉総長, 司法官] の職 [任期]

cangen (**cangau, canghennau**) *f* 1.(木の) 枝, 大枝 2.支店, 支部, 支局, 支社; 会館 3.(家族の) 分家 4.[鉄道] 支線: ~ leol (canghennau lleol) 支線 5.[電算] 分岐

canghellor (**cangellorion**) *m* 1.(ヨーロッパ諸国の) 首相 2.大蔵大臣: C~ y Trysorlys (英) 大蔵大臣 3.大学の名誉総長 4.司法官

cangheniad (**cangeniadau**) *m* 1.分枝, 分岐 2.分脈, 支脈, 支流

canghennog *a* 1.枝状の 2.枝を出した, 枝の多い, 枝で覆われた 3.模樹石様の, 樹木状の模様がある 4.分岐した: terfyniadau ~ yr acson 分岐した軸索終末

canghennu *i* 1.(木が) 枝を出す 2.[電算] 分岐する

caiac (**-au**) *m* カヤック (イヌイットの用いる一人乗り用の皮張り小舟)

caiacwr (**-wyr**) *m* : **caiacwraig** (**-agedd**) *f* カヤックの漕ぎ手

caib (**ceibiau**) *f* 1.[道具] つるはし 2.(つるはしに似た) 根掘り鍬

cail (**ceiliau**) *f* 1.羊の檻, 羊舎 2.(羊・山羊などの) 群れ

caill (**ceilliau**) *f* [解剖] 睾丸

Cain *m* [人名] カイン (男性名)

cain (**ceinion**) *a* 1.(芸術・文学・文体など) 高雅な, 気品の高い 2.美しい, きれいな, 立派な: y cellfyddydau ~ 美術, 造形芸術

cainc (**ceinciau**) *f* 1.(木の) 枝, 大枝 2.(川の) 支流 3.(海の) 入江, 入海 4.(毛糸・ロープなどを構成する) 単糸, 撚り糸 5.(樹幹の) 節, こぶ 6.[音楽] 曲, 歌, 旋律

Caint *f* [地名] (England南東部の) ケント (Kent) 州

cais (**ceisiau, ceisiadau**) *m* 1.申し込み, 出願, 志願: ffulflen (*f*) gais (fullflenni ~) 申込用紙, 願書 2.願い, 頼み, 要請: arhosfan ar gais [公示] 乗客の要求があった時のみ停まるバス停留所 3.試み, 企て 4.[ラグ] トライ: trosi ~ (トライ後) 追加得点する

cal (**-iau**) : **cala** (**-caliau**) *f* [解剖] ペニス, 陰茎

calan (**-nau, -ni**) *m* 月の最初の日, 1日: Dydd C~, y C~, C~ Ionawr 元日, 1月1日; C~ Mai 5月1日, 五月祭

calc (**-iau**) : **calcyn** (**calciau**) *m* 1.(蹄鉄の) 滑止め釘 2.(靴底の) 滑止め釘, スパイク

calcio *t* 1.滑止め釘を付ける 2.[海事] (船板の隙間に) 槙皮を詰める, 隙間を塞ぐ

calciwr (**-wyr**) *m* 槙皮詰めをする人

calcwlws (**calcwli**) *m* [数学] 微積分学: ~ cyfannol/integral 積分学

calch (**-oedd**) *m* [地質] 石灰: ~ fflŵr/slac 消石灰

calchaidd *a* 1.(炭酸) カルシウム [石灰 (質)] の [を含む, のような] 2.[化学] カルシウムの 3.[地質] 白亜質の

calchbibonwy *m* [地質] 鍾乳石

calchbost (**-byst**) *m* [鉱物] 石筍

calchen *f* [地質] 生石灰の塊

calchfaen (**-feini**) *m* [鉱物・岩石] 石灰岩 [石]: ~ Jurasig ジュラ紀の石灰岩

calchgar *a* [植物] 好石灰性の, 石灰質の土壌に生育する

calchgas *a* [植物] 嫌石灰性の, 石灰質の乏しい土壌に生育する

calchio : **calcho** : **calchu** *t* 1.[農業] (畑などに) 石灰を撒く 2.(生皮などを) 石灰水に浸す

calchog *a* 1.石灰質の, 石灰を含んだ 2.石灰料を塗られた

calcwlws (**calcwli**) *m* [数学] 微積分学: ~ cyfannol/integral 微積分学

caled (**-ion, celyd**) *a* 1.(石・木など) 硬い, 固い, 堅い: rwber ~ 硬質ゴム; glo ~ 無煙炭 2.(物が) ざらざらする [した], 荒い 3.(皮膚が) 硬くなった, たこになった 4.努力を要する, 骨の折れる: gwaith ~ *m* 辛い仕事 5.(問題・パズルなど) 難しい, 困難な 6.耐え難い, 辛い: fe fu hi'n galed arno 彼は辛い目に会った 7.(事実・証拠など) 厳然とした, 信頼性のある: ffaith galed 動かぬ事実 8.(音など) 耳障りな, 金属質の 9.(水が) 硬質の [硬水の]: dŵr ~ *m* 硬水 10.(勝負など) 激しい, 猛烈な 11.(天候など) 厳しい, 荒れた: rhew ~ ひどい霜; gaeaf ~ *f* 厳冬 12.(人が) 苦難に耐えられる, 丈夫 [強壮] な 13.(人が) 手に負えない, 悪党の: un ~ yw ef 彼は手に負えない奴だ 14.(気質・行為など) 厳しい, 厳格な, 無情な, 冷酷な: ~ fel haearn Sbaen 鉄のように堅い; meistr (-i) *m* 厳しい師匠 [指導者]; bargen galed 厳しい交渉; cyfraith wael a ddaw o achosion ~ 難しい [厄介な] 事件は悪法を作る 15.熱心な, よく働く 16.[魚類] bol (*m*) ~ はららご, 魚卵 17.[テレ] golau ~ *m* 被写体の輪郭と陰影を強調する光 18.[電算] copi ~ *m* ハードコピー 19.[解剖] (口蓋が) 硬い 20.[病理] 硬化した, 硬化症にかかった 21.[植物] 耐寒性の 22.[地質] (地盤が) 堅い 23.[宇宙] (宇宙船の着陸が) 硬着陸の: galaniad ~ *m* 硬着陸

caleden (-nau) *f* [病理] 皮膚の硬結; まめ, たこ

caledfwrdd *m* [建築] ハードボード, 硬質繊維板

caledfyd *m* 苦難, 辛苦, 困苦

caledi *m* 1.苦難, 辛苦, 困苦 2.困難な時, 厳しい時代, 不景気 3.(天候などの) 厳しさ

calediad (-au) *m* 1.凝固 2.団結, 結束 3.(性格・態度などの) 硬化, 頑固 4.[病理] (動脈などの) 硬化(症) 5.[地質] 硬化

calediant *m* 1.(性格・態度などの) 硬化, 頑固 2.[病理] (動脈などの) 硬化(症) 3.[地質] 硬化

caledol *a* 1.硬くする, 固まる, 硬化性の 2.頑固な

caledrwydd : caledwch *m* 1.(石など) 堅いこと, 堅さ, 堅固 2.困難 3.厳しさ, 苛酷, 無情, 無慈悲 4.(水の) 硬度 5.(鉱物の) 硬度 6.[冶金] 硬度

caledu *t* 1.(物を) 固くする, 硬化させる 2.(心・性格などを) 冷酷にする, 無情にする 3.(恥・疲労などに対して) 無感覚にする 4.凝固させる 5.団結させる 6.(衣服などを) 空気に晒す, 虫干しにする 7.(苗木などを) 漸次寒気に晒して丈夫にする 8.[冶金] (鋼を) 堅くする
i 1.(物が) 堅くなる, 硬化する 2.(意見・決断などが) 固まる 3.凝固する 4.団結する 5.[商業・証券] (物価・株価などが) 堅調になる, 確りになる

caledwaith *m* [法律] (刑罰の) 重労働

caledwch *m* 困難な仕事

caledwr (-wyr) *m* 1.堅くする人 2.(刃物に) 焼きを入れる人, 堅くするもの; (ペンキなどの) 硬化剤; (感光乳剤の) 硬膜剤

calen (-nau, -ni) *f* (石鹸・塩など) 長方形[棒状]の固形物: sebon (*m*) ~ 固形石鹸

calendr (-au) *m* カレンダー, 暦: blwyddyn (*f*) galendr (blynyddoedd ~) 暦年

calennig *m* お年玉

calfari (-ïau) *f* [宗教] キリストはりつけの像

Calfari : Calvalia *f* [聖書] カルヴァリ (キリストはりつけの地)

calibr (-au) *m* 1.(銃砲・管の) 口径; (弾丸の) 弾径, 直径 2.(人の) 度量, 力量, 手腕

calibrad (-au) *m* 1.(鉄砲などの) 口径測定 2.[*pl*] 目盛測定

calibro *t* 1.(銃・管の) 口径を測定する 2.(計量器などの) 目盛を決める[正す, 調整する]

calico (-au) *m* キャラコ, 白金巾 (平織りの白木綿)

caligraffeg : caligraffi *m* 1.能書, 能筆 2.書道, 書法

caligraffig *a* 書道の; 能筆の

caligraffydd (-wyr) *m* 能筆家, 書(道)家

caliper (-au) : calipr (-au) *m* [通例*pl*] カリパス, 測径両脚器: carip(e)rau mewn 内径カリ

パス; calip(e)rau allan 外径カリパス

calon (-nau) *f* 1.心臓; 胸: mae'n cwyno â'r gallon 彼は心臓病患者です 2.(感情の宿る) 心, 胸: o waelod fy nghalon, â'm holl gallon 心の底から; bu farw o dor ~ 彼は悲嘆のあまり[失恋して]死んだ; ~ aur, hen gallon iawn 高貴な心の広い人; â chalon drom 重い心で, しょんぼりと 3.愛情, 同情: ennill ~ rhn 人の愛を勝ち取る 4.(知・意と区別して) 心, 心情; 気分, 気持: 'roedd ei gallon yn ei esgidiau 彼は気が滅入っていた; o waelod fy nghalon, â'm holl gallon 心の底から 5.勇気, 元気: ~ llew 勇猛心; cwyd dy gallon (codwch eich ~ (-nau))! 元気を出しなさい! 6.熱意 7.(問題などの) 核心, 急所, 本質 8.(場所などの) 中心(部) 9.(否定・疑問文で) 冷酷, 無情さ 10.(花・果物・キャベツなどの) 芯 11.[トラ] ハートの札: brenhines y calonnau ハートのクイーン

calondid *mf* 1.激励, 奨励 2.激励[奨励]となるもの, 刺激

calondyner *a* 心の優しい, 思いやりのある

calondynerwch *m* 思いやり

calonddrylliog *a* 失意の, 悲嘆に暮れた; 失恋した

calongaled *a* 無情[冷酷]な

calongaledwch *m* 無情, 冷酷

calonnog *a* 1.心からの, 親切な, 温かい 2.陽気[元気]な

calonogi *t* 1.人を勇気づける, 鼓舞する; 奨励する 2.(物事を) 助長[促進]する

calonogrwydd *m* 1.誠実, 親切, 熱意 2.雅量に富むこと, 腹の太いこと 3.雅量のある言動

calori (-ïau) *m* 1.[化学・物理] カロリー (熱量の単位) 2.[生理] カロリー

calsiwm *m* [化学] カルシウム

call *a* 1.賢い, 賢明な, 思慮分別のある 2.(衣服など) 実用的な: dilad (*pl*) ~ 実用的な衣服

callestr (-i, cellystr) *mf* 1.[鉱物] 燧石, 火打石 2.極めて堅い物; 冷酷無情な心: calon gallestr 冷酷な心

callestraidd : callestrig *a* 1.堅い, 火打石のような 2.無情な, 血も涙も無い

callineb *m* 1.賢明, 思慮, 分別, 常識 2.知識, 博識

callio *t* 教える, 気付かせる
i 知る, 気付く

callodren (callodr) *m* : **callodryn (callodr)** *f* 1.[植物] (草などの) 茎 2.[集合的] (穀類・豆類・じゃがいもなどの収穫後の) 茎

callor (-au) *m* 1.大釜[鍋] 2.[地質] カルデラ (火山の爆発・陥没で生じる巨大な窪地)

cam (-iau) *m* [機械] カム (回転運動を往復運動に変える装置)

cam (-au) *m* 1.歩み, 歩; cymryd/rhoi ~ 歩く; o gam i gam, gam wrth gam 一歩一歩; 着実に; a cham cyflym 早足で 2.歩きぶり, 足取

cam 96 **camgredu**

り, 歩調 3.手段, 処置 4.悪事, 非行, 不当な行為: iawn a cham善と悪; gwneud ~ 悪事を働く, 罪を犯す

cam a 1.(人・行為が)不正な 2.(道・木・脚など)曲がった, 曲がっている, 歪んだ: mae'ch tei chi'n gam あなたのネクタイは曲がっています; がに股の: coesau ~/ ceimion がに股の脚, わに脚, 腰の曲がった 3.(顔・表情など)しかめた, 苦々しい

cam- pref[動詞・名詞・形容詞などに付いて] 1.誤った, 誤って: camfarnu t&i 判断を誤る; camarweiniol t 誤解させる 2.悪い, 悪く: camdrin t 虐待[酷, 冷遇]する; camreolaeth f失政 3.不完全な[に] 4.…でない, 不…

camaddas a 1.調整の悪い, 調節不十分な 2.[心理]環境に不適応の

camaddasedig a (環境などに)適応しない,不適応の

camaddasiad (-au) m 1.不調節[調整]2.[心理]不適応

camaddasol a 1.調整不良の 2.不適応の

camamseriad (-au) m = anac(h)roniaeth

camamserol a = anac(h)ronig

camamseru t 1.時機を誤る 2.(ボールを)打つタイミングを誤る

camarfer t (権利・地位などを)誤用[悪用, 乱用]する

camarfer (-iadau) m 誤用, 悪用, 乱用

camargraff mf 間違った印象

camarwain t 1.(人を)誤った方向に導く 2.誤解させる, 誤報する

camarweiniol a 人を誤らせる, 誤解させる; 紛らわしい

Cambodia f[地理]カンボジア(インドシナ半島南部の共和国; 首都Pnom-Penh)

cambr (-au) m (道路・甲板などの)上反り, かまぼこ形

cambren (-nau, -ni) m 1.(肉屋の)肉吊り棒[鉄鉤]2.(獣類, 特に馬の)飛節 3.馬具の引き皮(trace)を結び付ける横木(その中心に鍬・車を連結する)4.[建築]腰折れ屋根: to (m)~ 腰折れ屋根

Cambriaidd a[地質]カンブリア紀[系]の

Cambriad (-iaid) mf[地質]カンブリア紀[系]

cambrig m[織物]上質金巾, 亜麻布

camchwarae m 1.不公正, 不公平 2.不正行為 3.不法取引 4.[スポ]反則

camder : camdra m 冷笑, 苦笑

cam-drefn f 無秩序, 混乱

camdreuliad m 消化不良, 不消化

cam-drin t 1.乱用[悪用]する 2.虐待[酷使, 冷遇]する

camdriniaeth f 虐待, 酷使, 冷遇

camdriniwr (-wy) m 虐待者

camdro (-eon) m 1.[機械]クランク 2.(板などの)ゆがみ, そり, ひずみ, 曲がり

camdroad (-au) m 1.(板などの)ゆがみ, そり, ひずみ, 曲がり 2.(心などの)ゆがみ, ひがみ, 偏屈

camdroi t (板などを)反らせる, ねじる, 歪める

camdystiolaeth (-au) f 偽証: dwyn ~ 虚偽の証言をする (cf Exod 20:16)

camdystiolaethu t 偽証する

camddarlun (-iau) m 1.誤伝, 間違った説明 2.[法律]不当表示

camddarlunio t 誤って伝える, 偽って述べる, 間違って説明する

camddeall t 1.誤解[考え違い]をする 2.(人の)真の性格[本質]を見抜けない

camddealltwriaeth (-au) f 1.誤解, 考え違い 2.意見の相違

camddefnydd m 誤用, 悪用, 乱用

camddefnyddio t = camarfer

camddehongli t 誤解する

camddehongliad (-ddeongliadau) m 誤解

camddywediad (-au) m 誤った陳述; 虚偽の申し立て

camddywedyd t (事実・意見などを)誤って述べる; 偽って申し立てる

camedd (-au) m 1.曲がり, 湾曲, 屈曲(部): ~ troed (cameddau traed) 足の甲 2.(膝などを)曲げること 3.[機械]ベンド, 曲管

cameg (-au, cemyg) f (車輪の)外縁, 輪縁

camel (-od) m : cameles (-au, -i) f[動物]ラクダ, 駱駝

camenw : camenwad (-au) m 1.誤った名称, 誤称 2.(特に法律文書中の)人名誤記

camenwi t 間違った名で呼ぶ

cameo (-s) m カメオ

camera (-au) m[写真]カメラ, 写真機: swil o flaen ~ 写真嫌いの

camfa (-fâu, -feydd) f 踏越し段(牧場などの柵・垣・塀などに人は乗り越せて家畜は通れないようにした階段)

cam-faeth : camfaethiad m 栄養不良[失調]

camfarn (-au) f 誤った判断, 誤審

camfarnu t 1.判断を誤る, 誤審する 2.i 判断を誤る

camgastio t[演劇]1.(俳優を)不適当な役に当てる 2.(劇の)配役を誤る;(役に)不適当な俳優をつける

camgoel (-ion) f 1.間違った信仰, 誤信 2.異教信仰

camgoelio t 信じない
i 誤って信じる, 異教を信仰する

camgoeliwr (-wyr) m 誤信者; 邪教信者, 異教徒, 異端者

camgred (-au) f = camgoel

cam-gred f 異教, 異端; 異説

camgredu t&i = camgoelio

camgredwr (-wyr) *m* 異教徒, 異端者; 異説を唱える人

camgyfrif *t*（勘定などの）合計[計算]を誤る, 誤算する; 判断を誤る, 見込み違いをする
i 計算違いをする; 判断を誤る, 見込み違いをする

camgyfrifiad (-au) *m* 計算違い, 誤算; 判断の誤り, 見込み違い

camgyhuddo *t*（人を）誤って告発する, 誣告する

camgyhuddwr (-wyr) *m* 1.中傷する[悪口を言う]人 2.誤った告発人

camgymeriad (-au) *m* 1.誤り, 間違い; 誤解 2.[法律]錯誤

camgymerwr (-wyr) *m* 間違いを犯す人

camgymryd *t* 1.誤る, 間違える, 誤解する 2.取り違える, 思い違いをする 3.計算違いをする
i 誤解する, 誤る 2.計算違いをする

cam-hwyl (-iau) *f*[病理]（心身機能の）不調, 障害

camhyder *m* 1.間違った確信 2.推定, 憶測, 仮定

camhysbysu *t* = camarwain

camhysbysrwydd *m* 誤った情報, 誤報

camicasi : kamikaze *m* 1.神風 2.神風特攻機（の操縦士・隊員）
a 特攻隊精神の; 無謀[向こう見ず]な

camil *f*[植物]カミルレ（キク科植物; 乾燥した花は健胃・興奮剤）

camlas (-esi, -esydd) *f* 運河, 掘割: bad (-au) (*m*) ~（細長い）運河船

camleoli *t*（強さアクセントなどを）置き違える, 置き場所を誤る

camleoliad (-au) *m* 置き違え, 置き誤り

camlesu *t*（陸地に）運河を造る

camliwiad (-au) *m* = camddarlun

camliwio *t* = camddarlunio

camlw (-lwon, -lyau) *m* 1.嘘, 偽り 2.[法律]偽誓; 偽証罪

camlwrw (-lyrau) *m* 罰金, 科料

camochri *i*[フボ]オフサイド[反則の位置]でプレーする

camog (-au) *f*（車輪の）外縁, 輪縁

camog (-au) *m* 雄のサケ[鮭]

camomil *m* = camil

camosod *t* = camleoli

camosodiad (-au) *m* = camleoliad

camp (-au) *f* 1.偉業, 離れ業, 手柄, 目覚ましい成果 2.冗談, 戯れ, からかい

campfa (-feydd) *f* 体育館, ジム

campio *i*（子供・子羊などが）跳ね回る, 跳びはねる, じゃれる

campus *a* 1.優れた, 優秀な 2.華麗[壮麗]な 3.素晴らしい

campusrwydd *m* 1.卓越, 優秀 2.長所, 美点, 美質

campwaith (-weithiau) *m* 傑作, 名作

campwr (-wyr) *m* 1.優勝者 2.擁護者, 闘士

camre *m* 1.歩み, 歩きぶり: dilyn ~ rhn 人の後について行く; 人の例に習う, 人の志を継ぐ 2.足音 3.足跡

camri *m* = camil

camsiafft (-iau) *f*[機械]カム軸

camsyniad (-au) *m* = camgymeriad

camsynied *i* = camgymryd

camsyniol *a*（行動・考えなど）間違った, 誤った

camu *t* 1.曲げる 2.歩測する: ~ pellter 距離を歩測する
i 1.曲がる 2.歩む,（特に短距離を）歩く 3.（特殊な）歩き方をする: ~'n uchel（馬が）足を高く上げる, だくを踏む; ~ i'r bwlch 直ちに困っている人の所へ行き援助する[代理を勤める]

camwedd (-au) *m* 1.非行, 悪事 2.[法律]私犯, 不法行為 3.（宗教・道徳上の）罪, 罪悪

camweddog : camweddus *a* 違反しやすい, 違犯しやすい, 犯しがちな

camweddu *t*（法律・規範などを）破る, 犯す, 違反する

camweddwr (-wyr) *m*（宗教・道徳上の）罪人; 違反者

camwr (-wyr) *m* 大股に歩く人

camwri *m* 悪い行い, 悪事

camymddwyn *t* 不品行なことをする, 不行跡を働く
i 無作法な振舞をする

camymddygiad *m* 1.無作法 2.非行, 不行跡 3.違法行為

camymddygwr (-wyr) *m* :

camymddygwraig (-agedd) *f* 無作法[不品行]な人

cân (caneuon, caniadau) *f* 1.歌, 歌曲: ~ serch 恋歌, 愛の歌; Cân y Caniadau [聖書]（旧約聖書の）雅歌 2.詩, 韻文 3.（小鳥・虫の）鳴く[さえずる]声: ~ yr ehedydd ヒバリの鳴声

can *a* 1.白い: bara ~ 白パン 2.漂白された;（風雨に晒されて）白くなった 3.100（個, 人）の 4.百歳で 5.何百もの; 多数の: ~ dyn 多数の人々

can (-iau) *m* 1.ブリキ缶,（缶詰の）缶 2.（液体を入れる）缶: ~ llaeth（運搬用）大型ミルク缶 3.小麦粉 4.（米）便所 5.（米）刑務所

cana *m*[印刷]仮名

canabis *m*[植物]1.麻, 大麻 2.カンナビス（大麻の乾燥した雌蕊で, 麻薬の原料）

Canada *m*[地理]カナダ（北米大陸北部の英連邦内の独立国で10州と2準州から成る;以前は自治領(Dominion); 首都Ottawa）

Canadaidd *a* カナダ（人）の

Canadiad (-iaid) *mf* カナダ人

cancr (-au) *m*[病理]1.癌 2.（口の）潰瘍, 口内炎 3.（人・社会の）害毒, 病根, 癌 4.（金属

cancro の) 腐食 5.[園芸](果樹の) 根瘤病 6.[獣医](馬の) 蹄癌

cancro t 1.(金属などを) 腐食させる 2.(心・社会などを) 蝕む
i 腐食する

candela (-âu) m [光学] カンデラ (光度の基本単位)

canden : candi : candisen (candis) f キャンディー, 砂糖菓子

candïo t (果物などを) 砂糖漬けにする

candryll a 1.壊れた 2.(精神的に) 打ちのめされた, がっくりきた 3.ぐったりした

canél (caneli, canelydd) m = camlas

canel m シナモン, 肉桂皮 (ニッケイの芳香性樹皮; 香味料)

canfas (-au) m [織物] キャンヴァス, ズック (帆・テント・かばんなどに用いる麻・木綿の厚地の粗布)

canfasio t [政治](票集めのため場所・人々を) 回って歩く, 遊説する
i 投票を勧誘する, 選挙運動をする: ~ o ddrws i ddrws 戸別選挙運動をする

canfasiwr (-wyr) m : **canfaswraig (-agedd)** f [政治] 選挙運動員, 戸別訪問の運動員: ~ o ddrws i ddrws 戸別選挙運動をする

canfed a 1.第100 (番目) の 2.100分の1の

canfed (-au) mf 1.(序数の) 第100 (番目, 位): yr Hen Ganfed [音楽] オールドハンドレッド 2.100分の1

canfod t 1.見る 2.見える, 気付く, 感知する 3.見つける, 発見する 4.理解する, 分かる 5.識別する, 見分ける 6.見なす, 考える

canfodiad (-au) m [哲学](知覚作用に対して) 知覚されたもの; 知覚の対象; 知覚によって作られる表象

canfyddadwy a 1.知覚 [認識] できる, 感知される 2.それと気付くほどの, かなりの

canfyddedig a 発見された

canfyddiad (-au) m 1.知覚 (作用), 知覚力 2.認知, 認識, 識別

canfyddiadol a 知覚の [による], 感知の

canhwyllbren (canwyllbrennau, canwyllbrenni) mf 蝋燭立て

canhwyllnerth m [光学] 光度

canhwyllwr (-wyr) m 蝋燭製造販売人, 蝋燭商

canhwyllyr (-on, canwyllyrau) m シャンデリア

caniad (-au) m [教会] 1.歌: Caniad Solomon [聖書](旧約聖書の) ソロモンの歌 2.教会の鐘の鳴り渡る音

caniadaeth f 音楽: ~ gysegredig 宗教音楽

caniatâd m 1.許可, 許し: gyda'ch ~ うむって, 失礼ですが 2.同意, 承諾: ~ i gais 要請の承諾 3.賜暇, 休暇

caniataol a 許される, 許された, 差し支えない

caniatâu t 1.許す, 許可する 2.(人が…することを) 許す 3.(物事が) …を許す [の余地がある] 4.(人に金・時間を) 与える

caniedydd (-ion) m 1.歌手 2.詩人 3.詩篇 [聖詩] 作者 4.詩篇 [聖詩] 詠唱者

canji (-s) m 漢字

canlyn t 1.後について行く, 従う: daeth hi i'm ~ 彼女は私の後について来た 2.(道を) たどる, 進む 3.跡を継ぐ 4.(研究・調査・仕事などに) 従事する, 遂行する: y wedd, ~ yr arad 農業に従事する 5.(方針・計画・忠告などに) 従う, 守る 6.(流行・先例などに) 従う, 習う 7.(獲物・犯人などを) 追跡する, 後を追う 8.(目的・結果・快楽などを) 追求する, 達成しようとする 9.(人に) うるさく付き纏う 10.機嫌を伺う 11.(男が女に) 求愛する 12.(賞賛などを) 求める 13.(危険などを) 自ら招く
i 1.後から (追って) 行く, 後ろについて行く; 続く 2.結果として起こる

canlyneb (-au) f 1.[数学] 系 2.推論 3.(必然的な) 結果

canlyniad (-au) m 1.結果, 成行き: o ganlyniad 結果として 2.[論理] 帰結, 結論 3.[pl](試験・競技などの) 結果 [成績]: canlyniadau per-droed フットボールの試合結果

canlyniadol : canlynol a 1.次の, 次に続く, 以下の 2.結果の, 結果として生じる 3.重要 [重大] な 4.(論理上) 必然 [当然] の

canlynwr : canlynydd (-wyr) m : **canlynwraig (-agedd)** f 1.従者, 随員 2.家来, 部下 3.信者, 信奉者, 門弟

canllaw (-iau) mf (バルコニー・橋などの) 手摺, 欄干

canmlwyddiant (-iannau) m 1.百年記念日 [祭] 2 百年間, 一世紀

canmlwyddol a 1.百年目の, 百年ごとの, 百年祭 [記念] の 2.百歳 (以上) の

canmol t (人・物を) ほめる, 賞賛する, たたえる: ~ rhn i'r cymylau 人を褒めちぎる

canmoladwy a 賞賛に値する, ほめるに足る, 感心な, あっぱれな

canmoliaeth (-au) f 賞賛, 賛辞, お世辞

canmoliaethus a 賞賛の, 褒め称える, お世辞の (うまい)

canmolwr : canmolydd (-wyr) m 賞賛 [賛美] 者

cannaid a 輝くように白い

cannu t (髪・布などを) 漂白 [脱色] する, 白くする
i 白くなる, 漂白される

cannwr (canwyr) : cannydd (canyddion) m 漂白 (業) 者

cannwyll (canhwyllau) f 蝋燭, ろうそく: ~ dân (canhwyllau tân), ~ Rufeinig (canhwyllau Rhufeinig) ローマ花火, 筒形花火 (円筒の中に

火薬を入れ手に持って上げる; 吹き出る火花の中から時々火の玉が飛び出る); ~ llygad (canhwyllau llygaid)[解剖]瞳, 瞳孔

canol (-au) *m* 1.(位置・時間の)中央, 真中: ~ nos 真夜中;(行為などの)最中: 'roeddwn ar ganol darllen 私は読書の最中でした 2.(人体の)胴, 腰, ウエスト: ~ oed 中年 3.(衣服の)胴部, ウエスト 4.(円・球などの)中心, 中央, 真中 5.(砂時計・ヴァイオリンなどの)腰に似た部分, くびれ 6.[海事]船体の中央部
a 1.(空間・時間などの)真中の, 中心の, 中央の, 中間の: enw(-au)~ *m* 中間の名; yr Oesoedd/ Desau Canol, y Canol Oesoedd[歴史]中世(紀)2.中位[中等, 中流]3.[C~][言語]中期の

canolaidd *a* 1.中心に集める, 一点に集合させる; 集中させる 2.中央集権制にする

canolbarth (-au) *m* 1.内陸, 中部地方 2.[C~]イングランド中部地方: Canolbarth Lloegr イングランド中部地方

canolbarthol *a* 1.内陸[中部地方]の 2.[C~]イングランド中部地方の

canolbris (-oedd) *m* 平均価格

canolbwynt (-iau) *m* 1.焦点 2.(円・球などの)中心, 中央, 真中 3.(興味・活動・人気などの)中心, 核心, 的; 中心人物

canolbwyntio *t* 1.焦点を合わせる 2.(思考・注意・努力などを)集中させる 3.(物を)中心[中央]に置く 4.[軍事](兵力を)集める, 集結させる 5.[フボ](ボールを)センターへ蹴る
i 1.焦点に集まる 2.心を集中する, 専念する

canoldir (-oedd) *m* 内陸, 奥地

canolddydd *m* 正午, 真昼

canoledig *a*(…に)中心のある[を置いた]

canolfan (-nau) *mf* 1.[軍事]基地, 根拠地 2.(研究・活動などの)中心地;(施設・設備などの)総合地域[施設], センター: ~ hamdden レジャーセンター(公共のスポーツ・娯楽施設); ~ siopa ショッピングセンター; ~ presenolldeb/ bresenoldeb(canolfannau presenoldeb)保護観察センター

canolffo *a* 1.[物理]遠心力[性]の 2.遠心力利用の 3.中央集権化から離れる, 地方分権的な

canolgyrch : canolgyrchol *a* = **canolaidd**

canoli *t* 1.集中させる 2.中心[中央]に置く 3.[フボ](ボールを)センターへ蹴る: canoli'r bêl ボールをセンターへ蹴る 4.(争議などを)仲裁する 5.(権力・富などを)中央に集める 6.(国家・政府を)中央集権化する
i 1.中心に集まる 2.中央集権化する 3.仲裁[調停]する

canoliad (-au) *m* 1.集中(化)2.中央集権(化)

canoliaeth *f* 中央集権主義

canolig *a* 中位の, 並の, 平凡な, 凡庸な, 二流の

canoloesol *a* 中世の

canoloeswr (-wyr) *m* : **canoloeswraig**

(-agedd) *f* 中世の人

canolog *a* 1.中心[中央, 中間]の 2.中枢の, 主要な 3.仲介の 4.(場所など)便利な 5.集中方式の: gwres ~ *m* 集中暖房, セントラルヒーティング

canologrwydd *m* 1.中心にあること, 中心の位置を占め(てい)ること, 中心性 2.集中[向心]性

canolradd : canolraddol *a* 中間の: ysgol ganolraddol (ysgolion ~)*f*[教育]小学校上級と中学校との中間の学校(12~14歳の生徒を収容する)

canolraddoldeb *m* 中間性

canolrif (-au) *f* 1.[数学]中数; 中線, 中点 2.[統計]中央値, 中位数

canolwr : canolydd (-wyr) *m* : **canolwraig** (-agedd) *f* 1.(争議などの)仲裁[裁定]人 2.[法律](裁判所または当事者が依頼する)仲裁人, 調停者 3.身元照会先 4.[ラグ]四人のスリークォーターバックスのうち, 中央に位置する左右二人の選手 5.[フボ]センター(ハーフ): canolwr blaen(サッカーなどの)センターフォワード

canon (-au) *mf* 1.大砲 2.(飛行機搭載用)機関銃 3.(作家の)真の作品 4.[ビリ]キャノン(手玉が続けて二つの的玉に当たること)5.[音楽]カノン, 典則曲, 追復曲 6.[カト](ミサの本体である)カノン, 典文 7.[キ教][聖書](聖書外典に対して)正典 8.教会法

canon (-iaid) *m* : **canones (-au)** *f*[キ教](大)聖堂参事会員

canonaidd *a* 1.教会法に基づく 2.正典の 3.規範[標準]的な 4.宗規で定めた: gwisg ganonaidd (gwisgoedd ~)*f*(儀式用の)法衣, 聖職服

canoneidd-dra : canoneiddiwch : canoneiddrwydd *m* 1.教会法に合致すること 2.規範[基準]性

canoneiddedig *a* 列聖された

canoneiddiad (-au) *m* 列聖(式)

canoneiddio *t* 1.(死者を)聖人の列に加え, 列聖する 2.(教会の権威によって)認可[承認]する

canoniaeth (-au) *f* 聖堂参事会員の位[職]

canonwr (-wyr) *m* 1.教会法に通じている人, 教会法学者 2.[キ教]聖堂参事会員

canopi (-ïau) *m* 1.天蓋(寝台・玉座などの上に設けた覆い)2.[建築](天蓋形の装飾的な)ひさし, 張出し 3.[航空](操縦席の上の)円蓋, キャノピー

canplyg *a* 百倍[百重]の

canpunt *m* 百ポンド

canradd *a* 摂[セ]氏の

canradd (-au) *f*[統計]百分位数

canraddol *a*[統計]百分位数の

canran (-nau) *f* 1.百分率[比], 比率, パーセント 2.割合, 歩合, 率

canrannol *a* 百分率[比]の, パーセントの

canrif　　　　　　　100　　　　　　　**capio**

canrif (-oedd) f 百年, 一世紀 (20世紀は1901年1月1日から2000年12月31日まで): yn y bedwaredd ganrif ar bymtheg 19世紀に

cansen (ni, câns) f 1. (籐・竹・サトウキビなどの) 茎: ~ siwgwr サトウキビ; siwgwr (m) câns (甘) 蔗糖 2. キイチゴ・ブドウ・バラなどの真っすぐに伸びた新芽 [若枝]: ~ fafon (câns mafon) (根元から生える) キイチゴの新枝 (翌年これに実がなる) 3. [園芸] (弱い植物の) 支え 4. (体罰用の) むち

canser (-au) m = **cancr**

canseraidd a 癌の[にかかった]

cansio t (人を) 鞭で打つ

cansiwr (-wyr) m 鞭で打つ人

canslad (-au) m 取り消し, 解消, 中止

canslo t 1. (約束・決定・注文などを) 取り消す, 解消する, キャンセルする 2. (計画・予定などを) 中止する

cant (-au) m 1. (車輪の) 枠, リム 2. (帽子の) つば, 縁

cant (cannoedd) m 1.100, 百; 100個 [人, 歳, ポンドなど]: buont farw yn eu cannoedd, wrth yn cannoedd, fesul cannoedd 彼らは百歳で死亡した 2. ハンドレッドウエイト (重量の単位; 112ポンド) 3. [クリ] 100点

cantata (-s, cantatâu) : cantawd (cantodau) f [音楽] (独唱・合唱・重唱及び器楽伴奏からなる大掛かりな声楽曲)

cantel (-au) m (帽子の) つば

canticl : cantigl (-au) mf (祈禱書) 聖歌

cantilifer (-lifrau) m [土木] 片持梁

cantilifrog a 片持梁の: pont gantilifrog (pontydd cantilifrog) 片持梁橋

cantîn (cantinau) m 1. [軍事] 酒保 2. (会社・工場・学校などの) 食堂

cantor (-ion) m : **cantores (-au)** f 1. 歌手, 歌う人 2. 詩人 3. (教会) 詠唱者

cantref (-i, -oedd, -ydd) m [英史] [行政] 1. 郡, ハンドレッド (アングロサクソン時代の英国で州 (county, shire) の次位にあった行政区画; 元来tithingが10個集まった「百戸村」の意味で独自の裁判所を持ち19世紀後半まで存続; 北部ではwapentakeと呼んだ): Cantrefi Chiltern チルタン百戸村 (Chiltern Hills地方の英国王の直属地; Burnham, Desborough及びStokeの 3 hundreds) 2. 小邑, 百戸村 (英国の北部または中部地方のデーン人 (Dane) が多くいた州の下位区分; 他地方のhundredに相当する)

cantroed (-iaid) m [動物] ムカデ, 百足

cantwr (-wyr) m = **cantor : cantwraig (-agedd)** f = **cantores**

canu t 1. (歌を) 歌う: ~ gwlad カントリーミュージック; codwr (-wyr) (m) ~ (教会聖歌隊・集会の) 主[先] 唱者, 音頭取り; mae hi'n ~ tôn gron 彼女はいつも繰言を言っている 2. (楽器・曲を) 演奏する: ~ piano ピアノを弾く; ~'r delyn ハープを弾く 3. (ベル・鈴・鐘などを) 鳴らす, 打つ: ~ cloch 鐘を鳴らす; ~'r drws 玄関のベルを鳴らす; ~'r amrywiadau 教会の一組の鐘を色々の調子に鳴らす 4. 鐘 [ベル] を鳴らして告げる [知らせる]: ~ cloch ty/drws 鐘を鳴らして急を告げる 5. (賛辞を詠唱して) 繰り返す, 褒め称える: ~ clodydd rhn 人の賛辞を繰り返す 6. (別れの挨拶を) する, 言う: ~'n iach さようならを言う, 別れを告げる 7. (聖職者がミサを) 捧げる: ~ offeren ミサを捧げる

i 1. 歌う: ~ gyda'r tannau ハープに合わせて歌う 2. (鳥・虫などが) 鳴く, さえずる; (雄鶏が) 鳴く, 時を作る 3. (赤ん坊が喜んで) 声を上げる 4. (ベル・らっぱ・鐘などが) 鳴る, 響く: canodd y gloch ベルが鳴った 5. (耳が) がんがん鳴る, 耳鳴りする: mae swn ~ yn fy nghlustiau 私の耳が鳴っている

canŵ (-au, -od) m [スポ] カヌー, 丸木舟

canŵa : canŵio i カヌーを漕ぐ [で行く]

canwaith f 百回

canŵiwr (canŵ-wyr) : canŵydd (-ion) m カヌーの漕ぎ手

canwr (-wyr) m [音楽] 1. 歌手 2. 演奏者

canwriad (-iaid) m (古代ローマ軍隊の) 百人隊の隊長

canwyr (-au, -ion) m [道具] かんな, 鉋

canwyro t 1. 鉋をかける 2. (鉋をかけて) 平らにする

canwyrwr (canwyrwr) m かんな工

canys conj という訳は, …だから

caolin (-au) m 1. [鉱物] カオリン, 高陵土, 白陶土 (陶磁器の原料) 2. [化学] カオリン

cap (-iau) : capan (-au) m 1. (縁なし) 帽子, キャップ: rhoi ~ am eich pen キャップをかぶる; ~ brethyn/fflat ハンチング; os yw'r ~ yn gymwys/ffitio gwisgwch ef その評言に思い当ることがあれば自分のことと思うがよい 2. (ガラス瓶の) 口金 3. [建築] (入口・窓・暖炉などの上の横木) まぐさ; まぐさ石: ~ drws (capanau drysau) 入口のまぐさ

capandrwyn (-au) m 靴の先革

capel (-au, -i) m 1. (教会の) 付属礼拝堂: ~ anwes (教区教会に遠い人や会堂に入り切れない人のために設けた) 分会堂, 支聖堂 2. (学校・病院・監獄などの) 礼拝堂, チャペル 3. (英国国教会以外の) 教会堂 4. (チャペルでの) 礼拝: mynd i'r ~ チャペルへ行く

capela i 休まずに礼拝堂へ行く

capelwr (-wyr) m : **capelwraig (-agedd)** f 礼拝堂へ礼拝によく行く人

capilaredd (-au) m [物理] 毛細管作用, 毛管現象

capio t 1. 帽子をかぶせる, (名誉・階級などの象徴として) 帽子を与える [かぶせる]; (卒業式

caplan 101 **cardotwr**

などで) 帽子をかぶせる; 学位を与える **2.**(競技者に) 代表チームの帽子を与える; 代表選手に選ぶ **3.**(歯に) 歯冠をかぶせる **4.**(器具などに) 蓋をする[かぶせる] **5.**(政府が地方自治体・議会の使う金額を) 制限する

caplan (-iaid) *m* [教会] 礼拝堂勤務の牧師 (宮廷・大邸宅・陸海軍・学校・病院などの礼拝堂所属); (刑務所の) 教誨師; 従軍牧師

caplandy (-dai) *m* caplanの勤める所, 礼拝堂

caplaniaeth (-au) *f* 礼拝堂勤務牧師の地位 [職, 任期]

capoc *m* カポック (主に東南アジア諸国に産するパンヤの種子を含んでいる綿毛; 糸に紡げないので枕・布団・救命帯などの詰め綿に用いる): coeden (*f*) gapoc (coed ~) [植物] パンヤ

caprwn : capprwn (-ryniaid) *m* [料理] (去勢して太らせた) 食用雄鶏

capsen (caps) *f* (玩具のピストルの) 火薬玉: gwn (gynnau) (*m*) caps 玩具のピストル

capteiniaeth (-au) *f* captenの職 [地位, 任期]

capten (-iaid, -einiaid) *m* **1.** [軍事] 陸軍 [空軍, 海兵隊] 大尉, 海軍大佐 **2.** 船 [艦] 長: ~ llong (capteiniaid llongau) 船長 **3.** (航空機の) 機長: grŵp-gapten (~-gapteiniaid) 飛行隊長 **4.** [スポ] (チームの) 主将

capwllt (capylltiaid) *m* = **caprwn, capprwn**

car (ceir) *m* **1.** 自動車: fferi (*f*) geir (feriau ceir) カーフェリー (列車・自動車などを運ぶ船); ~ llusg 大型そり **2.** (飛行機・軽気球・ロープウェイなどの) ゴンドラ, 吊りかご, ケーブルカー

câr (ceraint) *m* : **cares** (-au) *f* **1.** 血族 [親戚] の男 [女] **2.** [*pl*] 肉親, 身内, 親戚, 親類

Caradog *m* [人名] カラタクス (Caratacus) (紀元50年頃ローマ軍に反抗したブリテン (Britain) の一首長; 捕虜としてローマに連れて行かれた)

carafân (carafanau) *f* **1.** (ジプシー・サーカス団などの) 幌馬車: ~ sipsiwn ジプシーの幌馬車 **2.** (自動車で牽引する) 移動住宅, (米) トレーラー **3.** (砂漠の) 隊商, キャラヴァン

carafanio *i* **1.** キャラヴァンを組んで旅行 [生活] する **2.** トレーラーで生活する

caraoce : karaoke *m* カラオケ

carat (-au) *m* **1.** カラット (宝石の重さの単位で1カラットは200mg) **2.** カラット (合金中の金の割合を表す単位; 純金は24カラット)

carate : karate *m* 空手

carateydd (-ion) *m* : **carateyddes** (-au) *f* 空手家

carbohydrad (-au) *m* **1.** [化学] 炭水化物 **2.** [*pl*] 炭水化物を多く含んだ食品

carbon (-au) *m* **1.** [化学] 炭素 **2.** ガスカーボン, ガス炭 **3.** [写真] カーボン写真印画 **4.** [印刷] (複写用) カーボン紙; 写し, カーボンコピー

carbonad (-au) *m* [化学] 炭酸塩 [エステル]

carbonadu *t* [化学] 炭酸塩化する

carbonaidd *a* 炭素質の

carboneiddiad *m* 炭化

carboneiddio *t* 炭化させる

carbowradu : carbowreiddio *t* **1.** [化学] 炭素と化合させる **2.** 炭素化合物を混入して (ガスを) 濃厚にする

carbwl *a* (仕事の) 不器用な, 下手な

carbwncl (-bynclau) *m* **1.** [宝石] カーバンクル (カボション (cabochon) のざくろ石 [ガーネット]) **2.** [病理] カルブンケル, 癰 (皮下組織に生じる急性化膿性炎症)

carbwradur : carbwredur (-on) *m* (内燃機関の) 気化器, キャブレター

carco *t* **1.** 注意 [用心] する, 気を付ける **2.** (…するように) 注意する **3.** (人の) 世話をする, 面倒を見る

carcus *a* **1.** (人のことを) 気にかける, 気遣う **2.** 注意して, 気を付けて

carchar (-au) : **carchardy** (-dai) *m* 刑務所, 監獄, 牢獄

carcharadwy *a* **1.** 投獄 [拘禁] できる **2.** (犯罪など) 法的に拘禁処罰を必要とする

carchariad *m* 投獄, 入獄, 拘禁, 監禁, 幽閉

carcharor (-ion) *m* : **carcharores** (-au) *f* **1.** 囚人: ~ cydwybod 良心の囚人 **2.** 捕虜: ~ rhyfel 捕虜

carcharu *t* 刑務所に入れる, 投獄する, 監禁する

cardbord (-au, -ydd) *m* ボール紙, 厚紙, 板紙

carden (-nau, cardiau) *f* **1.** カード, 札, 券: cardiau gwaith/dosrannu 課題カード; cardiau llun a gair [教育] 一致する単語カード **2.** 名刺 **3.** 葉書 **4.** クレジットカード **5.** トランプの札: rhoi'ch cardiau ar y bwrdd/ford 計画を公開する, 種を明かす

cardigan (-au) *f* [服飾] カーディガン

cardinal (-iaid) *m* **1.** [カト] 枢機卿 (ローマ教皇の最高顧問で新教皇を互選する; 服装には緋の衣と緋の帽子を用いる) **2.** [鳥類] ショウジョウコウカンチョウ, 猩々紅冠鳥 (その色が枢機卿のマントの色に似ていることから)

cardio *t* [織物] (羊毛・麻などを) 梳毛 [綿] 機で梳く

cardiwr (-wyr) *m* : **cardwraig** (-agedd) *f* [織物] (羊毛などを) 梳く人

cardod (-au) *f* 慈善, 施し物, 義捐金: ceisio ~ 施しを請う

cardodwyn : cardydwyn *m* 豚の一腹の子の中で最も小さい [弱い] 子

cardota *t* (金銭・食物・衣服などを) 請う, 請い求める: ~ am fara 食を請う

cardotwr (-wyr) : **cardotyn** (-wyr) *m* : **cardotes** (-au) : **cardotwraig** (-agedd) *f*

caredig 乞食, 物貰い

caredig a 1.親切な, 心の優しい: pobl garedig ydynt 彼らは親切な人々です 2.寛大 [寛容] な 3.慈悲深い

caredigrwydd m 親切, 優しさ

caregaidd a (木材など) 石化した

caregan (caregos) f (河岸・海岸の丸くなった) 小石

caregl (-au, cerygl) m [キ教] 聖 (餐) 杯, カリス

caregog a (小) 石の多い, 石だらけの: cwrel ~ m 石珊瑚

caregu t 1.(動植物などを) 石化する 2.投石する

caregwaith m [建造] 石細工; 石造物

carennydd mf 親類 [血族] 関係

caretsen (carets) : **caretsien (caretsh)** : **carotsen (carots)** f [園芸] ニンジン, 人参

carfan (-au) mf 1.(大鎌で刈った) 一刈り分の牧草; (牧草の) 一列の刈り跡 2.集団, グループ: ~ wasgu/bwyso [政治] 圧力団体 3.(同じ仕事に従事する) 隊, 団, チーム: ~ achub 救護隊; ~ wib (carfanau gwib) (医者などの) 緊急派遣隊 4.閥, 党派 5.(秤の) さお, 棹 6.(織機の前後の) 糸巻き, 布巻, 巻軸, 千巻, 反巻ビーム 7.[スポ] 選手団 8.[軍事] (兵士の) (英) 班; (米) 分隊

carfil (-od) m [鳥類] ウミスズメ, 海雀

carfio t 彫る, 彫刻する, 刻む

cargo (-au) m [海事] (船などの) 積み荷, 船荷: cwlt (-iau) (m) ~ カーゴカルト, 積荷信仰

cariad m 1.(家族・友人・祖国などに対する) 愛 (情): ~ brawdol 兄弟愛; ~ at eich gwlad 祖国愛, 愛国心; (隣人などに対する) 好意 2.(聖書に説かれた) 愛; 同胞愛, 博愛; 慈善 (行為): nid yw ~ yn cenfygennu 慈善活動は妬まない (cf 1 Cor 13:4) 3.(異性に対する) 恋, 恋愛: ~ cyntaf 初恋, 幼な恋; ~ rhydd 自由恋愛; dros eich pen a'ch clustiau mewn ~ ぞっこん惚れ込んで; ~ ar y clwt 貧しい愛の巣, 貧しいながらも楽しい結婚生活 4.慈愛, 慈悲心, 思いやり 5.(物・事に帯する) 好み, 愛好, 趣味: llafur (m) ~ 好き [好意] でする仕事 (cf 1 Thess 1:3)

cariad (-on) mf : **cariadfab (-feibion)** m : **cariadferch (-ed)** f 1.(ロマンティックな, または性的な) 恋人, 愛人, 情夫, 情婦 2.[夫婦間・恋人同士・子供への呼掛けに用いて] 愛する [愛しい] 人, あなた, おまえ; ねえ: fy nghariad, 'nghariad i あなた

cariadlawn : **cariadlon** : **cariadus** a 1.恋 [恋愛] の 2.最愛の 3.愛情のある, 慈愛に満ちた

cariadusrwydd m 色っぽさ, 好色さ, 艶味

cariadwledd (-oedd) f [英史] [キ教] 愛餐 (初期キリスト教徒間で友愛を表すため行った共食)

caridým (-s) m ぼろ服を着た汚い人 [子供], 浮浪児

cario t 1.(武器・印などを) 身につける, 持っている, (日付・署名などの) 記載がある 2.(恨みなどを) 抱く, 心に持つ 3.(身を) 処する, 振舞う 4.(名前・名声・特徴などを) 持つ, 示す 5.(話・知らせ・音などを) 伝える, 広める, 提供する 6.(人・荷物などを) 運ぶ, 運送 [運搬] する: ~ glo i Fflint 余計なことをする (Newcastle が石炭の産地であることから) 7.(管・水路などが水・下水を) 通す, 導く 8.(重さなどを) 支える, (経済的に) 援助する 9.(子を) 孕んでいる 10.[数学] (数を) 一桁繰り上げる, 送る 11.[証券] (買った証券を値上がりを予想して) 保有する

i (声・音・弾丸などがある距離まで) 届く, 伝わる, 達する; (銃が) 弾を届かせる, 射程がある

carisma m 1.[神学] カリスマ, 特能 (病気を治すなどの神より特別に授けられた才能) 2.カリスマ (民衆を引きつけるっカリスマ的指導力)

carismatig a カリスマ的な, 人を引きつける

cariwr (-s, -wyr) m 1.運ぶ人, 運搬人: y Cariwr Dwr [天文] 水瓶座 (南天の星座); [占星] 宝瓶宮 2.運輸 [運送] 業者 3.[医学] (病菌・遺伝子などの) キャリアー, 保有者; 保菌者: ~ haint 病原体のキャリアー

carlam (-au) m 1.(馬の) 競走駆足, 襲歩, ギャロップ: ar garlam (馬が) ギャロップで, 全速力で, 大急ぎで 2.競走駆足での乗馬 3.全速力

carlamu i 1.(馬・乗り手が) ギャロップで駆ける, 疾駆する 2.(仕事などを) 大急ぎでする

calrlamus a 1.(消費などが) 急速に増える 2.(病気・インフレなどが) 急速に進む: darfodedigaeth garlamus 奔馬性肺結核

carlwm (-lymiaid, -lymod) m オコジョ, エゾイタチ, アーミン, (俗に) 白テン (黒い尾の先を除いて, 毛色は冬季に白い), ストート (夏季に毛色が赤褐色になるオコジョ)

carmon (carmyn) m 求婚者

carn (-au) m 1.(牛馬などの) ひづめ: y ~ fforchog (牛・羊などの) 分趾 [偶] 蹄; ~- fforchog ひづめが割れている, 双 [偶] 蹄の 2.(刀剣・ドライヴァーなどの) 柄, ハンドル, 取っ手: ir ~ 柄元まで; 完全に, 徹底的に

carn (-au) : **carnedd (-au, -i)** f 1.ケルン, 石塚, 道程標 2.塚, 墳丘, 古墳 3.積み重ね, 山, 塊

carn- pref 首位の, 第一の; 甚だしい, 大…: ~-elyn (-ion) m 大敵

carneddog a ケルンのある

carnifal (-au) m 1.謝肉祭, カーニヴァル 2.(米) 巡回見世物; 遊園地

carnog : **carnol** a [動物] 1.有蹄の 2.(通例複合語の第2構成素として) …のひづめのある 3.(靴が) ひづめ状 [形] の

carnolyn (-ion) *m* [動物] 有蹄動物

carol (-au) *mf* (宗教的) 祝歌, キャロル; (特に) クリスマスキャロル: ~ Nadolig クリスマスキャロル

caroli *t* 1.聖歌を歌って褒め称える 2.(歌を) 楽しげに歌う
i 1.喜び歌う 2.(クリスマスイヴに) クリスマスキャロルを歌って近所を回る

carolwr (-wyr) *m* : **carolwraig (-agedd)** *f* 祝歌 [キャロル] を歌う人

caroten *m* [生化学] カロチン (ニンジンなどに含まれる赤黄色の炭水化物)

carotid (-au) *m* [解剖] 頸動脈
a [解剖] 頸動脈の: y rhydweli (*f*) garotid 頸動脈

carp (-iau) *m* (布・皮などの) 切れ端, 継ぎ切れ, 布切れ

carp (-iaid) *m* [魚類] コイ, 鯉

carped (-i) *m* 1.絨毯, カーペット: ysgubwr (-wyr) (*m*) carpedi 絨毯掃除機 2.(草花・雪などの) 一面の広がり 3.(爆弾の) 集中爆撃地

carpedog *a* 絨毯 [カーペット] を敷いた

carpedu *t* 1.(床・部屋などに) 絨毯 [カーペット] を敷く 2.(草花・木の葉・雪などが) 一面に覆う, 敷き詰める

carpiog *a* 1.(衣服などが) ぼろぼろの, (使いすぎて) 破れた 2.(人が) ぼろを着た, ぼろ服の: ysgol garpiog [英史] 貧民学校 (19世紀初頭に始まり, 1870年の Education Act の成立により衰退した貧民の子供が無料で授業と給食を受けた学校) 3.(雲など) ぎざぎざの

carpiogrwydd *m* 1.みすぼらしさ 2.ざらざら [ごつごつ] していること 3.不完全, 粗雑

carrai (careiau) *f* 1.(締め) 紐, (特に) 靴紐: ~ esgid (careiau/careion esgidiau) 靴紐; clymu'ch careiau 靴紐を結ぶ 2.(物を縛ったり鞭にする) 革紐

carreg (cerrig) *f* 1.石, 小石: tafliad ~ 石を投げれば届く距離, ごく近く; ~ a dreigla ni fwsogla [諺] 転石苔むさず, 商売を変えれば損あって益が無い, 絶えず恋人を変えている人は真の愛が得られない, (米) 絶えず活動している人はいつも清新だ; y neb sy'n byw mewn tŷ gwydr gocheled luchio cerrig [諺] 脛に傷持つ者は他人の批評など言わぬがよい; ~ hogi 砥石; ~ dan (cerrig tan) 火打石, 燧石; Oes (*f*) y Cerrig [考古] 石器時代 2.丸石, 玉石 3.(建築用の) 石材: ~ sylfaen [建築] 礎石, 土台石 4.岩石: ~ galch (carris calch) 石灰岩 5.岩山, 岸壁 6.(果実の) 核, 種 7.[スポ] カーリングストーン 8.[医学] 結石 9.[解剖] 睾丸
a 石 [石製, 石造] の: jwg garreg 刑務所; 馬鹿 [愚か] 者, 間抜け, 能なし

carst (-iau) *m* [地理] カルスト地形 (川や谷が無く窪地や鍾乳洞の多い石灰岩地の溶食地形の総称)

cart (ceirt, certi) *m* 1.(荷物の輸送などで用いるばねなしの二輪または四輪の) 馬車, 荷車 2.(果物行商人などの用いる) 二輪の手押し車

cartaid (-eidiau) *m* 荷 (馬) 車一台分 (の量)

cartél (cartelau) *m* [経済] カルテル, 企業連合

cartilag (-au) *m* [解剖] 軟骨 (組織)

cartilagaidd *a* [解剖] 軟骨性 [質] の

cartograffeg *f* 地図作製 (法)

cartograffig *a* 地図作成 (法) の

cartograffwr : cartograffydd (-wyr) *m* 地図製作者

carton (-au) *m* (商品を入れる) カートン, ボール箱; (液体用の) 紙製容器

cartref (-i) *m* 1.家, 住居, 住宅: mae'n ail gartref (気楽さ・設備などの点で) それはまるで自分の家のような所です; ~ yw ~, er tloted y bo どんなに貧しくとも, 我が家にまさる所はない; ~ henoed 老人ホーム; ~ symudol (トレーラー式の) 移動住宅 2.家庭 3.生まれ故郷, 本国 4.(遊戯の) 陣 5.(思想・制度などの) 発祥地 6.(困窮者などの) 収容所: ~ cymuned コミュニティーホーム, 教護院 (少年犯罪者などの収容施設)
a 1.我が家の, 家庭の: bywyd ~ 家庭生活; cwrw (*m*) ~ 自家製醸造ビール (など); ffilm (*f*) gartref 自家製映画 2.故郷の 3.自国 [本国] の, 国内の: diwydiant (-iannau) ~ *m* 国内産業 4.急所を突く, 痛烈な 5.[野球] 本塁 (生還) の 6.[スポ] ホームグラウンドでの, 地元の: y cae ~ (ホームグラウンドチーム所在地の競技場)

cartrefgarwch *m* 家庭生活; 家庭的であること; 家庭への愛着

cartrefle (-oedd) *m* 家, 住居, 住宅, 住まい

cartrefol *a* 1.家庭 (用) の, 家事の, 自家製の 2.我が家のような; 家庭的な: mae hi'n hoff iawn o'i chartref 彼女は非常に家庭的です 3.質素な; 素朴な 4.国内 [自国] の: diwydiant (diwydiannau) ~ *m* 国内産業 5.(米) (人・顔など) 不器量な

cartrefoldeb *m* 質素

cartrefu *t* (人に) 家をあてがう [提供する]
i 住む, 居住する

cartŵn (cartwnau) *m* 1.(新聞・雑誌などの) (時事) 風刺漫画, 戯画, カリカチュア 2.アニメ映画 3.(新聞などの) 続き漫画

cartwnio *t* (人などを) 漫画化する, (漫画で) 風刺する
i 漫画を描く

cartwnydd (-ion, -wyr) *m* 風刺漫画家

cartwr (-wyr) *m* 荷馬車の御者, 車力

carth (-ion) *m* 1.[通例 *pl*] 汚物, 廃物 2.(社会の) 除け者, くず 3.トウ (亜麻・大麻・合成繊維などの短い繊維; 糸; より糸; 詰め物にに用い

carthbair 104 **casglifol**

る) 4.槙皮, 槙肌, オーカムホーコン (古い麻綱などをほぐして麻くずのようにしたもの; 甲板などの隙間に詰めて漏水を防ぐ)

carthbair (-beiriau) *m* [医学・薬学] 通じ薬, 下剤

carthbren (-ni) *m* 1.棒の先に小さな犂のような物を付けた道具 (犂先についた土を取り除くのに使う) 2.犂の柄

carthbwll (-byllau) *m* 1.(地下の) 汚水溜め 2.不潔な場所, 不浄物の溜り場

carthen (-ni) *f* 毛布: ~ blu (carthenni plu) 羽毛掛け布団

carthffos (-ydd) *f* 下水道 [溝]

carthffosiaeth *f* 下水設備 [処理]

carthffoswr (-wyr) *m* 下水道で働く人

carthiad (-au) *m* 1.清浄化 2.[医学] (下剤による) 便通, 排便 3.[政治] (政界の) 粛清, (不純分子の) 追放, パージ 4.カタルシス; [哲学・美学] 特に悲劇を見ることによる感情の浄化; [精分] 患者に自分の苦悩を語らせ, その原因になった抑圧感情を取り除かせようとする精神療法

carthlen (-ni) *f* (穀物の) 篩シート

carthlyn (-nau) *m* = **carthbair**

carthol *a* 1.[医学] 便通の 2.カタルシスの [を起こさせる]

carthu *t* 1.(下水道・厩などを) きれいに [清潔] にする, 清掃する 2.(場所・組織などから悪いものを) 取り除く 3.(喉の) 痰などを取り除く: carthu'ch gwddf 咳払いをする 4.(港湾・運河・河川を) 浚渫する, (底の泥を) 浚い上げる 5.[政治] (政治団体などを) 粛正する

i 浚渫する

carthwr (-wyr) *m*: **carthwraig (-agedd)** *f* 1.(運河などの) 浚渫作業員 2.[政治] (政治団体などの) 粛正者

carthydd (-ion) *m* = **carthbair**

caru *t* 1.愛する, 可愛がる, 恋する 2.好む, 気に入る, 愛好する, …したい

caruaidd *a* 1.愛情の深い, 優しい 2.(言葉など) 心 [愛情] のこもった, 配慮のある

carw (ceirw) *m* [動物] 牡鹿: corn (cyrn) (*m*) ~ 牡鹿の枝角

carwden (-ni) *f* (荷鞍に渡した馬の) 背帯 (荷車のながえ (shafts) と連結し, それを引き上げる役をする)

carwe *m* 1.[植物] キャラウェー, ヒメウイキョウ (芹科の植物) 2.キャラウェーの実 (香辛料としてパン・菓子・料理・チーズ・酒などに用いる)

carwr (-wyr, caredigion) *m* 1.(ロマンティックなまたは性的な) 恋人, 愛人 2.(音楽などを) 愛する人, 愛好者

carwriaeth (-au) *f* 1.恋愛, (特に) 浮気, 情事 2.情事の相手 (特に女性) 3.(女性への) 求愛, 求婚

carwriaethol *a* 1.恋愛の 2.好色 [色欲的] な

carwsél (carwselau) *m* 1.(スライド映写機の) 円形スライドトレー 2.メリーゴーランド, 回転木馬 3.(空港の手荷物引渡し用) 回転式コンベヤー 4.(中世の騎士の) 馬上試合

cas *m* 憎しみ, 憎悪, 敵意, 悪意, 嫌悪

a 1.憎むべき, 忌々しい, 憎らしい 2.意地の悪い, 悪意のある 3.嫌 [不愉快] な 4.不親切で [不人情な] 5.(打撃など) ひどい, 激しい

cas (-iau, -ys) *m* 1.(宝石・眼鏡などの保管用) 容器, 箱, ケース: ~ sbectol 眼鏡ケース 2.(手紙の) 封筒 3.[製本] ケース

casafa *m* 1.[植物] カッサヴァ, キャッサヴァ (ブラジル原産のトウダイグサ科イモノキ属の食用根茎のなる食部数種の総称; サツマイモ状の根茎から良質の澱粉が得られるので広く熱帯各地に栽培される) 2.(カッサヴァの根から採る) カッサヴァ澱粉

casáu *t* 1.憎む, ひどく嫌う, 嫌悪する 2.(…することを) 嫌う

casäwr (casawyr) *m*: **casawraig (-agedd)** *f* (人・物事を) ひどく嫌う [憎む] 人

casbeth (-au) *m* 大嫌いな物

caseg (cesig) *f* (完全に成熟した馬・ロバなどの) 雌, (特に) 雌馬: ~ las (cesig glas/gleision) 亭主を尻に敷く女; ~ wanwyn (cesig gwanwyn) [鳥類] キツツキ; ~ fagu (cesig magu) 子を産ませるために飼う雌馬; ~ eira 大きすぎる雪の球 [雪つぶて]

casein *m* [生化] カゼイン, 乾酪素 (牛乳中の蛋白質; チーズの原料)

caserol (-au) *m* [料理] 1.蒸し焼き鍋, キャセロール 2.キャセロール料理

caserolio *t* キャセロールで料理する

casét (casetiau) *m* (テープレコーダー・ヴィデオテープの) カセット

casged (-au, -i) *f* 1.(宝石・貴重品などを入れる) 小箱 2.(米) 柩

casgen (-ni, casgiau, cesgis) *f* 樽 (特に酒類を入れるもの)

casgl (-ion) *mf* [教会] 礼拝献金

casgladwy *a* 1.集められる 2.取立できる 3.推論 [推理, 推断] できる

casgledig *a* (作品など) 集めた, 集められた

casgliad (-au) *m* 1.[郵便] (ポストの郵便物の) 取集め, 回収: dim ~ ar y Sul 日曜日には郵便物の取集めをしません 2.[教会] 募金, 礼拝献金 3.(人々の) 集まり, 集団, 集会 4.(切手などの) 収集, 採集 5.[病理] (化膿した) 傷口できもの; 潰瘍, 膿瘍; 歯茎の膿瘍 6.[論理] 推論, 推理, 結論, 帰結

casgliadol *a* [政治 (など)] 集団 [共同] の, 集団的な

casgliffiad (-au) *m* [地質] 傾斜地の麓に堆積した土砂や岩屑

casglifol *a* [地質] 崩積土の

casglu *t* 1.集める, 収集する, 蓄積する: ~ stampiau 切手を収集する 2.(花・果実などを)摘み取る, 採集する 3.(借金・税金などを)徴収する, 取り立てる: ~ trethi 税金を徴収する 4.(郵便物・ごみなどを)回収する, 集める 5.(人を)迎えに行く, (物を)取りに行く 6.(考えなどを)集中する, まとめる: casglu'ch meddyliau 考えをまとめる 7.(結論・真理などを)演繹する; 推論[判断]する
i 1.たまる, 蓄積する 2.(人々が)集まる, 群がる 3.募金[集金]する 4.(怒りなどが)増す, 募る 5.[病理](傷口・腫物が)化膿する, 膿む

casglwr (-wyr) : cadglydd (-ion) *m* 1.収集家, 採集者: ~ stampiau 切手収集家 2.集金[取立]人 3.[鉄道](駅の)集札係: ~ tocynnau (駅の)集札係

Cashmir *f* [地理]カシミール (インド北西部の地方)

cashmir *m* カシミヤ織 (カシミヤヤギの毛織物)

casin (-au) *m* 1.包装 2.(自動車タイヤの)ケース, 外包 3.覆い 4.(窓・ドアの)枠

casineb *m* = **cas**

casment (-au, -ydd) *m* 観音開きの窓: fenestr gasment (ffenestri ~) *f* 開き窓

Casnewydd *m* [地名]ニューポート (ウェールズ南東部Gwent州のSevern河口近くの港市 Newport)

casnodyn (casnod) *m* 一房の羊毛[毛髪など]

casog (-au) *f* [教会](聖職者の)法衣

cast (-iau) *m* 1.たくらみ, 策略, ごまかし, いんちき 2.いたずら, 悪ふざけ: chwarae castiau いたずらをする; ~ ynteu ceiniog? お菓子をくれないといたずらするぞ(Halloweenに子供たちが近所の家々の玄関先でお菓子をねだるとき言う言葉) 3.手品, 芸当, 早業 4.(態度・言葉などの)癖, 特徴: mae ganddo gast o ail-ddweud pethau 彼は同じことを二度言う癖がある 5.(商売・芸・技術などの)こつ, 要領, 秘訣 6.[演劇]出演俳優, キャスト, 配役 7.(馬・犬などの)悪い癖 8.[冶金]鋳型, 鋳造物

cast (-au) *m* 1.カースト (インドの世襲的階級制度) 2.階級 3.社会的階級

castan (-au) *f* [植物]クリ, 栗; ヨーロッパグリ(の実)
a 1.クリの木の 2.クリ色の

castanét (-s, castanetau) *m* [音楽][通例 *pl*]カスタネット

castanwydden (castanwydd) *f* [植物]クリの木

castell (cestyll, castelli) *m* 1.城: ~ pawb (yw) ei dŷ [諺]イギリス人にとって家は城である(家庭は神聖で誰の侵入も許さないプライバシーの尊重を言ったもの); codi cestyll yn yr awyr 空中楼閣を築く, たわいもない空想に耽る 2.[チェス]ルーク, 城将

castellaidd : castellog *a* 1.[建築]城郭風の, 城のような造りの 2.城のある

castellu *t* 1.城を築く, 城郭を巡らす, 城で固める 2.[チェス](キングを)城将で守る
i [チェス]城将で守る

castellydd (-ion, castellwyr) *m* [英史]城主, 城代

castiad (-au) : catin (-au) *m* [冶金]鋳(造)物

castio *t* [演劇](演劇・映画などで)役を割り当てる: ~ drama 劇の配役を決める

castiog *a* 1.(人・行動が)狡猾な, 油断のならない 2.いたずら好きな

castiwr (-wyr) *m* 1.[演劇]配役係 2.詐欺[ペテン]師 3.いたずら[ふざけ]者

castor (-au) *m* (ピアノ・椅子などの)脚輪, 足車, キャスター

casul (-au, -iau) *m* [教会]上祭服, カズラ, チャズブル (ミサの時に司祭がalb(白麻の祭服)の上に着る袖のない長円形の式服)

caswir *m* (知って)嫌[不愉快]な事実

caswist (-iaid) *mf* 詭弁家

caswistaidd *a* 詭弁的な

caswistiaeth *f* 詭弁

casyn (casys) *m* = **cas**

casyn (-au) *m* = **casin**

cat : caten (catiau) *f* [クリ]ペイル (三柱門に渡した横木)

catabolaeth (-au) *f* : **cataboledd (-au)** *m* [生物・生理]異化(作用)

catabolig *a* [生物]異化[分解]作用の

catacana *m* [印刷]片仮名

catacwm (-au) *m* [通例 *pl*]地下墓地

cataledd *m* [化学]触媒作用, 接触反応

catalog (-au) *m* (品物・本などの)目録, カタログ

catalogaidd *a* カタログ的な

catalogio *t* 目録を作る[に載せる]

catalogwr : catalogydd (-wyr) *m* 目録作成者

catalydd (-ion) *m* [化学]触媒

catalyddu *t* [化学](物質に)触媒作用を及ぼす

catâr *m* [病理]カタル (粘膜の炎症); (特に鼻・喉の)カタル

cataract (-au) *m* [病理]白内障

cataractaidd *a* [病理]白内障の

cataraidd *a* カタル(性)の

cateceisio *t* 1.(教義を)問答式で教える 2.(人に)細かく問いただす

cateceisiwr (-wyr) *m* [教会]公会問答の教師

catechism (-au) *m* 1.[英教]公会[教義]問答 2.[カト]教義問答集, 公教要理

categori (-iau) *m* 1.部門, 区分, 種類 2.[哲学・論理・言語]範疇, カテゴリー

categorïad (-au) *m* 分類

categorïo *t* 分類する

catel *m* [集合的] 畜牛

catiad : catiaid (-eidiau) *m* パイプ一服分

catrawd (-rodau) *f* [軍事] 連隊

Catrin *f* [人名] キャサリン (Catherine)

catrodi *t* [軍事] 連隊に編成する

catrodol *a* [軍事] 連隊 (付き) の

catwad *m* [料理] チャツネ (マンゴー・タマリンド・レーズンなどの果物に香辛料・酢・砂糖などを加えて作った甘酸っぱいジャム状の調味料; カレーの薬味に用いる)

cath (-au, -od) *f* ネコ, 猫: cwrcath 雄ネコ; ～ fach (cathod bach) 子猫; ～ Caer チェシャー猫; ～ wyllt (cathod gwyllt/gwylltion) 山猫; busnesa/busnesu a lladdodd y gath [諺] 好奇心は身を誤る

cathaidd *a* 1.猫のような 2.(特に女性の言動が) 悪意のある, 意地悪な

catharsis *m* [演劇] カタルシス

cathderica : catherica *i* (猫が) ギャーギャー鳴く [騒ぐ]

cathetr (-au) *m* [医学] カテーテル

cathl (-au) *f* 1.歌 (特に単純な短い叙情詩や短い物語歌) 2.(鳥の) さえずり

cathod (-au) *m* [電気] 陰極: pelidryn (pelydrau) (*m*) ～ [物理・電工] 陰極線

cathodig *a* [電気] 陰極の

catholig *a* 1.人類全般にかかわる, 普遍的な 2.(同情・理解・関心など) 一方に偏しない, 寛容な, 心の大きい 3.包括 [総括] 的な; (趣味などが) 広範囲の: mae ganddo chwaeth gatholig 彼の趣味は広い

Catholig (-ion) *mf* [教会] (ローマ) カトリック教徒

Catholig *a* [宗教] 全キリスト教会の, 旧教の, (特に) (ローマ) カトリックの: yr Eglwys Gatholig (ローマ) カトリック教会

Catholigiaeth *f* (ローマ) カトリック教義 [信仰]; カトリック主義

catholigrwydd *m* 1.普遍性 2.(趣味・理解などの) 包容性, 寛大さ, おおらかさ 3.[神学] カトリック教義 [主義]

cau *a* 1.窪んだ, 落ち込んだ 2.空ろ [空洞, 中空] の: pren (-nau) (*m*) ～ 中が空洞になっている木

cau *t* 1.(戸・窓・蓋・引き出しなどを) 閉じる, 閉める 2.(目・口・耳などを) 閉じる: ～ dy geg 黙れ! 口を閉じろ! 3.(店・事務所・役所・学校・工場などを) 閉める, 休業する, 閉鎖する 4.(道などを) 塞ぐ, 封鎖する 5.(裂け目・隙間・管などを) 塞ぐ 6.(話などを) 終える, 完了する 7.(契約・取引などを) 結ぶ, まとめる
　i 1.(戸などが) 閉まる, 閉じる, 塞がる 2.(店などが) 閉店 [休業] する 3.(会などが) 終わる, 閉会になる

caul (ceulion) *m* 1.凝乳 (チーズの原料) 2.(凝乳状の) 凝結物 3.レンネット (子牛の第四胃の内膜からとる凝乳酵素でチーズを作る材料) 4.[生理] 乳糜

cawc (-iau) *m* = calc

cawci (-ïod) *m* [鳥類] コクマルガラス, (俗に) 小がらす (ヨーロッパ産などの小型のカラスで鳴き声が喧しいのと盗癖で知られる)

cawcws (-cysau) *m* [政治] (政党の選挙戦政策決定のための) 地方幹部会

cawdel (-au) *m* 1.(野菜と羊肉などの) ごった煮 2.混合物, ごた混ぜ, 寄せ集め

cawell (-au, -i, cewyll) *m* 1.籠, ざる, バスケット 2.(幼児を育てる) 揺り籠: ～ siglo 揺り籠 3.(魚釣の) びく 4.鳥かご: aderyn (adar) (*m*) ～ 籠に入れて飼う小鳥; (獣を入れる) 檻 5.(野菜・缶詰・酒瓶などを入れる蓋付きの) 詰め籠 6.詰め籠に入れた食物 [贈物] 7.枠付き鎌, クレードルサイズ 8.(矢を入れて背に荷なう) 箙, 矢筒

cawellaid (-eidiau) *m* 1.箙矢 [筒] 一杯の矢 2.詰め籠一杯 (の量)

cawg (-iau) *m* 1.洗面器 2.椀, 茶碗, 鉢 3.(金属・ガラス・陶磁器製の装飾用) 瓶, 壷; 花瓶

cawl (-iau) *m* [料理] 1.スープ: ～ llysiau 野菜スープ 2.(肉・野菜などの) 煮汁, 出し汁 3.(出し汁に米・野菜などを加えた) 澄んだスープ 4.大麦・豆・野菜などの濃いスープ

cawlach *m* = cawdel

cawna *t* 葦を刈り集める

cawnen (cawn) *f* [植物] アシ, 葦, ヨシ

cawnog *a* (場所が) 葦の多い [生い茂った]

cawod (-au, -ydd) *f* 1.にわか雨, 驟雨 2.(弾丸・花火・涙などのにわか雨を思わせる) 多量の落下, 雨 3.シャワー (浴); シャワー装置

cawodi *t* (人に物事を) 浴びせる, たくさん注ぐ
　i 1.にわか雨 [夕立] が降る 2.シャワーを浴びる

cawodlyd : cawodog *a* にわか雨の (多い)

cawr (cewri) *m* = cawres (-au, -i) *f* 1.大男, 巨漢, 大女 2.偉人 3.(神話・物語などに現れる) 巨人: Sarn (*f*) y Cawr ジャイアンツコーズウェイ (北アイルランド北東部Antrim州北部海岸から海に突き出ている玄武岩の岬)

cawraidd *a* 1.巨大な 2.巨人のような

caws (-iau) *m* チーズ: ～ Caer チェシャーチーズ (Cheshire地方産の Cheddarに似たチーズ); ～ Holand (赤い丸形の) オランダ産チーズ, 赤玉チーズ; ～ Cheddar チェダーチーズ

cawsa *t* チーズを請う

cawsai (-eion) *m* チーズを請う人

cawsai (-eiau) *mf* (低湿地の中に土を盛り上げて作った) 土手道, 堤道

cawsaidd : cawsiog : cawslyd *a* 1.(味・臭いが) チーズのような 2.下等な, 安っぽい

cawsellt : cawsyllt (-au, -i, -ydd) *m* チーズ凝固用の大桶

cawselltu *t* チーズを加圧成型する

cawsio : cawsu *t* 1.チーズを作る 2.(牛乳を)凝乳に固める
i チーズになる

cawsiog *a* 凝乳の

cawsionyn (-nau) *m* [料理]チーズバーガー

cawslestr (-i) *m* = **cawsellt**

cawswasg (-weisg) *f* チーズの加圧成型

cawswiwr (-wyr) *m* : **cawswraig (-agedd)** *f* チーズ製造業者

CC *ad* 紀元前

CD (-au, -s) *m* コンパクトディスク

cebl (-au) *m* 1.ケーブル, 太綱 2.鋼索: car (ceir) (*m*) ~ ケーブルカー 3.[電気](電話・電力などの)ケーブル, 被膜電線 4.外国電報, 海底電信 5.[海事]錨綱, 錨鎖

cebystr (-au, -on) *m* 1.(牛馬の)端綱 2.(牛馬などを繋ぐ)繋ぎ縄[鎖]

cebystro : cebystru *t* 1.(牛馬に)端綱を掛ける 2.(牛馬を)繋ぎ縄[鎖]で繋ぐ

cec *m* どもること, どもり(癖)

cêc *m* 1.[農業](亜麻仁などの)しめかす 2.一定形に圧縮した塊

cecian *t* 口ごもり[どもり]ながら言う
i どもる, 口ごもる

ceiciwr (-wyr) *m* どもる人

cecren (-nod) *f* 1.口やかましい(がみがみ), 女じゃじゃ馬: Dofi'r Gecren「じゃじゃ馬馴らし」(Shakespeare作の喜劇) 2.口喧嘩[口論]する女

cecru *i* 1.がみがみ小言を言う 2.口論する, 言い争う

cecrus *a* 喧嘩[議論]好きな, 喧嘩腰の

cecrwr (-wyr) : **cecryn (-nod)** *m* 1.口論[論争]者 2.口喧しい人

ceden (-au) *f* [織物](ビロード・羊毛などに立てた)毛羽; 毛羽織

cedenog *a* [織物](ラシャなど)毛羽の立った, 毛足の長い

cedenu *t* [織物](布などに)毛羽を立てる

cedor (-au) *f* 1.陰毛 2.[*pl*]脇毛

cedorfa (-fâu) *f* 陰毛, 恥毛

cedowrach *m* = **bawmwci, cacamwci**

cedrwydden (cedrwydd) *f* [植物]ヒマラヤスギ(杉): ~ Libanus レバノンスギ

cefn (-au, -oedd, -ydd) *m* 1.(人・動物の)背(中): curo ~ rhn 人の背中をぽんと叩く; cefngefn, cefn wrth gefn 背中合わせに 2.背骨: torrici'ch ~ 背骨を折る; y meingefn *m* 腰のくびれた部分 3.(手の)甲: 'rwy'n ei adnabod fel ~ fy llaw 私はそれをよく知っている 4.(家などの)奥, 後ろ, 裏手 5.(ページ・本の)裏側, 背: ~ llyfr 本の背 6.(車の)後部(座席) 7.(心の)底 8.支え, 支持 9.援助, 後援: bod yn gefn i rn (友人として)人を助ける, 味方になる 10.支持[後援]者 11.山の背, 尾根, 分水線: cefnau a phantiau 尾根と湿地 12.[海事]海嶺(海底の山脈) 13.[農業](畑などの)畝, 畦 14.[園芸]温床 15.(馬飛び遊びの)飛び台: gwneud/plygu ~ (馬飛び遊びで人の)飛び台になる

cefn *a* 1.後ろ[背後, 後部, 裏手]の: gardd gefn (gerddi ~) *m* 裏庭; drws (drysau) ~ *m* 裏口 2.逆の 3.遠い, 未開の 4.既往の;(雑誌など)既刊の 5.未納の 6.[ゴルフ](18ホール中)後半の9ホールの 7.[言語]後舌の

cefnbant *a* 1.(山頂の間の尾根が)鞍形をした 2.(馬の背が)鞍形に窪んだ 3.(鳥獣が)背中に鞍形模様のある

cefnbeithynen (-ynau) *f* [建築]棟(飾り)瓦

cefndedol *a* [解剖]膵臓の

cefndedyn (-nau) *m* [解剖] 1.膵臓 2.腸間膜 3.[料理](子牛・子羊の)膵臓・胸腺

cefnder (-dryd, -dyr, -deroedd, -deron, -derwydd, derwyr; -derod) *m* (男の)いとこ, 従兄弟

cefndir (-oedd) *m* 1.(風景・絵画・写真・舞台などの)背景, 遠景: ar gefndir 背景に対して 2.(織物・画面などの)地 3.(事件の)背景, 遠因 4.(人の)背景(教養・家柄・交友など), 経歴, 学識, 経験 5.予備知識, 背景的情報 6.背景音楽 7.目立たない所, 裏面: aros yn y ~ 表面に立たないでいる, 表立たないようにしている, 黒幕に控える, 裏方の仕事に徹している
a 背景の[となる]: miwsig (*m*) ~ 背景音楽: gwybodaeth (*f*) gefndir 背景的情報

cefndraeth (-au) *m* [地理]前浜(満潮線と干潮線との間にある海浜地帯)と猛烈な嵐の時だけ海水で覆われる海岸線の間の海浜地帯

cefndres (-i) *f* = **carwden**

cefnen (-nau) *f* 1.低い尾根 2.[漁業]餌を付け夜間水中に放っておくのべ縄・はえ縄の類

cefnfor (-oedd) *m* 大洋, 大海, 海洋

cefnforeg *f* 海洋学

cefnforol *a* 1.大洋[大海]の 2.外洋航行の

cefnffordd (-ffyrdd) *f* 1.幹線道路, 本街道 2.峰[尾根]伝いの道, 山背道

cefngefn *ad* 1.(家・座席など)背中合わせに 2.連続的に

cefngrwm *a* (*f* cefngrom, *pl* cefngrymion) せむし[猫背]の

cefngrymu *t* (背を)丸く[猫背に]する

cefnlen (-ni) *f* 1.(劇場の)背景幕 2.(事件などの)背景

cefnllwm *a* 1.(馬が)裸背[鞍なし]の 2.(男が)避妊具を用いない

cafn-nodi *t* = **arnodi**

cefn-nodiad (-au) *m* = **arnodiad**

cefn-nodwr (-wyr) *m* = **arnodwr**

cefnog *a* 金持ちの, 富んだ, 裕福な

cefnogaeth *f* 1.激励, 奨励 2.刺激 3.(人の意

cefnogi *t* 1.(人を)支持[援助, 後援]する 2.(理論などを)支持[支援]する 3.(施設などを財政的に)支援[維持]する 4.(人を)勇気づける, 励ます, 奨励する 5.(活動・成長・産業などを)促進[助長]する 6.(主義・権利などを)擁護する 7.(人・犯罪を)扇動[教唆]する 8.(改革・政策などを)支持[唱導]する: ~ cynnig[議会]動議を支持する

cefnogol *a* 1.奨励する, 元気づける 2.支える, 支持[支援, 援助]する, 協力的な

cefnogwr : cefnogydd (-wyr) *m* 1.激励[奨励]者 2.(意見・方針・政党・政治家・スポーツチームなどの)支持[支援, 後援, 賛成]者 3.[法律]扇動[教唆]者 4.[法律]共犯者

cefnrhaff (-au) *f* = **carwden**

cefnrhwd *a* [獣医](馬の)鞍ずれした背の

cefnrhydi *m* (馬の背にできる)鞍ずれ

cefnu *t* (友人・家族などを)見捨てる, 見離す, 縁を切る: ~ ar ffrind 友人を見捨てる

cefnwlad *f* (河岸・海岸地帯の)後背地

cefnwr (-wyr) *m* [スポ](ラグビー・サッカーなどの)バック, フルバック, 後衛

ceffyl (-au) *m* (雄)馬: at dy geffyl (at eich ceffylau)![号令などに用いて]乗馬!; ceffylau bach (遊園地などの)回転木馬, メリーゴーランド; sôn am geffylau 競馬用語を使う; 大法螺を吹く; chwipio ~ marw 済んだ事を蒸し返す; 無駄骨を折る; bwyta fel ~, fel Siôn Hafarch 大食する

ceg (-au) *f* 1.(人・鳥・動物などの)口 2.(言語器官としての)口; 言葉 3.(食べる器官としての)口;(食物を要する)人, 動物 4.吹奏楽器の口, マウス: organ (*f*) geg (organnau ~)ハーモニカ 5.(暖炉の)炉喉

cega *t* 1.(言葉を)声に出さず口の動きで言う 2.分かってもいないのに繰返して言う, 気取って[相手構わずに, 演説口調で]言う

cegaid (-eidiau) *f* 一口分, 口一杯分

cegan (-au) *f* 軽食

cegddu *mf* [魚類]メルルーサ(タラに似た食用魚)

cegiden (cegid) *f* [植物]ドクニンジン

cegin (-au) *f* 台所, 炊事場, 勝手: sinc (-iau) (*f*) ~ 台所の流し(台)

ceginwr (-wyr) *m* 料理人, コック,(特に修道院の)調理係

ceglyn (-noedd) : cegolch (-ion) *m* うがい薬

cegrwth *a* (恐怖・驚きなどで)口を大きく開けた, 口を開けて見とれている

cengl (-au) *f* 1.紐, 帯 2.糸の一かせ 3.(馬などの)腹帯

cenglo : cenglu *t* 1.糸を巻いて一かせにする 2.腹帯を着ける

cei (-au, -oedd) *m* 波止場, 埠頭, 岸壁

ceian (-au) *f* [植物]ナデシコ, セキチク, 石竹

ceibio *t* 1.(つるはしなどで)突く, 突いて掘る, 穴をあける 2.(穴・地面などを)掘る, 掘り起こす: ~ bed 墓を掘る 3.(土の中などから)彫り出す, 発掘する: ~ tatws i'r wyneb じゃがいもを掘る

ceibiwr (-wyr) *m* 1.掘る人 2.(鉄道・道路・運河建設などの)未熟な人夫, 未熟練労働者

ceibr (-au) : ceibren (-nau, -ni) *m* 1.(道路上の)V字形の突起(住宅街などで自動車のスピードを落とさせるため)2.[建築]山形, 雁木形 3.桁, 梁, 横木 4.[建築]垂木 5.(軍服などに付ける)山形袖章 6.[紋章]シェヴロン(山形の帯図形)

ceidwad (-aid) *m* 1.守護者, 番人, 管理人, 監視者, 看守: C~ y Sêl 王璽保管官; ai ~ fy mrawd ydwyf fi?[聖書]私が弟の番人でしょうか?(cf Gen 4:9) 2.(店などの)経営者 3.飼育係,(動物の)飼い主 4.(博物館などの)館長

ceidwadaeth *f* [政治]保守主義, 保守性

ceidwadol *a* 1.[政治・宗教]保守的な, 保守主義の 2.[C~]保守党の: y Braid Geidwadol *f* 保守党

ceidwadwr (-wyr) *m* : **ceidwadwraig (-agedd)** *f* [政治]1.保守的な人, 保守主義者 2.[C~]保守党員

ceiliagwydd (-au) *m* 1.[鳥類]ガチョウ・ガンの雄 2.馬鹿者, 間抜け

ceiliog (-od) *m* [鳥類]雄鶏: ~ ymladd/gêm/talwrn 闘鶏, シャモ; ~ twrci 七面鳥の雄; ~ (y)gwynt 風見鶏, 風向計; ~ rhedyn バッタ, イナゴ, キリギリス

ceilysen (ceilys) *f* : **ceilysyn (ceilys)** *m* 1.九柱戯 2.九柱戯用のピン[木柱]

ceillgwd (-gydau) *m* [解剖]陰嚢

ceimiad (-iaid) *m* 戦士, 闘士

ceinach (-od, ceinych) *f* [動物]ノウサギ, 野兎

ceincio *i* 1.枝を出す[広げる]2.分岐する

ceinciog *a* (木が)枝を出した, 枝の多い, 枝に覆われた

ceinder (-au) *m* 1.優雅, 上品, 高尚 2.美, 美しさ

ceiniog (-au) *f* 1.ペニー(青銅)貨(1971年以前の通貨単位では12penceであったが, 同年2月より新ペニーとなり, 100 pence = 1 poundになった): o geiniog i geiniog fe â swllt yn bunt[諺]小銭を大事にすればひとりでに大金ができる, 小事をおろそかにしなければ大事は自然と成る; ceiniogau Pedr[英史]昔St. Peterの祝日に各所帯主がローマ教皇庁へ納めた1ペニーの献金; syrthiodd y geiniog(自動販売機で1ペンス硬貨が入った意から)意味がやっと通じた 2.金銭 3.[通例否定文で]びた一文; ほんの僅か

ceiniogwerth (-au, -i) *f* 1.1ペニー分(で買え

ceinion *pl* 1.美点, 良さ, 長所: ～ natur 自然の美観 2.貴重なもの, 至宝, 珠玉

ceinlythrennol *a* 書道［能筆］の

ceinlythrennwr : ceinlythrennydd (-lythrenwyr) *m* 書（道）家, 能筆家

ceintach *i* 1.ぶつぶつ不平を言う 2.口論［喧嘩］する

ceintachlyd : ceintachus *a* ぶつぶつこぼす, 愚痴っぽい, 不平たらたらの

ceintachrwydd *m* 不満の多いこと［状態］, 愚痴っぽさ

ceintachwr (-wyr) *m* 不平家, こぼし屋, 悲観論者;（特に）不吉な予言者

ceinwych *a* 1.（人品・態度など）上品［優雅］な 2.（服装・趣味など）優美［風雅］な 3.（文学・文体など）気品の高い, 高雅な

ceinwychder *m* 優雅, 上品

ceirchen (ceirch, cerch, cyrch) *f* オート［カラス］麦: blawd（*m*）ceirch 挽き割りオート［カラス］麦: bara（*m*）ceirch オートミールケーキ（オートミールで作った薄くて平らなケーキ）

ceiriosen (ceirios) *f* 1.［植物］サクラ, 桜 2.さくらんぼ

ceirioswydden (ceirioswydd) *f* 桜の木

ceisbwl (-byliaid) *m* 1.土地［農場］管理人 2.（英）執行吏（州長官(sheriff)の下役; 差押え, 犯人の逮捕, 令状・刑の執行を司る）3.（米）（法廷の雑務をする）廷吏

ceisfa (-feydd) *f*［ラグ］インゴール（ゴールポスト後方でトライ可能な地域）

ceisio *t* 1.（援助・許可・愛顧などを）求める, 請う, 頼む: ～ ffafr/cymwynas oddi ar law rhn 人にお願いをする 2.（名声・仕事・地位など）得ようと努める［努力する］3.試す, 試みる: gwrthsefyll 反抗を試みる; ～ gwneud yr amhosibl, ～ gwneud peth amhosibl 不可能なことを試みる 4.（…しようと）努める, 試みる, 企てる: ceisiais agor i ffenestr ond 'roedd yn sownd 私はその窓を開けようとしたが動かなかった; ～ gwneud rhth 何かをするように努める; ceisiodd godi 彼は起き上がろうと試みた 5.（紛失物などを）捜す, 捜し求める: ～ lloches dan goeden 木の下に避難する; ceisiwch a chwi a gewch［諺］求めなければ何も手に入れられない
i 1.申し込む, 出願［志願］する; 問い合わせる: ～ rhth gan rn 人に何かを申請する 2.試みる; (…を得ようと）努力する: ～ am rth 何かを得ようと努力する 3.（援助・食物などを）求める, 請う: ceisiwch a chwi a gewch［聖書］求めよ, さらば与えられん (cf *Matt* 7:7, *Luke* 11:9)

ceislen (-ni) *f* 申込用紙, 願書

ceisydd (-ion) *m*［法律］申請者

cêl *a* 1.秘密［内密］の 2.（場所などが）隠れた, 人目につかない

cêl *m*［植物］（キャベツのようには結球しない）ケール, ハゴロモカンラン

cêl (celiau) *m* 1.［海事］竜骨, キール 2.［航空］竜骨

celadwy *a* 隠せる; 秘密にできる

celain (-anedd) *f* 1.（人間の）死体, 死骸 2.（獣の）死体

celanedd *f* 1.屠殺 2.（特に戦争などにおける）大虐殺, 大量殺人

celanedd-dy (~-dai) *m* 廃馬屠殺場

celc (-iau) *m*（財宝・金銭などの）秘蔵, 蓄え, 退蔵, 蓄財

celcian : celcio *t*（食料・財宝などを）貯蔵［退蔵］する

celciwr (-wyr) *m* 貯蔵して［貯め込んで］いる人

celf (-au) *f* 美術（工芸）, 芸術（作品）

celfair (-feiriau) *m* 専門用語

celficyn (celfi) *m* 1.道具, 用具, 工具 2.装置, 設備, 装備 3.家具, 備品, 調度: set（*f*）o gelfi 家具一式; fan gelfi (faniau celfi) 家具運搬車

celfydd *a* 1.発明の才がある, 利口な, 器用な 2.熟練した, 手腕［技量］のある 3.（物が）巧妙に出来ている, 精巧な

celfyddgar *a* 手際のよい, 巧妙な

celfyddgarwch *m* 芸術に対する愛好

celfyddwaith (-weithiau) *m* 1.芸術的技巧 2.芸術［美術］の効果, 芸術性

celfyddyd (-au) *f* 1.美術, 芸術（作品）: y celfyddydau cain 美術, 造形芸術; ～ er mwyn ～ 芸術のための芸術, 芸術至上主義; Cyngor Celfyddydau Cymru ウェールズ芸術協議会; ～ a chrefft 美術工芸 2.工芸 3.芸術的手腕［技巧］4.［*pl*]（大学の）学科, 科目: 人文科学: y celfyddydau breiniol（大学の）一般教養科目; Meistr yn y Celfyddydau 文学修士

celfyddydol *a* 1.美術［芸術］の 2.芸術［美術］的な 3.技能［技術］に関する 4.専門的な 5.人工［人造］の

celrym *m* 馬力

Celt (-iaid) *m* : **Celtes (-au, -i)** *f*［民族］ケルト人

Celtaidd : Celtig *a* ケルト人の: y Cyrion/Godreon Celtaidd ケルト外辺（人）（イングランドからみてスコットランド人・ウェールズ人・コーンウォール人・アイルランド人またはその土地を言う); y cyfnos Celtaidd「ケルトの薄明」

Celteg *mf*［言語］ケルト語: ～ P［言語］Pケルト語（印欧祖語のk^w音がPで現れているケルト語派のBrythonic派）; ～ Q［言語］Qケルト語
a ケルト語の

Celtegwr : Celtegydd (-wyr) *m* : **Celtegwraig (-agedd)** *f* ケルト語の専門家

Celtigiaeth *f* 1.ケルト語特有の言い方, ケルト

celu *t* 隠す, 覆う, 秘密にする
i 隠れる, 潜伏する

celwr (-wyr) *m* : **celwraig (-agedd)** *f* 隠す[隠蔽する]人

celwrn (-yrnau) *m* 1.桶, たらい 2.バケツ, 手桶; つるべ 3.バケツ[手桶]一杯の量 4.(洗濯機などの)汲子, バケット 5.(水車の)水受け

celwydd (-au) *m* 1.嘘: dweud celwyddau 嘘をつく 2.偽り, 虚偽

celwydda *i* 嘘をつく

celwyddog *a* 1.(人が)嘘をつく, 嘘つきの 2.(話・約束など)偽りの, 虚偽の

celwyddwr (-wyr) *m* 嘘つき

celynnen (-ynnennau, celyn) *f* [植物]セイヨウヒイラギ, 西洋柊, ホーリー(冬, 赤い実のなる常緑樹でクリスマスの装飾用) 2.[*pl*]ホーリーの葉

celynnog *f* セイヨウヒイラギの木立[森]

celyrnaid (-neidiau) *m* 一桶分(の量), 桶一杯

cell (-au, -oedd) *f* [生物]細胞: ~ waed (celloedd gwaed)血球; celloedd cochion 赤血球; ~ genhedlu (celloedd cenhedlu)生殖細胞, 胚細胞

celli (-ïoedd) *f* 小さい森, 木立

cellog *a* [生物]細胞の, 細胞から成る, 細胞質[状]の

cellwair (-weiriau) *m* 冗談, からかい, ふざけ, 冷やかし, しゃれ

cellwair *t* からかう, 冷やかす
i 1.冗談を言う, 冷やかす, からかう 2.(人・物を)いい加減に扱う, 粗末にする

cellweiriwr (-wyr) *m* 冗談を言う人, 滑稽な人, ふざけ屋

cellweirus *a* 1.冗談の好きな, 滑稽な, おどけた, ひょうきんな 2.冗談向きの, 下らない

cemeg (-au) *f* 化学

cemegol *a* 化学の, 化学的な

cemegolyn(-olion): cemegyn(cemegion) *m* 化学製品[薬品]

cemegwr : cemegydd (-wyr) *m* : **cemegwraig (-agedd)** *f* 化学者

cemist (-iaid) *m* 薬剤師

cemotherapi *m* [医学]化学療法

cemotherapiwtig *a* [医学]化学療法の

cemyw (-ion, -od) *m* 雄のサケ(鮭)

cen (-nau) *m* 1.(魚類・両生類などの)鱗, 鱗片 2.[植物](芽・蕾を保護する)芽鱗, 包葉 3.[病理](皮膚病による)皮膚の薄片, 鱗屑 4.歯石 5.(ボイラー・やかん・パイプなどの内側にできる)湯垢 6.(頭の)ふけ 7.目を霞ませるものの: syrthiodd y ~ oddi ar ei lygaid 彼の目から鱗が落ちた[迷いが覚めた](cf *Acts* 9 :18)

cenadwri (-ïau) *f* 1.(人からの)言伝, 伝言, メッセージ 2.(手紙・電信などで送る)通信, 電報 3.急送公文書 4.(預言者が伝える)神託, 御告げ 5.(作家・芸術・文学作品などの)訴え, 主張, 趣旨, 狙い

cenau (cenawon) *m* : **cenawes (-au)** *f* 1.犬の子, 子犬 2.(ライオン・狼・熊・虎・狐などの)子, 幼獣: ~ blaidd 狼の子 3.小僧, がき 4.悪漢, ごろつき, 与太者 5.口喧しい女, 意地悪女

cenedl (cenhedloedd) *f* 1.国民 2.国家: y Cenhedloedd Unedig[政治]国際連合 3.[文法]性

cenedlaethol *a* 1.国民の: y Gwasanaeth Iechyd C~ 国民健康保険制度 2.国家の: anthem genedlaethol (anthemau ~)*f* 国歌 3.国立[国有]の: Parc (-iau) (*m*)C~国立公園

cenedlaetholaidd *a* 国家[民族]主義(者)の

cenedlaetholdeb *m* 国家[民族]主義

cenedlaetholi *t* 1.国有[国営]にする 2.独立国家とする 3.国家[国民]的にする

cenedlaetholwr (-wyr) *m* : **cenedlaetholwraig (-agedd)** *f* 国家[民族]主義者

cenedl-ddyn (-ion) *m* (ユダヤ人から見た)異邦人; (特に)キリスト教徒

cenedledig *a* (男親が子を)もうけた, 産んだ

cenedlgarol *a* 国家[民族]主義(者)の

cenedliadol *a* 世代の

cenedligrwydd *m* 1.国籍 2.国民, 国家, 民族 3.国民の身分 4.独立国家としての地位

cenfaint (-feiniau, -feinoedd) *f* 豚の群れ

cenfigen (-ion, -nau) *f* 1.嫉妬, 妬み 2.羨望: 'roeddwn yn las gan genfigen 私は(顔色が青ざめるほど)ひどく羨んでいた 3.恨み, 遺恨

cenfigennu *t* 妬む, 羨む, そねむ

cenfigennus : cenfigenllyd *a* 嫉妬深い, 羨ましがる, 妬み深い

cenfigennwr (cenfigenwyr) *m* : **cenfigenwraig (-agedd)** *f* 嫉妬する[羨む]人

cenhadaeth (cenadaethau) *f* 1.[教会]伝道[布教]活動: y Genhadaeth i forwyr 海員伝道 2.命令, 指令, 任務

cenhadol *a* 伝道(者)の, 布教の

cenhadwr(-wyr, cenhadon) *m* : **cenhades (cenadesau)** *f* 宣教[伝道]師

cenhedlaeth (cenhedlaethau) *f* 1.同世代[時代]の人々 2.一世代(約30年間) 3.(家族・血統の)代, 世代: o genhedlaeth i genhedlaeth 代々(引き続いて); bwlch y cenhedlaethau 世代間の断絶[ずれ, ギャップ]

cenhedliad *m* 出産; 生殖

cenhedlig *a* (ユダヤ人から見て)異邦人の; (特に)キリスト教徒の

cenhedlol *a* [言語]生成的な: gramadeg ~

m 生成文法

cenhedlu *t* 1.(男親が子を)もうける: Abraham a genhedlodd Isaac [聖書] アブラハムの子にイサクができた(cf *Matt* 1:2);(人・動物が子を)産む 2.生じさせる, もたらす

cenhedlwr (-wyr) *m* 1.(子供の)父親 2.事を起こす人

cenhinen (cennin) *f* [植物] リーキ, ニラネギ, セイヨウネギ(daffodilと共にWalesの象徴): cawl (*m*) cennin ニラネギのスープ; ~ Bedr/Pedr ラッパズイセン(Walesの国花)

cenllif (-oedd) *mf* 1.急流, 激流, 奔流 2.[*pl*] 土砂降り 3.(言葉などの)連発,(感情などの)ほとばしり

cenllysgen (cenllysg) *f* 1.雹, 霰(一粒) 2.[*pl*] [集合的に] 雹, 霰 3.雨霰のようなもの

cennad (cenhadon) *mf* 1.使者 2.(官庁などの)電報 [文書, 小包] 送達吏: C~ y Frenhines 勅書送達吏 3.許可, 認可: gyda'ch ~ お許しを得て, お許しがあれば 4.使命, 役目, 任務

cennog *a* 1.(魚など)鱗のある, 鱗状の 2.(ボイラー・やかん・パイプなど)湯垢のついた 3.(頭が)ふけだらけの, ふけのような 4.地衣の生えた [に覆われた]

cennu *t* 1.(ボイラーなど)湯垢を生じさせる 2.(ふけを)取る 3.ふけで覆う
i 湯垢がつく

centigram (-au) *m* センチグラム(100分の1グラム)

centilitr (-au) *m* センチリットル(100分の1リットル)

centimedr (-au) *m* センチメートル(100分の1メートル)

cêr *pl* (車馬馬の)馬具, 引き具, 馬飾り

cerameg *f* 窯業

ceramegydd (-ion) *m* 窯業家

ceramig *a* 陶器の, 製陶術の

cerbyd (-au) *m* 1.乗物, 車(特に)(自家用)四輪馬車: ~ a dau geffyl, ~ a phâr 二頭立て馬車 2.(四輪の)公式 [乗合] 馬車 3.長距離 [観光] バス 4.[鉄道] 客車, 車両;(米)[複合語で](全種類の)鉄道車両: ~ cysgu 寝台車; ~ bwyta 食堂車 5.(古代ギリシャ・ローマの)戦車(二輪馬車)

cerbydol *a* 乗物の [に関する, による]: trafnidiaeth gerbydol *f* 車類の交通

cerbydwr (-wyr) *m* 1.(馬車の)御者 2.(古代ギリシャ・ローマの)戦車の御者

cerdinen : cerddinen (cerdin, cerddin) *f* [植物] ナナカマド(落葉高木)

cerdyn (cardiau) *m* 1.(トランプの)札 2.カード, 札, 券, 表: ~ Nadolig クリスマスカード 3.クレジットカード: ~ credyd クレジットカード 4.名刺 5.葉書: ~ post 葉書 6.面白い [おどけた] 人

cerdd (-i) *f* = **cân**

cerddadwy *a* 1.歩くことのできる, 歩ける 2.徒歩用(向き)の

cerdded *t* (道などを)歩く, 歩いて行く: ~ y strydoedd 売春婦の生活をする
i 1.行く, 出掛ける, 進む, 進行する, 移動する 2.(ニュース・噂などが)伝わる, 広まる 3.歩く, 歩いて行く: ~ adref 歩いて帰宅する; ~ yn benuchel/filch 堂々とした態度を取る; ~ yn eich cwsg 夢遊病である 4.(運動などのため)散歩する 5.旅行する 6.(馬が)並足で歩く 7.(幽霊が)出る, うろつく

cerddediad *m* 1.(仕事などの)はかどり, 進行, 進捗 2.(出来事などの)成行き, 推移, 経過 3.歩き方, 歩き振り, 足取り: 'rwy'n nabod ei gerddediad 私は彼の歩き方によって彼だと分かる

cerddgar *a* 1.調子のよい, 美しい調子の, 音楽的な 2.旋律的な

cerddgarwch *m* 音の調和, ハーモニー

cerddgarwr (-wyr) *m* : **cerddarwraig (-agedd)** *f* 音楽愛好家

cerddoleg *f* 音楽学, 音楽理論

cerddolegol *a* 音楽学的な

cerddolegwr : cereddolegydd (-wyr) *m* 音楽学者

cerddor (-ion) *m* : **cerddores (-au)** *f* 1.音楽家 2.(中世の)吟遊楽人

cerddorfa (-feydd) *f* オーケストラ, 管弦楽団: pwll (pyllau) (*m*) ~(舞台前の)オーケストラ席

cerddorfaol *a* 1.オーケストラ(用)の 2.オーケストラによって演奏するために編曲された

cerddoriaeth *f* 1.音楽(作品) 2.(中世の)吟遊楽人の芸 [吟唱・弾奏] 3.[集合的に] 吟遊詩人たち 4.吟遊楽人の歌った詩歌

cerddorol *a* 1.音楽の 2.音楽を伴う: comedi gerddorol (comediau ~) *f* ミュージカル(コメディー), 喜歌劇 3.音のよい, 音楽的な 4.音楽好きな, 音楽の上手な, 音楽を理解する 5.音楽(愛好)家の

cerddoroldeb *m* 音楽的なこと, 音楽性

cerddwr (-wyr) *m* : **cerddwraig (-agedd)** *f* 歩く人, 徒歩者; 散歩する人

Ceredigion *f* [地理] カーディガン州(Cardigan) (Wales西部の旧州; 1974年に Dyfed州の一部と成る)

cerfddelw (-au) *f* 像, 彫像, 塑像

cerfiad (-au) *m* 1.彫刻(術) 2.彫刻物

cerfiedig *a* 彫刻された

cerfio *t* 1.彫る, 刻む, 彫刻する 2.(肉を)切る,(食卓で肉を)切り分ける 3.彫刻する, 像を彫る, 彫刻を施す: ~ celflun o garreg 石で像を彫る

cerfiwr (-wyr) *m* : **cerfwraig (-agedd)** *f* 1.彫刻者 2.肉を切る人

cerflun (-iau) *m* = **cerfddelw**

cerfluniaeth *f* : **cerflunwaith** *m* 彫刻術

cerflunio *t* = **cerfio**

cerfluniwr : **cerflunydd (-wyr)** *m* : **cerflunwraig (-agedd)** *f* 彫刻家

cerfwaith (-weithiau) *m* = **cerfiad**

cerfwedd *f* [美術] 浮彫り (彫刻), レリーフ; ~ uchel 高浮彫り; ~ isel, basgerfwedd (-au) *f* 低浮彫り

cerigo *t* 小石を投げつける

cerigyn (cerigos) *m* = **caregan**

ceriwb : **cerub (-iaid)** *m* 1. [聖書] ケルビム, 天使 (守護神として神の玉座を守る霊的存在; cf Gen 3:24) 2. [神学] ケルビム, 智天使 (9天使中の第二位で神の知恵と正義を表す天使; 通例翼のある美しい子供または翼の生えた子供の頭で表される) 3. (美術で定型化された) ケルビムの絵; (絵に描いたケルビムのような) 丸々と太ったかわいらしい幼児

cerlan (-nau) *f* [地質] (河岸・湖岸・海岸・海底などの) 段丘

cerlyn (-od) *m* 粗野 [無作法] な男

cern (-au) *f* = **boch**

cernlun (-iau) *m* 1. (人の特に顔の) 横顔, プロフィール; (彫像の) 反面像 2. 輪郭, 外形 3. (新聞・テレビなどの) 人物紹介, 横顔

cernod (-iau) *mf* 平手打ち, 打撃

cernodio *t* (人を) 殴る, 打つ, 強く叩く, 打ちのめす

Cernyw *f* [地理] コーンウォール州 (Cornwall) (England南西部の州)

Cernywaidd : **Cernywig** *a* コーンウォールの

Cernyweg *mf* [言語] コーンウオール語 (ケルト語の方言で18世紀まで話されていた) *a* コーンウォール語の

Cernywiad (-iaid) *m* : **Cernywes (-au)** *f* コーンウォール人

cerpyn (carpiau) *m* = **carp**

cerrynt (cerhyntau) *m* 1. (液体・気体などの) 流れ, 海流, 潮流, 水流; ~ arfordirol, ~ y glannau 沿岸潮流; 気流: ~ aer [気象] 気流 2. 電流: ~ eiledol 交流

cert (-i, ceirt) *f* 1. (二輪または四輪の) 荷馬車: ceffyl ~/cart 荷馬車馬; ~/cart ychen 牛車 2. 干草を運ぶ荷馬車

certiwr (-wyr) *m* = **cartwr**

certmon (-myn) *m* = **certiwr**

certwain (-weiniau) *f* (四輪で普通二頭以上の馬が引く) 荷馬車

certh *a* 1. 正確な, 間違いのない 2. 確かな, 確実な 3. 恐ろしい, 怖い

cerwyn (-au, -i) *f* (醸造・染物・皮なめし用などの) 大桶

cerwynaid (-eidiau) *f* 大桶一杯 (の量)

cerydd (-au, -on) *m* 1. 非難, 叱責, 譴責 2. 訓戒, 説諭, 3. 警告 4. 罰, 懲罰

ceryddgar *a* 咎めるような, 叱るような, 非難がま

しい

ceryddol *a* 1. 懲らしめる, 厳しく罰する 2. 諭す, 忠告 [警告] する 3. [法律] 矯正する

ceryddu *t* 1. 叱る, 咎める, 非難する 2. 諭す, 戒める, 注意する 3. 警告する 4. 罰する, 懲らしめる

ceryddwr (-wyr) *m* : **ceryddwraig (-agedd)** *f* 1. 非難 [叱責] する人 2. 諭す [忠告] する人 3. 警告する人

ceryn (cêr) *m* 道具, 工具

cesail (-eiliau) *f* 脇の下

cesair *pl* [気象] 霰, 雹

Cesar (-iaid) *m* 1. カエサル (ローマ皇帝の称号) 2. Iwl ~ ユリウスカエサル, ジュリアスシーザー (100~44 B.C.; ローマの将軍・政治家・歴史家)

Cesaraidd *a* 1. ローマ皇帝の 2. シーザー [カエサル] の 3. [産科学] 帝王切開の: toriad (-au) ~ *m* 帝王切開 (術)

ceseiliad (-eidiau) *f* 腕一杯 (の量), 一抱え

ceseiren (cesair) *f* 1. 雹・霰 (一粒) 2. [*pl*] [気象] 雹, 霰

ceseirio *i* 雹, 霰 [雹] が降る

cest (-au) *f* 1. (人・動物・魚の) 腹, 腹部 2. 胃 3. (男性の) 太鼓腹 4. 反芻動物の第一胃 5. (瓶・船などの腹のように) 膨らんだ部分, 胴

cestog *a* 1. 肥満した, 太った 2. 太鼓腹の

cestogrwydd *m* 肥満, 肥大

cetshyp *m* (トマト) ケチャップ

cetyn (catiau) *m* 1. 小片, 細片, 一本, 一個, 一枚: ~ o bren 一本の木切れ 2. (煙草の) 一服: smocio ~ パイプを吹かす一服やる

cethin *a* 1. 暗い 2. 浅黒い 3. 激しい, 厳しい 4. 醜い 5. 恐ろしい

cethlyd : **cethlydd** *f* 1. [鳥類] カッコウ, 郭公 2. 馬鹿者, 間抜け

cethren (cethrau) *f* 大釘

ceubal (-au) *m* = **cest**

ceubren (-nau) *m* 中が空洞になっている木, うろのある樹木

ceubwll (-byllau) *m* 1. (深い) 穴; (路面の) 穴, ぼこ 2. [地質] 甌穴 (渦巻のために小石が回転して河床の岩石にできた壷状の穴)

ceudod (-au) *m* 1. 窪み, 穴, 空洞: ~ y genau [解剖] 口腔 2. (木の幹・岩などの) うろ (穴)

ceudodi *t* 空洞を作る *i* 空洞ができる

ceudodiad *m* 1. [機械] 空洞現象, キャヴィテーション 2. [病理] 空洞; 空洞化

ceudodol *a* [病理] 空洞の [に関する]

ceudwll (-yllau) *m* 1. (大きな・深い) 洞窟 2. (木の幹・岩などの) うろ (穴) 3. [地理] (火山の) 噴火口 4. (月面などの) クレーター

ceudyllog *a* 1. 洞窟の多い; 小さな窪みの多い 2. 洞窟に似た [を連想させる] 3. クレーターのできている

ceudyllu *t* (爆弾などが) 爆弾穴を作る, 漏斗孔を開ける

ceufad (-au) *m* [海事] 丸木舟, くり舟 (丸木をくり抜いたcanoe)

ceuffordd (-ffyrdd) *f* 1.隧道, 地下道, トンネル 2.坑道, 横抗 3.入口, 入路 4.陥没車線 (両側の土地よりもかなり低い道路), 沈んだ小道

ceuffos (-ydd) *f* 排水渠, 排水路, 下水溝

ceugrwm *a* (*f* ceugrom, *pl* ceugrymion) 凹 (状) の, 凹面の, 中窪の

ceugrymedd (-au) *m* 1.凹状, 窪んだ状態 2.凹面 (体), 凹所, 窪み, 陥没部

ceulad (-au) *m* 1.凝固 (作用) 2.(血などの) かたまり, 凝血

ceulaidd *a* 凝乳状 [質] の; 煮こごりのできた

ceulan (-nau, -lennydd) *f* (川・湖などの) 川岸, 水辺, 水際

ceule (-oedd) *m* (木の幹・岩などの) うろ, 空ろ, うろ穴

ceuled *m* 1.レンネット (子牛の第四胃の薄膜から採る凝乳酵素で, チーズの材料) 2.凝乳 (牛乳にrennetを加えて凝固させたもの): ~ a maidd 凝乳と乳漿 3.(凝乳状の) 凝結物

ceuledig *a* 凝固した, 凝塊となった

ceulfwyd (-ydd) *m* 1.ゼリー (ゼラチン・ペクチンなど膠質分を利用して冷やし固めた透明度と弾力性のある食品), ゼリー菓子 2.ゼリージャム (果汁から作る透明なジャム)

ceuliad (-au) *m* = ceulad

ceulo *t* 1.(溶液を) 凝固させる, 固める 2.(牛乳・血などを) 凝固 [凝結, 凝血] させる
i 1.(溶液が) 凝固する, 固まる 2.(牛乳・血などが) 凝固する, 固まる, 凝血する

ceulog *a* 凝固した

ceunant (-nentydd) *m* (両岸が切り立った深い谷で川が流れている) 峡谷, 渓谷, 山峡

ceunwyddau *pl* [集合的] (陶磁器・銀製の) 深い容器

ceuol *a* 空ろの, 空洞の, 中空の

cewyn (-nau, -non, cawiau) *m* 1.おむつ 2.布切れ, ぼろ切れ

Chile *f* [地理] チリ (南米南西部太平洋岸の共和国; 首都Santiago)

Chilead (-aid) *mf* チリ人

Chileaidd *a* チリ (人) の

ci (cŵn) *m* 1.[動物] イヌ, (雄) 犬: ~ bach子犬; ~ hela猟犬; daw ki hai f i gi [諺] 誰にでも得意な時代がある; ~ poeth (cŵn poeth (-ion): poethgi (poethgwn) *m* [料理] ホットドッグ 2.(イヌ科動物の) 雄 3.[天文] [C~] 大犬座; 小犬座: y Ci Mawr 大犬座

cïaidd *a* 1.犬のような 2.残酷 [冷酷] な, 不人情な 3.(言葉など) 率直な, 歯に衣着せぬ 4.(気候など) 厳しい

cib (-au) : cibyn (cibau) *m* [植物] 1.マメ科植物 2.(マメ科植物のエンドウなどの) さや

3.(穀類などの) 殻, さや, 皮

cibddall *a* 1.半盲の 2.愚鈍な

cibddallu *t* 1.目を半盲にさせる 2.(人の理解力などを) 鈍くさせる

cibi (cibïau) *f* (踵の) つぶれた霜焼け, あかぎれ

ciblys (-iau) *m* = cib 1, 2

cibo *i* しかめっ面をする, 眉をひそめる, 顔をしかめる, 睨みつける

cibog *a* 顔をしかめた, 眉をひそめた, 不機嫌な

cibwts (-au, -im) *m* キブツ (イスラエルの集団農場)

cibyn (-nau) *m* 1.(穀類などの) 殻, さや, 皮 2.(卵・木の実などの) 固い殻 3.ブッシェルます 4.[植物] (花の) がく

cibynnaid (cibyneidiau) *m* 2分の1ブッシェル

cic (-iadau, -iau) *f* 1.蹴る [蹴飛ばす] こと 2.(発射のときの銃の) 反動 3.快感, 興奮 4.[スポ] (ボールの) 蹴り, キック: ~ gornel (ciciau cornel) (サッカー) コーナーキック; ~ adlam (ラグビーなど) ドロップキック; ~ dan din 失望; 激しい非難

cicaion (-au) *m* [植物] ウリ科植物 (ヒョウタン・ヘチマなど)

cicio *t* 1.蹴る, 蹴飛ばす 2.(反動で) 打つ 3.[スポ] ボールを蹴ってゴールに入れる
i 1.蹴る 2.[スポ] ボールを蹴る 3.(銃が発射で) 反動する, はね返る

ciciwr (-wyr) *m* : **cicwraig (-agedd)** *f* 1.蹴る人 2.[スポ] キッカー, 蹴り手

ciconia (-aid) *m* [鳥類] コウノトリ: ~ du ナベコウ (羽毛は黒く光沢を帯び腹部だけ白い)

cid *m* キッド [子ヤギの] 革: menyg ~ キッドの手袋

cidwm (-ymiaid, -ymod) *m* 1.オオカミ, 狼 2.悪漢, 悪党, ごろつき, 与太者

cieidd-dra : cieiddiwch *m* 残忍性, 野蛮さ

cig (-oedd) *m* 1.(食用) 獣肉: briwgig *m* ひき肉; ~ eidion 牛肉; ~ moch ベーコン; pastai gig ミートパイ, 肉入りパイ; pelen (*f*) gig (pelenni ~) ミートボール, 肉団子; ~ marw [病理] 壊疽, 脱疽; ~ balch [病理] (創傷・潰瘍が癒えて生じる) 肉芽; ~ a gwaed 肉体; 生きた人間, 人間性, 人情; 肉親; 現実味; [形容詞的に] 現に生きている; 現実の 2.(果物・野菜の) 肉, 果肉, 葉肉

cigfach (-au) *m* (肉屋の) 肉吊し鉤

cigfran (-frain) *f* [鳥類] ワタリガラス (ヨーロッパ・北アジア・北米などに分布する全長60cmぐらいの大きなカラス; 不吉の兆とされる; ロンドン塔にはワタリガラスが一定数飼育されている)

cignoeth *a* 1.(傷・皮膚などの) 赤むけの, ひりひりする: briw ~ 赤むけになっている傷, 生傷 2.(人・言葉など) 痛烈な, 手厳しい, 辛辣な

cignoethni *m* 1.痛烈, 辛辣さ 2.ひりひりする痛み

cigog *a* 1.肉（質）の 2.肉付きのよい; 太りすぎた 3.（果実が）多肉質の

cigwain (-weiniau) *f* = cigfach

cigwr (-wyr) *m* 肉が好きな人

cigydd (-ion) *m* 1.肉屋 2.屠殺者 3.人殺し, 残忍な殺人者, 虐殺者 4.[鳥類] モズ, 百舌

cigydda : cigyddio *t* 1.（動物を食肉用に）屠殺 [畜殺] する 2.（人を）惨殺 [虐殺] する 3.（物事を）台無しにする

cigyddiaeth *f* 屠殺, 畜殺（業）

cigyddlyd *a* 殺戮を好む, 残忍な

cigysol *a*（動物が）肉食性の

cigysor : cigysydd (-ion) *m* [動物] 肉食動物

cigysordeb *m* 肉食性

cil (-iau, -ion) *m* 1.壁龕（本箱・花瓶などを置く壁のくぼみ）, ニッチ; 凹所 2.奥まった所, 人目につかない所,（心の）奥 3.隅, 片隅 4.（二線 [面] が合う外側の）角, 曲がり角: ~ y llygad (ciliau'r llygad) 目尻; lleuad ar gil 欠け始めた月 5.食べ戻し（反芻動物が第一胃から口中に戻してかむ食物）; cnoi ~（牛などが）反芻する; 思案 [反省] する

cilagor *t* 半ば開く, 一部開ける

cilagored *a* 1.（ドアなどが）半ば開いた 2.（ドアなどが）少し開いて, 半開きで

cilan (-nau) *f* 壁龕, ニッチ

cilannol *a*（壁などに）凹所のある

cilannu *t* 1.凹所 [壁龕] に（物を）置く 2.（壁などに）凹所 [壁龕] を設ける

cilbost (-byst) *m* 門柱

cilbren (-nau) *m* 1.[海事] 竜骨, キール（船の背骨になる力材）2.[航空] 竜骨（飛行艇などの艇体下部を前後に走る強い縦梁）

cilcyn (-nau, -nos) *m*（パン・チーズ・肉片・木材などの）破片, 断片, かけら, 切れ端, 塊, 厚切れ

cilchwyrnen (cilchwyrn) *f* [解剖] 腺

cildant (-dannau) *m* [音楽]（ハープの）最高音弦

cildoriad (-au) *m* [スポ] チョップストローク

cildorri *t* [テニス]（ボールを）切る [回転を与える]: ~'r bêl ボールを切る

cildrawiad (-au) *m* [クリ] 斜め打ち, グランス

cildro *a* 逆にした, 反対の, 裏返しの: cerrynt (cerhynta) ~ *m* 逆（方向）電流

cildroad (-au) *m* 1.反転, 逆転: ~ polaredd [物理] 極性の逆転 2.逆戻り, 復帰 3.[生物] 先祖返り, 隔世遺伝

cildroadwy *a* 1.（衣類など）裏表とも着用できる 2.[化学・物理] 可逆の: adwaith ~ *m* [化学] 可逆反応

cildroadwyedd *m* 1.逆に [転倒] できること, 裏表とも仕えること; 転換可能 2.（化学反応などの）可逆性 3.（命令・判決などの）撤回できること, 取消し可能

cildroi *t*（方向・順序などを）逆反対にする; 裏返す: ~ proses 手順を逆にする

cildwrn (-dyrnau) *m* 1.チップ, 祝儀, 心付け 2.賄賂

cildyn : cildynnus *a* 頑固 [強情] な

cildynnu *i* 頑固 [強情] である [になる]

cildynrwydd *m* 頑固, 強情

cilddant (-ddannedd) *m* [解剖] 臼歯, 奥歯

cilddwr (-ddyfroedd) *m* 澱みのある入江

cilfach (-au) *f* 1.（部屋などの）隅, 入り込み 2.凹所, ニッチ, 壁龕, 床の間 3.（庭園などの）奥まった [人目につかない] 所 4.辺鄙な土地, 僻地 5.[建築] ベイ, 格間 6.[地理] 入江, 湾

cilfachog *a* = cilannol

cilfachu *t* = cilannu

cilfae (-au) *m* [地理] 曲流が切断された入江

cilfantais (-teision) *f* [労働]（職務に付随する俸給以外の）臨時収入, 付加給付（恩給・有給休暇・健康保険・住宅手当など）

cilflyn (-filod) *m* [動物] 反芻動物

cilfin (-iau) *m* 縁, 端, へり, 周辺; 岸, 狭い境界線

cilfoch (-au) *f* 口角

cilffordd (-ffyrdd) *f*（本通りからはずれた）脇道, 抜け道, 裏道, 間道

cilgant (-au) *m* 1.[天文] 新月, 弦月, 三日月 2.[建築] 三日月形の家並み, クレッセント（Bath のロイヤルクレッセントが有名）3.[紋章] クレッセント（三日月の先 (horn) が上 (chief) を向いているもの）

cilgantaidd *a* 三日月状の

cilgnoad (-au) *m* 1.（牛などの）反芻 2.[病理] 反芻（症）

cil-gnoi : cilgnoi *i* 1.（牛などが）反芻する 2.よく考える

cilgnöol *a* 反芻する; 反芻動物の

cilgnöwr (cilgnowyr) *m* [動物] 反芻動物

cilgwthio *t* 押す, 押しやる, 押しのける *i* 押す, 押し合う, 突く, 突き当たる 2.競う, 争う

cilgynnyrch (-gynhyrchion) *m* 1.副産物 2.（思いがけない）副次的結果

ciliad (-au) *m* 1.[医学]（熱や疾患の）消散, 漸減 2.[軍事] 退却, 撤退, 撤兵, 撤収 3.（氷河の）後退

cilio *i* 1.[軍事] 退却 [撤退] する 2.引っ込む, 引きこもる 3.逃げる 4.[美術]（色彩が）沈んで見える

cilo (-s) *m* キロ

cilocalori (-iau) *m* [化学・物理] キロカロリー（熱量の単位）

cilogram (-au) *m* キログラム（重量の単位）

cilohertz *m* [電気] キロヘルツ（周波数の単位）

cilolwg (-ygon) *mf* 横目 [流し目] で見ること

cilomedr (-au) *m* キロメートル（メートル法の長さの単位）

cilowat (-au) *m* [電気] キロワット（電力の単位）

cilwen (-au) *f* 1.横目, 嫌らしい目つき, 色目 2.(間が抜けた[にやにや[作り]笑い

cilwenog : cilwenus *a* 1.(人が) 横目を使う 嫌らしい目つきの 2.(目つきが) 嫌らしい 3.にやにや笑っている

cilwenu *t* 1.にやにや[にたにた]笑って言う 2.色目を使う, 秋波を送る
i 1.にやにや[にたにた]笑う 2.横目で見る, 色目を使う 3.かすかに微笑する

cilwenwr (-wyr) *m* にやにや[にたにた]笑う人, 作り笑いをする人

cilwg (-ygon) *m* しかめっ面, 渋い顔, 渋面

cilwgu *i* 顔をしかめる, 嫌な顔をする; 睨 みつける

cilwgus *a* しかめっ面の, 眉をひそめた, 不機嫌な

cilyddiad : cilyddiant *m* [機械]往復運動

cilyddol *a* 1.相互の, 相互的な 2.[文法]相互的な 3.[数学]相反の, 逆の 4.[機械]往復運動をする

cilyddoldeb *m* 相互関係, 相関, 相互[互恵, 相反]性

cilyddoli : cilyddolu *t* 1.相互的にする 2.[機械]往復運動をさせる
i 1.[数学]逆数になる 2.[機械]往復運動をする

cilygu *i* 顔をしかめる, 眉をひそめる

cimono (-s) *m* [服飾]着物

cimwch (-ychiaid, -ychod) *m* : **cimyches (-au)** *f* [動物]ロブスター, ウミザリガニ: ~ Mair, ~ coch (cimychiaid cochion) イセエビ, 伊勢海老; ~ Norwy ヨーロッパアカザエビ; cawell (*m*) ~ (cewyll cimychiaid) 筌, エビ捕り篭

cinc (-iau) *m* 1.(糸・綱・毛などの) よじれ, もつれ, こぶ, 縮れ 2.(首・背中などの) 痙攣, 引きつり 3.(性質の) ねじけ, 意固地, 気まぐれ 4.(精神の) 異常, (性的) 変態 5.(計画・装備などの) 欠陥, 欠点

cinemataidd : cinematig *a* [物理]運動学上の[的な]

cinemateg *f* [物理]運動学 (物体の運動を数学的に表現する学問)

cineteg *f* [物理]動力学

cinetig *a* [物理]運動 (学上) の: egni ~ m 運動エネルギー 2.(活) 動的な

cingroen (-grwyn) *f* [菌類]スッポンタケ

cinhinio *t* 寸断する, ずたずたに切る

ciniawa *t* (人に) 正餐[晩餐]を供する[に招待する]
i 正餐[晩餐]を食べる; 食事をする: ~ ar gorn rhth (面白い話・経験などのおかげで) 正餐[晩餐]に招待される; 人の注目を集める[有名になる]

cinio (ciniawau) *m* 1.正餐, ディナー ; (一般に) 食事: ~ gwadd *m* 晩餐[午餐]会 2.昼食,

ランチ: tocyn (-nau) (*m*) ~ 昼食 (補助) 券; mae hi ar ei chinio; mae hi'n cael ei chinio 彼女は (外で) 昼食中です

cinnyn (cinhynnau, cinhynion) *m* (紙・肉などの) 一片, 断片, 残りくず

cïol *a* イヌ (科) の, 犬の; 犬のような

ciosg (-au) *m* 1.キオスク風の軽便な建物 (駅前・広場・公園などにある新聞・雑誌などの売店) 2.公衆電話ボックス: ~ ffôn 公衆電話ボックス 3.(トルコなどの) 東屋, キオスク

cip (-ion) *m* 1.ひったくり, かっぱらい, 強奪 2.ちらっと見ること, 一見, 一目, 一瞥: ar gip 一目見ただけで, 一見して

cipair (-eiriau) *m* [印刷] (辞書類上部の) 見出し語

cipdrem (-iau) *mf* = **cip** 2

cipedrych *i* ちらと [一目] 見る

cipedrychiad (-au) *m* = **cip** 2

ciper (-iaid) *m* (個人の所有地の) 狩猟場番人

ciper (-au, -i) *m* 薫製ニシン, キッパー

cipgar *a* ひったくる, ひったくろうとする, 強奪する

cipiad (-au) *m* [重量]スナッチ

cipial : cipian *i* 1.(犬などが) きゃんきゃん鳴く 2.叫び声を上げる

cipio *t* 1.ひったくる, もぎ取る, 奪い取る 2.[重量]スナッチをする

cipiwr (-wyr) *m* : **cipwraig (-agedd)** *f* ひったくり, かっぱらい, 強奪者

cipolwg (-ygon) *m* = **cip** 2

ciprys *m* 1.争い, 紛争, 闘争 2.奪い合い 3.組み打ち, 乱闘

cis (-iau, -ion) *m* 1.平手打ち 2.(肩などを) 軽く叩くこと

cist (-iau) *f* 1.(旅行用) 大かばん [トランク] 2.(蓋付きの) 大箱, 収納 [貯蔵]箱: ~ ddillad (cistiau dillad), ~ ddroriau (cistiau droriau) たんす 3.貴重品箱 4.(自動車の) トランク 5.(地下室の) 葡萄酒貯蔵所 6.精神病院

cistaid (-eidiau) *f* 大箱一杯 (の量)

cistfaen (-feini) *f* 石室墳墓

ciw (-iau) *m* 1.(順番を待つ人・車などの) 列: neidio'r ~ 列に割り込む; 順番を待たずに物を手に入れようとする 2.[演劇] きっかけ, キュー (役者の登場・発言・照明・擬音などの合図となる台詞などの文句または仕草)

ciwb (-iau) *m* 立方体, 正六面体, 立方形のもの *a* [数学]立方 [3乗の]: gwreiddyn (gwreiddiau) ~ *m* [数学]立方根

Ciwba : Cuba *f* [地理]キューバ (西インド諸島の共和国; 首都Havana)

Ciwbaidd *a* キューバ (人) の

ciwbaidd : ciwbigol *a* 1.立方体の, 正六面体の 2.体積 [容積] の

Ciwbanes (-au) *f* : **Ciwbaniad (-iaid)** *mf* : **Ciwbawr (Ciwbawyr)** *m* キューバ人

ciwbiaeth f [美術] 立体派, キュービズム

ciwbicl (-au) m 1.(寮などの仕切った) 小寝室 2.(仕切のある) 個人用小室 (図書館の個人用閲覧室; プールの脱衣室など)

ciwbig a 1.立方体の, 正六面体の 2.[数学] 立方の; 3次元の, 3乗の: troedfedd giwbig f 1立方フィート

ciwbio t [数学] (数を) 3乗する; 体積を求める 2.[料理] 小立方体にする, (食べ物などを) さいの目に切る

ciwboid (-au) m 1.[数学] 立方体 2.[解剖] 立方骨
a 1.立方形の, 賽子形の 2.[解剖] 立方骨の

ciwbydd (-ion) m [美術] 立体派芸術家 [画家, 彫刻家]

ciwbyddol a 立体派の, キュービズムの

ciwed (-eidiau) f 1.下層階級, 庶民たち 2.群衆, 暴徒, 野次馬連

ciwio i 行列する, 並んで順番を待つ

ciwiwr (-wyr) m : **ciw-wraig (--wragedd)** f 列を作る人

ciwrad (-iaid) m 1.[英教] 副牧師 (教区司祭・牧師の補佐・代理をする) 2.[カト] 助任司祭: ŵy'r ~ 玉石混淆

ciwt a 1.(子供・品物など) 可愛い, 綺麗な 2.利口な, 賢い 3.(考え・発明など) うまい, 才気あふれる 4.(米) きざな, 気取った

ciwtra : ciwtrwydd m 利口さ, 抜目のなさ

cladd (-au) m [農業] (藁土などをかぶせて貯えた) ジャガイモの山: ~ silwair サイレージクランプ

cladd : claddedig a 埋葬された

claddedigaeth (-au) f 1.埋葬 2.葬式, 葬儀, 告別式

claddfa (-feydd) f 墓地, 埋葬地

claddgell (-oedd) f 1.(教会・大聖堂の) 地下室 2.(通例pl) 地下墓地

claddiad (-au) m 埋葬

claddu t 1.埋葬する, 葬る 2.埋める, 埋蔵する 3.(顔などを) 埋める, 覆い隠す 4.耽る, 没頭する

claear : claearaidd a 1.(湯などが) 生ぬるい, 微温の 2.(人・態度などが) 熱意の無い, 気乗りのしない, 冷ややかな

claearder : claearedd : claearineb : claearwch m 1.生ぬるさ, 微温 2.熱意の無いこと, 冷淡

claearu t (気持を) 静める, 冷静にする
i 1.(感情が) 落ち着く, (怒りなどが) 静まる 2.(愛情・関心などが) さめる

claer a (色が) 鮮やかな, 冴えた

claerder m 1.明るさ, 輝き, 鮮明 2.明白, 明瞭

claerwelediad m 透視, 千里眼, 異常な洞察力

claerwyn : claer-wyn a (f **claerwen**, **claer- wen**, pl **claerweynion, clear-**
wynion) 鮮やかな白色の

claf (cleifion) a 1.病気の 2.病気で 3.(船が) 修理を要する

claf (cleifion) m 患者, 病人: ~ allanol外来患者; ~ mewn ysbyty入院患者

clafdy (-dai) m 1.病院 2.(学校・工場・船内などの) 病室, 保健室, 治療所 3.ホスピス

claficl (-au) m [解剖] 鎖骨

claficord (-iau) m [音楽] クラヴィコード (ピアノの前身)

claficordydd (-ion) m クラヴィコード奏者

clafr : clafri m 1.[病理]ハンセン病, 癩病 2.[獣医] (家畜の) 皮癬, 疥癬

clafrio : clafru i ハンセン病にかかる

clafrllyd : clafrog a 1.ハンセン病の, ハンセン病にかかっている 2.(犬などが) 疥癬にかかった

clafychu i 病気になる

clai (cleiau) m 粘土: talp (m) o glai 一塊の粘土; ~ crochenydd 陶土

clais (cleisiau) m 1.打撲傷, 打ち身 2.(果物・木材などの) 傷 3.筋, 縞 (模様)

clamp (-iau) m 1.締金, かすがい 2.[pl] (外科用) 鉗子 3.[pl] やっとこ 4.[建築] 端喰 5.(不定形の) 塊 6.巨大なもの

clampio t 1.締め具 [かすがい] で締める, 留める 2.固定する

clan (-iau) m 1.(スコットランド高地人の) 氏族 2.一族, 一門

clandro t 1.評価する 2.数える, 計算する; 総計する
i 計算する, 見積る

clandrwr (-wyr) m 計算者; 清算人

clap (-iau) mf (友情・称賛などの印に平手で背中などを) ポンと叩くこと: ~ ar y cefn 背中をポンと叩くこと

clap (-iau) m 1.(石炭などの) 塊 2.角砂糖

clap m 1.人の噂話, 陰口 2.[病理] 淋病

clapan i 人の噂を広める, 秘密をしゃべる, 告げ口をする, 中傷する

clapgi (-gwn) m 他人の噂を広める人, 告げ口屋

clapio t 1.(手を) 叩く; (人・演技に) 拍手する: ~ canwr 歌手に拍手を送る 2.(友情・称賛の印に人の体の一部を) 平手で軽く叩く 3. 一塊[一纏め] にする
i 1.拍手する 2.塊になる

clapiog a (石炭など) 塊だらけの, でこぼこの

clarc (-od) m : **clarces (-au)** f 1.(官庁などの) 書記, 事務官, 吏員 2.(事務所・会社・銀行などの) 事務員, 社員, 行員 3.(米) (ホテルの) フロント係 4.(米) (小売店の) 店員 5.[英教] 教会書紀 6.[英教] 牧師, 聖職者

clarcio i (米) 1.事務員 [書紀] を勤める 2.店員として働く

clared m クラレット (フランスのボルドー地方産の

clarinét

赤ワイン）: lliw ~赤紫色の; diod（*f*）glared クラレットカップ（クラレットに炭酸水・レモン汁・ブランデー・砂糖などを混ぜて氷で冷やした飲料）

clarinét (clarinetau) *m* クラリネット（木管楽器）

clarinetwr : clarinetydd (-wyr) *m* クラリネット吹奏者

clas (-au) *m* 1.修道院 2.修道士の集団

clasbyn : clesbyn (clasbiau) *m*（ブローチ・ネックレスなどの）留金, 締金

clas-eglwys (-i) *f*［英教］聖堂参事会管理の教会（主教ではなく聖堂参事会長（dean）が管轄する Westminster Abbeyなどの教会）

clasordy (-dai) *m* = clas

clastir (-oedd) *m*［教会］教会所属畑地, 聖職領耕地

clasty (-tai) *m* = clas

clasur (-on) *m*（古典）作品, 一流の作品

clasuraeth *f*.［文芸・芸術］古典主義（簡素・調和・均整・威厳などの形式美を重んじる芸術場の立場）2.古代ギリシャ・ローマの芸術文化の原則［精神］

clasurol *a* 1.古典の, 古典的な 2.古典文学の 3.伝説的に有名な: ras glasurol（rasys ~）*f*［競馬］クラシックレース

clasuroldeb *m* 1.古典的特質; 古典的特質を備えた作品 2.古典的教養

clasurwr (-wyr) : clasurydd (-ion) *m* : **claswraig (-agedd)** *f* 1.（文芸における）古典主義者, 古典主義的作家［芸術家］2.古典学者

clatsien (-sis) *f*（拳・平手・棒などの）強打, 殴打, 打撲

clatsio *t* 叩つ, 殴る, 叩く,（打撃を）加える

clau *a* 速い, 敏速な

clawdd (cloddiau) *m* 1.生垣, 垣根: corclawdd（corcloddiau）*m* 低い生垣 2.防壁: C~ Offaオファの防壁（Offa（?~796）; Anglo-Saxon時代のMercia王国の王（757~796）; 今のWalesとの間に防壁を築いた）; C~ Wat ウォットの防塁（オファの防壁とほぼ平行に走る土工）

clawr *m*［獣医］（犬などの）皮癬, 疥癬（毛が抜ける）

clawr (cloriau) *m* 1.（箱・壷・鍋などの）蓋, 覆い, カヴァー: ~ llygad (cloriau llygaid) 瞼 2.（本・雑誌の）表紙: darllen llyfr o glawr i glawr本を初めから終わりまで読む, 全巻を通読する 3.［製本］製本用板紙

clawrllyd *a* 1.（犬などが）皮癬にかかった 2.みすぼらしい

clawstr (-au) *m*［通例*pl*］［建築］回廊, 歩廊（修道院・大学などの中庭を囲み屋根がある）

clawstredig : clawstrog : clawstrol *a*［建築］（修道院に）回廊［歩廊］のある

cleddyfwr

clawstro *t* 1.修道院に閉じ込める 2.引きこもらせる

clawstroffobaidd : clawstroffobig *a* 閉所恐怖症の

clawstroffobia *m*［精医］閉所恐怖症

clebar : cleber *mf*（くだらない）おしゃべり, 雑談, 無駄口

clebran *i* 1.ぺちゃくちゃしゃべる, 無駄話をする, 人の噂話をする 2.（秘密などを）ぺらぺら口走る, 告げ口をする

clebren (-nod) *f* : **clebryn (-nod)** *m* 1.おしゃべりな人 2.［鳥類］よく鳴く小鳥（レンジャク・ノビタキなど）

clec (-iadau, -iau, -s) *f* 1.（掛金・機械などの）カチッ［カチリ, カタッ］という音 2.（ドアなどが）バタン［ピシャリ］と閉まる音 3.（歯を）パクッと噛み合す音 4.舌打ち, 舌鼓 5.平手打ち 6.（鞭・雷鳴・銃などの）パチン, ピシャリ, ピシャッ, バリバリ, ガチャン, ガラガラ, ドン, ドスン, 轟音 7.［写真］スナップ（写真）8.［音声］舌打ち音, 吸着閉鎖音

clecen (-nod) *f* = clebren

cleci (clecïod) *m* おしゃべり, 他人の噂を触回る人

clecian *t* 1.（ドア・靴の踵・鉛筆などを）カチリ［パチッ, カタッ, カタカタ］と鳴らす: ~ eich sodlau（お辞儀の時など靴の）踵をカチリと合わせる 2.（ドア・蓋などを）バタン［パチン］と音を立てて開ける［閉める］3.（鞭などを）パチパチ［ピシピシ, ピシッ］と鳴らす 4.舌打ちをする, 舌鼓を打つ: ~ eich gwefusau 舌鼓を打つ 5.（平手などで）ピシャリと打つ 6.（指をはじいて）パチンと鳴らす: ~ bawd/bysedd指をパチンと鳴らす 7.（歯・機械などが）ガチャン［ガタガタ］音を立てる 8.（ピストルを）バンと撃つ *i* 1.（ドアなどが）カチリと音がする 2.（ドア・蓋・鍵などが）カチッ［パチン, パタン］と閉まる 3.（鞭などが）ピシャリと鳴る 4.（犬が）噛みつこうとする, 食いつく 5.（ファスナーが）ジーという音を立てる 6.（枝が）ポキンと折れる 7.（銃が）バンと鳴る 8.（引き金などが）カチッという

cleciwr (-wyr) *m* = cleci

cledr (-au) *f* 1.手のひら, 掌: ~ llaw（cledrau dwylo）手のひら 2.杭

cledren (credrau) *f* 1.横木, 横棒 2.杭 3.［鉄道］レール, 線路, 軌道: mynd oddy ar y cledrau 脱線する 4.［紋章］ペイル（盾の中央約1/3幅の縦帯）

cledd : cleddau : cleddyf (cleddyfau) *m* 1.剣, 刀 2.締金, 留金, かすがい 3.楔形の木［金属］製留具, クリート

cleddyfan (-au) *m* 短剣, 短刀

cleddyfod (-au) *m* 1.剣の一撃, 一太刀 2.剣傷, 刀傷 3.刀の傷跡

cleddyfog *a* 剣で武装した［を身に着けた］

cleddyfwr (-wyr) *m* 剣士, 剣客, 剣術家

clefyd (-au, -on) *m* 病気: ~ heints 伝染病; ~ gwenerol 性病; ~ melyn 黄疸; ~ siwgwr 糖尿病

cleff (-iau) *m* [音楽] (譜表の) 音部記号: ~ yr alto アルト記号; cleffiau Cハ音記号

clegar *m* 1. (ガチョウの) ガーガーと鳴く声 2. おしゃべり, 無駄話

clegar *i* 1. (鳥が) さえずる 2. (ガチョウが) ガーガー鳴く 3. (人が) ゲラゲラ [キャーキャー] 笑う 4. (人が) ブツブツ [モゴモゴ] 言う

clegyr (-au) *m* 1. ごつごつの岩, 険しい岩山 2. 崖, 絶壁

clegyrog *a* 1. 岩の多い 2. 崖になっている

cleibwll (-byllau) *m* 粘土の穴

cleidir (-oedd) *m* 粘土質の土

cleifis (-iau) *m* U字形かぎ, Uリンク

cleilenwi *t* (床下・壁の間などに) こね土を詰める

cleilyd : cleiog *a* 1. 粘土の (多い), 粘土質の 2. 粘土を塗った

cleinsio *t* 1. (打ち込んだ釘などの突き出た先を) 折り曲げる, 平につぶす 2. (物を) 固定する, 締め付ける 3. (議論などに) 決着をつける 4. [海事] (綱を) 折り返し止め式に止める

cleio *t* 1. 粘土で覆う, 粘土を塗る 2. (土に) 粘土を混ぜる 3. (床下・壁の間などに) こね土を詰める

cleirch : cleiriach *m* 老人, 老いぼれた人

clesiio *t* 1. 打撲傷を与える, 痣をつける 2. (果物などを) 傷める, 傷をつける
i 1. 打った跡がつく, 痣になる 2. (果物などが) 傷む

cleisiog *a* 傷跡がついた

cleisiol *a* (身体を) 傷つける

clem (-iau) *f* 飢餓, 餓死; 窮乏

clemio *t* (穴・ほころびなどに) 継ぎを当てる, 継ぎはぎをする, 応急の修理をする

clemo *i* 餓死する; 飢える

clên *a* 愛想のよい, 人好きのする, 話しかけやすい

clensio *t* 1. = cleinsio 2. (歯を) 食いしばる

clep (-iau) *f* 1. = clec 2. くだらないおしゃべり 3. 秘密を漏らす [告げ口をする, 噂をばらまく] 人

clepian *t* 1. (鳥が) 羽を打つ, 羽ばたきする: ~ ei adenydd 羽ばたきする 2. (ドアなどを) バタン [ピシャッ] と閉める: ~ drws ドアをバタンと閉める
i 1. (ドアなどが) バタン [ピシャリ] と閉まる 2. ペラペラしゃべる, 無駄話をする 3. 秘密を漏らす, 他人の噂をして回る

clepiog *a* 噂を言い触らす

clepyn (clapiau) *m* 1. (石炭などの) 塊 2. 角砂糖一個

clêr *f* [集合的] 1. (中世の) 吟遊詩人 [楽人] 2. (古代ケルト族の) 楽人, 吟遊詩人, 放浪楽人

clera *i* 吟遊詩人としてさすらう

clerc (-iaid, -od) *m* = clarc : **clerces** (-au) *f* = clarces

clercaidd *a* 書記の, 事務員の: prif glerc 書記長; ~ plwyf 教会書記

clercio *i* = clarcio

clerddyn (-ion) *m* (中世の) 吟遊詩人 [楽人]

cleren (clêr) *f* [昆虫] 1. ハエ, 蠅: stribed (-i) (*m*) clêr ハエ取りリボン 2. 飛ぶ昆虫: ~ lwyd (clêr llwyd) *f* ウシアブ

clerigol *a* 牧師の, 聖職者の

clerigwr (-wyr) *m* 牧師, 聖職者

clerwr (-wyr) *m* = clerddyn

clerwraidd *a* 吟遊詩人のような

clerwriaeth *f* 1. (中世の) 吟遊詩人 [楽人] の芸 (吟唱, 弾奏) 2. 吟遊楽人の歌った詩歌 3. [集合的] 吟遊楽人たち

cletir *m* [地質] 硬盤, 底盤 (柔らかい土の下にある堅い岩盤・粘土・小石などの地盤)

clewt (-iau) : **clewten** (-iau) *f* (拳・平手で) 殴ること

clewtio *t* 強く叩く, 殴る

clewyn (-nau, -nod) *m* [病理] 腫れ物, おでき

clic (-iau) *m* (排他的な) 徒党, 派閥

clicaidd *a* 徒党の, 派閥的な

cliceiddiwch *m* 党派心, 派閥根性

clician *t* (物を) カチッと鳴らす: ~ eich sodlau (敬礼の際) 踵をカチッと合わせる
i (物が) カチッと音を立てる

clicied (-au, -i) *f* 1. (ドア・門などの) 掛金, かんぬき, 留金: ~ fawd (cliciedau bawd) 親指で押開ける掛金, 押し錠; ~ wisgi (cliciedau gwisgi) スプリング式止め金 2. カチッ [カタッ] という音) 3. [時計] 止め金, 戻り止め, 回転止め, つめ 4. [機械] 制輪子 5. (銃の) 引金: ~ ysgafn (銃・拳銃などの) 触発引金, 毛状引金 6. [音声] 舌打ち音, 吸着閉鎖音

clicedu *t* (戸・窓などに) 掛金を掛ける, しっかり閉める: ~ drws ドアに掛金を掛ける

clicio *i* (異性と) 意気投合する, 恋仲になる

clicyddiaeth *m* = cliceiddiwch

clicyddol *a* = clicaidd

clincer *m* (溶鉱炉の中にできる) 不溶解物の固まり, 金くそ, 鉱滓

clincer *mf* 失敗, へま

clindarddach *m* (火などが) パチパチ [パリパリ] 鳴る音

clindarddach *i* (火などが) パチパチ [パリパリ] 音を立てる

clinig (-au) *m* 1. [医学] 診療所 2. 臨床講義 3. 相談所

clinigol *a* 1. 臨床 (講義) の 2. 病床の 3. (態度・判断など) 冷静な, 客観的な

clinigwr (-wyr) *m* 臨床医 [学者]

clinomedr (-au) *m* [測量・地質] 傾斜計 [儀],

clinometrig *a* [地質] 傾斜計の, クリノメーターで計った
クリノメーター

clip (-iau) *m* [天文] (太陽・月の) 食

clipen *f* 強打, 横びんた

clipfwrdd (-fyrddau) *m* (一方の端で紙を挟むようになっている) 紙挟み付き筆記板, クリップボード

clir *a* 1. (月・星などが) 明るい; (火・光などが) 輝いた 2. (空・天気などが) 晴れた, 快晴の, 雲のない: ar ddiwrnod ~ 晴れた日に 3. (スープ・水などが) 透明な, 透き通った: cawl ~ 澄ましスープ, コンソメ 4. (皮膚などが) しみ [傷] のない 5. (顔などが) 晴れやかな, 晴れ晴れした 6. (音・声などが) はっきり聞こえる, 音色のはっきりした, 冴えた: llais ~ はっきり聞こえる声; ~ fel cloch 鈴の音のように澄んだ 7. (輪郭・映像などが) はっきり見える, くっきりした 8. (事実・意味などが) 明らかな, 明白な, 明瞭な: mwyafrif ~ 明らかな過半数; elw ~ 純利益 9. 邪魔がない, 開けた: lle (-oedd) ~ *m* 空地; (道路など) 車が走っていない, 空いている: ffordd glir (ffyrdd ~) *f* 空いている道路; popeth yn glir! 警報解除 (通報)!; mae hi'n glir 人目 [邪魔物] はない (密貿易者の用語から) 10. (頭脳・思考などが) 明晰な 11. 潔白な, やましい所のない

clirffordd (-ffyrdd) *f* 駐停車禁止道路 (緊急時は停車可し)

cliriad (-au) *m* 1. 取り片付け, (邪魔物などの) 除去, 一掃, 整理 2. 蔵払い, 在庫一掃セール 3. [税関] 通関手続き; (船の) 出入港許可書 4. [銀行] (小切手などの) 清算, 手形交換 5. (機械などが動く空間の) ゆとり, 隙間, 遊隙, (通過する船舶・車両などと岸壁・トンネルの壁・沿線の建造物などの間の) 間隔, ゆとり, 余裕

clirio *t* 1. (空気・液体・血液などを) きれいにする, 澄ます, 透明にする: ~'r awyr 空気を綺麗にする 2. (嫌疑・疑惑を) 晴らす, (人の) 無実を証明する 3. (邪魔物などを) 取り除く: ~ llys [法律] 傍聴人を全部退廷させる, (食器などを) 片付ける: ~'r bwrdd/ford テーブルを片付ける 4. (森・土地などを) 開く, 開墾する 5. (商品を) 売尽す, 一掃する, 蔵払いする 6. (喉の) 痰などを取り除く 7. (借金を) 支払う; (手形を) 交換清算する 8. 通じがある: ~'r ymysgaroedd 通じをつける 9. (船・飛行機・荷物・人の) 出入港 [離着陸, 出入国] の許可を与える [得る], (税関を) 通過する: ~'r tir (船が) 陸を離れる, 沖に出る
i 1. (天気・空などが) 晴れる, 明るくなる 2. (水などが) 澄む, 透明になる 3. [海事] (船が) 通関手続きを澄ませる, 出港する 4. 立去る

clitoraidd *a* [解剖] クリトリスの

clitoris (-au) *m* [解剖] クリトリス, 陰核

cliw (-iau) *m* (謎を解く) 手掛かり; (調査・研究などの) 糸口

clo (-eau, -eon) *m* 1. (戸・箱・引き出しなどの) 錠, 錠前: ~ dwbl 二重錠; ~ mortais [木工] 箱錠, 掘り込み錠 (錠箱に収められた錠前); tan glo (ac allwedd) 錠をおろし [鍵を掛け] て, 厳重に保管されて 2. (車の) 輪止め, ロック 3. (銃の) 発火装置 4. [レス] 固め技, ロック 5. [ラグ] blaenwr (-wyr) (*m*) ~ ロックフォワード (スクラムを組む時の第2列目の選手)

cload (-au) *m* 1. [議会] 討論終結 2. 施錠

cloadwy *a* 施錠できる

cloben *f* : **clobyn** *m* 1. 異常に巨大なもの 2. 大きな塊

cloc (-iau) *m* 1. (携帯用でない) 時計: ~ wyth niwrnod, ~ mawr, ~ hir グランドファーザー時計 (おもりと振り子で動く大時計; 普通は床の上に置き, 高さ2m近いものが多い); ~ larwm 目覚まし時計 2. (タンポポの) 綿毛のような頭

clocbren (-ni) *m* (動物の足などに付けて自由行動を妨げる) おもり木, 枷

clocian *i* (雌鶏が) コッコッと鳴く

clociwr (-wyr) *m* 時計工, 時計製造人

clocsen (clocs, clocsiau) *f* 木靴

clocsio *i* 木靴を履いて歩く

clocsiwr (-wyr) *m* 木靴製造人

clocwaith (-weithiau) *m* 時計 [ゼンマイ] 仕掛け
a 時計 [ゼンマイ] 仕掛けの: trên ~ *m* ゼンマイ仕掛けの列車

clocwedd *a* 時計の針と同じ方向の, 右回りの

cloch (clych, clychau) *f* 1. 鐘, 釣鐘: canu ~ 鐘を鳴らす; ~ yr eglwys (clychau'r eglwys), ~ y llan (clychau'r llan) 教会の鐘 2. 鐘の音 3. ベル, 呼び鈴: dyna'r gloch yn canu ベルが鳴っている, 来客ですよ; ~ nos (医師の家などの) 夜間用ベル 4. [植物] 鐘状花: 5. o'r gloch 時計によると, …時; ~ iâ つらら

clochaidd *a* 1. 騒々しい, やかましい 2. 鳴り響く, 響き渡る

clochdar : clochdorian : clochdran *i* (雌鶏が) コッコッ [クワックワッ] と鳴く

clochdwr (-dyrau) : clochdy (-dai) *m* (教会の) 鐘楼, 鐘塔, 尖塔

clochen (-nau, -ni) *f* : **clochwydr (-au)** *m* [化学] ベルジャー, ガラス鐘 (釣鐘状のガラス器具で, 物体の覆い・ガス貯留・中を真空にしての実験などに用いる)

clochydd (-ion) *m* [教会] 鐘つき, 鐘を鳴らす人, 鳴鐘係

clod (-ydd) *mf* 1. 称賛, 推賞 2. 名誉, 名声, 評判: mae'n glod iddo それは彼の栄誉となる; ~ i'r ysgol 学校の名誉

clodfawr *a* 1. 有名な, 名高い 2. 有名で

clodfori *t* 1. (祭日・出来事を) 祝う, 祝賀する 2. (勇士・勲功などを) 称賛する, 激賞する 3. (神

clodforiad 120 **cloronen**

を）賛美する

clodforiad *m* 激賞, 称揚

clodforus : clodfawr *a* 1.称賛[推賞]の 2.称賛に値する, 立派[感心]な

clodforwr (-wyr) *m* 称揚[激賞, 賛美, 称賛]者

cloddfa (-feydd) *f* 1.（通例露天の）石切場, 採石場 2.鉱山 3.（知識・情報・資料などの）源泉, 宝庫;（引用句などの）出所: ~ o wybodaeth 情報の宝庫 4.[考古] 発掘（物）, 出土品

cloddfaol *a* 発掘の

cloddiad (-au) *m* 1.穴掘り, 掘削 2.（掘って出来た）洞穴, 切り通し, 掘削道 3.[考古]; 発掘（物）; 発掘作業: y cloddfeydd ym Mhompeii ポンペイの発掘

cloddilyn (-ion) *m* 化石

cloddio *t* 1.（穴・溝などを）掘る 2.掘り出す 3.（土・畑などを）掘る, 掘り返す 4.（鉱石・炭などの採鉱用に）坑道を掘る 5.（鉱石・石炭などを）採掘する 6.（石を）切り出す 7.（書物などから事実などを）探し出す
i 1.土[穴]を掘る 2.坑道を掘る 3.採鉱[採炭]する 4.石を切り出す 5.苦心して調べる 6.[考古] 発掘する

cloddiwr (-wyr) *m* : **cloddwraig (-agedd)** *f* 1.掘る人, 2.（運河・鉄道・道路建設などの）未熟な人夫 3.探究者 4.[考古] 発掘者

cloëdig *a* 錠がおりた

cloer (-au, -iau) *mf* 1.（錠前付きの）仕切小戸棚, ロッカー 2.（書類などの）区分け棚, 整理棚 3.ハト小屋の出入口, 巣箱の分室

clof (-s) *mf* : **clofsen (clofs)** *f* クローヴ（チョウジノキの蕾を干した香辛料）

clofan (-nau) *m* 1.[政治] 飛び領土, 包領（自国内に入り込んでいる他国の領土, あるいは都市の中で特定の民族が住んでいる地域）2.（他民族の中に孤立する）少数民族集団

cloff (-ion) *a* 1.びっこの, びっこを引く 2.（議論・説明・弁解などが）不十分な, 下手な, 辻褄の合わない: esgus ~ 辻褄の合わない弁解

cloffi *t* 1.びっこ[不具]にする 2.不完全[不十分, 不能]にする
i びっこを引く, 足を引きずって歩く

cloffi : cloffni *m* 1.足の不自由さ, びっこ 2.不十分さ

cloffrwym (-au) *m* 1.足枷（馬などの足を縛る）縄 2.束縛: ~ y mwci [植物]（野生の）ヒルガオ

cloffrwymo *t* 1.足枷をはめる 2.束縛をする 3.（人・動物に）びっこを引かせる 4.（自由に歩けないように馬などの）両足を縛る

clog (-au) : clogyn (-nau, clogau) *mf* [服飾]（袖無しの）外套,（肩）マント, ケープ: stori (*f*) glogyn a chyllell (straeon ~ a chyllell) 冒険とロマンの物語, 活劇物語（マントを身にま

とい剣を振るったりする人物が活躍する冒険と陰謀とロマンスの物語や劇などについて言う）

clogfaen (-feini) *m* 1.丸石, 玉石 2.[地質] 巨礫: clai (*m*) ~ 氷成粘土

clogog *a* マントを着た

clogwyn (-i) *m* 1.ごつごつの岩, 険しい岩山, 岩壁 2.（特に海岸・川岸の）断崖, 絶壁

clogwynog *a* 1.切り立ったような, 険しい, 断崖絶壁の 2.急な, 急勾配の 3.せっかち[無謀]な

clogyn (-nau, clogau) *mf* マント,（ゆったりとした）袖なし外套

clogyrnaidd *a* 1.（人が）不器用な 2.不器用で 3.ぎこちない, 動きの鈍い

clogyrnog *a*（地形・地勢が）でこぼこした, 起伏の多い, 岩だらけの

cloi *t* 1.（戸・箱などに）錠を掛ける;（錠を掛けて）閉める, 閉じる 2.（物を）しまう, しまい込む 3.（人・動物などを）閉じ込める 4.（議論などを）終える, 終了する 5.[金融]（資本を）固定させる
i 1.錠が掛かる;（戸などが）閉じる, 閉まる 2.（会などが）終わる, 閉会になる 3.（店などが）閉店する

clöig (cloigion, cloigod) *mf* 1.（戸・窓・箱などの）掛金, 留金 2.U字形鍵, Uリンク

cloigen (-nau) *f* : **cloigyn (-nau)** *m* = **cloig** 1

cloigio *t* 掛金で締める, 掛金を掛ける

clonc (-iau) *f* カン, カチャン, ガチッ, ガチン（という音）

clonc *a*（卵が）腐った

cloncian *t*（鐘などを）ガチャガチャ鳴らす
i（鐘などが）ガチャガチャ鳴る

clonciog *a* ガチャガチャ音を立てる

cloncwy (-au) *m* 腐った卵

clopa (-nau) *mf* 頭, おつむ

cloradain (-enydd) *f* [昆虫]（甲虫類の）さやばね, 翅鞘

cloren : cloryn (clôr, cylor) *f* [植物] 地中に生じる根・塊茎・さやなどで食用となるもの（落花生・ショクヨウカヤツリなど）

cloren (-nau) *f* 1.（動物の）尻 2.[料理]（牛肉の）尻肉 3.（動物・鳥などの）尾, しっぽ

clorian (-nau) *f* 秤, 天秤

cloriannu *t* 1.重さ[目方]を計る,（手などに乗せて）重さを見る 2.熟考する, よく考える
i 1.目方を量る, …の重量がある 2.重荷となる, 圧迫する 3.重要視される, 強い影響を与える

clorid (-au) *m* [化学] 塩化物

clorin *m* [化学] 塩素

clorinadu : clorinio *t* [化学] 塩素で処理[消毒]する

cloroffyl *m* [生化] 葉緑素

clorofform *m* [化学] クロロホルム

cloronen (cloron) *f* [植物] 1.ジャガイモ 2.（ジャガイモなどの）塊茎

clòs *a* 1.(天気・空気などが)蒸し暑い, 暑苦[重苦]しい 2.排他[閉鎖]的な: cymdeithas glòs (cymdeithasau ~) *f* 閉鎖社会 3.(試合・競争など)ほとんど優劣のない, 互角の: cystadleuaeth glòs 接戦 4.ぎっしり詰まった, 密集した 5.[音楽]密集位置の: harmoni ~ *m* 密集和音 6.[軍事]密集した

clôs (closydd) *m* 囲った地面, 中庭, 構内

clos (-au) *m* [服飾] ズボン: cael eich dal yn troi ~ 人に見られたくない所を見られてしまう, 不意打ちを食らう, 悪い事をしている時に捕まる

clôs *m* [服飾] 1.半ズボン 2.ズボン

clotasen : clotsen (clotas, clots, clyts) *f* 1.(土などの)固まり, 土塊 2.芝, 芝生, 芝土 3.百姓, 田舎者 4.のろま

clown (-iaid, -s) *m* 1.(サーカスなどの)道化役, ピエロ 2.百姓, 田舎者 3.馬鹿者

clownio *i* 道化を勤める

cludadwy *a* 1.持ち運びできる, 携帯用の 2.輸送[運送]できる

cludair (-eiriau) *f* 1.(物の)積み重ね, 堆積, 山: ~ goed 材木[薪]の山 2.筏(船): 浮き台, 浮き桟橋

cludfelt (-au) *m* コンヴェヤーベルト

cludiad (-au) : cludiant (-iannau) *m* 1.(貨物などの)運搬, 運送, 運輸 2.運賃: ~ dyledus運賃先払いで 3.(両水路間の)陸運

cludo *t* 1.(貨物などを)運ぶ, 運送[運搬]する 2.(船・貨物などを)二水路間の陸路で運ぶ

cludwr (-wyr) : cludydd (-ion) *m* 1.運ぶ人, 運搬人: cludwr baner 旗手 2.(手形・小切手の)持参人 3.(パスポートの)所持[携帯]者 4.[商業]運送[運輸]業者[会社]: cludwr cyffredin 運輸業者(鉄道・汽船・航空会社など) 5.媒体, 媒介物, 伝達手段: awyr yw ~ sŵn 空気は音響の媒質である 6.(伝染病の)保菌者, 媒介体, キャリアー: cludwr haint(病原体の)保有者, 保菌者, キャリアー 7.[通信]搬送波 8.[産業]運送業機械, コンヴェヤー: cludydd troellog[機械]ねじコンヴェヤー 9.[機械]輸送台 10.[化学・物理]担体, キャリアー

clugiar (-ieir) *f* [鳥類] ヤマウズラ, 山鶉, イワシャコ(ヨーロッパ・アジアに生息する主にヤマウズラ属・イワシャコ属の猟鳥の総称)

clul (-iau) *mf* 鐘の音, 弔いの鐘

clulian : clulio *t* 1.弔鐘を鳴らす 2.…の消滅[没落]を告げる
i 弔鐘が鳴る

clun (-iau) *f* 1.[解剖]腰, ヒップ, 臀部: llinell (*f*) glun ヒップの輪郭; mesur (*m*) cluniau[洋裁・洋服仕立て]ヒップのサイズ[寸法]; taro rhn glun a morddwyd 人をこてんぱんにやっつける 2.太もも, 大腿: asgwrn (*m*) ~[解剖]大腿骨 3.[料理](食用の動物・鳥の)脚肉: ~ maharen羊の脚肉 4.(食用としての)動物

の脚と腰部: ~ dafad(cluniau defaid)羊肉の腰部

clunhercian *i* びっこを引く, (片)足を引きずる

cluniog *a* 1.[通例複合語を成して]ヒップがある 2.ヒップが…の

clunol *a* 座骨の

clunwst *m* [病理] 座骨神経痛

cluro *t* (油・ペンキ・バターなどを)塗り付ける, 汚す

clust (-iau) *f* 1.耳; 外耳: mae gan gloddiau glustiau[諺]壁に耳あり 2.(コップ・花瓶・水差しなどの)取っ手, 柄, つまみ; 耳形にしたもの: ~ yr Iddew[植物]キクラゲ 3.(帽子の)耳覆い 4.聴力, 聴覚 5.音感 6.聞くこと

clustdlws (-dlysau) *m* 耳飾り, 耳輪, イヤリング

clusten (-nau, -ni) *f* 1.耳たぶ, 外耳, 耳殻 2.丸い突出部

clustennol *a* [解剖] 心耳の

clustfeinio *t* 1.(注意して)聞く, 傾聴する 2.(忠告などに)耳を貸す
i 1.聞く 2.耳を貸す 3.盗み聞きする, 立ち聞きする, 聞き耳を立てる

clustfodrwy (-au) *f* = clustdlws

clustfyddar *a* 1.耳が聞こえない, 耳が遠い, 耳の不自由な 2.(忠告などを)聞こうとしない, 耳を貸さない

clustfys (-edd) *m* 小指

clustffon (-au) *mf* (耳に差し込んで[当てて]用いる)イヤホーン

clustgap (-iau) *m* (ヘッドバンドなどでつながった防寒防音用)耳覆い, 耳当て

clustgell (-odd) *f* [解剖] (心臓の)心耳

clustiog *a* [しばしば複合語を成して]耳のある, 耳付きの; 耳の長い

clustiol *a* 1.耳の, 聴覚の 2.耳状の 3.耳語の, 内密な

clustnod (-au) *m* [牧畜] 耳印(所有者を明らかにするため牛などの耳の一部を切り取ったりして付ける印)

clustnodi *t* (家畜に)耳印を付ける

clustog (-au) *f* 1.座布団, クッション 2.枕: cas ~ (casys clustogau)枕の覆い, (袋状の)枕カヴァー 3.クッションのように衝撃摩滅を防ぐもの, 緩衝物 4.緩衝国: gwladwriaeth (*f*) glustog (gwladwriaethau ~)緩衝国 5.[ビリ](ビリヤードの)クッション(弾力のある縁)

clustogi *t* 1.(椅子・ソファーなどに)詰め物[スプリング, 覆いなどを]取り付ける 2.(家・部屋などを)絨毯・カーテン・家具類で装飾する 3.(衝撃などを)和らげる, 緩和する: ~ trawiad 衝撃を和らげる 4.クッションを備える 5.(人を)守る

clustogwaith *m* 椅子・ソファーをふんわりとさせるための材料(詰め物・スプリング・布など), (特に)椅子を覆う布地

clustogwlad (-wledydd) *f* 緩衝国

clustogwr (-wyr) *m* 家具商, 家具装飾人, 椅子張り職人, 室内装飾師

clutbridd *m* 輸送された土

clwb (clybiau) *m* (社交・スポーツ・文芸などで同士の結成する) 社交会, 同好会, クラブ; ~ gwlad カントリークラブ (テニス・ゴルフ・水泳などの設備のある郊外の社交クラブ); mae hi yn y ~ (未婚の) 彼女は妊娠している

clwc (-iadau) *m* (雌鶏の) コッコッと呼ぶ声

clwc *a* 1.(卵が) 腐った 2.(雌鶏が) 巣につきたがる: iâr glwc (ieir ~) 抱き鳥, 巣鳥, 卵を抱かせる雌鶏 3.(女性が) 子供を産みたがって: mae hi fel iâr glwc 彼女は子供を産みたがっています

clwcian *i* (雌鶏が) コッコッと鳴く

clwm (clymau) *m* 1.結び (目) 2.(果物などの) 房 3.[音楽] タイ (同じ音高の音符を結ぶ弧線, 一つの音として演奏する)

clwpa (-od, clwpâu) *m* 1.薄のろ, 間抜け 2.(武器・懲罰用の) 棍棒

clws *a* (*f* **clos**, *pl* **clysion**) 1.可愛らしい 2.綺麗な

clwstwr (clystyrau) *m* 1.(同種類の物・人々の) 群れ, 集団 2.(果物などの) 房 3.[音楽] 音結合群

clwt : clwtyn (clytiau) *m* 1.(周囲の色と違った色の不規則な) 斑点, まだら 2.眼帯: clwt llygad (clytiau llygaid) 眼帯 3.(衣類の修理・装飾用の) 当て布: ~ print プリントパッチ; poced (*f*) glwt (pocedi clwt) 縫付け [張付け] ポケット, パッチポケット; prawf (profion) (*m*) clytiau [医学] パッチテスト, 貼布試験 5.(耕作した) 小地面; (土地の) 一区画 6.[英史] すのこ檻 (昔, 反逆者・重罪犯人を乗せて刑場へ送った一種の檻)

clwyd (-au, -i, -ydd) *f* 1.(庭などへ入る) 扉, 木戸 2.(可動式) 編み垣 (木の枝などを四角に編んで作り運搬自由なもの) 3.(鳥の) 止まり木; ねぐら; 鶏舎 4.[スポ] 障害物, ハードル 5.[英史] すのこ檻 (昔, 反逆者・重罪犯人を乗せて刑場へ送った一種の檻)

clwyden (-nau, -ni) *f* (可動式) 編み垣

clwydo *i* 1.(雌鶏が) 止まり木に止まる, ねぐらにつく 2.(人が) 床につく, 寝る

clwydwr (-wyr) *m* 編み垣 [すのこ] 製造人

clwyf (-au) *m* = **clefyd**

clwyfedig *a* 1.負傷した, 怪我をした 2.(感情などが) 傷つけられた

clwyfo *t* 1.(武器・凶器などで) 傷つける, 負傷させる 2.(感情・名誉などを) 傷つける, 害する: ~ balchder rhn 人の自尊心を傷つける

clwyfol *a* 傷を負わせる

clwyfus *a* 1.傷ついた, 負傷した, 怪我をした 2.(感情などが) 傷つけられた

clwyfwr (-wyr) *m* 傷つける人

clwysty (-tai) *m* 修道院

clybio *i* 1.クラブを組織する 2.(共同の目的のために) 協力する, お金を出し合う

clybodeg *f* 1.音響学 2.[*pl*] (劇場・講堂などの) 音響効果 [状態]

clybodig : clybodol *a* 1.聴覚の, 音響上の 2.(楽器が) 電気的に増幅をしない, 生の

clyd *a* 1.(家・部屋が) 暖かくて居心地のよい, 快適な: ~ fel pathew とても居心地のよい 2.(人が) くつろいだ, 気楽な 3.(場所が) 雨風から守られた 4.(危険などから) 守られている

clydwch : clydwr *m* 1.避難, 保護 2.避難所, 隠れ場, 雨宿りの場所 3.暖かさ 4.(心の) 温かさ, 思いやり, 親切

clyfar *a* 1.器用 [得意] な 2.利口な, 賢い : ~ ~ 利口ぶった, 賢いと思われたがる; diawl (-iaid) ~ *m* 賢い人; 知ったかぶりをする人 3.(考え・本・発明などが) 才気溢れる, 機知に富んだ

clyfrwch *f* 1.器用さ, うまさ, 巧妙さ 2.利口さ, 賢さ 3.独創力, 創意工夫

clymblaid (-bleidiau) *f* 1.(社交会の) 仲間, 連中 2.(文芸などの) 同人, グループ 3.結合, 合体, 合同 4.(主義・政策上の政党・国家・個人などの間の) 提携, 連立, 連合 5.(政治的) 陰謀団, 秘密結社 6.陰謀, 策動

clymbleidiaeth *f* 1.氏族, 一族 2.派閥, 党派, 排他

clymbleidio *i* 徒党を組む; 扇動する

clymdref (-i) *f* (Londonのように周辺の多数の都市が膨張し融合した) 集合都市, 都市集団, 広域都市圏

clymog *a* (ロープなど) 結び目の多い

clymu *t* 1.(縄・紐・綱などで) 縛る, くくる, 束ねる, 繋ぐ: ~ dau beth (ynghyd) 二つの物を縛り合わせる; ~ dwylo rhn 人の両手を縛る; ~ carcharor 捕虜を縛る; ~ ysnoden am ben rhn 人の頭に髪紐リボンを巻く 2.(レース・ネクタイ・リボンなどを) 結ぶ, 結び目を作る 3.(人をある境遇に) 束縛する, (仕事・場所などに) 拘束する 4.(髪の毛などを) もつれさせる, 絡ませる 5.(心配などが) 胃などを固くする, 締め付ける 6.(牛馬などを杭などに) 繋ぐ 7.[スポ] (競技で) 同点 [タイ] になる, (試合・得点などを) 同点にする 8.[音楽] (音符をタイで) 結合する, つなぐ 9.[建築] (垂木などを横木で) 結合 [接合] する 10.[海事] (輪・かぎ・綱などを) 引っ掛ける

i 1. 1.結び目が出来る, こぶになる 2.もつれる, からまる, 引っかかる 3.縛る 4.拘束力がある

clymwellt *m* [植物] ハマムギ・エゾムギの類 (イネ科エゾムギ属の植物; 砂地に植えて砂の移動を防ぐ)

clytio *t* 1.継ぎはぎをする, 継ぎを当てる 2.(当て布などで) 修理 [修繕] する 3.(争い・不和などを) 仲裁する, 収める, 静める 4.(話などを) まとめ上げる

clytiog *a* 1.補修的な 2.間に合わせの, 一時しのぎの 3.継ぎだらけの 4.むらのある, 一定して

clytsh 123 **cnewyllyn**

clytsh (-is) *m* ［機械］（自動車などの）クラッチ

clytwaith (-weithiau) *m* 1.パッチワーク 2.寄せ集め物

clyw *m* 1.聴覚, 聴力, 聞くこと, 聴取: prawf (profion)（*m*) ~ 聴力検査 2.聞こえる［声の届く］範囲［距離］: o fewn ~ 聞こえる所で; allan o glyw 聞こえない所で

clywadwy *a* 聞こえる, 聞き取れる

clywadwyedd *m* 聞き取れること, 可聴度

clywed *t* 1.（自然に）聞く, 聞こえる, 耳にする, …するのを聞く 2.（聞こうとして）聞く, 傾聴［傍聴, 聴講］する 3.（ミサなどに）出席する,（祈り・祈願などを）聞き入れる, 聞き届ける: ~ gweddi 願いを聞き入れる 4.（役人・裁判官・委員会などが）公式に聞く, 審理［審問］する 5.（ニュースなどを）伝え聞く, 聞いて知る 6.感じる, 感知する 7.痛切に感じる, 思い知る, 身に応える 8.悟る, 自覚する, 気づく, 意識する: ~ oglau/blas ar eich dŵr 人が元気いっぱいである;（米）うぬぼれる 9.（何となく）思う, 感じる, 気がする 10.味が分かる, 味を感じ取る 11.（通例否定文で）（飲食物を）口にする, 食べる, 飲む 12.（喜び・悲しみなどを）味わう, 経験する 13.（…の）臭いを嗅ぐ［嗅いでみる］14.臭いで知る, 臭いを感じる, 臭いがする: gallaf glywed（ar）oglau mwg 煙の臭いがする 15.（危険・陰謀などに）感づく, 嗅ぎつける, 感じ取る
i 1.聞く, 聞こえる 2.便りがある: ~ gan rn 人から便りがある 3.（噂などを）聞く, 伝え聞く, 消息を聞く 4.感覚がある 5.（人が感じとして）思う, 心持ちがする 6.（寒暑などを）覚える 7.（物事が…と）感じられる 8.（人を）思いやる, 同情する 9.臭う 10.臭う, 臭いがする, 風味がある 11.臭いが分かる, 嗅覚がある 12.悪臭がする

clywedigaeth (-au) *f* 1.聴覚, 聴力, 聴取 2.声の届く範囲［距離］3.報告 4.［教育］通知票 5.公報

clywedol *a* 1.耳の, 聴覚の 2.［通信］可聴周波の 3.［テレ・映画］音声（部分）の 4.音再生の;（特に）ファイファイの

clywedydd (-ion) *m* 聞く人, 聞き手, 聴取者

clyweld *t*（芸能志願者の）オーディションを行う

clyweledol : clyweledol *a* 視聴覚の

clyweliad (-au) *m*［演劇など］（芸能志願者などに対する）テスト, オーディション

cnac (-au, -sau) *m* 策略, たくらみ, ぺてん

cnacog *a* 狡い, こすい, 狡猾な

cnaf (-iaid, -on) *m* 1.悪漢, 悪党, ごろつき, ならず者, 与太者 2.いたずらっ子

cnafaidd *a* 1.悪漢のような, ならず者の 2.不正な, 悪辣な, 卑劣な

cnafeidd-dra : cnafeiddiwch : cnafeiddrwydd *m* 1.不正, ごまかし, 詐欺 2.不正行為

cnaif (cneifiau, cneifion) *m* 1.羊毛; 一頭一刈り分の羊毛 2.羊の刈り込み, 剪毛（回数）

cnap (-iau) *m* 1.（木の節などの）こぶ, 節 2.（人体などの）小さな節 3.（石炭などの）塊 4.［解剖］突起 5.［植物］小結節 6.［地質］団塊

cnapan (-au) *m* 中世ケルトフットボールのウェールズ型（昔は特にウェールズ西部地方で, またイングランドではCornwall地方で行われた一種のフットボール; 現在は廃れて行われていない）

cnapiog *a* 1.こぶ［節］のある, こぶ状の, でこぼこの 2.（波が）荒立っている, 波の多い 3.［植物］結節性の 4.［地質］団塊のある

cnawd *m* 1.（人間・動物の）肉, 身 2.肉体: y ~ sydd wan［聖書］（霊は意欲的だが）肉体は脆い（cf *Matt* 26:41）;（人間の）情欲, 肉欲: pechodau'r ~ 肉欲［不貞］の罪; marweiddio'r ~ 禁欲生活苦行をする 3.（夫婦としての）一心同体: bod yn un ~ 一心同体となる 4.人間; 生物: pob ~ sydd wellt［聖書］人は皆草なり, 人の命ははかない（cf *Isa* 40:6）5.（果物・野菜の）果肉, 葉肉

cnawdog *a* 1.肉（質）の 2.肉付きのよい, 肥満した

cnawdol *a* 1.肉体の, 肉体的な 2.肉欲に耽る, 肉欲的な: chwant (-au) ~ *m* 肉欲

cnawdoli *t* 1.（…に）肉体を与える,（…の）姿にする 2.具体化する, 実現させる

cnawdolrwydd *m* 1.肉体であること 2.肉欲, 性欲, 情欲 3.肉欲に耽ること, 好色, 淫蕩; 肉欲行為,（特に）性交 4.現世欲, 世俗性, 俗念

cnec (-iau, -ion) *f* 屁

cnecan : cnecio : cnecu *i* 屁をする

cneifiad (-au) *m* 1.羊の刈込み 2.（頭髪などの）刈込み 3.刈取った羊毛, 羊毛量

cneifiedig *a* 羊毛のある

cneifio *t*（羊などの）毛を刈る

cneifiwr (-wyr) *m* : **cneifwraig (-agedd)** *f*（羊などの）毛を刈る人

cnepyn (-nau) *m* 1.（人体の）小さな瘤, 小瘤 2.（不定形の固く小さな）塊 3.（石炭の）小塊 4.［植物］根瘤, 小結節

cnepynnaidd *a* 1.節［瘤, 小節, 小塊］のある 1.節［瘤］状の 2.［植物］（茎・根に）節のある 3.［地質］団塊のある

cneua *t* 木の実を拾う, 木の実拾いに行く

cneuen (cnau) *f* 木の実, 堅果, ナット: ~ gollen (cnau cyll) ハシバミの実, ヘイゼルナッツ; masgl (-au)（*m*）~ 木の実の殻

cneuylledig : cneuyllol *a*（細胞など）核のある

cneuyllu *t* 1.核状にする 2.凝集させる 3.核を成す
i 1.核（状）になる 2.凝集する

cnewyllyn (cnewyll) *m* 1.［植物］（ウメ・モモなどの果実の核の中にある）仁, 珠心, 芽核

cnith 124 **cocni**

2.(小麦などの) 穀粒 3.(問題などの) 核心, 要点 4.(物の) 中心, 核心; (収集などの) 土台, 基点 5.[生物](細胞内の) 核

cnith (-iau, -ion) *m* 軽く叩くこと

cnithio *t&i* 軽く叩く

cnoad (-au) *m* 噛む[かじる, 食いつく]こと, 咀嚼

cnoadwy *a* 噛み砕くことのできる

cnoc (-iau) *mf* 1.打つこと, 殴打, 打撃 2.ノック, (ドア・テーブルなどを) 叩くこと[音]: daeth ~ ar/wrth y drws, dyna gnoc ar y drws ドアを叩く音がした 3.衝突; ドスン, ドシン

cnocio *t* 1.ドンと打ち[突き]当てる, ドンとぶつける: cnocio'ch penドンと頭をぶつける 2.(続けざまに棒などで)打つ, 叩く, 打撃を加える, (拳固で)殴る

cnodiog *a* = cnawdog

cnodiogrwydd *m* 肉付きのよいこと, 肥満; 肉質; (果物・葉などの)多肉質

cnodwe (-oedd) *f* [生物](筋肉などの)組織

cnofa (-feydd) *f* (肉体的・精神的)苦痛, 苦悩

cnofaol *a* 1.かじる(性質を持った) 2.[病理]潰瘍が蚕食性の 3.[動物]齧歯目の

cnofil (-od) *m* [動物]齧歯動物 (ネズミ・リス・ウサギ・ビーヴァーなど)

cnofilaidd *a* 齧歯類のような

cnoi *t* 1.(食べ物などを)よく噛む, そしゃくする: ~'ch cwinedd爪を噛む 2.(ネズミ・イヌなどが)かじる, 噛み切る 3.(病気・心配などが)苦しめる, 悩ます: beth sy'n dy gnoi di? 何を心配しているんだ? 4.(牛などが)反芻する
i 1.よく噛む 2.かじる 3.苦しめる, 悩ます

cnot (-iau) *m* [園芸]苗床, 花壇

cnotyn (-nau) *m* 1.(小さな)花壇, 苗床; 畑: ~ o letus レタスの苗床[畑] 2.(髪・羽毛などの)房 3.巻き糸 4.(ティーポットの蓋の)つまみ

cnöwr (cnowyr) *m* : cnowraig (-agedd)
f 1.噛む[噛み砕く]人 2.噛みタバコの常習者 3.噛みつくイヌ 4.すぐ餌につく魚

cnu (-oedd) : cnuf (-iau) *m* 1.羊毛: y C~ Euraid, y C~ Aur [ギ神]金の羊毛 (英雄JasonがArgonautsを率いて遠征し Colchisより奪還した)

cnuch (-iau) *m* 1.(人の)交接, 性交 2.(動物の)交尾

cnuchio *i* 1.(人が)性交する 2.(動物が)交尾する

cnud (-oedd) *m* (猟犬・狼などの)群れ, 一群

cnudo *i* (オオカミなどが)群れをなす

cnufio *t* 刈取った羊毛を包む

cnufog : cnuog *a* 1.羊毛で覆われた 2.(雲など)羊毛状の, ふわふわした

cnul (-iau) *mf* = clul

cnulio *t&i* = clulian, clulio

cnwb (cnybiau) *m* (木の幹などの)こぶ, 節

cnwc : cnwcyn (cnyciau) *m* 1.小さい丘, 小山 2.塚 3.[地理](米)ビュート (米国西部乾燥地域の平原に孤立する周囲の切り立った丘; 頂上に浸食されにくい堅い岩石がある)

cnwd (cnydau) *m* 1.(穀物・果樹・野菜などの)作物, 収穫物: ~ grawn 穀類の作柄 2.収穫高, 産額

cnwp : cnwpa (cnwpâu) *m* 1.棍棒 2.(杖の)握り

cnyciog *a* (道が)でこぼこな

cnyciogrwudd *m* 多数の瘤がある表面の手触り

cnycyn (cnyciau) *f* (道路などの)隆起

cnydfawr *a* 1.生産の, 生産力のある, よく実を結ぶ, 多産の 2.(地味の)肥えた, 豊作をもたらす 3.(仕事・研究などが)成果の多い, 良い結果をもたらす, 有利な

cnydio *t* 1.(特に耕作・工業過程の結果として)(作物・製品などを)産する, 生じる 2.(投資・研究などが利益・結果などを)もたらす, 引き起こす 3.(人に物を)与える, 譲る, 譲渡する
i (作物が)出来る

cnydiog *a* = cnydfawr

cnyw (-ion) *m* 子馬

còb (cobiau) *m* 堤防, 築堤: C~ Caergybi, C~ Fali スタンレー堤防 (ウェールズのカラマン海峡を横断し, アングルシー島とホーリー島を結ぶ鉄道・道路・自転車道の堤防)

cob (-iau) : cobyn (cobiau) *m* 1.脚が短く頑丈な乗用馬 2.堤防, 土手, 土手道

cobalt *m* [化学]コバルト

coban (-au) *f* [服飾](婦人・女の子用のゆったりとした)寝間着, 夜着, ネグリジェ

cobl (-au, -s) *f* 丸石, 玉石, くり石 (昔, 道路の舗装に用いられた)

cobler (-iaid) *m* 靴直し

coblo *t* 1.(道路に)玉石を敷く, 玉石で舗装する 2.継ぎはぎする 3.(靴を)修理する

coblog *a* (路面が)小さな丸石で舗装された, 石畳の

coblyn (-iaid, -nod) *m* 1.(醜怪な姿をしたいたずらな)小鬼, 悪鬼 2.(いたずらな)小妖精

coblynnaidd *a* 小妖精の(ような), いたずらっぽくて可愛い

cobyn (-nau) *m* 1.(糸・羽毛などの)房 2.トウモロコシの穂軸: india corn ar y ~ 穂軸に付いたままのトウモロコシ

côc (-s) *m* コークス, 骸炭

côc : cocên *m* [化学]コカイン

Côc (-s) : Coca-Cola (-s) *m* [商標]コカコーラ

cocian *i* (雌鶏が)コッコ[クワックワッ]と鳴く

cocni (-s, cocnïaid, cocnïod) *mf* [しばしばC~]ロンドン子, 生粋のロンドン人 (伝統的に言えばBow bellsの鐘の音の届く範囲内に生まれてそこで一生を暮らす人だが, 主としてEast End地区の下町人をさす; 言語に訛りがありロン

ドン人特有な性情・風習を有する)

cocni *mf* [しばしばC~] ロンドン英語, コクニー訛り ([ei] を [ai] と発音し, 語頭の [h] を発音しなかったりする)

cocni : cocnïaidd *a* [しばしばC~] ロンドン子 (風) の, コクニーの

cocnïeb (-ion) *f* 1.ロンドン子特有の気質 [態度] 2.ロンドンなまり

coco *m* 1.ココア (cacao の種子の粉末) 2.(飲料の) ココア: saim (*m*) ~, ymenyn (*m*) ~ カカオバター (石鹸・化粧品・チョコレートの原料)

coconet (-s) : coconyt (-s) *mf* ココナッツ, ココヤシの実: palmwydden (*f*) goco (palmwydd ~) [植物] ココヤシの木

cocosen : cocsen (cocos, cocs) *f* : **cocsyn (cocos, cocs)** *m* 1.(歯車の) 歯 2.歯車 3.[貝類] ザルガイ (海産の食用二枚貝)

cocs (-ys) *mf* (特にレース用ボートの) 舵手, 艇長, コックス

coctel (-s) *m* カクテル (ジン・ブランデー・ウイスキーなどの蒸留酒に甘味・芳香料・苦味剤・氷片などを加えたもの): parti (-ion) (*m*) ~ カクテルパーティー

cocwyllt *a* (人・気分が) 好色な, (性的に) 興奮した

cocyn (-nod) *m* 伊達男, しゃれ者

cocynoren (-nau) *f* うぬぼれ [虚栄心] の強い女

coch (-ion) *m* 1.赤, 赤色, 深紅色: y Groes Goch 赤十字社 2.[ビリ] 赤玉 3.[会計] 赤字: yn y ~ (商売など) 赤字で, 借金して 4.[政治] 共産主義者 [党員]

coch (-ion) *a* 1.赤い, 赤色の, 深紅色の: ~ fel gwaed, gwaetgoch (-ion) 血のように赤い, 血染めの; y Ddraig Goch *f* 赤い竜 2.(肉が) 赤身の: cig ~ [料理] 赤肉, 赤身の肉 (牛肉・羊肉など) 3.(顔などが恥ずかしさ・怒りなどで) 真っ赤になった: (目が) 充血した, 血走った 4..(火が) 赤い 5.(ワインが) 赤の: potes ~ *m* 安物のワイン 6.[しばしばC~] 共産主義の, 赤化の: y Fyddin Goch *f* [歴史] (ソ連・中国の) 赤軍

cochder : ccochni *m* 1.赤いこと, 赤み, 赤色, 深紅色 2.(恥ずかしさ・困惑などで) 顔を赤らめること, 赤面

coch-gam *f* [鳥類] (赤い胸の) コマドリ, 駒鳥

cochi *t* 1.赤く [深紅色に] する 2.赤面させる 3.(魚などを乾燥・燻製・塩漬けなどにして) 保存する

i 1.赤く [深紅色に] なる 2.赤面する

cochiad (-iaid) *m* [鳥類] アカライチョウ, 赤雷鳥 (英国産の猟鳥)

cochl (-au) *mf* = **clog**

cochlyd : cochwawr *a* 赤みがかった, 赤らんだ

cochwr (-wyr) *m* : **cochwraig (-agedd)** *f*

(恥ずかしさ・困惑のために) 顔をすぐ赤くする人, 恥ずかしがり屋

côd (codau) *m* 1.[法律] 法典: y C~ Sifil m 民法典; Rheolau'r Ffordd Fawr (自動車の) 交通規則集 2.(ある階級・同業者・団体・社会などの) 規約, 規律, 慣例, 掟 3.[通信] 情報伝達の記号体系; 信号法, 符号; 暗号: ~ Morse モールス式電信符号 4.[電算] コード, 符号: ~ bar バーコード: ~ post 郵便番号

cod (-au) *f* 袋, 小袋, (袋型) 小物入れ, 手提げ, かばん

codadwy *a* 直立 [建設, 勃起] 可能な

codaid (-eidiau) *m* 一袋の量

codecs (-au) *m* 1.(聖書・古典の) 古写本 2.[薬学] 公定処方集

coden (-nau, -ni) *f* 1.(動植物の) 嚢, 袋状のもの (密嚢・毒嚢など): ~ wenwyn (codennau gwenwyn) 毒嚢; ~ awyr/aer [解剖] 肺胞; (鳥の) 気嚢; [植物] 気嚢 2.[植物] さく 3.(エンドウなどの) さや 4.(穀類などの) 殻, さや, 皮 5.[病理] 嚢胞, 嚢腫 6.[航空] ポッド

codennog *a* [植物] 1.袋状の部分のある嚢状の 2.包嚢に包まれた 3.さやを生じる, さやにできる 4.殻 [皮] の, 殻だらけの 5.包嚢のある; 嚢胞性の

codi *t* 1.(物を) 持ち, 押し, 引き) 上げる 2.(目・顔・手足などを) 上げる 3.(声などを) 高める, 叫び声を上げる 4.(地位・心・精神などを) 高める, 奮い立たせる, 元気づける: (勇気・希望などを) 起こさせる: ~ calon/ysbryd rhn 人を元気づける 5.(家などを) 建てる; (碑・像などを) 立てる, 建立する 6.(子供を) 育てる; (家族を) 養う; (家畜を) 飼う; (野菜などを) 栽培する 7.(程度・水準・給料・価格・温度などを) 上げる, 上昇させる, 強くする, 増大する 8.(税金・罰金などを) 取り立てる, 徴収する 9.(人に代金・料金などを) 請求する 10.(預金などを) 下ろす, 引き出す: ~ arian o gyfrif 口座から預金を下ろす 11.(死者を) 生き返らせる 12.[狩猟] (獲物を) 飛び立たせる 13.(反乱・騒動などを) (引き) 起こす: ~ gwrthwynebiad 異議を唱える 14.(質問・異義などを) 出す, 提起する, 提出する 15.(金を) 集める 16.(軍隊・兵隊を) 招集する, 募集する 17.(笑い・赤面などを) 起こさせる: ~ gwên 微笑させる 18.(蒸気を) 発生させる: ~ stêm 蒸気を発生させる 19.(物資・人員などを) 輸送する, 空輸する 20.(作物を) 彫り出す, 引き抜く 21.盗む, 万引する; (文章などを) 盗用する 22.[ゴルフ] (球を) 拾い上げる 23.[クリ] (球を) 打ち上げる 24.[軍事] (包囲を) 解く: ~ gwarchae 包囲を解く 25.[海事] 陸地のはっきり見える所に来る

i 1.立ち [起き] 上がる: ~ ar eich traed 立ち上がる 2.起きる, 起床する: ~'n gynnar, ~'n fore 早起きする 3.(集会などの人々が) 席を立つ, 引き上げる; (委員会・議会などが) 閉会する: y

codiad 126 **coegddysgedig**

mae'r Llys wedi ~ [法律]閉廷した 4.反乱を起こす, 蜂起する 5.(太陽・星・月が)昇る, 上がる 6.(煙などが)立ち昇る 7.(鳥などが)飛び立つ, 舞い上がる 8.(舞台の幕などが)揚がる 9.(人が)応じる, 奮い立つ 10.(魚などが)餌を求めて浮かび上がる 11.(土地が)上り坂になる, 上りになる 12.(建物などが)そびえ立つ 13.(数量・程度が)増す, 増大[増加]する 14.(温度・物価などが)上がる, 上昇する, 高くなる 15.(生パンが)膨れる, 膨張する 16.(河川が)増水する, 水かさが増す 17.(潮が)上げ潮になる 18.(風・嵐・事などが)起こる, 発生する 19.見えて来る, 視界に現れる 20.(心の中に)出て来る, 思い浮かぶ 21.(音・声の)調子が上がる, 高くなる 22.(色が)濃くなる 23.超越する, 上に出る 24.出世する, 地位が高まる: ~ yn y byd出世する 25.(飛行機・ロケットなどが)離陸する 26.[海事]陸地が水平線上に見えて来る 27.[クリ](球がpitchを離れて)鋭く跳ね上がる 28.[神学]よみがえる, 生き返る

codiad (-au) *m* 1.上がること, 上昇 2.起床 3.生き返り, 復活 4.反乱, 謀反 5.閉会 6.(太陽・月・星が)出ること 7.(劇場の)幕が揚がること: ~ y llen (ni) 開幕 8.[狩猟]鳥が飛び立つこと: saethu aderyn ar ei godiad 飛び立つ鳥を撃つ 9.[釣]ライズ(魚が餌を食べようとして水面まで浮揚すること) 10.上り坂, 上り道, 小山, 高台 11.(大水・潮の)増水(量), 上げ潮 12.(気温・気圧などの)上昇 13.(物価・価値などの)上昇, 騰貴, 値上がり: mentro ar godiad [株式取引]騰貴を見越して投機をする 14.昇給: gofyn am godiad cyflog 昇給を求める 15.立身, 出世, 昇進 16.進歩, 向上, 上達 17.[生理]勃起 18.[音楽]音声[音調]の高まり

codiant (-iannau) *m* [航空]揚力

codisil (-iau) *m* [法律]遺言補足書

codl *m* 無意味な言葉, たわごと, 馬鹿げた考え, ナンセンス

codlo *t* 馬鹿なこと[たわごと]を言う

codlysiau *pl* [植物](集合的)豆類

codog *a* 暮らし向きのよい, 裕福な

codog *f* [植物]イガマメ(ヨーロッパ産マメ科植物; 牧草として栽培する)

codol *a* [生理]勃起性の

codwarth *m* [植物]ベラドンナ, セイヨウシリドコロ(ナス科の有毒植物)

codwm (codymau) *m* 1.落ちること, 落下, 降下 2.[レス]フォール 3.[水力]落下距離, 落差 4.[神学]誘惑への屈服, 堕落: y C～人間の堕落(AdamとEveの原罪)

codwr (-wyr) *m* : **codwraig (-agedd)** *f* 1.エレヴェーター, 昇降機, 持ち上げる装置[機械]: ~ grawn (米)(揚穀設備のある)大穀物倉庫 2.起床する人: ~ bore 早起きの人 4.引き起こす人 5.飼育者, 栽培者: ~ canu [教会](教会聖歌隊・会衆の歌をリー

ドする)先唱者, 音頭取り 6.泥棒, 万引きする人

codymu *i* (人が)落ちる, 倒れる, 転ぶ; 転落する

codded *m* 1.怒り, 立腹 2.深い悲しみ, 悲嘆, 心痛, 無念

coddedig *a* 1.怒った, 腹を立てた, 立腹した, 激怒した 2.負傷した

codi *t* 怒らせる, 立腹させる, むっとさせる

coed (-ydd) *pl* 1.(製材した)材木, 板材 2.(建築用材としての)樹木, 立木: ~ tal 立木 3.森, 森林: ~ pinwydd 松林; papur (*m*) ~ 木材パルプ紙; baedd (o'r) ~ イノシシ, 猪; sgrech (-od) (*f*) y ~ [鳥類]カケス

coedaidd : coediol *a* 樹木(性)の

coeden (coed) *f* 1.木, 立木, 樹木: ~ afalau リンゴの木; ~ ffrwythau 果樹; ~ Nadolig クリスマスツリー; ~ goch (coed cochion) セコイア, セカイヤマスギ 2.木材

coediar (-ieir) *f* [鳥類]キジ, 雉

coedio *t* 材木で支える[覆う]

coediog *a* 1.樹木の 2.(土地に)立木のある, 樹木の生い茂った木の茂った, 樹木で覆われた; 植林した 3.(家など)木造の 4.(動物が)樹上に住む

coediwr (-wyr) *m* 木こり, 材木切出し人; 製材業者

coedlan (-nau) *f* 低木林, 雑木林, 森林地(帯)

coedwaith *m* 木組

coedwig (-oedd) *f* (広大な)森, 森林, 山林, 森林地帯: ceidwad (ceidwaid) (*m*) ~ 森林監視員

coedwigaeth : coedwigiad *m* 1.植林, 造林 2.林業, 林学 3.森林(地)

coedwigo *t* (土地に)植林[造林]する, 森林にする

coedwigol *a* (動物が)樹上に住む

coedwigwr (-wyr) : coedwr (-wyr) *m* 1.森林居住者 2.森林官, 林務官

coedwr (-wyr) *m* 森の住民, 森林居住者

coedyddiaeth *f* (主に観賞用)樹木栽培

coedyn (coed) *m* 木[棒]切れ

coedd *a* 1.公[公共, 公立]の: ar goedd 公に, 公然と, 人前で 2.社会一般[公衆]の

coeg *a* 1.(容器などが)空の 2.(場所・建物など)人の住んでいない, 空き家の 3.(あるべき物が)ない, 欠けている: cneuen goeg (cnau ~) *f* 空の[中味の無い]木の実 4.(言葉・約束などが)空虚な, 無意味な

coegdlws (coegdlysion) *a* (宝石・衣装などが)けばけばしい, あくどい, 安ぴかの

coegdlysni *m* けばけばしさ, 安っぽい派手さ

coegddyn (-ion) *m* しゃれ者, 伊達男, めかし屋

coegddysg *f* 学者ぶること, 衒学, 杓子定規, ペダントリー

coegddysgedig *a* 学者ぶった, 衒学的な, 物

知り顔の, 石頭の

coegedd *m* 1.空虚, 無意味 2.愚鈍, 愚行

coegen (-nod) *f* 媚を売る女, 男たらし, うぬぼれ[虚栄心]の強い女; 売春婦

coegennaidd *a* (女が) あだっぽい; 男たらしの

coegfalch *a* 1.(男が) おしゃれな, めかし屋の, にやけた 2.うぬぼれの強い, 見栄を張った, 虚栄心の強い

coegfalchder (-au) *m* 1.(男が) めかすこと, おしゃれ, 見栄坊 2.おしゃれな物, 気取った態度 3.虚栄心, うぬぼれ 4.愚行

coegfeddyg (-on) *m* 偽 [いかさま, いんちき] 医者

coegi *t&i* あざける, 馬鹿にする

coeglyd *a* 皮肉な, 嫌みを言う, 風刺的な

coegni *m* 1.あざけり, あざ笑い, 嘲笑 2.皮肉, 当てこすり, 嫌み

coegwr (-wyr) *m* 馬鹿者, 愚か者

coegwych (-ion) *a* 1.(光・目など) ギラギラ光る 2.(衣服・色合いなど) けばけばしい, 派手な, 派手で安っぽい 3.(文体など) 飾り過ぎた

coegwychder : coegwychedd *m* 1.ギラギラ光ること 2.けばけばしさ, 安っぽい派手さ

coegyn (-nod) *m* = cocyn, coegddyn

coegyndod *m* 1.(男が) めかすこと, おめかし, おしゃれ, 見栄坊 2.おしゃれな物 [服] 3.きざ, 気取り, 気取った態度 4.愚行

coegynnaidd *a* (男が) おしゃれな, にやけた

coel (-ion) *f* 1.信念, 確信, 所信, 考え 2.信頼, 信用 3.信心, 信仰 4.[商業] 信用: 掛け (売り): gwerthu nwyddau ar goel 掛けで商品を売る

coelbren (-nau, -ni) *m* くじ (引き): bwrw ～ くじを引く

coelcerth (-au, -i) *f* 1.(祝の) 大かがり火 2.(野天の) たき火 3.炎, 火炎 4.[歴史] 狼煙, かがり火

coelgrefydd (-au) *f* 迷信, 迷信的習慣 [行為]

coelgrefyddol *a* 1.(人が) 迷信深い, 御幣担ぎの 2.(慣行・考えなどが) 迷信の, 迷信的な

coelio *t&i* 信じる, 信用する, 信仰を持つ

coes (-au) *mf* 1.脚, 足, すね: ～ osod (coesau gosod) 義足; cymryd y goes逃走する 2.[料理] (食用の) 脚 [もも, すね] 肉: ～ oen 子羊の脚肉; ～ flaen (coesau blaen) (牛肉の) 前脚上部の肉 3.[服装] (ズボン・ブーツなどの) 脚部 4.(家具などの) 脚: ～ gabriol (coesau cabriole) (Queen Anne時代に特有な椅子・テーブル・キャビネットの) 曲がり脚 5.(スプーンの) 柄; (つるはし・ハンマー・箒などの) 柄: ～ ysgub (coesau ysgubau); ～ brwsh (coesau brwshis) 箒の柄; (錨の) 幹, 錨脚; (鉤・釣鉤の) 軸, 胴; (器具・道具などの) すねに当たる部分 6.(植物の) 茎, 柄 7.(コップ・グラスの) 脚: (パイプの) 柄, 軸; (機械の) 操作悍 8.[音楽] 符尾 (音符の縦棒) 9.[クリケット] 打者の左後方 10.[動物] (有蹄動物の) 管骨, 砲骨 11.[解剖] 脛骨

coesarn (-au) *mf* [通例*pl*] 1.(小児用) レギンス 2.バスキン (厚底の半長靴) 3.(野球・アイスホッケーなどで) 脛当て, レガーズ 4.(兵士・労働者が付ける) ゲートル 5.(鎧の) 脛当て, 脚甲

coesgam : coesgrwm *a* (人・動物など) がに股の, ワニ脚の, O脚の

coesgen (-nau) *f* [料理] 豚の脚肉

coesgoch *a* 脚の赤い

coesgoch (-iaid, -ion) *mf* [鳥類] アカアシシギ, 赤脚鴫

coesgroes *a* 脚を組んだ

coesgyn (-nau, -ion) *m* 1.[料理] (食用の) (豚の) 脚肉 2.[植物] 茎, 葉柄, 花梗: (果物の) 軸, 果柄, 果房

coeten (-nau, coetiau, coets) *f* 1.(輪投げの) 輪 2.輪投げ (地面に立てた鉄棒に鉄輪・ロープの輪などを投げる遊戯)

coetgae (-au) *m* 囲いで仕切った畑

coetian : coetio *t* (輪投げ遊びの) 輪を投げる
i 輪投げ (遊び) をする

coetir (-oedd) *m* 森林地 (帯)

coetiwr (-wyr) *m* 輪投げ (遊び) をする人

coetmon (-myn) *m* 材木切り出し人; 製材業者

coetref (-i, -ydd) *f* 1.森林地 2.家屋敷

coets : coetsh (-is) *f* 1.(公式儀用т形または鉄道以前に用いられた) 四輪大型馬車: coets (h) frenhinol (coets (h) is brenhinol) 国王の公式馬車; coets (h) fawr (coets (h) is mawr) 駅馬車 2.長距離バス, 観光バス 3.[鉄道] (鉄道の) 客車, 車両

coeth *a* 1.混じり物の無い, 純粋な, 精錬 [精製] した: aur ～ 純金 2.(金・銀など) …の純度の: aur ～ dau garat ar hugain 二十二金 3.(人が) 教養のある, 洗練された, 上品な, 趣味のいい

coethder : coethni *m* 1.純粋, 純度 2.上品, 洗練, 優雅 3.立派さ, 見事さ, 美しさ 4.(言語・文体などの) 正格, 純正

coethi *t* 1.純粋にする, 精錬 [精製] する 2.(言葉・態度などを) 洗練する, 上品 [優美] にする 3.改善 [改良] する
i (イヌなどが) 吠える

coethwr : coethydd (-wyr) *m* 1.精錬 [精製] (業) 者 2.精製機

cof (-ion) *m* 1.記憶 2.記憶力: angof pob absen [諺] 去る者は日々に疎し 3.追憶, 思い出, 回想 (録) 4.記念 (品), 形見 5.[*pl*] (よろしくとの) 伝言, 挨拶 6.[電算] 記憶装置: ～ hapgyrch ラム, ランダムアクセスメモリー (データを任意の順序で抽出利用できる記憶装置); ～ darllen yn unig ロム (読取り専用記憶装置)

cofadail (-eiladau, -eiliau) *mf* :
cofadeilad (-au) *m* : **cofeb (-au, -ion)** *f* 1.(人・出来事などの)記念碑[像, 建築] 2.記念行事[祭, 式典] 3.遺跡, 遺物

cofbin (-nau) *m* [電算] メモリースティック, ペンドライヴ

cof-gerdyn (~-gardiau) *m* [電算] メモリーカード

cofgolofn (-au) *f* 記念柱, 戦没者記念碑[塔]

cofiadur (-iaid, -on) *m* 1.[法律] (England-Walesの)市裁判所判事 2.思い出させる人

cofiaduraeth (-au) *f* [法律]市裁判所判事の職[任期]

cofiadwr (-wyr) *m* (王・政府の)重要案件備忘係

cofiadwy *a* 1.記憶すべき, 忘れられない 2.記憶[暗記]できる 3.覚えやすい

cofiannol *a* 伝記(本)の

cofiannwr : cofiannydd (-wyr) *m* 伝記[回顧録]作者

cofiant (-iannau) *m* 伝記(文学)

cofio *t* 1.思い出す, 思い起こす 2.覚えて[記憶して]いる: 'rwy'n ~ i weld 私はそれを見た覚えがある 3.忘れずに…する 4.…からよろしくと伝言する
i 1.覚えて[記憶して]いる 2.思い出す

cofiwr (-wyr) *m* : **cofwraig (-agedd)** *f* 1.丸暗記する人 2.思い出させる人 3.記念品, 忘れ形見, 備忘録 4.[C~] (英国で王または政府の)重要案件備忘係

cofl (-au) *f* 1.胸; (女性の)乳房 2.(衣類の)胸部 3.(感情が宿る)心, 胸, 胸中 4.抱擁

coflaid (-eidiau) *f* 1.腕一杯(の量), 一抱え 2.束, 包み 3.塊, 一団 4.抱擁

coflech (-i) *f* 記念碑

cofleidiad (-au) *m* 抱擁

cofleidiadwy *a* 抱擁できる

cofleidio *t* 1.抱擁する, 抱き締める: ~'r pengliniau [体操] 両膝を胸に抱え込む 2.(主義・信仰などを)奉ずる, 信じる 3.含む, 包含する

cofleidiwr (-wyr) *m* : **cofleidwraig (-agedd)** *f* 1.抱擁する人 2.(思想などを)受入れる人

coflyfr (-au) *m* 1.記録すること, 記録, 登録, 登記 2.名[記録, 登録]簿

cofnod (-ion) *m* 1.覚書, 備忘録, 控え, メモ 2.[法律など]記録, 登録; 公記録; 公判録; 議事録: ~ tystiolaeth証拠記録; llyfr(-au) (*m*) cofnodion 議事録; heb gofnod 記録にとどめない, 非公式で, オフレコで

cofnodadwy *a* 記録できる

cofnodedig *a* 記録された

cofnodi *t* 1.記録する, 書き留める; 登録[登記]する 2.年代記に載せる

cofnodiad (-au) *m* 1.登録, 登記, 記載 2.書留

cofnodol *a* 記録する: yr Angel C~ 記録天使(人の善悪の行為を記録すると言われる)

cofnodwr : cofnodydd (-wyr) *m* 記録[登録]者, 記録係

cofrestr (-au, -i) *f* 1.記録, 登録, 登記 2.記録[登録]簿, 名簿, 目録: ar y gofrestr 名簿に載って

cofrestredig *a* 登録[登記]した: Nyrs Gofrestredig (Nyrsys Cofrestredig) *f* 正看護婦

cofrestrfa (-feydd) *f* 1.戸籍登録 2.= cofnodiad 1, 2

cofrestriad (-au) *m* 1.記載, 登録, 登記 2.書留 3.入学

cofrestru *t* 1.(出生・死亡などを)記載[記録, 登録, 登記]する 2.(学生を)入学させる 3.会員にする
i 1.(ホテルの宿泊者名簿・選挙人名簿などに)記名[記帳, 署名, 登録]する 2.入学する 3.入会する, 会員になる

cofrestrydd (-ion, cofrestrwyr) *m* 1.[英法]登録官 2.(公式の)登録[登記]官, 記録係, 戸籍吏: Prif C~, y C~ Cyffredinol (Londonの)戸籍本署長官 3.[教育] (大学の)学籍係

cofrodd (-ion) *f* 形見, 記念品, 土産, 思い出の品

cofus *a* 1.記憶すべき, 忘れられない 2.覚えやすい 3.心に留めて, 忘れないで

cofweini *t* [演劇] (台詞を忘れた俳優に)陰から台詞を付ける[教える], 後見する: ~ ar actor 俳優に台詞を付ける
i (俳優に)台詞を付ける

cofweinydd (-ion) *m* [演劇] (俳優に)台詞を付ける人, 後見, プロンプター

coffa : coffaol *a* 記念(碑)の; 追悼の: Diwrnod (*m*) C~ (米)戦没将兵記念日, メモリアルデー

coffa : coffâd *m* : **coffadwriaeth (-au)** *f* = cof : Dydd (*m*) y Coffa (第一次・二次大戦の戦没者に対する)英霊[戦没者追悼]記念日(11月11日)

coffadwriaethol *a* 1.記念の 2.追悼の

coffáu *t* 1.(努めて)思い起こす, 思い出す, 回想する 2.(偉人・事件などを)記念する, 記念式を挙行する, (行事・祝典などを)祝う 3.(記念碑・日などが)…の記念となる
i 思い起こす, 回想する

coffäwr (coffawyr) *m* 記念祭挙行者, 記念式参加者

coffi (coffïau) *m* コーヒー: seibiant (seibiannau (*m*)) ~ コーヒーの時間[休み], コーヒーブレイク(午前10時と午後3時頃の15分位の休み)

coffor　129　**colig**

coffor (coffrau) : coffr (-au) *mf* 1.貴重品箱 2.(通例蓋付きの) 大箱, 収納箱 3.[*pl*](銀行などの) 金庫; 財源, 資金: coffrau'r wlad国庫 4.(旅行・収納用) 大かばん, 大型トランク

cofftio *t* がぶ飲みする, 痛飲する

cog (-au) *f* 1.[鳥類] カッコウ, 郭公 (早春の頃に南方から来て他の鳥の巣に産卵し他の鳥に孵化させる): cyw ~ yn y nyth (子供への親の愛を横取りする) 愛の巣の侵入者;(平和を乱す) 邪魔者, 闖入者 2.間抜け, 馬鹿者

cogail (-eiliau) *m* [紡織] 糸巻棒

cogfran (-frain) *f* [鳥類] コクマルガラス (鳴き声がやかましいのと小さな光る物を盗む習性がある)

coginiaeth *f* 料理法

coginio *t* 1.(火にかけて) 料理する, 煮焼きする 2.(勘定・数量などを) ごまかす, 手加減を加える
　i 1.料理する 2.(食べ物が火で) 料理される

coginiol *a* 台所[用]の, 料理[用]の

cogio *t* 1.口実にする, 偽る, 装う,(…の) ふりをする: ~ bod yn wael 仮病を使う; ~ anwybodaeth 知らないふりをする 2.(…の) 真似をして遊ぶ, ごっこをする 3.[否定文で] 敢えて…する 4.はったりで騙す 5.[トランプ](ポーカーで) 思い切って高く賭け弱い手を強い手と思わせて相手を下ろす
　i 1.ふりをする, 偽り装う 2.(子供が) 真似事遊びをする 3.主張する 4.うぬぼれる 5.はったりをかける

cogiwr (-wyr) *m* : **cogwraig (-agedd)** *f* 1.はったりを掛ける人, 虚勢を張る人 2.振りをする[装う] 人, 詐称者

coglofft (-ydd) *f* 屋根裏部屋

cogor *i* (鳥が) さえずる

cogor *m* (鳥・動物などの) さえずり声, キーキー[キャッキャッ, ギャーギャー] 鳴く声

cogwrn (-yrnau, cegyrn) *m* 1.(卵・木の実などの) 固い殻 2.[植物](松・杉槲などの) 球形の実, 球果 3.(干草・芝生などの) 円錐形の山, 稲叢 4.円錐, 円錐形[体] 5.[地質] 火山錐

cogydd (-ion) *m* : **cogyddes (-au)** *f* 料理人, コック

cogyddiaeth *f* 料理法

coiff (-au) *mf* 1.(耳まで包む各種の) ずきん, フード (今ではほとんど用いない) 2.(修道女がヴェールの下にかぶる) ずきん, コイフ

coil (-iau) *m* 1.[電気] コイル, 線輪 2.[医学](子宮内に入れる) コイル状の避妊具

col (-iau) *m* [気象] 鞍状等圧線, 気圧の谷

col (-ion) : cola (colion) *m* [植物](麦などの) 芒 (稲・麦などの実にある針のような毛)

côl *f* [解剖] 膝

coladedig *a* 対照[校合]した

coladiad (-au) *m* 照合, 校合, 対照調査,(文

書の) 照査

coladu *t* (資料などを寄せ集めて) 対照[校合]する

coladwr (-wyr) *m* 1.照合[校合]者 2.[製本] 丁合い工

colandr (-au) *m* 水切り器, 水こし, 濾過器 (通例, 金属性ボウル型の下方に小さい穴が幾つもある洗った野菜などの水切りに用いる台所用具)

colbio : colbo *t* 1.(棒・鞭などで) 打ちのめす, むち打つ 2.(競技で相手を) 打ち負かす 3.繰り返し叩く

colect (-au) *m* [教会] 1.[英教] 特祷 2.[カト] 集祷文

coledd : coleddu *t* 1.大事にする, 可愛がる, 愛育する 2.(思い出などを) 懐かしがる 3.(希望・幻想・信仰・恨みなどを) 心に抱く

coleddadwy *a* 大切にすることができる

coleddiad (-au) *m* 1.(他人の子の) 養育 2.育成, 促進, 助成

coleddwr (-wyr) *m* : **coleddwraig (-agedd)** *f* 1.養育者, 乳母, 育ての親 2.育成[助成]者

coleg (-au) *m* 1.大学, カレッジ 2.学寮 (Oxford-Cambridgeでは多くの学寮が集まってUniversityを構成する; 学寮は独立した自治体で伝統的な特色を誇る): Coleg Eglwys Grist クライストチャーチ学寮 (Henry八世によって1546に設立された Oxford大学の学寮の一つ); Coleg y Brenin キングズ学寮 (1441年に Henry六世が創立した Cambridge大学の学寮の一つ) 3.(米) 単科大学 4.(総合大学の) 学部 5.(校名に用いて) パブリックスクール: Ysgol (*f*) Eton イートン校 6.(共通の利害を持つと思われる) 協会, 学会, 団体: C~ yr Arfau 紋章院 (1484に設立され, イングランド・ウェールズ・北アイルランドの紋章認可・紋章と家系図の記録保管などの事務を統轄する)

colegaidd : colegol *a* 1.大学[カレッジ]の 2.大学生の 3.(大学が) 学寮組織の 4.[英教] 聖職参事会の管理する協会の

colegoldeb *m* [カト] 団体性

colegwr (-wyr) *m* 大学生

coler (-i) *mf* 1.襟, カラー: ~ lês レースの襟; gweithiwr ~ las/glas (gweithwyr coleri gleision) 肉体労働者 2.(イヌなどの) 首輪;(馬具) 首当て, 首輪 3.(指輪の) 宝石の受座, コレット 4.[機械] 環, 接管, 軸つば, コレット, リング

colera *m* [病理・獣医] コレラ

colesterol *m* [生化] コレステロール

colet (-i) *m* = **coler** 3

colfach (-au) *m* 1.蝶番 2.(議論などの) 要点, 中心点

colfachu *t* 蝶番を付ける
　i 1.蝶番で動く 2.(…次第で) 決まる

colfen (-nau, -ni) *f* (木の) 枝, 大枝

colig *m* [病理] 腹痛, さしこみ, 疝痛

colio 130 **collfarnu**

colio *t* 1.(ハチなどが)針で刺す; (植物が)とげで刺す 2.(心を)刺す, 痛ませる, 苦しませる 3.(人を)刺激する, 刺激して…させる
i 1.刺す 2.刺すように痛む 3.苦悩を与える, 心を苦しめる

coliog *a* 1.芒のある 2.(ハチなど)針を持つ, 刺す, とげのある 3.刺すように痛む, ずきずきさせる 4.(言葉など)辛辣な, 針を含んだ, 苦悩させる

colma *i* 小旅行をする, 遠足に行く

colofn (-au) *f* 1.[建築]円柱, 支柱, 柱 2.柱状物, (特に)柱状の碑: ~ y llyw[自動車]かじ取り柱, ステアリングコラム (ハンドル軸を取り囲む外管または両者の総称); Colofnau Erclwff ヘラクレスの柱 (Gibraltar海峡東端の両岸に聳え立つ二つの海角; ヨーロッパ岸のRock of Gibraltarとアフリカ岸のJebel Musa; Herculesが引き裂いて出来たと伝えられている) 3.(人・乗物などの)列 4.(新聞・雑誌などの)縦の欄, 特別寄稿欄, コラム: ~ negesi [新聞・雑誌の] 個人広告欄 [尋ね人・遺失物などを載せる欄] 5.(国家・社会などの)柱, 中心人物, 大黒柱: colofnau ffydd信仰の礎 6.[数学]列 7.[政治](党派・候補者などの)支持者の名簿 8.[軍事](部隊の)縦隊 9.[鉱山]鉱柱 (上部の岩盤を支えるために柱状に掘り残した鉱石[鉱柱]または炭層[炭柱])

colofnfa (-feydd) *f* [建築](ギリシャ建築などの)列柱, 柱廊

colofnog *a* 1.円柱[支柱]の 2.(新聞など)縦欄の

colofnres (-au, -i) *f* = colofnfa

colofnydd (-wyr) *m* [ジャ](新聞・雑誌などの)特約寄稿家, コラムニスト

colofnyddol *a* コラム欄執筆者[コラムニスト, 特別寄稿者]の

coloid (-au) *m* [化学]膠質, コロイド

coloidaidd *a* [化学]膠質の, コロイド性の

colomen (-nod) *f* 1.[鳥類](特に小型の)ハト, 鳩 (平和・無邪気・温順・優しさなどの表象として用いられる): ~ glai (colomennod clai) [射撃]クレー (クレー射撃の標的に用いる円盤) 2.ハト[穏健]派の人

colomendy (-dai) *m* ハト小屋

colomennaidd *a* ハトのような; 優しい, 柔和な

colon (-au) *m* 1.[解剖]結腸 2.[印刷](句読点の)コロン (:) 3.コロン (コスタリカ・エルサルバドルの通貨単位)

colonâd (-adau) *m* = colofnfa

colsio *t* (石炭を)コークスにする

colsyn (cols, colsion) *m* [通例*pl*] (薪・石炭などの)燃えさし, 残り火

col-tar *m* コールタール

coluddol *a* [解剖]腸の

coluddyn (coluddion) *m* [通例*pl*] [解剖]腸: ~ mawr 大腸: ~ crog 虫垂: llid (*m*) y ~ crog 虫垂炎

colur (-on) *m* 1.[演劇](俳優などの)メーキャップ; 扮装 2.(女性の)化粧

coluro *t* 1.(俳優を)メーキャップする, 扮装させる 2.(女性が顔などを)化粧する

colurwr (-wyr) *m* : **colurwraig (-agedd)** *f* [演劇]俳優にメイクを施す人

colwyn (-od) *m* 子犬

colyn (-nau) *m* 1.(ハチなどの)針; (サソリなどの)毒針; (ヘビの)毒牙 2.蝶番 3.(議論などの)要点, 中心点; 中心人物 4.[機械]旋転軸, 枢軸, ピヴォット

colynnog *a* 1.針を持つ, 刺す 2.蝶番の付いた, 蝶番のある

colynnol *a* 1.回転軸の, 枢軸の(ような) 2.中枢の, 重要な

colynnu *t* 1.(ハチなどが)針で刺す, (イラクサなどが)とげで刺す 2.(体などを)刺すように痛める, ずきずき[ちくちく, ひりひり]させる 3.(精神的に)苦しませる, 苦悩させる, 痛ませる 4.刺激する, 刺激して…させる

coll (-iadau) *m* 1.失うこと, 紛失, 喪失, 遺失: ~ golwg失明; 'rwyf ar goll yn llwyr 私は全く当惑している; C~ Gwynfa [文学]失楽園 (John Milton作の叙事詩(1667)) 2.損, 損害, 損失(物, 額) 3.(戦い・競技などで)負けること, 敗北, 失敗 4.[保険]死亡, 傷害, 損害 5.[軍事]死傷(者数), 損害

coll *a* 1.失った, 紛失[遺失]した; 行方不明の: swyddfa (swyddfeydd) (*f*) eiddo ~ 遺失物取扱所; y genhedlaeth goll 失われた世代 (第一次大戦の「戦争の世代」; この時代に成年に達し, 戦争体験や社会混乱ゆえに幻滅し, 人生の方向を見失った世代) 2.道に迷った, 当惑した, 途方に暮れた 3.負けた, 失敗した, 取り損なった 4.(時間などが)浪費された 5.死滅した, 滅びた 6.堕落した, 地獄に落ちた

colladwy *a* (食品などが)腐りやすい

collddail *a* [植物](樹木が)落葉性の

colled (-ion) *f* = coll

colledig *a* 1.地獄に落とされた, 永遠の罰に定められた 2.= coll: ci ~ 行方不明の犬; tylwyth ~ 滅びた種族

colledigaeth *f* 1.[宗教](死後の)永遠の破滅, 地獄落ち 2.完全な破滅, 壊滅 3.地獄

colledu *t* 損害をもたらす[引き起こす]

colledus *a* 損失[損害]を伴った

colledwr (-wyr) *m* : **colledwraig (-agedd)** *f* 1.失敗[落伍, 損失]者 2.(競技・勝負の)敗者, 負け馬

collen (cyll) *f* [植物]ハシバミ, 榛

collfarn (-au) *f* 1.[法律]有罪の判決[評決], 罪の宣告, 断罪: ~ ddiannod (collfarnau diannod) 即決処分[裁判] 2.非難

collfarnu *t* 1.非難する, 責める, 咎める, 糾弾する 2.(人に)有罪の判決をする 3.(苦難などに)運命づける

colli 131 **compendiwm**

colli *t* 1.(一時的に)なくす, 紛失する, 置き忘れる 2.(不慮の事故などで)失う, なくす: mae wedi ~ braich 彼は片腕を失った 3.(平静さ・興味・態度などを)失う; ~ hyder 自信を失う 4.(戦い・勝負などに)負ける 5.(道などに)迷う, 見失う: ~'ch ffordd 道に迷う 6.(機会を)逸する, 逃す 7.(時間・努力などを)無駄にする, 浪費する 8.(時計が…だけ)遅れる 9.(体重などが)減らす: ~ pwysau 減量する 10.没頭する, 夢中になる 11.負ける, 敗北する 12.損をする 13.(時計が)遅れる 14.(真価・効果などが)減じる, 失われる: ~(mewn) gwerth 価値が減じる 15.(液体・粉などを)こぼす: heb golli diferyn 一滴もこぼさないで 16.(血・涙などを)流す 17.(動植物が葉・毛・角などを)落とす: ~ dail 葉を落とす;(外皮などを)脱ぎかえる;(衣服を)脱ぐ, 脱ぎ捨てる 18.(光・熱・匂い・影響力などを)発する, 放つ, 及ぼす 19.(習慣・官位・知人などを)捨てる, 放棄する, 脱する 20.(布・羽などが水を)はじく, はね返す 21.(トラックなどが積み荷を)誤って落とす: ~ llwyth 積み荷を誤って落とす 22.(狙った物を)取り逃がす, 打ち[当て]損なう 23.(機会を)逸する: ~ mynediad[演劇](舞台への)登場をしくじる 24.(乗物に)乗り損なう, 乗り遅れる: ~'r trên o dair/ dri munud 3分差で列車に乗り損なう 25.(人に)会い損なう 26.(講演などを)聴き損なう 27.見つけ損なう, 見失う: ~'ch ffordd 道に迷う 28.理解し損なう[しかねる]: ~'r pwnc 要点を理解できない 29.(…が)ない[いない]ので寂しく思う 30.(事故・混雑などを)避ける, 免れる, 逃れる 31.(…することを)逃す, 仕損なう
i 1.(液体などが)こぼれる 2.(人・物が)溢れ出る 3.(葉・しずくなどが)落ちる, こぼれる 4.(動植物が)毛[皮, 羽, 角など]を落とす, 脱皮する

collnod (-au) *m*[文法]アポストロフィ('), 省略符号, 所有格符号, 複数符号

collwr (-wyr) *m* : **collwraig (-agedd)** *f* 1.失敗[損失, 落伍]者 2.(競技などの)敗者, 負け馬: collwr gwael/sâl 負け惜しみを言う人, 往生際の悪い人, 負けて悪びれる人

coma (comâu) *m*[医学]昏睡(状態)

coma (-s) *m*[文法](句読点の)コンマ(,)

comander (-iaid) *m*[海軍]海軍中佐

combác (-s) *m*[鳥類]ホロホロチョウ(アフリカ原産の食用鳥)

combein (-iau) *m* コンバイン(刈取り・脱穀などの機能を持つ農機具)

comed (-au) *f*[天文]彗星, ほうき星

comedi (-ïau) *f* 1.喜劇: ~ foesau(comediau moesau)風俗喜劇; Y Gomedi Ddwyfol[文学]神曲(イタリアの詩人Dante作の大叙事詩La Divina Commedia; 1321年完成)2.(人物・物語などの)喜劇的な要素, おかしみ

comedïwr (-ïwyr) *m* 喜劇作家[作者]

comic (-s) *m*[ジャ](新聞・雑誌の)漫画欄: llyfr (-au)(*m*) comics 漫画本

comig *a* 1.喜劇の: ysgafnhad ~ *m*(悲劇的場面にはさむ)喜劇的な息抜き 2.滑稽な, おどけた 3.漫画の

comin (-s) *m* 共有[公有]地(村の牧草地や町の広場など)

cominadwy *a*(土地が)共有の

cominwr (-wyr) *m*[法律]入会[共用]権所有者

comisiwn (-iynau) *m* 1.(委任された)任務, 職権, 権限: C~ Heddwch[法律]治安判事たち; y dydd comisiynu[英法]巡回裁判開法日 2.[軍事]将校任命辞令: cael ~ 将校に任官する[任命される]3.命令, 指令, 指図 4.委員会: C~ Brenhinol英国審議会(首相の推挙で王室によって任命された審議会); C~(yr) Elusennau 慈善事業委員会 5.[商業](商取引上の)代行権, 取次, 委託 6.(委託事務に対する)手数料

comisiynu *t* 1.(人に)職権を与える, 任命する 2.(仕事を)頼む 3.(将校に)任命する 4.(軍艦・航空機を)就役させる

comisiynwr : comisiynydd (-wyr) *m* 1.(委員会の)委員, 理事, (政府部局や地方の)局長, 長官;(植民地の)弁務官: Comisiynydd Llwon[法律]宣誓管理委員(1853年以降ソリシターが大法官によって任命され, 宣誓供述書の作成に立ち会う); Comisiynydd Heddlu(ロンドン市警察の)警察本部長 2.[スポ]コミッショナー

comiwn (-au) *m* 1.コミューン(フランス・ベルギー・イタリア・スペインなどの最小行政区ある市町村自治体)2.共同生活を営む集団, 共同生活体

comiwnol *a* 1.コミューンの 2.共同[共有]の 3.自治体の 4.共同社会の

comiwnydd (-ion) *m* : **comiwnyddes (-au)** *f* 1.共産主義者; 共産党支持者 2.[C~]共産党員

comiwnyddiaeth *f* 1.共産主義 2.(中国などの)共産主義体制

comiwnyddol *a* 共産主義的な, 共産主義(者)の

comôd (comodau) *m* 1.室内[寝室]用便器, 便器付き椅子 2.[服飾]コモード(17世紀後半から18世紀前半にかけて流行した非常に丈の高い婦人用頭飾り); レースやリボンなどの装飾が施された)3.[家具](引出し付きの背の低い)整理箪笥

comodor : comodôr (comodoriaid) *m* 1.[海軍]准将, 代将(少将と大佐の間の階級)2.[空軍]空軍准将 3.(商船隊の)最上席船長 4.(ヨットクラブなどの)会長

compendiwm (compendia) *m*(卓上ゲームなどの)詰合せ

compost (-au) *m* 1.合成 [混合] 物 2.堆肥: tomen (*f*) gompost (tomenni ~) 堆肥の山

Comtaidd *a* コント (Conte) (哲学) の

Comtiaeth *f* コント [実証] 哲学

Comtydd (-ion) *m* コント哲学の学徒, 実証哲学者

côn (conau) *m* 1.円錐, 円錐形 [体] 2.円錐形の物 3.[植物] (ホップ・松・杉・樅などの) 球形の実, 球果, 松笠 4.火山錐 (円錐形の火山): ~ lludw [地質] 噴石丘 (火山岩屑だけから成る円錐形火山)

conach : conan *i* 1.ブツブツ不平を言う, 苦情を言う 2.(遠雷などが) 轟く, ゴロゴロ鳴る

conaidd *a* 円錐状の

conclaf (-au) *m* [カト] (枢機卿の) 教皇選挙会議 (室), コンクラーヴェ

conclafydd (-ion) *m* [カト] 教皇選挙会議に列席する枢機卿 (cardinal) の随員 (各枢機卿に2名の随員が伴う)

concordans (-iau) *m* 1.一致, 調和 2.(作家・作品・聖書・機械検索などの) 用語 [要語] 索引, コンコーダンス

concordat (-iau) *m* 1.協定, 協約 2.[キ教] (ローマ教皇と国王または政府間の) 協約, 政教条約, コンコルダート

concrid : concrit *m* コンクリート: concrid/concrit dur 鉄筋コンクリート *a* コンクリート製の

concro : concwerio *t* 1.(国などを) 征服する 2.(敵などに) 勝つ 3.(問題・困難などに) 打ち勝つ, 克服する

concweriol *a* 征服する, 打ち勝つ

concwerwr (-wyr) *m* 1.征服 [勝利] 者 2.[英史] ウイリアム征服王 (Gwilym Goncwerwr) (William I (1027-87) は初めフランスのNormandy 公であったが, 1066年Norman Conquestによりイングランドを征服してNorman王朝初代の王となった (1066-87))

concwest (-au) *f* 1.征服 2.[英史例] ノルマン人のイングランド征服 (1066年ノルマンディー公Williamの率いるノルマン人の軍が上陸し, Hastingsの戦いでAnglo-Saxonsを打ち破ってイングランドを征服した)

condemniad (-au) *m* 1.[法律] 有罪の判決, 罪の宣告 2.[商品の] 不良品としての廃棄, 不適切品としての没収 3.非難

condemniadwy *a* 非難される [咎められる] べき, 罰すべき

condemniedig *a* 1.有罪を宣告された 2.死刑囚のための 3.没収された 4.非難された

condemnio *t* 1.[法律] (人に) 有罪の判決を下す, (刑を) 言い渡す: ~ rhn i falwolaeth 人に死刑を宣告する 2.非難する, 咎める, 責める 3.(品物を) 不良品と定める: ~ nwyddau 商品を不良品と定める 4.運命づける

condemniol *a* 断罪的な, 非難の

condemniwr (-wyr) *m* 1.非難する人 2.宣告者

conen *f* : **conyn** *m* ブツブツ言う人, 不平家

confensiwn (-iynau) *m* 1.慣習, 世間のしきたり, 因習 2.[トラ] (ブリッジで) コンヴェンション

confensiynol *a* 1.社会的慣習による, 伝統 [因習] 的な 2.紋切り型の, 型にはまった, 独創性を欠いた 3.(法定に対して) 協定の 4.会議の 5.(戦争など) 核兵器を用いない

confensiynoldeb *m* 1.因習性; 因習 [慣例, 伝統] 尊重 2.因習, 慣例

confensiynoli *t* 慣例に従わせる, 因習的にする

confenticlwr (-wyr) *m* 秘密集会 [礼拝] に集まる人

confenticl (-au) *m* [宗教] (16~17世紀の非国教徒またはスコットランド長老派の) 秘密集会 [礼拝]

conffederasiwn (-asiynau) *m* 1.連合, 連盟, 同盟 2.[C~] [米史] アメリカ連合政府 (1781~89年の連合規約 (the Articles of Confederation) により組織された13州連合)

conffirmasiwn : conffyrmasiwn *m* [キ教] 堅信式 [礼]

conffirmio : conffyrmio *t* [キ教] (人に) 堅信礼を施す

conga (-s, congâu) *mf* 1.コンガ (アフリカ起源と言われるCuba島黒人の集団的な踊り) 2.コンガの音楽 3.コンガドラム (コンガの伴奏に用いる手で打つ細長い大太鼓): tabwrdd (tabyrddau) (*m*) ~, drwm (drymiau) (*m*) ~ コンガドラム

congl (-au) *f* 1.(道路などの) 角, 曲がり角, 町角: ar gongl stryd 町角で 2.隅, 片隅 3.引っ込んだ [人目につかない] 所, 辺鄙な場所 4.(遠く離れた) 地域, 地方, (世界の) 果て 5.窮地, 窮境 6.[サッ] コーナーキック

conglfaen (-feini) *m* [建築] 隅石, 基石, 礎石

conglog *a* 1.(…の) 隅 [角] のある: trichonglog 三角の 2.(…の) 参加者のいる 3.隅に追詰められた, 進退窮まった

coniffer (-au) *mf* [植物] (松・杉・樅などの) 針葉樹, 球果植物

confferaidd *a* 1.球果植物の 2.球果を結ぶ

conig : conigol *a* [幾何] 円錐 (形, 体, 状) の

cono (-s) *m* 1.時代遅れの人, 旧弊な頑固者 2.男, 奴 3.剽軽 (戯け) 者 4.悪漢, 与太者

consárn : consýrn *m* [産業・商業] 事業, 営業; 企業, 会社; 財閥, 財団, コンツェルン

consarnol *a* 心配そうな; 心配して

consentrig *a* [数学] (円・球などが他の円・球と) 同中心の

consentrigrwydd *m* 同中心, 同心性

consesiwn (-iynau) *m* 1.譲与されたもの 2.(政府などが与える) 免許, 特許 3.(使用権・採掘

権などの)特権, 利権 4.(失業者・年金生活者・学生などに対する)料金割引

consesiynol *a* 1.譲歩した, 譲歩[譲許]的な 2.無料の

consesiynwr : consesiynydd (-wy) *m* 営業権保有者

consol (-au) *m* 1.[音楽]パイプオルガンの演奏台(手鍵盤と足鍵盤を含む)2.[電気](電子・電気の配電盤などの)制御装置: ~ gêmau 家庭用ゲーム機 3.コンソールテーブル(窓と窓の間・鏡の下などの壁にぴったり据え付けるテーブル; 脚は持送り風に作られている)

consuriaeth *f*(神の名・呪文で)魔物を呼び出すこと; まじないの呪文, 魔法

consurio *t* 1.(神の名・呪文で魔物・霊を)呼び出す: ~ cythreuliaid 魔法を使って悪魔を呼び出す 2.眼前に思い出す, 想像に浮かばせる 3.手品で…する: ~ cwingen o het 手品で帽子からウサギを出して見せる

consuriwr (-wyr) *m* 1.魔法使い 2.手品[奇術]師

conswl (-syliaid) *m* 1.[外交]領事: Prif Gonswl総領事 2.[歴史](古代ローマの)執政官(定員2名)3.[仏史](フランスの1799~1804年間の)執政(定員3名)

contact (-au) *m*[電気]接触, 接点

continwwm (-nwa) *m* 1.(物質・感覚・事件などの)連続(体): ~ gofod-amser 時空連続体 2.[数学]連続体 3.[生態]群集連続

contract (-au, -iau) *mf* 契約; 請負; 契約書

contractor (-s) : contractwr (-wyr) *m* 契約者; 請負人

Conwy *f* 1.[地名]コンウェイ(コンウェイ河口にある町)2.コンウェイ川

conwydden (conwydd) *f* = conifer

conyn (conion) *m* 1.[植物]茎, 軸, 柄 2.不平を言う人, ブツブツ言う人, こぼし屋

cop : copyn (-nau, -nod) *m*[動物]クモ, 蜘蛛

copa (copâu, -on) *mf* 1.(山などの)頂, 頂上, 山頂 2.(名声などの)絶頂, 極致, 頂点, 極点 3.[建築](レンガ塀などの)笠石, 笠木(塀手摺などの頂部の横材)

copaol *a* 頂上の

copi (copïau) *m* 1.写し, 模写, 膳本, コピー: ~ bras下書き, 草稿 2.(同じ本・新聞・雑誌などの)部, 冊, 通 3.[印刷]原稿 4.(原稿・新聞)種, 題材 5.(もと小学校で用いられた)習字の手本, 習字帳 6.(手紙・文書などの)控え帳: baeddu'ch ~(経歴にしみを付けるような)失態[失敗]を演じる 7.広告文

copiddaliad (-au) *m*[英法史]膳本保有権, 登録不動産保有権(荘園裁判所の記録の膳本による土地物権;「領主の意志のままにかつその領地の慣習による」という農奴時代からの土地保有慣習に従って保有する権利; 1922年廃止)

copin (-au) *m* = copa 3

copïo *t* 1.写す, 複写する;(絵などを)模写[複製]する 2.(人を)まねる, 手本とする 3.(カンニングで人の答案を)写し取る
i 1.複写[複製]する 2.まねる 3.カンニングする

copïwr : copïydd (-ïwyr) *m* 1.膳写係, 写字生, 筆耕人 2.(盲目的)模倣者

copog *a*[鳥類]房で飾られた, 冠毛[とさか]のある: hwyaden gopog(hwyaid ~)*f* キンクロハジロ(アジア・アフリカ・ヨーロッパ産の頭に冠のあるカモ)

copor : copr (-s) *m* 1.銅: ~ coch赤銅鉱; ~ (-aint)(*m*)~ 銅鍛冶, 銅細工人, 銅器製造人; Oes(*f*)y C~[考古]銅器時代 2.銅貨

copraidd *a* 1.銅のような, 銅を含んだ 2.銅色の

copras *m*[化学]硫酸鉄: ~ glas硫酸銅

copro *t* 銅で覆う, 銅張りにする

coprog *a* = copraidd

copyn (-nod) *m*[動物]クモ(蜘蛛)

copynnaidd *a* クモ[蜘蛛]のような

côr (corau) *m* 1.[建築](教会堂の)聖歌隊席, 合唱席, 内陣 2.(教会の)聖歌[合唱]隊: ysgol(*f*)gôr(ysgolion ~)(大聖堂・大学などに付属する)聖歌隊養成学校, 聖歌学校 3.(教会のベンチ形の)座席, 信徒席 4.(一頭の牛馬を入れる)馬屋[牛舎]の一区画; 馬[牛]房

cor (-rod) *m* : **corres (coresau)** *f* 1.小人, こびと 2.(伝説・おとぎ話の)小人, こびと, 一寸法師 3.(動植物)特別に小さい動植物 4.[動物]クモ

corachaidd : coraidd *a* 1.小型の, 異常に小さい: seren gorachaidd(sêr ~)[天文]矮星(光度も質量も比較的小さい恒星)2.(植物が)矮性の, 発育の止まった

coraches (-au) *f* 小びと

corâl (coralau) : corawd (-au) *mf* 1.合唱聖歌 2.合唱 3.合唱隊

corawl *a* 合唱の, 合唱隊[曲]の

corbenfras (-freision) *m*[魚類]ハドック(北大西洋産の食用タラの一種)

corblanhigyn (-higion) *m* 矮性植物

corbwll (-byllau) *m* 1.渦, 渦巻き 2.水溜り 3.(粘土と砂を水でこねた)こね土

corbysen (corbys) *f*[園芸・料理]ひら豆, レンズ豆(地中海沿岸原産でスープなどにする)

corc : corcyn (cyrc) *m* 1.コルク(コルクガシの外皮): derwen[f]gorc(derw corc)コルクガシ(スペインなど南ヨーロッパ産のカシの一種で樹皮からコルクを採る)2.(瓶などの)コルク栓 3.コルク製品

cord (-iau) *m* 1.[幾何]弦 2.[音楽](楽器の)弦 3.和音, コード: ~ mwyaf[音楽]長和音; ~ lleiaf短和音 4.[木材の体積単位]コード(薪の

cordeddiad 134 **corffrwystro**

体積, 通例128立方フィート)

cordeddiad (-au) *m* 1.ねじれ, ひねり, ゆがみ, もつれ, より糸, 縄, 索

cordeddog *a* ねじれた, よじれた, 曲がりくねった

cordeddu *t* 1.[織物](糸などを)よる, より合わせる, よって作る, 編む 2.巻き付ける, 絡ませる 3.ねじる, 曲げる
i (虫・ロープ・蔓などが)よれる, ねじれる, 曲がる, 巻き付く, からむ

cordeddwr (-wyr) *m* (ロープなどの)撚り手, 綯い手

cordiol *a* 1.弦の 2.和音の

cordwal : cordwan *m* コードヴァン皮革(馬の臀部の緻密な組織の皮を植物タンニンでなめした光沢のある革; 靴の甲革・ベルト・時計バンドなどに用いる)

cordyn (cordiau, cyrd) *m* 1.綱, 紐, 縄 2.[電気]コード 3.畦織, コール天

corddaid (-eidiau) *m* 攪拌器一杯の量

corddi *t* 1.(クリーム・牛乳を)攪拌器でかき回す, かき回してバターを作る 2.(一般に)激しくかき回す 3.(風などが波を)わき返らせる, 泡立たせる 4.(人・世間を)不安にさせる, かき乱す
i 1.攪拌器を回す 2.(波などが)泡立つ 3.激しく動き回る 4.扇動する

corddiad (-au) *m* 1.かき混ぜること, 攪拌 2.扇動

corddol *a* 攪拌する, 掻き混ぜる

corddwr (-wyr) *m* : **corddwraig (-agedd)** *f* 1.かき回す人 2.攪拌器

corddyn (-au) *m* = **colfach**

Corea *f* [地理]朝鮮

Coread (-aid) *mf* 韓国[朝鮮]人

Coreaidd *a* 韓国[朝鮮](人)の

cored (-au) *f* 1.(水車・灌漑用に作った川の)堰, ダム 2.(魚を取るための)やな

Corëeg *mf* 韓国[朝鮮]語
a 韓国[朝鮮]語の

corelwr (-wyr) *m* : **corelwraig (-agedd)** *f* モリスダンスの舞踏者(モリスダンスは14世紀中頃に英国に起こった特定の拍子のない一種の仮装舞踏で, 時として歌を伴う; 主にMay Dayの催しとして行われ, 舞踏者はRobin Hood伝説中の人物に扮する)

coreograffi *m* [バレエ]バレエの振付け法

coreograffig *a* 振付けの

coreograffu *t&i* (バレエなどの)振付けをする

coreograffwr : coreograffydd (-wyr) *m* (バレエなどの)振付師

corfan (-nau) *m* [詩学]韻律の詩脚[音歩](詩句を構成する韻律の単位で, 古典詩では音節の長短, 英詩ではその強弱の種々の組合せから成る)

corfannu *t* (詩の)韻律を調べる, 詩脚に分ける, 韻律的に朗読する

corfedwen (corfedw) *f* [植物]矮性カンバ

côr-fab (~-feibion) *m* (ミュージカル・レヴューなどの)コーラスボーイ(ソロを受け持たない歌手またはダンサー)

côr-feistr (-i) : côr-feistres (-i) *mf* 聖歌隊[合唱]指揮者

côr-ferch (-ed) *f* (ミュージカル・レヴューなどの)コーラスガール(ソロを受け持たない歌手またはダンサー)

corfran (-frain) *f* = **cogfran**

corff (cyrff) *m* 1.体, 身体, 肉体: ~ dyn/ dynol 人体 2.胴体: ergyd (-ion)(*mf*)i'r ~ [ボク]ボディーブロー 3.死体, 遺体 4.(人々などの)一団, 一群, 集まり, 団体 5.組織体, 法人団体: corfforaeth (-au) *f* [法律]法人 6.(文書・資料・作品などの)集成, 集積, 全集 7.(物の)本体, 主要部, ボディー(車体・船体・機体など) 8.(手紙・演説などの)本文 9.(教会の)内陣 10.[物理]物体 11.[数学]立体 12.[化学]液体, 固体 13.[天体]天体 14.[音楽](楽器の)共鳴部 15.[法律]罪体

corffilaidd *a* 1.小体の 2.微粒子の

corffilyn (-nau, corffilod, corffilion) *m* [解剖・生理](血液やリンパ液に含まれている)小体, 小球, 血球: ~ gwaed 血球

corfflosgfa (-feydd) *f* 火葬場

corfflu (-oedd) *m* [軍事]軍団, 兵団: C~ Fyddin 軍団

corffog : corfful *a* 肥満した, 太った

corffolaeth (-au) *f* : **corffoldeb :**
corffoledd *m* 1.肥満, 肥大 2.身長, 背の高さ 3.体格

corfforadwy *a* 合同[統合, 編入]できる

corfforaeth (-au) *f* 1.[法律](社団)法人 2.有限[株式]会社 3.地方自治体 4.[しばしば C~]都市自治体

corfforaethol : corfforedig *a* 1.団体[共同]の 2.[法律]法人組織の: corfforaeth gorfforedig (corfforaethau ~)法人団体

corffori *t* 1.(精神に)形体を与える, 肉体化する 2.(思想・感情などを)具体的に表現する, 具体化する 3.統合する, 一体にする合併する 4.(事業などを)法人として認める, 法人組織にする 5.(要素を)含む, 包含する
i 1.一体となる, 合同する 2.法人組織になる

corfforiad *m* 1.結合, 合同, 合併, 編入, 統合 2.混合, 混入 3.法人格付与, 法人[会社]設立 4.具体化, 体現 5.具体物, 化身, 権化

corfforol *a* 1.身体(上)の, 肉体的な: cosb gorfforol *f* 体罰, 体刑 2.[法律]有体[有形]の

corfforwr (-wyr) *m* 体現する人またはもの

corffrwyd (-rydiau) *f* 小さな流れ, 小川

corffrwystr (-au) *m* [スポ]ボディーチェック(相手の動きを体で阻止すること)

corffrwystro *t&i* [スポ]ボディーチェックする

corffyn (cyrff) *m* (小さい) 体

corgan (-au) *f* 1.[音楽] 歌; 歌うこと 2.単調な繰返し

corganu *t* 1.歌う 2.単調に繰返して言う

corgi (-gwn) *m* (ウェルシュ) コーギ (ウェールズ産の顔がキツネに似て耳の立った短足犬種のイヌ; CardiganとPembrokeの2種がある) : ～ Ceredigronウェルシュコーギカーディガン (耳が丸く尾が長い犬種) : ～ Sir Benfro ウェルシュコーギペンブルック (耳先が尖っていて尾が短い犬種)

corgimwch (-ychiaid) *m* [動物] クルマエビ類, プローン

corgimycha *t* クルマエビを取る

corgimychwr (-wyr) *m* エビ漁をする人

corhwyad : corhwyaden (-aid) *f* [鳥類] ガンカモ科マガモ属の小型カモの総称, コガモ

coridor (-au) *m* 1.[ホテル・アパート・ビルなどで幾つもの部屋の出入口を持っている] 廊下, 通路 2.回廊地帯 (内陸国などが他国の領土を貫通して海港などに通じる細長い地域) 3.[鉄道] (客車の片側に通じる) 廊下 (これに沿って各仕切客室の戸が開く) : trên [*m*f] 通廊列車; coridorau grym 隠れた勢力 [影響力] が政治に行使される場所, 政治権力の中心

corlan (-nau) *f* 1.(家畜の, 特に羊の) おり, 囲い, 柵 2.(教会の) 信者たち, 会衆

corlannu *t* (羊・豚・牛などを) 囲いに入れる, 囲う, おりに入れる

corm (-au) *m* [植物] 球茎 (球根の一種)

corn (cyrn) *m* 1.(牛・羊・山羊・犀などの) 角, 枝角 2.角状 [形] の物 3.角製品; 角の杯 4.(鞍の) 前橋, 鞍頭 (鞍の前方の突起した部分) 5.(足指の) 魚の目, たこ 6.(自転車・オートバイなどの) ハンドル; ～ aradr 犂のハンドル 7.巻いてある物, 一巻き 8.[音楽] ホルン; ～ Seisnigイングリッシュホルン (音色の穏やかなoboe族の木管楽器) 9.警笛, らっぱ; canu ～ 警笛を鳴らす; ～ hela, helgorn (helgyrn) *m* 狩猟用らっぱ 10.トランペット状の物: ～ meddyg 聴診器; ～ gwddf (cyrn gyddfau) 食道 11.(蓄音機・ラジオなどの) らっぱ型拡声器; らっぱ型補聴器, 伝声器: ～ siarad 拡声器 12.[ギ神] 豊穣の角: ～ llawnder 豊穣の角

cornaid (-eidiau) *m* 角の杯一杯

cornaidd *a* 角のように硬い, 硬化した

cornant (-nentydd) *f* = corffrwd

corn-bîff *m* コンビーフ

cornbilen (-nau) *f* [解剖] (目の) 角膜

cornboer *m* [生理] 痰

cornchwiglen (-chwiglod) *f* [鳥類] 1.タゲリ (頭に飾り羽のあるチドリ科の鳥) 2.チドリ

corned : cornet (-au, -i) *m* 1.[音楽] コルネット (トランペットに似た音色の柔らかい金管楽器) 2.円錐形の紙袋, 三角袋

cornedwr : cornedydd (-wyr) *m* :

cornedwraig (-agedd) *f* : cornetwr : cornetydd (-wyr) : cornetwraig (-agedd)** *f* [音楽] コルネット奏者

cornel (-au, -i) *mf* = congl

cornelog *a* = conglog

cornelu *t* 1.…に角を付ける 2.(人・動物を) 隅に追い詰める, 窮地に追い込む 3.(会見を強いるように) 注意を引く 4.[商業] 買い占める, (市場を) 支配する: ～'r farchnad 市場の (物資・株) を買い占める
i 1.(店などが) 角にある 2.(自動車などが) 角を曲がる, 急カーブを切る: ～'n sydyn 素早く角を曲がる 3.[商業] 買占めをする

cornelyn (corneli) *m* 小さな角

cornicyll (-od) *m* = cornchwiglen

cornio *t* 1.(牛・イノシシなどが) 角 [頭, 牙] で突く [突き刺す] 2.[医学] 聴診器で診察する, 聴診する

corniog *a* 角の (ある), 角製 [状] の

cornis (-iau) *m* [建築] 軒蛇腹, コーニス (entablatureの最上部を構成する突出部)

cornor (-iaid, -ion) *m* : cornores (-au)** *f* 1.角笛吹き; ホルンを吹く人 2.らっぱ手

cornwyd (-ydd) *m* [病理] 膿瘍, 腫物, おでき

corograffi *m* 1.(バレエなどの) 舞踊術 [法] 2.振付け (法)

corola (-âu) *m* [植物] 花冠

coron (-au) *f* 1.冠, 王冠 2.王位, 王権, 王国 3.(勝利・名誉などの象徴としての) 花冠, 葉冠, 栄冠; (スポーツのチャンピオンの) 王位, タイトル: ～ gaerog (coronau caerog) 城壁冠 (古代ローマで敵の城壁に一番乗りしてその頂上に軍旗を押し立てた勇士に与えられた城壁形の金冠) ; C～ y Gogledd [天文] 北の冠座 4.クラウン銀貨 (王冠の印が付いている旧5シリング硬貨) 5.絶頂, 極致

corona (-s) *f* コロナ (ハバナ葉巻の優等品)

coronaidd *a* [解剖] 冠状の, 冠状動脈の, 心臓の

coronari (-îau) *f* [病理] 冠状動脈血栓病

coronbleth (-au, -i) *f* 1.王冠 2.王位, 王権 3.(花・葉・宝石の) 花冠, 頭飾り 4.[建築] 連珠紋, 玉縁飾り

colongylch (-au) *m* [天文] 光冠, コロナ

coroni *t* 1.(人に) 王冠をいだかせる, (人を王位などに) 就かせる: ～ rhn yn frenin人を王位に就かせる 2.(栄誉を) になわせる 3.頂に載せる, 冠する, 上を覆う 4.(…の) 最後 [有終の美] を飾る, 締めくくる 5.(歯に) 金冠をかぶせる 6.(人の) 頭を殴る 7.[チェス] (ある駒に別の駒を重ねて) 成駒 (king) にする

coroni *vn* 1.戴冠 (式) 2.[地名] コロネーション: Stryd (*f*) y C～ コロネーションストリート (テレビの長寿番組)

coroniad (-au) *m* 戴冠 [即位] (式)

coronig (-au) *f* 1.(貴族などが付ける小型の)

coronog 宝冠, 小冠 2.(婦人の)小冠状頭飾り

coronog *a* 王冠をいただいた, 王位に就いた; 王冠飾りのある

coronol *a* = **coronaidd**

corporal (-au) *m* [キ教] (聖餐式で聖卓上の)パンと葡萄酒を置く白布, 正餐布; [カト] 聖体布

corporal (-iaid) *m* [軍事] 伍長

corpws (corpysau) *m* 死体

corrach (corachod) *m* = **cor**

corres (coresau) *f* = **coraches**

corryn (corynnod) *m* = **cor**

corryn (corynnod, corrod) *m* = **copyn**

cors (-ydd) *f* 1.沼地, 湿地, 泥沼: bwm (*m*) y gors [鳥類] サンカノゴイ(葦の生えた沼地に住むサギ科の鳥) 2.(屋外)便所

corsen (-nau, -ni, -nod, cyrs) *f* [植物] 1.葦, よし 2.茎 3.[音楽] (クラリネット・サキソホンなどの)舌, リード

corsennog *a* 葦の多い, 葦の生い茂った

corsiog : corslyd *a* 沼地の, 湿地のある, 沼沢の多い

corstir (-oedd) *m* = **cors**

cortison *m* [生化・薬学] コーチゾン(副腎皮質ホルモンの一種; 関節炎・アレルギーなどの治療剤)

cortyn (-nau, cyrt) *m* = **cordyn**

corun (-au) *m* 1.脳天, 頭頂 2.(帽子の)山 3.[歯科]歯冠; 金冠 4.(アーチ形橋の)最高部 5.(車道横断面の)路肩 6.樹冠

corunog *a* [歯科] (歯に)金冠をかぶせた

corwg (-ygau) : corwgl (-yglau) *m* コラクル, 籠舟(柳の枝網細工の枠に獣皮または油布を張った長円形の一人乗り小舟; ウェールズ・アイルランドの川漁で用いる)

corwr (-wyr) : corydd (-ion) *m* (教会の)少年聖歌隊員

corws (corysau) *m* 1.合唱団[隊] 2.合唱, コーラス 3.(人が)一斉に発する言葉: ~ o foliant 一斉に発する称賛の声

corwynt (-oedd) *m* [気象] 大暴風, 颶風, ハリケーン, 旋風, 大竜巻, 台風: fel ~ 旋風のように, とても速く

corwyntog *a* (感情・行動など)急激[性急]な

cosb (-au) *f* 1.処罰, 刑罰, 懲罰 2.罰金, 違約金 3.[スポ] ペナルティ: cic (*f*) gosb (ciciau ~) ペナルティキック [サッ] 反則のために相手側に与えられるゴール前12ヤード地点からのシュート; [ラグ] 相手チームの反則によって与えられるフリーキック 4.(ボクシングなど)強打 5.不利益 6.虐待

cosbadwy *a* 罰すべき, 罰することができる, 罰を受けるべき

cosbedig *a* 罰せられた

cosbedigaeth (-au) *f* = **cosb**

cosbedigaethol : cosbedigol *a* 刑罰[懲

罰]の, 罰を受けるべき, 刑罰に相当する

cosbi *t* 1.(人・行為を)罰する, 有罪と宣告する 2.(人を)懲らしめる, 折檻する 3.[スポ] (反則者に)罰則を適用する, ペナルティを課す 4.[ボク] 強打する

cosbol *a* 1.罰 [刑罰, 懲罰] の 2.刑法の, 刑事上の 3.刑罰として課せられる 4.(課税などが)極めて厳しい, 苛酷な

cosbwr (-wyr) *m* : **cosbwraig (-agedd)** *f* 懲罰 [処罰] 者

cosfa (-feydd, cosfâu) *f* くすぐり, むず痒さ

cosi *t* 1.くすぐる 2.(痒い所などを)掻く
i 1.(むず)痒い, くすぐったい: mae fy llaw i'n ~, mae ~ ar fy llaw i 手がむず痒い 2.(…が欲しくて)たまらない, (…したくて)むずむずする 3.痒い所を掻く

cosin (-au) *m* [三角] 余弦, コサイン

coslyd *a* 1.痒い 2.疥癬 [皮癬] にかかった 3.渇望する

cosmetig (-au, -ion) *m* [通例 *pl*] 化粧品
a 1.化粧用の, 美容 [美顔, 美髪] 用の 2.表面 [外面] だけの, うわべだけの

cosmetigwr (-wyr) *m* : **cosmetigwraig (-agedd)** *f* 美容師, メーキャップの専門家

cosmig *a* 1.宇宙の 2.広大無辺な

cosmogony (-iau) *mf* [天文] 宇宙起源 [進化] 論

cosmoleg *f* [天文・哲学] 宇宙論

cosmolegwr : cosmolegydd (-wyr) *m* 宇宙論者

cosmopolis (-au) *f* 国際都市, コスモポリス

cosmopolitaidd : cosmopolitanaidd *a* 1.世界主義 [コスモポリタン] の 2.全世界 [国際] 的な 3.視野の広い, 世界人の 4.[生物] 全世界に分布している

cosmopolitan (-iaid) *mf* 国際人, 世界主義者, コスモポリタン

cosmos (-au) *m* 宇宙

cosmos *m* [植物] コスモス(キク科植物)

Cosofo *f* [地理] コソヴォ共和国(Kosovo)(バルカン半島中央に位置する内陸国; 首都 Prishtina)

cost (-au) *f* 1.(製作・工事などに支払う)費用, 経費, コスト 2.(商品・サーヴィスなどに支払う)値段, 価格, 代価, 支出, 出費: costau teithio 旅費; costau byw 生活費; am y gost 原価で, 仕入れ値で; prif gost [経済] 主要費用; 仕入原価 3.(人命・時間・労力などの)犠牲, 損失 4.[法律] [*pl*] 訴訟費用

costfawr *a* 大変貴重な

costiad (-au) *m* [会計] 原価計算

costio *t* 1.(費用・金が)かかる 2.(時間・労力などを)要する 3.(貴重な物を)犠牲にさせる, 失わせる 4.[商業] (物品の)原価 [費用] を計算する [見積る]

costiwm (-au, -s) *f* [服飾] (婦人用)スーツ

costog (-ion) *m* 1.野良犬 2.粗野な男, 無作法者

costowci (costocwn) *m* 1.マスティフ（大型で短毛な番犬用のイヌ）2.野良犬

costrel (-au, -i) *f* 瓶

costrelaid (-eidiau) *f* 瓶一本［一杯］(の量)

costrelu *t* 1.瓶に入れる, 瓶詰めにする 2.果物などを瓶詰めにして保存する

costus *a* 費用のかかる, 高価な

cosyn (-nau) *m*（一定の形に固めた）チーズ一個

cot (-iau) : côt (cotiau) *f* 1.［服飾］外套, コート; 上着: cot law (cotiau glaw) レインコート; cot fain (cotiau main), cot (-iau) a chwt 燕尾服 2.（ペンキの）塗り, 塗装, 被膜 3.（動物の）外皮, 毛皮

côt (cotiau) *f* 打つ［叩く］こと, 折檻

cotiar (-ieir) *f*［鳥類］オオバン（ヨーロッパ産の水鳥）

coto (-au) *m*［音楽］(日本の)琴

cotwm (-ymau) *m* 1.［植物］ワタ, 綿（アオイ科ワタ属植物の総称）2.綿, 綿花 3.綿糸, 綿布, 綿織物: melin (*f*) gotwm (melinau ~) 綿紡［綿織］工場; ~ trwch 太く柔らかい綿糸

cotymaidd : cotymog *a* 1.綿のような, 柔らかい 2.綿毛のある

Coweit *f*［地理］クウェート（アラビア北東部のペルシャ湾に臨む王国; 1961年独立; 首都 Kuwait)

Coweitaidd : Coweiti *a* クウェートの

Coweitiad (-iaid) *mf* クウェート人

cowlas (-au) *mf*（納屋の干草などの）牛馬飼料置場

cowman : cowmon (-myn) *m* 牛飼い

cownt (-iau) *m* 1.（金銭上の）計算(書), 勘定(書), 請求書 2.（銀行）口座; 預金; 取引; 掛け(勘定), つけ 3.［ボク］カウント

cownter (-au, -i) *m* 1.（商店・銀行・郵便局などの）カウンター, 売台, 売り場, 勘定台: gwerthu'n dan y ~ 内証で［こっそり］売る 2.（食堂などの）カウンター, 食事台

cowntio *t*［ボク］(ノックダウンされた選手に) 10秒数える

cowper (-iaid) *m* 1.桶屋, 樽製造者 2.酒屋

cowpera *t* 1.（桶・樽類を）作る 2.樽に詰める

cowpog : cwpog (-au) *mf* 1.［医学］ワクチン接種, 予防接種, 種痘 2.［獣医］牛痘

crablyd *a* 1.（人・言動など）つむじ曲がりの, 気難しい, 意地の悪い 2.成長の止まった, いじけた 3.（文体など）難解な: arddull grafbyd *f* 分かりにくい文体

crabysyn (crabas) *m*（小粒で酸味の強い）野生のリンゴ

crac (-iau) *mf* 割れ目, 裂け目, ひび

crac (-iadau) *m*［医学］骨折

cracer : craceren (cracers) *f*（米）クラッカー（甘味の無い薄くてパリパリするビスケット）

cracio *t* 1.（ガラス器・陶磁器などに）ひびを入らせる,（堅い物を）パチンと割る 2.［化学］(加圧蒸留によって重油・軽油を）分解してガソリンなどを採る, 分留する 3.（冗談・しゃれなどを）飛ばす: ~ jôc ジョークを飛ばす 4.（難問・暗号などを）解く, 解決する

i 1.（壁・ガラス器・皮膚などに）ひびが入る, 割れる 2.（精神的に）くじける, 負ける, 屈服する

craciog *a* 割れ目［ひび］の入った

crachach *pl* つまらない俗物

crachaidd *a* 上の人にへつらい下の人に威張るような, 俗物的, 紳士気取りの

crachboer *m*［生理］痰

crachen (crach, crachod) *f* 1.（傷口にできる）かさぶた 2.［*pl*］［植物・病理］(ジャガイモ・リンゴなどの皮にかさぶたができる）腐敗病

crachennog : crachlyd : crachog *a* 1.かさぶたのある, かさぶただらけの 2.（イヌなどが）皮癬［疥癬］にかかった 3.みすぼらしい

crachennu *i*（傷口に）かさぶたができる

crachfardd (-feirdd) *m* へぼ［三文］詩人

crachfeddyg (-on) *m* 偽［いかさま］医者

crachfonedd *m* 上にへつらい下に威張ること, 俗物根性, 紳士気取り

crachfonheddig *a* = **crachaidd**

crachfonheddwr(-wyr, crachfoneddigion) *m* : **crachfoneddiges (-au)** *f* 1.俗物, スノッブ 2.通人を気取る人, えせインテリ,（教養・趣味などを）鼻にかける人 3.成金, 成上がり者 4.横柄な奴

craen (-iau) *m*［機械］起重機クレーン: ~ deric デリック起重機（船などに貨物を吊り上げる起重機）

crafangio : crafangu *t* 1.爪で引っ搔く［掴む, 裂く］2.爪で引っ搔いて作る 3.（手・爪で）ぐいと掴む, 掴もうとする: crafangu am welltyn（困った時）一筋の藁さえも掴もうとする

i 爪でひっかく, 引っ掴む, 掴まえようとする, ひったくる

crafangwr (-wyr) *m* 1.引っ掴む人, 強奪者 2.欲張り者

crafanc (-angau) *f* 1.（鷲・鷹・ライオンなどの）鉤爪 2.引っ掛け鉤, 爪の付いた鉤 3.（金槌の先の）釘抜き: morthwyl (-ion) ~釘抜き金槌 4.掴むこと, 強い握り 5.［建築］オジー, 葱花線, 反曲線

crafell (-au, -i) *f*［道具］1.靴の泥落し 2.へら, 削り道具 3.石目やすり

crafiad (-au) *m* 1.引っ搔く［こする, 削る］こと 2.引っ搔く［こする, 削る］音, ガリガリいう音 3.（皮膚などの）搔き［かすり］傷, 搔き［こすり］跡 4.（マッチを）する音 5.（ペンの）一筆, 走り書き

crafion *pl* 削り［こすり］落した物, 削り［すり, 搔

き]屑

craflyd : crafog *a*(言葉が)痛烈な, 皮肉な: sylw ~ 痛烈な批評

crafu *t* 1.(付着物を)こすり落す, 削り取る 2.(皮膚を)擦り剥く, 擦り傷をつける: ~'ch crimogau 両脛を擦り剥く 3.(痒い所などを)掻く, こする: ~'ch pen (困って)頭を掻く; 困り抜く, 途方に暮れる 4.(穴を)引っ掻いて掘る 5.(マッチを)する: ~ matsion ar hyd blwch 箱でマッチをすって火をつける 6.(名前などを)消す 7.[スポ・競馬](選手・競走馬などを)出場名簿から消す, 出場を取り消す

i 1.こする, かする, すれる 2.(爪などで)掻く, 引っ掻く 3.(ペンなどが)引っ掛かる, ガリガリいう

crafwr (-wyr) *m* 引っ掻く[こする, 磨く]人

craff (-au) *m* 1.掴むこと, 強い握り, 握力 2.理解力, 意味の把握 3.支配力 4.[機械]掴み, グリップ

craff *a* 1.(目など)鋭い 2.(知力・感覚・観察力などが)鋭い, 鋭敏[機敏]な, 敏感な

craffter *m*(才知・眼識など)鋭さ, 敏感, 鋭敏, 洞察力, 目ざといこと

craffu *t* 1.精細に調べる, 綿密に検査する 2.詳しく見る

craffus *a* 1.鋭い, 観察力の鋭い 2.賢明[利口]な

crag *m*[地質]介砂層(英国東部Norfolk, Suffolk, Essex地方からベルギーにかけて分布する)

cragen (cregyn) *f* 1.動植物の堅い外皮; 貝殻; (カタツムリの)家;(カメ・エビ・カニなどの)甲羅, 甲殻, 外殻;(魚の)えら 2.(建物・船など)の骨組み, 外郭, 骨格, 船体 3.感情を隠す[打ち解けない]態度, 閉ざした心: dod o'ch ~ 打ち解ける 4.棺, 柩

cragennog *a* 1.貝殻の多い 2.貝殻から成る 3.貝殻のような 4.(複合語をなして)外被[甲, 殻など]のある

crai *a* 1.(材料などに)手を加えていない, 原料のままの, 未加工の: nwyddau ~原(材)料 2.(飼料・統計などに)手を加えていない, 編集していない: data ~生データ, 未修正データ, 未処理のデータ 3.パン種を入れていない

craidd (creiddiau) *m* 1.中央, 真中, 中間, 中途 2.(人体の)胴 3.[数学]図心 4.[物理](質量)中心: ~ disgyrchiant 重心

craiff *a* 慈悲[情け]深い

craig (creigiau) *f* 1.(険しい)岩山, 岩壁: ~ir oesoedd 千年の岩, キリスト(cf *Matt* 16:18, *1 Col* 10:4) 2.[地質]岩石 3.[*pl*]岩礁, 暗礁: mynd ar greigiau 暗礁にぶつかる

crair (creiriau) *m*[教会]聖遺骨[遺物](聖人・殉教者などの死体の一部または身の回り品を崇敬物として保存したもの)

craith (creithiau) *f* 1.(火傷・切傷などの)跡,

傷跡, 癥痕: meinwe ~[病理]癥痕組織 2.(心痛・苦労などの)心の傷 3.[裁縫]縫い, かがり, かがった所 4.[植物]葉痕(茎の葉が離れた後の痕跡)

crâl (cralau) *m*(南アフリカの垣を巡らした)村落

cramen (-nau) *m* 1.[地質]地殻 2.酒垢(ワインの樽の内側にできる薄膜) 3.かさぶた

cramennog (-ion) *m* 甲殻類動物(カニ・エビなど)

a 1.かさぶただらけの, 疥癬にかかった 2.甲殻類の 3.(ワインが)酒垢を生じた

crameniad (-au) *m* 1.外皮で覆うこと 2.外皮, 皮殻, 外層

cramennol *a*[地質]地殻の

cramennu *t* 1.皮殻で覆う 2.(表面に)かぶせる, ちりばめる

cramp (-iau) *m* 1.[建築]かすがい 2.締金, 締め付け金具

cramp *m*[病理]1.(筋肉の)痙攣, こむら返り 2.(使い過ぎによる)一時的筋肉の麻痺: ~ ysgrifennwr 書痙

cramwythen (cramwyth) *f*[料理]パンケーキ

cranc (-od, crainc, crangod) *m* 1.カニ, 蟹(カニ類甲殻類の総称): crencyn (-nod) *m* 小さなカニ; cranges (-au, -i) *f* 雌のカニ 2.[星座]蟹座: y C~ m蟹座: Trofan (m) y C~[地理]北回帰線, 夏至線(23度27分) 3.[機械]クラブ(クレーン)

cranc (-iau) *m*[機械]クランク: coes (mf) ~ (coesau cranciau) クランク腕

cranc (-od) *m* 変人, 奇人

cranca *t&i* カニ漁をする

crand *a* 壮大[雄大]な

crandrwydd *m* 1.壮大, 雄大, 壮麗, 壮観 2.偉大, 威厳, 崇高 3.装飾, 美服, 美装, 美しい装飾品

crap (-iau) *m* 1.生かじり, 半可通, うろ覚え, 浅薄な知識 2.少数[少量]

cras (creision) *a* 1.(太陽が地面を)焼き固めた, 乾燥した, 乾き切った: daear yn gras gan haul 太陽に焼かれて堅くなった地面: tir ~ 乾燥地 2.焼けるように暑い, 酷暑の 3.(音・声などが)耳障りな, 不快な: llais ~ 嫌な声 4.(色が)目障りな

crasboeth *a* 1.(太陽の熱で)焼け焦げた, 乾き切った 2.焼く[焼き付ける, 焦がす]ような 3.(天候など)炎熱[灼熱, 酷熱]の

crasboethder *m* 焦熱

crasdant (-dannau) *m* 音を鋭くするハープの弦

crasfa (-feydd) *f* 1.打つこと 2.鞭打ち

crasiad (-au) *m*(パンの)一焼き分, 一かま分

craslyd : crasog *a*(音・声などが)耳障りな, 不快な

craster *m* 1.耳障り 2.乾燥（状態）, 日照り（続き）

crastir (-oedd) *m* 乾燥地

crasu *t* 1.（パン・ケーキなどを）焼く 2.（レンガ・陶器などを）焼き乾かす 3.（太陽が地面を）照らし固める 4.（太陽が皮膚を）焼く 5.（コーヒー・栗の実などを）炒る, 焙じる 6.[冶金]（鉱石などを）焙焼する 7.（穀物・豆などを）炒る, 炙る, 焦がす 8.（衣服などを）空気に晒す, 虫干しする 9.（太陽などが）乾かす, 乾燥させる, 干す
i 1.（パン・ケーキ・肉などが）焼ける, 炙られる 2.（地面などが）焼け固まる, 乾き切る 3.（コーヒー豆などが）炒られる 4.（肌などが）焼ける 5.（衣服などが）乾く

craswr (-wyr) *m* パン屋, パン類製造業者

crasyd *m* 乾燥した小麦

crater (-au) *m* 1.[地理]（火山の）噴火口 2.（月面などの）穴, クレーター

cratsh (-is) *m*（牛馬の）まぐさ台

crau (creuau) *m* 1.目の形をした物;（針の）めど; ~ nodwydd 針のめど;（斧などの柄を通す）穴 2.穴, 受け口, 電球受け 3.[解剖]窩, 腔

crawc (-iau) *mf* 1.（カラス・カエルの）カーカー［ガーガー］鳴く声 2.（人の）しわがれた声

crawcian : crawcio *i* 1.（カラス・カエルなどが）カーカー［ガーガー］鳴く 2.（人が）しゃがれ声を出す, ぶつぶつ言う

crawciol : crawclyd *a* 1.カーカー［ガーガー］鳴く 2.（声などが）しわがれた

crawen (-nau) *f* 1.（パンの）皮 2.（ワインの）酒垢 3.[地質]地殻

crawennog *a* 1.外皮［外殻］のある 2.（ワインが）酒垢を生じた

crawennu *t* 外皮［外殻］で覆う, 堅い外皮にする

crawn *m* [医学]膿, 化膿

crawni *i*（傷口などが）膿む, 化膿する, ただれる, 膿瘍を生じる

crawniad (-au) *m* [医学]膿瘍, 潰瘍, 化膿

crawnllyd : crawnog *a* [医学]化膿（性）の, 化膿した, 膿の多い

crawnol *a* 化膿する, 化膿性の

cread (-au) *m* : **creadigaeth (-au)** *f* 1.創造, 創作 2.創造［創作］物: y creadigaethau doweddaraf 最新作品 3.宇宙

creadigedd *m* 創造［独創］性

creadigol *a* 創造［独創］的な, 創造力のある

creadur (-iaid) *m* : **creadures (-au)** *f* 1.人, 人間 2.（主に愛情・同情・軽蔑などを示す形容詞を伴って）人, 者, 奴, 女 3.生き物, 動物: creadur deudroed 二足動物（人・鳥など）

creawdwr (-wyr) *m* : **creawdwraig (-agedd)** *f* 1.創造［創作, 創設］者 2.[C~][聖書]（万物の）造物主, 神

crebach : crebachlyd : crebachog *a*（リンゴ・皮膚など）しぼんだ, 萎れた, しなびた, しわの寄った, 縮んだ

crebachiad (-au) *m* 1.（金属・筋肉などの）収縮 2.[商業]（景気・財政の）縮小, 緊縮

crebachol *a* 収縮する, 収縮性の

crebachu *t* 1.（筋肉を）収縮させる 2.（語句を）縮める, 短縮する 3.（額・眉を）寄せる, しかめる 4.（皮膚に）しわを寄らせる;（リンゴなどを）しなびさせる, しぼませる
i 1.（布地などが）縮む, 小さくなる 2.（体・歯茎など）縮まる: mae'n dechrau ~ gan henaint 彼は年のせいで体が縮んでいる 3.（皮膚に）しわが寄る 4.（体力などが）弱くなる, 衰える 5.（リンゴなどが）しなびる, しぼむ

crebachwr (-wyr) *m* 1.尻込み［遠慮］する人 2.縮ませるもの

crebwyll (-ion) *m* 理解（力）

crecian *i* 1.（雌鶏が）コッコッと鳴く 2.（心配・苦悩などを表して）舌を鳴らす 3.（火などが）パチパチ音を立てる 4.（興奮・生気などで）生き生きする 5.細かいひびができる

creciar (-ieir) *f* [鳥類]ウズラクイナ（欧州産クイナ科の鳥）

cred (-au) *mf* 1.（事実・陳述などを）信じること, 信念, 確信, 所信, 考え: ~ mewn ysbrydion 幽霊の存在を信じること; ~ yn Nuw 神の存在を信じること 2.信頼, 信用 3.（宗教上の）信条, 教義, 教旨, 宗教 4.誓い, 誓約, 約束 5.[C~]キリスト教の世界, キリスト教界[国]; 全キリスト教徒

credadun (-ion, credinwyr) *m* [宗教]信者, 信徒

credadwy *a* 信じられる, 信用できる, 信任する, 確かな

credadwyaeth *f* : **credadwyedd** *m* 信用できること, 真実性

crediniaeth (-au) *f* = cred 1, 2

crediniol *a* 信仰を持っている

crediniwr (-wyr) *m* : **credinwraig (-agedd)** *f* 1.信じる人 2.[宗教]信者

credlythyrau *m* 1.信任状 2.（身元・資格の）（人物）証明書

credo (-au) *mf* 1.（宗教上の）信条, 信経: C~'r Apostolion[キ教]使徒信条[経] 2.信仰, 信念, 信条

credu *t* 1.信じる,（…の）存在［価値］を信じる, 思う, 考える: cred (-wch) neu beidio まさかと思うだろうが, 嘘のような話だが 2.信仰する 3.信頼［信用］する
i 1.信じる,（…の）存在［価値］を信じる: ~ yn Nuw 神を信じる 2.信仰する 3.信頼する

credwr (-wyr) *m* : **credwraig (-agedd)** *f* 1.[宗教]信者 2.（…の価値を）信じる人, 熱心な支持者, 信奉者

credyd (-au) *m* 1.[商業]信用, 掛け, 信用貸し: llythyrau ~（銀行の発行する）信用状 2.名声, 評判 3.[議会]（予期せぬ要求を満たすた

credydu 140 **creu**

めの)まとまったお金: pleidlais (f) gredydau 信用投票 4.(銀行)預金: cerdyn (cardiau) (m) ~, cerdyn coel (cardiau coel); carden (f) gredyd (cardiau ~), carden goel (cardiau coel) クレジットカード; banc (-iau) (m) ~ 信用銀行; cyfrif (-on) (m) ~ 掛売[貸し方]勘定, 信用取引 5.[簿記]貸し方

credydu t [簿記](ある金額を人の)貸し方に記入する

credydwr (-wyr) m 1.債権者, 貸し主 2.[簿記]貸し方

creëdig a 創造された

crefu t&i 懇願[嘆願, 哀願, 切望]する

crefwr (-wyr) m : **crefwraig (-agedd)** f 懇願[嘆願]者

crefydd (-au) f 1.宗教 2.宗派 3.信仰: cael ~ 信仰に入る, 入信する 4.(信仰のように)大切な[専念する]もの

crefydda t (宗教を)信奉する

crefyddgarwch : crefyddoldeb : crefyddolder m 信心深いこと, 敬虔

crefyddol a 信心深い, 敬虔な, 信仰の厚い

crefyddoli t 1.(人に)信心を起こさせる 2.(宗教を)信奉する 3.宗教的に解釈[理解]する

crefyddwr (-wyr) m : **crefyddwraig (-agedd)** f 信心深い人, 信心家, 熱心な宗教家

crefft (-au) f 1.技術, 技巧 2.(職人などの特殊な)技術, わざ 3.手工業, 工芸;(特殊な技術を要する)職業: dilyn ~ 職業に従事する; plymer yw ef o ran ei grefft, wrth ei grefft 彼の商売は配管工です 4.手細工, 手芸, 手仕事: crefftau'r cartref 日曜大工の趣味, 自分で作ること 5.手芸品 6.手先の熟練 7.[C~]フリーメーソン

crefftus a 1.熟練した, 職人らしい, (特殊な)技量を持った 2.(仕事が)特殊技術を必要とする

crefftwaith m 1.職人の技能, 熟練, 技巧, 名人芸 2.工芸品 3.工芸技術を要する仕事

crefftwr (-wyr) m : **crefftwraig (-agedd)** f 1.職人, 熟練工 2.技術[技芸, 工芸]家, 名匠, 名工

crefftwraidd a = **crefftus**

crefftwriaeth f 職人の技能; 熟練

creffyn (-nau) m 1.[建築]かすがい 2.締金, 締め具

creffynnu t 1.[建築]筋違いを入れる 2.突っ張りをする, 支える, 強固にする

cregynegol a 貝類学の

cregynegwr (cregynegydd (-wyr)) m 貝類学者[研究者]

cregynem f 真珠層[母]

cregynneg f 貝類学

cregynog a = **cragennog**

creifion pl 削り落した物, 削り[すり, 掻き]屑

creigardd (-erddi) f [園芸]ロックガーデン, 岩石庭園(高山植物などを植え付けるため岩を築いて作った庭; または岩石を配した日本などの石庭)

creigiog a (山が)岩の多い, ごつごつした: y Mynyddoedd C~ ロッキー山脈

creigiwr (-wyr) m 石切り工, 採石夫

creigle (-oedd) m 岩石の多い場所

creigolew m 石油

creigwely m [地質](最下層の)岩盤, 基岩, 床岩

creincwr (-wyr) m かに漁師

creinio i 1.(人, 動物が泥, 砂, 水中で)転げ回る 2.(快楽などに)耽る 3.平伏する 4.(船が)荒波にもまれる

creirfa (-feydd) f 聖遺物[骨]箱

creisionen (creision) f [通例pl]カリカリに揚げた薄切りのじゃがいも, ポテトチップス: ~ yd [通例pl]コーンフレークス

creithio t 1.傷跡を残す 2.(布地・編物などのほころびを)繕う, かがる
i 1.傷跡になる 2.繕物をする

creithiog a 傷跡が残った

crematoriwm (crematoria) m 火葬場

crempog (-au) : crempogen (crempogau) f パンケーキ: Dydd Mawrth (m) Crempog 懺悔火曜日 (Shrove Tuesday; もとこの日にpancakeを食べたことから)

creneliad (-au) m 1.銃眼を設けること 2.銃眼付きの胸壁

crenelog a 銃眼を設けた, 狭間のある

crenelu t (城壁などに)銃眼を設ける, 狭間を付ける

crensio t 1.(穀物などを)ひいて粉にする 2.(歯などを)ぎしぎしこする 3.研ぐ, 磨く
i 1.粉になる, ひける 2.(車などが)きしる, ぎいぎいすれる

creon (-au) m クレヨン(画)

crepach a 感覚のない, しびれた, かじかんだ

crepianog (-ion) m [鳥類]キバシリ

crest (-au) m (頭の)ふけ

crestennu t = **cramennu**

Creta f [地理]クレタ(島)(エーゲ海の南方, ギリシャの南東にあるギリシャ領の島; 古くここにミノス文化が栄えた)

Cretaidd a 1.クレタ島の 2.クレタ島人の

cretasig a 1.白亜質の 2.[地質][C~]白亜紀の: y Cretasig m 白亜紀

Cretiad (-iaid) mf クレタ島人

creu t 1.(神・自然力などが)創造する 2.(独創的な物を)創造[創作]する, 作り出す 3.(俳優がある役を)創造する: ~ part/rhan ある役の型を造り出す 4.(洋裁師などが新型を)考案する: ~ ffasiwn流行を作り出す 5.(新事態・騒動などを)引き起こす 6.(印象・感覚・問題などを)与える, 生む, 起こす 7.貴族にする, 爵位を授ける

creugarwch *m* = **creadigedd**

creulon *a* 1.(人・行為などが)残酷[残忍]な 2.(状況が)悲惨[無惨]な

creulondeb (-au) : creulonder (-au) *m* 1.残酷さ, 残虐, 無慈悲 2.残虐[虐待]行為

creulys (-iau) *m*[植物]ノボロギク(黄色い花を付け, 種は鳥の餌になる)

creuog *a* ソケット[受け口]を付けた

crewcian *i* = **crawcian**

crëwr (crewyr) *m* = **creawdwr**

crewtian : crewtio *i* 1.哀れっぽく[すすり]泣く 2.(犬が)クンクン鳴く 3.ヒューという音を立てる 4.泣き言[愚痴]を言う

crëyr : cryr (crehyrod) *m*[鳥類](アオ)サギ: crëyr y nos ゴイサギ

cri (crïau) *mf* 1.(苦痛・恐怖・喜びなどの)叫び声, 大声: yngan ~ 叫び声を上げる 2.泣き声 3.鬨の声; 標語, スローガン 4.世論の声 5.哀願, 嘆願 6.(鳥獣などの)鳴き声, 吠え声

cri *a* = **crai**

criafolen (criafol) *f*[植物]1.ナナカマド(落葉高木) 2.ナナカマドの実

crib (-au) *mf* 1.櫛: fân 目の細かい櫛 2.[織物](羊毛などを梳く)梳き具, コーム(梳綿機に用いる櫛状物) 3.(雄鶏・鳥の)とさか; 冠毛 4.蜂の巣 5.波頭 6.兜の羽根飾り 7.[建築](屋根の)棟飾り 8.[地理](主に氷河の浸食によるアルプスなどの)山稜, やせ尾根, アレート, 山の背

cribddail *m* 強要, 強奪, ゆすり, 略奪

cribddeilgar *a* 強要[強奪]的な

cribddeiliaeth *f* = **cribddail**

cribddeilio *t* 1.(金銭を)ゆする, 強請する: ~ arian gan rn 人から金をゆする 2.(約束・自白などを)強いる, 強要する 3.(金・土地などを)横領する, 乗っ取る: ~ tir 土地を横領する 4.(物を)引っ掴む, ひったくる 5.(飲食物・睡眠などを)急いで取る 6.(機会などを)逃さずに捕える 7.(人の)心をしっかり掴む
i 引っ掴む, ひったくる, 掴もうとする

cribddeiliwr (-wyr) *m* ひったくる人; 強要[強奪, 搾取]者

cribell (-au) *f*(鳥の)とさか, 冠毛

cribin (-iau) *f* 熊手, 掻きはがす道具: tenau fel ~ 痩せて骨と皮ばかりの

cribinio *t* 1.(熊手などで)掻き集める, 平らにならす;(火を)掻き立てる 2.念入りに捜す調べる隅から隅まで捜す 3.[軍事](銃などで)掃射する

cribiniwr (-wyr) *m* : **cribinwraig (-agedd)** *f* 1.熊手を使う人, 掻き集める人 2.けちん坊, 守銭奴

cribo *t* 1.(髪を)櫛で梳く[とかす]: ~'ch gwallt 髪をとかす

cribog *a* 1.とさか[冠毛]のある 2.兜飾りを付けた

cribwr (-wyr) *m* : **cribwraig (-agedd)** *f* 1.(羊毛・綿などを)梳く人, 梳き手 2.梳綿[毛]機

cric (-iau) *m*(首・背中などの)筋肉関節痙攣, 引きつり, 筋違え: ~ yn y gwddf/gwar 首の筋違え

criced : criciedyn : cricsyn (criciaid, crics) *m*[昆虫]コオロギ

criced *m*[スポ]クリケット(英国の国技と言われ, 11人ずつの2組で芝生の上で行う球技)

cricedwr (-wyr) *m*[スポ]クリケット選手

crimog (-au) *f* : **crimp (-iau)** *m* 1.[解剖]向こう脛: asgwrn (m) ~ (esgyrn crimogau) 脛の骨 2.[通例*pl*](スポーツなどで用いる)脛当て

crimogi *t* 1.向こうずねを蹴る 2.[ラグ](故意に相手の)向こうずねを蹴る

crimp (-iau) *m* 1.[解剖]向こうずね 2.低い尾根

crimp *a* 1.(食べ物が)カリカリ[パリパリ]する 2.(土地などが)乾き切った, 干涸びた, 割れやすい

crimpen *f* : **crimpyn** *m* けちん坊, 欲張り; 守銭奴

crimpio *t* 1.(髪などを)縮らせる 2.(物を)カリカリに焼く 3.(水面を)波立たせる

crimpiog *a* 1.しわの多い 2.(織物の生地が)縮れている 3.カサカサ音を立てる

crin (-ion) *a* 1.(葉が)しぼんだ, 萎れた, しなびた 2.(土地が)乾燥した, 干涸びた, 乾き切った

crindir (-oedd) *m* = **crastir**

crinelliad *m*(塩などを)パチパチ焼くこと

crinellu *t*(塩などを)パチパチ焼く
i(塩などが)パチパチ焼ける

crinllys *m*[植物]スミレ, 菫

crino *t*(植物を)しぼませる, 枯らす
i(植物が)しぼむ, しなびる, 枯れる

crinsian *t* 1.バリバリ[ガリガリ]噛む, ポリポリ食べる 2.(砂利道などを)ザクザク踏みつける
i 1.バリバリ[ガリガリ]噛む, ポリポリ食べる 2.ザクザク砕ける; ザクザク踏み鳴らして行く

crintach : crintachlyd *a* 1.切り詰めた 2.けちな, けちくさい, しみったれた, 欲深い

crintachrwydd *m* けち(くささ), けち[しみったれ]なこと

crintachu *t* 1.(金・食料などを)切り詰める, 過度に節約する 2.(人などに)必要な物を与え惜しむ
i 節約する, けちけちする, つましく暮す

crio *t* 1.(命令・警告・名前などを)叫んで[怒鳴って]言う, 叫んで(ある状態に)させる 2.(涙を)流す
i 1.叫ぶ, 怒鳴る 2.涙を流す, 泣く, 嘆く, 悲しむ

cripiad (-au) *m* = **crafiad**

cripian : cripio : cropian *t*(爪などで)引っ掻く, 掻き傷を付ける, 引っ掻いて取る

i 1.掻く, 引っ掻く: cath sy'n ~ 引っ掻く猫 2.(赤ん坊が)這う, 腹這う: cripian/cropian ar eich pedwar 四つん這いになって這う;(猫が)こそこそ這う, 這い歩く

cripl (-iaid) *m* : **cripples (-au)** *f* 手足の不自由な人, 身体障害者

cripl : **cripledig** *a* 不具の

criplo *t* (人を)不具[身体障害者]にする

crîs (crisiau) *m*[クリ]クリース(投手または打者の限界線, またはその線内): ~ bowlio 投手線

cris-croesi *t* 十文字模様を付ける, 交差する, 縦横に通る
i 十文字模様になる, 交差する, 縦横に通る

cris-groes *a* 十文字[網目, 格子]模様の, 交差した

crisial (-au) *m* 1.水晶 2.水晶製品[細工] 3.クリスタルガラス, 高級鉛ガラス 4.クリスタルガラス製品 5.(米)(時計の)ガラス蓋 6.[化学](鉱物)結晶体
a 1.水晶の, 水晶製の: dewin (-iaid)(*m*)~ 水晶占い師 2.水晶のような, 透き通った 3.クリスタルガラス製の

crisialaidd *a* 1.水晶のような, 透明な: ~ glir (水晶のように)非常に澄んだ, はっきりと分かる, 疑いの余地のない 2.結晶状の 3.(果物などが)砂糖の衣を着けた

crisialeg *f* 結晶学

crisialegol *a* 結晶学的な, 結晶学(上)の

crisialegwr : **criialegydd (-wyr)** *m* 結晶学者

crisialiad (-au) *m* 1.結晶化[体] 2.具体化

crisialu *t* 1.結晶させる 2.(思想などを)具体化させる 3.(果物などを)砂糖漬けにする
i 1.結晶する 2.(思想などが)具体化する

crisialwr : **crisialydd (-wyr)** *m* 結晶生成装置[試薬]

crism *m*[教会](儀式用)聖油

Crist (-iau) *m* キリスト: Iesu Grist; C~ Iesu イエスキリスト

Cristaidd *a* キリストのような

Cristio : **Cristioneiddio** : **Cristionogi** *t* キリスト教化する, キリスト教徒にする

Cristion (-ogion, Cristnogion) *m* :
Cristiones (-au) : **Cristnoges (-au)** *f* キリスト教徒, クリスチャン

Cristionogaeth : **Cristnogaeth** *f* キリスト教

Cristionogaidd : **Cristionogol** :
Cristnogaidd : **Cristnogol** *a* 1.キリスト(教)の 2.キリスト教徒の 3.キリスト教徒らしい 4.立派な, 上品な

Cristoleg *f*[神学]キリスト論

Cristolegwr : **Cristolegydd (-wyr)** *m*[神学]キリスト論学者

critig (-iaid, -yddion) *m* 1.(文芸・美術などの)批評家, 評論家 2.批判者, 酷評家, 口喧しい人

criw (-iau) *m* 1.[海事・軍事](艦船の)一般乗組員: ~ llong 船の乗組員 2.(ボートの)クルー, ボートチーム 3.(列車・電車などの)乗務員 4.(飛行機・宇宙船の)搭乗員 5.仲間, 連中

crïwr (criwyr) *m* 1.呼売商人 2.叫ぶ[泣く]子供, 泣虫 3.(昔, 布告などを触れて回った)町の触れ役

Croat (-iaid) : **Croatiad (Croatiaid)** *mf*[民族]クロアチア人

Croataidd *a* クロアチア(人)の

Croateg *f* クロアチア語
a クロアチア語の

Croatia *f*[地理]クロアチア(Adriatic Seaに面するBalkan Peninsulaの共和国; 首都Zagreb)

crocbont (-ydd) *f* 吊り橋

crocbren (-nau, -ni) *mf* 絞首台; 絞首人晒し柱(もと処刑後死体を鎖で吊って晒しものにするのに用いた 『字型の垂直の柱でgibbet treeとも言う): cellwair (*m*)~(死・病気など深刻な事態を茶化す)気味悪い冗談, ブラックユーモア

crocbris (-iau) *m* 途方もない[法外な]値段

crocodeil (-iaid, -od) *m*[動物]クロコダイル(クロコダイル属のワニ類の総称): dagrau ~ そら涙; 見せかけの悲しみ(ワニは獲物を食べながら涙を流すという伝説から)

crocws (crocysau) *m*[植物]クロッカス(の花)(英国で春を告げる花とされている)

croch *a* 1.大声の, 声が高い 2.騒々しい, 喧しい 3.(人・態度などが)しつこい, うるさい 4.(服装・色などが)けばけばしい, 派手な, 下品な

crochan (-au) *m* 1.大釜, 大鍋 2.壷, かめ

crochanaid (-eidiau) *m* 壷[鍋, 鉢]一杯分

crochder : **crochni** 1.大声 2.騒々しさ 3.けばけばしさ

crochendy (-dai) *m* 陶器製造所

crochenwaith (-weithiau) *m* 陶器製造法, 製陶術

crochenydd (-ion, crochenwyr) *m* 陶工, 焼物師, 陶芸家: troell (-au)(*f*)~[窯業](製陶用)ろくろ(陶工が成形に用いる回転する円盤); maes y ~[聖書]無縁[共同]墓地(貧民・身元不明者・犯罪者を葬る; cf *Matt* 27: 7)

crochenyddiaeth *f* = **crochenwaith**

crochlef (-au) *f* (群衆などの)大きな叫び声, わめき, 怒号, どよめき

crochlefain *t* 怒鳴って[わめいて]言う
i 1.大声で叫ぶ, わめく, 怒号する 2.喧しく要求する

crochlefwr (-wyr) *m* 大声で叫ぶ[わめく]人

croen (crwyn) *m* 1.(人間の)皮膚, 肌: gwirgroen 真皮 2.(家畜・動物の)皮, 皮革, 獣皮: ~ crai 生皮; ~ llo 子牛のなめし革 3.(ヘビの)皮: bwrw'i chroen 脱皮する 4.[料理]

（レモン・オレンジの皮など）風味を添えるもの 5.[植物]（種子を包む）殻,（果物の）皮 6.(ソーセージ・ハムなどの)皮 7.（ミルク・液体の表面に生じる）薄膜: hufen (m) ~ スキンクリーム 8.[海事・宇宙]（船体・機体・ミサイルなどの）外板, 外殻

croendenau a 1.皮の薄い 2.感じやすい, 神経過敏な, 怒りっぽい

croendew (-ion) a 1.皮膚の厚い 2.鈍感な, 無神経な, 面の皮の厚い

croenddu a 浅黒い皮膚の

croengaled (-ion) a 無神経な, 冷淡な

croeni : croenio t [医学]（傷口などを）皮で覆う
i (傷口などに) 皮ができる

croenlan a 白い肌の

croenllyd : croenog a 皮（状）の, 皮でできた

croenol a 皮膚の, 皮膚を冒す

croenwr (-wyr) m 毛皮商人

croenyn (-nau) m [解剖] 1.膜, 皮膜, 薄膜 2.膜組織

croes (-au) f 1.(昔, 罪人の死刑に用いた)十字架, はりつけ台 2.[C~]（キリストがはりつけにされた）十字架 3.キリストのはりつけ像の付いている十字架 4.（キリスト教の象徴としての）十字架 5.十字形[記号], 十文字, 十字形のもの 6.（祈り・誓言・祝福などのとき空中・額・胸などの上で切る）十字の印: araydd y Groes 十字の印 7.十字架: ~ Geltaidd (croesau Celtaidd) ケルト十字架; Gwyl Caffael/ Caffaeliad y Groes [キリスト教] 聖十字架発見の記念日（5月3日）8.試練, 苦難 9.混交, 中間物, どっちつかずの物 10.[演劇] 舞台を横切ること 11.十字勲章[飾り]: y Groes Fawr ナイト(knight)の最上級勲章, 大十字章 12.[天文] 南[北]十字星: Croes y De/Deau 南十字星

croes a 1.斜めの 2.横の, 横切った, 交差した 3.(方向などが) 反対の, 逆の 4.怒りっぽい, 不機嫌な 5.強情な, 頑固な, 意固地な, つむじ曲がりの 6.雑種の, 異種交配の 7.(天候・風などが) 都合の悪い, 不利な, 逆風の: amgylchiadau ~ 逆境

croesair (-eiliau) m クロスワードパズル

croesan (-iaid) m 1.道化 [おどけ] 者 2.冗談を言う人 3.（特に中世の王侯・貴族に仕えた）道化師

croesanaeth f 道化, おどけ

croesanaidd : croesanol a 道化の, おどけた

croesawgar : croesawus a 手厚くもてなす, 歓待する, もてなしのよい

croesawiad (-au) m 1.（客などの）歓迎, 接待, 待遇; 歓迎会 2.（ホテルなどの）受付, フロント

croesäwr (croesawyr) : croesawydd (-ion)

m : **coesawfelch (-ed)** f 1.(ホテル・事務所・病院などの）受付 [応接] 係 2.歓迎 [歓待] 者

croesawu t 1.（人を）歓迎歓待する, 喜んで迎える 2.（意見などを）喜んで受け入れる 3.（ある態度で物事に）反応, 迎える

croesawus a = **croesawgar**

croesbren (-nau, -ni) mf 1.十字形 2.[海事] 檣頭横木（組立てマストの場合, 下のマストの頂部に取り付ける横木）

croesddweud t 1.（人の言葉・説などを）否定 [反駁] する 2.（事実・行動などが）矛盾 [相反] する

croesddywediad (-au) m 1.否定, 否認, 反駁 2.矛盾, 不一致, 不両立 3.矛盾した言動 [事実]

croesddywedol a 1.矛盾した, 両立しない 2.（人・性格など）論争好きな, 反駁的な

croesfa (-fâu) f [建築]（教会の）翼廊

croesfan (-nau) mf 1.横断 2.（道路の）交差点, 十字路; 横断歩道: ~ cerddwyr/gerddwyr (croesfannau cerddwyr) 横断歩道 3.[鉄道] 踏切

croesffordd(-ffyrdd) f 1.交差点, 十字路 2.交差道路 3.（人生などの）岐路: ar y groesffordd 十字路で; 岐路に立って

croesffurf a 十字形の

croesgad (-au) f [歴史]（通例 pl] 十字軍（イスラム教徒に奪われた聖地 Jerusarem を奪還するため欧州のキリスト教徒が11～13世紀に派兵した遠征軍）

croesgadwr (-wyr) m [歴史] 十字軍戦士

croeshoeliad (-au) m 1.はりつけ, 十字架上の死 2.キリストのはりつけ像 3.[C~] キリストのはりつけ

croeshoeliedig a 1.はりつけにされた 2.責め苛まれた

croeshoelio t 1.はりつけにする 2.責め苛む, 虐待する 3.（情欲・俗念などを）抑制する, 押える, 殺す (cf Gal 5:24)

croesholi t 1.[法律]（法廷の証人に）反対尋問を行う 2.（人を）詰問する

croesholiad (-au) m 1.[法律] 反対尋問 2.詰問, 厳しい追及

croeshol wr (-wyr) m 1.反対尋問をする人 2.詰問者

croesi t 1.（脚・指などを）交差させる, 組み合わせる 2.（道路・橋などを）横切る, 渡る, 超える: ~ pont 橋を渡る 3.十字を切る（右手を額・胸・左肩・右肩の順に動かして十字形を描くキリスト教徒のお祈りの型; 魔除けの意味でも行う人がいる）4.横線を引く（小切手を）線引きにする: ~ siec 小切手に横線を2本引いて銀行渡りにする 5.妨げる, 邪魔する, 逆らう 6.（動植物を）交配させる 7.（考えが心に）浮かぶ 8.t の横棒を引く; 細かいことまで注意を払う 9.（手紙などが）行き違う 10.[登山]（崖・岩壁などを）

croesiad 144 **cromlech**

ジグザグに登る, トラヴァースする 11. [天文] (天体が) 子午線を通過する

i 1.横切る, 渡る 2.交差する, 交わる 3.(動植物が) 交配する, 雑種になる 4.(二通の手紙が) 行き違う

croesiad (-au) *m* 1.通過, 通行 2.移り変わり, 変化 3. [言語] 混成 [混種] 法 4.(動植物の) 雑 [交配] 種 5. [登山] (崖などを) ジグザグに登ること, トラヴァース 6. [天文] (天体の) 子午線通過

croesineb (-au) *m* 不機嫌, 意地悪いこと

croeslin (-au) *f* 1. [数学] 対角線 2.斜線
a 1.対角線の 2.斜線 [斜め] の 3. [紡織] (織り方・模様が) 斜め模様の, 綾の

croesni *m* = **croesineb**

croeso *m* 歓迎, 歓待, もてなし, 厚遇; 歓迎の挨拶: ~ oeraidd, glasgroeso *m* 冷たいもてなし; rhoi ~ cynnes i rn 人を大歓迎する; mynd yn hyfach na'ch ~, aros yn hwy na'ch ~ たびたび訪問 [長居] して嫌がられる
int ようこそ!, いらっしゃい!: ~ i Gymru! ようこそウェールズへ!

croesrym (-oedd) *m* 1. [物理] 剪断力 2. [機械] 剪断機

croesryw (-iau) *mf* 1.(動植物の) 雑 [交配] 種 2.混血の人 3.混成 [混種] 物
a 1.(動植物の) 雑 [混血] 種の 2. [言語] 混成 [混種] の

croester *m* = **croesineb**

croestoriad (-au) *m* 1. [幾何] 交点, 交差, 交わり 2.横断面, 断面図 3.(社会的集合体の) 代表的な面

croestorri *t* 横切る, 横断する; 交差する
i (線・面・道路などが) 交わる, 交差する

croeswynt (-oedd) *m* 横風, 逆風

croesymgroes : croesynghroes *a* 十字の, 交差した

crofen (-nau, -ni) *f* (パン・ベーコン・チーズなどの) 皮, 外皮

crofft (-au, -ydd) *f* 1.(屋敷続きの) 小農場 2.(特にスコットランドの) 小作地

crofftio *i* 小作地を耕す

crofftwr (-wyr) *m* 小作人, 小農

crog (-au) *f* 1.(通例教会の内陣仕切 (rood screen) の上に立ててある) 十字架のキリスト像 2.(キリストが処刑された) 十字架: myn y Grog! *int* 十字架にかけて!, 十字架に誓って!, 神かけて!, 確かに!

crog : crogedig *a* 吊した, ぶら下がった, 掛かった: gerddi ~ 吊り庭, 空中庭園 (崖に造って中空に掛かったように見せた庭園); Gŵyl (*f*) y Grog 聖十字架称賛の祝日, 聖十字架頌栄日 (9月14日; 4世紀以降聖十字架の発見などを記念する祝日であったが, ペルシャ人から聖十字架を奪回した (629年) 後は主としてそれを記念する祝日)

crogfa (-feydd) *f* (崖の) 傾斜

crogi *t* 1.(カレンダー・カーテン・衣服などを) 掛ける, 吊す, 下げる 2.(絵などを展示のために) 掛ける, 展示する 3.(場所を掛け物で) 飾る 4.(壁紙を) 壁に張る 5. [料理] (肉・猟鳥獣などを食べごろになるまで) 吊して置く 6.(戸などを蝶番で) 取り付ける 7.絞首刑にする
i 1.掛かる, ぶら下がっている 2.(猟鳥獣などが) 食べごろになるまで吊されている 3.(戸が蝶番で) 自由に動く 4.(雲・霧などが) 上にかかる, 漂う, 立込める 5.(…) 次第である [に頼る] 6.(決断が) 未決定 [不確か] である 7.(岩などが…の上に) 突き出る 8.絞首刑になる: wna' i mohono tros fy nghorogi! そんなことするもんか!

crogiant (-iannau) *m* [機工] (自動車・列車などの) 車体懸架装置, サスペンション

croglath (-au) *f* [狩猟] (鳥・小動物などを捕える) わな, 落し

cloglen (-nau, -ni) *f* (教会の) 内陣正面仕切

Croglith (-iau) *mf* 聖金曜日に読まれる福音書: Dydd Gwener y Groglith 聖金曜日 (復活祭 (Easter) 前の金曜日; キリスト受難記念日; 英国の公休日)

croglofft (-ydd) *f* = **coglofft**

crogrent (-i) *m* 法外な地代 [家賃]

crogrentiwr (-wyr) *m* 法外な地代 [家賃] を払う [取り立てる] 人

crogwely (-au) *m* ハンモック, 吊り床

crogwr (-wyr) *m* 絞首刑執行人

cronglwyd (-ydd) *f* 1.屋根: tan gronglwyd rhn 人の家に (泊めてもらって), 人の世話になって 2.屋根形の物, (車などの) 屋根 [天井] 3.(口内の) 口蓋, 上顎 4.最高部, てっぺん 5. [鉱山] 天盤

cromateg *f* 色彩論 [学]

cromatig *a* 1.色 [色彩, 着色] の 2. [音楽] 半音階の 3. [生物] 染色性の

crombil (-iau) *mf* 1.内部 2.物の発生する所 3.(鳥の) 餌袋, 砂嚢 4.胃

cromen (-nau, -ni) *f* 1. [建築] 丸天井 [屋根], 円天井 [屋根], アーチ形天井, ドーム 2. [解剖] アーチ形で腔状の部分, 円蓋

cromennaidd : cromennog *a* 1.丸屋根のある 2.半球形の

cromfach (-au) *f* [印刷] [通例*pl*] (丸) 括弧: mewn/rhwng cromfachau 括弧に入れて; 因に, ついでながら

cromfachog *a* 1.挿入語句の, 挿入語句的な, 括弧に入れた 2.弧形の

cromgell (-oedd) *f* (食料品・酒類などの) 地下貯蔵室

cromiwm *m* [化学] クロム, クロミウム

cromlech (-au, -i) *f* [考古] 1.環状列石, クロムレック (新石器時代の墳墓の一形式で巨大な石柱を円形に並べたもの) 2.ドルメン, 巨石墳 (2

cromlechog 145 **crwca**

個以上の自然石を立ててその上に大きな平石を載せたもので新石器・青銅器時代の墓の一形式)

cromlechog *a* 環状列石が多い

cromlin (-iau) *f* [幾何] 曲線: ~ gadwynol (cromliniau cadwynol) 懸垂線

cromosom (-au) *m* [生物] 染色体: rhif (-au) (*m*) cromosomau 染色体数

cronadur (-on) *m* 1. [電気] 蓄電池 2. (電算機・レジなどの) 累算器 3. [機械] アキュミュレーター, ため

cronedig *a* 集めた, 集積した: tymheredd (tymereddau) ~ [気象] 積算温度

cronfa (-feydd) *f* 1. 貯蔵所; 貯水池 [場] 2. (知識・富などの) 蓄積, 宝庫 3. [金融] 資金, 基金: y Gronfa Ariannol Gydwladol (1945年米英を中心として第二次大戦後の世界の通貨の安定および貿易の促進を目的とし各国が融資して設けた基金; 国連の専門機関)

croniad (-au) *m* 1. 蓄積, 集積 2. 蓄積物, 蓄財

croniant (-iannau) *m* [地質] 陸地への水中堆積物の付着成長

cronicl (-au) *m* 1. 年代記, 編年史 2. 記録, 物語, 歴史: Y C~ [聖書] (旧約聖書の) 歴代史 (上下2編からなる)

croniclo *t* 1. 年代記に載せる 2. 記録する, 書き留める

croniclwr : croniclydd (-wyr) *m* 1. 年代記作者 2. 記録者

cronig (-ion) *m* 慢性患者
　a 1. (病気が) 慢性の 2. 長引く, 長く続く 3. (人・習慣などが) 常習的な

cronlyn (-noedd) *m* ダム湖

cronnell (cronellau) *f* 1. 球, 球形, 球体, 球面 2. [天文] 天球; 天体

cronni *t* 1. 集める, 収集する 2. (税金などを) 徴収する, 取り立てる, 集金する 3. (寄付金・献金などを) 募る 4. (郵便物・ごみなどを) 集める, 回収する 5. (人を) 迎えに行く 6. (物を) 取りに行く 7. (考えなどを) まとめる, 集中する 8. (財宝・食糧などを) 蓄積する, 蓄える, 貯蔵する, ためる 9. (感情などを) 押える: ~ teimladau 感情を抑制する 10. (川などを) ダムで堰き止める, ダムを造る
　i 1. (人が) 集まる 2. (雪・塵などが) たまる, 積もる 3. 集金 [募金] する

cronnol *a* 累積 [累加] する

cronnwr (-wyr) *m* = cronadur

cronolegol *a* 1. 年代順の 2. 年代記 [学] の

cropa (-od, cropâu) *f* = crombil

cropian *i* 1. (赤ん坊・猫などが) 這う, 腹這う: ~ ar eich pedwar 四つんばいに這う 2. (列車・交通などが) 徐行する, ノロノロ走る

crosied : crosiet (-au, -i) *m* [音楽] 四分音符

crosio *t* クローシェ編みで作る
　i クローシェ編みをする: bach (-au) (*m*) ~ ク

ローシェ編み用かぎ針

croten (-nod, crotesau, crotesi) : crotes (-au, -i) *f* 若い女, 少女

croth (-au) *f* [解剖] 子宮: ~ coeth (crothau coesau) (脚の) ふくらはぎ, こむら

crothell (crethyll) *f* [魚類] トゲウオ: ~ y dom [魚類] ヒメハヤ

croyw (-on) *a* 1. パン種を入れてない: gŵyl (*f*) y Bara C~ Jew [ユダヤ教] 種なしパンの祝 (cf *Exod* 23:15) 2. (水などが) 塩気のない 3. (声など) はっきりした, 明瞭な

croywder *m* 1. (水などが) 塩気のないこと 2. (発音などの) 明瞭さ

croywi *t* (海水を) 脱塩する; 塩気を抜く, 塩出しする
　i (水の) 塩分が抜ける

Crucywel *m* [地名] クリックハウエル (Crickhowell) (ウェールズ南東部Black Mountainsの麓のアスク (Usk) 川沿いの美しい村)

crud (-au, -iau) *m* 1. (赤ん坊の) 揺りかご: ~ siglo 揺りかご 2. 揺籃時代, 初期, 幼時: o'r ~ i'r bedd 揺りかごから墓場まで, 生まれてから死ぬまで, 一生を通じて 3. (芸術・民族などを育成した) 揺籃の地, (文化などの) 発祥地 4. [電話] (受話器の) 受け台 5. [絵画] 木枠 6. [海事] 進水台, 船架

crudio : crudo *t* 1. (赤ん坊を) 揺りかごに入れる 2. (赤ん坊を抱いて) 揺すってあやす 3. (受話器を) 受け台に置く 4. [絵画] 木枠で支える 5. (船を) 船架で支える, 進水台に乗せる 6. [鉱山] (砂金を) 選鉱器で洗う

crug (-iau) *m* 1. 小さい丘, 小山 2. (物の) 積み重ね, 山 3. [考古] 塚, 土饅頭, 古墳

crugio *t* 1. (土・石などを) 積む, 積み上げる [重ねる], 山と積む 2. [軍事] (銃を) 組む, 叉銃する
　i 積もる, 積み重なる

cruglwyth (-i) *m* 1. (物の) 積み重ね, 山 2. (定形のない) 大きな塊

cruglwytho *t* = crugio

crugyn (-nau, crugau) *m* = cruglwyth

crupl (-iaid) *m* = cripl

crupl *a* = cripl

cruplo *t* = criplo

crwb (crybiau) *m* 1. (人・ラクダなどの背の) こぶ 2. 円丘

crwbach (crybachau) *m* [音楽] 調音管, 替管; 吹口管

crwban (-od) *m* [動物] (特に陸生の) カメ, 亀: ~ cloriog ハコガメ; ~ y môr, môr- grwban ウミガメ; cawl (*m*) ~ タートルスープ

crwbi (crwbiod) *m* = crwb I

crwbi *a* せむしの

crwc (cryciau) *m* 1. 桶, たらい 2. 洗濯だらい

crwca (-od) *m* せむし

crwca (f croca) *a* 1.せむしの 2.曲がった, 猫背の, 腰の曲がった

crwm *a* (*f* crom, *pl* crymion) 1.せむしの 2.(背・腰が)曲がった 3.曲がった, 湾曲した, 曲線状の: llinell grom (llinellau crymion) *f* 曲線

crwmach (crymachau) : crwman (-au) *m* 1.(人・ラクダなどの背の)こぶ 2.せむし; 猫背, 前屈み

crwmp *m* 1.(人・馬の)尻 2.(人・ラクダなどの背の)こぶ

crwn *a* (*f* cron, *pl* crynion) 1.丸い, 円形の; 球形の[円筒形]の; 半円形の: bwrdd ~ *m*, bord gron *f* 丸いテーブル, 円卓 2.丸々と太った 3.(筆跡が)丸みのある 4.一回り[一周]する: taith (teithiau) crynion *f* 周遊旅行; (米)往復旅行 5.(数量が)ちょうどの, 端数のない: dwsin ~ 正味1ダース 6.概数の, 大体の 7.(金額など)の, 相当な

crwnan : crwnio *t&i* 小声で感傷的に歌う

crwner (-iaid) *m* 1.[法律]検死官 2.声を低く押し殺して歌う人[流行歌手], 低い声で感傷的に歌う人[歌手], クルーナー

crwper (-au) *m* 1.[馬具]しりがい, 尻当(馬の尾の下を通して鞍に結ぶ革具) 2.(馬の)尻

crwsâd (crwsadau) *m* (弊風などに対する)改革[撲滅]運動

crwsadydd (-wyr) *m* 改革運動者

crwsibl (-au) *m* [冶金]るつぼ: dur (*m*) ~ るつぼ鋼(るつぼで溶製した優良鋼)

crwst (crystiau) *m* 1.パイの皮 2.[料理](主に小麦粉を使った)焼き菓子, ケーキ, ペーストリ

crwt (crots, cryts) : crwtyn (crwtiaid, crytiaid, cryts) *m* 1.少年, 若者 2.(通例軽蔑的に)小僧, がき

crwth (crythau) *m* [音楽] 1.クルース(古代ケルト人に起源を発しウェールズ地方では前世紀まで使用されていたヴァイオリンに似た6弦の楽器) 2.ヴァイオリン

crwybr (-au) *m* 1.ハチ[ミツバチ]の巣 2.霞, もや, 薄い霧

crwybrol *a* ハチの巣模様の

crwydr (-au) : crwydrad (-au) *m* 1.ぶらぶら歩き, 長距離の歩行, さすらい, 放浪 2.主題からそれること, 脱線 3.余談

crwydr *a* 1.迷い出た, はぐれた: cath grwydr (cathode ~) *f* 野良猫 2.(弾丸などコースから)それた 3.時たま[偶然]の

crwydrad : crwydraidd *a* 1.放浪する, さすらい[流浪]の: marchog (-ion) (*m*) crwydrad (中世の)遍歴騎士 2.無頼の, やくざな

crwydreiaeth *f* 1.放浪生活, 放浪性[癖] 2.[法律]浮浪罪

crwydren (-riaid) *f* : **crwydrwr (-wyr) : crewydryn (-riaid)** *m* 1.放浪[流浪, 漂泊]者, さすらい人 2.[法律]浮浪罪に問われる人

3.遊牧の民 4.ならず者, ごろつき

crwydro *i* 1.当ても無く歩き回る, さすらう, さまよう, 放浪する 2.道に迷う, はぐれる 3.(話題・考えなどが)脇にそれる 4.(一時的に)正道から踏み出す: ~ oddi ar y llwybr union 真っ当な生き方からそれる

crwydrol : crwydrus *a* 1.放浪[流浪]する, さまよう, さすらいの: cerddor (-ion) crwydrol *m* 旅回りの吟遊詩人; cell grwydrol (celloedd crwydrol) *f* [生物]迷走細胞 2.遊牧の 3.本題外の, 枝葉の

crwynwr (-wyr) *m* 皮革[毛皮]商人, 皮革商

crwys (-au) *f* = **croes**

crybwyll *t* 1.話に出す, 話題にする 2.名を挙げる
i 言及する

crybwyll (-ion) : crybwylliad (-au) *m* 1.話題にすること, 言及 2.名を挙げること

crych (-ion) : crychyn (-nau, crychion) *m* 1.(顔・布などの)しわ, (衣服の)ひだ, 折目 2.さざ波, 小波 3.[洋裁]ルーシュ(レース・リボン・紗などにギャザー・ひだを入れて作った服飾付属品で, 婦人服の襟・袖口などの飾りに用いる) 4.[音楽]八分音符
a 1.しわの寄った, しわくちゃの, しわになりやすい 2.(毛髪など)巻き毛の, 縮れた 3.(野菜・果物など)新鮮な, ぱりっとした 4.(葉などが)渦巻き状の

crychdon (-nau) *f* 1.さざ波, 小波 2.(早瀬などの)渦, 泡立つ水

crychdonni *t* 1.(筋肉を)ピクピク動かす: ~'ch cyhyrau 筋肉をピクピク動かす 2.(麻・亜麻などを)梳き櫛で梳く
i さざ波が立つ

crychell (-au) *f* [裁縫](ミシンの)ギャザー寄せ装置

crychgudyn (-nau) *m* (頭髪の)カール, 巻き毛

crychiad (-au) *m* 1.(顔・首などの)しわ 2.(衣服の)しわ, ひだ 3.さざ波, 小波 4.(水などの)ブクブク煮えたぎること, ブクブク(泡立ちの音) 5.[音楽]顫音, トリル

crychias *a* 沸騰する, 沸き返っている, 猛烈に熱い

crychlais (-leisiau) *m* 1.[音楽]顫音, トリル 2.(鳥の)さえずり

crychlam (-au) *m* 跳ね回ること, 跳ね回り, 飛び跳ね

crychlamu *i* (陽気にふざけて)跳ね回る

crychleisio *t* [音楽]震え声[顫音]で歌う
i 1.震え声[顫音]で歌う 2.(鳥が)さえずる

crychlyd *a* 1.しわ[ひだ]になった 2.(毛髪が)巻毛の, 縮れた 3.[洋裁]ルーシュで飾った

crychnaid (-neidiau) *f* = **crychlam**

crychneidio *i* = **crychlamu**

crychni *m* 1.(衣服などの)しわ, 襞 2.(毛髪の)巻毛, 渦巻き状 3.(早瀬などの)渦, 泡立つ

水

crychnod (-au) *m* [音楽]1.八分音符 2.顫音, トリル

crychog *a* 1.しわの多い, 波状の 2.(織物の生地が) 縮れている 3.(毛髪など) 巻毛の, 縮れた 4.カサカサ音を立てる

crychu *t* 1.(当惑して顔を)しかめる, (額に)しわを寄せる, (唇を)すぼめる: ~'ch gwefusau (軽蔑して) 唇を歪める, 口をへの字にする 2.(毛髪を) 縮らす, 巻毛にする 3.(布などに) 襞[しわ]を寄せる 4.(紙を) 丸くする, 巻く 5.(水面などに) さざ波を立たせる, 波紋を起こす 6.(麻・亜麻などを) 梳き櫛で梳く 7.(袖口・襟元に) 幅広のフリルを付ける, ルーシュで飾る
i 1.しわが寄る 2.(毛髪が) 縮れる, カールする 3.紙が丸くなる, 巻上る 4.(布が) 小さな襞をなす 5.さざ波が立つ 6.ザワザワ音がする

crychydd (-ion, -od) *m* = **crëyr, crÿr**

crychyn (-nau, crychion) *m* [洋裁]ルーシュ (レース・リボン・紗などにギャザーやひだを入れて作った服飾付属品で, 婦人服のえり・袖口などの飾りに用いる)

cryd (-iau) *m* [病理]1.熱, 発熱 2.熱病: ~ a mwyth マラリア 2.震え, おこり 4.悪寒 5.[獣医] (筋肉の震顫を伴う) 家畜の中毒症

crydd (-ion) *m* 靴屋, 靴直し(人)

crydd(an)iaeth *f* 靴作り, 靴直し(行為)

cryf *a* (*f* **cref**, *pl* **cryfion**) 1.(体・力などが) 体力のある, 力の強い, 強健 [元気, 丈夫]な: gŵr (gwŷr) ~/cadarn a thawel 力強くて口数の少ない(頼もしい) 男性(女流作家の愛用語); ~ fel ceffyl 極めて頑健な 2.(物が) 丈夫[頑丈, 堅固]な: brethyn ~ 丈夫な布地 3.(意志・記憶・信念・感情などが) 強い, 激しい, 強固[堅固]な: nerfau cryfion gref 太い神経 4.自信のある, 確信する 5.(議論・証拠など) 有力な, 説得力のある: tystiolaeth gref *f* 有力な証拠: (言葉など) 激しい, 乱暴な: iaith gref 乱暴な言葉, 悪態, のののり 6.勢力[権力, 資力]のある, 強力 [有力]な: siwt gref *f* [トラ] ストロングスーツ 7.多数の, 優勢な 8.(風・火などが) 強い, 激しい: storm gref *f* [気象] 大強風 9.(光・色・匂いなどが) 強烈な: caws ~ *m* 香りの強い [悪くなって臭い]チーズ 10.(声が) 太く大きな: llais ~ 太く大きい声; (訛りが)ひどい 11.(飲物が) 濃い, アルコール分を含んだ 12.(食物・息など) 強い匂い [悪臭]のある 13.(薬などが) 効能のある, 効果的な 14.[商業](市場・相場などが) 強気 [上向き]の: marchnad gref 買い が支配的な市場 15.(通貨が) 強い 16.[文法](動詞・活用が) 強変化の, 不規則変化の: berf gref (berfau ctyfion) 強変化動詞 17.[音声]アクセントのある

cryfach *a* 強固な, 増強された

cryfder (-au) : **cryfdwr** *m* 1.力, 体力, 強さ:

trwy gryfder noeth 腕力で, 腕ずくで 2.(色などの) 濃度, 深さ: ~ lliw [美術] 色の濃度; cryfder toddiant [化学] 溶液の濃度 3.(梁・家具などの) 強度, 耐久力

cryfhaol *a* 1.強く[増強]する, 元気 [活気]づける 2.(空気・微風などが) 爽やかな

cryfhau *t* 強く[丈夫に, 強固に]する: ~ dwylo rhn (競争などで) 人の立場をよくする, 助ける, 気勢を上げさせる, 人を奮起させる (cf *1 Sam* 23:16)
i (病 [手術] 後) 徐々に快方に向かう, 健康を回復する

cryg *a* (*f* **creg**) (声が) かすれた, かれた, 耳障りな; (人が) しゃがれ声の

crygi : crygni *m* (声の) 嗄れ, 耳障り

cryglais (-leisiau) *m* (人の) しゃがれ声

crygleisio *i* (人が) しゃがれ声で言う [を出す]

cryglyd *a* しゃがれ声の, 耳障りな

crygu *t* (声を) からす, しゃがれさせる
i (声が) かれる, しゃがれる

cryl (-iau) *m* (魚釣の) びく, 魚籠

cryman (-au) *m* 1.[道具] 鎌, 小鎌 2.[天文] (獅子座 (Leo) 中の) 鎌形の星の群れ

crymanu *t* 1.鎌で刈る 2.[病理] (赤血球を) 鎌状にする
i [病理] (赤血球が) 鎌状になる

crymanwr (-wyr) *m* 刈り取る人, 刈手

crymder : crymedd *m* 1.(道路・甲板などの) 上反り, かまぼこ形, 湾曲 (部) 2.[自動車] キャンパー, 反り 3.前かがみ, 猫背 4.[医学] (体の器官の) 異常な湾曲: gwargrymedd *m* 脊柱の湾曲 5.曲線, カーヴ 6.[数学・物理]曲率, 曲度

crymderu *t* 1.僅かに弓なりにする 2.(道路・甲板・梁材などに) 反りをつける
i (梁などが中高に) 反る

crymgledd (-yfau) *m* [軍事](騎兵の) 軍刀, サーベル, 騎兵刀

crymu *t* (真っすぐな物・背・体などを) 曲げる, 湾曲させる, かがめる
i 1.曲がる, たわむ 2.腰が曲っている, 猫背である

cryn *a* (数量・程度・大きさ・重要性などが) かなりの, 少なからぬ, 相当な: ~ bellter かなりの距離

cryn : crÿn *m* 震え, 身震い, おののき
a 震える, おののく

crynder *m* 丸さ

cryndo (-eau) *m* = **cromen**

cryndod (-au) *m* 1.揺れ 2.地震 3.(恐怖・神経質などによる) 震え, 身震い, おののき 4.[医学] 振戦, ふるえ

crynedig *a* 震える, おののく

crynfa (-fâu, -feydd) *f* 1.(恐怖・衰弱などによる) 震え, 身震い 2.小さな地震, 微震: ~ daear 地震

crynhau *t* 1.丸くする, 丸める 2.回る, 曲がる, 一周する 3.(数字の) 端数を切り下げる *i* 1.丸くなる 2.回る, 曲がる, 向きを変える

crynhoad (-noadau) *m* 1.(切手・詩などの) 収集, 採集 2.収集[採集]物, コレクション 3.(ポストの郵便物の) 取集め 4.(ごみなどの) 回収 5.(文学・法律・歴史などの) 要約, 摘要, 抜粋, ダイジェスト 6.(人々の集まり, 集会 7.(部品の) 組立て 8.[法律] 判例要録 9.[C~][口法] C~ Iwstinian学説彙纂

crynhoi *t* = casglu

cryno *a* 1.ぎっしり詰まった, 密な 2.(文章などが) 簡潔[簡明]な 3.集中した: tanio ~[軍事] 集中砲火

crynodeb (-au) *m* (論文などの) 要約, 要旨, 概要, 抜粋

crynodebu *t* 要約する, 手短かに述べる

crynodedig *a* 濃厚にされた, 濃縮した

crynoder *m* 簡潔, 簡明

crynodi *t*[化学](液体を) 濃縮する

crynodiad (-au) *m*[化学] 濃縮

crynoddisg (-iau) *m* コンパクトディスク, CD

crynofa (-feydd) *f*[病理] 化膿, 出来物, 膿瘍

crynswth *m* 1.大きさ, かさ, 容積: mewn ~ 全体として 2.(物理) 質量 3.完全, 十全, そっくりそのまま(の状態) 4.全体, 全部: yn ei grynswth そっくりそのまま, 全体として 5.合計, 総計, 総数, 総額

crynu *i* 1.(地震などで地面・建物などが) 揺れる, 振動する 2.(恐怖・寒さなどで) ガタガタ震える, 身震いする: ~ gan ofn 怖くてガタガタ震える 3.(声・手などが) 震える: 'roedd ei law'n ~ 彼の手が震えていた 4.[海事](帆が) 震える, バタバタする

Crynwr (-wyr) *m* : **Crynwraig (-agedd)** : **Crynwres (-au)** *f* クエーカー教徒: cwrdd (cyrddau)(*m*) Crynwyr クエーカー教徒の集会

Crynwraidd *a* クエーカー教(徒)の

Crynwriaeth : Crynyddiaeth *f* クエーカー教徒の教義・慣習(など)

cryogeneg *f* 低温学

cryogenig *a* 1.低温の 2.低温貯蔵用の

crypt (-au) *m*(教会の) 聖堂[教会堂] 地下室(埋葬・礼拝用)

crys (-au) *m* 1.(通例男性用) ワイシャツ: ~ ffurfiol(正装用) ワイシャツ; ~ Ti ティーシャツ 2.[甲冑] ~ mael 鎧かたびら 3.[歴史](色シャツを政党の記章としている) 政党員: y Crysau Duon 黒シャツ隊員(イタリアのファシスト党員(Fascist) やHitlerの親衛隊など); ~ chwys スウェットシャツ

crysalis (-au) *m* 1.[昆虫] 蛹 2.(堅い皮で包まれた蝶・蛾の) 蛹

crysbais (-beisiau) *m*(長袖付きの短い) 上着, ジャケット

crystyn (crystiau) *m* パンの皮

crythor (-iaid, -ion) *m* : **crythores (-au)** *f* クルース奏者

crythorio *t* クルースで弾く *i* クルースを弾く

cu *a* 親愛な, 可愛い, 愛しい, 最愛の

cucumer (-au) *m*[植物] キュウリ

cuchiad (-au) *m* しかめっ面, 渋い顔

cuchio *i* しかめっ面をする, 眉をひそめる, 嫌な顔をする

cuchiog *a* 渋面[怖い顔]の, 不機嫌な

cuchiwr (-wyr) *m* : **cuchwraig (-agedd)** *f* 渋面の[眉をしかめる, しかめっ面をする] 人

cudyll (-od) *m*[鳥類] タカ, 鷹: ~ coch チョウゲンボウ, (俗に) マグソタカ(小型のハヤブサ)

cudyn (-nau) *m* 1.(髪の) 房, 巻毛 2.(羊毛などの) 一房, 一塊

cudd *a* 隠された, 隠れた, 秘密の, 密かな

cuddfa (-fâu, -feydd) *f* : **cuddfan (-nau)** *mf* 1.隠れ[潜伏] 場所, 隠れ家 2.隠し[隠匿] 場所 3.(狩猟の際密かに撃つためや動物などを観察するための) 隠れ場所

cuddiad (-au) *m* 隠蔽, 隠匿; 潜伏, 隠れ場所

cuddiadwy *a* 隠せる, 隠匿できる, 秘密にできる

cuddiedig *a* 隠れた, 密かな

cuddio *t* 1.隠す, 隠匿する, 秘密にする: ~'ch wyneb 顔を隠す 2.身を隠す, 潜伏する *i* 隠れる, 潜伏する

cuddiol *a* 隠す

cuddiwr (-wyr) *m* : **cuddwraig (-agedd)** *f* 隠す人

cuddliw (-iau) *m* 偽装, 迷彩, 擬装, ごまかし, カムフラージュ

cuddliwiadwy *a* 偽装可能な, カムフラージュのできる

cuddliwio *t* 擬装する, 迷彩を施す, ごまかして隠す, カムフラージュする

cufydd (-au) *m* 腕尺, キュービット(昔の長さの単位; 肘から中指の先端までの長さ; 約18~21インチ; cf Matt 6:27)

cufyddol *a* 腕尺の

cul (-ion) *a* 1.幅が狭い, 細い: rheilffordd gul (rheiffyrdd ~)*f*[鉄道] 狭軌鉄道 2.心が狭い, 狭量[偏狭]な: meddwr ~ 偏狭な心 3.(動物が) 痩せた

culaidd *a* やや狭い

culder (-au) *m*[解剖] 狭部

culdir (-oedd) *m*[地理] 地峡

culfor (-oedd) *m*[地理] 海峡, 水路: Menai *f* メナイ海峡(ウェールズ北西部とAnglesey島との間の海峡; 24km); C~ Dofr ドーヴァー海峡(最短距離30km)

culffordd (-ffyrdd) *f*(山間の) 狭い道, 隘路

culhau *t* 狭く[細く]する *i* 1.狭く[細く]なる 2.痩せる

culni *m* 1.狭さ 2.細さ, 痩せていること 3.狭量 4.卑劣, 浅ましさ, さもしさ

cun *a* 1.親愛な, 最愛の, 愛しい, 可愛い 2.美しい, 綺麗な

cunnog (cunogau) *f* 木製[牛乳用]のバケツ, 手桶: ~ laeth/odro (cunogau llaeth/godro) 牛乳桶

cur (-iau) *m* 1.(肉体的・精神的)痛み, 苦痛, うずき: 苦悩, 心痛 2.(局部的な)痛み: mae gen i gur yn fy mhen; mae ~ yn fy mhen i 私は頭痛がする 3.打つ[叩く]こと

curad (-iaid) *m* 1.[英教](教区の)副牧師 2.[カト]助任司祭

curadiaeth (-au) *f* 副牧師[助任司祭]の職 [任期]

curadwy *a* 1.(金属が)鍛えられる, 打ち延べられる, 展性の 2.(人・性格が)順応性のある, 柔順な

curfa (-fâu, -feydd) *f* 1.打つ[叩く]こと; (体罰としての)鞭打ち 2.負け, 敗北 3.[法律]殴打, 暴行

curiad (-au) *m* 1.[医学]動悸, 鼓動, 脈拍 2.[音楽]拍子, 拍 3.(音響などの)振動 4.[物理](振動の)唸り 5.[通信・電気]パルス(持続時間の極めて短い電流または変調電波): radar (m) curiadau パルス変調レーダー

curiadol *a* 動悸のする, どきどきする

curiedig *a* (人が病気や飢餓で)痩せ衰えた, 衰弱した, やつれた: claf ~ 病気のために衰弱した患者

curio *t* (病気が人・体力を)消耗[痩せ衰え, やつれ]させる

i (病気などで人・体力が)衰弱する, 痩せ衰える, やつれる

curlaw *m* 土砂降り(の雨)

curn (-au) : curnen (-nau, -ni) *f* (小さな)円錐, 円錐形[体]

curnennu *t* 1.積上げる[重ねる], 積上げて作る 2.山ほど与える, 山と積む

curnol *a* 円錐形の

curo *t* 1.(続けざまに)打つ, 叩く, 殴りつける: ~ rhn nes ei fod yn gleisiau i gyd 人を痣だらけになるほど打つ; ~ rhn ar/yn ei ben 人の頭をなぐる; ~'r awyr 空を打つ; 無駄なことをする (cf *1 Cor* 9:26) 2.(拍子・リズムなどを)取る: ~ amser [音楽]拍子を取る 3.(人・演奏などに対して)手を叩く, 拍手する 4.(太鼓などを)叩く, 打ち鳴らす: ~ drwm 太鼓を叩く 5.(親しみを込めて人の背中などを)ポンと叩く 6.(卵などを)強くかき混ぜる: ~ wyau 卵をかき混ぜて泡立てる 7.(相手・敵を)負かす 8.(鳥が)羽ばたく 9.[狩猟](獲物を求めて藪などを)叩く; (迷い子などを求めて森などを)捜す 10.(金属を)打ち延ばす

i 1.(続けざまに)どんどん打つ[叩く]: ~ wrth/ar ddrws ドアをドンドン叩く; ~ bwrdd/

bord a'ch dwrn テーブルを拳でドンと叩く 2.(羽が)バタバタする 3.(心臓が)鼓動する 4.[狩猟]獲物を狩立てる: ~'r twmpath, ~ o gwmpas y twmpathau 藪の周りを叩いて獲物を狩立てる

curwr (-wyr) *m* : **curwraig (-agedd)** *f* 1.打つ[叩く]人 2.打ち叩く器具, 打棒, 攪拌器 3.[狩猟](狩りで獲物を追い出す)勢子

curydd (-ion) *m* = **curwr** 2

curyll (-od) *m* = **cudyll**

cusan (-au) *mf* キス, 口づけ, 接吻: ~ bwyd/adfer 口移し式人工呼吸; 起死回生の策; ~ angau/marwolaeth (好意的に見えるが実は災いをもたらす)死の接吻, 命取りの[危険な]行為 (cf *Mark* 14:44-45)

cusanu *t* 1.(人などに)キス[接吻]する 2.(人にお早うなどを)キスで伝える[表す]: ~ nos da i rn 人にお休みのキスをする: ~ a llyfu キスをして抱き締める

cusanwr (-wyr) *m* : **cusanwraig (-agedd)** *f* キスする人

cut (-iau) *m* 1.小屋, 納屋, 物置, あばら屋 2.豚小屋

cuwch (cuchiau) *m* = **cuchiad**

cwac (-iaid, -s, -yddion) *m* 1.山[いかさま]師 2.偽医者

cwacyddiaeth *f* いんちき治療

cwadrant (-au) *m* 1.[幾何]四分円 2.(昔の)四分儀

cwafer (-i) : cwafr (-au) *m* 1.[音楽]八分音符 2.[音楽]トリル, 顫音 3.[音声]顫動音 4.(彫刻・印刷などの)飾り線[模様];(英文字・署名などのひげの長い)飾り書き

cwafrio *t* 1.[音楽]震え声[顫音]で歌う 2.飾り字体で書く

i 1.[音楽]震え声で歌う 2.(声が)震える 3.(鳥が)さえずる

cwafriog : cwafriol *a* 震え声[顫動音]の

cwafftio *t* がぶ飲み[痛飲]する

cwanteiddiad *m* [物理]量子化

cwanteiddio *t* [物理]量子化する

cwantwm (cwanta) *m* [物理]量子

cwar (-rau, cwerrydd) *m* (露天の)石切[採石]場

cwarantin : cwarantîn (-inau) *m* 1.検疫 2.(防疫のための)隔離(期間)

cwarel (-au, -i) *mf* 1.窓[板]ガラス 2.ダイヤモンド形の窓ガラス 3.太[角]矢(四角な矢じりの付いた矢)

cwart (-iau) *m* クォート(液量・乾量の単位; 英国では液量乾量とも 1.136リットル = 2 pints)

cwarter (-i) *m* 1.四分の一, 四半分 2.15分 3.四半期, 3ヶ月 4.[紋章]クォーター, 盾の四分の一 5.[海事]船尾側 6.クォーター(重量の単位) 7.クォーター(穀物を計る乾量の単位)

cwarto (-au, -s) *m* [製本] 1.四つ折り[クォー

cwato

ト]判 2.四つ折り判の本
a 四つ折り(判)の

cwato *t&i* = **cuddio**

cwb (-au, cybiau) *m* (家禽を入れる) 囲い, かご, 小屋

cwbl *m* 1.[単数扱い] 全ての物, 万事 dyna'r ~ それで終わりだ, それだけのことだ; y ~ neu ddim それは全部か無かである; 一か八かである, のるかそるかである 2.[複数扱い] 全ての人々 3.総計, 合計, 総額
a 全部[全体, 全て]の, あらゆる: y ~ o'r teuluあの家族は皆; y ~ o'i heiddo 彼女の全ての財産

cwblhad *m* 1.(義務・職務などの) 履行, 遂行 2.(約束・条件などの) 実行, 実践 3.(願望・予言などの) 実現, 達成

cwblhau *t* 1.(任務・仕事・目標などを) 果たす, 終える, 済ます, 仕上げる, 完成[完了]する, 達成する: ~ gwaith 作品[仕事]を完成する 2.(書類などに) 記入する: ~ ffurflen 用紙に記入する

cwc (-iaid, -s) : cŵc (-s, cwciaid) *mf* 料理人, コック

cwcan : cwcio *t* 1.(火で) 料理する, 煮焼[炊]きする 2.(勘定・数量などを) ごまかす: cwcio'r cyfrifon 勘定をごまかす 3.(話を) でっち上げる *i* (食物が火で) 料理される, 煮える, 焼ける

cwcer (-au, -s) *mf* 料理用加熱器具 (オーヴン・レンジなど)

cwcw (cwcwod) *f* 1.[鳥類] カッコウ, 郭公 (早春のころ南方から渡って来て他の小鳥の巣に産卵する): cloc (-iau) (*m*) ~ かっこう[鳩]時計 2.間抜け, 馬鹿者
a 気が狂った; 愚かな

cwcwallt (-iaid) *m* 不貞な妻の夫, 妻を寝取られた男, コキュ

cwcwalltio : cwcwalltu *t* (妻が夫に) 不貞を働く[不義をする], (男が他の男の) 妻を寝取る

cwcwalltiaeth *f* 妻の不義

cwcwll (cycyllau) *m* 1.[服飾] フード, 頭巾 2.(修道士の) 頭巾付き外衣, 外衣の頭巾

cwcwyo *t* (雄鶏が雌鶏と) つがう

cwch (cychau, cychod) *m* 1.(覆いの無い小型の) ボート, 小舟: y ~ rhwyfo オールで漕ぐ平底舟 2.~ (cychod) gwenyn [養蜂] ミツバチの巣箱

cwd (cydau) : cwdyn (cydau) *m* 1.(紙・布・革製の上部の開いた) 袋, 鞄; 手提げ, ハンドバッグ: cwd/cwdyn papur 紙袋; cwdyn llaw ハンドバッグ 2.[解剖] 陰嚢

cweir (-iau) *mf* 打つ[叩く]こと, 鞭打ち (の罰)

cweryl (-au, -on) *m* 口論, 言い争い, 口喧嘩

cweryla *i* 口論[喧嘩]する, 言い争う

cwerylgar *a* 喧嘩好き[短気]な

cwerylgarwch *m* 喧嘩好き, 短気

---

cwato

cwatol

cwmlwm

cwêst (cwestau) *m* 1.[法律](検死陪審による) 検死;(陪審による) 審理 2.調査

cwestiwn (-iynau) *m* 1.質問, 問い, 質疑: ~ ac ateb 質疑応答, 問答; gofyn y ~ (女性に) 結婚を申し込む[プロポーズする] 2.(解決・議論を要する) 議題, 問題, 懸案

cwestiynu *t* 質問する

cwesyiynwr (-wyr) *m* : **cwestiynwraig (-agedd)** *f* 質問者

cwfaint (-feiniau, -fennoedd) *m* 1.女子修道会: ysgol (*f*) gwfaint (ysgolion ~) 女子修道会経営の学校 2.女子修道院

cwfeiniol *a* 修道院[尼僧院]の

cwfl (cyflau) *m* = **cwcwll**

cwflo *t* (…に) 僧帽をかぶせる

cwffas : cwffast *f* (握りこぶしによる) 喧嘩, いさかい, 組み打ち, 殴り合い

cwffio *i* 組み打ちをする, 殴り合う, 格闘する

cwffiwr (-s, -wyr) *m* 喧嘩好きの人

cwgen (-ni, -nod, cwgod) *f* 巻き[ロール]パン

cwgn (cygnau) *m* 1.[解剖](指・体の) 関節 2.(樹幹の) こぶ, (木材・板の) 節

cwilsyn (-nau, cwils) *m* 1.(羽の) かく, 羽軸 2.(ガチョウの羽で作った昔の) 羽根ペン, 鵞ペン

cwilt (-iau) *m* 刺し子の掛け布団, キルト

cwiltio *t* 刺し子布団[キルト]にする

cwiltiog *a* 刺し子縫い[キルト]の

cwiltiwr (-wyr) *m* : **cwiltwraig (-agedd)** *f* 刺し子布団[キルト]を作る人

cwinsen (cwins) *f* : **cwinsyn (cwins)** *m* [植物] 1.マルメロ, カリン 2.マルメロの実 (ゼリー・ジャムなどの原料)

cwir (cwiriau) *m* (紙の) 一帖 (24枚または25枚)

cwir (-iau) *m* = **côr**

cwirc (-iau) *m* 奇癖, 気まぐれ, 風変わり

cwis (-iau) *m* 1.(簡単な) 試験 2.(ラジオ・テレヴィなどの) クイズ, 質問

cwit *a* 急速[迅速]な

cwlbren (-nau, -ni) *m* (太く短い) 棍棒

cwlff : cwlffyn (cylffiau) *m* (パン・チーズ・肉片・木材などの) 厚切れ, 大きい塊

cwling (-od, -s) *m* (品質不良品として) 選り除けられた家畜

cwlingo : cwlino : cwlio *t* 1.(家畜などを) 淘汰する, 間引く 2.(花などを) 摘み集める

cwlt (cyltiau) *m* 1.(宗教的な) 崇拝 2.礼拝, 祭式 3.(個人・事物などに対する) 崇拝, 賛美, 礼賛 4.熱狂, …熱

cwlwm (cylymau) *m* 1.結び(目), 蝶結び: clymu ~ 結び目を作る; ~ annatod 至難事, 難問題; ~ dolen 引き結び 2.縁, 絆, ちぎり: y ~

priodasol 夫婦の縁 **3.**(幹・板の) 節 **4.**(果物などの) 房

cwlltwr (cylltyrau) *m* 犁刀 (犂 (plough) の先に付けた草切り刃または円板)

cwm (cymoedd) *m* [地理](険しい) 谷,(深い) 谷間, 峡谷; 氷食のカールやU字谷のように高い岩壁に囲まれた窪地: C~ Rhondda ロンダ渓谷 (カーディフの北西部にある渓谷)

cwman (-au) *m* 猫背, 前屈み: mae wedi mynd i'w gwman 彼は猫背だ; cerdded yn eich ~ 前屈みになって歩く

cwmanog *a* 屈んだ; 猫背の

cwmanu *i* **1.**屈む, 前屈みになる **2.**腰が曲がっている, 猫背である

cwmbus *a* (重くてまたはかさばって) 扱いにくい, 厄介な

cwmin *m* [植物]**1.**ヒメウイキョウ **2.**ヒメウイキョウの実 (薬味・薬用にする)

cwmni (-ïau, -ïoedd) *m* **1.**交際, 交わり, 人との付き合い; 同伴, 同席: cadw ~ rhn 人と交際する;(異性と) 出歩く, デートする **2.**仲間, 友達, 連れ: cadw ~ da 良い連中と交わっている, 仲間が良い **3.**人々の集まり; 団体, 一行 **4.**会社, 商会: arian ~ 金融会社; tref (*f*) gwmni (trefi ~/cwmniau) 一企業に依存する都市, 会社町 **5.**[演劇](俳優の) 一座, 劇団: ~ teithiol 巡業役者の一座 **6.**[陸軍](歩兵) 中隊

cwmnïaeth *f* 交際, 交わり, 仲間付き合い

cwmnigar *a* 友とするに良い, 親しみやすい

cwmnïwr (cwmniwyr) *m* : **cwmnïwraig (cwmniwragedd)** *f* 仲間, 友達, 話し相手

cwmpas (-au, -oedd) *m* **1.**コンパス, 両脚規 **2.**(円状の物の) 周囲, 周り, 周辺 **3.**周りの距離, 周辺の長さ **4.**(活動・興味・知覚などの) 範囲, 限界 **5.**[音楽]音域, 声域 **6.**地方, 地域, 地帯, 行政区域 **7.**[*pl*] 環境, 周囲 (の状況)

cwmpasog *a* **1.**(言い方が) 口数の多い, くどい; 遠回しの, 冗長な **2.**[文法]迂言的な

cwmpasol *a* **1.**取り囲む **2.**周囲 [周辺] の

cwmpasu *t* (取り) 囲む, 包囲する

cwmpawd (-au) *m* 羅針盤 [儀]: ~ morwr [海事]羅針儀; rhosyn (-nau) (*m*) ~ コンパス面図

cwmpeini : cwmpni *m* = **cwmni**

cwmplin *m* [カト](聖務日課の) 終課, 終祷, (夜の) 勤行 (一日の最後の祈り)

cwmwd (cymydau) *m* [中世]コモット, コモート (ウェールズ初期の領土・行政単位; *cf* **cantref**)

cwmwl (cymyl, cymylau) *m* **1.**雲: mae ymyl arian i bob ~ du [諺]どんな雲にも銀の裏が付いている, どんな不幸にも幸せがある, 「苦は楽の種」 **2.**(透明な物などの表面の) 曇り **3.**大勢, 多数: ~ tystion, ~ o dystion [聖書]非常に多くの証人 (cf *Heb* 12:1) **4.**(昆虫・鳥などの) 大挙して空を飛ぶ群, 大群 **5.**[気象]積雲

cwmwlus (cwmwli) *m* [気象]積雲

cwndid (-au) *m* **1.**導管, 水管 **2.**水道, 溝, 暗渠 **3.**[電気]コンジット, 線渠

cwningar (-oedd) *f* ノウサギ[野兎]の繁殖地 (ハチの巣のように穴が開いている)

cwningen (-ingod) *f* [動物]アナウサギ[穴うさぎ]: twll (*m*) ~ (tyllau cwningod) ウサギの穴; ~ y creigiau [動物]ハイラックス (アフリカ・アラビア・シリア地方に住むウサギほどの大きさで, 蹄を持つ臆病なイワダヌキ類の総称)

cwnnu *t* **1.**持ち上げる **2.**昇進 [進級]させる **3.**(死者を) 生き返らせる **4.**(獲物を) 飛び立たせる **5.**(家・碑などを) 建てる **6.**(家族を) 養う **7.**(埃などを) 立てる **8.**(声などを) 荒げる, 張り上げる **9.**(笑い・赤面などを) 起こさせる **10.**(質問・異議などを) 出す, 提出する **11.**(価格・給料・温度などを) 上げる, 高める **12.**(勇気・希望などを) 起こさせる
i **1.**立ち上がる **2.**起床する: ~'n gynnar 早起きする **3.**(太陽・月・星が) 昇る, 出る **4.**(煙などが) 空に昇る **5.**(土地が) 高くなる

cwnsel (-au, -i, -oedd) *m* **1.**審議 [協議] 会 **2.**[キ教] 教会 [宗教] 会議 **3.**助言, 忠告, 勧告

cwnsela *t* 助言 [忠告]する, 勧める

cwnsler (-iaid) *m* **1.**相談員, カウンセラー **2.**弁護士

cwnstabl (-iaid) *m* **1.**巡査, 警官: prif gwnstabl(自治体[地方]警察の)本部長 **2.**[英史](中世の城・要塞の) 城守, 城代 **3.**[英史](中世の国王・貴族の)軍総指揮官, 保安武官長

cwnstablaidd *a* 警察 [警官] の

cworwm (cworymau) *m* [法律](議決に要する) 定数

cwota (cwotau) *m* **1.**分け [割り] 前 **2.**持ち分, 分担額 **3.**(製造・輸出入の) 商品割当 **4.**(外国からの) 年間移民割当数

cwpan (-au) *mf* **1.**茶碗, カップ **2.**(金属・陶器製の) 杯, 洋杯, 酒杯: ~ cariad/serch 親愛の杯 (2個以上の取っ手付銀製の大杯で, 通例宴会の最後などに客の間を順次回して飲む) **3.**(競技の) 優勝杯, カップ: C~ y Byd [スポ]ワールドカップのトロフィー; Gêm (*f*) Gwpan (Gemau Cwpan)カップファイナル (サッカーの優勝決定戦) **4.**カップ (シャンパン・ワイン・林檎酒などに香料・甘味を加えて冷やした飲料): ~ gwin ワイン入りカップ **5.**(ブラジャーの) カップ **6.**(医学) 吸い玉 **7.**[植物](花の) 萼 **8.**[金加](深絞り加工した) 底付円筒状のカップ **9.**[教会]聖 (餐) 杯, カリス: ~ cymun [キ教]聖餐杯

cwpanaid (-eidiau) *m* 茶碗 [カップ] 一杯の

cwpanu *t* 1.杯状にする 2.[医学](患者に)吸い玉を当てて血を採る

cwpenyn (-nau) *m* 1.[植物]杯状部,(ドングリなどの)殻斗 2.[動物](杯状の)吸盤

cwpl (cyplau) *m* 1.(組になっている)二つ,二人,一対 2.[建築]合わせ[挟み]梁;山形,雁木形;(屋根・橋などの)トラス,桁構え,桁組;ベイ,柱間,格間 3.[物理]偶力 4.山形袖章(軍服・警官服などに付けて階級を示す) 5.[紋章]シェブロン(山形の帯図形)

cwpla : cwpláu *t* 終える,済ます,完成する,仕上げる

cwplâd *m* 1.完成,完了 2.終了,卒業 3.満了,満期

cwpled (-au, -i, cypledau, cypledi) *m* [詩学]対句,二行連句

cwplws (cyplysau) *m* 1.[狩猟][通例 pl]猟犬二頭を繋ぐ革組,連結索 2.締め[留]金,かすがい 3.[音楽]ブレース 4.[印刷]大括弧 5.= **cwpl** 2, 4, 5

cwpon (-au) *m* 1.(公債・社債などの)利札 2.クーポン券,切り取り申込書: ~ ateb rhyngwladol[郵便]国際返信券 3.切り取り切符,回数券(1枚) 4.(サッカーくじの)クーポン,申込み票

cwpwrdd (cypyrddau) *m* 1.食器棚: ~ deuddarn 2段になった食器棚 2.戸棚,押し入れ: ~ cornel(部屋の隅に設置する)コーナーカバッド,隅戸棚

cwr (cyrion, cyrrau) *m*(町・森などの)端,へり,際,はずれ,外辺: ar gyrion Caerdydd カーディフの外辺に; y Cyrion Celtaidd ケルト外辺(人)(イングランドから見てウェールズ人,スコットランド人,コーンウォール人,アイルランド人またはその土地を言う)

cwrb (cyrbau) : cwrbyn (cwrbiau) *m*(車道と歩道の境に設けた)縁石,へり石

cwrcath (-od) : cwrcyn (-nod, cwrcod) *m*[動物]雄猫

cwrcwd (cyrcydau) *m* しゃがんだ姿勢

cwrdd (cyrddau) *m* 1.(宗教的)集会 ty(m) ~ (tai cyrddau)非国教徒の礼拝堂 2.(宗教上の)礼拝(式),儀式: ~ bedyddio 洗礼式

cwrdd *t* 1.(人に)会う,出会う;面会[会談]する: ~ â rhn hanner ffordd 人と歩み寄る[妥協する] 2.知り合いになる 3.(事故などに)会う,経験する 4.(困難などに)立ち向かう,対処する 5.(希望などを)かなえる,満たす;(要求などに)応じる,添う: ~ â galw/gofyn 要求に応じる 6.(負債・勘定・費用などを)支払う: ~ a'r draul/costau 出費を負担する 7.(乗物が)接続[連絡]する: mae'r bws yn mynd i gwrdd â phob trên, yn ~ â phob trên そのバスは全ての到着列車に連絡している 8.(手・指で)触る,触れる

cwrel (-au, cyrelau) *m* さんご,珊瑚: ynys (f) gwrel (ynysoedd ~) 珊瑚島[珊瑚礁が海面上に出て島となっているもの]; Y Môr (m) C~ 珊瑚海(南太平洋の一部)

cwrelaidd : cwrelog *a* 1.珊瑚性[質]の 2.珊瑚状[色]の

cwrensen (cwrens) *f* 1.[植物]スグリ: ~ ddu (cwrens duon) クロフサスグリ 2.小粒の種なし干しぶどう

cwricwlaidd *a* カリキュラムの

cwricwlwm (cwricwla) *m* [教育]カリキュラム,教育課程

cwrier : cwriwr (cwrwyr) *m*(なめし革の)仕上げ工,製革工,革屋

cwrl : cwrlog *a* 1.巻毛[縮れ毛]の,カールする 2.(葉など)渦巻き状の

cwrlid (-au) *m*(ベッドの)上掛け,ベッドカヴァー

cwrs (cyrsiau) *m* 1.(川・船などの)進路,水路,針路,航路: bod ar y ~(船が)針路についている 2.(時・出来事などの)経過,進行,推移,成行き: ~ y byd 事件の経過,事態の成行き 3.(行動の)針路,方向 4.(食事の)一品,一皿,コース: prif gwrs (~ gyrsiau) メインコース,主料理 5.(大学などの)教科[教育]課程,講座,コース: ~ carlam 速成コース 6.[医学]クール(治療単位);(病気の)発作,引付け,差込み: ~ o besychu 咳の発作;(感情の)発作,激発,一時的興奮 7.[建築](レンガ・石などの)横の層: wrth gwrs 勿論,当然;(質問に答えて)勿論,当たり前です;(相手の申し出に喜んで応じる時)よろしいですとも,どうぞどうぞ;(相手の言ったことを打ち消して)いや勿論;(相手に何かを指摘されて)ああそうだった

cwrs *a* 1.(言葉・態度などが)粗野な,下品な 2.(生地・木目・粒などが)きめの粗い,ざらざらした

cwrt (-iau, -ydd) *m* 1.(周囲に建物のある)中庭 2.農家の庭,農場の構内 3.(裏町の)路地,袋小路;裏通りの空地 4.[C~](大邸宅・アパートの名前に用いて)邸宅,団地 5.[法律]法廷,裁判所: ~ bach, ~ (y) sir, ~ mawr 州裁判所 6.[スポ](テニス・バスケットボールなどの)コート: ~ tennis テニスコート

cwrtais *a* 礼儀正しい,丁寧な,丁重な,思いやりのある

cwrteisi : cwrteisrwydd *m* 礼儀正しさ,丁重さ,丁寧,好意,厚情: trwy gwrteisi, o ran cwrteisi 礼儀として,儀礼[慣例]上

cwrw (-au, cyrfau) *m* 1.エール(beer より苦く色も濃くアルコール分も強い上面発酵のビールの一種;特に色の淡いホップの強いものを pale ale または bitter (beer) と言い,色の濃い温和な味のものを mild ale と言う): ~ golau(アルコール含有量の少ない)白ビール; ~ chwelw/

cwrwgl 153 **cwyr**

melyn ビター（ビール）（ホップで強い苦味を付けた生ビール）2.ビール: ～ casgen 生ビール; ～ potel ビン詰めのビール; ～ sinsir ジンジャービール

cwrwgl (cwryglau, cyryglau) *m* コラクル舟（ウェールズ・アイルランドの川・湖で用いる柳の枝編み細工の枠に獣皮・油布を張った長円形の一人乗り小舟）

cwsb (cysbau) *m* 1.先端, 尖頭, 尖った先 2.[幾何]（曲線の）尖点

cwsg *m* 1.眠り, 睡眠: ～ cynnar 夜半前の睡眠（健康と美を保つと言われる）; marwgwsg *m* 熟睡 2.睡眠 睡眠［期間］3.永眠, 死: y ～ tragwyddol 永眠, 最後の眠り

cwsg *a* 1.眠って: rhwng ～ ac effro 半分眠って 2.（手足が）痺れた, 感覚のない

cwsmer (-iaid) *m*（商店などの）顧客, 得意先, 常連: mae fy nhroed yn gwsg 私の足は痺れている

cwsmeriaeth *f* : **cwstwm (cystymau)** *m* ［集合的に］（商店などの）顧客, 得意［取引］先

cwstard (-iau) *m*［料理］カスタード（牛乳・卵に砂糖・香料を加えて煮た［焼いた, 凍らせた］食品）: powdr（*m*）～ 粉末カスタード（牛乳と砂糖を加えてデザート用ソースとして用いる）

cwt (cytiau) *m* 1.小屋, あばら屋 2.物置

cwt (-au) *m*（髪の）刈り方: toriad/gwallt ～ クルーカット（短い角刈り）

cwt (cytau) *f*（順番を待つ人・車などの）列: tsheto'r gwt 列に割り込む; 順番を待たずに物を手に入れようとする

cwt (-au, cytau) *f* 1.（動物の）尾, しっぽ 2.凧の尾 3.（シャツなどの）裾 4.（洋服の垂れ, 燕尾 5.（行列の）後部 6.（車の）後部 7.（口に残る特に不快な）後口, 後味 8.［音楽］（音符の）符尾 9.［航空］（飛行機の）尾部

cwta *a* 1.（態度・言葉など）ぶっきらぼうな, 素っ気ない, 無愛想な 2.（髪・尾・衣服など）短い: gwallt ～ 短い髪 3.（時間が）短い 4.［植物］截形の, 急に断ち切った形の

cwtanu *t* 短く［短縮］する, 縮める

cwter (-i, -ydd) *f* 1.（道路沿いの）溝 2.（灌漑用）水路

cwtiad (-iaid) *m*［鳥類］チドリ, 千鳥

cwtiar (-ieir) *f*［鳥類］バン, オオバン

cwtigl (-au) *m* 1.（爪の付け根の）あま皮 2.［解剖・動物］表皮, 角皮

cwtogi *t* 1.（本・話などを）要約［短縮］する 2.（活動範囲・権利などを）短縮［縮小］する 3.（費用・賃金などを）削減する, 切り詰める 4.（時間・距離などを）縮める

cwtogiad (-au) *m* 1.要約, 短縮 2.要約した物, 要約本, 抄本

cwtogrwydd *m* 1.短いこと 2.無愛想, ぞんざい

cwtogwr (-wyr) *m* 削減する人

cwtsach (-au) *mf*（小さな）袋

cwtwslonni *t*（犬が）尾を振る

cwtyn *m*［洋裁］縫い襞［揚げ］, つまみ縫い, タック

cwthr (cythrau) *m*［解剖］1.直腸 2.肛門

cwthwm (cythymau) *m* 1.一陣の風, 突風 2.（水・火・音・雨・煙などの）突発, 噴出 3.（感情・欲望などの）激発

cwymp (-au, -iadau) : cwympiad (-au) *m* 1.落ちること, 落下, 降下: ～ y llen [演劇] 幕が降りること, 終幕, 終演: ～ eira 雪崩 2.（屋根・土地などの）陥没 3.（建物・橋などの）倒壊, 崩壊 4.（国家・市場・銀行・事業などの）崩壊 5.（希望・計画などの）挫折, 失敗 6.（健康などの）衰弱 7.（価格・価値・通貨などの）下落, 急落 8.落下距離, 落差 9.（要塞都市などの）陥落 10.［神学］人間の堕落

cwympedig *a* 1.落ちた, 倒れた 2.堕落した 3.戦死した: y cwympedigion *pl* 戦没［戦死］者たち

cwympo *t* 1.（木を）切り倒す 2.（人を）投げ倒す 3.［ラグビー］（スクラムを）崩れさせる: ～ sgrỳm スクラムを崩す *i* 1.（物・人が）落ちる, 落下する: ～ i'r llawr 地面に落ちる; ～ oddi ar ysgol はしごから落ちる 2.（人が）倒れる, 転ぶ; 平伏する: ～ ar eich gliniau 3.（傷ついて［撃たれて］）倒れる; 戦死する: ～ mewn brwydr 戦死する 4.（ある状態・関係に）なる, 陥る: ～ mewn cariad â rhn 人に恋する 5.誘惑に屈する, 堕落する 6.（建物・橋などが）崩れ落ちる, 倒壊する 7.（値段・需要などが）下がる, 減る 8.（国家・政府などが）倒れる, 滅びる 9.（計画・事業などが）つぶれる, 失敗する 10.（人が過労・病気などで）衰弱する 11.（風船・気球などが）しぼむ 12.雪崩となって落ちる

cwympol *a*［植物］（葉など）早期に落ちる, 早落性の

cwympwr (-wyr) *m* 伐採者

cwyn (-ion) *f* 1.不平［不満, 苦情］（の種）2.悲しみ, 嘆き, 悲嘆 3.［法律］告訴（状）, 訴訟申立書

cwynfan *i* 1.不平［不満］を言う 2.病苦を訴える 3.正式に不平を訴える 4.（小川・風などが）寂しい音を立てる

cwynfanllyd : cwynfanus *a* 悲しげな, 哀れな

cwyno *i* = **cwynfan**

cwynwr (-wyr) *m* 1.不平［不満］を言う人, 愚痴をこぼす人 2.［法律］原告

cwyr (-au) *m* 1.（家具などを）磨くこと, 磨き; 光沢, 艶: ～ lloriau 床磨き 2.磨き粉, 光沢剤, 蝋, ワックス, ワニス: ～ Ffrengig フランスワニス; ～ selio/coch 封蝋; cannwyll（*f*）gwyr（canhwyllau ～）蝋燭

cwyraidd *a* 1.蝋の (ような), 蝋製の 2.(顔など が) 青白い

cwyrdeb (-au) *m* = **caul**

cwyredig : cwyrog *a* 蝋を塗った [で磨いた]

cwyren (-nau) *f* 蝋一個

cwyro *t* 1.磨く, 艶を出す 2.蝋 [ワックス] を塗る, 蝋 [ワックス] で磨く 3.(腕・脚の毛を) ワックス で除く

cwys (-au, -i) *f* 1.(鋤で耕された畝と畝との間 の) すじ, (畔) 溝 2.鋤き起した扁平な土塊, れき 条 3.(船の通った) 跡, 航跡

cwysed (-i) *f* [服飾] まち, 補強用三角切れ (衣 服・手袋などに用いる)

cwyswr (-wyr) *m* 畔溝を作る人, 畑を鋤く人

cybôl *m* 1.無意味な言葉, たわごと, ナンセンス 2.馬鹿げた考え [行為], つまらない [くだらな い] こと 3.誇大広告 4.大騒ぎ

cybolfa *f* ごた混ぜ, 寄せ集め

cyboli *t* 馬鹿な事を言う, くだらない事を話す

cybydd (-ion) *m* : **cybyddes (-au)** *f* (金を貯 め込む) けちん坊, しみったれ, 守銭奴

cybydda *t* 1.(金・食料などを) 切り詰める 2.(人 に金・物などを) 出し惜しむ 3.(財宝・食料など を) 貯える, 貯蔵する

cybydd-dod : cybydd-dra *m* : **cybyddiaeth** *f* (金銭に対する) 強欲, 貪欲, けち

cybyddlyd *a* 1.強欲 [貪欲] な 2.けちな, 出し惜 しみをする

cycyllog *a* 1.頭巾 [僧帽, フード] をかぶった 2.[動物] (鳥・コブラなどが) 頭巾状の冠毛の ある, 頭巾のある

cycyllu *t* 1.頭巾 [僧帽, フード] をかぶせる 2.僧 帽状の物で覆う

cychaid (-eidiau) *m* 1.小舟一杯分の数 [量] 2.ミツバチの巣箱一杯分の数 [量]

cychio : cychu *t* (ミツバチを) 巣箱に集める

cychwr (-wyr) *m* 1.ボートの漕ぎ手 2.船頭

cychwyn : cychwyniad (-au) *m* 1.初め, 最 初: ar y ~ 初めに, 最初は; まず第一に 2.起 源, 起り 3.初期 4.(事業などの) 開始, 着手 5.(旅行などへの) 出発 6.(競走の) 発走, ス タート

cychwyn *t* 1.(仕事・事業・会話などを) 始め る, 起こす: ~ menter newydd 新しい事業を 始める; ~ trafodaethau 交渉を始める 2.(競 走で走者に) 出発の合図をする, スタートさせる 3.(人に事業・活動などを) 始めさせる 4.(赤ん 坊を) 宿す: ~ babi 赤ん坊を宿す, 妊娠する 5.(機械などを) 動かす, 始動させる: ~ peiriant 機械を動かす 6.(時計の) ねじをかけ る 7.(釘・ねじ釘などを) 打ち [ねじ] 込む
i 1.(仕事・演奏などが) 始まる, 開始する: mae'r ddrama'n ~ â phrolog 演劇は序幕か ら始まる 2.出発する, 出掛ける: ~ yn gynnar/ fore 早々と出発する 3.(車・列車・機械など

が) 動き始める, 始動する 4.(紛争・火事など が) 起こる, 生じる

cychwynfa (-fâu, feydd) *f* 出発 [開始] 点

cychwynnol *a* 1.初め [最初, 初期] の:

cychwynnwr (-wynwyr) : cychwynnydd (-wynwyr, -wynyddion) *m* : **cychwynwraig (-agedd)** *f* 1.競走に出る 人; 出走者 2.(活動・企画などを) 始める人 3.創始 [創設, 創作] 者, 発起人, 元祖

cychwynnydd (-wynyddion) *m* スターター (チーズ・発酵バター・ヨーグルトなどの製造で 発酵を開始するために用いられる乳酸菌の一 種)

cyd *a* 共通 [共同, 共有] の: tir (-oedd) (*m*) ~, cae (-au) (*m*) ~, cytir *m* 共有地; cydhynafiad (-iaid) *mf* 共通の祖先

cyd (-iau) *m* [生理] 1.(人の) 性交 2.(動物の) 交尾

cyd- *pref* 1.[名詞に付けて] 共同 [共通, 相互] の: cydolygydd *m* 共編者; cyd- ddealltwriaeth *f* 相互理解; 副…; 仲間の: cydymdeimlad *m* 仲間意識; 連れの: cydfforddolyn *m* 旅の道連れ; 同僚の, 同業 の 2.[形容詞・副詞に付けて] 共同して, 相互 に; 同一の, 同程度に: cydweithredol *a* 協力 的な 3.[動詞に付けて] 共に: cydfyw *i* 同居 [同棲] する; cydweithio *i* 協力する

cydadrodd *t&i* 一斉に朗唱 [朗吟, 暗唱] する

cydaddoli *t&i* 一斉に拝む, 崇拝する

cydaddysg *f* 男女共学

cydaddysgol *a* 男女共学の

cydaid (-eidiau) *m* 袋一杯 (の量)

cydamrywiant (-iannau) *m* [数学・統計] 共分散, 共変量

cydamseriad (-au) *m* 1.同時化, 同時性 2. [映画・テレ] (映像と音声の) 同調; 同時録音

cydamserol *a* 1.同時 (性) の, 同時に起こる: nofio ~シンクロナイズドスイミング 2.等時にした

cydamserydd (-ion) *m* 1.同時性を持たせる 人 [物] 2.等時にさせる (標準) 時計 3.[写真] シンクロナイザー

cydberchnogaeth *f* (公園・道路・運河など の) 共同所有権, 共有権

cydberthnasu *t* 1.相互関係を示す 2.相関さ せる

cydberthyn *i* 互いに関連 [関係] する

cydberthynas (-au) *f* : **cydberthyniad (-au)** *m* 1.相関させること; 相関関係 2.相互関 係 3.相互関係のある人 [物]

cydberthynol *a* 1.相互関係のある 2.相関的 な

cydbriodas *f* 1.(異人種・種族・階級・宗教 間の) 結婚 2.近親結婚

cydbriodi *i* (異人種・異教徒などが) 結婚する 2.近親結婚をする

cydbwysedd : cydbwysiad *m* 1.(二つの

cydbwyso 155 **cydynol**

力などの)平均, 釣合, 均衡, 平衡, バランス 2.(心の)平静, 落着き: adennill eich cydbwysedd 平衡状態を取り戻す

cydbwyso *t* 釣合を保つ, 均衡[調和]させる

cyd-daro *i* 1.同時に起こる 2.(考え・趣味などが)一致する

cyd-destun (-au) *m* 1.(文章の)前後関係, 文脈: mewn ~ 文脈の中で, 背景をよく考えて 2.(事件などの)背景, 状況

cyd-destunol *a* 文脈上の

cyd-drawiad (-au) *m* 1.同時発生 2.(趣味・意見などの)一致

cyd-drawiadol *a* 1.同時に起こる 2.(意見など)完全に一致[調和]した

cyd-ddant *m* (自動車の)等速かみ合い装置, シンクロメッシュ

cyd-ddigwyddiad (-au) *m* = **cyd-drawiad**

cyd-ddioddefwr (-wyr) *m* 同じ苦労をする人, 罹災者同士

cyd-ddiogelwch *m* 集団安全保障

cyd-ddyn (-ion) *m* 人間同士, 同胞

cydefifedd (-ion) *m* : **cydefifeddes (-au)** *f* 共同相続人

cydfod (-au) *m* 1.協定, 契約 2.一致調和, 同意, 承認 3.[文法](数, 格, 人称, 性の)一致, 呼応

cydfodol *a* 1.共存する 2.共存して

cydfodolaeth *f* 1.共存, 共在 2.平和共存

cydfodoli *i* 1.(同一場所に)同時に存在する; 共存する 2.(対立する国などが)平和共存する

cyd-fynd *i* 1.(二つ以上の意見などが)一致する 2.同意する

cyd-fyw *i* 1.同居する 2.共存する

cydfywyd *m* 1.[生物]共生 2.[社会学]共生, 共同生活

cydffederasiwn (-siynau) *m* 連合, 同盟

cydffurfiad *m* 1.(外形・性質などの)相似, 符号; 一致, 調和 2.(法・習慣などに)従うこと, 服従 3.[宗教史]国教信奉

cydffurfio *t* (行動・習慣などを模範・範例に)従わせる, (行為を法律・慣習などに)適合[順応]させる

cydffurfiol *a* 1.(意見・慣習などに)一致[適合]した 2.[地質]整合的な

cydffurfiwr (-wyr) *m* : **cydffurfwraig (-agedd)** *f* 1.(規則・習慣などに)従う人, 体制順応者 2.英国国教徒

cydganu *t&i* 合唱する

cyd-gasglu *t* (寄せ)集める
  i (寄り)集まる

cydgerdded *i* 1.一緒に歩く 2.付き合う

cyd-gloi *t* 1.(腕・指などを)組み[重ね]合わせる, 連結させる 2.[鉄道](信号機などを)連動装置にする
  i 1.(腕などが)組み合う, 連結する 2.(機械などが)連動する

cydgnawdio *i* = **cydio**

cydgordiad (-au) *m* 一致, 調和; 同意

cydgordiol *a* 1.調和「一致]した 2.調和[合致]して 3.[音楽]協和した

cydgwmni (-iau) *m* 1.[経済](国際的な)資本合同, 借款団, コンソーシアム 2.(国際)協会, 組合

cydgyfalaf *m* 株式資本, 合資, 共同出資

cydgyfarfod *i* 1.(線・道路などが)一点に集まる, 集中する 2.(人・動物などが)集まる, 終結する 3.(意見・考えなどが)まとまる

cydgyfnewid *t* 1.順列を入れ替える 2.色々な順序に並べる

cydgymeriad (-au) *m* [修辞]提喩法, 代喩(一部で全体を, または全体で一部を比喩で表現する修辞法; sail (= ship), creature (= man)など)

cydhanfod *i* = **cydfodoli**

cydhanfodol *a* 1.共存する 2.同質[同体, 一体]の

cydiad (-au) *m* 1.交尾 2.性交 3.接続, 連結, つなぎ 4.[植物](各部分・器官相互の)結合, 合着

cydiaith *f* 共通語

cydiedig *a* [数学]添加する

cydio *t* 1.(鉄道・橋などを)連結結合する, つなぐ: mae pont yn ~'r ynys wrth y tir mawr 橋によって島を本土に結ぶ 2.加わる, 参加する, 仲間に入る 3.(心・感情などを)つかむ, 捕える, 引きつける: drama sy'n ~ yn y gynnulleldfa 観衆の心を捕える劇 4.(物を)掴む, 握る 5.連想する 6.(人を)結婚させる 電話でつなぐ 7.(歯車・車輪などが)(…と)噛み合う
  i 1.接続[連絡]する, つながる 2.参加する, 一緒になる 3.関係[関連]する 4.くっつく, こびりつく, 離れない: mae'r llysiau wedi ~ yn y sosban 野菜が鍋にくっついた 5.(寒風など)肌を刺す: mae'r gwynt yn ~ 風が身を刺す 6.(人が)性交する 7.(動物が)交尾する 8.(歯車・車輪などが)噛み合う 9.(習慣などが)定着する, 確立される

cydiol *a* 1.性交の 2.交尾の

cydiwr (-wyr) *m* 1.保有[保持]者, 持ち主 2.[機械](自動車などの)連動器, クラッチ: ~ crafanc, 噛み合い継ぎ手, 噛み合いクラッチ

cydletywr (-wyr) *m* : **cydletywraig (-agedd)** *f* 同居[同室]者, ルームメイト

cydlifiad (-au) *m* (川の)合流点

cydlifol *a* (川が)合流する, 落ち合う

cydlyniad (-au) *m* 1.結合, 粘着 2.(文体・論理などの)統一, まとまり, 一貫性, 首尾一貫 3.[化学・物理](分子の)凝集力

cydynol *a* 1.密着[粘着]する 2.(文章・論理などが)筋の通った, 首尾一貫した, 辻褄が合った

cydlynu *i* 1.密着[粘着]する 2.(文章・論理などが)首尾一貫する, 筋が通る

cydlywodraeth (-au) *f* [国際]共同統治[管理](地)

cydnabod *t* 1.(事実・存在・業績などを)認める, 承認[自認]する: ~ rhth yn/fel ffaith何かを事実であると認める 2.白状する 3.(非嫡出子を)認知する 4.(手紙などの)受領を知らせる: ~ derbyn llythyr 手紙を受け取ったことを知らせる 5.見分けがつく, 分かる, 識別する: ~ rhn ar ei gerddediad 歩き方である人だと分かる 6.(国家・政府などを)公式に認める

cydnabod *m* 知人, 知り合い: un o'm ~, ~ imi 私の知人

cydnabyddedig *a* (真実・名前・政府などが)認められた, 承認された, 公認の

cydnabyddiaeth *f* 承認, 自認, 認可, 認知

cydnabyddus *a* 1.親しい, 打ち解けた 2.知り合いで; 知り合って

cydnaws *a* 1.同[性質, 精神, 趣味]の, 気心の合った 2.(健康・趣味・性質などに)適した, 性分に合う; 楽しい 3.(原則・考えなどが)両立できる, 矛盾のない

cydnawsedd *m* 1.(性格・趣味などの)一致, 相性 2.(環境などの)快適さ, 適応性 3.[テレ・ラジオ]両立性 4.[生物]適合性

cydnerth *a* 体格のよい, 頑丈な, がっしりした

cydoesi *i* 時代を同じくする

cydoesol *a* 1.(人・作品など)その当時の, (…と)同時代の, 現代の

cydoeswr (-wyr) *m* : **cydoeswraig (-agedd)** *f* 1.同時代の人 2.現代の人 3.同年者; 同期生

cydol *mf* 1.全体, 全部 2.統一体, 完全物 *a* 1.全体[全て]の, 全 … 2.完全な, 無傷の, 欠けていない, 丸ごとの 3.丸[丁度, 満]…

cydolygiad (-au) *m* 同時(出)版

cydolygu *t* 同時に出版する

cydolygydd (-ion) *m* 共編者

cydorwedd *i* 1.一緒に横になる[寝る] 2.性交する

cydradd (-au) *mf* 1.(地位・能力・年齢など)同等[対等]の人 2.(力量などで)匹敵する[互角の]人 *a* 1.平等[対等, 互角]の, 均等な 2.(数量・程度などが)等しい, 同等の, 匹敵する 3.[文法]対等[等位]の

cydraddol *a* 1.対等の 2.平等主義の 3.[文法]等位の

cydraddoldeb *m* 1.等しいこと, 同等 2.平等, 対等, 均等, 同格: ~ cyfle 機会の均等 3.均一[一様]性

cydraddoli *t* 1.等しく[同等に, 平等化]する 2.均等[一様]にする

cydraddoliad (-au) *m* 同等[平等, 均等]化

cydraddoliaeth *f* 平等主義

cydraddolwr (-wyr) *m* : **cydraddorwraig (-agedd)** *f* 平等[同等]にする人, 平等主義者

cydran (-nau) *f* 構成部分[要素], 成分, 部品

cydrannol *a* 1.構成している, 構成要素である: darnau ~ 構成要素[部分], 成分 2.分解[溶解]する: cryfder ~ *m* [光学]分解能

cydrannu *t* 1.(食べ物などを)分け合う, 分配する 2.(物を)共有する, 共同で使う 3.(責任・出費・仕事などを)分担する, 共にする 4.(構成要素に)分解[分析]する: ~ cyflymder i'w gydrannau 速度をその成分に分解する

cydrannwr (-ranwyr) *m* : **cydrannydd (-ranyddion)** *m* 1.(問題などを)解決する手段 2.[薬学]溶解薬 3.[化学]溶解剤

cydreolaeth (-au) *f* = **cydlywodraeth**

cydrhwng *prep* 1.[場所・位置](二つの)間に[の, で] 2.[時間・期間]…の間に[の, で] 3.[数量・程度・性質]…の中間で[の] 4.[関係・交渉](二者または三者以上の)間で[の] 5.[比較・選択・分配]…の間の[に], …のいずれかに[を] 6.[共有・協力]…の間で, …で協力して 7.[原因・理由]…やら…やらで

cydryw *a* 1.同種の 2.[数学]同次の 3.[物理]均質[等質]の 4.[生物]相同[同原]の

cydrywiaeth *f* 1.同種, 同質, 同性 2.等質, 均質 3.[数学]同次性

cydsefyll *i* 1.(意見などが)一致する 2.結束[団結]する

cydseiniol *a* 調子の美しい, 和声の, 旋律的な

cydsofraniaeth *f* 共同主権

cydsylweddaeth *f* 同体[同質]であること, 同質性

cydsylweddiad *m* [神学]両体共存, 聖体共在

cydsylweddol *a* 同質[同体]の

cydsylweddu *t* [神学] 1.同質[同体]に結合させる 2.同質[同一体]とみなす

cydsyniad (-au) *m* 1.同意, 承諾: oedran (*m*) cydsynio [法律]承諾年齢(法律的に結婚・性交できる年齢) 2.(意見・感情などの)一致, 賛成: trwy gydsyniad pawb 一同賛成して

cydsynio *i* 1.(提案・意見などに)賛成[同意]する 2.黙認[黙諾]する

cydsyniol *a* (決定・賛成などが)満場一致の, 異口同音の, 異議のない

cydsyniwr (-wyr) *m* : **cydsynwraig (-agedd)** *f* 同意[承諾]者

cydwaed *a* 血族[同族]の

cydwaedoliaeth *f* 血族, 同族, 親族

cydwastad *a* 1.同じ高さの 2.均一[一律]の

cydwedd : **cydweddol** *a* 類似した, 似ている

cydwedd (-au, -iaid) *mf* 1.類似[相似]物 2.連れ合い, 配偶者; (特に)王族の男性配偶者

cydweddiad (-au) m 1.類似 2.類推: trwy gydweddiad â rhth 何かの類推によって; camgydweddiad (-au) m 誤った類推 3.一致, 調和

cydweddog (-ion) mf = **cydwedd** 2: Brenhines Gydweddog (Brenhinesau Cydweddog) f (国王の妻としての) 王妃

cydweddog a 1.夫婦(間)の 2.結婚の, 婚姻 (上)の 3.対になった, 結合した

cydweddogrwydd m 婚姻(状態)

cydweddoldeb m 類似, 相似

cydweddu t 1.類似させる, 同(質)化する 2.調和させる, 釣り合わせる i 1.一致[調和, 符号]する, 似合う 2.[音声]同化する

cydweithfa (-oedd) f 1.生活協同組合, 生協 2.生活協同組合店, 生協売店

cydweithgaredd : cydweithgarwch m 共同活動

cydweithio i 1.協力[協同]する 2.(事情など が) 助け合う, 貢献する

cydweithiwr (-wyr) m : **cydweithwraig (-agedd)** f 労働者仲間

cydweithrediad m 協力, 協同, 支援

cydweithredol a 1.協力的な, 協同の 2.協同組合組織の: siop gydweithredol (siopau ~) f 生活協同組合店, 生協売店

cydweithredu i = **cydweithio**

cydweithredwr (-wyr) m 1.協力[協同]者 2.生活協同組合員

cyd-weld i = **cydsynio**

cydwelediad (-au) m 協定, 協約, 契約

cydwladol a 国際的な, 国家間の, 国際上の: yr Wyddor Gydwladol [音声]国際音標文字

cydwladoldeb m 国際主義[性]

cydwladoli t 1.国際化する 2.国際管理下に置く

cydwladolwr (-wyr) m : **cydwladolwraig (-agedd)** f 国際主義[法]学者

cydwladwr (-wyr) m 同国人, 同胞

cydwybod (-au) f 良心, 道義心, 善悪の観念: rhyddid (m) ~ 良心に従って行動できる自由; ~ lân/glir 安らかな心

cydwybodol a 1.(人・行為が)良心的な, 誠実な: gwrthwynebiad (-au) ~ m 良心的兵役拒否 2.注意深い, 念入りな

cydwybodoldeb : cydwybodolrwydd m 良心的なこと, 誠実

cydymaith (cymdeithion) m 1.仲間, 友達, 話し相手 2.[主に書名に用いて]手引き, 必携, 参考書, (…の)友

cydymdeimlad (-au) m 1.同情, 思いやり 2.悔やみ 3.[pl] 哀悼の言葉, 弔辞

cydymdeimladol a 1.弔慰[哀悼, 悔やみ]の 2.思いやりのある, 同情的な

cydymdeimlo i 1.同情する 2.悔やみを言う, 弔慰する

cydymdeimlwr (-wyr) m 1.同情者 2.弔慰する人, 哀悼者

cydymddwyn t 1.許容する, 大目に見る, 寛大に取り扱う 2.(苦痛などに)耐える, 我慢する

cydymffurfiad m = **cydffurfiad**

cydymffurfio i 1.(規則・習慣などに)従う: ~ â'r gyfraith 法律に従う 2.[宗史]国教を遵奉する

cydymffurfiwr (-wyr) m : **cydymffurfwraig (-agedd)** f 1.(法律・慣行などに)従う人, 順応者 2.英国国教徒

cydymgais (-geisiau) m : **cydymgeisiaeth** f 競争, 対抗

cydymgeisio i 競争する

cydymgeisiol a 競争の, 競技[対抗]する

cydymgeisiwr : cydymgeisydd (-wyr) m : **cydymgeiswraig (-agedd)** f 競争者[相手], 好敵手, ライヴァル

cyddwysiad (-au) m 1.[化学]縮合, 液化: 縮合物, 凝縮液 2.[物理]凝縮, 凝結; 凝縮物

cyddwyso i 1.[化学]凝縮する 2.[物理]凝結 [凝縮]する

cyddwyswr (-wyr) : cyddwysydd (-ion) m 1.凝縮器 2.[電気]コンデンサー: cyddwyswr hidlo バイパスコンデンサー

cyf- pref 同一(の)

cyfadfer t [物理]補整[補正]する i 補う

cyfadferiad (-au) m [物理]補整, 補正, 補償

cyfadran (-nau) f 1.(大学の)学部 2.[音楽]楽節 3.[修辞]完成文, 美文

cyfaddas a 1.(時が)好都合な 2.(言葉・動作など)適切な, 相応しい 3.改造[改作, 脚色, 翻案]した

cyfaddasiad (-au) m 1.適応, 順応 2.改造[改作, 翻案](物), 脚色

cyfaddasrwydd m 適切, 適合, 妥当性, 相応しさ

cyfaddaster m 適応[融通]性

cyfaddasu t 1.適合[適応, 順応]させる 2.改造[改作, 翻案]する

cyfaddaswr : cyfaddasydd (-wyr) m 1.改作[翻案]者 2.[電気]アダプター, 加減装置

cyfaddawd (-au) m 妥協[折衷](案), 歩み寄り

cyfaddawdu t 妥協させる, 示談にする: ~ acos [法律]妥協させて訴訟を解決する i 妥協する, 示談にする, 歩み寄る

cyfaddawdwr (-wyr) m : **cyfaddawdwraig (-agedd)** f 妥協[和解, 示談]者

cyfaddef t 1.(過失などを)認める, 承認[自認]する: 'rwy'n ~ fy mod ar fai 私は自分が間違っていたことを認めます 2.自白[白状]する: ~ eich bod yn euog 罪を犯したと白状する

cyfaddefiad 158 **cyfansoddi**

i 1.罪を認める, 白状する 2.(過失などを)認める: ~ troseodd 犯罪を認める

cyfaddefiad (-au) *m* 自白, 告白, 白状, 承認, 自認

cyfaddefwr (-wyr) *m* : **cyfaddefwraig (-agedd)** *f* (犯罪の)自白[告白]者

cyfagos *a* 1.近隣[付近]の 2.隣接する, 接触している: ystafelloedd ~ 隣接した部屋; obglau ~ [数学]隣接角

cyfagosrwydd *m* 近隣, 隣接, 接触

cyfail : cyfer *m* 方向, 方角; 方位; 方面: ar gyfer 反対の方向に, 向い側に

cyfaill (-feillion) *f* 友, 友人: ~ mynwesol 親友; y ~ gwir/cywir yn yr ing fe'i gwelir [諺]まさかの時の友こそ真の友 2.(芸術などの)後援[支持]者, 味方 3.[C~]フレンド派の人, クウェーカー教徒: Cymdeithas (*f*) y Cyfeillion フレンド会

cyfaint (-eintiau) *m* [化学・物理]体積, 容積, 容量

cyfair (-eiriau) *f* エーカー(面積の単位)

cyfalaf *m* [金融]資本(金), 元金: ~ cylchredol [経済]流動資本

cyfalafiaeth *f* 資本主義: ~ les 厚生資本主義

cyfalafol *a* 1.資本(家)の 2.資本主義的な: y gyfndrefn gyfalafol *f* 資本主義体制

cyfalafwr (-wyr) *m* : **cyfalafwraig (-agedd)** *f* 1.資本家 2.資本主義者

cyfalaw (-on) *f* [音楽]ディスカント, 対位旋律

cyfamod (-au) *m* 1.契約, 盟約, 誓約: C~ Cynghrair y Conhedloedd国際連盟規約 2.(売買などの)契約(書) 3.婚約: ~ priodas婚約 4.(ある金額を定期的に支払う, 特に慈善助成の)契約(書) 5.[法律]捺印証書(契約); 契約条項 6.[聖書](神とイスラエル民族との間の)契約: Arch (*f*) y C~ [ユ教]契約の箱(十戒を刻んだ二つの平たい石を収めた箱; ユダヤ人にとって最も神聖なもの; cf *Exod* 25:10)

cyfamodai (-eion) *mf* [法律]被契約者

cyfamodi *t&i* 契約する: ~ â rhn am rth人と何かを契約する

cyfamodol *a* 1.契約の[に関する] 2.[キ教](神と人間との関係における)契約(説)の

cyfamodwr (-wyr) *m* : **cyfamodwraig (-agedd)** *f* 契約[誓約]者

cyfamser *m* 中間時間, 合間: yn y ~とかくするうちに, その間に; 話変わって(一方では)

cyfamserol *a* 1.(時が)ちょうどよい, 折りよい 2.(事・動作などが)適切な, 都合のよい

cyfan (cyfain) *a* 1.全体の, まるまるの, 全…, 満…: y teulu ~家族全員; y byd ~ *m* 全世界(の人々); y boblogaeth gyfan 全人口 2.完全な, 欠けていない, 全部揃っている, まるごとの: gwaed coch ~ *m* 全血 3.完成した, 仕上がっている 4.[植物]縁に切れ込みがない, 全縁の

cyfan *m* 1.全部, 全体: ary ~全体から見て, 概して 2.総計, 合計, 総額

cyfandir (-oedd) *m* [地理]大陸

cyfandirol *a* 大陸(性)の: y Gyngres Gyfandirol *f* [歴史]大陸会議; ysgafell gyfandirol (ysgafelloedd ~)[地理]大陸棚

cyfandiroledd *m* 大陸的なこと[性質]

cyfandirwr (-wyr) *m* : **cyfandirwraig (-agedd)** *f* (英国人に対する)ヨーロッパ大陸人

cyfanfod *m* 宇宙

cyfanfyd (-oedd) *m* 1.宇宙 2.(人間の住む)世界

cyfanfydedd *m* [政治](18世紀に起こった万人救済を説く)ユニヴァーサリスの主義と実践

cyfanfydol *a* 1.全世界の, 世界的な 2.普遍[全般, 一般]的な

cyfanfydwr (-wyr) *m* [政治]普遍救済論者, ユニヴァーサリスト

cyfangorff (-gyrff) *m* 統一体, 完全物: ~ yw Natur 自然は統一体である

cyfangu *t* 1.[金加](金属などを)縮小[収縮]させる, 縮める

i 1.(金属などが)縮小[収縮]する, 縮む 2.(筋肉が)収縮する 3.(経済が)縮小する

cyfanheddol *a* 住むのに適した, 住むことができる

cyfanheddu *t* 1.(民族・動物などが場所に)住む, 居住する 2.[生物]生息する

cyfanheddwr (-ayr) *m* 1.住人, 住民, 居住者 2.(ある地域に住んでいる)動物

cyfaniad *m* 1.統合, 統一 2.(国際的な)経済統合 3.[審理](人格の)統合

cyfannedd *a* 1.(土地などが)人が住める, 居住に適する 2.人の住んでいる, 住民のいる

cyfannol *a* 1.統合[合成]した 2.[数学]整数[積分]の 3.[電算]集積の: cylched gyfannol (cylchedau ~)集積回路

cyfannu *t* (部分・要素を)全体にまとめる, 統合する, 完全にする

cyfanrif (-au) *m* 1.全体, 完全体 2.合計, 総計, 総額 3.[数学]整数

cyfanrwydd *m* 1.完全, 無傷, そっくりそのまま(の状態): yn ei gyfanrwydd そっくりそのまま, 全体として 2.全部, 全体, 全額

cyfansawdd *a* 1.合成[混成, 複合]の 2.[文法](語が)複合の: gair ~ 複合語;(文が)重文の: brawddeg gyfansawdd (brawddegau ~)重文 3.[音楽]複合拍子の 4.[機械]複合式の 5.[化学]複合の, 化合した 6.[金融](利子を)複利で払う: llog (-au) ~ *m* 複利

cyfansawdd (-soddau, -soddion) *m* 合成[混合, 複合]物

cyfansoddair (-eiriau) *m* [文法]合成[複合]語

cyfansoddi *t* 1.(曲を)作る, 作曲する 2.(詩文

を書く, 作る: ~ cerdd詩を書く

cyfansoddiad (-au) *m* 1.構成, 構造 2.合成, 混成 3.(音楽・美術・文学などの) 作品; 作文 (法); 作詩(法); 作曲(法) 4.憲法 5.体格, 体質: ~ cryf鉄のような丈夫な体

cyfansoddiadaeth *f* 1.立憲制度[政治] 2.立憲主義

cyfansoddiadol *a* 1.構成[組織]上の 2.体格の, 体質上の 3.憲法(上)の, 立憲性の

cyfansoddiadoli *t* 立憲制度化する

cyfansoddol *a* 構成[組成]する, 構成要素の

cyfansoddwr (-wyr) *m* : **cyfansoddwraig (-wragedd)** *f* 1.作曲家 2.(詩文の) 作者 3.構成[構図]者

cyfansoddyn (-ion) *m* 1.構成要素[成分] 2.混合[合成]物

cyfanswm (-symiau) *m* 1.全体 2.総計, 合計, 総額, 総量

cyfantoledd (-au) *m* 1.(力の) 釣合, 平衡 2.(心の) 平静

cyfantoli *t* 1.調和[均衡]させる 2.釣合わせる, 平衡させる, 釣合を保たせる

cyfanwaith (-weithiau) *m* 1.全部, 全体 2.統一体, 完全物

cyfanwerth *m* 卸(売り): ~ ac adwerth 卸売りと小売り

cyfanwerth : cyfanwerthol *a* 卸売りの, 卸の: pris (-iau) (*m*) ~ 卸値

cyfanwerthu *t* (品物を) 卸売りする *i* (品物が) 卸売りされる

cyfanwerthwr (-wyr) *m* : **cyfanwerthwraig (-agedd)** *f* 卸売り業者

cyfar *m* 1.[狩猟] (獣など獲物の) 隠れ場所 2.[クリ] カヴァーポイント (pointの後庭)

cyfarch *t* 1.(人に) 挨拶する 2.(人を笑顔・キスで) 迎える: ~ rhn â gwên/chusan人を笑顔[キス]で迎える 3.(知らない人などに) 近寄って言葉をかける, 話しかける 4.[ゴル] (ボールを) アドレスする

cyfarch (-ion) : cyfarchiad (-au) *m* 1.挨拶 2.[*pl*] 挨拶の言葉: cyfarchion y tymor 時候の挨拶; cerdyn (cardiau) (*m*) cyfarch, carden (*f*) gyfarch (cardiau cyfarch) (クリスマス・誕生日などの) グリーティングカード; Cyfarchiad yr Angel [カト] 天使祝詞 (聖母Maryに受胎を告げた時の大天使Gabrielの祝詞で始まる祈り; cf *Luke* 1:28) 3.(手紙の書き出しの) 挨拶文句 4.[フェ] 試合始めの礼: cyfarch â ffwyliauフルーレ種目の試合始めの礼 5.[軍事] 敬礼; 礼砲: tanio cyfarchiad礼砲を放つ

cyfarchol *a* 1.挨拶の 2.呼掛けの 3.[文法] 呼格の

cyfarchol *m* [文法] 呼格

cyfarchwr (-wyr) *m* : **cyfarchwraig (-agedd)** *f* 挨拶する[迎える]人

cyfaredd (-au, -ion) *f* 1.人を引きつける力, 魅力, 魅惑 2.(女性的の) 美貌, 色香 3.魔力, 魔法: dan gyfaredd魔力にかけられて

cyfareddol *a* 1.魅力[惑]的な, うっとりさせる 2.すごく面白い, 興味をそそられる

cyfareddu *t* 魅(惑)する, うっとりさせる, 悩殺する

cyfareddwr (-wyr) *m* 1.魅力的な人 2.魅惑者; 魔法使い

cyfarfod (-ydd) *m* 1.集会, 会合, 大会: cynnal ~ cyhoeddus公開の集会を催す; man (-nau) (*m*) ~ 会場, 集会所; ~ boreol [教育] 朝礼 2.出会い, 遭遇

cyfarfod *t&i* = **cwrdd**

cyfarfyddiad (-au) *m* 会うこと, 出会い, 面会, 遭遇

cyfarganfod *t* [心理] (明確に) 知覚[統覚]する

cyfarganfodol *a* [心理] 統覚の

cyfarganfyddiad (-au) *m* [心理・哲学] 統覚

cyfarpar *m* 設備, 備品, 装置, 器具, 必要品: ~ trydanol car自動車の電気装置

cyfarparu *t* 1.(設備などを) 備える 2.(船・軍隊などを) 装備する 3.身支度させる 4.(学問・教育・知識などを) 授ける

cyfartal *a* 1.平等[対等, 互角]の: cyfle ~ m (雇用・給与などに関する) 機会均等 2.(気温などが) 一様な, むらのない, 安定した, 均一の 3.(見込み・勝算が) 五分五分の: bet ~ (betiau ~) *mf* 五分五分の賭け

cyfartaledd (-au) *m* 1.平均: ar gyfartaledd 平均して, 概して 2.(一般的な) 標準, 並 3.[数学] 平均値

cyfartaliad (-au) *m* 同等[平等, 均等]化

cyfartalog *a* 1.平均の 2.普通[並]の

cyfartalrif (-au) *m* 平均数

cyfartalu *t* 1.等しく[同等に]する 2.一様[均一]にする 3.釣合わせる, 比例[調和]させる: ~ cosb i'r trosedd罪に応じて罰する 4.(競技で) 同点にする 5.[電気] 均圧する

cyfartalrwydd : cyfartalwch *m* 1.同等, 平等 2.均一, 均等

cyfarth *t* 1.(人が) 怒鳴り声[大声]で言う, (命令などを) 大声で発する 2.(犬などが) 吠えつく *i* 1.(犬などが) 吠える 2.(人が) 叫ぶ, 怒鳴る

cyfarthiad (-au) *m* 1.(犬などの) 吠える声 2.怒鳴り声

cyfarthwr (-wyr) *m* : **cyfarthwraig (-agedd)** *f* よく吠える犬 [動物]

cyfarwydd (-iaid) *m* 物語を語る人, 語り手

cyfarwydd *a* 1.よく知られている, ありふれた 2.熟知している

cyfarwydd-deb *m* 親しみ, 親交

cyfarwydd-dra *m* (人・物事などを) 知っていること, 面識, 知識, 経験

cyfarwyddeb (-au) *f* 命令, 指令(書)

cyfarwyddiadur (-on) *m* 住所氏名録

cyfarwyddo *t* 1.(人・仕事などを)指導する, 管理[監督]する 2.(会社などを)管理する 3.指示[命令]する 4.教える, 教授する 5.親しませる, 慣れ[習熟, 精通]させる 6.[法律](訴訟依頼人などが弁護士に)説明する: ~ cyfreithiwr 弁護士に説明する

cyfarwyddol *a* 1.教授[教育](上)の 2.指揮の, 指示的な 3.[法律]指示[訓令]的な

cyfarwyddwr (-wyr) *m* : **cyfarwyddwraig (-agedd)** *f* 1.教授者, 指導者 2.[米](大学の)専任講師 3.指導[指揮, 管理]者 4.(官庁などの)局長, 長官: Prif Cyfarwyddwr (政府官庁などの)総裁, 長官;(団体などの)理事;(研究所などの)所長;(会社などの)重役, 取締役: ~ rheoli 専務取締役 5.[映画]監督;[演劇]演出家;[テレ・ラジオ]演出責任者;[音楽]指揮者 6.[教育](大学の)個人指導教官

cyfarwyddyd (au) *m* 1.指導, 助言, ガイダンス: ~ gyrfa 職業指導 2.[pl]指図, 命令 3.(器具などの)使用説明

cyfatal *a* (天候・価格など)変わりやすい, 不安定な

cyfateb *i* 1.一致[調和, 符号]する 2.相当[対応, 該当]する

cyfatebiaeth (-au) *f* 1.一致, 調和 2.対応, 相応, 該当 3.類似 4.[数学]対応: ~ llawer-i-un [数学・論理]多対一対応 5.[言語]類推 6.[哲学・論理]類推, 類比, アナロジー: prawf (profion) (*m*) ~ [心理]類比テスト 7.[生物]相似

cyfatebol *a* 1.類似の, 似ている 2.対応[相当, 該当, 符号]する 3.関連[付随]する 4.比例した, 釣合った, 均整のとれた 5.[数学]比例の

cyfatebolrwydd *m* 1.補足, 相補性 2.[物理・化学]相補性 3.[生化学]相補性

cyfath *a* [数学]合同の

cyfathiant (-iannau) *m* [数学]合同

cyfathrach *f* 1.性交, セックス: ~ rywiol 性交; ~ eneuol オーラルセックス 2.交際, 交通,(相互)関係 3.相性, 親近性 4.姻戚関係

cyfathrachol *a* 血縁の

cyfathrachu *t* 性交する

cyfathrachwr (-wyr) *m* 血族男子, 親戚の男

cyfathreb (-au) *m* 情報, 通信

cyfathrebol *a* 1.話し好きな 2.通信の

cyfathrebu *i* 1.通信連絡する 2.理解し合う

cyfddydd (-iau) *m* 1.夜明け, 暁, あけぼの: ar y ~ 夜明けに, 明け方 2.(物事の)始まり, 端緒, 兆し

cyfeb : cyfebr : cyfebol *a* (雌馬が)孕んで, 妊娠して: caseg gyfeb (cesyg ~) 妊娠している雌馬

cyfebriad (-au) *m* (雌馬の)妊娠(期間)

cyfebru *t* 1.[生物]受精させる 2.(雌馬を)妊娠させる
i (雌馬・動物が子を)孕む, 妊娠する

cyfebrwydd *m* = cyfebriad

cyfechelin : cyfechelog *a* 1.[数学]同軸[共軸]の 2.[電気]同軸(ケーブル)の

cyfeddach (-au) *f* 大酒盛り, 飲み騒ぎ

cyfeddach *i* 飲み騒ぐ, 痛飲する

cyfeddachwr (-wyr) *m* 飲み騒ぐ人

cyfeddiannaeth *f* 1.併合(地) 2.付加(物)

cyfeddiannu *t* [政治](領土などを)併合する

cyfeddiannwr (-ianwyr) *m* 併合論者

cyfeddiant (-nnau) *m* 1.横領, 着服, 流用, 専有 2.= cyfeddiannaeth 3.割当, 充当

cyfeiliant (-iannau) *m* [音楽]伴奏(部)

cyfeilio *t* [音楽]伴奏をする: ~ i rn ar y piano ピアノで人の伴奏をする

cyfeiliorn *a* (動物などが)はぐれた, 道に迷った

cyfeiliornad (-au) *m* 1.誤り, 間違い 2.(行為など)常規[正道]をはずれること 3.[数学・統計]誤差: ~ safonol 標準誤差 4.(既成宗教, 特にキリスト教が排斥する)邪教, 異教, 異端, 異説 5.(異端視される)反論

cyfeiliorni *i* 1.誤る, 間違いをする 2.道に迷う 3.正道を踏み外す, 罪を犯す

cyfeiliornus *a* 1.(言葉・意見などが)間違った, 誤った 2.(行為・考えなどが)正道をはずれた, 常規を逸した, 異常な 3.異端[異説]の

cyfeiliornwr (-wyr) *m* 常規を逸する人, 異常者

cyfeilydd (-ion) *m* : **cyfeilyddes (-au)** *f* [音楽]伴奏者

cyfeillach (-au) *f* 親交, 友情, 交友, 友愛, 同志愛

cyfeillachu *i* 1.(人と)交際する 2.提携[連携]する

cyfeilles (-au) *f* 女性の友人

cyfeillgar *a* 1.友好[平和, 好意]的な: cytundeb (-au) (*m*) [法律]円満な解決, 和解; cymdeithas (*f*) gyfeillgar (cymdeithasau ~) 共済組合; Yr Ynysoedd C~ [地理]フレンドリー諸島(トンガ3群島)

cyfeillgarwch *m* 1.友情, 友愛 2.親交, 親善, 友好, 親睦

cyfeireb (-au) *f* [商業]照会, 問い合わせ

cyfeirgi (-gwn) *m* [狩猟](獲物の所在を鼻で示す猟犬)ポインター；セッター: ~ Seisnig イングリッシュセッター(英国で作出された鳥猟犬種のイヌ)

cyfeiriad (-au) *m* 1.言及, 陳述 2.(書物などの)参照, 参考, 引用 3.参照個所, 引用文, 参考文献 4.(手紙などの)宛名, 住所, アドレス: ~ cartref 自宅の住所 5.(建物などの)方位, 方向, 方角: ym mhob ~, i bob ~ 四方八方に

cyfeiriadol *a* 1.ほのめかした, 言及の 2.言及し

て 3.参考 [参照] の 4.参照付の 5.関係 [関連] のある

cyfeiriadu *t* 1.(建物などの) 向きを (特定の方位に) 会わせる 2.(新環境に) 適応させる

cyfeiriannu *m* [スポ] オリエンテーリング

cyfeiriant (-nnau) *m* 1.方向, 方角, 方位 2.[通信] 指向性

cyfeirio *t* 1.(手紙・小包などを人に) 宛てる: ~ llythyr at rn 手紙を人に宛てる 2.(注意・視線・努力などを…に) 向ける: ~ sylw rhn at rth 人の注意を何かに向ける 3.言及する 4.(問題・事件などを…に) 任せる, 委託 [付託] する: ~ mater at rn 問題を人に付託する; ~ pwnc at dribiwnlys 問題を裁判所に付託する 5.(人を情報・援助などを求めるため人・場所に) 差し向ける 6.(人に) 問い合わせる, 照会する 7.(銃・指・カメラなどを…に) 向ける: ~ gwn at rn 銃を人に向ける 8.(道などを) 指し示す, 教える: ~'r ffordd 道を指し示す 9.(言葉などを人などに) 向けて言う 10.(抗議などを) 提出する 11.[狩猟] (pointerやsetterが) 立ち止まって鼻先を向け獲物の所在を知らせる 12.[電算] (情報を) アドレスを指定して転送する

cyfeiriol *a* 1.指示されている; 管理された 2.方向 [方角] の 3.[数学] 正負の二方向を考慮に入れた: rhif (m) ~ 正負の符号をもった数; (集合が) 有向の 4.[通信] 指向性の

cyfeiriwr (-wyr) *m* 1.指示者 2.指示するもの 3.[自動車] 方向指示器

cyfeirlyfr (-au) *m* 人名簿

cyfenw (-au) *m* 姓, 名字

cyfenwi *t* (人に) 姓を付ける

cyfer (-i) *f* = **acer**

cyfer *m* = **cyfar** 2

cyferbwynt (-iau) *m* 1.正反対のもの 2.[地理] 対蹠地 (地球上の正反対の側にある2つの地点)

cyferbwyntiol *a* [地理] 対蹠地の

cyferbyn *a* 1.反対 [向い] 側の, 向い合っている: ar y tudalen gyferbyn 反対のページに 2.[数学] (辺が) 相対する 3.[解剖] (肉筋が) 対立 [拮抗] 的な

cyferbyn *ad* 向い側 [反対方向] に

cyferbyniad (-au) *m* 1.対照, 対比, コントラスト 2.(対照によって示される) 差異 3.対照的なもの

cyferbyniaeth (-au) *f* 1.対照, 正反対; 対象

物 2.[修辞] 対照法; 対句

cyferbyniol *a* 1.反対 [向い] 側の, 向い合っている 2.正反対の, 逆の 3.対立 [対抗] する 4.対比 [対照] 的な 5.対照法の

cyferbynnu *t* 1.対照 [対比] させる 2.対照して目立たせる 3.(人・物を) 対抗 [反対] させる *i* 良い対照をなす, 対照して引き立つ

cyfergyd (-ion) *mf* [医学] (人に) 脳震盪を起こさせる

cyfergydio *t* [医学] (人に) 脳震盪を起こさせる

cyfergydiol *a* [医学] 震盪 (性) の

cyfernod (-au) *m* 1.[数学] 係数 2.[物理] 係数, 率: ~ ymlediad 膨張係数

cyfesuryn (-nau) *m* [数学] 座標

cyfethol *t* 1.(重役 [委員] 会などが人を) 新会員に選出 [選任] する 2.仲間と認める 3.グループに, 合併吸収する

cyfetholiad (-au) *m* (委員会などの新会員の) 選挙

cyfiaith *a* 同じ言語の

cyfiau (-ieuau) *m* [数学] 共役軸

cyfiawn *a* 1.(慣りなどが) 当然 [正当] な, もっともな: dig/dicter (*m*) ~ もっともな怒り, 義憤 2.(人・行動が) 正しい, 公平 [公正, 正当] な

cyfiawnadwy *a* (殺人・出費などが) 正当と認められる, 筋の通った, もっともな

cyfiawnder (-au) *m* 1.正義, 公平, 公正 2.正当, 妥当, 当否 3.(当然の) 報い, 応報: ~ naturiol 当然の応報

cyfiawnhad (-au) *m* 1.(正当であるとする) 弁明, 弁護, (行為などの) 正当化 2.[神学] (プロテスタント) 義認, (カトリック) 成義: ~ drwy ffydd 信仰釈罪

cyfiawnhau *t* 1.(行為・陳述などを) 正しいとする, 弁明 [正当化] する 2.(…の) 正当な理由になる 3.[神学] (神が罪人を) 罪が無いとして許す

cyfiawnhäwr (-hawyr) *m* 正当化する人 [物]

cyfieithiad (-au) *m* 1.訳, 翻訳, 訳文翻訳物 2.[通例C~] 聖書の翻訳: y C~ Awdurdodedig [聖書] 欽定訳聖書 (英国王James一世の命によって翻訳編集され1611年に出版された英訳聖書)

cyfieithiadol *a* 翻訳 (上) の

cyfieithiadwy *a* 訳すことができる, 翻訳可能な

cyfieithu *t* 1.訳す, 翻訳する; 自国 [母国] 語にする 2.通訳する

cyfieithwr : cyfieithydd (-wyr) *m* : **cyfieithwraig (-agedd)** *f* 1.訳者, 翻訳家 2.通訳 (者)

cyflafan (-au) *f* 大虐殺

cyflafanwr (-wyr) *m* 虐殺者

cyflafareddiad (-au) *m* 仲裁, 裁定, 調停

cyflafareddol *a* 仲裁 [調停] の

cyflafareddu *t&i* (争議などを) 仲裁 [調停] する

cyflafareddwr (-wyr) *m* 仲裁 [裁定] 人, 調停者

cyflaith (-eithiau) *m* トフィー (砂糖とバターを煮詰めて中に落花生などを入れたキャンディー): ~ menyn バタースコッチ (バターと赤砂糖で作った固い飴)

cyflas (-au) *m* 1.(独特の) 味, 風味 2.薬味, 香辛料

cyflawn *a* 1.完全な, 全部の, 全部揃っている: argraffiad (*m*) ~ 全集; mae fy nedwyddwch yn gyflawn私は幸福の絶頂にある 2.(仕事など) 成就 [完成, 完了] した 3.有能な 4.(仮・一時的でない) 正式の: aelodaeth (*f*) gyflawn 正会員の資格 (数量・分量などが) まるまるの, 十分な: diwrnod ~ まる一日 5.[植物] 完全 [両性] 花の 6.[文法] (動詞が) 自動の: berf gyflawn (berfau ~) 自動詞 7.[論理]: rhifiant (*m*) ~ 完全枚挙

cyflawnder *m* 1.完全, 完備, 徹底 2.全部, 全体, 全額 3.豊富; 多数 [量] 4.裕福 5.補足物 6.[文法] (動詞の) 自動性

cyflawnedig *a* 1.(仕事など) 完成 [完了, 成就] した 2.[法律] (法律・命令・遺言など) 実施 [施行] された, (契約など) 履行済みの

cyflawnhad *m* (床入りによる) 結婚の完成 [完了]

cyflawni *t* 1.完成させる 2.(義務・仕事・約束・命令などを) 果たす, 履行 [実行] する 3.(願望を) 遂げる 4.(予言・計画などを) 実現する 5.(条件・必要などを) 満たす 6.(名声・名誉などを) 博す 7.(結婚を) 床入りによって完了する: ~ priodas 床入りによって結婚を完了する 8.(罪などを) 犯す, 行う: ~ trosedd 罪を犯す 9.(法律・遺言などを) 施行 [執行] する 10.(証書・契約などを) 法規通り作成する: ~ gweithred [法律] (法の規定通り正式に) 証書を作成する

cyflawniad (-au) *m* 1.(仕事・事業などの) 完成, 完了; (計画などの) 成就, 達成; (工事などの) 落成 2.卒業 3.(義務・約束・条件などの) 履行, 実行, 遂行 4.(願望・予言などの) 実現, 達成 5.業績 6.(法律・判決・遺言などの) 実施, 執行 7.(罪などを) 犯すこと, 犯行, 犯罪

cyflawnrwydd *m* 完全

cyflawnwr : cyflawnydd (-wyr) *m* : **cyflawnwraig (-agedd)** *f* 完成 [成就, 達成, 履行] 者

cyfle (-oedd) *m* 機会, 好機, チャンス: achub/dal ar gyfle 機会 [好機] を捕える; cost (*m*) ~ [経済] 機会費用

cyflead (-au) *m* 1.(犯罪などへの) 掛かり合い, 関係, 連座, 共犯 2.包含, 含蓄, 含み, 暗示 3.準備, 予定, 手はず, 手配 4.整理, 整頓, 配列, 整列, 配置 5.協定, 打ち合わせ, 取決め, 調停

cyfled *a* 1.同量 [同面積, 同期間] の 2.釣合った, 比例した

cyflegr (-au) *m* 1.大砲 2.(戦闘機用の) 機関砲

cyflenwad (-au) *m* 1.供給, 支給, 補給, 配給: ~ a galw *m*, ~ a galwad *f* [経済] 需要と供給, 需給 2.備え, 蓄え, 貯蔵, 在庫: cael ~ â rhth 物を仕入れる 3.供給量, 支給品 4.[商業] (商品の) 委託 (販売) 5.委託貨物, 積送品; 委託販売品: cyflewadau dyddiol ご注文品は毎日ご家庭までお届け致します (商店の広告文) 6.[文法] 補語 7.[数学] 余角, 余弧 8.[議会] (議会の協賛を経る) 国費, 支出: Pwllgor C~ Arian 全院歳出調査委員会

cyflenwi *t* 1.(必要物・不足品などを) 供給 [支給, 配給, 配達] する 2.(不足・損害などを) 補う, 補充する, 埋め合わせる; (必要を) 満たす; (需要に) 応じる,

cyflenwol *a* 1.補足 [補充, 追加] の, 相補的な 2.[文法] 補語の 3.[数学] 余角 [余弧] の

cyflenwoldeb (-au) : cyflenwolrwydd *m* 補足, 相補性

cyflenwr : cyflenwydd (-wyr) *m* 供給者 [会社, 国]

cyfleu *t* 1.暗示 [示唆] する, ほのめかす 2.(言葉・情報などを) 伝える, 伝達する, 知らせる: ~ ffeithiau 事実を伝える

cyfleus *a* 1.便利 [好都合, 重宝] な: os yw'n gyfleus ichwi ご都合がよろしければ 2.近くの, 手近な, 近づきやすい: ~ ar gyfer y siopau a'r orsaf 商店と駅に近い 3.(言葉・行為などが) 適切な, 折好い, 時宜を得た

cyfleuster (-au) : cyfleustra (-terau) *m* 1.便利, 便宜, 好都合 2.方便, 便法, 利己心, 私利私欲 3.便利な物, (文明の) 利器, [pl] 便利な設備, 衣食住の便 4.公衆便所: cyfleuster cyhoeddus 公衆便所

cyflëydd (-ion) *m* 便宜 [ご都合, 日和見] 主義者

cyflëyddiaeth *f* 便宜 [ご都合, 日和見] 主義

cyflifiad (-au) *m* 1.(川などの) 合流 (点) 2.(文化・思想・人などの) 集合, 群衆

cyflin *a* 1.平行の: barrau ~ [体操] 平行棒 2.[電気] 並列の

cyflin (-iau) *f* 1.平行線 2.[地理] 緯線: ~ lledred 緯線

cyflinell (-au) *f* 平行線

cyflinelliad (-au) *m* [光学] 1.(光などを) 平行にすること 2.視準

cyflinellog : cyflinellol *a* = cyflin

cyflinellu *t* [光学] (光を) 平行にする

cyfliw *a* 同色の

cyflo *a* (動物が) 子を孕んで

cyflog (-au) *m* 1.賃金, 給料, サラリー: ~

sylfaenol 基本給; ~ cydradd同一賃金; Damcaniaeth Cronfa Gyflogau[経済]賃金基金説(資本が増すか人口が減るかしない限り賃金は上がらないというJ.S. Millの説) **2.**[pl]報い, 応報: ~ pechod yw marwolaeth[聖書]罪の報いは死なり(cf Rom 6:23)

cyflog a **1.**有給の **2.**賃貸しの **3.**雇われた

cyflogadwy a 雇用できる

cyflogadwyedd m 雇用できること

cyflogaeth f (労力・労働者などの)雇用, 使役

cyflogedig = **cyflog**

cyflogedig (-ion) m 被雇用者, 従業員: lleiddiad/lladdwr ~ 雇われ刺客

cyflogi t (召使・労働者などを)雇う, 雇用する

cyflogiad m (召使の)雇用(期間)

cyflogwr (-wyr) m : **cyflogwraig (-agedd)** f 雇用者, 雇い主

cyfloi t (動物を)孕ませる, 妊娠させる

cyfludiad (-au) m 膠着, 接合

cyflun a [数学]相似の: trionglau ~ 相似三角形

cyflun (-iau) m **1.**(原作者の行う)原作の写し **2.**写し, 模写, 複製, レプリカ

cyflunedd (-au) m [数学]相似

cyfluniad (-au) m **1.**配置, 配列 **2.**[生物](組織・器官などの)構成, 体制 **3.**(地表などの)形状, 外形, 地形, 輪郭

cyfluniadol a 形状に関する

cyfluniant (-iannau) m **1.**[数学]相似 **2.**相似[類似](物)

cyflunio t (組織・構造などを)構築[体系化]する

cyflusg (-oedd) f [音楽]スラー, 連結(線)(2つ以上の音符に付ける弧線; これらの音符は切れ目なく演奏される)

cyflwr (-lyrau) m **1.**状態, 健康状態: mewn ~ da 良い状態で, 健康で; ~ meddwl 精神状態 **2.**状況, 事情: ~ y gweithwyr 労働者たちの状況 **3.**[文法]格 **4.**[物理]状態

cyflwynedig (-ion) mf **1.**献呈を受ける人 **2.**被推挙者 **3.**[教会]聖職禄付き牧師職に推挙された聖職者
a (書物・作曲などが)献呈された

cyflwyniad (-au) m **1.**紹介, 披露: llythyr(-au, -on)(m)~ 紹介状 **2.**(書物などの)序文, 序論, 緒言 **3.**(書物・作曲などの)献呈(の辞), 献題 **4.**入門[案内]書 **5.**提示, 説明 **6.**上映, 上演 **7.**贈与贈呈(品), 授与(式) **8.**[心理・哲学]表象, 表出 **9.**[音楽]委託 **10.**[キリ]聖職叙階: (未空位管区への教皇による)聖職直任

cyflwyno t **1.**(著書・音楽などを)献呈する **2.**[教会]奉納[奉献, 献納]する: ~ rhth i'r Arglwydd 神に何かを捧げる **3.**与える, 贈呈する, 贈る **4.**(主義・目的・活動などに時・生涯などを)捧げる **5.**紹介[披露]する **6.**(パスポート・切符などを)見せる, 出す, 提示する **7.**(問題・困難などを)起こす **8.**(劇を)上演する: ~ drama 劇を上演する; (映画・テレヴィで)放映[公開]する **9.**(テレヴィ・舞台・ショーなどの)司会をする **10.**(人・物を他の人の世話に)任せる, 委託する, 委ねる

cyflwynol a **1.**奉納[献納]の **2.**献呈の

cyflwynwr (-wyr) : cyflwynydd (-ion, cyflwynwyr) m : **cyflwynwraig (-agedd)** f **1.**推薦[任命]者 **2.**(賞などの)贈呈[贈与, 進呈]者 **3.**提出[申告]者 **4.**(テレヴィ・ラジオ・舞台・ショーなどの)司会者; ニュース放送者

cyflychwr : cyflychwyr m **1.**(日出前・日没後の)薄明, 黄昏, 薄暮, 夕闇: y Cyflychwr/Cyfnos Celtaidd ケルトの薄明(アイルランド民話のロマンティックなおとぎ話的雰囲気; W.B. Yeatsのアイルランド民話集の題名から) **2.**(全盛期・栄光・成功の後の)黄昏, 衰退期

cyflyedd (-au) f [法律](被告の無罪・誠実などに対する友人・隣人などの)免責宣誓, 雪冤宣誓

cyflym a **1.**(動作が)素早い, 敏捷な, 迅速な: brasgam(m)~[軍事]速歩行進; nid yw y rhedfa yn eiddo y ~[諺][聖書]速き者走るに勝つにあらず(cf Eccl 9:11) **2.**(物覚え・理解などが)早い **3.**(行動・出来事などが)一瞬の間の, 即座の **4.**敏感[鋭敏]な **5.**せっかち[短気]な, 怒りっぽい **6.**すぐに…する, …しやすい: ~ i lid 怒りやすい **7.**高速用の: lôn gyflym (lonydd ~)f 高速[追い越し]車線 **8.**加速された **9.**急行の: trên ~ 急行列車 **10.**速達便の

cyflymder (-au) : cyflymdra m **1.**速さ, 速力, 速度, スピード: ar gyflymder スピードを出して, 急速に; cyfyngiad (-au)(m)cyflymder/cyflymdra 制限速度; cyflymder cylchrediad[経済](貨幣の)流通速度 **2.**(動作・行動などの)速いこと, 迅速 **3.**機敏, 俊敏 **4.**歩調, 速度, ペース: ar gyflymdra cerdded 歩く速度で **5.**[物理・機械]速度: ~ cyflymedig 加速度

cyflymedig a 加速された

cyflymiad (-au) m **1.**加速 **2.**促進 **3.**[物理]加速(度) **4.**[経済]加速度: egwyddor(f)~ 加速度原理

cyflymu t **1.**加速する **2.**仕事などを促進させる, 急がす: ~ gwaith 仕事を促進させる

cyflymydd (-ion) m **1.**(自動車の)アクセル, 加速装置 **2.**[医学]促進因子 **3.**[物理](粒子の)加速器[装置]

cyflyniad (-au) m **1.**膠着, 接合 **2.**[医学](傷口の)癒着 **3.**[言語]膠着(日本語のように単語の語幹は無変化で, これに変化する部分を付けて文法関係を示す語形成法)

cyflynol a **1.**膠着性の **2.**[言語]膠着的な

cyflyru t **1.**(事情などが)決定[制約, 左右]する **2.**馴[慣]らす, 適応させる **3.**体調を整える

cyflyrwr 164 **cyfoethogiad**

4.[心理]条件づける, 条件反射を起こさせる: ~ rhn i ymateb i symbyliad 人を刺激に反応するように条件づける

cyflyrwr : cyflyrydd (-wyr) *m* 1.(髪などの)コンディショナー 2.(運動の)トレーナー, 訓練者 3.調節する人

cyflythreniad (-au) *m* [修辞]頭韻(法)

cyflythrennog : cyflythrennol *a* 頭韻体の, 頭韻を踏んだ

cyflythrennu *t* (ある音を)頭韻に用いる *i* 1.頭韻法を用いる 2.(語が)頭韻を踏む

cyfnerthiad (-au) *m* 1.確証 2.確証のための情報

cyfnerthol *a* 1.強くする 2.確証的な, 裏付ける

cyfnerthu *t* 1.(確信・信念・決心などを)強める固める強く[強固に]する 2.[法律](証拠などが所信・陳述などを)確証する

cyfnerthwr (-wyr) *m* [法律]確証者

cyfnerthydd (-ion) *m* [電気]昇圧機

cyfnesaf (-iaid, -eifiaid) *mf* 1.親族, 親類 2.最近親 3.[pl]近親者

cyfnewid *t* 1.交換する, 取り替える, 代用する: ~ menyn am farjarin バターの代わりにマーガリンを用いる 2.(通貨を)両替する 3.(言葉・挨拶などを)交わす *i* 1.交換をする 2.両替できる 3.代理をする, 代わりになる

cyfnewid (-iau) *mf* 1.交換, 取替: nid lladrad mo ~ [諺]交換は強奪ではない(不公平な交換を押し付ける時の弁解); ~ gwres[物理]熱交換 2.交換[取替]品 3.為替; 両替; 為替相場: ~ tramor 外国為替; cyfradd(f) gyfnewyd (cyfraddau ~)(外国)為替相場[レート]; par ~ (為替の)法定平価

cyfnewidedig (-ion) *mf* (交換計画によって)交換される人(交換教授・学生など)

cyfnewidfa (-feydd, -oedd) *f* 1.取引所: ~ stoc/stociau 証券取引所 2.電話交換局: ~ ffôn/deleffon 電話交換局

cyfnewidiad (-au) *m* 1.転換, 転化 2.改装, 改造 3.変説, 転向

cyfnewidiadwy *a* 交換できる, 取り替えられる

cyfnewidiadwyedd *m* 交換[交易]できること; 交換価値

cyfnewidiol *a* 1.(天気・価格など)変わりやすい, 不安定な, 常に変化する 2.変更可能の, 変えられる

cyfnewidiwr *m* : **cyfnewidwraig (-agedd)** *f* 1.交換する人, 交易者, 物々交換者 2.両替商人

cyfnither (-od, -oedd) *f* いとこ, 従姉[妹]

cyfnod (-au) *m* 1.期間, 時期: ~ sych [気象]雨のない季節 2.(歴史上ある特色を持つ)時代, 時期: yn y ~ cynhanesiol 有史以前の時代に 3.新紀元: agor ~ newydd 一新紀元を開く 4.現代 5.(変化・発達などの)段階, 局面:

mynd trwy ryw gyfnod y mae hi 彼女は(そういう子供っぽい)一時期を通っているにすぎない 6.[数学]循環節, 周期 7.[医学]過程, 期間, 周期: ~ cario 妊娠期間 8.[音楽]楽節 9.[化学](元素の)周期 10.[電気]相, 位相, フェーズ 11.[修辞]完全[掉尾]文, 美文

cyfnodol *a* 1.周期[定期]的な 2.定期刊行(物)の 3.[化学]周期の: tabl ~ (元素)周期表 4.[物理・天文]周期的な

cyfnodoldeb *m* 1.定期[周期]性; 周期数, 周律 2.[医学](発作などの)周期性 3.[電気]周期波 4.[化学](元素の)周期性 5.[天文]周期性

cyfnodolyn (-olion) *m* 定期[逐次]刊行物

cyfnos (-au) *m* 薄暗がり, 夕闇, 夕暮れ

cyfnosi *i* 薄暗くなる, 暮れかかる, 黄昏れる

cyfochredd (-au) *m* 1.平行 2.類似 3.比較

cyfochri *t* 平行させる

cyfochrog *a* 1.平行な; 平行して 2.平進行の; 同主調の 3.[商業]見返りの: sicrwydd(m) ~ 見返り担保, 根抵当, 代用証券

cyfochrol *a* [数学]等辺の

cyfodi *t* = **codi**

cyfodiad (-au) *m* = **codiad**

cyfodol *a* 1.現れた, 出現した 2.[生理]勃起性の

cyfoed (-ion) *mf* 1.同時代の人 2.同年者, 同期生 3.現代の人 4.同時代[年齢]の新聞・雑誌・物 *a* 1.同時代[年齢]の 2.現代の

cyfoededd *m* 同時代[年代](であること). 時代を同じくすること

cyfoen *a* (雌羊が)孕んで

cyfoes *a* 1.(人・作品など)同時代の, その当時の 2.現代の 3.最新の(情報の入っている) 4.現代的な, 当世風の

cyfoesedd *m* 1.同時存在, 同時代[時期] 2.当世風

cyfoesi *i* 時代[時期]を同じくする, 同時代[時期]に属する

cyfoesol *a* = **cyfoes**

cyfoeswr (-wyr) *m* : **cyfoeswraig (-agedd)** *f* = **cyfoed**

cyfoeth *m* 1.富, 財産: aeth o garpiau i gyfoeth 彼は貧乏から急に金持ちになった 2.豊富, 沢山, 多数[量]: amgueddfa a chyfoeth o luniau ynddi 絵の沢山ある美術館

cyfoethog (-ion) *m* 金持ちの男 *a* 1.金持ちの, 裕福な 2.(資源などに)恵まれた, 豊富な

cyfoethogi *t* 1.富ませる, 金持ちにする 2.(質・内容・価値などを)高める 3.(味・香り・色彩などを)濃厚にする 4.[物理](放射性元素を)濃縮する

cyfoethogiad (-au) *m* 1.富ませること 2.豊富にすること 3.内容を豊富にするもの 4.濃厚化 5.肥沃化 6.[原子]濃縮

cyfog m 1.へど, 吐いたもの 2.吐き気, むかつき: ~ y bore つわり

cyfogi t 1.(食物・へどを)吐く, 戻す, 嘔吐する 2.(嫌悪・怒りなどを)吐き出す, ぶちまける i 1.吐く, 戻す 2.吐き出す, 噴出する

cyfogiad (-au) m 吐く[嘔吐する]こと

cyfoglyn (-nau, -noedd) m 吐剤

cyfogol a[病理]嘔吐を催させる

cyfogwr (-wyr) m : **cyfogwraig (-agedd)** f 吐く人

cyfolwg (-olygon) m 1.(映画・論文などの)概要, 大意 2.一覧(表) a 概要[大意]の

cyfor t 1.洪水, 大水, 大水 2.氾濫, 充満, 殺到 3.上げ潮, 満潮 4.豊富 5.多数, 多量 6.裕福 7.(コップ・皿・円形物などの)縁, へり 8.(車輪のタイヤを取付ける)枠, リム a 1.全体[全部]の 2.(一組の物が)そっくり揃っている, 全部が無傷の, 壊れていない 4.(程度が)完全な 5.(…で)縁まで一杯で, 溢れんばかりで

cyfordraeth (-au) m[地質]隆起海岸

cyforiog a 1.豊富な, 有り余るほどの 2.偲ばせる, 暗示する: straeon ~ o ddirgelwch 神秘を暗示する物語

cyfosod t 1.並列[並置]する 2.総合[統合]する a 1.並列[並置]した 2.[文法]同格の

cyfosodiad (-au) m 1.並列, 並置 2.配置, 配列 3.総合, 統合, 組立て 4.[文法]同格

cyfosodol a 1.並列[並置]の 2.[文法]同格の 3.[哲学]総合的な

cyfradael t 1.(人・場所・地位・主義などを)捨てる, 見捨てる 2.(習慣・計画・活動などを)止める, 断念する 3.[法律](権利・財産などを)放棄する

cyfradd (-au) f 率, 割合: C~ y Banciau(イングランド銀行の)銀行割引歩合; ~ genedigaethau ; ~ llog 利率

cyfradd a 地位[程度の]等しい

cyfraddiad (-au) m (商店・商人などの)信用度, 格付け

cyfraid (-reidiau) f 1.必要(性)2.必要な物, 必需品

cyfraith (-reithiau) f 1.(社会生活維持のため国会や国権の最高機関の規定する)法: C~ Hywel Dda ハウエル善良王のウェールズ法; ~ trosedd 刑法; ~ fasnachol 商事法 2.(個々の)法律 3.(法律全体としての)法, 国法

cyfran (-nau) f 1.部分, 一部 2.(利益などの)分配, 割当, 分け前, 取り分 3.出し分, 負担: talu'ch ~ o'r costau 費用の出し分を払う 4.[商業・証券](会社の)株(式): ~ gyffredin (cyfrannau cyffredin)普通株

cyfranc (-rangau) mf 1.会, 集会, 大会 2.戦闘, 会戦 3.物語

cyfranddaliad (-au) m 1.(会社の)株 2.株を所有すること

cyfranddaliwr (-wyr) m : **cyfranddeiliad (-iaid)** mf 株主

cyfraniad (-au) m 1.寄付(金), 寄贈(品): ~ at gronfa 基金への寄付 2.寄与, 貢献 3.寄稿, 投稿(作品): ~ i bapur neydd 新聞への寄稿

cyfraniadol a 貢献[寄与]する

cyfraniaeth f 割算, 除法

cyfrannedd (cyfraneddau) m[数学]比例: ~ union 正比例; deddf y cyfraneddau lluosog [化学]倍数比例の法則

cyfrannog (cyfranogion) mf 1.(活動・イヴェントなどの)参加[関係, 参与, 出場]者 2.(仕事などでの)仲間, 同僚, 提携者 a 関与[関係]する, 携わる, 共にする

cyfrannol a 1.寄付の 2.寄与する 3.貢献する, あずかって力のある 4.(年金・保険制度など)拠出の 5.釣合った, 均整のとれた 6.[数学]比例の: cynrychiolaeth gyfrannol[政治](選挙の)比例代表制

cyfrannu t 1.(金品を)寄付[寄贈]する 2.(新聞・雑誌などに)寄稿[投稿]する 3.貢献[寄与]する 4.(物などに性質などを)添える i 1.寄付する 2.寄稿[投稿]する: ~ i bapur newydd新聞に寄稿する 3.寄与[貢献]する

cyfrannwr (-wyr) m : **cyfranwraig (-agedd)** f 1.寄付[寄贈]者 2.寄稿[投稿]家 3.貢献者 4.物事を共にする人, 共有[参加]者 5.分配[分与, 授与, 配給]者 6.出資(義務)者 7.[法律]清算出資社員

cyfranogi i 1.参加[加入, 関係]する 2.(飲食の)相伴をする,幾分…の気味がある

cyfranogiad (-au) m 参加, 加入, 関係

cyfranogwr (-wyr) m : **cyfranogwraig (-agedd)** f : **cyfranogydd (-wyr)** m 1.参加[関係]者 2.分担[相伴]者 3.(苦楽などを)共にする人 4.分配[配給]者

cyfranolydd (-ion) m[政治]比例代表主義[論]者

cyfranolyn (-olion) m[数学]比例数[項]

cyfrdroad (-au) m 1.交換, 置換, 配列 2.[数学]順列, 置換

cyfredol a 1.今[現在]の, 現時点での: rhifyn ~(定期刊行物の)最近[今月, 今週]号 2.同時の, 同時に起こる[発生する]3.(意見などが)一致した 4.[数学]同一点に集まる, 共点の 5.[法律]共通に有効な: dedfrydau ~ 共通判決

cyfreitha : cyfreithio i[法律]訴訟を起こす

cyfreitheg f 法学, 法律[法理]学: ~ feddygol 法医学

cyfreithgar a(人が)訴訟好きな

cyfreithiad m[法律]訴訟, 起訴

cyfreithiol a 1.司法[裁判]上の 2.法定の, 法

cyfreithiwr 166 **cyfrinachol**

律で定められた: oedran ~ 法定年齢

cyfreithiwr (-wyr) *m* : **cyfreithwraig (-agedd)** *f* 1.弁護士 2.事務弁護士, ソリシター: Cyfreithiwr yn y Goruchaf Lys 最高法院の職員であるソリシター（最高法院の職員名簿に記入されることが資格付与になることからこう呼ばれる）3.法律家

cyfreithlon *a* 1.合法［適法］の, 正当な 2.道理にかなった, 合理的な 3.嫡出の

cyfreithlondeb : cyfreithlonedd : cyfreithlonrwydd *m* 1.合法［適法, 正当］性 2.道理にかなっていること, 妥当性 3.嫡 出, 正統, 正系

cyfreithloni *t* 1.適法にする, 法律化する（行為・主張などを）法律上正当と認める, 正当化［公認］する; 弁明［弁護］する 2.（…の）正当な理由［言い訳］となる

cyfreithus *a* 1.合法［適法］の, 正当な 2.道理にかなった, 合理的な 3.嫡出の 4.（演劇, メロドラマ, 映画, テレヴィなどに対して）本格的［正統］な; 舞台［正］劇の

cyfres (-au, -i) *f* 1.一続き, 連続 2.（出版物・映画などの）連続［続き］物, シリーズ: stori (*f*) gyfres (storiau ~) 連続［連載］小説 3.続きの間: o ystafelloedd（ホテルなどの）一連の数室 4.［音楽］組曲 5.［数学］級数: ~ anfeidraidd 無限級数 6.［電気］直列

cyfresiad (-au) *m* 連続（配列）

cyfresol *a* 1.（出版物・映画などの）定期［続き物］の 2.連続的な, 一続きの, 通しの: rhif (-au) ~ *m* 通し番号 3.［音楽］十二音の: techneg (*f*) cerddoriaeth gyfres セリー技法

cyfresoliad (-au) *m* 連続（作品）, 連続放送［上映］（作品）

cyfresu *t* 1.続き物として連載する 2.続き物として放送［上映］する

cyfreswr (-wyr) *m* 連載物を書く作家

cyfresymiad (-au) *m*［論理］三段論法

cyfresymol *a*［論理］三段論法の

cyfresymu *t* 三段論法で論じる
i 三段論法を使う

cyfresymwr (-wyr) *m*［論理］三段論法を用いる人

cyfrif *t* 1.（人・物事を…であると）思う, 考える, みなす 2.（数量などを）数える, 計算［算出］する, 見積る: ~ y gost 費用を算出する 3.数に入れる, 含める: ~ rhn yn gyfaill 人を友人の数に入れる 4.（結果・罪などを…の）せいにする, 負わせる 5.電算機で計算する
i 1.数を数える, 計算する 2.重要である, 数に入る

cyfrif (-au, -on) *m* 1.（金銭上の）計算, 勘定, 会計: colli ~ 数を数えきれなくなる, 数を忘れる 2.計算［勘定］書 3.（銀行の）口座, 預金: ~ banc 銀行口座 4.［会計］勘定, 掛け, 付け: prynu rhth ar gyfrif［商業］何かを掛け［分

割払い］で買う; cyfriflyfr (-au) *m*, llyfr (*m*) ~（llyfrau cyfrifon）, llyfr cyfrifon 会計簿 5.説明, 報告, 記事, 話 6.重要性, 価値 7.理由, 根拠 8.報い, 罰

cyfrifdy (-dai) *m*（銀行・会社・大商店などの）会計課, 会計事務所

cyfrifeg *f* 会計［計理］士の職［地位］

cyfrifiad (-au) *m* 1.数えること, 計算, 勘定 2.数え方, 計算法 3.算定結果［数値］4.総数, 総計: ~ gwaed（赤血球と白血球の）血球数 5.人口［国勢］調査 6.（罪などを…に）負わせること 7.非難, 誹り, 汚名 8.［物理］（放射線の）計数, カウント

cyfrifiadol *a* 1.計算の 2.電算機の

cyfrifiadur (-on) *m* 電（子計）算機, コンピュータ: ~ digidol 計数型（電子）計算機, デジタル計算機; ~ personol パソコン

cyfrifiadureg *f* 電算機科学

cyfrifiaduro *t*（情報を）電算機で処理する, 電算機化する
i 電算機を導入する

cyfrifiadurol *a* 電算機による, コンピュータ化した

cyfrifiadurwr (-wyr) *m* : **cyfrifiadurwraig (-agedd)** *f* 電算機科学者

cyfrifiannell (-ianellau) *f* 計算器, 電卓

cyfrifiannu *i* 計算する

cyfrifiant (-iannau) *m* 計算, 算定, 評価, 算定結果［数値］

cyfriflyfr (-au) *m*［会計］元帳, 台帳

cyfrifol *a* 1.説明する義務がある 2.（法律などに）従う義務のある, 法的に責任のある 3.評判のよい, 立派な, 尊敬すべき

cyfrifoldeb (-au) *m* 1.責任［責務］（のあること）2.（具体的な）義務, 負担, 重荷 3.責任負担能力

cyfrifwr (-wyr) *m* 1.計算者, 清算人 2.計算早見表

cyfrifydd (-ion) *m* 1.= **cyfrifwr** 1,2 2.会計［計理］士, 会計係: ~ breiniol/siartredig 公認会計士

cyfrifyddiaeth (-au) *f* = **cyfrifeg**

cyfrin *a* 1.秘密［内密］の, 不可解な 2.（秘密などに）内々関与している 3.（場所などが）隠れた, 人目につかない, 奥まった 4.一個人の,（国王）私用の, 私有の: siambr gyfrin（siambrau ~）*f* 宮廷の私室; Sêl Gyfrin *f*, y Gyfrin Sêl 玉璽; y Pwrs C~ *m* 御内帑金, お手許金; y C~ Gyngor 枢密院

cyfrinach (-au) *m* 1.神秘, 秘密 2.秘密内緒事: dweud cyfrinacau 秘密を話す

cyfrinachedd *m* 1.秘密, 内密 2.秘密［機密］性

cyfrinachol *a* 1.（文書・談話など）秘密の, 内々の, 内緒の, 機密の: sgwrs gyfrinachol *f* 内緒話; tra chyfrinachol 極秘の 2.［行政］

cyfrinachwr (-wyr) *m* : **cyfrinachwraig (-agedd)** *f*（秘密, 特に恋愛問題などを打ち明けられる）腹心の友, 信頼できる友

cyfrinfa (-feydd) *f*（労働組合・秘密結社などの）地方支部, 集会所

cyfrin-gyngor(-nghorau) *m* 1.顧問院 2.[C~]枢密院

cyfriniaeth *f* [哲学] 神秘説 [主義]

cyfriniol *a* 1.秘法 [秘儀] の; 秘教的儀式の 2.神秘的な, 謎めいた, 幽玄な 3.精神的象徴の 4.神秘主義的な; 神秘的霊感による

cyfrinwr : cyfrinydd (-wyr) *m* 1.秘法伝受者 2.神秘論 [主義] 者

cyfro *t* [スポ] 後方を守る, カヴァーする

cyfrodedd *a*（糸・ロープなどが）よじれた, 撚り合せた, 編まれた: edau gyfrodedd 撚り糸

cyfrodeddiad (-au) *m* 撚り糸, 索

cyfrodeddu *t* 1.（糸などを）撚る, 撚り合せる, 編む 2.（縄などを）撚って [編んで, なって] 作る 3.（花綱・織物などを）編む, 織る, 編んで作る

cyfrol (-au) *f* 1.本, 書物 2.（2巻以上から成る著作・刊行物の）巻, 冊: y gyfrol gyntaf 第1巻

cyfrwng (-ryngau) *m* 1.（力・効果の伝達の手段となる）媒介物, 媒体, 媒質: trwy gyfrwng rhn 人の斡旋 [仲介, 世話] で; trwy gyfrwng rhth 何かによって [を用いて] 2.（通信・表現などの）手段, 媒体, 機関: cyfryngau torfol 大衆伝達の手段 [媒体], マスメディア（新聞・雑誌・テレヴィ・ラジオ・映画など）3.[生物]（細菌の）培養基: ~ tyfu/ meithrin 培養基 4.[化学] 作用物質, 薬剤 5.自然力 6.[心霊] 媒体; 霊媒

cyfrwy (-au) *m* 1.（乗馬用などの）鞍: bag (-iau) (*m*) ~ 鞍袋; ~ untu/untuog 女性用鞍 2.（自転車などの）サドル, 腰掛け 3.（2つの峰の間の）鞍部

cyfrwyo *t*（馬などに）鞍を置く

cyfrwyog *a*（馬などに）鞍を置いた

cyfrwys *a* 狡い, 悪賢い, 狡猾な, 老獪な

cyfrwyster : cyfrwystra *m* 狡さ, 狡猾, 悪賢さ, 悪知恵, 抜目なさ

cyfrwywr (-wyr) *m* 馬具製造人, 馬具屋

cyfryngdod : cyfryngiad *m* 調停, 仲裁, 執り成し

cyfryngol *a* 仲裁 [調停, 仲介, 執り成し] の

cyfryngu *i* 仲裁 [調停] する, 和解させる

cyfryngwr : cyfryngydd (-wyr) *m* : **cyfryngwraig (-agedd)** *f* : **cyfryngyddes (-au)** *f* 仲裁 [調停, 仲介] 者

cyfryngwriaeth *f* 仲裁 [調停] 者の職 [地位・任期]

cyfryw *a* 1.[種類・範囲] この [その] ような, そんな, こんな, あんな: y ~ ddyn そんな人 2.[程度・質]…のような: y ~ feirdd â Keats キーツのような詩人 3.[結果を表す節の前で] 非常に…なので~ 4.（二つ（以上）の物が）似た, 似ている 5.（外見・量など）類似の, 同様な, 等しい

cyfuchlin (-iau) *f* [地理] 等高線

cyfuchlinedd (-au) *m* 1.輪郭, 外形 2.等高線

cyfuchlinio *t* 輪郭 [等高線] を示す [描く]

cyfuchlinol *a* 1.輪郭 [等高線] を示す: map (-iau) ~ 等高線地図 2.[農業] 等高線に沿う: amaethu ~ 等高線栽培

cyfun *a* 1.結合 [結束, 団結] した 2.（学校が）総合の: ysgol gyfun (ysgolion ~) *f* 総合中等学校 3.（特に政治的目的手で国などが）連合 [統合, 合併] した: y Deyrnas Gyfun/Unedig 連合王国, 英国 4.[化学] 化合した: carbon ~ *m* 化合炭素 5.[心理]（人格が）統合した

cyfundeb (-au) *m*（政治・宗教などの）団体, 同志; 宗派, 教派; 党派; 学派

cyfundebol *a* 宗教団体の

cyfundoddi *t* 1.（企業などを）合併 [併合] する 2.溶け込ませる, 没入させる
i 1.合併 [併合] する 2.没入する, 溶け込む

cyfundoddiad (-au) *m*（会社・企業などの）合併, 合同

cyfundrefn (-au) *f* 1.（社会・政治・経済などの）組織, 制度, 構成, 機構, 体制, 政権: C~ Iechyd y Byd 世界保健機関; ~ gymdeithasol [社会学] 社会組織 2.順（序）, 順番 3.[天文] 系（統）: y Gyfundrefn Heulol 太陽系

cyfundrefneg *f* 1.系統学 2.分類学

cyfundrefniad (-au) *m* 1.系統 [組織, 体系] 化 2.分類

cyfundrefniaeth *f* 1.系統 [組織, 体系] 化 2.系統 [組織] 偏重

cyfundrefnol *a* 1.組織 [系統, 体系] 的な: crefydd gyfundrefnol *f* 組織 [体系] 化された宗教; Diwinyddiaeth Gyfundrefnol *f* [神学] 組織神学 2.計画的な, 故意の 3.よく整理された 4.労働組合に加入した

cyfunedig *a* 1.（人種・宗教的などの）差別をしない 2.統合 [組織化] された 3.合同 [合併] した 4.混合 [融合] した 5.[心理]（人格が）統合された, 円満な

cyfuniad (-au) *m* 1.結合, 配合, 組合せ 2.（会社の）合同, 合併 3.（民族・文化などの）融合, 統合 4.連盟, 同盟 5.連合 [共同] 体 6.[経済] 経済統合: ~ fertigol [経営] 垂直 [縦断] 的企業結合, 垂直統合 7.[心理]（人格の）統合

cyfuniadol *a* 1.結合する, 結合性の 2.[言語] 連音変化の 3.[数学] 組合せの

cyfunion *a* 1.一列に並べた, 位置を調整した 2.提携した

cyfunioni *t*（機械各部の）位置 [向き] を調整する

cyfunioniad (-au) *m* 1.（一列）整列 2.提携

cyfuno *t* 1.(会社などを)合同[合併]する 2.(種族・思想などを)融合する 3.結合する, 結び付ける: ~ busnes â phleser 仕事と楽しさを結び付ける

cyfunol *a* 1.結合した 2.(政治的に)連合[統合]した 3.(学校が)総合の 4.(行動などで)共同[提携, 団結]した 5.(人種・宗教的などの)差別をしない 6.共同使用する 7.集団的な: fferm gyfunol (ffermydd ~) *f* 集団農場 8.集合的な, 集合性の 9.[化学]化合した 10.[心理](人格が)統合された

cyfunoliad (-au) *m* 集産化

cyfunrhywiad (-iaid) *mf* 同性愛の人

cyfunrhywiaeth *f* 同性愛

cyfunrhywiol *a* 同性愛の

cyfurddwr (-wyr) *m* : **cyfurddwraig (-agedd)** *f* (Oxford大学などの)自費生, 普通学生

cyfurdd : cyfurddol *a* 同等の地位[階級]の

cyfuwch *a* [地理](山など)(ほとんど)同じ高さの

cyfweld *t* 1.(…と)面接[会見]する 2.(応募者・受験者などに)面接試験をする 3.(新聞記者などが公人・名士などに)インタヴューする 4.(警察が犯罪について人を)取調べる

cyfweliad (-au) *m* 1.面接(試験) 2.(新聞記者・ニュース解説者などの)インタヴュー, 会見, 取材訪問

cyfweledig (-ion) *mf* 被面接[会見]者

cyfwelwr : cyfwelydd (-wyr) *m* 1.会見[面接]者 2.面接試験官

cyfwerth *a* 1.(価値・力・数量・意味・効果などが)同等の, 等しい 2.[数学]同値[等積]の 3.(化学・物理)当量[等価]の, 原子価の等しい: pwys ~ (化学)当量, 等量, 対量, 等価量

cyfwerth (-oedd) *m* 1.同等[等価]物 2.[文法]同義語, 相当語句

cyfwerthedd *m* 1.同等, 同量, 同数, 同価値 2.同意義 3.[数学]同値; 等積 4.[化学](原子の)等価, 当量

cyfwisg (-oedd) *f* [服飾]アクセサリー

cyfwng (-yngau) *m* 1.(時間の)間隔, 合間, 隔たり 2.(場所の)間隔, 隔たり, 距離 3.偶発事件, 不慮の事故 4.[数学]区間 5.[音楽]音程: y ~ mwyaf長音程; ~ cywasgedig 減音程

cyfwrdd *i* 集まる

cyfwydydd *pl* [料理]添え物

cyfwyneb *a* 同一平面の, 同じ高さの

cyfyng *a* 1.(場所の)限られた, 幅が狭い, 細い: lle ~ *m* 狭い場所; ~ yw'r porth [聖書]道は細い (cf *Matt* 7:14) 2.(範囲・知識などの)狭い, 範囲の限られた: yn yr ystyr fwyaf ~ 最も狭い意味で 3.有限の 4.(会社が)有限責任の

cyfyng (-oedd) *m* 隘路, (特に山間の)狭い道

cyfyngder (-au) *m* 1.困難, 窮境, 難局 2.災難 3.(道路などの)狭さ 4.[海事]遭難: arwydd (-ion) (*m*) ~ 遭難信号

cyfyngedig *a* 1.(場所が)狭い 2.限られた, 有限の: argraffiad (-au) ~ *m* (本などの)限定版 : ardal gyfyngedig (ardaloedd ~) *f* 自動車速度制限区域 3.(文書などが)部外秘の 4.(権利・入場などが)特定の人に限られた 5.(会社が)有限責任の: cwmni (cwmnïau, cwmnïoedd) ~ *m* 有限責任会社

cyfyngfor (-oedd) *m* 海峡

cyfyng-gyngor *m* 1.困惑, 当惑 2.苦境, 難局, 窮境, 難題

cyfyngiad (-au) *m* 1.限定, 制限, 拘束 2.制限[制約]するもの, 拘束物 3.(能力・行動などの)限界 4.妨害, 障害: fasgyfyngiad (-au) *m* [生理]血管収縮 5.阻害するもの, 障害物 6.[法律]時効, 上訴期限: Ystatud (*f*) Cyfyngiadau 出訴期限法

cyfyngol *a* 1.制限[限定, 拘束]する 2.[文法]制限[限定]的な: cymal ~ 制限節

cyfyngu *t* 1.(人を)監禁[拘束]する 2.(数量・範囲などを)減らす, 制限限定する: ~ ar yfed alcohol アルコール[酒]の消費量を制限する 3.狭く[細く]する 4.[編物](目数を)減らす

cyfyngydd (-ion) *m* [物理](回転などの)抑制

cyfyl (-ion) *m* 1.近所, 近隣 2.(ある特色を持った)地域, 地区, 地帯

cyfymliw *i* 諌める, 忠告[説論]する

cyfymliwiol *a* 諌め[説論]の

cyfyrder (-on) *mf* : **cyfyrderes (-au)** *f* またいとこ

cyfystlys *a* 並んで

cyfystyr *a* 同じ意味の, 同義[同意](語)の

cyfystyr (-on) *m* 同意[同義, 類義]語

cyfystyredd *m* : **cyfystyriaeth** *f* 1.同(意)義, 同義性 2.同意[同義]語集

cyfystyreg *f* 同意[同義]語研究, 類語研究

cyfystyru *t* 同義語で言換える, 同義語を与える

cyff (-iau, -ion) *m* 1.[園芸](接木の)台木 2.木片: ~ llyw (cffion llywiau)[海事]舵幹(舵の軸材) 3.[家具]収納箱; 箪笥 4.(種々の器具・機械などの)台, 台木: ~ eingion (cyffion eingionau)鉄床の台, 金敷 5.柄: ~ dei [機械]ダイス回し(ねじ切り用ダイスの保持柄) 6.[歴史・法律][*pl*]晒し台[枷](昔, 罪人を足[手]枷で拘束して晒し者にした刑具)

cyffaith (-ffeithiau) *m* 1.糖菓, 菓子 2.果物の砂糖煮, ジャム

cyffeithio *t* (食物などを)腐敗しないように保存する; (果物・肉などを)瓶[缶]詰めにする, 酢[塩, 砂糖]漬けにする, ジャムにする

cyffeithiol *a* (食料品を)保存する

cyffeithiwr (-wyr) : cyffeithydd (-ion) *m* : **cyffeithwraig (-agedd)** *f* 糖菓製造販売人; 菓子製造人; 菓子屋

cyffelyb *a* 同様の, 似ている, 類似した, 等しい: yn gyffelyb 同じように, 同様に等しく

cyffelybiaeth (-au) *f* 1.類似, 相似 2.類似[相似]点[物] 3.[修辞]直喩, 明喩 4.比喩的表現[描写]

cyffelybiaethol *a* 象徴[表象]的な

cyffelybrwydd *m* 似ていること, 類似(点)

cyffelybu *t* 1.比較[対照]する, 比べる 2.例える, なぞらえる: ~ merch i flodeuyn 少女を花に例える

cyffen (cyffiau, cỳffs) *f* (装飾用の)袖口, (ワイシャツの)カフス

cyffes (-ion) *f* 1.自白, 告白, 白状 2.(信仰の)告白: ~ ffydd 信仰の告白 3.[宗教]懺悔, 告解: mynd i'r gyffes 懺悔に行く

cyffesgell (-oedd) *f* [カト]告白[告解]室

cyffesiadol *a* 1.告白[告解]の 2.信仰告白の: yr Eglwys Gyffesiadol [キ教]告白教会

cyffesol *a* 自白[告解]した

cyffesu *t* 1.自白, 告白, 告白]する, 認める 2.[カト]司祭に罪を懺悔[告解]する, (司祭が信者の)告解を聞く: ~'ch pechodau 罪の告白をする 信仰を告白する

cyffeswr (-wyr) : cyffesydd (-ion, -wyr) *m* : **cyffeswraig (-agedd)** *f* 1.自白[告白]者 2.[カト](司祭に罪を告白する)告解者 3.[カト]告解を聞く司祭, 聴罪司祭: tad gyffeswr (tadau gyffeswyr) 聴罪師 4.信仰の告白者: Edward Gyffeswr 懺悔[証聖, 告解]王エドワード (1004?-66; Anglo-Saxon系の最後の英国王 (1042-66; 凡庸であったが信仰が厚かったので, のち列聖され懺悔王と呼ばれる; Westminster Abbeyを建てた)

cyffin (-iau) *m* 1.近所, 付近, 近辺: yng nghyffiniau Bangor バンゴルの近所に; yng nghyffiniau'r dref 町の近く[近所]に 2.国境地方

cyffindir (-oedd) *m* 国境地帯

cyffindref (-i, -ydd) *f* 国境の町

cyffindwyll *m* 自党に有利な選挙区改正, ゲリマンダー

cyffindwyllo *t* (選挙区を)自党に有利に改める

cyffinio *t* (他国に)境を接する, 隣接する, 境界をつける

cyffiniol *a* 隣接する

cyffiniwr (-wyr) *m* 国境[辺境]地方の住人, (特にEnglandとScotlandの)国境[辺境]地方の住人

cyffinwlad (-wledydd) *f* 国境の国

cyffio *i* (関節が)硬くなる, こわばる

cyffni *m* (関節の)硬いこと

cyffoden (-nod) *f* 売春婦

cyffordd (-ffyrdd) *f* 1.接合, 接続, 連結, 連接 2.(鉄道の)連絡[接続, 乗換]駅 3.(道路の)交差点, 十字路: ~ feillionaidd (cyffyrdd meillionaidd) (四葉の)クローヴァー型立体交差点[十字路]

cyfforddus *a* 1.快適な, 心地よい 2.気楽な, ゆったりした

cyfforddusrwydd *m* 1.快適 2.気楽

cyffredin *a* 1.普通の, ありふれた 2.共通[共同]の: y Farchnad Gyffredin *m* (ヨーロッパ)共同市場 3.公共[公衆, 一般]の: cludwr (-wyr) ~ *m* 一般運輸業: 運輸業者[会社](鉄道・汽船・航空会社など); y Llyfr (*m*) Gweddi Gyffredin (英国国教会または同系統教会の)祈禱書; ystafell gyffredin (ystafelloedd ~) *f* (大学の)教職員用休憩[談話, 社交]室, 学生用談話[社交]室; y farn gyffredin 一般的世論 4.特権を持たない, 平凡な: pobl gyffredin *f&pl* 一般人民, 民衆 5.[文法]通性の, 両性共通の: cenedl gyffredin 通性 6.[数学]共通の: rhannydd (rhanyddion) ~ *m* 公約数

cyffredinedd (-au) *m* 1.平凡, 普通, 並み, 凡庸 2.陳腐(な言葉) 3.頻繁, 頻発

cyffrediniad (-au) *m* 1.一般[普遍]化 2.総合, 概括, 帰納 3.(総合・概括した結果の)概念, 一般論, 帰納的結果

cyffrediniaeth (-au) *f* 1.一般[普遍]性 2.概論

cyffredinol *a* 1.普通[通常]の 2.一般[全般, 普遍]的な: pleidlais gyffredinol *f* 普通選挙権; amser ~/byd-eang 世界時 3.(人が)万能の 4.[論理]全称の: gosodiad ~ *m* 全称命題 5.[医学]万能の: rhoddwr (-wyr) ~ *m* 万能給血者 (O型血液の人) 6.[機械]全ての形や大きさの物に用いうる, 自在の: cymal (-au) ~ *m* 自在継ぎ手

cyffredinoledig *a* 一般的な, 一般化した

cyffredinoli *t* 一般[普遍]化する

cyffredinoliad (-au) *m* = **cyffrediniad**

cyffredinoliaeth *f* [神学]普通救済説

cyffredinolrwydd *m* 1.一般[普遍]性 2.(知識・興味などの)広範なこと, 多方面性

cyffredinolwr (-wyr) *m* : **cyffredinolwraig (-agedd)** *f* 1.概括者; 一般論者 2.普及者

cyffredinrwydd : cyffredinwch *m* 1.普通, 平凡 2.共通

cyffro (-adau) *m* 1.興奮, 刺激, センセーション 2.ざわめき, 賑わい: lle yn llawn ~ a gweithgarwch ざわめき雑踏する場所 3.騒ぎ, 動揺, 混乱

cyffroad *m* 刺激すること

cyffroi *t* 1.(人・感情などを)興奮[動揺]させる, 刺激する, かき乱す: mae'n eich ~ それは人の血を沸かせる 2.(興味・好奇心などを)そそる, 起こさせる 3.(人・暴動などを)扇動する,

cyffrous 引き起こす: ~ torf 暴徒を扇動する 4.(人を)感動させる; 感動させて…させる 5.動かす 6.(液体などを)攪拌する, 掻き混ぜる, 波立たせる

cyffrous *a* 1.刺激的な, 興奮させる 2.動揺興奮した 3.感動させる

cyffröwr (-wyr) *m* : **cyffrowraig (-agedd)** *f* 1.刺激者 2.扇動者

cyffsen (cÿffs) *f* = **cyffen**

cyffug *m* [料理] ファッジ (砂糖・バター・牛乳・チョコレートなどで作った柔らかいキャンディー)

cyffur (-iau) *m* 1.麻薬: caeth (-ion) (*m*) i gyffuriau, caethes (-au) (*f*) i gyffuriau 麻薬常用者 2.薬, 薬品, 薬剤: ~ cyffesu [薬学] 自白薬, 真実吐露薬

cyffurfiadwy *a* 1.(…に)似た 2.(…に)適合 [一致, 調和, 相応] した 3.(…に)従順な

cyffuriwr (-wyr) *m* 1.薬剤師, 薬剤学者 2.製薬者, 薬屋

cyffwrdd *t* 1.(手・指などで)触れる, 触ってみる: ~ â rhth yn ysgafn 物に軽く触れる; lens (*f*) gyffwrdd (lensys ~) コンタクトレンズ 2.(手・指などで)軽く押す [打つ, 叩く] 3.(物を)接触させる, 触合わせる 4.触と言及する 5.(人を)感動させる 6.(飲食物などに)手をつける, 食べる, 飲む 7.害する, 傷める
i 1.触れる, 接触する 2.(問題を)簡単に論じる, 言及する: ~ â phwnc 問題にちょっと触れる

cyffylog (-iaid, -od) *m* [鳥類] ヤマシギ

cyffyrddiad (-au) *m* 1.(人・物に)触れること, 接触: dod i gyffyrddiad â rhth 何かと接触する; 連絡, 交渉, 交際 2.手触り, 触感, 触覚: y ~ 触覚, 触感; teimlais gyffyrddiad ar fy mraich 私は腕に誰か [何] か触るのを感じた 3.(筆・ペンなどでの)一筆; 筆致; 仕上げ, タッチ 4.特徴, 性質 5.手際, 技巧, 熟練: ~ meistrolgar *m* 難局に処するネルソンのような手際 6.気味, ちょっぴり 7.[音楽] タッチ

cyffyrddol *a* 触覚 [触感] の

cyffyrddus *a* = **braf**

cygnog *a* (手・指など) 節くれ立った

cygrychiad (-au) *m* [服飾] シャーリング, (2段以上にギャザーを付ける) 縫い皺目

cygrychu *t* [服飾] (布に) ギャザーを入れる

cyngaf *m* = **cacamwci**

cynganeddol *a* カンハネスに関する

cynganeddu *t* カンハネスを作る

cynganeddwr (-wyr) *m* カンハネスの作者

cyngaws (cynghawsau, cynghawsion, cynghosion) *m* [法律] 訴訟

cyngerdd (-ngherddau) *mf* [音楽] 音楽 [演奏] 会, コンサート: neuadd (*f*) gyngerdd (neuaddau ~) コンサートホール

cynghanedd (cynganeddion) *f* [詩学] カンハネス (ウェールズ詩でアクセント・頭韻・行中韻などに関する技法)

cyngherddwr (-wyr) *m* : **cyngherddwraig (-agedd)** *f* 音楽会によく行く人

cynghoraidd *a* [宗教] 会議の

cynghori *t* 1.(人に)助言 [忠告] する 2.勧める

cynghorol *a* 1.忠告の, 助言的な 2.顧問の

cynghorwr : cynghorydd (-wyr) *m* : **cynghorwraig (-agedd)** *f* 1.助言 [忠告] 者 2.(学校などの, 特に学生の) カウンセラー: ~ ysgol (cynghorwyr ysgolion) 学校のカウンセラー 3.顧問官, 評議員; 参事官 4.州 [市, 町] 議会議員

cynghrair (-eiriau) *mf* 1.同盟, 連盟: y C~ Sanctaidd 神聖同盟; C~ y Cenhedloedd 国際連盟 2.同盟国 3.協力, 協定 4.縁組 5.(スポーツの) 競技連盟, リーグ: gêm (*f*) gynghrair (gemau ~) [スポ] リーグ戦

cynghreiddig *a* [数学] 1.(円・球などが他の円・球と) 同 (中) 心の 2.中心を共有して

cynghreiriad (-iaid) *mf* 1.同盟 [連合] 国 2.助力, 味方

cynghreirio *i* 同盟 [連合, 団結] する

cynghreiriol *a* 同盟 [連合] した

cynghreiriwr (-wyr) *m* = **cynghreiriad**

cyngor (-nghorau) *m* 1.(州・市・町などの) 地方議会: ~ sir/sirol 州議会 2.(立方・諮問のための) 協議 [評議, 諮問] 会: y C~ Diogelwch 国連の安全保障理事会; C~ y Wladwriaeth [政治] 国策会議; y Frenhines mewn C~ 枢密院に諮問して行動する女王 3.会議, 審議, 協議

cyngor (-nghorion) *m* 1.相談, 協議; 評議: gofyn ~ rhn 人と相談 [協議] する 2.助言, 忠告, 勧告: ~ anobaith とてもできそうにない提案; 窮余の策

cyngres (-au) *f* 1.(代表者・使節・委員などの正式の) 会議, 大会, 代議員会: C~ yr Undebau Llafur 労働組合会議 (英国の組織労働者の全国的連合体; 1868年結成; 労働党の母体) 2.[C~] (米国または中南米諸共和国の) 国会, 議会: y gyngres (米国の) 国会

cyngresol *a* 1.会議 [大会, 集会] の 2.国会 [議会] の

cyngreswr (-wyr) *m* : **cyngreswraig (-agedd)** *f* [米] 連邦議会議員; (特に) 下院議員

cyngwystl (-au, -i, -on) *mf* 賭け (事); 賭けた金 [物]

cyngwystlo *t* (金などを) 賭ける, 賭けをする

cyhoedd *m* 1.人民, 国民, 公衆; 社会, 世間: y ~ 公衆, 一般大衆 [社会] 2.(ある階層の) 人々
a 1.公共 [公立] の 2.公務 [公職, 官公庁] の 3.社会一般 [一般大衆, 公衆] の 4.公然 [周知, 公開] の

cyhoeddeb (-au) *f* 1.(昔の) 布告, 勅令 2.命

令

cyhoeddebol *a* 布告[勅令]の

cyhoeddedig *a* 1.発表[公表]された 2.発布[公布, 宣言, 布告]された 3.出版[発行, 刊行]された

cyhoeddi *t* 1.発表[公表, 宣言, 声明]する: ~ rhyfel 宣戦する 2.(命令・法令などを) 発布[公布]する: ~ gwŷs[法律]召喚状を出す 3.(新聞・雑誌・切手などを) 出版[発行, 刊行]する 4.(通貨・公債などを) 発行する 5.(手形などを) 振出す 6.(物事が) 示す

cyhoeddiad (-au) *m* 1.宣言, 声明, 公表, 発布, 公布, 布告 2.出版, 発行, 刊行 3.出版[発行, 刊行]物 4.(紙幣・株などの) 発行 5.(手形・為替などの) 振出し 6.(会合・面会などの) 約束, 予約: torri ~ 約束を破る

cyhoeddus *a* 1.国民一般の, 国民全体のための, 公共の: cludiant ~ 公共輸送機関; cysylliadau ~ 宣伝活動, 広報, ピーアール; (企業などの) 対社会関係: Hawl (-iau) (*f*) Benthyca C~[図書館] 公貸権, 公共利用権 2.公衆用の, 公立[公営]の, 公開の 3.公然[周知]の 4.公務の 5.政府による, 国家の

cyhoeddusrwydd *m* 1.宣伝, 広告: swyddog (-ion)(*m*) ~ 広告代理業者, 広告係 2.知れ渡ること, 知名度, 世間の注目, 有名

cyhoeddwr (-wyr) *m* : **cyhoeddwraig (-agedd)** *f* 1.発表[公表, 宣言, 布告, 公告, 公布]者 2.出版業者, 発行人, 出版社 3.放送員, アナウンサー 4.(手形などの) 振出[発行]人

cyhuddedig *a*[法律]告発[告訴]された

cyhuddiad (-au) *m* 1.[法律]告発, 告訴; (被告の) 罪状認否 2.罪状, 罪 (名), 咎: ar gyhuddiad o … …の罪[かど]で 3.非難, 言いがかり

cyhuddo *t* 1.告発[告訴]する; (被告を) 法廷に召喚して罪状の認否を問う 2.非難する, 責める

cyhuddol *a* 1.告訴の 2.非難の

cyhuddwr (-wyr) *m* : **cyhuddwraig (-agedd)** *f* 1.告発人, 原告 2.非難者

cyhwfan *i* 1.(旗などが) 翻る, 揺れる 2.(手・旗などを振って) 合図する

cyhyd *a* 長さの等しい

cyhydedd (-au) *m*[地理]赤道: ~ wybrennol [天文]天 (球上) の赤道

cyhydeddol *a* 1.昼夜平分時の 2.昼夜平分の; 分点の: pwynt ~ *m*[天文](春分・秋分の) 分点 3.赤道直下[付近]の

cyhydnos (-au) *f* 昼夜平分時, 春[秋]分, 彼岸の中日: ~ yr hydref 秋分

cyhyr (-au) : **cyhyryn (cyhyeau)** *m* 1.筋肉: ~ rheoledig 随意筋 2.筋力, 腕力

cyhyrog *a* 1.筋肉の 2.筋肉のある, 筋骨たくましい, 筋肉隆々とした: Cristnogaeth gyhyrog 筋肉的キリスト教

cyhyrol *a*[医学・解剖]筋肉の: nychdod ~ *m*[医学]筋萎縮症, 筋ジストロフィー

cylch (-au, -oedd) *m* 1.[幾何など]円; 円周 2.[地理]緯線; 圏: y C~ Arctig, C~ y Gogledd 北極圏 3.[天文](天体の) 軌道 (土星などの) 輪, 環;(惑星の) 循環, 周期, 一周: ~ yr haul 太陽周期; cwblhau'r ~ 一周して戻る 4.[スポ]環状列石 5.[スポ]((アイス)ホッケーなど) ストライキングサークル (ゴール前のほぼ半円形の攻防の激戦地となる地域) 6.[論理]循環論法 7.[演劇](劇場などの) 円形桟敷 8.(同一の利害・職業などでの) 仲間, 団体, 会, サークル, 社会, …界: ~ llenyddol 文学界; ~ dethol/mewnol 権力の中枢に最も近い連中, 取巻き連中 9.(私利を狙って結託した政治・商業上の) 徒党, 一味 10.取引所 11.(サーカスの) 円形演技場 12.競馬場 13.(調理コンロの) 熱環 14.[機械]ピストンリング 15.(交際・活動・思想などの) 範囲 16.(桶・樽などの) 金輪, たが;(輪回しの) 輪; (曲芸用の) 金輪 17.[服飾]帯, 紐; ガードル (腹から腰にかけての体型を整えるための女性用コルセット) 18.輪[円] 形の物; ~ napcyn ナプキンリング (ナプキンを巻いて通しておく銀・象牙・骨製などの小円筒形の輪);(目の)くま;(煙草の煙の) 輪;(物を並べて[人が並んで]作った) 輪, 車座: mewn ~, yn gylch 輪をなして, 輪状を描いて 19.[植物](木の) 年輪: ~ tybiant 年輪 20.[軍事]巡回, 巡察 21.[音楽]輪唱 22.[数学]帯 23.地帯, 地域, 区域, 地方 24.(一連の現象が完成する)循環期, 周期: ~ bywyd [生物]生活環, ライフサイクル 25.(季節・事件などの) 一回り

cylch- *pref* 周囲に, 取巻く

cylchbais (-beisiau) *f*[服飾]1.ファージンゲール (16~17世紀に多く着用されたスカートのヒップを誇張する仕掛け) 2.ファージンゲールで裾を広げたスカート[ペティコート]

cylchdaith (-deithiau) *f* 1.(天体の) 一周, 一巡 2.巡回(旅行), 周遊 3.迂回(路) 4.(牧師・セールスマン・裁判官などの) 地方巡回, 行商; 地方巡回路; 巡回裁判区 5.(国王・女王の) 巡幸, 行幸

cylchdro (-adau, -eon) *m* 1.回転 2.循環, 周期: ~ masnach [経済]景気循環 3.(職員などの) 輪番, 交替 4.[農業]輪作: ~ cyndau 輪作 5.(機械などの) 回転(運動), 旋回: mesurydd (-ion)(*m*) cylchdroeon 積算回転計 6.(天体・人工衛星などの)軌道, 周転, 公転

a 1.回転の 2.循環の 3.輪番の 4.輪作の

cylchdroi *t* 1.回転させる 2.循環させる 3.交替させる 4.(作物を)輪作する: ~ cnydau 作物を輪作する 5.自転[公転]させる 6.思い巡らす *i* 1.回転する 2.循環する, 巡る 3.交替する 4.(考え・思いが) 去来する, 次々と浮かぶ 5.(天体

cylched 172 **cymaint**

が)自転[公転]する

cylched (-au) *m* [電気] 回路, 回線: torrwr (*m*) ~ (torwyr cylchedau) 回路遮断器; ~ cyfannol [電工] 集積回路

cylchedu *t&i* 1.周行する 2.巡回する

cylchedd (-au) *m* 1.円周 2.周辺, 周囲

cylcheddol *a* 1.円周の 2.周辺の

cylchfa (-oedd, cylchfâu, cylchfeydd) *f* 1.[数学] 帯 2.[地理] 帯: C~ Dymherus (Cylchfaoedd Tymherus) 温帯; C~ Rew (Cylchfaoedd Rhew) 寒帯

cylchfaog *a* 帯 (状斑紋) のある; 帯状に配列された

cylchfaol *a* 1.帯 (状) の 2.地域 [地区, 区域] に分けられた

cylchfordwyad (-au) *f* 周航

cylchfordwyo *t* (世界・島などを) 周航する, 船で回る

cylchfordwywr (-ayr) *m* (世界) 周航者

cylchffordd (-ffyrdd) *f* (大都市の) 環状道路

cylchgan (-au) *f* [音楽] 生き生きとした単純な歌

cylchgrawn (-gronau) *m* 雑誌: rhesel (*f*) gylchgronau (rheseli cylchgronau) 雑誌入れ, マガジンラック

cylchlif (-iau) *f* [道具] 帯のこ (ぎり)

cylchlythyr (-au, -on) *m* 1.回状 2.(広告用) ちらし

cylchlythyru *t* 1.回状を配る 2.回覧にする

cylchog : cylchol *a* 1.輪 [環] のある, 輪 [環] 状の: mesur cylchol [数学] 弧度法 2.循環 [回帰] する, 周期的な 3.[数学] 循環する: degolyn (degolion) cylchol *m* 循環小数; 円の, 巡回の 4.[化学] 環式の: APM ~ [生化学] サイクリックAPM 5.[植物] 輪状の

cylchred (-au) *mf* 1.周期, 循環 (期) 2.(季節・事件などの) 一巡, 一回り 3.生活環, ライフサイクル: ~ bwydydd [生態] 食物鎖 4.(製品などの) 寿命 5.一群の詩歌; 伝説群; 文学作品群 6.[医学] 周期: ~ y misglwyf/mislif月経の周期 7.[数学] 循環 8.[電気] 周波, 周期, サイクル 9.[天文] 天体の軌道上の一周

cylchredeg *t* 1.(血液・水・空気などを) 循環させる 2.(酒などを) 次々につぎ回す 3.(噂などを) 広める, 触回る 4.(新聞・雑誌などを) 配布する 5.(書状などを) 回覧する 6.(通貨などを) 流通させる
i 1.(血液・水・空気などが) 循環する 2.(酒杯などが) 次々に回る 3.(集まりなどで) 人の間を動き回る 4.(世の中を) 渡り歩く 5.(新聞・雑誌などが) 配布される 6.(風説などが) 伝わる, 流布する 7.(貨幣が) 流通する

cylchrediad (-au) *m* 1.(血液・水・空気などの) 循環, 血行, 流通 2.(本・新聞などの) 配布, 普及 3.発行部数, 売れ行き 4.(図書の) 貸出部数 5.(風説などの) 流布, 広まり 6.(貨幣な

どの) 流通

cylchredol *a* 1.循環する 2.巡回する: llyfrgell gylchredol (llyfrgelloedd ~) *f* 貸出図書館 3.流通的な: cyfrwng ~ *m* [金融] 流通貨幣, 通貨

cylchres (-i) *f* 勤務当番表, 勤務名簿

cylchu *t* 1.(円形に) 取り囲む [巻く] 2.円で囲む 3.(樽・桶などに) たがを掛ける
i 1.回る, 回転 [旋回] する 2.円を描く

cylchwr (-wyr) *m* 桶屋, 樽製造者

cylchwyl (-iau) *f* 1.祝祭, 祭礼, 祝い 2.祭日, 祝日, 記念日 [祭], …周年祭, 年忌 3.饗宴

cylchyn (-au, cylchau) *m* 1.小円 [環] 2.飾り輪, (特に) 頭飾り, 指輪 3.(子供の輪回し遊びの) 輪: powlio ~ おもちゃの輪を回す; ~ hwla [商標] フラフープ 4.(たる・おけなどの) 金輪, たが

cylchynol *a* 1.循環する 2.巡回する 3.周囲 [付近] の

cylchynu *t* 1.囲む, 取巻く 2.(問題・危険などが) 付き纏う 3.[軍事] 包囲する

cylfat (-iau) *mf* 1.(道路・鉄道などの下を横切る) 暗渠, 排水渠 2.[電気] 線渠

cylionen (cylion) *f* [昆虫] 1.ぶよ 2.蚊

cylymu *t* 1.(ひも・ロープ・ネクタイなどを) 結ぶ 2.(ひも・なわなどで物を) しばる, くくる 3.(人を仕事などに) 束縛 [拘束] する

cylyn (-au, -od) *m* (石灰・レンガなどを焼いたり木材を乾燥させる) 窯, 炉

cylla (-on, cyllâu) *m* 胃

cyllell (cyllyll) *f* 1.ナイフ, 小刀, 包丁: ~ Bowie ボーイーナイフ (米国で作られる鞘付きの片刃猟刀); ~ fwyta (cyllyll bwyta), ~ fwrdd (cyllyll bwrdd), ~ ford (cyllyll bord), ~ gasneiff (cyllyll casneiff) 食卓用ナイフ; ~ bapur (cyllyll papur) 紙切り [ペーパー] ナイフ 2.(手術用の) メス

cyllellwr (-wyr) : cyllellydd (-ion) *m* ナイフ製造人, 刃物師 [屋]

cyllid (-au) *m* 1.(税金などによる国の) 歳入, 財源: y C~ Cyhoeddus *m* 国庫歳入; 予算 (案 [額]) 2.(土地・財産などからの) 収入, 収益; 収入源 3.(国家・団体・個人などの) 総収入 [所得] 4.財政, 財務, 財源: Mesur (-au) (*m*) C~ 財政法案; 5.財政学 6.資金の調達, 融資: tŷ (tai) (*m*) ~ 割賦金融会社

cyllideb (-au) *f* 1.(国家などの) 予算 (案 [額]): ~ fantoledig 均整の取れた予算 2.(家庭などの) 予算 (額), 家計; 生活費

cyllidol *a* 1.国庫の 2.財政 (上) の, 財務会計の; 金融の; 財界の

cyllidwr (-wyr) *m* 1.財政家; 財務官 2.金融業者, 資本家

cymaint *a* 1.同じくらい大きい: ~ â cheffyl 馬と同じくらい大きい 2.同数の, それだけの (数の)

3.同量の, それだけの(量の): ~ ddwywaith 二倍の量; ~ eto/arall もうそれだけ, 二倍だけ

cymal (-au) *m* 1.関節, 節 2.[機械]継ぎ手[目]: ~ pelen a soced 玉継手 3.[文法]節: ~ enwol 名詞節 4.[音楽]楽句 5.(条約・法律などの)条項, 箇条: ~ eithrio[保険]除外条項

cymalol *a* 1.関節の 2.条項の 3.[文法]節の

cymalog (-ion) *m*[貝類]有関節亜綱の動物 *a* 1.[動物]関節のある 2.[鉄道・自動車](車両など)連結[関節]式の 3.多くの条項のある

cymalwst *f*[病理]1.関節炎[症]2.関節リューマチ 3.痛風

cymanfa (-oedd) *f* 1.(特に宗教上の)会議, 会合, 集会 2.催し物, フェスティヴァル, …祭: ~ ganu(cymanfaoedd canu)歌唱祭

cymanwlad (-wledydd) *f*(共通の目的と利益で結ばれた)連邦: Gŵyl(*f*) y Gymanwlad 連邦祝日; y Gymanwlad Brydeinig 英[イギリス]連邦

cymar (cymheiriaid) *mf* 1.仲間, 同輩, 友達 2.(地位・能力・性質などの)同等の人, 同類, 匹敵者 3.配偶者, 連れ合い 4.(ダンス・競技などの)相手, 組む人, パートナー 5.一組[一対]の一方[片方]

cymarebol *a*[数学](数・関数が)有理の

cymathiad (-au) *m* 1.同化(作用)2.(食物の)消化, 吸収 3.[音声]同化: ~ blaen 進行同化 4.[社会]同化, 融合

cymathol *a* 同化(作用)の; 同化力のある

cymathu *t* 1.(物事を)類似させる, 同(質)化する 2.(移民などを)同化[融合]する 3.[音声]同化する 4.互いに関連[相関]させる *i* 1.(移民などが)同化する 2.[音声]同化する

cymathwr (-wyr) *m* 同化する人

cymdeithas (-au) *f* 1.社会: ~ (y)prynwyr/ defnyddwyr 消費社会 2.会, 協会, 学会: ~ rhieni ac athrawon[教育]父母と教師の会, ピーティーエー; C~ Gristnogol y Gwŷr Ifainc キリスト教青年会; C~ yr Iaith Gymraeg ウェールズ語学会; C~ Frenhinol Llundain王立協会, 英国学士院; 組合, 会社, 社団; 結社 3.社交界, 上流社会: y gymdeithas ffasiynol 上流社会 4.友情, 交友 5.仲間意識, 連帯感

cymdeithaseg *f* 社会学

cymdeithasegol *a* 社会学の

cymdeithasegwr : cymdeithasegydd (-wyr) *m* 社会学者

cymdeithasfa (--oedd) *f* 教会団体

cymdeithasgar *a* 1.社交的[交際好き]な 2.愛想のよい

cymdeithasgarwch *m* 1.社交性, 交際上手 2.愛想[人好き]のよさ, 親しみやすさ, 気さくなこと

cymdeithasol *a* 1.社会の, 社会的な, 社会に関する: chwalfa gymdeithasol *f*[社会]社会

解体; esgynfa gymdeithasol出世街道 2.社交上の, 懇親の, 社交界の 3.社会生活を営む: nawdd ~ 生活保護 4.(動物が)群居する 5.(植物が)群生する

cymdeithasoli *t* 社会的にする, 社会の要求に合致させる

cymdeithasu *i* 1.社交活動をする 2.交際する, 親しく付き合う

cymdeithgar *a* 友とするによい, 親しみやすい, 人付きのよい, 気さくな

cymdogaeth (-au) *f* 1.(自分の住む)近所, 近隣, 付近 2.(ある特徴をもつ)地域, 地方

cymdogol *a* 1.近所[近隣]の; 隣接した 2.隣人らしい, 親切な, 人付き合いのよい

cymdogrwydd *m* 隣人のよしみ, 隣人らしい親切

cymedr (-au) *m* 1.(両端の)中央; 中等; 中庸 2.[数学]平均, 中数; 平均値: ~ rhifyddol 相加[算術]平均 3.(儒教での)中庸, (仏教での)中道; (Aristotle以来の)中庸(の徳): Athrawiaeth y C~ Euraid 中庸[中道]の教え 4.[音楽]中音部

cymedraidd *a*[数学]平均の

cymedrig *a* 1.[数学]平均の 2.(位置・順序・時間が)中間の 3.(品質・程度などが)平均の, 中庸の: gwyriad ~ *m*[統計]平均偏差; taith gymedrig *f*[物理]平均自由行程; haul ~ *m*[天文]平均太陽; lefel(*f*) môr gymedrig [測量]平均海面

cymedrol *a* 1.(人・性質・行動などが)穏健な, 節度のある, 極端に走らない, 禁欲的な 2.(政治・宗教などで)穏健派[穏和主義]の 3.(数量・程度などが)適度の, 頃合の; (値段が)手頃な, (質が)並[普通, 中位]の 4.(飲食を)節制する; (食事などが)質素な

cymedroldeb : cymedrolder *m* 1.適度, 中庸 2.温和, 穏健 3.(言動・飲食などの)節制, 節度, 自制, 克己 4.緩和, 軽減

cymedroli *t* 1.節制する, 適度にする 2.緩和[軽減, 加減]する, 和らげる

cymedrolwr (-wyr) *m* 1.仲裁[調停]者 2.穏健な人, (特に政治・宗教上の)穏和主義者, 穏健派の人 3.(討論会などの)司会者; (町会などの)議長 4.[キ教](長老派教会の)教会総会議長

cymell *t* 1.(人に)勧めて…させる, (人に…するよう)勧誘[勧告, 激励, 強制]する 2.駆り立てる, 急がせる 3.(人に)動機を与える, 刺激[誘導]する

cymen *a* きちんと片付いた, 整頓された, 整然とした, きれい好きな

cymer (-au) *m*(川・氷河の)合流点

cymeradwy *a* 1.受諾[容認, 許容, 承認, 賛成]できる 2.是認された, 定評のある 3.推薦できる, 勧められる 4.立派な, ほめるに足る 5.(贈物などが)気に入られる, 満足な, 喜ばれる

cymeradwyaeth *f* 1.拍手喝采, 声援: cael/derbyn ~ 拍手喝采をもって迎えられる 2.称賛, 称揚 3.是認, 同意, 賛成 4.(公式の) 承認, 認可, 許可 5.推薦, 推挙 6.推薦状

cymeradwyo *t* 1.拍手喝采する, 声援を送る 2.称賛する, ほめる: ~ rhn am ei ddewrder人の勇気をほめる 3.是認[賛成]する 4.認可する 5.推薦する
i 拍手喝采する

cymeradwyol *a* 1.承認[是認, 賛成]の 2.称賛の 3.推薦の

cymeradwywr (-wyr) *m* :
cymeradwywraig (-agedd) *f* 1.声援者 2.称賛者 3.承認[是認, 賛成]者 4.推薦者

cymeriad (-au) *m* 1.(個人・集団・国民などの) 性質, 気質, 性格, 人格, 品性, 徳性 2.(物・事件・土地などの) 特質, 特性, 特徴, 特色 3.(小説・劇などの) 登場人物 4.人; 変わり者: ~ drwg 悪名の高い人; mae'n gymeriad 彼は変わり者だ 5.評判, 名声

cyrmeriad *a* [演劇](俳優が) 性格的な: actores (-au) *f* ~ 性格女優

cymeriadaeth *f* (小説・劇などの) 性格描写

cymesur *a* 1.(左右が) 相称[対称]の 2.比例した, 釣合った, 均整の取れた

cymesuredd (-au) *m* 1.(左右) 相称, 対称 2.均整, 均衡, 調和, バランス 3.[生物] 相称, 対称: ~ dwyochrog (身体の) 左右相称

cymesuro *t* 1.(左右) 相称[対称] 的にする 2.釣合わせる, 比例[調和] させる

cymesurol *a* 比例した, 釣合った

cymhareb (cymarebau) *f* 1.比, 比率, 割合 2.[数学] 比: ~ union正比; ~ wrthdro (cymarebau gwrthdro) 反比, 逆比

cymhares (cymaresau) *f* = cymar

cymhariaeth (cymariaethau) *f* 1.比較, 対称, 類似: mewn ~ â rhth 何かと比較すると; y tu hwnt i gymhariaeth 比類ない[なく], 無比の 2.[文法] 比較 (変化): graddau ~/cymharu 比較の級 3.[修辞] 直喩, 明喩

cymharol *a* 1.比較の; 比較による: ieitheg gymharol *f* 比較言語学 2.比較的の, 相対的な: mewn cysur ~ 比較的楽に 3.[文法] 比較級の

cymharu *t* 1.(類似・相違を示し相対的価値を知るために) 比べる, 比較[対照]する: ~ dau beth 二つの物を比較する 2.例える, なぞらえる: ~ geneth â blodyn 女の子を花に例える 3.(鳥などを) つがわせる 4.[文法](形容詞・副詞の) 比較変化[比較級と最上級]を示す: ~ ansoddair 形容詞の比較変化を示す
i 1.匹敵し肩を並ぶ 2.(鳥などが) つがう

cymharus *a* (夫婦など) 似合いの

cymharydd (cymaryddion) *m* 1.比較研究家 2.[機械] 比較測定器 3.[電工] 比較器

cymhathol *a* 同化する

cymhathu *t* 1.(物事を) 同(質) 化する 2.(言語・移民なども) 同化[融合] する

cymheiriad (-heiriaid) *m* 対等[同等]者; 同僚, 仲間: statws ymhlith eich ~ 仲間の間での地位

cymhelliad (-hellion, cymelliadau) *m* 衝動, 動機, 動因, 誘因

cymhelliaeth *f* : **cymhelliant** *m* 1.動機を与えること, 動機となる理由, 刺激, 誘導 2.[心理] 動機付け

cymhellwr : cymhellydd (-wyr) *m* :
cymhellwraig (-agedd) *f* 1.誘引[誘導] 者[物] 2.[生物](遺伝子に対する) 誘発因子

cymhendod *m* 小綺麗さ, 整然

cymhennu *t* 1.きちんとする, 片付ける, 整頓する 2.叱る, 咎める, 非難する
i 叱る, 小言を言う

cymhercyn *a* びっこを引いている

cymhercyn *m* 弱々しい人

cymhlan *a* [数学] 同一平面上の, 共面の

cymhleth *a* 1.複雑な, 込み入った, 入り組んだ, 分かりにくい 2.複合の 3.[文法](文が) 複文の: brawddeg gymhleth (brawddegau ~) 複文

cymhleth (-au, -ion, -oedd) *m* [精分] 複合, 観念複合体, コンプレックス: ~ uwchraddoldeb 優越感; ~ Oedipws/Oidipos 親母複合, エディプスコンプレックス

cymhlethdod (-au) *m* 1.複雑さ 2.複雑な物

cymhlethu *t* 1.(事を) 複雑にする, 込み入らせる 2.(事を) 理解しにくくする 3.(病気を) 悪化させる

cymhlithio *i* [生物] 混ざる, 混じり合う

cymhlyg *a* 1.[数学] 複素数の 2.[化学] 錯体の

cymhlyg (-au) *m* (建物などの) 集合体

cymhorthdal (cymorthdaliadau) *m* (国家の) 助成[補助, 奨励, 奨学]金

cymhorthdreth (-i) *f* [歴史](封建時代の臣下から君主への) 臨時献金(君主が捕虜になった場合の身代金, 君主の長男のナイト叙任祝い, 君主の長女の結婚祝いの3つ; 英国では1066年以後14世紀まで行われた)

cymhorthol *a* 補助[補佐, 助手]の

cymhorthwr (-wyr) *m* 助手, 補助者

cymhorthwyol *a* = cymhorthol

cymhwysedd (-au, cymwyseddau) *m* 1.能力 2.適応[融通] 性

cymhwysiad (cymwysiadau) *m* 1.調節, 調整: ~ tymhorol [経済] 季節調整; 補正, 精算 2.調節手段[装置] 3.適用(性), 応用 4.(争議などの) 調停

cymhwyso *t* 1.調節する, 適合[適応] させる 2.(意見などを) 調整[修正] する 3.(金額などを) 調整[補正] する: ~ prisiau 値段を調整する 4.応用[適用] する 5.適任[適格] とする, 資

格を与える

cymhwysol *a* 1.適格［適任］の, 資格のある 2.調節の 3.適用された, 応用の: ieitheg gymhwysol 応用言語学

cymhwyster (cymwysterau) *m* 1.適合, 適切, 相応, 相当 2.適応［適合, 順応, 融通］性 3.(地位などに応じる) 資格, 資質, 適格性

cymhwyswr : cymhwysydd (-wyr) *m* 1.改作［翻案］者 2.［機械・電気］加減装置, アダプター

cymod *m* 1.償い, 贖い 2.［神学］贖罪；[C~] キリストの贖罪: Dydd(m) y C~［ユダ教］贖罪［贖い］の日 (ユダヤ暦の7月(Tishri) 10日の新年祭に続く懺悔の日々の最終日で, 過去一年間を反省し, 犯した罪の赦しを求め, 終日断食して祈る) 3.[カト]（教会堂などの）清め, 復聖 4.和解; 調停 5.調和; 一致 6.服従, 諦め 7.なだめ, 慰め; 懐柔

cymodi *t* 1.和解［妥協］させる, 調停する 2.(人を) なだめる, 懐柔する, 手なずける 3.(人の好意・尊敬・支持などを) 得る 4.調和［一致］させる
i 1.和解［妥協, 譲歩］する 2.調和する

cymodiad (-au) *m* 1.和解, 調停 2.調和, 一致

cymodlon : cymodol *a* 1.なだめる（ような）, 和解［調停］の 2.調停［和解］できる 3.調和［一致］できる

cymodlondeb *m* 和解［調停］の可能性

cymodwr (-wyr) *m* : **cymodwraig (-agedd)** *f* 1.なだめる人, 懐柔者 2.調停者

cymoni *t* = cymhennu 1

cymorth (cymhorthau, cymhorthion) *m* 1.助け, 援助, 手伝い, 救助, 財政的援助: gyda chymorth cyfaill 友人の助けによって; C~ Gwladol［法律］国家扶助; C~ Cyhoeddus［政治］生活保護 2.(特に家事手伝いの) 雇い人, 家政夫: ~ cartref ホームヘルパー（老人・病人などの世話のために地方自治体から派遣される人）3.援助者, 助けになる物, 補助器具: ~ clywed補聴器

cymorth *t* 1.(困っている人などを) 助ける, 救う, 援助する, 手伝う 2.(物事が) 役立つ, 促進［助長］する

Cymraeg *mf*［言語］ウェールズ語: y Gymraeg *f* ウェールズ語; Cymraeg da *m* 立派なウェールズ語
a ウェールズ語の

Cymraes (-au, Cymryesau) *f* 1.ウェールズの女性, ウェールズ人の女 2.ウェールズ語を話す女性

cymrawd (cymrodyr) *m* 1.仲間, 僚友, 同僚, 親友, 戦友 2.[C~]（共産党の）組合員, 党員, 同志: y C~ Thomas 同志トマス 3.(大学の) 特別研究員, フェロー

Cymreictod *m* ウェールズ風であること; ウェー

ルズ語らしさ

Cymro *a* ウェールズ（人）の: telyn Gymreig (telynau ~) ウェルシュハープ (3列の弦をもつ大ハープ)；y Swyddfa Gymreig *f*（英国政府の）ウェールズ省

Cymreigaidd *a* 1.(態度が) ウェールズ風の, ウェールズ人らしい 2.(言葉が) ウェールズ語なまりの

Cymreigedig *a* 1.ウェールズ化［風に］された 2.ウェールズ語風にされた

Cymreiges (-au) *f* = Cymraes

Cymreigio *t* 1.ウェールズ化［風に］する 2.ウェールズ語風にする

cymriwiad (-au) *m* 1.(切り) 裂くこと 2.裂傷

cymriwio *t*（腕・顔などをガラスの破片などで）裂く, 引き［切り］裂く

Cymro (Cymry) *m* 1.ウェールズの男性, ウェールズ人の男 2.ウェールズ語を話す男性: y Cymry ウェールズ人（複数）

Cymroaidd *a* = Cymreigaidd 1

cymrodedd *m* 1.和解, 妥協, 歩み寄り 2.妥協［折衷］案

cymrodeddu *t&i* = cymodi

cymrodeddwr (-wyr) *m* : **cymrodeddwraig (-agedd)** *f* 仲裁［調停, 裁定］者

cymrodor (-ion) *m* 僚友, 仲間, 親友

cymrodoriaeth (-au) *f* 1.友情, 友愛, 仲間意識, 連帯感 2.(大学の) 特別研究員の地位［給費］

Cymru *f*［地理］ウェールズ: ~ a'r Cymry ウェールズとウェールズ人

cymrwd *m* モルタル, 漆喰, プラスター, 壁土

cymryd *t* 1.受け入れる, 受け取る 2.認める, 信じる 3.(クレジットカードなどを) 受け付ける 4.(手などで) 取る, 掴む, 持つ, 抱く 5.(勝手に［間違って]) 取って行く, 取り去る, 盗む 6.(人などを) 受け入れる, 雇用する, 入学させる: ~ disgyblion 生徒を取る;（下宿人などを）置く 7.(容器・建物が) 収容する 8.(妻を) めとる 9.選ぶ,（機会などを）とらえる, 利用する 10.(人・手段・方法などを) 採用する 11.(鳥獣を) 捕える, つかまえる 12.(犯人などを) 逮捕する; 捕虜にする: ~ rhn yn garcharor人を捕虜にする 13.［軍事］(砦・都市・国などを) 奪取［占領, 占拠］する: ~ tref 都市を占拠する 14.(時間・労力・金などを) 必要とする, かかる 15.(染料などを) 吸収する: nid yw cotwm yn ~ ei liwio'n dda 木綿は染まりがよくない 16.(注意・決心・見方・世話などを) する 17.(感情などを) 感じる, 経験する: ~ cysur 慰めを得る 18.(道・進路などを) たどる, 行く: ~ y ffordd anghywir 間違った道を行く 19.飛び越え, 渡る,（障害物などを）乗り越える: ~ cornel ar wib全速力で角を曲がる 20.(行動・言葉・意味などをよく・悪く) 受け取る, 解釈す

cymudadur 176 **cymynwr**

る: ~ rhth yn dda 何かをよく取る 21.買う, 予約する;(家などを)借りる: ~ tŷ 家を借りる;(新聞などを)定期購読する 22.(乗物に)乗る, 乗って行く 23.(乗物・道路などが)導く,(人などを)連れて行く, 案内する 24.(席・位置などに)着く, 取る: ~ y gadair 椅子に腰掛ける 25.(官職・地位に)つく; urddau (eglwysig) 聖職者になる 26.(忠告などを)受け入れる: cyngor cyfreithiol 弁護士の助言に従う;(申し出などに)応じる, 受ける 27.(非難・罪などを)甘受する, 耐え忍ぶ 28.(責任・義務・仕事などを)引き受ける, 負う: ~ yr holl gyfrifoldeb am rth 何かに対して全責任を負う 29.(電話などの)応対をする 30.手に入れる, 獲得する;(賞・学位などを)取得する: ~ gradd 学位を取得する 31.(生徒が科目・コースなどを)取る;(試験などを)受ける 32.(薬・飲食物などを)食べる, 飲む, 服用する: ~ bwyd 食事をする;(ミルク・砂糖などを)入れる 33.(特定のサイズの靴などを)用いる, 要する 34.思う, 考える, みなす: ~ rhth yn ganiataol 何かを当然のことと思う 35.(人目・関心を)引く;(人の心を)引きつける, うっとりさせる: ni allwn gymryd ato 私は彼に心を奪われなかった 36.(演劇)(役者が歓呼に)答える: ~ clap 歓呼に答える 37.(文法)(語尾を)取る,(動詞が目的語などを)取る: berf sy'n ~ arddodiad 前置詞を取る動詞 38.(チェス)(相手の駒を)取る: ~ darn 駒を取る 39.(トラ)(ブリッジなどの1回に)勝つ: ~ tric その回に勝つ

cymudadur (-on) m 〔電気〕整流子

cymudiad (-au) m 1.交換 2.〔数学〕換算 3.〔電気〕整流

cymudo t 〔電気〕(電流の)方向を変える, 整流する

cymudol a 〔数学・論理〕交換可能な

cymudwr (-wyr) m : **cymudwraig (-agedd)** f(特に定期券利用の)通勤者

cymun : cymundeb (-au) m 1.親交; 霊的交渉 2.(同じ信仰・宗派の)仲間; 宗教団体 3.〔C~〕(プロテスタント)聖餐式,(カトリック)聖体拝領: Cymun yr Holl Saint, Cymundeb y Saint 〔キ教〕聖徒の交わり; 〔カト〕諸聖人の通功

cymuned (-au) f 〔社会〕共同社会, 生活共同体, 生活集団, コミュニティー, コミューン

cymunedol a 共同社会[コミュニティー]の: cartrefi (-i) ~ m 少年院, 教護院, コミュニティーホーム (少年犯罪者の収容施設; 1969年にapproved schoolやremand homeに代わったもの); canolfan ~ (canolfannau ~) mf コミュニティーセンター (教育・文化・厚生・社交などの施設がある社会事業センター)

cymuno i 1.親しく交わる[語り合う]: ~ â natur 自然を友とする, 自然に親しむ 2.〔米〕〔キ教〕聖体〔聖餐〕を受ける

cymunol a 正餐を受ける

cymunwr (-wyr) m : **cymunwraig (-agedd)** f〔キ教〕聖餐拝受者, 聖体拝受者

cymwy (-au) m (心身の)苦悩, 難儀; 苦痛の種

cymwynas (-au) f 1.親切, 好意, 恩恵, 世話 2.親切な行為: gwneud ~ â rhn 人の頼みを聞き入れる人に恩恵を施す

cymwynasgar a 親切な, よく人の世話をする, 助けになる

cymwynasgarwch m 親切

cymwynaswr (-wyr) m : **cymwynaswraig (-agedd)** f 1.恩恵を施す人, 恩人 2.(特に養育院・学校・慈善事業などの)後援者, 基金寄贈者

cymwys a 1.正確[的確]な 2.適切[適当]な, 適した, ぴったりの, 相応しい, 似合って 3.十分な資格のある, 有能な 4.応用[適用]できる,(実地に)適用された, 応用の 5.〔法律〕(裁判官・法廷など)正当な, 権限を持つ;(証人など)法定資格のある, 法的適格性のある

cymydog (cymdogion) m : **cymdoges (-au)** f 1.隣人, 近隣の人, 隣席の人 3.隣国人 4.(同種で)隣にある物

cymylog a 1.曇った, 雲に覆われた, 曇天の 2.ぼんやりした, 曖昧な 3.(液体などが)濁った, 不透明な 4.(大理石などに)曇りの入った, 雲模様の

cymylogrwydd m 曇っていること, 曇天

cymylu t 1.(雲などで)覆う, 曇らせる 2.(判断などを)鈍らせる, 混乱させる 3.(不安・怒りなどが顔などを)曇らせる, 暗くさせる 4.(楽しみ・友情などに)暗い影を投げかける 5.(鏡などを)曇らせる 6.(灯火などを)薄暗くする
i 1.(空が)曇る 2.(顔・心などが)曇る, 暗くなる 3.(目が)かすむ 4.(灯火などが)薄暗くなる

cymylyn (-nau) m 小雲, 細雲

cymyn (-nau, -ion) m 1.〔法律〕(特に金銭・動産などの)遺贈; 遺産 2.祖先の遺物; 過去から受け継いだ物, 形見

cymyndod m 1.埋葬 2.埋葬式 3.(刑務所・病院への)引渡し, 収容

cymyn-geisiwr (-wyr) m : **cymyn-geiswraig (-agedd)** f 遺産を狙って人の機嫌を取る人

cymyniad (-au) m 1.遺贈 2.遺贈物, 遺産

cymynnol a〔英教〕聖職禄を一時受けている

cymynnu t 1.〔法律〕(動産を)遺言で譲る, 遺贈する 2.(作品などを後世に)残す, 伝える

cymynnwr (cymynwyr) m〔法律〕遺言者

cymynrodd (-ion) f = **cymyn**

cymynroddi t = **cymynnu**

cymynu t (斧などで木を)切り倒す, 伐採する: ~ coeden 木を切り倒す

cymynwr (-wyr) : cymynydd (-ion) m (木を)切る人, 伐採者: cymynwyr coed a

cymysg 177 **cynefin**

gwehynwyr dŵr［聖書］薪を切り水を汲む者，卑しい労働をする人（cf *Josh* 9:21）

cymysg a 1.混合［混成］の，雑多な，取り混ぜた: brawddeg gymysg（brawddegau ~）f［ウェールズ語文法］混合文 2.男女共学［混合］の: parau ~［テニス］男女混合ダブルス 3.異民族間の 4.［音楽］混声の

cymysgaredd : cymysgarwch m 1.乱雑，ごた混ぜ 2.無差別な社会的関係

cymysgedd (-au) mf 1.混合，混和，混交，ごた混ぜ，寄せ集め 2.混ぜ物，混合物 3.混乱 4.（がらくた市用の）商品 5.［言語］混成語 6.［薬学］（内服用）合剤，水薬 7.［化学］混合物

cymysglyd a 1.ごた混ぜの 2.混乱した

cymysgfa (-oedd, cymysgfâu, cymysgfeydd) f = **cymysgedd**

cymysgiad (-au) m 1.混合 2.混ぜ物

cymysgliw a 雑色［まだら］の

cymysglyd a 1.ごた混ぜの 2.混乱した，乱雑な 3.困惑［狼狽］した

cymysgryw a 1.入り混じった，ごた混ぜの 2.異種［異質］の 3.異成分から成る，混ぜの 4.［言語］混種［混成］の 5.［生物］雑種［混血］の

cymysgrywiaeth f 1.雑種（性）2.異種，異質 3.異類混交；異成分

cymysgu t 1.混ぜる，混合する 2.混合して作る，調合する 3.結合する，調和させる 4.（茶・タバコ・コーヒー・酒などを）調整する 5.困惑［狼狽］させる 6.混同する 7.（物事を）混乱させる；（論点などを）分かりにくくする
i 1.混ざる，混じる，混合する 2.調和する 3.（人と）交わる，交際する

cymysgwch m 1.混乱，ごたごた 2.混合，混交

cymysgwr : cymysgydd (-wyr) m : **cymysgwraig (-agedd)** f 1.（台所用）ミキサー 2.混合機，攪拌器，ミキサー: cymysgwr concrid/concrit コンクリートミキサー 3.混合［調合］者 4.（ラジオ・テレヴィなどの）ミキサー 5.交際の…な人: cymysgwr da m, cymysgwraig dda f 交際上手な人

cyn- pref 前の，前…，以前の: cyn-ŵr (-ŵyr) m前の夫, cyn-wraig (-wragedd) 前の妻; fy nghyn-ddisgyblion 私が以前教えた生徒たち; cyn-ganseraidd［病理］前癌状態の

cyn prep［時間］（…の）前に［より先に］: C~ Crist 紀元前

cyn conj 1.［時間］（…するよりも）前に［しないうちに］: ni bu'n hir ~ iddi gyrraedd ほどなく彼女が現れた; ~ imi anghofio 忘れないうちに（言っておくが）2.（…するより）むしろ: byddaf farw ~ yr ildiaf, ~ ildio 屈服するくらいなら死ぬ

cyn ad 同じように，同じくらいに: 'rwyf ~ daled â hi 私は身長が彼女と同じです; ~ bo hir 間もなく，もうすぐ

cŷn (cynion) m［道具］鑿，鏨，丸鑿，石切機くさび: ~ caled［機械］冷鏨，生切り（常温のままで金属を切断したり削ったりする鏨）, gyrru ~ くさびを打ち込む

cynadledda i 協議に行く［集まる］

cynadleddol a 会議の

cynaeafa t 天日で乾かす

cynaeafu t（作物を）取り入れる，収穫する

cynaeafwr (-wyr) m : **cynaeafwraig (-agedd)** f 1.収穫者，刈り取る人 2. m 刈り取り機

cynamserol a 1.普通［予想］より早い，時ならぬ 2.時期尚早の，早まった 3.早産の

cynamseroldeb m 1.早熟，早咲き 2.時期尚早，早計 3.早産

cynaniad (-au) m 発音（法）

cynaniadol a 1.発音の: geiriadur ~ 発音辞典，2.［音声］調音（上）の

cynanu t 1.（文字・語・文などを）明瞭に発音する 2.［音声］調音する 3.（考え・感情などを）明瞭に表現する
i 1.明瞭に発音する 2.［音声］調音をする

cynben a 犬の頭の

cyndad (-au) m 1.先祖，祖先 2.（学問・政治などの）元祖，開祖，先駆者，前身，原型 3.（動植物の）原種

cyndadol a 1.先祖［祖先］の; 先祖伝来の 2.先駆者に当たる

cynderfynol a 準決勝の

cynderfynwr (-wyr) m 準決勝出場選手［チーム］

cyndyn a 1.頑固［強情］な 2.（抵抗などが）不屈の，頑強な，手に負えない 3.（病気が）治りにくい

cyndynnu i 強情［頑固］である［になる］

cyndynrwydd m 1.頑固，強情 2.頑固な言動 3.不屈，頑強 4.（病気の）難治

cynddaredd f 1.［病理・獣医］狂犬［恐水］病 2.猛烈，過激 3.激怒，憤激

cynddeiriog a 1.［獣医］（犬が）狂犬病の: ci ~ 狂犬病にかかった犬 2.（動物，特に雄牛が）狂暴な 3.（人・意見が）過激な，狂暴な 4.怒り狂う，激怒した，狂気の，精神錯乱の

cynddeiriogi t 激怒［逆上］させる
i 激怒する

cynddeiriogrwydd m 激怒，憤激

cynddelw (-au) f 1.原型 2.典型，模範 3.［生物］原形

cynddelwaidd : cynddelwing a 1.原型の 2.典型［模範］の

cynddilywaidd a（Noahの）大洪水以前の

cynddrwg a 同様に悪い

cynddydd (-iau) m 1.夜明け，暁，曙 2.（物事の）始まり，端緒，兆し

cynefin a 1.よく知られている，馴染み深い，ありふれた 2.慣れた; いつもの，例の

cynefin (-oedd) *m* 1.人のよく行く場所; (悪党などの)巣) 2.(動植物の)産地, 生息[自生]地

cynefindra *m* 1.(人を)よく知っていること, 面識; (物事などを)知っていること, 知識, 精通, 熟知 2.親密, 親交 3.馴れ馴れしさ; 馴れ馴れしい言動: ~ a fag ddirmyg [諺]慣れ過ぎは侮りを招く, 「親しい仲にも垣を立てよ」

cynefino *t* 1.(人を)慣れ[習熟, 精通]させる 2.(物事を)普及させる, 世間に広める

cynefinol *a* 慣れた; いつもの, 例years通常の

cyneginyn (cynegin) *m* [植物]幼芽, 幼茎

cynel (-au) *m* 1.犬小屋 2.犬の預かり所

cynenedigol *a* [医学]1.出生[誕生]前の 2.(医療など)出産前の, 妊娠期間中の

cynfam (-au) *f* 女性の先祖(cyndad の女性形)

cynfardd (-feirdd) *m* [ウ文]初期ウェールズ(6世紀頃)の詩人

cynfas (-au) *m* 1.キャンヴァスズック(帆・テント・鞄などに用いる麻・木綿の厚地の粗布) 2.帆布; 帆 3.[美術]画布, カンヴァス 4.[刺繍]キャンヴァス(刺繍・タペストリー用の固い粗い平織布): brodwaith (*m*) ~, cynfaswaith キャンヴァスワーク(クロスステッチ・テントステッチでキャンヴァスに施す刺繍) 5.(ベッドの)シーツ, 敷布: cynfasau dwbl ダブル[二人用]のシーツ

cynfennau *pl* 薬味, 調味料

cynfennol *a* 薬味[調味料]の

cynfodol *a* 先在の

cynfodolaeth (-au) *f* (霊魂などの)先在; 前世

cynfodoli *i* 先在する

cynfrodor (-ion) *m* 1.原住[土着]民 2.[C~]オーストラリアの原住民, アボリジニ

cynfrodorol *a* 1.原住[土着]民の 2.[C~]オーストラリア原住民の

cynfrodoroldeb *m* 土着

cynfyd *m* 大昔, 古代, 上古, 太古: y ~ Celtaidd ケルト人の太古

cynfydol *a* 天地創造以前の

cynffon (-nau) *f* 1.(動物などの)尾, しっぽ: lledu ei gynffon 孔雀が長い尾を広げる; codi ~ (背・尻を向けて)逃げる 2.[音楽](音符の)符尾 3.凧の尾 4.[航空](飛行機の)尾部 5.(シャツ・ガウンなどの)裾; (洋服の)燕尾 6.(行列などの)末尾, 後部, 尻

cynffongar *a* おべっかを使う, 媚びへつらう, お世辞の

cynffonna : cynffonni *i* (上役などに)おべっかを使う, 媚びへつらう, ご機嫌を伺う, ぺこぺこする

cynffonnwr (-onwyr) *m* : **cynffonwraig (-agedd)** *f* おべっか使い, 媚びへつらう人, ごますり屋, 追従者

cyn-Gambriaidd *a* [地質]前カンブリア時代

の: y (cyfnod) ~ 前カンブリア時代

cyn-geni *a* = **cynenedigol**

cynhadledd (cynadleddau) *f* 1.協議, 相談 2.(公式の)会議, 協議会: ~ i'r wasg 記者会見

cynhaeaf (cynaeafau) *m* 1.(穀物などの)収穫, 取り入れ: ~ gwenith 小麦の収穫 2.収穫期 3.収穫高 4.(努力・行動などの)成果, 報い, 報酬

cynhaliad (-heiliaid) *m* 1.[建築](アーチなどの)支柱, 土台 2.突っ張り, 支柱 3.[紋章]大紋章の盾を支えるもの

cynhaliaeth (cynaliaethau) *f* 1.= **cynhaliad** 1 2.暮らし, 生計 3.(家族などの)扶養; 生活費 4.[法律](夫から別居・離婚した妻に与える)扶助料 5.(秩序などの)維持, 保持 6.(道路・建築物などの)維持, 保全, 整備, 管理

cynhaliol *a* 1.(食物などが)体力をつける: bwyd ~ *m* スタミナ食 2.持久する, 耐えられる: grym ~ *m* [機械]持久[耐久]力 3.(特別会費を払って)会の維持をする: aelod (-au) ~ *m* 維持会員 4.[ラジオ・テレ]自主番組の 5.[建築]重みを支える; (壁などを)支える 6.[演劇・映画]助演の: cast ~ *m* 助演陣 7.[映画]主要作品と併映される, 補助の 8.[生物]支持の

cynhaliwr : cynhalydd (-wyr) *m* 1.支持[支援, 維持, 持続]する人 2.(望遠鏡などの)台, 支え, 支柱 3.[ラジオ・テレ]自主番組 4.[紋章]大紋章の盾を支えるもの

cynhanes *m* 有史以前, 先史時代

cynhanesiol *a* 有史以前の, 先史時代の

cynhanesydd (-wyr) *m* 先史歴史家[学者]

cynharwch *m* (時刻・季節などの)早さ, 早め, 早期; (作物などが)早生[早咲き]であること

cynhebrwng (-yngau) *m* 1.葬式, 葬儀, 告別式: ~ mawr 公葬 2.葬列

cynhebryngaidd *a* 葬式[葬儀]の

cynheiliad (-iaid) *mf* 1.援助[支援]者 2.支柱, 支持物, サポーター; 筋交い

cynheilio *t* 支柱[突っ張り]で支える

cynheilydd (cyneilyddion) *m* [植物]花床, 花托; 生殖器床

cynhemlad (-au) *m* (宗教的)瞑想

cynhemlu *t* (宗教的に)瞑想する

cynhenid *a* 1.生まれつきの, 生得の, 先天的な, 天賦の: hurtyn ~ 先天的な馬鹿; synnwyr cyffredin (~) 天賦の才 2.固有の, 本質的な 3.土着の, (その土地)固有の, 国産の

cynhenidrwydd *m* 1.土着 2.固有

cynhenllyd : cynhennus *a* 1.喧嘩[議論]好きな, 喧嘩腰の, 短気な 2.(問題などが)議論[異論]のある 3.[法律]係争の

cynhenna : cynhennu *i* 口論喧嘩する, 言い争う

cynhennwr (-henwyr) *m* : **cynhenwraig**

(-agedd) *f* (口) 喧嘩 [口論] する人

cynhesol *a* 温かい, 思いやりのある

cynhesrwydd *m* 1.温かさ, 温暖 2.興奮 3.温情 4.[美術] (色の) 暖かい感じ

cynhesu *t* 1.暖める, 暖かくする; 体を温める 2.(心を) 温める, 温かい [優しい] 気持にさせる: fe fydd hwn yn ~'ch これがあなたの心を温めて [あなたを心から喜ばせて] くれるでしょう 3.熱心にさせる, 熱中 [興奮] させる, 元気づける
i 1.暖まる, 暖かくなる: ~ byd-eang 地球温暖化 2.熱心になる, 熱中 [興奮] する 3.同情を寄せる, 好意 [愛情] を持つ, 心を引かれる: ~ at/wrth rn 人に心を引かれる

cyneswr (-wyr) *m* 暖める人 [物], 保温器: ~ traed 足温器

cynhinio *t* 断片に切る, 寸断する, 裁断する

cynhorthwy (cynorthwyon) *m* 1.助け, 手伝い, 助力, 補助, 援助, 救援 2.助けになる人 [物], 援助者; 補助器具

cynhwynol *a* 1. = **cynhenid** 2.祖国の 3.(語が) 国の地名から出た 4.((祖) 父母が英国生まれであるために) 英国在住権を持つ

cynhwysaidd *a* [電気] 容量性の

cynhwysedd (cynwyseddau) *m* 1.(建物・乗物などの) 収容能力 2.容量, 容積

cynhwysfawr *a* 1.包括的な, 範囲の広い, 容量の大きい 2.心の広い, 包容力のある: cof ~ m 豊かな記憶力 3.理解力のある

cynhwysiad (cynwysiadau) *m* 1.含有, 包含, 包括 2.含有 [包含] 物 3.含有量 4.(容器などの) 中味, 内容物 5.(容器などの) 容量; 容積 6.(本・番組などの) 内容; 目次 7.(作品・論文などの) 要旨

cynhwysiaeth *f* [英教] 包容主義 [政策] (17世紀に非国教徒を英国国教会に包含したこと)

cynhwysiant (cynwysiannau) *m* [電気] 静電容量

cynhwyso *t* (人に…する) 法的資格を与える

cynhwysol *a* 1.全てを含んだ, 包括的な: prisiau ~ (ホテルなどで) 食事・その他一切込みの宿泊料 2.(…を) 含めて [入れて]

cynhwysor (cynwysorau) *m* 1.[電気] コンデンサー, 蓄電器 2.[光学] 集光レンズ [鏡]; 集光装置

cynhwysrif *m* [数学] 倍数: ~ cyffredin lleiaf 最小公倍数

cynhwyswr (-wyr): cynhwysydd (-ion, -wyr) *m* 1.入れ物, 容器 2.(貨物輸送用) コンテナ: llong (*f*) gynwysyddion (llonau cynwysyddion) コンテナ船

cynhwysyn (-hwysion) *m* 1.(料理・ケーキなどの) 材料 2.(混合物の) (合) 成分 3.(成功などの) 要素, 要因, 因子

cynhrchedd *m* 生産力 [性] のあること; 多産, 多作

cynhyrchiad (cynyrchiadau) *m* 1.[演劇] (劇の) 演出, 演出; 上演劇 2.[映画・テレ] (番組) 製作; 製作映画 [番組] 3.著作, 創作, 作品, 著作物 4.(研究などの) 成果, 結果 5.[産業] (特に大量の) 生産, 産出, 製造: masgynyrchiad 大量生産, マスプロ; 生産高 [量] 6.提出, 提示

cynhyrchiant (cynyrchiannau) *m* 生産力 [性], 多産 (性)

cynhyrchiol *a* 1.発生 [生産, 産出, 生成, 生殖] 力のある 2.(土地などが) 肥えた, 肥沃な; 多産の, 豊富な 3.(…を) 生じる, 起こしがちな 4.[言語] 生成的な: gramadeg ~ m 生成文法

cynhyrchu *t* 1.(物を) 作り出す, 生産 [製造] する 2.(熱・電気・光などを) 発生させる, 起こす 3.[演劇] (劇などを) 演出 [上演] する 4.[映画] (映画を) 製作 [上映] する 5.(本を) 出版する 6.[数学] (線・面・立体を) 描く 7.[言語] (規則が文などを) 生成する

cynhyrchwr : cynhyrchydd (-wyr) *m* : **cynhyrchwraig (-agedd)** *f* 1.[演劇] 演出家, プロデューサー 2.[映画・テレ] 製作者, プロデューサー 3.生産者

cynhyrchydd (cynyrchyddion) *m* 1.[電気] 発電機 2.[化学] ガス [蒸気] 発生器

cynhyrfawr *a* 興奮しやすい, すぐかっとなる

cynhyrfedd *m* 1.激しやすい性質, 興奮性 2.[生理] (器官・組織の) 興奮性; 被刺激性

cynhyrfiad (cynyrfiadau) *m* 1.(水などを) 揺り動かすこと, 撹拌 2.(心の) 動揺, 不安, 興奮, 狼狽 3.(心の) 衝動, はずみ, 出来心; 衝動的行為 4.[生理] 衝動, 欲求, 興奮, 刺激: ar gynyrfiad 衝動的に, 考えなしに 5.興奮させる物, 刺激的な事物 6.(社会の) 動揺, 騒ぎ 7.扇動, アジ

cynhyrfiol *a* 扇動する

cynhyrfu *t* 1.(液体を) 撹拌する, 掻き混ぜる; (水面を) 波立たせる, 水を波立たせる 2.(物を) 揺り動かす 3.(感情などを) かき乱す [立てる], 不安にさせる, 狼狽させる: mae'n eich ~ それは人の血を沸かせる 4.感動 [興奮] させる, 刺激する, (性的に) 刺激する 5.(暴動などを) 扇動する 6.[生理] (器官・組織などを) 刺激する 7.[電気] 電流を流させる, 励磁する 8.[物理] (原子・分子・素粒子などを) 励起させる
i 1.感動 [感激, 興奮] する 2.扇動する, アジる

cynhyrfus *a* 1.興奮 [動揺] した [させる], 刺激的な 2.感動 [感激] した [させる] 3.興奮しやすい, すぐかっとなる 4.(海などが) 荒れた 5.[電気] 励磁の [された] 6.[物理] (原子・分子・素粒子などが) 励起する [された]

cynhyrfwr (-wyr) *m* : **cynhyrfwraig (-agedd)** *f* 1.掻き混ぜる人 2.扇動 [暴動] 者

cynhyrfydd (cynyrfyddion) *m* [洗濯] 撹拌

器

cynhysgaeth (cynysgaethau) *m* 1.寄贈, 寄付; 寄付金 2.寡婦産

cyni (-on) *m* 貧困, 困窮

cynifer *m* (それと) 同数 (の物)
a (それと) 同数の

cyniferydd (-ion) *m* [数学] 商 指数: ~ deallusrwydd (C.D.) [心理] 知能指数

cynigiad (-au) *m* 1.申込み, 申し出 2.結婚の申込み, プロポーズ 3.提案, 提議

cynigiwr : cynigydd(-wyr) *m* 1.申込者 2.(動議などの) 提案 [提議, 提言, 提出, 発言] 者 3.命令者 4.(トランプ・競売などで) 競り手, 入札者

cynildeb (-au) *m* 節約, 倹約, 質素

cynilion *pl* 貯金, 貯蓄, 預金: cyfrif (-on) (*m*) ~ 貯蓄預金 (口座); ~ gorfodol [経済] 強制貯蓄; tystysgrif (-au) (*f*) ~ (政府発行の利子付き) 貯蓄証書

cynilo *t* 貯蓄 [貯金] する, 蓄える
i 1.貯蓄 [貯金] する, 蓄える: ~ ar gyfer eich henaint 老後に備えて貯金する 2.倹約 [節約] する

cynilwr (-wyr) *m* : **cynilwraig (-agedd)** *f* 貯蓄 [節約] 家

cynio *t* (石・木などを) 鑿で彫る, 彫刻する

cyniwair *t* (幽霊などがある場所に) 出る, 出没する: ~ mewn tŷ 家に幽霊が出る

cyniweirfa (-feydd) *f* : **cyniweirle (-oedd)** *m* 1.(人の) よく出入りする場所 2.(動物が) よく姿を見せる所; 生息地

cyniweiriol *a* (思い出などが) 忘れ難い, 心にしばしば浮かぶ

cyniweirydd (-ion) *m* (徒歩) 旅行者

cyniwr (-wyr) *m* 1.鑿を使う人, 彫刻家 2.いかさま [詐欺] 師

cynlyn (-noedd) *m* 以前 [昔] の湖

cynllaeth *m* 雌牛が子を産んだ後の牛乳

cynllun (-iau) *m* 1.模様, 柄 2.図案, 意匠, デザイン: ~ haniaethol 抽象的デザイン 3.(芸術作品などの) 構想, 着想 4.(都市・建物・庭園などの) 設計 (図), 図面, 見取 [平面] 図, 配置, レイアウト: tynnu ~ 図面を引く; ~ llawr 平面図 5.(ページなどの) 割付け, レイアウト 6.計画, 案, 予定, 企画, プラン 7.(劇・小説などの) 筋, 構想, プロット 8.配合, 配列: ~ lliwiau (室内装飾・庭園などの) 色彩の配合 (設計) 9.概要, 大略

cynllunio *t* 1.計画 [立案] する, 目論む: ~ taith 旅行の計画を立てる 2.(衣服・建物・機械などを) 設計する, デザインする 3.(絵画などの) 図案 [下絵] を作る
i 計画を立てる: ~ ar gyfer y dyfodol 将来の計画を立てる

cynlluniwr : cynllunydd (-wyr) *m* : **cynllunwraig (-agedd)** *f* 1.計画 [立案, 企画, 設計] 者 2.都市計画立案者 3.社会 [経済] 計画者 4.(髪型・衣服・装飾などの) デザイナー, 意匠 [図案] 家: cynllunydd gwallt [美容] (女性用の) ヘアーデザイナー

cynllunydd *a* デザイナーブランドの: jins ~ デザイナーブランドのジーンズ

cynllwyn (-ion) *m* 1.陰謀, 共謀, 謀議 2.陰謀団 3.不義, 密通 4.(劇・小説などの) 筋, 構成

cynllwyn *i* 1.陰謀を企てる 2.(人と) 密通する

cynllwyngar *a* (政治家など) 陰謀 [術策] をめぐらす; 陰謀の

cynllwynio *t&i* 計画する; 企む

cynllwywyniwr (-wyr) : cynllwynydd (-ion) *m* **cynllwynwraig (-agedd)** *f* 1.陰謀家, 共謀者, 策士 2.密通者

cynllyfan (-au) *m* (犬などをつなぐ) 革紐, 綱, 鎖

cynllyfanu *t* (犬などを) 革紐 [綱, 鎖] でつなぐ

cynnal *t* 1.(人・物を倒れ [落ち] ないように) 支える 2.(生命・家族などを) 維持する, 扶養する, 養う: eich ~ eich hun 自活する 3.(人・主義・権利・理論などを) 支持 [後援, 擁護] する 4.(施設などを) 財政援助する 5.(スポーツチームなどの) ファンである 6.(陳述などを) 証拠立てる, 立証する 7.(決定・判決などを) 確認する, 支持する: ~ y gyfraith 法律を守る 8.(潔白などを) 主張 [固執] する 9.(重さ・圧力・苦痛などに) 耐える, 我慢する 10.(活動・興味・努力などを) 持続 [継続, 続行] させる: ~ sgwrs â rhn 人と会話を続ける 11.(ある状態) を保つ, 維持 [保持] する: ~ trefn 秩序を保つ 12.(建物・道路・機械などを) 維持 [整備, 保全, 管理] する 13.(会などを) 開く, 催す, (式などを) 行う 14.(女・妾を) 囲う: ~ meistres 妾を囲う 15.[映画・演劇] (主演者を) 助演する, (役を) 演じる 16.[数学] (弦・三角形の辺が弧・角に) 対する 17.[植物] (葉・苞などを) 葉腋に抱く

cynnar *a* 1.(人・時刻・季節などが) 早い, 早めの; 早起きの: cadw oriau ~ 早寝早起きする; codi'n gynnar 早起きの人です 2.(普通より) 早めの, 早めで: 'rydych chi'n gynnar heddiw 今日はお早いですね; diwrnod (*m*) cau'n gynnar [商業] (一定の曜日の午後早い時刻に行う商店の) 早仕舞い日; drysau ~ [演劇] (劇場の) 早木戸 (定刻より早めに入場を許す入口) 3.(果物など) 早生の, 走りの 4.(時期・年代など) 初期の, 昔の

cynnau *t* 1.火をつける, 点火する 2.(物などを) 燃やす: ~ tan 火を燃やす
i 火がつく, 燃えつく

cynneddf (cyneddfau) *f* 1.人の心的能力, 才能, 技能, 長所 2.(支払能力に見られるような) 金銭状態; 資力: damcaniaeth (*f*) y cyneddfau [税法] 支払能力課税論 3.(鉄な

cynnen (cynhennau) *f* 1.争い, 闘争 2.口論, 論争, 論戦: asgwrn (*m*) ~ (犬が骨を奪い合うことから) 不和の種

cynnes *a* 1.(天候・気候などが) 暖かい, 温暖な 2.(部屋・風呂などが) 暖かい 3.(人の体・血などが) 温かい, 常温の: ~ fel pathew/llefrith/tostyn (体・部屋などがトーストのように) 暖かい 4.(人・態度が) 温かい, 思いやりのある, 心からの: calon gynnes 温かい心

cynnig *t* 1.試みる, 企てる, …しようとする: ~ gwrthsefyll 抵抗を試みる 2.[商業](品物をある値で) 売りに出す, 買値をつける: ~ nwyddau ar werth品物を売りに出す 3.(競売・入札などで) 値をつける 4.(問題・計画などを) 提出[提案, 提唱, 発議]する: ~ llwncdestun乾杯を発議する 5.推薦[指名]する: ~ ymgeisydd候補者を指名する 6.上演[公演]する 7.[トラ](せり札を) 宣言する: ~ tri deimwnt スリーダイヤモンドをビッドする

cynnig (cynigion) *m* 1.試み, 試し, 企て: beth am roi ~ arni? 一つやってみようじゃないか; ar y ~ cyntaf 最初の試みで, 一度で 2.申し出, 申込み 3.求婚, プロポーズ: ~ priodi/priodas 結婚の申込み 4.堤案[発議, 動議]: ~ dwyn ~ gerbron 動議を出す 5.(売品としての) 提供; 付け値, 入札: ar gynnig 売り物に出て(いる); ~ yn uwch, gwneud ~ uwch 付値を上げる 6.[トラ]ビッド, せり札宣言

cynnil *a* 1.(人が) 倹約家の, 倹約[節約]する, つましい 2.(魅力などが) 微妙な, 神秘的な, 不思議な: eironi ~ 微妙な皮肉 3.(知覚・感覚など) 敏感[鋭敏]な

cynnoes (cynoesoedd) *f* 1.[歴史] 大昔, 古代, 上古 2.[pl] 古代の遺物

cynnor (cynhorau) *f* (戸口両側の) 側柱, だき

cynnud (cynudau) *m* 燃料, 薪炭, 薪: traul (*f*) ~ 燃料の消費

cynnull *t* 1.(人・会議を) 集める, 招集する 2.(物を) 拾い[寄せ] 集める, 採取する

cynnulliad (-au) *m* (人々の) 集まり, 集合

cynnwrf (cynhyrfau, cynyrfiadau) *m* 1.(水などを) 揺り動かすこと, 撹拌 2.(心の) 動揺, 狼狽, 興奮 3.忙しげな活動; ざわめき, 賑わい 4.騒ぎ, 騒動, 混乱; 評判, センセーション: achosi/creu ~ 騒ぎを起こす; 評判になる 5.騒動の種

cynullwr (-wyr) : cynullydd (-ion) *m* (委員会などの) 召集者; (特に) 委員会の議長

cynnwys (cynhwysion) *m* = **cynhwysiad**

cynnwys *t* 1.含む, 内含[包含]する: peidiwch â'm ~ i 私は除いて下さい; (全体が部分から) 成る, (部分が集まって全体を) 構成する 2.(容器などが液などを) 入れることができる; (建物・車などが人・物などを) 収容する

cynnydd (cynyddion) *m* 1.増加, 増大, 拡大: ar gynnydd 増加[増大]して 2.増大額, 増大量 3.進歩, 向上, 発達: ~ cymdeithasol 社会の進歩 4.発展, 増進

cynnyrch (cynhyrchion) *m* 1.農産[生産] 物; 製品: ~/cynhyrchion llaeth 乳[酪農] 製品; C~ Gwladol Crynswth [経済] 国民総生産 2.生産[産出] 高, 収穫量

cynodi *t* [論理] 内包する

cynodiad (-au) *m* [論理] 内包

cynodiadol *a* [論理] 内包的な

cynoesol *a* 1.原始時代の 2.原始太古の

cynorthwyo *t* 1.(人を) 助ける, 援助する 2.(人が…するのを) 手伝う 3.(事を) 助成[促進]する

cynorthwyol *a* 1.補助[補佐]の, …補, 副[助]…: llyfrgellydd (-wyr) ~ *m* 司書補; cyfarwyddwr (-wyr) ~ *m* [映画] 助監督; [演劇] 演出助手; 次長; rheolwr (-wyr) ~ *m* 副支配人; [野球] 助監督 2.予備の

cynorthwywr (-wyr) : cynorthwy-ydd (cynorthwywyr) *m* : **cynorthwywraig (-agedd)** *f* 助ける人, 助力[救助, 補助]者, 助手, 補佐

cynosod *t* 1.仮定[前提と]する 2.[数学・論理] 公理とみなす

cynosodiad (-au) *m* 1.仮定 2.先決[必要]条件 3.[数学・論理] 公理

cynradd *a* 1.最初[初期]の, 原始的な 2.第一位[首位]の 3.初歩[初級, 初等]の: ysgol gynradd (ysgolion ~) *f* 小学校; addysg gynradd *f* 初等教育 4.根本[基本]の: lliw (-iau) ~ *m* 原色 5.[電気] 第一次の: batri (-s) ~ *m* 一次電池

cynrhoni *t* 蛆をわかす

cynrhonllyd : cunrhonog *a* 1.蛆だらけの 2.気まぐれな

cynrhonyn (cynrhon) *m* [昆虫] ウジ, 蛆

cynrychiadol : cynrychiolaidd : cynrychioliadol *a* 1.[美術] 具象[写実]的な, 具象派の 2.描写的な 3.代議制に関する: llwodraeth gynrychiolaidd *f* 代議政治[政体]

cynrychiolaeth (-au) *f* [政治] 代表となること; 代表者; 代議制度: ~ gyfrannol *f* 比例代表制

cynrychioli *t* 1.表す[象徴, 意味]する 2.代表する; (選挙民[区]を代表して) 国会議員となる

cynrychioliad (-au) *m* 1.(絵画・彫刻などによる) 表現, 描写, 描出 2.絵画, 肖像, 彫像

cynrychioliadol *a* 1.代表する, 代理の; 代議制の 2.代表[典型]的な 3.表示[描写, 象徴]する

cynrychiolydd (-wyr) *m* 1.代表者, 代理人, 使節, 代議員 2.[政治] 国会議員; (米) 下院議員: Tŷ (*m*) 'r Cynrychiolwyr (米) 下院

cynsail (-seiliau) *mf* 1.先例, 前例 2.慣例

cunt 182 **cyraeddadwy**

3.[法律]判(決)例 4.[論理]前提

cunt *a* 1.先立つ, 先行する; すぐ前の, 先の: y diwrnod ~ 前日; 前述[上記]の
  ad より早く

cyntaf *a* 1.(時間・順序・場所など)第一(番目)の; 最初[先頭]の: enw ~ ファーストネーム, 名; Sial y C-チャールズ一世; noson gyntaf [演劇]初日; 初日の舞台 2.(地位・重要性など)第一位[級, 等, 流]の; 最も重要な, 主要な: teithio yn y dosbarth ~ 一等で旅行する 3.[自動車]第一連の, ファーストギヤの: gêr ~ *mf* ファーストギヤ

cyntaf-anedig *a* 最初に生まれた, 長子の: plentyn (plant) ~ *m* 初生児, 長子, 長男

cyntafanedigaeth *f* 1.長子であること[身分] 2.[法律]長子相続権

cyntedd (-au, -oedd) *m* 1.玄関, ポーチ, 玄関広間, ロビー(公共建築物の入口ホールや廊下などで休憩室・応接間などに用いられる) 2.(ホテル・劇場などの)休憩室, ロビー 3.(議院内の)ロビー(議員が院外者との会見に用いる);(英国下院の)投票者控室下: ~ pleidleisio 投票者控室下 4.[解剖]前庭

cyntedda *i* (陳情者として)議員に運動する

cynteddwr (-wyr) *m* (議会への)陳情者, 院外運動者, ロビーイスト

cyntefig *a* 1.原始(時代)の; 太古の: dyn (-ion) ~ *m* 原始人 2.原始的[幼稚, 素朴]な 3.根本[根源]の; 一次の 4.[言語]祖語の

cyntefig (-iaid, -ion) *mf* [美術]文芸復興期以前の画家; 原初主義の画家

cyntefigiaeth *f* 1.原始[尚古]主義 2.[美術]原初主義

cyntefigrwydd *m* 原始性

cyntun *m* うたた寝, 昼寝, 居眠り: cael ~ うたた寝[昼寝]する

cynudydd (-ion) *m* 燃料電池

cynulleidfa (-oedd) *f* 1.集会, 会合, 会議 2.聴衆; 観衆: cyfranogiad (*m*) ~ [演劇]観客参加 3.[宗教]集会; 会衆

cynulleidfaol *a* 1.集会の; 会衆の 2.[C~][宗史]会衆派[教会制]の: eglwys Gynulleidfaol (eglwysi ~) *f* 会衆派[組合]教会

Cynulleidfaoliaeth *f* [宗史]会衆派[組合]教会主義

Cynulleidfaolwr (-wyr) : Cynulleidfawr (-fawr) *m* [宗史]会衆派[組合]教会信者

cynulliad (-au) *m* 1.(社交・宗教などの特別の目的の)集まり, 集会, 会議: Cynulliadau Duw[キ教]神の集会(20世紀初期米国に設立されたペンテコステ派に属する一派) 2.(大学の)教職員会 3.議会

cynullwr (-wyr) : cynullydd (-ion) *m* 1.(会合・委員会などの)召集者;(特に)委員会の議長 2.労働組合幹部

cynuta *t* 薪を集める

cynutwr (-wyr) *m* 薪を集める人

cynydd (-ion) *m* 1.狩猟家 2.(特にキツネ狩りの)猟犬係

cynyddiad *m* 発達, 発展, 進歩, 向上

cynyddiaeth *f* 狩猟術, 狩猟家の手腕

cynyddol *a* 1.次第に増加している, 増加した, 増大している 2.向上[進歩, 発展]している 3.成長[生長]している; 生えている 4.成育に適した 5.発育盛りの 6.[数学]増加の

cynyddu *t* 1.(数量)を増やす, 増加[増大]させる 2.(質など)を強める, 増進させる: ~'ch gwyliadwriaeth用心を強める 3.[編物](目)を増やす
  i 1.(数量が)増える, 増加する 2.(質が)強まる, 増進する 3.(群衆などが)増える, 増大する, 大きくなる 4.(次第に)大きくなる, 増大する: ~ mewn doethineb 分別が増す

cynysgaeddiad *m* 寄贈, 寄付

cynysgaeddu *t* 1.(学校・病院・慈善院などに)財産を贈る, 基金を寄付する 2.(人に能力・才能などを)授ける, 与える, 賦与する

cyplad (-au) *m* [文法・論理]連結(動)詞, 連結接続詞, 連辞, 繋辞, 繋合詞

cypladol *a* [文法・論理]連結[連繋]的な, 繋辞の

cypladu *i* 1.(動物が)交尾する 2.(人が)性交する

cypledig *a* 1.結合[連結]した 2.(屋根・橋などを)トラス[桁構え]で支えた

cypliad (-au) *m* 1.交接, 性交 2.交尾 3.連結, 結合 4.[文法・論理]連繋

cyplu *t* 1.つなぐ, 結合[連結]する 2.(動物・鳥を)番わせる: ~ gwryw a benyw 雄と雌を番わせる
  i 1.連結[結合]する 2.(動物が)番う, 交尾する 3.(鳥が)番う

cyplwr (-wyr) *m* 連結者[手]

cyplydd (-ion) *m* 1.(鉄道車両などの)連結器[装置] 2.(機械などの)(軸)継ぎ手 3.連結, 結合 4.交尾

cyplysnod (-au) *m* 1.ハイフン, 連字符 2.[音楽]ブレース(2つ以上の同時に演奏される五線譜をつなぐ連結括弧) 3.[印刷]大括弧

cyplysu *t* 1.加わる, 参加する 2.(2つ以上の物を)つなぐ, 連結[結合]する 3.(語を)ハイフンでつなぐ 4.(動物・鳥を)番わせる[音楽]ブレースで五線譜をつなぐ 5.[機械・電気]つなぐ, 連結する

Cypraidd *a* 1.キプロス島の 2.キプロス島人[語]の

cypreswydden (cypreswydd) *f* [植物]イトスギ, 糸杉

Cypriad (-iaid) *mf* 1.キプロス島人 2.キプロス島語

Cyprus *f* [地理]キプロス

cyraeddadwy *a* 到達[達成]できる

cyransen : cyrensen (cyrains, cyrens) *f* [植物]スグリ: ~ goch (cyrens/cyrains cochion) アカフサスグリ(の実) **2.** 小粒の種なし干しぶどう

cyrathiad (-au) *m* [地理]削磨(土砂・小石などを含んだ流水などの浸食作用)

cyrathol *a* 削磨の

cyrbibyn (-ion) *m* 破片, 断片, かけら, 粉微塵

cyrcydiad (-au) *m* **1.** 屈むこと **2.** うずくまった姿勢

cyrcydol *a* うずくまった, 屈んだ

cyrcydu *i* **1.** 屈む, しゃがむ, うずくまる **2.** (寒さ・苦痛・恥ずかしさなどで)ちぢこまる, すくむ

cyrch (-au, -oedd) *m* **1.** 攻撃, 襲撃, 空襲 **2.** (警察の)手入れ **3.** (文章・言葉による)攻撃, 非難, 批判 **4.** [医学]発病; (病気の)発作

cyrchfa (-faoedd, -fâu, -feydd) *f* **1.** 人のよく行く場所; (犯人などの)巣, 隠れ場 **2.** (動物などの)生息地; よく姿を見せる所

cyrchfan (-nau) *f* **1.** 人のよく行く場所, 盛り場; 行楽地, リゾート: ~ poblogaidd/ boblogaidd (cyrchfannau poblogaidd)人の多数寄り集まる所, 盛り場; ~ haf避暑地; ~ iechyd保養地; ~ gwyliau行楽地 **3.** 目的地, 行き先, 到着地 **4.** (手紙・荷物の)宛先, 届先

cyrchu *t* **1.** (物を)(行って)取って[持って]くる **2.** (人を)(行って)連れて[呼んで]くる **3.** [ゴルフ]アプローチ(ショット)をする

cyrchwr (-wyr) *m* [電算]カーソル

cyrhaeddbell *a* (効果・影響などが)遠くまで及ぶ

cyrhaeddgar *a* **1.** (刃物など)鋭利な, よく切れる **2.** (知力などが)鋭敏機敏な **3.** (言葉・批評などが)鋭い **4.** 手応えのある, 有効な **5.** (外見・態度などが)感情を外に表す

cyrhaeddiad (cyraeddiadau) *m* **1.** 到着 **2.** 技能; 学識 **3.** (手・腕を)伸ばすこと; (手・腕の)伸ばせる範囲[距離], リーチ

cyrlen (cyrls) *f* (髪の)巻毛, カール

cyrlio *t* (頭髪を)縮らす, カールさせる
i (頭髪が)カールする

cyrliog *a* 巻毛[縮れ毛]の

cyrliwr (-wyr) *m* 頭髪を巻く人

cyrnol (-iaid) *m* [軍事](英)陸軍大佐, 連隊長: prif gyrnol 名誉連隊長; (米)(陸軍・空軍・海兵隊)大佐

cyrraedd *t* **1.** (目的地・行き先・宛名などに)届く, 着く, 到着する: ~ copa mynydd 山の頂上にたどり着く **2.** (結論・年齢などに)達する **3.** (目的・望みなどを)成し遂げる, 達成する **4.** (地位などを)得る, 獲得する **5.** (高所・高齢などに)到達する: ~ eich llawn oed, ~ oedran llawn[法律]成年に達する
i **1.** 着く, 到着する, 現れる: ~ yn annisgwyl その場に現れる[登場する] **2.** (物が)届く **3.** (年齢・時期・結論・合意などに)達する **4.** (時が)来る **5.** (赤ん坊が)生まれる **6.** (努力などによって…に)到達する

cyrraedd *m* **1.** 到着: yn ~ a gadael 発着; wrth gyrraedd 着き次第, 到着の上 **2.** (手・腕の)届く範囲: allan o gyrraedd 手の届かない所に

cyrri (cyrïau) *m* **1.** カレー粉: powdwr (m) ~ カレー粉 **2.** [料理]カレー料理

cyrio *t* カレーで料理する

cyrten (-ni, -s, -si) *m* カーテン

cyrtsi (-ïau) *m* (左足を引き膝を曲げる)女性のお辞儀(現在では極めて身分の高い人に対する時や, 女優が舞台で観客に向かってする以外には行われない)

cyrtsio *i* (女性が)お辞儀をする

cyrydiad *m* 腐食の経過, 腐食(作用)

cyrydol *a* 腐食性の

cyrydu *t* 腐食させる
i 腐食する

cyrydydd (-ion) *m* 腐食させる物, 腐食剤

cysáct *a* (人・行動・性格などが)几帳面な, 杓子定規の

cysactrwydd *m* 几帳面, 厳密, 堅苦しい性格

cysain *a* **1.** (音・声などが)反響する, 鳴り響く, 響き渡る **2.** (部屋などが)共鳴する **3.** [物理]共鳴[共振]の

cysawd (-odaw) *m* [天文]系(統): C~ Heulol, C~ yr Haul 太陽系

cysefin *a* **1.** 最初の; 原始の; 根元の **2.** [言語]祖語[原始]の; 語根の **3.** [数学]素(数)の: rhif (-au) ~ *m* 素数; ffactor (-au) ~ *m* 素因数 **4.** [生物]原始[初生]の: y cawl ~ *m* 原始スープ(地球上に生物を発生させた化合物の混合体)

cysegr (-au, -oedd) *m* [教会]至聖所, 内陣

cysegredig a 1. 神聖な, 聖別された **2.** 神に捧げられた **3.** 宗教に関する, 宗教的な **4.** 特別に神聖視される: buwch gysegredig (buchod ~) *f* (インドの)聖牛(インドでは牡牛が神聖視される); 神聖にして侵すべからざる人[物] **5.** 神聖で侵すことのできない

cysegredigrwydd *m* 神聖さ

cysegrfa (-feydd, -oedd) *f* = cysegr

cysegrfan (-nau) *mf* = cysegr

cysegriad (-au) *m* **1.** 神聖化, 聖別 **2.** 奉納, 献納 **3.** (教会の)献堂[奉献]式 **4.** [しばしばC~][カト]聖変化(の儀式)

cysegr-ladrad (-au) *m* **1.** 聖物窃盗罪, 教会泥棒 **2.** 神聖を汚すこと, 神聖冒涜(行為)

cysegr-lân *a* **1.** 神聖な, 聖なる: y Beibl C~ 聖書 **2.** 信心深い

cysegrol *a* **1.** 奉献[奉納]の **2.** 聖別の

cysegru *t* **1.** 神聖にする, 清める, 聖別する **2.** (教会などを神に)奉納[献納]する **3.** (時・一生などを目的・活動などに)捧げる: ~'ch bywyd i

cysegrwr waith 一生を仕事に捧げる

cysegrwr (-wyr) *m* 1.聖別者 2.奉献者 3.主教授任者

cysein (-i) *m* [数学] 余弦, コサイン

cyseinedd *m* [詩学・修辞] 頭韻(法)

cyseiniad (-au) *m* 1.反響 2.共鳴, 共振

cyseiniant (-nnau) *m* 1.響き, 反響 2.[音楽] 共鳴 3.[物理] 共鳴, 共振

cyseinio *t* 1.(ある音を) 頭韻に用いる 2.鳴り響かせる 3.共鳴[共振]させる
i 1.鳴り響く, 響き渡る 2.共鳴[共振]する 3.頭韻を踏む

cyseiniol *a* 1.[修辞・詩学] 頭韻を踏んだ, 頭韻体の 2.= **cysain**

cyseinydd (-ion) *m* 共鳴[共振]器

cysêt *m* = **cysactrwydd**

cysetlyd *a* 気難しい, 好みの難しい; 潔癖な

cysgadrwydd *m* 1.眠気 2.休眠(状態); 不活動状態

cysgadur (-iaid) *m* : **cysgadures (-au)** *f* 眠る人; [前に形容詞を付けて] 眠りの…な人: y Saith C~/Gysgadur (エフェソスの) 七眠者 (Decius帝の時, Ephesusでキリスト教信仰のために迫害され, ある岩穴に閉じ込められ約200年間眠って後, 目覚めた時にはローマがキリスト教化されていたと伝えられる7人の貴族)

cysglyd *a* 1.眠い, 眠そうな; 寝ぼけた 2.(場所などが) 眠っているような, 活気のない, 静かな 3.眠気を誘う: prynhawn ~ 眠気を誘う午後

cysgod (-ion) *m* 1.物陰, 日陰, 木陰, 遮る[覆う, 隠す] 物: dan gysgod y nos 夜の闇にまぎれて; yn y ~ 日陰で 2.[絵画・写真] 陰の部分, 陰影; 明暗の度, 色合い 3.(顔の表情の) かげり, くもり 4.幻影, 幻, 実体のない物 5.(輪郭・形の) 影, 物陰: ymlid y ~ a cholli'r sylwedd [諺] 影を掴もうとして実を失う; 人影, 影法師 6.(ぼんやりした) 影, 物陰; 暗がり: glyn (*m*) ~ angau [聖書] 死の影の谷, 死の迫る苦難の時 (cf *Ps* 23:4) 7.[医学] (レントゲン写真での) 影, 陰影 8.かすかな面影; 衰弱して骨と皮ばかりの人: nid yw ond ~ o'r hyn oedd 彼は見る影もなく衰えた 9.保護, 庇護, 避難: ~ rhag y glaw 雨よけ

cysgodfa (-fâu, -feydd) *f* : **cysgodfan (-nau)** *mf* 1.陰になる場所 2.(風雨・危険などからの) 避難所; 雨宿り場所; (待避) 小屋; 防空壕

cysgodi *t* 1.(人・物を) 保護する: ~ rhag y gwynt/glaw 雨/風をよける 2.隠す, 覆う, かくまう 3.暗く[陰に] する, 陰で覆う 4.宿泊させる
i 1.避難する, 隠れる 2.(日・風・雨などを) 避ける, 雨宿りをする

cysgodlen (-ni) *f* 光を遮る物; 日よけ; 窓掛け; 日傘; ランプの笠; 雨覆い

cysgodlun (-iau) *m* 1.(通例黒色の) 半面影像, 影絵, シルエット; 影法師 2.輪郭(線)

cysgodlunio *t* シルエットに描く; …の影法師を映す; 輪郭だけ写す

cysgodol *a* 1.陰の多い, 日陰になった 2.陰を作る, 陰になる 3.(危険・風雨などから) 守られた

cysgu *t* 1.(同族目的語を伴って) …な眠り方をする, 眠る 2.(夜・頭痛などを) 眠って過ごす [直す, 除く]: ~ ei hochor hi 時を夢うつつに過ごす 3.(場所が人を) 泊められる, 宿泊させる: mae lle ~ i hanner cant o bobl yn y gwesty そのホテルは50人の客が泊まれる
i 1.眠る 2.寝る, 泊まる, 夜を明かす: ~ allan (浮浪者などが) 野外で寝る, 野宿[ごろ寝]する

cysgwr (-wyr) *m* = **cysgadur**

cysidro *t* 1.熟考する, よく考える 2.考慮に入れる, 斟酌する 3.思う, 見なす

cysodi *t* [印刷] (活字を) 組む 植字する

cysodiad (-au) *m* [印刷] 植字組版

cysodwr (-wyr) : **cysodydd (-ion)** *m* [印刷] 植字工

cyson *a* 1.(人が) 忠実[誠実]な, 言行一致の, 節操のある, 堅実な 2.(言行・思想などが) 首尾一貫した, 矛盾がない, 規則正しい 3.(時間などが) 不変[一定]の, 変化しない, 定期的な: darllenydd ~ 定期購読者 4.(仕事など) 絶えず続く, 不断の, 途切れのない, 連続的な: tonnau ~ [通信] 連続[持続] 波 5.正規[正式] の 6.(便通が) きちんとある 7.[文法] 規則的な 8.[軍事] 正規[常備] の

cysondeb (-au) : **cysonder (-au)** *m* 1.(言行・思想などの) 一貫性 2.(人格などの) 志操堅固, 節操, 誠実 3.恒久性, 不変 4.均整, 調和 5.正規, 正式 6.(液体などの) 濃度 7.(映画・テレヴィ・ラジオの) 撮影[放送] 用台本, コンテ 8.(映画・テレヴィなどの) 各場面をつなぐ音楽・語り

cysoni *t* 調和[一致] させる

cysoniad *m* 調和, 一致

cysonwr (-wyr) : **cysonydd (-ion)** *m* : **cysonyddes (-au, -i)** *f* 1.照合者 2.[映画] コミュニティーマン[ガール], 撮影記録係 3.[製本] 丁付け調べ人, 丁合い工

cysonyn (-ion) *m* [数学・物理] 定数; 不変数[量]; 率

cystadleuaeth (-an, -au, -laethau) *f* 1.競争, 争い: ~ annheg 不公正な競争 2.試合, 競技, コンテスト, コンクール: ~ harddwch 美人コンテスト

cystadleugar *a* (人が) 競争心の強い

cystadleuol *a* 競争の[による], 競争的な

cystadleuwr : **cystadleuydd (-wyr)** *m* : **cystadleuwraig (-agedd)** *f* 1.競争者[相手] 2.商売敵

cystadlu *i* 1.競争する: ~ â rhn am rth 人と何かを争う 2.匹敵[比肩] する

cystal *m* 競争相手, 好敵手: mae wedi taro

cystal a 1.それ[これ]ほどよい, そんな[こんな]によい: nid yw ~ それはそんなによくない: ~ cyfaill, cyfaill ~ こんなによい友達 2.等価値の 3.(…も)同然: ~ dweud ei fod yn farw 彼は死んだも同然だ

Cystennin : Cystennyn : Custennin m [歴史]コンスタンティヌス(Constantine)一世(280?-337; ローマ皇帝(306-337); キリスト教の信仰を公認し, Byzantiumに新首都Constantinopleを建設した): Cystennin Fawr コンスタンティヌス大帝

cystudd (-iau) m 1.(心身の)苦痛, 苦悩, 難儀, 苦難 2.苦痛[苦悩]の種, 試練の原因

cystuddiedig a 苦しめられた, 悩まされた

cystuddio t 苦しめる, 悩ます, 困苦[艱難]を与える

cystuddiol a 苦しめる, 辛い, 痛ましい, 悲痛な

cystuddiwr (-wyr) m 圧制者, 迫害者

cystwyad (-au) m 厳しい批評, 酷評

cystwyo t 1.罰する, 懲らす, 折檻する 2.(人・行為などを)厳しく批評する, 酷評する

cystwyol a 1.折檻の 2.酷評の

cystwywr (-wyr) m 1.折檻[懲戒, 懲罰]者 2.酷評家

cysur (-on) m 1.慰め, 慰安 2.慰めとなる人[物]: gwobr (f) gysur (gwobrau ~) 残念賞; [通例 pl]生活を快適にする設備 3.気楽, 安楽, 快適: byw mewn ~ 安楽に暮らす

cysuro t 1.(悲しんでいる人などを)慰める, 元気づける 2.(体を)楽にする

cysurol a 慰めとなる

cysurus a 1.(肉体的に)快適な, 気持のよい, 心地よい: (椅子など)座り心地のよい: (衣服など)着心地がよい: (靴など)履き心地がよい 2.(精神的・肉体的に)気楽[安楽]な, 苦痛[苦悩, 不安]のない: eich gwneud eich hun yn gysurus くつろぐ, 体を楽にする 3.慰安の, 慰めを与える 4.(収入などが)十分な, 不自由のない

cysurwr (-wyr) m : **cysurwraig (-agedd)** f 慰める人, 慰安者

cyswllt (cysylltau, cysylltiadau) m 1.関係, 関連: 'does dim ~ rhwng y cwestiwn hwn a … この問題は…とは関係がない: y C~ Coll m [人類学]失われた(鎖の)環(類人猿と人類との中間にあったと推定されながら, その化石が発見されていない仮想動物) 2.(文章の)前後関係, 文脈: yn y ~ hwn これに関連して, この点について, ついでながら 3.交わり 4.[電気]接続, 結線: blwch (blychau) (m) ~ 接続箱 5.[機械]連結, 接合(管), ユニオン継ぎ手, リンク: braich (breichiau) (m) ~ リンク[連動]装置 6.接合個所, 継ぎ目 7.[軍事]連絡: swyddog (-ion) (m) ~ 連絡将校

cysylltair (-eiriau) m [文法]接続詞

cysylltedd (-au) m 1.結合, 接合 2.結合[連接]性 3.連鎖 4.[機械]連動, リンク仕掛 5.[生物]連鎖, 連関, リンケージ: ~ rhyw 伴性遺伝

cysylltfur (-iau) m [建築]カーテンウォール, 非耐力壁

cysylltiad (-iaid) m [文法]接続詞

cysylltiad (-au) m 1.(人と人・口と口などの)接触, 触れ合い, 交際: bod mewn ~ â rhn 人と人接触[連絡, 交際]している 2.(物の)接触, 接合, 接着, 結び付き 3.接合[接着]点 4.[鉄道](列車などの)連絡, 接続 5.[電気]接続, 接触装置: torri ~ 電流の接触を断つ 6.[機械](歯車などの)噛み合い

cysylltiadol a 1.協会[共同]の 2.連合[連携]の 3.[心理]連合[連想]の 4.[数学]結合の

cysylltiaeth f [心理]連合主義

cysylltiedig a 1.結合した, 連合[合同]の 2.共同[連体]の 3.付随する 4.(演説が)一貫した 5.[機械](歯車が)噛み合い[連動]の

cysylltiol a 1.連結[結合, 接続]する 2.[文法]接続形の

cysylltnod (-au) m 1.ハイフン, 連字符 2.[音楽]リガトゥラ(中世記譜法における連結符)

cysylltu t 1.(人と)連絡を取る 2.(2つ以上の物を)つなぐ, 結合[連結, 接続]する 3.(腕を)組む: ~ breichiau 腕を組む 4.(2語を)ハイフンでつなぐ; (複合語を)ハイフン付きで書く 5.[機械](歯車・クラッチなどを)噛み合わせる: ~ ger歯車を噛み合わせる 6.接合する, 継ぎ合わせる

i 1.連絡する, つながる 2.関係[関連]する 3.接続[連絡]する: ~ â thrên 列車と連絡する 4.[機械](歯車などが)噛み合う

cysylltwr (-wyr) : cysylltydd (-ion) m 1.連結[連絡]者, 接続物 2.[鉄道]連結手[器]3.継手 4.[電気]接続子, コネクター, 接触装置 5.接合具

cysyniad (-au) m 1.概念 2.考え

cysyniadaeth f 1.概念(作用)2.考え 3.構想, 着想

cysyniadol a 概念の

cysyniadolaeth f [哲学](中世哲学の)概念論(普遍は心的対象である概念として存在するという説)

cytbell a 等距離の

cytbwys a 1.(食事など)釣合[調和, バランス]の取れた 2.(人・性格が)分別[常識]のある

cytew m [料理](牛乳・バター・鶏卵・小麦粉などの)こねもの, 練り粉(パンケーキ・マフィン・ワッフルなどにする): sosej/selsig (f) (mewn) ~ 衣を付けて揚げたソーセージ

cytgan (-au) f 1.(詩歌の各節の終わりの)繰返し句, 畳句 2.[音楽](歌・賛美歌の)繰返し句, 畳句, リフレイン 3.お決まりの言葉

cytgnawd *m* 1.(人の)性交, 交接 2.(動物の)交尾

cytgord (iau) *m* 1.(意見・利害などの)一致, 和合, 融和 2.(人間同士などの)調和 3.同等[同位, 同格]化 4.(色などの)調和, 一致 5.(筋肉運動の)整合, 共同作用 6.[文法](数・性・人称などの)一致, 呼応, 対等[等位]関係 7.[音楽]和声,(協)和音, ハーモニー 8.[聖書]福音書の平行本文の対照照合: C~ yr Efengylau 福音書対観

cytgroes *a* 一点に集中する[向かう]

cytio *t* 1.(動物を)囲いに入れる;(豚を)豚小屋に入れる 2.(人を狭い場所に)閉じ込める, 監禁する;(豚小屋のように)汚い家に入れる[泊まらせる]

cytir (-oedd) *m* (市町村の)共有[公有]地

cytled (-au, -i) *m* 1.(焼いたりフライにするための羊・子牛の)薄い切身, カツレツ 2.(ひき肉などで作った)カツレツ形コロッケ

cytras (-au) *m* 1.[法律]血族者, 親族; 女系親 2.[言語]同族言語; 同語源の語 3.同種[同起源]の物

a 1.祖先を同じくする, 同血族の; 女系親の 2.[文法]同族の 3.[言語]同語源の: ieithoedd ~ 同族言語;(語が)同語源の

cytrasedd *m* 1.同族関係; 女系の親族関係 2.[言語]同族(関係)

cytref (-i) *f* 1.(LondonやParisのように周辺の多数の都市が膨張し融合した)集合都市, 都市集団, 大都市圏 2.[植物]群落

cytrefiad (-au) *m* = cytref 1

cytrefol *a* [生物]群体[群落]の: anifail ~ 群体動物

cytrefu *t* 動物などを移住させる; 植物などを(他地方に)移植する

cytsain (-seiniaid) *f* [音声]子音

cytseiniol *a* 1.[音声]子音(性)の 2.[音楽]協和音の

cytser (-au) *m* 1.[天文]星座: ~ ambegynnol 天極付近の星座 2.[占星]星位, 星運 3.(人・物の)群れ;(着飾った紳士淑女などの)集合

cytûn *a* 1.両立できる, 矛盾のない 2.調和[一致, 合致]した 3.(値段・政策など)合意された, 定められた, 協定した 4.賛成[同意]する, 同意して

cytundeb (-au) *m* 1.(国際間の)条約, 協約, 協定: porthladd (-oedd)(m)~[歴史]昔の条約港(特に中国・日本・朝鮮のヨーロッパ諸国への開港場); dod i gytundeb 協定に至る 2.協定書 3.契約, 約定: ynunol a'r ~[商業]契約により 4.契約書 5.請負 6.(個人間の)約束, 取り決め 7.同意, 合意, 承認: trwy gytundeb o'r ddeutu 双方合意の上で 8.[文法]呼応, 一致

cytundebwr (-wyr) *m* [法律]契約者

cytuniaeth (-au) *f* 一致, 調和

cytuno *t* 1.(価格・条件などを)取り決める, 協定する: ~ ar brisiau 価格を協定する 2.同意[賛成]する: ~![間投詞的に]承知した!, 賛成!, 同感!, よろしい! 3.[会計](帳尻などを)合わせる

i 1.(申し出・条件などに)同意する, 応ずる: ~ ar amod 条件に同意する 2.(人と)意見が合う 3.(人が)性に合う, 和合する 4.(物が事実など)一致する, 合う 5.[文法](数・格・人称・性が)一致[呼応]する

cytunol *a* 1.調和[一致]した 2.同意する 3.(意見などが)一致する

cythlwng *m* 空腹, ひもじさ; 飢え, 飢餓; 飢饉: 'rwyf ar fy nghythlwng 私は空腹痛がする

cythraul (-euliaid) *m* 1.鬼, 悪魔, 悪鬼, 鬼神, 悪霊; 魔王, サタン: ~ mewn cnawd/croen 悪魔の化身; dos i gythrraul! くたばってしまえ!; mwyaf y siaradwch am gythraul nesaf yn y byd y daw atoch [諺]噂をすれば影(がさす)2.女の悪魔 3.悪魔のような女 4.怒り狂う女, がみがみ女 5.邪神, 魔神 6.極悪人, 人非人, 冷酷な人 7.凝り屋, …狂, 精力家,(仕事などの)鬼: ~ am awyr iach 熱狂的な野外主義者; mae'n gythraul am weithio 彼は仕事の鬼だ 8.(印刷所の)小僧, 使い走り 9.(疑問詞の強意語として)一体全体 10.性の悪い動物: ~ Tasmania タスマニアデヴィル 11.[魚類]イトマキエイ 12.[地理](南アフリカ・インドなどの)塵旋風 13.[機械]切断機

cythreuldeb *m* 1.悪魔の所行, 極悪非道の行為 2.(悪い)いたずら 3.元気, 陽気

cythreulig *a* 1.悪魔のような, 悪魔的な 2.悪魔に取り付かれた(ような)3.極悪非道な, 残酷な 4.(計画・行動などが)手の込んだ, 巧妙な, 抜目のない 5.(問題・仕事などが)とても難しい, 最悪の 6.すごい, ひどい, 極端な

cythreuligrwydd *m* 1.極悪, 残酷 2.巧妙 3.難しさ 4.ひどさ

cythru *t* 1.ひったくる, 奪い取る, 強奪する; もぎ取る 2.急いで取る[食べる, 得る]3.突進させる, 駆り立てる, 急がせる, せき立てる 4.(人を)急いで連れて行く;(物を)急いで運ぶ, 急送する 5.(物事を)急いでする 6.[軍事]急襲[襲撃]する; 急襲して占領する 7.(客に)高値を吹っ掛ける

i 1.突進[急行, 殺到]する 2.軽卒[性急]に行動する 3.急に現れる

cythrudd (-ion) *m* 1.怒らせる[じらす, 苛立たせる]こと; 刺激, 挑発 2.挑発するもの, 怒らせる原因 3.苛立ち, 立腹 4.[法律]殺人誘発的言行, 挑発

cythruddo *t* 1.怒らせる, 立腹させる, うるさがらせる, 苛立たせる, じらす 2.悩ます, 困らせる 3.(感情などを)かき乱す, 興奮させる, 狼狽させる

cythruddol *a* 1.(人を)怒らせる 2.(癖など)いらいらさせる, 苛立[腹立]たしい, じれったい

cythrwfl (-ryflon) *m* 1.（大）騒ぎ, がやがや 2.（政治［社会］上の）騒動, 暴動 3.（精神的）乱れ, 激動, 興奮 4.（波などの）動揺

cythryblu *t*（感情などを）かき乱す, 動揺［興奮］させる
i（政治［社会］的変化のための）運動をする

cythryblus *a* 1.（感情など）動揺［興奮］した 2.心配そうな, 不安な, 困った

cyw (-ion) *m* 1.ニワトリ, 鶏 2.ひな鳥 3.ひよこ 4.［料理］鶏肉, チキン 5.［*pl*］（動物の）子

cywain *t* 1.（穀物などを）集め（て蓄え）る 2.（努力して）獲得する

cywair (-eiriau) *m* 1.［音楽］（長短の）調: y ~ llon/mwyaf 長調 2.（正しい）調子: mae'r piano allan o gywair そのピアノは調子が外れている 3.旋律: canu mewn ~ 正しい旋律で歌う 4.［音声］音調の高さ, ピッチ 5.（機械などの）好調

cywaith (-weithiau) *m* 1.事業, 企業 2.［教育］研究課題

cywarch (-au) *m* 1.［植物］アサ, 麻, タイマ, 大麻 2.麻［大麻］の外皮繊維 3.カンナビス（乾燥した大麻の雌蕊; 麻薬の原料）4.大麻から作る麻薬

cywasg : cywasgedig *a* 1.圧縮［圧搾］した: awyr gywasgedig f, aer cywasgedig *m* 圧縮［圧搾］空気 2.（圧力などで）平らになった 3.減少した 4.（物語などを）短縮した 5.［文法］省略［縮約］された 6.［音楽］減音程の: cyfwng cywasgedig 減音程 7.［植物］扁平の 8.［魚類］側扁の

cywasgadwy *a* 圧縮できる, 圧縮性の

cywasgedd (-au) *m* 1.圧縮性 2.［物理］圧縮率 3.［植物］圧縮されてできた化石植物 4.圧縮されてできたくぼみ

cywasgfwrdd (-fyrddau) *f* 合成板

cywasgiad (-au) *m* 1.圧縮, 圧搾 2.［文法］（語の）短縮, 縮約; 短縮［縮約］形 3.［機械］（混合気の）圧縮

cywasgol *a* 1.圧縮［圧搾］の 2.圧縮する, 圧縮力のある, 圧搾的な 3.［精医］圧縮的な

cywasgu *t* 1.（筋肉を）緊縮［収縮］させる 2.（語句を）短縮［縮約, 省略］する: ~ "shall not " yn "shan't" "shall not"を"shan't"に短縮する 3.（言語・思想などを）簡潔にする, 要約する 4.［音楽］音程を半音減らす, 減音程にする 5.（金属などを）縮小［収縮］させる, 縮める 6.（空気・ガスなどを）圧縮［圧搾］する

cywasgwr (-wyr) : cywasgydd (-ion) *m* 1.圧縮［圧搾］機, 圧搾ポンプ, コンプレッサー 2.［外科］血管圧迫器

cyweiraidd *a*［音楽］調子［音色］の; 調的な, 調性の

cyweiredd *m*［音楽］調性

cyweirgorn (-gyrn) *m*［音楽］（長短の）調, 調性

cyweiriad (-au) *m* 1.調節, 調整 2.調節手段 3.［裁縫］繕い, かがり;（布・服の）かがった所, 修繕個所, 繕った部分

cyweiriadur (-on) *m* 1.調節者［物］2.［電工］変調器 3.［音楽］モジュレーター, 階名唱法視読表

cyweirio *t* 1.（破れ物・壊れ物などを）直す, 繕う, 修理［修繕］する;（衣服などを）繕う, 繕物をする;（穴・ほころびなどに）継ぎを当てる;（靴を）修繕する: ~ esgidiau 靴を修繕する 2.（行状などを）改める;（事態などを）改善する 3.［医学］（傷に）手当［包帯］をする: ~ anaf/briw 傷に手当をする 4.（皮革・織物・石材・木材などの）表面の仕上げをする 5.（人を）用意させる 6.（知識・教育などを）授ける 7.［音楽］（楽器などの）調子を合わせる, 調音［調律］する 8.（動物を）去勢する
i 1.（事態が）好転する 2.（病人が）快方に向かう 3.改心する 4.繕物をする

cyweiriwr (-wyr) *m* : **cyweirwraig (-agedd)** *f* 1.修繕［修理］者 2.改善［改良］者 3.［音楽］調律師 4.（皮革の）仕上げ工 5.ほころびを繕う［かがる］人 6.（動物を）去勢する人

cyweirnod (-au) *m* 1.［音楽］主音 2.（演説などの）要旨, 主旨 3.（行動・政策などの）基調, 基本方針: araith（*f*）gyweirnod 基調演説

cywely (-aid, -au) *mf* : **cywelyes (-au)** *f* 1.寝床を共にする人 2.妻 3.同僚, 仲間

cywen (-nod) : cywennen (cywennod) *f* 1.= **cyw** 2.（一歳に満たない）若い雌鶏 3.子供,（特に）若い女, 小娘: nid cywen ifanc mohoni hi 彼女はもう子供じゃない

cyweoriadurol *a* 調節的な; 変調の

cywerth *a* = **cyfwerth**

cywerth (-oedd) : cywerthedd *m* = **cyfwerthedd**

cywilydd *m* 1.恥ずかしい思い, 恥ずかしさ; 恥じらい, 羞恥心, 赤面 2.恥, 恥辱, 不名誉, 不面目: rhag ~ ! ichi! 恥を知れ!, みっともない!; er fy mawr gywilydd とても恥ずかしいことだが; codi ~ ar rn 人に恥をかかせる［侮辱する］; 人を出し抜く［圧倒する］3.不名誉となること, 面汚し 4.ひどい［辛い, 残念な］こと

cywilyddgar *a* 1.恥じ入った 2.内気な

cywilyddio *t* 1.恥をかかせる, 侮辱する, 面目をつぶす 2.恥ずかしい思いをさせる 3.恥じさせて…させる 4.（能力・優秀さなどで）赤面させる, しのぐ

cywilyddus *a* 1.恥ずべき, 不面目［不名誉］な 2.けしからぬ, 不届きな 3.いかがわしい, 淫らな, 猥褻な

cywir *a* 1.（人・行為などが）正直［誠実, 忠実な, 偽りのない: cyfaill ~ 誠実な友 2.（人が）厳正な, 几帳面な: manwl gywir mewn busnes 仕事に几帳面な 3.（答え・考え情報な

cywiradwy 188 **cywyddwr**

どが）正しい, 正確な, 間違いのない 4.（道徳上）正しい, 正当な, 正義の, 当然の 5.混ぜ物のない, 本物の, 正真正銘の, 正味の: rhoi'r pwysau~ 正しい目方を計る 6.適切な, 相応しい 7.（時間など）正確な, 正しい, 寸分違わぬ, 時間通り: gogledd ~ m［海事・航空］真北; amser ~ m［天文］真太陽時 8.（声など）調子の正しい, 調子に合った 9.（道具・機械など）狂いのない, 精密な, 正しい位置にある 10.［数学］直角の: ongl gywir (ongliau ~) f 直角

cywiradwy a 修正［訂正］できる; 矯正［調整］できる

cywirdeb (-au) m 1.正直, 誠実, 忠実 2.正確, 精密, 的確 3.綿密, 周到, 入念 4.厳正, 几帳面 5.品行方正 6.［通信］忠実度: manwl gywildeb, tra-chywildeb（音響器機が原音を再生する際の）高忠実度, ハイファイ

cywiredig a 1.修正［訂正, 補正］した 2.矯正［調整］した

cywiriad (-au) m 1.（間違いなどの）訂正, 修正, 補正; 校正 2.矯正, 調整

cywiro t 1.（誤りを）直す, 訂正する: ~ diffyg 遺漏を正す 2.誤りに印を付ける; 校正［添削］する 3.叱る, こらしめる; 矯正する 4.（法律・文書などを）改正［修正, 訂正, 改訂］する

cywirol a 矯正する, 修正的な

cywirwr : cywirydd (-wyr) m 1.訂正［修正, 改正, 改善］者; 校正［添削］者 2.矯正者

cywirydd (-ion) m 矯正［調整］物［手段, 策］

cywladu t 1.（外国人を）帰化させる, 市民権を与える 2.（外国語・外国の風物を）取り入れる, 移入する 3.（外国産動植物を）風土に慣らす, 帰化させる 4.自然的にする

cywrain a 1.（人が）熟練した, 上手な, 腕前のよい 2.（物が）苦心して作り上げた, 巧妙にできている, 精巧な

cywreinbeth (-au) m 骨董品, 珍しい物

ciwreindeb m 1.熟練; 手腕, 腕前 2.（特殊）技術, 技能 3.発明の才, 独創力, 創意工夫 4.巧妙さ, 精巧

cywreinrwydd m 入念［精巧］さ

cywydd (-au) m ウェールズの頭韻詩

cywyddwr (-wyr) m 頭韻詩の作者; 詩人; 歌手; 音楽家

CH

CH, ch f（発音 ex）

chi pron 1.［主格］あなた（たち）は［が］2.［目的格］あなた（たち）を［に］: ~ 'ch daw/dwy あなたたち二人; sut 'rydych ~? 初めまして; sut dych ~? ご機嫌いかがですか?

Chile f［地理］チリ（共和国）（首都Santiago）

Chilead (-aid) mf チリ人

Chileaidd a チリ（人）の

chwa (-oedd, -on) f 微風, そよ風, 一陣の風, 突風, 強風

chwaer (chwiorydd) f 1.姉, 妹; 異父［母］姉妹, 義姉［妹］: ~ gyfan（chwiorydd cyfan）同父母姉［妹］2.姉妹のように親しい女性, 女性の親友 3.姉妹関係にあるもの 4.［しばしばC~］［カト］修道女, 童貞, シスター; キリスト教会の女の人 a 姉妹のような関係にある, 姉妹…: chwaerlong (-au) f 姉妹船

chwaerfaeth (-od) f 乳姉妹

chwaeroliaeth (-au) f 1.姉妹であること, 姉妹関係 2.(カトリック教会の) 修道女会 3.婦人団体

chwaeth (-au, -oedd) f 1.（衣服などの個人的な）趣味, 好み: pawb â'i ~ ［諺］人によって趣味が違う; 人の好みには一々説明がつけられぬもの（蓼食う虫も好き好き, 十人十色）; meddu ar ~ dda 趣味がよい 2.（文学・美術などの）美的感覚, 審美眼, 鑑賞力 3.（装飾・服飾などの）趣, 風情, 品 4.（言葉遣い・振舞などの）慎重さ, 分別, 品

chwaethach ad［否定文の後に用いて］まして［なおさら］…ない, …は言うまでもなく［はさておき］: nid oes arnaf eisiau dau, ~ tri 私は二つもほしいとは思わない, 三つはなおさらだ

chwaethu t 1.（飲食物の）味が分かる 2.（飲食物の）味見をする, 試食［試飲］する 3.（飲食物を）少量口にする, 食べる, 飲む 4.（飲食物に）味［風味］を付ける 5.（喜び・悩みなどを）経験する, 味わう
i 1.味が分かる, 味を感じる 2.（飲食物が…の）味わうがある, 風味がある（物が…の）気味がある 3.少し食べる［飲む］, 試食［試飲］する 4.経験する

chwaethus a 1.趣味の豊かな, 風雅な, 凝った, 渋い 2.風流な, 審美眼のある, 目の高い

chwaith ad［否定を含む文［節］に続いて］…もまた（…ない）: os nad ewch chi, yna nid af innau ~ 君が行かなければ私も行かない

chwâl a 1.ばらばらな, 散在している 2.散漫な 3.（土などが）ぼろぼろの; pridd ~ ばら土

chwaledig a 分散した, 散らばった

chwalfa (-feydd) f : **chwaliad (-au)** m 1.散布; 四散; 分散 2.取り壊し

chwalu t 1.（群衆などを）追い散らす, 四散させる 2.（種などを）（ばら）まく; まき散らす: ~ rhth何かを四方八方にばらまく 3.（建物などを）取り壊す
i 1.（集団が）四散する, ちりぢりになる 2.（雲などが）消散する

chwalwr (-wyr) m 1.追い散らす人 2.撒く人 3.（建物などを）取り壊す人 4.（肥料・干草などの）散布機

chwaneg m 1.もっと多くの数［量, 物, 事, 人］ 2.それ以上の［余分の］事
a 1.もっと多数［多量］の 2.その他［余分］の

chwannen (chwain) f［昆虫］ノミ, 蚤: brathiad (m) ~（brathiadau chwain）, pigiad (m) ~（pigiadau chwain）蚤の食った跡; 僅かな痛み, ちょっとした傷

chwannog a 1.熱望［切望］して, 欲しがって; しきりに…したがって 2.（…する）傾向がある, …仕勝ちな 3.食い意地の張った, 食いしん坊な 4.強欲［貪欲］な 5.（他人の物などを）むやみに欲しがる: ~ am arian金が欲しくてたまらない

chwant (-au) m 1.食欲 2.欲望, 欲求, 渇望, 願望 3.性欲, 情欲, 肉欲

chwantu t 1.切望［渇望］する 2.強い性欲を抱く, 情欲を起こす

chwantus a 官能［肉欲, 肉感］的な, 好色な, 淫らな

chwantusrwydd m 1.官能［肉欲］性 2.官能［肉欲］に耽ること, 好色

chwap (-iau) m 打つ［叩く］こと, 殴打, 打撃, 強打
ad 即座に, 直ちに

chwarae (-on) m 1.遊び, 遊戯, 娯楽, 気晴らし, ゲーム: siwt (-iau) (f) ~（婦人・子供の）遊び着; ~ plant（bach）児戯に類する［易しい］こと, 造作ないこと 2.いたずら, 冗談, しゃれ: dweud rhth o ran ~ 何かを冗談に言う; ~ ar eiriau しゃれ, 地口 3.試合, 競技, 競争, 運動, スポーツ, 勝負事: ~ siawns, hapchwarae (-on) m（ダイスなど）運が物を言う勝負事; chwaraeon (y) gaeaf 冬のスポーツ; ~'n dda 勝負がうまい; chwaraeon awyr agored 屋外競技; athro chwaraeon［教育］体育教師［主

chwarae | 任 4.[*pl*]運動[競技]会: chwaraeon athletaidd運動会 5.運動家, 潔い[おおらかな]人: ~ teg! スポーツマンらしく[正々堂々と]やれ! 6.(特に古代ギリシャ・ローマの)競技[競演]大会: Chwaraeon Olympaidd国際オリンピック大会 7.計略, 企み: ~'n gyfrwys深い企みをする 8.賭事, 賭博

chwarae *t* 1.(競技・試合・遊戯などを)する: ~ gêm o dennis テニスの試合をする;[トラ](手札を)出す, 使う;[チェス](駒を)動かす: ~ gwyddbwyllチェスをする 2.(子供が…の真似をして)遊ぶ, …ごっこをする: ~ tŷ bachままごとをして遊ぶ 3.(楽器・曲を)演奏する: canu'r delyn ハープを弾く; ~/canu piano ピアノを弾く 4.(劇を)上演する: ~ (rhan) Macbeth マクベスを上演する;(役を)演じる 5.(実生活で…の役割を)果たす, …らしく振舞う[ぶる, のふりをする]: ~'n wirion, ~'r ffŵl 馬鹿みたいに振舞う 6.(冗談などを)言う,(いたずらなどを)する: ~ cast いたずらをする 7.[釣](掛かった魚を)遊ばせる

i 1.(子供が)遊ぶ, 戯れる: dos (ewch) i ~! あっちへ行って遊びなさい!; ~ doctor bach医者と看護婦ごっこをする 2.振舞う, 行う 3.(競技・試合を)する: ~'n deg 尋常に勝負する, 公明正大に振舞う 4.出演する, 芝居に出る 5.もてあそぶ, いじくる: ~ a than 火をいじる, 火遊びをする; 危険なことに手を出す 6.(動物・鳥などが)跳ね[飛び]回る;(蝶などが)飛び交う 7.(旗などが)はためく 8.(光・波・風などが)踊る, 揺らぐ, きらめく, そよぐ 9.(微笑などが)浮かぶ 10.(噴水・ホースなどが)水を噴出する 11.[音楽](楽器・曲などが)鳴る, 演奏される

chwaraeadwy *a* 1.(楽器・曲が)演奏できる 2.(競技などが)行える

chwaraedy (-dai) *m* 1.劇場 2.子供が入って遊ぶ小屋

chwaraefa (-feydd) *f* [スポ](サッカー・ホッケー・クリケットなどの)競技場

chwaraegar *a* 1.(人・動物など)遊び好きな, いたずらな; ひょうきんな, 陽気な 2.(言葉・行為など)冗談の, おどけた

chwaraegarwch *m* 陽気, 戯れ, ふざけ; 茶目っ気

chwaraele (-oedd) *m* 行楽地, リゾート

chwaraewr (-wyr) *m* : **chwaraewraig (-agedd)** *f* 1.(楽器の)演奏者 2.スポーツ競技者, 選手 3.男優, 俳優; 女優

chwarddiad (-au) *m* 1.笑い(声[方]) 2.おかしいこと, 笑い種

chwarel (-au, -i, -ydd) *f* 石切[採石]場

chwarel (-au, -i) *f* 菱形の窓ガラス

chwarel (-au, -i) *f* [兵器](crossbow用の)太矢, 角矢

chwarela *t&i* 石を切り出す

chwarelwr (-s, -wyr) *m* 石切工, 採石夫

chwarenglwyf *m* [病理]腺熱

chwarenlif (-au) *f* 1.[生理]分泌(作用) 2.分泌物[液]

chwarennol *a* 1.[解剖]腺の[に関する] 2.先天的な 3.性的な

chwarenus *a* = **chwaraegar**

chwarren (-arennau) *f* [解剖]腺: ~ lymffatig リンパ腺

chwart (-iau) *m* 1.クォート(液量の単位で2 pnts, 1/4 gallon) 2.クォート(乾量の単位で2 pints, 1/8 peck) 3.1クォート入りの瓶[壷]; 1クォート枡; 1クォートのビール: ~ mewn pot peint 1パイントの瓶に入れる2倍の量の1クォート, 不可能[無理]なこと

chwartel (-au, -i) *m* 1.[占星]矩象 2.[統計]四分位数

chwarter (-i) *m* 1.4分の1, 四半分: tri (*m*) ~ 3/4 2.[紋章]盾の向かって左上部1/4を占める方形, 盾を4分割したそれぞれの部分 3.[海事]船尾側; 1/4尋; 1/4マイル[ヤード] 5.1/4ポンド; 1/4ハンドレッドウェイト (hundredweightは重量の単位:(英)112ポンド,(米)100ポンド) 6.(1年の)四半期, 3ヶ月: rhent ~ 四半期[3ヶ月]の家賃 7.1/4時間, 15分: ~ awr (chwarteri awr) 1/4時間; ~ i chwech 6時15分前; nid yw hi'n ~ yr awr eto(時刻が)まだ15分にならない 8.(オレンジなどの)袋 9.[天文]矩(象); 弦(月の周期の1/4): y lleuad yn ei ~ 上弦の月

chwarterol *a* 年に4回の, 3ヶ月に1回の

chwarterolyn (-olion) *m* 年4回の刊行物, 季刊誌

chwarteru *t* 1.4つに分ける, 4等分する 2.[法律](罪人の死体を)四つ裂きにする: crogi, diberfeddu a ~(昔, 罪人をすのこ橇などに乗せて刑場に)引き, 絞首刑にして体を四つ裂きにする 3.[紋章](盾を)縦横線で四分する

chwarthor (-au, -ion) *m* [料理](子羊などの)四肢の一つ, 四半分: ~ blaen(牛・羊肉などの)前四半部

chwe *a* 1.6つの, 6人[個]の: ~ chath 6匹の猫 2.6歳で: ~ blwydd oed 6歳

chweban (-nau) *m* [詩学]六行連(句)

chwech (-au) *m* 1.(基数の)6 2.6の数字[記号] 3.6人[個, 歳, 時, 分]: ~ o'r gloch 6時 4.6ペンス[シリング]; 6ドル[セント] 5.(トランプの)6の札;(賽の)6の目; 半面に6個の点のあるドミノの牌 6.6人[個, 6つ]一組 7.6番サイズの衣料品 8.6人1組のチーム; アイスホッケーチーム 9.6本オールのボート; そのボートの乗員; 6本オールのボートレース 10.6気筒エンジン; 6気筒自動車 11.[クリ]6点打(ノーバウンドで場外に打たれた時): sgorio ~ 6点打を打つ; ~ o un a hanner dwsin o'r llall yw hi いずれも似たり寄ったりだ, 五十歩百歩

a 6つの, 6人[個]の: ~ o gathod 6匹の猫; ~ oed 6歳

chwechawd (-au) *mf* 1.[詩学] 六行連(句) 2.[音楽] 六重奏[唱] 曲; 六重奏[唱] 団

chweched *a* 1.6番目の, 第6の, 6位の: y ~ ferch 6番目の娘; ~ dosbarth[教育] 第6学年(級); ~ synnwyr *m* 第六感, 直感 2.6分の1の

chweched (-au) *mf* 1.(序数の)第6 2.(月の)6日 3.6分の1 4.6番目, 第6位 5.第6学年(級) 6.[音楽] 第六音, 六度音程 7.[フェ] シクスト, 第六の構え

chwecheiniog (-au) *m* 1.(1971年以前の)旧6ペンス貨 2.*f* 6ペンスの価
a 6ペニーの

chwedl (-au, -euon) *f* 1.(事実・架空・伝説の)話, 物語, 噂話; 所説; 顚末: ~ dylwyth teg (chwedlau tylwyth teg)おとぎ話, 童話 2.作り話, 根拠のない話, 無駄話: ~ anhygoel ほら話; ~ gwrach 老女の話; 馬鹿げた話 3.寓話, 教訓を含んだ短い物語 4.伝説, 説話; 神話

chwedleua *t* 1.話をする 2.作り話をする 3.何か)いわくがある
i 1.無駄[噂]話をする 2.噂話を書く

chwedleugar *a* 1.噂話の好きな, おしゃべりな 2.(話・記事などが)ゴシップの多い

chwedleuwr (-wyr) *m* : **chwedleuwraig (-agedd)** *f* 1.物語を語る人; 話の上手な人 2.(子供に)お話をする人 3.物語作者 4.嘘つき

chwedloni *t* 神話にする, 神話化する
i 神話を語る

chwedloniaeth *f* 1.伝説 2.神話 3.神話集 4.神話学

chwedyn *ad*[時] 後に: a ~ それから, その後で; cynt a ~ 前後に

Chwefror : Chwefrol *m* 2月: ~ a leinw'r cloddiau(降雨・雪解けのために)溝の水の溢れる2月

chwegr (-au) *f* 義理の母, 義母, しゅうとめ

chwegrwn (-yniaid) *m* 義理の父, 義父, しゅうと

chweiniog : chweinllyd *a* 蚤だらけの

chwennych *t* 1.(他人の物などを)むやみに欲しがる: na ~ dŷ dy gymydog[聖書]あなたは隣の人の家を欲しがってはならない(cf *Exod* 20:17) 2.切望[熱望]する 3.情欲を起こす
i ひどく欲しがる

chwenychu *t* 情欲[色情]を起こす

chwenychadwy *a* 欲しくてたまらない

chwenychgar *a* 1.(人の物を)むやみに欲しがる 2.強欲[貪欲]な

chwenychiad (-au) *m* 1.願望, 欲望, 貪欲 2.性欲

chwenychir *a* むやみに欲しがった, 願望された

chweochrog : chweonglog *a* 六角[辺]形の

chweochron : chweongl (-au) *m* 六角[辺]

chwephlyg *a&ad* 6倍[重]の[に]

chwerfan (-au) *f* 1.[機械・物理] 滑車, せみ, ベルト車, プーリー : ~ dro (chwerfanau tro)滑車装置 2.[紡織](スピンドルの)みぞ車, 小はずみ車

chwerthin *t* 1.(同族国語を伴って)…の笑い方をする: chwarddodd yn chwerw 彼は苦々しく笑った 2.(気持などを)笑って示す 3.(人を)笑って(ある状態に)させる
i 1.(声を出して)笑う: ~ yn galonnog 心から笑う 2.(…を)見て[聞いて]笑う 3.(目・顔が)笑いの表情を見せる 4.(自然界の風物が)微笑む, 嬉しそうである

chwerthingar : chwerthiniog *a* 1.笑っている, 嬉しそうな 2.笑うべき, おかしい

chwerthiniad (-au) *m* 1.笑い[声, 方]: gyda ~ 笑って; dechrau ~ 突然笑い出す 2.笑いの種, 笑い種

chwerthinllyd *a* 1.面白い, おかしい 2.ばかばかしい, 馬鹿げた

chwerthwr (-wyr) *m* : **chwerthwraig (-agedd)** *f* 1.笑う人, 笑い上戸 2.あざける人

chwerw (-on) *a* 1.苦い: mor ~ â'r wermod ニガヨモギのようにひどく苦い, (ビールが)苦味の強い: cwrw ~ビター(ビール)(ホップで強い苦味を付けた生ビール) 2.(寒さ・風など)身を切るような, 刺すように寒い 3.(気質・態度・言葉などが)厳しい, 激しい, 辛辣な, 刺々しい 4.(議論などが)痛烈な, 激しい 5.敵意のある, 憎い 6.辛い, 悲痛[苦痛]な: profiad ~ *m* 苦い経験 7.[地理](湖が)硫酸塩・アルカリ性炭酸塩を含んだ: llyn (-noedd) ~ *m* (普通の塩水 湖にみられる)硫酸塩・アルカリ性炭酸塩を含んだ湖

chwerwaidd *a* ほろ苦い

chwerwder : chwerwedd *m* 1.苦さ, 苦味 2.苦しさ, 悲痛 3.恨み, 敵意, 憎悪 4.辛棘, 痛烈; 嫌み, 皮肉

chwerwi *t* 1.苦くする, 苦味を付ける 2.(人を)惨めに[辛く]する 3.(人を)怒らせる, 憤激させる 4.(恨み・不幸などを)募らせる
i 苦くなる

chweugain (-ugeiniau) *m* 10シリング(シリング(shilling)はNorman Conquest以降1971年2月まで続いた英国の通貨単位; 1/20 pound = 12 pence)

chwi *pron* = **chi**

chwib (-iau) *m* 1.口笛 2.警笛; 呼び子, ホイッスル 3.ピュービューという音; (鳥などの) 鋭い鳴き声 4.のど

chwiban (-au) *mf* 1.呼子[汽笛, 風など]の音 2.笛, 呼子, 汽笛, 警笛, ホイッスル: ~ geiniog (chwibanau ceiniog)玩具の呼子 3.口笛

chwibaniad (-au) *m* 呼子[汽笛, 風など]の音

chwibanllyd : chwibanog : chwibanol
a (動物・鳥などが) ピーと鳴く[鳴る]: alarch (elyrch) chwibanog *m* [鳥類] コハクチョウ (鳴声の優美な北米産野性ハクチョウ); bwi (-au) chwibanog *m* [海事] ホイッスルブイ(波の動揺によって笛が鳴る霧中用ブイ)

chwibanogl (-au) *f* 1.[音楽] 笛, 横笛, フルート, 管楽器 2.(風の) ヒューヒュー鳴る音 3.[海事] 号笛 4. = chwiban 2

chwibanu *t* 1.(曲などを) 口笛で吹く 2.(犬などを) 口笛で呼ぶ[合図する] 3.(船員を) 号笛で呼ぶ[命令する]: ~ diwedd gwylfa 号笛を吹いて総員に終業を命ずる
i 1.口笛を吹く: ~ ar eich ci 犬に向かって口笛を吹く 2.(鳥が) さえずる 3.汽笛[警笛]を鳴らす 4.笛[呼子, ホイッスル]を吹く 5.(風が) ヒューヒュー鳴る 6.[海事] 号笛を吹いて命令する

chwibanwr (-wyr) *m* : **chwibanwraig (-agedd)** *f* 口笛を吹く人

chwibol (-au) *f* 1.管, 筒 2.(歯磨・絵具などの) チューブ 3.(テレヴィなどの) 受像[ブラウン]管 4.(自動車・自転車タイヤなどの) チューブ 5.[解剖] 管, 管状器官 6.(Londonなどの) 地下鉄

chwibon (-iaid) *m* = ciconia

chwidlwr (-wyr) *m* 1.こそこそする[卑劣な]人 2.[教育] 告げ口する生徒

chwifio *t* 1.(合図に手・ハンカチなどを) 振る 2.(手・旗などを) 振って合図する: ~ rhn draw/ ymaith 手を振って人を追い払う 3.(刀剣などを) 振り回す;(槍を) しごく 4.揺り動かす, 翻す, ひらひらさせる 5.波打たせる, うねらせる

chwifiwr (-wyr) *m* : **chwifwraig (-agedd)** *f* (刀剣などを) 振り回す人

chwiff (-iau) *f* : **chwiffiad (-au)** *m* 1.(風などの) 一吹き 2.瞬間

chwig (-iaid) *m* 酸っぱい乳漿

Chwig (-iaid) *mf* [政史] 1.ホイッグ党(1679年頃, 資本家や中産階級を基盤として形成され, 1688年以後はTory党と並ぶ英国の二大政党; 19世紀中葉以後は今の自由党(Liberal Party) となった) 2.ホイッグ党員

Chwigaidd *a* ホイッグ党(員)の, ホイッグ党らしい

Chwigiaeth *f* 1.ホイッグ党の主張, ホイッグ主義 2.ホイッグ党(員)

chwil *a* 酔っ(払っ)て

chwilen (-nod, chwilod) *f* 1.[昆虫] コガネムシ, 黄金虫: ~ (y) bwm, ~ Mai ヨーロッパコフキコガネ; ~ glust (chwilod clust) ハサミムシ 2.気まぐれ, むら気, 出来心, 移り気; 一時的流行

chwilibawa *i* 1.怠けている, ぐずぐずする 2.ぶらぶら歩く

chwilboeth *a* 焼き焦がすような, 猛烈に暑い

ad 焼けつくほどに

chwildroi *i* 1.回転する, ぐるぐる回る 2.目眩がする

chwilen (-nod, chwilod) *f* 1.気まぐれ, むら気, 出来心, 移り気 2.一時的な熱中 3.[昆虫] 甲虫

chwilenna *t&i* (引出しの中などを) 掻き回して捜す

chwiler (-od) *mf* [昆虫] (昆虫の) 蛹

chwileriad (-au) *m* [昆虫] 蛹化

chwilerol *a* [昆虫] 蛹の

chwileru *i* [昆虫] 蛹になる, 蛹化する

chwilfriw *a* (岩・ガラスなどが) 粉々[粉微塵]になった, 粉砕された

chwilfriwio *t* 1.(粉々に) 打ち壊す, 粉砕する, 粉々にする 2.(夢・希望などを) 壊す, 打ち砕く
i 1.壊れる, 粉々になる, 飛散する 2.(夢・希望などが) 壊れる

chwilfrydedd *m* 好奇心, 詮索(好き)

chwilfrydig : chwilgar *a* 1.好奇心の強い, 詮索好きな 2.知りたがって 3.好奇心をそそる, 珍しい; 奇異な

chwilgi (-gwn) *m* お節介[出しゃばり]な人

chwiliad (-au) *m* 1.(税関などの) 検査, 調査 2.[法律] 捜索, 探索, 追求: ~ ty 家宅捜索

chwiliadur (-on) *m* 検索エンジン

chwiliadwy *a* 捜せる, 調査できる

chwilio *t* 1.(引出し・家などを) 掻き回して捜す, くまなく捜す, 捜索する: ~ ty [法律] 家宅捜索する 2.(掻き回して) 捜し出す 3.身体検査をする 4.調べる, 検査[調査]する: ~ trwy baciau 手荷物を調べる 5.(人心・傷などを) 探る: ~ calonnau dynion 人々の心を探る 6.(記憶を) 辿る
i 1.(人・物を) 捜す, 捜索[探索]する 2.(富・名声・真理などを) 求める, 探究する: ~ am y gwir 真理を探究する

chwiliwr (-wyr) *m* : **chwilwraig (-agedd)** *f* 1.捜索[探索]者 2.調査[検査]官 3.税関[身体]検査官

Chwil-lys : Chwilys *m* [宗史] (カトリック) 宗教裁判所, 異端審問所; 異端者弾圧(中世以来, 特に15-16世紀に主にヨーロッパ南部で行われたが, スペインの宗教裁判所は特に残酷で有名; 1834年スペインを最後として全廃された): Chwil-lys Sbaen スペインの異端審問所[宗教裁判所 (1480~1808)

chwil-lyswr (-lyswyr) : chwilyswr (-wyr) *m* [しばしばC~][宗史] 宗教裁判官, 異端審問官: Arch-chwilyswr (スペインの) 異端審問所長

chwilmanta : chwilmentan *i* = chwilenna

chwilolau (-oleuadau) *m* 探照[照空, 探海]灯, サーチライト; 探照灯の光

chwilota *t&i* = chwilio

chwilotwr (-wyr) *m* : **chwilotwraig**

(-agedd) f 1.(掻き回して) 捜す人 2.(禁制品などの) 検査人

chwim a 1.(人・動作などが) 素早い, 敏速[機敏]な, 敏捷い, 足が速い 2.(人が) すぐ…する 3.(頭脳が) 鋭い, 明敏な, 理解の早い: mae'n ~ ei feddwl 彼は鋭い頭脳の持主だ 4.(反応などが) 即座の, 早速の 5.(進歩・流れなどが) 速い

chwim m = **chwilen** 1

chwimder : chwimdra m 1.急速, 敏速, 敏捷, 迅速, 軽快 2.(頭の) 鋭敏[機敏]さ

chwimiad : chwimio : chwimled i 1.動く身動きする 2.起きる 3.(感情が) 動く, 起こる

chwimwth a = **chwim**

chwinc (-iau) f : **chwinciad (-au)** m 1.まばたき 2.瞬間, 一瞬間: mewn chwinc/chwinciad (llygad llo) 一瞬のうちに, 瞬く間に, たちまち 3.目配せ, ウインク 4.(目・光・星などの) きらめき, 輝き

chwip (-iau) f 1.(乗馬・御者用などの) 鞭: llaw (dwylo) (f) ~ (乗馬者・御者などが) 鞭を持つ方の手 2.(馬車の) 御者 3.[料理] ホイップ (泡立てた卵・生クリームなどを用いたデザート用の菓子; 泡立て器 4.[政治] chwip (-iaid) mf (議院の) 院内幹事; 登院命令 5.優勢, 優位 6.(主に軽い荷を揚げるための) 引き上げ小滑車, 滑車装置 7.(風車の) 翼 8.[機械] (軸の) 振れ回り 9.[海事] ホイップ (ロープなどの端止め用の押え)

chwipiad (-au) m 1.鞭打ち, 鞭を当てること 2.(卵・生クリームなどを掻き混ぜて) 泡立てること 3.[服飾] かがり[まつり] 縫い 4.(小滑車による) 荷揚げ 5.[海事] 端止 6.[機械] 軸の振れ回り

chwipio t 1.鞭で打つ, 折檻する 2.(馬に) 鞭を当てて走らせる 3.(独楽などを) むち打って回す: ~ top 独楽をむち打って回す 3.[料理] (卵・生クリームなどを) 強く掻き混ぜて泡立たせる 4.[服飾] (裁目・縁を) かがる, まつる: ~ gwniad 縫い目をかがる 5.(牛などが尾を) 素早く振る 6.(塵・蠅などを) 払う, 払いのける 7.[釣] (川・湖などで) 叩き釣りをする: ~ afon 川で叩き釣りをする 8.[海事] (ロープ・釣竿などの端に) 紐をぐるぐる巻き付ける, 端止めする

i 1.鞭を使う, 鞭で激しく打つ 2.急に動く, 突進する 3.(卵・生クリームなどが) 泡立つ 4.(雨などが) 激しく当たる, 叩き付ける 5.[釣] 叩き釣りをする

chwipiwr (-wyr) m : **chwipwraig (-agedd)** f 1.鞭打つ人 2.[狩猟] 猟犬指揮係

chwipyn ad 即座に, 直ちに, すぐさま

chwirligwgan : chwrligwgan :

chwirligwgan (-od) m 1.(独楽・風車などの) 回転する玩具 2.回転木馬 3.[昆虫] ミズスマシ (水生甲虫)

---

chwisg (-iau) mf (卵・生クリームなどの) 泡立て器

chwisgi (-ïau) m 1.ウイスキー 2.ウイスキー (の グラス) 一杯

chwisgo t [料理] (卵・生クリームなどを) 掻き回す, 泡立てる

chwisl (-au) f = **chwiban**

chwist m [トラ] ホイスト (2人ずつ4人で行うトランプゲーム)

chwistl (-od) : chwistlen (chwistod) f [動物] トガリネズミ, 尖鼠

chwistrell (-au, -i) f 1.注射器; 注射をする人 2.洗浄[浣腸]器, スポイト 3.(香水などの) 噴霧, スプレー; 噴霧器, 香水[霧]付け, 吸入器 4.スプレー液: ~ wallt (chwistrellau/chwistrelli gwallt) ヘアースプレー 5.(ペンキ・殺虫剤などの) 吹付け器, スプレーガン 6.(気化器・ガスストーブなどからの) 噴出, 噴射

chwistrelladwy a 1.(薬物が) 注射可能な 2.(液体を) 散布できる, 吹きかけられる

chwistrelliad (-au) m 1.(ガス・水・蒸気などの小孔からの) 噴出, 噴射: ~ tanwydd 燃料噴射 2.しぶき, 水煙 3.(資金などの) 投入, 補給: ~ o arian 資金の補給

chwistrellol a (液体・粉末などを) 吹き出す, 噴出させる

chwistrellu t 1.注射する 2.(液体を) 注入する 3.(液体・粉末などを) 噴出[吹き出さ] せる 4.(噴霧・しぶき・塗料・香水などを) 吹きかける: ~ dŵr ar flodau 花に水を吹きかける

i (液体などが) 噴出する, 吹き出す

chwistrellwr : chwistrellydd (-wyr) m 1.注射する人 2.注射[注入]器 3.噴霧をかける[スプレーする]人 4.噴霧器, 霧吹き, スプレー 5.吸入器 6.(液体の) 噴出装置 7.[機械] (内燃機関の) 燃料噴射装置

chwît (chwîtiau) f = **chwiban**

chwit-chwat a 1.(人が) 気まぐれな, 移り気の 2.(天気が) 変わりやすい 3.(市場が) 不安定な

chwitchwatrwydd m 気まぐれ, 移り気

chwith a 1.左[左方, 左手, 左側]の 2.[野球] 左翼の: llaw ~ y cae 左翼 3.[政治] [しばしばC~] 左翼[左派]の 4.気の毒[可哀想]で 5.申し訳なく[済まないと] 思って, 後悔して: mae'n ~ gyda fi 本当に済みません[ごめんなさい]; 実に気の毒だ[お気の毒です] 6.あべこべの, 逆の, 裏側の: codi'r ochr ~ i'r gwely 朝から一日中機嫌が悪い, 虫の居所が悪い: mae dy hosan di y tu ~ allan 君は靴下を裏返しに履いている; o ~ 逆に, あべこべに; 曲がって, 歪んで, ねじれて; (物事・行動など) 間違って, 誤って, 不首尾に 7.間違った, 誤った 8.[紋章] (盾の紋地の) 左側の

chwithau pron [pl] [接続的] [主格] あなた

chwithdod / 194 / **chwynnyn**

[君]たちも(また):os methaf i, fe fethwch ~ もし私が失敗すれば、君たちも失敗するでしょう

chwithdod : chwithdra *m* 悲しみ, 悲しさ, 悲哀

chwithig *a* 1.当惑[どぎまぎ]した, きまりの悪い思いをした 2.当惑[どぎまぎ]させるような, 気まずい思いをさせる, 厄介な 3.落ち着かない, 不安で, 居心地が悪くて

chwithigo *t* 1.困惑させる, 困らせる, きまりの悪い[恥ずかしい, 気まずい]思いをさせる 2.(行動・進行などを)妨げる, 邪魔する

chwithigrwydd *m* 間[ばつ]の悪さ, 気まずさ; 当惑

chwithrwd *m* 1.(制止・怒りなどの)シッと言う声 2.サラサラ[カサカサ]という音, 衣擦れの音 3.(蒸気・蛇などが出す)シューという音

chwiw (-iau) *f* 1.一時的興奮, 気まぐれ 2.発病;(病気の)発作

chwiw (-s) *m*[昆虫]1.ブヨ 2.蚊

chwiwell (-au) *f* 雌のサケ[鮭]

chwiwgar *a* (天気など)変わりやすい;(人が)気まぐれな, 移り気の

chwiwgi (-gwn) *m* 1.悪党, ごろつき 2.いたずら[腕白]者

chwiwladrata *t&i* こそ泥をする, くすねる

chwiwleidr (-ladron) *m* こそ泥(人)

chwŷd (chwydion) *m* 1.吐くこと, 嘔吐 2.嘔吐物, 反吐

chwydalen (-alau) *f* (皮膚の)水泡, 水ぶくれ

chwydfa (-feydd, chwydfâu) *f* :

chwydiad (-au) *m* 1. = chwŷd 2.おくび, げっぷ 3.(火煙・悪口などの)噴出, 噴火

chwydu *t* 1.嘔吐する, 吐く, 戻す 2.(怒り・悪口などを)吐き出す 3.(火・煙・溶岩などを)噴出する
i 1.吐く, 嘔吐する 2.げっぷをする 3.吐き出す 4.噴出する

chwydwr (-wyr) *m* : **chwydwraig (-agedd)** *f* (食べた物などを)吐く人

chwydd (-au) *m* 1.膨らみ, 出っ張り 2.(価格などの)膨張 3.(数量などの)急増 4.[病理]腫上がり, 腫脹; 腫物

chwyddadwy *a* 膨張させられる

chwyddedig *a* 1.膨張した, 膨らんだ, 腫れた 2.突き出[張り]出した: llygaid ~ 出目 3.(言葉・文体などが)大袈裟[誇大]な, 仰々しい, 誇張的な 4.(人が)大言壮語する, 慢心した 5.(物価などが)暴騰した

chwyddgymal (-au) *m*[機械・土木]伸縮継手[目地], 膨張継手(伸縮自在の継手)

chwyddi *m*[病理]浮腫, 水腫

chwyddiad (-au) *m* 1.(風船などを)膨らませること, 膨張 2.誇張, 得意, 慢心

chwyddiaeth *f* 大袈裟な言葉; 大言壮語, 豪語

chwyddiannol *a* インフレの; 通貨膨張の

chwyddiant (-nnau) *m*[経済]インフレ(ーション);(物価などの)高騰, 暴騰: ~ costwthiol コストインフレ(ーション); gorchwyddiant *m* 超インフレ(ーション)

chwyddleisydd (-ion) *m*[電気]増幅器, アンプ

chwyddo *t* 1.膨張させる 2.誇張する, 大袈裟に言う 3.威張る, 尊大に構える 4.拡大[増大, 拡張]する
i 1.膨れる, 出っ張る 2.誇張する 3.拡大[増大]する 4.[電気]増幅する

chwyddwr (-wyr) *m* 1.[写真]拡大レンズ 2.[経済](通貨を)膨張させる[インフレを起こす]人

chwyddwydr (-au) *m* 拡大する人; 拡大鏡, 虫眼鏡, ルーペ

chwŷl (chwylion) *mf* 1.回ると, 回転 2.方向転換, ターン 3.(情勢の)変化 4.(病気の)発作 5.順番 6.目的, 必要 7.性向, 性質 8.言い回し, 表現 9.(道路などの)曲がり角 10.[音楽]ターン, 回音 11.(演芸, 寄席の)出し物; 芸人 12.[天文]自転

chwyldro (-adau) : chwyldroad (-au) *m* 1.(政治上の)革命: y Chwyldro Ffrengig フランス革命(1789-99); y Chwyldro Gogoneddus 名誉革命(1688-89) 2.大変革[改革], 革新: y Chwyldro Diwydiannol 産業革命

chwyldroadol *a* 1.革命の 2.大変革[変動]の, 画期的な 3.回転[旋回]の

chwyldroadwr (-wyr) *m* **chwyldroadwraig (-agedd)** *f* : **chwyldröwr (-wyr)** *m* : **chwyldröwraig (-agedd)** *f* 革命家; 革命論者

chwyldroi *t* 1.革命を起こす 2.大変革を起こす, 大改革を行う 3.(人に)革命思想を吹き込む 4.(車輪などを)回す, 回転させる
i 1.回転[旋回]する 2.(車などが)疾走する 3.目眩がする

chwylolwyn (-ion) *f*[機械]はずみ車(回転速度調節用)

chwyniad (-au) *m* 除草

chwynnog *a* (庭などに)雑草の多い

chwynnogl (chwynoglau) *m*[園芸]くわ, 鍬, ホー

chwynnu *t* 1.(土地・作物に)くわを入れる 2.雑草を除く, 草を取る 3.(無用物・有害物などを)除く, 除去する, 淘汰する: ~ ymgeiswyr gwan 無力な候補者を除外する

chwynnwr (-chwynnwyr) *m* : **chwynwraig (-agedd)** *f* : **chwynoglwr : chwynoglydd (-wyr)** *m* 1.くわ仕事をする人 2.草取り人 3.除草機

chwynnyn (chwyn) *m* 1.[植物]雑草: chwynladdwr (-wyr) *m* 除草剤 2.たばこ 3.マリファナ

chwynogrwydd *m* 雑草の多いこと

chwyrlïad (-iadau) *m* (車輪などの) 回転, 旋回

chwyrlïo *t* 1.(風などが枯葉などを) 渦巻いて持って行く 2.[料理] (卵・生クリームなどを) 掻き回す, 泡立てる
i 1.ぐるぐる回る, 旋回する, 渦巻く 2.(車などが) 風を切って飛ぶ [走る], 疾走する 3.(車輪が) 空回りする

chwyrlïol *a* ぐるぐる回る, 旋回する, 渦巻く: derfis (-iaid) ~ *m* [宗教] 体を激しく回転させる [踊り狂う] イスラム教の熱狂派修道僧

chwyrlwynt (-oedd) *m* つむじ風, 旋風

chwyrn *a* (風・攻撃などが) 激しい, 猛烈 [激烈] な

chwyrnellu *i* = **chwyrdroi**

chwyrngi (-gwn) *m* (歯を剥き出して) 唸る犬

chwyrniad (-au) *m* 1.いびき 2.(犬などの) 唸り声 3.怒鳴り [ののしり] 声

chwyrnog *a* いびきをかく

chwyrnu *i* 1.いびきをかく: ~ fel picwnen 豚のようにいびきをかく 2.がみがみ言う, 怒鳴る 3.(犬などが) 歯を剥いて唸る

chwyrnwr (-wyr) *m* 1.いびきをかく人 2.がみがみ言う [怒鳴る] 人

chwys *m* 汗, 一汗; 発汗: yn ~ i gyd, yn ~ domen, yn ~ diferol 汗まみれになって; trwy ~ dy wyneb [聖書] 額に汗して (cf *Gen* 3:19); rhwymyn (-nau) (m) ~ スウェットバンド (スポーツなどで汗止めに手首や額に巻く布)

chwysfa (-feydd) *f* : **chwysiad (-au)** *m* 1.汗を流すこと, 一汗かくこと; 発汗させること: chwysfa dda, chwysiad da 十分な発汗 2.激しい労働, 骨の折れる仕事

chwysiant *m* 滲出

chwysigen (-nau, -ni, -nod, chwysigod) *f* 1.[病理] 水ぶくれ, 水疱, 火ぶくれ 2.[解剖] 小胞 3.(塗装・金属面などの) 膨れ, 気泡

chwysigeniad (-au) *m* [医学] 発疱疹

chwysigennog *a* [医学] 水疱のある, 火ぶくれだらけの, 小 (水) 胞 (性) の

chwysigennol *a* [医学] 発疱させる, 水疱を生じる, 小胞を有する

chwysigennu *t* 1.(皮膚などに) 水疱 [火ぶくれ] を生じさせる, 発疱させる 2.(日光などがペンキに) 泡を作る

chwysigl (-au) *f* : **chwysiglydd (-ion)** *m* [医学] 発疱剤

chwyslyd *a* 1.汗まみれ [汗びっしょり] の 2.汗をかかせる: prynhawn ~ 汗ばむ午後 3.骨の折れる

chwyslydrwydd *m* 1.汗まみれ, 汗臭さ 2.汗をかかせること

chwysoldeb *m* = **chwyslydrwydd**

chwysu *t* 1.(人・馬などに) 汗をかかせる, 滲み出させる: ~ gwaed 血の汗を流す 2.(壁などから水滴などを) 滴らす, 滲み出させる 3.(風邪・熱などを) 発汗させて治す: ~ annwyd 汗をかいて風邪を治す 4.(香気・魅力などを) 発散させる 5.(獣皮・たばこを) 発酵させる 6.[冶金] 加熱して可溶物を分ける
i 1.汗をかく, 汗ばむ 2.汗を流して働く 3.(壁・床・チーズなどの表面に) 水滴がつく, 汗をかく

chwyswr (-wyr) *m* : **chwyswraig (-agedd)** *f* 1.汗をかく人 2.汗をかかせるもの, 発汗剤

chwyth (-iadau) : **chwythiad (-au)** *m* 1.息, 呼吸: tynnu eich chwythiad olaf, tynnu'ch olaf chwyth 息を引き取る, 死ぬ, 一息 [呼吸] 3.(風の) 強い一吹き, 一陣の風, 強風, 突風: chwythiad o ager 蒸気の一吹き 4.活力, 生命力 5.(楽器などの) 吹奏 6.(ふいご・溶鉱炉などへの) 送風, 衝風: ffwrnais (-eisi, -eisiau) (f) chwyth [冶金] 溶鉱炉

chwythbant (-iau) *m* [地理] (風で海岸の砂丘にできる) くぼみ, 穴

chwythbib (-au) *f* 1.(化学分析などに用いる) 吹管 2.(ガラス器製造用の) 吹き竿 3.吹き矢の筒 4.火吹き竹 5.[医学] 吹管

chwythbren (-nau) *m* [音楽] 木管楽器

chwythdwll (-dyllau) *m* 1.(クジラなどの) 噴気孔 2.(トンネル・地下室などの) 通風 [換気] 孔 3.(クジラ・アザラシなどが呼吸しに来る) 氷の割れ目 [穴]

chwythell (-i) *f* 1.(液体・ガス・炎などの) 噴出, 噴射; 噴出物 2.噴出口, 吹き出し口

chwythlamp (-au) *f* (溶接・鉛管工用の) 小型発炎装置, ガスバーナー, ブロー [トーチ] ランプ

chwythu *t* 1.(風が) 吹き飛ばす, 吹付ける 2.(警笛・管楽器などを) 鳴らす, 吹く: ~ trwmped トランペットを吹く 3.(キスを) 投げる: ~ cusan ar rn 人に投げキスをする 4.(鼻を) かむ: ~'ch trwyn 鼻をかむ 5.(ガラス細工などを) 吹いて作る: ~ gwydr ガラスを吹いてグラスを作る 6.(蓋・栓などを) 破裂させる; (タイヤを) パンクさせる 7.[電気] ヒューズを飛ばす: ~ ffiws ヒューズを飛ばす 8.(蠅が) …に卵を産みつける: ~ ar gig 肉に卵を産みつける 9.(岩石などに) 発破をかける, 爆破する: ~ craig 岩を爆破する 10.(人を) 撃つ, 射殺する 11.呪う, ののしる 12.激しく非難する 13.(ロケットなどを) 発射する 14.[野球] (ボールを) 強打する 15.(生命・活力などを) 吹き込む 16.囁く (溜息などを) つく, 激しく言う: ~ loygythion (a chelanedd) 脅し文句をがなり立てる 17.(風船などを) 膨らませる: ~ balwn 風船を膨らませる
i 1.(風が) 吹く: mae'r gwynt yn ~'n (n galed) 風がひどく吹いている 2.(風に) 吹き飛ぶ [散る], はためく; 風に吹かれて (ある状態に) なる: chwythodd y drws yn agored ドアが風に吹かれて開いた 3.息を吹く [吹きかける]: ~ fel tarw 息を荒く吐く 4.息をする, 呼吸する 5.喘ぐ 6.(風が) そよぐ 7.(蛇・ガチョウ・蒸気などが)

chwythwr   196

シュー[シュッ, シューシュー, ジューなどと]音を
立てる 8.(非難・怒りで)シッと言う 9.(扇風機な
どが)風を送る 10.(クジラが)潮を吹く 11.(オル
ガン・笛・らっぱなどが)鳴る 12.(電球などが)
切れる;(ヒューズが)飛ぶ;(タイヤが)パンクする

chwythwr (-wyr) *m* 1.吹く人; ガラス吹き工
2.(ホルンなどを)吹く人 3.電話 4.送風機, 送
風装置 5.伝声管

D

D, d *f*(発音di:, *pl* diau); Tp: D am Dafydd
［電法］DはDavidのD; Dydd(*m*)D［軍事］
（第二次世界大戦で連合軍による）北フランス
攻略開始日(1944年6月6日)

da *m* 1.善, 徳; 良い点 2.良い事［物, 結果］: ni
ddaw dim ~ ohono 彼は良からぬ事をしでか
すだろう 3.利益, ため; 幸福; 役, 価値: 'dyw
e'n dda i ddim 彼はつまらない男だ 4.［*pl*］善
人たち 5.［*pl*］蓄牛: ~ duon (Cymreig)
（ウェールズ種の）肉牛; ~ byw 家畜類; ~
cadw/stor/stoc (市場向けに肥育した) 家畜
a 1.（品質・内容・外観など）良い, 上等［優
良］な, 立派な: ysgrifennu Cymraeg ~/
rhywiog 良い［立派な］ウェールズ語を書く; o
dras ~, o waedoliaeth dda 家柄が良い;
afraid gwahodd at gwrw ~［諺］良酒に看
板はいらない 2.高潔［善良］な, 忠実な: dyn ~
有徳者; Hywel Dda ハウェル善良王(デヘイ
バース(Deheubarth)の王, 在位900-950年頃)
3.（ある目的に）適して［向いて］いる, 適切な, 望
ましい: newydd ~ bryd ちょうど良い時に 4.（食品
などが）うまい, 新鮮な: para'n dda (食物などが
腐らないで) 持つ 5.幸福［愉快］な, 楽しい:
hwyl dda 上機嫌; 幸運な, 嬉しい: mae'n rhy
dda i fod yn wir それは話がうますぎて本当と
は思えない ~ (iawn) ti/chi!, go dda ti/chi! う
まいぞ! でかした! 6.（体・健康などに）良い, 有益
な, ためになる 7.有能な, 手腕のある; 上手な, う
まい, 得意で: mae'n dda mewn Ffrangeg,
mae ganddo grap ~ ar Ffrangeg, mae'n
Ffrancwr ~ 彼はフランス語が得意です; ~ i
ddim 何の役にも立たない 8.健康［丈夫, 健全］
な, 強い: gweld yn dda 視力は確かだ 9.健康
［丈夫, 壮健］で: sut 'rwyt ti? - ~ iawn
diolch お元気ですか? - 有難う, 至極元気です
10.（子供などが）行儀の良い, おとなしい: bydd
di'n fachgen ~! bydd di'n eneth dda! 良い子
になりなさい! 11.親切な, 心の優しい, 思いやりの
ある: ewyllys ~ 好意, 親切; 寛大な 12.親しい,
仲の良い 13.真正の; 正当［もっとも］な; 有効な
14.満足な申し分ない: popeth yn dda a
ddiweddo'n dda, ~ popeth a ddiweddo'n dda
［諺］終わり良ければ全て良し 15.［商業］信用で
きる 16.［強意用法］十分［相当］な, かなり［たっ
ぷり］の: aros dwy awr dda たっぷり2時間待
つ 17.［挨拶の成句に用いて］bore ~！お早う!
今日は! さようなら!（午前中に人と会った時・別れ
る時の挨拶）; prynhawn ~! 今日は! さようなら!

（午後に人と会った時・別れる時の挨拶）;
noswaithdda! 今晩は! さようなら!（夕方から晩に
かけて人と会った時・別れる時の挨拶）; nos ~!
お休み! さようなら!（晩・夜の別れ・就寝時の挨
拶）; os gweli di'n dda, os gwelch chi'n dda
どうぞ, 何とぞ; 済みませんが; os gwelch yn
dda 願わくば

dab (-iadau) : dabiad (-au) *m* 軽く叩く［押
さえる］こと

dabio : dabo *t&i* 軽く叩く［押さえる］

dacron *m*［織物］［商標］ダクロン（ポリエステル
繊維の一種）

dacw *ad*［目前の物事・人に注意を促す用法］
ほら, そら, ほらそこ［あそこ］に: ~ hi'n mynd!
（軽蔑・非難などを示して）あれあんな［そん
な］事をする! またあんな［そんな］事を言う! あの
［この］通りだ!; ~ hi'n chwythu! クジラが潮を
吹いているぞ!（クジラ発見時の船員の第一声）

dad- *pref*［動詞・名詞・形容詞に付けて次の
意味を含む動詞・名詞・形容詞を造る］1.下
降 2.分離 3.除去: dadrywio *t* 去勢する 4.悪
化, 低下: dadbwysleisio *t* 重要性を減じる
5.否定・逆転: dadflocio *t* 錠を開ける 6.強意

da-da *m* 砂糖菓子, キャンディー: ~ berwi ハー
ドキャンディー（砂糖とコーンシロップを煮詰めて
作る固いキャンディー; しばしば果物で風味を
付ける）

Dada *m*［文学・芸術］ダダ（イズム）(1916~22
年頃にヨーロッパで一次的に流行した虚無主
義的文芸運動; 知性の支配を離れた本能的表
現を唱え, 後に超現実派に転じた)

dadafael *t* 1.（権利・土地などを）譲渡する
2.（領土を）割譲する

dadafaelai (-eion) *mf*［法律］被譲渡者, 譲
り受ける人

dadafaeliad (-au) *m* 1.（権利・財産などの）
譲渡 2.（領土の）割譲

Dadaistaidd : Dadayddol *a*［文学・芸術］
ダダイストの

Dadaistiaeth : Dadayddiaeth *f*［文学・芸
術］ダダイズム

dadansoddi *t* 1.（物・情勢などを）分析［分
解］する, 検討する 2.［文法］（文の構成要素
に）分析する 3.［数学］解析する 4.［心理］精
神分析をする 5.［化学］（元素などに）分析する

dadansoddiad (-au) *m* 1.分析, 分解 2.分析
的検討, 分析結果 3.［文法］分析 4.［数学］
解析 5.［心理］精神分析: ~ ffactorau［心理・

dadansoddol   198   **dadleoli**

統計・社会〕因子分析法 6.〔化学〕分析

dadansoddol *a* 1.分析〔分解〕的な 2.〔言語〕分析的な 3.〔数学〕解析の 4.〔心理〕精神分析の 5.〔哲学〕分析的な

dadansoddwr (-wyr) *m* : **dadansoddwraig (-agedd)** *f* 1.分析〔分解〕者 2.分析的に調べる人 3.評論家, 解説者 4.〔心理〕精神分析医 5.〔化学〕分析者

dadansoddydd (-ion) *m* 1.分析器 2.〔光学〕検光子〔器〕

Dadäydd (Dadayddion) *m* 〔文学・芸術〕ダダイズム派の芸術家, ダダイスト

dadchwyddiant (-nnau) *m* 1.空気〔ガス〕を抜くこと; (気球などの) ガス放出; (膨張物の) 収縮 2.〔経済〕デフレ（ーション), 通貨収縮, (物価の) 引き下げ

dad-ddifwyno *t* 1.汚染を取り除く, 浄化する 2.毒ガス〔放射能〕を除去する

dad-ddweud *t* (前言を) 取り消す, 撤回する

dadebriad (-au) *m* 蘇生, 生き返り, 復活, 再生; 回復

dadebrol *a* 生き返らせる, 復活〔復興〕させる

dadebru *t* 1.生き返らせる, 蘇生させる 2.復活〔復興〕させる 3.再び流行させる 4.再上演〔映〕する
i 1.生き返る, 蘇生する, よみがえる 2.再び流行する

dadebrwr (-wyr) : **dadebrydd (-ion)** *m* 1.復活〔復興〕させる人, 振興者 2.蘇生器, 呼吸回復器

dadelfenedig *a* 〔化学〕分解した

dadelfeniad (-au) *m* 〔化学〕分解, 解体

dadelfennu *t* = dadansoddi

dadeni *m* 1. (文芸・宗教などの) 復興, 復活 2.新生, 再生 3.〔歴史〕〔D〜〕文芸復興, ルネサンス (14〜16世紀ヨーロッパで起こった古典文芸・学術の復興) 4.ルネサンスの美術〔建築〕様式 5.〔哲学〕再生 6.〔教会〕更生, 再生
a 文芸復興〔ルネサンス〕(期) の, ルネサンス式の: un o wŷr y D〜ルネサンスタイプの人, 多芸多能の人; 該博な知識人

dadeni *t* 再生させる, よみがえらせる

dadentaelio *t* 〔法律〕(財産の) 限嗣封土権を廃除する, 限嗣相続から解く

dadfachu *t* 1. (ドア・箱などの) 錠を開ける 2. (衣服などの) ホックを外す 3. (繋いでいる馬などを) 解き放つ 4. (船を) ドックから出す 5. (二国間などの) 関係〔結び付き〕を断つ
i 1.錠が開く 2.ホックが外れる

dadfathiad *m* 〔言語・音声〕異化 (類似の音が近接するとき, 一方が類似性の少ない音に変化すること): 〜 blaen 進行異化

dadfathol *a* 〔言語〕異化の, 異化を起こす

dadfathu *t* 〔言語・音声〕異化する

dadfeiliad *m* 1. (建物の) 腐食, 腐朽 2.〔物理〕(自然) 崩壊

dadfeilio *i* 1.建物が腐る, 朽ちる 2.〔物理〕放射崩壊する

dadflino *t* (休息・飲食物などによって) 気分を爽やかにする, 元気づける
i 休む, 休息する

dadhydradedig *a* 脱水した, 水分を抜いた

dadhydradu *t* 脱水〔乾燥〕させる
i 1.脱水する 2.脱水症になる

dadl (-euon) *f* 1. (特に議会などでの) 討論, 議論, 論争; 口論: pwnc (*m*) y ddadl 論争中の問題; heb ddadl 異議なしに; er mwyn 〜 議論を進めるために, 議論の糸口として 2. (賛否の) 論拠, 理由 3.〔哲学・論理〕論証; 議論: y ddadl ar sail cynllun 目的論的証明

dadlaith *m* 1.雪〔霜〕解け, 解氷 2.雪解けの季節, 解氷期 3. (国際関係などの) 緊張緩和

dadlaith *t* 1. (雪・氷・凍結物などを) 解かす, (冷凍庫などの) 霜〔氷〕を取り除く, 霜取りする 2. (冷凍食品などを) 解凍する 3. (車の窓などの) 霜〔氷〕を取り除く 4. (冷えた体を) 暖める 5.打ち解けさせる
i 1. (雪・氷・バターなどが) 解ける, 溶解する 2. (冷凍肉などが) 解凍する 3.雪解けの陽気になる 4. (冷えた体が) 暖まる 5. (態度・感情などが) 和らぐ, 打ち解ける

dadleithiol *a* 雪〔霜〕解けする, 溶ける

dadlenedig *a* 1.明かされた, 明らかにされた 2.露出した, あらわな 3.野ざらしの, 風雨に晒された 4.〔写真〕露光〔露出〕した

dadleniad (-au) *m* 1. (悪事・秘密・スキャンダルなどの) 暴露, 露見, 発覚, すっぱ抜き 2.発覚した事柄; 打ち明け話 3. (事件・紛争などの) やま, 大詰め; 解決, 落着 4.〔写真〕露出, 露光時間

dadlennol *a* 1. (秘密などを) 明らかにする 2. (情報を) 公開する 3. (発言・本などが) 物事を明らかにする, 啓発的な; 示唆に富んだ

dadlennu *t* 1.見せる, 表す 2. (秘密・犯罪などを) 暴露する, 暴く, 摘発する 3.発表〔公表〕する 4.〔写真〕(フィルムなどを) 露光〔露出〕する

dadlennwr (dadlenwyr) : **dadlennydd (dadlenyddion)** *m* : **dadlennwraig (-agedd)** *f* 暴露する人, 摘発者

dadleoledig *a* 1.脱臼した 2. (物を) 転置した

dadleoli *t* 1. (通常・本来の位置から) 移す, 転置する, 位置〔順序〕を変える 2. (国・生地などから) 追い出す〔払う〕3.〔医学〕脱臼させる 4. (機械・活動などの) 調子を狂わせる, 混乱させる 5. (艦船が) 排水する 6.〔化学〕置換する

dadleoliad 199 **daear**

7. [地質] 断層を起こさせる

dadleoliad (-au) *m* 1.置き換え, 転置 2.排除; 解職 3.[医学] 脱臼, 転位 4.[精分] 移動 5.[薬学] 浸出 6.[物理] 変位 7.[機械] ピストン排出量, 行程容積 8.[海事] 船の排出量: ~ dan lwyth 満載排水量 [トン数]

dadleuaeth *f* 1.議論 (術) 2.弁護, 支持; 鼓舞, 唱道 3.[神学] 論証法

dadleugar *a* 1.(人が) 議論 [論争] 好きな, 理屈っぽい 2.(発言など) 論争的な

dadleugarwch *m* 1.論争的精神, 論争癖 2.(激しい) 論争

dadleuol *a* 1.議論の (的になる), 論争上の 2.論争術の 3.議論好きな 4.議論 [疑問] の余地のある; 疑わしい

dadleuwr : dadleuydd (-wyr) *m* : **dadleuwraig (-agedd)** *f* 1.唱道 [主唱, 支持, 擁護] 者 2.討議 [討議, 論争] 者 3.評論家, 論客 4.[法律] 弁護人, 代弁 [抗弁] 者 5.[スコ] 弁護士 6.嘆願者

dadliwio *t* 漂白 [脱色] する

dadliwiol *a* 漂白する, 脱色の

dadliwiwr (dadliw-wyr) *m* 脱色 [漂白] 剤

dadluddedu *t* = **dadflino**

dadlwythedig *a* (車・船などの) 荷を降ろした

dadlwytho *t* 1.(車・船などから) 荷を降ろす, 陸揚げする 2.(乗物が) 客を降ろす
i (船が) 荷物を降ろす, 荷揚げする

dadlygriad *m* (毒ガス・放射能などの) 汚染除去

dadlygru *t* 毒ガス [放射能] を除去する

dadmer : dadmeriad *m* = **dadlaith**

dadmer *t&i* = **dadlaith**

dadnitreiddiad *m* [化学] 脱窒 (素)

dadnitreiddio *t* [化学] 窒素を除去する, 脱窒する

dado (-au) *m* [建築] 1.腰羽目 2.台胴, ダド

dadolwch *m* 1.なだめること, 慰め, 慰撫 2.償い; (特にキリストの) しょく罪

dadolwch *t* 1.償う 2.(神などを) 崇拝する, あがめる 3.賛美 [熱愛] する

dadorchuddiad (-au) *m* (銅像・石碑などの) 除幕

dadorchuddiedig *a* (銅像などが) 除幕された

dadorchuddio *t* 1.(容器などの) 蓋 [覆い] を取る 2.(銅像などの) 除幕式を行う

dadreibiad (-au) *m* 魔法の力からの解放

dadreibio *t* 魔法の力から解放する, 魔法を解く

dadreolaeth *f* : **dadreoliad** *m* 統制解除 [撤廃]

dadreoledig *a* 統制を解除された

dadreoli *t* (政府などによる) 統制を解除 [撤廃] する

dadlewlifiant (-iannau) *m* [地質] 氷河・氷冠の消失 [消滅]

dadrewydd (-ion) *m* 霜を取り除く人 [装置]

dadrith (-au) : dadrithiad (-au) *m* 幻滅 (感)

dadrithio *t* 1.(人を) 迷いから覚まさせる 2.(人に) 幻滅を感じさせる

dadrithiedig *a* 幻滅を感じた

dadrolio *t* (巻いた物を) 開く, 広げる
i (巻いた物が) 開く, 広がる

daduniad (-au) *m* 1.分離 (作用 [状態]) 2.[心理] (意識・人格の) 解離, 分裂 3.[化学] (分子の) 解離: cysonyn (*m*) ~ 解離定数

daduno *t* 1.分離 [分裂] させる, 引き離す 2.分離して考える 3.関係を断つ 4.[心理] (意識・人格を) 分裂 [解離] させる 5.[化学] 解離させる

dadwaddoli *t* (教会などから) 基本財産を没収する, 寄付財産を取り上げる

dadwaddoledig *a* 基本 [寄付] 財産を没収された

dadwaddoliad (-au) *m* (教会などからの) 基本 [寄付] 財産没収

dadwaddolwr (-wyr) *m* 基本 [寄付] 財産の没収者

dadwefriad (-au) *m* [電気] 放電

dadwefru *t* [電気] (電気を) 放電する

dadweiniedig *a* 1.(剣などを) 鞘から抜いた 2.覆いを取り払った, 露出した

dadweinio *t* 1.(剣などを) 鞘から抜く 2.覆いから取り払い, 露出させる

dadwenwyniad *m* [医学] 解毒

dadwenwyno *t* [医学] 解毒する

dadwisgo *t* 服を脱がせる, 裸にする
i 服を脱ぐ, 裸になる

dadwneud : dadwneuthur *t* (一度したことを) 元通りにする, 元の状態 [形] に戻す; 取り消す

dadwrdd (-yrddau) *m* 1.(不快で非音楽的な) 音, 物音 2.(ラジオ・テレヴィ・電話などの) 雑音, 騒音, ノイズ 3.(町などの) 騒がしさ, ざわめき, 叫び声

dadwreiddio *t* 1.(住み慣れた土地などから) 立ち退かせる, 追い立てる 2.(植物を) 根こそぎにする

dadymfael *f* (政策・態勢などの) 解除, 回避

daear (-oedd) *f* 1.地球: y Ddaear 地球; ar y ddaear, ar wyneb y ddaear 地上に [この世で] (生きていて); [疑問詞を強めて] 一体全体…?: ble ar wyneb y ddaear y buost ti? 君は一体全体どこにいたのですか?; [否定を強めて] 全然, ちっとも; Ein Mam y Ddaear, y Fam Ddaear (産物・住民を生む) 母なる大地 2.地球上の住民, 全世界の人々: y ddaear gron 全世界の人々 3.地面, 地表 4.土, 土壌 5.[電気] 接地, アース 6.(キツネ・アナグマなどの) 穴, ねぐら, 隠れ場所: mynd i'r ddaear, daearu (キツネなどが) 穴に逃げ込む; twrch

daeardor 200 **dal**

(tyrchod) (m) ~ モグラ; mochyn (moch) (m) ~ アナグマ

daeardor (-rau, -ydd) m [地理] 割れ目, 裂け目, 亀裂

daeardy (-dai) m 1.(城内の) 土牢, 地下牢 2.天守閣, 本丸

daeareg f 1.地質学 2.(ある地域の) 地質 3.地質学者

daearegol a 地質学の

daearegwr : daearegydd (-wyr) m : **daearegwraig (-agedd)** f 地質学者

daearen f 地球

daearfochyn (-foch) m [動物] アナグマ

daeargell (-oedd) f 1.地下貴重品保管室, (銀行などの) 金庫室 2.地下納骨所 3.= **daeardy**

daeargi (-gwn) m テリア (狩猟・愛玩用のイヌ): ~ Albanaidd/Sgotaidd スコッチテリア (スコットランド原産のテリア犬種のイヌ; 肢が短く剛毛に覆われている)

daeargryd (-iau) m : **daeargrynfa (-fäu, -feydd)** f 地震 (特に震度の余りひどくないもの)

daeargryn (-fäu, -feydd) mf 地震

daearhwch (-hychod) f [動物] 雌アナグマ

daearol a 1.土[土質]の; 土のような: o'r ddaear yn ddaearol [聖書] 地より出でて土に属し; 俗臭ふんぷんたる (cf 1 Cor 15: 47) 2.地球[地上]の [天上に対して] この世の, 俗界の, 浮世の, 世俗的な 4.素朴な, 飾らない 5.[疑問文の強意語として] 一体全体 6.[否定文の強意語として] 全然, 少しも, ちっとも

daearu t 1.(死体を) 埋葬する 2.(キツネなどを) 穴に追いつめる 3.[電気] アース [接地] する i (キツネなどが) 穴に隠れる, 潜る

daearyddiaeth f 1.地理学 2.(ある地域の) 地理, 地勢, 地形 3.(建物などの) 間取り; 手洗いの位置

daearyddol a 地理学(上)の, 地理(学)的な

daearyddwr (-wyr) m : **daearyddwraig (-agedd)** f 地理学者

dafad (defaid) f 1.ヒツジ, 羊, 綿羊: ~ golledig (defaid colledig) 迷える羊; 正道を踏み外した人 (cf Jer 50:6, Matt 15:24, Luke 15:3-7); ~ ddu'r teulu 家族の厄介者; blaidd mewn croen — 温順を装った危険人物, 偽善者; ci (cŵn) (m) dafad 羊の番犬, 牧羊犬 2.[製本] 羊皮 3.気の弱い人, 付和雷同する人 4.(成長した) 雌羊 5.[病理] いぼ, 疣贅;(特に手足にできる) ウイルス性いぼ 6.[植物] 木の瘤

dafadennog a 1.いぼのある, いぼだらけの: baedd (-od) ~, mochyn (moch) ~ m イボイノシシ 2.イボ状の

dafn (-au, defni) m (雨などの) しずく, 水滴

dafnio t (液体を) たらす, 滴らせる i (液体が) 滴る, ポタポタ落ちる

Dafydd m (聖) ダヴィデ (ベツレヘム (Bethlehem) のJesseの末子, Goliathを殺した; サウル (Saul) の跡を継ぎ国都をJerusalemに定め約40年間イスラエルの王であった (紀元前1000年頃); 旧約聖書中の詩篇 (Psalms) の作者と伝えられる): ~ Frenin ダヴィデ王

dager (-au) : dagr (dagerau) f 1.短剣, 短刀 2.(スコットランド高地人が正装につける, または英国海軍初級士官がかつて帯びていたような) 短剣

dagreuol a 1.涙の (ような) 2.涙ぐんだ, 涙をたたえた 3.涙を誘う, 悲しい 4.[美術] 涙を入れるための

daguerroteip (-iau) m [写真] (昔の) 銀板写真 (術), ダゲレオタイプ (Dagerre (1789 ~ 1851) ダゲール; フランスの画家; daguerreotype 写真術を発明 (1838))

daguerrotepio t 銀板写真にとる

daioni m 1.善, 人徳 2.親切, 優しさ 3.美点, 長所: mae rhyw ddaioni ynddo 彼には良い所がある 4.上質, 優良, 優秀 5.[間投詞的にGodの婉曲語として驚き・呪い・苛立ちなどの表現に用いて]: yn eno'r ~! えっ!, なんと!, まあ!, 全くもう!

daionus a 1.情け [慈悲] 深い; 慈善心に富む 2.善良な, 有徳の: dyn ~ 有徳者

dal : dala t 1.(人・物を) 捕える, つかまえる, 掴む: ~ dwylo 手を握り合う [つなぐ]; ~ cythraul/cythreules 手強い相手 [厄介なもの] に出会う, 相手が手強くててこずる 2.(動いている物を) 掴む, 受け止める: ~ pêl ボールを受け止める [掴む], 捕球する 3.(列車・バスなどに) 間に合う, 追いつく: ~ trên 列車に間に合う 4.(人目・注意・興味などを) 引く, 引きつける: ~ cynulleidfa 観客の興味を引きつけておく: ~ sylw/llygad rhn 人の注意を引く; (視線を) 捕える 5.(人が…しているところを) 見つける, 見破る: ~ rhn yn gwneud rhth 人が何かをしているところを見つける 6.(釘などが衣服などを) 引っ掛ける, (指などを) 挟む, (物を) 絡ませる 7.(病気などに) 罹る, 感染する 8.(重さ・物などを) 支える, 支持する, 抱える: ~ pwysau 重い物を支える 9.(苦痛・不幸などに) 耐える, 我慢 [辛抱] する 10.(雨・嵐などが) 襲う 11.[狩猟] (罠・網などで) 捕える, つかまえる 12.(見解などを) 持つ, 心に抱く: ~ syniad 意見を持つ 13.(…と) 思う, 考える: ~ bod rhth yn wir 何かを本当だと思う 14.押える, 制する, 控える: ~ eich anadl 息を殺す 15.(ある位置・状態に) しておく: ~ ar rn 人を食い止める 16.(役・地位などを) 占める: ~ eich tir 自分の地歩 [立場, 主張] を固守する [一歩も引かない] 17.(土地・財産などを) 所有 [保有] する, 持っている 18.(容器が液体などを) 入れることができる, 入る: ~ dŵr (容器などが) 水を漏らさない 19.(劇場・車などが人を) 収容する 20.(電

dalbren | 201 | **damasîn**

話を) 切らないでそのまま待つ: ~ arni! ~ (dariwch) y lein! 少々お待ち下さい! 21.[音楽] (音・休符を) 引き延ばす 22.[軍事] 防ぐ, 守る; 保持する: ~ y gaer 砦を守る 23.[演劇] (俳優が舞台を) 独占する [もたせる]; ~ sylw'r gynulleidfa舞台を独占する; (劇が上演を) 続ける, 好評を博する 24.(仕事・研究などを) 続ける, 持続する 25.(…し) 続ける 26.[美術] (永続的な形で) とどめる, 表現する; (映像文章などに) 保存する 27.(賞品などを) 獲得する 28.[海事] (船が) 針路を取る: ~ ar y cwrs 航路を離れないで進む 29.[自動車] (車が路面を) とらえて走る: car sy'n ~ ei le ar y ffordd 路面をしっかりとらえて走る車

i 1.捕え [つかまえ] ようとする 2.(ロープ・手摺などを) 握っている, つかまっている: ~ yn dyn(n), ~ yn sownd しっかりつかまっている 3.引っ掛かる, からまる 4.感染する, うつる 5.続く, 続いている 6.存続する 7.(ある場所に) 留まる 8.引き続き…である 9.(ある状態で) 続く 10.(天気などが) 持つ, 続く 11.(ロープ・網などが) 持つ, 耐える 12.効力がある, 適用される: ~ yn ei werth 有効である 13.(電話を) 切らないで待つ 14.固守する

dalbren (-nau) *m* 締金, 取付け金具

dalen (-nau, dail) *f* 1.(木・草・野菜などの) 葉: yn ei dail 葉をつけて, 葉が繁って; colli/bwrw dail 葉を落とす 2.(書物などの) 一枚, 一葉, 2ページ: cymryd ~ o lyfr rhn 人の例に習う [行動をまねる]; troi ~ newydd 心を入れ換える, 素行を改める, 生活を一新する 3.(金属の) 箔 4.(蝶番の) 一片; (屏風の) 一枚; (テーブルの) 垂れ板 5.(米) 豚の腎臓周辺の脂肪層 6.ちらし広告, ビラ, リーフレット 7.長方形の一枚の紙: ~ amser 勤務時間記録票, タイムシート 8.(ガラス・金属・木などの) 薄板, 展板: ~ gopr (dalennau copr) 板銅, 葉銅 9.[海事] シート, 帆脚索

dalfa (-feydd) *f* 1.[法律] 拘留, 監禁: yn y ddalfa 収監されて, 拘留中 2. (-fäu, -feydd, -faoedd) 漁獲 (高); 捕獲 (物)

dalgylch (-oedd) *m* 1.(学校・病院などの) 受持ち区域, 通学 [通院] 区域 2.[地理] (川・湖・貯水池などの) 集水地域 [流域]

daliad (-au) *m* 1.[法律] 判決 2.[法律] 保有財産 (不動産の) 保有, 保有期間 [権] 3.(個人・特定の集団が信奉する) 主義, 教義 4.一仕事 5.捕えること; 捕球 6.[音楽] 掛留させた音符

daliadaeth (-au) *f* 1.(不動産の) 保有; 保有権 [期間, 条件]: tirddaliadaeth *f* 土地保有 2.(身分の) 保有, 保持; 保有期間: ~ swydd 在職, 在任

daliant (-nnau) *m* [化学] 懸濁 (液); 懸濁物質: ~ coloidaiss/cyludol 膠質懸濁液

daliwr (-wyr) *m* : **dalwraig (-agedd)** *f*

1.[機械] ジグ 2.[鉱山] ジッガー, 跳汰機 3.[クリ・野球] 捕手, キャッチャー 4.(商品の) 保有者, 持ち主; (手形などの) 所持人: ~ am werth 対価支払済の手形所持人 5.賭金の保管人 6.[法律] 係争物受寄者 7.支える物; 入れ物, 容器, ホルダー

dall (deillion) *m* 1.盲目の, 目の見えない: y deillion 目の不自由な人たち; y ~ yn tywys y ~ [諺] 盲人の手を引く盲人 (どちらも穴に落ちるので危険至極; cf *Matt* 15: 14) 2.盲人用の 3.(美点・欠点・利害などを) 見る目がない, 気がつかない 4.盲目的な, 盲滅法の; 行き当たりばったりの, 闇雲の, 無計画な 5.(道路・交差点など) 見通しがきかない; (物が) 見えにくい, 隠れた: oed ~ *m* めくらデート, 初対面の男女のデート 6.(通りなどが) 行き止まりの: colluddyn ~ *m* [解剖] 盲腸 7.[航空] (飛行・着陸などが) 計器の助による

dall (deillion) *m* 盲人

dallbleidiaeth *f* (宗教・人種・政治などについての) 頑固な信仰 [偏見], 頑迷, 偏屈

dallbleidiol *a* 頑固 [頑迷, 偏屈] な

dallbleidiwr (-wyr) *m* (宗教・人種・政治などで) 頑固な偏見を持つ人, 偏屈者

dallbwynt (-iau) *m* 1.[解剖] (目の網膜の) 盲点 2.自分の知らない分野, 盲点 3.(テレヴィ・ラジオの) 難視聴地域 4.(車の運転者の) 死角

dalles (-au) *f* 目の不自由な女性

dallineb *m* 1.盲目, 失明: lliwddallineb *m* 色盲, 色覚異常; ~ nos, nosddallineb 夜盲症, 鳥目 2.無知, 無分別

dallu *t* 1.盲目にする, 失明させる 2.(人の) 目をくらます, 分別 [判断力] を失わせる 3.(美しさ・華麗さなどが人を) 眩惑 [驚嘆] させる, 目を奪う

dallydd (-wyr) *m* 1.目をくらます人 [物] 2.(ラグビー・クリケットなどの) 超美技 3.[*pl*] 視覚を妨げるもの, 判断の邪魔になるもの 4.[*pl*] (米) [馬具] 目隠し (革) 5.(ぐでんぐでんに酔っ払う) 酒宴, どんちゃん騒ぎ

dam *f* 1.(呪いとして) 'dam'と言うこと 2.[否定文で] 少しも (…ない): dim gwerth ~ 何の価値もない

Damascus *f* [地名] ダマスカス (シリアの首都)

damasg *m* 1.[織物] ダマスク織り (絹布) (テーブルクロス・カーテン・服地などに用いる) 2.[金細] ダマスク [ダマスカス] 鋼 (主に刀剣用) 3.[園芸] ダマスク: ~ros (-od), rhosyn (-nau, rhosod) (*m*) Damascus ダマスクローズ, ダマスカス系のバラ (最古のバラの一系統で現在のバラの重要な祖先)

damasîn *m* 1.[D~] ダマスカス人 2.(ダマスカス刀剣の) 波状の銑

a 1.ダマスカスの 2.(ダマスカス刀剣のような) 銑 [波状模様] のある

damasinio *t* 1.(ダマスカス刀剣の刃に)波状の銑を浮かせる 2.(金属に)金銀を象眼する

damcaneb (-ion) *f* 1.一般原理, 法則 2.[数学]定理

damcaniaeth (-au) *f* 1.理論, 学理: ~ hysbysrwyddd 情報理論 2.説, 論, 学説 3.憶測, 推量, 推測 4.[数学]…論: ~ rhifau(整)数論 5.仮説, 仮定: ~ nwl[統計]帰無仮説

damcaniaetheg *f*(芸術・科学の)理論

damcaniaethol *a* 1.仮説の 2.仮定(上)の 3.理論(上)の, 学理[純理]的な 4.思索[空論]的な, 理論好きな 5.[論理]仮定の 6.[哲学]思弁的な: athloniaeth ~ *f* 思弁哲学

damcaniaethu *i* 1.理論づける, 仮説[学説]を立てる 2.思索する; 推測[憶測]する

damcaniaethwr (-wyr) *m* 1.理論家 2.空論家 3.学説を立てる人

damcanu *i* = damcaniaethu

damcanwr (-wyr) *m* = dacaniaethwr

dameg (damhegion) *f* 例え話, 寓話, 比喩: siarad mewn damhegion 例え話で話す

damhegaeth *f* 寓話化

damhegol *a* 1.例え話の, 寓話の, 寓話的な 2.比喩の

damhegu *i* 寓話を用いる

damhegwr (-wyr) *m* 寓話作者

damnadwy *a* 地獄に落ちるべき

damnedig *a* 1.永久に地獄に落とされた; 呪われた 2.忌まわしい 3.忌々しい, ばかばかしい; 途方もない

damnedigaeth (-au) *f* 1.[神学]天罰, 永罰 2.地獄に落ちる罪 3.破滅 4.ののしり, 悪評

damnio *t* 1.有罪と判決する 2.[神学](神が人を)永遠の罪に処する, 地獄に落す 3.('dam'と言って)ののしる, 呪う

damniol *a* 1.地獄に落ちる[落す] 2.破滅となる 3.呪いの 4.非難を表す 5.[神学]天罰[永罰]の

damper (-i, -s) *m*(ストーヴなどの)節気弁, 温度調節器

damsang *t* 1.(地面・道などを)踏む, 歩く 2.踏みつける[つぶす]
i 1.どしんどしんと歩く 2.踏みつける

damwain (-weiniau) *f* 1.予期せぬ出来事, 偶発事件; 偶然; 運, 巡り合わせ: ar ddamwain 偶然に, たまたま, 思いがけなく 2.不幸な出来事, 事故, 災難: mae damweiniau'n digwydd[諺]事故は起こるものだ; ~ car 自動車事故

damweinio *i* 1.(出来事などが)偶然起こる, 生じる, 発生する 2.(出来事などが身に)降り掛る 3.偶然[たまたま]…する 4.たまたま…である

damweiniol *a* 1.偶然の, 思いがけない, 偶発的な, 不慮の: marwolaeth ddamweiniol(marwolaethau ~)*f* 不慮の死, 事故死 2.明確な目的・計画のない) 手当たり次第の, 行き当たりばったりの

dan *prep* 1.[位置]…の下に: mae'r ci (o) ~ y bwrdd そのイヌはテーブルの下にいる; …の内側[内部]に; …に覆われて; …下に没して: ~ ddŵr, ~ y dŵr 水に没して, 水中に 2.[動作]…の下を(通って[くぐって])3.(重荷など)を負って 4.(手術・試練・刑罰など)を受けて: bod ~ ddedfryd marwolaeth 死刑の判決を受けている 5.(状態・状況・事情・条件など)の下に, …中で[を受けて, されていて]: ~ yr amgylchiadau こういう事情なので 6.(支配・従属・監督・保護・影響など)の下に[を受けて]: bod ~ law'r meddyg 医者にかかる; lywodraeth Llywelyn Fawr ラウェリン大王治下の 7.(法令・規則・規定など)に従って, によって, …に基づいて 8.(監禁・束縛・制約・義務など)の下に, に制せられて: siarad ~ eich anadl/gwynt 小声で[声をひそめて]話す 9.(分類・所属・種類など)に属する, …の項目下で 10.(年齢・時間・距離・数量など)が)…未満[以下]の: mae hi ~ ei deg ar hugain, mae hi ~ ddeg ar hugain oed 彼女は30歳未満です 11.(階級・重要性・価値などが)…に劣る[より下級の]12.(偽名など)に隠れて[紛れて], …の形で 13.(考慮・審査・注目など)を受けて, …中で: mae'r mater ~ sylw その問題は調査中だ

Danaidd *a* デンマーク(人)の

danas *coll* [動物]成熟した雄鹿, ノロジカ, ダマジカ(淡黄褐色の鹿區欧州産で, 夏には白い斑点を生ずる)

dandi (-ïaid) *m*(服装に凝る)しゃれ男, めかし屋, ダンディ

dandïaeth *f* 1.おめかし, おしゃれ, 粋 2.[文学・美術]ダンディズム

dandïaidd *a* めかし屋の, おしゃれな

dandwn *t* 1.(子供などを)甘やかす, 増長させる, 過保護にする 2.(欲望などを)満たす, 満足させる

Daneg *mf* デンマーク語
a デンマーク語の

danfon *t* 1.護衛[警護, 護送]する 2.(人に)付き添う[を送り届ける]: (a) gaf i eich ~ chi adref? 家まで送りましょうか? 3.(乗客を)運ぶ 4.(品物・手紙などを)配達する 5.(意味・思想・情報・予言などを)伝える, 伝達する: ~ gorchymyn 命令を伝える; ~ neges ことづけを伝える

danfoniad (-au) *m*(手紙・品物などの)配達: ~ brys 速達便

danfonwr (-wyr) *m* : danfonwraig (-agedd) *f*(商品などの)配達人

dangos *t* 1.(物などを)見せる, 示す: ~ eich pasport パスポートを提示する 2.(絵・彫刻・品物などを)展示[陳列, 公開]する 3.(姿・顔などを)見せる, 出す, 現わす: ~ eich wyneb 顔を見せる, 現れる; 出席する 4.(布地・衣服・

dangosbeth — **darfod**

色などが汚れなどを) 見せる, 目立たせる 5.(感情・性質・特徴などを) 示す, 表す: ~ eich bwriad 自分の意図を示す 6.(計器・表などが) 示す, 表示する; 記録する: ~ elw 利益を示す 7.(道・場所・方法などを) 教える, 説明する 8.(人を) 案内する, 通す 9.(分からなかったことを) 明らかにする, 知らせる, 示す: ~ pwy ydych 身分[正体]を明かす 10.(秘密などを) 漏らす, 暴露する, 暴く, 明かす 11.(隠されていたものを) 見せる, 示す, あらわにする 12.(学説・真理などを) 証明[論証]する 13.[法律] 申し立てる: ~ rheswm cyfiawn 正当な理由を示す 14.[トラ](手の内を) 見せる: ~ eich cardiau 手の内を見せる

dangosbeth (-au) *m* 1.展示, 出品; 展示会 2.展示[陳列]品, 出品物

dangosiad (-au) *m* 1.展示, 陳列 2.表示; 誇示

dangosol *a* [文法] 指示の: rhagenw (-au) ~ *m* 指示詞

dangoswr : dangosydd (-wyr) *m* 1.[教育] (大学の) 実地[実験] 教授者; (解剖学の) 実地授業の助手 2.証明論証者 3.指示者 4.(計器類の) 表示器, 指針 5.[化学] 指示薬

danhadlen (danadl, dynad, dyned, dynent) *f* [植物] イラクサ (葉に刺があり皮膚に刺さると炎症を起こす): ~ boeth (danadl poethion) イラクサの一種 (ユーラシア原産で刺毛があり触れると痛い); llosg ~/dynad [病理] 蕁麻疹

danheddiad (-au) *m* 1.(鋸歯状の) 刻み目[ぎざぎざ] を付けること; 目立て 2.刻み目, ぎざぎざ, 欠刻, 鋸歯状 3.(海岸線などの) 湾入, 入江 4.(歯車の) 噛み合わせ

danheddog *a* 1.(岩などが) 鋸歯のような, ぎざぎざのある, 鋸歯状の: plaen (-iau) ~ *m* [道具] 鋸歯かんな 2.[生物・解剖] 鋸歯のある 3.[貨幣] (縁に) ぎざぎざがある 4.歯が…する: morfil (-od) ~ *m* [動物] 歯鯨亜目のクジラ (円錐状の歯を持つマッコウクジラ・ツチクジラ・イルカなど)

danheddu *t* 1.(縁などに) ぎざぎざを付ける, 鋸歯状にする; (鋸などの) 目立てをする 2.(歯車を) 噛み合わせる 3.(海が海岸線を) 湾入させる
i (歯車などが) 噛み合う

Daniad (-iaid) *mf* 1.デンマーク人 2.デーン人 (9~11世紀に英国に侵入したスカンジナヴィア人): ci (cŵn) (*m*) ~ mawr グレートデン (大型の畜犬)

dannod *t* 1.(人を) 叱る, 責める, 咎める, 非難する 2.なじる, あざける

dannod (danodau) *m* 非難, 叱責; 非難の言葉

dannoedd *f* 歯痛: mae'r ~ arnaf 歯が痛む

danodd *ad* 下の方に[へ]

danodiad (-au) *m* = dannod

danodwr (-wyr) *m* : **danodwraig (-agedd)** *f* 叱る[咎める, 非難する] 人

dansoddol *a* 1.抽象観念的な 2.理論的な 3.難解な 4.[美術] 抽象派の

dant (danneddd) *m* 1.歯: ~ blaen (dannedd blaen) *m* 前歯; dannedd cyntaf/sugno 乳歯 2.歯状物, (歯車・櫛・フォーク・鋸などの) 歯 3.[建築] 待歯 (堀などを先へ継ぎ足し得るようにレンガ・石の端を一段置きに突出させて積み残すもの): ~ y llew タンポポ (古期フランス語でライオンの歯の意; 葉の形から)

danteithfwyd (-ydd) *m* 美味しい物, 珍味, ごちそう

danteithiol *a* 美味な, うまい, 風味の良い

danteithion *pl* 美味しい物, 珍味の食品, ごちそう

darbodaeth *f* 1.倹約, 節約 2.先見 3.用心

darbodus *a* 1.倹約する, つましい 2.先見の明のある 3.(将来に対して) 備えのある, 用心深い

darbwylladwy *a* 1.説得できる 2.納得できる

darbwylliad (-au) *m* 説得力

darbwyllo *t* 1.(人を) 説得する; 説得して…させる 2.(人に) 確信[納得] させる, 悟らせる 3.促す

darbwyllol *a* 人を納得させる, 説得力のある

darbwyllwr (-wyr) *m* : **darbwyllwraig (-agedd)** *f* 1.確信させる人 2.説得する人

darddullaidd *a* (文体・話し方などが) 癖のある, 個性の強い, 気取った

darddulliaeth (-au) *f* 1.(文学芸術上の表現手段が) 型にはまっていること, 過度な技巧性, マンネリズム 2.(言行・身振りなどの) 独特の[きざな] 癖 3.[美術史][通例D~] マニエリスム (16世紀後期に欧州で発達した美術様式で, 強烈な色彩・風変わりなフォルム・人体を引きば伸して表現するのが特色)

darddulliwr (-wyr) *m* 1.マンネリズム的作家, 独特の作風の芸術家 2.独特の癖のある人 3.[美術][通例D~] マニエリスムの作家

darfath (-au) *m* [道具] (鍛冶屋の使う) 火造型, スエージ, タップ (その上に載せたりその下に入れたりしてハンマーで打って材料を適当な形にする道具)

darfathu *t* スエージで形をつける[曲げる]

darfelydd (-ion) *m* 想像(力)

darfod *t* 1.(仕事などを) 終える, 止める, 済ます, 完了する 2.(仕事などの) 仕上げをする, 磨きをかける, 上塗りをする: ~ gwaith 仕事を仕上げる 3.(質・体力などが) 衰える, 衰退する 4.(制度・名声・記憶・興奮などが) なくなる, 消える 5.(火・光・音などが) 薄らぐ, 消える: mae'r dydd yn ~ 日が暮れている
i 1.終わる, 済む 2.(偶然) 起こる, 生ずる 3.(出来事などが) 身に降り掛る 4.縁を切る, 絶

交する: mae wedi ~ â hi 彼は彼女と縁を切った

darfodadwy *a* (食べ物などが) 腐敗しやすい

darfodedig *a* 1.一時的な, 束の間の 2.はかない, 無常な 3.衰微した 4.(火・希望などが) 消えた 5.(生命・動物などが) 絶滅した 6.(家系・爵位などが) 消滅した 7.(法律・官職などが) 廃れた

darfodedigaeth *m* 1.衰微: 衰弱 2.[病理] 結核 3.肺病, 肺結核

darfodedigaethol *a* 1.[病理] 結核 (性) の, 結核にかかった 2.結節のある, 結節 (状) の

darfodedigol *a* 1.衰微した 2.[病理] 肺病の, 肺病性 [質] の

darfodus *a* (食べ物などが) 腐りやすい

darfudiad (-au) *m* [物理・気象] (熱・大気の) 対流, 環流

darfudol *a* 1.対流の 2.(雨が) 対流によって生じる: glaw ~ 対流によって生じる雨 3.[物理・気象] 対流 [環流] 的な

darfudwr (-wyr) : darfudydd (-ion) *m* 対流暖房器

darfyddiad (-au) *m* 最後の仕上げ

dargadw *t* 保持 [保有] する, 維持する, 持ち続ける

dargadwad (-au) : dargadwedd *m* 1.[病理] 鬱滞, 停留, 分泌閉止 2.保有, 保持, 維持 3.記憶 (力)

dargadwaeth *f* 1.保持力 2.残存性 3.[物理・電気] 保磁性 4.[物理] 残留磁気

dargadwol *a* 1.保持力のある 2.湿気を保つ 3.記憶力のよい 4.[医学] (包帯・器官などを) 動かないようにする, 固定させる 5.残留する 6.[物理] 残留磁気の

darganfyddadwy *a* 発見できる

darganfyddedig *a* 発見された

darganfyddiad (-au) *m* 1.発見 2.発見物 3.(俳優・音楽家などの有望な新人の) 発掘 4.[演劇] 認知 5.[法律] (事実・書類などの) 開示

darganfyddwr (-wyr) *m* : **darganfyddwraig (-agedd)** *f* 発見者

dargludedd (-au) *m* 1.[物理] 伝導性 2.[電気] 導電率

dargludiad (-au) *m* 1.(水を管などで) 引くこと, 誘導 (作用) 2.[物理・電気] (熱・電気・音などの) 伝導 3.[物理] 対流, 環流

dargludiant (-iannau) *m* 1.伝導 (力) 2.[電気] コンダクタンス (電気抵抗の逆数)

dargludo *t* [物理・電気] (熱・電気などを) 伝導する

dargludol *a* 1.(熱・電気などを) 伝える, 伝導性の 2.[物理・電気] 伝導性の, 伝導力のある

dargludydd (-ion) *m* [物理・電気] (熱・電気・音などの) 伝導体

dargopi (-ïau) *m* 1.透写, 複写, トレーシング

2.透写図

dargopïo *t* 1.(線・地図・輪郭などを) 引く, 描く, 書く 2.敷写しする, 透写複写する, トレースする 3.(字句などを丁寧に・苦労して) 書く

dargopïwr (-ïwyr) *m* 写図者

dargyfeiredd (-au) *m* [物理・数学] 発散, 散開

dargyfeiriad (-au) *m* 1.脇へそらせること; (方向などの) 転換 2.水流を変えるために作られた水路, 分水 3.迂回路, 回り道 4.= **dargyfeiredd**

dargyfeiriedig *a* (交通を) 迂回させた

dargyfeirio *t* 1.(水流・人などの) 進路を変える, 転換する 2.(交通を) 迂回 [回り道] させる *i* 1.[数学] 発散する 2.[物理] (放射状に) 散開する

dargyfeiriol *a* 1.分岐する; 放散する 2.[物理] 散開の; (光線を) 発散させる 3.[数学] 発散する: cyfres ddargyfeiriol (cyfresi ~) *f* 発散級数 4.[心理] 拡散的の

darheulad (-au) *m* 日光にさらすこと

darheulo *t* 日光にさらす, 日に当てる

darlifiad (-au) *m* [医学] 灌流, 灌注

darlifo *t* [医学] 灌流 [灌注] する

darlifol *a* 振りまける, 散水用の

darlith (-iau, -oedd) *f* 1.講義, 講演, 講話 2.小言, 説教

darlithfa (-feydd) *f* 講堂, 階段教室

darlithio *i* 講義 [講演] する

darlithiwr : darlithydd (-wyr) *m* : **darlithwraig (-agedd)** *f* 1.講演 [講話] 者 2.(大学の) 講師: uwch-ddarlithydd *m* (大学の) 上級講師

darlosgfa (-feydd) *f* 火葬場

darlosgi *t* (死体を) 火葬する

darlosgiad (-au) *m* 火葬

darlun (-iau) *m* 1.絵, 絵画: oriel (*f*) ddarluniau (orielau darluniau) 絵画陳列室, 画廊, 美術館 2.肖像画 3.活人画 4.(本の) 挿絵, 説明図, イラスト 5.(映画・テレヴィの) 画面; 画像 6.心像 7.描写, 写実, 叙述 8.例証, 図解 9.絵のように美しい物 [人, 風景], 美観 10.状況, 事情, 様子

darlundy (-dai) *m* 映画館

darluniad (-au) *m* = **darlun**

darluniadol *a* 1.絵画の; 絵で表した; 図解 [挿絵, イラスト] 入りの: cerdyn ~/darlun 絵葉書 2.(描写などが) 絵のような, 絵を思わせるような

darluniadwy *a* 1.絵のように美しい; 2.(言語・文体が) 生き生きした, 真に迫った 3.(人・性格・服装などが) 個性の強い, 独特な, 風変わりな, 面白い

darlunio *t* 1.(絵画・彫刻で) 描く, 描写する; 肖像を描く 2.(聖人などの) 像を造る, 絵に描く 3.(本などに) 図解 [挿絵, イラスト] を入れる 4.(言葉で) 描く [叙述] する 5.(言葉で) 生きているように描く 6.映す, 映し出す 7.心に描く,

darluniwr 想像する

darluniwr : darlunydd (-wyr) *m* 1.挿絵画家, イラストレーター 2.肖像画家

darllaw *t* (ビールなどを) 醸造する

darllawdy (-dai) *m* ビール醸造所

darllawiaeth *f* ビール醸造; 醸造量 [高]

darlläwr (darllawyr) : darllawydd (-ion) *m* ビール醸造 (業) 者

darllediad (-au) *m* (テレヴィ・ラジオの) 放送

darlledu *t* (テレヴィ・ラジオで) 放送する

darlledwr (-wyr) *m* : **darlledwraig (-agedd)** *f* (テレヴィ・ラジオの) 放送者 [会社]

darllen *t* 1.(本・手紙などを) 読む; 読解する; 音読 [朗読] する 2.読んで聞かせる; 読んで…させる: ~ i rn nes iddo gysgu人に本を読んで寝かしつける 3.(人の心・考え・唇の動きを) 読み取る: meddyliau rhn 人の心を読む; ~ gwefusau 読唇する 4.(謎・徴候などを) 解く, 判断する 5.(夢を) 判断する 6.(手相を) 見る: ~ llaw rhn人の手相を見る 7.(未来を) 予言する: ~ y dyfodol 未来を予言する 8.(計器・時計などが) 示す, 表示する 9.(大学で) 専攻 [研究] する: ~ am bwnc ある科目を専攻 [研究] する 10.[印刷] (ゲラを) 読む, 校正する: ~ proflenni 校正する

i 1.読む, 読書する: ~ rhwng y llinellau 行間を読む, 言外の意味を読み取る 2.音読 [黙読, 朗読] する: ~ yn dawel 黙読する 3.読解する 4.読んで聞かせる 5.専攻 [研究] する: ~ ar gyfer y bar 弁護士になるために勉強する 6.(文などが…と) 読める 7.(…と) 解される [書いてある]: mae'r llyfr yn ~ fel cyfieithiad この本は読むと翻訳のよう

darllenadwy *a* 1.(本などが) 読んで面白い, 面白く読める 2.(筆跡・印刷などが) 判読できる, 読みやすい

darllenadwyedd *m* 1.面白く読めること 2.読みやすさ

darllenfa (-feydd) *f* 1.[教会] (上が斜めになっていて, 立って読むための) 聖書 (朗読) 台 2.(講演者用の) 書見台 3.[図書館] 読書台; 閲覧室

darllengar *a* 1.読書の, 書物 (上) の 2.本好きの, 書物に凝った 3.堅苦しい, 学者ぶった

darlleniad (-au) *m* 1.読書; 読み方; 朗読 2.[議会] 読会 3.[教会] (礼拝式で読む) 聖句 4.(異本・校合による) 異文 5.(写本・原稿などの) 読み方 6.読書 [朗読] 会 7.(習得した) 学識, 知識 8.読み物; 文選; …読本 9.(夢・天候・情勢などの) 判断, 解釈; 意見 10.(温度計などの) 表示, 示度, 記録

darlleniadur (-on) *m* [教会] 日課表, 聖句集

darllenwr (-wyr) : darllenydd (-ion, -wyr) *m* : **darllenwraig (-agedd)** *f* 1.読む人, 読者; 読書家; 朗読者 3.出版顧問; 校

正係 4.(大学の) 助教授 5.(ガス・電気などのメーターの) 検針員 6.[カト] 読師, レクター 7.[電算] 読み取り装置

darllenyddiaeth (-au) *f* (大学の) 助教授の職 [身分]

darn (-au) *m* 1.(パン・チーズ・紐などの) 小片, 破片, 断片, かけら: ~ o bren 一本の木切れ 2.(土地の) 一区画 3.(機械などの) 部品, パーツ; 予備部品: darnau sbâr 予備部品 4.小銭 (旧3ペンス~6ペンス貨) 5.(文学・芸術・音楽などの) 作品, 楽曲 6.[チェス] 駒

darniad (-au) *m* 分裂, 破砕, 断片化

darnio *t* 破片 [断片] にする

darniog *a* 1.破片 [断片] の 2.断片から成る, 断片的な

darn-ladd *t* 半殺しにする

darofun *t* = bwriadu

darogan (-au) *mf* 1.予想, 予測, 予報, 予言 2.前兆, 兆し

darogan *t* 1.予言 [予報, 予告, 予示] する 2.(物事が良くない事の) 前兆となる 3.占う

i 1.予言 [予報] する 2.占う 3.(物事が) 前兆を示す: ~ gwae 縁起が悪い

daroganedig *a* 予言 [予報] された

daroganol *a* 1.予言的な 2.前兆となる

daroganus *a* 前兆となる; 予感に満ちた

daroganwr : droganydd (-wyr) *m* : **droganwraig (-agedd)** *f* 1.予言 [予告, 予報] 者: ~ tywydd 天気予報者 2.占い師

darostwng *t* 1.(人を) 謙虚にさせる 2.(人に) 恥をかかせる, 自尊心を傷つける, 品位を落とす 3.(人の) 地位を下げる, 降格させる, 左遷する; 罷免する 4.(感情などを) 抑える, 抑制する 5.(物の価値・品質などを) 低下させる 6.(反乱・暴動などを) 抑圧 [鎮圧] する 7.(国・敵軍・部族などを) 征服 [鎮圧] する, 服従させる

darostyngedig *a* 1.恥をかいた, 自尊心を傷つけられた 2.(国・敵軍などが) 征服された, 服従 [従属] する 3.(…に) 服従して, 従うべきに: ~ i ddeddfau natur 自然の法則に支配されて

darostyngiad (-au) *m* 1.恥をかかせる [辱める] こと 2.屈辱, 恥, 不面目 3.(評判・地位・品位などの) 低下, 失墜: hunanddarostyngiad *m* (劣等感・恥辱感などの) 自己卑下 4.(価値・品質などの) 低下, 下落 5.降職, 左遷; 罷免 6.征服, 支配 7.服従, 従属

darostyngol *a* 屈辱的 [不面目] な

darostyngwr (-wyr) *m* 1.征服 [鎮圧] 者 2.抑制者

darpar (-iadau, -ion) *m* 1.準備, 用意 2.心の用意, 覚悟 3.(料理, 食事などの) 調理; 料理; 食料 4.(食料, 必需品などの) 供給, 支給 5.予習 (時間) 6.(薬剤などの) 調合 7.[音楽] (不協和音) 予備 8.[聖書] 安息日の前日 (cf *Matt* 27:62)

a 1.選定 [選抜] された; 選り抜きの 2.[通例名

darpariad 206 **datfforestwr**

詞の後に置いて)(まだ就任していないが) 選挙された, 当選した: y D~ Faer 当選市長; 結婚の相手として選ばれた 3.[神学](神に) 選ばれた 4.(旅行など) 予定された, 計画的な 5.これからなろう[しよう]とする

darpariad (-au) *m* : **darpariaeth (-au)** *f*
1.(通例*pl*)(将来に向けての) 準備, 用意 (の手はず), 準備万端 2.(食料などの生活必需品の) 供給, 支給: darpariaeth cyfalaf[商業]資金の供給

Darpariaethwr (-wyr) *m* :
Darpariaethwraig (-agedd) *f* アイルランド共和国陸軍 (IRA) の臨時部隊の一員

darparol *a* 1.準備[予備]の 2.前置きの 3.(大学への) 入学準備の

darparu *t* 1.準備[用意]する 2.(必要物を) 供給する 3.(口実・理由などを) 用意しておく 4.(宴会などの) 料理とサーヴィスを提供する *i* 1.(将来に向けて) 準備[用意]する, 備える: ~ yr haf erbyn y gaeaf, ~ rhag diwrnod/ dyddiau glawog 不時に備える 2.(パーティーなどの) 料理とサーヴィスを調達する, 賄う 3.(要求を) 満たす(趣味・興味などに) 迎合する: ~ ar gyfer pob chwaeth 全ての趣味に迎合する

darparwr (-wyr) *m* : **darparwraig (-agedd)** *f* 1.準備者; 設備者 2.供給者 3.(家族の) 扶養者

darseinydd (-ion) *m* [電気]拡声器, スピーカー

dart (-iau, -s) *m* 1.[武器](短い) 投げ槍 2.[ゲーム](投げ矢遊びの) 投げ矢 3.[*pl*]投げ矢遊び, ダーツ: bwrdd (byrddau)(*m*) darts ダーツ盤(投げ矢遊びの標的) 4.[洋裁][*pl*]ダーツ

dartio *t* [洋裁](布地の一部を) つまみ縫いする
darwahanedig *a* (休暇などを) ずらした
darwahanu *t* 1.(物を) 互い違いにする 2.(労働時間・休暇などを) 重ならないようにずらす, 時差制にする: ~ gwyliau 休暇をずらす

darwden (-nau) *f* [病理]白癬(田虫・銭田虫・水虫・しらくもなど)

Darwinaidd *a* ダーウィン(説)の
Darwiniad (-iaid) *mf* : **Darwinydd (-ion)** *m* ダーウィン説の信奉者
Darwiniaeth *f* ダーウィン説, 進化論
darwthiad (-au) *m* [心理]抑制; 抑制された記憶[衝動]
darwthiedig *a* [心理]抑制された
darwthio *t* [心理]意識的に感情欲求を抑制する

das (-au, -deisi, -deisydd) *f* [農業](干草・麦わらなどの) 大きな山, 堆積, 稲むら, 干草積み(通例, 雨を防ぐ藁葺き屋根を掛ける)
dasu *t* (干草・麦わらなどを) 積み重ねる, 山に積む, 稲むらにする

dat- *pref cf* **dad-** : datgan *t* 断言する; datgloi *t* 錠を開ける; datgysylltu *t* 分離する

data *m* 1.資料, データ, (観察・実験による) 事実, 知識, 情報: ~ crai 生のデータ 2.[電算機]データ: banc (-iau)(*m*) ~ データバンク

datblygiad (-au) *m* 1.発達, 発育, 成長; 発展, 進展; 進化: stadau ~ 進展の段階 2.(資源・土地・事業などの) 開発, 拡張, 造成 3.団地 4.[生物]発生 5.進化[発展]の結果[成果] 6.新事実[事情] 7.[写真]現像 8.[数学]展開 9.[音楽]展開部

datblygadwy *a* 1.発達[発展]させられる 2.開発できる 3.展開可能な 4.現像できる

datblygedig *a* 1.発達[発育]した; 発展した 2.開発された

datblygiadol *a* 1.(心身の) 発達[発育]上の 2.開発[発展]的な 3.発生上の, 進化的な

datblygol *a* 1.(新興国など) 発展途上の: gweledydd ~ 発展途上国 2.[写真]現像(用)の

datblygu *t* 1.発育[発達, 発展, 進展]させる 2.(巻いた物などを) 開く, 広げる 3.(資源・荒地・鉱山などを) 開発[造成]する 4.(議論・計画などを) 展開[詳説]する 5.[写真]現像する 6.[音楽](主題を) 展開する 7.[数学](面・関数・式を) 展開する
i 1.(身体が) 発育[発達]する 2.[生物]発生[進化]する 3.(局面・物語の筋などが) 展開[進展]する 4.[写真]現像される

datblygus *a* (心身の) 発達[発育]上の

datblygwr (-wyr) : **datblygydd (-ion)** *m* 1.開発者 2.不動産[宅地]開発業者, ディヴェロッパー 3.[写真]現像技師; 現像液 4.[染色]顕色剤

datbroffes (-au) *f* (公式の) 取り消し, 撤回
datbroffesu *t* (信仰・主張などを公式に) 取り消す, 撤回する
i (公式に) 自説を取り消す, 撤回する
datbroffeswr (-wyr) *m* : **datbroffeswraig (-agedd)** *f* 撤回者

datchwyddedig *a* 空気[ガス]の抜けた; 収縮した

datchwyddiant *m* 1.空気[ガス]を抜くこと; (気球のガス) 放出; (膨張物の) 収縮 2.[経済]通貨収縮, デフレーション, (物価の) 引き下げ, 不況 3.意気消沈

datchwyddo *t* 1.(タイヤ・気球などから) 空気[ガス]を抜く; (膨れた物を) すぼませる 2.[経済](膨張した通貨を) 収縮させる, (物価を) 引き下げる: ~ arian 通貨を収縮させる

datchwyddol *a* [経済]通貨収縮的な

datchwyddwr (-wyr) *m* [経済]1.デフレ論者 2.デフレーター, 実質化因子

datfforestiad (-au) *m* 森林伐採, 山林開拓
datfforestu *t* (山林を) 切り払う
datfforestwr (-wyr) *m* 森林伐採[開拓]者

datgan *t* 1.断言［言明，陳述］する: ~ bod claf ar wella 患者が危険を脱したと断言する; ~ achos［法律］言い分を述べる　2.宣言［布告，公表］する: ~ bod ichwi fudd o rth, ~ cysylltiad â rhth 何かに参画出資することを表明する　3.［法律］（判決などを）宣告する　4.自分の所信［立場］を表明する　5.（問題・関係など を）正確に示す
i 1.断言［言明］する　2.宣言する　3.意見を述べる: ~ barn ar bwnc ある問題について意見を述べる　4.判断［判決］を下す

datganiad (-au) *m* 1.（楽曲・作品などの）演奏，演技，演出　2.（詩などの）吟唱，朗唱，暗唱，朗読　3.［音楽］独奏，独唱;（主題・主旋律の）提示　4.宣言，布告，発表: D~ Annibyniaeth（米国の）独立宣言（1776年7月4日英国からの独立を宣言した）; D~ Iawnderau Dyn世界人権宣言（1948年12月国連で採択された）5.［税関］（課税品の）申告: ~ tollfa 税関申告書　6.［税務］（所得税の）申告　7.（事実などの）陳述，言明　8.声明（書），ステートメント: gwneud ~ 声明を発表する; ~ swyddogol i'r wasg 報道関係者に対する公式の声明　9.［会計・金融］報告，計算書，一覧表: ~ ariannol 財務諸表　10.［法律］供述，申し立て

datganiadol *a* 1.宣言［布告］する，断定的な　2.［文法］平叙の　3.［法律］既存のものを確認［宣言］する

datganoledig : datganolog *a* 分散された

datganoli *t* 1.（行政権・組織などを）分散させる，地方分権にする　2.（人口・産業などを）分散させる
i 分散する，地方分権になる

datganoliad *m*［政治］（官職・権利・義務などの）移転，移譲，移管; 分散; 地方分権

datganoliadol *a*［政治］（官職・権利・義務などの）移転［移管，分散］の

datganolwr : datganolydd (-wyr) *m* : **datganolwraig (-agedd)** *f*（行政権・組織などを）分散させる人

datganu *t*（音楽を）演奏する

datgarboneiddio *t*（内燃機関などから）炭素を取り除く

datgeiniad (-iaid) *mf* 1.暗唱［朗吟］者　2.演奏者

datgeladwy *a* 1.見つけられる; 看破［探知，検出］できる　2.明らかにできる

datgeliad (-au) *m* 発見; 看破，探知，発覚，露見，検出

datgelu *t* 1.（人の悪事などを）見つける，発見する　2.看破する，（人の性格を）見破る　3.（見えない物の存在を）感知する　4.（隠されていた物事を）示す，見せる，現す　5.（秘密などを）漏らす，暴露する，暴く，明かす: ~ cyfrinach 秘密を漏らす; ~ pwy ydych 身分を明かす　6.（神

が）啓示［黙示］する

datgelwr : datgelydd (-wyr) *m* : **datgelwraig (-agedd)** *f* 1.発見［看破，暴露］者　2.［物理・化学］検出器

datgloi *t* 1.（ドア・箱などの）錠を開ける: ~ drws ドアの錠を開ける　2.（秘密などを）漏らす，打ち明ける

datglymu *t*（結び目・包みなどを）ほどく，解く

datgordeddu *t*（糸・ロープなどの）より［ねじれ］を戻す,（もつれを）ほどく
i よりが戻る，ほどける

datguddiad (-au) *m* 1.（隠れている物・秘密などの）暴露，発覚; 暴露された事物　2.意外な新事実: y fath ddatguddiad! 何という意外な話だろう!, これは初耳だ!　3.［神学］（神の）天啓, 啓示, 黙示; 聖書　4.［D~］［聖書］ヨハネの黙示録（新約聖書最後の書）

datguddio *t* 1.（秘密などを）漏らす，暴露する，暴く　2.（隠れた物を）見せる，取り出す　3.（情報などを）開示［発表］する

datguddiwr (-wyr) *m* : **datguddwraig (-agedd)** *f*（秘密などの）暴露者

datgyffesiad (-au) *m* = **datbroffes**

datgyffesu *t* = **datbroffesu**

datgyffeswr (-wyr) *m* : **datgyffeswraig (-agedd)** *f*（意見信仰などを）撤回する人，アナグラム編集

datgymaledig *a*［医学］脱臼した

datgymaliad (-au) *m* 1.［医学］脱臼，転位　2.手足の切断

datgymalu *t* 1.［医学］脱臼させる　2.手足を切断する

datgysylltiad (-au) *m* 1.分離（作用［状態］），切断, 絶絶　2.（思想・表現などの）支離滅裂　3.［心理］（意識・人格の）分裂　4.［政治］既存の制度廃止　5.［宗教］国教の廃止　6.［電気］断線, 断路

datgysylltiaeth *f* 国教制度廃止論

datgysylltiedig *a* 1.分離した, 無関係の　2.［心理］（意識・人格が）分裂［解離］した: personoliaeth ddatgysylltiedig （personoliaethau ~）解離した人格　3.（既存の制度などを）廃止した 教会の国教制を廃止した

datgysylltiol *a* 1.分離的な　2.［心理］分裂［解離］的な　3.国教制度廃止論者の

datgysylltu *t* 1.分離する, 引き離す; 分離して考える　2.関係を断つ　3.［心理］（意識・人格を）分裂［解離］させる　4.（既存の制度などを）廃止する　5.（教会の）国教制を廃止する　6.［機械］（クラッチなどを）切る

datgysylltwr (-wyr) *m* : **datgysylltwraig (-agedd)** *f* 1.国教制度廃止論者　2.［電気］断路器

datgyweddiad (-au) *m*［フェ］剣先を相手の剣の反対側にはずして交えること; ~ ffug *m* 剣先を相手の剣の反対側にはずして交えるフェイ

datgyweddu 208 **deall**

ント[牽制動作]

datgyweddu *i*[フェ]剣先を相手の剣の反対側にはずし変える

datod *t* 1.引き離す, 切り離す 2.(紐・結び目・包みなどを)解く, ほどく, 緩める 3.(もつれた糸・編物などを)解く, ほどく, ほぐす
i(結び目などが)解ける, ほどける

datodadwy *a*(結び目などが)解ける, ほどける

datodedig *a* 解かれた, ほどかれた, 結んでいない

datodiad (-au) *m* 解く[ほどく]こと

datodwr : datodydd (-wyr) *m*(結び目を)解く[ほどく]人

datrys *t* 1.(問題・紛糾・謎などを)解く, 解明[解決]する 2.(暗号文などを)普通文に翻訳する, 解読する

datrysadwy *a*(問題などが)解ける, 解決[解答]できる

datrysiad (-au) *m*(問題などの)解決, 解明; 解答: set (*f*) ddatrysiad(stiau ~)[数学・論理]解の集合

datryswr (-wyr) *m* 1.(問題などの)解決者 2.(暗号文の)解読者

datsain *f* 1.反響(音)2.[物理]残響

datsain *i*(音が)鳴り響く, 反響する

datseinedd : datseiniad (-au) *m* = **datsain**

datseinio *t*(音を)反響させる, 鳴り響かせる
i(音が)鳴り響く, 反響する

datseiniol *a*(音・歓声などが)鳴り響く, 響き渡る, 反響する

datysen (datys) *f*[植物]ナツメヤシ(の実): coeden (*f*) ddatys (coed ~)ナツメヤシ

dathliad (-au) *m* 祝典, 祝賀(会)

dathliadol *a* 祝典のための, 儀式用の

dathlu *t* 1.(儀式・祝典などを)挙行する 2.(祝典を挙げて祭日・特定の日・出来事などを)祝う, 祝賀する: ~'ch pen-blwydd yn bedwar ugain(oed)80歳の誕生日を祝う
i 1.祝典を挙行する 2.大いに祝杯を挙げる

dathlwr (-wyr) *m*(祝日・誕生日などの)祝賀者

dau (deuoedd) *m* 1.(基数の)2; 2個; 二人 2.2歳; 2時 3.2[II]の数字[記号]4.対, 一組 5.[トラ]2の札 6.[ダイス](賽の)2の目 7.[ドミノ]2の目の牌
a 1.2つの; 2個の; 二人の: y ddau ddyn 二人の男性; gwell ~ ben nac un[諺]二人いれば一人より知恵が出る,「三人寄れば文殊の知恵」(cf *Eccles* 4:9)2.2歳で

dau- *pref* 二つある, 双[複, 重]…

daudafodiog *a* 二枚舌[嘘つき]の

daufiniog *a* 1.両刃[諸刃]の 2.(議論などが)有利とも不利とも思える, 良い意味にも悪い意味にも取れる, 曖昧な

dauwynebog *a*(言行に)二心[裏表]のある, 偽善的な

dauwynebogrwydd *m* 二心[裏表]のある言行, 不正

daw (-on) : dawf (dofion) *m* 娘婿, 女婿, 娘の夫

dawn (doniau) *f* 1.(天賦の)才能, 素質: ~ siarad/ymadrodd/dweud 弁才 2.能力, 技量 3.[*pl*]才能のある人々, 人材

dawns (-iau, -feydd) *f* 1.ダンス, 踊り, 舞踊, 舞踏: ~ neuadd 社交ダンス; ~ Morris/ Morys モリスダンス; ~ sgwar; y Ddawns Angau, D~ (yr) Angau 死の舞踏 2.舞踏会, ダンスパーティー: cynnal ~ 舞踏会を催す; merch berta'r ddawns, y ferch hardda'r yn y ddawns 舞踏会の女王 3.[病理]セントウイッス(St. Vitus)の舞踏, 舞踏病

dawnsfa (-fäu, feydd) *f* 舞踏室[場]

dawnsgor (-au) *m*[ダンス](ミュージカル・レヴューの)合唱舞踊団

dawnsgyfres (-i) *f* 舞踊曲

dawnsiadwy *a* 踊りに適した

dawnsio *t* 1.(踊りなどを)踊る 2.(人を)踊らせる 3.(赤ん坊を)揺すってあやす: ~ babi ar eich glin 赤ん坊を膝に乗せ揺すってあやす 4.踊って…させる: ~ tendans ar rn いつも付き添って人の機嫌を取る
i 1.踊る, ダンスをする 2.跳ね回る, 小躍りする: ~ o/gan lawenydd 喜んで小躍りする

dawnsiog : dawnsiol *a* 踊る, 踊っている

dawnsiwr(-wyr) *m* : **dawnswraig(-agedd)** *f* 1.踊る人, 踊り手 2.(職業的・専門の)舞踊家, 踊り子, ダンサー

dawnus *a* 有能な, 天賦の才のある, 天分のある

de *m* 1.南, 南方; 南部: tý'r wynebu'r ~ 南向きの家; i'r ~ tua'r dwyrain 南微東; i'r ~ orth 何かの南方に 2.南部地方: D~ 南グラモーガン(ウェールズ南部の州);[D~](米)南部(諸州): perfeddion/pellafoedd y ~, y ~ Eithaf [米史]ディープサウス, 深南部(Georgia, Alabama, Mississippi, Lousianaの最南部諸州); ~ America 南アメリカ; ~ Cymru, y ~ 南ウェールズ; ~ Affrica 南アフリカ(共和国)
a 1.南の[にある]2.南向きの 3.(風が)南から吹く

de *f* 1.右, 右側, 右方 2.[通例D~][政治]右翼, 右派, 保守派: y Dde 右派 3.右折, 右曲がり 4.[野球]右翼手 5.[ボク]右手の一撃 6.[軍事]右翼

deall *t* 1.(人・物事を)理解する,(言葉などが)分かる: nid wyf yn ~ Ffrangeg 私はフランス語が分かりません 2.聞いて知っている, 聞き及ぶ 3.推測[推察]する 4.解釈する, 当然のことと思う 5.[文法](語句などを)心の中で補って解釈する 6.(真意・理由などを)会得する 7.(学問・技術などに)通じている, 明るい 8.(機械などの)扱い方を心得ている: ~ ceffylau 馬の扱

deall　209　**deddfegol**

い方を心得ている

i 1.理解する, 分かる: 'nawr 'rwy'n ~! やっと分かった! 2.理解力[知力]がある 3.同情的に理解する

deall (-on) *m* 1.理解, 会得 2.知性, 知恵, 知力; 理解[思考]力: dyn o ddeall 知性のある人 3.知識人, 識者; 知識階級

dealladwy *a* 理解[納得]できる, 分かる, 分かりやすい

deallaeth *f* 1.[哲学]主知[理知, 知性]主義 2.[文芸]主知主義 3.知性の行使

deallaethol *a* 1.インテリの 2.主知主義(者)の

deallaethwr (-wyr) *m* 主知主義者

deallgar *a* 1.理解力[分別]のある 2.同情的な

deallol *a* 1.(意志・感情に対し)知力の, 知的な 2.(人など)知性[理知]的な, 知力の優れた 3.(職業・仕事などで)頭を使う, 知力を要する

dealloldeb : deallolrwydd *m* 知性, 知力

dealloli : dealluso : deallusoli *t* 知的に処理[分析]する

i 知的に論じる

dealltwriaeth (-au) *f* 1.知性, 知力 2.(意見・感情などの)一致, 了解: cyd-ddealltwriaeth (y gwledydd)[政治]国際理解

deallus *a* 1.理解力のある, 理性的な 2.聡明な, 物わかりのよい: rhn ~ 物わかりのよい人 3.[電算]情報処理ができる

deallusen (-ion) *f* : **deallusyn (-ion)** *m* 1.知識人, 識者, インテリ 2.[*pl*]インテリゲンチア, インテリ層, 知識階級

deallusol *a* = **deallaethol**

deallusolrwydd *m* 知性, 知力

deallusolwr (-wyr) *m* 知的な処理[分析]者

deallusrwydd *m* 1.知性, 知力 2.[教育]知能: prawf (profion) (*m*) ~[心理]知能検査[テスト]

deau *m* & *a* = **de**

debentur (-au) *m* [経済]1.債務証書 2.社債(券) 3.(米)無担保社債

debyd (-au) *m* [簿記・金融](帳簿の左側の)借方(記入)

debydu *t* [簿記]借方に記入する: ~ swm 金額を借方に記入する

dec (-iau, -s) *m* 1.[海事]デッキ, 甲板: y dynion dan ~ 下甲板 2.テープデッキ

decl (-au) *m* [製紙]デッケル, 定型器

declario *i* [クリ]中途でイニングの終止を宣する

decplyg *a* 1.10倍の 2.十部分[部門, 要素]のある, 十重の

decrement (-au) *m* 1.減少, 漸減 2.減少量 3.[数学]減少値 4.[物理・電気]減衰率

decretal *a* 法令の

decretal (-au) *m* [カト]教皇令

decsill *a* 10音節の: llinell ddecsill 10音節の行

decstrin *m* [化学]デキストリン, 糊精; 糊

decstro- comb fm [連結形]1.右(側)の: decstrocardia *m* [病理]右心(症), 右側心臓 2.[化学]右旋回の

decstros *m* [化学]右旋糖, 精製グルコース, ブドウ糖

dectant *m* 1.10弦の楽器 2.プサルテリウム(14-15世紀に用いられた指・ばちで弾く一種の撥弦楽器; cf *Psa* 150:3)

a 10弦の

dechrau *t* 1.(仕事などを)始める, 着手する: deuparth gwaith (yw) ei ddechrau [諺]始めがうまくゆけば仕事は半分終わったも同然だ 2.(…し)始める[出す]3.起こす, 創設する 4.[否定文で]とても(…し)そうで(ない)

i 始まる, 起こる, 生じる: i ddechrau まず第一に

dechrau (-reuoedd, -reuon) *m* 1.初め, 最初, 端緒: ar y ~ まず初めに[最初は]2. 始まり, 発端 3.起源, 起こり 4.[*pl*]初期(の段階)

dechreuad (-au) *m* 1.開始, 初め 2.起源, 発端, 始まり: ~ y bydysawd 宇宙の起源

dechreuadol *a* 1.初めの, 初めの 2.語頭の 3.初歩[手始め, 発端]の 4.初心者向けの 5.入会[入門, 入党]の 6.初心の

dechreuwr : dechreuydd (-wyr) *m* : **dechreuwraig (-agedd)** *f* 1.初心[初学]者, 未熟者: Cymraeg i ddechreuwyr 初学者向きのウェールズ語 2.(会・事業などの)創立[創始, 創設]者, 開祖

dedfryd (-au) *f* 1.判断, 意見 2.[法律](刑事上の)判決, 宣告; 刑: ~ marwolaeth 死刑; ~ ohiriedig (dedfrydau gohiriedig) 執行猶予

dedfrydu *t* [法律]判決を下す, 刑を宣告する, 刑に処する: ~ rhn i farwolaeth 死刑の判決を下す

dedlein (-s) *f* (新聞・雑誌の)原稿締め切り時間; 最終期限

dedwydd *a* 1.祝福された, 幸福[幸運]な: ~ anwybodaeth 幸福なる無知,「知らぬが仏」 2.神聖な, 清められた 3.楽しい, 喜ばしい

dedwyddwch : dedwyddyd *m* 神の恩恵を受けていること, 至福, 幸福, 幸運: dedwyddwch y dibriod [戯言]気楽な独身生活 (cf Shak *Mids N D* I. 1.78)

deddf (-au) *f* 1.[法律][しばしばD~]制定法; 法令, 条例;(法廷・議会の)決議: D~ Tir 囲い地法; ~ Seneddol 国会制定法, 法令; ~ leol (deddfau lleol)(地方自治体の)条例 2.(個々の)法律 3.(特定分野の)法体系, …法 4.(科学・哲学・自然上の)法則, 原則, 原理: D~ Boyle [物理・化学]ボイルの法則; D~ Mendel [生物]メンデルの(遺伝)法則; ~ y jyngl, ~ trechaf treisied ジャングル[弱肉強食]の掟

deddfeg *f* 法(律)学; 法理学

deddfegol *a* 法(理)学上の

deddfegwr : deddfegydd (-wyr) *m* 1.法学者; 法学生 2.法律専門家 (弁護士・裁判官など)

deddfgadwol : deddfgarol *a* 法律を守る, 順法の

deddfgarwch *m* 順法

deddfiad (-au) *m* 1.(法律の) 制定, 立法 2.法令, 布告, 法規 3.規則, 決まり 4.[キ教] 儀式

deddflyfr (-au) *m* 法令集 [全書]

deddfol *a* 1.法律 (上) の 2.法律尊重主義的な 3.法律で定められた, 法定の 4.合法的な 5.[神学] モーセの律法による; 神の恩恵よりも善行による救済を説く

deddfoliaeth *f* 1.(法の精神より条文を尊重する) 法律尊重 [万能] 主義 2.(実用価値のない) 法律用語 3.[神学] 律法主義 4.[D~][哲学] (中国古代の) 法家の説

deddfolwr (-wyr) *m* 1.法律尊重主義者 2.[神学] 律法主義者

deddfroddol *a* 立法 (者) の

deddfroddwr (-wyr) *m* **deddfroddwraig (-agedd)** *f* 法律制定者立法者

deddfroddwriaeth (-au) *f* 立法者の地位 [身分]

deddfu *t* 1.立法する 2.(法律が) 規定する
i 法律を制定する

deddfwr (-wyr) *m* = **deddfroddwr**

deddfwrfa (-feydd) *f* 立法府 [部]

deddfwriaeth (-au) *f* 1.法律制度, 立法 2.(制定された) 法律, 法令

deddfwriaethol *a* 1.法律を制定する, 立法権のある 2.法律制度の 3.立法府の

defeidiog (-au) *f* (広い) 牧羊場

defnydd (-iau) *m* 1.(織物) (服などの) 生地, 織地, 服地: ~ ffrogiau 服地; ~ gloyw 光沢のある生地 2.織物 3.原料, 材料: defnyddiau crai 原料 4.資料, 題材 5.用具, 道具 6.用法, 使用 (法), 利用, 用途使用目的: mewn ~, ar ddefnydd 用いられて; at ddefnydd ysgolion 学校用として 7.[言語] 語法, 慣用法 8.慣習, 慣行, 慣例: yn ôl ~ ac arfer/defod 世間の風習に従って 9.(手足・器官などの) 使用能力; 使用の自由, 使用権; 使用の必要機会 10.効用, 有用, 効果, 利益: nid oes ~ iddo それは役に立たない 11.[法律] (権利の) 使用, 行使, 享受; 使用権

defnyddiadwy *a* 1.使用 [利用] できる, 使える 2.(使用に) 便利な

defnyddiaeth *f* = **defnydd** 11

defnyddiedig *a* 1.用いられる 2.使い古した

defnyddio *t* 1.(道具などを) 使う, 用いる, 使用する; 利用 [活用] する: ~ pob dull posibl あらゆる手段を講じる 2.(能力・身体などを) 使う, 行使する 3.(食物などを) 消費する, 費やす 4.(人を) 取り扱う, 処遇する 5.(人を) 利用する, 食い物にする

defnyddiol *a* 1.役に立つ, 有用 [有益, 有効, 便利] な, 実用的な: bu'r llyfr hwn yn ddefnyddiol iawn i mi この本は私に大変役立った 2.多目的に使える, 多用途の 3.有能な, 実力のある

defnyddioldeb *m* 1.役に立つこと, 有用, 有益, 有効, 便利 2.実用 [有益] な物 3.(鉄道・バス・電力・ガス・水道などの) 公益事業 [企業]

defnyddioliaeth *f* 1.[哲学] 功利説 [主義] (最大多数の最大幸福(the greatest happiness of the greatest number)を倫理的・政治的・経済的行為の規範とするJ. Benthamおよび J. S. Millの倫理学説) 2.功利性, 実用尊重

defnyddioliwr (-wyr) *m* 功利論 [主義] 者

defnyddiwr (-wyr) *m* : **defnyddwraig (-agedd)** *f* 1.使う人, 使用 [利用] 者 2.消費者: myneglif (-au) (*m*) ~ [経済] 消費者物価指数

defnyn (-nau) *m* 1.(雨などの) しずく, 水滴: ~ glaw 雨のしずく, 雨垂れ 2.(戯言) (鼻先に垂れた) 水洟

defnynnu *t* (液体を) 滴らす, 滴下する, ちょろちょろ流す
i (液体が) 滴る, ぽたぽたと落ちる

defod (-au) *f* 1.(個人の) 習慣; 習慣的行為 2.(社会の) 慣習, 慣例, 風習, しきたり, 習わし: moesau a defodau gwlad 国の風 俗習慣 3.(社交上の) 儀礼, 礼儀 (作法), エチケット 4.(私的・公的・社会的・宗教的・国家的) 儀式, 式典, 典礼: defodau'r llys, moes y llys a'i ddefod 宮中礼式; ~ newid byd [文化人類学] 通過儀礼; 人生の節目となる重大事や試練

defodaeth *f* 1.(宗教的) 儀式, 式典 2.習慣的行為

defodaidd *a* 1.儀式 [儀礼] 上の; 儀式用の 2.儀式偏重 [主義] の

defodlyfr (-au) *m* 儀式 [式典] 書, 礼典

defodol *a* 1.儀式 (上) の; 正式の; 儀式用の 2.儀式主義の

defodolaeth *f* 1.(宗教上の) 儀式尊重主義 儀式偏重 2.形式偏重 3.儀式学 4.[D~][英教] 典礼主義

defodoldeb *m* 1.慣例尊重主義 2.因習 [慣例, 伝統] 尊重 3.因習, 慣例, しきたり, 紋切型, 決まり文句 4.= **defodolaeth**

defodolwr (-wyr) *m* : **defodolwraig (-agedd)** *f* (宗教上の) 儀式尊重者, 礼式尊重主義者

defodwr (-wyr) : defodydd (-ion) *m* : **defodwraig (-agedd)** *f* 1.因習に固執する人, 慣習尊重者 2.儀式主義者; 儀式偏重者 3.儀式精通者 [研究家] 4.[D~][英教] 典礼主義者

defosiwn (-iynau) *m* 1.献納, 奉献 2.献 身, 専念, 傾倒 3.愛着, 熱情, 4.信心, 信仰, 敬虔,

defosiynol 帰依 5. [*pl*] 祈祷, 勤行

defosiynol *a* 1.信心の, 信心深い, 敬虔な 2.祈りの, 祈祷の

deffro *t* 1.(人を)目覚めさせる, 起こす 2.(記憶・興味などを)呼び起こす: ~ chwilfrydedd 好奇心を引き起こす 3.(無関心などから)目覚めさせる, 覚醒させる 4.(罪・責任などを)自覚させる, 悟らせる 5.鼓舞する, 奮起させる; 奮起する

i 1.(眠りから)目が覚める, 起きる 2.(無関心などから)目覚める 3.(危険などに)気付く, 自覚する, 悟る 4.奮起する

deffroad (-au) *m* 1.目を覚ますこと 2.覚醒, 目覚め 3.自覚, 奮起 4.認識

deffroadol *a* 1.(人が)目覚めつつある 2.覚醒の

deffröwr : deffröydd (-wyr) *m* : deffrowraig (-agedd) *f* 1.覚醒者 2.喚起者 3.激励者, 啓蒙家

deg (-au) *m* 1.10; 10個; 10人: y ~ uchaf (上層の一万人の意から)上流[貴族]社会; 10歳: arddegau *pl* 10代; 10時; 10分; 10ポンド[ドル, ペンス, セントなど] 2.10[X]の記号[数字] 3.10人[個]一組 4.[トランプ] 10の札 5.10番サイズの衣料品 6. [通例*pl*][数学] 10の位 7.10分の休憩

a 1.10(個, 人)の: ~ tŷ, ~ o dai 10軒の家; ~ geneth, ~ o enethod 10人の女の子; ~ punt (通貨) 10ポンド; ~ pwys (重量) 10ポンド; y D~ Gorchymyn [聖書] (モーゼの)十戒 2.10歳で (NB m-と母音の前ではdegはdengに変わる: deng mund 10分)

degaid (-eidiau) *m* 1.10個[人]の一組 2.10巻 [編]

degaidd *a* 10を含む; 10倍の; 10進の

degawd (-au) *m* 10年間

degawdol *a* 1.10の, 10から成る 2.10年間の

degfed (-au) *mf* 1.第10, 10番目, 第10位 2. (月の) 10日: y ~ o Fai, Mai'r ~ 5月10日 3. [数学] 10分の1 4. [英法] (国王への) 10分の1奉納金 (1272~1624年, 英国民に賦課された) 5. [音楽] 第10度 6.10分の1ガロン (ぶどう酒を量る単位)

a 1.第10の; 10番目の: y ~ dyn 10番目の人; 10度目の: fy negfed pen blwydd 私の10回目の誕生日; 10位の 2.10分の1の: y ddegfed filltir 10分の1マイル

degol (-ion) : degolyn (degolion) *m* [数学] 小数: ~ (yn) cylchol 循環小数; [*pl*] 十進算

a 1. [数学] 十進法の: cyfrif ~ 十進法; 小数の 2.十部門の 3.(通貨が)十進法の: arian ~ *m* 十進貨幣制

degoli *t* 1.(通貨制度などを)十進法にする 2.小数で表す

degwm (-ymau) *m* 1. [教史] 十分の一税 (牧

師・教会の費用に充当するため教区民が所得の10分の1を収めた; 古くは主に物納であったが, 後に金納となり19世紀半ばに廃止されるまでその過程は種々変遷した; cf *Gen* 14:20): ysgubor (*f*) ddegwm (ysgyboriau ~) (昔の)十分の一税の穀物を貯蔵した納屋 2.10分の1

degymiad (-au) *m* 1.十分の一税徴収 [納入] 2.(古代ローマでの)10人に1人の処刑 3.多数の人の殺害

degymol *a* [数学] デシルの

degymu *t* 1.(特に古代ローマの軍隊で反乱グループなどが) 10人に1人を抽選で選んで殺す 2.(疫病・戦争などが) 多くの人を殺す 3.十分の一税を課す [収める]

i 十分の一税を支払う

degymwr (-wyr) *m* 十分の一税を収める人

dehau *mf* 1.右, 右側, 右方 2.南, 南方

dehau *a* = **de** : ar eich llaw ddehau 右側に [の方に]

deheubarth (-au) *m* 1. [ウ史] 南部; 南部地方: (y) D~ デヘイバース王国 (10世紀にダヴェドとセイサスルグの2国が合体してできた)

deheudir (-oedd) *m* 南部; 南部地方: y D~ 南ウェールズ

deheuig *a* 1.(手先の)器用な 2.熟練した, 上手な, 巧みな 3.巧みに作られた, 巧妙な, 4.機敏な

deheulaw *f* 右手

deheuol *a* 1.南の, 南方の: yr Alpau D~ 南アルプス山脈 (ニュージーランド南島の山脈); 南向きの 2.(風が)南からの 3. [天文] 南天の: y Groes Ddeheuol 南十字座

deheurwydd *m* 1.手先の器用さ 2.(知的な)機敏, 利口 3.能力; 適性

deheuwr (-wyr) *m* : deheuwraig (-agedd) *f* 南部 [国] 人

deheuwynt (-oedd) *m* 南風

dehongli *t* 1.解釈 [説明] する; (夢などを) 判断する 2.理解する 3. [芸術] (自分の解釈に基づいて) 演出 [演奏] する, 演じる: ~ rhan 役を演じる

dehongliad (-au) *m* 1.解釈, 説明; 判断 2.(役・脚本・曲などの) 解釈; (自己の解釈に基づく) 演出, 演奏, 演技

dehonglwr : dehonglydd (-wyr) *m* : dehonglwraig (-agedd) *f* 解釈 [説明, 判断] 者 2. [電算] インタープリター, 解釈ルーチン

dei (-au, -s) *m* 1.(貨鋳) (貨幣・メダルなどの) 刻印用の) 型 2. [金加] ダイ, 鋳型

deial (-au) *m* 1.(時計・羅針盤などの) 文字盤, 指針面 2.(ラジオ・テレヴィ・電話の) ダイヤル 3.日時計

deialo : deialu *t* 1.(電話の) ダイヤルを回す, (ダイヤルを回して) 電話をかける 2.(ダイヤルを

deic 212 **deintigl**

回してラジオ・テレヴィの）波長を合わせる

deic (-iau) *m* [地質・鉱山] 岩脈: clwstwr (clystyyrau)(*m*) o ddeiciau 岩脈群

deiet (-au) *m* (治療・健康・体重調節などのための）規定食; 食事療法制限, ダイエット: bod ar ddiet 食事療法[制限]をしている

deieteg *f* 栄養学

deietegol *a* 1.栄養の 2.飲食[食物]の 3.規定食(用)の

deietegwr : deietegydd (-wyr) *m* 1.栄養士 2.栄養学者

deifiad (-au) *m* 1.焼け焦げ, 焦げ跡 2.(頭髪の）焼け焦げ 3.(植物の）葉焼け

deifiedig *a* 焼け焦げた

deifio *t* 1.焦がす, 焼く 2.[理髪]髪にこてを当てる, 毛先を焼く 3.(草木を）枯らす, 萎れさす

deifiol *a* 1.焼き焦がすような, 焼けるように暑い 2.(非難などが）手厳しい, 辛辣な: beirniadaeth ddeifiol 酷評

deigryn (dagrau) *m* 涙（の一しずく): wylo dagrau 涙を流す; dagrau gwneud/ rhagrithiol そら涙 2.しずく, 露滴

deilbridd *m* 1.[園芸]腐葉(土壌中の有機質) 2.腐葉土

deildres (-i) *f* [植物]葉跡

deildy (-dai) *m* 1.(格子細工などに木の枝・蔦などを這わせた）東屋, 亭 2.(林間の）木陰 3.(中世の邸宅・城の）婦人の私室

deilen (dail) *f* 1.葉: colli/bwrw dail 落葉する; ~ gyfansawdd (dail cyfansawdd) 複葉 2.[集合的]群葉

deilgoes (-au) *f* : **deilgoesyn (-nau)** *m* [植物]葉柄

deilgoll *a* [植物](樹木が）落葉性の

deilgraith (-greithiau) *f* [植物]葉痕

deilgwymp *a* = **deilgoll**: coed ~ 落葉樹

deiliad (-iaid) *m* 1.(土地・家屋などの）借用者, 借家[借家]人, 小作人, テナント: ~ tir 地主 2.居住者, 住人 3.(立憲君主制下の）国民, 臣民: ~ Prydeinig/Brydeinig (deiliaid Prydeinig) 英国民 4.(封建制度下の）臣下, 家来

deiliad (-au) *m* [植物]芽を出すこと, 発芽

deiliadaeth (-au) *f* 1.(土地・家屋などの）借用 2.(土地・家・事務所などの）借用期間; 小作年期 3.借地, 小作地, 借家 4.(肩書き権利などによる）地位(の保有)

deiliant (-nnau) *m* 1.(一本の草木の）葉(全部), 群葉: planhigyn (planhygion)(*m*) ~ 観葉植物 2.葉・花・枝のかたまり 3.[建築][ゴシック装飾・図案などの）葉[花, 枝]飾り

deilio *t* 1.葉状にする 2.薄箔にする 3.(書籍などに）丁数を付ける 4.(本などを）1ページ1ページめくる 5.[建築]葉形飾りで飾る
i 1.(植物の）葉が出る 2.葉片に分裂する 3.(本などの）ページをパラパラめくる

deiliog *a* 1.葉の多い[繁った] 2.葉から成る, 葉が作る, 葉で覆われた 3.広葉の 4.葉のような, 葉状の 5.(複合語の第2構成要素として）葉が…な, …(枚)葉の: dwyddeiliog 双葉の 6.[建築]葉形飾りのある, 唐草模様の

deiliogrwydd *m* 葉の多い[繁っている]こと

deiliosen (deilios) *f* 1.小さい葉, 若葉 2.[植物]小葉(複葉の1片)

deilliad (-au, deilliaid) *m* 1.発散, 放射 2.発散[放射, 派生]物 3.[数学]導関数 4.[化学]誘導体

deilliadol *a* 1.独創性のない 2.派生的な 3.発散する

deilliant (-nnau) *m* 1.誘導 2.由来, 起源 3.発散, 放射 4.派生(物)5.[数学]誘導

deillio *t* 1.[言語](語の）由来を尋ねる: gair yn ~ o'r Lladin ラテン語に由来する語 2.(利益などを他の物・根元から）引き出す, 得る: incwm yn ~ o fuddsoddiad 投資から得た収入
i 1.(考え・提案などが）出る, 発する 2.(利益・利子などが）生じる, つく 3.由来[発生]する 4.[法律](特権などが）生ずる

deimwnt (-yntau) *m* 1.ダイヤモンド, 金剛石: ~ o'r radd flaenaf 最上等のダイヤモンド; 第一級の人物 2.(ダイヤモンドの層の小片を先端に付けた）ガラス切り 3.ダイヤモンド[菱]形 4.[トラ]ダイヤの札 5.[活字・印刷]ダイヤモンド

deimyntog *a* ダイヤモンドを産する

deimyntu *t* ダイヤモンドで飾る

dein (-iau) *m* [物理]ダイン(力の絶対単位)

deinameg *f* 1.[物理]力学; 動力学 2.(物理的・精神的な）原動力 3.[音楽]強弱法

deinamig *a* 1.(人・性格などが）活動[精力]的な 2.動力の, 動的な 3.(動)力学上の 4.絶えず変化する 5.動態の; エネルギーを生じる, 起動的な 6.[音楽]強弱法の 7.[医学]機能的な

deinamigrwydd *m* 1.(人が）活動的なこと; 活(動)力 2.(芸術作品などが）人を感動させる力, 迫力 3.[哲学]力本[力動]説

deinamo (-au, -s) *m* 1.[電気]発電機, ダイナモ 2.大精力家

deincod *m* 1.(酸味や軋る音などが）歯の浮くような感じを与えること 2.(人を）ひどく苛立たせること, (人の）神経にひどく触ること (cf *Jer* 31: 29)

deincryd *m* 歯ぎしり

deintell (-ion) *f* [建築](軒蛇腹の下などの）歯飾り, 歯状装飾

deintiad (-au) *m* 1.少しずつかじること 2.[釣]魚の当たり 3.一かじりの量; 少量 4.歯が生えること 5.[動物]歯の状態; 歯列 6.[集合的](個人の）歯

deintigl (-au) *m* 1.[動物]小歯 2.[建築]歯飾り

deintio *t* 1.(ネズミ・魚などが食物を) 少しずつかじる 2.(財産などを) 少しずつ減らす, ちびちび使う 3.(食物などを) 少しずつかじる [つつく] 4.(財産などを) 少しずつ減らす [無くする] 5.(提案・誘惑などに) 気のあるような素振りをする, ちょっと手を出してみる 6.つまらぬ非難をする, 粗捜しをする

deintiol *a* 1.歯 (科) の: pydredd ~ *m* 虫歯になること 2.[音声] 歯音の

deintiol (ion) *f* [音声] 歯音

deintiwr (-wyr) *m* かじる人

deintur (-iau) *m* [紡織] 張り枠, 幅出し機 (加工された織物の横幅を均一に整える工程に用いられる)

deinturio *t* [紡織] (織物を) 張り枠に張る, 幅出し機にかける

deintydd (-ion) *m* 歯科医, 歯医者: mynd at y ~ 歯医者に (診てもらいに) 行く

deintyddiaeth *f* 歯科学

deintyddol *a* 1.歯の; 歯科 (用) の: edau ddeintyddol *f* デンタルフロス, 塗蝋絹糸 (歯周の汚物除去などに用いられる蝋を塗った絹糸) 2.[音声] 歯音の

deiol (-au) *m* = **deial**

deiseb (-au) *f* 1.嘆願, 請願, 懇願, 陳情, 申請 2.嘆願 [請願, 陳情] 書 3.[法律] 請願, 申請, 申し立て, 訴状: y Ddeiseb Iawnderau [英史] 権利請願 (1628年議会から国王Charles一世に提出してその承認を得た人権の宣言) 4.(神などに対する) 祈願

deisebol *a* 1.嘆願 [請願, 哀願] の 2.祈願の

deisebu *t* 嘆願 [請願, 申請, 陳情] する

deisebwr : deisebydd (-wyr) *m* : **deisebwraig (-agedd)** *f* 1.嘆願 [請願, 陳情] 者 2.祈願者 3.[法律] (離婚訴訟の) 原告 4.[英史] [通例D~] (1679年英国王Charles二世に対して提出された議会招集の請願書に署名した人)

deist (-iaid) *mf* [哲学] 理神論者, 自然神教信奉者

deistaidd *a* [哲学] 理神論 (者) 的な, 自然神教上の

deistiaeth *f* [哲学] 理神論, 自然神論 [神教]

deisyf : deisyfu *t* 嘆願 [懇願, 哀願] する

deisyfiad (-au) *m* 1.嘆願, 懇願, 哀願 2.[キ教] 祈願

del *a* 1.(部屋などが) きちんとした, 小綺麗な, 整頓された 2.(女性・子供が) かわいらしい, 綺麗な

dêl *m* 1.松 [樅] 板 2.松 [樅] 材

delen (dêl) *f* 1.樅 (の木) 2.樅材

delfryd (-au) *mf* 1.理想 2.理想的な人 [物], 模範, 手本

delfrydedd *m* 1.理想性 2.想像力 3.理想像

delfrydiad *m* 理想化 (された物)

delfrydiaeth *f* 1.[芸術] 観念主義 2.理想主義

delfrydol *a* 1.理想的な, 申し分のない; 典型的な 2.想像上の, 架空の, 観念的な 3.[哲学] 観念 (論) 的な

delfrydu *t* 理想化する

delfrydwr (-wyr) *m* : **delfrydwraig (-agedd)** *f* 1.理想主義者, 理想家 2.空想 [夢想] 家

delff (-iaid, -od) *m* 馬鹿者, 間抜け, 頓馬, 無骨

delffaidd *a* 馬鹿な, 愚かな, 間抜けな

deliad (-au) *m* [トラ] 札を配ること; 配る番 [権利]

delio *i* 1.(人に対して) 振舞う, 行動する 2.(人・物などを) 扱う, 処理 [対処] する 3.(本・講演などが主題などを) 論じる, 扱う 4.(人・会社と) 取引する, (商品を) 売買する 5.[トラ] 札を配る

deliriwm *m* 1.[病理] 譫妄 (状態), 精神錯乱: ~ tremens (アルコール中毒による) 振戦譫妄症 2.猛烈な興奮状態, 狂乱, 狂気; 狂喜

deliwr (-wyr) *m* 1.[トラ] 札の配り手, 「親」 2.商人, 販売業者, 卸商, 仲買人: ~ mewn nwyddau lladrad 盗品販売業者

delta *f* 1.デルタ (ギリシャ語アルファベットの第4字:δ, Δ) 2.[地理] (河口の) 三角州, デルタ

deltaidd *a* 1.デルタ形の, 三角形の 2.三角州の (ような)

delw (-au) *f* 1.像, 肖像; 画像, 影像; 彫像 2.偶像, 聖像, 神像: ~ gerfiedig 刻んだ像, 偶像 (cf *Exod* 20:4) 3.偶像視 [崇拝] される人 [物], アイドル 4.[聖書] 偶像神, 邪神 5.形, 姿: Duw a greodd ddyn ar ei ddelw ei hun 神は自分の形に人を創造された (cf *Gen* 1:27) 6.よく似た人 [物], 生写し: yr un ddelw â'i dad 彼は父親に生写しだ 7.象徴, 権化, 典型, 化身 8.印象, イメージ 9.[心理] 心像, 表象, 概念

delw-addolgar *a* 1.偶像崇拝の 2.盲目的に心酔する

delw-addoli *t* 偶像を崇拝する

delw-addoliad *m* : **delw-addoliaeth** *f* 偶像崇拝

delw-addolwr(-wyr) *m* : **delw-addolwraig (-agedd)** *f* 偶像崇拝者

delwddrylliad *m* 偶像 [聖像] 破壊 (主義); 因習打破

delwddrylliol *a* 1.偶像 [聖像] 破壊 (者) の 2.因習打破 (主義) の

delwddrylliwr (-wyr) *m* : **delwddryllwraig (-agedd)** *f* 1.偶像 [聖像] 破壊者 2.因習打破主義者

delwedd (-au) *f* 1.像; 画像; 彫像: ~ unionsyth 正立像 2.(写実的) 描写, 表現 [光学] (鏡・レンズによって作られる) 像, 映像; [電工] 撮像管 (光像を電気的映像信号に変換する電子ビーム管)

delweddadwy 214 **dera**

3.心像, 面影: ôl-ddelwedd(-au) f 心理]残像
4.[論理]イドラ, 偶像, 幻影

delweddadwy a 像[影像, 偶像]を作ること
ができる

delweddaeth f : **delweddiad (-au)** m
1.[文芸]形象イメージ 2.心像 3.[修辞]比喩
的表現

delweddaidd a 想像(力)の, 影像[心像]の

delweddu t 1.(言葉で真に迫るように)描く, 描
写する 2.想像する, 心に描く 3.(鏡などが像を)
映す, 映し出す 4.(写真・映画などを)画面に映
写する 5.(聖人などの)像を作る[描く]6.象徴す
る 7.予想[予見]する 8.[医学](内臓をレントゲ
ンなどによって)見えるようにする

delysg m [藻類]ダルス(広く北方の海に生育
する紅藻類; アイスランド・スコットランドで食物
の調味料として利用)

delli : dellni m = **dallineb**

dellten (-nau, delltt) f 1.[建築]木摺, 木舞,
ラス 2.木摺作り, 木舞張り 3.薄い木片 4.瘦せ
た人 5.格子(作り): gwaith (m) dellt 格子細
工 6.格子窓[戸, 門]: ffenestr (f) ddellt
(ffenestri dellt) 格子窓 7.[物理・化学]空間
格子

delltio : delltu t 1.(天井・壁などに)木摺[ラ
ス]を張る, 木舞を付ける 2.格子を付ける

delltog : delltol a 1.格子作りの 2.(葉など)
格子状の

delltwaith (-weithiau) m 1.格子 2.格子作り
[細工]

demên (demenau) m [英史](王侯たちの)
領地

democrat (-iaid) mf 1.民主主義者 2.[D~]
(米)民主党員

democrataidd : democratig a 1.民主主義
の, 民主制の 2.政治的に平等な 3.大衆向きの
4.[D~](米)民主党の

democrateiddio t 民主化する, 民主的にする

democrateiddiwr (-wyr) m 民主化する人

democratiaeth (-au) f 1.民主主義 2.民主制,
民主政体; 民主政治 3.民主主義国, 民主社会
4.民主主義の原理[理論, 体制]5.民衆, 庶民
6.[D~](米)民主党の政綱

demograffaidd : demograffig a 人口統計
(学)の

demograffeg f : **demograffi** m 人口統計
学

demograffwr : demograffydd (-wyr) m
人口統計学者

demon (-iaid) m 1.[ギ神]ダイモン(神と人間
の間に位する二次的な神)2.鬼, 鬼神, 悪魔
3.鬼のような人, 悪の権化 4.精力家,(仕事など
の)鬼, 名人, 達人 5.守護神

demoneg f 鬼神論, 悪魔学

demoniaeth f 1.鬼神[魔神]信仰 2.鬼神学

demyriad (-au) m 1.[法律]妨訴抗弁 2.妨

訴抗弁者 3.異議(の申立て)4.異議を申立てる
人

demyrru i 1.[法律]妨訴抗弁をする 2.異議を
唱える

demyrrwr (-yrwyr) m 1.妨訴抗弁者 2.異議
を申立てる人

dendrit (-au) m 1.[解剖]樹状突起 2.[化学・
結晶]樹枝状結晶 3.[鉱物]模樹石

dengar a 魅力[魅惑, 誘惑]的な, 人を引付け
る

dengarwch m 魅力; 人目を引くこと

dengradd (-au) f [統計]デシル, 十分位数
a [統計]デシルの

deniad (-au) m 1.誘惑 2.心を引付ける物, 誘
惑[魅惑]物

deniadol a 心をそそる, 魅惑[誘惑]的な

denim (-s) m 1.[織物]デニム(厚地綿布)
2.[pl]デニムの衣服[ズボン, 作業衣]

Denmarc f [地理]デンマーク(ヨーロッパ北西
部の王国; 首都Copenhagen)

dentari (-iau) m [解剖・動物]歯骨

dentin m [解剖](歯の)象牙質

dentinol a 象牙質の

denu t 1.(注意・関心などを)引く: ~ sylw 注
意を引く 2.誘惑[魅惑]する 3.(人に…する)
気にさせる, そそのかして(…)させる 4.(食欲
などを)そそる

deol t 1.(罰として国外へ)追放する, 流刑に処
する 2.(人を)追い払う, 取り除く 3.(心配な
どを)払いのける

deoledig a 追放された

deoliad (-au) m 追放, 流刑; 駆逐

deon (-iaid) m 1.[英教](大聖堂や参事会管
理の聖堂の)主席[主任]司祭, 大聖堂参事
会長 2.[英教]地方監督[参事]3.(大学の)
学部長 4.(Oxford-Cambridge 両大学の)学
生監

deondy (-dai) m 主席[主任]司祭の邸宅

deoniaeth (-au) f 1.主席[主任]司祭の職
2.地方監督区

deor t 1.(鳥が卵を)抱く, 孵す, 孵化する,(雛
を)卵から孵す 2.(人が)熟考する, じっと考え
込む: ~ cynllun 計画を熟考する
i (卵・雛が)孵る 2.(計画・考えなどが)温め
られる, 生まれる

deorfa (-fâu, -feydd) f 1.(魚卵・鶏卵など
の)孵化場 2.(離乳期の子豚を集めた)大型
養豚場

deoriad m 抱卵, 孵化

deorol a 卵を孵す, 孵化の

deorydd (-ion) m 人工孵化[孵卵]器, 雛保
育箱

depo (-s) m (米)鉄道駅; バス発着所

deponiad (-au) m [法律]宣誓証言[証書]

dera f [獣医](馬・牛・羊の)旋回病, 暈倒病,
眩暈病

derbyn *t* 1.(贈物などを進んで) 受け取る, 受理する 2.(招待・任命・申込みなどを) 受諾する, 引き受ける 3.(考え・陳述・事実などを) 認める, 容認する: ~ hawliad [法律] 主張を認める 4.(教育・訓練などを) 受ける 5.(侮辱を) 受ける, (不興などを) 買う 6.(打撲・傷などを) 受ける 7.(重さ・圧力などを) 受ける, 支える; (重み・圧力などで印などが) つく 8.(告白・忠告などを) 聞く 9.(不快な事態などを) 我慢する, 甘受する 10.(客などを) 迎える, 歓迎する, 接見する 11.(仲間・一員などとして) 迎え入れる: ~ rhn i'r Eglwys 人を英国国教会員として受け入れる 12.(信条などを) 引き受ける, 認める 13.(語句の) 意味を取る, 解する 14.(建物・場所・容器などが人などを) 収容できる: porthladd sy'n ~ llongau mawr 大型船を収容できる港 15.(クレジットカードなどを) 受け付ける 16.(手形などを) 引き受ける 17.(盗品などを) 買い入れる, 故買する 18.[図書] (図書資料を) 受け入れる 19.[テニス] サーヴを打ち返す, レシーヴする 20.[法律] (証拠を) 認める 21.[通信] (電波などを) 受信する 22.(聖体を) 拝領する

derbynebu *t* 1.(品物・金銭の) 領収書を出す 2.(勘定書に) 領収済と書く

derbyngar *a* 1.(人・精神など) 受容性のある, 受容的な 2.快く受け入れる, 快諾する 3.感覚器官の

derbyniad (-au) *m* 1.受取り, 受納, 受領 2.受諾, 承認 3.容認, 受理, 採用: cafodd y stori dderbyniad その話は受け入れられた [信じられた] 4.(客などの) 歓迎, 歓待, 応接, 接待: ~ brwd/gwresog 熱烈な歓迎; ~ poeth/twym [反語] 猛烈な攻撃 [抵抗] 5.歓迎会, レセプション 6.(ホテル・会社などの) 受付, フロント 7.(世間の) 受け, 反応, 評判 8.(知識などの) 受容(力); 理解(力) 9.(人などの) 採用, 徴用; 新兵 10.[商業] 手形の引受け; 引受け済み手形: ~ i anrhydeddu 参加引受け; [通例 *pl*] 受領高, 収入金 11.[通信] (ラジオ・テレヴィの) 受信 [受像] 力 12.[機械] (蒸気などの) 進入, 吸気

derbyniadwy *a* 1.(提案・贈物・条件など) 受け入れられる, 受諾できる 2.(人・事物が) 満足 [結構] な 3.(語法・行為など) 容認できる 4.(考え・企てなどが) 許される, 容認される 5.[法律] (証拠が) 容認される

derbyniaeth *f* [神学] 信者主義

derbyniant (-nnau) *m* [電気] アドミタンス (電流の流れやすさを表す量で (電流) / (電圧))

derbyniedig *a* 1.(意見など) 信じ [受け入れ] られている 2.(発音が) 一般に容認された, 標準とされる 3.[商業] 引受け済みの

derbyniol *a* = **derbyniadwy**

derbynioldeb *m* 受諾できること, 応諾

derbyniwr(-wyr) : derbynnydd (-ynyddion)

m : **derbynwraig(-agedd) : derbynyddes (-au)** *f* 1.受諾者 2.受取人 3.会計係, 収入役 4.接待者 5.[商業] (為替・手形の) 引受人 6.(盗品の) 故買者 7.[法律] (破産) 管財人 8.[スポ] (テニスなどで) レシーヴァー 9.[通信] 通波器 10.[化学] 受容体; (蒸留器から出る液の) 受器 11.[電工] アクセプター

derbynneb (-ynebau, -ynebion) *f* 領収書, 受取, レシート

derbynnedd (-yneddau) *m* [電気] 磁化率, 磁気感受率

derbynnwr (derbynion, derbyniadau) *m* (図書館の) 受入れ図書 [資料]

deric (-iau, -s) *m* 1.デリック (起重機) 2.(石油坑の) 油井やぐら

dermatitis *m* [病理] 皮膚炎

dermatoleg *f* [医学] 皮膚病学

dermatolegol *a* 皮膚科の; 皮膚病学の

dermatolegwr : dermatolegydd (-wyr) *m* 皮膚科医; 皮膚病学者

dernyn (-nau, darnau) *m* 1.(瓶・紙・布・パンなどの) 破片, 砕片, 断片, 小片, 切れ端, かけら 2.(詩歌の) 断章; 未完遺稿: D~ y Computus 古期ウェールズ語の23行から成る散文の一節

derw *a* オーク材 [製] の

derwen (deri, derw) *f* 1.[植物] オーク (の木): ~ fytholwyrdd (derw/deri bytholwyrdd) トキワガシ 2.オーク材

derwlwyn (-i) *m* オークの林

derwreinyn (derwraint) *m* [病理] 白癬

derwydd (-on) *m* : **derwyddes (-au)** *f* [しばしば D~] 1.ドルイード僧 (古代Gaul, Britain, Irelandのケルト族の間で行われたドルイード教の祭司; 予言者・詩人・裁判官・魔法使いなどでもあった): archdderwydd (-on) *m* ドルイード教の大祭司 2.(古代ウェールズの) 芸術祭の役員

derwyddiaeth *f* ドルイード教 (の儀式)

derwyddol *a* ドルイードの

desg (-iau) *f* 1.(事務・勉強用の) 机 2.(会社・ホテルなどの) 受付, フロント 3.(米) (新聞社の) 編集部, デスク; 編集主任 4.[音楽] 譜面台

desgant (-au) *m* [音楽] デスカント (中世ルネッサンスの多声音楽で定旋律の上に歌われる) 2.多声音楽のソプラノまたは最高声部 3.歌, 歌曲

desgrwym *a* 机にしばられた; 机上のことしか知らない

desibel (-au) *m* [電気・物理] デシベル (電力・音などの大きさを計る単位)

desilitr (-au) *m* デシリットル (メートル法の容量の単位: 1/10リットル)

destlus *a* 1.(部屋などが) きちんとした, 整頓された, 片付いた 2.(服装・様子などが) こざっぱ

destlusrwydd 216 **deuffocal**

りした, 小綺麗な, 整った, 手入れの良い: gardd fach ddestlus 小綺麗な小庭園

destlusrwydd *m* 小綺麗さ, 整頓, 整然

determinant (-au) *m* 1.決定要素 2.[数学] 行列式 3.[生物] 決定子[素]

detritws *m* [地質] 岩屑, 砕岩

dethol *a* 1.選ばれた, 選抜された: pwyllgor (-au) ~ *m* [議会] (立法府で特定の問題・議題を審議する) 特別委員会 2.選んだ, 選抜した 3.選り抜きの, 精選した, 極上の 4.(会などの) 入会条件の厳しい: clwb (clybiau) ~ *m* 入会資格の厳しい [高級] クラブ 5.上流社会の 6.選り好みのやかましい

dethol *t* 1.選ぶ, 選択 [選抜] する 2.(章句を書物から) 抜き出す, 引用する, 抜粋する: ~ darnau o lyfr 書物から章句を抜粋する 3.詩選に入れる

detholedig *a* = **dethol**

detholedd : detholgarwch *m* 1.選択 (力), 精選 2.選り好みの激しさ 3.[通信] (無線の) 分離感度; (受信機などの) 選択度

detholiad (-au) *m* 1.選択, 選抜; 精選 2.選択物, 精選品; 極上品 3.[生物] 選択, 淘汰: ~ naturiol 自然淘汰 4.(競馬・ドッグレースなどで) 勝つと見込みをつけられた馬 [犬], 本命 5.(書物などからの) 抜粋, 引用 (章) 句 6.名詩選集, 詩選, アンソロジー 7.名文選集, 名句選 8.名画集 9.名曲集

detholiadol : detholus *a* 1.選択の, 精選する; 抜粋の 2.選り好みをする, 目の肥えた 3.[生物] 淘汰の 4.[通信] (受信機など) 分離感度のよい 5.[電工] 選択式の (特定周波数の信号に対してのみ反応する): amsugniad (-au) detholiadol [物理] 選択吸収 [吸音] (物体に電磁波や音波が当たった時, 特定の波長だけを選択的に吸収すること)

detholwr : detholydd (-wyr) *m* : **detholwraig (-agedd)** *f* 1.選択 [選抜, 精選] 者 2.名詩選 [名文集] 編集者 3.(オートマチック車の) 変速レヴァー, (ギヤ) セレクター 4.[通信] 選別 [選択] 器, 選波器, セレクター

deu- *pref* 1.二つある, 双…, 複…: deuddant 歯が二つある; deudroed 二足の; deuglawr 二枚貝の 2.両様に; 両側に: deugrwm (レンズなど) 両凸の 3.二期一回の, 隔期の: deufisolyn (-ion) *m* 隔月刊行物 4.一期二回の

deuad (-au) *m* 1.[数学] ダイアド, ディヤード 2.[化学] 二価元素 [原子, 基] 3.[生物] 二分子, 二分染色体

deuaidd *a* 1.二 [双, 複] の 2.二者択一の 3.[数学] 二進法の: y raddfa ddeuaidd 二進法 4.[化学] 二成分から成る: cyfansoddyn (-ion) ~ *m* 二元化合物 5.[音楽] 二部形式の: ffurf ddeuaidd (ffurfiau ~) *f* 二部形式 6.[天文] 連星の: cyfundrefn ddeuaidd (cyfundrefnau ~) *f* 連星系

deuamgrwm *a* (レンズなど) 両凸の

deuawd (-au) *mf* 1.[音楽] 二重奏 [唱], デュエット; 二重奏 [唱] 曲 2.二人, (特に芸人の) 二人組

deuawdu *i* デュエットを奏する [演じる]

deuawdwr (-wyr) *m* : **deuawdwraig (-agedd)** *f* [音楽] 二重奏 [唱] 者

deubarthiad (-au) *m* 1.[天文] 半月, 上弦, 下弦 2.[植物] 叉生, 叉状分枝 3.[論理・哲学] 二分, 両分; 二分 [両分] 法

deubarthol *a* 1.両分的な 2.[植物・解剖] 叉状の, 叉状に分岐 [分枝] する

deubegwn : deubegynol *a* 1.(陰・陽, 正・負) 二極式の 2.(北・南) 両極地の 3.相反する二つの面 [考え, 性質など] を持った 4.[動物] 双極性の 5.[電工] バイポーラの

deubegynedd *m* 二極性

deubegynu *t* (…に) 二極性を与える

deublyg *a* 1.(数量・大きさ・強さなどが) 二倍の 2.二重 [二様] の; 対 [両, 双] の 3.(言行などが) 裏表 [二心] のある 4.(言葉などが) 二様に取れる, 曖昧な 5.[植物] (花が) 八重 [重弁] の

deublygrwydd *m* 1.二つである [二つに分かれている] こと 2.二重, 二倍大 3.二 心, 二枚舌 4.二重 [二元, 重複] 性

deubol (-au) *m* 1.[電気] 二重極, 双極子 2.[通信] 双極アンテナ

deudroed : deudroediog *a* 二足の

deudroediog (-ion) *mf* [生物] 二足動物

deuddeg (-au) *m* 1.(基数の) 12 2.12時; 12歳; 12ポンド [ドル, ペンス, セントなど] 3.12 [xii, XII] の記号 [数字] 4.12人 [個] 一組; 12番目 5.12番サイズの衣料品 6.[pl] [印刷] 十二折版, 四六判 7.[聖書] (キリストの) 十二使徒 *a* 1.12 [人, 個] の: ~dyn, ~o ddynion 12人の男たち; y D~/ Deuddeng Apostol (キリストの) 十二使徒; y D~ Tabl *m* [口史] 十二表 2.12歳で: deuddeng mlwydd oed 12歳

deuddegfed *a* 1.第12の, 12番目の: y ~ dyn 12番目の人; fy neuddegfed pen blwydd 私の12回目の誕生日 2.12分の1

deuddegfed (-au) *mf* 1.第12 (位), 12番目 2.(月の) 12日: y ~ o Awst, Awst y ~ 8月12日 (英国で雷鳥猟期の始まる日) 3.12分の1 4.[音楽] 12度 (音程) 5.[D~] [キ教] 十二日節, 顕現日 (クリスマスから12日目の1月6日)

deuddegol (-ion) *m* 1.12分の1 2.[pl] [数学] 12進法 *a* 1.12の 2.[数学] 12進の

deuddydd *m* 2日 (間)

deufalensi *m* [化学] 二原子価, 二価を有すること

deufalent *a* [化学] 二価の

deufin *a* = **daufiniog**

deuffocal : deuffocol *a* 1.[光学] 二つの焦

deugain

点のある 2.(眼鏡のレンズが)二焦点の, バイフォーカルの

deugain (-geiniau) *m* 1.(基数の)40 2.40人[個]; 40年, 40歳; 40分, 40度; 40ポンド[ドル, ペンス, セントなど] 3.40[xl, XL]の数字[記号] 4.40人[個]一組 5.40番サイズの衣服 6.40年[歳]代: mae hi yn ei deugeiniau 彼女は40歳代です(速度・温度・点数などの)40番[度, 点]台: y Deugeiniau Gwyllt/Stormus[海事]風浪叫ぶ40度(大西洋の北緯[南緯]40～50度の嵐の多い海域) 7.[テニス]フォーティ(3点目の得点)

a 1.40[人, 個]の: ~ ceffyl 40頭の馬; ~ mlynedd 40年 2.40歳で

deugeinfed (-au) *mf* 1.第40, 40番目, 第40位 2.40分の1

a 1.第40の, 40番目の 2.40分の1の

deugraff (-au) *m* 1.[音声]二字一音, 二重音字(二字で一つの音を成すもの) 2.[活字](二)重母音活字

deugraffig *a* 1.[音声]二重音字の 2.[活字](二)重母音活字の

deugroesryw : deuhybrid *a* [生物]両性雑種の

deuhybrid (-au) *m* [生物]両性雑種

deulawr *a* 二階の

deuliw *a* 二色の

deulygadog *a* [光学]両眼用の

deunaw (-iau) *m* 1.(基数の)18 2.18歳 3.18人[個] 4.18人[個]の一組 5.18[xviii, XVIII]の数字[記号] 6.18番サイズの衣服

a 1.18[人, 個]の: ~ punt[通貨]18ポンド; ~ pwys[重量]18ポンド; tudalen ~ 18ページ 2.18歳で

deunawfed (-au) *mf* 1.第18, 18番目, 第18位 2.(月の)(第)18日: y ~ o Orffennaf, Gorffennaf y ~ 7月18日 3.18分の1

a 1.第18の, 18番目の 2.18分の1の

deunydd (-iau) *m* 1.[織物](衣服などの)生地, 服地, 反物, 織物 2.資料, 材料, 題材: ~ darllen 読み物

deuocsid (-au) *m* [化学]二酸化物

deuod (-au) *m* 1.[電工]ダイオード 2.二極(真空)管

deuol *a* 1.二の: ffordd ddeuol(ffyrdd ~) *f* [自動車](往復)分離道路(中央分離帯のある高速道路) 2.二重の: personoliaeth ddeuol[心理]二重人格; 二元的な 3.[文法]両数の 4.[数学]二進(法)の

deuolaidd *a* 1.二の 2.二重 3.二元(論)的な

deuoli *t* 二元化する, 二重にする; 二元的にみなす

deuoliaeth (-au) *f* 1.二重[二元]性 2.[哲学]二元論[説] 3.[論理・数学]双対性 4.[音楽]二元論 5.[経済]二重構造 6.[化

学]二元説 7.[電気]相対性 8.[宗教]二神論

deuoliaethol *a* = deuolaidd

deuoliaethwr : deuoliaethydd (-wyr) : deuolwr : deuolydd (-wyr) *m* 二元論者; 二元説信奉者

deuparth *m* 3分の2

deuraniad *m* 1.二通作製 2.[植物]二深裂

deuris *a* 二列[段, 階, 層]の

deurudd *f* 両頬

deuryw : deurywiol *a* 1.[生物]両性の; 両性器官を持つ 2.[心理]両性素質の; 両性に心を引かれる, 両性交の 3.[ラテン・ギリシャ文法]両性通用の, 通性の

deurywiad (-iaid) *mf* 1.[生物]両性動物; 雌雄同体, 両性体 2.男女両性者; 同性愛の人 3.[心理]両性に性欲を感じる人, 両性愛の人

deurywiaeth *f* 両性具有; 雌雄同体現象, 半陰陽

deurywioldeb *m* [心理]両性素質; 両性交

deurywiolyn (-ion) *m* 1.両性具有者 2.[ラテン・ギリシャ文法]通性語

deusacarid (-au) *m* [化学]二糖類

deusain (-seiniaid) *f* [音声]二重母音: ~ ddisgynedig(deuseiniaid disgynedig)下降二重母音(前の母音が後の母音よりも強い二重母音); ~ esgynedig 上昇二重母音

deuseiniedig *a* [音声](単母音・三重母音が)二重母音化された

deuseiniol *a* 1.[音声]二重母音の 2.二重字的な

deuseinioli *t&i* [音声](単母音・三重母音を)二重母音化する

deuseinioliad (-au) *m* [音声]二重母音化

deusill *a* 二音節の

deuswllt (-sylltau) *m* 1.2シリング 2.フロリン銀貨(1849年以来英国で流通した2シリング銀貨; 1971年2月より10ペンス価として通用)

deutu *m* 両側[面]: ar y ddeutu 両側で; o ddeutu inni 私たちの回りに

Dewi *m* [人名]デイヴィッド: ~ Sant (?~? 589; ウェールズの司教, 同地方の教化に尽くし多数の会堂を建てた; ウェールズの守護聖人, 七守護聖人の一人; 祝日3月1日)

dewin (-iaid) *m* : **dewines (-au)** *f* 1.魔法使い, 魔術師 2.奇術[手品]師 3.易者, 占師, 予測者 4.名人, 鬼才 5.占い棒 6.(占い棒で)水脈[鉱脈]を探す人, 水脈[鉱脈]占師

dewina *t* 1.占う, 予言する 2.予測する, 見抜く 3.(水脈・鉱脈などを)占い棒で発見する

dewindabaeth (-au) *f* 魔法, 魔術, 妖術

dewiniaeth (-au) *f* 1.魔法, 魔術, 妖術: ~ ddu 黒魔術; ~ wen/dda 白魔術 2.奇術, 手品, マジック 3.魅力, 魔力 4.占い易断

dewiniol : dewinol *a* 1.魔法[魔術]の, 魔術的な 2.魔法を使う 3.奇術の 4.魔法のような,

dewino 218 **di-ail**

不思議な 5.魅力的な

dewino *t* 1.= **dewina** 2.魔法にかける

dewis *t* 1.選ぶ, 選択する 2.(人を) 選挙する, 選出する 3.(…することに) 決める, (むしろ…する方を) 選ぶ: ~ gwneud rhth 何かをすることに決める

dewis (-ion) *m* 1.選ぶこと, 選択, 選抜, 精選: oddewis 自ら選んで, 好んで, 進んで; ~ hawdd (二つの中の) 楽な方 (の手段); cadw'ch ~ yn rhydd 選択の自由を保留しておく; 選り好み: ~ cyfyng 選り好みの許されない選択 2.選択の機会, 選択力 [権] 3.選ばれた人 [物] 4.選抜き, 抜粋, 粋, 精華, 精選 [極上] 4.選択の範囲 [種類, 豊富さ 5.選択科目 6.[商業] 売買選択権 7.[証券] オプション 8.[保険] 危険の選択 9.[競馬・ドッグレースなどで] 勝つと見込まれた馬・犬など], 本命: ~ geffylau'r Derby ダービー競馬の有力馬 10.[生物] 選択する

a 1.選ばれた, 好きな: ei ddewis yrfa 彼が選んだ職業 2.(食物など) 極上 [最上等] の; 高級な 3.(米) (牛肉が) 上等な 4.(言葉など) 選りすぐった, 精選した 5.選り好みする 6.(救いのため) 神に選ばれた

dewisbeth (-au) *m* 特に好きな物

dewisddyn (-ion) *m* 1.大のお気に入り, 人気者 2.(競馬の) 人気馬, 本命 3.(競技の) 優勝候補

dewisedig *a* = **dewis**

dewisiad (-au) *m* = **dewis**

dewisol *a* 1.= **dewis** 2.選ばれた 3.神によって選ばれた 4.自由に選べる, 随意 [任意] の 5.好意 [好感] を持たれている, 人気のある 6.(学科目が) 選択の

dewiswr : dewisydd (-wyr) *m* 選ぶ人, 選択者

dewr (-ion) *m* 1.英雄, 勇士: dim ond y ~ a haedda'r dlos 勇者でなければ美女を得る資格がない 2.英雄的資質 3.英雄的行為 4.勇敢, 勇壮, 勇気, 度胸: ~ potel gwrw 酒の上の付け [空] 元気 5.(詩・劇・小説などの) 主人公, ヒーロー

dewr (-ion) *a* 勇敢な, 勇気のある, 英雄的な: peth ~ ar ei ran oedd gwrthwynebu'i bennaeth 上役に反対するとは彼も度胸があった

dewteriwm (dewteria) *m* [化学] ジュウテリウム, 重水素

dewteron (-au) *m* [物理] 重陽子, 重水素核

di- *pref* 1.非 [不, 無] …: dialcohol アルコールを含まない; di-Gymraeg ウェールズ語を話さない; maes parcio di-dal 無料の自動車駐車場 2.その名に値しないほど悪い (di/di+名詞 [動詞] で, …のない [を欠く]; …できない [し難い] の意を表す: di+diwedd → diddiwedd終りのない)

diabas (-au) *m* [岩石] 輝緑岩

diabasig *a* [岩石] 輝緑岩性 [質] の

diabetig (-ion) *mf* 糖尿病患者
a 糖尿病の; 糖尿病に罹った

diacen *a* 1.[音声] (音節が) 強勢 [アクセント] のない 2.[音楽] アクセント [強調] のない

diacon (-iaid) *m* 1.[英教・聖公会] 執事, ディーコン: mainc (*f*) ~ (meinciau diaconiaid) ろくろ挽きの細長い肘掛と背もたれから構成された教会の執事用ベンチ 2.[カト] 助祭 3.[長老派教会] 執事 4.[東教] 補祭

diaconaidd *a* [教会] 執事 [女性牧師補] の

diacones (-au) *f* 1.[英教] 女性執事補 2.(教会雑務を助ける) 女性執事 3.(教会の) 慈善事業婦人会員

diaconiaeth (-au) *f* [キ教] 執事 [助祭, 女性執事, 女性牧師補] の職 [地位, 任期]

diachos *a* 不必要な, 無駄な

diadell (-au, -oedd) *f* (牛・馬・羊・山羊などの) 群れ

diaddurn *a* 飾り [装飾] のない; 簡素な, ありのままの

diaelodi *t* 1.(人の) 手足を切断する 2.(学校・クラブなどから) 放逐する, 除名する

diafol (-iaid, diefyl, dieifl) *m* 1.悪魔, 悪鬼, 魔神 2.[D~] 魔王, サタン: pardduo'r ~ 悪者を輪にかけて悪く言う; scrier am ddiafol ac fe ddaw ar y gair [諺] 噂をすれば影 (がさす); ~ addoliaeth *f*, ~ addoliad *m* 悪魔崇拝 3.極悪 [人非] 人, 悪の権化 4.守護神 5.精力家, 名人, 達人 6.無給の下働きの弁護士 7.[疑問詞を強めて] 一体全体

diafoles (-au) *f* 1.女の悪魔 2.悪魔のような女, 毒婦

diaffram (-au) *m* 1.[解剖] 横隔膜, 隔膜 2.[植物] 隔膜 3.[貝類] 分壁 4.機械隔盤, 仕切板 5.(受話器・マイクなどの) 振動板 6.[光学・写真] (レンズの) 絞り 7.ペッサリー

diagnosio *t* 1.(病気を) 診断する 2.(問題・原因などを) 判別, 分析する
i 1.診断する 2.判断 [究明] する

diagnosis (-au) *m* 1.[医学] 診断 2.(問題などの) 判断, 究明, 分析

diagnostegwr : diagnostegydd (-wyr) *m* 診断 [専門] 医

diagnostig *a* [医学] 診断 (上) の

diagram (-au) *m* 1.図, 図形, 図表, 図解, ダイヤ (グラム): ~ amlinellol 概略図 2.[数学] 作図

diagramatig *a* 図形 [図表, 図解, 図式] の

diagramu *t* 図表で示す, 図解する, 図表に作る, 図形 [図式] にする

diangen : dianghenraid *a* 1.不必要な, 無駄な, 無用の, 不用な 2.(語句など) 冗長な 3.(労働者が) 過剰な, 不必要な

di-ail *a* 匹敵するもののない, 無比 [無敵, 無双] の

dial *t* 1.(自分・他人の被害の)復讐[報復, 仕返し]をする 2.(被害者の)仇を討つ 3.復讐する, 恨みを晴らす
i 復讐する, 仕返しする

dial (-au, -on) *m* 1.復讐, 報復, 仕返し: o ran ~ 腹いせに, 復讐として 2.復讐心, 遺恨 3.報復行為 4.(国家による)報復的強奪[没収] 5.[競技]雪辱の機会

dialedd (-au, -ion) *m* 1.= dial 2.[D~][ギリシャ神話]ネメシス(因果応報・復讐の女神) 3.勝てない相手

dialeddgar *a* 復讐心に燃えた, 執念深い

dialeddgarwch : dialgarwch *m* 復讐心, 執念深さ

dialeddwr (-wyr) *m* 復讐者, 仇を討つ人, 仕返しをする人

dialog (-au) *mf* (劇などの)対話の部分; 対話劇

dialogwr (-wyr) *m* 対話(劇)作者

di-alw-amdano *a* 1.不必要な, 無用の, 余計な 2.差し出がましい, 出しゃばった: sylw ~ 差し出がましい言葉 3.いわれ[理由, 根拠]のない

di-alw'n-ôl *a* 取り消せない, 変更できない

dialwr (-wyr) : dialydd (-ion) *m* :
dialwraig (-agedd) *f* = dialeddwr

dialysis (-au) *m* [医学]透析

dialysu *t&i* [医学]透析する

diallu *a* 1.(政治家など)権力[勢力]のない 2.(手足の)弱い, 体力のない 3.(治療が)効能のない

diamau *a* 1.疑う余地のない 2.本物の, 確実な

diamcan *a* (探究・旅・仕事などが)無目的の, 目当てのない, 無意味な, 無益な

diamddiffyn *a* 1.防備のない 2.防御できない

diamedr (-au) *m* 1.直径: ~ craidd [機械] (ねじの)谷径(雄ねじの最小直径) 2.[光学](拡大単位の)…倍, 倍率

diametral *a* 直径の

diametrig *a* 1.直径の 2.(相違・矛盾など)正反対の, 対立的な

diamgyffred *a* 理解できない

diamheuol *a* 1.= diamau 2.議論の余地のない 3.明白[確実]な

diamod : diamodol *a* 1.絶対の, 絶対的な 2.無条件の, 無制限の, 制約のない: ildiad ~ *m* 無条件降伏; rhyddid ~ 無制限の自由 3.完全無欠の 4.純粋の; 全くの 5.断固とした, 確かな 6.[物理]絶対単位の; 絶対温度での: sero ~ *m* 絶対零度

Diamod *m* 1.[哲学]絶対 2.絶対者, 神

diamodaeth *f* 1.[哲学]絶対説; 絶対主義 2.[神学]絶対主義

diamwnt (-au) *m* [鉱物]ダイヤモンド, 金剛石

diamwys *a* 疑いの余地のない, 明瞭な, はっきりした

diamynedd *a* 1.気短な, せっかちな 2.いらいらして, 落ち着かない

dianaf *a* 怪我のない, 無傷の

dianc *i* 1.(人が)逃げる, 逃亡[脱出, 失踪]する: ~ o drwch blewyn 命からがら逃げる; ~ o garchar 脱獄する 2.(馬が)驚いて駆け出す, 逃走する

diannod *a* [法律]即決裁式の: tramgwydd ~ *m* 略式起訴犯罪, 軽犯罪

dianrhydedd *a* (人が)不正直な, 卑劣な

dianrhydeddu *t* (人の)名誉を汚す, (人に)恥辱を与える

dianwadal *a* 1.変えることができない, 不変の 2.(人・信念など)しっかりした, 断固とした, 不動の

dianwadalwch *m* 1.不変[不易](性) 2.確固たること, 不動

diapason (-au) *m* [楽器]ダイアペーソン(オルガンの音栓)

diarchen : dialchenad *a* 裸足[素足]の

diarchenu *t* (人の)靴を脱がせる

diarddel *t* 1.(著作などの所有権・責任などを)否認する, 自分のものではないと言う 2.(人との関係を)否認する 3.(子供などを)勘当する 4.(事業・活動などを)一時停止する 5.(決定・刑罰などを)保留[延期]する 6.(人を)停職させる: ~ A.S. dros dro [議会]国会議員を停職処分にする;(生徒を)停学させる: ~ plentyn o'r ysgol 生徒を停学処分にする;(会員などの)資格を一時停止する

diarddeliad (-au) *m* 1.否認 2.勘当 3.追放; 除名

diarddelwr (-wyr) *m* 追い出す者, 追放する人

diarfog *a* 武装解除された, 武器を取り上げられた

diarfogi *t* 1.(人などから)武器を取り上げる 2.(敵・都市などの)武装を解除する 3.(怒り・敵意などを)和らげる, 取り除く
i 1.武装解除する 2.軍備を縮小する

diarfogiad *m* 1.武装解除 2.軍備縮小

diarfogol *a* 怒り[敵意, 警戒心, 恐れなど]を静める[和らげる]

diarffin *a* [数学]無限の

diarffordd *a* 1.(場所などが)到達[接近]し難い 2.(人などが)近づき難い, 寄付きにくい, よそよそしい 3.(物が)得難い, 手に入りにくい 4.(作品・詩などが)難解な, 理解し難い 5.(感情などに)動かされないで

diarhebol *a* 1.諺の, 諺風の, 諺にある 2.有名な, 評判の, よく知られた

diarogl : diaroglau : diaroglleuedig *a* 防臭された

diarogleuo : diarogli *t* 防臭する, 臭気を除く

diarogleuol *a* 防臭効果のある

diarogleuwr (-wyr) : diaroglydd (-ion)

diaros 220 **dibrisiwr**

m 防臭[脱臭]剤, 体臭消し, デオドラント

diaros *a* すぐさま[即時, 即座]の

diarswyd *a* 恐れない, 恐れを知らない, 大胆不敵な, 勇敢な

diarwybod *a* 知らない[気付か]ないで: yn ddiarwybod 知らずに, うっかり; 思いがけなく, 出し抜けに

diasbad (-au) *f* 1.声を上げて泣くこと 2.(苦痛・喜びなどの)叫び声, 大声, 悲鳴, 絶叫;(幼児の)泣き声;(鳥獣の)鳴き声, 吠え声 3.呼び売りの声, 触れ声 4.世論の声 5.(人に酒などを)奢る番

diasbedain *i* 1.(音声・楽器などが)鳴り響く, 反響する; 共鳴する 2.(場所が音で)鳴り響く, 響き渡る, こだまする 3.(名声・事件などが)知れ渡る, 轟く

diasbedol *a* (ベルなどが)鳴っている, 鳴り響く

diastas (diastasau) *m* [生化]ジアスターゼ, 澱粉糖化酵素

diastasig : diastatig *a* [生化]ジアスターゼ[糖化]性の

diastol (diastolau) *m* [生理]心(臓)拡張(期)

diastolig *a* [生理]心臓拡張期の

diatom (-au) *m* [藻類]珪藻植物

diatomaidd *a* [藻類]珪藻類の

diatonig *a* [音楽]全音階的な

diatreg *a* = **diaros**

diau *ad* 1.恐らく, 多分 2.確かに, 疑いもなく

diawen *a* 1.霊感[ひらめき]がない 2.詩的でない 3.感激がない, 平凡[凡俗]な

diawl (-iaid) *m* = **diafol : diawles (-au)** *f* = **diafoles**

diawledig *a* 1.悪魔のような 2.極悪非道な 3.ひどい, 甚だしい

diawledigrwydd : diawlineb *m* 1.極悪, ひどさ 2.極悪非道の行為, 悪魔の所業 3.いたずら 4.元気, 陽気 5.黒魔術

diawlio *i* 口汚くののしる, 毒づく: ~ ac ufferneiddio ひどくののしる[毒づく], 罵倒する

diawydd *a* 気が進まない, (…する)気にならない

di-baid : dibaid *a* 絶え間がない, 引っ切り無しの, 不断の

di-ball : diball *a* 1.= **di-baid** 2.(ユーモア・供給・泉などが)尽きない, 絶えない, 無尽蔵の 3.屈しない, 衰えない 4.(痛みなど)果てしのない

dibara : dibarhad *a* 1.一時的な, 束の間の 2.儚い, 無常の, 移ろいやすい

dibech : dobechod *a* 罪の無い, 潔白な

diben (-ion) *m* 目的, 意図; 用途: dibenion personol 私的な目的: ateb y ~ 目的にかなう, 間に合う: i'r ~ hwn/hwnnw この[その]ために; i bob ~ 事実[実際]上, ほとんど

di-ben-draw *a* (旅など)果てしないような

dibendrawdod *m* 果てしないこと, 無限

dibennu *t* 終える, 済ます, 完了する
i (話・会などが)終わる

dibenyddiaeth *f* [哲学]目的論; 目的論信奉

dibenyddol *a* [哲学]目的論の

dibenyddwr (-wyr) *m* [哲学]目的論者

diberfedd *a* 1.勇気のない, 臆病な 2.中味[実質]のない

diberfeddiad (-au) *m* 1.内臓摘出(術), 腸抜き; 切腹 2.骨抜き

diberfeddu *t* 1.(動物・鳥などの)はらわた[内臓]を抜く 2.(建物などの)内部を破壊する, 中をすっかり焼く 3.(議論・制度などを)骨抜きにする 4.[外科](人から)内臓を摘出する

dibetal *a* [植物]花弁の無い

dibetrus *a* 1.ぐずぐずしない, 躊躇しない; 手早い 2.てきぱき[はきはき]した 3.動揺しない

diblant *a* 子供の(でき)ない

diblisgiad (-au) *m* 1.[地質](風化による岩石の)剥脱作用, 剥離 2.[医学](骨・皮膚などの)剥脱 3.剥落物

diblisgo *t* 1.剥離する 2.葉を出して広げる 3.[外科](皮膚・骨などの表面を)剥脱[剥皮]する
i 1.[地質](岩石の表面が)薄片となってはげ落ちる 2.(木が)樹皮の薄片を落とす 3.[外科](皮膚・骨などが)剥脱する 4.葉を出して広がる

diblisgol *a* 1.[地質]剥脱作用[剥離]の 2.[医学]剥脱の

di-bobl : dibobl *a* 1.人口の減少した, 過疎の 2.人の住んでいない, 無人の

diboblogaeth *f* : **diboblogiad** *m* 住民を減らすこと, 住民絶滅; 人口減少, 過疎化

diboblogi *t* (戦争・疫病などが)住民を絶やす; 人口を減らす

diboblogwr (-wyr) *m* 住民を絶やす[人口を減らす]人[戦争, 飢餓, 疫病など]

di-boen *a* 1.痛みのない 2.骨の折れない, たやすい

dibrin *a* 1.(人が)物惜しみしない, 気前のよい 2.沢山の, 豊富な, たっぷりある

di-briod *a* 独身[未婚]の: dyn ~ 独身の男性

debris *a* 1.(人・行動が)向こう見ずな, 無謀な, 無鉄砲な 2.(危険などを)意に介さないで, 気にかけないで 3.人を馬鹿にした, 軽蔑的な 4.(…を)軽蔑して

dibrisiad *m* 軽視, 軽蔑

dibrisiadwy *a* 値下がりのあり得る

dibrisiant (-iannau) *m* 1.価値[価格]の低下 2.軽視, 軽侮

dibrisio *t* 1.価値[価格]を低下させる 2.(貨幣の)購買力を減じる 3.軽視する, 見くびる, 侮る

dibrisiol *a* 1.減価的な 2.侮蔑的な

dibrisiwr (-wyr) *m* 1.価値を低下させる人 2.軽視する人

dibristod *m* 1.軽視, 侮蔑, 軽蔑 2.向こう見ず, 無謀

dibrofiad *a* 1.無経験な 2.未熟[不慣れ]な

dibryder *a* 心配事の無い, のんびりとした, 屈託のない

dibwrpas *a* 無目的の, 無意味な

dibwys *a* (事柄が)些細な, つまらない, 取るに足らない, 重要でない: gosodiadau~ [論理]取るに足らない命題

dibwysedd (-au) *m* つまらないこと, 平凡

dibwysiant (-iannau) *m* [気象]低気圧

dibyn (-nau) *m* 1.(特に海岸の・ほぼ垂直の)崖, 絶壁: cwympo/syrthio i lawr ~, dros ddibyn, dros ben ~ 崖から落ちる 2.危機, 窮地

dibynadwy *a* 1.(人・情報・証言など)信頼[信用]できる, 当てになる, 頼りになる 2.確かな

dibynadwyaeth *f* : **dibynadwyedd** *m* (人などを)信用[信頼]できること, 頼り[当て]になること; 頼もしさ

dibyn-dobyn *ad* 真っ逆さまに, もんどり打って: mynd ~ とんぼ返りする

dibynfentro *m* 瀬戸際政策

dibyniad (-au) *m* : **dibyniaeth (-au)** *f* 1.頼ること, 頼り, 頼み, 当て, 依存[従属](状態) 2.頼りとなる人[物], 頼みの綱 3.依存関係 4.[医学]依存(症) 5.[政治]属国, 保護領

dibynnedd *m* 信頼できる[当てになる]こと, 信頼度, 確実性

dibynnol *a* 1.ぶら[垂れ]下がる 2.頼って, 依存して, 当てにして 3.(…)による, (…)次第の 4.(領土・人民が)従属した 5.[文法](節が)従属の 6.[文法]仮定[叙想]法の: y modd ~ 仮定叙想法 7.[言語]連音変化の

dibynnu *i* 1.(人を)信頼[信用]する 2.(物事・援助などを)当てにする, 頼る, 期待する: ~ ar gael gwneud rhth 何かをすることを期待する 3.(物事が…)による, (…)次第である: mae'n ~ それは全て情況次第だ 4.(訴訟・議案などが)未決である

dibynnydd (dibynyddion) *m* 1.他人に頼って生活する人; 居候 2.扶養家族

dibynwlad (-wledydd) *f* [政治]属国, 保護領

diciâu : dicléin *m* = **darfodedigaeth**

dicllon *a* 怒った, 立腹した, 憤慨激怒した: gŵr ifanc ~ (gwyr ifainc ~) 怒れる若者

dicllonedd: dicllonrwydd *m* 怒り, 憤激, 激怒, 憤り

dicotomi (-ïau) *m* = **deubarthiad**

dicra *a* 1.気難しい, 神経質な, 好みの難しい 2.潔癖な 3.吐き気を催しやすい, むかつきやすい

dicräwch *m* 1.気難しさ, 神経質なこと, 好みのうるささ 2.潔癖, 凝り性 3.むかつきやすさ

dictaffon (-au) *m* [商標]ディクタフォン, 速記用口述録音機

dicter (-au) *m* 1.立腹, 不機嫌 2.不満, 不愉快

dichell (-ion) *f* 1.欺瞞, 詐欺, ぺてん 2.詐欺行為 3.ペテン師根性 4.狡猾, 悪知恵 5.悪だくみ, 術策, 策略, 計略 6.戦略, 軍略

dichelldro (-eon) : dichellwaith *m* 1.詐欺, ぺてん, ごまかし 2.策略, 計略

dichelldrwg *a* 1.詐欺[ぺてん, 偽り]の 2.狡い, こすい, 狡猾な 3.(外見が)人を誤らせやすい

dichellgar *a* 1.悪知恵の働く, 悪賢い, 狡猾な, 狡い 2.詐欺[不正]の

dichellu *t* 騙す, 欺く, 裏切る

dichon *ad* ことによると, もしかしたら, 多分

dichon *i* [不変化動詞](可能性として)あり[起こり]うる, 考えられる

dichonadwy : dichonol *a* 1.(物事が)可能な, 実行できる 2.(物事が)あり[起こり]得る, 考えられる, 可能性のある: ~ hynny それは全くあり得ることだ 3.(最上級の形容詞などと共に用い, その意味を強めて)想像できる, 考えられる限りの 4.受入れられる, 適切な 5.まあまあ[まずまず]の, 我慢できる

dichonoldeb : dichonolrwydd *m* 1.(物事が)あり[起こり]得ること, 可能性: 実現性 2.あり[起こり]得る事, 可能な事 3.将来性, 見込み 4.潜在的能力

di-chwaeth *a* (人・会話・服装・家具などが)趣味の悪い, 下品な, 無風流な

di-dact *a* 気転のきかない, へまな

didactig *a* 1.(本・話など)教訓的な 2.(人・態度が)学者ぶる, お説教がましい

di-dâl *a* (労働者など)無給[無報酬]の; 名誉職の

didalent *a* 才能がない, 無能の

didaro *a* 1.冷静な, 落ち着いた: hollol ddidaro, mor ddidaro â dim 落ち着き払って, 非常に冷静で 2.(感情・態度など)冷淡な, 冷ややかな, よそよそしい, 薄情な 3.無関心な, 興味を感じない 4.程よく[やや]冷たい

di-daw *a* (騒音など)絶え間のない, 不断の

dideimlad *a* 1.知覚[感覚]を持たない, 感覚力のない, 生命のない 2.冷淡[無神経]な 3.無情[非情, 冷酷, 残忍]な 4.理性を欠いた, 馬鹿げた

dideimladrwydd *m* 1.無知覚, 無感覚 2.無神経, 鈍感 3.無関心, 冷淡

diden (-nau) *f* 1.(哺乳動物の)乳首, 乳頭 2.(女性の)乳首, 乳頭状突起 4.接管 5.(山頂などのような)自然の突起物 6.[機械]給油口, ニップル

didennog *a* 乳頭のある

diderfyn *a* 1.制限[拘束]されていない, 自由な 2.(空間的に)無限の, 際限のない, 果てしない: 広々とした 3.(旅・時間など)果てしのないような, 無限の, 終わりのない 4.無数の 5.[機械]

di-do 222 **diddeiliad**

切れ目[継ぎ目]のない, 循環する

di-do *a* 1.(家が)屋根のない 2.(古代ギリシャ・ローマの寺院が)屋根のない, 青天井の

di-doi *t* 屋根を取り去る

didoledig *a* 1.隔離された, 分離した 2.(夫婦が)別居して 3.人種差別のある 4.特定の集団[人種に]限られた

didoli *t* 1.[政治](人種・宗教・性などにより人・団体を)分離する, 人種差別をする 2.(中間物などで)隔てる, 分ける, 区切る; 分割する; 分類する, 切り[引き]離す, 分離する 4.(友人・夫婦などを)別れさせる, 仲違いさせる, 別居させる 5.識別する: ~r gwir oddi wrth y gau 真偽を見分ける 6.(軍務・会社・学校などから)除隊させる, 解雇する, 退学させる

didoliad (-au) *m* 1.分離, 隔離; 隔絶 2.人種差別 3.[生物](雑種の)分離 4.[加加]偏析 5.[詩学]一致分節分切(行中で詩脚の区分と語の区分とが一致すること)

didolnod (-au) *m* 1.[文法](音節の)分節分切 2.[言語]分音符, 分音記号

didolnodaidd *a* 1.分節の 2.分音符の 3.一致分節の

didolnodi *t* 分音符を付ける

didolwr (-wyr) : didolydd (-ion) *m* 1.分離する人 2.人種[性別]的分離主義者 3.分離器 4.(牛乳の)クリーム分離器

didonni *t* (野菜・果物などの)皮をむく

di-dor : didor *a* 1.(時間的・空間的に)連続的な, 絶え間のない, 途切れない, ひっきりなしの: sbectrwm (sbectra) ~ *m* [物理]連続スペクトル; perfformiad ~ *m* (映画の)切れ目なしの上映 2.(眠り・静寂・沈黙などが)邪魔されない, 途切れない, 連続した 3.(しばしば悪い意味で)繰返しよく起こる, 頻繁な, 度重なる 4.[文法]進行形の 5.[数学]連続の 6.[植物]節なしの

didoredd *m* 1.(時間的・空間的)連続(性), 継続: Deddf(*f*)D~[哲学]連続の法則 2.(連続した)一続き 3.(論理上の)一貫性 4.連続漫画の物語[会話]5.(ラジオ・テレヴィ・映画の)台本, コンテ 6.(音楽番組などの間に入れる放送者の)語り, つなぎ文句

didoreth *a* 1.怠惰な, 不精な, やる気の無い 2.無能[無策]な 3.(時が)けだるい, 物憂げな 4.動きの遅い 5.(天気など)変わりやすい, 定まりない 6.(人が)移り気の, 気まぐれな

didorethrwydd : didoreithiwch : didoreithrwydd *m* 1.怠惰 2.無能, 無策 3.気まぐれ, 移り気, 変わりやすさ

didoriad *a* (ガラスなどが)壊れて[破損して]いない

didoriant (-iannau) *m* [電気]連続(性)

didostur : didosturi *a* 無慈悲[無情, 残酷]な

didrachwant *a* 欲のない, 無欲な

didrafferth *a* 1.(人が)呑気[気楽]な, のんびりした, あくせくしない 2.易しい, 容易な

didraidd *a* (ガラスなどが)光を通さない, 不明瞭な

di-drais *a* 非暴力(主義)の

didramgwydd *a* 1.(動物・薬など)無害な 2.(人・態度など)悪気のない, 不快の念を与えない 3.(言葉など)当たり障りのない

didranc *a* 不死[不滅, 永久]の

di-drefn *a* 1.(部屋など)取り散らかした, 乱雑な 2.(人・服装など)だらしない, 不精な

didreiddedd (-au) *m* 1.不透明(物)2.曖昧, 難解

didreiddiad (-au) *m* (ガラス・エナメルなどの)不透明化

didreisedd *m* 非暴力主義

di-drwst *a* 音のしない, 静かな; 騒音の少ない

diduedd *a* 偏見のない, 公平な, 公明正大な

didueddrwydd *m* 偏らないこと, 公平, 公正

didwrw *a* = **di-drwst**

didwyll *a* 1.(人が)誠実正直な, 表裏のない 2.(感情・行動などが)本心からの, 本気の, 偽りのない

didwylledd *m* 誠実, 正直, 廉潔

didwyllo *t* (人に)真実を悟らせる, (人の)迷夢を覚ます

didyniad (-au) *m* [数学]減法, 引き算

didynnu *t* [数学]引く, 減じる

di-ddadl : diddadl *a* (事実・証拠など)疑う余地のない, 明白な, 確かな

di-ddal *a* (人が)信頼できない, 頼り[当て]にならない

diddan *a* 1.楽しませる, 面白い, おかしい 2.[聖書]慰める: y Geiriau Diddan[キ教]慰めの言葉

diddanol *a* 慰める, 慰めとなる

diddannu *t* 1.楽しませる, 面白がらせる 2.慰める

diddanwch *m* 1.娯楽, 気晴らし, 楽しみ 2.慰め 3.慰めとなる人[物]

diddanwr(-wyr) *m* : **diddanwraig(-agedd)** *f* 1.楽しませる歓待する人 2.芸人 3.慰める人, 慰安[慰問]者

Diddanydd [神学]助け主

diddarbod *a* = **dodoreth**

diddarfod *a* 1.(旅など)果てしのない, 永久に続く, 無限の 2.(物が)長持ちのする, 耐久性のある 3.無数の, 数え切れない 4.[機械]循環する, 切れ目[継ぎ目]のない

di-ddawn *a* 才能のない

di-ddeall : diddeall *a* 知力がない, 無知[愚鈍]な, 飲み込みの遅い, 頭の鈍い

diddefnydd *a* 1.(人・物が)役に立たない 2.無益[無駄]な 3.(人が)無能な, 何もできない

diddeiliad *m* 1.落葉 2.[軍事]枯葉作戦

diddeilio *t* 1.落葉させる 2.枯葉剤を撒く

diddeiliol *a* 落葉した

diddeilydd (-ion) *m* 枯葉剤

di-dderbyn-wyneb *a* = diduedd

diddichell *a* = didwyll

diddig *a* 満足している, 満足そうな

diddigrwydd *m* 満足

diddim *a* 無益な, 役に立たない

diddiolch *a* 1.(仕事などが) 感謝されない, 報われない 2.(人が) 恩知らずの, 忘恩的な

diddiwedd *a* = diderfyn

diddordeb (-au) *m* 1.興味, 関心, 好奇心 2.興味の対象, 関心事, 趣味

diddori *t* 興味を起こさせる, 関心を持たせる: ~ rhn yn rhth 人に何かに対する関心を持たせる

diddorol *a* 面白い, 興味のある, 人を楽しませる

diddos *a* 1.(テント・衣服などが) 防水の, 耐水の, 水を通さない 2.(衣類など) 風雨に耐える, 耐候性のある 3.(人が) きちんとした, さっぱりした 4.(衣服などが) 体にぴったり合う 5.(家・場所などが) 居[住み]心地のよい, 気持よく暖かい 6.(部屋などが) こぢんまりした, 小綺麗な 7.(風雨・危険などから) 守られた

diddosi *t* 1.(衣服などを) 防水(処理を)する 2.(建物などを) 風雨に耐えるようにする, 耐候工事を施す

diddosrwydd *m* 1.居[住み]心地のよさ, 快適さ 2.小じんまりとしていること

diddrwg *a* 1.(薬・動物など) 無害[無毒]の 2.(言動など) 当たり障りのない, 悪気のない, 無邪気な 3.無傷の, 害を受けない 4.興味の湧かない, 退屈な

didduw *a* 無神論(者)の

didduwiaeth *f* 無神論

di-ddweud *a* 1.(人・性質が) 頑固[強情]な 2.無口な, 口数の少ない 3.(物事が) 手に負えない, 扱いにくい 4.(努力・信念など) 頑強な, 不屈の, 断固とした 5.(石・木材などが) 堅い 6.(金属など) 溶けにくい

diddwyn : diddyfnu *t* 1.(幼児・幼獣を) 離乳させる 2.(悪習・仲間などから) 引き離す, 捨てさせる: diddyfnu rhn o arfer drwg 人に悪習を捨てさせる

diddwythadwy *a* 1.[論理]演繹できる 2.推論[推定]できる

diddwythiad (-au) *m* 1.推論; 結論 2.[論理]演繹(法)

diddwythiadol : diddwythol *a* 1.[論理]演繹的な 2.推論的な

diddwytho *t* 1.[論理]演繹する 2.推論する 3.由来を尋ねる 4.[法律](財産所有権を) 証明する

diddyfnad : diddyfniad *m* 離乳

diddymadwy *a* 1.(責任・契約・婚約などが) 解消[解除]できる 2.(制度・法律などを)廃止できる

diddymdra : diddymrwydd *m* 1.無, 空, 無存在 2.人事不省, 死 3.無価値, 無意味 4.つまらない[無意味な]物, 取るに足らないこと

diddymiad (-au) *m* 1.(制度・法律などの) 廃止, 取消し, 失効, 廃棄 2.奴隷制度廃止 3.[法律](契約)婚姻などの) 解除, 解約, 解消: ~ priodas 結婚の解消 4.分離, 分解 5.[化学]溶解, 融解 6.(議会・団体・会社などの) 解散, 清算 7.(負債の) 弁済 8.(機能の) 消滅, 死滅 9.(国などの) 崩壊, 滅亡

diddymiaeth *f* 廃止論;(特に) 奴隷制度廃止論; 死刑廃止論

diddymol *a* 1.廃止の, 取り消す, 無効にする 2.[法律]解約の

diddymu *t* 1.(制度・法律・習慣などを) 廃止[撤廃]する 2.[法律](契約・婚約などを) 取り消す, 無効にする, 解消する 3.(議会・団体・会社などを) 解散する 4.[商業](負債などを) 整理する: ~ cwmni 会社を整理する

diddymwr : diddymydd (-wyr) *m* 1.廃止[撤廃]者 2.[法律]清算人 3.廃止論者;(特に) 奴隷制度廃止論者; 死刑廃止論者

di-ddysg *a* 無学の, 教育のない

diedifar *a* 1.改悛の情のない, 悔い改めない 2.頑迷[強情]な

dieflig *a* 1.悪魔のような 2.極悪な 3.(計画などが) 手の込んだ, 抜目のない 4.(問題・仕事などが) とても難しい 5.ひどい, すごい: mae'n ddieflig o dwym ひどく暑い

diefligrwydd *m* 1.極悪, 残酷さ 2.巧妙さ 3.厄介なこと; ひどさ; 難しさ

dieffaith *a* 1.効果のない; 効果的でない 2.(人が) 無能な

diegni *a* 1.(人・心など) 鈍い, 不活発な 2.[化学]活性のない, 不活性の 3.[物理](物質が) 自動力のない, 自力で動けない

diegwyddor *a* 節操のない, 破廉恥[不道徳]な

dieisiau *a* 不必要な, 無用の

dieithr *a* 1.外国(人)の, 異国の: addoli duwiau ~ 異国の神を礼拝する 2.在外の相容れない, 矛盾する, 無関係で 3.(人が) 見聞きしたことのない, 知らない, 初めての, 馴染みがない, 不慣れな, 不案内な, 経験の無い: wynebau ~ 見慣れぬ顔; mar'r dref hon yn gwbl ddieithr i mi 私はこの町には全く不案内です 4.(物事が人に) よく知られていない 5.[医学]異質な, 外来の: peth ~ *m* 異物

dieithriad : dieithrwch *m* 1.(場所などを) よく知らないこと, 不案内, 不慣れ 2.外来性; 外国風 3.異質であること 4.疎外, 疎遠, 離間, 仲違い; 疎外感

dieithrio *t* 1.(人を家族・友人などから) 遠ざける, 疎遠にさせる, 仲違いさせる 2.(社会・職業などから) 遠ざける, 離れさせる

dieithryn (-iaid) *m* 1.外国人 2.見知らぬ人, 他人; mi welaf ddieithriaid [議会] (下院で) 傍聴禁止を要求します (傍聴者の退場を要求する時の決まり文句) 3.新来者; 客 4.部外 [局外] 者, 門外漢 5. [法律] 第三者

dielw *a* 1.利益のない, 儲からない 2.無益 [無駄] な

diemwnt (-yntau) *m* = **deimwnt**

dienaid *a* 1.元気 [活気, 生気] のない, 無気力な 2.(動作・表情などが) ぎこちない 3.意識のない, 無知覚の 4.高潔な心を欠いた, 高貴な感情を持たない 5.霊魂のない

diengyd *i* = **dianc**

dienw *a* 1.名の無い, 無名の 2.匿名の; (書物など) 作者 [筆者] 不明の

dienwaededig : dienwaediad *a* 割礼を受けていない

dienwaediad *m* 無割礼

dienyddiad (-au) *m* 処刑, 死刑執行

dienyddiedig *a* 処刑された, 死刑を執行された

dienyddio *t* 処刑する, 死刑にする

dienyddiwr (-wyr) *m* 死刑執行人

diesgyrnu *t* [料理] (鶏・魚などの) 骨を取る

diet (-au) *m* (療養・健康などのための) 規定食; 食事療法, ダイエット

diet (-au) *m* [通例D~] [政治] (日本・デンマークなどの) 国会, 議会

dieteg : diteteg *f* 栄養学

dietegol *a* 栄養 (学) の; 規定食用の

dietegwr : dietegydd (-wyr) *m* 栄養学者; 栄養士

dietifedd *a* 子 [子孫, 相続人] のない

dietifeddu *t* 廃嫡する, 勘当する

dieuog *a* [法律] 罪がない, 無罪の, 潔白な

dieuogi *t* 1. [法律] (人を) 無罪にする, 無罪を証明する, 放免する 2.(義務・責任などを) 免除する

dieuogiad (-au) *m* 1. [法律] 無罪弁明 [放免], 釈放 2.責任解除

dieuogol *a* (陳述・証拠など) 無罪弁明の, 申し開きとなる

dieuogrwydd *m* 1. [法律] 無罪 2.天真爛漫, 無邪気 3.単純, 無知

dieuogwr (-wyr) *m* 無罪を言い渡す人

diewyllys *a* 1. [法律] 遺言書を残さない, 遺言をしない 2.(財産などが) 遺言で処分されない

diewyllysedd *m* [法律] 無遺言で死ぬこと; 無遺言相続

difa *t* 1.(火災が) 焼き尽くす 2.(人・動物などを) 根絶 [絶滅] する, 皆殺しにする 3.(建物・市街・平和などを) 破壊する

difaëdig *a* (火事で) 焼け尽くされた

di-fai : difai *a* = **dieuog**

difalch *a* 1.(人・言動などが) 控えめな, 謙虚な, 慎ましい 2.(人・身分・地位などが) 低い,

卑しい 3.(物が) 質素な, 粗末な

difancoll *f* 1.破壊 2.絶滅, 駆除; (人の) 殺害 3.破滅, 滅亡: mae'n mynd ar ei ben i ddifancoll *f* 彼は自らの破滅へ向かって突進している 4.破滅の原因 [元]

difantais *a* (貧困などのために) 不利な境遇の, 環境に恵まれない

difaol *a* 1.(感情などが) 激しい, 強烈な 2.(火事が) 焼き尽す 3.破壊的な; 有害な 4.破壊主義 [非建設] 的な

di-farf : difarf *a* 1.髭のない 2.顎髭の生えていない; まだ若い, 青二才の 3.(麦など) 芒のない

difarw *a* 1.不死の 2.不滅 [不朽] の 3.永久の, 永遠に続く 4.不朽の名声のある

difater *a* 無関心 [無頓着, 冷淡] な

difaterwch *m* 1.無関心, 無頓着, 冷淡, しらけ 2.重要でないこと

difäwr (difawyr) *m* 1.破壊者 2.害虫駆除業者 3.殺虫剤 4.塵芥焼却炉 5. [軍事] 駆逐艦: ~ tanciau 戦車駆逐車 (戦車破壊兵器を備えた高速装甲車)

difedydd *a* 洗礼 [浸礼] を受けていない

difeddiannu *t* 1.(土地・建物・所有権などを) 奪う, 取り上げる; (土地から人を) 立ち退かせる, 追い立てる 2.(人を場所・地位などから) 追い出す, 追放する 3. [法律] (世襲財産・権利などを) 奪う, 剥奪する

difeddiannwr : difeddiannydd (difeddiannwyr) *m* 侵奪者; (不動産の) 不法占有者

difeddiant *m* 1.強奪, 奪取 2.追い立て 3. [法律] 不動産の不法占有
a 1.(土地・家などから) 追い出された, 追放された 2.地位・財産などを奪われた

difeddwl *a* 1.思慮のない, 軽率な, 不注意な 2.思いやりのない, 不親切で

di-fefl *a* 1.割れ目 [ひび, 傷] のない 2.欠点のない, 完璧な

di-feind *a* 不注意な, 気をつけない, 無頓着な

difeio *t* = **dieuogi**

difeius *a* = **difai**

difenwad (-au) *m* 1.悪口, 毒舌, 罵詈 2. [法律] 中傷, 名誉毀損

difenwi *t* 1.悪口を言う, ののしる 2. [法律] 中傷する, 名誉を毀損する
i 悪口を言う, ののしる

difenwol *a* [法律] 中傷的な, 名誉毀損の

difenwr (-wyr) *m* : **difenwraig (-agedd)** *f* 1.悪口を言う [ののしる] 人 2. [法律] 悪口を言う人, 誹謗者

diferiad (-au) *m* 1.滴り, しずく, 滴下 2.(液体などの) 漏れ, 漏出

diferion *pl* しずく, 滴下物

diferlif *m* [病理] 1.出血 2.慢性淋菌性尿道炎, 後淋

diferllyd *a* 1.漏れやすい; 漏れ穴のある 2.小便

diferol

のしまりがない 3. (人が) 秘密を守れない

diferol *a* 1. 滴る, しずくの垂れる, ちょろちょろ流れる, 雨垂れの落ちる 2. [副詞的に] しずくの垂れるほど: gwlyb ~ ずぶ濡れになって

diferu *t* (人・物が液体を) 滴らせる, 滴下する *i* (液体が) 滴る, ぽたぽたと落ちる, ちょろちょろ流れる

diferydd (-ion) *m* (目薬などの) 点滴器; 滴びん

diferyn (-nau, diferion) *m* 1. しずく, 滴り, 水滴: dŵr yn disgyn fasul ~ 一滴ずつ落ちる水 2. [薬学] 点滴薬

diferynnu *i* = **diferu**

diferwr (-wyr) *m* 1. 落す人 2. 滴下する人

difesur *a* 1. 計ることができない, 限りない 2. 果てしない, 広大 [巨大] な

di-feth *a* 1. (人が) 絶対に誤りをしない, 絶対に正しい 2. (物事が) 絶対に確実な間違いのない信頼できる 3. (治療などが) 必ず効く 4. 必ず起こる

difetha *t* = **dyfa**

difethdod *m* 1. (金・材料・努力などの) 浪費, 空費; 消耗 2.= **difancoll**

difethedig *a* 甘やかされて増長した

difethgar *a* (人・行為などが) 無駄な, 無駄遣いする, 浪費的な, 不経済な

difethol *a* = **difaol**

difethwr (-wyr) *m* 台なしにする [甘やかす] 人

Difiau *m* 木曜日: ~ Cablyd [キ教] 聖木曜日, 主の晩餐の木曜日, 洗足木曜日, 復活前木曜日 (聖金曜日の前日, 聖餐が制定された日として記念され, またイエスが使徒の足を洗ったことを記念する日: cf *John* 13:5,14); Ddifiau 木曜日 (毎) に

difidend (-au) *m* 1. (株式の) 利益配当, 配当金: ~ dros dro [証券] 中間配当; dinoethi difidendau [税法] (支払者と課税者とが共謀して) 配当課税を逃れること 2. [数学] 被除数

di-fin *a* (刃などが) 鈍い, なまくらの

difinio *t* = **dewino**

difinydd (-ion) *m* 神学者

difinyddiaeth *f* 神学

diflan : diflanedig *a* 1. (人・物など) 消える, 見えなくなる 2. 滅びた, 死滅した: celfyddyd ddiflanedig yw llythyru 手紙を書くことは滅びた芸術です 3. (人生・希望など) 素早く過ぎていく, 束の間の, 儚い 4. (印象・外見・状態など) 消えやすい, 次第に消えていく

diflanbwynt (-iau) *m* 1. [美術] (透視画法の) 消尽点, 消点 2. 物の尽きる最後の一点, 消滅 [限界] 点

diflanedigrwydd *m* 1. 消失, 消散 2. 儚さ, 束の間

diflaniad (-au) *m* 1. 見えなくなること, 消失, 消滅 2. [法律] 失踪

diflannol *a* = **diflanedig**

diflannu *i* 1. 消える, 見えなくなる, 姿を消す 2. 消滅する, なくなる: mae'r hen arfer wedi ~ その古い習慣は消滅した 3. [法律] 失踪する

diflannwr (diflanwyr) *m* : **diflanwraig (-agedd)** *f* (物を) 消す [見えなくする] 人

di-flas *a* (飲食物が) 味のない, まずい

diflas *a* 1.= **di-flas** 2. (人・物が) 面白みのない, 退屈な, 無味乾燥な 3. (人が) 退屈した, うんざりした: mewn hwyl ddiflas 退屈な気分で, うんざりして

diflasrwydd : diflastod *m* 1. 退屈 2. 退屈な事柄 3. 平凡, 無味乾燥 4. 平凡な言葉 [考え] 5. 嫌気, 嫌悪, 愛想尽かし: ymddyswyddodd mewn diflastod 彼は嫌になって辞職した

diflasu *t* (人に) 胸を悪くさせる, うんざりさせる 退屈させる; 愛想をつかせる *i* 嫌になる, うんざりする: ~ ar gwmni rhn 人にうんざりしている

diflaswr (-wyr) *m* うんざり [退屈] させる人

diflewiad (-au) *m* 抜毛, (特に皮革製造の際の化学的・物理的) 脱毛

diflewio *t* 毛を抜き取る, 脱毛する

diflewol *a* (薬品など) 脱毛力のある, 脱毛に効く

diflewydd (-ion) *m* 1. 化粧用脱毛剤 2. (皮革製造の際の) 脱毛剤

diflin : diflino *a* 飽くことのない, 疲れを知らない, 根気強い, 不屈の

difod (-ion) *m* [ゴルフ] (打球の際に) 削り取られた芝生

difodi *t* = **difa**

difodiad (-au) : difodiant *m* 全滅, 絶滅, 死滅, 消滅, 根絶

difodiaeth *f* [キ教] 霊魂消滅説

difodol *a* (絶滅危惧種など) 消滅性の, 絶滅 [死滅] 的な

difodwr (-wyr) *m* 絶滅者

difoes *a* (人・行為が) 無作法 [無礼, 失礼] な, 不躾な

difraw *a* = **difater**

difrawder *m* = **difaterwch**

di-freg : difreg *a* (ガラスなど) 壊れて [破損して] いない

difreiniad (-au) *m* 1. 公民 [選挙] 権剥奪 2. (官職・特権などの) 剥奪 3. 聖職剥奪

difreiniadwy *a* 奪いうる; 剥奪を免れない

difreinio *t* 1. 公民 [選挙] 権を奪う 2. (物・権利などを) 奪う, 拒む 3. (牧師から) 聖職を剥奪する: ~ offeiriad 牧師から生計の手段を奪う

difreintiedig *a* (人・環境など) 恵まれない, 困窮した, 貧しい: ardal ddifreintiedig (ardaloedd ~) *f* 貧困地域

difriaeth *f* = **difenwad**

difrif *m* 真面目, 真剣, 本気, 熱心: o ddifrif 真面目に, 本気で; 本式に, 本格的に; mae'n

difrifddwys   226   **diffeithio**

bwrw glaw ö ddifrif 雨が本格的に降っている
a 1.(人が) 真面目くさった, 澄ました 2.(性質・態度・表情など) 真剣な, 本気の, 一生懸命の, 威厳のある, 落ち着いた: ac yn awr, a siarad o ddifrif さて, 真面目な話ですが 3.(考え方・意見など) 穏健な 4.(文学・芸術など) 真面目な 堅い

difrifddwys : difrifol *a* 1.(人・態度など) 真面目な, 重々しい, 威厳のある 2.(儀式・光景など) 荘厳 [厳粛, 荘重] な: cytundeb (-au) difriddwys [法律] 厳粛同盟: Cynghrair a Chyfamod Difrifol 厳粛同盟(1643年イングランドの議会派とスコットランドの間に結ばれた長老制の擁護を約した盟約) 3.(責任・問題・決定など) 重要 [重大] な 4.(事態など) 危機的な, 由々しい 5.(傷・痛み・病気など) 激しい, 重い, 重症 [危篤] の: anaf corfforol difrifol [法律] 重傷, 重大な身体障害 6.[法律] 正式の: llw (-on) difriol *m* 正式の誓約 7.宗教上の, 神聖な

difrifoldeb : difrifwch *m* 1.真面目, 真剣 2.冷静, 沈着, 穏健 3.厳粛, 荘厳, 荘重 4.(事態・傷病・気などの) 重大さ, 由々しさ, 危機, 危篤

difrifoli *t* 1.落ち着かせる, 真面目にする 2.厳粛 [荘厳] にする

difrïo *t*(人を) 中傷する, そしる, ののしる, 悪口雑言する
　　i 悪口を言う, ののしる

difrïol *a* ののしる, 悪口を言う, 口汚い, 毒舌の: iaith ddifriol [法律] 悪態, 暴言

difrïwr (-wyr) *m* のののしる [悪口を言う] 人, 中傷者

difrod (-au) *m* 1.(財産などの) 損害, 被害, 損傷: ~ damweiniol 偶発的被害; ~ maleisus [法律] 故意による器物損壊 2.(自然力・暴動などによる) 破壊, 荒廃 3.[*pl*] 荒らされた跡, 惨害 4.[法律] (遺言執行者が行う) 遺言費消

difrodadwy *a* 損害を受けやすい, 傷みやすい
difrodedig *a* 荒らされた, 荒廃した, 破壊された
difrodi *t* 1.(天災火災などが国土などを) 荒らす, 荒廃させる, 破壊する; 住民をいなくする 2.名声を傷つける
difrodol *a* 1.荒廃させる, 破壊する 2.損害を与える, 有害な, 不利な
difrodwr (-wyr) *m* : **difrodwraig (-agedd)** *f* 荒らす人, 破壊者
difrycheulyd *a* 1.しみ [汚れ] のない 2.清浄 [純潔, 潔白] な, 罪に汚れない: yr Ymddŵyn D~ [カト] 無原罪懐胎(説), 無原罪の御宿り(聖母マリアはその懐胎の瞬間から原罪を免れていたこと; 祝日12月8日) 3.欠点のない, 完全な
di-frys *a* 急がない, 焦らない, 慎重な
di-fudd *a* 1.(人・物が) 役に立たない, 無用な 2.(活動・努力などが) 無駄 [無益] な 3.儲からない, 利益のない

di-fwlch *a* = **di-dor**

difwriad *a* 意図しない, 故意でない, 何気なくした

difwynedig *a* 1.汚された, 汚染された 2.混ぜ物をした, 粗悪な

difwyniad (-au) : difwyniant *m* 1.汚染, 汚濁; 公害 2.(心の) 堕落 3.混ぜ物をすること, (品質の) 粗悪 [不純] 化 4.粗悪品, 不純物 5.[医学] 遺精

difwyno *t* 1.(飲食物などに) 混ぜ物をする, (混ぜ物をして) 品質を落とす, 不純にする 2.(水・川・空気などを) 汚す, 汚染 [不潔] にする 3.(人・心などを) 堕落させる, 悪に染まらせる 4.(人格・名声・功績などを) 汚す, 傷つける, 泥を塗る 5.(廃棄物・化学薬品・放射性物質などで) 汚染する 6.神聖を汚す, 冒涜する

difwynol *a* 汚す, 汚染する

difwynwr : difwynydd (-wyr) *m* 1.汚す [汚染する] 人 2.粗悪品製造者 3.冒涜者 4.汚染物質 5.汚染源

difyfyr *a* 即座 [即席] の, 即興的な

difyniad (-au) *m* : **difyniaeth** *f* [生物] 1.解剖, 切開 2.解剖された部分, 解剖体

difynio : difynu *t* [生物] (人・動植物を) 解剖 [切開] する

difynwr (-wyr) *m* 1.解剖(学)者 2.解剖器具

difyr *a* 面白い, 楽しい, おかしい, 気晴らしになる

difyrion *pl* 楽しみ事, 娯楽: parc (*m*) ~ 遊園地

difyrru *t* 1.(人を) 楽しませる, 面白がらせる, 気分転換させる, 慰める 2.(暇・退屈・悲しみなどを) 紛らわす: ~'r amser 時を楽しく気ままに過ごす

difyrrus *a* = **difyr**

difyrrwch *m* 1.おかしさ, 面白さ 2.娯楽, 楽しみ, 慰み: er mawr ddifyrrwch i'r dorf 群衆が大いに面白がったことには 3.趣味, 道楽: paentio yw ei ddifyrrwch 絵を描くことが彼の趣味です 4.余興, 演芸

difyrrwr (-wyr) *m* : **difyrwraig (-agedd)** *f* 楽しませる人

difywyd *a* 1.(人が) 鈍い, のろい 2.活気のない, 生気の抜けた

diffaith *a*(土地が) やせた, 荒れている, 不毛の, 砂漠のような: gorwedd yn ddiffaith 土地が荒れている, 荒地になっている, 未開墾である; dyn (-ion) ~ *m* 怠け者, やくざ者, ろくでなし; 浪費家

diffaith (-ffeithydd) *m* 1.やせ地, 荒れ地 2.[通例*pl*] (米) 不毛の地, 荒野

diffeithder : diffeithdra *m* 1.(土地などの) 不毛 2.(土地の) 放棄, 遺棄

diffeithdir (-oedd) *m* 荒地, 不毛の荒野, 砂漠

diffeithio *t*(土地などを) 荒らす, 荒廃させる,

破壊する

diffeithle (-oedd) *m* 荒れ果てた所

diffeithwch (-ychau) *m* 1.= **diffeithder** 2.荒れ地, 荒れ野, 原野: llef un yn llefain yn y ~ [聖書] 荒れ野で呼ばわる者の声; 世に容れられない道徳家・改革家などの声 (cf *Matt* 3:3); yn y ~ (政党が) 政権を離れて, 野にあって (cf *Num* 14:33)

differadwy *a* 1.区別できる 2.[数学] 微分可能な

differiad (-au) *m* [数学] 微分 (法)

differol *a* 1.差別的な: seicoleg ddifferol [心理] 差異心理学 2.[数学] 微分の: calcwlws ~ 微分学 3.[物理・機械] 差動 [応差]

differu *t* [数学] 微分する

differyn (-nau) *m* 1.[数学] 微分 2.[機械] 差動歯車

diffiniad (-au) *m* 1.定義: trwy ddiffiniad 定義によって; 当然 2.語句の定義, 語義 3.(境界などの) 限定, 明確 (化) 4.[光学] (レンズの) 解像力, 鮮鋭度 5.(ラジオ・テレヴィなどの) 鮮明度 6.(無電の) 感応度

diffiniadwy *a* 1.定義できる 2.範囲を限定できる

diffiniedig *a* 1.(輪郭・限界など) はっきりした, 明瞭な 2.明確に定義された

diffinio *t* 1.(語句・概念などを) 定義する, 意味を明確にする 2.(境界・範囲などを) 限定する 3.(物の輪郭・形状などを) 明瞭に示す (真意・立場などを) 明示する, 明らかにする

diffiniol *a* 範囲 [境界] を定める

diffiniwr (-wyr) *m* : **diffinwraig (-agedd)** *f* 1.定義者 2.範囲 [境界, 限界] 決定者

diffodd : diffoddi *t* 1.(光・火などを) 消す 2.(電灯・電流・ラジオ・テレヴィなどの) スイッチを切る 3.(電話を) 切る 4.(欲望・感情などを) 抑える, 押える, 静める 5.[電工] (真空中の電子流などを) 消滅させる

diffoddadwy *a* 1.消火できる 2.消滅させられる

diffoddedig *a* 1.(火・光などが) 消えた 2.(火山が) 活動を止めた 3.(情熱・希望などが) 消え失せた

diffoddiad *m* 消火, 消光, 終息

diffoddol *a* (火が) 消滅的な, 消滅性の

diffoddwr (-wyr) : **difoddydd (-ion)** *m* 1.消す人 2.(帽子形の) 蝋燭消し 3.(ランプの) 消灯器 4.消火器

diffreithiad (-au) : **diffreithiant (-iannau)** *m* [光学・物理] (光線・光波・音波・電波などの) 回折

diffreithio *t* 1.[光学] 分散させる 2.[物理的] (光線・音波・電波などを) 回折する

diffreithiol *a* [光学・物理] 回折的な, 回折性の: rhwyll ddiffreithiol (rhwyllau ~) *f* [光学] 回折格子

di-ffrwd *a* 流れのない

diffrwyth *a* 1.[生物] (動植物などが) 繁殖力のない, 果実を付けない 2.(土地が) やせ た, 不毛の, 作物のできない 3.(努力などが) 効果のない, 無駄 [無益] な 4.(寒さで) かじかんだ, 凍えた 5.(悲しみ・疲労などで) 麻痺した, 無感覚になった

diffrwythder : diffrwythdra *m* 1.[生物] 不妊 2.(土地の) 不毛 3.無感覚, 麻痺 4.かじかみ, しびれ

diffrwytho *t* 1.[生物] 不妊にする 2.(土地を) 不毛にする 3.殺菌 [滅菌, 消毒] する

difftheria *m* [医学] ジフテリア

diffuant *a* 1.(人が) 誠実 [正直, 実直] な: yn ddiffuant 心から 2.(感情・行動などが) 本心からの, 本気の, 偽りのない

diffuantrwydd *m* 1.誠実, 正直 2.誠実な言動

di-ffurf *a* 1.無定形の 2.組織 [統一] のない [生物] 発達した組織のない 3.[化学] 非結晶の

diffwys (-au, -oedd, -ydd) *m* = **dibyn**

diffwysol *a* 1.切り立った, 険しい, 断崖絶壁の 2.性急 [せっかち] な

diffyg (-ion) *m* 1.欠乏, 不足: o ddiffyg rhth 何かが不足して; oherwydd ~ arian, o ddiffyg arian 金が不足しているため 2.欠点, 欠陥, 弱点 3.(心身の) 欠点, 欠陥, 短所 4.(機能などの) 停止, 故障 5.[競技] 不出場, 欠場, 棄権 6.(義務などの) 不履行, 怠慢: ~ sylw i reol 規則を守らないこと 7.不足分 [量, 額]: tâl (taliadau) (*m*) ~, taliad (-au) (*m*) ~ (政府が農民に保証する) 最低価格 8.[財政] 不足額 9.[法律] 債務不履行 10.[法律] (法廷への) 欠席: dyfarniad trwy ddiffig 欠席判決 11.[天文] (太陽・月の) 食: ~ ar yr haul 日食; ~ ar y lleuad 月食

diffygdaliad (-au) *m* 債務 [契約] 不履行; 滞納

diffygdalu *i* (債務・義務などの) 履行を怠る; 滞納する

diffygdalwr (-wyr) *m* : **diffygdalwraig (-agedd)** *f* 債務契約不履行者

diffygiant (-iannau) *m* [医学] 不足, 欠乏: clefyd (-au) (*m*) ~ [病理] (ヴィタミンやミネラルなどの) 欠乏症

diffygio *i* (力・健康・視力などが) 衰える, 弱る: mae fy nerth yn ~ 私の体力は衰えている

diffygiol *a* 1.不完全な, 欠点 [欠陥] のある 2.不足した, 不十分な, 欠けている 3.衰えゆく 4.[文法] (語の) 活用変化の一部が欠けた: berf ddifygiol (berfau ~) *f* 欠如動詞 5.[心理] 身体と精神に欠陥のある: plentyn ~ 欠陥児

diffygioldeb *m* 欠点 [欠陥] のあること, 不完全

diffyndoll (-au) : diffyndollaeth *f* [政治・経済] 1. (関税などによる) 国内産業の保護 (政策), 保護貿易 (主義) 2. 関税; 関税表; 関税率

diffyndollol *a* 保護貿易論 (者) の

diffyndollwr (-wyr) *m* 保護貿易論者, 国内産業保護政策論者

diffyniad (-au) *m* 1. (信仰・思想などの正式の) 弁明, 弁護 2. 弁明書

diffyniadol *a* 後悔して弁明する

diffyniaeth *f* [神学] (キリスト教の) 弁証学

diffynnwr (diffynwyr) *m* [英史] 摂政

diffynnydd (-ynyddion) : diffynyddes (-au) *f* 1. 弁明 [弁解] 者 2. [法律] 被告 (人) 3. [D~] 弁証 [護教] 家 (特にキリスト教攻撃に対して弁証の書を著した2世紀の教会の教父をいう)

diffynwrol *a* [英史] 摂政の

dig *m* 怒り, 立腹, 憤り, 憤激
a 怒った, 立腹 [激怒, 憤慨] した

digalchiad *m* カルシウム除去, 脱灰

digalchu *t* (骨などから) カルシウムを除去する, 脱灰する

digalon *a* 1. がっかり [落胆, 気落ち] した, 気が滅入った 2. がっかり [落胆] させるような 3. (気分が) 憂鬱な, 暗い 4. 悲しい, 悲しそうな, 陰気な: yr Wyddor Ddigalon 陰気な学問 (Thomas Carlyle が経済学を皮肉ってこう呼んだ)

digalondid *m* 1. 落胆, 失望, 失意 2. 憂鬱, 意気消沈, ふさぎ 3. [精医] 鬱病

digalonni *t* がっかり [落胆, 意気消沈] させる *i* がっかり [落胆, 意気消沈] する, 悲しくなる

digamsyniol *a* 間違えようのない, 明白な, 紛れのない

digamsynioldeb *m* 間違えようのないこと, 紛れもないこと, 明白

digaregu *t* (邪魔物などを場所から) 取り除く: ~ tir 土地から石を取り除く

digartref *t* 1. 家のない: y ~ *pl* 家のない人たち 2. 飼い主のない

digasedd *m* 憎しみ, 憎悪, 恨み, 悪意

di-gen *a* 鱗のない

digenfigen *a* 妬まない, 羨ましがらない

digeniad (-au) *m* 1. 剥離; 落屑, 剥落 2. 脱皮; 脱鱗

digennol *a* (表皮などの) 脱落を引き起こす

digennu *t* 1. [病理] (表皮が鱗や糠のようになって) 脱落する; 剥離 [落屑, 鱗剥] する 2. (魚などの) 鱗を落とす

digerydd *a* 非難すべき点のない

digid (-au) *m* [数学・電算] アラビア数字 (0から9までのうちの一つ)

digidiad (-au) *m* [電算] デジテーション

digidigrad (-iaid) *m* 趾行動物 (イヌ・ネコなど)

---

a [動物] 足指で歩く, 趾行の

digidol *a* [数学・電算] 数字を使う, デジタルの: cloc (-iau) ~ *m* デジタル時計; cyfrifiadur (-on) ~ *m* デジタルコンピュータ

digidoli *t* [電算] デジタル [計数] 化する

digidolwr : digidwr (-wyr) *m* [電算] デジタル [計数] 化装置

digio *t* 怒らせる, 立腹させる, 不機嫌にする *i* 怒る, 立腹する

di-glem *a* 不器用な, 下手な

digofaint *m* = **dig**

digofus *a* = **dig**

dogollediad (-au) *m* 1. (損害) 補償, 賠償 2. 補償 [賠償, 弁償] 金 3. 免責 4. [心理] 代償 [補償] 作用

digolledol *a* 補償の, 埋め合せの

digolledu *t* 1. (損害などを) 弁償 [補償, 賠償] する; 埋め合せする 2. 免責する

digolledwr : digolledydd (-wyr) *m* 1. 補償 [賠償] 者 2. 免責者

digon *m* 十分 (な量・数), たくさん: ~ a pheth dros ben 有り余るほど; ~ yw ~ もうたくさんだ, いい加減にしろ; ~ i'r diwrnod ei ddrwg ei hun [聖書] 一日の苦労は一日にて足れり (cf *Matt* 6:34)

digon *ad* 1. [形容詞・副詞・動詞の意味を強調して] 十分に, 非常に, (…に) 必要なだけ, (…するに) 足りるだけ: hen ddigon mawr 大きさは十分だ 2. [軽い強意] 全く, 随分, すっかり: ~ da, da ddigon かなり良い; ~ tegl 結構だ! オーケーだ! まあいいでしょう! (相手の提案・意見・行為に対する同意の表現として用いられるが, 時に嫌々な同意を表す 3. [皮肉] まずまず, まずどうやら 4. [文修飾語を強調して] いかにも: yn rhyfedd ddigon, yn ddigon rhyfedd いかにも不思議なことには

digon *a* (通例数量が) 十分な, 必要なだけの, (…に) 足る; (ある目的に) 十分な

digonedd *m* 1. 豊富 2. 多数, 多量

digoni *t* 1. (欲望・必要などを) 満足させる 2. (特に食物が) 満足させる, (人に) 十分である: mae un pryd y dydd yn ei ddigoni 彼には一日一食で足りる 3. (火で) 料理する, 煮炊きする 4. (肉を) 焼く, 炙る, 蒸し焼きにする *i* 1. 料理する 2. (食物が) 料理される 3. (肉が) 焼かれる, 焼ける

digonol *a* 1. (分量が) 十分な, たっぷりした: amser ~ 十分な時間 2. (ある目的に) 十分な 3. 十分な資格のある, 有能な 4. 要求にかなう, 相当な: gwybodaeth ddigonol o'r Gymraeg 相当な [十分役に立つだけの] ウェールズ語の知識 5. (食事・演奏などが) 満足な, 申し分のない

digonoldeb : digonolrwydd *m* 1. 十分 2. 適切, 妥当

di-gorn : digorn *a* (牛などの) 角が取られた

digornio *t* 1.(牛などの)角を取る; 角の成長を妨げる 2.(果樹などを)強く刈り込む

digorniwr (-wyr) *m* 角を取る人

di-gosb *a* 罰せられないで, 処罰を受けないで

di-gred *a* 神を信じない, 信仰のない, 不信心な

digrefydd *a* 無宗教の, 不信心な; 不敬な

di-grefft *a* 1.未熟な, 熟達していない 2.(専門的)熟練を要しない: gweithiwr ~ *m* 不熟練労働者

digrif *a* 1.(人が)滑稽味のある, 飄軽な, ユーモアの分かる 2.(物事が)滑稽な, 面白い, ユーモラスな: yr ochr ddigrif sefyllfa 事態の滑稽な面 3.喜劇の 4.漫画(本)の

digrifwas (-weision) *m* 1.道化師 2.下品なおどけ者

digrifwch *m* 1.滑稽, 面白さ, ユーモア 2.喜劇的要素 3.道化, おどけ 4.下品な言動 5.戯れ, ふざけ 6.面白い事物[人]: testun ~ 笑い者 7.笑いさざめき, 陽気な騒ぎ

digrifwr (-wyr) *m* 1.滑稽な人, おどけ者 2.喜劇役者[俳優], 道化師, コメディアン

di-griw *a* (船など)乗組員のいない, 無人の

digroeni *t* 1.(動物・果物などの)皮を剥ぐ[むく] 2.(手・膝などを)擦り剥く

digroeso *a* 1.歓迎しない 2.歓迎されない, もてなしの悪い, 無愛想[不親切]な 3.(土地・場所が)雨露をしのげない, 住みにくい; 荒れ果てた 4.嬉しく[有難く]ない, 嫌な

di-gryn : digryn *a* 勇猛な, 大胆(不敵)な

diguro *a* 1.打ち勝つ者がいない, 凌駕されない 2.まさる[凌ぐ]ことができない, 最高の 3.無比[無類]の

digwmwl *a* 雲のない, 晴れ渡った

di-gwsg *a* 1.不眠症の 2.(暑さ・騒音などで)眠れない 3.休むことのない, 常に活動している 4.油断のない

digwydd *t* (悪い事が人・物に)起こる, 生じる, 降りかかる

i 1.(出来事などが偶然)起こる, 生じる, 降りかかる: beth (a) ddigwydddodd? 何が起こったのですか?; fel mae'n ~ たまたま; 折よく, あいにく 2.(時節などが)来る, 到来する 3.(休日などがある日に)当たる 4.偶然[たまたま]…する: 'roedd y tŷ'n wag fel 'roedd hi'n ~ その家はたまたま空き家だった

digwyddiad (-au) *m* 1.(重要な)出来事,(大)事件: eithaf ~ 大事件 2.付随[小]事件 3.(小説・劇などの中の本筋とは別の)事件, 挿話, エピソード 4.[演劇]ハプニング(ショー) 5.[物理]事象

digwyddiadol : digwyddol *a* 思いがけない, 偶然の

di-gwyn *a* 不平を言わない, 我慢強い

digydymdeimlad *a* 1.思いやりのない, 冷淡な 2.共鳴しない

digyfeiliorn *a* 間違いのない

digyfnewid *a* 変わらない, 不変の, 安定した

digyfnod *a* [物理]非周期的な

digyfrif *a* 価値のない, つまらない

digyfrwng *a* [哲学]直接的な, 直覚[直観]の: gwybodaeth ddigyfrwng じかに得た知識

digyfryngedd *m* [哲学]直接[直観]性

digyffelyb *a* 1.(共通の標準がなくて)比較できない 2.競争相手のない, 無敵[無比, 無類, 無双]の; 先例のない

digyffelybrwydd *m* 比べるもののないこと, 比類のなさ

digyffro *a* 1.(海・天候・風景など)静か[のどか]な, 穏やかな 2.(心・生活など)落ち着いた, 平静[平穏]な

digymar *a* = digyffelyb

digymell *a* 1.(人・行動が強制でなく)自由意志による, 自発的な, 任意の: cynnig (cynigion) ~ *m* 自発的な申し出 2.(衝動・活動など)自然に起こる, 無意識[自動]的な 3.(動作・態度・文体など)自然な, 流麗な, のびのびした 4.(病院・教会などが)任意寄付によって維持される, 任意寄付制の 5.自由意志を持った, 選択力のある 6.[法律]任意の; 故意の; 無償の

digymeriad *a* (人・品性など)いかがわしい, 評判のよくない

digymhellrwydd *m* 1.自発性 2.自然さ 3.自然発生

digymorth *a* 助けのない, 頼る者のない, 独力の

digymwynas *a* 不親切な, 非協力的な

digymysg *a* 混ぜ物のない, 混じりけのない, 純粋の

digynhorthwy *a* = digymorth

digynnwrf *a* = digyffro

digysgod *a* (場所・地域など)木の生えていない, 露出している, 吹きさらしの, 寒々とした; 保護されていない

digysur *a* 1.(人が)不自由[不愉快]な 2.(場所・景色・天候など)楽しみのない, 侘しい, 物寂しい, 荒涼とした, 陰気な 3.(話・仕事など)面白くない, 退屈な

digyswllt : digysylltiad *a* 1.(考え・議論・文体など)一貫していない, 筋の通っていない, 支離滅裂な 2.連続していない, 別々の 3.親類関係[身寄り]のない 4.関節の外れた

digywair *a* [音楽]無調の

digyweiraidd *a* [音楽]無調主義(者)の

digyweiredd *m* [音楽]1.無調性 2.無調形式

digyweiriaeth *f* [音楽]無調主義

digyweirydd (-ion) *m* [音楽]無調主義者の

digywilydd *a* (人・行為など)厚かましい, 恥知らずの, 鉄面皮[破廉恥]な, 図々しい, 図太い,

digywilydd-dra *m* 1.厚かましさ, 図々しさ, 図太さ, 無礼, 生意気 2.図々しい[生意気な]言動

di-haen : **dihaenau** : **dihaenedig** *a* [地質] 無成層の

dihafal *a* = **digyffelyb**

dihalog *a* 汚れのない, 清い, 純潔な; 純粋な

dihangdod *m* 現実逃避 (主義)

dihangeg *f* 縄 [籠] 抜けなどの技術

dihangfa (diangfeydd) *f* 1.逃亡, 逃走, 脱出: ～ o garchar 脱獄; (危険などから) 免れること: ～ gyfyng 危機一髪, 九死に一生 2.逃れる手段; 非常口, 避難装置: ～ dân (diangfeydd tân) 火災避難装置, 非常階段 3.現実逃避 4.(法律などの) 逃げ道, 抜け穴

dihangol *a* 1.逃げた, 脱走した: bwch (bychod)～ 身代わり, 犠牲; [聖書] 贖罪の山羊 (古代ユダヤで贖罪日に人々の罪を負わせて荒野に放した山羊; cf *Lev* 16:7～22) 2.現実逃避 (主義) の, 現実逃避的な: drama (dramau) ddihangol *f* 現実逃避的なドラマ

dihangwr (-wyr) : **dihangwraig (-ion)** *m* : **dihangwraig (-agedd)** *f* 1.(敵などから) 逃れる人, 逃亡者 2.(現実・苦境などからの) 逃避主義者, 現実逃避者 3.縄 [籠] 抜けの曲芸師

dihareb (diarhebion) *f* 1.諺, 金言, 格言: ～ gwlad 一般的な諺 2.決まり文句 3.物笑いの種 4.よく知られている人 [物] 5.諷刺; [*pl*] 諧謔戯 6.(悪いものの) 手本, 典型: mae'n ddihareb am ei ddiogi 彼は無精の典型だ 7.[D～] [聖書] 箴言 (旧約聖書中の一書; Solomonを初めイスラエルの賢人たちの言葉を含む): Llyfr y Diarhebion 箴言

dihatriad (-au) *m* 剥奪

dihatru *t* 1.(礼服などを) 脱がせる 2.(財産・地位・権限などを) 奪う

diheigiannu *t* (家などから) 害虫 [ネズミなど] を駆除する

diheigiant *m* 害虫 [ネズミ] 駆除

diheintiad (-au) *m* 消毒殺菌滅菌

diheintiedig *a* 消毒された

diheintio *t* (傷・器具・場所などを) 消毒 [殺菌, 滅菌] する

diheintiol *a* 殺菌性の

diheintydd (-ion) *m* 1.消毒者 2.殺菌剤, 消毒薬; 殺菌装置

dihenydd *m* 死 (亡)

diheurbrawf (-brofion) *m* [宗史] 試罪法 (古代ゲルマン民族間で行われた裁判法で, イングランドではアングロサクソン時代からノルマン征服の後まで行われた: 容疑者を縛って水中に沈める方法, 熱湯を満たした容器の中に腕を入れて中の石を取り出させる方法, 焼けた鉄の棒を握らせる方法, パンかチーズ1オンスを飲み込ませる方法の4種があり, それでも害を受けない者は無罪とされた): ～ dŵr (容疑者を) 水中に沈める試罪法

di-hid : **dihidio** *a* 1.不注意 [無頓着] な 2.無

関心 [冷淡] な 3.向こう見ずな, 意に介さない

dihidlo *t* (液体を) たらす, 滴らせる, 滴下する: ～ olew i rth 油を何かに入れる

dihidrwydd *m* 無関心, 冷淡

dihiryn (-hirod) *m* 悪漢, 悪党, ごろつき, 与太者

dihoenedd : **dihoendod** *m* 1.やつれ, 衰弱 2.難儀, 苦悩 3.思い悩む様子

dihoeni *i* 1.やつれる, 痩せ衰える 2.思い [恋い] 焦がれる 3.悩み暮らす, 苦しい生活をする

dihoenllyd : **dihoenus** *a* 1.次第に衰える 2.(表情・様子など) 思い悩む, 悩ましげな 3.(病気など) 長引く

dihoenwr (-wyr) *m* : **dihoenwraig (-agedd)** *f* 思い悩む人

di-hun *a* 1.眠れない, 不眠症の 2.休むことのない 3.眠らずに, 目が覚めて: aros/cadw ar ddi-hun 眠らずにいる

dihuno *t* 1.目を覚まさせる, (眠っている人を) 起こす 2.(無関心・怠惰などから) 目覚め [覚醒] させる, 奮起させる, 鼓舞する

i 1.目が覚める, 起きる 2.(無関心・不活動などから) 目覚める, 奮起する

dihunol *a* 目覚めさせる, 覚醒の

di-hwyl *a* 1.気分が悪い, 元気がない 2.機嫌が悪い, ぷりぷりして

dihyder *a* 自信のない

dihyfforddiant *a* 学校教育を受けていない

dihysbuddiad *m* [機械] 排気

dihysbydd *a* 1.無尽蔵の, 尽きることのない 2.疲れを知らない, 根気のよい

dihysbyddol *a* 1.(資源・力などを) 枯渇させる, 消耗的な 2.(調査・処理など) 徹底的な, 余す所のない

dihysbyddu *t* 1.(水・空気などを) 排出する 2.(容器を) 空にする; (内容物を) あける, 空にする; (内容物を他の容器・場所に) 移す (体力・忍耐力・資源などを) 使い果たす 3.(人を) 疲れ果てさせる 4.(土地を) 不毛にする 5.(研究題目などを) 余す所なく研究する, 論じ尽くす: ～ pwnc 問題を論じ尽くす

dihysbyddwr (-wyr) *m* 1.(換気扇・ポンプなどの) 排気装置 2.(缶詰食品の) 乾留用レトルト操作係 3.真空管の空気不純物などを排除する機械を操作する人

dil (-iau) *m* ハチの巣: ～ mêlミツバチの巣; ハチの巣状の物; diliau rhos バラの花弁

di-lanfa *a* 1.海岸のない 2.果てしのない

dilead (-au) *m* 1.(制度・法律などの) 廃止, 全廃 2.奴隷 [死刑] 制度廃止 3.(借金・税金などの) 免除, 減免 4.取消し, 解消, 中止; 予約取消し, キャンセル; 予約を取消された部屋 [座席など] 5.相殺 6.(痛み・病気などの) 軽減, 緩和 7.[スポ] 予選, 勝ち抜き 8.[数学] 消去 (法) 9.[生理] 排泄 10.[法律] 刑期短縮, 減刑 11.[会計] (負債などの) 帳消し, 取消し 12.削

dileadwy 除, 除去, 排除 13.根絶, 絶滅, 撲滅 14.大破した物(自動車・飛行機など)

dileadwy a 1.(制度・法律などを)廃止できる 2.解約できる 3.根絶[絶滅]できる

dilechdid mf 1.[哲学]弁証法 2.弁証法的思考 3.弁証法的対立

dilechdidol a 1.[哲学]弁証法的な 2.弁証の巧みな

diledryw a 1.(物が)純粋な, 混ざり物のない, 本物の, 正真正銘の 2.純血[純種, 生粋]の 3.清潔[きれい]な, 汚れていない 4.(人・感情などが)誠実[正直]な, 偽りのない, 心からの 5.(性的・道徳的に)純潔[高潔]な 6.(言語が)純正の;(文体などが)上品な 7.(学問などが)純粋の, 理論[抽象的]な 8.(情報・説明などが)信ずべき, 典拠のある

dilefain a = **croyw**

di-les a 1.利益のない, 儲からない, 無益[無駄]な 2.無害の

dilestair a 妨げられ(てい)ない, 邪魔され(てい)ない

diletant (-iaid) mf ディレッタント(美術や文学などの素人の愛好家), 芸術愛好家, 素人評論家

diletantaidd a 素人芸の, 道楽的気分の

diletantiaeth f 素人芸, 道楽

diletantydd (-ion) m ディレッタンティスト

dileu t 1.(書いた文字などを)消す, 削除する 2.(テープの録音内容を)消す 3.[電算]消去する 4.(拭ったように)忘れる 5.(法律・制度・慣習などを)廃止する 6.(犯罪・病気・悪習などを)根絶[絶滅, 壊滅]させる

dilëwr (-ëwyr) m 1.削除者 2.廃止[撤廃]者 3.[電算]消去キー 4.消す道具(黒板拭きなど)

dilewyrch a 1.陰気な, 陰鬱な 2.繁栄しない, 不景気の 3.不健康な 4.不幸せな 5.好ましい結果にならない

dilëydd (-ion) m 1.[数学]消去式 2.[医学]解毒剤

dilin a 1.(金など)精製した, 混じり物のない 2.(趣味など)上品な, 洗練された

di-liw a 1.無色の 2.特色のない, 生彩を欠く 3.(顔が)青白い 4.(空が)どんよりした 5.偏らない, 公平な 6.[光学]収色性の 7.[音楽]全音階の

diliwio t 1.(漂白剤・日光などで)漂白する, 白くする 2.[写真](ネガ・プリントなどを)漂白する i 1.(晒されて)白くなる 2.(顔色が)着白になる

dilorni t&i (人の)悪口を言う, ののしる

di-lun a 1.(体・衣服などが)不格好な, 形の崩れた, 無定形の 2.(知的・道徳的に)偏った, 歪んだ 3.方向性[目的]のない

dilwgr a 1.腐敗していない 2.堕落していない, 買収されない

dilwybr a 道のない, 人跡未踏の

dilychwin a 1.(物・場所が)汚れのない, 清潔な, 染みのない 2.(評判などが)欠点のない, 汚点のない, 非の打ち所のない: cymeriad ~ 非の打ち所のない人物

dilyffethair a 1.足枷を取り去られた, 束縛を解かれた, 自由にされた 2.(思想・行動などが)自由な, 拘束を受けない 3.妨げ[邪魔]のない, (特に不動産が抵当・負債などの)負担のない 4.扶養家族のない

dilyn t 1.(人などに)ついて行く, 続く, 従う, 伴う: ~ rhn i bob man 人にどこまでも付きまとう 2.(敵などを)追う, 追跡する, 尾行する 3.(女性などを)追い回す[求める] 4.(病気・不幸などが人に)付きまとう, しつこく悩ます 5.(道を)辿る, 通って進む: ~ ffordd 道を辿る 6.(計画・方針などに)従う 7.(研究・調査・職業などに)従事する, 携わる, 行う 8.(目的・知識・快楽などを)求める, 追求する: ~ amcan 目的を追求する 9.(時間・順序などで…の)後に続く, 次に来る 10.(人の)跡を継ぐ 11.(…の)後にさらに(…を)続ける: ~ trasiedi a chomedi ysgafn 悲劇の後にさらに軽喜劇を続ける 12.(指導者・忠告・命令・規則・先例・因習などに)従う, 守る, 習う: ~ esiampl rhn arall 先例に従う, 人の真似をする 13.(流行などを)追う 14.(説・教え・主義などを)奉ずる 15.(議論・説明などを)理解する

i 1.後から行く, 後について行く: ~ ôl troed/traed rhn, ~ camre rhn 人の例に習う, 人の志を継ぐ 2.続いて起こる 3.当然の結果として…になる 4.追う, 追跡する 5.続ける

dilyniad (-au) : dilyniant (-iannau) m 1.(出来事が)続いて起こること, 連続, 続発 2.連続持続 3.(続いて起こる)順序 4.[文法]時制の一致, 時の呼応: dilyniad amserau 時制の一致[呼応] 5.[数学]数列: dilyniant rhifyddol 等差数列 6.[音楽]進行: dilyniad/dilyniant cordiau 和音の進行 7.[論理]帰結; 一貫[整合]性 8.[力]続潟

dilynol a 1.後の, 次の, 以下の, 次に続く: yr wythnos ddilynol 次の週 2.連続する 3.結果の, 結果として生じる 4.[地理](河川が)適従する 5.[論理]当然の, 必然的な

dilynwr : dilynydd (-wyr) m : **dilynwraig (-agedd)** f 1.(主に王侯・貴人などの)従者, 随員 2.(教え・理論などの)信奉者, 信者, 弟子 3.(真理などの)追究者 4.(調査・研究などの)従事者, 研究者 5.[政治]党員, 支持者, 味方 6.[スポ]門弟, 門下 7.模倣者

dilynyddiaeth f 1.従者, 随員, 随行者 2.指導者の支持者[子分] 3.指導者に従う能力

dilys a 1.正真正銘の, 本物の, 真正の: darn arian ~ 本物の硬貨 2.(議論・理由など)根拠の確実な, 典拠のある, 信頼すべき 3.有効[効果的]な 4.[法律]法的に有効な, 合法的な, 認証された 5.[論理]前提から正しく推論さ

dilysiad — **dinasolydd**

232

れる 6.[生物]生物分類の原理として認められた

dilysiad (-au) : dilysiant (-iannau) *m* 1.確証, 確認, 立証 2.批准

dilysnod (-au) *m* 1.(金・銀・プラチナの) 純分認証極印 2.品質優良の証明, 太鼓判 3.特徴, 特質

dilysnodi *t* 太鼓判を押す, 折紙を付ける

dilysrwydd *m* 1.信頼[確実]性 2.出所の正しさ, 真正 3.(情報・結果などの) 正当[妥当]性 4.確実さ 5.[法律]法的効力, 合法性

dilysu *t* 1.(言説などが) 真実であることを証明する 2.(筆跡・美術品などが) 本物[真正]であることを証明する 3.[法律](証書などを) 正式な手続きで作成する; 認証する 4.確認する, 有効にする 5.合法化する; 批准する 6.(選挙で当選を) 公認する

dilyswr : dilysydd (-wyr) *m* 証明者; 認証者

dilyw (-iau) *m* 1.大洪水; 豪雨 2.(手紙・要求などの) 殺到 3.[D~][聖書]ノア(Noa)の大洪水

dilwodraeth *a* 1.(子供などが) 言うことを聞かない, 手に負えない, 制御できない 2.(髪などが) まとまりにくい 3.(天候などが) 荒れ狂う

dillad (-au) *m* 1.衣類, 衣類, 服装: ~ parod 既製服; ~ hamdden 普段着; ~/dilladau isaf 下着, 肌着 2.(個人・劇団などの) 持ち衣装, 所有衣類 3.服地, 織物 4.寝具, 夜具 5.洗濯物

dilladaeth *f* 反物業, 織物販売業

dilladfa (-feydd) *f* [家具]洋服[衣装]箪笥

dilladu *t* 1.(人に) 衣服を着せる; 衣服を支給する 2.覆う

dilladwr (-wyr) : dilledydd (-ion) *m* 呉服屋, 反物商, 服地屋, 男子服小売商

dilledyn (dillad, dilladau) *m* 1.衣服の一点(コート・ドレスなど) 2.下着の一点; (特に) 婦人用肌着 3.[*pl*] 衣服, 衣類: sôn am ddillad, trafod dillad 服装の話をする 4.[*pl*] 反物類, 服地, 織物 5.(物の) 外被, 外観

dillyn *a* 1.(趣味・態度などが) 洗練された, 上品な, 優雅な 2.(芸術・文学・文体など) 気品の高い, 高雅な 3.優美[繊細]な, 華奢で美しい

dillynder *m* 1.(趣味などが) 上品, 洗練, 優雅 2.高尚 3.優美

dim *m* 1.何も…ない: nid oedd gennyf ddim amdanaf 私は何も着ていなかった; 'does ~ byd haws 簡単なことだ, 何でもない; ~ peryg! 絶対嫌だ! 駄目だ!(依頼・申出の拒絶); 効果がなかった! 駄目だった!(計画の失敗・失望など) 2.無, 皆無; 存在しない物: am ddim, yr rhad ac am ddim 無料で, ただで; i ddim (byd) 無駄[無益, いたずら]に; ni ddaeth ~ o'n cynllun 計画は失敗に終わった 3.無価値

[意味]4.無価値な物[事], 取るに足らない[無関係な]人 5.[数学]0, ゼロ, 零 6.(テニスなどスポーツの得点で)ラヴ, ゼロ, 零(点), 無得点: ~ i neb ラヴオール(0対0); dwy i ddim, dwy yn erbyn ~ 2対0

ad 1.少しも[決して]…ない: odid ddim ほとんど(…)ない; nid yw ddim callach彼はやはり少しも知らない 2.(前に来る名詞を強く打ち消して)…でも何でもない, …だなんてとんでもない: ai aur ydyw? — aur, nage ddim! それは金かね?—金だなんてとんでもない!

a 1.一つ[一人]も…ない 2.何[誰, どれ, 少し]も…ない, どんな[少しの]…もない: ~ rhyfedd! 少しも不思議ではない 3.(補語としての名詞の前に置いて) 決して…でない 4.[掲示・省略文で]…してはならない[反対, 禁止]: ~ parcio o gwbl いつでも駐車お断り 5.…することはできない: 'does ~ plesio arno 彼を喜ばせることはできない

dimai (-eiau) *f* 1.半ペニー青銅貨(Edward一世の時代に発行され1971年まで流通) 2.(1971~1985まで流通した新制度の) 半ペニー青銅貨: ceiniog a ~ 1ペニー半 3.半ペニーの価 4.小銭 5.少量

dimeiwerth (-au) *f* 1.半ペニーの価格の物 2.ごく少量

dimensiwn (-iynau) *m* [物理・数学]次元
a [数字の後に置いて]次元の: tri ~ 3次元の, 立体の

dimensiynol *a* (長さ・幅・厚さなどの) 寸法の; 次元の

dinad-man *a* 人里離れた, 辺鄙な

di-nam : dinam *a* 過失[欠点]のない, 申し分のない, 完全な

dinas (-oedd) *f* 1.市(英国では国王の勅許状によりその名称が与えられ, 通例大聖堂(cathedral)のある都市): Cyngor D~ Caerdydd カーディフ市議会 2.(townより大きい)都市, 都会 3.[D~]シティー(ロンドンの旧市部: 市長(Lord Mayor)及び市会の支配する約1マイル平方の地域で, 英国の金融・商業の中心地区) 4.全市民 5.砦, 要塞

dinaseg *f* 都市学

dinasegwr : dinasegydd (-wyr) *m* 都市学者

dinasfraint (-freintiau) *f* 1.市民の資格[身分]; 市民[公民]権 2.市民の義務 3.(賓客に名誉の印として贈る) 名誉市民権

diansol *a* 1.市民[公民]の; 市民としての 2.自治都市の, 市[町]の; 市[町]営の, 地方自治の 3.一地方に限定された 4.[法律]内政の 5.[口史]自由市としての権利のある

dinasoli *t* 1.市にする 2.市有[市営]にする

dinasoliaeth *f* 市・町の自治制, 地方自治主義

dinasolydd (-ion) *m* 市・町の自治制主義者

dianswlad (-wledydd) *f* 都市国家

dinaswr (-wyr) *m* : **dinaswraig (-agedd)** *f*
1.(田舎の人に対して)市[町]民; 都会人, 都市居住者 2.(出生または帰化により市民権を持つ)公民, 人民, 国民 3.住民, 住人 4.(米)(軍人・警官に対して)民間[一般]人

dinasyddiaeth *f* = **dinasfraint**

Dinbych *f* [地名]デンビ (Denbigh)(ウェールズのClwyd州にある古い市場町の名前)

Dinbych-y-pysgod *f* [地名]テンビ (Tenby)(ウェールズのDyfed州にある行楽地の町名)

dincod *m* 歯の浮くような不快な感じ, 神経に障る感じ: hala ~ ar rn 酸味や軋む音などで)歯の浮くような感じをする (cf *Jer* 31:29); 人の神経にひどく障る, 人をひどく苛立たせる

dincodyn (dyncod) *m* (リンゴ・オレンジ・ナシ・レモンなどの)種

dinerth *a* (四肢の)弱い, 力のない, 虚弱[無力]な

dinesig *a* = **dinasol**

dinesydd (-ion) *m* = **dinaswr**

dingi (-s) *m* 1.[海事]ディンギー(もとインド沿岸で用いられた各種の小舟・小ボート・娯楽用ボートなど; 現在はヨットの一つの型)2.救命ゴムボート 3.艦載小艇

dinistr (-oedd) *m* 1.破壊 2.滅亡, 破滅 3.根絶, 撲滅 4.(文書の)破棄 5.破滅の原因

dinistriad (-au) *m* 1.破壊 2.(米)(ミサイルなどの)破壊, 空中爆破

dinistrio *t* 1.(建物・市街などを)破壊する, 打ち壊す 2.(敵などを)滅ぼす 3.(害虫などを)駆除する 4.(計画・希望・夢などを)砕く, 駄目にする 5.(文書・証拠などを)破棄する

dinistriol *a* 1.破壊する, 破壊的な: distylliant ~ *m* [化学]分解蒸留; 有害な 2.破壊主義[非建設]的な

dinistriwr (-wyr) *m* 1.破壊者 2.撲滅[駆除]者

diniwed *a* 1.害のない, 無害な 2.無傷の 3.罪のない, 無邪気[純真, 天真爛漫]な 4.(頭の)単純[無知]な, お人好しの: creadur ~ yw 彼はお人好しです 5.[法律]罪のない

diniweidrwydd *m* 1.無害 2.無罪, 潔白 3.純真, 無邪気, 天真爛漫 4.単純, 無知, 愚鈍 5.純潔

dinod *a* 取るに足らない, つまらない, 些細な 2.意味のない, 無意味な

dinodedd *m* 1.取るに足らない[重要でない]こと, 些細 2.無意味

dinoethi *t* 1.裸にする, 露出させる, 人目に晒す: eich ~'ch hun yn anweddus 猥褻に陰部を露出する 2.(秘密・犯罪などを)打ち明ける, 暴く, 暴露する 3.(感情・希望・所有物などを)奪い取る 4.(伐採・火などで土地から樹木を)剥ぎ取る 5.(日光・風雨・攻撃・危険などに)さら

す 6.[写真](フィルムなどを)感光させる, 露出する

dinoethiad (-au) *m* 1.(日光・風雨・危険などに)晒すこと 2.(秘密・悪事などの)暴露, 発覚, 摘発 3.(体・陰部などの)露出; ~ anweddus [法律]公然猥褻罪 4.(テレヴィ・雑誌などに)顔を出すこと 5.[写真]露出, 露光(時間) 6.(フィルムの)一こま

dinoethiant (-iannau) *m* [地質](浸食作用などによる)削剥

dinoethol *a* 露出の, 露出させる

dinoethwr : **dinoethydd (-wyr)** *m* : **dinoethwraig (-agedd)** *f* 露出者

diobaith *a* 1.(希望などに)見放された, 絶望した[している]: menter ddiobaith *f* 絶望的な企て 2.(人が)孤独な, 寄るべのない, 心細い 3.(場所が)荒れ果てた, さびれた, 荒涼とした 4.(様子が)惨めな, 哀れな

diod (-ydd) *f* 1.(水・薬・アルコールでない)飲物, 飲料: ~ feddal (diodydd medal), ~ fain (diodydd main)ソフトドリンク(アルコール分を含まない清涼飲料水); bwyd a ~ 飲食物 2.酒 3.(常習的)飲酒: dechrau hel ~ (常習的な)酒飲みになる 4.(酒・水などの)一杯: cael/yfed/cymryd ~ 一杯やる[飲む]; mae wedi mynd ar y ddiod 彼は大酒を飲んだ 5.酒宴

diodi *t* 飲物を与える, 飲ませる

diodl *a* 韻を踏んでいない, 無韻の: canu ~ *m* [詩学]無韻詩 (通例5脚弱強格)

diodlestr (-i) *m* 酒杯

diod-offrwm (~-offrymau) *m* (古代ギリシャ・ローマの)神酒, 献酒(神に捧げる時は器から酒 [ブドウ酒]を地面または火に注ぐ)

diod-offrymol *a* 神酒[献酒]の

dioddef *t* 1.(敗北・苦痛・損害・罰などを)経験する, 受ける, こうむる: ~ colled 損害を受ける 2.(苦痛・不幸などを)忍ぶ, 耐える, 我慢する: ni allaf ei ddioddef ddim mwy 私はもうそれには耐えられない 3.黙認する;(…)させておく 4.罰せられる: fe fyddi'n ~ o'r herwydd そんな事をしているとひどい目に会うぞ
i 1.苦しむ, 悩む 2.損害を受ける, 傷つく 3.(病気などを)する,患う, 病む: ~ gan grydcymalau/wynegon リュウマチを患う

dioddef (-iadau, -iannau) : **dioddefaint (-iadau, -iannau)** *m* 1.(心・体の)苦しみ, 苦労 2.受難, 被苦 3.(通例pl)苦痛, 災難 4.黙許, 許容, 寛容 5.[キ教][D~]キリストの受難(y Dioddefaint): Sul (*m*) y Dioddefaint [カト]受難の主日, 大斎 (Lent)第五日曜日(復活祭前4週の日曜日)

dioddefadwy *a* 耐えられる, 我慢できる

dioddefgar : **dioddefus** *a* 1.我慢[忍耐辛抱]強い 2.(圧力・緊張などに)耐え得る 3.悩む, 苦しむ, 苦労する 4.病気で 5.(解釈などを)

dioddefgarwch *m* 1.忍耐, 我慢, 辛抱 2.寛容, 容赦 3.根気, 頑張り, 堅忍 4.[法律]（債務履行の）猶予

dioddefwr (-wyr) : dioddefydd (-ion) *m* : **dioddefwraig (-agedd)** *f* 1.苦しむ[悩む]人 2.（災害などの）被害者, 罹災者: dioddefwr trychineb 罹災者 3.病人, 患者: dioddefwr gan glefyd病気で苦しむ人

Dioddefwr (-wyr) *m* : **Dioddefwraig (-agedd)** *f*（イタリアで1720年に創設された主にキリスト受難に対する布教活動のための）御受難修道会の会員[司祭]

di-oed *a* 即座[即時]の, すぐさまの: yn ddi-oed 遅れずに, 即刻

diofal *a* 1.呑気[気楽]な, 心配事のない 2.不注意[軽卒, うかつ]な: gyrru ~ 不注意な運転 3.気にかけない, 構わない, 無頓着な

diofalon *a* = **diofal** I

diofalwch *m* 1.不注意, 軽卒, うかつ 2.呑気, 気楽 3.無頓着

diofryd (-au) *m* 1.（特に宗教的性格の）誓い, 誓約, 誓願 2.誓いの趣意, 誓約行為 3.願い, 祈願 4.[キ教]誓願: ~ mynach（清貧・童貞・従順の三箇条の）修道誓願

diofrydbeth (-au) *m* 1.禁忌, タブー（ポリネシアなどの原住民の間で特定の人や物を神聖または不浄として触れることや口にすることを禁じる風習）2.禁制, 法度

diofrydu *t* 1.（時間・金・精力などを研究・仕事・目的などに）捧げる, 当てる 2.誓う, 誓約する 3.（修道誓願を立てて）修道会[院]に入る 4.（神に）奉納する

diog *a* 1.怠惰[不精, 物臭]な: morwyn ddiog (morwynion ~) *f*（米）回転盆 2.（時が）物憂げな, けだるい 3.（動き・流れなどが）遅い, のろい, ゆったりとした, 緩やかな 4.反応[機能]の鈍い 5.（景気などが）停滞した, 不振[不景気]な

diogel *a* 1.安全な, 危険のない: ~ rhag ymosodiad 攻撃の恐れがない; rhoi rhth mewn lle ~ 何かを安全な場所に置く; cubl ddiogel 全く安全な 2.安全に, 無事に: dod adref yn ddiogel 無事帰宅する 3.（監禁・拘留などによって）害する恐れのない, 逃げられる心配のない: yn ddiogel, dan ofal ~, dan warchodaeth ddiogel 安全に保護されて 4.（人が）用心深い, 慎重な, 信頼できる 5.（書籍・薬品など）害のない 6.（投資・方法など）安全な, 確実な: gwell ~ nac edifar 悔やむより安全がよい 7.（会社・仕事など）堅実[着実]な 8.（…しても）差し支えない, 大丈夫な: gellir dweud yn ddiogel…（…と）言っても差し支え[過言では]ない 9.確実な, 確かな: mae'n ddiogel o ennill それは優勝確実な馬です 10.確信して, 確かで 11.確かに[きっと, 必ず]…して: ~ y daw'r dydd その日はきっと来る 12.選挙区など当選確実な野球セーフの

diogeliad (-au) *m* 防衛, 防護, 保護

diogelu *t* 1.（危険・攻撃・破壊などから）守る, 防備する, 安全にする 2.（債権者に）支払を保証する;（担保・抵当を付けて債務の）支払を保証する: ~ benthyciad貸付金を得る 3.[経済]（関税などに）より産業を[い]保護する 4.[機械]（機械に）保護装置を施す: ~ peiriant 機械に安全装置を付ける 5.（列車に）注意[停止]信号を送る 6.[トラ]（高位の札を）守る 7.[チェス]（駒を）守る 8.[軍事]（銃を）抱える: ~ arfau（雨に濡らさぬため）銃口を下に脇の下に抱える

diogelwch *m* 1.保護 2.安全, 無事: er mwyn ~ 安全のために; mewn ~ 安全[無事]に 3.安全装置 4.安心, 確信 5.安全保障: cyd-ddiogelwch集団安全保障; mesurau ~ 安全保障[防衛]対策

diogelwr (-wyr) *m* 1.守る[安全にする]人 2.安全[保護]装置

diogen (-nod) *f* : **diogyn (-nod)** *m* 怠け[のらくら, 無精]者

diogi *m* 怠惰, 無精, 無為, 物臭

diogi *i* 怠ける, 遊んでいる, のらくらしている

dioglyd *a* = **diog**

diolch (-iadau) *m* [通例*pl*] 1.感謝, 謝意, 謝辞, 礼: llawer o ddiolch! mawr ddiolch! どうも有難う! 2.（食前・食後の神への）感謝

diolch *t* 1.（人に）感謝する, 礼を言う: ~ yn fawr iawn iti (ichi) どうも有難う; gymerwch chi de? – na chymeraf ~, na dim ~ お茶を召し上がれ – いいえ, 結構です/cymeraf ~ 有難う, いただきます; ~ i Dduw! ~ byth! ~ i'r Nefoedd! ~ i'r mawredd! ~ i'r drefn! ~ fo! ああ有難い! しめた; ~ am y bwyd（食後, 神に）感謝を捧げる 2.[皮肉]（…は人の）せい[責任]である: i mi y mae'r ~ amdano, i mi y dylech ddiolch amdano, fi biau'r ~ amdano それは私のせいだ

diolchgar *a* 1.感謝する, 有難く思う 2.（心・言動・態度などが）感謝に満ちた, 感謝の念を表す

diolchgarwch *m* 1.感謝, 謝意 2.感謝の祈り 3.神への感謝 4.[D~]（米）感謝祭: Diwrnod (*m*) D~ 感謝祭日（11月第4木曜日の法定休日）

diolchwr (-wyr) *m* : **diolchwraig (-agedd)** *f* 感謝を捧げる人, 謝恩者

diolwg *a*（人, 特に女性の容貌が）醜い, 不器量な, 平凡な, 並の

diomedd *a* 1.気前のよい, 惜しまない 2.進んでする, 心からの

diorama (-âu) *m* 1.ジオラマ, 透視画 2.ジオラマ模型 3.（立体小型模型による）実景見せ物

dioramaidd : dioramig *a* ジオラマ的な

diorffwys *a* 1.(夜が) 眠れない 2.不断の, 静止することのない

diorseddiad (-au) *m* (国王などの) 廃位, 強制退位

diorseddu *t* (国王・皇帝などを) 退位[廃位]させる

diorseddwr (-wyr) *m* : **diorseddwraig (-agedd)** *f* (国王などを) 退位させる人

di-os *a* 疑いのない, 確かな: yn ddi-os 疑いもなく, 確かに

diosg *t* (人から衣服などを) 脱がせる: ~ dillad rhn 人の服を脱がせる

diosgiad (-au) *m* 脱衣

diosgoi *a* 1.避けられない, やむを得ない 2.[法律] 無効にできない

diota *i* 大酒を飲む, 強い酒を習慣的または過度に飲む

diotwr (-wyr) *m* 大酒飲み, 酒豪, 飲んだくれ

dioty (-tai) *m* 酒場, 居酒屋, パブ

dip (-iau) *m* 1.浸液: ~ gloywi [工芸] 光輝浸漬 2.[料理] ディップ, 味付けソース (ビスケット・パン・野菜などを浸して食べるクリーム状の液体)

diploma (-âu) *mf* 1.(学位・資格などの) 免状; (大学の) 学位記, 卒業証書 2.賞状 3.公文書

diplomat (-iaid) : diplomydd (-ion) *m* 1.外交官 2.外交的手腕のある人

diplomataidd : diplomatig *a* 1.外交(上, 官) の 2.外交的手腕のある, 駆け引きの上手な 3.古文書学の; 原文の

diplomateg *f* 外交

diplomatiaeth : diplomiaeth : diplomyddiaeth *f* = **diplomateg**

dipteron (diptera) *m* [昆虫] 双翅目の昆虫 (アブ・ハエ類)

dipton (-au) *f* = **deusain**

diptych (-au) *m* 1.(古代ローマの) 二枚折り書字板 (蝶番で折り畳める仕掛けになった書字板; その蝋引きした内面に尖筆で文字を書いた) 2.[pl] [教会] [聖餐式のとき祈念する生者と死者の名前をそれぞれ分けて記した金属または木製の) 二つ折り板 3.二つ折り板に記された人達のカタログまたは名簿 4.二つ折り板に記された人達の名前を読み上げて行う代祷 5.(祭壇背後に立つ蝶番でつながれた) 二連祭壇画 6.二つの対照的な部分からなる文学作品

di-radd : diradd *a* 地位 [身分] の低い

diraddiad (-au) *m* 1.(高官などの) 降職, 左遷; 免職 2.[生物] 退化 3.[化学] (複合化合物の) 分解, 変質

diraddiadwy *a* [化学] (化学的に) 分解できる

diraddiedig *a* 1.位が下がった; 左遷された 2.堕落した 3.[生物] 退化した

diraddio *t* 1.(人の) 地位を下げる, 降格させる, 左遷する; 罷免する 2.[生物] 退化させる 3.[化学] (化合物を) 分解する

diraddiol *a* 品位を下げる, 卑しい, 下劣な

di-raen : diraen *a* 1.(服など) ぼろぼろの, 着古した 2.(人が) ぼろ姿の 3.(街路・建物など) むさ苦しい, 汚らしい, 見苦しい

dirboen (-au) *f* 1.拷問, 責め苦 2.苦しみ, 苦痛, 苦悩

dirboeni *t* 1.拷問に掛ける 2.(精神的に) 苦しめる, 悩ます, 責めさいなむ

dirboenus *a* 拷問的な, 責めさいなむ, 苦しめる

dirdra (-au) *m* (病気などの) 激しさ, 猛烈, 凄まじさ

dirdro *a* (ロープ・糸などが) ねじれた, よじれた: cordyn ~ *m* よじれた紐

dirdro (-eon) : dirdroad (-au) *m* 1.ねじれ, ねじり 2.[数学] ねじれ (率) 3.[機械] トーション, ねじれ, ねじり (力): clorian ddirdro (cloriannau dirdro) ねじり秤 (針金やコイルばねのねじり抵抗モーメントを応用した微細力の測定装置)

dirdro : dirdröol *a* ねじれの

dirdroi *t* (糸などを) 撚る, 撚り合せる; (花輪などを) 編む, 織り込む; 撚って [編んで] 作る

dirdyniad (-au) : dirdyniant (-iannau) *m* 1.[通例 pl] 痙攣, 引付け 2.笑いの発作, 爆笑; (感情の) 激発 3.拷問, 責め苦

dirdynnol *a* 1.[医学] 痙攣性の, 発作的な 2.(苦痛など) 非常に苦しい, 責め苦に掛けられるような

dirdynnu *t* 1.[歴史] (人を拷問台に乗せて) 拷問に掛ける 2.(病気・痛みなどが) 苦しめる, (苦痛で顔を) 歪める: wyneb a ddirdynnir gan boen 苦痛で歪んだ顔

dirdynnwr (dirdynwyr) *m* 1.拷問する人 2.ひどい苦しみを与える人

dirdynoldeb *m* 痙攣性

direidi *m* (子供の) いたずら, 悪さ, 腕白, 茶目っ気: o ran ~ (子供が) ほんのいたずら半分に

direidus *a* (女・子供の振舞・顔つきなどが) いたずらっぽい, いたずら好きな, 茶目な, 腕白な: mor ddireidus â mwnci サルのようにいたずらな

direol : direolaeth *a* 1.(おしゃべり・感情など) 制御できない, 言うことを聞かない, 手に負えない 2.(天候など) 荒れ狂う 3.(髪など) 乱れがちな, まとまりにくい

direswm *a* 1.(動物などが) 理性のない 2.(事故などで) 一時的に理性を失った 3.道理の分からない 4.不合理な

dirfawr *a* 1.巨大 [莫大, 広大] な 2.(性質・事情・程度・激しさなど) 極端な, 極度の: poen (d) dirfawr 激痛

dirfod *m* [哲学] 存在, 実存

diefodaeth *f* [哲学] 実存主義

dirfodol *a* [哲学] 実存主義 (者) の

dirfodolwr : dirfodwr (-wyr) *m* :

dirfodwraig (-agedd) *f* [哲学] 実存主義者

dirgel *a* 1.秘密 [内密, 機密] の, 隠された: ~ le (-oedd) *m* 秘密の場所 2.(場所が) 隠れた, 奥まった, 人目につかない 3.(人が) 秘密を守る, 口の堅い 4.(人が) 公表されていない, 認められていない

dirgelaidd *a* 1.(人・性質など) 隠し立てする, 黙っている, 秘密主義の, 打ち解けない 2.[生理] 分泌の

dirgeledig *a* 1.隠された, 秘密の 2.神秘主義的な: 神秘的霊感による 3.象徴的な

dirgelfa (-feydd, -oedd) *f* : **dirgelfan (-nau)** *m* 秘密の場所

dirgeligaeth (-au) *f* 1.神秘, 不可思議, 秘密, 謎 2.不思議な事件 3.推理小説, 怪奇物語, ミステリー 4.[通例pl] (職業・技芸などの) 秘伝, 奥義 5.[通例pl] (原始民族の) 秘教 6.(秘密結社・団体・職人仲間などの) 秘密の儀式 7.[キ教] [しばしばpl] 玄義: [カト] 秘跡: [pl] 聖体, ロザリオ15玄義の一つ 8.[演劇・キ教] 奇跡劇

dirgelwch (dirgelion) *m* 1.秘密, 内密, 内緒 2.秘密主義 [厳守] 3.秘密事 4.神秘, 不思議, 謎: ~ natur 自然界の神秘: nofel (*f*) ddilgelwch (nofelau ~) 探偵推理小説, ミステリー─

dirgryn *a* 1.振動する [させる] 2.振動 (性) の

dirgryniad (-au) *m* : **dirgryniant (-iannau)** *m* = **dirgryniad** 8

dirgryniad (-au) *m* 1.(恐怖・病気などによる) 震え, 身震い 2.(快感・興奮などによる) ぞくぞくする思い 3.怖気, 気後れ 4.小さな地震, 微震: ~ daear [気象] 地震 5.声の震え 6.震動, 振動 7.(光・木の葉・水などの) 微動, そよぎ 8.[物理] 振動: ~ gorfod 強制振動: ~ cydseiniol 共振

dirgrynol *a* 振動運動をする

dirgrynu *t* 1.振動させる, 揺り動かす 2.(振り子などが) 振って示す
i 1.振動する, 揺れ動く 2.(音響が) 反響する, 響き渡る 3.心がおののく, 身内がぞくぞくする

diriaeth (-au) *f* : **diriaethni** *m* 1.具体 [具象] 性 2.具体物

diriaethol *a* 1.具体的な, 具象 [有形] の 2.現実の, 実在する 3.[文法] 具象の: enw ~ 具象名詞 4.[哲学] 具体的な物に関する

diriaetholdeb : **diriaethrwydd** *m* 具体 [具象] 性

diriaethu *t* 具体化する

diriant (-iannau) *m* [機械] 応力, ひずみ: ~ croesrym 剪断 [ずれ] 応力

di-rif : **dirifedi** *a* 数え切れない, 無数の

dirisglo *t* (木の) 皮をむく

dirlawn *a* [化学] 飽和した

dirlawnbwynt *m* 飽和点

dirlawnder (-au) *m* 飽和 (状態)

dirlenwad *m* [化学] 飽和

dirlenwi *t* [化学・物理] 飽和させる

dirlenwydd (-ion) *m* 飽和剤

dirmyg (-au, -ion) *m* 1.軽蔑, 侮蔑, 蔑視, 蔑み, あざけり: islaw ~ 軽蔑するにも足らない: cynefindra a fag ddirmyg [諺] 慣れ過ぎは侮りを招く, 「親しい仲には垣をせよ」 2.軽蔑感, 侮蔑の態度 3.恥辱, 不面目 4.軽蔑される人 [物] 5.[法律] 侮辱罪: ~ llys 法廷侮辱罪

dirmygadwy *a* 卑しむべき, 卑劣な, さもしい, 見下げ果てた

dirmygedig *a* 軽蔑した

dirmygu *t* 軽蔑する, 侮る, 鼻であしらう

dirmygus *a* 軽蔑して, 蔑みの, 人を馬鹿にした, 軽蔑的な: 尊大な

dirmygwr (-wyr) *m* : **dirmygwraig (-agedd)** *f* 軽蔑する [軽んじる] 人

dirnad *t* 1.(意味・真相などを) 理解する, 分かる 2.(見えにくい物を目で) 見つける, 認める 3.(人の心などを) 見抜く 4.(心で) 認識する 5.識別する

dirnad *m* : **dirnadaeth** *f* 1.理解 (力) 2.(五感, 特に視覚による) 知覚 (力) 3.知覚対象 4.認識, 識別 5.洞察力, 明敏 6.[教育] 読解力 [聴き取り] 練習 7.[哲学] 知覚

dirnadol *a* 知覚 (力) の

dirnadwy *a* 1.理解できる, 分かりやすい 2.知覚 [認知] できる 3.認識 [識別] できる 4.感知できるほどの, かなりの, 目立った

dirodres *a* 出しゃばらない, 気取らない, 謙虚な

dirprwy (-aid, -on) *mf* 1.代理人: trwy ddirprwy 代理で, 代理人として: pleidleisio trwy ddirprwy 代理 [委任] 投票する: priodas (-au) (*f*) trwy ddirprwy 代理結婚 2.代理役, 副官 3.代用物 4.(会議などに出席する) 代表者, 代議員, 使節 5.[演劇] 代役俳優: ~ actor (-ion) *m* 男性の代役俳優: ~ actors (-au) *f* 女性の代役俳優 6.(オックスフォード大学の大学業務の) 委員 7.(米) 保安官代理 8.[形容詞的に] 代理 [副] の: ~ gadeirydd (-ion) *m* 議長 [会長] 代理, 副議長 [会長]: ~ faer (feiri) *m* (市の) 助役: ~ siryf (-on) *m* (米) 保安官代理: ~ chwaraewr (-wyr) [スポ] 補欠選手

dirprwyad (-au) *m* 1.代理, 代用, 取替 2.代理人 3.代用物 4.(職権・任務などの) 委任, 委託 5.[文法] 語の代用 6.[心理] 代償 7.[経済] 代替 8.[法律] 予備相続人 9.[化学] 置換

dirprwyaeth (-au) *f* 1.委員会 2.代表任命 [派遣] 3.代表 [使節] 団

dirprwyo *t* 1.(人を) 代表に指名する 2.(人を) 代表として派遣する 3.(権限などを代表に) 委任 [委託] する: ~ awdurdod 権限を委任する 4.(人を) 代理に任命する 5.[演劇] 代役のために稽古する: (俳優の) 代役をする

i 1.権限を委任する 2.代理を務める 3.代役の稽古をする; 代役をする

dirprwyol *a* 1.代理[名代]の; 代理をする 2.身代わりの 3.(他人の経験を)想像して感じる, 他人の身になって経験する: pleser ~ 我が事のような喜び 4.[医学]代償(性)の

dirprwywr (-wyr) *m* [法律](債務を)転付する人

dirwasgedig *a* [商業・経済]不況[不振, 不景気]の: ardal ddirwasgedig (ardaloedd ~) 不況地域

dirwasgiad (-au) *m* [政治・経済・商業](商況の) 不況, 不景気

dirwasgu *t* [商業](市場などを)不景気[不振]にする

dirwedd (-au) *m* 1.真実性 2.現実, 実体, 実在 3.迫真性, 実物そっくりなこと 4.[哲学]実在

dirweddaeth *f* 1.現実主義 2.[文学・芸術]写実主義, リアリズム 3.[哲学]実在論

dirweddwr (-wyr) *m* 1.現実主義者, 実際家 2.(文学・芸術などの)写実主義者 3.[哲学]実在論者

dirwest (-au) *m* : **dirwestiaeth** *f* 禁酒

dirwestol *a* 節酒[禁酒]の

dirwestwr (-wyr) *m* : **dirwestwraig (-agedd)** *f* 禁酒家

dirwesty (-tai) *m* (酒を一切出さない) 禁酒旅館

dirwy (-on) *f* [法律]科料, 罰金(刑)

dirwyadwy *a* 罰金を科せられる

dirwyn *t* 1.(糸・ロープなどを) 巻く, 巻付ける: ~ edafedd yn bellen 毛糸を巻いて玉にする 2.(会合・話などを)終える 3.(会社・店などを)畳む, 解散する: ~ cwmni i ben 会社を畳む

dirwynen (-nau, -ni) *f* 1.ねじ, ねじ釘, ボルト 2.[海事・航空]スクリュー[ねじ]プロペラ 3.(煙草・塩・胡椒などの)ひねり袋一つ分, 一包み, 一袋

dirwyo *t* [法律]罰金を科する: cafodd ddirwy o ganpunt 彼は100ポンドの罰金を科された

dirwyol *a* 罰金に関する

dirwystr *a* 妨げられない, 邪魔されない

dirybudd *a* (予期・予告もしない) 突然[不意]の, 意外な

di-rym : dirym *a* 1.(手足など) 弱い, 力のない, 体力のない 2.(政治家など) 勢力[権力]のない, 3.(薬など) 効能のない 4.(法律・問題・習慣など) 中止になって, 停止中で: deddf (*f*) ddirym 一時停止中の法律 5.[法律](契約など) 無効の

dirymadwy *a* 取消される, 廃止される

dirymedd *m* 1.(一時的)中止, 停止, 休止 2.[法律]無効, 取消し

dirymiad (-au) *m* 1.無効, 取消し, 廃止, 廃棄 2.[法律](法令・遺言・検認・契約などの)取消し, 撤回, 破棄: ~ trwydded yrru 運転免許証の取消し

dirymol *a* 取消す, 無効にする

dirymu *t* 1.(法令・決議・結婚・契約などを)取消す, 無効にする, 廃棄する 2.(予約・注文などを)取消す, 無効にする

diryw *a* 1.[文法](名詞が)中性の: y ~ m 中性 2.[植物]無[中]性の 3.[動物]生殖器官が不完全な, 生殖不能の

dirywiad (-au) : dirywiant *m* : **dirywiaeth** *f* 1.衰え, 衰退, 退化, 退歩 2.(品質などの) 悪化, 劣化; 変質 3.堕落, 退廃 4.性的倒錯 5.[病理](細胞・組織の)変性, 変質 6.[生物]退化

dirywiedig *a* 1.退化[衰微]した 2.堕落した 3.品位[品質, 価値, 評判など]の低下した 4.[数学]退化した

dirywiedig (ion) *mf* 1.堕落者 2.変質者; 性的倒錯者 3.退化した動物

dirywio *i* 1.(質・体力・活動などが) 衰える, 衰退する, 低下する, 2.(素質が) 堕落[退廃]する 3.(天候などが) 悪化する 4.(建物などが) 腐朽する 5.[病理]変質する 6.[生物]退化する

dirywiol *a* 1.悪変的な 2.堕落した 3.退化的な, 退行性の 4.[病理]変性の

dis (-iau) *m* 賽子, さいころ: cwpan (-au) (*m*) dis/deis, blwch (blychau) (*m*) dis/deis 賽筒 (賽を入れて振出す円形の筒)

di-sail *a* 根拠のない, 事実無根の, いわれのない

disathr *a* (滅多に) 人の行かない[通らない], 人跡稀な

disbaddedig (-ion) *m* 去勢された人

disbaddiad (-au) *m* 1.去勢 2.骨抜き 3.削除訂正 4.[植物]去莠

disbaddu *t* 1.去勢する; 卵巣を除去する: ~ cath 雌ネコの卵巣を取り去る 2.骨抜き[軟弱]にする, 効力を奪う 3.(書物などの) 不穏当な部分を削除する 4.[植物]去莠する

disbaddol *a* 去勢の[に関する]

disbaddwr (-wyr) *m* 去勢する人

disbaidd *a* 去勢された; 卵巣を除去された

disberod *a* 1.(動物など) 迷い出た, 道に迷った, はぐれた: anifail (anifeiliaid) (*m*) ~, anifail ar ddisberod 迷い出た動物 2.堕落した

disbydd *a* 1.乾いた, 干涸びた 2.排水をした, 水気を切った 3.(老齢などで) しなびた

disbyddadwy *a* 尽きることのある, 枯渇し得る

disbyddedig *a* (資源など) 使い尽くされた, 枯渇[消耗]した

disbyddol *a* = **dihysbyddol**

disbyddu *t* = **dihysbyddu**

disbyddwr (-wyr) *m* = **dihysbyddwr**

di-serch : diserch *a* 1.(人・表情が) むっつりした, 不機嫌な, 無愛想な 2.(天候など) 陰鬱[陰気]な 3.(動きなどが) 緩慢な

disg (-iau) *mf* 1.(太陽・月などの)平円形の表面 2.(メダル・貨幣などの)平円盤状の物 3.[スポ](投てき用)円盤 4.[音楽](蓄音機の)レコード(盤) 5.[農業]円板鋤, ディスクハロー: og/oged (*f*) ddisg/ddisgiau (ogau/ogedi ~/disgiau) 円板鋤(多数の刃の鋭い皿状の円板で土を掻き切るトラクター用の農具) 6.[医学]椎間板: ~ llac 椎間板ヘルニア 7.[解剖]視神経乳頭 8.[電算]ディスク: ~ llipa フロッピーディスク; ~ called (disgiau ~)ハードディスク 9.[自動車]円板: brâc (braciau) (*m*)~, brêc (-s, breciau)(*m*)~ 円板[ディスク]ブレーキ 10.[生物](カタツムリなどの)平円盤状組織[構造] 11.[植物]花盤 12.[軍事]認識票

disgen (-ni, disgiau) *f*[スポ] 1.(投てき用)円盤 2.円盤投げ: taflwr (-wyr) (*m*)~ 円盤投げ選手

disgio *t* 1.平円形に作る 2.円板鋤で耕す 3.レコードに録音する[吹き込む]

disglair *a* 1.(太陽・星などが)輝く, きらめく, 光る, 明るい 2.(宝石・日光などが)光り輝く, 燦爛たる, 目もあやな, 華麗な, きらびやかな 3.見かけ倒しの 4.(顔などが)晴れやかな;(目が)ぱっちりとした 5.(人が)才気縦横の, 極めて優秀な 6.(偉業・業績などが)立派な, 華々しい 7.(前途など)明るい, 輝かしい 8.(天気・日など)晴朗な, うららかな

disgleirdeb (-au) : **disgleirder** *m* 1.(太陽・月などの)光, 輝き 2.日光, 照り, 晴れ 3.光輝, 輝かしさ, 華やかさ, 光彩 4.壮麗, 華麗, 見事 5.(名声・業績などの)顕著, 卓越 6.優れた才気, 明敏 7.光沢, 艶;(靴の)磨き, 磨くこと;(着古した衣服の)てかてかの光

disgleiriad *m* (ほのかに)光る

disgleirio *i* 1.(月・星などが)光る, 輝く, きらめく, (水面・ナイフなどが光を反射して)光る, 輝く: mae'r lleuad yn ~ 月が輝いている 2.(目・表情などが興奮・幸福などで)輝く, 明るい: disgleiriai ei wyneb gan hapusrwydd 彼の顔は幸福で輝いていた 3.異彩を放つ, 目立つ, 秀でる: nid yw'n ~ wrth sgwrsio 彼は話をしてもぱっとしない[話べたである]

disgloff *a* 手足が自由に動かせる

disgo (-s) *m* 1.ディスコ 2.ディスコ音楽

disgownt (-iau, -s) *m* 1.[商業]割引, 減価, 値引き: ar ddisgownt (額面以下に)割引して; siop (*f*) ddisgownt (siopau ~)割引商店 2.[商業](手形などの)割引額[率] 3.(貸金の)先払い利子 4.斟酌, 手心 5.[ピリ]点数割引

disgowntio *t* 1.[商業]割引[安売り]する 2.[商業](手形を)割引して手放す[買い入れる] 3.(利子の前取りをして)金を貸す 4.(判断などの)効果・価値を減ずる 5.(将来の出来事などを)あらかじめ考慮する 6.[ピリ](相手に)差し引きを与える

i 利子を引いて貸し付ける

disgresiwn *m* [法律](裁判所の)量刑の裁量

disgrifiad (-au) *m* 1.記述, 叙述, 描写 2.(物品・計画などの)説明書, 解説 3.人相書き: ateb ~ (人・物品の)人相書き[説明]に一致する 4.種類, 等級, 銘柄 5.[数学]作図

disgrifiadaeth *f* 描写的なこと, 記述性

disgrifiadol *a* 1.記述[叙述, 説明]的な, 描写する 2.[文法]記述的な

disgrifio *t* 1.(人物・景色などの)様子[状態]を述べる, 記述[叙述, 描写]する 2.(人・計画などを…と)評する, 述べる, 言う

disgrifiwr (-wyr) *m* : **disgrifwraig** (-agedd) *f* 記述[説明]者

disgwyl (-iadau, -ion) *m* 1.予想, 予期; 期待: y tu hwnt i bob ~ 予想外に 2.期待されるもの, 期待の的 3.待つこと; 待機 4.推量, 推測 5.可能性, 見込み 6.[*pl*] 遺産相続の見込み 7.[統計] 予測数量

disgwyl *t* 1.じっと見る, 注視[凝視]する, 見守る, 観察する: ~ ar y teledu テレヴィを見る; ~ adar 野鳥を観察する 2.(機会などを)待つ, 窺う: ~ eich cyfle 好機を待つ 3.予期[予想]する: fel y byddid yn ~ 当然予期される通りに, 案の定 4.(事物・運命などが)用意されて[待ち構えて]いる 5.確かめる, 調べる 6.(人が…するように)望む, 期待[要求]する: 'rwy'n ~ ichi fod yn brydlon 私はあなたが時間を守るように望みます

i 1.待つ, 待ち合わせる: ~ rhn, ~ am rn 人を待つ 2.待ち望む[受ける], 期待する 3.(注意して)見る, 眺める, 注視する 4.(顔つき・外観・様子などが…に)見える, 思われる 5.出産の予定である: mae hi'n ~ 彼女は近いうちにお産がある

disgwylfa (-feydd, -oedd) *f* 物見櫓, 望楼

disgwylgar *a* 1.期待[予期]している, 見越しての; 期待するような 2.妊娠している: mam yn ~ 妊婦

disgwyliad (-au) *m* 予想, 予期, 期待, 見越し, : ~ einioes 平均余命

disgwyliadwy *a* 期待[予期]できる

disgwyliedig *a* 期待された, 予期の

disgwyliol *a* 期待の, 待望の的である

disgybl (-ion) *m* : **disgybles** (-au) *f* 1.[教育] 生徒(英国では小・中・高校生までをいう) 2.(画家・音楽家などの個人指導を受けている)教え子, 弟子 3.[口法] 被後見人(25歳未満の被保護者) 4.[スほ]幼年者(14歳未満の男子または12歳未満の女子の被保護者) 5.[D~]キリストの12使徒の一人

disgybladwy *a* 1.訓練できる 2.(罪など)懲戒されるべき

disgyblaeth (-au) *f* 1.訓練, 鍛錬, 修養, 躾 2.規律, 統制, 自制, 風紀: ~ haearnaidd 鉄の規律 3.訓練法 4.懲戒, 懲罰; 鞭 5.学問[研

disgyblaethol 239 **distryw**

究] 分野, 学科, 教科 6.[キ教] 教会規則; 苦行

disgyblaethol *a* 1.訓練上の 2.規律上の 3.懲戒の 4.学科の 5.修道上の

disgybledig *a* 1.訓練された 2.規律正しい

disgyblol *a* 1.生徒[門弟]の 2.[法律] 未成年(期)の

disgyblu *t* 1.(人・心などを) 訓練する, 鍛える 2.懲罰[懲戒]する

disgyblwr (-wyr) *m* : **disgyblwraig (-agedd)** *f* 訓練主義者, 規律励行者: mae'n ddisgyblwr da 彼は厳格な規律励行者です

disgyn *t* 1.(階段・坂・川などを) 下る, 降りる: ~ i droed rhiw 丘を降りて行く 2.(液体を)こぼす, 滴らせる 3.(物を)落す, 落下させる 4.(客・荷物などを) 降ろす 5.(音・字・語尾などを)落す, 省略する
i 1.(高い所・馬・車などから) 下る, 降りる: ~ oddi ar drên, o drên 列車から降りる 2.落ちる, 落下する 3.(霜・雪・雨・蒸気などが) 降る, 降りる 4.(花・葉などが) 散る 5.(毛髪などが) 抜け落ちる 6.(人・建物などが) 転ぶ, 倒れる, 倒壊する, 崩れる 7.(戦闘などで) 負傷して[息絶えて] 倒れる, 戦死する 8.(国家・政府などが) 倒れる, 崩壊する 9.(都市・要塞などが) 陥落する 10.(土地が) 下がる, 傾斜する 11.(温度・値段・質などが) 下がる, 落ちる 12.誘惑に負ける, 堕落する: 貞操を失う 13.(ある状態・関係などに) なる, 陥る 14.(分配・遺産などが人の) ものとなる 15.(隊列などから) 遅れる, 落後する 16.偶然出くわす 17.突然襲う, 急に飛びかかる 18.(人の欠点・誤り・失敗などを) 激しく攻撃[非難] する 19.(夜・暗闇などが) やって来る 20.(家系・血統などが) 系統を引く 21.(財産・権利・性質などが) 伝わる, 伝来する, 遺伝する 22.落ちぶれる, 身を下す落ちる落下する

disgynadwy *a* 子孫に伝えられる, 伝承される

disgynfa (-feydd) *f* 1.落下, 降下 2.低下 3.落下距離, 落差 4.下り勾配, 下り坂, 下り階段 5.[法律] 不動産, 相続 6.[軍事] (パラシュートによる) 空中投下

disgynneb (-ynebau) *f* 1.[修辞] 漸降法 2.竜頭蛇尾 3.(表現などの) 平凡, 陳腐 4.過度の感傷

disgynnol *a* 1.下降の, 落下する, 下向きの, 下って行く 2.(祖先) 伝来の, 世襲の

disgynnydd (-ynyddion) *m* 1.降りる人 2.(性格・機能などを) 先駆的に由来するもの 3.(学問・芸術などの) 信奉者, 弟子 4.[法律] 子孫

disgyrchedd *m* [物理] 重力, 引力: deddf ~ 引力の法則; maes (*m*) ~ 重力場

disgyrchiad (-au) : **disgyrchiant (-iannau)** *m* 1.[物理] 地球引力, 重力, 引力: grym (*m*) disgyrchiant 重[引]力 2.重力加速度 3.重さ, 重量: craidd (*m*) disgyrchiant 重心

disgrychol *a* [物理] 重力[引力]の

disgrychu *i* 1.引力によって引かれる 2.沈下[下降]する 3.(人・関心などが) 自然に引き寄せられる

di-sigl *a* 1.揺るがない, 不動の 2.(心・信念・主義など) 確固とした, 動揺しない, 強固な 3.(柱・釘などが) ぐらつかない, しっかり固定した

disio *t* [料理] (野菜・肉などを) 賽の目に切る
i さいころで遊ぶ, さいころ賭博をする

disiog *a* 賽の目に切った

disiwr (-wyr) *m* 1.賽をもてあそぶ人, ばくち打ち 2.(食品を) 賽の目に切る機械

disodli *t* 1.(通常の場所から別の所へ) 映す, 転置する 2.(官職・地位から) 解職免官する, 辞めさせる 3.(策略・陰謀などによって人に) 取って代わる, 押しのけて代わる 4.取り替える

disodliad (-au) *m* (人・物に) 取って代わること, 取替

dist (-iau) : **distyn (distiau)** *m* (床板・天井を支える) 根太, 梁, 桁, 横木

distadl *a* 1.(数量などが) 取るに足らない 2.(語句・身振りなど) 意味のない, 無意味な 3.(人・性質・行動など) 卑しい, 下劣な, 下品な 4.(建物・街路などが) むさ苦しい, さびれた, うらぶれた

distadledd *m* 1.重要でない[取るに足らない] こと, 些細 2.下劣, 卑劣 3.卑しい身分 4.取るに足らない人[物]

di-staen *a* 1.汚れ[染み] のない 2.さびない, ステンレス製の: dur ~ (クロム含有の) さびない鋼鉄, ステンレス鋼, ステンレス (スティール) 3.(行状・経歴などが) 汚点のない, 潔白な

distain (-teiniaid) *m* 1.[歴史] (中世の王室・貴族の) 執事, 家令 2.(中世の都市・地方の) 行政長官 3.[教会] (大聖堂の) 職員

distaw *a* 1.物音のしない, 静か[静寂] な, しんとした: cyn ddistawed â'r bed (墓場のように) 全く静かな 2.黙っている, 沈黙した, 無言の, 無口な: bydd (-wch) ddistaw! 静かに! 騒ぐな! 黙れ! 3.(性格・態度などが) おとなしい, 物静かな, しとやかな, 慎ましやかな 4.(声が) 低い, やさしい, 細い: llef ddistaw fain *f* [聖書] 静かな細い声 (良心の声) (cf *1 Kings* 19:12) 5.(文字が) 発音されない, 黙字の 6.[映画・演劇] 無声[無言] の: llunt (-iau) ~ *m* 無声映画

distawrwydd *m* 1.静けさ, 静寂, 閑静, 無音 2.沈黙, 無言, 無口: ~ ! 黙れ!, 静かに!; aur dilin yw ~ [諺] 沈黙は金 3.無沙汰

distemper (-prau) *m* 1.ディステンパー, 泥絵具, にかわ絵具 2.ディステンパー画法 3.テンペラ画 4.(壁・天井用の) 水性塗料

distempro *t* 1.泥絵具を塗る 2.ディステンパーで描く 3.(壁・天井などに) 水性塗料を塗る

distrewi *i* くしゃみをする

distryw *m* 1.破壊 2.破滅, 滅亡 3.没落, 破産,

零落 4.破滅［零落］の原因 5.堕落, 不面目 6.荒廃, 残骸: mynd i ddistryw荒廃［崩壊］する; 零落する 7.[pl] 廃墟, 遺跡

distrywgar *a* 1.破壊的な 2.破壊主義的な

distrywgarwch *m* 破壊力, 破壊性

distrywiadwy *a* 壊れやすい

distrywio *t* 1.（建物・市街などを）破壊する, 打ち壊す, 荒廃させる 2.（敵などを）滅ぼす 3.（人を）没落［破産, 零落］させる 4.（計画・希望などを）打ち砕く, 駄目にする 5.（文書・証拠などを）破棄する

distrywiol *a* 破壊する

distrywiwr (-yw-wyr) *m* 破壊者, 撲滅者, 破滅させる人

distrywlong (-au) *f* ［海軍］駆逐艦

distrywydd (-ion) *m* 塵芥焼却炉

distyll (-ion) *m* 引き潮, 干潮: ~ trai 憩潮（干満の変わり目に起こる潮流の静止状態）

distyllad (-au) *m* ［化学］蒸留液

distyllfa (-feydd) *f* : **distyllty (-tai)** *m*（特にウイスキー・ジンなどの）蒸留酒製造所

distylliad (-au) : **distylliant (-iannau)** *m* 1.蒸留 2.蒸留物［液］

distyllio : **distyllu** *t*（液体を）蒸留する;（ウイスキーなどを）蒸留して造る
i 蒸留される

distyllwr : **distyllydd (-wyr)** *m* : **distyllwraig (-agedd)** *f* 蒸留者; 蒸留酒製造業者

distyllwr (-wyr) : **distyllydd (-ion)** *m* 蒸留器

di-sut : **disut** *a* 小さい

di-swn *a* 音のしない, 静かな

diswta *a* 1.突然［不意］の 2.（態度・言葉などが）ぶっきらぼうな, 素っ気ない 3.（文体・考えなどが）まとまりのない

diswyddedig *a* 解雇された

diswyddiad (-au) *m* 1.官職剥奪, 解任, 罷免, 免職, 解雇 2.（訴訟・上訴の）却下, 棄却

diswyddo *t* 解雇［罷免］する

disychedu *t*（喉の渇きを）いやす

di-syfl : **disyflyd** *a* ぐらつかない, しっかりした, 不動の, 断固とした

disyfyd *a* 瞬間［即座, 即時］の

disyfydrwydd *m* 瞬間［即時, 即刻］性

disymudedd *m*（運動の）休止, 停止, 静止

disymwth *a* = disyfyd

disynnwyr *a* 愚かな, 無分別な, 非常識な

ditectif (-s) : **ditectydd (-ion)** *m* 刑事, 探偵: ditectif preifat 私立探偵

ditiad (-au) : **ditment (-au)** *m* ［法律］1.起訴（手続）2.起訴［告発］状

ditiadwy *a*（人・行為が）起訴［告発］されるべき

ditio *t* ［法律］起訴［告発］する

ditiwr (-wyr) *m* ［法律］起訴［告発］者

diwahân : **diwahaniaeth** *a* 無差別の, 見境のない

diwahardd : **diwarafun** *a* 1.禁じられていない, 禁制でない 2.惜しまない, 気前のよい 3.進んでする, 快くする, 心からの

diwair *a* 1.（特に宗教的理由による）独身の 2.禁欲を守る 3.（女性が肉体的に）純潔［貞節］な, 処女［童貞］の

di-waith *a*（人が）仕事のない, 働いていない, 失業［失職］した

diwallu *t* 1.（希望・食欲などを）満足させる 2.（必要・条件などを）満たす: ~ pob angen 全ての必要を満たす 3.（必要物・欠乏品などを）与える, 供給する: ~ anghenion rhn 人の必要物を与える

diwedydd (-iau) : **diwetydd** *m* 夕暮れ, 夕方

di-wedd *a* 1.たくさんの, 豊富な, 有り余るほどの 2.（場所が資源などに）富む

diwedd (-au, -ion) *m* 1.（時間・期間などの）終わり, 末, 最後: ar ddiwedd y mis 月末に 2.（忍耐・知力などの）限り, 限度, 際限, 極限 3.（手紙・会議などの）結び, 終結, 結末, 成果 4.（街路などの）はずれ; 突き当たり: y ~ 行き詰まり, 窮地 5.（存在・行為などの）終止, 終局: ~ y byd この世の終わり; 大災害; 重大事 6.（旅行・一生などの）終わり, 終末, 結末: ~ y daith 旅路の果て, 旅行の目的地

diweddar *a* 1.遅れて, 遅刻して: bod yn ddiweddar（予定時間より）遅れている 2.（手紙・報告書など）遅れた, 遅れて到着した 3.（果物・作物など）通常より遅い, 時候［時節］遅れの 4.（時刻が）遅い, 夜更けの 5.（時期が）後期［末期］の: tua ~ yr haf 晩夏に 6.［言史］後期の, 近代の: LLadin D~ 後期ラテン語; Cymraeg ~ 近代ウェールズ語 7.最近亡くなった, 物故した, 故…: fy niweddar dad 最近亡くなった私の父 8.最近の, 近頃の: yn ddiweddar 最近, 近頃, この頃: gwaith diweddaraf yr awdur その著者の最近作; yr hanes diweddaraf 最近のニュース 9.[D~] ［地質］現世の

diweddaredd : **diweddarwch** *m* 1.新しい［最近である］こと 2.遅い［遅れる］こと, 遅刻

diweddaru *t*（制度・工場などを）近代［現代］化する, 現代的［当世風］にする

diweddeb (-au) *f* ［音楽］（楽章, 楽句, 楽曲の）終止形［法］: ~ berffaith（diweddebau perffaith）完全終止

diweddebol *a* ［音楽］終止形［法］の

diweddglo (-eon) *m* 1.［音楽］終曲, 終楽章, フィナーレ 2.［演劇］最後の幕, 大詰め, 納め口上, エピローグ（通例韻文）3.（文学作品・詩・小説などの）結び, 終章

diweddiad (-au) *m* = diwedd

diweddol *a* 終局の, 終止的な

diweddu *t* 1.(仕事などを)終える, 済ます, 完了する 2.(議論・契約・約・戦争などを)終える, 止める, 終結させる: rhoi ~ ar ryfel 戦争を止める 3.(…の)終わりをなす 4.殺す: ~ anifail clwyfedig 傷ついた動物を殺す 5.(死体の)埋葬の準備をする
　i 1.終わる, 終了する 2.終わりが[最後には](…に)なる: mynd yn A.S. yn y diwedd 最後には下院議員となる 3.(語など…で)終わる 4.死ぬ

diweirdeb *m* 純潔, 貞節, 処女性, 童貞: gwregys (-au) (*m*) ~ 貞操帯

diweithdra *m* [労働] 1.失業(状態) 2.失業率, 失業者数: ffigirau ~ 失業者数

diwelfa (-fâu, -feydd) *f* [地理] 分水界[嶺]

diwenwyno *t* [医学] 解毒する

di-werth : diwerth *a* 1.価値のない, 役に立たない 2.(人が)くだらない, 下劣な, 見下げ果てた

diwerthaf *a* 1.(順序が)最後[最終]の, 一番後の: yr ~ ond un 終わりから2番目の 2.(時間が)最後[最終]の; : yr oneiniad ~ 臨終の人に対する秘跡[聖餐] 3.残った最後の, 最後に残った 4.(時間的に)この前の, 昨[先, 去る]…: d (d) ydd Mawrth ~ 先週[今週]の火曜日; y dydd Mawrth ~ 最後の火曜日 5.最新(流行)の: y peth ~ mewn hetiau 帽子の最新流行品 6.最上の 7.(賞など)最低[最下位]の 8.決定[最終]的な, 究極の 9.決して…しそうもない: fi fyddai'r ~ i'w goelio/ gredu 私はそれを決して信じないでしょう; 最も不適当[不相応]な

diwethafiaeth *f* [神学] 1.終末論 2.終末観

diwethafol *a* [神学] 終末論[終末観]の

diwethafwr (-wyr) *m* [神学] 終末論者

di-wifr *m* 無線通信機
　a 無線の: rhwydwaith ~ 無線通信網

diwinydd (-ion) *m* 神学者

diwinydda *t* 神学的に取り扱う
　i 神学を研究する[論じる]

diwinyddiaeth (-au) *f* 1.神学: Doethur (-iaid) (*m*) D~ 神学博士; ysgol (*f*) ddiwinyddiaeth (ysgolion ~) 神学校 2.(特定の)神学(体系) 3.[カト](通例4年間の)神学コース

diwinyddol *a* 神学(上)の; 神学を研究する: lledr ~ *m* [製本] 神学書装(暗褐色の子牛皮に空押しをした装丁様式; 神学書などの装丁に使用された)

diwnïad *a* (ローブなど)縫い目[継ぎ目]のない

di-wraidd *a* 1.根のない 2.(生活などが)根無し草の

diwreiddiad *m* (雑草などの)根絶, 撲滅

diwreiddiadwy *a* 根絶できる

diwreiddio *t* (木・雑草などを)根こ(そ)ぎにする

diwreiddiol *a* 根絶[絶滅]的な

diwreiddiwr (-wyr) *m* 1.根絶[撲滅]する人, 根こそぎにする人 2.除草機 3.インク消し, 染み抜き

diwrnod (-iau) *m* 1.(24時間の長さとしての)一日, 一昼夜, 日: fe gawsom ddiwrnod da ddoe 私たちは昨日楽しく過ごしました; bob yn ail ddiwrnod 一日置きに; am dragwyddoldeb a ~ dros ben いついつまでも, 永遠に 2.労働[勤務]時間の一日: ~ wyth awr 8時間労働日 3.特定の日; 祝日, 祭日: D~ Nadolig クリスマス, キリスト降誕祭: gorau bo'r ~, gorau bo'r gwaith [諺] 日が良ければすることもますます良いはず (安息日を守ることを咎められて言い返す言葉にもなる) 4.期日, 約束の日, 日取り: pennu'r ~ (特に女性が)結婚の日取りを決める 5.[天文] (地球以外の)天体の一日: ~ lleuad/ lloerol 太陰日; ~ haul/heulod 太陽日

diwrnodol *a* 1.日中[昼間]の 2.日々[日毎]の, 一日だけの 3.[植物] (花・葉など)昼間開く 4.[動物] 昼行性の 5.[天文] 日周の

diwrthdro *a* 1.(人・言動など)容赦のない, 冷酷な 2.(事実など)変えられない, 曲げられない, 不変の

diwryg *a* (体力が)弱い, 弱々しい

diws (-iau) *m* [テニス] ジュース

diwyd *a* 1.(人が)勤勉[熱心, 精励]な 2.根気の良い, 辛抱強い 3.(仕事など)入念[丹念]な, 刻苦の 4.(配慮など)行き届いた

diwydianfa *f* 工業団地

diwydiannaeth (-ianaethau) *f* 産業[工業]化, 産業[工業]主義

diwydiannol *a* 1.産業[工業]の: y Chwyldro D~ 産業革命 2.産業[工業]の高度に発達した 3.産業[工業]に従事する 4.産業従事者の: cysylltiadau ~, cyberthynas ddiwydiannol *f* 労使関係 5.産業生命保険の

diwydiannu *t* 産業[工業]化する

diwydiannwr (-ianwyr) *m* 産業資本家, 実業家

diwydiant (-iannau) *m* 1.勤勉, 勤労 2.産業, 工業: ~ trwm [ysgafn] 重[軽]工業; ~ ymwelwyr 観光事業 3.産業界 4.産業経営者

diwydrwydd *m* 1.勤勉, 勤労, 精励 2.忍耐(力) 3.[通例 *pl*] たゆまない配慮, 心遣い, 尽力

diwyg (-iau) *mf* 1.(職業・時代・国柄に特有な)服装, 衣服, 衣装 2.外観, 身なり 3.(本などの)体裁; 型, 判 4.(テレヴィ番組などの)構成 5.[電算] フォーマット, 書式, 形式

diwygiad (-au) *m* 1.修正, 改正, 訂正 2.(品行などの)矯正, 感化, 改心 3.(社会・政治などの)改革, 改善, 革新, 維新 4.[D~] [キ教] 宗教改革(16～17世紀におけるローマカトリック教会に対する改革運動): y D~ Protestannaidd; 宗教改革; y Gwrthddiwygiad 反宗教改革 5.[宗教] 信仰復興(運動) 6.[D~] 改革的ユダ

diwygiadwy ―ヤ主義

diwygiadwy *a* 改良[改善, 改革]できる

diwygiaeth *f* 1.信仰復興運動 2.復興機運 3.改良主義

diwygiadol *a* 1.信仰復興運動の 2.改良主義の 3.改革する, 革新的な 4.感化する, 矯正的な

diwygio *t* 1.(行状などを)改める 2.(議案などを)修正する
i 改心する

diwygiwr (-wyr) *m* : **diwygwraig (-agedd)** *f* 1.改良主義者 2.(法律・社会制度などの)改革者, 改良家 3.(宗教・教派の)改革派の人 4.信仰復興運動者 5.(古い風習などの)復興者 6.校訂[校閲]者 7.訂正[修正]者 8.[pl] 聖書解約者 9.[印刷]校正係 10.[D~](16世紀の)宗教改革(指導)者 11.[英史](1831~32年の)選挙法改正論者 12.[化学]改質装置

diwylliadol : **diwylliannol** *a* 1.文化の; 文化的な 2.教養の; 人文上の 3.培養[栽培]上の

diwyllianneg *f* 文化学

diwylliant (-nnau) *m* 1.教養 2.洗練, 上品 3.(ある国・ある時代の)文化, 精神文明: ~ materol[社会学]物質文化; ~ gwerin 民族文化; ~ cadfwyeill[考古]戦斧文化 4.(ある特定のグループ・職業・性・年齢・社会階級に特有な)文化 5.(伝承される信仰・伝統・習俗などの総体としての)文化, カルチャー 6.(心身の)訓練, 鍛錬, 修養 7.[植物の]栽培 8.(魚などの)養殖, 飼育 9.[生物](細菌・組織などの)培養; 培養菌

diwylliedig *a* 1.教養のある, 洗練された 2.(人・声など)上品な 3.栽培[養殖]された 4.培養された

diwyllio *t* 1.(才能・品性・習慣などを)養う, 洗練する 2.(人を)教化[啓発]する 3.(文学・技芸を)修める, 磨く 4.(田畑を)耕す, 耕作する 5.(作物を)栽培する 6.(魚・菌などを)養殖[培養]する 7.(芸術・学術などを)奨励する 8.(交際・友情を)求める, 深める

diwyllydd (-ion) *m* 耕作者

diwyro *a* 1.(忠誠心・決心などが)確固たる, 変わらない, 不動の 2.(道などが)それない, 外れない; 踏迷わない

diymadferth *a* (我と我が身を)どうすることもできない, 手も足も出ない, 無力な

diymadferthedd : **diymadferthwch** *m* どうすることもできない, 無力

diymarbed *a* 1.けちけちしない, 気前のよい 2.容赦しない, 厳しい

diymhongar *a* (人・態度など)出しゃばら[気取ら, 高ぶら]ない, 謙虚[地味]な

diymhongarwch *m* 謙虚, 謙遜, 控え目

diymod *a* (決心・意見など)不動の, 確固たる, 揺るぎない; 冷静な

diymwad *a* 1.議論の余地のない, 否定できない, 紛れもない, 明白な 2.決定的な, 断固とした; 終局の

diymwadrwydd *m* 議論の余地のないこと, 明白さ

diymwared *a* 助けのない

diynni *a* (人・心など)鈍い, のろい, 不活発な

diysbryd *a* 落胆[意気消沈]した

diysgog *a* 断固とした, しっかりした, 不動の, ぐらつかない

diysgogrwydd *m* しっかりしていること, 着実, 不動, 不変, 堅固

diystyr *a* 1.意味のない, 無意味な 2.目的[目当て]のない

diystyredd *m* 意味のないこと, 無意味

diystyrllyd *a* 1.尊大な, 軽蔑的な, 人を馬鹿にした 2.軽蔑して

diystyru *t* 1.軽蔑する, 侮る, 見くびる, 鼻であしらう 2.(…するのを)恥と考える, 潔しとしない 3.無視[軽視]する, なおざりにする 4.(物事を)嫌悪する

diystyrwch *m* 1.軽蔑, 侮辱, あざけり, 尊大 2.恥辱, 不面目 3.無視, 軽視, 無頓着: ~ gyfraith 法律の無視 4.軽蔑される人[物], 笑い種, 物笑い 5.[法律](司法・議会などに対する)侮辱罪

diystyrwr (-wyr) *m* 無視[軽視]する人

do *ad* [過去時制の疑問文で](肯定の質問に答えて)はい:a aeth hi ymaith? - ~ 彼女は出掛けましたか?-はい;(否定の質問に答えて)いいえ: chlywaist ti mohonof i ? - ~, - 私の話が聞こえなかったのですか? - いいえ, いいえ

doc (-iau) *m* 1.[海事]ドック, 船渠: ~ sych ドック, 船渠 2.[法律](刑事法廷の)被告人席: yn y ~ 被告人席について; 裁判を受けて

docfa (-fâu, -feydd) *f* [海事](船の)停泊位置, 錨地

docio *t* 1.[海事](船を)ドックに入れる, 埠頭に付ける 2.(尾などを)短く切る 3.(賃金などを)減らす, 削減する
i (船が)ドックに入る

dociwr (-wyr) *m* ドック人足, 港湾労働者

doctor (-iaid) *m* : **doctors (-au)** *f* 1.医者, 医師, 女医 2.[釣]鮮明な色のサケ釣用の毛鉤: aderyn (adar) (*m*) doctor[鳥類]コビトドリ(ジャマイカに生息する全長11cmほどの小鳥)

doctora *t* 1.(人・病気を)治療する 2.(飲食などに)混ぜ物をする, 毒・薬などを盛る 3.(文書・証拠などに)手を加える, ごまかす, 勝手に変える 4.(動物を)去勢する: ~ cath ネコを去勢する

doctoraidd *a* 1.博士の 2.大学者の; 権威ある

dod *i* 1.(話者の方へ)来る: mae'n ~ heibio bob wythnos 彼は毎週こちらへ来る; mynd a ~ 行ったり来たりする; 現れたり消えたりする;(流行などが)移り変わる;(時が)来てまた去る:

dodecagon   243   **dofder**

croeso i bawb ddod!（矢でも鉄砲でも）さあ来い! 何でも来い!（不可避なことを喜んで受入れる言葉）; ~ â rhth 物を持って来る **2.**（相手の方へ）行く, 伺う: 'rwy'n ~ 'nawr! いま行きます!（呼ばれた時の返事）**3.**（人が目的地に）着く, 到着する **4.**（時・季節などが）来る, 巡って来る, 到来する **5.**（順序に従って）来る, 出て来る **6.**（出来事・災難などが）起こる, 生じる, 降り掛る **7.**（…の）出身［子孫］である **8.**（文明・言葉・習慣などが…から）生じる, 起こる **9.**（ある状態・関係などに）なる, 変わる: ~ atoch eich hun 意識を取り戻す, 正気づく **10.**（…するように）なる **11.**（金額・結果などが…に）達する, 帰着する **12.**（…に）なる, 到る: ~ yn rhydd（結び目・ねじなどが）ゆるむ, 解ける **13.** 未来［将来］の: y bywyd sydd i ddod来世 **14.**［演劇］（役者が）登場する

dodecagon (-au) *m*［数学・結晶］十二角［辺］形

dodecahedron (-au) *m*［数学・結晶］十二面体

dodi *a*（肢・歯など）人工［人造］の: aelod (-au) ~ *m* 義肢; dannedd ~ 義歯, 入れ歯

dodi *t* **1.**（物をある場所に）置く, 据える, 載せる, 付ける, 入れる, 横たえる,（梯子などを）立てる, 配置［配列］する: ~ eich gwydryn ar y bwrdd グラスをテーブルに置く; ~ llaeth yn eich te 紅茶にミルクを入れる **2.**（鉄道・電線などを）敷設する **3.**（礎石などを）据え付ける **4.**（食卓・食事の席などを）用意する: ~ lliain ar y ford 食卓の用意をする **5.**（重荷・義務・責任・税・罰などを）負わせる, 課する: ~ dirwy ar rn 人に罰金を課する **6.**（ある状態・関係に）する, 置く **7.**（ある立場に）置く: ~ rhn yn ei le 人の出しゃばりの鼻をくじく, 出過ぎた人をたしなめる **8.**（問題・議案などを）提出する, 提起する: ~ cynnig ger bron cyfarfod 決議案を会に持ち出す **9.**（金を）投資する: dodi'ch wyau oll mewn un cawell 全資産を一つの事業に投じる;（金を）賭ける: ~ arian ar geffyl 金を馬に賭ける **10.**（人を）配置する,（役などに）付ける **11.**（鶏に卵を抱かせる: ~ iâr i ori/ eistedd 雌鶏に卵を抱かせる **12.**当てる, 当てがう, つける: ~ sêl ar ddogfen 文書に署名捺印をする **13.**（心などを）注ぐ, 集中する **14.**（時計などをある時刻などに）合わせる: ~（bysedd）cloc 時計を合わせる;（器具などを）整える, 調節する: ~'r llyw［航空］操縦装置を調節する **15.**（罠・網などを）仕掛ける: ~ magl 罠をかける **16.**（ある状態に）する, させる: ~ trefn ar eich tŷ eich hun 家政を整える, 財政状態を立て直す; 秩序を回復する; 自分の行いを正す（cf *2 Kings* 20:1）**17.**（電灯などを）つける **18.**［音楽］（歌詞に）曲をつける, 作曲する: ~ geiriau ar gân 言葉に曲を付ける（音楽）を編曲する **19.**［外科］（骨折・脱臼などを）継ぐ, 整骨する:

~ asgwrn yn ei le整骨する **20.**［園芸］（果実・種子などを）結実させる, 発育させる: ~ hadau 種子を発育させる **21.**［ラグ］（ゴールを）プレースキックで陥れる

i スイッチが入る

dodiad (-au) *m*（競技などの）順位

dodrefnedig *a* 家具付きの: tenantiaeth (*f*) ty ~ 家具付き家屋の借用; fflat a dodrefn, fflat wedi'i dodrefnu 家具付きのフラット

dodrefnu *t*（家・部屋に）家具を備える［取り付ける］

dodrefnnyn (dodrefn) *m* 家具, 備品, 調度: fan ddodrefn (faniau ~) 家具運搬車

dodrefnwr : dodrefnydd (-wyr) *m*（特に取付けを請け負う）家具商

dodwy *t*（卵を）産む: ~ ŵy 卵を産む

doe (-au) : ddoe *m* **1.**昨日, きのう: dydd Llun oedd hi ddoe きのうは月曜日でした; echdoe *m* 一昨日 **2.**［形容詞的に］昨日［きのう］の: bore ddoe きのうの朝; papur ddoe 昨日の新聞 **3.**昨今, 近頃 **4.**［通例*pl*］過去

ad **1.**きのう［昨日］（は）**2.**昨今［近頃］（は）

doeth (-ion) *a* **1.**（人・行動など）賢い, 賢明な, 思慮［分別］のある, 当を得た: ~ drannoeth y drin［諺］事が済んでから悟る, 後で理解する,「愚者のあと知恵」**2.**博学な, 博識の **3.**賢そうな, 物知り顔の **4.**（今まで分からなかったことが）分かって; 得るところがあって

doethair (-eiriau) *m* 警句, 格言

doethineb *m* **1.**賢明, 思慮分別, 知恵, 慎重: arfer ~ 分別を巡らす **2.**学問, 知識,博識 **3.**金言, 格言, 名言, **4.**勧めてよいこと, 得策 **5.**行動［判断, 選択］の自由, 自由裁量 **6.**知者, 賢人 **7.**古代賢人たちの教え: D~ Solomon［聖書］ソロモンの知恵（聖書外典の一つ）

doethinebu *t* **1.**もったいぶって話す［書く］**2.**尊大に振舞う

doethinebwr (-wyr) *m* 知ったかぶりをする［賢人気取りの］人

doethor (-ion) : doethur (-iaid) *m* :

doethures (-au) *f* 博士: Doethur mewn Llên/Llenyddiaeth 文学博士

doethuriaeth (-au) *f* 博士号

doethurol *a* 博士の

doethwr (-wyr) : doethyn (-ion) *m* :

doethwraig (-agedd) *f* **1.**賢（婦）人: y Doethion o'r Dwyrain［聖書］東方の三博士（cf *Matt* 2:1）**2.**= **doethinebwr**

dof (-ion) *a* **1.**（動物などが）飼い馴らされた, 家畜化された: anifail (anifeiliaid) ~ *m* 家畜, 飼い馴らされた動物 **2.**（人が）おとなしい, 柔順な, 素直な; 無気力な **3.**（書物・演劇など）単調な, 退屈な, つまらない, 精彩を欠く

dofadwy *a* 飼い馴らせる

dofder : dofdra *m* **1.**（動物が）馴れていること **2.**柔順, 素直 **3.**無気力

dofedn — **dolffin**

dofedn (-od) *m* 1.家禽（鶏・アヒル・七面鳥など）: geri (*m*) dofednod [獣医] 家禽コレラ; brech (*f*) dofednod 鶏痘 2.家禽の肉

dofi *t* 1.(動物を) 飼い馴らす 2.(人を) 服従させる, おとなしくさせる 3.(勇気・熱情などを) 抑制する, くじく
i 1.馴れる 2.おとなしくなる

dofiad (-au) *m* (動物の) 飼い馴らし

dofwr (-wyr) *m* (猛獣などの) 馴し手, 調教師

Dofydd *m* 神, 造物主

dogfen (-nau, -ni) *f* 1.文書, 書類; 文献 2.記録, 資料; 証書 3.[海事] [*pl*] 船舶書類 4.[図書] 公文書

dogfenadwy *a* 証拠書類 [書証] によって証明できる

dogfeniad *m* 1.文書 [証拠書類] 提示, 文書による証拠固め 2.船舶の船積書類備え付け

dogfennaeth *f* 証拠書類, 文献, 資料

dogfennen (-ennau) *f* (映画・テレヴィ・ラジオ・小説などの) 記録物, ドキュメンタリー

dogfennol *a* 1.文書の; 証書の 2.(映画・テレヴィ・小説などにより) 事実を忠実に記録した

dogfennu *t* 1.文書を提供する 2.文書で証明する 3.(書物などに) 文献を付記する

dogfennwr (dogfenwyr) *m* : **dogfenwraig (-agedd)** *f* 1.記録された知識を提示する専門家 2.(映画・写真・演劇・文学などの) 記録主義者

dogma (dogmâu) *mf* 1.(教会などが定めた) 教義, 教理 2.定論, 定説 3.独断的主張 [見解], ドグマ

dogmateg *f* [キ教] 教義学, 教理論

dogmateiddio *i* 独断的な意見を述べる, 独断的に断定する

dogmateiddiwr : **dogmatydd (-wyr)** *m* 1.独断家, 独断論者 2.教条 [教義] 主義者

dogmatiaeth *f* 1.独断主義, 独断的態度 2.教条 [信条] 主義

dogmatig *a* 1.教義上の, 教理に関する 2.(人・見解など) 独断的な 3.[哲学] 独断 (主義) の

dogn (-au) *m* 1.[薬学] (薬の) 一服 2.(一回分の) 服用量 3.[医学] (一回に照射される) 放射線量 4.(食料・衣料・燃料などの) 配給量, 定量 5.[*pl*] 食料, 糧食: dognau argyfwng, dognau wrth gefn 非常食, 料非常用携帯食 [口糧] 6.(金・食物・衣服などの) 施し物 7.部分, 分け前, 割当 8.[軍事] [通例*pl*] 一日分の食料 [軍用食]

dogni *t* 1.(人に) 投薬する, 服薬させる 2.(薬を) 盛る, 適量に分ける 3.(ワインなどに風味を添えるため糖蜜などを) 加える 4.(施しの金・食物などを) 与える 5.(成分を) 調和させる

doili (-s) *m* ドイリー（テーブルの上の皿や花瓶の下に敷く紙やレースなどの敷物）,（皿の上のケーキやサンドウィッチの下に敷く紙の敷物）

dol (-iau) : **doli (-s)** *f* 1.人形: tŷ (*m*) dol (tai doliau) 人形の家; おもちゃのような小さな家; doli glwt (dolis/doliau clwt), doli racs (dolis/doliau rhacs) 縫いぐるみ人形 2.操り人形 3.美しいが軽薄な女

dôl *m* [行政] 失業手当: mynd ar y ~ 失業手当を受ける

dôl (dolau, dolydd) *f* 1.谷 2.(干草を作る) 牧草地: llifddol (-ydd) *f* 河水によって灌漑される牧草地, 冠水牧草地

dolbridd (-oedd) *m* 牧草地の土壌

doldir (-oedd) *m* 牧草地

dolef (au) *f* 泣き叫び, 泣き叫ぶ声

dolefain *i* (痛み・苦しみなどで), 声を上げて泣く, 大声を上げる

dolefus *a* 1.(声・音など) 悲しげな, 悲しそうな, 哀れな 2.嘆き悲しむ

dolefwr (-wyr) *m* : **dolefwraig (-agedd)** *f* 泣き叫ぶ声

dolen (-nau, -ni) *f* 1.(コップ・水差し・ドア・籠などの) 取っ手 2.(鎖の) 輪, 環: ~ angor (dolennau angora) 錨環 3.カフスボタン: ~ lawes (dolennau llewys) カフスボタン 4.(糸・紐・ロープなどで作った) 輪 5.(路線・電線などの) 環状線 6.(鉄道の) ループ線 7.[スケ] ループ 8.[測量] リンク (測量上の長さの単位: 7.92インチ) 9.(連鎖を成す物の) 構成要素; きずな, つなぎ, 連結: ~ goll (dolennau/dolenni coll) 系列上欠けている要素; y Ddolen Goll, y Ddlen Ddiffyg [人類] 失われた (鎖の) 輪 (進化史上で類人猿と人類との中間にあったと想像される生物) 10.(川などの) 湾曲部 11.[医学] 避妊リング 12.[電算] ループ 13.[解剖] 係蹄: ~ Henle 尿細管 [ヘンレ] 係蹄 (腎臓の細尿管の一部でU字形に曲がった部分) 14.[航空] 宙返り

doleniad (-au) *m* 1.結合, 連鎖, 連係つながり 2.(川の) 曲がりくねり, 曲折

dolennog *a* 1.輪になった, 輪 [環] 状の: llinell ddolennog (llinellau ~) *f* (鉄道の) ループ線 2.(川・道路などが) 曲がりくねった

dolennu *t* 1.(糸・紐・リボンなどを) 輪にする; 輪で囲む 2.(輪で) 締める, くくる; 輪で結ぶ [束ねる] 3.(紐などを) 巻付ける 4.(飛行機を) 宙返りさせる
i 1.輪を作る, 環状になる 2.(川・道などが) 曲がりくねる, 蛇行 [屈曲] する 3.(飛行機で) 宙返りをする

dolennwr (dolenwyr) *m* 糸の輪を作る人

doler (-i) *f* ドル: diplomyddiaeth (*f*) y ddoler ドル外交; arwydd (*mf*) ~ *f* (数字の前に記す) ドルの記号 ($); aderyn (adar) (*m*) y ddoler [鳥類] ブッポウソウ, 仏法僧 (その翼にドル硬貨ほどの大きさの明るい斑点があるのに因む) 2.1ドル紙幣 [銀貨, 金貨] 3.5シリング銀貨

dolffin (-iaid) *m* 1.[動物] イルカ; (特に) マイルカ: cic (*f*) ddolffin (ciciau ~) [水泳] ドルフィンキック 2.[紋章] イルカ模様

Dolgellau *f* [地名]ドルゲリ(Dolgelley; ウェールズ西部の旧Merionethshire州(現在はGwynedd州の一部)の首都)

doli (-iau, -ïau, -s) *f* 1. = **dol** 2. (小児語)お人形ちゃん 3.洗濯棒(通例4本の足の付いた棒で, 芋を洗うようにこれを動かして洗濯をする) 4. [映画・テレ]移動式撮影機台, ドリー: cip (-iau) (*m*) ~ ドリーショット(ドリーを使って動きながら撮ると; または撮った場面) 5. [機械]鉱石の破砕に用いる突き棒 6. (石切場や土木工事などで用いる)小型機関車

dolian : dolio *t* 美しく着飾る

dolman (-au) *m* [服飾] 1.ドルマン(婦人用のケープ式袖付きマント): llawes (*f*) ddolman (llewys ~)ドルマンスリーヴ(ウエストラインに届くほど大きい袖ぐりにセットされた袖で, 身頃から続いて手首で締まる) 2.トルコ人の長い外衣 3.軽騎兵が制服として着用したジャケットで, 肩で止めるケープタイプのもの

dolur (-iau) *m* 1.傷, 怪我, 触れると痛い所: ~ annwyd[病理](風邪の後に出来る)口唇ヘルペス, 単純疱疹 2.痛み, うずき, 疼痛: ~ gwddw 喉の痛み; ~ rhydd *m* [病理]下痢 3. (精神的)心痛, 苦痛, 悲しみ 4.弱点

dolurio *t* 1. (人・生物を)傷つける, 傷める: gest ti ddolur? あなたは怪我をしたのですか? 2. (人の感情を)害する, 傷つける 3. [否定文・疑問文で]困らせる, 不都合である

dolruus *a* 1. (炎症・体の患部など)触れると痛い, ひりひりする 2. (話題などが)人の感情を害する, 心を痛める 3.悲嘆に暮れた, 悲しい; 痛ましい 4.辛い, ひどい, 激しい

dominiwn (-iynau) *m* 1.領土, 領地 2. [D~](英連邦の)自治領の旧称: D~ Canada カナダ連邦(1867年成立)

domino (-s) : dominô (-s) *m* 1. [服飾]ドミノ仮装衣(仮面舞踏会で着用する頭巾と小仮面付きの長い外衣) 2.ドミノの駒[牌]: damcaniaeth (*f*) y dominos/dominôs[国際政治]ドミノ理論一国が共産化すると周辺諸国も共産化するという理論; 将棋倒し理論 3. [*pl*][遊戯]ドミノ遊び: chwarae dominos/ dominôs ドミノ遊びをする

domisil (-iau) *m* [商業]手形の支払場所

donio *t* 1. (学校・病院などに)基金を寄付する 2. (特権などを)与える 3. (能力・才能などを)授ける, 賦与する

doniog *a* 天賦の才のある, 有能な

doniol *a* 滑稽味のある, ユーモアに富んだ, ユーモラスな: un ~ ユーモアに富んだ人

donioldeb : doniolwch *m* ユーモア, 滑稽, おかしみ, 剽軽; ユーモアを解する[表す]力

dôr (dorau) *f* 1.ドア, 木戸, 扉 2.戸口, 出入口 3.一戸[軒] 4.門戸, (…への)道

Doreg *mf* (古代ギリシャの)ドーリス地方語

Doriad (-iaid) *mf* (古代ギリシャの三種族の一

つである)ドーリス[ドーリア]人

Doriaidd *a* (古代ギリシャの)ドーリス(Doris)の: y modd ~ [音楽]ドリア旋法

Dorig *a* (古代ギリシャの)ドーリス地方語の

dormer (-au) *f* 屋根窓

dormi *a* [ゴルフ]ドーミーの

dorsal *a* 1. [解剖・動物]背[背面]の: nerf ddorsal(nerfau ~)*mf* [動物]背根 2. [植物]背面[背側]の

dortur (-iau) *m* [歴史](修道院などの)寮舎, 宿望

dos (-au, -ys) *m* = **dogn** : dôs cyfnerthol/ gyfnerthol(dosau cyfnerthol)[医学](薬の)効能促進剤

dosbarth (-au, -iadau) *m* 1.分類, 類別, 種別 2.等級別, 格付け 3. (経済的・政治的・社会的身分を共にする)人の集団; 社会階級; 階級制度: brwydr (*f*) y dosbarthiadau 階級闘争; y ~ canol 中流階級(の人々); ~ canol中流階級の; y dosbarthiadau isel/isaf 下層階級(の人々) 4. (共通の性質を持つ)部類, 種類 5. (乗物などの)等級 6. [教育](学校の)クラス, 組, 学級: ~ nos 夜間学級 7. (クラスの)授業(時間), 講習 8. (大学の)優等試験の合格等級 9. [図書]図書分類法: llythyren (*f*) ddosbarth (llythrennau ~) 分類番号 10. (行政・教育・郵便・選挙などの目的で区分された)地区, 管区, 区域 11. (ある特色を持った)地方, 地域: cyngor (cynghorau) (*m*) ~ 地方議会 12. [生物]分類, 部門

dosbarthadwy *a* 1.分類[類別]できる 2.配分できる

dosbarthedig *a* 1.分類した 2.分布された 3. (道路が)等級付けられた: ffordd ddosbarthedig (fyrdd ~)*f* 等級付けられた道路

dosbarthiad (-au) *m* 1.分配, 配当, 配給, 配布, 散布 2. (郵便物・新聞などの)配達 3. [経済](富の)分配 4. (商品の)流通 5.分類, 類別, 区分; 等級別, 格付け 6. (動植物などの)分布 7. [図書]分類(法) 8. [生物]分類(法) 9. [機械]配水, 配電, 配気 10. [論理]分配; 周延, 拡充

dosbarthiadol *a* 分類[分布]の, 類別的な

dosbarthol *a* 1.分類した: cygeiriadur (-on) ~ *m* 職業別電話帳; catalog (-au) ~ *m* [図書]分類目録 2.分配[配給]の 3. [文法]配分的な: rhagenw (-au) ~ *m* 配分代名詞 4. [数学]分配の: Deddf Ddosbarthol 分配法則 5. [論理]分配の; 拡充的な

dosbarthu *t* 1.分類[類別, 区分]する; 等級に分ける 2.分配する, 配る, 配分する 3.分布させる; 散布する, まく 4. (郵便物などを)配達する 5. (書類などを)機密扱いにする 6. [論理]分配する; 拡充[周延]する

dosbarthwr : dosbarthydd (-wyr) *m* : **dosbarthwraig (-agedd)** *f* 1.分配[配布,

dosbarthydd   246   **draig**

配達, 配給)者 2.仕分け人 3.分類する人
4.[商業]配給[卸売, 流通]業者

dosbarthydd (-ion) *m* [電気]配電[分配]
器, ディストリビューター

dosio *t* = **dogni**

dosranedig *a* 分布された

dosraniad (-au) *m* 1.(利益などの)分配; 分割
2.[植物]分布: ~ planhigion 植物の分布
3.[数学・統計]分布: ffwythiant (-iannau)
(*m*)~ 分布関数

dosraniadaeth *f* [政治]私有財産分配論; 土
地均分論

dosraniadol *a* 分布の

dosrannu *t* 1.配る, 配布する 2.(物を)配分す
る 3.[数学]割る, 割り切る

dosrannwr (dosranwyr) *m* :
dosranwraig (-agedd) *f* 1.分配[配布, 配
給, 配達]者 2.[政治]私有財産分配論[土地
均分論]者

dot *f* [病理]目眩, 眩暈

dot (-iau) *m* 1.小点 (iやjの点, 小数点, 終止符
など) 2.点のように小さい物, ちび, 子供 3.少量
4.[服飾]水玉模様 5.[音楽]符点, 円点
6.[通信](モールス符号の)短音, ドット, 「トン」:
dotiau a strociau (モールス信号の)トンとツー

dotio *t* (iなどに)点を打つ: ~ pob i a chroesi
pob ti 物事をきちんとする, 用意周到である

dotwaith (-weithiau) *m* [美術]点刻[点画,
点彩] (法)

dotweithio *t* [美術]点刻[点描, 点彩]する

dotweithiwr (-wyr) *m* [美術]点刻[点描, 点
彩]家

dowc (-iau) : dowciad (-au) *m* (水泳の)飛
込み, ダイヴィング

dowcio *t* 1.(頭を)ひょいと下げる: ~ pen 頭を
ひょいと下げる 2.(人・頭などを)水中に押し込
む, ひょいと突っ込む, 沈める
i 1.頭をひょいと下げる 2.ひょいと水に潜る, 飛込
む

dowciwr (-wyr) *m* : **dowcwraig (-agedd)**
f 1.水に飛び込む[潜る]人, ダイヴァー 2.潜水夫

drachefn *ad* 1.再び, また, もう一度: ~ a
thrachefn 再三, 何度も何度も 2.さらにそれだ
け, もう…だけ 3.元の状態[所]へ, 元のように
4.また一方 5.応じて, 答えて, (音が)反響して

drachma (-âu) *f* 1.ドラクマ (現代ギリシャの通
貨単位) 2.(古代ギリシャの)ドラクマ銀貨

dracht (-iau) *mf* 1.飲むこと 2.(液体の)一飲み
(の量) 3.[医学](水薬の)一回分 4.(液を槽
などから容器へ)注ぎ出すこと; (酒類の)樽抜
き

drachtio *t* (…を)十分味わう

draen (-iau, dreiniau) *f* 1.配水管[路]; 下
水管[溝] 2.[医学]ドレーン, 排液管

draenen (drain) *f* 1.(動植物の)刺, 針 2.イバ
ラ; 刺のある植物[低木]: ~ wen (drain

gwynion) (セイヨウ)サンザシ; ~ ddu (drain
duon) ヨーロッパ産のリンボク 3.刺すような痛み
4.苦痛[悩み]の種

draeniad (-au) *m* 1.排水, 水はけ 2.排水路[装
置]: ~ mewnol/mewndirol [地理]内部[内
陸]流域 (川が海に達せず内陸の砂漠や湖沼
に終わるような流域) 3.下水, 汚水

draenio *t* 1.(排水設備で)排水する, 水をはか
せる: ~ dŵr 排水する: draenir dalgylch
Paris gan y Seine [地理]パリ盆地はセーヌ川
とその支流によって排水される 2.(土地を)干
拓する 3.(水浸しの鉱坑・沼地などを)徐々に
排水する

draeniwr (-wyr) *m* 下水[配管]工事人

draenllwyn (-i) *m* 刺のある低木

draenog (-od) *m* : **draenoges (-au)** *f* [動物]
ハリネズミ ~ môr [動物]ウニ

draenog (-iaid) : draenogyn (-ogiaid) *m*
[魚類]パーチ (ヨーロッパ産の食用淡水魚)

draenogaidd : draenoglyd *a* 1.ハリネズミの
ような (人が)とげとげした, 付合いにくい, 怒
りっぽい

draft (-iau) *mf* 1.分遣[特派]隊 2.[商業]為
替手形; 小切手, 為替命令書: ~ ar hawliad
要求[一覧]払いな為替手形 3.草案, 草稿:
cytundeb ~ 約約の草案 4.(設計・絵画など
の)下書き, 下絵, 設計図 5.隙間風; 通風: mae
yma ddraft ここは隙間風が来る 6.隙間風の通
り道, (ストーヴなどの)通気調節装置 7.[*pl*](遊
戯)チェッカー

drafftio *t* 1.選抜[特派]する 2.(文書などを)
起草[立案]する 3.(設計図・絵などの)下図
[絵]を書く 4.[軍事](米)徴兵する

drafftiog *a* 隙間風の入る

drafftiwr (-wyr) *m* 1.(文書の)起草者 2.下
図工

drafftsmon (-myn) *m* : **drafftsmones (-au)**
f 1.製図工 2.設計者 3.(文書・議案などの)
起草[立案]者 4.デッサン画家

drafftsmonaeth *f* 製図[図案]工の技術[資
格]

drag *m* (男が着る)婦人服

dragio *t* 1.(重い物を)引く, 引っ張る 2.(足・尾
などを)引きずる 3.(人を無理に場所・行事な
どに)引っ張り出す, 連れて行く 4.[海事](船が
錨を)引っ張る
i 1.(人が)足を引きずって歩く 2.(時・仕事・
催物などが)のろのろと進む, だらだらと長引く

draig (dreigiau) *f* 1.竜翼と爪を持ち口から火
を吐くという伝説の怪獣動物: ~ Comodo コモ
ドオオトカゲ, コモド竜 (インドネシアのKomodo
島及びその付近に住む世界最大のトカゲ; 長さ
3.5mにも達する); dannedd ~ [軍事](コンク
リート製の楔形障害物を何列にも並べた) 対戦
車防御設備; y Ddraig Wen ホワイトドラゴン,
白竜 (アングロサクソンの象徴); y Ddraig Goch

dram — 247 — **dring**

レッドドラゴン, 赤竜(ウェールズの象徴であるこの赤竜のデザインをあしらった旗が国旗として正式に認められたのは1959年である) 2. (若い女性の)厳格な監視役, 付き添い老女

dram (-au) *mf* ドラム(常衡で1/16オンス; (米)薬衡で1/8オンス)

drama (dramâu) *f* 1.戯曲, 脚本, 台本 2.劇, 演劇, 芝居, 劇文学[芸術]: ~ gegi (dramâu cegin) 家庭内ドラマ; ~ fydryddol (dramâu mydryddol) 韻文劇; ~ glog a chledd (dramâu clog a chledd) 冒険とロマンの劇, チャンバラ劇 3.劇的な事件; 劇的効果

dramalog (-au) *mf* [演劇](観客に対して行う)劇の朗読

dramateiddiad (-au) *m* 1.脚色, 劇化 2.脚色作品

dramateiddio *t* 1. (事件・小説などを)劇にする, 脚色する 2.劇的に表現する

dramatig *a* 1.劇に関する, 演劇の 2.脚本[戯曲]の 3.劇的[感動的]な 4.芝居がかった, 大袈裟な

dramäwr (-wyr) : dramäydd (dramayddion) *m* 劇作家

dramodiad (-au) *m* = **dramateiddiad**

dramodig (-au) *f* 短い劇

dramodwr : dramodydd (-wyr) *m* = **dramäwr**

drannoeth *ad* その次の日に

drâr (drarau) *f* [家具] 1. (箪笥・机などの)引出し 2. [*pl*] 箪笥

draw *a* あそこ[向こう]の: weli di'r mynydd? あそこの山が見えますか?
ad あそこ[向こう, 遠く]に: ~ ymhell, ymhell ~ はるか向こうに; yma a thraw, fan hyn fan ~ あちこちに

drefa (drefâu) *f* 1.穀物・薬の単位(通常24束) 2.多数, 多量

dreif (-iau) *m* [スポ][ゴルフ]ドライヴァーでの一打; [テニス・ホッ・クリなど]ドライヴ; [野球]直球

dreifar (-s) *m* [ゴルフ]ドライヴァー

dreifio : dreifo *t* 1. (車などを)運転する 2. [スポ][ゴルフ](ボールを)ドライヴァーで打つ; [クリ](中間地帯へ強打する; [テニス](ボールを)ドライヴで打つ

dreinio *t* (イバラの)生垣を設ける

dreiniog : dreinllyd *a* 刺の多い, 刺だらけの, 刺のような, 針のある

drel (-iaid, -od) *m* 粗野な男, 不作法者

dreng *a* 気難しい, むっつりした, 不機嫌な, 怒りっぽい

drensh (-is) *m* [獣医](牛馬に飲ませる)水薬

drensio *t* [獣医](牛馬に)水薬を飲ませる

drensiwr (-wyr) *m* [獣医](牛馬用の)水薬投与器

dresel : dreser (-au, -i, -ydd) *f* 食器(戸)棚

dresin (-s) *m* [料理](サラダなどにかける)ソース, ドレッシング: ~ salad サラダドレッシング

drewdod *m* 1. (強い)悪臭, 嫌な臭い 2. (下水管などの)防臭弁

drewgi (-gwn) *m* 1. [動物]スカンク 2.スカンクの毛皮 3.臭い人 4.嫌な[鼻持ちならぬ]奴, 卑劣漢, けちな人間 5. [鳥類]悪臭をもつウミバメ

drewi *t* 1.悪臭を出させる 2.悪臭で追い出す
i 1.悪臭を放つ 2.不愉快である 3.ひどく評判が悪い

drewllyd *a* 1.悪臭のある, 臭い 2.ぐでんぐでんに酔っ払った

drib (-iau) *m* [通例*pl*](液体の)一滴; 少量

drib-drab : drib drab *ad* 少しずつ

dribl (-au) : driblad (-au) *m* [球技](サッカー・バスケットボール・野球などの)ドリブル; ~ dwbl [バスケ]ダブルドリブル

driblan : driblo *t* [球技](サッカーなど)(ボールを)ドリブルする

driblwr (-wyr) *m* [球技](ボールを)ドリブルする競技者

driblyn (-nau) *m* 1.小滴 2.少量

drifft (-iau) *m* 1. [地質](氷河などによって運ばれる)岩塊, 砂礫; 漂積物: ~ rhewlif/ rhewlifol 氷河による漂積物[岩塊] 2. [機械]ドリフト(重ね合わせた鋼材のリヴェット孔が多少狂っているとき打ち込んで整孔する道具); (金属の穴に打ち込んで拡大する)ドリフト 3. [鉱山]ひ押し[沿層]坑道 4.流し網: rhwyd (*f*) ddrifft (rhwydau ~) 流し(刺し)網

driffter (-au) *mf* 流し網漁船

drifftio *t* 1. (風・海流などに乗って)漂流する, 漂う 2. [機械](金属の穴に)ドリフトで拡大する 3. [漁業]流し網で魚を捕る

drifftiwr (-wyr) *m* 流し網を使う漁夫

dril (-iau) *m* 1. [道具]錐, 穴あけ器, ドリル: ~ llaw 手錐, ハンドドリル; ~ brest 胸当て錐 2. [教育]反復練習, 稽古, ドリル 3. [農業]条播き器, 条播器 4. [織物]強い太綾織綿布[亜麻布]; 雲斎織 5. [軍事]教[訓]練, 練兵: dril-ringyll (-iaid, -od) *m* 練兵係軍曹

dril (-iaid) *m* [動物]ドリル(西アフリカ産の小型のヒヒ)

drilio *t* 1. (穴を)開ける: ~ twll 穴を開ける; ~ dant (歯科医が)ドリルで歯に穴を開ける 2. (学生などに)反復練習させる 3. [軍事]教練する
i 1. [軍事]教練を受ける 2. (採油などのために)ボーリングをする: ~ am olew 採油のためにボーリングをする

driliwr (-wyr) *m* 1.穴を開ける人 2.軍事教練指導官

dring (-ion) *m* : **dringfa (-feydd)** *f* 1. (山などに)登ること, 登り, 登攀: dringfa serth 難儀な登攀 2.上昇 3.上り坂

dringadwy *a* 登ることができる, 登攀可能な

dringen (-nau, -ni) *f*[登山] 傾斜面, 急な坂

dringhedydd (dringedyddion) *m* 1.[鳥類] 這い上がる鳥, 攀禽(キツツキなど), 木に登る鳥, (特に)キバシリ 2.[植物] 蔓植物, 這い登る植物, 攀縁植物(セイヨウキヅタなど)

dringiedydd (dringedyddion) *m*[植物] =dringhedydd 2

dringo *t* 1.(山・木などに)(よじ)登る, 上がる: ~ mynydd 山に登る 2.(植物が)巻き付いて登る
i 1.(手足を使って)(よじ)登る, 登山する 2.(道路が)上り坂になる 3.(飛行機などが)上昇する 4.(植物が)巻き付いて登る 5.(努力して)出世する, 昇進する: ~ i awdurdod/rym 権勢にたどり着く

dringol *a*[植物] 上に曲がった

dringwr (-wyr) *m* : **dringwraig (-agedd)** *f* 1.(よじ)登る人 2.登山[登攀]者 3.立身出世に努力する人, 上流階級に入り込もうとする野心家: dringwr cymdeithasol, dringwraig gymdeithasol 立身出世をねらう野心家 4.[植物] 這い登る植物 5.[鳥類] 這い登る鳥類

dripsych (-ion) *a* (衣服・生地が) 濡れたまま吊しておいて早く乾く

dripsychu *t&i* 濡れたまま吊しておいて早く乾かす[乾く]

dromwnt (dromyntau) *m*[歴史](中世に地中で用いられた多数のオールと大三角形帆を備えた大型高速の木造艦)

dropsi *m*[病理] 水腫(症), 浮腫(症): ~'r bol 腹水

drôr (droriau, drors) *mf* = **drar**: cist (*f*) ddroriau (cistiau droriau) 箪笥

dros *prep* 1.[離れた位置]…の上方[真上]に[の] 2.[接触した位置]…の上を覆って[にかぶさって]: a'i het ~ ei lygaid 彼の帽子を目深にかぶって 3.[場所・地域]…中を[一面に]; …の隅々まで 4.[動作]…を越えて: syrthio/cwmpo ~ ddibyn 崖から転がり落ちる 5.(海・川・通りなどの)向こう側に[の] 6.[年齢・時間・数量]…より多くを[を越えて] 7.[支配・優位・勝利]…を支配して[の上位に, を制して] 8.[時間・時期]…中ずっと[の終わりまで]: a ellwch chi aros y Sul, fwrw'r Sul? 日曜日は泊まっていけますか? 9.[距離]…にわたって 10.[飲食・仕事]…しながら, 取りながら 11.[問題・心配事]…について[関して] 12.[電話・ラジオ]…で[によって] 13.[数学]…で割って

drosodd *ad* 1.ひっくり返して; 逆さまに:(本などの)裏ページに: trowch ~ 裏面へ続く 2.(こちらから向こうへ)横切って, 渡って: dod ~ 横切って[渡って]来る 3.繰返して: dengwaith ~ 繰返して10回も; ~ a throsodd 何度も何度も 4.溢れて: fe ferwodd y llaeth ~ 牛乳が沸騰

してこぼれた 5.突き出て, 寄り掛かって: plygu ~ 寄り掛かる 6.(街路・川・海などを)越えて, 向こうへ 7.余分に, 余って 8.終わって, 済んで, 過ぎて: mar'r perygl ~ 危険は去った 9.[通信](交信で)応答どうぞ, 「オーヴァー」

druan *a*[truan の語頭子音が変化した形容詞で, 主に druan+名前[代名詞]として用いられる] 哀れ[可哀想, 惨め]な: Huw ~! 可哀想なヒュー!, ~ ohonyn nhw! 可哀想に!

drud (-ion) *a* 1.(品物など)高価な, 費用のかかる, 不経済な 2.貴重な

drudaniaeth *f* 1.高価 2.不経済 3.貴重

drudfawr *a* 1.商品など高価な 2.大変な価値がある貴重な

drudfawredd *m* 豪華, 贅沢, 貴重

drudwen (-wy) *f* : **drudwy (-od, drudus)** *m* [鳥類] ホシムクドリ(物まね・おしゃべり・盗癖で有名)

drwg (drygau) *m* 1.悪, 邪悪, 罪悪, 害悪, 有害: ~ cymdeithasol 社会悪, 売春 2.(精神的)苦痛 3.[法律] 権利侵害, 違法行為
a 1.(道徳的に)悪い, 不良の, 不正[邪悪, 横しま]な: dyn ~ 悪人; un/dyn ~ ydyw 彼は悪党[やくざ]だ; tŷ ac enw ~ yddo 評判のよくない家(売春宿など); llygad ~ *m* 邪眼, 悪魔の目; y Gŵr D~ *m* 悪魔 2.(質・内容など)悪質[粗悪]な, 偽造の: arian ~ 悪貨, 偽金 3.(体・健康などに)悪い, 有害な 4.(気候・天候など)厳しい, 荒れ模様の, 5.(味・香りなど)嫌[不]快な 6.(食品・歯など)腐敗した, 痛んだ, 悪くなった: dant ~ 虫歯; ŵy ~ 腐った卵 7.病気の, 加減の悪い 8.災いの, 不吉な; 不愉快な; 生憎の; 運の悪い: newyddion ~ 凶報 9.後悔して, 悲しんで: mae'n ddrwg gennyf (drosto) 彼が気の毒で 10.(子供・子供の振舞が)いたずら[腕白, 茶目]な, 行儀の悪い, 言う事を聞かない: y cenau/gwalch/trychfil bach (~) iti!, y mawrddrwg (bach) (iti)! このいたずらっ子め! 11.無効な: drwgddyled (-ion), dyled ddrwg (dyledion ~)*f*[商業] 回収不能の貸金, 貸倒損失

drwgdeimlad *m* 悪意, 敵意, 憎悪, 恨み

drwg-dyb (-ion) *mf* 不信, 疑惑, 疑念

drwgdybiadwy *a* 疑いをかけられる, 疑わしい, 怪しまれる

drwgdybiaeth (-au) *f*[法律] 容疑, 嫌疑: ennyn ~ 疑惑を生む

drwgdybiaethol *a* 疑い深い

drwgdybiedig *a* 1.疑わしい, 怪しい 2.(…の)疑いがある

drwgdybio *t* 1.(危険・悪事などに)気付く, 感づく 2.(人を)怪しいと思う,(人に)容疑をかける: ~ rhn 人を怪しいと思う 3.(動機・信憑性などを)疑う, 信用しない 4.…ではないかと思う, 推測する
i 疑る, 疑いをかける

drwgdybiwr 249 **drylliog**

drwgdybiwr (-wyr) *m* : **drwgdybwraig (-agedd)** *f* 疑い人

drwgdybus *a* 疑い深い, 怪しいと思う, 信用しない

drwglosgiad *m* 放火(罪)

drwgweithredol *a* 1.犯罪の; 刑事上の 2.犯罪的な, 罪を犯している 3.けしからん, 残念な, 嘆かわしい

drwgweithredwr (-wyr) *m* : **drwgweithredwraig (-agedd)** *f* 悪事を行う者, 悪人

drwm (drymiau) *m* 1.[音楽]太鼓, ドラム; ~ a ffynドラムとスティック[ばち]2.[解剖]中耳; 鼓室, 鼓膜 3.ドラム缶 4.(連発銃の)円盤型弾倉 5.[機械]ドラム, 円筒形部 6.売春宿 7.[魚類]太鼓のような音を出すニベ科の魚の総称 8.[地質]氷堆丘, ドラムリン(氷河の流れによって形成された漂積物の細長いまたは長円形の丘陵

drwmwr (-wyr) *m* 1.ドラムを奏する人, ドラマー 2.= **drwm** 7

drwpled (-au) *m* [植物]小核果

drws (drysau) *m* = **dor**; ~ allan 表玄関, 通りに面した出入口; curo/cnocio yn/ar/wrth y ~ 戸を叩く[ノックする]; o ddrws i ddrws 戸口から戸口まで; 家ごとに; carreg (*f*) ~ (cerrig drysau)(戸口の)敷居石, 靴ずり石

drwy *prep* 1.[貫通・通過]…を通って[貫いて]2.[通行・通路]…の中を通って 3.[時間・期間]…中[の初めから終わりまで]4.[場所]…中を[に], …の至る所に[を]5.[手段・原因・動機]…によって[のために, のお陰で: anfon rhth drwy'r post 何かを郵送する 6.[経験・合格・完了]…を経て[切り抜けて, 終えて]: 'rwyf hanner y ffordd drwy'r llyfr hwn 私はこの本を半分読み終えて 7.[信号]無視して 8.[騒音]かき消されないで

drycin (-oedd) *f* 嵐, 暴風(雨)

drycinog *a* 嵐の, 暴風(雨)の

drycsain (-seiniau) *f* 不協和音; 不快な音調

drycsawr *m* 悪臭; 臭気

drycsawrus *a* 臭い, 悪臭のする

drych (-au) *m* 1.鏡, 姿見: ~-ddelwedd (-au) *f* 鏡像; drychganon (-au) *mf* [音楽]鏡像[反行]カノン(後続声部は先行声部を鏡に映してみた形で応答する); 反射鏡 2.真の姿を写す物 3.模範

drychfeddwl (-feddyliau) *m* 1.着想, 思いつき, アイディア 2.計画, 意図 3.意見, 見解, 考え方 4.理解, 認識 5.見当, 心当たり 6.(漠然とした)予感, 感じ 7.想像, 空想 8.理想(像), 典型 9.観念, 概念, 思想 10.[哲学]観念, イデア 11.[心理]表象, 観念 12.[音楽](楽想)作曲の際心に浮かんだテーマ: prif ddrychfeddwl (~ ddrychfeddyliau) *m* 指[示]導動機, ライトモチーフ

drychiolaeth (-au) *f* 1.幽霊, 亡霊, お化け 2.幻覚, 幻影, 幻 3.幻想, 妄想 4.[心理]錯覚

drychiolaethol *a* 1.幽霊のような, 不気味な, ぞっとするような 2.幽霊に関する, 幽霊の出そうな 3.霊的な

drŷg (-iau) *m* 1.薬, 薬品, 薬剤 2.麻薬

drygair (-eiliau) *m* 1.醜聞, スキャンダル 2.恥辱, 不面目 3.中傷, 陰口, 悪口

dryganadl *m* [病理]呼気悪臭; 口臭

drygedd (-au) *m* 1.悪, 悪徳, 不道徳 2.(制度・人格・文体などの)欠陥, 弱点, 不備 3.(馬・犬などの)悪い癖

drygfyd *m* 1.逆境, 不運, 難儀 2.災難, 不幸な出来事

drygio *t* 1.(飲食物に)麻薬を加える 2.薬物[麻薬]を飲ませる 3.(毒薬・酒などで)麻痺させる
i 麻薬に耽る, 麻薬を常用する

drygioni *m* 1.(道徳的に)悪いこと, 悪, 邪悪, 不正 2.悪行 3.堕落, 腐敗 4.腕白, 行儀の悪さ

drygionus *a* 1.(人・言動など)人を傷つけるような, 害を与える, 有害な, 悪意のある, 意地の悪い 2.= **drwg** 10

drygist (-iaid) *m* 1.薬屋, 売薬業者 2.薬剤師 3.ドラッグストア経営者

drygliwiad (-au) *m* 1.変色, 退色 2.染み

drygliwio *t* 変色[退色]させる, (…の)色を汚す

drygnaws *a* 悪意のある, 意地の悪い

drygu *t* (人・感情・名声などを)害する, 損なう, 傷つける

dryll (-iau) *m* 1.拳銃, ピストル, ライフル; 猟銃: ~ hela 猟銃 2.破片, 断片, かけら 3.(詩歌の)断章; 未完遺稿

dryllfetel (-au) *m* 砲金(銅と錫の合金); 砲金灰色(青みを帯びた赤灰色)

drylliad (-au) *m* 1.破損 2.破損個所 3.[通例 *pl*]破損物 4.分裂, 破砕, 断片化 5.(船の)解体 6.[商業]破損(賠償)高

drylliedig *a* 1.(ガラス・岩などが)壊れた, 砕けた, 割れた, 粉々にされた, 破片の 2.断片から成る, 断片的な 3.断続的な, 切れ切れの 4.(希望・夢・神経などを)くじく, 損なう, 駄目にする 5.(結婚・家庭が)破綻[崩壊]した 6.(病気・悲嘆などで)打ちひしがれた, 衰弱した, 打ちひしがれた 7.(約束・法律などが)破られた, 破棄された, 犯された 8.(土地などが)でこぼこの, 起伏のある 9.(言葉が)不完全に話される[書かれる], ブロークンな 10.はしたの, 半端な, 端数の 11.(馬などが)調教された

drylliö *t* 1.分解する, 断片[破片]にする 2.(希望・夢・事業などを)壊す, 打ち砕く, くじく, 台無しにする 3.(健康・神経などを)損なう, 害する, 狂わす 4.(船を)難破させる 5.(列車・自動車などを)破壊する

drylliog *a* (ガラス・岩などが)粉砕された, 粉々

drylliwr 250 **duo**

に壊された

drylliwr (-wyr) *m* 壊す[打ち砕く]人

drymlin (-oedd) *m* = **drwm** 8

drymiwr (-wyr) *m* : **drymwraig (-agedd)** *f* = **drwmwr** 1.

drysfa (-feydd) *f* 1.迷宮, 迷路 2.[D~][ギ神]ラビュリントス(Daedalusが Crete王 Minosのために造った Minotaur を監禁するための迷路)3.複雑に入り組んだ街路など 4.複雑な関係 5.紛糾, 当惑, 混乱 6.[心理]迷路

drysgoed (-ydd) *m* 1.(熱帯地方の)ジャングル, 密林, 叢林 2.密林地帯

drysi *m* 1.(髪などの)もつれ 2.ごたごた, 紛糾 3.喧嘩, 口論

drysïen (drysi) *f* [植物]イバラ, 野バラ(の枝)

drysle (-oedd) *m* 1.drysfa 2.[解剖]迷路, 内耳

dryslyd *a* 1.迷宮[迷路]の 2.入り組んだ, 複雑な 3.混乱した, 込み入った, 紛糾した 4.当惑した, 途方に暮れた: mae golwg ddryslyd 彼は当惑しているように見える 5.もつれた, 絡まった 6.[解剖]迷路[内耳]の

drysni *m* = **drysi**

drysor (-ion) *m* 1.(ホテル・デパート・劇場・クラブなどの)(ドア)ボーイ 2.(駅・空港の)赤帽, ポーター 3.門番, 門衛

drysu *t* 1.(人・心などを)当惑[困惑, 狼狽]させる, 途方に暮れさせる 2.(情況・問題などを)混乱させる, 複雑にする 3.(事を)紛糾させる 4.(論争・混乱などに)巻き込む 5.(頭・心を)悩ませる: ~ rhn â chwestiwn ある問題で人の頭を悩ませる 6.混同する: ~ rhwng rhth a rhth ある物とある物を混同する

dryswch *m* 1.(心の)当惑, 困惑, 狼狽 2.困惑させるもの, 困った事; 難問, 難題, 謎 3.混乱, 紛糾, ごたごた, 混雑, 乱雑 4.論争, 紛争, 衝突: mynd i ddryswch (人が)論争[衝突]する 5.混同 6.もつれ

dryswig (-oedd) *f* 1.(熱帯地方の)ジャングル, 密林, 叢林 2.混乱, 錯綜, 迷宮 3.猛烈な生存競争の場: ~ ddinas アスファルトジャングル(生存競争の厳しい大都市)

dryw [鳥類]ミソサザイ

DU *f* 連合王国 (y Deyrnas Unedig の略語)

du (-on) *a* 1.黒い, 黒色の: llygad ~ (llygaid duon) *m* 黒目; gloywddu (-on) 漆黒; duloyw (-on) 黒玉(jet)のように真っ黒い, 漆黒の, 濡れ羽色の 2.皮膚の黒い, 黒人の: pobl (f&pl) dduon 黒人(たち); y Crysau Duon オールブラックス(ニュージーランド国際ラグビーチーム; ユニフォームが黒色)3.(手・布など)汚れた, 汚い 4.(前途・思いなど)光明のない, 暗澹とした: anobaith ~ 暗澹たる絶望; (ニュースなど)不吉な 5.腹黒い, 邪悪[凶悪]な: calon ddu 陰険な心 6.(空・雲・深い水など)黒ずんだ, どす黒い, 暗黒の 7.黒衣[黒装束]の 8.(コーヒーが)ブラックの 9.(ユーモア・風刺など)冷笑的な, 毒を含んだ, 悲劇的なことをコミックに表現する: cellwair ~, hiwmor ~ *m* ブラックユーモア(風刺的・冷笑的でどぎつく不気味なユーモア); comedi ddu (comediau duon) *f* ブラックコメディ(ブラックユーモアを用いる喜劇)10.暗い, 陰気な

du *m* 1.黒, 黒色: ~ ifori アイヴォリーブラック 2.暗黒, 暗闇 3.黒人 4.黒絵具, 黒インク, 墨 5.黒衣, 喪服, 黒装束: gwisgo ~, bod mewn ~, bod yn eich ~ 黒衣をまとう, 喪服を着る 6.黒色斑点, 黒い染み

duad (-au) *m* 1.[建築]格間 2.(納屋の干草などの)牛馬飼料置場

duaidd *a* 黒みがかった, 黒みを帯びている

dudew *a* 真っ黒な

dueg (-au) *f* [解剖]脾臓

dug (-iaid) *m* : **duges (-au, -i)** *f* 1.[しばしば D~]公爵(英国では最高の爵位)2.(欧州の公国または小国の)君主, 公, 大公, 元首 3.[通例 *pl*]拳, げんこつ

dugiaeth (-au) *f* 1.公爵領, 公国 2.公爵の位階[身分]3.王族公領, 直轄領地(Cornwallまたは Lancaster)

dul (-iau) *m* ドスン[バタン]という音

dulio *t* 1.(げんこつ・棒などで)ゴツン[ポカリ, ドン]と打つ 2.(物を)ゴツン[ドシン, ドン]とぶつける; (物が)ゴツン[ドシン, ドン]とぶつかる 3.殴る, げんこつを食らわす 4.(楽器を)ガタガタ[ポンポン]鳴らす; (楽器で曲を)ポンポン弾く *i* 1.ゴツン[ドシン, ドン]と突き当たる 2.(心臓・脈拍が)ドキンドキンと打つ 3.ドシンドシン(音を立てて)歩く

Dulyn *f* [地名]ダブリン (Dublin)(アイルランド共和国の首都)

Dulyniad (-iaid) *mf* : **Dulynwr (-wyr)** *m* : **Dulynwraig (-agedd)** *f* ダブリンの人[住民]

dull (-iau) *m* 1.(行動・生活などの)様式, やり方, 方法, 流儀: ~ o fyw 生活様式; yn y ~ hwn こういう風に, このように 2.(人の他人に対する)態度, 様子, 挙動: adferf ~ [文法]様態の副詞 3.(文学・芸術などの)手法, 作風, 文体, 表現形式 4.(個人の)癖 5.風習, 風俗, 習慣 6.(分類上の)命名法; 学名

dullwedd (-au) *f* (言行・身振りなどの)独特の癖

dunos (-au) *f* 暗い夜

duo *t* 1.黒く[暗く]する; 汚す 2.(人格・評判などを)汚す, 悪く言う 3.殴って目の回りに黒痣を付ける: rhoi llygad ~/ddu i rn 人を殴って目の回りに黒痣を付ける 4.(靴などを)黒いクリーム[靴墨]で磨く 5.(労働組合が業務・商品などを)ボイコットする *i* 黒く[暗く]なる

dur

dur (-oedd) *m* 1.鋼, 鋼鉄: ~ aloi[冶金]合金鋼, 特殊鋼; ~ bwrw 鋳鋼; ~ pothell 浸炭鋼 2.鋼鉄製品

duraidd *a* 鋼鉄(製)の

durio *t* 1.(鋼を)堅くする 2.(カミソリなどに)鋼をかぶせる, 鋼で刃を付ける

duriog : durog : durol *a* = **duraidd**

duryn (-nau, -nod) *m* 1.(豚・雄牛などの)鼻; 口吻, 口先, 額角 2.(氷河の)末端部 3.(戦艦の)衝角, 舳先;(古代ローマの軍船の)船嘴 4.火打ち金: callestr a ~ 火打ち道具

durynnog *a* 吻状突起した

duw (-iau) *m* 1.(各種の信仰に基づく)神; 男神: ~ nawdd, tadol dduw(tadolion dduwiau)氏神, 守り本尊, 守護神; gwledd deilwng o'r duwiau 素晴らしいごちそう; D~ caton' pawb!, D~ mawr! おお神々よ!, まあ驚いた!, いやとんでもない! 2.[キ教]神, 造物[創造]主, 天帝: D~ Dad, D~'r Tad 聖父 3.[感嘆・祈願・呪など の成句で]D~ a wyr! 神だけが知っている!, 誰も知らない!; diolch i Dduw! 有難い![嬉しい, やれやれ]!; D~!, myn D~! 何と[まさか, 畜生, とんでもない]!; er mwyn D~ お願い[後生]だから

düwch *m* 1.黒さ, 真っ黒 2.薄暗がり, 暗黒

duwdod (au) *m* 1.神 2.神位, 神格, 神性 3.[D~]天帝

duwies (-au) *f* 1.女神 2.憧れの的である女性, 絶世の美女 3.[*pl*]天井桟敷の女性の観客

duwiol *a* 神を敬う, 信心深い, 敬虔な

duwioldeb *m* 1.信心, 敬心, 敬虔 2.敬虔な言行 3.清い人格, 信心深い性格 4.(親・故国などに対する)孝行; 敬愛, 愛国心

duwiolfryd *a* 信心深い, 敬虔な

duwiolfrydedd *m* 信心深いこと, 敬虔

duwiolfrydig *a* = **duwiol**

düwr (duwyr) *m*(なめし皮の銀面をブラシで黒く塗る)皮職人

dwb (-iadau) *m* 1.(ペンキなどの)塗料 2.石灰と藁: bangorwaith(*m*) a ~, plethwaith(*m*) a ~[建築]荒打ち漆喰(編み枝細工に粘土か泥などを塗ったもので, 壁や塀に用いる)3.塗ること

dwbio *t* 1.(泥・塗料などを)塗り付ける 2.(絵に)絵具を塗りたくる,(絵を)下手に描く

dwbiwr (-wyr) *m* 1.壁に壁土を塗る人 2.へぼ絵描き

dwbl *a* 1.(数量・大きさ・速さなどが)2倍の 2.二重[二様]の; 対[双, 複, 両]の: bar ~ *m*[音楽](楽譜の)複縦線; 二人用[二個分]の; 二つに折った 3.(言葉などが)二様の意味に取れる, 曖昧な 4.(心・言行などが)表裏二心のある, 不誠実な 5.[植物](花が)八重咲き[重弁]の

ad 1.2倍だけ 2.二重[二様, 二つ]に: gweld ~ 酔って物が二重に見える; yn eich dau ddwbl 体を二つに折り曲げて 3.二人で(一緒

dwfn

に), 対[二]で

dwbl (dyblau) *m* 1.2倍(の数量), 倍額: chwarae ~ neu ddim(賭事で勝てば前の負けを帳消しにし負ければ前の負けを2倍にする)一か八かの勝負をする; 2倍のもの 2.(ウイスキーなどの)ダブル

dwbled (-au, -i) *f* 1.[服飾]ダブレット(15~17世紀に流行した身体にぴったりした男性用上着; キルティングなどの二重仕立てになっている): ~ a chlôs(昔の典型的な)男性の服装, 腰のくびれた上着と脚にぴったりした長ズボン 2.よく似た物の一方, 対の片方 3.[音楽]二連(音)符

dwbler (-au, -i) *m*(肉などを盛る浅い)大皿

dwdl (-au, -s) *m*(考え事をしている時などの)いたずら書き

dwdlan : dwdlio *i* いたずら書きをする

dweud *t* 1.言う, 述べる, 話す: ~ gair 単語を発音する; fel maen' nhw'n ~ いわゆる; gofyn i rn ddweud ychydig eiriau 人に簡単な挨拶をするように頼む; ~ bore da wrth rn 人にお早う[今日は]と言う; haws ~ na gwneud; haws ~ mynydd na mynd drost[諺]言うのは行うより易い, 「言うは易く行うは難し」2.(報告・意見・考え・意図・真実などを)述べる, 伝える, 話す, 断言する: ~ y gwir 真実を話す; ~ eich meddwl 心を打ち明ける 3.(ニュース・名前などを)知らせる, 教える, 告げる: allech chi ddweud wrtha' i sut mae mynd i'r orsaf? 駅へ行く道を教えてくれませんか? 4.(顔・時計などが)表す, 示す: ~ faint yw hi o'r gloch 時間[時刻]を告げる 5.(人に…するように)命じる, 言う: gwna fel 'rwy'n ~ wrthyt ti 言われた通りにやりなさい 6.見分ける, 識別する: ni ellwch ddweud y gwahaniaeth rhyngddi hi a'i chwaer あなたは彼女と彼女の姉[妹]とを見分けることができません 7.断言[明言, 保証]する 8.(秘密などを)漏らす: 'dwi'n ~ dim! それを言えば秘密がばれるよ! 9.(運勢を)告げる: ~ ffortiwn rhn 人の運勢を占う 10.暗唱する, 唱える, 読む: ~/canu offeren(聖職者が)ミサを捧げる 11.どもりながら言う

i 話す, 物を言う, しゃべる: a ~ y gwir, a ~ y gwir yn onest正直に言えば

dwfn *a*(*f* **dofn**, *pl* **dyfnion**)1.(学問・考えなど)深い, 深遠な: gwybodaeth ddofn *f* 深い知識[学識]2.(川・海など)深い, 底深い: mae'r twll yn ddeg troedfedd o ddwfn その穴は深さ10フィートです 3.(声・音響など)太く低い, 荘重な 4.(眠り・呼吸・傷など)深い: ~ anadlu ~ 深呼吸; ~ cwsg ~(cusanau dyfnion)ディープキス 5.(感情など)心の底からの, 痛切な 6.腹黒い, 狡い 7.全くの, 十分な: distawrwydd ~ *m* 十分な静粛 8.(考えなどに)没頭して, 夢中になって: meddyliwr ~ 深く考える人

dwfn *m* 1.(海・川などの)深い所, 深み 2.[料

理](材料が十分浸かるくらいの)熱した揚げ油: ffriwr ～(フィッシュアンドチップスを売る店の)深鍋(通例,中に網かごが付いている)

dwfr : dŵr (dyfroedd) *m* 1.水: dŵr called/meddal 硬[軟]水; dŵr trwm[化学]重水(重水素と酸素から成る水); nid yf march er ei dywys at ddŵr[諺]馬を水際へ連れて行くことはできても水を飲ませることはできない(自分でやる気のない人はどんなに指導しようとしても駄目だ)2.水中 3.飲料水: dŵr yfed 飲料水 4.(水道などの)水,用水: dŵr tap 水道水; dŵr ffynnon/codi わき水,湧水 5.[しばしば*pl*](海・川・池・滝などの)水,流水; 海水: dŵr (y) môr 海水; croesasom y dŵr i'r ynys 私たちはその島へ水路で[船で]行った; 湖水,河水,波: po lyfnaf y bo'r dŵr[諺]音なし川の水は深い,賢者はむやみにしゃべらない,「能ある鷹は爪を隠す」(思慮深い事だけでなくずる賢い事について言うこともある)6.[海]潮位,水位,水面 7.溶液,化粧水 8.水状分泌液: 涙,尿: gollwng dŵr 小便する; dŵr coch[獣医](牛の)血色素尿症,汗,唾液: dŵr ar yr ymennydd[病理](病気による)脳水; dŵr ar y pen-glin 膝水 9.[産科]羊水: colli (*vn*)破水 10.(織物・金属面の)波形,波紋 11.[経済](実資産を伴わない株の増発による)水増し

dwl *a* 1.間抜け[愚鈍,鈍感,馬鹿]な 2.(色・表面など)鈍い,はっきりしない,冴えない,光沢のない 3.(空・天気など)どんよりした,曇った

dwlu *i* (人・物を)溺愛する,やたらと好む

dwmbwr-dambar *ad* 1.慌てふためいて 2.乱雑[でたらめ]に

dwmbwr-dambar (-s) *m* (定期市の会場の)螺旋式滑り台

dwndwr *m* 1.がやがや,鬨の声 2.騒ぎ,混乱

dwnsiwn (-iynau) *m* 1.(城内の)土牢,地下牢 2.天守閣,本丸

dwpler (-i) *m* (肉などを盛る)皿,深皿,鉢

dwralwmin *m*[冶金]ジュラルミン(合金の一種)

dwrben *m*[病理]脳水腫,水頭(症)

dwrdio *t&i* 叱る,がみがみ言う,怒鳴りつける

dwrgi (-gwn) *m* 1.[動物]カワウソ 2.カワウソの毛皮

dwrglos *a* 1.防水[耐水]の 2.(議論・計画・法文など)完璧な,隙のない,水も漏らさぬ

dwrhau *t* (道・植物などに)水をかける[撒く,やる]: ～ planhigyn 植物に水をやる

dwrlawn *a* 1.[海事](船が航行不可能なほど)浸水した 2.(木材・地面など)水がしみ込んだ,水浸しの

dwrn (dyrnau) *m* 1.握りこぶし,拳骨,鉄拳: cau'ch ～ 拳骨を作る 2.手 3.把握 4.[印刷]指標,指印 5.筆跡 6.試み 7.(ナイフ・ねじ回し・ハンドル・鞭・ドア・引出しなどの)柄,取っ手,つまみ,ハンドル,握り,ノブ

dwsel (-au, -i) *m* 1.蛇口,栓,コック 2.(樽の)飲み口,栓 3.酒場

dwselu *t* (樽に)飲み口を付ける,(樽の)口を開ける,(樽から酒を)出す

dwsin (-au) *m* 1.(同種の物の)12個,ダース 2.[*pl*]数十,多数: dwsinau o weithiau 何十回も; hannel ～ 半ダース[6個]の; chwe ～ o boteli 6ダースの瓶

dwsmel (-au) *m*[音楽]ダルシマー(中世にヨーロッパへ伝えられた東洋起源の弦楽器; 梯形の共鳴箱に金属弦を張りハンマーで叩いて音を出すピアノの原型)

dwst *m* 埃,塵; 砂埃

dwster (-i) *m* ダスター(コート),埃よけ外衣

dwstio *t&i* 塵[埃]を払う

dwy (-oedd) *f* = **dau**: yn ddwy a ～ 二人[二つ]ずつ; dyna ddwy/ddau ohonom ni felly 私の場合も同じです,私もそう思います; y Ddwy Sisilia[歴史]両シチリア王国 (1130年SicilyとNaplesの合併によって出来た王国; 1861年イタリア王国に併合された); dwyglust *f* 両耳; dwyawr *f* 2時間

dwyblaid : dwybleidiol *a* 二党[二派]の; 二大政党提携の

dwybleidiaeth *f* 超党派的な提携関係

dwyflynyddol *a* 1.2年毎の,1年置きの 2.2年間続く 3.[植物]二年生の

dwyfol *a* 1.神の,神による; 神性の 2.神授[天来]の: hawl (*f*) ddwyfol brenhinoedd, ～ hawl brenhinoedd 帝王神権,王権神授説 3.神に捧げた; 神聖な: Gwasanaeth D～ *m*[英教]朝夕の祈り;[カト]聖務日課 4.神のような,神々しい 5.素晴らしい,素敵な(特に女性が用いる)

dwyfoldeb *m* : **dwyfoliaeth** *f* 1.神性,神格 2.神聖さ 3.神々しさ

dwyfoli *t* 1.神として祭る; 神格化する; 神聖視する 2.賛美[礼賛]する

dwyfoliad (-au) *m* 1.神として祭ること,神格化,神聖視 2.賛美,崇拝 3.極致,理想 4.(人・物の)昇天

dwyfron (-nau) *f* 1.(男性の)胸 2.[解剖]胸郭,胸部

dwyfronneg (-fronegau) *f*[甲冑]胸甲,胸当て

dwyieithedd : dwyieithogrwydd : dwyieithrwydd *m* 二国語[言語]常用,二国語[言語]併用(能力)

dwyieitheg *f* 二国語[言語]併用の研究

dwyieithog *a* 1.二国語[言語]を話す 2.(書物・辞典など)二言語併用の,二国語で記述された

dwylaw : dwylo *pl* 両手

dwyn *t* 1.(金・物・権利などを)盗む,奪う 2.(銀行・金庫などを)襲う,荒らす: ～ o'r til 現金箱を掻き回して盗む; ～ yr hen i dalu'r newydd, ～

dwyochredd 253 **dwywaith**

o'r nail law i dalu'r llall 一方から奪って［借りて］他方に与える［返す］，借金を別の借金で返す; 一方を犠牲にして他方の利益を図る 3.うまく手に入れる: ~ calon rhn 知らぬ間にうまく人の愛情を得る; ~ clodydd rhn 人を出し抜く, 人の考えを横取りする; ~ yr holl sylw（脇役・予想外の人がショーなどの）人気をさらう 4.（透き見・キス・うたた寝などを）こっそり行う 5.懐胎する 6.構想を練る 7.（物を）運ぶ, 持って来る 8.（人を）連れて来る 9.（人・物事をある状態などに）至らせる: ~ rhth i'r amlwg/goleuni 何かを明るみに出す［暴露する］10.（人を…する）気にさせる 11.（武器などを）身につける, 帯びる 12.（日付・署名などの記載がある: ~ dyddiad 日付が書いてある 13.（関係・称号・名声などを）持つ 14.（重さ・物などを）支える, 支持する 15.（費用・義務・責任などを）負う, 負担する: ~ y gost/ draul 費用を負担する 16.（見解・解釈などを）可能にする: ~ ystyr 意味を持つ 17.（議論・苦情などを）持ち出す 18.（子を）出産する: ~ plentyn 子供を産む 19.（利子を）生む: ~ llog 利子を生む 20.（実を）結ぶ: ~ ffrwyth 実を結ぶ 21.［野球］盗塁する 22.（証言を与える: ~ tystiolaeth 証言を与える 23.［法律］（訴訟などを）提起する, 起こす: ~ achos yn erbyn rhn 人を訴える

dwyochredd m ［生物］左右相称

dwyochrog : dwyochrol a 1.両側のある 2.［政治］両党［両派］の 3.［生物］左右両側の: cymesuredd dwyochrol（身体の）左右相称 4.［解剖・病理］左右両側の 5.［法律］双方の, 双務的な: cytundeb dwyochrog 双務協定

dwyradd a 1.［数学］二次の 2.方形の

dwyrain m 1.東, 東方, 東部: D~ Llundain（ロンドンの）東部地区, イーストエンド（下層労働者が多く住んでいる商業区域）; i'r ~ 東方に 2.［D~］［地理・政治］東洋, 東方, アジア: y D~ Pell 極東; y D~ Canol 中東; y D~ Agos 近東 3.［D~］（米）東部地方 4.［D~］東欧諸国: Pwnc (m) y D~ ［歴史］東欧問題 5.［D~］歴史］東ローマ帝国 6.［D~］［キ教］東方教会 7.（教会堂の）東側, 祭壇側 8.東風: gwynt (m) y ~ 東風 9.［トラ］（ブリッジなどで）イースト, 東家（テーブルで東の席に座る人）

dwyraniad (-au) m 1.二（等）分, 両分 2.［論理・哲学］二分［両分］法 3.［生物］叉状分岐 4.［植物］叉生, 叉状分枝 5.［天文］半月, 上弦, 下弦

dwyrannol a 1.二（等）分の, 両分的な 2.［植物・解剖］叉状の, 叉状に分岐［分枝］する

dwyrannu t 1.折半［二分, 両断］する 2.［数学］二等分する

dwyrannydd (dwyranyddion) m ［数学］（線分・立体などの）二等分線［面］

dwyreiniad (-au) m 1.［海事］東航東西距;

偏東航行 2.東に向かうこと, 東進 3.［測量］偏東距離

dwyreiniad (-iaid) mf : **dwyreiniwr (-wyr)** m : **dwyreinwraig (-agedd)** f ［通例 D~］東洋［アジア］人

dwyreinio t 東洋風にする, 東洋化する i 東洋風になる

dwyreiniol a 1.東［東方］の, 東寄りの: yr hanergylch ~ 東半球 2.東向きの 3.（風が）東から吹く 4.［しばしば D~］（大陸・国などの）東部（地方）の;（特に）米国東部の 5.［しばしば D~］東洋（風）の 6.東洋人の 7.［通例 D~］東欧諸国の 8.［D~］［キ教］東方教会の: D~ Uniongred 東方正教会の

dwyreinioldeb m 1.東洋風; 東洋風俗; 東洋文化; 東洋趣味 2.東洋学

dwyreinwynt (-oedd) m 東風

dwyreinydd (-ion) m 東洋学者, 東洋通

dwyrudd f 両頬

dwys a 1.（人・態度など）真面目な, 重々しい, 威厳のある 2.（感情など）心からの, 深い, 痛切な 3.（憎悪・行動などが）激しい, 熱烈な 4.（眠り・呼吸など）深い: ochenaid ddwys (ocheneidiau ~) 深い吐息 5.（夜など）深まった, ふけた: distawrwydd ~ m 深い沈黙 6.（色などが）濃い, 深い 7.重大な, 由々しい, 危機的な 8.（蜜度の）密な 9.（音楽）（音質が）重々しい

dwysâd m ［物理］補力（法）, 増感（法）2.高密度化 3.強化, 増大

dwysáu t 1.（悲しみ・憂鬱・意味などを）深める, 深刻にする 2.（色を）濃くする 3.濃度を濃密にする, 密度を高める;（特に材木を）樹脂で強化する 4.（感情・行動などを）強める, 激しくする 5.（光・温度などを）強める, 強烈にする 6.（リキュールなどを）濃縮する 7.［写真］（薄い原板を）濃くする, 増感［補力］する

dwysäwr (-awyr) m 1.［写真］補力液, 増感剤 2.強めるもの

dwysbigiad (-au) m 良心の呵責, 悔恨

dwysedd (-au) m 1.密集（度）;（色などの）濃さ;（霧などの）深さ;（生地などの）目が詰んでいること, 密度;（交通の）量;（人口の）密度;（森林などの）繁茂（度）2.［料理］濃度 3.（寒さ・熱などの）強烈さ 4.［写真］（放射・光の）強度, 濃度, 明暗度: ~ negydd ネガの濃度 5.［光学］光学濃度 6.［物理］密度, 比重

dwysfwyd (-ydd) m 濃厚飼料（家畜用穀物・豆かす・油かすなど）

dwyster m 1.真面目［真剣］さ, 厳粛, 沈着 2.（感情などの）強烈［熱烈］さ, 痛切 3.（立場などの）重大さ, 由々しさ 4.（寒さ・熱などの）強烈さ 5.［音楽］音の強さ

dwythell (-au) f 1.［解剖］管: ~ y thoraes 胸管; ~ y bustl 胆管 2.［植物］導管, 脈管 3.送水管

dwywaith ad 1.2度, 2回: ~ neu dair 両3度;

meddwl ~ 再考する 2.2倍に: ~ gymaint â …（…の）2倍も大きい; 'rwyf i ddwywaith d'oed di 私は君の倍も年を取っている

dwyweddog a（女性が）重婚した

dwywreiciaeth : dwywreigiaeth f 1.（男性の）二重結婚 2.[法律] 重婚（罪）

dwywreigiog a（男性が）重婚した

dwywreigiwr (-wyr) : dwywreigydd (-ion) m（男性の）重婚者

dy a [所有格] 汝 [そなた, あなた, 君] の: ~ lyfr あなたの本; ~ unig fab あなた自身の息子; ar ~ ben ~ hun 独力で; tyn ~ ddwylo o ~ bocedi ポケットから手を出しなさい

dyall t&i = **deall**

dybled (-au, -i) m [言語] 二重語（同語源であるが語形・意義の異なる語: fashion- faction, coy-quiet, fragile-frail, hospital- hotel-hostel など）

dyblu t 1.2倍にする;（…の）2倍ある 2.二重にする, 二つに折り畳む 3.[音楽]（ある声部を他の声部が）1オクターブ上または下で重ねて奏する 4.[演劇・映画] 一人二役で演じる, 二役を勤める 5.[海事]（船が岬を）回る, 回航する: ~ penrhyn 岬を回る 6.[トラ]（ブリッジで相手の得点 [失点] 数を）倍にする 7.[ビリ]（球を）クッションに当てる 8.[野球] 2塁打を打つ
i 1.（人口などが）2倍になる, 倍加する 2.二役を勤める 3.[演劇・映画] 一人二役を演じる, 代役を勤める: ~ dros rn 人の代役をする 4.（人・ウサギなど）急角度に身をかわす, 逆走する 5.[野球] 二塁打を打つ 6.[軍事] 駆足で行く 7.[トラ]（ブリッジで）相手のせり高を倍加する 8.[ビリ]（球が）はね返る

dyblyg a 1.= **dwbl** 2.重複の; 二重 [二倍] の 3.一双の, 対をなす, 二つの部分から成る 4.全く同じの, 瓜二つの 5.複製 [写し, 控え] の, 副の: copi (copïau)（m） ~ 副本（文書など2通作成されたものの一つ）;（絵画の）複製品 6.[音楽] 偶数 [2] 拍子の: amser ~ m 2拍子 7.[詩学]（韻律が）2音節詩句の

dyblygeb (-au) f 1.（同一に作られた二つの書類・品物の）一方 2.（原本と同じ）写本, 副本, 写し, 控え: gyda chopi yn ddyblyg, ar ffurf ddyblyg（正副）2通にして; 複製 [品], 複写（本）3.[図書館] 複本 4.複製ネガ [ポジ] 5.（他と）瓜二つの物 6.合札; 質札 7.同意語 8.[トラ] デュープリケートのゲーム

dyblygiad (-au) m 1.= **dyblygeb** 2.重複, 二重, 二倍 3.複製, 複写; 複製物, コピー 4.[植物] 両岐

dyblygol a 複写 [複製] の

dyblygu t 1.二重 [二倍] にする 2.正副2通にする 3.複写 [複製] する,（書類などの）写しを取る: papur (-au)（m） ~ 複写紙 4.繰返す

dyblygwr : dyblygydd (-wyr) m 1.複製者 2.複写 [複製] 機

dybryd a 1.（必要・危険など）差し迫った 2.（悪事・犯人など）極悪な, 悪名高い, 目に余る, 甚だしい 3.（無知など）ひどい目立ち甚だしい: anwedduster ~ ひどい猥褻

dybrydedd m 悪名; 極悪

dycâd m [病理] 肺病, 肺結核

dychan (-au) mf 1.風刺 2.風刺作品（詩・小説・演劇など）3.風刺文学 4.皮肉, 嫌み, 冷やかし

dychangerdd (-i) f 風刺詩

dychanol a 1.風刺の, 風刺を好む 2.皮肉な, 嫌味を言う

dychanu t 1.風刺文 [詩] で攻撃 [風刺] する, 当てこする, 嫌味を言う 2.（弱点などを）風刺の対象にする

dychanwr (-wyr) m : **dychanwraig (-aeddd)** f 1.風刺作家, 風刺文 [詩] 作者 2.風刺家, 皮肉 [当てこすり] 屋

dychlamiad (-au) m 1.（心臓の）鼓動, 動悸 2.感動, 興奮

dychlamol a（心臓が）ドキドキする, 動悸のする

dychlamu i（心臓が）鼓動する,（脈が）ドキドキ打つ

dychmygadwy a 想像できる, 考えられる

dychmyglon : dychmygus a 1.想像（力）の, 影像 [心像] の 2.（人が）想像力に富む 3.（作品が）想像力を働かせた, 想像的な

dychmygol a 1.想像（上）の, 仮想の, 実在しない 2.[数学] 虚の

dychmygolrwydd m 空想的なこと, 非現実性; 実在しない物

dychmygu t 1.想像する, 心に描く: fel y gellwch ddychmygu 想像されるように; dychmygwch eich bod ym Mharis 君がパリへ行ったと仮定してみたまえ 2.思う, 考える, 推測する: ~ rhth 何かを思いつく
i 想像する, 考える, 思いつく

dychmygwr (-ayr) m : **dychmygwraig (-agedd)** f 想像者

dychryn (-iadau, -feydd) : dychryndod (-au) m : **dychrynfa (-fâu, -feydd)** f 1.（突然の）恐怖, 恐れ, 驚き, 不安, 心配: siambr ddychryn 拷問や殺人の道具など気味の悪い物を陳列した部屋; [S~ D~] 恐怖の部屋, 戦慄の間（Madame Tassaud's で犯罪者の像や刑具を陳列してある地下室）; 恐ろしい経験 2.恐ろしい物, 恐怖の的, ひどく醜い [奇妙な, ぞっとさせるような] 人 [物]: brenin（m）dychryniadau [聖書] 死（神）(cf Job 18: 14) 3.警報: ~ diachos 誤警報; mewn ofn a ~ びくびく [おどおど] して, 恐れおののいて (cf Eph 6:5; Phil 2:12) 4.大変な厄介者, うるさい奴 5.憎悪, 嫌悪 6.憂鬱 7.テロ, テロリスト集団 8.[D~] [仏史] 恐怖政治（時代）

dychryn : dychrynu t 1.恐れ [ぞっと, ぎょっ

dychrynedig _a_ 恐れた, 怖がった, 脅えた

dychrynllyd _a_ 1.恐ろしい, 身の毛もよだつ, ぞっとして[ぎょっと]させるような 2.醜悪な, 二目と見られないような 3.不愉快な, ひどく嫌な, つまらない, 面白くない: mae'n ddychrynllyd o diflas! それは恐ろしくつまらないものだ!

dychrynwr (-wyr) _m_ 1.人騒がせな人 2.心配性の人 3.脅迫者 4.テロリスト, 暴力革命主義者

dychwel (-ion) _f_ 1.帰宅, 帰省, 帰国, 帰路の旅 2.復帰, 回帰, 再発 3.(盗難品などを元の所有者へ)返すこと, 返却, 返還, 返品 4.返事, 回答, 応答; 口答え 5.往復切符 6.報告(書), 申告(書); 統計表 7.[政治](選挙管理委員の出す)当選報告書;(代議士などの)当選, 選出 8.[テニス・クリ](球の)打ち返し, 返球

dychweladwy _a_ 1.返却できる 2.報告[回付]すべき

dychweledig (-ion) _mf_ 1.転向[改心]者; 改宗者,(新)帰依者 2.(刑務所からの)刑務所帰り, 帰還者 3.(米)(海外からの)帰還者[軍人] _a_ (人が)戻った, 帰って来た

dychweliad (-au) _m_ 転向, 改宗

dychwelyd _t_ 1.(本などを持主などに)返す, 戻す, 返却[返還]する: ~ rhth i'w le 何かを元の位置に戻す 2.(同じやり方で)返す, 返礼する, 報いる: ~ canmoliaeth お世辞のお返しをする; 報復する 3.[政治](国会議員を)選出する 4.[テニス・野球・クリ](ボールを)打ち返す; 投げ返す: ~ pel ボールを打ち返す _i_ (元の場所・家などに)帰る, 戻る

dychymyg (dychmygion) _m_ 1.(詩作などの)創造力, 芸術的想像力, 構想力 2.空想の所産, 心像 3.なぞなぞ, 判じ物 4.難問(題) 5.[心理]白日夢

dydd (-iau) _m_ = diwrnod: cefn ~ golau 真昼間, 白昼; golau (_m_) ~ 日光; bob ~ 毎日; nid mewn undydd yr adeiladwyd Rhufain [諺]ローマは一日にして成らず(大事業は短日月の間にはできない); D~ Barn, D~ y Farn (この世の終わりの最後の)審判の日

dydd-berfformiad (-au) _m_ [演劇・音楽]昼興行, マチネー

dyddgwaith _m_ 一定の[決まった]日

dyddhau _i_ 夜が明ける, 空が白む

dyddiad (-au) _m_ 1.日付け, 年月日, 期日: ~ geni 生年月日 2.年代, 時代: o ddyddiad Rhufeinig ローマ時代の

dyddiadur (-on) _m_ 1.日記, 日誌 ~ mawr/ bwrdd 卓上日記 2.日記[メモ]帳

dyddiadwy _a_ 1.時日[時代]を推定できる 2.デートしたくなるような

dyddiedig _a_ 1.日付けのある 2.時代遅れの, 旧式の, 古風な 3.(人の)年をはっきり示す: mae'r siwt yna'n dy ddyddio di そのスーツで君の年が分かる

dyddio _t_ 1.(手紙・文書などに)日付を付ける 2.(文学作品・絵画などの)時代[時期]を示す 3.(建物・壺などの)年代を算定[推定]する 4.(芸術家・芸術作品などを)時代[流行]遅れにする _i_ 1.日付がある 2.(時代・起源など)始まる, さかのぼる: mae'r eglwys yn ~ o'r ddeuddegfed ganrif その教会は12世紀から始まっている 3.(音楽・衣服など)時代[流行]遅れになる 4.夜が明ける, 空が白む 5.(争議などの)調停[仲裁]役をする

dyddiol _a_ 1.昼間[日中]の 2.毎日[日毎日々]の 3.(新聞など)日刊の: papur (-au) ~ _m_ 日刊新聞 4.[植物](花・葉など)昼間開く 5.[動物]昼行性の 6.[天文]日周の

dyddiwr (-wyr) _m_ 1.日付印字器, 日付スタンプ 2.[法律]調停者, 仲裁人,

dyddlyfr (-au) _m_ 1.日記, 日誌 2.[簿記]取引日記帳 3.[キ教](時間毎の祈りを書いた)日課書

dyddodi _t_ [地質](砂・泥などを)堆積[沈積]させる

dyddodiad (-au) _m_ [地質]沈澱[沈積](物)

dyddodyn (-odion) _m_ [地質]堆積物, (-)鉱床

dyddradd (-au) _f_ 24時間中の採用標準温度の1度上または下

dyfais (-feisiadau, -feisiau) _f_ 1.発明, 創案 2.発明品 3.発明[工夫]の才, 創造力 4.捏造, 作り事 5.策略, 計略 6.用具, 器具, 装置,(特に家庭・事務用の)電気製品[器具]: ~ gegin (dyfeisiadau cegin) 台所器具 7.[紋章]図案, 意匠, 模様

dyfal _a_ 1.(人が)勤勉[熱心, 精励, 真面目, 真剣]な: gweithiwr ~ 真面目に働く人 2.根気強い, 不屈の; 固執する, しつこい 3.集中[徹底]的な

dyfalbarhad _m_ 1.勤勉, 精励 2.根気[粘り]強さ, 不屈; 固執, しつこさ

dyfalbarhau _i_ 1.頑張る, 辛抱する, 耐える;(努力・仕事などを)根気強くやり通す, 困難に屈せずやり抜く 2.(議論などで)自説を強く主張する, あくまで固執する

dyfalbarhaus _a_ 根気の良い, 辛抱強い, 不撓不屈の

dyfaliad (-au) _m_ 推量, 推測, 憶測

dyfaliadol _a_ 1.推測的な, 推測上の 2.憶測好きな

dyfalrwydd _m_ = dyfalbarhad

dyfalu _t_ 1.(不十分な根拠から)推量[推測, 憶測]する 2.言い[考え, 解き]当てる 3.想像する _i_ 1.推量[推測]する 2.言い当てる: dyfalu'n gywir うまく言い当てる

dyfalwch *m* = **dyfalbarhad**

dyfalwr (-wyr) *m* : **dyfalwraig (-agedd)**
f 推測者; 言い当てる人

dyfarndal (-iadau) *m* [法律] (損害賠償額などの) 裁定額

dyfarniad (-au) *m* 1.判断, 批評, 意見: 'roedd ~ y cyhoedd o'i blaid 世間の審判は彼に有利であった; ~ gwerth 価値判断; 審査, 鑑定 2.判断力, 思慮分別 3.[法律] (陪審員が裁判長に提出する) 評決, 答申 4.[法律] 審判, 判定, 判決: ~ trwy gydsyniad 同意判決; 裁定; (損害賠償などの) 裁定額 5.[法律] 判決債務: dyledwr (*m*) ~ 判決債務者; credydwr (*m*) ~ 判決債権者; gwŷs (*f*) ~ 債務者拘禁のための召喚状

dyfarnol *a* 1.判断の, 判断に関する 2.判決 [裁定] の

dyfarnu *t* 1.(裁判官・裁判所が訴訟に) 判決を下す 2.(人を…だと) 判決 [宣告] する 3.(紛争などを) 裁定 [調停, 仲裁] する: ~ mewn dadl 紛争を裁定する 4.(裁判・審査により補償金・賞などを) 授与する, 贈る: ~ gwobr i rn 人に賞を授与する 5.[スポ] (試合の) 審判をする: ~ mewn gêm 試合の審判をする
i 1.判決を下す 2.審判をする

dyfarnwr (-wyr) *m* : **dyfarnwraig (-agedd)**
f 1.[法律] 裁判官, 判決者 2.[スポ] 審判員, アンパイア, レフェリー

Dyfed *f* ダヴェッド (ウェールズ南西部の州: 1974年に新設, 旧Cardiganshire州, Carmarthenshire州およびPembrokeshire州より成る; 首都Carmarthen)

dyfeisgar *a* 発明の才のある, 独創的な

dyfeisgarwch *m* 独創性

dyfeisio *t* 発明 [創案, 考案] する 2.捏造する, でっち上げる

dyfeisiwr : dyfeisydd (-wyr) *m* : **dyfeiswraig (-agedd)** *f* 発明 [創案, 考案, 案出] 者

dyfn *a* = **dwfn**

Dyfnaint *f* デヴォンシャー州 (イングランド南西部のDevon州; 首都Exeter): hufen (~) デヴォンシャークリーム (Devon州特産の凝固した濃厚なクリーム; 果物・デザートなどに添えて食べる)

dyfnant (-nentydd) *mf* [地勢] 峡谷, 山峡

dyfnantog *a* [地勢] 峡谷のある

dyfnder (-au, -oedd) *m* 1.深さ, 深度: ar ddyfnder o hanner can gwryd 50尋の深さで 2.(色・闇などの) 濃さ, 深さ 3.[写真・光学] 被写体 [界] 深度 4.(音の) 低調 5.(感情の) 強さ, 激しさ, 深刻さ 6.(悲哀などの) 深さ 7.(知能・学識などの) 深さ, 深遠さ 8.[*pl*] 深い意味, 深遠な思想 9.(通例*pl*) 深い所 [底], 深み,深淵; 深海, 海

dyfnderol *a* 1.奈落の; 深海の; 底知れぬほど深い 2.[生態] 深海 (性) の, 深海に住む

dyfndwr *m* 1.(音声の) 低さ, 太さ 2.(水の) 深さ, 深度 3.(色の) 濃さ 4.奥深さ 5.深遠, 玄妙

Dyfneintaidd : Defonaidd *a* 1.イングランドDevon州の 2.[地質] デヴォン紀の

Dyfneintiad : Defoniad (-iaid) *mf* イングランドDevon州の人

dyfnhau *t* 1.(井戸などを) 深くする 2.(音などを) 低く [太く] する 3.(感情などを) 深刻にする 4.(印象・知識などを) 深める
i 1.(水などが) 深くなる 2.(音声が) 太く低くなる 3.(不安などが) 深まる

dyfod *i* 1.(話者の方へ) (やって) 来る 2.(相手の方へ) 行く 3.= **dod**

dyfodfa (-feydd) *f* 1.(場所・物・人などへの) 接近, 入場, 出入り, 加入, 面会 2.近づく道 [方法], 通路, 入口

dyfodiad (-au) *m* 1.(重要な人物・事件などの) 出現, 到来: ~ y modur 自動車の出現 2.[D~] [キ教] キリストの降臨; キリストの再臨; 降臨節: [カト] 待降節 (クリスマス前の約4週間): Sul (~) y D~ 降臨節中の各日曜日; (特に) 降臨節中の第一日曜日

dyfodiad (-iaid) *mf* 到着 [入来] 者: newydd-ddyfodiad (~-ddyfodiaid) *mf* 新来 [新着, 新任] 者

dyfodol (-ion) *m* 1.未来, 将来: yn y ~ 未来 [将来] に; 今後は 2.将来性, 前途 3.成功の見込み 4.[文法] 未来時制: ~ perffaith 未来完了時制 5.[商業] 先物 (契約)
a 1.未来 [将来] の, これから先の, 来るべき, 次の: cenedlaethau'r ~ 次の世代, 次代の人々 2.来世 [死後] の 3.[文法] 未来 (時制) の: amser ~ 未来時制

dyfodolaeth *f* 1.[芸術] 未来派 (1910年頃イタリアに起こった芸術上の新主義; 旧来の一切の約束・伝統を捨てて, 動的で機械的な表現を宣言した) 2.未来主義

dyfodolaidd *a* 1.(映画・物語などが) 未来を扱った 2.奇をてらった, 前衛的な 3.[芸術] 未来派の

dyfodoldeb : dyfodolrwydd *m* 未来, 将来

dyfodoleg *f* 未来学

dyfodolegwr (-wyr) *m* 未来学者

dyforolwr : dyfodolydd (-wyr) *m* [芸術] 未来派の芸術家

Dyfrdwy *f* [地理] ディー川 (Dee) (ウェールズ北部のバラ湖 (Bala Lake) に発しイングランド西部を流れてChester付近からIrish Seaに注ぐ全長約113kmの川)

dyfredig *a* 1.(土地に) 水を引いた, 灌漑された 2.[外科] (傷口などを) 洗浄した

dyfrfan (-nau) *mf* : **dyfrle (-oedd)** *m* (家畜などの) 水飲み場

dyfrfarch (-feirch) *m* [動物] カバ, 河馬

dyfrfelon (-au) *m* 1.[植物] スイカ, 水瓜 2.スイカの身

dyfrffordd (-ffyrdd) *f* 水路, 航路; 運河

dyfrffos (-ydd) *f* 1.溝 2.排水溝 3.川, (地下)水流 4.水路; 運河 5.[法律] 流水権

dyfrgi (-gwn) *m* : **dyfrast (-eist)** *f* 1.[動物] カワウソ 2.カワウソの毛皮

dyfrgist (-iau) *f* 1.貯水器, 水溜, (水) タンク, (水洗トイレの) 水槽 2.貯水池, 溜池

dyfrglwyf *m* [病理] 水腫 (症), 浮腫 (症)

dyfrhad *m* 1.灌漑 2.(動物への) 水やり 3.[外科] (傷口などの) 洗浄 (法): ~ y colon 結腸の洗浄

dyfrhaol *a* 灌漑 (用) の

dyfrhau : dyfrio *t* 1.(田畑に) 水を引く, 灌漑する 2.(植物・地面などに) 水をかける [撒く: dyfrhau/dyfrio planhygyn 植物に水をやる 3.(動物に) 水を飲ませる: dyfrio anifeiliaid 動物に水を飲ませる 4.[外科] (傷口などを) 洗浄する

i 分泌液 [涙, よだれ] が出る

dyfrhäwr (-hawyr) *m* 1.灌漑者 2.[外科] 洗浄器

dyfriadwy *a* 灌漑できる

dyfriedig *a* (庭などに) 水をまかれた

dyfriog : dyfrllyd *a* 1.(飲食物など) 水気の多い, 水っぽい, 薄い: tatws dyfrllyd 水っぽいジャガイモ 2.(地面など) 湿った, じめじめした, 水の多い 3.(目が) 涙ぐんだ 4.水の (ような); 水から成る: toddiant dyfrllyd [薬学] 水溶液; mynd i ddyfrllyd fedd 溺れ死ぬ 5.灌漑された, 灌水用の 6.[スポ] 水上 [水中] で行う 7.[地質] 水成の

dyfriol *a* 1.水のような; 水から成る 2.[スポ] 水上 [水中] で行う

dyfrol *a* 1.水生の; 水産の 2.水上 [水中] で行う

dyfrwr (-wyr) *m* 1.鉱泉を飲む人 2.禁酒家 3.水上輸送をする人 4.水を運搬する人 5.送水用の水槽 [パイプ, 水路] 6.雨雲 7.[天文] 水瓶座: y D~ 水瓶座

dyfynadwy *a* 引用価値のある, 引用に適する

dyfynadwyedd *m* 引用価値

dyfynbris (-iau) *m* [商業] 相場, 時価; 見積

dyfyniad (-au) *m* 1.引用 2.引用語 [句, 文]

dyfynnod (-ynodau) *m* 引用符

dyfynnol *a* 引用 (文) の

dyfynnu *t* 1.(他人の言葉・語句・文章を) 引用する 2.(言葉を) 引用符で囲む

dyffl *m* 1.ダッフル (厚い粗織りラシャ) 2.(米) (兵士・キャンパーなどの) 携行用品一式, 装具 3.(軍隊・キャンプ用の円筒形) 雑嚢, ズックの袋: bag (-iau) (*m*) ~ 雑嚢 4.ダッフルコート: côt (*f*) dyffl (cotiau ~) ダッフルコート

dyffryn (-noedd) *m* 1.谷 (間), 渓谷: ~ siáp V

V字形の谷; ~ hollt 地溝 (谷), 裂谷; D~ Clawyd クルーイド谷; D~ Conwy コンウェイ谷 2.(大河の) 流域 3.現世, 浮世: y ~ Baca hwn この涙の谷間, 浮世

dyffryndir (-oedd) *m* (丘陵地帯などの広々とした) 谷

dyffrynnwr (dyffrynwyr) *m* (イングランド北部, 特にYorkshire, Cumbria, Derbyshireなどの丘陵地帯の) 谷間の住人

dygiad *m* 態度, 振舞: ~ ifyny 躾, 養育, 教育

dygiedydd (-ion) *m* 1.(小切手・パスポートなどの) 持参人, 所持携帯者; (手紙の) 使者

a 持参人払いの, 無記名の: siec (-iau) (*f*) ~ [銀行] 持参人払い小切手; gwarannau ~ [金融] 無記名債券

dygn *a* 1.(必要・危険など) 差し迫った, 緊急の 2.(貧困など) 極度の, ひどい: ~ dlodi *m* 悲惨な貧乏 3.精励 [勤勉] な 4.根気のよい, 辛抱 [忍耐] 強い

dygnu *i* (仕事などを) 根気強くやり続ける, 頑張る, 辛抱する, 耐える

dygnwch *m* 1.精励, 勤勉 2.忍耐, 我慢, 辛抱 3.忍耐 [持久, 耐久] 力

dygwyl (-iau) *mf* 1.[宗教] 聖日, 祝日, 祭日: D~ Dewi 聖デイヴィッドの祝日 (St David (?-?601) ウェールズの司教, 同地方の教化に尽くし多数の会堂を建てた; ウェールズの守護聖人, 七守護聖人の一人; 祝日3月1日) 2.休日, 休業日; 公休日, 法定休日 3.[しばしば *pl*] 休み 4.(税・心配などからの) 免除期間, 息抜き時 5.(ペンキなどの) 塗り残した部分

dygfor *m* [海事] 大波, うねり波

dygfor *i* 1.(海・水など) 波打つ [立つ], 打ち寄せる 2.(軍隊が) 動員される

dygymod *t* (不便・嫌な人などを) 我慢する, 耐え忍ぶ: ~ â rhn 人を我慢する

dyhead (-au) *m* 1.抱負, 大志, 熱望, 大望, (野心的) 志望 2.念願の的, 願望の対象 3.[音声] 帯気 (音) 4.[医学] 吸引

dyhefiad (-au) *m* 喘ぎ, 息切れ

dyhefol *a* 喘ぐ, 息切れする

dyheu *i* 1.思い焦がれる, 憧れる, 熱望 [切望] する 2.(…したいと) 切望する 3.慕わしく [懐かしく] 思う 4.同情する

dyhuddadwy *a* なだめられる, 懐柔しやすい

dyhuddgloch (-glychau) *f* 晩鐘

dyhuddiad : dyhuddiant *m* : **dyhuddaeth** *f* 1.なだめ, 慰め, 慰撫; 懐柔 2.償い, 贖い; (特にキリストの) 贖罪 3.[政治] 宥和政策 4.[神学] なだめの供え物 (cf 1 John 2:2)

dyhuddo *t* 1.(人を) なだめる, 慰める 2.(怒り・感情を) 静める, 和らげる 3.[政治] (強圧的な外国に対して) 宥和政策をとる

dyhuddol *a* なだめる, 慰める; 和解の

dyhuddwr (-wyr) *m* : **dyhuddwraig**

dyladwy 258 **dymchwel**

(-agedd) f なだめ手; 和解調停者

dyladwy a 1.適切な 2.(…に)相応しい, 向いた 3.正当な, 当然 [相応]の: yn y ffurf ddyladwy 正式に 4.(負債など)当然支払われるべき, (手形など)支払期日が満期で

dylanwad (-au) m 1.影響, 効果: tan ddylanwad diod 一杯機嫌で; 感化 2.影響力, 勢力, 権勢, 威光: arfer eich ~ 権勢をふるう 3.(人を)左右する力, (不正な)圧力: ~ gormodol [法律]不当威圧

dylanwadol a 影響力 [勢力]のある, 左右する: dyn ~ 勢力家, 有力者

dylanwadu t 1.影響 [感化]を及ぼす, 左右する 2.(人を)促して [動かして](…)させる

dylanwadwr (-wyr) m : **dylanwadwraig (-agedd)** f 影響 [感化]を及ぼす人

dyled (-ion) f 1.借金, 負債, 債務: mewn ~, tan ddyled 借金して; y Ddyled Wladol, D~y Wlad 国家債務 2.借金状態 3.(人の)お陰, 恩義 4.[簿記]借方(帳簿の左側) 5.短所, 欠点 6.[神学]負債, 罪 (cf Matt 6:12)

dyledeb (-au) : **dyledlen (-ni)** f [経済]1.債務証書 2.社債

dylednod (-au) m [商業]借方票(出金・返品に際して買主が送る伝票)

dyledog (-ion) m (封建時代の)君主, 王侯 a [歴史]1.(封建制度での)君主たる, 臣従を受けるべき 2.君主に忠実な, 臣従の

dyledogaeth f 1.(君主・国家に対する)忠誠 2.(封建時代の)臣従の義務, 忠義 3.(人・主義などに対する)忠実献身

dyledus a 1.当然支払われるべき 2.(手形など)支払期限の来た, 満期の: dod yn ddyledus (手形など)満期になる 3.借金 [負債]がある: gwlad ddyledus (gwledydd ~)f 債務国 4.恩を受けている, 恩義がある

dyledwr (-wyr) m 1.借主, 債務 [負債]者 2.[簿記]借方 3.義理 [義務]を負う人

dyletswydd (-au) f 1.(道徳的・法律的)義務, 本分, 義理: o ran ~ 義務感から; galw heibio o ran ~ (嫌でもしなければならない)義理の訪問をする 2.(しばしば pl)職務, 任務 3.[軍事]職務, 任務, 勤務; 軍務: ar ddyletswydd 当番で, 勤務時間中で 4.祈り, 祈願: ~ deuluaidd f 家族で行う祈祷 5.(教会での)祈祷式 6.祈りの文句, 祈祷文

dyli m 1.無意味な言葉, 馬鹿げた考え, ナンセンス 2.馬鹿げた行為

dylif (-ion) m 1.流れ, 流動 2.上げ [差し]潮 3.大洪水, 氾濫; 豪雨 4.[D~]ノア(Noah)の大洪水 5.絶え間ない変化, 流転 6.(手紙・客・要求などの)殺到 7.(言葉・談話などの)多弁 8.(織物)縦糸 9.[医学]下血; 赤痢 10.[化学・冶金]融剤, 溶剤

dylifiad (-au) m 1.(川などの)流れ, 流水, 流動 2.(光・空気などの)流入 3.(本流・支流の合する)流入点, 落合い, 河口 4.(人・物の)到来, 殺到 5.(衣服・髪などの)なだらかな垂れ下がり 6.(電気・ガスなどの)供給(量)7.= **dylif** 3, 4 8.[数学]流率; 微分商

dylifo t 1.洪水を起こす, 氾濫させる 2.殺到させる i 1.(液体・川などが)流れる, 流れ出る 2.(人・車など)流れるように動く 3.(場所などが)満ちる, 充満する 4.(潮が)上がる, 差す 5.(衣服・髪など)すらりと垂れる 6.(血液・電気など)流れる, 通う 7.起こる, 発生する 8.(群衆・手紙・苦情などが)押し寄せる, 殺到する 9.(雨が)土砂降りに降る

dylni m 1.(気分の)重苦しさ 2.(音色・光沢などの)鈍さ, 曇り, 単調 3.飲み込みの悪さ, 愚鈍, 馬鹿

dyluniad (-au) m 意匠, デザイン, 模様: ~ geometrig 幾何学的デザイン; ~ ailadrodd [洋裁]繰返し模様

dylunio t 企画 [計画, 立案]する

dylunydd (-wyr) m 1.設計 [考案]者, 立案家 2.意匠図案家, (衣服の)デザイナー

dylyfu gên t あくびをしながら言う: ~ led y pen いくあくびをする, ひどく退屈である i あくびをする

dylluan (-od) f [鳥類]フクロウ: y ~ fig 黄褐色のフクロウ

dyma ad 1.[時間]この時, 今, 現在: dyma'r Nadolig!, ~ hi'n Nadolig! クリスマスが来た!; ~ gynnig arni! さあ始まるぞ!, それっ!(困難または不愉快な事を始めようとする時の言葉) 2.[場所・方向]ここ [こちら]へ, こちらに: ~ hi'n dod 彼女がやって来た 3.[文簡で: 人・物の導入・提示・掲示]ほらここに [へ]: ~ dy het di (dyma'ch het chi) ほらここにあなたの帽子がありますよ; ~ ni eto (嫌な事が)ほらまた始まる [始まった]ぞ; [目的地に着いた時, また探し物・望みの物を差し出す時に用いて] ~ fi さあまいった; ただいま(帰りました); ~ ti (chi) やあ着きましたね!, お帰り! ほらここにありますよ! 4.[身近な物・人を指して]これ, この物 [人]: ~ ryfedd, ~ beth rhyfedd これは奇妙だ; ~ Mr Smith こちら [この人]はスミス氏です; dyma'r peth (すぐ前に言われたことを指して)その通りです; ~ hi! もう駄目だ!, お陀仏だ!, これでおしまいだ!

dymbel (-au) m [体操]ダンベル, 亜鈴

dymchwel : **dymchwelyd** t 1.(船・荷車・ランプなどを)ひっくり返す, 転覆させる: dymchwel cwch ボートをひっくり返す 2.(建物・要塞・町などを)取り壊す, 破壊する 3.(政府・国家などを)倒す, 打倒する: dymchwel y llywodraeth 政府を倒す 4.(人・道徳などを)堕落 [腐敗]させる i 1.(船などが)ひっくり返る, 転覆する 2.(煙突などが)ぐらつく, 倒れる

dymchweliad (-au) m 1.（乗物などの）転覆, 転倒 2.（政府などの）打倒, 転覆; 制服; 滅亡 3.（建物などの）取り壊し, 破壊

dymchwelwr (-wyr) m 打倒［転覆, 転倒, 破壊］者

dymi (dymïau, -s) m 1.［洋裁］マネキン人形; （洋服屋などの）人台 2.腹話術師の操る人形 3.（赤ん坊の）おしゃぶり 4.馬鹿者, 頓馬 5.かかし的人物;（他人の）手先, ロボット 6.［トラ］（ブリッジの）ダミー, 空席 7.［印刷］束見本 8.［電算］ダミー

dymunedig a 望んでいた, 望み通りの

dymuniad (-au) m 1.強い願い, 願望, 欲望, 欲求 2.（言葉に表した）希望, 要請, 要求: yn ôl ~ fy nhad 私の父親の希望で; ar ddymuniad rhn, yn ôl ~ rhn 人の望み［依頼］により, 人の望み通りに; fe ddaw'ch ~ yn wir, fe wireddir eich ~ あなたの希望は実現するでしょう 3.望みの物 4.［pl］祝福の言葉, 祝辞, 祈り

dymuno t 1.強く願う, 望む, 欲求［希望］する 2.（…することを）望む, 願う, したいと思う 3.人の幸運［不幸］を祈る: ~'n dda i rn 人の幸運を祈る 4.（人に）幸運［成功, 健康などを］祈る: ~'n dda i rn, ~'r gorau i rn, ~ popeth o'r gorau i rn 人によろしく伝える ;（人に挨拶・別れの言葉などを）述べる: ~ nos da i rn 人におやすみと言う;（人に新年・クリスマス・誕生日などの）祝いを述べる: ~ Naddig Llawen i rn 人にクリスマスおめでとうと言う

dymunol a 1.望ましい［好ま, 願わ］しい 2.（物事が）愉快な, 面白い, 心地よい, 気持のよい 3.（人・性格などが）愛想［感じ］のよい: bod yn ddymunol wrth rn 人に愛想よく振舞う［胡麻をする］

dymunoldeb : dymunolrwydd m 1.好ま［望ま］しさ 2.気持よさ 3.愛想のよさ

dymunwr (-wyr) m : **dymunwraig (-agedd)** f 1.希望［願望］者 2.…であるようにと願う［祈る］人: ~ dioni 好意を寄せる人, 人の幸福を祈る人; 支持者

dyn (-ion) m 1.人, 人間: tri ~ 3人 2.人類, 人, 人 間: meddwl ~ , Duw a'i terfyn; Duw a farn, ~ a lefair; ~ a chwennych, Duw a ran ［諺］計画をするのは人, 成敗をつけるのは神 3.（男女の別なく一般に）人: y ~ cyffredin 一般人, 普通の人; 素人; 世論の代表者; y ~ newydd［聖書］新しき［回心した］人（cf Eph 2:15, 4:24; Col 3:9）; y hen ddyn［聖書］古き人, 回心前の人（cf Eph 4:22; Rom 6:6）4.個人 5.（成人の）男, 男性, 男子 ; ~ mewn oed 成人の男性; y ~ yn y lleuad 月中の人（人の顔に似た月面の斑点）, 架空の人物; ~ sengl 独身の男性; Mab y D~［神学］キリスト; ~ duwiol 聖人; 聖職者 6.一人前の男, 男らしい男: gwneud ~ o rn 人を一人前の男にする 7.あつらえ向きの人, 適任者: fi yw'r ~ i ychi!

ろしい!: 引き受けた! 8.［pl］兵士, 水兵, 下士官兵

dyna ad 1.［場所・方向］そこに［で, へ］, あそこに［で, へ］2.［目前の物事・人に注意を促して］ほら, あれ: ~ hi'n mynd! ほら彼女があそこを行く［通る］!;あれ彼女があんなそんな事をする［言う］!（通例, 軽蔑・避難・驚きなどを示す）; ~ fachgen da! おお感心感心, いい子だ!;いい子だからね!, お願いだ! 3.［間投詞: 勝利・満足・反抗などを表して］そら!, それ!, それ見ろ!, そうら（ご覧）!: ~ ni! それどうだ! 4.［やや離れている物・人または前に言及した人・物事を指して］それ, あれ; その［あの］事, その［あの］人; ［pl］それらの人［物］: ~ Mr Thomas あの人がトーマス氏です; ~ drueni それは残念なことだ; ~ fy mhethau i それらは私の所持品です; ai ~'ch plant chi? あの子たちはあなたの子供ですか?; ~ felfo!, ~ hi! はいそうです!, その通り!; ~'r cwbl/cyfan それで全部です

dynameg f 1.［物理］力学; 動力学 2.原動力 3.（社会文化的な）発展・変化の型 4.（環境に対する）適応様式 5.［経済］動学 6.［心理］心理力学 7.［音楽］強弱の変化

dynamegol : dynamig a 1.動力の, 動的な 2.（動）力学（上）の 3.動態の; エネルギー［原動力, 活動力］を生じる; 起動的な; 絶えず変化する 4.（人などが）活動［精力］的な, ダイナミックな 5.［文法］（動詞・形容詞などが）動作を表す 6.［音楽］強弱法の 7.［医学］機能的な 8.［哲学］力動説［論］の

dynamegwr (-wyr) m 力学の研究者［学者］

dynamiaeth f 1.活動力 2.［心理］ダイナミズム 3.［哲学］力本説, 力動説［論］4.［宗教］呪力

dynamig (-au) m ［音楽］強弱［音力］法

dynamit m 1.ダイナマイト 2.（あっと驚くほど）素晴らしい物［人］;（衝撃的な）危険をはらむ物［人］

dynamitio t ダイナマイトで爆破する

dynamitiwr (-wyr) m ダイナマイト使用者

dynamo (-au, -s) m 1.［電気］発電機, ダイナモ: ~drydanol 発電［電動］の 2.精力家

dynamydd (-wyr) m 1.力動論者 2.［哲学］力本説論者

dynan m 小さい男

dynatron (-au) m ［電気］ダイナトロン

dyndod m 1.人間であること, 人性, 人格 2.成人男子であること; 成年 3.男らしさ, 勇気 4.男性器, 性的能力 5.成人男子たち

dyndwll (-dyllau) m マンホール

dyneiddiaeth f 1.人本主義 2.［哲学］人類［人道］教 3.（ルネサンス期の）人文主義: ~ y Dadeni ルネサンス期の人文主義; 人文学; 文学的教養 4.人間性研究 5.［倫理］人道［博愛］主義

dyneiddiol a 1.人間性研究の 2.人本主義的な 3.人文学の, 人文主義［古典学］的な

dyneiddiwr (-wyr) *m* : **dyneiddwraig
(-agedd)** *f* 1.人間性研究者 2.人本主義者
3.人文主義者 4.[しばしばD～](ルネサンス期
の)古典文学研究者 5.[しばしばD～]人類主
義者 6.人道主義者

dynes (-au) *f* 1.(成人)女性，婦人: ～ sengl
独身婦人 2.女，女性

dynesfa (-feydd) *f* 1.(ある地点に)入る道，入
口，進入路 2.[ゴルフ]アプローチ

dynesiad *m* (場所的・時間的に)近づくこと，
接近，近寄り

dynesu *t* 1.(場所的・時間的に)近づく，近寄
る，接近する: yr ydym yn ～ at Lundain 私
たちはロンドンに近づいています 2.(性質・状
態などで)近づく，似る 3.(人に)話を持ちかけ
る，交渉を始める 4.(仕事・問題などに)取りか
かる，取り組む
i 1.近づく，接近する 2.(性質・状態などの点
で)近い，近似する，ほぼ等しい 3.[ゴルフ]ア
プローチ(ショット)をする

dynfarch (-feirch) *m* [ギ神]ケンタウロス(半
人半馬の怪物)

dyngar *a* 1.人道的な，人情のある，情け[慈
悲]深い 2.(学問・研究など)人文教養的な

dyngarîs *pl* ダンガリー布製ズボン[作業服]

dyngarol *a* 1.博愛[人道]主義の 2.慈善事業
に携わる 3.慈善の救助に頼る

dyngarwch *m* 1.親切，思いやり，人情，慈悲
2.博愛(主義)，慈善 3.慈善活動; 慈善団体

dyngarwr (-wyr) *m* : **dyngarwraig
(-agedd)** *f* 人道主義者，博愛家

dyngasäwr (-awyr) *m* : **dyngasawraig
(-agedd)** *f* 人間嫌い[付合い嫌い]の人，厭
人家

dyngasedd *m* 人間嫌い，厭世

dyniawed (dynawaid, -iewaid, -iewid)
f 1.(3歳未満でまだ子を産まない)若い雌牛
2.婦人，(特に)若い女

dynladdedig (-ion) *mf* [法律]被殺殺者

dynladdiad (-au) *m* 1.殺人 2.[法律]故殺
罪

dynleiddiad (-iaid) *mf* [法律]故殺者

dynodi *t* 1.(記号などで)表す 2.(記号などが)
示す，(…の)印である 3.(文字・語が)意味す
る 4.[論理]…の外延を示す

dynodiad (-au) *m* 1.表示，指示，指定 2.印，
記号 3.[論理]外延

dynodiadol : **dynodol** *a* 1.表示[指示]的
な 2.[論理]外延的な

dynol *a* 1.人間[人類]の: peiriannu ～ 人間工
学; [心理]人間管理 2.人間から成る 3.(神・獣
類・機械などと区別して)人間らしい，人間的な:
stori o ddiddordeb ～[新聞]人間的話題の記
事 4.人間性に関する: y natur ddynol *f* 人間
性; 人情 5.人情のある，慈悲[情け]深い 6.(人
物などが)得体の知れない 7.人間に似た 8.(女

が)男のような 9.男らしい，男性的な 10.[人類]ヒ
ト科の

dynolaidd *a* 人体に適応させた: llaeth ～ 母
乳化した牛乳

dynoldeb : **dynolrwydd** *m* 人間であること，
人間性[味]

dynolffurf (-iau) *f* ヒト類似の生物 2.(SF
で)人型ロボット，ヒューマノイド
a (形態・行動などが)ヒトそっくりの

dynoli *t* 1.人間化する，人間性を与える 2.人体
に適応させる 3.教化する，情深くする

dynoliaeth *f* 1.人間，人類 2.人間性

dynol-ryw : **dynolryw** *f* 人間，人類

dynwared *t* 1.(人・物事を)見習う，手本[模
範]にする 2.(人の態度・風采・言葉などを)
まねる，模倣する 3.(人の言動を)まねて馬鹿に
する 4.模造[模写]する，(…に)似せる 5.[生
物](動植物が周囲の物に)まねる，似る，擬態
する

dynwaredadwy *a* 模倣できる

dynwarededd *m* [生物]擬態

dynwarediad (-au) *m* 1.まね，模倣: mewn
～ o rth 何かをまねて[模倣して]2.物[人]ま
ね 3.模写，模造 4.偽物，模造[偽造]品，模倣
作品 5.[生物]擬態

dynwaredol *a* 1.まねをする，模倣の:
swyngyfaredd ddynwaredol *f* 模倣魔術 2.ま
ねをしたがる 3.模造[人造，偽]の 4.模倣の
5.(芸術作品など)独創性のない，模倣定な
6.擬声的な 7.[生物]擬態の

dynwaredwr (-wyr) *m* : **dynwaredwraig
(-agedd)** *f* 1.まねをする人，模倣[模造，偽
造]者 2.物まね師，出し物役者 3.独創性のない
模倣者 4.人[言葉]をまねる動物[鳥]5.(訓
練・実験用の)模擬操縦[実験]装置，シミュ
レーター: ～ hedfan [航空]フライトシミュレー
ター

dynyn *m* = **dynan**

dyranadwy *a* 振り当て[配分]できる

dyranedig *a* 1.[生物](人体・動植物を)解剖
[切開]した 2.[地理](地形が)河流や氷河に
よって刻まれた，多くの谷のある，開析された:
llwyfandir ～ 開析台地

dyraniad (-au) *m* 1.[生物]切開，解剖，解体
2.解剖された部分，解剖体; 解剖模型 3.[会計]
(経費・収入の)配分，配賦 4.[地理]開析
(作用)

dyrannu *t* 1.(資金などを用途に)振り当てる，
充当する 2.[生物](人体・動植物を)解剖
[切開]する

dyrannwr (dyrannwyr) *m* (資金・収入などの)
充当[配分]者

dyrchafael *m* 1.[キ教][D～]キリストの昇天
(cf Acts 1:9) 2.[D～]キリスト昇天日[祭](復
活祭後40日目の木曜日) 3.(気球・煙などの)
上昇

dyrchafael *t* 1.（知性・精神などを）向上させる, 高潔にする 2.（物を）持ち上げる 3.（人・地位などを）昇進［昇格］させる, 高める 4.（声・調子などを）高める, 上げる, 強める 5.（人の）意気を盛んにする 6.（想像力などを）強める, 高める 7.［カト］（聖体を）奉挙する

dyrchafedig *a* 1.（位置が）高い 2.（地位・身分の）高い 3.有頂天［大得意］の 4.（感情・心・言葉など）気高い, 高尚な 5.意気盛んな 6.（調味が）濃厚にされた 7.一杯機嫌の

dyrchafiad (-au) *m* 1.（物を）高める［高められる, 持ち上げる］こと, 高揚 2.昇進, 昇格, 進級 3.有頂天, 大得意; 狂喜 4.（文体・品性などの）高尚, 気品, 気高さ 5.（器官・機能の）異常な亢進 6.小高い所, 丘 7.［バレエ］空中跳躍 8.［占星］最高星位 9.賛美: D~ y Groes ［カト］（聖）十字架称賛の祝日（9月14日: 320年 Saint Helena がイエスの処刑された十字架をエルサレムで発見したとされた記念の日）10.［カト］（聖体の）奉挙: D~ yr Aberth 聖体奉挙, 聖挙

dyrchafol *a*（会話・思想などを）高尚にする, 精神［知性］を高める

dyrchafu *t* 1.昇進［昇格］させる; 進級させる 2.（精神・性格などを）向上させる, 高尚にする 3.（想像力などを）強める, 高める 4.［チェス］（ポーン(pawn)を）ならせる: ~ gweirinwr ポーンをならせる 5.（聖体を）奉挙する: ~'r Aberth 聖体を奉挙する

dyrchafwr (-wyr) *m* : dyrchafwraig **(-agedd)** *f* 賛美［称揚］者

dyri (-iau) *f* 1.［音楽］バラッド 2.歌, 民謡, 物語詩 3.ロマンチックな流行歌 4.鳥のさえずり

dyrnaid (-eidiau) *m* 1.手一杯, 一握り, 一つかみ 2.多数 3.小数, 少量 4.手に負えない人［物］

dyrnfedd (-i) *f*［度衡］スパン（親指と小指を張った長さ. 普通9インチ, 23cm）

dyrnfol (-au) *mf* 1.［甲冑］（鎧の）籠手 2.ミトン, 二叉手袋（親指だけ離れて他は一つの袋になっているもの）3.（婦人用）長手袋（絹またはレース製で指先は出して前腕まで覆うもの）

dyrniad *m* 脱穀

dyrnod (-iau) *mf* 1.（拳・平手などでの）強打, 殴打, 平手打ち 2.（ボクシングの）パンチ

dyrnu *t* 1.（拳骨・棒などで）ゴツン［ポカリ, ドン］と打つ 2.（人・物に）拳骨を食らわす, 拳骨で殴る: ~ rhn yn ei wyneb 人の顔にパンチを食らわす 3.（物が…に）ゴツン［ドシン, ドン］とぶつかる 4.（楽器で）ガタガタ［ポンポン］鳴らす;（楽器で）曲をポンポン弾く: ~ tôn ポンポンと曲を弾く 5.（穀物を）脱穀する 6.［ボク］パンチを食らわせる
i 1.（人・物などが）ゴツン［ドシン, ドン］と突き当たる 2.ひっぱたく, ひどく殴る: dyrnu'r bwrdd テーブルをドンドンと叩く 3.（心臓が）ドキドキす

る, 動悸を打つ 4.ドシンドシンと歩く 5.（番組・製品・政策などを）精力的に宣伝広告する: ~'r Beibl 熱烈に聖書を説く

dyrnwr (-wyr) *m* 1.ゴツン［ドシン, ドン］と打つ人［物］2.脱穀者 3.脱穀機: ~ medi コンバイン（刈取り・脱穀などの機能を兼備した農機具）4.［ボク］パンチを食わすボクサー

dyrys *a*（問題・状態など）難しい, 困難［難解］な, 困惑させる; 込み入った

dysen (-ni) *f* = dwsin

dysenteri *m*［病理］赤痢

dysenterig *a*［病理］赤痢の［に罹った］

dysg *mf* 1.学ぶこと, 学習 2.学問, 学識; 知識: canolfan (-nau) (*mf*) ~, cartref (-i) (*m*) ~　学問の中心地; y Ddysg Newydd［歴史］(15~16世紀の英国における）新学問（聖書および古典原文, 特にギリシャ語の研究を中心とした）3.［心理］学習: cromlin (*f*) ~ (cromlinau ~) 学習曲線

dysgadwy *a* 1.（人が）教える［学ぶ］ことができる 2.（人など）よく覚える 3.（学科・芸などが）教えやすい

dysgawdr (dysgodron) *m* 教師, 先生

dysgedig *a* 1.学問［学識］のある, 博学［博識］な: fy nysgedig gyfaill 下院・法廷などで弁護士が他の弁護士を指すのに用いる敬称 2.（法律などに）通じた, 造詣が深い 3.学問［学究］的な: 学者間で用いられる: cymdeithas ddysgedig (cyndeithasau ~) *f* 学会 4.（学問・研究などによって）習得［会得］した

dysgeidiaeth (-au) *f* 1.教義, 教理 2.（政治・宗教・学問上の）主義; 原則, 学説, 理論 3.（米）（他国に対する）国家の政策の公式宣言, 主義

dysgl (-au) *f* 1.大皿, 深皿, 鉢,（料理用）ボール: ~ bridd (dysglau pridd) 陶器の皿 2.［*pl*］食卓用皿類, 食器類 3.一皿の量 4.（皿に盛った）料理, 食物: ~ lysiau (dysglau llysiau) 野菜料理 5.鉢形のもの, くぼみ 6.自分の好きなもの 7.［通信］マイクロ波用の椀形アンテナの反射板 8.［野球］ホームプレート

dysglaid (-eidiau) *f* 一皿［カップ一杯］の量

dysglo : dysglu *t*（料理を）大皿に盛る

dysgu *t* 1.学ぶ, 習う, 教わる: ~ darllen 読めるようになる; 精白する, 勉強する 2.（経験などを通じて）身に付ける, 習得する 3.（訓練・努力などにより…）する［できる］ようになる 4.覚える, 記憶する: ~ rhth ar eich cof 何かを暗記する 5.（学科などを）教える, 教授する; 独学する: anodd ~ cast newydd i hen gi; anodd ~ hen gostog［諺］（習慣の固定な）老人に新しい物事を教えることはできない; mae hi'n (cael) ~ Gymraeg 彼女はウェールズ語を教えられています; ~ pader i berson［諺］釈迦に説法する; ~ mewn ysgol 学校の教師をする; eich ~'ch hun, ~ ar eich liwt eich hun, ~ ar

dysgubo 262 **dywenydd**

eich pen eich hun 独学する **6.** (仕方を) 教える, 仕込む, 慣らす **7.** 思い知らせる, 痛い目に遭わせる **8.** (経験・宗教などが) 教える, 悟らせる, 説く

dysgubo *t* **1.** (部屋・床などを) 掃く, 掃除する **2.** (塵・埃などを) 払う

dysgwr (-wyr) *m* : **dysgwraig (-agedd)** *f*
1. 学習者: dysgwyr Cymraeg ウェールズ語学習者 **2.** 初学 [初心] 者 **3.** 徒弟, 弟子 **4.** 自動車の運転練習者: ~ gyrru 仮免許の運転練習者

dyslecsia *m* [病理] (中枢神経障害による) 失語症

dyslecsig (-ion) *mf* 失語症患者
a 失語症の

dyspepsia *m* [病理] 消化不良

dyspeptig (-ion) *mf* 消化不良の人
a **1.** 消化不良の **2.** 憂鬱な, 悲観的な **3.** 不機嫌な, 気難しい

dysychedig *a* **1.** 乾燥した; 脱水した; 粉末になった **2.** 活気のない; 干涸びた

dysychiad : **dyschiant** *m* **1.** 乾燥 (作用); 脱水 **2.** 乾燥したかす **3.** (知的・感情的な) 無気力

dysychol *a* 乾燥させる

dysychu *t* **1.** 乾燥させる **2.** (食品を) 乾物にする **3.** (知的・感情的に) 生彩を失わせる, 無気力にする
i **1.** 乾燥する **2.** 生彩を失う, 無気力になる

dysychwr (-wyr) *m* **1.** 乾燥者 **2.** 乾燥剤 **3.** (通例, 熱と真空による果物・ミルクなどの) 乾燥器 **4.** [化学] 乾燥 [除湿] 器

dywededig *a* 前述 [前記, 上述] の

dywediad (-au) *m* **1.** 言ったこと, 言説 **2.** 言い習わし, 諺, 格言, 金言

dywedwr (-wyr) *m* : **dywedwraig (-agedd)** *f* 言う人

dywedwst *a* 無口な, 口数の少ない

dywedyd *t* = **dweud**

dyweddi (-ïau) *f* : **dyweddïad (-iadau)** *m* 婚約 (式): modrwy (*f*) ddyweddïo (*vn*) (modrwyau dyweddïo) 婚約指輪

dyweddi (-ïau, -ïon) *mf* **1.** 婚約者, いいなずけ, フィアンセ **2.** 婚約中の二人

dyweddïedig *a* 婚約中の

dyweddïo *t* **1.** 婚約させる [する] **2.** (女性が) 婚約する

dywenydd *m* **1.** 愉快, 喜び, 楽しみ, 嬉しさ **2.** 楽しい事, 喜びの種

E 263 **eclectig**

E

E, e 1.e (-au) *f* (発音e:) 2.E am Edward [電信] EはEdwardのE 3.[音楽] ホ音; ホ音の鍵: cywair meddalnod E 変ホ音の鍵 4.e.e. (= er enghraifft) [略語] 例えば 5.haen (*f*) E [通信] E層

e *pron* 1.[3人称男性名詞主格] 彼は [が]: bydd ~'n mynd yfory 彼は明日来るでしょう 2.[目的格] 彼を [に, へ] 3.[補語に用いて] 彼, あの男: fe yw ~ 彼だ 4.[男性名詞に言及して] それは [に]: fe'i gwelais i ~ 私はそれを見た 6.[鬼ごっこ (tag) の遊びで]; ti yw ~ あなたが鬼だ

eang *a* 1.大きな, 広い, 広大な, 広々とした: ystafell ~ 広い部屋 2.(範囲・経験・知識など) 幅広い, 該博 [広汎] な, 多方面の: gŵr o fri ~, gŵr ~ ei glod 広く知られた人; gwraig sydd wedi darllen yn ~ 多読する婦人; Gwe Fyd Eang [電算] ワールドワイドウェッブ 3.(見方など) 偏狭でない, 拘束されない, 自由な 4.(心など) 広い, 包容力の大きい

eangadwy *a* 1.拡大 [拡張] できる 2.発展性のある

eangfrydedd *m* 1.寛大, 雅量; 公平無私 2.寛大な行為

eangfrydig *a* 1.寛大な, 度量の大きい, 心の広い, 偏見のない 2.自由主義の, 自由主義 [進歩] 的な

eb : ebe : ebr *t* [常に主語の前に置く] 言った: "o'r gorau", ebe fi/ef/hi 「よろしい」と私/彼/彼女は言った

ebargofiant (-iannau) *m* 1.忘れること, 忘却 2.忘れられている状態: mynd i ~ (世に) 忘れられる 3.[法律] 大赦

ebill (-iau, -ion) *m* 1.(螺旋形の) 錐, 木工錐, ボード錐 2.(錐の) 穂先: ~ taradr 木工錐の穂先 3.洗濯ばさみ, 干し物留め 4.[音楽] (弦楽器の弦を締める) ねじ, 糸巻き: bocs (-ys) (*m*) ~ 糸倉

ebillio *t* 1.(錐などで) 穴を開ける 2.(洗濯物を) 洗濯ばさみで止める, 物干綱につける
  i 1.(錐などで) 穴を開ける 2.穴が開く

ebilliog *a* 1.予め定めた価格 [水準, 比率] に落ち着いている, 変動の少ない 2.[服飾] 先細 [駒形] の

ebol (-ion) *m* 1.子馬, (特に1歳未満の) 子馬 2.[競馬] 若ごま (通例3~5歳までの雄馬) 3.競走に初出場の馬 4.未熟な若者, 青二才

eboles (-au, -i) : ebolesen (ebolesi) *f* (通例4歳未満の) 雌の若馬

ebolfarch (-feirch) *m* = ebol

ebonaidd *a* 1.コクタン [黒檀] 製の 2.コクタン色の, 漆黒の

eboni *m* 1.[植物] コクタン, 黒檀: coeden (coed) (*f*) ~ コクタンの木 2.コクタン材

ebran (-nau) *m* 1.(家畜の) 飼料, 飼葉, まぐさ 2.餌, えさ

ebrannu *t* (家畜に) 飼葉 [まぐさ] を与える

Ebrill *m* 4月: yn ~ 4に; ffwl (ffyliaid) (*m*) ~ 四月馬鹿; 万愚節でのいたずら; Diwrnod (*m*) Ffŵl ~ 万愚節, 四月馬鹿の日, エイプリルフール (4月1日; この日に担がれた人をApril foolと言う)

ebrwydd *a* = buan

ebwch (-ychau, -ychiau, -ychion) *m* 1 喘ぎ, 息切れ: yn rhoi'r ~ olaf 死ぬ間際に, いまわの際に; hyd yr ~ olaf 最後まで, 息を引き取るまで 2.突然の叫び, 絶叫; 感嘆

ebychair (-eiriau) *m* 1.叫 び, 絶 叫 2.感 嘆 3.[文法] 感嘆 [間投] 詞

ebychiad (-au) *m* 不意の発声, 感嘆

ebychiadol *a* 1.叫び声の, 絶叫的な 2.感嘆の 3.感嘆 [間投] 詞の, 感嘆 [間投] 的な 4.挿入句的な

ebychnod (-au) *m* 感嘆符

ebychu *t* 1.叫ぶ, 絶叫する, 不意に叫び出す 2.喘ぎながら言う
  i 1.叫ぶ, 大声で言う 2.喘ぐ, 息を切らす

ebychwr (-wyr) *m* : **ebychwraig (-agedd)** *f* 1.叫ぶ人 2.不意に言葉を差し挟む人

ecdysis (-au) *m* [生物] (蛇・甲殻類の) 脱皮; 抜け殻

eciwmenaidd *a* 1.[キ教] 全キリスト教会の: (y) Cynghorau E~ [カト] (ローマ教皇の招集する) 公会議; 全世界キリスト教会統一運動の 2.全般 [普遍] 的な; 世界的な

eciwmeniad (-iaid) *mf* : **eciwmenydd (-wyr)** *m* [キ教] 全キリスト教会主義者

eciwmeniaeth *f* [キ教] 世界教会主義 [運動], 全キリスト教会主義

eclampsia *m* [病理] 1.(妊婦の罹る) 子癇 2.(小児の) 急癇

eclamptig *a* [病理] 1.子癇の 2.急癇の

eclectig *a* 1.(各種の材料を) 取捨選択する 2.(趣味・意見など) 広い, 折衷的な 3.[美術・哲学] 折衷主義 [派] の

eclectig (-ion) *mf* : **eclectydd (-ion)** *m*

1.折衷主義者 2.[美術]折衷派の画家 3.[哲学]折衷学派の哲学者

eclips (-au) *m* 1.[天文](太陽・月の)食: ~ haul 日食; ~ leuad/lloerol 月食 2.(名声・権威・影響力などの)失墜

eclipsio *t* 1.[天文](天体が他の天体を)食する 2.覆い隠す, 暗くする

ecliptig *m* [天文]黄道
a 黄道の

eclog (-au) *mf* 牧夫を主とした対話体の短詩, 牧歌, 田園詩

eco (-au) *m* = **atsain**

ecoleg *f* 1.生態学 2.有機体[生物]と環境間の関係全体 3.[社会学]人間生態学

ecolegol *a* 生態学の[的な]: cilfach (-au) ~ *f* 生態的地位

ecolegwr : ecolegydd (-wyr) *m* 生態学者

economaidd *a* 1.経済(上)の 2.経済学(上)の 3.実利的な, 実用上の 4.経済[節約]的な

economeg *f* 1.経済学 2.[通例*pl*](国・家・企業などの)経済(状態), 経済面

economegwr : economegydd (-wyr) *m* 1.経済学者 2.倹約[節約]家

economi (-iau) *mf* 経済;(国・地域などの)経済機構: ~ (g) wladaidd 小農経済; ~ ymgynhaliol 計画経済

economydd (-ion) *m* 経済学者

ecosystem (-au) *f* [生態]生態系

ecoteip (-iau) *m* [生態]生態型

ecotypig *a* [生態]生態型の

ecsbloetiadwy *a* 1.利用できる 2.開発できる

ecsbloetiaeth *f* 利己的利用, 搾取

ecsbloetio *t* (特に人を)利己的に利用する, 食い物にする, 搾取する

ecsbloetiol *a* 1.搾取の 2.開発の 3.乱獲の

ecsbloetiwr (-wyr) *m* : **ecsbloetwraig (-agedd)** *f* 人を食い物にする人, 搾取者

ecséis *m* 1.内国消費税, 物品税; 免許税 2.[英史][E~](昔の)間接税務局: Tollau ac E~ 関税と内国消費費

ecseismon (-myn) *m* [英史]間接税担当官

ecsema *m* [病理]湿疹

ecsentaidd *a* 湿疹に罹った, 湿疹性の

ecsentrig (-ion) *mf* 1.変人, 奇人 2.[機械]偏心器 3.[数学]離心円
a 1.[数学](円・球などが他と)中心を異にする, 偏心の 2.(人・行為などが)風変わり[奇妙]な, 常規を逸した, エキセントリックな

ecsentrigrwydd *m* 1.[数学](二次曲線の)離心率 2.[機械]偏心, 離心率 3.(服装・行動などの)風変わり, 奇抜 4.風変わりな行為, 奇行, 奇癖

ecstasi (-ïau) *m* 1.有頂天, 無我夢中 2.狂喜, 歓喜 3.(詩人などの)忘我, 恍惚 4.(宗教的な)法悦 5.[心理]恍惚状態, エクスタシー

ecstatig (-ion) *mf* 1.夢中になる人 2.[pl]頂天の歓喜
a 1.有頂天[夢中]の 2.忘我の

ecstri (-iau) : ecstro (-eon) *mf* [機械](車輪の)車軸, 心棒

ecwiti (-ïau) *m* 1.[法律]衡平法, エクイティ: ~ adbryniad (エクイティ上の)受戻し権, 償還権 2.[金融]出資者の請求権; 純資産額

ecwitïol *a* 1.公平[公正, 正当]な 2.[法律]衡平法上の; 衡平法上有効な

echblyg *a* 1.(人・性質など)腹蔵のない, 率直な 2.(知識・概念など)明確な神学教義などを十分理解した上での確固たる信仰 3.(行動・型など)顕在的な, 明白に観察できる 4.即金で払うべき

echblygrwydd *m* 1.明確 2.率直 3.顕在

echdoe (-au) *m&ad* 一昨日, おととい

echdoriad (-au) *m* 1.(火山の)爆発, 噴火: ~ folcanig 火山の噴火 2.(溶岩などの)噴出

echdyniad (-au) *m* [医学](薬剤・植物などの)(粘着性)抽出物, 溶液, 調合剤

echdynnol *a* 1.抽出できる 2.抜粋的な

echdynnu *t* [数学](根を)求める

echdynnwr (echdynwyr) *m* 1.抽出者 2.抜粋者

echel (-au, -i, -ydd) *f* 1.軸, 軸線 2.(運動・方向などの)主軸, 中心部 3.[数学]座標軸: yr ~ hwyaf(楕円の)長軸; yr ~ leiaf(楕円の)短軸 4.[光学]光軸 5.[政治]枢軸: E~ Rhufain-Berlin(第二次大戦前にイタリアのMussolini首相とドイツのHitler総統が結んだ)ローマベルリン枢軸; [E~](第二次大戦の)日独伊枢軸国: Galluoedd yr E~ 枢軸国 6.[解剖]第二頸椎, 軸椎 7.[植物]軸 8.[天文]地軸 9.[機械](車輪の)車軸, 心棒: ~ dro (echelau tro), ~ rydd (echelau rhyddion)(自動車の)活軸, 回転車軸; ~ yrru (echelau gyrru)(機関車の)動軸, 駆動車軸

echelin *m* = **echel** 1~8: ~ begynol[数学]原線, 始線; [数学]極性軸

echelinol : echelog *a* 軸(上)の, 軸性の

echelu *t* [機械]車軸を動かす[回転させる]

echlifiant (-iannau) *m* [土壌]溶脱

echlifo *i* [土壌]溶脱する

echlifol *a* 1.[土壌]溶脱の 2.[地質]残留堆積層の

echludiad (-au) *m* 1.抽出, 抜取り 2.[化学・物理]溶出, 溶離

echludo *t* 1.抽出する, 抜取る 2.[化学・物理]溶出[溶離]する

echlysiant *m* [論理](推論での)省略

echnos *ad* 一昨夜[晩]

echreiddiad (-au) *m* = **ecsentrigrwydd**

echreiddig *a* = **ecsentrig**

echreiddig (-ion) *m* = **ecsentrig**

echreiddigrwydd *m* = **ecsentrigrwydd**

echrydu *t* 1.非常に恐れる, 怖がる 2.(…するの)

echrydus *a* 1.恐ろしい, 怖い, 身の毛もよだつ 2.恐れて, 怖がって 3.おびえた, びくびくした 4.大変な, ひどい, 嫌な 5.つまらない, 面白くない

echryslon *a* 1.(顔など)非常に恐ろしい 2.恐れて[びくびくして]いる 3.恐れ多い, いかめしい

echryslondeb : echryslonder :
echryslonrwydd *m* 恐ろしさ, 怖さ, 凄まじさ; 醜悪さ

echwyn (-ion) *m* = **benthyciad**

echwynna *t* = **benthyca**

echwynnwr (echwynwyr) :
echwynnydd (echwynyddion) *m* :
echwynwraig (-agedd) *f* =
benthyciwr

edafaidd *a* 糸のような; ほっそりした

edafeddog *a* 繊維から成る; 繊維質[状]の

edafeddog *f* [植物]キク科ハハコグサ属の植物の総称; (特に)ヨーロッパ産で雑草として広く分布しているチチコグサの一種

edafeddu *i* [料理](シロップが煮詰まって)糸を引く

edafog *a* 1.繊維を持つ, 繊維質の 2.(…の)繊維[素質]から成る

edafwr (-wyr) *m* 1.糸通し器 2.ねじ切り盤

edaffig *a* 1.[植物]土壌の 2.[生態](植物が気候よりも)土壌の影響を受ける

edau (edafedd, edefion, edeifion) *f*
1.(絹・木綿・麻・毛などの)糸; 縫糸; 織糸: ~ nodwydd 縫糸; ~ gowni/frasbwytho 仕付糸; ~ lin/gyfrodedd 亜麻糸; ~ sidan 絹糸; ~ gotwm 木綿糸; ~ leil ライル[レース]糸; hongian/crogi ar ~ 風前の燈[危機一髪]である 2.細い糸状のもの(毛・クモの糸・色などの細線, 気体の細流, シロップが煮詰まって引く糸など) 3.(金属・ガラスなどの)細線, 繊条: ôl (olion)(*m*) ~ 糸すき入れ(紙幣の偽造を防ぐため紙に着色した繊維をすき込んだもの) 4.生命の糸, 人間の寿命: ~ bywyd 玉の緒, 寿命 5.[織物][*pl*]縦糸と横糸: brodwaith tynnu ~ [服飾]ドローンワーク(布地の織糸を数本抜いて, 抜いた両端を糸でかがってゆく刺繍;ドレスやブラウスの飾りに使う) 6.[機械]ねじ山, ねじ筋: ~ fwtres 鋸歯ねじ

edefyn (-nau, edeifion) *m* 1.= **edau** 2.細糸; 短繊維: ~ gwlân 毛糸 3.(綿・麻・筋肉などの)繊維(質); 繊維組織 4.[解剖]繊維: ~ nerfol 神経繊維 5.[植物]繊維細胞

edeubluen (edeublu) *f* [鳥類]毛状羽

edeuffurf *a* 糸[繊維]状の

edfryd *t* 1.(奪われた[失くした]物を)元に戻す, 返す, 返還する 2.(古い建物・家具・美術品などを)再建[修繕, 修復]する 3.(本などを)元の位置に戻す, 返却する

edifar *a* 1.(自分の犯した罪に対して)後悔して, 悔やんで, 懺悔して; 悔い改めた 2.気の毒で, 可哀想で 3.残念で, 遺憾に思う 4.済まない[申し訳ない]と思って

edifarhau : edifaru *t* 1.後悔[懺悔]する, 悔やむ 2.気の毒に思う, 悲しむ, 悼む 3.残念[遺憾]に思う 4.惜しむ, 未練に思う
i 1.後悔[懺悔]する, 悔やむ 2.悔い改める

edifarhaus : edifarus : edifeiriol *a* 1.後悔[悔悟, 懺悔]の 2.贖罪的苦行の

edifarhäwr (edifarhawyr) : edifarwr (-wyr) : edifarydd (-ion, -wyr) :
edifeiriwr (-wyr) *m* 1.罪を深く悔いる人, 悔悟者 2.[カト]告解者 3.贖罪的苦行と慈善活動を行う平信徒の団体の会員

edifeirwch *m* 後悔, 懺悔

edling (-od) *m* 1.王位継承者 2.[法律]法定推定相続人 3.(地位・役割などを)継ぐことが確定的な人, (官職などの)次期有力候補 4.[ウ史][しばしばE~]皇太子

edliw *t* 1.咎める, 叱る, 責める 2.厳しく批判する 3.なじる, あざける: buont yn ~ i'w gilydd 彼らはお互いをなじった 4.あざけって挑発する

edliwgar : edliwus *a* 1.叱る[咎める, 非難する]ような 2.あざける

edliwiad (-au) *m* 1.叱責, 咎め, 非難, 責め 2.叱責[非難]の言葉, 小言 3.あざけり, あざ笑い, 痛烈な皮肉 4.恥辱不名誉[面目]

edliwiwr (edliw-wyr) *m* : **edliw-wraig (edliw-wragedd)** *f* 1.叱責[非難]する人, 2.あざける人

edlych (-iaid, -od) *m* (飢えのため)痩せこけた[栄養不良の]人[動物]

edmygadwy *a* 称賛に値する

edmygedd *m* 1.称賛, 感嘆, 憧れ 2.称賛の的: ef yw testun ~ pawb 彼はみんなの称賛の的です

edmygol : edmygus *a* 称賛[感嘆, 感心]する

edmygu *t* 1.称賛[感嘆, 感心, 敬服]する 2.感心して眺める, 見とれる 3.(お世辞に)ほめる

edmygwr : edmygydd (-wyr) *m* :
edmygwraig (-agedd) *f* 1.称賛[賛美]者 2.(女性に対する)崇拝者; 求婚者

edn (-ain, -od) *mf* = **aderyn**

edrych *t* 1.(注意して)見る, 注視[熟視]する, 眺める: ~ yn syth yn wyneb rhn 人の顔をまともに見る 2.確かめる調べてみる: ~ (-wch) (pa) faint o'r gloch yw hi いま何時か確かめなさい 3.(…の)目つき[顔つき]をする, (…を)目つき[態度]で表す 4.予期[期待]うる 5.見つめて[睨んで](…)させる
i 1.見る, 眺める, 注視する 2.(目[顔]つき-様子・事物が)(…に)見える, (…と)思われる: mae hi'n ~ yn hapus 彼女は幸福そうな顔をしている; mae'n~ fel y dylai(地位・身分などに)相応しい身なりである 3.気を付ける, 注意する: ~ (-wch)! これこれ!, いいかね!, おい!, ねえ!, おい

edrychiad 266 **efryn**

こら!(警告・禁止・非難・叱責の意を込めて) 4.(家などが南などに)向いて[面して]: ~ trwy ffenestr 窓から外を見る 5.調べる, 検査する 6.(ある見方で)見る, 見なす, 考える

edrychiad (-au) m (人・物の)外観, 外見, 見かけ, 体裁, 風采, 容姿

edrychwr (-wyr) m : **edrychwraig (-agedd)** f 見る[眺める]人, 見物人, 観覧[観賞]者

edwi : edwino i 1.(人・体力が)衰える, 弱る 2.(悲嘆などのため)ぐったりする, 元気がなくなる 3.(美しさが)衰える, 消える

edwyth (-au) m 1.抽出物 2.[化学]遊離体

edwythadwy a 1.抽出できる 2.演繹できる

edwythiad (-au) m 1.抽出; 析出; 排出 2.推論, 演繹

edwytho t 1.(潜在する素質・力などを)引き出す 2.推論[演繹]する 3.(液体などを)抽出する

edwythol a 1.引き出す, 抽出する 2.推断する

edwythydd (-ion) m 排除器

eddi pl 1.(織物の)耳, 織り端の糸; 糸くず: edau ac ~ 一切合切, 玉石混交 2.(肩掛け・裾などの)房飾り

eddïo t 房で飾る, 房を付ける

eddïog a 房飾りのある

ef : efe : efo pron = **e**: ~ a wyr 彼は知っている;(a)ddaeth ~? 彼は来ましたか?; o'i herwydd ~ 彼のために; fe'i gwelais ~ 私は彼[それ]を見た; mi a'i credais ~ 私はそれを信じた

Efa f 1.[聖書]イヴ, エヴァ(神が人類の始祖 Adam の肋骨の一本から創造した最初の女性: cf *Gen* 3:20; 2:21-23) 2.イヴ(女性名) 3.(典型的な女性的特質を持つ)女性

efallai ad ひょっとすると, もしかしたら, 事によると, 多分: ~ na ddaw hi もしかしたら彼女は来ないでしょう

efelychadwy a 模倣できる

efelychiad (-au) m = dynwarediad

efelychiadol : efelychol a = dynwaredol

efelychiant (-iannau) m [音楽]模倣(作法)

efelychu t = dynwared

efelychwr (-wyr) m = dynwaredwr

efelychwraig (-agedd) f = dynwaredwraig

efengyl (-au) f 1.[キ教][時にE~]福音: キリストと神の王国と救いに関する良き便り; キリストとその使徒たちが説いた教え; キリスト教の教義 2.[通例E~][聖書]福音書(キリストの生涯と教えを記録した新約聖書の四書(マタイ伝・マルコ伝・ルカ伝・ヨハネ伝)の一つ 3.[E~]聖餐式その他の儀式で朗読される福音書の一部 4.信条, 主義 5.絶対的真理: mae'n ~ それは絶対的真理です 6.[音楽]福音歌

efengylaidd a 1.福音(書)の, 福音伝導の 2.福音主義的な 3.[E~]福音書著者の 4.[時にE~]新教の 5.[通例E~](ドイツの)福音主義の

会の 6.[時にE~]根本主義を信奉する 7.[通例E~]低教会派(Low Church)の 8.伝導的熱情に燃える

efengyleiddiad m 福音伝導

efengyleiddio : efengylu t 1.福音を説く 2.キリスト教に改宗させる

efengyliaeth f : **efengylyddiaeth** m 1.福音伝導 2.福音主義

efengylwr : efengylydd (-wyr) m : **efengylwraig (-agedd) : efengyles (-au)** f 1.[E~]福音書著者 2.福音書を朗読する人 3.福音伝導者 4.巡回説教者 5.俗人の伝導者 6.根本主義者

efengylyddol a 1.[E~]福音書著者の 2.福音伝導者の 3.福音主義的な 4.伝導的な

eferw a 1.泡立つ, 泡起[沸騰]性の 2.興奮した, 活気のある

eferwad (-au) m 1.泡立ち, 泡起 2.興奮, 活気

eferwi i 1.(炭酸水・発泡飲料などが)泡立つ, 沸騰する 2.(炭酸水などのガスが)泡となって出る 3.(人が)興奮[熱狂]する

efo prep 1.[同伴・同居・仲間]…と共に[一緒に] 2.[交渉・取引・処置]…と[を, に] 3.[出会い・接触]…と[に] 4.[同時・同様・同程度]…と同時に[同様に, 同じ割合に] 5.[一致・調和・符号・共同・連結]…と合って[調和して, 一致して] 6.[同方向]…と同じ方向に 7.[包含・提携]…を含めて[の中に, に味方して] 8.[比率・平等・同一]…と比較して[同じで] 9.[混合・混同]…と混合[混同]して 10.[敵対]…を相手に 11.[器具・手段]…で[を用いて] 12.[様態]…して 13.[材料]…で 14.[所持・所有・携帯]…を持って[身に付けて] 15.[譲歩]…にもかかわらず 16.[付帯情況を示す句を導いて]…して[しながら] 17.[原因・理由]…のために[のせいで] 18.[関係・関連・事情・立場]…について[関して, とって] 19.[分離]…から[を離れて]

efoliwnt (-iau) mf [数学]縮閉線

Efrog f ヨーク(イングランド北東部 North Yorkshire 州の首都; 大聖堂(York Minster)がある): ~ Newydd ニューヨーク

efryd (-iau, -ion) m 1.勉強, 勉学, 学習: efrydiau preifat 自習 2.研究, 調査

efrydu t 1.勉強する, 学ぶ; 研究する 2.調べる, 調査する 3.よく[じろじろ]見る

efrydydd (-ion, -wyr) m 1.(大学・専門学校の)学生 2.(米)(中等学校の)生徒

efrydd (-iaid, -ion) m 手足の不自由な人, 身体障害者
a 不具の, 不具[身体障害者]になった

efryddu t (手足などを切って人を)不具[身体障害者]にする

efryn (efrau) m [植物]イネ科ドクムギ属の一年生または多年生草本数種の総称; (特に)ドク

efwr 267 **eglwysigol**

ムギ, 毒麦: y gwenith a'r efrau［聖書］小麦
と独麦（cf *Matt* 13:25, 27,36）

efwr *m*［植物］ハナウド（セリ科ハナウド属の植
物の総称）

efydd (-au) *m* 1.真鍮, 黄銅 2.［通例*pl*］真鍮
製飾り, 真鍮製品 3.（死者を偲んで碑銘などを
刻み教会の壁）敷石・墓石などにはめ込んだ）
真鍮記念碑 4.［音楽］金管楽器（管弦楽団
の）金管楽器部 5.鉄面皮, 図々しさ, 厚かまし
さ 6.金, 銭 7.売春婦 8.高級将校［官僚］9.真鍮
［黄銅］色 10.青銅, ブロンズ 11.青銅製品:
medal (-au)（*f*）~［スポ］銅メダル（通例3等
賞）; ennill medal ~ 銅メダルを獲得する 12.青
銅［ブロンズ］色 13.［化学］銅
a 1.真鍮（製, 色）の 2.金管楽器の 3.青銅（製,
色）の: delw (-au)（*f*）~ 銅像; yr Oes（*f*）E~,
Oes yr E~［考古］青銅器時代

efyddaidd : efyddol *a* 真鍮製［色］の

efyddu *t* 青銅色にする

efyddyn (-nau) *m* 1.真鍮製の鍋 2.青銅の彫
刻

effa (effâu) *f*［度衡］エファ（古代イスラエルの
乾量の単位; = 1/10 homer）

effaith (-eithiau) *f* 1.結果 2.効果, 影響:（法
律などの）効力;（薬などの）効き目, 効能: sgil-~
（薬などの）副作用 3.（景色・絵画などが感覚
に与える）効果, 感銘, 印象 4.［演劇・映画・
放送］（音響・照明・色彩などの）効果:
effeithiau llwyfan［演劇］舞台効果;
effeithiau sain［演劇・音楽・テレなどの］音響
効果 5.発行, 実施 6.目的, 意図, 意志 7.[*pl*]
動産物件 8.外見, 体裁 9.意味, 趣旨 10.［心
理］情態, 情緒, 感情, 感動

effeithiadwy *a* 1.影響を受けやすい 2.（病気
などに）冒されやすい 3.感動しやすい

effeithio *t* 1.（健康などに）影響を及ぼす［与え
る］; 悪影響を及ぼす 2.感動させる 3.（病気な
どが）襲う

effeithiol *a* 1.（薬・治療など）効能［効験, 効き
目］のある 2.（行動・方法などが）有効な, 効果
のある: nerth ~ *m*［電気］有効電力 3.（人が）
有力［有能］な, 説得力のある, 目立つ 4.［法
律］効力を生じる, 実施されて 5.［文法］（動詞
形・相が）結果［効果］的 6.［経済］実際
［事実上］の 7.［軍事］実戦に使える, 実動の,
即戦力的な: milwyr ~ *m* 実動部隊

effeithioldeb : effeithiolrwydd *m* 1.（薬・
治療などの）効き目, 効能, 効験 2.（手段など
の）有効性, 効力 3.能率 4.［物理・機械］効
率

effeithioli *t* 1.（目的・計画などを）果たす, 遂
げる 2.（変化・効果などを）もたらす, 生じさせ
る 3.効発させる, 実施する

effeithlon *a* = **effeithiol**

effeithlonrwydd *m* 1.能力, 能率: tal (m) ~
［軍事］能率給 2.［物理・機械］効率

effemeris (-au) *m*［天文］天体暦: amser ~
暦表時

effemeron (effemera) *m* 短命なもの,（特に）
短命植物

effro *a* 1.目が覚めて, 眠らずに 2.油断のない,
用心深い, 注意を怠らない 3.気付いている:
bod yn ~ i beryg! 危険に気付いている 4.機
敏［敏捷］な

effros *pl*［植物］コゴメグサ（ゴマノハグサ科コゴ
メグサ属の植物の総称）

eger (egrau) *m*［海洋］海嘯, 潮津波, 高潮（浅
い所で高潮が衝突する時, または三角口状に開
いた河口に高潮が押し寄せる時に見られる高い
潮で, 英国ではSevern, Trent, Humber川など
に見られる）: ~ Hafren セヴァン川の高潮

eginhad (-au) : eginiad (-au) *m* 1.発芽, 萌
芽 2.発生, 発達

egino *i*（植物・木・種子などが）発芽する, 芽
［枝］を出す

eginllyd : eginog : eginol *a* 1.発芽の, 発
芽力のある 2.発生力のある

eginydd (-ion) *m* 1.発芽させる人［もの］2.発
芽力試験器

egin (egin) *m*［植物］（地を這う植物の）新
芽, 若芽, 若枝

eglur *a* = **clir**

egluradwy *a* 説明できる

eglurdeb : eglurder *m* 1.（説明が）明白, 明
瞭 2.（輪郭などの）鮮明さ

eglureb (-au) *f* 実例

eglurebol *a* 実例［例証］となる

eglurhad (-au) *m* 1.実例 2.説明, 解説

eglurhaol *a* 1.実例［例証］となる 2.説明的な,
説明に役立つ

egluro *t* 1.（実例・図表などで）説明する, 明ら
かにする: ~'ch meddwl 意図を明らかにする
2.弁明［釈明］する

eglurwr : eglurydd (-wyr) *m* 説明［解説］
者

eglwys (-i, -ydd) *f* 1.（キリスト教の）教会（堂）:
yr E~ yng Nghymru ウェールズ教会［聖公
会］; 英国国教会の会堂: E~ Loegr 英国国
教会;（キリスト教以外の）教会堂, 礼拝所
2.（教会の）礼拝（式）3.[しばしばE~]（教派の
意味で）教会; 教会組織; 教派 4.聖職, 牧師職
5.[E~]（国家に対して）教会, 教権 6.[E~]全
キリスト教徒 7.（キリスト教会の）会衆

eglwysa *t* 1.（特別礼拝のために人を）教会に
案内する 2.（婦人を産後の感謝祈祷のため）
教会に連れて行く

eglwysaidd : eglwysig *a* 1.教会の［に関す
る］, 教会を思わせる 2.聖職の 3.教会一点張り
の 4.国教に凝り固まっている

eglwyseg *f* 1.教会建築学 2.教会学［論］

eglwysigiaeth *f* 教会主義

eglwysigol *a* 1.教会建築学の 2.教会学［論］

eglwysleidr 268 **ehedol**

上の

**eglwysleidr (-ladron) : eglwysegwr :
eglwysegydd (-wyr)** *m* 1.協会建築研究家
2.教会学者

eglwysoleg *f* = **eglwyseg**

eglwyswr (-wyr) *m* 1.(キリスト教の) 聖職者
2.(規則正しく) 教会へ礼拝に行く人

Eglwyswr (-wyr) : Eglwysydd (-ion) *m* :
Eglwyswraig (-agedd) *f* 英国国教徒

eglwyswraig (-agedd) *f* 婦人教会員, (特に)
英国国教会の婦人信者

eglwysyddiaeth *f* = **eglwysigiaeth**

egni (egnïon) *m* 1.生命力, 精力, 活力, 活気,
元気 2.持続 [持久] 力 3.努力, 尽力, 奮闘
4.(言葉・文体などの) 力, 力強さ 5.活動, 行
動; [しばしば *pl*] 活動 [行動] 力 6.[物理] エネ
ルギー : lefel (-au) (*f*) ~ エネルギー準位; ~
cinetig 運動エネルギー 7.[機械] 作用力

egnïaeth *f* 1.[倫理] 精力 [活動] 主義 2.[心
理] エネルギズム

egnïo *i* 努力する, 骨を折る

egnïol *a* 1.(人が) 精力 [活動] 的な, 元気な
2.努力のあとが見える; 骨の折れる 3.(反応な
ど) 強力な

egnïoli *t* [電気] 加圧する

ego *m* 1.[哲学] 主観 2.[心理] 自我 3.[精分]
エゴ, 自我 : ego-amddiffyniad *m* 自我防衛

egoist (-iaid) *mf* 1.自己本位の [自分勝手な]
人 2.うぬぼれの強い人 3.[哲学] 利己主義者

egoistiaeth *f* 1.自己本位, 自己中心 2.利己心,
我欲 3.うぬぼれ, 自負心 4.[倫理] 利己主義,
利己説

egoistig *a* 1.利己主義の 2.自己本位の, 我欲
の強い

egosentrig (-ion) *mf* 自己 (中心) 主義者
a 自己中心の

egosentrigedd *m* 1.自己中心 2.[心理] 自己
中心性

egr *a* 1.生意気な, 図々しい 2.(返事・話し方な
ど) 辛辣な, 激しい 3.(風雨・戦闘など) 猛烈
な, 激しい, 荒れ狂う, 凄まじい 4.(果物・ミルク・
ワイン・ソースなど) 酸い, 酸っぱい, 辛い, 苦い;
(発酵して) 酸っぱくなった

egredd : egrwydd *m* (ビールなどの) 気抜け

egroesa *t* (野) バラの実を摘み集める

egroesen (egroes) *f* [植物] バラの実, (特に)
野バラの実

egru *t* 1.[料理] (味など) 辛く [酸っぱく] する
2.[音楽] (音を) 高くする
i 1.(ビールなど) 気が抜ける 2.(ミルクなどが)
酸っぱくなる 3.(風雨が) 荒れ狂う

egrwch *m* 1.(味などの) 辛味, 苦味, 酸味
2.(痛みなどの) 鋭さ, 激しさ, 強烈 3.(言葉・態
度などの) 辛辣 4.(音の) 甲高 5.(風雨の) 激し
さ, 猛烈さ 6.(ブレーキ・クラッチの) 急作動

egwan *a* 1.(希望など) 僅かな : gobaith ~ 僅

かな望み 2.(人・身体など) 弱い, 弱々しい, 衰
弱した, 虚弱な 3.(声・光など) かすかな : llais
~ 力のない声

egwyd (-au, -ydd) *f* 1.球節 (馬の足の蹴爪
毛の生ずる部分); 蹴爪毛 2.つなぎ (蹴爪んとく
るぶしとの間の骨部分)

egwyddor (-ion) *f* 1.原理, 原則; 法則 2.主
義, 信条, 根本方針 : ar dir ~ 主義として
3.[しばしば *pl*] 正道, 道義, 節操 : dyn o ~ 節
操のある高潔な人 4.本源, 本質 5.(機械の)
仕組み, 原理

egwyddorol *a* 主義に基づいた, 節操のある,
高潔な; 主義が…の

egwyl (-iau, -ion) *f* 1.(苦悩・痛み・労働な
どの) 一時的休止; 休息期間 2.(演劇・音楽
会・映画などの) 幕間, 休憩時間

egwyriant (-nnau) *m* 1.[天文] 先行差 2.[光
学] レンズの収差

enghraifft (-eifftiau) *f* 1.(代表的・典型的
な) (実) 例, 例証 : er ~ 例えば, 例証として
2.手本, 模範 3.典型, 見本, 標本

enghreifftio *t* 例を挙げる, 例証する

enghreifftiol *a* 実例 [例証] となる, 説明の

englyn (-ion) *m* [詩学] (ウェールズ語の) 頭
韻節 [連]

englyna : englynu *t* 頭韻節 [連] を作る

englynwr (-wyr) *m* 頭韻節 [連] の作者

ehangder (eangderau) *m* 1.(心・識見など
の) 広さ; 寛容 2.(海・空・陸地などの) 広々とし
た) 広がり

ehangiad (eangiadau) *m* 1.拡大, 拡張, 発
展 2.膨張 3.伸張, 延長 4.伸張 [延長] 部分
5.[数学] 展開 (式)

ehangiaeth *f* (領土などの) 拡張政策 [主義]

ehangol *a* 1.拡張 [発展, 膨張] 性の, 膨張力
のある 2.広々とした, 広大な 3.包容力のある
4.(領土) 拡張論者の

ehangu *t* 1.大きくする; (本を) 増補する; (写真
を) 引き伸ばす 2.(視野・経験・人気などを)
広げる, 広める : ~'ch gorwelion 視野を広げる
3.膨張させる 4.(領土・範囲などを) 広げる, 拡
大 [拡張] する
i 1.広がる, 大きくなる, 拡大する 2.(写真が) 引
き伸ばせる 3.膨張する 4.詳述する

ehangwr (-wyr) *m* : **ehangwraig (-agedd)**
f 1.広げる人 [物] 2.(領土) 拡張論者

ehedeg *i* (鳥・飛行機などが) 飛ぶ, 飛行する

ehedfaen (-feini) *m* 1.磁石 2.人を引付ける人
[物]

ehediad (-au) *m* 1.(鳥・飛行機・ミサイルなど
の) 飛ぶこと, 飛行 : ~ prawf 試験飛行 2.(思
想・野心・想像などの) 飛躍, 躍動, 高揚 : ~
dychymyg 奔放な空想; (才知などの) ほとばし
り

ehediad (-iaid) *m* = **aderyn**

ehedol *a* 1.(鳥が) 空を飛ぶ 2.飛ぶ力のある

ehedwr 269 **Eingl-Gymro**

3.飛ぶように早い, 素早い 4.[紋章](鳥が)水平に飛ぶ姿の

ehedwr (-wyr) *m* 1.鳥 2.飛行士, パイロット: ~ uchel 空高く飛ぶ人[鳥]; 望み[抱負]の高い人, 野心家

ehedydd (-ion) *m* [鳥類]ヒバリ: codi gyda'r ~ 朝早く起きる, 早起きする

ehofnder : ehofndra *m* 1.恥知らず, 図々しさ, 厚かましさ, 図太さ, 生意気 2.大胆不敵, 豪放, 向こう見ず

ehud : ehudwyllt (-ion) *a* 無鉄砲[無謀, 無分別, 向こう見ず]な

ehudrwydd *m* 1.向こう見ず, 無鉄砲, 蛮勇, 軽卒 2.向こう見ず[軽卒]な行為

ei *a* 1.彼の: fe newidiodd ~ enw 彼は自分の名前を変えた; ~ dŷ 彼の家; E~ Fawrhydi 陛下; ar ~ ben ~ hun (bach) 全く彼一人だけで 2.: ~ thŷ 彼女の家; fe newidiodd ~ henw 彼女は自分の名前を変えた; E~ Mawrhydi 陛下; ar ~ phen ~ hun, ar ben ~ hun 全く彼女一人だけで 3.それの, その: ~ lun a'i liw その形と色; adeiladodd y fronfraith ~ thŷ ツグミが巣を作った

ei *pron* 1.彼を[に]: ceisiais ~ weld 私は彼を見ようとした 2.彼女を[に]: ceisiais ~ gweld 私は彼女を見ようとした 3.それを[に]: ceisiais ~ weld 私はそれ(男性名詞を受けて)を見ようとした; ceisiais ~ gweld 私はそれ(女性名詞を受けて)を見ようとした

eicon (-au) *m* 1.(絵・彫刻の)像, 肖像, 偶像 2.[美術](キリスト・聖母・聖人・殉教者などの)聖像, 聖画像, イコン(ビザンチン美術で盛んに行われた; 板絵が多い) 3.[論理・言語]アイコン, 図像, 類似記号 4.[電算]アイコン

eich *a* あなた方の, 君たちの: Gymry, mynnwch ~ hauliau ウェールズ人たちよ, 君たちの権利を主張しなさい; E~ Anrhydedd 閣下

Eidal *f* [地理]イタリア (Italy) (ヨーロッパ南部の共和国; 首都Rome): yr E~ イタリア

Eidalaidd *a* 1.イタリア[人]の 2.イタリア風[式]の

Eidaleg *mf* イタリア語
a イタリア語の

Eidalwr (-wyr) *m* : **Eidales (-au)** *f* イタリア人

eidion (-nau) *m* 雄牛; (特に労役・食用の)去勢牛: cig (*m*) ~ 牛肉, ビーフ; ~ rhost ローストビーフ

eidionyn (eidionod) *m* [料理]ハンバーガー

eidral : eidrol *m* [植物]カキドウシ (シソ科の小雑草で茎は地を這い紫色の花をつける)

eiddew : eiddiorwg *m* [植物]キヅタ (ウコギ科キヅタ属のつる性常緑低木の総称)

eiddgar *a* 1.(人・感情など)熱烈[熱心]な, 烈しい 2.(太陽・熱病など)燃えるような, 火のような, 熱い

eiddgarwch *m* 1.情熱, 熱心, 熱意, 熱中 2.灼熱, 高熱

eiddig *a* [ウ文]焼き餅焼の夫

eiddigedd *m* 1.嫉妬, 妬み, 嫉み, やきもち 2.妬みの仕打ち[言葉] 3.警戒心 4.羨望の的

eiddigeddu *t* (人・物を)羨む, 妬む, 嫉む

eiddigeddus *a* 1.妬んで, 羨ましく思って 2.羨ましそうな 3.嫉妬深い 4.油断のない, 用心する

eiddigeddwr (-wyr) *m* : **eiddigeddwraig (-agedd)** *f* 嫉妬する[妬む, 羨む]人

eiddigus *a* 1.= **eiddigeddus** 2.熱心[熱狂的]な 3.熱望して 4.[聖書](神が)ただ一筋の信仰を求める, 他の信仰を許さぬ: duw ~ 妬む神 (cf *Exod* 20:5)

eiddil *a* 1.(体力・体質が)弱い, 弱々しい, 衰弱した 2.(能力・価値・財源・量・大きさなどが)乏しい, 不十分な, 僅かな 3.[言語・発音](ケルト語の母音が)前舌音の

eiddilwch *m* (体質が)虚弱, 衰弱

eiddo *m* 1.所持品, 所有物 2.(土地・家を除く)家財 3.[法律]財産, 資産: ~ real/gwirioneddol 不動産; ~ bydol/tymhorol [キ教]教会の不動産; ~ eglwysig/ysbrydol [キ教](聖職としての)聖務収入[財産]

eiddoch *pron* あなた方の物

eiddot *pron* あなたの物

eidduned *f* : **eidduniad (-au)** *m* = **dymuniad**

eidduno *t* = **dymuno**

eiddunol *a* [文法](ギリシャ語や他の言語で)願望[祈願]を表す: y modd ~ *m* 願望法

eiddynt *pron* 彼[彼女]らの物: ~ hwy y tŷ hwn この家は彼[彼女]らの物です

Eifftaidd *a* エジプト(人)の

Eiffteg *mf* エジプト語(古代のハム語)
a エジプト語の

Eifftiad (-iaid) *mf* : **Eifftiwr (-wyr)** *m* : **Eifftes (-au)** *f* エジプト人

Eifftoleg *f* エジプト学

eigion (-au) *m* 1.(海・川・湖の)底 2.心底: o ~ fy nghalon 衷心から 3.大洋, 海洋; 外洋 4.海深海(大洋のような)広々とした広がり; (光などの)海 5.たくさん

eigioneg *f* 海洋学

eigionegol *a* 海洋学の

eigionegwr : eigionegydd (-wyr) *m* 海洋学者

eingion : einion (-au) *f* 1.[金細]鉄床 2.[解剖]きぬた骨, 砧骨

Eingl- *pref* 英国[英語]の

Eingl *pl* [英史]アングル族 (チュートン族の一派; 5世紀以降Saxons, Jutesと共に英国に土着した; 今の英国人の祖先)

Eingl-Gymreig *a* アングロウェールズ人の

Eingl-Gymro (-Gymry) *m* : **Eingl-Gymraes (-Gymryesau)** *f* アングロウェールズ人

Eingl-Norman (-iaid) *m* : **Eingl- Normanes (-au)** *f* ノルマン人の征服後英国に移住したノルマン人

Eingl-Normanaidd *a* ノルマン人の英国支配時代の (1066 ~1154)

Eingl-Normaneg *mf* アングロノルマン語 (ノルマン征服後の英国で約3世紀にわたり公用語として用いられたフランス語方言; 特に法律関係に根強く残った)
a アングロノルマン語の

Eingl-Sacson : Eingl-Sacsonaidd : Eingl-Seisnig *a* アングロサクソン人の: y Cronicl (*m*) Eingl-Seisnig アングロサクソン年代記 (9世紀末 Alfred大王時代に編纂された英国古代史; Old Englishで書かれているが筆者は不明

Eingl-Sacsoneg *mf* アングロサクソン語, 古英語
a アングロサクソン語の, 古(期)英語の

Eingl-Sacsones (-au) *f* : **Eingl-Sacsoniad (-iaid)** *mf* : **Eingl-Sais (-Saeson)** *m* 1. (ノルマン人の征服以前にBritain島に住んでいた) アングロサクソン人; アングロサクソン民族 2. (現代の) 英国人

Eingl-Wyddelig *a* 1. イングランドとアイルランドの 2. アイルランド英語の

eil- *pref* 第2の, 2番目の

eil (-iau, -ion) *mf* 1. [建築] (教会堂の) 側廊; (教会堂の座席列間の) 通路 2. (劇場・列車・バスなどの座席列間の) 通路 3. 差し掛け小屋

eilaidd *a* 1. 繰返す, 反復する 2. [数学] 循環する 3. 連発の 4. (重要性・価値など) 第2位 [二流] の: achosion ~ 二次的原因 5. [音声] (アクセントが) 第2の: aceniad (-au) ~ *m* 第2アクセント 6. [社会] 二次の: grŵp (grwpiau) ~ *m* 第二次集団 7. [医学] 二次の: nodwedd rywiol ~ (nodweddion rhywiol ~) *f* 二次性徴 8. [鳥類] 次列の 9. [植物] 二次の: meristem (-au) ~ *m* 二次 [後生] 分裂組織 10. [電気] 二次 (側) の: cell (-oedd) ~ *f* 二次電池; cerrynt (cerhyntau) ~ *m* 二次電流 11. [化学] 第2 [二次] の: alcohol ~ *m* 第二アルコール 12. [物理] 二次の: allyriant (-iannau) ~ *m* 二次放射

eiledeb (-au) *f* [言語] 交替形

eilededd (-au) *m* 1. 交互, 交替, 交代, 交番, 循環: ~ cened/aethau [生物] 世代交代 [交番] 2. 一つ置き 3. [音声] 異音の発生 4. [数学] 交代数列 5. [電気] 交番

eiledol *a* 1. 交互する, 交替 [交番] の 2. 一つ置きの, 互い違いの 3. 代わりの 4. [数学] 交代の: onglau ~ 錯角 5. [電気] 交流 [交番] の: cerrynt (cerhyntau) ~ *m* 交流 6. [植物] (葉が) 互生の

eiledu *t* 交互 [交替] にする, 互い違いにする

eilflwydd *a* 1.1年置きの, 2年毎の, 2年に1度

の 2.2年間続く 3. [植物] 二年生の: planhigyn (-higion) ~ *m* 二年生植物

eilflwyddiad (-iaid) *m* [植物] 二年生植物

eilfydd *a* 繰返された, 度々の

eiliad (-au) *mf* 1. 瞬間, 瞬時, 短時間: am ~ ちょっとの間; mewn ~ すぐに, たちまち 2. (ある特定の) 時, 時期, 機会, 場合: yr ~ dyngedfennol 決定的な時, 正念場 3. …するや否や

eiliadur (-on) *m* 交流発電機

eilio *t* 1. (人・努力などを) 後援 [支持] する 2. (動議・決議に) 賛成する: cynnig 動議の提出に支持を与える 3. (詩文を) 作る, 書く: ~ cerdd 詩を書く; (曲を) 作曲する; (絵を) 構図する 4. (物語・筋などを) 組み立てる, 作り上げる: ~ plot 筋を作り上げる 5. (花輪・籠などを) 編む, 組む

eiliog *a* 側廊 [通路] のある

eiliw (-iau, -oedd) *m* 1. 色; 色合い, 色調, 色相 2. (意見・態度などの) 特色, 傾向 3. かすかな [明滅する] 光, 微光 4. おぼろげな理解 [認識] 5. (望み・理解などの) かすかな現れ, 気配

eiliwr (-wyr) *m* 1. 後援者; (動議などの) 賛成 [支持] 者 2. (詩・文の) 作者

eilradd *a* 1. (位置・階級などが) 下 [下位, 下級 下層] の 2. (質・程度などが) 劣った, 下等 [劣等] の, 二流の 3. (重要性・価値などが) 第2位の, 二流の: ffordd (ffyrdd) ~ *f* 二級道路 4. 二次 [従属, 派生] 的な, 副の 5. [音楽] 副次の: cord (-iau) ~ *m* 副次和音 6. [美術] (原色を2色等分に混ぜて作る) 等和色の: lliw (-iau) ~ *m* 等和色 7. [法律] 補の, 二次的な: tystiolaeth ~ *f* 補証, 二次的証拠 8. [天文] 衛星の: planed (-au) ~ *f* 衛星

eilrif (-au) *m* [算数] 偶数

eilun (-od) *m* 1. (木・石に刻まれた) 偶像, 神像 2. 偶像視される人 [物], アイドル: ~ sinema/ ffilmiau (美貌などのため) 婦人観客層に人気のある役者, 二枚目役者 3. [聖書] 偶像 [邪] 神

eilunaddolgar *a* 1. 偶像崇拝の 2. (盲目的に) 心酔する

eilunaddoli *t* 偶像崇拝する

eilunaddoliad *m* : **eilunaddoliaeth** *f* 1. 偶像崇拝 2. 偶像化 3. 心酔, 溺愛, 盲目的崇拝

eilunaddolwr(-wyr) *m* : **eilunaddolwraig (-agedd)** *f* 1. 偶像崇拝者 2. 心酔者

eilwaith : eilwers *ad* 再び, また, 新たに, もう一度: bob (yn) eilwers 交互に, 代わる代わる

eilwaith *f* 二度 [二回] 目

eilydd (-ion) *m* 1. 後援者; (動議などの) 賛成 [支持] 者 2. [スポ] 補欠 [予備] 選手

eilliad (-au) *m* 1. 髭をそること 2. 薄片, 削り屑

eilliedig *a* (頭・顎の) 毛 [髭] を剃った

eillio *t* (髪・髭などを) 剃る: ~'ch barf 顎髭を剃り落す

eilliwr (-wyr) *m* (顔などを) 剃る人; 理髪師

ein *a* 私たち[我々]の: ~ gardd 私たちの庭; ~ tŷ 我々の家

eingion (-au) *f* 1.[金加] 鉄床 2.[解剖] きぬた骨

einioes *f* 1.(人の) 一生, 生涯, 終生: ~ fer sydd i ddyn 人の一生は短い 2.(個人の) 命, 生命: colli'ch ~ 命を失う, 死ぬ; dianc â'ch ~ 命辛う逃げる; gwerthu'ch ~ yn ddrud 犬死にしない, 敵に大損害を与えて死ぬ; yswiriant (-iannau) (*m*) ~ [保険] 生命保険; disgwyliad (-au) (*m*) ~ 平均余命

einion (-au) *f* = eingion

eira (-oedd) *m* 1.雪; 降雪: bwrw ~ 雪が降る; ~ mân 粉雪; ~ mawr 大雪; storm (-ydd) (*f*) ~ 大吹雪, 暴風雪, ブリザード; E~ Wen, Gweneira *f* 白雪姫 (グリム (Grimm) 童話の主人公) 2.[*pl*] 積雪: lle heno ~ llynedd? 去年の雪今いずこにありや? (D.G. Rossetti, *Three Tranlations from Francois Villon* 中の句)

eiraog : eirïaidd : eilïog : eirllyd *a* 1.雪の降る, 雪の多い 2.雪の積もった, 雪に覆われた 3.雪白の; 清浄な

eirchiad (-iaid) *m* 請願 [懇願] 者

eiren (eirin) *f* [解剖] 睾丸

eirias : eiriasboeth *a* 1.火の; 燃えている 2.火のように赤い 3.火のように熱い, 灼熱の 4.(金属が) 赤熱の, 真赤に焼けた 5.ひどく興奮した, 猛烈な 6.(ニュースなどが) 最新の

eirinen (eirin) *f* 1.[植物] 西洋スモモ, プラム: ~ sych プルーン, 干し西洋スモモ; ~ Mair グースベリ, グズベリー, 西洋スグリの実; ~ wlanog (eirin gwlanog)[園芸] モモの実 (木) 2.西洋スモモの木: coeden (coed) (*f*) ~ 西洋スモモの木 3.暗紫色 4.一番よい物, 精粋: 収入のよい職 5.[料理] 干しぶどう

eirio *t* (衣服などを) 空気に晒す, 虫干しする

eiriol *t* 嘆願 [懇願] する

i 1.仲裁する, 執り成す 2.嘆願する

eiriolaeth *f* 1.仲裁, 調停, 執り成し 2.嘆願, 哀願

eiriolaethol *a* 仲裁 (者) の, 執り成し (人) の

eiriolwr (-wyr) *m* : **eiriolwraig (-agedd)** *f* : **eiriolydd (-ion, -wyr)** *m* : **eiriolyddes (-au)** *f* 1.仲裁 [調停] 者, 執り成し人 2.嘆願者 3.[法律] 弁護人

eirlaw (-ogydd) *m* みぞれ

eirlawog *a* みぞれの (降る)

eirlin (-iau) *m* [地理] 雪線

eirlithriad (-au) *m* 雪崩

eirlys (-iau) *m* [植物] スノードロップ, マツユキソウ

eironi (-ïau) *m* 1.反語 2.皮肉, 当てこすり, 嫌味 3.(運命・人性などの) 意外な成行き, 皮肉な巡り合わせ 4.[修辞・文学] 反語法, アイロニー

eironig *a* 1.皮肉な 2.反語的な

eironydd (-ion) *m* 1.皮肉屋 2.反語を使う人, (特に) アイロニーを用いる作家

eisbilen (-nau, -ni) *f* 1.[解剖] 肋 [胸] 膜 2.[動物] (甲殻類などの) 側板, 甲側

eisbilennol *a* [解剖] 肋 [胸] 膜の

eisen (ais) *f* [建築] 木摺, 木舞, ラス: pared ais a phlaster 木摺と漆喰の仕切

eisglwyf *m* [病理] 肋膜 [胸膜] 炎

eisglwyfol *a* [病理] 肋膜 [胸膜] 炎の

eisiau *m* 1.必要, 入用: os bydd ~ もし必要ならば, まさかの時には 2.不足, 欠乏 3.貧困, 窮乏: bod mewn ~ 貧窮している

eisin *m* [料理] 砂糖衣 (菓子などにかける糖衣): siwgwr (*m*) ~ 粉砂糖

eisinyn (eisin) *m* 1.(穀物などの) 殻, 鞘, 皮 2.糠, ふすま 3.[*pl*] 籾殻

eisinllyd : eisinog *a* 殻 [皮] の; 殻だらけの

eisio *t* (ケーキなどに) 砂糖衣をかける: ~ teisen ケーキに砂糖衣をかける

eisoes *ad* 1.今までに, もう, すでに 2.それまでに, かねて

eistedd *t* 1.(人を) 坐らせる, 着席させる: ~ plentyn ar wely 子供をベッドに坐らせる; ~ trwy ddarlith (我慢して) 講演を終わりまで聞く 2.坐る, 着席する: eisteddwch os gwelwch yn dda どうぞご着席下さい 3.(馬などに) 乗る, 乗りこなす: ~ yn dda ar geffyl 馬に上手に乗る, 乗馬ぶりがいい

i 1.坐る, 腰をかける, 着席する: ~ wrth y bwrdd 食卓につく 2.坐っている, 腰を下ろしている: ~ yn llonydd, ~ yn eich unfan じっと坐っている 3.(委員会・議会などの) 一員である: ~ ar bwyllgor 委員会の一員である 4.(議会・裁判所などが) 開会 [開廷] する, 議事を行う; (委員会などが事件を) 調べる, 調査する: ~ ar achos [法律] (裁判官が) 事件を調べる 5.肖像を描かせる, 肖像画を描いてもらうためにポーズをとる: ~ i gael tynnu eich llun 肖像画を描いてもらう; 写真を撮らせる, モデルになる 6.(雌鳥が) 巣につく, 卵を抱く

eisteddfa (-feydd) *f* 1.席, 座席 2.椅子, 腰掛け 3.(椅子・腰掛け・鞍などの) 座部 4.(体の) 尻, 臀部 5.(教会・劇場・映画館などの) 座席; 指定 [予約] 席 6.議席, 議員 [委員などの] 地位 7.(馬・自転車などの) 乗り方, 乗った姿勢: aros ar eich eisteddfa [乗馬] 落馬せずにいる 8.(機械などの) 台座

eisteddfod (-au) *f* [しばしば E~] (ウェールズの) 芸術祭, アイステズヴォド (ウェールズの音楽・文芸などの保存・奨励を目的として毎年8月に一週間所を変えて開催される): yr E~ Gydwladol, E~ Llangollen サンゴセン国際アイステズヴォド

eisteddfodol *a* (ウェールズの) 芸術祭の

eisteddfodwr (-wyr) *m* : **eisteddfodwraig**

eisteddfota 272 **electromagnetig**

(-agedd) *f* アイステズヴォドにしばしば行く人

eisteddfota *t* アイステズヴォドにしばしば行く

eisteddiad (-au) *m* 1.着席, 着座 2.(肖像画・写真の) モデルになること [回数]: tynnu llun mewn tri ~ 肖像画を3回モデルになって坐ってもらい描く 3.坐って (仕事などを して) いる時間, 一仕事, 一気, 一度: ar un ~ (仕事などを) 一気に, 休みなしに; ysgrifennu dwy bennod ar un ~ 2つの章を一気に書く; gweini ar gant o bobl ar un ~ 百人の人々に一気に食事を出す 4.(大勢の人々に割り振られた) 食事時間: ail ~ 2番目の食事時間 5.(議会・会議・法廷などの) 開会, 開廷; 会期, 開廷期間 6.(馬の) 乗り方

eisteddle (-oedd) *m* = **eisteddfa**

eisteddog : eisteddol *a* 1.坐っている; 坐りがちな 2.座業的な, 坐って仕事をする: gweithiwr (-wyr) eistheddog *m* 坐って仕事をする人 3.座部が…の 4.根底が…の 5.[動物] 定住性の, 定着している

eitem (-au) *f* 1.種目, 細目, 品目, 項目, 箇条, 条項: ~ egwyl [演劇] 幕間演芸, 間劇; [音楽] (幕間の) 間奏曲; prif ~ (寄席などの) 呼び物の番組, アトラクション; ~ 中心人物, 立役者 2.(新聞記事・テレヴィのニュースなどの) 項目; 新聞記事: ~ (o) newyddion 一つのニュース [新聞記事]

eitemedig *a* 箇条書きにされた

eitemeiddio *t* 箇条書き [項目別] にする, 明細に記す

eithaf (-ion, -oedd) *m* 1.端, 先端, 末端: eithafoedd y ddaear 地の果て 2.[地理] ターミナル都市 3.(能力・力・努力などの) 最大限度, 極限, 極限: i'r ~ 最大限に, 極限まで, 極度に, 極めて; mynd i eithafion 極端に走る 3.極端な [非常] 手段 4.最上級の言葉; 誇張した表現 5.[数学] 極値; 外項
a 1.(距離的に) 最も遠い, 一番奥の, 先端の: y terfyn ~ 一番端; gwerth ~ [数学] 極値 (最大値または最小値) 2.(程度が) 最大 [最高, 極度, 極限] の: y tlodi ~ 極貧; ymdrechu hyd yr ~ 全力を尽くす 3.(人・考え・行為など) 過激 [極端, 急激] な 4.(暑さ・危険・刑罰など) 極度の, 非常な 5.[文法] 最上級の: y radd ~ *f* 最上級
ad [形容詞の前に置いて] (どちらかと言えば) まあまあ, まずまず, 多少は: ~ da まあまあよい

eithafiaeth *f* : **eithafrwydd** *m* 1.極端 [過激] 性 2.(政治的) 過激主義, 極端論

eithafol *a* 1.過激 [極端] な 2.極端論の, 過激主義者の

eithafu *t* 極端 [過激] にさせる

eithafwr (-wyr) : eithafydd (-ion) *m* : **eithafwraig (-agedd)** *f* (政治的) 過激主義者, 極端論者

eithinen (eithin) *f* 1.[植物] ハリエニシダ (ヨー

ロッパの荒地に自生するマメ科ハリエニシダ属の刺のある低木; 観賞用にも栽培) 2.ハリエニシダの茂み

eithinfyw *mf* 1.[植物] サヴィナビャクシン (ヨーロッパ中南部・小アジア原産の低木; その芽を摘んで薬用にする) 2.サヴィナビャクシンから造った薬剤

eithr *conj* [等位接続詞] 1.しかし, けれども, だが 2.[前の否定語・句・文と照応して] (…ではなくて 3.[間投詞と共に驚き・感嘆を強調して] なんと (まあ), それにしても 4.[文頭で用いて異議・不満を表して] でも 5.[譲歩の意味を表して] (なるほど) …だが [従位接続詞] 1.…の他 [以外] には, …を除いては 2.[否定的意味の語の後で] …ということ 3.[否定・疑問の後で] …でないということ 4.[条件節を導いて] …しなければ [でなければ] 5.[否定文の後で] …すれば必ず…する, …しないほど
ad 1.ほんの, たった, ただ …だけ 2.… しかできない
prep …を除いては [の他は]

eithriad (-au) *m* 1.但し書き, 条件 2.除外 3.例外, 例外例: heb ~ 例外なく, 残らず; ~ i'r rheol 規則の除外例; mae'r ~ yn brawf ar y rheol [諺] 例外があるということは規則のある証拠

eithriadol *a* 1.例外的な, 稀な, 異常な 2.特別に優れた, 並外れた, 非凡な

eithriadoldeb *m* 例外, 異例, 非凡

eithrio *t* 除く, 除外する

eithriol *a* 例外 [除外] 的な; 例外を示す

elain (elanedd) *f* [動物] (1歳未満の) 子鹿

elastig (-au) *m* 1.ゴムひも 2.輪ゴム 3.ゴム入りの布 4.[*pl*] ゴム入り布の製品, (特に) 靴下留め
a 1.伸縮性のある, 伸縮自在の 2.弾性の, 弾力性のある: gwrthdrawiad (-au) ~ *m* [物理] 弾性衝突 3.(気体が) 膨力のある 4.(規則・良心など) 融通性のある 5.しなやかな 6.(人・感情が) 反発力のある, 屈託のない, 快活な 7.[経済] 弾力的な

elastigedd : elastigrwydd *m* 1.伸縮性 2.融通性 3.順応性 4.元気の回復力, 快活さ 5.[物理] 弾性 6.[経済] (需要の) 弾力性

elastigo *t* 伸縮自在にする

elastin *m* [生化] エラスチン, 弾性素, 弾力素

elc (-iaid, -od) *m* [動物] (ヨーロッパ) ヘラジカ

electro- *comb fm* [連結形] 電気の [による]

electrod (-au) *m* [電気] 電極

electrofforesis *m* [物理] 電気泳動

electrofforws (-ffori) *m* [物理] 電気盆, 起電盤

electrolysis *m* [化学] 電気分解

electromagned (-au) *m* [物理] 電磁石

electromagnetedd *m* [物理] 電磁気

electromagneteg *f* [物理] 電磁気学

electromagnetig *a* [物理] 1.電磁石の 2.電

磁気の

electromedr (-au) *m* [電気] 電位差計

electron (-au) *m* [物理] 電子, エレクトロン: pelydr (-au) (*m*) elecronau 電子ビーム; cwmwl (*m*) electronau 電子雲

electronaidd *a* 電子の

electroneg *f* 電子工学

electronig *a* 電子の; 電子工学の; 電子音楽の: llythyru (*vn*) ~ 電子メール (E-mail)

electroplat (-iau) *m* (銀器などの) 電気メッキ物

electroplatio *t* 電気メッキをする

electrosgop (-au) *m* 検電器

electrostateg *f* [物理] 静電気学

electrostatig *a* 静電気 (学) の

elegeiog *a* 1.[古詩] 哀歌調の, 挽歌形式の 2.哀歌 (風) の, 哀愁的な

Elen *f* 1.ヘレン (Helen) (女性名) 2.[ギ神] ヘレネー (Zeus と Leda を父母とする美しい娘で, スパルタ王 Menelaus の妻; Troy の王子 Paris に誘拐されたことからトロイ戦争 (Trojan War) が起こった: ~ o Droea/Gaerdroea トロイのヘレネー

eleni *ad* 今年

elfen (-nau) *f* 1.要素, 成分 2.[文法] 要素 3.[しばしば *pl*] (社会の) 構成分子 4.[古哲] (古代人が万物を形成していると信じた) 四大元素 (地・水・火・風) の一つ 5.(天候に現れる) 自然の力, 暴風雨: addoliad (*m*) yr elfennau [宗教] 自然力 [四大の精霊] 崇拝 6.(学問の) 原理; 初歩 7.(生物本来の) 生息場所, 固有の活動領域; (人の) 適所, 本領: bod yn eich ~ (魚が水中にいるように) 本来の活動範囲内 [得意の境地] にある 8.多少, 気味 9.[数学] 要素, 元素: ~ hybrin [生化] 微量元素; Elefennau Ewclid ユークリッド幾何学論 10.[化学] 元素: ~ hybrin [生化] 微量元素 11.[神学] (聖餐式の) パンとぶどう酒

elfen-addoliad *m* 1.[宗教] 自然力崇拝 2.元素派 3.[哲学] (構成) 要素主義

elfeniad (-au) *m* [化学] 元素への還元

elfennig *a* [宗教] 自然力 [四大の精霊] の

elfennol *a* 1.要素の 2.自然力の 3.(性格・感情など) 自然のままの; 根本 [根元, 本質] 的な 4.四大 (元素) の 5.初歩 [基本, 初等] の: ysgol ~ *f* 小学校 6.要素である 7.[化学] 元素の: gronyn ~ *m* [物理] 素粒子

elfenoldeb *m* 1.基本, 初歩 2.簡単, 単純

elfennu *t* 1.分析 [分解] する 2.[文法] (文の構成要素に) 分析 [解剖] する 3.[数学] 解析する 4.[化学] 分析する 5.[心理] 精神分析をする

eli (elïau, elïoedd, elïon) *m* [薬学] リニメント剤, (通例油を交えた) 糊膏, 塗り薬, 塗布剤, 軟膏, 膏薬: ~ sinc 亜鉛華軟膏

elifiant (-iannau) *m* 1.(光線・電気・液体などの) 発散, 放出, 流出 2.発散 [放出, 流出] 物

3.(川・湖などからの) 流水 4.(工場・下水溜めなどからの) 廃水, 廃液, 廃物

elifol *a* 流出 [発出, 放出] する

elifyn (elifion) *m* = **elifiant** 3, 4

eliffant (-iaid, -od) *m* [動物] 雄のゾウ: ~ gwyn 白象; ~ môr ゾウアザラシ

eliffantaidd *a* 1.象の [に関する] 2.(動作・態度などが) 象のような; ぎこちない, 無様な 3.巨大な

eliffantes (-au) *f* [動物] 雌のゾウ

eliffantiasis *m* [病理] 象皮病

elin (-au, -oedd) *f* [解剖] 前腕, 前膊

eliniad (-au) *m* 1.前腕の反り [ゆがみ] 2.肘で突くこと

elino *t* 1.肘で突く [押す] 2.(肘で) 押し分けて進む

　i 押し分けて進む

elïo *t* (傷口などに) 油 [膏薬] を塗る

elïps (elipsau) *m* [幾何] 長円, 楕円

ellipsis (-au) *m* [文法] 省略

ellipsoid (-au) *m* [幾何] 長円 [楕円] 体; 長円 [楕円] 面

　a 長円 [楕円] 体 [面] の

elipsoidaidd *a* 楕円体の

eliptaidd : eliptig *a* 1.[文法] 省略法の, 省略的な 2.[幾何] 長 [楕] 円形の 3.(文章・言葉など) 含みが多くて分かりにくい, 不可解な

eliptigrwydd *m* 1.楕円率 2.楕円形

Elisabeth *f* [人名] エリザベス (女性名)

Elisabethaidd *a* 1.エリザベス一世女王 (時代) の: Oes (*f*) Elisabeth エリザベス女王時代 (1558~1603)

Elisabethiad (-iaid) *mf* エリザベス女王時代の英国人と, (特に) エリザベス朝の詩人 [劇作家・政治家]

elît *mf* (社会的・知的・職業的に) 選ばれた人々, エリート

elitaidd *a* エリート主義の

elitiaeth *f* 1.エリート主義 2.エリート意識

elitydd (-ion, -wyr) *m* エリート主義者; エリートを自任する人

elmen (elm) *f* 1.[植物] ニレ, 楡 2.ニレ材

elor (-au, -ydd) *f* 棺台

elorgerbyd (-au) *m* 霊柩 [葬儀] 車

elorlen (-ni) : elorwisg (-oedd) *f* (柩などにかける) 覆い, 棺衣

elusen (-nau) *f* 1.施し物, 義捐金: blawch (blychau) (m) ~, cist (-iau) (*f*) ~, elusengist (-iau) *f* (教会の) 慈善 [献金] 箱: byw ar ~ 慈善に頼って生きる 2.慈善団体: Comisiwn (*m*) (yr) Elusennau 慈善事業委員会

elusendir (-oedd) *m* [英史・英法] 自由寄進土地保有 (宗教法人の宗教的奉仕を義務とするもの)

elusendod *m* 施し, 慈善行為

elusendy (-dai) *m* 私立救貧院

elusenfa (-feydd) *f* (もと修道院などの) 施物 (分配) 所; 施物係の住居

elusengar *a* 1.慈善的な 2.貧者に施しを惜しまない, 慈悲深い

elusengarwch *m* 慈愛, 慈悲心

elusennol *a* 1.慈善の, 慈善的な 2.慈善救助に頼る

elusennwr (-wyr) *m* : **elusenwraig (-agedd)** *f* 1.施し物を配る人 2.(昔の修道院・救貧院などの) 施物分配吏 3.(病院の) 医療社会福祉係

elw (-au, -on) *m* 1.(金銭的な) 利益, 儲け, 利得: ~ net/clir 純益; amcan(*m*) ~ 推定 [見積] 利益; yr ysgogiad(*m*) ~ y cymhelliad (*m*) ~ 利欲の念 2.得, 有利, 利点

elwa *i* (事業などで) 利益を得る, 儲ける

elwlen (-wlod) *f* 1.[料理] (食用としての動物の) 腎臓: pastai(*f*) stêc a 'lwlod ステーキとキドニーパイ 2.[解剖] (動物の) 腎臓

Ellmynaidd : Ellmynig *a* ドイツ (人) の
Ellmyneg *mf* ドイツ語
  a ドイツ語の

Ellmynwr (-wyr) *m* : **Ellmynes (-au)** *f* ドイツ人

ellyll (-on) *m* : **ellylles (-au)** *f* 1.悪魔, 魔神, 鬼神, 悪鬼, 鬼 2.[イ伝] (イスラム教国のデーモンで姿を色々に変え, 墓を暴いて死肉を食うと言われる) 食屍鬼

ellyllaidd : ellyllig *a* 悪魔 [鬼] のような

ellyn (-au, -od) *m* かみそり

embargo (-au, -s) *m* 1.(政府による商船の) 出入港禁止 2.(商品の) 通商停止 3.禁止, 禁制 4.(施設不足や滞貨による) 貨物積込禁止命令

embeslad (-au) *m* 1.(雇人などの) 使い込み, (公金などの) 着服 2.[法律] (委託金 [物] の) 横領 (罪)

embeslo : embeslu *t* [法律] (委託金 [物] などを) 横領 [着服] する, 使い込む

embeslwr (-wyr) *m* [法律] 横領 [着服] 人

emblem (-au) *f* 1.象徴, 表象: llyfr(-au)(*m*) emblemau 寓意画集 2.(ある性質の) 典型, かがみ 3.印, 記章

emblemataidd : emblematig *a* 1.象徴的な 2.(権力・性質などを) 象徴 [表象] する

emboledd (-au) *m* 1.[病理] 塞栓症(血栓などによる血管の閉塞) 2.(血管の) 塞栓

embolig *a* [病理] 塞栓症の

embolws (emboli, embolysau) *m* [病理] 塞栓, 栓子

embryo (-nau) *m* 1.[生物] 胎児 (人間では第8週以内のもの) 2.[動物・植物] 胚; 幼虫: coden(*f*) ~ (codennau embryonau) [植物] 胚嚢 3.萌芽,(計画などの) 初期の段階

embryoleg *f* [医学・生物] 発生 [胎生] 学

embryolegol *a* 発生 [胎生] 学の

embryonig *a* 胎児 [胚] の

emeri *m* [岩石] 金剛砂: clwt (clytiau)(*m*) ~ エメリー研磨布

emeritws *a* 名誉退職の: Athro E~ *m* 名誉教授

emffysema *m* [病理] 気腫

emosiwn (-iynau) *m* (喜怒哀楽などの) 感情; 情緒

emosiynol *a* 1.感情的な, 感動しやすい, 涙もろい 2.(言葉・音楽など) 感情に訴える, 感情をかき立てる, 感動的な 3.感情 [情緒] の: amddifadiad ~ *m* [心理] 情緒遮断

emosiynoldeb *m* 1.感激 [感動, 情緒] 性 2.情緒本位 3.感情表白癖 4.[芸術] 主情主義

emosiynoli *t* 感情 [情緒] 的に取り扱う

emosiynolwr(-wyr) : emosiynolydd(-ion) *m* 1.感情家 2.感激性の人 3.[芸術] 主情論者

empatheiddio *i* [心理] 感情移入 [共感] わる

empathi *m* [心理] 感情移入, 共感

empathig *a* [心理] 感情移入の

empathydd (-ion) *m* [心理] 感情移入する人, 共感者

empeiraeth *f* 1.[哲学] 経験主義 [論] 2.経験主義的の療法; 藪医者療法

empeiraidd : empeirig : empeiryddol *a* 1.[哲学] 経験的な 2.(医者・治療法など) 経験主義の; 藪医者的な

empeirydd (-ion) *m* 1.[哲学] 経験論者 2.経験主義者

empyema *m* [病理] (副鼻腔・胸膜腔などの) 蓄膿 (症); 膿胸

emrallt (-au) *m* 1.[鉱石] エメラルド, 緑玉, 翠玉 2.エメラルド [鮮緑] 色
  a エメラルド (色) の: lliw ~ *m* エメラルド [鮮緑] 色

emylsiad (-au) *m* 乳化

emylsiadwy *a* 乳化しうる

emylsio *t* 乳剤 [乳状] にする

emylsiog *a* 乳剤 [乳状] の

emylsiwn (-iynau) *m* 1.乳状液 2.[化学] 乳濁; 乳剤 3.[薬学] 乳剤 4.[写真] 感光乳剤 5.エマルションペンキ: paent(*m*) ~ エマルションペンキ (建物内部に塗るペンキ; 乾くと光沢がなくなる)

emylsol *a* 1.乳剤質の 2.乳化化できる

emylsydd (-ion) *m* 1.乳化剤 2.乳化器

emyn (-au) *m* 1.(教会の) 賛美歌, 聖歌 2.賛歌

emyn-dôn (~-donau) *f* 賛美歌曲

emyniadur (-on) *m* 賛美歌 [聖歌] 集

emynol *a* 賛美歌 [聖歌] の

emynwr (-wyr) : emynydd (-ion, -wyr) *m* : **emynyddes (-au)** *f* 賛美歌 [聖歌] 作者

emynyddiaeth _f_ 1.賛美歌［聖歌］学 2.賛美歌, 聖歌 3.賛美歌［聖歌］編作

emynyddwr (-wyr) _m_ 1.賛美歌［聖歌］学者 2.賛美歌［聖歌］編者

enaid (eneidiau) _m_ 1.魂, 霊魂 2.亡霊, 死者の魂: eneidiau'r meirwon 死者の魂; Gwyl yr Holl Eneidiau［キ教］諸死者の記念日,（俗に）万霊節（11月2日; AllSaintts' Dayの翌日で, 全ての逝去信徒を記念する日）3.精神, 心: â'm holl ~ 心から, 真剣に 4.感情; 気迫, 生気 5.人, 人間; 人命: ~ colledig 道に迷った［途方に暮れた］人, 地獄に落ちた魂 6.（事物の）精髄, 生命, 本質, 極意 7.（ある徳などの）権化, 化身, 典型 8.（行為・運動などの）中心人物, 指導者, 首脳: hi oedd ~ y parti 彼女は一座の中心人物［人気者］でした

enamel (-au) _m_ 1.エナメル, 琺瑯,（陶器の）釉 2.エナメル塗料, 光沢剤 3.（歯などの）琺瑯質: ~ y dannedd 歯の琺瑯質 4.琺瑯細工

enamel : enamlog _a_ 1.エナメルを掛けた, 琺瑯引きの 2.琺瑯細工の

enamliad _m_ 1.エナメル［琺瑯］引き 2.エナメル［琺瑯］細工

enamlo _t_ 1.エナメルを引く, 釉を掛ける 2.琺瑯を掛ける 3.（革・布などを）つや出しする

enamlwr : enamlydd (-wyr) _m_ エナメルを掛ける人, エナメル職工; 琺瑯細工人, 七宝職工

enbyd : enbydus _a_ 危険な, 危ない; 冒険的な

enbydrwydd _m_ 1.危険 2.冒険 3.危険な物［事, 人］

enbydu _t_ 危険にさらす, 危うくする

encil (-ion) _m_ : **encilfa (-feydd, -oedd)** _f_ : **encilfan (-nau)** _mf_ 1.避難所, 隠れ家 2.壁龕,（部屋・壁の）入込み, ニッチ 3.［カト］黙想（期間）

enciliad (-au) _m_ 1.捨て去ること, 遺棄, 放棄 2.［法律］（夫婦または親子の）遺棄 3.逃亡;（特に軍人の）脱走, 脱艦 4.［軍事］退却, 撤退 5.職場放棄 6.脱党, 脱会 7.荒廃（状態）8.遺棄者; 脱走者 9.後退 10.（洪水が）引くこと 11.（溶解による氷河の）後退 12.（滝の上流への）後退 13.［教会］（礼拝式後, 聖職者と聖歌隊が）引き下がる行列 14.［カト］黙想（期間）

encilgar _a_ 1.世を離れた, 世間と交渉を絶った, 人里離れた 2.（性質・態度など）交際嫌いな, 引っ込みがちな, 内気な, 遠慮深い

encilio _i_ 1.退く, 引退する 2.（不快な所から）去る, 逃げる 3.義務［職務］を捨てる, 部署を離れる 4.［軍事］退却［撤退］する; 脱走する

enciliol _a_ 1.退行［逆行］の; 後退する 2.［音声］（アクセントが）語の前の方に移行しやすい 3.［生物］（遺伝形質が）劣性の

enciliwr (-wyr) _m_ 1.（義務・家族などを）捨てた人, 遺棄者 2.逃亡者; 職場放棄者; 脱党者

3.［軍事］脱走［脱艦］兵 4.［教会］（修道院などにこもる）黙想［静修］者

enclitig _a_［文法］（語が）前接的な

encôr (encorau) _mf_ 1.アンコールの叫び声, 再演の所望 2.アンコールに応じた再演［演奏・歌唱］

encyd _mf_（時間の）間, 時間; 暫くの間: am ~ o amser 暫くの間

enchwythedig _a_（風船などが空気で）膨らんだ, 膨張した

enchwythu _t_ 1.（空気・ガスなどで風船などを）膨らませる 2.（人を）得意がらせる

endemig _a_ 1.（病気が）一地方特有の, 風土性な: clefyd (-au) ~ _m_ 風土［地方］病 2.（動植物などが）その土地特産の, 一国［一地方］特有の: planhigyn (-higion) ~ _m_（植物の）固有種

endemigrwydd _m_ 風土性, 一地方［風土］的性質

endid (-au) _m_ 1.統一体, 自立独立体 2.実在, 存在 3.実在物, 実体 4.［哲学］存在者

endif _mf_［植物］エンダイヴ, キクジシャ（サラダ用）

endocarditis _m_［病理］心内膜炎

endocrinoleg _f_［医学］内分泌学

endogenig _a_ 1.［医学］（病気が）内因性の 2.［生理・生化］（細胞・組織の）内因的な, 体内に由来する 3.［経済］内生的な 4.［解剖］自生の 5.［植物］（芽胞など）内生の 6.［地質］内因性の

endoparasit (-iaid) _m_［動物］内部［体内］寄生虫

endoredig _a_ 切り込んだ

endoriad (-au) _m_ 1.［外科］切開 2.［工芸］切り［彫り］込み 3.切傷 4.［生物］欠刻

endoriadol _a_ 1.切開の 2.彫込みの

endorri _t_ 1.［外科］切開する 2.［工芸］刻む, 彫刻する 3.［地質］下方への浸食によって（狭い急勾配の渓谷を）作る

endotherm (-iaid) _m_［動物］混血動物

endothermig _a_ 1.混血の 2.［物理・化学］吸熱の

eneideg _f_［心理］1.心理学 2.心理学書 3.心理（状態）4.心理的特質 5.人の心理を読む力

eneidegol _a_ 1.心理学上の［的な］2.精神［心理］的な

eneidegydd (-ion) _m_ 1.心理学者 2.人の心理を読める人

eneiniad (-au) _m_ 1.［カト］（聖別の印としての）塗油 2.［カ教・英教］塗油（式）;（特に重病人に聖油を塗る）終油の秘跡: yr ~ olaf 終油の秘跡 3.人を感動させる語調［態度］;（特に）宗教的熱情: siarad gydag ~ 感激した語調で話す 4.うわべだけの熱情, 偽りの感動［感激, 同情, 慇懃さ］5.（話などの）興味, 熱中, 夢中

eneiniedig _a_ 熱情を表わした

eneinio *t* 1.(傷口などに)油を塗る 2.[キ教](聖別の印として)聖油を塗る[注ぐ], 聖別する; (塗油によって)国王・司祭などに)選ぶ: ~ rhn yn frenin(塗油によって)人を国王に選ぶ, 人に油を注ぎ王とする 3.(人に)終油を施す

eneiniog *a* 1.油を塗った[注いだ]2.聖別された

Eneiniog (-ion) *m* 1.[ユ教]救世主, メシア; [キ教]キリスト: E~ yr Arglwydd キリスト, メシア; 主が油を注がれた者(神授の権利を持った(ユダヤの)王(cf *1 Sam* 26:9) 2.[しばしばe~](被圧迫民・国家の)救済者, 救世主, 解放者

eneiniwr (-wyr) *m* 油を塗る人

enfawr *a* 1.巨大な 2.広大な 3.莫大な, 巨額の 4.非常な, 多大の

enfys (-au) *f* 虹: chwilio am yr ~ 虹を追う(実現しそうにない夢を追って時間を無益に過ごす)

enffeodaeth (-au) *f* [歴史]1.知行[封土]下賜(状)2.(下賜された)知行, 封土 3.封土公示譲渡(証書)

enffeodu *t* [歴史]知行[封土]を与える

engrafiad (-au) *m* 1.彫刻, 彫版(術)2.版木; 版画; llin~[印刷]線彫り; 直刻凹版画; 線画凸版(法)

engrafio : engrafu *t* 1.(金属・木・石などを)彫る, 刻む;(銅板などに)彫る 2.彫った版で印刷する 3.(心・記憶などに)刻み込む

engrafwr (-wyr) *m* 彫刻師, 彫版工

enghraifft (enghreifftiau) *f* 1.例, 実例, 例証: er ~ 例えば 2.(行為の)手本, 模範 3.見せしめ, 戒め 4.前例, 先例 5.(数学などの)例題

enghreifftio *t* 1.例に挙げる 2.例証する

enharmonig *a* [音楽]1.異名同音の 2.細分律の

enhuddo *t* (灰などを掛けて火を)いける: ~ tan(灰などを掛けて)火をいける, 埋火にする

enigma (enigmâu) *f* 1.謎 2.謎の人 3.不可解な物事[事件]

enigmatig *a* 1.謎のような, 解き難い 2.(人物が)得体の知れない, 不思議な

enilledig *a* (金を)稼いだ

enillfawr *a* (商売・仕事などが)利益のある, 儲かる; 引き合う, 有利な

enillgar *a* (性質・態度・容姿など)魅力[愛嬌]のある, 人を引付ける

enillgarwch *m* 愛くるしさ

enillol *a* (金を)稼ぐ, 儲ける

enillwr : enillydd (-wyr) *m* : **enillwraig (-agedd)** *f* 1.(金を)稼ぐ人, 稼ぎ手 2.(賞・賞品などの)受賞[獲得]者 3.(試合・コンテストなどの)勝利[優勝]者: enillydd y ras レースの勝者 4.(水泳)(飛込みの)逆とんぼ返り 5.確実に成功しそうな人[物]6.(戦いの)勝利[戦勝, 征服]者 7.[競馬]勝ち馬

enllib (-iau, -ion) *m* 1.[法律]文書名誉毀損(罪)(文字・絵画などによる侮辱): ~ cyhoeddus 文書による公的名誉毀損 2.名誉毀損文書, 中傷[誹謗]文 3.侮辱(となるもの)

enllibaidd : enllibus *a* [法律](陳述など)名誉毀損の, 中傷的な

enllibio *t* 1.(人を)中傷[侮辱]する 2.[法律](人の)名誉毀損文書を公にする 3.(人の品性・能力・容貌などを)ひどく不正確に表現する

enllibiwr (-wyr) *m* : **enllibwraig (-agedd)** *f* [法律]他人の名誉を毀損する者, 中傷者

enllyn *m* 薬味, 調味料, 付け合せ

ennaint (eneiniau) *m* = **eli**: y gwybedyn yn yr ~ 玉にきず;(楽しみの)ぶちこわし(cf *Eccl* 10:1)

ennill *t* 1.(働いて金を)儲ける, 稼ぐ: ~ eich tamaid fel awdur 執筆で生計を立てる 2.(望ましい物・必要物などを努力して)得る, 獲得する 3.(勝利・賞品などを)得る, 獲得する: ~ y wobr 賞を得る 4.(戦争・競争・勝負などに)勝つ: ~ buddugoliaeth 勝利を得る; ~ y dydd (戦い・勝負に)勝つ 5.(物事が名声などを)もたらす, 得させる: ~ enw 評判を得る 6.(スピード・力・重さなど)増す, 加える: ~ pwysau 体重が増える 7.(時計がある時間)進む: ~ pum munud(時計が)5分進む 8.(努力して目的地などに)達する, 着く
i 勝つ, 勝利を得る: ~ o hyd ceffyl, o un hyd [競馬]1馬身の差で勝つ

ennill (enillion) *m* 1.利益, 利得 2.[pl]勤労所得, 稼ぎ高, 収益金: enillion ar gyfartaledd, cyfartaledd(*m*) enillion 平均収入

ennyd (enydau) *mf* = **eiliad**

ennyn *t* 1.興奮させる 2.(興味・好奇心・想像力などを)そそる, 起こさせる, 喚起する: ~ chwilfrydedd rhn 人の好奇心を刺激する 3.(人・感情などを)あおる, たき付ける, 燃え立たせる, かき立てる 4.火を付ける, 点火する, 燃やす

enrhif (-au) *m* 1.(語句などの)意味, 意義 2.[音声]音価 3.[pl][社会学]価値(理想・慣習・制度など)4.[音楽](音符などの)長さ, 音価 5.[絵画]色価, ヴァリュー, 明暗(度)6.[数学・物理]値, 数値 7.[化学]…価

enrhifedog *a* (…の)値[価値]をもつ

enrhifiad (-au) *m* [数学]数値を求めること; 数的表現

enrhifo *t* [数学](…の)数値を求める; 数的に表現する[見積る]

ensöotig (-ion) *m* 家畜の地方[風土]病 *a* (動物の病気が)ある地方[季節]特有の, 風土性の

ensym (-au) *m* [生化]酵素, エンチーム

ensymatig : ensymig *a* [生化]酵素の

ensymoleg *f* [生化]酵素学

ensyniad (-au) *m* 1.(嫌なことを) 遠回しに言うこと, 当てこすり, ほのめかし, 暗示: gwneud ensyniadau 当てこする 2.(思想・感情などを) 巧みにしみ込ませること; うまく取り入ること, 迎合 3.[法律] 注釈句

ensyniadol : ensyniol *a* (疑念・不信などを) ほのめかす, 当てこする

ensynio *t&i* 1.(不快なことを) 遠回しに言う, 当てこする, ほのめかす 2.[法律] 注釈句で説明する

ensyniwr (-wyr) *m* 1.当てこする人 2.うまく取り入れる人

entael (-iau) *m* 1.[法律] 限嗣相続; 限嗣相続財産 [不動産] 2.(官職などの) 継承予定順位

entaeliad (-au) *m* [法律] (不動産の) 相続人限定

entaeliedig *a* [法律] (不動産の) 相続人を限定された

entaelio *t* [法律] (不動産の) 相続人を限定する, 限嗣不動産権を設定する

entaeliwr (-wyr) *m* [法律] (不動産の) 相続人限定者

entasis (-au) *m* [建築] エンタシス, 胴張り

enterig *a* [解剖] 腸の

enteritis *m* [病理] 腸炎

enterocinas *m* [生化] エンテロキナーゼ

entomoleg *f* 昆虫学

entomolegol *a* 昆虫学上の

entomolegwr : entomolegydd (-wyr) *m* 昆虫学者

entropi *m* [物理] エントロピー

entrych (-ion) *m* 1.[天文] 天頂 2.天空 3.頂点, 絶頂

entrychol *a* 1.天頂の 2.頂点 [絶頂] の

enw (-au) *m* 1.(人・事物の) 名, 名前, 名称: yn enw'r gyfraith 法律の名において; ~ bedydd 洗礼名; ~ cyntaf ファーストネーム, (個人の) 名 2.命名 3.評判, 名声 4.名士, 有名人 5.虚名, 名目, 名ばかり 6.家門, 家系, 氏族 7.[文法] 名詞: ~ priod 固有名詞; ~ torfol 集合名詞; ~ cyffredin 普通名詞 8.[倫理] 名辞 9.(通例 *pl*) 悪口, 雑言 10.(数値・度量衡・通貨などの) 単位 (名)

enwad (-au) *m* (宗教上の正統派から逸脱した) 分派; 教派, 宗派; (特に英国国教からの) 分離教派

enwadaeth *f* 1.名目主義 2.(教育上の) 教派主義, 学閥 3.[宗教] 分派主義, 分派心, 教派 [宗派] 心

enwadol *a* 1.名目 [名称] 上の 2.分派 [宗派, 教派, 門派, 学派] の 3.党派心の強い, 分派 [派閥] 的な 4.英国国教会以外の宗派の 5.(興味・目的・範囲など) 狭い, 偏狭な

enwadur (-on) *m* [数学] 分母

enwadwr (-wyr) *m* : **enwadwraig**

(-agedd) *f* 1.名目主義者 2.[宗教] (分派の) 教徒, 信徒: 宗派心の強い人, 分派 [教派] 主義者 3.学閥 [派閥] 的な人

enwaededig *a* 割礼を行った

enwaediad (-au) *m* 1.(ユダヤ教・回教徒などの宗教的儀式としての) 割礼 2.[医学] 包皮切除 3.[聖書] 心的浄化 4.[キ教] [E~] (イエスキリストの) 割礼の祝日, 受割礼日 (1月1日)

enwaedu *t* 1.(ユダヤ人・回教徒などが宗教的儀式として) 割礼を行う 2.[医学] (男子の) 包皮を切り取る; (女子の) 陰核を切り取る 3.[聖書] (精神的に) 清浄にする

enwaedwr (-wyr) *m* 割礼を施す人

enwebai (-eion) *m* : **enwebedig (-ion)** *mf* 1.指名 [推薦, 任命] された人 2.(年金などの) 受取名義人 3.(株券などの) 名目だけの名義人

enwebiad (-au) *m* 1.指名, 推薦, 任命 2.指名 [推薦, 任命] 権

enwebol *a* [政治] 指名 [推薦] された

enwebu *t* (人を地位・名誉・受賞などに) 推薦する

enwebwr : enwebydd (-wyr) *m* 指名 [推薦, 任命] 者

enwedig *a* 特別な, 格別の

enwi *t* 1.名付ける, 命名する: Pedr oedd ei enw 彼はピーターと名付けられた 2.(職・地位などに) 任命する 3.(選挙の候補者に) 指名 [推薦] する 4.(例証・確認などのために) 言及する, 名を言う [挙げる]; (例を) 挙げる: ~ pobl (事件の関係者などの) 名を挙げる, 名前を明らかにする; ~ euogfarnau blaenorol 前科を挙げる 5.[法律] (人を法廷へ) 召喚する

enwog (-ion) *a* 有名著名な, 名高い: ty ~ am ei groeso 親切にもてなすことで有名な家

enwogi *t* 有名にする

enwogrwydd *m* 1.名声, 高名, 声望 2.評判

enwol *a* 1.名称的な, 名を示す 2.[文法] 名詞の; 主格の; 名詞 [形容詞] から出た: y cyflwr ~ *m* 主格 3.[哲学] 名ばかり [名目上] の

enwoliaeth *f* [哲学] 唯名 [名目] 論

enwolwr : enwolydd (-wyr) *m* [哲学] 唯名 [名目] 論者

enwolyddol *a* 唯名 [名目] 論的な

enwyn *m* バターミルク: llaeth ~ バターミルク (バター用の乳脂肪を取った後の液体)

enydaidd *a* [物理] ある瞬間の [に起こる]

enynfa (-fâu, -feydd, -oedd) *f* 1.かゆみ 2.[病理] 炎症; 刺激; 疥癬, 皮癬 3.熱望, 切望, 渇望

enyniad (-au) *m* 1.点火, 発火, 燃焼 2.[病理] 刺激; 炎症: lleddfu ~ 炎症を治す

enynnol *a* 1.[病理] 炎症を起こす, 炎症性の 2.(癖など) いらいらさせる, 腹立たしい 3.(人・言動が) 激昂させる, 扇動的な

eoca *t* サケ (鮭) をとる

eofn *a* 1.勇敢[大胆不敵, 向こう見ず]な 2.(特に若い人が)図々[厚かま]しい, 生意気な, 出過ぎた 3.[美術](筆勢・描写など)力強い, 奔放な

eofnder : eofndra *m* 1.大胆不敵, 豪胆 2.厚かましさ

eog (-iaid) : eogyn (eogiaid) *m* 1.[魚類]サケ: eog mwg 燻製のサケ 2.(海へ下る前の川に住む)タイセイヨウサケの幼魚(体側に暗色の楕円形斑紋がある 3.鮭肉

eogfrithyll (-od) *m* 降海型の欧州産ブラウントラウト

eolith (-au) *mf* [考古]原石器(第三紀層から発見される石器)

eolithig *a* [考古]原石器時代の

eos (-iaid) *f* [鳥類]ナイチンゲール, 小夜鳴き鳥(欧州産ツグミ科の鳥, 春その雄は夕方から夜更けにかけて美しい声で鳴く)

eosaidd *a* ナイチンゲールのような

ëosin *m* [染色]エオシン

epa (-od) *m* 1.[動物]エイプ(尾なし猿); 類人猿 2.人真似をする人

epeirogenesis *m* [地質]造陸作用

epeirogenetig : epeirogenig *a* [地質]造陸作用の

epidemig (-ion) *m* 1.[医学]流行[伝染]病 2.(病気・犯罪などの突然の)流行 3.(昆虫などの)異常発生
a 1.[医学](伝染病が)流行性の, 伝染する 2.(思想・風俗など)一般的流行の 3.(害虫の発生など)急激な

epiffyt (-au) *m* [植物]着生植物

epig (-au) *f* 1.叙事詩 2.叙事詩的作品
a 1.叙事詩の 2.叙事詩的な; 英雄的な, 勇壮な: cyffelybiaeth (-au) ~ *f* [詩学]叙事詩的比喩 3.壮大な, 桁外れの

epiglotig *a* [解剖]喉頭蓋の

epiglotis (-au) *m* [解剖]喉頭蓋, 会厭(軟骨)

epigram (-au) *m* 1.警句, エピグラム 2.短い風刺詩

epigramaidd : epigramataidd : epigramatig *a* 1.警句の, 警句的な 2.警句好きの

epigramatiaeth *f* 警句[風刺]風(の文体)

epigramu *t* 1.(人・物について)警句[風刺詩]を作る 2.警句[風刺詩]的に表現する
i 警句[風刺詩]を作る

epigramwr (-wyr) : epigramydd (-ion) *m* 警句家, 風刺詩人

epigynaidd *a* [植物]子房上の, 子房下位の

epigynedd *m* [植物]子房下位

epil (-ion, -oedd) *mf* 1.(人・動植物の)子孫 2.(一家の)子供たち 3.結果, 所産

epilepsi *m* [病理]癲癇

epileptig (-ion) *mf* 癲癇患者
a 癲癇(性)の

epilgar : epiliog : epiliol *a* (人・動物が)生殖[繁殖]力のある, 多産の;(植物が)繁殖する, 実をたくさん結ぶ

epilgarwch *m* 生殖[繁殖]力; 出産[生産]力; 多産性

epiliad (-au) *m* 出産, 子孫を産むこと; 生殖, 繁殖

epilio *t* [生物](人・動物が)子を産む, 繁殖させる
i (人・動物が)子を産む, 繁殖[生殖]する

epilog (-au) *m* 1.[演劇](劇の)納め口上(通例韻文で出場俳優の一人(以上)が述べる), エピローグ; 納め口上の語り手 2.(小説などの)結び, 終章 3.[音楽]終楽章 4.(事件などの)結末

epilogwr (-wyr) *m* 1.エピローグの作者 2.エピローグの語り手

episod (-au) *mf* 1.[古代ギリシャ演劇](古代ギリシャ悲劇の2つの合唱の間にはさんだ)対話の場面 2.(小説・劇などの中の)挿話 3.挿話的な出来事[事件] 4.(ラジオ・テレヴィ・映画の連続物の)一回分, エピソード

episodaidd : episodig *a* 1.挿話の, 挿話的な 2.時たまの, 気まぐれな 3.暫くの, 束の間の

episöotig *a* [動物の病気が]流行性の

episöotioleg *f* 動物流行病学

episöotiolegol *a* 動物流行病学の

epistemeg *f* [哲学]認識論

epistemegol *a* [哲学]認識論的な[上の]

epistemegwr : epistemegydd (-wyr) *m* 認識論学者

epistemig *a* 1.[哲学]認識的な[上の] 2.[言語]陳述緩和の

epistol (-au) *mf* 1.手紙, 書簡 2.(韻文・散文の)書簡体作品 3.[E~](新約聖書中の)使徒の書簡: yr Epistolau Cathorig (新約聖書中の)公同書翰 (James, Peter, John及びJude が一般信徒にあてた7教書) 4.[E~][カト・英教](儀式の一部として読む[歌う])使徒書簡の抜粋

epistolwr : epistolydd (-wyr) *m* 1.書簡の筆者;(特に新約聖書中の)書簡の筆者 2.[教会](英国国教会で聖餐式の)使徒書簡の朗読者

eples (-au) *m* 1.酵素, 酵母(菌), イースト 2.発酵

eplesadwy *a* 発酵可能な, 発酵性の

eplesedig *a* 発酵した

epleseg *f* 発酵学

eplesiad (-au) *m* 1.発酵(作用) 2.発酵体

eplesog *a* 酵母(のような); 発酵する

eplesol *a* 発酵力のある, 発酵による

eplesu *t* 発酵させる *i* 発酵する

eplesydd (-ion) *m* (ワインなどを)発酵させる人

epoc (-au) *mf* [地質](地質時代区分の)世

(period(紀)の下位区分)

er *prep* 1.[利益・影響]…のために: ~ fy mwyn i 私のために; ~ mwyn Duw 後生[お願い]だから; ~ cof am rn 人を記念して 2.[目的・意向]…のために[を目指して, を目的として]: 'rwyf wedi do dag ef ~ mwyn i chi ei weld 私はそれをあなたに見せるために持って来ました; (…するために) ~ mwyn gwneud rhth 何かをするために 3.[追求・期待]…を得るために[を求めて, を欲して]: priodi rhn ~ mwyn ei arian 人と金目当ての結婚をする 4.[時・期間]…以来(ずっと): 'rwyf yma ~ pump o'r gloch 私は5時からずっとここにいます 5.[譲歩]…にもかかわらず: ~ gwaethaf hynny oll それにもかかわらず; ~ gwaethaf ei holl feiau, 'rwy'n dal i'w charu hi 彼女には色々欠点もあるが, それでもやはり私は彼女が好きです 6.[不定詞の意味上の主語を示して]…が(~する): ~ mwyn i hyn fod yn bosibl これが実行できることは 7.[成句] ~ enghraifft 例えば

conj 1.たとえ…でも, …だが[だけれども, にもかかわらず]: ~ o anfodd 嫌々ながら[渋々]ではあるが; ~ nad yw hi'n dlawd 彼女は貧しくはないが; ~ iddi gytuno, ~ cytuno ohoni 彼女は同意したけれども; ~ ei thloted, ~ ei bod hi'n drawd mae hi'n falch 彼女は貧しいけれども自尊心がある 2.[追加的に従節を導いて]もっとも…であるが, とは言っても…であるが: darllenodd yn ei blaen, ~ nad hyd at y diwedd 彼女は読み続けた, とは言っても最後まではなかったが

ad 1.どんなに…でも, いかに…であろうとも: ~ mor dda, ~ cystal どんなに良くても; ~ mor anodd yw hi どんなにそれが困難であっても 2.[通例文尾で]けれども, とは言え

erbyn *prep* 1.…に反抗[反対]して 2.…に不利で: mae pethau yn ein herbyn ni 情勢は私たちに不利である 3.…に逆らって: yn ~ y llif 時勢に逆らって; ymladd yn ~ rhn 人と戦う 4.…にぶつかって[衝突するように]: mynd yn ~ clawdd 壁にぶつかる 5.…にもたれて[寄りかかって]: pwyso ar wal, yn ~ wal 壁にもたれる 6.…を背景として: sefyll allan yn ~ cefndir 背景に対して目立つ 7.[期限](ある時)までに(は): ~ hyn 今頃までには; ~ hynny その時までには; ~ dydd Llun 月曜日までには; fe fydd yma ~ tri o'r gloch 彼は3時までにはここへ来るでしょう

conj [期限]…までには: ~ imi gyrraedd 私がそこに着くまでには

erbyn *t* (人に) 会う, 出会う: mynd yn/i ~ rhn 人に会いに行く

Ercwlff *m* [ギ・ロ神]ヘラクレス(Zeus [Jupiter])の子で12の難事をやってのけた体力無双の英雄): Colofnau/ Pyrth ~ ヘラクレスの

柱(Gibraltar海峡東端の両岸に聳え立つ2つの海角)

erch *a* 1.恐ろしい, ぞっとするような 2.嫌[不愉快]な

erchi *t* 1.命令する, (…するように) 命じる: ~ i rn wneud rhth 人に何かをするように命じる 2.要求する: ~ rhth gan rn 人に何かを要求する

erchwyn (-ion, -nau) *mf* ベッド・寝床のそば; (特に病人の) 枕元
a 枕元の; 臨床[看護]の: mae'n un da wrth ~ gwely 彼は患者の扱い方がうまい; ~ mur (erchwynion muriau) (城などの) 胸壁

erchyll *a* 1.極悪残虐な, 2.恐ろしい, 身の毛もよだつ, ぞっとするような

erchyllter : erchylltod : erchylltra : erchyllwaith *m* 1.極悪, 凶悪, 残虐, 暴虐 2.恐ろしさ, ぞっとすること; もの凄さ 3.醜悪 4.ひどい代物, 悪趣味な物

erchyllu *t* ぞっとさせる

erfinen (erfin) *f* [植物・園芸] 1.カブ: dail (*pl*) erfin [料理]カブの若葉(食用) 2.カブハボタン

erfyn (arfau) *m* 1.(特に手で使う) 道具, 工具 2.工作機械 3.手段 4.手先, お先棒, だし 5.(書籍の表紙の模様の) 押し型(器); 押し型による模様 6.武器, 兵器, 凶器: ~ niweidiol 攻撃用兵器 7.ペニス, 男根

erfyn *t* 1.懇願[嘆願, 哀願]する 2.祈願する 3.請願する 4.期待[予期]する

erfyngar : erfyniol *a* 1.懇願の, 哀願[嘆願]するような 2.祈願の 3.請願の

erfyniad (-au) *m* 1.懇願, 嘆願, 哀願 2.請願, 陳情 3.請願[陳情, 嘆願]書 4.[宗教](神などに対する) 懇願, 嘆願, 哀願

erfyniwr (-wyr) : erfynwraig (-agedd) *f* 哀願[嘆願]者

erg (-au) *m* [物理]エルグ(エネルギーのcgs単位)

ergonomeg *f* 人間工学

ergonomegwr : ergonomegydd (-wyr) *m* 人間工学者

ergonomig *a* 人間工学的な

ergyd (-iau, -ion) *mf* 1.打つこと, 打撃 2.[野球]ストライク; ヒット, 安打 3.[ボウ]ストライク 4.[クリ・ホケ]ヒット, 安打 5.(拳・棍棒などでの) 強打, 殴打, 一撃: ag un ~ 一撃で; mae'r ~ gyntaf yn werth dwy [諺]最初の一撃で勝負は半ば決まる, 先手は万手, 先んずれば人を制す; ~ i'r coeff [ボク] ボディーブロー, ~ derfynol/loriol/farwol ノックアウトの強打 6.[ゴルフ・テニス] ショット, ストローク: ~ bwt (ergydion pwt) ドロップショット, ~ o gyrraedd パッシングショット, ~ wrthlaw/gwrthlaw バックハンドストローク 7.[ビリ] 打法, 突き 8.(ピストルなどの) 発砲, 発射, 射撃: yr ~ olaf, ~ dros ysgwydd 逃げながら馬上から射る矢, 最後の

ergydio

一矢; (別れ際の) 捨て台詞; fel ~ o wn 鉄砲玉のように, すぐに, 即座に; fel ~ o ddryll 躊躇せず, 喜んで, 快く 9.銃声, 砲声 10.射手: mae Arthur yn sicr ei ~ アーサーは射撃がうまい 11.一筆, 筆法, 筆使い; 一刀, 一彫り; ~ derfynol/olaf/farwol *f* 最後の仕上げ(の一筆)

ergydio *t* 1.打つ, 叩く, 殴る 2.(一撃・打撃を)加える 3.(刃物などを)突き刺す 4.突き[打ち]当てる, 衝突する 5.(地震・雷嵐・病気などが)襲う, 悩ます 6.(火を)つける, (マッチを)する 7.(時計が時を)打つ 8.(楽器・音を)鳴らす 9.(人の心を)打つ, 感銘を与える 10.(考えが)心に浮かぶ, 思い当たる 11.(取引・契約などを)取り決める 12.(地下資源などを)掘り当てる, 発見する 13.(通りなどに)行き当たる 14.(テント・帆などを)畳む, 引き払う, 降ろす 15.(名前などを)削除する 16.(貨幣・メダルなどを)鋳造する 17.(植物・樹木が)根を張る, 伸ばす

ergydiol *a* 1.[力学] 瞬間力の 2.推進的な

ergydiwr (-wyr) *m* 打つ[叩く] 人

erial (-au) *mf* [通信] アンテナ

erioed *ad* 1.[疑問・否定文で] 今までに, いつか, かつて: a gollasoch chi'r trên? これまでに列車に乗り損ねたことがありますか?; a welsoch chi hi ~? いつか彼女に会いましたか?; ni fûm i ~ yno 私は今までにそこへ行ったことがありません 2.いつも, 常に: mae hi llawn mor dwym ag ~ 相変わらず暖かい 3.決して…ない: ni ddaeth ~ yn ei ôl 彼は決して戻らなかった 4.いまだかつて…ない: ni chlywais i ~ yfath lol 私はそのようなたわごとを一度も聞いたことがありません 5.[疑い・驚き] まさか…ではあるまい: (naddo) まさか! そんな驚いた!, まさか!

erledigaeth (-au) *f* 1.(宗教的) 迫害 2.迫害, 責め立て

erlid *t* 1.(特に宗教・人種の違いから) 迫害する 2.(質問などで) 苦しめる, 悩ます

erlidiwr (-wyr) *m* 迫害[虐待] 者

erlyn *t* [法律] (人を) 起訴[告訴] する

erlyniad (-au) *m* [法律] 1.起訴, 告発 2.告訴[告発] 側, 検察当局: y Cyfarwyddwr (*m*) Erlyniadau 公訴局長

erlynydd (-ion, -wyr) *m* [法律] 告発者, 検察官: E~ Cyhoeddus 検察官; (特に) 公訴局長

ern : ernes (-au) *f* 1.質入れ, 抵当 2.質物, 担保品 3.手付[保証, 証拠, 前渡] 金, 頭金: ernes ragarweiniol 手付金 4.前兆, 兆し 5.(愛情などの) 保証, 印: ernes o ewyllys da 信義の印

erneswr (-wyr) *m* **: erneswraig (-agedd)** *f* 1.質入れ人 2.[法律] 質権設定者 3.(禁酒などの) 誓約者 4.祝杯をあげる人

erodrom (-au, -s) *f* (小規模の) 飛行場

eroplen : eroplên (-s) *f* 飛行機

erotiaeth : erotigiaeth *f* 1.好色, エロティシズム 2.性欲 3.性的興奮状態 4.[精分] 異常な性欲昂進

erotica *pl* 好色本[画], エロティカ

erotig *a* 1.(作品などが) 性愛を扱った 2.性欲を刺激する[かき立てる] 3.(人が) 好色[色情的] な

erotigeiddio *t* エロティック[性愛的] にする

erotoleg *f* 性愛文学[美術]

erotydd (-ion) *m* 好色家

ers *prep* = **er**: ~ hynny その時以来; ~ cyn cof 大昔から

ertrai (-treiau) *m* 潮だるみ (高潮または低潮の際, 一時的に潮の静止している時期)

erthygl (-au) *f* 1.(契約・法令などの) 個条, 条項: y Deugain Namyn Un E~ [英教] 三十九か条 (16世紀制定の英国国教の教義で, 聖職に就く者は任命式の際これに同意しなければならない); ~ ffydd [キ教] 信仰個条; 信条; erthyglau cytundeb [法律] (箇条書きにした) 契約書; 契約 2.[*pl*] 年季契約 3.[ジャ] (新聞・雑誌などの) 記事, 論説

erthyglog *a* 年季契約の: clerc (-od) ~ (solicitorになるための) 実務修習生

erthyglu *t* (人を) 年季契約で雇う

erthyl (-od) : erthylbeth (-au) : erthylyn (erthylod) *m* **: erthyles (-au)** *f* 1.(人工) 流産した胎児; 月足らずの子 2.不具者 3.(動植物・器官の) 発育不全, 出来損ない

erthyl : erthylaidd : erthyledig : erthylog : erthylus *a* 1.[生物] 発育不全の 2.[医学] 流産[堕胎促進] の

erthylbair *a* 流産を起こす: cyffur (-au) (*m*) ~ 堕胎[妊娠中絶] 薬

erthyliad (-au) *m* 1.(人工) 流産, 堕胎, 妊娠中絶: ~ heintus [獣医] (ブルセラ菌による) 牛の伝染性流産 2.[軍事] (天候不良・故障などによる飛行機の) 飛行中止; 任務達成の失敗; (ミサイルなどの) 作動失敗

erthylu *t* 1.[医学] (胎児を) 流産させる, 堕胎する; (妊娠を) 中絶する 2.[軍事] (ミサイル発射など) 中断[中止] する *i* 1.流産[堕胎, 妊娠中絶] する 2.[生物] (動植物・器官などが) 発育しない, 退化する 3.[軍事] (ミサイル発射などが) 中止になる

erthylwaith (-weithiau) *m* (計画などの) 失敗; 失敗に終わったもの

erthylwr (-wyr) : erthylydd (-ion) *m* **: erthylwraig (-agedd)** *f* (違法の) 堕胎医, 妊娠中絶医

erw (-au) *f* 1.エーカー (面積の単位: 4840平方ヤード, 約4047平方メートル) 2.[*pl*] エーカー数; 面積 3.[*pl*] 地所, 土地 4.畑, 耕地: ~ Duw (教会付属の) 墓地 5.[*pl*] 広がり 6.大量, 多数

erwain *m* [植物]バラ科シモツケソウ属の植物の総称;(特に) セイヨウナツユキソウ

erwydden (erwydd, erwyddi) *mf* 1.桶 [樽]板 2.[音楽]譜表: ~ y trebl ト音 [高音部]譜表

erydadwy *a* 浸食可能な

erydedig : erydlyd : erydog : erydol *a* 1.浸食された, 浸食的な 2.腐食された, 腐食性の 3.糜爛性の

erydiad (-au) *m* 1.腐食; 浸食 2.[地質]浸食(作用): arweneb (-au) (*m*) ~ 浸食面 (浸食作用によって形成された平坦面); ~ gwynt 風食 (作用) 3.[医学]びらん, 糜爛

erydu *t* (風雨・波などが土地・岩石などを)浸食する
i 浸食される

erydydd (-ion) *m* 浸食 [腐食]力

eryr (-od) *m* : **eryres (-au)** *f* 1.[鳥類]ワシ, 鷲: ~ moel/penfoel/penwyn ハクトウワシ (米国の国章に用いられている); ~ aur/melyn イヌワシ; llygad (*m*) ~ 鋭い眼力, 炯眼; 炯眼の人 2.[紋章]鷲印: ~ deuben 双頭の鷲 3.イーグル (米国の旧10ドル金貨; 1933年廃止) 4.[ゴルフ]イーグル

eryr (-od) *m* [病理]帯状疱疹 [ヘルペス]

eryraidd *a* 1.ワシの (ような) 2.(鼻・顔立ちなどがワシの嘴のように) 曲がった, 鉤型の

eryran (-od) *m* 1.[鳥類]ワシの子, 子ワシ 2.[紋章]小さい鷲

Eryri *f* [地理]スノウドウニア (ウェールズ北西部の山岳地域): Parc Cenedlaethol E~ スノウドウニア国立公園 (1951年指定)

esblygedig *a* [生物]進化した

esblygiad (-au) *m* 1.[数学]開方 2.[生物]進化, 進化論 3.発展, 進化, 進展

esblygiadaeth *f* [生物]進化論

esblygiadol : esblygo *a* 1.進化論の: damcaniaeth (*f*) ~ 進化論 2.[生物]進化の, 進化論的な 3.進化的な, 発展の

esblygiadwr : esblygiadydd (-wyr) *m* [生物]進化論 (学) 者

esblygu *t* [ジャ]進化 [発展させる]
i [生物]進化する

esboniad (-au) *m* 1.説明, 解説, 論評 2.弁明, 弁解 3.和解 4.(聖書の) 解釈, 釈義

esboniadol *a* 1.説明的な; 説明に役立つ 2.釈明的な 3.[聖書]解釈 [釈義]的な

esboniadwy *a* 1.説明できる 2.[論理](命題など) 再説を必要とするような

esbonio *t* 1.(事実・立場などを) 説明する 2.解釈する 3.(意見などを) 述べる 4.(学説・原理などを) 詳述する 5.(聖典などを) 解説 [解釈]する 6.(行為などを) 釈明 [弁明]する 7.注釈 [解説]する
i 1.論評 [批評]する 2.注釈 [解説]する: ~ testun 本 [原]文に註釈する

esboniwr (-wyr) : esbonydd (-ion) *m* : **esbonwraig (-aged)** *f* 1.説明 [解説, 解釈]者 2.註釈者 3.[聖書]註釈家

esbonyddol *a* [数学]指数の, 指数関数的な

escatoleg *f* 1.[神学]終末論 2.終末観

escatolegol *a* 終末論 [観]の

escatolegwr : escatolegydd (-wyr) *m* 終末論者

Eseia *m* [聖書]1.イザヤ (紀元前720年頃のヘブライの大予言者) 2.(旧約聖書の) イザヤ書

esgair (-eiriau) *f* 1.[地質]エスカ (アイルランドの氷河底の流水によってできた砂や小石の細長い堤防状の丘) 2.山の背, 尾根; 分水嶺 3.脛, はぎ (kneeとankleの間)

esgaladur (-on) *m* 1.エスカレーター 2.(エスカレーターのような) 出世コース

esgeulus : esgeulusol *a* 1.無頓着な, 屈託のない 2.不注意 [怠慢]な

esgeulusedig *a* おろそかにされた

esgeulusiad *m* 怠慢, 手抜かり

esgeuluso *t* 1.(仕事・義務などを) 怠る, おろそか [なおざり]にする 2.軽視 [無視]する, 見過ごす: ~ cyfle 機会を見過ごす

esgeuluster : esgeulustod (-ion) : esgeulustra *m* 1.(義務などの) 怠慢, 手抜かり, 放置: trwy esgeulustod 怠慢のため; pechod trwy esgeulustod 怠慢の罪 2.不注意, 軽卒, うかつ, 無頓着 3.呑気, 気楽さ 4.[法律](不注意などによる) 過失

esgeuluswr (-wyr) *m* 怠慢者

esgid (-iau) *f* 1.靴, 短靴 2.深靴, ブーツ: rhoi'ch/gwisgo'ch esgidiau 靴を履く; tynnu'ch esgidiau 靴を脱ぐ

esgob (-ion, esgyb) *m* 1.[英教・聖会]主教; [カト]司教; [プロ・モ教]監督: bagl (*f*) ~ (baglau esgobion) 主教 [司教]杖, 牧杖 2.[チェス]ビショップ

esgobaeth (-au) *f* 主教 [司教, 監督]の職 [管区]

esgobaethol *a* 主教 [司教, 監督]管区の

esgobaidd : esgobol *a* 1.主教 [司教, 監督]の 2.[E~]英国国教会 [監督]派の: eglwys esgobol *f* 英国国教会 [聖公会]

esgobaetharwr : esgobwr (-wyr) : esgobydd (-ion) *m* 1.主教 [司教, 監督]制主義者 2.[E~]主教司教監督制教会員; 英国国教会員; 聖公会員

esgobwriaeth *f* 英国国教会員 [監督制教会員, 聖公会員]の主義・慣行

esgobwrol : esgobyddol *a* 1.主教 [司教, 監督]制の 2.[E~]主教 [司教, 監督]制教会の

esgobyddiaeth *f* 1.[キ教]主教 [司教, 監督]制度 2.主教 [司教, 監督]の職 [任期] 3.主教 [司教, 監督]団

esgor *t* (子を) 産む, 出産する: ~ ar blentyn 子

esgoriad 供を産む

esgoriad (-au) *m* [産科] 出産, 分娩

esgud *a* 1.素早い, はしっこい, 敏速な 2.頭の働きが鋭い, 理解[呑込み]の早い

esgudrwydd *m* 1.(速度・運動などの) 速さ, 敏速さ 2.機敏, 敏感

esgus (-ion) : esgusawd (-odion) *m* 1.弁解, 弁明, 言い訳: hel esgusion 言い訳をする 2.(過失などの) 理由, 口実: heb ~ (正当な) 理由なしに 3.見せかけ, 振り, 偽装: dan ~ bod yn ffrindiau 友情に見せかけて 4.[*pl*] (欠席などの) 詫び, 謝罪 5.(ある物の) 間に合わせもの, 申し訳的なもの: ~ o ginio ごちそうとは名ばかりのもの

esgusadwy : esgusodol *a* 1.許される, 容赦できる 2.弁解[謝罪]の

esgusodedig *a* (義務・仕事・支払などを) 免除された

esgusodi *t* 1.(人・行為などを) 許す, 容赦[勘弁]する: esgusodwch fi am fod yn hwyr 遅刻して済みませんでした; esgusodwch fi! ちょっと失礼! 言い訳をする, 弁解[弁明]する 3.(事情が) 言い訳[弁解]になる 4.(義務・責務・負債などを) 免じる, 免除する: ~ rhn rhag bod yn bresennol 人に出席を免除する

esgusodiad (-au) *m* (課税・義務などの) 免除

esgusodwr (-wyr) *m* : **esgusodwraig (-agedd)** *f* 1.許す人 2.言い訳を言う人, 弁解者

esgymun : esgymunedig *a* 破門された

esgymunedig (-ion) *mf* 破門[放逐]された人

esgymuniad : esgymundod (-au) *m* 1.[キ教]破門; 破門宣告 2.除名, 放逐

esgymuno *t* 1.[キ教] 破門[放逐, 除名]する 2.(人を) 放逐[除名]する

esgymunol *a* 破門(宣告)の

esgymunwr (-wyr) *m* 破門する人, 破門宣告者

esgyn *t* 1.(山・梯子・階段などを) 登る, 上がる: ~ i'r pulpud (教会の) 説教壇に上がる 2.(川を) さかのぼる 3.(王位に) 登る: ~ i'r orsedd 王位に就く, 即位する

i 1.(太陽・月・星などが) 昇る, 出る 2.(煙などが) 昇る 3.(道路・土地が) 上り坂になる 4.[ダンス] (ダンスが) 上達する 5.(飛行機が) 離陸する

esgynadwy *a* (山・演壇などに) 登れる, 上がれる, 立てる

esgynbren (-nâu, -ni) *m* (鳥の) 止まり木

esgynfa (-fâu, -feydd) *f* : **esgyniad (-au)** *m* 1.(山などに) 登ること, 登り 2.上り坂 3.(バルーン・煙などの) 上昇 4.(飛行機の) 離陸 5.[天文] 天体が地平線上に昇ること: Esgyniad Cywir 赤経(春分点から赤道に沿って東回り

に測った角) 6.[E~] [キ教] キリストの昇天

esgynfaen (-feini) *m* (乗馬用) 踏み台, 乗馬台

esgynfaol : esgyniadol *a* 1.上昇の, 上昇的な 2.進歩的な

esgynlawr (-loriau) *m* 1.(駅・バスなどの) プラットフォーム 2.(講堂などの) 演壇, 教壇, 説教壇 3.(広間・食堂などで貴賓用に設けた) 壇, 高座, ひな壇

esgyniaeth : esgynneb (esgynebau, esgynebion) *f* [修辞] 漸層法

esgynnol *f* (配水塔などの) 立上がり管[パイプ]

esgynnol *a* 1.前進[進行]する 2.進歩的な 3.上昇する 4.(太陽・月などが) 出る, 昇る 5.(道などが) 上りになる 6.[音楽] 上昇の 7.[天文] 天頂に向かって昇行中の 8.[占星] 東の地平線に昇っている

esgyrnaidd : esgyrnog *a* 1.骨の; 骨質の; 骨のような 2.(魚など) 骨の多い 3.(人などが) 骨太の, 骨張った

esgytsiwn (-siynau) *m* [海事] (船尾) 船名板 2.(多く盾形の) 飾り座金

esiampl (-au) *f* = **enghraifft**

esmwyth *a* 1.(体に対して) 快適な, 居心地のよい; (椅子など) 座り心地のよい; cadair (cadeiriau) ~ *f* 安楽椅子; (衣服など) 着心地のよい, ゆるやかな: côt yn ffitio'n ~ 楽な着心地のコート; (靴など) 履き心地がよい 2.(精神的・肉体的に) 苦痛[不安, 苦悩]のない, 気楽[安楽]な, くつろいだ 3.手触りの柔らかな, 滑らかな: ~ fel sidan 絹のように柔らかな 4.(動き・速度など) ゆるやかな, ゆっくりした: siglad ~ *m* [海事] ゆっくりしたローリング[横揺れ] 5.(機械・動きなど) 円滑に動く, 滑らかな, ぎくしゃくしない

esmwythad *m* (苦痛・心配などの) 軽減, 除去; 安心

esmwythadwy *a* (苦痛などを) 軽減できる

esmwythaol *a* 1.なだめる, 慰める 2.(痛みなどを) 軽減[緩和]する, 和らげる 3.(神経などを) 鎮静する

esmwytháu : esmwytho *t* 1.(苦痛・心配などを) 取り除く, 和らげる, 軽減する 2.(苦痛・重荷などを除いて) 楽にする, 安心させる 3.(衣服の窮屈な所を) 緩める, 楽にする

i (痛み・重荷などが) 軽くなる, 和らぐ, 楽になる

esmwythäwr (esmwythawyr) : esmwythwr (-wyr) *m* 苦痛を和らげる薬

esmwythder *m* 円滑な動き[運転]

esmwythdra : esmwythyd *m* 1.(体の) 楽, 安楽, くつろぎ 2.(態度・様子などの) 安易, 気軽, 落着き, ゆったりとしていること

esmwythydd (-ion) *m* 軽減[緩和]するもの

ester (-au) *m* [化学] エステル

estopel (-au) *m* [法律] 禁反言, エストッペル

estron : **estronol** *a* 1.外国の: iaith (ieithoedd)~ 外国語; diawl (-iaid)~ *m* 洋鬼子 (外国人, 特に欧米人に対する蔑称) 2.外国人の 3.外国からの 4.外国における, 在外の; 対外の 5.異質な 6.相容れない, 調和しない 7.[医学] 外来 [異質] の: darn (-au)~ *m* 異物

estron (-iaid) *m* : **estrones (-au)** *f* 1.外国人; 居留外人: ~ preswl/trigiannol 在留外人 2.外来物; 外国船 3.[植物] 帰化植物

estronair (-eiriau) *m* 1.外国風 2.外国語法 3.外国語法の模倣

estroneiddiad *m* 疎外, 疎遠

estroneiddio : **estroni** *t* (人・愛情などを) 遠ざける, 不和にする

estroniaeth *f* [法律] 外国人であること (法的身分)

estroniaethu *t* [法律] (財産・不動産権を) 譲渡する

estrys (-iaid, -od) *mf* 1.[鳥類] ダチョウ, 駝鳥 2.現実逃避者

estrysaidd *a* 1.ダチョウのような 2.傍観的な

estyllen (estyll, estyllod) *f* 1.板, 厚板 2.(屋根・外壁に用いる) 屋根 [こけら] 板, シングル

estyllu *t* 1.板を張る 2.屋根 [こけら] 板で葺く

estyn *t* 1.(空間的に) 長く [延長] する 2.(時間的に) 長引かせる, 延期する 3.[音声] (母音などを) 長く発音する, 引き伸ばす 4.(ゴム・ばねなどを) 引っ張る, 伸ばす 5.(身体・手足などを) 伸ばす; 大の字に倒す: ~ eich coesau 足を伸ばす; ~ eich hyd 体を伸ばす, 大の字に寝る; ~ eich hyd ar soffa ソファーに長々と寝そべる 6.(身体・建物などを) 大きく [広く] する, 拡張する 7.(手などを) 差し出す, 伸ばす 8.手を伸ばして取る 9.(数量・程度などを) 増加 [増大] させる 10.(人に物を) 手渡す, 与える; (食べ物などを) 取ってやる, 回す: ~ (-nwch) ef i mi それを私に渡しなさい 11.(領土・範囲などを) 広げる, 拡張する 12.(招待状などを) 出す: ~ gwahoddiad 招待状を送る 13.[音楽] (主題を) 拡大する; 増音する

i 1.(日・時間などが) 長くなる, 延びる 2.(ゴムなどが) 伸びる 3.(土地などが) 広がる 4.手を伸ばす

estenadwy *a* 1.伸ばす [広げる] ことのできる, 伸張性のある, 伸縮自在の 2.増加 [増大] できる 3.[音楽] 増音できる 4.[動物・解剖] 突出できる, 伸ばせる

estynedig *a* 1.(手足などを) 伸ばした, 広げた 2.(期間を) 延長した, 長い, 長期にわたる 3.増加 [増大] した: matrics (-au)~ *m* [数学] 拡大行列 4.広範囲の, 拡張した 5.[音楽] 増音程 [半音増] の 6.(レコードが) EP盤の 7.[数学] 投影された 8.[社会] (家族など) 拡大した: teulu ~ 拡大家族

estyniad (-au) *m* 1.(数量・大きさなどの) 増加, 増大, 拡大 2.増加 [付加] 物 3.(建物の) 増築, 建て増し: codi ~ i dŷ 家を増築する 4.伸張, 延長; 拡大, 拡張 5.(持続期間などの) 延長, 延期 6.(電話の) 内線 7.手足 [身体] を伸ばすこと: ~ y fraich 腕を伸ばすこと 8.手足の伸ばせる範囲 [距離] 9.(ボクサー・剣士の) リーチ 10.(戦争・賃金・物価などの段階的) 拡大, エスカレーション 11.[音声] (母音・音節などの) 引き伸ばし 12.[音楽] 拡大 13.[幾何] 投影 (法) 14.[論理] 外延

estynneb (estynebau) *m* [商業] (手形・証書の) 付箋

estynnwr (estynwyr) : **estynnydd (estynyddion)** *m* 1.(カンヴァス・絵絹などを張る) 木枠: estynnwr cynfas [美術] カンヴァスを張る木枠 2.伸張具, 張り器: estynnydd trowsus ズボン張り器

estynnol *a* 1.拡張 [伸張, 延長] の, 伸ばせる, 伸張性のある 2.[幾何] 射影の; 射影 (幾何学) 的な 3.[動物・解剖] 伸ばせる, 突き出せる 4.[論理] 外延 [外在] 的な

esthetaidd : **esthetig** *a* 1.美の, 美的な; 審美的な: pellter ~ [芸術] 審美的距離 (芸術家が作品にみせる現実との心理的距離) 2.美学の 3.審美眼のある 4.(美が) 芸術的な

estheteg *f* [哲学] 美学

esthetegwr : **esthetegydd (-wyr)** *m* : **esthetegwraig (-agedd)** *f* 美学者

esthetiaeth *f* 1.唯美主義 2.美的趣味

esthetwr (-wyr) : **esthetydd (-ion)** *m* 1.唯美主義者 2.審美眼のある人

Esyllt *f* 1.イズールト (Iseult) (女性名) 2.[ア説] イズー, イゾーデ, イゾルデ

Etesaidd *a* [気象] (地中海の風が) 毎年一定の季節に吹く

etifedd (-ion) *m* : **etifeddus (-au)** *f* 1.(財産・称号・地位などの) 相続人, 継承者: etifedd y goron 王位継承者 2.(両親・祖先などの特質・精神・伝統などの) 後継 [継承] 者 3.[法律] (遺産) 相続人

etifeddadwy *a* 1.(不動産など) 譲り伝えることのできる, 相続させられる 2.(人が) 相続できる, 相続者になれる

etifeddedig *a* 1.[生物] (祖先から) 継承した, 遺伝した 2.[文法] (単語が) 祖語から継承された

etifeddeg *f* 1.相続; 伝統 2.[生物] 遺伝; 形質遺伝

etifeddiaeth *f* 1.[法律] 相続; 相続権 2.相続財産, 遺産 3.相続人であること 4.(先祖・先人などから) 受け継いだ物, 継承物 5.[生物] 遺伝; 遺伝的体質 [特性]

etifeddiant (-iannau) *m* [法律] 相続 (可能) 財産

etifeddol *a* 1.[法律] (財産・権利・資格など) 世襲の, 親譲りの 2.(習慣など) 先祖伝来

etifeddu — **eurddalennwr**

の、代々の 3.[文法](単語が)祖語から継承された 4.[生物](性質・病気など)遺伝(性)の、遺伝的な

etifeddu t 1.(財産・権利・称号などを)相続[継承]する 2.(性格・性質などを)遺伝的に受け継ぐ 3.(伝統などを)受け継ぐ

eto ad 1.再び、また、もう一度: unwaith ~ 再び、もう一度; byth ~ 二度と…しない 2.元の状態[場所]へ 3.さらにそれだけ、もう…だけ: cymaint ~ さらに同じ[二倍の]量 4.応じて、答えて、(音が)反響して 5.またその上に、さらに: rheswm arall ~ さらに別の理由 6.[肯定文で]まだ、いまや、今でも、依然として: mae ~ amser まだ時間はある 7.[否定文で](今まで・その時までには)まだ(…ない): ddim ~(いいえ)まだです 8.[疑問文で]既に、もう 9.(そのうち)やがては、いずれは、いつかは: gallwn ennill ~ 私たちはいつかは勝つでしょう 10.それでもなお、それにも拘わらず 11.[比較級を修飾して]もっと、さらに、なお一層: mwy ~(肯定文で)なおさら、まして; llai ~(否定文で)なおさら…ない 12.[最上級の後で]これ[それ]までで(最も…な): yr orau ~ 今までで最高のもの conj それにも拘わらず

etheg f 1.倫理、道徳律 2.倫理学

ethegol : ethig a 1.倫理的な、道徳上の 2.倫理学的な[学上の] 3.(薬品が)医師の処方によってのみ販売される: derbyniol ethig m[文法]心性的与件

ether m 1.[医学]エーテル(麻酔剤) 2.[化学]エーテル 3.[物理]エーテル 4.天空、青空

etheraidd a 1.空気のような; 極めて軽い、希薄な 2.[化学]エーテルの 3.[物理]エーテルの 4.天空[大空]の 5.天の 6.霊妙な

ethnig (-ion) mf(米)(民族の言語・文化・風俗の特徴を保つ)(少数)民族[種族]の一員 a 1.(共通の言語・文化を持つ集団としての)民族[人種、種族]的な 2.(衣服・音楽・食物などが)民族[人種、種族]特有の、民族的な 3.(ユダヤ教徒・キリスト教徒から見て)異教徒[異邦人]の 4.民族学的な

ethnigrwydd m 民族性

ethnoleg f 民俗学

ethnolegol a 民俗学的な、人種学上の

ethnolegwr : ethnolegydd (-wyr) m 民俗学者

ethol t 1.[政治](議員・議長などを)選挙選出する 2.(…することに)決める

etholadwy a 選挙[選出]できる

etholaeth (-au) f[政治]1.選挙民(全体)、有権者 2.選挙区

etholedig a 1.選定された、選り抜きの 2.[通例、名詞の後に置かれ](まだ就任していないが)当選した、選挙された: y Maer E~ 当選市長; 結婚の相手として選ばれた 3.[神学]神に選ばれた

etholedigaeth (-au) f[神学]神の選抜

etholeg f 1.人性学、品性論 2.[動物]動物行動学

etholegol a 1.人性学の 1.2.動物行動学の

etholegwr : etholegydd (-wyr) m 1.人性学者 2.動物行動学者

etholfraint (-freiniau, -freintiau) f[政治]選挙権

etholfreinio t[政治]選挙権を与える

etholiad (-au) m 選挙: ~ cyffredinol 総選挙; 当選

etholiadol a[政治]1.選挙の[に関する]; 選挙人の 2.選挙による; 選挙運動を行う 3.選挙権を有する、選挙するための

etholwr (-wyr) m : **etholwraig (-agedd)** f 1.投票者 2.(特に国会議員選挙での)有権者、選挙人

etholydd (-ion) m[E~][独史]選帝侯

ethos m 1.(個人・集団・社会などの)性格、気質 2.[芸術・哲学]エートス、道徳的気品 3.[倫理・社会]エートス 4.[文類]エートス

eu a 1.彼ら[彼女ら、それら]の: ~ brawd 彼[彼女]らの兄[弟]; eu tad a'u mam 彼[彼女]らの父と母 2.[複数形の敬称を伴なって]: ~ Hradderchowgrwydd 閣下

euddonyn (euddon) m[動物]ダニ

eunuch (-iaid) m 1.去勢された男 2.宦官(昔、東洋・ローマ帝国の宮廷に仕えた去勢された男) 3.柔弱[無能]な男

euodyn (euod) m[動物]肝蛭

euog a 1.罪を犯した、有罪の 2.(過失などを)犯した 3.身に覚え[罪悪感、やましい所]のある: yr oedd golwg ~ arno 彼は身に覚えのありそうな顔つきをしていた

euogfarn (-au) f[法律]有罪判決: euogfarnau blaenorol 前科

euogfarnu t[法律]有罪と宣告[証明]する

euogrwydd m 1.有罪、罪を犯していること 2.罪[過失]の責任 3.罪の意識、罪悪感 4.[法律]犯罪

euraid : euraidd a 1.金箔を着せた、金色に塗った、金メッキした 2.(うわべだけ)華やかな、きらびやかな、けばけばしい 3.金持ちの、豪奢な: ieuenctid euraid ~ 富と地位のある青年たち、若紳士(連) 4.金製の 5.金のような 6.金色の、黄金色の 7.(金のように)貴重な、素晴らしい、絶好の: cyfle euraid (d) 絶好の機会; rheol euraid (d)[聖書]黄金律 (cf Matt 7:12; Luke 6:31) 8.輝かしい; 成功の見込みのある 9.(祝祭などが)50年目[周年記念]の: priodas euraid (d) f 金婚式

eurben (-nau) m[鳥類]キクイタダキ(欧州産)

eurbinc (-od) m[鳥類]ゴシキヒワ(欧州産)

eurbysgodyn (eurbysgod) m[魚類]キンギョ、金魚

eurddalennwr (eurddalenwyr) m 金箔師

eurem (-au) *m* 金製の宝石

eurgrawn(-gronau) *m* 1.(知識の)宝庫 2.(書名に用いて)名詩［珠玉］集

eurgylch (-au, -oedd) *m* 1.［美術］（聖像の頭の回りに描かれる）後光, 光輪, 光背 2.［天文］（太陽・月の）かさ 3.［神学］（殉教者などに与えられる天国の）報賞, 栄光, 栄冠

eurgylchu *t* 後光で囲む［を射させる］

euro *t* 1.金箔をかぶせる, 金メッキする, 金色に塗る 2.美しく飾る, 輝かす 3.粉飾する, うわべを繕う, 見場をよくす: ~ aur［諺］既に完璧な物に余計な手を加える (cf Shak *John* 4. 2.11)

eurof (–aint) : eurych (-iaid, -od) : eurydd (-ion) *m* : **euryches (-au)** *f* 金細工師, 飾り職

euron *f*［植物］キングサリ

eurwr (-wyr) *m* 金メッキ師, 箔置き師

eurychiaeth *f* 金細工師の作品

euryn (-nau) *m* 金貨

ewa *m* おじ（叔父, 伯父）

ewach (-od) *m* 1.虚弱者 2.柔弱者, 弱虫

Ewclid *m*［人名］ユークリッド（紀元前300年頃Alexandriaに住んだギリシヤの数学者, ユークリッド幾何学の組織者）

Ewclidaidd *a* ユークリッド幾何学の: geometreg (*f*) Ewclid ユークリッド幾何学

ewgenaidd : ewgenig *a* 1.［生物］優生（学）の, 優生学的な 2.優れた性質を受け継いだ

ewgeneg *f* 優生学

ewgenegwr : ewgenegydd (-wyr) *m* 優生学者

ewig (-od) *f*［動物］シカ, 鹿;（3歳以上のアカシカの）雌ジカ; 雌のトナカイ

ewin (-edd) *mf* 1.（手足の指の）爪: cnoi'ch ewinedd（神経質に）爪を噛む, 爪を噛んで悔しがる 2.［*pl*］（ネコ・猛禽などの）鉤爪: hogi ei hewinedd（ネコが）爪をとぐ 3.［建築］オジー, 葱花［半切］線

ewinfedd (-i) *f*［度衡］ネール（布地測定の古い尺度の単位: 1/16ヤード, 約 **5.715** cm）

ewino *t* 爪で引っ掻く［つかむ, 裂く］

ewinog *a*（…の）爪をした

ewinor *m* 1.［病理］ひょう疽 2.［獣医］蹄軟骨瘻: ~ march（馬の）趾骨腫（馬の繋ぎ骨に生じる骨腫で跛行の原因となる）

ewinrhew *m*［病理］凍傷, しもやけ

ewinrhewedig *a*（人が）凍傷にかかった

ewlychiad (-au) *m*［化学］風解; 風化（物）

ewlychol *a*［化学］風解［風化］性の

ewlychu *i*［化学］風解する

ewn *a* 図々しい, 厚かましい

ewro (-aid, -s) *m* ユーロ（通貨単位; EU内のユーロ圏で採用されている唯一の通貨）

Ewrop *f*［地理］ヨーロッパ, 欧州

Ewropead (-aid) *mf* ヨーロッパ［欧州］人

Ewropeaeth *f* 1.ヨーロッパ［欧州］主義 2.ヨーロッパ的特色

Ewropeaidd *a* ヨーロッパ［欧州］（人）の: y Gymuned (Economaidd) ~ *f* ヨーロッパ［欧州］経済共同体; cyfandir Ewropヨーロッパ大陸

Ewropeiddio *t* ヨーロッパ化する

ewstasi *m*［地質］海水面変動

ewstatig *a*［地質］（地球規模の）海水面変動の

ewyllys (-iau, -ion) *f* 1.意志: ~ haearn/ haearnaidd/ddurol鉄の（ように強固な）意志 2.意志の力: ceffyl da yw ~［諺］意志のある所には道がある（精神一到何事か成らざらん）3.決意, 決心, 決断力 4.意志作用, 意欲 5.［法律］遺言（書）, 遺書: gwneud eich ~ 遺言書を作成する

ewyllysgar *a* 自発的な, 進んでする

ewyllysgarwch *m* 進んでしようとする意志

ewyllysiad (-au) *m* 1.意欲 2.意志の力

ewyllysiadol : ewyllysiol : ewyllysol *a* 1.意志の, 意志による, 意志的な 2.意志作用の 3.［文法］意志［願望］を表す 4.［法律］遺言の; 遺言を残した 5.遺言（書）による

ewyllysiog (-ion) *mf* 遺書を残して死んだ人

ewyllysio *t* 1.意図［決意］する 2.意志の力で（…）させる: ~ i rn wneud rhth 意志の力で人に何かをさせる 3.望む, 欲する

ewyllysiwr (-wyr) *m* 1.願望者 2.（…であるようにと）願う［祈る］人: ~ da 人［物事］の幸いを祈る人, 好意を寄せる人, 有志 3.［法律］遺言者

ewyn (-nau, -ion) *m* 1.（ビールなどの）泡. 泡沫, あぶく 2.よだれ 3.（馬などの）泡汗: 'roedd ei geffyl yn bwrw ~ 彼の馬は泡のような汗をかいていた

ewynno : ewynnu *i* 1.（ビールなどが）泡立つ 2.（怒って）泡を吹く 3.（馬などが）泡を吹く 4.（海水などが）泡立って流れる

ewynnog : ewynnol *a* 1.泡（のような）2.泡の多い, 泡だらけの 3.泡立つ

ewyrth (-od) : ewythr (-edd, -od) *m* おじ: ewythr brawd mam 母方のおじ; ewythr brawd tad 父方のおじ; fEwythr Twm トム爺や, 白人に迎合する［屈従的な］黒人

exit *f* 1.退出;（役者の）退場 2.出口

F

F, f *f* 1.発音: ev (êf) (efiau) *f* 2.Ff am Ffredrig Fはフレデリック (Frederic) の F 3.[写真] stop (-iau) (*m*) F カメラのレンズ口径をFナンバーで示した絞り

fagddu *f* 真っ暗闇

fagina (-nâu) *m* 1.[解剖] 膣 2.[植物] 葉鞘

fagws (fagi) *m* [解剖] 迷走神経

falans (-iau) *mf* 1.[家具] (天蓋のへり・寝台の周囲などにのれん状に吊った) 垂れ幕 2.(カーテン吊り金具を隠す窓上部の) 飾り布 [板]

falansiog *a* 垂れ幕の付いた [で飾った]

falant (-au, -s): falantein (-s, falenteinau) *f* 1.(聖ヴァレンタインの祝日 (2月14日) にしばしば匿名で恋人に送る) ヴァレンタインカード [の贈り物] 2.賛美・愛着を表した文 [記念の印など]

falf (-iau) *f* 1.[音楽] (金管楽器の) ピストン, 活栓 2.[機械] 弁, ヴァルヴ: ~ wagio (falfiau gwagio) 排気弁 3.[解剖] 弁, 弁膜 4.[植物] (莢・苞・莢などの) 弁 5.[動物] (貝・フジツボ類の) 殻, 貝殻の一片

falfaidd *a* 1.弁 (状) の 2.[解剖] 心臓弁膜の 3.[植物] 弁から成る

falfog *a* 1.ヴァルヴ [弁] のある 2.[植物] 弁で開く

famp (-iau) *m* 1.[音楽] 即興的伴奏 2.[製靴] (靴の) つま皮, わく革

famp (-iau) *f* 男たらし, 浮気女, 妖婦, ヴァンプ

fampio *t* (曲・伴奏などを) 即興で付ける
i 即興で伴奏する

fampio *t* (男を) たぶらかす, 食い物にする; (男と) いちゃつく
i ヴァンプ役を演じる

fampir (-iaid, -od) *mf* 1.[神話] 吸血鬼 2.鬼のような搾取者, 他人を食い物にする者 3.[動物] チスイ [吸血] コウモリ

fampiraidd *a* 血を吸う, 寄生する

fampiriaeth *f* 1.吸血鬼の所業 2.吸血鬼の (存在を信じる) 迷信 3.男たらし 4.[医学] 屍姦

fampiwr (-wyr) *m* [音楽] (特にピアノの) 即興伴奏者

famwst *f* 1.[病理・心理] ヒステリー 2.(個人・群衆の) 病的興奮

fan (-iau) *f* 1.[車両] 有蓋トラック, ヴァン: ~ fara (faniau bara) パン屋の配達自動車; ~ bost (faniau post) 郵便車; dyn ~ (dynion faniau) ヴァンの運転手 2.[鉄道] 手荷物車, 有蓋貨車

fandal (-iaid) *mf* 芸術品・自然美などの心なき破壊者, 野蛮人

Fandal (-iaid) *mf* 1.バンダル族 (Vandal) (5世紀にゴール・スペイン・北アフリカ・ローマを侵し, 最後に北部アフリカに定住したGoths族に近いゲルマンの一民族; 455年にローマを略奪し, その文化を破壊した; 534年にBelisariusにより北部アフリカの本拠地で滅亡させられた) 2.ヴァンダル人

fandalaidd *a* (無知故に) 芸術・文化などを破壊する, 野蛮な

Fandalaidd *a* ヴァンダル人 [族] の

fandaleiddio *t* (建物・公共物・芸術品・文化などを) 意図的に破壊する

fandaleiddiad *m* (建物・公共物・芸術品・文化などの) 故意の破壊

fandaliaeth *f* 芸術 [文化・建物・公共物などの] 故意の破壊 (行為); 蛮行

fanila *m* [料理] ヴァニラエッセンス (ヴァニラの実から採った香料でアイスクリーム・チョコレート・ケーキなどの菓子類に用いる): rhin (*f*) ~ ヴァニラエッセンス

fanila *mf* [植物] ヴァニラ (アメリカ熱帯地方産のラン科の蔓性植物; その果実から香料のヴァニラを採る): ffaen/ffeuen (ffa) (*f*) ~ ヴァニラの実

fanilaidd *a* ヴァニラの, ヴァニラから採った

farnais (-eisiau): farnis (-iau) *m* 1.ニス, ワニス: coeden (coed) (*f*) farnis [植物] ワニスを採取する木 2.合成ニス: farnais caled ラッカー 3.ワニス塗りの光沢面 4.マニキュア液: farnis ewinedd (マニキュア用の) ネールエナメル, マニキュア液

farneisio : farnisio *t* 1.ワニスを塗る 2.光沢をつける 3.マニキュアをする

farnis : farnisiog *a* 1.ワニスを塗った 2.光沢のある

farnisiwr (-wyr) *m* ワニスを塗る人, ニス屋

fâs (fasau, fasys) *f* 花瓶

fas (-a, -au) *m* [医学・解剖] 管, (血液・リンパ・精液などの) 導 [脈] 管

fasaidd : fasal *a* [生物・解剖] 管の, 導 [脈] 管の

fasectomi (-ïau) *m* [外科] 精管切除 (術)

faselin : faselïn (-au) *m* [商標] ワセリン (白色のpetrolatumの商品名)

fasgwlaidd *a* 1.[生物・解剖] 管 [導管, 脈管, 血管など] の; 血管の多い 2.元気な, 血気盛ん

fasgwlitis な 3. [植物] (維) 管束の: sypyn (-nau) ~ *m* [植物] (繊維組織などの) (維) 管束; [解剖] (神経の) 束

fasgwlitis *m* [病理] 脈管炎

fe *m* 1. [三人称単数男性主格] 彼は [が]: ~ redodd 彼は走った; dyma ~'n dod ほら彼が こちらへ来た; ~ a ddywedodd hynny そう 言ったのは彼です 2. [目的格] 彼を [に, と]: ~'i gwelais ef; ~'i gwelais i e 私は彼を見た; ni welais i mohono ~ 私は彼を見なかった 3. [男性主格名詞を指して] それは [が] 4. [目的格] それを [に]
part [小詞] (by-で始まるBOD未来形や屈折動詞の前に置かれ肯定を表す; 南部方言): ~ fydda i'n ddeugain mlwydd oed eleni 私は今年40歳になります

fegan : figan (-iaid) *mf* 極端な菜食主義者 (卵・チーズ・牛乳もとらない)

feganaidd : figanaidd *a* 極端な菜食主義者の

feallai *ad* ことによると, もしかしたら, 多分, あるいは: ~ y daw hi 多分彼女は来るでしょう

fector (-au) *m* 1. [数学・物理] ヴェクトル, 動径, 方向量: ~ colofn 列ヴェクトル 2. [天文] 動径

fectoraidd *a* ヴェクトルの

fectori *t* [航空] (飛行機・ミサイルなどを) 進路に導く

Fega *f* [天文] ヴェガ, 織女星 (琴座 (Lyra) のa星)

feiol (-au) : fiol (-au) *f* [音楽] ヴィオール, ヴァイオル (主に16-17世紀に用いられた通例6弦の擦弦楽器で, ヴァイオリンの前身)

feis (-iau, -ys) *f* 1. [機械] 万力: ~ law (feisiau llaw) 手万力 2. (水道の) 蛇口, 水栓, コック

fel *conj* 1. [直喩を構成して] …のように (最も, 実に): gwyn ~ y galchen (恐怖で) 真っ青な, 血の気の失せた 2. [対比・比例] … (である) ようにまた (…で), …と同じように: mae A i B ~ y mae C i D AのBに対する関係はCのDに対する関係に等しい; ~ y bydd dyn fyw [諺] 生あるごとく死あり, 生き様は死に様 (cf *Eccles* 11:3) 3. [様態] …のように [のままで]; … (する) 通りに: gwnewch ~ y mynnwch/mynnoch 好きなようにしなさい; gadwch iddo fod ~ y mae そのままにしておきなさい; ~ pe岩るで…であるかのように 4. [挿入句的に用いて] ~ petai 言わば; ~ yr oeddech chi! [軍事] (号令) 元へ!; ~ na'r位置で…している時 [時] …している時した途端に, しながら, につれて): ~ yr oeddwn i yn agor y drws 私がドアを開けていた時; aeth allan ~ y deuwn i mewn 私が入った途端に彼は出て行った; aeth yn wirionach ~ yr heneiddiai 彼は年を取るにつれて愚かになった 6. [目的] …するように [するために]: ~ ag i wneud rhth 何かをするために; trefnodd

bopeth ~ ag i bleisio pawb 彼は全ての人を喜ばせるように万事を手配した 7. [結果] そのため, それで, だから: fe'm rhwymodd i ~ na allwn symud 彼は私を縛り上げた, そのため私は動くことができなかった

prep 1. …のような [に似た] 2. …らしく [同様に]: ~ hyn, ~'ma このように; fe redodd ~ cath i gythraul 彼は猛烈に走った 3. (例えば) …のような 4. …として: gweithredu ~ ysgrifennydd 秘書を務める

ad 1. [様態・状態] どんな状態 [具合] で, そのように, そんな風に: saf (sefwch) ~ hyn そんな風に立っていなさい 2. [方法・手段] どんな風に, どんな方法 [手段] で 3. [程度] そんなに, それほど: paham yr wyt ti'n wylo ~ hyn? あなたはなぜそんなに泣くのですか? 4. [外見・性格・量など] 同様な, 類似の, 等しい: 'roedd ef ~ tad imi 彼は私にとって父親みたいだった; ~ y crafa'r iâr y piga'r cyw; ~ y tad y bydd y mab; ~ y tadau, ceir y plant [諺] この父にしてこの子あり, カエルの子はカエル

rel 1. …のような: creaduriaid ~ y teigr 例えば虎のような獣 2. [前または後にある主節全体を先行詞として, 非制限的に] それは…だが: Cymro oedd ef, ~ y sylwasant ar ei acen 彼はウェールズ人だった, 言葉つき [訛り] で分かったのだが

felly *ad* 1. こうして, それで, だから, 従って: ac ~ ymlaen …など 2. [補語として形容詞的に] そう (で), そのように: ~ y mae hi (確かに) そうだ, ~'n wir? そうですか?, 本当ですか?; os ~ もしそうなら 3. [結果] そこで, それで, だから: nid oedd yno, ~ mi ddois yn ôl 彼はそこにいなかった, だから私は帰りました 4. [前出または文脈上自明の事柄を受けて] その通りで, 本当で 5. [先行の陳述に対して新主語を強調する陳述を付加して] …もまた: ac ~ finnau 私もそうです; mae ti'n iawn ac ~ chwithau 彼女は正いですで, そしてあなたも正いですで

fena *f* [解剖] 静脈: ~ cafa 大静脈

feneiswn : fenswn *m* [料理] 鹿肉

Fenni *f* [地名] アバガヴェニ (Abergavenny) (ウェールズ南東部にある市の立つ町)

fent (-iau) *f* (空気・ガス・煙・液体などの) 抜け口, 通風 [気] 孔

fentrigl (-au) *mf* [解剖] (脳髄・喉頭などの) 空洞, 室; (心臓の) 心室

fentriglaidd : fentriglol *a* 1. [解剖] 室 [心室, 脳室] の 2. 腹の 3. (昆虫の) 胃の

fentrol *a* 1. [解剖] 腹側の 2. 腹 (部) の 3. [植物] (花弁などの) 下面の, 腹側の

feranda (-âu, -s) *f* [建築] ヴェランダ, 縁側

ferdigris *m* [化学] 緑青

fermiliwn *m* 朱 (色)
a 朱 (色) の

fermin *pl* [動物] 害獣 [鳥]

ferminog   288   **Folant**

ferminog *a* 1.ノミ・シラミの多い，虫のたかった［湧いた］；不潔な 2.(病気が)害［寄生］虫によって生じた

fernagl (-au) *f* [教会] 1.ヴェロニカ，聖顔(像)（イエスが十字架を負って処刑の地(Calvary)に行く途中，聖ヴェロニカがイエスの顔の汗を拭ったという布に印されたと伝えられるイエスの顔(の像)）2.聖顔布（イエスの顔を描いた布片）

fernier (-au) *m* 1.副尺，遊標，ヴァーニヤ 2.補助装置: motor (-au) (*m*) ~ [宇宙] 補助エンジン

Feronica *f* [人名] 1.ヴェロニカ(Veronica)（女性名）2.聖ヴェロニカ（一世紀の伝説上の人物）

feronica *f* [植物] クワガタソウ

fersiwn (-siynau) *mf* 1.(ある事柄に関する個人的または特定の立場からの)説明，見解，解釈 2.(特定の)型，様式，版: ~ milwrol/filwrol yr awyren 航空機の軍用型

fertig (-au) *m* [数学] 頂点，角頂

fertigol *a* 1.垂直［鉛直，縦］の 2.[幾何] 頂点の: foriad (-au) ~ *m* 縦断面 3.成層社会の 4.[経済]（製品の製造販売などの各段階を）縦に連ねた，垂直的な 5.[解剖・動物] 頭頂の 6.[航空] 垂直の: esgyniad ~ *m* 垂直上昇 7.[天文] 天頂の: cylch ~ 垂直圏

fertigoledd *m* 垂直(性)

fesicl (-au) *mf* [解剖・動物] 小嚢，小胞: ~ semen 精嚢

fest (-iau, -ys) *f* 1.袖なしのアンダーシャツ，肌着 2.(米) チョッキ，ヴェスト

festri (-ïoedd) *f* [教会] 1.(教会の)祭服［聖具］室 2.教会付属室 3.[英米・米国聖公会] 教区委員(会): clerc (*m*) ~ (clercod festrïoedd) 教会(区)書紀; llyfr (*m*) ~ (llyfrau ~/festrïoedd) 教会区戸籍簿

fesul *prep* 1.[尺度・単位] …を単位として，に従って: gwerthu rhth ~ pwys 何かを1ポンド幾らで売る 2.[程度] だけ，(どれほど)ずつ，…の程度［差］まで: ~ gradd 少しずつ，徐々に

feto (-au) *f* 1.(特に国際政治面での)拒否権 2.拒否権の行使 3.(米) (大統領の)拒否教書［通告書］4.禁止，禁制，法度

fi *pron* 1.[一人称単数主格] 私は［が］: ~ a ddywed; ~ sydd yn dweud; ~ sy'n dweud （軽い驚き・興味・怒り・悲しみなどを表して）まあ!, ほんとに!, これは驚いた;(人の注意を引いて)おい, ちょっと, あのね; ~ sy 'ma それは私だ 2.[補語に用いて] 私(です): ~ yw e; ~ ydi o; ~ sydd yma それは私です; y ~ welsoch chi あなたが見たのは私です; ~ mae hi'n ei hoffi 彼女が好きなのは私です 3.[目的格] 私を［に］: gwelodd ~ 彼女は私を見た 4.[間投詞的に感動・驚きなどを表して]: gwae ~! ああ!

ficer (-iaid) *m* 1.[英教] 教区牧師: ~ corawl

ヴィカーコラール，大聖堂礼拝役員［委員］; ~ lleyg 大聖堂(付)書紀 2.[カト] 教皇［司教］代理

ficerdy (-dai) *f* 教区牧師の住宅，牧師館

ficeriaeth (-au) *f* 1.教区牧師の職［在職期間］2.教区牧師の所管区域

ficerol *a* 1.教区牧師の 2.教区牧師を勤める

fifariwm (fifaria) *m* (自然の生息状態に近くした)動植物育成場

fideo (-s) *mf* 1.[テレ] ヴィデオ（テレヴィの影像部門）: fideosignal (-au) *m* 影像［ヴィデオ］信号; amledd (-au) (*m*) ~ 影像周波数 2.(米) テレヴィ 3.ヴィデオ録画器 4.(ヴィデオテープに録画した)映画・テレヴィ番組: tâp (tapiau) (*m*) ~ ヴィデオテープ

fila (-âu, -s) *f* 1.(通例一戸建てまたは二戸続きで庭付きの)郊外住宅 2.(海辺や郊外の)別荘，田舎の大邸宅 3.[ロ史] (古代ローマの)荘園

finegr *m* 1.酢，食用酢: ~ brag 麦芽酒のヴィネガー 2.不機嫌 3.(米) 精力，活力

finegraidd *a* 1.酢の(ような)，酸っぱい 2.辛辣な，気難しい，不機嫌な，意地の悪い

fiola (-âu) *f* 1.[音楽] ヴィオラ(violinよりやや大型の4弦の擦弦楽器) 2.[植物] スミレ，菫

fioled (-au) *f* 1.[植物] スミレ 2.すみれ色 *a* すみれ色の

firgat (-au) *mf* [度衡] ヴァーゲート（古代英国の面積の単位: 1/4 hide, 30 acres）

firol : firyysol *a* [病理] ウイルス(性)の

firws (-ysau, fira) *m* 1.ウイルス 2.[病理] ウイルス性の病気 3.(道徳精神上の)害毒 4.[電算] (コンピュータの)ウイルス

fisgos *m* [化学] ヴィスコース（人絹・セロハンなどの原料）

fitamin (-au) *m* [生化] ヴィタミン: fitaminau atodol ヴィタミン補填剤

fitamineiddio *t* 1.(食品に)ヴィタミンを添加する 2.生き生きさせる

fitriol (-au) *m* [化学] 硫酸(塩)

fitriolaidd : fitriolig *a* [化学] 硫酸(塩)の

fitrioleiddio : fitrioli *t* 1.硫酸塩で処理する 2.硫酸を浴びせて〔火傷を負わせ

fo *pron* 1.[三人称単数主格] 彼は［が］2.[目的格] 彼を［に］: ei daro ~ 彼を叩く 3.[男性主格名詞を指して] それは［が］4.[目的格] それを［に］

fodfil (-iau) *f* 1.風刺的流行歌 2.(20世紀初頭に人気があったアクロバット・コメディアン・ダンサー・奇術師などの出し物を見せた)寄席演芸，ヴォードヴィル 3.(パントマイム・ダンス・歌などから成る)軽喜歌劇

fodfilaidd *a* ヴォードヴィルの

fodfilydd (-ion) *m* [演劇] ヴォードヴィリアン，寄席芸人

Folant *mf* 1.[人名] (男・女姓名)ヴァレンタイン

folant 2.聖ヴァレンタイン(?~?270: ローマのキリスト教殉教者): Dydd (-iau)(*m*) Gŵyl Sain ~ 聖ヴァレンタインの祝日(2月14日: 恋人や親しい人にカードや贈物などをする習わしがある)

folant (-au) *f* 聖ヴァレンタインの祝日に恋人に送るカード[贈物]

folcanig *a* 1.火山(性)の 2.火山の多い 3.[地質]火山作用による, 火成の: lludw ~ *m* 火山灰

folcanigau *pl* [岩石]火山岩

folcano (-au) *m* 火山: ~ byw 活火山

foli (-ïau) *f* [スポ]ヴォレー: ~ stop, stop-foli (~-foliau)*f* [テニス]ストップヴォレー(相手のボールをネット際で受けて相手が取れないように短く落すヴォレー); hanner (*m*) ~ (~ foliau) ハーフヴォレー(テニス・サッカー・ラグビー・クリケットなどでボールが地面に触れる前に打つ[蹴る])ヴォレー; pel ~ *m* ヴァレーボール, 排球; pêl (peli)(*f*) ~ ヴァレーボール用のボール

folïan : folïo *t* [スポ]ヴォレーで打ち[蹴り]返す
i ヴォレーをする

folïwr (folïwyr) *m* [スポ]ヴォレーをする人

foliwt (-iau) *mf* [建築](イオニア及びコリント式柱頭装飾の)渦形, 渦巻

folt (-iau) *f* 1.[馬術]巻き乗り; 巻き乗りの軌跡 2.[フェ]ヴォルト(突きを避けるための素早い足の動作)

folt (-iau) *mf* [電気]ヴォルト(電圧の単位)

foltäig *a* [電気]流電気の

foltamedr (-au) *m* [電気]ヴォルタ[電解電量]計

foltecs (-au) *m* [物理]渦

foltedd (-au) *m* [電気]電圧

foltisedd *m* 1.[物理]渦度(流体の渦の強さ) 2.渦巻運動

foltisiaeth *f* [美術]渦巻派

foltisydd (-ion) *m* [美術]渦巻派の画家

foltmedr (-au) *m* [電気]電圧計

fory *m* 明日

fôt (fotiau, fôts) *f* 1.投票, 票決 2.投票用紙; (個々の)票 3.投票総数, 得票 4.投票[選挙]権

fotio *i* 1.票決する, 投票して可決する 2.投票によって支持する 3.(世間が)認める 4.提案する

fotiwr (-wyr) *m* : **fotwraig (-agedd)** *f* 投票人

fowt (-iau) *f* [建築]丸[アーチ形]天井, ヴォールト: ffanfowt (-iau)*f* (末期ゴシック様式の)扇形天井[ヴォールト]

fowtio *t* 丸天井で覆う
i 丸天井のように湾曲する

fry *ad* 1.上に[へ], 高く, 頭上に 2.天[空]に: llais oddi ~ 天からの声

fwlgar : fwlgaraidd *a* (人・態度・言葉など)教養のない, 粗野[俗悪]な; 下品[野卑, 卑猥]な

fwlgarair (-eiriau) *m* 野卑[卑猥]な言葉, 卑語

fwlgareiddio *t* 俗悪[下品, 野卑]にする

fwlgareiddiwr (-wyr) *m* (何かを)俗悪[下品, 野卑]にする人

fwlgariaeth *f* 1.俗悪, 下品, 野卑 2.無作法な言動

fwlgarydd (-wyr) *m* 無教養な人, 俗物; 低俗な成上がり者

Fwlgat *m* [聖書]ラテン語訳[ウルガタ]聖書(St. Jeromeが405年に完訳したもので, ローマカトリック教会の公認聖書となっている)

fwltur (-iaid, -od) *mf* 1.[鳥類]ハゲワシ, 禿鷲 2.強欲な人

fwlturaidd *a* 1.ハゲワシの(ような) 2.強欲な

fy *a* 私の: ~ ngardd 私の庭; ~ mab 私の息子

fylfa (-âu) *f* [解剖]陰門, 外陰

fylfol *a* [解剖]陰門の

fyny *ad* 1.[動き・動作](低い位置から)上へ[に], 上の方へ[に], 上向きに: edrych i ~ 上の方を見る; mynd i ~ 上がる, 昇る; mae'r ffordd yn mynd ar i ~ 道路は上の方へ伸びている; mae fystafell ar y trydydd llawr i ~ 私の部屋は階段を三つ上がった所にあります 2.[位置・場所]より高い所に[で]: i ~ fama あそこで 3.(南から)北の(に), 北の方へ[に]: i ~ yn y Gogledd 北部に 4.(…の)所まで, (…に)至るまで: byw i ~ iddi 収入を限度まで使う

prep 1.(低い位置・地点から)(…の)上[高い方]へ[に], (…を)上がって: mynd i ~'r grisiau 階段を上がる 2.(川の)上流へ[に]: i ~'r afon 川の上流へ

FF

FF, ff *f* (発音ef) 英語のfと発音が同じ

ffabrig (-au) *m* [織物] (特に人造の) 生地: ~ neilon gwlanog 毛羽仕上げをしたナイロンの生地

ffabrigiad (-au) *m* 偽造物; 作り事

ffacbysen (ffacbys) *f* [植物] 1.マメ科ソラマメ属のつる性植物 (カラスノエンドウ・ヤハズエンドウなど): ~ y cloddiau イブキノエンドウ 2. [通例*pl*] [園芸・料理] ヒラ豆, レンズ豆 (地中海地方原産): cawl (*m*) ffacbys レンズ豆のスープ

ffacsimili (-ïau) *m* 1. [通信] ファクシミリ, ファックス, 写真 [模写] 電送 2. (筆跡・絵画などの) 複写, 模写

factor (-au) *m* 1. [数学] 因数, 因子: ~ cysefin 素因数 2. [生物] 遺伝因子 3. (ある結果を生む) 要素, 要因: ~ trech/trechaf 支配的要因; ~ amgylcheddol 環境的要因

ffactoriad (-au) *m* [数学] 因数分解

ffactorio *t* [数学] 因数に分解する

ffael (-ion) : ffaeledd (-au) *m* 1. (性格・知性などの) 欠点, 弱点, 短所, あら 2. (過失の) 責任 3.誤り, 過失, 落度: yn ddi-ffael 間違いなく, 必ず, きっと

ffaeledig *a* 1. (人・性質など) 誤りやすい 2. (人・物事が) 失敗した; 破産した 3. (法則・情報など) 必ずしも正確でない

ffaeledigrwydd *m* 1.誤りやすいこと, 誤ることのあり得ること 2.不正確の可能性

ffaelu *i* (…することが) できない, (…) し損なう [しない]

ffäen : ffafen (ffa) *f* 1.豆 (ソラ豆・インゲン豆・大豆など): ceulion (*pl*) ffa [料理] 豆腐 2.頭

ffafr (-au) *f* 1.引き立て; 支持, 是認; 人気: ennill ~ rhn 人に気に入られる [引き立てられる] 2.親切, 好意 3.親切な行為, 世話, 恩恵, 願い: gofyn ~ gan rn 人に事を頼む, お願いをする

ffafraeth *f* えこひいき, 偏愛, 情実

ffafriedig *a* 特別優遇 [特恵] の: y wlad fwyaf ~ 最恵国

ffafrio *t* 1.好意を示す, 賛成する 2.えこひいき [偏愛] する 3.支持 [援助, 奨励] する

ffafriol *a* 1. (状況・事情など) 好都合 [有利, 有望, 順調] な: tywydd ~ 都合の良い天気 2. (返事・意見など) 好意的な, 賛成する: adroddiad ~ 好意的な報告

ffafrioldeb *m* 1.好意, 賛成, 承認 2. (天気・

見込みなど) 好都合, 有利, 有望

ffagl (-au) *f* 1. (火の) 炎, 火炎: yn ~ ぱっと燃え上がって 2.たいまつ 3. (海上・海岸などで用いる) 火炎 [発光] 信号 4. (飛行機の夜間着陸位置などを示す) 照明: ~ lanio (ffaglau glanio) (飛行機の) 着陸用照明; 照明弾

ffaglen (-nau) *f* たいまつ

ffagliad (-au) *m* 1. (炎・光の) 揺らめく炎, 揺らぐ光 2. [化学] 爆燃, 突燃

ffaglog *a* (火などが) めらめら燃える, 燃えている; 焼けつくような

ffaglu *t* 1.たいまつで火をつける 2. (夜間) たいまつを使って (魚を) 取る 3. [化学] (急激に) 爆燃 [突燃] させる
i 1. (火・炎が) めらめら燃える, ぱっと燃え上がる, 揺らめく, 火炎を吐く 2. [化学] (急激に) 爆燃 [突燃] する

ffagod (-au) : ffagoden (-nau, -ni) *f* 薪束, そだ (の束)

ffagodi *t* 1.薪束にする, 束ねる 2. (織物を) ファゴティングで飾る
i 束を作る

ffagodwaith (-weithiau) *m* [刺繍] ファゴティング, 飾りつなぎ (布レースの横糸を抜いて縦糸を束ねる)

ffagosyt (-au) *m* [生物・解剖] 食細胞

ffagosytig *a* [生物・解剖] 食細胞の

ffagosytosis *m* [生物・解剖] (食細胞の) 食作用

ffagotsen (ffagots) *f* [料理] ファゴット (豚の内臓を刻んで味付け球 [棒] 状にして油で揚げるか焼いた料理)

ffair (ffeiriau) *f* 1.定期市, 縁日: F~ Wagedd [文学] 虚栄の市 (Bunyan作Pilgrim's Progress中に出る虚栄の町の市) 2.遊園地: ~ bleser (ffeiriau pleser), ~ wagedd (ffeiriau gwagedd) 遊園地 3. (農産物・家畜などの) 共進 [品評] 会: ~ anifeiliaid, ~ wartheg (ffeiriau gwartheg) 牛市 4.博覧 [展示] 会, 見本市: F~ y Byd 世界博覧会 5.慈善市, バザー: ~ sbolion がらくた [慈善] 市, バザー

ffaith (ffeithiau) *f* 1.事実, 実際の出来事: ~ a ffug/dychymyg 事実と虚構; mae'n ~それは人生の現実です 2. (理論・想像などに対して) 真実, 真相, 実際: fel mater o ~ 実際のところ 3. [法律] (犯罪などの) 事実, 犯行

ffald (-au) *f* 1. (家畜, 特に羊の) 檻, 囲い, 羊舎 2.農場の構内, 農家の庭 3. (迷い犬・捨て

ffaldio 猫などを引き取り人のあるまで入れておく官設の)動物収容所

ffaldio *t* 1.(羊を)檻に入れる, 囲う 2.(迷い犬などを)檻に入れる

ffals (ffeilsion) *a* 1.嘘を言う, 虚偽の 2.不誠実[不正直]な, 不実の 3.おもねりへつらう, へいへいする

ffalsedd *m* 不誠実, 不実

ffalseto (-ti) *m*[音楽](男性の)裏声(の歌手) *a* 裏声の

ffalsio *t&i*(上役などに)ぺこぺこする, へつらう, おべっかを使う

ffalswr (-wyr) *m* : **ffalswraig (-agedd)** *f* おべっか使い, ごますり屋, へつらう人

ffalster *m* 1.ごまかし, 偽り, 不正直 2.狡猾, ずるさ, 悪賢さ, 悪知恵

ffalwm : ffelwm : ffelwn *m*[病理]ひょう疽

ffan (-iau) *f* 1.扇, 扇子, うちわ 2.扇風[送風]機 3.換気扇: ~ echddynnu, ~ wagio (ffaniau gwagio)換気扇 4.(農家で使う穀物を吹き分ける)唐箕

ffanatig (-iaid) *mf* 熱狂[狂信]者

ffanatigaidd *a* 熱狂[狂信]的な

ffanatigiaeth *f* : **ffanatigrwydd** *m* 熱狂, 狂信

ffanfowt (-iau) *f*[建築](末期ゴシック様式の)扇形天井(作り)

ffanffer (-au) *f* 華やかなトランペット(など)の合奏, ファンファーレ

ffanio *t*(扇などで)あおぐ; 送風する

ffanleu (-oedd) *m*[建築]扇形明り取り, 扇窓(ドアや窓の上にある)

ffansi (-ïau, -ïon) *f* 1.空想[想像](力)2.気まぐれな考え, 思いつき, 気分: mae gen i ~ mynd yno 私はそこへ行きたい気分です 3.好み, 愛好 4.[音楽]短い即興的な楽曲 5.珍種の動物を飼育する技術
a 1.装飾的な, 意匠を凝らした: nwyddau ~ 装身具; gwisg (-oedd) ~ *f* 仮装服; teisen (-nau) ~ *f* デコレーションケーキ 2.(花など)染分けの(動植物が)珍種の 3.極上[特選]の 4.気まぐれな, 空想的な

ffansïo *t* 好む, 気に入る

ffansïol *a* 空想[非現実]的な

ffansïwr (-wyr) *m*(花・鳥・犬などの)愛好家, (愛好的・商業的)飼育者

ffantasi (-ïau) *mf* 1.[心理]白昼夢 2.[音楽]幻想曲

ffantasia (-iâu, -s) *f*[音楽]幻想曲

ffantasïo *i* 1.空想に耽る 2.白昼夢を見る 3.即興的に楽器を演奏する

ffantasïwr (-ïwyr) *m* : **ffantasïwraig (-agedd)** *f* 幻想文学作家, 幻想曲作曲家

ffantastig *a* 1.(デザインなど)奇想を凝らした; 風変わり[奇異, 奇抜]な 2.(大きさ・量など)途方[とてつ]もない 3.とても素晴らしい, 素敵な

ffarad (-au) *mf*[電気]ファラッド(静電容量の単位)

ffaradig *a*[電気]誘導[感応]電流の

ffariaeth : ffarieraeth *f* 獣医外科術

ffariar (-s) : ffarier (-s) *m* 馬医者

ffarm (ffermydd) : fferm (-ydd) *f* 1.農地, 農場, 農園: ffarm laeth (ffermydd llaeth)酪農場 2.(農場付属の)農場主の住宅, 農家 3.(家畜・家禽・魚などの)飼育[養殖]場: farm stoc 牧畜場

ffarmio : ffermio *t* 1.(土地を)耕作する; 飼育[養殖, 栽培]する: ffermio defaid 羊を飼育する; ffermio pysgod 魚を養殖する 2.(租税・料金の)取立を請け負う[請け負わせる]
i 耕作する, 農場[飼育場]を経営する

ffarmio : ffermio *f* 1.農場経営, 農業: ffermio ymgynnal/ymgynhaliol 自給[零細]農業 2.飼育, 養殖

ffarmwr : ffermwr (-wyr) *m* 農場経営者, 農場[農園]主

ffars (-iau) *f* 1.笑劇, 茶番狂言, 道化芝居 2.滑稽, 道化, 人笑わせ; 滑稽な真似事

ffarsaidd *a* 1.笑劇体の 2.滑稽な

ffarsiwr : ffarsydd (-wyr) *m* 1.道化役者 2.笑劇作者 3.道化師, 剽軽者, おどけ者

ffarwel *mf* : **ffarweliad (-au)** *m* 1.別れ, 告別, いとまごい 2.別れ[告別]の挨拶
int さらば! ffarwel! さらば!, ごきげんよう!
a 別れ[送別]の: cinio ~ 送別の宴

ffarwelio *t*(人に)別れを告げる

ffaryncs (-au) *m*[解剖]咽頭

ffas (-au, -ys) *f*[鉱山]切羽(採鉱の現場): ~ wal hir 長壁法の切羽

ffasâd (ffaadau) *m*[建築](建物の)正面, ファサード

ffased (-au) *mf*(宝石・結晶体の)小面

ffasedog : ffasedol *a* 小面のある

ffasedu *t*(宝石に)小面を刻む

ffasgaeth : ffasistiaeth *f*[政治]ファシズム, 独裁的全体主義

ffasgaidd *a*[政治]1.ファシズムの, ファシズムを信奉する 2.[Ff~]ファシスト党(員)の

ffasgell (-au, -i) *f* 1.[自動車]計器盤 2.[解剖]筋膜 3.[植物]密繊の花序;(花・葉などの)叢生

ffasgia (-âu) *m*[建築]帯状面, ファシア

ffasgiad (-iaid) *mf* : **ffasgydd (-ion, -wyr)** *m* : **ffasist (-iaid)** *mf*[政治]1.ファシズム信奉者, ファシスト 2.[Ff~](イタリアの)ファシスト党員

ffasiwn (-iynau) *mf* 1.(服装などの)はやりの型, 流行, ファッション: yn/mewn ~ 流行して; sioe (*f*) ffasiynau ファッションショウ 2.上流社会; 社交界: dyn yn y ~ 上流社会の男, 上流[社交]人

ffasiynol *a* 1.流行[はやり, 当世風]の 2.上流

社会[社交界]の

ffasner (-i) m (財布・手袋・ドレスなどの) 留め[締め] 金具, ファスナー, チャック

ffasnin (-au) m 留め金具, 締め具

ffasno t 留める, 締める, 固定する

ffast a (時計が) 進んでいる, 早い

ffat (-iau) f : **ffatiad (-au)** m 1.軽く叩く[打つ] こと, なでること (慰め・激励などのため) 2.軽く叩く音

ffatian : **ffatio** t (好意・慰めなどのため平手・平らな物で) 軽く叩く[打つ], なでる

ffatri (-ïoedd) f 工場, 製造所: llong(-au) (f) ~ (魚などを加工する) 工船

ffatrïaeth f 製造(工業)

ffau (ffeuau, ffeuoedd) f 1.(盗賊などの) 隠れ家, 巣窟 2.(野獣の) ねぐら, 巣, 穴 3.(主に男性の小さくて気持ちの良い) 私室, 休み場所 (書斎・仕事場など)

ffawd (ffodion) f 1.運: ~ dda 幸運 2.運命, 宿命, 運勢 3.[Ff~] 運命の女神: troell (f) ~, olwyn (f) ~, rhod (f) ~ 運命の女神の回す紡車; 有為転変(の象徴)

ffawdelw m (棚ぼた式の) 意外な授かり物, もっけの幸い

ffawdheglu i 通りがかりの自動車に無料で便乗させてもらって徒歩旅行をする, ヒッチハイクをする

ffawdheglwr (-wyr) m ヒッチハイクをする人

ffawn (-iaid) m [ロ神] ファウヌス, フォーン (半人半羊の林野牧畜の神)

ffawna pl (一地域または一時代特有の) 動物相[群] : ~ a fflora 動物相と植物相

ffawt (-iau) mf 1.欠点, 短所, 弱点 2.[テニス] フォールト (サーヴの仕損じ) : ~ (d) dwbl ダブルフォールト; ~ troed/droed フットフォールト (サーヴをする時ラインを踏み越す反則) 3.[地質] 断層: ~ cilwthiol 逆断層

ffawtiad (-au) m [地質] 断層(作用)

ffawtlin (-iau) f [地質] 断層線

ffawydd : **ffawyddog** a 1.ブナの 2.ブナ材製の

ffawydden (ffawydd) f 1.[植物] ブナノキ: cneuen (cnau) (f) ffawydd, mesen (mes) (f) ffawydd ブナノキの実 (食用になる) 2.ブナ材

ffederal a [政治] 1.連合の, 連邦(制)の; 連邦政府の 2.[しばしば Ff~] (米) (州政府に対して) 連邦政府[国家]の, 合衆国の: Banc (m) y Granfa Ff~ 連邦準備銀行 3.[Ff~] [米史] (南北戦争当時の) 北部連邦同盟の, 北軍の

ffederalaidd a 連邦主義(者)の

ffederaliaeth f 1.連邦主義[制度] 2 [Ff~] [米史] 連邦党の主義

ffederalwr : **ffederalydd (-wyr)** m 1.連邦主義者 2.[Ff~] [米史] 北部連盟支持者; 連邦党員

ffederasiwn (-iynau) mf 1.連合, 同盟 2.連邦制度[政府] 3.連合組合, 連盟

ffedereiddio t 1.(国・組織などを) 連邦化する, 連合させる 2.連邦制にする
i 連合[同盟]に加わる

ffedoaid (-eidiau) f エプロンに一杯

ffedog (-au) f 1.エプロン, 前掛け: ~ fras (ffedogau breision) 粗い地のエプロン; bod ynghlwm wrth linyn ~ rhn 人の言いなりになる 2.[演劇] (劇場の) 張出し舞台: llwyfant (-nau) (mf)~ 張出し舞台

ffefryn (-nau) m 1.お気に入りの人[物], 人気者, 好物]: mae'n ~ gan bawb 彼はだれにも好かれる人です 2.(競馬などの) 本命, 人気馬: betio ar y ~ 人気馬に賭ける 3.(競技の) 優勝候補

ffei int えーっ!, ちぇっ!, まあ!, これ! (不快・非難・嫌悪を表す) : ~ ohonot ti! まあ, 嫌だね (君は)!

ffeil (-iau) f 1.[道具] やすり: ~ fflat 平型やすり 2.(事件・人物に関する) 一件書類, 身上調査書 3.(新聞などの) 綴じ込み, 綴じ込み新聞 4.[電算] ファイル: ~ hapgyrchu ランダムアクセス[任意抽出] 方式のファイル

ffeilio t 1.やすりで削る[切る, 磨く, 研ぐ], やすりをかける 2.(書類・新聞などを) ファイルに綴じ込む, 綴じ込んで整理する 3.[ジャ] (記者が電話・通信などで新聞社に記事を) 送る: ~ stori 記事を送る

ffein a 1.(外観・形状など) 美しい, 立派な, 素晴らしい, 見事な; (人が) 美貌な 2.優れた, 優秀な 3.好天気[快晴]の, 晴れた 4.親切な, 心の優しい

ffeind a 親切な, 優しい

ffeindio t = cael

ffeinio t 罰金を科する, 科料に処する

ffeirio t 1.交換[代用]する, 取り替える, 代理させる 2.物々交換する

ffeiriwr (-wyr) m 1.交換する人 2.物々交換者 3.両替商人

ffel a ずるい, 狡猾な, 抜目のない, 悪賢い

ffelder : **ffelni** m 1.賢明, 利口 2.ずるさ, 狡猾, 抜目なさ; 悪知恵

ffelio t [裁縫] 縁を取る, 折り返して縁を縫う

ffelon : **ffelwn (-iaid)** m [法律] 重罪犯人

ffelonaidd : **ffelwniaethus** a 1.[法律] 重罪(犯)の 2.凶悪な

ffeloniaeth : **ffelwniaeth (-au)** f [法律] 重罪 (殺人・強盗・放火など)

ffelt m 1.フェルト, 毛氈 2.フェルト製品 (帽子など)
a フェルト(製)の: pin (-nau) (m) (blaen) ~ フェルト[マジック, サイン] ペン

ffeltin (-ion) m 1.フェルト製法 2.フェルト地

ffeltio t フェルトにする; 毛氈で覆う
i フェルト地になる

ffeltiwr (-wyr) _m_ フェルト帽製造人

ffelwm : ffelwn _m_ [病理]ひょう疽

ffemwr (-yrau) _m_ 1.[解剖]大腿骨 2.[昆虫]腿節

ffen (-iau) _mf_ 1.沼(沢)地 2.[Ff~](イングランド東部の)沼沢地帯

ffendir (-oedd) _m_ 沼沢地方

ffenest (-ri) : ffenestr (-i) _f_ 1.窓: edrych (allan/mas) drwy'r ~ 窓から外を見る; ffenestr fae(ffenestri bae)[建築]出[張出し]窓(一階から上まで建物が通例三面の形で張出して窓になっている); ffenestr do (ffenestri to)天窓 2.窓枠 3.窓ガラス 4.(商店の)飾り[陳列]窓: ffenestr siop(ffenestri siopau)陳列窓, ショウウインドウ 5.(銀行・切符売り場などの)窓口 6.(心の)窓, 目 7.外に開くもの, 接触の手段 8.(窓付き封筒などの)窓: amlen (-ni) ffenestr/ffenestrog _f_ 窓付き封筒 9.[外科](内耳開窓術による)窓(骨の中の窓状の穴)10.[昆虫]明班 11.[電算]ウインドウ, 表示窓(ディスプレイ画面上の区画)12.[気象]電磁窓

ffenestaidd : ffenestrol _a_ 窓の(ある)

ffenestriad (-au) _m_ 1.[建築]窓割 2.[外科](内耳)開窓 3.[動物・植物・解剖]窓[穴]

ffenestrog _a_ 1.[建築]窓のある 2.[外科](内耳に)窓を開けた 3.[動物・植物・解剖]窓[穴]のある

ffenigl _m_ [植物]ウイキョウ(の実)(地中海沿岸に産し, 香辛料・薬用にするセリ科の植物): ~ pêr イタリアウイキョウ(欧州産のセリ科の多年草)

ffenomen (-au) _f_ : **ffenomenon (ffenomena)** _m_ 1.(自然・社会での特異で興味ある)現象, 事象, 事件 2.驚異的[不思議]な現象 3.天才, 非凡人 4.[哲学]現象, 外象

ffenomenaidd _a_ 1.自然現象の[に関する]2.五感によって知覚[認知]できる 3.異常な, 驚くべき

ffenomeniaeth _f_ 1.[哲学]現象論[主義]2.経験主義

ffenomenydd (-ion) _m_ [哲学]現象論者[主義者]

ffens (-iau, -ys) _f_ 1.柵, 囲い, 垣根, フェンス: ~ bleth(ffensys pleth)編み垣 2.剣術, フェンシング 3.弁論の巧妙さ 4.(馬術競技などの)障害物 5.[機械]囲い

ffensio _t_ 1.囲いをする, 垣根[柵]を巡らす 2.防ぐ, 防護する 3.(質問を)巧みにかわす 4.(盗品を)売買する

_i_ 1.垣[柵]を築く 2.剣術[フェンシング]をする 3.(質問などを)うまく受け流す 4.(馬などが)障害物を飛び越す 5.盗品を売買する

ffensiwr (-wyr) _m_ 1.柵[囲い, 垣根]を作る人 2.フェンシング選手; 剣士, 剣客 3.盗品売買

者, 故買屋

ffêr (fferau) _f_ 足首, くるぶし: strap(_mf_) ~ (strapiau fferau)(-)足首に回す留め紐

fferdod _m_ 無感覚: しびれ, かじかみ, 麻痺

fferel (-au) _m_(杖・こうもり傘などの)石突き: (接合部補強用)金環

fferen (fferins, fferis) _f_ 砂糖菓子, キャンディー: siop(_f_) fferins 菓子屋

fferi (-au) _f_ 1.渡し[渡船]場, フェリー発着所 2.フェリー(ボート), 渡し船, 連絡船

fferïwr (fferiwyr) _m_ 渡し守, 渡船業者

fferled (-au) _f_ 足首の飾り

fferllyd _a_(特に寒さで)かじかんだ, 無感覚な, 凍えた, 痺れた

ffermdy (-dai) _m_(農場付属の)農場主の住宅, 農家

ffermwraig (-agedd) _f_ 農業をする[農場で働く]女性, 農夫

fferrig _a_ 1.鉄の[を含む]2.[化学]第二鉄の

fferru _t_ 1.(人・体・指などを)無感覚にする, かじかませる, 痺れさせる, 凍えさせる 2.冷やす, 冷却する, 寒がらせる 3.(水などを)凍らせる 4.(牛乳などを)凝結[凝固]させる 5.(恐怖などで)肌を冷やさせる, ぞっとさせる

_i_ 1.無感覚になる 2.冷える, 寒気がする 3.凍る, 恐怖で血が凍る 4.(牛乳などが)凝結[凝固]する

fferrus _a_ 1.[化学]第一鉄の 2.鉄の[を含む]

fferylleg _f_ 薬[調剤]学

fferyllfa (-feydd, -oedd) _f_ 1.薬局, 薬屋 2.(病院の)薬局, (学校・工場などの)医務[診察]室, 治療所

fferylliaeth _f_ 調剤(術): 薬学: 製薬業

fferyllol _a_ 薬剤[製薬, 薬学]の

fferyllwr (-wyr) : fferyllydd (-ion, -wyr) _m_ : **fferyllwraig (-agedd)** _f_ 1.薬剤師, 薬剤学者 2.製薬業者 3.薬屋(人)

ffesant (-od, ffesynt) _m_ [鳥類]キジ, 雄: ~ gwyrdd(ffesantod gwyrddion)(日本産の)キジ

ffesin (-au) _m_ [服飾](衣服の)縁取, 見返し

ffest _a_ 1.固定[固着]した 2.(結び目・握り方など)固い, しっかりした

ffest (-au, -i) _f_ 1.饗宴, 祝宴, 宴会 2.(募金目的の)戸外の饗宴[祝宴]3.(耳目を)喜ばせるもの, 楽しみ

ffetan (-au) _f_ 袋, (穀物・石炭・野菜など入れる)大袋

ffetis (-iau) _m_ 1.呪物, 物神(未開人などに霊が宿っているとして崇拝される物)2.迷信の対象, 盲目的崇拝物 3.病的執着 4.[精神医学]フェティッシュ(フェティシストの性欲の対象物)

ffetisaidd _a_ 1.呪物[物神]の 2.盲目的崇拝の 3.[精医]フェティシズムの

ffetisiaeth _f_ 1.呪物[物神]崇拝 2.盲目的崇拝 3.[精神医学]フェティシズム, 物神愛

ffetisiwr 294 **ffiloreg**

ffetisiwr (-wyr) : ffetisydd (-ion) *m* 1.呪物[物神]崇拝者 2.[精医]フェティシスト, 拝物性愛者

ffeuen (ffa) *f* 豆(ソラ豆・インゲンなど): ~ soia 大豆; ~ Ffrengig インゲン豆; サヤインゲン, サヤエンドウ; 'does gen i yr un ~ 私は一文なしだ

ffi (ffioedd) *f* 1.[英史][封建]領地, 封土 2.[法律]相続財産: ~ ferm(約定地代を納付して保有する)永代借地; ~ entael/gynffon限嗣封土権, 限嗣相続不動産(権); ~ rydd/seml 単純封土権, 無条件相続地(権) 3.(専門職業者へ払う)報酬, 謝礼 4.料金, 手数[入場]料 5.(入学・入会などの)納付金, 会費

ffiaidd *a* 1.(臭い・味など)悪臭のある, むかつくような, とても嫌な, 嫌でたまらない 2.(空気・水が)濁って汚い 3.(考え・行為など)悪い, 不正な, 邪悪な 4.忌まわしい, 言語道断な

ffiard (-au) *m* [地質]フィエルド(スカンジナヴィア半島の森林限界以上の高地)

ffibr (-au) : ffibryn (-nau) *m* 1.[織物](綿・麻・羊毛などの)繊維: ~ naturiol 天然繊維 2.繊維質[組織] 3.[解剖]繊[線]維: ffibryn nerfol 神経繊維 4.[植物]繊維細胞

ffibrin *m* [生化]線維素, フィブリン

ffibrinogen *m* [生化]線維素原, フィブリノゲン

ffibrog *a* 1.[織物]繊維のある[から成る], 繊維状の; 繊維性の 2.[病理]線維症の 3.筋骨たくましい

ffibwla (-âu) *mf* 1.[解剖]腓骨 2.(古代ギリシャ・ローマの)留金, 衿留め

Ffichtiad (-iaid) *m* [英史]1.ピクト人 2.ピクト族(スコットランド北東部に3世紀末から9世紀頃まで定住し, 845年スコット族に征服された民族)

ffid (-iau) *f* 1.(家畜などの)餌, 飼葉, 飼料 2.食事 3.[機械]給送(装置)

ffidil (ffidlau) : ffidl (-au) *f* 1.ヴァイオリン: bwa (*m*) ffidil (bwau ffidlau) ヴァイオリンの弓 2.詐欺, いかさま

ffidiwr (-wyr) *m* [裁縫](生地を自動的に針の下に移動させる刻み目の付いた金属から成る)ミシンの装置

ffidlan : ffidlo *t* 1.(時間などを)空費する 2.(数字・金額などを)ごまかす; だまし取る:ffidlan y llyfrau, ffidlo'r llyfrau 勘定をごまかす
i 1.いじくる, もて遊ぶ 2.ぶらぶらと過ごす

ffidler (-iaid) *m* : **ffidleres (-au)** *f* ヴァイオリン奏者, ヴァイオリニスト

ffidlera *t&i* = **ffidlan**

ffidlwr (-wyr) *m* = **ffidler**

ffieiddbeth (-au) : ffieidd-dra : ffieidd-dod (-au) : ffieiddiad (-au) *m* 1.嫌悪, 嫌忌 2.大嫌いな物, 忌まわしい行為: ffieidd-dra anghyfanedddol [聖書]聖地を荒らす憎むべきもの(cf *Dan* 9:27; *Matt* 24:15; *Mark* 13:14);

忌まわしいもの, 唾棄すべきもの

ffieiddio *t* ひどく嫌う[憎む], 嫌悪する

ffieiddiwr (-wyr) *m* : **ffieiddwraig (-agedd)** *f* 1.ひどく嫌う人 2.[Ff~][英史]議会召集反対派(1680年Charles二世の味方として, Petitionersの国会召集請願を嫌悪し, これに対する弾劾書に署名した王党員たち; 後のTories): Ffeiddwyr a Deisyfwyr 議会召集反対派と議会召集請願派

ffigsen (ffigs) : ffigysen (ffigys) *f* [植物]イチジク(の果実)

ffigur (-au) *m* 1.[幾何]図, 図形 2.挿絵, 図解 3.(アラビア)数字 4.[音楽]音型 5.[修辞]修辞的表現法, 文彩 6.[論理](三段論法の)格

ffiguraidd *a* 1.象徴[表象]的な 2.造形による

ffigurog *a* [織物]紋織の

ffigurol *a* 1.比喩的な 2.修飾的な, 華やかな

ffiguryn (-nau) *m* (金属・陶土などで作った)小立像, 人形

ffigwr (-yrau) *mf* 1.姿, 容姿, 恰幅: mae ganddi ~ da 彼女は立派な体格をしている; cadw'ch ~(太らないで)すらりとした姿を保つ 2.人の姿 3.(重要な)人物, 名士: ~ cyhoeddus 世間に知られた人, 名士 4.(絵画・彫刻などの)人物, 彫像, 絵姿, 画像, 肖像: ~ (*m*) gosod(画家・彫刻家が着衣の効果を見るため使う関節のある)人体模型, モデル人形 5.[幾何]図, 図形 6.(アラビア)数字

ffigysbren (-nau) *m* [植物]イチジクの木

ffilament (-au) *m* 1.[植物]花糸 2.[電気](電球・真空管の)フィラメント, 繊条 3.単繊維, 細糸

ffilamentog *a* 繊条[糸状]の; 繊維状の; 花糸の

ffildio *t* [クリ・野球](打球を)捕る, さばく
i ((外)野手として)守備する, 打球をさばく

ffildiwr (-wyr) *m* [クリ・野球](外)野手: ~ canol 中堅手

ffiled (-au, -i) *f* [料理](牛肉の)ヒレ肉;(魚肉の骨なしの)切身

ffiledu *t* [料理](魚を)おろして切身にする

ffilharmonig *a* 音楽(愛好)の

ffiligri *m* 1.(金銀などの)線条細工, フィリグリー 2.金属の透かし細工 3.繊弱な装飾物

ffiligrïo *t* 線条細工で飾る, 透かし細工にする

ffiligrïog *a* (金銀の)線条細工を施した, 針金透かし細工の

ffilm (-iau) *f* 1.[写真]フィルム 2.[映画](一編の)映画: ~ fud (filmiau mud)無声映画; seren (sêr) (*f*) filmiau 映画スター; ~ newyddion ニュース映画

ffilmaidd : ffilmol *a* 映画の(ような)

ffilmio *t* [映画]撮影する

ffiloreg *f* 1.くだらない長話, 無意味な言葉 2.形式的でくだらない手続き

ffin (-iau) *f* 1.境界 2.境界［国境］線 3.縁, へり

ffindir (-oedd) *m* 1.境界［国境］地; 紛争地 2.どっちつかずの境界領域

Ffindir *m*［地理］フィンランド（Finland）（スウェーデンとロシアの間にある共和国; 首都Helsinki）: y Ff~ フィンランド

Ffiniad (-iaid) *mf* フィンランド人

ffiniedig *a* 1.限界のある, 制限された 2.［数学］（関数・数列が）有界の

ffinio *t*（国・土地などに）隣接する, 境を接する *i* 隣接する, 接する

ffiniol *a* 1.制限［限定］する, 限定的な 2.隣接する, 接触している 3.へり［縁, 隅］の 4.国境［限界］の; 辺境の, 国境近くの 5.（資格・能力など）限界に近い, ぎりぎりの 6.［数学］限界の 7.［社会］限界［境界］的な: dyn (-ion) ~ *m* 周辺［境界］人 8.［経済・商業］収支とんとんの: costau ~ 限界原価; incwm ~ *m* 限界収入

ffinioldeb *m* 1.隣接, 接触 2.限界状態

ffinrewlifol *a*［地質］氷河周辺の

ffiol (-au) *f* 小型ガラス瓶,（特に）薬瓶: tywelltwch ffiolau digofaint［聖書］復讐する（cf *Rev* 16:1)

ffion (-au) *m*［植物］1.ジキタリス,（特に）キツネノテブクロ（薬用・観賞用植物）2.バラ（の花）

ffiord (-au, -ydd) *m*［地理］（ノルウェイ・アラスカなどの海岸に多い）フィヨルド, 峡湾

ffircen (-nau) *f* : **ffircyn (-nau)** *m* 1.ファーキン（容量単位: 1/4 barrel; 重量単位; 特にバターを量るのに用いる; 56ポンドに相当）2.（バターなどを入れる）木製の小桶

ffirn (-iau) *m*［地質］（氷河の上層部を成す）粒状万年雪; 粒状万年雪の原

ffiseg *f* 1.物理学 2.物理的な現象［性質］

ffisegol *a* 1.物理の, 物理学（上）の: newid ~ *m* 物理的変化 2.自然（界）の: daearyddiaeth ~ *f* 自然地理学

ffisegwr (-wyr) : **ffisegydd (-ion)** *m* 物理学者

ffisig (-au) *m* 薬

ffisigwr (-wyr) *m* 医師; 内科医

ffisigwriaeth (-au) *f* 1.医学,（特に）内科（医学）2.医師の職業 3.薬;（特に）内服薬

ffisioleg *f* 1.生理学 2.生理（機能）

ffisiolegol *a* 生理学（上）の; 生理的な: heli ~［生化］生理的食塩水

ffisiolegwr (-wyr) *m* 生理学者

ffit (-iau) *f* 1.［病理］（周期的で激烈な）発作, 差し込み, 引けつ 2.（感情の）激発: cael ffitiau o chwerthin 激しい笑いの発作に襲われる 3.一時的興奮, 気まぐれ

ffit *a* 1.（ある目的・状況などに）適した, 適切な, ふさわしい 2.健康で,（特に運動家・競走馬などが）よい調子で

ffitiad (-au) *m* 1.（仮縫いの）着付け, 試着 2.［商業］（靴・靴下などの）型, 大きさ 3.［通例

pl] 建具［家具］類; 備品; 付属品

ffitio *t* 1.（衣服などが寸法・型・目的などの点で）合う, 適合する: mae'n eich ~ fel maneg それはあなたにぴったり合う 2.（寸法を合わせるために衣服を）着せてみる: ~ dilledyn ar rn 人に衣服を着せてみる 3.（衣服の）仮縫いをする;（眼鏡の）度を合わせる 4.ぴたりとはめ込む, 差し込む; 収める 5.（家・船などに器具などを）取り付ける, 設置する: ~ rhth â rhth 何かに何かを備え付ける; cwch wedi ei ~ â dau hwylbren 2つのマストを備えたボート; ~ llong 船を艤装［装備］する *i* 1.（形・大きさなどが）合う, 適合する 2.（環境などに）調和する

ffitiwr (-wyr) *m* 1.（仮縫いなどの）着付け人 2.装身具［旅行用品］商 3.（家具などの）取付け人;（建具などの）取り付け大工; 鋸の目立て屋;（機械・部品などの）組立工 4.［造船］取付け工

ffitrwydd *m*（健康状態の）良好, 健康

ffitsh (-is) *m*［美術］（ケナガイタチなどの毛で作った）絵筆

ffiwdal : ffiwdalaidd *a* 1.領地［封土］の 2.封建（制度, 時代）の 3.封建的な, 封建制度に似た

ffiwdaleiddio : ffiwdalhau *t* 1.封建制度をしく, 封建制にする 2.（土地を）封土にする

ffiwdaliaeth *f* 1.封建制度 2.領地, 封土

ffiwdalydd (-ion) *m* 封建制主張者

ffiwg (-iau) *f*［音楽］フーガ, 遁走曲: ~ ddrych（ffiwgiau drych）鏡のフーガ, 反行フーガ; ~ driphlyg（ffiwgiau trip;yg）三重フーガ［遁走曲］

ffiwgio *i*［音楽］フーガ［遁走曲］を作曲［演奏］する

ffiwgol *a*［音楽］フーガの

ffiwgydd (-ion) *m*［音楽］フーガ［遁走曲］作曲者

ffiws (-iau, -ys) *f* 1.［電気］ヒューズ: blwch（blychau (*m*) ffiwsiau ヒューズ箱; gwifren (*f*) ~（gwifrau ffiwiau）ヒューズ線 2.導火線, 信管: ~ ddiogel（ffiwsiau diogel）安全導火線 3.起爆装置

ffiwsilâd(-adau) *mf* 1.［軍事］一斉射撃 2.（質問などの）連発

ffiwsiladu *t* 一斉射撃を浴びせる

ffiwsilwr(-wyr) *m* 1.（昔の）火打ち石銃 2.フュージリア連隊の隊員（London市の歩兵連隊 Royal Fusiliersなど; 昔, 火打ち石銃を用いた連隊で, 現在はライフル銃を用いる）: y Ffiwsilwyr Brenhinol Cymreig 王立ウェールズフュージリア連隊

ffiwsio *t* 信管［導火線］を取り付ける

fflach (-iau) *f* : **fflachiad (-au)** *m* 1.（光などの）ひらめき, 閃光, ぱっと出る光: fflachiad mellten 電光稲妻の光 2.瞬間: mewn ~ 急

fflachen 296 **fflawio**

に, たちまち, 即座に, あっという間に 3.(感興・機知などの) ひらめき: fflach o obaith 希望の光, 一瞬の希望 4.[ジャ] (テレヴィ・ラジオなどの) ニュース速報: fflach newyddion ニュース速報 5.[写真] (カメラの) フラッシュ 6.[映画] フラッシュ (瞬間場面) 7.[軍事] 着色記章

fflachen (-nau) f[物理] 蛍光発光

fflachio t 1.(金などを) ちらりと見せる, 見せびらかす 2.(火・光を) ひらめかす, 反射させる 3.(ヘッドライトを) 点滅させる 4.(電報・通信などで情報を) 急送する 5.(視線・微笑などを) ちらりと向ける 6.(目・顔などを) 輝かせる i 1.(太陽・星・宝石・灯台などが) ぱっと光る, きらめく, 発火する 2.(目が) ぎらぎら[きらきら] 光る: fflachiodd ei lygaid 彼の目がぎらりと光った 3.(機知・考えなどが) ひらめく, ぱっと浮かぶ 4.さっと過ぎ[飛び] 去る: ~ heibio さっと通り過ぎる 5.突然性器を見せる 6.[電気] フラッシュオーヴァーする 7.[物理] (素粒子などが) 蛍光体に当たって閃光を放つ

fflachiog : fflachiol : fflachlyd a きらめく, きらきら輝く: golau (goleuadau) fflachiol [自動車・海事] (明滅する) 閃光

fflachlamp (-au) f[写真] 閃光ランプ

fflachlif (-oedd) m 射流洪水, 鉄砲水

fflachlifo t (谷などに) 鉄砲水を流す

fflacholau (-euadau) m 1.(灯台・信号などの) 閃光 2.[写真] フラッシュ, 閃光 (装置) 3.(米) 懐中電灯

fflag (-iau) : fflagen (fflags) f[建設] 敷石, 板石

fflagen (-ni) f 1.フラゴン: (取っ手・口・蓋付きで, 金属・陶器製の) 大瓶; 聖餐式用ぶどう酒瓶; 首の短い大瓶 2.フラゴン一杯分の容量; 約2クォート (quart) 分の液量

fflagio : fflago t 板石 [敷石] を敷く, 板石で (道を) 舗装する

fflangell (-au) f 1.(昔罰を与える時に使った) 鞭 2.(馬を御したり人を罰するための) 鞭 3.(馬車の) 御者

fflangelliad (-au) m 鞭打ち

fflangellog (-ion) mf[動物] 鞭毛虫 a 1.[生物] 鞭毛のある 2.[植物] (イチゴのように) 葡萄枝のある 3.[動物] 鞭毛虫の

fflangellu t 鞭打つ, 折檻する

fflangellwr (-wyr) m : **fflangellwraig (-agedd)** f 鞭打つ人

fflaim (ffleimiau) f[外科] ランセット, 槍状刀, 抜針

fflam (-au) f 1.炎, 火炎: yn ~ 炎となって, 燃えて 2.燃える思い, 情熱, 激情 3.炎のような輝き, 輝かしい光彩

fflamadwy a 燃えやすい, 可燃性の

fflamenco f[ダンス] フラメンコ (スペインAndalusia地方のジプシーの踊り)

fflamgoed f[植物] トウダイグサ

fflamingo (-s) m[鳥類] フラミンゴ, ベニヅル

fflamio i 1.炎を出す, 燃え上がる 2.炎のように輝く, 照り映える 3.(顔が) さっと赤らむ 4.(情熱・怒りなどが) 燃え上がる

fflamllyd : fflamiol a 1.燃え立つ, 燃え上がる 2.(色彩が) 燃えるような, 燃え立つように赤い 3.(暑さが) 燃えるような 4.(感情・口論などが) 激しい 5.ひどい, 甚だしい

fflamwydden f[病理] 丹毒

fflan (-iau) f[料理] フラン (チーズ・カスタード・果物などをリング状の底のないフラン型に詰めたタルトの一種)

Fflandrys f[地理] フランドル, フランダース (Flanders)

fflans (-ys) mf 1.フランジ, 突縁; (車輪の) 輪縁; (レールなどの) 出縁; (鉄管などの端の) つば, 耳 2.[服飾] フランジ

fflansio t フランジを付ける

fflap (-iau) m 1.(封筒などの) 折返し 2.[航空] (飛行機の) フラップ, 下げ翼

fflapian : fflapio t 1.(翼を) 羽ばたきさせる 2.(帆・カーテンなどを) はためかす

fflasg (-iau) f 1.(酒類を入れる平たい) 携帯用瓶 2.魔法瓶: ~ thermos 魔法瓶 3.[化学] (実験用) フラスコ: ~ gonigol 円錐形のフラスコ

fflagaid (-eidiau) f 携帯用瓶 [魔法瓶, フラスコ] 一杯の量

fflat (-iau) f フラット (普通, 同一階の数室を一家族が住めるように設備した住宅): ~ gyflawn (fflatiau cyflawn) 独立式のフラット (設備が完備して炊事場・バスルーム・出入口など他と交渉がない)

fflat (-iau) mf[劇場] フラット, (舞台背景用の) 枠張物: ~ Ffrengig フレンチフラット (数枚のフラットを桟木に打ち付けて繋いだもの)

fflat a 1.(表面が) 平らな, 平たい, 水平な; 扁平な: troed ~ (-wadn) mf 扁平足; 平坦な: ~ fel crempog 全く平坦で 2.(色が) 一様な, 明暗のない: lliw ~ 陰影のない色 3.(タイヤなど) 空気が抜けた, パンクした: teiar (-s) ~ m パンクしたタイヤ 4.単調な, 退屈な 5.味のない, まずい, 気の抜けた 6.[音楽] 変音の, 半音低い 7.[商業] (市場などが) 不況の, 不活発な: marchnad ~ f 軟調の市況

fflatio t 平らに [平たく] する, 平らに伸ばす i 平らに [平たく] なる

fflatiwr (-wyr) m 平らに伸ばす人

fflatrwydd m 1.平坦 2.(ビールなど) 気抜け, 無味 3.音の低下 4.不況, 不景気

fflat-wadn a[病理] 扁平足の

fflaw (-iau) m : **fflawen (-iau)** f (木・竹・石・ガラス・金属などの) 薄片, 細長い小片, とげ

fflawio i (石などが) 薄片になる, 薄片となって落ちる

fflawiog a 1.(雪など)薄片状の 2.(石など)はげ落ちやすい

fflebitig a[病理]静脈炎の

fflebitis m[病理]静脈炎

fflecs (-ys) m[電気](電気の)コード, 可撓線

fflegmatig a[生理]痰の多い

ffleimio t[外科](腫物などを)ランセットで切開する

fflem f[生理]痰

Fflemeg : Fflemineg : Fflemiseg mf[言語]フラマン[フランダース]語
a フラマン[フランダース]語の

Fflemiaidd a フラマン[フランダース]人の

fflemsio t[生理]痰を吐く

Ffleminiad (-iaid) mf フラマン[フランダース]人

fflêr (fflerau) mf 1.(スカート・スラックスの)フレアー 2.らっぱズボン 3.(ワイングラスなどの)朝顔型の張り 4.[海事](船側の)張出し

fflerio t(スカート・スラックスを)フレアーにする

fflic-fflac m[体操]とんぼ返りの連続音

fflicio t 1.(鞭・指などで)軽く打つ, はじく 2.軽く払いのける 3.[ホッ](スティックでボールを)打ち飛ばす

fflint (-iau) mf 1.[鉱物]燧石, 火打石 2.(ライターの)発火石 3.極めて堅い物; 冷酷無情な心 4.[ガ製]gwydr (m) ~ 無色ガラス; フリントガラス; 光学フリントガラス, 鉛ガラス

Fflint f[地名]フリント(Flint)(ウェールズのDee川河口の町)

fflip-fflop (-s) f[通例pl]フリップフロップ(平底とストラップだけのサンダル)

fflip-fflop (-iau) m[電工]フリップフロップ, 二[双]安定マルチヴァイブレーター

fflip-fflopian : fflip-fflopio i 1.(後ろに)とんぼ返りをする 2.ぱたぱた動く

ffliwt (-iau) f 1.フルート, 横笛 2.[洋裁](婦人服の)柔らかいラッフル状ひだ, 丸溝ひだ

ffliwtaidd a フルートに似た

ffliwtian i 1.フルートを吹く 2.フルートのような音[声]を出す

ffliwtiog a ラッフル状[丸溝]ひだ付きの

ffliwtwaith (-weithiau) m[建築](柱などの)縦溝装飾

ffliwtydd (-ion, -wyr) m フルート奏者

fflocsyn (fflocs) m 1.一房の羊毛[毛髪]2.[pl]毛[綿]屑(詰め物用): gwely (-au)(m) fflocs 毛屑入り(マットレスの)寝台; papur (m) fflocs フロックペーパー(あらかじめ着色した毛屑や綿を散布した特殊な紙; 主に壁紙などに用いる)

ffloch (-au) m(海上の)氷原, 浮氷, 流氷

fflodiad : fflodiart (-au) f 1.水門 2.(感情などの)はけ口, 出口

fflonsh a(人が)元気のよい, 生気にあふれた

fflop m ぱたりと倒れる[どさっと落ちる]音

fflora pl(一地方・一時代特有の)植物相[区系]

Fflorens f[地名]フローレンス, フィレンツェ(Florence, Firenze)(イタリア中部の都市)

fflorin (-au) : ffloring (-od) f フロリン銀貨(1849年以来英国で流通した2シリング銀貨; 1971年2月より10ペンス価として流通)

fflowns (-iau) f[服飾](スカートなどの)ひだ飾り)

fflownsio t[服飾](スカートなどに)ひだ飾りを付ける

ffluredig a 花模様の装飾を施した

fflurfa (-feydd) : fflurgainc (-geinciau) f 1.[植物]花序 2.開花 3.花

ffluriad m 花模様の装飾

fflurol a 1.花(模様)の 2.植物群の

ffluwch (-ion) m もじゃもじゃ毛

ffluwchog a(毛髪が)ふわっとふくらんだ

fflwcs pl : **fflwcsach** m 1.(ラシャなどの)毛羽 2.(鳥・動物などの)綿毛, 産毛, 生えかけのひげ 3.しくじり;(台詞などの)とちり

fflwcs (fflycsau) m[化学・冶金]融[溶]剤, 媒溶剤

fflwff m = **fflwcsach**

fflwffog a 毛羽[綿毛]の

fflworid (fflworidau) m[化学]フッ化物

fflworideiddiad m 1.フッ化物添加 2.(歯の)フッ素処理

fflworideiddio t(虫歯を防ぐため飲料水などに)フッ化物を入れる

fflworideiddiwr (-wyr) m 1.フッ化物添加者 2.(歯の)フッ素処理者

fflworin m[化学]フッ素

fflworolau (-euadau) m 蛍光照明

fflworoleuedd (-au) m[物理・化学]蛍光発光, 蛍光性 2.蛍光

fflworoleuo i[物理・化学]蛍光を発する

fflworoleuol a 蛍光を放つ, 蛍光性の

fflŵr m 小麦粉: ~ gwyn 白い小麦粉

fflŵr-dy-lis mf[紋章]ゆり紋章(1147年以来フランス王室の紋章)

fflwrio t(小麦)粉を振りかける

fflyd (-oedd) f 1.艦隊 2.(一国の)海軍 3.(商船・漁船の)船団: ~ o gychod pysgota 漁船団

fflyrt (-od) : fflyrten (-nod) f 浮気女

fflyrtian : fflyrtio i(男女が)ふざける, いちゃつく

fflyrtiwr (-wyr) m 浮気男

fflyrtaidd : fflyrtiog : fflyrtlyd a(男女が)ふざける, いちゃつく, 浮気な

ffo : ffoad (-au) m 1.敗走, 逃走, 逃亡; 脱出: gyrru'r gelyn ar ffo 敵を敗走させる 2.[経済](資本などの)逃避, 流出

ffoadur (-iaid) m : **ffoadures (-au)** f 逃亡者, 避難者, 脱走者; 亡命者

ffoadurol : ffoadurus *a* 逃げる, 逃走する, 逃亡した; 亡命の

ffobia (ffobiâu) *m* 恐怖症, 病的恐怖: ~ ysgol 学校恐怖症

ffocal : ffocol *a* 焦点の: hyd (-oedd) (*m*) ~ [光学・写真] 焦点距離

ffocws (ffoci, ffocysau) *m* 1.[数学] (円錐曲線の) 焦点 2.[物理・光学] 焦点 3.(眼鏡・レンズなどの) ピント (合わせ): mewn ~ 焦点 [ピント] が合って 4.(嵐・暴動などの) 中心 5.[病理] 病巣

ffocysadwy *a* 焦点を合わせることのできる

ffocysu *t* 1.焦点に集める, 焦点 [ピント] を合わせる 2.(注意・関心などを) 集中させる
i 1.焦点 [ピント] が合う 2.(注意などを) 集中する

ffocyswr (-wyr) *m* 焦点に集めるもの, 焦点を合わせるもの

ffodus *a* 1.(人が) 運のよい, 幸運 [幸せ] な 2.(物事が) 幸運をもたらす, さい先のよい

ffodusrwydd *m* 幸運

ffoëdig *a* = ffoadurus

ffoëdigaeth *f* = ffoad

ffoel (-iau) *m* [フェ] フルーレ, フォイル

ffoi *t* 1.(人・場所などから) 逃げる, 逃れる: ~ o rywle 場所から逃げる 2.避ける, 見捨てる
i 1.(危険・借金・敵などから) 逃げる, 逃れる 2.疾走する; 消散する

ffoil (-iau) *m* 1.金属の薄片, 箔 2.ホイル (食品・煙草などを包むアルミ箔): ~ arian 銀箔; 銀紙

ffôl *a* 馬鹿な, 馬鹿げた, 愚かな

ffolant (-au) *f* = folant

ffolder (-au, -i) *mf* 紙 [書類] ばさみ

ffoledd (-au) *m* 1.愚かさ, 愚劣 2.愚行, 愚案 3.大金をかけた [馬鹿げた] 大建築

ffolen (-nau) *f* [解剖] (人間の) 尻の片方

ffoli *t* 1.(人を) 愚かにさせる 2.(人を) 夢中にさせる
i 1.老いぼれる, 耄碌する 2.錯乱する 3.溺愛する

ffolineb (-au) *m* = ffoledd

ffolio (-s) *m* 二つ折り [フォリオ] 本 (最も大判の本)

ffolog (-od) *f* 馬鹿な女

ffon (-nau, ffyn) *f* 1.棒 [木] 切れ, 小枝 2.(歩行・武器などに用いる) ステッキ, 杖, 棒: ~ pererin 巡礼者の杖; gall carreg neu ~ roi briw i'm bron, ond anair ni'm niweidia [諺] 棒と石は私の骨を折るかもしないが言葉は決して私を傷つけない: curo rhn â ~ 人を棒で叩く 3.棍棒, 鞭 4.占い棒 5.(木・金属などの) 細くて真っすぐな棒: ~ lenni (ffyn llenni) カーテン吊りの棒 6.釣竿 7.[スポ] (ホッケー・ポロなどの) スティック 8.[印刷] ステッキ 9.[航空] (飛行機の) 操縦桿 10.(ドラム・太鼓の) スティック, ばち;

drwm a ffyn ドラムとスティック; ~ dabwrdd (ffyn tabwrdd) 太鼓のばち 11.(チョコレートなどの) 棒 12.[料理] 棒状のかりかりのパン: ~ fara (ffyn bara) 細い棒状のかりかりのパン 13.[音楽] 指揮棒, 譜表 14.(梯子の) 段, 横木, 格 15.[鉄道] 通票, タブレット: system (*f*) ffyn [列車運転上の] 通票方式 16.頼り, 支え: bara yw ~ (y) bywyd [諺] パンは生命の糧 17.(測量用) 標尺, 準尺, 測量棹: ~ Iago (手車器など簡単な測量器具を乗せる) 単脚; coesffon (croesffyn) 直角器 18.[度衡] ロッド, パーチ (長さの単位: = 5.5 yards, 5.029 m; 平方ロッド (面積の単位: = 30.25 平方ヤード, 25.293㎡) 19.投石器 (昔の武器)

ffôn (ffonau) *m* 電話 (器): ciosg (-au) (*m*) ~ 公衆電話ボックス; ~ symudol 携帯電話

ffoneg *f* 1.フォニックス (初歩的な英語の綴字と発音の関係を教える教科) 2.音響学

ffonetig *a* 1.音声 (上) の 2.音声学の 3.発音通りの綴りにした, 発音の

ffonig *a* 1.音の 2.音声の, 発音上の 3.初歩発音学の

ffonio *t&i* 電話をかける

ffonnod (ffonodiau) *f* (鞭・棍棒などの) 強打, 打撃, 一撃, 鞭打ち: caer ugain ~ (鞭で) 20回打たれる

ffonodio *t* 1.(人を鞭・棍棒などで) 打つ, 打ちのめす, 鞭打つ 2.足の裏を棍棒で打つ

ffonodiad (-au) *mf* 1.棍棒による殴打 2.足の裏を棍棒で打つ刑 (昔トルコや中国などで行われた刑罰)

ffonodiwr (-wyr) *m* 棍棒で打つ人

ffont (-iau) : ffownt (-iau) *f* [印刷] フォント (同一サイズ同一書体の欧文活字一揃い)

fforc (ffyrc, ffyres) *f* 食事用フォーク: swper ffyrc (フォークだけで食べられる) ビュッフェ式の食事

fforch (-au, ffyrch) *f* 1.[農業] 農業用フォーク, 股鍬, 熊手: ~ deilo (ffyrch teilo), ~ dail (ffyrch tail) 肥やし熊手, 堆肥フォーク 2.(フォーク・熊手などの) 叉 3.(枝・ぶどう蔓などを支える) 叉木 4.(自転車の車輪の二又の) 支え, フォーク: ~ flaen 前車輪のフォーク 5.[音楽] 音叉 6.(道路・川などの) 分岐点 [合流] (点)

fforchi : fforchio *t* 1.(干草などを) 熊手で突き刺して運ぶ [持ち上げる] 2.(土地を) 股鍬で掘る 3.(食物を) フォークで刺す
i 1.(川・道路・枝などが) 分岐する, 叉になる 2.フォークを使う

fforchiad (-au) *m* (道路の) 分岐 (点)

fforchog *a* 1.(川・道・枝などが) 分岐した, 二又に分かれた, 二又の, 叉のある 2.裂けた, 割れた, 分裂した: ewin ~ [動物] ひづめが割れている, 双蹄の

fforchogedd (-au) *m* 1.二又に分ける [分かれる] こと, 分岐 2.分岐点

fforchogi t 二叉に分ける

i (川・道・枝などが) 分岐する, 二叉に分かれる, 叉になる

ffordd (ffyrdd) f 1.小道, 道, 道路, 車道, 街道: priffordd (priffyrdd), ~ fawr (ffyrdd mawr (-ion)) 主要 [幹線] 道路; ~ wlad (ffyrdd gwlad), ffordd wledig (ffyrdd gwledig) 田舎の道; nid oes ~ hawdd at ddysg [諺] 学問に王道なし; i Rufain yr arwain pob ~ [諺] 全ての道はローマに通じる 2.(旅などの) 進路, 行路, 道筋: y ~ (sy'n arwain) i'r orsaf 駅へ行く道; dangos y ~ rn 人に道を教える; coll'ir ~ 道に迷う 3.(成功・回復などの) 道, 手段, 方法: ar y ~ i wella 回復への途上にあって 4.[Ff~][固有名詞の後に付けて] …街 [通り] 5.[海事] 停泊地 6.方法, やり方, 仕方: mewn ~ o siarad 言わば 7.(文学・美術などの) 文体, 流儀, 様式, 手法 8.道のり, かなりの距離, 道程: cryn ~ 相当遠方; peth o'r ~ 途中 (まで); mae hi'n ~ bell i Lundain ロンドンはここから遠い 9.[鉄道] 軌道: ~ haearn (完成された鉄道の) 軌道 10.方角, 方向: dewch y ~ hyn (どうぞ) こちらへ 11.[Ff~] キリストの道, キリスト教

fforddio t 1.(人が金・時間などに) 余裕がある 2.(人が…する) 余裕がある: ni allaf ~ mynd 私は出掛ける余裕がない

fforddiadwy a 入手できる

fforddiol a 役に立つ, つましい

fforddolyn (-ion) m 徒歩旅行者

fforest (-ydd) f 1.森林: ~ law (fforestydd glaw) 降雨林 2.(もと狩猟用の) 王室御料林, 御猟場 3.たくさん

fforestbridd (-oedd) m 森林の土壌

fforestiad (-au) m 1.植林, 造林 2.[英法] 林野化

fforestu t 1.植林 [造林] する 2.[英法] (土地を王室用猟場にするため) 林野化する

fforestwr (-wyr) m 1.森林 [林務] 官, 森林警備 [監視] 員 2.新林学者 3.森林労働者 4.森林動物

fforffed (-iau, -ion) mf 1.(犯罪・義務怠慢・契約違反などの処罰としての) 罰金, 科料, 追徴金; 没収 (物) 2.(権利・名誉などの) 喪失, 剥奪 3.(罰金遊びの) 賭け物; [pl] 罰金遊び

fforffededig a 没収できる

fforffediad (-au) m 1.(罪・過失などに対する罰として財産の) 没収 2.(権利・名声の) 喪失 3.(契約などの) 失効 4.没収物, 罰金, 科料

fforffediol a 没収できる

fforffedu t (罰・行為の結果として財産などを) 失う, 没収される: fe aeth ei diroedd yn fforffed 彼の土地は没収された

fforffedwr (-wyr) m : **fforffedwraig (-agedd)** f 没収処分を受ける人

fforiad (-au) m 探検旅行, 実地踏査

fforio t 1.(国・地域などを) 探検 [踏査] する: ~ gwlad ある国を探検する 2.(人を) こっそり探る, 探偵する 3.(情勢・情勢などを) 密かに調査する: ~'r tir 情勢を探る, 内偵する (cf *Num* 13:16)

i 1.探検する 2.探査する, こっそり調べる 3.(敵状を) 偵察する, 斥候する

fforiwr (-wyr) m 1.探検家 2.内偵者 3.偵察, 見張り 4.[軍事] 偵察兵, 斥候; 偵察機 5.(スポーツ・芸能界などの新人の) スカウト

fforman (-myn) m (労働者の) 頭, 職工長

fformat (-iau) m 1.(本の) 体裁, 判型 2.(テレビ番組などの) 全体としての構成 3.[電算] フォーマット, 書式, 形式

fformatio t 1.(本などを) 体裁 [判型] に従って作る 2.[電算] (データを) フォーマットに従って配列する

Fformica m [商標] フォーマイカ (家具・内装用耐熱性合成樹脂)

fformwla (-âu) f 1.(提案・計画などの意見の相違を調整する) 処理方策, 打開策 2.方式, 定則 3.(挨拶・儀式などに用いる) 決まり文句, 決まった言い方 4.(薬・コーヒーなどの) 処方, 調理法 5.[数学・化学] 式, 公式: ~ adeileddol [化学] 構造式 6.[宗教] 信条 7.(米) フォーミュラ, 調合乳 8.[自動車] フォーミュラ

a [自動車] (レーシングカーが) フォーミュラ [規格] に従った

ffortiwn (-iynau) : ffortun (-au) f 富, 財産, 大金: gwneud eich ffortiwn 一財産を作る, 金持ちになる

ffortunus a 1.(人が) 運のよい, 幸運な, 幸せな 2.(物事が) 幸運をもたらす

fforwm (-ymau) m 1.(古代ローマの) 公開広場 2.公開討論会 3.(テレヴィ・ラジオの) 公開討論会番組; フォーミュラ誌 4.(世論の) 批判, 裁断 5.法廷, 裁判所

ffos (-ydd) f 1.溝, どぶ: agor (torri, cloddio) ~ 溝を掘る 2.排水溝, 掘割: ~ ddyfrio (ffosydd dyfrio) 灌漑用の溝 3.(天然・人工の) 水路 4.(都市・要塞・城壁などの周囲の) 堀: Ffordd (f) y Ffosydd フォス街道 (昔Britainに侵攻したローマ人が造った両側に堀のある道路で, AxmouthからLondonまで通じていた) 5.[軍事] 壕, 塹壕: ymladd (vn) mewn ffosydd 塹壕戦; morter (-i) (m) ffosydd 塹壕砲 ymladd hyd y ~ olaf 最後まで防戦して死ぬ 6.[解剖] (骨などの) 穴, 窩 7.[地理] 海溝

ffosffad (-au) m 1.[化学] リン酸塩 2.リン酸肥料 3.(少量のリン酸を含む) 炭酸水 (清涼飲料水)

ffosffor (-au) m [化学] 蛍光体, リン光体

ffosfforws m [化学] リン, 燐

ffosi : ffosio t (溝・堀・塹壕を) 掘る: ffosi castell 城の周囲に堀を巡らす

ffosil (-au, -od) m 化石

ffosilaidd : ffosiledig *a* 化石の: tanwydd ffosiledig (石油・石炭などの) 化石燃料

ffosileiddiad (-au) *m* 化石化

ffosileiddio *t* 化石にする
i 化石になる

ffosilwr (-wyr) : ffosilydd (-ion) *m* 化石収集家

ffosiog *a* 1.溝を掘った 2.塹壕で固めた

ffoswr (-wyr) *m* 溝[堀, 壕]を掘る人

ffôt (ffotau) *f* [地質] 断層

ffowl (-iau) *f* [スポ] 1.(競技の) 反則 2.[野球] ファウルボール

ffowla : ffowlio *i* 野鳥を捕らえる, 猟鳥を撃つ

ffowler (-iaid) ffowliwr (-wyr) *m* 野鳥捕獲者[猟者]

ffowlio *i* [スポ] 1.反則を犯す 2.[野球] ファウルを打つ

ffowlsyn : ffowlyn (ffowls) *m* 1.鶏,(特に)成鶏 2.鶏[鳥]肉 3.家禽 4.鳥

ffowndri (- iau) *f* [金加] 1.鋳込み, 鋳造(法) 2.鋳造所[工場] 3.鋳物類 4.活字鋳造所: ~ deip (ffowndriau teip) 活字鋳造所; proflen (-ni) (*f*) ~ [印刷] (紙型などの) 型取り前校正刷りゲラ

ffracsiwn (-iynau) *m* [数学] 分数: ~ bondrwm 真分数; ~ pendrwm 仮分数

ffracsiynol *a* [数学] 分数の

ffrae (-au, -on) *f* 1.口論, 論争, 激論 2.口論の原因

ffraegar *a* 口論する

ffraeo *i* 口論[激論, 喧嘩]する, 怒鳴り立てる

ffraeth *a* 1.(場違いで) 滑稽な, 剽軽な, 冗談の 2.機知に富んだ, 才気ある

ffraetheb (-ion) *f* 1.冗談, しゃれ 2.笑い種, 物笑いの種 3.警句, 名言

ffraethebwr : ffraethebydd (-wyr) *m* 冗談を言う人

ffraethineb *m* 1.滑稽, 剽軽, おどけ 2.機知, 気転, 頓知, ウイット

ffraewr (-wyr) *m* : **ffraewraig (-agedd)** *f* 口論[喧嘩]する人

Ffrangeg *mf* フランス語: siarad ~ フランス語を話す
a フランス語の

Ffrainc *f* [地理] フランス(France)(ヨーロッパ西部の共和国; 首都Paris): ~ Rydd 自由フランス(1940年対独降伏以後, ドイツ及びこれに協力する自国人に対して抵抗したフランス)

ffrâm (fframiau) *f* 1.(建造物・機械などの) 骨[枠]組 2.構造, 構成, 機構, 体制 3.(温室などの) フレーム, 枠組み, 温[冷]床 4.[映画] (フィルムの) 駒: ~ ferru 駒止, ストップモーション 5.[テレ] フレーム 6.(窓などの) 枠; 額縁: ~ bictiwr (fframiau pictiwr) 額縁;(眼鏡の) フレーム, (刺繍などの) 枠; ~ rifo (fframiau rhifo) (算数用

の) 計算器,(特に) そろばん; ~ ddringo (fframiau dringo) (鉄パイプなどを組み立てて作った) ジャングルジム 7.(テレヴィ・ラジオの) 組立て台, シャシー 8.(自動車などの) 車台, シャシー 9.(飛行機の) 脚部, 機台 10.[ボー] フレーム 11.[ビリ] (玉を入れる) 三角形の木枠 12.[社会] 枠: ~ gyfeirio (fframiau cyfeirio) 準拠[関係]枠

fframio *t* 1.(写真・絵などを) 枠にはめる, 縁を付ける 2.(人を) 罪に陥れる, 濡れ衣を着せる

fframwaith (-weithiau) *m* 1.枠組, 下部構造 2.(建造物・機械などの) 骨組: ~ bras 最小限に必要な骨組 3.(組織の) 構成, 体制, (政治) 機構: o fewn ~ y Cenhedloedd Unedig 国際連合の枠内で

ffranc (-iau) *mf* フラン(フランス・ベルギー・スイスなどの通貨単位): ~ y Swistir スイスフラン

Ffrances (-au, -i) *f* フランス人の女性

Ffrancwr (-wyr, Ffrancod) *m* フランス人の男性

Ffrangeg *mf* フランス語

ffrasil (-au) *m* [地質] (米・カナダ) (激流にできる) 針状の氷の結晶

ffregod (-au) *f* 無意味な言葉, たわごと

ffrei (-s) *f* 1.フライ[揚げ物] 料理, 炒め物 2.(例フライにする豚などの) 臓物

Ffrengig *a* 1.フランスの: y Chwyldro ~ フランス革命; bara ~ *m* フランスパン; llygoden (llygo) ~ *f* [動物] ネズミ 2.フランス製の 3.フランス系の: Canadaidd~ フランス系カナダ人の; Canadiad (-iaid) ~ *mf* フランス系カナダ人

ffrenoleg *f* 骨相学

ffrenolegol *a* 骨相学の

ffrenolegwr (-wyr) : ffrenolegydd (-ion) *m* 骨相学者

ffres *a* 1.(水・バターが) 塩分のない: ymenyn ~ 無塩[生] バター 2.(肉・卵などが) 加塩・燻製・缶詰・冷凍などされていない, 新鮮な, 生の: ffrwyth ~ 新鮮な野菜; pysgodyn ~ 鮮魚, 生魚 3.(人が) 元気な, 生き生きした, はつらつとした

ffresgo (-au, -s) *m* [美術] 1.(絵画) フレスコ画法 2.フレスコ壁画

ffresgöwr (-wyr) *m* フレスコ画家

ffresni *m* (野菜・魚・バター・肉などの) 新鮮さ

ffreutur (-iau) *m* (大学・修道院などの) 食堂

ffrewyll (-au) *f* = **fflangell**

ffrewyllu *t* = **fflangellu**

ffri *a* 1.(筆致・文体など) 自由な, 流麗な 2.(金銭の使い方などが) 物惜しみしない: gwario'n ~ 金離れがいい 3.(動作・振舞など) のんびりした, 堅苦しくない 4.たくさんの, 豊富な

ffridd (-oedd) *f* 1.荒れ地, 荒野 2.山の牧草地 3.牧羊場

ffrigad (-au) *f* [海軍] フリゲート艦: aderyn

(adar) (*m*) ~ [鳥類] グンカンドリ (熱帯産の巨大な猛鳥)

ffril (-iau) *m* : **fffrilen (ffriliau)** *f* 1. [服飾] フリル, ひだ飾り: gosod ffriliau フリルを付ける 2. [*pl*] 無用の飾り

ffrilio *t* フリル [ひだ飾り] を付ける

ffriliog *a* フリル [ひだ飾り] の付いた

ffriliogrwydd *m* ひだ飾りが付いていること

frimpan (-au) *f* フライパン

ffrind (-iau, ffrins) *m* 1. 友人: 'roeddynt yn ffrindiau pennaf 彼らは親友でした; mae hi'n ffrindiau i mi 彼女は私の友人です (注意: ffrindiau (*pl*) が単数扱いされることがある) 2. 味方, 後援支持者 3. 連れ, 仲間, 同士 4. [Ff~] フレンド派の信者, クェーカー教徒: Cymdeithas y Ffriniau フレンド会, クェーカー派 (1668年創立のキリスト教プロテスタントの一派)

ffrio *t* (魚・肉などを) 油で揚げる

ffris (-iau) *m* 1. [織物] フライズ (片面だけ毛羽を立てた外套用の粗紡毛織物; アイルランドはその主要産地) 2. 毛羽面 3. [建築] フリーズ, 小壁

ffrisio *t* 毛羽立てる

ffristial : ffristiol *a* バックギャモン, 西洋すごろく (2個の遊戯箱 (tables) の上の各 12個の尖り部分 (points) の盤上で, 2個の賽を振って各 15個の駒 (men) を動かす室内ゲーム)

ffrit (-iau) *m* 1. [ガラス製] フリット 2. [陶磁] フリット, 白玉

ffrit (-iau) *mf* (劇などの) 失敗作

ffrit *a* 1. (物が) 価値のない, 役に立たない 2. (人が) くだらない, 下劣な

ffriter (-iau) *mf* [料理] フリッター, 揚げ物 (薄切りの果実・肉などに小麦粉などの衣を付けて油で揚げた物)

ffrith (-oedd) *f* 山の牧草地

ffrithiad (-au) *m* [言語] 摩擦

ffrithiannol *a* 摩擦の

ffrithiant (-iannau) *m* 1. [物理・機械] 摩擦: ~ llithro [物理] 滑り摩擦 2. 体 [頭皮] の摩擦 3. (意見の) 衝突, 不和, 軋轢

ffrithiol *a* [音声] 摩擦音の

ffrithiolen (-ion) *f* [音声] 摩擦音: ~ gafnol (ffrithiolion cafnol) 溝型摩擦音 ([s], [z] など)

ffrïwr (ffriwyr) *m* フライ料理をする人

ffroc : ffrog (-au) *f* 1. [服飾] (婦人 [子供] 用ワンピースの) ドレス, フロック: ffrog binaffor (ffrogiau pinaffor) ピナフォアドレス; ffrog-còt (~-cotiau) (紳士用の) フロックコート 2. ffrog hir (ffrogiau hirion) 長いベビー服 3. 修道士の服

ffrochwyllt *a* (海・風など) 荒れ狂う, 猛烈な, 凄まじい

ffroen (-au) *f* 1. 鼻の穴, 鼻孔 2. 嗅覚: ci a ~ iawn ganddo 鼻が利く犬 3. 銃口, 砲口

ffroenell (-au) *f* (ホースなどの) 筒口, 吹き口, 管先; (急須の) 口

ffroeni *t* 1. (シンナー・麻薬などを) 鼻から吸い込む: ~ cyffur 麻薬を吸う 2. (香水などの匂いを) 嗅ぐ 3. 感づく, 嗅ぎ付ける 4. 鼻息荒く言う 5. 鼻を鳴らして (怒りなどを) 表す
i 1. 臭いを嗅ぐ 2. 鼻であしらう 3. (怒り・軽蔑などを表すため) 鼻を鳴らす 4. (馬などが) 鼻を鳴らす 5. (蒸気機関などが) 蒸気を吹き出す

ffroeniad (-au) *m* 1. 鼻でくんくん嗅ぐこと, 鼻で吸う音 2. 一吸いの量 3. 鼻あしらい: gyda ~ dirmygus うんざりしたように鼻でふんとあしらって 4. 荒い鼻息, 鼻を鳴らすこと 5. (ストレートのウイスキーなどの) ぐい飲み 6. 蒸気を吹き出す音 7. (麻薬の) 吸飲, 一嗅ぎ

ffroenog *a* 1. 鼻孔のある 2. (…の) 鼻孔をした: ffroenfoll 鼻孔の大きい

ffroenuchel *a* 鼻であしらう, 高慢 [尊大, 横柄, 傲慢] な, 軽蔑的な

ffroenucheledd *m* 傲慢, 横柄, 尊大; 軽蔑感

ffroenwaediad (-au) *m* [病理] 鼻出血, 鼻血

ffroenwr (-wyr) *m* 1. 鼻でくんくん嗅ぐ人 2. 探知器

ffroenwst *m* [病理] 鼻炎

ffroga (-aid) *m* 1. [動物] カエル, 蛙 2. [獣医] 蹄叉 (馬類の蹄底の中央にある三角形の弾性角質の軟骨)

ffroisen (ffrois, ffroisod) *f* [料理] パンケーキ

ffrom *a* 1. (人・性質など) 怒りっぽい, 短気な, 立腹した, 2. (言動が) つっけんどんな

ffromder : ffromedd *m* 怒り

ffromi *t* (人を) 怒らせる, 苛立たせる
i 怒る, かっか [いらいら] する

ffromllyd *a* 激怒した

ffrond (-au) *m* [植物] 1. (海草・地衣などの) 葉状体 2. (シュロ・シダなどの) 葉

ffrost *m* 誇り, 自慢 (の種)

ffrostgar *a* 自慢する, 高慢な

ffrostio *t&i* 自慢する, 誇る

ffrostiwr (-wyr) *m* 自慢家, ほら吹き

ffrotais (-eisiau) *m* 1. [精医] フロタージュ (乗物などの中で異性との衣服を隔てた接触摩擦に対する異常欲求) 2. [美術] フロタージュ, こすり出し (画面をクレヨンなどで摩擦して, 下に置いた木の葉・布目などの模様を浮き出させること; 1925年 Max Ernst が始めた手法)

ffroth (-au) *m* (ビールなどの) 泡, 泡沫

ffrothiog : ffrothlyd *a* 1. 泡の; 泡の多い, 泡だらけの 2. 内容のない, 浅薄な

ffrothiogrwydd *m* 泡の多いこと

ffrwctos (-au) *m* [化学] 果糖

ffrwd (ffrydiau) *f* 1. 小川: ~ gydlif (ffrydiau cyflif) [地理] 必従河川; ~ wrthlif (ffrydiau gwrthlif) 逆従川 2. (川・液体・気体などの)

流れ, 流出, 奔流, 急流, 激流: ~ o ddagrau 流れ落ちる涙 3. (人・物の) 流れ; 途切れなく続くもの (言葉などの) 連発: ~ o enllibion 途切れなく続く悪口 [悪態], (感情などの) ほとばしり 4. (時・思想などの) 流れ, 傾向, 風潮 5. [教育] 能力 [習熟度] 別学級

ffrwgwd (ffrygydau) *m* 喧嘩, 口論, 大騒ぎ

ffrwst *m* 1. (大) 急ぎ, 急速, 迅速: ar ~ 急いで 2. 急ぐ必要, 焦り, 性急; 軽卒, 不注意 4. 忙しい動き; ざわめき

ffrwstio *i* 1. 忙しそうに動く, 忙しく働く 2. (バタバタ) 動く 3. (場所などが群衆などで) 賑わう, 雑踏する

ffrwstwm (ffrwstymau) *m* 1. [数学] 切頭体 2. [建築] (石造) 建築部材の断片; (壊れた) 円柱の一部

ffrwt (ffrytiau) *m* (エンジンなどの) 騒音

ffrwtian *t* 早口で不明瞭に言う: ~ ymddiheuriad 不明瞭に早口で弁解する *i* 1. 早口でしゃべる, せき込んでしゃべる 2. (物が) パチパチ [ブツブツ] 音を立てる [音を立てて消える]: ffrwtiodd y gannwyll a diffodd ローソクが音を立てて消えた 3. (エンジンが) 騒音を立てる

ffrwtlyd *a* パチパチ音を立てる

ffrwydriad (-au) *m* 1. (爆弾などの) 爆発, 爆音 2. (怒り・笑いなどの) 爆発, 激発 3. 爆発的な増加 4. 音声閉鎖音の破裂

ffrwydro *t* 1. (爆弾などを) 爆発 [破裂] させる 2. (ボイラー・タイヤなどを) 破裂させる 3. (水疱・風船などを) 破裂させる, 破る, 裂く *i* 1. (爆弾などが) 爆発 [破裂] する 2. (ボイラー・タイヤなどが) 破裂する 3. (水疱・風船などが) 破れる 4. (感情などが) 爆発する

ffrwydrol *a* 1. 爆発する, 爆発 (性) の 2. [音声] 破裂音の 3. (問題・状況などが) 一触即発の, 議論の紛糾する

ffrwydrol : ffrwydrolyn (-ion) *m* [音声] 破裂音 ([p], [b], [t], [d], [k], [g] など)

ffrwydroldeb *m* 爆発性

ffrwydrwr (-wyr) *m* [軍事] (地雷を敷設する) 地雷工兵

ffrwydrydd (-ion) : ffrwydryn (-nau, -ron) *m* 1. 爆発物, 爆薬 2. [軍事] 地雷; 機雷, 水雷: tanio ~ 地雷を爆発させる; ~ cyffwrdd 触発地雷; ~ nofio 浮流機雷

ffrwyn (-au) *f* 1. [馬具] 馬勒 (馬の頭に取り付けるおもがい・轡・手綱の総称): ~ ddall (ffrwynau dall/deillion) 目隠し皮付きの馬勒; rhoi ~ ar war ceffyl 馬の手綱をゆるめる, 馬を自由に活動させる 2. 拘束 (物), 束縛, 抑制

ffrwyno *t* 1. (馬に) 馬勒を付ける 2. (感情・行為などを) 抑える, 抑制する 3. (言葉などを) 慎む: ~'ch tafod言葉を慎む 4. (活動・成長などを) 制限する: ~ cynhyrchiant 生産を制限する 5. 束縛 [拘束, 制止] する

ffrwynwr (-wyr) *m* 抑制 [制止, 防止] 者

ffrwyth (-au, -ydd) : ffrwythyn (ffrwythau) *m* 1. 果物, フルーツ: ~ cnewyllog/carreg (ウメ・モモのような) 堅い核のある果物 2. [植物] 果実, 実: ffrwythau sych 乾燥果実; dwyn ~ 実がなる; 成果をあげる 3. [通例*pl*] (農作物の) 収穫, 産物, 実り, 取り物: ffrwythau'r ddaear 大地の実り 4. [しばしば*pl*] (努力・研究などの) 結果, 成果 5. 風変わりな人

ffrwythlon *a* 1. (果樹などが) よく実を結ぶ 2. (動物が) 多産の, 子を多く産む 3. (土地・地味が) 肥えた, 肥沃な, 豊作をもたらす: y Cilgant Ff~ *m* [考古] 肥沃な三日月地帯人類が初めて農耕を行ったと考えられているパレスチナからアラビア北部を回ってペルシャ湾に達する三日月形の地域アメリカのエジプト・考古学者James H Breasted (1865-1935) の造語) 4. (仕事・研究などが) 実り [成果] の多い, 有利な 5. (人・心など) 創造力の豊かな [に富んだ], 発想の豊かな 6. [生物] (種子・卵が) 繁殖 [生殖] 能力のある; 受精した

ffrwythlonadwy *a* [生物] 受精 [受胎] 可能な

ffrwythlondeb : ffrwythlonder : ffrwythlonedd : ffrwythlonrwydd *m* 1. (土地の) 肥沃, 生産力 2. (作物の) 豊作, 多産 3. 出生率 4. (創意などの) 豊富さ 5. [生物] 繁殖力

ffrwythlonedig *a* [生物] 妊娠している

ffrwythloni *i* 1. 多産にする 2. (土地を) 肥沃にする 3. [生物] 受精 [受胎] させる 4. 創造力豊かにする

ffrwythloniad (-au) *m* [生物] 受精, 受胎

ffrwythlonwr (-wyr) *m* [生物] 受精 [受胎] 媒介者

ffrwytho *i* [植物] 実を結ぶ, 結実する

ffrwythog *a* 果実が実った

ffrwythus *a* 果物に似た, 果物の味 [香り] がする

ffrwythwr (-wyr) *m* : **ffrwythwraig (-agedd)** *f* 1. 果実のなる木 2. 果樹栽培者 3. 果物 [青果] 商

ffrwythyswr (-wyr) *m* 果物常食者, 果食主義者

ffrydio *t* 1. (液体・血液などを) 流す, 流出させる 2. [教育] 能力別学級に分ける *i* 1. (液体が) 流れほとばしり出る, 流出 [噴出] する 2. (髪・旗などが) なびく, 翻る 3. (光など) 流れ込む, 射す

ffrydiol *a* (水・液体などが) 流れ [ほとばしり] 出る, 噴出する

ffrydlif (-au, -oedd) *mf* 1. (液体・気体などの) 流れ, 流動 2. 氾濫, 充満, 殺到 3. 洪水, 大水

ffrydwyllt *a* 1. 急流の; 車軸を流すような 2. (感情・弁舌など) 猛烈な, 激しい

ffrynt (-iau) *mf* 1.[軍事]最前線, 戦線;(隊の)正面: ar y ~ 戦線で, 戦場に出て; Ff~ y Gorllewin 西部戦線 2.(政治的・思想的)(共同)戦線: ~ unedig 共同[連合]戦線 3.(物の)前部, 前面: ystafell (y) ~ 玄関の間 4.(建物の)正面, 前面 5.(都市の)海岸通り, 臨海地区 6.[気象]前線: ~ oer 寒冷前線

ffrystio *t* 1.(人を)急派する, 急いで行かせる 2.(人・動作などを)急がせる, せき立てる 3.急がせて(…)させる
i 1.急ぐ 2.慌てる

ffrystiog *a* 忙しそうな; ざわめいた, 雑踏した

ffuant *m* 1.詐欺, 欺瞞, ぺてん 2.見せかけ, 振り

ffuantrwydd : ffuantusrwydd : ffuantwch *m* 不誠実, 不真面目

ffuantu *t* 1.(…の)振りをする 2.(子供が遊びで)(…)ごっこをする 3.敢えて(…)する
i 1.見せかける, 偽る, 振りをする 2.(子供が)ごっこ遊びをする 3.主張[要求]する

ffuantus *a* 1.偽り[ぺてん, 詐欺]の 2.(外見が)人を誤らせやすい

ffuantwr (-wyr) *m* 誠意のない[不真面目な]人, 偽善者, 猫かぶり

ffug (-ion) *m* 1.偽物, 偽造物, 模造品, 偽作 2.見せかけ, 装うこと 3.気取り, きざ 4.いかさま[詐欺]師 5.詐欺行為 6.偽像, 虚像 7.作り話 *a* 1.創作[小説]的な; 架空[想像上]の 2.偽り[偽, いんちき]の, 見せかけ[うわべ]の: cwmni ~, ffug-gwmni いんちき[幽霊]会社; ~ feichiogrwydd *m* 想像妊娠; ymarfer (-ion) ~ *f* 予行練習; newidyn (-nau) ~ *m* [数学]見掛け上の変数 3.嘘[虚偽, 虚構]の 4.装った, 振りをした 5.人造の: gwaelod (-ion) ~ *m* 二重底; ffrynt (-iau) ~ *mf*(建物を実際以上に大きく見せるための)偽正面; ~ broseniwm *m* [劇場]フォールスプロセニアム(舞台額縁の内側に必要に応じて一時的に設けられる縁取り); ~ dopas (-au) *m* [鉱物]擬黄玉(黄水晶); darn (*m*) arian ~ 偽金 6.(一般から)見なされた, いわゆる, 自称 7.[法律]擬制の

ffug-bas (-ys) *f* [ラグ]ボールをパスすると見せかけて, 相手の目を欺いてバックラインを突破すること

ffug-basio *i* [ラグ]ボールをパスすると見せかけて, 相手の目を欺いてバックラインを突破する

ffugchwedl (-au) *f* 小説

ffugenw (-au) *m* 筆名, 雅号, (作家の)ペンネーム

ffugenwol *a* ペンネームの, ペンネームで書く[書かれた]

ffugenwoldeb *m* ペンネーム使用, ペンネームで書くこと

ffugiad (-au) : ffugiant (-iannau) *m* : **ffugiaeth (-u)** *f* 1.偽造, 贋造 2.偽物, 模造品 3.いかさま[詐欺]師 4.フィクション, 創作

5.小説 6.作り話[事], 虚構, 想像 7.[法律]擬制 8.[法律]文書偽造罪

ffugio *t* 1.(文書・署名・美術品などを)偽造する: ~ llofnod 署名を偽造する 2.(話・嘘などを)でっち上げる, 捏造する 3.気取る, 装う, 振りをする: ~ anwybodaeth 知らない振りをする 4.[スポ](試合で相手を)騙す

ffugiol *a* 1.架空[想像上]の 2.創作[小説]的な 3.嘘[虚偽, 虚構]の 4.[法律]擬制の

ffugiwr (-wyr) *m* : **ffugwraig (-agedd)** *f* 1.偽造[捏造]者 2.ぺてん[いかさま, 詐欺]師 3.氏名偽称者

ffuglen (-ni) *f* 小説: ~ wyddonol 空想科学小説

ffuglennol *a* 1.作り事[虚構]の 2.小説的な; 小説化された

ffuglennwr (ffuglenwyr) *m*(多作の)小説家

ffuglenoli *t* 小説化する

ffugliw (-iau) *m* 1.[軍事]偽装, 迷彩, カムフラージュ 2.ごまかし 3.(動物の)擬態

ffugliwio *t* 1.カムフラージュ[偽装, 迷彩]を施す 2.(感情などを)ごまかす

ffugwaith (-weithiau) *m* 1.偽造[模造]品 2.いかさま[詐欺]師 3.[スポ]フェイント

ffull (-on) *m* 芽; 蕾; 発芽期

ffullo *i* 芽を出す, 発芽する, 蕾を持つ

ffumer (-au) *m*(機関車・汽船などの)煙突, 煙筒

ffunen (-nau, -ni) *f* 1.(もと頭髪を束ねたり, 飾りに頭に巻いた)細長い紐, 髪紐, リボン, ヘアバンド 2.(四角な布を三角に折って主に女性が頭にかぶる)カーチーフ;(首に巻く)ネッカチーフ 3.ハンカチ

ffunud (-au) *m* 形, 外形

ffured (-au) : ffuret (-i) *f* [動物]フェレット(ヨーロッパケナガイタチの畜産品種で, 毛は白く目が赤い. ウサギ・ネズミなどを穴から追い出すために飼育される)

ffuredu : ffureta *i* フェレットを使って狩りをする

ffurf (-iau) *f* 1.形, 外形, 形態: ar ~ rhth 何かの形[姿]をとって; tirffurf (-iau) *f* 地形 2.姿, 姿態, 様子, なり: anghenfil ar ~ dyn 人間の姿をした怪物 3.人影, 物像 4.(内容に対して)形式: y ~ a'r sylwedd 形式と内容 5.表現形式: 語形 6.(書物などの)型, 判 7.(番組・企画などの)構成, 方式 8.[音楽]形式 9.[生物](組織・器官などの)構成, 体制 10.[冶金]鋳型

-ffurf *suff* …様式[形状]の: croesffurf 十字形の, 十字架状の

ffurfafen (-nau) *f* 空, 大空, 天空, 蒼穹

ffurfafennol *a* 大空の

ffurfdro (-eon) : ffurfdroad (-au) *m* 1.[文法]屈折, 活用, 語形変化; 屈折語尾 2.[数学]変曲: pwynt (*m*) ~ 変曲点 3.[物理]屈

ffurfdroadol 304 **ffwndro**

曲

ffurfdroadol *a*［文法］語形変化の; 屈折する

ffurfeb (-au) *f* = **fformwla**

ffurfell (-au, -i) *f* 1.［法律］判（決）例 2.［建築］壁付き肋材

ffurfiad (-au) *m* 構成, 編成, 形成

ffurfiannol *a* 1.構成［形成］の 2.［言語］構造上の; 構造言語学の

ffurfiant (-nnau) *m* 1.［文法］語形［形態］論 2.［生物］(組織・器官などの) 構成, 体制 3. ffurfiad

ffurfiedig *a*（…の）形をした

ffurfio *t* 1.（材料を使って物を）形造る, 形成する: ~ wrn o glai 粘土をこねて壷の形にする 2.（人物・能力・性格などを）形成する, 鍛える: ~ meddwl plentyn 子供の精神を陶冶する; ~ cymeriad rhn 人の品性を作り上げる 3.（習慣を）作る, 身につける 4.（社会などを）組織［構成］する 5.（意見などを）まとめる: ~ barn 意見をまとめる 6.（計画・対策などを）工夫［考案］する 7.（言語・音声などを）はっきりと出す, 発音する 8.（…の）構成要素になる 9.［文法］(文・語などを）組み立てる, 構成する
i 1.（物が）形をなす 2.（考え・思想などが）生まれる, 生じる

ffurfiol *a* 1.正式［公式］の 2.儀礼的な 3.（行儀・話し方など）堅苦しい, 形式的な 4.（内容のない）形式［表面］的な, うわべだけの 5.形［外形］の 6.（教育が）学校で習得した 7.（庭園・図形など）左右対称の, 幾何学的な 8.［哲学・論理］形式（上）の

ffurfiolaeth *f* 1.［文学・芸術］形式主義 2.［数学］形式主義

ffurfiolaidd *a* 1.形式主義の 2.形式にこだわり過ぎる

ffurfioldeb (-au) : ffurfiolrwydd *m* 1.形式にこだわること, 形式尊重; 堅苦しさ 2.形式的行為, 正式の手続き 3.（内容のない）形だけの行為［こと］: ~ syml 形だけのこと 4.（極端な）形式主義, 虚礼

ffurfioli *t* 1.一定の形を与える 2.正式にする 3.形式化する

ffurfiolwr (-wyr) *m* 1.形式主義者［論者］2.形式にこだわる［堅苦しい］人

ffurflen (-ni) *f* 1.雛形, 書式; 申込用紙: ~ gais (ffurflenni cais) 申込用紙, 願書

ffurflin (-au) *f*（地図の）地形線: cyfuchlin (-iau)［地理］等高線

ffurflywodraeth (-au) *f* 政治形態［組織］

ffurfwasanaeth (-au) *m*［教会］1.典礼, 礼拝式, 教会儀式 2.[Ff~]［英教］祈禱書 3.[Ff~] 聖餐式

ffurfwedd (-au) *f*（地表などの）形状, 地形, 地勢

ffurfydd (-ion) *m* 1.［文法］(語の) 構成要素（接頭辞・接尾辞など）2.形成［構成］者

ffurfyn (-nau) *m*［言語］語幹形成辞

ffust (-iau) *f*（穀物を打つ）殻竿

ffustian : ffustion *m*［織物］ファスチアン織（もとは丈夫な綿または麻織布を言ったが, 今は片面に毛羽を立てたコールテン・綿ビロードなどの綾織綿布）

ffustio : ffusto *t* 1.（穀物を）殻竿で打つ, 脱穀する 2.（物を）激しく打つ, 叩く

ffustiwr (-wyr) *m* 1.脱穀者 2.脱穀機 3.［鳥類］ツグミモドキ（北米産）

ffwdan (-au) *f* 1.騒ぎ, 無用な大騒ぎ, 空騒ぎ: llawer o ~ ynghylch dim 空騒ぎ 2.（興奮・感情などの）突然の動揺, 混乱, 狼狽 3.厄介, 面倒 4.口論, 喧嘩

ffwdanllyd : ffwdanus *a* 1.（人がつまらぬ事に）騒ぎ立てる, 神経質な, 小煩い 2.混乱［動揺］した, 慌てた 3.［通例, 疑問・否定文で］(人が）気にして

ffwdanu *i* 1.（つまらぬ事に）やきもきする, 空騒ぎ［大騒ぎ］する 2.やきもきして歩き回る, そわそわする

ffwdanusrwydd *m*（人がつまらぬ事に）大騒ぎすること

ffwng (ffyngau, ffyngoedd) *m* 1.（真）菌類（カビ・酵母菌・キノコなど）: ~ pastwn［植物］ホウキタケ（ホウキタケ科のキノコ）2.（菌のように）突然生じる嫌な物 3.［病理］ポリープ 4.（魚の）皮膚病

ffŵl (ffyliaid) *m* 1.馬鹿［愚か］者: ~ Ebrill 四月馬鹿; paradwys (*f*) ~ 幸福の幻影 2.道化師 3.おどけ者 4.無教養な人

ffwlbart (-iaid) *m*［動物］ケナガイタチ（ヨーロッパ産のイタチの一種）

ffwlbri *m* 1.道化, おどけ 2.馬鹿な真似, 低級で野暮な行動 3.くだらない冗談 4.つまらない飾り物

ffwlcrwm (-crymau) *m*［機械］(てこの) 支点; てこ枕

ffwlcyn (-nod) *m* = **ffŵl**

ffwlsgap (-au) *m* フールスキャップ紙［版］（紙の寸法: 筆記・図画用は約16×13インチ, 印刷用は17×13インチ, 包装用は18×14インチ; もとこれらの大きさの紙には道化師帽の透かし模様が漉き込まれていたことに由来する）

ffwmarol (-au) *m*（火山の）噴気孔

ffwmarolig *a*（火山の）噴気孔の

ffwndamentalaidd *a* 根本主義（者）の

ffwndamentaliad (-iaid) *mf* : **ffwndamentalydd (-wyr)** *m*（聖書の記事を文字通り信じる）根本主義者

ffwndamentaliaeth *f*［しばしばFf~］［キ教］根本主義（20世紀初頭米国プロテスタント内に起こった思想・運動で, 聖書の記事, 特に創造説・奇跡・処女受胎・キリストの復活などを文字通りに信じて, 進化説を全面的に排撃する）

ffwndro *i* 混乱する, まごつく, 慌てる

ffwndrus *a* 困惑[当惑]した, うろたえた, 途方に暮れた, まごついた

ffwndwr *m* 大騒ぎ, 混乱: ~ a ffair 大騒ぎ, いざこざ

ffwr : ffŷr (ffyrrau) *m* 1.[服飾](テン・ミンクなどの柔毛の)毛皮 2.毛皮製品: côt (cotiau) (*f*) ffwr 毛皮のコート 3.柔毛の動物

ffwr-bwt : ffwl-bwt *a* (動き・動作が) 不意[突然]の

ffwrch (ffyrchau) *mf* 1.(人体の) 叉 2.(木や枝の) 叉

ffwrdd *a* 道, 道路, 街道: i ~ [位置・移動・方向]離れて, あちらへ, 去って: rhedeg i ~ 逃げる, 逃亡[失踪]する; ~ â hi ぞんざいな, 急ごしらえの

ffwrm (ffyrmau) : ffwrwm (ffyrymau) *f* 1.ベンチ, 長腰掛 2.[英・議会]議員席 3.裁判官[判事]席; 裁判官(職); 法廷 4.(ベンチに似た) 長い仕事台 5.[スポ]ベンチ, 選手控え席

ffwrn (ffyrnau) : ffwrnais (-eisiau, -eisi) *f* 1.[家政](火を使う)オーヴン, 天火, 炉, かまど: ~ ficro-don (ffyrnau micro-don) 電子レンジ 2.[冶金]溶鉱炉: ~ chwyth 溶鉱炉; ~ adlewyrchu/adlewyrchol 反射炉 3.ひどく暑い場所, 焦熱地獄 4.試練(の場所)

ffwrneisio *t* [冶金](溶鉱炉で金属を)熱する

ffwyl (-iau) *m* [フェ]フルーレ(円形の鍔の付いた柔軟な剣で, 突きで勝負する): ~ fyddaf iti, Laertesレアーティーズ, 私はそなたのフルーレになろう(Hamlet中の言葉)

ffwyliwr (-wyr) *m* [フェ]フルーレでフェンシングをする人

ffwythiannaeth *f* [社会・心理]機能主義

ffwythiannol *a* [数学]関数の

ffwythiannydd (ffwythianwyr) *m* 機能主義者

ffwythiant (-iannau) *m* [数学]関数: ~ eigen, priod ~ 固有関数; ~ echblyg 陽関数

ffwythianyddol *a* 機能主義の

ffydd *f* 1.信頼, 信用 2.信仰, 信心: ~ ymhlyg [神学]妄信(教会の教義を盲目的に受入れること)3.信条, 教義; 宗教: y ~ Gristonogol キリスト教

ffyddiog *a* (人を)すぐ信用[信頼]する

ffyddiwr (-wyr) *m* 忠実な信者[支持者]

ffyddlon *a* 1.(国家・王・友人・主義などに)忠実[誠実]な 2.正確な

fyddlondeb *m* 1.忠実, 誠実; 貞節 2.正確

ffyddloniaid *pl* (聖餐式に列する資格のある)キリスト教信者たち

ffylwm (ffyla) *m* 1.[生物](動植物分類上の)門 2.[言語]語族

ffynhonnell (ffynonellau) *f* 1.泉: ~ yr awen ピエリアの泉(Olympus山の麓にあったというMusesの泉; その水を飲む者は詩想に恵

まれたという); 詩の源泉 2.(川などの) 源, 水源, 源泉 3.(感情・知識などの) 源, 源泉: ~ doethineb 知恵の源泉 4.(物事の) 原因, 元, 源: ~ haint (病気の) 感染源 5.[しばしば*pl*](情報などの) 出所, 典拠 6.[*pl*](調査・研究の) 資料

ffynhonni *i* (泉などが) 湧き出る, 噴出する

ffyniannus *a* 1.(国などが) 栄える, 繁栄する 2.(人が) 富裕な

ffyniant (-iannau) *m* 繁栄, 成功; 富

ffynidwydden (ffynidwydd) *f* [植物]1.モミ(の木): pigwrn (pigyrnau) (*m*) ffynidwydd モミの毬果 2.モミ[樅]材

ffynnon (ffynhonnau) *f* 1.泉 2.井戸: ~ artesiaidd 掘抜き井戸; cloddio ~ 井戸を掘る 3.(川の) 水源, 源泉 4.(知識などの) 源, 源泉 5.根元

ffynnu *i* 1.(商売・事業などが) 繁盛[繁栄, 成功]する 2.(人が) 成功する 3.(子供・動植物が) 丈夫に育つ, 成長する, 生い茂る

ffynnwr (ffynwyr) *m* 繁栄[成功]者

ffyrf *a* (*f* fferf, *pl* ffyrfion) 1.(物質が) 堅い, 堅固な 2.(棒・ステッキなど) 太い, 丈夫[頑丈]な 3.太った, 肥満した

ffyrfder : ffyrfdra *m* (棒などの) 太さ; 丈夫, 頑丈

ffyrfhau *t* 1.太く[厚く]する 2.(言葉など) 不明瞭にする

i 太く[厚く]なる 2.(言葉など) 不鮮明になる

ffyriwr (-wyr) *m* 1.毛皮商人 2.毛皮加工業者

ffyrling (-au, -od) : ffyrlingen (ffyrlingau, ffyrlingod) *f* 1.ファージング(もと英国の通貨単位で1/4 pennyに相当; ファージング硬貨(最初銀貨で, のち銅貨になり1860年以後は青銅貨, 1961年1月1日廃止)2.[否定文で]少し, 僅か

ffyrm (ffyrmau) *f* [商業](二人以上の合資で経営される)商会, 会社

ffyrnaid (-eidiau) *f* (パンの) 一かまど, 一焼き分

ffyrnig *a* 1.(病気が) 悪性の, 伝染力の強い 2.悪意のある, 敵意に満ちた, 毒気を含んだ 3.激怒した 4.下品[無礼]な 5.(風雨・戦闘など) 激しい, 猛烈な, 荒れ狂う 6.獰猛[残酷]な

ffyrnigo *t* 激怒させる

i (人が) 好戦[攻撃]的になる

ffyrnigrwydd *m* 1.悪意, 憎悪 2.有毒, 毒性 3.獰猛[狂暴]さ, 残忍性 4.残忍[狂暴]な行為

G

G, g *f*(発音eg, *pl* -iau);[電法]G am Gareth GはGeorgeのG; T.G.A.U.(= Tystysgrif Gyffredinol Addysg Uwchradd)[教育]一般中等教育修了証

gabardin *m*[織物]ギャバジン(毛・木綿などの織目の詰んだ丈夫な綾織り服地)

gabardîne (-dinau) *f* 1.ギャバジン製レインコート[衣服] 2.緩やかな労働着 3.(中世ユダヤ人が着た) 緩やかな長い外套[上着]

gadael *t* 1.[容認・許可]許す:(人・物などに…)させる,(…することを)許す: ~ i rn wneud rhth 人に何かをさせる;[命令法で](人・物などに…)させて下さい: gadwch i mi ddweud wrthych chi 私に話させて下さい;[命令法で警告・脅し・諦めなどを表して](…して)みるがよい;[命令法で仮定・譲歩を表して]仮に(…)しよう,たとえ(…)しようとも 2.[使役](人に…)させる;(人を…へ)行か[来さ]せる,通す: ~ i rn ddod i'r tŷ 人を家の中へ通す;(液体・気体などを)出させる,漏らす;(家・土地などを)貸す,賃貸する;(仕事を)請け負わせる 3.(妻子・財産などを)残して死ぬ: ~ gwraig a thrio blant 妻と三人の子供を残して亡くなる 4.(人・物をある状態に)しておく,放置する: ~ rhn ar y clwt 人を窮地に置き去りにする[見殺しにする]; ~ y drws ar agor ドアを開けっ放しにする 5.(人・物を…するままに)させておく 6.(傷跡・感情・痕跡などを)残す 7.(責任・不幸などを)負わせる 8.(物事を人に)託す,預ける 9.(物事を人の判断などに)任せる,委ねる 10.(場所などを)去る,出る,出発する: ~ cartref 家を出る; cyrraedd a ~(列車などの)発着 11.(仕事・会社・学校などを)やめる: ~ eich gwaith 辞職する; ~ eich swydd 仕事をやめる 12.(人・物・地位・場所などを)(見)捨てる: ~ eich gwraig 妻を見捨てる; ~ ffrind ar y dwt 友人を捨てる; ~ y llong 船を捨てて退去する(沈没するまたは燃える船から) 13.(習慣・希望・信仰などを)やめる,捨てる 14.(握っている物を)手放す

gadawedig *a*(人・車・船などが)(見)捨てられた

gadawiad (-au) *m* 1.放棄,遺棄 2.奔放,気ままま 3.自暴自棄

gaeaf (-au, -oedd) *m* 1.冬: yn y ~ 冬に 2.晩年,衰退期: yng ngaeaf eich bywyd 晩年に 3.[*pl*; 数詞を伴って]春秋,…年[歳]

gaeafaidd : gaeafol *a* 1.冬の 2.冬らしい,荒涼とした,侘しい 3.(表情・態度などが)冷淡[冷ややか]な

gaeafgwsg (-gysgau) *m* 冬眠,冬ごもり

gaeafgysgu *i*(動物が)冬眠[冬ごもり]する

gaeafu *t*(動植物を)冬の間飼育[保護]する *i* 1.= **gaeafgysgu** 2.(動植物が)冬の間飼育される 3.(人が)冬を過ごす,避寒する; 引きこもる

Gael (-iaid) *mf* 1.ゲール語を話すスコットランド高地人 2.ゲール族の人

Gaelaidd *a* ゲール族の

Gaeleg *f*[言語]ゲール語: ~ yr Alban スコットランド高地のゲール語
a(スコットランド高地人の話す) ゲール語の

gafael *t* 1.手を触れる,手で触る 2.(手で)つかむ,しっかり握る 3.(体・衣服の一部を)ぎゅっとつかむ 4.(人の心を)つかむ 5.(注意・関心などを)引く 6.(機会などを)つかむ,捕える 7.(タイヤが路面を)しっかりつかむ
i 1.(物などを)つかもうとする,ぎゅっと握る,すがりつく 2.(機会などに)飛びつく 3.(タイヤが)路面をしっかりつかむ

gafael(-ion) *f* 1.強い握り,しっかりつかみ捕えること; 抱き締めること: mae gandd afael gref 彼は握力が強い 2.手の届く範囲 3.注意を引く力,興味を繋がせる能力: ei afael ar y gynulleidfa 聴衆の心を引付ける彼の力 4.所有,支配,統制: yng ngafael clefyd 病気に罹って

gafaeladwy *a* 握り[つかみ]うる

gafaelfach (-au) *m* 引掛けかぎ

gafaelgar *a* 1.(映画・物語など) 強く心を捕える,魅惑的な: stori ～ あなたの心を捕える物語 2.(意見・主義などに) 固執する,執拗[頑固]な

gafaelgi (-gwn) *m*[動物]マスティフ(大型で短毛の番犬用の犬)

gafaelog : gafaelus *a*(鉤爪などで)つかむ,握る

gafaelwr (-wyr) *m* つかむ人

gafaelydd (-ion) *m* 支える物; 入れ物,容器,ホルダー

gafl(-au) *f* 1.[解剖](人体の)鼠蹊部,又 2.(木などの)又 3.[土木]防砂堤; 海岸突堤

gaflach (-au) *mf*(アーチェリーの) 矢

gafr (geifr) *f*[動物]ヤギ,山羊: bwch(*m*)~ (buchod geifr) 雄ヤギ

gafraidd *a* ヤギのような

gafrewig (-od) *f*[動物]1.ガゼル(小型の羚

gaffer 307 **galw**

羊) 2.アンテロープ, レイヨウ, 羚羊

gaffer (-iaid, -s) m (労働者の)親方, 職工長

gagendor (-au) mf = **agendor**

gang (-iau) f 1.(労働者などの)一団, 一群, 一隊 2.(悪党・犯罪者などの)一味, 暴力［ギャング］団: rhyfel (m) rhwng gangiau 暴力団の抗争

gaing (geingiau, geingion) f ［道具］のみ, たがね: ~ galed (geingiau caled) 冷たがね（常温での金属加工用）; ~ gau (geingiau cau) 丸のみ［たがね］

gangster (-iaid, -s) m ギャングの一員, 暴力団員

gair (geiriau) m 1.語, 単語 2.［しばしば pl］(口で言う)言葉; 話, 談話: mewn ~ 一言で言えば, 要するに 3.［pl］口論, 論争 4.知らせ, 便り, 消息; 伝言 5.約束, 誓言, 言質: cadw'ch ~, cadw at eich ~ 約束を守る 6.指図, 命令 7.［G~］［神学］神の言葉; 聖書; 福音; キリスト: G~ Duw 神の言葉; 聖書; 福音; キリスト

Gâl f ［地理］ゴール, ガリア（古代ケルト人の地; 今の北イタリア・フランス・ベルギー・の全部とオランダ・ドイツ・スイスの各一部を含む）

Gâl : Galaidd a ゴール（人）の

gala (galâu) f 1.祝祭, 祭礼 2.お祭り騒ぎ 3.(祝典などのための)競技［運動］会: ~ nofion 特別水泳競技会

galaeth (-au) f ［天文］1.天の川, 銀河 2.(銀河系以外の)銀河, 星雲, 小宇宙

galaethol a 1.銀河系の 2.星雲の

galanas (-au) mf (何代にもわたる二族間の)血で血を洗う争い, 血の恨み

galanastra m 大虐殺

galar (-au) m 1.(死別・絶望などによる)深い悲しみ, 悲嘆, 哀傷 2.悲嘆の種 3.喪, 忌中: rhwymyn (-nau) (m) ~ (上着の袖や帽子に巻く)喪章

galargan (-au, -euon, -iadau) f 1.(悲しみ事, 特に死者などを悼む)悲歌, 哀歌, 挽歌, 葬送歌 2.哀歌［挽歌］調の詩 3.悲嘆, 哀悼 4.嘆き悲しむ声

galari (-iau) : galeri (-iau) f 1.画廊, 美術館 2.(議会・法廷などの)傍聴席;(議会などの)新聞［報道］記者席 3.［演劇］(劇場の)ギャラリー, 天井桟敷（最上階にある最も安い席） 4.天井桟敷の見物人, 大向こう: chwarae i'r galeri 大向こうに受けるように演じる; 一般大衆に迎合する

galarnad (-au) f 1.= **galargan** 1, 3, 4 2.［G~］［聖書］エレミヤ哀歌: G~ Jeremeia (旧約聖書の)エレミヤ哀歌

galarnadu t 1.葬送歌を歌う 2.嘆き悲しむ, 哀悼する
　i 1.嘆く, 悲しむ 2.哀歌を作る

galarnadus a 嘆き悲しむ, 悲しんでいる, 悲しげな

galarnadwr (-wyr) m : **galarnadwraig (-agedd)** f 嘆き悲しむ人

galaru t (死・損失・不幸などを)嘆き悲しむ
　i 嘆き悲しむ, 哀傷する

galarus a 悲しみに沈んだ, 悲嘆している, 悲しげな

galarwisg (-oedd) f 喪服

galarwr (-wyr) m : **galarwraig (-agedd)** f 1.会葬［葬送］者 2.嘆き悲しむ人, 哀悼者

galâwnt (galâwns) m 1.上流の男性 2.女性に親切な男性

galawnt a (船・軍馬など)美々しく飾り立てた, 華麗な, 堂々とした, 立派な

Galeg mf ［言語］ゴール語
　a ゴール語の

gali (-iau) f ［海事］1.ガレー船（中世に主として地中海で奴隷や囚人に漕がせた多数のオールを有する単甲板の大型帆船）2.(古代ギリシャ・ローマの)オールを主とし帆を副とした軍船

gali (-s) f 1.(船・飛行機の)厨房, 調理室 2.［印刷］ゲラ; ゲラ［校正］刷り: proflen ~ ゲラ［校正］刷り

Galiad (-iaid) mf ゴール人

galiard (-au) f 1.［ダンス］ガリアルダ（16~17世紀に行われた二人で踊る三拍子に快活な舞踊）2.ガリアルダの曲

galiwn (-iynau) m ［海事］ガリオン船（15~18世紀にスペインで主に軍船として, または米国貿易に用いた普通三層または四層甲板の大帆船）

galw t 1.(人を)呼び出す, 召喚する 2.(裁判所へ)出頭を命じる 3.(会議などを)召集する 4.(…するように)要求［勧告］する: ~ ar dref i ildio 町に降伏を勧告する 5.必要とする 6.(人を)訪問する, 見舞う 7.(人の)客として滞在する 8.(職務上)訪れる, 視察に行く, 巡視する: ~ ar gwsmer 顧客を訪れる 9.(医者が患者を)往診する 10.大声で呼ぶ, 呼びかける: ~ rhn, ~ ar rn 人を呼ぶ 11.(医者・タクシーなどを)呼ぶ: ~ tacsi タクシーを呼ぶ 12.(名簿・番号などを)読み上げる: ~'r enwau, ~'r rhestr enwau 出席簿を読み上げる 13.(ストなどを)指令する, 命じる: ~ streic ストライキを指令する 14.(眠っている人を)呼び起こす: galwch fi am chwech o'r gloch 6時に起こして下さい 15.名付ける;(ニックネームなどで)呼ぶ: ~ rhn wrth lysenw 人をニックネームで呼ぶ 16.見なす, 考える; 言う: ~ rhth wrth ei enw 直言する, あからさまに言う 17.(人を)答める, 叱る: ~ rhn i gyfrif 人に釈明を求める, 叱る 18.［トランプ］(相手に)持ち札を見せるよう請求する: ~ blyff rhn (ポーカーではったりで高く吹っ掛けてきた相手と同額の賭をして)相手に手を開かせる;(相手をはったりと見て)やれるものならやってみろと挑む［開き直る］19.(牧師が結婚予告を)公表する: ~'r gostegion (牧師が)教会で結

galw 婚予告をする

i 1.(人が)訪問する, 立ち寄る: ~ heibio i rn, ~ yn nhŷ rhn 人の家を訪問する 2.大声で呼ぶ, 叫ぶ 3.(列車・汽船などが)途中停車[寄港]する: mae'r trên yn ~/ stopio ym mhob gorsaf 列車は全ての駅に停車します

galw *m* 1.[経済]需要: cyflenwad a ~ 需要と供給: deilliedig 派生需要: ~ effeithiol 有効需要: tynfa (*f*) ~ 需要インフレーション; 'does dim ~ am y math yna o lyfr その種類の本の需要はありません 2.呼び声, 叫び: o fewn ~ 呼べば聞こえる所に, すぐ近くに

galwad (-au) *f* 1.呼び声, 叫び 2.(鳥獣の)鳴き声 3.召集, 召喚, 招き 4.呼び出し;(特に俳優などを舞台に)呼び出すこと: ~ yn ôl カーテンコール 5.(神の)お召し, 使命, 天命: cluwodd alwad i'r weinidogaeth 彼は神のお召しで牧師にならなければならないと感じた(牧師になるようにとの神のお召しを感じた) 6.(場所・状態などの)魅力, 誘惑 7.(鳥獣の鳴き声などをまねて引付ける)呼び子, 呼び笛 8.(短い, 通例公式の)訪問;(仕事上での)立寄 9.(船の)寄港;(列車の)停車 10.要求, 需要 11.[通例, 否定文で]必要, 理由 12.[商業](株金・社債などの)払込請求: galwadau ôl-ddyledus 払込請求残高 13.電話をかけること, 通話;(電話・ベルなどによる)呼び出し: ~ (o) bell 長距離電話(呼出し); rhoi ~ i rn 人に電話をかける; ~ drosglwyddo (galwadau trosglwyddo)料金受信人払い通話 14.人を起こすこと, 目を覚まさせる電話 15.(特定の職業に対する)適性, 素質, 才能: nid yw'n teimlo ~ at lenyddiaeth 彼には文学に対する適性はない 16.点呼, 出席調べ 17.[スポ](審判の)判定 18.生理的要求(大小便のこと): ateb ~ naturトイレに行く 19.[トラ]コール, 持ち札請求 20.[軍事]召集: ~ enwau 点呼; 要求,(降伏)勧告: ~ i ildiad, ~ ar i rn ildio 人への降伏勧告

galwadwy *a* 1.呼ぶことのできる 2.請求次第支払われる

galwedigaeth (-au) *f*(特に知的な)職業, 専門職: wrth eich ~ 職業は; yr alwedigaeth hynaf yn y byd 世界最古の職業(売春のこと)

galwedigaethedd *m*[教育]職業教育重視主義

galwedigaethol *a* 1.職業(上)の, 職業から起こる: clefyd (-au) ~ *m* 職業病; therapy ~ *m* 医学作業療法[訓練]の: hyfforddiant ~ *m* 職業訓練

galwedigaethwr (-wyr) *m* :
galwedigaethwraig (-agedd) *f*[教育]職業教育重視主義者

galwr (-wyr) *m* : **galwraig (-agedd)** *f* 1.(俳優に出番を告げる)呼び出し係 2.(ビンゴなどで)数を読み上げる人

galwyn (-i) *mf* ガロン(液量の単位: 8 pintsまたは4 quarts: 英では約 4.54リットル, 米では約 3.78リットル)

gallt (gelltydd) *f* 1.(道などの)坂, 上り坂, 斜面 2.丘の中腹, 山腹 3.勾配, 傾斜(度) 4.(特に海岸の)崖, 絶壁

gallu *m* 1.(…することが)できること 2.能力, 力, 手腕, 力量: hyd eithaf fy ngallu 私の力の及ぶ限り, できるだけ 3.[通例*pl*]才能, 知力: grwpio yn ôl ~ [教育]能力別組分け; galluoedd meddyliol 精神力 4.[しばしば*pl*]強国, 大国: y galluoedd mawrion 列強 5.[しばしば*pl*]神, 悪魔: galluoedd y tywyllwch 暗黒の神々, 悪魔ども 6.[経済]力: ~ gwrthdaro 対抗力; 拮抗力 7.[物理]力, 能

gallu *t*(…することが)できる

galluedd (-au) *m*(精神的・身体的)能力, 機能

galluog *a* 1.有能な, 能力のある 2.資格のある, 適任の 3.熟練した, 巧みな

galluogi *t* 1.(物事が人・生物に…することを)可能にさせる: ~ rhn i wneud rhth 人に何かができるようにする 2.(物事を)可能[容易]にする

gambl (-au) *f* 1.博打, 賭博, ギャンブル 2.冒険, 賭け

gamblo *i* 1.賭事[賭博]をする 2.(株などに)投機をする 3.冒険をする 4.当てにする

gamblwr (-wyr) *m* 賭博師, 博打打ち

gamet (-au) *m*[生物]配偶子(高等動物の卵と精子の総称)

gamon : gamwn (gamynau) *m* 1.ガモン(豚の脇腹肉の臀部に近い部分) 2.燻製・塩漬けにした豚のもも肉または脇腹肉; 厚切りのハム肉料理

gan *prep* 1.[行為者・手段]…によって: cael eich cosbi ~ rn 人によって罰せられる; hoff ~ bawb 皆に愛されて 2.[出所・由来・起源]…から(来た, 出た, 取ったなど); …からの: rhodd ~ fy modryb 私の叔母からのプレゼント; cael rhth ~ rn 人から何かを得る; mi glywais ~ Elen fod … 私は…をエレンから聞いた; prynu rhth ~ rn 人から何かを買う 3.[所得・所有]…を持って[た], …のある: dyn a chanddo fag 袋を持っている男 4.[様態]…を示して[して]: ~ chwerthin 笑いながら 5.[原因]…のせいで[のために]: crynu ~ ddicter 怒りで震える; fferru ~ yr oerfer 寒さで体がこわばる 6.[理由]…であることを考えると[であるから, を見ると]: ~ (weld) nad yw yn yr oed 彼は成年ではないから

ganedig : ganedigol *a*[複合語の第2構成素として](…に[で]生まれた), …生まれの: mae hi'n enedigol o Gaerdydd 彼女はカーディフ生まれです

gar (-rau) *mf* [解剖] 1.(馬・犬などの) 飛節 (前脚のkneeに対する): dŵr ar y ~ [獣医] 飛端腫(馬の踵骨隆起部に生じる皮下粘液嚢及び皮膚の腫脹); afal (*m*) y ~ 膝頭, 膝蓋骨 2.(人・動物の) ひかがみ(膝裏の凹んだ所)

garan (-au) *f* (洋服のボタン裏の) 脚, 取付け部, シャンク

garan (-od) *mf* [鳥類] ツル, 鶴: ~ fursen (garanod mursen) アネハヅル(北アフリカ・アジア・ヨーロッパ南東部産のツルの一種)

gard (-iau) *m* 1.[クリ] 三柱門防護のバットの構え 2.(機械などの) 監視人 3.(暖炉前に立てる) 炉格子 4.[軍事] 歩哨, 番兵, 衛兵; 護衛兵; 近衛兵

gard (-iaid, -s) *m* [列車の] 車掌

gardas (gardysau) : gardys (-on) *mf* 1.靴下留め, ガーター: pwyth (-au, -i) (*m*) gardas [服飾] ガーター編み 2.ゴム紐の腕輪: ~ crys ゴム紐の腕輪(もとワイシャツの袖を吊上げるのに用いた) 3.[G~] ガーター勲章(英国の最高勲章); Urdd y G~ ガーター勲章

gardasu : gardysu *t* 1.(靴下を) ガーターで留める 2.ガーター勲位に叙する

gardenia *f* [植物] 1.クチナシ 2.クチナシの花

gardd (gerddi) *f* 1.(しばしば住宅に付属していて花・果樹・野菜などを植えてある) 庭(園), 中庭 2.花園, 果樹園, 菜園: ~ lysiau (gerddi llysiau)(家庭)菜園 3.[*pl*](芝生・花園・ベンチなどがある) 公園, 遊園地: sêt (*f*) ardd (seti ~), sedd (-au) (*f*) ardd (seddau ~) 庭園用腰掛庭園ベンチ 4.(椅子・テーブルなどのある) 野外施設, 野外軽食堂: ~ gwrw (gerddi cwrw) ビヤガーデン

gardd-ddinas (-oedd) *f* 田園都市

garddio *i* 園芸 [庭いじり] をする

garddwr (-wyr) *m* : **garddwraig (-agedd)** *f* 1.庭師, 園丁, 植木屋 2.趣味に庭仕事をする人, 園芸家

garddwriaeth *f* 造園 (術); 園芸 (学, 術)

garddwriaethol : garddwrol *a* 園芸 (学, 術) の

garddwriaethydd (-wyr) *m* 園芸専門家

gared : garet (-i) *f* 屋根裏部屋

garej (-is, -ys) *f* 車庫, ガレージ

gargam *a* [病理] X脚の, 外反膝の

garged *mf* [獣医] (牛・羊などの) 乳房炎

gargoel : gargoil (-iau) *m* [建築] ガーゴイル, 樋嘴(ゴシック建築に用いられる鬼・怪獣などの形に作った屋根の水の落し口)

garlant (-au) *m* 1.(花・葉などで作り, 名誉・勝利の印として頭・首に付ける) 花輪, 花冠 2.(勝利・成功の) 栄冠, 栄誉 3.詩文選集, 名句集

garlantu *t* 花輪で飾る

garlleg *m* : **garllegen** *f* 1.[植物] ニンニク 2.(料理用の) ニンニクの球茎, ガーリック: ewin (-edd) (*m*) garlleg ニンニクの一片(小鱗茎の一つ)

garllegog *a* 1.ニンニクのような 2.ニンニクの味 [臭い] のする

garnais : garnis (-iau) *m* [料理](料理に添える野菜・クルトン(crouton)などの) つま, 付け合せ

garnisiad *m* [法律](債券を満足させるための) 財産差押えの通知 (書)

garnisio *t* 1.[料理](料理に) つま [付け合せ] を添える 2.[法律](債券を) 差押える

garnisiwr (-wyr) *m* [法律] 債券差押え命令を受けた人, 第三債務者

garswain (-iynau) *mf* 1.守備隊, 駐屯部隊 2.(守備隊が守る) 要塞, (守備隊の) 駐屯地

garsiynu *t* (都市・要塞などに) 守備隊を置く: ~ tref 町に守備隊を置く

garsyth *a* 脚が強張った [曲がらない]

gartref *a* 1.在宅して: aros ~ 家にいる 2.くつろいで, 気楽に 3.精通 [熟達] していて 4.[スポ] ホームグラウンドで 5.自国 [本国] で

garth (-au) *m* 岬

garw (geirwon) *a* 1.(手触りが) ざらざらした, 粗い 2.(表面・生地・皮膚などが) ざらざらした, 粗い, きめの粗い; 木目の粗い 3.(布地が) 地の粗い, ざっくりした 4.(地形が) でこぼこした, 起伏の多い 5.岩だらけの 6.(樹皮が) ざらざらした 7.(顔つきが) いかつい 8.(人・性格など) 無骨な, 洗練されていない 9.(天候・風・海などが) 荒れた, 荒天の: tywydd ~ 荒天 10.(生活など) 辛い, 苦しい, 困難な 11.(仕事など) 体力を要する, 力仕事の 12.(言葉・行儀作法が) 粗野 [下品, 無作法] な, がさつな 13.(言葉・声など耳障りな 14.(表現・文体など) 雑 [ぞんざい, がさつ] な: geiriau garwon がさつな言葉 15.(宝石など) 未加工 [未完成] な, 自然のままの 16.(漆喰など) ぞんざいな, 粗っぽい: côt arw (*f*) (漆喰の) 下塗り 17.(牧草地など) 自然のままの: porfa arw (porfeydd geirwon) 自然牧場

garwder : garwdra *m* 1.(生地の) 粗さ, 粗末, 粗雑 2.粗野, 下品, 無作法 3.耳 [目] 触り 4.荒々しさ, 厳しさ 5.でこぼこ 6.荒れ, 荒天

garwdiroedd *pl* [地理] 悪地, 荒地, 不毛地帯

garwdirol *a* [地理] 悪地 [荒地] の

garwedd *m* 1.(手触りの) 粗さ 2.(生地の) 粗さ 3.粗野, 下品, 無作法 4.(性格の) 厳格 5.(樹皮の) ざらざら 6.(地形の) でこぼこ

garwfwyd (-ydd) *m* 1.(穀殻・干草など家畜用の) 粗飼料 2.(腸の蠕動を刺激する) 繊維質食品; 繊維素

garwhau *t* 1.(皮膚などを) 荒れさせる 2.粗く [ざらざらに, でこぼこに] する 3.(髪などを) くしゃくしゃにする 4.(鳥が羽毛を) 逆立てる *i* 1.(皮膚などが) 荒れる 2.粗く [ざらざらに, で

gast 310 **gelyn**

こぼこに]なる

gast (geist) f 1.雌犬: ~ gynhaig (geist cynhaig) 発情期の雌犬 2.(狼・キツネ・イタチ・カワウソなどの)雌 3.[軽蔑的]女, あま, 売女, あばずれ [尻軽]女

gastrig a [医学]胃(部)の: suddion ~ [生理]胃液

gât (gatiau) f 1.(庭などの)木戸, 扉; 門: postyn (pyst) (m) ~ 門柱; bwrdd (m) coesau ~ 折畳式テーブル 2.[電工]ゲート(回路)

gatws m 1.(公園などの)門番小屋 2.(昔の都市外壁などの)門楼 (しばしば牢獄に用いられた) 3.(ダム・貯水池などの)門小屋

gau a 1.(感情・言葉など)不実[不誠実]な, うわべだけの: cyfaill ~, gau-gyfaill 不実の友; addewid ~ 空約束 2.偽[いんちき]の

gawr (gewri) f = bloedd

gaws (-au) m [物理]ガウス

gefail (-eiliau) : gefel (gefeiliau) f 1.(鍛冶場の)炉 2.鍛冶場, 鉄工所 3.ピンセット 4.(2本の腕が肩で連絡している)物をつまむ道具, …はさみ, ペンチ: gefail dân (gefeiliau tân) 火ばさみ; gefel siwgr (食卓用の)角砂糖ばさみ; gefail gnau (gefeiliau cnau) クルミ割り器

gefeilio t ピンセットでつまむ(抜く, 取り扱う)

gefeilles (-au) f 双子の妹[姉]

gefelen (-nau, -ni) f ペンチ

gefell (eiliaid) m 1.双子の弟[兄]; [pl]双生児[双子]似た人[物], 対の一方; [pl]対 3.[天文]双子座
a 1.双生児[双子]の 2.対になった, 対の(一方の) 3.よく似た, 瓜二つの: gwely (-au) ~ ツインベッド(対になった同型のシングルベッド)の片方

gefeilldref (-i) f 姉妹都市

gefyn (-nau) m 1.(通例pl)(囚人・動物などに用いる)手かせ, 手錠, 足かせ, 足鎖 2.束縛, 拘束

gefynnu t 1.手かせ[足かせ]をはめる 2.束縛[拘束]する

geilwad (-aid) m = galwr

geingio t 1.(溝・穴などを)丸のみで彫る 2.(石・木などを)のみで彫る, (像などを)彫る

geingiwr (-wyr) m のみを使う人

geirda m (人物・身元・信用・資格などの)推薦状, 証明書

geirdall a [病理]失語症の

geirdallineb m [病理]失語症

geirdarddeg f : geildarddiad m 語源学

geirdarddiadol : geirdarddol a 語源的な, 語源(学)上の

geirdarddu i 語源学を研究する

geirdarddwr (-wyr) m 語源学者[研究家]

geirddadlau i つまらない議論をする, 屁理屈を言う

geirfa (-fâu, -oedd) f 1.(個人・著者・一分

野などの)語彙, 用語数[範囲]~ oddefol [教育]受容[理解]語彙; ~ weithredol [教育]発表[表現]語彙 2.(一言語の)総語彙: 3.(ある著書中の用語・特殊専門用語または国語全体の単語をアルファベット順に並べ,これに対訳あるいは定義を施した)単語表[集], 用語集, 小辞典 4.(特定の言語・作家・分野などの)語彙(集) 5.[言語]語彙目録

geiriad (-au) m 1.言葉遣い, 言い回し, 用語, 語法, 表現法 2.発音

geiriadur (-on) m 1.辞書, 辞典, 事典, 字引: ~ ynagnu/ynganiadol 発音辞典 2.(ギリシャ[ヘブライ, ラテン]語などの)辞書 3.= geirfa 3, 4

geiriaduraeth : geiriadureg f 1.辞書編集(法) 2.辞書学

geiriadurwr (-wyr) m : geiriadurwraig (-agedd) f 1.辞書編集者 2.辞書学者

geirio t 1.(語を)はっきり発音する 2.言葉で表す, 表現する

geiriog a 1.言葉(で)の, 言論の 2.言葉[口]数の多い

geiriol a 1.言葉の, 語(句)とその使用に関する: prawf (profion) ~ [教育]言語検査; delwedd (f) eiriol (delweddau ~) [心理]言語心像(言語によって起こされる心像)2.言葉の上の 3.話し言葉で表した, 口頭の 4.文字通りの, 逐語的な

geiriolaeth f 字句拘泥, 語句詮索

geiriolaidd a 言葉の[に関する]

geiriolwr (-wyr) m : geiriolwraig (-agedd) f 1.言葉遣いの達人 2.字句拘泥家, 語句詮索家

geiriwr (-wyr) m 発音者

geirlyfr (-au) m 1.単語集; 辞書 2.(オペラの)台本

geirw pl 急流, 早瀬

geirwir a 1.(人が)誠実[正直]な 2.(証言などが)真実[事実, 本当]の

geirwiredd m 1.誠実, 正直 2.(証言などの)真実, 事実

geiryn (-nau) m [文法]不変化詞, 小詞; 接頭[接尾]辞

geisha (-s) f 芸者

gel (-iau) m [化学]膠化体, ゲル (固まったゼラチン・寒天など)

gelatin m 1.ゼラチン, 精製にかわ 2.ゼラチン状爆薬: ~ tanio/saethu [化学]爆発性ゼラチン

gelau : gele (gelod) : gelen (-nod, gelod) f 1.[動物]ヒル, 蛭: glynu fel gele 吸い付いて離れない, 固着する 2.腹巾着, 取り巻き

gelio i [化学]膠質化する, ゲルになる

gelyn (-ion) m : gelynes (-au) f 1.敵: ~ glas/marwol 不倶戴天の敵 2.敵軍, 敵兵, 敵国 3.反対する人[物], 害を与える人[物]
a 敵(国)の: llynges (f) y ~ 敵艦隊

gelyniaeth *f* 1.敵意, 悪意, 恨み, 憎悪 2.敵対, 対立

gelyniaethus *a* 1.敵[敵軍, 敵国]の 2.敵意のある, 敵対する: tyst (-ion) ~ *m* [法律](真実を供述することを拒み自分を呼んだ側に)敵意を持つ証人 3.(意見などが)反対の, 逆らう 4.不利[有害, 不運]な

gelynol *a* = **gelyniaethus** 1, 2, 3

Gelli *f* [地名]ヘイオンワイ(Hey-on-Wye)(ブレコン(Brecon)近郷のワイ(Wye)川に面した市の立つ小さな町; 古本・骨董・プリント・クラフトのメッカとして世界中に知られている)

gellygen (gellyg) *f* 1.[植物]セイヨウナシ, 西洋梨: pren (-nau) gellyg セイヨウナシの木 2.セイヨウナシの実

gellygwydden (gellygwydd) *f* [植物]セイヨウナシの木

gem (-au) *mf* 1.宝石, 宝玉, 貴石 2.貴重な人[物], 至宝, 珠玉

gêm (gemau) *f* 1.競技, 試合, 勝負: ~ gyfeillgar (gemau cyfeillgar)親善試合 2.遊戯, 遊び, 娯楽; ゲーム遊び 3.(一回の)試合, 勝負, ゲーム: theori (*f*) gemau ゲーム論(各種室内ゲームにおける最も合理的な行動を経済・軍事・外交上などの分析に応用しようとする理論) 4.一試合の一部である一勝負, 1ゲーム: ~ yr un ゲームオール, ゲームカウント1対1; ~, set a gornest [テニス]ゲームセット, 試合終了; ~ fwrdd/ford (gemau bwrdd/bord) 盤上でするゲーム(チェス・チェッカーなど); ~ gardiau (gemau cardiau)トランプゲーム; ~ gyfartal 引き分け試合; chwarae ~ ofer 勝つ見込みのない試合をする 5.策略, 企み 6.職業, 商売 7.猟の獲物, 猟鳥獣類(の肉) 8.売春: mae hi ar y ~ 彼女は売春婦です

gemog *a* 1.宝石のような 2.宝石で飾られた, 宝石入りの 3.宝石を産する

gemoleg *f* 宝石学

gemolegwr : gemolegydd (-wyr) *m* 宝石学者[鑑定人]

gemwaith *m* 1.宝石類, 宝石装身具 2.宝石細工

gemydd (-ion) *m* 1.宝石細工人 2.宝石[貴金属]商: coch (*m*) ~ [化学]べんがら, 鉄丹

gên (genau) *f* 顎(先): ateg (-ion) (*f*) ~ (ヴァイオリン・ヴィオラの)顎当て

genau (-euau) *m* 1.(人・動物の)口, [解剖]口蓋 2.口元, 唇 3.しかめっ面 4.(袋・瓶・管・煙突などの)口, 吸い口, 穴: ~ sach 袋の口 5.口状の物: bach (-au) (*m*) ~ [昆虫]口鉤(ハエなどの幼虫の顎の役をする1対の突起の一つ) 6.(口・耳・鼻などの)開口部, 穴 7.(楽器の)歌口 8.(電話器の)送話口 9.(水道管の)蛇口 10.(洞窟などの)入口, 出口 11.河口 12.(食べさせなければならない)人, 動物 13.言葉, 発言 14.人の口, 噂 15.代弁者(人・新聞など)

genau-goeg (-iaid, -ion) *f* [動物]トカゲ, 蜥蜴

genedigaeth (-au) *f* 1.誕生, 出生; 出産, 分娩: ~ o chwith 逆子出産; ~ Gesaraidd 帝王切開出産 2.生まれ, 血統, 家柄: Cymro/ Cymraes o ran ~ 生まれはウェールズ人 3.起源, 発生, 出現 4.(動物の)子

genedigol *a* 1.(人がある)国[土地]に生まれて 2.出生[出産, 分娩]の 3.生まれながらの, 天性の 4.出生地[自国]の: fy ngwlad enedigol, fy ngenedigol wlad 私の故国 5.[合成語で]生まれが…の, …生まれの: mae hi'n enedigol o Garedydd 彼女はカーディフ生まれです

Genefa *f* [地名]ジュネーヴ(Genève)(スイス南西部レマン湖(Lake Leman)畔の都市: 国際赤十字, ILO, WHOなどの本部所在地)

Genefaidd *a* ジュネーヴの

Genefiad (-iaid) *mf* ジュネーヴ人

generadu *t* 1.(電気・熱などを物理的・化学的に)発生させる, 起こす 2.[数学](線・面・立体を)画く, 生成する

generadur (-on) *m* 1.[電気]発電機 2.(ガス・蒸気の)発生機[装置]

generig *a* 1.[生物](分類上の)属の, 属に特有な 2.[文法]総称的な

geneteg *f* 遺伝学

genetegwr : genetegydd (-wyr) *m* 遺伝学者

genetig *a* 1.遺伝子の 2.遺伝学の

geneth (-od) *f* 1.女の子, 少女; 未婚の若い女性: ~ gynorthwyol 女店員 2.(年齢・結婚に関係なく親しい女性・妻に対する愛称・呼掛けに用いて)女, 君, あなた: fy ngeneth annwyl! おまえ!, ねえ君!

genethaidd *m* 少女らしさ
a 少女のような, 娘らしい

genethdod *m* 1.少女時代 2.少女であること

genethig *f* 少女, 乙女

geneufor (-oedd) *m* [地理]湾, 入江; 海岸[川]の湾曲部: G~ Mawr Australia グレートオーストラリア湾(オーストラリア南部の大湾)

geneuol *a* [解剖]口の, 口部[口腔]の: cyfathrach eneuol オーラルセックス

genfa (-fâu, -feydd) *f* [馬具](くつわの)馬銜

genglo : gengload *m* [病理]破傷風 2.(破傷風などによる)開口障害, 牙関緊急

geni *t* (子を)産む, 出産する: ~ plentyn 子を産む i : cyn ~ [医学]出生前[胎児期]の; man (-nau) ~ [医学]~(生まれつきの)痣, ほくろ

genni *i* 含まれる

genoteip (-iau) *m* [生物]遺伝子型, 因子型

genoteipol *a* [生物]遺伝子型の

genwair (-eiriau) *f* 釣竿

genweirio *i* 魚釣をする

genweiriwr (-wyr) *m* 魚を釣る人, 釣り人

genws 312 **Gibraltariad**

genws (genera) *m* 1.[生物](動植物分類上の)属 2.[論理]類(概念) 3.種類, 部類

genychol *a* 1.発生しかけている, 生まれつつある 2.[化学]発生期の

genyn (-nau) *m* [生物]遺伝子, 因子

geocemeg *f* 地球化学

geocemegol *a* 地球化学の

geocemegwr : geocemegydd (-wyr) *m* 地球化学者

geodeseg *f* [数学]測地学

geodesig *a* 測地線の

geoffiseg *f* 地球物理学

geoffisegol *a* 地球物理学の

geoffisegwr : geoffisegydd (-wur) *m* 地球物理学者

geometreg (-au) *f* 幾何学: ~ plan/arwyneb 平面幾何学

geometrig *a* 1.幾何学の: dilyniant ~ 幾何数列 2.(建築・装飾・模様など)幾何学的な

geomorffoleg *f* 地形学

geomorffolegol *a* 地形学の

geomorffolegwr : geomorffolegydd (-wyr) *m* 地形学者

Georgaidd *a* ジョージア(共和国)の

Georgeg *f* [言語]ジョージア語 *a* ジョージア語の

Georgia *f* [地理]ジョージア(南コーカサスにある共和国; 首都トビリシ(Tbilisi))

Georgiad (-iaid) *mf* ジョージア人

ger *prep* [場所・位置]…のそばに[で], …のかたわら[手元]に: eistedd ~ y tân 火のそばに坐る

gêr *mf* 1.(馬・牛などの)引き具, 馬具 2.(スポーツ・仕事などのための)用具[道具](一式), 装備: ~ pysgoto 釣り道具 3.(特定の役目を果たす)装置 4.[機械]ギヤ, 伝動装置; 歯車: ~ cadwyn チェーン伝動装置 5.[自動車]変速ギヤ: ~ ôl バックギヤ; newid ~ ギヤを変える

gerain *i* 1.(子供・犬などが)哀れっぽく泣く 2.愚痴を言う 3.(機械類が)ヒューという音を立てる

gerbocs (-ys) *m* [自動車]変速装置

gerbron *prep* [場所・位置]…の前に[で], 面前に[で]: ger fy mron i 私の前で

gerfydd *prep* (動作を受ける体・衣服の部分を示して人・物の)…を: cydio yn rhn ~ ei ysgwydd/war 人の肩を引っ掴む

geri *m* 1.[生理]胆汁 2.[病理・獣医]コレラ: y ~ Asiaid 真正コレラ; y ~ marwol [病理]急性胃腸炎

geriach *m* = **gêr** 2, 3

geriatreg *f* 老年[老人]医学

geriatregwr : geriatregydd (-wyr) *m* : **geriatregwraig (-agedd)** *f* 老年医学専門医

geriatrig *a* 1.老年老人医学の 2.老人の

gerio *t* (機械を)ギヤで連動させる

gerllaw *prep* = **ger**
ad 1.[場所・時間](すぐ)近くに[へ] 2.手元に持ち合わせて, すぐ用立てられる 3.(近くに)居合わせて, 出席して

germ (-au) *m* [医学]ばい菌, 細菌, 病原菌

germladdol *a* 殺菌(性)の, 殺菌力のある

germladdwr (-wyr) *m* 殺菌剤

gerwin *a* 1.(人・罰など)厳しい, 苛酷[残酷, 無情]な 2.(天候など)厳しい

gerwindeb : gerwinder *m* 1.(手触りの)悪さ, 粗いこと, ざらざら, ごつごつ 2.(罰の)厳しさ, 苛酷さ 3.(海・空・天候など)荒れ, 荒天, 厳しさ 4.(気質・語調の)荒々しさ, 乱暴, 粗野, 無作法

gerwino *t* 1.(手・肌などを)荒らす, 粗く[ざらざらに, でこぼこに]する 2.(声などを)荒々しく[厳しく]する
i 荒れる, 荒く[荒々しく, 厳しく]なる, 荒く[ざらざら, でこぼこに]なる

gestalt *m* [心理]ゲシュタルト, 形態

gestaltiaeth *f* [心理]ゲシュタルト理論

gestaltydd (-ion) *m* [心理]ゲシュタルト心理学者

geto (-au) *m* 1.ユダヤ人地区, ゲトー(昔, 主にイタリアでユダヤ人居住地に指定された地区; 一定時刻後は地域外に出ることを許されなかった) 2.(大都市の)少数民族居住地区; (少数民族の住む)スラム街 3.孤立集団

geudeb : geuedd *m* (教義などの)偽り

geudy (-dai) *m* 便所

geuddrych (-au) *m* 1.幻覚 2.(幻覚によって生じる)幻, 妄想

geuddrychol *a* 1.幻覚の, 幻覚的な 2.幻覚を起こさせる

geugred *f* 1.異教, 異端, 異説 2.反論

geugredwr (-wyr) *m* 1.異教徒, 異端者 2.[カト]異端者 3.異説を唱える人, 反論者

gewyn (-nau) *m* 1.[解剖]腱, 筋: rhoi pob ~ ar waith 全力を尽くす 2.靭帯

gewynnog *a* 筋骨たくましい, 力強い, 丈夫な

gewynnol *a* 腱[筋]に関する

Ghana *f* [地理]ガーナ(アフリカ西部Guinea湾に臨む英連邦内の共和国; 1957年独立; 首都Accra)

Ghanaiad(-iaid) *mf* : **Ghanäwr(Ghanawyr)** *m* ガーナ人

Ghanaidd *a* ガーナ(人)の

giach (giachod) *f* [鳥類]シギ, 鴫, タシギ(猟鳥)

giau *pl* (食用肉中の)筋, 軟骨

Gibraltar *f* [地理]ジブラルタル(スペイン南部のRock of Gibraltarを含む地域で英国の直轄領)

Gibraltaraidd *a* ジブラルタルの

Gibraltariad (-iaid) *mf* ジブラルタルの住民

gieuol *a* [解剖] 神経系の

gieuwst *f* [病理] 神経痛

gieuyn : giewyn (giau) *m* [解剖] 腱, 筋

gil (-iau) *m* [度衡] ジル ((英) 液量・乾量の単位で1/4 pint, 約0.142リットル; (米) 液量の単位で1/4 pint, 約0.12リットル; = 1/2 pint)

gild (-iau) *m* (中世の) ギルド, 商人団体

gildern (-au) *m* 1.ギルダー (オランダの通貨単位; = 100 cents) 2.ギルダー銀貨

gildio *t* 1.(作物・製品などを) 産する 2.(利益・利子などを) 生む, もたらす: buddsoddion yn ~ 8 y cant 年8分の利回りになる投資 3.(当然なものとして, または要求されて) 与える, 譲渡する 4.(圧迫・強制されて) 明け渡す, 譲渡する 5.(人に物を) 提供する 6.(誘惑などに) 身を委ねる, 耽る; (女性が男に) 身を任せる, 体を与える
i 1.(土地など) 作物ができる 2.(敵・要求・強制・誘惑などに) 屈服 [降伏] する, 従う, 負ける 3.(物が圧力などで) 曲がる, たわむ, へこむ 4.(人に) 順番を譲る 5.(自動車などに) 道を譲る 6.崩れる, 折れる

gildiwr (-wyr) *m* 降伏者

gilotîn : gilotin (gilotinau) *mf* ギロチン, 断頭台

gilydd *pron* 他人, 別の物: ei ~ お互いに [を]; cerwch eich ~ お互いを愛しなさい; gwelsom ein ~ 私たちはお互いを見た; ryw ffordd neu'i ~ どうにか [何とか] して; あれやこれやで

gimbill (-ion) *m* [道具] 木工錐, 取っ手付き錐

gimic (-s) : gimig (-au) *mf* 1.(ルーレットなどの) いかさま仕掛け 2.(手品師などの) 秘密の仕掛け, 種, トリック 3.(広告などで人目を引くための) 工夫, 仕掛け, 手

gimigiaeth *f* 1.色々ないかさま仕掛け 2.人目を引くための様々な仕掛け

gimigaidd : gimiglyd *a* 1.いかさま仕掛けの 2.人目を引くための

gini (-s) *f* 1.(1663年から1813年まで英国で鋳造された) ギニー金貨 (1717年以後21シリングに一定された) 2.ギニー (現通貨制度 (197年) 以前の21シリングに当たる英国の通貨単位; それ以前には単に計算上の単位に過ぎないが, 医師・弁護士などへの謝礼・馬・絵画・土地の売買・競馬の賞金・寄付金などの支払いにはこの名称が今なお用いられることがある; 現行の1ポンド5ペンスに当たる)

Gini *f* [地理] ギニア (Guinea) (アフリカ西部の共和国; 1958年独立; 首都Conakry)

giro *m* ジャイロ (ヨーロッパ諸国で行われる簡便迅速な郵便 [銀行] 振替制度)

giser (-au) *f* 1.[地理] 間欠 (温) 泉 2.[電気] 自動湯沸かし器

gitâr (gitarau) *m* ギター

gitarydd (-ion, -wyr) *m* ギター奏者

gladiator (-iaid) *m* (古代ローマの) 剣闘士 (市民の娯楽のためお互い同士や猛獣相手に闘った)

gladiatoraidd *a* (古代ローマの) 剣闘士の

glaer (-on) *m* 1.[美術] (絵画を保護するためのワニスとして用いる) 卵白 2.(製本及び金付けで金を保持するためのサイズ (size) として用いる) 卵白

glaeru *t* (本の端などに) 粘着透明物質 [卵白] を塗布する

glafoer (-ion) *m* よだれ, 鼻水

glafoerio *i* (赤ちゃんなどが) よだれを垂らす

glafoeriog *a* よだれを垂らす

glafoeriwr (-wyr) *m* よだれ垂らし

glaif (gleifiau) *m* 剣, (中世の) 長刀

glain (gleiniau) *m* 1.= **gem** 2.(糸・針金などに通す石・ガラス・貝などの) ビーズ, ガラス [数珠] 玉: gleiniau gwefr 琥珀のビーズ 3.[pl] 数珠, ロザリオ, 首飾り 4.[建築] 玉縁

glan (-nau, glennydd) *f* 1.(川・湖などの) 岸, 水辺, 土手, 堤防; 海岸: aderyn (adar) (*m*) y glannau 岸辺の鳥 (河口や海岸に住むシギ・チドリなど); ar y lan, ar lan y môr, ar y glannau 陸上に; i'r lan 岸に, 浜へ 2.[pl] 川の両岸, 川沿いの地

glân *a* 1.神聖な, 聖なる: yr Ysbryd G~, y G~ Ysbryd *m* 聖霊 (三位一体の第3位格; キリストを通じて人間に働きかける神の霊) 2.清潔, きれい好きな: awyr lân *f* 清浄な空気 3.(女性が) 美しい, 大柄で魅力的な 4.(男性が) 顔立ちのよい

glandir (-oedd) *m* [地理] (川・湖・森などの) へり, 縁, 端, 周辺

glanedol *a* 洗浄性の

glanedydd (-ion) *m* 洗剤

glanfa (-feydd) *f* 1.(上陸用) 桟橋, 埠頭, 波止場 2.着陸区域, 上陸地域 3.[航空] 着陸場

glanhad (-au) *m* 1.掃除, 手入れ: ~ blynyddol 春季大掃除 2.(衣服などの) 洗濯 3.洗浄 4.(罪の) 清め, 浄化

glanhaol *a* 1.清め [浄化] の 2.洗浄 (性) の, 洗浄力のある

glanhau *t* 1.清潔にする, 掃除する 2.(歯などを) 磨く: ~'ch dannedd 歯を磨く 3.(罪などを) 清める 4.(耕作のために土地から) 雑草・ごみを除く: ~ cae 畑から雑草を取除く

glanhäwr (glanhawyr) *m* : **glanhäwraig (glanhawragedd)** *m* 1.掃除人, 掃除作業員, 掃除婦 2.浄化者 3.ドライクリーニング屋 4.磨き粉, 洗剤: ~ dillad ドライクリーニング屋 4.磨き粉, 洗剤, クレンザー: ~ wyneb 顔の洗剤 5.洗濯用品 6.クリーニング店: siop (*f*) lanhau dillad (siopau glanhau ~) ドライクリーニング店 7.(電気) 掃除機

glaniad (-au) *m* 1.上陸; 下船; 陸揚げ: Gŵyl (*f*) y G~ (パタゴニアの) 上陸の祝祭 2.[航空]

着陸

glaniadur (-on) *m* 蝋燭の芯を切る道具

glanio *t* 1.(乗客・貨物などを船・飛行機などから)降ろす,上陸させる,陸揚げする 2.(航空機などを)着陸させる: ~ awyren 航空機を着陸させる; ~ ar y môr 海に着水する 3.(魚を)釣り上げる: ~ pysgodyn 魚を釣り上げる
i 1.降りる,上陸[下船]する 2.飛び降りる,地面に着く[落ちる]: ~ ar eich traed (ネコのように)落ちてもすくっと立つ; 首尾よく困難を免れる; 運がよい

glanwaith *a* 清潔[きれい好き]な

glanweithdra *m* 1.清潔; きれい好き 2.純潔,無垢

glanweithio *t* 清潔にする

glas (gleision) *m* 1.青(色),空色,淡青色; 藍,紺: ~ golau, ~ Caergrawnt 淡青色,浅葱; ~ tywyll, ~ Rhydychen 暗青色,紺色 2.青色絵具,藍色染料;(洗濯用)青み付け 3.青色の服[生地]4.青空,青海

glas (gleision) *a* 1.青い,青色の; 藍色の,紺色の 2.空色の,青空の;(雲ひとつない)紺碧の 3.(顔色など)青ざめた,青白い 4.憂鬱[陰気]な,悲観している 5.(映画・冗談など)猥褻[下品]な 6.緑色の 7.(草木が)青々とした,緑に覆われた: cae ~ 緑の野原 8.青野菜[青物]の 9.(果物など)未熟な,青い 10.(経験・技術など)未熟[未経験]な,世間知らずの,騙されやすい 11.環境保護主義の 12.(冬・クリスマスが)雪の降らない: gaeaf ~, mynwent fras; gaeaf ~ a wna fynwent fras[諺]冬に雪が降らなければ墓場が賑わう(暖冬は健康に悪い); 暖冬で雪が降らないと病気がはやり死人が多い

glas (-lys) *m* 1.[植物]タイセイ,大青,ホソバタイセイ(ヨーロッパ産アブラナ科の植物; 以前その葉から青色染料を採った) 2.[染色]以前ホソバタイセイの葉から採った青色インディゴ染料(昔,入れ墨に用いた)

glasbren (-nau) *m* 1.若木,緑の[青々とした]葉を付けた木 2.若者

glasbrint (-iau) *m* 1.青写真,設計図 2.計画,ブループリント

glasbrintio *t* 1.青写真にとる 2.計画する

glasddüwch *m* [病理]チアノーゼ,青色症(血液中の酸素欠乏のため皮膚・粘膜が暗紫色になる状態)

glasgoch *m* 1.紫色 2.暗褐色

glasgoch (-ion) *a* 1.紫(色)の 2.暗褐色の 3.(文章が)華麗な

glaslain (-leiniau) *f* 2つの畑の境界をなす耕していない細長い土地[畝]

glaslanc (-iau) *m* 青年,若者;(しばしば軽蔑的に)若造,青二才,未熟な青年

glaslances (-i) *f* 娘

glaslencynnaidd *a* 1.青年期[青春]の 2.若々しい

glaslun (-iau) *m* = **glasbrint**

glaslunio *t* = **glasbrintio**

glasoed *m* 1.青年期(13歳から16歳くらいまで) 2.思春期,青春 3.若々しさ

glasog (-u) *f*(鳥の)餌袋,そ嚢; 砂嚢(鳥の第2の胃袋)

glastir (-oedd) *m* 草地

glastorch (-od, glastyrch) *f* 1.ノウサギの子 2.ユキウサギ

glastwr *m* 1.水で割った牛乳 2.気の抜けた談義,ふやけた感傷

glastwraidd *a* 1.(水で薄めて)味が薄くなった 2.(話などが)つまらない,内容の乏しい,面白みが薄れた 3.感傷的な

glasu *t* 1.青[緑]色にする[染める]; 青みを付ける 2.(土地を)草で覆う: ~ cae 畑を草で覆う 3.(都市などを)緑化する
i 青[緑]色になる

glaswellt *m* 草,牧草;(緑の)芝生,芝原

glaswelltir (-oedd) *m* 1.牧草地 2.大草原

glaswelltyn *m* 一本の(牧)草

glaswen (-au) *f* かすかな笑み

glaswenu *i* かすかに[軽蔑するように]微笑する[微笑む],嘲笑する

Glasynyswr (-wyr) *m* : **Glasynyswraig (-agedd)** *f* グリーンランド人

glaw (-ogydd) *m* 1.雨,降雨: ~ mân 弱い雨,小雨,細雨,霧雨,こぬか雨; ~ rhewi 氷雨; haul neu law 晴雨に拘わらず; どんな場合でも 2.雨天: mae golwg ~ arni 雨模様だ,雨になりそうだ 3.[pl](熱帯地方の)雨季

glawcoma *m* [病理]緑内障

glawcomataidd *a* [病理]緑内障の

glawddwr *m* 雨水

glawgysgodfa (-feydd) *f* [地理]雨陰(雨を降らせる卓越風に対し山地などの風下にあたるため降水量の少ない地域)

glawiad (-au) *m* 1.降雨 2.雨[降水]量

glawio *t* 1.(血・灰などを)雨のように降らす 2.(涙などを)雨のように流す 3.(殴打などを)雨のように浴びせる,たっぷり与える
i 1.雨が降る: tywallt y glaw; diwel y glaw 雨が土砂降りに降る; ni fu chwarae oherwydd glaw その試合は雨で流れた 2.(物が)雨のように降る

glawiog *a* 1.雨[雨降り]の,雨の多い: rhoi rhth o'r nail du ar gyyfer diwrnod ~ まさかの時のため何かを蓄える 2.雨に濡れた 3.[地質]雨成の,雨の作用による

glawlen (-ni) *f* 1.傘,雨[日]傘 2.(政治的・軍事的)保護,庇護

gleider (-au) *f* [航空]グライダー,滑空機

gleidio *i* [航空]グライダーで滑空する[飛ぶ]

gleidiwr (-wyr) *m* [航空]滑空する人

gleiniad (-au) : gleinwaith *m* 1.ビーズ(細

gleisiad ─ **glwth**

gleisiad (-iaid) *m* [魚類]ウェールズの河川に住むサケ科ブラウントラウト種の一地方形

gleision *pl* 乳漿, ホエー(チーズを造る時凝乳と分離した液): caws (*m*) a ~ 凝乳状の食品

glendid *m* 1.清潔: ~ sydd nesaf at dduwioldeb [諺]清潔は敬神に次ぐ美徳 2.美貌, 顔立ちのよいこと

glesni *m* 1.青さ, 青いこと 2.(草木の)緑, 新緑

glesyn (gleision) *m* 1.(Oxford, Cambridge両大学で対抗競技に出場した選手に与えられる)青章: ~ Rhydychen/Caergrawnt オックスフォード/ケンブリッジ大学の青章 2.[昆虫]シジミチョウ(シジミチョウ科の青い羽のチョウの総称)

gleuhaden (gleuad) *f* 乾いた牛糞

glew (-ion) *m* 勇ましい人, 勇者

glew (-ion) *a* 1.勇敢[大胆]な, 勇ましい, 勇気のある, 雄々しい 2.断固とした, 頑強な

glewder : glewdra *m* 勇敢, 勇気, 度胸, 剛勇, 武勇

glin (-iau) *mf* 1.膝(頭), 膝関節 2.(衣服の)膝 3.膝状の物 4.(坐った時の)ももの上側, 膝

glingam *a* = **gargam**

gliniadur (-on) *m* ラップトップコンピュータ

glinio *t* 膝で打つ[突く, 押す]

glo (-eau) *m* 石炭: ~ brig 露天掘りの石炭; ~ carreg/called 無煙炭

glôb (globau) *m* 1.球(体) 2.[教育]世界: ~-atlas (-au), atlas (-au) ~ *m* 世界地図 3.(ランプの)傘

globwl (-ylau) *m* (液体などの)小球体, 小滴

globylog *a* 1.小球体からなる 2.球状[球形]の 3.全体の; 全世界の

gloddest (-au) *m* [*pl*] 浮かれ[お祭り]騒ぎ, 飲めや歌えの大騒ぎ

gloddesta *i* 浮かれ騒ぐ

gloddestwr (-wyr) *m* : **gloddestwraig (-agedd)** *f* 浮かれ騒ぐ人

gloes (-au, -ion) *f* 1.(肉体的・精神的)痛み, 苦痛, 心痛, 苦悩, 激痛 2.吐き気, むかつき

glofa (-feydd) *f*(建物・設備などを含む)炭坑

glofaol *a* 鉱業[鉱山]の: pentref (-i) ~ *m* 鉱山村

glòs (glosau) *m* 1.(行間・欄外などに書き込んだ)語句注解 2.(ページの下・本の巻末に付いている簡潔な)註釈, 注解, 評注

glosio *t* 註釈を付ける, 注解する

glosiwr (-wyr) *m* 註釈者

glotis (-au) *m* [解剖]声門

glotol *a* 1.[解剖]声門の 2.[音声]声門音の: ffrwydrolyn (ffrwydrolion) ~, stop (-iau) ~ *m* 声門閉鎖音

glotoli *t* [音声]声門音化する; 声門音で発音する

glöwr (glowyr) *m* [採鉱]炭坑夫

glowty (-tai) *m* (牛などの)家畜小屋, 牛舎

glöyn (gloynnau, gloynnod) *m* 1.石炭の塊一個 2.[昆虫]ツチボタル, 土蛍: ~ byw チョウ, 蝶

gloyw (-on) *a* 1.(日光など)明るい, (星など)輝く, 光る 2.晴天の 3.(目元が)ぱっちりとした: llygaid gloywonぱっちりとした目,(顔など)晴れやかな 4.光沢のある, 磨き上げられた 5.滑らかな, すべすべした 6.利口[聡明]な: ~ fel swllt newydd 才気煥発な, 頭の回転の速い, とても利口な

gloywder *m* 1.(光などの)明るさ, 輝き 2.鮮明 3.光沢, 艶, 磨き 4.[光学]明るさ 5.[天文](天体の)輝度

gloywddu (-on) *a*(髪などが)漆黒の, 濡れ羽色の

gloywedd (-au) *m*(陶磁器の)光沢, 艶, 輝き: llestri gloyw *pl* [窯業]ラスターウェア(一種の金属性の光彩を有する施釉陶磁器)

gloywi *t* 1.(部屋などを)明るくする 2.(布などに)光沢をつける 3.(銀・靴などを)磨く, 艶を出す 4.(液体などを)澄ます, 透明にする, 浄化する 5.(頭の働きを)すっきりさせる 6.(言動・文章・演技・演奏など)磨きをかける, 洗練する, 推敲する: ~'ch Ffrangeg フランス語に磨きをかける 7.(水洗いした野菜などの)水気を切る, 水切りをする
i 1.(液体が)澄む, 透明になる 2.(意味などが)明らかになる, はっきりする 3.(前途などが)明るくなる

gloywydd (-ion) *m* [生物]透明剤(顕微鏡標本を透明にする時に用いる薬品)

glud (-iau, -ion) *m* 1.にかわ, 膠: ~ caseinカゼイン膠 2.接着剤: ffroeni/ogleuo/ synhwyro ~ シンナー遊び 3.粘着[接着]物 4.ゴム[アラビア]糊 5.[植物・生理](植物が分泌する)粘液 6.[植物]ゴムノキ

gludafael (-au, -ion) *mf* [植物](海草などの)付着根

gludai *m* = **gelatin**

gludedd *m* 1.粘度 2.[物理]粘性

gludio *t* 1.(膠・接着剤などで)張付ける, くっつける 2.くっつけて離さない; 集中する

gludiog *a* 1.膠[接着剤]を塗った 2.粘着性の, 粘り着く, ねばねばする, 粘着力の強い

glidiogrwydd *m* 粘り, 粘つき; 粘着性

gludydd (-ion) *m* = **glud**

glwcos *m* [化学]ブドウ糖: prawf (profion) (*m*) goddefiad ~[医学]糖負荷試験(糖尿病の検査)

glwfer (-iaid) *m* : **glwferes (-au)** *f* 手袋製造人; 手袋商

glwten *m* [化学]グルテン, 麩質

glwth (glythau, glythoedd) *m* 1.[家具]寝椅子, カウチ, ソファー 2.(診察用)ベッド

glwth (glythion) *m* 1.大食家 2.凝り屋, 熱心

glwys 316 **goddef**

家
a 1.大食いの, 食い意地の張った 2.貪欲な

glwys *a* 1.(女性が)美しい 2.公平[公正, 正当]な 3.(空が)晴れた; (風が)順風の 4.もっともらしい, うわべだけの 5.神聖な 6.信心深い

glycogen *m* [生化]グリコーゲン, 糖原

glycogenig *a* [生化]1.糖原形成の 2.グリコーゲン[の]による]

glyff (-iau) *m* [考古]影像; 絵[象形]文字

glyn (-noedd) *m* (特にスコットランド・アイルランド)山間の)峡谷, 谷間, 渓谷: G~ Rhondda ロンダ渓谷; Owain G~ Dŵr [英史]アウイングレンダウア (1359?~?1416; Henry四世に対して反乱を起こしたウェールズの豪族)

glyniad *m* 粘着(力)

glynol *a* = gludiog

glynu *t* 1.(小さな物などを大きな物などに)くっつける, 張付ける, 取付ける 2.(人を団体などに)所属させる
i 1.(物がしっかりと)くっつく, 粘着[付着, 付属]する 2.(人・党などを)支持する: ~ wrth blaid 党を支持する[に属している] 3.(人が主義などに)執着[固執, 信奉]する 4.(人に)忠実である: ~ fel gelen wrth rn, ~ wrth rn fel ci wrth asgen 人にくっついて離れない

glyserin : glyserîn *m* [化学]グリセリン

glythineb *m* 大食, 飲食暴食

gnawd *a* 1.通例[通常]の, 習慣的な, いつもの 2.[法律]慣例による, 慣習上の

gneis *m* [岩石]片麻岩

go *m* 碁

go *ad* 幾分, 少々, 多少, やや: ~ gymhleth やや複雑な; かなり, 随分

goachul *a* 病身の, 病弱[虚弱]な, 健康[気分]がすぐれない

gobaith (-eithion) *m* 1.望み, 希望: ~ am a ddaw 未来へ向けての希望; Penrhyn (*m*) G~ Da [地理]喜望峰 2.期待, 有望な見込み 3.希望を与える見込み

gobeithio *t* 1.望む, 願う 2.(…したいと)思う: gan obeithio clywed oddi wrthych あなたからのお便りを望んで 3.(…と)思う, 信じる
i 1.望む, 希望する 2.期待する

gobeithiol *a* 1.希望に満ちた 2.前途有望な, 見込みのある, 末頼もしい

gobeithlu (-oedd) *m* ロンドンを拠点とする英国のキリスト教慈善団体 (1855年設立) (など)

goben (-nau) *m* 1.終わりから2番目の物 2.[音声・詩学]語末から2番目の音節

gobennol *a* 1.終わりから2番目の 2.[音声・詩学]語尾から2番目の音節の

gobennydd (-enyddiau, -enyddion) *m* 1.枕; 長枕(頭部を高めるため通例枕か敷布の下に置く): sgwrs (*f*) obennydd (sgyrsiau ~) (夫婦・恋人の)寝室の会話, 睦言 2.枕の代わりになる物, 頭もたせ 3.(摩擦・重圧を和らげ

る)当て物, 受け台 4.[機械]軸受け

goblygedig *a* 暗黙の, 言わず語らずの

goblygiad (-au) *m* 言外の意味, 含み, 含蓄, 暗示

goblygu *t* 1.(人・態度などが)暗示する, ほのめかす 2.(必然的に)含む, 伴う

gochel : gochelyd *t* 1.(人・物などを)避ける, よける 2.(犬・掏摸などに)気を付ける, 注意[用心]する
i (犬・掏摸などに)気を付ける, 注意[用心]する: gochelwch y ci その犬に気を付けなさい; gochelwch/gocheler rhag lladron 掏摸にご用心

gocheladwy *a* 避けられる

gochelffordd (-ffyrdd) *f* 1.バイパス(自動車用迂回路) 2.(ガス・水道などの)側管 3.[医学](血管などの)バイパス(手術) 4.[電気]側路

gochelgar *a* 1.(人が)用心[注意]深い, 慎重な 2.(行動など)用意周到な

gochelgarwch *m* 用心, 注意, 慎重

gocheliad (-au) *m* 逃避, 回避, 忌避: bod ar eich ~ 用心[警戒]する

gochelwr (-wyr) *m* 避ける人, 逃避[回避]者

godard (-au) *f* = cwpan

godet (-s) *m* [裁縫](スカートの裾や袖口などにフレアーを入れるために用いる)まち, ゴデ

godidog *a* 1.優秀な, 優れた 2.(成績が)秀[優]の

godidowgrwydd *m* 1.優秀 2.長所

godineb (-au) *m* 姦通, 不貞, 不義: plenty ~ 不義の子

goginebu *i* 不義を犯す

godinebus *a* 姦通の; 不義で生まれた

godinebwr (-wyr) *m* 姦夫

godinebwraig (-agedd) *f* 姦婦

godre (-on) *m* 1.(山の)麓: ~ mynydd 山の麓 2.山の麓の小丘 3.[通例*pl*](山脈の)麓の丘陵地帯 4.(ズボン・スカートの)裾 5.(ページの)下部, 脚部: ar odre'r dudalen ページの脚部で 6.(町・森などの)はずれ, へり, 端, 縁, 下縁 7.(ホヴァークラフトの)スカート

godriad (-au) *m* 搾乳一回分の搾乳量

godro *t* 1.(牛・ヤギなどの)乳を搾る演劇聴衆を搾乳する 2.(樹液・毒などを)絞り出す 3.搾取する 4.(金・情報などを)引き出す, 搾り取る
i 1.(牛などが)乳を出す 2.乳を搾る

godrwr (-wyr) *m* 搾乳者

goduth *m* 1.とぼとぼ[てくてく]歩き 2.[馬術]ジョグトロット, ちょこちょこ歩き 3.単調な生活

godwrdd (-yerddau) *m* 1.騒音 2.つぶやき, ささやき

goddaith (-eithiau) *f* 1.祝いの大かがり火 2.野天の焚き火 3.(激しい)炎, 火炎

goddef *t* 1.(苦痛・不幸などに)耐える, 我慢[辛抱]する 2.放任しておく, 容赦[黙認]する:

goddefadwy 317 **gofod**

~ ffyliaid yn llawen[聖書]喜んで愚か者を我慢する 3.(人が…することを)許す 4.[医学](毒物・薬物などに)耐性がある

goddefadwy *a* 1.耐えられる, 我慢できる 2.許される: camgymeriad ~ 許される(程度の)間違い

goddefedd *m*[医学]耐性

goddefgar *a* 1.(他人の意見・行動に対して)寛容[寛大]な 2.我慢[辛抱]強い 3.[医学](劇薬・毒物に対して)耐性のある

goddefgarwch *m*(信仰・他人の説などに対する)寛容, 寛大, 黙許

goddefiad (-au) *m* 1.(信仰・他人の説などに対する)寛容, 寛大, 許容, 黙許: trwy oddefiad 黙許されて, 大目に見られて, お情けで 2.[医学](劇薬・毒物に対する)耐性, 耐薬力 3.[宗教](国家が許す)信教の自由: Deddf(*f*) G~ 寛容法, 信教自由令(1689年)

goddefiadaeth *f* 寛容(主義); 信教自由主義

goddefiadwr (-wyr) *m* 寛容[信教自由]主義者

goddefiant (-iannau) *m* 1.(信仰・他人の説などに対する)寛容, 寛大 2.[医学]耐性 3.[機械]公差, 許容誤差: terfyn (-au)(*m*) ~ 許容限界

goddefol *m*[文法]受動態, 受身形
a 1.受身の, 受動[消極]的な: gwrthsafiad ~ 消極的抵抗 2.無抵抗の 3.(規則など)許可する, 黙認の 4.(道徳・性に対して)寛大[寛容]な: y gymdeithas oddefol *f*(性道徳などの規制の)寛大な社会 5.[文法]受動[受身]の

goddefoldeb *m* 1.受動性 2.無抵抗

goddefus *a* 寛大な[寛容]な

goddefwr (-wyr) *m* : **goddefwraig (-agedd)** *f* 1.寛大[寛容]な人 2.我慢する人

goddeithio *t* 1.(ヒースなどを)燃やす, 焼く 2.かがり火をつける
i(火など)燃え立つ

goddiweddyd *t* 1.(人などに)追いつく; 追い越す 2.(業績・生産などで)追いつく; 追い抜く

goddrych (-au) *m*[文法]主語, 主部

goddrychedd *m* 1.主観(主義) 2.主観性

goddrychiaeth *f*[哲学]主観論[主義]

goddrychol *a* 1.個人[主観]的な 2.架空[想像上]の 3.[文法]主語[主格]の: genidol ~ 主格属格 4.[哲学]主観の, 主観的な

gefail (-eiliau) *f* 1.(鍛冶場の)炉 2.鍛冶場, 鉄工所

gof (-aint) *m* 1.鍛冶屋, 鍛冶工 2.蹄鉄工 3.金属細工師: ~ aur 金細工師; ~ arian 銀細工師 4.製造人

gofal (-on) *m* 1.用心, 慎重 2.心配, 不安 3.心配事, 苦労の種 4.保護, 世話, 担任, 管理, 監督: cymryd ~ o rn 人の世話[担任, 監督]をする

gofalaeth (-au) *f* 1.注意, 用心, 配慮 2.聖職者が奉仕する教区[教会, 地域, 会衆たち]

gofalu *t* 1.(病人・子供などの)世話をする, 面倒を見る: ~ am blentyn 子供の世話をする 2.(医師などが患者を)治療[看護, 世話]をする: ~ am gleifion 病人の世話をする 3.(家などの)番をする: ~ am y tŷ 家の番をする 4.(危険物・重要品などに)気を付ける, 用心[注意]する

gofalus *a* 1.注意[用心]深い, 気を付ける, 慎重な 2.(行為・仕事など)念入り[用意周到]な, 苦心の 3.節約的な; (人が)節約して

gofalwr (-wyr) *m* : **gofalwraig (-agedd)** *f* 1.(高齢者・身体不自由者の世話をする)介護人 2.(博物館などの)案内係 3.(家・土地の)管理人 4.(学校・公共建造物の)管理人 5.暫定的に職務を代行する人[機関] 6.世話人, 番人

gofaniad (-au) *m* 1.鍛造 2.鍛造品

gofaniaeth *f* 1.鍛冶職, 金属細工 2.鍛冶屋の仕事場, 鉄工場

gofannu *t*(鉄などを)鍛える, 鍛造する

gofer (-au, -i, -oedd, -ydd) *m* 1.小川, 小流, 細流 2.(河川などの)氾濫, 流出 3.溢れた[流出した]物

goferu *i* 1.小川のように[細流で]流れる 2.(河川などが)氾濫する, 溢れる 3.(人・物が)溢れ出る 4.(賞品・資金などで)満ち溢れている, いっぱいる

goferwi *t*[料理](肉・野菜などを)湯がく, 湯通しする

gofid (-iau) *m* 1.(心身の)苦悩, 難儀, 心配, 不安 2.心配[悩み]の種, 心配事: ~ a laddodd y gath[諺]心配は身の毒(ネコは9つ命を持つと言われるが, 心配はそのネコさえも殺してしまうという意から) 3.深い悲しみ, 悲嘆, 心痛 4.悲しみの種: er ~ i mi 私にとって悲しいことには

gofidio *t*(人を)苦しめる, 悩ます, 悲しませる
i 悩む, 心配する, 深く悲しむ, 悲嘆に暮れる

gofidiwr (-wyr) *m* : **gofidwraig (-agedd)** *f* 1.悩ます[苦しめる]人 2.苦労性の人

gofidus *a* 1.心配そうな, 当惑した; 心配して(いる) 2.悲しんで[悲嘆に暮れて]いる 3.(顔色・言葉など)悲しげな, 憂いを帯びた 4.悲惨な, 痛ましい 5.苦悩を与える(ような), 苦しんで(いる), 悩んで

goflawd *m*(小麦などを製粉する時できる)細かい粉末

gofod (-au) *m* 1.宇宙空間(地球の大気圏・太陽系の惑星間・太陽系外の空間を指す) 2.[印刷]スペース; (タイプライターの)1文字分の幅, 行間
a 1.宇宙の: oes y ~ 宇宙時代; llong (*f*) ofod (llongau ~)宇宙船 2.空間のbar (-rau)(*m*) ~ スペースバー(字[語]間をあける働きをする

G

gofodi *t* 一定の間隔[距離]に置く

gofodlen (-ni) *f* 宿泊スケジュール

gofodol *a* 1.空間の, 空間的な: cydberthynas ofodol (cydberthnasau ~) *f* 空間的関係 2.場所の

gofodolaeth *f* [哲学]存在[存立](性)

gofodoldeb *m* 広がり, 空間性

gofodoli *i* [哲学]自存[存立]する

gofodwr (-wyr) *m* : **gofodwraig (-agedd)** *f* 1.宇宙飛行士 2.宇宙人

gofwy (-on) *m* 1.訪問, 見舞い, 見物 2.長居, 尻の長い訪問 3.(監督官・聖職者などの)公式訪問, 視察, 巡回: ~'r claf 病気の教区信者に対する牧師の訪問[見舞い]

gofwyo *t&i* 公式訪問する

gofwywr (-wyr) *m* 公式訪問者

gofyn (-ion) *m* 1.必要品[物] 2.需要: gofynion gormodol 過度の需要

gofyn *t* 1.(人に物事を)尋ねる: ~ cwestiwn i rn 人に質問をする 2.(人に物事を)頼む, 依頼[要請, 懇願]する: ~ ffafr/cymwynas gan rn 人に願い事をする 3.(人に…するように)頼む[求める, 願う]: gofynnir i'r cyhoedd beidio â sathru ar y glaswellt 皆さん芝生に入らないようにお願いします 4.(人に…させてもらうように)頼む: ~ gael gwneud rhth 何かをさせてもらいたいと頼む 5.招待する, 招く, 呼ぶ, 誘う: ~ i rn fynd/ddod i mewn 人を呼び入れる[中に入ってもらうように言う] 6.(代金などを)請求する: ~ pumpunt am rth 何かに5ポンドを請求する 7.(人・事情・物事などが)必要とする: ni fydd ~ côt arnoch あなたはコートを必要としないでしょう

gofynadwy *a* 要求できる

gofyniad (-au) *m* 1.質問, 疑問 2.[教育](答案用紙の)試験問題

gofynnod (-ynodau) *m* 1.疑問符 2.[印刷](疑わしい語句などについて原稿・校正刷りに書き入れる)疑問符 (?)

gofynnol *a* 1.必要な, 必須の 2.(学科などが)必修の 3.[文法]疑問の: rhagenw (-au) ~ *m* 疑問代名詞

gofynnol *m* [文法] 1.疑問詞 2.疑問文

gofynnwr (-wyr) *m* : **gofynwraig (-agedd)** *f* 尋ねる人, 質問者

gofynodi *t* [印刷](語・文などに)疑問符を付ける

Gog (-s) : **Gogleddwr (-wyr)** *m* : **Gogleddwraig (-agedd)** *f* 北ウェールズ人

gogan (-au) *mf* 1.風刺, 皮肉 2.風刺作品[文学] 3.(個人・政府などを攻撃する)風刺文, 落首

gogangerdd (-i) *f* 風刺詩

goganu *t* (風刺文や詩で)風刺する

goganus *a* 1.風刺の; 皮肉な 2.風刺を好む

goganwr (-wyr) *m* 1.風刺文[詩]作者, 風刺作家 2.風刺家, 皮肉屋

goglais (-eisiau) *m* 1.くすぐり 2.くすぐったい感じ, むず痒さ 3.くすぐる[満足させる]物

goglais *t* 1.(人・脇腹などを)くすぐる: ~ rhn 人の脇腹をくすぐる 2.(人を)ちくちく[むずむず]させる 3.(味覚・想像などを)快く刺激する 4.(人・感覚などを)喜ばせる, 楽しませる, 笑わせる: ~ ffansi rhn 人をおかしがらせる 5.[釣](マスなどを)手掴みにする: ~ pysgodyn 魚を手掴みにする[手捕りにする]
i 1.くすぐったい, むずむずする 2.くすぐる

gogledd (-au) *m* 1.北, 北方, 北部: G~ Iwerddon 北アイルランド; ~ magnetig 磁北, 磁気北極 2.北部地方: y ~ oer 北方の極寒地方 3.[G~]イングランド北部: G~ Lloegr イングランド北部, 北イングランド; 大ブリテン島北部 4.[G~](米)北部諸州 5.[G~](北の)先進諸国 6.[G~]北半球; (特に)北極地方 7.北風 8.[トラ](ブリッジなどで)ノース, 北家

gogledd : **gogleddol** *a* 1.北の, 北にある: y Coleuni Gogleddol 北極光 2.[しばしばG~]北部地方に住む, 北部出の, 北部独特の 3.(風が)北から吹く: gwynt (m) y ~, y gogleddwynt *m* 北風 4.[G~](米)北部諸州の 5.[G~]北部方言の 6.[天文]天球赤道[黄道帯]より北方にある

gogledd-ddwyrain *m* 1.北東(部) 2.[G~](米)米国北東部, (特に) New England 地方

gogledd-ddwyreiniol *a* 1.北東の 2.(風が)北東からの

gogledd-orllewin *m* 1.北西(部) 2.[G~](米)米国北西部, (特に) Washington, Oregon, Idahoの諸州

gogledd-orllewinol *a* 1.北西の 2.(風が)北西からの

gogleddwr (-wyr) *m* : **gogleddwraig (-agedd)** *f* 1.[通例G~]北部[国]人 2.[G~]北イングランドの人 3.[G~]北ウェールズの人 4.[G~](米)北部諸州の人

gogleisiad (-au) *m* 1.くすぐり 2.むず痒さ, くすぐったさ 3.快い刺激

goglesio *t* = **goglais**

gogleisiol *a* くすぐる

gogleisiwr (-wyr) *m* : **gogleiswraig (-agedd)** *f* くすぐる人

gogonedd (-au) *m* 栄光を与える人[物], 誉れとなる人[物]

gogoneddiad (-au) *m* 1.神の栄光を讃えること, 賛美 2.称賛する[される]こと 3.実際以上に美化する[される]こと

gogoneddu *t* 1.(神・聖人などの)栄光を讃える, (神などを)賛美する 2.(人・行為などを)称賛[激賞]する 3.(人・行為などが)栄光[名誉]を与える 4.実際以上に美しく[立派に]見せる, 美化する

gogoneddus *a* 1.栄光［光輝］ある, 名誉の 2.壮麗［華麗］な 3.素晴らしい, 素敵［見事］な, 燦然たる 4.愉快な, 楽しい 5.［皮肉］ひどい: llanast ~ めちゃくちゃ

gogoniant (-iannau) *m* 1.栄光, 名誉 2.栄光［名誉, 誇り］を与える人［物］3.（神の）栄光, 賛美: ~ i Dduw 神に栄光あれ (cf *Luke* 2:14); (Nefoedd) ~! これは驚いた!, それは困った!, 有難い!, やった! 4.天上の栄光, 天国: mynd i'r ~ 天国へ行く, 死ぬ 5.栄華, 全盛,繁栄の絶頂 6.輝き, 光輝 7.壮麗, 華麗; 壮観, 美観 8.（名声・業績などの）顕著, 卓越 9.光輝を与える物: haul yn ei ogoniant［紋章］光り輝く太陽

gogor : gogr (gograu) *m* 1.（小麦粉などをふるう目の細かい）篩 2.（砂利・穀物などをふるう目の粗い）篩: ~ weiren 針金で作った篩 3.（液体の）こし器（茶こしなど）, うらごし器 4.口の軽い人

gogor (-ion) *mf* 冬用の家畜の飼料, 飼葉, まぐさ

gograid (-eidiau) *m* 篩一杯（の量）

gogri : gogro : gogrwn : gogrynu *t* 1.（穀物・砂利などを）ふるい分ける, 篩にかける 2.（ストーブの灰を落とすため火格子などを）振り動かす 3.（証拠などを）厳密に調べる: gogrwn tystiolaeth 証拠を鑑別する

gogrwr (-wyr) : gogrydd (-ion) *m* 篩製造人

gogryniad (-au) *m* 1.ふるい分け 2.精査

gogrynwr (-wyr) *m* 1.ふるい手 2.精査人 3.篩

gogwydd (-au, -iadau, -ion) *m* 1.（土地・道路などの）沈下, 傾斜, 勾配: ar ogwydd 傾斜して; ~ wal 壁の勾配 2.下り坂,（丘の）斜面 3.傾向, 風潮 4.（心の）傾向, 性向, 性癖 3.適性, 才能 6.（文学作品などのもつ社会的・政治的な）特定の傾向, 特殊な意図 7.（頭などを）傾けること, 傾き 8.［ロボ］（球の）形のゆがみ, 偏って転がる傾向

gogwyddiad (-au) *m* 1.（下方に）傾く［傾ける］こと, 傾き 2.傾斜, 下り坂 3.堕落; 退廃 4.悪化, 低下; 退歩 5.（道路・鉄道などの）勾配, 傾斜度 6.［文法］語形変化 7.［物理］（磁針の）偏差 8.［天文］赤緯（天球上で赤道からある天体や惑星の角距離）

gogwyddiadol *a*［文法］語形変化の, 語尾屈折の

gogwyddo *t* 1.傾ける, 傾斜させる 2.（体を）曲げる,（頭を）下げる 3.（心を人・意見などに）向ける,（耳を）傾ける 4.（体質・性格的に…への）傾向がある,（…する）質である 5.（記事・雑誌などを）特定の読者などに向くようにする 6.［文法］（名詞・代名詞・形容詞を）（格）変化させる
i 1.（地面などが）傾く, 傾斜する, 坂になる 2.（塀・建物などが）傾く, 傾斜する 3.（人が体を）前傾する, 屈む 4.（壁・肘などに）もたれる,

寄り掛かる 5.（援助などに）頼る, すがる 6.（意見・関心などで）心が傾く, 気が向く 7.（道・進路などが…の方へ）向かう, 至る 8.（…の）傾向がある: athrawiaeth sy'n ~ at socialaeth 社会主義に向かう傾向のある理論

gogwyddog : gogwyddol *a* 1.斜めの, 傾斜した, 傾いている: Twr Gogwyddol Pisa ピサの斜塔 2.（植物など）下に傾いた［曲がった］

gogyfran (-nau) *f*［音楽］挿入部, 挿句, 間奏

gogyfrif *m*［海事・航空］推測航法

gogynderfynol *a*［スポ］準々決勝の

gogynderfynwr (-wyr) *m* :
gogynderfynwraig (-agedd) *f*［スポ］準々決勝出場選手

gogynfardd (-eirdd) *m* 宮廷詩人

gohebiaeth (-au) *f* 1.（手紙による）文通, 通信: clerc (-od) (*m*) ~（会社などの）通信係 2.通信文, 書簡

gohebol *a* 通信（担当）の: aelod (-au) (*m*) ~ 通信会員

gohebu *i* 文通［通信］する: ~ a rhn 人と文通する

gohebydd (-ion, -wyr) *m* 1.手紙を書く人, 文通者 2.［ジャ］（新聞・雑誌・テレヴィ・ラジオなどの）取材記者, 通信［特派］員, レポーター

gohirdal (-iadau) *m*［証券］（ロンドン証券取引所の繰延べ取引における）売り株の繰延料

gohiriad (-au) *m* 1.［政治］（英国議会の）停会, 閉会 2.休会期間 3.延期, 繰延べ, 据置き 4.（交通の）不通 5.（支払の）停止

gohiriadwy *a*（判決など）執行猶予できる

gohiriant (-nnau) *m*［音楽］掛留（音）

gohiriedig *a* 1.延期した 2.［法律］（訴訟手続きが）（一時）中止［停止］した 3.［法律］（判決など）執行猶予の: dedfryd ohiriedig (dedfrydau ~) *f* 執行猶予 4.［音楽］（音符を）掛留させた: diweddeb ohiriedig (diweddebau ~) *f* 偽終止（属和音から主和音以外の和音へ進む終止形）

gohirio *t* 1.（出発・会議・裁判などを）延ばす, 延期［休会, 散会］する 2.［政治］（議会を）停会にする 3.（判断・決定・刑罰などを）保留［延期］する 4.（活動・営業・免許などを）（一時）停止［中止, 延期］する 5.停職［停学］させる

gohiriol *a*（一時的に）中止［休止］する

gohiriwr (-wyr) *m* : **gohirwraig (-agedd)** *f* 延期者

goitr (-au) *mf*［病理］甲状腺腫

gôl (goliau, golydd) *f*（フットボールなどの）ゴール;（ゴールに入れた）得点: cwrt (*m*) y ~［サッ］ゴールエリア; gwarchod/ cadw ~ ゴールキーパーをつとめる

golau (-euadau) *m* 1.発光体, 光源; 灯火,明

かり, 電灯: ~ noeth 裸火, 裸電灯; ~ crog 吊りランプ; goleuadau llywio 航空灯 2.(交通)信号灯, 明滅光: goleuadau traffig 交通信号灯; ~ coch 赤信号灯; ~ ôl 尾灯, テールライト; ~ terfyn (飛行機の離着陸区域を示す)境界灯 3.窓, 明かり取り 4.[絵画・写真](絵・写真の)光を受けている[明るい]部分: tywyll a ~ 光りと影 5.[法律]日照[採光]権 6.(舞台の)脚光 7.(太陽などの)光(線), 日光; 明るさ; 昼間, 日中: ~ dydd日中の光り; gefn dydd ~ 白昼[真っ昼間]に; ~ chwâl 散光; 夜明け: cynta'r wawr 夜明け 8.明るみ, 露見, 周知: dod i'r ~(犯罪など)明るみに出る, 現れる, ばれる 9.[pl]才能, 知識: gweithredu fel y gwelwch orau 自分の才能に応じて行動する 10.灯火 11.[天文]光

a 1.光る, 輝く; 明るい 2.(色が)薄い, 淡い: glas ~ 薄青; brown ~ 薄茶色, 淡褐色 3.(髪が)金髪の 4.(肌が)白い

t (火を)つける, 燃やす: ~ tân 火をつける

golch (-ion) m 1.洗剤: ~ gwallt 洗髪剤 2.洗薬, 薬液, 溶液 3.化粧水, ローション 洗濯(物) 4.(水彩絵具の)薄い一塗り: ~ lliw 泥絵具, 水性塗料 5.[pl](食べ残しなどの入っている台所の)捨て水, 汚水, 残飯(豚などの飼料)

golchadwy a 洗濯のきく

golchdrwyth (-au) m 化粧水, ローション

golchdy (-dai) m 洗濯屋, コインランドリー; 洗濯場

golchfa (-feydd) f 1.= golchdy 2.洗うこと, 洗浄, 洗濯 3.打つ[叩く]こと 4.[鉱山](石炭の)洗鉱場

golchi t 1.洗う, 洗濯する; 洗濯してアイロンをかける 2.(体・顔・手などを)洗う: ~'ch dwylo 両手を洗う 3.(汚れ・染みなどを)洗い落す[流す]: ~ clwyf 傷を洗う 4.(宗教的・道徳的な意味で罪などを)洗い清める: ~ beiau rhn ymaith 人の罪を洗い清める 5.(ニス・水絵具などをテーブルなどに)薄く塗る: ~ mur 塀[壁]にのろを塗る[白塗りにする] 6.(波・川の水などが)打ち寄せる, 洗う: ~'r glannau 海岸を洗う 7.流す, 運ぶ, さらって行く: golchwyd morwr dros fwrdd y llong 波が船員をさらって行った 8.打つ, 叩く [鉱山](鉱石を)洗鉱する: ~ glo 石炭を洗鉱する

i 洗濯がきく: defnydd hawdd ei olchi, defnydd sy'n ~ fel rhacryn 洗濯がよくきく生地

golchiad (-au) m 1.入浴, 湯浸み, 水浴び 2.洗うこと, 洗浄; 洗濯 3.(宗教的儀式としての)沐浴 4.洗鉱

golchiadol a [宗教]洗浄(式)の

golchlun (-iau) m (黒・セピアなどの色調の)透明な水彩絵具による絵画, 墨絵

golchwr (-wyr): golchydd (-ion) m : **golchwraig (-agedd): golchyddes (-au)** f 1.洗う人, 洗濯人[婦, 女] 2.洗濯機

goleddf (-au) m 1.頭などを傾けること 2.(道路・丘などの)傾斜, 勾配, 傾斜度: ar oleddf 傾斜して, はすかいに; ar oleddf o 45 gradd 勾配45度に傾いた 3.[鉄道]インクライン

goleddfair (-eiriau) m [文法]修飾語句

goleddfiad (-au) m [文法]1.限定, 制限 2.修飾語句

goleddfol a 1.斜めの, 傾いた, 傾斜した 2.制限[限定]する, 限定的な 3.[植物]下[脇]に曲がった[傾いた]

goleddfu t 1.[ジャ](事実・報道などを)特定の意見[読者, 聴衆]向きに書く, 歪曲する 2.(陳述・意見などを)修正[限定]する 3.[文法](名詞・動詞などを)修飾する, 意味を限定する

i (地面などが)傾く, 傾斜する, 斜めになる

golethr (-au) f [地理]下にある岩盤の傾斜と同じ方向に同じ角度で傾いている地面

goleuad (-au) m 1.(通例pl)電飾, イルミネーション: mynd i weld y goleuadau 電飾を見に行く 2.発光体;(特に)太陽, 月 3.啓蒙, 啓発, 解明 4.[物理・光学]照明; 照度

goleuannu t [植物](葉を)照らす, 照明する: ~ deilen 葉を照らす

goleuant (-nnau) m 啓蒙, 啓発, 解明

goleubwynt (-iau) m [絵画・写真]最も明るい部分

goleubwyntio t [絵画・写真](画面の一部を)特に明るくする

goleudy (-dai) m 灯台: ceidwad (m) ~ (ceidwaid goleudai) 灯台守

goleuddydd m 日中の光り

goleuedig a 啓発された; 開花した

goleuedigaeth f 1.開明, 開花 2.[哲学]啓蒙 3.[G~]啓蒙運動: yr Oes Oleuedig f [歴史](18世紀のヨーロッパ, 特にフランスの合理主義的)啓蒙運動

goleuedd (-au) m 1.光輝, 光度 2.発光物[体] 3.[物理・化学](熱を伴わない)発光, 冷光

goleufa (-feydd) f 信号所[塔]

goleulong (-au) f [海事]灯(台)船(航行危険個所に係留され灯台の代わりをする船)

goleuni m 1.(太陽などの)光り, 日光, 明るさ; 白昼: y G~ Geogleddol 北極光; cynefino (vn) â ~[生理]明順応 2.明かり, 灯火: trap (-iau) (m) ~ 誘蛾灯; [写真]遮光装置, (暗室への)遮光通路 3.[法律]日照[採光]権: hawl ~ 日照[採光]権; hen hawliau ~ 日照[採光]権を取得した窓(20年以上採光を妨げられなかった窓; 主に英国ではそれ以後も採光を続ける権利がある) 4.[絵画・写真](絵などの)光りを受けている部分 5.[光学]光: ton (f) oleuni (tonnau ~)光 波; hidlwr (-wyr) (m) ~[光学・写真]光フィルター 6.[天文]光: blwyddyn (f) oleuni (blynyddoedd ~)光年

goleuo t 1.(ローソク・パイプなどに)火をつけ

る, 点火する, ともす **2.**(火を)たき付ける, 燃や
す **3.**(明かり・灯火を)つける, 明るくする, 照ら
す ～ lamp ランプをつける **4.**灯火をつけて道
案内をする: ～ llwybr rhn 明かりをつけて人
の道案内をする **5.**(顔・目などを)明るくする,
輝かせる, 晴れ晴れさせる **6.**(部屋などを)明る
くする, 照らす **7.**(人を)啓発[教化]する **8.**日
光を与える, 日光に晒す
i **1.**火がつく, 燃える **2.**明かりがつく; (ランプが)
ともる; (ローソクに)火がつく **3.**明るくなる, 輝く,
照る **4.**(顔・目などが)輝く, 明るくなる, 晴れ晴
れする **5.**稲妻が光る: mae hi'n ～ (mellt)[気
象]稲妻が光っている

goleuog *a* **1.**光を発する, 光る, 輝く **2.**(話など
が)明快な, 理解しやすい

goleuol *a* **1.**光の[に関する] **2.**光る, 輝く, 光を
発する: arddwysedd (-au)～[光学]光度 **3.**照
らす, 照明の **4.**明快な, 理解しやすい **5.**解明す
る; 啓蒙的な

goleuwr : goleuydd (-wyr) *m* **1.**光を与える
人; 照明係 **2.**点灯夫 **3.**啓蒙者 **4.**(知的)指導
者; 有名人

golewych (-au) *m* **1.**夕焼け, 夕映え **2.**楽しい
思い出; (過去の成功などの)名残

golff *m*[スポ]ゴルフ: maes (meysydd) (*m*)
～ ゴルフ場; gweddw (-on) (*f*) ～ ゴルフウイドー
(ゴルフにばかり行っている夫をもつ妻)

golffio *i* ゴルフをする

golffiwr (-wyr) *m* : **golffwraig (-agedd)**
f ゴルフをする人, ゴルファー

Goliath *m*[聖書]ゴリアテ(Davidに殺されたペ
リシテ人の巨人; cf *1 Sam* 17:4, 49-51)

goliwiad (-au) *m*[*pl*](写本の)彩飾

goliwiedig *a* (写本など)彩飾された:
blaenlythyren oliwiedig (blaenlythrennau
～) *f* 彩飾された頭文字

goliwio *t* (写本などを)彩飾する

goliwog (-iaid) *m* **1.**髪の立った真っ黒い顔を
したグロテスクな人形 **2.**お化けのような顔の人

golosg *m* **1.**コークス **2.**炭, 木炭: ～ byw[化学]
活性炭

golosgi *t* **1.**(石炭を)コークスにする **2.**(火が木
などを)炭にする, 黒焦げにする
i 炭に[黒焦げに]なる

golud (-oedd) *m* 富, 財産

goludog *a* (人など)裕福な, 金持ちの

golwg (-ygon) *mf* **1.**(物の)外観, 見掛け, 外
見: yn ôl pob ～, i bob ～ どう見ても[考えて
も] **2.**[*pl*](人の)顔付き, 容貌, 様子, 風采:
barnu ar yr olwg allanol 顔付きで判断する;
gŵr dymunol yr olwg 感じのいい人 **3.**[*pl*]
目付き, 目の表情 **4.**注目, 注視 **5.**目の届く所: o
fewn ～ 目の届く所に **6.**視力, 視覚: ～ byr,
byrolwg 近視; ～ dwbl 複視 **7.**見る[見える,
眺める]こと, 一見, 一目, 一瞥: ar yr olwg
gyntaf 一目で; 一見したところでは; colli ～ ar

rn 人を見失う **8.**視察, 検分 **9.**視界, 視野:
allan o olwg, allan o feddwl[諺]去る者は
日々に疎し, 見えなくなれば記憶から去る **10.**光
景, 景色, 眺め, 見晴らし, 眺望: ～ oddi uchod,
～ o'r awyr 鳥瞰図, 全景 **11.**名所, 観光地
12.風景画[写真]; 展望図: cefnolwg
(cefnolygon) *f* 背面図 **13.**見地, 見解, 判断
14.[建築]立面[正面]図 **15.**おかしくて[ひどく
て]人目につく[物], 物笑いの種: dyna/am
olwg sydd arnoch chi! なんてざまだ!, なんだ
そのざまは!, そのざまはどうしたのだ!

golwr (-wyr) *m* : **golwraig (-agedd)** *f*[ス
ポ](サッカーなどの)ゴールキーパー

golwyth (-ion) *m*[料理](羊・豚などの通例
あばら骨付きの)小さな肉片[チョップ], 切身,
一切れ: ～ oddi ar y gridyll 焼かれたチョップ

golygadwy *a* 編集できる

golygedig *a* 編集された

golygfa (-feydd) *f* **1.**光景, 風景, 景色, 眺め,
見晴らし: golygfeydd o Baris パリの風景; ～
wledig 田園風景; ～ drist 悲しい光景 **2.**名所:
golygfeydd y ddinas その都市の名所 **3.**(事
件・出来事などの)現場, 場面 **4.**(劇・映画な
どの情景を思い出させるような)事件: ～ ingol/
alaethus 痛ましい事件 **5.**(劇の幕を構成す
る)場 **6.**[*pl*][演劇]背景, 道具立て, 舞台装
置: gosod yr olygfa 舞台に道具立てする, 背
景を設ける **7.**(劇・映画・テレヴィなどの)場
面, シーン: ～ allanol (映画・芝居などの)屋外
場面, 野外風景[シーン]: 野外シーン用セット
8.観察, 観測, 考察 **9.**大騒ぎ, 醜態 **10.**活躍場
面 **11.**好み

golygfaol *a* **1.**景色[風景]の **2.**眺めのよい, 風
光明媚な **3.**舞台(上)の; 背景の; 劇の: effaith
olygfaol (effeithau ～) *f* 舞台効果

golygiad (-au) *m* **1.**編集したもの **2.**[新聞]編
集 **3.**(本・雑誌・新聞などの)版(一つの組版
で刷った印刷物の総部数) **4.**(普及版・豪華
版など本の体裁による)版 **5.**(印刷物の)一冊

golygol *a* 視覚による, 視覚に訴える

golygu *t* **1.**(本・雑誌・新聞・辞書・フィルム・
テープ・コンピュータ用のデータなどを)編集す
る **2.**(原稿を)校訂する **3.**(必然的に)伴う, 含
む, 必要とする **4.**(…する)つもりである[言う],
意図する **5.**(人にとって)重要である **6.**(結果
的に)引き起こす, 生じさせる, (…)ということに
なる: mae'n ～ dal y trên cynnar それで早い
列車に間に合って乗ることになる **7.**(語句・記
号などが)意味する, 意味を表す

golygus *a* **1.**(男性が)顔立ちのよい, ハンサム
な **2.**(女性が)顔立ちのよい, 美貌の, 大柄で
魅力的な **3.**(建物・家具などが)立派な, 見事
な, 見て美しい, 見栄えのよい **4.**見晴らしのよい,
展望のきく

golygwedd (-au) *f* 特徴, 特色

golygydd (-ion) *m* : **golygyddes (-au)** *f*

golygyddiaeth 322 **gorau**

1.(書籍の)編集[校訂]者 2.(新聞・雑誌の)編集長[主幹]3.(映画・ラジオ・テレヴィ番組などの)編集者 4.[電算]エディター: testun-olygydd (-ion) *m* テキストエディター

golygyddiaeth (-au) *f* 1.編集者の地位[職] 2.編集; 校訂

golygyddol (-ion) *m* 1.(新聞などの) 社説, 論説 2.(テレヴィ・ラジオの) 解説
a 1.編集者[長]の 2.編集(上)の 3.社説の

gollwng *t* 1.(涙・液体・気体などを)こぼす, 垂らす, 漏らす, 排出する 2.(傷口などが膿を) 出す: ~ gôr 膿を出す 3.(物を) 落す 4.(錨・幕・釣糸などを) 下す: ~ llen 幕を下ろす 5.(客・荷物などを途中で) 降ろす: ~ peilot 良い助言者を退ける (When Bismarck was ejected from office, Punch had a cartoon entitled "Dropping the Pilot" ビスマルクが解任された時, パンチ紙は「良き助言者を退ける」と題する漫画を載せた; Wilhelm II がBismarck (水先案内の姿に画かれている) を解任した場面を画いた漫画 (Punch, March 20, 1890から) 6.(患者などを病院から) 退院させる: ~ claf 患者を退院させる 7.(軍人を) 解任する 8.(集会・隊などを) 解散させる: ~ cynulliad 集会を解散させる 9.(声・目を) 落す 10.(編物で) 一針 [一目] 落す: ~ pwyth 一針[一目] 落す 11.(監禁・束縛・苦痛などから) 釈放[解放, 放免]する, 自由にする 12.(動物などを) 放つ する, 放つ 13.(仕事・義務・約束・借金などを) 免除する 14.(固定物・留めた[握った]物などを) 放つ, 離す, 外す, 投下する: ~ eich gafael 握った手を放す; ~ brâc ブレーキを緩める 15.[写真](カメラのシャッターを) 切る: ~ caead シャッターを切る 16.(矢・銃などを) 撃つ, 放つ: ~ saeth 矢を放つ 17.[法律](権利・土地などを) 放棄[譲渡]する 18.[法律](陪審団を) 解散させる: ~ rheithgor 陪審員を解任する 19.(人の罪を) 許す; [キ教](司祭が) 罪の許しを与える 20.[数学](点から線・面などに) 引く, 結ぶ: ~ sythlin ar linell 線へ垂線を引く 21.(音・字・語尾などを) 落す, 省く: ~ eich aitsh h の音を落して発音する 22.(要求などを) 取り下げる: ~ cyhuddiadau 告発を取り下げる 23.[軍事](パラシュートで人員・装備・補給物資などを) 空中投下する: ~ parasiwtiwr 落下傘兵を空中投下する

gollyngdod *m* 1.免除; 罪の許し 2.[カト](司祭が宣する) 赦免, 免罪 3.[プロ] 赦罪宣言 4.(苦痛・心配などの) 軽減, 除去 5.安心, 安堵

gollyngedig *a* 1.(ガス・液体などが) 放出された, 流出した 2.解放された

gollyngiad (-au) *m* 1.(液体・臭い・ガスなどの) 放出, 放射, 排出, 漏れ, 漏出 2.放射[放出, 排出, 漏出]物, 漏れ水, 漏出蒸気[ガス] 3.(固定物・留めた物からの) 放出, 発射, 落下;

(爆弾の) 投下 4.省略 5.(集会・隊などの) 解散 6.兵士などの除隊 [生理] 射精(液) 7.[法律] 無罪放免, 釈放 8.[キ教](法の適用の) 緩和, 免除; [カト] 特免(状) 9.[機械](ハンドブレーキなどの) 解除ボタン [ハンドル]; (カメラの) レリース 10.[軍事](パラシュートによる補給物資などの) 空中投下 11.[物理](原子の) 放射

gollyngol *a* 1.放射性の 2.[教会] 免除の

gollyngwr (-wyr) *m* 1.落す人 2.(人の罪を) 許す人 3.放気[緩め]装置 4.放出する物 (特に粒子を放出する物質)

gomedd *t* 1.(依頼・要求・命令・提供などを) 断る, 拒絶 [拒否]する 2.どうしても(…しようと) しない

gomeddiad (-au) *m* 1.拒絶, 拒否, 辞退 2.省略; 脱落

gonad (-au) *m* [解剖]性(殖)腺

gonadaidd *a* [解剖]性(殖)腺の

gondola (-âu) *f* [海事] ゴンドラ (Venice 名物の平底遊覧船)

gondoliwr (-iwyr) *m* ゴンドラの船頭

gonest *a* (人が)正直[誠実]な: ~ fel y dur/dydd 非常に誠実な

gonestrwydd *m* 正直, 誠実: ~ sy'n talu orau [諺]正直は最上の策

go-oer *a* (空気・風など) 涼しい, ほどよく冷たい; ひんやりする

gôr *m* [医学]膿; (傷口から出た) 血の固まり, 血

gor- *pref* 1.過度 [過剰]な: gorfanwr *a* 過度に気難しい; gorestyn : gordynnu *t* 伸ばし過ぎる, 過度に広げる; gorwmodedd *m* 過多, 過剰; gorgyffro *m* 過度の興奮 2.超過する: goramser *m* 規定外労働時間 3.上に: goruwchadeilad *m* 上部建築物; goruwchddaearol *a* 地上の [に住む] 4.さらに, 付加的に: gorychwanegiad *m* さらに加えること 5.(…を) 越えて, 向こうの: gorogleddol 極北の 6.上位: goruwchwylio *t* 監督する 7.高等の, 超越した, …より優れた [以上の]: goruwchddyn *m* 超人的な人, スーパーマン; goruwchnatriol *a* 越自然の

goramcan (-ion) *m* 過大評価

goramcanu *t* 過大評価する

goramser *m* 1.規定外労働時間; 時間外労働, 超過勤務, 残業 2.超過勤務 [残業] 手当

gorau (-euon) *m* 1.最上, 最善, 至上 2.一番よいもの [こと, 部分]: y peth ~ 最もよいこと 3.最上の人: gyda'r goreuon だれにも劣らない人 4.晴れ着: yn eich dillad/pilyn ~ 晴れ着を着て 5.最善の努力 6.最良の状態: ar y ~ 最も順調な [恵まれた] 時
a 1.最もよい [好ましい], 最上[最善]の:pen ~'r gwddf (料理に用いる羊 [子牛] の) 首肉の肋骨付きの部分; gwneud eich ~ glas できるだけ早く歩く; 最善 [全力] を尽くす; ~ po cyntaf

gorawen | 323 | **gordyfiant**

[諺]早ければ早いほどよい 2.最も上手な 3.(体の具合が)最上で, 最好調で 4.最も多い, 最大の 5.(反語的に)最もひどい, 徹底した

gorawen (-au) *f* 1.大喜び, 有頂天, 歓喜, 狂喜 2.喜びのもと[種], 喜びを与える人 3.意気揚々, 大得意 4.満足, 成功 5.(宗教的)法悦 6.(詩人・予言者などが経験する)忘我, 恍惚 7.[心理]恍惚状態, エクスタシー

gorawenu *i* 有頂天になる

gorawenus *a* 1.嬉しい, 楽しい 2.(拍手・歓迎など)熱狂的な, 狂喜した, 有頂天の 3.(知らせ・光景など)人を喜ばせる[楽しくする]4.忘我の 5.法悦の

gorawydd *m* 熱狂, 熱中, マニア, …狂[熱]

gorbarhad *m*[心理]固執(保続症)

gorbarhau *i*[心理]固執する

gorblyg (-ion) *m*[地質]過褶曲, 転倒褶曲

gorboblog : gorboblogedig *a* 人口過剰[過密]

golboblogaeth *f* 人口過剰[過密]

golboblogi *t*(都市などを)人口過剰にする

gorbrisio *t* = **goramcanu**

gorbwyso *t* 1.(重みが…)より重い 2.(重要性・価値など…)より重要である[勝る]

gorcharfan (-au) *m*(通例*pl*)歯茎, 歯肉

gorchest (-ion) *f* 1.手柄, 偉業, 功績 2.離れ業, 芸当 3.強がり, 虚勢, 空威張り 4.強がりの行動: gwneud rhth o ran ~ 虚勢を張って何かをする 5.傑[名]作, 代表作

gorchestol *a* 大家[名人]らしい; 見事な, 熟達した

gorchfygedig *a* 敗北した, 征服された, 服従させられた

gorchfygiad (-au) *m* 1.負け, 敗北, 敗戦 2.征服 3.征服によって得たもの, 征服[占領]地 4.(愛情・好意などの)獲得

gorchfygol *a* 勝利を得た, 勝ち誇る

gorchfygu *t* 1.(国・敵などを)征服[鎮圧, 攻略]する, 打ち負かつ, 破る 2.(感情などを)抑える, 抑制する 3.(計画・希望などを)挫折させる, くじく, 覆す

gorchfygwr (-wyr) *m* 1.征服[戦勝, 勝利]者: Gwilym Orchfygwrウイリアム征服王(Normandy公William I; 1066年英国を征服した)2.(競技などの)勝利[優勝]者

gorchmyngar : golchmynnol *a* 1.指揮する 2.堂々とした 3.命令的な, 断固とした;厳然たる 4.[文法]命令法の

gorchmynnol *m*[文法]1.命令法 2.命令文 3.命令法の動詞

gorchudd (-ion) *m* 1.覆い, カヴァー: ~ rhydd (クッション・枕などの)ゆったりしたカヴァー; ~ gwely(装飾用)ベッドカヴァー[掛け]2.[*pl*]垂れ[掛け]布;[演劇]シアタードレープ(観客から劇場の舞台裏を隠すように設計された大きな布)

gorchudden (-nau) *f*(獲物の)隠れ場所

gorchuddiedig *a* 1.一面に覆われた 2.隠された, 包み隠した, 仮面をかぶった

gorchuddio *t* 1.(物を)覆う, 覆い尽くす, 隠す 2.(衣類・掛け布などを)優美に垂らし掛ける, まとわせる 3.(像・部屋などを)掛け布で覆う[飾る]4.(腕・足などを)もたれかける 5.[服飾](スカートなどに)ひだをとって緩やかにする

gorchuddiol *a* 覆う

gorchuddiwr (-wyr) *m* : **golchuddwraig (-agedd)** *f* 製品をカヴァーで包む[包装する]工場労働者

gorchwyl (-ion) *m* 仕事, 務め, 職務; 研究

gorchymyn (-ion, golchmynion) *m* 1.命令, 指令, 指図: ~ tadogaeth[英法](非嫡出子の父に対する)扶養命令; ~ llys[法律]裁判所の命令(書); ~ diamod[倫理]無上[定言的]命令(絶対無条件的に守るべき道徳法の命令; Kantの用語; ar y ~ 命令一下, 号令に従って; ar orchymyn …(…の)命令によって 2.要求, 請求: taladwy ar olchymyn 参着払い 3.[G~][聖書]モーセの十戒の一つ: y Deg G~ モーセの十戒

gorchymyn *t*(権力・権限のある者が)命令[指図]する, (…)するように命じる: ~ i rn wneud rhth 人に何かをするように命じる; ~ encilio 退却を命じる

gorchymynnod (-ynodau) *m* 請求書

gordal (-iadau) : goldaliad (-au) *m* 追加料金

gordanysgrifiad (-au) *m*(証券などの)応募超過

gordanysgrifiedig *a* 1.(証券などを)募集額以上に申し込まれた 2.(劇場・切符など)定員以上に予約された

gordanysgrifio *t* 1.(証券などを)募集額以上に申し込む 2.(劇場・切符など)定員以上に予約する

gordeimladol : gordeimladwy *a* 1.(人が)感傷的な, 涙もろい, 多感な 2.(小説・演劇などが)お涙頂戴の, 感情に訴える 3.(理性・思考より)感情に動かされる, 感情的な

gordeimladrwydd *m* 1.感傷[感傷]的なこと 2.感傷[感傷]的な思考[表現]

gordew (-ion) *a* 肥満体[太り過ぎ]の

gordewder : gordewdra *m* 肥満

gordo (-eau, -eon) *m* 1.突き[張り]出し 2.[建築](屋根・バルコニーなどの)張出し 3.[登山]オーヴァーハング(山で岩・雪の塊などが張出している所)4.[海事](船主・船尾の水線外の)突出部分 5.[航空]張出し

gor-doi *t*(物を蓋で[のように])覆う, 覆い尽くす

gordyfiant (-iannau) *m* 1.過度の成長, 育ち[太り]過ぎ, 異常発達 2.繁茂, はびこり 3.(場所・物の上に)一面に生えたもの 4.[病理](心臓などの)肥大, (組織の)増殖 5.[動物]肥厚

6.[植物]細胞異常増殖

gordyfu _i_ 1.肥大する 2.育ち[大きくなり]過ぎる, 異常発達する

gordyriant (-iannau) _m_ 1.(人口の)過密, 過剰 2.[病理]充血, 鬱血

gordyrrog _a_ [植物](森林の樹木が)密集した

gordd (gyrdd) _f_ [道具]1.(杭打ち・石割りなどに用いる)大槌[金槌, ハンマー]: ~ bren (gyrdd pren)木槌 2.(croquetやpoloの)打球鎚, マレット: ~ beiriant (gyrdd peiriant)[土木]杭打ち機

gorddadwy _a_ 1.(金属が)鍛えられる, 加鍛性の 2.(人・性格などが)順応性のある, 柔軟な

gorddefnydd _m_ 過度の使用, 濫用

gorddefnyddio _t_ 過度に使用する, 使い過ぎる

gordderch (-adon) : gordderchwraig (-agedd) _f_ 1.(一夫多妻制の)第一夫人以外の妻 2.(有妻者の)愛人, 情婦 3.内縁の妻, 内妻: plentyn gordderch非嫡出子, 私生児, 庶子

gordderchaeth _f_ **: gordderchedd : gordderchiad (-au)** _m_ 内縁関係, 同棲

gordderchol _a_ 内縁関係の

gorddewisol _a_ 任意の, 自由裁量の: hawl orddewisol _f_ 自由裁量の権限

gorddirlawn _a_ [化学](液体が)過飽和した

gorddirlawnder _m_ [化学]過飽和

gorddirlenwi _t_ [化学](液体を)過飽和させる

gorddor (-au) _f_ 1.(上下に仕切った戸・門の)下戸, 下扉 2.(大きい門・戸の傍らに造った)小門, くぐり門[戸]

gorddos (-au) _m_ (薬の)過剰投与

gorddosio _t_ (薬を)過剰投与する

gorddrafft (-iau) _m_ [銀行・商業]当座貸し[借り](高);(手形の)過振

gorddrws (-rysau) _m_ = gorddor

gorddwfn _a_ (_f_ **gorddofn**, _pl_ **gorddyfnion**)[地理](谷などが浸食作用によって)過度に深くなった

gorddwythiad (-au) _m_ 1.[論理](ある命題から)自然[当然]に引き出せる結論;(必然的)結果 2.推論 3.[数学]系

gorddwythol _a_ 1.結果として生じる 2.付随する

gorddyfnhau _t_ [地理](水・氷などによる浸食作用のため谷などを)極端に深くする

gorddyledus _a_ (借金が)支払期限の過ぎた, 未払いの

gorelw (-au) _m_ 超過利潤

goresgyn _t_ (国などを)征服[侵略]する,(征服して)支配する,(侵略によって)荒廃させる: ~ gwlad 国を侵略する

goresgyniad (-au) _m_ 征服, 侵略, 侵入: y G~ Normanaidd [英史]ノルマン人のイングランド征服(1066年ノルマンディー公Williamの率

いるノルマン人の軍が上陸し, Hastingsの戦いでAnglo-Saxonsを打ち破ってイングランドを征服する)

goresgynnol _a_ [軍事]征服[侵略, 侵入]する, 侵略的な

goresgynnwr : goresgynnydd (-ynwyr) _m_ 征服[侵略]者; 侵略軍

goreuro _t_ = euro

goreurog _a_ = euraid, euraidd

gorfannol _a_ 1.[音声]歯茎音の 2.[解剖]肺胞の; 歯槽の

gorfannol (gorfanolion) _f_ [音声]歯茎音[[t], [d]など]

gorfant (-fannau) _m_ [解剖]歯槽(弓); 肺胞

gorfanwl _a_ 1.細かいことに気を使う, 几帳面な 2.過度に気難しい 3.用心し過ぎる

golfod _t_ 1.強いて[無理に](…)させる: ~ rhn i weithredu (否応無しに)人に決断させる, 意図を表明させる 2.(…)せざるを得ない 3.無理に追いやる[推し進める]: ~ cenedl i ryfela 国民を無理に戦争へと押し進める _aux_ 1.[必要](…)ねばならない 2.[義務・命令](…)ねばならない[べきである]

golfod _m_ 強制, 強迫 _a_ 1.強いられた, 強制的な: llafur ~ (ol) _m_ 強制労働 2.[軍事]徴集された

golfodadwy _a_ 強制[威圧]できる

golfodaeth _f_ 1.服従などの強制, 強迫: dan orfodaeth 強制されて 2.拘束; 監禁 3.(法律・道徳上の)義務, 責務: ~ filwrol 徴兵制度 4.義理, 恩義 5.[法律]債務(関係); 債券, 証券 6.(法律などの)施行, 執行 7.[法律]強迫 8.(意見などの)強調 9.威圧, 弾圧政治

gorfodeb (-au) _f_ [法律](法廷の)強制[禁止]命令, 差し止め命令

gorfodedd _m_ 強制, 無理強い

gorfodi _t_ 1.(法律などを)実施[施行]する: ~'r gyfraith 法を守らせる 2.(人に尊敬・服従・行動などを)強いる, 強要する, 余儀なくさせる 3.(要求・意見などを)強める; 強く主張する 4.[軍事](人を)徴兵に取る

gorfodogaeth _f_ 1.[法律](財産の)仮差押え; 没収 2.[ス法](破産者の財産の)一時的強制管理

gorfodogi _t_ 1.[法律]仮差押えする 2.[教会](聖職禄の収入を受禄聖職者の負債清算のため)流用する

gorfodogwr (-wyr) _m_ [法律]仮差押え人; 没収者

gorfodol _a_ 1.強制する, 強制[威圧]的な: pryniant ~ _m_ 強制買上[収用]2.義務的な: presenoldeb ~ [教育]義務的な出席; oedran ysgol ~ 義務教育年限[就学年齢]3.(学科目が)必修の 4.[軍事]徴集された

gorfodwr (-wyr) _m_ 強制者

gorfoledd _m_ 1.歓喜, 狂喜, 大喜び 2.喜びの種

gorfoleddu

[もと]3.成功, 満足; 幸運 4.[*pl*]歓呼; 歓楽; 祝賀: clychau ~ (祝祭・慶事を知らせる)教会の祝いの鐘 5.勝利感, 勝ち誇り, 成功の喜び, 得意の色: mewn ~ 勝ち誇って, 意気揚々として

gorfoleddu *i* 1.大喜び[歓喜]する, 有頂天になる 2.祝う, 祝賀する 3.勝ち誇る, 勝利を得る, 成功する

gorfoleddus *a* 1.喜ぶ, 大喜びの 2.(物事が)嬉しい, 楽しい 3.(光景など)人を喜ばせる, 楽しくする 4.勝利の, 勝ち誇った, 凱旋の

gorfychan *a* 1.微小[極微]の 2.[数学]微分[無限小]の

gorfychanyn (-ion) *m* 1.極微量 2.[数学]無限小

gorffen *t* 1.(仕事・課程などを)終える, 済ます仕上げる: ~ gwaith 仕事を終える; ~ gwneud rhth 何かをしてしまう[し終える]2.完成させる, 完全なものにする, 全部揃える 3.(作品などの)仕上げをする, 磨きをかける 4.(書類などに)記入する 5.(結婚を床入りにより)完成させる
i 1.終わる, 済む 2.(仕事などを)終える 3.(…で)おしまいにする, 切り上げる: gorffennodd drwy fy ngalw i'n lleidr 彼は終わりに私を泥棒呼ばわりした 4.(競走・競技を何着などで)終える, ゴールインする 5.仕上げ教育を受ける, 花嫁学校で学ぶ

gorffenedig *a* 1.(仕事・製品などを)終えた, 完成した, 仕上がった: portread ~ *m* 完成した肖像画 2.(人との関係が)絶たれて, 絶交して 3.(技能・教養などの点で)完全な, 申し分のない, 洗練された 4.過去のものとなった, 零落した, 力尽きた, 望みを絶たれた 5.完全[完璧]な, 欠点のない, 申し分のない, 正確な, 寸分違わぬ 7.最適[うってつけ]の 8.熟達した, 完全に修得した 9.全くの, 純粋の 10.[数学]完全な 11.[音楽]完全な, 完全音程の

gorffeniad (-au) *m* 1.終わり, 最後, 終局 2.(競走・狩猟などの)最終場面, 決勝, フィニッシュ 3.(作品などの)最後の仕上げ; 仕上げ方法 4.(ペンキ・漆喰などの)仕上げ塗り, 上塗り 5.(家具などの)艶だし, 磨き ~ llathraidd 光沢仕上げ 6.(態度・言葉遣いなどの)垢抜け, 洗練 7.[建築]内部工事の仕上げ

Gorffennaf *mf* 7月

gorffennol *m* 1.過去: yn y ~ 過去において 2.過ぎ去った事, 昔の話 3.[文法]過去(時制) *a*[文法]過去の: rhangymeriad (-au) ~ *m* 過去分詞; amser ~ 定過去

gorffennu *t* 1.[裁縫](仕事などを)仕上げる 2.(家具・陶器などの)仕上げをする

gorffennwr (gorffenwyr) *m* 1.仕上げた人, 完成者 2.仕上げ工 3.[スポ](レースの)完走者

gorffwyll *a* 1.熱狂的な, 熱狂する 2.正気でない, 狂気の, 精神異常の 3.精神異常者のため

の 4.非常識な, 気違い染みた, 無謀な 5.(苦痛・怒り・悲しみ・喜びなどで)気が狂ったような, 半狂乱の, 血迷った 6.大急ぎ[大慌て]の, 取り乱した 7.[精神医学]躁病の: ~-oriog 躁鬱病の

gorffwylldduddyn (-ion) *m* 気違い, 狂人

gorffwylledd *m* 1.逆上, 乱心, 狂乱, 激怒 2.熱狂, 狂喜, 夢中, …狂[熱]: ~ gorffwylltra crefyddol 宗教熱 3.狂気, 精神異常 4.狂気の沙汰, 愚行 5.[病理](一時的)精神錯乱, 譫妄(状態) 6.[精医]躁病

gorffwyllo *i* 1.(精神錯乱状態で)取留めのないこと[うわ言]を言う 2.(人・物事について)怒鳴る, わめく, ののしる 3.夢中になってしゃべる, 熱心に説く

gorffwyllog (-ion) *m* 1.狂人 2.熱中者, …狂 *a* = **gorffwyllyr**

gorffwylltra *m* = **gorffwylledd**

gorffwys *m* 1.(仕事などの後にとる)休み, 休息, 休憩, 休養: yn ~ 休息して; 安心して; 静止して; 解決して; 永眠して; dydd o orffwys yw'r Sul 日曜日は休日[安息日]です 2.睡眠: mynd i orffwys 床に就く, 眠る 3.安静, 静養: iachâd (*m*) trwy orffwys, gwellhad (*m*) trwy orffwys [医学]安静療法 4.安らぎ, くつろぎ 5.平穏, 閑静, 静寂 6.(機械などの)休止, 停止, 静止: dod i orffwys 止まる, 停止す; ongl (*f*) orffwys (onglau ~)[土木]休止[落着き]角

gorffwys : gorffwyso *t* 1.(体などを)休ませる, 休養させる: rhoi ~ i'ch dynion 従者を休ませる 2.(荷物・肘などを)置く, 載せる, 寄り[もたれ]かからせる
i 1.休む, 休息[休憩]する; 横になる; 眠る 2.載って[支えられて]いる, 寄り掛かる, もたれる 3.当てにする, 信頼する: ~ ar eich clodydd 既に得た名誉に甘んじる

gorffwysfa (-feydd, -oedd) *f* 1.[詩学]行間休止 2.休憩[休息]所 3.(ホテルのない所での旅行者用の質素な)宿泊所, レストハウス 4.(船員などの)宿泊所

gorffwysiad (-au) *m* (行動・話などの一時的な)中止, 休止, 途切れ, 間

gorffwyslon : gorffwysol *a* 1.(眠りなど)安らかな, 静かな, 落着いた 2.休息を与える, 休まる

gorffwyslondeb : gorffwysoldeb *m* 安らぎ

gorganmol *t* 1.(人に)おべっかを使う, おもねる 2.お世辞を言う

gorgodi *t*[銀行](預金の)超過引出しをする: (手形を)過振りする

gorgodiad (-au) *m*[銀行]当座貸し[借り]越し(高); (手形の)過振り

gorgors (-ydd) *f* 毛布湿原(泥炭地の領域)

gorgyflogi *t* (仕事・職場などに)必要以上に

gorgyflogaeth 人員を配置する

gorgyflogaeth *f* 人員過剰, 過剰人員（配置）

gorgyfnod (-au) *m* [地質] 代（年代区分の最上位）

gorgyforlan (-nau) *f* [地質] 満水位が堤防を越える地域

gorgyffwrdd *t* 1.（物を）一部覆ってさらにはみ出る 2.（物を）重ねる 3.（物事が）部分的に一致する, 重複する

gorgyffyrddiad (-au) *m* 1.部分的な一致, 重複 2.[映画・テレ] オーヴァーラップ

gorgyffyrddol *a* 部分的に一致する, 重複する

gorhendad (-au) *m* 曾祖父

gorhendaid (-deidiau) *m* 高祖父, 曾祖父の父

gorhenfam (-au) *f* 曾祖母

gorhen-nain (~-neiniau) *f* 高祖母, 曾祖母の母

gori *t*（卵を）孵す, 孵化する;（雛を）卵から孵す *i* 1.（雌鶏が）卵を抱く 2.（傷口などが）膿む

gorifyny *m*（道などの）上り坂

gorischwydd (-iadau) *m* 膨れ上がること

goriwaered (-ydd) *m*（丘・階段などの）下り坂 [勾配, 階段]

gorlanw (-au) *m* 1.（河川などの）氾濫 2.大潮, 満潮

gorlanw : gorlenwi *t* 1.（車などが道路・都市などを）渋滞 [混雑] させる 2.[病理] 充血 [鬱血] させる
i 1.（道路が）渋滞する 2.[病理] 充血 [鬱血] する 3.[自動車]（気化器に）燃料が過剰に供給される

gorlanwol : gorlenwol *a* 1.出水 [氾濫] する 2.[病理] 充血 [鬱血] 性の, 充血による

gorlawn *a* 1.（部屋など）超満員の, 人 [物] が溢れている 2.（町・交通など）混み合った, 混雑した: ardal orlawn (ardaloedd ~) *f* 人口過剰区域 3.積み過ぎる, 過載する 4.[病理] 充血 [鬱血] した 5.[植物] 密集した

gorlawnder *m* 1.（商品などの）供給過剰 2.（街路・交通の）混雑, 雑踏 3.（物事の）過多, 氾濫 4.[病理] 充血, 鬱血

gorlenwad (-au) *m* 積み過ぎ, 過重

gorlenwi *t* 1.入れ [積み] 過ぎる, 過載する 2.（雨が）氾濫させる: ~ afon 川を氾濫させる *i* 溢れそうになる

gorlif (-iau, -oedd, ogydd) *m* 1.（人口などの）過剰 2.（過密のため）都心から郊外へ移住する人達, 過剰人口 3.（河川などの）氾濫, 流出（量）4.排水路 [管]

gorlifan (-nau) *mf*（貯水池・ダムなどの）水吐き口

gorlifdir (-oedd) *m* [地理]（高水位時に流水で覆われる）氾濫原

gorlifedig *a* 水浸しになった, 浸水した

gorlifiad (-au) : gorlifiant (-iannau) *m* = gorlif 1, 3, 4

gorlifo *t* 1.（川・土地などを）氾濫させる, 水浸しにする,（水などが）溢れ出る 2.（物・人が）溢れ出る, 入り切れない 3.（光などを）みなぎらせる, 充満させる 4.（手紙・申込みなどが人・場所に）殺到する, 押し寄せる
i 1.（川などが）氾濫する,（水などが）溢れる, こぼれる 2.（人などが）溢れ出る 3.（感情などで）一杯である, 満ち溢れている 4.（商品・資金などで）満ち溢れている, 有り余るほどある 5.（光などが）みなぎる 6.（大量・多数の物・人が）殺到する, 押し寄せる

gorlifol *a* 1.（液体が）溢れ出る 2.出水 [氾濫] する 3.（人が）入り切れない, 溢れ出る 4.（元気・感情など）溢れるばかりの

gorlifwr (-wyr) *m*（牧草地などに）水を流す人, 水に浸す人

gorliwiad (-au) *m* 1.誇張 2.誇張した表現 3.過大視

gorliwio *t* 1.誇張する, 大袈裟に言う, 潤色し過ぎる; 強調し過ぎる 2.（…を）過大視する
i 誇張する, 大袈裟に言う

gorliwiol *a* 1.（記述など）誇張的な 2.（人が）誇張癖のある

gorliwiwr (gorliw-wyr) *m* 誇張者, 大袈裟に言う人

gorllanw (-au) *m* = gorlanw

gorllewin *m* 1.西, 西方, 西部: i'r ~ i/o rth 何かの西方に 2.西部地方: De-orllewin (*m*) Lloegr イングランドの西部地方; Sacson (-iaid) (*m*) y G~ ウェストサクソン人; Sacsoneg (*mf*) y G~ ウェストサクソン語; G~ Morgannwg ウェストグラモーガン（ウェールズ南部の州; 1974に新設）3.[G~] 西洋, 西欧; 欧米 4.[G~] 西欧諸国 5.[G~]（米）西部（諸州）

gorllewinaidd : gorllewinedig *a* 西洋風の, 欧米化した, 西洋（人）の

gorllewineiddio *t*（国家・生活様式などを）西洋風にする, 欧米化する

gorllewinol *a* 1.西の [にある] 2.西向きの 3.（風が）西から吹く: gwynt (-oedd) (*m*) y gorllewin; gollewinwynt (-oedd) *m* 西風（英国では温暖で快い風）4.[しばしばG~] 西部地方の 5.[G~]（米）西部（諸州）の 6.[G~] 西洋 [欧米, 西側] の: yr Ymerodraeth Orllewinol 西ローマ帝国（ローマ帝国が395年東西に分裂してRomeを首都として成立した帝国; 476年滅亡）7.西洋人の

gorllewinwr (-wyr) *m* : **gorllewinwraig (-agedd)** *f* 1.西洋 [西欧] 人 2.西側諸国の政策 [思想] の支持者 3.（米）西部の人

gorllyd *a*（雌鶏などが）巣につきたがる

gormes *f* 1.圧制, 圧迫, 抑圧; 暴虐行為 2.専制政治 3.独裁君主国; 専制政府 4.苦難, 艱難, 試練（の原因）

gormesedig *a* 圧制された, 虐げられた

gormesgar : gormesol *a* 1.圧制[抑圧]的な, 暴虐的な, 専制[独裁, 専制君主]的な 2.(規則・税など)厳しい, 酷な

gormesgarwch *m* 圧制, 暴虐

gormesu *t* (人などを)圧制[圧迫]する, 暴威をふるう
i (人・国民などを)圧制する, 虐げる

gormeswr (-wyr) : gormesydd (-ion) *m* 1.暴君, 独裁[圧制]者, 専制君主 2.[ギ史]僭主

gormod (-ion) : gormodedd (-au) *m* 多量, 過多, 多数, 過剰, 過度

gormodiaith *f* [修辞]誇張(法)

gormodol *a* 多すぎる, 過剰[法外]な, 過度の

gornest (-au) *f* 1.(勝利・賞などを目指す)競争, 競技, 競演, コンテスト, コンクール; ~ am y craffaf 知恵比べ 2.[スポ]試合, 競技: ~ gyfeillgar (gornestau cyfeillgar) 親善試合; chwarae (*vn*) ~[ゴルフ]マッチプレー, 得点競技; ~ wyddbwyll (gornestau gwyddbwyll) チェスの試合; ~ gwpan (gornestau cwpan) [サッ]優勝杯争奪戦 3.戦い, 戦争, 戦闘, 争戦

goroesi *t* 1.(ある人などより)長生きする, 生き残る, (人に)先立たれる 2.(災害・事故などを)切り抜けて生き残る, 助かる: ~ damwain 事故に遭うが助かる 3.(困難などを)生き抜く, 乗り越える 4.(汚名・過失などを)後の立派な行為で償う[すすぐ] 5.(ある時・時期などの)後まで生きる
i 1.生き延びる[残る] 2.(習慣などが)残存[存続]する

goroesadwy *a* 1.生き残りうる, 生き長らえる 2.(事故などが)命取りにならない

goroesedd *m* [法律]生残者権 (共有財産権者の生残者が死亡者の権利を取得すること)

goroesiad (-au) *m* 1.生き残ること, 残存, 生存: ~ yr addasaf, ~ y cymhwysaf [生物]適者生存 2.残存者[物], 遺物, 遺風

goroesol *a* 1.生き残って[残存して]いる

goroeswr (-wyr) *m* : **goroeswraig (-agedd)** *f* 1.生き残った人, 生存者, 助かった人; 遺族 2.残存物, 遺物 3.[法律](同一財産権共有者の中の)生残者

goror (-au) *mf* 1.(通例*pl*)国境, 境界; 国境地方, 辺境: tref oror (trefi ~ (-au)) 国境の町; daeargi (*m*) 'r G~ (daeargwn y G~) ボーダーテリア (イングランドとスコットランド境にあるチェヴィオット丘陵地帯 (Cheviot Hills) の両側の地方原産の小型犬種のイヌ) 2.[英史](イングランドとウェールズまたはスコットランドとの)境界地方: y Gororau ウェールズの境界地方 3.(国境・境界によって囲まれた)領地

gororddyn (-ion) *m* 国境地方の住民

gorsaf (-oedd) *f* 1.(鉄道の)駅: ~ nwyddau 貨物駅; (バスの)発着所, 停留所: ~ fysiau a choetsis バスと長距離バスの発着所 2.[軍事]基地, 駐屯地 3.(官庁・施設などの)署, 局, 部, 所; 放送局: ~ ddarlledu 放送局; ~ radio ラジオ放送局; 警察署; 消防署; 発電所: ~ bŵer (gorsafoedd pŵer) 発電所; 救護所: ~ bad/cwch achub 救命艇救護所 4.(主に戸外で特定の事業・仕事をする)事業所: ~ betrol (gorsafoedd petrol) 給油所, ガソリンスタンド

gorsafu *t* (人を部署に)就かせる, 配置する, 駐在させる

gorsedd (-au) : gorseddfa (-oedd) : gorseddfainc (-feinciau) *f* 1.(儀式用の)王座, 玉座: ~ gras 神の御座 2.王位, 帝位, 王権: esgyn i'r orsedd 王位に就く, 即位する 3.君主, 帝王

gorseddiad (-au) *m* 1.即位(式) 2.(司教の)就任(式)

gorseddu *t* 1.王位に就かせる, 即位させる 2.[キ教](司教に)就任させる

gorsin (-au, -oedd) *f* (戸口・窓などの両側の)脇柱, 抱き

gortho (-au) *m* 1.(王座・説教壇・寝台などの上に設けた)天蓋 2.天蓋のように覆う物 3.[建築](建物の戸口から歩道に張出した)天蓋形のひさし, 張出し 4.[航空](操縦席の上の透明な)円蓋, キャノピー

gorthrech *m* = **gorfodaeth**

gorthrechadwy *a* = **gorfodadwy**

gorthrechol *a* = **gorfodol**

gorthrecholdeb *m* 強制[威圧, 高圧]性

gorthrechu *t* 1.(暴力・権威などによって)人・集団などを抑圧[支配]する 2.強制[強要]する 3.(人を)強制[強要]して(…)させる

gorthrechwr (-wur) *m* = **gormeswr**

gorthrwm : gorthrymder (-au) *m* = **gormes**

gorthrymedig *a* 抑圧された, 虐げられた

gorthrymu *t* = **gormesu**

gorthrymus *a* = **gormesol**

gorthrymwr (-wyr) *m* = **gormeswr**

gorthwr (-yrau) *m* [歴史](昔の城の)本丸, 天守閣

goruchaf *a* 1.(権力・地位などが)最高位の, 最高権威の: y G~ [宗教]神 2.支配する, 覇権を握る

goruchafiaeth (-au) *f* 1.至上, 至高; 最高位: Deddf (*f*) G~ [法律]国王至上法, 首長法 (国王を国教会首長と宣言し, ローマ教皇の宗教主権を排除した英国の法律で, 1534年Henry VIIIはこれを発してReformationを断行し, 1559年Elizabeth Iが改めて制定した) 2.主権; 覇権, 支配[主導]権, ヘゲモニー, 日の出の勢い, 優勢 3.覇権国 4.勝利, 征服, 戦勝

goruchwyliad (-au) *m* : **goruchwyliaeth**

goruchwylio 328 **gosod**

(-au) *f* 1.監督, 管理, 監視: tan oruchwyliad yr heddku [法律] 警察の監督下に 2.(神の) 摂理

goruchwylio *t* (仕事・労働者などを) 監督 [管理, 監視] する, 取り締まる

goruchwyliol *a* 監督 [管理] の, 監視する

goruchwyliwr (-wyr) *m* :
  goruchwylwraig) -agedd) *f* 1.監督者, 管理人, 取締り: goruchwylwyr y tlodion (昔の) 教区民生委員; ~ llwyfan [演劇] 舞台主任, ステージマネジャー 2.[*pl*] 経営 [管理者] 側

goruniad (-au) *m* [建築] 重ね, 重ね継ぎ, 羽掛

gorunig *a* 唯一の

goruwch *prep* [方向・場所] (…) より上に [へ], (…) より高く [い], (…) の上に (出て)

goruwchnatriol *t* 超自然現象; 神秘
  a 超自然の; 不可思議な, 神秘的な

goruwchnatriolaeth *f* 1.超自然力 [性] 2.超自然力崇拝 [信仰]

goruwchnatriolaethol *a* 1.超自然的な 2.超自然力信仰の

goruwchnatriolaethwr (-wyr) *m* 1.超自然論者 2.超自然力を信仰する人

goruwchnatrioli *t* 超自然的にする

goruwchreoli *t* (意志・行動などを) 支配 [圧倒] する

gorwahannod (-nodau) *m* [印刷] (句読点の) コロン

gorwariant (-annau) *m* 超過支出

gorwedd *i* (人・動物が) 横になる, 横たわる, 寝る: cydorwedd â merch 女性と同衾する; ~ ynghwsg 横になって眠る

gorweddfan (-nau) *mf* 1.休息所 2.墓場

gorweddiad (-au) *m* 1.(物の置かれた) 位置, 方向, 向き 2.地形, 地勢: ~ tir 地勢; 事情, 事態, 形勢 3.横たわること, 横臥; もたれかかること: ~ i mewn お産の床につくこと; お産, 分娩

gorweddian *i* 1.だらりと寄り掛かる, もたれかかる 2.ぶらぶらする, のらくらする

gorweddog : gorweddol *a* 1.(人・姿勢が) 横になった, 横たわっている, もたれかかった 2.地 [水] 平線上の 3.[紋章] (獣が) 頭をもたげてうずくまった姿勢の

gorweiddiog *a* 1.(病気・老齢で) 寝たきりの 2.ぐったり寄り掛かった

gorweithio *t* 過度に働かせる, 酷使する

gorwel (-ion) *m* 地平 [水平] 線: ~ gweladwy 見かけの地平線

gorwthiad (-au) *m* [地質] 衝上断層

gor-ŵyr (~-wyrion) *m* 男のひ孫, ひ孫息子

gor-wyres (-au) *f* 女のひ孫, ひ孫娘

gorymadrodd (-ion) *m* 1.過剰, 過多 2.[修辞] 冗言法; 重複語

gorymadroddus *a* [修辞] 冗言の, 冗長な

gorymdaith (-deithiau) *f* 1.(儀式などの) 行列 2.(行列の) 行進: ~ newyn 飢餓行進 (失業者デモの一種)

gorymdeithio *t* 1.(道路・土地を) 行列して歩く 2.堂々と歩く 3.(軍隊などを) 行進 [行軍] させる
  i 1.行列して歩く, 練り歩く 2.(軍隊などが) 行進 [行軍] する

gorymdeithiol *a* 1.行列の 2.行列を作って動く

gorymdeithiwr : gorymdeithydd (-wyr) *m* : **gorymdeithwraig (-agedd)** *f* 1.(徒歩) 行進者 2.(ある主義・主張を掲げて) 行進する人 3.行列に加わる人, 行列隊員

gorynys (-oedd) *f* [地理] 半島

gorynysol *a* 半島 (状) の

gorynysu *t* 半島に変える, 半島化する

gorynyswr (-wyr) *m* : **gorynyswraig (-agedd)** *f* 半島の住民

goryrrol *a* 高速で動いている

goryrru *i* [自動車] 違反速度を出す, スピード違反をする

goryrrwr (goryrwyr) *m* [自動車] 高速で運転する人; スピード違反者

gorysgwydd (-au) *f* [建築] 持ち送り (積み), コーベル (壁の途中でアーチの起点や軒蛇腹などを受けるために壁面から突き出た石またはレンガの持出し)

gosber (-au) *m* [G~] 1.[カト] 晩課 (の時刻) (定時課 (canonical hours) の一つ; 日没時に行う) 2.[英教] 晩禱 (の時刻), 夕べの祈り: cloch (*f*) osber (clychau gosber) 晩課 [晩禱] の鐘

gosberlyfr (-au) *m* [キ教] 晩課集, 晩禱書

gosgeiddig *a* (動きなどが) 優雅 [上品, しとやかな

gosgeiddigrwydd *m* (動きの) 優雅, 上品

gosgordd (-ion) *f* : **gosgorddlu (-oedd)** *m* 1.(高官・要人などに随行する) 従者, 随行員 2.護衛 [護送] 者 3.(武装) 護衛隊 [艦, 機]

goslef (-au) *f* 1.[音声] (声の) 抑揚, 音調, イントネーション 2.口調, 語調: ~ fywiog 元気な口調

goslefiad (-au) *m* 1.調節, 調整 2.(音声・リズムの) 抑揚, 変化 3.[音声] 抑揚

goslefol *a* イントネーションの

goslefu *t* (声・調子などを) 変える

gosod *a* 1.偽の, 人造 [模造] の, 人工的な: dannedd ~ 人工歯, 義歯; aelod (-au) ~ *m* 義肢; gwallt (-aiu) (*m*) ~ かつら; nenfwd (nenfydau) ~ *m* [建築] 吊り天井 2.(演説・文句など) 型通りの, 型にはまった: ymadrodd (-ion) ~ *m* 決まり文句, 成句; araith osod (areithiau ~) *f* (あらかじめ用意した) 型通りの演説 3.(価格・時間があらかじめ) 定められた, 指定 [規定, 所定] の 4.(レストランの料理

gosod が)定食の: cinio (ciniawau)~ *m* 定食 5.(図書などが勉強用に)指定された、課題の: llyfr (-au)~ *m* [教育]指定図書 6.組立て式の、据え付けの: addurn ~ *m* [演劇]舞台装置; tân gwyllt ~ *m* 仕掛け花火; sgrŷm osod (sgrymiau ~) *f* [ラグ]セットスクラム (レフリーの指示によって行うスクラム) 7.アップリケを施した

gosod *t* 1.(人・物をある場所・状態・立場に)置く、配置する、据える、載せる、坐らせる: ~ ysgoll yn erbyn mur 梯子を壁に立て掛ける 2.(仕事・任務などを)割当てる: ~ dyletswyddau 任務を割当てる 3.(家・土地などを)貸す、賃貸する: tŷ ar osod [広告]貸家あり 4.(文書に署名・捺印を)する~ sêl ar ddogfen 文書に捺印する 5.(問題・議題などを)提出[提起]する: ~ cynnig ger bron cyfarfod 決議(案)を会議に提出する[かける] 6.表現する、述べる 7.(心・愛情・期待などを)注ぐ、集中する、寄せる掛ける 8.(食卓を)用意する: ~ bwrdd ar gyfer dau 2人分の食卓の用意をする 9.(時計などを)合わせる: ~ (bysedd) cloc 時計をセットする; ~ y larwm ar gyfer pump o'r gloch 目覚まし時計を5時に掛ける 10.(機械・器具・装置などを)整える、調節する、取り[据え]付ける: ~ dannedd llif 鋸の歯の目立てをする 11.(柱・杭などを)打ち立てる: ~ polyn yn y ddaear 地面に杭を刺す 12.(電気を)引く 13.(髪を)セットする 14.(宝石などを)はめ込む、ちりばめる: ~ gem 宝石をちりばめる 15.(限界・目標などを)設ける 16.(切手などを)貼る、添付する 17.(仕事・問題などを)課する、出す、あてがう: ~ arholiad [教育]試験を課する 18.(模範・先例などを)示す: esiampl dda よい手本を見せる 19.(人に義務・罰・税などを)負わせる、課する、賦課する: ~ treth 税金を課する 20.相殺する、埋め合わせる 21.(ある状態に)する、させる;(人・物が…)(始め)させる 22.(鶏に)卵を抱かせる: ~ iâr i ori/eistedd 鶏に卵を抱かせる 23.(標本作製のため昆虫を)展翅板に固定する: ~ glöyn byw チョウを展翅板に固定する 24.[服飾](袖などを)縫い込む、付ける: ~ llewys 袖を縫い込む 25.[演劇](舞台などに)背景を設ける: ~ y llwyfan (背景を)舞台に設ける 26.(劇・物語などの場面・舞台をある時代・国などに)設定する 27.[音楽](歌詞に)作曲する: ~ geiriau ar gân 言葉に曲を付ける 28.(罠・網などを)仕掛ける、かける: ~ magl 罠をかける 29.[外科](骨折・脱臼などを)継ぐ: ~ asgwrn 整骨する 30.[ラグビー](ゴールを)プレースキックで陥れる: ~ gôl ゴールをプレースキックで陥れる 31.[印刷](版面などを)組付する 32.[園芸](果樹などが果実・種子などを)発育させる: ~ hadau 種子をつける

gosodedig *a* = gosod 3

gosodiad (-au) *m* 1.[論理]命題 2.[数学]命題; 定理 3.(事実などを)述べること、陳述

4.(体の)姿勢、様子、格好 5.[美容](頭髪の)セット: golchi a gosod (*vn*) 洗髪とセット 6.(宝石などの)はめ込み(台) 7.(食卓に並べられる)一揃いの食器類 8.(時計・計器などの)調節(点) 9.[音楽](詩・歌詞などの)作曲、節付け; 編曲 10.[演劇]舞台装置、道具立て 11.(小説・劇・映画などの)背景 12.[テレ・映画]セットアップ; カメラの位置; ある位置から撮ったフィルムの長さ; 撮影前の小道具の最後の配列 13.[印刷]組付け、(活字の)幅、語間の間隔、(余白などの)設定: ~ ymyl 余白設定 14.(電気などの)設備、装置 15.(種子などの)植付け 16.(罠の)仕掛け 17.[通例 G~](13~14世紀初頭の)政令、条例: Gosodiadau Rhydychen オックスフォード条例

gosodiadol *a* 命題の: ffurfosodiad (-au) *m* [論理]命題関数

gosodwr(-wyr) *m* : **gosodwraig(-agedd)** *f* 1.物をセット[配列]する人 2.(設備などの)設置者 3.[印刷](版面を)組付ける人 4.(家などの)貸主、貸手、賃貸人

gosodyn (gosodion) *m* 1.定着[固定]物 2.[*pl*](建物などの)据付け品、設備、備品 3.(一定の職・場所に)居着き[居座り]の人; 根づいた物 4.[*pl*][法律](土地・建物に付属した)定着[付合]物: ~ masnach(ol) 取引用定着動産

gosteg (-ion) *mf* 1.(暴風雨などの)無風状態、凪; 静けさ静寂: ~ cyn y storm 嵐の前の静けさ 2.[気象]静穏 3.(気分・社会状態などの)平静、平穏 4.沈黙、無言; 静寂: G~! 黙れ!, 静かに!, 静粛に! 5.[*pl*][教会]結婚予告(教会での挙式前に連続3回日曜日に行い異議の有無を問う): cyhoeddi'r gostegion (牧師が)教会で結婚予告をして異議の有無を問う

gostegiad *m* (嵐の)凪

gostegu *t* 1.(意見・批判などを)封じる、抑える: ~ beirniadaeth 批判を封じる 2.(恐怖・痛み・悲しみなどを)和らげる、静める、抑える 3.(泣く小児などを)なだめる、あやす、落着かせる 4.(反乱・暴動などを)押える、鎮圧する 5.(暴風雨・波などを)静める、和らげる
i (嵐・音などが)静まる、和らぐ、凪ぐ

gostegwr : gostegydd (-wyr) *m* 1.(恐怖などを)抑える人 2.(反乱などの)鎮圧者

gostwng *t* 1.(高さ・位置を)下げる、低くする;(ボートなどを)降ろす: ~ cwch ボートを降ろす 2.(膝・腰を)屈める: ~ gar/garrau 膝を屈する、屈従する;(頭・首を)垂れる: ~ pen 頭を下げる 3.(物価・費用・給料などを)下げる、安くする、減らす 4.(価値・程度などを)落とす、低下させる 5.(体力などを)弱める、減じる 6.(目・音・声などを)落す: ~ eich amrannau 目を閉じる 7.(温度・体重などを)下げる、減らす 8.(数量・痛み・力などを)減少[低下]させる、弱める 9.(誇り・高慢・権威などを)くじく、折る、

押える 10.(人・気持などを)謙虚にする 11.(名声・信用・重要性などを)落す, 下げる 12.(幕・カーテンを)降ろす 13.[編物][二目を一緒に編み合わせて目数を]減らす 14.[数学]換算[通分, 約分]する 15.[商業](市況などを)不景気[不振]にする: ~ y farchnad 市況を不振にする;(相場などを)下落させる 16.[音楽](音程を)半音減らす 17.[航空](翼を)下げる: ~ adain 翼を下げる 18.(照明を)弱める 19.[電気](電圧を)下げる: ~ foltedd 電圧を下げる
i 1.(挨拶・礼拝・服従などのために)お辞儀する, 腰を屈める 2.(数量などが)減る, 減少[縮小]する 3.(力・痛みなどが)弱まる, 衰える 4.(物価・賃金・温度などが)下がる, 下落する 5.(会員などが)減る, 去る 6.(洪水が)引く, 弱まる

gostyngadwy *a* 1.減少[縮小]できる 2.割引できる

gostyngedig *a* 1.(人・身分・地位などが)低い, 卑しい;(卑下して)つまらない, 取るに足らない: yn fy marn 卑見[私見]によれば 2.(人・言葉・行動など)謙虚[控え目]な, 慎ましい 3.(家・食物など)質素[粗末]な, みすぼらしい

gostyngeiddrwydd *m* 謙遜, 謙虚; 卑下

gostyngiad (-au) *m* 1.押し下げること; 沈下, 下降 2.減少, 縮小, 削減 3.減少量[額] 4.(温度の)低下 5.(金の)割引[高], 控除額, 減価, 減額, 値引き: ~ pris ar grynswth 大量取引に対する割引 6.[商業](手形などの)割引額[率] 7.[天文](天体の)地平線から下への角距離,(水平)俯角

gostyngol *a* 1.(値段などを)引き下げた, 割引した 2.減じる, 減少[漸減]する: mas ~ [物理]換算質量

gostyngwr (-wyr) *m* 1.減少[縮小]させる人 2.[法律](不法妨害の自力)排除者 3.(保有者の死後の)土地不法占有者

gosyyngydd (-ion) *m* 1.[外科](診断・手術時に邪魔にならないように舌などを押える)圧低器, 圧迫具 2.[解剖]抑圧[制圧]筋

Goth (-iaid) *mf* 1.ゴート人 2.ゴート族(ゲルマニア種族の一つで, 3~5世紀ローマ帝国に侵入し, イタリア・フランス・スペインに王国を建設した)

Gotheg *mf* ゴート語(古代ゴート人の言語で7~9世紀に消滅)
　a ゴート語の

Gothig *m* 1.[建築・美術]ゴシック様式: G~ Seisnig Cynnar初期英国ゴシック様式; G~ Addurnedig 装飾ゴシック様式; G~ Blodeuog 火炎ゴシック様式; G~ Sythlin 垂直ゴシック様式 2.[書体]ゴシック体書き 3.[活字]ゴシック体
　a 1.[建築・美術・音楽]ゴシック様式の 2.[文学]ゴシック派の 3.(手書き書体が)ゴシック体

の 4.[印刷](活字書体が)ゴシック体の 5.ゴート人[族, 語]の 6.中世風の; 野蛮[無教養]な

gowt *m* [病理]痛風

gradell (-au, -i, gredyll) *f* 1.(パン・菓子などを焼く平たい・丸い)石, 鉄板, グリドル: teisen (*f*) radell (teisennau ~)(griddleで両面を焼いた平たい)パンケーキ 2.(肉・魚などを焼く)焼き網, 鉄灸: pendil (*m*) ~ [時計]簀の子型振り子

gradd (-au) *f* 1.(小・中・高校の)学年, 年級 2.程度, 度合い, 段階: i(ryw) raddau ある程度は; fesul ~ 次第に 3.階級, 地位, 身分 4.(階級・品質・価値などの)等級, 階級; 標準 5.(温度計・角度・経緯度などの)度: ugain ~ i'r gorllewin o Gaerdudd カーディフの西方20度 6.[文法]級: graddau cymhariaeth 比較級; y radd eithaf 最上級 7.[音楽]度 8.[教育]学位, 称号: ~ anrhydedd 優等卒業学位 9.[法律]親等: y graddau gwaharddedig 禁婚親等 10.[法律](犯罪の)等級 11.(階段の)一段: Caniad y Graddau[聖書]都詣での歌 (*Psalms* 120~134の15歌の一つ; 昔ユダヤの巡礼者がエルサレムに上る途中または宮の15の階段を上がる時に歌ったと言う)

graddedig (-ion) *mf* (大学の)卒業生: ysgol (-ion) (*f*) raddedigion (ysgolion graddedigion) 大学院

graddoledig : graddoledig *a* 1.目盛を付けた 2.等級[階級]別にした 3.[税制]累進的な: trethiant graddoledig 累進課税

gradden (-nau) *f* 秤の目盛

graddfa(-fâu, -feydd) *f* 1.(料金・賃金・課税・物価などの)率; 等級[表]: ~ daliadau (graddfeydd taliadau)料金率, 料金の等級区分 2.階級, 等級, 段階 3.[数学]記数法,進法: ~ ddeuaidd (graddfeydd deuaidd)二進法; ~ ddegol (graddfeydd degol)十進法 4.(実物に対する地図・写真などの)比率, 比例; 比例尺, 縮尺 5.目盛, 度盛, 尺度:(目盛付きの)物差し, 定規: ar raddfa anghywir, heb fod ar raddfa 一定の尺度から外れて, 釣合が取れないで 6.規模, 仕掛け, スケール: ar raddfa fawr/eang 大規模に, 大々的に 7.[音楽]音階: ~ gromatig (graddfeydd cromatig)半音階

graddiad (-au) *m* 1.(変化・進展などの)順序, 段階, 等級 2.徐々に変化すること, 漸次的移行, 段階的変化 3.[写真]階調 4.[言語]母音交替

graddiannol *a* 1.順序のある, 等級的な 2.漸次の, 漸進的な 3.ぼかした

graddiant (-nnau) *m* 1.(道路・鉄道などの)勾配, 傾斜度 2.斜面, 坂道 3.[気象](温度・気圧の)変化度

graddio *t* 1.等級を付ける, 等級分けにする 2.(生徒・学生に)成績を付ける;(答案を)採点する
　i 1.[教育]卒業する, 学位を取る 2.等級付け

graddliwio *t* 1.(絵・写真などに)陰影[明暗, 濃淡]を付ける 2.(光・熱などを)遮る, 覆う 3.暗く[陰に]する 4.(意見・意味などを)次第に変化させる 5.(値段などを)少し下げる

graddlin (-au) *f* (温度計などの)目盛(付け)

graddliwiedig *a* [絵画]陰影を付けた

graddluniad (-au) *m* 比例尺の図

graddnodi *t* (温度計などに)目盛を付ける

graddol : graddoledig *a* 1.徐々の, 漸進的な 2.(勾配など)緩やかな: llethr raddol 緩やかな上り坂[坂道]

gradolen (-nau, -ni) *f* [しばしばG~] [カト](グラジュアル)応答歌

graddoli *t* 1.[美術](色などを)ぼかす 2.(学課に)等級を付ける, 等級別にする

graddoliad (-au) *m* 1.= graddiad 2.[絵画・写真](色調・明暗などの)ぼかし, 漸淡度 3.等級(付け)

graddoliaeth *f* 1.漸進主義[政策] 2.[哲学]連続[段階]主義

graddolwr (-wyr) *m* : **graddolwraig (-agedd)** *f* 漸進主義者

graean *m* 1.(道路などに撒く)砂利, 荒砂, バラス: greyenyn 一粒の砂利, 砂粒, 砂利粒 2.(海浜の)小石, 玉砂利

graeanaidd : graeanllyd *a* (道など)砂利の(多い)

graeanen *f* 砂粒

graeanfaen *m* [岩石]角張った石英粒などから成る砂岩

graeanog *a* 1.(道など)砂利の(多い): traeth ~ 玉砂利の浜 2.[病理]結石のある

graeanu *t* (道などに)砂利で[荒砂]を敷く[撒く]: ~ ffyrdd 道に小砂を撒く

graeanwst *m* [病理]尿砂(症)(結石より小さい)

graen (-au) *m* 1.[度衡]グレイン(衡量の最小単位; 常衡・金衡・薬衡で0.0648g) 2.[織物](生地の)目織地で: ~ llyfn 滑らかなきめ[手触り] 3.艶, 光沢

graeniad *m* 相塗り

graenio : graenu *t* 1.染込ませる; 染める 2.(木材・大理石などを)木目まがいに塗る

graeniwr (-wyr) *m* 木目塗人

graenog *a* 相塗りの

graenus *a* 1.(毛皮・髪など)滑らかな, 光沢のある 2.見掛け[体裁]のよい

grafel *m* = graeanwst

graff (-iau) *m* 図表, 図式, グラフ: papur (*m*) ~ グラフ用紙, 方眼紙

graffeg *f* 1.製図法, 図学 2.図式[グラフ]算法 3.[電算]グラフィックス 4.グラフィックアート

graffig *a* 1.[数学]グラフ[図式]使用の 2.文字[記号]の 3.(記述など)生き生きと表現された

graffigol *a* 図表による

graffigwaith *m* = graffeg

graffit (-iau) *m* [鉱物]石墨, 黒鉛(鉛筆の芯などに用いる)

graffito (graffiti) *m* (壁・公衆便所などの)落書き

graffito *t* 図示する, グラフで示す

gram (-au) *m* [度衡]グラム(メートル法の重さの単位; 摂氏4度の水1ccの重さ): ~-calori (~-caloriau) *m* [物理](熱量単位としての)グラムカロリー

gramadeg (-au) *mf* 1.文法(学): ysgol (*f*) ramadeg (ysgolion ~)グラマースクール 2.(文法にかなった)語法, 正用法 3.文法書, 文典

gramadegol *a* 1.文法(上)の 2.文法にかなった, 文法的に正しい

gramadegu *t* 文法的にする

gramadegwr (-wyr) : gramadegydd (-ion) *m* : **gramadegwraig (-agedd)** *f* 文法家[学者]

gramoffon (-au) *mf* 蓄音機

gran (-nau) *m* 頬

grant (-iau) *m* 1.[法律](書面による財産の)譲渡; 譲渡証書; 譲渡財産 2.(国が与える)補助[助成, 奨学]金: ~ yn ôl y pen 人頭補助金 3.許可, 認可; 授与, 下付, 下賜 4.(昔, 王や政府から)下付された土地

grantî (grantïon) *mf* 被授与者, 譲受人

grantiwr (-wyr) *m* 授与[譲渡]者

gras (-au, -usau) *m* 1.[神学](神の)恵み, 恩恵, 恩寵: trwy ras Duw 神の恩寵によって; moddion ~ 神の恩寵の与えられる方法, 恩恵の手段(聖餐式・礼拝など); ~ cadwedigol/achubol 救いの恩恵, 恩寵; (欠点を補う)取り柄(神が人間に与えた)更生と聖別の賜り物; 神の恩寵に浴している状態; (神から授かった)美徳 2.[G~](恩寵の源としての)神 3.[G~][ギ神]美の三女神(それぞれ輝き(brilliance)・喜び(joy)・開花(bloom)を象徴した三人姉妹の女神Aglaia- Euphrosyne- Thalia) 4.[商業](好意に基づく支払・仕事などの)猶予(期間): dyddiau ~ (手形などの支払期日後の)猶予日, 恩恵日(通例3日間) 5.(食前[食後]の)感謝の祈り: dweud ~ (bwyd) 食前[食後]の感謝の祈りをする 6.親切, 好意: tŷ ~ a ffafr 王室・政府などから使用料無料で下付された住居

graslon *a* 1.(態度など)優美[優雅, 上品]な 2.親切な, 優しい, 思いやりのある

graslonrwydd *m* 1.優美, 優雅 2.親切, 優しさ

grasol *a* 親切な, 優しい, 思いやりのある

grât (gratiau) *mf* (暖炉などの)火格子, 火床

gratiad *m* (チーズなどを)おろすこと

gratin (-au) *m* (窓・排水口などの)(鉄)格子

gratio *t* (チーズ・リンゴ・大根などを)おろす

gratur (-on) *m* [料理]おろし金

grawnafal (-au) *m* [植物]ザクロの実

grawnen (-ni) *f* 1.ぶどう(一粒の実) 2.[植物]ブドウの木

grawnfwyd (-ydd) *m* 1.(米・麦などの)穀草 2.(通例*pl*)穀物(類) 3.(朝食用の)穀物加工食品, シリアル(コーンフレーク・オートミールなど)

grawnffrwyth (-au) *m* 1.グレープフルーツ 2.[植物]グレープフルーツの木

grawnog : grawnol *a* 1.穀類[穀物]の, 穀草類の 2.穀物で作った

grawnswp (-sypiau) *m* 一房のぶどう

grawnwindy (-dai) *m* ブドウ園; ブドウ栽培温室

grawnwinen (grawnwin) *f* ぶどう(一粒の実: grawnwin surion! あのぶどうは酸っぱい! (イソップ物語中の「狐とぶどう」の話から; 手に入らぬ物の悪口を言って気休めにすること, 負け惜しみ)

Grawys (-au) *m* [キ教]四旬節, 受難節, レント (Ash WednesdayからEaster Eveまでの日曜日を除く40日間; 荒野のキリストを記念して断食や懺悔を行う; cf *Matt* 4:2): tymor (*m*) y ~ 春学期(クリスマス休暇後から始まってEasterに終わる; その間に四旬節がある)

grawysfwyd *m* 精進料理

Grawysol *a* 1.四旬節の 2.(四旬節の食事のように)肉抜きの, 質素な, 乏しい

gre (-oedd, -on) *f* 1.馬の群れ 2.種馬飼育場: mewn ~ (動物の雄が)種牡にになって

Greal (-au, -on) *m* 1.聖杯(中世の伝説によれば, キリストが最後の晩餐の時用いた酒杯で, アリマタヤのヨセフ(Joseph of Arimathea)がこれに十字架上のキリストの最後の血を受けたという; 後, 彼によって英国に運ばれたが, 不徳の者が近づくとどこかに消え失せたという; 円卓騎士団(Knights of the Round Table)がこれを探し求めたことから, これを探し求めるが騎士の最高の務めとなった): y ~ Sanctaidd, y Saint/Sant ~ 聖杯 2.長期にわたる努力[探究]の究極的目標

greddf (-au) *f* 1.本能: wrth reddf 本能で, 本能的に; ~ gasglu 取得本能; ~ rywiol 性本能 2.天性の才能, 生得の性質[性格], 素質 3.勘, 直観, 直覚 4.直覚力 5.直覚による知識 6.[哲学]直観, 直覚, 直覚的知識

greddfu *t* (習慣・考えなどを)根深く染込ませる

grefi *m* [料理](肉を料理する時に出る)肉汁; (この肉汁で作る)グレーヴィーソース

gregaraidd : gregarol *a* 1.(人・動物が)群居[群生]する 2.(人が)集団を好む, 社交的な 3.(植物が)群生する

gregaredd *m* 1.(人・動植物の)群居[群生] 2.(人の)集団性, 社交好き

grenâd (-adau) *mf* [軍事]手投げ[手榴]弾

---

greor (-ion) *m* (畜牛の)牧夫

gresyn *m* 残念[気の毒]なこと: ~ (o beth)! 何と気の毒[残念]なことだろう!

gresyndod : gresyni *m* 1.(貧乏などによる)惨めさ, 悲惨, 窮状, 貧苦 2.(精神的・肉体的)苦痛, 苦悩 3.[*pl*]不幸, 苦難 4.哀れな人 [動物] 5.不平家, 不満居士

gresynol *a* 嘆き悲しむ

gresynu *t* 1.(自己の過失・不正・不満な状態などを)残念[遺憾]に思う 2.(人の死などを)嘆き悲しむ, 深く悼む

gresynus *a* 1.嘆かわしい, 悲しむべき 2.哀れ[惨め, 悲惨, 可哀想]な 3.ひどくみすぼらしい

greyenyn *m* 砂粒, 砂利粒

grid (-iau) *m* 1.(鉄)格子: ~ gwartheg 家畜脱出防止溝(牛などを通さないように牧場の中の道路に浅い溝を掘り, その上に棒を車は通れても牛などが通れない間隔に並べたもの) 2.[電気]グリッド, 格子 3.(肉・魚などを焼く)焼き網 4.(鉄道・電線・水道・ガスなどの)敷設網, 送電網 5.(街路の)碁盤目 6.(地図の)碁盤目, 方眼: map (-iau) (*m*) ~ 方眼地図(記号・番号によって場所が容易に見出せるように方眼が引かれた地図); cyfeirnod (-au) (*m*) ~ グリッド照合(地図などの区分を方眼によって照合する方法)

gridyll (-au) *m* [料理](焼き網で焼いた)焼肉[魚]

gridyllu *t* [料理](肉などを)焼き網で焼く

griddfan (-nau) *m* (苦痛・心配・悲しみなどの)呻き[唸り]声

griddfan *i* (苦痛・悲しみなどで)呻く, 唸る

griddfannus *a* 呻く, 唸る, 悲しげな

griddfanwr (-wyr) *m* : **griddfanwraig (-agedd)** *f* 呻く[唸る]人

griffon (-iaid) *m* 1.[ギ神]グリフィン(ライオンの胴体にワシの頭と翼を持つ怪獣; Scythiaに住んでその地の黄金を守ると信じられた) 2.[鳥類]シロエリハゲワシ

grifft (-oedd) *m* (カエルの)卵

gril (-iau) *m* 1.[料理]焼き網で焼いた肉魚 2.(肉などを焼く)焼き網

grilfa (-feydd) *f* 1.グリル(ルーム)(ホテル・レストランなどで肉などの一品料理を供する手軽な食堂) 2.簡易食堂[レストラン]

grilio *t* = **gridyllu**

grill (-iau) *m* チリッチリッ, キリッキリッ; ギシギシ, ギーギー(コオロギ・バッタ・キリギリスなど昆虫の鳴き声)

grillian *i* (コオロギなどが)チリッチリッ[キリッキリッ]と鳴く;(キリギリスなどが)ギシギシ[ギーギー]と鳴く

grîn (griniau) *f* 1.[ロボ](lawn bowling用の)芝地: ~ fowlio (griniau bowlio)ローンボーリングの球戯場 2.[ゴルフ](パッティング)グリーン: ~ bytio パッティンググリーン; rwb (*m*) y ~ 球が何

grîn-groser 333 **gröyn**

かに当たって進行・位置などに変化が生じること

grîn-groser (-iaid) *m* 八百屋, 青物商人

gris (-iau) *m* 1.(階段の)1段, 踏み段[板] 2.[*pl*] (手摺の付いた)階段, 梯子段: rhes (-i) (*f*) o risiau 一続きの階段; carped (-i) (*m*) grisiau 階段用敷毯; grisiau troellog/tro 螺旋階段; grisiau symudol エスカレーター

grisaille (-s) *m* [絵画] グリザイユ(鼠色一色で薄肉彫に似せて描く画法; 壁面・装飾・飾り字・ステンドグラスなどに応用する)

grisffordd (ffyrdd) *f* (手摺などを含む)階段

gris-glogwyn (-i) *m* [地理] 段のある崖

grisial (-au) *m* 1.水晶: ~ Ynys yr Iâ [鉱物] 氷州石(純粋無色透明の方解石; 偏光プリズムに用いられる; pêl (*f*) (g) risial (peli ~) (水晶占いに使う) 水晶球 2.水晶製品[細工] 3.クリスタルグラス 4.クリスタルグラス製品 5.[化学・鉱物] 結晶(体) 6.[電工] 鉱石; 水晶振動子 7.(時計の) 透明カヴァー

grisialaidd *a* 1.水晶(質, 製)の 2.水晶のような, 透明な: ~ glir 清く透明な, 透き通った, 澄んだ 3.結晶(質)の; (岩など) 結晶体から成る 4.[電工] 水晶発振式の; 鉱石式の

grisialeg *f* 結晶学

grisialegol *a* 結晶学上の

grisialegwr : grisialegydd (-wyr) *m* 結晶学者

grisialiad (-au) *m* 1.結晶化[体] 2.具体化

grisialog *a* 1.結晶した 2.(果物などが)砂糖漬けの衣を着けた

grisialu *t* 1.結晶させる 2.(思想・計画などを)具体化する 3.(果物などを)砂糖漬けにする *i* 1.結晶する 2.(思想・計画などが)具体化する

grisialwr : grisialydd (-wyr) *m* 1.(冷却・蒸発乾燥などによって)結晶化させる器具[装置] 2.結晶化を促進する試薬

grisiog *a* 段のある, 階段になっている

griwal (-au) *m* [料理] (主に病人用の)薄いオートミール粥

gro *mf* 砂利: grobwll (grobyllau) *m*, pwll (pyllau) (*m*) ~ 砂利採集場[坑]

Groeg *f* [地理] ギリシャ(ヨーロッパ南東部 Balkan 半島南端の共和国; 首都 Athens; 古代文明の中心地): ~ gynt 古代ギリシャ

Groeg *mf* [言語] ギリシャ語
a ギリシャ語の

Groegaidd *a* ギリシャ(人)の, (古代)ギリシャ(風)の

Groegiad (-iaid) *mf* : **Groeges (-au)** *f* : **Groegwr (-wyr)** *m* ギリシャ人: y Groegiaid gynt 古代ギリシャ人

Groegwr (-wyr) : Groegydd (-ion) *m* : **Groegyddes (-au)** *f* ギリシャ語学者; ギリシャ語に堪能な人

grog *m* 1.グロッグ(水または湯で割ったラムまたはリキュール) 2.(一般に)酒 3.[化学] 焼粉, 石粉

gronan *i* = **griddfan**

gronell (-au) *f* (雌魚などの)卵, はららご: gronellfaen (-feini) *m* [岩石] 魚卵状石灰岩

gronyn (-nau, grawn) *m* 1.(穀物・塩・胡椒などの)一粒, 小粒, 細粒, 微粒 2.[通例否定文で]ほんの少し, 微小, 極微量 3.粒子, 微片 4.[物理] 粒子: ~ elfennol 素粒子 5.[度衡] = **graen** 1

gronynnellog : gronynnog *a* 1.粒(状)の, 顆粒状の, 粒から成る 2.(表面が)ざらざらした 3.(音・声が)耳障りな 4.[医学] 肉芽[顆粒状]の: meinwe ~ [病理] (傷が直る時生じる)肉芽組織

gronyniad (-au) *m* 1.粒[顆粒]になる[する]こと, ざらざらになる[する]こと, 粗粒化 2.(表面の)粒立て, 小さな突起 3.[医学] 肉芽(形成) 4.[薬学] 造粒 5.[園芸] 鬆上がり(柑橘類の果実の生理的障害) 6.[天文] 粒状斑

gronynnell (gronynellau) *m* 小粒, 細粒, 微粒

gronynnu *t* 1.粒状にする 2.表面をざらざら[粒々]にする
i 1.粒状になる 2.表面がざらざらになる 3.[病理] (傷などが)肉芽組織を形成する

gros *m* (差引なしの)総体, 総計, 総量
a (差引なしで)総体[全体]の; 風袋共の: elw (*m*) ~ [会計] 売上総利益, 粗利益

groser (-iaid) *m* 食料雑貨商人: mynd i siop y ~ 食料雑貨店へ行く

grosio *t* 総利益をあげる: ~ swm 正味の額を必要控除前の総額にする

grôt (grotiau) *m* 1.(英国の)4ペンス 2.グロート(英国の昔の4ペンス銀貨(1351~1662))

grotésg (grotesgau) *m* 1.怪奇な物[人, 姿] 2.[美術] 装飾美術(彫刻・絵画・建築物などに見られる怪奇な人間[動物]像・果実・草花などの形象を絡ませた装飾様式), グロテスク風 3.グロテスク風の装飾[彫刻, 絵画] 4.[活字] サンセリフ(体)(活字の上下の髭飾りがないもの)
a 1.怪奇[異様, グロテスク]な 2.馬鹿げた, 滑稽な 3.[美術] グロテスク風の

grotesgrwydd *m* 1.グロテスクなこと[性質] 2.グロテスクなもの[模様, 作品]

groto (-s) *m* 1.小さな洞穴 2.(貝殻などで美しく装飾した人工の避暑用)岩屋

growt (-iau) *m* 1.[土木] グラウト(岩石の割れ目や石積みの隙間に圧力で注入するセメント[モルタル]) 2.[建築] (天井・壁などの)仕上げの漆喰塗り

growtio *t* [土木] グラウトを詰める, グラウトで仕上げる

gröyn *m* 砂粒

grual (-au) *m* = **griwal**: ~ dŵr 薄い粥, 水粥

grud : grut (-iau) *m* [岩石] 角張った石英粒などから成る砂岩

grudaidd : grudiog *a* 小砂の入った, 砂のような

grudio *t* (道などに)小砂を撒く: ~ ffyrdd 道路に小砂を撒く

grudd (-iau) *f* 頬: deurudd, dwyrudd 両頬

Gruffudd : Gruffydd *m* グリフィス(姓)

grug (-oedd) *m* [植物] 1.ヘザー, ギョリュウモドキ(英国の荒れ野の乾燥地に自生し, イングランドではlingとして知られている常緑低木; 花は普通紫色だが白色のものもある): grugen (-nau) *f*, grugyn (-nau) *m* 一本のヘザーの小枝 2.ヒース, エリカ(荒野の湿地・湿原に生えるツツジ科の低木類; 紫・ピンク・白色の釣鐘形の小花を付ける小低木)

grugiar (-ieir) *f* 1.[鳥類] 雌のライチョウ(雷鳥): ~ dorchog (grugieir torchog), ~ y cyll エゾライチョウ 2.ライチョウの肉

grugiog : grugog *a* 1.ヒースの(ような): brethyn grugog *m* [紡織] 種々の色糸を混ぜて織った毛織物, 混色織 2.ヒースの茂った

gruglwyn (-i) *m* ヘザーの藪 [茂み]

grugo *t* ヘザーを集める(昔, ヘザーは燃料として, またブラシ・箒を作るのに用いられた)

grut (-iau) *m* = **grit**

grutaidd : grutiog *a* = **grudaidd**

grutio *t* (道などに)荒砂を播く
i 軋る, ぎしぎし音がする

gruw : grwlys *m* [植物] タイム, タチジャコウソウ(mint, sageと共にタイムはイギリスで最もよく用いられている料理用ハーブ; 葉を香味料に用いる)

grwgnach *i* 1.不平 [不満] を言う, 愚痴をこぼす, 泣き言を言う 2.(警察などに)訴える, 苦情を言う 3.(病苦を)訴える 4.(小川・風などが)寂しい音を立てる

grwgnach : grwgnachiad (-au) *m* 不平, 文句, 苦情

grwgnachlyd *a* 不平を言う, 不満そうな

grwgnachwr (-wyr) *m* : **grwgnachwraig (-agedd)** *f* 不平 [不満] を言う人, 愚痴をこぼす人

grwn (gryniau, grynnau) *m* [農業] (犂で作った) 畝, あぜ

grŵn *m* 1.小声のつぶやき [歌声] 2.(会話の)ガヤガヤいう声, ざわめき 3.(声を低く押し殺して歌う)感傷的な流行り, 哀歌 4.電話の呼び出し音 5.(蜂・機械などの)ブンブンいう音, 唸り 6.(エンジン・車などの) 低く滑らかな音

grwnan *t* 1.(流行歌などを)小声で感傷的に [鼻歌, ハミングで] 歌う 2.(赤ん坊などを)小声で [鼻歌を歌って] あやす
i 1.(人が)ガヤガヤ言う, ざわつく, 噂する 2.(蜂・機械などが)ブンブンいう 3.忙しく動き

回る 4.(猫が)ゴロゴロと喉を鳴らす 5.(エンジンなど)低い滑らかな音を立てる

grwnd : grwndwal (-au) *m* 1.[美術] (絵画などの)下地, 下塗り, 地塗り 2.[しばしばpl] (建物の)基礎, 土台

grwndrent (-i) *m* (建物の)地代, 借地料

grŵp (grwpiau) *m* 1.(人・動物・物などの)群れ, 集団, 集まり, かたまり: ~ oedran [社会学] 年齢集団; ~-briodas(-au) *f* 群婚, 集団婚; seicoleg (*f*) ~ [心理] 集団心理学; therapy (*m*) ~ 集団療法 2.群島 3.[美術] (彫刻・絵画などの) 群像 4.(政治・宗教・学会などで説・信仰・主義などを同じくする人の) 群, グループ 5.(党・会・教会などの) 分派, 小党派, …派 6.(趣味・興味などで集まる)同好会, グループ, サークル 7.ポップグループ: ~ pop ポップグループ 8.(企業間の)連合, シンジケート, トラスト, チェイン 9.[言語] 語派 10.[数学] 群: ~ Abel アーベル群 11.[音楽] 音群 12.[化学] 基; 原子団 13.[地質] 層群: 界

grŵp-gapten (~-gapteiniaid) *m* [英・空軍] 空軍大佐

grwpi (-s) *f* 1.(特に十代の) ロックグループのファンの女の子 2.有名人の後を追い回す十代のファン, 「親衛隊」

grwpio *t* 1.群 [集団, 一団] にする, 寄せ集める 2.分類する, グループ分けする
i 集まる, 群がる, 一団となる

grwyn (-au) *m* [土木] 水制; 防砂堤; 海岸突堤

grwyno *t* [土木] 海岸突堤を作る

grym (-oedd) *m* 1.体力, 腕力; 暴力: defnyddio ~ 腕力に訴える; ~ corfforol (知性を伴わない)全くの暴力 2.(物理的な)力, 勢い 3.(精神的な)力, 気力, 迫力; 知力, 能力; 勇気: ~ meddwl/meddyliol 理性の力; ~ penderfyniad, ~ dymuniad, ~ ewllys 意志の力; ~ er daioni 善への力, 益する力 4.(他に及ぼす)影響力, 説得力; 効果, 力: ~ arferiad 習慣のせい 5.強さ, 強度 6.力, 権力, 勢力, 威力: ~ llwyr 絶対権力; ~ llwyr a lwyr lygra 絶対的権力は(人を)絶対的に堕落させる (Lord Acton(1834~1902)); G~ (y) Duon ブラックパワー(政治的経済的に平等な権利獲得を目指す黒人勢力) 7.勢力 [有力] 者, 影響力のある物 8.(文章などの)迫力, 効果 9.(言葉などの)真意 10.[法律] (法律などの)効力, 施行: ~ deddfwriaethol 立法権; ~ cyfraith 法の力 11.風力 12.[しばしばpl] 神; 悪魔: ~ annwyl, yn enw'r ~! 情け深い神々よ!, どうぞ神様!, 有難や! 13.[機械] 動力; 電力: ~ symudol (機械の)動力, 起動 [原動] 力 14.光学レンズの倍率: 屈折力 15.[物理] 力: ~ allgyrchol遠心力; disgyrchiant 重力 16.[軍事] 兵力; 人数: ~ tanio 火力 [量]

grymedd *m* [物理] 圧力, 応力

grymial *t&i* 1.(低いはっきりしない声で)呟く, ブツブツ不平を言う 2.(雪などが)低く鳴り響く

grymialog : grymialus *a* 囁くような, ブツブツ言う

grymus *a* 1.(人・物などが)力強い, 強力[強大, 有力]な, 勢力[権力]のある 2.(意志・信念など)強い, 強固な: cymeriad ~ しっかりした性格 3.(感情など)激しい 4.(演説など)説得力のある, 人を動かす 5.(薬など)効き目[効能]のある 6.(風・打撃など)強い, 激しい: gwynt ~ 強風 7.(レンズなど)倍率の高い 8.動力[出力]が高い

grymuso *t* 1.強く[丈夫に, 強固に]する 2.増員[増強]する 3.励ます, 元気づける 4.芸術的効果を高める

grymusol *a* 1.強くするのに役立つ 2.力強さが増す

grymuster (-au) : grymustra (-au) *m* = **grym**

grymuswr (-wyr) *m* 1.強固にする人 2.励ます人

grynio *t*[農業](土地・田畑に)畝を付ける[立てる]

gwacâd (-au) *m* 1.明け渡し, 引き払い; 退避, 避難 2.(器を)空にすること, 中味を空けること 3.(軍隊の)撤退, 撤兵;(傷病兵・資材などの)後送 4.[機械]排気

gwacáu *t* 1.(容器を)空にする, 空ける, 中味を空ける 2.(中味を他の器場所へ)移す 3.(川などが海などに)注ぐ 4.(住民などを家・危険区域などから)立ち退かせる, 移す, 疎開させる 5.(軍隊を)撤退させる;(砦などの)軍隊による占領から撤退する
i(ホールなどが)空になる

gwacsaw *a* 1.(人・性格など)軽薄[浅薄]な 2.(苦情・要求など)取るに足らない, 些細な, つまらない

gwacsawrwydd *m* 1.空虚, 空しさ 2.軽薄, 浅薄, 不真面目

gwacter (-au) : gwactod (-au) *m* 1.空, 空虚, 中空, 虚無 2.空虚[単調]な広がり 3.人が住んでいないこと 4.無知 5.無意味 6.(知的・精神的)空虚, 放心; 愚鈍 7.[通例*pl*]愚かな言葉[考え, 行為]8.空所, 真空: brêc(breciau) (*m*)gwactod 魔法瓶; a baciwyd dan wactod 真空包装した; tiwb(-iau)(*m*)gwactod[電工]真空管 9.空腹 10.喪失感 11.(外界から)隔絶した状態 12.[仏教]涅槃

gwactodi *t* 1.[物理]真空を作り出す 2.電気掃除機をかける

gwachul *a* 1.(病気・老齢などで)弱った, 弱々しい 2.(顔など)痩せこけた, やつれた

gwâd : gwadiad (-au) *m*(責任などの)否定, 否認, 不同意; 拒否

gwadadwy *a* 否定[否認]できる; 拒絶[拒否]できる

gwadn (-au) *mf* 1.足裏, 足底 2.(靴・靴下などの)底 3.[ゴルフ](クラブヘッドの)底部, ソール 4.(犂先の)下部 5.(物の)底部, 基部: ~ haearn[建築]敷板;[機械]台板

gwadnu *t* 1.(靴などに)底を付ける: ~ esgid 靴底を付ける 2.(靴下に)足裏を付ける 3.[ゴルフ]ソールする
i 逃げる

gwadu *t* 1.(所有権・責任・正当性などを)否定[否認]する, 自分の物でないと言う: 'does dim ~'r ffaith その事実は否定できない 2.(要求・願いなどを)拒む, 拒絶する 3.欲望を抑える, 自制[克己]する; 楽しみを断つ 4.自分との関係を否認する, 縁を切る 5.(条約・信仰などを)破棄[放棄]する, 捨てる 6.(公式に宣誓して)放棄する, 断つ;(故国などを)永久に去ることを誓う 7.避ける, 回避する

gwadwr (-wyr) *m* : **gwadwraig (-agedd)** *f* 1.否定[否認]者 2.放棄者

gwadd (-od) *f*[動物]モグラ, 土竜

gwâdd *m* 1.招待, 案内 2.招待[案内]状 3.提案, 示唆 4.魅力, 刺激, 誘惑, 誘引 5.挑発, 挑戦 6.[しばしばG~][英数]勧告, 奨励
a 1.招かれた, 招待された 2.要求に応じて準備[登録]された 3.[スポ]招待選手に限られた

gwâdd *t* 1.(正式に)招待する, 招く; 案内する 2.(意見・質問などを)丁寧に求める, 請う 3.(人に…するよう)勧める, 促す, 要請する 4.(危険・困難・非難などを)招く, もたらす, 引き起こす 5.(物事が)誘う, 引付ける;(物事が人を)魅惑して(…)させる

gwaddod (-ion) *m* 1.(液体・ワインなどの)沈殿物, 澱, 滓: yfed y cwpan hyd y ~ コップを一滴も残さずに飲み尽くす 2.[化学]沈殿物 3.[地質]堆積物, 砕屑物; 土砂送流: gwaddodion affwys/affwysol 深海の堆積物 4.(滓のような)つまらない物, 屑

gwaddodeg *f*[地質]堆積学

gwaddodegol *a*[地質]堆積学の

gwaddodegwr (-wyr) : gwaddodegydd (-ion) *m* 堆積学者

gwaddodi *t*(水・風などが泥・砂などを)堆積[沈殿]させる
i 沈殿[沈積]する

gwaddodiad (-au) *m* 1.沈澱, 沈降 2.沈澱[沈積](物)3.[化学]沈澱(物)4.[地質]堆積作用

gwaddodlyd : gwaddodog *a* 滓を含んでいる, 澱のある

gwaddodol *a* 1.沈殿物の 2.[化学]沈澱を促進する, 沈殿作用による 3.[地質]堆積作用による, 沈殿によって生じた: creigiau gwaddod[岩石]堆積[水成]岩

gwaddodydd (-ion) *m*[化学]沈澱剤

gwaddol (-ion) *m* 1.[法律]寡婦産(亡夫遺留不動産のうち寡婦が終身受ける部分)2.(新

gwaddoledig 336 **gwaelod**

婦の) 結婚持参金 3.(新郎が新婦に与える) 贈り物 4.(修道女の) 持参金 (など) 5.[通例*pl*] (寄付された) 基本財産, 寄付金, 基金;(個人の) 養老資金: yswiriant (*m*) ~ 養老保険 6.天賦の才能, 生まれつきの素質

gwaddoledig *a* 1.基金[財産]を与えられた 2.寡婦産を与えられた 3.(才能などを) 賦与された

gwadoli *t* 1.(学校・病院などに) 基金[財産] を寄付する 2.(人に) 寡婦産を与える 3.(人に 才能・権利などを) 賦与する, 授ける

gwaddoliad (-au) *m* 1.(基金の) 寄贈, 寄付 2.= **gwaddol**

gwaddota *t* モグラを捕まえる

gwaddotwr (-wyr) *m* モグラを捕る人

gwae (-au) *mf* 1.悲哀, 悲痛, 悩み, 苦悩: ~ fi! ああ, 悲しいかな! 2.[通例*pl*] 災い, 災難

gwaed *m* 1.血, 血液: colli/tywallt/arllwys ~ 血を流す; cell (*f*) waed (celloedd ~), gwaetgell (-oedd) *f* 血球; mae pwysedd ei waed yn uchel 彼は高血圧症だ; ni ellir tynnu ~ o garreg [諺] 冷酷者から同情は得られない, 強欲者から血や金を得ることはできない 2.(傷口から流れ出た) 血, (特に) 血の固まり, 血糊 3.(下等動物の) 体液 4.(果物などの) 赤い汁 5.(活素としての) 血, 活力源, 生命 6.(感情素としての) 血, 血潮, 血気, 激性; 気質 7.流血; 殺人 (罪); 犠牲 8.(家系などの) 血筋, 血統, 血縁: tewach ~ na dŵr [諺] 血は水よりも濃い, 他人よりは身内 9.人々, (特に) 若者たち; 血気盛んな人; しゃれ [道楽] 者 10.[通例*pl*] 扇情的な三文小説

gwaedbris (-iau) *m* 1.死罪犯引渡し報償金 2.殺人償金 (近親者を殺された人が殺人者または その家族から代償として受ける慰謝料) 3.(殺し屋への) 殺人謝礼金

gwaediad (-au) *m* (昔の外科手術の) 瀉血, 放血, 採血

gwaedlestr (-i) *m* 血管

gwaedlif (-au, -oedd) : gwaedlin *m* 1.[病理] 出血: gwaedlif ar yr ymennydd 脳出血, 脳溢血 2.(人材・資産などの) 大流出, 損失

gwaedlw (-on) *m* 血誓

gwaedlyd *a* 1.血の (ような, 血を含む, 出血する, 血まみれの 2.(目が) 充血した, 血走った 3.(戦闘など) 血生臭い, 流血の 4.(人が) 残忍 [残虐] な, 血に飢えた: Mari Waedlyd 血のメアリー (Mary I (1516~58) の仇名; 英国女王 (1553~58); 新教徒を迫害した) 5.(法律が) むやみに死刑を課す 6.苦しい, 同情を誘うような 7.ひどい, とてつもない

gwaedoliaeth (-au) *f* 1.血族, 親族 (関係), 同族 2.血統, 血筋, 家柄

gwaed-ollyngiad (-au) *m* [外科] 静脈切開, 瀉血, 放血

gwaedrudd *a* 血のように赤い, 血染めの

gwaedu *t* 1.(昔の外科手術で) 瀉血 [放血] する;(患者の) 血を採る 2.(人の金を) 搾り取る: ~ rhn yn wyn, ~ rhn hyd at y diferyn/ defnyn 人から財産などをとことんまで搾り取る (畜殺者が子牛の肉を白くするため血を絞ること から) 3.(機械装置などから液体・気体を) 抜取る: ~ brêc/brâc [自動車] ブレーキラインから気泡を取除く 4.(樹液を) 出す
i 1.出血する, 血を流す; 死ぬ 2.(心が) ひどく 痛む: mae fy nghalon i'n ~ drosti 彼女のために心が痛む 3.法外な金を搾り取られる 4.(木が) 樹液を出す 5.(液体・ガスなどが) 流れ出る, 排出する

gwaedwr (-wyr) *m* : **gwaedwraig (-agedd)** *f* 1.出血性の人, 血友病患者 2.放血医 3.人の 金を搾り取る人 4.奴, 人 5.嫌な [虫の好かない] 奴 6.寄生虫, ごろつき, ならず者 7.[形容詞的に] ひどく嫌な

gwaedd (-au) *f* 1.(追跡の) 叫び声, 大声: ~ac ymlid [法律] (被害者・警官などによって 上げられる) 重罪犯人追跡時の叫喚; 重罪犯人逮捕令状; 盗品発見令状;(犯罪者などに関する) 警察公報: codi ~ ac ymlid 「泥棒, 泥棒」と叫ぶ;(汚職・非行などに対して) 激しい非難の声を上げる 2.大騒ぎ, 抗議, 激しい非難の声

gwâeg (-au) *f* 1.(ブローチなどの) 留金, 締金, バックル 2.(靴などの) 飾り留金

gwâegu *t* (靴・ベルトなどを) バックルで留める [締める]
i (靴・ベルトなどが) バックルで締まる

gwael (-ion) *a* 1.(質の) 悪い, 粗末 [粗悪, 劣等] な: esgus ~ まずい弁解 [言い訳] 2.(衣服・住居など) みすぼらしい, 貧相な 3.貧しい, 貧乏な 4.(体などが) 弱い, 虚弱な, 健康を害した, 病身 [病気] で: cof ~ *m* 悪い記憶力 5.(家畜など) 痩せた; 気力のない 6.不十分な, 乏しい, 貧弱な 7.(人が) 僅かしか食べない: bwytâwr ~ 小食家 8.(数量が) 僅か, たったの 9.(やり方の) 下手な, まずい, 無能な; 不得意な: Cymraeg ~ 下手なウェールズ語 10.故人となった, 今は亡き 11.(人・行為など) 見下げ果てた, 卑しい, 下劣な, 浅ましい 12.つまらない, 値打ちがない, 取るに足らない

gwaelbeth (-au) *m* つまらない [くだらない] 物, 些細なこと

gwaelder : gwaeldra *m* 1.(質の) 悪さ, 粗末, 劣等 2.(街路などの) みすぼらしさ, むさ苦しさ 3.下劣, 下品, 卑しさ 4.(土地の) 不毛

gwaeledd *m* 1.病気 2.病弱, 虚弱 3.劣等, 下劣

gwaelod (-ion) *m* 1.(物を支える) 基部, 底, 土台 2.[建築] 柱基;(記念碑などの) 台座 3.(ページ・地図などの) 下部 4.(ズボン・スカートの) 裾 5.(道・入江・湾・庭などの) 奥: ar waelod yr ardd 庭の奥[隅]に;(街路の) 行き詰まり 6.(上

gwaelodfa 部・頂部に対して)最低部;(丘・山の)麓:(階段の)下;(木の)根元;(靴の)底;(鍋・薬缶などの)底;(食卓などの)末席;(地位・身分などの)最下層, 最下位, ぴり, どん底: ar waelod y dosbarth クラスのぴりで;(物価の)底 7.根本, 基礎; 真相 8.心底, 奥底: o waelod fy nghalon 衷心から 9.(奥に潜む)底力;(特に馬・犬の)耐久力, 根気 10.[通例pl][地理](川沿いの)低地, 窪地, 流域; 谷 11.[海事]船底: mynd yn sownd ar y ~ 船が触礁する海底で船底をこする 12.[pl]沈殿物, 澱 13.[pl][地質]流送土砂

gwaelodfa (-feydd) f [地理]浸食基準面(浸食作用の及ぶ下方限界面)

gwaelodi t (砂・泥などを)堆積[沈澱]させる
i 1.(滓などが)沈む, 沈澱する 2.(相場などが)底をつく

gwaelodlin (-au) f (測量などの)基(準)線

gwaelodol a 1.下[下層]にある 2.水底に生息する 3.基礎をなす, 根本的な 4.[地理]下層にある: creigwely (-au) ~ m [地質]最下層の岩盤, 床岩

gwaelu i 病気になる;(病気に)なりかけている, (病気の)徴候をみせている

gwaell (gweillion) f (時計などの)針

gwäell (gwëyll) mf (手編み用の)編み針[棒]

gwäell (gweill, gweyll) f [料理](肉などを刺す金属性・木製の)串, 焼き串

gwaëllu t [料理](肉などを)串に刺す

gwaered m 降下

gwaetgi (-gwn) m 1.ブラッドハウンド(もと猟獣の後を追うのに用いた英国産大型犬; 現在は犯罪者・行方不明者の捜索用警察犬) 2.探偵, 刑事

gwaeth a 1.もっと[一層, 更に]悪い 2.(病状などが)もっと[一層]悪い, 悪化して: mewn ~ cyflwr もっと悪い状態で, もっと不健康で 3.~ っと下手[苦手]で

gwaeth m もっと悪い事[状態, 物, 人]: 'roedd ~ ar y ffordd, 'roedd ~ i ddod それ以上に悪い事が続いて起こった

gwaethaf m 最も悪い事[状態, 物, 人]: ar y ~ 最悪の場合には; er ~ rhth 何かにも拘わらず; gwaetha'r modd (文全体を修飾して)不幸[不運]にも, あいにく: gwaetha'r modd mi gollais y bws 不運にも私はバスに乗り損ねた
a 1.最も悪い, 最悪の 2.(容態など)最悪で 3.最も下手で 4.(台風など)最も激しい, 一番ひどい

gwaethafiaeth f 1.悲観論[主義] 2.[哲学・倫理]厭世観[主義], ペシミズム

gwaethafwr (-wyr) m 悲観論者, 厭世主義者, ペシミスト

gwaethwaeth ad 一層[いよいよ]悪く

gwaethygiad (-au) m 1.(品質などの)悪化, 低下; 悪化させるもの 2.堕落, 退歩 3.立腹, 苛立ち; 立腹させるもの

gwaethygu t 1.[価値・質などを]悪くする, 悪化させる 2.堕落させる 3.(悩み・病気・関係などを)更に悪化させる 4.(スポーツなどで)傷を悪化させる 4.(負担・罪などを)一層重くする, 加重する 5.怒らす, 悩ます
i 1.(質などが)低下する, 更に悪くなる 2.(素質が)頽落[頹廃]する 3.(健康が)衰える 4.(天候などが)一層悪くなる, 悪化する

gwaethygol a 1.一層悪化する, 悪変的な 2.堕落的な 3.腹立たしい, 頭にくる, 癪に障る

gwag (gweigion) a 1.(努力・期待・自慢など)無駄な, 無益な, 役に立たない: ymdrechion ~ 無駄な努力 2.(言葉・約束・快楽など)無意味な, 中味のない, つまらない: anaf gweigion 無意味な言葉; addewidion gwag/gweigion, gwag addewidion 空約束 3.(家・部屋・席など)空いている, 使用されていない, 人の住んでいない 4.(土地など)未使用の, 相続人・権利主張者もない: meddiant (m) ~ [法律](先住占有者のいない)家屋の所有権 5.(地位・役職など)空席[空位, 欠員]の 6.(時間など)空いている, 仕事をしていない, 暇な 7.(心・頭が)空虚な, 空っぽな 8.(笑いなど)間の抜けた, 馬鹿な 9.(容器など)空の, 空虚な, 中味のない: mwyaf(eu) trwst, llestri gweigion [諺]空の入れ物ほど音が大きい[頭の空っぽな人ほどよくしゃべる] 10.空腹の 11.(動物の雌が)子を産まない 12.[トラ]…が一枚もない

gwagedd (-au) m 1.空虚, 空しさ, 無益, はかなさ: ~ yw y cwbl [聖書]全て空なり (cf Eccl 1:2); Ffair (f) Wagedd ~ [文学]虚栄の市 (J. Bunyan作Pilgrim's Progress中に出る虚栄の町の市場の名) 2.空しい物事, 無益な言動 3.誇示, 虚飾 4.化粧テーブル 5.(女性の)携帯用化粧道具入れ

gwageddus a 空の, 空虚な

gwagelog a 用心[注意]深い, 慎重な

gwagen (-i) f 1.(四輪で通例2頭以上の馬または牛が引く)荷馬車 2.荷馬車1台分の荷 3.[鉄道](無蓋)貨車

gwagenwr (-wyr) m 1.(荷馬車の)御者 2.[G~][天文]御者座

gwagio t&i = gwacáu

gwaglaw a 1.素手[手ぶら]で 2.(何の成果・収穫もなく)空しく何も得ないで: dod yn ôl yn waglaw 手ぶらで戻る

gwagle (-oedd) m 1.空, 空虚, (宇宙)空間: syllu i'r ~ 空間をじっと見つめる 2.空所, 空白, 空地[場所] 3.間, 距離; 間隔 4.(地位などの)空き, 空位, 空席, 欠員 5.空虚感, 物足りなさ, 心の穴: llenwi'r ~ 空虚感を満たす 6.[物理]真空

gwaglwyfen (gwaglwyf) f 1.[植物]シナノキ, ボダイジュ, 菩提樹(シナノキ属の落葉高木の総称; よく街路樹にする) 2.リンデン材

gwagnod (-au) m 1.[数学]ゼロ, 零 2.無

gwagolaidd *a* [生物] 空胞 [液胞] の

gwagoledd *m* [生物] 空胞 [液胞] 化

gwagoliad *m* [生物] 空胞 [液胞] 形成

gwagolog *a* [生物] 空胞 [液胞] のある

gwagolyn (gwagolion) *m* [生物] 空胞, 液胞

gwag-orfoledd *m* 1.ひどいうぬぼれ, 虚栄心, 慢心 2.虚飾

gwag-orfoleddus *a* うぬぼれ [虚栄心] の強い

gwagswmera *t* (時を) 空費する
i 1.のらくらする, ぐずぐずする, ぶらぶらして時を過ごす 2.ぶらぶら歩く

gwagymffrost *m* 空虚な誇り, 虚勢, 空威張り

gwahadden (gwahaddod) *f* = gwadd

gwahân *m* 1.違い, 相違 2.分離: saif y goeden ar ~ i'r tŷ その木は家から離れた所に立っている; ar ~ (2つのものが時間的・空間的に) 離れて, 別れて, 別々に; (1つのものが) 2分されて; ばらばらに, (2つ以上のものが) 離れ離れに; 一方へ, 脇へ; (ある目的・用途のために) 別にして

gwahanadwy *a* 分けられる, 分離できる

gwahanedig *a* (夫婦が) 別居して

gwahanfa (-feydd) *f* [地理] 分水嶺 [界]

gwahanfur (-iau) *m* 分割する壁

gwahanglaf (-leifion) *m* 1.[病理] ハンセン [癩] 病患者 2.(道徳的・社会的理由で) 世間から除け者にされる人, 嫌われ者

gwahanglwyf *m* 1.[病理] ハンセン [癩] 病 2.健全な道義を頽廃させると思われるイデオロギー [道徳] 的影響力

gwahanglwyfus *a* [病理] ハンセン [癩] 病の [に罹った]

gwahaniad (-au) *m* 分離, 隔離: ~ galluoedd [政治] (行政・立法・司法の) 三権分立

gwahaniadol *a* 分ける, 分割 [区分] する, 分画的な

gwahaniaeth (-au) *m* 1.違い, 相違, 差異, 区別; 相違点: gweld y ~ 違いを指摘する 2.(数量の) 差; 差額: rhannu'r ~ [商業] 差額の中間を取る, 残りを等分する; (双方が) 歩み寄る, 折れ合う, 妥協する; talu'r ~ [鉄道] 差額を支払う 3.意見の相違; 争い, 不和 4.[紋章] 父あるいは本家の紋章と区別する図形を加えること

gwahaniaethadwy *a* 区別 [識別] 可能な, はっきりと見 [聞き] 分けられる

gwahaniaethiad (au) *m* 1.区別, 弁別 2.差別 (待遇) 3.[言語・生物] 派生, 分化, 変異

gwahaniaethol *a* 1.区別できる, 識別力のある, 目の利く 2.(関税など) 差別的な: toll wahaniaethol (tollau ~) [行政] 差別関税 3.差異を示す: seicoleg wahaniaethol [心理] 差違心理学 4.[言語・音声] (音声の特性が) 弁別 [示差] 的な

gwahaniaethu *t* 1.区別 [識別] する: ~

rhwng da a drwg 善し悪しを区別 [識別] する 2.分け隔てをする, 差別待遇する 3.見 [聞き] 分ける 4.[数学] 微分する
i 1.異なる, 違う 2.(二者の) 区別をする, 識別する: ~ rhwng dau beth 2つの物を区別する

gwahaniaethwr (-wyr) *m* 識別 [差別] する人

gwahaniaethydd (-ion) *m* 1.[労働] (同一企業内の労働者間の) 賃率差, 賃金格差 2.[鉄道] (同一地点に達する2つの経路の) 運賃差 3.価格差 4.(生活水準などの) 差違, 相違

gwahanlith (-oedd) *f* (雑誌・論文などの) 抜き刷り

gwahannod (-nodau) *mf* セミコロン (;という句読点記号)

gwahanol *a* 1.色々 [様々] な, 各種 [種々] の: ~ fathau 色々な種類 2.雑色の, 色とりどりの 3.違った, 似ていない, 異なった: mae'n wahanol i'r hyn ydoedd 彼は昔と別人だ [人が変わった]

gwahanolyn (-olion) *m* 1.[数学] 判別式 2.[統計] 判別

gwahanred (-ion) *f* [労働] (同一業種間で熟練・非熟練工の) 賃金格差

gwahanredol *a* 1.差違 [区別] の [を示す] 2.差別的な

gwahanu *t* 1.一定の間隔を置く, 間隔を置いて並べる 2.(2つ (以上) の) 物を切り [引き] 離す, 分離する: ~ dau beth 2つの物を引き離す; hyd oni wahaner ni gan angau 死して我らが別るるまで (*Prayer Book*, 'Solemnization of Matrimony') 3.(家族などを) 分散 [四散] させる: mae wedi ~ â'i wraig 彼は妻と別居している 4.(中間物で) 隔てる, 分ける: mae'r afon hon yn ~'r ddwy wlad この川が2つの国を隔てている 5.(人・団体を) 分離 [隔離] する: ~'r ddau ryw 男女別々にする 6.(人種・宗教・性などにより) 差別する, (差別して) 分離 [隔離] する 7.[印刷] 語間 [行間] をあける

gwahanwr (-wyr) *m* : **gwahanwraig (-agedd)** *f* 1.分離 [隔離] 者 2.分離器 3.[医学] 尿分採器, 分尿器

gwahardd *t* 1.(可能性・見込み・疑いなどを) 防止 [排除] する, 不可能にする, 余地を与えない 2.(法律・規則・命令などにより) 禁止 [厳禁] する: gwaherddir ysmygu [掲示] 喫煙厳禁 3.(人が…するのを) 禁止する; (…) の使用 [への出入] を禁止する: ~ rhn o'r tŷ 人が家に入るのを禁じる 4.(提案・議案などを) 拒否する 5.(商船の) 出 [入] 港を禁止する 6.(通商を) 禁止する 7.(商船・貨物を) 捕獲する 8.[軍事] (空爆・地上砲火によって敵を) 阻止 [遮断] する 9.[カト] 聖歌を禁止する

gwaharddedig *a* 1.禁じられた, 禁制 [禁断] の; ffrwyth ~ *m* [聖書] 禁断の木の実 (Adam とEveが食べることを禁じられたEdenの園の知

恵の木の実; cf *Gen* 3) 2.(船に)出[入]港禁止を命じられた 3.(通商を)停止された 4.[物理]禁止[禁制]の: y llinell waharddedig 禁制線

gwaharddedigaeth (-au) *f* 1.(法律・規則などによる)禁止, 禁制; 禁止命令, 禁令 2.酒類の醸造販売禁止 3.[G~](米)禁酒法時代 4.[カト]聖務禁止

gwaharddiad (-au) *m* 1.(君主・大統領・知事などが議案などに対して持つ)拒否権 2.(国際政治面での)拒否権; 拒否権の行使 3.(クラブなどからの)除外, 排除 4.(米)(大統領の)拒否投書 5.= **gwaharddedigaeth**

gwaharddiadaeth *f* (米)酒類製造販売禁止主義

gwaharddol *a* 1.禁止[制制]の 2.除外する, 排他的な 3.(米)[軍事](敵を)阻止[遮断]する

gwaharddwr (-wyr) *m* : **gwaharddwraig (-agedd)** *f* 1.禁止者 2.拒否権行使者 3.排他論者[主義者] 4.酒類製造販売禁止論者, 禁酒法賛成論者

gwahodd *t* 1.(非難・危険などを)招く, もたらす: ~ beirniadaeth 批判を招く 2.= **gwadd**

gwahoddedig (-ion) *mf* (パーティー・食事・家庭などに招かれた)招待された人, (招待)客: gwahoddedigion yn unig 招待客のみ
a 招待された

gwahoddgar *a* 1.人を引付ける, 魅力的な 2.(食事など)うまそうな

gwahoddiad (-au) *m* = **gwâdd**

gwahoddiadol *a* 1.要求に応じて準備[登録]された 2.(展示会・スポーツなどが)特別招待の, 招待者(選手)のみの

gwahoddol *a* 招待[招き]の

gwahoddwr (-wyr) *m* : **gwahoddwraig (-agedd)** *f* 招待する人, 招待主; (客をもてなす)主人

gwain (gweiniau) *f* 1.(刀剣などの)鞘 2.コンドーム: ~ atal cenhedlu コンドーム 3.[解剖]膣 4.[植物]葉鞘; 仏炎苞(コンニャクなどサトイモ科植物に見られる大きな総苞)

gwair (gweiriau) *m* 干草, まぐさ: cocyn (cociau)(*m*)~ 干草の山; ~ temprus よく乾燥した干草; cynnull dy wair tra pery'r tes [諺]日の照るうちに干草を作れ(好機を逃すな); sioncyn (sioncod)(*m*)(y)~[昆虫]バッタ, キリギリス, イナゴ

gwaith (gweithiau) *m* 1.(ある目的を持って努力して行う)仕事, 労働, 作業, 勉強, 研究 2.(なすべき)仕事, 任務, 務め: mae gennyf waith i'w wneud, mae gennyf waith ar fy nwylo 私にはなすべき仕事がある; diwrnod o waith, ~ diwrnod 一日(分)の仕事 3.仕事口, 職(業): mae hi mewn ~, mae ganddi waith 彼女は定職についている; 商売, 専門事

業 4.勤務先, 会社, 職場 5.(芸術などの)作品; 著作, 著述; 楽曲: ~ celfyddyd, ~ o gelfyddyd, celfyddydwaith (celfyddydweithiau)*m* 芸術品(文学・音楽・美術の優れた作品); detholiad o waith barddonol Tudur Aled ティディル アレッドの詩作品選集(Tudur Aled (*c*1465 ~ *c*1525; DenbighshireのLlansannan生まれ; the Poets of the Gentryの一人) 6.針仕事, 縫物, 刺繍 7.工芸[工作]品, 細工物: ~ llaw, llaw-waith *m* 手仕事, 手細工, 手製; ~ coed, coedwaith *m* (家具の)木工技術; 木工製品[細工]; (建物内部の)木造部 8.[*pl*]土木工事; 道路工事: ~ cyhoeddus 公共事業 9.[物理]仕事(量): ~ mewnol 内部仕事量

gwaith (gweithfeydd) *m* 工場, 製作所

gwaith (gweithiau) *f* [頻度を表し, 通例副詞句で](何)回[度, 回目]; [*pl*](何)倍: unwaith 1度[回]; dwywaith, ddwywaith, eilwaith 2度[回]; 2倍; teirgwaith, deirgwaith, tair ~, deir ~ 3度[回]; 3倍; pum ~5回; ambell waith 時々; lawer/sawl ~ 幾度も; unwaith 昔々

gwaith *conj* 1.何故なら, というのは 2.何故ならば…だから, …だから[なので]

gwâl (gwalau) *f* 1.(野獣の)巣, 穴, ねぐら 2.ノウサギの巣穴: ~ ysgyfarnog ノウサギの巣 3.(盗賊などの)巣窟 4.(機械などの)枠, 覆い, 架構, ケース

gwal (-iau) *m* 1.(建造物の)壁, 内壁, 外壁: gwalglawdd (gwalgroddiau)*m* 石壁 2.(石・レンガなどの)塀 3.[通例*pl*]防壁, 城壁: G~ Sefer セウェルスの長城 4.(容器・器官などの)内壁, 内側 5.壁のように聳える[遮る]もの, 障壁 6.(知的・精神的・社会的な)隔て, 壁, 障壁 7.土手, 堤防; 石垣 8.[鉱山]磐: crogwal (-iau)*f* 上磐

gwala *f* 十分(な数量): ~ a gweddill 有り余るほど(cf *Luke* 15:17) 2.腹一杯 3.嫌になるほどの量, 十二分
a 十分な, 必要なだけの: cael eich ~ o fwyd 十分な食物がある

gwalch (gweilch) *m* 1.[鳥類]タカ, 鷹 2.[鳥類]ハヤブサ, 隼(タカ狩りに用いる) 3.ごろつき, 与太者, 悪漢 4.いたずらっ子, 腕白小僧; 奴, 餓鬼: y ~ bach! このちび奴!, このいたずらっ子め!

gwalches (-au) *f* 1.[鳥類]雌のタカ 2.[鳥類]雌のハヤブサ

gwalchyddiaeth *f* 1.タカ狩り 2.タカの訓練法

gwald (-iau) *m* 1.(製靴)(靴の底革と上革との)継ぎ目革, 細革, ウェルト 2.[洋裁]縁または継ぎ目の細い当て布, 縁かがり, 縁飾り

gwaldio : gwaldysu : gwalteisio *t* 1.継ぎ目革を付ける 2.縁飾りを付ける

gwaled (-au) *f* 1.(通例, 男性用折畳式革製)

gwaltas

札入れ 2.(公文書を入れる)大型革製ケース 3.(旅人・巡礼・乞食などの用いる)物入れ袋, 合切袋

gwaltas (-au, gwaltesi) *mf* = **gwald**

gwall (-au) *m* 1.誤り, 間違い: ~ iaith/ gramadegol 文法上の誤り; ~ argraffu 誤植; ac eithrio pob ~ a gomeddiad〔商業〕誤謬脱落は別として〔この限りにあらず〕2.誤解, 思い違い, 勘違い, 誤信 3.過失, 罪: ~ trwy gamwaith 過失の罪; ~ trwy esgeulustod 怠慢の罪 4.欠点, 欠陥, 弱点 5.〔数学・統計〕(計算・観測などの)誤差 6.〔スポ〕失策, エラー 7.〔法律〕錯誤, 誤審 8.〔論理〕虚偽, 誤謬

gwallgof (-ion) *a* 1.(人が)気が狂った, 狂気の, 精神異常の: aeth yn walgof 彼は発狂した 2.精神異常者のための 3.(考え・行動など)気違いに染みた, 馬鹿げた, 非常識な: cynllun ~ 無茶な計画 4.腹を立てて, 怒って

gwallgofdy (-dai) *m* 精神病院

gwallgofddyn (-ion, -gofiad) *m* 精神異常者

gwallgofi *t* (人の)気を狂わせる, (人を)狂気のようにする
i 1.気が狂う, 発狂する 2.(狂人のように)うわ言を言う, 取留めのないことを言う

gwallgofrwydd *m* 1.精神病, 精神異常錯乱, 狂気 2.狂気の沙汰, 愚行 3.熱狂, 狂喜 4.激怒 5.〔法律〕心神喪失

gwallt (-au, -iau) *m* 頭髪: cribo'ch ~ 髪を梳く; gosod eich ~ 髪をセットする; golchi'ch ~ 髪を洗う; colli'ch ~ 頭が禿げる; ~ (-iau) gosod, ~ (-au) dodi かつら; triniwr (-wyr) (*m*) ~ (-iau) 理髪師; 美容師

gwalltlaes *a* 1.長髪の 2.抽象的思索に没頭している, 俗離れした 3.知識階級の, インテリ特有の 4.古典音楽を愛好する

gwalltog *a* (頭皮が)もじゃもじゃの, 毛深い

gwallus *a* 1.(言葉・考えなどが)誤った, 間違った, 不正確な 2.欠点〔欠陥〕のある, 不完全な 3.過失のある, 悪い

gwallusrwydd *m* 1.不正確, 杜撰, 誤り, 間違い 2.欠点〔欠陥〕のあること, 不完全

gwamal *a* 1.気まぐれな, 移り気の 2.ためらう, 気迷いする 3.浅薄〔軽卒, 軽薄〕な, 不真面目な

gwamalrwydd *m* 1.気まぐれ, 移り気 2.浅薄, 軽薄 3.軽卒〔不謹慎〕な言動

gwamalu *t* (時間・精力・金などを)浪費する
i 1.(決心などに)迷う, ためらう 2.(人などを)軽率に〔いい加減に〕扱う

gwamalwr (-wyr) *m* : **gwamalwraig (-agedd)** *f* 1.ためらう〔気迷いする〕人, 決心のつかない人 2.軽薄な〔ふざける〕人 3.浪費家

gwan (gweiniaid, gweinion) *a* 1.(人・体・器官などが病気・老齢などで)弱い, 虚弱な, 弱った, 弱々しい, 衰弱した 2.(性格・意志など)弱い, 薄弱な 3.(能力・知力・学科など)劣った, 不得意な: bod yn wan mewn Ffrangeg フランス語が弱い〔苦手だ〕4.(光が)かすかな, 弱い, 微弱な 5.(目が)弱視の 6.(声が)力のない 7.(議論・証拠・文体・表現など)弱い, 説得力〔迫力〕のない 8.(飲物・濃度が)弱い, 薄い, 水っぽい: te ~ 薄い茶 9.〔文法〕(動詞・活用が)弱〔規則〕変化の: berf wan (berfau gweinion) *f* 弱変化動詞 10.〔音声〕(音節・母音など)弱い, 強勢のない: sillaf wan (sillafau gweinion) 弱音節 11.〔化学〕(溶液など)希釈された, 薄められた

gwân (gwanau) *mf* 1.(剣などの)突き, 刺し, 突き刺し: ~ â gwaywffon 槍による突き差し 2.〔フェ〕突き 3.(言葉による)攻撃

gwanaf (-au, -on, gwaneifiau) *f* 1.〔農業〕(干草の山の)積み, 重ね 2.(干草の)一列の刈り跡 3.(屋根葺き材料の藁・茅などの)重ね, 層

gwanas (-au) *f* (山などの)突出部

gwanc *m* 1.(金銭などに対する)強欲, 貪欲, 欲張り 2.食い意地, 大食 3.略奪, 搾取

gwancio *t* (食物を)腹一杯に詰め込む

gwancus *a* 1.食い意地の張った, 食いしん坊の, 大食する: mor wancus â'r wenci 豚のように食い意地が張った 2.貪欲〔強欲〕な, 欲張りの 3.強奪〔略奪〕する 4.極めて熱心な, 飽くことを知らない

gwancusrwydd *m* = **gwanc**

gwaneg (-au, gwenyg) *f* (暴風雨などの)大波, 大うねり

gwanegu *i* 大波がうねる〔起伏する〕

gwangalon *a* 1.意気地のない, 気の弱い, 臆病な 2.落胆〔意気消沈〕した 3.悲観〔厭世〕的な

gwangalondid *m* 1.意気地なさ, 臆病 2.落胆, 失望, 失意 3.悲観論〔主義〕

gwangalonni *t* 落胆させる
i 1.落胆〔失望, 意気消沈〕する 2.絶望する

gwangalonnwr (gwangalonwyr) *m* 意気地無し, 臆病者, 弱虫

gwanhad *m* 1.細くなること, 痩せ細り, やつれ, 衰弱 2.希薄化, 希釈(度)3.〔音声〕弱化 4.〔化学・物理・電気〕減衰

gwahadur (-on) *m* 〔電気〕減衰器

gwanhaëdig *a* 〔化学〕(溶液など)希釈された, 薄められた

gwanhaol *a* 1.弱くする, 弱める 2.(酒・茶などを)薄める

gwanhau *t* 1.弱く虚弱にする, 弱める 2.(溶液・酒・茶などを)薄める, 希薄にする 3.(色を)淡く〔薄く〕する 4.〔化学〕希釈する
i 1.弱る, 弱まる 2.優柔不断になる, 屈服する

gwanhäwr (gwanhawyr) *m* = **gwanhadur**

gwaniad (-au) *m* = **gwân**: ~ ac ataliad (*m*) 鋭い言葉のやり取り

gwanllyd : gwannaidd *a* 虚弱な, か弱い, 弱められた, 弱った

gwannach *a* 弱くなる

gwanobaith *m* 落胆, 気落ち, 意気消沈

gwant (-au) *m* 1.休止, 中断 2.[韻律]行間休止

gwantan *a* 1.弱そう[力のなさそう]な 2.(体が)か弱い, 虚弱な

gwanu *t* 1.突き[刺し]通す, 穴を開ける, 貫通する 2.(苦痛・寒さ・悲しみなどが)身に染みる 3.(叫び声などが静寂を)破る, つんざく 4.(光が暗闇に)差し込む 5.洞察する, 見抜く *i* 1.突き刺さる, 貫通する 2.身に染みる

gwanwr (-wyr) *m* 突き刺す人, 刺客, 暗殺者

gwanwyn (-au) *m* 1.春, 春季: yn y ~ 春に(なると) 2.(人生の)青春(期) 3.初期

gwanwyneiddiad (-au) *m* [農業]春化(処理)

gwanwyneiddio *t* [農業](植物を)春化させる

gwanwynol *a* 1.春の; 春向きの: noson wanwynol braf 春の素敵な晩 2.春に起こる, 春咲きの 3.青春の, 若々しい

gwanychiad *m* [電気]制動, (振動の)減衰

gwanychu *t* = **gwanhau**

gwâr *a* 1.文明化した, 教化された 2.(文明人としての)教養[気品]のある, 洗練された

gwar (-rau) *mf* 1.うなじ, 首筋 2.[*pl*](荷を背負う両肩と上背部の)背, 肩: mae ganddo war 彼は猫背になっている 3.(道路の)路肩: ~ caled[土木](非常の場合, 自動車が避けることのできる高速道路の)硬路肩; ~ meddar 軟路肩 4.(瓶・弦楽器などの)肩 5.(山の)肩 6.[獣医・解剖]き甲(馬や犬の肩甲骨間の隆起)

gwaradwydd (iadau) *m* 1.不名誉, 不面目, 恥辱 2.不人気, 不評 3.恥さらし, 面汚し, 恥となる人[物, 事]

gwaradwyddo *t* 恥をかかせる, 面目を潰す, (家名などの)恥となる, (名を)汚す

gwaradwyddus *a* 1.恥ずべき, 不面目な 2.けしからぬ, 不届き[破廉恥]な

gwarafun *t* 1.(物事を)禁止する 2.(人が…するのを)禁止する 3.(人に物を)与えるのを惜しむ, 出し渋る(…することを)惜しむ, しない 4.(依頼・要求などを)断る, 拒絶[拒否]する, 辞退する 5.(馬が障害物を)飛び越そうとしないで急に立ち止まる *i* 拒絶する, 断る

gwaraidd *a* = **gwâr**

gwarant (-au, -oedd) *f* 1.保証(となる物・人) 2.(製品などの一定期間の)保証(書) 3.正当な理由, 根拠; 権限 4.(行為・権利などを)証明[認可]書, 委任状 5.[法律](逮捕・拘引・捜索・出頭などの)令状;(民事の)召喚状: ~ i(a)restio 逮捕状; ~ ddienyddio(gwarantau dienyddio), ~ farwolaeth(gwarantau marwolaeth)死刑執行令 6.安全, 無事 7.安心, 心丈夫 8.[商業・法律](負債の支払に対する)保証, 抵当, 担保: ~ gyfatebol[商業]見返り担保, 根抵当, 代用証券: rhoi rhth yn warrant 物を担保に入れる; heb warrant 担保なしで 9.有価証券: gwarannau'r llywodraeth 政府発行有価証券

gwarantadwy *a* 1.[商業](商品などを)保証できる, 請け合える 2.手に入れられる, 確保できる

gwarantedig (-ion) *mf* [法律]被保証人

gwarantedig : gwarantol *a* 1.(時計など)保証付き[済み]の 2.[商業](ローンなどの)支払を保証された

gwarantiad (-au) *m* [商業](商品の品質など)の)保証(書)

gwarantu *t* 1.[商業](商品などを)保証する: ~ cloc 時計を保証する 2.請け合う, 約束する 3.(人を)後援する 4.(債権者に担保を付けて)支払を保証する;(抵当を付けて債務の)支払を保証する 5.[挿入的・付加的に用いて]確かに…だと断言する

gwarantwr : gwarantydd (-wyr) *m* 1.(商品の品質などの)保証者 2.[法律]保証[担保]人

gwarchae *t* 1.(軍隊などが町・要塞などを)包囲[攻囲]する; ~ ar dref 町を攻囲する 2.(港・海岸などを)封鎖[閉鎖]する 3.(道路・鉄道などを)遮断[妨害]する 4.(群衆などが)取巻く, 押し寄せる, 殺到する 5.(嘆願・質問・招待状などで人を)悩ます 6.(疑惑・恐怖などが)襲う, 悩ます

gwrchae (-au, -oedd) *m* 1.[軍事](軍隊による)攻囲, 包囲攻撃 2.封鎖, 閉塞: ~ llyngesol, ~ o'r môr 海軍の封鎖線; codi ~ 封鎖を解く 3.(病気・不幸などの)発病, 長引く発作, 長期間

gwarchaeëdig *a* 1.包囲された, 包囲攻撃下の 2.取巻かれた, 悩まされた

gwarchaewr (-wyr) *m* 1.包囲者, 攻城兵 2.封鎖[閉塞]者; 閉塞船

gwarcheidiol *a* 1.守護の, 保護[守護]する: angel (angylion) ~(個人・地方・社会の)守護天使; 大いに援助してくれる人 2.後見人の, 保護者の

gwarcheidwad (-waid) *m* :

gwarcheidwades (-au) *f* 1.[法律](未成年者・孤児などの)後見人: ~ ad litem, i gyfreithio 訴訟のための後見人 2.保護[守護]者 3.番人, 守衛, 監視者 4.(刑務所の)看守 5.[G~]救貧委員: Bwrdd (*m*) y Gwarcheidwaid[英史](救貧法による)救貧委員会(主に教区単位に設置されていたが, 救

貧法の廃止に伴って1930年廃止)

gwarcheidwadaeth *f* [法律] 後見人の地位 [職務]

gwarchod *m* 1. [クリ] 三柱門防護のバットの構え 2. [フェ] (受けの) 構え, ガルド, ガード 3. [ボク] ガード; 守勢: ~ pawb! えっ!, おや!, まあ!, 何だ!! (驚き・怒り・苛立ちなどを表す)

gwarchod *t* 1. (危険・攻撃などから生命・財産などを) 守る: ~ rhn rhag perygl 人を危険から守る 2. (子供などの) 世話 [番] をする: ~ plentyn 子供の番をする 3. 子守り [ベイビーシッター] をする 4. (若い女性に) 付き添う 5. (囚人などを) 見張る, 監視する 6. [球技] (ゴールを) 守る 7. [トラ] (高位の札を) 守る 8. [チェス] (駒を) 守る 9. [軍事] 援護する
i 付き添う, シャペロン役をする

gwarchodadwy *a* 守ることができる

gwarchodaeth (-au) *f* 1. (宝石などの) 保管, 管理: dan warchodaeth ddiogel 安全に保管されて 2. 管理人 [保護者] の仕事 [任務] 3. 付き添い 4. (森林・河川など天然資源の) 保護, 保存, 維持, 管理: ~ natur 自然保護 5. (河川・港湾の) 管理委員会 6. 後見人の地位 [職務, 責任] 7. (後見人としての) 保護 [監督, 養育] (の義務・権利)

gwarchodfa (-fâu, -feydd) *f* 1. 特別保留地, 指定保護地区: ~ natur 自然保護区 2. 衛兵所 3. [軍事] 営倉, 留置書

gwarchodfilwr (-wyr) *m* 1. (英) 近衛連隊の軍人, 近衛兵 2. (米) 州兵軍の兵士, 州兵

gwarchodiad (-au) *m* 防衛, 防御, 守備

gwarchodlu (-oedd) *m* [軍事] 1. 防衛, 防備: ~'r glannau 沿岸防衛 2. 歩哨, 衛兵, 番兵 3. [G~] (英) 近衛連隊: y G~ Cymreig ウェールズ近衛歩兵連隊 4. 守備隊, 駐屯部隊 5. (守備隊が守る) 要塞, (守備隊の) 駐屯地

gwarchodluwr (-wyr) *m* = **gwarchodfilwr**

gwarchodol *a* 1. 保管 [保存] の 2. 保護 [保全, 管理] の

gwarchodwr (-wyr) *m* : **gwarchodwraig (-agedd)** *f* 1. 保存 [保護] 者 2. 守護 [保護, 監視] 者 3. (博物館などの) 管理者, 館員 4. (刑務所の) 看守 5. (河川などの) 管理委員 6. 留守番子守り, ベイビーシッター 7. 保母, 保父 8. 寝ずに付き添う人, 看病人 9. シャペロン (昔, 社交界などで若い未婚女性に付き添った多くは年配の婦人)

gwarchodwriaeth *f* 資源保護主義, 環境保全主義

gwarchoty (-tai) *m* = **gwarchodfa**

gward (-iau) *m* 見張り, 監督, 番兵

gwardrob (-au) *f* [家具] 洋服 [衣装] 箪笥

gwarddrws (-rysau) *m* 1. [建築] まぐさ (入口・窓・暖炉などの上の横木) 2. まぐさ石

gwared *t* 1. (人・場所から望ましくない物を) 取除く, 除去する: ~ rhn rhag rhth 人から物を

取除く 2. (望ましくない物を) 免れる, 脱する 3. 追い払う, 処分する, 捨てる: nwydd anodd cael ~ ag ef [商業] なかなか売れない品物 4. 救い出す: ~ ni rhag drwg [聖書] 我らを悪より救い出し給え (cf *Matt* 6:13)

gwaredadwy *a* [宗教] 救済できる; 贖われる

gwarediad (-au) *m* : **gwaredigaeth (-au)** *f* 1. 免れること, 除去 2. 厄介払い, 一掃 3. (破壊・損害・災難などからの) 救出, 救助 4. 救済手段 5. 釈放, 解放 6. [神学] (罪からの) 救い, 救済; 救世主 7. [キ教] 救い: cael gwaredigaeth 罪を悔いキリストを信じる, 改宗する

gwaredigol : gwaredol *a* 1. (欠点・過失などを) 補う, 埋め合わせをする 2. [神学] (神の恩寵によって) 救済する

gwaredu *t* 1. (身代金・賠償金を払って奴隷・捕虜などを) 救出する, 身請けする 2. [神学] (神・キリストが人を罪悪から) 救う, 救済する, 贖う 3. (動物などを) 殺す

gwaredwr (-wyr) *m* : **gwaredwraig (-agedd)** *f* 1. 救助 [救出] 者 2. 釈放 [解放] 者 3. 救い主, 救済者 4. [G~] [神学] 贖い [救い] 主, 救世主, イエスキリスト

gwareiddiad (-au) *m* 1. 文明 2. 文明国 [社会] 3. 文明化, 開化, 教化 4. 文化 [都会] 生活 5. (趣味・態度などの) 洗練, 上品, 優雅

gwareiddiadwy *a* 文明化 [教化] できる

gwareiddiedig *a* = **gwaraidd**

gwareiddio *t* 1. (国民などを) 文明化 [教化] する 2. (人などを) 洗練する, 社会化する

gwareiddiol *a* 文明化 [教化] する

gwareiddiwr (-wyr) *m* 文明へ導く人, 教化者

gwargaled (-ion) *a* 1. 頑固 [強情] な 2. (病気などが) 難治の 3. (抵抗など) 頑強な, 不屈の 4. (染みなど) なかなか取れない 5. (問題など) 扱いにくい, 手に負えない

gwargaledwch *m* 1. 頑固, 強情 2. 頑固な言行 3. 頑強, 不屈 4. (病気などの) 難治 (性)

gwargaledu *i* 頑固になる, 言う事を聞かない

gwarged (-ion) *mf* 1. 残り [余り] (物), 残余, 余分, 過剰 2. 過剰量, 余分額 3. [会計] 剰余金, (財政・企業の) 黒字

gwargrwm *a* (*f* **gwargrom**, *pl* **gwargrymion**) 猫背の, 腰を曲げた

gwargrymedd *m* 猫背, 前かがみ

gwargrymu *i* 猫背である [になる], 腰が曲がっている

gwariadwy *a* 1. 金を費やすことのできる, 消費される 2. [軍事] (資材・兵員など) 消耗用の, 消耗的な

gwariant (-nnau) *m* 1. (金・時間・労力などの) 消費, 支出 2. (軍備などに対する) 経費, 費用, 出費; 支出額

gwarineb *m* 1. 礼儀正しさ, 丁重 2. [*pl*] 礼儀

正しい言動

gwario *t* 1. (金などを) 使う, 費やす, 消費する: ~ arian fel y mwg, fel slecs, fel dŵr 金を湯水のように使う 2. (時間を) かける, 送る, 過ごす

gwariwr (-wyr) *m* 1. (金を) 使う人 2. 浪費家

gwarro *i* = **gwargrymu**

gwarrog *a* = **gwargrwm**

gwarrog (gwarogau) *f* (一対の牛を首の所で繋ぐ) 軛

gwarsyth (-ion) *a* = **gwargaled**

gwarsythni *m* = **gwargaledwch**

gwarth *m* 1. 不評, 不人気: mewn ~ (特に子供が大人から) 嫌われて, 不興をこうむって 2. 侮辱 3. 恥, 恥辱, 不面目 4. 羞恥心

gwarthafl (-au) *f* 1. [馬具] 鐙 (がね) (乗馬の際足を掛ける金具) 2. [解剖] 鐙骨

gwartheg *pl* 牛, 畜牛: ~ duon (Cymreig) ウェールズ種の肉牛; wagen (*f*) wartheg (wagenni ~), lori (*f*) wartheg (loriau ~) 牛輸送用トラック

gwarthnod (-au) *m* 1. (奴隷・罪人に押した) 焼印, 烙印 2. 汚名, 恥辱

gwarthnodi *t* 汚名を着せる, 非難する: ~ rhn 人に汚名を着せる

gwarthnodwr (-wyr) *m* 汚名を着せる人

gwarthol (-ion) *f* = **gwarthafl**: lledr (*m*) ~ (lledrau gwartholion) (鐙を吊る) 鐙革; cwpan (*mf*) ~ (cwpanau ~) (昔, 出立しようとする馬上の人に進めたワインなどの) 出で立ちの杯; 別れの杯

gwarthrudd (-iau) *m* = **gwarth**

gwarthruddo *t* 1. 恥をかかせる, 面目を潰す, 名を汚す 2. (能力・優秀さなどで) 赤面させる, 凌ぐ 3. 恥じさせて (…) させる [やめさせる] 4. (不名誉な事件で公人を) 罷免する, 解職させる

gwarthus *a* 1. 恥ずべき, 不名誉 [不面目] な 2. 無礼 [不届き, 破廉恥, 不道徳] な, けしからぬ

gwarthusrwydd *m* 1. 不名誉, 不面目 2. けしからぬこと, 不道徳, 破廉恥

gwas (gweision) *m* 1. 召使, 使用人: ~ groser 食料雑貨商人の使用人; ~ cyflog, hurwas (hurweision) *m* 金のために働く人 2. 公務員: ~ sifil/gwladol 公務員 3. (少年の) 馬丁, 馬小僧 4. 花婿 5. (神・芸術などの) しもべ 6. (動物・道具・機械など) 役に立つもの: ~ da, meistr caled 使えば便利だが使われるとろくなことはない 7. (宮廷の) 宮内 [式部] 官, 侍従 8. (王・貴族の) 家令 9. (市町村などの) 収入役, 会計係 10. (年齢に関係なく親しい人への呼掛けに用いて) 君, あなた, お前: tyrd yma was! おい [ねえ] 君, ここへおいで! 11. (公式文書の結び [挨拶] の文句として) 敬具, 敬白: eich ufudd was 敬白 12. yr Hen Was *m* 魔王, サタン

gwasaidd *a* 1. 奴隷のように振舞う, 独立心のな

い 2. 隷属的 [卑屈] な 3. (文学・芸術など) 独創性のない, 模倣的な 4. [ロカ] 筋肉労働 [重労働, 苦役] の

gwasanaeth (-au) *m* 1. (他人に対する) 奉仕: gwasanaethau cyhoeddus 社会奉仕; yr wyf at eich ~ 何なりとご用命下さい 2. [通例 *pl*] 尽力, 世話, 貢献 3. 役に立つこと, 有用, 有効; 援助 4. (官庁などの) 部局, 部門; 部門の職員たち 5. (特に公務員の) 勤務, 任務,服務: ~ diolomyddol 外交官勤務 6. (ホテル・レストラン・店などの) サーヴィス, 給仕, 客扱い: ~ ystafell (ホテルでの) ルームサーヴィス; ~ arian (レストランでの) 銀食器によるテーブルでの食事サーヴィスの方法 (ウエイターが常に左側から料理をサーヴィングディッシュからゲストのプレートに移す); diwydiant (diwydiannau) (*m*) ~ サーヴィス産業; ~ gwefus 口先だけの好意, から世辞 7. (食器・茶器などの) 一揃い, 一式 8. (郵便・電信・電話などの) 公共事業, 施設: ~ post 郵便制度 [業務]; ~ teleffon/ffôn 電話事業; Ar Wasanaeth Ei Fawrhydi/Mawrhydi 公用 (手紙の表に書く文句) 9. (列車・バス・汽船などの) 便, 運転: ~ trenau/rheillfyrdd 鉄道の便; ~ bws/bysiau/bysus バスの便 10. (ガス・水道・電気などの) 供給, 施設 11. (陸・空・海軍の) 軍務, 兵役 12. (宗教上の) 儀式, 礼拝 (式): ~ ar lan y bed, ~ claddu 埋葬式

gwasanaethddyn (-ion) *m* 召使, 使用人, しもべ

gwasanaethferch (-ed) *f* お手伝い, 女中

gwasanaethgar *a* 1. 親切な, 喜んで助ける, 世話好きの 2. (人に) 仕える, 奉仕する: angel (angylion) ~ *m* 守護天使 (老病者の世話をしてくれる女性・看護婦など)

gwasanaethu *t* 1. (人に) 仕える, 奉公する, 召使をする: ni ddichon neb wasanaethu dau arglwydd [聖書] 人は二人の主人に仕えることはできない (cf *Matt* 6:24) 2. (軍人・代議士・陪審員・公務員などとして) 奉仕 [服務, 勤務] する 3. (物が人の) 役に立つ, 助けになる 4. (鉄道・病院などがある地域に) 便宜を与える, 必要を満たす 5. (製品の) アフターサーヴィスをする, 保守点検する
i 1. (主人に) 仕える, 奉仕する, 勤める 2. (国家などのために) 働く, 勤務する: ~ yn y fyddin 陸軍に勤務する, 兵士になる 3. (店で) 客の用を聞く: ~ mewn siop 店で働く 4. (委員会 [陪審] で) 委員となる: ~ ar reithgor 陪審員を勤める 5. [キ教] (ミサで司祭の) 従者を務める

gwasanaethwr (-wyr) *m* :
gwasanaethwraig (-agedd) *f* :
gwasanaethydd (-ion) *m* :
gwasanaethyddes (-au) *f* (ホテル・店・駐車場などの) 接客係, 係員

gwasarn (-au) *m* (植物の) 敷き藁; (動物の)

gwaseidd-dra 344 **gwasgwr**

寝藁; 藁の霜除け: ~ dwfn[養鶏]堆積敷藁法
(鶏舎に泥炭などを敷いて行う養鶏法)

gwaseidd-dra m 1.奴隷状態 2.奴隷根性, 卑
屈 3.盲従, 追従 4.模倣, 無独創性

gwasg (gweisg) f 1.圧迫, 圧搾: ~ lathru (~
llathru)仕上げプレス 2.圧搾[圧縮]機; 絞り
器: ~ win(gweisg gwin)ブドウ絞り器; プレス
器, プレッサー 3.[テニス]プレス(運動用具を
型崩れしないように保存するための留め枠):
raced(gweisg raced)ラケット枠[プレス]4.[印
刷]印刷機, 印刷(術): mynd i'r wasg 印刷に
付される; ~ argraffu, argraffwasg
(argraffweisg)f 印刷機 5.出版物, 新聞, 雑
誌; ysgrifennu ar gyfer y wasg 新聞に寄稿
する; datganiad(-au)(m)i'r wasg(政府機関
などの)新聞発表 6.記者団, 報道陣:
cynhadledd(cynadleddau)(f)i'r wasg 記
者会見

gwasg (-au) mf 1.(人体の)ウエスト, 腰部のく
びれ, 腰線 2.[服飾](衣服の)ウエスト(ライン)
(の寸法)

gwasgaradwy a 1.圧搾できる 2.散らせる, 分
散させうる 3.広げ伸ばせる

gwasgaredig a 1.散らされた; 散らばった, 分
散した, 散在する, まばらな 2.分布された 3.(雨
など)散発的な 4.[植物]散生の 5.[物理]
(光・分子など)散乱された: goleuni ~ m 散
(乱)光

gwasgariad (-au) m 1.まき散らすこと, 散布;
四散, 散乱, まき散らされた物: ~ hadau[生物]
種子の四散 2.配分, 配給, 配布 3.[経済](富
の)分配;(商品の)流通 4.(郵便物・新聞など
の)配達 5.[言語・動植物]分布 6.[統計・
数学]分布, ばらつき 7.少量, 小数 8.[物理]
(光などの)分散 9.ディアスポラ(バビロン捕囚
後にユダヤ人が異邦人の間に四散したこと);
四散した全ユダヤ人; 四散した場所 10.(散弾
の)飛散範囲 11.[軍事]分散

gwasgarog a 1.(人口など)希薄な 2.分散し
た, 散在する, まばらな: anheddiad ~ m 分散
した居留地[村落]3.(頭髪・顎髭など)薄い
4.乏しい, 貧弱な

gwasgarol a 分散[散布]的な

gwasgaru t 1.(砂・花・種子などを)まく, ばらま
く, まき散らす 2.分布させる 3.(毛布・テーブル
掛けなどを広げて)掛ける, 覆う 4.(藁などを)
敷く: ~ gwellt 藁を敷く 5.(食卓に飲食物を)
並べる, 出す 6.(研究・仕事・支払などを)引
き延ばす, 延長する 7.(雲・霧などを)消散させ
る 8.(群衆・敵軍などを)追い散らす, 四散させ
る 9.(軍隊・警備隊などを)分散配置する
10.[光学](光を)分散させる 11.[物理](光・
粒子などを)散乱させる: ~ goleuni 光を散乱さ
せる
i 1.(集団が)散る, 四散する 2.(雲などが)消
散する 3.(散弾が発砲されて)散る

gwasgarwr (-wyr) m: **gwasgarwraig**
(-agedd) f 1.分配[配布, 配給, 配達]者 2.
(肥料・種子などの)散布機 3.[化学]分散剤

gwasgblat (-iau) m[工芸](特にコーンウォー
ル州で魚を運ぶために用いられる手穴の付い
た)木製の籠

gwasgedig a 1.圧搾された 2.絞り出された

gwasgedd (-au) m 1.圧力 2.圧縮, 圧搾 3.[物
理・機械]圧力: ~ critigol 臨界圧 4.[気象]
気圧: ~ atmosfferig 気圧

gwasgeddedig a(航空機・潜水具などの内
部が)気圧調節された, 一定の気圧に保たれ
た

gwasgeddiad m 1.[航空]与圧 2.気圧増大
(法), 高圧密封法

gwasgeddol a 加圧[与圧]する

gwasgeddu t 1.(人に)圧力を加えて(ある行動
を)とらせる 2.[航空](操縦室・客室などを)与
圧する 3.(機械などが)圧力に耐えるように設計
する 4.(気体・液体などを)加圧する 5.(油井
に)ガスを圧入する 6.(食品を)圧力鍋で料理す
る

gwasgeddwr (-wyr) m 1.圧力を加える人, 加
圧者 2.与圧者

gwasgfa (-fâu, -feuon, -feydd) f 1.(病気
の)発作; 引付け, 差込み, けいれん 2.(感情
の)激発 3.気まぐれ, 一時的興奮 4.困窮, 貧
苦 5.窮地, 苦境 6.(欠乏・不足による)困難,
不便 7.絞り出し; 圧縮 8.(経済上の)引き締め:
~ ar wario/gredyd 金融の引き締め 9.(焼印
を押すために家畜を一列に通す)板囲いの通
路

gwasgiad (-au) m 1.絞ること 2.圧搾, 圧縮

gwasgnod (-au) m 1.[図書](書物の)書架番
号 2.[出版]出版事項(書物などの通例, 扉の
下部に印刷されている出版社名・出版地・刊
年); 印刷事項(版権所有者名が記された頁の
印刷者名・印刷地・印刷年など)

gwasgnodi t[出版]印刷する

gwasgod (-au, -ion) f[服飾]チョッキ, ヴェス
ト

gwasgu t 1.(人などを)抱き締める;(手を)堅く握
る[握り締める]: ~ llaw rhn 人の手を堅く握る
[握りしめる]2.(強い力で変形するほど)押し潰
す[砕く], 押し付けて小さくする 3.押し[詰め]
込む: ~ rhth i flwch 物を箱に詰め込む 4.(人
から金などを)搾り取る, 搾取する 5.(ベルなど
を)押す: ~ botwm ボタンを押す 6.(人にある
行動をするように)強要する[勧める, 迫る]
7.(汁・液を)絞り出す: ~ sudd o lemon レモン
からジュースを絞り出す 8.[洗濯](洗濯物を)水
絞り機に掛ける, (濡れた衣類などを)絞る: ~
dillad yn sych 濡れた衣類を絞る 9.圧縮[圧
搾]する 10.(鳥の首などを)ひねる, ねじる

gwasgwr (-wyr) m: **gwasgwraig**
(-agedd) f 1.搾汁者 2.(洗濯物の)水絞り機

3.圧搾器

gwasod *m* 雌牛の盛り［発情］
　a（雌牛が）盛りがついて: buwch wasod
　(buchod ~) 盛りがついた雌牛

gwast *a*（紙など）不用な, 屑の

gwasta *a* 1.（面など）平らな, 平坦な; 水平［平面］の: fel bord o wastad, ~ fel y ford 全く平坦で; ぺしゃんこに; ras wastad［陸競］（障害物のない）平地競争;［競馬］平地のレース;yn gorwedd yn wastad［海事］等喫水で; 平らに［で］; 安定して; troelliad (-au) ~ *m*［航空］（飛行機の）水平錐揉み 2.（線など）切れ目［凸凹］のない, 滑らかな 3.同じ高さの, 平行な 4.（呼吸・脈拍など）規則正しい 5.（色彩・形状など）均一の, むらのない 6.（気質など）穏やかな, 落着いた, 平静な: tymer wastad *f* 穏やかな気性 7.大の字になって, 平伏して:
gorwedd ar wastad eich cefn 地上にばったり横たわる 8.（音声・色など）平板な, 味のない, 一様な 9.（気温など）安定した, むらのない, 一様な 10.［数学］偶数の: rhif (-au) ~ *m* 偶数;（数・金額など）端数のない

gwastad (-au, -oedd) *m* 1.水平（面）2.（刀などの）平らな部分, 平面 3.平地, 平原, 平野 4.［陸競・競馬］平地競争［競馬］5.［海事］平底船

gwastadedd (-au) *m* 1.平面, 水平面 2.平地, 平原, 平野: ~ arfor 海岸平野

gwastadol *a* 1.不変の, 一定の 2.（小言・喧嘩など）頻繁な, 繰返し起こる, 度重なる 3.永久［永遠］の, 永続する: gwaharddeb wastadol (gwaharddebau ~)［法律］永久差し止め命令 4.絶え間ない, 不断の 5.（官職・年金など）終身の 6.［園芸］（花が）四季咲きの

gwastadrwydd *m* 1.平坦, 水平 2.不変, 恒久 3.（気分・心の）平静, 落着き 4.志操の堅固 5.（温度・気候などの）一様なこと, 均一, 均等

gwastatáu *t* 1.水平［平ら］にする, 平らにならす 2.一様の高さ［標準］にする, 平等にする: gwahaniaethau cymdeithasol 社会的な差を下げて平等にする 3.安定させる

gwastatäwr (gwastatawyr) *m* 1.平等主義者 2.地ならし機 3.［G~］［英・政史］平等主義派の人（17世紀English Civil War 時代の熱狂的な政治的・宗教的団体の一員）

gwastatir (-oedd) *m* 1.平面, 水平面 2.平原, 平地, 平野: ~ llifwaddod［地理］（高水位時に流れで覆われる）氾濫原［沖積平野］3.平坦な国

gwastraff (-au, -oedd) *m* 1.（金・材料・努力などの）浪費, 空費, 無駄使い: ~ (ar) amser 時間の浪費 2.廃棄物, 屑: ~ ymbelydrol 放射性廃棄物; 屑綿: ~ cotwm 屑綿

gwastraffedig *a*（金・時間などが）浪費された

gwastraffyd *a* 浪費する, 不経済な, 無駄使いする, 放蕩な

gwastraffu *t* 浪費［濫費］する

gwastraffus *a* = gwastrafflyd

gwastraffwr (-wyr) *m* : **gwastraffwraig (-agedd)** *f* 1.（金・時間などを）無駄に使う人 2.浪費［濫費］家

gwastrawd (-odion) *m* 1.馬丁, 別当 2.（昔の旅館の）馬丁 3.花婿, 新郎

gwastrodaeth *f* 1.訓練, 鍛錬, 修養 2.（訓練で得た）自制, 規律, 統制 3.訓練法 4.懲戒, 懲罰 5.学問（分野）;（大学の）学科, 専門分野

gwastrodi *t* 1.訓練［鍛錬］する 2.懲戒する 3.（外国語などを）修得する, 熟達する 4.支配［征服］する 5.（情欲などを）抑える 6.（馬を）手入れする

gwastrodwr (-wyr) *m* : **gwastrodwraig (-agedd)** *f* 1.訓練する人, 訓練主義者,（厳重な）規律励行者 2.懲戒する人

gwatwar *m* 嘲り, あざ笑い, 嘲笑

gwatwar *t*（人・言動を）まねて嘲る［馬鹿にする］, あざ笑う

gwatwareg *f* 1.皮肉, 嫌味, 当てこすり 2.皮肉な言葉

gwatwariaeth *f* 1.（ユーモアを含んだ穏やかな）皮肉, 嫌味, 当てこすり 2.皮肉な言葉 3.反語;［修辞］反語法 4.（運命などの）皮肉な結果

gwatwarllyd : gwarwarus *a* 1.皮肉な, 嫌味を言う, からかう 2.嘲笑［嘲弄］的な 3.嘲笑を招くような, 滑稽な

gwatwarwr (-wyr) *m* : **gwatwarwraig (-agedd)** *f* 1.皮肉屋, 風刺家 2.風刺（詩［文]）作者 3.嘲る[あざ笑う, 嘲笑する］人, 滑稽にまねる人

gwau *m* 1.編むこと: peiriant (peiriannau) (*m*) ~ 編み機, メリヤス機械 2.編み糸細工, 編物 3.ニット［メリヤス］地
　a 編まれた, 編物の; ニット［メリヤス］の: cap ~ ニット帽

gwau *t* 1.（セーターなどを）編む;（物を）編んで作る 2.（表編みで一目）編む（しばしば編み方の説明書に用いられる）3.密着させる, 接合する 4.（愛情・相互の利益などで）固く結合する: ~ dau (bwyth) gyda'i gilydd 二人を堅く結ぶ 5.（眉を）寄せる 6.（詩・物語・筋・陰謀などを）組み立てる, 作り上げる, 企む: ~ plot（小説・劇などの）筋を組み立てる; 陰謀を企む
　i 1.（障害を避けて）くねりながら［縫うように］進む: ~ trwy'r trffig 車の往来の中を縫うように進む;（道が）縫うように続く 2.［ボク］ウィーヴィングする（パンチを避けるため上体や頭を左右に動かす）

gwaudd (gweuddau, gweuddon) *f* 義理の娘, 嫁,（親からみて）息子の妻

gwaun (gweunydd) *f* 1.荒地, 荒野 2.（干草

gwawd   346   **gweddill**

を作る) 牧草地: heiddwellt y gweunydd 牧草大麦 3.川辺の低湿地 4.高地の緑草地帯

gwawd (-iau) *m* 1.軽蔑, 嘲り, あざ笑い, 蔑み 2.軽蔑される人[物], 笑い種, 物笑い: testun (*m*) ~, cyff (*m*) ~ 嘲笑の的, 物笑いの種; eich gwneud eich hun yn gyff ~ 物笑いの種になる, 人の笑い物になるようなことをする

gwawdio *t&i* 嘲る, あざ笑う, 馬鹿にする, 嘲笑する, やじる, 冷やかす

gwawdiwr (-wwyr) *m* : **gwawdwraig (-agedd)** *f* 嘲笑する人

gwawdlyd *a* 嘲る(ような), 軽蔑する, 蔑む, からかう

gwawl *m* 1.光, 光線 2.日光

gwawn *m* 小グモの糸, 遊糸

gwawnaidd *a* 小グモの糸のような

gwawr (-iau, -oedd) *m* 1.夜明け, 暁, 曙: gyda'r wawr 夜明けに 2.(物事の)始まり, 兆し 3.(色・音・調子・意味・感情などの)色合い, 微妙な差異, ニュアンス 4.(意見・態度などの)傾向, 特色 5.(西洋スモモなどの)深紫色

gwawrddydd *f* 夜明け, 暁, 曙

gwawriad (-au) *m* (物事の)兆し, 出現, 始まり

gwawrio *i* 1.夜が明ける, 空が白む: mae'r dydd yn ~ 夜が明けている 2.(考え・事実などが人に)分かり始める

gwayw (gwewyr) *m* 1.[獣医]悪性水腫の一種(主に羊に発した場合に言う) 2.病死した羊 3.(肉体的・精神的)苦痛, 心痛, 悲痛 4.(突然の)激痛, 差し込み, 疼き,(刃物で突き刺すような)痛み,(走った後などの脇腹の)激痛 5.[*pl*]産みの苦しみ, 陣痛: gwewyr esgor 陣痛

gwaywffwyell (-eill) *f*[武器]1.斧[斧]槍(15~16世紀に用いられた槍の穂先と矛兼用の武器) 2.(中世の歩兵が17世紀まで用いた)長柄の矛

gwaywffon (-ffyn) *f*[武器]槍, 矛(重装歩兵の武器として古代から近世まで用いられた): taflwr (*m*) ~ (taflwyr gwaywffyn) 槍投げ器, 投槍器

gwchi (gwchïod) *m*[昆虫](ミツバチの)雄バチ

gwden (-nau, -ni) *f*(薪などを束ねたり, 籠を編んだりする) 柳の小枝

gwdihŵ (-iaid, -s) *f*[鳥類]フクロウ; ミミズク

gwdihŵaidd *a* 1.フクロウのような(丸顔で通例眼鏡を掛けた目の大きい人にいう) 2.しかつめらしい顔をした; 賢そうな

gwddf (gyddfau) : gwddw (gyddfau) : gwddwg (gyddgau) *m* 1.首: torri asgwrn eich gwddf, torri'ch gwddf 首の骨を折る; 大いに努力する; ennill o hyd gwddf [競馬]首の差で勝つ; 辛勝する; gyddfwers (-i) *f*[歴史]免罪詩(黒字体で印刷されたラテン語の聖書詩篇第50篇) 2.[洋裁](衣服の)襟: gwddf polo とっくり襟, タートルネック 3.ネッ

クライン(婦人服の襟ぐりの線) 4.首のような細い部分: (容器などの)頸状部; (ヴァイオリン・ギターなどの)棹, ネック; (ゴルフクラブの)首; (道・峡谷などの)隘路; 小海峡; 地峡 5.[料理](羊などの)頸肉 6.[解剖]喉, 咽喉, 喉笛: cydio/gafael yng ngwddf rhn人の喉を締める; 喉状の物: (骨・器官などの)頸部; 狭い通路; (テニスラケットの)スロート(ヘッドと柄とを結ぶ部分) 7.(暖炉の)炉喉 8.[地質]岩頸, 岩栓: gwddf folcanig 岩頸 9.[海事]スロート

gwddi (gwddïau) *m* 生垣作り用のなた[鎌]

gwe (-oedd) *f* 1.(織物の)織り方, 編み方 2.織地, 生地, 織物, 織布 3.(織物・皮膚などの)手触り 4.クモの巣: cor/corryn (gweoedd corynnod) クモ蜘蛛の巣 5.(アヒルなどの)水掻き 6.仕組んだ物, 罠 7.[印刷]巻取紙: gwe-offset *m* 巻取紙オフセット(印刷)

gwead (-au) : gweadedd (-au) *m* = gwe 1, 2: gwead bras/garw 粗い生地; gweadedd main/meddal 柔らかい生地

gweadol *a* 織地の; 組織上の

gweadwaith (-weithiau) *m* = gwe 1, 2

gwedd (-au) *f* 1.(問題の)見方, 見地 2.(物事の)様相, 形勢, 局面 3.(人の)顔付き[つき], 容貌, 表情: gŵr dymunol ei wedd 快活な感じの人 4.(家などの)向き, 方位 5.[物理・電気]相, 位相, フェーズ: trosiad (*m*) gweddau [電気]位相変調 6.[天文](天体の)相, 象; (月の)相, 位相

gwedd (-oedd) *f*(車・犂・橇などを引く2頭以上の) 一連の馬[牛, 犬など], (軛で繋いだ牛などの) 一対

gweddaidd *a*(人・言語・行状・服装など)上品な, 礼儀にかなった, 礼儀正しい, ちゃんとした

gweddeidd-dra : gweddeiddrwydd *m*(服装・言動など)礼儀正しさ, 上品, 品位

gwedder (gweddrod) *m* 去勢した羊: cig ~ 羊肉, マトン

gweddgar *a* 1.(人など)丸々と太った, 栄養のよくとれている, (体の一部が)ふくよかな 2.(料理にする鳥獣が)肉付きのよい 3.(毛髪・毛皮など)滑らかな, 光沢のある 4.(身なりが)きちんとした, めかした

gweddi (-ïau) *f* 1.祈り, 祈願: ar weddi, mewn ~ お祈りして 2.[しばしばG~](教会での)祈禱式: G~'r Arglwydd [キ教]主の祈り(cf *Matt* 6:9-13, *Luke* 11:2-4) 3.[しばしば*pl*]祈禱文句, 祈禱文: y Llyfr G~ Gyffredin(主に英国国教会の)祈禱書 4.[通例*pl*](学校・家族の)礼拝, 祈禱

gweddigar *a* よく祈る, 信心深い

gweddill (-ion) *m* 1.残り, 残余, 残部, 残物: ~ ei oes 彼の余生; am y ~ その他(について)は, あとは 2.他の人々, 残留者 3.(金銭の)余剰金, 黒字 4.[会計](収支の)差額, 差引残高: talu'r ~ 差額を支払う; ~ dyledus 不

gweddilleb 347 **gweinidogaethu**

足額 5.遺物, 遺跡 6.遺体 7.[数学]剰余: theorem (*f*) y ~ 剰余の定理 8.[法律]残余 財産 9.[化学]かす, 残滓, 残渣, 残留物

gweddilleb (-au) *mf*[数学]剰余; 誤差; 残差

gweddillio *t* 予備[余り]を残す

gweddïo *t*(神などに)祈る, 祈願する *i* 1.祈る: ~ ar Dduw 神に祈る 2.(人のために)祈る 3.懇願する: ~ am law 雨乞いをする

gweddïol *a* 1.よく祈る, 信心深い 2.祈りのような: mantis (-au) ~ *m*[昆虫]カマキリ(前肢を振り上げる姿勢が祈りの格好に似ていることから)

gweddïwr (-ïwyr) *m* : **gweddïwraig (-agedd)** *f* 1.祈る人 2.懇願者

gweddnewid *t* 1.形[姿]を変える, 変形[変容, 変態]させる 2.美化[理想化]する, 神々しくする

gweddnewidiad (-au) *m* 1.変形, 変身, 変貌, 変容, 変質 2.[G~](山上のキリストの)変容 (cf *Matt* 17:1-13)

gweddog *a* 軛で繋がれた

gweddnewidiwr (-wyr) *m* 変化させる人

gweddol *a* 1.目的にどうにか間に合う, まずまずの 2.かなりたくさんの, 相当な: nifer ~ o bobl かなりたくさんの人々

gweddu *t*(物が人に)似合う: het nad yw'n ~ iddo 彼には似合わない帽子

gweddus *a*(態度・振舞などが)相応しい, 上品な, 礼儀正しい

gweddduster (-au) *m*(服装・言動など)きちんとしていること, 礼儀正しさ, 品位

gweddustra *m* 1.礼儀正しさ 2.[*pl*]礼儀作法

gweddw (-on) *f* 1.未亡人, 寡婦: ~ golf ゴルフやもめ 2.[トラ]後ろ札: cerdyn (cardiau) ~ *m*, carden weddw (cardiau ~) 後ろ札 3.[印刷]ウィドー(ページの初行または最終行で行一杯に組まれていないもの): llinell weddw (llinellau ~) *f* ウィドー *a* 1.未亡人になった 2.男やもめになった: gŵr (gwŷr) ~, gwidwer (-od) *m* 男やもめ

gweddwdod *m* やもめ暮らし

gweddwi *t* 1.未亡人[男やもめ]にする 2.奪う, 拒む

gwefl (-au) *f*(動物の)唇

gweflog *a* 唇のある

gwefr *m* 琥珀: gleiniau ~ 琥珀の玉

gwefr (-au) *f*(恐怖・快感などの)ぞくぞく[わくわく]する感じ, スリル

gwefreiddio *t* 1.ぞくぞく[わくわく]させる 2.(人に)衝撃を与える, びっくりさせる

gwefreiddiol *a* 1.わくわくさせる, スリル満点の 2.ショックを与える, ギョッとさせる

gwefreiddiedig *a* ぞっとした

gwefru *t*[電気]充電する

gwefus (-au) *f* 唇: â gwefusau cil agored 唇を開いて

gwefusboen *m* 口先だけの好意, 空世辞

gwefuso *t* 1.唇を当てる 2.[ゴルフ]ボールを打って(カップの)縁に当てる

gwefusog *a* 唇のある, 厚ぼったい唇をした

gwefusol *a* 1.唇の 2.[音声]唇音の 3.[植物]唇状[形]の

gwefusol (-ion) *m*[音声]唇音(p, b, f, m, vなど)

gwefusoledd *m*[音声]唇音化で発音する癖[傾向]

gwefusoliad (-au) *m*[音声]唇音化

gwefusoli *t*[音声]唇音化する

gwefus-ddeintiol (-ion) *m*[音声]唇歯音 (f, vなど) *a*[音声]唇歯音の

gwegi *m* 空虚, 無益

gwegiad (-au) *m* よろめき

gwegian *i* よろめく, 揺れる, ぐらつく

gwegil (-iau) *m* うなじ, 首筋

gweg14d *a* よろよろ[ぐらぐら]する

gwehelyth (-au) *mf* 血統, 家柄, 家系

gwehilion *pl* 1.(もとインド最下層の)不可触賤民 2.(下層階級の)ろくでなしの連中, 下層民: ~ cymdeithas くだらない人間, 能なし

gwehydd (-ion) *m* : **gwehyddes (-au)** *f* 1.[織物]織り手, 織工; 編む人 2.[鳥類]ハタオリドリ, 機織鳥

gwehyddiad (-au) *m*[織物]織り(方); 編み(方): ~ plaen 平織り

gwehyddu *t*[織物](織物を)織る

gwehynnu *t*(水などを)汲み上げる, 注ぐ, 出す

gwehynnwr (-ynwyr) *m*(水などを)汲む人

gwehynnydd (gwehynwyr) *m* 脱水機

gweiddi *t*&*i* 叫ぶ: ~ am help 助けてくれと叫ぶ; ~ ar draws rhn 大声を立てて人を黙らせる

gweilchydd (-ion) *m* タカ匠, 鷹使い

gweilgi *f* 海, 海洋

gweili *a* 1.(人が)仕事のない, 働いていない, 遊んでいる 2.(機械・工場など)遊んでいる, 使用されていない

gweinell (-au) *f* 木の実, ナット

gweini *t*(医師・看護婦などが患者の)看護[治療, 世話]をする: ~ ar glaf 患者の看護をする *i* 1.(人に)仕える, 奉仕する, 役に立つ: ~ ar anghenion rhn 人の世話をする 2.[キ教](ミサで司祭の)侍者を務める

gweinidog (-ion) *m*(英国・日本などの)大臣: Prif Weinidog 総理大臣, 首相

gweinidogaeth (-au) *f*[教会]聖職者の職[任務, 任期)

gweinidogaethol *a*[教会]聖職者の

gweinidogaethu *i*[教会]聖職者の仕事をす

gweinidogol — **gweithredol**

る

gweinidogol *a* 1.[政治](英国などで)大臣[内閣, 政府]の 2.[教会]聖職者の

gweiniedig : gweiniog *a*(剣などが)鞘に納められた

gweinio *t*(剣などを)鞘に納める

gweiniol *a*[解剖]膣の

gweiniwr (-wyr) *m* 鞘製造人

gweinydd (-ion) *m* 1.[教会](ミサ・聖餐式などの)執行司祭 2.[行政]随行員

gweinyddadwy *a* 1.管理[処理]できる 2.施行[執行]できる

gweinyddes (-au) *f* 看護婦

gweinyddiad (-au) *m* : **gweinyddiaeth (-au)** *f* 1.管理 2.(法律などの)施行, 執行: ~ cyfiawnder 裁判 3.管理者[行政官, 統治者]の職[任務, 任期]4.統治, 行政 5.[政治]政府, 内閣 6.(大臣が管轄する)省

gweinyddol *a* 1.奉仕する, 補佐役の 2.管理の 3.行政上の

gweinyddu *t* 1.(国・会社・家庭などを)治める, 統治[管理]する: ~ gwlad 国を統治する 2.(法律・規則などを)施行[執行]する: ~ cyfiawnder 裁判する

i 1.職務を行う 2.(聖職者が)司祭を勤める 3.[スポ]審判を勤める

gweinyddwr (-wyr) *m* 1.奉仕者, 補佐役 2.管理者 3.統治者, 行政官 4.[法律]管財人, 遺産管理人: ~ ystad (gweinyddwyr ystadau) 遺産管理人 5.[キ教]祭式施行者

gweirglodd (-iau) *f* 1.牧草地 2.干草畑

gweiriog *a* 1.草の多い 2.草(色)の

gweirwr (-wyr) *m* 干草を作る人

gweitiad *i* 待つ

gweithdrefn (-au) *f*[電算]手続き

gweithdy (-dai) *m* 仕事場, 工場, 製作所

gweithfaol *a* 産業[工業](上)の

gweithgar *a* 勤勉な, 働き者の

gweithgaredd (-au) *m* 活動, 行動: gweithgareddau dyn 人間の活動

gweithgarwch *m* 忙しさ, 多忙; 勤勉

gweithgor (-au) *m*[政治・産業](政府などが任命する)専門調査委員会

gweithiad (-au) *m*(ピアノなどの)機械装置, アクション

gweithiadwy *a* 1.操作可能な 2.発酵可能な 3.(鉱山など)採掘できる

gweithiedig *a* 刺繍した, 縫い付けた

gweithio *t* 1.(人・牛馬などを)使う, 働かせる 2.(人・牛馬などを)働かせて(ある状態に)する: eich lladd eich hun yn ~ 働き過ぎて死ぬ 3.(指などを)動かす, 使用する:~ch bysedd hyd at yr esgyrn 骨を惜しまず働く(裁縫のことから)4.(労力を用いて)造る, 細工[加工]する, 加工して作る: ~ haearn yn bedol 鉄を加工して蹄鉄にする 5.(場所を)受け持つ, (セー

ルスマンなどが一定の区域を)担当する: ~ trwy'r de-ddwyrain 南東地区を担当する 6.(学校・工場などを)経営する 7.(計画などを)立てる, 考え出す: ~ cynllun 計画を立てる 8.骨折って進む, 努力して[働いて]得る: 'roedd yn ~'i ffordd drwy'r coleg 彼は働いて大学を出ようとしていた 9.(鉱山を)採掘する: ~ pwll 鉱山を採掘する 10.(船・車・機械などを)運転する, 動かす: ~ peiriant/llong 機械[船]を運転する 11.[海事](船が)ある進路を取って進む

i 1.働く, 働き続ける: mae'n ~ ar eiriadur 彼は辞書を編纂している; ~ i reol, ~ yn ôl rheol 順法闘争を行う; ~ dros amser 時間外労働[超過勤務]をする 2.(学校・会社などが)経営される 3.(機械などが)動く 4.(薬など)効き目がある 5.(イースト・ワインなどが)発酵する 6.(炭酸水などが)泡立つ, 沸騰する 7.(ガスなどが)泡となって出る 8.(計画などが)具合よくいく 9.[株取](相場を変動させる目的で)株の操作をする 10.[海事](船が)ある針路を取って進む, (特に風上に)間切って進む

gweithiol *a* 1.働く, 労働する: y dosbarth ~ *m* 労働階級 2.[文法](句・文中の語が)最も重要な

gweithiwr (-wyr) *m* : **gweithwraig (-agedd)** *f* 1.労働者, 職工: ~ â chrefft 熟練工 2.(米)私立探偵 3.[昆虫]働きバチ[アリ]

gweithred (-oedd) *f* 1.行い, 行為, 行動: ~ dda (gweithredoedd da)善行; ~ gan Dduw [法律]天災, 不可抗力 2.[法律](正式に捺印した)証書: ~ gyfamod/gyfamodi (gweithredoedd cyfamod/cyfamodi)約款捺印証書 3.[神学](ミサの)典文

gweithrediad (-au) *m* 1.行動, 行い, 行為,活動, 実行 2.方策, 手段, 処置 3.(人間・制度などの)働き, 機能, 作用: pob ~ bywydol[生理]生活機能 4.(動植物の器官の)機能, 働き 5.[演劇](俳優の)演技 6.(機械・時計などの)働き, 作動, 運転 7.(法律などの)実施, 施行 8.[数学]演算 9.[経済]商取引 10.[電算]オペレーション 11.[軍事]作戦, 軍事行動

gweithrediadol *a* 1.[医学・解剖]機能(上)の, 機能的な, 機能性の 2.(建築・家具など)機能[実用]本位の

gweithredol *a* 1.代理[臨時]の 2.活動的[活発]な, 活動家の, 積極的な: chwarae rhan weithredol yn rhth 何かに意欲的に参加する 3.勤勉な, よく働く 4.実際[現実, 事実上]の: pechod ~ カトリック的現実に犯した罪, 自罪 5.[医学](病気が)活動性の 6.[文法]能動の: y stad weithredol *f* 能動態; 機能の, 機能的な: gair (geiriau) ~ *m* 機能語 7.[法律](法律など)有効な 8.[化学]活性の 9.[軍事]現役の

gweithredolaeth *f* [哲学] 操作主義

gweithredu *i* 1.行動する, 行う: ~ yn ôl cyngor 助言に従って行動する 2.(…として) 勤める, 役目を果たす: ~ fel ysgrfennydd 秘書として勤める 3.(機械・器官などが) 機能を果たす, 作用する, 働く 4.(学校・工場・会社などが) 経営されている 5.[文法] 機能を果たす: ansoddair sy'n ~ fel adferf 副詞としての機能を果たす形容詞 6.[株取](株などの) 思惑売買をする

gweithredwr : gweithredydd (-wyr) *m* 1.行為 [行動] 者, 実行者 2.[政治] 活動家 3.(会社の) 経営者 4.(機械などの) 運転者 5.(令状などの) 執行者 6.行政官 7.(政府の) 行政部

gweithredydd (-ion) *m* [数学] 演算記号

gweladwy *a* 1.目に見える 2.地上 [現世] の: yr Eglwys Weladwy [神学] 見ゆる [現世の] 教会

gweld : gweled *t* 1.(人などを) 見る, 見える: gweld sêr 目から火が出る 2.(人などが…する [している] のを) 見る: gweld rhn yn gwneud rhth 人が何かするのを見る 3.(人に) 会う, 訪問する: mi'ch gwela'i chi'n fuan! ではまたね! 4.(幻想などを) 見る: gweld gweledigaethau 幻想を見る 5.気付く, 認める 6.理解する, 悟る, 分かる: nid ydynt yn ei gweld hi 彼らはその冗談が分からない; methu â gweld y coed gan brennau 木を見て森を見ない (一部に気を取られて大局が見えない); mi welaf ei bod yn bryd imi fynd もうおいとましなくてはなりません 7.見なす, 考える 8.調べる, 検査する 9.[命令法で] 見よ, 参照せよ: gweler tudalen 88ページを見よ

i 1.見える: hyd y gwelaf 見える [見渡す] 限り 2.分かる, 理解する: felly y gwela'i そのようだね, 分かりました

gwelededd *m* [気象・航空・海事] 視界, 視程: ~ da 良好な視界

gwelediad (-au) *m* 1.視力, 視覚: maes (meysydd) (*m*) ~ 視野, 視界 2.先見の明, 洞察力: dyn pell ei welediad 先見の明のある人

gweledig *a* = **gweladwy**

gweledigaeth (-au) *f* 1.(学者などの) 洞察力, 先見の明: dyn â ~ 洞察力のある人 2.(心に描く) 幻, 幻影, 幻想: y mae'n gweld/cael gweledigaethau 彼は幻を見る [夢想する] 3.この世のものとも思えない美しい人 [光景, 姿] 4.(宗教的な) 幻影

gweledigaethol *a* 1.幻 [幻影] の, 幻の中に見た 2.空想的な 3.(計画など) 夢のような, 実現不可能な

gweledol *a* 1.視覚の [による]: cymorth (cymhorthion) ~ *m* [教育] 視覚教具 2.目に見える

gweledydd (-ion) *m* 1.幻想家 2.空想家 3.先見 [予言] 者

gwelw (-on) *a* 1.(人・顔が) 青ざめた, 青白い顔をした 2.(色が) 薄い, 淡い

gwelwder : gwelwedd *m* 1.青白さ 2.ほの暗さ

gwelwlas *a* 薄青色の

gwelwlwyd (-ion) *a* = **gwelw**

gwely (-au, gwlâu) *m* 1.ベッド, 寝台: gorchudd (*m*) ~ (gorchuddion gwelyau) ベッドカヴァー; ~ dwbl ダブルベッド; ~ a brecwast (民宿などの) 宿泊と翌朝の朝食, 朝食付き簡易宿泊 2.寝台の台 3.川床, 水床 4.[園芸] 苗床, 花壇 5.(カキ [牡蠣] などの) 養殖場 6.[地質] 地層

gwelyfod (-ion) *m* 出産, お産の床に就くこと

gwell *a* 1.一層よい: ~ rhywbryd na byth, ~ hwyr na hwyrach [諺] 遅くてもしないよりはまし 2.改良 [改善] した 3.半分以上 [大半] の: ~ mi giliais nag efe a laddwyd [諺] 用心は勇気の大半,「君子危うきに近寄らず」(しばしば卑怯な行為の口実となる)

gwella *t* 1.更に改良 [改善] する, 進歩させる 2.出世する, 裕福になる 3.(病気・病人を) 治す, 治療する: ~ salwch rhn 人の病気を治す 4.(行状などを) 改める 5.(議案などを) 修正する

i 一層よくなる, 進歩する, 向上する

gwellaif : gwellau (-eifiau) *m* (羊などの毛を) 刈る大鋏: gwellaif pincio ピンキング (用) 鋏, ジグザグ鋏

gwelleifiad (-au) *m* [織物] (織物の) 毛羽を刈ること

gwelleifio *t* [織物] (織物などの毛羽を) 刈る: ~ ceden 毛羽を刈る

gwelleifiwr (-wyr) *m* [織物] (織物の) 毛羽を刈る人

gwellhad *m* 1.(病気・健康の) 回復, 治癒, 全快 2.(経済状態などの) 回復 3.改良, 改善, 進歩, 向上

gwellhaol *a* 改良 [改善] の

gwellhäwr (-hawyr) *m* 改良 [改善] 者

gwelliant (-au, -iannau) *m* 1.(病気・事態などの) 好転, 回復, 改善, 改良, 増進 2.[政治] (決議の) 修正 (案), 改正

gwellt *m* 1.(麦) 藁: ni ellir gwneud brics/priddfeini heb wellt [諺] 必要な材料なしで物を作ることはできない (cf *Exod* 5:7); dyn (-ion) (*m*) ~ 藁人形; (敵などと見立てられる) 仮想の人物; 看板として担ぎ出される人物, ダミー; 無資産者 2.(牧) 草: ~ bras はびこる草; ~ pawr 牧草

gwellta *t* (麦) 藁を集める, (表面を) 藁で覆う

gwelltaidd : gwelltog *a* 1.草の多い 2.草のような 3.草食の 4.藁の (ような)

gwelltglas *m* 草, 牧草

gwelltyn (gwellt) *m* 1.草の一葉 2.藁一本: ~ yn y gwynt 風向き[世論の動向]を示すもの

gwempl (-au) *f* [服飾] (中世に女性が用いたが, 現在では修道女が用いる) ヴェイル

gwên (gwenau) *f* 微笑: ~ watwarus/ wawdlyd 軽蔑するような笑い

gwenci (-ïod) *f* [動物] イタチ, 鼬

gwencïaidd *a* (イタチのように) 細く尖った顔をした, 抜け目のない顔付きの

gwendid (-au) *m* (月の) 欠け, 月の欠ける時期: lleuad yn ei ~ 欠け始めた月; ~ y lleuad 月の欠け

Gwener *f* 1.[口神] ヴィーナス (美と愛の女神) 2.[天文] 金星

Gwener (-au) *m* 金曜日

Gweneraidd *a* [天文] 金星の

Gweneriad (-iaid) *mf* (空想科学小説の) 金星人

gwenerol *a* [病理] 性交によって伝わる, 性病の: clwyf/clefyd ~ *m* 性病

gwenereleg *f* [医学] 性病学

gwenerolegol *a* [医学] 性病学の

gwenerolegwr : gwenerolegydd (-wyr) *m* [医学] 性病科医

gwengar : gwenog *a* 微笑する, 微笑む: wyneb ~ にこにこ顔

Gwenhwyseg *f* グウェント (Gwent) 州のウェールズ語の方言

Gwenhwyson *pl* グウェント州の人々

gweniaeth *f* お世辞, おべっか

gwenieithio *t* お世辞を言う, おべっかを使う

gwenieithiwr (-wyr) *m* : **gwenieithwraig (-agedd)** *f* おべっか使い, お世辞を言う人

gwenieithus *a* お世辞 [へつらい] の

gwenith (-au, -oedd) *m* [植物] 小麦

gwenithen (gwenith) *f* 一粒の小麦

gwenithfaen *m* [岩石] 花崗岩, 御影石

gwenithfaenol *a* 御影石の, 花崗岩質の

gwennol (gwenoliaid) *f* 1.[鳥類] ツバメ, 燕: ~ y bondo イワツバメ (人家の壁などに巣をかける); ~ ddu (gwenoliaid duon) アマツバメ; un wennol ni wna wanwyn [諺] ツバメ一羽来ただけで夏にはならない (早合点は禁物) 2.(比較的近距離間の飛行機・バス・列車などの) 定期往復便 3.宇宙往復船: ~ ofod (gwenoliaid gofod) 宇宙往復船 4.(羽根突・バドミントンなどの) 羽根: chwarae ~ 羽根を突いて遊ぶ 5.(機の) 杼: ~ gwehydd (gwenoliaid gwehyddion) 織り手の杼

Gwent *f* グウェント州 (ウェールズ南東部の州)

gwenu *t* 1.[同族目的語を伴って] (…な) 笑い方をする: ~'n chwerw 苦笑いをする 2.微笑して表す 3.微笑んで追いやる
i 微笑する, 微笑む: ~ ynoch eich hun 一人微笑む

gwenwisg (-oedd) *f* [教会・服飾] 短白衣, サープリス (聖職者・聖歌隊員などが着る): arian (m) y wenwisg [英教] 衣代 (結婚式・葬式などで牧師に出す謝礼)

gwenwr (-wyr) *m* 微笑む人

gwenwyn (-au) *m* 1.毒 (薬): cymryd/ llyncu ~ 毒を飲む; mêl y nail, ~ y llall [諺] 甲の毒は乙の毒, 人によって好みは違う; ~ gwaed [病理] 毒血症 2.(毒蛇・サソリなどが分泌する) 毒液 3.悪意, 意地悪 4.嫉妬, 妬み 5.弊害, 害毒

gwenwynadwy *a* 毒を入れられる, 毒殺できる

gwenwyndra *m* 1.有毒 (性) 2.悪意, 意地悪

gwenwyniad (-au) *m* 中毒

gwenwynig : gwenwynol *a* 1.毒のある, 有毒の 2.嫌 [不快] な 3.(植物など) 有毒な 4.(動物が) 毒液を分泌する

gwenwynllyd *a* 1.(批判など) 意地悪い, 悪意に満ちた 2.嫉妬深い 3.(人・物事が) ひどく不快な 4.(教義などが) 有害な, 悪意のある

gwenwyno *t* 1.毒を入れる, 毒殺する 2.害 [毒] する

gwenwynwr (-wyr) *m* : **gwenwynwraig (-agedd)** *f* 1.害毒者 2.毒殺者

gwenynen (gwenyn) *f* [昆虫] ハチ, 蜂, ミツバチ, 蜜蜂: ~ withgar 働きバチ; mor ddiwyd â'r wenynen せっせと仕事に精を出して, 非常に忙しい

gwenyna *t* ミツバチを飼育する

gwenynfa (-feydd) *f* 養蜂場

gwenynol *a* 1.ミツバチの; ミツバチ飼養の

gwenynwr (-wyr) *m* : **gwenynwraig (-agedd)** *f* 養蜂家

gwenynyddiaeth *f* 養蜂

gwep (-au) *f* (苦痛・不快・嫌悪などを表す) しかめっ面

gwepio *i* 顔を歪める, しかめっ面をする

gwepiwr (-wyr) *m* しかめっ面をする人

gwepsur *a* しかめっ面の

gwêr (gwerau) *m* 獣脂 (ろうそくを作る): ~ llysiau 植物脂

gẁer (gweron) *m* (日) 陰: yn y ~ 日陰に [で]

gwerddon (-au) *f* 1.オアシス 2.憩いの場所

gwerin (-oedd) *f* 1.国民 2.[政治] 人民, 民衆 3.普通 [世間] の人々, 大衆, 庶民: cân (f) werin (caneuon ~) 民謡; フォークソング 4.小作農, 小作人階級

gwerinaidd *a* 1.庶民の, 大衆向きの 2.民族調 [風] の

gweriniaeth (-au) *f* 共和国

gweriniaethol *a* 共和国の: y Blaid Weriniaethol (米国の) 共和党

gweriniaethwr (-wyr) : gweriniaehwraig (-agedd) *f* 1.共和主義者 2.[G~] (米国の) 共和党員

gweriniaetholdeb *m* 1.共和主義［政体］2. ［G~］(米)共和党の主義［政策］

gweriniaetholi *t* 共和国にする

gwerinlywodraeth (-au) *f* 共和国

gwerinol *a* 1.庶民の 2.小作人［農］の

gwerinos *pl* 庶民, 大衆, 民衆

gwerinwr (-wyr) *m* **gwerinwraig (-agedd)** *f* 1.平民, 庶民 2.小作人［農］, 百姓; 田舎者

gwerio *t* 獣脂を塗る

gwern (-i, -ydd) *f* 低湿地, 湿原, 沼地

gwernen (gwern, gwerni) *f*［植物］ハンノキ (湿地に生長する落葉樹で, 橋の土台などに使われる)

gwerniar (-ieir) *f*［鳥類］ノガン, 野雁

gwernllwyn (-i) *m* ハンノキの森

gwernog *a* ハンノキでいっぱいの

gwerog *a* 1.獣脂の, やや脂肪性の 2.青白い

gwers (-i) *f* 1.学科, 授業 2.教訓: boed/bydded hynny'n wers iti! それをあなたの教訓としなさい

gwers (-au) *f* 詩句

gwerseb (-au) *f* 格言, 金言

gwerslyfr (-au) *m*［教育］教科書

gwersyll (-oedd) *m* 1.(山・海のレクリエーション用)キャンプ場: tân (tanau) (*m*) ~ キャンプファイアー 2.(探検隊・軍隊などの)野営地, 駐屯地 3.野営すること 4.(捕虜・難民などの)収容所: ~ ffoaduriaid 難民キャンプ; ~-garchar (-au) *m* 強制収容所

gwersyllu *t* 野営［キャンプ］させる
i 野営する; キャンプ生活をする

gwersyllwr (-wyr) *m* : **gwersyllwraig (-agedd)** *f* キャンプをする人

gwerth (-oedd) *m* 1.(購買・金銭的)価値, 価格: ~ enwol 名目価値; ar werth 売り物の; ~ ar y farchnad, ~ marchnadol 市場価格, 市価; treth (*f*) ar werth［T.A.W］付加価値税 2.(人・物の)価値, 真価, 値打ち 3.高値, 貴重 4.(価格の幾ら)だけの分量, (…に)相当するだけ: rhowch imi werth pumpunt o betrol ガソリンを5ポンド分だけ下さい 5.［数学］数値: ~ eigen 固有値 6.［絵画］色価 7.［音楽］音価 8.［化学］…価
a 1.(金銭的に)…の価値のある: bod yn werth dim 全く価値がない 2.…に値して［する］だけの価値があって］: 'dyw'r nofel hon ddim yn werth ei darllen この小説は読むだけの価値がない; mae'n werth ymweld â'r casell その城は訪れてみる価値ある 3.(人の)財産が…の, (…の)財産を所有して

gwerthadwy *a* 1.売れる, 売れ行きのよい, 市場向きの 2.(値段が)頃合の, 売りよい

gwerthadwyedd *m* 1.売れ行きのよいこと 2.販売可能性

gwerthfawr *a* 貴重な, 高価な, 大切な

gwerthfawredd *m* 貴重, 高価

gwerthfawrogi *t* 1.感知する 2.(人・物の)真価を認める, 高く評価する

gwerthfawrogiad (-au) *m* 1.感謝 2.評価

gwerthfawrogol *a* 1.鑑賞的な; 鑑識眼のある 2.感謝の

gwerthfawrogrwydd *m* 貴重, 高価

gwerthfawrogwr (-wyr) *m* 1.鑑賞者; 真価を解する人 2.謝意を表する人

gwerthiant (-iannau) *m* 1.販売, 売却: ~ am arian (parod) 現金売買; mae'r llyfr hwn yn ~'n dda この本はよく売れる 2.売れ行き, 需要 3.売上高: treth (*f*) ar werthiant 売上税 4.売売

gwerthu *t* 1.(物を)売る: ~'ch genedigaeth-fraint am gawl ffacbys［聖書］一椀のあつものために家督権を売る, 一時的利益のため永久的利益を手放す (cf *Gen* 25:29~34) 2.(人に考えなどを)売り込む, 宣伝する: ~ syniad i rn 人にある考えを売り込む 3.(人・生命・魂などを)売る: ~'ch enaid 魂を売り渡す

gwerthgyfrifol *a* 評価的な

gwerthwr (-wyr) *m* : **gwerthwraig (-agedd)** *f* 1.店員 2.売手, 販売人: marchnad ~ (marchnadoedd gwerthwyr) 売手市場 3.売れる物

gwerthyd (-au, -oedd, -on) *f* 1.［織物］紡錘, つむ 2.［機械］軸, 心棒

gweryd (-au, -on) *m* 1.土, 土壌 2.土地, 地面

gweryriad (-au) *m* (馬の)いななき

gweryru *i* (馬が)いななく

gwesgi (-iau) *m* (床・窓などの水を拭う)ゴム雑巾

gwesgïo *t* ゴム雑巾で拭き取る［掃除する］

gwestai (-eion) *mf* 1.(パーティーなどの)客 2.(ホテルなどの)泊まり客, 宿泊人: ~ tâl (特に素人下宿の)下宿人

gwesty (-au, -tai) *m* 1.高級下宿(有料で食事と宿泊を提供する) 2.ホテル, 旅館: ~ preswyl 長期滞在客向きの居住用ホテル 3.(通例, 階下で飲食店・居酒屋を兼ねた旧式二階建ての)宿屋, 小旅館

gwestywr (-wyr) *m* : **gwestywraig (-agedd)** *f* 1.ホテル経営者 2.(宿屋・旅館・下宿などの)主人

gweu *t* 1.(毛糸・織物などを)編む 2.(物語などを)作り上げる; (陰謀を)企む: ~ plot (小説・劇などの)筋を組み立てる; 陰謀を企む 3.接合［結合］する
a 編まれた, ニットの: cap ~/gwau ニット帽

gweundir (-oedd) *m* 1.荒野 2.牧草地

gweundirol *a* 荒野の

gweuwaith *m* ニットウエア(編んだ衣類の総称)

gweuwr (-wur) *m* : **gweuwraig (-agedd)**

gweyllen   352   **gwindy**

f 編む人

gweyllen (gwëyll) *f* 編み針

gwg (gygau) *m* しかめっ面, 渋い[怖い]顔(怒り・不快・不機嫌・失望などの表情)

gwgli (-s) *m* [クリ] グーグリー, 曲球(leg側から切れると見せかけてoff側から切れる球)

gwgu *i* 1.睨みつける 2.眉をひそめる, 顔をしかめる: ~ ar rn 人にしかめっ面をする 3.賛成しない, 難色を示す 4.(事物が)威圧する

gwgus *a* 1.睨みつける 2.眉をひそめる 3.威圧するような

gwialen (-ni, -nod, gwiail) *f* 1.鞭: arbed y wialen fedw a difetha'r plentyn [諺] 鞭を惜しむと子供が駄目になる,「可愛い子には旅をさせよ」2.竿; 釣竿: ~ bysgota (gwialenni pysgota) 釣竿 3.棒, 杖: ~ ddewino (gwiail dewino) 占い棒 [杖] (もと水脈・鉱脈などを占うのに使ったハシバミなどの二叉枝; 水脈・鉱脈がある時はこれが下にぐいと引かれるという) 4.[解剖] 陰茎, ペニス 5.[度衡] ロッド (長さの単位: = 5.5 yards, 5.029 m; 面積の単位: = 30.25平方ヤード, 約25.3㎡)

gwialennu : gwialenodio *t* (人を)鞭で打つ

gwialenwaith *m* 小枝細工[製品]: cadeiriau gwiail 枝編みの椅子

gwib (-iadau) *f* (急激な) 突進: ar wib まっしぐらに, 一気に, 一目散に

gwibiog : gwibiol *a* 突進する

gwibdaith (-deithiau) *f* (団体の) 遠足, 小旅行; 周遊 [遊覧] 旅行: trên (trenau) (*mf*) ~ 遊覧列車

gwibdeithiol *a* 遠足 [旅行] の, 周遊 [遊覧] 旅行の

gwibdeithiwr (-wyr) *m* : **gwibdeithwraig (-agedd)** *f* 遠足者, 周遊 [遊覧] 旅行者

gwiber (-od, -oedd) : gwibers (-au) *f* 1.[爬虫] ヨーロッパクサリヘビ (有毒); ハナダカヘビ (北米産無害) 2.意地の悪い [腹黒い] 人間

gwiberaidd : gwiberllyd *a* 1.クサリヘビの (ような) 2.意地の悪い, 腹黒い

gwiberog : gwiberol *a* クサリヘビのような

gwibfaen (-feini) *m* [地質] 隕石

gwibio *i* 1.(人が)軽やかに通る, 行き交う 2.(鳥などが)すいすい飛ぶ, 飛び回る 3.(投げ矢のように)突進する, 飛んで行く 4.(時が)急速に過ぎる

gwibiog : gwibiol *a* 1.(矢のように) さっと動く 2.ひらひら飛ぶ, 飛び回る; 移ろい行く, 束の間の

gwibiwr (-wyr) *m* 1.[魚類] 矢魚 2.[昆虫] トンボ

gwich (-iadau, -iau) *f* : **gwichiad (-au)** *m* 1.(人・子供・豚などの) キーキー声, 悲鳴 2.(ネズミの) 鳴き声 3.(物の) 軋み, 軋る [キー

キー, ギーギー, ゼーゼー] いう音

gwichiad (-iaid) *m* [貝類] ヨーロッパタキビガイ (食用)

gwichian : gwichio *t* キーキー声で言う, (喘息などで) ゼーゼー息をして言う

i 1.ゼーゼー息をする 2.キーキー声で話す [を上げる] 3.(子供・豚などが) キーキー言う [鳴く], 悲鳴を上げる 4.(靴が) キュッキュッ鳴る 5.(ネズミなどが) チューチュー鳴く 6.(物が) 軋る, キーキー [ゼーゼー] 音を立てる

gwichiog : gwichlyd *a* 1.ゼーゼー言う 2.キーキー声で言う, 悲鳴を上げる 4.チューチューいう 5.軋む

gwichiwr (-wyr) *m* : **gwichwraig (-agedd)** *f* 1.ゼーゼー息をする人 2.キーキー声を上げる人 3.ギャーギャー泣く[悲鳴を上げる]人

gwidw (gwidŵod, gwidŵon) *f* = **gweddw**

gwidwer (-od) *m* 男やもめ

gwiddan: gwiddon (-od) *f* 1.醜い老婆, 鬼婆 2.魔女, 女魔法使い

gwiddonyn : gwiddon (gwiddon) *m* [動物] ダニ

gwif (-iau, -ion) *mf* 1.バール, 鉄梃 (その先がカラスの足に似ていることから) 2.[機械] レヴァー, 梃

gwifren (gwifrau) *f* 1.針金: ~ gopr (gwifrau copr) 銅線 2.電線: ~ delegraff (gwifrau telegraff) 電(信)線; ~ fyw (gwifrau byw) 送電線 3.電信 4.電報

gwifriad *m* 架線 [配線] (工事)

gwig (-oedd) *f* 森

gwingiad (-au) *m* 1.身悶え, あがき, のたうち, のたくり 2.たじろぎ, ひるみ

gwinglyd *a* 1.身悶えする, のたうち回る, のたくる, もがく 2.(子供など) そわそわ [せかせか] した, 落ち着かない

gwingo *t* (体・手・尾などを) よじらす, のたくらす

i 1.(人が苦痛などで) もがく, のたうち回る, 身をじらす 2.悶え苦しむ, 苦悩する: gwingodd dan y sarhad 彼は侮辱を受けて悶え苦しんだ 3.(痛さ・怖さなどに) たじろぐ, たじろぐ, 縮み上がる 4.(ミミズなどが) のたくる, のたうつ, ピクピク動く

gwingwr (-wyr) *m* 体をくねらす子供

gwin (-oedd) *m* ワイン, ぶどう酒: seler (*f*) win (seleri/selerydd ~) 地下のぶどう酒貯蔵室; ~ newydd mewn hen gostrelau 古い革袋に盛った新酒 (旧来の形式では律し得ない新説; cf *Matt* 9:17)

gwina *t&i* ワインを常習的に飲む

gwinau (gwineuon) *a* 1.褐色 [茶色, 鳶色] の 2.(髪の毛など) 赤 [金] 褐色の 3.(馬など) 鹿毛の, 赤褐色の: ceffyl(-au) ~/coch 栗毛の馬

gwindy (-dai) *m* ぶどう酒醸造所

gwiniolen (-nau) f [植物]カエデ, 楓

gwinllan (-nau, -noedd) f (ぶどう酒用の) ぶどう園 [畑]

gwinllannwr (-anwyr) : gwinllannydd (-anyddion) m ぶどう園丁 [栽培者]

gwinronyn (-rawn) m ぶどう(一粒の実)

gwintas (-au) f バスキン, コトルノス(昔ギリシャ・ローマの悲劇俳優が用いた厚底の半長靴)

gwinwr (-wyr) : gwinydd (-ion) m ぶどう酒商人

gwinwasg (-weisg) f : **gwinwryf (-au, -oedd)** m ぶどう絞りの桶

gwinwydd-dy (~-dai) m ぶどうの温室

gwinwyddaeth f ぶどう栽培(法)

gwinwydden (gwinwydd) f ぶどうの木[蔓]

gwinwyddog a ぶどうの木[蔓植物]の(ような, 多い), 蔓草に覆われた

gwinwyddol a ぶどう栽培(法)の

gwinwyddwr (-wyr) m = **gwinllannwr**

gwiolydd f [植物]スミレ, 菫

gwir m 1.真実, 事実, 真相: a dweud y ~ 実を言うと; fe ddaw'r ~ i'r golau, taer yw'r ~ am y golau [諺]真実はいつか現れる 2.真理 3.真実性

a 1.真実[事実, 本当]の: y ~ reswm 真の理由; dod yn wir (夢・希望などが)実現する, 本当になる; yn wir 真[実, 本当, 実際]に 2.本物 [正真正銘]の: ei wir gymeriad 彼の本性 3.誠実[忠実]な: ~ gyfail 誠実な[真の]友 4.正確, 間違いのない 5.(重さ・値段など)掛け値のない; 正味の: ~ bwysau 正味目方; ~ ennill 純益 6.(器具・機械など)正しい位置にある, 狂っていない 7.[海事・航空](航路・方位が)真の, 軸軸に従って定めた

gwireb (-au, -ion) f 1.自明の理; 分かり切ったこと 2.格言, 金言, 処世訓

gwirebol a 1.自明の, 分かり切った 2.金言の, 格言的な

gwireddiad (-au) m 1.(計画・希望などの)実現 2.(正しいということの)確認: 立証, 検証, 証明

gwireddu t 1.(計画・希望などを)実現[実行]する 2.(事実・陳述・出来事などが)正しいことを確かめる, 実証する 3.[法律](法廷に提出された物件・証言などを証拠・宣誓書などによって)立証する

gwireddydd (-ion) m 検定器

gwirfodd m 同意, 承諾; 意志: fe'i gwnaeth o'i ~ 彼女はそれを自発的にした

gwirfoddol a (人・行動など)自由意志による, 自発的な: byddin wirfoddol 義勇軍

gwirfoddoldeb : gwirfoddolrwydd m 自由意志, 任意

gwirfoddoli t 1.(奉仕・援助などを)自発的に申し出る[提供する] 2.(…しようと)進んで申し

出る

i 1.進んで事に当たる[従事する] 2.[軍事]志願する, 志願兵になる

gwirfoddoliaeth f [哲学]主意説[主義]

gwirfoddoliaethol a [哲学]主意説[主義]の

gwirfoddoliaethwr (-wyr) m [哲学]主意主義者

gwirfoddolwr (-wyr) m : **gwirfoddolwraig (-agedd)** f 1.志願者, ヴォランティア 2.[軍事]志願[義勇]兵

gwiriad (-au) m 確認, 検査, 検証, 照合: croeswiriad (-au) m (色々な角度からの)検討

gwirio t 1.確認[点検, 照合]する 2.(事実・陳述などの正しいことを)確かめる

gwirion a 1.無邪気な, 罪のない 2.お人好しの, 無知な, 世間知らずの: 'dwyf fi ddim mor wirion â chredu hynny 私はそれを鵜呑みにするほどお人好しではない 3.愚か[馬鹿, 愚鈍]な 4.白痴の(ような)

gwiriondeb m 1.無邪気, 純真 2.無知, 愚直, 愚かさ, 馬鹿なこと 3.[心理]痴愚

gwirionedd (-au) m 1.現実(性); 実在 2.真実, 事実

gwirioneddaeth f 1.(証言などの)真実: mewn ~ 実際[本当]に; (ところが)実は 2.[哲学]現実(活動)説

gwirioneddol a 1.本物の, 天然の: sidan ~ 正絹 2.実際[現実, 現実, 実際]の

gwirioneddwr (-wyr) m [哲学](哲学的)現実主義の支持者

gwirioni t (人の)思慮を失わせる, ぼんやりさせる; 夢中にさせる

i 1.もうろくする, 老いぼれる 2.溺愛する

gwirionyn (gwirioniaid) m 1.無邪気な人 [子供] 2.お人好し, 愚者, 間抜け, 馬鹿者 3.[心理]痴愚の人

gwiriwr (-wyr) m 立証[検証, 照合, 調査]者

gwirod (-ydd) mf 1.酒, アルコール飲料 2.蒸留酒, 火酒: ~ poeth (gwirodydd poethion) 蒸留酒, 火酒 3.リキュール: gwydryn (-nau, gwydrau) (m) ~ リキュールグラス

gwirodlyn (-nau) m リキュール

gwirodol a 1.アルコール(性)の, アルコール入りの, 多量のアルコールを含む 2.アルコール中毒の

gwiroty (-tai) m (けばけばしく飾った)酒場

gwisg (-oedd) f 1.(ある時代・地方・職業などに特有の)服装, 身なり, 衣装: drama (f) wisgoedd (dramau gwisgoedd) (時代衣装を着けて演じる)時代劇 2.衣服, 衣類, 服装: ~ nofio 海水着; ~ hwyrol/hwyrnos, hwyrwisg (-oedd) f (婦人・男子用)夜会服 3.ドレス, フロック(婦人・子供用のワンピースのドレス) 4.礼服, 官服, 法服: meistres (f) y gwisgoedd

gwisgadwy / **gwlanfa**

354

(meistresi'r gwisgoedd)（英国王室の）女官長（女王[王妃]の衣装管理係）

gwisgadwy a 着用できる, 身に付けられる

gwisgedig a 服を着た, 礼服を身に着けた

gwisgi a 1.（人が）活発な, 元気のよい 2.（木の実の）殻を取り去った

gwisgiad (-au) m 1.衣服, 服装 2.着付け, 服を着ること

gwisgïo t （木の実を）殻から取り出す

gwisgïwch m 活発

gwisgo t 1.（人に）服を着せる 2.（服・衣類・帽子・手袋・ベルト・香水などを）身に着けている, 着用[して[かぶって, はめて, かけて, つけて]]いる: ~ dyllad duon, ~ du 黒衣をまとう; 'roedd hi'n ~ het 彼は帽子をかぶっていた; ~ cleddyf 剣を帯びる 3.（衣服などを）擦り減らす, 使い古す 4.擦り減らして（穴などを）作る: ~ côt hyd ar yr edau コートを擦り切らしてぼろぼろにする 5.美しく飾る, 装飾を施す: ~ llong 船を旗で飾る 6.（劇・催しなどで）扮装する 7.服[礼服, 官服]を着る
i 1.擦り切れる, 摩滅する 2.徐々に擦り減って（…に）なる: ~'n llyfn (石などが摩滅して) 滑らかになる 3.使用に耐える, 持つ

gwisgwr (-wyr) m : **gwisgwraig (-agedd)** f 1.着用者, 身に付けている人, 携帯者 2.（演劇）（劇場の）衣装方

gwiw a 尊敬すべき, 立派な: bywyd ~ 立派な一生; ein cyfail ~ 私たちの立派な友人

gwiwell (-iaid) f [魚類]雌鮭

gwiwer (-od) f [動物]リス: cawell (m) ~ (cewyll gwiwerod)（中に回転筒を取付けた）リス籠

gwlad (gwledydd) f 1.国, 国家, 国土: yn y wlad 国内で[に]; unllygeidiog a fydd brenin yng ngwlad y deillion [諺] 盲人の国では片目は王様, 「鳥なき里の蝙蝠」2.祖国, 故国: mamwlad (mamwledydd) 母国 3.（都市に対して）田舎, 田園: y wlad, cefn (m) ~ 田舎, 田園(地帯) 4.（地形・地勢から見た）地方, 地域, 地帯

gwladaidd a 1.田舎(風)の, 田舎らしい, 田舎生活の 2.田舎者らしい, 質朴な; 粗野な 3.小作人[農]の 4.（衣服が）農民風の 5.（家具・建造物など）荒造りの, 丸木造りの: dodrefn/celfi (pl) ~/rystic 丸木造りの家具

gwladeiddiad m 1.田舎住まい 2.粗面仕上げ

gwladeiddio t 1.田舎風にする 2.（壁面の積み石を）粗面仕上げにする

gwladeiddiwch : **gwladeiddrwydd** m 田舎風; 質素; 粗野

gwladfa (-feydd) f 1.植民地: G~, y Wladfa f（パタゴニア (Patagonia) のウェールズ人）植民地 2.（国・都市の）特定外国人居住地[居留地]: y wladfa Americanaidd ym Mharis パリのアメリカ人居住地 3.隔離集団のための土地, コロニー: ~ wahangleifion (gwladfeydd gwahangleifion) ハンセン病患者のコロニー 4.[ギ史]植民都市（独立した都市国家）

gwladfaol a 1.植民(地)の; 植民地風の 2.入植者の 3.（建築など）植民地時代風の

gwladgarol a 愛国の, 愛国的な, 愛国心の強い

gwladgarwch m 愛国心

gwladgarwr (-wyr) m : **gwladgarwraig (-agedd)** f 愛国者

gwladol a 1.国[国内]の: materion ~ 国事, 政務; Cymorth G~ 国家扶助; y Gwasanaeth Iechyd G~ 国民健康保険制度 2.（一般）市民の 3.市民社会の 4.[法律]民事の: llys (-oedd) ~ m 民事裁判所

gwladoli t 1.国有[国営]にする 2.国家[国民]的にする

gwladweiniaeth : **gwladweinyddiaeth** f 政治的手腕

gwladweinydd (-ion, gwladweinwyr) m : **gwladweinyddes (-au)** f（公正で立派な）政治家

gwladwr (-wyr) m 1.小作人, 小作農, 農民 2.田舎者 3.田園生活者

gwladwriaeth (-au) f 1.国, 国家 2.（しばしば教会に対して）政府: yr Eglwy (f) a'r Wladwriaeth 教会と国家（政教分離）

gwladwriaethol a = gwladol

gwladychaidd a 植民地主義(者)の

gwladychfa (-feydd) f = gwladfa

gwladychiad (-au) : **gwladychiant** m 植民地化; 入植

gwladychiaeth f 1.植民地主義, 植民政策 2.植民地風[気質]

gwladychiaethwr (-wyr) m 植民地主義者

gwladycholi t 植民地化する

gwladychu t（土地を）植民地として開拓する, 入植[植民]する

gwladychwr (-wyr) m 植民地開拓者, 入植[植民]者

gwlân (gwlanoedd) m 1.羊毛: cribinion (pl) ~ 梳いた羊毛 2.（毛皮獣の）むく毛: ~ dur 鉄綿

gwlana i 取留めのない空想[幻想]に耽る

gwlanen a 羊毛[毛織り]の: diwydiant (m) ~ 毛織物産業; ffatri (f) wlân (ffatrïoedd ~), melin (f) wlân (melinau gwlân) 毛織物工場

gwlanen (-nau, -ni) f フランネル（製品）: trowsus (-au) (m) ~ フランネル製のズボン

gwlanennaidd : **gwlanennog** a フランネル製の

gwlanennwr (-enwyr) m フランネル商

gwlanfa (-feydd) f 毛織物工場

gwlanog *a* 1.羊毛(状)の, 毛の多い 2.(果物が)綿毛[柔毛]のある 3.(思考・説明など)訳の分からない, 不鮮明な

gwlatgar *a* = **gwladgarol**

gwledig *a* 1.(都会に対して)田舎[田園]の, 田舎育ちの: deon(-iaid)(*m*)~[英教]地方監督[参事].= **gwladaidd**

gwledd (-au, -oedd) *f*(豪華な)宴会, 饗宴: ~ briodas(gwleddoedd priodas)結婚披露宴

gwledda *t*(人に)ごちそうする, 宴会を開いてもてなす
i 宴会に列席する, ごちそうを大いに食べる

gwleddwr (-wyr) *m* : **gwleddwraig (-agedd)** *f* 饗宴に列する人; 饗宴を張る人

gwleidydd (-ion) *m* 政治屋

gwleidyddiaeth *f* 政治(学): ~ grym 武力外交

gwleidyddol *a* 政治(上)の

gwlff (gylffau) *m* [地理]湾: Llif(*m*)y G~ メキシコ湾流

gwlith (-oedd) *m* 露

gwlithbwynt (-iau) *m* [気象]露点

gwlithen *f* [病理]ひょう疽

gwlithlaw (-ogydd) *m* 細雨, 霧雨, こぬか雨

gwlithlawio *t* 小さな水滴を霧雨のように降らせる
i 霧雨が降る

gwlithlawog *a* 霧雨[こぬか雨]が降る, 時雨模様の

gwlitho *t* 霧(のようなしずく)で潤す
i 霧が降りる

gwlithog *a* 霧で濡れた, 霧の降りた

gwlithyn (gwlithos) *m* 霧のしずく, 霧滴

gwlyb *a* (*f* **gwleb**, *pl* **gwlybion**) 1.液体[液状]の 2.流動性の 3.濡れた, 湿った: ~ at eich croen びしょ濡れになって; fell lo ~ 若くて未経験な, うぶな 4.(空気・風など)湿気を含んだ 5.雨(降り)の, 雨模様の: tywydd ~ 雨天 6.(季節・地域など)雨の多い 7.(食物など)しっとりした 8.酒類の製造販売を認めている; (政治的に)禁酒反対の 9.[医学]湿性の: breuddwyd ~/wleb(breuddwydion ~)*mf* 夢精 10.[化学]湿式の: bylb(-iau)~ *m*(乾湿球湿度計の)湿球

gwlybaniaeth : gwlybanwch *m* 1.湿気, 水気, 湿り; (空気中の)水分, 水蒸気 2.雨, 雨降り, 雨天 3.(雨後の)濡れた地面 4.禁酒反対者 5.酒 6.[気象]湿度

gwlybwr (gwlybyrau) *m* 1.液体 2.湿気

gwlybyrog *a* = **gwlyb**

gwlych *m* (液体に)浸す[漬ける]こと

gwlychu *t* 1.(液体に)浸す[漬ける] 2.濡らせる, 濡らす: ~'ch llwnc/pig 喉を湿らす, 一杯飲む

i 1.(液体に)浸っている 2.湿る

gwlychwr (-wyr) : gwlychydd (-ion) *m* : **gwlychwraig (-agedd)** *f* 1.濡らす人 2.湿らせる[潤す]装置

gwlyddyn (gwlydd) *m* 1.(草などの)茎 2.(収穫後の)豆類・ジャガイモのなどの茎 3.[植物]ハコベ

gwm (gymiau) *m* 1.ゴム質(諸種の植物樹皮から分泌する乳状液); 樹液: ~ Arabaidd/Arabig/Arabia アラビアゴム 2.ゴム[アラビア]糊 3.チューインガム 4.[植物]ゴムノキ

gwn (gynnau) *m* 1.大砲, 火砲 2.拳銃, 鉄砲(小銃・ライフル銃など)

gŵn (gynau) *m* 1.(婦人用)ガウン: ~ llofft/tŷ 化粧着, 部屋着; ~ nos(-ys)(婦人・子供用のゆったりとした長い)寝間着, ネグリジェ 2.(大学教授・裁判官・聖職者などの)職服, 正服, 法服

gwneud : gwneuthur *t* 1.(任務・仕事・命令などを)する, 行う, 果たす, 実行する: ~ eich rhan 自分の役割を果たす; beth ydych chi'n ei ~? 何をしているのですか?; ~ yn ôl gorchymyn 命令を実行する 2.(肉などを)料理する: stecen wedi'i ~ i'r dim 程よく焼けたステーキ 3.役をする[演じる]: (…らしく)振舞う, (…を)気取る: 'rydym yn ~ /actio Blodeuwedd eleni 私たちは今年Blodeuweddの役を演じています; ~/actio fel Charlie Chaplin チャーリー・チャプリンのように振舞う 4.(人を)騙す 5.(人を)扱う, 遇する: gwnewch i eraill fel y mynnech i eraill ei wneud i chwi[諺]あなたが遇してもらいたいように他人をも遇せよ, 己の欲するところを人に施せ 6.(人に恩恵・願い事を)施す: ~ cymwynas â rhn, ~ tro da â rhn 人に恩恵を与える[施す] 7.(利益・損害などを)与える, もたらす 8.(学課を)勉強[準備, 専攻]する 9.(物を)作る, 製造する 10.(計算を)する: ~ swm 計算をする 11.(ある距離を)行く, 踏破する; 旅する: ~/mynd/teithio tail milltir ar droed 徒歩で3マイル歩く 12.掃除をする 13.(部屋・ベッドなどを)片付ける 14.(刑期を)勤める: ~ deng mlynedd(yn y carchar)10年の刑に服する

gwneuthuriad (-au) *m* 1.作ること, 造り, 製作, 製造, 生産, 構造 2.材料; 服地

gwneuthurwr : gwneuthurydd (-wyr) *m* : **gwneuthurwraig (-agedd)** *f* 1.行為者, 実行家 2.作る人, 製作者, メーカー, 製造業者[会社]

gwneuthuryn (-urion) *m* 製(造)品

gwnïad (gwnïadau) *m* 1.裁縫, 針仕事 2.(布・服などの)針目, 縫い[継ぎ]目: ~ Ffrengig 袋縫い 3.(縫物・刺繍などの)一針, 一縫い

gwniadur (-iau, -on) *mf* (裁縫用の)指貫

gwniaduriaeth *f* : **gwniadwaith** *m* 裁縫, 針仕事

gwniadwr (-wyr) *m* : **gwniadwraig**

gwniadwraig — 356 — **gwreiddiad**

(-sgedd) f [製本] (書物などを) 綴じる人

gwniadwraig (-agedd) : gwniadyddes (-au) : gwniyddes (-au) f 1.お針子, 裁縫婦 2.(婦人・子供服) 裁縫師, ドレスメーカー : model (-au) (m) gwniadwraig ドレスメーカーのダミー [人台]

gwnïadyddiaeth f 婦人服仕立, 洋裁

gwniedig a 縫われた

gwnïo t 1.(布・革などを) 縫う, 縫い合わせる, 縫い綴じる; 縫い付ける 2.(穴・傷などを) 縫い合わせる 3.騙す, 裏切る

gwnïwr (gwniwyr) : gwnïydd (gwnïyddion) m : **gwniwraig (aged) : gwniyddes (-au)** f 縫う人, 仕立屋, お針子, 裁縫婦

gwobr (-au) : gwobrwy (-on) f 1.(労働・奉仕などに対する) 報酬, 褒美 2.賞(金, 品) : mynd â'r wobr, ennill y wobr 賞を得る; ~ gysur (gwobrau cysur) 残念賞; G~ Nobel ノーベル賞; ~ o ganpunt, canpunt o wobr 100 ポンドの賞金 3.報酬[謝礼] 金 4.(善悪に対する) 報い, 応報, 罪

gwobrwyadwy a 報いることができる

gwobrwyo t 報いる, 報酬[賞, 褒美] を与える

gwobrwywr (-wyr) m : **gwobrwywraig (-agedd)** f 報いる人, 報酬[賞, 褒美] を与える人

gŵr (gwŷr) m 1.人, 人間: hyd y ~ olaf 一人残らず, 最後の一人まで 2.男: ~ ifanc (gwŷr ifainc) 青年; ~ gwaedlyd 人殺し 3.夫, 亭主: ~ a gwraig 夫婦; ~ y tŷ 一家の主人, 世帯主 4.[ヨーロッパの封建時代の] 家臣, 臣下 5.[チェス] 駒 6.y G~ Drwg 魔王, サタン

gwra t 夫を持つ, (女が) 結婚する

gwrach (-od) : gwrachen (-nod) f = gwiddan, gwiddon

gwrachaidd : gwrachïaidd a 魔女のような

gwrachen (gwrachod) f [魚類] ベラ

gwraidd (gwreiddiau) : gwreiddyn (gwraidd, gwreiddiau) m 1.(植物の) 根: gwreiddyn dŵad 不定根; y gwreiddiau (世論などの重大要素としての) 一般大衆「草の根」; (思想などの) 基本, 根源; gwraidd a brig 完全に, すっかり 2.(歯・毛・爪などの) 根: gwreiddyn o wallt (皮下の) 毛の根 3.根源, 根本 4.(根本的) 原因: gwreiddyn pob drwg yw ariangarwch [聖書] 金銭欲は諸悪の根源だ (cf 1 Tim 6:19) 5.[数学] 根: gwreiddyn ciwb 平方根 6.[言語] 語根 7.[音楽] (和音の) 根音

gwraig (-agedd) f 1.女, 婦人 2.妻: Gwragedd Llon Windsor「ウインザーの陽気な女房達」(Shak 作の喜劇 (1600~01)); cyfnewid/ffeirio gwragedd 夫婦交換

gwrandawadwy a 聞いて気持のよい

gwrandawgar : gwrandawol :

gwrandawus a 聞くため[聴取用] の

gwrandawiad (-au) m 1.聞くこと, 傾聴 2.聴力 3.発言の機会: gwrandewch arnaf! 私の言い分を聞いて下さい! 4.[法律] 審問

gwrandäwr : gwrandawydd (awyr) m : **gwrandawraig (-agedd)** f 1.聞く人, 聞き手, 傾聴[聴聞, 傍聴] 者 2.(ラジオの) 聴取者

gwrando t 1.聞く, 傾聴する, 聞こえる 2.[教育] 聴講する 3.[法律] (事件などを) 審問[審理] する: ~ (ar) achos 事件を審理する 4.(ミサなどを) 聞きに行く, 参列する: ~ offeren ミサに参列する 5.(祈りなどを) 聞き入れる: ~ gweddi 祈りを聞き入れる

i 1.聞く, 聞こうとする 2.耳を貸す, 従う 3.聞き耳を立てる 4.ラジオを聞く; 盗聴する; 黙って聞く 5.[間投詞的に] まあ聞きなさい, あのね: ~ (gwrandewch)! まあ聞きなさいよ!

gwrcath (-od) m [動物] 雄猫

gwregys (au) m 1.ベルト, 帯, 腰紐, 皮帯: ~ diweirdeb 貞操帯 2.ガードル (女性用コルセット) 3.(座席の) ベルト 4.海峡, 水道: [地理] y G~ Mawr 大ベルト海峡 5.ベルト状のもの: gwregysau'r môr [植物] 帯状に伸びた昆布類などの海草 6.[海事] トラス下桁の中央部を帆柱に取付けているY字形の金具 7.[解剖] 帯, 帯状束: ~ pelfig 腰帯, 骨盤帯

gwregysu t 1.(帯などを腰などに) 巻く, 締める: ~ eich lwynau (腰を締めて) 身構えする, (気を引き締めて) 待ち構える (cf 1 Kings 18:46, 2 Kings 4:29, Eph 6:14) 2.(剣などを) 帯びる [着ける]: ~'ch cleddyf 帯剣する 3.(城などを) 囲む, 取巻く, 包囲する

gwregyswr (-wyr) m 1.帯造り職人, 帯屋 2.取巻く人

gwrêng m 1.(古代ローマの) 平民 2.庶民 3.野卑な人

a 1.(古代ローマの) 平民の 2.庶民の 3.卑俗 [平凡] な

gwreica t 妻をめとる

gwreicty (-tai) m ハーレム (イスラム教国の婦人部屋)

gwreichionen (gwreichion) f : **gwreichionyn (gwreichion)** m 1.火花, 閃光: fel yr eheda ~ i fyny [聖書] (火の粉が上へ飛ぶように) 自然の理に従って, 確かに, 間違いなく (cf Job 5:7) 2.(宝石などの) きらめき 3.[電気] 電気火花, スパーク: trawsyrrydd (trawsyrwyr) (m) gwreichion [通信] 火花式送信機 4.僅か, 少し, 微量

gwreichioni i 火花, 火花を出す [発する]

gwreiddair (-eiriau) m [言語] 語根

gwreiddgap (-iau) : gwreiddgapan (-au) m [植物] 根冠

gwreiddflewog a [植物] 根のような

gwreiddflewyn (-flew) m [植物] 仮根

gwreiddiad m 1.根 2.根付くこと 3.定着

gwreiddio *t* 1.(植物を)根付かせる 2.(恐怖などが人を)動けなくする 3.(考え・主義などを)定着させる
i 1.(植物が)根付く 2.(考え・主義などが)定着する

gwreiddiog *a* (植物が)根付いた

gwreiddiol *a* 1.根源の; 最初[初期, 起源]の: pechod ~ [神学]原罪 2.独創的な, 創意に富む: meddwl ~ 独創的精神; dyluniad/cynllun ~ 独創的なデザイン

gwreiddiol (-ion) *m* 1.原型, 原物 2.原文, 原典, 原書: yn y ~ 原文[原語, 原書]で

gwreiddioldeb *m* 独創力, 創意

gwreiddynol *a* [言語]語根の

gwreigaidd : gwreigiol *a* 女性[妻]らしい, 婦人に相応しい

gwreigan *f* 女の子, 小娘

gwreinen *f* : **gwreinyn (gwraint)** *m* [病理]白癬

gwres *m* 1.熱さ; 暑さ: yng ngwres y dydd 暑い日盛りに (cf *Matt* 20:12) 2.暖かさ, 暖気, 温暖 3.熱情, 興奮 4.[病理]熱;(熱などによる)赤らみ: chwydd (-i) (*m*) ~ 火ぶくれ; trawiad (*m*) ~ 熱射[日射]病 5.[動物](雌犬の)さかり, 発情 6.[物理]熱: ~ coch 赤熱; ~ cudd 潜熱 7.[冶金]一焼き, 一溶解

gwresfesurydd (-ion) *m* 温度計

gwresog *a* 1.(歓迎など)思いやり[温情]のある, 心からの: diolchiadau ~ 心からの感謝; llongyfarchiadau ~/calonnog! 本当におめでとうございます! 2.暖かい, 温暖な 3.熱烈な, 興奮した, 熱血の, 血気にはやる 4.(体が)火照る, 熱い: 'roeddent yn wresog gan win 彼らは一杯機嫌でした

gwresogi *t* 1.熱する, 暖める 2.(人を)興奮させる

gwresogrwydd *m* 温情, 思いやり,(心の)温かさ

gwresogydd (-ion) *m* ヒーター, 発熱[加熱]器; 暖房装置: ~ cadw 蓄熱ヒーター

gwrferch (-ed) *f* 男らしい女, 女丈夫, 勇婦

gwrhyd : gwryd (-au, -oedd) *m* [海事]尋(主に水深を測るのに用いる単位; = 6フィート, 183cm)

gwrhydio *t* [海事](水の)深さを測る

gwrhydri *m* 偉業, 手柄, 功績

gwrid *m* 1.赤面 2.光輝 3.(バラなどの)赤らみ

gwrido *i* 1.顔を赤らめる, 赤面する,(顔などが)赤くなる, 火照る: ~ rhag cywilydd 恥ずかしくて赤面する, 2.恥じる,(蕾などが)赤らむ

gwridog *a* 1.(顔など)赤い, 赤らんだ, 赤くなった紅潮した 2.赤面する, はにかむ(勝利などで)上気[興奮]して, 意気揚々として: ~ gan lwyddiant 成功して意気揚々として 3.(花など)赤い, 赤らんでいる

gwridwr (-wyr) *m* : **gwridwraig (-agedd)**

f (恥ずかしさ・困惑のため)顔をすぐ赤くする人, 恥ずかしがり[はにかみ]屋

gwrit (-iau) *f* 1.[法律](令状): ~ gweithredu 強制執行令状 2.[米史](上級植民地裁判所が官吏に下付した)臨検令書

gwritgoch *a* (花など)赤い, 赤らんだ

gwrogaeth *f* 1.敬意, 尊敬 2.[歴史](封建時代の)臣従の礼, 忠順の宣誓, 忠誠の誓

gwrogaethu : gwrogi *t* [歴史]臣下の誓をする

gwrol *a* 勇敢な, 勇ましい, 勇気のある

gwroldeb : gwrolder *m* 1.勇敢, 勇気, 度胸, 武勇, 剛勇, 勇壮 2.英雄的資質 3.英雄的行為

gwroli *t* 元気[勇気]づける, 大胆にする

gwron (-iaid) *m* 1.英雄, 勇士: Oes (*f*) y Gwroniaid 英雄時代(Troy滅亡前のギリシャ史詩時代) 2.(北米インディアンの)戦士

gwroniaeth *f* = **gwroldeb, gwrolder**

gwrtaith (-teithiau, -teithion) *m* 肥料, 下肥;(特に)化学肥料: ~ gwneud 人造肥料

gwrteithiad (-au) *m* (地味を)肥やすこと, 施肥

gwrteithio *t* (土地に)肥料をやる[施す],(土地を)肥やす

gwrteithiol *a* 肥料の

gwrteithiwr (-wyr) *m* [農業](土地に)肥料を施す人,(土地を)肥沃にする人

**gwrth- ** *pref* 1.[反[排]…]: ~-Brydeinig 反[排]英の; ~-Americanaidd 反米[排米]の 2.[…の競争者, 敵]: ~-Gristnogol キリスト(教)反対の 3.[…の反対の]: gwrthlun 反対の型 4.[非…, …でない] 5.[…に対立の] 6.[逆の]: gwrthglocwedd *a* 反時計回りの 7.[相補う, 副]: gwrthran (-nau) *f* [法律](正副二通中の)一通;(特に)副本, 写し 8.…に逆に作用する, …を防ぐ;(病毒を)中和する: gwrthgorff (-gyrff) *m* [生理]抗体; gwrthfiotig [生化]抗生の 9.[物理][…の反粒子]: gwrthronyn (-nau) *m* 反粒子 10.[音楽][普通の低音より1[2]オクターブ低い]: gwrthfaswﾝ (-faswnau) *m* コントラバスーン

gwrthateb (-ion) *m* 返答, 応答, 答弁

gwrthatyniad (-au) *m* 1.反対引力 2.(他のものの)向こうを張った呼び物

gwrthban (-nau) *m* 毛布

gwrthblaid (-bleidiau) *f* (議会での)反対党, 野党

gwrthblot (-iau) *m* [演劇]対抗筋[構想]

gwrthbrawf (-brofion) *m* 1.論駁, 論破, 反駁 2.反証 3.反証物件

gwrthbrofadwy *a* 反証できる

gwrthbrofi *t* 1.(人の説・意見などを)論駁[論破, 反駁]する 2.(人の)誤りを明らかにする,(人を)やり込める 3.反証を挙げる

gwrthbrofwr : gwrthbrofydd (-wyr) *m*

gwrthbwynt 反駁者

gwrthbwynt (-iau) *m* [音楽] 1.対位法: ~ dwbl/gwrthdro 転回対位法 2.対位旋律

gwrthbwyntiol *a* [音楽] 対位法の

gwrthbwys (-au) *m* 1.平衡錘, 釣合重り: system (*f*) wrthbwysau (systemau gwrthbwysau) [劇場] カウンターウェイトシステム (釣合重りを使って舞台の背景や幕を上げ下ろしする装置) 2.平衡力; 均衡勢力

gwrthbwyso *t* 1.平衡させる, 釣合わせる 2.(…の)効果を相殺する[不足を補う]

gwrthchwyldro (-eon) *m* 反革命

gwrthdaro *i* 1.(激しく) ぶつかる, 衝突する 2.(剣などが) ガチャンと音を立ててぶつかる, ガチャガチャ音がする 3.(意見・利害・目的などが) ぶつかり合う, 衝突する, 一致しない, 相反する 4.(色などが) 釣合わない 5.[教育] (時間割・予定表などが) かち合う

gwrthdir (-oedd) *m* 高地, 高台

gwrthdrawiad (-au) *m* 1.衝突, 激突: ~ p enben 正面衝突 2.(意見・利害などの) 衝突, 対立, 不和, 不一致 3.(剣・鐘などの) ガチャン[ジャン] と鳴る音, ガチャガチャ相打つ音 4.戦闘, 闘争 5.(色などの) 不調和 6.(行事などの) かち合い

gwrthdrawiadol : gwrthdrawol *a* 衝突の

gwrthdro *a* (順序を) 逆[反対] にした: pleten wrthdro (pletiau ~) *f* [服飾] 逆ひだ, インヴァーテッドプリーツ

gwrthdro (-eon) *m* 1.[文法] 語順転倒, 倒置(法) 2.[音楽] 転回 3.[フェ] (剣先で円を描いての) 受止め

gwrthdroad (-au) *m* 1.= gwrthdro 1, 2 2.(位置・方向など) 逆, 反対 3.[化学] 転化, 反転 4.[電気] 逆変換 5.[論理] 逆換(法) 6.[解剖・病理] (人体器官の) 反転, 逆正 7.[精医] 性的[性欲] 倒錯: ~ rhywiol 性的逆転

gwrthdroadol *a* 転倒[逆, 反対] の

gwrthdroi *t* 1.逆にする[向ける] 2.(位置などを) 転換する 3.(主義・立場・決定などを) 逆転させる: ~ taliad (電話で) コレクトコールにする 4.[数学] 逆算する 5.[音楽] 転回させる: ~ cord 和音を転回させる 6.[化学] 転化する

gwrthdoriad *m* [光学・物理] (光線・音波などの) 屈折 (作用)

gwrthdorri *t* [物理] (水・ガラスなどが光を) 屈折させる

gwrthdorrol *a* 1.(光線などを) 屈折する, 屈折力のある 2.屈折の [による]

gwrthdystiad (-au) *m* 抗議(書)

gwrthdystio *i* 抗議する, 異議を申立てる

gwrthdystiwr (-wyr) *m* : **gwrthdystwraig (-agedd)** *f* 抗議者

gwrthddadl (-euon) *f* 異議, 異論, 不服, 反対(理由)

gwrthddadlau *t* 反対する: cafwyd ~ fod … (…と言って) 反対された

gwrthddangosiad (-au) *m* [音楽] フーガの主題の二次的提示

gwrthddalen (-nau) *f* (小切手・入場券などの) 半券, 控え

gwrth-ddŵr *a* (布地など完全防水ではないが) 水をはじく

gwrthddywedadwy *a* 反駁[否定] できる

gwrth-ddweud *t* (事実・陳述などが) 矛盾する: mae'r adroddiadau'n ~ ei gilydd これらの報告は互いに矛盾する

gwrthddywediad (-au) *m* 1.否定, 否認 2.矛盾 3.[論理] 名辞の矛盾

gwrthddywedwr (-wyr) *m* 否認 [反駁] 者

gwrthebiaeth (-au) *f* [哲学] 二律背反, 自己矛盾

gwrthedd (-au) *m* [電気] 固有抵抗, 抵抗率

gwrthfiotig (-au, -ion) *m* [生化] 抗生物質 *a* [生化] 抗生の

gwrthfwa (-fwâu) *m* [建築] 逆アーチ

gwrthfflam *a* 防災性の

gwrthfynegiad (-au) *m* 1.逆説 2.矛盾の論

gwrthgenhedlol *a* 避妊(用)の

gwrthgenhedlwr (-wyr) : gwrthgenhedlyn (-ion) *m* 避妊薬[用具]

gwrthgiliad (-au) *m* 逆戻り, 堕落, 背教

gwrthgilio *i* 1.(元の悪習などに) 逆戻りする, 堕落する 2.(政党などから) 脱退[脱党, 脱会] する

gwrthgiliwr (-wyr) *m* : **gwrthgilwraig (-agedd)** *f* (宗教上などの) 堕落 [背教, 脱退] 者

gwrthglawdd (-gloddiau) *m* [築城] 城壁, 塁壁

gwrthglocwedd *a&ad* 時計の針と反対回りの [に], 反時計回りの [に]

gwrthgorff (-gyrff) : gwrthgorffyn (-nau) *m* [生理] 抗体, 抗毒素

gwrthgrych *a* (織物) (布など) しわを防ぐ, 防しわ性の

gwrthgyferbyniad (-au) *m* 1.(明るさ・色の) 対照, 対比 2.(対照による) 差違; 正反対のもの 3.[修辞] 対照法

gwrthgyferbyniadwy *a* 対照できる, 対照可能の

gwrthgyferbyniol *a* 1.対照 [正反対] の 2.対照法の

gwrthgyferbynnu *t* 対照 [対比, 比較] する *i* 対照的である, よい対照をなす

gwrthgynllwyn (-ion) *m* 対抗策

gwrthgynllwynio *t* 計略で対抗する

gwrthgyrch (-au, -oedd) *m* 反撃, 逆襲

gwrthgyrchu *t* 反撃 [逆襲] する

gwrthgyrchwr (-wyr) *m* 反撃 [逆襲] 者

gwrth-heintiol *a* [医学] 防腐性の

gwrth-heintiwr (-wyr) *m* 防腐剤, 消毒液

gwrthiant (-iannau) *m* 1.[電気]抵抗（器）2.[医学]（細菌・病気などに対する）耐性

gwrth-Iddewiaeth *f* 反ユダヤ主義[運動]

gwrthio *t*[フェ]（剣先で円を描いて）受け止める

gwrthganser : gwrthganserol *a* 制癌の

gwrthnaid (-neidiau) *f* 1.跳ね返り, 反発; 反動 2.こだま

gwrthnaws *a* 1.（人同士の）気性が合わない 2.両立しない, 矛盾した

gwrthnawsedd (-au) *m* 1.（強い）反感, 嫌悪, 毛嫌い 2.大嫌いな[虫の好かない]人[事, 物] 3.両立し難いこと; 性格の不一致

gwrthnawsedd *m* 1.両立し難いこと 2.性格の不一致

gwrthneidio *i* 1.（ボールなどが）跳ね返る 2.反響する

gwrthnysig *a* 1.（人・行為など）つむじ曲がりの, ひねくれた 2.強情を張る, 非を認めない, 天の邪鬼[意固地]な 3.（行為など）正道を踏み外した, 誤っている, 邪悪な 4.[精医]（性）倒錯の

gwrthnysigrwydd *m* 1.強情, つむじ曲がり 2.邪悪

gwrthod *t* 1.（要求・提案・嘆願・申出などを）断る, 拒絶[拒否]する 2.（人を）はねつける, 拒む 3.（…することを）拒む, どうしても（…しようとし）ない 4.（不要物・不用品などを）捨てる, 除く 5.（人・口・胃・体などが食物などを）受け付けない

gwrthodadwy *a* 1.排除[拒絶]すべき 2.拒絶できる

gwrthodedig *a* 見捨てられた

gwrthodiad (-au) *m* 1.拒絶, 拒否, 否決, 辞退, 却下; 排除 2.取捨選択（権）; 優先権 3.廃棄物

gwrthodwr : gwrthodydd (-wyr) *m* : **gwrthodwraig (-agedd)** *f* 1.拒絶[辞退]者 2.国教忌避者

gwrthol *m*（人・動物の）背中: yn ôl a ~ 前後に, あちこちに

gwrthrewydd (-ion) *m*[自動車]不凍液

gwrth-rwd *a* 1.（金属が）さびない 2.さびついていない

gwrthrych (-au) *m* 1.（知覚できる）物（体）: ~ hapgael[美術]美的価値を持つ物として偶然発見された自然物（流木など）-廃棄物（がらくたなど）2.（愛情・行為などの）対象: hi yw ~ fy serchiadau 彼女は私の愛情の対象です 3.[文法]目的語

gwrthrychedd : gwrthrycholdeb *m* 客観[対象]性

gwrthrychiad (-au) : gwrthrycholiad (-au) *m* 客観[対象]化

gwrthrychol *a* 1.[文法]目的格の;（ギリシャ語・ラテン語・ドイツ語などの）対格の: cyflwr

~ *m* 対格 2.[哲学]客観的な 3.外界[実在]の

gwrthrycholi : gwrthrychu *t* 客観[対象]化する

gwrthrychydd (-ion) *m*[光学]対物レンズ[鏡]

gwrthryfel (-oedd) *m* 1.（政府・権威者などに対する）謀反, 反乱, 反逆 2.（権力・規則・慣習などに対する）反抗, 造反, 暴動;（特に）陸海軍人の）上官に対する反抗

gwrthryfela *i* 1.（政府・指導者などに）反乱[暴動]を起こす, 反逆する 2.（権力・慣習などに）反抗[反対]する 3.嫌悪する

gwrthryfelgar *a* 1.謀反[暴動, 反逆]の, 反乱に加わった 2.反抗的な

gwrthryfelwr (-wyr) *m* : **gwrthryfelwraig (-agedd)** *f* 1.反乱[反逆]者, 暴徒 2.反抗者

gwrthsafiad *m* 1.抵抗, 反対, 敵対 2.[G~][政治]第二次大戦（1939~45）中のフランスの反ナチ抵抗運動 3.[物理]抵抗

gwrthsafol *a* 抵抗する, 抵抗力のある, 抵抗性の

gwrthsafwr (-wyr) *m* : **gwrthsafwraig (-agedd)** *f* 抵抗[抗争]者

gwrthsaim *a*（紙が）グリース[油, 蝋]をはじく[通さない]

gwrthsefyll *t* 1.抵抗[反抗, 敵対]する 2.（計画・提案などに）反対する, 賛成しない 3.（誘惑・感情などを）抑制[拒絶]する 4.（桁が）耐える

i 抵抗する

gwrthsoddi *t* 1.（穴の）口を円錐形に広げる 2.（ねじなどの頭を）皿穴に埋める

gwrthsoddwr : gwrthsoddydd (-wyr) *m*[道具]（埋頭孔を開ける）皿もみ錐, 菊錐

gwrthun *a* 憎らしい, 気に食わない, 大嫌いな

gwrthwedd *a* 逆位相の

gwrthweithiad (-au) *m* 1.（計画などの）妨害, 阻止 2.（薬の）中和作用 3.反動, 反作用

gwrthweithio *t* 1.（薬などの効力を）中和する, 消す 2.（計画などを）破る, くじく 3.逆らう, 妨害する

gwrthweithiol *a* 1.反作用の 2.中和性の 3.拮抗的な

gwrthwenwyn (-au) *m* 1.解毒剤 2.矯正手段, 対策

gwrthwenwynol *a* 解毒（性）の

gwrthwyneb *m* 1.正反対: i'r ~ これに反して, それどころか 2.相反する事物[性質] *a.* 1.（性格・性質などが）（正）反対の 2.（方向・位置が）反対の 3.（天候・風など）逆の, 不利な

gwrthwynebiad (-au) *m* 1.抵抗, 反対; 妨害 2.敵対, 対抗, 対立 3.異議, 異論: codi ~ 異議を唱える 4.不満, 嫌気 5.反対理由

gwrthwynebiaeth *f*[社会]敵対, 対立; 敵

対心[行為]

gwrthwynebol a 1.対抗[反抗, 敵対]する 2.(正)反対の 3.矛盾する 4.意固地な, つむじ曲がりの 5.[通例, 複合語で]抵抗力のある, 耐…の 6.[医学]耐性の

gwrthwynebu t (計画・提案などに)反対する, 賛成しない
i 反対[異議]を唱える: 'rwy'n ~! 異議あり! (下院議場用文句)

gwrthwynebus a 1.対立[対抗, 敵対]する 2.(正)反対の, 相入れない

gwrthwynebwr : gwrthwynebydd (-wyr) m : **gwrthwynebwraig (-agedd)** f 反対[抵抗, 敵対, 妨害, 抗争]者

gwrthydd (-ion) m 1.[電気]抵抗器 2.[染色]防染 3.防食用塗料

gwrthymosod t&i 反撃[逆襲]する

gwrthymosodiad (-au) m 反撃, 逆襲

gwrthyrru t [物理]はじく, 跳ね返す, 反発する

gwrthyrrol a [物理]反発する, はねつける

gwrych (-oedd) m (サンザシなどの)生垣, 垣根: llwyd (-iaid) ~ [鳥類]ヨーロッパカヤクグリ(英国で最も普通で, 垣根に巣を作り青い卵を産むイワヒバリ類の鳴鳥)

gwrychio:gwrychu i 1.(毛髪などが)逆立つ 2.(動物などが)毛を逆立てる

gwrychyn (gwrych) m (動物, 特に豚の)剛毛, 荒毛

gwrym (-iau) m 1.鞭跡, みみず腫れ 2.(織物の)うね 3.(貝・肋骨などの)波形 4.(本の)背 5.[地理]起伏, 波形 6.[金加]()管・板の熱間圧延中に生じるひれ[皺]状の)かぶり傷

gwrymio t 1.みみず腫れにする, 傷跡を付ける 2.皺を寄らせる 3.縫い[継ぎ]合わす 4.うねに織る 5.(金属板などに)波形を付ける

gwrymiog a 1.傷跡のある 2.皺の寄った 3.縫い目のある[出た] 4.波形の, ひだの付いた: papur ~ m ダンボール紙 5.(貝殻が)波形の, うねのある

gwrysgen (gwrysg) f [植物](収穫後の)豆類・ジャガイモの茎

gwryw (-iaid, -od) m 1.男, 男性 2.[文法]男性 3.(動物の)雄 4.雄性植物

gwryw : gwrywaidd : gwrywol a 1.男(性)の 2.雄の 3.[植物]雄性の 4.[機械](部品が)雄性の

gwrywedd : gwrywdod m 男性的なこと

gwrywgydiaeth f (男性の)同性愛(的行為)

gwrywgydiol a (男性の)同性愛の

gwrywgydiwr (-wyr) m (男性の)同性愛の人

gwsberen (gwsberins) f [植物] 1.グーズベリー 2.スグリの実

gwth (-iau, gythiau) mf 1.押すこと, 一押し, 突き: ag un ~ 一押し[一気]に 2.支持, 支援 3.[機械]推力

gwthiad (-au) m 1.[建築]押圧力, 推力, 推圧 2.[機関]推力 3.[地質]衝上断層

gwthio t 1.押す, 突く: ~ botwm ボタンを押す; ~ coetsh fach 乳母車を押す 2.押し動かす: ~ llong (o'r tir/lan) (竿で岸を押して)船を出す 3.突っ込む: ~'ch dwylo i'ch pocedi 両手をポケットに突っ込む 4.押し分けて進む 5.突き刺す 6.(攻撃者・敵などを)追い払う, 撃退する
i 1.押す, 突く 2.押し進む, 突進する

gwthiwr (-wyr) m 1.押す人, 押し手 2.突く[刺す]人 3.プッシャー(ナイフ・フォークの使えない幼児が食物をスプーンにのせるために使う用具) 4.[航空・宇宙](ロケットの)反動推進エンジン

gwthgar a 押しの強い, 出しゃばりな, 図々しい

gwyach (-od) f [鳥類]カイツブリ

gwybedyn (gwybed) m [昆虫] 1.ブヨ: hidlo ~ [聖書](大事を見過ごして)小事にこだわる (cf Matt 23:24) 2.アカエイカ

gwybod t 1.(事実などを)知る, 知っている 2.見分ける; 区別[識別]する: ~ y gwahaniaeth rhwng da a drwg. ~ rhagor rhwng da a drwg 良し悪しをわきまえる

gwybodaeth f 1.(事実などを)知っていること, 知識; 認識: diffig (m) ~ 知識不足; hyd eithaf fy ngwybodaeth i 私の知っている限りでは 2.(研究などによる)知識, 熟知 3.学識

gwybodeg f [哲学]認識論

gwybodegol a [哲学]認識論の

gwybodegwr : gwybodegydd (-wyr) m [哲学]認識論学者

gwybyddus a 知られている, 既知[周知]の

gwybodus a 1.知識のある; 物知りの 2.見識のある; 聡明な

gwych a 1.(日光・宝石など)光り輝く, 目もあやな 2.(偉業など)立派[見事, 優秀]な, 華々しい: syniad ~ 素晴らしい考え 3.(人が)才気のある, 目覚ましい

gwychder : gwychter (-au) m 1.輝き, 光輝 2.華麗, 華やかさ, 目もあやな美しさ 3.(業績・名声など)卓越, 顕著, 優秀 4.虚飾, 虚栄

gwŷd (gwydiau) m 1.悪徳, 邪悪: rhinweddau a gwydiau 美徳と悪徳 2.堕落行為, 悪癖, 悪習

gwydlon : gwydus a 悪徳の, 不道徳な, 堕落した

gwydn a 1.(肉・皮膚・木・鉄鋼など)堅い, 固い, 硬い, こわい 2.(人・動物など)頑丈[丈夫]な, たくましい

gwydnhau t 1.堅く[強く, こわく]する 2.丈夫にする 3.困難にする

gwydnwch m 1.堅さ, 強さ 2.難しさ

gwydnwr (-wyr) m 強靭化剤

gwydr (-au) m 1.ガラス 2.ガラス製品[容器], コップ, グラス: ~ yfed 水飲み用コップ 3.(窓・ランプなどの)ガラス: ~ ffenestri 窓用ガラス

gwydr　361　**gwyliadwrus**

4.温室 5.(時計の)ガラス蓋: ~ oriawr/watsh 時計のガラス蓋 6.レンズ

gwydr : gwydraidd : gwydin : gwydrog : gwydrol a 1.ガラス(製)の: potel (f) wydr (poteli ~)ガラス瓶 2.ガラスのような 3.ガラス板[窓]をはめた 4.光沢のある,ピカピカする 5.(表面が)滑らかな 6.(水面などが)鏡のよう(に穏やか)な 7.(タイルなど)釉薬をかけた

gwydraid (-eidiau) m コップ一杯(の量): ~ o win グラス一杯のワイン

gwydrfaen m [鉱物]黒曜石

gwydredd (-au) m 1.[窯業]釉; 施釉 2.[絵画]上塗り

gwydriad (-au) m ガラス板を窓枠にはめ込むこと: ~ dwbl [建築](窓などの)二重ガラス

gwydro : gwydru t 1.(窓などに)ガラス(板)をはめる 2.(建物に)ガラス窓を付ける: gwydro adelad 建物にガラス窓を付ける 3.ガラスで覆う[囲む] 4.[窯業](焼き物に)釉薬をかける

gwydrwr (-wyr) m ガラス屋

gwydryn (-nau) m 水飲み用のコップ

gẃydd m 面前, 人前: yng ngẃydd rhn 人の面前で

gẃydd (gwyddau) f 1.[鳥類]ガチョウ; ガチョウの雌 2.ガチョウの肉: iawn i'r wydd, iawn i'r ceiliagwydd [諺]雌ガチョウにとってのソースは雄ガチョウにとってもソースになる; 甲に適する物は乙にも適する; 夫のやることは妻もしている;その文句は私からあなたに言うのが当然だ(議論のしっぺ返しに言う) 3.[洋仕](ガチョウの首のように曲がる自在取手がある)仕立屋の火熨斗 4.阿呆, 頓馬, 間抜け

gẃydd (gwyddiau) m 機, 織機: ~ llaw 手機[織機] 2.(耕作用の)犂

gwyddbwyll f チェス: dyn (-ion) (m) ~ チェスの駒

Gwyddel (-od) : Gwyddyl m アイルランド人: ~ yw ef 彼はアイルランド人です

Gwyddeles (-au) f アイルランドの女性: ~ yw hi 彼女はアイルランド人です

Gwyddeleg mf アイルランド語
a アイルランド語の

Gwyddelig a アイルランド(人)の: coffi (m) Gwyddel アイリッシュコーヒー(砂糖入りのホットコーヒーにIrish whiskeyを入れ, その上に泡立てたクリームを浮かせた飲物; telyn Wyddelig (telynau ~) f アイリッシュハープ

gwyddfid m [植物]スイカズラ: ~ Japan スイカズラ

gwyddgrug (-iau) f [考古](土饅頭型の)塚

gwyddoniadur (-on) m 1.百科事典 2.(専門)事典: ~ ar ddwy droed 生き字引

gwyddoniadurol a 1.百科事典的な 2.博学の

gwyddoniadurwr (-wyr) m 百科事典編集者

gwyddoniaduraeth f 百科事典的知識

gwyddoniaeth f (体系化された知識としての)科学: ~ bur 純正科学; ~ gymhwysol 応用科学

gwyddonol a 1.科学の 2.科学的[精確]な

gwyddonydd (-wyr) m 科学者

gwyddor (-au) f 1.アルファベット, 字母表: yr wyddor mf 初歩, 入門, いろは; yr Wyddor Seinegol Gydwladol [音声]国際音標文字 2.(特定の対象を研究する)…学: ~ gwleidyddiaeth 政治学; ~ foesol 倫理学

gwyddorol a 1.アルファベットの 2.アルファベット[ABC]順の

gwyddoroli t 1.アルファベット順にする 2.アルファベットで表す

gwyddwydden (gwyddwydd) f [植物]スイカズラ

gwyddorolwr (-wyr) m アルファベット順に項目を並べ替えられる読み書きのできる人

gwyddyf (-au) m [道具]生垣作り用の鉈鎌

gwyfyn (-od, gwyfod) m [昆虫]ガ, 蛾: ~ dillad イガ(衣蛾)

gwygil a 1.(天候が)蒸し暑い 2.(太陽・砂漠など)焼けるような

gẃyl (gwyliau) f 1.(宗教上の)祝祭, 祭り, 祭礼, 祭日: G~ y Cynnull/Pebyll [ユ教]仮庵の祭り(cf Rev 21:3); ~ symudol 移動祝(祭)日(Easterなど); ~ (d)diolchgarwch (gwyliau diolchgarwch)収穫祭(教会でする収穫の感謝祭) 2.休日, 休み, 休業日: ~ (y)banc (一般)公休日
a 1.休日の: gwersyll (-oedd) (m) gwyliau (海辺などの娯楽設備のある恒久的な)休暇用キャンプ場 2.祝祭日らしい,よそ行きの: dillad gwyliau晴れ着; (Dydd) G~ D (d)ewi 聖デイヴィッドの日(聖デイヴィッドはウェールズの守護聖人; 3月1日)

gẃyl : gwylaidd a 1.内気[謙虚, 控え目]な, 恥ずかしがりの 2.(女性的)しとやかな

gwyleidd-dra m 1.内気, はにかみ, 謙虚 2.(女性の)しとやかさ

gwylfa (-fâu, -feydd) : gwyliadwriaeth (-au) f 1.(夜間を三分・四分・五分した)夜間の一区切り: mynd heibio fel ~ nos [聖書]夜のひと時のごとく過ぎる, 束の間に忘れられる(cf Ps 90:4) 2.見張り, 監視, 警戒: ~ nos 夜警(時間) 3.[海事](原則として4時間交替の)当直(時間): ~ fach (gwylfâu bach)ドッグウオッチ, 折半直(2時間交替の当直; 他は皆4時間) 4.徹夜, 寝ずの番, 徹夜での看病 5.通夜 6.見張り塔, 望楼

gwylfabsant : gwylmabsant (-au) f 1.通夜 2.(英国国教会で年々行う)献堂[守護聖人]記念祝祭; その前夜に行う通夜

gwyliadwrus a 1.(人・言葉・態度など)慎重な, 用心深い, 警戒する 2.防護[保護, 監視]さ

gwyliedydd (-ion) *m* 1.(建物などの)夜警, 警備員 2.歩哨, 哨兵, 番兵 3.(昔の)夜回り

gwylio *t* 1.じっと見る: ~'r teledu テレヴィを見る 2.(野鳥などを)観察する: ~ adar 野鳥を観察する 3.用心[注意]する, 気を付ける: gwyliwch rhag ichi gwympo! 足元にご用心! 4.守る, 護衛[保護]する 5.見張る 6.(病人などを)看護する, 世話をする: ~ claf 病人の傍らで寝ずの看病をする 7.(言葉・怒りなどを)抑制する: ~ ar eich gair 口を慎む 8.(機会などを)待つ, 窺う: ~ am eich cyfle 好機を待つ *i* 1.見張り[監視]する 2.寝ずに看病する 3.注意[用心]する, 気を付ける

gwyliwr (-wyr) *m* : **gwylwraig (-agedd)** *f* 1.テレヴィを見る人 2.(野鳥の)観察者 3.(建物などの)夜警, 夜番, 警備員 4.(昔の)夜回り

gwylni *m* 内気, はにかみ

gwylnos (-au) *f* 1.徹夜, 寝ずの番, 夜通しの看病 2.見張り, 監視 3.[キ教](徹夜で祈る)前宵祭, 祝祭日の前夜 4.除夜, 大晦日の夜 5.通夜;(アイルランドの)葬式前夜の通夜

gwylog (-od) *f*[鳥類]ウミガラス・ウミバト類の海鳥の総称

gwyll *m* 1.暗さ, 暗がり, 暗闇 2.夕暮れ, 夜: gyda ~ y nos 暗くなってから 3.心の闇: 無知 4.腹黒さ, 邪悪 5.不明瞭, 曖昧; 秘密

gwylliad (-iaid) *m* 1.山賊, 追いはぎ 2.強盗: ゆすり 3.悪党

gwyllt (-ion) *a* 1.(鳥獣・草木など)野性の: anifail ~ (anifeiliaid gwylltion)野性動物 2.(土地など)自然のままの, 荒れ果てた: tir ~ (tiroedd gwylltion) 荒涼とした土地 3.(人・行為など)興奮[狂乱]した, 乱暴な, 怒った: ~ gan orfoledd 狂喜して 4.(計画など)突飛[無謀]な 5.(考え・話など)でたらめな, 当てずっぽうの: sit (-on) ~ *m* でたらめな噂 6.(人・部族など)未開の, 野蛮な 7.[トラ]持主の希望通りになる: cerdyn (cardiau) ~ *m* 鬼[化, 万能]札

gwyllt (-oedd) *m*(動物が)野性(の状態): galwad natur wyllt, galwad y bywyd ~ 野性の呼び声[魅力]

gwylltineb *m* 1.(動物などの)野性, 野育ち 2.(土地が)荒れていること, 荒廃 3.(考え・言葉など)乱暴, 粗暴 4.怒り, 激怒, 憤激, 憤怒

gwylltio *t* 怒らせる, 立腹させる *i* 腹を立てる, かっとなる, 激怒する

gwylltir (-oedd) *m* 荒地, 荒野

gwymon (-au, -ydd) *m* 海草: ~ bwyta/melys 食べられる海草

gwyn *a* (*f* **gwen**, *pl* **gwynion**) 1.清められた, 神聖な 2.祝福を受けた, 幸福な: ~ eu byd y tlodion yn yr ysbryd [聖書]心の清い人達は幸いである (cf *Matt* 5:3) 3.白い, 白色の: mor wyn â'r eira 雪のように白い; bara ~ *m* (精製した白い小麦粉で作る)白パン 4.白髪の

5.雪の降る[積もった]: cawsom Nadolig ~ 雪のあるクリスマスだった 6.(ワインが)白の: gwin~ (gwinoedd gwynion) *m* 白ぶどう酒 7.白色人種の 8.(恐怖などで)青ざめた

gwyn *m* 1.白(色): ~ pŵl/afloyw 純白; 顔面蒼白 2.白絵具 3.白色染料[顔料] 4.白衣; [*pl*] 白布 5.[*pl*] 白い運動着 6.(卵の)白身 7.[白の]白目 8.[通例*pl*]白人 9.[政治]保守反動[反革命]的な政党の党員 10.[印刷]余白 11.[昆虫]シロチョウ 12.[チェス]白(を持った競技者) 13.[ビリ]白球

gwŷn (gwyniau) *mf* 1.痛み, 苦痛, 疼き 2.強い欲望, 渇望 3.性欲, 色欲

gwynder : gwyndra *m* 1.白色, 純白 2.純潔, 潔白 3.白いもの

gwyndwn (gwyndynnydd) *m* 草原, 草地, 牧草地

gwynegol *a* [病理]リューマチ(性)の: crydcymalau ~ リューマチ性関節炎, 関節リューマチ

gwynegon *m* [病理]リューマチ: ~ y cyhyrau 筋肉リューマチ

gwynfa (-oedd) *f* 1.天国: Coll(*m*)G~[文学]失楽園(John Milton作の叙事詩*Paradise Lost*(1667): 天使との戦いに敗れたSatanに誘惑されてAdamとEveがエデンの園を追われて行く物語) 2.エデンの園 3.楽園

gwynfyd (-au) : gwynfydedigrwydd *m* 1.幸福, 幸運 2.至福, 天福, 無上の喜び 3.[*pl*] [G~][聖書]八福(キリストが山上の垂訓に説いた八つの幸福の教え)

gwynfydedig *a* 1.幸福に輝いている, 喜ばしそうな 2.至福を与える力のある: y Weledigaeth Wynfydedig *f* 神の示現; 幻想の天国;[神学]至福直観(天使及び聖人が天国において天主を見ること)

gwynfydiad (-au) *m* 1.受福 2.[カト]列福(式)

gwynfydu *t* 1.(人に)天福を受けさせる 2.[カト](死者を)列福する

gwyngalch *m* 1.石灰水, 水漆喰, のろ(壁・天井などの上塗り用): rhoi~ ar wal 壁に水漆喰を塗る 2.(欠点・過失などを隠すための)体裁のいいごまかし, 糊塗するもの

gwyngalchiad (-au) *m* = **gwyngalch** 2: gwyngalch (iad) oedd yr adroddiad その報告はごまかしであった

gwyngalchog *a* 水漆喰を塗られた

gwyngalchu *t* 1.水漆喰を塗る 2.体裁を繕う, ごまかす

gwyngalchwr (-wyr) *m* : **gwyngalchwraig (-agedd)** *f* 水漆喰を塗る人

gwyniad (-iaid) *m* [魚類](ヨーロッパ産の)タラ科の魚, コダラ

gwynias *a* 1.(才知など)きらめく, 光り輝く 2.(人・愛情など)熱烈な, 興奮した 3.(灯火など)白熱の, 白熱光を発する 4.(温度が)白熱の

gwyniasedd (-au) *m* 1.白熱 2.[医学] 発熱による身体の火照り 3.[電気] 白熱放射

gwyniasu *t* 白熱させる
i 白熱する

gwynio *t* (傷などが) 苦痛を与える
i (体の部分などが) 痛む

gwynlas (-leision) *a* 薄青色の

gwynnin *m* [林業] 辺材, 白太 (心材を囲む樹液に富む白色の材部)

gwynnu *t* 1.白くする [塗る] 2.(布などを) 漂白する
i 1.(髪の毛など) 白くなる 2.漂白される 3.(恐怖などで) 青ざめる

gwynnwr (gwynwyr) : gwynnydd (gwynyddion) *m* 1.白く [漂白] する人 2.白色染 [塗] 料

gwynt (-oedd) *m* 1.[気象] 風; ~ teg 順風; ~ a glaw *m* 雨風 2.空言, 空っぽな話 [言葉] 3.匂い, 香り 4.[狩猟] (獲物が近くにいる) 臭い, 臭跡; 予感 5.[病理] (胃・腸内の) ガス, 腸の張り, 鼓腸: mae ~ ar y babi その赤ちゃんは腸にガスがたまっている 6.息, 呼吸 7.[獣医] 息ろう, (馬の) 喘息, 肺気腫

gwyntadwy *a* 臭いを嗅ぐことのできる

gwyntell (-au, -i) *f* (竹・柳枝などで編んだ) 籠, ざる

gwyntellaid (-eidiau) *f* 籠一杯分 (の量)

gwyntglos *a* (コートなど) 風を通さない, 風防の

gwynto *t* 1.匂い [香り] で知る 2.臭いを嗅ぐ 3.[狩猟] (猟犬などが獲物を) 嗅ぎ付ける, 嗅ぎ出す: ~ cadno 狐を嗅ぎ出す 4.(陰謀・危険などに) 感づく
i 1.(花などが) 匂う, 臭いがする 2.匂い [臭い] が分かる

gwyntog *a* 1.[病理] (人が) 鼓腸に悩んでいる, ガスで腹が張った 2.(言葉など) 大袈裟な, 誇張した 3.おびえた, びくびくした 4.風の吹く, 風の強い 5.風の当たる, 風を受ける, 吹きさらしの

gwyntyll (-au, -oedd) *f* 1.送風 [扇風] 機; ~ dwymo (gwyntyllau twymo) 温風器 2.扇, 扇子, うちわ; ~ awyru 換気扇; dawns (*f*) wyntyll (dawnsiau ~) ファンダンス (大きな扇を使って踊るヌードダンス) 3.(映画・スポーツ・スターなどの) ファン, 熱心な愛好者 4.[農業] (穀物を吹き分ける) (唐) 箕

gwyntylliad (-au) *m* 1.換気, 通風 2.換気装置 3.[生理] 換気

gwyntylio : gwyntyllu *t* 1.(部屋・建物・坑内などに) 空気を通す, 換気する 2.送風する, (扇などで) 風を送る 3.(真偽・善悪などを) 識別する 4.(問題などを) 公表する 5.[農業] (穀物を唐箕で) 吹き分ける, ひる

gwyntyllol *a* 1.風通しのよい 2.換気の

gŵyr *a* 曲がっている, 歪んだ

gwyran (-ain) *f* [鳥類] カオジロガン

gwyrdro (-eon) *m* 1.曲がっていること, 歪み 2.(意味などの) 曲解, こじつけ 3.誤用, 悪用 4.[精医] 性倒錯 (症)

gwyrdroad (-au) *m* (事実などの) 歪曲, 曲解

gwyrdroadol *a* 1.曲解する 2.邪道に導く, 誤らせる 3.[精医] 倒錯的な

gwyrdröedig (-ion) *mf* 1.堕落 [背教] 者 2.[精医] 性倒錯者

gwyrdroi *t* 1.(言葉・事実・真理などを) 曲げる, 曲解する 2.誤用 [悪用] する 3.(判断・信仰などを) 誤らせる, (人を) 邪道に陥らせる 4.倒錯させる

gwyrdröwr (gwyrdrowyr) *m* 1.曲解者 2.邪道に誘う人 3.誤用 [悪用] 者

gwyrdynedig *a* 歪められた

gwyrdyniad (-au) *m* 歪めること, 歪み, ねじれ

gwyrdynnu *t* (自然の形を) 歪める, ねじる

gwyrdynnwr (-ynwyr) *m* (顔などを) 歪める人

gwyrdd *a* (*f* gwerdd, *pl* gwyrddion) 1.緑色の, エメラルド色の, 鮮緑色の: y Blaid Werdd [政治] (イングランド・ウェールズの) 緑の党 2.(果物などが) 未熟な: ffrwythau gwyrddion) 未熟な果物 3.青物の 4.(人が) 未熟な 5.(時節が) 雪のない, 温暖な 6.[紋章] 緑色の

gwyrdd (-au, -ion) *m* 1.緑色: ~ môr 海緑色; yr Yns Werdd *f* (その草木が鮮緑色をしていることから) エメラルド島 (アイルランドの俗称) 2.[美術] 緑色絵具 3.緑色顔料 [塗料, 染料]: ~ cobalt [顔料] コバルト緑 4.[料理] 野菜料理 5.緑地 6.[*pl*] [G~] 政治] 緑の党

gwyrddem (-au) *mf* : **gwyrddfaen (-feini)** *m* エメラルド, 翠玉

gwyrddgoed *m* [英法] (特に鹿の隠れ場所としての) 森林中の草木; その緑樹伐採権

gwyrddlas *a* (*f* gwerddlas, *pl* gwyrddleision) 1.(草・葉・色など) 緑色の, 青々とした, 青みがかった 2.(土地が) 緑の草木で覆われた 3.未熟な, うぶな

gwyrddlasu *t&i* 緑色にする [なる]

gwyrddlesni : gwyrddni *m* 1.(草木の) (新) 緑 2.緑の草木 3.新鮮さ, 生気

gwyrddmon (-myn) *m* (中世イングランドの) 御料林管理官

gwyrf *a* (バターに) 塩分 [塩気] がない: ymenyn ~ 無塩バター

gwyrgam (-geimion) *a* = gŵyr

gwyrgamedd *m* [統計] ひずみ, 歪度, 非対称度

gwyriad (-au) *m* 1.それ, はずれ; 曲がり, 歪み, 偏り 2.(方針・法則・標準・正道などからの) 逸脱, 脱線, 偏向 3.[統計] (平均からの) 偏差: ~ safonol [数学・統計] 標準偏差 4.[政治] (政党などの教条・イデオロギーからの) 離脱, 逸脱 5.[光学] 偏向 6.[海事] (船内磁気コンパスの) 自差 7.[砲術] (発射弾の) 弾着誤

gwyriadaeth *f* [政治] (特に共産党の規定方針からの) 偏向, (主流) 逸脱

gwyriadol *a* 1. (行為が) 正道をはずれた 2. [政治] 逸脱 [離脱] する

gwyriadwr (-wyr) *m* (共産党路線を) 逸脱する人

gwyrni *m* 1. 曲がっていること, 歪み 2. = **gwyrdro**

gwyro *i* 1. (正道・基準・主義・党則などから) 離れる, 逸脱する 2. (真っすぐな道から) 逸れる, 外れる 3. (光線が) 偏向する 4. (ミサイルが) 逸れる

gwyrth (-iau) *f* 1. 奇跡: trwy wyrth 奇跡によって, 奇跡的に 2. 不思議な事 [物, 人], 驚異

gwyrthiol *a* 1. 奇跡の, 奇跡的 [不思議] な 2. 奇跡を行う

gwyrwr (-wyr) *m* 逸れる [逸脱する] 人

gwyryf (-on) *f* 1. 処女 2. 童貞の男子 3. [キ教] [G~] Mair Wyryf (Fendigedig) 処女 [聖母] マリア

gwyryf : gwyryfaidd : gwyryfol *a* 1. 処女 [童貞] の: genedigaeth wyryfol *f* [神学] 処女降誕 (説); [動物] 処女生殖 2. 処女に相応しい, 純潔な 3. 汚れのない, 純粋な 4. 触られた [使われた, 踏まれた] ことのない: coedwig ~ *f* 処女 [原始] 林 5. 新鮮な, 新しい: mel ~ *f* (蜂の巣の穴から自然に垂れ落ちる) 新蜜, 生蜜; gwlan ~ *m* 新毛 (刈られたばかりの羊毛)

gwyryfdod *m* 処女 [童貞] であること, 処女性, 童貞

gwŷs (gwysion) *f* : **gwysiad (-au)** *m* 1. 召喚, 呼出し 2. [法律] (裁判所への) 出頭命令, 召喚状 3. (議会などへの) 召集 (状)

gwysio *t* [法律] (裁判所へ) 出頭を命じる

gwysiwr (-wyr) *m* 召喚者

gwystl (-on) *m* 1. 質, 質入れ, 抵当: ar wystl 質に入って 2. 質草, 質物, 抵当物 3. 抵当, 保証, かた 4. 人質

gwystladwy *a* 質に入れられる

gwystledig (-ion) *mf* 質草を取る人, 質取人, 質権者

gwystleiddiaeth : gwystoniaeth *f* 人質の状態

gwystlo *t* 質 [抵当] に入れる: ~ watsh 時計を質に入れる

gwystlwr (-wur) : gwystlydd (-ion) *m* 1. 質を入れる人, 質入主 2. 質屋, 質商: siop (*f*) wystlo (siopau gwystlo) 質店

gwystno *t* 1. (肌に) 皺を寄せる 2. (リンゴなどを) しなびさせる; (太陽が植物などを) しぼませる, 縮ませる
i (果物などが) しなびる, しぼむ, 縮む

gwystnog *a* (果物などが) 皺の寄った

gwythïen (-iennau, gwythi) *f* 1. [解剖] 静脈: ~ y gwddf 頸静脈 2. [植物] (葉の) 葉脈

3. [昆虫] (昆虫の) 翅脈 4. [地質] (地層中の) 水脈, 鉱脈 5. [*pl*] (食用肉の) 筋, 軟骨

gwyw (-on) *a* 1. (葉・花など) 萎れた, しなびた, 色あせた 2. (手など) 衰えた, ひからびた, しわくちゃな 3. (希望など) 薄れた, 減じた

gwywder : gwywdra *m* 萎れ, 枯れ

gwywedig *a* (花・植物が) 萎れた, しなびた, 色あせた

gwywo *i* 1. (花・植物が) 萎む, 萎れる, しなびる, 枯れる 2. (美しさなどが) 衰える 3. [ゴルフ] (ボールが正しい方向から) 逸れる, 曲がる

gyda- : gydag- *pref* 1. [同時・同様・同程度] …と同時に [と共に]; …につれて: codi gyda'r wawr 早起きする 2. [同伴・同居・仲間] …と一緒に [を連れて] 3. [所持・所有] …を持った [のある]: oes pensel gyda chi? あなたは鉛筆を持っていますか? 4. [譲歩] …にも拘わらず: gyda'i holl wendidau 彼にはあんなに欠点があるが 5. [交渉・取引・処理] …と [を, に], …に対して: bod yn grac gyda rhn 人に腹を立てる 6. [様態] …して [を示して]: gyda gwên 微笑みながら, ニコニコして 7. [敵対] …を相手に: ymladd gyda rhn 人と戦う 8. [分離] …から, …と離れて 9. [器具・手段] …で [を用いて]: cerdded gyda ffon 杖をついて歩く 10. [材料・中味] …で作る 11. [関係・関連・立場] …について [に関して]; …にとっては [の場合には]: mae popeth yn iawn gudag ef 彼は全く無事です 12. [支持] …の側に [に味方して]: 'rwyf gyda chi 私はあなたを支持します

gyddfgam *a* 首の曲がった, 斜頸の

gyddfol *a* 1. 喉の, 喉から出る 2. [音声] 喉音の

gyddfoldeb *m* 喉音性

gyddfoli *t* 喉で発音する, 喉声で言う

gyferbyn *ad* 相対して, 正反対の位置に, 向い側に; 背中合わせに
prep 1. …の反対の位置 [場所, 方向] に, …の向こう側に: eistedd ~ â rhn 人に向かい合って坐る 2. [演劇] …の相手役となって: chwarae ~ â rhn 人の相手役を演じる; ~ a'r cofweinydd 後見の反対側, 下手 (通例観客席に向かって舞台の右側)

gylfin (-au) *f* 1. (肉食鳥の鉤形の) くちばし 2. (鳩・水鳥などの細長い扁平な) くちばし

gylfinir (-iaid, -od) *m* [鳥類] ダイシャクシギ: ~ y cerrig イシチドリ

gylfinog *a* [植物] ラッパズイセン

gỳm (-iau) *m* = **gwm**

gymio *t* ゴム糊でくっつける

gymnasiwn (-asia) *m* [教育] 体育館

gymnastaidd *a* 体操体育の

gymnasteg *f* 1. 体operation 2. 体育

gynecoleg *f* [医学] 婦人科学

gynecolegol *a* [医学] 婦人科学の

gynecolegwr : gynecolegydd (-wyr) *m*

gynfad 婦人科医

gynfad (-au) *m* 砲艦 (小型の沿岸警備艇)

gynnau *ad* 暫く前に, ついさっき, 今しがた: fe'i gwelais hi ~ (fach) 私は今しがた彼女を見た

gynnwr (gynwyr) *m* 1.[陸・空軍] 砲手, 射撃手 2.[海軍] 撃砲長 (准士官) 3.銃猟者

gynt *ad* 前に, 先に, 昔, 以前は, 前もって

gynwal (-au) : gynwalc (-aiu) *m* [海事] 舷縁, 船縁

gynyddiaeth *f* 砲術

gypswm *m* [鉱物] 石膏, ギプス

gyr (-roedd) *m* (追われて行く) 家畜の群

gyrfa (-fâu, -feydd, -oedd) *f* 1.生涯, 経歴, 履歴 2.(特別な訓練を要する) 職業, 生涯の仕事: athro (athrawon) (m) gyrfaoedd [教育] 就職指導教師; gwraig/menyw yn dilyn ~ (生涯の仕事を持つ) 職業婦人 3.[狩猟] (獲物の) 追い [狩り] 立て

gyrfäwr (-fawyr) *m* : **gyrfäwraig (-agedd)** *f* 立身出世主義者

gyrfäwriaeth *f* 立身出世主義

gyriad (-au) : gyriant (-iannau) *m* 1.[機械] (動力の) 伝動: gyriant union [機械] 直接 [直結] 駆動 2.[電算] 駆動装置: gyriant disg [電算] ディスクドライヴ 3.[スポ] (ゴルフ・テニス・クリケット・ホッケーなどの) ドライヴ, 長打, 大振り: gyriad draw [クリ] オフドライヴ (オフサイドへの強打)

gyriedydd (-ion) *m* (自動車などの) 運転手, ドライヴァー

gyrlwybr (-au) *m* (自動車は通れない) 牛の通る公共道路

gyrru *t* 1.(鳥獣・人などを) 追う, 追い立てる, 駆る, 駆り立てる: ~ gwrtheg i'r caeau 牛を野原へ追う 2.(車などを) 運転する, (人を) 車で送る: ~ rhn i'r orsaf (mewn car) 人を駅まで車で送る 3.(機械を) 運転 [操縦] する 4.(人を) 駆って (ある状態に) 陥らせる, 追い込む, (人を) 駆り立てて (…) させる: ~ rhn yn wallgof 人を狂乱状態に陥らせる; ~ rhn i ebargofiant 人を殺す 5.(物品を) 送る 6.(人などを) 行かせる, 遣る: ~ rhn i nôl rhth 何かを取りに人を遣る 7.(釘・杭などを) 打ち込む 8.(トンネル・井戸などを) 掘る 9.[スポ] [ゴルフ] (ボールを) 強打する, [テニス] (ボールに) ドライヴをかける 10.[狩猟] (獲物を) 狩立てる

i 1.車を運転する, 車に乗って行く 2.(車・船などが) 疾走 [突進] する

gyrrwr (gyrwyr) *m* : **gyrwraig (-agedd)** *f* 1.(自動車などの) 運転手 2.送り [差出し] 人, 発送 [発信] 人 3.牛追, 馬方, 家畜の群を牧場 [市場] へ追って行く人 4.[機械] 動輪

gyrwynt (-oedd) *m* [気象] 1.大竜巻, トルネード 2.暴風, 台風

gysb *f* [獣医] (馬・牛・羊の) 旋回病: y ~ ynfyd 旋回病

H

H, h *f* (発音aets (aitsh), *pl* -us): H am Harri [電法] HはHarryのH; bom (-iau) (*mf*) H 水爆

ha *int* (驚き・悲しみ・喜び・疑い・不満・躊躇などを表す) ほう!, はあ!, まあ!, おや!

hac (-iau) *m* 切り刻み目; 叩き切り, 切り刻み

hacio *t* 1. (斧などで物を) 叩き切る, 切り刻む 2. [電算] (プログラミングに) 取組む *i* 1. (なたなどで大木などに) 切付ける 2. [電算] プログラミングに取組む, ハックする

haciwr (-wyr) *m* 1. 叩き切る人 2. [電算] ハッカー

haclif (-iau) *f* [道具] (金属切り用の) 弓鋸

haclifio *t* 弓鋸で切る

hach *m* [獣医] 家畜の寄生虫性気管支炎

had *m* 1. 種, 種子, 実: ~ ŷd 種子トウモロコシ 2. [聖書] 子孫: ~ Abraham アブラハムの子孫 (ヘブライ人) 3. [生理] 精液

hadlestr (-i) *m* [植物] 果皮

hadlif *m* [病理] 淋病

hadlifol *a* 1. [病理] 淋菌性の 2. [解剖・動物] 精液の: chwysigen (*f*) yr ~ (貯) 精嚢 3. [植物] 種子の

hadoc (-s) : hadog (-iaid) *m* [魚類] ハドック (北大西洋産のタラの一種)

hadog *a* 種のある [の多い]: un-hadog 種が1つの

hadred *m* = hadlif

hadrith (-iau) *m* [生物] 卵, 卵子

hadu *t* (人工降雨用に雲の間にドライアイス・沃化銀の粒子などを) 散布する *i* 1. (植物が) 種を生じる 2. 種まきをする

hadyd *m* 種子トウモロコシ

haearn (heyrn) *m* 1. [化学] 鉄: ~ bwrw 鋳鉄; ~ crai/hwch 鋳物用銑鉄; ~ gyr 鍛鉄; taro tra bo'r ~ yn boeth [諺] 鉄を熱いうちに打つ (好機を逸しむ) 2. (金属などの) 板, 板金, 延金 3. 鉄製品, 鉄器器具 [道具]: gormod o heyrn yn y tân 余りにも多くの仕事 [計画] 4. アイロン, 火熨斗, こて: ~ smwddio アイロン 5. [ゴルフ] アイアン; ffyn ~ アイアンクラブ 6. [*pl*] 足 [手] 枷

haearn : haearnaidd : haearnol *a* 1. 鉄 (製) の: ceffyl (-au) (*m*) ~ 機関車; Oes (*f*) yr H~ [考古] 鉄器時代; ysgyfaint (*pl*) ~ [医学] 鉄の肺 2. 鉄のような 3. 冷酷な 4. (規律など) 厳格な

haearnwerthwr (-wyr) *m* 鉄器商, 金物屋

haeddiannol *a* 1. 称賛に値する, 価値 [功績, 勲功] のある 2. (経済などの) 援助を当然受けるに値する

haeddiant (-innannau) *m* 1. (称賛に値する) 価値 2. [*pl*] 当然の報い, 相応の賞 [罰]; 真価: trin rhn yn ôl ei ~ 人を真価 [実力] に応じて待遇をする 3. 長所, 美点 4. 手柄, 勲功, 功績 5. (学校などで罰点に対して) 賞点

haeddu *t* 1. (賞・罰・感謝・非難などに) 値する 2. (…する) 価値がある

hael (-ion) *a* 気前のよい, 物惜しみしない

haelder *m* 気前のよさ, 物惜しみしないこと

haelfrydedd *m* 1. 寛大, 寛容, 雅量 2. 寛大な行為 3. 気前のよさ 4. 気前のよい行為

haelfrydig *a* 1. 気前のよい, けちけちしない 2. 寛大な, 思いやりのある

haelioni *m* = haelfrydedd

haelionus *a* = hael

haelsen (haels) *f* [狩猟] 発砲, 射撃

haen (-au) *f* 1. (ペンキなどの) 塗り, 塗装 2. (雪などの) 積み, 重ね, 層 3. [地質] 層, 地層, 薄い鉱層: ~ lo (haenau glo) 炭層 4. 床 5. (表面にできる) 薄い層, 垢, 薄皮 [膜] 6. (大洋・大気の) 層 ~ ffin [物理] 境界 [限界] 層 7. (藻などの) ぬるぬるするもの, ぬめり, 粘液 8. [解剖・動物] 薄層 [板]

haenell (-au) *f* (金属などの) 板, 板金, 延金

haenellu *t* 1. (金属に) メッキをする 2. (金属を) 薄板に打ち伸ばす 3. 薄板をかぶせる 4. (船などを) 装甲する

haenellwr (-wyr) *m* 金属板工, 鉄板工

haenen (-nau, -ni, haenau) *f* 1. (ペンキなどの) 塗り, 塗装 2. [地質] 層, 地層, 薄い鉱層 3. [植物] 層: ~ absgisaidd, ~ fwrw (haenau bwrw) 離層 (秋になって葉柄の基部に形成される細胞層で落葉を促す) 4. (雪・霜などの) 層 5. (脂肪などの) 層: ~ o fraster 脂肪層 6. (タラ・サケの肉のように) はがれた魚肉片 7. (藻などの) ぬるぬるするもの, ぬめり, 粘液

haeniad (-au) *m* 1. 層化, 層形成: ~ samplu 層化抽出法 2. [社会] 成層 (化) 3. [地質] 地層, 成層

haeniadol *a* 成層の

haenog *a* 1. 薄片 [薄板, 薄層] 状の: crwst ~ *m* [料理] 薄片状のペーストリー 2. 薄片 [薄層] から成る, 層状に張り合わせた: plastig ~ [化学] 積層プラスチック 3. (魚肉など) はげる, はがれやすい

haenol *a* 1.層[地層]の, 層のある, 層をなした 2.[地質]成層の

haenu *t* 1.層を形成させる, 層状にする 2.薄片に切る 3.(社会などを)階層化する
i 1.層になる 2.(魚肉がはがれて)薄片になる 3.(社会などが)階層化する

haeriad (-au) *m* 断言, 断定, 主張

haerllug *a* 1.断言[独断]的な, 言い張る 2.厚かましい, 恥知らずの

haerllugrwydd *m* 1.断定的なこと 2.厚かましさ, 図々しさ, 生意気

haeru *t* 断言[力説]する

haerwr (-wyr) *m* 断言[断定]者

haf (-au) *m* 1.夏, 夏季: yn yr ~ 夏に; ~ bach Mihangel (10月の)小春日和 2.夏期, 暑中

haf : hafol *a* 夏(季)の: ysgol (-ion) (*f*) ~ 夏季講習会, 夏季学校; amser (*m*) ~ 夏時間, サマータイム

hafaidd *a* 夏のような, 夏らしい, 夏向きの

hafal *a* 1.(外見など)類似の, 同様な 2.(数量・程度など)等しい, 相等しい 3.(任務などに)耐えられる, 十分な力量[資格]がある

hafaladwy *a* 比較できる

hafaledd (-au) *m* [数学]相等; 等式

hafaliad (-au) *m* 1.[数学]等式, 方程式: ~ cydamserol 連立方程式 2.均等化

hafalochrog *a* [幾何]等辺の

hafalonglog *a* [幾何]等角の

hafalu *t* 1.等しくする 2.[数学](数量が)等しい; 等式化する

hafan (-au) *f* 港

hafdy (-dai) *m* 夏の別荘

hafddydd (-iau) *m* 夏の日

hafn (-au, -oedd) *f* [地質](急流の浸食により両側が絶壁になっている)峡谷, 山峡

hafnog *a* [地質]峡谷のある

hafnos (-au) *f* 夏の夜

hafog *m* 1.豊富 2.多数[量] 3.裕福 4.(自然力・暴動などが)大破壊, 大荒れ, 大混乱

hafota : hafu *i* 夏を過ごす, 避暑する

hafoty (tai) *m* 1.シャレー(スイス山地の屋根の突き出た田舎家) 2.シャレー風の別荘 3.(キャンプ場などの)小さな家

hafflau *pl* 1.強い握り 2.統御, 支配: dianc o ~ rhn 人の支配から逃れる

hagis (-au) *m* [料理]ハギス(羊・子牛などの臓物を刻み, オートミール・香辛料などと合わせその胃袋に詰めて煮たもの)

hagr *a* (人が)醜い, 醜悪な

hagradwy *a* (外観を)汚損しがちな[されやすい]

hagru *t* 外観[形状]を損なう, 醜くする
i 醜くなる

hagrwch *m* 醜い[見苦しい]こと

haicw (-cwau) *m* 俳句

haid (heidiau) *f* 1.(移動する大勢の人・動物・ガチョウなどの)群, 群衆, 大勢: yn heidiau 群をなして, ぞろぞろと 2.(蜂・昆虫などの)群, 大群

haidd (heiddiau) *m* 大麦: gronyn (*m*) ~ 一粒の大麦; blawd (*m*) ~ 大麦の粗粉

haig (heigiau) *f* 魚群

haint (heintiau) *mf* 1.病気, 病疫, 悪疫 2.ペスト: ~ (*f*) y nodau [病理]腺ペスト 3.(病気・病毒の)(接触)感染, 伝染 4.(接触)伝染病, 感染症 5.弊害, 害毒, 悪影響

hala *t* 1.送る, 届ける, 発送する 2.行かせる; 派遣する: ~ rhn i mofyn rhth 物を取りに人を遣る 3.(金を)使う, 費やす

hald *mf* 1.とぼとぼ[てくてく]歩き 2.単調な生活[手順] 3.[馬術]緩やかな速歩: ar eich ~ ゆっくりした走りで

haldian *i* [スポ](健康のために)ゆっくり走る, ジョギングする

haleliwia (-iâu) *f* 1.ハレルヤ聖歌 2.喜び[感謝]の表現
int ハレルヤ, アレルヤ(神を賛美する叫びで, 「主を褒め称えよ」の意)

halen (-au) *m* 1.塩, 食塩: papur a ~ 塩と胡椒; ~ cyffredin/gwyn 食卓塩 2.[化学]塩(類)

halenaidd *a* 1.塩気のある, 塩分を含んだ, 塩辛い 2.(土地など)海水に浸った

halenwr (-wyr) *m* 製塩業者, 塩商人

haliad (-au) *m* 1.強く引くこと, 引き, 引張り 2.[体操](重い物を努力して)持ち上げる[投げる]こと

halibwt *m* [魚類]オヒョウ(北産産の大カレイ)

halio *t* 1.(重い物を強く)引く, 引っ張る 2.(足・尾などを)引きずって行く, (荷車などを)引っ張って行く 3.(人を)無理に(場所・行事などに)連れて[引っ張って]行く 4.(車・列車などで)運ぶ, 輸送する: ~ glo 石炭を運ぶ 5.[海事](船の)針路を変える
i [海事]針路を変える

haloffyt (-au) *m* 塩性植物

halog : halogedig *a* 1.汚れた, 汚染された 2.(名声・評判などが)汚された 3.神聖を汚された

halogedigaeth *f* 1.汚染, 汚濁; 公害 2.(精神的)堕落

halogen (-au) *m* [化学]ハロゲン

halogi *t* 1.(水・空気・土地などを)汚す, 不潔にする, 汚染する 2.(精神を)汚す, 堕落させる 3.(聖地を)汚す, 冒涜する

halogiad : halogrwydd *m* = **halogedigaeth**

halogwr (-wyr) *m* 1.汚染者 2.冒涜者

halogol *a* 汚染物(質)の

halwyn (-au) *m* [化学]塩(類): halwynau mwynol 鉱塩

halwynog : halwynol *a* [医学](特にナトリウム・カリウム・マグネシウムなどの)塩類[塩性]

hallt 368 **hapus**

の): toddiant ~ *m* 食塩水[溶液]

hallt (heilltion) *a* 1.= **halenaidd** 2.塩漬けの: pysgodyn (pysgod) ~, codyn (cod) ~ *m* 塩漬けの魚 3.(涙・悲哀など) 辛い: wylo dagrau ~ 辛い涙を流す

halltineb : halltni : halltrwydd *m* 塩気

halltu *t* 1.(魚・肉などを)塩漬けにする: ~ cig 肉を塩漬けにする 2.(魚・肉などを塩をして)乾蔵する 3.塩を加える

halltwr (-wyr) *m* (魚・肉などの)塩漬け加工業者, 塩物商

ham (-iaid) *mf* [演劇]大根[へぼ]役者

ham (-iau) *m* [料理]ハム: ~ a wyau ハムエッグ

hambwrdd (-byrddau) *m* (食物・飲物を載せる)盆

hambyrddaid (-eidiau) *m* 盆一杯(の量)

hamdden *f* 1.(仕事・苦痛などの)一時的休止, 一休み; 休息期間 2.余暇, レジャー

hamddena *t* 余暇を得る

hamddenol *a* 1.暇な 2.(人が)ゆったりした, 気の長い, 悠長な: yn ~ (eich cam) ゆっくり 3.(衣服が)レジャー用[略装]の

hamddenoldeb *m* ゆったり[のんびり]していること, 悠然

hamio *t* (役者が役・身振りを)大袈裟に演じる *i* 演技し過ぎる

hamog (-au) *m* ハンモック, 吊り床

hances (-i) *f* ハンカチ

handicap (-iau) *m* [スポ]ハンディキャップ

handicapio *t* [スポ]ハンディキャップを付ける

hanercof *a* 間抜けな

hanerob (-au) *f* (塩漬けして燻製にした)豚の脇腹肉のベーコン

hanerog *a* 1.二等分した 2.半減した 3.[ゴルフ]引分けの: twll ~ 引分けのホール

hanerol *a* 1.二(等)分の 2.折半の

haneru *t* 1.二等分する, 折半する 2.半減する 3.[ゴルフ]引分けにする

hanerwr (-ayr) *m* (フットボールなどの)ハーフバック, 中衛(の位置)

hanerydd (-ion) *m* [数学]二等分線[面]

hanes (-ion) *m* 1.話, 物語 2.(小説・詩などの)筋, 構想, ストーリー 3.歴史: ~ y teulu 家族史; ~ yr henfyd 古代史; llyfr -au (的~) 歴史書 4.経歴, 来歴, 由来; 変化に富んだ曰く付きの経歴 5.[新聞]記事 6.噂話, 逸話 7.史学 8.史劇: dramâu ~ Shakespeare シェイクスピアの史劇

hanesiol *a* [文法]歴史的(叙法)の: yr amser presennol ~ 歴史的現在

hanesydd (-ion, -wyr) *m* 歴史家

hanesyddiaeth *f* 歴史編集, 修史

hanesyddol *a* 1.歴史[史学]の: nofel hanes/~ 歴史小説 2.歴史上有名な: lleoedd o ddiddordeb ~ 史跡, 旧跡 3.歴史に残る

4.[文法]歴史的(叙法)の

hanesyddoldeb *m* 史実性, 史的典籍

hanesyddoliaeth *f* [哲学]歴史主義

hanesyn (-ion) *m* = hanes 1, 6

hanfod (-au, -ion) *m* 1.本質, 真髄: yn ei ~ 本質において, 本質的に 2.[*pl*]本質的要素

hanfod *i* 存在[現存]する

hanfodaeth *f* [哲学]実在論; 本質主義

hanfodol *a* 1.本質の, 本質的な 2.必須の, 不可欠な

hanfodwr : hanfodydd (-wyr) *m* 本質主義の提唱者

haniaeth (-au) *f* 抽象(性, 作用): 抽象概念[観念]: o ran ~, fel ~ 抽象的に, 理論上

haniaethol *a* 1.抽象的な 2.[文法]抽象的な: enw (-au) ~ 抽象名詞 3.[美術]抽象派の: celfyddyd ~ *f* 抽象美術

haniaetholdeb *m* [美術]抽象主義

haniaethu *t* [哲学]抽象する

haniaethwr : haniaethydd (-wyr) *m* 1.[美術]抽象派画家 2.[哲学]抽象主義者

hanner (hanerau, haneri) *m* 1.半分, 2分の 1: dau ~ 半分が2つ; gwell ~ na dim [諺]半分でもないよりはまし; ~ nos 真夜中; ~ dydd 正午, 真昼 2.[鉄道]半額切符 3.(フットボールなどの)試合の前半[後半]

a 半分の, 2分の1の: ~ awr (~ oriau) *f* 半時間

ad 1.半ば, 半分だけ 2.なまはんかに 3.いくぶん, かなり; ほとんど

hansh (-ys) : hansiad (-au) *m* 1.[建築]迫腰, ハンチ 2.[土木]ハンチ

hap (-iau) *f* 1.偶然, 運, 巡り合せ; 偶然の出来事: ar ~ ほんの偶然で; gêm (gemau) (*f*) hapchwarae 運任せの勝負事 2.むやみに, でたらめ, 手当たり次第: ar ~/antur 出まかせに, でたらめに

hapbrynwr (-wyr) *m* [株式]強気の買手, 強気筋

hapfasnachol *a* [金融]投機的な, 思惑の

hapfasnachu : hapfuddsoddi *i* [金融](株・土地などに)投機をする

hapfasnachwr : hapfuddsoddwr (-wyr) *m* [金融]相場[山]師

hapfuddsoddiad (-au) *m* [金融]投機, 思惑買い, 山

haploid (-au) *m* [生物]ハプロイド, 単相, 一倍体

haploidaidd *a* [生物]ハプロイド[単相, 一倍体]の

hapnod (-au) *m* [音楽]臨時記号

hapgyrch (-oedd) *m* [電算]任意抽出法

hapsampl (-au) *f* [統計]無作為(抽出)標本

hapus *a* 1.幸運な 2.楽しい, 嬉しい, 幸福な: (mor ~) â'r giwga/giwgo, (~) fel y pwnshyn, (~) fel pwnsh 非常に幸福で, とて

hapusrwydd も楽しくて 3. [祝福の言葉として] … おめでとう: pen blwydd ~! お誕生日おめでとう!

hapusrwydd *m* 幸運

hapwerthwr (-wyr) *m* [株式] 弱気筋, 弱気の売手

hara-ciri *m* 腹切り, 切腹

harbwr (-s) *m* [海事] 港

hardd (heirdd, heirddion) *a* 1. 美しい, きれいな 2. (特に女性が) 顔立ちのよい, 見目好い, 大柄で魅力的な: merch ~ (merched heirdd) 美女, (男性が) 顔立ちのよい 3. (物が) 立派 [見事, 豪華, 華麗] な, 素晴らしい: celfi/dodrefn ~ 立派な家具

harddu *t* 1. 美しくする, 美化する 2. 飾る, 装飾する 3. 立派にする

harddwch *m* 1. 美しさ, 美 2. 顔立ちのよいこと, 美貌: cystadleuaeth (-au, cystadlaethau) (*f*) ~ 美人コンテスト; brenhines (breninesau) (*f*) ~ 美の女王 (beauty contestの女王) 3. 端整 4. 立派さ

harîm (harimau) *m* 1. ハーレム (イスラム教国の婦人部屋); 婦人部屋の女性達 2. [動物] (一匹の雄獣に支配される) 雌の群

harmonica (-s) *f* ハーモニカ

harmonaidd : harmonig *a* 1. (音などが) 調和する 2. [音楽] 和声の, 協和する: tonau ~ 倍音

harmoneg *f* [音楽] 和声学

harmoni (-ïau) *m* [音楽] 和声, 和音

harmonium (harmonia) *m* ハーモニウム, 足踏みオルガン

harmonydd (-ion) *m* ハーモニウム奏者

harnais (-eisiau) *m* 1. (馬車馬の) 馬具: ~ dwbl 2頭立て用の馬具 2. (装飾的な) 馬飾り

harneisio *t* 1. (馬に) 馬具を付ける, (馬を馬車などに) 馬具で繋ぐ: ~ ceffyl 馬に馬具を付ける 2. (水力などの) 自然力を動力化する, 利用する

harpsicord (-iau) *mf* [音楽] ハープシコード (ピアノの前身で16~18世紀に流行し20世紀に復活した鍵盤楽器; 弦を叩くのではなく引っ掻くのが特徴)

Harri *m* [人名] ハリー (Harry) (男性名)

hatling (-au) *f* 1. 小貨幣, 小銭 (元はフランダースの小銅貨) 2. 少額ながら奇特な寄付, 貧者の一灯: ~ y wraig weddw [聖書] 寡婦の乏しい賽銭, 貧者の一灯 (cf *Mark* 12:42~43)

hau *t* 1. (種子を) まく, 散布する, (畑などに) 種子をまく: ~ cae â gwenith, ~ gwenith mewn cae 畑に小麦をまく; ~ dannedd y ddraig. ~ brodau trybini [ギリシャ神話] 争いの種をまく (Thebesの創設者CadmusはAthenaの助けを得てdragonを退治し, その歯を平野にまくと, この歯から軍兵が生まれ, 互いに殺し合い人だけが残ったという) 2. (噂・原因・害悪など を) 広める, 流布する, 種をまく: ~'r gwynt a medi'r corwynt [聖書] 悪事を働いて幾倍もひどい目に遭う (cf Hos 8:7)

i 種子をまく

haul (heuliau) *m* 1. 太陽: mae'r ~ yn machlud 太陽が沈んでいる; ~ canol nos 真夜中の太陽; gyda'r ~ [海事] 太陽の運行と同方向に, 右回りに 2. 日光: cael tipyn o liw ~ 少し日焼けする; cael twtsh o'r ~ 軽い日射病に罹る

Hawai *f* [地理] 1. ハワイ (イ) 州 (Hawaii) (ハワイ (イ) 諸島から成る米国の州; 首都Honolulu) 2. ハワイ (イ) 島

Hawaiad (Hawaiaid) *mf* ハワイ (イ) 人

Hawaiaidd *a* ハワイ (イ) (人) の

Hawaieg *mf* ハワイ (イ) 語

a ハワイ (イ) 語の

hawdd *a* 1. 容易 [平易] な, 易しい: gorchwyl ~ 容易な仕事 2. (相手にするのに) 御しやすい, 造作ない 3. (条件など) 楽な, 緩い

hawddamor *int* (歓迎・祝福・喝采などを表す丁寧な挨拶の言葉) 万歳!, ようこそ!, 幸あれ!

hawddgar *a* (人・気質など) 愛想のよい, 気だての優しい

hawddgarwch *m* 穏和, 温厚, 優しさ

hawl (-iau) *f* (要求する) 権利, 資格: ~ tramwy/ffordd通行権; hawliau dynol 人権; ~ ac ateb 質疑応答

hawlen (-ni) *f* 許可 [免許] 証

hawlfraint (-freintiau) *f* 著作権, 版権: "cedwir pob ~" 版権所有

a 著作権 [版権] のある: llyfrgell (-oedd) (*f*) ~ 納本図書館

hawlfreinio *t* 版権を取得する

hawliad (-au) *m* 1. 要求, 請求 2. [法律] (権利・債務履行などの) 要求 [請求] 権: cyflwyno ~ 要求する; cyhoeddi ~ 権利を提起する

hawliadwy *a* 要求 [請求] できる

hawlio *t* 1. 要求 [請求] する: ~ rhth gan rn 人に物を要求する

hawliwr (-wyr) : hawlydd (-ion, -wyr) *m* : **hawlwraig (-agedd)** *f* 要求 [主張] 者

hawster *m* 容易, 平易: heb anhawster 容易に, 楽々と

hê *int* (おかしさ・嘲笑などを表して) ひー!, へー!

head (-au) *m* 1. 種まき 2. 普及, 宣伝

heb *prep* 1. …を持たずに [なしに, のない]: ~ amheuaeth 疑いもなく 2. …せずに [することなく]

heblaw *prep* 1. …のみならず [の他に]: eraill ~ (amdano) ef 私のみならず他の人達も; ~ bod yn anghywir 間違っている上に 2. [否定・疑問文で] …を除いて

heboca : heboga *i* タカ狩りをする

hebog (-au, -iaid, -od) *m* : **heboges (-au)** *f* 1. [鳥類] タカ, 鷹, ハヤブサ: gwybod y gwahaniaeth rhwng ~ a chrŷr 判断力に

hebogaidd 370 **heidio**

富む, 常識がある (cf Shak *Hamlet* 2. 2. 397) 2.[政治](紛争解決などで)タカ派の人, 強硬論者

hebogaidd : heboglyd *a* 1.タカのような 2.[政治]タカ派の, 強硬論者の

hebogwr (-wyr) : hebogydd (-ion) *m* タカ匠, タカ使い

hebogyddiaeth *f* 1.タカ狩り 2.タカの訓練法

Hebraeg *mf* 古代ヘブライ語 (セム語族の北西セム語群に属し, パレスチナで紀元前9世紀から紀元1世紀頃まで話された; 旧約聖書の大部分はこれで書かれている); 現代ヘブライ語, イスラエル語 (19世紀に死語化していた古代ヘブライ語を復活させたもので, 1948年イスラエルの建国後その公用語となった)
a ヘブライ語の

Hebread (-eaid) *mf* : **Hebrëwr (-ewyr)** *m* : **Hebraes (-au) : Hebrëes (-au)** *f* ヘブライ [イスラエル, ユダヤ] 人

Hebreaidd : Hebrëig *a* ヘブライ(人)の

hebrwng *t* 1.(人を)案内[先導]する 2.護送する 3.(人を, 特に女性に)付き添う, エスコート [同伴, 同行] する

hebryngwr hebryngydd (-wyr) *m* : **hebryngwraig (-agedd)** *f* 同伴[同行]者

hecsagon (-au) *m* 六角[辺]形

hecsagonal *a* 六角[辺]形の

hecsahedron (-au) *m* [幾何]六面体

hectar (-au) *m* [度衡]ヘクタール(面積の単位)

hedbridd (-oedd) *m* 吹き溜まった土

hedeg *i* (鳥・飛行機などが) 飛ぶ

hedegog *a* (鳥などが)(空を) 飛ぶ

hedfan *t* 1.(鳥などを)飛ばす, 放つ 2.(凧を)揚げる: ~ barcutan 凧を揚げる 3.(飛行機・宇宙船を)操縦する: ~ awyren 飛行機を操縦する 4.(乗客・貨物を)飛行機で運ぶ: ~ rhn i Gaerdydd 人をカーディフまで飛行機で運ぶ 5.(海上・山上などを)飛行する, 飛行機で飛ぶ: ~ dros y Sianel イギリス海峡を飛ぶ
i (鳥・飛行機などが) 飛ぶ: ~ yn uchel (鳥などが) 高く飛ぶ

hedfanadwy *a* 飛行可能な

hedfaniad (-au) *m* (鳥・飛行機などの) 飛行, 飛ぶこと

hedfanol *a* = hedegog

hedfanwr (-wyr) *m* 飛行家

hediad (-au) *m* = hedfaniad

hedion *pl* 籾殻

hedlam (-au) *m* 助走をつけた跳躍, 走り跳び

hedonaidd : hedonig *a* 快楽(主義)の

hedoniaeth *f* [哲学]快楽[享楽]主義

hedonistaidd *a* 快楽主義(者)の

hedonydd (-ion) *m* [哲学]快楽主義者

hedyn (had, hadau) *m* 種, 種子: hadau glaswellt/gwelltglas 芝生の種

hedd *m* 1.平和 2.和平, 講和 3.治安, 秩序

4.平安, 平穏 5.静けさ; 沈黙

heddferch (-ed) : heddforwyn (-ynion) *f* 婦人警官, 婦警

heddgeidwad (-waid) *m* 警(察)官

heddiw *m* 1.今日: withnos i ~ 来週[先週]の今日 2.現在, 現代
ad 1.今日(は), 本日(中に): na ad tan yfory yr hyn y gelli ei wneud ~, ~ piau hi nid yfory 今日出来ることを明日まで延ばすな 2.現今(では), このごろは

heddlu (-oedd) *m* 警察; 警官隊: ~ cudd 秘密警察; ci (cŵn) (*m*) ~ 警察犬

heddwas (-weision) *m* = heddgeidwad

heddwch *m* 1.平和: gwlad mewn ~ â'i chymdogion 近隣諸国と平和状態にある国; ~ anrhydeddus 名誉ある平和 (cf Shak *Corio* 3. 2. 49~50) 2.平穏, 静寂

heddychiad (-au) *m* 講和, 和解

heddychiaeth *f* 平和主義

heddychlon : heddychol *a* 1.(国・時代など) 平和な 2.(人・性格・行動など) 平和を好む, おとなしい 3.平和のための, 平和的な 4.穏やか [平穏] な

heddychu *t* 1.静める, なだめる 2.平和を回復させる

heddychwr (-wur) *m* : **heddychwraig (-agedd)** *f* 1.調停者, 仲裁人 2.平和主義者 3.平和条約の調印者 4.おしゃぶり, ゴム製乳首

hefo *prep* = efo

hefyd *ad* (も)また: nid yn unig … ond ~ …だけでなく~もまた; daeth Dafydd ~ デイヴィッドもまた来た

heffer (heffrod) *f* 1.(3歳未満でまだ子を産まない) 若雌牛: ~ gyflo (heffrod cyflo) 子を孕んでいる若雌牛 2.若い女性

hegemoni *m* (特に, 連盟諸国中の大国の) 主導権, 覇権

hegl (-au) *f* 1.(雌牛・大型動物の) 脚 2.(ツルの) 先細の脚 3.(競技・旅行などの) 一区切り

heglog *a* 1.(子供・子馬など) 脚のひょろ長い 2.(女性が) 脚のすらっとしている

heglu *i* 逃げる; 歩く

heibio *prep* 1.[場所・位置] …の向こう[先]に, …を越えて: ~ (i) 'r bont 橋のちょっと先に 2.[時刻] …を過ぎて 3.[範囲・限度] …を越えて [の及ばない]
ad 1.前を [通り, 行き] 過ぎて: mynd ~ そばを通り過ぎる 2.脇へ, 傍らに

heidio *t* 1.(害虫・ネズミ・盗賊などが場所を) 荒らす, 横行する 2.(害虫などが動物に) 寄生する
i 1.(ハチ・バッタ・ネズミ・人などが) 群がる, 殺到する, たかる, 群をなして動き[飛び] 回る 2.(ミツバチが) 巣別れする 3.(場所が人・蚊などで) 充満する, 一杯になる: mae'r ffyrdd yn ~ 道路には人がうようよいる

heidiog : **heidiol** *a* 群がる, 殺到する, 込み合っている

heidiwr (-wyr) *m* 1.うようよ群がる人 2.巣別れ間近のミツバチの群

heidden *f* : **heiddyn** *m* 一粒の大麦

heigiad (-au) *m* (害虫・海賊などが) 荒らすこと, 横行, 来襲

heigio *t* (害虫・盗賊などが) 荒らす, 横行する: 'roedd y fỳ'n ~ â llygod その家はハツカネズミに荒らされた

i 1.(魚が) 群をなす, 群がる, 群泳する: 'roedd pysgod yn ~ yn yr afon その川には魚がたくさんいた 2.(人・動物などが場所に) 満ちる, 富む 3.(場所が人・動物などで) 満ちる, 富む

heigiog : **heigiol** *a* 1.(川などに魚が) たくさんいる 2.(駅などが人で) 混み合っている 3.(害虫などが) 寄生する, はびこっている

heini *a* 1.(人・動物など) 素早い, 動きの早い, 機敏な 2.活発 [活動的] な

heintiad (-au) *m* = **haint**: ~ defnyn [医学] しぶき [飛沫] 感染

heintiedig : **heintus** *a* 1.伝染病の 2.(病気が) (接触) 伝染性の 3.(人が) 保菌者で 4.(感化・影響など) うつり [伝わり] やすい

heintio *t* 1.(病気を) 感染 [伝染] させる 2.(空気・水などを) 病毒で汚染する 3.(悪風に) 染める; 感化する, 影響を与える

heintiwr : **heintydd (-wyr)** *m* 感染者

heintrydd *a* [医学] (伝染病などに) 免疫になった, 免疫性がある

heintryddid *m* 免疫 (性)

heitus *a* 伝染 [感染] した

heintusrwydd *m* うつりやすいこと, 伝染性

heislan (-au, -od) *f* (亜麻・麻の) 梳櫛

heislanu *t* (亜麻・麻を) (梳櫛で) 梳く, 扱く

heislanwr (-wyr) *m* (亜麻・麻を) 梳く人

hel *t* 1.(人・物を) (寄せ) 集める, 収集する: ~ stampiau切手を集める 2.拾い集める, 採集する: ~ prician (tân) ザルガイを拾い集める: ~ cnau木の実を拾う 3.(花・果実などを) 摘む 4.(穀物などを) 収穫する 5.(物が若・埃などを) 蓄積する, ためる: mae'r llyfrau 'ma'n ~ llwchこれらの本には埃がたまっている 6.(考えを) 集中する, まとめる: ~ eich meddyliau at ei gilydd 考えをまとめる 7.(税金・家賃などを) 徴集する, 集金する: ~ trethi 税金を徴収する; (寄付を) 募る 8.(人・動物などを) 追い [駆り] 立てる, 追い払う 9.(人をある状態に) 追い込む, 至らせる; (人を) 駆り立てて (…) させる 10.(人を) 酷使する 11.(人を) 追いかけ回す, 言い寄る: ~ marched 女の子達を追いかけ回す 12.(学生に) 停学を命じる, 退学させる, 放校する 13.(手掛かり・夢などを) 捜し求める 14.(自動車などを) 運転する 15.(トンネル・井戸などを) 掘る 16.(鉄道を) 貫通させる 17.[スポ] [ゴルフ] (ボールを) ドライヴァーで強打する; [テニス] (ボールに) ドライヴをかける; [クリ] (ボールを) 強打する

i 1.(人・鳥などが) 集まる, 群がる 2.(雪・塵などが) 積もる, たまる 3.(嵐・不安などが) 増す, 増大する, 次第に募る 4.[医学] (腫物が) 化膿する, 腫上がる 5.車を運転する 6.(車・船などが) 疾走する 7.(雲などが) 飛ぶ 8.捜し求める 9.狩猟をする 10.[ゴルフ] ドライヴァーで強打する

hela *t* 1.(人などを捕まえるために) 追う, 追い詰める, 追跡する: ~ lleidr 泥棒を追い詰める 2.狩り [狩猟] をする, (馬・猟犬を) 狩猟に使う: ci (cwn) (*m*) ~ 猟犬: (特に) フォックスハウンド 3.(場所を) 狩り [捜し] 回る: ~ mewn fforest 森で狩りをする 4.追い詰める, 追跡する: ~ lleidr 泥棒を追い詰める 5.(金を) 使う, 費やす 6.(時・休暇などを) 過ごす

helaeth *a* 1.(部屋・庭・面積などが) 広い, 広大な, 広々とした 2.(知識・経験などの範囲が) 広い, 広範囲にわたる, 広汎な, 大規模な: amrywiaeth ~ *m* 幅広い変ж 3.(意見が) 自由な, 拘束されない, 偏見のない 4.(形など) 大きい: tŷ ~大きな家 5.(数量・額など) 大きい, 多くの, 豊富な; 多数 [多額] の: i raddau ~ 大いに, だいたい 6.拡大された, 伸長した 7.[農業] 粗放の

helaethadwy *a* 大きく [拡大, 拡張] できる

helaethbrint (-iau) *m* [写真] 引伸し写真

helaethder : **helaethdra** *m* 広さ, 広がり; 広大な地域

helaethiad (-au) *m* 1.拡大, 拡張, 増大 2.膨張 3.伸張, 延長, 展開

helaethrwydd *m* 1.広さ, 広がり, 広大さ 2.豊富 3.多数 [量] 4.裕福 5.[生態] 数度

helaethu *t* 1.(土地・建物・領土などを) 広げる, 拡張 [拡大] する 2.範囲を広げる 3.(本を) 増補する

i 広がる, 拡大する

helaethwr (-wyr) *m* 広げる人

helaethwych *a* 1.高価な 2.豪華 [贅沢] な

helaethydd (-ion) *m* [写真] 引伸し機

helbul (-on) *m* 1.困難, 苦労 2.騒ぎ, いざこざ 3.逆境, 不運 4.災難

helbulus *a* 1.(問題などが) 厄介な, 困った 2.苦悩の多い, 辛い, 困窮している, 悲惨な 3.(人・心など) 落着かない 4.(時勢・情勢が) 乱れた, 騒然たる 5.(波・海など) 荒れ狂う

heldir (-oedd) *m* 猟場

heldrin (-oedd) *mf* 1.厄介, 面倒 2.面倒なこと, 悩みの種 3.騒ぎ

heledd (-au) *f* 塩水湖

helfa (-fâu, -feydd) *f* 1.追跡; 追求 2.[狩猟] 狩り, 狩猟, (獲物の) 狩立て, 追立て: ~ deigrod 虎狩り 3.[漁業] 一網 (の漁獲): cael ~ dda 大漁である

helfarch (-feirch) *m* [狩猟] 猟馬, ハンター (強

健な雌馬とサラブレッドの交配による英国の半血種で狐狩りに用いられる)

helgi (-gwn) m 猟犬; (特に) オックスハウンド: cŵn helgwn 猟犬の一群

helgig m [料理] 猟鳥獣の肉: trwydded (f) ~ 猟鳥獣販売免許 (状)

helgorn (-gyrn) m 狩猟用らっぱ

heli m 1. (食品を保存するため大量の塩を入れた) 塩水 2.海水, 海: pydew (-au) (m) ~, pwll (pyllau) (m) ~ 塩坑; 塩水泉

helicoid (-au) m [幾何] 螺旋体 [面]

helics (-au) m [幾何] 螺旋

helïedd m 塩分, 塩気; 塩度

heligog (-od) m [鳥類] ウミガラス・ウミバトの類の海鳥

heligol a 螺旋形の

heliwm m [化学] ヘリウム

heliwr (-wyr) : heliwraig (-agedd) f 1.集める人; 収集家 2.追跡する人, 追手 3.狩猟家, 猟師

heliotropedd m [植物] 向日性

heliotropig a [植物] 向日性の

helm (-au, -i, -ydd) f 1. [農業] (干草・麦藁などの) 積んだ大きな山, 堆積, 干草積み, 稲叢 2. (消防士・警官・オートバイの運転者などがかぶる) ヘルメット: ~ gonig (helmau conig) 円錐形のヘルメット 3. [スポ] (選手の) ヘルメット, 面: ~ gapan (helmau capan) キャップヘルメット 4. (軍人の) 鉄兜 5. (中世の騎士が用いた) 兜

helmog a ヘルメットをかぶった

helogan f [園芸] セロリ

help m 手伝い, 助け, 援助, 救助

helpiwr (-wyr) m : helpwraig (-agedd) f 助ける人, 助手; 救助人

helpu t 1.助ける, 救う, 救助する, 手伝う 2. (人が…するのを) 手伝う

helwriaeth f 1.狩猟 2. 猟の獲物

helygen (-helyg) f [植物] ヤナギ (材)

helynt (-ion) f 1.無用な [から] 騒ぎ 2.厄介 [面倒] な事態

helltni m = **helïedd**

helltydd (-ion) m (肉・魚などの) 塩漬け加工業者

hem int へん!, えへん! (ためらい・注意喚起のための軽い咳払い)

hem (-iau) mf 1. (衣服の) ヘム 2.へり, 縁 3.リヴェット

hematit m [鉱物] 赤鉄鉱

hematitig a [鉱物] 赤鉄鉱の

hembwyth (-i) m [裁縫] ヘムステッチ, 糸抜きかがり飾り

hembwytho t (布などに) ヘムステッチをする

hemell (-au, -i) f (ミシンの) へり付け器

hemio t [洋裁] 1. (布・スカートなどに) へりを取る, 折り返して縁を縫う, 縁を付ける 2.リヴェット

で留める

henaidd a 1.やや年取った 2.古風な, 古めかしい, 旧式 [流行遅れ] の

henaint m 老年, 老齢

henc mf 片足を引きずって歩くこと, 足の不自由

hencian i (歩行が不自由で) 片足を引きずる

henciwr (-wyr) : hendad (-au) m 片足を引きずって歩く人

hendad (-au) m 先祖, 祖先

hendaid (-deidiau) m 曾祖父

hender : hendra m 1. (パンなど) 新鮮でない [堅くなっている] こと 2. (冗談など) 陳腐

hendraul a 1. (衣類・布が) すって糸の見える, 着古した 2. (議論・冗談など) 古臭い, 陳腐な

hendref (-i, -ydd) f 冬の住居 (谷間にあり, 夏の間は高地の住居で過ごした後, 家族と家畜がここへ戻って来る)

hendrefa : hendrefu i 冬を過ごす, 避寒する

hendrwm a 悪臭を放つ

heneb (-au, -ion) f : **henebyn (henebion)** m 古跡 [遺跡] 記念物

heneiddio t (人を) 老けさせる i 1.老いる, 年を取る 2.古くなる

heneiddiol a 老けさせる, 年を取らせる

henfam (-au) f 先祖の女性

heno f 今夜 ad 今夜 (は)

henuriad (-iaid) m 1.年長者 2. [宗教] (初代教会の) 長老, 世話役

heol : hewl (-ydd) f 道, 道路: heol fawr (heolydd mawr), hewl fawr (hewlydd mawrion) f 本道, 幹線道路

hepgor t 1.省く, 省略する 2. (人・物を) なしで済ませる: a ellwch chi ei ~? あなたはそれなしで済ませますか?

hepgoradwy a 省くことのできる

hepgoriad (-au) m 1.省略: nod (-au) (m) ~ 省略記号 2.脱落

hepian i うとうと [うたた寝, 居眠り, 仮眠] する

her (-iau) f 1.挑戦, 挑み 2. (目上・権威などに対する) 公然の反抗 3.無視, 蔑視 4. [法律] (任命前の陪審員に対する) 忌避 5. (歩哨の) 誰何

herc (-iau) f = **henc**

hercian : hercio i 1. (歩行が不自由で) 片足を引きずる 2. (人が片足で) ひょいと跳ぶ

hercyd t 1. (物を) 取って来る; (人を) 連れて来る 2. (手・枝などを) 伸ばす, 差し出す

herciwr (-wyr) m = **henciwr**

heresi (-ïau) f 異教, 異端; 異説

heretic (-iaid) mf 異教徒, 異端者; 異説を唱える人

hereticaidd a 異教 [異端, 異説] の

herfeiddiad : herfeiddiwch : herfeiddioldeb m = **her**

herfeiddiol *a* 挑戦[反抗]的な

hergwd (-gydiau) *mf* (急な)突き[押し]

heriad (-au) *m* = her

herian : herio *t* 1.挑戦する, 挑む; ~ rhn 人に挑む; ~ dadl 議論を挑む 2.(人・伝統などを)無視する, 侮る; 公然と反抗する 3.異議を唱える 4.(物事が解決などを)拒む, 不可能にする 5.[法律陪](審員などを)忌避[拒否]する 6.[軍事](番兵が)誰何する

heriog : heriol *a* = herfeiddiol

heriwr (-wyr) *m* : **herwraig (-agedd)** *f* 1.挑戦者, 挑む人 2.無視する人; 反抗者 3.[法律]忌避[拒否]者 4.[軍事]誰何する人

herllyd *a* = herfeiddiol

herodr (-on) *m* (英国の)紋章官

herodraeth *f* 1.紋章 2.紋章学

herodrol *a* 紋章(学)の

herwa *t* (海賊などが場所を)うろつく, 漂浪する *i* 1.(獣・人が)うろつく 2.無法者の生活を送る 3.(海賊などが)流浪[放浪]する

herwhela *t* (鳥獣・魚などを)密猟[密漁]する

herwheliwr (-wyr) *m* 密猟[密漁]者

herwlong (-au) *f* 海賊船

herwlongwr (-wyr) *m* 海賊

herwog *a* 無法者とされた

herwr (-wyr) *m* 無法者

herwriaeth *f* 1.公権の剥奪 2.社会的追放 3.無法行為 4.非合法化

herwrio *t* (人を)無法者と宣告する[法外者とする]

herwrol *a* 海賊の(ような)

hesben (-nau) *f* (ドアの)掛け[留め]金

hesben : hesbin (-od) *f* 明け2歳の雌羊

hesbennu *t* 掛金を掛ける

hesbio *i* 1.(川・沼などが)涸れる, 干上がる 2.(乳牛が)乳が出なくなる

hesbwrn (-byrniaid) *m* 雄羊の子

hesgen (hesg) *f* [植物]スゲ, 菅

hesgog *a* 1.スゲの(ような)2.スゲの生えた[茂った]3.スゲでできた

hesor (-au) *f* 1.(教会で祈りの時に用いる)膝布団 2.(厚く詰物をした長い)足載せ台

het (-iau) *f* (縁のある)帽子: ~ frethyn (hetiau brethyn)フェルト[中折れ]帽

hetero- *pref* 他の, 異なった; 異種の

heterogenedd *m* 1.異種, 異質 2.異類混交, 異成分

heteronomedd : heteronomi : heteronomiaeth *m* 1.他国の法律・支配に従うこと 2.[哲学]他律

heteronym (-au) *m* 同形異音異義語

heteronymaidd *a* 同形異音異義語の

hetiwr (-wyr) *m* 帽子製造人; 帽子屋: yr H~ Hurt 狂った帽子屋 (L Carroll, *Alice in Wonderland*に登場する)

heuad (-au) *m* 種子播き

heuedig *a* 種子が播かれた

heuldrawedig *a* 日射病に罹った

heuldrawiad (-au) *m* [病理]日射病

heulo *t* 日に晒す, 日干しにする

heulog *a* 1.日のよく射す; 日が照る; 日当りのよい, 日なたの 2.太陽の(ような)3.(空が)雲一つない, 晴れ渡った

heulwen *f* 1.日光 2.日なた

heusor (-ion) *m* 家畜の番人, 牧夫

heuwr (-wyr) *m* : **heuwraig (-agedd)** *f* 種子を播く人

hewer *m* [農業]鍬, ホー (土を起こす[除草する]際に使う長い柄のついた農具)

hewl (-ydd) *f* = heol

hi *pron* 1.[単数・女性・主格・代名詞]彼女は[が]: ~ a minnau 彼女と私 2.(船・飛行機など女性に擬したものに用いて)lle mae'r ffluflen 'na?-dw i wedi gadael ~ a ry bwrdd i ti あの用紙はどこにありますか?─私はそれをあなたのためにテーブルの上に置いておきました 3.[目的格]彼女を: ni welais i mohoni ~ 私は彼女を見なかった; 'rwy'n ei chredu ~ 私は彼女を信じる 4.[主格代用の補語に用いて]彼女: ~ yw それは彼女だ 5.[前置詞の後に用いて]erddi ~ 彼女のために 6.[単数・女性名詞を指して]それは[が]: oni ddaeth ~? それは来ませんでしたか?

hic (-iau) : **hicyn (-nau)** *m* V字形の刻み目, 切り目; 切り刻み

hicio *t* 1.切り刻む, めった切りにする 2.刻み目[切り目]を付ける 3.[電算](プログラミングに)取組む *i* 1.叩き切る, 切付ける 2.[電算]プログラミングに取組む

hiciog *a* 刻み目[切り目]のある

hidl (-au) : **hidlen (-ni)** *f* : **hidlwr (-wyr)** : **hidlydd (-ion)** : **hidlyr (-on)** *m* 1.ふるい 2.(茶漉し・裏漉しなど流動物を漉す各種の)漉し器, 濾過器[装置], ストレーナー: hidlwr aer/ awyr[機械]エアフィルター(空気からごみ・微生物を除去するための濾過装置); hidlwr bwyd[動物]濾過摂食動物 3.濾過用多孔性物質 4.[料理](胡椒・砂糖などの)振り掛け器 5.[写真]フィルター

hidl : hidlaid : hidlaidd *a* 豊富な, たっぷりの, おびただしい

hidladwy *a* (流動物など)漉せる, 濾過できる

hidladwyedd *m* 濾過できること, 濾過性

hidledig *a* 漉し器で漉された

hidliad (-au) *m* 1.濾過(作用)2.(濾過された)漉し水, 濾過液

hidlo *t* 1.(漉し器などで液体を)濾過する, 漉す 2.篩にかける, 篩う, 篩い分ける 3.(砂・糖粉などを)振り掛ける: ~ siwgwr dros deisen ケーキに砂糖を振り掛ける *i* 1.(水などが)漉せる, 滲み出る 2.篩を通る

hierarchaeth 374 **hisian**

3.(雪・光などが篩を通るように)降り[入り]込む

hierarchaeth (-au) *f* 1.階級組織[制度]2.[言語]階層 3.[生物]階層

hierarchaidd *a* 1.階級組織の 2.聖職階級制の

hiff (-oedd) *m* (雪・雨・砂などの)吹寄せ、吹き溜り

hiffo *i* (雪・落葉などが)吹き積もる

hil (-iau, -ion) *f* 1.子；子孫 2.人種 3.民族 4.家系、系統 5.(生物の)種類、種族: yr ~ ddynol、~ Adda 人類

hiliaeth : hilyddiaeth *f* 1.人種的優越感 2.人種差別(主義)

hiliwr (-wyr) : hilydd (-ion, hilwyr) *m* : **hilwraig (-agedd)** *f* 人種差別主義者

hiliogaeth *f* 子；子孫

hiliol *a* 人種(上)の、種族[民族]の: anffrafriaeth ~ *f* 人種差別

hin *f* 1.天気、天候、気象 2.荒天 3.[*pl*] いろんな天気[天候]

hindreuliad *m* [地質]風化作用

hindreulio *t* [地質](岩石などを)風化させる *i* (岩石などが)風化する

hindda : hinon *f* 晴天

hinddanu : hinoni *i* (天候・雲などが)晴れる

hinsawdd (-soddau) *f* 1.気候 2.(ある特定の気候の)土地、地方 3.(ある地域・時代などの)風潮、風土

hinsoddeg *f* 気候[風土]学

hinsoddegol *a* 気候[風土]学の

hinsoddegwr : hinsoddegydd (-wyr) *m* 気候[風土]学者

hinsoddi *t* 1.(動植物・人などを新しい風土に)慣らす、順応させる

hinsoddiad *m* 1.新環境順応 2.[生物]新風土順化

hinsoddol *a* 1.気候(上)の 2.風土的な

hir (-ion) *a* 1.(ドレス・髪・距離など)長い; 丈の高い: llong (*f*) ~ (llongau hirion) 長い船; pan elo dyn i dŷ ei ~ gartref [聖書]人が死ぬ時 (cf *Eccl* 12:5); braich ~ y gyfraith 法の遠くまで及ぶ力 2.(時間・過程・行為など)長い、長期にわたる; 長く感じる、長たらしい、退屈な: mae'r rhedwr yn ~ ei wynt その走者は(長く走っても)息切れがしない; diwrnod ~ (diwrnodiau hirion) *m* 長く感じる一日; haliad ~ 長時間; yn y tymor ~ 長期的には、長い目で見れば、結局は 3.(ジュース・ビールなど)深いコップに注いだ出された、一杯に入った: diod ~ コップ一杯の飲物 4.(視力・声・投球など)遠くまで届く: sbonc (-iau) ~ *f* [クリ] はね返って遠く飛ぶ球 5.(リスト・勘定書など)項目の多い: bil ~ m 長い付け、たくさん溜まった勘定 6.長期の: dyddiad ~ *m* ずっと先の日付、長期

7.(掛け率が)圧倒的な差のある: ods ~ *pl* 低い確率 8.(数量の単位が)標準より長い[大きい]: cant ~ *m* 120; canpwys ~ *m* 120ポンド *ad* 1.長く、久しく、長い間: ydych chi wedi bod yma'n ~? あなたはここに長い間いましたか?; fydda' i ddim yn ~ すぐ戻ります; ~ oes i'r Brenin! 国王万歳! 2.(ある時点より)ずっと(前または後に) 3.…中ずっと

hiraeth *m* 1.郷愁、ホームシック、懐旧の念、ノスタルジア: mae arna' i ~ am gartref 私は家を恋しく思う; mae ~ arno 彼はホームシックになっている 2.憧れ、思慕 3.切望、熱望

hiraethlon : hiraethus *a* 1.郷愁[懐旧]の[に耽る]2.家を恋しがる、ホームシックになった 3.憧れる、思慕する 4.熱望する

hiraethu *i* 1.憧れる、慕う、思い焦がれる 2.熱望[切望]する

hiraethwr (-wyr) *m* : **hiraethwraig (-agedd)** *f* 憧れる[思慕する]人

hirbell *a* 1.(距離的に)遠い: o ~ 遠くから 2.(時間的に)遠い 3.(人が)遠戚[遠縁]の

hirben *a* 1.鋭敏な 2.抜目のない 3.(目付きが)鋭い 4.(顔が)賢そうな

hirddydd (-iau) *m* 長い一日

hirfain (-feinion) *a* 長くて細い、細長い

hirfys (-edd) *m* 中指

hirgrwn (-grynion) *m* 1.卵形、長円形 2.長円形の競技場 *a* (*f* hirgron, *pl* hirgrynion) 1.卵形の 2.[幾何]長円[楕円]形の

hirgrynedd *m* 卵形であること

hirgul (-ion) *a* 長くて狭い

hirgylch (-au) *m* [幾何]長円、楕円(周)

hirgylchog *a* = hirgrwn

hirhoedledd *m* 1.長生き、長命、長寿 2.生命、寿命

hirhoedlog *a* 1.長命の 2.永続する

hirlwm *m* (*f* hirlom, *pl* hirlymion) 冬の終わりの不毛の期間

hirnaid (-neidiau) *f* [陸競]幅跳び

hirnod (-au) *m* [音声]曲折アクセント記号、長音符

hirnodi *t* [音声](母音に)曲折アクセント記号を付ける

hirnos (-au) *f* 長い夜

hirwyntog *a* 1.(話し手が)長広舌の、くどい 2.(話が)冗漫な、退屈な

hirymarhous *a* 辛抱[我慢]強い

hirymaros : hirymarhouster *m* 辛抱[我慢]強さ；忍苦、長い忍耐

hirymaros *i* 辛抱[我慢]する、耐え忍ぶ

hisiad (-au) *m* 1.シッと言うこと 2.シューという音

hisian *t* シッと言って叱る[追う、ののしる、制止する]、(俳優などを)シッと言ってやじる[けなす、ののしる]: ~ actor 役者をシッと言ってやじる *i* (不満・非難・怒りなどを表して)シッと言う

hislen | 375 | **hongian**

hislen (hislod) *f* [昆虫] ヒツジハジラミ(羊羽虱), ヒツジシラミバエ(羊虱蠅)

hithau *pron* 1. [主格] 彼女は[が]: fi a ~ 私と彼女 2. [目的格・直接目的語] 彼女を: fe'i gwelais ~ (hefyd) 私は彼女も見た 3. [所有格] 彼女の: fy het i a'i hymbarél ~ 私の帽子と彼女の傘; cymerodd hi fy llyfr i a'i llyfr ~ 彼女は私の本と彼女の本を取った

hiwmaniaeth *f* 1. 人本 [人間] 主義 2. 人文主義; 人文学 3. [倫理] 人道主義

hiwmanistig *a* 1. 人本主義的な 2. 人文学の, 人文主義的な 3. 人道主義的な

hiwmanitaraidd *a* 1. 人道主義の 2. 博愛の

hiwmanitariaeth *f* 1. 博愛(主義) 2. [倫理] 人道主義

hiwmor *m* ユーモア, 滑稽, おかしさ

hiwmorésg (-esgau) *m* [音楽] ユーモレスク

hobi (hobïau) *m* 1. 棒馬(棒の先に馬の頭の付いたおもちゃ; 子供がこれにまたがって遊ぶ) 2. 速歩機(両足で地面を蹴りながら進ませた初期の自転車) 3. 趣味, 道楽

hoced (-ion) *f* 1. 詐欺, ぺてん, 虚偽 2. 策略

hocedu *t* 騙す, 欺く, ぺてんにかける

hocedus *a* 1. 人を騙す, 詐欺[ぺてん]の 2. (外見が)人を誤らせる

hocedwr(-wyr) *m* : **hecedwraig(-agedd)** *f* 1. 詐欺[ぺてん]師 2. 悪党, 悪漢, ごろつき

hocsed (-eidiau) *mf* 1. 大樽[桶](通例63~140ガロン入り) 2. [度衡]ホッグズヘッド(液量単位: (英)52.5ガロン;(米)63ガロン)

hocysen (hocys) *f* [植物]アオイ科ゼニアオイ属植物の総称;(特に)ゼニアオイ: ~ grech (hocys crychion)オカノリ, ハタケナ(ヨーロッパ原産アオイ科フユアオイの栽培品種; 縮れた緑の葉を付け食用となる)

hodi *i* (麦が)穂を出す, 穂になる

hoeden (-nod) *f* お転婆娘

hoedennaidd *a* お転婆な

hoedl (-au) *f* 1. 生命, 人命 2. (個人の)生命

hoel (ion) : hoelen (hoelion) *f* 釘, 鋲: hoelen gron (hoelion crwn/crynion)丸釘, hoelen dro (hoelion tro)ねじ(釘), ボルト; taro'r hoelen ar ei phen 適切なことを言う[する]; 図星を指す

hoeliedig *a* 釘で固定された

hoelio *t* 1. 釘付けにする 2. (人を)動けなくする 3. (目・注意を)じっと注ぐ

hoeliwr (-wyr) *m* 1. 釘[鋲]製造人 2. 釘を打つ人

hoen *f* : **hoender** *m* 1. 元気, 活発, 活気, 快活, 陽気; ~ ieuenctid 若さの力 2. 喜び, 嬉しさ

hoenus *a* 1. 活発[陽気, 元気]な 2. 精力的[強健, 強壮]な

hoenusrwydd *m* = **hoen, hoender**

hoenyn (-nau) *m* [狩猟](鳥獣などを捕える)罠

hoewal (hoewelydd) *f* 1. 掘建て小屋 2. (屋根だけで囲いのない)物置, 家畜小屋

hof (-iau) *f* [園芸]鍬, ホー: ~ wthio (hofiau gwthio)(園芸用の)押し鍬

hofel (-au) *f* = **hoewal**

hofio *t* 1. (土地・作物に)鍬を入れる 2. (雑草を)鍬で掘起こす

hofran *i* 1. (人が)うろつく 2. (笑いなどが)漂う: hofranai gwên ar ei gwefusau 彼女の唇に笑みが浮かんだ 3. 戸惑う, さまよう, ためらう 4. (ヘリコプターなどが)空中停止する

hofrandren (-au) *mf* 空気浮上式鉄道

hofranlong (-au) *f* [商標]ホヴァークラフト

hofrennydd (hofrenyddion) *m* ヘリコプター

hoff *a* 1. 優しい, 情け深い 2. (…を)好んで, (…が)好きで: bod yn ~ o rth ある物が好きです 3. 大のお気に入りの, 特に好きな: fy ~ fab 私の気に入りの息子

hoffi *t* 1. 好む, 好きです: 'rwy'n ei ~ 私は彼が好きです; ydych chi'n ei ~? あなたは彼が好きですか? 2. (…することが)好きです 3. 望む, 欲する

hoffter *m* 1. 愛情, 優しい思い, 慈しみ, 慈愛: ~ o'r ddeutu お互いに相手に抱く愛情 2. 溺愛 3. 愛好, 好み, 趣味

hoffus *a* 1. (人・気質など)優しい, 気立て[愛想]のよい, 好意的な 2. 好ましい, 好かれる 3. 愛らしい, 可愛い, 魅力的な

hoffusrwydd : hoffuster *m* 1. 優しさ, 温和, 温厚 2. 好ましさ

hogedig *a* (刃物などが)研がれた

hogeneiddiwch *m* 少女らしさ

hogennaidd *a* 1. 少女(時代)の 2. 少女のような, 無邪気な

hogen (-nod) *f* 少女, 若い女

hogfaen (-feini) *m* (かみそりなどの)砥石

hogi *t* 1. (刃物などを)砥石で研ぐ, 磨く, 鋭利にする: mae'r gath yn ~ ei hewinedd 猫がかぎ爪をとぐ 2. (鉛筆などを)削る 3. (知覚などを)鋭敏にする: ~ meddwl rhn 機知をよく働かせる

hogiad (-au) *m* 鋭くすること, 研磨

hoglanc (-iau) *m* 少年, 若者

hogwr (-wyr) *m* 1. [道具]研ぎ[削り]具, 研磨器 2. 研ぐ[削る]人

hogyn (hogiau) *m* = **hoglanc**

hoi *int* ほい!, おい!, (あいさつ, 注意を引く声)

hongiad (-au) *m* 1. (ドレス・カーテンなどの)垂れ[下がり, 掛かり]具合 2. (自動車・列車などの)車体懸架装置

hongian *t* 1. (絵・帽子・カーテンなどを)掛ける, 吊す, 下げる, 垂らす: ~ darlun 絵を掛ける 2. [料理](肉・猟鳥獣などを食べごろになるまで)吊しておく 3. (旗などを)外に掲げる

i 1. 掛かる, ぶら下がっている, 垂れ下がる 2. (身

を) 乗り出す, 寄り掛かる **3.** (掛布・毛髪など) すらりと垂れる **4.** (頭上・中空に垂れ下がったように) 上にかぶさる, 垂れ込める

hongiwr (-wyr) *m* (タペストリーなどを) 吊す [掛ける] 人

holgar *a* **1.** (人が) 好奇心の強い, 知り [聞き] たがる **2.** 質問 [疑問] の; 物を問いたそうな **3.** (悪い意味で) 詮索好きな, 根掘り葉掘り聞く **4.** 怪訝 [いぶかし] そうな

holgarwch *m* 詮索

holi *t* **1.** (物事を) 尋ねる, 問う, 質問する, 聞く: ~ pris rhth 物の値段を聞く **2.** [法律] (証人を) 尋問 [審問] する
i 質問する, 尋ねる, 聞く

holiad (-au) *m* **1.** 質問, 問い合せ, 照会 **2.** [法律] (被告・証人などに対する) 尋問, 審問; 尋問調査, 質問書

holiadol *a* **1.** 疑問 [質問] の **2.** 物を問いたそうな

holiadur (-on) *m* **1.** (調査を目的として箇条書きにした) 質問表, アンケート (用紙) **2.** = holiad 2

holiedydd (-ion) *m* [教会] 公会問答 [公教要理] の教師

holnod (-au) *mf* 疑問符

holwr (-wyr) *m* : **holwraig (-agedd)** *f* **1.** 質問 [尋問, 審問] 者 **2.** 尋ねる人, 照会者 **3.** 調査 [探究] 者

holwyddoreg (-au) *f* **1.** [英教] 公会問答 **2.** [カト] 公教要理

holwyddoregol : holwyddorol *a* **1.** 問答式の **2.** 教義問答の

holwyddori *t* **1.** (人に) 教理を問答式に教える **2.** (人に) 試問する; 細かく問いただす

holl *a* 全体 [全て] の, 全…: yr ~ deulu 家族全員; ei ~ eiddo 彼女の全財産; ei ~ gyfoeth 彼の全ての富; yr ~ boblogaeth 全人口; yr ~ fyd 世界中 (の人 [物])

hollalluedd *m* 全能

hollalluog *a* **1.** 全能の: H~ Dduw 全能の神 **2.** 絶大な力を有する

Hollalluog *m* 全能者, 全能の神

hollalluogrwydd *m* 全能

holliach *a* **1.** (身体・精神など) 健康 [健全, 壮健] な **2.** 健康で: bod yn ~ 非常に健康である

hollol *a* (程度が) 完全な, 全くの: llwyddiant ~ 完全な成功; twpsyn ~ 全くの馬鹿; mae ef yn ~ ddeithr imi 彼は全くの [赤の] 他人です; yn ~ 全く, 完全に

hollt (-au) *f* : **holltiad (-au)** *m* **1.** (壁・岩石などの) 割れ [裂け] 目, ひび: hollt yn y carn [獣医] 裂蹄 (馬のひずめの疾患) **2.** (衣服の) スリット **3.** (グループ・党派内などの) 仲間割れ, 分裂, 不和 **4.** [料理] スプリット: banana ~ *f* バナナスプリット (縦半分に切ったバナナにアイスクリームをのせ, その上にシロップやナッツをかけたもの)

hollt : holltedig *a* **1.** (縦に) 裂けた, 割れた, 長い裂け口の形をした: tablod hollt *f* (先天性の) 口蓋裂 **2.** 裂く, 破れる **3.** 分裂 [分離, 分割] した: berfenw (-au) hollt *m* [文法] 分離不定詞; sgrin (sgriniau) hollt *f* [映画・テレビ] 分割スクリーン; personoliaeth hollt *f* [心理] (正反対の性格を合わせ持つ) 二重人格 **4.** (衣服など) スリットの付いた: sgert (-iau) hollt *f* スリットの付いたスカート **5.** (頭痛で頭が) 割れるような, 激しい

hollti *t* **1.** (細長く) 切り開く **2.** (縦に) 細長く切る [裂く, 破る, 割る] **3.** 分ける, 分割する: ~ blew (議論などで) つまらぬ事を細かく区別する, 下らぬ事を喧しく言う **4.** 分裂させる, 仲間割れをさせる **5.** (スカートに) スリットを付ける **6.** [文法] (不定詞を) 分離させる **7.** [物理] (原子・分子などを) 分裂させる: ~'r atom 原子を分裂させる
i **1.** (木・石など) 割れる, 裂ける, ひびが入る **2.** (衣服・布などが) 破れる, ほころびる **3.** (党などが) 分裂する: mae'r blaid wedi ~ その党は分裂した **4.** [スコ・アイ] 雑談する

holltiwr (-wyr) *m* : **holltwraig (-agedd)** *f* 割る [裂く, 細長く切る] 人

hollwybodaeth *f* : **hollwybodolrwydd** *m* **1.** 全知 **2.** 博識

hollwybodol : hollwybodus *a* **1.** 全知の **2.** 博識の

homili (-ïau) *f* **1.** 説教, 説法 **2.** (長々しい) 訓戒, お説教

homilïwr (-ïwyr) *m* 説教家

homogenaidd *a* **1.** 同質 [均質] の: llaeth ~ 均質 [ホモ] 牛乳 **2.** [数学] 同次の

homogeneiddio *t* **1.** 同質 [均質] にする **2.** (牛乳などを) 均質化する

hon *pron* *f* **1.** [女性名詞を指して] これ, この物 [人]: pwy yw ~? この人はどなたですか **2.** ここ, この場所: gwlad rydd yw ~ ここは自由国です **3.** [that と対照的に] こちらの人 [物], 後者
a **1.** (時間的・空間的・心理的に近い物 [人] を指して) この: y wraig ~ この婦人 **2.** 今 [現在] の: y noson ~ *f* 今晩, 今夕; y flwyddyn ~ 今年

honcian *i* = hercian, hercio

honedig *a* **1.** 申立てられた, 噂による **2.** 偽りの, うわべだけの

honiad (-au) *m* **1.** (十分な証拠のない) 主張, 申立て **2.** 断言, 断定 **3.** 見せかけ

honna *pron* **1.** (やや離れている, または今話に出た人や事物を指して) それ, あれ, その事, あの人: beth yw ~? それは何ですか?; pwy yw ~? あの人は誰ですか **2.** (目に見える女性名詞を指して) それ [あれ] を: rho (-wch) ~ i mi それを私に下さい

honni *t* **1.** 主張 [断言] する **2.** 言い訳として述べ

る, 言い訳する **3.**自称する, (…の)振りをする
i **1.**振りをする, 偽る **2.**要求[主張]する **3.**自任する, うぬぼれる: ~ bod yn ddeallus, ~ deallusrwydd 知性があると自負する

honno *pron* [目に見えない女性名詞を指して] それ, あれ, その物, あの人
a [女性名詞の後で] その, あの: swyddfa ~ あの事務所

honnwr (honwyr) *m* 主張[断言]者
horen (hôr, horod) *f* [昆虫] 豚の虱
hormon (-au) *m* [生理] ホルモン
hormonaidd : hormonol *a* [生理] ホルモンの
hormonotherapi *m* [医学] ホルモン療法
horob (-au) *f* = **hanerob**
horswn (-s) *m* 私生児
hosan (-au) *f* **1.** [服飾] 長靴下, ストッキング; ソックス **2.** (馬などで他の部分と異なる色の) 脚毛: ~ wen (hosanau gwynion) 白脚毛
hosanog *a* 長靴下をはいた
hoyw (-on) *mf* 同性愛者: rhyddhad hoywon ゲイ解放運動
a **1.**元気[活発]な **2.** (人・性質など) 陽気[快活]な **3.** (服装・色彩・印象など) 派手[華やか]な, 鮮明[鮮やか]な **4.** (男女が) 同性愛の, ホモ[ゲイ]の
hoywal (welydd *f* = **hoewal, hofel**
hoywi *t* **1.**輝かせる, 明るくする **2.** (気分を) 晴れやかにする
hual (-au) *m* **1.**手[足] 枷, 足鎖 **2.**束縛, 拘束: hualau confensiwn 因習の束縛
hualog *a* **1.**足枷をはめられた **2.**束縛された
hualu *t* **1.**足[手]かせを掛ける **2.**束縛[拘束]する
huawdl *a* **1.** (人が) 雄弁[能弁]な **2.** (弁舌・文体など) 人を動かす力のある **3.**表情豊かな
hucan (-od) *f* [鳥類] カモメ, 鷗
hud (-ion) *m* **1.**魔法, 魔術, 魔力: dan ~ 魔法にかけられて **2.**奇術, 手品
a **1.**魔法[魔術]の; 奇術の: carped (-i) (*m*) ~/hudol 魔法の絨毯 **2.**魔力を持った **3.**魔法にかけられた **4.**魔法のような, 不思議な: llygad (llygaid) (*m*) ~ [商標] マジックアイ(ラジオなどが受信電波に同調しているかを示す装置) **5.**幸運の
hudo *t* **1.**魔法にかける **2.**誘う, そそのかす, 魅惑[誘惑]する: ~ rhn ymaith 人をおびき出す **3.** (性的に) 誘惑する
hudol (-ion) *m* **1.**魔法使い, 魔術師 **2.**魅惑する者 **3.**奇術[手品]師
hudol : hudolus *a* **1.**魅惑[誘惑]的な, うっとりさせる[悩殺]するような **2.**魔法を使う **3.**誘うような **4.**= **hud** 1, 4
hudoles (-au) *f* **1.**魅力[魅惑]的な女性; (特に) 美人; 男たらし **2.**魔法使いの女, 魔女
hudoliaeth (-au) *f* **1.**魔法(術): megis trwy

~ たちどころに, 不思議に **2.**誘い, 誘惑 **3.**誘惑物, えさ **4.**魅惑, 魅力
hudwr (-wyr) *m* **1.**魅惑者 **2.**魅力的な人 **3.**誘惑者; (特に) 女たらし, 色魔
hudwraig (-agedd) *f* 男たらし
huddygl *m* 煤, 煤煙: pluen (plu) (*f*) ~ 煤の粉
hufen (-nau) *m* **1.**クリーム, 乳脂肪: ~ tolch 凝固した濃厚なクリーム(イングランド南西部で果物・デザートなどに添えて食べる); ~ Dyfnaint デヴォンシャークリーム **2.**クリーム色 **3.**化粧用クリーム: ~ oer コールドクリーム; ~ wyneb 美顔クリーム **4.**クリーム菓子[料理]: siocled (-i) (*m*) ~ チョコレートクリーム; te (*m*) (a) ~ ティー; ~ iâ アイスクリーム **5.** [医学] クリーム状の薬 **6.**最良の部分, 精華, 粋; (話の) 妙所
hufendy (-dai) *m* : **hufenfa (-feydd)** *f* **1.**クリーム[バター, チーズ] 製造所, 酪農場 **2.**酪農品販売店
hufennaidd : hufennog *a* **1.**クリームを含む[の多い] **2.**クリーム色の **3.**クリーム状の; 滑らかで柔らかい
hufeneiddiwch : hufenogrwydd *m* クリーム状
hufennu *t* (牛乳から) クリームを分離する
i **1.** (牛乳が) クリームを生じる **2.**クリーム状になる
hufennwr (hufenwyr) *m* **1.**クリーム分離器 **2.**クリーマー(コーヒーなどに入れるクリーマーの代用品) **3.** (米) (食卓用) クリーム入れ
hugan (-au) *f* **1.** (ゆったりとした) 袖なしの外套, マント **2.**覆い隠すもの, 幕
hulio *t* (食卓・食事の席などを) 用意する, 整える: ~ bwrdd (食卓に) 食物などを並べる, 食事の用意をする
human *f* コートテニス(高い壁に囲まれたコートでするlawn tennisの原型と言われるテニス)
humanydd (-ion, humanwyr) *m* (コートテニスの) 選手, 競技者
hun (-au) *f* **1.**睡眠, 眠り **2.**睡眠時間, 一眠り **3.**永眠: yr olaf ~ 長い最後の眠り
hun : hunan (-ain) *pron* **1.**自分, 自身, 自己: ef ei hun, y dyn ei hun 彼自身, 彼そのもの **2.** (ある時期・状態の) 自分, 自身: eich hen hunan 以前の自分 **3.** (…) 自身[そのもの]: Cesar ei hun シーザー自身 **4.**私利, 私欲, 利己心 **5.** [商業] 本人: chwi eich hunan 貴下たち, 御社(商用文の文句); taler i mi fy hun …; taler i ni ein hunain … 署名人払い(小切手の文句) **6.** [哲学] 自我 **7.** [複合 [再帰] 代名詞を造る代名詞連結形] …自身: [強調的] mi fy hun/hunan 私自身; [再帰的] fi fy hun/huna 私自身を[に]; ni ein hunain 我々[私たち]自身
hunan- *pref* 自己[自分]を[で], 自分に対して; 自分だけで, 自動的な

hunan-barch *m* 自尊心

hunan-dyb *mf* 1.利己主義 2.自負[虚栄]心, うぬぼれ 3.個性

hunangar *a* 自己愛の; 自己本位の

hunangariad : hunangarwch *m* 1.自己愛 2.利己主義, 利己心

hunanhoniad *m* 自己主張

hunanladdiad (-au) *m* 1.自殺: cytundeb (-au) (*m*) ~ 心中の約束;(合意の)心中 2.自滅(的行為): ~ hiliol 民族的自殺(産児制限による人口の漸減)

hunanladdol : hunanleiddiol *a* 1.自殺の; 自殺的な 2.(人が)とても気が滅入った 3.(行動・政策など)自滅的な

hunanlywodraeth *f* 1.自治(権) 2.自治団体 3.自主性

hunanlywodraethol *a* 1.自治権のある 2.自主的な

hunanol *a* 利己的な, 自己本位の

hunanoldeb *m* = hunangariad

hunanreolus *a* 1.自治の 2.[生理]自律の

hundy (-dai) *m* (学校などの)寄宿舎, 寮

hunell (-au) *f* 一まばたきの時間, 一瞬間: ni chysgais i'r un ~/winc 私は一睡もしなかった

hunllef (-au) *f* 1.悪夢 2.悪夢のような出来事 3.夢魔

hunllefol : hunllefus *a* 悪夢のような

huno *t* 1.眠る 2.眠って過ごす 3.(何人か泊まれるだけの)寝室がある
i 1.眠る 2.泊まる 3.永眠する

huodledd *m* 雄[能]弁

hur (-oedd) *f* 1.(肉体労働による時間・日・週決めの)労賃, 賃金 2.報い, 応報

hurio *t* 1.(賃金を払って人を)雇う 2.(損料を払って物を)借りる 3.(家・土地などを)賃貸しする

huriwr (-wyr) *m* : **hurwraig (-agedd)** *f* 1.雇用主 2.賃借人

hurt *a* 愚鈍[馬鹿, 薄のろ, 間抜け]な 2.くだらない, つまらない, 退屈な 3.無感覚の, 麻痺した 4.唖然[呆然]とした

hurten (-nod) *f* 愚かな女の子

hurtio *t* 1.(知能などを)愚鈍にする: yfed nes ~ 酔って正体を失う 2.(人を)唖然と[びっくり仰天]させる

hurtni : hurtrwydd : hurtwch *m* 馬鹿, 愚鈍

hurtyn (-nod) *m* 薄のろ, 間抜け, 馬鹿者, 愚者

Huw *m* [人名]ヒュー(Hugh)(男性名)

hwb (hybiadau, hybiau) *mf* (急な)押し, 突き

hwban *t* 1.押す 2.押し進む

hwcster (-iaid) *m* : **hwcstres (-au)** *f* 呼売り商人;(青果などの)行商人

hwch (hychod) *f* 1.[動物](成熟した)雌豚: iro ~ dew/flonegog 必要もない人に物を与える, 余計なことをする 2.[金加]金属[鉄, 鉛]の鋳塊; 溶銑の流れる道, 大鋳型; 大型鋳鉄

hwiangerdd (-i) *f* 子守歌

hwla *f* (ハワイ(イ)の)フラダンス

hwlc (hylciau) *mf* [海事]廃船の船体

hwlcyn (-nod, hwlcod) *m* 1.図体の大きい男, 大男 2.無骨[田舎]者

hwmws *m* [園芸]腐植土

hwn *pron* 1.[男性名詞を指して][身近な物[人]を指して]これ, この物[人]: Mr Smith yw ~ こちらはスミスさんです 2.[thatに対して]これ: ~ neu hwnna あれやこれや
a 1.[身近な物[人]を指して]この: y dyn ~ この人; y llyfr ~ この本 2.[時を示して]今[現在]の: y diwrnod ~ llynedd 去年の今日

Hwngaraidd *a* ハンガリー[人]の

Hwngareg *a* ハンガリー語の

Hwngareg *mf* ハンガリー語

Hwngari : Hwngaria *f* [地理]ハンガリー(Hungary)(ヨーロッパ中部の共和国; 首都Budapest)

Hwngariad (-iaid) *mf* ハンガリー人

hwnna *pron* 1.[目に見える男性名詞を指して][離れている物を指して]それ, あれ: rho (-wch) ~ i mi 私にあれを下さい; beth yw ~? あれは何ですか? 2.[前に言及している, 場面状了解されている人[事物]を指して]それ, あれ, その[あの]事, その[あの]人: pwy yw ~? あの人は誰ですか?; Mr Thomas yw ~ あの人はトーマスさんです

hwnnw *pron* [目に見えない男性名詞を指して][離れている物[人]を指して]それ, あれ, その[あの]事, その[あの]人; pwy ydy ~? その人は誰ですか?
a [男性名詞の後で][離れている物[人]を指して]その, あの: y llyfr ~ あの本

Hwntw (-s) *m* 南ウェールズ人

hwp *m* = hwb

hwpo *t* = hwban

hŵr : hwren : hwrsen (hwrod, hŵrs) *f* 売春婦

hwra : hwrian : hwrio *i* (女が)売春行為をする

hwrdy (-dai) *m* 売春宿

hwrdd (hyrddiau) *mf* = hwb

hwrgi (-gwn) : hwriwr (-wyr) *m* 売春婦買いする人, 好色家

hwrllyd *a* 売春婦の(ような); 淫らな

hwrswn : hwrsyn *m* = horswn

hwrwg *m* 瘤, 腫物

hwsmon (-myn) *m* 1.農場管理人 2.(農業の)専門家 3.農場労働者 4.農夫

hwsmona *t* 1.耕す 2.(お金などを)倹約[節約]する

hwsmonaeth *f* 1.農業, 耕作 2.節約 3.家政: ~ dda 上手な暮し方

hwt : hwtiad (-au) *m* ホー(フクロウの鳴き声)

hwter (-i, -ydd) *f* 汽笛, 号笛;(自動車などの)警笛

hwtian : hwtio *t* (人を)ホーホー[シッシッ]と言ってやじる[ののしる]: hwtian/hwtio actor シッシッと言って役者[俳優]をやじる *i* 1.(フクロウが)ホーホー鳴く 2.(軽蔑・怒りなどで)ブーと言う, やじる, はやし立てる: hwtian chwerthin 大笑いする

hwy *a* 一層長い, 長くされた

hwy *pron* 1.[3人称複数主格]彼らは[が]: petawn i yn eu lle ~ もし私が彼らであったら 2.[目的格][直接目的語]彼らを: gwelais ~ i gyd 私は彼ら全員を見た

hwyad : hwyaden (hwyaid) *f* [鳥類]カモ, 鴨, アヒル: hwyaden fandarin (hwyaid mandarin) オシドリ

hwyaf *a* 最も長い

hwyfell (-aid, -od) *f* [魚類]雌鮭

hwyhad (-au) *m* 1.延長 2.延長した部分; 延長線

hwyhaol : hwyhwy *a* 長く延ばす

hwyhau *t* 長くする, 延ばす, 延長する

hwyhäwr (-hawyr) *m* 長くする[延ばす]人

hwyl (-iau) *f* 1.気分, 機嫌: mae hi allan o'i ~, mae ~ ddrwg arni 彼女は機嫌が悪い 2.[*pl*] むら気, 不機嫌: amrywiad (-au)(*m*)~, hwyliau ansad/oriog[精医]躁鬱気分の周期的変動 3.[海事](船の)帆: codi ~ 帆を揚げる; 尻に帆を掛ける, 逃げ出す; mynd a'r gwynt o hwyliau rhn (議論などで人の)鼻を明かす, 出し抜く(他の帆船の風上に出て風を奪うことから) 4.[*pl*](船の)帆 5.帆船, 船: dacw ~! 船が見えるぞ! 6.風車の羽根: ffon(*f*)~(ffyn hwyliau)風車の翼 7.幸運

hwylbren (-nau, -ni) *m* [海事]帆柱, マスト

hwylford (-ydd) *f* : **hwylfwrdd (-fyrddau)** *m* 帆走, セールボード

hwyliad (-au) *m* 帆走, 航行; 航程, 船旅

hwyliadwy *a* 帆走できる

hwylio *t* (船・人が海を)航海する: ~'r moroedd/nawmor, ~ moroedd y byd 七つの海を航海する *i* 1.帆を揚げる 2.出帆[帆走, 航海]する; 船で行く: ~ yn nannedd y gwynt 風に逆らって帆走する

hwyliwr (-wyr) *m* : **hwylwraig (-agedd)** *f* 帆船を走らせる[操縦する]人

hwylus *a* 1.(物が)便利な, 使いやすい 2.(時間などが)都合のよい 3.(駅などに)近くて, 近づきやすい: ~ ar gyfer y siopau a'r orsaf 店と駅に近い

hwyluso *t* (物事が行為などを)容易[楽]にする, 助長する

hwylustod *m* 1.好都合, 便利: er ~ 便宜上 2.都合のよい時[機会]

hwyluswr : hwylusydd (-wyr) *m* 促進[助長]者

hwylwraig (-agedd) *f* 帆船

hwyr (-au) *m* 夕方, 夕暮れ, 晩: yn yr ~ 日暮れ[晩]に

hwyr *a* 1.(ある時刻に)遅れた, 遅刻した; 遅い: bod yn ~遅刻する; mae'r trên ddeng munud yn ~; mae'r trên yn ~ o ddeng munud 列車は10分遅れている 2.通常より遅い, 夜になってからの: parti ~/hwylor 時刻の遅いパーティー; 時候[時節]遅れの 3.終わりに近い, 後期[末期]の: yn ~ yn yr haf 晩夏に 4.(果物が)おそくての: malltod ~, pydredd ~ *m* [植物・病理](発育等の終わり頃現れる)斑点病

hwyrach *a* もっと遅い[後の]: yn ~ yn/ar eich oes 晩年[後年]に *ad* あるいは, もしかすると

hwyrder : hwyrdra : hwyredd : hwyrni *m* 遅い[遅れる]こと

hwyrddydd (-iau) *m* = **hwyr**

hwyrfryd : hwyrfrydig *a* 気の進まない, 渋々[不承不承, 嫌々ながら]の

hwyrfrydedd : hwyrfrydigrwydd *m* 気が進まないこと, 不承不承, 不本意

hwyrgan (-au) *f* [音楽]セレナーデ, 小夜曲

hwyrhau *t* 遅くする, 遅れさせる *i* 遅くなる, 遅れる

hwyrni *m* 1.遅刻, 遅滞 2.緩慢

hwyrnos (-au) *f* = **hwyr**

hwyrol *a* 1.(手紙・報告書など)遅れた, 遅れて到着した; 期限を越えた 2.時代遅れの 3.夕方の, 夕方用いる: gwisg(-oedd)~ *f* (男女用)夜会服; papur (-au)~ *m* 夕刊

hwythau *pron* [接続的]1.[3人称複数主格]彼らは[が], 彼らもまた: 'rydym ni mor gyfoethog â ~ 私たちは彼らと同じくらい裕福です 2.[目的格]彼らを

hyball *a* 1.(人・性質など)誤りやすい 2.(法則・意見など)誤りを免れない

hybarch : hybarchus *a* (人格高潔・高位・高齢などから)尊敬するに足る, 敬うべき

hybarchedd : hybarchusrwydd *m* 1.(人格高潔・高位・高齢などで)尊敬するに足る[尊敬すべき]こと, 尊さ 2.古くて神々しいこと

hyblyg *a* 1.(心・性質など)柔順[素直]な, 順応性に富む: cymeriad ~ m 素直な性格 2.(人・感情など)反発力のある, 容易に屈しない 3.(規則など)融通のきく 4.(ゴムなど)弾力のある, 伸縮自在の 5.(針金など)曲げやすい, 柔軟な, しなやかな 6.[経済]弾力的な: cyllideb ~ *f* [会計]弾力性予算

hyblygedig *a* 1.(織物が)ゴム糸で織って伸縮性をもたせた 2.伸縮自在の

hyblygedd : hyblygrwydd *m* 1.従順, 素直さ, 順応性 2.不幸から立ち直る力, 快活さ 3.柔軟[屈曲]性, しなやかさ 4.弾力, 弾性; 適応[弾力, 伸縮]性 5.[物理]弾性

hyblygu *t* 1.(…に)ゴムを入れる 2.伸縮自在にする

hybu *t* 助長[促進]する; 奨励する

hyd (-au, -ion, -oedd) *m* 1.(端から端までの)長さ, (縦横の)縦: ~ cyfan 全長; drwy ~ a lled Cymru ウェールズの全体に渡って[をくまなく] 2.(時間の)長さ, 期間: ar ~ y bedlan, ar ~ y beit その間ずっと; o ~ 常に, いつでも 3.(道路・物などの)特定の区間[長さ]: ~ braich 手を伸ばせば届く所に 4.(行動・意見などの)範囲, 程度 5.(…だけの)距離 6.[服飾]丈, 長さ 7.[音声・詩学](音の)長さ 8.[クリ]球程 9.[ボレ]一艇身: ennill o ~ cwch 一艇身[馬身]の差で勝つ 10.[競馬]一馬身

hyd *prep* 1.[動作・状態の継続の期限]…まで: ~ at yfory 明日まで; ~ yn hyn/awr 今まで; o fore ~ nos/hwyr 朝から晩まで 2.[距離]…まで: ~ at y môr 海まで 3.[程度]この程度まで: ~ yn hyn ここまでは

hydawdd *a* [化学]溶ける, 溶解できる

hydeiml *a* 1.感じられる, 知覚できる 2.感受性の鋭い

hydeimledd *m* 1.細やかな[傷つきやすい]感情, 多感 2.(肌・性格など)敏感, 感受性

hyder *m* 1.信用, 信頼, 信任: colli ~ cyfwng (cyfyngau) (*m*) ~ [統計]信頼限界 2.自信 3.希望, 期待, 確信 4.(議員投票による内閣への)信任

hyderu *t* 1.(人・物事を)信用[信頼, 信任]する 2.希望[期待]する 3.(物事を)委託する, 預ける

i 1.信用[信頼]する 2.希望[期待]する

hyderus *a* 1.確信して: mae'n ~ y bydd yn llwyddo 彼は成功を確信している 2.自信に満ちた[を持って]

hydoddedd (-au) *m* 溶けること, 溶解[可溶]性, 溶解度

hydoddi *t* 溶解する

hydraidd *a* 1.貫通できる 2.看破できる 3.理解できる 4.(気体・液体を)浸透させる, 透過性の

hydred (-au, -ion) *m* 1.[地理]経度, 経線: ar ~ Greenwichグリニッチの経度で 2.[天文]経度, 黄経

hydredol *a* 1.経度[経線]の 2.縦の 3.長さの

Hydref (-au) *m* 10月: ym mis ~ 10月に

hydref (-au) *m* 1.秋, 秋季: yn yr ~ 秋に 2.成熟期 3.初老期 4.凋落期

hydrefol *a* 1.秋の(ような): cyhydnos (*f*) yr hydref[天文]秋分(点) 2.初老期の 3.[植物]秋咲きの, 秋に実る

hydreiddedd *m* 1.入り込める[貫通できる]こ

と, 透徹性 2.浸透[透過]性 3.[物理]透磁率

hyfreiddiad (-au) *m* 1.浸透 2.普及

hydreiddiadwy *a* = **hydraidd**

hydreiddio *t* 1.(弾丸・槍などが)突き刺さる, 貫通する 2.(人の心・真相・偽装などを)見抜く, 洞察する: ~ i ddirgelwch 秘密を見抜く 3.(思想などが)広がる, 普及[浸透]する 4.(臭い・煙などが)充満する

i 1.(液体などが)浸透[透過]する 2.(音が)遠くまで聞こえる 3.理解される, 意味が通じる

hydreiddiol *a* 浸透する

hydrin *a* 1.(人・性質など)素直[柔順]な; 御しやすい 2.(材料など)細工しやすい 3.耕すことのできる, 耕作に適した

hydrinedd *m* 1.従順, 御しやすさ 2.取り扱いやすさ

hydroleg *f* 水力学

hydrolig *a* 1.水力[水圧, 油圧]の[で作動する] 2.水力学の 3.(セメントなど)水中で硬化する

hydrostateg *f* [物理]流体静力学

hydwyll *a* 騙されやすい

hydwylledd *m* 騙されやすさ

hydwyth *a* 1.(金属など)引き伸ばせる, 延性のある 2.(粘土など)柔軟な, しなやかな 3.(人・性質など)素直[柔順]な 4.(人・感情など)不幸があってもすぐ立ち直る, 容易に屈しない 5.順応性に富む 6.弾力のある, 伸縮自在の

hydwythder : hydwythedd *m* 1.柔軟性, しなやかさ 2.(性質が)柔順, 素直 3.(金属などの)延性, 展性; (アスファルトの)伸度

hydd (-od) *m* [動物]雄鹿, (特に)5歳以上の成熟した赤鹿: ~ brith *m* ダマジカ(ヨーロッパ・小アジアに生息し, 夏に白い斑点が出る)

hyddgae (-au) *m* (狩猟用に鹿を放し飼いにしてある)鹿猟園

hyddgen *m* 鹿皮

hyddgi (-gwn) *m* ディアハウンド(スコットランド原産で鹿狩りに用いられた猟犬)

hyddgoed (-ydd) *m* 冬に鹿の集まる所

hyddysg *a* 1.学問[学識]のある, 博学な: dyn ~ iawn 偉大な学者 2.学問[学究]的な 3.(…の)造詣が深い 4.熟練した, 堪能な 5.(…に)上達して

hyddysgedd : hyddysgrwydd *m* 1.学問, 学識, 博学 2.教育[訓練]可能性

hyf *a* 1.図々しい, 厚かましい 2.図太い, 大胆な

hyfder : hyfdra *m* 1.図々しさ, 厚かましさ, 生意気 2.図太さ, 大胆さ

hyfedr *a* 熟練[熟達]した, 堪能[老練]な

hyfedredd *m* 熟練, 熟達, 堪能

hyfeth *a* = **hyball**

hyfr (-od) *m* 去勢された雄ヤギ

hyfriw *a* 砕けやすい, 脆い

hyfryd *a* 1.(人・態度が)陽気[快活]な, 愛想のよい 2.(物事が)愉快な, 楽しい, 気持のよい

hyfrydlais *a* 1.旋律的な 2.調子の美しい, 音楽的な

hyfrydwch *m* 1.喜び, 歓喜, 嬉しさ; er mawr ~ i mi 大変嬉しいことには 2.喜びのもと[種] 3.愉快

hyfyw *a* (胎児・新生児が) 生存 [生育] できる

hyfywdra : hyfywedd *m* 生存能力; (特に胎児・新生児の) 生育力

hyfywedd *m* [経済] 経済活力, 実行可能性

hyffordd *a* 1.(人・動物が) 訓練 [養成] された, 仕込まれた 2.(人が) 教育 [教養] のある

hyfforddadwy *a* 訓練 [教育] できる, 仕込むことのできる

hyfforddedig *a* 1.= **hyffordd**: nyrs (-ys) ~ *f* 正看護婦 2.[園芸] (枝などが) 好みの形に仕立てられた

hyfforddedig(-ion) *mf* 1.訓練を受ける人 2.軍事 [職業] 訓練を受ける人

hyfforddi *t* 1.(人・動物を) 訓練 [養成] する, 仕込む: ~ plentyn 子供を訓練する 2.(人・動物を…に備えて) 訓練する, 仕込む: ~ rhn ar gyfer y weinidogaeth 人を聖職者に仕込む 3.(人・クラスなどを) 教える; (学科を) 教授する 4.[スポ] (競走などに備えて) 練習する, 体を鍛える, トレーニングする 5.[園芸] (枝などを) 好みの形に仕立てる

hyfforddiadol *a* 教育 [教授] の; 教授する

hyfforddiant *m* 1.教育, 教授: ~ rhaglenedig [教育] プログラム学習に基づく教授法 2.訓練, 養成; 鍛錬: ~ galwedigaethol 職業訓練

hyfforddwr (-wyr) *m* : **hyfforddwraig (-agedd)** *f* 1.教授 [指導] 者 2.(競技者・競走馬などの) 訓練者, 調教師, トレーナー

hygar *a* = **dymunol**

hygaredd *m* = **hoffuster**

hyglod *a* = **enwog**

hygludedd *m* 携帯できること, 軽便

hyglwyf *a* 1.(要塞など) 攻撃されやすい 2.(非難・攻撃などを) 受けやすい 3.(精神的に) 傷つきやすい, 弱み [弱点] のある

hyglyw *a* 聞こえる, 聞き取れる

hyglywedd *m* 1.聞き取れること 2.[生理] 聴力

hygoel *a* 信用 [信頼] できる, 確かな

hygoeledd *m* 1.信じやすいこと; 軽信, 馬鹿正直 2.騙されやすさ

hygoelus *a* 1.すぐ真に受ける 2.軽信に基づく 3.騙されやすい, のろまな

hygred *a* = **hygoel**

hygrededd *m* 信じうること, 信憑性

hygyrch *a* 1.(場所・人などが) 近づき [入り] やすい: lle ~ 行きやすい場所 2.(物などが) 入手しやすい 3.理解しやすい 4.(人・心が) 動かされる

hygyrchedd *m* 1.近づきやすさ, 接近できること 2.入手可能なこと 3.影響を受けやすいこと

hyhi *pron* [強調用法] 1.[3人称単数女性主格] 彼女は [が] 2.[目的格] [補語に用いて] 彼女を: ~ a welais i 私が見たのは他ならぬ彼女でした

hylaw *a* 1.(人が) 器用 [上手] で, 手際がよくて 2.(道具などが) 便利な, 役に立つ

hylif (-au) *m* [化学・物理] 液体; 流動体

hylifedd (-au) *m* 1.[金融] (資産の) 流動性 2.[化学] 流動性

hylifo *t* 液体にする, 液化する

hylifol *a* 1.[化学・物理] 液体液状の; 流動体の: mecaneg (f) ~ 液体力学; aer ~ *m* 液体空気 2.流動性の 3.液体 [流動] に関する

hylosg *a* 1.燃えやすい, 可燃性の 2.(人・性格が) 興奮しやすい

hylosgedd *m* 燃焼力, 可燃性

hylosgiad (-au) *m* 1.燃焼, 可燃 2.激動

hylosgol *a* 燃焼 (性) の

hyll *a* (*f* **hell**, *pl* **hyllion**) 1.(人が) 醜い, 不器量な: ~ fel pechod/diawl (人・物が) ひどく不器量 [不格好] で; hwyaden fach ~ (hwyaid bach ~) *f* (Andersenの童話から) 醜いアヒルの子 (家の者から馬鹿 [醜い] と思われたのが後に偉く [美しく] なる子供) 2.たちの悪い, 危険な, ひどい

hyllio *i* 醜くなる

hyllter : hylltra : hylltod *m* 醜い [見苦しい] こと

hymn (-au) *mf* (教会の) 賛美歌, 聖歌; 賛歌

hyn *pron* 1.[身近な物 [人] を指して] これ, この物 [人]: fel ~ このような [に]; ~ a'r llall あれこれ, あれやこれや, 種々様々な物 [人]: beth yw ~? 一体これ [この騒ぎ] は何ですか? 2.[時を指して] 今, この時 [日], 今日, 今度: ar ôl ~, o ~ ymlaen 今後 (は) 3.[すぐ前に言われたことを指して] こう (いう), このこと: gyda ~ こう言って 4.[これから述べ [提示し] ようとする物事を指して] 次のこと: ~ [thatと対照的に用いて] これ 5.[時間的・空間的・心理的に身近な物 [人] を指して] この: y dyn ~ この人; y llyfr ~ この本; am ~ o dro 今度だけ, 今度に限って 7.これらの: y llyfrau ~ これらの本; y dyddiau ~ 当今は

hŷn *a* 1.(兄弟などの) 年上 [年長] の: ei frawd ~ 彼の兄 2.古参 [先輩] の: gwladweinydd (-wyr) ~ *m* (政界の) 元老, 長老

hynaf *a* 1.(二人の中で) 年上の (同名の父子の父・二人兄弟中の兄・同名の生徒の年長者などを区別のために名の後に付ける): Williams yr ~ 年上の方のウィリアムズ 2.一番年上の

hynaf (-iaid) : hynafgwr (-gwyr) *m* 1.年長者 2.(民族・社会の) 長老: hynafgwyr y pentref 村の長老たち

hynafedd *m* 1.年上 2.先輩であること, 古参, 先任 3.年功序列 4.[労働] 先任権

hynafiad (-iaid) *mf* 1.先祖, 祖先: addoli (*vn*)

hynafiaid 祖先崇拝 2.[法律]先駆者, 前身, 原型 3.[法律]相続人

hynafiadol a[生物]先祖の

hynafiaeth (-au) f : **hynafrwydd** m 1.時代遅れの状態[品質] 2.大昔, 古さ, 古色 3.[pl] 古器物, (古代の)遺物

hynafiaetheg f : **hynafiaethgarwch** m 骨董癖, 古物収集癖

hynafiaethol a 1.古物研究[収集]の, 好古家的な 2.古書売買の

hynafiaethu t (新しい物が旧来の物を)時代遅れにする, 廃れさせる

hynafiaethwr : hynafiaethydd (-wyr) m 1.古物研究[収集, 愛好]家: cymdeithas (f) hynafiaethwyr 古物学会 2.骨董[古物]商

hynafol a 1.昔[往古]の 2.(特にギリシャ・ローマなどの)古代の 3.古来の 4.古風[旧式]な, 時代遅れの 5.(土地・建物など)神さびた, 古びて神々しい 尊い, 神厳な 6.骨董の 7.老齢の 8.[法律]30年(時には20年)経った

hynafoldeb m = **hynafiaeth**

hynafolyn (hynafolion) m 骨董品, 古器, 古物

hynawf a[物理]浮力[浮揚性]のある: mae heli'n fwy ~ na dŵr croyw 塩水は真水よりも浮揚性がある

hynaws a (気候・風土など) 温和[温暖]な

hynawsedd m (気候などの) 温和, 温暖

hynna pron [離れていて目に見えない物を指して] それ, あれ, その[あの]物: beth yw ~? それは何ですか?

hynny pron [指示代名詞](見えない不定物を指して) それ, あれ: peth tra gwahanol yw ~ それは全く別の事です; wedi ~ その後(は); cyn ~ その時以前に; gyda ~ そう言って a [指示形容詞] それ[あれ]らの: y llyfrau ~ それらの本; yn y dyddiau ~ あの頃は

hynod a 1.注目すべき, 驚くべき 2.非凡な, 優れた 3.奇妙[奇怪, 異様, 風変わり, 不思議]な

hynodi t 目立たせる, 顕著にする

hynodion pl 特色, 特性, 癖

hynodrwydd m 注目すべきこと

hynodwedd (-au) f 1.特有, 特殊; 独自性 2.風変わり, 奇習, 奇癖

hynofedd : hynofiant m [物理]浮力; 浮揚性

hynt (-oedd) f 1.(出来事などの)進行, 推移 2.(船・飛行機の)コース, 針路, 航(空)路: newid eich ~ 針路を変える 3.[海事]船の行き足(船が水上を進むこと): long ar ei ~ 航行[進行]中の船

hypnosis m 催眠(状態)

hypnoteiddio t 1.催眠術をかける 2.(催眠術をかけたように)動けなくする 3.魅了する, うっとりさせる

hypnotiaeth f 1.催眠術 2.催眠状態

hypnotig (-ion) mf 催眠術にかかりやすい人, 催眠状態にある人 a 催眠(術)の

hypnotydd (-ion) m 催眠術師

hyrddiad (-au) m 強く投げつけること

hyrddio t 1.(言葉などを)浴びせる, 放つ: ~ enllibion at rn 人に無礼な言葉を浴びせる 2.強く投げつける 3.(土などを)打ち[突き]固める 4.激しくぶつける, 突当てる

hyrddiwr (-wyr) m : **hyrddwraig (-agedd)** f 投げる人

hyrddwynt (-oedd) m 1.[気象]スコール, 突風, 疾風・風風: llinell (-au) (f) ~ スコール[雷雨, 陣風]線 2.騒ぎ, 喧嘩

hyrddyr (-au) m 1.(昔の)破城槌 2.(戸・壁などを)打ち壊す道具

hyrwyddedig a 容易にされた, 促進[助長]された

hyrwyddiad m 1.容易にすること, 便利[簡易]化 2.促進, 助長 3.振興, 奨励 4.[商業]販売促進(商品)

hyrwyddo t 1.(物事が)容易[楽]にする, 促進[助長]する 2.増進[奨励]する 3.(広告宣伝で商品の)販売を促進する, 売り込む

hyrwyddol a 1.容易にする, 促進[助長]する 2.奨励する

hyrwyddwr (-wyr) m : **hyrwyddwraig (-agedd)** f 1.促進[助長]者 2.奨励[助成]者; 後援者

hysb a (f **hesb**, pl **hysbion**) 1.(精神的に)不毛な, 内容のない, つまらない, 貧弱な 2.(…の)ない, 欠けた: meddwl ~ o syniadau アイデアのない人 3.(井戸など)水の涸れた, 干上がった; 水が出ない 4.(牛など)乳の出ない

hysbio i (井戸など)水が涸れる

hysbyddu t (資源・体力などを)使い尽くす

hysbys a (人・事実などが)知られている; 既知[周知]の

hysbyseb (-ion) f : **hysbysiad (-au)** m 1.発表, 告知; 声明 2.掲示, 張り紙 3.(新聞などでの)広告, 宣伝 4.予告, 警告

hysbysebu t (商品などを)広告[宣伝]する, 張り紙で広告する

hysbysebwr (-wyr) m 広告主[者]

hysbysfwrdd (-fyrddau) m 掲示[告示]板

hysbysiad (-au) m 1.通知, 公告, 告示 2.通知書, 公告文, 届け書 3.(解雇・解約などの)予告, 警告

hysbysiadol a 情報[報道]の; 密告の

hysbysiaeth (-au) f [法律]告訴[告発](状)

hysbyslen (-ni) f 1.張り紙, 掲示, プラカード 2.掲示[告示]板

hysbysol a 情報[知識]を与える; 教育的な

hysbysrwydd m 1.広告(業) 2.情報, 知識: damcaniaeth (f) ~ 情報理論 3.(情報・知識の)伝達, 通知

hysbysu *t* 通知する, 知らせる, 告げる: ~'r heddlu 警察に通報する

hysbyswr : hysbysydd (-wyr) *m* 通知[通報]者, 情報提供者

hysiff : hyswi (-od) *f* 裁縫道具入れ

hysio *t*(犬などを人などに)けしかけて襲わせる: ~ ci ar rn 犬をけしかけて人を襲わせる

hysteraidd : hysterig *a* 1.[病理・心理]ヒステリー(性)の 2.病的興奮の

hysteria *m* 1.[病的・心理]ヒステリー 2.(個人・集団の)病的興奮

hysterig (-ion) *mf* ヒステリーを起こしやすい人; ヒステリー患者

hyswïaeth *f* 家事, 家政

hyswïaidd *a* 主婦[世話女房]らしい

hytrach *ad* 1.(…より)むしろ: da yn ~ na drwg 悪いというよりむしろ良い 2.どちらかと言えば, いやむしろ: neu'n ~ いやむしろ, もっと正確に言えば

hywedd *a* 1.(動物が)飼いならされた;(野獣など)馴らすことのできる 2.(人・性格が)おとなしい, 柔順な, 御しやすい 3.教えやすい

hyweddu *t* 1.(鳥獣を)飼い馴らす 2.(人を)服従させる 3.(勇気・情熱などを)抑制する

hyweddwr (-wyr) *m* 調教者, 馴らし手

I

I, i (îau) *f* (発音i:): I am Isaac (通信で) Iは
IsaacのI; rhoi dot ar eich i (iを書く時その点
を打つことを忘れないように) 極めて慎重[細
心]である; trawst (-iau) (*m*) I [土木] I形鋼,
I形ビーム (切断面がI字型の梁)

i *pron* **1.** [1人称単数主格] 私は[が]: onid
euthum i? 私は行きませんでしたか? **2.** [目的格]
[直接目的語] 私を: fe'm gwelodd i 彼女は私
を見た **3.** [間接目的語] 私に: rhoddodd hi
arian i mi 彼女は私に金を(少し)くれた **4.** [前
置詞の目的語] amdanaf i 私について; o'm
herwydd i 私のために

prep **1.** [運動の方向・到着] …へ[に, の方に]:
i'r ysgol 学校へ; i'r ysbyty 病院へ; i Japan
日本へ; mynd i'r coleg 大学へ行く **2.** [方角]
…の方へ[の方向に]: i'r dwyrain 東の方へ
3. [時間・期限の終点] …まで: o ddydd i
ddydd 連日 **4.** [時刻] (何時) (何分) 前で:
deng munud i chwech 6時10分前 **5.** [到達
点] …まで[に至るまで]: o'r dechrau/
dechreuad i'r diwedd 初めから終わりまで
6. [限度・程度] …まで[に至るまで, するほどに]:
i raddau pell 高度に, 非常に **7.** [目的] …のた
めに: i'r diben hwn この目的のために **8.** [結果・
効果] …したことには[にも]: er mawr synodod
i mi 驚いたことには **9.** [接触・結合・付着・付
加] …に[の上に, に加えて, に付く]: atodi rhth i
rth 何かを何かに加える; dal i obeithio 望みに
すがる **10.** [比較・対比] …に比べて[に対して,
につき]: mae tri i chwech fel y mae chwech
i ddeuddeg3の6に対する比は6の12に対する比
に等しい **11.** [適合・一致] …に合わせて, …通り
に[の]: i bob golwg どう見ても **12.** [行為・作用
の対象] …に対して[のために]: yfed iechyd da
i rn 人のために乾杯する **13.** [付属・関連・関
係] …の[に(とっての)]: etifedd i ystad 地所
の相続人; llysgennad (llysgenhadon) (*m*) i
frenin Sweden スェーデン王大使 **14.** [内部へ
向かう運動・方向] …の中へ[に], …に[へ]:
mynd i helynt 困ったことになる **15.** [変化・結
果] …に(する, なる): newidiais i'm siwt orau
私は一番よいスーツに着替えた **16.** [不定詞を導
いて] [副詞用法] [目的] …するために: rhaid
inni fwyta i fyw 私たちは生きるために食べな
ければならない; [結果] …するようになるまで; [程
度の基準] …するのに十分な: digon hen i fynd
i'r ysgol 学校に通える年齢で; …するには~すぎ
る, 非常に…で(~)できない: mae'n rhy dywyll
i weld あまりに暗くて見えない

iâ *m* 氷: ~ du 黒氷; ~ sych ドライアイス; torri'r
~ 話の口火を切る, 座を打ち解けさせる;(困難
なことの)皮切りをする, 口火を切る; Oes yr Iâ
[地質] 氷河時代; cylch (*f*) ~ つらら, 氷柱

iach *a* **1.** (人・顔付きなどが) 健康 (そう) な, 壮
健な **2.** (気候・土地・食物など) 健康によい,
衛生的な **3.** (文学など精神的に) 健全 [有益]
な, ためになる: yn ~ [間投詞] ごきげんよう!, さ
らば!; canu'n ~ 別れを告げる

iachâd *m* **1.** 治癒, 回復 **2.** 治療 (法) **3.** (創傷
の) 癒合

iachaol *a* **1.** 治療の **2.** 病気を治す, 治癒力のあ
る **3.** 快方に向かう **4.** 健康によい

iachau *t* (傷病を) 癒す, 治す

iachawdwr (-wyr) *m* 救助 [救済] 者, 救い
主

iachawdwriaeth *f* **1.** 救助, 救済 **2.** [神学]
(罪からの) 救い, 救済, 救世; 救世主:
gweithiwch allan eich ~ eich hunain [聖書]
自分の救いの達成に努めなさい (cf *Phil*
2:12); Byddin (*f*) yr I~ 救世軍 (1865年に
William BoothがLondonで組織し, 1878年軍
隊式組織に改編された; 伝導と社会事業を目的
とするキリスト教団体; Through Blood & Fire
がそのmotto)

iachawdwriaethwr (-wyr) *m* :
iachawdwriaethwraig (-agedd) *f* **1.** 福
音伝導者 **2.** 救世軍軍人

iachäwr(-awyr) *m* : **iachäwraig (-awragedd)**
f **1.** 治療者 **2.** 癒す人; (特に) 信仰療法を行う
人: ~ trwy ffydd 信仰療法を行う人

iachus : iachusol *a* **1.** (人・動物など) 健康
[健全] な **2.** (顔付き・食欲など) 健康そうな
3. (気候・土地・食物など) 健康によい, 衛生
的な **4.** 病気を治す, 治癒力のある **5.** (道徳上・
精神的に) 健全 [有益] な, ためになる

iachusrwydd *m* **1.** 健康 **2.** 健全

iäen (iaennau) *f* **1.** 一面の氷 **2.** [地質] 氷河

iaeth *m* 結霜; 厳寒

iaith (ieithoedd) *f* **1.** (一国・一民族などの)
言語, 国語: yr ~ Gymraeg, y Gymraeg *f*
ウェールズ語; mae'n siarad Cymraeg da 彼
は立派なウェールズ語を話す **2.** (音声・文字に
よる) 言語, 言葉: ~ lafar safonol 標準口語; ~
gydosod (ieithoedd cydosod) [電算] アセンブ
ラー言語 **3.** (花言葉・身振り言葉などの) 言葉:
~ gorfforol, ~ y corff ボディーランゲージ (身振

Ianws　り手振りなどによる伝達）；～(y)bysedd 指話(法)**4.**語法, 文体, 言葉遣い, 言回し；～gref 激しい言葉；～fras 悪態, ののしり

Ianws *m* [口神]（双面神）ヤヌス

iâr (ieir) *f* 雌鶏；～fatri (ieir batri) バタリーの雌鶏；～buarth/mas 放し飼いの雌鶏；～orllyd (ieir gorllyd) 卵を抱かせる雌鶏；～fach (*f*) yr haf (ieir bach yr haf) [昆虫] チョウ, 蝶

iard (-iau, ierddydd) *f* **1.**庭, 囲い地；～ysgol 校庭 **2.**[しばしば複合語の第2構成素として] 置場, 仕事場, 製造場；～frics (iardiau/ ierddydd brics) レンガ工場；～wartheg (iardiau/ierddydd gwartheg) 家畜一時置場 **3.**yr I～ ロンドン警視庁

iarll (ieirll) *m* 伯爵；I～ Farsial (-iaid) *m* （英国の）警備長官；（英国の）紋章院総裁

iarllaeth (-au) *f* 伯爵の位 [身分]

iarlles (-au) *f* **1.**伯爵夫人 **2.**女伯爵

ias (-au) *f* **1.**（恐怖・寒さなどによる）震え, 身震い, おののき, スリル, 戦慄, 快感；～o bleser 歓喜の震え, わくわくするような喜び **2.**（空気・水などの）冷たさ **3.**[pl] 寒気, 悪寒；mae'n codi ～ arnaf それは私をぞっとさせる

iasoer : iasol *a* **1.**霜の降りる; 霜の降りた **2.**（風など）氷の［身震いする］ように冷たい **3.**ぞっと［ぞくぞく, わくわく］させる, スリル満点の

iau (ieuau, ieuoedd) *mf* **1.**（一対の牛を首の所で繋ぐ）軛；canys fy ～ sydd esmwys [聖書] 私の軛は負いやすく（cf *Matt* 12:30) **2.**（軛で繋いだ牛の）一対 **3.**（敗れた敵兵を軛または三本槍のアーチの下をくぐらせた古代ローマの風習から）支配, 服従, 隷属；dyfod dan yr ～ 屈服する **4.**絆, 拘束 **5.**［服飾］ヨーク（シャツ・上着・ブラウスなどの襟肩やスカートの上部に入れる）切替え布 **6.**［解剖］肝臓

iau *a* もっと若い

Iau *m* **1.**[天文] 木星；dydd (-iau) (*m*) ～ 木曜日 **2.**[口神] ジュピター, ユピテル（神々の王で天の支配者; 妻はJuno; ギリシャ神話のZeusに当たる）

iawn *m* **1.**償い, 贖い, 補償, 賠償, 代償, 埋め合わせ **2.**補償 [賠償] 金 **3.**（道徳的に）正しいこと, 正当, 正義, 正道, 公正；～ac an-iawn 正邪 **4.**[心理] 代償 [補償]（作用）**5.**[キ教] 贖罪 **6.**[I～] キリストの贖罪 **7.**(米) 給料, 俸給　*a* **1.**公正な, 正しい **2.**間違いのない, 正確な；rhoi'r ateb ～ 正答を与える **3.**合法的 [正当] な, 適法の；etifedd ～ 適法の相続人　*ad* 非常に, 大変, ひどく；da ～ 非常に良い

iawndal (-iadau) *m* = **iawn** 1, 2; yn/fel ～ 補償として

iawnfrydig *a* 心の正しい, 正しい考えの, 律儀な

iawnfrydigrwydd *m* 律儀, 正直

iawn-onglog *a* 直角の

idealaeth *f* [哲学] 観念 [唯心] 論

idealaidd *a* [哲学] 観念論の

idealistig *a* 理想主義の

idealydd (-wyr) *m* [哲学] 観念 [唯心] 論者

Iddew (-on) *m* ユダヤ人；ヘブライ人；イスラエル人；yr I～ Crwydrad さまよえるユダヤ人

Iddewaidd : Iddewig *a* ユダヤ人の［特有の, らしい］；ユダヤ（民族）の

Iddeweg *mf* イディッシュ語

Iddewes (-au) *f* ユダヤ女

Iddewiaeth *f* **1.**ユダヤ教（信仰）**2.**ユダヤ主義, ユダヤ人気質 **3.**ユダヤ人（社会）

ie *ad*（質問などに答えて）はい；ai John yw hwn? – ～ こちらはジョンですか? – はい（です）；(ai) ti sydd yna? – ～ あなたですか? – はい；ateb ie neu nage はいかいいえで答える；～, peth rhyfedd ydyw はい, それは奇妙な物です；ai côt Jên yw honna? – ～ それはジェインのコートですか? – はい；ai i Gaerdydd yr oeddech chi'n mynd? – ～ あなたが出掛けていたのはカーディフでしたか? – はい, そうです

iechyd *m* **1.**健康, 健全；adennill ～ 健康を回復する **2.**健康状態；cael ～ とても健康だ **3.**健康法, 衛生；～cyhoeddus 公衆衛生；y Gwasanaeth (*m*) I～ Gwladol Cenedlaethol（英国の）国民保健制度 **4.**（健康を祈っての）乾杯；～dal 健康を祝します!（乾杯の言葉）

iechydfa (-feydd) *f* **1.**（回復期の病人や・結核・精神病・アルコール中毒患者などのための）サナトリウム, 療養所 **2.**保養地

iechydol *a* **1.**（公衆）衛生の, 衛生上の **2.**公衆衛生学の

iechydwr (-wyr) *m* 公衆衛生学者 [技師]

iechydwriaeth *f* = **iachawdwriaeth**

ieitheg *f* **1.**文献学 **2.**言語学（通例史的または比較的に研究する言語学）；～gymhwysol / gymwysedig 応用言語学

ieithegol *a* 文献 [言語] 学 (上) の

ieithegu *i* 文献 [言語] 学を研究する

ieithegwr : ieithegydd (-wyr) *m* **1.**文献学者 **2.**言語学者

ieithydd (-ion, ieithwyr) *m* **1.**言語学者 **2.**外国語通；mae'n ～ da 彼は語学の達者な人です

ieithyddiaeth *f* 言語学（通例共時的に研究する言語学）

ieithyddol *a* **1.**言葉 [言語] の **2.**言語学 (上) の

ieithyddwr (-wyr) *m* 言語学者

iengeiddio *i* 元気に [若々しく] なる

iet (-au, -iau) *f*（庭などの）木戸, 扉

ieuaf *a* 最も若い

ieuanc (-ainc) *a* **1.**若い, 若々しい **2.**若者らしい

ieuangach *a* もっと若い

ieuangaidd *a* やや若い; まだ若い

ieuangaf *a* = **ieuaf**

ieuenctid *m* 1.若さ, 血気 2.青年時代, 青春(期); ffynnon (*f*) ~ 不老の泉 (Alexander the Greatを巡る中世の伝説に出る青春を取り戻させるという神秘の泉) 3.[集合的]青年男女, 若い人達: canolfan (-nau) (*mf*) ~ ユースセンター (青年の余暇活動のための場所); hostel (-au, -i) (*mf*) ~ ユースホステル

ieuengrwydd *m* 若者らしさ

ieuo *t* 1.(牛馬などに)軛をかける, 軛で繋ぐ 2.結合させる, 繋ぎ合わせる 3.結婚させる

ieuog *a* 1.軛で繋がれた 2.結合された 3.結婚して結ばれた

ifori *m* 象牙
a 象牙のような; 象牙製の: twr (tyrau) (*m*) ~ 象牙の塔 (現実社会から遊離した学問・思想・芸術・夢想の世界)

ig (-iau, -ion) : igian *m* 1.すすり泣き, 泣きじゃくり 2.しゃっくり: mae'r ~/igion arna' i 私はしゃっくりが出る

igam-ogam *m* 1.ジグザグ [Z字, 稲妻] 形 2.ジグザグ形の物
a ジグザグ [Z字, 稲妻] 形の
ad ジグザグ [Z字] 形に: dringai'r ffordd ~ i fyny'r bryn 道路は丘をジグザグに上っていた

igam-ogamu : igamogi *i* 1.(人・稲妻などが)ジグザグに進む 2.(道・川などが)ジグザグに走る, Z字形である

igian *t* 1.すすり泣きながら話す 2.しゃっくりしながら言う
i 1.すすり [むせび] 泣く 2.しゃっくりする

ing (-oedd) *m* 1.苦悩, 苦闷, 苦痛, 悲痛, 悲嘆: ~ angau 死 [断末魔] の苦しみ 2.激情

ingol *a* 苦悩の多い [に満ちた], 悲惨な, 苦闷を与える, 苦しめる

ildiad (-au) *m* 1.(要塞・人などの)明け [引き]渡し 2.降伏, 陥落 3.[法律](権利などの)放棄 4.自首 5.[物理・原子]エネルギーの放射量

ildio *t* 1.(圧迫・強制・要求などによって要塞などを)明け [引き]渡す, 譲渡する: bu raid inni ~'r gaer 我々は砦を明け渡さねばならなかった 2.(当然なものとして, または要求されて)許す, 与える: ~ pwynt 論点を譲る 3.(作物・製品などを)産する 4.(利子・収入などを)もたらす, 生む 5.(地位・権利・資産などを)放棄する 6.(習慣・感情などに)身を委ねる, 溺れる, 耽る: ~ i anobaith 自暴自棄に陥る 7.[軍事]降参 [降伏, 屈従] する
i 1.(強制・説得・誘惑などに)屈する, 従う: ~ i demitasiwn誘惑に屈する [負ける] 2.(習慣・感情などに)身を任せる, 溺れる, 耽る 3.[軍事](特に捕虜として)降参 [降伏] する

ildiol *a* (人が)影響 [感化] を受けやすい, 従順な

ildiwr (-wyr) *m* 降伏者

impiad (-au) *m* 1.[園芸]接木 (法), 接穂, 接枝 2.[外科]移植 (組織)

impio *t* 1.発芽させる 2.[園芸](接穂を)接ぐ, 芽接ぎする 3.[外科](皮膚・骨などを)移植する

impiwr (-wyr) *m* 1.接木をする人 2.移植手術をする人

inc (-iau) *m* 1.(筆記用・印刷用)インク: Japan (液体の)墨, 墨汁; ~ argraffu 印刷用インク 2.(イカ・タコ類の出す)墨: coden (-nau) (*f*) ~ (イカ・タコ類の持つ)墨袋

incil : incl (inclau) *m* 1.平打ち [真田] 紐, テープ 2.(接着用)テープ 3.録音 [画] テープ 4.[洋裁]巻尺 5.[競技](決勝線の)テープ 6.[電気](電気絶縁用の)テープ 7.[電算]紙 [磁気] テープ

incio *t* 1.インクで書く 2.インクで消す: dileu rhth ag ~ インクで何かを消す 3.(万年筆などに)インクを入れる

inciog *a* 1.インクのような: 真っ黒な 2.インクで書いた 3.インクで汚れた

incwm (incymau) *m* (定期的に入る一定の)収入, 所得: ~ crynswth 総収入; I~ Gwladol [経済]国民所得; treth (*f*) ~ 所得税

indecs (-au) *m* 1.[数学]指数; (対数の)指標 2.[光学]屈折率

India *f* [地理]インド (共和国)(1950年英連邦内の共和国として独立; 首都New Delhi)

Indiad (-iaid) *m* 1.インド人 2.アメリカ先住民: I~ Coch ネイティヴアメリカン

Indiaidd *a* 1.インド (人)の 2.アメリカ先住民(語)の

Indonesaidd *a* インドネシア (人)の

Indoneseg *mf* インドネシア語
a インドネシア語の

Indonesia *f* [地理]インドネシア (旧オランダ領東インドの全域を占める共和国; 首都Jakarta)

Indonesiad (-iaid) *mf* インドネシア人

insel (-iau, inseiliau) *f* (指輪などに彫った)認印

inselio *t* (手紙などに)認印を押す: ~ llythyr 手紙に認印を押す

integredig *a* 1.統合した 2.人種 [宗教] 的差別をしない 3.[心理](人格が)統合した

integreiddiad *m* [心理](人格の)統合

integreiddio *t* 1.[数学]積分する 2.[教育・政治](学校などでの)人種 [宗教] 的差別を廃止する, 統合する

integreiddiol *a* 1.統合的な 2.人種 [宗教] 的差別待遇の廃止をする

integreiddiwr (-wyr) *m* 人種 [宗教] 的差別待遇撤廃論者

integriad (-au) *m* [数学]積分

integrol *a* [数学]整数の; 積分の: parth (-au) ~ *m* 整域; calcwlws ~ *m* 積分学

integryn (-nau) *m* 1.[数学]整数; 積分 2.[経

interliwd 387 **isel**

済]経済統合 3.(学校などでの)人種[宗教]
的差別の廃止

interliwd (-iau) *f* [音楽] 間奏曲

iod (-au) *f* 1.(文字の上の)点, ぽち, 点画 2.(通
例否定文で)僅か, 少し, 微塵 3.[副詞的に] yr
yn ~ 少しも…(し)ない

ïon (-au) *m* [物理・化学] イオン: cyfnewidiwr
(-wyr) (*m*) ïonau イオン交換体

ïonaidd : ïonig *a* 1.[物理・化学] イオンの[を
含む] 2.イオンで機能する

Ïonaidd : Ïonig *a* 1.イオニア(人)の 2.[建
築] イオニア式の

Ionawr *m* 1月

Ionc (-s) : ioncyn (ioncs) *m* 馬鹿者, 頓馬

ïonedd *m* [物理・化学] イオン

Ïoneg *mf* (古代ギリシャ語の)イオニア語
a (古代ギリシャ語の)イオニア語の

Ïoniad (-iaid) *mf* イオニア人

iorwg *m* [植物] セイヨウキヅタ, 西洋木蔦

iota (-âu) *f* 1.イオタ(ギリシャ語アルファベット24
字中の第9字I,ı; 英字のI, iに当たる) 2.(文字
の上の)点, ぽち, 点画 3.[通例否定文で] 僅
か, 少し

ir (-ion) : iraidd (ireiddion) *a* (草木が) 新
しい, 新鮮な, 水々しい

Irac *f* [地理] イラク(Iraq)(アジア南西部の共和
国; 首都Baghdad)

Iracaidd *a* イラク(人)の

Iraceg *mf* イラク語
a イラク語の

Iraci (-s) : Iraciad (-iaid) *mf* イラク人

irad : iraid (ireidiau) *m* 1.潤滑油[剤], グ
リース 2.物事を円滑にするもの

irai *m* (家畜などを追う)突き棒

Iran *f* [地理] イラン(アジア西部の共和国; 首都
Teheran)

Iranaidd *a* イラン(人)の

Iraneg *mf* イラン語
a イラン語の

Iraniad (-iaid) *mf* イラン人

irder : ireidd-dra *m* (草木の)新鮮さ

iredig : ireidlyd *a* グリースのような, 油脂性の,
すべすべした

ireidiad (-au) : iriad (-au) *m* 滑らかにするこ
と, 潤滑; 注油(法)

ireidio *t* 1.(機械などに)油を差す 2.(クリームな
どで)滑らかにする 3.(物事を)円滑に運ばせ
る 4.(人を)買収する

ireidiol *a* 潤滑性の

ireiddio *t* (色などを) 鮮やかにする

iro *t* 1.(傷口などに)油を塗る: ~ blonegen/
hwch â bloneg 余計[不必要]な事をする, 無
駄骨を折る 2.[キ教] (聖別のしるしとして)聖
油を塗る; 聖別する 3.(聖油によって国王など
に)選ぶ 4.= **ireidio**: ~ llaw 賄賂を使う, 買
収する

irwr (-wyr) *m* 1.滑らかにする人 2.(車・機械
などの)油差し人;(自動車・飛行機の)修理
士, 整備士 3.潤滑装置; 注油器, 油差し

is *a* 1.[位置・階級] 下位の; 低い, 下級の: llys
~ *m* [法律] 下位裁判所 2.[質・程度] 劣った,
下等[劣等]の; 二流品の 3.[印刷] 下付きの:
llythyren (llythrennau) ~, islysysyren
(islysyrennau) *f* 下付きの文字[数字]

is- *pref* 1.[(物の)下の]: isffordd (isffyrdd) *f*
地下道 2.[位階・地位] 下位, 副, 補, 次, 代理:
is-olygydd (-ion) *m* 副主筆; is-asiant 副代理
人; is-gadeirydd (-ion) *m* 副議長[会長, 委員
長] 3.[やや, 多少, 半, 不完全に]: is-ddynol
人間に近い 4.[亜, …に近い/接する]:
isarctig 北極に近い, 亜北極の 5.[解剖] …の
下[内側]の: isgroenol 皮下の 6.[化学] 塩基
性の: isasetad (-au) *m* 塩基性酢酸塩

isadran (-nau) *f* 小区, 小分, 細別; 分課

isaf *a* 1.最下[最低]の: yr ~ o'r isel rai (人に
ついて)下の下, 最下層の人 2.最も深刻の

isafon (-ydd) *f* (川の)支流

Isalmaen *f* [地理] オランダ(the Netherlands)
(ヨーロッパ北西部, 北海に臨む王国; 首都
Amsterdam, 政府所在地The Hague)

Isalmaeneg *mf* オランダ語
a オランダ語の

Isalmaenes (-au) *f* 女性のオランダ人

Isalmaenig *a* 1.オランダ(人)の 2.オランダ製
[産]の 3.オランダ流の

Isalmaenwr (-wyr) *m* オランダ人

Is-arlywydd (-ion) *m* (国家の)副大統領

isathro (-rawon) *m* [教育] (私学の)助教師

isbridd (-oedd) *m* [地質・農業] 下層土, 心土

isbrydles (-au, -i, -oedd) *f* 又貸し, 転貸

is-bwyllgor (-au) *m* [行政] [小] 委員会

isddeiliad (-iaid) *m* [中世] 陪臣, 又家来, 又
者(王の直臣に次ぐ領臣)

isel *a* 1.(高さが)低い 2.(お辞儀など)低く屈む:
moesymgrymiad ~ 腰の低いお辞儀 3.(声・
音が)低い 4.[美術] 低い: cerfwedd ~ *f* 低浮
彫り, 低肉彫り, 浅浮彫り 5.[音楽] 低音の 6.(自
動車の車台が)低い, 低速の: ffrâm ~ *f* 低い
シャーシー 7.社会的地位の低い, 卑しい:
bywyd ~ *m* 下層社会生活; o ~ radd 生まれ
の卑しい 8.育ちの悪い; 低級[下品]な: comedi
~ *f* 低俗な喜劇 9.栄養価の低い: deiet ~ *m*
栄養価の低い食事 10.元気がない, 意気消沈し
た 11.(程度・価値など)低い;(値段が)安い:
pris ~ *m* 安い物価 12.(温度・熱・圧力など)
弱い, 低い 13.[地理] 低地の: yr Iseldiroedd
北海沿岸の低地帯 14.(周波帯が)低い:
amledd ~ *m* [通信] 低周波(数)帯 15.[言語]
低地の: I~ Almaeneg *f* 低地ドイツ語 16.[地
理] (緯度が)低い; 赤道に近い: lledredau ~
低緯度(地方) 17.[通例I~] 低教会派の 18.[カ
ト] 聖歌隊も香もない最も普通の: ~ offeren f 読

iselder 誦ミサ

iselder *m* 1.(木など)低いこと 2.(音・声などが)低いこと, 低音 3.(値段が)安価 4.(温度・熱・圧力などが)低いこと, 低温, 低圧 5.(行動・態度など)粗野, 卑劣, 下品 6.元気のないこと, 無力さ, 意気消沈

iseldir (-oedd) *m* 低地: I~ yr Alban スコットランド低地地方(スコットランドの南東部)

Iseldiraidd : Iseldirol *a* オランダ(人)の

Iseldires (-au) *f* : **Iseldirwr (-wyr)** *m* ネーデルランド[オランダ]人

Iseldiroedd *pl*[地理]ネーデルランド, オランダ;Yr I~ ネーデルランドの

iselfryd *a* 謙虚な心の

iselfrydedd *m* 謙遜, 卑下

iselhad *m* 1.(地位・名誉・品位などの)下落, 低下, 失墜, 堕落 2.(価値・性質・品質などの)下落, 低下, 堕落

iselhaol *a* 屈辱的[不面目]な

iselhau *t* 1.自尊心を傷つける, 恥をかかせる, 屈辱を与える 2.(地位・人格・品性・評判などを)落す, 下げる, 卑しくする 3.(物の)品質・価値を低下させる

iseladd *a* = isel

iselu *t* = iselhau

iselwael *a* 1.(人・行為など)卑しい, 卑劣な, 堕落した, 下品な 2.(通りなど)みすぼらしい, むさ苦しい, さびれた

isetholiad (-au) *mf*(英下院・米国会・州議会の)補欠選挙

isfeidon (-au) *f*[音楽]下中音(音階の第6音)

is-gadeirydd (-ion) *m* 副議長[会長, 委員長]

is-ganghellor (~-gangellorion) *m*(主に英国の)大学副総長(事実上の総長)

is-gapteiniaeth (-au) *f* 上官代理の職[位, 任期]

is-gapten (-einiaid) *m* 上官代理, 副官

isgell (-au) *m*[料理]1.肉汁, グレーヴィー 2.スープストック

isgynnyrch (isgynhyrchion) *m* 副産物;(思いがけない)副次的結果

is-iarll (~-ieirll) *m* 子爵

is-iarlles (-au, -i) *f* 子爵夫人

is-iarllaeth (-au) *f* 子爵の位[身分]

Islam *mf* 1.イスラム[マホメット]教 2.[集合的に]全イスラム教徒; 全イスラム教団

Islamaidd *a* イスラム教の

Islameg *f* イスラム教研究

Islamiad (-iaid) *mf* : **Islamydd (Islamwyr)** *m* イスラム教徒

Islamiaeth *f* イスラム教信仰

Islandaidd *a* アイスランド(人)の

Islandeg *mf* アイスランド語
a アイスランド語の

Islandiad (-iaid) *mf* : **Islandwr (-wyr)** *m* :

Islandwraig (-agedd) *f* アイスランド人

islaw *prep* 1.[数量・程度・時間・年齢]…未満[以下の[で]: ~'r cyffredin/cyfartaledd 平均未満の[で]; mae'r swm ~'r disgwyliadau 総計は期待したより少ない 2.…する価値のない[にも似合わない, の品位に関わる]: mae cwyno ~ ei urddas 不平を言うとは彼らしくもない
ad[位置]下の方に[へ], ずっと下に

islif (-au, -ogydd) *m* 1.(上層の水流・気流の下を流れる)下層流, 底流 2.(感情・意見などの)底流

is-lyngesydd (~-lyngeswyr) *m*[海軍]中将

is-lywydd (-ion) *m* 1.副総裁[会長, 総長, 頭取]2.[音楽]下属(和)音

isnormal *a* 普通[正常]以下の;(特に知能などが)普通以下の

isnormal (-au) *f* 1.正常以下の人;(特に)低能者 2.[数学](X軸上の)法線影

isobar (-rau) *m*[気象]等圧線

isobarig *a*[気象]等圧(線)の

isocratiaeth *f*[政治]平等参政権

isod *ad* = islaw: oddi ~ 下から; y llys ~ [法律]下級裁判所

isomerig *a*[化学]異性(体)の

isometrig *a*[幾何]等大[同大, 等長, 等角, 等容]の

isop *m*[植物]ヒソップ, ヤナギハッカ(昔, 薬用としたハッカの一種)

isosgeles *a*[幾何]二等辺の

isosod *t* 1.(借りている土地・部屋などを)又貸しする 2.(仕事などを)下請けさせる

isotherm (-au) *m*[気象]等温線

isradd *a* 1.(階級・地位・品位)下位[次位]の, 劣った 2.従属[随伴]する 3.[文法]従属[従位] の: is-gymal (-au) *m*, cymal (-au) ~ *m* 従属節

isradd (-au) *f*[数学]根(数): ail ~ 平方根

israddio : israddoli *t* 1.下位に置く 2.従属[服従]させる 3.軽視する

israddol *a* 1.従属的な 2.(過半数の株を持つ)親会社に支えられた: cwmni (cwmniau) ~ *m* 子会社 3.[文法]従属の 4.(位置・階級が)下位[次位]の; 下級の 5.(質・価値などが)劣った, 下等[劣等]の: nid yw ef fymryn yn ~ iddi hi 彼は決して彼女に劣っていない

israddoldeb *m* 1.下位, 下級, 劣等: cymhleth (*m*) ~ [精分]劣等コンプレックス, 劣等感 2.粗悪

Israel *f*[地理]イスラエル共和国(1948年に建設されたアジア南西部地中海に臨むユダヤ人の国; 首都Jerusalem)

Israelaidd *a* イスラエル共和国(民)の

Israeliad (-iaid) *mf* イスラエル共和国人

is-swyddfa (~-swyddfeydd) *f*(郵便局・銀行などの)支店, 出張所

is-swyddog (-ion) *m* 支店員

iswasanaeth *m* 役立つこと, 貢献

iswasanaethgar *a* 役立つ, 貢献する

iswasanaethu *t* (目的・行動などに) 役立つ

isymwybod *m* : **isymwybyddiaeth** *f* [心理] 潜在意識: yr ysymwybod潜在意識下の自己

isymwybodol *a* [心理] 潜在意識の

ithfaen *m* [岩石] 花崗岩, 御影石

ithfeinig *a* 花崗岩質の, 御影石の

Iwerddon *f* [地理] **1.** アイルランド (Ireland) (アイルランド共和国と北部の北アイルランドに分かれる) **2.** アイルランド共和国 (1921年アイルランド自由国としてBritish Empire中の自治領になったが, 1937年独立してEireと改称し, さらに1949年には英連邦から脱退し現在の国名 (the Republic of Ireland) となる; 首都 Dublin): Gogledd (*m*) ~ 北アイルランド (首都 Belfast)

Iwerydd *m* 大西洋: yr I~ 大西洋; De (*m*) 'r ~ 南大西洋

Iwgoslafaidd *a* ユーゴスラヴィア (人) の

Iwgoslafia *f* [地理] ユーゴスラヴィア (Yugoslavia) (ヨーロッパ南部Balkan Peninsulaの連邦共和国; 1991~2年に旧連邦加盟国のうちBosnia and Herzegovina, Croatia, Macedonia, Sloveniaが独立し, SerbiaとMontenegroが新連邦を結成; 首都 Belgrade)

Iwgoslafiad (-iaid) *mf* ユーゴスラヴィア人

iwmon (iwmyn) *m* **1.** [英史] (昔の) 自由民, 自由農, ヨーマン **2.** [軍事] un o I~ y Gard (Iwmyn y Gard) 英国王の衛士 (1485年 Henry七世の制定による; 初めは50名であったが, 1669年以来100名になった; 古式の服装をまとい, 矛を持ち, 儀式の際の国王の衛士係とロンドン塔の衛士係とがある) **3.** [海軍] 倉庫 [補給品] 係, 信号係下士官兵: ~ yr arwyddion [英海軍] 信号係下士官兵 **4.** 自作農, 小地主 **5.** (昔, 王家・貴族に仕えた) 従者, 家臣 **6.** [政治] I~-ystlyswr (Iwmyn-ystlyswyr) *m* 英国貴族院の守衛官

iwrch (iyrchod) *m* [動物] ノロジカの雄

iyrchell (-au, -od) : **iyrches (-au, -od)** *f* [動物] ノロジカの雌

J

J, j *f*(発音ʤe (je) :, *pl* jeau) : J am Jac[電信で] JはJackのJ

jac-do : jac-y-do (-s, jacdoeau) *m*[鳥類]コクマルガラス(鳴声が喧しいのと盗癖で知られる)

jam (-iau) *m*[料理]ジャム: pot (-iau)(*m*) ~ジャムの壺, ジャム入れ; 'rwyt ti'n disgwyl ~/mê/arni あなたはもっと欲張る

Jamaica *f*[地理]ジャマイカ(西インド諸島にある英連邦内の独立国; 首都Kingston)

Jamaicad (-aid) *mf* ジャマイカ島人

Jamaicaidd *a* ジャマイカ島の

jamio *t*(果物を)ジャムにする, 砂糖[塩]漬けにする, ジャムを作る

jamlyd *a* ジャムでべたつく

jangleres (-au) *f* : **janglwr (-wyr)** *m* 他人の噂を触れ回る人, おしゃべり, 金棒引き

janglo *i* 噂話をする

jant (-iau) *f*(近距離の)遠足, 遊山旅行

jantan : jantio *i* 遠足[遊山旅行]をする

japan *m* 1.漆 2.漆器

Japan *f*[地理]日本(首都: 東京(Tokyo)): cwyr (*m*) ~ 木蝋(ハゼノキから採る)

Japanaidd : Japaneaidd *a* 日本(人)の: ymerawdwr Japan 天皇

Japanaeg : Japaneg *mf* 日本語 *a* 日本語の

Japanead (-aid) : Japanî (-s) : Japaniad (-iaid) *mf* 日本人

Japaneiddio *t* 日本風にする

Japlish *mf*[言語] 1.英語をやたらに混ぜた日本語 2.(発音・語法などが)日本語的な英語

japonica *f*[植物]ツバキ, 椿

jar (-iau) *m* 1.(広口の)瓶, 壺 2.湯たんぽ

jargon (-au) *mf* 専門[職業]語, 隠語

jariaid (jareidiau) *f* 瓶[壺]一杯(の量)

jas : jazz *m*[音楽]ジャズ: band (-iau)(*m*) ~ ジャズバンド

jasaidd *a* ジャズ的な, ジャズ風の

jasiwr : jaswr (-wyr) *m* ジャズ演奏家

jasmin *m*[植物]ジャスミン

jêl (-s) *f* 刑務所, 拘置所

jeli (-ïau) *m*[料理]ゼリー, ジェリー

jelio : jelïo *i* ゼリー状になる

jelïaidd *a* 1.ゼリー状になった 2.ゼリーで覆った: llyswod mewn jeli 薄塩で煮て煮こごりにして酢をかけて食べるウナギのぶつ切り

Jersey *f*[地理]ジャージー島(Channel Islands中最大の島)

Jersi (-s) *f*[農業]ジャージー種の乳牛

jersi : jyrsi (-s) *f* 1.ジャージー(伸縮性のあるメリヤスの布地) 2.ジャージーセーター

Jerwsalem *f*[地理]エルサレム(イスラエルの首都)

jet (-iau) *f* 1.(液体・ガスなどの)噴射, 噴出 2.噴出物 3.ジェット機: jetludded *m* ジェット機病, 時差ぼけ

jetio *i* ジェット機で旅行する

jetlif (-au) *m* 1.[気象]ジェット気流 2.[航空]ジェット噴流

jet-sgi (-sgïau) *f* 水上バイク[オートバイ]

jet-sgïo *i* 水上バイク[オートバイ]で疾走する

ji-binc (-od) *f*[鳥類]ズアオアトリ(ヨーロッパ産の鳴鳥)

jig (-iau, -s) *f*[ダンス]ジグ(急速度で軽快な6/8拍子のダンス)

jig (-iau) *mf*[機械]ジグ

jigio *i* ジグを踊る

jig-so (-s) *m* ジグソーパズル

jîn *m*[織物]ジーン布

jîns *pl* ジーンズ, ジーパン

jîp (-s) *m* ジープ(簡便で能率的な小型自動車)

jiwbil (-iau) : jiwbilî (-s, jiwbilïau) *f*(25年・50年・60年・75年などの)記念祭, 祝典: ~ arian 25周年記念祭

jiwcbocs (-ys) *m* ジュークボックス

job (-sys) : joben *f* : **jobyn** *m* 1.仕事; 手間(賃)仕事 2.職業, 地位 3.任務, 役目 4.事, 事件; 運

jobio *i*[株式]株式売買をする

jôc (-s) *f* 1.冗談, しゃれ, ジョーク 2.笑い話; 笑い種, 物笑いの種

jocan : jocian : jocio *i* 冗談[しゃれ]を言う

joci (-s) *m*(専門の)競馬騎手, ジョッキー: Clwb (*m*) y Jocis 英国Newmarketの競馬クラブ(1750ごろ創立, 英本国内の競馬を司る); cap (iau)(*m*) ~ 騎手帽

joch *m* ぐっと飲むこと[量, 音], ぱくっと食べること[量, 音]

Jwdas (-iaid) *m*[聖書](イスカリオテの)ユダ(十二使徒の一人でキリストを裏切り銀30枚で祭司長に売った後で自殺した): cusan (*mf*) ~ ユダの接吻(友情を装ってする偽りのキス; cf *Matt* 26:48)

judo *m* 柔道

judowr (jwdowyr) *m* 柔道家

jwg (jygiau) *mf*（取手と注ぎ口の付いた広口
の）水差し: clustiau/dolenni/trontolau ~（水
差しの取手のように）横に張った大きな耳

jyglad *m* 曲芸

jyglo *t*（ボール・ナイフ・皿などを）手玉に取って
曲芸をする
　i（ボール・ナイフ・皿などを）手玉に取る曲芸を
する

jyglwr (-wyr) *m* 曲芸師

jymbo (-s) *m* 1.超大型の物: ~-jet (-iau, -s) *f*
［航空］ジャンボジェット機 2.巨漢 3.巨獣

jymper (-i, -s) *f*［服飾］1.（ブラウスなどの上に
着る）プルオーヴァー，セーター 2.（米）（婦人・
女児用の袖なしの）ジャンパードレス［スカート］

jyngl (-au) *f* 密林, ジャングル: deddf y ~ ジャ
ングルの掟（弱肉強食）

jynglaidd *a* ジャングル［密林］の

L

L, l *f* (発音el, *pl* -iau)：L am Lewis [電法] LはLewisのL

labar *m* (賃金を得るための) 労働, 勤労

label (-i) *mf* **1.**貼り札 [紙], 荷札, 付箋, ラベル, レッテル **2.**(人・団体・流派などの特色を簡単に示す) 標章 **3.**(レコード会社などの) 商標 **4.**[紋章] レーベル

labordy (-dai) *m* **1.**実験室 **2.**(薬品などの) 製造所 **3.**(教育などで実験・実習などの設備のある) 実習 [演習] 室 **4.**(大学の課程での) 実習, 演習

labrer (-s) : labrwr (-s) *m* 労働者

labro *i* 労働する

lactwn *m* [冶金] ラッテン (真鍮のもとになった古い合金)

lafa (lafäu) *m* [地質] (流動状・凝固した) 溶岩：llif (-oedd) (*m*) ~ 溶岩流

lafant *m* [植物] ラヴェンダー
a 藤色 [薄紫] の：lliw (*m*) ~ 藤 [薄紫, ラヴェンダー] 色

lafwr *m* [植物] アマノリ, 甘海苔 (食用ノリ)：bara (*m*) ~/lafar/lawr ラーヴァブレッド (乾燥したアマノリから作るパン状の食物; 英国西部, 特にウェールズ地方で食べる)

lamp (-au) *f* **1.**(電気・ガス・灯油などの) 照明器具, ランプ：~ bared (lampau pared) 壁に取付けた電灯, polyn (*m*) ~ (polion lampau) 街灯柱 **2.**[電気] 電球

lan *prep* **1.**(低い位置・地点から) …の上へ [に], …を上がって：mynd ~ y stâr 階段を上がる **2.**(川の) 上流へ [に]：~ yr afon 川の上流へ **3.**(道などに) 沿って, …伝いに：mynd ~ y stryd 通りを行く [進む]
ad **1.**(低い位置から) 上へ [に], 上の方へ：mynd ~ 上がる, 昇る；o'r tu uchaf ~ 顔を上に向けて **2.**より高い所に [で]：~ (yn y) fanco あそこの高い所で **3.**(南から) 北方へ：~ sha'r North (ウェールズで) 北部へ [に] **4.**(事態・景気が) 上向きで：mae pethau'n dishgwl ~ 事態は好転している **5.**起きて, 寝ないで：aros ~ 起きて [寝ないで] いる, 寝ないで (人を) 待つ **6.**…まで：~ ys pum can punt 500ポンドまで

lantarn (lanternau, lanterni) *f* 角灯, カンテラ, 提灯

lap (-iau) *f* **1.**[建築] 重ね, 羽掛 **2.**[競技] (走路の) 一周, (競泳路の) 一往復, ラップ

lapiad (-au) *m* **1.**= **lap**1 **2.**[紡織] (製綿工程

の) むしろ綿, ラップ

lapio *t* **1.**包む, くるむ **2.**まとう, 巻く **3.**囲む, 取巻く **4.**重ねる, 覆い隠す **5.**[紡織] (綿・羊毛などを) むしろ綿 [ラップ] にする **6.**[競技] (相手を) 一周 [一往復] (以上) 抜く
i **1.**身を包む, くるまる **2.**(部分的に) 重なり合う, かぶさる **3.**(場所などが境界を越えて) 広がる **4.**(会・時間などが定時を過ぎて) 延びる **5.**[競技] 一周 [一往復] する

larwm (larymau) *m* **1.**警報 **2.**警報器, 警鈴, 警報 [目覚まし] 装置, アラーム：cloch (*f*) ~ 警鈴, 警報 [非常] ベル；cloc (-iau) (*m*) ~ 目覚まし時計；~ lladron 盗難警報器

lasagne *m* [料理] ラザーニア

laser (-au, i) *m* レーザー：argraffydd (-ion) (*m*) ~ [電算] レーザープリンター

latwm : latwn *m* = **lactwn**

lawnt (-iau, -ydd) *f* (公園・家の周囲などのきれいに刈り込んだ) 芝生：tenis (*m*) ~ ローンテニス (芝生コートでするテニス)

lawr : i lawr *ad* **1.**(運動・方向) (高い所から) 低い所へ, 降りて, 下へ [に]：dewch lawr! 降りろ!；mynd i lawr 下へ行く, 降りて行く **2.**体を横にして；坐って **3.**[動詞を省略して命令文で] 降ろせ!, 坐れ!：(i) lawr!(人に前足をかけたり, 人を襲っている犬に向かって) よせ!下がって, 下りて：mae'r llenni i lawr カーテンは下りている **5.**倒れて **6.**(身分・地位などが) 下がって, 落ちぶれて **7.**(風が) 静まって, 凪いで
prep **1.**[移動] (高所から) …を下って [の下方に]；(ある地点から) …を [に沿って]；(道に沿って) 下って：mynd i lawr stryd/rhiw 通りを行く [丘を下る] **2.**(流れ・風に) 沿って, 下って；南下して：mynd i lawr ye afon 川を下る

Lawrens : Lowrans *m* ローレンス (Lawrence) (男性名；愛称Larry)

lefain *m* **1.**発酵 **2.**発酵した練粉, 酵素, (特に) パン種：yr hen ~ [聖書] 古きパン種, 革新されない旧習の痕跡 (cf *1 Cor* 5:7) **3.**感化 [影響] を与える物

lefeiniadwy *a* 発酵可能な, 発酵性の

lefeiniedig *a* 発酵した

lefeinio *t* **1.**(ワインなどを) 発酵させる **2.**パン種を入れる, (煉粉を) 発酵させる

lefeinllyd *a* パン種の入った, 酵母を加えた：bara ~/lefain 発酵させて膨らませたパン

lefel (-au) *f* **1.**[道具] 水準器, (測量用) レヴェル：~ wirod (lefelau gwirod) アルコール水準

lefelu 393 **lôn**

器 2.水平;(水)平面 3.(水平面の)高さ, 高度; ~ y llygad/llygaid 目の高さ 4.(地位・能力・品質などの)段階, 水準, 程度 5.[医学]血液中などのある物質の濃度: ~ y siwgwr yn y gwaed 血液中の糖度 6.(運河・川などの)水面 7.[鉱山]水平[レヴェル]坑道

lefelu *t* 1.水平[平ら]にする 2.平等[一様]にする, 水準化する 3.(建物などを)倒す
i 水平[平ら]になる

lefelwr (-wyr) *m* 1.水平にする人 2.[英史](17世紀の大内乱[清教徒革命]中の)平等主義者

leim (-iau) *mf* [植物]ライムの実

lein (-iau, -s) *f* 1.電線, 電話[電信]線: dal/daliwch y ~[電話で]切らずにそのままお待ち下さい 2.(細くて強い)綱, 紐; 物干綱: ~ ddillad (leiniau dillad) 物干綱 3.釣糸 4.(鉄道・バスなどの)線, 線路, 路線, 軌道: prif ~ 本線 5.[ラグ]ラインアウト

leinin (-au) *m* 1.裏打ち, 裏張り, 裏付け 2.(衣服などの)裏(地)

leinio *t* 1.(衣服などに)裏を付ける, 裏打ちする 2.[料理](胃袋などを)満たす

lelog *m* 1.[植物]ライラック, リラ 2.ライラック[薄紫]色

lentisel (-au) *m* [植物]皮目(樹皮面にあるレンズ状の斑点で気孔の働きをする)

lesbiad (-iaid) *f* 同性愛の女性, レスビアン

lesbiaidd *a* (女性間の)同性愛の, レスビアンの

letus (-au) : letusen (letus) : letysen (letys) *f* [植物]レタス

Libanaidd *a* レバノン(人)の

Libaniad (-iaid) *mf* レバノン人

Libanus *f* [地理]レバノン(Lebanon)(地中海東岸の共和国; 首都Beirut)

Libia *f* [地理]リビア(Libya)(アフリカ北部の共和国; 首都Tripoli)

Libiad (-iaid) *mf* リビア人

Libiaidd *a* リビア(人)の

licar (-s) *m* アルコール飲料; (特に)蒸留酒

licris *m* 1.[植物]カンゾウ(甘草) 2.[料理・薬用]カンゾウの根[エキス]

lifrai (lifreion) *m* 1.お仕着せ, お揃いの服, (同業組合などの)制服 2.(もと組合員が制服を着たLondonの)同業組合: cwmni (cwmniau, cwmnïoedd)(*m*)~ 同業組合

lifreiwr (-wyr) *m* 1.(Londonの)同業組合員 2.貸馬車屋

lifft (-iau) *mf* 1.[自動車](歩行者を)車に乗せること: mi ro' i ~ ichi i Gaerdydd あなたをカーディフまで車に乗せてあげましょう 2.[通例*f*]エレヴェイター, 昇降機, リフト

lifftiwr (-wyr) *m* エレヴェイター運転係

lili (-s, lilïau) *f* [植物]ユリ, 百合: ~ Bernard ヨーロッパ産のユリ科アンセリカム属の一日花をつける多年草; ~'r dyffrynnoedd, ~ Mai, ~'r

maes ドイツスズラン; ~ felen (lilis melyn) ラッパズイセン

lilïaidd : lilïog *a* 1.ユリの 2.ユリの花のような; 純白[清純]な

limwsîn (-s, limwsinau) *mf* リムジン: 3~5人乗りの箱型自動車(元来は馬車の形式で運転席は客席の外側にあったが, 後に運転席も車室に含まれ, 客席との間には開閉式ガラス仕切板がある); 旅客送迎用空港小型バス; お抱え運転手つきの豪華な大型自動車, (特に)5人乗りの高級ハイヤー

linc (-iau) *f* 1.(鎖などの)環, 輪 2.[度衡](測量)リンク(測量上の長さの単位; 標準的測鎖の1リンクの長さで7.92インチ)

lindys *m* : **lindysen (lindys)** *f* : **lindysyn (lindys)** *m* チョウ(蝶)・ガ(蛾)の幼虫, 毛虫

lira (lire) *f* リラ(イタリアの通貨単位)

Lis : Lisi *f* [人名]リズイー(Lizzie)(女性名)

listiad (-au) *m* 1.兵籍編入, 募兵; 入隊 2.兵籍期間

listio *t* [軍事](兵を)募集する, 兵籍に入れる
i 入隊する

litani (litanïau) *f* 1.[キ教]連禱(聖職者の唱える祈願に会衆が唱和する形式) 2.[L~][英教](祈禱書中の)嘆願 3.長々とした[繰返しの多い]説明

lobsgóws *m* [料理]1.(羊肉と野菜などの)ごった煮 2.[海事]ロブスカウス(船員用料理の一つで, 玉ねぎ・肉・堅パンなど混ぜたシチューの一種)

locsiog *a* 頬鬚のある

locsyn (locs, locsiau, locsys) *m* [通例*pl*](男性の)頬鬚

locust (-iaid) *m* [昆虫]バッタ, イナゴ: ~ crwydrol/teithiol ダイミョウバッタ

lodes (-i) *f* 1.(身分のある)未婚の娘 2.女の子, 少女, 若い女

loetran *i* ぶらぶら歩く, 寄り道をする

loetrwr : loetryn (-wyr) *m* ぶらつく人; のらくら者

lol *f* 無意味な言葉, たわごと

lolfa (-feydd) *f* 1.居間 2.(ホテル・クラブ・空港などの)ラウンジ, 休憩[待合, 社交]室: ~ ymadael 空港の搭乗待合室出発ロビー 3.(汽車・船・飛行機内の)社交[談話]室 4.(パブの中の)高級バー

lolian *i* たわごとを言う

loliwr (-wyr) : lolyn (-nod) *m* : **lolen (-nod)** *f* たわごとを言う人

lolyn (-nod) *m* 馬鹿者, 愚者

lôn (lonydd) *f* 1.(生垣・家などにはさまれた)小道, 細道 2.道, 道路: ~ bost (lonydd post) 本道, 本街道, 主要[幹線]道路 3.(道路の)車線: priffordd (*f*) bedair ~ (priffyrdd pedair ~)四車線幹線道路; y~ allanol 外側車線 4.(汽船・飛行機の)規定航路

L

loncian *i* [スポ] (健康のために) ゆっくり走る, ジョギングする

lonciwr (-wyr) *m* : **loncwraig (-agedd)** *f* ジョギングをする人

lori (-s, loriau) *f* 1. (車体が低く長い) 四輪荷馬車 2. トラック

losen (losin, losins) *f* [通例*pl*] 砂糖菓子, キャンディー

lot (-iau) *f* たくさん

lwc *f* 1. 運 (勢), 巡り合わせ: ~ dda 幸運; dyna fy ~ i! [反語的に] 何たる不運!, 全くついてないなあ! 2. 幸運: ~ bwngler/mwngrel/mwnci 初心者の幸運

Lwcsembwrg *f* [地理] ルクセンブルグ (Luxembourg) (ベルギー東方の大公国; その首都)

Lwcsembwrgaidd *a* ルクセンブルグ (人) の

Lwcsembwrgiad (-iaid) *mf* ルクセンブルグ (大公国) 人

lwcus *a* 運のよい, 幸運な: cenau ~!, 'na fachan ~! この幸せ者め!; twb/twba ~ *m* 宝探し袋, 福袋 (料金を取って袋の中の品物を掴み出させる一種の富くじで慈善市などで行われる)

lwcusrwydd *m* 運のよいこと, 幸運

lwfans (-au, -iau) *m* 1. (定期的に支給する) 手当, 給与額 [金], …費: ~ teulu 家族手当;~ croesawu (会社などの) 交際費; ~ gweini [保険] (重病人に給付される) 付添看護手当; ~ ymgynral (新兵・新規雇用者に支払う) 就役 [就職] 支度金, 生計手当 2. [競馬] (負担重量の) 減量

lwfer (lwfrau) *mf* 1. [建築] (中世の建築物に多い) 越し屋根, 頂塔 2. 炉のひさし

lwmp (lympiau) *m* 1. (不定形の) 塊 2. 角砂糖1個 3. 瘤, 腫物 4. ずんぐりと太った人; 間抜け, のろま

lwmpyn (lympiau) *m* = **lwmp** 1, 2

lwsérn *m* [植物] ムラサキウマゴヤシ

lwyn (-au) *f* 1. [通例*pl*] 腰, 腰部: ffrwyth eich lwynau [聖書] 子供 (cf *Deut* 28:4) 2. (獣類の) 腰肉

lygur *m* [宝細] [聖書] ユダヤの祭司長の胸当てを飾る十二宝石の一つ (cf *Exod* 28:19)

lympio *t* 一塊にする

lyra (lyrau) *f* リラ (古代ギリシャの竪琴)

lysti *a* 1. 頑健 [丈夫] な 2. (声など) 元気いっぱいの 3. 性欲の旺盛な

LL

LL ll *f* (発音 eł, *pl* -iau)

llabed (-au, -i) *mf* 1.(衣服・帽子などの) 垂れ (飾り) 2.(上着・コートなどの) 襟の折返し, 折り襟 3.(封筒などの) 折返し, 垂れ蓋 4.丸い突出部 5.耳たぶ: ~ clust (llabedi clustiau) 耳たぶ 6.(肉・膜などの) 垂れ 7.[植物] (葉などの) 裂片 8.[解剖] 葉

llabeden (-nau) *f* 1.[解剖] 小葉 2.耳たぶ

llabedog *a* 1.裂片のある, 分裂した 2.[植物] 裂片のある, 裂片状の

llabwst (-ystiaid) *m* 1.(図体の大きい) 無骨者, うすのろ: ~ meddw *m* ビールを飲んで無作法な振舞をする若者 2.[海事] 未熟 [新米] 水夫: llinell (-au) (*f*) ~ 方位基線 [点] (羅針盤の内側に付けた黒線で船首の方向を示す)

llabyddio *t* 1.(人・動物などに) 石を投げつける: ~ rhn 人に石を投げつけて殺す 2.[法律] (人を) 石たたきの刑に処する

llabystaidd *a* 1.無骨 [粗野] な, 不器用な 2.[海事] 新米水夫向きの

llac *a* 1.(規律・人など) 手ぬるい, 厳しくない 2.(行為など) だらしない: moesau ~ 不身持ち 3.(衣服など) ゆったりした 4.(肉体的・精神的に) 締まりのない: hongian yn ~ 緊張がゆるむ 5.曖昧な, 正確でない: defnydd ~ o air 語の曖昧な使用 6.(文体など) 散漫 [杜撰] な: cyfieithiad (-au) ~ *m* ぞんざいな翻訳 7.力の弱い 8.(紐・綱・ねじなど) 緩い, ゆるんだ: cwlwm (*m*) ~ 緩い縛り目 9.(ドア・窓・歯・機械など) ゆるい, ぐらぐら [がたがた] の: cysylltiad (-au) ~ *m* [電気] ゆるんだ接続 10.[音声] 弛緩した 11.[クリ] すき [欠点] のある: maesu ~ だらけた外野守備

llaca *m* 1.泥 2.ぬかるみ

llaciad *m* (規則・規律などの) 緩和, 緩めること

llacio *t* 1.(綱・結び目・ねじなどを) 緩める: ~ sgriw ねじを緩める: ~'r awenau 手綱を緩める 2.(速度などを) 緩める, 落す 3.(法・規律などを) 緩める, 寛大にする 4.(緊張・力などを) 緩める: ~'ch gafael 握った手を緩める 5.(咳を) 鎮める: ~ peswch 咳を鎮める 6.(便秘した腸に) 通じをつける: ~'r ymysgaroedd 便通をつける
i 1.(綱・結び目などが) 緩む 2.(緊張・力などが) 緩む 3.(咳が) 鎮まる 4.(速力などが) 遅くなる 5.通じがつく

llacrwydd *m* 1.(ロープ・筋肉などの) 緩み, たるみ 2.(人・規律などの) たるみ, だらけ, 怠慢

3.(握り・腸などの) 緩いこと, 弛緩 4.散漫, 粗雑 5.(文体・話し振りなどの) 不正確, 曖昧さ 6.[機械] ラッシ, 隙間

llacs *pl* 不潔物: 泥; ごみ

llacsog *a* 1.不潔な, 汚れた, 汚い 2.ぬかるみの

llach (-iau) *f* 1.鞭紐 2.まつ毛 3.痛烈な非難: dan lach beirniadaeth 激しい非難を受けて 4.[機械] ラッシ, 隙間, 遊び, がた

llachar *a* (宝石・日光など) 光る, 光り輝く, ぴかぴかする, 燦爛たる

llacharedd *m* 1.光輝, 光明; 光沢; 明るさ 2.優れた才気, 明敏さ

llachio *t* 打つ, 叩く

Lladin *mf* ラテン語: Hen Ladin *m* 古代ラテン語
a ラテン語の

Lladinaidd *a* ラテン人 [系] の: y cenhedloedd ~ ラテン民族 (フランス・スペイン・ポルトガル・イタリア・ルーマニアなどの諸民族); yr Ardal ~ *f* カルチェラタン (ParisのSeine川南岸地区; 大学など多くの文化施設があり, 学生・芸術家が多く住む)

lladmerydd (-ion) *m* 通訳者

lladmeryddol *a* 解釈(上)の, 説明的な

lladmeru *i* 通訳する

lladrad (-au) *m* 盗み, 窃盗, 泥棒, 強盗, 強奪: mân-ladrad (-au) *m* 些細な窃盗

lladradaidd *a* 1.(行為・行動が) 密かな, 内密の, こそこそする, 人目を盗む 2.盗んだ 3.ずるい, うさん臭い

lladradeiddich *m* こそこそしていること

lladrata *t* (人から財布・金などを) 盗む, 奪う, 強奪する

lladratwr (-wyr) *m* 泥棒(人)

lladron *pl* こそ泥, 泥棒, 強盗: anrhydedd ymysg ~ [諺] 盗賊にも仁義

lladrones (-au) *f* 女泥棒

lladroni *t* 少量盗む, くすねる

lladronllyd *a* こっそり盗む, 泥棒 [盗癖] の 2.こそこそする, 泥棒のような

lladd *t* 1.酷評する, こき下ろす 2.火をつける, 燃やす 3.攻撃する 4.殺す, 殺害 [暗殺, 虐殺] する: ~ neu wella 一か八か; busnesa/busnesu a laddodd y gath [諺] 好奇心は身を誤る; ~ rhn â charedigrwydd 人への親切が仇になる, ひいきの引倒しをする 5.(動物を) 畜殺 [屠殺] する 6.(時間を) つぶす: ~ amser 時間をつぶす 7.(人を) へとへとに疲れ [消耗] させる:

lladd-dy — 396 — **llais**

eich ~ eich hun wrth wneud rhth 何かをするのに無理をし過ぎる **8.**(音などを)消す: ~ sŵn 音を消す **9.**効果を弱める **10.**(作物・牧草などを)刈る, 刈り取る: ~ gwair 干草を刈る **11.**[テニス](ボールを相手が)打ち返せないように打つ, スマッシュする **12.**[ゴルフ](ボールを)強打する **13.**[フボ](ボールを)ぴたりと止める, 殺す

i 殺す, 人殺しをする: na ~ [聖書]汝殺すなかれ (cf *Exod* 20:13; *Deut* 5:17)

lladd-dy (-dai) *m* 畜殺[屠殺]場

lladdedig *a* **1.**殺された, 虐殺された **2.**畜殺[屠殺]された

lladdedigaeth (-au) *f* **1.**殺害 **2.**屠殺

lladdfa (-fâu, -feydd) *f* **1.**虐殺, 皆殺し **2.**畜殺, 屠殺

lladdwr (-wyr) *m* **1.**殺人者 **2.**畜殺[屠殺]者

llaes (-ion) *a* **1.**(ロープ・ねじなど)緩い, 緩んだ: cwlwm ~/llac 緩んだ結び目 **2.**(衣服など)だぶだぶの, 緩い: llenni ~ ゆったりした衣類 **3.**(スカート・ドレスなど)引きずっている **4.**[音声]摩擦音の: treigliad ~ *m* 摩擦音の語頭音変化

llaesod : llaesodr *f* **1.**(動物の)寝藁 **2.**(植物の)敷き藁

llaesu *t* **1.**(緊張・堅い物などを)緩める, ほぐす **2.**(注意・努力などを)緩める, 減じる: ~ dwylo 努力を緩める

i **1.**(緊張などが)緩む, ほぐれる **2.**(草木が)萎れる

llaeth *m* **1.**(人・動物の)乳, 乳汁; (特に)牛乳, ミルク: ~ cyddwys 練乳, コンデンスミルク; ~ hir oes 長持ちする牛乳; ~ sgim/glas 脱脂乳 **2.**乳剤: ~ magnesia [薬学]マグネシウム乳剤 [下痢・制酸剤]

llaetha *i* 乳を出す

llaethdy (-dai) *m*(農場内の)搾乳場: cynnyrch (m) llaeth 酪農製品

llaetheg *f* 酪農業

llaethferch (-ed) *f* 酪農場で働く[乳搾りの]女

llaethfwyd (-ydd) *m* 牛乳中心の食事

llaethlo (-i) *m* 乳を吸う子牛

llaethlyd (-ion) : **llaethog** : **llaethol** *a* **1.**(色・質が)乳のような, 乳白色の, 白濁した: y Llwybr Llaethog *m*, y Ffordd Laethog *f* [天文]天の川, 銀河 **2.**乳を混ぜた[含んだ] **3.**柔弱な, 意気地のない **4.**(植物が)乳液を出す

llaethoen (llaethwyn) *m* 乳を吸う子羊

llaethwr (-wyr) *m* : **llaethwraig (-agedd)** *f* **1.**酪農場で働く[乳搾りの]男, 搾乳者 **2.**酪農製品販売業者

llafar (-oedd) *m* 話し言葉, 音声言語, 口語: sain lafar (seinian ~) *f* [音声]言語音; rhyddid (*m*) ~/barn/mynegiant 言論の自由

a **1.**声[音声]の **2.**口頭[口上]の **3.**話[談話]

に用いられる, 口語(体)の, 話し言葉[日常会話]の: y gair ~ 話し言葉; ~ (*m*) gwlad 国の国語; Cymraeg ~ 口語体ウェールズ語 **4.**(人が)自分の意見を自由にしゃべる, 遠慮なく言う **5.**[音楽]声楽の

llafarddull (-iau) *m* **1.**(一国民の)語調 **2.**(一言語の一般的な)語法

llafargan : llafar-gân (llafarganna) *f* 聖歌

llafarganu *t* 聖歌を歌う

llafariad (-iaid) *f* **1.**[音声]母音, 有声音: ~ flaen (llafariaid blaen) 前舌母音; ~ dywyll (llafariaid tywyll) 曖昧母音 **2.**母音字

llafariadu *t*(子音を)母音化する

llafarog (-ion) *f* [音声]音節主音的な母音

llafarog : llafarol *a* **1.**母音の **2.**母音に富む **3.**母音変化の **4.**[音声]母音として働く

llafarogrwydd *m* **1.**[音声]母音性 **2.**発声

llafn (-au) *m* **1.**(ナイフ・刀などの)刃, 刀身 **2.**(かい・オールの)水かき **3.**(プロペラ・タービンなどの)羽根 **4.**(舌の)扁平部分 **5.**若者, 青年 **6.**威勢のいい[抜目のない]男, 切れ者 **7.**(植物の)芽, 若葉

llafnog *a* **1.**刃のある **2.**羽根のある

llafnu *t* 薄片に切る

llafrwynen (llafrwyn) *f* [植物]**1.**ホタルイ(水辺や沼に生える)**2.**ガマ(蒲)

llafur *m* **1.**仕事: ~ dros dro 臨時仕事 **2.**骨折り仕事, (肉体)労働, 労役, 勤労: ~ caled [法律](刑罰の)苦役, 重労働 **3.**穀物, 穀類: tir ~ 耕地 **4.**[Ll~]政治](英国の)労働党: y Blaid ~ *f* 労働党

llafurfawr *a* **1.**(仕事など)骨の折れる, 労力を要する **2.**(用心など)骨を折る, 丹念な

llafurio *t* **1.**(単調で骨の折れる仕事に)こつこつ働く, 骨折って働く, 労働する **2.**(人・自動車などが)骨折って進む **3.**(病気などに)苦しむ, 悩む

llafurlu *m*(一国・一地域・一企業における軍事・産業などの)人力, 人的資源

llafurus *a* **1.**あくせくと骨折っている, まるで奴隷のような **2.**(仕事など)困難な **3.**(文体・談話など)骨折った跡のある, 苦心した; こじつけの

llafurwaith *m* 単調な骨折り仕事

llafurwr (-wyr) *m* : **llafurwraig (-agedd)** *f*(長時間)精を出して働く人, (肉体, 重)労働者

llai *a* **1.**(形状・大きさ・規模などが)より小さい **2.**(数が)もっと少ない **3.**(量・程度が)一層少ない: bwytewch lai o gig 食べる肉の量を減らしなさい

ad [形容詞・副詞・動詞を修飾して]より少なく: ~ a ~ ますます少なく

llaid (lleidiau) *m* = **llaca**

llain (lleiniau) *f* 細長い土地

llais (lleisiau) *m* **1.**声, 音声: ar ucha'ch ~ 声を限りに **2.**発言(権), 投票権; 決定[選択]権;

llaith 397 **llawdrwm**

意見: yn unllais, ag un ~ 異口同音に, 満場一致で; nid oes gennym ni ddim ~ yn y peth 私たちにはその事の決定に対して発言[選択, 投票]権がない 3.[音声]有声音, 声

llaith (lleithion) *a* 湿った, 湿っぽい

llall (lleill) *pron* 1.もう一方の人[物], 他方: y naill ar ôl y llall ~ 代わる代わる, 交互に 2.他の[別の]人[物]: mae'r naill yn caru'r ~ 彼らは愛し合っている 3.そういう物, 同じ物 4.[*pl*] その他の人々[物], 残りの人々[物]全部

llam (-au) *m* 1.跳ぶこと, 跳躍, 跳ね飛び;躍動: ~ llyffant 馬跳び 2.跳ぶ所: ~ (y) cariadon 絶望した恋人同士が飛び降りて死亡する絶壁[高所]

llamhidydd (-ion) *m* [動物] ネズミイルカ, 鼠海豚

llamsach : llamsachu *i* 1.(馬が) 後脚で飛び跳ねる 2.(人が) 跳ぶ,(陽気にふざけて) 跳ね回る 3.意気揚々と歩く

llamsachus *a* 跳ね回る

llamu *i* 跳ぶ, 跳ねる, 跳躍する,(陽気にふざけて) 跳ね回る: ~/llamsachu gan/o lawenydd 小躍りして喜ぶ

llamwr (-wyr) *m* : **llamwraig (-agedd)** *f* 跳ぶ[跳躍する]人

llan (-nau) *f* 1.[キ教]教会: yr Lân Gatholig (ローマ) カトリック教会 2.英国国教会の会堂 3.教区教会 4.(国家に対立する)教会: ~ a llys, llys a ~ 教会と国家(政教分離)5.村: clwt (clytiau) (*m*) ~ 村落広場; pwmp (*m*) y ~ (pympiau'r ~) 村の共同ポンプ井戸

llanast : llanastr *m* 混乱, 無秩序, めちゃくちゃ; 乱雑: mewn ~ 乱れて

llanc (iau) *m* 若者, 青年

llances (-i) *f* 女の子, 少女, 娘

Llandudno *f* [地名] シャンディドノー (人気のあるウェールズ最大の海岸の行楽地)

Llanfairpwllgwyngyllgogerychwyrn-drobwllllandysiliogogogoch *f* [地名] シャンヴァイルプウシグウインギシゴゲルアホウアルンドウロブウシシャンダシリオオゴゴゴーホ (アングルシー (Anglesey) 島にある英国で一番長い地名; 速い渦巻の近くの白いハシバミの窪地にある聖メアリー教会と赤い洞穴の近くにある聖ティシリオ教会の意)

llannerch (llennyrch) *mf* 森林の中の空地

llanw (-au) *m* 1.潮, 上げ[差し]潮: ~ a thrai 潮の干満; ~ isel 小潮 2.(世論などの) 風潮, 傾向, 形勢: yn erbyn y ~ 潮流[時流]に逆らって 3.時, 季節: amser a ~ nid arhosant am neb [諺] 歳月人を待たず

llanw *t* 1.(容器・場所などを) 一杯にする, 満たす 2.(穴・歯・空所などを) 埋める, 塞ぐ, 充填する, 詰め物をする 3.(文書などに) 所要の書き入れをする: ~ ffurflen 書式に書き入れる 4.(気球などを) 膨らませる

i (帆などが) 膨らむ

llaprwth *m* 無骨 [田舎] 者

llariaidd : llariaidd *a* (人・性質など) 温厚 [柔和] な, 優しい, おとなしい

llarieidd-dra : larieiddiwch : llarieiddrwydd *m* 温和, おとなしさ

llarieiddio *t* (人・感情・苦痛などを) 和らげる, 静める, なだめる, 軽減する

llarp (-iau) *m* 1.(布などの) 細長い [ぼろ] 切れ, 切れ端, 断片 2.[*pl*] ぼろ服: yn llarpiau (衣類が) ぼろぼろになって

llarpio *t* 1.引き裂く [ちぎる], ずたずたに切る, めった切りする 2.(怒り・悲嘆・絶望などの余り衣服・頭髪を) 引きちぎる, かきむしる 3.(人・物を) もぎ取る, 強奪する 4.(獣などが) 引っ掻いて傷つける, 切り裂く

llarpiog *a* 1.(衣服が) ぼろぼろの 2.(人が) ぼろを着た

llarwydden (llarwydd) *f* [植物] カラマツ,唐松: ~ Japan カラマツ

llatai *m* 恋の使者

llath (-au) : llathen (-ni) *f* [度衡] ヤード (長さの単位; 3フィート, 36インチ): llathen sgwâr 平方ヤード; llathen giwbig 立方ヤード

llathlud (-ion) *m* 1.誘惑,(誘惑による) 貞操蹂躙 2.略奪, 強奪, かどわかし

llathludo *t* (若い未経験の女性を) 誘惑する, 純潔を奪う

llathraidd *a* 1.(表面などの) 滑らかな, すべすべした 2.(日光など) 明るい

llathru *t* (物を) 磨く, 艶を出す

llathrudd (-iadau, -ion) *m* [法律] 1.強姦, レイプ 2.(婦女の) 誘拐, かどわかし

llathruddo *t* [法律] 1.(婦女を) 強姦する 2.(暴力で婦女を) 誘拐する

llathruddwr (-wyr) *m* 1.女たらし, 色魔 2.[法律] (婦女の) 誘拐者

llaw (dwylaw, dwylo) *f* 1.手: dal dwylo (愛情の表現として) 互いの手を握り合う; ~ yn ~ 手に手を取って; 互いに協力して 2.握手: ysgwyd/siglo ~ (挨拶・契約・仲直りなどの印に) 握手する 3.援助の手, 手助け, 助力 4.世話, 保護 5.筆跡, 書法; 書体 6.署名: dan eich ~ a'ch sêl 署名捺印して 7.確約, 誓約 8.参加, 関与; 関係 9.専門家, 通の人 10.支配 [影響] 力 11.[フボ] ハンド (反則): ~!, dwylo! ハンド!

llawbel (-i) *f* [スポ] [球技] ハンドボール

llawbel *m* 壁にボールを投げてはね返るのを相手に受けさせる遊戯

llawchwith *a* 1.左 [手, 側] の 2.左手でする 3.左回し [巻き] の 4.左利きの

llawchwithdod *m* 左利き

llawdr (llodrau) *m* [服飾] 1.ズボン 2.半ズボン

llawdrwm *a* (*f* **llawdrom**, *pl* **llawdrymion**)

高圧的な

llawdde *a* 1.手先の器用な 2.機敏な, 抜目のない 3.右側の 4.右利きの 5.(巻貝など) 右巻きの

llawddehau *a* 右利きの

llawddeheurwydd *m* 右利き

llawddewin (-iaid) *m* : **llawddewines (-au)** *f* 手相見

llawddewiniaeth *f* 手相術, 手相占い [判断]

llawddryll (-iau) *m* ピストル, 拳銃; リヴォルヴァー (輪胴式連発ピストル)

llawen *a* 1.(人・顔など) 陽気 [愉快, 快活, 朗らか] な, 元気のいい 2.気分を引き立てるような, 励ましになる, 元気づける 3.浮かれる, お祭り気分の: Nadolig Ll~! クリスマスおめでとう! 4.喜んで [進んで, 快く] する 5.(知らせ・出来事など) 喜びを与える, 喜ばしい, めでたい: ~ chwedl *f* 吉報, 福音

llawenach *a* 元気づけられた

llawenhau *t* 1.(知らせなどが) 喜ばせる 2.(人の目・耳などを) 楽しませる 3.(人を) 元気づける, 激励する
i 1.喜ぶ, うれしがる 2.元気である

llawenu *t* 1.元気づける 2.喜ばせる, 慰める

llawenychu *t* 1.(人を) 喜ばせる 2.(知らせなどが人を) 喜ばせる
i 1.喜ぶ, うれしがる 2.元気である

llawenydd *m* 喜び, 歓喜, 嬉しさ: er fy mawr lawenydd 大変喜んだことには

llawer (-oedd) *m* 1.多数; 多数の人 [物]: ~ ohonom 我々の多く; ~ o bobl たくさんの人 2.多量, 多額, たくさん: ~ o helynt/ffwdan ynghylch dim 空騒ぎ 3.重要な物 [事]
a 1.[単数名詞を伴って] 数々の, 幾多の: ~ gwaith たびたび, 何度も何度も 2.[複数名詞を伴って] 多くの, 多数の, たくさんの: ~ o ddynion, dynion lawer 多くの人 3.[不可算名詞を伴って] 多く [多量, 多額] の, たくさんの
ad 1.大いに, ずっと, どっさり: mae'r byd wedi newid ~ 時代は随分変わった 2.[動詞・過去分詞・比較級・最上級を修飾して] 大いに, 大層, よほど; 頻繁に: ~ gwell ずっとよい; ~ gwaeth, gwaeth o lawer ずっと悪い

llaweredd *m* [物理] 存在量

llawes (llewys, llewysau) *f* 1.(衣服の) 袖, (着物の) 袂: ~ gota (llewys cwta), ~ fer (llewys byrion), llawesan *f* 短い袖; ~ raglan (llewys rhaglan) ラグラン袖; bwrdd (byrddau) (*m*) ~ 袖馬 (服の袖にアイロンをかけるための台) 2.[機械] スリーヴ管, スリーヴィング, 軸鞘 3.[解剖] 腟: ~ goch (llewys cochion) 腟; bwrw (*vn*) 'r ~ goch 腟の脱出 (症)

llawesog *a* 1.袖のある 2.[複合語で] 袖が…の

llawfaeth *a* 1.人間の手で飼育した 2.規定の

飼料で飼った

llawfag (-iau) *m* 1.(婦人用) ハンドバッグ 2.旅行用鞄

llawfeddyg (-on) *m* 外科医: ~ ysbyty (病院住み込みの) 外科医

llawfeddygaeth *f* 1.外科: ~ glinigol 臨床外科 2.外科手術

llawfeddygol *a* 1.外科の, 外科的な 2.手術の 3.外科用の: esgid ~ (esgidiau ~) *f* 矯正靴 (足を治療するための整形外科用の靴)

llaw-fer *f* 速記
a 速記の

llawforwyn (-ion, -forynion) *f* 1.女中, 侍女 2.補助的な役割をする物, 「しもべ」

llawfwyell (-i, -eill) *f* (旧石器時代の) 手斧

llawgaead *a* けち臭い, しみったれた, みみっちい

llawlif (-iau) *f* (片手用) 手鋸

llawlyfr (-au) *m* 1.小冊子 2.[教育] 手引き, 便覧, 教本

llawn *a* 1.(容器など) 一杯の, 満ちた 2.十分な, 盛りの, 満…の: lleuad lawn *f* 満月 3.(内容が) 一杯の, 詰まった: diwrnod ~ 忙しい (一) 日 4.十分 [完全] な: marciau ~ 満点; atalnod (-au) ~ *m* 終止符; pris ~ *m* 全額 5.(乗物・場所など) 満員で, ぎっしり詰まって: tŷ (tai) ~ *m* [演劇] 満員の劇場, 大入り満員 6.(顔・形など) ふっくらした, 豊満な: gwefusau/gwefflau ~ 膨らんだ唇 7.(袖・衣裳など) たっぷりの, ゆとりのある. 緩やかな 8.十分な, たくさん [たっぷり] の: pryd ~ *m* 十分な食事 9.(資格が) 正式の: ~ aelodaeth *f* 正会員の資格 10.(会議など) 完全 [全面] な, 全員揃った: eisteddiad ~ *m* (会議の) 本会議 11.夢中になって, 没頭した: bod yn ~ ohonoch eich hun 自惚れている 12.(本の装丁が) 全面的な: rhwymiad lledr ~ *m* [製本] 丸装, 丸 [完] 表紙; 総革 (装); 総クロス (装) 13.[音楽] (全音部・全楽器・全音栓を用いた) 全…: organ lawn オルガンの最強奏部 14.[電算] 全文の: testun ~ *m* 全文検索 15.[海事] (帆が) 風をはらんだ

llawnder *m* 1.十分, 充満, 一杯, たっぷり, 豊富: ~ calon 溢れるばかりの情け (cf Matt 12:34) 2.肥満

llawr (lloriau) *m* 1.地面, 地表: ar lawr 地面に 2.床: ~ teils/teiliau タイル張りの床 3.(床のように) 平らな所, 場: ~ dyrnu 脱 [打] 穀場 4.(建物の) 階, フロア: ~ isaf/gwaelod 一階 5.[議会] 議員席, 議場: ~ y Tŷ 議会の議員席 6.(海・湖などの) 底

llawrestr (-au) *f* 参考書 [文献] リスト

llawryf (-au, -oedd) *m* : **llawryfen (llawryf)** *f* [植物] 月桂樹; llawryf brith, llawryf y cŵn アオキ, 青木

llawryfog : **llawryfol** *a* 1.(名誉の印の) 月

llawysgrif 399 **lledred**

桂冠をいただいた 2. [しばしば名詞の後に置いて]（詩人が）名誉［栄冠，栄冠］を受けた: bardd (beirdd) lawryfog 桂冠詩人

llawysgrif ; llawysgrifol a 1.手書き［肉筆］の 2.タイプした 3.原稿の

llawysgrif (-au) f 1.写本，稿本 2.原稿 3.手書き，肉筆

llawysgrifen f 手書き，肉筆

lle (-fydd, -oedd) m 1. (家の中の）部屋，室: ~ bwyta 食堂 2. (特定の）所，場所: o le i le あちらこちらに，転々と 3.地域，地方，土地; 市，町，村: enw (m) ~ (enwau lleoedd) 地名 4. (社会的）地位，身分: cadw'n agos ar eich ~ 身の程をわきまえている 5. (特定の目的に使用される）場所，建物: uchel-le (-oedd) m [聖書]（古代セム族の）丘の上の神殿［祭壇］(cf 1 Kings 3:4) 6. (通りなどの名前に用いて）…通: Lle'r Ffald パウンド通り 7. (人・物の）いる［ある］べき場所，あり［置き］場所; つくべき位置: pawb i'w le! (いるべき）位置につきなさい! 8. (座）席: gosod ~ (食卓での）席を用意する 9. (人・物などの占める）場所，空間: lleoedd agored 空地; ~ peryglus (道路の）危険地域，事故多発個所; ~ i droi/symud 肘を自由に動かせるだけの）余地，余裕，ゆとり; 自由行動範囲; gwna (gwnewch) le! 通り道［席，場所］をあけて下さい!; 'does dim ~ i droi 猫を振り回すだけの余地もない，全く狭苦しい 10.立場 11.空位，空席，代理: cymryd ~ rhn 人の代理をする; yn ~ rhth 何かの代わりに 12.余地，機会: 'does dim le i ddadlau 議論の余地はない 13.職務，本分 14.[通例序数詞を伴って]順序: yn y ~ cyntaf 第一に，先ず，初めは［から］，そもそも; yn yr ail le 第二に，次に 15. (競技などで）受賞［入選，合格］の順位 16. (書物などの）個所，節; 読みさしの個所: colli'ch ~ mewn llyfr 本の読みかけにしていた所を見失う 17. [数学]桁，位: ~ degol 小数位 18. [競馬]先着順位 (英では一着から三着まで)

ad 1. [疑問副詞]どこに［へ，で］: ~? どこに［へ］?: dywedwch wrthyf ym mha le y mae hi 彼女がどこにいるか教えて下さい 2. [関係副詞]［制限的用法］…する［した］場所［場合］: ym mha le y ganwyd/ganed i 私が生まれた家; y tŷ ~'m ganwyd/ganed i 私が生まれた家; dileer ~ nad yw'n gymwys (書式で）当てはまらない所は削除して下さい

conj 1.…する所に［へ］; …する所はどこに［へ］でも: ewch i le y mynnoch, ewch ~ fyd fynnoch chi どこにでも行きたい所へ行きなさい 2.…する場合に

lleban (-od) m = llabwst

llebannaidd a 1.粗野［無作法］な 2.田舎者の

llecyn (-nau) m (特定の）場所，地点

llech (-i) : llechau mf 1.石板: ~ farmor 大

理石板 2. (スレートの）厚板 3. [病理]くる病

llech-eira m 霜焼け

llechen (llechi) f 1. (屋根葺き用）粘板岩スレート 2. (筆記用）石板: dechrau â ~ 行きがかりを捨てる，過去のことを水に流す

llechfaen (-feini) m 1. [料理]パンや菓子を焼くための平たい石または鉄板 2. (スレートの）厚板 3.敷石，板石 4. [地質]粘板岩

llechfeddiannu i 1. (他人・他国の土地などに）侵入［侵略］する 2. (他人の権利・自由などを）侵害する 3. (海が陸などを）浸食する

llechfeddiant (-iannau) m 1. (領土・権利などへの）侵入，侵害 2.浸食

llechgi (-gwn) : llechiad (-iaid) m 1.こそこそする［卑劣な］人 2.待ち伏せする［潜んでいる］人 3.ずるける［仕事をさぼる］人 4.嫌な奴 5.情報を読み出すだけで発言はしない人

llechgïaidd a (恐怖・臆病・悪巧みなどで）こそこそする［逃げる，隠れる］，卑劣な，公明正大でない

llechian : llechu i (恐怖・臆病・悪巧みなどで）こそこそ［うろうろ］する，こそこそ歩き回る

llechwedd (-au, -i) f 山腹，丘陵の斜面，坂

llechweddu i 傾斜する，坂になる

llechwr (-wyr) m = llechgi, llechiad

llechwraidd a = llechgïaidd

lled (-au) m 1.幅，横幅: ~ bys 指幅 (約3/4インチ); ar led 大きく開いて，広まって 2. (道路・布地などの）幅: bod yn bedair llath o led 幅は4ヤードある 3. (翼・帆の）広がり 4. (北米）大牧場

lledadwy a 広げられる

lledaenu t 1. (腕・翼などを）広げる，伸ばす 2. (報道・噂を）流布する 3. (恐怖などを）広める: ~ ofn 恐れを広める 4. (病気などを）蔓延させる: ~ clefyd 病気を広がらせる

lledaenwr : lledaenydd (-wyr) m (報道・考えなどを）流布する人

lleden (lledod) f [魚類] 1.アカガレイ(ヨーロッパ産) 2.カレイ目の魚の総称(カレイ科とヒラメの魚類）

lledewigwst m [病理]痔 (疾)

lledferwedig a 湯がいた

lledferwi t [料理]（食品を）湯がく，湯通しする

lledfyw a 半死半生の，死にかかっている

llediaith (-ieithoedd) f (外国・地方）訛り: mae ~ Seisnig ar ei Gymraeg 彼は英語訛りのウェールズ語を話す

llednais a (特に女性が性質・態度・服装などで）しとやかな，上品な，慎み深い

llednant (-nentydd) f [地理]（川の）支流

lledr (-au) m 1. (なめし）革 2.革製品: esgidiau ~ 革靴; brethyn (m) ~ 革布 (防水布）

lledr : lledrin a 革 (製）の

lledraidd a 革のような

lledred (-au) m 1. [地理]緯度 2. [天文]黄

lledredol

緯 3.[通例pl](緯度から見た)地方, 地帯: ~ isel(赤道に近い)低緯度地方; lledredau'r meirch[海事・気象]亜熱帯無風帯

lledredol a 緯度の

lledrith (-iau) m 1.魔法, 魔術 2.魔力 3.幻, 幻覚, 幻影 4.奇術, 手品

lledrithiol a 1.魔術的[不思議]な 2.幻覚の 3.幻想説の

lledrithiwr (-wyr) m 奇術[手品]師

lledru t 1.なめし革にする 2.革紐で打つ

lledrwaith m 革細工

lledrwr (-wyr) m 革製品を商う商人

lledu t 1.(腕・翼・帆などを)広げる: ~ hwyliau 帆を張る, ~ eich breichiau 両腕を広げる 2.(道路・衣服などを)広くする 3.(知識・経験などを)広める 4.(影響力・限界・範囲を)広げる 5.(筋肉を)発達させる
i(幅・範囲・影響などが)広がる

lledwr (-wyr) m 広げる人[物]: ~ brest[体操](筋トレ用)チェストエキスパンダー

lledwyr a 傾斜している

lleddfol a なだめる, 慰める, 和らげる

lleddfu t (怒り・苦痛・暑さ・緊張などを)和らげる, 緩和[軽減]する, 静める: ~ dicter rhn 人の怒りを静める
i 1.(痛み・緊張などが)和らぐ, 緩む: mae'r boen wedi ~ 痛みが楽になった 2.(徴候・程度・数量などが)小さく[少なく]なる, 減る

llef (-au) f 叫び(声)

llefai *i* 1.(大声で)叫ぶ: llef un yn ~ yn yr anialwch[聖書]荒野に呼ばわる者の声世にいれられない改革家などの叫び(cf *Matt* 3:3) 2.(悲しみ・苦しみなどの)叫び声を上げる 3.(声を上げて)泣く

llefaru t 1.(真実などを)語る, 伝える 2.(言葉を)話す 3.[法律](遺言などを公に)口頭で述べる, 口述する
i 1.話す, 物を言う 2.(事実・事態などが)おのずから明らかになる: mae'r ffeithiau'n ~ drostynt eu hunain 事実はおのずから明らかになる(他に説明を必要としない) 3.(行為・表情・目などが)事実[意思, 感情]などを伝える: ~ trwy arwyddion(聾唖者などが)身振り[手振り]で意思などを伝える 4.演説[講演]をする 5.(楽器・鉄砲などが)音を発する, 鳴る

llefarwr (-wyr) : llefarydd (-ion) m 1.発話者, 発言する人, 話し手 2.[通例Ll~][議会](下院・その他の議会の)議長: Llefarydd Tŷ'r Cyffredin 下院議長

llefaryddiaeth (-au) f[議会]議長の職[任期]

llefelyn (llefelod) m : **llefrithen (llefrithod)** f[病理]ものもらい, 麦粒腫

lleferydd mf 1.話すこと, 発言; 講話; 演説 2.話す能力, 言語能力: dawn(f) ~ 言語能力 3.発音

llefrith m = **llaeth**

llegach a 弱々しい, よぼよぼ[老いぼれ]の;(病気で)弱った

lleng (-oedd) f 1.軍隊, 軍団 2.在郷軍人会: y Ll~ Brydeinig 英国在郷軍人会 3.(古代ローマの)軍団, レギオン: llengoedd Rhufain ローマ軍団; ~ yw fy enw[聖書]わが名はレギオン(cf *Mark* 5:9) 4.多数, 多勢

llengfilwr (-wyr) m(古代ローマの)軍団兵

llengol a 1.(古代ローマの)軍団の 2.多数[無数]の: mae'r problemau'n ~ 問題は無数にある

lleiaf m 最小, 最少; 最少量, 最小限度: o leiaf, man ~ 少なくとも; a dweud y ~ 控え目に言っても, 大目に見ても; lleihau rhth i'r ~ posibl 何かを最低限に切り下げる
a 1.最も小さい[少ない], 最小の; 最少[低]限の 2.(大きさ・数量・程度などの)小さい方の, より少ない: Asia Leiaf f 小アジア; echelin ~ f[数学](楕円の)短軸
ad 最も少なく: gorau po leiaf a ddywedir[諺]何にも言わないほどよい(物を言えば事態が余計悪化する)

lleiafrif (-oedd) m 1.少数 2.少数民族 3.[法律]未成年 4.[政治]少数党[派]

lleiafrifol a 少数党[派]の

lleian (-od) f[キ教]修道女, 尼僧: brethyn(m) lleianod 柔らかくて薄い毛[絹]織物(もと修道女の頭巾用; 今は夏服用婦人服地)

lleianaeth f : **lleiandod** m 修道女の身分

lleiandy (-dai) m 女子修道院

lleibio t 1.(犬・猫などが)なめる, しゃぶる 2.(食物を)貪り食う 3.(本などを)貪り読む: ~ llyfr 本を貪り読む

lleibiwr (-wyr) m 貪り食う人

lleidiog a 1.ぬかる, ぬかるみの, 泥沼のような 2.泥まみれの, 不潔な

lleidr (lladron) m 1.泥棒, 強盗: ~-farwn (-iaid) m, barwn (-iaid) lladronllyd[英史]追いはぎ貴族; ~ pen ffordd, carn-~ (~-lladron) m(昔, 通例乗馬で公道に出没した)追いはぎ; ~!, ar ôl y ~!, daliwch/ stopiwch y ~! 泥棒だ!; rhaid wrth leidr i ddal ~[諺]泥棒は泥棒に捕えさせよ, 蛇の道はへび 2.(ローソクの)芯のこぶ(そのため蝋が流れて損になる)

lleiddiad (-iaid) m 殺人者

lleihad (-au) m 1.減少, 縮小 2.(値段・温度などの)値下げ, 割引, 低下 3.(人員の)削減 4.[写真]減力[法]5.[法律](刑罰の)緩和

lleihadwy a 減少[縮小]できる

lleihaol a 1.減少[漸減]する, 削減的な: Deddf (f) Adenillion Ll~[政治・経済]収穫逓減の法則 2.(月が)下弦の 3.[数学]減少の

lleihau t 1.(数量・力などを)減らす, 少なくする 2.(値段・温度などを)下げる 3.(スープ・肉汁などを煮詰めて)濃くする: ~ saws ソースを濃く

する 4.[数学]換算[約分]する 5.[電気](電圧を)下げる: ~ folfedd 電圧を下げる
i 減少[縮小,低下]する,下がる;(体力などが)衰える

lleilai *ad* ますます少なく

lleinasiad (-au) *m* [機械]隅肉溶接

lleinasio *t* [機械]隅肉溶接をする

lleiprog (-ion) *f* : **llemprog (-od)** *m* [魚類] ヤツメウナギ,八つ目鰻

lleisio *t* 1.(語・音などを)声に出す,発声する 2.(意見などを)表明する 3.[音声](無声音を)有声音化する;(子音を)母音化する,有声音で発音する 4.[音楽]歌う
i 1.音を出す,鳴る;響く 2.発声する 3.(子音が)母音化する 4.[音楽]母音唱法で歌う

lleisiol *a* 1.声[音声]の 2.発声に必要な: tannau/llinynnau ~[解剖]声帯 3.口頭の 4.(意見などを)自由にしゃべる,能弁な 5.[音楽]声楽(用)の: sgôr (sgorau) ~ *m* ヴォーカルスコア(声楽用楽譜)

lleisiolrwydd *m* 1.発声 2.[音声]母音[有声音]性

lleisiwr (-wyr) *m* : **lleiswraig (-agedd)** *f* 発声者

lleisw *m* 尿,小便

lleithder (-au) : **lleithedd** *m* 湿気,水分,水気: cynnwys (*m*) ~ 水分の含有量

lleithio *t* 湿らせる,水分を与える

lleithydd (-ion) *m* 水分を与える人

llen (-ni) *f* 1.カーテン: tynnu'r/cau'r llenni カーテンを引く[開ける,閉める]; y Ll~ Haearn [歴史]鉄のカーテン(東欧共産圏と西欧諸国とを政治的・思想的に隔てる壁) 2.[演劇](劇場の)幕,緞帳: ~ gwymp (llenni cwymp) 下げ幕,緞帳; ~-alwad (-au) *f* カーテンコール 3.(金属・ガラスなどの)薄板,展板 4.(火などの)広がり,海 5.[解剖]口蓋帆 6.覆って[隠して]見えなくするもの: dan llenni'r nos 夜のヴェールに包まれて; y tu draw/hwnt i'r ~ 死後の世界[あの世,天国](cf *Heb* 6:19) 7.見せかけ,口実 8.[ユ教]寺院入口のヴェールまたはカーテン: ~ y deml 寺院神殿のヴェール (cf *Num* 4:5, 18:7)

llên : **llenyddiaeth** *f* 1.文学,文芸 2.文学研究: 文筆業 3.文献 4.(特定の人々・分野などの)知識,学問 5.伝説,伝承: ~ gwerin 民俗(学),民間伝承

llencyn (llanciau) *m* 青年,若者,青春期の男[女]

llencyndod *m* 1.青年[思春]期 2.若々しさ

llencynnaidd : llencynnol *a* 1.青年[青春]期の 2.未熟な

llengig (-oedd) *f* [解剖](横)隔膜

llengigol *a* [解剖]横隔膜性の;隔膜状の

llên-ladrad (-au) *m* = **lladrad**

llên-ladrata *t* = **lladrata**

llên-ladrones (-au, -i) *f* 女性剽窃者

llên-leidr (~-ladron) *m* 剽窃者

llenor (-ion) *m* 文学者,著作家,文士

llenwad (-au) *m* 1.(場所などを)埋める[満たす]物: ~ dyffryn [地理]谷の埋積物 2.充填 3.詰め物,充填物 4.料理(パイ・ケーキ・サンドウィッチなどの)中身 5.(容器に)一杯の量 6.[歯科]充填物

llenwi *t* 1.(容器・部屋などを)一杯にする,満たす 2.(穴・空所・歯などを)埋める,塞ぐ,充填する,詰め物をする 3.(地位を)占める;(空位・欠員を)満たす,補充する: ~ lle rhn 人の後任となる; ~ lle gwag 空位を補充する 4.(文書などに)所要の書き入れをする
i 1.満ちる,一杯になる: mae'r neuadd yn dechrau ~ ホールは一杯になりかけている 2.(帆が)膨らむ

llenwol *a* (飲食物などで)腹を一杯にする

llenwr (-wyr) *m* 満たす[詰める]人

llenwydd (-ion) *m* 満たす[詰める]物

llenyddol *a* 1.文学[文芸]の 2.文学に通じた 3.(語法が)文語的な

llenyddoldeb *m* 文学[文芸]性

lleol *a* 1.場所[土地]の 2.(特定の)地方[地元]の,一地方特有の: awdurdod (-au) ~ *m* 地方自治体; naws leol *f*, blas ~ *m* 地方[郷土]色; lliw ~ *m* [美術]固有色; amser ~ *m* 地方時,現地時間 3.(郵便物の封筒の注意書きとして)同一区内[市内配達]の

lleoladwy *a* 1.居場所を確認できる 2.地方化できる

lleolbwynt (-iau) *m* [数学]原点

lleoli *t* 1.(場所・位置・原因などを)突き止める[示す] 2.(建物・工場などを)設立する,置く 3.特定の地方に限定する;(病気などを)局所に制限する 4.(伝説・伝統などの)起源を突き止める 5.地方的特色を与える,地方化する

lleoliad (-au) *m* 1.(ある場所に)置くこと,位置選定,位置づけ 2.位置,場所,所在地 3.局所限定: 地方[局部]化 4.[映画]野外撮影場,ロケ地: ar ~ 野外撮影[ロケ]中で

lleoliadol *a* 1.位置選定の 2.[文法]位置を示す: y cyflwr ~ *m* 位置格,所格

lleolwr (-wyr) *m* 1.位置を示すための装置,探知器 2.(米)土地境界設定者

llepiad (-au) *m* (ミルクなどを)なめること

llepian *t* 1.(犬・猫などが)なめる,しゃぶる 2.(波などが岸を)打つ,洗う
i 1.(犬・猫などが舌先で)なめる,しゃぶる 2.(波がなめるように岸などを)洗う,打つ

llercian *i* = **llechian, llechu**

llercyn (-nod) *m* = **llechwr**

lles *m* 1.利益,ため,効果: er ~ eich iechyd 健康のため; nid oedd o (fawr) les i mi それは私にとってほとんど役に立たなかった 2.有利,好都合

llesâd *m* 有利, 有益

llesáu *t* (物が)役立つ, 益する, ためになる

llesg *a* (人・心など)鈍い, 緩慢な, のろい, 不活発な

llesgedd *m* 1.衰弱, 虚弱, もうろく 2.無気力 3.[医学]無力(症)

lleshau *t* = **llesáu**

llesio *t* = **llesáu**

llesmair (-meiriau) *m* 気絶, 卒倒, 失神

llsmeiriedig *a* 気が遠くなる, 気絶[卒倒]しそうな

llesmeirio *i* 気絶[卒倒]する

llesol *a* 有利[有益]な; 都合のよい

llestair (-teiriau) *m* 1.妨害, 障害 2.障害物

llestair : llesteirio *t* 1.(計画・努力・希望などを)挫折[失敗]させる 2.(人・行動を)妨げる, 妨害[邪魔]する 3.(交通などを)妨げる: llesteirio trafnidiaeth 交通を妨げる 4.無効にする 5.[議会](議事の)進行を妨害する: llesteirio mesur 法案を妨害する 6.[心理]欲求不満を起こさせる

llesteiriant *m* 1.挫折, 失敗 2.[心理]欲求不満, フラストレーション

llesteiriol *a* 1.妨害する 2.挫折感[フラストレーション]を起こす

llesteiriwr (-wyr) *m* 妨害者

llestr (-i) *m* 1.入れ物, 容器, 器: mwya'u trwst ~ gweigion[諺]空の入れ物ほど音が大きい(頭の空っぽな人ほどよくしゃべる) 2.[海事](普通のrowboatより大型の)船 3.(聖書の慣用から比喩的に)人: ~ dewisedig[聖書]選ばれた器, (神に)選ばれた人 (cf *Acts* 9:15); y ~ gwannaf 弱き器, 女性 (cf *1 Pet* 3:7) 4.[解剖・植物]導管, 脈管, 管: ~ gwaed, gwaedlestr (-i) *m* 血管

llesu *t* = **llesáu**

lletchwith *a* 1.(人・動作など)不器用な, 下手な 2.(道具・物など)不格好な; 扱いにくい, 不便な 3.(立場・問題など)扱いにくい, 厄介な, 困った: yr oed ~ *m* (大人とも子供ともつかない)扱いにくい年頃, 思春期

lletchwithdod *m* 1.不器用 2.ぎこちなさ 3.扱いにくさ

lletem (-au) *f* 1.[機工]くさび(楔) 2.[製靴]船底形ヒール: sawdl (sodlau) (*mf*) ~ ウエッジ[船底形, 楔形]ヒール 3.[ゴルフ]ウエッジ

lletemaidd *a* 楔[V字]形の

lletemu *t* 楔で留める[締める]

lletraws (-au) *m* 1.対角線 2.斜線
a 1.対角線の 2.斜めの 3.[幾何]斜角[線, 面]の: ongle letraws (ongleau ~) *f* 斜角

lletrawsedd *m* 1.傾斜(度) 2.[数学]斜角 3.不正

lletwad (-au, lletwedi) *f* 1.[料理]柄杓, 杓子 2.[冶金]取瓶(溶融した金属または鉱滓などを炉から受けて鋳型に運ぶ容器)

lletwadaid (-eidiau) *f* 柄杓一杯

llety (-au) *m* 1.住居, 住宅 2.宿泊 3.下宿屋, 素人下宿 4.[*pl*]下宿, 貸間: gosod ~ 部屋を貸す 5.(一時的な)宿泊所, 宿: ~ (am) noson 一夜の宿; ~ llwm *m* (食事なしの)簡易宿泊所 6.(大学のキャンパス外にある)学生宿舎

lletya *t* (人を一時的に)宿泊させる, 泊める; 寄宿[下宿]させる
i (人が一時的に)宿泊する, 泊まる; 寄宿[下宿]する

lletygar *a* もてなしのよい, 歓待する

lletygarwch *m* 歓待, 厚遇

lletywr (-wyr) *m* : **lletywraig (-agedd)** *f* 1.宿泊[下宿, 間借り]人 2.(旅館・下宿屋などの)主人, 亭主; 女主人, 女将

llethen (-nau) *f* [歴史]平円形の粘着性乾燥ペースト, 封緘糊(小麦粉にゴム・ゼラチン・雲母などを混ぜて作られ, 手紙の封緘として, また書類を張付けるのに用いた)

llethol *a* 1.(感情など)ふさぎ込ませるような, 重苦しい, 憂鬱にする, 圧倒的な, 押えられない 2.(天候など)蒸し暑い, うだるような

lletholdeb *m* 重苦しさ

llethr (-au) *f* 下り坂, 急坂

llethrog *a* 傾斜している, 坂になった, 斜めの

llethu *t* 1.(感情などが人を)圧倒する, 耐え切れなくする, 苦しめる, 悩ます 2.(天候など)重苦しい感じを与える, 憂鬱にする

lleua *t* (頭などから)シラミ[虱]を駆除する

lleuad (-au) *f* 月: ~ newydd 新月; ~ lawn (lleuadau ~) 満月

lleuaden (-nau) *f* 小型の(人工)衛星

lleuadol *a* 月の; 月で使用する: modiwl (-au) (*m*) ~ 月着陸船

lleuadwr (-wyr) *m* 月に住む男の人の顔(月の模様・陰影)

lleuatgryn (lleuatrynfeydd) *f* 月面地震, 月震

lleuen (llau) *f* [昆虫]シラミ: ~ y pen アタマジラミ, 頭虱

lleufer (-au) *m* 日光; 発光体; (特に)太陽, 月

lleuog *a* シラミがたかった

lledrith (-iau) *m* 1.蜃気楼 2.儚い夢

llew (-od) *m* : **llewes (-au)** *f* [動物]ライオン: y mae ~ mawr ar y ffordd[聖書](怠け者が作り出す想像上の)前途に横たわる危難 (cf *Prov* 26:13); ~ mynydd ピューマ; gwas (gweision) (*m*) y ~ ジャッカル

llewpard (-iaid) *m* [動物]ヒョウ, 豹: a newidia y ~ ei frychni?[聖書]豹その班駁を変えうるか?(性格はなかなか変わらないものだ) (cf *Jer* 13:23)

llewych : llewyrch *m* 1.光, 光線; 微光 2.光沢, 艶; 輝き 3.日光 4.発光; 光輝 5.(目・顔の)輝き 6.繁栄, 成功

llewychu : llewyrchu *t* 1.(熱・光などを)放

出[放射, 輻射]する 2.(喜び・幸福などを)まき散らす, 広く及ぼす

i 1.(太陽・ランプなどが)光る, 輝く, 照る 2.(光・熱などが)放出[射出]する 3.(顔・目などが)輝く: mae dedwyddwch yn ~ o'i llygaid 幸福の光が彼女の目元から発している 4.(人が歴史のある時に)活躍[在世]する 5.(商売・事業などが)繁盛する

llewychiant : llewyrchiant (-iannau) *m*
1.[物理]光輝; 光度 2.発光体[物]

llewyg (-on) *m* : **llewygfa (-fâu, -feydd, -oedd)** *f* : **llewygiad (-au)** *m* 気絶, 卒倒

llewygedig : llewygol *a* 気絶[卒倒]する(ような), 気絶[卒倒]しそうな

llewygu *i* 気絶[卒倒]する

llewyrchol *a* 光る, 輝く, 光を発する: paent ~ 発光塗料

llewyrchus *a* (国・商売などが)栄える, 繁栄[繁盛]する

lleyg *a* 1.(聖職者に対して)俗人[平信者]の 2.[カト]助修士[修道女]の: brawd (brodyr)~ *m* 平[助, 労働]修士

lleygwr (-wur) *m* 1.(聖職者に対して)俗人, 平信徒 2.(専門家に対して)素人, 門外漢

lliain (-einiau) *m* 1.タオル: ~ rhôl ローラー[回転式]タオル(両端を縫い合わせ, ローラーに吊し, ぐるぐる回して使う); ~ bras ルコタオル(毛羽が輪(terry)になっているタオル); ~ sychu llestri 布巾 2.綿布, リンネル製の布, 亜麻布 3.テーブルクロス

lliaws (lliosydd) *m* 多数, 大勢, 大群

llibin *a* 1.弱々しい, 元気のない 2.(仕事など)不器用[下手]な

llibindod : llibinrwydd *m* 1.柔軟 2.虚弱, 疲労

llibinio *i* 弱る

llid *m* 1.[医学]炎症: ~ y ffedog 腹膜炎 2.激怒, 憤り

llidiard : llidiart (-au) *m* (庭などの)扉, 門扉

llidio *t* 1.(人を)立腹させる 2.[医学]炎症を起こさせる
i 炎症を起こす

llidiog : llidus *a* 1.炎症を起こした 2.(気質・感情など)激し[興奮]しやすい 3.(感情など)憤激した, 興奮して 4.(顔など怒り・興奮で)真っ赤になって

llidiol *a* 1.[医学]炎症を起こす, 炎症性の 2.(演説など)激昂させる, 扇動的な

llif (-au, -oedd, -ogydd) *m* 1.洪水, 大水: fflachlif (-ogydd) *m* 射流洪水, 鉄砲水; ~ daear, tirlif (-au) *m* 土砂流; llifddwr (lliffddyfroedd) *m* 河川の氾濫による出水 2.(物の)氾濫, 殺到, 充満, 激しい流入[流出]: ~ o oleuadau (部屋などに)さっと差し込む溢れんばかりの光; ~ o ddagrau 溢れる涙 3.(空気・血液・川などの)流れ, 流水, 流出: ~

terfysgol/tyrfol [物理・航空]乱流 4.海流, 潮流: Ll~ y Gwlff メキシコ湾流 5.(言葉・交通・供給などの)(絶え間ない)流れ: ~ cilidol [商業]資金の流れ; ~ o geil 絶え間なく続く車の流れ 6.(時・思想などの)流れ, 傾向, 風潮: mynd gyda'r ~, canlyn y ~ 流れ[時勢]に従う 7.(電気・ガスなどの)供給(量) 8.(衣服・髪などの)なだらかな垂れ下がり

llif (-iau) *f* [道具]鋸: cylchlif (-iau) *f* 帯鋸; ~ ffrâm おさのこ(筬鋸); ~ beiriannol (llifiau peiriannol) 電動鋸; blawd/llwch (*m*) ~ おがくず

llifanu *t* 研磨する, 滑らかにする

llifddor (-au) *f* 1.閘, 水門, 防潮門 2.(怒りなどの)はけ口, 出口

llifddwr (-ddyfroedd) *m* 河川の氾濫による出水

llifedig *a* 染めた

llifeiriad (-au) *m* (空気・血液・川などの)流れ

llifeiriant (-iaint) *m* (液体・気体などの)一定の流れ, 激しい流出; 激流

llifeirio *t* 1.氾濫させる, 大水に浸す 2.(人・場所を手紙・訪問者などで)殺到させる
i 1.(液体・川などが)流れる, 流れ出る 2.満ち溢れる, 充満する: gwlad yn ~ o laeth a mêl [聖書]乳と密との流れる(豊かな)土地 (cf *Exod* 3:8)

llifeiriol *a* 流れる, 溢れ出る

llifiant *m* 1.流動; 氾濫 2.溢れた水

llifio *t* 鋸で切る[挽く]: ~ darn o bren 鋸で木片を挽き切る

llifiwr (-wyr) *m* 木挽

llifo *t* 1.(川・土地を)氾濫させる 2.染める
i 1.(液体・涙・汗・川などが)流れる: ~ i'r môr (川が)海に注ぐ; 'roedd dagrau'n ~ o'i llygaid 彼女の目から涙が流れていた 2.(光・炎などが)流れ込む 3.(血液・電気などが)流れ, 通う, 巡る

llifolau (euadau) *m* 投光照明(器)

llifoleuedig *a* 投光照明された

llifeleuo *t* 投光照明する

llifoleuwr (-wyr) *m* 投光照明器

llifwaddod (-ion) *m* [地質]沖積層(土)

llifwaddodol *a* [地質]沖積層(土砂)の

llifyn (-nau, llifion) *m* [染色]染料

llin (-au) *m* [植物]アマ(亜麻)
a 亜麻(製)の

llinad *m* [植物]亜麻の種子, 亜麻仁: olew ~ 亜麻仁油

llinach (-au) *f* 1.系図 2.家系

llindagiad (-au) *m* 1.絞殺 2.[病理]嵌頓, 狭窄, 括約, 絞扼

llindagu *t* 1.絞め殺す, 窒息死させる 2.[外科・病理](血行を)圧止[絞扼, 括約]する

llindagwr (-wyr) *m* 1.絞殺者 2.[自動車]絞

llinell (-au) *f* 1.電線, 電信[電話]線; 電話: ～ drydan (llinellau trydan) 電線; dal (daliwch) y lein (電話で)少々お待ち下さい; ～ ar y cyd, ～ a rennir (電話の)共同加入線; ～ yn brysur, rhn ar y ～ (電話が)話し中で; ～ gymorth (悩み事・困り事などを聞く)ヘルプライン, 電話相談サーヴィス 2.(鉛筆・ペンなどで引いた)線: tynnu ～ 線を引く 3.(手相の)線: ～ bywyd/hoedl 生命線 4.(区画・位置を示す)線, 境界線; 限度: tynnu ～ rhwng da a drwg 善悪の間にはっきり一線を画する, 善悪をはっきり区別する 5.(人・連続した物などの)列, 並び, 線: ～ o gerbydau 乗物の列; (米)(順番を待つ)人の列; (警察で面通しのために並ばせた)容疑者の列; (ある目的で結託した)顔ぶれ, 構成; 陣容 6.(文字などの)行: darllen rhwng y llinellau 行間を読む, 言外の意味を読み取る 7.[通例*pl*](役者の)台詞: anghofiodd yr actor ei lliellau その役者俳優は台詞を忘れた 8.[通例*pl*](政策・計画などの)方針, 概略 9.[眼科]線: ～ lunio (llinellau llunio)注視線, 視軸 10.[地理](経線・緯線などの)線: y Ddyddlinell *f*(ほぼ180°の子午線に沿って太平洋の中央を通過する)国際日付変更線 11.[美術](絵画などの)描線, 輪郭線: ～ geinder 美の線 (S状曲線) 12.[スポ][複合語の第2構成素として]ライン: ～ ganol (llinellau canol)[サッ]ハーフウェーライン, 中央線; ～ derfyn (競走場の)ゴールの線; ～ ochr (フットボール場・テニスコートなどの)側線, サイドライン; (試合開始の際の)整列; (選手の)陣容, ラインナップ 13.[裁縫]縫い目: ～ blygu (llinellau plygu)折り目 14.[鉄道]線(路), 路線, 軌道: prif linell 本線 15.[音楽](五線譜の)線: ～ far (llinellau bar)小節線, 縦線 16.[幾何・製図](鉛筆で引いた)(直)線: ～ grom (llinellau crymion)曲線 17.[気象]線: ～ hyrddwynt (寒冷前線沿いの数百メートルに及ぶ)スコール[雷雨, 陣風]線 18.[物理]線: llinellau grym (指)力線 19.[軍事]伍, 縦列: yn un ～ 一列縦隊で; 戦列, 陣形; 布陣: ～ frwydr 戦線, 戦列

llinelliad (-au) *m* 1.直線を引く[線で仕切る]こと 2.輪郭(を描くこと) 3.線の配列 4.(詩などの)行の配列 5.[地質](断層など直線状の)線構造, 地形上の特徴

llinellog *a* 1.線のある 2.(紙が)線[罫]を引いた 3.[美術]線を強調した

llinellol *a*. 1.線(形)の, 直線の 2.[数学]一次の: hafaliad (-au)(*m*)～ 一次方程式 3.[物理]線形の: motor ～ *m* リニアモーター

llinelloli : llinellu *t* 1.線形[状]にする 2.線形に投影する 3.(紙に)線[罫]を引く 4.[テレ](出演者などを)確保する

llinellwr (-wyr) *m*(電信・電話の)架線[保線]工夫

lliniarol *a* 1.(病気・痛みなどを)軽減[緩和]する 2.(人を)なだめる, 慰める 3.[医学]鎮痛の

lliniaru *t*(病気・苦痛・苦悩などを)(一時的に)緩和[軽く, 楽に]する, 和らげる

lliniarus *a* 軽減[緩和]する

lliniarydd (-ion) *m* 軽減[緩和]する物; 緩和剤; 鎮痛剤

lliniol *a* 1.直系[正統]の 2.先祖からの 3.線(状)の

llinoladwy *a* 線形化可能な

llinoledd *m* 1.線形であること 2.[テレ]直線無歪性 3.[電工]直線性 4.[物理]線形[一次]性

llinori *t*[病理]膿疱を生じさせる
i 膿疱が生じる

llinoliad (-au) *m* 線形化

llinorog *a*[病理]膿疱の(できた)

llinoryn (llinorod) *m*[病理]膿疱

llinos (-iaid, -od) *f*[鳥類]ムネアカヒワ: ～ werdd (llinosod gwyrdd (ion) アオカワラヒワ(ヨーロッパ産); ～ felen (llinosod melyn)キアオジ(ヨーロッパ産の小鳴鳥)

llinyn (-nau, -on) *m* 1.(より)糸, 紐, 縄; (特に, 包装用・綱製造用などの)麻糸[紐]: tynnu llinynnau (操り人形の用語から)秘かに操る, 黒幕である; (有力者を動かしてこっそりと)目的を遂げる[遂げようと試みる]; dal llinynnau'r pwrs 金の出し入れ[収支]を司る 2.釣糸 3.[解剖](舌の)腱; 索状組織, 靭帯: llinynnau'r llais 声帯; ～ cefn/gwar 脊髄 4.[音楽](楽器の)弦, 糸: y llinynnau 弦楽器 5.(弓の)弦 6.(乗物・人などの)一続き, 一列 7.[測量手・大工などの)測線: wrth reol a ～ 正確[厳密]に

llinynnog *a*(液体など)糸を引く, 粘質の

llinynnol *a*[音楽]弦のある, 弦を張った

llinynnu *t*(ビーズ・真珠などを)糸に通す: ～ perlau 真珠を糸に通す
i(膠などが)糸を引くようになる

llipa *a* 1.(筋肉など)柔軟な; ぐにゃぐにゃした, 弛んだ, 締まりがない 2.(人・性格・精神など)緩んだ, 弛んだ, 柔弱な, 意志薄弱な 3.[製本]薄表紙の

llipäedd : llipanedd : llipanrwydd *m* 弛み, 締まりなさ, 軟弱, 無気力

llipryn (-nod) *m* 1.虚弱者 2.弱虫

lliprynnaidd *a*(人が)弱々しい, 元気のない

llith (-iau, -oedd) *f* 1.(新聞・雑誌などの)記事, 論説 2.[英教]日課

llith (-iau) *m* 1.(釣針・罠に付ける)餌, 疑似餌, ルアー 2.ふすま・挽き割りなどを湯に浸して混ぜ合わせた牛馬の飼料, 雑簗 3.[狩猟](鳥や動物をおびき寄せて捕えるための)おとり

llithfa (-feydd, llithfaoedd) *f*[海事](傾斜した)造船台

llithiad 405 **lloerol**

llithiad (-au) *m* 1.誘惑, 唆し 2.誘惑物, 引付ける物, 餌 3.魅力

llithiadwy *a* 誘惑できる; 誘惑されやすい

llithiedig *a* 誘惑された

llithio *t* 1.誘惑する, 唆す;(処女を)性的に誘惑する, 騙してものにする 2.(魚を)疑似餌でおびき寄せる, ルアーで釣る 3.(鷹をおとりで)呼び戻す 4.(動物に)餌を与える

llithiog *a* 誘惑[魅力]的な, 人を引付ける

llithiwr (-wyr) *m* 誘惑者;(特に)女たらし, 色魔: llithwraig (-agedd) *f* 男たらし

llithr (-au) *m* 滑り, 滑走

llithradwy *a* 滑らせることができる

llithriad (-au) *m* 1.滑り 2.(ふとした軽い)過ち, 間違い; 言い[書き]損ない: ~ tafod 失言, 言い損ない; ~ ysgrifbin 書き誤り; ~ Freudaidd [精分]失錯行動(書き違え, 言い違えなど; フロイドが指摘した)3.枕カヴァー 4.犬鎖 5.[音声]わたり 6.[音楽]滑唱(奏), スラー 7.[機械]滑り: ~ cydiwr[自動車]クラッチの滑り 8.[造船](傾斜мさした)造船台

llithrig *a* 1.(道など)つるつるした, よく滑る 2.不安定な, 変わりやすい 3.(言い訳・説明など)うわべだけの, もっともらしい 4.口の達者な, べらべらと口先だけの; 能弁[流暢]な 5.捕まえにくい, つるりと逃げる: mae mor ~ â (llosgwrn) llysywen 彼は捕らえ所がない[信頼できない]

llithrigrwydd *m* 1.(表面が)滑りやすいこと 2.(弁舌の)流暢, 滑らかさ

llithro *t* 滑らせる, 滑走させる

i 1.滑る, 滑るように動く[進む], 滑り転ぶ: llithrodd ei droed 彼の足が滑った 2.そっと動く, 忍び込む[出る]: ~ i ystafell そっと部屋へ入る 3.(時が)知らぬ間に過ぎる: mae amser yn ~ o'n gafael いつしか時が過ぎる 4.誤る, 間違う不品行なことをする

lliw (-iau) *m* 1.色, 色彩: pa liw ydyw ef? それは何色ですか? 2.(有色人種の肌の)色;(特に)黒色: dyn (-ion) ~ 有色人, 黒人 3.(絵画などの)着色, 彩色: ~ diflannol あせやすい色 4.絵の具: ~ olew 油絵の具 5.顔色: newid ~ 顔色を変える 6.個性, 特色;(文学作品などの)持ち味, 生彩, あや: ~ lleol 地方[郷土]色 7.[音楽]音色 8.[染色]染料: ~ llysieuol 植物性染料 9.[通例 *pl*]旗, 軍旗, 船旗, 国旗 10.[*pl*]立場; 本性, 本音: dangos eich lliwiau 本性を表す, 本音を吐く 11.外見: ~ ei liw 本当らしさ, 見せかけ: rhoi ~ o wirionedd i/ar stori 話を潤色[もっともらしく]する 12.[スポ](学校・競技団体などの標識としての)校色, 色リボン, 団体色

a 1.(物が)着色した, 彩色してある: crys ~ カラーシャツ 2.(人種が)有色の; 黒人の

lliwddall *a* 色盲の

lliwddallineb *m* 色盲

lliwgar *a* 1.色彩に富んだ, 多彩な 2.華やかな;

生彩のある

lliwgarwch *m* 彩度

lliwiad (-au) *m* 1.[美術]着色, 彩色 2.着色剤, 絵の具, 顔料 3.色素

lliwio *t* 1.(物に)色を塗る, 彩色する 2.(物を…色に)塗る: ~ rhth yn las 物を青色に塗る 3.染める, 着色する

lliwiog *a* = **lliwgar**

lliwiwr (lliw-wyr) : lliwydd (-ion) *m* : **lliw-wraig (-agedd)** *f* 1.[美術]色彩効果を重視する画家や色彩画家 2.色付け師, 彩色者 3.染物師[屋]: bwglos (*m*) y lliwydd[植物]アルカンナ(ヨーロッパ産ムラサキ科の植物で, その根から紅色染料を採る)

lliwiwr (-au) *m* 染料

lliwyddol *a*[美術]色に関する, 色の使用に関する

llo (-eau, -i) *m* 子牛: ~ brwydd 明け2歳の子牛; cyflo(雌牛が)子を孕んで; y Ll~ Aur[聖書]黄金の子牛(cf *Exod* 32, *1 Kings* 12:28~29)

lloc (-iau) *m* 1.羊の囲い, 羊舎, 羊小屋 2.(動物を入れる)囲い, 檻 3.(市へ移送中の牛を入れる)囲い, 小舎

llocio *t*(羊・動物を)囲い[檻]に入れる

lloches (-au) *f* 1.(危険・災難・風雨からの)避難, 逃避, 保護: rhoi ~ i rn, llochesu rhn 人をかくまう[保護する]; chwilio am ~ 保護を求める; cael ~ 避難する 2.(登山などの)避難所[小屋], 逃げ場, 隠れ家 3.防空[待避]壕: ~ rhag bomio 防空壕; ~ dan graig[考古]立っている岩の下で先史時代の人々の廃棄物や焚き火の跡が発見される天然の居所 4.[狩猟](獲物の)隠れ場所(森林, 薮など)

llochesu *t* 1.(迫害などから人を)保護する, 守る 2.(罪人などを)かくまう

llocheswr (-wyr) *m* : **llocheswraig (-agedd)** *f* 1.避難者 2.保護者, 隠れ家の提供者

llodig *a*(成熟した雌豚の)盛りがついた: hwch lodig (hychod ~) 盛りがついた雌豚

Lloegr *f*[地理]イングランド(England)(Great Britain島のScotlandと Walesを除いた部分): Cymru a ~ ウェールズとイングランド; Eglwys Loegr 英国国教会, 聖公会

lloer (-au) *f* 月: blaen (m) ~, blaenlloer 新月

lloeren (-nau) *f* 1.人工衛星: teledu (*m*) ~ 衛星テレヴィ 2.(指の爪の)月形

lloergan *m* 月光

lloerig *a* 1.精神異常の, 気が狂った 2.(行動など)狂気じみた, 馬鹿げた

lloerigyn (lloerigion) *m* 1.精神異常者 2.変人

lloerol *a* 1.月の 2.太陰の: mis (-oedd) ~ *m* 太陰暦 3.月に似た; 三日月形の 4.(光など)青ざめた, 薄い

LL

llofnaid

llofnaid (-neidiau) f [体育](棒または手を支えにして) 飛び越えること, 跳躍: ~ gyda'r polyn [陸競] 棒高跳び

llofnod (-au, -ion) : llofnodiad (-au) m 署名

llofnodedig a 署名された, サイン入りの

llofnodi t 署名する: ~ llythyr 手紙に署名する

llofnodol a 署名した, 参加調印した

llofnodwr (-wyr) m : **llofnodwraig (-agedd)** f 1.署名者 2.条約加盟国

llofrudd (-ion) m : **llofruddes (-au)** f 殺人者

llofruddiad (-au) m : **llofruddiaeth (-au)** f 殺人, 謀殺, 極刑[死刑]に値する殺人

llofruddiedig (-ion) mf 殺人の犠牲者, 殺された人

llofruddio t 殺す, 殺害する

llofruddiog : llofruddiol a 1.殺人の 2.(様相が)殘忍な 3.殺人的な, 物凄い

lloffa t 1.(田畑・ブドウ園から) 落穂を拾う, 刈り[採り]残しを集める 2.(情報・事実・知識などを) 苦労して収集する
i 1.落穂を拾う, 刈り[採り]残しを集める 2.(知識などの) 断片を収集する

lloffiad m 落穂拾い, 刈り[採り]残しを集めること

lloffion pl 1.(拾い集めた) 落穂, 刈り[採り]残し 2.(知識などの) 収録, 拾遺集

llofft (-ydd) f 1.(教会・劇場・講堂などの内壁から張出した) 中二階, 桟敷, 上階, ギャラリー: briglofft (-ydd) f [劇場](ステージ両側の) 大道具操作台; lan lofft 二階[階上]へ[に] 2.(議会・法廷などの) 傍聴席 3.寝室

lloffwr (-wyr) m : **lloffwraig (-agedd)** f 1.落穂拾い(人) 2.断片収集者

llog (-au) m 1.[金融]利子, 利息, 金利: cyfradd (-au) (f) ~ 利率; ~ syml 単利 2.(物の) 賃借り: car (ceir) (m) ~ 賃貸用の乗用車, レンタカー 3.(人の) 雇用

llogail (-eiliau) m 梁, 桁

llogell (-au, -i) f ポケット
a ポケットに入るくらいの大きさの; 小型の: geiriadur (-on) (m) ~ ポケット小型辞典

llogellaid (-eidiau) f ポケット一杯(分)

llogellu t ポケットに入れる

llogi t (損料を払って物を) 借りる, 賃借りする

llogwr (-wyr) m : **llogwraig (-agedd)** f 1.賃借り人 2.雇用主

llong (-au) f 船: ~ fasnach (llongau masnach) 商船; ~ deithwyr (llonau teithwyr) 客船

llongddrylliad (-au) : llongdoriad (-au) m 難破, 難船

llongddrylliedig a (人を) 難破させた

llongwr (-wyr) m 1.船員, 船乗り, 水夫 2.[海軍] 水兵

llongwriaeth f 1.航行, 航海, 航空 2.航法, 航海[航空]術[学]

llon a 1.(顔・表情・声など) 嬉しそうな, 晴れやかな 2.陽気(愉快, 快活, 朗らか)な, 笑いさざめく: y Brenin Ll~英国王Charles 二世の俗称

llond a (容器など) 満ちた, 一杯の

llonder m 1.陽気, 快活 2.喜び, 嬉しさ 3.激励

llongyfarch t 祝う, 祝賀する: ~ rhn ar rth ある物事について人を祝う

llongyfarchiad (-au, -archion) m 1.祝い, 祝賀 2.[pl] 祝辞

llongyfarchiadol : llongyfarchol a 祝賀の

llongyfarchwr (-wyr) m 祝賀者 祝辞を述べる人

llonnach a 元気づけられた

llonni t (人を) 元気づける
i 元気づく

llonnod (-au) m [音楽] 嬰音, シャープ; 嬰記号(♯)

llonydd a 1.動かない, 不動の, 静止した: aros yn ~ じっとしている; gad (-ewch) lonydd!, gadawer ~! [諺]藪をつついて蛇を出すな!, 余計な干渉をするな! 2.(水など) 流れのない: dŵr (dyfroedd) ~ 静止した水; 風のない 3.(ぶどう酒など) 泡立たない, 非発泡性の: gwin (-oedd) ~ m 泡立たないぶどう酒 4.(心・気分など) 平静 [平穏] な, 落着いた 5.(海・天候・風景など) 静か [穏やか] な 6.[美術] 静物(画)の: bywyd (-au) ~ m 静物; [pl] 静物画

llonydd : llonyddwch m 1.不動, 静止, 動きのない状態 2.静けさ, 穏やかさ, 静穏 3.落着き, 冷静, 平静 4.(気分・社会的・政治的な) 平穏 5.無風状態, 凪, [気象] 静穏

llonyddu t (人・心を) 静める, 落着かせる
i 平静 [平穏] になる, 落着く

lloriad m 1.床; 床張り 2.床板

llorio t 1.床を張る, 床板を敷く 2.(相手を) 床に打ち倒す 3.(議論・難問などが人を) やり込める, 閉口させる, 打ち負かす

lloriwr (-wyr) m 1.床張り職人 2.床に打ち倒す人

llorrew m 霜

llorwedd (-au) m 1.水平位置 2.水平物 [線, 面]

llorwedd : llorweddol a 1.横の, 水平な: mudoledd llorweddol m [社会] 水平移動 (地理的移動や同じ社会的レベル内での職業の移動) 2.一律の; 対等の: cyfuniad llorwedd m 同じレベルの生産と同じレベルの資源の共有を含む合同事業から一つの会社への合併, 水平的連合 [結合] 3.(機械が) 水平動の

llorwedd-dra : llorweddoldeb m 水平状態

llosg (-iadau) m 1.火傷; 日焼け: ~ eira 霜焼

け 2.焼焦がし, 焼け焦げ, 焼跡, 焦げ跡 3.込み
上げてくる怒り [いらいら] 4. [窯業] (レンガ・陶
器などの) 焼成

a 1.焼いた, 焦げた, 焼け焦げた: polisi tir ~
[軍事]焦土戦術 [政策] 2.火傷した 3.(ローソ
クなど) 燃えている, 燃焼中の 4.(傷など) 疼える
[焼ける] ような 5.(問題など) 白熱している, 重
大な, 焦眉の: pwnc ~ 盛んに議論される
問題 6.(絵の具など) 焼いて深みを増した:
sienna ~ [美術]バーントシエナ, 代赭 (赤褐色
の顔料); wmbr ~ バーントアンバー, 焼きアン
バー (赤褐色の顔料)

llosgach *m* 近親相姦

llosgachaidd : llosgachlyd : llosgachol
a 近親相姦の [的な]

llosgacholdeb *m* 近親相姦状態

llosgachwr (-wyr) *m* 近親相姦者

llosgadwy *a* 1.燃えやすい, 可燃性の 2.(人・
性格が) 興奮しやすい

llosgedig *a* = llosg

llosgfa (-feydd) *f* 1.(火などでの) 火傷 2.日焼
け 3.燃焼 4.焼け焦し, 焼跡 5.込み上げる怒り
[いらいら] 6.火あぶりの刑 7.[窯業] (レンガ・
陶器などの) 焼成, 製造 8.[化学] 燃焼

llosgfynydd (-au, -oedd) *m* 火山: ~ byw
活火山

llosgfynyddol *a* 1.火山 (性) の 2.火山作用に
よる, 火成の 3.火山のある [多い] 4.爆発性の,
激しい

llosgi *t* 1.(燃料を) 燃やす, 燃焼させる, 焼く
2.(ガス・ローソクなどを) 点火する, ともす: ~
cannwyll gefn dydd golau 明るいうちに灯火
をともす; 時 [精力]を浪費する, 無駄なことをす
る; ~'ch cychod 背水の陣を敷く, 捨身でかか
る 3.焼き焦がす; 日焼けさせる 4.火傷させる
5.(焼印などを) 焼き付ける 6.焼き殺す, (特に)
火刑に処する 7.(死体を) 火葬にする
i 1.(火・物などが) 燃える, 焼ける 2.(肌・人
が) 日焼けする 3.(料理などが) 焦げる 4.[宇
宙] (ロケットエンジンが) 燃焼して推力を出す

llosgiad (-au) *m* 1.燃焼 2.焦がすこと; 焼け
焦げ, 焦げ跡 3.激動, 騒動

llosgol *a* 燃焼 (性) の

llosgwr (-wyr) *m* : **llosgwraig (-agedd)** *f*
1.(レンガ・炭などを) 焼く人 2.放火犯人, 放火
魔 3.(オーヴン・ランプなどの) 火口, バーナー :
llosgwr Bunsen [化学]ブンゼンバーナー (化
学実験などに用いるバーナー)

llosgwrn (-gyrnau) *m* (動物の) 尾

llosgydd (-ion) *m* (ごみなどの) 焼却炉; 火葬
炉

llostlydan (-od, llostlydain) *m* [動物]ビー
ヴァー

llu (-oedd) *m* 1.多数, 大勢, 大群, 群衆 2.軍
隊, 軍勢: Arglwydd (*m*) (Dduw) y Lluoedd
[旧約聖書]万軍の主 (エホヴァ (Jehova) の

こと) 3.日月星辰; 天使軍: y ~ nefol, ~'r nef 日
月星辰; (神に仕える) 多数の天使

llucheden (lluched) *f* 電光, 稲妻, 稲光

lluchedu *i* (光が) 閃く, ぴかっと光る

lluchio *i* (雪などが) 吹き積もる

lludw *m* 1.[*pl*] 灰, 灰殻, 燃え殻: tun (-iau)
(*m*) ~, bin (-iau) (*m*) ~ ごみ入れ; Dydd
Mercher (*m*) (y) Ll~ [教会]灰の水曜日 2.
[*pl*] (火事の後の) 灰, 灰燼: troi'n ~ yn eich
genau (期待した経験などが) 苦々しいものとな
る, 嫌な後味を残す 3.[*pl*] 遺骨; 亡がら: ~ i'r
~ 灰を灰に, 塵を塵に (返せ) (Prayer Book,
The Burial of the Dead) 4.[クリ] (英豪戦の)
仮想のトロフィー ; 英豪戦勝敗

lludded *m* 1.(心身の) 疲労, 疲れ 2.[生理]
(細胞・器官などの) 疲労 3.[機械] 疲労: ~
metel 金属疲労

lluddedig *a* 1.疲れた, 疲労した 2.[機械] 疲労
した

lluddedu *t* 1.疲れさせる 2.退屈 [うんざり, 飽
き] させる 3.[機械] (材料を) 疲労させる
i 疲れる, 疲労する

lluddiant *m* 1.妨害, 障害 2.[心理] 抑制, 制
止 3.[生理] (生理活動の) 制止, 阻止, 抑制

lluddias *t* 1.(人・運動・進行などを) 妨げる,
邪魔する 2.(物事・感情などが) 抑制 [制止]
する

lluddiwr (-wyr) *m* 妨害者

lluest (-au) *m* 天幕, (野営) テント

lluestu *t* 野営させる: ~ byddin 軍隊を野営さ
せる

llufadredd *m* 腐植化

llufadron *m* [園芸] 腐植

llufadru *t* 腐植化させる
i 腐植化する

llugaeronen (llugaeron) *f* [植物]ツルコケモ
モ, 蔓苔桃: sôs/saws (*m*) llugaeron [料理]ク
ランベリーソース (ツルコケモモに砂糖と水を加え
て煮崩れするまで煮たもの; 七面鳥・鶏料理な
どに添える)

llugoer *a* 1.(液体が) 生ぬるい 2.(感情など)
微温的な, 熱のない

llugoerni *m* 1.生ぬるいこと, 微温 2.不熱心

lluman (-au) *m* 1.(軍用・標識用などの) 旗,
軍旗 2.(船舶などが国籍を示すために掲げる)
旗 3.青・赤または白地でその一隅にUnion
Jackのある旗: ~ coch 英国商船旗; ~ gwyn
英国軍艦旗

llumanbren (-nau) *m* 旗竿

llumanu *t* 旗を立てる, 旗で飾る

llumanwr (-wyr) : **llumanydd (-ion)** *m*
1.旗手 2.[英・陸軍] (1871年以前に英国陸軍
の旗手を勤めた) 歩兵少尉

llun (-iau) *m* 1.絵, 絵画; 画像: llyfr lluniau
(特に子供用の) 絵本 2.線描, 素描, 図画, デッ
サン, スケッチ: ~ (â) llaw自在画; llinlun (-iau)

Llundain   408   **llusgo**

m 線画 3.映画: y ~ mawr（映画上映番組の中の）主映画; ~ distaw 無声映画 4.写真: caer tynnu'ch ~ 写真を撮ってもらう 5.形; 姿: ar lun rhth 何かの形［姿］をとって; anghenfil ar lun dyn 人間の姿をした怪物 6.［光学］（レンズ・鏡によって作られる）像, 映像, 影像

Llundain *f*［地名］ロンドン（London）（イングランド南東部の港市; イングランドと英国の首都）

Lluniad (-au) *m* 1.線描, 素描, 図画, デッサン, スケッチ: ~ â phensel, ~ pensel 鉛筆で描いた図画［素描］2.［美術］（立体）構成 3.［数学］作図; 図形 4.［心理］構成概念

Lluniadaeth *f*［美術］構成主義

Lluniadol *a* 構成的な, 構造上の

Lluniadu *t*（線・図などを）引く, 描く: ~ wrth raddfa 一定の比例に応じて引く［描く］

Lluniadwy *a* 構成できる

Lluniaeth *m* 食物

Lluniaidd *a* 1.格好［姿］のよい, 均整のとれた 2.整然とした

Lluniant *m* 一列［一直線］にする［なる］こと; 一列整列

Lluniedig *a* 1.（家具が）模様のある 2.型に合わせて作った 3.（小説など）構成［案出］された 4.［複合語の第2構成要素として］形が…の, …形の

Llunio *t* 1.（物を）作る, 形作る, 形成する: ~ clai yn wrn, ~ wrn o glai 粘土をこねて壷にする 2.（会・内閣などを）組織［構成］する 3.（概念・意見などを）形作る, まとめる 4.（計画などを）具体化［工夫］する 5.（言語・音声などを）出す 6.構成要素になる 7.（人物・能力・品性などを）作り上げる, 鍛える 8.［幾何］作図する, 描く: ~ triongl 三角形を作図する 9.［軍事］整列させる
i 1.（物が）形を成す 2.（考え・希望などが）生じる 3.［軍事］整列する

Lluniol *a* 1.形成［構成］する 2.形成［組成, 発達］の 3.［文法］語を構成する

Lluniwr (-wyr) *m* : **Llunwraig (-agedd)** *f* 1.形を作る人 2.（小説・劇などの）構成［考案, 案出］者

Lluosddewis (-iadau) *m* 多肢選択法

Lluosedd : **Lluosgaeth** *f* 1.多数 2.多数［多様］性 3.［キ教］聖職兼任

Lluosflwydd *a*［植物］多年性の

Lluosi *t*［数学］掛ける, 乗じる: blaenluosi 左から掛ける

Lluosiad (-au) *m* 1.［数学］掛け算, 乗法 2.増加, 増殖, 繁殖

Lluosill (-au) *m* : **Lluosillaf (-au)** *f*（3音節以上の）多音節語

Lluosill : **Lluosillafog** *a* 多音節の

Lluosog (-ion) *m*［文法］複数, 複数形（の語）
a 1.多数の; 複式の 2.［文法］複数の

Lluosogrywydd *m* 多数, 大勢

Lluosogwr (-wyr) : **Lluosogydd (-ion)** *m* 1.［数学］乗法子, 乗数, 法 2.乗算機 3.［物理］倍率器

Lluosogyddiaeth *f* 1.［哲学］多元論 2.［政治］（国家などで異なる人種・宗教・文化などの集団が平和的に共存している）多元的共存（政策）

Lluosrif (-au) *m*［数学］1.倍数 2.被乗数, 実

Lluosryw *a* 複数の

Lluoswm (-ymiau) *m*［数学］積: ~ mewnol 内積

Lluoswr (-wyr) : **Lluosydd (-ion, lluoswyr)** *m*［数学］乗数, 掛ける数, 法

Llurguniad (-au) *m* 1.（手足などの）切断 2.（文学作品などの）骨抜き

Llurguniedig *a* 1.切断［切除］された 2.文章・言葉の意味など）骨抜き［台なし］にされた

Llurgunio *t*（間違い・不適切な引用などで言葉の意味・文章・文学作品などを）台なし［骨抜き］にする, 分からなくする

Llurguniwr (-wyr) *m* : **Llurgunwraig (-agedd)** *f* 1.切断者 2.台なし［骨抜き, めちゃくちゃ］にする人

Llurig (-au) *f* 1.［甲冑］（中世の）鎖帷子［鎧］, 鎧胴; 胸甲 2.（カメ・センザンコウ・アルマジロ・イセエビなどの）鎖帷子状の覆い［鱗］

Llurigo *t* 鎧を着ける

Llurigog *a* 鎧を身に着けた

Llusa *i* コケモモを摘みに行く

Llusen (llus) *f*［植物］コケモモ, 苔桃

Llusern (-au) *f* 1.手提げランプ, 角灯, カンテラ, 提灯: ~ dywyll (llusernau tywyll) 半球レンズ付きの手提げ［目玉］ランプ; ~ bapur (llusernau papur) 提灯 2.（通風・明り取りに屋上に設けた）越し屋根;（ドーム・丸屋根の上に設けた）頂塔

Llusg *a* 1.（声・話し方が）ゆっくり［間延び］した, のろのろと引き延ばす 2.（スカートなどが）引きずっている

Llusgiad (-au) : **Llusgiant** *m* 1.［航空］（飛行機に働く空気の）抗力 2.（抵抗による）前進の遅れ

Llusgo *t* 1.（物・足・尾などを）引きずる, 引きずって行く: ~'ch traed 足を引きずって歩く;（わざと）ぐずぐず［のろのろ］する; 非協力的である; ~'ch manell 喧嘩を売る, 因縁をつける（裾を引きずって歩いて人に踏ませることになる）2.（船・自動車・重い物などを）引く, 引っ張る, 牽引する 3.音を引き延ばして話す 4.［海事］（引網・錨などを引いて池・川・海などを）浚う, 探る: ~ angor（嵐などで船の）錨が引きずられて効かなくなる 5.［軍事］（小銃などを）下げ銃にする: ~ arfau 下げ銃にする
i 1.足を引きずって歩く 2.（物・裾など）引きず

llusgrwyd — 409 — **llwydo**

る, 引きずられる **3.**(引っ張られるように) 後につ
いて行く **4.**物憂げに言う, 嫌に母音を引き延ば
して話す **5.**(時・仕事などが) のろのろと進む
6.[海事][引綱・錨で] 水底を浚う

llusgrwyd (-au, -i) *f* [漁業] トロール [底引き]
網

llusgwr (-wyr) *m* : **llusgwraig (-agedd)** *f*
1.引きずる [引っ張る] 人 **2.**[漁業] トロール漁
業者

lluwch (-fwydd, -ion) *m* : **lluwchfa
(-feydd)** *f* **1.**塵, 埃: gyda ~ y llawr 死んで
2.(雪・土・砂などの) 吹寄せ, 吹き溜り

lluwchio *t* (風が雪などを) 吹寄せる
i (雪・落葉などが) 吹き積もる

lluwchwynt (-oedd) *m* 大吹雪, 暴風雪, ブ
リザード

llw (-on, llyfon) *m* **1.**誓, 誓約; (法廷におけ
る) 宣誓: tyngu/cymryd ~ 誓をたてる, 宣誓
する; ar lw 誓って, 確かに; Comisiynydd
Llwon [法律] 宣誓管理委員 (1853年以降ソリ
シターが大法官によって任命され, 宣誓供述書
の作成に立ち会う) **2.**(呪・悪口などでの) 呪の
言葉, ののしり, 悪態, 毒舌, 畜生呼ばわり, 神
名濫用

llwch *m* **1.**粉, 粉末: ~ eira 粉雪 **2.**化粧粉 **3.**塵,
埃: bath(*m*)~, baddon(-au)(*m*)~(鳥の) 砂浴
び; storm(*m*)lwch (stormydd ~)[気象] 砂塵
嵐

llwdn (llydnod) *m* 動物の子

llwfr *a* **1.**臆病な **2.**卑怯 [劣] な

llwfrder : llwfrdra *m* **1.**臆病 **2.**卑怯

llwfrgi (-gwn) *m* 臆病 [卑怯] 者

llwg *m* [病理] 壊血病

llwgfa *f* 空腹 (で気が遠くなること); 飢え, 飢餓

llwglyd *a* 飢えた, 空腹な, ひもじい

llwgr *a* **1.**腐った **2.**不正な; (道徳的に) 堕落し
た **3.**汚れた **4.**(テキストなど誤写・改変などの
で) 原形が損なわれた, 改悪された **5.**(言語
が) 転訛した, 訛った

llwgrwobr (-au) : llwgrwobrwy (-on) *f*
賄賂

llwgrwobrwyad (-au) *m* :
llwgrwobrwyaeth *f* 賄賂の授受, 贈 [収]
賄

llwgrwobrwyo *t* 賄賂を贈る, 買収する

llwgrwobrwywr (-wyr) *m* :
llwgewobrwywraig (-agedd) *f* 贈賄者

llwgu *t* (人・動物を) 飢えさせる, 兵糧攻めにす
る; 餓死させる
i 飢える, 空腹でいる

llwm *a* (*f* **llom**, *pl* **llymion**) **1.**(部屋など) 家
具のない, がらんとした: pared ~ (額など掛かっ
ていない) 裸の壁 **2.**(食器棚など) 空の **3.**(田
舎など) がらんとした, 荒れ果てた, 草木のない:
gwlad lom がらんとした田舎 **4.**(文体など) 単
調な

llwnc (llynciau) *m* **1.**ぐっと飲むこと [音, 量],
ぱくっと食べること [音, 量] **2.**食道; 喉

llwncdestun (-au) *m* 乾杯, 祝杯: cynnig ~
乾杯 [を提案]

llwtra *m* ドロドロ [ヌルヌル, ネバネバ] する物;
軟泥, へどろ

llwy (-au) *f* **1.**スプーン, さじ: ~ bwdin (llwyau
pwdin) デザートスプーン; ~ ford (llwyau
bold) テーブルスプーン; ~ fach (llwyau bach)
ティースプーン, 茶さじ; ~ garu (llwyau caru) 愛
のスプーン (ウェールズ地方で婚約した男がフィア
ンセに贈る木製の二股スプーン; rhaid ~ hir i
fwyta gyda'r diafol [諺] 悪魔と食事をする人
は長いさじが入用 (ずるい相手だからうんと知恵
を働かせなければだめ) **2.**[釣] スプーン (金属の
疑似餌): abwyd(*m*)~ スプーンルアー **3.**[ゴル
フ] スプーン (3番ウッド) **4.**[漕艇] さじ櫂 (水掻き
がスプーン状になった櫂)

llwyaid (-eidiau) *f* スプーン [さじ] 一杯 (分)

llwyarn (-au, -i, llwyerni) *f* **1.**シャベル, ス
コップ **2.**(左官などの用いる) こて **3.**(園芸用
の) 移植ごて

llwyarnu *t* こてで塗る

llwybr (-au) *m* **1.**(人生の) 進路, 行路: ~
bywyd 人生行路 **2.**(人・動物に踏まれてでき
た) 小道, 細道: ~ sathredig 踏みならされた
道; ~ defaid 羊の通行によってできた道, 羊道;
~ natur 自然歩道 **3.**(歩行者用の) 小道 **4.**
(公園・庭園内の) 小道, 細道 **5.**道路: ~
cyhoeddus 公道 **6.**(人・動物の) 足跡 **7.**[ス
ポ](競) 走路 **8.**(運動体の) 進路, 経路 **9.**(彗
星の) 軌道, 進路

llwybro *t* 足跡を残す

llwyd (-ion) *m* 灰 [鼠] 色, グレー
a **1.**灰 [鼠] 色の **2.**褐色 [茶色, 鳶色] の:
cwrw ~/coch 濃い茶色のビール **3.**(人・毛
髪が) 白髪まじりの, 胡麻塩頭の **4.**(人・顔が)
青ざめた, 青白い, 土色の **5.**露黴病にかかっ
た, 白黴の生えた **6.**黴臭い

llwydaidd *a* **1.**灰 [鼠, 鳶] 色の [がかった] **2.**
(人・顔が) 青白い, やや青ざめた, 土色の **3.**
(人が) 特徴のない **4.**(天候など) どんよりした,
灰色の, 曇った **5.**(馬が) 葦毛の:caseg lwyd
亭主を尻に敷く女

llwyd-ddu (-on) *a* 暗灰色の

llwydlas (-leision) *a* 緑灰色 [淡緑青色] の:
Llwydleision Sgotaidd [軍事] 英国竜騎兵第
2連隊 (の別名) (その乗馬の色から)

llwydni *m* **1.**灰 [鼠] 色, くすんだ黄褐色 [鳶
色] **2.**青白さ **3.**単調さ **4.**湿気 **5.**[菌類] (皮・
衣類・食物などに生える) 白黴, 黴 (菌) **6.**[植
物] 露黴病, うどん粉病 (菌) **7.**[植物・病理]
胴枯れ病 (を起こす菌)

llwydo *t* **1.**灰色にする **2.**白黴を生やす **3.**露菌
病にかからせる
i **1.**灰色になる **2.**黴びる, 白黴が生える **3.**露菌

LL

llwydrew   410   **llydan**

病になる

llwydrew *m* 霜, 白霜

llwydrewi *i* 霜が降りる

llwydwyn *a* (*f* **llwydwen**, *pl* **llwydwynion**)
1. (色が) 薄い 2. 白髪の

llwydwyrdd *a* (*f* **llwydwerdd**, *pl*
llwyddwyrddion) 緑灰色 [薄緑青色] の

llwyddiannus *a* 1. 成功した, 好結果の, 上出
来の 2. (パーティーなど) 盛大な; (興行など) 大
当たりの 3. 立身 [出世] した

llwyddiant (-iannau) *m* 1. 成功: cael ~ 成
功を収める; 'does dim sy'n llwyddo cystal â
~ [諺] 一事成れば万事成る 2. 合格 3. 勝利
4. 立身, 出世 5. (冒険的事業の) 上首尾, 上出
来, 大当たり: bu'r noson yn ~ ysgubol 夜会
は盛会だった 6. 成功者 7. 結果, 成果

llwyddo *i* 1. 成功 [成就] する; (計画などが) う
まく行く: ~ i wneud rhth 何かをすることに成
功する 2. 立身出世する

llwyddwr (-wyr) *m* 1. 後任 [後継, 継承, 相
続] 者 2. 後に来る人 [物]

llwyfan (-nau) *mf* 1. [地理・築城] 高台, 台
地 2. [政治・建築] 壇 3. [政党] (候補
者の) 政綱, 綱領 4. [演劇] (劇場の) 舞台, ス
テージ: ~ ffedog 張出し舞台; gwisgo ~ (舞台
に演技者を配置して) 上演のためのバランスの
取れた装置を施す; ~ yw'r holl fyd [文学] 世
の中は全て舞台だ (Shak, *As YL* 2. 7.139)
5. (活動の) 舞台, 範囲: gadawodd lwyfan
gwleidyddiaeth 彼は政界から引退した 6. (建
築場などの) 足場, 足台

**llwyfan (-fenni) : llwyfanen (-fain) :
llwyfen (-ni)** *f* [植物] ニレ, 楡

llwyfannu *t* [演劇] (劇を舞台で) 上演する
i 上演できる, 芝居になる: mae'n ddrama
anodd i'w ~ その芝居はうまく上演できない

llwyfennog : llwyfog *a* ニレの多い, ニレの
木の茂った

llwyn (-i) *m* 1. 低木, 灌木; 低木の茂み, 藪 un
yn curo'r ~ ac arall yn dal yr adar [諺] 一
人が勢子を勤めもう一人が兎 [鳥] を捕まえる
2. 小森, 木立 3. セイヨウキヅタ (ivy) の枝 (昔酒
屋や酒場の外に掛けられた看板): ~ iorwg/
eiddew セイヨウキヅタの枝

llwyn (au) *f* 1. [通例 *pl*] 腰, 腰部: lliain
(llieiniau) (*m*) lwynau 腰布 2. (獣類の) 腰肉
3. 生殖器官, 陰部: ffrwyth eich lwynau 人の
子供

llwynog (-od) *m* : **llwynoges (-au)** *f* [動物]
キツネ (狐): hela llwynogod キツネ狩り

llwynogaidd *a* 1. 狐のような 2. ずる賢い, 狡猾
な

llwynogyn *m* キツネの子

llwyo *t* スプーンですくい取る

llwyr *a* (程度など) 完全な, 全くの, 絶対 [徹底]
的な: tawelwch ~ 完全な沈黙; llwyddiant ~

完全な成功; dieithryn ~ 全く知らない人; ~
ymwrthodwr 絶対禁酒家; ~ ddiffyg *m* [天
文] 皆既食

llwyrdeb : llwyredd *m* 1. 完全 (無欠), 十全
2. 純粋 3. [論理] 完全性

llwyrymatal : llwyrymwrthod *i* 絶対禁酒
する

llwyrymataliol : llwyrymwrthodol *a* 絶
対禁酒 (主義) の

llwyrymataliwr (-wyr) *m* :
llwyrymatalwraig (-agedd) *f* :
llwyrymwrthodwr (-wyr) *m* :
llwyrymwrthodwraig (-agedd) *f* 絶対
禁酒者

llwyrymwrthodaeth *f* :
llwyrymwrthodiad *m* 絶対禁酒主義

llwyth (-au) *m* 1. (同一の血統・制度・慣習を
持ち, 上に族長をいただいて群居する) 種族,
部族 2. [生物] 族, 類

llwyth (-i) *m* 1. (運搬 [輸送] される) 荷, 荷物,
積荷: ~ hedfan 飛行荷重 2. (荷の) 積載量
3. [通例複合語の第2構成素として] …分の量:
dadleoliad (*m*) ~ 満載排水量 [トン数]
4. [海事] (船の) 積載力 [量]: llong gan
tunnel o ~ 百トン積みの船 5. [電気] 負荷:
bwrw'r ~ 負荷を減らす 6. (火薬などの) 装填,
装弾

llwythiad (-au) *m* 1. 荷積み, 船積み, 荷役
2. 船荷 3. 装填, 装薬

llwytho *t* 1. (輸送物・乗客などを自動車・船な
どに) 積む 2. (重荷となる物を) 負担させる: ~
pobl â threthi 人々に税金を課する 3. (テーブ
ルに) どっさり載せる 4. (賛辞・侮辱などを) む
やみに与える 5. (銃などに) 弾丸を込める, 装填
する 6. [電算] (プログラム・データを主記憶に)
ロードする, 読み込む
i (車・船などが運搬物・乗客を) 積む, 乗せる

llwythog *a* 1. 荷を積んだ 2. [複合語の第2構
成素として] (…を) 積んだ, 帯びた 3. 重荷を背
負った 4. (テーブルに) 一杯載せた: bwrdd
(yn) ~ o fwyd 食物を一杯載せた食卓 5. (銃
などが) 装填した: gwn ~ 装填した銃 6. (鉛な
どを) 詰めた: dis (-iau) (*m*) ~ (鉛を詰めて, あ
る特定の目が出るようにした) いかさまさいころ
7. [海事] (船舶が) 避航義務のある

llwythwr (-wyr) *m* 1. 荷を積む人, 積載者
2. (銃の) 装填者 3. [通例複合語の第2構成素
として] …装填式の銃 4. 種族の一員, 部族民

llychlyd *a* 埃っぽい, 塵 [埃] まみれの

llychwin : llychwinedig *a* 汚れた, 染みが
付いた

llychwino *t* 1. (物の表面を) 汚す, 染みを付け
る 2. (名家などを) 汚す

llychyn *m* (空中の塵・埃の) 微片, 微塵, 少量

llydan (llydain) *a* 1. 幅の 広 い, 幅 広 の: ~
agored 広く開いた, 張り広げた; sgrîn lydan

(sgriniau llydain)[映画]ワイドスクリーン; mae cefn/gwar ~ ganddo 彼は背中が広い 2.(船幅が)広い 3.(面積が)広い 4.(目・口・窓など)大きく開いた[広げた]: agor eich ceg yn ~, dylyfu gên yn ~ 大きなあくびをする 5.(衣類が)緩やかな、たっぷりした 6.(範囲・経験・知識など)広い、広汎な、多方面の 7.(カメラのレンズが)広角の 8.[しばしばLl~][英敎]広教会派的な、自由な: Eglwys Lydan f 広教会派

llydanu t 1.(幅を)広げる、広くする 2.(知識・経験などを)広める 3.範囲を広げる

Llydaw f [地理]ブルターニュ(Brittany)(フランス北西部の半島)

Llydaw : Llydawaidd : Llydewig a ブルターニュ(人)の

Llydaweg mf ブルターニュ語(ケルト語派) a ブルターニュ語の: y Cerddi Llydewig(ケルトの伝説に基づく中世ブルターニュの)短い物語詩

Llydawiad (-iaid) mf : **Llydäwr (Llydaw-wyr, Llydawiaid)** m : **Llydawes (-au, -i)** f ブルターニュ人

llyfiad (-au) m なめること、一なめ; ~ cath(仕事などを)ぞんざいにすること、やっつけ仕事; ぞんざいな掃除[洗濯]

llyfn a (f **llefn**, pl **llyfnion**) 1.(物の表面・毛髪・毛皮など)滑らかな、すべすべした、光沢のある: gwallt ~ つややかした毛髪; croen ~ すべすべした肌 2.(顎・顔などに)毛[髭]のない 3.(身なりなど)きちんとした;(動作など)洗練された 4.(言葉・文体など)流暢な、よどみのない 5.(態度・話し振りなど)口先のうまい、人当たりのよい 6.(音声など)耳に快い、滑らかな 7.(感情・気質など)穏やかな[平静]な 8.(面・土地など)平ら[平坦]な

llyfnder : llyfndra m 1.(肌・縮子などの)滑らかさ、光沢 2.洗練、優雅 3.流暢さ 4.人当たりのよさ 5.穏やかさ、静けさ 6.平ら、平坦

llyfnhau t 1.(毛髪・羽などを)撫付ける、滑らかにする 2.(布などの)皺を伸ばす 3.(面を)平ら[水平]にする、ならす: ~'r tir 地面を平らにする 4.洗練する、めかす

llyfnu t 1.= **llyfnhau** 2.[農業](土地に)馬鍬をかける、馬鍬で均す

llyfr (-au) m 1.本、書物、書籍: Ll~ Gweddi Gyffredin(英国国教会または同系統教会の)祈祷書; ~ ysgol/testun 教科書 2.帳、帳面: ~ ysgol/ymarferion 練習帳 3.(切符・切手・小切手などの)綴じ込み帳: ~ tocynnau 綴り込み回数券 4.(歌劇・芝居の)台本 5.電話帳: ~ ffon/teleffon 電話帳 6.帳簿、会計簿: ~ cyfrifon/ cownt (iau) 会計簿 7.[行政]報告書: Ll~ Glas(Llyfrau Lleision)青書 8.[競馬]賭帳: ~ betio 掛金帳

llyfrbryf (-ed) m 本を漁る人、猟書家、読書狂、

「本の虫」

llyfrder : llyfrdra m = **llwfrder, llwfrdra**

llyfrgar a 1.書物に凝った、読書の 2.書物に凝った;堅苦しい、学者ぶった

llyfrgarwch m 堅苦しさ、学者ぶること

llyfrgarwr (-wyr) m 本好き、愛書家

llyfrgell (-oedd) f 図書館: ~ fenthyca(llyfrgelloedd benthyca)公共図書館(の貸出部); Ll~ Genedlaethol Cymru ウェールズ国立図書館(Aberystwythにある) a 図書館の: gwyddor (-au) (f) ~, llyfrgellyddiaeth f 図書館学

llyfrgellydd (-wyr) m 司書、図書館員

llyfrgellyddiaeth f 図書館員の地位[職務]

llyfrifwr (-wyr) m 簿記係

llyfrnod m (本の)栞

llyfrothen (llyfrothod) f [魚類]タイリクスナモグリ(ヨーロッパ産のコイ科の淡水魚;食用・魚釣の餌用)

llyfr-rwymwr (-wyr) m 製本屋[師]

llyfrwerthwr (-wyr) m : **llyfrwerthwraig (-agedd)** f 書籍販売人、本屋

llyfryddiaeth (-au) f 1.書誌学 2.(特定の著者・時代・主題などに関する)書誌、書目 3.参考書目、引用文献

llyfryddiaethol : llyfryddol a 書誌(学)の;図書目録の

llyfryddiaethwr (-wyr) : llyfryddwr (-wyr) m : **llyfryddwraig (-agedd)** f 1.書誌[図書]学者 2.書誌編集者

llyfryn (-nau) m (通例紙表紙の)小冊子、パンフレット

llyfu t 1.舐める: ~'ch gweflau/gwefusau 舌舐めずりする、舌鼓を打つ; 待ち望む; ~ esgidiau rhn 人におべっかを使う、へつらう 2.打つ、殴る

llyfwr (-wyr) m おべっか使い、ごますり(人)

llyffant (-od, llyffaint) m 1.[動物]カエル、蛙:~ bwytadwy ヨーロッパトノサマガエル(ヨーロッパ産アカガエル属の食用ガエル); ~ tafod, llyffantwst m [動物・病理]膿疱 2.ヒキガエル: ~ du(llyffantod/llyffaint duon)ヒキガエル

llyffethair (-eiriau) f 1.[通例pl]手枷、手錠; 足枷 2.(因習の)束縛、拘束 3.妨害(物)

llyffetheirio t 1.手枷[足枷]を掛ける 2.(動物を)鎖でしばる 3.束縛[拘束]する 4.妨げる、妨害する

llyffetheiriog a 手枷[足枷]を掛けられた

llyffetheiriwr (-wyr) m 1.手枷[足枷]をする人 2.(動物を)鎖でしばる人

llyg (llygod) f [動物]トガリネズミ(尖鼠)

llygad (-au, llygaid) mf 1.目: banc (-iau) (m) llygaid アイバンク、角膜銀行; colur (m) ~(化粧用)アイシャドウ; ~ du 黒目;(打たれてできた)目の回りの黒痣; ~ am lygad 目には目を、同じ手段による報復(cf Exod 21:24); cannwyll (f) ~ (canhwyllau llygaid)[解剖]瞳、瞳孔

llygad-dynnu — **llymhau**

2.目付き, 目の表情: ~ drwg/mall, drwglygad *m* 邪眼; ~ crwydrol 色目; ~ brith/gwyn/gorwyn[眼科](外斜視・角膜の濁りなどから生じた)白目; 外斜視 3.視力 4.眼識, 観察力 5.監視の目: cadw ~ (barcud)ar rth 何かを油断なく監視する 6.注目, 注視 7.見解, 物の見方 8.(ホック留めの)小穴: bach a ~(服の)ホックと留め穴 9.(クジャクの尾・蝶の羽の)目玉模様, 眼状斑紋 10.眼状の物[斑点]11.[園芸](植物の)幼芽;(ジャガイモなどの)芽 12.(川・流水の)水源(地)

llygad-dynnu *t* 魅する, うっとりさせる

llygadog : llygadus *a* 1.目の鋭い 2.洞察力の鋭い 3.[複合語の第2構成素として](…の)目をした; 目が(…の)ような 4.(孔雀の尾・羽など)目玉模様のある 5.(針など)目穴の付いた

llygadol *a* 目[視力, 視覚]の

llygadrwth: llygadrythog : llygadrythol : llygadrythus *a* 1.じっと[じろじろ]見る 2.睨みつける

llygadrythiad (-au) *m* じっと見ること, 凝視

llygadrythu *t* 凝視する, じろじろ見る

i 驚きの目を見張る, じっと見つめる, じろじろ見る

llygadrythwr (-wyr) *m* : **llygadrythwraig (-agedd)** *f* じっと見る[凝視する]人

llygadu *t* じっと[じろじろ, 注意深く]見る

llygatddu *a* 1.目の黒い 2.目の縁が黒痣になった

llygatgam : llygatgroes *a* やぶにらみの, 斜視の

llygatgraff *a* 1.目の鋭い 2.洞察力の鋭い

llygatlas *a* 目の青い, 青い目の

llygedyn *m* 1.微光 2.(希望などの)光, 光明, ひらめき: ~ o obaith 一縷の望み

llygliw *a* 鼠色の

llygodaidd *a* 鼠の(ような)

llygoden (llygod) *f* 1.[動物]ハツカネズミ(二十日鼠): ~ fach, ~ y tŷ 家鼠 2.[電算]マウス

llygota *t*(猫などが)鼠を捕える[狙う]

llygotwr (-wyr) *m* : **llygotwraig (-agedd)** *f* 鼠を捕る動物;(特に)猫

llygradwy *a* 堕落しやすい; 賄賂[買収]のきく

llygradwyedd *m* 腐敗させることが可能であること

llygredig *a* 1.腐った 2.不正[背徳的]な;(道徳的に)腐敗[堕落]した 3.(テキストなど誤写・改変などで)原形が損なわれた, 改悪された 4.(言語が)訛った, 転訛した

llygredigaeth *f* : **llygredd** *m* 1.(道徳的)腐敗, 堕落 2.贈収賄, 汚職 3.(死体の)腐敗 4.(原文などの)改悪, 変造 5.(言語の)訛り, 転訛

llygriad *m* 1.邪悪な行為, 悪行 2.[神学]人間の堕落性

llygrol *a* 堕落させる

llygru *t* 1.堕落させる 2.(人に)賄賂を贈る, 買収する 3.(原文を)改悪する 4.(言語を)訛らせる, 転訛させる

i 腐る

llygrwr (-wyr) *m* : **llygrwraig (-agedd)** *f* 1.堕落[腐敗]させる人 2.贈賄[買収]者

llynges (-au) *f* 1.海軍: y Ll~ Flenhinol 英国海軍; glas *m* y ~(英国海軍制服の色から)濃紺色, ネーヴィーブルー 2.艦隊 3.(商船・漁船の)船団商船団 4.飛行隊: ~ awyr[空軍]航空機隊

llyngesol *a* 1.海軍の: canolfan (-nau) *(mf)* ~ 海軍基地 2.軍艦の

llyngesydd (-ion, llyngeswyr) *m* [軍事]海軍大将; 提督: y Ll~ Nelson ネルソン提督; Prif Ll~ 海軍元帥

llyngyren (llyngyr) *f* [動物](腸内)寄生虫, 条虫,(俗に)サナダムシ, 真田虫

llym *a* (*f* llem, *pl* llymion) 1.(刃・ナイフなど)鋭い, 鋭利な 2.(目鼻立ちの)鋭い, 角張った 3.(角度が)鋭角の 4.(言葉・気性など)激しい, 痛烈[辛辣]な: cerydd (-on) ~ *m* 激しい非難 5.(人・規則など)厳しい, 厳格な 6.(試合・議論など)激しい, 猛烈な 7.(þ要・要求など)容赦のない, 苛酷な 8.(病気など)重い 9.(文体・服装など)地味な, 渋い, 簡素な 10.(物が)ざららした[する], 荒い 11.(気候・風など)肌を刺す[身を切る]ような, 非常に寒い 12.[数学]鋭角の

llymaid (-eidiau) *m* (飲物・スープなどを)ちびちび飲むこと, 一すすり, 一口

llymarch (llymeirch) *m* [貝類]カキ, 牡蠣: wystrysen Japan マガキ

llymarchog : llymarchyn *m* [鳥類]ミヤコドリ(都鳥)(カキ・ハマグリなどを食べる大型のチドリ目の鳥)

llymder (-au) : **llymdra** *m* 1.(罰などの)厳しさ, 厳格さ 2.(気候・寒さなどの)厳しさ, 酷烈 3.(仕事・試験などの)苦しさ, 辛さ 4.(ナイフなどの)鋭利 5.荒さ, 手触りの悪さ 6.(教義の)厳格, 厳正 7.(場所などの)荒涼 8.(服装などの)地味, 簡素 9.(文体などの)厳粛, 簡素, 渋さ

llymdost *a* 1.(味・臭いなど)辛い, 苦い, つんとする 2.(言葉・態度など)辛辣な, 刺々しい 3.(規則・規律・刑罰など)厳しい, 厳格な

llymdoster *m* 1.(味・臭いなどの)刺激性; 辛さ, 苦さ 2.(言葉・態度などの)辛辣さ, 刺々しさ

llymeitian : llymeitio *t* 1.(茶・スープなどを)ちびちび飲む, すする 2.酒をちびちび飲む

i (習慣的または過度に)酒を飲む

llymeitiwr (-wyr) *m* : **llymeitwraig (-agedd)** *f* 1.ちびちび飲む[すする]人 2.酒豪, 飲んべえ, 大酒飲み

llymhau *t* 1.(人・国などを)貧しく[貧乏に]す

る 2.(土地などを) 不毛にする, やせさせる 3.むき出しにする 4.(刑罰などを) 厳しくする
i むき出しになる

llymrïen (-ïaid) *f*[魚類] 砂の中に潜って生活するイカナゴ属の細長い魚の総称

llymru *m*[料理] フラメリー (ミルク・卵・小麦粉で作る柔らかいデザートの一種)

llymsten (-nod) *f*[鳥類] ハイタカ (小型のタカ)

llymsur (-ion) *a* (味が) 辛い, 苦い

llymu *t* 荒く[荒々しく, 厳しく, どぎつく] する

llyn (-nau, -noedd) *m* 1.湖, 湖水: Ardal (*f*) y Llynnoedd (イングランド北西部の) 湖水地方; Ll~ Tegid バラ湖 (ウェールズ最大の湖) 2.池; 泉水: Ll~ Bethesda [聖書] ベテスダ (Jerusalemの霊泉; cf *John* 5:2~4) 3.水溜り 4.(人工的な) 池 5.(水泳) プール 6.飲物: bwyd a ~ 食物と飲物

llyncadwy *a* 1.飲み込める 2.信じられる 3.耐えられる

llynciad (-au) *m* 1.飲むこと, 一飲み: ar un ~ 一飲みに 2.一飲みにした物, 一飲みの量 3.食道; 喉

llyncoes *m*[獣医] (馬の) 飛節内腫

llyncu *t* 1.(液体を) がぶがぶ[ごくごく] 飲む; (食物を) がつがつ食べる飲み込む: ~'r abwyd (魚が) 餌に食いつく; (人が) 罠にかかる 2.(涙・悲しみ怒りなどを) 呑み込む, こらえる, ぐっと抑える: ~'ch dagrau 涙を呑み込む 3.(水分などを) 吸収する, 吸い上げる 4.(知識などを) 吸収[同化] する 5.(人の話などを) 鵜呑みにする: ~ stori 話を鵜呑みにする; llyncodd y cyfan; llyncodd y stori'n yn gryn, croen a charnau 彼は人の話を鵜呑みにした; ~ camel [聖書] (小事にこだわって) 大事を見過ごす 6.(無礼を) 忍ぶ, 我慢する 7.(前言を) 取消す: ~'ch geiriau 言ったことを取消す 8.(会社・町村などを) 吸収[合併] する

llyncwr (-wyr) *m* : **llyncwraig (-agedd)** *f* 飲み込む人

llynedd *m* 昨年

llynmeirch *m*[獣医] 鼻疽 (馬・ロバなどの伝染病で人間・犬・羊山羊にも感染するが, 牛にはしない)

llys (-oedd) *m* 1.[しばしばLl~] 宮廷, 王室; 宮殿: Ll~ y Brenin/Frenhines 聖ジェームズ宮廷 (英国宮廷の公式呼称) 2.[しばしばLl~] 謁見 (式), 御前会議: cynnal ~ 謁見式を行う; 御前会議を開く 3.[法律] 法廷, 裁判所: yn y ~ 法廷で; ~ troseddau 刑事裁判所; ~ cysylltiadau teuluol 家庭裁判所; Ll~ Nawdd/Gwarchod 無能力者保護法廷

llysaidd *a* 1.しゃうやしい, 丁寧な 2.上品 [優雅] な, 洗練された: serch ~ [文学] 宮廷風恋愛, 愛の作法 (12~14世紀のヨーロッパに流行し, 中世文学の重要な源泉となった優雅で騎

士道的な愛の教義)

llysenw (-au) *m* 1.あだ名, ニックネーム 2.愛称, 略称

llysenwi *t* 1.あだ名を付ける 2.愛称[略称] で呼ぶ

llysfab (-feibion) *m* 男の継子

llysfam (-au) *f* 継母

llysfamol *a* 継母のような

llysferch (-ed) *f* 女の継子

llysfwytäol *a* 1.菜食主義 (者) の 2.野菜ばかりの

llysfwytäwr (-wyr) *m* : **llysfwytäwraig (-agedd)** *f* 菜食主義者

llysgenhadaeth (llysgenadaethau) *f* : **llysgenhaty (llysgenhatai)** *m* 1.大使館 2.大使館員 3.大使 [特使] の職 [身分, 資格]

llysgenhades (llysgenadesau) *f* 1.女性大使 2.大使夫人

llysgenhadol *a* 1.大使の 2.使節の

llysgennad (llysgenhadon) *m* 1.大使 2.使節

llysieua *t* 植物を採取する

llysieuaeth : llysieueg *f* 1.植物学 2.(一地方の) 植物 (全体); 植物の生態

llysieuaidd : llysieuol *a* 1.草 [草本] の 2.薬草 [ハーブ] の 3.野菜の 4.植物 (性) の: y deyrnas lysieuol 植物界 5.単調な

llysieuegol *a* 1.植物 (学) の 2.植物から採った

llysieuegwr : llysieuegydd (-wyr) *m* 植物学者

llysieulyfr (-au) *m* 植物記録集, 草本書, 植物誌

llysieuwr (-wyr) *m* : **llysieuwraig (-agedd)** *f* 植物学者

llysieuydd (-ion, -wyr) *m* 1.植物学者 2.薬草 [漢方] 医 3.薬草商

llystyfiannol : llystyfol *a* 1.植物 (界) の 2.植物から成る

llystyfiant *m* 1.草, 草本類; 牧草 2.薬草類

llysieuyn (llysiau) *m* 1.薬用 [香料] 植物, 薬草, 香草, ハーブ: diod (*f*) lysiau薬草ビール (アルコール分を含まない) 2.(花が咲いた後, 根以外は枯れてしまう) 草, 草本 3.野菜, 青物 4.植物

llysleuen (llyslau) *f*[昆虫] アブラムシ (油虫), アリマキ

llysleuol *a*[昆虫] アブラムシ (科) の

llysnafedd *m* (魚・カタツムリ・ある種の植物などが分泌する) 粘液, ぬめり

llysnafeddog *a* (魚など) ぬるぬるした, 粘液性の

llys-riant (~-rieni) *m* 継親

llystad (-au) *m* 継父

llyswenna *t* ウナギを捕る

llyswenwyn *m* 除草剤

llyswr (-wyr) *m* 宮廷に仕える人, 廷臣

llysysol *a* (動物が) 草食性の

llysysor (-ion) : llysysydd (-ion) *m* [動物] 草食動物

llysywen (-nod, llysywod) *f* [魚類] ウナギ, 鰻; (特に) ヨーロッパウナギ

llysywennaidd *a* ウナギのような

llythrenedig *a* 文字入りの

llythreniad (-au) *m* 1. 文字を書き入れる [刷り込む, 刻む] こと; (特に) 本の背に刷り込んだタイトル文字 2. (書いたり刻んだりした) 文字の配置 [体裁]; 字体

llythrennog (llythrenogion) *mf* 1. 学者 2. 読み書きできる人
  a 1. 学問 [教育] のある, 博識の 2. 読み書きできる 3. 文字に通じた 4. 洗練された, 頭脳明晰な

llythrennol *a* 1. 文字 (上) の 2. 文字 [字義] 通りの: esboniad (-au) ~ *m* 文字通りの解釈; 言葉本来の意味の 3. 逐語的な, 一語一語の 4. (文字通り) 正確な 5. (字句・事実などにこだわって) 融通の利かない, 想像力のない

llythrennu *t* 文字を印刷する, 表題を入れる

llythrenolaidd *a* 1. 直解 [直訳] 主義の 2. [美術・文学] 直写主義の

llythrenoli *t* 文字通りに解釈する, 直訳する

llythrenoliaeth *f* 1. 文字通りに解すること; 直解 [直訳] 主義 2. [美術・文学] 直写主義

llythrenolwr (-wyr) *m* 直解 [直訳] 主義者

llythyr (-au, -on) *m* 1. 手紙, 書状, 書簡: ~ caru/cariad/serch 恋文, ラヴレター; ~ cyffwyn 紹介状; llythyrau gweinyddu [法律] 遺産管理状; mantol (*f*) llythyrau (mantolion llythyrau) (郵便料金を知るための) 手紙秤; blwch (blychau) (*m*) llythyrau ポスト; twll (tyllau) (*m*) llythyrau 郵便箱 [受け] 2. [通例 *pl*] (証書などの) 免許状: ~ credyd [商業] (銀行の発行する) 信用状

llythyrdy (-dai) *m* 1. 郵便局 2. [Ll~] 郵政公社

llythyren (llythrennau) *f* 1. [印刷] 活字: ~ fras (llythrennau breision) 大文字 2. 字体: priflythrennau breision ブロック体の大文字 3. (内容・精神に対して) 文字通りの意味, 字句, 字義: ~ y ddeddf 法律条文

llythyrgludydd (-ion) *m* 郵便集配人

llythyrwr (-wyr) *m* : **llythyrwraig (-agedd)** *f* 手紙を書く人; (特に職業的な) 手紙の代書人

llyw (-iau) *m* 1. [海事] 舵, 舵柄舵輪梶舵を取って 2. [航空] 方向舵 3. (自動車の) ハンドル 4. 支配 (権), 指導

llywaeth *a* 1. (動物が) 飼い馴らされた, 愛玩 [手飼い, ペット] の: oen ~ 手飼いの子羊; 愛玩動物用の 2. (人が) おとなしい

llyweth (-au) *f* 髪の房; (一房の) 巻毛, 垂れ髪

llywiad (-au) *m* [海事] 1. 操舵法, 舵利き 2.

(船の) 操舵装置 3. (昔の船の) 三等船室

llywiadwy *a* (船・自動車・飛行機などを) 操縦できる

llywio *t* 1. (船・自動車・飛行機などを) 操縦 [操舵] する, 船の水先案内をする 2. (進路をある方向に) 向ける, 取る, 進める

llywiwr (llyw-wyr) *m* 1. [海事] 舵手, 操舵手, 水先案内人 2. [航空] 操縦士, パイロット

llywodraeth (-au) *f* 1. (国家などの) 政治, 統治 (権), 支配 (権); 行政権 2. 政治体制, 国家組織 3. [通例 Ll~] 政府, 内閣: ~ leol 地方政府 [機関]; ~ byped (llywodraethau pyped) 傀儡政府 [政権] 4. 統治 [支配] 者の位 [職権, 在任期間]

llywodraethol *a* 1. 支配 [統治] する; 管理する 2. 優勢 [有力, 支配的] な 3. [商業] (相場など) 現下の, 一般の

llywodraethu *t* (国などを) 支配 [統治] する

llywodraethwr (-wyr) *m* 1. 支配 [統治] 者 2. (英国植民地などの) 総督 3. (米国各州の) 知事 4. (県・地方・都市などの) 長官, 知事 5. (官庁・銀行・協会・学校などの) 総裁, 所長, 理事

llywydd (-ion) *mf* : **llywyddes (-au)** *f* 1. (官庁の) 総裁, 長官: Alglwydd Lywydd y Cyngor (英国の) 枢密院議長 2. (学術会議・協会などの) 会長 3. [音楽] (音階の) 第5音, 属音: seithfed y ~ 属七

llywyddiaeth (-au) *f* (各種協会などの) 議長 [会長, 座長] の職 [任期]

llywyddol *a* (各種協会などの) 議長 [会長, 座長] の

llywyddu *i* (会などの) 議長 [座長, 司会] をする

M

M, m *f* (発音 em, *pl* -iau)：M am Mair［電法］
MはMaryのM；A.S.(= Aelod Seneddol) 下
院議員；m.y.g.(= milltir y galwyn) 石油1ガ
ロン当たりの走行マイル数

mab (meibion) *m* 息子：Siôn fab Dafydd デ
ヴィッドの息子のジョン；y ~ hynaf 跡取り息
子；fel y tad y bydd y ~［諺］この父にしてこ
の子あり

mabaidd *a* 1.子（として）の 2.［生物・遺伝］
雑種（世代）の

maban (-od) *m* 赤ちゃん, 赤ん坊

mabandod *m* 1.幼少, 幼時, 幼年時代 2.初
期；揺籃期 3.［法律］未成年

maboed *m* 幼年, 幼少, 幼時, 幼年時代

mabol *a* = **mabaidd**

mabolaeth *f* 1.= **maboed** 2.息子であること,
息子の身分, 親子関係

mabolgampaeth *f* 1.（専門としての）運動競
技 2.スポーツ熱 3.たゆまざる努力

mabolgampaidd *a* 1.（運動）競技の；体育
の 2.運動競技［選手］用の 3.（体格が）運動
選手らしい, 筋骨たくましい 4.［心理］運動家型
体格の

mabolgampau *pl* 1.運動競技 2.（英）陸上競
技 3.（科目としての）体育（実技と理論がある）

mabolgampwr (-wyr) *m*：
  mabolgampwraig (-agedd) *f* 1.運動選手,
  スポーツマン 2.（英）陸上競技の選手 3.（訓練に
  よる）スポーツマンらしい体格の人

maboliaeth *f* 1.（子が父親に対する）親子関
係 2.［法律］（嫡出でない子の）認知

mabsant (-saint) *m* 1.（ある人・会・職業・教
会・土地の）守護聖人：gwylmabsant,
gwylfabsant(-au) *f*［歴史・教会］（英国国教
会で年々行う）守護聖人記念祝祭 2.守護聖人
のような人；（政党などの）創始者

mabwysiad *m* 1.養子縁組 2.採用；採択

mabwysiadaeth *f*［神学］養子論

mabwysiadol : mabwysiol *a* 養子関係の：
rhieni mabwysiol 養父母

mabwysiadu *t* 1.（人を）養子［養女］にする
2.（方針などを）採用する 3.（英）（政党などが
候補者を）指名［公認］する：~ ymgeisydd 公
認候補を指名する

mabwysiadwr (-wyr) *m*：
  mabwysiadwraig (-agedd) *f* 1.養い親, 里
  親 2.採用者

mabwysiadwy *a* 1.（人を）養子にできる 2.（計
画・候補者などを）採用［指名］できる

mabwysiadwyedd *m* 適（合）性

mabwysiedig (-ion) *mf*［法律］養子
  a 1.養子になった［された］2.採用された

macai (maceiod) : maceiad (maceiaid)
  m［昆虫］幼虫, うじ

maceiol *a*［昆虫］幼虫の

macrell (mecryll) *m*［魚類］タイセイヨウサバ,
大西洋鯖：~ Japan マサバ

macsaid *f*（ビールなどの）醸造

macsu *t* 1.（ビールなどを）醸造する 2.（茶・コー
ヒーなどを）入れる 3.（悪事・謀反などを）企て
る 4.（波乱などを）起こす
  i 1.（ビールが）醸造される 2.（茶などが）入れ
  られる 3.（悪計などが）企まれる 4.（暴風雨など
  が）起ころうとしている：mae'n~ am storom 嵐
  が今にも起ころうとしている

macswr (-wyr) *m* ビール醸造者

macyn (-au) *m* ハンカチ：~ poced ハンカチ

mach (meichiau) *m*［法律］保釈

machlud (-iadau) : machludiad (-au) *m*
日の沈むこと, 落日

machlud : machludo *i* 1.（太陽が）沈む 2.（名
声が）衰える

machludol *a*（太陽が）沈む

madarcha *t* キノコを集める

madarchen (madarch) *f*［植物］キノコ, マッ
シュルーム

madfall (-od) *f*［動物］トカゲ（蜥蜴）：~ dŵr
イモリ, 井守

madredig *a* 1.腐敗［化膿］した 2.（死体を）腐
敗させる

madredd *m* 1.［病理］壊疽, 脱疽, 壊死 2.膿
3.腐敗（作用）

madreddog *a* 壊疽［脱疽, 壊死］（性）の

madrondod *m* 1.昏睡（状態）2.仰天, 茫然自
失 3.（病理）目眩, 眩暈

madru *t* 1.壊疽［壊死］を起こす 2.腐敗［化膿］
させる
  i 1.壊疽にかかる, 壊死する 2.腐敗［化膿］す
  る

madrudd (-ion) : madruddyn
  (madruddion) *m*［解剖］髄, 骨髄

madyn *m*［動物］キツネ, 狐

maddau *t* 1.（人・罪などを）許す 2.（人を…の
ことに対して）許す, 勘弁する 3.（人が…するの
を）許す：maddeuwch imi am darfu arnoch
ご迷惑をお掛けしてすみません 4.（借金など

を)免除する: ~ dyled i rn 人の借金を免除する

maddeuadwy *a* 許せる, 容赦できる

maddeuant *m* 1.[法律]恩赦(状) 2.許し, 容赦; 勘弁, 寛大, 寛容

maddeueb (-au) *f*[カト](教皇の)免罪, 免償; 免罪符

maddeuebwr (-wyr) *m*[歴史・カト](中世のローマ教皇の)免罪符売り

maddeugar *a* 寛大な, 大目に見る,(快く)許す

maddeugarwch *m* 寛大; 慈悲

maddeuol *a* 許せる, 勘弁できる

maddeuwr (-wyr) *m* : **maddeuwraig (-agedd)** *f* 1.許す人 2.免除者

mae *i* 1.[場所・時の副詞語句を伴って位置などを表す](…に)ある, いる: ~ Mair yma メアリーはここにいます 2.[補語を伴って](…)です, である: ~ hwn yn dda これは良いです; ~ hi'n chwech o'r gloch 今6時です 3.[there is/are …で]ある, 存在する; 生存する: ~ ysbryd yn y tŷ yma この家には幽霊がいる; yma y ~ hi ここが彼女のいる場所です; nid yn Llundain y mae'n byw 彼女が住んでいる所はロンドンではありません; ble (y) ~ hi? 彼女はどこにいますか?; pa bryd (y) ~'r tafarnau'n cau? パブは何時に休業しますか; ~ Duw yn bod 神は存在する

maeddu *t* 1.(相手・敵などを)打ち負かす, 攻略する: ~ rhn o heol 人を完全に負かす 2.(手・棒などで)叩く 3.(物を)汚す

maelfa (-feydd) *f* 店, 商店

maen (meini) *m* 1.石: ~ yr athronydd, yr eurfaen *m* 賢者[哲学者]の石; ~ hir (meini hirion) 一本石, 立石; y ~ a dregla ni fwsogla [諺]転石苔むさず; ~ prawf (判断・批評の)基準, 標準 2.宝石 3.臼石 4.砥石 5.建築用石材: saer (*m*) ~ (seiri meini) 石工; ~ clo(アーチの頂上の)要[楔]石 6.[医学]結石 7.[印刷]組付け台 8.[カー]カーリングストーン

a 1.石[石製, 石造り]の 2.石器製の: maenfwyell (-eill) *f*[考古]石製の斧, 石斧

maenol (-au) : **maenor (-au, -ydd)** *f*(英)(封建時代に貴族の裁判管轄下にあった農地の単位としての)領地, 荘園: arglwydd (*m*) y faenor 荘園領主

maenoraidd : **maenorol** *a* 領地[荘園]の

maer (meiri) *m* 1.市長, 町長: Arglwydd Faer (~ Feiri)(Londonなど英国の特定の大都市の)市長;(特に)ロンドン市長 2.[英史](荘園の)農奴の監督

maeres (-au) *f* 1.女性の市[町]長 2.市[町]長夫人: Arglwydd Faeres (-au)(市長をLord Mayorという都市の)市長夫人

maerol *a* 市[町]長の

maeroniaeth *f* 酪農業

maeryddiaeth (-au) *f* 市[町]長の職[任期]

maes (meysydd) *m* 1.(生垣・溝などで囲まれた)畑 2.(森林・建物などのない)野原, 原野: anifeiliaid y ~ 野性の動物 3.(市街の)四角い広場, スクエア 4.[軍事]戦場, 戦地: ~ y frwydr 戦場 5.[スポ]グラウンド, 競技場 6.[スポ]全競技者 7.[競馬](人気馬以外の)全出走馬: chwarae'r ~ (競馬で)人気馬以外の出走馬全部に賭ける 8.(鉱産物の)産地, 埋蔵地帯 9.(雪・氷などの)一面の広がり 10.(ある特定用途のための)地面, …場 11.[紋章]紋地 12.(活動・研究の)分野, 範囲, 領域 13.[物理・電気](電気力・磁気力などの)場: ~ magnetig 磁場[界] 14.[光学]視野[界]: ~ gwelediad 視野[界]

a 1.野原[野外]の 2.現場[現地]の: arolwg (arolygon)(*m*)~ 実地踏査 3.野戦の: gwn (gynnau)(*m*)~ 野(戦)砲 4.[スポ]フィールドの

Maeslywydd (-ion) *m*[英・加]陸軍元帥

maestref (-i) *f* 1.(住宅地としての)郊外 2.(都市の)郊外

maestrefol *a* 1.郊外の[に住む] 2.郊外生活特有の

maestrefoli *t* 郊外化する

maestrefwr (-wyr) *m* : **maestrefwraig (-agedd)** *f* 郊外居住者

maeth *m* 1.滋養物, 食物 2.栄養状態 3.養育; 養成

maetheg *f* 栄養学

maethegwr : **maethegydd (-wyr)** *m* 1.栄養士 2.栄養学者

maethiad *m* 1.栄養摂取 2.栄養物, 食物

maethlon *a* 1.栄養の[に関する] 2.栄養[滋養]になる, 栄養分のある[多い]

maethol *a* 1.栄養の[に関する] 2.栄養になる, 滋養分の多い 3.栄養(学)上の

maetholyn (maetholion) *m* 栄養物[素, 剤]

maethu *t* 1.栄養物[食物, 栄養]を与える, 養う 2.(赤ん坊に)授乳する 3.(子供などを)育てる, 養育する 4.(土地に)肥料を与える 5.(希望・怒り・恨みなどを)心に抱く 6.(習慣などを)育む, 助長[養成]する

maethwr (-wyr) *m* : **maethwraig (-agedd)** *f* 1.養育者 2.育成[助成]者

mafonen (mafon) *f*[植物]キイチゴ(木苺): ~ ddu (mafon duon) クロイチゴ

magïen (-ïod) *f*[昆虫]ツチボタル(土蛍)

magl (-au) *f* 1.[狩猟]罠(通例輪縄で鳥や動物の足を捕える): taenu/gosod ~ 罠を掛ける 2.(人を陥れる)誘惑, 落とし穴

maglu *t* 1.罠で捕える 2.誘惑する, 陥れる

maglwr (-wyr) *m* 1.罠で捕る人 2.誘惑者

maglys *m*[植物]ムラサキウマゴヤシ(クローヴァーに似たマメ科の牧草)

magnel (-au, megnyl) *f* 1.大砲, 火砲 2.[歴史](古代の軍用)投石機, 大石弓

magnelaeth *f* 1.砲, 大砲 2.砲術

magnelwr (-wyr) *m* 1.[陸軍・空軍] 砲手, 射撃手 2.[海軍] 掌砲長 (准士官)

magu *t* 1.(子供・動物の子などを) 育てる, 養育 [教育]する 2.(赤ん坊に) 授乳する 3.(赤ん坊を) 抱いてあやす, 愛撫する 4.(牛・羊などを) 繁殖させる 5.(望み・恨みなどを) 心に抱く: ~ cwyn 不平を抱く 6.(悪い物事を) 引き起こす *i*(人・動物が) 子を産む, 繁殖する: ~ fel cwningod (人が) やたらと子を産む

magwr (-wyr) *m* : **magwraig (-agedd)** *f* 飼育[繁殖]者

magwraeth *f* 1.(子供などの) 養育, しつけ, 教育 2.(血統の正しい動物などの) 飼育

magwrfa (-feydd) *f* 1.子供部屋, 育児室 2.保育園, 託児所 3.(牧畜) 改良センター

magwyr (-ydd) *f* 1.(石・レンガなどの) 塀 2.[通例*pl*] 城 [防] 壁

maharen (meheryn) *m* 1.[動物](去勢しない) 雄羊 2.(去勢した) 雄羊 3.[M~](天文) 牡羊座

Mai *m* 5月: ym (mis) ~ 5月に; Gŵyl (*f*) ~ 五月祭: Brenhines (*f*) Fai, Brenhines y ~ 五月姫, メイクイーン

mai *conj*[目的語節を導いて] (…) ということを: honnai/honnodd ~ hi fyddai biau'r tŷ 彼女はその家が彼女のものだと強く主張した; gwyddwn ~ Dafydd oedd yn iawn 正しいのはダヴィッズであると私は知っていた

maidd *m* 乳漿, ホエー (チーズを作る時に凝乳と分離した液): caws ~, ceuled (*m*) a ~ 凝乳と乳漿

main (meinion) *a* 1.痩せた, 細い, 肉の落ちた 2.(容姿など) すらっと[ほっそり]した, 華奢な 3.(収入など) 僅かで[貧弱]な 4.(声など) 細い, 弱い, 低い: llais (lleisiau) ~ *m* かぼそい声; 金切り声の, かん高い: mewn llais ~ かん高い声で 5.(糸など) 細い 6.(材料など) 薄い 7.収穫の少ない, 不作の: blynyddoedd ~/ meinion 凶年 8.栄養分のない 9.[印刷](字面 [筆線]が) 細い

main *m* 小さな [細い] 部分: ~ y cefn 腰のくびれた部分

mainc (meinciau) *f* 1.ベンチ, 長腰掛: cafn (*m*) ~ (cafnau meinciau) ベンチの (井戸状の) くぼみ 2.[英議会]: M~ Flaen (*f*) y Llywodraeth, M~ y Gweinidogion, M~ y Trysorlys [下院における] 国務大臣席 (議長右側の第一列); [集合的] 議員席につく人達: ~ flaen (meiciau blaen) (下院の) 最前列席議員連; M~ y Frenhines [英法] (女王治世下の) 王座席 3.[法律][法廷の) 裁判官席; [集合的] 裁判官 (団); 裁判所 4.[機械工学] 台, 作業台: ~ arbrofi 試験台

maint (meintiau) *m* 1.(数えられない物の) 量, 額; 総額: ~ y galw [商業] 需要量; (pa) faint

yw ef? その値段はいくらですか? 2.(数えられる物の) 数; 総数: (pa) faint? いくつ? 3.(ある特定の) 分量, 数量: rhywfaint *m* 少量, 少し; syrfêwr (syrfewyr (*m*) meintiau [建築] 積算士 4.[しばしば*pl*] 多量, 多数; 多数の人 [物] 5.(物・人の) 大きさ, 規模, 背格好; 寸法: o gryn faint/faintioli かなりの大きさの; (i gyd) o'r un ~, yr un faint 全員同じ背格好の 6.(服・靴などの) サイズ, 番, 型: beth yw ~ eich esgidiau? 靴のサイズはいくらですか? 7.[数学] 数量; 量を表す数字 [符号]: ~ anhysbys 未知数[量] 8.未知数的な人: ni wyddom faint ei dylanwad hi; ni wyddys faint y mae hi'n ei gyfrif 彼女は未知数的な人です

maintioli *m* 1.= maint 5, 6: o'r ~ llawn (美術品など) 実物大の 2.大きいこと, 巨大さ 3.大きさ, 大小 4.高さ 5.[天文] 光度, (光度による) 等級 6.[地震] マグニチュード

maith (meithion) *a* (特に時間が) 長い, 長期にわたる: am amser ~ 久しく; oriau meithion 長時間

mâl *a* (穀物・コーヒー豆などを) 碾いた, 粉にした: coffi ~ 碾いたコーヒー

malais *m* 1.悪意, 意地悪, 敵意, 恨み: trwy falais 悪意から 2.[法律] 犯意

maldod *m* 1.溺愛 2.見せかけ

maldodi *t* 1.(人を) 赤ん坊のように扱う, 可愛がる, 愛撫する; 甘やかす: ~ cath 猫をなでる 2.(物を) 大切に扱う

maldodus *a* 愛に溺れた, 溺愛する, 甘い

maldodwr (-wyr) *m* : **maldodwraig (-agedd)** *f* 可愛がる人

Maleisaidd *a* マレーシア (人) の

maleisddrwg : maleisgar : maleisus *a* 1.悪意 [敵意] のある, 意地の悪い 2.[法律] 悪意の動機から出た, 犯意があってした: erlyniad maleisus 悪意訴追, 誣告

Maleisia *f*[地理] マレーシア (アジア南東部のマレーシア連邦から成る英連邦内の立憲君主国; 首都Kuala Lumpur)

Maleisiad (-iaid) *mf* マレーシア人

malio *t* 1.注意 [用心, 顧慮] する, 気にかける 2.[通例, 否定文で] 気にかける, 気にする

malu *t* 1.(強い力で) 粉砕 [粉々に] する, 打ち壊す, 砕く, 割る]: ~ rhth yn deilchion を粉々に割る; ~ car 車を大破させる 2.(ドアなどを) 打ち壊して (…の状態に) する: ~'r drws (i fynd i mewn) ドアを叩き壊して開ける 3.(穀物などを) 碾く, 碾いて粉にする 4.話す, 語る: ~ awyr たわごと [訳の分からないこと] を言う *i* 1.壊れる, 割れる, 砕ける 2.(怒って) 泡を吹く: ~ ewyn (犬などが) 泡を吹いて怒る; 激怒する

maluriedig *a* 1.破壊 [強打] された 2.(酒・麻薬で) 酔っ払った

malurion *pl* 1.[地質] 岩屑, 砕岩 2.(破壊物

の) 破片, 残骸

malwen(malwod): malwoden(malwod)
f [動物] 1.カタツムリ: malwen Rufeinig
(malwod Rhufeinig) リンゴマイマイ(ヨーロッ
パ産食用カタツムリ) 2.ナメクジ 3.のろま; 怠け
[のらくら] 者

malwenna *i* カタツムリのようにゆっくり進む

malwennaidd : malwodaidd *a* カタツムリ
のような

malwr (-wyr) *m* (穀物などを) 碾く人

mall (-au) *f* 1.悪, 邪悪 2.害悪, 悪弊
a 1.悪い, 邪悪 [悪質] な: llygad ~ m 邪眼,
悪魔の目 2.不吉な 3.不快にさせる

mallter : malltod (-au) *m* 1. [植物・病理]
胴枯れ病, 腐敗病; 胴枯れ病を起こす細菌 [害
虫] 2. [獣医] (羊の) 肝蛭症

mallu *t* (寒さ・熱・害虫などが植物を) 枯らす,
萎れ [萎び] させる
i 腐る, 腐敗する

mallus *a* (植物が) 胴枯れした

mam (-au) *f* 1.母 (親): ~ frenhines 皇太后
2.女子修道院長: Uchel Fam 女子修道院長
3. [動物] (四足獣の) 雌親, 母獣

mamaeth (-od) *f* 1. (乳児に乳を与える) 乳母
2. (授乳しない) 乳母, 育児婦 3.母であること,
母性 (愛)

mamaidd : mamol *a* 1.母の, 母らしい: cariad
mamol *m* 母性愛 2.母方の

mamal (-iaid) : mamolyn (mamolion)
m [動物] 哺乳動物

mamalaidd *a* [動物] 哺乳綱の; 哺乳動物の

mamaliad (-iaid) *m* 哺乳綱の動物

mam-gu (-od) *f* 祖母

mamiaeth (-ieithoedd) *f* 母 (国) 語

mamladdiad (-au) *m* [法律] 母殺し (犯罪)

**mamladdol : mamleiddiadol :
mamleiddiol** *a* 母殺しの

mamleiddiad (-iaid) *mf* : **mamlofrudd
(-iaid, -ion)** *m* [法律] 母殺し (犯人)

mamog (-au, -iaid) *f* [動物] (成長した) 雌羊

mamogaeth : mamolaeth *f* 1.母であること,
母性; 母らしさ: seibiant (seibiannau) (*m*)
mamolaeth 出産休暇; budd-dâl (*m*)
mamolaeth 出産手当 2.母系

mamwlad (-wledydd) *f* 1.母国 2. (思想・運
動などの) 発祥地

mamwydd (-au) *f* [鳥類] 卵を抱えるガチョウ

man (-nau) *mf* 1. (特定の) 所, 場所, 地点: o
fan i fan あちらこちらに 2. (特定の目的に使用
される) 場所, 建物, …所: trigfan (-nau) *f* 住
所 3. (周囲と違った色の小さな) 斑, 斑点, まだ
ら; ほくろ, 痣, 母斑: ~ prydferth 付け黒子 4.
(感情・気持などの) 点, 所, 個所: ~ gwan
(批判・反対されると) 弱い所 5.染み, 汚れ 6.
汚名, 汚点 7. (放送番組の) 出演, 出番; (番組
間の) スポット (広告)

mân *a* 1.とても小さい, ちっぽけな: ~ bethau と
ても小さい物 2.些細な, 取るに足らない, つまら
ない: pysgod ~ *pl* 小魚, 雑魚; ~ arian (事務
の雑費に充てる) 雑費, 小口現金 3. [法律] 軽
微な: ~ ladrad (-au) (*m*) 軽窃盗罪 4. (形状な
ど) 小さい: plant ~ 小さな子供たち; ~ helfilod
[狩猟] 小猟獣 [鳥] 5. (文字が) 小文字の:
llythrennau ~[印刷] 小文字 6. (広告が) 項
目別 [三行広告] の: ~ hysbysebion 項目別
[三行] 広告 7.少ない, 僅かな: oriau ~ y
bore 深更 (夜12時以後夜明け前ごろまでの時
間)

manblu *pl* (鳥の) 綿毛

Manceinion *f* [地名] マンチェスター
(Manchester) (イングランドGreater
Manchester州の商工業都市)

**mandrag : mandraglys (-iau) :
mandragora (-au)** *m* 1. [植物] マンドレー
ク, コイナス(地中海地方産ナス科の有毒植物;
その多肉の根はしばしば二又になって人 体を
思わせ, 引き抜く時は声を出して叫ぶと言われ
た; この根は催眠剤などに用いられたほか迷信
的に恋の妙薬とされた; cf *Gen* 30:14) 2.マンド
レークの根

mandwll (-dyllau) *m* 1. [解剖] (皮膚の) 毛
穴, 細穴 2. [植物] (葉の) 気孔

mandwyn *m* [病理] 瘰癧 (頸部リンパ節の腫
脹病)

manddail *pl* 小さな葉

manddarlun (-iau) *m* 1. [美術] (通例, 象牙
板・羊皮紙などに描かれた) 小画像, 細密画
2. (物の) 縮小型 [物], 模型, ミニチュア

maneg (menig, menyg) *f* 1.手袋 (各指が分
かれているもの): silff (*f*) fenig (silffoedd
menig), blwch (bylchau) menig (自動車の計
器盤にある) 小物入れ, グローヴボックス 2.ミトン,
二叉手袋 (親指だけ離れているもの) 3. [野球]
グローヴ 4. [ボク] グラヴ

mangoed *pl* 1.柴, そだ 2.低木の茂み, 下生え

mangre (-oedd) *f* = **man**

mania *m* [精医] 躁病

manig *a* [精医] 躁病の

mân-ladrata *t* 少量盗む, くすねる

manlaw *m* 細雨, 霧雨, こぬか雨

mân-lawog *a* こぬか雨 [霧雨] の降る, 時雨
模様の

manna *m* [聖書] マナ (昔, イスラエル人がエジ
プト脱出に際して荒野で神から恵まれた食物;
cf *Exod* 16:14~36)

mannog *a* 1.斑点のある, まだらの 2.染みの付
いた, 汚れた 3. (名声など) 傷の付いた

manro *mf* 小さな砂利

mansier (-i) *m* 飼葉 [まぐさ] 桶

mantais (-eision) *f* 1.有利, 利益, 好都合 2.有
利な点, 長所, 強み: cael ~, ennill ~ar rn 人よ
り有利な立場を得る, 人を凌ぐ; mae gennych

manteisio *t* 1.(好機などを)利用する 2.(人の好意・弱点などに)つけ込む,(人を)騙す; (女性を)誘惑する

manteisiol *a* 有利[有益]な; 都合のよい

manteisioldeb *m* 有利, 有益

mantel (mentyll) *f* 1.袖なし外套, マント 2.(もや・雪など)包み隠すもの, 幕, 覆い: dan fantell y nos 夜陰に乗じて 3.[生物](軟体動物などの)外套膜 4.[鳥類](カモメなどの)肩羽 5.(ガス灯の)マントル: ~ nwy ガスマントル 6.[地質]マントル

mantellu *t* 1.外套[マント]を着せる 2.(物を)覆う, 包む, 隠す

mantellog *a* 覆われ[包まれ, 隠され]た

mantol (-ion) *f* 1.天秤, 秤: troi'r fantol 形勢[局面]を一変させる 2.[しばしば *pl*](運命を決する)はかり: ~ cyfiawnder 正義のはかり 3.釣合, 平均, 平衡, 均衡 4.心の安定, 落着き, 平静bod yn y fantol 不安定な[未決定の]状態にある, どっちつかずである 5.[商業]差額, 差引残高: ~ daliadau 国際収支 6.[*pl*][天文]天秤座: arwydd (*m*) y Fantol, y Fantol 天秤座

mantoledig *a* [会計・予算]平均[均衡]の取れた, 釣合った

mantolen (-ni) *f* [商業]貸借対照表

mantoli *t* 1.天秤で量る, 重さを量る 2.釣合わせる, 平均させる 3.平衡[釣合]を保たせる 4.[商業・会計・簿記]清算[決算]する: ~'r cyfrifon 帳簿を清算する

manus *pl* 1.籾殻 2.(牛馬飼料の)切り藁

manwerth *m* [商業]小売り

manwerthu *t* (商品を)小売りする
　　i (商品が)小売りされる

mân-werthwr (-wyr) *m* 小売り商人

manwl *a* 1.厳密[精密, 綿密, 詳細]な: archwiliad ~ 綿密な調査; gwyddor fanwl 精密科学 2.正確[明確]な 3.(人が)几帳面な 4.(規則・規律など)厳しい, 厳重な: gorchymyn (gorchmynion) ~ *m* 厳しい命令 5.(仕事など)精密さを要する, 骨の折れる

manwydd *pl* = mangoed

manwyn (-ion, -nau) *m* = mandwyn

mân-wythïen (-iennau) *f* 1.毛細管 2.[解剖]毛細血管

manyldeb : manylder : manyldra : manylrwydd *m* 1.詳細; 精密, 入念 2.正確, 精密(度) 3.几帳面 4.厳正, 厳格

manylu *t* 詳述する

manylwr (-wyr) *m* : **manylwraig (-agedd)** *f* (言葉・作法などが)几帳面な人

manylyn (-ylion) *m* 1.細部, 細目 2.[しばしば *pl*]詳細

map (-iau) *m* 地図: ~ cyfuchlinol 等高線地図; ~ ordnans 陸地測量部作成地図

mapio *t* 地図を作る

mapiwr (-wyr) *m* 地図作成者

mapyddiaeth *f* 地図作成[製作]

marblen (marblis, marbls) *f* (子供がビー玉の遊びに用いる)ビー玉; [*pl*]ビー玉遊び: chwarae marblisビー玉遊びをする

marc (-iau) *m* 1.[海事]測標 2.[教育]点数; 評価: ~ da 善行点; marciau arholiad 試験の評点 3.[スポ]スタートライン: ar eich ~! parod! ewch! 位置について! 用意! ドン! 4.(通貨)マルク(ドイツの通貨単位)

marcio *t* 1.(品物に)商標[極印, 番号など]を押す[付ける] 2.[教育](答案などを)採点する: ~ ymarfer 課題に点を付ける 3.(ゲームの点数などを)記録する 4.[フボ](相手の選手を)マークする

marciog *a* 印のある, 記号の付いた

marciwr (-wyr) *m* 1.印[マーク]を付ける　人 2.(学校の)出席調査係, 点呼係 3.標示柱

march (meirch) *m* 1.種馬 2.馬

marchfilwr (-wyr) *m* [軍事](一人の)騎兵

marchnad (-oedd) *f* 1.市 2.市場: ~ ddu 闇市場 3.[M~]y Farchnad Gyffredin (ヨーロッパ)共同市場 4.(特定の物品・地域の)売買市場 5.[株式]市況, 相場: ~ gynyddol 強気の相場

marchnadfa (-feydd) *f* 市場

marchnadol : marchnadwy *a* 売買できる, 売れる, 市場向きの

marchnadwr (-wyr) *m* : **marchnadwraig (-agedd)** *f* 1.市場商人 2.市場で売買する人

marchnadwyedd *m* 売物になること, 市場性

marchnata : marchnatáu *t* 1.(商品を)売買[取引]する: ~ nwydlau 商品をあきなう 2.(品物などを)市場に出す 3.市場で売りさばく 4.交換[交易]する
　　i 1.商売[売買, 取引, 貿易]する 2.市場で売買する 3.不正な取引をする

marchnatwr (-wyr) *m* : **marchnatwraig (-agedd)** *f* 商人

marchnerth *m* 馬力

marchog (-ion) *m* : **marchoges (-au, -i)** *f* 1.乗馬者, 騎手; 曲馬師 2.(中世の)騎士: Marchogion y Ford Gron 円卓の騎士団; gwasanaeth (*m*) ~ 騎士奉公, 騎士軍役義務 3.ナイト爵, 勲爵士: ~ banred バナレット勲爵士

marchogadwy *a* (馬などに)乗ることができる

marchogaeth *t* (馬に)乗る: ~ ceffyl 馬に乗る
　　i 馬に乗る

marchogaidd *a* 騎士道の, 騎士に相応しい

marchogwriaeth : marchogyddiaeth *f*

marchoglu

騎士である身分

marchoglu (-oedd) *m* 騎兵隊: cleddyf (*m*) marchog (cleddyfau marchogion) 騎兵刀, サーベル

marchogol *a* 乗馬の

marchwas (-weision) *m* 馬丁, 別当

marchwellt *m* 背の高い品質の悪い[粗悪な]草

mardon : marwdon *f* (頭の) ふけ

marddwr (-yfroedd) *m* よどんだ水

marian (-au) *m* 1.(海・湖・川辺の砂・小石などのある) 浜, 渚, 湖岸, 川べり 2.海水浴場; 海浜地帯 3.[地質] 氷堆石の

marianol *a* [地質] 氷堆石の

marl *m* [農業] 泥灰土 (肥料にする)

marlat *m* [鳥類] カモ [アヒル] の雄

marlit *m* [岩石] 泥灰岩

marlog *a* [地質] 1.泥灰土状の 2.泥灰土の多い

marmor (-au) *m* 大理石

marmori *t* (本の縁・紙・石鹸などを) 大理石模様にする

marsiandïaeth *f* 商品

marsiandïwr : marsiandwr (-wyr) *m* 商人: Marsiandwr Fenis [文学] ヴェニスの商人 (Shakespeare作の喜劇)

marw *i* 1.(人・動物が) 死ぬ: bydd farw, bydd yn ~ 彼は死ぬでしょう; bu farw 彼は死んだ 2.(植物が) 枯れる 3.(制度・名声などが) 消滅する

marw (meirw, meirwon) *a* 1.(人・動物が) 死んだ, 生命のない: mae'n fawr; mae wedi ~ 彼は死んでいる; y (dyn) ~ その死んだ男; dyn (wedi) ~ 死んだ男; corff ~ (cyrff meirw) *m* 死体; mud pob ~ [諺] 死人に口なし; y meirw/meirwon [集合的] 死者 2.(植物が) 枯れた 3.(言語など) 廃れた, 使われなくなった: iaith farw (ieithoedd meirwon) *f* 死語 4.(法律など) 効力を失った, 空文の 5.(人・感覚など) 麻痺した, 無感覚の 6.(音など) 鈍い, 冴えない: swn ~ 鈍い音 7.[電気] 電源に接続していない, 電流の通じていない 8.[印刷] 使用済みの: defnydd ~ *m* (解版直前の) 廃版 9.(死んだように) 動かない, 静まり返っている: y Môr M~ 死海 10.生気 [気力, 活気] のない 11.(市場など) 沈滞した, 不活発な 12.[スポ] (ボールが) 試合一時停止の: pêl farw 試合一時停止のボール

marwaidd *a* 1.活気のない, 気の抜けた, 精彩を欠いた 2.退屈な 3.(感覚が) 鈍い 4.(水など) 流れない, 停滞した, よどんでいる 5.(商売など) 不振の, 沈滞した 6.(市場など) 活気がない, 不活発 [不景気] な

marw-anedig *a* 死産の

marwdy (dai) *m* (病院などの) 霊安室, 死体安置所

marweidd-dra *m* 1.(音色など) 鈍さ, 曇り 2.単調, 退屈 3.(流れなどの) 緩慢 4.静止 5.死 (の状態) 6.沈滞, 停滞 7.(商況などの) 不振, 不況, 不景気

marweiddiad *m* 1.[病理] 壊疽, 脱疽 2.[キ教] 苦行, 禁欲

marweiddio *t* 1.[病理] 壊疽 [脱疽] にかからせる 2.感覚をなくさせる, 凍え [麻痺] させる *i* 1.壊疽 [脱疽] にかかる 2.(商況・活動などが) 沈滞 [停滞] する, 不景気に陥る

marw-enedigaeth (-au) *f* 死産

marwgig *m* 1.[病理] 壊疽, 脱疽 2.(傷が治って生じる) 肉芽

marwhad *m* = **marweiddiad**

marwnad (-au) *f* 1.悲 [哀, 挽] 歌 2.[*pl*] 哀 [挽] 歌形式の詩句

marwnadol *a* 哀歌風の

marwnadu *t* 哀歌を作って哀悼する *i* 哀歌を作る

marwnadwr (-wyr) *m* 哀 [挽] 歌調詩人, 哀 [挽] 歌作者

marwol *a* 1.死の [に関する]; 臨終の 2.致命的な, 致死の 3.[神学] 地獄に落ちる, 来世で救われない: y saith pechod/bechod ~ *m* 七罪源 [大罪], 七つの地獄に落ちる罪悪 (pride, covetousness, lust, anger, gluttony, envy, sloth) 4.生かしてはおけない, 命をねらう, 死ぬまで戦う: gelyn ~ 不倶戴天の敵 5.死 [死人] のような

marwolaeth (-au) *f* 1.(事故・災害などによる) 死, 死者: ~ drwy drais 非業の死, 横死, 変死; ym mhorth ~, wrth borth ~ 死に瀕して 2.(戦争・疫病などによる) 大量死 3.死亡者数 [率]

marwoldeb *m* 死ぬべき運命 [性質]

marwolyn (-wolion) *m* 死ぬべき運命のもの; 人間

marwolyn (marwol) *m* 燃えさし [残り], 残り火

marwydos *pl* 燃え残り, 残り火

masarnen (masarn) : masarnwydden (masarnwydd) *f* [植物] カエデ (楓), モミジ, 紅葉: sudd (*m*) masarn, surop (*m*) masarn メイプルシロップ, かえで糖蜜

masgl (au) *f* 1.[植物] (エンドウなどの) 鞘 2.網の目 3.網細工 4.(鳥の卵・ナット・種子などの) 殻: ~ wy 卵の殻

masglo : masglu *t* 1.[漁業] (魚などを) 網で捕える 2.(卵・ナット・豆などの) 殻 [皮] を取る [むく], 殻から取り出す

masglwr (-wyr) *m* (卵・ナット・豆などの) 殻 [皮, 鞘] を取る [むく] 人

masiwn (-iyniaid) *m* 石工, 石屋

Masiwnaidd : Masonaidd *a* フリーメーソンの: Cyfrinfa Masonaidd フリーメーソンロッジ

masnach (-au) *f* 1.商業, 通商, 貿易, 売買:

siambr (*f*) fasnach (siambrau ~) 商工会議所; y fasnach dramor 外国貿易 2.[集合的] 同業者[仲間], 小売り商人連

masnacheiddio *t* 商業[営利]化する

masnacheiddiwch *m* 商業主義, 営利主義[本位], コマーシャリズム

masnacheiddiwr (-wyr) *m* 商業家; 営利主義者

masnachol *a* 1.商業[貿易]の; 通商[貿易]上の: byd (*m*) ~ 商業[ビジネス]界; cytundeb (-au) ~ *m*(国際)貿易協約 2.同業者の 3.(学校・教課など)商業技術を教育する: colegau (*m*) ~ 商科大学

masnachu *i* 1.商う, 売買する

masnachwr (-wyr) *m* : **masnachwraig (-agedd)** *f* 1.商人, 貿易業者 2.[株式取引所] Londonの証券取引所会員で, 他の会員との間に証券の自己売買を行って取引を円滑にする証券業者

mastitis *m* [病理]乳腺炎

mastyrbiad (-au) *m* 自慰, マスターベーション

mastyrbio *i* 自慰行為をする

mastyrbiwr (-wyr) *m* : **mastyrbwraig (-agedd)** *f* 自慰行為者

maswedd *m* 1.下劣, 下等 2.卑猥な言葉

masweddol *a* 1.(人が)淫らなことを言う 2.(言葉が)下品[卑猥]な

mat (-iau) *m* 1.むしろ, ござ, 畳, マット 2.(玄関前の)靴拭い, ドアマット 3.(風呂の)バスマット 4.(花瓶・皿などの)下敷き: ~ bwrdd テーブルマット(熱い料理の皿などの下に置く食卓用下敷き)

mat *a* 色[艶]の鈍い, 光らない, 艶消しの

matador : matadôr (matadoriaid) *m*(スター役の)闘牛士, マタドール

mater (-ion) *m* 1.内容 2.物質 3.(特定の形を持たない)ある種類[状態]の物質, …質[素, 体] 4.(討議などの)問題, 事柄; 事件: materion busnes 用事; ~ hawdd 容易なこと 5.[*pl*](漠然と)事情, 事態 6.[物理]物質: annistrywedd (*m*) ~ 物質の不滅

materol *a* 1.物質の, 物質的な: y byd ~ 物質界; diwylliant ~ *m* [社会学]物質文化 2.[哲学・論理]質量[質料]的な, 実体以上の

materoliaeth *f* 1.物質[実利]主義 2.[美術]実物主義, 実質描写 3.[哲学]唯物論[主義] 4.[倫理]物質[物欲]中心主義

materolaidd : materyddol *a*[哲学]物質[唯物]主義(者)の

materolwr : materolydd (-wyr) *m* 1.物質[実利]主義者 2.唯物論者

matio *t* マットで覆う

matog (-au) *f*(つるはしに似た)根掘り鍬

matres (-i) *mf*(寝台の)マットレス, 敷蒲団: ~ sbring ばねのあるマットレス

matsien (matsis) *f* マッチ(一本): ~ ddiogel

(matsis diogel) 安全マッチ

math (-au) *mf* 種類: ~ o lyfr, ~ ar lyfr 本の一種; pob ~/mathau o bobl あらゆる種類の人々

mathemateg *f* 数学 ᐟ

mathemategol *a* 数学(上)の

mathemategwr : mathemategydd (-wyr) *m* 数学者

mathredig *a* 踏みつけられた

mathrfa *f* : **mathriad (-au)** *m* 1.どしんどしん歩くこと[音] 2.踏み潰すこと[音]

mathru *t* 1.踏みつける[潰す]: ~ grawnwin (dan draed)(ぶどう汁を絞るため)ぶどうを踏む 2.(人の感情などを)踏みにじる

mathrwr (-wyr) *m* 踏みつける[潰す, にじる]人

mawaid (-eidiau) *f* 1.手一杯, 一つかみ[握り] 2.少量, 少数 3.手に負えない人[仕事]

mawl *m* 1.賞賛 2.(神に対する言葉・歌による)賛美, 崇拝

mawlgan (-au, -euon) *f* 戦勝歌; 賛歌

mawn *m* 泥炭

mawnaidd *a* 泥炭質の

mawnbwll (-byllau) *m* 泥炭採掘場

mawnen *f* 泥炭の一塊

mawnog (-ydd) *f* 泥炭沼[地]

mawr (-ion) *a* 1.主要な: y stryd fawr *f* 本通り 2.(学問・文化程度などの)高度に進んだ, 高等な: celfyddyd fawr *f* 高級な技芸 3.(形状など)大きい: dyn ~ tal とても大きな人 4.(面積・容量など)大きい, 広い: ystafell fawr 広い部屋; y coluddyn ~ *m* [解剖]大腸 5.(数量・額など)大きい, 多くの; 多数[多額]の: arian ~ 大金 6.(範囲・規模など)大きい, 広大な, 大規模な: ffermwyr ~ a mân 大農と小農 7.(同種の物の中で他と区別して)大きい: Prydain Fawr *f* 大ブリテン(島) 8.(しばしば行為者を表す名詞を伴って)大の, 大変な: bwytâwr ~ *m* 大食家 9.(自然・建造物など)雄大[壮大]な: yr Hafn Fawr [地理]グランドキャニオン(米国Arizona州北西部にあるColorado川に沿う大峡谷) 10.(程度・価値・値段など)重要[重大]な, 高い: gŵr ~ 大物, 要人; fy munud fawr 私の重大な時機; drudfawr 価値の高い; gwerthfawr 価値の高い 11.(大きさなどを表す形容詞の前でそれを強調して)とても, えらく: dyn gwirioneddol fawr 真の大人物 12.(数量の単位が)標準より長い[大きい]: cant ~ *m* 120(10と12の積である基数) 13.(時間・距離など)長い, 久しい, 高齢の: cyrraedd oedran ~ 高齢に達する 14.偉そうな, 自慢する: geiriau bostfawr 大言壮語 15.年上の: brawd ~ 兄 16.(歓楽など)底抜けの, 陽気な: hwyr fawr どんちゃん騒ぎ 17.酔っている: meddw fawr 酔いつぶれている 18.(歴史上の人物名の後に付け称号に用

mawrder 422 **meddianedig**

いて)…大王[帝]: Llywelyn Fawr(ス)ラウェリン大王 **19.**(称号に用いて)最高位の: y Groes Fawrナイトの最上級勲章

mawr : mawrdra m **1.**大きいこと, 大きさ, 広大 **2.**重大さ, 重要性 **3.**偉さ, 偉大さ **4.**多大 **5.**大袈裟

mawredd m **1.**重大さ, 重要性 **2.**偉さ, 偉大さ **3.**雄大, 壮大 **4.**(人格などの)高潔 **5.**(王者としての)威厳, 尊厳; 荘厳

mawrfrydedd : mawrfrydigrwydd m **1.**寛大, 寛容, 雅量 **2.**雅量ある言動

mawrfrydig a **1.**寛大な **2.**高潔な

mawrhau t 賛美[賞揚, 激賞]する, 崇める: fy enaid a fawrfa yr Algrwydd わが心主をあがむ (cf *Luke* 1:46)

mawrhydi m [M~](代名詞の所有格を伴い, 呼掛けにも用いて)陛下: Ei M~ 陛下

Mawrth m **1.**3月: ar y pumod o Fawrth 3月5日に; dydd (-iau) M~ m 火曜日; (Dydd) M~ Ynyd 懺悔火曜日(Ash Wednesdayの前日) **2.**[口神]マールス(軍神; ギリシャ神話のAresに当たる

mawrygiad m 賞賛, 賛美

mawrygu t **1.**(人・行動などを)賞賛する **2.**(神を歌などで)賛美する, たたえる

mawrygwr (-wyr) m 賞賛[賞揚, 激賞]者; 賛美者

mecaneg f **1.**力学 **2.**機械学

mecaneiddiad m 機械化

mecaneiddiadwy a 機械化できる

mecaneiddio t (工場などを)機械化する

mecaniaeth f [哲学]機械論[観]

mecanig (-ion) m (修理工場の)修理工

mecanwaith (-weithiau) m **1.**機械装置 **2.**機構, 仕組み

mecanydd (-ion) m = **mecanig**

mecanyddol a 機械の[による]: mantais fecanyddol f 機械による力の拡大率

mecanyddoliaeth f 機械主義

mechdeyrn (-edd, -oedd) m [歴史]大君主, 大王

mechdeyrniaeth (-au) f 大君主の地位[身分]

mechni (-ïon) : mechniwr (-wyr) : mechniydd (-ion) m [法律]保釈保証人

mechnïaeth f [法律]保釈金

mechnïo t [法律](保釈金を払って人を)保釈してもらう
i (人の)保証人になる

mechnïwr (-wyr) m [法律]保釈保証人

medal (-au) f メダル, 勲章, 記章

medalaidd a メダル[勲章]の[に関する]

medaliwn (-iynau) m **1.**大メダル **2.**(肖像画などの)円形浮彫り

medalydd (-ion) : medalyddes (-au) f **1.**メダル製作家 **2.**メダル受領者, メダリスト

medel (-au) f (作物の)刈り入れ, 収穫

medelwr (-wyr) m : **medelwraig (-agedd)** f **1.**刈手 **2.**[M~]死, 死神: y M~ mawr 死神

medi t **1.**(作物を)刈り入れる, 収穫する **2.**(報いなどを)受ける: hau gwynt a ~ corwynt 悪事を働いて幾層倍もひどい罰を受ける

medlai (-eion) m (種々の曲の一部分ずつを一つにまとめた)接続[混合]曲, メドレー

medr (-au) m **1.**手腕, 能力, 技量, 力量, 腕前; 上手; 適性 **2.**才能 **3.**(特殊)技能, 技術 **4.**[度衡]メートル(長さの単位) **5.**[詩学]韻律, 歩格(韻律の単位)

medru t (何かをすることが)できる

medrus a 有能な, 手腕[能力]のある

medrusrwydd m **1.**手腕, 能力, 技量, 力量: anfedrusrwydd m 技量不足 **2.**才能

medd m 蜂蜜酒, ミード

meddal a **1.**(押すとすぐ形の崩れるほど)柔らかい: fel uwd o feddal 極めて柔らかい **2.**(人の肉が)柔らかい **3.**(手触りの)柔らか[滑らか]な, すべすべした **4.**感じやすい, 敏感な **5.**体が弱い; (筋肉など)軟弱な **6.**(性格が)弱々しい, 情にもろい **7.**優しい, 思いやりのある: calon feddal 優しい心 **8.**(水が)軟性の: dŵr ~ m 軟水 **9.**(卵が)半熟の; 感傷的[センチメンタル]な **10.**(道路が)舗装されていない: gwar (-rau) ~ m 軟路肩 **11.**[製本]薄[紙]表紙の: clawr (cloriau) ~ m 薄表紙(本) **12.**[写真](フィルム・印画など)軟調の: ffocws ~ m 軟調, 軟焦点 **13.**[音声]軟音の **14.**[ウ語・文法]軟音化の: treiglad (-au) ~ m 語頭子音の軟音化 **15.**[商業](市価など)弱気[軟調]の **16.**[解剖](口蓋後部の)柔らかい: tafod feddal (taflodydd ~)f 軟口蓋 **17.**[植物]軟化腐敗する: pydredd ~ m 軟腐病;(寒暑に)痛みやすい

meddalach a 柔らかくなった

meddalaidd a やや柔らかい

meddalhad : meddaliad m 軟化

meddalhau : meddalu t **1.**柔弱にする **2.**優しくする **3.**(音・声を)和らげる, 低くする **4.**(色・光などを)和らげる, 穏やかにする **5.**[料理](肉などを)柔らかくする **6.**(革などを)柔らかくする
i **1.**柔らかになる **2.**穏やかになる **3.**優しくなる

meddalnod (-au) m [音楽]変音(半音低い音); 変記号

meddalwch m **1.**(表面・輪郭などの)柔らかさ, 柔軟さ **2.**(性格の)優しさ, 弱々しさ **3.**(植物などの)痛みやすさ, か弱さ

meddalwedd mf [電算]ソフトウェア

meddalwr (-wyr) m 食肉軟化剤

meddalwy m 殻の柔らかい卵

meddalydd (-ion) m **1.**柔らかにする[和らげる]人 **2.**[化学]軟化剤

meddianedig a **1.**所有して **2.**落着いた, 冷静

な 3.狂気の, 取付かれた

meddiangarwch *m* 所有や支配に対する過度の願望

meddiannol *a* 1.所有(者)の 2.占有による 3.所有[独占]欲の強い 4.[文法]所有格の

meddiant (-iannau) *m* 1.所有[占有](すること); 占領, 占拠 2.持主であること; 所有権 3.[法律](権利の)享有 4.[法律](所有権の有無に無関係の)占有 5.[法律](先住占有者のいない)家屋の所有権 6.魅入られること, 魔[悪霊, 感情など]に取付かれる[支配される]こと 7.所有物; 財産 8.領地, 属国

meddiannu *t* 1.(物を)所有[獲得]する 2.(女性と)肉体関係を持つ: ~ merch 女性をものにする 3.(悪霊などが人に)取付く: cael eich ~ gan y diafol 悪魔に取付かれている

meddiannydd (-ianyddion) *m* 所有[占有]者

meddu *t* 持つ, 持っている, 所有する: mae hi'n ~ ar amynedd mawr 彼女は非常に辛抱強い

meddw *a* 1.酔った, 酔っ払って: gyrrwr ~ 酔っ払い運転者; ~ fawr/gaib/dwll ぐでんぐでんに酔って 2.大酒飲みの 3.酒の上の 4.(歓喜・成功などに)酔いしれて, 夢中になった, うきうきした

meddwdod *m* 1.酔い, 酩酊; 酒浸り 2.(酒乱のような)狂乱, 興奮, 夢中

meddwi *t* 1.(酒などが人を)酔わせる 2.(成功などが)興奮[夢中に]させる
i 酔(っ払)う

meddwl *t* 1.(語句・記号などが)意味を表す: beth y mae'r gair yna'n ei feddwl? その語はどういう意味ですか? 2.(人が)意味する, (…の)つもりで言う: beth ydi'ch ~ chi? どういう意味ですか?; fi ydych chi'n ei feddwl? 私のことを言っているのですか? 3.意図する, (…する)つもりである: 'rwy'n ~ mynd 私は行くつもりです 4.思う, 考える: felly yr wyf i'n ~ 私はそうだと思う 5.見なす, 想像する 6.予想[予想]する
i 1.思う, 考える: ~ yn ddwys/galed 一心に考える 2.予期[予想]する 3.黙想する 4.(宗教的・精神修養のために)瞑想する

meddwl (meddyliau) *m* 1.意味 2.重要性, 意義 3.思考, 思案; 熟考: meddyliau digalon 陰鬱な考え 4.意向, 所存: gwybod eich ~ eich hun 意思がはっきりしている, 決心を変えない 5.思いやり, 配慮, 心配: 'rwyt ti yn fy ~ i'n wastad 君のことは片時も忘れません 6.[通例*pl*]意見, 見解: beth sydd ar dy feddwl di? 何を考え込んでいるの?; darllen ~ rhn 人の心を読む 7.心, 精神: cyflwr ~ 気分, 気持 8.[哲学・心理]心, 精神: mae rhth yn pwyso ar ei ~ 彼女はある事を気にかけている

meddwol *a* 1.酔わせる 2.夢中にさせる,浮き浮きさせる

meddwyn (-won) *m* 大酒飲み[家], 飲んだくれ

meddyg (-on) *m* : **meddyges (-au)** *f* 医師[者]

meddygaeth *f* 1.医学 2.内科医学 3.医師の職業

meddyginiaeth (-au) *f* 1.治療(法): hen feddyginiaeth民間療法 2.薬物, 医薬, 薬剤, 内服薬 3.(欠点などの)矯正法, 救済(策)

meddyginiaethol *a* 1.治療する, 治療上の 2.薬物[医薬品]の 3.薬効のある

meddyginiaethu *t* (病気などを)治す, 治療する

meddygol *a* 1.医学[医療]の: ysgol feddygol (ysgolion ~) *f* 医学校 2.内科の

meddyleg *f* 1.心理学 2.心理(状態) 3.心理学に関する論文

meddylegol *a* 1.心理学の 2.心理的な, 精神の

meddylfryd *m* 物の見方, 見解

meddylgar *a* 1.考える, 思考力[思想]のある 2.考え込んでいる, 思いに耽る, 沈思黙考する 3.瞑想的な 4.(気分など)哀愁的な, 悲しい

meddylgarwch *m* 1.物思い 2.思慮深さ 3.思いやり 4.瞑想 5.沈思黙考, 熟慮

meddyliadwy *a* 考えられる; 信じられる

meddyliaeth *f* 1.[心理]メンタリズム 2.[言語]心理主義 3.[哲学]唯心論

meddyliaethwr : meddyliaethydd (-wyr) *m* 1.メンタリズム信奉者 2.読心術師

meddyliol *a* 1.心[精神]の: oedran ~ *m* [心理]精神[知能]年齢 2.知能[知力]の 3.精神病の

meddyliwr (-wyr) *m* : **meddylwraig (-agedd)** *f* 考える人, 思想家; 瞑想する人, 黙想家

mefl (-au) *m* 欠点, 弱点, 欠陥; 汚名

mefusen (mefus) *f* 1.イチゴの実; jam (*m*) mefus イチゴジャム 2.[植物](オランダ)イチゴ

Meg : Megan *f* [人名]マギー(Maggie)(女性名)

megin (-au) *f* 1.ふいご 2.(写真機などの)蛇腹 3.(オルガンの)風袋

megis *conj* 1.[様態]…のように; [挿入句的に用いて]いわば, まるで 2.[対比・比例]…であるのと同じように…: ~ y bydd dyn fyw, felly i bydd ef farw [諺]生あるごとく死あり
prep …(だ)と: edrych ar rn ~ cyfaill ある人を友人だと思う
rel pron …のような: creaduriaid ~ y teigr 虎のような動物

Mehefin *m* 6月

meic (-iau, -s) : meicroffon (-au) *m* マイク(ロフォン)

meicrosgop (-au) *m* 顕微鏡

meichiad (-iaid) *m* 養豚者, 豚飼い

M

meichiau (-iafon) *m* = **mechnïwr**

meidraidd *a* [数学] 有限の

meidrol *a* 1.制限[限定]されている, 有限の 2.[文法] 定形の

meidroldeb *m* 制限, 限定, 有限

meidru *t* [裁縫] 針目を交互に短く長く縫って縫い目のギャザーひだを作る;(スモッキングのように)ギャザーを均等の幅にする

meidrydd (-ion) *m* 計器, ゲージ

meiddio *t* 1.敢えて…する 2.(危険などに)敢然と立ち向かう, 物ともしない: paid di â ~ cyffwrdd hwnna! それに手が触れられるものなら触れてみろ! 3.(人に)…してみろと挑む

meilart *m* [鳥類] カモ[アヒル]の雄

meillionen (million) *f* [植物] クローヴァー: deilen feillion (dail million) クローヴァーの葉; クローヴァーの葉形のもの;(特に四葉の)クローヴァー形立体交差点

meillionog *a* クローヴァーのような; クローヴァーがたくさんある

meinder : meindra *m* 1.ほっそり[すらり]としていること, 華奢 2.甲高さ 3.執拗さ

meindwr (-dyrau) *m* (教会などの塔の上の)尖塔, 尖り屋根

meindyrog *a* 尖塔のある

meingefn *m* 腰のくびれた部分

meinhau *t* 痩せさせる, 体重を減らす, ほっそりさせる, 細くする
i 痩せる, 細くなる, ほっそりする, すらりとする

meinir *f* すらりとした少女

meinleisio *i* 鋭い音を出す

meinllais (-lleisiau) *m* 1.甲高い声 2.細い[弱い]声 3.[音楽] 最高声部[ソプラノ]の声

meintiol *a* 量の[に関する]

meintoli *t* 量を定める[示す, 計る]

meintoliad (-au) *m* 定量化

meintoniaeth *f* 幾何学

meinwe (-oedd) *f* 1.薄い織物; 薄絹 2.[生物] 組織: ~ gyhyrol (meinweoedd cyhyrol) 筋肉組織

meinwen *f* = **meinir**

meiosis *m* [生物] (細胞核の)減数[還元]分裂

meiotig *a* 減数分裂の[に関する]

meiriol : meirioliad *m* 1.雪[霜]解け 2.打ち解けること 3.雪[霜]解けの陽気

meiriol : meirioli *t* (雪・氷などを)解かす
i (雪・氷などが)解ける

meiriolaidd *a* 雪[霜]解けする

meistr (-adoedd, -i, -iaid) *m* 1.(一家の)家長 2.自由に支配できる人; 熟練者 3.雇い主: gwas da, ~ called; ~ da wnaiff was da [諺] 主人が主人なら下男も下男 4.[海事] (商船の)船長 5.[狩猟] 猟犬番長: ~ y bytheiaid フォックスハウンドの責任者 6.[しばしばM~] 修士(号): M~ yn y Celfyddydau 文学修士(号)

7.(主に官職名として)管理[監督]官: M~ y Gyfeddach (英国王室や法学院などの)宴会[祝宴]係 8.[法律] 裁判所主事 9.[美術] 名匠, 名工;(特に)名画家: hen feistr (特に15~18世紀のヨーロッパの)大画家, 古大家 10.[しばしばM~] 坊ちゃん, 若旦那: M~ Siôn ジョン坊ちゃん

meistradaidd *a* 横柄[専横]な

meistraidd *a* 大家[名人, 名手]の; 見事[あっぱれ]な

meistrolgar *a* = **meistraidd**

meistroli *t* 1.征服する 2.(情欲などを)抑制する 3.熟達[修得]する: ~ pwnc ある科目を修得する

meistrolaeth *f* 1.支配(力), 統御 2.勝利, 優勢 3.精通, 熟達, 熟練, 巧妙 4.傲慢, 横柄

meithrin *t* 1.(赤ちゃんに)授乳する,(幼児の)世話をする,(子供を)育てる, 養育する: ysgol (*f*) feithrin (ysgolion) 保育学校 2.[植物などを] 育てる 3.(考えなどを)心に抱く 4.(長期にわたって選挙区(民)の)機嫌を取る, 地盤を築く: ~ etholaeth (選挙前に色々世話などして)選挙区を大事にする

meithrinfa (-feydd) *f* 1.育児[託児]室 2.子供部屋 3.養成所 4.(犯罪などの)温床 5.(植物の)苗床, 種苗場

meithriniad *m* : **meithriniaeth** *f* 1.(他人の子の)養育;[里子制度] 2.育成, 助成

meithrinwr (-wyr) *m* 養樹園主; 苗木屋

mêl *m* 1.蜂蜜: dil (-iau) (*m*) ~ ミツバチの巣 2.(密のように)甘いもの; 優しさ: mis (-oedd) (*m*) ~ 蜜月; 新婚旅行

mela *t* 蜜を集める

melancolaidd *a* 陰気[憂鬱]な; 鬱病の

melfaréd *m* [織物] コール天, コーデュロイ: trowsus ~ コール天のズボン

melfed (-au) *m* [織物] ヴィロード, ヴェルヴェット: llaw (*f*) felfed ヴィロードの手袋

melfedîn *m* [織物] 別珍, 綿ヴィロード

mel-gawod *f* 1.(暑い時植物の葉・茎から出る)甘い汁 2.(アブラムシ類が分泌する)蜜 3.甘露 4.(草・衣類・食物などに生える)白かび 5.[植物] べと[うどん粉]病

melin (-au) *m* 1.製粉機,(コーヒーなどの)粉挽き器: ~ flawd (melinau blawd) 製粉機;~ goffi (melinau coffi) コーヒー挽き器; maen (meini) (*m*) ~ 石臼, 白石 2.製粉所, 水車場: ~ ddŵr (melinau dŵr) 水車場 3.[機械] 製作機

melino *t* 1.(穀物などを)製粉する 2.(鉱物などを)粉砕機にかける

melinydd (-ion, -melinwyr) *m* 粉[水車]屋, 製粉業者

melodaidd *a* 1.旋律的な 2.調子の美しい, 音楽的な

melodi (-ïau) *f* 1.歌曲 2.美しい音楽

melodïwr (melodiwyr) *m* 作曲家

melwlith *m* = **mêl-gawod**

melyn *a* (*f* **melen**, *pl* **melynion**) 1.黄色の, 黄色い: gwallt ~ 黄色い髪 2.皮膚の黄色い 3.(馬など)鹿毛[赤褐色]の 4.臆病な

melyn (-au, -ion) *m* 黄色

melynaidd ; melynllyd *a* 黄色がかった

melynder : melyndra *m* 黄色いこと

melyngoch (-ion) *a* オレンジ色の

melyni : melynwch *m* 黄褐色, なめし皮の色である品質状態

melynllwyd *a* (*f* **melenllwyd**, *pl* **melynllwydion**) 黄褐色の

melynllys *m* [植物] クサノオウ (ケシ科の多年草)

melynu *t* 黄色にする*i* 黄色になる

melynwy *m* (卵の)黄身, 卵黄: ~ ŵy 卵の黄身

melys *a* 1.甘い: mae blas ~ arno それは甘い味がする; mae gen i ddant ~ 私は甘い物が好きです[甘党です] 2.香りのよい

melysaidd *a* 1.やや甘い 2.嫌に甘い

melysion *pl* 甘いもの, 砂糖菓子

melyslais *a* いい声をした

melysol *a* 甘くする

melyster : melystra *m* 甘いこと, 甘さ

melysu *t* 1.(食品を)甘くする 2.(人生を)楽しくする
i 甘くなる

melyswr (-wyr) : melysydd (-ion) *m* [料理] (人工)甘味料

mellten (mellt) *f* 1.稲光, 稲妻, 電光: mellt a thyrfe/tharanau 雷鳴と稲妻 2.雷電, 落雷

melltennu *i* 稲光する

melltigaid : melltigedig *a* 1.呪われた 2.忌まわしい, 憎むべき 3.忌々しい

melltigedigrwydd *m* 呪わしさ, たたられている状態

melltith (-ion) *f* 1.呪: bod dan felltith 呪われている, たたりを受けている 2.呪われるもの[人], たたり, 災い 3.有害な影響, 暗い影 4.月経

melltithio *t* 1.呪う, 呪をかける 2.罵る 3.苦しめる, 悩ます

melltithiol *a* 呪の

melltithiwr (-wyr) *m* 呪う人

memrwn (-rynau) *m* 羊皮紙, パーチメント

memrynaidd *a* 羊皮紙の

men (-ni) *f* (通例2頭以上の馬が引く)四輪荷馬車

mendio *i* (病人などが)快方に向かう, 回復する, 治る

menestr (-i) *m* (宮廷などの)酌取り

menigwr (-wyr) *m* 手袋製造人, 手袋商

menter (mentrau) *f* 1.冒険(心), 危険 2.[商業] 投機, 思惑, やま 3.冒険的な事業, 投機の企業: ~ ar y cyd 合弁企業

mentr (-au) *f* [商業] 投機, 思惑, やま

mentro *t* 1.(財産・生命などを)賭ける, 危険にさらす: ~'ch bywyd 生命を賭ける; ~'ch arian 金を賭ける 2.(危険なことを)敢行する: ~ ar fôr stormus 時化の海に敢えて船出する 3.思い切って言う[する]: ~ (cynnig) barn 思い切って意見を述べる
i 1.危険を冒して試みる 2.思い切って進む[行く]

mentrus *a* 1.(人が)冒険好きな, 大胆な 2.(行為が)冒険的な, 危険な

mentrwr (-ayr) *m* : **mentrwraig (-agedd)** *f* 冒険者, 山師, 投機師

menigwr (-wyr) *m* 手袋製造人

menyn *m* [料理] バター: ~ toddi 溶かしバター; cyllell (*f*) fenyn (cyllyll ~) バターナイフ

menyw (-od, menwod) *f* 女性: ~ sengl 独身婦人

mêr (merion) *m* 1.[解剖] 骨髄 2.真髄

merbwll (-byllau) *m* 水の淀んだ池

mercwri *m* [化学] 水銀

merch (-ed) *f* 1.女の子, 少女 2.娘: ~ wen (merched gwynion), llysferch (ed) 女の継子

Mercher (-au) *m* 1.水曜日: ar ddydd ~ 水曜日毎に, いつも水曜日に; dydd ~ y Lludw 灰の水曜日(Lentの初日) 2.[天文] 水星 3.[口神] メルクリウス神, マーキュリー

mercheta *i* 売春婦たちと交わる;(特に)私通[密通, 姦淫]をする

merchetaidd *a* (少年・男性・男性の行動など)柔弱な, 女々しい, 男らしくない

mercheteiddiwch *m* 柔弱, 優柔不断

merchetwr (-wyr) *m* 売春婦たちと交わる人; 私通者

merddwr (-ddyfroedd) *m* 淀んでいる水

merfaidd *a* (食物が)味[風味]のない, まずい

merfdra : merfeidd-dra *m* 無(風)味

meristem (-au) *m* [植物] 分裂組織

merlen (merlod) *f* : **merlyn (merlod, marliwns)** *m* ポニー(種の馬): ceffyl pymtheg dyrnfedd (o uchder) 背丈が15ハンドの馬(通例体高が14ハンド以下の小型の馬; 強健で忍耐強く, 英国ではShetland, Exmoor, Galloway種などが有名; dyrnfedd (-i) *mf* (馬の高さを計る尺度として) ハンド, 手幅尺(4インチ); merlen/merlyn pwll glo (昔, 坑内で石炭運搬に使用した)坑内用ポニー

merlotwr (-wur) *m* : **merlotwraig (-agedd)** *f* ポニー旅行をする人

merog *a* 髄のある

merhtyr (-on) *m* : **merthyres (-au)** *f* 1.(特にキリスト教の)殉教者 2.(主義・主張などのために)殉じる人, 殉難者, 犠牲者 3.(病気などに)絶えず悩み苦しむ人

merthyrdod (-au) *m* 1.殉教, 殉死 2.殉教者

merthyru 426 **mewn**

であること 3.受難, 苦難

merthyru t 1.(主義・信仰の理由で)殺す 2.迫害する, 苦しめる

merwin a 感覚を失った, かじかんだ, 凍えた

merwino t 1.(耳・神経などに)障る 2.(人・体などを)無感覚にする, 凍えさせる 3.(精神・心などを)麻痺させる
i (耳・神経などに)障る: ~ clustiau rhn 人の耳に障る

merwydden (merwydd) f [植物] クワ(桑)

merywen (meryw) f [植物] 杜松, ヨウシュネズ

mesa t どんぐりを拾い集める

mesen (mes) f [植物] ドングリ, 殻斗果

mesog a どんぐりがたくさんある

mesur (-au) m 1.一杯, 一山, 一袋(など) 2.測定, 計測;(測定された)大きさ, 広さ, 寸法(など) 3.度量法; 度量の単位; 度量測定器具: tâp (tapiau) (m) ~ テープ尺 4.程度, 度合 5.手段, 方法 6.[議会] 法案 7.[数学] 約数 8.[音楽] 小節; 拍子 9.[詩学] 韻律; 歩格

mesur t 1.計る, 測定する, 寸法を取る 2.(人物・価値などを)評価[判断]する
i 1.測定する, 寸法を取る 2.長さ[幅, 高さなどが]…ある

mesuradwy a 1.測定のできる 2.定量化可能な 3.重要な

mesuradwyedd m 可測性

mesuredig a 1.正確に計られた 2.(言葉など)慎重な 3.(動作など)整然とした 4.韻律的な

mesureg f [数学] 測定[測量, 求積]法

mesuriad (-au) m : **mesuriaeth** f 1.測量, 測定, 計量 2.寸法, 大きさ, 広さ, 長さ, 厚さ, 深さ

mesuro t = mesur

mesurwr (-wyr) : **mesurydd (-ion)** m 1.計る人 2.計量器

mesuryn (-nau) m [数学] 縦座標

metabolaidd : **metabolig** a [生物] 新陳代謝の

metaboledd m [生物・生理] 物質 [新陳] 代謝

metaffiseg f 形而上学

metal (-au) : **metel (-au, -oedd)** m 1.金属: ~ cyffredin 卑金属 2.金属製品

metalaidd : **metelaidd** : **metalig** : **metelig** a 1.金属(製)の 2.(音・声が)金属性の, きんきん響く: llais metalaidd 金属性の[きんきん]声

mateleg : **meteleg** f 冶金(術, 学)

metalog : **metelog** a 金属を含む[産する]

metalegwr : **metalegydd (-wyr)** : **metelegwr** : **metelegydd (-wyr)** m 冶金家 [学者]

metamorffedd m 1.変形, 変態; 変質 2.[動物] 変態 3.[地質] (岩石の)変成

metritis m [病理] 子宮 (筋層) 炎

Metro m (フランスなどの) メトロ, 地下鉄

metronom (-au) m [音楽] メトロノーム, 拍節器

meth (-ion) m 1.失敗 2.回避

methdaliad (-au) m : **methdarwriaeth (-au)** f 1.[法律] 破産, 倒産 2.(性格などの)破綻 3.(名声などの)失墜

methdalwr (-wyr) m : **methdalwraig (-agedd)** f 1.[法律] 破産者 2.債務不履行者, 支払不能者 3.性格破綻者

methedig (-ion) mf 身体障害者
a 1.身体障害者になった 2.虚弱な, 衰弱した, 衰えゆく, 老衰した

methiant (-iannau) m 1.失敗, 不成功: ~ agos (爆撃・射撃の) 至近弾; 今一歩のところ; 惜しい出来; (航空機同士の) 異常接近, ニアミス 2.失敗者; 失敗作; 失敗した企て 3.(義務などの) 不履行, 怠慢: ~ i gadw addewid 約束を守らないこと 4.無 (能) 力 5.[教育] (試験の) 落第 (点), 落第者 6.[商業] 破産, 倒産 7.[法律] (法廷への) 欠席

method (-au) m 1.(教授法・研究などの論理[組織]の)方法 2.整然とした順序, 規則正しさ, 几帳面: mae ~ yn ei wallgofrwydd 彼は狂っている割に筋道が立っている (cf Shak *Hamlet* 2.2.208)

methu t 1.(試験・学科に)落第する: ~ arholiad 試験に落第する 2.(狙った物を)取り逃がす: ~'r nod, ~ â tharo'r nod 的を外れる, 的に当て損ねる 3.聞き[見]逃す: ~'ch ciw [演劇] (役者が)きっかけ [合図の言葉] を失う, 聞き逃す 4.(目的地などに)達し損なう: ~'r ffordd 道に迷う 5.(人に)会い損ねる 6.(乗物に)乗り遅れる [損なう] 7.(学校・会などに)出席しない 8.(言葉・冗談などを)理解し損なう 9.省略する
i 1.(人・物事が)失敗する 2.(試験・学科に)落ちる, 落第する 3.(…することが)できない, し損なう 4.(義務・債務などの)履行を怠る 5.(競技に)欠場する 6.[法律] (裁判に)欠席する

meudwy (-aid, -od) m : **meudwyes (-au)** f 1.(初期キリスト教時代の)隠修士 2.隠者, 世捨て人 3.[動物] 独居性動物

meudwyaeth f 世捨て人の生活

meudwydy (-dai) m : **meudwyfa (-feydd)** f 隠者の住み家

meudwyo i 隠者になる

mewiad (-au) m ニャーニャー (猫の鳴声)

mewial : **mewian** i (猫が) ニャーニャーと鳴く

mewn prep 1.[場所・位置] …の中に [で, の]: ~ tŷ 家の中で [に] 2.[状態] …の状態に [で]: ~ dyled 借金して; ~ iechyd da 壮健で; ~ anobaith 絶望して; ~ alltudiaeth 追放されて, 流浪の身で 3.[全体との関係] …の中 [内] で: ~ tylfa 大勢の中で 4.[行為・活動・

mewnbwn 427 **milltir**

従事・関心)…して[に従事して]:~ ymchwil am rth 何かを求めて; ~ bod/bodlaeth 現在の; 生存している 5.[着用]…を着て[身に着けて]: ~ crys シャツを着て 6.[方法・やり方]…で: ~ llais mwyn 優しい声で

ad 1.[命令文で]…を入れろ!, …は入れ!: i ~ ag ef! それを入れろ! 2.(政党が) 政権を握って: 'roedd y Blaid Lafur ~ grym 労働党が政権を握っていた

mewnbwn (-bynnau) *m* 1.[機械・電気] 入力 2.[電算] 入力(信号) インプット入力操作装置

mewnbynnu *t* [電算](情報を) 電算機に入れる

mewnddirnadaeth *f* 洞察力, 識見

mewnddodiant *m* [経済](資金などの) 投入(量)

mewnforiad *m* 輸入

mewnforiadwy *a* 輸入できる

mewnforio *t* [商業] 輸入する

mewnforiwr (-wyr) *m* 輸入者[商, 業者], 輸入国

mewnforol *a* 輸入された

mewnforyn (-orion) *m* [商業] 1.輸入 2.輸入品[額]

mewngyrch : mewngyrchol *a* 求心力[性]の 2.求心力利用の

mewnol *a* 1.内側にある, 内側[内部]の: motor (*m*) tanio ~ [機械] 内燃機関 2.内側への 3.内的な, 心中の 4.秘密の 5.(声が腹の中で言うように) 低い

mewnoli *t* 1.(思想などを) 内面化する 2.(文化・習慣などを) 吸収[習得]する

mewnoliad (-au) *m* [心理] 内面化

mewnolrwydd *m* 内在(性)

mewnosod *t* 入力する

mewnsaethu *t* 1.(液体を) 注入する 2.(薬液などを) 注射する

mewnsyllgar : mewnsyllol *a* 内省的な

mewnsylliad *m* 1.内省 2.[心理] 内省

mewnsyllu *i* 内省[自己反省]する

mewnsyllwr : mewnsyllydd (-wyr) *m* 1.内省的傾向の人 2.内省主義者

mewnweledol *a* 洞察に満ちた, 見識のある

mi *pron* [間接目的語として] 私に: mae ef yn ufuddhau i ~ 彼は私に従う

miaren : mieren (mieri) *f* イバラ, 野バラ

micado (-s) *m* みかど, 帝

micromedr (-au) *m* 1.測微計, マイクロメーター 2.[機械] 測微カリパス

migwrn (-yrnau) *m* 1.足首 2.足関節 3.指関節

migwyn *m* [植物] ミズゴケ, 水苔

migyrnu *t* 拳骨で打つ, 指の関節で押す

mil (-oedd) *f* 1.千(人, 個): can ~ = 十万 2.[*pl*] 多数, 無数, 数千: miloedd o bobl 何千もの人々

a 1.千(人, 個)の: ~ o ddynion 千人 2.無数[多数]の

milain *a* 1.怒って, 腹を立てて, 激怒した 2.悪意[敵意]のある 3.有害な 4.(振舞など) 下品[無礼]な 5.(空・海など) 荒れた, 険悪な 6.(攻撃など) 猛烈な 7.[病理](腫瘍が) 悪性の;(傷など) 炎症を起こしている, ひどく痛む

mileindra *m* 1.悪意, 敵意 2.凶暴性, 残忍

mileinig *a* 悪意のある

mileniwm (milenia) *m* 1.千年間[期] 2.千年祭 3.[キリスト教] 至福千年 4.(未来の想像上の) 黄金[理想] 時代

milfed (-au) *mf* 1.第千, 千番目 2.千分の一

a 1.第千の, 千番目の 2.千分の一の

milfeddyg (-on) *m* 獣医

milfeddygaeth *f* 獣医学

milfeddygol *a* 獣医学の

milfwyddiant (-iannau) *m* = mileniwm

milgi (-gwn) *m* グレーハウンド(快足の猟犬)

miliast (-ieist) *f* 雌のグレーハウンド

militariaeth *f* 1.軍国主義 2.軍国的精神

miliwn (miliynau) *f* 1.百万(人, 個, ドル, ポンドなど) 2.[*pl*] 数百万, 多数, 無数

miliwnfed (-au) *mf* 1.第百万, 百万番目 2.百万分の一

a 1.第百万(番目)の 2.百万分の一の

miliwnwaith *a* 百万倍の

miliwnydd (-ion) *m* : **miliwnydes (-au)** *f* 百万長者

milodfa (-feydd) *f* 1.(巡業サーカスなどの) 動物園 2.(檻に入れた動物園などの) 動物 3.風変わりな人々

milplyg *a* 千倍の

milrith (-iau) *m* [生物](動物の) 胚

milwr (-wyr) *m* 1.陸軍軍人; 兵士: ~ preifat 兵士, 兵卒; ~ tâl, hurfilwr (-wyr) *m* (冒険と給料のためなら喜んでどこにでも行く) 冒険軍人, 備兵 2.(主義・主張のために) 戦う人, 闘士 3.勇気ある冒険家

milwra *i* 軍人になる

milwraidd *a* 軍人らしい, 勇ましい

milwreiddio *t* 軍国化する

milwreiddiwch *m* 軍人らしさ

milwriaeth *f* 1.戦争(行為, 状態); 戦闘 2.争い, 闘争

milwriaethus *a* 1.交戦[戦闘]中の 2.戦闘[闘争]的な

milwriaethwr (-wyr) *m* 闘士

milwrio *i* (不利に) 作用[影響]する

milwrol *a* 1.軍(隊)の, 軍事(上)の: cyfraith filwrol *f* 軍法; heddlu ~ *m* 憲兵(隊) 2.陸軍の 3.軍人の

milwroli *t* 軍隊化する

milyn (milod) *m* 動物

milltir (-oedd) *f* 1.マイル(陸上距離の単位):

miltiredd 428 **modd**

~ swyddogol 法定マイル; ~ fôr (milltiroedd môr) 海里 2.[競技]マイル競走 3.[通例pl]遠い距離, 大きな隔たり

miltiredd m 1.(一定時間内の) 総マイル数, 里程 2.(燃料ガロン当たりの) 走行マイル数, 燃費 3.(鉄道などの) マイル当たり料金 4.(衣服・家具などの) 持ち, 効率

millyn (mill) m : **millynen (mill)** f [植物] スミレ, 菫

min (-ion) m 1.唇: mingrwn (mingrynion) 唇をすぼめて 2.(杯・椀などの) 縁, へり 3.水際, 水辺: ~ y dŵr/don 水際 4.(絶壁・崖などの急斜面の) 縁, 崖っぷち 5.(刃物の) 刃 6.[外科]傷口の縁 7.[地質](圏谷・カールの) 縁, へり

minfin a 1.唇と唇の[を重ねる] 2.端から端へ, 縁から縁へ

minfwlch m 兎唇, 三つ口, 唇裂

mingam m 顔を歪める

mingamu i 顔を歪める, しかめっ面をする

mingamwr (-wyr) m 顔を歪める人

mingrychu : mingrynnu t 口[唇]を歪める[すぼめる](軽蔑・非難・不賛成などの仕草)

miniog a 1.(刃物など) 鋭い, 鋭利な 2.(言葉など) 激しい, 辛辣な: tafod ~ 毒舌 3.(視線が) 鋭い 4.利口[聡明]な

miniogrwydd m (刃物などの) 鋭さ

minlliw (-iau) m [化粧]リップスティック, 棒口紅

minllym a 鋭い刃をした

minnau pron [一人称単数主格の強調形] 私は[が]: mae ef [hi] cyn daled â ~ 彼[彼女]は私と同じくらい背が高い

mint m ; **mintys** m [植物] ハッカ

mintai (-eioedd) f (特に移動中の人々の) 群れ, 隊, 団

minws (minysau) m 1.[数学] マイナス記号, 負号 2.負量, 負数 3.不足, 欠損 4.[電気] 負電荷
a 1.マイナスの 2.負の

miragl (-au) m 1.奇跡 2.奇跡劇

mirain a (人が) 美しい, 綺麗な

mireinder (-au) m 1.美, 美しさ, 美貌 2.美点, 良さ

miri m 1.戯れ 2.楽しみ, 歓楽 3.陽気さ, 陽気な騒ぎ 4.面白い事 [物, 人]

mis (-oedd) m (暦の上の) 月; 1か月: ~ i heddiw 来月の今日; 先月の今日; ~ lloerol/lleuad/lleuadol 太陰月; y ~ du 11月

misglwyf (-au) : mislif (-oedd) m [生理] 月経

misi a 気難しい; 潔癖な

miso m [料理] 味噌

misol a 1.月1回の, 毎月の 2.1か月有効の

misolyn (-olion) m 月刊行物

miswrn (-yrnau) m [甲冑] (兜の) 眉庇, 面頬

misyrnog a [甲冑] 面頬を付けた

miwsig m 1.音楽 2.楽譜: stand (mf) ~/fiwsig (standiau) 楽譜台

mnemonig (-ion) m 記憶術
a 記憶(術)の

mocha i (雌豚が) 子を産む

mochaidd : mochynnaidd a 不潔な, 汚れた, 汚い

mochyn (moch) m 1.豚: bwyta fel ~ 豚のように大食する; gwaedu fel ~ (突き刺された豚のように) たくさんの血を流す, 大出血する 2.[しばしば呼掛けにも用いて] (豚のように) 薄汚い人, 卑劣漢: moch Gadara ガダラの豚の(群) (悪魔に取付かれた者の例えにしばしば用いられる; cf Matt 8:28-32, Mark 5:1-13, Luke 8:26~39); y ~ budr! この豚野郎!

mochyndra m 不潔

model (-au) m 1.模型, 雛形, 原型 2.[美術] (画家・写真家などの) モデル 3.模範, 手本
a 1.模型の 2.模範[典型]的な: fferm fodel 模範農場

modelu t 1.模型[雛形, モデル]を作る 2.(型に従って) 作る 3.手本にする

modelwr (-wyr) m : **modelwraig (-agedd)** f 模型[塑像] 製作者

modem (-au) m [電工] モデム, 信号変換用変復調装置

modfedd (-i) f [度衡] インチ (長さの単位): o fewn ~ (i farw) 死の一歩手前まで; fesul ~, o fodfedd i fodfedd 少しずつ, じわじわ; rhowch iddo fodfedd ac fe gymer lathen [諺] 寸を与うれば尺を望む (抱けばおぶえと図に乗る)

modrwy (-au) f 1.指輪: ~ briodas (modrwyau priodas) 結婚指輪 2.(豚の) 鼻輪 3.輪, 環: ~ napcyn ナプキンリング 4.(鳩の) 足輪 5.(頭髪の) カール, 巻毛

modrwyo t 1.(動物に) 鼻輪を付ける 2.(伝書鳩などに) 足輪をはめる 3.(頭髪を) カールさせる, 縮らす
i 1.(頭髪が) カールする 2.(煙が) 渦巻く

modrwyog a 1.指輪をはめた 2.巻毛の

modryb (-edd, modrabedd) f 叔母, 伯母: hen fodryb 父母の叔母[伯母], 大叔母[伯母]

modur (-on) m 自動車: cwch (cychod) (m) ~, bad (-au) (m) ~, modurfad (-au) m モーターボート; beic (-iau) (m) ~ オートバイ

modurdy (-dai) m (自動車の) ガレージ, 車庫

moduro i 自動車に乗る

modurwr (-wyr) m : **modurwraig (-agedd)** f 自動車運転者; (自家用) 自動車常用者

modd (-au, -ion) m 1.方法, 手段, 様式: mewn un ~ [否定文に用いて] どうしても(…ない) 2.資力, 富, 財産: moddion tŷ 家具 3.

moddion 429 **môr**

［文法］(動詞の) 法, 叙法: ~ dibynnol 仮定法 4.［論理］方式, 様式, 様相 5.［音楽］音階法; 旋法: ~ Doriaidd ドリア旋法 6.［哲学］形式, 様態 7.［電算］モード, 様式

moddion *pl* 薬, 薬剤: gwydryn (gwydrau)(*m*) ~ 薬量グラス; cist (-iau)(*f*) ~ 薬箱

moel (-ion) *a* 1.(頭など) 禿げた: corun ~ 禿げたところ, 脱毛部分 2.(山など) 草木の生えていない 3.(動物・鳥が) 頭部が禿げた: eryr (-od) ~ *m*［鳥類］ハクトウワシ 4.(部屋など) 家具のない, がらんとした, (壁が) 裸の, 飾りのない 5.(田舎など) がらんとした: gwlad foel がらんとした田舎 6.(自動車)(タイヤが) 踏み面の刻みが擦り切れた: teiar ~ つるつるになったタイヤ 7.(表現など) 飾りのない; 露骨な; (文体など) 単調な

moel (-ydd) *f* 木の生えていない丘［小山］

moelaidd *a* やや禿げた, 禿げかかっている

moeledd : moelni *m* 1.禿 2.(山など) 木が生えていないこと 3.(文体・表現など) 単調, 露骨 4.剥き出し, 荒涼

moeli *i* 頭が禿げる

moes (-wch) *t*［命令文で］与える

moes (-au) *f* 1.行儀, 作法 2.(個人の) 徳行, 徳性; (特に男女間の) 品行方正 3.(社会の) 風儀, 道徳, モラル 4.(物語などの) 教訓, 寓意 5.［演劇］道徳劇: drama (*f*) foes (dramau ~)［英史］(15～16世紀の) 道徳劇

moeseg *f* 1.倫理, 道徳, 道徳律 2.倫理学, 道徳哲学

moesegol *a* 1.道徳的な 2.［哲学］倫理 (学) 的な: perthynolaeth foesegol 倫理的相対論［主義］

moesgar *a* 1.礼儀正しい, 丁重な 2.(文章など) 洗練された, 優雅な, 上品な

moesgarwch *m* 礼儀正しさ, 丁重, 丁寧, 上品

moesol *a* 1.道徳 (上) の, 倫理的な: Ailarfogi (*vn*) M~ 道徳再武装 (運動); athroniaeth foesol 倫理学, 道徳哲学 2.道徳的な, 品行方正な, 道徳上正しい: côd ~ *m* 道徳律

moesolaeth *f* 1.教訓主義 2.修身訓, 訓言

moesolaidd *a* 1.教訓的な, 道学者風の 2.道徳主義の

moesoldeb *m* 1.道徳, 倫理 2.倫理性

moesoli *t* 1.道徳的に説明する 2.徳化［教化］する
i 道を説く, 説法する

moesoliad (-au) *m* 1.道徳的説明 2.説法, 説教 3.教化, 徳化 4.道徳的反省

moesolwr : moesolydd (-wyr) *m* :
moesolwraig (-agedd) *f* 1.道徳学者 2.道徳家 3.道学者

moeswers (-i) *f* (物語などの) 寓意, 寓話, 教訓

moeth (-au) *m* 1.贅沢, 奢り 2.贅沢［奢侈］品

moethus *a* 1.贅沢［豪華］な 2.官能に耽る

moethusrwydd *m* = moeth

mogfa (-feydd) *f* 1.［病理］喘息 2.窒息感, 息苦しさ

mogi *t* 1.窒息 (死) させる 2.息をつけなくする, 声を出なくする
i 1.窒息 (死) する 2.むせる

molawd (-au) *m* 1.賞賛 2.賛辞

mold (-iau) *m* 1.(鋳) 型 2.(料理用の) 流し型, 3.性質, 性格

moldiad *m* 造形, 塑造, 鋳型 (法)

moldin (-au) *m*［建築］縁形, モールディング: ~ tonnog, tonfoldin (-au) *m* (断面形が砕ける波を思わせる) 波縁形

moldio *t* 1.型に入れて作る; 塑造する 2.(性格などを) 形作る

moldiwr (-wyr) *m* 1.型を作る人, 鋳型工 2.(性格などを) 形作る人, 形成者

molecwl (-cylau) *m*［化学］分子

molecwlaidd *a*［化学］分子の

moli : moliannu *t* (神を) たたえる, 賛美する

moliant (-iannau) *m* 1.賞賛 2.褒め言葉, 賛辞 3.賛美, 崇拝

moliannwr (molianwyr) : molwr (-wyr) *m* 賞賛［賛美］者

mollt : molltyn (myllt) *m* 去勢した羊

moment (-au) *f* 1.瞬間 2.(ある特定の) 時, 機会

moment (-au) *m*［機械］(軸の回りの) 運動率, モーメント: ~ momentwm［物理］運動量モーメント

momentwm (momenta) *m*［機械・物理］運動量

monarchaeth *f* 君主 (制) 主義

monarchydd (-ion, -wyr) *m* 君主制主義者

Mongol (-iaid) : Mongoliad (-iaid) *mf* モンゴル人

Mongolaidd *a* モンゴル (人) の

Mongoleg *mf* モンゴル語

Mongolia *f*［地理］モンゴル人民共和国 (アジア東中部の広大な地域; 首都Ulan Bator)

monllyd *a* 1.すねた, むっつりした, 不機嫌な 2.(天候など) 陰鬱な

monni *i* すねる

monopoli (-iau) *m* 1.(商品・事業などの) 専売, 独占; 占有 2.専売［独占］権 3.専売［独占］会社［公社, 企業］

monopolwr (-wyr) : monopolydd (-ion) *m* 専売［独占］論者

mopran : mopren *m* (飲物を掻き混ぜるための長い柄にスプーンの付いた) 撹拌棒, スプーン型マドラー

môr (moroedd) *m* 1.海, 海洋, 大洋: ar y ~, dros y ~ 海路［船］で 2.［固有名詞として］…海: M~ Iwerddon アイルランド海; M~ y Canoldir 地中海; M~ Iwerydd 大西洋; y

mor M~ Tawel 太平洋 3.(ある状態の)海: ~ mawr/garw/gerwin/moriog 荒波, 激浪 4.多量[多数](の…): ~ o wynebau 無数の顔; moroedd o waed 血の海

mor *ad* 1.[同程度を表す指示副詞](…と)同じ程度に, 同様に: 'rwyf ~ dal â hi 私は身長が彼女と同じです 2.[程度]それほど, そんなに: mae hi ~ garedig 彼女はそれほど親切です; nid yw hi ~ hen â hynny 彼女はそんなに年を取っていません; cyfaill ~ dda こんなに仲のよい友人 3.…するほど…, 非常に…なので…

morâl *m* (軍隊・国民の)士気; 意気込み, 気力

mordaith (-deithiau) *f* 船旅

mordwyo *t* (船で)渡る, 航海する
i (船・人が)船で行く, 航海する, 海の旅をする

mordeithiwr (-wyr) *m* : **mordeithwraig (-agedd)** *f* 航海者

mordwyol *a* 1.航海の 2.船乗り(業)の 3.海上旅行の

mordwywr (-wyr) *m* : **mordwywraig (-agedd)** *f* 1.船乗り 2.海上旅行者

morddwyd (-ydd) *f* 1.腿, 大腿: taro rhn glun a ~ 人を散々[徹底的]にやっつける 2.(四足獣の後脚の)腿 3.(鳥の)腿

morfab (-feibion) : **morwas (-weision)** *m* (男の)人魚

morfil (-od) *m* [動物]クジラ(鯨): ~ glas (morfilod gleision) シロナガスクジラ; ~ soi イワシクジラ

morfila *i* 捕鯨する

môr-forwyn (~-forynion) *f* (女の)人魚

morfran (-frain) *f* [鳥類]ウ(鵜)

mor-frwydr (-au) *f* (戦艦同士の)海戦

morgainc (-geinciau) *f* 入江, 入海

morgais (-geisiau) *m* 1.[法律](譲渡)抵当: codi ~ 抵当に入れる 2.(譲渡)抵当権[証書] 3.抵当権設定の(住宅)ローン

morgeisedig (-ion) *mf* [法律]抵当権者

morgeisiadwy *a* 住宅ローンを組むことができる

morgeisio *t* 1.(土地・財産を)抵当に入れる 2.(命・名誉などを)捧げる

moegeisiwr (-wyr) : **morgeisydd (-ion)** *m* [法律]抵当権設定者

morglawdd (-gloddiau) *m* (海岸の)防波堤

morgrugarth (-geirth) *f* [動物]オオアリクイ, 大蟻食

morgrugyn (morgrug) *m* [昆虫]アリ, 蟻: twmpath (-au) (*m*) morgrug アリ塚

morhwch (-hychod) *m* 1.[動物]イルカ, 海豚(特に)マイルカ 2.[紋章]イルカ模様

môr-ladrad *m* [海事]海賊行為

môr-ladradol *a* 海賊の; 海賊行為をする

môr-ladrata *t* 海賊を働く, 略奪をする

morlan (-nau) *f* (海・湖・川辺の砂・小石などのある)浜, 海辺, 海岸, 沿岸, 磯, 渚, 湖岸, 川べり

morlin (-au) *f* 海岸線

morlo (-i) *m* [動物]アザラシ, 海豹, アシカ, オットセイ

morlyn (-noedd) *m* 礁湖

morlynnol *a* 礁湖の

morol *a* 1.海[海洋]の; 海に住む, 海産の 2.海事の; 船舶の 3.海兵隊の

moronen (moron) *f* [園芸・植物]ニンジン(人参)

mortais (-teisiau) *mf* [木工]ほぞ穴: uniad (-au) (*m*) ~ a thyno ほぞ穴接合

mortar (-au) *m* [軍事・砲術]臼砲, 迫撃砲

morteisio *t* ほぞ接ぎする

morter *m* [建設]モルタル, 漆喰

morthwyl (-ion) *m* [道具]ハンマー, 金槌

morthwylio *t* 1.槌で打つ[叩く] 2.[証券取引所](ロンドン証券取引所の会員がその契約を履行できない場合, 立会場において木槌で叩き台を3回叩いて, その会員が)違約者であることを宣告する: ~ drwgdalwr (債務不履行のため会員の)取引停止を発表する
i ハンマー[槌]で打つ

morthwyliwr (wyr) *m* 1.鍛工, 鍛冶工 2.槌で打つ人

morwr (-wyr) *m* 1.船員, 船乗り, 水夫 2.[海軍]水兵 3.海上旅行者

morwriaeth *f* 船舶操縦術

morwrol *a* 船乗りらしい

morwyn (-ion, morynion) *f* 1.娘, 少女 2.処女 3.[M~]処女マリア: y (Fendigaid) Forwyn (Fair), Mair Forwyn 処女マリア 4.お手伝い, 女中 5.[英史](16~17世紀頃スコットランドで用いた guillotineに似た)断頭台: ~ haearn 鉄の処女(昔の拷問道具) 6.[天文]おとめ(乙女)座

morwyndod *m* 処女[童貞]であること, 処女性, 童貞

morwynol *a* 1.処女[童貞]の 2.処女に相応しい, 処女らしい

moryd (-iau) *f* (潮の入って来る川の)河口

mowld (-iau) *m* = mold

muchudd *m* 1.黒玉, 貝褐炭 2.黒玉色, 漆黒

mud (-ion) *a* 1.物の言えない, 口の利けない 2.音の聞こえない 3.口を利かない, 無言の, 黙っている; 無口な 4.(驚きなどで)物も言えないほどの; (感情・考えなど)口では言い表せない, 言葉では伝えられない: anifeiliaid ~ (-ion) 口のきけない動物; ~ chwarae (*m*) 黙劇, だんまり芝居; 無言の手真似[身振り] 5.正常の部分性質などが欠けた: twymyn fud *f* [病理]潜在マラリア; piano ~ 無音ピアノ 6.[音声](文字が)黙字[閉鎖音]の 7.[法律](被告が)答弁しない: ~ o fwriad, ~ trwy falais 故意に答弁しないこと, 黙秘権を行使すること

mud *m* 1.(羽毛・外被などの) 抜け替り, 脱皮 2.抜け毛, 抜け殻

mudan (-od) *m* : **mudanes (-au)** *f* 1.口 の利けない人, 唖: ~ a byddar 聾唖者 2.[演劇] (台詞の付かない) だんまり役者: actor (-ion) ~ *m* だんまり役者 3.[音声] 黙字

mudandod *m* : **mudaniaeth** *f* 1.口を利かないこと, 無言, 沈黙: torri'ch ~ 沈黙を破る 2.口の利けないこと, 唖 3.発音されないこと

mudiad (-au) *m* (政治的・社会的・宗教的な) 運動

mudo *t* 移住させる
　i 1.(人が) 移住する 2.(鳥・魚・動物などが周期的に) 移動する, 渡る

mudol *a* 移住(性)の

mudwr (-wyr) *m* : **mudwraig (-agedd)** *f* 1.移住者 2.移動動物渡り鳥 3.引越し荷物の運送屋: ~ dodrefn/celfi 引っ越し運送業者

mudydd (-ion) *m* [音楽] (楽器の) 弱音器

mul (-od) *m* : **mules (-au)** *f* 1.[動物] ラバ (騾馬) (雄ロバと雌馬との雑種) 2.ロバ 3.頑固者 4.[紡織] ミュール精紡機

mulaidd *a* 1.ラバのような 2.強情な, 意地っ張りな

muleidd-dra *m* 強情

muleiddiwch *m* 頑固, 愚鈍

mulo *i* すねる

munud (-au) *mf* 1.(時間単位としての) 分: mae'n waith ugain ~ o'r orsaf 駅から20分のところです 2.瞬間, ちょっと: ar y funud olaf 土壇場になって, いよいよという時になって; aros di (arhoswch chi) funud! ちょっとお待ち下さい! 3.[幾何・天文] (角度の単位としての) 分: arwydd (-ion) (*m*) ~ 分の記号

munud (-iau) *m* 盛んな身振り[手真似]

munudio *t* (会話中) 盛んに身振り[手真似]を使う, しきりにジェスチャーを交える
　i 身振り[手真似]をする[で話す]

munudiol *a* 身振りの

munudiwr (-wyr) *m* 盛んに身振りを使って話す人

mur (-iau) *m* 1.(建造物の) 壁: ~ moel (muriau moelion), ~ heb ddrws (入口も窓も装飾もない) のっぺりした壁 2.[通例*pl*] 城壁, 防壁: muriau'r dref 都市の周囲の城壁; M~ Hadrian ハドリアヌスの長壁[塁壁] 3.[政治・経済] 障壁: ~ tollau, tollfur (-iau) *m* 関税障壁

murdreth (-i) *f* [英史] 城壁税

murddun (-od) *m* 崩れ落ちた建物;[しばしば*pl*] 廃墟, 遺跡

murlun (-iau) *m* 壁画, 壁飾り

murmur *i* 1.(波・葉などが) さらさら音を立てる 2.小声で話す, 囁く 3.不平を言う, こぼす

murmur (-on) *m* 1.(波・木の葉などの) さらさらいう音 2.囁き 3.呟き

murmurog *a* 1.ざわめく, さらさらいう 2.囁く 3.呟くような

murmurwr (-wyr) *m* 囁く[呟く]人

murol *a* 壁(上)の, 壁に描いた

mursen (-nod) *f* あだっぽい女, 浮気女, 男たらし

musendod *m* 気取り, きざ

mursennaidd *a* 1.気取った, きざな 2.あだっぽい, 艶かしい

musgrell *a* (病気・老齢などで) 弱った, 弱々しい, 老衰した, よぼよぼの

musgrelli : **musgrellni** *m* 老いぼれ(の状態), 老衰, 耄碌

mwclen (-lis) *f* 1.(糸・針金などに通す石・ガラス・貝などの) 数珠玉, ビーズ 2.[*pl*] 数珠: cadwyn (-i) (*f*) o fwclis 一連の数珠

mwcws *m* (動植物の分泌する) 粘液

mwd *m* 泥; ぬかるみ

mwdlyd : **mwdog** *a* 泥だらけの

mwdwl (mydylau) *m* (干草などを積み上げた) 円錐形の山

mwg *m* 煙: lle bydd/bo ~ bydd tân [諺] 火のない所に煙は立たぬ

mwgwd (mygydau) *m* 1.(変装用) 覆面, 仮面 2.(保護用) マスク

mwng (myngau) *m* 1.(馬・ライオンなどの) たてがみ 2.たてがみのような頭髪

mwngial *t* (不明瞭な発音で) もぐもぐ[ぶつぶつ] 言う
　i (口の中で) もぐもぐ[ぶつぶつ] 言う

mwll *a* (天候が) 蒸し暑い, 暑苦しい

mwllwch *m* 蒸し暑さ

mwmial : **mwmian** *t* (不平などを) ぶつぶつ言う
　i 呟く, ぶつぶつ言う

mŵn (mwnau) *m* 1.鉱物; 鉱石 2.鉱水 3.(炭酸入り) 清涼飲料水

mwnci (-ïod, mwncwn, mwncwns) *m* [動物] サル (猿)

mwnglawdd (-gloddiau) *m* (石炭以外の) 鉱山: ~ agored/brig 露天掘りの鉱山

mwnol *a* 1.鉱物(性)の, 鉱物を含む: y deyrnas fwnol 鉱物界 2.無機の

mwnoleg *f* 鉱物学

mwnolegwr : **mwnolegydd (-wyr)** *m* 鉱物学者

mwnwgl (mynyglau) *m* 1.首 2.[解剖] (骨・器官などの) くびれた部分, 頸(部) 3.地峡 4.靴の甲: ~ troed (mynyglau traed) 足の甲

mwnyddiaeth *f* = **mwnoleg**

mwrdrad (-au) : **mwrdwr** *m* 1.殺人, 謀殺: gweiddi mwrdwr 大袈裟な叫び声を出す; fe sieryd mwrdwr [諺] 悪事は必ずばれるもの 2.殺人事件

mwrdro *t* 1.殺す, 殺害する 2.(語句・歌などを) 台なしにする

mwrdrwr (-s, -wyr) *m* 殺人者

mwrllwch *m* 濃霧, 薄霧

mwrn *a* = **mwll**

mwrning *m* 1.(特に死に対する)悲嘆, 哀悼 2.喪; 忌中

mwrno *i* 蒸し暑くなる

mwrrai *m* 暗紅色
a 暗紅色の

mwrthwl (myrthylau) *m* = **morthwyl**

mwsel (-i) *m* (犬・猫・馬などの)鼻口部, 鼻面

mwselog *a* [紋章] (熊に)口輪をはめた

mwselu *t* 1.(動物の口に)口輪を掛ける 2.(人に)口止めする, 沈黙させる

mwselwr (-wyr) *m* 動物に口輪を掛ける人

mwsg *m* 1.ジャコウ(麝香)(雄のジャコウジカの腹部から得られる分泌物; 香料用) 2.ジャコウの香り: mwsgfelon (-au) *m* [園芸] マスクメロン

mwsged (-au, -i) *mf* マスケット銃

mwsogl (-au) *m* [植物] コケ(苔): carreg a dreigla ni fwsoglau [諺] 転石苔むさず

mwsogli *t* 苔を生やす, 苔で覆う

mwsoglyd *a* 苔の生えた, 苔むした

mwsoglwr : mwsoglydd (-wyr) *m* 苔採集家

mwstard *m* 1.[植物] カラシ(芥子) 2.[料理] 芥子, マスタード

mwstro *t* 1.(人・物などを)寄せ集める 2.[海事] (船員を集めて)人員点呼をする 3.[軍事] (軍隊などを)召集する 4.(勇気などを)奮い起こす: ~'ch holl nerth 力を奮い起こす
i 1.(軍隊が検閲・点呼に)集まる, 集合する 2.急ぐ, 急いで行く

mwstwr *m* 1.(人・動物などの)集合; 集合人員 2.召集, 点呼 3.騒音; 物音; ざわめき; 忙しげな活動 4.[商業] 見本

mwswm *m* = **mwsogl**

mwtlai *m* (昔, 宮廷の道化師が着た)雑色の服

mwy *a* (形状・数量・程度などが)もっと大きい[多い]; もっと多数[多量]の: ~ o fara もっと多くのパン; mwyfwy ますます大きい; mae ganddo fwy o arian na mi 彼は私よりも金持ちだ
ad 1.[比較級] さらに多く, 一層大きく 2.[主に2音節以上の形容詞・副詞の比較級を作って] もっと, 一層: ~ gwerthfawr もっと貴重な 3.その上, なおまた: ~ a ~, mwyfwy, (yn) fwyfwy ますます, いよいよ 4.再び, また: byth ~ 二度と(…)しない
pron 1.一層多くの量[数, 程度] 2.それ以上の事[物]: mae hynny'n fwy na digon それは必要以上だ[十二分です]

mwyach *ad* 今後, これ[今] からは

mwyaf *a* 1.最大限[最高] の: y llwyth ~ *m* 最大積載量; y cyflymdra ~ [自動車] 最高速度 2.(二つのうちで大きさ・数量・程度などが)大きい方の, より多い 3.過半数[多数] の 4.(地位・重要性などが)より優れた; 主要な, 一流の 5.(効果・範囲などが)目立った 6.[法律] 成年に達した, 成人の 7.[音楽] 長音程の; 長調の: y cywair ~ *m* 長調

mwyafrif (-oedd) *m* 1.大多数[部分], 大半, 過半数: trwy/gan fwyafrif llethol 圧倒的多数で 2.多数党 [派]

mwyafrifol *a* 大多数の合意で達した: llywodraeth (*f*) fwyafrifol [政治] 過半数の原則

mwyafswm (-symiau) *m* 1.最高点, 最大限[量], 極限 2.[数学] 極大

mwyafsymiol *a* 1.最大[最高, 極限] の 2.[数学] 極大の

mwyalchen (mwyeilch, mwyalchod) *f* [鳥類] 雌のクロウタドリ

mwyara *t* クロイチゴを摘む

mwyaren (mwyar) *f* [植物] クロイチゴ

mwyd (-ion) *m* 1.(液体に)浸す[漬ける] こと, 浸る[漬かる] こと 2.浸す[漬ける] 液[容器] 3.(製紙原料の)パルプ: mwydion coed 木材パルプ(製紙原料) 4.(パルプのように)どろどろになった物 5.(柔らかい)果肉 6.[pl] パンの柔らかい中味

mwydiad (-au) *m* 浸漬

mwydionog *a* 髄の(ある, ような)

mwydo *t* 1.(水などの液体に)浸す, 浸ける 2.没頭させる, 夢中にする
i 1.(液体に)浸かる, 浸る, 浸って[浸かって] いる 2.(茶葉が湯に)浸っている

mwydro *t* 1.当惑させる, まごつかせる 2.方向を失わせる

mwydyn (mwydod, mwydon) *m* [動物] ミミズ

mwydyn *m* 1.[植物] 木髄 2.(オレンジなどの)中果皮 3.[解剖] 髄

mwyfwy *a* 1.次第に増える, 増大[増加] する 2.[数学] 増加の
ad 1.ますます 2.ますます大きく

mwygl *a* = **mwll**

mwyhad *m* [音楽] 拡大

mwyhaol *a* 増大する, 増加的な

mwyhau *t* (数量・程度など)増す, 増やす, 拡大する

mwyn (-au) *m* 鉱石: ~ haearn 鉄鉱

mwyn *m* 1.目的 2.利益: er fy ~ i 私のために; er ~ rhn/rhth 人[物] のために; er ~ Duw, er ~ dyn, er ~ popeth, er ~ y nefoedd (後に来る命令形を強めて)後生だから, お願いだから

mwyn (-ion) *a* 1.(光線・色彩など)落着いた, 柔らかな, くすんだ: golau ~ 柔らかな光 2.(音声など)低い, 静かな, 穏やかな: llais ~ *m* 穏やかな声 3.(言葉など)甘い, 口のうまい 4.(人・

mwynder 性質など)温厚な, 優しい, おとなしい **5.**(気候・風土など)温暖[穏やか]な **6.**(自然現象など)穏やかな, 静かな: awel fwyn[気象]軟風 **7.**(薬など)効き目の緩やかな, 刺激性の少ない **8.**(味が)刺激性の弱い, 口当たりのよい;(タバコなど)軽い;(ビールなど)苦味の少ない: cwrw ~ 苦味の少ないビール

mwynder *m* **1.**温厚, 優しさ **2.**まろやかさ **3.**(気候・風土など)温和, 温暖, 穏やかさ

mwynder (-au) *m* 歓喜の元, 楽しみ(となる物)

mwynglawdd (-gloddiau) *m* **1.**(石炭以外の)鉱山: gwaith aur *m* 金山, 金鉱 **2.**宝庫: ~ o aur 宝の山, 宝庫

mwyngloddiwr (-wyr) *m* 鉱員;(特に)坑夫

mwynhad *m* **1.**喜び, 楽しみ, 愉快 **2.**楽しい[嬉しい]こと **3.**快楽, 娯楽

mwynhau *t* **1.**楽しむ, 楽しく経験する[味わう]: ~'ch cinio 美味しく食事をする; ~ darllen llyfr 読書を楽しむ **2.**持っている, 享受する

mwyniant (-iannau) *m* **1.**喜び, 楽しみ, 愉快 **2.**楽しい[嬉しい]こと **3.**歓喜の元, 楽しみ(となる物) **4.**快楽, 娯楽

mwynlong (-au) *f* 鉱石運搬船

mwynol *a* 鉱物(性)の, 鉱物を含む: dŵr (dyfroedd) ~ 鉱[泉]水

mwynwr (-wyr) *m* 鉱[坑]夫

mwys *a* **1.**(語句など)両義に取れる; 多義の **2.**曖昧[不明瞭]な

mwysair (-eiriau) *m* **1.**(同音異義語を利用した)しゃれ, 地口, 語呂合わせ, だじゃれ **2.**曖昧な語句 **3.**両義

mwysedd *m* 曖昧な言葉(を使うこと);(言葉の)ごまかし

mwyseddwr (-wyr) *m* **1.**曖昧な言葉を使う人 **2.**ごまかし屋

mwyseiriad (-au) *m* **1.**曖昧な言葉(を使うこと) **2.**(言葉の)ごまかし

mwyseirio *i* **1.**(人を惑わすために)曖昧な言葉を使う **2.**言葉を濁す, ごまかす

mwythau *pl* 愛児, 愛玩動物

mwythlyd *a* **1.**甘やかされた **2.**(欲望などを)満たされた

mwytho *t* **1.**(人を)甘やかす **2.**(人・動物・物などを)愛撫する, 優しくなでる **3.**(欲望などを)満たす

mycoleg *m* 菌(類)学

mycolegol *a* 菌学の

mycolegydd (-wyr) *m* 菌学者

myctod *m*[病理]仮死; 窒息

mydr (-au) *m*[詩学]韻律, 歩格

mydrwr (-wyr) : mydrydd (-ion) : mydryddwr (-wyr) : mydryddwraig (-agedd) *f* 韻律学者

mydryddol *a* 韻律[韻文]の

mydryddiaeth *f* 韻律学; 韻律法

mydryddu *t* **1.**韻文で述べる **2.**韻文(の形)にする
i 詩を作る[書く]

mydylu *t*(干草などを)積み重ねる

myfi *pron*[一人称単数主格・目的格; beの補語に用いて]私は[が]; 私(だ, です): ~ yw; ~ sydd yma それは私です; ~ a welsoch あなたが見たのは私でした

myfi *m*[哲学・心理]自我

myfïaeth *f* **1.**自己本位[中心]**2.**利己心, 我欲

myfïol *a* **1.**利己主義的な **2.**自己本位の, 主我的な

myfïwr (-wyr) *m* : **myfïwraig (-agedd)** *f* **1.**利己主義者 **2.**自分勝手な人

myfyrdod (-au) *m* **1.**(宗教的な)瞑想; 黙想, 沈思: ~ dwys 沈思黙想;(特に)ぼんやりと思いに耽ること **2.**熟慮, 熟考 **3.**[しばしば*pl*]瞑想[黙想]録

myfyrfa (-feydd) : myfyrgell (-oedd) *f* 書斎

myfyrgar *a* **1.**学問に励む; 学究的な **2.**熱心な, 苦心する **3.**慎重な, 念入りの **4.**故意の **5.**瞑想[黙想, 静観]的な **6.**瞑想[黙想]にふける

myfyrgarwch *m* 熱心, 学究的なこと, 勤勉な学習[研究], 深く高潔な思慮深さ

myfyrio *t* **1.**学ぶ, 勉強する **2.**研究する
i **1.**(宗教的)瞑想に耽る **2.**沈思黙考する

myfyriol *a* **1.**瞑想[黙想, 静観]的な **2.**瞑想[黙想]に耽る

myfyrioldeb *m* 深く真剣な思慮深さ

myfyriwr (-wyr) *m* : **myfyrwraig (-agedd)** *f*(大学などの)学生: ~(mewn) meddygaeth 医学生; ~(mewn) Cymraeg, ~ yn y Gymraeg ウェールズ語を学ぶ学生; undeb (-au)(*m*) myfyrwyr(大学の)学友会, 学生自治会

mygdarth (-au) *m*[しばしば*pl*](臭気で息の詰まるような)煙霧, 蒸発気, いきれ: ~ ffatri 工場の煙霧

mygdarthiad (-au) *m* 燻蒸, 燻蒸消毒(法)

mygdarthu *t*(煙で)燻す; 燻蒸(消毒)する

mygdarthwr (-wyr) *m* **1.**燻蒸(消毒)する人 **2.**燻蒸器

mygdarthydd (-ion) *m*[化学]燻蒸剤

mygedol *a* **1.**(無給の)名誉職の: ysgrifennydd ~ *m* 名誉幹事 **2.**名誉上の

mygfa (-feydd) *f* 窒息

mygio *t*(強盗目的で人を)襲い首を絞める

mygiwr (-wyr) *m*(暗闇で人を襲って首を絞める)抱きつき強盗

myglyd *a* **1.**煙る; 黒煙を出す **2.**黒煙だらけの **3.**煙色の, 曇った **4.**(臭い・味など)煙の臭いがする **5.**(天気が)蒸し暑い, 鬱陶しい, 重苦しい **6.**息苦しい, 窒息させる, 息を詰まらせる

mygol *a* 窒息性の

mygu *t* **1.**窒息(死)させる **2.**息苦しくさせる, 呼吸を困難にする, 声を出なくする **3.**(感情など

を)抑える, 抑圧する: ~ teimladau 感情を抑える

i 1.窒息死する 2.息苦しい, 息が詰まる[切れる] 3.(煙突など)煙を出す 4.(ランプなど)煙る, くすぶる

mygwr (-wyr) *m* 窒息剤

mygydu *t* 1.(人・動物に)目隠しする,(目を)覆い隠す 2.目をくらます

mygyn *m* (煙草の)一服, 喫煙: beth am fygyn? 一服しましょうか?

myngial *t&i* = **mwngial**

myngialwr (-wyr) *m* ぶつぶつ言う[呟く]人, 口をもぐもぐ動かす人; 不平を言う人

myngus *a* (言葉が)不明瞭な; 囁くような, ぶつぶつ言う, もぐもぐ言っている

myllni *m* 蒸し暑さ

myllu *i* 蒸し暑くなる

mympwyoldeb *m* 一時的流行を追う傾向; 物好き, 酔狂

mympwy (-on) *m* 1.一時的熱中 2.気まぐれ, むら気, 出来心 3.奇想

mympwyol *a* 1.気まぐれ[むら気]な, 一時的に熱中する 2.一時的流行を追う 3.勝手な, 任意の, 恣意的な 4.独断的[専横]な

mympwywr (-wyr) *m* 1.一時的流行を追う人 2.気まぐれ者

mymryn (-nau) *m* 1.(パンなどの)小片 2.僅か, 少し, 少量

myn (-nod) *m* [動物]子ヤギ(山羊): menyg croen ~ キッドの手袋

myn *prep* [誓言・祈願](神の)名において, …に誓って[かけて]: ~ Duw 神かけて, 必ず; ~ cebyst/cythraul! 神かけて!, 誓って!

mynach (-od, mynaich) *m* : **mynaches (-au)** *f* 修道士, 修道女

mynachaeth *f* 1.修道院[禁欲]生活 2.修道院制度

mynachaidd *a* 1.修道院[修道士]の 2.修道生活の, 禁欲的な

mynachdy (-dai) *m* : **mynachlog (-ydd)** *f* 修道院

mynawyd (-au) *m* [道具]1.(靴革などの)突き錐 2.[木工](先が平のみの形の)小錐(坊主釘(brad)を打ち込むための穴を開ける)

mynci (-ïau) *m* [馬具][通例*pl*] 軛

mynd : **myned** *i* 1.(ある場所・人の所・方向へ)行く, 向かう, 進む 2.(活動するためある場所へ)行く, 通う: ~ i'r ysgol 学校へ行く; ~ i'r eglwys 教会へ行く 3.(…しに)行く[出掛ける]: ~ i bysgota 釣に行く; ~ i siopa 買い物に行く 4.(ある目的で)(…しに)行く: ~ am dro 散歩に出掛ける 5.(列車・船などで)行く: ~ mewn trên 列車で行く; ~ ar gefn ceffyl 馬で行く 6.(機械などが)動く 7.[しばしば副詞(句)を伴って](事が)進行する, 運ぶ: ~ yn dda (芝居などが)うまくいく 8.(時が)過ぎる,

経過する 9.(…の名で)知られている, 通る 10.出掛ける, 出発する, 去る 11.なくなる, 消えて行く 12.(物が)壊れる 13.(…しに)行く: ~ y weld rhn 人に会いに行く 14.[意図・意志]…しようとして[思って]いる: 'rwyf am fynd i, 'rwy'n ~ i dreulio fy ngwyliau yn Ffrainc 私は休暇をフランスで過ごすつもりです 15.[近い将来]まさに…しようとしている, …しそうである 16.(手段などに)訴える;(権威などに)頼る: ~ i gyfraith 訴訟を起こす; ~ i ryfel 武力に訴える, 戦争を始める 17.(仕事などに)取りかかる: ~ i'r gwaith 仕事に取りかかる 18.(競争・判決・決定などが)結果として(…に有利[不利]に)成り行く 19.(ある期間)続く, 持ちこたえる: ~ ymhell 長持ちする 20.(道路・線など)至る, 達する, 伸びる 21.(程度が)及ぶ 22.(通例, 悪い状態に)なる, 変わる: ~ yn wallgof 気が狂う; ~ yn hysb/hesb (牛の)乳が出なくなる;(井戸などの)水が涸れる 23.(捕まえている物を)放す 24.(一旦停止後または次の段階へ)進む, 移る, 続行する

mynedfa (-feydd) *f* 入口, 玄関, 入場門: prif fynedfa 正門

mynediad (-au) *m* 1.(学校・建物・部屋・会などに)入るのを許す[許される]こと, 入学,入場, 出場, 入会, 入院, 入園: ~ am ddim 入場自由; dim ~ 進入[立入り]禁止 2.(場所・人などへの)接近 3.(資料などの)入手, 利用: ~ agored 公文書記録を自由に閲覧できること; [図書館]開架式書架 4.接近[面接, 入手, 入場などの]機会[権利, 自由]5.通路 6.通行, 通過, 進行 7.[法律](土地・家屋への)立入り, 侵入: ~ trwy rym 不法侵入 8.[電算]アクセス

mynegadwy *a* 表現できる

mynegai (-eion) *mf* 1.(本などの)索引: cerdyn (cardiau) ~ 索引カード; ~ (bys) bawd 爪掛け, 切込み(辞書などのページの端の半円形の切込み)2.(作家・作品・聖書などの)用語索引, コンコーダンス 3.[経済]指数: ~ cynnyrch diwydiannol 工業生産高指数; ~ prisiau manwerth 小売物価指数

mynegair (-eiriau) *m* = **mynegai** 2

mynegeio *t* (本に)索引を付ける

mynegeiol *a* 1.索引の 2.指標の[に関する]

mynegeiwr (-wyr) *m* : **mynegeiwraig (-agedd)** *f* 索引作成者

mynegfys (-edd) *m* 1.(計器などの)指針, 目盛 2.表示, 指標 3.人差し指

mynegi *t* 1.(指・手などで)指し示す 2.示す, 表す, 表示する 3.(事実などを)話す, 述べる, 言う, 明言する: eich ~'ch hun 自分の思うことを述べる; fel y mynegwyd uchod 上述の通り

mynegiad (-au) *m* 1.述べること 2.(思想・感情などの)表現 3.(文書・口頭による)陳述,

声明 4.[数学]式 5.[法律]供述, 陳述: ～ o'r hawliad 原告の最初の訴答

mynegiadaeth *f*[芸術]表現主義[派]

mynegiadol *a*[芸術]表現派の, 表現主義的な

mynegiadwr (-wyr) *m*[芸術]表現派の人

mynegiannol *a* 1.表情の, 表情[表現]的な; (特に)芸術的表現の, 2.表現に富む

mynegiant *m* 1.(思想・感情などの)表現: y tu hwnt i fynegiant 表現できないほど, 言葉で言い表せないほど 2.(顔などの)表情; 表情豊かなこと 3.(音声の)調子 4.[音楽]発想, 表現: marc (-iau) (*m*) ～ 発想記号

mynegol *a* 1.表現的な 2.表現に富む

mynegolrwydd *m* 1.表現[表情]豊かなこと, 表現能力 2.[生物]表現[発現]度

mynegrif (-au) *m* 1.[数学]指数 2.[光学]屈折率: ～ plygiant 屈折率

mynegrifo *t*[経済](年金・利率などを)物価(指数)にスライドさせる

mynegrifol *a* = **mynegeiol**

mynegwr : mynegydd (-wyr) *m* (意見などを)表明する人

myniar (-ieir) *f*[鳥類]シギ(鴫)

mynnan *f* 雌の子ヤギ

mynnu *t* 1.意図[決意]する 2.望む, 欲する: mynnodd Ffawd iddo farw 運命は彼が死ぬことを望んだ 3.言い張る, 強く主張する: eich bod yn ddieuog 人が無罪だと主張する *i* 1.(反対されても)主張[強調, 力説]する 2.強要する, 強いる: mynnodd ddod; yr oedd yn ～ cael dod 彼は来ると言って聞かなかった

mynnyn *m* 雄の子ヤギ

mynor *m* 大理石

mynori *t* = **marmori**

mynwent (-i, -ydd) *f* 1.(教会付属の)墓地: gaeaf glas, ～ fras [諺]クリスマス季節に暖かくて雪がない年は(病気がはやって)死人が多い; peswch (*m*) porth fynwent (死の近いことを思わせるような)ひどい咳 2.(教会に付属しない)(共同)墓地

mynwenta *i* 共同墓地を歩き回る

mynwes (-au) *f* 1.胸 2.(男性の)胸 3.(女性の)乳房 4.(衣類の)胸部 5.胸中, 愛情 6.内部, 奥または所 7.(海・湖などの)表面

mynwesol *a* 親しい, 親密な: cyfaill ～ 親友

mynwesu *t* 1.大事にする; 大事に育てる[世話をする]2.抱擁する, 抱き締める

mynych *a* 度々[しばしば]の, 頻繁な

mynychol *a*[文法]反復(表示)の

mynychder : mynychdra *m* しばしば起こること, 頻繁, 頻発

mynychiad (-au) *m* しばしば訪れる[出入りする]こと, 頻繁な往訪

mynychu *t* 1.(場所に)しばしば行く, よく訪れる 2.(学校・教会・会などに)出席する, 通う: ～'r

eglwys 礼拝に行く

mynychwr : mynychydd (-wyr) *m* しばしば行く[訪れる]人, 常客

mynydd (-au, -oedd) *m* 1.山: salwch (*m*) (y) ～[病理]高山病 2.[*pl*]山脈: gwneud môr a ～ o rth 針小棒大に言う; symud mynyddoedd あらゆる努力を払う

mynydda *i* 登山する

mynydd-dir *m* 山[丘陵]の多い国[地方]

mynyddig *a* 1.山地の, 山の多い: ardaloedd ～ 山岳地方 2.山のような, 巨大な 3.山地に住む

mynyddwr (-wyr) *m* : **mynyddwraig (-agedd)** *f* 山の住人 2.登山者[家]

myopia *m* 1.[病理]近視 2.(考え方の)近視眼的なこと

myopig *a* 1.近視(性)の 2.近視眼的な

myrdd *a* 無数の: blodau fyrdd 無数の花

myrdd : myrddiwn (-iynau) *m* 無数

myrllyd *a* 没薬の

myrnio *i* = **myllu**

myrr *m*[植物]ミルラ, 没薬(アフリカ東部及びアラビア産のカンラン科ミルラノキ属の低木から浸出される香気ある樹脂; 香料・薬用になる)

myrtwydden (myrtwydd) *f*[植物]ギンバイカ

myrthylu *t* 1.槌で打つ[叩く]2.槌で打って作る

mysg *m* 1.真中, 中央: yn ein ～ 私たちの中に 2.(時間・進行の)最中

mysgol *a* (茶・酒など)混合した, ブレンドした

mysgu *t* 1.水[湯]に浸して柔らかにする 2.(結び目などを)ほどく;(ボタンなどを)はずす

myswynog (-ydd) *f* 子を孕んでいない雌牛

myth (-au) *m* 1.(個々の)神話 2.神話的人物[事物]3.作り話

mythaidd *a* 1.神話の 2.架空の

mythegwr : mythegydd (-wyr) *m* 神話説[主義]者

mytheiddiaeth *f* 神話説[主義]

mytheiddiwr (-wyr) *m* 神話化する人

mytheiddio *t* 神話にする, 神話化する

mytholeg *f* 1.神話 2.神話学

mytholegol *a* 1.神話(学)の 2.作り話の

mytholegwr : mytholegydd (-wyr) *m* 神話学者[作者]

N

N, n *f* (発音 en, *pl* eniau)：N.B.(Nota Bene の略) 注意 (せよ)

na *ad* 1.[質問・依頼などに答えて] いいえ：(a) wyt ti'n barod? - ~ 用意ができましたか? - いいえ; lai heddiw y death hi? - ~ 彼女が来たのは今日でしたか? - いいえ; [否定の質問に答えて] はい: onid Gwyn a enillodd - - 勝ったのはグウィンではなかったのですか? - はい 2.[比較級の前に用いて] 少しも…ない: dim llai ~ hanner canpunt 50 ポンドも

conj 1.[neither … nor …と相関的に用いて] …もまた…ない: ni fyn(n) ef ~ bwyta nac yfed 彼は食べることも飲むこともしないでしょう 2.. [否定の文・節の後に用いて] …もまた…ない: wela' i mohoni - ~ finnau chwaith! 私は彼女に会うことができません - 私もです! 3.[名詞節を導いて] (…と) いうことは: tebyg ~ chytunant hwy ddim 彼らは同意しそうもない 4.[形容詞・副詞の比較級を伴って] …よりも: gwell hwyr ~ hwyrach [諺] 遅くともしないよりはまし; mae gen i fwy ~ chi 私はあなたよりもたくさん持っている; ni wyddys amdano yn unman/unlle amgen ~ Phrydain それは英国以外の所では知られていない

m 1.[いいえ] という言葉 [返事]; 否定, 否認 2.反対投票, 否決: y ~ piau hi 反対投票 (者) 多数 (議案は否決された)

nabl (-au) *m* [音楽] プサリテリウム(14～15世紀の指またはばちで弾く一種の弦楽器)

nac *ad* [質問・依頼などに答えて] いいえ; [否定の質問に答えて] はい: (a) oes yma feddyg? - ~ oes ここには医者がいますか? - いいえ

conj [neither … nor …と相関的に用いて] …もまた…ない: nid yw ~ yma ~ acw それはここにもそこにもありません

nacâd *m* 1.(好意・援助などへの) 断り, 拒絶, 辞退, 拒否: cael eich ~ 肘鉄を食う 2.(計画・希望などの) 挫折 3.取捨選択 (権); 優先権 4.[文法] 否定

nacaol *a* 1.否定 [否認] の 2.反対 [拒否] の 3.消極 [否定] 的な: ateb ~ 否定的な返答 4.効果がない 5.[文法・論理] 否定的な: gosodiad ~ [論理] 否定命題 6.[数学・物理] 負の, マイナスの 7.[医学] 陰性の 8.[電気] 陰電気の

nacâu *t* 1.否定 [否認] する 2.(依頼・要求・提案などを) 拒絶 [拒否, 反対] する, 断る 3.反証する

i 断る, 拒絶する

nad *ad* (…で) ない; (… し) ない: y tai ~ ydynt ar werth 売物でない家, 非売家; pobl ~ ydynt wedi eu cynnwys ar y rhestr 名簿に含まれていない人々; [従属節中で] 'rwy'n gobeithio ~ felly 私はそうでないよう望む [と思う]

nâd (nadau) *f* 1.(犬・狼などの) 遠吠えの声 2.(苦痛・抗議などの) わめき [呻り] 声 3.大笑いの声

nadir *m* 1.[天文] 天底 2.(逆境などの) 最下点, どん底

Nadolig (-au) *m* クリスマス, キリスト降誕祭: ~ Llawen クリスマスおめでとう

Nadoligaidd *a* クリスマスに相応しい; クリスマス気分の

nadu *t* 1.(依頼・要求などを) 拒絶 [拒否, 辞退] する 2.(漏れ口などを) 塞ぐ 3.妨げる, 阻止 [邪魔] する 4.(人を) 妨げて…させない: ~ i rn wneud rhth 人を妨げて何かをさせない 5.(…することを) 拒む, どうしても… (しようとし) ない 6.(馬が障害物を) 飛び越すのを嫌がる: ceffyl sy'n ~ o flaen ffens 障害物を飛び越すのを嫌がる馬

i 1.(赤ん坊が) 泣く, わめく 2.(風などが) 唸る

nadwr (-wyr) *m* : **nadwraig (-agedd)** *f* 1.よく泣く子, 泣虫 2.わめく人; 泣き叫ぶ人

nadd : naddedig *a* 1.(木など) 切り倒された 2.(石が) 荒削りの

naddiad (-au) *m* 切られた木 [石]

naddo *ad* [過去・現在完了時制の質問に答えて] いいえ: ydy'r gêm wedi goffen? - ~ もうゲームは終わりましたか? - いいえ; (a) welsoch chi ef? - ~ あなたは彼を見ましたか? - いいえ

naddu *t* 1.(木・石などを) 切る, 刻む: ~ carreg 石を刻む 2.(木・石などを) 削って作る, 少しずつ削って形作る

naddwr (-wyr) *m* : **naddwraig (-agedd)** *f* (木・石などを) 切る人; 削る [刻む] 人

naddyn (naddion) *m* (木などの) かけら, 削りくず, 切れ端

Naf *m* 神

nafftha *m* [化学] ナフサ

nag *conj* [形容詞・副詞の比較級を伴って; 母音の前で] …よりも: mwy ~ ugain 20以上

nage *ad* [ai または oni (d) で始める質問に答えて] いいえ: ai heddiw y daeth hi? - ~ 彼女が来たのは今日でしたか? - いいえ; ai chi biau'r car hwn? - ~ あなたはこの車の所有者ですか? - いいえ

nai (neiaint, neiod) *m* 甥

naid (neidiau) *f* 1.跳び, 跳躍: diwrnod (*m*) ~ (閏年の)2月29日; blwyddyn (blynyddoedd) (*f*) ~ 閏年; o ~ i ~ とんとん拍子に, うなぎ登りに; ag un ~, ar ~ 一飛びで, 一躍して 2.[スポ]ジャンプ競技: ~ hir 幅跳び; hwb, cam a ~ 三段跳び 3.[テレ]ジャンプカット 4.[乗馬]飛び越え 5.[トラ]ジャンプビッド

naïf *a* 1.素朴[純真]な 2.(特に若いために)世間知らずの 3.(特定の分野に)未経験な, 先入的知識のない

naïfder : naïfrwydd *m* 素朴, 純真

naill *pron* 1.[the otherと対応して]一方, 片方: y ~ … y llall 一方[前者](は)…他方[後者](は); y ~ ar ôl y llall (二人・二物について)代る代る, 交互に 2.(二者のうちの)どちらか一方, どちら(で)も: y ~ neu'r llall ohonynt それらのどちらでも; y ~ beth neu'r llall yw hi 二者択一; nid wyf yn credu'r ~ na'r llall ohonoch 私はあなたたちのどちらも信じない *conj* [either … or …で相関的に]…かまたは…か(どちらでも, いずれかを): ~ ai dewch i mewn neu(ynteu)ewch allan 入るか出るかどっちかにしなさい *a* 両方の: o'r ~ du a'r llall両側に

nain (neiniau) *f* 祖母

nam (-au) *m* 欠点, 弱点: ~ corfforol 肉体の欠陥

namyn *prep* …を除いては[の外は]

nant (nentydd) *f* 小川, 細流

napcyn (-au, -on) *m* (食卓用)ナプキン: modrwy (-au)(*f*) ~, cylch (-au, -oedd)(*m*) ~ ナプキンリング

narcosis *m* [医学](麻酔薬などによる)昏睡[麻酔]状態

narcotig *a* 1.麻酔[催眠]性の 2.麻薬(使用)の

nard : nardus *m* [植物]ナルド, 甘松(香油を採る)

natur (-oedd) : naturiaeth (-au) *f* 1.(人・動物の)本性, 天性, 性質: y ~ ddynol 人間性; ~ a magwraeth 氏と育ち; wrth ~/ naturiaeth, o ran ~/naturiaeth 生まれつき, 生来, 本来; ail ~ 第2の天性 2.(物の)本質, 特質, 特徴 3.[しばしばN~]自然(界); 自然力: deddfau ~[哲学]自然法則; croes i ~ 奇跡的な; 不道徳な; N~ addoliad 自然崇拝 4.活力, 体力; 生理的要求: galwad (*f*) ~ 生理的要求(大小便など)5.気質, 気性: ~ gymedrol (気分にむらのない)穏やかな気性

naturiaethwr (-wyr) *m* : **naturiaethwraig (-agedd)** *f* 博物学者; (特に)生物学者

naturiol *a* 1.自然(界)の: y ddeddf ~ *f* [哲学]自然法則, 自然の理法; deddf natur [法律]自然法; detholiad ~ *m* [生物]自然選択[淘汰]2.自然の過程による, 自然の; genedigaeth (-au) ~ *f* 自然分娩 3.[音楽]本位の 4.生まれつきの, 生得の

naturiolaeth *f* 1.[文芸]自然主義 2.[哲学]自然主義 3.[神学]自然論

naturiolaidd *a* 1.自然主義[写実]的な 2.博物学(者)的な

naturioldeb *m* 1.自然らしさ 2.生まれつき当然であること

naturioli *t* 自然的にする; 神秘的でなくする

naturiolwr : naturiolydd (-wyr) *m* [文学・哲学]自然主義者

naturus *a* 機嫌[意地]の悪い; 気難しい

naw (-au) *m* 1.9 (個, 人, 歳, 時など): mil wyth gant a ~ 1809 2.9の記号[数字]3.9人一組; 野球チーム 4.ミューズの九女神 5.9号サイズの衣服 6.[ゴルフ](18ホールの前半または後半の)9ホール *a* 1.9 (個, 人)の: ~ mlynedd 9年; mae ~ byw/bywyd gan gath 猫には命が九つある; ~ gwaith 9回; y N~ Awen ミューズ九女神 2.9歳で[の]: ~ oed 9歳

nawdd (noddau) *m* 1.(芸術家などに対する)保護, 後援, 奨励: dan ~ rhn 人の保護を受けて 2.(客の商店などに対する)ひいき, 愛顧 3.任命権 4.(ホテル・劇場・商店などの)顧客たち, 常連 5.[英教]牧師推薦権

nawddogaeth *f* 1.保護, 後援, 奨励 2.恩着せがましい態度, 恩人振ること

nawddsant (-saint, -seintiau) *m* : **nawddsantes (-au)** *f* 守護聖人[神]

nawddogi *t* (人に)恩着せがましくする

nawddoglyd : nawddogol *a* 1.愛顧する 2.恩着せ顔の

nawfed (-au) *mf* 1.第9, 9番目 2.(月の)9日: Ebrill y ~ 4月9日 3.9分の1 4.[音楽]9度(音程)*a* 1.第9(番目)の: ei ~ pen blwydd 彼の9歳の誕生日 2.9分の1の

nawpin (-nau) *m* 1.九柱戯の木柱[ピン]2.[*pl*]九柱戯

nawplyg *a* 1.9倍[重]の 2.9部分[要素]のある

'nawr *ad* 1.今, 現在, 目下の事情では: ~ amdanil, ~ neu ddim! 今こそ好機! 2.今すぐ, 直ちに 3.[物語の中で]今や, その時, それから, 次に: yn awr ac yn y man, yn awr ac eilwaith 時々 4.[接続詞的に陳述・疑問の切り出しまたは話題の転換に用いて]さて, ところで, では 5.[間投詞的に命令・要求・慰め・威嚇などに用いて]さあ, まあ, おい: ~ ~! これこれ!, こらこら!

naws (-au) *f* 1.色合い 2.(…)じみた所, 気味 3.気質, 気性

nawseiddio *t* 調節[緩和, 軽減]する, 和らげ

neb *m* 取るに足らない［つまらない，無名の］人: 'dydyn' nhw'n ~ 彼らは名もない［取るに足らない］人達だ

pron だれも…ない: ni allwn weld ~ 私はだれにも会えなかった; nid yw hynny'n fusnes i ~ それは（他人に立ち入ってもらいたくない）自分だけの問題です; 'does ~ yn berffaith だれも完全無欠ではない; ni siaradodd ~ â mi だれも私に話しかけなかった; pwy sy' 'na? - ~ そこにだれかいますか? - だれもいません; gwell iti beidio â dweud wrth ~ あなたにはだれにも言わないほうがよい

necrosis *m* ［病理］壊死; 脱疽

necrotig *a* 壊死に関係している

nectarîn (-inau) *f* ［植物］ズバイモモ，ネクタリン，油桃

necton *m* ［動物］遊泳生物（魚類やエビなど）

neddau (neddyfau) : neddyf (-au) *f* ［道具］（材木を荒削りするための）手斧，ちょうな

nedden (nedd) *f* ［昆虫］（シラミ・寄生虫などの）幼虫; シラミ・寄生虫などの卵

nef (-oedd) *f* 1.天，天空，空 2.天国，極楽: yn y nefoedd 天国に; mynd i'r nefoedd 昇天する，死ぬ 3.（通例N~）神，天帝，上帝: diolch i'r nefoedd! ありがたや!; 'neno'r nefoedd! お願いだから!

nefol (-ion) : nefolaidd *a* 1.空の，天（空）の: corff (cyrff) nefol *m* 天体 2.天国の: Ein Tad Nefol *m* 天父，天の神; y Ddinas Nefol *f* ［聖書］聖なる都，楽園 (cf *Rev* 21: 2, 10) 3.天国に似た，神聖な，神々しい 4.素晴らしい，素敵な

nefoli *i* 天国のように［神々しく］なる

nefolion *pl* 天人，神，天使

neffritis *m* ［病理］腎炎

negatif *a* 1.［電気］陰電気［負］の 2.［物理］マイナス［負］の

negatif (-au) *m* ［写真］原板，陰画，ネガ

neges (-au, -euau, -i, -euon) *f* 1.（口頭・文書信・商業放送などによる）メッセージ，伝言，言伝; 書信，伝報; お知らせ 2.使い，走り使い: mynd ar ~, gwneud negesau 走り使いをする 3.（予言者が伝える）お告げ，神託 4.（文学作品などの）主旨，意図 5.［電算］メッセージ

negeseuwr : negeswr (-wyr) : negesydd (-ion) *m* : **negeswraig (-agedd)** *f* 1.使いの者，使者，使いの少年［女の子］2.（電報などの）配達人: brysnegeswr(wyr), brysnegesydd (-ion) *m* 電報配達員

Negro (-aid) *m* 黒人

Negroaidd *a* 1.黒人（種）の 2.黒人種に似た，黒人系の

negydd (-ion) *m* ［文法］否定語（句，表現）

negyddiad *m* 1.否定，否認，打ち消し 2.無，欠如 3.［文法］否定

negyddiaeth *f* 1.［哲学］否定［消極］主義 2.［心理］拒絶症，反抗［反対］癖

negyddol *a* 1.否定［否認］の，否定的な 2.（提案などが）反対の，否定的な 3.消極的の: agwedd ~ 消極的な態度; rhinwedd ~ （悪事をしないという）消極的美徳 4.効果がない 5.［電気］陰電気［負］の 6.［物理］マイナス［負］の

negyddoldeb *m* 消極性

negyddu *t* （法律などを）取消す，無効にする

negyddwr (-wyr) *m* : **negyddwraig (-agedd)** *f* 否定［消極］主義者

neidio *t* 1.跳越える: ~ dros ffens 垣根を跳越える 2.［鉄道］（列車がレールから）急に外れる: ~ oddi ar y cledrau 脱線する 3.（列車に）飛び乗る: ~ ar drên 列車に飛び乗る; 飛び降りる: ~ oddi ar drên 列車から飛び降りる 4.（章などを）飛ばして読む 5.（列に）割り込む: ~ ciw 列に割り込む 6.（馬に）跳越えさせる

i 1.跳ぶ，跳上る，跳躍する: ~ ar eich traed （驚いて）跳上る，さっと立ち上がる; ~ (dros) ffos 溝を跳越える; ~ o ben clawdd 塀から跳び下りる; ~ o lawenydd 嬉しくて小躍りする; wedi ~, rhy hwyr peidio ［諺］転ばぬ先の杖 2.ぎょっと［びくっと］する 3.（申出・機会などに）飛びつく，応じる: ~ am/at gynnig 申出に応じる 4.急に飛び移る: ~ i gasgliad 即断する 5.（炎などが）燃え上がる

neidiol *a* 跳躍する，飛び跳ねる

neidiwr (-wyr) *m* : **neidwraig (-agedd)** *f* 跳ぶ［跳躍する］人

neidr (nadredd, nadroedd) *f* ［動物］ヘビ（蛇）: ~ gudd (nadr(o)edd cudd) *f* 信用できない人; gwas (gweision) (m) y ~ ［昆虫］トンボ; ~ gantroed (nadroedd cantroed) *f* ［動物］ムカデ（百足）

neidraidd *a* ヘビの（ような）

Neifion *m* 1.［ロ神］ネプチューン（海神）2.［天文］海王星

Neifionaidd *a* 1.海神ネプチューンの 2.海王星の

neigaredd : neigarwch *m* （官職任用の際などの）縁故採用，身びいき

neigarwr (-wyr) *m* 縁故採用を仕掛ちな人，身びいきの人

neilon (-au) *m* 1.ナイロン 2.［pl］ナイロン靴下 *a* ナイロン（製）の

neilleb (-au) *f* ［演劇］脇台詞，傍白

neillog (-ion) *m* 1.二者択一; 三者以上の間の選択 2.（二つのうち）選択できるもの，選択肢 3.（…の）代わり

neilltu *m* 一方，片方，片側: symud o'r ~ 脇へ寄る; o'r ~ 脇へ［に］，片側に，離れて

neilltuaeth *f* : **neilltuedigrwydd** *m* 1.隔離，隔絶 2.隠遁

neilltuedig *a* （人が）世間と交わらない，隠遁した

neilltuo *t* 1.隔離する 2.隠遁させる

neilltuol *a* 1.特定 [特別, 特殊, 特有, 独特, 抜群] の, 顕著な, 際立って優れた: nid oes gennyf ddim (byd) ~ i'w ddweud wrthych あなたに特に話すことはありません 2.[指示形容詞の後に付けて](数ある中で)特にこの[その]: ar y diwrnod ~ hwn 特にこの日, この日に限って 3.個々 [各自] の

neilltuolaidd *a* 排他 [個別] 主義の [的な]

neilltuoldeb *m* 1.(特定の興味・主題・党派などに)専念 [専心, 熱中] すること 2.[神学] 特殊神寵 [贖罪] 説, 特定人選定論

neilltuoli *t* 識別 [区別] する, 見分ける

neilltuolion *pl* 特徴

neilltuolwr : neilltuolydd (-wyr) *m* 個別主義者

neilltuolrwydd *m* 1.特別, 特質, 特性, 特色, 独特 2.風変わり, 奇態

neinaidd *a* 祖母のような

neis *a* 1.(人が)感じのよい, 親切な; 上品な 2.気持のいい, 快適な, 楽しい: ~ cwrdd â chi 初めまして 3.(物が)よい, 素敵 [見事] な

neished : nishad : nisher (nisiedi) *f* ハンカチ

neisrwydd *m* 気難しさ, 几帳面

neithdar *m* 1.[ギ・ロ神] ネクター, 神酒 2.甘美な飲物 3.[植物] 花蜜

neithdaraidd : neithdarog *a* 1.ネクターを満たした [混ぜた] 2.ネクターのような, 甘美な

neithdarfa (-feydd) *f* 1.[植物] 蜜腺 2.[昆虫] (アブラムシなどの) 蜜管

neithior (-au) *f* 婚礼の祝宴

neithiwr *ad* 昨夜

nematod (-au) *m* [生物] 線虫

nemor *ad* ほとんど…ない: 'does gennyf ~ ddim ar ôl 私はほとんど何も残していません; ni ddaeth ~ neb ほとんどだれも来なかった

nen (-nau, -noedd) *f* 1.空, 天 (空) 2.天国, 極楽 3.天帝, 上帝, 神: ~ (annwyl)! 困った!, おや!, まあ! 4.[しばしば *pl*] 気候, 風土: dan ~ dramor 異郷の空で, 外国で 5.屋根: nenbren (-nau, -ni) *m* 棟木

nenfwd (-fydau) *m* 1.天井 2.[航空] 絶対上昇限度

nenfforch (-ffyrch) *f* [建築] (中世木造建築の) 杈首

nenlen (-ni) *f* 天蓋 (玉座・説教壇・寝台などの上に設けた覆い)

nenlofft (-ydd) *f* [建築] 屋階, 屋根裏

neon *m* [化学] ネオン

Nepal *f* [地理] ネパール (インドとチベットとの間の王国; 首都Katmandu)

Nepalaidd *a* ネパール (人) の

Nepaleg : Nepali *a* ネパール語の

Nepaleg *mf* **: Nepali** *f* ネパール語

Nepali (-aid) *mf* ネパール人

nepell *ad* 遠くに [へ]: nid ~ 遠くない

nepotiaeth *f* = **neigaredd, neigarwch**

Nêr *m* 神

nerf (-au) *mf* 1.[解剖] 神経: mae'n mynd ar fy nerfau i 彼は私の神経に障る 2.[*pl*] 神経過敏

nerfol *a* [解剖] 神経の; 神経に作用する: cyfundrefn (-au) ~, system (-au) ~ *f* 神経系 (統)

nerfus *a* 1.(人が)神経質 [神経過敏] な; 興奮しやすい 2.心配する, 苦労性の 3.跳んだり跳ねたりする 4.(乗物が)がたがた揺れる 5.(物語など)急変する

nerfusrwydd *m* 興奮, いらいら

nerfwst *m* [病理] 神経衰弱

nerth (-oedd) *m* 1.力, 勢力, 権力, 実力; 優勢 2.体力: ~ corfforol 体力 3.[機械] 動力 4.強さ, 強度: ~ cerrynt 潮流の強さ; mynd o ~ i ~ ますます強力になる 5.濃度 6.(精神的)力 7.強み, 長所: ei ddycnwch yw ei ~ 彼の長所は忍耐力にある 8.頼り, 支え: yn Nuw y mae ein ~ 神は我らの力なり

nerthol *a* 1.神経質 [神経過敏] な 2.興奮しやすい 3.厚かましい 4.(手足など)強い, 強力な; 体力のある 5.(精神力など)強い 6.(物が)頑丈な 7.(風など)強い, 激しい 8.(言葉など)激しい: dadl ~ *f* 激しい議論 9.(声など)太く大きな 10.(演説・論官など)説得力のある 11.(臭いなど)強烈な 12.勢力 [権力] のある, 有力な 13.動力 [出力, 倍率 (など)] の高い

nerthu *t* 1.(人に)力をつける, 勇気づける 2.動力を供給する

nes *a* (関係の) (もっと) 近い, 近親の; 親しい

nesâd *m* (場所的・時間的)接近, 近づき

nesaf *a* 1.(場所・位置が)最も近い, 隣の: yr ystafell ~ 隣の部屋; y tŷ ~ ond un 一軒おいて隣の家 2.(時間が現在を基準にして)この次の, 来…: dydd Gwener ~ 次の金曜日 3.(時間が過去を起点にして)その次の, 翌…: yr wythnos ~ 来週; y flwyddyn ~ 来年 *ad* 1.(時間・場所・程度など)次に, 次いで; 隣に 2.今度, この次に: ddydd Gwener ~ 次の金曜日に; beth wnawn ni ~? 今度は何をしましょうか?; be' nesa'? (次にこれ以上にひどい事が起こり得るだろうかの意から)驚いた (ね)!, あきれた (ね)!, けしからん (話だ)! *prep* …の次 [隣] の [に], …に最も近い [く]

nesaol *a* 近づいて迫って来る, 切迫した

nesáu *t* (場所的・時間的に)近づく, 接近する: yr ydym yn ~ at Lundain 私たちはロンドンに近づいている *i* 近づく, 接近する: mae'r Nadolig yn ~ クリスマスが近づいている

nesu *t* (人・場所・時などに)近づく, 接近する: mae'r rffordd yn ~ at ei chwblhau 道路は完成に近づいている

net 440 **newyddiannwr**

i（時間的・場所的に）近づく, 切迫する

net *a*（値段・重さが）掛値のない, 正味の

neu *conj* 1.［二つまたはそれ以上の選択すべき語・句・節を同格的に結合して］または, あるいは, …か: hoffech chi gael dau ~ dri afal? リンゴを2つか3つ欲しいですか? 2.［either と相関的に用いて］…かまたは…か: un ai ti ~ hi a'i gwnaeth あなたかまたは彼女がそれをしたのだ 3.［命令文の後で用いて］…か…か: suddwch ~ nofiwch!（昔, 魔女の嫌疑者を水中に投げ込んで, 沈めば魔女, 泳げれば魔女でないとした試罪法（ordeal）に由来する）失敗しようと成功しようと, のるかそるか, 一か八か

ad（通例 or else で）でなければ, さもないと: un ai dewch i mewn ~ ewch allan 入りなさい, でなければ外へ出なさい

neuadd (-au) *f* 1.大会堂: ~ fwyta (neuaddau bwyta)（正餐用の）大食堂 2.（集会・公務用の）会館, 事務所 3.（会館内または独立の音楽会・演奏会用の）集会場, ホール: ~ gyngerdd (neuaddau cyngerdd) 演奏会用ホール; N~ y Gorfforaeth yn Llundain ロンドン市庁

newid (-iadau) *m* 1.変化, 変遷: ~ meddwl 心変わり; ［キリスト教］回心, 改宗 2.変更: ~ trigfan/cartref 住所変更 3.取替, 交替 4.転地: ~ cynefin, ~ golygfa 転地 5.乗換 6.着替え, 更衣 7.両替した［くずした］金, 釣銭, 小銭: ~ pum punt 5ポンドをくずす; "dim ~"［掲示］両替［釣銭］お断り

newid *t* 1.変える, 変化させる; （部分的に）変える: mae hynny'n ~ pethau それでは話が変わってくる; ~ cwrs/hynt［海事］針路を変える 2.全面的に変更する; （別な物に）変える: ~ un peth yn rhth arall ある物を別な物に変える 3.（同種類のは別種の物と）換える, 交換する: ~ y pwnc/testun 話題を変える 4.着替える: eich dillad 着替える 5.（自動車の）ギヤを入れ替える, シフトする 6.（乗物を）乗換える: ~ trên 列車を乗換える 7.両替する, くずす 8.［生物］（体の一部を新しい目的に適応させるため）根本的に変化［進化］させる 9.［電気］（電流を）変換する

i 1.変わる, 変化する 2.移る, 移行する 3.着替える 4.乗換える 5.ギヤを入れ替える

newidiad (-au) *m* 1.（部分的）変更, 修正 2.加減, 緩和, 調節 3.［文法］修飾, 限定 4.［電気］（電流の）変換

newidiadwy *a* 変えられる, 変形［変換, 変更］可能な

newidiol *a* 1.（天候など）変わりやすい 2.変質［改変］的な 3.可変性の, 調節できる: cost (-au) ~ *f*［会計］変動費, 変動原価 4.［医学］体質を改善する 5.［数学］変数［不定］の: nifer (-oedd) ~ *mf* 変量 6.［天文］（星が）変光する

newidïwr (-wyr) *m* 1.変更する人; 無定見な人 2.取り替える人［物］3.革新者 4.［医学］体

質変換薬

newidydd (-ion) *m*［電気］変圧器, トランス: ~ codi 遷昇変圧器

newidyn (-ion) *m* 1.［数学］変数 2.［物理］変量 3.［論理］変更 4.［天文］変光星

newydd (-ion) *m* 1.（新しい）報道［情報］, ニュース: mân newyddion 短いニュース; swyddfa (-feydd) (*f*) newyddion 通信社; 新聞雑誌販売所 2.音信, 消息, 便り 3.（新聞・テレヴィ・ラジオなどの）ニュース（番組）4.ニュース種, 興味ある事件: mae hynny'n ~ i mi それは初耳だ

newydd (-ion) *a* 1.新しい, 新規の: ~ sbon (danlli grai) 真新しい, 新品の; Efrog N~［地理］ニューヨーク; blwyddyn ~ *f* 新年 2.初めて発見された［知った］3.新任の 4.変わった 5.（草木など）新しい, 新鮮な 6.（パンなど）出来立て［作り立て］の: bara ~ 出来立てのパン 7.（卵・肉など）生みたての, 生きのいい, 新しい: pysgodyn ~ oi ddal 鮮魚, 生魚 8.（…から）出た［来た］ばかりで: ~ gyrraedd o Gaerdydd カーディフから出て来たばかりの 9.活発な, 元気な;（顔色など）生き生きした, 健康そうな: fell swllt ~ 元気はつらつとした

ad 1.［完了形・過去形と共に用いて］ほんの今（…したばかり）: meant ~ gyrraedd 彼らはほんの今来た（ばかりだ）; mae'r trên ~ gyrraedd; mae'r trên ~ ddod i mewn 列車はたった今到着したばかりです; (llyfr) ~ ei gyhoeddi, ~ ymddangos（書物が）出版されたばかりで 2.最近, 近頃, この頃: ~ briodi 最近結婚した; ~ ei ddarganfod 最近発見された

newyddbeth (-au) *m* 新しい物［事, 経験］, 新奇な事物

newydd-deb : newyddwch *m* 目新しさ, 珍しさ

newydd-ddyfodiad (-iaid) *mf* 1.新来者 2.新参者, 新人

newyddiadur (-on) *m* 1.（日刊）新聞 2.新聞紙 3.新聞社

newyddiadura *i* ジャーナリストとして働く

newyddiaduraeth *f* 1.ジャーナリズム, 新聞社雑誌編集［経営］（業）2.新聞雑誌界 3.新聞雑誌

newyddiadureg *mf* 新聞語法［文体, 口調］, 新聞［報道］用語

newyddiadurol *a* 新聞雑誌的な, 新聞雑誌記者流の

newyddiadurwr (-wyr) *m* 1.新聞雑誌記者, ジャーナリスト 2.新聞経営者

newyddian (-od) *mf* 1.初心［新参, 初学］者 2.（カトリック修道院の）修練士［女］3.（キリスト教への）新信者, 新改宗者 4.（カトリック教会の）新しい聖職者

newyddiannu *i* 革新［刷新］する

newyddiannwr (-ianwyr) *m*［マー］イノヴェー

ター，革新者

newyddu *i* 新生面を開く

newyn (-au) : newyndod : newyndra *m*
1.空腹，飢え，飢餓: marw o newyn 餓死する;
streic (-iau) (*f*) ~ ハンガーストライキ，ハンスト
2.飢饉

newynllyd : newynog *a* 1.飢えた，腹ぺこで:
y Pedwardegau Newynog 飢餓40年代(英国
で大飢饉のあった1840~49の10年間) 2.熱望
[渇望]して，憧れて

newynu *t* (人・動物を) 飢えさせる，兵糧攻め
にする; 餓死させる: ~ tref nes iddi ildio 町を
兵糧攻めにする
i 1.飢える，空腹に悩む; 餓死する 2.熱望[渇
望]する

newynnwr (-wyr) *m* : **newynwraig
(-agedd)** *f* 1.ハンストを行う[に参加する]人
2.飢餓を引き起こす人 3.飢餓に耐える人

nhw *pron* 1.[3人称複数主格]彼[彼女]ら，あ
れら，それら: fe gân ~ eu siomi; fe'u siomir
~ 彼らは失望するでしょう; pobl gyfoethog
ydyn ~; maen ~'n bobl 彼らは裕福な人たち
です 2.一般の人々，世人: maen ~'n dweud
bod~ だそうだ 3.[3人称複数目的格]彼
[彼女，それ]らを[に，へ]: mi ddyweda' i
wrthyn ~ 私はきっと彼らにそう言います;
maddeuwch iddyn ~ 彼らを許しなさい;
'roeddem yn eu gwylio ~ 私たちは彼らをじっ
と見ていた 4.[be動詞の補語として](強調表
現)~ sydd 'na!, ~ ydyn ~!, dyna ~!(それ
は)彼らだ 5.[前置詞の目的語]: siaradwch â
~ 彼らに話しかけなさい; llawer ohonyn ~ 彼
らの中の多数

ni *pron* 1.[1人称複数主格]私たち[我々]は
[が]: dyn ~'n moyn aros私たちは留まりたい
です; ~'n dau/dwy; ~ ill dau/dwy私たち二
人; ~ a wyddom 私たちは知っている; dyma
~! さあ着いたぞ!;(我々の求めていた物は)ここ
にあります 2.[国王の公式の自称として用い
て]朕 3.[新聞雑誌の社説などで筆者及び同
僚の意見を代表させて]我々 4.[1人称複数目
的格][直接目的語]我々を 5.[間接目的語]
我々に 6.[前置詞の目的語]私たちに:
ysgrifennwch aton ~ 私たちに手紙を書きな
さい 7.[補語に用いて]我々[私たち] 8.[国王
の公式用語として用いて]朕を[に] 9.[新聞社
説の用語として用いて]我々を[に]

ni : nid *ad* …でない: na, ni welais i mohono
いいえ，私はそれを見ませんでした; ni wn i
ddim 私は知りません; nid wy'n meddwl felly ;
nid wy'n meddwl mai e そうは思えません; nid
yw Gwyn yn saer; nid saer mo Gwyn グウィ
ンは大工ではありません; nid oes gennyf lyfrau
私は本を一冊も持っていません; ni raid ichwi
fynd あなたは行く必要はない; nid fi sydd ar
fai; nid fy mai i yw e それは私の責任ではな

nicel *m* [化学]ニッケル

nicel (-i) *m* (米・カナダ) 5セント(白銅)貨

nicer (-s) *m* (ブルーマーのような)婦人用下着

nicotin : nicotîn *m* [化学]ニコチン

nifer (-oedd) *mf* 1.(抽象概念の)数 2.(人・
物の)総数数量: 人数，個数: chwyddo'r ~
を増大させる; dinifer 無数の; 'roeddynt yn
chwech (o ran ~) 彼らの数は6人だった 3.数
字; 数詞 4.若干; 多数: ~ mawr/fawr 多数

niferus *a* 1.(複数名詞と共に用いて)多数の，
おびただしい 2.(単数形集合名詞と共に)多
数から成る，大勢の

nifwl (nifylau) *m* [天文]星雲

nifylaidd *a* [天文]星雲(状)の

nigromans *m* 1.(死者との交霊による)未来占
い; 降霊術 2.(特に，悪い)魔法，魔術

nihilaidd : nihilyddol *a* 1.虚無主義の 2.無
政府主義の

nihiliaeth *f* 1.[哲学]虚無主義，ニヒリズム
2.暴力革命[無政府]主義

nihilydd (-ion) *m* 1.虚無主義者 2.暴力革命
[無政府]主義者

Nihon *f* 日本

Nîl *f* [地理]ナイル川(アフリカ東部を流れる世界
第一の長流)

nymff (-au) *f* 1.[ギ・ロ神]ニンフ(山・川・森
などに住み美少女の姿をした精霊) 2.[昆虫]
若虫，ニンフ

nymffaidd *a* 1.ニンフの(ような) 2.ニンフが住む
3.ニンフのように美しい

nymffol *a* 1.ニンフの 2.[昆虫]若虫の; 蛹の

nymffolepsi *m* 1.有頂天，狂喜 2.逆上，熱狂

nymffolept (-iaid) *f* 狂喜[逆上]している人

nymffoleptaidd *a* 狂喜[熱狂]した

nymffomania *m* [病理]女子色情症

nymffomaniad (-iaid) *f* 女子色情症患者

nynnau *pron* 私たちもまた: fe ddaethom ~
(hefyd)私たちも来た; ~'r Cymry 私たちウェー
ルズ人は

nionyn (nionod) *m* [植物]タマネギ(玉葱):
cor-~ (~-nionod)完全に成育する前に採取さ
れて漬物や料理の添物として用いられるタマネ
ギ
a 1.タマネギの入った 2.タマネギに似た: cromen
(*f*) (siâp) ~ [建築](ロシア正教の教会に見ら
れる)ねぎ坊主のような丸屋根

nionynaidd : nionynllyd *a* タマネギの味の
する[で味を付けた]

nith (-od, -oedd) *f* 姪: gor-~ 兄弟[姉妹]の
孫娘，甥[姪]の娘

nithiad (-au) *m* 1.(穀物・籾殻などの)吹き分
け 2.(志願者などの)ふるい分け，選出 3.(真
偽・善悪などの)識別

nithio *t* 1.(穀物・籾殻などを)吹き分ける，簸る:
~'r us a'r grawn 穀物から籾殻を吹き分ける

nithiwr   442   **nodwydd**

2.(真偽・善悪などを) 区別する: ~'r gwir a'r gau 真偽を識別する
nithiwr (-wyr) *m* 1.(穀物を) 簸る人, ふるい手 2.唐箕, 風選機
nithlen (-ni) *f* ふるい分けシート
niwclear *a* 原子力[核]の; 核兵器の: gorsaf (-oedd)(*f*) ynni ~ 原子力発電所
niwclëig *a* [生化] ヌクレインの
niwclews (niwclei) *m* 1.[物理] 原子核 2. [天文] (彗星や銀河系星雲などの) 核
niwed (-eidiau) *m* 1.(精神的・肉体的・物理的な) 害(すること), 無礼, 侮辱, 損害, 損失, 被害, 傷害: fe gewch chi ~ あなたはひどい目に遭う[危害を受ける]でしょう 2.不都合 3.[法律] 権利侵害, 違法行為
niweidio *t* 1.(感情などを) 害する 2.(物などに) 損害を与える
niweidiol *a* 損害を与える, 有害な
niweidioldeb *m* 有害
niweidiwr (-wyr) *m* 害する[傷つける]人
niwl (-oedd) *m*: **niwlen** *f* 1.濃霧, 霧, 薄霧, かすみ, もや: mae hi'n ~ arna' i 私は当惑して[途方に暮れて]いる; ~ llorfudol [気象] 移流霧; cwmwl(cymylau)(*m*) ~ 霧峰 2.[写真](印画・陰画などの) 曇り, かぶり
niwlio : niwlo *t* 1.霧[かすみ]で覆う 2.霧で曇らせる 3.当惑させる 4.[写真] (ネガ・印画を) 曇らせる
   i 1.霧[かすみ]がかかる 2.霧で曇る 3.霧雨が降る 4.[写真] かぶる
niwliog : niwlog *a* 1.霧の立ち込めた, かすみのかかった 2.(考えなど) 不明瞭な, ぼんやりした, 朦朧とした 3.[写真] (陰画・印画が) かぶった, 曇った
niwliogrwydd : niwlogrwydd *m* 1.霧深いこと 2.[写真] かぶり, 曇り
niwmateg *f* 気学
niwmatig *a* 1.[物理] 気学(上) の 2.空気の 3.空気作用による
niwmonia *m* [病理] 肺炎
niwmonig *a* 1.肺の 2.肺炎の
niwrasthenia *m* = nerfwst
niwrasthenig (-ion) *mf* 神経衰弱の患者
   a 神経衰弱の
niwsans *m* 1.[法律] 不法 [生活] 妨害 2.迷惑な事[物], 困った事 3.不快な[厄介な, うるさい] 人
niwtral *a* 1.[政治] 中立(国) の 2.(人など) 不偏不党 [公平無私] の 3.[化学] 中性の 4.[電気] 中性の 5.[自動車] (ギヤが) 中立の, 噛み合っていない: gêr ~ *f* 中立位置のギヤ
niwtraleiddiad *m* 中立化
niwtraleiddio *t* 無効にする
niwtraliad (-iaid) *m* 1.中立者 2.中立国の人
niwtraliad *m* = niwtraleiddiad
niwtraliaeth *f* [政治] 中立

niwtralu *t* = niwtraleiddio
niwtralwr : niwtralydd (-wyr) *m* 中立者
niwtralydd (-ion) *m* 1.中立化するもの, 無効にするもの 2.中和剤
niwtrino (-s) *m* [物理] ニュートリノ, 中性微子
niwtron (-au) *m* [物理] 中性子
no : noh *m* [演劇] 能
nobl *a* 1.高潔な, 気高い: yr anwar/ anwariad ~ *m* 高潔な野人 2.思いやりのある
nobyn (nobiau) *m* (ドア・引出しなどの) 取っ手, 握り
nod (-au) *mf* 1.狙い, 標的, 照準, 見当: methu'r ~ 狙い[見当]が外れる; bwrw'r/ taro'r ~ 的中する 2.目的 3.(昔, 罪人に押した) 焼印, 烙印: ~ Cain カインの烙印 (cf Gen 4:15) 4.記号, 符号, 印: ~ barcud カイトマーク (英国規格協会規定の製品規格に合格していることを示す凬印; BS Markの俗称) 5.[電算] 字
nod (-au) *m* 1.結び目 2.[植物] ふし, 節 3.[数学] 結節点 4.[物理] 波節, 振動の節 5.[天文] 交点
nodedig *a* 1.有名 [著名] な 2.注目すべき, 驚くべき 3.非凡な, 優れた, 珍しい
nodi *t* 1.(価格などを表示するため品物に) 商標 [極印, 番号など] を押す [付ける]: ~ (pris) nwydd 商品に値段を付ける 2.書き留める: ~ rhth 何かを書き留める 3.選び出す 4.(ゲームの点などを) 記録する 5.(符号・点・線などで) 示す 6.注意 [注目] する
nodiad (-au) *m* 1.(講義などの) 記録 2.[通例pl] 覚書, メモ: gwneud/cymryd nodiadau (講義・会議などで) 記録をする, ノートを取る 3.[通例pl] 解説
nodiadur (-on) *m* ノート, 筆記帳
nodiant (-nnau) *m* (特殊の文字・符号などによる) 表記 [記号] 法: hen ~[音楽] 譜表記譜法 (五線譜などの譜表を用いる一般的な記譜法)
nodiannu *t* 記号で示す
nodlyfr (-au) *m* = nodiadur
nodwedd (-ion) *f* 1.性質, 気質, 性格 2.特質, 特性, 特色, 特徴: ~ gorfforol (nodweddion corfforol) 身体的な特徴 3.(映画・テレヴィなどの番組中の) 呼び物, 聞き物, 見もの: haglen (-ni) (*f*) ~ 特集番組 4.(新聞・雑誌などの) 特別 [特集] 記事
nodweddiad *m* 1.(小説・劇などの) 性格描写 2.特徴描写
nodweddiadol *a* 特質 [特徴] 的な, 独特の
nodweddrif (-au) *m* [数学] (対数の) 指標
nodweddu *t* 特性を与える, 特色 [特徴] 付ける
nodwydd (-au) *f* 1.縫い針: ~ frodwaith (nodwyddau brodwaith) 刺繍針; cra (creuau)(*m*) ~ 針の目[穴]; cas (-ys)(*m*)

nodwyddes 443 **normaleiddio**

nodwyddau 針入れ 2.ごく小さい隙間 3.不可能な企て (cf *Matt* 19:24) 4.[植物](松・樅などの) 針状葉

nodwyddes (-au) f 針仕事をする女, お針子

nodyn (nodau) m 1.(講演などの) 草稿, 文案, 下原稿 2.短い手紙: anfonais ~ 私は彼女に一筆書き送った 3.[音楽]音符;(ピアノなどの) 鍵, キー: ~ dot/unpwynt 付点音符 4.[商業] (約束) 手形: ~ addewid[金融]約束手形

nodd (-ion) m [植物](植物の) 液, 樹液, 汁, ジュース

nodded f 保護

noddedig (-ion) mf (空襲などからの) 避難 [疎開] 者

noddfa (-feydd) f 1.(危険・災禍・風雨などからの) 避難; 保護: dinas (-oedd) (f) ~ [聖書] 逃れの町 (古代イスラエルで過失致死の罪人を保護した市で, パレスチナに六つあった; cf *Josh* 20:2) 2.避難[安息] 所 3.(カトリックで) 孤児院, 保護院;(非行少年を収用する) 感化院, 少年 (教護) 院

noddi t 1.保護 [庇護] する 2.後援 [奨励] する

noddlon : noddlyd a 樹液 [汁] の多い [に富む]

noddlonder m 樹液 [汁] が多いこと

noddwr (-wyr) m : **noddwraig (-agedd)** f (人・芸術などの) 保護 [後援, 擁護] 者, パトロン

noddol a 1.守護聖人の 2.保護 [後援] の

noe (-au) f (粉をこねる) こね [練り] 鉢

noeth (-ion) a 1.(身体が) 裸 [裸体] の 2.眼鏡に頼らない: y llygad ~ 肉眼, 裸眼 3.覆いのない: fflam ~ 裸火, 裸電灯, 覆いのない照明; gwifren ~ [電気] 裸線 4.(山など草木がなく) 露出した 5.(木が) 葉のない 6.全く [本当] の, 絶対的な: 'roedd yn dwpdra ~ それは全くの愚行でした

noethder m 荒涼, 侘しさ

noethi t 裸 [あらわ, 剥き出し] にする, 露出させる

noethlun (-iau) m [美術](絵画・彫刻の) 裸体

noethlymun a 丸裸の

noethlymundod m 1.裸体 (であること), 裸体 2.裸のもの;(特に) 裸体画 [像]

noethlymuniad (-iaid) mf : **noethlymunwr (-wyr)** m : **noethlymunwraig (-agedd)** f 裸体主義者, ヌーディスト

noethlymuniaeth f 裸体主義

noethni m 1.露出, 剥き出し 2.= **noethlymundod**

nofel (-au) f 小説

nofelaidd : nofelyddol a 1.小説の 2.小説によくあるよう

nofeletaidd a 感傷的な, 安っぽい

nofeletydd (-wyr) m 中編 [中間] 小説家

nofelig (-au) f 1.中編 [中間] 小説 2.感傷的な軽い (恋愛) 小説

nofelwr (-wyr) m : **nofelwraig (-agedd)** f : **nofelydd (-wyr)** m : **nofelyddes (-au)** f 小説家

nofiad (-au) m 水泳, 一泳ぎ

nofiadol a (動物が) 泳ぐ

nofiadwy a 1.泳ぐことができる 2.浮かべることのできる, 浮揚性の 3.(河流が) 船 [筏] を浮かべることのできる

nofio i 1.(場所を) 泳いで渡る: ~ ar draws afon 川を泳いで渡る 2.(…泳ぎを) する: all hi ddim ~ strôc 彼女はまるで泳げない 3.(馬・犬などを) 泳いで渡らせる: peri i geffyl ~ ar draws afon 馬に川を泳いで渡らせる 4.(水上にボート・材木などを) 浮かべる, 浮かせる: rhoi cwch i ~ ar ddŵr, dodi bad ~ ar ddŵr ボートを水上に浮かべる

i 1.泳ぐ, 水泳する: ~ am eich hoedl/bywyd 命からがら泳ぐ 2.(物が) 浮く, 浮かぶ, 浮いて流れる: ~ ar wyneb y dŵr 水に浮く; cig yn ~ mewn gwlych 肉汁の中に浮かんでいる肉 3.(泳ぐように) すーっと進む [行く, 来る] 4.(空中に) 浮かぶ, 浮動する: ~ yn y gwynt 風に浮かぶ

nofiol a 1.(水上に) 浮かんでいる, 浮かび漂う: pont (-ydd) ~ 浮き橋, 舟橋 2.(空中に) 浮かび漂う 3.[経済](資本など) 固定していない, 流動している: cyfalaf ~ m 流動資本;(負債など) 短期返済の: dyled (-ion) ~ f 短期負債

nofiwr (-wyr) m : **nofwraig (-agedd)** f 泳ぐ人, 泳ぎ手

nofydd (-ion) m : **nofyddes (-au)** f [教会] 修練士 [女]

nogio i (馬が) たじろぐ,(横に逸れたり後ずさりして) 進もうとしない,(障害物を) 跳越えようとしない, 立ち止まる

noma (-âu) m [病理] 水癌, ノーマ

nomad (-iaid) mf 1.遊牧民 2.放浪者

nomadaidd : nomadig a 遊牧 [放浪] の

norm (-au) m 1.標準; 規範 2.平均水準 3.労働基準量, ノルマ 4.[教育] 知能発達基準

normadol a 1.標準 [基準] の 2.標準 [基準] を定める 3.[文法] 規範的な

normal a 1.[数学](線が) 垂直の 2.(物事が) 標準 [正規] の; 正常 [普通] の; 平均の: coleg ~ m [教育](米・仏) 師範学校 3.代表 [典型] 的な

normaledd : normalrwydd m 正常; 常態; 正規

normaleiddiad (-au) m 1.標準化 2.正常 [常態] 化

normaleiddio t 1.標準 [常態] に戻す 2.(国交などを) 正常化する 3.(表記を) 一定の綴り法に統一する

Norwy *f* [地理]ノルウェー (Norway) (スカンジナヴィア半島西部の王国; 首都Oslo)

Norwyad (-aid) *mf* : **Norwyes (-au)** *f* ノルウェー人

Norwyaidd *a* ノルウェーの

Norwyeg *mf* ノルウェー語

nos (-au) *f* 夜, 晩: yn ystod y ~, liw ~ 夜に; 日暮れに; gefn ~ 真夜中に; dyddd a ~ 日夜, 絶えず, 休みなく; ~ da!(夜の別れ・就寝時の挨拶)さようなら!, お休みなさい!; ~ yfory 明日の夜

nosgan (-au) *f* [音楽]小夜曲, セレナーデ

nosi *i* 夜になる

noslun (-iau) *m* [絵画]夜景画

nosol : **nosweithiol** *a* 1.夜(間)の 2.毎晩[毎夜]の 3.[動物]夜行性の

noson (nosau) : **noswaith (-weithiau)** *f* 1.一晩, 一夜: Y Fil Noson/Noswaith ac Un [文学]千一夜物語(アラビア夜話); noson o gwsg, cwsg noson 一夜の眠り; y noson gynt その前の夜に; echnos 一昨夜[晩]; noson/noswaith o haf, hafnos(-au)*f* 夏の夜 2.(社交の催しなどの)夜, (…の)夕べ, (特別の日の)夜: noson gyntaf[演劇]初日の夜; noson/noswaith waith (nosonweithiau gwaith)平日の夜

noswyl (-iau) *f* 1.寝ずの番, 徹夜 2.夜通しの看病 3.通夜 4.警戒, 見張り 5.(祭日など特別の日の)前夜[日]: ~ (y) Nadolig クリスマスイヴ, クリスマス前夜[日]

noswylfa (-feydd) *f* (多くの人の)共同寝室: tref (-i)(*f*)~ 郊外住宅地, ベッドタウン

not (-iau) *f* [海事]1海里

notareiddio *t* (公証人が文書を)認証[証明]する

notari (-ïaid) *m* 公証人: ~ cyhoeddus 公証人

notarïol *a* 公証人の; 公証人の作成した

nudden (-ni) *f* = **niwl, niwlen**

nwdls *pl* ヌードル(小麦粉と鶏卵で作った麺類): cawl cyw a ~ チキンヌードルスープ

nwl (-iau) *m* [数学]零
a [数学]ゼロ[零]の

nwy (-on) *m* 1.気体, ガス 2.(燃料・暖房用などの)ガス: rhoi'r ~(栓をひねって)ガスを出す; ~ aer 発生ガス; ~ gwenwynig[軍事]毒ガス

nwyd (-au) *mf* 情欲, 性欲

nwydus *a* 恋愛[性欲]の

nwydd (-au) *m* 1.品物, 商品; 産物: nwyddau ar gyfer y cartef 家庭用品; nwyddau rhodres[経済]贅沢品 2.有用品

nwyf : nwyfiant *m* 元気, 活発, 快活

nwyfus *a* 元気[活発, 快活]な

nwyfusrwydd *m* = **nwyf**

nwyglos *a* ガスの漏れない; 耐ガス構造の

nwyol *a* ガス[気体]の

---

nych : nychdod *m* やつれ, 衰弱

nychlyd *a* 病身の, 病弱な, 次第に衰える

nuchu *i* 元気がなくなる, 弱る, 衰える, やつれる

nydd-droi *t* 1.(織物)(糸などを)よる, よって作る; 織り込む; 編む, 編み合わせる 2.(蔓など)巻き付く, からまる

nyddfa (-feydd) *f* 紡績工場

nyddu *t* 1.(綿・羊毛などを)紡ぐ: ~ gwlân 羊毛を紡ぐ 2.織り交ぜる[込む]; 編み合わせる

nyddwr (-wyr) *m* : **nyddwraig (-agedd)** *f* [織物](紡績糸の)より[紡ぎ]手, 紡績工[業者]

nymff (-au) *f* 1.[ギ・ロ神]ニンフ 2.[昆虫]若虫, ニンフ, 蛹

nymffaidd *a* 1.ニンフの(ような) 2.ニンフが住む

nymffed (-au) *f* 1.ニンフェット(若くて特に美しいニンフ) 2.(10～14歳ぐらいの)早熟な[ませた]娘, ふしだらな若い女

nymffol *a* 1.ニンフの 2.[昆虫]若虫[蛹]の

nymffomania *m* [病理]女子色情症[異常性欲]

nymffomaniad (-iaid) *f* 女子色情症患者

nyni *pron* [1人称複数主格]我々[私たち]は[が]: ~ sy'n gorfod dioddef 苦しまなければならないのは我々です

nyrs (-ys) *f* 看護婦

nyrsio *t* (病人を)看病[看護]する

nyten (nytiau, nyts) *f* [機械]ナット, 雌ねじ, 留めねじ: ~ gloi (nytiau cloi)ロックナット, 止めナット

nytmeg *m* 1.ナツメグ(香辛料) 2.[植物]ニクズクノキ: afal (-au)(*m*)~ ニクズクノキの実 3.ニクズク(種子)

nyth (-od) *mf* (鳥・動物・昆虫などの)巣: drwg aderyn a faeddo'i ~ ei hun [諺]どんな悪い鳥でも自分の巣は汚さない

nythaid (-eidiau) *mf* : **nythfa (-oedd)** *f* : **nythle (-oedd)** *m* 1.(悪党などの)巣窟; (悪事などの)温床 2.集まり, 一群 3.巣を造る場所

nythol *a* (鳥が)巣を造る

nythu *t* (鳥などに)巣を造ってやる
i 1.(鳥などが)巣を造る 2.鳥の巣の卵を捜す

O

O, o (-au) *f* (発音oː): O am Owain［電法］Oは OliverのO

O *int* (常に大文字で, 直後にコンマまたは!は用いない) **1.**［詩・文語: 呼掛けの名の前に用いて］ああ!, おお!: O Gymru! ああ! ウェールズよ! **2.**［驚き・恐怖・苦痛・悲嘆・感嘆・願望などを表して］ああ!, おお!, おや!,まあ!: O mor flinedig ydwyf! ああ! 私は何と疲れているのだろう!

o *prep* **1.**［所有・所属関係］…の(所有する)［に属する］: llun ～i heiddo hi 彼女の写真 **2.**［主格関係: 行為者・作者・著者］…が［の］: drama ～ eiddo Shakespeare シェイクスピアの戯曲 **3.**［同格関係］…という［の, である］: un ～'m ffrindiau 私の友人; un ～ ffrindiau fy mam 私の母の友人 **4.**［記述的形容詞句］…の: map ～'r byd 世界地図; elfen ～ wirionedd 幾分の真理 **5.**［部分］…の(一部分)［の中の］: y cyntaf ～ Fehefin 6月1日; y goau ～ ddynion, y llawn ～ blith dynion 最高の人; ef ～ bawb 人もあろうに彼が **6.**［位置の起点］…から: i'r de ～ rth 何かの南; ～ flaen rhth 何かの前に **7.**［原因・理由］…のために［によって］: marw ～(achos)newyn 餓死する; marw ～ ludded 疲労死する; marw ～(achos)anaf 負傷のために死ぬ; mynd trwodd ～ ddiffyg ymddangosiad［法律］欠席裁判となる **8.**［材料］…で作った［から成る］: mae wedi ei wneud ～ goed それは木製です; caban wedi ei wneud ～ bren 木で作った小屋; ～ ddiddordeb 興味深い; ～ werth 価値ある **9.**［動機］…から: ～'ch gwirfodd 自ら進んで; ～ reidrwydd 必然的に, 是非とも, 必ず; ～ barch i chwi, ～ ran parch i chwi あなたに対する敬意から; gwneud rhth ～ ran chwilfrydedd/ ymyrraeth 好奇心から何かをする **10.**［形容詞と結合］…から: euog ～ rth 何かの罪を犯して; llawn ～ rth 何かで一杯の **11.**［日・時］…に:(ar)y trydydd ～ Ebrill 4月3日に **12.**［行動・影響］…の範囲外に［の届かない所に］: ～'r golwg［テレ］画像が見えない; allan ～ olwg, allan ～ feddwl［諺］去る者は日々に疎し **13.**［ある状態］から離れて［脱して］: allan ～'i bryd, allan ～'i dymor/thymor 季節外れで, 旬でない; 禁猟期で; シーズンオフで; タイミングの悪い **14.**［中から外へ］: taflu rhth allan/mas ～'r ffenestr 何かを窓から外へ投げる **15.**［ある数］の中から: dewiswch un ～ blith y rhain これらの中から1つを選びなさい **16.**［運動・移動の出発点］…から: ～ Fangor i Gaerdydd バンゴーからカーディフへ; ～ ddrws i ddrws 一軒毎に, 戸別に; ～'r nail gwr i'r llall 初めから終わりまで; 終始; ～ bob tu./ochr 四方八方から; あらゆる方面から **17.**［時間の起点］…から: ～ ddydd i ddydd 日毎に, 日増しに; 一日一日と; その日その日で; ～ fis i fis 月々; ～ bryd i'w gilydd 時々; ～ hyn ymlaen, ～ hyn allan 今後 **18.**［距離・隔たり］…から(離れて): heb bod ymhell ～ Gonwy, nid nepell ～ Gonwy コンウィから遠くない所に; pell ～ Gymry ウェールズから遠くに; ～ hirbell 遠くから **19.**［逃亡・解放］…から: dianc ～ garchar 脱獄する **20.**［変化・推移］…から…へ: ～ ddrwg i waeth ますます悪く; ～ garpiau i gyfoeth 貧乏から金持ちに **21.**［出所・起源・由来］…から(来た, 取ったなど); …からの［出身の, 産の］: un ～ Lundain yw hi; ～ Lundain y daw hi; mae hi'n hanu ～ Lundain 彼女はロンドンの出身です; un ～ ble ydych chi? あなたはどちらの出身ですか?; adnod ～'r Beibl 聖書の一節; anrheg ～'r Rhyl リルからの贈物; rhth a ddysgwyd ～ frofiad 彼女は経験で学んだ; cael benthyg llyfr ～ lyfrgell 図書館から本を借りる; yfed ～ wydryn グラスから飲む; bwyta ～ ddysgl 盛りつけた皿から食べる **22.**［動名詞を目的語にして］(…すること)によって: pa faint callach/elwach/gwell fyddwch chi ～ wneud hynny? あなたはそれをすることによって何を得るのですか? **23.**［期限］(ある時)までには: fe fydd yma erbyn tri ～'r gloch 彼は3時までにはここへ来るでしょう **24.**［程度・比率］(いくら)だけ;(どの程度)まで;(どれほど)ずつ: ～ radd i radd, ～ dipyn i beth, ～ gam i gam, ～ dow i dow 次第［段々］に; ～ un i un 一つ［一人］ずつ **25.**［手段・媒介］…で［によって］: 'rwy'n ei adnabod ～ ran ei enw 私は彼の(顔は知らないが)名前だけは知っている

o *pron* **1.**［3人称単数男性主客］彼は［が］: mae ～ tu allan rhywle 彼は外のどこかにいます; **2.**［直接目的語］彼を: mi gwelais i ～ 私は彼を見た;(a) welsoch chi ～? あなたは彼を見ましたか? **3.**［be動詞の補語に用いて］: fo ydi ～ (それは)彼だ **4.**［3人称単数中性主格］それは［が］**5.**［目的格; 直接目的語］それを: mi gwelais i ～ 私はそれを見た

obelisg 446 **oddi**

obelisg (-au) *m* [考古] オベリスク, 方尖塔
obeutu *prep* …の回りに [の周囲を]
  ad およそ, 約
oblegid *conj* 1.なぜなら, というのは 2.…だから [なので]
  prep …のために
oblong (-au) *m* 長方形
obo (-au) *m* [音楽] オーボエ
oböydd (-ion, obowyr) *m* オーボエ奏者
obry *ad* 下 (の方) に; 階下に; 地下に
obstetreg *f* 産科学
obstetrig *a* 産科の
obstetrydd (-ion) *m* 産科医
ocr (-au) *m* 1.黄土 2.黄土色
ocr : ocraidd *a* 黄土色の
ocr *m* : **ocraeth** *f* 1.高利貸し 2.法外な高利
ocrwr (-wyr) *m* (法外な利子を貪る) 高利貸し
ocsalig *a* [化学] 蓚酸の
ocsid (-iau) *m* [化学] 酸化物
ocsideiddio : ocsidio *t* 酸化させる
ocsideiddiol : ocsidiol *a* 酸化の; 酸化力のある
ocsidiad (-au) *m* [化学] 酸化 (作用)
ocsidydd (-ion) *m* 1.オキシダント 2.酸化体
ocsigen *m* [化学] 酸素: mwgwd (mygydau) (*m*) ~ 酸素マスク
ocsiwn (-iynau) *f* 1.競売, せり売り: ~ o chwith 逆ぜり 2.[トラ] せり: bridge (*m*) ~ オークションブリッジ
ocsiynwr : ocsiynydd (-wyr) *m* 競売人
octagon (-au) *m* 1.八角 [辺] 形 2.八角形のもの; 八角建築物
och *int* (悲嘆・恐れなどを表して) ああ!, 悲しいかな!
ochain *i* (苦痛・悲しみなどで) 呻く
ochenaid (-eidiau) *f* 1.呻き [呻り] 声 2.ため息, 吐息, 嘆息
ocheneidio : ochneidio *t* ため息をついて言う, 呻くような声で言う
  i 1.(悲しみ・疲れ・苦痛などで) ため息 [吐息] をつく, 呻く 2.嘆く; 慕う
ocheneidiol : ochneidiol *a* 呻いて [唸って] いる, ため息をついている
ocheneidiwr : ochneidiwr (-wyr) *m* : **ocheneidwraig : ochneidwraig (-agedd)** *f* ため息をつく人, 呻く [唸る] 人
ochr (-au) *f* 1.(体の) 横腹, 脇腹: mae gennyf bigyn yn f'~ 私は脇腹が痛い 2.(頭の) 側面 3.(牛・豚の) 脇腹肉, 肋肉 4.(左右・上下・前後・東西・南北などの) 側, 方: o ~ i ~ 左右に; (内外・表裏などの) 側, 面 5.(前後・上下以外の) 側面, 横, 脇, (家の) 側面 6.(人・物の) 傍ら, そば, 脇: wrth ~ rhn 誰かのそば; ~ yn ~ 並んで 7.[数学] (三角形・方程式などの) 辺, (立体の) 面 8.山腹, 斜面, 坂 9.(畑・道路などの) 端, へり, ふち 10.[レコード]

面 11.[光学] (眼鏡の) つる 12.(物事・問題などの) 面: yr ~ orau/obeithiol i rth 何かの明るい面 13.(敵・味方の) 方, 側: cymryd ~ 味方をする 14.(試合の) 側, チーム
  a 脇 [横, 側面] の: drws (drysau) (*m*) ~ 側面の入口
ochri *i* 味方する: ~ gyda rhn 人に味方する
ochrog *a* 1.面 [辺, 側] をもった 2.[複合語の第2構成素として] …面 [辺, 側] の: amlochrog [数学] 多辺の; 多方面の
ochrol (-ion) *m* 1.側部 2.側部にあるもの 3.[音声] 側音 4.[植物] 側生芽
  a 1.横 (から) の, 横の方への: meddwl ~ 水平思考 2.側面の 3.[植物] (花・芽が) 側生の: blaguryn (blagur) ~ *m* 側生芽
od *a* 1.[数学] 奇数の 2.風変わり [奇妙, 奇怪, 異様] な: creadur ~ ydyw 彼は変人 [変わり者] です 3.余分 [端数] の: y dyn ~ 半端除きの (銭投げなどによって三人 (以上) の中の一人をある事の当事者に選び出す方法・遊戯); (ダンスの) パートナーのいない人
ôd *m* 雪
odi *i* 雪が降る
odiaeth : odiaethol *a* 1.非常に美しい 2.洗練された
odl (-au) *f* 1.[詩学] 韻, 脚韻, 押韻: ~ lygad (odlau llygad) 視覚韻 2.同韻語 3.押韻詩; 韻文
odlaw *m* みぞれ: mae hi'n ~ みぞれが降る
odlawog *a* みぞれの (ような), みぞれの降る
odledig : odlog *a* 韻を踏んだ, 押韻する
odli *t* (語を) 押韻させる, 韻を踏ませる
  i (語が) 韻を踏む
odliadur (-on) *m* 押韻辞典
odrif (-au) *m* [数学] 奇数
odrwydd *m* 1.風変わり, 奇異 2.[数学] 奇数の同等 (2で割り切れない)
ods *pl* 1.(競技などで弱者に与える) 有利な条件, ハンディキャップ; 優劣の差 2.[競馬] 掛け率, オッズ: rhoi ~ (賭などで) 歩を与える 3.見込み, 可能性; 勝算, 勝ち目: ~ hir 低い確率 [可能性]; ~ cyfartal 五分五分の勝ち目 [差異]
odyn (-au) *f* (窯業製品の焼成 [か焼, 焼結] に用いる) 窯, 炉: ~ galch (odynau calch) 石灰窯
odyn-sych *a* 炉で乾かす
odyn-sychu *t* 炉で乾かす
oddeutu *prep* …の回りに
  ad およそ, 約: ~ cant およそ100
oddf (-au) *m* 1.[植物] (ユリ・タマネギ・チューリップなどの) 鱗茎, 球根 2.[電気] 電球 3.[解剖] 眼球
oddfog *a* [植物] 鱗茎 [球根] のある
oddi *prep* 1.[動作・移動の起点] …から: tyrd ~ wrth y ci 'na その犬から離れなさい; aeth ~ wrtho ar y drws 彼女は彼から離れて戸口

へ行った 2.[奪取]…から: fe'i cipiais ~ arno 私はそれを彼からもぎ取った 3.[送り主・発信人]…から(の): llythyr ~ wrth y gweinidog 大臣からの手紙 4.[隔たり・不在]…から(離れて): mae hi ~ cartref 彼女は家にいない; pell ~ cartref 家から遠くに

oddieithr *conj* [否定の条件を表して]もし…でなければ: ni wna ddim ~ eich bod yn gofyn iddo 彼はあなたが頼まなければ何もしないでしょう

oddieithr : oddigerth *prep* …を除いては [の外は]

oed : oedran *m* 1.(人の)年齢: canol (*m*) ~ 中年, 熟年; bod yn ugain mlwydd ~ 20歳です; faint yw ei ~?, beth yw ei ~? 彼は何歳ですか?; oedran cydsinio [法律]承諾年齢 2.一生

oed (-au) *m* 1.(日時・場所を決めての会合・面会・診察などの)約束, 取り決め, 予約 2.(特に, 恋人同士の)会合の約束, 待ち合わせ, 逢い引き, ランデヴー: ~ cariadon 愛人の密会; cadw ~ 会合の約束を守る 3.会合; 会合の場所, 密会所

oedfa (-on) *f* 礼拝: ~'r bore 朝の礼拝

oedi *t* (会・討議などを)延期[延会, 散会, 休会]する
i 1.長居する 2.(食事・仕事などに)手間取る, だらだら[ぐずぐず]する, 遅れる: ~ uwchben pryd o fwyd だらだらと食事する

oediad (-au) *m* 1.延期; 延会, 散会, 休会 2.時間のずれ, 遅れ, 遅延

oediog *a* ぐずぐず[ぶらぶら]する

oedolyn (-ion) *m* 大人, 成人

oedrannus *a* 老齢[初老]の, 老いた: gwraig ~ *f* 老婦人

oedwr (-wyr) *m* : **oedwraig (-agedd)** *f* ぐずぐず[ぶらぶら]する人, 手間取る人, のらくら者, 遅延者

oeddi *i* [beの3人称単数過去](状態): braf oedd cael eu gweld nhw 彼らに会えてよかったです

oel (-iau, -ion) *m* 油: ~ iro; ~ treuliau 潤滑油; ~ lard ラード油

oelio *t* (油を塗る[差す]

oeliog *a* 1.油を引いた[差した] 2.酔っ払った

oen (ŵyn) *m* 1.子羊 2.[料理]子羊肉: ysgwydd ~ 子羊の肩肉

oena *i* (雌羊が)子羊を産む

oenaidd *a* 子羊のような

oenig *mf* 雌の子羊

oenyn *m* 子羊

oer (-ion) *a* 1.(天候・風など)寒い, 冷たい, 冷え冷えする: mae hi'n ~ 寒い; ffrynt (-iau) ~ *m* [気象]寒冷前線; ystafell (-oedd) ~ *f* 冷蔵室 2.(態度など)冷淡な, よそよそしい, 無情な: croeso ~ *m* 冷ややかなもてなし 3.(人の)寒気

がする 4.(子供の当て物遊びなどで)見当はずれで, 当たらない 5.[生理・病理](女性が)性欲のない, 不感症の

oeraidd *a* 1.(天候など)冷え冷えする, うすら寒い, 涼しい 2.(態度が)冷淡な, よそよそしい: bod yn ~ tuag at rn 人に対して冷たい 3.[生理・病理](女性が)性欲のない, 不感症の

oerder : oerni *m* 1.(天候などの)寒さ, 冷え, 寒気 2.冷淡 3.堅苦しさ

oerddrws (-ddrysau) *m* [地理]風隙

oerfel *m* 1.寒さ, 冷気, 寒気 2.悪寒, 寒け: cael ~ 悪寒を覚える, 冷え込む 3.(水などの)冷たさ; (身震いを伴う)寒気, 寒さ, 身にしみる寒さ: ffactor (*m*) ~ [生理]冷却風速

oerfelgarwch *m* 冷淡, 無情

oerfelog *a* 1.冷たい, 冷え冷えとした 2.悪寒のする

oergell (-oedd) : oergist (-iau) *f* 冷蔵庫

oeri *t* 1.(人などを)涼しくする, 冷やす, 寒がらせる; (恐怖などで)ぞっとさせる 2.(食物を)冷蔵[冷却]する; (ぶどう酒などを)冷やして出す 3.(熱意・意気などを)くじく; (興を)冷ます 4.[冶金](溶けた金属を)凝固凝固させる
i 1.冷える, 寒く[涼しく]なる 2.寒けを覚える; ぞくぞくする 3.(人が)冷淡にする 4.[冶金]急冷凝固する

oerllyd *a* 1.(人が)冷淡な, 冷ややかな, よそよそしい, 堅苦しい 2.(天候など)涼しい, 薄ら寒い

oernad (-au) *f* 泣き叫び, 泣き叫ぶ声, わめき声

oernadu *i* 1.泣き叫ぶ[わめく], 怒号する 2.嘆き悲しむ 3.大笑いする 4.(犬などが)遠吠えする

oernadus *a* (風などが)吠える, 唸る

oernadwr (-wyr) *m* : **oernadwraig (-agedd)** *f* 1.わめく[泣き叫ぶ]人 2.吠える動物

oerni *m* 1.(態度などの)冷淡, 無愛想, よそよそしさ, 無情 2.(水・空気などの)冷たさ, 冷気, 寒さ, 寒気 3.[病理](女性の)不感症

oerwr (-wyr) : oerydd (-ion) *m* 1.冷たくする人 2.冷却器, クーラー 3.(米)冷蔵庫 4.刑務所 5.(摩擦熱を下げるための, また内燃機関・原子炉などの)冷却液[剤], クーラント

oes (-au, -oedd) *f* 1.時代, 時期, 年代: ~ arwrol [考古]英雄時代 (Troy滅亡前のギリシャ史詩時代); yr ~ niwclear 核時代; O~ Elisabeth エリザベス女王時代 (1558~1603); O~ y Cerrig [考古]石器時代 2.寿命, 一生, (一生の)一時期, 一代, 世代: o ~ i ~ 世々, 代々; yn ~ oesoedd いつまでもいつまでも, 永遠に; para am ~ 一生もつ 3.[しばしば*pl*]長い間[年月]: bûm yn ~ am oesoedd 私は長い間待った

oes *i* 1.[存在を表すthere isの形で]…がある[がいる]: [否定文]nid ~ neb yma ここには誰

oesol 448 **offerynnwr**

もいません; nid ~ dynion yn gweithio yma こ
こで働いている人はいません 2.[物質的所有]
持っている, 所有する: nid ~ ganddo(ddim)
arian 彼は金を持っていません; nid ~ gennyf
lyfr 私は本を持っていません 3.[疑問文](a)~
yma bobol?, (a) ~ 'na rywun gartref? 誰か
在宅していますか? 4.[否定の関係詞] dyma
dŷ nad ~ neb yn byw ynddo, lle nad ~ neb
yn byw ここに誰も住んでいない家があります
5.[条件節]os ~ rhywfaint/peth/un ar ôl も
し何か残っていたら; os nad ~ dim ar ôl, os
nad ~ un ar ôl も し何も残っていなければ

oesol a 長年の, 古来の, 大昔からの

ofer a 1.(人・生活など)浪費する, 放蕩[道
楽, 贅沢]な 2.(話など)根拠のない, くだらな
い, 無駄な: siarad ~ 無駄話 3.(望み・自慢・
勝利など)無益[無効]な, 骨折り損の:
ymdrechion ~ 無駄骨折り, 徒労 4.(努力な
ど)効果のない, 役に立たない, 無駄な: yn ~
無駄[徒]に, 空しく 5.空虚な, 中味のない, つま
らない

ofera t 1.(時間を)遊んで過ごす, 空費する 2.
(財産などを)浪費する
i 1.怠けて[遊んで, のらくらして]いる 2.ぶらつ
く

oferedd m 1.放蕩 2.無益, 無駄, 無用

ofergoel (-ion) : **ofergred (-au, -oau)** f
迷信; 迷信的行為[慣習]

ofergoeledd m : **ofergoeliaeth** f 迷信深
さ, 御幣担ぎ

ofergoelus a 1.迷信の 2.迷信深い

oferôl (-s) mf(婦人・子供などが衣服の上に
着る)上っ張り, 仕事着

oferwr (-wyr) m : **oferwraig (-agedd)** f
1.浪費者, 道楽者; 放蕩息子 2.怠け[のらくら]
者

ofn (-au) m 1.恐れ, 恐怖, 不安: mae arna' i
~ llygod 私はハツカネズミが非常に怖いです
2.恐怖[不安, 畏敬]の的[種, 原因]: yr oedd
ar bawb yn y pentre ei ~ 彼は村民の恐怖
の的であった 3.(神に対する)畏怖, 畏敬: ~
Duw 神に対する畏怖

ofnadwy a 1.恐ろしい, 身の毛のよだつ 2.非常
に悪い; ぞっとするような; ぞっとするほど嫌な,
実にひどい[まずい]: mae'n un diflas ~ 彼は
恐ろしく退屈な人だ; llanast ~ ひどい混乱

ofnadwyaeth f : **ofnadwyedd** m 恐れ[畏
敬の念]を引き起こす特質

ofni t 1.恐れる, 恐がる 2.…を考えると怖くなる
i 心配する, 気遣う

ofnog a 恐れて, 怖がって, 心配して

ofnus a 内気[臆病, 小心]な, おずおずした

ofnusrwydd m 内気, 臆病, 小心; 神経過敏;
恐怖心

ofwl (-au, ofylau) m [生物]小卵

ofwm (ofa) m [生物]卵; 卵子

ofydd (-ion) m : **ofyddes (-au)** f[ウ文](吟
唱詩人に関する知識を学び吟唱詩人たちの会
議によって認められたウェールズの)吟唱詩人

ofylaidd a [生物]卵子の

ofyliad (-au) m [生物]排卵

ofyliadol a [生物]排卵の

ofylu i [生物]排卵する

offal m 屑肉, 臓物

Offa m オファ(? ~ 796; Anglo-Saxon時代の
マーシア(Mercia)王国の王(757-96); 今の
ウェールズとの間に防塁(dyke)を築いた):
Clawdd (m)O~ オファの防塁

offeiriad (-iaid, -on) m 1.[カ教・英教・東
教]司祭 2.[英教]聖職者, 牧師

offeiriades (-au) f(キリスト教以外の)尼僧,
女祭司

offeiriadaeth (-au) f 1.聖職, 司祭職 2.聖職
の身分[地位, 職能] 3.[集合的]聖職者(た
ち)

offeiriadol a 1.聖職者[司祭]の 2.聖職[司
祭]制の

offeiriadolaeth f 1.祭司主義, 聖職[司祭]
主義 2.聖職[司祭]制 3.聖職者の慣行 4.聖
職尊重主義

offeiriadoli t 1.聖職制にする, 聖職尊重主義
にする 2.聖職制(主義)に従わせる

offeiriadolwr (-wyr) m 聖職制主義者, 聖
職尊重奉論者

offeren (-nau) f[教会]ミサ; ミサ聖祭: canu ~
(聖職者が)ミサを行う

offeru t 1.[製本](表紙を)押し型で装飾する
2.(物を)道具を用いて作る 3.(米)(工場など
に)機械を設備する

offerwr (-wyr) m 1.道具を使う人 2.道具を作
る人; 工具製作工

offeryn (-nau, offer) m 1.道具, 工具, 用具,
器具, 器械: offer peiriannol 工作機械(旋
盤・フライス盤など); ~ manwl gywir 精密器
械 2.楽器: ~ cerdd 楽器 3.手先, お先棒 4.男
根, ペニス 5.銃 6.[法律]証書, 文書, 書類,
証券: ~ negodol [商業]流通証券(為替手
形・小切手・約束手形など)

offeryniaeth (-au) f 1.[音楽]楽器法; 管弦楽
法 2.器具[器械]使用 3.[哲学](概念)道具
[器具]主義

offeryniaethol a [哲学](概念)道具[器具]
主義の

offeryniaethwr : **offeryniaethydd**
(-wyr) m [哲学](概念)道具[器具]主義
者

offerynnol a 1.道具の, 道具になる 2.[音楽]
楽器(用)の 3.[文法]助格の; (格文法の)具
格の: cyflwr ~ 助格

offerynnu t[音楽](楽曲を)器楽用に編曲す
る

offerynnwr : **offerynnydd (-wyr)** m :

offrwm / **ôl-ddyled**

offerynwraig (-agedd) *f* 器楽家

offrwm (-ymau) : **offrymiad (-au)** *m* 1.(神への)奉納, 献納; 奉納物, 供物 2.神に生贄を捧げること; 生贄, 捧げ物 3.犠牲(物) 4.(教会への)献金; 進物, 贈り物: ～ ewyllysgar/ gwirfodd[キ教]自由[任意]献金 5.(教会で献金の間に奉唱する)献財頌; 献金式 6.[キ教](パンとぶどう酒の)奉献; 奉献文[唱]

offrymu *t* 1.(神に)祈りを捧げる; (動物などを)生贄として捧げる 2.犠牲にする

offrymwr (-wyr) *m* : **offrymwraig (-agedd)** *f* 奉納者, 生贄を捧げる人

offthalmia *m*[眼科]眼炎

offthalmig *a* 1.目の 2.眼炎の

offthalmoleg *f*[医学]眼科学

offthalmolegwr : **offthalmolegydd (-wyr)** *m* 眼科医

offthalmosgop (-au) *m*[眼科]検眼鏡

og (-au) *f* : **oged (-au, -i)** *m*[農業]まぐわ, ハロー: dan yr og 苦しんで, 絶えず脅かされて

ogedu *t*[農業](畑の土を)まぐわでならす

ogfaenen (ogfaen) *f*[植物](野)バラの実

ogof (-âu, -eydd) *f* 洞穴, 洞窟; 地下の(大)洞窟, 鍾乳洞: celfyddyd (*f*) yr ogofâu (主に南フランスや北スペインの後期旧石器時代の)洞窟壁画

ogofaidd : **ogofog** *a* 1.洞窟の多い 2.洞窟に似た[を連想させる] 3.(声など)うつろに響く

ogofäwr(-awyr) *m* : **ogofäwraig(-agedd)** *f* 洞窟探検家[研究者]

ogofeg *f* 洞窟学

ogofegol *a* 洞窟学(上)の

ogofegwr : **ogofegydd (-wyr)** *m* 洞窟学者

ogofol *a* 1.洞窟の(ような) 2.洞穴に住む, 穴居の 3.(目・頬など)落ち凹んだ, こけた

ogofwr (-wyr) *m* : **ogofwraig (-agedd)** *f* 洞窟探検家

ogylch *prep* …のあたりに[近くに]: amgylch ～ あたり一面に

ongl (-au) *f*[数学]角(度): ～ fain (onglau meinion), ～ lem (onglau llymion) 鋭角; ～ gywir (onglau cywir) 直角; ～ awr[天文]時角

ongli *t* 1.(ある角度に)曲げる 2.[機械](管などの)オフセットを形成する
i(斜めに)曲がる

onglog *a* 1.角のある; 角を成した; 斜めの 2.[数学]角(度)の: pellter ～ *m* 角距離 3.[物理]角度で計った 4.(顔・体が)角張った, 骨張った, 痩せこけた 5.(岩など)鋭い, 角のある

onglwr (-wyr) : **onglydd (-ion)** *m*[数学・測量]分度器

oherwydd *conj* 1.何故なら, という訳は 2.…だから[なので]: cyrhaeddodd yn hwyr ～ iddo golli'r trên, ～ ei fod wedi colli'r trên 彼は

列車に乗り損なったので, 遅れて到着した
prep …のために

ohm (-au) *mf*[度衡・電気]オーム(電気抵抗の単位)

ohmedd *m*[電気]オーム数(オームで表した抵抗値)

ohmig *a*[電気]抵抗の

ôl (olion) *m* 1.印, 跡, 痕跡: ～ ergyd 殴打の跡 2.(動物・人などが通った)跡, 足跡: ～ troed (olion traed) 足跡; ～ bys (olion bysedd) 指紋; cuddio'ch ～ 足跡をくらます; 意図[行動]を秘密にする 3.(消滅した物の)跡, 痕跡, 形跡, 名残 4.徴候, 証拠特色: ～ henaint 老齢の兆し 5.影響, 感化: gadael eich ～ ar rth 何かに影響を残す 6.成功, 有名, 名声: gwnaeth ei ～ yn y theatr 彼は演劇界で成功した 7.[通例否定語を伴って]ほんの少し(も…ない) 8.(船・車などの通った)跡: わだち, 航跡 9.通り道, 進路, 通路, 航路 10.(彗星・ロケットの)尾, 軌道 11.(雲・煙などの)たなびき 12.[狩猟](猟犬が追う獲物の)臭跡 13.yn ～ disgwyl 予定通り; deng mlynedd yn ～ 10年前に
a 1.背後[後方, 後部, 後ろ]の; 裏(手)の; sedd ～ (seddau ～)後席; dant (dannedd) ～ *m* 奥歯; coesau ～ (獣の)後脚; ～-ymennydd (～-ymenyddiau) *m*[解剖]後脳; pen (penolau) ～ *m*, rhan (-nau) ～ *f* 後部; taflun (-iau) ～ *m*[映画・テレ]バックグラウンドプロジェクション, 背景投写[映写]; fenestr (-i) ～ *f* 裏窓 2.遠い, 奥の, 辺鄙な, 未開の 3.前の, 既往の; (雑誌など)既刊の 4.滞った, 未納の 5.[音声]後舌の[で発音される] 6.[ゴルフ](18ホール中の)後半の9ホールの

olaf *a* 1.(時間・順序が)最後[最終]の; 生涯の終わりの, 臨終[告別]の; 終末の: yr eneiniad ～ 死者に対する告別の儀式及び祈禱; 臨終の人に施される秘跡: y Farn O～ 最後の審判; yr ～ ond un 最後から2番目 2.[the last to do または関係詞節を伴って]決して[最も]…しそうもない: fi fyddai'r ～ i gwyno 私としては決して不平を言いたくないのだ 3.[時を表す名詞の前に用いて]すぐ[この]前の, 昨[先, 去る]…: fy tro ～ imi ei gweld hi この前彼女に会ったのは 4.[海事](船の)最後部の
m 1.最後, 結末 2.最期, 臨終: dyna'r tro ～ i mi ei weld それが彼の見納めです

ôl-doriad (-au) *m*[言語]語尾(音)消失

ôl-dywyn : **ôl-dywyniad (-au)** *m* 1.夕焼け, 夕映え 2.楽しい思い出; 名残

ôl-ddodi *t*[文法]接尾辞として付ける

ôl-ddodiad (-iaid) *m*[文法]接辞, 接尾辞

ôl-ddodiad (-au) *m*[文法]接尾辞添加

ôl-ddodol *a*[文法]接尾辞の

ôl-ddyddiedig *a*[図書]事後年紀の

ôl-ddyled (-ion) *f* 1.(仕事・支払金の)遅れ, 滞り: mewn ～(支払が)遅れて, 滞って; (仕

ôl-ddyddio 事が)遅れて 2.支払残金,延滞金

ôl-ddyddio t 1.(手紙・小切手などの)日付を実際より遅らせる 2.(時間的に)…の後に来る

oleg (-au) f 科学,学問

olew (-au, -on) m 1.(各種の)油: ~ sanctaidd [キ教] 聖油; ~ iro 潤滑油; ~ olewydd オリーヴ油 2.石油: ~ crai 原油; maes (meysydd) (m)~ 油田; taro ar ~, cael hyd i ~ 油脈を掘り当てる;(投機で)山を当てる;(新企業などが)当たる 3.[通例pl]油絵の具: paentiad/peintiad (m)~ 油絵

olewydden (olewydd) f[植物] オリーヴ(の木)

olgert (-i) f(自動車などの)付随車

ôl-groesiad (-au) m[生物] 戻し交配 [交雑]

olif (-au) f[植物] オリーヴの実

oligarch (-iaid) m 寡頭政治の独裁者

oligarchaidd a 寡頭 [少数独裁] 政治の

oligarchiaeth (-au) f 寡頭政治

olin (-au, -iau) f(自動記録器の)記録,トレース

ôl-nodyn (~-nodion) m(手紙の)追伸(略 O.N.)

ôl-ofal m 1.[医学]病後 [産後] の手当 2.(非行少年・犯罪者などの)刑期満了後などの)補導,更生指導

oloroso (-s) m オロローソ(スペイン産の甘口のシェリー)

olrhain t 1.(動物などの)跡をたどる,追跡する: ~ anifail 動物を追跡する 2.(由来・原因・出所などを)さかのぼる,調べ出す: ~ eich teulu yn ôl at Lyndŵr 家族の祖先をグリンドゥールまでさかのぼって明らかにする;(行方不明者・紛失物などを)突き留める,捜し出す: ~ nwyddau colledig 遺失物を突き留める

olrhead (-au) m[言語](自動記録装置による発音の)記録

olrhead (-eaid) m 追跡犬

olrheiniwr (-wyr) m 1.追跡者 2.[狩猟](獲物を)追い詰める人,追跡者

olwr (-wyr) m[スポ][サッ] バック,後衛;[ラグ] バックス

olwyn (-ion) f 1.(車の)車輪,ホイール: ~ flaen (olwynion blaen)(自動車・飛行機の)前輪,前車輪 2.~ rydd (olwynion rhydd), ~ weli (olwynion gweili)自由輪,フリーホイール(ペダルや動軸を止めても自由に回転する自転車・自動車の駆動輪及びその機構)3.(米)自転車 4.[通例pl](事を動かす)原動力,機構: mae 'na ~ mewn ~ 複雑な機構[込み入った事情]がある(cf Ezek 1:16)5.(自動車の)ハンドル;(船の)舵輪 6.~ lifanu (olwynion lifanu)砥石車;研削ホイール 7.[機械] ~ newid 換え歯車; ~ gocos (olwynion cocos), ~ ddanheddog (olwynion danheddog)歯車 8.運命の車: ~ ffawd 運命の神の車輪;運命,有為転変 9.観覧車: ~ fawr (olwynion mawr)(定期市での)大観覧車

olwyndro (-adau) m[体操] 側方転回

olwyno t[ラグ](スクラムを)回す: ~'r sgrym スクラムを回す
i 方向を変える

olwynog a 1.車輪のある 2.[通例複合語の第2構成要素として](…)車の付いた:(â) dwy ~ 二輪の

Olympaidd a 1.オリンパス山の[に住む]2.(オリンパスの神々のように)堂々とした,威厳のある 3.(古代ギリシャの)オリンピア競技の 4.(近代)国際オリンピック競技の 5.オリンピアの: Chwaraeon Olympia(古代ギリシャの)オリンピア競技; Chwaraeon/Campau O~(近代の)国際オリンピック大会

Olympiad (-au) m 1.オリンピアード,オリンピア紀(古代ギリシャの暦数の単位で,一つのオリンピア競技から次のオリンピア競技までの4年間)2.国際オリンピック大会

Olympiad (-iaid) mf 1.[ギ神] オリンパス山に住む12神の一人 2.オリンピック競技選手

olyniaeth f 1.(起こる)順序 2.連続,連鎖,続発 3.[生物] 系列 4.[生態](自然)遷移,更新 5.継承,相続: mewn ~ i rn 誰かの跡を継いで,誰かを継承[相続]して; yr O~ Apostolaidd [カト] 使徒継承; Gwladwriaethau'r O~[政治](国家分割の時,一部領土の主権を引き継ぐ)継承国家 6.相続人たち

olynol a 1.次の,次に来る 2.連続(性)の,連続する: ar dri diwrnod ~ 3日続けて 3.結果として起こる,続いて起こる 4.相続の 5.[音楽] 並行の: cyfyngau ~ 並行音程

olynu t 1.(時間・順序の点で)(…に)続く,(…の)後に来る 2.(人・地位などの)後継者となる,継承[相続]する,跡を継ぐ: olynwyd Siôr III gan Siôr IV ジョージ三世はジョージ四世によって跡を継がれた
i 続く,続いて起こる

olynwr (-wyr) : olynydd (-ion) m 1.後に来る人[もの]2.後継[継承,相続]者

ôl-ysgrif (-au) f = ôl-nodyn

oll pron 1.[複数] 全ての人々,皆: un ac ~, pawb ~ ac un ありとあらゆる人,みんな 2.[同格] 誰も,皆: nyni ~ 我々は皆 3.全ての物,万事: y peth gorau ~ 全ての中で一番よい物; yn bennaf ~ とりわけ,何よりも
a 1.[単数名詞の前に用いて] 全て [全部,全体] の,全…: Cymru ~ 全ウェールズ; trwy Gymru ~ 全ウェールズで; er hynny ~ それにもかかわらず 2.[複数名詞の前に用いて] あらゆる,全ての,皆: dynion ~ 人は皆; y rhai hyn ~ これら全て; y rhai hynny ~ それら全て; myfi biau y rhai hyn ~ これらは全て私の物です

ombwdsman 451 **ordeiniwr**

ad [the + 比較級の前に用いて] それだけ, ますます, かえって: gorau ~ i mi 私のためにそれだけよい; gwaethaf ~ i ti あなたのためにそれだけ悪い

ombwdsman (-myn) *m* オンブズマン (市民に対する役所・役人の違法行為などを調査・処理する公務員)

omled (-au) *mf* [料理] オムレツ

ond *conj* 1. [等位接続詞] [前の語・句・節と反対または対照する語・句・節を導いて] しかし, だが, けれども: gŵr cefnog ~ gonest 金持ちだが正直な人; ~ eto それにもかかわらず, しかもなお; mae hi'n ddel ~ mae hi'n ddiog 彼女は可愛らしいが怠惰だ; mae'r llyfr yn ddiddorol, ~ (ei fod) braidd yn hir その本は面白いが少々長いです 2. [it is trueなどの節の後に用いて, 譲歩の意味を表して] (なるほど) …だが: mae'n rhyfedd ~ eto mae'n wir, ~ mae'n wir serch hynny それは不思議なことだが本当だ 3. [前の否定語・句・文と対照して] (…ではなく) で: nid unwaith (yn unig) ~ dwywaith 1回だけでなく2回も; ni allaf ~ ei gredu 私はそれを信じざるを得ない 4. [通例文頭で用いて] 異議・不満を表して] でも; ~ mi 'i gwelais i e, meddaf fi wrthych chi! でも私は確かにそれを見たんだ! 5. [従位接続詞] [no one, nobody, none, nothing, anything; all, every one; whoなどの疑問詞の後に用いて] …の他に [を除いて]: pwy ~ y fi a'i gwnaiff? 私の他に誰がそれをするでしょうか?; pawb ~ hi 彼女以外は皆

prep …を除いては [の他は]: unrhyw beth ~ hynny その他のことなら何でも; nid yw'n gwneud dim ~ bwyta ac yfed 彼は飲食する以外は何もしない; collwyd popeth ~ anrhydedd 名誉の他は全て失った

onest *a* 正直な; 誠実な

onestrwydd *m* 正直; 誠実

oni : onid *conj* 1. もし…でなければ: oni wrandawodd rhaid ei fod yn dwp もし彼が聞こうとしなかったら, 彼は愚かであったに違いない 2. もし…でないとしても: 'roedd yn anodd, onid yn amhosibl それは不可能ではなかったとしても, 困難であった 3. [間接疑問の名詞節を導いて] …かどうか: gofynnodd onid oeddent wedi blino 彼は彼らが疲れていないかどうか尋ねた

ad [否定の疑問文で] …ではないですか?: onid yw bwyd yn brin? 食物が不足 [欠乏] していませんか?; onid oes Duw? 神はいませんか?; mae bara ar ôl, onid oes? パンがいくらか残っていませんか?

onis *conj* [否定の条件を表して] もし…でなければ, …でない限り: ~ gwelaf もし私が彼らを見なければ; ~ cei/cewch もしあなたがそれを得なければ

onnen (onn, ynn) *f* [植物] トネリコ

ontogenesis *m* [生物] 個体発生 (論)

ontogenetig *a* [生物] 個体発生の

ontogenydd (-ion) *m* 個体発生論学者

ontoleg *f* 1. [哲学] 存在論 [学] 2. [神学] 存在 [本体] 論

ontolegaeth *f* [哲学] 存在論主義

ontolegol *a* [哲学] 存在論の

ontolegydd (-ion) *m* [哲学] 存在論学者

onwydden (onwydd) *f* = onnen

opera (-âu) *f* オペラ, 歌劇: ~ gomig (operâu comig) 喜歌劇; ~ sebon メロドラマ

opereta (-s, operetâu) *f* [音楽] オペレッタ (軽歌劇)

opiwm *m* アヘン, 阿片: pabi (m) ~ [植物] ケシ

opteg *f* 光学

optegol *a* 1. 視覚 [視力] の 2. 光学の

optegwr : optegydd (-wyr) *m* 1. 眼鏡商 [屋] 2. 光学器械商

optig *a* 1. 目の 2. 視覚 [視力] の: llabed ~ *mf* [解剖・動物] (脳の) 視葉, 四丘休上丘

optimaidd *a* 最上 [最適] の

optimeiddiad *m* 1. [電算] 最適化 2. 最大限の活用

optimeiddio *t* 1. [電算] 最適化する 2. 最大限に活用する

optimeiddiwr (-wyr) *m* [電算] 最適化する人

optimist (-iaid) *m* (哲学上の) 楽天主義者; 楽天家

optimistaidd *a* 楽天主義の; 楽天的な

optimistiaeth *f* 1. 楽天主義 2. [哲学] 楽天 [最善] 観

optimydd (-ion) *m* = optimist

oracl (-au) *m* 1. (古代ギリシャなどの) 神託 (所): gweithio'r ~ (秘かな策略で) 自分の願う目的を達する, 成功する; 金を工面する 2. 神託を伝える人; 哲人, 賢人 3. (エルサレム神殿内の) 至誠所 (cf *1 Kings* 6:16, 19-23) 4. [聖書] 神命

oraclaidd *a* 1. 神託の (ような); 威厳のある 2. 謎めいた, 曖昧な

oraens (-ys) *m* [植物] オレンジ

oratori (-iau) *m* [キ教] 祈祷堂, (大教会または私邸の) 小礼拝堂

oratorio (-iau, -s) *f* [音楽] オラトリオ, 聖譚曲

ordeiniad (-au) *m* [キ教] 聖職授任 (式); [カト] 叙品 (式)

ordeinio *t* 1. [英教・プロ] (人を牧師に) 任命する; [カト] (司祭・助祭などに) 叙品する 2. (神・運命などがあらかじめ) 定める 3. (法律などが) 規定 [制定] する

ordeiniwr (-wyr) *m* 1. 任命者 2. [しばしばO~] [英史] 国政改革委員会 (Lords Ordainers)

ordinhad 452 **owns**

の一員: Arglwyddi Ordeinwyr 国政改革委員会

ordinhad (-au) *f* 1.法令, 布告 2.神の定め, 宿命 3.[キ教] 儀式; (特に) 聖餐式, [カト] 聖体拝領

ordnans *mf* [軍事] 1.砲, 大砲 2.兵器; 軍需品: map (-iau) (*m*) O~ 陸地測量部地図

ordor (-s) *mf* 命令, 指令

oren (-nau) *mf* : **orenshyn (orenshys)** *m* [植物] オレンジ: oren (*g*) waed (orennau gwaed) [園芸] ブラッドオレンジ, チミカン

orendy (-dai) *m* (主に寒冷地の) オレンジ栽培温室

orenwydden (orenwydd) *f* [植物] オレンジの木

organ (-au) *f* 1.[音楽] オルガン: ~ bib (organau pib) パイプオルガン 2.[解剖] 器官, 臓器

organaidd : organig *a* 1.有機体 [生物] の 2.[化学] 有機の 3.(動植物の) 臓器 [器官] の 4.[病理] 器質性の 5.(食品など) 有機肥料で栽培した 6.[法律] (国家など組織体の構造上) 基本的な, 憲法上の 7.有機 [組織, 系統] 的な: cymdeithas organaidd *f* 有機的社会

organdi *m* [織物] オーガンジー (目の透いた薄地の綿布)

organeb (-au) *f* : **oeganedd (-au)** *m* 1.有機体, 生物 2.有機的組織体 (宇宙・国家・社会など)

organydd (-ion) *m* : **organyddes (-au)** *f* オルガン奏者

orgraff (-au) *f* 1.正しい綴字法, 正書法 2.文字の綴り方

orgraffwr (-wyr) : orgraffydd (-ion) *m* 正書法学者

orgraffyddol *a* 1.[文法] 綴りの正しい 2.正字法 [正書法] の

oriadurwr (-wyr) *m* 時計屋 (製造・修理人)

oriawr (oriorau) *f* (携帯用) 時計

oriel (-au) *f* 1.(教会堂・会館などの) 中二階, 桟敷, ギャラリー 2.(法廷・議会などの) 傍聴席: O~ y Dieithriaid (下院の) 傍聴席; O~ y Wasg (下院の) 新聞 [報道] 記者席 3.(劇場の) 天井桟敷 4.画廊, 美術品陳列室 [場]: ~ gelfyddyd (orielau celfyddyd), ~ ddarluniau (orielau darluniau) 美術品展示場, 画廊 5.[海事] (昔の木造船の) 船尾展望台

orig *f* 短時間

oriog *a* 1.(人が) 変わりやすい; 気まぐれな, むら気な, 移り気の 2.不機嫌な, ふさぎ込んだ

oriogrwydd *m* 1.変わりやすい性質; 気まぐれ, むら気, 移り気 2.不機嫌

orlais (-eisiau) *m* 時計 (掛時計・柱時計・置時計など)

ornest (-au) *f* 1.決闘 2.(二者間の) 闘争

orograffeg *f* 山岳学

orograffig *a* 1.山岳の 2.山岳学の

orthograffig *a* [地理] 正射影の: tafluniad ~ *m* 正射影

os *conj* [仮定・条件を表して] もしも…ならば, …とすれば: ~ gwanaeth hyn, yr oedd ar fai もし彼がこれをしたのであれば, 彼は間違っていた; ~ wyf yn hwyr, mae'n ddrwg gen i もし私が遅刻していたら, 申し訳ありません; ~ byth y gwelwch ef, confiwch fi ato もしあなたがいつか彼に会ったら, 彼によろしく; ~ oes/bydd raid 必要なら; ~ nad yw gartref もし彼が在宅していなければ

osgiladiad (-au) *m* 1.振動 2.[物理] 振動: gorfod 強制振動 3.[電気] 発振, 電気振動

osgiladol *a* 1.振動する 2.動揺する

osgiladu *t* 1.[物理] 振動させる 2.[電気] 発振させる

osgiladur (-on) *m* 1.[電気] 発振器 2.[物理] 振動子

osgl (-au) *m* (牛・鹿・山羊などの) 角

osgled (-au) *m* [電気] 振幅: modylu (*vn*) osgledau [電工] 振幅変調

osgo *m* 1.(体・頭の) 動かし方, 物腰, 身ごなし; 姿勢, 身構え, 態度; 振舞, 挙動: gwneud ~ 気取った身構えをする 2.心的態度, 心構え 3.傾斜 (度), 勾配 4.[航空] 姿勢

osgoad (-au) *m* 回避, 逃避

osgoadwy *a* 避けられる, 回避できる

osgoi *t* (人・場所・攻撃・障害・責任・義務・仕事などを) 避ける, 回避する, よける, 逃れる

osgöwr (-wyr) *m* : **osgöwraig (-agedd)** *f* 回避 [忌避] 者

osön *m* 1.[化学] オゾン 2.(海辺などで気分を爽やかにする) 新鮮な空気

osonig *a* [化学] オゾンの (ような), オゾンを含む

osteopath (-iaid) *mf* 整骨療法家

osteopatheg *f* [医学] 整骨療法

osteopathig *a* [医学] 整骨療法の

Owain *m* [人名] オーエン (Owen) (男性名)

owns (-ys) *f* [度衡] オンス (重量の単位)

owns (-iaid, -od) *m* [動物] ユキヒョウ (雪豹)

P, p *f*(発音pi:, *pl* piau); dwy pi 2つのp; P am Pedr [電法] PはPeterのP

pa *a*[疑問形容詞]1.何の, 何という, どんな: (~) faint o'r gloch yw hi?, (~) faint yw hi o'r gloch? 何時ですか?; dywedwch wrthyf ba lyfrau a brynasoch あなたがどんな本を買ったのか教えて下さい; ~ newydd(-ion)(sydd)?, ~ rhyw nwydd/hanes? どんなニュースですか? 2.どちらの, どの: ~ un? どちらですか?; dywed ba un a welaist あなたはどちらを見たのか言って下さい; ~ liw sydd orau gennych? あなたはどの色が一番好きですか?

pab (-au) *m*[通例P~]ローマ教皇: y P~ Ioan Pawl ヨハネスパウルス[ヨハネパウロ]教皇

pabaeth (-au) *f* 1.ローマ教皇の職[地位, 任期] 2.[通例P~]教皇制度

pabaidd *a* 1.ローマ教皇の 2.カトリック(教会)の

pabeiddiaeth *f* 1.教皇制度[政治] 2.教皇至上主義

pabeiddio *t* 教皇政治化する

pabeiddiwr (-wyr) *m* 教皇制擁護者, カトリック教徒

pabell (pebyll) *f* 1.テント, 天幕: codi/gosod ~ テントを張る; pwyth (-au)(*m*)~[服飾]テントステッチ; theatr babell (thatrau ~)*f*[演劇]テント劇場 2.[しばしばP~][聖書・ユダ]幕屋(ユダヤ人がパレスチナに最期の住居を定めるまで荒野を放浪した時, 契約の箱をその中に納めて歩いた移動神殿): Gŵyl (*f*) y Pebyll [聖書]仮庵の祭

pabellu *t* テントの中に泊まらせる, テントで覆う *i* テントを張る; テントに泊まる, 仮住に宿る, 仮住まいする

pabellwaith *m*[建築]天蓋造り

pabi (pabïau) *m*[植物]ケシ

pabwyra *t* イグサを刈り取る

pabwyryn (pabwyr) *m* 1.[植物]イグサ, 灯心草 2.灯心草ろうそくの芯

pabydd (-ion) *m* : **pabyddes (-au)** *f* 1.ローマ教皇礼賛者 2.カトリック教徒

pabyddiaeth *f* 教皇制度, (ローマ)カトリック教(制度), カトリック的教義[儀式]

pabyddol *a* = pabaidd

pac (-iau) *m* 1.(人が背負ったり荷馬に積んで運べるように梱包した)包み, 荷物, 束 2.(行商人が担いで歩く)荷 3.ボーイスカウト[ガールスカウト]の年少隊 4.[ラグ・サッ]前衛 5.[トラ](ト

ランプの)一組 6.[化粧](化粧)パック(美容塗布剤): ~ mwd 泥パック 7.[医学]湿布; 氷嚢: ~ oet/gwlyb 冷湿布 8.[地理]浮氷, 流氷

paced (-i) *m*(手紙などの小型・中型の)束, 包み, 荷

pacio *t* 1.(物を)包む, 梱包包装する荷造りする 2.(人・荷などを場所に)詰め込む : 'roedden nhw wedi'u ~'n glôs fel penwaig mewn halen 彼らは缶詰のイワシのようにすし詰めになっていた 3.(土を)(押し)固める 4.[商業](商品を綺麗に)包装する
i(土地・雪などが)固まる, しまる

pacrew *m* 叢氷, 流氷, パックアイス

pad (-iau) *m* 1.(摩擦・損傷よけの)当て物, クッション: ~ pen-glin 膝当て 2.(服の形を整えるための)パッド: ~ ysgwydd (padiau ysgwyddau) 肩当て, ショルダーパッド 3.スタンプ台: ~ stampio スタンプ台 4.(剥ぎ取り式筆記用紙などの)一帳, 一綴り 5.[自動車](ブレーキの)パッド

padell (-au, -i, pedyll) *f* 1.[料理](通例浅く, 蓋がなく, 長い柄の付いた)(平)鍋: ~ ffrio, ffrimpan (-au), ffreipan (-au) *f* フライパン 2.(天秤の)皿 3.(旧式の鉄砲の)火皿

pader (-au) *m* 1.[P~]主の祈り, (特にラテン語の)主禱文 2.(糸などに通すガラス・石・貝などの)ビーズ, 数珠玉 3.[*pl*]数珠, ロザリオ

padera *i*(数珠をつむぎって)祈りを唱える

padio *t* 1.(クッションなどに)詰め物をする, (衣類などに)綿[パッド]を入れる 2.(文章などを余計なことを加えて)引き伸す, 水増しする: ~ pennod 章を引き伸す 3.(馬に)鞍敷を付ける

padog (-au) *m* 1.(馬小屋近くの)小牧場, 調教用馬場 2.(競馬場の)下見所, パドック

pae *m* 給料, 俸給, 賃金, 労賃: diwrnod ~ 給料日

paent (-iau) *m* 1.ペンキ, 塗料 2.絵の具: bocs ~ 絵の具箱

paentiad (-au) *m*[美術]1.(絵の具で)絵を描くこと; 画法 2.(絵の具による)絵画, 油絵: ~ olew 油絵画法; 油絵

paentiedig *a* 1.彩色した 2.絵の具[ペンキ]を塗った

paentio *t* 1.ペンキを塗る; (…色に)塗る: ~ rhth yn goch 何かを赤色に塗る 2.(絵の具で)描く, 油絵で描く

paentiwr (-wyr) *m* : **paentwraig (-agedd)** *f* ペンキ屋, 塗装工

pafiliwn | 454 | **pall**

pafiliwn (-iynau) *m* 1.(クリケット競技場などの) 付属建物 (観覧席・選手席などに使う) 2.(博覧会の) 展示館, パヴィリオン 3.大型テント (草花品評会・余興などに使う) 4.(庭園・公園などの) 休憩所, 東屋, 亭

pafin (-au) *m* 1.(舗装した) 歩道, 人道 2.舗道 3.舗装 4.舗装材料 5.[通例*pl*](舗装用) 敷石

paffio *i* ボクシングをする

paffiwr (-wyr) *m* ボクサー

pagan (-iaid) *m* : **paganes (-au)** *f* 1.(キリスト教・ユダヤ教・イスラム教を信じない) 異教徒 2.(古代ギリシャ・ローマの) 多神教徒 3.無宗教者

paganaidd *a* 1.異教 (徒) の 2.無宗教 (者) の

paganeiddio *t* 異教徒にする; 異教化する

paganiaeth *f* 1.異教 2.異教 (信仰) 3.無宗教

pang (-au) *m* : **pangfa (-feydd)** *f* (体の) 激痛, 疼き

paham *ad* [疑問副詞] なぜ, どうして, どんな理由で: ~ nad ei di? あなたはなぜ行かないのですか?; ~ na ddywedaist ti (ddim)? あなたはなぜそう言わなかったのですか?
m 理由, 訳

paill (peilliau) *m* [植物] 花粉: cyfrifiad (-au) (*m*) ~ 花粉数

pair (peiriau) *m* 1.大釜, 大鍋: y P~ Dadeni [ウ神] 再生の大釜 2.るつぼ(人種・文化など種々の異なった要素が融合・同化される場所 [状態]) 3.厳しい試練 4.[冶金] るつぼ

pais (peisiau) *f* 1.ペティコート (装飾的なラッフルやレースの付いた女性用の下スカート) 2.[*pl*](下スカートを用いた) 幼少 [子供] 時代: 'rwy'n ei 'nabod ers pan oedd yn ei beisiau 私は彼をまだほんの子供の時分から知っている 3.(紳士・男児用の) 短いスカート 4.婦人, 女: llywodraeth (*f*) y bais (家庭内の) 女 [嬶] 天下; 婦人政治 5.[紋章] (盾形の) 紋章: ~ arfau 盾形の紋章

paith (peithiau) *m* [地理] 1.(米国 Mississippi 川中流域の) 大草原, プレーリー: llygoden (llygod) (*f*) y ~, twrlla (*m*) 'r [動物] プレーリードッグ 2.[通例*pl*](米国, 特にアルゼンチンの樹木のない) 大草原, パンパス 3.(南東ヨーロッパからアジア西部にある) 大草原 (地帯), ステップ 4.草地, 牧草地

pâl (palau) *f* 1.[農具] 踏鋤: troed (*f*) bâl (traed palau) [家具] 踏鋤に似た方形の先細りの足 (18世紀後期の家具の直線の角脚に用いられた); galw ~ yn bâl あからさまに言う, 直言する 2.[トラ] スペード: as y palau スペードのエース 3.(オールの) 扁平部

pâl (palod) *m* [鳥類] ツノメドリ (角目鳥) (ウミスズメ科の海鳥)

paladr (pelydr) *m* 1.[機械](機関のピストン

の運動をクランクシャフトに伝える) レヴァー 2.(鉾の) 幹 3.(投げ槍などの) 柄 4.(屋根から上に出ている) 煙突 5.[植物] 茎, 幹, 軸; 葉柄; 花梗: (果物の) 果柄 6.[解剖](両端が太い骨の間の) 円柱状の骨 7.[建築](円柱の) 柱身

palas (-au) *m* 宮殿

paleograff (-au) *m* 古文書

paleograffeg *f* 1.古文書学 2.古字体; 古文書

paleograffig *a* 古文書 (学) の

paleograffwr : paleograffydd (-wyr) *m* 古文書学者

paleolithig *a* [しばしば P~][考古] 旧石器時代の

palet (-au) *m* [美術] パレット, 調色板: cyllell (*f*) balet (cyllyll ~) パレットナイフ

palf (-au) *f* 1.(動物の鉤爪のある) 足, 手 2.[海事](錨の) 爪

palfais (-eisiau) *f* [料理] 肩肉

palfalus *a* 手探りしている, 暗中模索的な

palfalu *t* 手探りで進む: ~'ch ffordd 手探りで進む
i 1.手探りする 2.手探りで捜す 3.(心の中を) 探る, 暗中模索する

palfalwr (-wyr) *m* 手探りする人, 手探りして進む人

palfod (-au) *f* (平手または平たい物で) ぴしゃりと打つこと

palfodio *t* (平手で) ぴしゃりと打つ

pali *m* 絹

paliad (-au) *m* (踏鋤で) 掘ること

palis (-au, -oedd) *m* 1.仕切 (壁): ~ pren 木製の仕切 2.[建築] 羽目 [腰] 板

palisog *a* (家・部屋などを) 仕切った, 仕切 (壁) を付けた

palmant (-au, -mentydd) *m* = **pafin** : arlunydd (-wyr) (*m*) ~ 街頭画家 (舗道に色チョークで絵を描いて通行人から金を貰う画家)

palmantog *a* 舗装された

palmantu *t* (道路などを) 舗装する

palmantwr : palmantydd (-wyr) *m* 1.舗装工 2.舗装用材

palmwydden (palmwydd) *f* [植物] ヤシ (椰子): ymenyn (*m*) palmwydd ヤシ油; cranc (-od, crangod) (*m*) y palmwydd [軟体動物] ヤシガニ

palu *t* 1.[園芸](庭園を) 踏鋤で掘る 2.(地面・畑などを) 掘る, 掘起こす 3.(穴・井戸などを) 掘る, 掘って作る 4.(じゃがいもなどを) 掘る, 掘り出す: ~ tatws i'r wyneb じゃがいもを掘る 5.(肥料などを) 土を掘って埋め込む 6.[考古](埋まっている物を) 掘り出す, 発掘する

pall *m* 1.(記憶・言葉などの) ちょっとした間違い, ふとした失敗: ~ ar y cof 度忘れ 2.(正道から) 一時的に逸れること, 一時の誤ち: ~

pallu 455 **papyrws**

ffydd 背信, 背教 3.[法律](権利・特権の) 消滅, 失効

pallu *t*（いざという時に人の）役に立たない,（人を）見捨てる: mae fy nghof yn ~ 'n aml 私の記憶力は衰えてしばしば役に立たない

i 1.（健康・力などが）弱る, 衰える: mae fy nerth yn ~ 私の体力が衰えている 2.（…し）損なう,（…することが）できない 3.[法律](条件または相続人などを欠くために権利・財産などが）失効する, 無効になる

pam *ad* = **paham**

pâm (pamau) *m* 庭床

pamffled (-i) : pamffledyn *m* 1.パンフレット,（仮綴じの）小冊子 2.小論文

pamffledu *i* パンフレット[小論文]を書く, 小冊子を出版する

pamfflrdwr (-wyr) *m* パンフレット著者

pampas *pl*（南米, 特にアルゼンチンの樹木のない）大草原, パンパス

pan *conj* 1.（…する[した]）時に: ~ ddeuthum adref 私が帰宅した時に; ~ oeddwn yn ifanc 私が若かった時に 2.[関係副詞][制限的用法]: y diwrnod ~ gyfarfûm â thi 私があなたに会った日; un diwrnod ~ oeddwn yno 私がそこにいたある日

pan : panedig *a*[織物](毛織物を）縮充した

Panama : Panamâ *f*[地理]パナマ（中米の共和国; 首都Panama（City））

Panamaidd *a* パナマ人の

Panamiad (-iaid) *mf* パナマ人

panasen (pannas) *f* 1.[植物]パースニップ, アメリカボウフウ 2.パースニップの根（食用）

pancosen (pancos) *f*[料理]パンケーキ

pancreas (-au) *m*[解剖]膵臓

pandy (-dai) *m*（毛織物の）縮充機; 縮充工場

panel (-au, -i) *m* 1.パネル（ドア・壁などの）一仕切り;（羽目板の）鏡板, 入り子: twymo â phaneli パネルヒーティング, 輻射暖房 2.（スカートなどの衣服に使う縦にはぎ合わせる）布切れ 3.[絵画](カンヴァス代用の）画板; パネル画 4.[写真]パネル版 5.[機械]パネル計器板 6.（討論会・座談会などに予定された）講師団; 審査員団;（特定問題などの）研究班 7.[テレ・ラジオ](クイズ番組などの）解答者の顔ぶれ（通例3~4人から成る）: gêm（*f*）banel（gemau ~）レギュラー出演者で放送するクイズ番組 8.健康保険医名簿: meddyg（-on）（*m*）~ 名簿に登録されている健康保険医 9.curwr（-wyr）（*m*）paneli（事故を修理する）板金工

panelog *a* パネル[鏡板]をはめた

panelu *t*（壁・天井などに）パネル[鏡板]をはめる

panelwr (-wyr) : panelydd (-ion) *m* 1.パネルディスカッション出場者 2.（クイズ番組の）解答者

panio *t*[映画・テレ](カメラを）パンする, 左方または右方に水平回転させる

i（カメラが）左右に動く, パンする

panlwch *m* 1.（昔用いた）インクの滲み止め粉 2.色粉

pannu *t*[織物](毛織物を）縮充する

pannwl (panylau) *m* 1.（地面の）小さな窪み 2.（水面の）さざ波 3.（ゴルフボール表面の）小さな窪み 4.[地理](地盤の）陥没, 窪み, 窪地, へこみ

pannwr (panwyr) *m*[織物](毛織物の）縮充工

panorama (-âu, -s) *mf* 1.遮る物なく展開する眺望, 全景 2.（問題などの）概観 3.絶えず変化する光景 4.パノラマ, 回転画

panoramig *a* 1.パノラマ（式）の 2.概観的な

pant (-iau) *m* 窪地, 盆地

pantio *t* 1.くり抜く, えぐる 2.くり[掘]抜いて作る 3.えくぼを生じる 4.へこませる 5.さざ波を起こす

i 1.うつろになる 2.（土地が）低下[沈下]する 3.えくぼができる 4.へこむ 5.さざ波が立つ

pantiog *a*（頬・目など）こけた, 窪んだ

pantle (-oedd) *m* = **pant**

pantis *pl*[服飾](婦人・子供用）パンティー, パンツ

pantomeim (-iau) *m* おとぎ芝居, パントマイム（クリスマス期に演じる芝居）

pantry (-ïau, -ïoedd) *m* 1.（家庭の）肉や他の食料の貯蔵室[戸棚]2.（ホテルなどの）食器室 3.（ホテルなどの）冷凍食品貯蔵室

pantheist (-iaid) *mf* 1.汎神論者 2.多神教信者

pantheistaidd *a* 1.汎神論の 2.多神教の

pantheistiaeth *f* 1.[哲学]汎神論, 万有神教 2.多神教

panylog *a* さざ波の立つ

panylu *t&i* = **pantio**

papur (-au) *m* 1.紙: ~ llyfn/sglein アート紙; ~ blotio/sgno 吸取り紙; ~ llwyd（茶色の）包装用紙; ~ drafftio 製図用紙; ~ sidan 薄葉紙; ティッシュペイパー 2.書類, 文書 3.[教育]試験問題, 答案; ~ alholiad 試験問題 4.新聞（紙）

a 1.紙（製）の: teigr（-od）~ *m* こけおどし, 張子の虎 2.紙のような, 薄い, 脆い 3.名目だけの, 空論の

papuraidd *a* 紙の（ような）; 薄い

papurfrwynen (papurfrwyn) *f*[植物]パピルス, カミガヤツリ

papuro *t* 1.（壁・部屋に）壁紙を張る 2.（紙で）覆う, 包む

papurwr (-wyr) *m* : **papurwraig (-agedd)** *f* 壁紙張り職人, 経師[表具]師

papuryn (-nau) *m* 一枚の紙

papyrws (papyri) *m* パピルス[カミガヤツリ]の髄で作った書写材; 古代エジプト・ギリシャ・

pâr ローマで用いた

pâr (parau) *m* 1.(同種の対を成す物の)一対, 一組, 二つ: ~ o ddillad[服飾]スーツ; triphar *m*(靴・ソックスなど)3足 2.(対応する二部分から成り, 切り離せない)一つ, 1個, 一丁;(ズボンの)一着 3.一組の男女,(特に)夫婦: ~ priod 夫婦 4.(動物の)一番, 一緒に繋がれた2頭の馬: cerbyd a phâr 二頭立て馬車 5.(対の物の)一方, 片方;(靴・手袋などの)片方 6.[トラ]ペアー: ~ rheiol 同位札3枚 7.[スポ](漕艇など)二人の一組, ペアー: mewn parau, yn barau 二つ[二人]一組に成って

par *m* 1.[ゴルフ]パー 2.[商業]平価為; 替平価: ~ cyfnewid 為替平価; at bar(株が)額面価格[額面高]で;(通貨が)平価で

para *i* 1.(時間的に)続く, 継続する 2.存続する 3.持ちこたえる; 持ちがよい; 長持ちする, 持続する: mae'n rhy dda i bara それは余り良すぎて長持ちしない(善人過ぎて若死) 4.我慢する

parabl (-au) *m* 1.発話, 発声 2.話す能力, 言語能力, 発表力: colli'ch ~口がきけなくなる 3.話し振り 4.[言語]発話

parablu *t*(言葉・言語を)話す: mae hi'n ~ Ffrangeg fel Ffrances 彼女はフランス語をフランス人のように話す

paradocs (-au) *m* 1.逆説, パラドックス 2.辻褄の合わない事情

paradocsaidd *a* 1.逆説の, 逆説的な 2.逆説を好む, 屁理屈を言う 3.普通でない

paradwys (-au) *f* 1.[神学][P~]天国, 極楽 2.[P~]エデンの園: y Baradwys Ddaearol(天上の楽園に対して)地上の楽園; byw mewn ~ ffwr 儚い幸福を夢見る; aderyn (adar)(*m*) P~[鳥類]極楽鳥 2.楽園, 絶好の場所 4.安楽, 至福

paradwysaidd *a* 天国の(ような); 至福の

paraffîn : paraffin *m* 1.[化学]パラフィン; 石蝋(固形パラフィン): cwyr(*m*) ~ 固形パラフィン 2.灯油: lamp(*f*) barffin(lampau paraffin) 石油ランプ

paraffinio *t* 1.パラフィンで処理する 2.パラフィンを塗る

paragraff (-au) *m* 1.(文章の)節, 段落, パラグラフ 2.(新聞・雑誌などの)小記事, 短評 3.[印刷]段落標

paragraffaidd *a* 1.節の, 節に分けた 2.小記事の

paragraffu *t*(文章を)節[段落]に分ける

paragraffwr : paragraffydd (-wyr) *m*(新聞の)小記事の執筆者

paralacs (-au) *m*[天文]視差

paralactig *a*[天文]視差の

paralel (-au) *m* 1.平行線[物]2.(類似を示すための)比較 3.[地理]緯線 4.[電気]並列回路 *a*(二つ(以上)の線[列])が平行な; 並行する: feis baralel *f* 顎の平行な万力

paralelogram (-au) *m*[数学]平行四辺形

parasol : parasôl (parasolau) *m*(婦人用)日傘, パラソル

paratoad (-au) *m* 1.(食べ物などの)準備[用意, 支度]2.[通例*pl*]準備万端, 用意の手はず 3.[教育]予習 4.[音楽]予備(音)

paratoadol : patratoawl *a* 1.準備[予備]の 2.(大学への)入学準備の

paratoi *t* 1.準備[用意, 支度]する 2.(食事を)用意する: ~ bwyd(食事などを)調理[準備, 用意]する

parc (-au, -iau) *m* 1.公園: ceidwad(*m*) ~ (ceidwaid pareiau)公園管理者 2.(地方大邸宅を囲む)私園, 大庭園 3.国立公園 4.サッカー競技場 5.自動車駐車場 6.[軍事]軍需品集結所

parca (-s) *m*[服飾]1.パーカ(イヌイットが着るフード付き毛皮製ジャケットまたはプルオーヴァー)2.パーカ(防水・防風性布地で作られたフード付きスポーツ用ジャケット)

parcdir (-oedd) *m* 1.(地方の大邸宅周囲の)緑地 2.公園に敵した土地, 公園用地

parcio *t*(自動車を)駐車する: dim ~[掲示]駐車禁止

parch *m* 1.尊敬, 敬意, 崇敬: arwydd (-ion) (*m*) ~ 尊敬の印; gyda phob dyledus barch i chi お言葉ではございますが, 失礼ながら 2.尊重, 重視: ~ at y gyfraith 法を尊重すること; 注意, 関心

parchedig *a* 1.尊敬すべき, 崇めるべき, 尊い 2.うやうやしい, 敬虔な: ~ ofn 畏れ崇める心 3.[キ教]聖職者[牧師]の: y ~ *m* その聖職者[牧師]4.[P~](聖職者の敬称または呼掛けに用いて)…師:(deanは)y Tra Pharchedig,(archbishopは)y Parchedicaf,(bishopは)y Gwir Barchedig

parchedigaeth *f* : **parchedigrwydd** *m* 1.尊敬, 崇敬, 敬意 2.[通例your[his] P~で, 聖職者の敬称または呼掛けに用いて]尊師: Eich Parchedigaeth 尊師

parchu *t* 1.尊敬する, 崇める: mae pawb yn ei pharchu hi 彼女は全ての人々から尊敬されている 2.重んずる, 尊重する

parchus *a* 1.尊敬する, 崇める 2.うやうやしい, 敬虔な 3.(他人に対して)敬意を表する, 丁重な 4.(社会的に認められている水準や品性を持つ)ちゃんとした, まともな: pobl ~ まともな人々 5.(服装・身なりなどが)きちんとした, 見苦しくない, 上品な 6.(数量・質など)かなりの, 相当な

parchusrwydd *m* 1.(社会的に)ちゃんとしていること, 品行方正, 人格高潔 2.体面, 世間体

parchwr (-wyr) *m* 人を差別待遇[えこひいき]する人

pardwn (pardynau) *m* 1.[法律]恩赦, 特赦; 恩赦状 2.容赦, 勘弁: begio'ch ~?(1)[上

pardynwr 昇調で〕もう一度言って下さい;(2)〔上昇調で〕失礼ですが(相手と意見を異にした場合に自説を述べる時,または見知らぬ人に話しかける時);(3)〔下降調で〕ご免なさい,失礼しました(思わず犯した小さな過失・無礼などに対する詫び言葉);(4)失礼します,済みません(人込みの中を通ろうとする時の丁寧な言葉) 3.〔カト〕教皇の免罪;免罪符

pardynwr (-wyr) *m*〔カト〕(中世のローマ教皇の)免罪符売り

parddu *m* 煤,煤煙

pardduo *t* 1.煤で汚す,煤だらけにする,煤で覆う 2.けなす,そしる,中傷する 3.(人格・評判などを)汚す,悪く言う

pared (parwydydd) *m* 1.仕切ること,仕切,区分 2.(室内の)(仕切)壁: darlun yn hongian ar y ~ 壁に架かっている絵

paréd (paredau) *m* 1.行列,行進,パレード 2.〔軍事〕観兵式,閲兵 3.観兵式場,閲兵場: maes (meysydd) (*m*) ~ 閲兵場

paredio *t*〔軍事〕(軍隊を)閲兵する
　i 1.〔軍事〕閲兵のため整列する 2.(列をなして通りを)行進する

parediwr (-wyr) *m*〔軍事〕行進する軍人

paredd (-au) *m* 1.〔貿易・金融〕(他国の通貨との)平価,等価 2.〔数学〕パリティ 3.〔物理〕パリティ,反転〔偶奇〕性 4.(量・質・価値など)同等であること,等価,等質,等量; 同等 5.著しい類似,同様 6.〔電算機〕: prawf (profion) (*m*) ~ パリティチェック,奇偶検査

parhad *m* 1.続けること,継続,連続; 存続 2.継続期間 3.(話などの)続き,続編 4.滞在 5.永久化

parhaol *a* 1.(時間的・空間的に)連続的な,絶え間のない,途切れない,継続する 2.永続する,永久不変の: toniad (au) ~ *m*〔理髪〕パーマ(ネントウェーブ) 3.〔文法〕継続用法の,非制限的な 4.〔音声〕継続音の

parhau *t* 1.(行動・研究・仕事などを)続ける,継続する: ~ sgwrs 会話を続ける 2.(…し)続ける 3.(中断また)続ける: i'w barhau〔ジャ〕続く,未完,以下次号
　i 1.(時間的に)続く,継続する 2.持ちがよい,長持ちする 3.引き続き〔相変わらず〕…である: ~'n ddiiedifar どこまでも強情を張る

parhaus *a* 1.永久的な,不朽の 2.間断なく続く,連続的な 3.繰返し起こる,頻繁な 4.(不平・騒音など)度々の,繰返す

parhauster *m* 1.永久,恒久不変 2.耐久〔永続〕性

parhäwr (-wyr) *m* 継続者; 継承者,引き継ぎ人

pario *t*(打撃・武器などを)受け流す,はずす
　i(動物が)番う,交尾する

parlwr (parlyrau) *m* 1.客間,居間 2.〔通例複合語を成して〕(ある種の商売・職業の)営

業所,撮影〔診察,施術〕室,…院〔店〕: ~ harddu 美容院; ~ angladdau 葬儀場; chwarae (-on) (*m*) ~ 室内ゲーム

parlys (-au) *m* 1.〔病理〕麻痺: ~ crynedig 振戦麻痺,パーキンソン病; y ~ mud 卒中 2.麻痺状態; 無力

parlysedig *a* 1.麻痺した 2.無力の

parlysol *a* 1.麻痺させる 2.無力にする 3.〔病理〕卒中(性)の

parlysu *t* 1.麻痺させる,痺れさせる 2.無力にする 3.無効にする

parod *a* 1.心構え〔覚悟,用意〕ができて: bydd (-wch) barod! 常に備えよ!(Boy〔Girl〕Scoutsの合言葉) 2.(食物など)用意〔調理〕された 3.用意〔準備〕ができて: ~ at y Nadolig クリスマスの準備ができて 4.〔命令的に用いて〕(陸上競技のスタートを告げる号令として) 用意: ar eich marc (-iau)! 位置について! ~! 用意! ewch! スタート〔ドン〕! 5.すぐ使える,便利な; 即時払いの: arian ~ *m* 現金,即金 6.喜んで…する; まさに…しようとして 7.素早い,迅速な,即座の: ffraethineb ~ 気転,頓知 8.(服など)出来合〔既製品〕の 9.(思想・意見など)受け売りの,独創性のない 10.yn barod 現在までには; その時までには

parodi (-ïau) *mf* 1.風刺〔嘲弄〕的もじり詩文,パロディー 2.下手な模倣,猿真似

parodïo *t* 1.風刺的にもじる,…のパロディーを作る 2.下手に真似る

parodrwydd *m* 1.準備,用意 2.快諾,覚悟 3.迅速,手速さ 4.喜んで〔快く,進んで〕すること

parôl *m* 1.〔法律〕仮釈放(期間) 2.〔軍事〕(釈放後も一定期間戦闘に参加しないとか逃亡しないという捕虜の)釈放宣言: ar barôl 宣誓釈放されて

parolio *t* 1.〔法律〕(囚人を)仮釈放する 2.〔軍事〕(捕虜を)宣誓釈放する

parsel (-au, -i) *m* 1.〔法律〕(広い地所の分割した)一区画,一筆の土地 2.包み,小包,小荷物: post (*m*) paeseli 小包郵便: ~ o gyfranddaliadau〔株式取引〕株券一包み

part (-iau) *m* 1.(機械・器具の)部品,パーツ: partiau sbâr 予備の部品 2.〔演劇〕(俳優の)役(割り); 台詞: ~ bwtler 執事役 3.(論争・協定などで相対立する)一方,側: cymryd ~ rhn 人の肩を持つ〔味方をする〕

parth (-au) *m* 1.〔しばしば *pl*〕(明確な限界のない広大な)地方,地域; 地帯: in y parthau hyn 世界のこの地域で 2.(部屋の)床

parthed *prep* …に関して

parthu *t*〔紡織〕…に杼道を作る

parti (-ïon, -s) *m* 1.社交会,パーティー: teparti (-s) *m*(午後の)お茶の会 2.(旅行者などの)一行,一団,一隊 3.〔法律〕紛争当事者

partïol *a*(判断・見解など)片寄った,不公平な

partisan (-iaid) *mf*〔軍事〕ゲリラ隊員,別働

[遊撃]兵, パルチザン

partisaniaeth *f* 1.党派心, 党人根性 2.偏見 3.党派的態度[行動]

partner (-iaid) *m* : **partneres (-au)** *f* 1.仲間, 連れ; 友達 2.配偶者 3.(ダンスなどの)相手, パートナー 4.(ゲーム・競技などの)相棒, 組む人 5.[商業]共同出資者, 組合員, 社員; ~ gweithredol 勤務社員; ~ segur 匿名社員 (事業に出資し利益配当を受けるが業務に関与しない社員); 同衾者; ~ iau/ieuaf, isbartneres (-au) *f* 一般社員; uwchbartner (-iaid) *m*, uwchbartneres (-au) *f* 代表社員

partneriaeth (-au) *f* 1.(仕事などの)共同, 協力 2.[法律]組合契約; 合名会社, 商社 3.組合員, 社員

partneru *t* 1.仲間にする, 組み合わせる 2.(トランプ・ダンスなどで)組む, パートナーになる

paru *t* 1.(手袋などを)一対にする, 二つ[二人]一組にする 2.(鳥などを)番わせる
i 1.(鳥・動物などが)番う, 交尾する 2.[機械](ギア・ウオームなどが他のギア・ウオームと)噛み合う 3.[議会]反対派の一人と申し合わせて採決に加わらない

parwyden (-nau) *f* (器官の)内壁, 胸壁

pas *m* [教育](試験の)合格; (大学の優等でない)普通学位試験合格

pas (-au, -iau) *m* [スポ](球技)パス: ~ ymlaen [ラグ]前方パス

pâs *m* [病理]百日咳

pasbord *m* 厚紙, ボール紙

Pasg *m* 1.復活祭, イースター: ŵy (wyau) (*m*) ~ 復活祭の(飾り)卵 2.[ユダ]過ぎ越しの祝い (cf *Exod* 12:27, *Lev* 23:5~6)

pasgedig *a* (食肉用動物が市場用に)特に太らせた, 肥育された

pasiant (-au) *m* 1.(意味のない)壮観, 美観, 虚飾, 見せびらかし 2.(歴史的な場面を舞台で見せる)野外劇, 芝居, ページェント 3.(時代衣装などを身に着けた壮麗な)行列, 練り歩き (祭などの)山車 4.(行列を思わせる事件などの)連続的進展

pasiantri *m* 1.見もの, 壮観; 華美 2.こけおどし, 虚飾 3.見世物, 野外劇

pasio *t* 1.通過する; 追い越す 2.(試験に)合格する: ~ prawf/arholiad 試験に合格する; (受験生などを)合格させる: ~ ymgeisydd 志願者を合格させる 3.(塩・胡椒などを)(手)渡す, 回す 4.(時を)過ごす 5.[スポ](ボールを)パスする: ~ pêl ボールをパスする 6.[トラ](持ち札で)賭をしない; (手品で)トランプ札を他のトランプをする人に渡す 7.(偽金などを)流通[通用]させる: ~ arian ffug 偽金を流通させる 8.[議会](法案などを)可決[承認]する: ~ mesur 法案を可決する 9.[医学](便を)出す, 排泄する: ~ dŵr 小便をする;~ gwaed 血便をする
i 1.通る, 通過する 2.(時が)立つ, 過ぎ去る

Pasiwn *m* [キ教]キリストの受難

pasport (-au, -iau) *m* 1.旅券, パスポート 2.(ある目的のための)手段, 保証

pâst (pastau) *m* 1.[料理](小麦粉などの)生地, ペースト; (魚肉・レヴァーなどの)ペースト: ~ pysgod 魚のペースト 2.[宝石](人造宝石製造用)鉛ガラス

pasta *m* [料理]パスタ

pastai (-eiod) *f* [料理]1.肉パイ, パスティ 2.パイ: ~ gig (pasteiod cig) 肉パイ; ~ bugail シェパードパイ

pasteiwr (-wyr) *m* (ホテルやレストランなどで雇われている)ペーストリー造りの職人

pastel (-au, -i) *m* [美術]1.パステル 2.パステル画(法); 淡く柔らかな色彩: lliw (-iau) ~ *m* パステル調の淡い色合い; llun (-iau) (*m*) ~, ~-lun (-iau) *m* パステル画

pastelwr : pastelydd (-wyr) *m* パステル画家

pasten (-ni) *f* = pastai 1

pasteureiddiad *m* [医学]低温殺菌法

pasteureiddiedig *a* 低温殺菌法を行なった

pasteureiddio *t* 低温殺菌法を行なう

pasteuriaeth *f* [医学]パスツール処理

pastio *t* 糊付する, 糊で貼付ける

pastiwr (-wyr) *m* 貼付ける人

pastwn (-ynau) *m* 棍棒; 打球棒; クラブ; (体操用)棍棒: pastynau ymarfer (体操用)インディアンクラブ, 棍棒

pastynfardd (-feirdd) *m* へぼ[三文]詩人

pastynu *t* 棍棒で打つ[懲らしめる]

pastynwr (-wyr) *m* 棍棒で打つ人

pat (-iau) : patiad (-au) *m* 軽く叩くこと[音]

pate (-s) *m* [料理]パテ

pati (-s) *m* [料理]1.小型のパイ 2.(米)パティ

patio *t* 軽く叩く[打つ]

patio (-s) *m* 1.(スペインやラテンアメリカで家屋の)中庭, パティオ 2.(スペイン風の家の)テラス

patriarch (-iaid) *m* 1.(初期キリスト教会で)司教の尊称 2.[通例P~][カト](ローマ教皇の次位の)総大司教 3.[通例P~](東方正教会)総主教 4.家長, 族長 5.長老, 古老

patriarchaeth *f* 家長[族長]制政治

patriarchaidd *a* 1.家長[族長]の(ような) 2.父権制(社会)の

patrôl (patrolau) *m* 1.巡回, 巡視, 警邏: mynd ar batrôl 巡回に出る; car (ceir) (*m*) ~ パト(ロール)カー 2.[軍事]巡察; 警備, パトロール]隊 3.巡回者, 巡査 4.(ボーイ・ガールスカウトの)班

patrolio *t* 1.巡回[巡視, 警邏]する 2.(街路などを集団で)練り歩く
i 巡察[巡視, 警邏]する

patrwm (-ymau) : patrwn (-au, ynau) *m* 1.模範, 手本, 典型 2.(陶器・織物などの)図

patrymlun 459 **Pedr**

案, 模様: llyfr (-au) (*m*) patrymau 柄見本帳 **3.** (思考・行動・文などの) 型, 様式, パターン: ~ masnachol 貿易の型 **4.** (服地などの) 見本 **5.** [洋裁] ある型の服飾 **6.** (服・機械部品などの) 紙型; 模型, 鋳型, 木型

a 模範の: ~ o ŵr da 模範亭主

patrymlun (-iau) *m* (金属・木・石などを切る時, または挽物細工などの型として用いる) 型板, 指形

patrymog *a* 模様[柄] の付いた

patrymol *a* 模範になる, 典型的な

patrymu *t* **1.** 模様を付ける **2.** 模範とする, 真似る **3.** (ある型・様式に従って) 作る

pathew (-od) *m* [動物] ヤマネ

patholeg *f* 病理 (学)

patholegol *a* **1.** 病理学 (上) の **2.** 精神病による **3.** 不自然な

patholegwr : patholegydd (-wyr) *m* 病理学者

pau (peuoedd) *f* **1.** 国, 国家; 国土 **2.** 本国, 祖国; 故郷 **3.** 地方, 地域 **4.** 田舎; 郊外, 田園

paun (peunod) *m* [鳥類] クジャク (孔雀): cyn falched â'r phaun 大威張りで, 大得意で

pawb *pron* **1.** 誰でも (皆), 全ての人々: fel y gŵyr ~ 誰でも知っているように **2.** [同格に用いて] 誰も, 皆: ~ ohonom 我々は皆; ~ ohonoch あなたたちは皆; ~ bron, bron bawb ほとんど全ての人々

pawen (-nau) *f* (犬・猫など鉤爪のある動物の) 足

pawennu *t* (犬・猫などが) 前足で打つ [叩く]

pawl (polion) *m* (木・金属性の) 柱, 支柱, 杭

pe *conj* **1.** [現在の事実に反する仮定] もし…ならば: hyd yn oed ~ rhoddech ganpunt i mi たとえ君が僕に百ポンドくれたとしても; ~ bai'r Wyddfa'n gaws mi fyddai'n haws cael cosyn 「もし」というのが壺や鍋であったら, 鋳掛屋の仕事はなくなるだろう (仮定を事実に変えることができたら, どんな貧乏人でも金持ちになれるだろう) **2.** [過去の事実に反する仮定]: hyd yn oed ~ byddai wedi dweud hynny, ~ dywedasai hynny たとえ彼がそう言っていたとしても

pec (-eidiau) : pecaid (peceidiau) *m* [度衡] ペック (穀物などの乾量単位; (英) 約9リットル)

peciad (-au) *m* (鳥がくちばしで) つつくこと

pecian *t* (鳥が) くちばしでつつく

Pecin *f* [地理] 北京 (Peking) (中華人民共和国の首都)

Pecinaidd *a* **1.** 北京の **2.** 北京人の

Peciniad (-iaid) *mf* 北京人

pectig *a* [生化] ペクチンの

pectin *m* [生化] ペクチン

pecyn (-nau) *m* **1.** 包み, 束, 荷物: gwyliau ~

(旅行社企画の) 運賃宿泊費など一切込みの休日旅行 **2.** (行商人の) 荷 **3.** [通信・電工] ~ pwer 電源函

pechadur (-iaid) *m* : **pechadures (-au)** *f* **1.** (宗教・道徳上の) 罪人 **2.** 悪者

pechadurus *a* **1.** (人が) 罪のある, 罪深い **2.** (行為など) 罰当たりな

pechadurusrwydd *m* 罪深さ

pechod (-au) *m* **1.** [神学] 神の掟に背くこと; (道徳・宗教上の) 罪 (業): ~ gweithredol/ gweithiol [神学・カト] 現実に犯した罪, 現行罪; ~ gwreiddiol [キボ] 原罪; y Saith Bechod Marwol [神学] 七つの大罪 (傲慢 (pride) -貪欲 (covetousness) -邪淫 (lust) -怒り (anger) -貪食 (gluttony) -妬み (envy) -怠惰 (sloth)); bwytawr (bwytawyr) (*m*) pechodau 罪食い人 **2.** (世間の習慣に対する) 過失, 違反 **3.** 罰当たりなこと

pechu *i* **1.** (宗教・道徳上の) 罪を犯す **2.** (習慣・礼儀作法などに) 背く ~ yn erbyn gweddustra 礼儀作法に背く

pedair *a* (*f* of pedwar) **1.** 4 [個, 人, 匹など] の: ~ cath, ~ o gathod 4匹の猫; y ~ geneth 4 人の少女たち; ~ gwaith 4回 **2.** 4歳で

pedal (-au) *m* **1.** (自転車・ミシンなどの) ペダル, 踏み板 **2.** (ピアノ・ハープなどの) ペダル: ~ chwith [音楽] (ピアノの) ソフトペダル

pedalu *i* [音楽] (ピアノ・ハープなどの) ペダルを踏む

pedeiran (-nau) *f* 四分の一, 四半分

pedestal (-au) *m* **1.** (柱・胸像などの) 台 (座), 柱脚 **2.** (花瓶・ランプなどの) 台 **3.** 両袖机の脚 **4.** 基礎, 根拠

pedestraidd *a* **1.** 徒歩 [歩行] の; 歩行者の **2.** (文体など) 単調 [散文的] な

pedestriad (-iaid) *mf* 歩行者

pedestriaeth *f* **1.** 徒歩 (主義) **2.** (文体など) 詩趣のなさ; 単調

pedestreiddio *t* (道路などを) 歩行者専用道路に変える

pedler (-iaid) *m* 行商人

pedleriaeth *f* 行商

pedlo *i* (自転車の) ペダルを踏む

pedoffilia *m* [精分] 小児愛

pedoffilydd (-ion) *m* [精分] 小児愛者

pedol (-au) *f* **1.** (馬の) 蹄鉄 **2.** (馬の) 後足; うしろひずめ: bwrw pedolau (馬が) 後足で蹴り上げる **3.** [*pl*]: taflu (*vn*) pedolau 蹄鉄投げ遊び

a 馬蹄形の, U字形の: bord bedol (bordydd pedolau) *f* U字形テーブル

pedoli *t* (馬に) 蹄鉄を打つ

pedolwr (-wyr) *m* 馬蹄鉄工

Pedr *f* [人名] ピーター (Peter) (男性名): ~ Fawr ピョートル大帝 (1672~1725; 帝政ロシアの始祖)

P

pedrain (-einiau) f [動物・解剖] (四足獣の) 臀部, 後四半部

pedrant (-au, pedrannau) m 1.[幾何] 四分円 2.四分儀

pedrochr (-au) mf [数学] 四辺形
　　a 四辺形の

pedrongl (-au) mf [幾何] 四角 [四辺] 形, 長方 [矩] 形

pedronglog a 四角 [四辺] 形の

pedrwbl (-yblau) m 四倍
　　a 1.4重 [倍] の 2.4部分から成る 3.[音楽] 4拍子の

pedryfal (-au) m [幾何] 正方形, 真四角

pedryfwrdd (-fyrddau) m [海事] 船尾甲板, 後甲板

pedwar (-au) m 1.(基数の) 4 2.4の記号 [数字] 3.4人 [個, 歳, 時, ポンド, ドル (など)] 4.4人 [個] 一組: fesur ~, bob yn bedwar 4つずつの組 [群] になって 5.[トラ] 4の札 6.4頭の馬 7.4本オールのボート (の乗員) 8.[クリケット] 4点打 9.[pl] [軍事] 4列縦隊
　　a 1.4 [個, 人] の: ~ tŷ, ~ o dai 軒の家; ~ pwys (重量の) 4ポンド 2.4歳で

pedwarawd (-au) m 1.四人組 2.[音楽] 四重奏 [唱] 曲, 四重奏 [唱] (団), カルテット 3.[ゴルフ] フォーサム (4人が二組に分かれ, 各組が1個ずつのボールを使って交互に打つ競技法) フォーサムの競技者たち

pedwarcarnol : pedwartroed a 1.四足の 2.[動物] 四足獣の

pedwarcarnolyn (-ion) : pedwartroediad (-iaid) m [動物] 四足獣

pedwaredd f 1.(序数の) 第4; (月の) 4日 2.4分の1 3.[音楽] 4度 (音程) 4.(4人でするゲームなどの) 4人目の参加者
　　a (f of **pedwerydd**)) 1.第4 (番目) の: y Bedwaredd Weriniaeth (仏) 第四共和制 2.4分の1の

pedwarplyg a 1.4重 [倍] の 2.4部分 [要素] のある 3.四折 (版) の, クォートの

pedwerydd m = **pedwaredd**: Harri'r P~ ヘンリー四世
　　a (f **pedwaredd**): y ~ dimensiwn 第四次元

pefriad (-au) m 1.火の粉, 火花 2.(宝石などの) きらめき, 光沢 3.(才気などの) ひらめき 4.(ぶどう酒などの) 泡立ち: gwin sydd wedi colli ei befriad 泡立たなくなったぶどう酒

pefrio i 1.(火花を発するように) 輝く 2.(才気などが) きらめく 3.(ぶどう酒などが) 泡立つ

pefriol a 1.(宝石・星など) きらめく, 光る 2.(才知など) 閃く 3.(ぶどう酒など) 泡立つ

peg (-iau) m 1.[建具] (物を掛ける) 掛け [止め] 釘 2.洗濯ばさみ: ~ dillad 干し物止め, 選択ばさみ 3.[音楽] (ヴァイオリンなどの弦を張る) 糸巻き

pegio t 1.(洗濯物を) 洗濯ばさみで止める 2.[トラ] (得点を) つける

pegiwr (-wyr) m (洗濯物を) 洗濯ばさみで止める人

pegol (-au, -ion) m [木工] (先が平のみの形の) 小錐

pegwn (-ynau) m 1.(思想・性格などの) 正反対: maent am y ~ â'i gilydd 意見性格などで二人は天と地ほども隔たっている [全くの正反対である] 2.[地理・天文] 極: P~ y Gogledd 北極; P~ y De 南極 3.[電気] 電極: ~ positif 陽極 4.[機械] (旋盤などの) つかみ, チャック

pegynol a 1.(性格・行動など) 正反対の 2.[地理・天文] 南 [北] 極の, 極地の: cylch ~ m 極圏 3.[数学] 極 (線) の 4.[電気] 電極の

peidio t 1.(事を) 止める, 中止する 2.(… するのを) 止める: ~ â gwneud rhth 何かをするのを断念する 3.(漏りなどを) 塞ぐ 4.(動いている物などを) 止める, 押える 5.邪魔する, 妨げる 6.(供給・支払などを) 差し止める, 停止する: ~ â thalu 支払を停止する 7.(自ら) 止める, よす: ~ â gweithio 仕事を辞める; mae hi wedi ~ a bwrw (glaw) 雨が止んだ
　　i 1.(物事が) 止む, 終わる: peidiodd y swn 騒音は止んだ 2.止める, 思いとどまる, 断念する 3.(雨・雪などが) 止む: mae'r glaw wedi ~ 雨が止んだ

peilon (-au) m 1.(古代エジプト神殿の) 塔門, パイロン 2.(門・橋などの両端に建てられた) 塔 3.(高圧線用の) 鉄塔 4.[航空] (飛行場の) 目標 [指示] 塔

peilot (-iaid) m 1.[航空] (飛行機・宇宙船などの) 操縦士, パイロット: ~ prawf/profi テストパイロット 2.水先案内人: ~ bar [海事] 門洲水先人 (浅瀬を越えて港へ船を導く任務の水先案内人) 3.舵手: caban (-au) (m) ~ [海事] 操縦室 4.[テレ] パイロット番組, 見本フィルム
　　a 1.指導 [案内] する, 表示 [指標] の: lamp (f) beilot (lampau ~) 表示灯 3.試験 [予備] 的な: cynllun (-iau) ~ m (計画などの) 予備テスト

peilliaid m (糠を取除いた) 小麦粉

peillgod (-au) f [昆虫] 集粉器, 花粉槽 (ミツバチ類の後附節にある)

peillio t [植物] 受粉する

peint (-iau) m 1.[度衡] パイント (液量・乾量の単位; (英) 0.568リットル) 2.1パイントのビール

peintiad (-au) m = **paentiad**

peintio t = **paentio**

peintiwr (-wyr) m = **paentiwr**: **peintwraig (-agedd)** f = **paentwraig**

peipen (peipiau) f (液体・ガスなどを通す) 管, 導管, 筒, パイプ: ~ fwg (peipiau mwg) [機械] 排気管

peipio t 1.[海事] (船員を) 号笛で呼ぶ [命令する]: ~ pawb i lawr 号笛を吹いて水夫に終

業を命ずる 2.[料理](ケーキなどに)クリームや砂糖衣を絞り袋の口金から絞り出して飾る 3.[洋裁](衣服に)パイピング[縁飾り]を付ける 4.(水・ガス・石油などを)パイプで送る *i*[海事]号笛を吹いて命令する

peiran (-au) *m*[地質・スコ]圏谷, カール(山頂近くの丸い窪地)

peirianaethwr : peirianaethydd (-wyr) *m*[哲学]機械論者

peirianegol *a* 工学の

peiriannaeth *f*[哲学]宇宙機械観, 機械論

peiriannaidd : peiriannol *a*(行為など)機械[自動]的な, 紋切り型の: dryll (-iau) ~ *m* 機関銃

peirianneg *f* 1.工学 2.工学技術 3.巧みな工作[処理]

peiriannwr : peiriannydd (peirianwyr) *m* 1.(自動車の)修理工 2.技師, 技術者, エンジニア; 工学者 3.(商船の)機関士 4.(機関車の)機関士 5.機械[機関]工 6.エンジン製作者 7.[陸軍]工兵 8.[海軍]機関科将校

peiriant (-iannau) *m* 1.機関, エンジン; ~ ager, ager-beiriannau (~-beiriannau) 蒸気機関; olew (*m*) peiriannau エンジンオイル; ~ jet ジェットエンジン 2.機械: ~ cyfrif 計算器, 電卓; ~ gwnïo ミシン; ~ golchi (dillad) 洗濯機

peiriannu *t* 機械で造る[仕上げる], 機械にかける

peirianwaith (-weithiau) *m* 1.機関; 機械装置[類] 2.兵器 3.からくり, 機構 4.策略, 計略

peirianyddiaeth *f* = **peirianneg**

peiswyn *m*(牛馬飼料の)切り藁

peithyn (-au) *m*[紡織](織機の)筬, リード

peithynen (-ynau) *f* 屋根[こけら]板

peithynnu *t*(屋根を)こけら板で葺く

pêl (peli, pelau) *f* 1.(球技用)ボール: ~ farw (peli marw) 試合一時停止のボール; ~ goll (peli coll)[ゴルフ]ロストボール; clecian y peli [テニス・クリ]ボールを気まぐれに打つ 2.玉, 球: codwr (-wyr)[テニス]ボールボーイ; ~-flodyn (~-flodau) *m*[建築]ボールフラワー, 玉花飾り, 花球(13~14世紀の英国の装飾式ゴシック建築の特色をなす装飾モチーフ); ~-falf (-iau) *f*[機械]玉弁; ~ droed (peli troed) フットボール用ボール

pêl-droed *m*[スポ]フットボール

pelawd (-au) *f*[クリ]オーヴァー: ~ wag (pelawdau gweigion) 無得点のオーヴァー(6回の投球のうち1点も取られない)

peledu *t* 1.[軍事]砲撃[爆撃]する 2.(紙などの)小球をぶつける 3.(質問・嘆願などを)浴びせる: cawsom ein ~ â cheisiadau 私たちは懇願攻めにあった

pelen (-ni) *f* 1.玉: ~ o dân, ~ fellt 火の玉; tap (-iau) (*m*) ~(水の流出を自動的に調節する)球栓, 浮球コック 2.球状にまとめた食物: ~ gig

(pelenni cig) 肉団子, ミートボール 3.(粘土・紙などを丸めた)小球 4.[製薬]小丸薬, 粒剤 5.小弾丸, 球形砲弾

pêl-fasged *f*[スポ]バスケットボール

pêl-feryn (-nau) *m*[機械] 1.ボールベアリング, 玉軸受け 2.(ボールベアリング用)玉

pelfig *a*[解剖]骨盤の: gwregys (-au) ~ *m* 腰帯, 骨盤帯

pêl-foli *m*[スポ]ヴァレーボール

pelfis (-au) *m*[解剖]骨盤

pêl-law *m*[スポ]ハンドボール

pelmet (-au) *m* カーテンレールを隠す垂れ[飾り]布

pelres (-i) *f*[機械](玉・ころ軸受の環体)レース, 軌道輪

pêl-rwyd *m*[スポ]ネットボール(ヴァレーボールとバスケットボールを合わせたような球技; 7名ずつの2チームがサッカーボールを使って行なう)

pelwr (-wyr) *m* 1.球技をする人 2.(米)(プロの)野球選手

pelydr (-au) *m* 1.光線: dryll (-iau) (*m*) ~, gwn (gynnau) (*m*) ~ 光線[熱線]銃 2.[物理]熱線, 放射[輻射]線

pelydriad (-au) *m* 1.(熱・光などの)放散, 放射, 発光, 放熱 2.[物理]放射(作用); 放射束; 放射熱: ~ heulog/heulol 太陽放射熱

pelydrol *a* 1.熱を放つ 2.光を放つ

pelydru *t*(光・熱などを)放出[放散, 発散]する *i* 1.(光・熱などが)放出[放射]する 2.(太陽などが)かすかに光る, 輝く 3.放射状に伸びる, 四方八方へ広がる: mae ei llygaid yn ~ llawenydd 幸福の光が彼女の目もとから発している

pelydrwr (-wyr) *m* 光線[熱線]銃

pelydrydd (-ion) *m*[物理](熱・光などの)放射体

pelydryn (pelydrau) *m* 1.[物理]熱線, 放射[輻射]線: ~ angau/angheuol/ marwol 殺人光線 2.微光; きらめき 3.(希望などの)ひらめき 4.光線

pell *a* 1.(距離的に)遠い, 遠くの: gwlad bell *f* 遠国; y Dwyrain P~ *m* 極東 2.遠方からの[への] 3.(時間的に)遠い, 遠い昔[未来]の: yn y gorffennol ~ 遠い過去に 4.(知識など)遠大 5.(二者のうちで)より遠い方の 6.(血族関係が)遠縁[遠戚]の: hynafiaid ~ 遠い祖先 7.(類似・関係など)僅かな, かすかな: tebygrwydd ~ *m* かすかな類似 8.(態度など)よそよそしい, 冷やかな 9.(目付きなど)遠くを見るような:golwg bell *f* 遠くを見やるような[夢見るような]目付き 10.直接に作用しない, 間接的な: achosion ~[法律]遠因 11.(政治的に)極端な 12.遠隔操作の: ~-reolaeth *f* 遠隔操作, リモートコントロール; cyrchiad (-au) ~ *m*[電算]遠隔アクセス

pellaf *a* 一番端の，先端［末端］の: y pen ~ un 一番端

pellen (-nau, -ni) *f* (糸・毛糸の) 玉: ~ o edafedd; ~ weu (pellenni gweu) 毛糸の玉

pellennig *a* = **pell**

pellenu *t* 玉にする

pellhau *t* 1.(二者間に) 間隔を置く; 遠のける 2.(競走・競争で相手を) 抜く

pellter (-au, -oedd) *m* 1.距離，道のり 2.かなりの距離，遠隔，遠方: o bell 遠くから; cryn bellter 相当遠方; yn y ~ 遠くに 3.(時間の) 隔たり: o bellter 時を隔てて 4.(血縁・身分などの) 隔たり，遠さ 5.(態度の) 隔て，疎遠，よそよそしさ

pen (-nau) *m* 1.頭，頭部，首: wysg eich ~, (1) lwrw'ch ～ 真っ逆さまに; sefyll ar eich ~ 逆立ちする; claddu'ch ～ yn y tywod 現実を回避する［知らぬ振りをする］2.(競馬／馬の) 頭の長さ: ennyll o hyd ～ 頭の差で勝つ 3.頭髪: llond (*m*) ~ o wallt, ~ iawn (*m*) o wallt 豊かな髪 4.(権力・統御などの) 長，頭，支配者，指揮者; 長官，頭取，会長，社長: ~ coronog 国王，女王; ~ gwladwriaeth (pennau gwladwriaethau) 国家元首; ~ y wladwriaeth その国の元首; ~ teulu (pennau teuluoedd) 一族の頭; ~ y teulu その家族の長 5.(動物の) 頭，頭部: ~ dafad (pennau defaid) 羊の頭; ~ dyn (人の) 口 7.頭脳，知力，知性; 生得の才能，能力: gwell dau ben nag un [諺] 三人寄れば文殊の知恵 8.冷静さ，落着き: cadw'ch ～ 冷静である; colli'ch ～ 慌てる，度を失う 9.頭痛: mae ~ tost arnaf i 私は頭痛がする 10.(木の) 梢;(草木の) 頭状花; 葉球;(キャベツなどの) 結球 11.[しばしば*pl*](人参・かぶなどの) 葉: pennau maip [園芸] かぶの葉っぱ 12.(釘・ピンなどの) 頭 13.(ページ・船の帆・階段・木・丘などの) 上部，上端，頂上: ar ben coeden 樹木の頂上に; ~ aur［製本］(装丁の) 天金 14.(テープレコーダーなどの) ヘッド 15.(シリンダーの) 閉鎖面: ~ (y) silindrau シリンダーヘッド 16.(川・湖・泉などの) 源，水源: ym mhen draw'r llyn その湖頭(川水の流れ込む所)に 17.(海や湖に突き出た) 岬 18.(腫れ物などの) 頭，化膿部分; 極点，危機: dod a rhth i ben 事態を危機に追い込む 19.(問題の) 項目，題目;(章・節などに付ける) 見出し: ar y ~ hwn この点について 20.(船の) 船首 21.首位，首席; 上座: ar ben y rhestr 名簿の一番上に 22.(行列・ダンスなどの) 先頭 23.(動物の) 頭部 24.(細長い物の) 端，先端，末端: deupen ～ 両端に; llosgi'r gannwyll yn ei deupen 二方面に精力［財力］を浪費する; y ~ dwfn/dyfnaf (水泳プールの) 一番深い端; o un ~ i'r llall, o ben bwy gilydd 端から端まで 25.(街路などの) はずれ; 突き当たり: ym mhen y stryd 街路の突き当た

りに; y ~ pellaf その道路の向こう端 26.(サッカー・テニスなどの) エンド: newid ~ (選手・チームが) コート［サイド］チェンジする，エンドを替える 27.(時間・期間などの) 終り，最後，末期: ~ y daith 旅路の果て; 人生行路の終り 28.(存在・行為などの) 終止; 廃止; 死: rhoi ～ ar rth 何かを終わらせる; dod i ben 終わる; 尽きる; 死ぬ 29.限り，際限，果て: ar ben tennyn 万策尽きて，行き詰まって 30.[海事] 斜桁先端;(船首・船尾の) 船倉狭小部

pen *a* 1.(階級・重要度などが) 最高［第一位］の 2.(程度・品質など) 最高の: penllad *m* 至上［最高］善，主要な; ~ swyddog (-ion) *m* 一等航海士

penadur (-iaid) *m* : **penadures (-au)** :

penaethes (-au) *f* 1.(集団・組織・部族・一門などの) 長，頭，首領，首長，酋長 2.主権者，元首

penaduriaeth (-au) *f* 1.主権，統治権 2.首長(など)の職［地位］3.首長(など)の支配地域

penarglwyddiaeth *f* 1.主権，統治権 2.独立国

penben *ad* 仲違い［喧嘩］して

penbleth (-au) *f* 1.困惑，当惑，うろたえ 2.板挟み，窮地，ジレンマ 3.困惑させるもの，難局

pen-blwydd (penblwyddi) *m* 誕生日: pen blwydd hapus! お誕生日おめでとう!

penboeth *a* 1.性急［せっかち］な 2.熱狂的な 3.極端［過激］論(者)の

penboethi *t* 熱狂させる，狂信的にする *i* 熱狂する，狂信的に行動する

penboethen (-boethiaid) *f* : **penboethyn (-boethiaid)** *m* 1.性急［短気，せっかち］な人 2.(激情を) あおる者，扇動者，火付け役 3.熱狂［狂信］者 4.極端［過激］論者

penboethni *m* 熱狂，狂信

penbwl (-byliaid) *m* 1.(通例男性間で，また呼掛けにも用いて) あほう，のろま，でくの坊 2.[両生類] オタマジャクシ *a* 馬鹿［愚か］な

pencadlys (-oedd) *mf* 1.(司令官のいる) 本部，司令部 2.(警察の) 本署 3.(会社の) 本社

pencampwr (-wyr) *m* : **pencampwraig (-agedd)** *f* 1.(主義・主張・主義のために戦う) 闘士，擁護者 2.(競技の) 優勝者，選手権保持者，チャンピオン 3.他より優れた人［動物］

pencampwriaeth (-au) *f* [スポ] 1.選手権，優勝者の地位 2.選手権大会［試合]，決勝戦

pencawna *i* 時間を浪費する

pencerdd (-ceirddiaid) *m* 名音楽家［詩人］

pen-cynydd (-ion) *m* 1.狩猟家長 2.猟犬係長

penchwiban *a* (特に女性・女性の行動が) 突飛［軽はずみ，気まぐれ］な

penchwibandod *m* 浅薄，軽薄，不真面目

pendant *a* 1.(人・性格など) 決然［断固］とし

pendantrwydd 463 **pen-glin**

た 2.(陳述・規則など)明白[明瞭]な, はっきりした, 明確[確定的]な: prawf ～ 明白な証拠 3.決定[最後]的な 4.明確に限定された, 一定の 5.(言語・身振りなど)語気の強い 6.(思想・信念など)堅固な 7.(出来事など)著しく目立つ, 際立った 8.[文法]限定する, 限定的な: bannod bendant *f* 定冠詞 9.[数学]定符号の: integrin (-nau) ～ *m* 定積分

pendantrwydd *m* 1.明白, 明確 2.限定

pendefig (-ion) *m* : **pendefiges (-au)** *f* 貴族

pendefigaeth (-au) *f* 貴族階級

pendefigaidd *a* 1.貴族の: yr oedd o linach bendefigaidd 彼は貴族の出でした 2.貴族政治の

penderfyniad (-au) *m* 1.決心, 決意 2.決定, 決断: dod i benderfyniad 決定する 3.決断力, 果断, 不屈 4.分解, 分析 5.(議会などの)決議(案) 6.[法律]判決, 終結

penderfyniaeth *f* [哲学]決定論

penderfyniaethol *a* 決定論の, 決定論的な

penderfyniedydd (-ion) *m* 決定論者

penderfynnod (penderfynodau) *m* [文法]決定[限定]詞

penderfynodol *a* [文法]限定的な

penderfynol *a* 1.固く決心して, 断固[決然]とした: bod yn benderfynol o wneud rhth あくまで何かをする決心と 2.(人が)毅然とした, びくともしない

penderfynoldeb: penderfynolrwydd *m* 1.明確 2.果断

penderfynu *t* 1.(日程・境界などを)決定[確定]する: ～ tinged rhn. ～ ar dynged rhn 人の運命を決める, ～ ffin 境界を定める 2.(物の大きさなどを)定める, 決定する: y galw sy'n ～'r cyflenwad 供給は需要によって定まる 3.決心[決意]する 4.(物事が人に)決心させる 5.(問題などを)解決する 6.判決する *i* 1.決める, 決定する 2.判決を下す

penderfynwr (-wyr) *m* : **penderfynwraig (-agedd)** *f* 1.決定者 2.決勝競技

penderfynydd (-ion) *m* 決定要因

pendew *a* 愚か[馬鹿]な, 頭の鈍い

pendil (-iau) *m* 1.(時計などの)振子 2.(振子のように)相対する両端の間を揺れ動くもの

pendilaidd : pendiliog *a* (振子のように)振動[ゆらゆら]する

pendilio *i* 1.(振子のように)揺れる, 振れる 2.心が定まらない, ためらう

pendramwnwgl *a* 真っ逆さまの: codwm ～ 真っ逆さまの墜落

pendrawst (-iau) *m* [建築]台輪

pendro *f* : **pendrondod** *m* 目眩

pendroni *i* 1.当惑する, 困る 2.心配する, 悩む 3.じっと考え込む

pendrwm *a* (*f* **pendrom**, *pl* **pendrymion**)

1.眠い 2.眠気を誘う 3.(町など)眠ったように静かな 4.うなだれた 5.頭でっかちの; 不安定[不均衡]な: ffracsiwn (ffracsiynau) ～ *m* [数学]仮分数

pendrymedd *m* うなだれ

pendrymu *t* (頭・首などを)垂れる, うつむける *i* 1.居眠り[うたた寝]をする, (思わず)うとうとする, (眠くて)こっくりする 2.ぼんやり[ぼーっと]している 3.(頭・肩などが)うなだれる 4.(花などが)しおれる

pendwmpian *i* = **pendrymu**

pendwmpiwr (-wyr) *m* うたた寝する人

penddar *f* = **pendro**

penddardod *m* 当惑, うろたえ

penddaredd *m* = **pendro**

penddarol *a* 当惑させる, まごつかせる

penddaru *t* 1.当惑[うろたえ]させる, まごつかせる 2.(驚きなどで)唖然[ぼーっ]とさせる *i* 目眩がする, 目がくらむ

penddelw (-au) *f* [彫刻]胸像, 半身像

penddüyn (-nod) *m* [病理]1.おでき, 根太, 腫れ物 2.(上部が黒くなった)にきび

penelin (-oedd) *mf* 肘: dẃr (*m*) ar y ～ [獣医]馬蹄膿瘍

penelino *t* 肘で突く[押す]

penfalch *a* 大頭の

penfeddw *a* 1.目が回る, 目眩がする 2.馬鹿[愚か]な

penfeddwi *t* 目眩を起こさせる *i* 目眩がする

penfelyn *a* (*f* **penfelen**, *pl* **penfelynion**) 頭髪の黄色い

penfoel *a* = **bald**: eryr (-od) ～ *m* [鳥類]ハクトウワシ(米国の国章・貨幣模様に用いられている)

penfras (-freision) *m* [魚類]タラ(鱈): traethell (*f*) y ～ (海底の)タラの洲; Rhyfel y P～ [英史]タラ戦争

penfras (-freision) *a* 大きな頭蓋骨の

penffostr (-au) *m* [馬具](馬などの面繋に結び付ける)端綱

penffrwyn (-au) *m* [馬具]1.端綱 2.面繋 3.(動物の)口輪, はめ口具

penffrwyno *t* 1.(馬に)端綱を掛ける 2.(動物の口に)口輪を掛ける

penffrwynog *a* [紋章](熊に)口輪をはめた

pengaled *a* (人・行動など)頑固[強情]な

pengaled *f* [植物]ヤグルマギク(矢車菊)

pengaledwch *m* 頑固, 強情

pengam (-geimion) *a* 1.(人・行為など)つむじ曲がりの, ひねくれた; 頑固な, 強情を張る 2.(状況・結果など)思うようにならない 3.(行為など)誤っている, 邪悪な

pen-glin (pengliniau, pennau-gliniau) *m* (人間の)膝: sbonc (*f*) ben-glin (sbonciau ～) 膝反射

penglog (-au) f 頭蓋骨: y benglog a'r esgyrn croes と大腿骨, どくろ印(どくろの下に交差した大腿骨を描いた図形で死の象徴; 昔は海賊の旗印に, 今は毒薬瓶などの目印として使用)

pengrwn a (f **pengron**, pl **pengrynion**) 1.頭の丸い 2.いがぐり頭の 3.(窓などの)上部が半円形の 4.(ねじなど)頭が丸い[半球形の]

Pengrwn (-gryniaid) m : **Pengrynes (-au)** f : **Pengryniad (-iaid)** mf[英史](頭髪を短く刈っていたことから王党派が付けたあだ名)円頂[議会]党員(1642~49年内乱(Civil War)で長髪の王党員に敵対した議会派の清教徒)

pengrych a 巻き[縮れ]毛の

pengryf a (f **pengref**, pl **pengryfion**) (人が)頑固[強情]な

penhwyad (-hwyaid, pennau hwyaid) m[魚類]カワカマス

peniad (au) m[サッ]ヘディングによるシュート[パス]

penigamp a 1.(建物・美術品など)華麗[壮麗, 豪華]な 2.(業績・才能など)素晴らしい, 輝かしい, 立派[見事]な 3.素敵[結構]な

penillog : penillol a[詩学]節[連]の

penio t[サッ]ヘディングする: ~'r bêl ボールをヘディングする

peniog a 利口な, 賢い

peniogrwydd m 利口, 賢明

penisel a (人が)うなだれた, 萎れた, 意気消沈した

penisilin m[薬学]ペニシリン

pen-lin (penliniau) m = **pen-glin**

penliniad (-au) m 1.ひざまずくこと 2.(礼拝のため)(片)膝を曲げること 3.卑屈な追従

penlinio i 1.膝を曲げる, ひざまずく 2.(礼拝のため)(片)膝を曲げる 3.卑屈に追従する

penllâd m[哲学]至上[最高]善

penllanw (-au) m 1.(潮・洪水などの)満潮, 絶頂, 最高潮, 最高点: marc (-iau) (m) ~, nod (-au) (m) ~ 高水標;(川・湖などの)高水位線 2.(海岸の)高潮線の跡

penllwyd a 白髪まじりの, 胡麻塩頭の

penllwyd (-ion) m[魚類]ウェールズの河川に住むサケ科ブラウントラウト(brown trout)種の一地方型

penllwydni m 白髪

penllywydd (-ion) m 主権者, 元首, 君主, 国王

penllywyddiaeth f 主権, 統治権

pennaeth (penaethiaid) m : **penaethes (-au)** f 1.(組織・集団の)長, 頭; 長官, 上役, 局[部, 課, 所]長 2.(種族の)族長, 酋長 3.親分, ボス 4.[しばしばpl]主役 5.[法律][しばしばpl]本人

pennaf a 1.(地位・階級・権力・重要度など)最高位[権威]の, 最高[第一位]の 2.(程度・品質など)最高[最上, 最優秀]の 3.絶大の, この上ない, 非常な: y dedwyddwch ~ m この上ない幸せ 4.主な, 主要な

pennawd (penawdau) m 1.(章・ページなどの)表題, 題目, 見出し 2.(新聞記事などの)見出し: ~ bras (penawdau breision) 第一面トップ抜きの大見出し

pennill (penillion) m 1.[詩学]節, 連(一定の韻律的構成を持ち, 通例4行以上から成る詩の単位) 2.(歌の)節

pennod (penodau) f 1.(書物・論文の)章 2.(人生・歴史などで一章を成すと考えられる)重要な一区切り[一部分]; 出来事, 挿話: ~ helbulus f 一連の予期せぬ事件; rhoi ~ ac adnod 詳細な典拠を示す

pennoeth a 帽子なしの[で]

pennog : penogyn (penwaig) m[魚類]ニシン(鰊): ~ coch (penwaig cochion) 燻製ニシン

pennor (penorau) m = **penffrwyn**

pennu t 1.(日取り・場所・時間などを)決める, 決定する: ~ dyddiad 日取りを決める 2.(境界を)定める: ~ ffin 境界を定める

penodedig a 1.(時間・仕事・報酬などが)規定された, 定められた 2.任命[指名]された 3.認可された, 認定の

penodedig (-ion) mf 被任命者

penodi t 1.任命[指名]する 2.(委員を選定して委員会を)設立する: ~ pwyllgor 委員会を設立する 3.(人に…するように)指名する 4.(仕事・時間などを)定める, 規定する

penodiad (-au) m 任命, 任用, 指名

penodiadol a (官職など)任命制の

penodol a 1.特別[格別, 独特, 特有]の; 著しい 2.(数ある同類の中で)特にこの[その]: ar y diwrnod ~ hwn この日に限って, 特にこの日 3.(目的・関係などが)明白に示された, 明確な: bwriad ~ m はっきりした目的 4.[文法]限定的な, 限定する: bannod benodol f 定冠詞 5.[医学](病気が)特異的な: achos ~ (特定の病気を生じる)特異的原因[病因]

penodoldeb m 限定されていること

penodolrwydd m 特別, 独特; 特殊性; 特性, 特徴

penodwr : penodydd (-wyr) m[法律]任命者

penrhif (-au) m[数学]主値

penrhydd a 1.放蕩な 2.(感情など)抑えのきかない, 抑制のない 3.自由思想の

penrhyddid m 1.(言動の)自由 2.放蕩, 道楽, 不品行 3.(文芸作品で許される)破格, 逸脱, 許容: ~ (y) bard 詩的許容 4.(通例非難すべき宗教上の)自由思想

penrhyn (-au, -ion, -oedd) m[地理](海岸などに突き出た)岬: P~ Gobaith Da 喜望峰(アフリカ南端の岬)

pensaer (-seiri) *m* 建築家

pensaernïaeth *f* 1.建築術［学］2.建築様式 建築(物)

pensaernïol *a* 1.建築術［学］の 2.建築(上)の

pensafiad (-au) *m*（頭をつけて両手で支える）三角倒立

pensel (-i) : pensil (-iau, -s) *f* 1.鉛筆: ~ blwm（penseli plwm）鉛筆; ~ gopïo（penseli copïo）(書いたものが) 消えない鉛筆 2.石筆: ~ garreg（pensils cerig）石筆 3.［化粧品］眉墨: ~ aeliau（鉛筆状）眉墨

penselu *t* 1.鉛筆で書く［描く］2.(眉を眉墨で) 引く

pensiwn (-iynau) *m* 年金, 恩給, 養老［老齢］年金: ~ henoed 老齢年金; ~ ymddeol 退職年金

pensiynu *t* 年金［恩給］を支給する

pensiynwr (-wyr) *m* : **pensiynwraig (-agedd)** *f* 年金［恩給］受給者

penswyddog (-ion) *m*［海事］一等航海士

pensyfrdan *a* 1.ぼうっとした, 茫然［唖然］とした 2.びっくり［仰天］した 3.目眩がする, 目がくらむ 4.(飲み過ぎまたは熱で) 頭がふらふらする 5.愚かな

pensyfrdandod *m* 1.当惑, うろたえ 2.眩惑, ぼうっとした状態 3.目眩

pensyfrdanol *a* 1.当惑させる, まごつかせる 2.びっくり［仰天］するような

pensyfrdanu *t* 1.当惑［うろたえ］させる, 途方に暮れさせる 2.(驚きなどで) びっくり［仰天］させる, 唖然とさせる 3.(騒音・爆発音などで) ぼうっとさせる 4.目眩を起こさせる 5.(打撃・震蕩などで) 気絶させる
i 目眩がする

pensyndod *f*［獣医］(二三頭の子を孕んでいる雌羊の炭水化物欠乏による) 妊娠病

pensynnu *i* 1.空想に耽る 2.熟考［黙想］する; じっと考え込む

pensynnwr (pensynwyr) : pensynwraig (-agedd) *f* 空想家

pensyth *a* 1.垂直の, 直立した 2.(坂・山などが) 切り立った, 非常に険しい 3.［数学］(面・線に対して) 直角をなす 4.［建築］垂直様式の

pentan (-au) *m* 暖炉内部の両側に設けた台［棚］(やかん・鍋などを載せる石・鉄・レンガ製の台)

pentagon (-au) *m* 1.［幾何］五角［辺］形 2.［P~］［政治］ペンタゴン(米国国防省の建物)

pentagonal *a*［幾何］五角［辺］形の

penteulu (-oedd) *m* 一家の長, 家長, 世帯主

pentewyn (-ion) *m* 松明; 燃え木

pentir (-oedd) *m* = **penrhyn**

pentis (-iau) *m* 1.(ビルの屋上の) 高級住宅, ペントハウス 2.(ビルの) 塔屋 (ビルの屋上の小建物で中にエレヴェーター・機械・換気装置・水漕などがある) 3.差し掛け屋根［小屋］

pentref (-i, -ydd) *m* 村, 村落: grin（griniau）(*f*) ~, ton（-nau）(*m*) ~ 村有緑地

pentrefan (-nau) : pentrefyn (-nau) *m* 小村落

pentrefwr (-wyr) *m* : **pentrefwraig (-agedd)** *f* 村人

pentwr (-tyrrau) *m* 1.堆積, 積み重ね, 塊, 山 2.大金, 財産 3.［電気］電椎: ~ foltäig ヴォルタ電椎 4.［軍事］又銃

penty (-tai) *m* (粗製の) 小屋, 納屋, 物置

pentyrru *t* 1.(土・石などを) 積み上げ［重ね］る 2.(物などを) 大量に集める, 収集する 3.(財産などを) 蓄積する 4.(賛辞・侮辱などを) 山ほど与える: ~ clod ar rn 人に数々の賛辞を与える; ~ manylion poenus 苦しさ［辛さ］を大袈裟に話す 5.［軍事］(通例4人が銃を) 組む, 又銃する: ~ arfau 銃を組む
i (仕事・金などが) たまる, 積もる

pentyrrwr (pentyrwyr) *m* 積む［積み上げる］人

penuchel *a* (人・行為など) 高慢［傲慢, 横柄］な

penucheledd *m* 高慢, 傲慢, 横柄

penwan *a* 浅薄［軽薄］な, 頭が弱い

penwar (-au) *m* = **penffrwyn**

penwendid *m* 1.浅薄, 軽薄 2.低能, 愚鈍

penwisg (-oedd) *f* 頭飾り

penwmbra (-âu) *m* 1.［絵画］明暗濃淡の境 2.［天文］(日食・月食の) 反影; (太陽黒点の) 半影部 3.(意味などの) 境界領域 4.(疑惑などの) 陰影

penwn (-ynau) *m* 1.(中世の平騎士が用いた) 長三角［小燕尾］旗 2.(近世の槍騎兵が用いた) 槍旗 3.［海事］長旗 4.旗; ペナント

penwyn *a* (*f* **penwen**, *pl* **penwynion**) 白髪まじりの, 白髪［胡麻塩］頭の

penwynni *m* = **penllwydni**

penyd (-iau) *m* 1.懺悔, (罪の償いのための) 苦行: gwneud ~ 罪の償いをする 2.［カト・東教］告解(の秘跡) 3.嫌だがしなければならないこと

penydfa (-feydd, -oedd) *f* 1.刑事施設 2.(米) 感化院

penydiol *a* 1.刑（罰）の 2.刑法［刑事上］の: cod（codau）~ *m*［法律］刑法(典) 3.刑罰として課せられる 4.悔悟の 5.［カト］告解の秘跡の

penydiwr (-wyr) *m* : **penydwraig (-agedd)** *f* 1.悔悟者 2.［カト・東教］告解者

penydu *t* 罪の償いをする

penyd-wasanaeth *m*［法律］懲役刑

penysgafn *a* = **penfeddw**

penysgafnder : penysgafndra *m* = **pendro**

pepton (-au) *m*［生化］ペプトン

pêr *a* 1.(花などが)よい香りのする, 香りのよい: mae aroglau ~ arno それはいい香りがする 2.(音楽・声などが)調子[旋律]の美しい, 甘美な 3.(歌手が)声のよい: y P~ Ganiedidd [[ウ文]声のよい歌手

peraidd *a* 1.香りのよい 2.(花などが)よい香りのする

perarogl (-au) : peraroglau (-euon) *m* 1.(花などの)香り, 香気, 芳香 2.香水, 香料

peraroglauo *t* (空気などに)香気を満たす

perarogli *t* 1.(花などが部屋などを)芳香で満たす 2.香水をつける[ふりまく]

peraroglus *a* (花などが)香りのよい, 芳香性の

perc (-iau) *m* [度衡]パーチ (長さ・面積の単位)

percoladur (-on) *m* 1.濾過器 2.パーコレーター (濾過装置付きコーヒー沸かし器)

perchen (-ogion) : perchennog (perchenogion) m : perchenoges (-au) *f* 1.(土地・商店・ホテルなどの)持主, 所有者; 占有者: perchen tir 地主; perchen-yrrwr (~-yrrwyr) *m* : perchen-yrwraig (~-yrwragedd) *f* オーナードライヴァー 2.(新聞社などの)経営者, 事業主

perchenogaeth *f* 持主であること, 所有; 所有権; 入手; 占領, 占拠

perchenogi *t* (法的権利によって)持っている, 所有する

perchenogol *a* 1.独占[占有]の, 占有する: gwladfa berchenogol (gwladfeydd ~) *f* [米史](独立前の)独占[領主]植民地 2.所有[占有]者の 3.財産のある: y dosbarth ~ *m* 有産階級 4.私有[私営]の

perchentywr (-wyr) *m* = **penteulu**

pereidd-dra *m* 芳香

pereiddio *t* (臭い・空気などを)よくする, 爽やかにする

 i (香り・調子などが)よく[甘美に]なる

pereiddiol *a* 香りのよい, 芳香の

pereiddlais *a* いい声をした

peren (pêrs) *f* [園芸]セイヨウナシ (西洋梨)

pererin (-ion) *m* 1.巡礼者 2.[P~]ビルグリムファーザーズの一員: y Tadau P~, y P~dadau [米史]ピルグリムファーザーズ(1620年); Taith (*f*) y P~[英・文学]天路歴程(John Bunyan (1628~88)著の寓意物語)

pererindod (-au) *f* 1.巡礼の旅 2.(名所・旧跡などを訪ねる)長旅: P~ Gras[英史]恩寵の巡礼(1536~37にかけてイングランドで起こった民衆反抗)

pererindota : pererino *i* 巡礼する

perfedd (-ion) *m* 1.(時間・位置などの)中央, 真中: ym mherfeddion y nos 真夜中に 2.(行為の)中途, 最中

perfeddwlad (-wledydd) *f* 1.中核地域, 心臓地帯 2.内地, 奥地

perfeddyn (perfedd, perfeddion) *m* 1.消化管, 腸 2.[*pl*]内臓, はらわた 3.[*pl*](物の)内部: perfeddion y ddaear 地球の内部

perffaith *a* 1.完全な, 完璧の, 欠点のない: 'does neb yn berffaith[諺]完全無欠な人はいない 2.[文法](時制が)完了の: yr amser ~ *m* 完了時制 3.[数学]完全な: sgwâr (sgwarau) ~ *m* 完全平方 4.[音楽]完全な: diweddeb berffaith (diweddebau ~) *f* 完全終止

perffeithder (-au) *m* 優秀, 卓越

perffeithiad *m* 仕上げ, 完成

perffeithiadwy *a* 完成できる

perffeithiaeth *f* 1.完全論 2.完全[完璧]主義

perffeithiedig *a* 完成された, 出来上がった

perffeithio *t* 完全にする

perffeithiwr (-wyr) : perffeithydd (-ion, -wyr) *m* : **perffeithwraig (-agedd)** *f* 1.仕上げをする[完成させる]人 2.完全論者 3.完璧主義者

perffeithrwydd *m* = **perffeithder**

perfformans *m* とんだ見世物, 愚行

perfformiad (-au) *m* 1.(芝居など)役を演ずること; 上演, 演奏; パフォーマンス: ~ ar orchymyn 御前上演[演奏] 2.[スポ]演技, できばえ 3.(機械の)性能

perfformiadwy *a* 実行[成就, 上演, 演奏]できる

perfformio *t* 1.(任務・仕事などを)する, 行なう 2.(芝居・劇を)上演する;(役を)演じる 3.(音楽を)演奏する

perfformiwr (-wyr) *m* : **perfformwraig (-agedd)** *f* 実行[履行, 遂行, 成就, 行為]者

peri *t* 1.引き起こす, 生じさせる 2.(人・物に…するように)させる, 命じる: ~ i rn wneud rhth 人に何かさせる

perifferi (-ïau) *m* 1.(物体の)表面, 外面 2.(政治上の)少数[非主流]派 3.[数学](円などの)周囲, 円周 4.[解剖](血管・神経の)末梢

perifferol *a* 1.周囲[周辺]の 2.末梢的な 3.[解剖](神経が)末梢の 4.[電算]周辺装置の

perifferolyn (-ion) *m* [電算]周辺装置[機器]

perigl (peryglon) *m* 危険, 危難: mynd i berygl 危険な目に遭う[に陥る]

periglor (-iaid, -ion) *m* 1.[教会]聖職禄所有者 2.[英教]教区牧師

perigloriaeth (-au) *f* 1.聖職禄所有者の地位[任期] 2.教区牧師の職[任期]

perimedr (-au) *m* [数学](平面図の)周囲, 周辺,(多角形などの)周辺の長さ

peripatetiaeth *f* 1.ペリパトス[逍遥]学派の哲学 2.逍遥, 散策; 遍歴

peripatetig *a* 1.[哲学]ペリパトス[逍遥]学派の 2.歩き回る, 渡り歩く, 巡回の

perisgop (-au) *m* 潜望鏡

perl (-au) *m* 真珠: ~ gwneud 養殖真珠

perlaidd *a* 真珠のような, 真珠のように白い

perlesmair (-meiriau) *m* 1.有頂天, 無我夢中 2.歓喜, 狂喜 3.(宗教的) 法悦 4.(詩人・予言者などの) 忘我 5.[心理]エクスタシー, 恍惚状態 6.[医学] 失神, 昏睡状態

perlesmeirio *i* 有頂天になる

perlewyg (-on) *m* = **perlesmair**

perlewygol *a* 1.有頂天[夢中]の 2.忘我の 3.法悦の

perlewygu *i* 1.有頂天[夢中]になる 2.うっとりする

perlewygwr (-wyr) *m* 夢中になる人

perlio *t* (米・麦などを) 精白する

perlog *a* 1.真珠のような 2.真珠で飾った

perlwr (-wyr) *m* : **perlwraig (-agedd)** *f* 1.真珠貝採取潜水夫 2.真珠採取業者

perlysieuydd (-wyr) *m* 1.漢方医 2.薬草商

perlysieuyn (-ysiau) *m* 1.香辛料, 薬味, スパイス 2.[*pl*] 風味用植物, ハーブ

perllan (-nau, -noedd) *f* 果樹園

perllannwr (-perllanwyr) *m* 果樹栽培者, 果樹園経営者

perllys *m* [植物] パセリ

perocsid (-au) *m* [化学] 過酸化物

peror (-ion) : **perorydd (-ion)** *m* 声楽家

perori *t* 旋律的にする
i 旋律を作る

peroriaeth *f* 1.メロディー, 旋律 2.音楽

perpendicwlar *a* = **pensyth**

perpendicwlar (-au) *m* 垂線

persain *a* 1.(音・声が) 調子[音調, 口調]のよい, 甘美な 2.旋律的な 3.音便上の

persawr *a* 香りのよい, 香気のある; 芳香性の

persawr (-au) : **persawredd** *m* (よい) 香り, 香気, 芳香

persawru *t* = **perarogli**

persawrus *a* (花などが) よい香りのする

persbectif (-au) *m* 1.[美術] 遠近[透視] 画法 2.遠景, 眺望 3.将来の見通し, 展望

persbectifaidd : **persbectifol** *a* 遠近[透視] 画法の: lluniadu mewn persbectif 遠近[透視] 画法

perseinder : **perseinedd** *m* 快い音調; 音便

perseiniol *a* = **pêr, persain**

persen (pêrs) *f* = **peren**

persli *m* = **perllys**

person (-iaid) *m* 1.[英教] 教区牧師 2.牧師: trwy (*m*) (y)~ 料理した鳥[鶏, 七面鳥(など)]の尻肉

person (-au) *m* 1.人, 人間 2.[法律] 人: ~ naturiol 自然人 3.[文法] 人称: berf yn y trydydd ~ 3人称の動詞 4.[神学] [しばしば *pl*] 位, 位格, ペルソナ: Tri Pherson y Duwdod 神の三位

persona (-âu) *m* 1.人 2.[心理] ペルソナ, 外的人格 3.[*pl*] (劇などの) 登場人物

personadiad *m* [法律] 成り済まし

personadu *t* [法律] (…に) 成り済ます

personadwr (-wyr) *m* 偽装者, 成り済ます人

personaidd *a* 教区牧師の

persondy (-dai) *m* 1.牧師館 2.教区牧師の聖職禄

personiad (-au) *m* [法律] (身分の) 詐称, 偽証

personiadwr (-wyr) *m* : **personiadwraig (-agedd)** *f* [法律] 詐称[偽証] 者

personol *a* 1.個人[自分, 私]の, 一身上の: peth (~) i mi yw hwn これは私の一身上のことです 2.本人[直接]の: ymgeisio'n bersonol 直接応募する 3.個人[他人の私事]に関する: peidwch â bod yn bersonol! 私事にわたることは言うな[聞くな] 4.身体[容姿]の: rhyddid ~ [法律] 人身の自由 5.人の, 人格的な 6.[文法] 人称の 7.[法律] (財産など) 人に属する, 可動の

personoli *t* 1.(人間以外のものを) 擬人[人格]化する 2.自分の名前を付ける; 個人専用にする 3.(特質などを) 人間の形で表現する 4.(議論などを) 自分個人の問題として捉える

personoliad (-au) *m* 1.擬人[人格]化 2.個人名を入れること 3.権化, 化身 4.(議論-問題などの) 人身攻撃のすり替え 5.[修辞] 擬人法

personoliaeth (-au) *f* 1.人であること, 人としての存在 2.個性, 性格, 人格: ~ hollt/ranedig (personoliaethau holly/rhanedig) (正反対の性格を合わせ持つ) 二重人格 3.異常 [強烈, 魅力的] な個性 4.(芸能界などの) 名士, 有名人 5.[*pl*] (非難的) 人物批評, 人身攻撃

personolwr (-wyr) *m* 1.(他人・動物・無生物などの) 物真似芸人 2.[演劇] 俳優, 役者

personolydd (-ion) *m* [哲学] 人格主義者

personolyddiaeth *f* [哲学] 人格主義

perswâd *m* : **perswadiaeth (-au)** *f* 説得: trwy berswâd 説得によって

perswadio *t* 1.説得する: perswadiodd ef fi i beidio â dod 彼は私に来ないように説得した 2.確信 [納得] させる 3.(…するように) 促す, 勧める

perswadiol *a* 説得力のある

perswdiwr (-wyr) *m* : **perswadwraig (-agedd)** *f* 説得者

pert *a* 1.(女・子供が) 可愛らしい, 可憐な, 美しい 2.(衣服・帽子など) 垢抜けした, 粋な, シックな

pertrwydd *m* 綺麗[可愛らし]さ

perth (-i) *f* 1.生垣: ~ fyw *f* サンザシの生垣 2.低木, 灌木

perthnasedd *m* 関連(性)

perthnasol *a* 1.関係[関連]する 2.(当面の問題に)関連した 3.適切な

perthnasoldeb : perthnasolrwydd *m* 適切, 適当

perthyn *i* 1.(所有物として)(…に)属する: mae'r llyfr yma'n ~ i mi この本は私のです 2.(一員として)(…に)所属する: ~ i gymdeithas 会に所属している 3.(…に)関係[関連]する 4.(…に)適する, 似合う

perthynas *f* 1.(抽象的な)関係, 関連(性): mewn ~ â rhth 何かに関して 2.[*pl*](具体的な)関係, 間柄, 交渉

perthynas (perthynasau) *mf* 親族関係, 縁故; 親戚, 親類: ~ trwy briodas 親戚; ~ trwy waed 血族の者

perthynol *a* 1.関係のある, 関連した 2.[文法]関係詞の; 関係を示す: rhagenw (-au) ~ *m* 関係代名詞 3.[音楽](音が)近接の, (調が)近親の

perthynolaeth *f* [哲学]相対論[主義]

perthynolaidd *a* 1.相対主義の 2.[物理]相対論的な

perthynoledd *m* 1.関連[相関](性) 2.[哲学]相対論[主義] 3.[物理]相対性(理論)

perthynolwr (-wyr) *m* 相対論[主義]者

perwig (-au) *mf* かつら(特に17〜19世紀初期に男子が用いた髪粉を振りかけたもの)

perwrg (-iau) *f* [服飾]かつら(禿隠し用・舞台用・装飾用; 英国では法廷で法官・弁護士用などいろいろ)

perwyl (-ion) *m* 1.目的, 意図 2.趣旨, 趣意, 意味: i'r un ~ 同じ趣旨で 3.[*pl*] 仕事, 業務, 用事: mynd ynghylch eich perwylion cyfreithlon, ymorol am eich perwylion cyfreithlon 仕事に励む, 用事をする

perygl (-on) *m* 危険, 危難: allan o berygl 危険を脱して; tâl (*m*) ~ 危険手当; arwydd (-ion) (*m*) ~ 危険[赤]信号

peryglu *t* 危険に晒す[陥らせる], 危うくする

peryglus *a* 危険な, 危ない: yr Eisteddfa Beryglus *f* [文伝]命取りの座

pesari (-ïau) *m* [医学]ペッサリー(女性用避妊器具)

pesgi *t* 1.太らせる; (特に家畜を食肉用に)肥育する: ~ mochyn 豚を太らせる 2.(土地を)肥やす

i 太る, 肥満する

pesgwr (-wyr) *m* 1.肥満させる人; (家畜などの)肥育者 2.肥畜

pesimist (-iaid) *mf* : **pesimydd (-ion)** *m* 悲観主義者, 厭世家, ペシミスト

pesimistaidd *a* 悲観[厭世]的な

pesimistiaeth : pesimyddiaeth *f* 1.悲観主義, 悲観論 2.[哲学]厭世主義, ペシミズム

peso (-s) *m* 1.ペソ(メキシコなどの通貨単位)

2. 1ペソ硬貨

pestl (-au) *m* 1.(乳鉢の中で物をすりつぶすのに用いる)乳棒: breuan (-au) (*f*) a phestl 乳鉢と乳棒 2.すり こ木, 杵

pestlo *i* (物を)乳棒[すりこ木]でする[突く]

peswch : pesychiad (-au) *m* 咳(払い): losin peswch 咳止めドロップ

peswch : pesychu *i* 咳(払い)をする

petal (-au) *m* [植物]花弁, 花びら

petalaidd *a* 花弁の

petalog *a* 花弁のある

petrisen (petris) *f* [鳥類]ヤマウズラ, イワシャコ

petrocemegol *a* 石油化学(製品)の

petrocemegyn (-ion) *m* 石油化学製品

petrol *m* ガソリン: gorsaf (*f*) betrol (gorsafoedd ~), lle (-fydd, -oedd) (*m*) ~ ガソリンスタンド

petroleg *f* 岩石学

petrolegol *a* 岩石学の

petrolegwr : petrolegydd (-wyr) *m* 岩石学者

petrolewn : petroliwm *m* 石油

petrus : petrusgar *a* 1.言葉がつかえる, もたつく 2.(議論・詩形など)不完全な, 筋の通らない 3.躊躇する, ためらいがちな 4.(人が)疑いを抱いて, 確信がなくて

petruso *i* 躊躇する, ためらう: nid yw'n ~ o flaen dim 彼は何事にも躊躇しない

petruster : petrustod *m* 1.躊躇, ためらい, 不決断 2.疑わしさ

petruswr (-wyr) *m* : **petruswraig (-agedd)** *f* 1.ためらう[躊躇する]人 2.疑う人 3.びくつく人

petryal (-au) *m* [幾何]1.正方形, 真四角 2.長方形, 矩形

petryal : petryalog *a* 1.長方形[正方形]の 2.直角の

petryaledd *m* 1.長方形[矩形]であること 2.直角をなすこと

peth *a* 1.多少[少し, いくらか]の: yfed ~ dŵr 水を少し飲む; ~ pellter 少し離れて; ers ~ amser しばらく 2.ある量[数]の

peth (-au) *m* 1.(有形の)物, 事物: pob ~, popeth *m* 万物; ~ hardd 美しい物 2.[*pl*]所持[携帯]品, 身の回りの品: pacio'ch pethau (携帯品の)荷造りをする 3.[*pl*][法律]財産, 有体物: pethau personol/real 動[不動]産 4.(軽蔑・哀れみなどの意の形容詞を伴って)人, 者, 奴: y ~ bach!, y beth fach! まあ可哀想な人だ! 5.異常な恐怖 6.行為; 仕事: dyna beth twp i'w wneud そんな事をしたのは馬鹿げている 7.物事, 事柄: meddwl dros bethau 物事[事態]をよく考えてみる; o bob ~ dan haul こともあろうに, よりによって 8.[*pl*]風物 9.正しい[当を得た]こと: dyna'r union beth それに

petheuach 469 **pigdwr**

そおあつらえ向きだ; 重要[特別, 必要]なこと: y ~ pwysig yw dod o hyd i ddirprwy 必要なのは代人を見つけることだ 10.事情, 事態: fel y mae pethau 現状では, 今のところ 11.(不加算物の)多少, いくらか, 少し: mae gen i beth(量が)少しあります

petheuach pl 1.寄せ集め物, がらくた 2.所持[携帯]品, 身の回りの品

peuad (-au) m 1.喘ぎ, 息切れ 2.動悸 3.(蒸気機関の)シュッシュッという音 4.(牛の)鳴声

peunes (-au) f [鳥類]クジャク(孔雀)の雌

peuo i 1.喘ぐ, 息切れする; 喘ぎながら走る 2.(汽車・汽船が)蒸気を吐く 3.(牛が)大声で鳴く 4.[通例進行形で]熱望する, 憧れる

pi : pia (pïod) f 1.[鳥類]カササギ(黒と白の羽毛で, 鳴声がやかましく, 小さな光る物を巣に集めてくる) 2.がらくた収集癖のある人 3.お喋り(屋)

pianistig a ピアノの; ピアノで演奏する

piano (-s) m [音楽]ピアノ: canu ~ ピアノを弾く; ~ cyngerdd (演奏会用)グランドピアノ

pianydd (-ion) m : **pianyddes (-au)** f [音楽]ピアニスト

piau t (特に法的権利によって)所有する, 持っている: fi ~ hwn 私はこれを所有している

pib (-au) f 1.(液体・ガスなどを通す)管, 導管, 筒, パイプ 2.[音楽](パイプオルガンの)音管: organ (f) bib (organau ~)パイプオルガン; 管楽器 3.(刻みたばこ用の)パイプ, きせる; (刻みたばこの)一服: smocio ~ 一服吸う 4.[病理]下痢 5.[植物]導[脈]管 6.[解剖]管

pibell (-au, -i) f 1.(液体・ガス・水などを通す)管, 導管, 筒, パイプ: ~ fwg (pibellau/pibelli mwg)排気管; ~ ddŵr (pibellau dŵr)(ボイラーの)水管; ~ dan (pibellau/pibelli tân)(ボイラーの)煙管; ~ gymodi/heddwch (アメリカ原住民が吸い合う)平和のきせる 2.[音楽](パイプオルガンの)音管 3.(刻みたばこの)パイプ, きせる 4.[解剖](人体内の)管状器官: pibellau'r frest 気管支

piben (-ni) f 1.[解剖・動物]卵管: pibenni Fallopio 卵管 2.[度衡]ぶどう酒の大樽一杯の液量(通例105 gallons) 3.[音楽](パイプオルガンの)音管

pibgenuen (pibgnau) f [植物]クリ(栗)の実; ヨーロッパグリ

pibgorn (-gyrn) m [音楽]リコーダー(縦笛型のフルート)

piblyd : pibreol a 下痢の

pibonwyen (pibonwy) f 氷柱, つらら

pibydd (-ion) m : **pibyddes (-au)** f 笛を吹く人: y Bibydd Brith [ドイツ伝説]まだら服を着たハーメルンの笛吹き; a dalo i'r ~ a ddewis y dôn [諺]笛吹きに金を払う者が曲を注文する権利がある, 費用を受け持つ者に決定権がある; bagbibydd (-ion) m バグパイプを吹く人

pibyddio i [音楽]笛を吹く

pica a 鋭い, 鋭利な; 先の尖った

picas (-au) f [道具] 1.つるはし 2.小さなつつく道具

piced (-i, -wyr) m 1.[軍事]小哨, 哨兵; 警戒隊 2.(労働争議中組合が出すスト破り防止のための)監視員, ピケ(ット): llinell (f) biced (llinellau ~)(労働争議中に組合が配置する)見張り線, ピケ(ットライン)

picedu t 1.柵を巡らす 2.[軍事]小哨を配置する 3.(スト中に工場などを)監視する, ピケを張る

picedwr (-wyr) m : **picedwraig (-agedd)** f (スト破り防止のための)監視員, 見張り人

picell (-au, -i) f 1.槍, 投げ槍 2.(中世の騎士・近代の騎兵の)槍

picellu t 槍で突く[刺す]

picellwr (-wyr) m [軍事]槍兵

picfforch (-ffyrch) f [農業・道具] 1.干草用二つ[三つ]又 2.(肥料)熊手

picio i 突進する; 飛んで行く

picl a 塩[酢]漬けの, 漬物にした: pennog : penogyn (penwaig) (m) ~ 塩[酢]漬けのニシン

picl (-s) m : **piclen (picls)** f 1.漬け汁 2.[通例pl]漬物, ピクルス; (英)タマネギの漬物, (米)キュウリの漬物

piclo t [料理](野菜などを)漬け汁に漬ける

picsen f [道具]小さなつるはし

pictiwr (-s) m 1.絵画: cerdyn ~, carden bictiwr (cardiau ~)絵葉書 2.写真 3.映画; [pl](娯楽・芸術としての)映画 4.生写し, そっくりの物; (目に見えるように)具現されたもの, 権化, 極致: mae hi'n bictiwr o iechyd 彼女は健康そのものだ 5.絵のように美しい物[人, 光景]: 'roedd ei wyneb yn bictiwr 彼の顔は絵のように美しかった

pictiwrésg a 絵のように美しい

picwarch (-weirch, -werchi) f = **picfforch**

picwarchu t (干草などを)かき上げる

picwnen (picwns) f [昆虫]スズメバチ, ジカバチ

picyn (-nau) m 1.小杯, 小型ジョッキ 2.[度衡](アルコール飲料の)ノッギン(液量単位; 4分の1pint)

pidyn (-nau) m [解剖]陰茎, ペニス

pier (-au) m フェリー乗り場, 渡船場: pen (m) ~ (pennau pierau)埠頭

piff (-iadau, -iau) m くすくす[忍び]笑い

piffian i くすくす笑う, 忍び笑いする

piffiwr (-wyr) m : **piffwraig (-agedd)** f くすくす笑う人, 忍び笑いする人

pig (-au) f = **picas**

pig (-au) mf 1.(肉食鳥の)くちばし 2.(水差し・ティーポットなどの)(注ぎ)口 3.(人の)かぎ鼻

pigan t (…し)始める: ~ glaw 雨が降り始める

pigdwr (-dyrau) m [建築](教会などの塔の

上の) 尖塔, 尖り屋根

pigfain *a* 1.先が尖った, 先細の: het bigfain とんがり帽子; barf bigfain (barfau ~) *f* 先が尖った顎髭 2.頂上の尖った, 円錐形の 3.尖塔のような

pigfeinio *i* 突き出る; 聳え立つ

pigiad (-au) *m* 1.(くちばしなどで) つつくこと 2.(昆虫・ハチの) 針 3.(植物・イラクサの) 刺, 刺毛 4.(縫い針・刺などで) 刺すこと, 刺し傷 5.[医学] 注射: ~ atgyfnerthu (薬の) 効能促進剤; ブースター注射 6.嫌な奴 7.陰茎, ペニス

piglas (-leision) : piglwyd (-ion) *a* 顔が青白い, 青ざめた

pigmi (-ïaid) *m* [P~][人類] ピグミー (アフリカなどの小人の黒人)

pigo *t* 1.(針の先などで) ちくりと刺す, 突く 2.(突いて) 穴を開ける: ~ swigen/ pothell 水ぶくれを刺して穴を開ける: ~ swigen/pledren rhn 人の化けの皮をはぐ 3.(穴を開けて型をつける [描く] 4.(苗を) 穴に植え付ける 5.(良心などが) 苦しめる, (人の) 心を刺す: mae ei gydwybod yn ei bigo 良心が彼を苦しめる 6.(鳥がくちばしで) つつく, ついばむ 7.くちばしでつついて (穴などを) 開ける 8.(食欲がないなどのせいで食物を) 嫌々少しずつ食べる: ~ bwyta 食物を嫌々少しずつ食べる 9.(つるはしなどで) 穴を開ける: ~ brychau yn rhth 何かに穴を開ける 10.(いつも槍玉にあげて人を) いじめる, 粗搜しをする, 非難する: paham ~ arna' i? なぜ私ばかり叱られるのか? 11.(歯・鼻などを) ほじる: ~ch dannedd/trwyn 歯 [鼻] をほじる 12.(入念に) 選ぶ 13.(人の) 懐中物をする, すり取る: ~ pocedi 人のポケットの財布をする 14.(錠を鍵以外のもので) 開ける: ~ clo 錠を開ける 15.(果物・草花などを) 摘む, もぐ 16.(州長官 (sheriff) を) 選ぶ: ~ siryf 州長官を選ぶ

pigodyn (pigodau) *m* にきび, 吹き出物

pigog *a* 1.(植物・動物が) 針 [刺, 刺毛] のある, 刺だらけの: morgrugysor (-ion) ~ *m* [動物] ハリモグラ 2.(人・性質など) 怒りっぽい, 短気な; いらいらする 3.ちくちくと刺す, 刺すような 4.(言葉など) 針を含んだ, 辛辣な 5.(傷など) 炎症性の; (皮膚など) 炎症を起こした, ひりひりする, ちくちく痛む: gwres ~ *m* あせも

pigoga *f* : **pigoglys** *m* [植物] ホウレンソウ

pigogrwydd *m* 立腹, 苛立ち

pigwn (pigynau) : pigwrn (pigyrnau) *m* 1.円錐 [形, 体] 2.[植物] 球果, 松笠

pigwr (-wyr) *m* : **pigwraig (-agedd)** *f* 1.刺す人 2.(昆虫などの) 刺す針 3.(植物の) 刺毛 4.[鳥類] つつく鳥, (特に) キツツキ 5.(錠を) 秘かに開ける人 6.(懐中物を) すり取る人, すり, 掏摸

pigyn (-nau, pigau) *m* 1.(帽子の) ひさし, つば 2.(女性のかぶり物 [頭飾り]) 尖った前部, まびさし: ~ gweddw 女性の額のV字形の生え際 (これがあると早く夫と死別するという迷信があった) 3.(尖った) 山頂 4.(蝋燭立ての) 釘 5.(走った後などの脇腹の) 激痛, 差し込み 6.[海事] (錨のつめの) 先端

pil (-ion) *m* (果物・野菜などの) 皮

pilaff (-au, -s) *m* [料理] ピラフ (米に肉・魚などを加え, 香料入りのスープで炊き込んだトルコ風炊き込みご飯)

pilastr (-au) *m* [建築] (壁の一部を平面的に張出した) 付柱, 柱形, ピラスター

pilcodyn (pilcod, pilcots) *m* [魚類] ヒメハヤ (コイ科の淡水小魚)

pilcota *t* ヒメハヤを釣る

pilen (-nau, -ni) *f* 1.(目の) かすみ, 曇り 2.[病理] 白内障, そこひ 3.(爪の付根の) あま皮 4.[植物] (種子の) 殻, (果物の) 皮, 上皮 5.[解剖] (薄) 膜: ~ serws 漿液膜; ~ yr ysgyfaint (pilenni'r ysgyfaint) 肋膜, 胸膜 6.[解剖・動物] 表皮, 角皮, クチクラ

pilennaidd *a* クチクラ [表皮, 角皮] の

pilennol *a* 白内障の

piler (-i) *m* 1.[建築] 柱, 円柱 2.(建物などを地面・水面より高く上げる) 脚柱, 高い土台柱 3.(炭坑などの) 支柱

pilerog *a* 柱のある

pileru *t* 柱で支える

piliedig *a* (果物の) 皮を剥いた

pilio *t* 1.(果物・野菜などの) 皮を剥く 2.(樹皮などを) はぐ
i (皮・ペンキなどが) 剥げて落ちる

pilion *pl* (ジャガイモ・果物などの剥いた) 皮

pili-pala (~-palod) *m* [昆虫] チョウ (蝶): strôc (*f*) ~ [水泳] バタフライ

piliwr (pilwyr) *m* [家政] (果物・ジャガイモなどの) 皮剥き器

pilsen (pils) *f* 1.丸薬: ~ gysgu (pils cysgu) 睡眠薬 2.[しばしばP~] 経口避妊薬, ピル: mae hi ar y bilsen 彼女はピルを服用している

pilyn (pilion) *m* (野菜・ジャガイモなどの) 剥いた皮, 剥き屑

pilyn (-nau) *m* 衣服の一点

pill (-iau, -ion) *m* 一片, 一つ: ~ o gân/ gerdd 一つの歌 [詩]

pin (-nau) *m* 1.ピン, 止め [飾り] 針: ~ bawd/ gwasgu, ~ pen fflat 画鋲; ~ cau/dwbl/ caead 安全ピン; ~ tei ネクタイピン; fe allech chi glywed ~ yn cwympo/syrthio/disgyn ピンの落ちる音でも聞こえるくらいだった; pinnau bach 手足のしびれが直りかけてちくちくする感じ; mae pinnau bach arna' i 私は手足が痺れています 2.(ペン先とペン軸を含めた) ペン: ~ llenwi/llanw 万年筆; ~ ac inc 文splを 3.[音楽] (ヴァイオリンなどの) 糸巻き, くさび 4.[ボウリング]

pinacl 471 **pla**

ピン, 標柱, 標的 5. [電気](プラグの)ピン

pinacl (-au) *m* 1. [建築](屋上・搭上に突き出した)小尖塔 2. (名声・幸福などの)頂上, 絶頂

pinaclog *a* 小尖塔のある

pîn-afal (-au) *m* [植物]パイナップル

pin-bel *m* [ゲーム]パチンコ

pinbwintio *t* 位置を正確に示す

pinc *m* 桃[ピンク]色
a 桃色の, ピンク(色)の; clefyd ~ *m* [病理]先端[肢端]疼痛(症); [植物・病理]赤衣病

pinc (-od) *mf* [鳥類]ズアオアトリ[ヨーロッパ産の鳴鳥]

pincaidd *a* 桃色[ピンク]がかった

pincas (-au) : pincws (-cysau) *m* (裁縫用の)針刺し[山]

pincio *t* [洋裁](ほつれを止めるため, または装飾として切地の端を)ぎざぎざに切る: siswrn ~ じぐざぐ鋏, ピンキング(用)鋏
i 1. めかす, 着飾る 2. (エンジンなどが)ノッキングを起こす

pincrwydd *m* ピンクである性質

pindwll (-dyllau) *m* 針で突いて作った小穴; 針の穴

pinio *t* 1. ピンで止める 2. (ある場所に)押さえつけておく, 釘付けにする

piniwn (-iynau) *m* 1. 信念, 確信 2. 世論: pôl (polau)(*m*)~ 世論調査 3. [建築]妻壁; 切妻

pinsiad (-au) *m* (指で)つねること; つねり, つまみ

pinsiaid (-ieidiau) *m* [料理](塩などの)一つまみ, 少量

pinsio *t* (指などで)つねる, つまむ, はさむ

pinwydden (pinwydd) *f* [植物]マツ(松)(の木)

pioden (piod) *f* [鳥類]カササギ: ~ y coed カケス, カシドリ

piogenig *a* [病理]化膿性の, 膿のできる

pip *m* 覗き見, 垣間見; 一目: Twm P~ *m* 覗き見のトム(伝説上の11世紀のCoventryの仕立屋; Lady Godivaが住民の減税の訴願のためCoventryを裸で馬に乗って通るのを覗き見し, 目がつぶれたという)

piped (-au, -i) *f* [化学]ピペット(極少量の液体またはガスを移す化学実験用の小管)

pipedu *t* (液体などを)ピペットで移す

pipian : pipianu *i* (小鳥などが)ピーピー鳴く

pipïwr (pipwyr) *m* : **pipwraig (-agedd)** *f* 覗き見する人, (特に)窃視癖のある人

pipo *i* 覗く, 覗き見する

pirwét (pirwetau) *m* [ダンス]つま先旋回

pirwetio *i* [ダンス]つま先旋回する

pisdy (-dai) *m* (公園などの)小便所, (特に)男性用小便器

piser (-au, -i) *m* 1. 水差し 2. [植物](ウツボカ

ズラなどの虫を捕えるための)袋状葉

piserlys *m* [植物]袋葉植物

piso *i* 排尿[小便を]する

piso *m* 尿, 小便

pistol (-au) *m* ピストル, 拳銃

pistolwr (-wyr) *m* ピストル使用者

piston (-au) *m* [機械]ピストン: rhoden (rhodiau)(*f*)~ ピストン棒

pistyll (-oedd) *m* 1. 噴水 2. 井戸; (油井などの)井 3. 噴出油井

pistylliad (-au) *m* (水などの)ほとばしり, 噴出, 噴流

pistyllio *t* (水などを)泉のように湧き出させる, 噴出させる
i (液体などが)噴出[流出]する, 泉のように湧き出る

pisyn (pisiau, pisis, pysys) *m* 1. 断片, 破片 2. (紙などの)小片, 細片: ~ o bapur 紙切れ 3. (パン・チーズなどの)一口, 少量 4. 硬貨, 銅貨, 銀貨: ~ chwech (昔の)6ペンス銀貨

piti *m* 同情, 哀れみ: teimlo ~ dros rn 人を哀れに思う

pitïo *t* (人を)可哀想[気の毒]に思う

pitsa (-s) *m* [料理]ピザ, ピッツァ

pitsio *t* 1. [野球](ボールを)投げる 2. ピッチ[松脂]を塗る

pitsiwr (pitswyr) *m* [野球]ピッチャー, 投手

pitw *a* 1. ちっぽけな, 微弱な 2. つまらない, 無価値な 3. けちな, 狭量な: peth ~ ar ei ran yw dweud y fath beth そんな事を言うとは彼も器量が小さい; meddw ~ 狭量な人, 小人

piw (-od) *m* (牛・羊・山羊などの多くの乳首を持ち下に袋状に垂れた)乳房

piwiad (-iaid) *m* [昆虫]ブヨ

piwis *a* 気難しい, すねる, 怒りっぽい

piwisrwydd *m* 不機嫌, 気難しさ

piwr *a* 親切な, 優しい

Piwritan (-iaid) *mf* 1. 清教徒, ピューリタン 2. [p~](宗教・道徳上の)謹厳な人

Piwritanaidd *a* 1. 清教徒の 2. [p~](宗教・道徳上)謹厳な

Piwritaniaeth *f* 1. 清教(主義); 清教徒気質 2. [p~](宗教・道徳上の)謹厳(主義)

piwtar : pewter *m* 白目, ビューター(錫と鉛, 真鍮または銅の合金): llestri (*pl*) ~ 白目製の器物(皿・鉢など)

piwtrwr (-wyr) *m* 白目器物の製造職人

piwyn (piwod) *m* = **piw**

pizza (-s) *m* = **pitsa**

pla (plâu) *m* 1. 疫病, 伝染病 2. ペスト, 黒死病: y ~ du [英史](ロンドンの)大疫病(1664-65年のペスト大流行で約7万人が犠牲になった); ~ alni hi! 忌々しい!, 畜生!; nod (-au)(*m*)~ [病理](腺ペストの時の皮膚の)斑状出血 3. 不幸, 災難 4. 厄介者, 困り者: mae'r plentyn ynan bla あの子供は全くひどい厄介者だ 5. 害虫, 害

獣: ~ llau[病理]虱[寄生]症 6.(有害動物の)異常大発生, 大襲来

plac (-iau) *m* (壁・家具などに取付ける金属・象牙などで作った) 額, 飾り板

plad (-iau) *m* [織物] 1.格子縞の織物; 格子縞, タータンチェック 2.(スコットランド高地の各氏族が民族衣装として左肩に掛ける) 格子縞の肩掛け [布地]

pladur (-iau) *f* [道具] (長柄の) 大鎌

pladurio : pladuro *t* (穀物・草などを) 大鎌で刈る

pladurwr (-wyr) *m* 大鎌で刈る人

plaen *a* 1.明白な, 分かりやすい; 平易な: mewn Cymraeg croyw 平易なウェールズ語で 2.(生活など) 地味 [質素, 簡素] な: mewn dillad ~ 平凡 [地味] な服を着て, 私服で 3.無装飾の, 凝っていない; 無地の; 平織りの: papur ~ *m* 無罫紙; gwehyddu ~ 平織り 4.(食物など) あっさりした, 味を付けていない; 簡単に調理した: cogydd (-ion) ~ *m*, cogyddes blaen (cogyddesau ~) *f* 簡易料理人 5.(女性が) 美しくない, 不器量な 6.[トラ] 切札 [絵札] でない: cerdyn (cardiau) ~ *m*, carden blaen (cardiau ~) *f* 平札

plaen (-au, -iau) *m* [道具] かんな: haearn (heyrn) (*m*) ~ かんなの刃; jacblaen (-iau) *m*, ~ mawr (大型の) 粗かんな

plaender : plaendra *m* 1.明白, 平明 2.質素, 簡素 3.不器量

plaengan (-au) *f* [音楽・キ教] 単旋律聖歌

plaenio *t* かんなをかける, かんなで削る

plagio *t* (人・動物などを) いじめる, 悩ます, 困らす

plagiwr (plagwyr) *m* : **plagwraig (-agedd)** *f* いじめる [悩ます, 困らす] 人

plagus *a* うるさい, 迷惑な

plaid (pleidiau) *f* 1.[政治] (通例, 主流派の異議を唱えたり, または利己主義的な) 党 (派), 派 (閥): newid (eich) ~ 党派を変える, 他党に移る: polisi (*m*) ~ (政党などの) 政策, 方針 2.[法律] 当事 [関係] 者 3.[海事] 船側 4.(大きな干草の山の) 側面 5.(敵・味方の) 側

plaladdwr (-wyr) *m* 殺虫剤

plân (planau) *m* 1.[数学] 平面: ~ tangiad 接平面 2.[地質] 平面: ~ llorwedd 水平面

plan (-iau) *m* 図面: tynnu ~/cynllun 図面を引く

planc (-au) *m* [料理] パンや菓子を焼くための平たい石または鉄板: bara ~ 石 [鉄板] で焼いたパン

planced (-i) *f* 毛布, ブランケット

plancton *m* [海洋・生物] 浮遊生物, プランクトン

planctonig *a* [生物] プランクトンの

planed (-au) *f* [天文] 惑星: dan blaned

anffodus 狂運の惑星の邪気に当てられた, 呪われた

planedig *a* 深く根付いた; 埋め込まれた

planedol *a* [天文] 惑星の

planetariwm (-aria) *m* [天文] プラネタリウム, 星座投影機

planhigfa (-feydd) *f* ((亜) 熱帯地方の大規模な) 農園, プランテーション

planhigfäwr (-fawyr) *m* 農園主

planhigyn (-higion) *m* [植物] 1.植物, 草木: ~ byrddydd 短日性植物; ~ eilflwydd 二年生植物 2.[*pl*] 植物群 [相]

planiad (-au) *m* 1.植え付け; 植林 2.[歯科] (歯肉下または顎骨内に) 植え込むもの 3.[医学] 移植された組織片

plannu *t* 1.(若木などを) 植える; (種を) まく; (土地に木などを) 植える: ~ gardd 庭に木や花を植える; ~ tatws ジャガイモを植える 2.(人・物を) 置く, 立てる; 腰を下ろす, 座り込む 3.(思想・信仰などを) 植え付ける, 教え込む 4.(心・記憶などの中に) 深く留める 5.(物を) しっかり差し [埋め] 込む 6.[外科] (生きた組織などを) 移植する 7.[歯科] (義歯を歯肉下または顎骨内に) 植え込む 8.(弾丸を) 撃ち込む 9.(植民地などを) 建設する: ~ gwladfa 植民地を設ける

plannwr (planwyr) *m* : **planwraig (-agedd)** *f* 1.植え付ける [種をまく] 人 2.(思想などを) 教え込む人 3.(生きた組織片などを) 移植する人 4.しっかり差し込む [埋め込む] 人 5.農園主

planor *a* [数学] 平面の

plantos *pl* 小さい子供たち

planwydden (planwydd) *f* [植物] プラタナス, スズカケノキ

plas (-au) *m* 大邸宅

plasaidd *a* 1.(建物が) 宮殿の (ような) 2.豪華 [広大] な

plasma *m* 1.[生理] 血漿, リンパ漿 2.[物理] プラズマ

plaster (-i) : plastr (-au) *m* 1.[医学] 膏薬: plast (e) r glynu 絆創膏; sant (seintiau) (*m*) plast (e) r 聖人君子 (と考えられる人) 2.石膏: plast (e) r Paris 焼き石膏 3.漆喰, 壁土

plastig (-au, -ion) *m* 1.プラスチック, 合成樹脂 2.プラスチック製品 *a* プラスチック (製) の

plastro *t* 1.膏薬を張る 2.(髪などをポマードなどで) べったりなで付ける 3.漆喰を塗る

plastrwr (-wyr) *m* 1.漆喰屋, 左官 2.石膏細工人

plasty (-tai) *m* = plas

plât (platiau) *m* 1.(名前などを書いた) 名札, 標札: ~ enw ネームプレート 2.(自動車の) ナンバープレート: ~ rhifau ナンバープレート 3.(金属などの) 板 (金): ~ wyneb [機械] 面板 4.(通例, 各人用の浅く丸い) 皿; 大皿: ~ cinio

platiad 473 **plethedig**

（通例, 直径10インチの主要料理用）大皿 5.皿一杯, 一皿（分）6.[歯科]義歯床 7.[写真]感光板: hanner（m）~ ハーフサイズ感光板 8.[彫刻]彫板 9.（金・銀製の）食器類

platiad : platiaid (-eidiau) *m* 皿一杯, 一皿（分）

platinwm *m* [化学]白金, プラチナ: ~ du, powdwr（m）~ 白金黒（触媒用粉末）; metel (-oedd)（m）~ 白金属

platio *t* めっきをする

platiog *a* [しばしば複合語の第2構成素として]めっきした

platwn (-wnau, -ynau) *m* [軍事]（歩兵・工兵などの）小隊

platwydr *m* （上質の）板ガラス

ple (-dion, -on) *m* 1.嘆願, 請願: ~ am drugaredd 慈悲の懇願 2.[法律]抗弁, 弁護: Pledion y Goron [英法]刑事訴訟

plediad (-au) *m* 1.弁解, 申し開き 2.[法律]抗弁, 弁護 3.[pl]訴答（書面）

pledio *t* 1.[法律]（訴訟を）議論[弁解, 弁論]する: ~ achos（弁護人が）事件の弁論をする; ~ ple arbennig 特別訴訟を行なう 2.（理由・言い訳として）申立てる, 主張する, 弁解する *i* 1.議論[論争, 口論]する; （…に賛成の）議論をする 2.[法律]弁論[答弁]する: ~'n ddieuog 無罪を申立てる; ~'n euog（刑事被告人が）罪を認める 3.嘆願[懇願]する

plediwr (pledwyr) *m* : **pledwraig (-agedd)** *f* 1.嘆願者 2.[法律]弁護人, 抗弁者

pledren (-nau, -ni) *f* 1.[解剖]膀胱; 囊 2.（魚の）浮き袋: ~ nofio [魚類]浮き袋

pleidgar *a* 1.（判断・見解など）片寄った, 不公平な, 偏見のある 2.党派的な, 党派心の強い

pleidgarwch *m* 1.不公平, えこひいき 2.党派心, 党人根性, 派閥主義

pleidio *t* 1.（改革・政策・提案などを）支持する, 賛成する 2.（人を）偏愛する 3.味方する, 組みする

pleidiol *a* 1.（計画・提案などに）賛成[承諾]する, 好意的な 2.支持[唱道, 弁護]者の 3.党派心の強い

pleidioldeb *m* （人の考えなどに）好意的なこと, 好ましさ, 好感性

pleidiwr (pleidwyr) *m* : **pleidwraig (-agedd)** *f* 1.（意見などの）賛成者, 味方 2.愛顧者 3.保護[補助]者 4.信奉者 5.[政治]（党派などの）支持[支援, 後援]者, 党派心の強い者

pleidlais (-leisiau) *f* [政治]1.（賛成）投票; 票決 2.投票[選挙, 参政]権: ~ i ferched/marched 婦人参政権; ~ i wŷr, ~ gwŷr 成年男子選挙[参政]権 3.投票用紙; （個々の）票: ~ fwrw (pleidleisiau bwrw), ~ fantol (pleidleisiau mantol) 決定投票（可否同数の

場合に投じる議長の一票）; ~ gardiau (pleidleisiau cardiau) [労働]カード投票（労働組合の大会などで代議員が代表する組合員の数を明記したカードで票を決める投票）

pleidleisio *t* [政治]1.可決[議決]する 2.票決する 3.投票して支持する *i* 投票する: ~ trwy godi llaw/dwylo 挙手で賛否を表現する

pleidleisiwr (pleidleiswyr) *m* : **pleidleiswraig (-agedd)** *f* 投票者

plentyn (plant) *m* （幼年時代から青年時代までの）子供, 児童: er(s) yn blentyn 子供のころから; ~ anodd/anhydrin/anystywallt, ~ anodd ei drin 問題児; gofal（m）plant, gofal am blant 育児; lles（m）plant 児童福祉

plentyndod *m* 幼年時代, 児童期: ail blentyndod 老衰, 耄碌

plentynnaidd *a* 1.子供の, 子供らしい 2.（大人について）子供染みた

plentyneiddiwch *m* 子供っぽさ, 幼稚さ, おとなげないこと

pleser (-au) *m* 1.楽しみ, 愉快, 喜び: gyda phleser 喜んで, 楽しんで; [快諾の返事]いいですとも; mae'n bleser sgwrsio â hi 彼女と話すと楽しいです 2.光栄: rhowch imi'r ~ o giniawa gyda mi 私と一緒に会食をお願いします 3.楽しい事, 喜びのもと[種]: mae hi'n bleser pur 彼女は喜びのもとだ 4.（世俗的）慰み, 娯楽, （特に肉体的）快楽, 放縦: bywyd o bleser 快楽の生活; egwyddor（f）~ [精分]快楽原則

pleserdaith (-deithiau) *f* 1.（ある目的で団体で行なう）遠足, 小旅行, 遊覧旅行 2.（特別割引料金の）周遊旅行

plesergar *a* 遊びの好きな, 快楽を求める

pleserwr (-wyr) *m* 道楽者

pleserlong (-au) *f* 1.（外洋を航行できる）遊覧用モーター[帆]付き豪華快走船 2.レジャー用ボート

pleserus *a* （物事が）楽しい, 愉快な, 嬉しい

plesio *t* （人を）喜ばせる, 楽しませる, 満足させる: mae'n anodd ei bleisio; 'does dim ~ arno 彼を喜ばすことはとてもできない

plet (pletiau) : plet (-iau) : pleten (pletiau) *f* [洋裁]ひだ, プリーツ: pleten ddwbl (pletiau dwbl) 箱ひだ, ボックスプリーツ(2本のひだの折山がつき合うように折られたひだの一種）; ~ fechan/fân (pletiau bychain/mân) （カーテンの）つまみひだ

pletiad (-au) *m* ひだ付け[取り]

pletio *t* ひだを入れる[付ける]

pletiog *a* ひだのある

pletiwr (pletwyr) *m* ひだを取る人

pleth (-au, -i) : plethen (-ni) *f* （髪の毛の）編んだ髪, お下げ髪

plethedig : plethog *a* 1.編んだ, 組み製の 2.

P

plethiad 474 **plwsh**

[電気]編組の 3.[地理](川・流路が)網状に交錯する, 網状流の: afon blethedig/blethog 網状に交錯する川

plethiad (-au) *m* 1.組[打ち]紐 2.モール刺繍 3.お下げ髪 4.[電気]編組

plethu *t* 1.(毛髪・麦藁などを)編む, お下げ髪にする 2.(花輪・かごなどを)編む, 組む 3.(花輪などで)飾る 4.(垣根・壁などを)編み枝で作る 5.(詩・物語などを)組み立てる, 作り上げる 6.[電気]編組にする

plethwr (-wyr) *m* : **plethwraig (-agedd)** *f* 1.編む[組む]人 2.組紐機 3.(詩などを)作り上げる人: ~ cerddi 詩を作り上げる人

plethwaith *m* 1.組紐, 打ち[真田]紐 2.編み枝細工: ~ a dub/chlai [建築]荒れ方漆喰

plethyn (plethau, plethi) *m* = **pleth, plethen**

plicedig *a* 1.羽をむしった 2.眉毛を抜いた

plicio *t* 1.(果物・人参・じゃがいもなどの)皮を剥く 2.(眉などの形を作るため)毛を引き抜く 3.(エビなどの)殻を取る

i (ペンキ・皮膚などが)はげて落ちる, 剥ける

plicion *pl* = **pilion**

pliciwr (plicwyr) *m* = **piliwr**

plisgen (-nau) *f* (卵の)殻

plisgo *t* 1.(木の実・穀物・豆などの)殻[皮, さや]を取る, 剥く 2.(人参・じゃがいもなどの)皮を剥く 3.(エビなどの)殻を取る

plisgyn (plisg) *m* 1.(木の実・穀物・種・豆・卵などの)殻, 外被, さや 2.(果物・野菜などの)皮

plisman : plismon (-myn) *m* : **plismanes : plismones (-au)** *f* 1.警[察]官, 巡査: ~ ceir 交通(整理)巡査; ci ~(cwn polismyn)警察犬; polismyn ar gefn ceffylau 騎馬警官隊 2.[*pl*]警察

plismona *t* (地域を)警察力で取り締まる, 治安を保つ

plith *m* 真中; 最中: yn ein ~ 私たちの中に[間で]; 'roedd popeth blith draphlith 何もかもごった返しになっていた

pliwra (-âu) *m* [解剖]肋[胸]膜

pliwraidd : pliwrol *a* 肋膜の

pliwrisi *m* [病理]肋[胸]膜炎

pliwron (pliwra) *m* [動物](甲殻類などの)側板, 甲側

plocyn (plociau) *m* 1.(物を切ったり載せたりする)台木, 台盤; まな板, 物切り台: ~ torri/derbyn bwyd (斬られる, 首を載せる)斬頭台: marw ar y ~ [歴史]ギロチン[断頭台]の露と消える

plod (-iau) *m* = **plad**

ploryn (plorod) *m* にきび, 吹き出物

plorynnod *pl* [病理]アクネ, にきび, 座瘡

plorynnog *a* (顔など)吹き出物だらけの, にきびのある

plot (-iau) *m* 1.(小説・劇・脚本などの)筋, 構想, プロット: maer ~ yn cymhlethu … 事[話]が込み入って面白くなる 2.[数学]グラフ, 図(表)

plotio *t* 1.(土地を)小地面に分ける, 小区画にする 2.[数学]点を結んで(曲線を)描く

pluaidd *a* 羽毛のような

plucen *m* (鳥の)綿毛

pluen (plu) *f* : **plufyn (pluf)** *m* 1.(一本の)羽, (特に長くて目立つ)羽毛: sidan blu, manblu, plucan (鳥の)綿毛; gwisgo plu benthyg 借り着をする[着る] 2.(帽子などの)羽飾り: dyna bluen yn ei het/gap それは彼の名誉である 3.(煙・雲の)柱: ~ o fwg むくむく立ち上がる煙

plufio : pluo *t* 1.(帽子などに)羽飾りを付ける: pluo'ch nyth (特に不正手段によって)金持ちになる, 私腹を肥やす 2.[ボートレース](オールを水平に抜く時風圧を少なくするため)オール[水掻き]を水平に抜く: pluo rhwyf オールのブレードを水平に抜く 3.(料理のためにガチョウなどの)羽をむしり取る 4.[航空](航空機のプロペラ・ヘリコプターのローターを)フェザリングさせる

plufyn (-nau) *m* 小羽根

pluog *a* 1.羽毛の生えた 2.羽飾りのある

plwc (plyciadau, plyciau) *m* 1.(急に)ぐいと引くこと, 引き, 引っ張り: rhoddodd blwc ar llawes; teimlais blwc sydyn yn fy llawes 彼はベルの紐をぐいと引いた 2.[ボレ](ボートを)漕ぐこと; 一漕ぎ 3.(交替でする)一続きの仕事 4.[生理](筋肉・関節の)反射運動, けいれん

plufiwr (plufwyr) *m* : **plufwraig (-agedd)** *f* : **pluwr (-wyr)** *m* : **pluwraig (-agedd)** *f* (ガチョウなどの)羽をむしり取る人

plwg (plygiau) *m* 1.[電気]差込み, プラグ: ~ deubin 差込みが2本のプラグ 2.(内燃機関の)点火プラグ: ~ tanio 点火プラグ 3.栓: twll (*m*)(tyllau plygiau)(浴槽・流しなどの)栓の穴

plwgio *t* (穴などに)栓をする, 塞ぐ

plwm *m* 1.[化学]鉛: ~ gwyn 白鉛, 炭酸鉛; ~ dalennog 展延鉛板 2.[*pl*]屋根葺き用鉛板: ~to 屋根葺き用鉛板 3.[*pl*](窓ガラスの)鉛枠: dellt (*pl*) ~ 窓ガラスの鉛枠 4.[印刷]差し鉛, インテル(活字組版の行間を埋める鉛片)

a 1.鉛(製)の: gwydr (*m*) ~ 鉛ガラス; pensel (*f*) blwm (penseli ~)鉛筆 2.垂直の

plws (plysau) *m* [数学]プラス(記号), 加号, 正符号: arwydd (-ion) (*m*) ~ プラス記号, 加号, 正符号

a 1.[数学]プラス[正]の 2.[電気]陽の 3.[数詞の後に用いて](年齢が)…歳以上の: yr (arholiad) un ar bymtheg ~ 16歳以上

plwsh *m* [織物]ブラシ天(velvetより毛羽がやや長めの絹・綿・毛・レーヨンなどの生地)

plwton (-au) *m*［地質］プルトン（深成岩体の総称）

plwtonig *a*［地質］深成（岩）の

plwtoniwm *m*［化学］プルトニウム

plwyf (-i, -ydd) *m* 1.教区（教会とその牧師を持つ宗教上の一区域）: mynd ar y ~（昔 poor lawのもとで）教区の扶助を受ける; eglwys (*f*) blwyf (eglwysi ~) 教区教会 2.行政教区: cyngor (cynghorau) (*m*) ~ (行政) 教区会; offeiriad (*m*) ~ (offeiriaid plwyfi)［キリスト教］教区司祭; llyfrgell (*f*) blwyf (llyfrgelloedd ~ i) 教区図書館

plwyfo *i* 定住する

plwyfol *a* 1.教区の 2.（考え・関心など）狭い, 偏狭な

plwyfolyn (-olion) *m* 教区民, 教会区の信者

plwyfwas (-weision) *m*（教区の）典礼係

plyciedig *a*（羽・眉毛などを）抜いた

plycio *t* 1.（料理のために鳥などの）羽をむしり取る 2.（ロープなどを）ぐいと引く, 引っ張る; (眉毛を) 抜く: ~ llawes rhn 人の袖を引っ張る 3.（物を）ひったくる, 強奪する 4.（相手の許可なく機を見て）素早く手に入れる 5.（弦楽器などかき鳴らす: ~ (tannau) gitâr ギターをつま弾く 6.（皮・樹皮などを）剝ぐ 7.（果物・じゃがいもなどの）皮を剥く 8.［電気］ケーブルの絶縁覆いを剝ぎ取る 9.［重挙］バーベルをしゃがみ込むようにして握り, 一気に頭上に差し上げる

plyciog *a* ぎくしゃく動く, けいれんするような

plyg (-ion) *m* 1.（体を）かがめること 2.曲がり, 屈曲 3.（スカートなどの）ひだ; 折目: tudalen (-nau) ~ *m*, tudalen blyg *m*, tudalen blyg (tudalennau ~) *f*（出版物に入れる大版紙の）折込みページ 4.（蛇・ロープなどの）とぐろ巻き 5.（起伏した土地・谷間などの）窪み, 谷あい 6.［機械］ベンド, 曲管 7.［地質］（地層の）褶曲: trosblyg, gorblyg (-ion) *m* 過褶曲 *a* 1.（椅子・ベッドなど）折りたたみ式の 2.［地質］褶曲させられた: haenau ~［地理］褶曲地層

-plyg *suf*［形容詞・副詞語尾］…倍［重］の［に］: deublyg *a&ad* 二倍［重］の［に］

plygadwy *a* 1.折り畳める 2.（物が）しなやかな

plygain (-einiau) *mf* 1.夜明け, 曙: yn y ~ 明け方に 2.［英教］朝の祈り, 早禱

plygeiniol *a* 朝早く: yn blygeiniol 朝早くに

plygiad (-au) *m* 1.（スカートなどの）ひだ; 折目 2.（体を）かがめること 3.曲がり, 屈曲 4.［機械］ベンド, 曲管 5.［地質］褶曲

plygiannedd *m*［物理］（光線などの）屈折度

plygiannol *a* 1.［物理］（光線などを）屈折する, 屈折力を有する 2.屈曲［たわみ］の

plygiant (-iannau) *m* 1.［物理］（光線・音波などの）屈折（作用）2.［地質］（地層の）撓曲

plygio *t*（穴などに）栓をする, 塞ぐ

a［電気］差込（式）の: uned (*f*) blygio (unedau ~)プラグインユニット（電子装置の一部）

plygu *t* 1.（真っすぐな物を）曲げる 2.（頭・顔・首・背を）下に向ける, かがめる, うつむく: ~ pen dros lyfr うつむいて本を読む 3.（挨拶・礼拝などのために）腰をかがめる, 膝を折る, お辞儀する: ~ glin 膝をかがめる, 膝を曲げてお辞儀する 4.（人・意志などを）屈服させる, 曲げる 5.（規則などを都合のよいように）曲げる: ~'r rheolau 規則を曲げる 6.（紙・布などを）折る, 折り畳む 7.（枝・蔓を絡ませて生垣などを）作る: ~ gwrych 生垣を作る 8.［物理］（水・ガラスなどが光を）屈折させる

i 1.曲がる, たわむ, しなる: gwell ~ na thori［諺］折れるよりはたわむが勝る,「柳に雪折れなし」2.かがむ 3.屈服する, 従う: ~ i'r drefn 避けられない運命に屈服する 4.折り重なる; 折り畳める

plygwr (-wyr) *m* : **plygwraig (-agedd)** *f* 1.折り畳む人 2.［金細］（金属品を）曲げる人

plygydd (-ion) *m* 1.［製本］（紙などの）折り畳み機, 折り割り機 2.折本 3.［機械］曲げる機械

plymaidd *a* = plwm

plymeiddiwch *m* 1.（鉛のような）重さ 2.（疲労による身体の）重苦しさ, だるさ

plymen (-nau, -ni) *f* 1.重り, 鉛錘 2.（釣糸の）重り

plymer (-iaid) : **plymydd (-ion)** *m* 配管［鉛管］工

plymiad (-au) *m* 1.突き［飛び］込むこと 2.（水泳の）飛込み: ~ gwennol［水泳］前飛び伸び型飛込み 3.（潜水艦の）潜水 4.突進, 突入 5.［航空］急降下

plymio *t* 1.突っ込む 2.潜水させる 3.（水深を）計る, 測量する: ~ i'r dyfnderoedd 深さを測る 4.［航空］急降下させる

i 1.飛込む, 突入する 2.（水中へ）飛込む, 潜る 3.（潜水艦が）潜水する 4.（物が）真っすぐに落ちる 5.［航空］急降下する 6.身を落とす 7.（人気・物価などが）急落する

plymiwr (plymwyr) *m* : **plymwraig (-agedd)** *f* 水に飛込む［潜る］人, ダイヴァー, 潜水者［夫］

po *part*［形容詞・副詞の最上級を伴って］それだけ, かえって, ますます: gorau (yn y byd) ~ fwyaf 多ければますます愉快; gorau ~ gyntaf 早ければ早いほどよい; gorau ~ leiaf ごちそうは少人数ほどよい; ~ fwyaf miniog y blaen, ~ finioca'r blaen gorau oll yw'r nodwydd 針は先が尖っていると一層よい; ~ fwyta yr yfwch, mwyaf eich syched 水は飲めば飲むほど, かえって喉が渇く

pob *a* 1.［無冠詞の不可算名詞と共に］あらゆる, 全て［一切］の: ~ cnawd sydd wellt［聖書］人は皆葦なりだ（人の命は儚い）(cf *Isa*

40:6) 2.[性質・程度を表す抽象名詞を修飾して]あらん限りの, 最大の: 'rydym wedi colli ~ gobaith 私たちは全ての希望を失った 3.[総括的に複数名詞と共に]あらゆる, 一切の, …は皆: ~ dyn 人は皆 4.[限定語を伴う複数名詞に先立って]全て[全部]の: ~ dim arall その他[残り]の物は全部; ~ hwy/lwc!(人と別れる時・手紙の最後などに用いて)では御機嫌よう!(乾杯する時に用いて)では御盛運[成功]を願て!; ar bob cyfrif よろしいとも, どうぞ 5.[単数名詞を修飾して]各々の, 各自の, 各…: ~ dyn/un, ~ un dyn 各人; ~ un ohonom 我々のそれぞれ, ~ copa walltog 各自いずれも皆 6.[無冠詞で可算名詞に先行して]ことごとくの, 全ての, どの…も皆: ~ Cymro 全てのウェールズ人; ~ copa walltog ohonynt 彼らのだれもかれも皆 7.[無冠詞で単数名詞を伴って]毎…, …ごと; :~ dydd 毎日 8.[抽象名詞を伴って]可能な限りの, あらゆる, 十分な: mae gennyf bob achos/lle i gredu 私には…と信じる理由が十分ある

pob *a*(オーヴンなどでパンなどを)焼いた: bara (*m*)~ 焼いたパン; taten bob(tatws/tato ~) *f* 焼きじゃがいも

pobi *t*(パン・じゃがいも・肉などを)焼く
i 1.パンを焼く 2.(パンなどが)焼ける 3.肌を焼く

pobiad (-au) *m* 1.パン焼き 2.(パンの)一焼き分

pobl (-oedd) *f* 1.[*pl*扱い; 通例修飾語句を伴って]人々: ~ garedig 親切な人々; maent yn bobl dlawd 彼らは貧しい人々です 2.[*pl*扱い; 通例修飾語句または定冠詞を伴って](特定の土地・階級・団体・職業・民族に属する)人々, 住民: ~ Cymru ウェールズ人; ~ Lloegr イングランド人; ~ yr Alban スコットランド人; ~ y wlad, ~ cefn gwlad 田舎[地方]の人々 3.[*pl*扱い]家族 4.[政治][*pl*扱い](一国家に属し選挙権を持つ)人民, 選挙民: llywodraeth gan y werin/bobl 人民による政治 5.[*pl*扱い]平民, 庶民 6.[*pl*扱い; 無冠詞で単独に用いて](漠然と)世間の人々: ~ ifa(i)nc若者; hen bobl 老人 7.(文化的・社会的に見た人々の一集団として)国民, 民族

poblog *a* 人口の多い, 人口過密な

poblogaeth (-au) *f* 1.人口; 住民数 2.(一地域の)全住民 3.[集合的に]大衆, 民衆, 庶民 4.[生物](一定地域の)全個体群, 集団

poblogaidd *a* 1.民衆[人民, 市民]の: Ffrynt P~/Boblogaidd *mf*[政治]人民戦線 2.民衆的な, 大衆向きの, 平俗な 3.人気のある, 評判のよい

poblogeiddio *t* 1.大衆[民衆, 通俗]化する 2.(新製品などを)普及させる, 広める 3.評判[人気]をよくする

poblogi *t* 1.(国・町などに)居住する 2.(国・町などに)人を居住させる, 植民する

poblogrwydd *m* 人気, 人望, 俗受け

poblogwr (-wyr) *m* : **poblogwraig (-agedd)** *f* 1.住民 2.移民, 開拓者

poblyddiaeth *f*[米史]人民党の主義[政策]

poblyddol *a*[米史]人民党の

poblyddwr (-wyr) *m*[米史]人民党員

pobwr (-wyr) *m* : **pobwraig (-agedd)** *f* パン屋, パン・菓子類製造業者

poced (-i) *f* 1.ポケット: ~ gesail (pocedi cesail)(上着の)内ポケット; ~ tu mewn(厚地の大外套などの)内ポケット; ~ drowsus/trwser (pocedi trowsus/trwser)ズボンのポケット 2.[地質](金・石油などの)鉱穴; 鉱穴の埋蔵量
a ポケットに入れられる; 小型の: geiriadur (-on)(*m*)~ 小型辞典

pocedaid (-eidiau) *f* 1.ポケット一杯(分)2.たくさん, 一杯

pocedadwy *a* ポケットに入れられる

pocedog *a*(金が不正に)着服された

pocedu *t* 1.ポケットに入れる 2.(通例不正に金などを)着服する, くすねる 3.(金を)稼ぐ, 儲ける 4.[ビリ](玉を)玉受けに入れる

pocer (-i) *m* 1.突く人 2.火かき(棒)3.焼絵用具: gwaith (*m*)~ 焼絵[画]4.[トランプ]ポーカー: dis (-iau)(*m*)~ 5個一組のダイス

poen (-au) *mf* 1.(肉体的)苦痛, 痛み, 疼き: poenau twf/tyfu/tyfiant 成長痛(少年から青年への成長期の手足の痛み); ~ yn y bol/cylla 胃痛; tawelydd (-ion)(*m*)~ , poenladdwr (-wyr) *m* 鎮痛剤 2.心配, 気苦労, 苦悩 3.激情, (悲喜の)極み 4.[*pl*]陣痛: poenau esgor 陣痛 5.刑罰

poendigaeth (-au) *f* 1.苦痛, 激痛, 苦悩 2.厄介者[物], 苦の種

poendod (-au) *m* 厄介[迷惑]な行為[物, 人]: mae'n boendod 彼は全く厄介な人だ; am boendod! まあうるさい!

poeni *t* 1.(人を)悩まし, 困らす, 苦しめる, 心痛させる, 悲しませる 2.(犬が羊などを)噛みついていじめる, しつこ攻撃する: ~ defaid 犬が羊に噛みついていじめる
i 心配する, 悩む: paid (peidiwch) â phoeni! くよくよ[心配]するな!, 心配ご無用!; pa werth ~? 心配したって何になるんだ?

poenus *a* 1.心配な, 気がもめる 2.厄介な, うるさい 3.(肉体的・精神的に)痛い, 苦しい 4.(物事が)苦痛を与える, 骨の折れる

poenusrwydd *m* 痛み, 苦痛

poenwr (-wyr) *m* : **poenwraig (-agedd)** *f* 厄介者

poenydiad (-au) *m* 1.拷問 2.拷問の方法 3.激痛, 苦悩

poenydio *t* 1.(精神的・肉体的に)苦しめる 2.悩ます, 困らせる, いじめる 3.拷問に掛ける

poenydiwr (poenydwyr) *m* 1.苦しめる人 2.拷問者

poer (-ion) : poerad (-au) : poeryn (poerion) *m* 唾液, つば, 痰

poeri *t&i* つば痰を吐く

poerlestr (-i) *m* 痰唾

poerllyd *a* つばを吐く: cobra ~/boerllyd (cobraod ~) *mf* [動物] 毒液を吐きかけるアフリカ産のコブラ

poerol *a* つば [唾液] の

poerwr (-wyr) *m* つばを吐く人

poeth *a* 1.高温の, 熱い: ffynnon borth 温泉; ci (cŵn)~ [料理] ホットドッグ; ~ freuder *m* [金加] 高温 [熱] 脆性 2.暑い: chwilboeth 猛烈に暑い 3.(胡椒など) 辛い, ひりひりする 4.(食物が) 熱せ [暖め] られた 5.好色な, 性欲を刺激する: mae hi'n un boeth/dwym/ dinboeth! 彼女はセクシーな女だ! 6.優秀な, 精通した 7.(ニュースなど) 最新の, 出たばかりの 8.緊急の: y llinell/lein boeth [政治] (二国の政府首脳を結ぶ) ホットライン, 直結電話線 9.(動作・言葉・気質など) 激しい, 興奮した 10.(亡命者などにとって) 危険な: gwneud lle'n rhy boeth i rhn (迫害などで人をある場所に) いたたまれなくする

poethder *m* 1.熱さ 2.暑さ, 暑気 3.(胡椒などの) 辛味 4.熱情, 熱烈 5.(病理的な) 熱 6.[動物] (雌獣の) さかり, 発情 7.[物理] 熱

poethdon (-nau) *f* [気象] 熱波

poethfel *m* [植物] 焼け焦げたハリエニシダ

poethi *t* 1.(飲食物などを) 暖める, 熱する 2.(食物を薬味を加えて) 辛くする 3.(人体・血液などを) 暖める 4.興奮させる 5.(事を) 活発に [激しく] する

i 1.熱くなる, 暖まる 2.興奮する 3.活発に [激しく] なる

poethofannu *t* (鉄などを) 鍛える; 鍛造する

poethwal *m* = **poethfel**

pogrom (-au) *m* (被圧迫少数民族に対する組織的・計画的) 虐殺; (特に帝政ロシア時代にしばしば行なわれた) ユダヤ人虐殺

pôl (polau) *m* 1.(選挙) 投票: ar waelod y ~ 最低得票で 2.世論調査: ~ gwelltyn, ~ ar antur (世論を探る) 非公式の投票

polaraidd *a* 偏光 [分極, 偏極] した

polareiddiedig *a* 1.偏光 [分極, 偏極] した 2.(社会を) 二分 [分裂, 対立] させた

polaredd *m* 1.[電気] (電気の) 両性; (陰・陽) 極性 2.(主義・性格の) 正反対; 両極性

polareiddiad (-au) *m* 1.極性化 2.[電気] 分極 (作用) 3.[光学] 偏光 4.(社会などの) 分極化, 分裂, 対立

polareiddio *t* 1.[電気] 極性を与える 2.[光学] 偏光させる 3.(社会などを二つに) 分裂 [分極化] させる 4.(考え・思想など) 偏向させる

Polaroid *m* [商標] ポラロイド

polaru *t* 1.[電気] 極性を与える 2.[光学] 偏光させる

polca (-s) *mf* 1.ポルカ (二人組2拍子の舞踏) 2.ポルカ舞曲

polder (-au) *m* [地質] ポルダー (オランダで海を干拓して作り出した平地)

poledd *m* 極 [磁極] 強度

polio *m* [病理] 小児麻痺, ポリオ

polio *t* (舟などを) 棹で進める

polioni *t* 1.(罪人を尖った杭で) 串刺しにする 2.突き刺す, 刺し貫く

polioniad *m* 1.(昔の) 串刺しの刑 2.刺し貫くこと

polisi (polisïau) *m* 1.[政治] (政府・政党などの) 政策, 方針 2.保険証券: daliwr (*m*) ~ (dalwyr polisiau), deiliad (*mf*) ~ (diliaid polisiau) 保険契約者 3.賢明な行動

politicaidd *a* 1.政治 (上) の, 政治的な, 政治に関する 2.国政の 3.政治活動をする 4.政治に関心のある 5.個人 [団体] の地位に関係する

polo *m* [球技] ポロ: ~ dŵr 水球

polstri *m* 1.家具製造販売業, 家具業 2.室内装飾材料

poly- *pref* [連結形] 1.多くの: polygon (-au) *m* 多角 [辺] 形 2.複…: polygraff (-au) *m* 複写機 3.過度の

polyffoni *m* [音楽] 多声音楽, ポリフォニー

polyffonig *a* [音楽] 多声の, 対位法上の

polygon (-au) *m* [数学] 多角 [辺] 形

polyhedrol *a* [数学・結晶] 多面 (体) の

polyhedron (-au) *m* [数学・結晶] 多面体

polymer (-au) *m* [化学] 重合体, ポリマー

polyn (polion) *m* 1.(細長い) 棒, 棹, 柱: ~ telegraff 電柱 2.(棒高跳びの) ポール: naid (*f*) bolyn (neidiau ~) [陸競] 棒高跳び

polyp (-au) *m* [病理] ポリープ, 隆起性病変 (直腸・子宮などにできる粘膜の肥厚による突起)

polyp (-iaid) *m* [動物] ポリプ (サンゴの類など)

polypaidd *a* [生物] 倍数体の

polystyrene *m* [化学] ポリスチレン, 重合スチレン (無色透明の合成樹脂で塑造材・絶縁体)

polytechnig *a* 諸工芸の

pomgranad (-au) *m* [植物] ザクロの実

pomgranadwydden (pomgranadwydd) *f* ザクロの木

pompiwn (-iynau) *m* [園芸] 1.(ペポ) カボチャ 2.ウリ科の植物 (キューリ・スイカ・ヒョウタン・ヘチマなど)

pompon (-au) *m* 1.[服飾] (帽子の頂上・靴の先などの) 玉房, ポンポン 2.[園芸・植物] ポンポン咲きの花 (ダリア・菊など)

pompren (-nau, -ni) f 1.(特に駅などの線路を跨ぐ) 歩道橋, 歩行者専用の橋 2.(立体交差の) 高架道路 3.(船からの) 上陸橋

ponc (-iau) : poncen (-ni, ponciau) f : **poncyn (ponciau)** m 1.小さな丘, 小山 2.塚 3.[鉱山] 坑道

ponciog a 小山 [丘] のような [多い]

pont (-ydd) f 1.橋, 橋梁: ~ gychod (pontydd cychod), ~ fadau (pontydd badau), badbont (-ydd) 舟橋; ~ grog (pontydd crog) 吊り橋; ~ yr ysgwydd [解剖] 鎖骨 2.[電気] ブリッジ, 電橋, 橋絡 3.(立体交差の) 高架道路 4.[海事](艦船の) 船 [艦] 橋 5.鼻梁 6.(弦楽器の弦を支える) こま, 柱 7.[歯科] ブリッジ, 架工義歯 8.(眼鏡の) ブリッジ

pontffordd (-ffyrdd) f (立体交差の) 高架道路

pontio t 1.(川などに) 橋を架ける, 架橋する 2.アーチを渡す [掛ける] 3.(空間などを) 埋める: ~ bwlch ギャップを埋める

pontreth (-i) f [英法] 1.橋梁営繕税 2.橋梁通行税

pop int ぽん!, ぱちん!

pop m 1.泡立つ飲料 (炭酸水・シャンペンなど) 2.[音楽] ポピュラー音楽 3.[美術] ポップアート: celfyddyd bop, ~-gelfyddyd f ポップアート

popeth m 1.何もかも皆, 万事: mae arian yn bopeth, arian yw ~ 万事は金だ; 万事が金の世の中 2.最も大切な物

popgorn m ポップコーン, 炒りトウモロコシ

popian i ポンと鳴る [取れる]

poplin m [織物] ポプリン

poplysen (poplys) f [植物] ポプラ

popty (-tai) m 1.製パン所, パン屋 2.(料理用) オーヴン, 天火, かまど

porc m [料理] 豚肉, ポーク: pastai (f) borc (pasteiod ~), ~-pei (-s) f 豚肉のミンチ入りパイ, ポークパイ

porchell (perchyll) m : **porchelles (-au)** f 小 [子] 豚

porfa (-fâu, -feydd, -oedd) f 1.牧草 2.牧草地

porfel (-oedd) f : **porfeldir (-oedd)** m 牧草地

porfela : porfelu t (羊飼いが羊などを) 放牧する

porfelaeth f 1.放牧, 牧畜 2.家畜の有償飼育

porfelog a 牧草地に富んだ

porferwr (-wyr) : porfelydd (-ion) m 牧畜業者

porffor a 1.紫 (色) の 2.(文章が) 華麗な: clwt (clyytiau) ~ m (文章の中で特に) 華麗な一節

porffor m 1.紫色 2.紫衣 (昔ローマ皇帝や教皇庁の枢機卿が専用した)

porfforaidd a 紫色がかった

porfforanedig a 帝王 [王侯貴族] の家に生まれて

porgi (-ïaid) m [魚類](地中海・大西洋産の) マダイ (真鯛)

pori t (牛・羊などを) 放牧する, 牧草を食わせる: ~ gwarthog 牛に草を食わせる i (家畜が) 牧草を食う [食む]

pornograffi m 1.ポルノ 2.ポルノ映画 [本, 画]

pornograffaidd : pornograffig a ポルノの

pornograffwr ; pornograffydd (-wyr) m ポルノ作家

porslen m 1.磁器 2.磁器製品

porslenaidd a 磁器のような; 磁器製の

port m ポートワイン

porter (-iaid) m 1.(駅・空港などの) 赤帽, ポーター 2.(ホテルの) ボーイ 3.運搬人, 担ぎ人夫

portico (-s) m [建築] ポーチコ, (破風付き) 柱廊玄関

Portiwgal f [地理] ポルトガル (Portugal)(ヨーロッパ南西部の共和国; 首都Lisbon)

Portiwgalaidd a ポルトガル (人) の

Portiwgaleg mf ポルトガル語 a ポルトガル語の

Portiwgaliad (-iaid) mf ポルトガル人

portread (-au) m 1.(特に顔の) 肖像 [画, 写真, 彫刻] 2.肖像画法 3.描写, 描画 4.記述

portreadu t 1.(人物・風景などを絵画などで) 表現する描く, (人の) 肖像を描く 2.(言葉で) 描写する 3.(舞台で俳優が役を) 演じる

portreadwr : portreadydd (-wyr) m : **portreadwraig (-agedd)** f 肖像画家

porth (pyrth) m 1.(家・教会などの入口から外に張出した屋根付きの) 玄関, ポーチ 2.(都市の外壁・城壁などの) 門, 通用門, 城門 3.[海事](商船の船側の) 荷役口

porth (pyrth) : porthfa (-fâu, -feydd) f フェリー乗り場, 渡船場

porthcwlis (-iau) m [築城] 落し (格子) 門, 吊るし門

porthdref (-i) f 港町

porthfad (-au) m フェリーボート, 渡し船

porthi t 1.(動物などに) 食物 [餌] を与える: ~ anifail 動物に餌を与える 2.(子供・病人などに) 食物を与える 3.(乳児に) 授乳する 4.(家族などを) 養う 5.(機械に原料を) 送り込む: ~ peiriant (原料を) 機械に送り込む 5.(炉に燃料を) 供給する 6.[演劇](役者・俳優に) きっかけとなる台詞を与える: ~ actor 役者に台詞のきっかけを与える 7.[スポ](サッカーなどで味方に) ゴールショットのために送球する: ~'r blaenwyr フォワード [前衛] に送球する 8.[キ教](会衆が牧師に) 応唱する

porthiannus a 1.栄養十分な 2.肥えた, 太った

porthiant m 1.(動物・赤ん坊の) 飼料, 食物, 食料, 食事 2.(ボイラー・機械などへの原料の) 給送: ~ disginnol/pwysau [機械](重力

porthladd 479 **powdro**

を応用した燃料などの) 重力送り

porthladd (-oedd) *m* 港; 商港: ~ cartref [海軍] 母港; ~ galw [海事] 寄航港; tollau ~ 入港税

porthmon (-myn) *m* 家畜群を市場へ追って行く人; 家畜商人

porthmona *t* (家畜を) 市場へ追って行く

porthor (-iaid, ion) *m* : **porthores (-au)** *f* 門番, 玄関番

porthordy (-dai) *m* 門衛所, 門番小屋

porthwr (-wyr) *m* [演劇] 台詞のきっかけを与える役, 引き立て役, 脇役

porwr (-wyr) *m* 牧畜業者

pos (-au) *m* パズル: ~ croesair クロスワードパズル; なぞなぞ, 判じ物

poset (-i, -ydd) *m* ポセット, ミルク酒 (熱い牛乳をエールやワインなどで凝結させた飲料; 時には香料・砂糖・パンなども加える; 昔, 風邪を引いた時などに用いられた)

posib : posibl *a* 1. (物事が) 可能な, 実行できる: dewch cyn gynted ag sy'n bosibl できるだけ早く来て下さい 2. [最上級, all, every など に伴いその意味を強めて] できる限りの 3. (可能性として) ありうる, 起こり得る: o bosibl ことによると, もしかすると

posibiliad (-au) *m* あり [起こり] うる事態, 可能な事

posibilrwydd *m* (出来事などの) あり [起こり] うること, 可能性; 実現性: o fewn terfynau ~ 可能性の限度内で

positif (-au) *m* 1. [数学] 正数 2. [電気] 陽極 3. [写真] 陽画, ポジ

a 1. [数学] プラス [正, 陽] の: swm ~ 正量 2. [電気] 正 [陽] の: pegwn ~ 正 [陽] 極 3. [写真] 陽画の 4. [光学] (レンズが) 正 [凸] の

positifiaeth *f* [哲学] 実証哲学

post (pyst) *m* (木・金属性の) 柱, 杭, 標柱: arwyddbost (arwyddbyst) *m* 道標; cynhalbost (cynhalbyst) *m* [建築] 対束

post *m* 1. 郵便; 郵便物: trwy'r ~ 郵便で; bachgen (bechgyn) (*m*) ~ 郵便配達人; côd (codau) (*m*) ~ 郵便番号 2. 郵便局: swyddfa (*f*) bost (swyddfeydd ~) 郵便局; ~-daledig 郵便料金前払いの; y P~ Brenhinol *m* ロイヤルメール (英国の郵便業務部門の正式名); ~-awyr 航空郵便; marc (-iau) (*m*) ~ (郵便の) 消印

a 郵便 (局) の: archeb (*f*) bost (archebion ~) 郵便為替

poster (-i) *m* ポスター, 広告ビラ, 張り札

postio *t* 1. (手紙などを) 郵送 [投函] する 2. [簿記] (仕訳帳から元帳に) 転記する: ~ cyfrifyrfr 元帳に転記する

postiwr (postwyr) *m* ビラ張り人

postman : postmon (-myn) *m* 郵便集配 [配達] 人

post-mortem (-au) *m* [医学・法律] 検死

postyn (pyst) *m* 柱, 杭, 標柱

pot (-iau) *m* 1. (陶器・金属・ガラス製の) 丸く深い容器, ポット: ~ coffi コーヒーポット 2. [料理] ポットの中味 (飲み物・シチューなど) 3. ポット一杯分 4. マリファナ: pen (-nau) (*m*) ~ マリファナ常用者

potash *m* [化学] 炭酸カリ

potasiwm *m* [化学] カリウム

potel (-i) *f* 1. 瓶: cael/blas ar y botel, mynd yn hoff o'r botel 大酒を飲む; ~ ddŵr poeth (poteli dŵr poeth), ~ ddŵr twym 湯たんぽ 2. 酒, 飲酒 3. 勇気 4. (干草・藁の) 束

potelaid (-eidiau) *f* 瓶一杯 (の量)

potelu *t* (ワイン・牛乳などを) 瓶に入れる (果物などを) 瓶詰めにする, 瓶で保存する

potelwr (-wyr) *m* : **potelwraig (-agedd)** *f* (酒類などを) 瓶に詰める人

poten (-ni) *f* 1. [料理] プディング: ~ reis ライスプディング 2. ソーセージ: ~ waed (potenni gwaed) 黒 [ブラッド] ソーセージ (豚の血などを入れて作る)

potensial *m* [物理・電機] 位置, 電位

a [物理・電気] 位置 [電位] の

potensialedd *m* 潜在的能力, 潜勢力

potes (-au) *m* [料理] ポタージュ; 澄ましスープ

potio *t* 1. (肉などを) 容器に入れて保存する 2. (木を) 鉢植えにする 3. [ビリ] (玉を) ポケット [玉受け] に入れる

i (習慣的または過度に) 酒を飲む

potiwr (potwyr) *m* 大酒飲み

potsio *t* 1. しくじる, やり損なう 2. [料理] (卵を) 割って熱湯の中でゆでる; (魚などを) 熱湯の中でゆでる: wŷ wedi ei botsio 落し卵, ポーチドエッグ 3. 密猟 [蜜漁] する

potsiwr (potswyr) *m* 1. へまをやる人, へまな職人, 不器用者 2. 落し卵用鍋; (魚などを) ゆでる鍋 3. 密猟 [密漁] 者

potyn (potiau) *m* = **pot** 1

pothell (-au, -i) *f* 1. (皮膚の) 水 [火] ぶくれ, 水疱, まめ: ~ ddŵr 水ぶくれ, 水疱 2. (ペンキ塗り・グラスなどの) あぶく, 気泡 3. [医学] 発疱剤: plastr (-au) (*m*) ~ 発疱膏; ~ waed (pothelli gwaed) [病理] 血腫

pothellu *t* 水 [火] ぶくれを生じさせる

pothellog *a* 水疱 [水ぶくれ] のできた

pothellol *a* [解剖] 嚢の; (特に) 膀胱の

pothelliad *m* [医学] 発疱疹

pothellydd (-ion) *m* 発疱剤

powdr : powdwr (powdrau) *m* 1. 粉, 粉末 2. 火薬: ~ gwn/canon 火薬; Brad y P~ Gwn [英史] 火薬陰謀事件 (1605年11月5日) 3. おしろい: pwff (pyfiau) (*m*) ~ (化粧用) パフ

powdraidd : powdrog *a* 1. 粉 (状) の 2. 粉だらけの 3. 粉になりやすい

powdro *t* 粉にする

powl	**preimin**
480	

powl (-iau, -s) *f* (遊戯用の) 木球

powld *a* (特に女性・女性の態度が) 図々しい, 厚かましい

powlen (-ni, powliau) *f* 1.椀, 鉢, どんぶり, ボール, 水盤: ~ big (powlenni pig) [考古] 吸飲み状口付きの鉢; ~ gymysgu (powlenni/ powliau cymysgu) (サラダなどの) 交ぜ鉢 2.[地理] (鉢状の) 土地の窪み: ~ lwch (powliau llwch) 黄塵地帯

powliad (-au) *m* (ボールなどの) 転がり, 回転

powlio *t* 1.(樽・ビー玉輪などを) 転がす, 回転させる, 回す 2.(手押し車・トロッコなどを) ごろごろ押して行く
i 1.(輪・玉などが) 転がる 2.(汗・涙などが) 流れ落ちる: yr oedd y dagrau'n ~ i lawr ei ruddiau 涙が彼の頬を流れ落ちていた

powliwr (powlwyr) *m* 転がす人

powltris (-iau) *m* [医学] 湿布, 巴布, パップ

powltrisio *t* (患部に) 巴布剤を当てる, 湿布する

powndio *t* [地理] (貯水池などに水を) 貯める

practis (-iau) *m* (医者などの) 業務; 開業

practisio *t* 1.(医術などを) 業とする 2.(楽器などを) 繰返し練習する: ~ canu piano ピアノの練習をする; ~ cor 聖歌隊の練習をする
i 1.(医者などを) 開業する 2.(ピアノなどを) 反復練習する

prae (-au) *m* 1.(他の動物の) 餌食 2.(餌食を) 捕食する習性 3.(環境・悪人などの) 被害[犠牲]者

praff (preiffion) *a* (棒・杖など) 頑丈な; 太い

praffter *m* (棒などの) 頑丈さ; 太さ

pragmateg *f* [言語・哲学] 語用論

pragmatiaeth *f* 1.[哲学] 実用主義, プラグマティズム 2.実用本位; 実用的な考え方

pragmatig *a* 1.[哲学] 実用主義の 2.実際的な, 実用本位の

pragmatydd (-ion) *m* 1.[哲学] 実用主義者 2.実際家

praidd (preiddiau) *m* 1.(羊・山羊などの) 群れ 2.人の群れ 3.[キリスト教] 信者, 会衆: gweinidog a'i braidd 牧師と信者

pram (-iau) *m* 乳母車

pranc (-iau) *m* 1.(害を与えるつもりのない) いたずら, 悪ふざけ 2.遊戯, 戯れ; (子供・子羊などの) 跳ね回り, 大はしゃぎ 3.浮かれ騒ぎ, 陽気な集まり 4.(人の) 意気揚々とした歩きぶり 5.(馬などが) 躍り跳ねること, 跳ね回り

prancio *i* 1.(子供・子羊が) 跳ね回る, ふざける, ふざけ騒ぐ 2.(人が) 意気揚々と歩く 3.(馬が) 後脚で躍り跳ねて進む

pranciog *a* 跳ね回る

pratiad (-au) *m* 撫でること, 一撫で, 撫付け, さすり

pratio *t* (手で一方向に優しく) 撫でる, 撫付ける, さする

prawf (profion) *m* 1.[法律] 裁判, 公判, 審理: ~ trosedd 刑事裁判; ~ gornest [英史] 決闘裁判 (Norman朝時代に大陸から導入され, 1819年廃止) 2.(良否・性能などの) 試み, 試し, 試験: ~ ar gryfder/nerth 力試し; y ~ ar y Gistan, ~ y Gistan (金工組合審査員が年に一回造幣局で行なう) 見本貨幣検査 3.(能力・物などの) 試験, 検査: ~ gwaed 血液検査; ~ dawn, ~ tueddfryd 適性検査; papur (-au) (*m*) ~ [教育] 試験問題紙, 答案用紙; deallusrwydd [心理] 知能検査 4.[化学] 試薬 5.[法律] 証拠: ~ diymwad 動かせない証拠; ~ pendant 確証 6.[法律] 執行猶予; (執行猶予中の) 保護観察
a 1.試みの, 試験的な; 予選の: wythau ~ [ボートレース] 予備レース 2.公判 [予審] の: llys (-oed) (*m*) ~ 第一審裁判所

prebend (-au) *m* [教会] (大聖堂参事会員の) 聖職禄

prebendari (-iaid) : prebendwr (-wyr)
m [教会] 大聖堂参禄聖職者

preblan *t* 1.(たわいもないことを) ぺちゃくちゃしゃべる 2.(秘密などを) 口走る
i (小児などが) 片言を言う; ぺちゃくちゃしゃべる

preblen (-nod) *f* : **preblyn (-nod)** *m* 1.片言を言う小児 2.おしゃべり(な人) 3.[鳥類] チメドリ (知目鳥)

pregeth (-au) *f* : **pregethiad (-au)** *m*
1.(教会で牧師がする) 説教, 長たらしい説法: y Bregeth ar y Mynydd [聖書] (キリストの) 山上の垂訓 (cf Matt 5-7; Luke 6:20-49) 2.お説教

pregethadwy *a* 説教できる

pregethol *a* 1.説教の, 説教する, 説教風の 2.説教じみた 3.教訓的な 4.お説教好きな

pregethu *t* 1.説教する: ~'r efengyl 福音を説く 2.(人に) お説教する
i 1.説教する; 伝道する 2.お説教 [説諭] する, 小言を言う

pregethwr (-wyr) *m* 1.説教 [伝道] 者 2.訓戒者 3.唱道者 4.[P~] [聖書] 伝道者

pregethwrol *a* = pregethol

preifat *a* 1.私的な, 個人専用の: yn eich bywyd ~ 私生活では; aelod (-au) ~ *m* 非閣僚議員: mesur (*m*) ~ [法律] 個別的法律案 2.私用 [私立, 民間] の; 非公開の: ditectif (-s) ~ *m* 私立探偵; ysgol breifat 私立学校 3.私人 [平民] の 4.(場所など) 人目につかない, 引っ込んだ 5.秘密の

preifat (-iaid) *m* [軍事] 兵卒

preifatrwydd *m* 1.(他人からの干渉を受けない個人の) 私生活, プライバシー 2.秘密, 内密: yn breifat 極秘に, 隠れて 3.隠遁 4.[法律] (契約など同一権利に関する) 相互関係; (二人以上の者の間の) 当事者関係

preimin *m* 耕す競技, 耕闘

preimio *t* 1.(ポンプに)呼び水を差す 2.(爆発物などに)雷管[導火線]を付ける 3.前もって知らせておく, 人に知恵する: ~ tyst 証人に入れ知恵する 4.(画面・壁などに油・ペンキの)下塗りをする

preisaeth *f*[英史](古い英法のもとで)国王がワインを輸入する全ての船から1タン(tun)のワインを(10~20タンを輸入する場合), また2タンのワインを(20タン以上輸入する場合)取る権利

prelad (-iaid) *m*[教会]高位聖職者

preladaidd *a*[教会]高位聖職者の

preladiaeth (-au) *f*[教会]高位聖職者の地位[職]

preliwd (-iau) *m*[音楽]前奏曲, プレリュード

preliwdio *i*[音楽]前奏曲を奏する

preliwdiwr (preliwdwyr) *m* :
preliwdwraig (-agedd) *f*[音楽]前奏曲奏者

premiwm (-iymau) *m* 1.(保険の)掛け金, 保険料: ~ (iymau) yswiriant 保険料 2.割増金, プレミアム: bond (-iau) (*m*) ~ 割増金付き債券

pren (-iau, -nau) *m* 1.木, 樹木, 立木, 高木: ~ afalau リンゴの木; ~ y bywyd[聖書]生命の木 (cf Gen 2:9; 3:22); ~ gwybodaeth[聖書]知恵の木 (cf Gen 2:9; 3) 2.(建築用)樹木, 立木 3.(製材した)材木, 木材, 角材, 板材: ~ haenog *m* 合板; ~ tair haen 三昧合わせ[重ね]の合板 4.絞首台: crocbren (-nau, -ni) *m* 絞首台 5.[音楽]木管楽器 6.[ゴルフ]ウッド 7.[鉱物]木瑪瑙

a 1.木の, 木製の: caban ~ 木造りの小屋; coes bren (coesau ~) *f* 木の義足; bocs ~ 木製の箱; llwy bren (llwyau ~) *f* 木のスプーン; (元来はCambridge大学の数学優等試験で末席の人に贈られる木製のスプーンから)最下位賞 2.(顔・目付きなど)活気のない, 無表情な

prennaidd *a* 1.木質の, 木に似た 2.(顔・目付きなど)活気のない, 無表情な 3.(態度など)ぎこちない 4.間の抜けた, 鈍感な

prentis (-iaid) *m* 1.(昔の)徒弟, 年季奉公人, 見習 2.初心者 3.実習[練習]生
a 修行中の

prentisiaeth (-au) *f* 1.(昔の)年季奉公, 徒弟の身分[年季] 2.見習の身分[期間]

prentisio *t*(人を)年季奉公に出す

prepian *i* くだらないおしゃべりをする; 秘密を漏らしてしまう

prepgi (-gwn) : prepiwr (prepwyr) *m*
(他人の秘密まで)べらべらしゃべる人; 密告者

pres (-ynnau) *m* 1.真鍮, 黄銅: plac (-iau) (*m*) ~ 真鍮製の標札[看板]; padell bres (padelli/pedyll) ~ 真鍮製の鍋 2.[通例*pl*]真鍮製品: glanhau'r (llestri) ~ 真鍮製具を磨く 3.[音楽]金管楽器: y adran (*f*) bres 金管楽器のセクション 4.(教会の壁・敷石などには

め込んだ死者の)真鍮記念牌 5.現金 6.図々しさ 7.売春婦
a 1.真鍮(製)の; 真鍮色の 2.金管楽器の: band (-iau) (*m*) ~, seindorf (*f*) bres (seindyrf ~) 吹奏楽団, ブラスバンド

presant (-au) *m* 贈物, 進物, プレゼント

preseb (-au) *m* 1.飼葉[まぐさ]桶: mae fel ci yn y ~ 彼は意地の悪い人だ(意地悪な犬が牛の飼葉桶の中に入って食べもしない干草を牛に食べさせなかったというイソップ物語から) 2.家; 小屋 3.売春宿

presennol *m* 現在, 現今
a 1.出席して, いて, 居合わせて 2.現在[今]の: gwerth ~ [財政]現在価額[価値] 3.[文法]現在の: yr amser ~ 現在時制

presenoldeb *m* 1.出席, 出勤, 参会: ~ rheolaidd 精勤; ~ yn yr ysgol 生徒の出席, 就学; swyddog (-ion) (*m*) ~ plant ysgol[教育](無断欠席者などの補導をする)怠学者補導官(公立学校職員) 2.存在 3.人前, 面前; 拝謁 4.(威厳のある)風采, 態度 5.(軍隊などの)駐留

preserfio *t*(果物などを)砂糖[塩]漬けにする

presgripsiwn (-iynau) *m*[医学]処方(箋); 処方薬

preswyl *a* 1.居住する, 在住の, 住宅の: ardal breswyl (ardaloedd ~) *f* 住宅地区 2.(ホテルなど)長期滞在客向きの: gwesty (gwestai) ~ 居住用ホテル 3.(学生のための)宿泊設備のある 4.病院住込の: meddyg (-on) ~ *m* 病院住込の研修医

preswylfa (-feydd) *f* 1.住所, 住居, 住宅,邸宅 2.[英史](昔のインドなどの)英国総督公邸

preswylfod (-au) *m* 住宅, 邸宅

preswyliad (-au) *m* 1.居住, 在住 2.専門医学実習期間

preswylio *i*(比較的長期間)住む, 居住する

preswyliwr (preswylwyr) : preswylydd (-ion, -wyr) *m* : **preswylwraig** *f* 1.(特定の場所・家などの)住人, 住民, 居住者 2.(ホテルの)長期滞在客 3.(病院住込の)研修医 4.外地駐在事務官;(昔のインドなどの)英国総督代表者

presyddu *t* 鑞付けする, 鑞接する

pric (-iau) *m*(細長い)棒切れ, 木切れ, 小枝: ~ pys[園芸]エンドウの支柱

pricio *t* 1.(針の先などで)ちくりと刺す, 突いて(穴を)開ける 2.[裁縫](穴を開けて型を)つける 3.[園芸](苗を)移植する

pricsiwn *m* 物笑いの種, 笑い種

prid *a* 高価な

prido *t* 質に入れる

pridwerth (-oedd) *m* 1.(捕虜・誘拐された人を取り戻す)身代金: dal rhn am bridwerth, mynnu ~ am rn 人を人質にして身代金を要求する 2.(人質などの)解放, 身受け

pridwerthu *t*（人質などを）身代金を払って身受けする

pridwerthwr (-wyr) *m*（捕虜の）受戻し人

pridd (-oedd) *m* 1.（植物の生長に適した表層部の）土, 土壌, 上土: troi'r ~ 土地を耕す; ~ glei [土壌] グライ土壌; ~ cydgylchfaol 間帯土壌 2.（岩石に対して）土, 土壌: ~ trwm [化学] 重土
a 1.土で作った, 土製の 2.陶製の

prideg *f* 土壌学

priddegol *a* 土壌学の

priddegwr : priddegydd (-wyr) *m* 土壌学者

priddell (-au, -i) *f* 土塊; 土

priddfaen (-feini) *m* 1.煉瓦 2.[考古] 泥煉瓦; gwneuthur priddfeini heb wellt [聖書] 必要な材料 [資金] なしで仕事をする

priddgalch *m* [化学] フラー土, 酸性白土, 漂布土（油の脱色用など）

priddglai *m* [土壌] ローム, 壌土

priddin *a* = pridd

priddlech (-au, -i) *f* 1.（屋根などの）瓦, タイル 2.帽子

priddlechwr (-wwyr) *m* 瓦製造人; タイル職人

priddlestr (-i) *m* 土器, 陶器

priddo *t* 1.[園芸]（木の根・野菜などに）土をかぶせる, 土寄せする: ~ tatws/tato ジャガイモに土をかぶせる [土寄せする] 2.埋める;（覆い）隠す

priddwaith *m* = priddlestr

prif *a* 1.最初 [第一] の; 根本 [基礎] 的な: y ~ achos 第一原因; ~ feridian [地理] 本初子午線（英国Greenwichを通過する子午線で, これをもって経度O°と定めている）2.主な, 主要な: ~ ffocws *m* [光学] 主焦点; ~ lanc (-iau) *m* [演劇]（パントマイムで）男の主役（通例女優が演じる）; ~ gnwd *m* 主要作物; y ~ bwynt/beth *m* 要点; ~ linell (-au) *f* [鉄道] 本線, 幹線; ~ gwrs (~ gyrsiau) *m* [料理]（食事の）メインコース, 主料理 3.[金融] 短期貸付金利の, プライムの: ~ gyfradd *f* プライムレート, 最優遇貸出金利 4.（大きさ・数量・程度などが）大きい方の, より多い: un o'r ~ bleidiau [政治] 大政党 5.（階級・地位・重要性などが）最高（第一位, 一流）の, 長である: y ~ rinweddau [神学・哲学] 首徳, 元徳, 枢要徳（古代ギリシャ哲学ではjustice, prudence, temperance, fortitude の四元徳, キリスト教ではこれらにfaith, hope, charityを加えた七元徳）; y ~ gynghrair *m*（米）[野球] メイジャーリーグ; ~ mân chwaraeon [スポ] メイジャーゲームとマイナーゲーム; y ~ liwiau/siwtiau [トブ]（ブリッジで）メイジャースーツ; ~ angen *m* 最も必要なこと; ~ weinidog (-ion) *m* 首相, 総理大臣; un o'r ~ awduron 一流の作家; ~ beiriannydd

(beirianwyr) *m* 技師 [機関] 長; Arglwydd Brif Ustus (-iaid) *m* 英国首席裁判官 6.（効果・範囲などが）目立った 7.（都市などが）首位の, 政庁所在地の 8.（文字が）大文字の 9.[文法] 主要な: ~ gymal (-au) *m*（複文の）主節 10.[音楽] 長音程の 11.[論理]（名辞・前提が）大…: ~ ragosodiad (-au) *m*（三段論法の）大前提

prifardd (-feyrdd) *m* 1.（古代ケルト族の）大楽人, 一流吟唱詩人 2.ウェールズ芸術祭で認められた一流詩人

prifathrawiaeth (-au) *f* 校長の職 [地位]

prifathro (-athrawon) *m* : **prifathrawes (-au)** *f* 1.（小学校・中（等）学校・高等学校の）校長 2.（大学の）学長 3.[通例P~]（英大学, 特にOxford, Cambridgeの）学寮長

prifddinas (-oedd) *f* 首都

prifiant *m* 成長, 生長, 成育, 発育

prifio *i* 成長する

priflythyren (-lythlennau) *f* [印刷・活字] 大文字

prifol (-ion) *m* [数学] 基数

prifswm (-symiau) *m* [金融] 元金, 元本

prifustus (-iaid) *m* [英史] 大司法官, 大判官（Norman王朝及びPlantagenet王朝初期の司法行政の最高官で国王不在中はその代理をした高官）

prifysgol (-ion) *f* 大学: yn y brifysgol 大学に在学して; P~ Cymru ウェールズ大学; y Brifysgol Agored（英国の）オープンユニヴァーシティー

priffordd (-ffyrdd) *f* 1.主要幹線道路, 本道; 公道: priffyrdd a mân ffyrdd 公道と脇道; y prifyrdd a'r caeau [聖書] 道や生垣（cf Luke 14:23）2.（成功・破滅などへの）容易な道, 直道

prim *m* [カト]（聖務日課の）1時課, 早朝勤行

primas (-iaid) *m* 1.[英教] 大主教 2.[カト] 首座大司教

primat (-iaid) *m* [動物] 霊長目の動物

prin *a* 稀な, 珍しい, めったにない: prinfwyn (-au) *m* [化学] 希土
ad 1.ほとんど…ない: ~ ei adnabod yr wyf i 私は彼のことをほとんど知りません; ~ y mae hi'n medu darllen 彼女はほとんど字が読めない 2.確かに…ない 3.とても…ない; まさか…ない 4.僅かに, かろうじて, やっと: ~ bump ar hugain oed ydyw 彼はやっと25歳だ

prinder (-au) *m* 1.不足, 欠乏: ~ arian 金不足 2.稀なこと, 希少性

prinhau *i* 少なくなる, 減少する

print (-iau) *m* 1.[印刷] 印刷, 印刷の字体, 活字の大きさ: mewn ~（書物が）印刷になって, 出版されて; 在庫のある; allan o brint 絶版になって; ~ bras 大きい活字 2.版画: siop (*f*) brintiau (siopau printiau) 版画店 3.[写真]

印画: ~ cyffwrdd 密着印画 **4.**［織物］捺染布, プリント地, 更紗

printiadwy *a* **1.**印刷できる **2.**印刷に適した, 出版価値のある **3.**焼き付けできる **4.**型押しのできる

printiedig *a* **1.**印刷した［された］**2.**捺染した, プリントの

printio *t* **1.**（本などを）印刷［出版］する **2.**印する, 押し付ける **3.**（布に）捺染する **4.**（写真を）焼き付ける **5.**活字体で書く

printiwr (-wyr) *m*［織物］捺染工: ~ calico 更紗の捺染工

priod *a* **1.**固有［独特, 特有］の **2.**正しい **3.**適切な, 相応しい **4.**［文法］固有の; 固有名詞の: enw (-au) ~ *m* 固有名; 固有名詞 **5.**［教会］特定の日［祝日］だけに用いる: ~ salm (-au) *f* 特定の日に読むべき詩篇; ~ lith (-oedd) *f* 特定日課 **6.**［紋章］（具象図形の色彩が）自然のままの

priod *mf* 配偶者, 夫, 妻: gŵr ~ cyfreithlon 合法的に結婚した夫

priodadwy *a* **1.**婚期に達した, 年頃の **2.**結婚した, 既婚の: gŵr ~ hapus 結婚して幸せな夫 **3.**夫婦の

priodas (-au) *f* **1.**結婚, 婚姻: diddymiad (-au) (*m*) ~ 結婚の解消; ~ fantais (priodasau mantais), ~ er mantais 政略［打算的］結婚; gwaddol (*m*) ~ 持参金 **2.**結婚生活, 夫婦関係 **3.**結婚式: caced (*f*) briodas (cacennau/cacenni ~) ウェディングケーキ **4.**結婚記念式［日］: ~ ruddem (priodasau rhuddem) ルビー婚式 (45周年)

priodasfab (-feibion) *m* 花婿, 新郎

priodasferch (-ed) *f* 花嫁, 新婦

priodasol *a* **1.**花嫁［新婦］の **2.**婚礼［新婚］の **3.**夫婦の, 結婚［婚姻］の **4.**配偶者のある, 既婚の

priod-ddull (-iau) *m*（ある言語特有の）慣用語句, 熟語, 成句, 言回し, イディオム

priodfab (-feibion) *m* = priodasfab

priodferch (-ed) *f* = priodasferch

priodi *t* **1.**（親が子を）結婚させる: ~ rhn â rhn arall 人を結婚させる; rhoi mech i'w phriodi 娘を嫁がせる **2.**（牧師が）結婚させる, 結婚式を行なう: ~ pâr/deuddyn 男女（一組）を結婚させる **3.**（結婚の当事者が花嫁・花婿と）結婚する

i 結婚する: ailbriodi 再婚する; ~ teulu 他家に嫁ぐ

priodol *a* **1.**固有［独特, 特有］の **2.**（言葉など）適切な **3.**正しい

priodoladwy *a*（病気など過労などに）帰する, （罪などを性格の弱さなどの）せいにすることができる

priodoldeb : priodolder *m* 適切, 適当, 適合, 妥当, 相応しさ

priodoledig *a* 属性の, 帰属させた: cost (*f*) briodoledig 帰属費［原価］, 付加原価

priodoledd *m* **1.**（人の）特質, 特性, 特色 **2.**（ある物の）特性, 質質, 属性 **3.**［論理］属性, 性質

priodoli *t* **1.**（罪・失敗などを人などの）せいにする, 負わせる, 帰する **2.**（作品などをある人の）作だとする: comedi a briodolir i Shakespeare シェイクスピアの作とされる喜劇

priodoliad (-au) *m* **1.**（性質などの）帰着 **2.**（人・物の）属性 **3.**作者の特定 **4.**（罪・責めなどを人などに）帰する［負わせる］こと

priodoliaeth (-au) *f* = priododedd

priodolwr : priodolydd (-wyr) *m* 属性者

priodwedd (-au) *f* **1.**（ある国民・一個人の）言語, 語法, 慣用法 **2.**（ある物の）特性, 特質

prior (-iaid) *m* : **priores (-au)** *f* **1.**小修道院長 **2.**修道院次長

prioraeth (-au) *f* 小修道院長の職［地位, 任期］

priordy (-dai) *m* 小修道院: allbriordy (-dai) *m* 外国の小修道院

pris (-iau, -oed) *m* 価格, 値段, 代価, 費用; 物価: am bris 相当の値段［代価］で; ~ gwerthu 売価; ~ cost 原価; torri i prisiau 値引き; gosod prisiau［経済］作為的価格操作, 価格協定; am unrhyw bris, ni waeth beth yw'r ~ どんなに費用を掛けても

prisiad (-au) : prisiant (-iannau) *m* **1.**（財産・物品などの）評価, 値踏み, 見積, 査定 **2.**評価［査定］額 **3.**（人物・才能などの）評価, 品定め

prisiadol *a* 評価［見積, 査定］の

prisiadwy *a* **1.**評価できる **2.**（金銭で）算定できる

prisio *t* **1.**（物・財産・収入などを）評価［査定, 値踏み］する, 値を付ける, 見積る **2.**（品物の）値段を尋ねる［確かめる］**3.**尊重する, 重んじる

prisiwr (-wyr) *m* **1.**評価［鑑定］人 **2.**価格査定官

prism (-au) *m* **1.**［光学］プリズム **2.**［数学］角柱: ~ union 直角柱

prismatig *a* プリズム［分光］の, : lliwiau'r ~ ［光学］スペクトルの7色

profeb (-ion) *f* 検認済み遺言書

profiant *m*［法律］遺言検認（権）

problem (-au) *f* **1.**（解決の難しい）問題, 難問, 課題: datrys ~ 問題を解決する **2.**扱いにくい人; 悩みの種 **3.**［数学］問題, 課題 **4.**［チェス］問題, 詰将棋

problemaidd : problematig :
problemus *a* **1.**指導し難い, 手に負えない **2.**［文学］社会問題を扱う: drama (*f*) broblem (dramâu ~)［演劇］問題劇 **3.**［論理］蓋然的な

proc (-iau, -iadau) : prociad (-au) *m* **1.**突

procer 484 **project**

くこと, 突き 2.[ボク]ジャブ

procer (-i) m 1.突く人[物] 2.火かき棒: cyn sythed â phrocer (態度など) 極めて堅苦しい

procio t 1.(指・棒などで) 突く: ~ tân 火を突っつく 2.(穴を) 突き開ける 3.刺激する; (人を) 刺激して(…)させる 4.[ボク](相手に) ジャブを出す

prociog : proclyd a 突く, 突っつく

prociwr (-wyr) m 1.突く[突っつく]者 2.刺激者

procsi (-ïaid) mf 1.代理(人, 権) 2.[証券]委任状; 代理投票

procuradur (-iaid, -on) m 1.(古代ローマの) 行政長官, 地方収税官 2.[法律]代理人

protein (-au) m [生化]蛋白質

proest (-au) mf [詩学]傾斜韻(強勢のある音節の子音のみが同一である韻)

profedig (-ion) mf 受験者

profedig a 1.試験済みの 2.(遺言書が) 検認された

profedigaeth (-au) f 試練, 苦難, 苦労, 災難

profi t 1.(人などを) 試す, 試験する: ~ dewrder rhn 人の勇気を試す; ~ dosbarth mewn algebra [教育]クラスの生徒たちに代数学のテストを行なう 2.証明[立証]する 3.(自身が…であると) 立証する[身をもって示す] 4.(飲食物を) 味わう, 試食[試飲, 毒味, 検査]する: ~ saig 料理を試食する 5.経験する: ~ dedwyddwch 幸せを経験する 6.[数学]証明する 7.[法律](遺言書を) 検認する: ~ ewyllys 遺言書を検認する

profiad (-au) m 経験, 体験: o/trwy brofiad 経験によって

profiadaeth f [哲学]経験主義

profiadol a 1.経験を持った[積んだ]; 経験(上)の 2.経験的な 3.老練な, 熟練の

profiant m [法律]遺言検認(権)

profiannaeth f [法律]執行猶予, 保護観察: swyddog (-ion) (m) ~ 保護司, 保護観察官

profiadwr : profiadydd (-wyr) m [哲学]経験主義者

profianaethol a [法律]保護観察(中)の

profiannwr (profianwyr) m 保護観察[執行猶予]中の被告人

profiedydd (-ion) m 1.試験[吟味, 分析]者 2.[医学](傷などの深さを調べる) 探り針, ゾンデ

proflen (-ni) f [印刷]校正刷り

profocio t 1.(人・動物を) 怒らせる, いじめる, 悩ます 2.(行動などを) 扇動[誘発]する

profost (-iaid) m 1.[英史](中世荘園の) 荘官, 荘司 2.[教会]首席司祭 3.[軍事・陸軍]憲兵隊長[司令官]: ~ milwrol 憲兵隊長; llys (-oedd) (m) ~ 軍事裁判所

profwr (-wyr) m 1.試験[吟味, 分析]者 2.味わう人; 味利き(役)

proffes (-au) f 1.公言, 宣言, 告白 2.[宗教]信仰告白: gwneu eich ~ 聖職者になる誓いを立てる

proffessiwn (-iynau) m (特に知的) 職業, 専門職

proffesiynol a 1.知的職業[専門職]の 2.職業的な, 本職[プロ]の 3.(非職業的なものを) 商売にする

proffesu t 1.公言[明言]する 2.信仰告白する 3.(弁護士・医者などを) 職とする

proffesedig a 1.公言した, 公然の 2.専門的な 3.誓約して宗門に入った 4.見せかけ[偽り, 自称]の

proffesor (-iaid, -s) m [教育]教授

proffeswr (-wyr) m : **proffeswraig (-agedd)** f 1.[教育]教授 2.[宗教]信仰告白者

proffesiynoldeb m : **proffesiynoliaeth** f 職業根性, 専門家気質

proffesiynoli t 職業[専門]化する

proffesiynoliad m 職業[専門]化

proffesoriaeth (-au) : proffeswriaeth (-au) f 教授の職地位

proffeswrol a 教授の[らしい]

proffid m [経済]利益, 利得

proffidiol a [金融]儲かる, 儲けの多い

proffidioldeb m [経済]収益[利益]性

proffil (-iau) m 1.(人・影像などの) 横顔, プロフィール; 半面像: tynnu llun ~ 横顔を描く 2.輪郭, 外形 3.[建築]側面図

proffilio t 1.(人などの) 横顔[輪郭, 側面]を描く 2.人物紹介を書く 3.(空などを背景に山などの) 輪郭を見せる

proffwyd (-i) m : **proffwydes (-au)** f 1.予言[先覚]者: ~ gau, gau broffwyd 偽預言者 2.[キ教]預言者 3.(旧約聖書の) 預言者: y Proffwydi Mwyaf/Mawr/Hirion 大預言者; y Proffwydi Lleiaf/Lai/Byrion 小預言者 4.予報者: ~ tywydd 天気予報者

proffwydadwy a 予言[予知]できる

proffwydiaeth f 予言者の身分[天分, 職分, 人格]

proffwydo t 1.予言[予知]する 2.[キ教]預言する 3.予報する
i 予言をする

proffwydol a 1.予言者の, 予言者らしい 2.[キ教]預言者の

proffwydoledig a 予言した

proffwydoliaeth (-au) f 1.予言 2.[キ教]預言 3.予報, 予想

proffwydwr (-wyr) m 予言する人

prognosis (-au) m 1.[医学]予後 2.予知, 予測

prognostig a 1.[医学]予後の 2.予報[予表]する

project (-au) m 1.[教育]研究課題 2.事業,企

業

prolog (-au) *m* 1.[演劇]序幕, プロローグ; 開幕の前口上 2.[音楽]序曲 3.(論文の)序文; (詩の)序詩;(小説の)序編 4.序幕的事件, 前触れ, 発端

promenâd (-adau) *m* 1.(徒歩・乗馬・車での)散歩, 遊歩, ドライヴ: cyngerdd (cyngherddau) (*m*) ~ 遊歩演奏会, プロムナードコンサート 2.海浜遊歩道; 舗装遊歩道, プロムナード

promenadio *i* 散歩[遊歩]する

promenadiwr (-wyr) *m* : **promenadwraig (-agedd)** *f* 遊歩する人, 遊歩演奏会の客

prop (-iau) *m* 1.支柱 2.[ラグ]プロップ(スクラムを組む時, 最前列に立つ両チームのフォワード)

propaganda *m* (国家などが組織的に行なう主義・主張などの)宣伝, プロパガンダ: ffilm (*f*) bropaganda (ffilmiau ~)[政治]宣伝映画

propagandaidd *a* 宣伝[プロパガンダ, 伝道]の

propagandeiddio *t* 1.(主義・教義などを)宣伝[布教]する 2.(国・社会などに)宣伝する

propagandydd (-ion, -wyr) *m* [政治]宣伝者

propan *m* [化学]プロパン

propio *t* (壁などを倒れないように)支える, つっかい棒をする

prôs (prosau) *m* 1.散文(体): cerdd (*f*) brôs (cerddi ~)散文詩 2.[カト]続唱

proses (-au) *mf* 1.作用, 変化 2.(活動の)進行;(時の)経過;(事の)成行き, 過程, 推移: mae'n broses araf 気の長い話だ 3.[法律]訴訟手続き; 令状

prosesedig *a* 加工した

prosesu *t* 1.(食品などを)加工する;(再利用のために廃物などを)化学的に処理する 2.(フィルムを)現像する

proseswr (-wyr) : prosesydd (-ion) *m* 1.(農産物)加工業者 2.[電算]処理装置, プロセッサー: geirbrosesydd (-ion) *m*, ~ geiriau ワープロ

prostad (-au) *f* [解剖]前立腺

protest (-iadau) *f* 1.抗議(書): dan brotest 不承不承, しぶしぶ 2.[商業](約束手形などの)引受拒絶, 拒絶証書

Protestannaidd *a* [キ教]新教徒[プロテスタント]の

Protestant (-aniaid) *mf* [キ教]新教徒, プロテスタント

protestio *t* 1.断言[主張]する: ~ eich bod yn ddieuog 身の潔白を主張する 2.[商業](約束手形などの)支払を拒絶する: ~ andystio bil 手形の支払[引受]を正式に拒絶する 3.抗議する
  i 1.断言[主張]する 2.抗議する

protestiwr (-wyr) *m* : **protestwraig (-agedd)** *f* 1.断言[主張]者 2.抗議者 3.(手形支払などの)拒絶者

protractor (-au) *m* [数学・測量]分度器

prudd *a* 1.悲しい, 悲しそうな 2.悲しむべき, 哀れな 3.気分の暗い, 憂鬱な, ふさぎ込んだ, 意気消沈した 4.気分を暗く させる, 悲観的な, 心を痛ませる 5.ひどい, けしからぬ

prudd-der *m* 1.悲しみ, 悲哀 2.憂鬱, 陰鬱, 陰気, ふさぎ込み

pruddglwyf *m* 1.[精医]鬱病 2.憂鬱, ふさぎ込み, 意気消沈

pruddglwyfus *a* 憂鬱な, ふさぎ込んだ, 気の減入る, 重苦しい

pruddhau *t* 悲しませる
  i 悲しむ

Prwseg *mf* プロシャ方言
  a プロシャ方言の

Prwsia *f* プロシャ, プロイセン(Prussia)(ヨーロッパ北部バルト海沿岸の旧王国(1701~1918))

Prwsiad (-iaid) *mf* プロシャ人

Prwsiaidd *a* プロシャ(人)の

pryd (-iau) *m* (特定の)時, 時期;(…する)時: ar y ~ その時; unrhyw bryd いつでも; o bryd i bryd 時々; mae'n(hen)bryd inni fynd もうおいとまする時間です; mewn ~ 時間通り[定刻]に; ar yr un ~ 同時に

pryd (-au) *m* 1.食事, 食事時間: ~ ar glud, ~ o'r stryd, gwasanaeth danfon prydau 食事搬入(制度)(老人・病人・身障者などの自宅に毎日1回温かい食事を運ぶ仕事; 通例政府の助成金を受けて婦人奉仕団体が行なう) 2.一食(分): ~ go lew, ~ solet/ iawn 十分な食事

pryd *m* 肌の色;(特に)顔色

pryd *ad* [疑問副詞]いつ: pa bryd yr ewch chi? あなたはいつ行くつもりですか?

Prydain *f* 大ブリテン(島)(Britain): ~ Fawr グレートブリテン[大ブリテン](島)

Prydeinded *m* 英国人気質

Prydeinig *a* 1.英国[イギリス, ブリテン]の:Y Gorfforaeth Ddarlledu Brydeinig 英国放送協会; yr Ymerodraeth Brydeinig 大英帝国; yr Ynysoedd ~ 英国[イギリス]諸島; yr Amgueddfa Brydeinig 大英博物館 2.英国[イギリス]人の 3.英国[イギリス]英語の

Prydeiniwr (-wyr) *m* : **Prydeinwraig (-agedd)** *f* (古代の)ブリトン人

pryder (-on) *m* 1.心配, 不安, 懸念 2.心配事, 心配の種

pryderu *i* 心配する, 気にかかる, 悩む, くよくよする

pryderus *a* 心配[不安]な, 気がもめる

prydferth *a* 1.美しい, 綺麗な: y ~ m 美 2.(子供・女性・小さな物などが)可愛らしい, 可憐な

prydferthu *t* 美しく[美化]する

prydferthwch *m* 1.美しさ, 美, 可愛らしさ; 美貌 2.美人: 'roedd hi'n brydferth iawn yn ei dydd 彼女は若い頃美人だった

prydles (-au, -i, -oedd) *f* [法律] 1.借地 [借家] 契約, 賃貸借契約, リース: cymryd tir ar brydles 土地を賃借する 2.貸借権; 賃貸借期間 3.借地

prydlesu *t* (土地・家屋を) 賃貸する

pryleswr : prydlesydd (-wyr) *m* 貸手

prydlon *a* 1.時間を厳守する 2.期限を違えない: talu'n brydlon 期限通りに支払う

prydlondeb *m* 時間厳守

prydwedd (-au) *f* = pryd

prydweddaidd *a* 顔色の, 肌の色の

prydweddol *a* (人が) 器量のよい, 美しい, 綺麗な

prydydd (-ion) *m* : **prydyddes (-au)** *f* 1.詩人 2.詩人肌の人, 詩的才能のある人

prydyddiaeth *f* 1. (文学の一形式としての) 詩, 韻文 2. (作品としての) 詩 3.詩情, 詩趣

prydyddol *a* 1.詩の 2.詩人の, 詩人肌の 3.詩的な, 詩趣に富んだ 4.詩で書かれた

prydyddu *i* 作詩する

pryf (-ed) *m* [動物] 1.昆虫 2. [*pl*] (蚤・しらみなどの) 害虫, 寄生虫: powdwr (*m*) lladd pryfed 除虫 [虫取り] 粉; ~ copyn (pryfed cop) クモ (蜘蛛); ~ genwair ミミズ; ~ gweryd [昆虫] ウシバエ

pryfedaidd *a* 1.昆虫綱の [に属する] 2.昆虫の [に関する]

pryfedfa (-feydd) *f* 昆虫飼育場, 昆虫館

pryfediad *m* (蚤・しらみなどの) 虫が湧くこと

pryfedog *a* 1. (蚤・しらみなどの) 虫の (ような) 2. (病気が) 寄生虫による 3.虫のたかった [湧いた]

pryfedu *i* 寄生虫が湧く

pryfleiddiad (-iaid) *m* 殺虫剤

pryfleiddiol *a* 殺虫剤の

pryfoc : pryfociad (-au) *m* [法律] 殺人誘発的言行, 挑発

pryfocio *t* (人・動物を) 怒らせる; いじめる, 悩ます

pryfoclyd *a* 1. (人を) 怒らせる 2. (性的に) 刺激 [挑発] 的な

profociwr (-wyr) *m* : **profocwraig (-agedd)** *f* 1.誘発 [刺激] 者, (男を性的に) じらす女 2.いじめる [困らせる] 人

pryfeteg *f* 昆虫学

pryfetegol *a* 昆虫学 (上) の

pryfetegwr : pryfetegydd (-wyr) *m* 昆虫学者

pryfyddiaeth *f* = pryfeteg

prygowthan *t* 1.わめく, どなり立てる 2.激しく叱る 3.大言壮語する 4.熱狂的に説教する 5. (役者などが) 台詞をわめくように言う
i 1.どなり立てる 2.豪語する 3.叱りつける

pryn *a* 既製の, 店で買った

prynadwy *a* [宗教] 救済できる

prynedigaeth *f* [神学] (キリストによる) 罪の贖い, 救い: ym mlwyddyn ein ~ 1981 (人間の救いの開かれたキリスト生誕の年から数えて, 即ち) 西暦1981年に

prynhawn (-iau) *m* 午後: y ~ 'ma, ~ heddiw 今日の午後; yn ystod y ~ 午後に; ~ da! (午後に会った時) 今日は!; (別れる時) さようなら!

prynhawnol *a* 午後 (用) の

pryniad (-au) : pryniant (-iannau) *m* 買い入れ, 購入: hur-bryniant *m* 分割払い式購入

prynu *t* 1.買う, 購入する: ~ cath mewn cwd 品物を見ずに買う, めくら買いをする; prynais y ceffyl yn rhad 私はその馬を安く買った 2. (金銭が) 買うのに役立つ, 買える: ni ellir mo'i brynu am arian 金でそれは買えない 3. (人に食事などを) 奢る 4.買収する 5. (質流れ品などを) 買い戻す, 質受けする: ~'ch watsh yn ôl 時計を質受けする 6. [神学] (神・キリストが人を罪悪から) 救う, 贖う

prynwr (-wyr) *m* : **prynwraig (-agedd)** *f* 1.買手, 買主, 購入者 2. (デパートなどの) 仕入係, バイヤー 3. [P~] [神学] 贖い [救い] 主, キリスト

prysg (-au, -oedd) *m* (密集した低木の) 薮, 低木林, 雑木地帯

prysglwyn (-i) *m* 低木, 灌木; 薮, 茂み, 雑木林

prysgoed : prysgwydd *pl* 1.柴, そだ 2. (低木の) 茂み, 下生え, 下草

prysur *a* 1. (仕事などに) 従事して, せっせと働く; 忙しい, 多忙な: 'rwy'n rhy brysur i allu eich gweld 私はあまりに忙しくてあなたに会えません; ~ fel lladd nadroedd, ~ fel beili mewn sasiwn せっせと仕事に精を出して; ydych chi'n brysur? 君は何か用事がありますか? 2. (電話が) 話し中で: mae'r lein/llinell yn brysur お話中です 3. (態度・表情など) 真面目な; 本気の, 真剣な

prysurdeb *m* 1.急ぎ, 急速, 迅速 2.忙しさ, 多忙

prysuro *t* (人・仕事・行動などを) 急がせる, せき立てる, 早める, 促進させる
i 急ぐ, 急いで行く

prysurwr : prysurydd (-wyr) *m* (仕事などの) 促進係

publican (-od) *m* [口史] (古代ローマの) 収税吏, 取税人 (cf *Matt* 9:10)

pulpud (-au) *m* (教会の) 説教壇, 講談

pum : pump *a* 1.5 (個, 人) の: pum llyfr, pump o lyfrau 5冊の本; pum mlynedd 5年 2.5歳の: pum mlwydd oed 5歳

pumawd (-au) *m* 1. [音楽] 五重奏 [唱] 曲; 五重奏 [唱] (団), クインテット 2. [トラ] クイント

pumed　　487　　**pwff**

(同種札の5枚続き)

pumed (-au) *mf* 1.第5(番目, 位): Harri'r P~ ヘンリー 5世 2.(月の)第5日: Ionawr y ~ , y ~ o Ionawr 1月5日 3.[音楽]5度音程, 第5度 4.[数学]5分の1
a 第5(番目, 位)の: y Bumed Weriniaeth (仏史)(フランスの)第五共和制

pumled (-au, -i) *m* 1.5個[5人]一組 2.五つ子の一人 3.[音楽]5連音[符]

pumochr : pumongl (-au) *f* [数学]五角[辺]形

pumochrog : pumonglog *a* [数学]五角[辺]形の

pump (pumau, pumoedd) *m* 1.5 2.5の数字[記号]3.5人[個, 歳, 時, ポンド(など)] 4.[*pl*][球技]ファイヴズ

punt (punnau, punnoedd) *f* ポンド(記号£)(英国などの通貨単位): papur (*m*) ~ (papurau punnoedd) 1ポンド紙幣; cynnil ar geiniog, hael ar bunt [諺]小銭をけちるあまり大金を損して, 一文惜しみの百知らずで

pupur (-au) *m* 胡椒(香辛料): pot (-iau) (*m*) ~ (振掛け用)胡椒入れ

pur *a* 1.混ざり物のない, 純粋な: aur ~ *m* 純金 2.(性的・道徳的に)汚れていない, 純潔な 3.(学問など)純粋の, 理論的な: mathemateg bur *f* 純粋数学 4.(品種など)純血[生粋]の 5.全く[ほん]の, 単なる

purdan (-au) *m* 1.[神学・カト]煉獄 2.苦難

purdanaidd : purdanol *a* 煉獄の

purdeb : purder *m* 1.純粋 2.純血 3.純白

purdebaeth *f* 1.[言語]純粋主義, 純正論 2.(文体・用語の)潔癖 3.[美術]純粋派[主義]

purdebwr (-wyr) *m* : **purdebwraig (-agedd)** *f* 1.[言語]純粋主義者 2.(文体・用語の)潔癖家

puredigaeth (-au) *f* 1.[神学]潔め[式] 2.清め[式], 大祓; 禊

puredd *m* [化学]純度

pureiddiad (-au) *m* 1.(水などの)浄化 2.清め(式), 大祓; 禊

pureiddio *t* 1.清浄[清潔]にする 2.(人の罪などを)清める 3.(言葉・態度などを)洗練[上品に]する 4.[冶金]精製[精錬]する

pureiddiol *a* 1.清め[浄化, 浄罪]の 2.[冶金]製錬[精製]の

pureiddiwr (-wyr) *m* 清浄器[装置]

purfa (-feydd) *f* 精製[精錬]所[装置]

purion *ad* よろしい(同意承諾の意に): ~! よろしい!, 結構だ!, 仕方がない!

puro *t* = pureiddio

purol *a* 清め[浄化]の

purydd (-ion) *m* = purdebwr : **puryddes (-au)** *f* = purdebwraig

purwr (-wyr) *m* : **purwraig (-aged)** *f* 1.清める人 2.精製者 3.(砂糖の)精製機

putain (-einiaid) *f* 1.売春婦 2.いかがわしい女

puteindod : puteindra *m* : **puteiniaeth** *f* 1.売春 2.売春行為 3.私通, 密通 4.堕落, 悪用

puteiniedig *a* 売春した

puteinio *t* 1.売春させる 2.悪用する *i* (正式な夫婦以外の男女が)私通[密通]する

puteiniwr (-wyr) *m* 1.私通[密通]者 2.売春をさせる人, 売春幹旋業者

pwbig *a* [解剖]陰部の

pwbis (-au) *m* [解剖]恥骨

pwca (-od) *m* 1.(醜怪な姿をしたいたずらな)小鬼, 小妖精, 悪鬼, ゴブリン 2.お化け

pwd *a* 不機嫌, 膨れっ面: mae'r ~ arni; mae hi yn ~ 彼女はむっつりして[すねて]いる

pwdin (-au) *m* [料理]プディング: ~ (Sir) Efrog ヨークシャープディング; ~ Nadolig クリスマスプディング

pwdel (-au) : pwdlac (-s) *m* 水溜り

pwdler (-iaid, -s) *m* [冶金]練鉄する人

pwdlo *t* 1.(粘土などを)こねる 2.(運河の堤防などに)こね土を塗る 3.[冶金](溶鉄を)攪錬する

pwdlyd *a* すねた, むっつりした, 不機嫌な

pwdu *i* すねる, 膨れる

pwdwr (-wyr) *m* : **pwdwraig (-agedd)** *f* すねる[むっつりした]人

pŵer (pwerau) *m* 1.[通例*pl*]才能, 知力 2.体力 3.[電気]電気, 電力: ~ trydanol 電力 4.権威, 影響力; 権力, 支配力 5.委任された権能, 権限; 委任状: ~ atwrnai [法律]委任権; 委任状 6.権力[有力]者: y pwerau y sydd, y pwerau sydd ohoni 時の権力者, 当局(cf *Rom* 13:1) 7.[しばしば*pl*]強国, 列強: y pwerau mawrion 列強 8.多数, 多量 9.[数学]冪, 累乗

pŵeredig *a* 動力補助の, 動力を備えた

pwerdy (-dai) *m* 発電所

pwerperiwm *m* [産科]産床[産褥]期(分娩後常態に復するまでの期間)

pweru *t* 動力を供給する

pwerus *a* 1.強い, 強力な 2.(臭いなど)強烈な 3.権力のある, 有力な 4.(演説など)説得力のある 5.たくさんの

pwff (pyffiau) : pwffiad (-au) *m* 1.(風などの)一吹き 2.息: mas o bwff 息切れして 3.[服飾]パフ(袖口などギャザーを入れて膨らました部分) 4.(化粧用)パフ: ~ powdr/powdro 化粧用パフ 5.[料理](料理して)ふわっと[ぷっと]膨れた食物: crwst ~ *m* パフペーストリー, 折込みパイ生地(バターを包み込み, 幾層にも

pwffian / 488 / **pwt**

折り畳んだ小麦粉の薄生地; 焼くと軽い層になって膨れる) 6. (蒸気・煙などの) 一吹きの量: pwff-pwff (-s) *m* [小児語] 汽車ぽっぽ: (機関車などの) ぽっぽっ (という音)

pwffian *t* 1. (煙草などを) スパスパ吹かす 2. (息・蒸気・煙などを…に) ブッと吹く 3. (塵・煙などを) 吹く, 吹き払う 4. 吹き消す 5. (汽車などが) ポッポッと煙を吐きながら進む 6. (人を) 息切れさせる 7. (頬などを) 膨らませる

i 1. 息を切らす, 喘ぐ 2. (煙草などを) スパスパ吹かす, パッパッと吹き続ける: ~ ar eich cetyn/pibell パイプをスパスパと吹かす 3. (息・蒸気・煙などが) パッパッ [プップッ] と出る 4. ぷっと膨れる 5. (汽車などが) ポッポッといいながら動く

pwl (pyliau) *m* 1. [医学] (病気・咳などの) 発作; 発病; 痙攣, 引付け: ~ ar y galon 心臓発作 2. (感情の) 激発: ~ o chwerthin 突然わっと笑うこと; ~ o dymer ddrwg 癇癪

pŵl *m* [ビリ] プール: bwrdd (byrddau) (*m*) ~ プールテーブル (6個のpocketのある台)

pŵl *a* 1. (人が) 鈍感 [愚鈍] な 2. (色・光など) 鈍い, 冴えない, ぼんやりした 3. (刃・角など) 鈍い, 尖っていない 4. (天気などが) どんよりした

pwlofer (-i, -s) *mf* [服飾] プルオーヴァー (頭からかぶるセーターなど)

pwll (pyllau) *m* 1. (自然または人為的に作った) 穴, 窪み: ~ llif/llifio 木挽穴 2. (鉱山の) 穴, 立坑: pwll ~ (pennau pyllau) 立坑坑口; ~ (pyllau) glo, glowbwll (globyllau) *m* 炭坑 3. (身体などの) 窪み: ~ y cylla, ~ y galon みぞおち 4. 水溜り: merbwll (merbyllau) *m* 淀んだ水溜り 5. 池, 貯水池: ~ nofio 水泳プール: ~ melin 水車用貯水池; ~ (pyllau) tro 渦巻 6. (漁船の) 活魚倉, いけす: ~ pysgod 活魚倉 7. サッカー籤, 「トトカルチョ」: pyllau pêl- droed サッカー籤 8. 地獄 (の底): 大苦難

pwmis *m* 軽石

pwmisaidd *a* 軽石 (状) の

pwmisio *t* 軽石でこする [磨く]

pwmisiog *a* [獣医] (馬蹄を慢性蹄葉炎により) スポンジ状にさせた

pwmp (pympiau) *m* ポンプ: ~ llaw 手押しポンプ; ~ sugno 吸水ポンプ

pwmpen (-ni) *f* = pompiwn

pwmpio *t* 1. (水などを) ポンプで揚げる [汲む]: ceffyl (-au) (*m*) dwr 水を汲む 2. (水・空気などを) 注入する [吸い出す]: ~ awyr iach i'r ysgyfaint 肺に空気を入れる

i 1. (心臓などが) ポンプの作用をする 2. ポンプを使う 3. (液体が) 噴出する

pwmpiedig *a* 揚水した

pwmpiwr (-wyr) *m* ポンプ使用者

pwn (pynnau) *m* 1. (ラバ・馬などの) 荷, 荷物: mul (-od) (*m*) ~ 荷運びラバ; march (meirch) (*m*), ceffyl (-au) (*m*) ~ 荷馬 2. 荷物運び: anifail (anifeiliaid) (*m*) ~ 荷物運搬用の動物 (牛・馬・ラバ・ラクダなど), 役畜

pwnc (pynciau) *m* 1. (討論・会話などの) 主題, 題目; 話題, 問題: newid y ~ 話題を変える; y ~ dan sylw, y ~ trafod 討議中の問題; pynciau'r dydd 時事問題 2. [教育] (学校の) 学科, 科目

pwniad (-au) *m* (肘などでの) 軽い一突き; (拳骨でごつんと) 打つこと, 強い一撃; [ボクシング] ジャブ

pwnio *t* 1. (拳骨・棒などで) ゴツン [ドン] と打つ [叩く] 2. (注意を引いたり暗示するため肘で) そっと突く 3. (楽器を) ガタガタ鳴らす; (楽器で曲を) ポンポン弾く 4. (ジャガイモなどを) つぶす 5. [ボク] (相手に) ジャブを出す

i 1. (肘で) そっと突く 2. ゴツン [ドン] と突き当たる 3. どんどん打つ 4. ドシンドシン歩く 5. (心臓が) 鼓動する, 動悸を打つ

pwnsh (-is, pynshiau) : pwnsiar (-ieri) *m* [道具] 1. 穴開け器; 打印器: ~ caloli [機械] センターポンチ, 心立てポンチ; ~ llygaden (紐穴を作る) 穴開け器 2. (切符などを切る) 穴あけ鋏: ~ cloch (車掌用) 鈴付き穴開け器

pwnsh *m* パンチ, ポンチ, ポンス (果汁に洋酒・砂糖・水・レモン・香料など混ぜて作る飲み物): powlen (*f*) bwnsh (powlenni ~), dysgl (*f*) bwnsh (dysglau ~) パンチボール (パンチ用大鉢)

Pwnsh *m* パンチ (パンチ人形芝居 (Punch and Judy show) に出て来るせむしの奇怪な主人公): ~ a Jwdi/Siwan パンチ人形芝居

pwnsio *t* (切符などに) 穴を開ける: ~ ticed 切符を切る

pwpa (-od) *m* [昆虫] 蛹さなぎ

pwpariwm (pwparia) *m* [昆虫] 蛹殻

pwrcas (-au) *m* = pryniad, pryniant

pwrcasu *t* = prynu

pwrfil (-au) *m* (長く後に引いた衣服の) 裳裾 (もすそ)

pwrpas (-au) *m* 1. 目的 2. 意図, 意志: o bwrpas 故意に, わざと

pwrpasa : pwrpasu *t* 意図する, (…する) つもりである

pwrpasol *a* 1. 目的のある 2. 意図を持つ 3. 適切な, 相応しい

pwrs (pyrsau) *m* 1. (特に女性が持つ口金付きの) 財布, がま口: ~ gwag 軽い財布; ~ y bugail [植物] ナズナ, ペンペングサ; llinynnau ~ 財布の紐, 財政上の権限; ganddi hi mae llinynnau'r ~ 彼女が財布の紐を握っている 2. 金銭; 財源; 富: ~ y wlad 国庫; y P~ Cyfrin *m* [英] 国王のお手元金 3. [スポ] 懸賞 [寄付] 金: cynnig ~ 賞金 [寄付金] を出す 4. [農業] (雌牛などの) 乳房

pwrswifant (-iaid) *m* [紋章] (英国の紋章院の) 紋章官補

pwt (-iadau, pytiau) *m* 1. 意見, 見解: dweud

pwtffalu 489 **pwysedd**

eich ~ (他人のことを考えずに)意見[見解]を率直に述べる 2.[テレ]発言, スピーチ: ~ i'r camera テレヴィのプレゼンターまたはキャラクターがカメラを通して視聴者に直接話しかける言葉 3.(音楽・文学などの)楽曲, 作品: ~ o gerdd 一篇の詩 4.(糸・木などの)小片, 細片: ~ o bren 一本の木切れ 5.(指・棒などで)突くこと, 突き, (肘での)軽い一突き[押し], (拳で)殴ること 6.[ボク]ジャブ

pwtffalu *i* 1.手探りする, 捜し回る 2.いじくり回す 3.口ごもる

pwti *m* パテ(石膏を亜麻仁油で練ったもので, 窓枠にガラスを留めたり塗装下地の充填に使う): cyllell (*f*) bwti (cyllyll ~) パテ用こて

pwtian *t* 1.(指・腕・棒などで)突く, つつく 2.(埋火などを)かき立てる 3.(穴などを)突き開ける 4.(棒・頭などを)突き出す
i 1.(指・棒などで)突く, つつく 2.突き出る

pwy *pron* [疑問代名詞] 1.[主格] (通例姓名・身元・身分などを尋ねて)誰が[で], どの[どんな]人: ~ yw'r dyn yna? あの男は誰ですか?; ~ (a) ganodd? 誰が歌ったのですか? 2.[目的格]誰を[に]: ~ (a) welaist ti? あなたは誰を見ましたか? 3.[独立的に]誰の(もの): ~ biau'r menig yma? これらの手袋は誰のものですか? 4.[形容詞的に]誰の: merch ~ wyt ti?, merch i bwy wyt ti? あなたは誰の娘さんですか?

pwyad (-au) *m* [テニス]スマッシュ

Pwyl *f*: **Pwyldir** *m* [地理]ポーランド(Poland) (ヨーロッパ中東部の共和国; 首都Warsaw)

Pwylaidd *a* ポーランド(人)の

Pwyleg *mf* ポーランド語
a ポーランド語の

Pwyliad (-iaid) *mf*: **Pwyles (-au)** *f* ポーランド人

pwyll *m* 1.思慮, 分別, 良識, 慎重 2.正気, 本心; 意識: colli'ch ~ 気が狂う; o'ch ~ 狂気の

pwylldrais *m* 洗脳

pwylldreisio *t* 洗脳する

pwyllgor (-au) *m* 委員会; [議会] ~ llywio 議事運営委員会; ~ dethol 特別(調査)委員会; ~ cyllid 歳入委員会

pwyrgorwr (-wyr) *m*: **pwyllgorwraig (-agedd)** *f* (委員会の)一委員

pwyllo *t* (心・神経などを)落ち着かせる

pwyllog *a* 思慮分別のある, 慎重な

pwynt (-iau) *m* 1.(空間の)ある点, 地点 2.[数学]点: ~ degol 小数点 3.[言語]母音点[符号] (ヘブライ語などで子音字の上または下に付けて母音を示す) 4.[天文]点: y pwyntiau cardinal [気象]四方点, 基本方位 5.[航空]地点 6.[経済]点: amcanbwynt *m* 点推定: (物価・株式相場の)単位名目, ポイント 7.[物理]点: ~ ildio 降伏点 8.[化学]点: ~ triphlyg 三重点 9.(競技などの)得点, 点数

10.[印刷]ポイント 11.[電気]コンセント: ~ trydan コンセント 12.[鉄道]先端レール; [pl]転轍機, ポイント: pwyntiau atalポイント 13.[海事]方位 14.[レース]手編みレース 15.[クリ]ポイント 16.(目盛などの)度: ~ berwi, berwbwynt m 沸騰点 17.(事態・進展などの)段階, 程度: trobwynt (-iau) *m* 転機, 変わり目 18.(問題となる)点, 論点; 要点, 主眼点, ポイント: profi'r ~ その点を証明する 19.(冗談・話などの)山, 落ち 20.(行為などの)目的, 意味

pwyntil (-au) *m* (靴紐などの)紐先の金具

pwyntio *t* 1.(ヘブライ語の文字などに)母音点を打つ 2.(指・銃などを)向ける, 狙う: ~ gwn at rn 人に銃を向ける 3.[石工] (煉瓦積みの)継ぎ目にセメント[漆喰]を塗る, 目地を塗る, 壁の目地を塗る 4.[狩猟] (猟犬が)獲物の所在を知らせる
i 1.指差す; 示す 2.(ある方向に)向く, 向いている 3.[狩猟] (猟犬が獲物の)位置を示す

pwyntydd (-ion) *m* [電算]ポインター

pwyo *t* 1.続けざまに打つ[叩く], 連打[乱打]する 2.打ち砕く, 粉々にする 3.(ジャガイモなどを)つぶす 4.[テニス] (ボールを)スマッシュする 5.(ボクシングなどで顔などに)パンチ[拳固]を食らわせる 6.[軍事]激しく砲撃する: ~ safle 陣地を激しく砲撃する
i (戸などを)連打[乱打]する

pwys (-au, -i) *m* 1.重さ, 重量, 目方; 体重: colli pwysau 体重が減る; pwysau gweili 風袋の目方; pwysau agored [競技]規則に拘束されない体重 2.(秤・時計の)分銅 3.衡法, 衡量単位: pwysau a mesurau 度量衡 4.[度衡]ポンド(重量の単位): gwerthu rhth fesur ~, wrth y ~, yn ôl y ~ 1ポンド幾らで物を売る 5.重荷, 重圧; 責任 6.力 7.勢力, 有力: dynion o bwys 有力家 8.抑圧, 圧迫, 圧力, 強制: ~ dan bwysau tlodi 貧困に迫られて; dan bwysau rheidrwydd 必要に迫られて 9.緊急, 緊迫 10.[pl] (業務などの)忙しさ, 繁忙, 多忙, 切迫: dan bwysau llawn 非常に忙しく, 大車輪で 11.強調, 重要[重大](性); 重要な地位: mae o bwys それは重要です 12.[音声]強勢, アクセント, 強さアクセント 13.[スポ]ウェイト, 級(ボクシング・レスリングなどの選手の体重による階級): pwysau trwm ヘヴィー級の 14.(陸上競技用の)砲丸, 円盤, ハンマー: taflwr (-wyr) (*m*) pwysau 投てき選手 15.(重量挙げの)バーベル: ymarfer codi pwysau 重量挙げをする 16.[競馬]負担重量 17.[医学]ストレス, 精神的重圧 18.[物理]重量 19.[機械]圧力, 応力 20.[気象]気圧

pwysadwy *a* 目方を計ることができる

pwysbwynt (-iau) *m* [機械] (てこの)支点; てこ枕[台]

pwysedd (-au) *m* 1.[医学]血圧: ~ gwaed, pwysau gwaed 血圧 2.[物理・機械]圧力:

pwyseddu 490 **pync**

sosban(*f*)**bwysedd**(**sosbenni~**)圧力鍋 3.[気象]気圧

pwyseddu *t* 1.加圧[与圧]する 2.(人に)圧力をかけて(ある行動を)させる

pwyseddwr (-wyr) *m* 加圧器

pwysel (-au) *m* ブッシェル(液量・乾量の単位; (英)36.5リットル)

pwysi (-ïau) *m* 花束

pwysig *a* 1.重要[大切]な 2.(人・地位など)有力な, 影響力のある, (社会的に)重要[著名]な: Rhywun P~ Iawn(Rhywrai ~ Iawn)重要人物, 要人

pwysigrwydd *m* 1.重要[重大](性)2.重要な地位

pwyslais (-leisiadau, -leisiau) *m* 1.強調, 重点, 重要視: dodi/rhoi ~ ar ffaith 事実に非常に重きを置く 2.[音声]強勢, アクセント 3.[医学]ストレス

pwysleisiedig *a* 強調した

pwysleisio *t* 1.強調する 2.[音声](音節・母音などに)強勢を置く, アクセントを付ける

pwysleisiol *a* 強調する

pwysleisydd (-ion) *m* [電気]エンファシス回路

pwyso *t* 1.圧力をかける 2.目方を計る; (手に持って)重さを見る: ~ rhth yn eich llaw 手で物の重さを見る 3.熟考[考察]する: ~ a mesur eich geiriau よく考えて物を言う(梯子などを壁などに)もたせ立てかける, (物を…に)置く, 載せる, 寄り掛からせる 5.[ボク・レス](選手を)試合前に体重検査する 6.[競馬](騎手を)競馬後に体重検査する

i 1.目方を計る; (…の)目方[重量]がある: ~'n ysgafn 軽い; mae'n ~ dau gilo それは目方が2キロある 2.重荷となる, 圧迫する 3.重要である 4.もたれる, 寄り掛かる: ~ yn erbyn wal 壁にもたれかかる 5.上体を曲げる, 屈む 6.傾斜する, 傾く

pwysol *a* 1.(授業などで)片寄って 2.荷重した 3.[統計]加重した

pwysoli *t* [統計]加重値を与える

pwyswr (-wyr) *m* 1.(商品の目方を計り記録する)税関検査官 2.(製品の材料を計り分ける)労働者

pwysyn (-nau) *m* (秤の)分銅

pwyth (-au -i) *m* 1.(縫い物・刺繍などの)一針[縫い, 編み]: ~ twll botwm[服飾]ボタン穴のかがり); ~ mewn pryd a arbeda naw; mae ~ mewn llaw yn arbed naw[諺]適当な時に一針縫えば後で九針の労が省ける, 「今日の一針明日の十針」 2.かがり[縫い, 編み]方: ~ croes 十字縫い, 千鳥掛け, クロスステッチ 3.針[縫い, 編み]目: colli ~ (編み物で)一目[一針]落す 4.[外科](縫合の)一針

pwytho *t* 縫う; 縫い綴じる

pwythwr (-wyr) *m* 縫い飾りする人

pybyr *a* 1.(人・信念など)断固とした, 不動の, しっかりした 2.信頼できる, 当てになる 3.堅固[丈夫]な 4.固定した, ぐらつかない

pybyrwch *m* 1.不動 2.忠実

pydew (-au) *m* 1.罠, 落とし穴: cloddio ~ ar gyfer rhn 人を陥れようと企てる(cf *Eccl* 10:8) 2.穴, 窪み 3.井戸のような穴

pydredig *a* 腐敗した

pydredd *m* 1.[植物病理](菌類による)腐敗病: ~ gwlyb(木材の)濡れ腐れ 2.(死体などの)腐敗 3.(道徳的)堕落

pydru *t* 1.腐らせる, 腐敗させる 2.からかう, 冷やかす

i 1.腐る, 腐敗する 2.(歯が)虫歯になる 3.(道徳的に)腐敗する

pydrydd (-ion) *m* (バクテリアのように)腐敗させるもの

pyg *m* ピッチ(原油・石油タール・木タールなどを蒸留した後に残る黒色の滓; 防水や道路の舗装に用いる)

pygddu *a* ピッチのように黒い, 真っ黒の

pyjama (-s) : pyjamas (-ys) *m* [服飾]パジャマ: côt(*f*)byjamas(cotiau ~)パジャマの上着

pylni *m* 1.(感覚などの)鈍さ, 鈍感 2.(刃などの)鈍さ, なまくら 3.(音色・光沢・色彩などの)鈍さ, 曇り 4.(道具などの)鈍さ, なまくら

pyloraidd *a* 粉末に[細かく]した

pylori *t* 粉末にする, 細かく砕く

pyloriant *m* [地質](地殻上部の断層運動中に自然発生する)粉砕

pylu *t* 1.(感情などを)和らげる 2.(目を)かすませる 3.(刃先などを)鈍くする, 鈍らせる, なまくらにする 4.(灯火などを)薄暗くする 5.(音を)鈍くする 6.(色を)どんよりさせる

i 1.(感覚が)鈍る 2.(目・視力が)かすむ, 鈍る 3.(輪郭などが)おぼろになる 4.(色が)ぼんやりする 5.(刃など)鈍る 6.(灯火などが)薄暗くなる

pylwr (-wyr) : pylydd (-ion) *m* 1.薄暗くする人 2.(証明・自動車のヘッドライトの)調光器, 制光装置

pyllog *a* (皮膚・金属が)あばた[窪み]のある

pyllu *i* (金属に)窪みができる

pymtheg (-au) *m* 1.15(個, 人, 歳)2.15の記号 3.[ラグ]15人一組 4.[テニス]フィフティーン(最初の1点目の得点)

a 1.15(個, 人)の: ~ o bobl 15人; pymtheng mlynedd 15年; pymtheng niwrnod 15日 2.15歳の: ~ oed 15歳

pymthegfed *a* 1.第15(番目)の: y bymthegfed waith 15回[度]目 2.15分の1

pymthegfed (-au) *mf* 1.第15(番目, 位)2.(月の)(第)15日: y ~ o Fai, Mai'r ~ 5月15日 3.15分の1

pync (-iaid, -s) *m* : **pynces (-au, -i)** *f* 1.(奇

pyncio — *phillistiaeth*

抜な髪型・服装の) パンク; pync-roc パンクロック (1970年代に英国で流行った反社会的・攻撃的で強烈絶叫調のロック音楽) 2.不良, チンピラ, 青二才

pyncio *t* 1. (鳥が歌を) さえずる 2. (女性が歌を) 声を震わせて歌う
i 1.歌う, (鳥などが) 鳴く, さえずる 2. (女性が声を震わせて) 歌う

pyndit (-iaid) *m* 1.専門家, 権威者 2.賢者, 学者先生

pynfarch (-feirch) *m* 駄馬, 荷馬

pynio *t* 1. (荷を) 負わせる 2.悩ます, 苦しめる

pyped (-au, -i) *m* 1. [演劇] (人形劇に使う) 人形: ~ maneg 手使い人形 2.操り人形: sioe (*f*) bypedau (sioeau pypedau) 操り人形劇 [芝居] 3.指人形: ~ bys 指人形 4.傀儡, 手先, ロボット: llywodraeth (*f*) byped (llywodraethau ~) [政治] 傀儡政府 [政権]

pypedwaith *m* [演劇] 操り人形製作

pypedwr (-wyr) *m* : **pypedwraig (-agedd)** *f* 人形使い

pyramid (-iau) *m* 1.ピラミッド 2. [数学] 角錐 3. [解剖] 錐体

pyramidaidd *a* 1.ピラミッド状の 2. [解剖] 錐体の: rhan byramidaidd (rhannau ~) *f* 錐体路

pyromania *m* [精医] 放火癖 [狂]

pysen (pys) *f* [園芸] エンドウ豆: pys gleision (料理用) 青エンドウ, グリーンピース; pys hollt/

mân (スープ用に皮をむいた) 干しエンドウ

pysgodyn (pysg, pysgod) *m* 1.魚: mae fel ~ allan o ddŵr 彼は陸に上がった魚のようだ 2.魚肉: pysgod a 'sglodion [料理] フィッシュアンドチップス; polen (*f*) bysgod (peli pysgod) [料理] フィッシュボール 3. [P~] [天文] 魚座

pysgodfa (-feydd) *f* 1.漁場 2.漁業, 水産業

pysgodwr (-wyr) *m* 漁師, 漁夫: myfi a'ch gwnaf yn bysgodwyr dynion [聖書] 私はあなた方を人間をとる漁師 [福音伝導者] にしてあげよう (cf *Matt* 4:19)

pysgota *t* 1. (魚を) とる, 釣る 2. (ある場所で) 漁をする, 釣る: ~ afon 川で魚をとる
i 魚をとる, 釣りをする: ~ am frithyll, ~ brithyll マスを釣る; ~ am eog サケを釣る; ~ mewn dŵr llwyd どさくさ紛れにうまいことをする, 火事場泥棒を働く, 漁夫の利を占める

pysgotwr (-wyr) *m* : **pysgotwraig (-agedd)** *f* 漁師, 漁夫; 釣り人

pysgoty (-tai) *m* 水族館

pystylad *t* (馬が) 足で踏みつける
i (馬が) 足で踏みつけて歩く

pyt (-iau) : **pytiad (-au)** *m* [ゴルフ] パット

pytaten (-tws) *f* ジャガイモ

pytio *t* [ゴルフ] パットする

pytiwr (-wyr) *m* [ゴルフ] 1.パットする人 2.パター (パットに使うクラブ)

pythefnos (-au) *mf* 二週間: ~ i heddiw 二週間後 [前] の今日, 再来 [先々] 週の今日

PH

PH, ph *f* (発音fi:)

Pharisead (-aid) *m* パリサイ人, パリサイ派の人 (古代ユダヤで律法の形式を重んじた保守派の人)

Phariseaeth *f* パリサイ派 [主義]

Phariseaidd *a* パリサイ人 [主義] の

Philip *m* [人名] フィリップ (男性名)

Philipinaidd *a* フィリピン人 [諸島] の

Philipiniad (-iaid) : **Philipino (-s)** *mf* フィリピン人

Philistaidd *a* ペリシテ人の

Philistiad (-iaid) *mf* ペリシテ人 (紀元前12世紀頃からPalestine南西海岸に定住した非セム族の好戦的な民族の人で, 多年にわたってイスラエル人を圧迫した)

philistiaeth *f* 実利主義, 俗物根性

Q

Q, q *f*(発音kju; (ciw), *pl* ciwiaw)：y ciw hon このq; dwy ciw 二つのq; Q am Queenie［電法］QはQueenieのQ

R

R, r *f*(発音er, *pl* -iau)；R am Robert［電法］RはRobertのR; A. O. G. Dd.（Atebwch Os Gwelwch yn Dda）ご返事お願いします（招待状などに添える文句）

rabed (-i) *m*［木工］(実矧ぎ用の)切込み, 溝: uniad (-au) (*m*) ~ 実矧ぎ［継ぎ］

rabedu *t*［木工］1.(実矧ぎ用の)切込み［溝］を付ける 2.実矧ぎにする

rabi (-iaid) *m*［ユ教］(職業的な)ユダヤ教指導者, ラビ; 律法博士

rabinaidd *a*［ユ教］ラビの

raced (-i) *f* 1.(テニス・バドミントンなどの)ラケット 2.［*pl*］［球技］ラケット

radar *m* 1.［電工］電波探知（法）2.電波探知機, レーダー: sgrin (sgriniau) (*f*) ~ レーダー網

radical (-au) *m* 1.［数学］根号 2.［化学］基

radical (-iaid) *m*［政治］急進党員

　 a 1.［政治］急進派［党］の 2.(人・思想など)過激［革命的］な 3.根本［基本］的な 4.［数学］根の 5.［化学］基の

radicalaidd *a*［政治］急進党の

radicaliaeth *f*［政治］急進［過激］主義

radio *mf* 1.無線電信［電話］: cwmpawd (cwmpodau) (*m*) ~ (船舶・航空機用の)ラジオコンパス; radio-amledd (-au) *m* 無線周波数 2.ラジオ放送

radio (-s) *f* ラジオ受信機

radiograff (-au) *m*［医学］放射線写真;(特に)レントゲン写真

radiograffeg *f*［医学］X線撮影（法）, 放射線写真術

radiograffig *a* レントゲン写真の

radiograffu *t* レントゲン写真を撮る

radiograffydd (-ion) *m* レントゲン技師

radioleg *f*［医学］1.放射線医学 2.放射［X］線使用

radiolegol *a* 1.放射線学（的）の, レントゲン

(上)の 2.放射線物質による

radiolegwr (-wyr)：radiolegydd (-ion) *m*［医学］1.放射［X］線学者 2.レントゲン技師

radiotherapi *m*［医学］放射線療法

radis (-ys) *mf*［園芸］ハツカダイコン(二十日大根), ラディッシュ

radiwm *m*［化学］ラジウム

radiws (-iysau) *m* 1.［幾何］半径 2.［解剖］橈骨

raffia *m* 1.［植物］ラフィアヤシ(マダガスカル島産ヤシ科の植物) 2.［織物］ラフィア(ウラジロラフィアの葉から採る丈夫な繊維)

rafft (-iau) *f* いかだ(舟)

rafftio *t* (丸太などを)いかだに組む

　 i いかだに乗って行く: ~ i lawr afon いかだに乗って川を下る

rali (-ïau) *f* 1.［自動車］ラリー, 長距離レース 2.［テニス］ラリー

ramp (-iau) *m* (高さの異なる二つの道路などを結ぶ)傾斜路;(高速［立体交差］道路などの)ランプ

ransh (-is) *f* (米国・カナダの)大牧(畜)場

ranshwr (-wyr) *m* (米)牧場経営者

ransio *i* (米)牧場を経営する

ras (-ys) *f*［スポ］(速さを競う)競走, 競争;(各種の)レース: rhedeg ~ 競走する; ~ geffylau (rasys ceffylau)競馬; ~ arfogi/arfau軍備競争; ~ (ar) draws gwlad クロスカントリーレース; ~ gyfnewid (rasys cyfnewid)リレー競走

rasel (-i, -ydd)：raser (-au) *f* カミソリ: rasel ddiogel (raseli diogel) 安全カミソリ

rasio *t* 1.競走する 2.(馬などを)競走させる, 競馬に出す 3.(エンジンなどを)空回り［空転］させる

　 i 1.競走［競争］する 2.(心が)はやる 3.(エンジンが)空回りする

real *a* 実際［現実］の: amser (-au) ~ *m*［電算］実時間, リアルタイム

realaeth f 1.現実主義 2.(文学・芸術)写実主義, リアリズム 3.[哲学]実在論

realaidd : realistig a 1.現実主義の 2.(文学・芸術)写実主義[派]の 3.[哲学]実在論的な

reality f 1.真実性 2.現実, 事実 3.迫真性 4.[哲学]実在

realydd(-ion, realwyr) m 1.現実主義者 2.(文学・芸術)写実主義者 3.[哲学]実在論者

record (-iau) f 1.(音楽の)レコード: ~ hir LP盤レコード 2.記録 3.[スポ](競技などの)記録, レコード: ~ y byd 世界記録; torri/curo ~ 記録[レコード]を破る

recordiad (-au) m 1.録音, 録画, レコーディング 2.録音[録画]されたもの(レコード・テープ)

recordiadwy a (音楽を)録音できる

recordio t 録音する

recordiwr (-wyr) : recordydd (-ion) m 1.録音機: tâp-recordydd (-ion) m, recordydd (-ion) (m) tâp テープレコーダー; sain- recordydd (-ion) m 録音機 2.[音楽]リコーダー

recriwt (-iaid) mf 1.新兵 2.新会員[党員, 入生]

recriwtio t 1.(新兵を)募る 2.新会員[党員, 入生]を募集する

reffarî (-s) m [スポ](競技・試合の)審判員, レフリー

referendwm (referenda) f [政治]国民投票

reiat (-adau) f 1.(集団による)暴動, 騒動 2.(色などの)多種多彩

reiatlyd a (集団が)暴動を起こして騒ぐ

reion m [織物]レーヨン, 人造絹糸

reis m 1.[植物]イネ(稲): ardal (-oedd) (f) ~ [地理](特に東南アジアなどの)米作地帯 2.米: blawd (m) ~ 米粉; pwdin (-au) (m) ~ [料理]ライスプディング

reisio t (米)[料理](ジャガイモなどを)ライサーでつぶす

reisiwr (-wyr) m (米)[料理]ライサー(台所用具)

reit ad 真っすぐに, 真一文字に: suddo ~ i'r gwaelod ズンズン底へ沈む

relái (relaiau) m [電気]継電器

randrwr (-wyr) m [石工](漆喰などの)下塗り職人

relish m 調味料, 薬味

remandio t [法律]再拘留[留置]する

rendrad m [石工](漆喰などの)下塗り, モルタル塗り

rendro t [石工](石・煉瓦などを漆喰などで)下塗りする

rêp f [植物]セイヨウアブラナ: olew (m) ~ 菜種油

resbiradaeth f [生物](植物などの)呼吸

resbiradol a [生物]呼吸(作用)の

resbiradu t [生物](植物などを)呼吸させる i (植物が)呼吸する

resipi (-s) mf [料理]調理法

reticwlwm (reticwla) m [解剖]網状組織, 細網(組織)

retórt (retortau) m 1.[化学](化学実験用)レトルト, 蒸留器 2.[冶金](製錬用)レトルト

ria (riâu) mf [地理]溺れ谷, リアス

rial (-au) f リアル(イランの通貨単位)

ricsio (-s) mf 人力車

rifolfer (-i) m 連発[輪胴式]拳銃, リヴォルヴァー

rîff (riffiau) f [海事](帆の)縮帆部, 畳み込み: riffband (-iau) m 縮帆帯, リーフバンド

rîff (riffiau) mf 礁, 浅瀬: ~ gwrel (riffiau cwrel) 珊瑚礁

riffio t (帆を)縮める, 縮帆にする

rig (-iau) mf (船の)艤装, 帆装

rigio t 1.(船を)艤装する 2.(船に)索具を装備する 3.(船に)出港の用意をする 4.不正手段で操る: ~ etholiad 選挙に不正をする

rigoriaeth f [カト]厳格主義

rigorydd (-ion) m [カト]厳格主義者

rihyrsal (-s) mf [演劇]下稽古, 本読み, リハーサル

rîl (riliau) f 1.[織物]糸巻き 2.[釣]リール 3.(針金・ケーブルなどを巻く)巻き枠, リール 4.[ダンス]リール(スコットランド・アイルランドの軽快な踊り)

rilen (-ni) f [織物]糸巻き

rilio t [釣](釣り糸を)リールで巻き取る i [ダンス]リールを踊る

rîm (rimiau) f [製紙]連(英国では480枚, 米国では500枚)

rinsio t (衣類・瓶などを)すすぐ, ゆすぐ

risg (-iau) f 1.危険 2.[保険]危険(率); 保険金(額)

risol (-au, -s) mf [料理]リソール(肉・魚肉などをパイ生地で丸めて油で揚げたもの)

riwbob m [植物]ダイオウ(大黄)(根は薬用,葉柄は食用)

riwl (-iau) f : **riwler (-i)** mf 1.物差し, 定規: (大工の)折り尺: ~ droedfedd (riwliau troedfedd) 1フィート差し; llithriwl (-iau) f 計算尺; uniad (-au) (m) ~ [木工]肘接ぎ 2.[印刷]罫(線)

Robat : Robert m [人名]ロバート(男性名)

Robin m 1.[人名]ロビン(男性名): ~ Hwd ロビンフッド(英国の12世紀頃の伝説的英雄) 2.(r~)ヨーロッパコマドリ(春の到来を告げるとされるヨーロッパ産の小鳥で, 背は褐色だが胸は赤い; 1960年より英国国鳥)

roc m 1.[料理]ロック(通例海岸の保養地で地名入りで売られている棒状の堅いキャンディー 2.[音楽]ロック(音楽): pync-roc m パンクロック(ロック音楽の一種; 1970年代末に流行; 単

純なリズムと露骨なまたは攻撃的な歌詞を絶叫するのが特徴）

a ロック［音楽］の: cerddor (-ion) (*m*) ~ ロックミュージシャン

roced (-au, -i) *f* 1.［花火］火矢, 狼煙; 打ち上げ花火 2.［軍事・宇宙］ロケット（兵器）: bom (-iau) (*mf*) ~ ロケット爆弾

rociwr (-wyr) *m* ロック歌手

rôl (rolau) *f* 1.［演劇］（映画・俳優の）役 2.役割, 役目, 任務: chwarae ~ ［心理］役割演技

roli-poli (-s) *mf*［料理］ローリーポーリー（ジャム入りの渦巻プディング）

rota (rotâu) *f* 1.勤務当番表 2.［音楽］輪唱

rotor (-au) *m* 1.［電気］回転子 2.［機械］（蒸気タービンの）軸車: rotorlong (-au) *f* 円筒船（帆の代わりに円筒を立て, これを回転させて起こる気流変化を利用して走る船）3.［航空］（ヘリコプターなどの）回転翼, ローター 4.［海事］（円筒船の）旋回円筒

rownd (-iau) : rownden (rowndiau) *f* : **rowndyn (rowndiau)** *m* 1.［料理］（牛の）もも肉 2.巡回, 回診; 巡回路, 配達順路: rownd y postman 郵便配達人の配達区域; rownd lefrith (rowndiau llefrith) 牛乳配達人の配達区域 3.［スポ］一勝負［試合］;（ゴルフの）1ラウンド: chwarae ~ o golff ゴルフを1ラウンドする;（ボクシングの）1ラウンド 4.（酒などの）全員［一同］への一渡り（分）5.（歓声の）一頻り: ~ o gymeradwyaeth 一斉の拍手 6.［軍事］一斉射撃: saethu/tanio ~ 一斉射撃をする;（弾薬の）一発分

prep 1.…を曲がって［迂回して］2.…の周囲に［を囲んで］: ~ y bwrdd 食卓を囲んで 3.…を一周して

ruban (-au) *m* 1.リボン, 飾り紐 2.（タイプライターの）（インク）リボン: ~ incio インクリボン

rŵan *ad* 1.今, 現在: 'rŵan amdani! 今こそ好機!, 今しなければまたと機会がない! 2.今すぐに, 直ちに: 'rŵan 'rŵan! こらこら!（親しみをもって抗議・注意する時に用いて）; 'rŵan hyn (米) 今すぐ, たった今

rwbel *m* 1.［建設］（基礎工事用の割った石塊）荒石 2.荒石積み: gwaith (*m*) ~［石工］荒石積み

rwber (-i) *m* 1.消しゴム 2.ゴム, 生［天然, 弾性］ゴム: ~ mandyllog 気泡ゴム; sment (m) ~ ゴム糊 3.ゴム製品: nwyddau ~ ゴム製品; cynfas (-au) (*mf*) ~ （ベッド用）ゴムシート 4.[*pl*]（ゴム製の）オーヴァーシューズ: esgidiau ~ オーヴァーシューズ 5.［植物］パラゴムノキ: coeden (coed) (*f*) ~ パラゴムノキ

rwden (rwdins) *f*［農業］［植物］1.カブハボタン（根が黄色のカブの一種）2.カブハボタンの根（食用・飼料用）

rwff (ryffiau) *mf* 1.［服飾］襞襟（16~17世紀初頭に男女共に用いたリネンまたはモスリン製

の円形に襞を取った白襟）2.（鳥の）首羽

Rwmanaidd *a* ルーマニア（人）の

Rwmaneg *mf* ルーマニア語

a ルーマニア語の

Rwmania *f*［地理］ルーマニア (Rumania)（ヨーロッパ南東部の共和国; 首都Bucharest）

Rwmaniad (-iaid) *mf* ルーマニア人

Rwsia *f* ロシア（連邦）(Russia)（ユーラシア大陸北部にある連邦共和国; 1991年に成立; 首都Moscow）: lledr (*m*) (o) ~ ロシア革

Rwsiad (-iaid) *mf* ロシア人

Rwseg *mf* ロシア語

a ロシア語の

Rwsiaidd *a* ロシア（人）の: salad ~ ロシア風サラダ

ryffl (-au) *m*［服飾］襞飾り

ryfflo *t*（袖口などに）幅広のフリルを付ける, 襞ベリを付ける

rŷg (rygiau) *f*（旅行用）膝掛け

rygbi *m*［スポ］ラグビー: Cynghrair (*mf*) R~ (英) ラグビー連盟

rygwaith *m* 膝掛けの製造

rysáit (ryseitiau) *f* = resipi

RH

RH, rh *f*(発音 hr)ウェールズ語アルファベットの23番目の文字

rhaca (-nau) *mf* : **rhacan (-au)** *f*[道具]1.(干草・落葉などを掻き集めるための)熊手: ~ gwair/fawr 干草用熊手 2.土ならし, 馬鍬 3.火かき

rhacanu *t* 1.熊手[レーキ]で掻き集める 2.熊手[レーキ]でならす

rhacsiog *a* 1.(衣服など)ぼろぼろの 2.(人が)ぼろを着た

rhactal (-au) *m* 1.(額につけるリボンなどの)鉢巻, 飾りバンド 2.[教会]祭壇蔽い

rhad *a* 1.(実際の値段より)安い, 安価な: ~ fel baw 捨値の[で], 二束三文の[で]; ~ a diwerth 安かろう悪かろうの; yn ~ 安く 2.割引の: tocyn (-nau) undydd ~ 鉄道通用当日限りの割引往復運賃

rhad (-au) *m* [神学]神の恵み, 恩寵, 恩恵: dydd ~ (手形などの支払期日後の)猶予期間; ~ arnat ti(arnoch chi)!(くしゃみをした人に)お大事に!

rhadlon *a* 1.親切な, 優しい 2.(王・女王に用いて)仁慈[仁愛]深い: Ei rhadlonaf Fawrhydi 仁慈深い女王陛下

rhadlonrwydd *m* 1.親切, 優しさ, 慈悲心, 愛想のよさ 2.(態度が)優美, 優雅

rhadrwydd *m* 安価; 安っぽさ

rhaeadr (-au, rhëydr, rheyeidr) *f*(断崖の上にかかる)滝, 小[大]滝, 瀑布

rhaeadrol *a* 1.大滝[瀑布]の 2.(運河の水門が)階段状に連続する

rhaeadru *i* 滝になる, 滝のように落ちる

rhafliad (-au) *m* [裁縫](布の)すり切れた[ほぐれた]部分

rhaflio *i* 1.(神経が)すり減る 2.(布が)すり切れる, ほぐれる

rhaflyd *a* 1.(神経など)すり減った 2.(布の縁の)すり切れた

rhaff (-au) : **rhaffen (rhaffau)** *f* 縄, 綱, ロープ: ~ wifrau(rhaffau gwifrau)鋼索, ワイヤーロープ; ~ (o)dywod 薄弱な結びつき, 頼むに足らないもの 2.(縄・紐などでつないだ物の)ひとつなぎ, ひと下げ 3.[ボク]囲い縄, ロープ 4.自由(の範囲): rhoi digon o raff 人に勝手を許す 5.(嘘などの)連続, 連発 6.絞首索

rhaffaid (-eidiau) *f* 数珠つなぎになった物, (タマネギの)ひと下げ

rhaffio : rhaffu *t* 1.(小包などを)ロープ[縄, 綱]で縛る 2.数珠つなぎにする: rhaffu celwyddau 嘘を連発する 3.[海事]帆を補強する: gwnïo/gosod/dodi rhaffau ar hwyl 帆を補強する

rhafflan (-nau) *f* : **rhaffle (-oedd)** *m* ロープ縄製造所

rhaffordd (-ffyrdd) *f* ロープウェイ

rhaffwr (-wyr) *m* 縄[綱, ロープ]製造人

rhag *prep*(保護・免除・回避・防止などを表して)…から[に備えて, を防ぐように]: diogel ~ yr oerfel 寒さから守られて; rhybuddio rhn ~ rhth 人に…に気を付けよ[するな]と警告する; cysgodi/ymogel/ ymochel ~ y glaw 雨を避ける, 雨宿りをする; dianc ~ erledigaeth 迫害から逃れる; gwared ni ~ drwg [聖書]我らを悪より救い出したまえ (cf *Matt* 6:13)
conj …しないように[するといけないから]: ~ inni anghefio 私たちは忘れないように

rhag- *pref* あらかじめ, 前の, 前もって, 先…, 予…, …以前の[に先立つ]: rhaglith (-oedd) *mf* 序文, はしがき; rhagweld 予告[予言]する; rhagflaenydd (-ion) *m* [文法](関係詞の)先行詞

rhagaeddfed *a*(植物・花・果実が)早生[早なり, 早咲き]の

rhagaeddfedrwydd *m* 早咲き, 早なり

rhagair (-eiriau) *m*(本の)序論, 序説, 前置き

rhagarchebu *t*(部屋・座席などを)予約する

rhagarfaeth *f* : **rhagarfaethiad** *m* 1.予定; 運命 2.[神学]予定説

rhagarfaethu *t*(神が人を)運命づける, 予定する

rhagarweiniad (-au) *m* 1.(本などの)序論, 前置き 2.入門(書), 序説, 概論 3.[音楽]序曲, 前奏曲

rhagarweiniol *a* 1.紹介の 2.序言[序文, 前置き]の 3.入門の: cwrs (cyrsiau) ~ *m* 入門課程 4.予備の, 予備的な

rhagarwydd (-ion) *mf*(不吉・重大事の)兆し, 前兆

rhagarwyddo *t*(物事がよくない事の)前兆になる, 予示[予告]する

rhagbaratoawl *a* 1.予備[準備]の 2.序文[前置き]の 3.(大学への)入学準備の

rhagbrawf (-brofion) *m* 1.[教育]予備試験 2.[スポ](競技などの)予選

rhagchwiliad (-au) *m* 1.(土地・家屋などの)

rhagchwilio 踏査, 下検分 2.[軍事]偵察(隊)

rhagchwilio t 1.(土地などを)踏査する 2.[軍事](敵などを)偵察する

rhagderfyniad m 1.先決, 予定 2.運命論

rhagdraeth (-au) m = **rhagair**

rhagdyb (-iau) mf : **rhagdybiaeth (-au)** f 1.予想, 仮定, 推定 2.前提(条件) 3.[言語]前提 4.[法律]推定: ~ marwolaeth 死亡の推定

rhagdybio t 1.前もって仮定[推定]する 2.前提[必要条件]とする

rhagddethol t 前もって選んでおく

rhagddetholus a(自動車)(ギヤが)前もって選択し噛み合せることのできる

rhagddodi t [文法]接頭辞を付ける

rhagddodiad (-iaid) m [文法]接頭辞

rhagddodiadol : rhagddodol a [文法]接頭辞の

rhagddweud : rhagddywedyd t 1.(未来などを)予想[予測]する 2.予告[予言]する 3.(天気を)予報する

rhagenw (-au) m [文法]代名詞: ~ personol 人称代名詞

rhagenwol a [文法]代名詞の

rhagfarn (-au) f 偏見, 先入観

rhagfarnllyd a 偏見を持った

rhagflaenu t 1.(時間・場所・順序の点で)先駆[先導]する, 先んずる 2.出し抜く, 機先を制する 3.(位・重要性などで)上席につく, 優先する 4.予告[前触れ, 先ぶれ, 前置き]する

rhagflaenol a 先立つ, 先行する

rhagflaenwr (-wyr) : rhagflaenydd (-ion, -wyr) m 1.先駆[先行]者 2.予想者 3.見越す人, 出し抜く人 4.先人 5.見越す人 6.先[前]触れ, 前兆 7.前任者, 先人, 先祖 8.[文法](関係詞の)先行詞

rhagflas (-au) m 1.(将来の苦楽の一端を)前もって味わうこと 2.予想, 予測 3.前触れ

rhagflasu t 1.前もって味わう 2.予想する

rhagfur (-iau) m [築城]塁[城]壁, 土塁, 堡塁, 砦

rhagfwriad (-au) m 前もって考慮[工夫, 計画]すること, 計画

rhagfwriadu t 前もって考慮[工夫, 計画]する

rhagfynegi t = **rhagddweud**

rhagfynegiad (-au) : rhagfynegiant m 予言, 予知, 予報

rhagfynegol a 1.予言[予報]する 2.前兆となる

rhagfynegydd (-ion) m 予言[予報]者

Rhagfyr m 12月

rhaglaw (-iaid, -lofiaid) m (英国植民地などの)総督,(王の代理で他国を統治する)太守

rhaglawiaeth (-au) f 総督[太守]の職[地位, 任期]

rhaglawol a 太守の

rhaglen (-ni) f 1.番組表, プログラム 2.(ラジオ・テレヴィの)放送番組: ~ gais/geisiadau rhaglenni cais/ceisiadau リクエスト番組 3.計画, 予定(表) 4.[教育]学習計画 5.[電算]プログラム

rhaglenedig a [教育](教材が)プログラム化された: dysgu ~ プログラム学習

rhaglennu t 1.番組[プログラム]を作る 2.計画する 3.[教育](プログラム学習用の)教材を作る 4.[電算]プログラムを作る

rhaglennwr : rhaglennydd (rhaglenwyr) m : **rhaglenwraig (-agedd)** f 1.(映画・ラジオなどの)番組作成者 2.[教育]プログラマー 3.[電算]プログラム作製者

rhaglith (-iau, -oedd) mf 1.(書物などの)序文, 前書き 2.(演説などの)前口上 3.(条約などの)前文 4.前兆

rhaglun (-iau) m 1.図案, 下絵, デザイン; 模様 2.設計(図), デザイン 3.[映画]予告編

rhagluniaeth f 摂理, 神意: ~ fawr y nef 神の摂理

rhagluniaethol a 神(摂理)の, 神意による

rhaglunio t (神が人を)運命づける, 予定する

rhagluniwr : rhaglunydd (rhaglunwyr) m 1.意匠図案家, デザイナー 2.設計者

rhaglyw (-iaid) m 摂政: R~ Dywysog(-ion) m 摂政皇太子

rhagnant (-nentydd) f [地理](川の)支流

rhagnodi t [医学](人に薬・療法などを)処方する

rhagnodyn (rhganodion) m [医学]処方(箋)

rhagod (-au, -ion) m : **rhagodfa (-feydd)** f 1.待ち伏せ(攻撃, 場所): gosod ~ ar gyfer rhn 人を待ち伏せする 2.(通信の)傍聴, 盗聴

rhagod t 1.(人などを)待ち伏せ(攻撃)する 2.(人・物を)途中で捕える[奪う], 横取りする

rhagodwr (-wyr) m [軍事]1.伏兵 2.迎[要]撃機

rhagofal (-on) m 用心, 警戒

rhagofalu t 用心[警戒]をする

rhagofalus a 予防[用心]の

rgagolwg (-olygon) m 1.予想, 見通し, 期待, 展望 2.[pl]見込み

rhagor m 1.[sing扱い]一層多くの量[数, 程度] 2.[pl扱い]一層多くの人[物] 3.それ以上の事[物]: ni allaf roi ~ それ以上はあげられません a 1.(数・量・程度など)もっと多い, 一層大きい, もっと多数[多量]の: ~ na deg o ddynion 10人以上の男たち 2.さらに付加した, 余分の: un yn ~ もう一つの; llawer ~ もっと多くの; ychydig yn ~ もう少し; dim ~ o gawl, diolch yn fawr 有難う, もうスープはいりません

rhagorach a 1.(位置が)上(方)の, 上部の 2.

rhagorfraint　497　**rhanadwyaeth**

（階級が）上級の, 高位の 3.（質的に）上質の, 優秀な: ~ deallusrwydd 知能優秀な人

rhagorfraint (-freiniau, -freintiau) f 1.（官職などに伴う）特権, 特典 2.（個人的な）恩恵, 恩典

rhagori t 1.（他人に）勝る, 優れる, 凌ぐ, 上回る: ~ ar rn o ran deall 知能では人に勝っている
i 優れている, 秀でる, 卓越する: ~ mewn celfyddyd 芸術に秀でている

rhagoriaeth (-au) f : **rhagoroldeb** m 優秀, 優越, 卓越, 優勢

rhagorol a 優秀な, 極上の: ~! それは素晴らしい!

rhagorsaf (-oedd) f（条約・協定によって設けられた他国内の）在外基地

rhagosod t 1.前提として述べる 2.前提［仮定］する

rhagosodiad (-au) m ［論理］前提

rhagosodol a 先行条件の

rhagras (-ys) f = **rhagbrawf**

rhagredegydd (-ion, -wyr) m 1.先駆者 2.前兆, 前触れ

rhagrith (-ion) m 偽善（的行為）, 猫かぶり

rhagrithio t 偽善を行なう, 猫をかぶる

rhagrithiol a 偽善の, 偽善（者）の

rhagrithiwr (-wyr) m : **rhagrithwraig (-aged)** f 偽善者, 猫かぶり（人）

rhagrybuddio t 1.あらかじめ警戒する 2.前もって注意［通告］する

rhagweladwy a 予言［予想, 予測］できる

rhagweladwyedd m 予測可能性

rhagweld : rhagweled t 予知する, 見越す

rhagwelediad (-au) m 先見（の明）, 見越し, 洞察

rhagweledol a 先見の明のある

rhagweledydd (-wyr) m 先見の明のある人; 予知者

rhagwth (-ion) m ［フェ］突き, ファーント

rhagwybod t 前もって知る, 予知する

rhagwybodaeth f 予知, 先見（の明）

rhagymadrodd (-ion) m（本などの）序論, 序説, 前置き

rhagymadroddol a = **rhagarweiniol**

rhagymwybod m ［心理］前意識

rhagymwybodol a ［心理］前意識の

rhai pron 1.ある人たち; 人によっては…（もある）: mae ~'n cytuno â ni a ~'n anghytuno 私たちに賛成する人もあれば賛成しない人もある 2.何人か: ~ o'm ffrindiau 私の友人の中の数人 3.ある物, 物によっては…（もある）4.多少, いくらか: mae gen i rai いくらか持っています 5.（特定の）人: ~ bach, ~ bychain 子供たち; 物; 動物
a 1.（明示を避けて）ある: ~ pobl ある人々 2.いくらか［多少, 少し］の: ~/rai dyddiau'n ôl 数

日前に 3.人［物］によっては…（もある）, 中には…（もある）: mae ~ llyfrau'n anodd eu darllen 読みづらい本もある; mae ~ pobl yn credo hynny そう考える人もいる

rhaib (rheibiau) f 1.強欲, 貪欲 2.強奪, 略奪

rhaid (rheidiau) m 1.強制,（緊急の）必要, 必須: o raid やむを得ず, 必要に迫られて; gwneud ~ yn rhinwedd やむを得ぬことを潔くする, 当然すべきことをして手柄顔をする 2.必需品, 必要物: mae'n ~ wrth gar 車は必需品です

rhaidd (rheiddiau) f ［動物］（牡鹿の）枝角

rhain pron ［指示代名詞］これらの人［物］: faint iw'r ~? これらの値段はいくらですか?

rhamant (-au) f 1.中世騎士物語: oes (f) y rhamantau 中世騎士物語の時代 2.恋愛［空想, 冒険, 伝記］小説 3.［音楽］ロマンス, 華想曲

rhamantaidd : rhamantus a 1.（物語が）ロマンティックな, 空想物語の［的な］2.（人が）空想［恋愛］に耽る 3.［しばしばR~］［文学・芸術］ロマン主義［派］の: y Mudiad Rhamantaidd ロマン主義運動（18世紀末から19世紀初頭にかけてフランス・ドイツ・イギリスに興った運動; 芸術の諸分野で天真な感情の流露を唱えた）

rhamantiaeth f ［しばしばR~］［文学・芸術］ロマン主義, ロマンティシズム

rhamantu t ロマンティック［空想的］にする［話す, 描写する］
i 誇張して話す, 作り話をする

rhamantwr (-wyr) : rhamantydd (-ion, -wyr) m : **rhamantwraig (-agedd)** f 1.誇張する作り事を話す人 2.ロマンティックな人, ロマンティスト 3.［しばしばR~］ロマン主義者

rhampen (-nod) f お転婆娘

rhan (-nau) f 1.（全体の内の）部分: mewn ~ 一部分, 幾分; y ~ fwyaf o'r trigolion 住人の大部分 2.（本などからの）抜粋, 引用章句 3.（機械などの）部品 4.（書物・詩などの）部, 編, 巻;（続き物文学作品の）分冊;（新聞などの連載物・ドラマなどの）回 5.（身体の）部分, 器官; ［通例pl］陰部: rhannau dirgel 陰部 6.（仕事などの）役目, 任務, 本分 7.関係, 関与, 関わり, 貢献, 参加, 寄与: cymryd ~ mwewn rhth 何かに加わる, 貢献する 8.（社会などの）階層: pob ~ o'r boblogaeth 住民の全ての階層 9.（利益などの）分配; 分割 10.運命 11.［文法］rhannau ymadrodd 品詞; prif rannau（動詞の変化）主要形 12.［演劇］（俳優の）役, 役割: prifran (-nau) 主題役 13.［音楽］声部, 音部

rhanadwy a 1.分けられる, 可分の 2.［数学］割り切れる

rhanadwyaeth f : **rhanadwyedd** m 1.分けられること, 可分性 2.［数学］割り切れること

rhanbarth (-au) *m* 1. (漠然とした広大な) 地域, 区域; (自然的・風土的特徴で分けられる) 地方, 地帯: y rhanbarthau Arctig 北極地方; ~ amser safonol 標準時地帯 2. [地理] (熱帯・寒帯など地球を取巻く) 帯 3. (行政・教育などの目的で区分された) 地区, 管区; 行政区; 選挙区 4. (都市の) 地区: ~ post (大都市の) 郵便区 5. (道路の) 交通規制区域: ~ parcio 駐車区域 6. (都市を特殊目的のために区分した) 地区: ~ di-fwg 煤煙規制地域

rhanbarthiaeth *f* : **rhanbartholdeb** *m* 1. 地方分権主義 2. 地方的特質 [慣習] 3. [文学] 地方主義

rhanbarthol *a* 1. 地域 [地帯] の 2. 局地的な 3. 地方 (分権) 主義 (者) の 4. [文学・芸術] 地方主義的な

rhanbarthwr (-wyr) *m* 地方 (分権) 主義者

rhandal (-iadau) *m* 1. 1回分の分割払込金, 賦払金: talu fesul ~ 分割払いをする 2. [金融] (株式などの) 配当 (金)

rhandaliad (-au) *m* 1. = **rhandal** 1: gwneud ~ 分割払いの1回分を支払う 2. 分け前 3. 割当

rhandir (-oedd) *m* (菜園などとして賃貸される公有地の) 小区画の土地 [地所], 小地面

rhandy (-dai) *m* (米) アパート

rhanedig *a* 1. 分割された; 分離した 2. (意見など) 割れた

rhanfap (-iau) *m* [地理] (地図の) 抜粋

rhangymeriad (-au) *m* [文法] 分詞

rhangymeriadol *a* [文法] 分詞の

rhaniad (-au) *m* 1. 分割: ~ llafur [経済] 分業; ~ awdurdod [政治] 権力の分立; 三権分立 2. (利益などの) 分配 3. (意見などの) 分裂, 不一致, 不和 4. (本の) 部, 章, 節 5. (枠の) 目盛 6. 仕切, 区画 7. [数学] 割算, 除法 8. [音楽] ディヴィジョン 9. [生物] (目・科・属などの) 部門 10. [植物] (分類の) 門

rhaniadwaith *m* [美術] 分割描法

rhaniadweithydd (-ion) *m* [美術] 分割主義者

rhannol *a* 一部分の, 部分的な

rhannu *t* 1. 分ける, 分割する 2. (髪の毛を) 分ける: ~'r gwallt 髪の毛を分ける 3. (食物・利益などを) 分配 [配分] する: ~'n gyfartal/deg 平等に分配する 4. 共有する 5. (苦楽・出費などを) 分担する, 共にする 6. [数学] (ある数を他の数で) 割る 7. (議会で二派に分けて賛否の決を採る: ~'r Tŷ 議会の採決に問う
i 1. 分配を受ける 2. [数学] 割算をする

rhannwr (rhanwyr) *m* : **rhanwraig (-agedd)** *f* 1. 分配 [分割, 配布, 配給, 配達] 者 2. (部屋などの) 仕切 3. [数学] 割算器

rhannydd (rhanyddion) *m* [数学] (割算の) 除数, 法; 約数

rhasgl (-au) *f* [道具] [木工] 1. なんきんがんな, 引き削りかんな 2. 石目やすり

rhasglio *t* 1. (物を) 薄く切る [削る]; (木材に) かんなをかける: ~ pren 木材にかんなをかける 2. 石目やすりをかける; 荒くこする, ガリガリ削る

rhasgliog *a* こする

rhasglion *pl* かんな [削り] 屑

rhastl (-au) *f* [農業] まぐさ柵, 飼葉入れ

rhathell (-au) *f* 1. = **rhasgl** 2 [外科] (外科用) 骨膜剥離器

rhathellu : rhathu *t* 石目やすりをかける, やすりで削る

rhathiad (-au) *m* 1. 擦り傷の炎症 [痛み] 2. やすりをかける音, ギリギリ [ガリガリ] いう音

rhaw (-iau, rhofiau) *f* 1. (雪・土・石炭などをすくう) スコップ, シャベル: ~ dân (rhawiau tân) 石炭すくい 2. [道具] 踏鋤 (通例幅広い刃の付いたシャベル状の農具で, 土を掘り返すのに用いる) 3. [トラ] スペード: galw ~ yn ~ 直言する, あからさまに言う

rhawio *t* シャベルですくう

rhawiwr (-wyr) *m* シャベルですくう人

rhawn *m* 馬の毛 (たてがみ・尾の毛; 家具などの詰め物に用いる)

rhecsyn (rhacs) *m* ぼろ服

rhech (-od) : rhechen (rhechod) *f* 屁; 放屁

rhechain : rhechan *i* 放屁する, 屁をこく

rhechwr (-wyr) *m* 1. 屁をこく人 2. くだらない [嫌な] 奴

rhedeg *t* 1. (道・コースなどを) 走る, 走って行く; (レースを) 走って行なう: ~ ras 競走する; (人と) 競走する 2. (馬などを) 走らせる; 競馬に出す: ~ ceffyl [競馬] 馬を出走させる 3. (人・馬などを) …させる: ~ nes colli'ch anadl/gwynt 走って息が切れる 4. (会社・工場・農場・店などを) 経営する 5. (自家用車などを) 運転する: ni allaf ffoddio (~/cynnal) car 私には自家用車を運転する余裕はありません 6. (指などを) 走らせる: ~ eich bysedd dros wyneb rhth 指で表面を走らせる 7. (ヘムを) ほどく 8. (物を) 密輸する 9. [文法] (動詞を) 活用 (変化) させる 10. [演劇] (フラット・枠張物を) 押出す [せり出す]
i 1. 走る, 駆ける: ~ fel cath i gythraul 猛烈に走る 2. 逃亡 [逃走] する: ~ ymaith 大急ぎで逃げ出す 3. (船が) 進む, 走る; 帆走する: ~ o flaen y gwynt 順風を受けて走る 4. (車・列車が) 走る, 進む 5. (道路などがある方向に) 通る, 延びる 6. (血・液体などが) 流れる, 濡れる, こぼれる: yr oedd ei drwyn yn ~ 彼は鼻水が出ていた 7. (血統などが) 流れる, 伝わる 8. (編物・織物が) スルスルほどける

rhedegog *a* (水など) 流れる: dŵr ~ 流水; 水道の水

rhedfa (-feydd) *f* 1. 走ること, 走り 2. 競走 3. 競

rhediad

馬 4.[機械](コンヴェヤーなどの)走路 5.[航空](飛行場の)滑走路

rhediad (-au) *m* 1.走ること, 走行 2.競走 3.競馬 4.(自動車の)走行 5.(飛行機の)滑走: ~ codi/esgyn[航空]離陸滑走距離 6.(空気などの)流れ, 流動 7.(言葉・交通・物資などの)絶え間ない流れ: siart (*f*) rediad (siartiau ~)[電算]フローチャート, 流れ図: 生産工程順序一覧表 8.(流行などの)人気 9.(道路などの)勾配, 傾斜度 10.(機械などの)運転 11.[文法](動詞の)活用, 語形変化: 活用型 12.(詩の)律動, 韻律 13.[演劇]連続公演 14.[スポ]助走: atrediad (-au) *m* (走り幅跳びの)助走 15.[クリ・野球]得点, 1点: ~ adref ホームラン, 本塁打 16.[物理・化学]エネルギーの流れ

rhediadol *a* [文法](動詞の)活用の

rhedlif (-oedd) *m* (水などの)奔流

rhedweli (-īau) *f* 動脈

rhedwr (-wyr) *m* : **rhedwraig (-agedd)** *f* 1.走る人, (競)走者 2.滑子, カーソル 3.(機械の)運転者 4.[鳥類]走禽類の鳥類 5.[魚類] ~ glas (rhedwyr gleision)西大西洋の暖海に生息するアジ科の食用魚

rhedynen (rhedyn) *f* [植物]シダ(羊歯); ワラビ(蕨)

rhedynog (-ydd) *f* 群生したシダ
a シダの(茂った); ワラビの(多い)

rhef *a* 太った, 肥満した

rhefr (-au) *m* [解剖]肛門

rheffyn (-nau) *m* 1.紐, 縄, 綱, ロープ 2.(タマネギの)ひとつなぎ, ひと下げ

rheffynnu *t* 縄[紐, 綱]で縛る

rheg (-feydd) *f* ののしりの言葉, 悪態, 毒舌

rhegen (-nod) *f* [鳥類]クイナ, 水鶏: ~ ryg : ~ yr ŷd *f* [鳥類]ハタカイナ

rhegi *i* 1.呪う 2.ののしる, 悪態をつく, 罰当たりなことを言う: tyngu a ~, ~ a rhwygo 悪口雑言する; ~ bob yn ail air, ~ fel tincer, ~ fel cath 激しく毒づく, 罵倒する

rheglyd *a* 1.呪のろいの, ののしる, 毒づく

rhegwr (-wyr) *m* : **rhegwraig (-agedd)** *f* ののしる人

rheng (-oedd) *f* 1.(真っすぐな線に並んだ人・物の)列, 並び; 整列: mynd i'ch ~ 整列する 2.階級, 等級; 地位, 身分; 高位, 高官: rhengoedd uwch y gwasanaeth sifil [行政]公務員の高官 3.[軍事](通例二列の)横列: cau'r rhengoedd (部隊の)列と列との間を詰める 4.[pl](将校と区別して)兵卒, 兵士たち: codi o'r rhengoedd 兵卒から身を起こす; 低い身分から出世する

rheibes (-au) *f* 魔女, 女魔法使い

rheibio *t* 魔法をかける

rheibiwr (-wyr) *m* 魔法使い

rheibus *a* 1.強欲[貪欲]な 2.強奪[略奪]する 3.[動物]肉食の

rheidiol *a* 必要な, なくてはならない

rheidiolaeth *f* [哲学]必然[決定, 宿命]論

rheidiolwr : rheidiolydd (-wyr) *m* [哲学]必然[決定, 宿命]論者

rheidrwydd *m* = **rhaid**: o ~ 必要があって, 必要に迫られて, 止むを得ず

rheiddiad (-au) *m* 1.(熱・光などの)放熱, 放射, 発光 2.放射[発散]物

rheiddiadur (-on) *m* 1.暖房装置, ラジエーター 2.(自動車エンジンなどの)冷却器,ラジエーター

rheiddio *i* 放射状に伸びる, 四方八方へ広がる

rheiddiol *a* 1.放射する 2.放射[輻射]状の: peiriant (-iannau) ~ *m*, motor (-au) ~ *m* [機械]星形エンジン; teiar (-s) ~ *m* [自動車]ラジアルタイヤ 3.(光・熱など)放射される

rheilen (rheiliau) *f* 1.(柵・垣根などにする)横棒; 横木 2.[鉄道]レール, 軌条: cadair (*f*) reilen (cadeiriau rheiliau)チェア(レールを枕木に固定する座鉄)

rheilffordd (-ffyrdd) *f* 鉄道(線路): ~ halio 鋼索鉄道, ケーブル鉄道[カー]; R~ Ucheldir Cymru ウェールズ高地鉄道; gorsaf (*f*) ~ (gorsafoedd rheilffyrdd)鉄道駅

rheilio *t* 1.(場所に)柵を付ける 2.(場所を)横木[手摺]で囲う

rheina *pron* [視界に入っている男性・女性を表す]それらの物[人々]: ai'ch plant chi yw'r ~? あの人達はあなたの子供ですか?; fy mhethau i yw'r ~ それらは私の物です

rheini *pron* [視界に入っていない女性を表す]それらの物[人々]
a [指示形容詞]それらの: y ~ sy'n ymddiddori yn y pethau hyn これらの事に興味を持っているそれらの人々

rheinws *m* 刑務所; 拘置所

rheiny *pron* [視界に入っていない男性を表す]それらの物[人々]

rheiol *a* 素晴らしい, 立派な

rheithfarn (-au) *f* (陪審の)評決, 答申: dwyn ~ 評決を下す; ~ trwy fwyafrif 多数決

rheithgor (-au) *m* 陪審: uchel ~ 大陪審

rheithiwr (-wyr) *m* : **rheithwraig (-agedd)** *f* 陪審員

rheithor (-iaid, -ion) *m* [英教]教区牧師[司祭]

rheithordy (-dai) *m* [英教]牧師館

rheithorol *a* 教区牧師の

rheithoriaeth *f* 1.教区牧師の職[地位, 任期] 2.[教育]校長[学長, 総長]の職[地位, 任期]

rhelyw *m* 1.残り, 残余, 残物: am y ~ その他(について)は, あとは 2.[集合的に]その他の人々[物], 残留者

rhemp *f* 1.過度, 過剰 2.[pl]やり過ぎ

rhenc (-iau) *f* 1.列, 並び 2.(座席などの)列,

rhent

段, 階, 層 3.[軍事](兵士の通例二列の) 横列

rhent (-i) *m*(土地・家屋などの) 賃貸[賃借]料, 地代, 間代: grandrent (-i) *m*, ~ tir(建物の) 地代, 借地料

rhentadwy *a* 賃貸[賃借]できる

rhentol *a* 賃貸[賃借]の

rhentu *t*(家・土地などを) 賃借[賃貸]する

rhentiwr (-wyr) *m* 1.賃借[借地, 借家]人 2.貸す人

rheol (-au) *f* 1.(行動などを規制する) 規則,規定: rheolau'r ffordd fawr(歩行者・車馬・船などの) 交通規則; rheolau'r môr[海事]海上衝突予防規則; fel ~ 概して, 一般に, 普通 2.[聖書]黄金律(キリスト山上の垂訓; cf Matt 7:12, Luke 6:31)3.常習, 習慣; 通例, 常態 4.[数学]規則, 解法: ~ y tri rhif 三の法則; 比例算, 三数法 5.[法律]命令, 規則: Rheolau'r Goruchaf Lys 最高裁判所規則

rheoladwy *a* 抑制可能な

rheolaeth (-au) *f* : **rheoliad (-au)** *m* 1.統治, 支配: dan reolaeth Prydain 英国の支配下に 2.支配[統治]力[権], 主権 3.統制, 管理, 監視, 監督, 管制: ~ ar gyfnewid[金融]為替管理; ~ o'r ddaear[航空]地上管制 4.経営, 管理 5.[集合的に]経営陣, 経営者側 6.抑制(力), 制御: ~ ar enedigaethau 産児制限 7.(機械などの)制御: ~ o bell/hirbell/bellter, pell ~ *f*[電気・通信]遠隔操作[制御], リモートコントロール

rheolaethol *a* 1.経営[管理](上)の 2.経営[管理]者の

rheolaidd *a* 1.規則正しい, 規則的な: mor ~ a chloc/deial 時計仕掛けのように規則正しい 2.一定の, 不変の; いつもの: cadw oriau ~ 規則正しい生活をする, 早寝早起きする 3.(便通・月経など)きちんとある, 正常な 4.[文法]規則変化の 5.[軍事]正規の, 常備の 6.[教会](聖職者が)修道会に属する: clerigwyr ~ 修道士, clerigaeth reolaedd *f* 修道女

rheoledig *a* 管理[統制, 支配]された

rheoleiddio *t*(機械などを) 調節[調整]する

rheolfa (-feydd) *f*(通行) 検問所, チェックポイント

rheoli *t* 1.[政治](国・国民を) 統治する 2.支配[管理, 監督]する; 統制[管制]する 3.(事業などを) 経営[管理]する 4.(激情などを) 抑制[制御]する: eich ~ch hun 自制する 5.(人を) 上手に扱う, 操縦する 6.(馬などを) 調教する 7.[文法](動詞・前置詞・目的語を) 支配する

rheoliadur (-on) *m*[医学](心臓) ペースメーカー

rheolwaith (-weithiau) *m* 1.決まりきった仕事, 日常の仕事[課程]2.[電算]手順, ルーティーン

rheolwr (-wyr) *m* : **rheolwraig (-agedd)** *f* 1.支配[統治, 主権]者 2.支配人, 経営者, マネジャー: ~ gweithredol 支配人代理 3.(官庁・学校などの) 長官; 理事 4.管理[取締り]人

rheolydd (-ion) *m* 調整装置, 調節器: ~ sain(ラジオなどの) 音量調節器

rhes (-au, -i) *f* 1.(人・車・物の連続した) 列, 並び: ~ o dai, rhestai *f* 1列に並んだ家, 家並; ~ o datws/dato 園芸ジャガイモの 列; yn (un) ~, mewn ~ 1列に; 連続的に; yn rhesi, mewn rhesi 幾列にもなって, 列をなして 2.(米) 人の列 3.流れ作業列: ~ gydosod (rhesi cydosod)(組立ての) 流れ作業列

rhesel (-i, -ydd) *f* 1.[農業]まぐさ棚 2.[しばしば複合語で](物を掛ける) …掛け[架, 台, 入れ]: ~ arfau(小火器格納用の) 銃架: ~ lyfrau (rheseli llyfrau) 書架, 本立て, 本棚 3.(列車・バスなどの) 網棚: ~ baciau/fagiau (rheseli paciau/bagiau)(列車の) 網棚

rhesen (rhesi) *f*(地色と違った細長い) 線, 縞, 筋, ストライプ

rhesennu *t* 縞で飾る; 縞を付ける

rhesinen (rhesins) *f*[植物]干しぶどう

rhesog *a* 1.(砂浜が) 畝のある, 畝立った 2.(ストッキング・コール天が) 畝のある, 畝立った 3.縞[筋]のある, 縞模様の

rhestl (-au) *f* = **rhastl, rhesel**

rhestr (-au) *f* 1.(一覧) 表, リスト; 目録; 名簿; 価格表: ~ yn nhrefn yr wyddor ABC順の一覧表; ~ aros 空席待ち名簿, キャンセル待ちの名簿; ~ (yr) eithriadau [関税] 免税品目表 2.(商品・財産などの) 目録: gwneud ~ 在庫品[財産]目録を作る

rhestrol *a* 順序を示す

rhestru *t* 1.一覧表を作る 2.(商品・財産などの) 目録を作る 3.一覧表[目録, 名簿]に記入する 4.[軍事]兵籍に入れる

rheswm (-ymau) *m* 1.理由, 動機: am y ~ hwnnw その理由で; heb reswm yn y byd, heb reswm o gwbl 全く理由なしに 2.理性, 判断力, 分別; 正気: o fewn ~ 常識の範囲内で, 穏当な: Oes (*f*) R~ 理性時代(18世紀のヨーロッパ, 特にイギリス・フランスに代表される) 啓蒙主義の時代; oed (*m*) ~ 思慮年齢(善悪の区別がつけられるようになる時期)3.道理, 理屈: gwrando ar reswm 道理に従う

rhesymeg *f* 1.論理学 2.論理, 論法 3.論理的根拠, 根本原理 4.道理, もっともな考え方 5.理詰め, 威力: degymu mintys ~ 理屈をこねる, 詭弁を弄する

rhesymegedd *m* 純理性, 合理性, 道理をわきまえていること

rhesymegol *a* 1.(人が) 理性のある, 理性的な 2.(言動が) 合理的な, 道理にかなった 3.推理[推論]の 4.純理論の, 理性[合理]主義の,

合理主義的な 5.純理論[合理主義]者の 6.論理学(上)の, 論理(上)の: positifiaeth resymegol *f*[哲学]論理実証主義 7.論理的な, 筋の通った 8.(論理上)必然[不可避]の

rhesymegwr : rhesymegydd (-wyr) *m* 論理学者, 論法家

rhesymgar *a* 1.理性のある 2.推論する, 推理の

rhesymol *a* 1.道理をわきまえた, 思慮分別のある 2.(言動など)道理に合った, 筋の通った 3.(値段など)高くない, 手頃な: pris ~ *m* 手頃な値段

rhesymolaidd *a*[哲学]合理主義[理性論]者の

rhesymoldeb : rhesymolder : rhesymolrwydd *m* 1.道理に合ったこと; 道理をわきまえていること; 穏当 2.論理性 3.論法[推理]の正確さ 4.値段が手頃であること

rhesymoledd *m* 1.純理[合理]性, 2.[通例 *pl*]合理的行動[見解]

rhesymoli *t* 1.合理的に考える[扱う, 説明する] 2.(企業・経営などを)合理化する 3.[心理](行動などを)合理[正当]化する

rhesymoliad (-au) *m* 1.(産業などの)合理化 2.合理的思考[説明]3.[心理]合理化

rhesymoliaeth *f*[哲学]理性[合理]主義, 理性論

rhesymolwr : rhesymolydd (-wyr) *m* 1.合理主義者 2.[哲学]理性論者

rhesymu *i* 1.推理[推論]する 2.説付ける, 論じる

rhesymwr (-wyr) *m* : **rhesymwraig (-agedd)** *f* 理性的に考える人, 推理[判断]する人

rhethreg *f* 1.修辞学, レトリック 2.修辞法 3.美辞麗句, 修辞的文体 4.雄弁; 雄弁術

rhethregol *a* 1.演説の 2.修辞的な 3.修辞学の 4.美辞麗句の

rhethregwr : rhethregydd (-wyr) *m* 1.修辞学者 2.修辞法に通じた人 3.雄弁家 4.修辞[美文]家

rhew (-oedd, -ogydd) *m* 1.氷: Oes y R~ [地質]氷河時代; ~ du 黒氷; 黒霜; ~ sych ドライアイス 2.霜 3.氷結, 結霜 4.アイスクリーム 5.ダイヤモンド

rhewadur (-on) *m*[物理]冷蔵機, 冷却[冷凍]装置

rhewbwynt (-iau) *m*[物理]氷点

rheweiddiad *m* 1.冷却, 冷凍 2.(食料の)冷蔵[冷凍]

rheweiddio *t* 1.冷却する 2.(食料を)冷蔵[冷凍]する

rhewiad (-au) *m* 1.冷却, 冷凍 2.(食料の)冷蔵 3.氷結, 凍結 4.氷結[厳寒]期

rhewiadol *a* 冷やす, 冷却する

rhewfryr (-iau) *m* 氷山: crib (*mf*) y ~, pigyn (*m*) y ~ 氷山の一角

rhewgaeth *a* 氷に閉ざされた

rhewgell (-oedd) *f* 冷蔵庫

rhewgist (-iau) *f* 冷凍機: llosg (*m*) ~ 冷凍焼け

rhewi *t* 1.(水などを)凍らせる 2.(人を)凍えさせる 3.ぞっとさせる 4.(人に)冷たくする, よそよそしく振舞う 5.(物価・賃金などを)凍結する: ~ prisiau 物価を凍結する 6.(資産などを)凍結する, 現金化を停止する 7.(果樹などを)霜枯れさせる 8.冷却する 9.(食料品を)冷蔵[冷凍]する

i 1.氷が張る 2.(水・水面などが)凍る, 氷結する: mae'r afon wedi ~ (drosti) 川に氷が張りつめた 3.体が凍えるように感じる, 凍える: ~ i falwolaeth 凍死する 4.(人が)よそよそしくなる, 態度が冷たくなる

rhewin (-on) *m* (農場の)排水溝

rhewlif (-au, -oedd) *m*[地質]氷河

rhewlif : rhewlifol *a* 1.氷の(ような); 氷のように冷たい 2.(態度など)冷淡な 3.氷河時代の 4.[地質]氷河の作用による; 氷河の遅い進行を思わせる: dyddodion rhewlif[地質]氷河堆積物

rhewllyd *a* 1.凍る(ような)2.(風などが)氷のように冷たい 3.凍る寒さ[酷寒]の: diwrnod ~ *m* 凍る寒さの日 4.(態度など)冷淡な 5.[副詞的に]凍るように

rhewydd (-ion) *m* 1.冷却[冷凍]剤 2.解熱剤

rhewynt (-oedd) *m* 氷のような寒風

rhi (-au, -edd, -on) *m* 王, 国王, 君主

rhiain (rhianedd) *f* 娘, 少女; 未婚の娘

rhialtwch *m* 1.祭礼, 祭典, 祝祭 2.お祭り[浮かれ]騒ぎ; 酒盛り, 宴会 3.戯れ, ふざけ 4.楽しみ, 慰み, 面白さ 5.面白いこと[物, 人]

rhiant (rhieni) *mf* 親: teulu (-oedd) (*m*) un ~ 一人親の家族

a 親の: cymdeithas (*f*) rieni ac athrawon (cymdeithasau rhieni ac athrawon)[教育]父母と教師の会, ピーティーエー

rhib *a* (ストッキング・コール天など)畝のある

rhibin (-iau) *m* = **rhesen**

rhic (-iau) *m* V字形の刻み目[切込み]

rhicio *t* 刻み目[切込み]を付ける

rhiciog *a* 1.溝のある, 溝付きの 2.[考古]溝付きの

rhicyn (-nau) *m* 刻み目, 切込み

rhidennu *t* 1.房を付ける[で飾る]2.縁を付ける, 縁取る

rhidens *pl*[織物](肩掛け・裾などの)フリンジ, 房の縁飾り, 房飾り

rhidyll (-au, -iau, -od) *m* (目の細かい・粗目の)篩

rhidylliad (-au) *m* 篩にかけること, ふるい分け

rhidyllu *t* 1.(穀物・砂利などを)篩にかける, ふ

rhidyllwr / 502 / **rhithwelediad**

るい分ける. 2.(弾丸などで船・人などを) 穴だらけにする: ~/rhidyllio rn â bwledi 人を弾丸で穴だらけにする

rhidyllwr (-wyr) *m* 1.ふるい手 2.篩

rhif (-au) *m* 1.数字; 数詞 2.(抽象概念の) 数: ~ gwastad, eilrif (-au) *m* 偶数; ~ anwastad/od, odrif (-au) *m* 奇数; ~ y gwlith 無数の 3.(人・物の) 数量, 総数 4.(人・物の) 群; [*pl*] 多数 5.(家・電話・車などの) 番地, 番号: ~ anghywir (電話の) 間違った番号 6.[文法] 数 7.[紡織] (紡績の) 番手 (糸の太さを示す)

rhifadwy *a* 数えられる

rhifadwyedd *m* 数えられること

rhifiadur (-on) *m* 1.計算者 2.計算機 3.[数学] (分数の) 分子

rhifo *t* 1.番号を付ける 2.数える, 勘定する 3.(…の中に) 数え込む, 入れる 4.(…の数に) 達する; (総数…を) 有する, 含む 5.数 [期間] を限る: mae ei ddyddiau wedi eu ~ 彼は余命いくばくもない

i 1.数を数える 2.合計 (…に) なる 3.(…の中に) 数えられる, 含まれる

rhifol *a* 数の

rhifol (-ion) : **rhifolyn (rhifolion)** *m* 数字; 数詞

rhifwr (-wyr) *m* : **rhifwraig (-agedd)** *f* 計算する人, 計算係

rhifydd (-ion) *m* [電算] 特定のイヴェントまたはプロセスが発生した回数を多くの場合クロックとの関係で保存及び表示する装置: ~ rhaglen 次に実行する命令のメモリー番地を管理するレジスター

rhifyddeg *f* 算数: ~ pen 暗算

rhifyddol *a* 算数の

rhifyddwr (-wyr) *m* : **rhifyddwraig (-agedd)** *f* 算数家

rhifyn (-nau) *m* (雑誌などの) …号: ôl-rifyn (-nau) *m* 古い号, バックナンバー

rhigod (-au) *m* 1.[歴史] 晒し台 (昔, 罪人の首と手を板の間に挟んで晒し物にした刑具) 2.汚名, 物笑い

rhigodi *t* [歴史] (罪人を) 晒し台に晒す

rhigol (-au) *f* 1.轍, 車の跡 2.(石・金属などの表面に付けた) 溝 3.(レコードなどの) 溝 4.(銃の中の) 施条, 溝 5.決まり切ったやり方, 常軌, 常道: mynd i rigol 型にはまる 6.[木工] しゃくり: ~ a thafod 実矧ぎ継ぎ, 目違い継ぎ 7.[鉱山] (砂金採集用流鉱樋に付けた) 溝

rhigoli *t* 1.(道路に) 轍を付ける 2.溝を彫る [作る] 3.[製本] (紙を) 裁つ, (本の小口を) 裁断する 4.(銃身・砲身に) 施条を付ける

rhigoliad (-au) *m* 溝彫 [切り]

rhigolog *a* 溝のある

rhigwm (-ymau) *m* 押韻詩; 韻文, 詩: ~ plant 童謡, 子守唄

rhigymu *t* 韻文 [詩] を作る

rhigymwr (-wyr) *m* : **rhigymwraig (-agedd)** *f* 1.作詩者 2.へぼ詩人

rhingyll (-iaid, -od) *m* 1.[歴史] 従士 (knight の部下として戦場に赴き, 軍役に服す代償として領主から封土を受けた下級武士) 2.(議院・法廷などの) 守衛官, 衛視 3.[軍事] 軍曹

rhimyn (-nau) *m* 1.(織物) (肩掛け・裾などの) 房飾り 2.[理髪] (婦人の額際の) 切り下げ前髪 3.(篩・円形物などの) 盛り上がった縁 [へり]

rhin (-iau) *m* [料理] (肉などの) エキス, 精剤

rhinc (-iau) *f* 歯ぎしり

rhincian *t* (歯を) きしらせる

rhinflas (-au) *m* = rhin

rhiniad (-au) *m* [生理] 1.分泌 (作用) 2.分泌物 [液]

rhinio *t* [生理] 分泌する

rhiniog (-au) *m* (ドアの) 敷居; 入口: ar y ~ 戸口で

rhinitis *m* [病理] 鼻炎

rhinwedd (-au) *mf* 1.徳, 美徳, 善 2.徳行, 善行 3.美点, 長所 4.(薬草などの) 効力, 効能: yn ~ rhth 何かの力 [お陰] で 5.[哲学・神学] (古代ギリシャ哲学の) 四元徳

rhinweddol *a* 1.有徳の, 徳の高い; 高潔な 2.有徳者ぶった

rhip (-iau) *m* 斗 [升] かき (升に盛った穀物を平らにならす棒)

rhipio *t* 斗 [升] かきでならす

rhipyn (-nau) *m* 上り坂 [傾斜]

rhisg (-au) : **rhisgl (-au)** : **rhisglyn rhisglau)** *m* (樹木の) 皮, 外皮, 樹皮

rhisglo *t* 樹皮を剥ぐ, 皮をむく

rhisom (-au) *m* [植物] 根 [地下] 茎

rhith (-iau, -oedd) *m* 1.[生物] 胎児: yn y ~ 未発達の 2.外観, 姿 3.服装: ymddangosodd yn ~ duwies, ar wedd duwies 彼女は女神の服装をして姿を見せた 4.見せかけ, うわべ: dan rith cyfeillgarwch 友情を装って 5.(幽霊・お化けなどの) 姿: ysbryd yn ~ ci 猟犬の姿をした幽霊 6.思い [勘] 違い, 錯覚; 誤解 7.幻覚 8.妄想 9.[精医] 妄想

rhithdyb (-iau) *f* 1.惑わし, 欺き 2.迷い; 思い違い 3.[精医] 妄想

rhithfawredd *m* 誇大妄想

rhithganfyddiad (-au) *m* [心理] 錯覚

rhithio *i* 現れる, 姿を見せる, 出現する

rhithiol *a* 1.[生物] 胎児の, 胚に関する 2.妄想 [錯覚] の 3.幻覚の, 幻覚を起こさせる 4.幻想説の 5.[心理] 妄想的な, 妄想性の

rhithiolaeth *f* [哲学] 幻想 [迷妄] 説

rhithiolwr (-wyr) *m* [哲学] 幻想論者

rhith-weld *i* (人が) 幻覚を起こす

rhithwelediad (-au) *m* : **rhithweledigaeth**

rhithweledol　503　**rhoi**

(-au) *f* 1.幻覚 2.妄想

rhithweledol *a* 1.幻想の 2.幻想を起こさせる

rhiw (-iau) *f* 1.小山, 丘 2.(道路の)坂道, 上り坂

rhiwbob *m* [植物] ダイオウ, 大黄(葉柄は食用, 根は薬用)

rhoch *f* : **rhochiad (-au)** *m* 1.(豚などの)ブーブー鳴く声 2.(人の)ブーブー言う声 [不平]: ~ angau 臨終喉声, 死前喘鳴(臨終の際, 喉の中で鳴ることのある音)

rochian *i* 1.(豚などが)ブーブーいう 2.(人が)ブーブー不平を言う

rhochlyd *a* ブーブー言う

rhochwr (-wyr) *m* [魚類] イサキ科の魚類の総称

rhochwr (-wyr) *m* : **rhochwraig (-agedd)** *f* ブーブー言う人, 不平家

rhod (-au) *f* 1.(車の)車輪 2.運命の車 3.(米)自動車 4.(自動車の)ハンドル 5.(船の)舵輪 6.(飛行機の)車輪 7.砥石車 8.紡ぎ [糸] 車 9.(裁縫用)トレーサー 10.(惑星などの)軌道 11.[仏教]~ bywyd 輪廻

rhod (-iau) : **rhoden (-ni)** *f* 1.(木・金属などの細くて真っすぐな)棒: rhod/rhoden gyrtans (rhodiau cyrtans) カーテン吊りの棒: rhoden reoli (rhodenni rheoli) [原子] 制御棒 2.細菌] 桿菌 3.[解剖] (網膜内の) 桿状体: rhodenni/rhodiau a chonau 桿状体と錐状体

rhodfa (-feydd) *f* 1.海浜遊歩道 2.(公園などの) 遊歩 [散歩] 道 3.(徒歩・馬車でのゆっくりした) 散歩, 遊歩, ドライヴ 4.散歩 [遊歩] 場 5.並木道 6.(劇場の)休憩用廊下 7.(教会などの)回廊 8.プロムナードコンサート, 遊歩演奏会

rhodianna : **rhodienna** *i* 1.ぶらぶら歩く, 散歩 [遊歩] する 2.放浪する 3.巡業する

rhodiannwr (rhodianwyr) : **rhodiennwr (rhodienwyr)** *m* : **rhodienwraig (-agedd)** *f* 1.ぶらぶら歩く人, 散歩 [遊歩] する人 2.遊歩演奏会の客 3.巡業者 4.放浪者

rhodiennol *a* (行楽客などが)ぶらぶら歩く, 散歩する

rhodio *i* 1.= rhodianna, rhodienna 2.(幽霊が)出る

rhodiol *a* = rhodiennol

rhodiwr (-wyr) *m* : **rhodwraig (-agedd)** *f* 1.= rhodiannwr, rhodiennwr: **rhodienwraig** 2.[演劇] 舞台をちょっと歩くだけの役の人

rhodl (-au) *f* 1.とも櫂(小舟のとも切込みにはさんで左右にもみながら動く一本の櫂)2.スカル(両手に一本ずつ持って漕ぐオール)3.(カヌー用の)櫂, パドル

rhodli *t* 1.(舟を)とも櫂で漕ぐ 2.(ボートを)スカルで漕ぐ 3.(カヌーを)櫂 [パドル] で漕ぐ
i 1.とも櫂で舟を漕ぐ 2.スカルでボートを漕ぐ 3.櫂

[パドル] でカヌーを漕ぐ

rhodlwr (-wyr) *m* 1.ボートをスカルで漕ぐ人 2.カヌーをパドルで漕ぐ人

rhodlong (-au) *f* (昔の)外輪船

rhodres *m* 1.見栄, 誇示, 虚飾 2.気取った態度, きざ 3.尊大 4.闊歩

rhodresa *i* 1.見栄を張る 2.気取る 3.威張って歩く, 闊歩する 4.ほらを吹く

rhodresgar *a* 1.自慢する 2.気取った, きざな, 見栄を張った 3.威張って歩く 4.尊大な

rhodreswr (-wyr) *m* 1.威張って歩く人 2.ほらを吹く人

rhodd (-ion) *f* 1.贈物: cyfrif dannedd march (fo) ~ [諺] (馬は歯を見れば年齢が分かるところから)贈物のあらを捜す 2.贈与, 授与: 寄付, 寄贈 3.寄進物, 寄付金: R~ Cystennin コンスタンティヌス(大帝)の寄進(状)

rhoddi *t* (人に物を)与える, 贈る, 贈呈する: 寄付 [寄贈] する

rhoddwr (-wyr) *m* : **rhoddwraig (-agedd)** *f* 1.贈与 [寄贈, 寄付] 者 2.[法律] (財産の)贈与者 3.[医学] (血液・臓器などの)提供者, ドナー

rhoi *t* 1.= **rhoddi**: ~ rhth i rn 人に物を与える: ~ a derbyn, cymryd a ~, ~ a chael eich cyfran 公平な交換をする; 互いに譲り合う, 妥協し合う; 意見を交換する; ~ gwaed 献血する 2.(人に飲食物を)出す: ~ bwyd i rn 人に食べ物を出す 3.(人に)名を付ける: ~ enw ar blentyn 子供に名を付ける 4.(人に伝言・事実・情報・挨拶・礼などを)伝える, 告げる, 述べる, 教える: ~ manylion 詳細に述べる; ~'r darlun cyflawn i rn 人に状況を十分 [徹底的] に説明する 5.(女が男に)身を許す 6.(動作・行為を)する, 行なう: ~ naid 一跳びする, ジャンプする; ~ ochenaid ため息をつく; (打撃などを)加える: ~ cic i rn 人を蹴る 7.(判決・刑などを)言い渡す 8.(人に手などを)差し出す 9.(注意・考慮などを)向ける, 払う: ~ sylw ar rth, ~ clust i rth 何かに注意する 10.(人に…)させる: ~ ar ddeall i rn fod … 人に…ということを理解させる 11.産する, 生み出す 12.(人の話などに)耳を傾ける, 傾聴する: ~ clust i rth 何かに耳を傾ける 13.(人に仕事を)与える 14.(誓言・約束などを)行なう: ~'ch gair約束をする 15.(人に)直言する, 人を叱る: ~ pryd o dafod i rn 人に直言する 16.(音・声・光などを)出す, 発する: ~'ch llais はっきり言う, 大声で叫ぶ 17.(命令・忠告などを)出す, 発する: ~ gorchmynnion 命令を出す 18.(たとえ欠点はあっても人の)認めるべき点は認める, (人を)公平に扱う: ~ ei haeddiant i rn, ~ chwarae teg i rn 人の認めるべき点は認める 19.(時間・愛情などを)傾ける, 捧げる 20.(子を)生む: ~ genedigaeth i blentyn 子を生む; (作物・製品などを)産する; (利子・収益など

RH

を)生む, もたらす;(結果などを)引き起こす **21.**(金を)投資する; 賭ける: ~ arian ar geffyl 金を馬に賭ける **22.**(人・物をある場所に)置く, 載せる **23.**入れる: ~ llefrith yn eich te 紅茶にミルクを入れる **24.**持って行く, 動かす **25.**(数量などを)評価する, 見積る, 見なす: ~ bod y boblogaeth yn ddeng mil 人口を1万人と考える **26.**(問題・議題などを)提出[提起]する **27.**(咎・責任を他人などに)帰する,(…の)せいにする: ~'r bai ar rn 責任を人のせいにする **28.**(ある状態・関係に)置く, …させる: ~'ch troed ynddi(うっかり踏み込んで)窮境に陥る; へまをする, 失敗する, どじを踏む **29.**(装置などを)取り付ける **30.**(牛馬などを)繋ぐ **31.**(動物の雄[雌]を雌[雄]に)つがわせる, かける: ~ stalwyn i gaseg 雄馬を雌馬にかける **32.**[クリ](打者に)アウトを宣する **33.**(礼拝式で会衆のために)賛美歌の)歌詞を読み上げる
i **1.**(圧力を受けて橋などが)つぶれる, 崩れる, 崩れ落ちる **2.**(板などが圧力で)曲がる, たわむ, へこむ

rhofio *t* **1.**シャベルですくう **2.**(食物などを)大量に入れる

rhôl (rholiau) *f* **1.**(紙・フィルムなどの)一巻き; lliain (llieiniau) (*m*) ~ ローラー[環状]タオル **2.**(窓のブラインドを巻付ける)軸, 巻軸 **3.**[料理]巻いた食品: ~ sosej ソーセージ入りロール; Swis-rôl (-s) *f* スイスロール(ジャム入りロールカステラ); ~ fara (rholiau bara) 巻きロールパン; ~ gig (rholiau cig) 巻き肉 **4.**[服飾](服の)襟 **5.**[行政]目録, 表; 名簿: R~ Fwstwr/Fwstro (Rholiau Mwstwr/Mwstro)(軍隊・艦船の)職員名簿 **6.**出席簿: galw'r ~(兵員・生徒などの)点呼, 出席調べ **7.**弁護士名簿: dileu enw rhn oddi ar ~ 法律弁護士を除名する **8.**円柱, 円筒 **9.**[建築](イオニア式・コリント式の柱頭などの)渦巻

rholbren (-nau, -ni) *f* (菓子製造人の)めん棒, のし棒

rholer (-i) *mf* **1.**(地ならし・粉砕・布巻・圧延などに用いる)ローラー: ~ gwasgu 圧着ローラー **2.**[機械の]ころ, ローラー: rholeri bwydo 供給ローラー

rholferyn (-nau) *m* [機械]ころ軸受, ローラーベアリング

rholiad (-au) *m* **1.**(球などの)転がり, 回転 **2.**[スポ]回転; 宙[トンボ]返り: ~ y Gorllewin [走高]ウエスタンロール **3.**[海事](船の)横揺れ **4.**[航空]横揺れ, ロール

rholian : rholio *t* **1.**(樽などを)転がす, 転がして運ぶ, 回転させる **2.**(目を)ギョロギョロさせる: rholio'ch llygaid 目をぎょろつかせる **3.**(芝生・地面などを)ローラーでならす **4.**(紙・糸・布などを)巻く, 丸める **5.**(金属などを)ローラーで伸ばす **6.**(サイコロを)転がす **7.**[料理](練り粉などを)めん棒で伸ばす: rholio toes こね

粉をめん棒で伸ばす **8.**(巻きたばこを)巻く **9.**(地図を)巻く **10.**(靴下などを)巻いては **11.**[音声]巻き舌[顫動舌]で発音する: rholio'r 'r' 巻き舌で'r'の音を発音する
i **1.**(球など)転がる **2.**(馬などが)転がる **3.**(目が)ギョロギョロ動く **4.**(ブラインドが)巻かれる **5.**(船・飛行機が)横揺れする

rholwasg (-weisg) *f* [印刷]D型シリンダーを使う銅板印刷機

rholydd (-ion) *m* [鳥類]ブッポウソウ, 仏法僧

rholyn (rholiau, rholion) *m* **1.**(紙・フィルムなどの)一巻: ~ o bapur papuro 壁紙一巻 **2.**巻きたばこ **3.**(脂肪などの)盛り上がり **4.**圧延機

rhombaidd : rhomboid *a* **1.**[幾何]偏菱形[長斜方形の] **2.**菱形の

rhomboid (-au) *m* **1.**[幾何]偏菱形, 長斜方形 **2.**[解剖]菱形筋

rhombws (rhombi, rhombysau) *m* 菱形, 斜方形

rhonc *a* **1.**全くの, 徹底的な, 鼻持ちならない, ひどい: pedantiaeth ronc *f* 鼻持ちならぬ物知り顔; bradwriaeth ronc *f* 大逆 **2.**名うて[極悪]の **3.**(植物が)繁茂した rhos (-ydd) *f* (ヒース・シダなどが茂る排水の悪い泥炭質の)荒地, 荒野(特にライチョウ (grouse) の狩猟場に用いられる): ceiliog (-od) (*m*) y rhos 雄のライチョウ; iar (-ieir) (*f*) y rhos 雌のライチョウ

rhosaddurn (-au) *m* [建築]円花飾り; ばら[車輪]窓

rhosbren (-nau) *m* [植物]シタン, 紫檀

rhosebill (-ion) *m* [機械]菊形リーマー(鉄の厚板などに穴を開ける回転菊形穂先錐)

rhoséd (rhosedau, rhosedi) *mf*: **rhosglwm (-glymau)** *m* **1.**[服飾]バラ飾り(リボンなどで作る) **2.**(リボンなどの)バラ結び

rhosffenestr (-i) *f* ばら[車輪]窓

rhosyn (-nau, rhos, rhosod, rhosys) *m* [植物]バラ(薔薇); ~ Nadolig クリスマスローズ(ヨーロッパ原産の青白い花の咲くキンポウゲ科の多年草); ~ crych *m* ハマナス(浜茄子)(中部日本以北の海岸に産するバラ科バラ属の落葉低木)

rhost (-iau) *m* [料理]焼肉: cig llo ~ 子牛の焼肉
a 焼いた, 炙った: eidion ~, biff ~ ローストビーフ

rhostio *t* **1.**(肉などを)焼く, ローストする **2.**(コーヒー・豆・栗などを)炒る, 焙じる
i **1.**(肉などが)焼かれる **2.**焼ける, 炒れる

rhostir (-oedd) *m* = rhos

rhu: rhuad (-au) *m* **1.**(人の)叫び声, 怒号; どよめき; 爆笑: rhuadau o chwerthin 大笑い **2.**(ライオン・牛などの)鳴き[吠え, 唸り]声 **3.**(海・風などの)唸るような音, 轟き **4.**(大砲の)轟, 轟音

rhuadwy *a* (ライオンなど) 吠える

rhuban (-au) *m* 1. (服飾) リボン, 飾り紐 2. (タイ) (インク) リボン: ~ incio インクリボン 3. [スポ] (髪の毛を結わえる) 紐, リボン

rhuchen (-nau, -ni) *f* 1. (目の) かすみ, 曇り 2. 薄膜, 薄皮 3. [病理] 白内障

rhuchion *pl* 1. (製粉) 糠, ふすま 2. (穀類の) 殻, 皮, さや

rhudd (-ion) *a* 赤い, 赤色の, 真っ赤の: gwaedrudd (-ion) 血のように赤い; 血染めの

rhuddell (-au) *f* 1. [印刷] 朱刷り, 朱書, 赤文字 2. [キ教] 典礼法規 (昔は朱書または朱刷りにしたが, 今はゴシック体にすることが多い)

rhuddem (-au) *mf* [鉱物・宝細] ルビー, 紅玉

rhuddin *m* (木材の) 髄, 樹芯: ~ pwdr *m*, pydredd (*m*) ~ (木材の) 芯腐れ

rhuddion *pl* = **rhuchion**

rhuddliw (-iau) *m* [化粧] (化粧用) ルージュ, 口紅

rhuddo *t* 1. (物の表面を) 焼く, 焦がす 2. (日照り・太陽などが草木を) 枯らす, 萎びさす
i 赤くなる

rhuddos *m* [植物] キンセンカ

rhuddygl *m* : **rhuddyglen (rhuddygl)** *f* [植物] ハツカダイコン二十日大根, ラディッシュ: marchruddygl *m*, rhuddygl poeth *m* セイヨウワサビ

Rhufain *f* [地名] ローマ (Rome) (イタリアの首都)

Rhufeinig *a* 1. ローマ (人) の; 古代ローマ (人) の: rhifolyn (rhifolion) ~ *m* ローマ数字; yr Ymerodraeth Rufeinig ローマ帝国 2. (ローマ) カトリック教会の: Cathorigiaeth ~ *f* (ローマ) カトリック教; ローマカトリック教会の教義 [儀式, 慣習] 3. (鼻が) 鼻梁の高い: trwyn (-au) ~ *m* ローマ鼻, 段鼻 4. [建築] (アーチが) 半円形の 5. [活字] ローマ字 (体) の, ローマン (体) の

Rhufeiniwr (-wyr) *m* : **Rhufeiniad (-iaid)** *mf* : **Rhufeines (-au)** : **Rhufeinwraig (-agedd)** *f* 1. ローマ人 2. 古代ローマ人

rhugl *a* 1. (弁舌など) 流暢な, 能弁な 2. (文などが) 流れるような

rhuglen (-ni) *f* 1. (おもちゃの) ガラガラ 2. [動物] (ガラガラヘビの尾の) ガラガラ音を出す器官

rhuglgroen (-grwyn) *m* 1. (カラスを脅す) ガラガラ鳴る器具 2. ガラガラ袋 (おもちゃの一種)

rhugliad (-au) *m* 1. ガラガラ [ガタガタ] (という) 騒音 2. [病理] (肺の) 捻髪音 (水泡音の一種) 3. (ヴァイオリン・足などの) こする [きしる] 音

rhuglo *t* 1. (鎖・鍵などを) ガラガラ [ガタガタ, カタカタ, カチカチ] いわせる [鳴らす] 2. (付着物を鋭いザラザラした物で) こすり落す: ~'ch esgidiau (靴の泥落しで) 靴の泥をこすり落とす
i 1. (車が) ガタガタ音を立てて走る; (人が車を) ガタガタいわせて走る 2. こする, 擦れる 3. 足を擦る 4. (弦楽器を) 掻き鳴らす

rhuglwr (-wyr) *m* 足を擦る人

rhumen (-au) *f* [解剖・動物] 腹, 腹部

rhumenol *a* [医学] 腹部の

rhuo *t* (命令・反対などを) 大声で言う [怒鳴る, 叫ぶ], 怒鳴り声で言う: ~ cân 怒鳴るように歌を歌う
i 1. (人が) 怒鳴る, わめく, 叫ぶ; 泣きわめく; 大笑いする: ~ gan boen 苦痛で唸る; ~ chwerthin 大笑いする 2. (牛・ライオンなどが) 吠える 3. (海・雷・火などが) ゴーゴーいう [鳴る], 轟く, 唸る 4. (車などが) 大きな音を立てて行く: rhuodd car heibio 自動車が大きな音を立てて行った

rhuog *a* (ライオンが) 吠える

rhus (-oedd) *m* (馬が) 驚いて急に飛び退く [後ずさりする] こと

rhusiad (-au) *m* (馬が驚いての) 飛び [跳ね] 上がり

rhusio *t* 1. (馬を) びっくりさせる, 飛び上がらせる 2. (人を) 混乱 [慌て] させる, 面食らわせる
i (馬が) 驚いて飛び退く [後ずさりする]

rhuslyd *a* 1. (馬が) 驚きやすい 2. 混乱 [困惑] した

rhuthr (-adau) *m* 1. 突進, 猛進 2. (新金山などへの) 殺到, ラッシュ: ~ am aur 金鉱地への殺到 3. [ラグ] ボールを持って突進すること

rhuthrad (-au) *m* = **rhuthr**

rhuthro *t* 1. 急がせる, せき立てる 2. (仕事などを) 大急ぎでする 3. 突進させる 4. 突撃する 5. 障害物などを突破する, 大急ぎで越える: ~'n fyrbwyll 軽率に行動する, 焦り過ぎる
i 1. 突進する: ~ o gwmpas, ~ oddi amgylch 暴れ回る 2. 急ぐ 3. 軽率にやる 4. 急襲する

rhuthrol *a* 1. 突進する 2. 大急ぎの, 慌ただしい

rhuthrwr (-wyr) *m* 1. 仕事の早い人; 猪突猛進する人 2. (金鉱・新開地へ) 殺到する人

rhüwr (rhuwyr) *m* 唸る人

rhwb (-iadau, -iau) *m* こすること, 摩擦

rhwbiad (-au) *m* 1. こすること, 摩擦: rhoi ~ i rth 物をこする; ~ pres 墓標を拓本に取ること; 墓像の拓本 2. [医学] (皮膚を刺激するための) 体の摩擦; (特に) 頭皮摩擦 [マッサージ] 3. 擦り傷 (の痛み) 4. 苛立ち

rhwbian : rhwbio *t* 1. こする, 摩擦する; こすって磨く [暖める] 2. (皮膚などを) 擦り剥く 3. こすって (…に) する: rhwbio rhth yn sych 物をこすって乾かす 4. (ローションなどを) 摺り込む: ~ oel i groen rhn オイルを皮膚に摺り込む 5. (人を) 苛立たせる, 怒らせる 6. (碑銘などの) 拓本を取る: rhwbio arysgrif 碑銘の拓本を取る
i 1. 擦れる, 摩擦する 2. [ロボ] (ローンボウリング

rhwbiwr (-wyr) *m* 消しゴム

rhwchian *i* = rhochian

rhwd *m* (金属の) さび: tomen (*f*) o rwd オンボロ車; lliw ~ 赤さび色の

rhwng *prep* 1. [位置] …の間に [の, で, を]: ~ dau gae 二つの畑の間に; darllen ~ y llinellau 行間を読む, 言外の意味を読み取る; ~ yr actau [演劇] 幕間に 2. [期間] …の間に 3. [区別・選択] …の間で [のどちらかを]: ~ y ddau どっちつかずで

rhwnen : rhwningen (rhwning) *f* [植物] セイヨウナシ, 西洋梨

rhwth *a* (穴など) 大きく開いている

rhwyd (-au, -i) *f* 1. 漁業 (魚を捕らえる) 網: treillrwyd (-au, -i) *f* トロール [底引き] 網 2. [狩猟] (鳥・動物などを捕らえる) 罠, 網

rhwydbel *f* [スポ] ネットボール (1895年イングランドで生まれた)

rhwyden (-nau, -ni) *f* 1. [解剖] (大) 網膜: ~ wallt (rhwydenni gwallt) ヘアネット, 頭髪用の網 2. [獣医] 反芻動物の第2胃

rhwydo *t* 1. (漁業・狩猟) (魚・鳥・動物などを) 網 [罠] で捕える; (川などに) 網を仕掛ける, 網を打つ 2. (果樹を) 網で覆う 3. [スポ] (テニスなどで) ボールを [ネットにかける] *i* 1. 網を編むる 2. (テニスなどで) 打球をネットする

rhwydwaith (-weithiau) *m* 1. 網細工, 網織物 2. [解剖] 網状 [細網] 組織 3. [ラジオ・テレ] 放送網, ネットワーク

rhwydweithio *t* 1. 網の目のように配置する 2. ネットワークを通じて放送する

rhwydwr (-wyr) *m* 鳥・動物のために罠の用意をする人

rhwydd *a* 1. (談話・文体など) 堅苦しくない 2. (気分・態度など) くつろいだ, ゆったりした: arddull rwydd *f* ゆったりとした態度 3. (人が) 流暢 [能弁] な 4. (言葉が) 流暢な, スラスラと出る 5. (衣類など) 緩やか [楽] な 6. (動き・速度など) 緩やか [なだらか] な: symudiad ~ 緩慢な動き 7. 容易 [平易] な, 易しい: gwneud arian yn ~ 楽に金を儲ける 8. (人が) 寛大な, 甘い 9. (相手にするのに) 御しやすい 10. 妨げられ [邪魔され] ない

rhwyddhad *m* 容易にすること, 便利化

rhwyddhaol *a* 容易にする, 促進する

rhwyddhau *t* (物事が交渉計画解決などを) 容易 [楽] にする, 促進 [助長] する

rhwyddhäwr (rhwyddhawyr) *m* (物事の進行などを) 促進 [容易に] する人, (仕事・工事などの) 促進係

rhwyddineb *m* 1. (容易に学び行なう) 才能, 腕前 2. (物事をする) 容易 [平易] さ 3. (弁舌の) 流暢さ

rhwyf (-au) *f* オール, 櫂, 櫓: tynnu'r rhwyfau 熱心に櫂を漕ぐ, 力漕する; pâl (*f*) ~ (palau rhwyfau) オールの水掻き; codwch rhwyfau! [海事] [号令として] 漕ぎ方用意 [休め]!; (カヌー用の) パドル

rhwyflong (-au) *f* [海事] ガレー船 (中世に主として地中海で用いられた帆と多数のオールを有する単甲板の大型船で, 奴隷や囚人に漕がせた)

rhwyfo *t* 1. オール [パドル] で漕ぐ: ~'ch cwch eich hun 独立独歩する, 腕一本で世を渡る 2. (ボートを) 漕ぐ 3. (ボートレースに) 参加する: ~ mewn ras ボートレースに出る *i* 船を漕ぐ

rhwyfus *a* (子供が) 落着きのない, じっとしていない

rhwyfwr (-wyr) *m* 1. カヌーを漕ぐ人 2. ボートを漕ぐ人: mae'n ~ da 彼は優秀な漕ぎ手です

rhwyg (-au, -iadau) *f* 1. (衣服などの) 裂け目, ほころび 2. (交渉などの) 決裂 3. (友好関係などの) 仲違い, 不和, 断絶 4. (団体の) 分離, 分裂 5. [病理] (器官・血管などの) 破裂, 断裂 6. [キ教] (教会・宗派の) 分裂, 分立

rhwygiad (-au) *m* 1. (衣服などの) 裂け目, ほころび 2. (潰瘍の) 穴

rhwygo *t* 1. 裂く, 引き裂く [ちぎる]: ~ rhth i'w agor, ~ rhth yn agored 物を裂いて開く; ~ rhth yn ddarnau/gareiau 物をズタズタに引き裂く; ~ rhth yn ei hanner 物を二つに引き裂く 2. 裂いて (穴などを) 開ける 3. はぎ [裂き] 取る 4. (悲嘆・憤激の余り) (頭髪を) かきむしる; (衣服を) 引きちぎる: ~'ch dillad (着ている) 服を引きちぎる 5. (団体などを) 分裂させる 6. (交友関係などを) 断絶 [決裂, 仲違い] させる 7. (血管などを) 破る, 破裂させる *i* 1. (紙・衣服などが) 破れる, 裂ける, ほころびる 2. (血管などが) 破れる, 裂ける, 破裂する

rhwygol *a* 引き裂く: calonrwygol 胸の張り裂けるような

rhwyll (-au) *f* : rhwyllyn (rhwyllau) *m* 1. ボタン穴 2. 格子 3. [解剖] 網状 [細網] 組織

rhwyllen (-ni) *f* 1. (綿・絹などの) 薄織; 紗, 絽 2. ガーゼ

rhwyllo *t* 1. (窓などに) 格子を付ける 2. 格子模様にする

rhwyllog *a* 格子作りの, 格子を付けた

rhwyllwaith *m* 1. 格子細工 2. 格子垣 [柵] 3. 格子垣のアーチ [東屋] 4. [建築] 雷文, 万字つなぎ, さや形

rhwym (-au) : rhwymyn (-nau) *m* 1. 縛る [束ねる] 物; 糸, 紐; 包帯 2. [医学] (胸部・腹部などの) バンド, 腹帯 3. [建築] (屋根・橋などの) トラス [桁構え] の繋

rhwym *a* 1. 縛られた; 束縛 [拘束] された 2. (…する) 義務があって, 確かに (…する) はずで; mae hi'n o ddod 彼女はきっと来る 3. 便秘した 4. [言語] 拘束形の: ffurf rwym (ffurfiau ~)

拘束形式

rhwymedig *a* 1.縛られた; 束縛[拘束]された 2.接着剤で張り合わせた 3.装丁[製本]した: llyfr ~ 装丁本 4.接着剤で張り合わせた 5.沈滞した

rhwymedigaeth (-au) *f* 1.義務, 責務 2.義理, 恩義: dan ~ i rn 人に義理[義務]がある 3.[商業・金融][通例*pl*]負債, 債務 4.[法律]債務

rhwymedd : rhwymdra *m* [医学]便秘

rhwymfa (-feydd) *f* 製本所

rhwymiad (-au) *m* 製本, 装丁

rhwymo *t* 1.(物・人を)紐[帯]で縛る, 結び付ける, 束ねる: ~ carcharor 捕虜を縛り付ける; ~ ysgub 穀物を束ねる 2.(傷などに)包帯する: ~ anaf 傷口に包帯する 3.(頭・腰などにリボン・バンドなどを)巻付ける 4.(衣服・絨毯などに)縁取りをする 5.[料理](料理の前に)鳥の翼[足]を胴体に括り付ける: ~ rhn draed a dwylo 人の両腕を鶏のように脇腹に縛り付ける 6.束縛[拘束]する 7.接着[結合]させる 8.(本を)装丁する 9.(石・煉瓦などを)繋ぐ, 組積みする 10.(法律・道徳上の)義務を負わせる 11.[医学]便秘させる 12.[金融](資本などを)固定させる 13.[化学](化合物中で原子を)結合させる 14.[医学]収斂[収縮]させる

rhwymol *a* [医学]1.収斂性の 2.縛る, くくる, 結束用の 3.便秘させる

rhwymwr (-wyr) *m* 1.縛る[束ねる, くくる, 結び付ける]人 2.製本屋

rhwymyn (-nau, rhwymau) *m* 1.紐, 縄; バンド, 帯 2.束縛, 拘束 3.[医学]包帯, 包布 4.[しばしば*pl*]縁, 絆, しがらみ: rhwymau teuluol 家族の絆; rhwymau glân briodas 神聖な結婚の絆

rhwymynnu *t* 1.包帯する 2.(布などで)包む, くるむ

rhwysg (-au) *m* 1.華麗, 壮観 2.誇示, 虚飾, 虚栄, 見せびらかし 3.華美な行列, 盛儀: ~ a rhodres 盛儀盛宴

rhwysgfawr *a* 1.(態度など)もったいぶった, 尊大な 2.(言語・文体など)気取った, 大袈裟な 3.見栄を張る, これ見よがしの 4.華美[壮麗, 華やか]な, けばけばしい

rhwysgfawredd *m* 1.見栄, 誇示 2.派手, 華美

rhwystr (-au) *m* 1.障害, 妨害, 邪魔, 支障: heb rwystr, yn ddirwystr 何の障害もなく 2.障害[妨害]物, 足手まとい: ras (*f*) rwystrau (rasys rhwystrau)障害物競走

rhwystrad (-au) *m* 1.妨害, 障害, 阻害 2.防止, 予防; 予防法[策]

rhwystradwy *a* 予防できる, 妨げられる

rhwystriant (-iannau) *m* [電気]インピーダンス

rhwystro *t* 1.(運動・流通・交通などを)妨げる, 邪魔する: ~ trafnidiaeth 交通を妨げる 2.(入口・道路などに)障害物を置く 3.(光・道などを)遮る: ~ rhn rhag gweld 人の眺めを遮る 4.予防する 5.[議会](議事の)進行を妨害する

rhwystrol *a* 1.妨げる, 妨害する, 邪魔になる 2.予防の, 予防[防止]の

rhwystroldeb *m* 予防性

rhwystrwr (-wyr) *m* : **rhwystrwraig (-agedd)** *f* 1.予防[防止]者 2.妨害者, 邪魔者

rhy *ad* [形容詞・副詞の前に置いて]余りに, 非常に, …過ぎる: ~ ofalus 非常に用心して; gwaith ~ anodd 余りにも困難な仕事; mae'r gwaith yn anodd i mi その仕事は私には手に負えない

rhybed (-i, -ion) *m* リヴェット, 鋲: gosod/gyrru ~ pwno/ffusto ~ リヴェットを打ち込む

rhybedio : rhybedu *t* リヴェットで留める

rhybedog *a* リヴェットで留めた

rhybedwr (-wyr) *m* 1.リヴェット工 2.リヴェット締め機

rhybudd (-ion) *m* 1.警告, 警報, 予告, 注意: heb rybudd, yn ddirybudd 予告[警告]なしに; ~ storm 強風警報; ~ rhag perygl 危険警告 2.掲示, 張り紙, ビラ 3.説諭, 訓戒

rhybuddio *t* 1.警告[注意]する: ~ rhn o berygl, rhag perygl 人に危険があると注意する 2.戒める, 忠告する

rhybuddiol *a* 1.警告[警戒]の 2.説諭[訓戒, 忠告]の

rhybuddiwr (-wyr) *m* 1.警告者 2.訓戒者

rhych (-au) *m/f* 1.(並行して並んだ)細い溝, 筋, 縞, 線 2.[農業](鋤で耕された畝と畝の間の)溝, 筋, あぜ溝 3.筋付け, 筋入り 4.筋具合 5.(溝のような)細長い窪み 6.(顔の)深い皺 7.[解剖]線, 線条 8.(船の通った)跡, 航跡 9.(鉄板などの)波形 10.[建築](柱の)縦溝, 溝彫 11.[地質]氷河擦痕

rhychedig *a* 並行に走る溝[筋, 線条]のある, 縞の

rhychiad (-au) *m* 1.溝[筋]付け 2.細溝

rhychog *a* 1.溝のある, あぜ溝の寄った[多い]: wyneb ~ 深い皺の寄った顔 3.(衣服の)丸溝襞の 4.波形の: hoelen ~ [木工]波釘; haearn ~ 波形鉄板, なまこ板, 波板 5.(柱など)縦溝彫の

rhychor (-ion) *m* あぜ溝を作る[畑を鋤く]人

rhychu *t* 1.溝[筋]を作る[彫る, 付ける] 2.(金属板などに)波形を付ける 3.(額などに)皺を寄せる 4.(船が波を)切って進む, 波を切って(海などを)行く: ~'r moroedd 波を切って海を航行する

rhychwant (-au) *m* 1.スパン(親指と小指を張った長さ; 約9インチ, 23cm) 2.短い期間; (注意などが及ぶ)時間: ~ sylw 注意力が持続す

rhychwantu *t* 1.指寸法で計[測]る 2.(橋などが川などに)架かる;(川などに橋などを)架ける 3.(時間的に)わたる, 及ぶ 4.(記憶・想像などが)及ぶ, 広がる

rhyd (-au, -iau) *f*(川・湖水などの徒歩・車馬などで渡れる)浅瀬

rhydadwy *a* 1.(川など)歩いて渡れる 2.錆びやすい

rhydio *t*(川などを)歩いて渡る

rhydlyd *a* 1.錆びた 2.(使用しないため性能など)鈍く[下手に]なって: ~ yw fy Ffrangeg i 私のフランス語は錆び付いた

rhydu *t* 1.錆び[腐食]させる 2.(使用せずに)鈍らせる, 駄目にする
i 1.(金属などが)錆びる, 腐食する 2.(使用しないため)鈍る, 役に立たない

rhydweli (-ïau) *f*[解剖]動脈

rhydwythiad (-au) *m* 1.[化学]還元 2.[論理]還元(法): ~ i'r afresymol 帰謬法, 背理法, 間接証明法; 議論倒れ

rhydwythiaeth *f*[哲学・論理]還元主義

rhydwytho *t&i*[化学](化合物を)還元[分解]する

rhydwythwr : rhydwythydd (-wyr) *m* [哲学・論理]還元主義者

rhydylliad (-au) *m* 1.穴を開けること, 穿孔, 貫通 2.[通例*pl*]打ち抜き穴; ミシン目, 切取点線

rhydyllog *a* 穴の開いた, 貫通された

rhydyllu *t* 1.穴を開ける 2.(錐などで)貫く, 貫通する 3.(紙に)ミシン目を入れる

rhydyllwr (-wyr) *m* 1.穴を開ける人 2.穴開け[打ち抜き]器; 切符切り鋏

rhydd (-ion) *a* 1.(肉体的に)締まりのない: corffyn ~ 締まりのない体; (筋肉の)弛んだ 2.結んでない, 解けた, 離れている: gorchudd (-ion) *m* 椅子・ソファーなどの取り外しのできるカヴァー 3.(髪・書類など)束ねて[綴じて]ない 4.包装していない, 入れ物に入っていない, ばらの: te ~ ばらの紅茶 5.抑制力[節度, 遠慮]のない: tafod ~ *m* 軽い口, おしゃべり 6.(言葉・考えなど)不正確な;(文体など)散漫[杜撰]な: cyfieithiad (-au) ~ *m* 不正確な翻訳 7.(窓・戸・歯・釘など)堅くはまっていない, 緩い, ガタガタ[グラグラ]の: dant ~ *m* グラグラする歯 8.(ロープ・紐・手綱など)ピンと張っていない, 緩んだ, たるんだ 9.自由な, 束縛のない: y Ffrancwyr Rhyddion 自由フランス人; llaw rydd *f* 自由行動[裁量]権; tafarn ~ (tafarnau rhyddion)(特定のビールではなく数種のビールを販売する)フリーハウス, 独立居酒屋[パブ]; gwers rydd (gwersi rhyddion)(学校の)自由時間 10.(仕事などから)解放されて, 暇で: diwrnod ~ *m* あいている日; a ydych chi'n ~? あなたは暇ですか? 11.(畜舎が)家畜が自由

に動ける: stal rydd (staliau rhyddion) *f* 放し飼い馬屋 12.無料の: mynediad ~ *m* 無料で利用[出入り]すること 13.(物・場所など)空いている, 使用されていない 14.(因習・伝統・権威などに)とらわれない, 自主的[自発的]な, 自由意志による: gweithredwr ~ (gweithredwyr rhyddion) *m* 自主的行動者 15.[経済](経済取引が)自由制の, 参加の自由な: masnach rydd *f* 自由貿易 16.(政治上の)自由を有する: pleidlais rydd (pleidleisiau ~) *f*[政治](党規に拘束されない)自由投票; menter rydd *f* 自由企業(体制) 17.[精分]自由[自発的]な: rhyddgysylltiad *m* 自由連想(法) 18.[医学]痰が楽に出る: peswch ~ *m* 痰の切れる咳 19.(腸が)緩んだ, 下痢の: rhyddni *m* 下痢 20.[電気]接触[差込み]が不良の: cysylltiad (-au) ~ *m* 接触不良, 差込不具合 21.[電信・電話]使用されていない: llinell rydd (llinellau rhyddion) *f* 空き線 22.[化学]遊離した, 化合していない 23.[農業][植物・病理] penddu ~ *m* 裸黒穂病 24.非国教派の: Eglwys Rydd (Eglwysi Rhyddion) *f* 非国教派教会 25.[スポ](ボールが)選手の手から離れている: pêl rydd *f* こぼれ球(サッカー・ラグビー・バスケットボールなどで両チームの誰もが保持していないボール) 26.[クリ]隙[欠点]のある

rhydd-ddaliad (-au) *m* 1.(不動産または官職の)自由保有権(世襲として, または終身権として保有できる) 2.自由保有不動産[官職]

rhydd-ddaliadol *a* 自由保有権の[で保有した]

rhydd-ddeiliad (~-ddeiliaid) *mf* 自由保有権[不動産]保有者

rhyddfarn (-au) *f* : **rhyddfarniad (-au)** *m* [法律]無罪, 放免

rhyddfarnu *t*[法律]無罪に[放免]する

rhyddfraint (-freiniau, -freintiau) *f* 1.(市民に与えられる)権利, 特権 2.参政[選挙]権賦与 3.(奴隷の)解放

rhyddfreiniad *m* 1.(社会的・政治的・法律的制約からの)解放 2.(迷信などからの)離脱, 解放

rhyddfreinio *t* 1.(社会的・政治的・法律的制約から)解放[自由に]する 2.(奴隷などを)解放する 3.[政治]参政[選挙]権を与える

rhyddfreiniol *a* 解放の

rhyddfrydedd *m*(人の意見を)容れる雅量

rhyddfrydiaeth *f*[政治・経済]自由主義

rhyddfrydig *a* 1.気前のよい, ケチケチしない 2.自由主義的な

rhyddfrydigrwydd *m* = **rhyddfrydedd**

Rhyddfrydol *a*[政治](英国・カナダの)自由党の: y Blaid R~(英国の)自由党

rhyddfrydolwr (-wyr) *m*(政治・宗教上の)自由主義者

Rhyddfrydwr (-wyr) *m* : **Rhyddfrydwraig (-agedd)** *f* [政治] (英国・カナダの) 自由党員

rhyddfynegiant *m* 自由な表現

rhyddhad *m* 1.解放, 釈放: ~ merched 女性解放; Diwinyddiaeth (*f*) R~ 解放の神学 2.解放運動: mudiad (*m*) ~ merched 女性解放運動 3.(映画の) 封切;(本・レコードなどの) 発売 4.[商業] 発表 [公開] 物 5.(ガスなどの) 放出 6.(爆弾などの) 投下 7.(債務の) 免除 8.除隊; 解職, 解雇 9.[法律](囚人の) 釈放;(罪の) 放免: ~ amodol 条件付き釈放

rhyddhaol *a* 1.解放する, 自由に解き放つ 2.便通を促進する

rhyddhau *t* 1.(人・動物などを) 解放する, 自由にする 2.(仕事・義務・約束などから) 解放 [解除, 免除] する: ~ rhn o'i addewid 人の約束を解除する 3.(病人を) 退院させる: ~ claf 患者を退院させる 4.(軍人を) 解任する 5.(映画・レコード・本などを) 封切 [発売] する 6.[金融](資本を) 解放する: ~ cyfalaf 資本を解放する 7.(ブレーキ・留金などを) はずす 8.[化学](ガスなどを) 遊離させる: ~ nwy ガスを遊離させる

rhyddhäwr (rhyddhawyr) *m* 1.解放 [釈放] 者 2.(映画・レコード・本などの) 封切する人, 発売者 3.放気 [緩め] 装置

rhyddiaeth *f* 散文 (体): ysgrifennwr (ysgrifenwyr) (*m*) ~ 散文作家

rhyddid *m* 1.(束縛・従属・支配などからの) 自由 2.(行動の) 自由 3.(政治的・経済的・社会的権利としての) 自由: ~ cydwybod 信教の自由; ~ y wasg 出版の自由; Cerflun (*m*) Rh~ 自由の女神像 4.(会話・文体などの) 自由 5.権利, 特権: ~ y moroedd [国際法] 公海の自由航行権

rhyddieithol *a* 散文 (体) の

rhyddieithwr (-wyr) *m* : **rhyddieithwraig (-agedd)** *f* 散文家

rhyddni *m* [病理] 下痢

rhyfedd *a* 1.奇妙 [変, 風変わり] な: un ~ ydyw 彼はおかしな [変な] 男だ; teimlo'n ~ 勝手が違う, 妙な感じがする 2.気分が悪い, 目眩がする 3.不思議 [奇異] な: ~ yw dweud … 不思議な話だが 4.奇怪 [異様] な 5.信じられない

rhyfeddnod (-au) *m* 感嘆符

rhyfeddod (-au) *m* 1.驚くべき [不思議な] 事 [物, 人]; 奇跡; 奇観: ~ naw niwrnod, ~ byrhoedlog (一時世間の注目を集めても) すぐに忘れられる物事 (噂・醜聞など); saith ~ byd 世界の七不思議 2.見知らぬこと, 未知; 不慣れ 3.驚き, 驚異, 驚嘆 4.驚嘆すべき [非凡な] 人: mae hi'n ~/rhyfeddol 彼女は驚嘆すべき種だ; ~ Periw [植物] オシロイバナ 5.驚きの種 [的]

rhyfeddol *a* 1.驚くべき, 不思議 [意外] な 2.素晴らしい, 素敵な

rhyfeddu *t* 1.びっくり (仰天) させる 2.(…とは) 不思議に思う, 驚く
i 驚く, 不思議に思う: nid wyf yn ~ ato それは不思議でも何でもない

rhyfeddwch *m* 1.風変わりなこと [振舞] 2.気分の悪いこと, 不快

rhyfeddwr (wyr) *m* 驚嘆者

rhyfel (-oedd) *m* 1.戦争: mewn ~ 戦争 [交戦] 中で; ~ diarbed/diymatal 総力戦; Rhyfeloedd y Rhosynnau [英史] バラ戦争 (1455-85); yr Ail Ryfel Byd 第二次世界大戦 (1939-45) 2.(対立する力の) 争い, 戦い, 闘争: ~ nerfau 神経戦; ~ dosbarth/dosbarthiadau 階級闘争; ~ prisiau [商業] 価格戦争 (値下げ競争)

rhyfela *i* 戦争する, 戦う, 争う

rhyfelgan (-au) *f* 軍歌

rhyfelgar *a* 1.戦争の 2.交戦中の 3.好戦的な 4.戦士のような, 武勇の

rhyfelgarwch *m* 好戦的なこと, 好戦性

rhyfelgi (-gwn) *m* 戦争挑発者, 主戦論者

rhyfelgri (-iau, -ïoedd) *mf* 鬨の声; [英史] (もとはスコットランド高地の氏族が危急の場合に用いた) 集合の叫び

rhyfelgyrch (-oedd) *mf* (一連の) 会戦, 戦役

rhyfelwr (-wyr) *m* 軍人, 戦士, 武士, 勇士

rhyfelwrol *a* = rhyfelgar

rhyferthwy *m* 1.大嵐, 暴風雨 [雪] 2.大騒動

rhyfon *pl* 小粒の種なし干しぶどう (料理用)

rhyfwydden (rhyfwydd) *f* [植物] スグリブッシュ (ユキノシタ科スグリ属の各種の落葉低木; クロフサスグリ, アカフサスグリなど)

rhyfyg *m* 1.向こう見ず, 無分別, 軽卒 2.横柄, 尊大, 傲慢

rhyfygu *t* 思い切って [敢えて, 大胆に] …する: ~ gwneud rhth 思い切って何かをする
i 差し出る, 差し出がましく振舞う, 図々しく言う

rhyfygus *a* 1.向こう見ず [無分別, 無謀] な 2.無遠慮 [生意気, 横柄] な

rhyg *m* [植物] ライムギ (北欧では黒パンと ウイスキーの原料; 英国では主に家畜の飼料): bara (*m*) ~ (ライムギ製の) ライムギ [黒] パン

rhygnu *t* (耳・神経 などに) 障る
i 1.(ドアなどが) きしる, 擦れてキーキー [ギーギー] いう 2.同じことを繰返す

rhygwellt *m* [植物] ライグラス (イネ科ドクムギ属の一年草または多年草で, 芝生・馬草用)

rhygyng : **rhygyngiad** *m* [馬術] アンブル

rhygyngfarch (-feirch) *m* アンブルで歩く馬

rhygyngog *a* [馬術] (馬が) アンブルで歩く, 側対歩の

rhygyngu *i* [馬術] (馬が) アンブルで歩く

rhyngfynyddig *a* [地理] 山間の, 山に挟まれた

rhyng-genedlaetholwr (-wyr) *m* :
rhyng-genedlaethwraig (-agedd) *f*
1.国際主義者 2.国際法学者

rhyngles *m* [裁縫] (糸の) より合わせ, 織り交ぜ

rhynglesio *t* [裁縫] (糸を) より合わせる, 織り交ぜる

rhyngosod *t* (本などの原文を) 改ざんする

rhyngosodedig *a* 改ざんした

rhyngosodiad (-au) *m* (疑わしい語句などの) 書き入れ, 改ざん

rhyngosodol *a* 補間法の

rhyngosodwr (-wyr) *m* 1.改ざん者 2.補間器

rhyngu bodd *t* (人を) 喜ばす, 楽しませる, 満足させる

rhyngweithiad (-au) *m* 相互作用 [影響]

rhyngweithio *t* 相互に作用する

rhyngweithiol *a* 相互作用の

rhyngwladol *a* 1.国際 (上, 間) の 2.国際的な, 万国の: cyfraith ryngwladol *f* 国際法; uned ryngwladol (unedau ~) *f* 国際単位

rhyngwladoldeb *m* 1.国際主義 2.国際性

rhyngwladoli *t* 国際化する; (領土などを) 国際監理下に置く

rhyndod *m* 震え, 身震い

rhynion *pl* (穀物の) 碾割り, 碾割り (カラス) ムギ, (特に) 碾割りトウモロコシ

rhynllyd *a* 1.ひんやり [冷え冷え] する 2.震える, 寒けがする 3. (態度など) 冷淡な

rhynnu *i* 1.冷える 2. (寒さなどで) 震える, 寒けがする

rhysedd *m* [しばしば*pl*] やり過ぎ; 乱行, 暴飲暴食, 豪遊

rhythiad (-au) *m* じっと見ること, 凝視

rhythm (-au) *m* 1.律動, リズム 2. [音楽] 調子, リズム: ~ a'r felan リズムアンドブルース 3. [詩学] 韻律

rhythmeg *f* リズム法

rhythmig *a* 1.律動的 [リズミカル] な 2.韻律的な

rhythol *a* 凝視した

rhython *pl* [貝類] ザルガイ (食用二枚貝)

rhythu *t* じっと見る, 凝視する, じろじろ見る: ~ yn wyneb rhn 人の顔をじっと見つめる
i (驚いたり感心したりして) ぽかんと大口を開けて見とれる, 目を丸くしてじっと [じろじろ] 見る

rhythwr (-wyr) *m* : **rhythwraig (-aged)** *f*
1.凝視する人 2.ぽかんと口を開けて見とれる人 3. [魚類] エゾオノガイ科の食用貝の総称

rhyw (-iau) *mf* 1. (動植物などの) 類, 族, 種, 属: dynolryw; dynol ryw *f* 人類 2.種類: coffi o ryw fath, ~ fath o/ar goffi (コーヒーとは名ばかりの) まずいコーヒー; 'roeddwn i'n ~ ddisgwyl hyn 私はそれを多少予期していた 3. (人の) 性, 性別 4. [集合的に] 男 [女] 性: y ~ deg 女性; y ~ gref/gadarn 男性
a 性の [に関する]: addysg (*f*) ryw 性教育; cymhareb (*f*) ryw (cymarebau ~) 性比

rhyw (rhai) *a* 1. (明示を避けて) ある: rhywun ある人; rhywrai, ~ rai, rhai pobl ある人々; ~ Mr Jones あるジョーンズという人, ジョーンズさんとかいう人 2.多少 [幾らか, ある程度] の: ryw raddau ある程度 (までは), やや, 多少, 幾分 3.何かの: ~ lyfr neu'i gilydd 何かの本; fe ddaw ryw ddiwrnod, ryw ddydd, ryw ben 彼はいつか来るだろう 4. (ある) 幾つ [何人] かの: ~/rai dyddiau'n ôl 数日前 5. [全体の内の一部を表して] 人 [物] によると…で (もある), 中には… (もある): mae rhai pobl yn credu hynny そう考えている人もいる
ad [数詞の前に用いて] 約: ~ ugain punt 約20ポンド

rhywbeth *m* 1.ある物 [事], 何か: ~ neu'i gilydd (不確実・不明の意を強めて) 何やら, 何とか; ~ arall 何か他の物 [事] 2. (忘れたまたはうろ覚えの人名などの一部を指して) 何とか, なにがし; 何時 [分]: Robert Rh~ ロバート何とか; y trên ~ wedi pedwar 4時何分かの列車 3.何か飲む [食べる] 物, 食物: ~ i'w yfed 何か飲む物 4.重要な物 [人] 5.ある価値 [真理]: mae ~, mae rhyw wirionedd yn yr hyn a ddywedwch 君の言うことには一理ある 6. [前置詞付きの句の前に用いて] 幾分, 多少: mae rywbeth yn debyg i gefffyl それは何か馬のようなものだ

rhywel (-ion) *m* (拍車の先の) 歯車

rhywfaint *m* ある量; 少量

rhywfodd : rhywsut *ad* 1.何とかして, どうにかして, ともかくも: fe enillwn ~ 私たちは何とかして勝つぞ 2.どういう訳か, どうも, なぜか: ni bum erioed yn hoff ohono rywsut, am ryw resum どういう訳か私は彼に対して好意を持っていなかった

rhywiaeth *f* 性差別, (特に) 女性差別 [軽視]

rhywiaethol *a* 性差別主義の

rhywiaethwr (-wyr) *m* 性差別主義者; 女性蔑視者

rhywiog *a* [文法] 固有の; 固有名詞的な

rhywioldeb : rhywioledd *m* 1.性別 2.性感 3.性的関心; 性欲

rhywle *ad* 1.どこかに [で, へ]: (yn) ~ wrth yml ein tŷ ni; (yn) ~ ar bwys ein tŷ ni どこか私たちの家の近くに; rywle arall, yn ~, cyrraedd i rywle どこか他の所へ; cyrraedd ~, cyrraedd i rywle 成功する 2. [肯定文に用いて] どこに [どこへ] でも: ~ arall 他のどこへでも 3. [否定文に用いて] どこへも [どこにも] (…ない) 4. [疑問文に用いて] どこかに [へ]

rhywogaeth (-au) *f* [生物] (動植物分類上の) 種: tylwyth a ~ 属と種; y ~ ddynol *f* 人類; tarddiad y rhywogaethau 種の起源

rhywogaethol *a* [生物] 1.種の [に関する]: enw ~ *m* 種名 2.属の [に特有な]

rhywun *m* 1.ある人, 誰か: ~ neu'i gilydd 誰か 2.何某と言われる (偉い) 人, ひとかどの人物, 相当な人: mae hi'n bwysig, ~ o bwys, ~ pwysig 彼女は偉い人です 3.[肯定文に用いて] 誰でも: fe gredai ~ ei fod yn wallgof 誰でも彼は狂っていると思う 4.[否定文に用いて] 誰も: nid ~-~ mohoni; mae hi'n ~ o bwys 彼女はただの誰かではない 5.[疑問文に用いて] 誰か: a oes ~ acw? あそこに誰かいますか?

S

S, s *f*(発音es, *pl* -au, -ys): tro (-adau) (*m*) S S字状カーヴ; (galwad (-au)) *f* S.O.S *mf* エスオーエス(遭難信号); 緊急援助要請

Sabath (-au) *m* [ユ教] 安息日(土曜日)

Sabathydd (-ion) *m* 安息日の土曜日を守るユダヤ教徒

Sabathyddiaeth *f* 安息日厳守主義

Sabathyddol *a* 安息日(厳守主義)の

sabl (-iaid) *m* [動物] クロテン, 黒貂: blew (*m*) ~/bele クロテンの毛皮

Saboth (-au) *m* [キ教] 安息日(日曜日): torri'r ~ 安息日を破る

Sabothaidd : Sabothol *a* [ユ教] 安息日の

sac *m* サック(ワイン)(16~17世紀にスペイン及びCanary諸島などから輸出された辛口の白ぶどう酒)

sace *m* 酒

saco *t* 1.(力を込めて)押す, 突く; 押しやる[のける] 2.置く, 突っ込む: ~ rhth mewn cwpwrdd 何かを戸棚に突っ込む 3.(入れ物・クッションなどに)詰め物をする, 詰め込む 4.(腹に食物を)詰め込む: ~'ch bola'n dyn (n) 腹一杯[うんと]食べる 5.(料理の鳥などに)詰め物をする 6.(頭の中を知識などで)一杯にする

sacrament (-au) *m* [キ教] サクラメント

sacramentaidd *a* サクラメント秘跡の, 聖礼(典)の

sach (-au) *mf* 大袋(穀物・石炭・ジャガイモなど入れる麻・ズックなど粗い布で作られた大きな通例長方形の袋): cwtsach (-au) *mf* 小袋

sachlen (-ni) *f* : **sachliain (-lieiniau)** *m* [織物] ズック, 袋用麻布(ズック)

sad *a* 1.堅固な, 堅い, しっかりした; 中まで堅い 2.中まで同じ物質の 3.(考え方・意見など)穏健な, 節度のある 4.(性質・態度など)落着いた, 冷静な

sadio *t* 1.(物を)安定[固定]させる, 強固にする: ~ coes cadair 椅子の脚を安定させる 2.落着かせる
i 1.しっかり固定する 2.落着く

sadiol *a* 1.(基礎・構造など)安定[固定]した, 堅固な, しっかりした, ぐらつかない 2.[航空] 安定させる

sadist (-iaid) *mf* サディスト, 加虐性愛者

sadistiaeth *f* [精医] サディズム, 加虐性愛

sadistaidd : sadistig *a* サディスト的な

sadiwr (-wyr) *m* 1.安定させる人[物] 2.[海事・航空] 安定装置

sadrwydd *m* 1.安定, 固定 2.着実, 堅実, 堅忍不抜 3.冷静, 沈着, 落着き 4.穏健 5.[海事・航空] 安定性

Sadwrn (-yrnau) *m* 土曜日: bob dydd ~, ar (y) Sadyrnau, ar ddydd Sadyrnau 土曜日(毎)に

Sadwrn *m* 1.[天文] 土星 2.[ロ神] サトゥルヌス(農耕の神; ギリシャ神話のCronosに当たる)

sadydd (-ion) *m* = sadist

sadyddiaeth *f* = sadistiaeth

saer (seiri) *m* 1.(大工などの)職人, 工人, 大工; (船・ボート・車などの)製造人, 木工: ~ llongau 船大工; ~ olwynion 車大工; ~ maen (seiri meini) 石工; gweithdy (*m*) ~ (gweithdai seiri) 大工の仕事場

saernïaeth *f* 1.建造, 建設 2.(職人などの)手腕, 腕前, 技量, 技能 3.仕上げ, 出来栄え

saernïo *t* 1.(木材で)作る, こしらえる 2.(文・理論などを)組み立てる, 構成する

saernïol *a* 1.建設(上)の 2.構成的な, 構造上の

Saesneg *mf* [言語] 英語: sut mae dweud yn …?, beth yw'r gair ~ am …? …に対する英語は何ですか?; ~ safonol 純正[標準] 英語; mewn ~ plaen 分かりやすい英語で; Hen ~ 古(期) 英語(約700~1100年の英語) *a* 英語の

Saesnes (-au) *f* イングランド婦人

saets *m* [植物] セージ, ヤクヨウサルヴィア(葉は薬用・香辛料): caws (*m*) ~ セージチーズ; te (*m*) ~ サルヴィア湯(うがい薬)

saeth (-au) *f* 矢: cyn gyflymed â ~, fel ~ 矢のように速い

saethben *a* 矢筈模様[ヘリンボン]の: patrwm (*m*) ~ 矢筈模様

saethnod (-au) *mf*(射撃などの)的, 標的

saethu *t* 1.(早瀬などを)勢いよく乗り切る; (橋の下などを)くぐり抜ける: ~ dros raeadr 早瀬を乗り切る; ~ dan bont 橋の下をくぐり抜ける 2.信号を無視して突っ走る 3.(光などを)放射する 4.(矢・弾丸・鉄砲・ミサイルなどを)撃つ, 射る, 発砲[発射]する 5.(言葉を弾丸・矢のように)次々に発する; (質問などを)矢継ぎ早に浴びせかける 6.[スポ](ボールを)シュートする
i 1.素早く動く[走る]: saethodd ci heibio inni 犬が私たちの前を素早く走っていった 2.(痛み・悪寒などが)走る 3.(血・水などが)吹き出る 4.(光が)ぱっと射す 5.(星が)光る

saethwr (-wyr) *m* : **saethwraig (-agedd)** *f* 1.弓術家, 射手 2.[スポ]シュートを決める人

saethwriaeth : saethyddiaeth *f* 洋弓術, アーチェリー

saethydd (-ion) *m* : **saethyddes (-au)** *f* 1.弓術家, 射手 2.[天文] : y Saethydd 射手座

saethyn (-nau) *m* ミサイル

safadwy *a* (基礎・構造・柱・釘など)しっかり固定[安定]した, ぐらつかない

safana (safanâu) *m* [地理]サヴァンナ (熱帯地方などの樹木のない大草原)

safbwynt (-iau) *m* 立場, 見地, 観点, 態度

safiad (-au) *m* 1.(人の立つ)位置, 場所 2.(町・建物などの)位置, 場所, 所在地 3.状態, 立場, 境遇 4.(社会的)地位 5.(断固とした)抵抗, 反抗 6.(問題などに対する)立場, 見解, 態度 7.姿勢, ポーズ 8.[スポ](選手の体と足の)構え 9.[登山](岩登りの)足場, スタンス : mynd i'ch ~スタンスを取る 10.[政治]態度

safle (-oedd) *m* 1.(人の居るべき)場所, 位置 : 部署, 持場 : mynd i'ch ~ 部署につく : ~ ymladd [軍事]戦闘配置 2.(タクシーなどの)駐車場, 客待場 3.地位, 身分 : 高位 : ~ cymdeithasol 身分 4.[測量]測点 5.[キ教]十字架の道行きの留 : Safleoedd y Groes 十字架の道行きの(14)留

safn (-au) *f* 1.(人・動物の)口, 開いた口 2.(言語器官としての)口 : 言葉, 発現 : cau ~ rhn 人を黙らせる 3.[*pl*](湾・谷などの)狭い入口 4.[*pl*]死などに脅かされた状態

safndag : safnglo (-eau, -eon) *m* 猿轡

safnrhwth *a* 大きく口を開けた, ぽかんと口を開いた

safnrythu *i* (驚いたり感心したりして)ぽかんと口を開け(て見とれ)る

safon (-au) *f* 1.(比較・評価・判断・批評などの基礎となる)標準, 基準, 水準 : y S~ Brydeinig [商業]英国規格 : ~ byw 生活水準 : ~ 2.本位 (通貨制度の価値基準) : y ~ aur [経済]金本位(制) : ~ ddeublyg/ddwbl (safonau deublyg/dwbl)複本位制 : 二重標準 3.[教育](小学校の)学年, 級

safonedig *a* 標準[規格]化された

safoni *t* 標準[基準, 規格]に合わせる : 標準[基準, 規格]化する

safonol *a* 1.標準の : gwiriad ~ *m* [数学・統計]標準偏差 : lled ~ *m* [鉄道]標準軌間 2.(言語・発音など)標準的な : 標準語の 3.権威[定評]のある

safoniad (-au) *m* 標準[規格]化 : 統一

saffir (-au) *m* [鉱物]サファイア, 青玉

saffirlas *a* サファイア[瑠璃]色の : priodas (*f*) saffir サファイア婚式(結婚45周年記念)

saffrwm : saffrwn *m* 1.[植物]サフラン(秋咲きのcrocus) 2.クロッカス(英国で春の花の先

駆け) 3.サフラン(サフランの雌蕊の黄色い柱頭を乾燥させたもの : もと薬用, 今は染料・香辛料用)

saga (sagâu) *f* サガ, 北欧(王族)伝説 : nofel (-au) (*f*) ~ 大河小説, 一族物語, 年代記

sagrafen (-nau) *f* = **sacrament** : y S~ Fendigaid [英教・口教]聖体, 聖餐用パン

sagrafennol *a* = **sacramentaidd**

sagrafennwr : sagrafenolydd (-wyr) *m* 礼典主義者, 聖餐重視(主義)者

sagrafenoliaeth *f* [キ教]サクラメント[秘跡]重視(主義)

sang *m* 歩み, 歩きぶり : tŷ dan ei ~ [演劇]大入り, 満員

sangfa (-âu, -feydd) *f* 1.(階段の)踏板 2.[鉄道]踏面, トレッド(レールに触れる部分)

sangiad (-au) *m* 踏むこと : 歩み : 歩きぶり

sangu *i* 1.歩く, 行く 2.踏みつける

sangwr (-wyr) *m* 踏みつける人

saib (seibiau) *m* 1.(話・行動などの一時的)中止, 休止, 休息, 休憩 2.[韻律]休止

saig (seigiau) *f* [料理](皿に盛った)料理, 食物

sail (seiliau) *f* 1.(建物の)基礎, 土台, 礎 : carreg (cerrig) (*f*) ~ [建築]礎石, 土台石 2.(思想・学説などの)基礎, 根拠 3.[数学]底辺[面]

saim (seimiau) *m* 1.(料理用)あぶら, ヘット 2.(溶解して柔らかい)獣脂 : ~ gŵydd ガチョウ脂 : ~ gwlân [化学]羊毛脂 3.(半固体の)油性潤滑剤, グリース

sain (seiniau) *f* 1.音, 音響 : effaith (effeithiau) (*f*) ~ (映画・テレヴィ・ラジオなどの)音響効果 : ~ gerddorol 楽音 2.音調, 音色 3.口調, 語調 4.[音楽]サウンド, スタイル 5.[物理]音波

Sais (Saeson) *m* イングランド人

saith (seithoedd) *m* 1.(基数の)7 : 7人[個, 歳, 時, ポンドなど] 2.7の記号 *a* 7個[人]の : 7歳で : ~ bunt 7ポンド : ~ mlynedd 7年 : S~ Rhyfeddod y Byd 世界の七不思議

sâl *a* 1.(策略など)卑劣な, さもしい : tro ~ さもしい企み 2.病気で : 'roeddwn i'n swp ~ 私は非常に加減が悪かった

salad (-au) *m* [料理]サラダ : olew/oel (*m*) ~ サラダオイル

salm (-au) *f* 1.賛美歌, 聖歌 2.[S~](旧約聖書の)詩篇 : (Llyfr) y Salmau 詩篇

salmydd (-ion, salmwyr) *m* 賛美歌作者

salmyddiaeth *f* 1.賛美歌詠唱(法) 2.[集合的]賛美歌集

salmyddol *a* 聖歌吟唱[詩篇朗読]の

salmyddwr (-wyr) *m* 詩篇作曲家[詠唱者]

salon (-au) *mf* 1.(服飾・美容などのしゃれた)店 : ~ harddu/harddwch 美容院 2.[S~][美術]サロン(毎年パリで開催される現代美術展

saltring (-au) *m* [音楽] プサルテリウム(14~15世紀の指または撥で弾く一種の撥弦楽器)

salw *a* 1.(言・行為など)卑劣な, 卑しい, 見下げ果てた 2.(人が)醜い 3.(通り・環境など)むさ苦しい, みすぼらしい, 汚い

salwch (salychau) *m* 1.病気, 病弱: ~ môr 船酔い 2.吐き気: ~ y bore 朝の吐き気, つわり

salwder *m* 劣等, 粗末, 質の悪さ

salwedd *m* 1.(行為の)卑劣, 下劣 2.(通りなどの)むさ苦しさ, みすぼらしさ 3.(通りなどの)むさ苦しさ, みすぼらしさ

salwineb *m* = **salwedd** 2

sallwyr (-au) *m* (祈禱書中の)詩篇

samisen *m* [音楽]三味線

sampl (-au) *f* 1.見本, 標本, サンプル; 商品見本 2.[統計]標本(抽出), サンプル: ~ ar antur/siawns/hap, hapsampl (-au) *f* 無作為(抽出)標本 3.実例

sampler (-i) *f* [刺繍](技量を示すために種々な縫い方をした)刺繍詩作品

samplu *t* 1.(見本によって)品質を試す, 味を見る 2.経験する 3.[統計]標本抽出をする

samplwr (-wyr) *m* 1.見本検査員 2.試食[試飲]者

samwrai (-od) *m* サムライ, 侍

sancsiwn (-siynau) *m* 1.(法令・規則違反に対する)制裁, 処罰: ~ cosbedigol *m* 刑罰 2.[通例*pl*][国際法](国連の国際法違反国に対する)制裁: gosod sancsiynau ar wlad 国に制裁を課す 3.[キリスト教]教令

sancsiynu *t* (法令などに)制裁規定を設ける

Sanct *m* 聖なる者(神またはキリストの尊称)

sanctaidd *a* 1.神聖な, 聖なる: y Tir S~, y Wlad S~ 聖地(Palestineのこと) 2.神聖化された 3.身を神に捧げた, 信仰心の深い 4.尊敬されている: y Tad S~ *m* ローマ教皇

sancteiddiad (-au) *m* 1.清め, 清浄化 2.神聖化, 聖別

sancteiddio *t* 1.清める, 浄化する 2.神聖に[聖別]する 3.神聖化する

sancteiddrwydd *m* 1.神聖, 神聖である[神聖化されている]こと 2.高徳, 神々しさ: bu farw ym mhereidd-dra (*m*) ~ 彼は高徳の誉れを残して死んだ

sandal (-au) *f* [服飾]サンダル, 草履

sant (saint, seintiau) *m* 1.聖人, 聖者, 聖徒: nawddsant 守護聖人, 守護神; Dewi S~ 聖デイヴィッド(ウェールズの守護聖人; 祝日3月1日); S~ Luc 聖ルカ 2.高徳の人, 君子

santes (-au) *f* 女聖人: y S~ Fair 聖(母)マリア

sardîn (sardiniaid, -s) *m* [魚類]イワシ, サーディン

sarff (seirff) *f* 1.[爬虫]ヘビ, 蛇: swynwr (-wyr)(*m*)seirff (笛の音を用いてする)ヘビ遣い(人) 2.ウミヘビ 3.陰険[邪悪]な人 4.[音楽]セルパン)(16~18世紀のヘビ状に湾曲した低音管楽器)

sarffaidd *a* 1.ヘビ状の; ヘビのような 2.陰険な, ずるい, 人を陥れる

sarffes (-au) *f* 陰険邪悪な女

sarhad (-au) *m* 1.侮辱, 無礼: rhoi ~ ym mhen anaf ひどい目に合わせた上になお侮辱を加える, 踏んだり蹴ったりする(イソップ物語から) 2.侮辱的言動

sarhau *t* 侮辱する

sarhaus *a* (言葉など)無礼[侮辱的]な, しゃくに触る

sarhäwr (sarhawyr) *m* 無礼な人

sarn (-au) *f* (低湿地に土を盛り上げた)土手道, 堤道

sarnu *t* 1.踏みつける[にじる]2.(水・塩などを)こぼす

sarrug *a* 不機嫌[無愛想, ぶっきらぼう]な, 気難しい

sarsiant (-iaid) *m* 1.[警察]巡査部長 2.[軍事]軍曹

surugrwydd *m* 不機嫌, 無愛想, つっけんどん

sash (-iau, -is) *m* [服飾](婦人・子供服の)飾り帯, サッシュ

sashimi *m* [料理]刺身

Sasiwn (-iynau) *mf* (ウェールズ長老教会の)協会

Satan (-iaid) *m* [キ教]悪魔, サタン

satanaidd *a* 1.魔王[サタン]の 2.悪魔のような; 極悪非道の

satin *m* [織物]繻子, サテン: pwyth (-au)(*m*) ~ サテンステッチ

sathr *m* : **sathrfa** *f* 踏みつけること[音]

sathredig *a* 1.踏みつけられた: llwybr ~ 踏みならされた小道 2.往来の激しい: ffordd (dra) ~ 往来の激しい道路

sathriad (-au) *m* = **sathr, sathrfa**

sathru *t* 1.踏みつける[つぶす]: ~ ar sodlau rhn (誤って)人のかかとを踏む 2.(ぶどう汁を絞るため)ぶどうを踏む: ~ grawnwin (dan draed) ぶどうを踏む 3.(土などを)踏み固める 4.(雄鳥が雌鳥を)つがう
i 1.踏みつける[つぶす]

sathrwr (-wyr) *m* 地面を踏みならす人

Sawdïad (-ïaid) *mf* サウジアラビア人

Sawdïaidd *a* サウジアラビアの

Sawdi-Arabia *f* [地理]サウジアラビア(アラビア半島の大部分を占める王国; 首都Riyadh; 宗教上の首都Mecca)

sawdiwr (-wyr) *m* 1.陸軍軍人 2.兵卒

sawdl (sodlau) *mf* 1.(足の)かかと: o'r corun i'r ~ 頭の先からつま先まで全身; ~ Achil 急所, 唯一の弱点 2.(靴などの)かかととヒール: sodlau uchel ハイヒール 3.(パンなどの)端切れ, 耳 4.[音楽](ヴァイオリンの弓などの)手に

近い末端

sawdrin *m* 半田, 白鑞

sawdro *t* 半田で継ぐ

sawl *a* 1.(複数名詞の前に用いて)多数[たくさん]の: fe wnaeth ~ camgymeriad 彼は多くの間違いをした 2.(単数名詞を伴って)数々の: ~ gwaith/tro たびたび, しばしば, 何度も何度も

sawr : sawyr *m* 1.(食物などの)味, 風味 2.臭い, 臭気;(特に)悪臭 3.気味, 感じ

sawru *t* 1.(飲み物をゆっくり)味わう, 賞味する, 楽しむ; 試飲[試食]する 2.(ニンニクなどの)味を感じる, 味が分かる
i 1.味[香り]がする 2.(通例悪い事の)気味[趣]がある

sawrus *a* (料理など)辛味の, ピリッとする, 塩のきいた: omled ~(野菜・チーズなどを入れた)塩味のオムレツ

saws (-iau) *m* ソース(調味料): ~ tomatoトマトソース; jwg (jygiau) (*mf*) ~ 船形のソース入れ

sba (sbâu, -s) *f* 鉱泉[温泉]の出る保養地, 温泉場

Sbaen *f* [地理]スペイン(Spain)(ヨーロッパ南西部, イベリア半島の大部分を占める王国; 首都Madrid): Armada (*f*) S~ 無敵艦隊(1588年英国海軍に破られた)

Sbaenaidd *a* スペイン(人)の

Sbaeneg *mf* スペイン語
a スペイン語の

Sbaenes (-au) *f* : **Sbaenwr (-wyr)** *m* スペイン人

sbaengi (-gwn) *m* スパニエル(耳の垂れた毛の長い犬)

sbageti *m* [料理]スパゲティ

sbangl (-au) *m* スパンコール(ピカピカ光る金・銀・錫箔で, 芝居の衣装などに付ける)

sbaner (-i) *mf* [道具]スパナー: ~ sgriw 自在スパナー

sbâr (sbarion) *m* 1.予備品, スペア 2.[ボーリング]スペア
a 1.予備の: ystafell (*f*) wely (ystafelloedd gwely) ~ (客用の)予備の寝室 2.(時間など)余分の: amser ~ *m* 余暇

sbarib (-iau, -s) *f* スペアリブ(肉が少しだけ付いている豚の肋骨)

sbario *t* 1.(人・物を)なしで済ませる 2.(時間・金などを)割く, 与える
i [ボク](相手と)スパーリングする, 実戦同様の練習試合をする

sbasmodig *a* [医学]痙攣性の

sbastig (-iaid, -ion) *mf* 痙攣患者
a [医学]1.痙攣性の 2.痙攣性麻痺の

sbeciannu *i* [金融](株・土地などに)投機をする, 相場に手を出す

sbeciannol *a* [金融]投機的な, 思惑の

sbeciannwr (sbecianwyr) *m* [金融]相場師, 山師

sbeciant (-nnau) *m* [金融]投機, 思惑買い

sbectacl (-au) *mf* 大仕掛けな見せ物, ショー; [映画・テレ]大掛かりな場面, スペクタル

sbectol (-au, -s) *f* 眼鏡: rhoi'ch/dodi'ch/gwisgo'ch ~ 眼鏡をかける

sbectolog *a* 1.眼鏡をかけた 2.(動物に)眼鏡形の斑のある

sbectroffotomedr (-au) *m* [光学]スペクトル光度計, 分光光度計

sbectromedr (-au) *m* [光学]分光計

sbectrosgop (-au) *m* [光学]分光器

sbectrosgopeg *f* [光学]分光学

sbectrwm (sbectra) *m* [物理]スペクトル: ~ amsugno 吸収スペクトル

sbeis (-ys) *m* 香辛料

sbeisio *t* [料理]香辛料を入れる

sbeit *m* 悪意, 意地悪

sbeitio *t* 意地悪をする, いじめる

sbeitlyd *a* 意地の悪い, 悪意に満ちた

sbel (-iau) : sbelen (sbeliau) *f* 1.交代でする一仕事 2.暫くの間;(ある天候の)一続き 3.(仕事・授業などの間の)休憩時間: sbel fwgyn (sbeliau mwgyn) 煙草を吸うための休憩時間 4.休息

sbens (-ys) *f* 食料貯蔵室; 食器棚

sberm *m* [生物]精液

sbermyn (sberm) *m* 精子, 精虫: banc (-iau) (*m*) sberm 精子バンク

sbesiffig *a* [物理・化学]比の: dwysedd (-au) ~ *m* 比率

sbesimen (-au) *m* 1.[医学](検査・分析のための)検体: cymryd ~ o waed rhn 人の血液サンプルを取る 2.(動植物・鉱物などの)標本

sbin (-iau) *mf* 1.[テニス・クリ](ボールの)回転: top-sbin *m* [テニス]トップスピン 2.[物理]スピン

sbleis (-iau) *mf* 1.(綱の)組[撚り]継ぎ 2.(木材などの)添え[重ね]継ぎ 3.(フィルム・磁気テープの)接合, スプライス

sbleisiad (-au) *m* (綱の)組[撚り]継ぎ

sbleisio *t* 1.(両索の端を)解いて組[撚り]継ぎする 2.(木材などを)継ぐ, 添え継ぎする 3.(フィルム・テープなどを)接合する

sblint (-iau) *m* [医学](骨折の治療などに用いる)副木, 当て木

sbloet (-iau) *f* (テレヴィなどの)豪華番組: ~ deledu (sbloetiau teledu)長時間の豪華版テレヴィショー

sbon *ad* 全く, 完全に: newydd ~ 真新しい, 新品の; 手に入れたばかりの

sbonc (-iadau, -iau) *f* 跳ぶこと, 跳躍: ~ llyffant 馬跳び(遊戯)

sboncen *f* [スポ]スカッシュ

sboncio *i* 跳ぶ, 跳躍する

sbôr (sborau) m [生物] 胞子, 芽胞

sbort mf 1.娯楽, 楽しみ, 慰み 2.戯れ, ふざけ, 浮かれ, 馬鹿騒ぎ, 景気よくやること: ~ a sbri お祭り騒ぎ 3.酒宴 4.面白い事 [物, 人]: testun ~ 滑稽な様子の人

sbortscar (-ceir) m スポーツカー

sbortsmon (-myn) m スポーツマン, 運動家

sbortsmonaeth m : **sboetsmanaeth** f スポーツマンシップ [精神]

sbot (-iau) m 1.[演劇・映画] スポットライト 2.[ビリ] スポット, 玉置場

sbotio t 1.(泥などで) 汚す 2.見つける

sbotyn (sbotiau) m 1.(周囲と違った色の小さな) 斑, 斑点, まだら 2.(顔に) ほくろ

sbri (-oedd) mf 1.楽しみ 2.馬鹿騒ぎ, 景気よくやること: ~ wario/siopa 派手な買い物 3.酒宴

sbrigyn (-nau, sbrigau) m 1.(葉や花の付いた) 小枝, 若枝 2.(通例軽蔑的に) 小僧, 若者

sbring (-iau, -s) m 1.[体操] 跳ぶこと, 跳躍 2.[機械] ばね, ぜんまい, スプリング: ~ troellog 渦巻 [螺旋] ばね; clorian (-nau) (f) ~, tafol (-au) (f) ばね秤

sbrint (-iau) m 1.(短距離の) 全力疾走 2.短距離競走

sbrintio i (短距離競走で) 全力疾走する

sbrintiwr (-wyr) m : **sbrintwraig (-agedd)** f 短距離競走者 [選手]

sbŵl (sbwliau) m 1.[織物] (筒形の) 糸巻き, 2.[写真] (フィルムの) スプール

sbwlio t [電算] スプールする

sbwng (sbyngau) m 1.[動物] 海綿動物 2.海綿, スポンジ (浴用・医療用など)

sbwnj (-is) f = **sbwng 2.**[料理] スポンジケーキ 3.居候 4.大酒家

sbwnjlyd a 海綿のような

sbwnjo t 1.海綿で洗う [拭う, 拭き取る] 2.海綿で吸い取る 3.(人に) たかる: ~ diod (ただで) 酒にありつく
i 1.海綿を採取する 2.寄食する, たかる: ~ ar rn 人にたかる

sbwnjwr (-wyr) m 1.スポンジで拭く [ぬぐう] 人 2.居候, たかり屋 3.海綿採取者

sbwylio t 1.(物を) 役に立たなく [台なしに] する 2.(子供などを) 過度に甘やかす; (人の) 性格 [性質] を駄目にする 3.略奪する

seans (-au) mf 1.(学会などの) 会 2.[心霊] 降霊術の会

sebon (-au) m 石鹸: ~ sent 化粧石鹸; sioe (-au) (f) ~, opera (operâu) (f) ~ (テレヴィ・ラジオの) ソープオペラ, 連続メロドラマ

seboni t 1.石鹸 [軟石鹸] で洗う 2.(髭剃りのために) 石鹸の泡を塗る 3.お世辞を言う, おべっかを使う, へつらう 4.ひどく打つ, ぶん殴る

sebonwr (-wyr) m : **sebonwraig (-agedd)** f 1.(理髪店で客の髭を剃るために) 石鹸の泡を塗る理髪師 2.おべっか使い, ごますり

secant (-au, secannau) m 1.割線 2.(三角関数の) 正割, セカント
a 切る, 分ける, 交差する

seciwlar a 1.(霊的と区別して) 世俗の, 世間的な; 現世の: cymdeithas (-au) ~ f 世俗主義の社会 2.(宗教的と区別して) 非宗教的な, 宗教と関係のない: addysg ~ f (宗教教育に対し) 普通教育 3.[カト] (聖職者が) 修道院に住まない, 教区付きの

seciwlaraidd a 世俗主義の

seciwlaredd m (聖職者・教育の) 世俗性

seciwlariad (-iaid) mf : **seciwlarydd (-ion, seciwlarwyr)** m 1.世俗主義者 2.教育宗教分離主義者

seciwlariaeth f 1.世俗主義 2.教育宗教分離主義

secondiad (-au) m (士官・公務員の) 仮解任 [解職]

secondio t 1.(公務員を一時的に) 配置替えする 2.(将校を一時的に) 隊付きを解く, 隊外勤務を命じる

secretiad (-au) m 1.[生理] 分泌 (作用) 2.分泌物 [液]

secretol a 分泌の

secretu t [生理] 分泌する

secretwr (-wyr) m [生理] 分泌者

secstant (-au) m 六分儀

secstig a [数学] 六次の

sect (-au) f 1.[宗教] 分派 2.[哲学] 学派, 党派, セクト

sector (-au) m 1.[幾何] 扇形 2.[数学] 関数尺, 尺規 3.[産業・経済] 部門, 分野, セクター: ~ y farchnad 市場部門; y ~ preifat 民間部門 4.[機械] 扇形歯輪 5.[軍事] 防御地区, 防衛区域 6.[天文] セクター (昔の天文観測機器の一種)

sectwr (-wyr) : **sectydd (-ion)** m [宗教] (分派の) 教徒信gan] 信徒

sectyddiaeth f 宗教 [分派] 心; 学閥

sectyddol a 1.宗派 [分派, 教派] の 2.偏狭な

sedd (-au, -i) f 1.(教会のベンチ形の) 腰掛, 信徒席: agorwr (-wyr) (m) seddau 座席案内人, 座席; 座席: ~ flaen (seddau blaen) 前の座席; gyrrwr (m) ~ ôl, gyrwraig (f) ~ ôl (自動車の後ろの座席から出しゃばって) 運転の指示などをする人: ~ gadw (seddi cadw) 予約 [指定] 席; gwregys ~ (gwregysau seddau) (自動車・飛行機などの) 安全 [座席] ベルト, シートベルト 3.[議会] 議席, 議員の地位 4.[機械] 台, 座

seddu t 1.(人を) 着席させる, 腰をかけさせる, 坐らせる 2.(椅子の) 座部を付け替える 3.(機械などを) 据える

sef ad 即ち: yr oedd tri dyn yno, ~ Twm,

sefydledig   517   **segment**

Dic a Harriそこには3人の男即ちトム, ディックそしてハリーがいた

sefydledig *a* 1.国立[国教]の: yr eglwys ~ 国教会 2.(慣習など)確立した 3.(名声など)揺るぎない 4.(会社など)老舗の

sefydledd *m* 1.定着, 固定; 据付け 2.[写真]定着 3.[生物]固定 4.[化学]凝固, 固結

sefydliad (-au) *m* 1.設立, 創立, 創建; 制定 2.(関係などの)樹立 3.会社, 商店 4.制度, 慣例, 慣習 5.(慈善・福祉などの)(公共)施設, 団体: ~ caeth/hollgynhwysfawr 全制的施設 6.体制, 支配階級

sefydliadaeth *f* 1.(宗教上などの)制度主義 2.(教育・社会事業団体などの)組織, 制度

sefydliadol *a* 1.制度(上)の 2.学会[協会]の 3.(社会事業などのために)組織化した, 慈善事業を特色とする

sefydliadoli *t* (慣習などを)制度化する

sefydliadu *t* (精神病者・アルコール中毒患者などを)施設に収容する

sefydliadwr (-wyr) *m* : **sefydliadwraig (-agedd)** *f* 制度主義の支持者

sefydlog *a* 1.変えられない, 不変の, 決まった, 確立している: acen (-ion) ~ *f* [言語]固定アクセント; tâl (taliadau) ~ *m* 固定料金; prisiau ~ *m* 定価; arian ~ *m* 安定した通貨 2.(慣習・語法など)確立[定着]した 3.(名声など)揺るぎない 4.(会社など)定評のある, 老舗の 5.(物が)据え付けした, 動かせない, 安定した, ぐらつかない: motor (-au) ~ *m* 据え付け機関 6.不動の, 静止した 7.停滞した, 増減のない 8.(天候など)安定した: tywydd ~ *m* 安定した天気, 晴天続き 9.(動物など)移住しない: adar ~ 移住しない鳥, 定住鳥 10.[数学]一定の, 定数の 11.[化学]凝固した, 不揮発性の: olew ~ *m* 不揮発性油; (分解・変化しない)安定(性)の 12.[物理](原子核・素粒子が)放射性でない 13.[法律]固定的な: penyd ~ *m* 固定罰金 14.[天文]静止[留]の: pwynt (-iau) ~ *m* (惑星の)留

sefydlogi *t* 1.安定[固定]させる 2.[精分](リビドーを)固着させる 3.[経済](通貨・物価を)安定させる 4.[写真]定着する 5.(船舶・航空機などに)安定装置を施す 6.[生物](細胞・組織を)固定する
    i [精分]固着する

sefydlogiad *m* = **sefydledd**

sefydlogol *a* 1.安定させる 2.固定[固着]力のある, 定着性の

sefydlogrwydd *m* 1.安定, 固定, 定着 2.(視線などの)不動, 不変, 恒久: ~ y cyniferydd deallusrwydd [教育]知能指数の不変性 3.(性格など)着実, 堅忍不抜 4.(船舶・航空機の)安定性 5.[カト]定住誓願: diofryd (*m*) ~ 定住誓願

sefydlu *t* 1.(地位・信用などを)確立する 2.(国家・企業・公共施設・建物などを)樹立[設立, 創立, 創建]する 3.(教会・宗教を)国教会にする 4.(習慣・学説・名声などを)確立する 5.(人を住所・職業・地位などに)落着かせる, 定住させる, 身を固めさせる 6.(配当金などを)決める: ~ blwydd-dâl ar gyfer rhn 人に与える配当金を決定する 7.(制度・法律などを)制定する 8.[教会](聖職者を)就任させる

sefydlwr : sefydlydd (-wyr) *m* 確立[樹立, 設立, 制定]者

sefydlyn (-nau) *m* 1.安定剤[液] 2.[写真](現像用の)定着剤[液], 安定化液 3.[染色]固着剤

sefyll *t* 1.固執[固守]する: ~ eich tir 自分の立場を固執する 2.(裁判などを)受ける:~ eich prawf 裁判を受ける 3.支える 4.表す, 意味する
    i 1.立つ, 立っている; 立ち上がる: ~ ar eich traed/gwadnau eich hun 自分の足で立つ, 自立する, 独力でやる: ~ yn llonydd/stond, ~ fel carreg 動かない, 静止している 2.(物が)立てて[置いて]ある; 立てかけてある 3.(ある状態・関係・資格に)ある: wn i ddim ble 'rwy'n ~ 私は自分がどのように思われているかが分かりません 4.位置する, ある 5.(立ち)止まる, 停止する: ~ yn stond ぴたりと止まる 6.(ある立場に)立つ, (ある態度を)維持する: ~ yn eich rhych 堅持[固守]する 7.現状のままでいる, 有効である 8.(…の状態で)続く, もつ 9.(官職・選挙に)立候補する: ~ fel ymgeisydd 候補者として立候補する 10.待つ 11.(場所に)とどまる: ~ gartref 家にいる, 外出しない; ~ yn y gwely 床の中にいる 12.滞在する; 客となる, 宿泊する: ~ mewn gwesty ホテルに宿泊する 13.(…まで)とどまる, ゆっくりしていく: ~ i ginio, ~ i gael cinio 夕食までゆっくりしていく 14.(駅などに)停車する: am ba hyd y byddwn ni'n ~ yn Abertawe? スウォンジー駅ではどのくらいの時間停車しますか?; "mae pob bws yn ~ yma" 全てのバスがここで止まります

sefyllfa (-oedd) *f* 1.立場, 境遇, 状態 2.(事の)情勢, 事態: beth yw'r ~? 事態はどんな状態[様子]ですか? 3.(物語・劇などの)場面, 急場: comedi (comedïau) (*f*) ~ (ラジオ・テレビの)同じ登場人物の連続ホームコメディー 4.[心理]状況, 事態: moeseg (*f*) ~ 状況倫理

sefyllian *i* (何もしないで)ぼんやり立っている, ぶらぶらしている, ぶらつく; のらくら遊び暮す

sefylliog *a* ぶらぶらする

sefylliwr (-wyr) *m* ぶらぶらする人; 遊んで暮す人

segment (-au, segmennau) *m* 1.(自然にできている)区切り, 区分 2.[数学]線分; (円の)弓形: ~/cylchran o gylch 弓形 3.[生物]体節, 環節

segmentiad (-au) *m* 分割, 分裂

segmentu *t* 分ける, 分割する

sego *m* [料理] サゴ (南洋産サゴヤシの髄から採る) 澱粉: palmwydden (palmwydd) (*f*) ~, coeden (coed) (*f*) ~ [植物] サゴヤシ

segur *a* 1.仕事のない, 働いていない, 遊んでいる, 暇な: y cyfoethogion 遊び暮す金持連, 有閑階級 2.怠惰な 3.(機械・工場など) 使用されていない: cyfnod ~ 休止期間; potensial ~ [商業] 遊休設備, 不労生産能力

segura *i* 1.怠けている 2.ぶらつく

segurdod *m* 無為, 無活動, 怠惰

segurwr : seguryn (-wyr) *m* 怠け者, 無精者

segurddyn (-ion) **: seguryn** (segurwyr) *m* [生物] 単交雑の

seguryd *m* = **segurdod**

sengi *i* 歩く, 行く: ~ ar farwol (まるで卵の上を歩くように) 用心深く振舞う

sengl *a* 1.(ベッド・部屋など) 一人用の: gwely (-au) ~ *m* シングルベッド 2.単独の, 一人の 3.独身 [未婚] の 4.誠実 [純真] な 5.たった一つの, ただ1個の, 単一の: act (-au) ~ *f* [演劇] 一幕 6.[植物] (花など) 単弁 [一重] の: blodyn (blodau) ~ *m* 一重の花 7.[生物] 単交雑の: croesiad (-au) ~ *m* 単交雑 8.[印刷] 一行の行間隔の: gofod (-au) ~ *m* シングルスペース 9.(ビールなど) 品質の劣った, 弱い: hufen ~ *m* ライトクリーム (乳脂肪含有量が18~30%の薄い生クリーム) 10.(レコードの) シングル盤の: record (-iau) ~ *f* [音楽] シングル盤 11.個々 [別々] の 12.[金融] 一時払いの: premiwn (-iymau) *m* [保険] 一時払い保険料 13.(競技など) 一対一 [シングルス] の 14.[ゴルフ] シングルの [二人勝負の] 15.[クリ] 三柱門を一つだけ使う: wiced (-i) *f* シングルウイケット (三柱門を一つだけ使う旧式のクリケットの様式) 16.[簿記] 単式の: llyfrifo (*vn*) ~ 単式簿記 17.[電算] 単一の: dwysedd ~ *m* 単密度

senglau *pl* 1.[テニス] シングルス, 単試合 2.[ゴルフ] シングル, 二人試合

senglo *t* え抜く, 選抜する

seibiant (-iannau) *m* 1.(仕事などの) 一時的休止, 休息 (期間), 休憩: cael/cymryd ~ 一休みする, 休む 2.仕事からの解放, レジャー 3.余暇

seicdreiddiad (-au) *m* [心理] 精神分析

seicdreiddiol *a* [心理] 精神分析の

seicdreiddiwr : seicdreiddydd (-wyr) *m* **: seicdreiddwraig** (-agedd) *f* [心理] 精神分析学者

seiciatraidd : seiciatrig *a* 精神医学の; 精神病治療法の [による]

seiciatreg *f* 精神医学

seiciatregydd (-ion, seiciatregwyr) **:**

seiciatrydd (-ion) *m* 精神分析学者

seiciaeth : seicigiaeth *f* 心霊学 [研究]

seicig *a* 1.霊魂 [精神] の 2.心霊 (現象) の 3.心霊作用を受けやすい 4.[トラ] (ビッド (bid) が) サイキックの: cynnig ~ *m* (ブリッジで) サイキックビッド, 空ビッド

seicig (-ion) *mf* 心霊力の強い人; 巫女; 霊媒

seiclon (-au) *m* [気象] 温帯 [熱帯] 低気圧, サイクロン

seiclonig *a* [気象] サイクロン [旋風] (性) の

seiclorama (-âu) *m* 1.円形パノラマ 2.[演劇] (空の効果を出すために舞台奥に張る) 空バック, 空幕

seicoleg *f* 1.心理学: ~ yr unigolyn 個人心理学 2.心理 (状態)

seicolegol *a* 1.心理学の 2.心理的な

seicolegwr : seicolegydd (-wyr) *m* **: seicolegwraig** (-agedd) *f* 心理学者

seicopath (-iaid) *mf* [精医] 精神病質者

seicopathi (-ïau) *m* [精医] 精神病質

seicopathig *a* [精医] 精神病 (性) の

seicosis (-au) *m* [医学] 精神病

seicotherapi *m* [精医] 精神 [心理] 療法

seicotherapydd (-ion) *m* 心理療法士

seidin (-s) *m* [鉄道] 側 [待避] 線

seifyson (seifys) *f* [植物] チャイヴ, エゾネギ

seiffno *t* サイフォンで吸う [移す] *i* サイフォンを通る

seiffon (-au) *m* 1.サイフォン, 吸上げ管 2.(炭酸水を入れる) サイフォン瓶: potel (-i) (*f*) ~ サイフォン瓶

seiffr (-au) *m* 1.暗号 2.組合せ文字

seiffro *t* (メッセージ・通信文などを) 暗号に変える

seilio *t* 1.= **sefydl** 2.(議論・意見などを事実などに) 基づかせる, 立脚させる, 根拠にする

seimiach *m* = **saim**

seimio *t* 油 [グリース] を塗る [差す]

seimlyd : seimllyd *a* 1.脂で汚れた, 脂じみた 2.脂の多い, 脂っこい, 脂ぎった 3.(道路など) 滑りやすい

seimlydrwydd *m* 1.油から成ること, 油で覆われていること 2.(食物の) 脂っこさ 3.(皮膚の) 脂っぽさ

seinamledd (-au) *m* [通信] 可聴周波

seindon (-nau) *f* [物理] 音波

seindorf (-dyrf, -eydd) *f* [吹奏] 楽団 [楽隊], バンド: ~ bres (seindyrf pres) 吹奏楽団, ブラスバンド

seineg *f* 1.音声学 2.音響学

seinegol *a* 1.音声 (上) の 2.音声学の

seinegwr : seinegydd (-wyr) *m* 音声学者

seinfan *a* [物理] 大きな音を出す

seinfannedd (seinfaneddau) *m* [物理・電算] 音量

seinio *t* 1.(単語・音などを) 発音する 2.(らっ

seintwar

ぱなどを)鳴らす, 吹く **3.**(鐘・らっぱなどで)知らせる, 合図する:(警報などを)発する: ~ rhybudd 非常警報を鳴らす

i **1.**音を出す, 鳴る, 響く **2.**(…のように)聞こえる, 響く, 思われる: ~ fel telyn ハープのような音がする

seintwar (-au) *f* **1.**聖所, 神聖な場所(教会, 神殿, 寺院, 神社など) **2.**[キ教]聖壇, 至聖所 **3.**[教会・法律](逃げ込めば法律の適用を免れた中世の教会などの)聖域, 避難所;(犯罪者・亡命者などの)逃げ込み場所, 避難所 **4.**自然保護地区: ~ nature 自然保護(地区)

seinyddiaeth *f* 音韻論学

seinyddol *a* 音韻論の

seinyddwr (-wwyr) *m* : **seinyddwraig (-agedd)** *f* 音韻学者

seisin *m* [法律](土地・不動産の)(特別)占有

seismig *a* 地震(性)の: llygad ~ *m* 震源

seismoleg *f* 地震学

seismolegol *a* 地震学の

seismolegydd (-ion, seismolegwyr) *m* 地震学者

Seisnig *a* **1.**イングランドの: corn (cyrn) ~ *m* [音楽]イングリッシュホルン(oboe族の木管楽器) **2.**(文化など)英国風にされた **3.**(外国語を)英語化された

Seisnigaidd *a* = **Seisnig** 2, 3

Seisnigeiddio : Seisnigo *t* **1.**英国風にする, 英国化する **2.**(外国語を)英語化する

Seisnigiad (-au) *m* **1.**英国風, 英国化 **2.**(外国語の)英語化

seithawd (-au) *mf* [音楽]七重奏[唱];七重奏[唱]曲[団]

seithblyg *a* **1.**7倍[重]の **2.**7部分[要素]のある

seithfed (-au) *mf* **1.**第7 **2.**(月の)7日 **3.**7分の14, [音楽]七度(音程) **5.**第7番目の人[物]: Harri'r S~ ヘンリー七世

a **1.**第7(番目)の: ~ cord *m* 七の和音 **2.**7分の1の

seithochron (-au) : seithongl (-au) *m* 七角[辺]形

sethug *a* **1.**(行為・努力・話など)役に立たない, 無駄[無益]な, 空しい **2.**フラストレーション[挫折感]を起こす **3.**無益論の

seithuctod *m* **1.**無益, 無用 **2.**挫折, 失敗; 失望

seithugaeth *f* 無益論

seithugo *t* (計画・希望などを)挫折[失敗]させる

seithugwr : seithugydd (-wyr) *m* **1.**くだらない仕事[研究,趣味など]に打ち込んでいる人 **2.**人生の空しさを説く無益論者

seithugrwydd *m* 無益, 無用

sêl *f* 熱心, 熱中; 熱意

sêl (seliau) *f* **1.**判, 印(鑑): ~ cymeradwyaeth

---

seneddol

承認[許可]印;(金属などの)璽: y S~ Fawr 国璽尚書; y S~ Gyfrin 王璽尚書 **2.**(王・領主・貴族などが信書・布告書などに添付した鑞・鉛などに押印された)印章, 証印 **3.**秘密を保つもの: tan ~ cyfrinach 秘密厳守の約束で **4.**~-fodrwy (-au) *f* 印記付き指輪

seld (-au) *f* 食器戸棚

seler (-au, -i, -ydd) *f* **1.**(通例食料貯蔵室などに用いる)地下室, 穴蔵;(地下の)ぶどう酒貯蔵室 **2.**貯蔵のぶどう酒

seleru *t* (ぶどう酒などを)地下室に貯える

selfa (selfâu) *f* [地理]熱帯雨林

selfais (-feisiau) *m* 織物の耳, 織端

selio *t* **1.**(契約・約束などを)固める, 保証[確認]する: ~ bargen 契約を固める **2.**(運命などを)決定する **3.**(手紙などの)封をする; 封印する: ~ llythyr 手紙に封をする **4.**(窓などを)密封する **5.**(穴・割れ目などを)封じる, 埋める **6.**(警察がある地域を)封鎖[立入禁止に]する: ~ ynysu ardal ある地域を封鎖する

seliwlos *m* [化学]セルロース, 繊維素

seliwr (-wyr) *m* 度量衡検査官

selnod (-au) *m* = **sêl (seliau)**

seloffen *m* [商標]セロファン

selog *a* 熱心[熱狂的]な; 熱望する

Selotep *m* [商標]セロテープ

selotepio *t* セロテープで貼る

selsigen (selsig) *f* [料理]ソーセージ, 腸詰め; cig (*m*) selsig 豚の細かいひき肉(ソーセージまたは料理の詰め物用); rhôl (rholiau ((*f*) selsig ソーセージ入りロール(ソーセージをパン[パイ]生地で巻いて焼いたもの; 英国では軽食として食べる)

sêm (semau) *f* **1.**(布・服・毛皮などの)縫い目, 継目; 縫い合わせ: ~ Ffrengig 袋縫い **2.**[金加](金属管などの)縦継目, 綴じ目, シーム; かぶり[すじ]傷: asio ~ シーム溶接

semaffor (-au) *m* **1.**(鉄道などの)信号機 **2.**手旗信号

semafforig *a* 信号のように[を使って]

semafforio *t&i* 信号機[手旗]で知らせる

semanteg *f* [言語]意味論

semantig *a* **1.**意味の **2.**[言語]意味論の

semantydd (ion) *m* 意味論学者

semen *m* [動物・解剖]精液

semenaidd : semenol *a* 精液の

sen (-nau) *f* けんつく, ひじ鉄砲, 冷遇

senario (-s) *mf* **1.**[演劇](劇の)筋書き **2.**[映画]脚本, シナリオ **3.**(計画・予定などの)概要

senarydd (-ion) *m* 脚本家, シナリオライター

senedd (-au) *f* **1.**(一般に)議会, 国会 **2.**英国議会: y S~ 英国の国会議事堂 **3.**国会[下院]議員 **4.**(二院制議会の)上院 **5.**(大学などの)評議員会 **6.**(古代ギリシャ・ローマの)元老院

seneddol *a* **1.**議会[国会]の: Comisiynydd

seneddwr

S~ dros Weinyddiad (英) 行政府管理委員; Aelod (-au) S~ (A.S.) *m* 下院議員 2.議会で制定した 3.議員法による 4.議会制[政治]の 5.議会(派)の 6.(言動が)議会に適した, 品位のある 7.上院(議員)の 8.(大学の)評議員(会)の 9.元老院(議員)の

seneddwr (-wyr) *m* : **seneddwraig (-agedd)** *f* 1.議員法学者, 議員法規通 2.議会人 3.[S~](英)下院議員 4.上院議員 5.[英史](Charles一世に反対して議会を支持した)議会党員, 議会派議員

seneddwriaeth (-au) *f* 上院議員の職[地位, 任期]

sennu *t* 1.ひじ鉄砲を食わせる, 鼻であしらう, 冷遇する 2.悪口を言う, ののしる
i 悪口を言う, ののしる

sennwr (senwyr) *m* : **senwraig (-agedd)** *f* 1.ひじ鉄砲を食わせる人 2.悪口を言う人

sensitifedd (-au) *m* 1.[写真]感光度 2.[電気](受信機・計器などの)感度

sensitifrwydd *m* 1.(人・皮膚の)感じやすさ, 敏感, 感受性 2.= **sensitifedd** 1, 2

sensor (-iaid) *m* 1.(出版物・映画・信書などの)検閲官 2.[精分]検閲 3.(古代ローマの)監察官

sensora : sensoro *t* 1.検閲する 2.(語・文などを)検閲して削除する

sensoriaeth (-au) *f* 1.検閲 2.検閲官の職[職権, 任期] 3.[精神分析]検閲

sensorol *a* 検閲(官)の

sentiment *m* 感傷(的なこと)

sentimental : sentimentalaidd *a* 1.感傷的[多感]な: nofel ~ 感傷的な小説 2.(理性・思考より)感情に動かされる, 感情的な 3.(小説・演劇など)感情に訴える, お涙頂戴の, センティメンタルな

sentimentaleiddio *t* 感傷的に考える
i 感傷に耽る, 感傷的になる

sentimentaleiddiwch *m* = **sentiment, sentimentaliaeth**

sentimentaliaeth *f* : **sentimentalrwydd** *m* 1.感情[情緒, 感傷]主義 2.感激性, 感傷癖

sentimentalydd (-ion) *m* 感傷的な人; 感情家

septig *a* 1.腐敗(性)の 2.[病理]敗血性の

septisemia *m* [病理]敗血症

seraff (-iaid) *m* 1.[聖書]セラピム(人間に似た姿をして六つの翼を備えた天使; cf *Isa* 6:2) 2.[神学]熾天使(9天使中最高位の天使)

seraffaidd : seraffig *a* 1.熾天使の 2.(微笑など)天使のような, 美しく神々しい, 清らかな

sercol *m* 炭, 木炭

serch *m* 1.(家族・友人・祖国などに対する)愛, 愛情: ~ at eich gwlad 愛国心 2.(異性に対する)恋, 恋愛: ~ cwrtais[文学]宮廷風恋

愛, 愛の作法(12~14世紀のヨーロッパに流行し, 中世文学の重要な源泉となった優雅で騎士道的な愛の教義); plentyn (plant)(*m*) ~ 私生児; llythyr ~ 恋文, ラヴレター; diod (-ydd)(*f*) ~ 惚れ薬, 媚薬; llwy (-au)(*f*) ~ 愛のスプーン(ウェールズ地方で婚約した男がフィアンセに贈る木製の二股スプーン)

serch *conj* …であるが[だけれども, とは言え]: ~ nad yw'n dlawd 彼は貧しいわけではないけれども
prep …にもかかわらず

serchog : serchus *a* 1.(人・態度など)愛情深い, 優しい, 愛想[感じ]のよい 2.(言葉・手紙など)愛情のこもった

ser-ddewin (-iaid) *m* : **ser-ddewines (-au)** *f* 占星家

ser-ddewiniaeth *f* 占星術

seremoni (-ïau) *f* 1.(宗教的・神聖な)儀式: yn ddiseremoni 儀式張らずに; 無遠慮に; meistr (*m*) y seremonïau (meistri'r seremonïau)(宮中の宴会などを司る)式部官 2.(公的)儀礼

seremonïaidd : seremonïol *a* 1.儀式[礼]上の 2.儀式用の 3.儀式張った

seren (sêr) *f* 1.星: ~ ddwbl (sêr dwbl)[天文]連星(系); ~ yr hwyr, ~ hwyrol 宵の明星; gweld sêr(頭をぶつけたりして)目から火が出る, 目がくらむ 2.星印 3.星章, 星形勲章 4.[宝石]スター 5.[印刷]星印, アステリスク;[*pl*]アステリズム, 三星印(特に注意を促す文章の前などに付ける)6.(ホテル・レストランなどの格付け・価値の等級を示す)星印: gwesty (gwestai)(*m*) pedair ~ 四つ星のホテル 7.[映画・演劇]スター, 花形, 立役者, 人気者: ~ ffilmiau 映画スター 8.(米)(星条旗で)50州の一つを表す星 9.(馬の額の上の)白い斑毛, 星
a 1.星の[に関する]: llif (-oedd)(*m*) sêr[天文]星流, ~ gynffon (sêr cynffon) 彗星, ほうき星; hollt (-au)(*f*) ~(木材の)星割れ, 芯割れ 2.星印を付けた 3.スター[花形]の

serennog *a* 1.星の[から出る]2.星の多い, 星明かりの 3.星のように光る 4.星形の 5.(空など)星をちりばめた 6.…主演の 7.星印[アステリスク]を付けた 8.[複合語の第構成要素として](…の)星回り[運命]の: dosbarth cyntaf ~(大学の)最優等の学位

serennu *t* 1.星印を付ける 2.星飾りをちりばめる 3.[印刷]星印を付ける 4.[映画・演劇](俳優・演技者を)主演させる, スターにする: llun â Richard Burton yn ~ リチャードバートン主演の映画
i 1.(宝石などが)輝く, (星のように)キラキラ光る 2.(才気・機知が)閃く, ひらめき[ほとばしり]出る 3.[映画・演劇]主演する, 主役を演じる

serfiad (-au) *m* [テニス]サーヴ, サーヴィス;

サーヴの仕方; サーヴの番: ~ canon 弾丸サーヴィス

serfio *t* 1.[テニス](ボールを)サーヴする 2.(飲食物を)配る
i [テニス]サーヴする

serfiwr (-wyr) *m* [テニス]サーヴァー, サーヴする人

serio *t* 1.(霜・寒風などが植物を)萎びさせる, 枯らす 2.(傷口などを治療のため)焼灼する

sero (-au) *m* 1.[数学](アラビア数字の)0; ゼロ, 零 2.(温度計などの)零度; islaw ~, is na ~, o dan ~ 氷点[零]下; ~ eithaf[物理]絶対零度 3.(成績・試合などの)零点
a 1.ゼロ[零]の: ~-swm(ゲーム・関係など)零和の; fector (-au)(*m*)~[数学]零ヴェクトル 2.[気象]水平・垂直視程階級0の: ~~~ 水平・垂直ともに視程0[ゼロ]の

seroeiddio *t* (計算機などを)0[ゼロ]に戻す

serog *a* = serennog

serol *a* [天文]1.星[星座]の 2.恒星で測定する[された]

serotherm *m* 暑くて乾燥した環境で育つ植物

serothermig *a* 暑くて乾燥した風土に適応した

serth (-ion) *a* 1.(思想・書物など)公序良俗を乱す, 猥褻な 2.鼻持ちならない, 実に嫌な 3.(値段・要求など)法外な, 途方もなく高い 4.(話など)大袈裟な, 仰々しい

serthedd *m* 1.猥褻 2.猥褻な言葉[ジョーク, 言行]

serwm (sera) *m* 1.[生理]漿液, リンパ液 2.血清

seryddiaeth *f* 天文学

seryddol *a* 天文学上の

seryddwr (-wyr) *m* : **seryddwraig (-agedd)** *f* 天文学者

sesiwn (-iynau) *mf* 1.(議会・会議・法廷などの)開会, 開廷: yn ystod y ~ hwn 法律を制定するこの議会の開会中に 2.会議: cael ~ caeëdig/gaeëdig 秘密会議を開催する 3.[法]Llys (-oedd)(*m*)S~ 民事控訴院 4.[教育](英大学の)学年; (米大学の)学期 5.[*pl*][英法]法廷: S~ Fach *f* 小治安裁判所[法廷]

sesiynol *a* 開会[開廷, 会期](中)の; 会期毎の

sesnin *m* [料理]調味料による味付け

sesno *t* 1.[料理](食物・料理などに)味を付ける; (調味料・香辛料などで)調味する 2.(材木などを)乾燥させる, 枯らす
i (材木などが)乾燥する, 枯れる

seston (-au) *mf* 1.貯水器, 水槽 2.(天然の)貯水池

set (-iau) *f* 1.[ダンス](スクエアダンス・カドリールなどを踊る)一組の人々: ~ gwadriliau (setiau cwadriliau)一組のカドリール舞踏者たち 2.(テレヴィ・ラジオなどの)セット, 受像[信]機: ~

radio ラジオ受信機; ~ deledu (setiau teledu)テレヴィ受像機 3.[美容](髪の)セット 4.[演劇]舞台装置: tynnu'r ~ 舞台装置を取り外す; ~ focs (setiau bocs)一部屋の三面の壁と天井を表現する舞台 5.[映画]セット 6.[数学]集合: ~ wag (setiau gweigion)ゼロ集合 7.[スポ]セット: setbwynt (-iau) *m* [テニス]セットポイント

sêt (seti) *f* = sedd

setio *i* (ゼリーが)固まる

setl (-au) *f* [家具](木製の)長椅子

setliad (-au) *m* [法律]解決, 決定: ~ blwydd-dâl 年金の決定

sffêr (sfferau) *mf* 1.[幾何]球; 球形[体, 面] 2.天球: ~ wybrennol *f* [天文]天球 3.天体 4.(古代天文学で)天界

sfferaidd : sfferig *a* 1.球形[状]の, 丸い 2.球(面)の: ongl (-au) sfferig *f* 球面角 3.天体[球]の

sfferigedd : sfferigrwydd *m* 球形であること; 球面; 球体

sfferoid (-au) *m* [幾何]回転楕円体[面]

sgadenyn (-sgadan) *m* [魚類]ニシン, 鰊

sgaldanedig *a* 1.熱湯処理をした, 湯通しした 2.沸騰点近くまで熱した

sgaldanu *t* 1.(熱湯・蒸気などで)火傷させる 2.(器具を)湯ですすぐ, 熱湯消毒する 3.(牛乳などを)沸騰点近くまで熱する

sgaldiad (-au) *m* (熱湯・湯気などによる)やけど

sgâm (-s) *f* 計略, ごまかし

sgampi *pl* [料理]スキャンピー(ガーリックで味付けしたクルマエビのフライ料理)

sganiad (-au) *m* 1.[テレヴィ・通信]走査, スキャン 2.精査

sganio *t* 1.[通信](レーダーである地域を)走査する 2.[テレ](映像を)走査する 3.[医学](人体などを)走査する 4.[電算](データなどを)走査する

sgarff (-iau) *f* 1.スカーフ: pin (-nau)(*m*)~ スカーフピン 2.[木工]スカーフ: uniad (-au)(*m*)~ 滑り刃継ぎ, スカーフ継ぎ

sgarffio *t* 1.[木工](木材を)滑り刃継ぎにする 2.[造船](鋼片などの金ごけを焼切って表面を)滑らかに仕上げる

sgarmes (-au, -oedd) *f* 1.小論争, 騒々しい喧嘩 2.[軍事]軽戦, 小戦

sgarmesu *i* 1.軽戦[小戦]を交える 2.小競り合いをする

sgameswr (-wyr) *m* 1.小競り合いする人 2.[軍事]散兵

sgathru *i* (群衆などが)四散する, 散り散りになる

sgêm (-s) *f* 悪巧み, 陰謀

sgemio *t* 企む, 計画する
i 1.企む 2.(…しようと)策動する

sgemiwr (-wyr) *m* : **sgemwraig (-agedd)**

sgeptig : sgeptigol *a* 1.懐疑的な, 疑い深い 2.無神論的な

sgeptig (-iaid) *m* 1.懐疑論者 2.無神論者

sgeptigiaeth *f* 1.懐疑 2.懐疑論[説]3.無神論

sgerbwd (-bydau) *m* 1.(人・動物の)骨格; (特に)骸骨 2.骨と皮ばかりの人 3.(獣の)死体, 死[腐]肉 4.(家・船などの)骨組

sgeri (-ïau) *mf* [スコ]岩の多い小島

sgert (-i, -iau) *f* 1.(服飾)(婦人・女児の)スカート: ~ linell A (sgerti llinell A) Aラインシルエットのスカート(1960年代に流行したAの字を形作るシルエットのスカート); ~ fflêr フレアースカート 2.牛の脇腹肉 3.[pl](町などの)郊外, はずれ

getsh (-is) *f* [演劇](寄席演芸などの一部となる)寸劇, 小劇

sgi (sgïau) *f* スキー: sgi-bob (-iau) *m* スキーボブ

sgiff (-iau) *mf* [海事]スキフ(一人で櫂で漕ぐ小舟)

sgïl-effaith (~-effeithiau) *f* 副作用

sgilgar *a* 1.(人が)熟練した, 上手な, 器用で 2.巧妙な

sgilgarwch *m* 1.熟練, 器用 2.巧妙

sgimio *t* 1.(肉汁・スープなどの)上澄みをすくう[すくい取る] 2.[冶金]溶融した金属の表面から(浮き滓を)取る
i 上澄みができる

sgïo *t* スキーで(山などを)行く[越える]
i スキーで滑る

sgip (-iadau) : sgipiad (-au) *m* 軽く跳ぶこと, 跳躍; スキップ

sgip (-iau) *mf* (建築現場などで出た廃棄物を運ぶ)大型容器

sgipio *i* 1.(子供・子羊などが)跳ね回る; スキップする 2.縄跳びする

sgipiwr (-wyr) *m* :sgipwraig (-agedd) *f* 1.飛ぶ[跳ねる]人 2.[魚類]ハシナガサンマ(大西洋にいる水面をジャンプするサンマの一種)

sgit (-iau) *f* [演劇](風刺的・滑稽な)寸劇, スキット

sgitlen (sgitls) *f* 九柱戯, スキットル

sgitlo *t* [クリ](打者を)次々アウトにする

sgiw (-iau) *f* = setl

sgiw (-iau) *mf* 歪み, 曲がり, 斜め: ar ~ 斜めに, 曲がって
a 斜めの, 歪んだ, 曲がった: bwa (bwâu) (*m*) ~ [土木]斜めアーチ

sgiwedd *m* [統計]歪み, 歪度, 非対称度

sgiwer (-au) *mf* [料理](肉などを刺す)串, 焼串

sgiwio *t* 斜めにする, 曲げる
i 逸れる, はずれる

sgïwr (sgïwyr) *m* : sgiwraig (-agedd) *f* スキーをする人, スキーヤー

sglefr (-au) : sglefren (sglefrau) *f* 1.滑ること, 滑走 2.滑台 3.(橇などの)滑走場 4.[造船](傾斜した)造船台

sglefriad (-au) *m* 1.滑ること, 滑走 2.(自動車・車輪などの)(横)滑り, スリップ: tinsglefriad (-au) *m* [航空](飛行機の)尾橇 3.[登山]グリセード, 制動滑降

sglefrio *i* 1.滑る, 滑走する 2.(自動車・車輪などが)滑る, 横滑り[スリップ]する 3.スケートで滑る: ~ ar rew/iâ tenau (薄氷を踏むように)危険な状態にある, 危ない橋を渡る 4.[登山]グリセードする, グリセードで滑る[下る]

sglefriwr (-wyr) *m* : sglefrwraig (-agedd) *f* 滑る人; スケートをする人, スケーター

sglein *mf* 1.光沢, 艶 2.(布や紙の)滑らかで光沢のある表面, (表面の)艶 3.[料理](艶を付けたり風味を増すために)菓子や料理にかけるグレーズ

sglein : sgleiniog *a* 1.(布が)光沢のある, 滑らかな: cotwm (*m*) sglein 光沢のある綿布 2.[料理](艶が付くように)グレーズをかけた: ffrwythau sglein グレーズをかけた果物

sgleinio *t* 1.(物を)磨く, 艶を出す 2.[料理](料理・菓子に)グレーズをかける, 照りを付ける 3.[写真]艶出しする, 光沢を付ける
i 光る, 輝く, 照る

sgleiniwr (-wyr) *m* : sgleinwraig (-agedd) *f* 1.磨く[光沢を出す]人 2.ニシンなど数種の銀色の魚類の総称 3.淡水産の数種の銀色の小魚類の総称 4.[昆虫]ゴキブリ

sglerosis (-au) *m* [病理]硬化症: ~ ymledol 多発性硬化症

sglodfa (-feydd) *f* フィッシュアンドチップスを売る店

sglodyn (sglodion) *m* [料理](拍子木型の)ポテトフライ

sgôl (sgoliau) *f* [気象]スコール, 突風, 陣風: ~ grom (sgoliau crymion) アーチ形スコール

sgolastig (-iaid) *m* (中世の)スコラ哲学者
a (中世の)スコラ哲学の

sgolastigiaeth *f* (中世の)スコラ哲学

sgolop (-iau) *m* [通例pl]スカラップ(服飾で裾の端などの扇形の縁取など)

sgon (-au) : sgonsen (sgons) *f* [料理]スコーン

sgons (-iau, -ys) *m* [教育]罰金, 科料(Oxford大学の食道などで作法を破った時に上級生から罰として課せられるビールなど)

sgonsio *t* (Oxford大学で上記のような)罰を在学生に課する

sgôr (sgorau) *f* 1.(皮膚・岩・金属などの表面の)引っ掻いた線[傷跡], 刻み目, 切込み線 2.[スポ](競技・試合の)得点, スコア: ~ grynswth (sgorau crynswth) 総スコア;

bwrdd (byrddau) (*m*) sgorio, bwrdd cadw ~ 得点掲示板, スコアボード 3.[教育・心理] (テストの) 得点, 点数: ~ grai (sgorau crai) 素点 4.[音楽] 楽譜, 総譜, スコア: ~ lawn (sgorau llawn) 総譜 5.[度衡] (特に豚・去勢牛の重量単位として) 20または21ポンド

sgorio *t* 1.(競技・試合で) 点を取る, 得点する: ~ cant [クリ] 100点を取る; ~ gôl [フボ] ゴールを決めて1点を取る 2.(試合の) 得点 [点数] をつける 3.[音楽] (曲を管弦楽用に) 作曲 [編曲] する 4.(利益・成功・人気などを) 得る, 博する

sgoriwr (-wyr) *m* (競技の) 得点記録係

sgrafellu *t* [地理] (岩などを) 浸食する

sgraffiniad (-au) *m* 1.(岩石の) 削磨 2.(金属の) 摩耗 3.[歯科] 摩耗

sgrap *m* 屑, 鉄 [金] 屑, スクラップ
　a 屑鉄 [金] の, スクラップの

sgrapio *t* 1.屑として捨てる 2.(計画などを) 止めにする, 反古にする

sgrech (-au, -iadau, -feydd) *f* 1.悲鳴, 絶叫, 金切り声, キャッという叫び声 2.キーと鳴る音

sgrechian *t* 1.(恐怖・苦痛などのため) 金切り声 [悲鳴] をあげる, キャッと叫ぶ: ~ am help 助けを求めて悲鳴を上げる 2.金切り声で言う 3.金切り声で叫んで (ある状態に) する: ~ nes eich bod yn gryg 絶叫して声をからす
　i キャッと言う [叫ぶ笑う], 金切り声を出す: ~ chwerthin キャッキャッと大声で笑う

sgrechiwr(-wyr) *m* : **sgrechwraig (-agedd)** *f* 1.金切り声を上げる人 2.[鳥類] サケビドリ (叫び鳥)

sgrechlyd : sgrechog *a* 金切り声を出す

sgri *f* [音楽・スコ] バグパイプの音 [吹奏]

sgri (sgriau) *m* [地理] (山の) がれ (場) (風化のため崩壊した岩屑)

sgrio *i* バグパイプがピーピーいう

sgriffiad (-au) : sgriffiniad (-au) *m* 1.(皮膚の) 掻き [かすり] 傷, 擦りむけ, 擦過傷 2.なぐり [走り] 書き (の手紙) 3.ぞんざいな筆跡

sgriffian *t* なぐり [走り] 書きする

sgriffiedig *a* (皮膚を) 擦り剥いた

sgriffinio : sgriffio *t* (皮膚を) 擦り剥く, 掻き [かすり] 傷をつける

sgriffiwr (-wyr) *m* なぐり [走り] 書きする人

sgrîn (sgriniau) *f* 1.(風 [熱] よけ・装飾用などの) つい立て, 屏風: ~ blygu (sgriniau plygu) 屏風 2.(木などの) 目隠し, 遮蔽物 3.[映画] スクリーン 4.[写真] 濾光器, 整色スクリーン, フィルター: ~ liw (sgriniau lliw) 色フィルター 5.[印刷] 網目スクリーン 6.(土・砂・石・石炭などをふるい分ける) 粗目のふるい 7.[建築] 非耐力間仕切 [壁] 8.[教会] 内陣仕切

sgrinio *t* 1.仕切をする, 遮断する 2.(人を) 守る, 保護する 3.(砂・石炭などを) ふるう, ふるい

分ける

sgript (-iau) *f* 1.[演劇・映画・ラジオ・テレ] 台本, 脚本, スクリプト: mech (-ed) (*f*) ~ [映画] スクリプトガール 2.原稿

sgriptiwr (-wyr) *m* : **sgriptwraig (-agedd)** *f* [演劇・映画・ラジオ・テレ] 台本作家, 脚本家, スクリプトライター

sgriw (-iau) *f* 1.ねじ (釘), ボルト: ~ lawdde (sgriwiau llawdde) 右ねじ; ~ beiriant (sgriwiau peiriant) 小ねじ; ~ goed (sgriwiau coed) [木工] 木ねじ 2.(肉体的・精神的) 圧迫, 強要 3.[航空] スクリュー [ねじ] プロペラ: ~ yrru (飛行機の) プロペラ 4.(少量のタバコ・塩を入れる) ひねり袋: 一ひねり 5.給料, 賃金 6.[刑務所の] 看守 7.[ビリ・テニス] (ボールの) ひねり

sgriwio *t* 1.ねじで締める [止める, 取付ける] 2.(身体・腕などを) ひねる, ねじる 3.[ビリ・テニス] (ボールを) ひねる: ~ pêl ボールをひねる

sgrôl (sgroliau) *f* 1.(羊皮紙などで作った古代の) 巻物: Sgroliau'r Môr Marw 死海写本 [文書] 2.[美術] 絵巻物 3.[紋章] スクロール 4.[建築] 渦巻模様, 渦形装飾

sgrolio *t* 1.巻物に書く 2.渦形で飾る
　i 巻く

sgrotwm (sgrota) *m* [解剖] 陰嚢

sgrym (sgrymiau) *f* [ラグ] スクラム: ~ osod (sgrymiau gosod) セットスクラム

sgrymio *i* [ラグ] スクラムを組む

sgubo *t* 1.(部屋・床・煙突などを) 掃く, 掃除する 2.(嵐・火災などがある地域を) 吹きまくる; 焼き尽す 3.(波・雪崩などが) 洗い [押し] 流す 4.(不必要な物を) 一掃する 5.選挙に大勝する 6.[陸軍] (砲台などが) 掃射する

sgwad (-iau) *f* [軍事] (軍隊の) 分隊

sgwadron (-au) *mf* [軍事・英空軍] 飛行中隊: arweinydd (arweinwyr) (*m*) ~ 飛行中隊長

sgwâr (-iau) *mf* 1.四角い広場, スクエア 2.[幾何] 正方形: ~ swyn 魔方陣 3.[数学] 平方, 二乗 4.[軍事] 方陣 5.[度衡] (床・屋根などを測る) 面積単位 (100平方フィート)
　a 1.正方 [長方] 形の 2.[ダンス・トラ] 組んでいる二人同士が向かい合って行なう: dawns (-iau) ~ *f* スクエアダンス 3.[数学] 平方 [二乗] の: modfedd (-i) ~ *f* 平方インチ 4.(肩・体格など) 角張った, がっしりした 5.[クリ] 三柱門と三柱門を結ぶ線に直角の

sgwario : sgwaru *t* 1.(肩・肘などを) 張る: sgwario'ch ysgwyddau 肩を怒らせる 2.[数学] 平方 [二乗] する 3.正方形にする 4.[海事] (横帆船の帆桁を) 竜骨とマストに直交させる
　i [海事] 追風を受けて帆走する

sgwaryn (-nau) *m* 三角定規

sgwat (-iau) *m* 不法占拠建造物

sgwatiad (-au) *m* 不法占拠

sgwatiwr　524　**sianel**

sgwatiwr (-wyr) _m_ : **sgwatwraug (-agedd)**
_f_ 1.しゃがむ［うずくまる］人 2.（公有地の）不法
占拠者 3.［豪史］牧羊業者

sgwd (sgydau) _f_ 滝，瀑布，大滝

sgweier (-iaid) _m_ 1.（昔の君主・貴人の）馬
屋番，別当 2.（昔の英国の地方の）大地主
3.（騎士の）従者 4.婦人に付き添う人 5.［魚
類］フエダイ

sgwlcan _i_ こそこそ忍び歩く

sgwlci (-cwn) _m_ こそこそする人

sgwlio _t_ （ボートを）スカルで漕ぐ
_i_ ボートをスカルで漕ぐ

sgwrfa (-feydd) _f_ : **sgwriad (-au)** _m_ 1.ごし
ごし磨くこと 2.（水勢で川底の砂泥などを）洗い
流すこと: sgwrfa'r llanw 潮の洗い流し

sgwrio _t_ 1.（床などを）ごしごし磨く；（鍋・瓶など
を）擦り磨く： sosban ソースパンの中をこすっ
て洗う 2.（錆・染みなどを）こすり落す，洗い流
す 3.（衣類などを）ごしごし洗う，洗濯する
4.（川底などを）洗堀する

sgwriwr (-wyr) _m_ : **sgwrwraig (-agedd)**
_f_ 1.擦り磨く人 2.洗濯人

sgwrs (sgyrsiau) _f_ 1.会話，談話，雑談，おしゃ
べり: cael ~ 話をする 2.講演，講話

sgwrsio _i_ 話す，談話を交わす，雑談［談笑］す
る，ぺちゃくちゃしゃべる，噂話をする: ~ yn
Gymraeg ウェールズ語で話す

sgwrsiwr (-wyr) _m_ : **sgwrswraig (-agedd)**
_f_ 話好きな人，談話者；座談家: mae hi'n ~
dda 彼女は話上手です

sgwter (-i) _m_ 1.（子供の）スクーター，片足ス
ケート 2.モータースクーター

sgwterwr (-wyr) _m_ : **sgwterwraig (-agedd)**
_f_ スクーターに乗る人

sgyrsiol _a_ 1.会話（体）の，座談風な: yn ~ くだ
けた口調で 2.話好きな

Shinto _m_ ［宗教］神道

si _m_ ヒュー，ビュー（弾丸・矢などが風を切る音）

si (sïon) _m_ 1.噂，風聞，流言: taenwr (-wyr)
(_m_) sïon 噂を触歩く人，デマ屋 2.遠い雑音，が
やがや（いう）声

siaced (-i) _f_ 1.（男女用の）上着，ジャケット: ~
ginio/giniawa (siacedi cinio/ciniawa) 男子
用略式夜会服（上着）2.（服装以外の目的
で）上半身を覆うもの: ~ achub 救命胴衣
3.（本の）カヴァー 4.（レコードの）ジャケット
5.（書類・公文書などを入れる）大型封筒，書
類入れ 6.（機関などの加熱を防ぐ）水ジャケット

siâd (sidau) _f_ 1.頭; 脳天 2.頭脳

siaff _m_ （牛馬飼料の）切り藁

siafft (-iau) _f_ 1.（馬車などの）ながえ，かじ棒
2.［機械］軸，心棒 3.［鉱山］立坑 4.［考古］
竪穴: bedd (-au) (_m_) ~ 竪穴式墳墓

siâl _m_ ［岩石］頁岩，泥板岩，シェール: olew
(_m_) /oel (_m_) ~ ［地質］頁岩油，シェールオイ
ル

sialc (-au, -iau) _m_ 1.白亜: pwll (pyllau) (_m_) ~
（白亜を採掘する）白亜坑 2.白墨，チョーク，色
チョーク 3.（洋裁用）チャコ（滑石製; 布地に線
を引くのに用いる）

sialcio _t_ チョークで書く［印を付ける］

sialens (-iau) _f_ 1.挑戦，（決闘・試合などの）申
込み: cwpan (_mf_) ~ ［スポ］（競技の）挑戦杯
2.［軍事］誰何（歩哨がHalt!（止まれ）Who
goes there? （誰だ!）と呼び止めること）3.［法
律］（任命前の陪審員に対する）忌避

sialensio _t_ 1.挑戦する；（試合などを）申込む
2.（人に…するよう）挑む 3.［軍事］（番兵が）
誰何する 4.［法律］（陪審員・証拠などを）忌避
［拒否］する

sialensiwr (-wyr) _m_ 1.挑戦者 2.［軍事］誰
何する人 3.［法律］忌避［拒否］者

Siam _f_ ［地理］タイ（東南アジアの王国; 旧称
Siam; 首都Bangkok）

Siamaidd _a_ タイ（人）の

Siameg _mf_ タイ語

Siamiad (-iaid) _mf_ タイ人

siambr (-au) _f_ 1.部屋，私室;（特に）寝室:~
arswyd 恐怖の部屋，戦慄の間 2.（商業用など
の）会議所: ~ fasnach (siambrau masnach)
商工会議所 3.［政治］（立法・司法機関の）議
会，議院: cyfundrefn ddwy ~ 二院制 4.[pl]
（法学院内の）弁護士の事務室 5.（機械の中
の）室 6.［生物］（生物体内の）小室，房，空洞
7.寝室用便器

siambrlen (-iaid) _m_ （宮廷の）式部官，侍従:
Arglwydd (-i) (_m_) S~ （英国の）宮内［式部］
長官

siambro _t_ 1.（人を）部屋に閉じ込める 2.（場所
に）部屋を設ける

siamffr (-au) _m_ （木材・石材の）面取りした部
分，斜角面

siamffro _t_ （木材・石材の）面取りする

siami (-ïod) _m_ ［動物］シャモア（南欧・西アジ
ア産のレイヨウ）

siampaen : siampên _m_ シャンパン［ペン］（東
フランス産の泡の立つぶどう酒の一種）

siampŵ (-au, -s) _m_ 1.洗髪 2.洗髪剤; 絨毯な
どの）洗剤

siampwio _t_ 1.頭髪をシャンプーで洗う: ~'ch
gwallt 髪をシャンプーで洗う 2.（絨毯などを）洗
剤で洗う

sianel (-au, -i) _f_ 1.川底，河床 2.（可航）水路
3.［地理］海峡: y S~ イギリス海峡; S~ San
Siôr セントジョージ海峡（ウェールズとアイルラ
ンドの間の海峡）; Ynysoedd y S~ チャネル諸島
（イギリス海峡にあり英領）; Twnel (_m_) y S~
英仏海峡トンネル（1994年5月6日開業; 長さ
50km）4.（水を流す）水管，導管 5.（灌漑用）
水路 6.（報道・貿易などの）経路，ルート:
sianelau cyfathrebu 交通路，情報ルート 7.［通
信］（ラジオ・テレヴィなどの）チャンネル

sianelu *t* 1.水路を作る 2.(関心・努力などをある方向に)向ける

siant (-iau) *mf* [音楽] 歌

siantio *t* [教会] (聖歌を)歌う

siantri (ïau) *m* [教会] 寄進によって建てられた礼拝堂

siâp (siapiau) *m* 1.形: beth yw ~ ei het? 彼の帽子はどんな形をしていますか? 2.姿, 様子 3.(健康などの)状態, 調子

siapio *t* (粘土を)形づくる
i 形をとる[なす]

siarad *t* 1.(外国語を)話す: ydych chi'n ~ Cymraeg? あなたはウェールズ語を話しますか? 2.(事実・思想・感情などを)表す, 語る, 伝える: ~ heb flewyn ar eich tafod 心を打ち明けて言う 3.(スポーツ・本・政治などのことを)話す: ~ siop (時・所を構わず)自分の商売[職業, 専門]の話をする 4.(言葉で)表す, 言う: ~ yn gall, ~ synnwyr もっともなことを言う, 物の分かった話をする 5.話をして(…の状態に)なる: ~ nes crygu, ~ nes mynd yn gryg 声がかれるまで話す, 話をし過ぎて声がかれる
i 1.話す, しゃべる: ~ wrth y pwys ほらを吹く; ~ â chi eich hun 独り言を言う; ~ yn eich cwsg 寝言を言う 2.話[談話]をする: pwy sy'n ~? (電話で)どなたですか? 3.講演[演説]をする 4.(行為・表情などが事実・感情などを)表す

siarad *m* 1.話, 談話, 会話: mân ~ 世間話, 雑談; siaradach *m*, gwag-siarad 無駄話; ~ babi/plentynnaidd (舌の回らない)赤ん坊言葉;(赤ん坊・恋人・愛玩動物に対して大人が用いる)赤ん坊のような話し方 2.話の種, 話題

siarâd (siaradau) *m* 1.(ジェスチャー・絵などで表される)言葉 2.[*pl*] ジェスチャーゲーム 3.見せかけ

siaradus *a* 話好きな, おしゃべりな

siaradusrwydd *m* 話好き, 多弁, 饒舌

siaradwr (-wyr) *m* : **siaradwraig (-agedd)** *f* 1.話す人, 話し手 2.(外国語を)話す人 3.演説者, 弁士; 雄弁家: siaradwr/siaradwraig newydd (議会における)処女演説をする議員

siars (-au) *f* 1.命令, 指令, 訓令 2.警告, 注意 3.(主教の)諭示 4.(判事が陪審員に与える)説示 5.[ラグ](相手チームのキックしたボールを)体で止めること

siarsio *t* 1.警告[注意]する 2.[法律](判事が陪審員に)説示を与える: ~'r rheithwyr 陪審に説示する 3.[ラグ](相手チームのキックしたボールを)体で止める

siart (-iau) *f* 1.[数学] 図表, グラフ, 表: ~ far (siartiau bar) 棒グラフ; ~ rediad (siartiau rhediad), llifsiart (-iau) *f* 生産工程順序一覧表;[電算機] フローチャート, 流れ図 2.[医学](患者の)カルテ 3.[海事](航海用の)海図, 水路図: caban (-au) (*m*) siartiau 海図室 4.

[航空] チャート

Siartaidd *a* チャーティスト運動(家)の

siarter (-i, -ydd) : siartr (-au) *f* 1.[しばしば S~](目的・綱領を述べた)憲章, 宣言書: Siart (e) r Iwerydd 大西洋憲章; y Siart (e) r Fawr [英史] 大憲章, マグナカルタ 2.(船・飛行機などの)チャーター, 貸し切り(契約) 3.(国王・国家が植民地・自治都市などに創設・権利などを保証する)勅許[特許, 認 可](状) 4.(法律による)法人団体設立許可(書) 5.(公認の)特権;(義務・責任などの)免除
a 1.特許による 2.チャーターした: ehediad (-au) (*m*) siart (e) r チャーター便

Siartiaeth *f* [英史] チャーティスト運動

siartio *t* 1.図表にする, 図示する 2.海図に記す 3.計画する

siartro *t* 1.特許状を与える;(会社などを)特許状によって設立する 2.(船・飛行機などを)チャーターする

siartrwr (-wyr) *m* [海事] 用船者(主)

Siartydd (Siartiaid, Siartwyr) *m* チャーティスト運動家

siasbi (-s) *m* 靴べら

siawns (-iau, -is) *mf* 1.運, 巡り合せ: chwarae (-on) (*m*) ~ 運任せの勝負事 2. 機会, 好機, チャンス 3.見込み, 勝ち目, 成算: ~ deg/teg 五分五分の見込み 4.偶然
a 偶然の: ~-fedlai *m* 過失[防衛]殺人

siawnsio *t* 思い切ってやってみる, 運を天に任せる

siawnsri (-ïau) *m* [法律] [S~](英)大法官庁裁判所

sibolsen (sibols) *f* : **sibolsyn (sibols)** *m* [植物] 春タマネギ

sibrwd (-au) *m* (人に…を)囁く
i 1.(人に)囁く, 小声で話す 2.ブツブツ言う, こぼす, 不平を言う

sibrwd (sibrydion) *m* 1.囁き, 小声; コソコソ話 2.(流れの)サラサラいう音 3.噂, 風説

sibrydwr (-wyr) *m* : **sibrydwraig (-agedd)** *f* 囁く人; 告げ口する人

sicl (-au) *m* 1.[度衡] シケル(古代ヘブライの重さの単位; 14g) 2.シケル(古代ユダヤの通貨単位) 3.シケル銀貨 4.シケル(イスラエルの通貨単位)

sicr *a* 1.確実な: peth (-au) ~ *m* (成功・勝利など)確実なもの; 確信して: hollol/perffaith ~ 絶対に確かで, 信じ切って 2.自信を持って: bod yn ~ ohonoch eich hun 自信を抱いている 3.(人などが)信頼できる, 安全な, 危険のない 4.(効果・治療法など)確実な 5.(足場・土台など)しっかりした, 崩れ[倒れ]ない, 強固な 6.(事実・証拠など)疑う余地のない 7.厳重に監禁して 8.きっと[必ず]…して: mae'n ~ o ddod 彼はきっと来る 9.避けられない, 不可避な

sicrhad *m* 1.獲得, 入手 2.保証, 請け合い, 確約 3.確認, 確証, 確信

sicrhau *t* 1.安全にする, 安定させる, 守る 2.保証 [確約]する, 請け合う 3.安心 [納得]させる 4.(物を)得る, 手に入れる, 獲得する 5.(決心・意見などを)強める, 固める; (習癖・意志などを)ますます強くさせる, 固めさせる

sicrwydd *m* 1.安全, 無事 2.安心 3.(財政上の)安定, 保障: ~ swydd 就職の保障 4.確信: 'rwy'n credu hyd ~ y daw 私は彼が来ると確信している; i ~ 確かに, きっと 5.必然性: ~ angau 死の必然性 6.保証, 請け合い, 確約 7.自信 8.確実なもの, 必然的な事物

sidan (-au) *m* 1.絹, 絹糸, 生糸: ~ gwneud 人絹; het (-iau) (*f*) ~ シルクハット; papur (*m*) ~ 薄葉紙; ティッシュペーパー 2.[*pl*](競馬)騎手服

sidanaidd *a* 絹の(ような); 絹製の

sidanbryf (-ed) *m*[昆虫]カイコ, 蚕

sidanwr (-wyr) *m*[法律](英)(絹の法衣を着る)勅選弁護士

sidell (-i) *f* 1.(指紋の)渦巻 2.[動物](巻貝の)渦巻, 一巻 3.[生物]輪生体

sidellog *a* 1.渦巻のある 2.[生物]輪生の

sider (-ion) *m* 1.[刺繍]レース 2.(肩掛け・裾などの)房飾り

siderog *a* 房飾りの付いた

sideru *t* 刺繍する; レース[房]で飾る

sidydd *m* 1.[天文]黄道帯, 獣帯 2.[占星]十二宮一覧図: arwyddion y ~[天文・占星]黄道十二宮

sidyddol *a*[天文・占星]黄道帯(内)の; 十二宮の

siec *m*[織物]格子縞, チェック, 碁盤模様; チェック柄の織物

siec (-iau) *f*[商業]小切手: ~ wag (sieciau gweigion)(金額未記入の)白地式小切手; ~ dithio (sieciau teithio)旅行者用小切手, トラヴェラーズチェック

siecro *t* 碁盤縞模様にする

siecrog *a* 格子縞[碁盤模様]の

sied (-iau) *f* 小屋, 物置

sièd (siedau) *m*[法律]1.(土地の)復帰, 没収 2.復帰した土地, 没収地

siedu *t*(財産を)没収する

siedwr (-wyr) *m*[法律]復帰[没収]地管理官

Siencyn *m* ジェンキン (Jenkin)(性)

sieri *m* シェリー酒

siesbin (-nau, -s) *m* = siasbi

sifil *a* 1.市民[公民]の: hawliau/iawnderau ~ 公民権, 人権; anufudd-dod ~ 市民的不服従 2.[法律]民事の: llys (-oedd) ~ *m* 民事裁判所; achos (-ion) ~ *m* 民事訴訟; cyfraith ~ *f* 民法, 民事法 3.市民社会の: peiriannydd (peirianwyr) ~ 土木技師; gwas

(gweision) ~ *m* 公務員 4.内政[民政]の 5.(時間・暦が)常用の 6.(軍人・聖職者に対して)一般市民の; 俗人の 7.(軍用でなく)民間用[人]の: hedfan (*vn*) ~ 民間航空 8.礼儀正しい

sifilaidd *a* 1.(軍人・聖職者に対して)一般市民[民間(人)]の 2.(軍人に対して)文民の; 軍属の

sifiliad (-iaid) *mf*(軍人・聖職者に対して)一般市民, 文民; 軍属

siffrwd *m* 1.サラサラ[カサカサ]鳴る音, 絹ずれの音 2.(米)精力的な活動, ハッスル

siffrwd *t*(木の葉・紙・絹などが)サラサラ[カサカサ]と音をさせる

i 1.(木の葉・紙・絹など)サラサラ[カサカサ]音を立てる; サラサラ音を立てて動く[歩く] 2.(米)ハッスルする

sifft (-iau) *f* 交替(制); 交替勤務時間: maen nhw'n gwneud ~ wyth awr 彼らは8時間交替で働く

sigâr (sigarau, -s) *f* 葉巻たばこ, シガー

sigarét (sigareti, -s) *f* 紙巻きたばこ, シガレット: cas (-ys) (*m*) sigaréts 紙巻きたばこ入れ, シガレットケース

sigl (-ion) : siglad (-au) *m* 1.揺れ, 震動, 振動, 動揺 2.(心などの)動揺, ためらい 3.(頭・尾などの)振り, 揺すり 4.(振子の)振動 5.[音楽]ロック音楽: sigl a swae (*m*)ロックンロール

sigledig *a* 1.揺れる, ぐらつく 2.(体が)よろめく: bod yn ~ ar eich traed 足元がよろめく 3.(声・筆跡など)震える 4.(家具など)グラグラする

siglen (-ni, -nod, -nydd) *f* 1.沼地, 湿地 2.(子供の)ブランコ 3.(屋外)便所 4.[鳥類]セキレイ: ~ felen (siglennod melyn)ツメナガセキレイ

siglennog *a* 沼地の(ような); 沼沢の多い

sigl-i-gwt *m* 1.シーソー台 2.[鳥類]セキレイ

siglo *t* 1.(腕・ベルなどを)振る, 振り動かす, 揺すぶる, 揺する: ~ llaw (a) rhn 人と握手する; ~'ch breichiau 腕を振り動かす; ~ hamoc ハンモックを揺する; ~'ch pen 首を横に振る(不承知・不賛成・非難・失望などの身振り); ~'r cwch/bad 波風を立てる 2.打ち振る, 振り回す 3.(信念・自信などを)動揺させる, ぐらつかせる, 弱める; (勇気・決意などを)くじく 4.(瓶などを)振って混ぜる

i 1.上下[前後]に動く, 揺れ動く, 揺れる, 震動する: ~ yn ôl ac ymlaen あちこちと揺れる 2.(人などが興奮・感動などで)動揺[感動]する 3.ブランコに乗る 4.シーソーで遊ぶ 5.行き来する

siglog *a*(建物・椅子などが)揺れる, 揺れ動く, 震動する, ぐらつく, がたつく, 上下[前後]に動く

siglwr (-wyr) *m* 1.振る[揺り動かす]人 2.揺り

椅子, ロッキングチェアー 3.[版画]ロッカー 4.[フス]ロッカー, 逆カウンター 5.[機械]ロッカー (部)

signal (-au) *m* 1.(警告・指示を伝達する)信号, 合図, サイレン 2.[テレ・ラジオ・通信]信号: codi ~ 信号を受信する 3.信号機, シグナル: ~ cyrraedd[鉄道]場内信号機 4.[海軍]通信, メッセージ

sil (-iau, -od) : silyn (silod) *m* 1.(魚介類などの)卵, はららご 2.[地質]迸入岩床

silfa (-feydd) *f* (魚類などの)産卵場所

silff (-oedd) *f* 1.棚; 本棚: ~ lyfrau(silffoedd llyfrau)本棚; silffrestr (-au) *f* [図書]書架目録 2.(崖の)岩棚

siliad (-au) *m* (魚類などの)産卵

silindr (-au) *mf* 1.[数学]円筒, 円柱 2.[印刷](輪転印刷機の)圧胴 3.(ポンプ・エンジンなどの)気筒, シリンダー

silindraidd : silindrig *a* 円筒形の; 円柱(状)の

silindrog *a* [通例複合語の第2構成素として]…気筒[シリンダー付き]の

silio *t* (魚類・両生類などが卵を)産む
i (魚類などが)産卵する

silt *m* [地質]沈泥, シルト

siltio *t* (河口などを沈泥で)塞ぐ
i (沈泥で)塞がる

silwair *m* [農業]1.(サイロや穴に入れ保蔵された)貯蔵(生)牧草 2.牧草の新鮮保存法

silweirio *t* (牧草などを)サイロに入れて貯蔵する, 貯蔵生牧草にする

silwét (silwetau) *m* 1.(通例黒色の)半面影像, 影絵, シルエット 2.輪郭, アウトライン 3.(流行婦人服などの)輪郭線

sill (-au) : sillaf (-au) *f* 1.[音声]音節, シラブル: teirsill 三音節の 2.[通例否定文で]一言: ni ddywedodd yr un ~ 彼女は一言もしゃべらなかった

sillafiad (-au) *m* 1.語の綴り, スペリング 2.綴字法

sillafog : sillafol *a* 1.音節[綴り]の 2.音節を表す 3.各音節を発音する 4.[音声]音節主音的な

sillafog (-ion) *f* [音声]音節主音

sillafoli *t* (語を)音節に分ける

sillafu *t* (語を)綴る: sut mae ~ eich enw? あなたの名前はどう綴るのですか?

sillafwr (-wyr) *m* : **sillafwraig (-agedd)** *f* 1.言葉を綴る人, 綴り手 2.綴字教本

sillgoll (-au) *f* [文法]アポストロフィ(省略[所有格, 複数]符号)

sima *m* [地質]シマ(質)層

simdde (-au) : simnai (-neiau) *f* 煙突: brestyn (*m*) simnai, brest (*f*) simnai 炉胸(暖炉の部屋に突き出た壁の部分)

simoniaeth *f* [教会](昔行われた)聖職[聖

物]売買

simonwr (-wyr) : simonydd (-ion) *m* [教会]聖職売買者

simsan *a* 1.(建物・テーブルなど)揺れる, ぐらつく 2.(体・足などが)よろめく, フラフラ[ヨロヨロ]する, 不安定な 3.(人が)体の弱い 4.(地位・信用・知識など)不安定な, 心もとない, 当てにならない: mae ei Gymraeg yn ~ 彼のウェールズ語は心もとない

simsaniad (-au) *m* よろめき

simsanrwydd *m* 1.薄弱, 浅薄 2.虚弱

simsanu *i* 1.よろめく, よろめき歩く 2.(建物などが)揺れる, ぐらつく, 震動する 3.(国家などが)倒れそうになる

simwm (simwmau) *m* [気象]砂嵐, シムーム(アラビア・北アフリカの砂漠地方で砂嵐を起こす熱風)

sin (-au) *m* [数学]正弦, サイン

sinamon *m* シナモン, 肉桂皮: carreg (cerrig) (*f*) ~ [鉱物]肉桂石

sinc *m* [化学]亜鉛: gwyn (*m*) ~ 亜鉛華

sinc (-iau) *f* (台所の)流し

sincio *t* 亜鉛で処理する

sinema (sinemâu) *mf* 1.映画 2.映画館 3.映画産業 4.映画製作技術

Singapôr *f* [地理]シンガポール(マレイ半島南端の島で年マレーシアから独立した英連邦内の共和国; その首都)

singled (-i) *mf* [服飾]シングレット(袖なしの下着・運動着)

sinic (-iaid) : sinig (-iaid) *m* 皮肉屋, 例証家, すね者

sinicaidd : sinigaidd *a* 皮肉[冷笑的]な

siniciaeth : sinigiaeth *f* 皮肉, 冷笑

sinsir *m* [植物]1.ショウガ 2.ショウガの根(薬用・香辛料・糖菓に用いる): diod ~ ジンジャーエール; torth (-au) (*f*) ~ ショウガ風味のケーキ

sinws (sinysau) *m* 1.曲がり, 湾曲; 湾 2.[病理]瘻 3.[解剖]洞

sïo *i* 1.(弾丸などが)ピューピュー音を立てて飛ぶ 2.(ハチ・モーターなど)ブンブン[ブーンと]いう

sioc (-iau) *f* 1.(精神的)ショック, 衝撃, 驚き 2.[病理]ショック(症): siocdriniaeth, triniaeth (*f*) ~ [医学]ショック[衝撃]療法 3.(爆発・地震などの)衝撃, 震動 4.電撃, 感電

siocio *t* (人に)衝撃を与える, ギョッと[憤慨]させる

sioe (-au) *f* 1.見せること, 表示 2.見せかけ, 装い, 風 3.類似, 似通い 4.外見, 外観 5.[商業・農業]展示[展覧, 共進, 品評]会, ショー: geir (sioeau ceir) モーターショー, 自動車の展示会; ~ amaethyddol 農業展覧[共進]会 6.見せびらかし, 見栄, 虚飾: gwneud ~ o'ch dysg 学問を見せびらかす 7.企画, 事業; 事, 物, 出来事

siofinaidd *a* 狂信的愛国主義(者)の

siofiniad (-iaid) *mf* : **siofinydd (-ion)** *m* [政治] 盲目[狂信] 的愛国主義者

siofiniaeth : siofinyddiaeth *f* 1. [政治] 狂信的愛国[排外] 主義 2. (自己の属する団体・性別などに対する) 極端な排他主義: ~ wrywaidd/gwrywod 男性優越思想

siogwn (-gyniaid) *m* 将軍

siogyniaeth (-au) *f* 将軍職 [政治]

siôl (siolau) *f* 肩掛け: ~ ffilt, ~ Bersli (siolau Persli) ペーズリーショール

siol (-s) *f* 頭

siom (-au) *mf* : **siomiad (-au)** *m* : **siomiant (-iannau)** *m* : **siomedigaeth (-au)** *f* 1. 失望, 期待はずれ: er fy mawr ~, er ~ fawr imi 私が非常に失望したことには 2. 失望のもと, 案外つまらない事物 [人]

siomedig *a* 失望[がっかり]させる, 失望した; 案外つまらない, 当て外れの

siomi *t* 1. (人を) 失望させる: caer eich ~, cael siom 失望する 2. (期待などを) 裏切る 3. (計画などを) くじく, 駄目にする

siomwr (-wyr) *m* : **siomwraig (-agedd)** *f* 失望させる人

Siôn Corn *m* サンタクロース

sionc *a* 1. (人が) 元気 [活発, 活動的] な 2. (動きが) 機敏 [敏活] な

sioncio *i* 活気づく, 活発になる, 勇み立つ

sioncrwydd *m* 1. 元気, 活発 2. 機敏, 敏活

Sioned *f* [人名] ジャネット (Janet) (女性名)

siop (-au) *f* 1. 店, 商店, 小売店: ~ dalu a chludo (siopau talu a chludo) 現金払持ち帰りの店; ~ gydweithredol 生活協同組合の店; ~ adrannol デパート, 百貨店; ~ gadwyn (siopau cadwyn) チェーン店; ~ hunanwasnaeth セルフサーヴィスの店; crwydro siopau ショーウインドーの覗き歩き 2. 事務所, 会社: dyn (-ion) (*m*) ~, merch (-ed) (*f*) ~ (小売店の) 店員; rhodiwr (~) ~ (rhodwyr siopau) 売場見回り人, 売場監督

siopa : siopio *i* 買物をする, 買物に行く,

siopladrad (-au) *m* 万引き

siopladrones (-au) *f* : **siopleidr (-ladron)** *m* 万引きする人

siopwr (-wyr) *m* : **siopwraig (-agedd)** *f* 1. 小売店主 2. 買物客

siorts *pl* [服飾] 半ズボン, ショーツ

siot (-iau) *m* (アフリカ・アルジェリア・チュニジア地方の) 塩湖; その干上がった湖底

sip (-iau) : sipyn (sipiau) *m* (飲物・スープなどの) 一すすり, 一口, 一なめ

sipian *t* (茶・スープなどを) すする, 少しずつ飲む [食べる]

i すする, 少しずつ [チビチビ] 飲む

sipiwr (-wyr) *m* : **sipwraig (-agedd)** *f* する [チビチビ飲む] 人

siprys *pl* 混成穀物

sipsi (-wn) *mf* ジプシー

sir (-oedd) *f* 州: hen deulu o'r ~ 州の旧家; S~ Faesyfed ラドナシャー (ウェールズ東部の旧州, 現在のPowys州中部に当たる)

sirianen (sirian) *f* [植物] サクラ, 桜

siriol *a* 1. (人・顔が) 元気 [快活, 晴れやか] な, ニコニコした 2. (会話・パーティーなど) 楽しい, 気分を引き立てるような 3. (部屋・景色など) 明るい, 気持のよい

sirioldeb *m* 1. 陽気, 愉快, 快活, 上機嫌 2. 活気 [景気, 勢い] づけること, 活性化

sirioli *t* (人・顔を) 元気づける, 晴れやか [朗らか] にする; 励ます

i (人・顔が) 元気づく, 晴れやかに [明るく] なる

sirol *a* (英) 州の: llys (-oedd) ~ *m* 州裁判所; ysgol (-ion) ~ *f* 公立の小学校・中等学校; criced ~ *m* 州代表チームのクリケット試合

sirydd (-ion) : siryf (-ion) *m* [行政] 州長官: Uchel-Siryf 州長官 (昔は国王の代理として種々の権限を持ったが, 今は任期1年の名誉職)

siryddiaeth (-au) : siryfiaeth (-au) *f* 州長官の職 [権限, 任期]

sisiad (-au) *m* [音声] 歯擦音を発すること; スー音

sisial *t* 歯擦音で発音する

i 1. 歯擦音を発する 2. 囁く, 小声で話す 3. (水が) サラサラ流れる

sisialwr (-wyr) *m* : **sisialwraig (-agedd)** *f* 囁く人

sisian *i* (不満・非難を表して人などに) シッと言う

sisiol (-ion) *f* [音声] 歯擦音

a [音声] 歯擦音の

siswrn (-yrnau) *m* 鋏: ~ brodwaith 刺繍鋏; ~ pincio, ~ igam-ogam ピンキング [ジグザグ] 鋏; cic (-iau) (*f*) ~ [水泳] あおり足

sisyrnu *t* (鋏で) 切る, 切取る [抜く]

sitrig *a* 1. [化学] クエン酸の 2. 柑橘類植物の

sitrws (-rysau) *m* [植物] 柑橘類植物

sither (-au) *m* [音楽] ツィター (オーストラリアなどで用いられている弦楽器)

siwed : siwet *m* [料理] スエット (牛・羊などの腎臓や腰の辺の堅い脂肪; 料理用) : pwdyn (-au) (*m*) siwed スエットプディング

siwgr (-au) : siwgwr (-grau) *m* 1. 砂糖: ~ coch 赤砂糖; ~ bras/gronynnog グラニュー糖; lwmp (lympiau), lwmpyn (lympiau) *m* 角砂糖1個 2. [化学] 糖: ~ plwm 酢酸鉛; ~ llaeth, lactos *m* [生化] 乳糖 3. (米) 愛する人, お前

siwgro *t* 砂糖で甘くする, 砂糖をかぶせる [振りかける]

i 糖化する

siwgrog *a* 1. 砂糖を入れた [振りかけた], 砂糖

siwmper 529 **slumio**

で甘くした 2.甘い, うまい, 甘美な 3.(言葉が)甘ったるい

siwmper (-i) *f* [服飾] 1.婦人・女児用セーター 2.(婦人・女児用袖なしの) ジャンパードレス [スカート] 3.(水夫・労働者用の) 作業服, ジャンパー

siwr : siwr *a* 1.(物事が) 確かで, 疑う余地のない 2.きっと [必ず] …する: mae'n ~ o ddod, mae'n ~ y daw 彼はきっと来る 3.(人が) 確信して 4.自信がある: bod yn ~ ochnoch eich hu, bod yn ~ o'ch siwrne自信がある: yn ddigon ~ 案の定, 果たして; きっと, 本当に 5.避けられない

siwrnai (-neiau, -neioedd) *f* 1.(通例陸上の比較的長い) 旅行 2.旅程 3.人生行路

siwrne *ad* 一度, 1回

siwrneia *i* 旅行する

siwt (-iau) *f* 1.[服飾] スーツ (紳士用は上着・ヴェスト・ズボンの三つ揃い; 婦人用はジャケット・スカートの二つまたはジャケット・ブラウス・スカートの三つ揃い): ~ bob dydd, ~ hamdden ラウンジスーツ 2.[トラ] スーツ, 組札: dilyn ~ 最初に出された札と同じ組の札を出す

siyrcyn (-nau) *m* [服飾] 1.ジャーキン (16~17世紀の主に革製の男性用の短い上着) 2.(男性・女性用の) 袖なしの短い胴着

siynt (-iau) *m* [鉄道] 転轍機

siyntio *t* 1.[鉄道] (列車・車両を) 別の軌道に入れ替える 2.[電気] 分路を造る, スイッチする

siyntiwr (-wyr) *m* 転轍手

slab (-iau) *m* : **slaben (slabiau)** *f* : **slabyn (slabiau)** *m* 1.(石・板・金属などの四角く幅の広い) 厚板, 石板 2.(パン・菓子などの) 平たい厚い切れ

slabdod : slabwaith *m* (単調で機械的な) 骨折り仕事

slac *m* (ロープ・帆などの) 弛み

slacs *pl* [服飾] スラックス

slaes (-ys) *f* 1.さっと切りつけること 2.切傷, 深傷 3.[服飾] (衣服の) スリット, 開口 (部) (袖や脇などに付け別の色布を見せる)

slaes (-au) *f* 斜線

slaesio *t* 1.さっと切る, 切りつける 2.(動物・人を) 鞭打つ 3.[服飾] (衣服に) スリットを付けて別の色布を見せる

slaeswr (-wyr) *m* (ナイフなどで) 切りつける人

slaf (-iaid) *mf* (単調な骨折り仕事に) あくせく [こつこつ] 働く人

slafaidd *a* すっかり模倣する, 独創性のない

slafio *i* 嫌な [苦しい] 仕事をこつこつする: ~ gweithio あくせく働く

slag *m* 鉱滓, 金屎, スラグ

slalom (-au) *mf* [スキー] スラローム, 回転滑降 [競技]

slebog (-iaid) *f* ぶすの尻軽女

slebogaidd *a* スラグ [金屎状] の

slecs *pl* 粉石炭

sled (-i, -iau) : slêd (sledi) *f* 1.(小型の) 橇 (雪滑り遊びに使う) 2.荷物運送用橇

sledio *t* 橇で運ぶ
i 橇滑りをする

slediwr (-wyr) *m* 橇に乗る人, 橇滑りをする人

slei *a* 秘密 [内密] の

sleifio *t* 1.滑らせる, 滑走させる 2.(物を) するりと入れる, こっそり滑り込ませる
i こっそり歩く [逃げる]

sleisen (sleisiau, sleisys) *f* 1.(ケーキなどから切った) 薄片, 一片, 一枚 2.一部分, 分け前

sleisiad (-au) *m* [ゴルフ] スライス

sleisiadwy *a* 薄く切り取ることができる

sleisio *t* 1.薄く切る 2.薄く切取る 3.[スポ] (ボールを) スライスさせる

sleisiwr (-wyr) *m* 1.薄く切る人 2.薄切器, スライサー: ~ cig 肉のスライサー

slic *a* 1.口先のうまい, 如才のない; 巧みな 2.うわべだけの

slicrwydd *m* 巧妙

slip (-iau) *m* (飲食物などの少額の) 伝票

slip : slipan (-au) *m* [窯業] 泥漿 (陶芸用の粘土あるいは他のセラミック物質の懸濁液)

slip (-iau) *m* [クリ] 1.スリップ (スリップの守備位置) 2.スリップに立つ外野手 3.[*pl*] スリップス: dalwyd yn y slipiau スリップでやられて

slipffordd (-ffyrdd) *f* 高速道路の進入 [退出] 路

Slofacaidd *a* スロヴァキア (人) の

Slofaceg *mf* スロヴァキア語
a スロヴァキア語の

Slofacia *f* [地理] スロヴァキア (Slovakia) (中央ヨーロッパの共和国; 首都Bratislava)

Slofaciad (-iaid) *mf* スロヴァキア人

slogan (-au) *mf* [政治・商業] 標語, スローガン, モットー

sloganeiddio *t* スローガンにする, スローガンで表現する

sloganwr (-wyr) *m* [政治・商業] スローガン考案者 [使用者]

slot (-iau) *m* 1.細長い小さな穴 2.(自動販売機・公衆電話機などの) 硬貨投入口

slotian *i* 1.水遊びをする 2.水をはねかす [ぱちゃぱちゃさせる], はねかける, 飛び散らす 3.酒を習慣的に飲む

slotio *t* 1.細長い穴を掘る [付ける] 2.(一連のものの中へ) 入れる, 置く

slotiwr (-wyr) *m* 大酒飲み, 酒豪

slŵp (slwpiau, -s) *f* スループ (一本マストの縦帆船): â rigin ~ (帆船が) スループ式帆装の

slwt (slytiaid) *f* 1.だらしのない女 2.不身持な女 3.売春婦

slym (-iau) *m* 貧民 [スラム] 街

slumio *i* (好奇心・善意・研究のため) スラム街

smala — **sodrwr**

を訪れる

smala *a* ひょうきん[滑稽]な, おどけた, おかしい; ユーモアのある

smaldod *m* 1.滑稽, おかしさ 2.ひょうきんな所作, おどけた挙動 3.冗談 4.[演劇](役者が舞台で臨機に入れる)ギャグ, アドリブ

smalio *t* [演劇](役者が)ギャグを入れる

smaliwr (-wyr) *m* 1.ユーモアのある人, ユーモリスト 2.ユーモア作家

smeltio *t* [冶金](鉱石を溶解して)製錬する; (金属を)溶解する

smeltiwr (-wyr) *m* 製錬工, 製錬業者

sment (-iau) *m* 1.セメント: corddwr (-wyr) (*m*) ~ コンクリートミキサー 2.接合剤 3.結合, (友情などの)絆 4.[歯科]歯科用セメント

smentiad (-au) *m* 1.セメント塗布[接合] 2.結合

smentio *t* 1.(床などに)セメントを塗る, セメントで固める 2.接合する

smoc (-iau) *f* [服飾] 1.(子供・婦人・画家が着る)上っ張り, スモック 2.(農夫などが上っ張りとして着る)仕事[野良]着

smocio *t* (たばこなどを)吸う: ~ baco たばこを吸う

i 喫煙する, たばこを吸う: ~ fel stemar, ~ fel simdde やたらにたばこを吸う

smociwr (-wyr) *m* : **smocwraig (-agedd)** *f* 喫煙家

smocwaith *m* [服飾]スモッキング(幾何学的模様になるようにギャザーを入れた襞飾り)

smotiog *a* まだら[斑入り]の, 斑点のある

smotyn (smotiau) *m* 1.ぶち, 斑点, まだら 2.ほくろ; 痣, にきび: ~ harddwch 付け黒子 3.(葉などの)傷: clwyf (*m*) smotiau [植物・病理]斑点病, 斑斑病 4.[解剖](目の網膜の)盲点 5.[ビリ]スポット, 玉置場

smwddio *t* (衣服などに)アイロンをかける

smwddiwr (-wyr) *m* : **smwddwraig (-agedd)** *f* アイロンをかける人

smwt *a* (鼻が)低く太く反り返っている, あぐらをかいた: trwynsmwt 獅子鼻の

smygledig *a* 密輸入[出]した

smyglo *t* 密輸入[出]する

smyglwr (-wyr) *m* 1.密輸入[出]者 2.密輸船

sniffiad (-au) *m* クンクン嗅ぐこと; 一嗅ぎ, 一吸い

sniffian *t* 1.臭いを嗅ぐ 2.鼻から吸う: ~ cyffur 麻薬を鼻から吸う 3.嗅ぎ付ける, 感づく

i 1.クンクン嗅ぐ 2.(感動で)鼻を詰まらせる 3.鼻であしらう

snipiwr (-wyr) : **snipydd (-ion)** : **snips (-iau)** *m* [道具](金属を切る)手鋏

snisin *m* 嗅ぎたばこ

snob (-iaid) *mf* 1.紳士・淑女気取りの俗物, スノップ 2.通人気取りの人, えせインテリ: mae'n

~ gwinoedd 彼はワイン通気取りの男だ

snobaidd : snoblyd *a* 紳士気取り[俗物]の

snobeiddiwch *m* : **snobyddiaeth** *f* 1.俗物根性 2.スノップ的言動

snobyddlyd *a* = snobaidd, snoblyd

snwffiad (-au) *m* 1.荒い鼻息, 鼻を鳴らすこと 2.(ウイスキーなどの)ぐい[一気]飲み

snwffian *i* 1.(馬などが)鼻を鳴らす 2.(軽蔑・驚き・苛立ちなどで, また時に面白がって)鼻を鳴らす

sobr : sobor *a* 1.落着いた, 冷静な 2.しらふの, 酒を飲んでいない: hollol sobr, cyn sobred â sant 全くしらふで, きわめて冷静で: apwlio oddi wrth Phylip feddw at Phylip sobr (酒に酔っていたMacedonia王Philip二世の裁判に不服として, その酔いの醒めるのを待って 再び訴えると言った姉への言葉に基づく)醒めての上の御分別をと願う, 正気の時に訴える 3.真面目[厳粛]な

sobreiddio : sobri *t* 酔いを醒ます: sobri / sobreiddio meddwyn 大酒飲みの酔いを醒ます冷静真面目にする

i 1.冷静[真面目]になる, 落着く 2.酔いが醒める

sobrwydd *m* 1.酔っていないこと, しらふ; 節酒 2.真面目, 厳粛; 冷静, 落着き

socas (-au) *f* [服飾] 1.ゲートル 2.ソックス 3.[*pl*] (小児用)レギンス

soced (-au, -i) *f* 1.受け口, 軸受, 電球受け 2.[電気]ソケット; コンセント

soda *m* 1.[化学]ソーダ, ナトリウム化合物: ~ pobi 重曹; bara (*m*) ~ ソーダパン 2.ソーサ水 3.クリームソーダ

sodiwm *m* [化学]ナトリウム: carbonad (*m*) ~ 炭酸ナトリウム

sodli *t* 1.(靴などに)かかとを付ける 2.(ダンスを)かかとで踊る 3.(…の)すぐ後を追う[に続く] 4.[ラグ](スクラムの時ボールを)かかとで後方に蹴り出す 5.[ゴルフ](ボールを)ヒールで打つ

i 1.[しばしば命令法で](犬が)ついて来る 2.かかとで踊る

Sodom *f* [聖書]ソドム(死海の近くにあった古都市; 罪悪のため神に滅ぼされたと伝えられる: cf Gen 18~19)

Sodomaidd *a* ソドム(人)の

Sodomiad (-iaid) *mf* ソドム人

sodomiad (-iaid) : **sodomydd (-ion, sodomwyr)** *m* 1.男色者; 獣姦者 2.[法律]獣姦者

sodomiaeth *f* 1.男色 2.[法律]獣姦

sodor : sodr *m* 1.半田, 白鑞 2.結合物, 絆

sodro *t* 1.半田で継ぐ 2.結合する

sodrog *a* 半田で継いだ

sodrwr (-wyr) *m* 半田付けする人

soddgrwth (-grythau) _m_ [音楽]チェロ

soddgrythor (-iaid, -ion) _m_ : **soddgrythores (-au)** _f_ [音楽]チェロ奏者

soddi _t_ (会社などを)併合する

soddiad _m_ [法律]混同

soeglyd _a_ (パンなど焼き方が不十分で)ふやけた, 水分を含んで重い; 生焼けの

sofiet (-au) _f_ [歴史](ソ連の)会議, 評議会

sofiet : sofietaidd _a_ ソヴィエト(会議)の: yr Undeb Sofietaidd ソ連(邦)

sofliar (-ieir) _f_ [鳥類]ウズラ(鶉)

soflog _a_ (麦などの)刈り株だらけの

soflyn (sofl) _m_ (麦などの)刈り株

sofran _a_ 1.最上[至高]の 2.主権を有する, 君主である: grym ~ _m_ 主権国家; hawliau ~ [政治]主権

sofraniaeth _f_ 1.主権, 統治権 2.独立国

sofren (-ni, sofrod) _f_ ソヴリン(1ポンド金貨; 1489年Henry七世の時初めて造られたが, 現在は使用されていない)

soffa (-s) _f_ [家具]ソファー: gwely (-au) (_m_) ~ ソファーベッド, 寝台兼用長椅子

soffistigedig _a_ 1.世慣れた, 世故にたけた; 純真でない 2.教養のある, 洗練された 3.(機械・技術など)高度に複雑な, 精巧な, 高性能の

soffistigedigrwydd _m_ 1.詭弁 2.世間慣れ, 如才なさ 3.洗練, 知的素養 4.(機械などの)複雑[精巧]化

soffistr (-iaid) _m_ 1.[教育](ケンブリッジ大学などの)三[四]年生 2.詭弁家

soffydd (-ion, soffwyr) _m_ [しばしばS~](古代ギリシャの)ソフィスト

soffyddol _a_ 1.(古代ギリシャの)詭弁学派の 2.詭弁(家)の

soi _m_ [料理]醤油

sol _m_ [音楽](上昇音階の)ソ(全音階の第5音)

solas _m_ 慰め, 慰安

soled : solet _a_ 1.固(形)体の: bwyd solet 固形食; tanwydd solet _m_ [航空・宇宙](ロケットの)固体燃料; diddyfnu plentyn i fwyd solet 子供に固形食を与えて離乳する 2.(土台など)堅固な: 3.(体の)がっしりした, 頑丈な: dyn solet がっしりした体格の人 4.一致団結した; 満場一致の: pleidlais solet 満場一致の投票 5.(タイヤ・物質がうつろでなく)中まで堅い, 密で: daeareg soled 岩盤, 基磐岩; mor solet â charreg 岩のように堅固で, 確固不抜で 6.(理由など)実質的根拠のある 7.(貨幣が)鋳造の 8.(金など)中まで同じ物質の 9.[数学]立体[立方]の: ongl (-au) soled _f_ 立体角

soled (-au) _m_ 1.固(形)体 2.[_pl_]固形食

solediad (-au) : solidiad (-au) _m_ [物理・化学]凝固

soledrwydd : soletrwydd _m_ 1.固いこと, 固体性 2.うつろでない[実質的な]こと

soledu _t_ [物理・化学]凝固[結晶]させる _i_ 凝固[結晶]する

solenoid (-au) _m_ [電気]線輪筒, ソレノイド

sol-ffa _m_ [音楽]音階のドレミファ

solffeuo _i_ [音楽]ドレミファを歌う

solid (-au) _m_ = **soled, solet**

somatig _a_ 1.身体[肉体]の 2.[解剖・動物]体の 3.[生物]体の: mwtantiad (-au) ~ _m_ 体細胞突然変異

somatoleg _f_ [人類]生体学

somatolegol _a_ [人類]生体学の

somatolegwr : somatolegydd (-wyr) _m_ [人類学]生体学者

sôn _t_ 1.(…を)話す, 語る, 論じる, 話題にする, (…に)言及する: ~ am wleidyddiaeth 政治を論じる; peidiwch (â) ~!, tewch (â) ~![感謝・お礼・言い訳・お詫びなどに対する答として]どう致しまして! 2.(…の)名を挙げる 3.(噂などを)言い触らす
_i_ (…のことを)話す; 噂話をする

sôn _m_ 1.話, 談話, 座談: mân ~ _m_ 雑談, 世間話; dyna'r ~ そうだそうだ, その通り, 謹聴謹聴 2.空論, 無益な議論 3.噂, 風説: mae ~ ar led bod……という噂だ; mae ~ ei fod yn mynd 彼が出発するという噂がある

sonant (-iaid) _mf_ [音声]1.有声音 2.音節主音的子音

sonata (-âu) _f_ [音楽]ソナタ, 奏鳴曲

sonatina (-âu) _f_ [音楽]ソナチネ, 小奏鳴曲

soned (-au) _f_ [詩学]ソネット, 14行詩

sonedu _t_ ソネットでたたえる
_i_ ソネットを書く[作る]

sonedwr : sonedydd (-wyr) _m_ 1.ソネット詩人 2.へぼ詩人

soniarus _a_ [音声]1.有声音の 2.(子音が)音節主音的な

sonig _a_ 1.音の: taran (-au) ~ _f_ [航空]衝撃波音, ソニックブーム 2.音波の 3.音速の

sopennu _t_ 束にする, 包む

soriant _m_ すねること, 不機嫌; 立腹

sorllyd _a_ すねた, 不機嫌な

sorod _pl_ 1.おり, かす; (特に)ビールかす 2.[冶金]浮きかす, 不純物, ドロス 3.くだらないもの, 屑

sorri _i_ すねる, ふくれる

sorrwr (-wyr) _m_ : **sorwraig (-agedd)** _f_ すねる人

sosban (-benni) _f_ ソースパン, シチュー鍋: ~ frys (sosbenni brys)圧力[高圧]鍋

sosej (-is) _f_ [料理]ソーセージ, 腸詰め: rhôl (rholiau) (_f_) ~ ソーセージ入りロール

soser (-i) _f_ (カップの)受け皿, ソーサー: ~ hedegog 空飛ぶ円盤

sosialaeth _f_ 社会主義

sosialaidd _a_ 社会主義(者)の, 社会主義(者)的な

sosialydd (-wyr) _m_ 社会主義者

soterioleg *f* [神学] 救済論

sotyn (sots) *m* 飲んべえ, 飲んだくれ

sothach *m* 1. (文学・芸術上の) 駄作, 愚作: ~ yw'r nofel yma この小説は駄作だ 2. ナンセンス 3. 屑, がらくた, 廃物 4. 食品廃棄物: bwyd ~ *m* ジャンクフード (カロリーは高いが栄養価の低いインスタント食品など) 5. 下らぬ考え [話], 馬鹿げたこと

sownd *a* 1. (結び目などが) 固い, しっかりした 2. [海事] しっかり繋いだ: clymu/rhoi cwch yn ~ 舟をしっかり繋ぐ

stabl (-au) *f* 1. 家畜小屋, 馬 (小) 屋 2. [競馬] 厩舎: gwas (gweision) (*m*) ~ 少年の馬丁

stac (-iau) *m* 1. [度衡] 一棚 (薪などを量る単位; 108立方フィート) 2. [図書] 書庫 3. [電算] スタック 4. [地質] スタック, 離れ岩

stad (-au) *f* 1. 状態, 状況, 様子; (精神的) 状態: ~ meddwl 精神状態 2. (発達・発展などの) 段階, 期 3. 駅馬車 4. (大きな) 地所 5. 団地: ~ (o) dai 住宅団地 6. [電工] 段 7. [地質] 階

stadiwm (stadia) *m* 1. (階段式の観客席が取囲んだ陸上競技・野球などの) 競技場, 野球場, スタジアム 2. [度衡] (古代ギリシャの) スタディオン (長さの単位)

staen (-iau) *m* 1. 汚れ, 染み 2. (道徳上の) 汚点, 傷 3. 着色剤, 染料

staeniadwy *a* 1. 着色できる 2. 汚れる

staenio *t* 1. 汚す, 染みを付ける 2. (材木・ガラスなどに) 着色 [色付け, 染色] する: ~ toriad 切片を染める
i 1. 汚れる, 染みが付く 2. 染みになる

staeniwr (-wyr) *m* 着色 [染色] 工

staer (-au) *f* [通例*pl*] 階段: ~ droellog/dro (staerau troellog/tro) 螺旋階段

stâl (stalau) *f* 1. (一頭の牛馬を入れる) 馬屋 [牛舎] の一区画 2. [競馬] 厩舎 3. (シャワー用の) 仕切った小部屋

stalactid (-au) *m* [地質] 鍾乳石

stalactidaidd : stalactig *a* 鍾乳石の

stalagmid (-au) *m* [地質] 石筍

stalagmidaidd : stalagmitig *a* 石筍の

stamp (-iau) *m* 1. (支払済などの証明となる) 印章, 刻印, 極印, スタンプ: ~ dyddiad 郵便日付印; ~ rwber ゴム印 2. 特徴, 特質, 印: mae ~/ôl athrylith arni 彼女は天才の特徴を持っている 3. 切手; 印紙: ~ y doll, ~ toll 収入印紙 ~ post 郵便切手: casglwr (wyr) (*m*) stampiau 切手収集家

stampiedig *a* 1. (封筒に) 切手を貼った 2. 刻印された

stampio *t* 1. (地面・床などを) 踏みつける 2. (印章・ゴム印などを) 押す, 押印する 3. (模様・イニシャルなどを) 刻印する 4. (物を) 型に合わせて切る [打ち抜く] 5. (封筒・書類に) 切手 [印紙] を貼る 6. (人・物に…であるという) 刻印を押す

stand (-iau) *mf* 1. (タクシーの) 駐車場; (バスの) 停留所 2. [しばしば複合語の第2構成素として] 台, …掛け [立て, 入れ]: hatstand (-iau) *mf* 帽子掛け; ~ ambaréls 傘立て; camera (-âu) (*m*) ~ 三脚付きカメラ 3. [スポ] (競馬・野球などの) 観覧席, スタンド: prif ~ (競馬場・競技場などの) 正面特別観覧席 4. [生理] 勃起

stapl (-au) : staplen (-ni, staplau) *f* 1. U字釘, 股釘, かすがい 2. 輪形の受け金 3. [製本・書類綴じ] ホッチキスの) 針, ステープル

staplo *t* [製本] ステープルで綴じる

staplwr (-wyr) *m* [製本] けとばし (小冊子を針金綴じにする機械)

starn (-au) *f* [海事] 船尾, 艫: golau (goleuadau) (*m*) ~ 船尾灯

startsh *m* 1. 澱粉; â llai o ~ (パンなど) 澱粉を減らした 2. [*pl*] 澱粉食品 3. (洗濯用) 糊 4. (米) 精力, 元気

stateg *f* [物理・力学] 静力学

statig *a* 1. 静止の, 静的な 2. 変化 [活気] のない 3. [電気] 空電の; 静電気の: trydan ~ 静電気 4. [物理] 静的な; 静力学上の

statud (-au) *f* [法律] 1. 制定法, 法令, 法規: S~y Cyfyngiadau 出訴期限法 2. (大学などの) 規則
a 法定の, 法令で定められた: cyfraith (cyfreithiau) (*f*) ~ 成文法

statudol *a* 1. 法令の 2. 法定の 3. [法律] 的に罰せられるべき

statws *m* 1. (社会的) 地位, 身分: symbol (-au) (*m*) ~ 地位の象徴, ステータスシンボル; ~ cymdeithasol 身分 2. 高位, 威信, 信望 3. 事情, 事態

stêc : stecen (steciau, stêcs) *f* ステーキ (牛肉・魚肉の厚い切身); ビフテキ: stecen ffiled ヒレ肉のステーキ

steil *m* 上品さ, 垢抜け: mae rhyw ~ yn perthyn idd 彼女にはどことなくシックなところがある

steilus *a* 上品 [シック] な, 垢抜けした

steimi (-s) *m* [ゴルフ] スタイミー (グリーンで打者のボールとホールとの間に相手のボールがある状態)

stêm *m* 1. 蒸気, スチーム: bath (-s) (*m*) ~ 蒸気浴, 蒸し風呂; injan (-s) (*f*) ~ 蒸気機関 2. 湯気 3. 力, 元気 4. 鬱憤

stem (-iau) *f* 交替 (制), シフト; 交替勤務時間: ~ nos (昼夜交替制の) 夜間勤務 (時間), 夜勤

stemar (-s) *f* (大型の) 汽船, 商船

stên (stenau) *f* 水差し

stent (-i, -iau) *mf* [法律] 差押え令状 [執行]

step (-iau) *f* 1. [ダンス] ステップ: ~ walts ワルツのステップ 2. 踏み段; (乗物などの) 昇降段, ステップ 3. [木工] 欠込み 4. [機械] 軸受 5. [海

stereo 事] 檣根座 (マストの根元をはめる座)

stereo (-s) *f* 1.ステレオ (装置) 2.立体音響

stereoffonig *a* ステレオ [立体音響] の

sterilaidd *a* 無菌の, 殺菌した

sterileiddiad (-au) *m* 1.不妊にすること, 避妊 (法); 断種 (手術) 2.殺菌, 消毒

sterileiddio *t* 1.不妊に [断種] する 2.殺菌 [滅菌] する

sterileiddiwch *m* 1.無菌 (状態) 2.(努力・議論など) 無為, 不毛

sterilydd (-ion) *m* 1.消毒者 2.殺菌装置

sterling *m* 英貨: ardal (*f*) ~ 英貨 [ポンド] (通用) 地域
a 英貨 [ポンド] の: punt (punnoedd) (*f*) ~ 英貨1ポンド

sternwm (sterna) *m* 1.[解剖] 胸骨 2.[動物] (昆虫・甲殻類の) 胸 [腹] 板

stesion (-s, stesiynau) *f* [鉄道] 駅

stethosgop (-au) *m* [医学] 聴診器

stethosgopi *m* [医学] 聴診 (法)

stethosgopig *a* 1.聴診器の 2.聴診による

stethosgopio *t* [医学] 聴診する

stethosgopydd (-ion) *m* 聴診器医師

sticil (sticlau) : sticill (-au) *f* 踏越し段 (牧場の柵・垣根などを人は乗り越えられるが家畜は通れないようにした階段)

stigma (-âu) *m* [植物] 柱頭

stilgar *a* 1.知識欲旺盛な, 知り [聞き] たがる 2.詮索好きな, (他人のことを) 根掘り葉掘りする

stilgarwch *m* 1.知り [聞き] たがること 2.詮索

stiliwr (-wyr) *m* : **stilwraig (-agedd)** *f* 探究的な人

stiw (-iau) *m* 1.[料理] シチュー 2.売春宿 3.気をもむこと, 心配, いらいら

stiward (-iaid) *m* 1.財産管理人 2.執事, 家令 3.(大学・病院などの) 用度係 4.(旅客機・客船・列車などの) 旅客係, スチュワド, スチュワデス 5.(展覧会・舞踏会などの) 世話役, 幹事

stiwardio *t* スチュワド [スチュワデス] を勤める

stiwdio (-au, -s) *f* 1.(画家・彫刻家・写真家などの) アトリエ, スタジオ, 仕事場: fflat (-iau) (*f*) ~ (アトリエに適した) 天上が高く大きな窓をとったアパート, ワンルームマンション 2.映画撮影書, スタジオ

stiwio *t* (食物を) とろ火で煮る, シチューにする
i とろ火で煮える, シチューになる

stoc (-iau) *mf* 1.在庫品, 仕入れ品: mewn ~ 在庫して, 手持ちの; hen ~ 売れ残り品 2.貯蔵, 備蓄 3.家畜: da ~ 食肉用家畜 4.[トラ] 山札, 積み札 5.[金融] 株; 株式資本: stociau'r llywodraeth, stociau ymyl aur 一流 [金縁] 証券; 公債, 国債: stociau a chyfrannau/ siariau 公債株式
a 1.標準の: maint ~ 標準サイズ 2.在庫の:

cyfrif (-on) (*m*) ~ [簿記] 在庫貯蔵品勘定 3.[演劇] 座付きの: actorion (*pl*) ~, cwmni (cwmniau) ~ *m* レパートリー劇団 4.株の; 公債 [国債] の 5.家畜飼育の

stocâd (stocadau) *m* (尖り杭を立て並べて作った) 防御柵, 砦柵

stocio *t* 1.(店に品物を) 仕入れる, 在庫させる 2.(品物を) 店に置く; 貯蔵する 3.(農場に) 家畜を入れる 4.(川・池などに魚を) 放流する 5.(知識・情報などを) 備える, 供給する

stocrestr (-au) *f* 在庫品目録

stôf (stofiau) *f* (暖房用) ストーヴ: peipen (peioiau) (*f*) ~ ストーヴの煙突

Stoic (-iaid) *mf* 1.[哲学] ストア哲学者 2.[s~] (ストア流の) 禁欲主義者

Stoicaidd *a* 1.[哲学] ストア哲学 [学派, 主義] の 2.[s~] 禁欲の; 冷静な

Stoiciaeth *f* 1.[哲学] ストア哲学 [主義] 2.[s~] 禁欲主義; 冷静

stôl (stoliau, stolion) *f* 1.(肘掛・背もたれのない) 腰掛, ストゥール: ~ biano (stolion/stoliau piano) ピアノ椅子 2.(通例一人用で背もたれのある) 椅子 3.(婦人用) 襟巻き, ストール 4.(腰掛式) 便器; 便所: cael ~ 便所へ行く; ~ gaead (stoliau caead), ~ nos 寝室 [室内] 用便器 5.切株または根から生じた若枝, 取り木 6.馬屋

stoma (-ta) *m* [植物] (葉の表皮にある) 気孔

stomatig *a* 1.口の 2.気孔の [に関する]

stomatitis *m* [病理] 口内炎

stomp *f* 1.混乱, めちゃくちゃ; 取り散らかし 2.へま, 失錯, 不手際

stompio *t* 下手にする, しくじる

stompiwr (-wyr) *m* へまをやる人, へまな職人, 不器用者

stôn (stonau) *f* [度衡] ストーン (重量の単位; 通例14ポンドで, 特に体重を表すのに用いる; 駅のプラットフォームに体重計があり, 金を払って体重を知ることができる)

stondin (-au) *f* (バザー・市場などの) 売店, 屋台店, 露店; 商品陳列台

stondinwr (-wyr) *m* : **stondinwraig (-agedd)** *f* (マーケットなどの) 売店所有者, 屋台店の所有者; 露天商

stop (-iau) *m* 1.止まること, 停止; 中止, 休止; 停車, 停泊, 着陸: ~ brys/argyfwng 非常停車 2.(液体の流れを止める) 止栓 3.止め具, 栓, つめ: ~ drws (stopiau drysau) 戸止め 4.[音声] 閉鎖音: ~ glotol 声門閉鎖音 5.[音楽] (オルガンの) ストップ, 音栓 6.[トラ] ストップ系ゲーム 7.[写真・光学] 絞り: ff-stop (-iau) *m* [写真] カメラのレンズ口径をFナンバーで示した絞り

stopio *t* 1.(穴・出口などを) 塞ぐ, 詰める, 埋める; (出るものを) 止める 2.(動いているものを) 止める, 押える: stopiwch y lleidr! 泥棒だ (捕えてくれ)! (追跡者の叫び声) 3.邪魔する, 妨げ

stôr 534 **strwythuro**

る, 止めさせる: ~ rhn yn stond 人の話を遮る[中止させる] 4. 差し止める, 停止させる: ~ siec[商業]銀行に小切手の支払を停止させる 5.[園芸](植物の芯を)止める 6.[トラ](あるスーツ (suit) の) ストッパーがある

i 1.(動いているものが) 止まる, 停止する: ~'n stond 突然[ピタリと] 止まる 2.(駅などに) 止まる, 停車する, (港に) 停泊する 3.(運転・機能・継続などが) 止まる, 止む: mae'r glaw wedi ~ 雨が止んだ

stôr (storau) *f* 1.貯え, 貯蔵 2.たくさん, 大量 3.[電算]記憶装置

stordy (-dai) *m* : **storfa (-feydd)** *f* 1.貯蔵, 保管: storfa oer 冷蔵 2.貯蔵[収納]室 3.倉庫 4.保管 5.倉庫の収容力; 保管料 6.(知識などの) 宝庫 7.[電算]記憶装置: dyrnaniad (*m*) storfa 記憶配分 8.(米) 未店, 商店

stori (-ïau, -iaes, straeon) *f* 1.(事実・伝説・架空の) 話, 物語: dweud/adrodd ~ 話をする: ~ anhygoel ほら話; ~ ddiddiwedd/ ddi-bwynt, ~ asgwrn pen llo 話し手は得意だが聞き手には退屈な長話; 故意に要点をぼかしたとぼけた長話 2.(報告的な) 話, 言, 所説: yn ôl ~ ef 彼の話では(疑念をほのめかす時に用いる); ond ~ arall yw honno だがそれは別の話だ 3.(たわいもない) 無駄話: ~ mam-gu(おしゃべり婆さんのするような) たわいもない話; troi'r ~ 話題を変える 4.[しばしば *pl*]噂; 中傷, 悪口: cario straeon 告げ口をする 5.(短編) 小説 6.(小説・劇などの) 筋, 構想, 脚色 7.[ジャ](新聞) 記事

storio *t* 1.貯える, 備蓄する; 取って置く 2.(家具などを) 倉庫に保管する 3.[電算](データを) 記憶装置に記憶させる

storïwr (-ïwyr) *m* : **storïwraig (-iwragedd)** *f* 1.(子供に) 物語をする人, 語り手 2.物語作家 3.嘘つき

storm (-ydd) *f* 1.(通例雨・風・雷鳴などを伴う) 嵐, 暴風(雨): mae hi am ~, mae ~ yn magu 嵐がまさに起ころうとしている 2.[気象]暴風: ~ o wynt 暴風 3.(社会・家庭などの) 騒動, 動乱: ~ mewn cwpan (de/te) 内輪もめ, から騒ぎ

storman (-myn) *m* 店主, 小売商人

stormus *a* 嵐[暴風雨, しけ]の: tywydd ~ 荒れ模様の天気

storumusrwydd *m* (嵐のような) 荒々しさ, 激しさ

straegar : straellyd *a* 1.噂話好きな, おしゃべりな 2.(新聞雑誌など) 噂話の多い

straegi (-gwn) *m* 人の秘事 [悪い噂] を言い触らす人, 金棒引き; 告げ口屋

straella *i* 噂話をする[書く]

straen (-iau) *f* 1.(心身の) 緊張; 過労: ~ y bywyd modern 現代生活の緊張; ~ meddwl 精神的緊張 2.[物理]歪, 変形: ~ galedu[冶

strap (-iau) *mf* : **strapen (strapiau)** *f* 1.紐, 帯; brâc (braciau) (*m*) ~ [機械] 帯ブレーキ 2.(ドレス・スリップなどの) 肩吊り紐 3.革紐[帯] 4.(乗物などの) 吊り革 5.[医学]絆創膏

strapio *t* 1.革紐で結び付ける 2.革紐で折檻する 3.[外科](傷口に) 絆創膏を張る: ~ clwyf 傷口に絆創膏を張る

strapiwr (-wyr) *m* 革紐で締める人[物]

strategaeth (-au) *f* 1.(目的達成のための) 計画, 方法; 策略 2.[軍事]戦略

strategol *a* 1.目的達成上重要な 2.[軍事]戦略的な

strategwr (-wur) : strategydd (-ion) *m* 戦略家; 策士

stratosffer (-au) *m* [気象]成層圏

stratosfferaidd : stratosfferig *a* 成層圏の

stratwm (strata) *m* 1.層 2.[地質]地層 3.[社会学]社会の層

streic (-iau) *f* 1.同盟罷業, スト(ライキ): ~ newyn/lwgu (streiciau newyn/llwgu) ハンガーストライキ; torrwr (torwyr) (*m*) ~ スト破り(人) 2.[地質](岩脈の) 走向, 層向

streicio *t* ストライキを行なう

streiciwr (-wyr) *m* スト中の労働者, 同盟罷業者

streipen (streipiau) *f* 1.(トラ・シマウマなどの) 縞, 筋 2.[軍事]袖章: streipiau sarsiant 軍曹の袖章

streipio *t* 縞で飾る[を付ける]

streipiog *a* 縞 [筋] のある

stribed (-i) *mf* 1.(布・板などの) 細長い切れ, 細片: ~ ffilm (スライド教材用などの) フィルムストリップ 2.目板, 小割板 3.連続漫画: ~ cartŵn, cartŵn (cartwnau) (*m*) ~ 新聞の連続漫画 4.[金加]帯鋼, ストリップ: melin (-au) (*f*) ~ ストリップミル

strim-stram-strellach *ad* 1.慌てふためいて 2.乱雑に, でたらめに

strip (-iau) *m* = **stribed**

stripio *t* 1.(人を) 裸にする 2.(人などから…を) 奪う 3.(もんだり撫でたりして乳牛の) 乳を搾り切る: ~ buwch 乳を搾り切る

strôc (strociau, -s) *f* 1.[水泳]一掻き, ストローク: ~ pili-pala バタフライ 2.[漕艇]一漕ぎ, ストローク 3.[機械](ピストンの) 行程, ストローク: blaen-~ (~-strociau) *f* 上向きの行程 4.(幸運などの) 偶然の巡り合せ: ~ o lwc 思いがけない幸運 5.見事な出来栄え, 手柄, 偉業: 手腕 6.一筆, 筆使い 7.[病理](脳卒中などの) 発作, (特に) 脳卒中: cael ~ 卒中を起こす

strocio *t* [漕艇](ボートの) 整調を漕ぐ: ~ cwch/ bad ボートの整調を漕ぐ

strociwr (-wyr) *m* [漕艇](ボートの) 整調手

strwythuriad (-au) *m* 構造化

strwythuro *t* 構造化する

strwythurol _a_ 1.[言語]構造上の; 構造言語学の 2.[地質](地層などの)構造の 3.[化学]化学構造の 4.[生物]機質的な; 形態上の

strwythuriaeth _f_ [言語]構造主義

strwythurwr (-wyr) _m_ 1.構造主義者 2.構造言語学者

stryd (-oedd) _f_ 1.通り, 街路: y ~ fawr 大通り, 本通り 2.(歩道と区別して)車道: ~ unffordd 一方通行路; mynd ar y strydoess 売春婦の生活をする 3.[集合的]町内の人々: mae pawb yn y ~ yn hapus; mae holl drigolion y ~ yn hapus 町の人々は皆幸せだ 4.[街路の地名に用いて]…街[通り]: S~ y Fflyd フリート街(ロンドンの新聞社街); S~ y Gwarth 赤線地帯; plentyn (_m_) pen ~ 浮浪児; golau (goleuadau) (_m_) ~, lamp (-au) (_f_) ~ 街灯

strydlun (-iau) _m_ : **strydwedd (-au)** _f_ 街路の光景

stumog (-au) _f_ 1.胃: poen (-au) (_f_) yn y ~ 胃の痛み 2.腹部 3.食欲: dim ~ 食欲がないこと 4.好み, 意欲: 'doedd ganddo mo'r ~ i ymladd 彼には戦意がなかった

stumogi _t_ 食べる, 腹に取り入れる

stumogol _a_ 1.胃の[に関する]2.胃によい

sturmant : **styrmant (-au)** _mf_ ジューズハープ, 口琴

stwc (styciau) _m_ 1.手桶, バケツ 2.手桶一杯(分)

stwco (-s) _m_ 1.化粧漆喰(外壁仕上げに用いる塗壁材料)2.化粧漆喰細工: gwaith (_m_) ~ 化粧漆喰細工

stwff (styffiau) _m_ 1.(漠然と)物, 物質 2.食物, 飲み物 3.建築材料: 木材 4.(物を作るための)材料, 原料, 資料 5.自分の専門, 得意とする所 6.がらくた, つまらない物 7.たわごと, 馬鹿げた考え[話, 作品]8.織物, 反物; 毛織物, ラシャ

stwffiedig _a_ (料理の鳥に)詰物をした: crys ~ お高く止まった[もったいぶった]人, できもしないのにできる振りをする人

stwffin _m_ 1.(布団・枕などに詰める羽毛・綿などの)詰物 2.[料理](鳥などに詰める)詰物

stwffio _t_ 1.(腹に食物を)詰込む; 腹一杯食べる, 食べ過ぎる: ~ plentyn â theisennau 子供にケーキを腹一杯食べさせる 2.(布団・クッションなどに)詰物をする 3.(料理の鳥などに)詰物をする 4.(物を)押し[突っ]込む 5.(頭の中を知識などで)一杯にする: ~ pen rhn ar gyfer arholiad 試験に備えて人の頭に知識を詰込む

stwffiwr (-wyr) _m_ 1.詰める人 2.請求書・ビラなどを封筒などに入れる人 3.[織物]重量・かさ・強さを持たせるために布の経方向に入れる糸

stwffwl (styffylau) _m_ U字釘, 叉釘, ステープル; かすがい: ~ rhybeddog リヴェット釘

stwmp : **stwmpyn (stympiau)** _m_ (鉛筆・たばこなどの)使い残り, 端くれ

stwnsh _m_ [料理](ジャガイモなどをすり潰した)どろどろしたもの: tatws ~, ~ tatws マッシュポテト

stwnsio _t_ [料理](ジャガイモなどを)潰す

stwnsiwr (-wyr) _m_ (食物の)潰し器

stŵr _mf_ 1.ざわめき, 賑わい, 騒音 2.騒ぎ, 混乱: creu ~ 騒ぎ立てる

stŷd (stydiau) _f_ 1.[機械]植込みボルト: stydfollt (-iau) _f_ 植込みボルト 2.[自動車]スタッド, 鋲

styden (stŷds, stydiau) _f_ 1.(飾り)鋲 2.(取外しのできる)カラー[カフス]ボタン, 飾りボタン 3.スナップ, ホック: ~ wasgu (stydiau/stŷds gwasgu) スナップ 4.ピアス式のイヤリング

styffylwr (-wyr) _m_ [建築]ステープルハンマー

su (-on) _m_ (ミツバチなどの)ブンブンいう音

sucan _m_ (主に病人用の)薄い粥, (特に)オートミール粥: ~ blawd 薄い粥; ~ gwyn _m_ フラメリー(ミルク・小麦粉・卵などで作る柔らかいデザート)

sudd (-ion) _m_ 1.[植物]液, 樹液, 汁, ジュース: ~ oren オレンジジュース 2.(動物体内の)分泌液: suddion treulio 消化液

suddiad (-au) _m_ 1.沈没: ~ y Lusitania ルシタニア号の沈没(1915年5月7日北大西洋でドイツ潜水艦に英国汽船ルシタニア号が撃沈され1198名が死亡)2.(土地の)沈下, 陥没

suddlon _a_ 1.[植物](サボテンのように)多肉多汁組織の 2.水分[汁]の多い 3.(天気が)雨降りの 4.(噂話など)とても面白い, きわどい 5.(契約・取引など)儲けの多い, 旨みのある

suddlonedd : **suddlonder** _m_ 1.多汁 2.みずみずしい美味しさ 3.実り[利益]の多いこと

suddlong (-au) _f_ 潜水艦

suddo _t_ 1.(船などを)沈める, 沈没させる 2.(潜水艦を)潜水させる 3.(杭などを)打込む: ~ postyn i'r ddaear 杭を地中に打込む 4.(声・調子などを)下げる, 低くする
_i_ 1.(船などが)沈む, 沈没する: ~ fel plwm 石のように沈む 2.(潜水艦が)潜水する 3.(太陽・月などが)沈む, 没する, 見えなくなる 4.(澱などが)底にたまる, 沈澱する 5.(土地・建物などが)沈下[陥没]する 6.(眠り・忘却・絶望などに)陥る: ~ i gwsg 眠りに陥る 7.(貧困・悪徳・犯罪などに)落ち込む, 零落する: ~ i ddrygioni 犯罪に落ち込む 8.(火勢・暴風などが)弱まる, 静まる 9.(人が力尽きて)倒れる: ~ i'r ddaear 地上に倒れる; (ぐったりと)腰を下ろす: ~ i gadair 椅子にぐったりと腰を下ろす 10.(疲労・病気などのために)体力が衰える, 衰弱する 11.(価値・評価・水準などが)下がる, 下落する

sug (-ion) _m_ = **sudd**: ~ baco 喫煙によって茶色になった唾液

sugnad (-au) : **sugnedd (-au)** _m_ 1.吸うこと,

sugndraeth   536   **sweter**

吸込み, 吸引; 乳を飲むこと 2.吸引力 3.吸込み [吸水]管 4.[水力](ポンプの)吸上げ, 吸引

sugndraeth (-au) *m* (海岸や河口などの)浮砂, 流砂

sugnedydd (-ion) : sugnydd (-ion) *m* (ゴム製などの)吸盤, 吸着具

sugno *t* 1.(唇と舌・管を使って乳・液体を)吸う, 吸い込む 2.(飴・指などを)舐める, しゃぶる: ~ch bys 指をしゃぶる 3.(液体・空気などを)吸込む, 吸収する: ~ pib パイプを吸う 4.(渦巻などが船などを)飲み込む, 巻込む
i 1.(液体・空気などを)すする, 吸う 2.乳を吸う[飲む] 3.(飴・指などを)舐める, しゃぶる: lolipop 棒付きキャンディーを舐める

sugnol *a* 1.吸う, 吸込む, 吸引する 2.乳を飲む 3.未熟な, 駆け出しの

sugnolyn (-olion) *m* [動物](ヒル・タコなどの)吸盤

sugnwr (-wyr) *m* 1.吸う人; 乳飲み子 2.(米)棒付きキャンディー, ロリポップ 3.[魚類]コバンザメなど吸盤を持つ魚類の総称

Sul (-iau) *m* 日曜日: dydd (-iau) (*m*) ~ 日曜日 *a* 1.日曜日の: ysgol (-ion) (*m*) ~ 日曜学校; bob dydd ~, ar (y) Suliau 日曜日(ごと)に 2.よそ行きの: dillad dydd ~ 晴れ着, よそ行きの服

Sulgwyn *m* 聖霊降臨祭, 白衣の日曜日(復活祭後の第七日曜日)

sunsur *m* [植物]1.ショウガ 2.ショウガの根(薬用・香辛料・糖菓などに用いる)

suo *t* 1.鼻[ハミング]で歌う 2.(小児などを)あやす, なだめる, 寝付かせる: ~ plentyn i gysgu 小声で子守歌を歌って子供を寝付かせる
i 1.(ハチ・独楽・機械などが)ブンブン[ブーン]という 2.鼻歌を歌う, ハミングで歌う

suo-gân (~-ganau, ~-ganeuon) *f* [音楽]子守歌

sur (-ion) *a* 1.(果物など)酸っぱい, 酸味のある: losinen (losin) ~ *f* 酸味入りドロップ; grawnwin surion!(イソップ物語中の「狐とぶどう」の話から)手に入らぬ物の悪口を言って気休めにすること, 負け惜しみ; ceiriosen ~ (ceirios surion) *f* [植物・園芸]スミノミザクラ, 酸果オウトウ 2.(牛乳など発酵して)酸っぱくなった: hufen ~ サワークリーム(クリームに乳酸を加えて発酵させたもの) 3.不機嫌な, 気難しい; 意地悪[不快]な 4.(言葉・気質など)辛辣な, 刺々しい

surach *a* 酸っぱい, 酸味のある

suraidd : surllyd *a* 少し酸っぱい, 酸い気味の

surbwch (-bychod) *m* 無愛想な男
a 不機嫌な; 無愛想な

surdoes *m* 1.発酵した練り粉, 発酵体; パン種, イースト; ベーキングパウダー 2.感化[影響]を与えるもの

surdrwno *m* (家畜・馬の)尿

surni *m* 1.酸っぱさ, 酸味 2.不機嫌, 気難しさ; 意地悪 3.辛辣[厳し]さ

suro *t* 1.酸っぱくする; (発酵して)酸敗させる 2.気難しく[意地悪く]する
i 1.酸っぱくなる 2.気難しくなる

surop (-au) *m* 1.シロップ 2.シロップ剤液体甘味料, 糖蜜

sut *ad* [疑問副詞]1.[手段・方法を尋ねて]どんな風[具合]に, どんな手段[方法]で: dywed (-wch) wrthyf ~ yr aeth ef 彼がどうやって行ったのか教えて下さい 2.[状態を尋ねて]どんな状態[具合]で: ~ 'rwyt ti'(rydych chi)?; shwt ŷch chi? 今日は, 初めまして(初対面の挨拶); ご機嫌いかがですか?(挨拶の言葉) 3.[相手の意見・説明・理由などを求めて]どうして, どんな意味で, どういう理由で, 何故: ~ hynny/felly? それはどういう訳ですか?, 何故ですか? 4.[節を導いて]'rwy'n gweld ~ y mae hi 私はそれがどんな状態なのか分かります
a どんな種類の: ~ ddyn yw ef? 彼はどんな人ですか?

sŵ (-au) *mf* 動物園

swab (-iau) *m* [外科](病人に薬剤を付けたりする)綿棒

swabiad (-au) *m* [医学]スワッブ(綿棒で集めた細菌検査用の分泌物)

swabio *t* 1.(水分を)モップで拭き取る 2.[医学](喉などを)綿棒で拭く[塗る]

swae *f* = **sôn**

swalpio *i* (ぬかるみなどの中で)もがく, あがく, のたうつ

swci *a* 1.愛玩[ペット]の; (動物が)飼い馴らされた: oen ~ 飼い馴らされた子羊 2.(人・性格など)大人しい, 従順な

swciaci *m* [料理]すき焼き

swcradwy *a* 助けや支援を提供する

swcro *t* (困っている人などを)救う, 援助する

swcros *m* [化学]蔗糖

swcrwr (-wyr) *m* 救助[援助]者

swcwr *m* 救助, 援助

swch (sychau) *f* 鋤べら

swd (-iau) *m* [地質](White Nile川の)浮漂草塊(浮草やアシの茎などで, しばしば船の航行を不能にする)

swêd *m* スエード(革): brethyn (*m*) ~ スエード革まがいの織物(手袋などに用いる)

Swedaidd *a* スウェーデン(人)の: symudiadau ~ [スポ]スウェーデン式運動

Swedeg *mf* スウェーデン語
a スウェーデン語の

Sweden *f* [地理]スウェーデン(Scandinavia半島東部の王国; 首都Stockholm)

Swediad (-iaid) *mf* スウェーデン人

sweter (-s) *m* [服飾]セーター: merch (-ed) (*f*) mewn ~ (体にぴったりしたセーターを着

た) 胸のふくよかな女性

swffragan (-iaid) *m* 1.[英教] 教区主教; 補佐主教 2.[カト] 属司教

swffragét (swffragetiaid) *f*（特に, 20世紀初頭の英国女性の）婦人参政権論者, 婦選論者

swgan (-od) *f* 1.だらしのない女 2.不身持な女 3.売春婦

swil *a* 1.内気な, 人前を気にする, 恥ずかしがりの 2.用心深い

swildod *m* 1.内気, はにかみ, 人前を気にすること 2.臆病

Swisiad (-iaid) *mf* スイス人

Swistir *m*［地理］スイス（Switzerland）（ヨーロッパ中部の連邦共和国; 首都Bern）

switsfwrdd (-fyrddau) *m* 1.[電気] 配電盤 2.[電話] 交換台

switsh (-is) *m* [電気] 開閉器, スイッチ

switsiadwy *a* 切り換え可能な

switsio *t* [電気]（電流を）スイッチで転換する

swltan (-iaid) *m* 1.イスラム教国君主, サルタン 2.[S~] オスマン帝国皇帝 3.[鳥類] サルタン（トルコ種の白色のニワトリ）

swltanes (-au) *f* 1.イスラム教国王妃; サルタン一家の女性 2.= swltan 3

swltaniaeth (-au) *f* 1.サルタンの位 [職権] 2.サルタン国

swllt : swlltyn : sylltyn (sylltau) *m* シリング（Norman Conquest以降1971年2月まで続いた英国の通貨単位; 1ポンドの1/20, 12旧ペンス）: deg ~ 10シリング; ~ a chwech 1シリング6ペンス; cymryd swllt y Brenin/Frenhines 募兵に応じる, 兵士になる（昔, 募兵に応じた者が1シリング貰えたことから; 1879年廃止）

swm (symiau) *m* 1.（数量の）合計, 総数, 総額; 全体, 総体 2.全額: ~ un taliad, lwmp-~（lymp-symiau）*m* 総計金額 3.概要, 大意 4.要点, 骨子: ~ a sylwedd y mater 問題の要点 5.[数学] 算数（問題）: gwneud symiau/syms 算数問題を解く, 計算問題をする

swmbwl (symbylau) *m* 1.（家畜などを追う）突き[刺し]棒 2.（精神的）刺激; 激励, 鼓舞

swmer (-au) *m* 梁, 桁; 角材

swmo *m* 相撲

swmp *m* 1.嵩, 大きさ, 容積 2.（織物などの）手触り, 感触

swmp- a 大量の; 全部の: swmp-brynu（一人のバイヤーによる）生産全量買占め

swmpo *t* 手で触る; 手で触れて[に取って]（重さなどを）調べる, 手に持って確かめる

swmpus *a*（かなり）大きい; 重さの割には大きなnwyddau ~ 嵩高品, 嵩高性商品

swn (synnau) *m* 1.騒音, 音響, 物音: ni chlywyd y ~ lleiaf 物音一つ聞こえなかった; ~ (y) tu ôl [演劇] 舞台裏で音（擬音）ト書き用語）; 舞台裏の音響効果 2.大騒ぎ, 騒がしさ:

cadw ~ 音を立てる, 騒ぐ; 不平を漏らす; 世間の評判になる 3.[*pl*]（ある意見・感情を表す）主張, 言葉: gwnaethant ~ cydymdeimlad 彼らは同情的な発言をした 4.（ラジオ・テレヴィ・電話などの）雑音, ノイズ

swnd *m* 1.砂 2.[*pl*] 砂地; 砂浜; 砂丘; 砂州; 砂漠

swnian *i* 1.（人に）ガミガミ小言を言う 2.（心配事などが）しつこく苦しめる

swnllyd *a* 騒々しい, やかましい

swnt (-iau) *m* 1.[地理] 海峡, 瀬戸: S~ Enlli バードシー海峡（Bardsey IslandとLlyn半島を隔てる2.8kmの海）2.（魚の）浮袋

swoleg *f* 動物学

swolegol *a* 動物学（上）の, 動物に関する

swolegwr (-wyr) *m* 動物学者

swp *m* スープ

swp (sypiau) *m* 1.（果物などの）房: grawnswp (-sypiau) *m* ブドウ一房 2.（花などの）束 3.（書類などの）束 4.積み重ね, 塊, 山: syrthio'n ~（人が）うずくまるように[ぐしゃりと]倒れる

swper (-au) *mf* 夕食: y S~ Olaf 最後の晩餐

swpera : swperu *i* 夕食を食べる

swrd (syrdiau) *m* [数学] 無理数

swrn (syrnau) *m* 1.足首 2.足関節 3.球節, 蹴爪毛突起

swrrealaeth *f* [文芸] 超現実主義, シュールレアリズム

swrrealaidd *a* [文芸] 超現実主義の

swrrealwr (-wyr) : swrrealydd (-ion) *m* [文芸] 超現実主義者

swrth *a* 1.眠い, 眠そうな 2.眠気を誘う 3.（村など）眠ったように静かな 4.（人・心など）純い, のろい, 不活発な 5.怠ける, 怠惰な 6.（流れなど）緩やかな 7.不振[不景気]な 8.[物理]（物質が）自動力のない

sws (-us) *f* 接吻, 口づけ, キス: ~ glec (swsus clec) 大きな音を立てる[チュッという] キス

swshi *m* [料理] 寿司

swta *a*（人・態度・話し方など）ぞんざい[ぶっきら棒, 無愛想]な, 素っ気ない

swtrach *m* 1.滓, 澱 2.つまらない物; 屑

swydd (-i) *f* 1.（ウェールズ以外の）州: S~ Durham（イングランド北東部の）ダラム州 2.仕事: ~ o waith, swydden（手際のいい）仕事; mân swyddi 臨時[片手間]の仕事 3.職, 勤め口, 地位: sicrhau ~, bachu ~ 仕事を確保する; heb ~ 失業して 4.（公務員の）職務, 任務, 役目 5.官職, 公職: gadael ~ 公職を辞す; dal/llenwi ~ 在職する

swyddfa (-feydd) *f* 1.（事務員・店員などが勤めに出る）事務所, 会社, オフィス: bloc (-iau) (*m*) swyddfeydd オフィスビル; gwas (gweision) (*m*) ~（事務所の）雑用係の少年, オフィスボーイ; gweithiwr (-wyr) (*m*) ~, gweithwraig (-agedd) (*f*) ~ 会社員 2.[S~]

swyddog 538 **sychfoesolyn**

(省やそれに準じる機構としての) …省[庁]: y S~ Dramor 外務省; y S~ Gymreig ウェールズ省; S~'r Post; y Post 郵政公社; (米) (省以下の機構の) …局[部] 3.[*pl*] (裁判所内の) 判事室; [*pl*] (法学院内の) 弁護士事務所[室]

swyddog (-ion) *m* : **swyddoges (-au)** *f* 1.公務員, 役人: ~ carchar 刑務所の看守; ~ etholiad 選挙管理官 2.[軍事] (陸・海・空軍の) 将校, 士官: ~ y dydd (陸軍の) 日直将校; peilot ~ 空軍少尉 3.(商船の) 士官: ail ~ 二等航海士 4.(パブリックスクールの) 監督生

swyddogaeth (-au) *f* 1.= **swydd** 4, 5 2.(人・物などの) 機能, 作用, 働き, 目的: ~ mentrwr 起業家機能; ~ gudd 潜在機能; ~ amlwg 顕在機能; newid (-iadau) (*m*) ~ [文法] 機能転関 3.[電算] ファンクション: botwm (*m*) ~/ swydd ファンクションキー

swyddogaethol *a* 1.(建物・家具など) 機能[実用] 本位の, 便利な 2.機能 (上) の

swyddogol *a* 1.職務[公務]上の, 官[公]の: y Derbynnydd S~ [法律] (破産) 管財人 2.公式[公認] の 3.形式張った 4.[薬学] 薬局方による

swyfaidd *a* 1.皮脂性の 2.[解剖・生理] 脂肪質の

swyn (-ion) *m* 1.魔法, 魔力, 魔術: dan ~ 魔力にかけられて 2.魅力, 魅惑; [通例*pl*] (女の) 色香, 美貌 3.(腕輪・時計の鎖などに付ける) 小さな飾り物 4.護符, お守り
a 1.魔法の, 魔法をかけられた: carped (-i) (*m*) ~ 魔法の絨毯; rhif (-au) (*m*) ~ [物理] 魔法数 2.魅力のある, 魅せられた

swyngwsg *m* 1.催眠 (状態) 2.催眠術

swyngyfaredd (-ion) *f* = **swyn**

swyngyfareddu *t* 1.魔法をかける 2.(人を) うっとりさせる, 魅する

swyngyfareddwr (-wyr) *m* 1.魔法使い, 魔術[妖術] 師 2.魅惑する人

swyngysgol *a* 催眠 (術) の

swyno *t* 1.魔法をかける 2.人に魔法をかけて(…) させる: ~ rhn ynghwysg/i gysgu 魔力で人を寝入らせる 3.(魔力で怒り・悲しみなどを) 和らげる, 鎮める, なくす 4.魔力で引き[探り] 出す 5.魅惑[悩殺する], うっとりさせる, 魅する

swynol *a* 魅力[魅惑] 的な, うっとりさせる (ような)

swynwr (-wyr) *m* : **swynwraig (-agedd)** *f* 1.魔法使い, 魔術師, 魔女 2.魅惑者, 魅力的な人; (特に) 美人

sy : sydd *i* (…で) ある, (…) です: 1.[強調文中で] chi sydd i benderfynu 決めるのはあなたです; beth sydd?, beth sy'n bod? どうしたのですか? 2.[主語が強調されている文中で] Harri sydd ar fai 悪いのはハリーです; fi sy'n

iawn 正しいのは私です 3.[否定の関係詞節中で] dyna'r dyn sydd byth yn hwyr あれが決して遅刻しない人です 4.[関係代名詞が主語を指している関係詞節中で] mae'n ddyn sy'n hoffi cerdded; dyn sy'n hoffi cerdded yw ef 彼は散歩が好きな人です 5.[pwy の後で] pwy sy'n iawn? 誰が正しいのですか?; pwy sy'n siarad? 誰が話しているのですか? 6.[pa beth の後で] pa beth sy'n bod? 何が起こったのか?, どうしたのだ?; pa drên sy'n mynd i'r Rhyl? どの列車がリルへ行くのですか?

sybachu *t* 1.皺を取る, 縮ませる, 皺を寄せる, しわくちゃにする 2.(唇などを) すぼめる 3.(顔を) しかめる 4.(物の表面を) 汚す, 染みを付ける
i 1.皺になる 2.つぶれる, ぺちゃんこになる

syber *a* (部屋など) きちんとした, 清潔[綺麗] な

syberw *a* (人・物・事が) 立派な, 堂々とした

syborniad *m* [法律] 偽証

sybornol *a* [法律] 偽誓[偽証] の

sybornu *t* [法律] (賄賂などを与えて) 偽誓[偽証] させる

sybornwr (-wyr) *m* 偽証教唆者, 買収者

sycamorwydden (sycamorwydd) *f* 1.[植物] サイカモアカエデ 2.[聖書] エジプトイチジク (エジプト・シリア産)

sych *a* (*f* sech, *pl* sychion) 1.乾いた, 乾燥した: bras ~ (洗濯物をアイロン仕上げをせずに) 洗って乾かしたままの, あら干しした; (地面など) 乾き切った 2.喉が渇いた 3.(ぶどう酒など) 辛口の: lled-sych *a* (ぶどう酒など) 辛口と甘口の中間の 4.(話・書物など) 面白くない, 無味乾燥な, 退屈な 5.(ユーモアなど) 真面目な, とぼけた顔で何気なく言う 6.(食品など) 乾燥させた

sych-bydredd *m* 1.[植物・病理] (木材の) 乾燥腐敗, むれ腐れ 2.(外からでは分からない社会的・道徳的) 腐敗, 退廃

sychdarth (-au) *m* [化学] 昇華物

sychdarthiad *m* [化学] 昇華

sychdarthu *t* [化学] 昇華させる
i 昇華する

sychder (-au) : **sychdwr** *m* 1.乾燥 (状態) 2.日照り続き, 旱魃 3.無味乾燥 4.冷淡 5.甘味のない味 6.禁酒状態

sychdir (-oedd) *m* 1.(雨量の少ない) 乾燥地域 2.(海などに対して) 陸地

syched *m* 1.渇き, 喉の渇き: torri ~ 渇きを癒す 2.渇望, 熱望

sychedig *a* 1.喉が渇いた 2.(仕事・食物など) 喉を渇かせる, 喉の渇く 3.渇望[熱望] の

sychedu *i* 1.喉が渇く 2.渇望[熱望] する

sychedwr (-wyr) *m* : **sychedig (-ion)** *mf* 何かに対する強い欲求を持つ人

sychfoesoldeb *m* 几帳面, 堅苦しさ, 気取り

sychfoesolyn (-ion) *m* (道徳・作法などに) 堅苦しい[几帳面な] 人; 気取り屋

sychgyfiawn *a*（道徳・作法などに）堅苦しい，馬鹿に几帳面な; 知ったかぶりの

sychiad (-au) *m* 1.乾燥 2.拭くぬぐうこと，一拭き

sychin *f* = **sychder, sychdwr**

sychlanhau *t*（衣類を）ドライクリーニングで洗濯する

sychlyd *a* 1.（態度・言葉など）ぶっきら棒［無愛想］な 2.= **sych** 4

sychu *t* 1.乾燥させる，干す 2.（濡れた体・目などを）ぬぐう，ぬぐって乾かす 3.皿を拭く *i* 1.乾く，乾燥する 2.（プール・井戸など）水が涸れる，干上がる

sychwr (-wyr) : sychydd (-ion) *m* 1.拭く［ぬぐう］人 2.拭くのに用いる布（タオル・手ぬぐい・布巾など）3.（物を）乾燥させる人 4.（洗濯物などの）乾燥器，ドライヤー: ~ tro/troi ロータリードライヤー 5.乾燥剤 6.［自動車］ワイパー: sychwr ffenestr (sychwyr ffenestri), ~ glaw ワイパー

sydyn *a* 1.（予告・予想もしない）不意［突然］の，予期しない: tranc ~（テニスなど）サドゥンデス 2.（前の形・状態から急変する）急な，にわか［出し抜け］の: mwyaf ~, yn ~ 急［不意，突然］に

sydynrwydd *m* 不意，突然

syfïen (syfi) *f* 1.［植物］（オランダ）イチゴ 2.イチゴの実: jam (*m*) syfi イチゴジャム 3.［病理］いちご状血管腫，赤あざ

syflyd *t* 1.（風などがかすかに）動かす 2.動かす，移動させる 3.（手足を）動かす 4.（家などを）引っ越す 5.（人の）心を動かす，（人を）動かして…させる *i* 1.かすかに動く 2.動く 3.身動きする 4.転居する

syfrdan *a* 茫然ぼうっとした; びっくり（仰天）した

syfrdandod *m* 眩惑，ぼうっとした状態，茫然自失; びっくり仰天

syfrdanol *a* 1.（打撃・不幸など）気絶させる，ぼうっとさせる，眩惑的な，びっくり仰天するような 2.素晴らしい，とても魅力的な: merch ~ o hardd すごい美人

syfrdanu *t* 1.（人を）気絶させる，目を回させる 2.（人を）茫然［ぼうっ］とさせる，びっくり仰天させる

sylem *m*［植物］木（質）部: pelydryn (pelydrau) (*m*) ~ 木部放射組織

sylfaen (-feini) *f* 1.（建物の）土台，基礎，礎: ~ byst (sylfeini pyst) 杭基礎; carreg (cerrig) (*f*) ~［建築］礎石，土台石 2.［洋裁］（衣服の型を保つために用いる）硬くてしっかりした裏打ち布［芯地］3.［演劇・化粧］ファウンデーション（化粧下地クリーム）: colur (-iau) (*m*) ~（役者などの）メーキャップ用ファウンデーション 4.（学説・思想などの）基礎，根拠

sylfaenol *a* 1.基礎の，基礎［基本，根本］的な:

diwydiant (-iannau) ~ *m* 基幹産業; cynhwysedd ~ *m*［自動車］基本交通容量; Saesneg S~ ベーシックイングリッシュ（英国の心理学者C.K.Ogden が1930年に発表した850語を基本とする簡易英語）; geirfa (-oedd) ~ *f* 基本語彙; rhif ~ *m*［教育］基本数 2.根源［本源］的な: nodyn (nodau) (*m*) ~［音楽］根音

sylfaenoldeb *m* 1.基本，基礎，根本 2.基本的であること，基本性 3.（ピラミッドの）土台 4.［音楽］根音

sylfaenu *t* 1.（建物などを）基礎の上に建てる; 創建［創設，設立］する 2.基礎を置く，基礎付ける;（意見・理論などの）根拠を（事実などに）置く

sylfaenydd (-wyr) *m* : **sylfaenwraig (-agedd)** *f* 創建［創設，設立］者; 開祖

syltana (-s) *f*［料理］サルタナ（地中海沿岸地方産の小粒の種なし干しぶどう; プディング・ぶどう酒などに用いる）

sylw (-adau) *m* 1.書評，批評 2.注意，注目: pethau gwerth ~ 注目に値する物; dal ~; cymryd ~ …に注意する，気付く 3.（時事問題などの）論評，批評，見解，コメント: dan ~ 論議されている，問題の，当の 4.観察; 観察力; 監視: osgoi ~ 人目につかない 5.（観察に基づく）言説，所見，意見 6.傾聴 7.（人などの）世話，手当 8.［しばしばpl］親切，心尽くし（特に若い女性への）心遣い 9.［商業］アテンション，…宛て: igael ~ Mr. A A氏宛て 10.［心理］注意: rhychwant (-au) (*m*) ~ 注意の範囲

sylwadaeth (-au) *f* 1.観察: ~ o'r tu mewn ［社会・文類］参与観察調査者が異質の文化・集団と実際に行動を共にしながら観察を行う研究法）2.［ラジオ・テレ］実況放送［解説］

sylwebaeth (-au) *f* = **sylwadaeth** 2

sylwebu *i* 解説［論評］する

sylwebwr (-wyr) : sylwebydd (-ion) *m* ［ラジオ・テレ］（時事問題・スポーツ番組などの）解説者

sylwedydd (-ion) *m* 1.観察［観測］者 2.監視者 3.（会議の）オブザーヴァー 4.（法律・儀式などの）遵守者

sylwedd (-au) *m* 1.真実性 2.現実，事実 3.［哲学］実体，本質 4.［化学］物質 5.［神学］実体 6.（織物などの）地 7.（物の）実質，中味: 'rwy'n cytuno â ~ eich dadl 私も大体は君に同意する 8.（思想・研究などの）内容 9.（演説・著作などの）要旨，大意

sylweddiad (-au) *m* 1.（計画・希望などの）実現，現実化 2.［商業］現金化 3.認識

sylweddol *a* 1.物質の 2.（架空でなく）実体のある，実在する，本当の 3.相当な，たくさんの，大した: gwahaniaeth ~ *m* かなり大きな相違 4.（食事など）実のある; pryd ~ *m* たっぷりした食事 5.（家具など）堅固［頑丈］な 6.資産のある，裕福な

sylweddoli *t* 1.(計画・希望などを) 実現する 2.理解する, 悟る

sylweddu *t* 1.(計画・希望などを) 実現する 2.[商業](所有物を) 現金化する

sylwgar *a* 注意深い; 傾聴する

sylwgarwch *m* (相手に) 気を遣う[配る]こと, 配慮

sylwi *t* 1.気付く, 認める 2.注意する, 気を付ける 3.言及[指摘]する 4.(書物・劇などを) 論評[批評]する

sylladur (-on) *m* [光学](望遠鏡・顕微鏡などの) 接[対]眼レンズ, 接[対]眼鏡

sylliad (-au) *m* 注視, 注目, 凝視

syllu *t* 注視する
  i じっと見つめる, 凝視する

syllwr (-wyr) *m* : **syllwraig (-agedd)** *f* 見つめる人, 凝視者

sym (symiau, -s) *f* = **swm**

symbal (-au) *m* [音楽]シンバル (真鍮または青銅製の打楽器)

symbalwr : symbalydd (-wyr) *m* シンバル奏者

symbol (-au) *m* 1.象徴, 表象, シンボル 2.記号, 符号, 印

symbolaeth *f* 1.象徴的意義, 象徴性 2.符合使用; 記号体系 3.[文学・芸術]象徴主義

symbolaidd *a* 1.象徴的な 2.記号的な 3.象徴主義的な

symboleg *f* 1.[文類]儀式[象徴]研究 2.[キ教]信条学; 宗教的象徴論

symboleiddiad (-au) *m* 1.象徴化 2.記号化

symboleiddio *t* 1.象徴する, 表す 2.符号[記号]で表す, 象徴化する

symbolwr (-wy) : synbolydd (-ion) *m* 1.符号使用者; 記号学者 2.[文学・芸術]象徴主義者

symbyliad (-au) *m* 1.刺激, 興奮 2.刺激物 3.激励, 鼓舞 4.動機, 誘因, 誘引 5.[心理](行動の) 動機付け

symbylol *a* 刺激する

symbylu *t* 1.刺激する: ~ diddordeb 興味を刺激する 2.激励[鼓舞]する 3.刺激[激励, 鼓舞]して…させる

symbylwr : symbylydd (-wyr) *m* 1.激励者 2.刺激, 動機, 誘引

symbylydd (-ion) *m* 1.刺激, 激励 2.刺激物質; 刺激薬; 刺激器具[装置] 3.[生理]刺激, 興奮

symffoni (-ïau) *f* [音楽]交響曲, シンホニー: cerddorfa (-feydd)(*f*) ~ 交響楽団

symffonig *a* [音楽]交響曲の

symffonïwr (-ïwyr) *m* 1.交響曲作者 2.交響楽団員

symiadwy *a* [数学]加法が可能な

symiant (-iannau) *m* 1.合計すること 2.合計, 和

symio *t* 1.合計[総計]する 2.(状況などを) 要約する, 概要を述べる

syml *a* (*f* seml) 1.簡単[単純]な, 易しい 2.簡素[質素, 地味]な: y bywyd ~ *m* 簡素な生活; bod â chwaeth ~ 地味な趣味を持っている 3.(素性・身分の) 低い, 平民の出の 4.純真[無邪気]な; 誠実な 5.純然たる, 全くの; 純粋な 6.[文法]単純な, 単一の: brawddeg seml (brawddegau syml)*f* 単文 7.[数学]一次[単一]の, 単純な: ffracsiwn (-iynau) ~ *m* 単分数 8.[音楽]単純[簡単]な: amseriad (-au) ~ *m* 単純拍子 9.[商業](複合に対して) 単一の, 単…: llog (-au) ~ *m* [金融]単利 10.[法律]単純な: contract (-au) ~ *mf* 口頭の契約 11.[植物]単一[単体]の: ffrwyth (-au) ~ *m* 単果 12.[機械]単純な: peiriant (-iannau) ~ 単純機械

symledd : symlrwydd *m* 1.純真, 無邪気 2.(問題など) 簡単, 平易 3.(服装など) 簡素, 質素, 地味

symleiddiad (-au) *m* 1.簡易[平易]化 2.簡単にしたもの

symleiddio *t* 簡単[平易]にする

symlyn (symlod) *m* 馬鹿, 阿呆, 間抜け

symptom (-au) *m* 1.徴候, 兆し 2.[病理]症状, 徴候

symptomatig *a* 1.前兆となる 2.[病理](ある病気の) 徴候[症候]となる

symud *t* 1.(人を) 移す, 立ち退かせる, 引越しさせる 2.転勤[転校]させる: ~ gwas gwladol 公務員を転勤させる 3.解任[免職, 解雇]する 4.(家具などを) 動かす, 移動させる, 移し替える: ~ y dodrefn 家具を移し替える 5.(物を) 取り去る, 除去する 6.(座席などを) 換える 7.[銀行](預金などを) 移す 8.取り出す, 抽出する 9.盗む, 抜取る 10.(ヴァイオリンなどを弾く時) 左手を移動させる 11.(人を) 感動させる 12.[チェス]駒を動かす 13.[軍事]~ dryll 銃をかつぎ変える
  i 1.動く, 体[手足など]を動かす: dim ~! そこを動くな! 2.立去る, 出発する: mae'n bryd inni ~ もう出掛けなければならない時間だ 3.移る, 転じる 4.転任[転校]する

symudadwy *a* 1.動かせる, 移動できる, 可動性の 2.除去できる 3.免職[解任]できる

symudedd *m* 動かせること, 移動[可動性]

symudiad (-au) *m* 1.運動, 活動; 動き, 動作: ~ clocwaith 時計[ぜんまい]仕掛けのような動き 2.移動, 移転 3.変化, 転換 4.[教育]進級 5.[言語]音の推移: ~ seiniol 音韻推移 6.[音楽](ヴァイオリンなどを弾く時の) 左手の移動 7.運動: ~ Brown [物理]ブラウン運動

symudliw *a* 乳白光[オパールのような光]を発する; オパールのような: sidan ~ *m* [織物]玉虫色の絹布

symudliwedd *m* 乳白光

symudol *a* 1.動く, 動いている: grisiau ~ *pl* エスカレーター 2.動かせる, 可動性の 3.動機の[となる] 4.動かす, 起動の, 原動力となる: egni ~ *m* 機動力 5.(祭日・記念日など) 年によって変わる, 移動する: gŵyl (gwyliau) ~ *f* 移動祝日 6.[法律] 動産の: celfi/pethau ~ 動産

symudoldeb : symudoledd *m* = **symudedd**

symudolrwydd *m* 1.可動性 2.免職[解任, 転任]の可能性

symudwr (-wyr) *m* 1.移す人; 移動装置 2.ごまかす, 人不正直者 3.[機械]スパナ

symudyn (symudion) *m* [美術] 動く彫刻, モビール

syn *a* 1.びっくりした 2.驚くべき

synagog (-au) *f* 1.ユダヤ教会堂 2.ユダヤ教徒の集会

synagogaidd : synagogol *a* ユダヤ教会の

syndic (-iaid) *m* (大学などの) 理事, 評議員; (Cambridge大学の) 特別評議員

syndicet (-iau) *mf* 1.[経済] シンジケート, 企業連合 2.[金融] 債券[株式] 引受組合[銀行団] 3.(米) 新聞雑誌連盟

syndicetio *t* 1.シンジケート組織にする 2.(記事・漫画などを) 新聞雑誌連盟を通じて供給する

syndod *m* びっくり, 驚き, 仰天, 驚愕: er mawr ~ imi, er fy mawr ~ 私が非常に驚いたことには

syndrom (-au) *m* 1.同時発生する一連のもの[事件, 行動] 2.(一定の) 行動様式 3.[病理] 症候群, シンドローム: ~ Down ダウン症候群 4.病的現象

syndromaidd : syndromig *a* [病理] 症候群の

synedig *a* 驚いた, びっくりした

synergedd *m* 1.(商店・会社などの) 共働, 依存 2.[生理・薬学] 協力作用 3.[神学] 神人共働説, 神人協力主義

synfen (-nau) *m* 1.感情, 情緒, 情操 2.感傷

synfyfyrdod (-au) *m* 1.幻想, 夢想, 空想, 白日夢 2.放心, 茫然 3.沈思黙考, 黙想 4.(宗教的・精神修養の) 黙想

synfyfyrio *t* 1.熟考する 2.沈思黙考する 3.瞑想する
i 熟考する

synfyfyriol *a* 1.瞑想[黙想] 的な 2.沈思黙考する

synfyfyriwr (-wyr) *m* : **synfyfyrwraig (-agedd)** *f* 沈思[黙想] 者

synhwyraidd *a* 1.知覚の, 感覚(上)の 2.[生理] 感覚を起こさせる[伝達する]: byd ~ *m* 五感の[によって認識される] 世界

synhwyrgall *a* 1.用心深い, 慎重な 2.賢明な, 分別のある 3.抜目のない, 倹約な

synhwyro *t* 1.(五感で) 感じる, 感づく, 気付く, (臭いなどを) 感じる, 気付く: ~ halenau 塩の匂いを感じる, (陰謀・危険などに) 気付く, 感づく: gallaf ~ perygl 私は危険を感じ取ることができます 2.(猟犬などが獲物などを) 嗅ぎ付ける, 嗅ぎ出す

synhwyrol *a* (人・行動など) 分別のある, 賢明[実用的] な

synhwyrus *a* 1.感覚的な, 感覚に訴える 2.感覚の鋭敏な, 敏感な

synhwyrydd (-ion) *m* センサー(光・熱・音などに反応する感知器)

syniad (-au) *m* 考え, 思いつき, 趣向, 着想: ~ gwych/campus/ardderchog うまい趣向, 妙案

syniadaeth *f* 1.観念作用; 観念化 2.概念作用[形成]

syniadaethol *a* 観念作用の

synied *t* 1.分かる, 想像する: alla' i ddim ~ beth 'rydych chii'n ei feddwl あなたがどういうつもりなのか私には分からない 2.思う, 考える: ~ da, myn brain i!, ~ da, o faw! [皮肉・反語的] よい考えだよ, いやはや全く! 3.熟考する

synio *t* 観念化する; 想像する
i 1.観念を作る; 考える 2.[哲学] イデア化する

synnu *t* 1.(人を) 驚かす, びっくり(仰天) させる: 'rwy'n ~ at ei ddewrder 彼の勇気には全く驚くよ 2.驚く, びっくりする: 'rwy'n ~ atoch!, 'rydych yn fy ~ i! 君には全く驚いたね!, 君は本当にあきれたもんだ!; 'rwy'n ~ ato 彼には驚くよ
i 驚く, 不思議に思う

synnwyr (synhwyrau) *m* 1.五感(の一つ): y pum ~ 五感 2.正気: colli'ch ~ 気が狂う 3.(芸術・方向などにおける本能的な) 感覚能力, 勘, センス: ~ cyfeiriad 方向感覚 4.(知的・道徳的) 感覚, 観念 5.思慮, 分別, 常識: ~ cyffredin 常識

synod (-au) *mf* [キ教] 教会会議

synodaidd *a* [キ教] 教会会議の

synoptig *a* 概要[大意] の

syntheseiddiad (-au) *m* 1.総合, 統合 2.[化学] 合成

syntheseiddio : synthesu *t* 1.総合[統合] する 2.[化学] 合成する, 合成して作る
i 総合する

syntheseisydd (-ion) *m* [音楽] シンセサイザー

synthesis (-au) *m* 1.総合, 統合 2.総合体 3.[化学] 合成: nwy (-on) (*m*) ~ 合成ガス

synthesydd (-ion) *m* 1.総合者 2.合成者

synthetig (-ion) *m* [通例*pl*] 合成物質[繊維] *a* 1.総合の, 総合的な 2.合成の 3.人工的な: bas ~ *m* [音楽] シンセベース, キーボードベース 4.[言語] 総合的な

synwyradwy *a* 知覚[認知] できる, 匂いを嗅ぐことのできる

synwyriadaeth *f* [哲学] 感覚論

synwyriadydd (-ion) *m* [哲学] 感覚論者

synwyrusrwydd *m* (皮膚・器官などの) 感覚 (能力)

sypio *t* 1.束にする 2.包む, 包装する

sypyn (-nau) *m* 1.(小) 包み, 荷, 束 2.[解剖] (神経の) 束 3.[植物] 管束: ~ fasgwlar 管束

sypynnu *t* = **sypio**

syr (-iaid) *m* 1.[男性に対する呼掛け] あなた, 先生, 閣下, お客さん, 旦那: o'r gorau, S~ そうだとも 2.[商用・公用の手紙の書き出し] 拝啓: annwyl ~ 拝啓 3.[準男爵・ナイト爵に対する敬称] サー, …卿: S~ Lawnslot ランスロット卿

syrcas (-au) *f* サーカス, 曲馬団

syrffed (-au) *m* 飽き飽きしていること, 飽満, 飽食, 食傷

syrfeddu *t* 1.(人に) 食い [飲み] 過ぎさせる 2.(人を) 飽き飽き [食傷] させる 3.(物を) 供給し過ぎる, 氾濫させる

i うんざりする, 飽き飽きする

syrio *t* (人に) サーと呼掛ける

syrlwyn (-au) *m* [料理] サーロイン (牛の腰肉の上部)

syrth *m* 屑肉, 臓物

syrthiad (-au) *m* 1.落下 (物), 降下, 墜落 2.落下距離, 落差 3.(温度などの) 低下

syrthiedig *a* 1.落ちた, 地面に落下した, 倒れた 2.(戦場で) 倒れた, 死んだ 3.堕落した: angel ~ 堕落天使 4.(国・都市など) 壊滅 [陥落] した 5.(頬など) 窪んだ, こけた

syrthio *i* 1.落ちる, 落下する 2.倒れる, 転ぶ, 平伏する: ~'n un pentwr どさっと倒れる 3.(夕闇・静寂などが) 垂れ込める 4.(災い・眠気などが) 降り掛る 5.(時節などが) 来る; (休日などがある日に) 当たる 6.負傷して倒れる, 戦死する: ~ mewn brwydr 戦死する 7.(ある状態・関係に) なる, 陥る: ~ mewn cariad â rhn 人に恋する; ~ i gysgu 寝入る 8.誘惑に陥る, 堕落する 9.(建物・橋などが) 倒壊する, 崩れ落ちる 10.(国家・政府などが) 倒れる, 滅びる; (都市・要塞などが) 陥落する 11.(水銀柱・温度などが) 下がる

syrthni *m* 1.不活発, 無活動, 怠惰, 物臭, 遅鈍 2.[物理] 慣性, 惰性, 惰力: moment (*f*) ~ 慣性モーメント

system (-au) *f* 1.(一つの統一体を作っている) 組織 2.(社会・政治・経済などの) 制度, 機構; (支配) 体制 3.(学問・思想などの) 体系 4.(山・河川などの) 系統 5.(通信・輸送などの) 網 6.[生物] 系統: ~ dreulio (systemau treulio) 消化器系統 7.方式, 方法: y ~ fetrig メートル法 8.人格, 個性 9.身体 10.[音楽] 音組織 11.[鉄道] 系統 12.[電信・電話] 網 13.[地質] (地層の) 系

systematig *a* 1.組織 [系統] 的な 2.計画性のある, 規則正しい

systemeg *f* 1.系統学 2.分類学 3.組織的な計画

systemiaeth *f* 1.系統 [組織, 体系] 化 2.系統 [組織] 偏重

systemu *t* 1.組織 [系統, 体系] 化する 2.分類する

syth *a* (*f* **seth**, *pl* **sython**) 1.真っすぐな, 一直線の: edrychiad ~ 直視; llinelli (-au) ~ *f* 直線 2.直立した, 垂直な: cadair gefnsyth (cadeiriau cefnsyth) *f* 背もたれが垂直で高い椅子 3.(毛髪が) 縮れていない: gwallt ~ *m* 縮れていない髪 4.(頭・手など) もたげられた 5.(顔が) 真面目くさった 6.[政治](米)(投票が) 全部の公認候補に投じられた 7.[演劇] (演技が) 率直な, 正劇の

sythlyd *a* (人が) 寒けがする

sythni *m* 直立, 垂直

sythu *i* 1.真っすぐにする 2.(マストなどを) 直立させる, ぴんと立てる 3.整理 [整頓] する 4.[光学] (倒立像を) 正立像に変える

sythweld *t&i* 直観 [直覚] で知る

sythwelediad (-au) *m* 1.直覚, 直観 2.直覚による知識

sythwelediaeth *f* [哲学] 直観 [直覚] 主義

sythwelediol *a* 直観 [直覚] の

sythweledydd (-ion, -wyr) *m* 直覚 [直観] (主義) 論者

T

T, t *f*（発音tiː, *pl* tïau）: y t hon このt; dwy t二つのt; rhoi croes ar bob t（tを書く時に横棒を引くことを忘れないように）過度に細心の注意を払う; crys (-au)（*m*）Ti［服飾］Tシャツ; siâp T, ar ffurf Ti T字形の

ta *m*［小児］有難う

tab (-iau) *m*（衣服などの）垂れ飾り

tabernacl (-au) *m* 1.［しばしばT~］［ユ教］幕屋 2.礼拝堂;（非国教派などの）会堂 3.［教会］（聖体を入れる）聖櫃

tabernaclu *t* 聖櫃に祭る

tabl (-au) *m* 1.表, 目録: ~ pwysau a mesurau 度量衡表; ~ prisiau［鉄道］運賃表 2.（木・石・金属などの）彫り板: y Deuddeg T~［口史］十二表

tablaidd *a* 1.表の, 表にした 2.（台地・高原が）平坦で広い 3.薄板から成る, 薄層の 4.平たい, 平板状の

tabled (-i) *f* 1.［薬学・商標］錠剤 2.（石鹸などの）一塊 3.［建築］笠石

tabledig : tablog *a* 1.表にした 2.平面［平ら］にした

tablen *f* ビール

tabler(-i) *f* 1.バックギャモン（西洋すごろく）2.チェッカー盤

tabliad (-au) *m* 1.表, 目録 2.表作成

tablo (-s) *m* 1.絵画, 絵画的描写, タブロー 2.活人画 3.劇の場面: llen (*f*) dablo（llenni ~）［演劇］（劇場用）引き幕

tabloid (-au) *m*［ジャ］タブロイド版新聞（半ページ大で写真の多く入った新聞）

tablu *t* 表にする, 表に作る

tablwr (-wyr) *m* 1.図表作成者 2.タビュレーター（図表作成装置）

tabŵ (-au, -s) *m* 1.禁忌, 物忌み, タブー 2.禁制, 法度
　a 1.禁忌［タブー］の 2.禁制［法度］の

tabwrdd (tabyrddau) *m* 1.太鼓, ドラム 2.テーバー（英国で中世に用いられた小太鼓）

tabyrddiad (-au) *m* 太鼓の音

tabyrddu *t*（曲を）太鼓［ドラム, テーバー］で奏する
　i 太鼓［ドラム, テーバー］を叩く

tabyrddwr (-wyr) *m* : **tabyrddwraig** *f* 1.太鼓を叩く人, ドラム［テーバー］奏者, ドラマー 2.［魚類］太鼓のような音を出すニベ科の魚の総称

tac (-iau) *mf* 1.鋲, 留め鋲 2.［服飾］仕付, 仮

縫い: codi'r taciau　仮縫いの糸を抜く; ~ cynnal かんぬき止め 3.［海事］帆の風上下隅索 4.（従来と変わった）方針

tacio *t* 1.鋲で留める 2.仮縫いする 3.［英法］（抵当権を）結合する 4.［海事］（船を）上手回しにする
　i［海事］（船が）上手回しになる, 間切る

taciwr (-wyr) *m* 1.鋲を打つ人 2.仮縫いする人 3.自動鋲打ち器

tacl (-au) *m* 1.道具, 用具, 用品 2.（ラグビーなど）タックル: ~ gwib, gwibdacl (-au) *m* フライングタックル

taclad (-au) *m*（ラグビーなど）タックル

taclo *t* 1.（仕事・問題などと）取組む 2.（人と）議論を戦わす 3.［ラグ］タックルする

taclu *t* 1.衣服を着せる 2.服を着る 3.盛装［扮装］させる

taclus *a* 1.（部屋など）きちんとした 2.（服装など）さっぱりとした, 上品な 3.（人・習慣など）綺麗好きな, 身だしなみのよい 4.（言葉・文体など）適切な 5.（仕事など）手際のいい, 巧妙［見事］な: ysgrifen daclus 見事な筆跡 6.（量・程度が）かなりの, かなり大きな: swm ~ かなりの金額 7.中々よい

tacluso *t* 1.綺麗に［きちんと］する, 片付ける, 手入れ［整頓］する, 整える 2.身なりをきちんとする

taclusrwydd *m* 1.きちんとしていること, 整頓, 小綺麗さ 2.適切

tacograff (-au) *m* 回転速度記録計, タコグラフ

tacsi (-s) *m* タクシー: gyrrwr (*m*) ~（gyrwyr tacsis）タクシー運転手

tact *m* 1.（人をそらさない）気転, 如才なさ 2.［音楽］（指揮棒の）一振り

tacteg (-au) *f* 1.［軍事］戦術, 戦法, 用兵 2.（目的達成の）策略, 計画

tactegol *a* 1.戦術（上）の, 戦術的な 2.駆け引きの上手な

tactegwr : tactegydd (-wyr) *m* 1.戦術家 2.策士

Tachwedd *m* 11月

tad (-au) *m* 1.父（親）: fel ~ 父親のように; 厳しく, 厳格に; fel y tadau y ceir y plant［諺］この父にしてこの子あり, 父も父なら子も子; y plentyn yw tad y dyn［諺］子供は成人の父, 「三つ子の魂百まで」; dydd Sul（*m*）y Tadau 父の日; tad-yng-nghyfraith 義父, 舅; tad bedydd 教父, 名親;［カト］代父 2.創始者,

tad-cu   544   **tafleisiwr**

元祖; 本源; 原型 3.[通例*pl*]祖先 4.[T~]
(父なる)神

tad-cu (-od) *m* 祖父

tadladdiad (-au) *m* 1.親[近親者]殺しの罪
2.(国家への)反逆罪

tadladdiadol *a* 親[近親者]殺しの

tadleiddiad (-iaid) *mf* [法律]1.親[近親者]
殺しの犯人 2.反逆者

tadofalwr (-wyr) *m* 温情主義者

tadoldeb *m* (父親的)温情主義;(押し付けが
ましい)干渉主義

tadmaeth (-au, -od) *m* 養父

tadogaeth *f* 1.父であること, 父性 2.父系 3.著
作者であること; 起源 4.[法律](非嫡出子の)
父子関係決定[認知]: gorchymyn
gorchmynion (*m*)~[英法](非嫡出子の父
に対する)扶養命令

tadogi *t* 1.[法律](非嫡出子の)父子関係を決
定する,(子供の)父親を…だと決める: ~
plentyn ar rn arall 誰か他の人を子供の父親
だとする 2.(著作などを)…の作だと言う: ~ llyfr
ar rn arall 本を誰か他の人の作だと言う

tadol *a* 1.父親の(ような), 父らしい, 父としての
2.父方[父系]の 3.世襲の 4.(父親のように)
保護する; 温情主義の 5.干渉的[おせっかい]
な

tadolaeth *f* = tadogaeth

tadoldeb : tadolrwydd *m* 父親らしさ, 父性

taenelliad (-au) *m* 1.散布, まき散らし 2.(塩な
どの)振掛け 3.[キ教]灌水(式), 滴水

taenellu *t* 1.(液体・粉末などを)振掛ける, まき
散らす 2.(花・芝生などに)水をまく 3.散在させ
る

taenellwr (-wyr) *m* (芝生などの)散水装置
[機], スプリンクラー: ~ dŵr 消火用スプリンク
ラー

taeniad (-au) *m* 1.種まき, 散布 2.流布, 普及,
宣伝 3.[ジャ](新聞・雑誌のカット・写真など
を伴った)全段または数段抜きの記事[広告],
見開き: ~ canol (雑誌などの)中央見開きペー
ジ; ~ dwbl (新聞などの)見開き2ページ大の広
告

taenu *t* 1.(巻いた[畳んだ]物などを)開く, 広げ
る: ~ rhwyd 網を広げる 2.(腕・翼などを)広
げる, 伸ばす 3.(枝などを)張る, 伸ばす 4.(毛
布・テーブル掛けなどを)広げて掛ける, 敷く: ~
gwellt 藁を敷く 5.(バター・ペンキなどを)塗る:
~ menyn バターを塗る 6.(種・肥料などを)ま
く, まき散らす, 散布する: ~ tywod ar/dros y
llawr 床に砂をまく 7.(干草などを)広げる 8.(報
道・噂などを)広める, 流布する: ~
newydd/si ニュース/噂を広める 9.(病気など
を)蔓延させる: ~ clefyd 病気を蔓延させる
10.(食卓に)食物などを並べる

taenwr (-wyr) *m* 1.種をまく人 2.[農業](種・
肥料などの)散布器 3.(報道・教義などを)広

める人, 宣伝者

taeog (-ion) *m* : **taeoges (-au)** *f* 1.[英史]最
下層の自由民 2.(中世の)農奴 3.粗野な男, 無
作法者 4.田舎者 5.けちん坊, しみったれ 6.下
等, 劣等: cymhleth (*m*)(y) taeog [精分]劣等
感

taeogaeth *f* 農奴の身分

taeogaidd *a* 1.奴隷の 2.奴隷根性の, 卑屈な;
隷属的な: ufudd–dod ~ 奴隷のような服従
3.(芸術など)盲従的な, 独創性のない

taeogrwydd *m* 1.奴隷状態 2.奴隷根性; 卑
屈

taer *a* 1.(人・要求など)しつこい, 執拗な, 固執
する 2.熱心[熱烈]な: erfyniad (-au) ~ *m* 熱
心な願い 3.(事情・事態など)急を要する, 緊
急の, 切迫した: ~ angen 緊急に必要としてい
るもの

taerineb : taerni *m* 1.(質問・嘆願・要求な
どの)しつこさ, 執拗さ 2.熱心, 熱烈, 熱情

taeru *t* (強く)主張する: ~ eich bod yn
ddieuog 人が無罪であると主張する
i 1.主張する 2.論争[議論]する

tafarn (-au) *mf* 1.宿屋, 旅館 2.酒場, 居酒屋,
パブ: helfa (*f*) dafarnau 酒場を回るはしご酒

tafarndy (-dai) *m* 宿屋, 旅館

tafarnwr (-wyr) *m* : **tafarnwraig (-agedd)**
f 1.宿屋の主人 2.酒場[居酒屋, パブ]の主人

tafell (-au, -i, tefyll) *f* (パン・ケーキ・菓子な
どの)薄片, 一切れ, 平たい厚い一切れ: ~ o
fara 'menyn バターを塗ったパン一切れ

tafelladwy *a* 薄く切ることができる

tafellog *a* 1.薄切り[薄片状]の: bara ~ *m* 薄
切りのパン 2.薄層から成る

tafellu *t* 薄く切る

tafellwr (-wyr) *m* (パン・ベーコンなどの)薄
切り器, スライサー

tafl (-au) *f* 投げること: ffon (*f*) dafl (ffyn ~) 投
石器(昔の武器)

taflar *m* (玩具の)ぱちんこ

tafledig *a* 投影された

tafledd (-au) *m* [機械](ピストンなどの)動程,
行程

taflegr (-au) : taflegryn (taflegrau) *m*
[軍事]発射体(ロケットなど), ミサイル;(特に)
誘導弾: tablegryn annel 誘導ミサイル;
taflegrau balistig rhyng-gyfandirol 大陸間
弾道弾ミサイル; tablegryn awyren i'r ddaear
空対地ミサイル

taflegrwr (-wyr) *m* ミサイル設計者[製作者,
発進係]

tafleisiaeth *f* 腹話術

tafleisio *t* 腹話術で話す
i 腹話をする

tafleisiol *a* 腹話術(者)の, 腹話術的な

tafleisiwr (-wyr) *m* : **tafleiswraig (-agedd)**
f 腹話術師

taflen (-ni) *f* ちらし広告, ビラ, 折込み印刷物

tafliad (-au) *m* 1.投げること; (球技の) 投球; 石投げ 2. (賽の) 振り投げ 3.網打ち 4.反り, 曲がり 5. [レス・柔道] 投げ技 6. [地質] (断層の) 垂直落差 7. [海事] (測鉛の) 投下: ～ y plwm 測鉛の投下 8. [機械] (ピストンなどの) 動程, 行程 9. [軍事] (ミサイルの) 発射

tafliedydd (-ion) *m* 投げる人

tafl-lwybr (-au) *m* [数学] 軌線, 軌道

taflod (-ydd) *f* 1. (納屋・馬屋などの) 二階 [干草置場] 2. [解剖] 口蓋: ～ galed (taflodydd called) 硬口蓋

taflodol (-ion) *f* [音声] 口蓋音
a 口蓋音の, 口蓋音化した

taflodoli *t* [音声] 口蓋音化する

taflodoliad (-au) *m* [音声] 口蓋音化

taflod-orfannol *a* [音声] 口蓋歯茎音の

taflol *a* 投射 [発射, 推進] する

taflrwyd (-i) *f* [漁業] 投網

taflu *t* 1. (物・ボールなどを) 投げる, 投げ飛ばす, 放り出す: ～ rrth yn nannedd rhn (過失などで) 人を非難する [とがめる] 2. (放るように) 動かして (…の状態に) する: ～ rrth ar agor 物を乱暴に開ける 3. (さいころを) 振る 4. (網を) 打つ; (釣糸を) 投げ込む: ～r lein 釣糸を投げる 5.ぱちんこで撃つ 6. (錨・測鉛を) 降ろす 7. (票を) 投じる 8. (籤を) 引く 9. (影・光などを) 投げかける, 落す: ～ cysgod 影を落とす 10. (目・視線などを) 向ける, 注ぐ 11. (不要物を) 投げ捨てる 12. (着物を) 脱ぎ捨てる: ～ dilledyn 衣服を脱ぎ捨てる 13. (ヘビが) 脱皮する 14. (鳥が羽毛を) 落す 15. (母獣が) 早産する 16. (言葉・悪口などを) 浴びせる: ～ at rn 人に非難の言葉を浴びせる 17. (影像などを) 映写する: ～ llun 映画を映す 18. [医学] 脱臼させる: ～ ysgwydd o'i lle 肩の骨をはずす
i 1.突出する, 突き出る 2.自分の考えを伝える 3.自分の感情を他人に投影する

tafluniad (-au) *m* 1. [映画] 映写, 投写: ôl-dafluniad (-au) *m* 背景映写 2. [数学] 射影, 投影 (法): ～ conigol 円錐射影 3. [地図] 投影図法: ～ map 投影図法 4. [地理] 正角図法

tafluniedig *a* 1.計画された 2.投影 [射影] された 3.突き出た

taflunio *t* [地理] (岩など) 突き出す

tafluniwr (-wyr) *m* : **taflunwraig (-agedd)** *f* [映画] 映写技師

taflunydd (-ion) *m* [映画] 映写機: uwchdaflunydd (-ion) *m* オーヴァーヘッドプロジェクター

taflwr (-wyr) : **taflydd (-ion)** *m* 1.投げる人 2. [野球] 投手

tafod (-au) *m* 1. [解剖] 舌: blaen (*m*) y ～ 舌の先端 2.言語能力: mae hi wedi colli ei

thafod 彼女は (恥ずかしさなどで) 口がきけなくなった; 3.弁舌; 言葉遣い; 話: llithriad (*m*) ～ 言い誤り, 失言; dal/atal eich ～ 黙っている; ～ arian/hwawdl 弁舌爽やか, 雄弁; mae'n barod/llithrig/rhwydd ei dafod 彼は雄弁 [弁舌爽やか] である 4. (靴の) 舌革 5. (火炎の) 舌 6. (鐘・鈴の) 舌 7. [木工] (実刈ぎ板の) 実 8. [地理] 舌状の地形, 砂嘴, 出洲; 岬 9. [鉄道] (転轍機の) 先端

tafodi *t* 1. (人を厳しく) 叱る, 譴責する 2.ののしる, 侮辱する 3. [音楽] 舌を使って吹奏する 4. [木工] 実刈ぎに継ぐ

tafodiaeth (-ieithoedd) *f* 1. (地方の) 言葉, 方言 2. (一国の) 言葉, 国なまり

tafodieitheg *f* 方言学 [研究]

tafodieithegol *a* 方言学 [研究] の

tafodieithegwr : tafodieithegydd (-wyr) *m* 方言学者 [研究家]

tafodig (-au) *m* [解剖] 口蓋垂, (俗に) のどびこ, のどちんこ

tafodigol *a* 1.口蓋垂の 2. [音声] 口蓋垂音の: r ～ f 口蓋垂音の r

tafod-leferydd *m* 話し方, 話し振り: ar ～ 機械的に; そらで

tafodog (-ion) *m* 法廷弁護士

tafodrydd *a* 話好き [おしゃべり] な

tafodwr (-wyr) *m* : **tafodwraig (-agedd)** *f* 1.譴責 [非難] 者 2.侮辱する人

tafol (-au, -ion) *f* 天秤, はかり, 重量計: ～ sbring ばね秤

tafolen (tafol) *f* [植物] ギシギシ (タデ科の多年草)

tafoli *t* 1.目方を量る 2.比較考察 [熟考] する 3.圧迫する 4. (人・物などを) 評価 [品定め] する
i 1.目方を量る, (…の) 重量がある 2.重要である 3.圧迫する

tafotrwg *a* 口汚い, 侮辱的な

tafotrydd *a* (人が下らないことを) よくしゃべる, 多弁な

taffen (taffis) *f* : **taffi (-s)** *m* タフィー (一種のキャンディー)

tagell (-au, -i, tegyll) *f* 1. [解剖] 喉, 咽頭 2. (人の喉の) 贅肉 [たるみ]; 二重顎 3. (牛などの) 喉袋, 露払い 4. [鳥類] (鶏・七面鳥の) 肉垂 5. (魚の) 鰓 6. (キノコのかさの裏の) 襞 7. [植物] アカシア属の木

tagellog *a* 1.二重顎の 2. (魚が) 鰓のある 3. (鳥が) 肉垂のある 4. (キノコのかさの裏に) 襞のある

tagen (-ni) *f* 1. (扉・樽・車輪などを固定する) くさび, 枕, 輪止め 2. [登山] チョックストーン (チムニーなど岩の割れ目に挟まった岩石 3. [海事] (索・鎖などを導く) チョック, 索導器; (甲板上のボートを載せる) 止め木, 歌台

tagfa (-feydd) *f* 1.瓶の首 2.狭い通路; 交通

tagiad 546 **talfyriad**

渋滞の個所 3.(物事の進行を阻む)隘路, 障害 4.絞殺 5.[病理]狭窄, 嵌頓, 括約

tagiad (-au) *m* 1.息詰まること, 窒息; むせび 2.= **tagfa** 4, 5

taglyd *a* 1.息苦しい 2.(感動で)むせぶような 3.(声が)喉を締められたような, 息の詰まるような, 押し殺したような: llais ~ *m* 押し殺したような声

tagu *t* 1.(人などを)窒息(死)させる, 絞め殺す 2.(感情が)息を詰まらせる: llais yn ~ gan igian wylo すすり泣きで出なくなった声 3.(煙・涙など)むせさせる, 息苦しくする 4.(カラーなどが首を)締める, きつすぎる 5.(あくびなどを)かみ殺する 6.(議案などを)握りつぶす 7.(パイプ・水路などを)詰まらせる, 塞ぐ 8.(罪人を)鉄環絞首刑に処する 9.(往来などで人の)首を絞めて金品を奪う 10.[病理・外科](導管・腸などの)血行を圧止する, 絞扼する *i* 1.窒息(死)する 2.むせぶ, 息苦しくなる 3.(感情で)口がきけなくなる

tagwr (-wyr) *m* 1.絞殺者 2.鉄環絞首刑執行者 3.(内燃機関の)空気吸込調節装置, チョーク

tagydd (-ion) *m* = **tagwr** 3

tangiad (-au) *m*[数学・幾何]1.接線 2.正接, タンジェント

tangiadaeth *f*[数学・幾何]接触

tangiadol *a*[数学・幾何](一点において)接する, 接触する; 接線[正接]の

tangnef : tangnefedd *mf* 1.平和: cusan (*mf*) ~ 平和の接吻 2.平穏, 平安, 無事

tangnefeddu *t* (仲違いの人・集団などを)和解させる

tangnefeddus *a* 1.(国・時代など)平和[泰平]な 2.(心・表情など)穏やか[安らか]な 3.平和のための, 平和的な 4.(国民など)平和を好む

tangnefeddwr(-wyr) *m* : **tangnefeddwraig (-agedd)** *f* 1.調停者, 仲裁人 2.平和条約の調印者

tangwystl *m*[古英法]十人組

taid (teidiau) *m* 祖父

tail *m* 1.(牛馬などの)糞 2.肥やし, 堆肥

tair *a* (*f* of **tri**) 3[人, 匹, 個]の: ~ geneth, ~ o enethod 3人の少女; y ~ dafad 3匹の羊; ~ gwaith 3回

taith (teithiau) *f* 1.(飛行機・宇宙船などによる)飛行; 航空旅行: ~ awyr, ~ mewn awyren 空の旅 2.(主に陸上の)旅: pen (*m*) y daith 旅路の果て; 人生行路の終り, ~ dywysedig (teithiau tywysedig), ~ dan arweiniad ガイド付きのツアー; y Daith Fawr 欧州巡遊旅行, グランドツアー(昔英国の上流家庭で子弟の教育の仕上げに教師を付けて行わせた)3.旅程; 人生行路 4.[演劇](劇団の)巡業: ar daith 巡業中で 5.巡幸, 行幸:[文学]

T~ y Pererin 天路歴程(John Bunnyan著の寓意物語)

tal *a* 1.(人が平均よりも)身長[背]が高い: pa mor dal ydych chi? あなたの身長はどのくらいですか? 2.[通例冠詞を伴って]身長が…の 3.(山など)非常に高い, 聳え立つ

tâl (talau, taloedd) *m* 1.[解剖]額, 前頭部 2.端 3.~maen (~meini)[建築]切り妻, 破風

tâl (talau, talion, taliadau) *m* 1.支払, 払込: ~ (arian) parod 現金での支払; ~ mewn nwyddau, ~ o'r unfath 現物払い; diwrnod ~ 給料日; gwely (-au) (*m*) ~ (病院の) 有料ベッド 2.支払金額, 支払高 3.料金, 手数料, 値段: ~ ychwanegol[郵便]時間外特別郵送料; ~ cadw 弁護士依頼料 4.[電話]長距離電話料 5.報酬, 報償 6.割合, 率, 歩合: ~ (taliadau) cludo 運賃率 7.報復, 復讐

taladwy *a* 1.支払可能な 2.(勘定など)当然支払うべきで, 支払満期で 3.儲かりそうな

talaith (-eithiau) *f* 1.[服飾]頭に巻く飾り輪 2.王冠 3.王位, 王権 4.州, 省 5.[建築]連珠紋, 王縁飾り

talar (-au) *f*[農業](垣に沿って畑の畝の端にある)耕してない細長い土地, あぜ

talcen (-nau, -ni) *m*[解剖]額: to (*m*) ~[建築]切妻屋根; ~ (-ni) glo[鉱山]採炭切羽採掘場

talcendo (-eau, eon) *m* 寄棟屋根

talcennog *a* 切妻のある

talch : talchyn (teilchion) *m* 破片, 断片, かけら

talder : taldra *m* (人の)身長, 背丈, 高さ

taleb (-au, -ion) *f* (金銭の)領収書, 受取, レシート: ~ ffurfiol[法律]本[正式な]領収書

taledig (-ion) *m*[商業](手形・小切手などの)受取人, 被支払人

taledigaeth (-au) *f* = **tâl (talau, talion)**

taleiswr (-wyr) *m* : **taleiswraig (-agedd)** *f* 1.地方人, 地方の住民 2.田舎者 3.偏狭な人

taleithiog *a* 王冠をいただいた

taleithiol *a* 1.(首都に対して)地方の 2.州[省]の 3.地方的な, 田舎風の

taleithioldeb *m* 地方気質, 田舎根性, 偏狭

talent (-au) *f* 1.[度衡・通貨]タラント(古代ギリシャ・ローマなどの価幣及び通貨の単位) 2.(特殊な)才能 3.才能のある人, (芸能関係の)タレント: chwilotwr (-wyr) (*m*) am dalent タレントスカウト 4.[集合的に]才能のある人々 5.性的魅力のある女性

talentog *a* 天賦の才のある, 有能な

tâl-feistr (-i) *m* 1.(会社・官庁などの)会計係: T~ Cyffredinol (英) 大蔵省主計長官 2.[軍事]主計官

talfyredig *a* (表現・物語などを)要約[簡約]した

talfyriad (-au) *m* 1.要約, 短縮 2.概要, 摘要

talfyrru *t* 1.(訪問・話などを)短縮[要約]する 2.(語句・本などを)短縮[略書]する 3.(活動範囲などを)縮小する

talfyrrwr (talfyrwyr) *m* 短縮[要約, 省略]する人

talgryf *a* (*f* **talgref**, *pl* **talgryfion**) 1.たくましい, 頑丈な: cardotyn (cardotwyr) ~ *m* 身体が丈夫なくせに働かずに乞食をする人

talgudyn (-nau) *m* (人の) 前髪

taliad (-au) *m* = **tâl (talau, talion)**

talm (-au, -oedd) *m* (短い) 間, 暫時, 期間: ers ~ ずっと前に

talment (-oedd) *m* = **tâl (talau, talion)**

talog *a* (人・態度など) 元気[活発]な

talog (-au) *m* [建築] ペディメント(古代建築の三角形の切妻)

talogrwydd *m* 活発, 活気, 陽気

talp (-iau) *m* 1.(不定形の) 塊 2.断片, 破片

talpentan (-au) *m* (炉火反射用の) 暖炉の鉄板製の背壁

talpiog *a* (石炭など) 塊の

talsyth *a* 1.(人が) 直立の 2.(頭・手など) もたげられた: yn dalsyth 頭をもたげて

talu *t* 1.(俸給・賃金・代金など)支払う: ~ (ag) arian parod, ~ ar law 即金で支払う 2.(人に)金を支払って[雇って]…させる 3.(借金・費用などを)支払う, 弁済する: ~ bil 勘定を支払う; ~ dyled 借金を支払う 4.(人に)報いる, 報酬を与える 5.(努力・尽力などに)報いる 6.(注意・尊敬・敬意などを)払う: ~ teyrnged i rn 人に賛辞を呈する[お世辞を言う]
i 1.金[代金]を支払う; 弁済する: ~ wrth ennill, ~ o incwm 現金払いでやっていきなさい; ~ crocbris, ~ trwy'ch trwyn 法外な代価を払う, ぼられる 2.(仕事などが) 儲かる, 引き合う: nid yw'n ~ それは引き合わない 3.(行為などが) 報いられる

talwr (-wyr) *m* : **talwraig (-agedd)** *f* 支払人

talwrn (-yrnau) *m* 1.(特定の) 場所 2.脱穀場 3.コンテスト, 競争: ~ beirddo 吟遊詩人のコンテスト 4.(小説・脚本などの) 構想: ~ arblofol *m* 実験[試験]的構想

tamaid (-eidiau) *m* 1.(食物・パン・チーズなどの) 一口, 一片; 食物, 軽食: cael ~ i aros pryd 軽食をとる; ennill eich ~ 生計を立てる; chefais i 'run ~ (i'w fwyta) drwy'r dydd 私は一日中物を一口も食べていない 2.小片, 細片, 断片, 破片 3.僅か, 少量, 少しばかり 4.僅かの時間, 暫くの間: aros damaid bach! ちょっと待ってて! 5.[副詞的に] 少しだけ, やや: dim ~ gwell ちっともよくない

tambwrîn (tambwrinau) *m* [音楽・ダンス] タンバリン(一枚皮の手太鼓)

tambwrinydd (-ion) *m* タンバリン奏者

tampiad (-au) *m* (ボールなどの) 弾み, バウンド

---

tampio *t* (ボールなどを) 弾ませる, はねさせる
i (ボールなどが) 弾む, バウンドする

tan *prep* 1.[位置] …の(真) 下に; …の麓に; …に覆われて; …の中に没して: ~ ddŵr 水に没して, 浸水して 2.…の中[内側]に 3.[重荷]を負って 4.[支配・監督・影響]を受けて 5.[攻撃・試練・刑罰]を受けて 6.[種類・分類]属する 7.[数量・年齢・時間]…未満[以下]の 8.[特定の時]まで(ずっと): ~ yfory 明日まで; ~ hynny その時まで; o fore (gwyn) ~ nos 朝から晩まで 9.[否定語の後に用いて](特定の時)までは(…しない), になって初めて(…する): ni ddaw ~ ar ôl cinio 彼は食事後までは来ないでしょう

tân (tanau) *m* 1.火: lle bo mwg bydd ~ [諺] 火のない所に煙は立たぬ 2.(暖房・料理用の) 火, 炉火, 炭火, 焚き火: cynnau/cynnu/gwneud ~ 火を焚く[起こす]; neidio o'r badell ffrio i'r ~ [諺] 小難を逃れて大難に陥る 3.(たばこの) 火 4.火花 5.火のような輝き, 光輝 6.ヒーター: ~ trydan 電気ヒーター 7.火事, 火災: ~! 火事だ!; rhoi'r Aifft ar dân [通例否定文で] 華々しいことをして名を揚げる, 目覚ましいことをする; ar dân 火災を起こして, 燃えて; 熱中[興奮]して 8.情火, 情熱; 熱烈, みなぎる活気: ~ yn eich bol やる気, 野心 9.火責, 火刑 10.[しばしば *pl*] 試練, 苦難 11.[病理] 丹毒: ~ iddwf/iddew 丹毒 12.[気象] 放電現象: ~ rigin 聖エルモの火, 檣頭電光

tân-asiad (-au) *m* 火による溶接

tân-asio *t* 火で溶接する

tanbaid *a* 1.火の(ついた), 燃えている, 燃え盛る 2.火のように赤い 3.火のように熱い, 灼熱の 4.(酒・薬味など) ひりひりする 5.熱血の, 血気に逸る 6.(人・演説・愛情など) 熱烈な, 情熱的な 7.(人・気性など) 激情的な, 癇癪を起こしやすい 8.炎症を起こした

tanbeidio *i* (火が) 燃え立つ, 炎を上げる

tanbeidrwydd *m* 熱情, 熱心; 激烈, 猛烈, 熱烈

tân-belen (-nau, -ni) *f* 1.[天文] 火球, 光る大流星 2.[兵器] (昔の) 砲弾, 焼夷弾

tanbrisiad (-au) *m* 過小評価

tanbrisio *t* 過小評価する

tanc (-iau) *m* 1.(水・油・ガスなどの) タンク, 水[油] 槽: wagen (*f*) danc (wagenni ~) [鉄道] タンク車(液体・気体輸送貨車) 2.[軍事] 戦車: difawr (difawyr) (*m*) tanciau 戦車駆逐車

tancdop (-iau) *m* [服飾] タンクトップ(袖なしの水着型のTシャツ)

tancer (-i) *mf* タンカー, 油送船; 給油(飛行)機; タンクローリー: ~ olew タンカー, 油送船; 油運搬車

tanca (-cau) *m* 短歌

tancard — 548 — **tâp**

tancard (-iau) *m* タンカード（金属・陶器製の取っ手・蓋付き大コップ）

tanchwa (-oedd) *f* [採鉱] 爆発

tandem *m* 1.馬車に繋いだ縦列二頭の馬; その馬車 2.縦列座席の二人(以上)乗りタンデム式自転車

ad (自転車の) 座席が二つ(以上)縦に並んで: reidio ~ (自転車に) 二人(以上)前後に乗って走る

tandoriad (-au) *m* 1.[料理] (牛の) テンダーロイン 2.[林業] (伐採する木の根元の) 切込み, 受口

tandorri *t* 1.[彫刻] (彫刻の) 下をくり抜く 2.[林業] (伐採木の根元に) 切込み [受口] を入れる 3.[テニス] (逆回転を与えてボールを)アンダーハンドでカットする

tanddaear : tanddaearol *a* 1.地下の: rheilffordd danddaear/danddaearol (rheilffyrdd ~)*f* 地下鉄 2.潜行的な, 秘密の, 隠れた

tanen (-nau) *f* マッチ

tanerdy (-dai) *m* 製革所, なめし皮工場

tanfaethedig *a* 栄養不良の

tanfaethu *t* 栄養を十分与えない

tanfor : tanforol *a* 1.海底の, 海中で使用する 2.潜水艦の: llong danfor (llongau ~) 潜水艦

tanforwr (-wyr) *m* 潜水艦乗組員

tanffordd (-ffyrdd) *f* (鉄道または他の道路の下を通る) 地下道

tangloddio *t* 1.(城壁などの) 下を掘る, 下を掘って壊す, 下に坑道を掘る 2.(浸食作用で) 土台を削り去る 3.(名声などを) 秘かに傷つける 4.(健康などを) 徐々に害する

tangyflogaeth *f* 不完全就業

tangyflogi *t* 不完全就業させる

taniad (-au) *m* 1.点火, 発火 2.爆発, 破裂 3.[鉱山] 爆発 4.燃料 5.(かまどなどの) 火入れ 6.[砲術] (鉄砲などの) 発砲, 発射, 射撃

taniadwy *a* 点火 [発火] しやすい

tanio *m* [内機] 点火

tanio *t* 1.(燃料・ボイラー・炉・パイプなどに) 火を入れる [つける], 点火する, 焚き付ける 2.(人・感情を) 奮起させる, 燃え立たせる [上がらす] 3.(想像力を) 刺激する 4.(煉瓦などを) 焼く 5.(鉄砲・弾・ミサイルなどを) 発砲 [発射] する 6.(爆薬・爆弾などを) 爆発 [破裂] させる 7.[化学] 高度に熱する

i 1.火がつく, 燃える 2.(内燃機関などが) 発火 [始動] する 3.(鉄砲が) 発火する; 発砲 [射撃] する 4.爆発 [破裂] する 5.(人が激情・怒りなどで) かっとなる

taniwr (-wyr) *m* 1.(炉・機関の) 火夫 2.[鉱山] 爆発ガス警戒係 3.点火者; 発光器 4.[機械] (内燃機関の) 点火 [着火] 装置 5.[電気] イグナイター, 点弧子 6.[鉄道] (機関車の) 火

夫 7.[海事] (汽船の) 機関員, かまたき

tanlinell (-au) *f* 下線, アンダーライン

tanlinellu *t* (語などの) 下に線を引く, アンダーラインを引く

tanlwybr (-au) *m* = tanffordd

tanlli *a* 火炎色の: newydd sbon danlli grai 真新しい

tanllwyth (-i) *m* 炎, 火炎

tanllyd *a* 1.燃え立つ, 火を吐く 2.(色彩が) 燃えるような; 燃え立つように赤い 3.情火に燃える, 熱烈な; 目がギラギラ光る 4.大変な, ひどい

tanodd *ad* = danodd

tanosodiad (-au) *m* 1.控え目に言うこと 2.控え目な言葉 [表現]

tanseilio *t* = tangloddio

tansgrifennwr (tansgrifenwyr) *m* [証券] (株式・公債などの) 引受人

tant (tannau) *m* [音楽] (楽器の) 弦, 糸: ~ coludd 腸線, ガット

tanwent *m* 燃料, 薪, たきぎ

tanwenta *t* 薪を集める

tanwydd *m* 1.燃料: olew (*m*) ~ [化学] 燃料油; ~ solet 固形燃料 2.(原子炉の) 燃料: rhoden (*f*) danwydd (rhodenni ~) [原子] (原子炉の) 燃料

tanysgrifiad (-au) *m* 1.署名 2.(クラブ・学会などの) 会費 3.(雑誌・株式などの) 予約購読, 予約 (申込み); 予約代金 4.寄付 (申込み); 寄付金: rhestr (-au) (*f*) tanysgrifwyr 寄付 [株式] 申込人名簿, 予約購読者名簿 5.同意, 賛成

tanysgrifio *t* 1.(証書などに) 署名する 2.(ある金額を) 寄付する: ~ deg punt 10ポンド寄付する

i 1.署名する 2.寄付する 3.(新聞・雑誌などを) 予約 [購読] する: ~ i gylchgrawn 雑誌を予約購読する 4.(株式などを) 申込む: ~ i fenthyciad ローンを申込む 5.(意見などに) 同意 [賛成] する: ~ i farn ある意見に賛成する

tanysgrifiwr (-wyr) *m* 1.(嘆願書などの) 記名 [署名] 者 2.(慈善事業への) 寄付者 3.(新聞・雑誌・株式・ローンなどの) 購読 [申込み, 応募, 予約] 者 4.(電話の) 加入者: ~ i'r teleffon 電話の加入者

tap (-iau) *m* 1.(水道・樽・パイプなどの) 蛇口, 栓, コック: agor ~ 蛇口 [栓] をひねって開ける; dŵr (*m*) ~ 水道の生水 2.(ホテル・宿屋・居酒屋の) 酒場 3.[道具] 雌ねじ切り 4.電話盗聴装置 5.トントン打つこと, コツコツ叩く音, 軽打 (する音): tapddawns (-iau) *f* タップダンス

tâp (tapiau) *m* 1.(荷造り用) テープ, 平打ち紐, 真田紐 2.[洋裁] 巻尺, メジャー: ~ mesur メジャー 3.[電気] (絶縁用) テープ: ~ ynysu 絶縁テープ 4.(接着用) テープ, セロハンテープ 5.(録音・録画用) 磁気テープ: ~ fideo ヴィデオテープ 6.[電算] 紙 [磁気] テープ: ~

taped 549 **taro**

papur ティッカーテープ（刻々のニュース・株式相場などが印字されている）;（歓迎のためビルの窓などから投げる）紙テープ, 紙吹雪

taped (-i) *m* [機械]タペット, 凸子

tapestriog *a* タペストリーで飾った

tapestry (-ïau) *m* （壁掛けなどに用いる）タペストリー, 綴織

tapio *t* 1.（樽に）飲み口を付ける;（樽の）口を切る;（樽から）酒を出す 2.（幹に刻み目を付けて）樹液を採る: ~ coeden 樹液を採る 3.（支管・支線を付けるため本管・本線に）口を開く;（本管・本線から導いて水道やガスを）引く: ~ prif bibell 給水［水道］本管に口を開ける 4.[電気]（電線を）タップに接続する 5.（通信・会話などを）盗聴する: ~ sgwrs ffôn 電話の会話を盗聴する

taplas *f* バックギャモン（西洋すごろく）

tapo *t* （靴などに）底を付ける: ~ esgid 靴に底を付ける

tapr (-au) *m* 小［細］蝋燭

tâp-recordio *t* テープに録音［録画］する

tâp-recordydd (-ion) *m* テープレコーダー

tapro *t* 先細にする
i 先細になる

tapyn (tapau) *m* （靴の）底

tar *m* タール（石炭・木材を乾留して得る黒色の油状液）: tywod (-ydd) (*m*) ~, tardywod (-ydd) *m* [地質]瀝青質の砂, 瀝青砂岩; ~ coed（造船・索具用）松やに製タール

taradr (-au, terydr) *m* [道具]（螺旋状の）木工錐, ボート錐, ねじ錐: ~ y coed [鳥類]キツツキ

taran (-au) *f* : **taraniad (-au)** *m* 雷, 雷鳴: mellt a tharanau 雷鳴と電光, 雷電; glaw (*m*) taranau 雷雨

taranfollt (-au) *f* 雷電, 落雷

taranllyd *a* 1.雷のように轟く 2.（雲など）雷を起こす;（天候が）雷の来そうな

taranu *t* 怒鳴る, 大声で言う: ~ bygythion 大声で脅しつける
i 1.（雷などが）鳴り響く, 轟く 2.大きな音を立てる 3.怒鳴る

tarwden (-ni) *f* [病理]白癬

tarddair (-eiriau) *m* [言語]派生語

tarddell (-i) *f* 泉

tarddiad (-au) *m* 1.（川・流れの）水源（地）2.本源, 根源 3.（噂・語などの）源, 起源, 発端: gair o darddiad Groegaidd ギリシャ語系の語 4.（人の）生まれ, 血統 5.原因 6.原産地: tystysgrif (*f*) ~ [商業]原産地証明書 7.[言語]派生語 8.[病理]発疹

tarddiadol *a* 独創性のない, 模倣の

tarddiant (-iannau) *m* = **traddiad** 1, 8

tarddle (-oedd) *m* 1.（川・流れの）水源（地）2.元, 原因: ~ haint 伝染病の発生源 3.[解剖]起始点 4.[建築]スプリング, アーチ起点, 起拱点

tarddu *t* 1.（語・慣習などの）起源［由来］を求める: gair yn ~ o'r Lladin ラテン語起源の語 2.（利益・情報などを）得る, 引き出す: incwm yn ~ o fuddsoddiad 投資から得た収入
i 1.（語が…に）由来する,（…から）出ている 2.（水・涙などが）急に流れ出す, 奔出する, 湧き出る 3.（川などが…に）源を発する 4.（物事が…から）起こる, 生じる 5.（人が…の）出である 6.（植物が）生える, 発芽する 7.（臭い・ガスなどが…から）出る, 発する, 漏れる

tarddwreinyn (-wraint) *m* = **tarwden**

tarfu *t* 1.かき乱す 2.（平穏・平安・人心などを）乱す, 騒がす, 妨げる, 邪魔する: ~ ar y heddwch 平和を乱す 3.当惑させる

tarfwr (-wyr) *m* 撹拌器

targed (-au) *m* 1.（射撃などの）的, 標的 2.（基金・生産などの）目標（額）: iaith (*f*) darget (ieithoedd ~) [言語]目標言語 3.（批判などの）的;（物笑いの）種

targedu *t* （…を）目標にする

tarian (-au) *f* 1.盾 2.（鍵穴・取っ手などの回りに取付けた）飾り座金 3.[紋章]盾形 4.[地質]クラトン, 剛塊

tariandir (-oedd) *m* [地質]盾状地

tariff (-au) *m* [税関]関税（表）, 税率（表）

tario *i* 滞在する

tarllyd : tarry *a* 1.タール（質）の 2.タールを塗った［で汚れた］

taro *t* 1.（人を）なぐる, 叩く,（人の体の一部を）強く打つ,（打撃を）加える: ~ rhn ar/yn ei ben 人の頭をなぐる; ~ rhn yn ei wendid [ボク]ベルトより下を打つ（反則）2.（拳・道具などで）打ちつける: ~'ch dwrn ar fwrdd/ford 拳でテーブルをドンと叩く 3.打ち当てる, ぶつける: ~'ch pen yn erbyn rhth 頭を何かにぶつける 4.（偶然またはうまく）見つける 5.（考えなどが）心に［思い］浮かぶ 6.（ある数値・水準程度までに）達する, 至る: ~'r gwaelod 最低記録になる 7.（酒などに）溺れる: ~'r botel（瓶の）酒をガブガブ飲む, 酔っ払う 8.（うまく）言い当てる［答える］: dyna daro'r hoelen ar ei phen! ご名答! 9.（文章・名前などを）削除［抹消］する,（弁護士名簿から）除く: ~ cyfreithiwr oddi ar y Rhôl（不正行為などで）弁護士を弁護士名簿から除名する 10.（時計が）時を打つ, 報じる 11.（楽器・キーを）打ち鳴らす, 奏でる: ~ tant 和音を鳴らす; ~'r nodyn cywir 適切な意見を述べる［態度を取る］12.（取引・協定などを）取り決める: ~ bargen 契約を取り決める 13.（火を）打つ,（火打石・マッチなどから）火を打ち出す, する: ~ gwreichion o fflint 火打石を打って火花を出す 14.（人の）心を打つ, 感銘させる 15.（人を）一撃で（ある状態に）する: ~ rhn yn farw 人を一撃で死亡させる 16.（光が）照りつける: mae'r haul yn ~（ar）ochr y tŷ 日光が家の側面を照りつける 17.（音が）聞

T

こえてくる: ~ clustiau rhn 音が人の耳に聞こえる 18. (地下資源などを) 発見する, 掘り当てる: ~ ar olew 石油を掘り当てる 19. (平均を) 算出する: ~'r man canol 平均を出す 20. (歌曲を) 歌い[奏し]始める, 奏楽する 21. (原理などを) 根底から覆そうとする, 根本を衝く 22. (心・感覚に) 印象づける: ~'r nod, ~ i'r byw (人を) 感動させる; 急所を突く 23. 簡単に[手早く]書き留める: ~ rhth ar bapur 何かを紙に手早く書き留める 24. (尖った物を) 刺す, 突き刺す 25. 差込む, 突っ込む: ~ rhosyn yn eich twll botwm ボタン穴にバラの花を差す 26. (物をある場所に) 置く, 据える: ~'ch het am eich pen 帽子をかぶる 27. (病気・災難・恐怖などが) 襲う, 悩ます: cael eich ~'n wael, cael eich ~ gan waeledd 病気に罹る 28. (寒さ・風・光などが) 突き通す, 貫く, しみ込む 29. (トラなどが) 襲う; (ヘビが) 毒牙を食い込ませる 30. (ボールなどを) 打つ 31. [クリ] (得点を) 打って取る: ~ chwech 6点打を打つ
i 1. ぶつかる, 突き当たる, 衝突する 2. 思いつく, 思い当たる 3. (時計・鐘が) 打つ, 時刻を告げる 4. 向かって行く, 進む 5. 火がつく, 発火する 6. 打つ, 叩く, なぐる: ~ tra bo'r haearn yn boeth [諺] 鉄は熱いうちに打て (好機を逸するな)

tarpolin : tarpwlin (-au) *m* タール塗り防水帆布

tarren (tarenni, -nydd) *f* 岩 (山)

tartan (-au) *m* [織物] 1. (スコットランド高地人の) 格子縞の毛織物, タータン 2. (各氏族特有の) クランタータン, 格子柄
a [織物] 1. 格子柄の 2. 格子柄の布地で作った

tarten (-nau, -ni) *f* 1. [料理] タルト 2. 売春婦

tartio *t* 安っぽく飾り立てる [着飾る]

tarth (-au, -oedd) *m* 1. 霧, もや, 霞 2. 蒸気 3. (鏡・ガラスなどの) 曇り

tarthog *a* 1. 霧 [もや] の深い, 霞のかかった 2. 蒸気を出す; 蒸気が充満した 3. (目が) かすんだ 4. (考え・記憶など) 曖昧な, はっきりしない; 空虚 [空想的] な

tarthu *t* 蒸発 [気化] させる
i 蒸発 [気化] する

tarw (teirw) *m* 1. (去勢していない成熟した) 雄牛: mae fel ~ mewn siop lestri [陶磁器店に飛込んだ雄牛のように] 何でもぶちこわしをやる人, はた迷惑な乱暴 [粗忽] 者; Siôn Darw, Siôn Ben T~ 英国; 典型的な英国人 2. (サイ・ゾウ・クジラなどの) 雄: ~ morfil 雄クジラ 3. (米) 警官 4. [T~] (天文) 牡牛座

tarwden (-ni) *f* = tarddwreinyn

tas (-au, teisi) *f* [農業] (干草・麦藁などの) 大きな積み重ね, 干草積み, 堆積: troed (*mf*) ~ (traed teisi) 干草積み台

tasel (-au, -i) *m* [服飾] (衣服・帽子などの) (飾り) 房

tasg (-au) *f* (課された) 仕事, 職務

tasgiad (-au) *m* 1. (水・泥などの) はね (かけ), (インクなどの) 染み 2. 色彩 3. (光の) 点

tasgu *t* (水・泥などを) はねかける [散らす]: ~ dŵr dros bob man 水をあたりにはね散らす; ~ dŵr dros rn 水を人にはねかける
i 1. (水などが) 飛び散る, はねる, 噴出する, ほとばしる 2. (馬などが驚き・恐れのため) ビクッとする, 飛び出す, 飛び退く

tasu *t* (干草などを) 積み重ねる

taswr (-wyr) *m* (干草などを山に) 積み重ねる人

taten (tato, tatw, tatws) *f* じゃがいも: ~ bob (tatws pob) 焼きじゃがいも

tatio *m* [服飾] 1. タッチング (レース編みの一種) 2. タッチングで作ったレース

tatŵ (-au) *m* 1. [軍事] (夜の) 帰営らっぱ [太鼓]: curo'r/seinio'r ~ (兵士の) 帰営太鼓を叩く [らっぱを吹く] 2. (警戒などの) 太鼓の音 3. テーブルなどをドンドン [コツコツ] 叩く音

tatŵ (-au, -s) *m* 入れ墨

tatŵo *t* 入れ墨をする

tatŵydd (-ion) *m* 入れ墨師

taw *int* しっ!, 静かに!: ~ (tewch) !しっ!, 静かに!

taw *conj* [肯定・強調の目的節を導いて] …ということを: honnai/honnodd ~ hi fyddai biau'r tŷ 彼女はその家が彼女のものだと主張した

tawch (-ion) *m* = tarth

tawchlyd *a* = tarthog

tawdd *a* 1. (岩・金属など) 溶けた, 溶解した; 溶融した 2. (雪・塩などを) 溶かす

tawddlestr (-i) *m* 1. [冶金] るつぼ 2. つぼ (各種の人種・文化などの融合・同化が行われる場所・状態) 3. 厳しい試練

tawedog *a* 無口な, 口数の少ない

tawedogrwydd *m* 無口, 寡黙

tawel *a* 1. (国・時代など) 平和 [泰平] な 2. 平和のための, 平和的な 3. 和解 [宥和] 的な 4. (海・天候など) 穏やかな [静かな], 静まった 5. (表情・気分・態度など) 穏やか [温和, 平静, 安らか, もの静か] な, 落着いた: ~ eich meddwl 心の安らかな; byw bywyd ~ 平穏な生活を送る; eironi ~ 穏やかな皮肉 6. (服装・色彩など) 地味な, 落着いた 7. 厚かましい 8. [商業] 不活発な 9. 太平洋の: y Môr T~ 太平洋

Tawelfor *m* [地理] 太平洋

tawelog : tawelol *a* 1. 平和 [泰平] な 2. 平和的な [を好む] 3. (空・海・天候など) 晴れた, のどかな [穏やかな] 4. 静止した, 動かない: dŵr (dyfroedd) ~ *m* 静止した水 5. (心・態度・生活など) 落着いた, 平静 [平穏] な 6. (声が) 低い, 細い 7. (ぶどう酒など) 泡立たない 8. [美術] (映画に対して) スチール写真 (用) の

taweliad (-au) *m* 1. 講和, 和平 2. 鎮圧

tawelu *t* 1. 静かにさせる, 黙らせる 2. (人・心・激情などを) 静める, なだめる, 和らげる, 安心さ

tawelwch 551 **teg**

せる, 落着かせる 3.気を落ち着ける 4.(騒ぎ・恐怖・不安・嵐などを) 静める, 和らげる
i (海・気分など) 静まる, 静かになる, 治まる, 落着く: bydd (-wch) yn dawel! 心を落ち着けなさい!

tawelwch *m* 1.(心の) 平静, 落着き, 沈着, 安らかさ 2.(社会・政治などの) 平静, 平穏, 平和, 泰平 3.静けさ, 閑静, 静寂 4.休養, 安静, 安息 5.無風(状態), 凪: ~ hollol 大凪 6.[気象] 静穏

tawelwr (-wyr) *m* なだめる人, 調停者

tawelydd (-ion) *a* : **tawelyddes (-au)** *f* [キ教] 静寂主義者 2.[薬学] 鎮静剤, トランキライザー

tawelyddiaeth *f* 1.[キ教] 静寂主義 2.無抵抗主義 3.(心・生活の) 静けさ, 平穏, 平和

tawelyddol *a* 静寂主義(者)の

tawelyn (-nau) *m* [薬学] 鎮静剤, トランキライザー

tawlbwrdd (-byrddau) *m* 1.チェス盤 2.チェッカー盤

tawnod (-au) *m* [音楽] 休止符: ~ unpwynt, ~(â)dot付点休止符

tautoleg : tautolegaeth *f* [修辞] 同義語 [類語] 反復

tawtolegol *a* 同義語[類語]反復の

tawtolegwr tawtolegydd (-wyr) *m* 同義語[類語]反復する人

te *m* 1.(飲料の) 茶, 紅茶: ~ gwan/slot 薄い茶; ~ cryf 濃い茶 2.(午後の) お茶, ティー: ~ prynhawn/pnawn 午後のお茶, ティー; ~ mawr/hwyr ハイティー(夕方5〜6時頃の肉・サラダ・ケーキなどの付くお茶; bag (-iau)(*m*) ~ ティーバッグ; seremoni (*f*) de (seremoniau ~) 茶の湯 3.[植物] 茶(の木) 4.茶の葉

tebot (-iau) *m* 急須, ティーポット

tebyg *a* 1.(外見・量など) 同様な, 類似[同類]の, 等しい: rhywbeth yn debyg 多少似ている 2.(二つ(以上)のものが) 似ている: maent mor debyg i'w gilydd â dau afal 彼らは実によく似ている, 瓜二つだ;(写真など実物に) よく似ていて: mae'r portread/llun yn debyg iawn iddo その肖像画[人物写真]は彼によく似ている 3.…のような, …に似た: ~ i chwi 君のような批評家 4.ありそう[起こりそう]な 5.…しそうな, …らしい: mae'n debyg/debygol iawn o ddigwydd それは起こりそうだ 5.多分…だろう: mae'n debyg …多分…だろう 6.[幾何] 相似の 7.[音楽] 並進行の

tebyg *m* 1.似た人[物], 同様な人[物]; 同類: ni welwn ni byth mo'i debyg eto 彼のような人はまたとないだろう; neu bethau ~ またはその他同種のもの 2.[主に諺で] 似たもの: ~ at ei debyg 同気相求む, 類は友を呼ぶ 3.同種類の人[もの] 4.ありそう[起こりそう]なこと[事柄] 5.見込み, 公算, 可能性: yn ôl pob ~ …

分, きっと, 十中八九は 6.[哲学] 蓋然性

tebygol *a* 1.ありそう[起こりそう]な; 本当もっともらしい: y canlyniad ~ 起こりそうな結果 2.多分…だろう

tebygoleg *f* [数学] 確率(論)

tebygoliaeth (-au) *f* 1.ありそうなこと, 見込み, 公算, 可能性 2.有望, 将来性 3.[哲学] 蓋然論 4.[カト] 蓋然

tebygolrwydd *m* = tebyg

tebygolwr (-wyr) *m* [哲学] 蓋然論者

tebygrwydd *m* 似ていること, 類似, 相似

tebygu *t* 1.(何かを別の何かに) 例える, なぞらえる 2.思う, 考える, 想像する

tecáu *t* 美しく[美化]する

tecell (-au, -i) *m* やかん, 湯沸かし

tecellaid (-eidiau) *m* やかん一杯

teclyn (-nau, taclau) *m* 1.道具, 用具, 器具 2.[*pl*] 家財 3.[法律] 動産: teclynnau reol 不動産的動産

tectoneg *f* [地質] 1.地質構造 2.地殻変形[変動]

tectonig *a* [地質] 地質構造上の

techneg (-au) *f* 1.(専門) 技術, 技巧, テクニック 2.科学工業技術, テクノロジー 3.応用科学 4.(芸術・スポーツなどの) 手法, 技法, 画法

technegol *a* 1.技術的な, 技術上の 2.科学[工業] 技術の 3.工業[工芸] の 4.[教育など] 専門の, 専門的な 5.厳密な法解釈による; 規定による: 法律[規則] 上成立する

technegwr : technegydd (-wyr) *m* 1.専門家, 専門技術者 2.(絵画, 音楽などの技巧家, テクニシャン

technoleg (-au) *f* 1.科学工業技術, テクノロジー 2.応用科学; 工芸(学) 3.専門用語, 術語

technolegol *a* 1.科学工業技術の 2.科学技術革新[進歩] による

technolegwr : technolegydd (-wyr) *m* 科学技術者

teflyn (-nau) *m* (石などの) 投射物

teg *a* 1.(人が) 美しい, 美貌[綺麗]な, 大柄で魅力のある; 女性的な: y rhyw deg *f* [集合的] 女性, 婦人たち 2.(外観・形状など) 美しい 3.(衣服など) 綺麗な, 美しい: ~ pob hardd [諺] 衣装が立派なら引き立つ, 「馬子にも衣装」 4.(言葉・文章など) 華麗な, 飾り立てた, お世辞の 5.素晴らしい, 立派[見事]な 6.もっともらしい, 口先だけの: ni lenwir cylla gwag â geiriau ~, ni wna geiriau ~ hau'r tir[諺] 口先ばかりの優しい言葉では何の足しにもならない 7.汚れのない, 清い, 明瞭な 8.公正[公平]な: masnach deg *f* [経済] 公正取引; ~ pob twyll mewn cas a chariad 恋と戦においてはあらゆることが正当化される, 恋と戦は手段を選ばず; digon ~! (提案・提言などに対して) 結構だ!, もっともだ!, オーケーだ! 9.(競技で) 公明正大な: chwarae ~ *m* (競技で) 正々堂々の

T

プレー, フェアプレー; 公正な扱い[裁き]行動］10.(収入・数量など) かなりの, 相当な 11.有望な,(…する) 見込みのある: Cymru â gobaith ~/da o ennill ウェールズが勝つ見込みのある 12.(天気が) 快晴[好天気]の: tywydd ~ 快晴, 上天気 13.[海事](風などが) 追風の, 好都合な: gwynt ~ 順風

tegan (-au) *m* 1.玩具 2.慰some者, 玩具扱いにされる人

tegan : teganaidd *a* 1.玩具の: gwn (gynnau) (*m*)~ 玩具の鉄砲 2.小型の

tegell (-au, -i) *m* = **tecell**: y sosban yn galw'r ~ yn ddu [諺]自分のことを棚に上げて相手を非難する,「目くそ鼻くそを笑う」

tegwch *m* 1.美, 美しさ; 美貌 2.公正, 公平: gyda phob ~ 公平に 3.正当, 妥当, 正義, 公明正大

tei (-s) *mf* ネクタイ: ~ bô 蝶ネクタイ

teiar (-s) *m* タイヤ: ~ rheiddiol/rheidd-haenog [自動車]ラジアルタイヤ

teicŵn (-cwniaid) *m* 大君

teiffŵn (teiffwnau) *m* [気象]台風

teigr (-od) *m* : **teigres (-au, -od)** *f* 1.[動物]トラ, 虎: ~ papur 張子の虎, こけおどし; llygad (*m*)~ (llygaid teigrod) [鉱物]虎目石 2.(虎のような) 狂暴[残忍]な男

teilen : teilsen (teils) *f* (屋根などの) 瓦, タイル: teilsen grib (teils crib) [建築]棟瓦

teilfforch (-ffyrch) *f* 肥やし熊手, 堆肥フォーク

teiliwr (-wyr) *m* 洋服屋; 洋服仕立屋, テーラー : o waith ~ テーラー[注文]仕立ての

teilo *t* (畑に) 肥料を施す, 肥やしをやる *i* (動物が) 糞をする

teilwng *a* 1.尊敬すべき, 立派な: gŵr ~ 立派な人 2.(…の) 価値のある,(…するに) 足る, (…に) 値する[相応しい], 功罪に応じた, 当然[相応]の(報いの): ~ o barch 尊敬に値する 3.(経済的) 援助に値する

teilwra : tailwrio *t* 1.服を仕立てる 2.(要求・条件などに) 適合させる

teilwres (-au) *f* 男子服を仕立てる婦人

teilwriaeth *f* 1.洋服仕立業 2.(服の) 仕立て方

teilyngdod *m* 1.価値; 立派 2.[*pl*]当然の報い, 相応の賞[罰] 3.勲功: Urdd (*f*) T~メリット勲章[勲位](文武に功績のあった24人に贈られる名誉勲位)

teilyngu *t* (賞罰・非難などに) 値する;(…する) 価値がある

teim *m* [植物]タイム, タチジャコウソウ(葉は香味料)

teimlad (-au) *m* 1.(物の持つ) 手触り, 感触: ~ oer marmor 大理石の冷たい感触 2.(喜怒哀楽の) 感情 3.(理性・意志に対して) 感情: apelio at y teimladau 感情に訴える 4.感動,

興奮: siarad â theimlad 興奮して語る 5.(肉体的) 感覚 6.(五感による) 感覚, 知覚: ~ pleserus/braf 心地よいという感覚 7.(漠然とした) 感じ, 気持: cefais deimlad fy mod yn disgyn 私は落ちるような感じがした 8.感傷的なこと 9.気配, 雰囲気 10.(通例*pl*) 意見, 所感: dyna fy nheimladau i それが私の意見だ

teimladol *a* 1.(人・性質など) 感情的な, 情にもろい 2.感情[情緒]の 3.(音楽・文学など) 感情に訴える

teimladrwydd *m* 1.感情[感傷]的なこと 2.感傷的行為[思考]3.感激性 4.情緒本位 5.感情表出(癖) 6.(刺激に対する) 敏感さ;(神経などの) 感覚(能力) 7.[芸術]主情主義

teimladwy *a* 1.感覚のある, 知覚できる 2.(人が) 感じやすい, 多感[神経質, 神経過敏]な 3.思いやりのある 4.感情を表す,感情的な

teimlo *t* 1.(手で) 触る, 触れる, 触ってみる 2.手探りで進む: ~'ch ffordd 手探りで進む 3.慎重に事を進める 4.(身体で) 感じる, 感知する: ~'r oerfel 寒さがこたえる 5.(心で) 感じる 6.(何となく…であると) 感じる, 思う: 'rwy'n ~ y llwyddaf 私は成功するような感じがする 7.(重要さ・美しさなどを) 悟る 8.(立場などを) 自覚する

i 1.(人が…であると) 感じる, 心地がする: nid yw'n ~ yn iawn/dda 彼は気分が悪い;(寒暑などを) 覚える: ~'n oer 寒けがする; ~'n anhwylus/dost 気分が悪い 2. (人がまるで…のような) 気がする:'rwy'n ~ fy mod yn breuddwydio 私はまるで夢を見ているような気がする 3.(物事が…のような) 感じがする;(物の) 手触り[感触] が…だ: ~'n feddal 手触りが柔らかだ 4.手探りする 5.(人に) 同情する: 'roeddwn yn ~ drosto 私は彼に同情した

teimlydd (-ion) : teimlyr (-au) *m* 1.[動物]触覚, 触手 2.[植物]触鬚

teip (-iau) *m* 1.型, 型式, 様式, 類型, タイプ; 種類: 'dwy hi ddim fy nheip i 彼女は私好みのタイプではない 2.典型, 模範, 手本, 好例 3.[印刷]活字, 活版, 字体:mewn ~ 活字に組まれて 4.[生物]型, 類型

teipiadur (-on) *m* タイプライター

teipio *t* 1.タイプライターで打つ, タイプする 2.[医学](血液などの) 型を検出する

teipydd (-ion) *m* : **teipyddes (-au)** *f* タイピスト

teiran *a* 1.三つ[三部分]に分かれた 2.(条約など) 三者間の 3.[植物](葉が) 三深裂の 4.[紋章](盾形が) 異なる色で三等分された

teirant (teiraniaid) *m* 1.暴君, 専制君主, 圧制者, タイラント 2.[ギ史]僭主

teir-raniad (-au) *m* [幾何]三(等)分

teir-rannu *t* [幾何](線・角などを) 三(等)分する

teirongl (-au) *f* 1. [幾何] 三角形 2. [音楽] ト ライアングル (三角形の金属製打楽器)

teisen (-nau, -ni, -nod, teisys) *f* ケーキ: ~ lechfaen (teisennau llechfaen); ~ gri (teisennau cri) *f* ウェルシュケーキ

teisio *t* = **tasu**

teisiwr (-wyr) *m* = **taswr**

teitl (-au) *m* 1. 称号, 肩書, 爵位, 敬称 2. (本・映画・絵などの) 表題, 題名: rhagdeitl (-au) *m* [製本] 略書名; tudalen (*f*) deitl (tudalennau ~) [印刷] (書物の) 標題紙; rhan deitl (rhannau ~) [演劇] 主題役 3. [映画・テレ] 字幕, (クレジット) タイトル 4. [スポ] 選手権, タイトル 5. [法律] (特に不動産について~ meddiannol 占有権 6. [教会] 聖職資格

teitheb (-au) *f* ヴィザ, 査証

teithi *pl* (人・性格・習慣・物などの) 特徴, 特色, 特質, 特性: mae ~ arweinydd ganddo 彼には指導者としての特性がある

teithio *t* 1. (国・地方などを) 旅行する, 旅をする; (道などを) 旅行して通る: ~ ar hyd ffordd 道を旅行して通る 2. (外交員が区域を) 外交して回る, 売込みに回る: ~ ardal ある区域を外交して回る 3. (劇団が) 巡業する

i 1. (遠くへ) 旅行する, 周遊 [漫遊] する: ~'r byd 世界一周旅行をする;~'n ysgafn (荷物など持たずに) 身軽に旅行する 2. 巡業する 3. 外交をして回る, 巡回販売をする 4. (光・ニュース・噂などが) 伝わる, 進む 5. 動いて行く, 進む, 走る 6. (荷物などが) 運送に耐える: gwin g wael yw hwn am deithio このぶどう酒は運送によって品質が落ちる

teithiol *a* 1. 旅行する 2. (劇団が) 巡業する

teithiwr (-wyr) *m* : **teithwraig (-agedd)** *f* 1. 旅行者, 旅行家: stori (*f*) teithiwr (straeon teithwyr) 旅行家の見聞物語: 信用のできないほら話 (stori anhygoel) 2. 乗客, 旅客; 船客; 搭乗客: ~ ar droed/ ddeudroed 歩行者, 通行人 3. (特に徒歩の) 旅行者

teithlyfr (-au) *m* 旅行案内書, ガイドブック

telathrebiaeth *f* (電話・電信・ラジオ・テレヴィなどによる) 遠距離通信

telathrebu *t&i* 遠距離通信する

telchyn (teilchion) *m* = **talch**: wedi malu'n deilchion 粉微塵に砕かれた

telediad (-au) *m* テレヴィ放送

telediw *a* (人が) 美しい

teledol *a* 1. テレヴィの 2. テレヴィ向きの [写りのよい]

teledu *t* テレヴィで放送 [放映] する: **teledu** *m* テレヴィ (ジョン): ar y ~テレヴィで; gwylio'r ~, edrych ar y ~ テレヴィを見る; set (*f*) deledu (setiau ~) テレヴィ受像機

teledwr (-wyr) *m* : **teledwraig (-agedd)** *f* 1. テレヴィ放送者 2. テレヴィ送信 [受信] 装置

teledydd (-ion) *m* テレヴィ受像機

teleffon (-au) *m* 電話: llyfr (-au) (*m*) ~ 電話帳

teleffonig *a* 1. 電話 (機) の 2. 電話による

teleffonio *t* (人・場所・電話番号などに) 電話を掛ける

i (人に) 電話を掛ける

teleffonydd (-ion) *m* : **teleffonyddes (-ion)** *f* 電話交換手

telegraff (-au) *m* 電信, 電報; 電信機: bwrdd (byrddau) (*m*) ~ [スポ] (競技場・競馬場などの) 速報掲示板; polyn (polion) (*m*) ~, postyn (pyst) (*m*) ~ 電柱

telegraffio *t* (人に) 電報を打つ; (ニュースなどを) 電報で知らせる

i 電報を打つ

telegraffydd (-ion, -wyr) *m* 電信技手

telegram (-au) *m* 電報

teler (-au) *m* 1. [*pl*] [法律] (協定・契約・支払などの) 条件, 規約: telerau gwerthiant/ gwerthu 販売条件; dod i derelau â rhn 人と折り合う, 協定がまとまる 2. [*pl*] (交際) 関係, 間柄: bod/byw ar derelau da â rhn 人と仲良く暮す

telerecordiad (-au) *m* (テレヴィの) 録画

tererecordio *t* (テレヴィ) 録画する

telesgop (-au) *m* 望遠鏡

telesgopig *a* 1. 望遠鏡の 2. (景色など) 望遠鏡で見た 3. (天体が) 望遠鏡によってのみ見える 4. 入れ子式の, 伸縮自在の

telesgopio *t* (列車などが衝突して) 互いにめり込ませる, 折り重ならせる

i (衝突などで) 互いにめり込む

telm (-au) *f* 1. (通例輪罠で動物・鳥を捕える) 罠 2. (人を陥れる) 誘惑, 落とし穴

telori *t* 1. (鳥が歌を) さえずる 2. (人, 特に女性が歌を) 声を震わせて歌う

i 1. (鳥が) さえずる 2. (女性が) 声を震わせて歌う

telyn (-au) *f* [音楽] ハープ, 竪琴: canu'r delyn ハープを弾く; ~ Aeolaidd エオリアンハープ; ~ Gymreig (telynau Cymreig) ウェルシュハープ (3列の弦を持つ大ハープ); ~ fach (telynau bach) リラ (古代ギリシャの竪琴)

telyneg (-ion) *f* 叙情詩

telynegiaeth *f* 1. 叙情味, 叙情詩調, リリシズム 2. 熱狂, 感傷

telynegol *a* 1. 叙情 (詩) の, 叙情詩的な 2. 音楽的な, オペラ風の 3. (態度・文体など) 熱狂 [感傷] 的な

telynegu *i* 叙情詩を書く

telynegwr : telynegydd (-wyr) *m* 1. 叙情詩人 2. (流行歌などの) 作詞家

telynor (-ion) *m* : **telynores (-au)** *f* ハープ [リラ] 奏者

teml (-au) *f* 1. [宗教・建築] (仏教・ヒンズー教・ユダヤ教などの) 寺院, 神殿 2. (モルモン

templed 554 **terfynol**

教の)教会堂 3.(芸術・科学などの)殿堂 4.[法律]Y Deml Fewnol(英国のロンドンにある)法学院のうちのInner Temple

templed (-i) m 1.(金属・石・木などを切取る時に用いる)型板, 指形 2.[建築]梁[桁]受け

tempo (tempi) m [音楽]速度, テンポ

tempro : tempru t 1.(モルタル・粘土などを)練る, こねる 2.(衣類などを)風に当てる, 干す, 乾かす 3.(鋼鉄などを)鍛える, 焼きを入れる

temtasiwn (-iynau) mf : **temtiad (-au)** m 1.誘惑: ildio i demtasiwn 誘惑に負ける 2.誘惑物, 誘惑の魔手, 心を引付けるもの: y Temtiad [聖書](キリストが悪魔から受けた)荒野の試み (cf Matt 4)

temtiadwy a 誘惑できる[されやすい]

temtio t 1.誘惑する, 唆す 2.(人に…するように)誘惑する, (人に…する)気にさせる 3.(心・食欲などを)そそる

temtiwr (-wyr) m 1.誘惑者 2.[T~]悪魔, サタン

temtlyd a 1.誘惑的な, 唆す[そそる]ような 2.うっとりさせる; 心[味覚]をそそる

tenant (-iaid) m 1.(土地・家屋などの)借地借家人, テナント: ~ fferm (tenantiaid ffermydd) 小作人, 小作農 2.住人, 居住者

tenantiaeth (-au) f 1.(土地・家屋の)借用 2.借用期間, 小作年期: ~ am oes 終身貸借権

tenau (teneuon) a 1.(紙など)薄い 2.(糸など)細(長)い 3.(材料など)薄い: ystlys denau 薄い脇腹肉 4.[写真](陰画・印画が)全体に濃度が薄い: negydd (-ion)~ m 濃淡差の少ないネガ 5.(人が)痩せこけた: ~ fel cribyn 痩せこけた 6.(髪が)薄い: barf denau 薄いあごひげ 7.(人・人口・聴衆など)まばらな集会など入りの薄い: 'roedd y gynulleidfa'n denau [演劇]劇場は観客の入りが少なかった 8.(液体・気体など)薄い, 希薄な: cawl ~ 薄いスープ 9.(小麦など供給の)乏しい, 少ない, 僅かな

tendio t (病人・子供などの)世話をする, 看護する

i 世話をする, 仕える

tendon (-au) m [解剖]腱

tendr (-au) m 1.申出, 提出 2.[商業]入札, 請負見積書

tendro i [商業](請負などの)入札をする

tenement (-au) m 1.(借用者の保有する)借地, 借家 2.家屋, フラット, 安アパート 3.[特にスコ](幾つかの借家からなる)大きな建物

teneuder : teneudra : teneuwch m 1.痩せていること 2.(糸・毛髪などの)細いこと, 細さ 3.(物の)薄さ 4.(液体・気体などの)希薄 5.(文体・知性などの)貧弱, 薄弱

teneuo t 1.(ソースなどを)薄く[希薄に]する 2.(板などを)薄くする 3.(木などを)間引く, まば

らにする 4.(液体・気体を)薄める, 希薄にする, 希釈する

i 1.(人が)痩せる 2.(群衆・木など)まばらになる 3.(毛髪が)薄くなる: mae ei wallt yn ~ 彼の髪の毛は薄くなってきている 4.(液体・気体などが)希薄になる

tenewyn (-au) m 脇腹肉の切身

tennis m 1.テニス, 庭球: ~ cwrt/rheiol コートテニス; cwrt (cyrtiau) (m)~ テニスコート; raced (f) dennis (racedi ~) テニスラケット; ~ bord/bwrdd ピンポン, 卓球 2.(芝生コートでする)ローンテニス: ~ lawnt ローンテニス

tennyn (tenynnau) m 1.(牛・馬などを繋ぐ)繋縄[鎖] 2.(能力・財源などの)限界, 範囲: rwyf ar ben fy nhennyn, 'rwyf wedi dod i ben fy nhennyn 私は万策尽きて[行き詰まって]います

tensiwn (-iynau) m 1.(筋肉・神経などの)緊張, 伸長 2.(精神的)緊張 3.(情勢・関係などの)切迫, 緊張(状態)

tentacl (-au) m 1.[動物]触手, 触角 2.[植物]触糸, 植毛

teras (-au) mf 1.(家に接して庭などに設けた)テラス 2.(道路より高く坂道に沿った)連続住宅の並び 3.[スポ]立見の見物席

terasog a (庭・台地など)広い段々になった

terasu t 1.(家に)テラスを付ける 2.[地理](土地などを)雛段式にする

terfan (-nau) f 1.[数学]極限 2.[物理]限界: ~ elastig 弾性限界; medrydd (-ion) (m)~ [機械]限界ゲージ

terfyn (-au) m 1.極限, 限度, 限界; 制限: heb derfyn, diderfyn 限り[際限]なく; ~ oedran 年齢制限; rhoi terfynau ar eich uchelgais 野心を制限する; cadw terfynau 制限内に留まる, 度を超さない 2.[pl]範囲, 区域 3.[しばしばpl](地理的・政治的)境界(線): cerdded/curo terfynau'r plwyf [英教]教区の境界を検分する; llinell (f) derfyn (llinellau ~)境界線 4.端, 末端 5.期間, 期限 6.(時間・期間などの)終り, 末期 7.(物事・行為などの)終り: ~ y daith 旅路の果て, 旅行の目的地

terfynadwy a 1.終止することのできる 2.(契約など)有期の, 期限のある

terfynedig a 1.最後的な 2.決定的な

tefynell (-au) f 1.[電気]電極, 端子 2.[電算機]端末(装置)

trfynfa (-feydd) f (鉄道・バス・飛行機などの)終[起]点, 終着[始発]駅, ターミナル

terfyngylch (-oedd) m 1.構内, 区域 2.(期限などの)範囲

terfyniad (-au) m 1.(契約などの)満期, 満了: ~ cyflogaeth 雇用 2.[文法]最後の文字[音, 音節, 単語], 語尾 3.[法律]判決, 終決

terfynol a 1.終り[末端, 終末, 終局, 最後]の, 最終的な: marian ~ [地質]末端氷堆石 2.決

定的な, 断固とした 3.終点[終着駅]の: gorsaf derfynol[鉄道]終着駅 4.一定期間(中)の; (毎)学期の 5.(病気・患者が)末期の 6.[法律](判決など)終決的な: dyfarniad ~ 終局判決; yr Ateb T~(ナチスの)ヨーロッパのユダヤ人殺戮計画 7.[論理]名辞の

terfynoldeb : terfynolrwydd m 1.最後[最終, 決定]であること; 終局性 2.結末,決着 3.最後的な事物; 最後の言行 4.[哲学]目的性; 究極性

terfynu t 1.(問題などを)解決する 2.(計画行動状態などを)終える, 終結[完成]させる 3.(…の)終りをなす 4.[法律](紛争などを)判決する, 結結させる
i 1.終わる, 終了する 2.(語尾などが…で)終わる　3.(会議・賃貸借契約などが)終わる, 終止する 4.(汽車・バスが)終点に着く

terfynus a[数字]有限の

terfynwr(-wyr) : terfynydd(-ion) m 終止者

terfysg(-oedd) m 1.騒ぎ 2.(集団による)騒動, 暴動: heddlu(-oedd)(m)gwrth derfysg(暴動鎮圧の)機動隊 3.(社会・政治上の)騒乱, 動乱, 反乱 4.[法律]騒擾(罪): y Ddeddf D~(英)騒擾取締令(1715年発布) 5.雷, 雷鳴: glaw ~ 雷雨

terfysglyd a 1.(会合など)騒がしい, 騒々しい 2.暴動[反乱]の, 暴動を起こして騒ぐ 3.(軍隊など)規律[訓練]のない 4.(雲など)雷を起こす,(天候など)雷の来そうな, 雷鳴のする

terfysgu i 1.騒ぐ 2.暴動を起こす 3.雷が鳴る

terfysgwr(-wyr) m : **terfysgwraig(-agedd)** f 暴徒, 暴動[反乱]者

term(-au) m 1.語; 用語, 術語, 専門語: termau cyfreithiol 法律用語 2.[数学]項:yn nhermau X Xによって 3.[論理]名辞

termeg f 術語学

termegol a 1.術語の, 用語上の 2.術語学(上)の

termegwr : termegydd(-wyr) m 術語学者

terminoleg(-au) f 1.術語, 専門用語 2.術語学

terminws(termini) m 1.(鉄道・バスなどの)終点, 終着駅, ターミナル 2.(古代ローマなどの)境界神(像)

termo i 叱る, ガミガミ小言を言う

terylen : terylene m[織物][商標]テリレン(英国ICI社の商品名)

tes m 1.日光 2.日なた 3.薄霧, もや, 霞,(暑さによる)陽炎

tesog a 1.日のよく射す[照る], 日当りのよい 2.(暑い天気で)かすんだ, もやの深い

testament(-au) m 聖書: yr Hen Destament 旧約聖書; y T~ Newydd 新約聖書

testamentaidd a 1.旧[新]約聖書の 2.遺言の

testamentwr(-wyr) m 遺言者

testun(-au) m 1.原文 2.本文; テキスト 3.原本 4.(議論などの)主題, 題目; 論題, 話題: y ~ dan sylw 討議中の問題; newid y ~ 話題を変える; ~ sbort あざ笑いの的

testunol a 1.本文[原文]の 2.聖書原典の 3.原文[文字]通りの

tetanedd m[病理]テタニー, 強直, 強縮

tetanws m[病理]破傷風, テタヌス

tetrahedrol a[幾何]四面(体)の

tetrahedron(-au) m[幾何]四面体

teth(-au, -i) f 1.[解剖](人間・哺乳動物の)乳首, 乳頭 2.(哺乳瓶の)乳首

tethog a 乳頭のある

teulu(-oedd) m 1.(雇い人も含めて一軒の家に住んでいる)家族, 一家, 世帯: ~ yng nghyfraith 姻戚; ~ estynedig[社会学]拡大家族; ~ cnewyllol 核家族 2.(王侯などの)従者 3.[ウ史]軍人, 兵士

teuluaidd : teuluol a 1.家族の: enw(-au)~ m 姓; dyn(-ion)~(扶養すべき)家族のある男; teulu を大事にする人 2.家庭[家事]の 3.家庭向きの, 家庭的な: Beibl(-au)~ m 家庭用聖書

tew(-ion) a 1.(人が)太った, 肥満[でっぷり]した; ふくよかな 2.(食肉用動物を市場用に)特に太らせた 3.(料理にする鳥獣が)肉付きのよい 4.(糸・ロープなど)太い 5.(布など)厚い, 厚手の 6.(皮膚・唇など)厚い: bod yn dew eich croen, bod yn groendew 鈍感である 7.(液体など)濃い, 濃厚な: cawl ~ 濃いスープ 8.(ペースト・からしなど)濃い 9.(霧・煙など)濃い, 深い 10.(訛り・方言など)ひどい, 目立つ; (声が)不明瞭な, だみ声の 11.(人・知力が)頭の鈍い, 愚鈍[馬鹿]な

tew(-iau) m(紙・スレートなどの)厚さ, 厚み

tewaidd : tewlyd a 1.肉付きのいい, 太り気味の 2.膨れた, 膨らんだ

tewder : tewdra : tewdwr m 1.太さ 2.肥満; ふくよかさ, 丸々としていること 3.(腕・脚などの)最も太い[厚い]部分 4.厚いこと, 厚さ 5.(液体の)濃さ, 濃厚; 濃度 6.(土地などの)肥沃

tewfrig a 茂った枝のある

tewhau t 1.太く[厚く]する 2.(家畜を食肉用に)肥育する, 太らせる 3.[料理](ソース・肉汁などを)濃く[濃密]にする 4.(土地を)肥やす 5.(言葉などを)不明瞭にする
i 1.太る 2.太く[厚く]なる 3.(ソースなど)濃くなる 4.(土地が)肥える 5.複雑になる

tewi i 黙っている

tewychadwy a 凝縮[圧縮]できる

tewychiad(-au) m 1.濃縮;(気体から液体などへの)凝縮, 凝結 2.凝縮[凝結]物;(水蒸気の)水滴

tewychu *t* 1.(液体を)濃縮する 2.[物理](気体・蒸気を)液化[凝結]する
i [物理・化学](液体が)凝縮[凝結]する

tewychus *a* (ペースト・マスタードが)濃い

tewychwr (-wyr) : tewychydd (-ion) *m*
[料理](スープ・ソースなどに濃度を付ける)つなぎ

tewyn (-ion) *m* [通例*pl*]燃え木, 燃えさし, 残り火

teyrn (-edd, -oedd) *m* 1.(世襲的)君主, 王 2.暴君, 圧制者, 専制君主 3.暴君のような人

teyrnaidd *a* 王[君主]の; 君主らしい

teyrnas (-oedd) *f* 1.(王[女王]が統治する)王国: y Deyrnas Unedig *f* 連合王国 2.[生物](動植物分類上の)界 3.(学問・芸術などの)世界, 分野 4.[神学]神の国, 天国: T~ Nefoedd 神の国, 天国; deled Dy deyrnas [聖書]御国が来ますように (cf *Matt.* 6-10)

teyrnasiad (-au) *m* 1.(君主・帝王などの)君臨, 統治 2.治世, 御代: yn ystod ~ … …の御代に 3.支配, 勢力: T~ Braw [仏史]恐怖(政治)時代 (フランス革命の最も狂暴であった1793年3月から1794年7月までの期間)

teyrnasu *i* 1.主権を握る, 君臨する 2.(人が)勢力を振るう 3.盛んに行われる, 行き渡る

teyrnfradwr (-wyr) *m* (君主・国家に対する)逆賊, 国賊

teyrnfradwriaeth (-au) *f* (国王などに対する)大逆罪

teyrngar *a* 1.(国・君主・政府などに)忠実[忠義, 忠節]な 2.(家族・友人などに)誠実な 3.(夫・妻が)貞節な 4.(主義・思想などに)忠実な 5.(行為など)誠実な

teyrngarwch *m* 1.(国・君主・主義・友人・慣習などに対する)忠誠, 忠節, 忠義 2.(義務などへの)忠誠 3.[*pl*]忠義な行為 4.(封建時代の)臣従の義務, 忠義: llw (-on) (*m*) ~ 臣従[忠誠]の誓

teyrnged (-au) *f* 1.敬意, 尊敬 2.貢, 貢物; 年貢 3.進貢の義務 4.(賞賛・尊敬の印としての)賛辞; 献物, 贈物; (葬式の)供花: talu'r deyrnged olaf i rn 人に最後の手向けをする 5.(封建時代の)臣従の礼

teyrnladdiad (-au) *m* 国王殺し, 大逆罪

teyrnleiddiad (-iaid) *mf* 国王殺し(人)

teyrnwialen (-nau, -ni) *f* 1.(王権の表象として王が持つ)笏 2.王権, 王位

teyrnwialennu *t* (王権の表象としての)笏を与える; 王権を与える, 王位に就かせる

ti (tîau) *m* 1.[ゴルフ]ティー, 球座 2.ティーグラウンド

ti *pron* (親密な関係で用いる: 家族・親戚間で, 友人同士で, 子供・動物(ペット)に対して, 無生物に対して, (祈りで)神・キリストに対して) 1.[二人称単数主格]あなた[君]は[が]: onid aethost ~? あなたは行かなかったのですか?; ai ~ a welodd yr ysbryd? 幽霊を見たのはあなたでしたか?; sut 'rwyt ~? (初対面の挨拶)初めまして; da iawn ~! うまいぞ!, でかした! 2.[目的格]あなた[君]を[に]: weles i ~ 私は君を見た 3.[二人称単数主格]なんじ[そなた, あなた]は: fe/mi glywaist ~ 教えて下さい 4.[二人称単数目的格]なんじ[そなた, あなた]を[に]: T~, o Alglwydd, a addolwn 主よ, 我らはなんじを崇拝します

tic (-iadau, -iau) *m* 1.(時計などの)カチカチという音 2.瞬間 3.(照合などに付ける)印, チェック印

tîc *m* チーク材

ticbryf (-ed) *m* [昆虫]シバンムシ

ticed (-i) *m* 1.切符, 乗車[入場]券: codi ~ 切符を買う; ~ dwyffordd/pob ffordd, mynd a dod 往復切符; cael ~ 駐車利用券を買う 2.(商品の値段を示す)正札, 定価札 3.(兵士・水夫の)給料支払伝票 4.(預かり品・確認などのための)合札, チッキ 5.[軍事]除隊命令: cael eich ~ 除隊になる

tician : ticio *t* 1.(時計が)カチカチ(時を)刻む 2.(リスト・名前などを)チェックする, 合印を付ける 3.叱る 4.(電信機が通信を)カチカチ打ち出す
i 1.(時計などが)カチカチいう 2.(エンジンがギアを抜いた状態で)ゆっくり動く[回る]

tic-tac *m* [競馬]賭け元同士が手で交わす合図

tic-toc *m* (特に大きな時計などの)カチカチという音

ticyn (-nau) *m* (パン・チーズなどの)少量

tidres (-i) *f* 1.[測量]チェーン, 測鎖 2.[度衡]1チェーンの長さ (66 ft)

til (-iau, -s) *m* [商業]1.(銀行・商店などの)現金入れ引出し 2.(銀行などの)出納窓口

til *m* [地質]漂粘土, 漂礫土

tila *a* (病気・老齢などで体が)弱った, 虚弱な, 弱々しい

tilfaen (-feini) *m* [地質]漂[氷]礫岩 (氷河によってできた漂礫土の固結したもの)

tîm (timau) *m* 1.(一緒に仕事をする)一組の職人[工員]仲間: gwaith ~ 協同作業 2.(車・犂などを引く二頭以上の)一連の馬[牛] 3.[スポ](競技の)チーム, 組, 団: ~ cartref 地元のチーム

tin (-au) *f* 1.(動物の)臀部 2.(人の)尻, 臀部 3.(鳥の)仙骨の部分 4.(ソースパン・やかんなどの)底(部) 5.(車などの)後部

tinbren (-ni) *m* 馬具の引き皮 (trace) を結び付ける横木

tinc (-iau) *mf* 1.チリン, カチン (ガラスや金属などの触合う音) 2.チリンチリン[リンリン]と鳴る音 3.電話のベルの音, 電話 (を掛けること)

tincer (-iaid) *m* 1.(旅回りの)鋳掛け屋 2.(米)[魚類]米国大西洋岸に生息するサバ科のホ

ンサバ・ゴマサバに似た魚 3. [鳥類] ティンカーバード

tincera *i* 当てもなくぶらぶらする

tinciad (-au) *m* = tinc

tincial : tincian *t* 1. (コインなどを) チャリン [チリン] と鳴らす 2. (鈴などを) チリンチリンと鳴らす
i 1. (コインなどが) チャリン [チリン] と鳴る 2. (鈴などが) チリンチリンと鳴る 3. おしっこする

tincialog : tinciog : tinclyd *a* チンチン [リンリン] 鳴る

tindres (-i) *f* 1. [馬具] (馬の) 尻帯 2. [海軍] 駐退索

tin-droi *i* 1. のらくら過ごす, ぶらぶらして時を過ごす 2. ぐずぐずする, 手間取る

tïo *t* [ゴルフ] (ボールを) ティーの上に載せる: tio'r bel ボールをティーの上に載せる
i ティーからボールを打ち出す

tip (-iau) *m* 1. 軽打 2. [野球・クリ] チップ: ~ annheg ファウルチップ 3. ごみ捨て場: ~ glo ぼた (山)

tip (-s) *m* (競馬・投機などの) 助言, 暗示, ヒント; 予想

tip (-iadau) *m* (時計の) カチカチという音

tipian *t* (時計が) カチカチ (時を) 刻む
i 1. (時計などが) カチカチいう 2. (エンジンが) ギアを抜いた状態でゆっくり回る [動く]

tipio *t* (情報屋などが) 内報 [密告] する: ~ enillydd 勝馬を知らせる

tipyn (tipiau) *m* 1. (パン・チーズなどの量・程度が) 少し, 少量: fe fwytaodd hi dipyn 彼女は少し食べた; o dipyn i beth, bob yn dipyn, fesul ~ 少しずつ, だんだん, 次第 [徐々] に; mae pob ~ yn gymorth [諺] ごく少しずつが力 [助け] になる, 「塵も積もれば山となる」 2. [形容詞的に] 僅か, 少しばかり: am dipyn bach ちょっとの間 3. [副詞的に] 少しだけ, やや: mae ef dipyn yn fyddar 彼は少し耳が不自由だ; ~ o leidr yw ef 彼はちょっとした泥棒だ; ずっと, かなり: ~ yn hŷn, hŷn o dipyn だいぶ年上で 4. [通例*pl*] 破片, 断片

tir (-oedd) *m* 1. (天空に対して) 地, 地表, 地上 2. (海に対して) 陸地: ~ sych 陸; teithio ar y tir, ar dir 陸路を行く 3. 土, 土地, 土壌: ~ âr 耕地; trin y ~ 土地を耕す; ~ pori, porferdir (-oedd) *m* (放) 牧場; polisi ~ llosg [軍事] 焦土作戦; ~ trwm [化学] 重土 4. 国, 国土: y T~ Sanctaidd 聖地 (Palestineのこと) 5. 領土, 領地 6. 地域, 地方 7. (家屋・建物の周囲の) 敷地, 構内 8. 所有地: stiward (au) ~ (stiwardiaid tiroedd) 地所差配 [管理] 人 9. (議論などの) 立場, 意見: symud ~ 立場 [議論] を変える 10. (絵画などの) 下塗り: y ~ canol [美術] 中景 11. [軍事] 地形, 地勢 12. [地質] 系統, 層 (群)

tirddaliadaeth *f* 土地保有

tirfeddiannwr (-ianwyr) *m* :
tirfeddianwraig (-agedd) *f* 土地所有者, 地主

tirfesurwr (-wyr) : tirfesurydd (-ion) *m* (土地の) 測量技師: lefel (-au) (*f*) tirfesurydd (測量用) 水準儀, レヴェル

tirffurf (-iau) *f* 地形

tirio *t* 1. [海事] (船を) 座礁させる: ~ llong 船を座礁させる 2. (飛行機・宇宙船を) 着陸させる 3. (船客・船荷などを) 上陸させる, 陸揚げする 4. [釣] (魚を) 引き [釣り] 上げる
i (人が) 上陸する

tiriog *a* 1. 地所の 2. 土地を所有する 3. 陸揚げした

tiriogaeth (-au) *f* 1. 領土, 領地: ~ ddibynnol (tiriogaethau dibynnol) 属領 2. 統治地域: ~ ymddiriedol 信託統治 3. [T~] (米・カナダ・豪) 準州 T~ y Gogledd オーストラリア中央北部の準州

tiriogaethol *a* 1. 領土 [領地] の 2. [しばしば T~] (米・カナダ・豪) 準州の 3. [しばしば T~] [軍事] 地方守備の; (英) 国防義勇軍の: Y Fyddin Diriogaethol *f* (英国の) 国防義勇軍; Tiriogaethwr (-wy) *m* 国防義勇軍兵士

tirion *a* (人・気質・声など) 優しい, 温和 [柔和, 親切] な: natur dirion おとなしい性質

tiriondeb : tirionder : tirionwch *m* 優しさ, 温和, 柔和, 温厚, 親切, 思いやり

tirlun (-iau) *m* [美術] 風景画 (法) : gardd (*f*) dirlun (gerddi ~) [造園] 風景式庭園 (18世紀英国で流行した自然そのままの趣を再現しようとした庭園)

tirluniwr (-wyr) *m* : **tirlunwraig (-agedd)** *f* [美術] 風景 [山水] 画家

tirmon (-myn) *m* (公園・競技場などの) 管理人

tirwedd (-au) *f* [地理] 1. (人目で見渡せる) 景色, 風景: pensaer (penseiri) (*m*) ~ 景観建築家, 造園家 2. (土地の) 起伏, 高低

tisiad (-au) *m* くしゃみ: atal ~ くしゃみを抑える [こらえる]

tisian *i* くしゃみをする

tisiw *int* ハクション (くしゃみの音)

tisiwr (-wyr) *m* くしゃみをする人

titrad (-au) *m* [化学] 滴定

titradiad (-au) *m* [化学] 滴定法

titradu : titro *t&i* [化学] 滴定する

tithau *pron* [二人称単数主格] [接続的用法] なんじ [そなた] は: a thithau なんじ [そなた] もまた

tiwb (-iau) *m* 1. 管, 筒 2. (絵の具・練歯磨などの) チューブ 3. [電気] 電子管; (テレヴィの) ブラウン管: ~ teledu テレヴィのブラウン管 4. (自動車・自転車などのタイヤの) チューブ: ~ gwynt/ aer タイヤのチューブ 5. [化学] 試験管: ~ prawf, profdiwb (-iau) *m* 試験管 6. [解剖]

tiwbaidd a 1.管(状)の 2.[病理](呼吸器が)管性の

tiwben (tiwbiau) f 管, 筒

tiwmor (-au) m [病理]腫瘍

tiwn (iau) f 1.節, 旋律, メロディー 2.(歌・音律の)正しい調子;(他楽器との)調和: mae'r piano mewn ~ ピアノは調子が合っている; newid eich ~ (話・態度などの)調子[論調]を変える 3.(歌手・演奏者との)協調, 調和: canu mewn ~ 正しい旋律で歌う

tiwnig (-au) f 1.チュニック(古代ギリシャ・ローマの男女が用いた首からかぶる膝あたりまでの長さの外衣) 2.(英)(警官・軍人などの制服の)短上着 3.(女子用学校の制服のゆったりした)袖なしの服 4.(スポーツ・ダンスなどで用いる)婦人用上着

tiwnio t 1.[音楽](楽器の)調子を合わせる, 調律する 2.[通信](受信機を)同調させる 3.(エンジンなどを)調整する: ~ motor エンジンを調整する 4.(鳥などが)歌う
i 楽器の調子を合わせる

tiwniwr (-wyr) m 1.[音楽]調律師 2.(エンジンなどの)調整工

tiwtor (-iaid) m : **tiwtores (-au)** f 1.(英)(大学の)チューター, 個人指導教師 2.(しばしば住込の)家庭教師 3.[法律](未成年者などの)後見人

tiwtora t (家庭教師として科目を)教える
i 家庭教師をする

tiwtoraidd a 1.家庭教師の 2.(英)(大学の)個人指導の

tiwtoriaeth (-au) f 1.個人指導者の地位[職務] 2.個人指導[教授]

tiwtorial (-au) m (英国大学教師の)個人指導時間

tlawd (tlodion) a 1.貧しい, 貧乏な, 貧困に陥った: dyn (-ion) ~ m 貧しい人; y tlodion [集合的に]貧しい人々, 貧民; Deddf (f) y Tlodion (英史)救貧法(1947年廃止) 2.(質の)悪い, 粗末[劣等]な 3.健康がすぐれないで, 病身で

tlodaidd a 1.(女性が)だらしない, 下品な 2.(服装など)野暮ったい, 流行遅れの 3.(通りなど)むさ苦しい, みすぼらしい

tlodi m 1.貧乏: dygn dlodi, ~ mawr/ enbyd 極貧 2.(思想などの)貧弱, 貧困 3.(土地の)不毛

tlodi t 1.(人・国などを)貧しく[貧乏に]する 2.(土地などを)不毛にする

tloty (-tai) m (昔の)救貧院

tlotyn (tlodion) m 1.貧乏人 2.生活保護受給者

tlws a (f tlos, pl tlysion)(子供・女性・小さなものなど)可愛らしい, 可憐な; 美しい, 綺麗な

tlws (tlysau) m 宝石

tlysineb : tlysni m 可愛らしさ, 可憐; 美しさ, 美; 美貌

tlysu t 可愛らしく[美しく]する, (特に)安っぽく飾り立てる

to (-eau, -eon) m 1.屋根: ~ gwastad 陸屋根; ~ gwellt 草[茅, 藁]葺き屋根; codi'r ~ (屋根が飛ぶほど)大喝采する, 大騒ぎする; 大声で抗議する 2.[自動車]屋根, ルーフ: ~ agor サンルーフ 3.[鉱山]天盤

toc (-iau) m (ケーキなどの)薄い一切れ

toc ad 間もなく; その内: ta ta tan ~! ではまたその内ね(お会いしましょう)!

tocin (-s) m (地下鉄・バス料金などに用いられる)代用貨幣, トークン

tocio t 1.(鋭い刃物などで)切る 2.(木・枝・下生えなどを)切り払う[取る], 刈り込む: ~ coed 木を刈り込む; ~ gwrych 生垣を刈る 3.(余分な部分を)取除く 4.(給料・費用などを)削減する, 切り詰める: ~ cyflog rhn 人の賃金を減らす 5.(文章などを)簡潔にする 6.(尾などを)短く切る 7.(頭髪・羊毛などを)刈る 8.(織物の)毛羽を刈る: ~ ceden 毛羽を刈る 9.(金・銀貨の縁を)削り落す

tociwr (-wyr) m : **tocwraig (-agedd)** f 1.(動物の尾を)短く切る人 2.植木の剪定をする人, 刈込み職人

tocsemia m [病理]毒血症

tocyn (-nau) m 1.切符, 入場券, 乗車券: ~ cyfarch 招待券; daliwr (dalwyr) (m) tocynnau (入場・通行のための)チケットの所有者; swyddfa (f) docynnau (swyddfeydd tocynnau)(鉄道の)切符売場, 出札所 2.図書借出券 3.(旅行・食事・商品との)引換[割引, クーポン]券: ~ llyfr/llyfrau 図書券; ~ rhodd ギフト券; ~ bwyd 昼食券; ~ teithio 旅行用クーポン券 4.(バス・地下鉄などで切符の代わりの)代用貨幣, トークン: ~ bws バスのトークン[代用硬貨]; arian (m) tocynnau 代用[名目]貨幣 5.(証券)伝票: dydd (m) tocynnau (London証券取引所で)伝票回収日 6.[英史]仮出獄許可状(書): ~ rhyddhad 仮出獄許可書

tocyn (-nau, tociau) m 積重ね, 塊; 積上げた土, 塚

tocynnwr (tocynwyr) m 1.(バスの)車掌 2.[鉄道](駅の)集札係

toddadwy a [化学]溶ける, 溶解できる

toddadwyedd m (物質の)溶解性[度]

toddedig a 1.(雪など)溶けている 2.(塩などを)溶かした 3.(金属など)溶けた, 溶解した 4.(声・言葉など)優しい, ほろりとさせる

toddi t 1.(雪・氷などを)溶かす 2.(塩・砂糖などを)溶かす 3.(固体を)溶かす, 溶解させる

toddiad 559 **tonnog**

4.(金属を)融合させる 5.[映画・テレ](画面を)ディゾルヴにする

i 1.(雪などが)溶ける 2.(固体が)溶ける, 融解する 3.(金属が)融合する 4.次第に移り変わる 5.(感情などが)和らぐ;(人が)哀れみの情を起こす: ~'n llyn o ddagrau ~'n llymaid 心和らいで涙を催す 6.[映画・テレ](画面が)ディゾルヴになる

toddiad (-au) *m* 1.溶解 2.(金属の)溶融 3.[映画・テレ]ディゾルヴ(画面が暗くなるのにオーヴァーラップして次の場面が現れる場面転換法)

toddiant (-nnau) *m* 1.溶解: ~ halen 溶解した塩 2.溶液, 溶剤: ~ rwber[自動車](ゴムタイヤ修理用)ゴム液; ~ dyfrllyd 水溶液

toddion *pl*[料理](肉類を焼いたり炒めたりする時に出る)垂れ汁: padell (*f*) doddion (padelli/padellau ~)(肉を炙り焼きした時に落ちる)脂汁受け(皿)

toddol *a*[化学]溶解力がある

toddydd (-ion) *m*[化学]溶剤, 溶媒; 溶媒化合物

toddyddu *t* 溶媒和させる
i 溶媒和する

toddyn (toddion) *m*[化学]溶質

toes *m* こね粉, パン生地

toesen (-ni) *f* ドーナツ

toi *t*(家などに)屋根を付ける[葺く],(草・茅・藁などで)屋根を葺く

toiled (-au, -i) *m* 便所, トイレット: papur (*m*) ~ トイレットペーパー

tolach *t*(人・動物・物などを)優しく撫でる, 愛撫する, 抱き締める

tolc (-iau) *m* 窪み, へこみ

tolcio *t* 窪ませる
i 窪む, へこむ

tolciog *a* 窪みのある

tolch (-au) : tolchen (-ni) *f* 1.(血・クリームなどの)固まり, 凝血 2.[病理]血栓 3.馬鹿, のろま

tolcheniad (-au) *m*[病理]血栓症

tolchennu : tolchi *i*(血が)固まる, 凝血する

tolio *t*(食料などを)切り詰める

toliwr (-wyr) *m*(物・金などを)出し惜しみする人, 節約家

toll (-au) *f* 1.(道路・橋・港湾・鉄道などの)使用税, 料金: ~ drwodd[英法]使用税, 道路税, 橋税; ~ ar draws, ~ breifat 私有地通行料; tollbont (-ydd) *f* 有料橋; tollffordd (tollffyrdd) *f* 有料道路 2.税: 関税: tolldal (-iadau) *m*, ~ ecséis, tollgwstwm 関税; ~ marwolaeth 相続税; ~ allforio 輸出税 3.内国消費税, 物品税

tollaeth (-au) *f*[英史]1.(ノルマン王が国王領地・都市などに課した)租税 2.(封建時代の領主が小作人に課した)租税, 小作税

tolldal (-iadau) *m* 関税

tolldy (-dai) *m* : **tollfa (-feydd)** *f* 1.料金徴収所 2.税関

tolli *t* 1.使用税[料金]を課する 2.物品税を課する

tollty (-tai) *m* 税関

tollwr (-wyr) : tolldydd (-ion) *m* 料金徴収員

tom *f* 1.(牛馬などの)糞 2.糞便 3.[農業]肥やし; 肥料

tomato (-s) *m* トマト

tomen (-ni, -nydd) *f* 1.積重ね, 固まり 2.(家畜の)肥やし[堆肥, 糞]の山

tomi *t*[農業](畑に)肥やしをやる
i(動物が)糞をする

tomlyd *a* 糞[肥やし]の

tôn (tonau) *f* 1.(声・ベルなどの)調子, 音声, 音色: ansawdd(m)~ [音声・音楽]音色, 音質 2.口調, 語調, 論調 3.[音楽]楽音; 全音(程): ~ cyfan 全音(程); hanner ~ (~ tonau) *f* 半音; ~ gron (tonau crynion) *f* 輪唱 4.メロディー 5.[音声]音調, 声調, 抑揚: iaith ~(ieithoedd ~)[言語]音調言語(中国語など)

ton (-nau) *f* 1.波, 波浪, 大波,(海面などの)うねり: ar frig ~ 波頭に乗って 2.(感情・形勢などの)波, 高まり: y don newydd (芸術・政治などの)新しい波, 新傾向

tonaidd *a*[音声]音の高低の

tonc (-iau) *f* = **tinc**

tonfedd (-i) *f*[物理]波長

toniad (-au) *m* 1.波動 2.(地表の)起伏

toniant (-iannau) *m* 1.(意見・価格などの)変動, 高下; 不安定 2.波動 3.[医学]波動

tonig (-au) *m* 1.[医学]強壮薬[剤] 2.(精神的に)元気づけるもの
a 1.[医学](医薬など)強壮にする: dŵr ~ *m* トニックウオーター(キニーネ入りのソーダ水), 炭酸飲料; gwrwst ~, dirdyniad ~ *m*[病理]強直(性)痙攣 2.[言語](中国語などの)音調的な 3.[音楽]主音の

tonnen (tonennau, tonenni) *f* 1.湿原, 湿地, 沼地 2.草地, 芝生 3.(屋外)便所

tonni *t* 1.(海面などを)波立たせる, うねらせる 2.[理髪](髪に)ウェーヴ[パーマ]をかける: ~ gwallt 髪にパーマをかける
i 1.(水面などが)波立つ, うねる, 波動する 2.(地表などが)緩やかに起伏する, うねる 3.(麦などが)揺れる, 波立つ, うねる 4.(髪が)ウェーヴしている: mae fy ngwallt yn ~'n naturiol 私の髪は自然にウェーヴしている 5.[物理]波動する

tonnog : tonnol *a* 1.波動する: y ddamcaniaeth donnol *f*[光学](光の)波動説 2.大波のうねる 3.波状[形]の: y dwymyn donnol *f*[病理]波状熱 4.(地表など)起伏す

T

tonsil る, うねる,波状の: gwlad donnog, tir tonnog 波状地 5.(髪など)ウェーヴしている[のある]

tonsil (-iau, -s) *m* [解剖] 扁桃腺

tonsilaidd *a* [解剖] 扁桃腺の

tonsillitis *m* [病理] 扁桃腺炎

tonsilotomi (-ïau) *m* [外科] 扁桃切除(術)

tonsur (-iau) *m* 1.剃髪 2.[キ教] 剃髪(式) 3.頭髪を剃った部分

tonsurio *t* (人を)剃髪する

tonydd (-ion) *m* [音楽] 主音: cord (*m*) y ~ (cordiau'r ~)主和音

tonyddiaeth (-au) *f* 1.(声の)抑揚 2.[音楽] 調性

tonyddwr (-wyr) *m* [絵画] 色調主義者

top (-iau) *m* 1.(丘・木などの)頂上, 最上部, てっぺん: ar dop y stâr 階段の上で; o'r ~ i'r gwaelod 頭のてっぺんから足のつま先まで 2.(ページ・地図などの)上, 上部, 上段 3.(バスなどの)屋根 4.[服飾] トップ(上半身に着る衣服)5.絶頂, 極度, 極点: ~ gorlanw 高潮, 満潮 6.[海事] 檣楼, トップ: ~ canol 大檣楼

top (-au) *m* (瓶などの)栓

topio *t* (穴などを)塞ぐ, 栓をする, 詰める

topograff (-iau) *m* (物の)表面の詳細な写真

topograffaidd : topograffig *a* 1.地形[地勢]上の 2.地形学の

topograffeg *f* : **topograffi** *m* 1.地形, 地勢 2.地形学

topograffwr : topograffydd (-wyr) *m* 地形[地誌]学者

toponym (-au) *m* 地名

toponymeg *f* 地名学

toponymig *a* 地名(学)の[に関する]

topyn (-nau, topiau) *m* (瓶・樽などの)栓, 詰め; (パイプなどの穴を塞ぐ)栓: ~ corc コルク栓

tor (-rau) *f* 1.(動物の)腹, 腹部 2.(壺・ポットなどの)膨らんだ部分, 胴

tor (-ion) *m* 1.割れ[裂け, 切れ]目 2.[法律] (約束などの)違反, 不履行, 侵害: ~~ cyfraith 法律違反

tor-amod (-au) *m* 条件違反

torbwynt (-iau) *m* 1.(体力・忍耐などの)限界点 2.[機械] 破壊点, 限界点

torcalon *m* 悲嘆, 悲痛(の種)

torcalonnus *a* 1.胸が張り裂けるような 2.(仕事など)退屈で骨の折れる

tor-cytundeb (-au) *m* 契約違反

torch (-au) : **torchen (-ni)** *f* 1.(血・クリームなどの)固まり 2.馬鹿者

torch (-au) *f* 1.(ロープ・ヘビなどの)巻いた輪, とぐろ巻き 2.(髪の)巻毛 3.花輪 4.(婦人服の)首[襟]飾り 5.(煙などの)輪, 渦巻 6.(古代ゴール人・ブリトン人などが貴金属の針金をねじって作った)首輪, 腕輪トルク

torchedig *a* 花輪にした

torchi *t* 1.花輪で飾る 2.巻き付ける, 絡ませる 3.(長

くしなやかな物を)ぐるぐる[渦巻状に]巻く 4.とぐろを巻く

i 1.輪になる2.とぐろを巻く

torchog *a* 1.渦巻状に巻いた 2.(ロープが)巻き付いた 3.(ヘビが)とぐろを巻いた 4.(髪が)巻毛の

tordres (-i) *f* [馬具] (馬の)腹帯

torddwr (torddyfroedd) *m* [地理] (河口の)浅瀬

toreithiog *a* 1.たくさんの, 豊富な: rhif ~ [数学] 豊数, 過剰数 2.(場所が資源などに)富む

toreth *f* 豊富

torf (-eidd) *f* 群衆, 大勢; 人込み

torfol *a* 1.集団の; 大規模な 2.共同の 3.大衆の, 大衆向けの: cyfryngau ~ マスメディア, 大衆媒体; arsylwad ~ *m* 世論調査 4.[文法] 集合的な: enw (-au) (*m*) ~ 集合名詞

torfynyglu *t* (人の)首を切る

torgest (-i) *f* [病理] ヘルニア, 脱腸

torgrwm *a* (*f* **torgrom**, *pl* **torgrymion**) 丸く腹の出た

torgwmwl (torgymylau) *m* 1.突然の豪雨, 土砂降り 2.大量, たくさん

torheulad (-au) *m* 日光浴

torheulo *i* 1.(日光などに)暖まる, 日向ぼっこ[日光浴]をする 2.(恩恵などに)浴する

torheulwr (-wyr) *m* : **torheulwraig (-agedd)** *f* 日光浴をする人

Tori (-ïaid) *m* 1.(英)トーリー党(今の保守党) 2.トーリー党員 3.(しばしば t~) 保守党員[主義者]

toriad (-au) *m* 1.折断, 分裂 2.(連続したものの)中断, 途切れ, 不連続(性)3.(強い感情による声の)途切れ 4.(城壁・堤防などの)裂け[割れ]目 5.[電気](回路の)遮断, 断絶: ~ mewn cylched 回路の遮断 6.開始; 夜明け: ar doriad (y) dydd 夜明けに 7.切りつけ, 切り口, 切傷, 深手 8.(髪の)刈り方: ~ cwta/crop クルーカット(角刈りの一種)9.(衣服の)裁断の仕方; 型 10.(宝石の)カット 11.(経費・賃金などの)削減, 引下げ: ~ (mewn) cyflog 賃金の引下げ 12.(斧・鋸などの)切り[挽き]目, 切り口, 切断 13.[幾何](立体の)切断(面), 断面図: croestoriad (-au), trawstoriad (-au) *m* 横断面, 断面図 14.[外科・解剖] 切開, 切断: ~ Cesaraidd [医学] 帝王切開(術)15.[キ教] 聖体分割(式)

Torïaidd *a* 1.トーリー党(員)の; 王党(員)の 2.(しばしば t~)保守党(員)の, 保守主義(者)の

Torïaeth *f* 1.トーリー党主義 2.(しばしば t~)保守主義

toriant (-nnau) *m* 1.薄片 2.[外科・解剖] 切開, 切断 3.不連続(性)

torii *m* 鳥居

torion *pl* (牛馬飼料用の)切り藁

torlan (-nau) *f* (川・湖などの流水で)えぐられ

た岸[土手]

torlengig : torllengig *m* ヘルニア, 脱腸: **mae torl** (l) **engig arno** 彼にはヘルニアがある

torllwyth (-au, -i) : torraid (toreidiau) *mf* (豚・犬などの)一腹の子: ~ **o foch** 一腹の子豚

torri *t* 1.(ガラス・磁器・玩具などを)壊す, 割る, 砕く, 2.(骨を)折る: ~ **'ch braich** 腕を折る 3.(枝・鉛筆などを)引きちぎる[裂く], 折る: ~ **cangen oddi ar goeden** 木から枝を折り取る; ~ **bara gyda rhn** 人と食事を共にする 4.(ナイフなどで皮膚などを)切る, 傷つける: ~**'r croen** 皮膚を傷つける; ~**'ch bys** 指を切る 5.切断する, 切り離す: ~ **coes rhn ymaith** 人の脚を切断する 6.(作物・芝生・垣根などを)刈る, 刈り取る: ~ **graswellt** 芝生を刈る 7.(髪を)刈る: **cael** ~**'ch gwallt** 散髪してもらう 8.(歯を)生やす: ~ **danedd** 歯が生える 9.(布・衣服を)裁断する: ~**'r gôt yn ôl y brethyn** [諺]身分相応に暮す 10.[自動車](角を回らずに)近道をする: ~ **corneli** (経費・時間・労力などを)節約(して)安上がりにする, 手を抜く; ~ **cornel** (歩行者が曲がり角を通らないで原っぱなどを横切って)近道をする 11.(費用などを)切りつめる, 削減する 12.(土地を)耕す(道・水路などを)切り開く, 開削する: ~ **agor ffordd** 道を切り開く; ~ **sianel** 水路を開削する 13.(水・障害などを)切って[切り開いて, 切り抜けて]進む: ~**'ch ffordd trwy goed** 森を切り開いて進む 14.(足並み・列などを)乱す: ~ **camau** 歩調を乱す 15.(話・言葉を)遮る: ~ **ar draws sgwrs** 談話を遮る 16.(記事・談話などを)切り詰める 17.(平和・沈黙・気分・魔力などを)乱す, 破る: ~**'r heddwch** 平和を乱す; ~**'r distawrwydd**, ~ **ar y distawrwydd** 沈黙を破る; ~**'r garw/ias** 座を打ち解けさせる, 和やかな空気にする; (難しい事の)口火を切る, 皮切りをする 18.(法律・契約・約束・慣習などを)破る, 犯す 19.(関係・旅行などを)絶つ, 中断する: ~**'ch taith** 旅行を中断する 20.(習慣・癖などを)止める, 止めさせる: ~ **ympryd** 断食を止める 21.(気力・体力などを)くじく, 削ぐ: ~**'ch calon** 悲嘆に暮れる; ~ **calon rhn** 人を悲嘆にくれさせる 22.(悪い知らせ・秘密などを)打ち明ける, 知らせる: ~ **newydd yn ofalus wrth rn** (びっくりさせないように)その知らせをそっと人に伝える 23.(人を)破滅させる 24.(人・銀行を)破産させる: ~**'r banc** 胴元を潰す; 破産させる 25.署名する 26.(家族などを)離散させる 27.(城壁などを)破る, 突破する 28.(穴などを)掘る: ~ **bedd** 墓を掘る 29.[海事](綱・鎖などを切って船などを)切り放つ: ~**'n rhydd** 切って放つ 30.(岩などに足掛りを)刻む: ~ **grisiau** [登山]足掛りを刻む 31.[映画・テレヴィ]撮影[放映]を中止する 32.[馬術](馬などを)馴らす: ~ **ceffyl mewn/lawr** 馬を馴らす

33.去勢する 34.[トラ](一組のカードを)カットする: ~ **pac** (一組のカードを)二つ(以上)に分け(て上下を入れ替え)る; ~ **i ddewis deliwr** 札を引いて配り手を決める 35.[電気](回路・電流を)遮断する 36.[クリ](打者が三柱門の)ベイルを(誤って)落す

i 1.切りつける 2.(刃物が)切れる; (物が)切れる 3.(ガラス・ロープ・枝などが)壊れる, 割れる, 砕ける, 切れる, 折れる 4.(波が)砕ける 5.(泡が)消える 6.(群衆などが)散り散りになる 7.(軍隊などが)乱れる, 敗走する 8.(人・健康・気力などが)弱る, 衰える, くじける 9.(嵐・笑いなどが)起こる, 突発する 10.(天候が)変わる, 一変する 11.(声が)変わる, 途切れる 12.(関係を)断つ, 絶交する: ~ **cysylltiad â rhn** 人と絶交する 13.(仕事など)中断する 14.(話などの)邪魔をする, 遮る 15.(店などに)押し入る, 侵入する: ~ **i mewn i dŷ**; ~ **dŷ** 家に侵入する 16.(近道して野原などを)横切る 17.(船などが)押し切って進む 18.(堤防などに)穴が開く 19.[映画・テレヴィ]画面や音声が突然変わる: ~ **o un olygfa i'r llall** ある場面から別の場面へ切り替る 20.[ダンス] ~ **i mewn** (ダンス中の人から)踊り相手を横取りする 21.[自動車]割り込む 22.[トラ]札を切る 23.[電気](電流が)切れる 24.(エンジンなどが)止まる 25.[野球](ボールが)曲がる, カーヴする 26.[ボク]クリンチを解く: **torrwch!** ブレーク! (レフェリーの命令)

torrwr (torwyr) *m* : **torwraig (-agedd)** *f* 1.壊す人, 破砕者 2.(法律を)破る人: ~ **cyfraith/deddf** 法律違反者 3.破砕機 4.切る人; 裁断士; ガラス[石]切り職人; [映画]フィルム編集者 5.切る道具, 裁[切]断器[機]: **torrwr crwst** [料理]菓子生地の型抜き 6.[電気](回路)遮断器, ブレーカー

torryn (torion) *m* 1.(布の)裁ち屑 2.(新聞などの)切抜き: ~ **o bapur newydd** 新聞の切抜き 3.(刈取った)草[毛]

tors (trys) *mf* 松明

torsyth *a* 1.威張って歩く 2.法螺を吹く; 自慢する

torsythu *i* 1.威張って歩く 2.法螺を吹く; 自慢する

torsythwr (-wyr) *m* 1.威張って歩く人 2.法螺吹き

torth (-au) *f* (型に入れて焼いた)パンの一塊: **pum** ~ パンの塊5個; ~ **waelod (torthau gwaelod)** 大小二つの生地の塊を重ねて焼いた白パン

torthen (-ni) *f* = **torch, torchen**

tost *m* トースト, 焼きパン: **cynnes/twym fel** ~/**tostyn** (トーストのように)心地よく暖かい; **rhesel** (*f*) **dost (rheseli** ~) (卓上用)トーストパン立て

tost *a* 1.(炎症・傷の患部など)痛い, ひりひりする: **gwddwg** ~ *m* [病理]咽頭痛[炎] 2.(体

tostedd の一部が) 炎症を起こした, 赤く腫れた **3.**(痛み・打撃など) 激しい, 鋭い: poen ~ 激痛 **4.**(試合など) 激しい, 猛烈な **5.**(人・性格・罰など) 厳しい, 苛酷 [厳格] な **6.**病気で

tostedd : tostrwydd *m* **1.**(病気・痛みの) 激しさ, 激烈 **2.**病気 **3.**(刑罰などの) 苛酷

tostiedig *a* 焼いた, 炙った

tostio *t* **1.**(パン・チーズなどを) 狐色に焼く **2.**(体・足などを) 火で暖める: ~'ch traed 足を暖める *i* **1.**(パンが) 狐色に焼ける **2.**暖まる

tosturi *m* **1.**同情, 哀れみ **2.**(罪人・敵などに対する) 慈悲, 情け

tosturio *t* (人を) 可哀想 [気の毒] に思う, 同情を寄せる

tosturiol *a* **1.**哀れむ, 同情する, 同情的な **2.**慈悲 [情け] 深い **3.**(手当・休暇など個人的不幸の理由で) 情状を考慮して与えられる, 特別の: caniatâd ~ *m* 賜暇, 温情休暇; lwfans ~ *m* 特別手当, 救助金, 遺族扶助料

tostyn *m* = **tost**

tosyn (tosau) *m* にきび, 吹き出物

tosynnog *a* にきびのできた, 吹き出物だらけの

totalitaraidd *a* [政治] 全体主義の

totalitareiddio *t* 全体主義化する

totalitariad (-iaid) *mf* : **totalitarydd (-wyr)** *m* 全体主義者

totalitariaeth *f* [政治] 全体主義

totem (-au) *m* **1.**トーテム (未開人, 特に北アメリカ原住民の間で世襲的に崇拝し記章にする自然物, 特に動物) **2.**トーテム像: polyn (polion) (*m*) ~ トーテムポール (トーテム像を彫刻・彩色した柱で北米西海岸地方の原住民が立てる)

totemaidd : totemig *a* トーテム (信仰) の

totemiaeth *f* **1.**トーテム信仰 [崇拝] **2.**トーテム制度 [組織]

totemydd (-ion) *m* **1.**トーテム制度の社会に属する人 **2.**トーテム研究家

tetemyddol *a* **1.**トーテム信仰に関する **2.**トーテム研究家の

töwr (towyr) *m* (屋根の) 瓦製造人

towt (-iaid) *m* **1.**[競馬] 予想家 **2.**ダフ屋

towtian : towtio *i* **1.**[競馬] (馬の) 様子を探る; 予想をする **2.**押売をする, うるさく勧誘する: towtio am gwsmeriaid 客引きする

tra *ad* [形容詞の程度を強めて] 非常に, 大変, とても: ~ charedig 非常に親切な; ~ pharod とても素早い
conj **1.**…する間: ~ ydych /byddwch ym Mharis パリにいた間 **2.**…する限り: ~ bydd bywyd, bydd gobaith [諺] 命がある限り希望がある, 「命あっての物種」 **3.**[譲歩] …とは言え [としても] **4.**ところが一方, …なのに; 同時に: death yn ohonynt, ~ na ddaeth y lleill 一人は来たのに残りの人々は来なかった

tra-arglwyddiaethu *t* (人・国民などを) 圧制する, 暴威を振るう

---

i 圧制する, 暴君となる

trac (-iau) *m* **1.**(競技場・競馬場などの) 競走路, トラック **2.**[鉄道] 線路, 軌道: untrac 単線の; deudrac 複線の **3.**[自動車] 両輪の間隔, 輪距 **4.**(レコードの音を刻んだ) 溝の集まり, バンド **5.**[映画] (フィルムの端の) 録音帯: ~ sain サウンドトラック **6.**(トラクター・タンクの) 無限軌道

tracio *i* **1.**(トレーラーなどが) 後輪が前輪と一線になって走る **2.**[映画・テレ] (カメラ・カメラマンが) 移動しながら撮影する

traciog *a* (タンク・トラクターなど) 無限軌道で動く

traciwr (-wyr) *m* (獲物・犯人を) 追い詰める人

tracsiwt (-iau) : tacwisg (-oedd) *f* (トラック競技者などの保温用) トラックスーツ

tractor (-au, -s) *m* トラクター, 牽引車

trachefn *ad* また, 再び

trachwant (-au) *m* **1.**貪欲, 強欲 **2.**食い意地 **3.**切望, 渇望, 欲望 **4.**性欲, 肉欲, 色情

trachwanta : trachwantu *t* **1.**(他人の物などを) むやみに欲しがる **2.**切望 [熱望] する *i* **1.**熱望 [渇望] する **2.**色情を催す

trachwantus *a* **1.**貪欲 [強欲] な **2.**(他人の物などを) むやみに欲しがる **3.**好色 [肉欲的] な

tra-chywir *a* (寸法・時間など) 正確 [精密] な

tra-chywirdeb : tra-chwiredd *m* 正確, 精密

tradwy *m* 明々後日, しあさって

traddodeb (-au) *f* [法律] (刑務所・精神病院などへの) 引渡し

traddodi *t* **1.**手渡す, 引渡す **2.**(人・物を記録・記憶・火・地などに) 委ねる, 付する: ~ corff i'r pridd 人 (の亡骸) を埋葬する **3.**(人を刑務所・精神病院などへ) 引渡す, 収容する: ~ rhn i garchar 人を投獄する **4.**(演説・説教などを) する, 行う

traddodiad (-au) *m* **1.**(伝言などを) 伝えること **2.**(演説などの) 話し振り, 講演ぶり **3.**伝説, 言い伝え, 口碑: yn ôl (y) ~ …と言い伝えられている; ~ llafar 口碑 **4.**伝統, 慣例

traddodiadaeth *f* **1.**伝統主義, 伝統 [因習] 墨守 **2.**[キリスト教] 伝統主義

traddodiadol *a* **1.**伝説 [伝承, 口碑] の **2.**伝統の, 因習的な **3.**伝統主義 [派] の

traddodiadwr (-wyr) *m* 伝統主義者

traddodwr (-wyr) *m* : **traddodwraig (-agedd)** *f* 配達者, 引渡人

traean (-au) *m* [数学] 3分の1

traen (-iau, treiniau) *f* 排水渠 [管], 放水路, 下水溝: treiniau dŵr 排水管

traeniad (-au) *m* [地理] (河川によって) 排水される地域

traenio *t* 水をはかせる, 排水する

traeth (-au) *m* **1.**(海・湖・川辺の砂・小石な

どのある)浜, 海浜, 海岸, 海辺, 渚, 湖岸, 川べり: cyfordraeth (-au) *m* [地質] 隆起海岸; ~ awyr, awyr (*f*) draeth 鯖雲の空 2.海水浴場, (湖岸などの)水泳場

traethawd (-odau) *m* 1.(学術)論文,(特に)学位論文 2.[教育](学校で課題などの)作文, レポート

traethell (-au) *f* 1.(海・湖・川などの)浜, 岸 2.(海洋中の)洲, 浅瀬: Traethellau'r Tir Newydd ニューファウンドランドの洲(大漁場), (河口などの)砂州

traethiad (-au) *m* 1.[文法]述語, 述部 2.[論理]述語

traethiadol *a* [文法]叙述的な

traethiant (-nnau) *m* 1.断言, 断定 2.[文法]述語

traethiedydd (-ion) *m* [文法]述語動詞

traethlin (-au) *f* 海岸線

traethodwr : traethodydd (-wyr) *m* 1.論文執筆者 2.論じる人

traethu *t* (話などを)話す, 物語る
i 1.(書物などが問題を)扱う, 説く, 論じる: ~ ar bwnc ある問題を論じる 2.演説する

traethwr (-wyr) : traethydd (-ion) *m* : **traethwraig (-agedd)** *f* 1.物語る人 2.論文執筆者

trafaelio *t* [商業](セールスマンが区域を)外交して[売込みに]回る
i 1.(遠方・外国へ)旅行する 2.[商業]外交をして回る, セールスに出る 3.(光・音などが)伝わる, 進む 4.(機械の部分が)動く, 移動する

trafaeliwr (-wyr) *m* (会社の)外交員

trafaelu *i* = **trafaelio** *i* 2

traflyncu *t* 1.(動物・人が)貪り[ガツガツ]食う 2.(本などを)貪り読む: ~ pob gair o lyfr 本を貪り読む

traflyncus *a* 1.貪り食う 2.熱烈な, 激しい

trafnid *m* 貿易, 売買, 商業; 不正取引

trafnidiaeth *f* 1.(車などの)交通, 往来: ~ awyr 空の交通; warden (wardeiniaid)(*m*) ~/traffig 交通整理係,(特に)車両整理係; arwydd (-ion)(*m*) ~/traffig 交通標識 2.(貨物の)運輸

trafod *t* 1.(取引などを)行う: ~ busnes gyda rhn 人と取引[商売]をする 2.(事務などを)処理する 3.手を触れる 4.(問題などを)論じる, 討論する, 話し合う 5.[フボ](ボールを)捌く: ~ y bêl ボールを捌く
i 交渉する

trafodadwy *a* 論議[討論]できる

trafodaeth (-au) *f* 1.討論, 議論, 審議: agor ~ 討論を始める 2.(学会の)会報, 紀要 3.(条約・貸付などの)交渉, 折衝: yn destun ~ 交渉中で

trafodaethol *a* 1.取引の 2.業務の 3.処理の

trafodion *pl* (学会などの)会報, 紀要

trafodwr (-wyr) *m* : **trafodwraig (-agedd)** *f* 1.手を使う人 2.取り扱う[処理する]人 3.(警察犬・馬などの)調教師 4.(シンポジウム・パネル討論会などの)討議者, 討議参加者

trafferth (-ion) *f* 1.もめ事, 悶着: trafferthion ariannol 金銭上のもめ事 2.(政治的・社会的)紛争, 騒乱: trafferthion gyda'r gweithwyr 労働争議 3.困った事, 問題点: y drafferth yw … 困った事は … 4.手数, 迷惑, 厄介, 面倒: 面倒な事態 5.不幸, 災難; 心配事, 苦悩 6.骨折り, 苦労, 困難: mynd i drafferth fawr 骨折る, 尽力する 7.[医学]病気, 患い: ~ gweld, ~ â'r llygaid 目の病気 8.(機械などの)故障: ~ gyda'r motor エンジンの故障

trafferthu *t* (人を)悩ませ, 煩がらせる
i 1.苦にする, 思い悩む 2.(否定文で)わざわざ…する: peidiwch â thrafferthu dod â chât law マッキントッシュ[ゴム引きレインコート]を持って来なくてもいいよ

trafferthus *a* 1.(子供など)手に負えない, 手の焼ける 2.(仕事など)厄介[面倒, 困難]な, 骨の折れる

traffig *m* = **trafnidiaeth**

traffordd (ffyrdd) *f* 高速自動車道路,(ドイツなどの)アウトバーン

tragwyddol *a* 1.永遠[永久]の: bywyd ~ *m* 永遠の生命; y Ddinas Dragwyddol *f* 永遠の都市(Romeの異名); 不朽[不滅]の 2.(真理・原理など)永遠に変わらない 3.(おしゃべり・愚痴などがうんざりするほど)果てしのない, 絶え間のない 4.耐久性のある, 長持ちする 5.y triongl ~ *m* (男女の)三角関係

Tragwyddol *m* 神

tragwyddoldeb (-au) *m* 1.永遠, 永久; 無限の過去[未来] 2.(死後に始まる)永遠の世界, 来世 3.[*pl*]幾時代 4.[*pl*]永遠の真理 5.(際限なく思われる)長い時間

tragwyddoli *t* 1.永久に続かせる 2.不朽のものとする

tragwydd *a* = **tragwyddol**

traha : trahauster : trahaustra *m* (人・行為など)横柄, 傲慢, 尊大

trahaus *a* 横柄[傲慢, 尊大]な

trai *m* 1.引き潮, 干潮: llanw a thrai 潮の干満 2.(人生などの)盛衰 3.(勢いなどの)減退, 衰退

trais (treisiau) *m* 1.(人権などの)侵害 2.[法律][婦女子への]強姦, レイプ 3.[法律]暴行, 暴力: troi at drais, defnyddio ~ 暴力に訴える

trallod (-ion) *m* 1.(心身の)苦悩, 難儀 2.悩みの種, 不幸の原因 3.(迫害などによる)苦難, 艱難, 試練(の原因)

trallodi *t* (人を肉体的・精神的に)苦しめる, 悩ます, 艱難を与える

trallodus *a* 苦しめられた, 悩まされた, 苦しんでる

[悩んで]いる

trallodwr (-wyr) *m* 苦しめる[悩ます]人

Trallwng, Y *m* [地名]ウェルシュプール(ジョージ(George)王朝時代の建築が残っている活気ある市の立つ町Welshpool)

tram (-iau) *m* 市街[路面]電車

tramgwydd (-au, -iadau) *m* 1.違反, 反則 2.[法律]過失, 非行, 犯罪: ~ dihenydd 死刑 3.[神学]教会の不面目となるようなこと

tramgwyddaeth *f* 非行: ~ ieuenctid 少年犯罪[非行]

tramgwyddo *t* 1.(法律・規則などを)破る, 犯す, 違反する 2.(神の法・道徳的な法を)侵害する 3.(人の)感情を害する, 怒らせる 4.(感覚・正義感などを)損なう: mae'n ~ yn erbyn ein syniad o gyfiawnder それは私たちの正義感に障る[反する]
i 1.法律を犯す, 規則違反をする 2.(礼儀などに)背く: ~ yn erbyn rheolau cwrteisi 礼儀作法に反する 3.(宗教・道徳的に)罪を犯す

tramgwyddus *a* 1.(言葉・噂話など)無礼[侮辱的]な, 中傷する, 悪口の 2.[法律]違法[犯罪]になる, 非行の, 違反しやすい, 犯しがちな 3.(道徳上など)恥ずべき, 言語道断な

tramgwyddwr (-wyr) *m* :
tramgwyddwraig (-agedd) *f* [法律]犯罪[反則, 非行, 過失]者: ~ am y tro cyntaf, cyntaf-dramgwyddwr 初犯者

tramor *a* 1.海外[外国]の; 在外の: gwledydd ~ 外国; iaith dramor (ieithoedd ~) 外国語 2.海外向けの 3.外国からの 4.外国に関する, 対外の: materion ~ 外務; Ysgrifennydd (-enyddion) T~ *m* (英国の)外務大臣; Gweinidog (-ion) T~ *m* (英国以外の)外務大臣; cymorth ~ 外 対外援助

tramorwr (-wyr) *m* : **tramorwraig (-agedd)** *f* 外国人

trampolin : trampolîn (trampolinau) *m* トランポリン

tramwy (-on) *m* [機械](旋盤往復台の)横移動

tramwyad (-au) *m* 1.通行, 通過 2.[登山](山腹・岩壁などを)ジグザグに登ること, トラヴァース

tramwyfa (-feydd) *f* 1.(狭い)通路; 抜け道 2.通路, 通り; (特に)大通り, 本道 3.[海事]水路, 水道: T~'r Gogledd-Orllewin 北西航路

tramwyo *t* 1.(人・動物・船などが)横切って行く, 横断(旅行)する, 縦断する 2.(道・線路などが土地などを)横切る, 横断する

tramwywr (-wyr) *m* : **tramwywraig (-agedd)** *f* 旅人, 旅行者[家]; (特に)徒歩旅行者

tranc *m* [法律]死, 死亡

trancedig (-ion) *mf* 故人
a 死亡した, 故[亡]…

trancedigaeth (-au) *f* [法律]死亡

trannoeth *ad* その次の日

transistor (-au) *m* [電工]トランジスタ: radio (*f*) dransistor (radios ~) トランジスタラジオ

trap (-iau) *m* 1.[狩猟](鳥獣などを捕らえる)罠, 落し: ~ llygod ねずみ取り 2.監視所: ~ heddlu (スピード違反などを取り締まる)警察の監視所, 「ねずみ取り」 3.(鳩小屋の)トラップ 4.(二輪の)軽馬車 5.(グレーハウンド競走で)スタート前に犬を入れておく囲い 6.[演劇](舞台の)はねぶた, 上げぶた 7.[鉛管]防臭弁, トラップ: ~ sinc 流しの防臭弁

trapddor (-au) *mf* (屋根・天井・床・舞台などの)跳ねぶた, 揚げぶた, 落し戸

trapesiwm (-ia, -iymau) *m* [幾何]台形

trapio *t* 1.(鳥獣など)を罠で捕らえる 2.(配水管などに)トラップを付ける, 防臭装置を施す 3.[フットボール](球を)トラップする
i 1.罠をかける 2.(米・カナダ)罠猟をする

trapis (trapisau) *m* (曲芸・体操用の)空中ぶらんこ

trapiswr : trapisydd (-wyr) *m* : **trapiswraig (-agedd)** *f* ぶらんこ曲芸師

tras (-au) *f* 血統, 血筋, 家柄

trasicomedi (-ïau) *f* [演劇]悲喜劇

trasiedi (-ïau) *f* 1.[演劇]悲劇 2.悲劇的な事件, 惨事, 惨劇

trasiediol *a* 1.[演劇]悲劇の; 悲劇を演ずる[扱う] 2.悲惨な, 痛ましい

trasiedïwr (-iwyr) *m* 悲劇作家

trasiedydd (-ion) *m* : **trasiedyddes (-au)** *f* [演劇]悲劇役者

trasig *a* = **trasiedïol** 1: gwendid (-au) ~, nam (-au) ~ *m*, ffawt ~/drasig (ffawtiau ~) *mf* [文芸]悲劇的欠点

traul (treuliau) *f* 1.(製作・工事などに支払う)費用, 経費, コスト: heb gyfri'r draul 費用を顧みないで, 金に飽かして 2.[*pl*]支出金, …費: treuliau teithio 旅費 3.(食物・燃料の)消費: ~ cynnud/tanwydd 燃料の消費 4.(人命・時間・労力などの)犠牲, 損失: ar draul eich einioes/bywyd 命を犠牲にして 5.消化(作用), 消化力, こなれ: diffyg (*m*) ~ 不消化, 消化不良 6.摩耗, すり切れ

traw *m* 1.[音声]音調の高さ, ピッチ 2.[音楽]音高, 調子, ピッチ: ~ perffaith 絶対音感

trawiad (-au) *m* 1.(手・剣・斧などで)打つ[突く]こと強打, 殴打, 打撃, 一撃: ar un ~ 一撃で 2.衝撃, 衝突 3.(ペン・筆などの)一筆, 筆法, 筆使い: â thrawiad ysgrifbin 一筆入れて 4.(時計などの)打つ[鳴る]音 5.[ゴルフ・ビリ]打撃, 打法, ストローク: chwarae (*vn*) trawiadau ストロークプレー 6.[クリ・野球]安打, ヒット 7.[ボウ]ストライク 8.落雷: ~ mellten/llucheden 落雷 9.(脳卒中などの)発作, (病気などに)罹ること: cael ~ 卒中を罹る; ~ tes/gwres 熱射病 10.(心臓の)鼓動, 脈拍 11.[医

tawiadol 　565　 **trawsnewidydd**

学]打診(法) 12.[音楽]指揮棒[腕]の動き; (弦楽器の)弓の動き 13.[機械](ピストンの)行程

tawiadol *a* 目立つ, 著しい, 強い印象[深い感動]を与える, 銘感[印象]的な

trawiant *m* 1.[数学]結合 2.[物理・光学]投射, 入射(角) 3.[経済](税などの)負担(範囲)

trawma (-âu) *m* [精医]精神的外傷

trawmatig *a* 1.[病理]外傷(性)の; 精神的外傷を与える 2.(経験など)衝撃的[不快]な

trawol *a* [物理・光学]投射[入射]する

traws *a* 1.横の, 横断する, 斜めの: cyhyr (-au) ~ *m* 横行筋 2.[音楽](笛が)横吹の: ffliwt draws (ffliwtiau ~) *f* 横笛型のフルート

trawsblaniad (-au) *m* 1.[園芸]移植 2.[外科]移植(術) 3.移民

trawsblannu *t* 1.(植物を)移植する 2.[外科](器官・組織などを)移植する 3.移住させる

trawsblannwr (-blanwyr) *m* 移植者

trawsbwytho *t* [服飾](布地の切り端がほつれないように縁を)斜めに糸でかがる

trawsddodi *t* 1.[言語](文字・語句を)入れ換える 2.[数学]移項する

trawsddodiad (-au) *m* 1.[言語]置換; 転換 語句[文] 2.[数学]移項 3.[音楽]移調 4.[病理]転移

trawsenw (-au) *m* [修辞]換喩[転喩]語

trawsenwad *m* [修辞]換喩, 転喩

trawsenwol *a* [修辞]換喩の

trawsfeddiannol *a* 横領[強奪]の

trawsfeddiannu *t* (王座・権力などを)奪う, 横領[強奪]する

trawsfeddiannwr (-ianwyr) *m* 横領[侵害]者

trawsfeddiant (-iannau) *m* (王権・権利などの)強奪, 横領, 侵害

trawsfudiad (-au) *m* 1.移住, 移動 2.(霊魂の)転生, 輪廻 3.[物理](物体の)並進 4.[機械]並進運動

trawsfudo *t* 1.転生させる, 生まれ変わらせる 2.[機械](物体を回転しないように)並進させる *i* 1.移住する 2.(霊魂が)転生する

trawsfudol *a* 1.移住する 2.転生する 3.[物理]並進運動の

trawsfudwr (-wyr) *m* : **trawsfudwraig (-agedd)** *f* 1.移住者 2.転生者

trawsffurf (-iau) *f* 1.[言語]変形[変換]体 2.[数学]変換, 変形体

trawsffurfedd *m* [地質](岩石の)変成(作用)

trawsffurfiad (-au) *m* 1.(外見・性質・環境などの)変化, 変形, 変態 2.(魔力・超自然力による)変形, 変態, 変質, 変容 3.[病理]変態 4.[生物]変態 5.[言語]変形, 変換 6.[数学]変形, 変換 7.[化学・物理]転移, 変換 8.[電気]変圧

trawsffurfiadol *a* 1.変形[変化]させる, 変形力のある 2.[言語]変形規則[部門]を含む

trawsffurfio *t* 1.(外見・様子などを)一変させる, 変形[変容, 変態]させる 2.(性質・機能・用途などを)変える 3.[地質]変成させる *i* 変形[変化, 変態]する

trawsffurfiol *a* 1.= **trawsffurfiadol** 2.変化[変性, 変態]の 3.[地質]変成した

trawsffurfiolwr (-wyr) *m* [言語]変形文法学者

trawsffurfiwr (-wyr) *m* 1.変化させる人 2.[電気]変圧器, トランス

trawsgludadwy *a* [法律]譲渡できる

trawsgludiad (-au) *m* [法律] 1.(不動産の)譲渡 2.譲渡証書

trawsgludiaeth (-au) *f* [法律](罪人の)追放流刑

trawsgludo *t* 1.[法律](財産を)譲渡する 2.[法律](罪人を)追放する, 流刑にする

trawsgludwr : trawsgludydd (-wyr) *m* [法律]不動産譲渡取扱人

trawsgrifiad (-au) *m* 1.写し, コピー 2.転写

trawsgrifio *t* 1.(速記・外国文字などを)普通の字に直す, 転写する 2.[音楽](他の楽器のために曲を)編曲する

trawsgrifwr : trawsgrifydd (-wyr) *m* 1.写字生, 転写する人 2.編曲者

trawsgript (-iau) *m* [法律]謄本

trawsgyweiriad (-au) *m* [音楽]転調, 移調(曲)

trawsgyweirio *t* [音楽](楽曲を)移調[転調]する

trawslath (-au) *f* [建築](屋根の垂木を支える)桁, 母屋

trawslif (-iau) *f* [大工]横挽きのこぎり

trawslifio *t* 1.横切る 2.[大工]横挽きのこぎりで切る

trawslin (-iau) *f* 1.(公園などの)横断道路, 近道 2.横断物 3.[幾何]交軸 4.[解剖]横筋 5.[海事]特設肋骨 *a* 1.横[横断]の 2.[解剖]横の, 横行する: colon (*f*) drawslin (colonau ~) 横行結腸

trawslythreniad (-au) *m* (他国語文字への)書き直し, 字訳, 翻字; 音訳

trawslythrennu *t* 字訳する; 音訳する

trawslythrennwr : trawslythrennydd (-lythrenwyr) *m* 字訳[音訳]者

trawsnewid *t&i* = **trawsffurfio**

trawsnewid (-iadau) : trawsnewidiad (-au) *m* 1.[演劇]早変わりの場面: golygfa (*f*) drawsnewid (golygfeydd ~) 早変わりの場面 2.= **trawsffurfiad** 1, 4

trawsnewidiwr (-wyr) *m* 1.変化させる人 2.[電気]変換器 3.[電算]変換器

trawsnewidydd (-ion, -wyr) *m* 1.[テレ]コンヴァーター 2.[電気]変圧器, トランス 3.[

trawsnodiad 566 **trefnus**

気]変換器: ~ cylchdro 回転変流機

trawsnodiad (-au) *m* [音楽] 移調

trawst (-iau) *m* 1.(秤の)棒 2.[建築] 垂木; 桁, 梁: ~ sydd yn dy lygad dy hun [聖書] 自分の目の中の梁, 自分では気付かない自己の大欠点 (cf *Matt* 7:3) 3.[造船] (船の)横梁

trawstoriad (-au) *m* = **croestoriad**

trawstrefa *f* (季節毎の) 家畜 (特に羊群)の移動

trawstrefol *a* 家畜 [羊群] 移動の

trawstrefwr (-wyr) *m* 家畜 [羊群] の移動を行う人

trawswch (trawsychau) *f* 口髭

trawswisgaeth *f* [心理] 異性装, 服装倒錯

trawswisgo *t* [心理] 異性の服を着る, 異性装する

trawswisgol *a* [心理] 服装倒錯の

trawswisgwr (-wyr) *m* : **trawswisgwraig (-agedd)** *f* [心理] 服装倒錯者

trawsyrru *t* 1.[物理] (電気・力・熱・光・音などを) 伝える, 伝導する 2.[通信] (電波を) 送波する;(電波で信号を) 送る
i [通信] 送信する

trebl (-au) *m* 1.[音楽] 最高音部, ソプラノ;高音部の楽器 2.[ダーツ] 二つの広い輪に囲まれた狭い輪に当てて3倍点を取る投げ 3.[競馬] 同一馬による3レースの優勝
a [音楽] (最) 高音部の: cleff (*m*) y ~ (cleffiau'r ~) ト音 [高音部] 記号

treblu *t* 3倍する
i 3倍になる

trecyn (trecs) *m* 道具, 器具

trech *a* 1.支配的な: nodwedd drech 支配的な要因; 優勢 [圧倒的] な; 主要な 2.[生物] 優性の

trechedd *m* 1.優越 2.支配; 権勢; 優勢 3.[生物] 優性

trechiad (-au) *m* 1.負け, 敗北 2.打破, 勝利

trechu *t* 1.(敵・相手を) 破る, 負かす, 攻略する, 打ち勝つ 2.(計画・希望などを) 挫折させる, 覆す: ~ bwriad 計画を駄目にする

trechwr (-wyr) *m* 勝利 [戦勝, 征服] 者

tref (-i, -ydd) *f* 1.町, 小都会: ~ sirol 州の首都, 州庁所在地; Dolgellau oedd prif dref y sir ドルゲライは以前州庁所在地でした: ~ wledig (trefi gwledig) 田舎町; ~ farchnad (trefi marchnad) 市の立つ町; ~ ddibynnoln (trefi difynnol), cylchdref (-i) *f* 衛星都市;(都市近郊の) 団地 2.首都; (話者の付近の) 主要都市: yn y dref 在京 [上京] する 3.(大学関係者に対し) 市民たち: y coleg a'r dref 一般市民と大学関係の人々, 市民側と大学側

trefedigaeth (-au) *f* 植民地

trefedigol *a* 植民地の; 植民地主義 (者)の

trefedigolaidd *a* 植民地政策の, 植民地主義

(者)の

trefedigoli *t* 植民地化する

trefedigwr (-wyr) *m* 海外移住民;(特に)入植者, 植民地住民

trefgordd (-au) *f* (昔の) 町区, 字

treflan (-nau) *f* 小さな町

trefn (-au) *f* 1.規律正しさ, 几帳面 2.順序: mewn ~ 順序正しく; yn nhrefn yr wyddor ABC順に 3.(社会の) 秩序, 治安:~ a rheol 法と秩序; cadw ~ 秩序を保つ 4.(組織的・体系的) 方法, 方式: y drefn/system fetrig メートル法 5.(政治・経済・社会などの) 制度, 体制, 機構: y drefn ffiwdalaidd 封建制度; y drefn bresennol, y drefn sydd ohoni 現在の体制 6.(出来事の) 連続 7.(自然の) 理法, 道理, 秩序 8.整理, 整頓: mewn ~ 整然と [きちんと] して 9.配列, 配置; 配合, 取り合わせ 10.(花などの) 生け方 11.(事態・機械などの) 状態, 具合, 調子: allan o drefn 調子が狂ってる 12.[数学] 順序; 次数; 位数;(微分方程式の) 階数 13.[議会・会議] 議事進行手続き, 議事規則 (の遵守) : ~ y dydd 議事日程 14.[軍事] 隊形: ~ glòs 密集隊形;(特定の場合に使用される) 軍装, 装備: arfau mewn ~! [号令] 立て銃!(銃を体の右側に立てること) 15.宗教的儀式 16.dweud y drefn 叱る

trefnedig *a* 組織 [分類] された; 整然と [きちんと] した; 規律正しい

trefneg *f* 1.方法論, 方法学 2.[論理・教育] 方法論

trefnegol *a* 方法学の, 方法論的な

trefnegwr : trefnegydd (-wyr) *m* 方法学者, 方法論者

trefniad (-au) *m* 1.整理, 整頓 2.配列; 配合 3.(花などの) 生け方: ~ blodau 生け花 4.準備, 用意 5.[電算] (データの) 並べ替え, 整列, ソート

trefniadaeth *f* 1.組織, 編成, 構成 2.[議会] 議会議事手続き

trefniadol *a* 1.手順 [手続上] の 2.組織 (体)の; 組織化した

trefniant (-nnau) *m* 1.配列 2.組織, 編成, 構成 3.[音楽] 編曲 (した曲)

trefnol *a* [数学・文法] 順序を示す, 序数の: rhif (-au) ~ *m* 序数

trefnoliad *m* 組織, 編成, 構成

trefnolyn (-olion) *m* 序数

trefnu *t* 1.(書類・郵便物などを) 整理 [分類, 区分] する: ~ papurau 書類を部分けする 2.順番に配列する 3.(団体などを) 組織する (企画・催しなどを) 計画 [準備] する 4.(会社などを) 設立する 5.方式化する 6.取り決める, 協定する: ~ priodas 縁談をまとめる 7.(労働者を) 労働組合に加入させる 8.(神・運命などが) 定める

trefnus *a* 1.秩序立った, 組織的 [系統的] な

trefnusrwydd 567 **tresbas**

2. (人・行動が) 規律正しい, 几帳面な, 整然とした: dyn ~ 几帳面な人 3.整頓のいい 4.従順な, 行儀のよい

trefnusrwydd *m* 1.規律, 統制 2.几帳面さ 3.整頓のよさ

trefnwr (-wyr) : **trefnydd (-ion)** *m* : **trefnwraig (-agedd)** *f* 1.分類する人, 選別者 2. (郵便物の) 選別係 3.生け花をする人 4. [音楽] 編曲者 5.手配師 6.組織者 7. (会社などの) 創立者 8. (興行などの) 主催者 9. (労働組合などの) オルグ, 組織員 10. [金融] 斡旋人

Trefnydd (-ion) *m* [キ教] メソジスト教徒

trefnyddiaeth *f* = **trefniadaeth**

trefol *a* 町 [都会, 都市] の; 都会化した: 都市特有の: car (ceir) (*m*) ~ タウンカー; blerdwf ~ *m* 都市スプロール現象; Clirffordd Drefol *f* [公告] 都市の駐停車禁止道路

trefolaeth *f* 都市生活

trefoledig *a* 都会化した

trefoli *t* 都会化する, 都会風にする

trefoliad *m* 都会化

trefolydd (-ion, -wyr) *m* 都市計画専門家

trefolyddol *a* 都市生活 [都市内] の

treftadaeth (-au) *f* 1. [法律] 相続 2.遺産, 世襲財産, 家督 3.教会基本財産: T~ Sant Pedr (かつてのイタリアの) 教皇領

treftadol *a* 先祖伝来の, 世襲の

trefwr (-wyr) *m* 都会人, 都市居住者

trengholiad (-au) *m* 1. (検死陪審立会で検死官による) 検死 2. (陪審による) 査問 3. [集合的] 検死陪審員

trengi *i* (人が) 死ぬ

treial (-on) *m* 1. [法律] 裁判, 審理: ~ gan reithdyr 陪審裁判 2.試練, 災難, 苦労

treiddgar *a* 1. (声などが) よく通る, 甲高い, つんざくような: cri dreiddgar 耳をつんざくような叫び声 2.洞察力 [見識] のある, 鋭い 3.眼力の鋭い, 鋭敏な: edrychiad ~ 刺すような目付き 4.浸透 [貫通] する 5. (寒さ・風など) 身にしみる, 突き刺すような

treiddgarwch *m* 洞察力, 眼識; 明敏

treiddiad *m* 浸透, 貫通

treiddio *t* 1. (液体などが) 浸透する (弾丸などが) 貫通する, 突き通す 3. (目・光・声などが) 見通す, 通す, 通る 4. (人の心・真相などを) 見抜く, 悟る, 理解する: ~ i ddilgolwch 秘密を見抜く 5. (思想などが) 浸透する

treiddiol *a* = **treiddgar**

treiddiwr (-wyr) *m* 1.入り込む人 2.侵攻者 3.洞察 [看破] 者

treiglad (-au) *m* [文法] (ケルト語における語結合の) 語頭子音変化, 変異: ~ meddal 軟音化変異; ~ trwynol 鼻音化変異; ~ llaes 帯気音化変異

treigladol *a* [文法] (ケルト語の) 語頭子音変化の

treiglo *t* 1. (樽・ビー玉などを) 転がす, 転がして行く 2. [文法] 語頭子音を変化させる
i 1. (球などが) 転がる 2. [文法] (ケルト語の) 語頭子音が変化する

treillio *t* (魚を) トロール網で捕る; (魚を) 流し釣する, 引き釣する
i トロール漁業をする; (魚を) 流し釣する

treill-long (-au) *f* トロール船; 引き縄 [流し釣] 漁船

treilliwr (-wyr) *m* トロール漁業者; 引き縄漁業者

treillrwyd (-au, -i) *f* トロール [底引き] 網

treinsiwr (-s, -wyr) *m* (四角または丸い) 木皿

treio *i* 1. (潮が) 引く: ~ a llenwi (潮が) 満ち干する 2. (力などが) 弱くなる, 減る, 引いていく

treiol *a* 1. (大きさ・力・強さ・数などの) 漸次的下降の 2.引き潮の

treip *m* 1. [料理] (食用) 牛の胃 2.たわごと, (文芸の) 駄作

treisgar *a* 1. (攻撃など) 激しい, 猛烈 [激烈] な 2. (人が) 乱暴 [暴力的] な

treisgarwch *m* (国の) 攻撃 [侵略] 性

treisgyrch (-oedd) *m* (正当な理由のない) 攻撃, 侵略

treisgyrchwr (-wyr) *m* 攻撃 [侵略] 者

treisiad (-iaid, -iedi) *f* (3歳未満でまだ子を産まない) 若雌牛

treisicl : **treisigl (-au)** *m* 三輪 (自転) 車; オート三輪

treisiedig *a* 強姦された

treisiglo *i* 三輪車 [オート三輪] に乗る

treisio *t* 1. (法律・権利・約束などを) 犯す, 破る: ~ hawliau 権利を犯す 2. (静寂・プライヴァシーなどを) 乱す, 侵害する 3.強姦する: ~ gwraig 女性を強姦する 4.神聖を汚す

treisiol *a* (攻撃など) 激しい, 猛烈な

treisiwr (-wyr) *m* 1.強姦者 [犯人] 2.侵略者

trem (-iau, -ion) *f* 1.一目, 一見 2.凝視, 注視 3.調べること: ~ ar ddigwyddiadau'r dydd 最新の事件を調べること 4.観測

tremio *i* 見つめる, 凝視する

trên (trenau) *m* [鉄道] 列車: ~ teithwyr 旅客列車; teithio/mynd ar y ~ 列車で旅行する

trennydd *m* 明後日

tres (-au, -i) *f* 1. (女性の) 編んだ一房の髪 2. [*pl*] (女性の束ねてない) 房々した長髪 3. [馬具] 引き革 [綱, 鎖]: rhwng y tresi, yn y tresi 引き革に繋がれて 4. [植物] 茎から葉および枝に分かれてゆく維管束

tresbas (-au, -ion) : **tresbasiad (-au)** *m* 1. [法律] (領土・他人の土地などへの) 不法侵入, 侵略; (他人の権利に対する) 侵害 2.侵略 [浸食, 浸水] 地

tresbasu : tresmasu *i* 1.(他人の土地に) 不法侵入する: ~ ar dir rhn 人の所有地に不法侵入する;(人の権利を) 侵害する: ~ ar hawliau rhn 人の権利を侵害する 2.(海水などが陸などを) 浸食する: mae'r môr yn ~ ar y tir 海が陸を浸食している

tresbaswr : tresbasydd (-wyr) *m* [法律] 不法侵入 [侵害] 者: erlynir tresbaswyr/tresmaswyr [掲示] 無断侵入者は告発されます

tresglen (-glod) *f* [鳥類] ツグミ

tresmas (-au, -ion) : tresmasiad (-au) *m* = tresbas, tresbasiad

tresmaswr : tresmasydd (-wyr) *m* = tresbaswr : tresbaydd

trestl (-au) *m* 1.(二つ並べて板を載せテーブルなどにする) 架台, うま 2.[土木](橋・足場などの) 構脚, トレスル: pont (*f*) drestl (pontydd ~) 構脚橋

treth (-i) *f* 1.料金, 値段 2.税, 税金, 租税, 課税, 徴税: ~ ar werth, ~ adwerth 付加価値税; di-dreth a 非課税 [免税] の; 地方税: trethi lleol a (trethi) gwladol 地方税と国税 3.重荷, 負担

trethadwy *a* (商品など) 課税すべき, 課税できる

trethadwyedd *m* 課税の可能性

trethdalwr (-wyr) *m* : **trethdalwraig (-agedd)** *f* 納税者; 地方税納付者

trethedig *a* 1.課税される 2.重荷を負わされる

trethiad : trethiant (-nnau) *m* = treth

trethiannol *a* 課税すべき

trethu *t* 1.(人・物品に) 課税する 2.地方税を課する 3.重荷 [負担] を負わせる: ~ amynedd rhn 人に我慢させる

trethwaith (-weithiau) *m* 狭間飾り, トレーサリー (ゴシック式窓上方などの装飾的骨組)

trethwr (-wyr) *m* 税金徴収者

treulfwyd *m* [生理] 糜粥, 粥状液, キームス

treuliad (-au) *m* 消化 (作用)

treuliadwy *a* (食物・電気・時間などを) 消化 [消費, 消耗] できる

treuliadol *a* 消化の, 消化を助ける: suddion/sugion treulio 消化液

treuliant *m* 1.消費 2.[地質] 浸食, 削剥

treulio *t* 1.(食物を) 消化する 2.(意味などを) よく理解する 3.(金を) 使う, 費やす 4.(時を) 過ごす 5.(衣類などを) すり減らす, 摩滅させる, 使い古す: ~'ch sodlau 靴のかかとをすり減らす 6.(摩滅などさせて穴などを) 作る, 掘る *i* 1.すり切れる [減る], 摩滅する 2.(苦痛・印象など) 次第に弱まる [消える]

treuliol *a* = treuliadol

treuliwr (-wyr) *m* (食物の) 消化剤

trewlwch *m* 嗅ぎたばこ

tri (-oedd) *m* 1.(基数の) 3; 3の記号 2.三つ,

3個; 3歳; 3時; 3ポンド [ドル, ペンス (など)] 3.3人 [個] 一組, 3人組, 三つ組, 3人関係: ni'n ~/tair, ni ill ~/tail, y ~/tail ohonom 私たち3人; y T~ yn Un [神学] 三位一体 4.(中世ケルト文学の) 三題詩: Trioedd Ynys Prydain グレートブリテン島の三題詩 5.[音楽] 三和音 6.[化学] 三価元素 7.[トラ] 3の札 8.[賽子] 3の目 *a* (*f* **tair**) 3 [個, 人] の: ~ dyn, ~ o ddynion 3人の男たち; ~ cheffyl 3頭の馬; tair geneth 3人の少女たち 2.3歳で

triagl *m* 1.糖蜜 2.香油: onid oes driagl yn Gilead? [聖書] ギレアデには香油がないのですか? (cf *Jer* 8:22)

triaglaidd : triaglog *a* 1.糖蜜の (ような) 2.(言葉・笑いなど) 甘ったるい, 取り入るような

triaidd *a* 1.三つから成る, 三つ組の 2.第3位の 3.[数学] 3進 [3元] の

triaidd (-au) *m* 1.三倍の数 [量] 2.三人組, 三つ組, 三つ揃い 3.[音楽] 三重奏 [唱] 団 4.[ゴルフ] スリーサム 5.[野球] 三塁打 6.[ボウ] ターキー 7.[スポ] 三連続試合 8.三人競技

triban (-nau) *m* [韻律] 三行連句

tribiwnlys (-oedd) *m* 裁判所, 法定

tric (-iau) *m* 1.(悪意のない) いたずら, 冗談 2.(悪い) 冗談, 悪ふざけ, いたずら 3.(ずるい) 企み, 策略, ぺてん, ごまかし 4.迷い, 錯覚 5.(物事・商売などを上手にする) やり方, こつ, 要領, 秘訣: triciau'r grefft 商売のこつ 6.(態度・言葉などの変わった) 癖, 特徴 7.[トラ] [ブリッジなどの] 1回, 一巡; 場に出される札: ennill ~ その回に勝つ, 場札を取る

tridaint *a* 1.三叉の 2.三地点に関する

tridant (-daint) *m* 1.三叉のやす [武器] 2.[ギリシャ・ローマ神話] 三叉の矛 [槍] *a* 三叉の

tridiau *pl* 3日

triduwiad (-iaid) *mf* [神学] 三神論者

triduwiaeth *f* [神学] 三神論, 三位異体論

triduwiaethol *a* [神学] 三神論の

trigain (-geiniau) *m* 1.60 (個, 人, 年, 歳, ポンド, ドル, ペンス (など)) 2.(基数の) 60; 60の記号 3.[*pl*] 60代 [年代, 歳台]: mae hi yn ei thrigeiniau 彼女は60歳台です *a* 60 (個, 人) の: ~ dafad, ~ ddefaid 60匹の羊; ~ mlynedd 60年 2.60歳で

trigfa (-fâu, -feydd, -on) : trigfan (-nau) *f* 住居, 住宅;(特に) 大邸宅

trigiannol *a* 1.居住する, 在住の 2.住宅 (向き) の 3.(ホテルなど) 長期滞在客向きの

trigiannu *i* 住む, 居住する

trigiannydd (triganyddion, -ianwyr) *m* 住人, 居住 [在住] 者

trigo *i* 1.(家に) 住む, 居住する 2.(動物が) 死ぬ

trigolyn (-olion) *m* 住人, 住民, 居住者

trigonometreg *f* [数学] 三角法

trihedrol *a* [幾何] 三面 (体)の

trim (-iau, -s) : trimiad (-au) *m* 1.調髪 2.[自動車] (車内の) 内装; (車体の) 外装: ~ olwyn (trimiau olwynion) ホイールトリム

trimio *t* 1.[洋裁] (服などをリボンなどで) 装飾する 2.[理髪] 調髪 [整髪] する 3.[海事] (積荷の配置によって船の) 釣合をよくする

trimis *m* 三ヶ月

trin *t* 1.(人を) 待遇する, 取扱う: un anodd i'w drin yw ef 彼は扱いにくい人だ; ~ rhn yn dda 人を優遇する; mae fy nhad yn dal i'm ~ i fel plentyn 父は私をまだ子供扱いします 2.(事務などを) 行う, 処理する, 取扱う 3.(問題などを) 論じる, 述べる, 扱う 4.(文学・美術などで主題を) 扱う, 表現する 5.(取引などを) 行う 6.(道具などを) 使う, 操縦する: sut i drin gwn 銃の扱い方 7.(病人・病気などを) 治療 [手当] する: ~ claf 患者を治療する 8.(頭髪を) 整える, 手入れする: ~ gwallt rhn 人の頭髪を整える 9.[料理] (魚・肉などの料理の) 下準備をする; (鳥獣などを) 食肉として市場向けに整える 10.(織物・皮革・石材などの) 表面の仕上げをする: ~ brethyn 布の表面の仕上げをする 11.[医学] (傷に) 手当 [包帯] をする: ~ anaf/briw 傷に手当をする 12.(土地を) 耕す, 耕作する

trindod (-au) *f* 1.三部から成るもの, 三つ組, 三つ揃い 2.[神学] 三位一体: Coleg (*m*) y Drindod オックスフォード大学の学寮の一つ (1555年創立), ケンブリッジ大学の学寮の一つ (1546年創立), ダブリンにあるアイルランド最古の大学 (1591年創立); tymor (*m*) y Drindod [英・大学] 夏 [第三] 学期 (4月中旬から6月末まで): [参考: 10月からクリスマスまでを秋学期 (Michaelmas term), それ以後復活祭までを春学期 (Lent term) と呼ぶ] 3.三位一体の祝日 4.bwa'r drindod 虹

tringar *a* (事態など) 慎重な取扱いを要する, 扱いにくい

triniadwy *a* 治療可能な

triniaeth (-au) *f* 1.(人などに対する) 待遇, 取扱い 2.(物の) 処理 3.(問題の) 論じ [扱い] 方 4.治療 (法), 手当

triniwr (-wyr) : trinydd (-ion) *m* : **trinwraig (-agedd)** *f* 1.取扱う [処理する] 人 2.操縦者 3.処理器 4.交渉する人 5.故買者 6.[ボク] トレーナー, セコンド

triod (-au) *m* [電工] 三極真空管

triodaidd *a* [電工] (真空管が) 三極の

triog *m* = **triagl**

triol *a* [物理] 三元の: ymholltiad (-au) ~ *m* 三元核分裂

triongl (-au) *m* 1.[数学] 三角形: ~ anhafalochrog 不等辺三角形; ~ grymoedd [機械] 力の三角形; ~ y llafariaid [音声] 母音三角形; y ~ tragwyddol (恋愛・男女の) 三角関係 2.[音楽] トライアングル 3.[天文] [T~] 三角座

triongli *t* [測量] 三角測量をする

triongliant (-nnau) *m* [測量] 三角測量

trionglog *a* 1.三角形の 2.[動物] 三角模様のある

trip (-iau) *m* 1.(通例陸上の比較的長い) 旅行 2.[機械] 引き外し装置

tripio *t* [機械] (機械の止め具を) 外す *i* つまずく, よろける

tripled (-au, -i) *mf* [通例 *pl*] 三つ子

triphlyg *a* 1.3部分から成る, 三重の: naid driphlyg (neidiau ~) *f* [陸競] 三段跳び 2.(同一文書が) 3通作成の 3.3倍の 4.[音楽] 三拍子の 5.[国際] 三者間の

triphwys *m* 3ポンド (重量)

trist (-ion) *a* 1.(人が) 悲しむ, 悲嘆に暮れる 2.(表情・言葉など) 悲しそうな, 憂いを帯びた 3.(知らせなど人を) 悲しませる, 悲しむべき: newydd ~ *m* 悲しい知らせ, 悲報

tristaidd : tristlyd *a* やや悲しい, 悲しげな

tristáu *t* (人を) 悲しませる *i* 悲しむ, 悲しくなる

tristwch : tristyd *m* 悲しみ, 悲哀, 悲嘆

triw *a* 忠実 [誠実] な: cyfaill ~ 誠実な友人

triwant (-iaid) *m* 1.[教育] (学校の) 無断欠席者, ずる休みする生徒 [学生]: chwarae ~ 学校を無断で休む [ずる休みする, さぼる] 2.怠け者

triwantiaeth *m* 1.[教育] (学生の) 無断欠席, ずる休み 2.怠け

tro (-adau, -eon) *m* 1.[頻度を表し, 通例副詞句をなして] 回, 度: y ~ cyntaf 最初; sawl ~ 何度も, たびたび; un ~ 昔々; tri thro i Gymro 三度目の正直 2.(車輪などの) 回転 3.(進路・方向・姿勢などの) 転換, 転回, 反転, 逆転: ~ pedol (自動車などの) Uターン; dim ~ i'r dde [chwith] [掲示] 右 [左] 折禁止; cic-dro (-eon) *m* [スキー] キックターン; ~ y llanw 潮の変わり目; 形勢の一変 4.(川・道路などの) くねり, 曲がり (目, 角); 湾曲部: bob ~ 曲がり目毎に, 至る所に [で] 5.(ロープ・蛇などの) (とぐろ) 巻き 6.短い散歩: mynd am dro yn yr ardd 庭をちょっと散歩する 7.(自動車・馬車・船などの) 一走り, ドライヴ: mynd am dro 一走り [ドライヴ] する 8.順番: dy dro di yw hi 君の番だ 9.行い, 行為, 仕打ち 10.性質, 性向 11.形, 格好 12.(特別な) 目的, 必要: fe wnaiff y ~ i mi それは私に役立つだろう 13.(情勢・事態・人などの) 変化, 転換, (新しい) 展開: ~ trasig ar fyd 事態の悲劇的な展開; 成行き: daeth ~ trychynebus ar bethau 事の成行きは悲劇的であった 14.[宗教] 転向, 改宗 15.[クリ] (球の) ひねり, カーヴ

troad (-au) *m* 1.[修辞] 修辞的な表現法 2.言葉

troadwy 570 **trofan**

の綾, 比喩的表現 3.誇張, 嘘 4.布の折返し [縫い代] 5.(土の) 掘り起こし 6.= tro 2, 3, 4, 5, 7, 11, 15

troadwy *a* 回転できる

trobwll (-byllau) *m* 1.渦, 渦巻 2.混乱, 喧噪

trobwynt (-iau) *m* 1.方向転換の地点 2.転機, 転換期, 変わり目;(運命・病気などの) 峠, 危機

trochfa (-feydd) *f* 1.(ひょいと) 水に浸かる [潜る] こと, ずぶ濡れ 2.(川・海・プールなどでの) 水浴

trochi *t* 1.(人などを水中に) ちょっと沈める 2.(人を) 入浴させる 3.(手・衣服などを水などに) 浸す, 沈める, 浸ける 4.(何かをすくい取ろうとして手・柄杓などをポケット・容器などの中へ) 入れる; すくい [汲み] 出す 5.(物の表面を) 汚す 6.(羊を) 洗羊液に浸して洗う
i (液体の中に) ちょっと浸る, 潜る

trochiad (-au) *m* 1.液体に浸す [浸かる] こと 2.(川・海・プールなどでの) 一浴び, 水浴: mynd am ~ ちょっと浴びる 3.[キ教] 洗礼: bedydd ~, bedydd trwy drochiad 浸水洗礼

trochion *pl* (洗濯] (石鹸の) 泡: sefydlogydd *(m)* ~ 泡安定剤

torchioni *i* 1.(海などが) 泡立つ 2.(水などが) 泡立って流れる

trochionog *a* 泡立つ, 泡だらけの

trochwr (-wyr) : trochydd (-ion) *m* 1.(水などに) 浸す人 2.[鳥類] 水中に潜る鳥 (カワガラスなど)

troed (traed) *mf* 1.(人の) 足: deudroed, dwydroed 二本の足; pelen *(f)* y droed 足の親指の付根の膨らみ, ~ fflat [病理] 扁平足; ar eich deudroed 歩いて, 徒歩で 2.(動物の) 足;(軟体動物などの) 足部 traed blaen (四足獣の) 前足 3.(靴下の) 足の入る部分 4.(寝台・家具・スツールなどの) 裾足部, 脚 5.(柱・樹木などの) 底部, 基部, 土台, 底 6.(ページの) 下部, 脚部 7.[印刷] (活字の) 足 8.(大鎌・金槌・フォークなどの) 柄, 取っ手 9.(山などの) 麓, 裾: ~ mynydd 山の麓 10.[軍事] 歩兵: milwyr ~ 歩兵

troedfainc (-feinciau) *f* (坐っている時用いる) 足台, 足載せ台

troedfedd (-i) *f* [度衡] フィート (長さの単位)

troedffordd (-ffyrdd) *f* (野原などの歩行者用) 小道

troediad (-au) *m* 1.歩くこと, 歩み; 歩きぶり: ~ trwm 重い足取り 2.足音

tröedig (troedigion) *mf* 改宗 [転向] 者

tröedig *a* [宗教] 改宗 [転向] した

troedigaeth (-au) *f* 改宗, 転向

troedio *t* 1.(道など) てくてく [とぼとぼ] 歩く 2.(靴下に) 新しい足部を付ける
i 歩く, てくてく [とぼとぼ] 歩く, 行く: ~'n ysgafn (嬉しくて) 有頂天になる

troediwr (-wyr) *m* てくてく [とぼとぼ] 歩く人, 歩行者

troedlath (-au) *f* 1.足台, 踏板 2.(ミシン・自転車などの) ペダル 3.(寝台などの) 足板 4.(自動車・電車などの) 乗降用踏み段, ステップ 5.(御者の) 足掛け板

troedlathwr (-wyr) *m* ペダルを操作する人

troedle (-oedd) *m* 1.(岩場などの) 足掛り, 足場: cael ~ 足場を得る 2.立脚地, 確固たる地歩

troednodyn (-nodiadau, -nodion) *m* (ページ下欄の) 脚註

troednoeth *a* 裸足 [素足] の

troedwst *m* [病理] (足の) 痛風

troell (-au) : troellen (-nau, -ni) *f* 1.車輪 2.糸車, 紡ぎ車 3.(煙などの) 渦巻 4.(指紋の) 渦巻 5.[動物] (巻貝の) 渦巻, 一巻;(哺乳動物の耳の蝸牛殻の) 渦巻 6.渦線, 螺状線 7.[音楽] ターン, 回音

troelli *t* 1.(杖・バトンなどを) くるくる回す, 振り回す 2.(独楽などを) 回す, 回転させる: ~ top 独楽を回す; ~'r bêl ボールに回転を与える 3.(口髭・髪などを) いじり [ひねり] 回す 4.(風などが枯葉などを) 渦を巻いて持って行く 5.[スポ] (野球などでボールを) ひねる, カーヴを投げる
i 1.(独楽などが) 回る, ぐるぐる [くるくる] 回る, 旋回する 2.渦を巻く 3.渦巻形に進む 4.(煙が) 螺旋状に上がる 5.(蔓・ロープなどが) よじれる, ねじれる 6.(道路・川などが) 曲がりくねる 7.(車輪が) 空転 [スピン] する 8.ディスクジョッキーをする 9.[航空] 錐揉み降下する

troelliad (-au) *m* 1.回転 2.[航空] スピン,錐揉み降下: ~ gwastad 水平錐揉み

troellog *a* 1.回転する, 渦巻く 2.(小道・川などが) 曲がりくねる 3.(階段が) 螺旋状の: grisiau ~ 螺旋階段 4.渦巻 [螺旋] 形の: rhwymiad (-au) ~ *m* [製本] 螺旋綴じ

troellogrwydd *m* (道路などの) 曲がり, ねじれ

troell-sychu *t* (洗濯物を) 遠心脱水する

troellwr (-wyr) *m* [ラジオ・テレ] ディスクジョッキー

troellwynt (-oedd) *m* 旋風, つむじ風

troeth *m* 尿, 小便

troethfa (-fâu, -feydd) *f* : **troethle (-oedd)** *m* (公園などの) 小便所;(特に男性用) 小便器

troethi *i* 排尿する, 小便をする

troethiad (-au) *m* 排尿 (作用)

troethlestr (-i) *m* [医学] (病室の) 尿瓶

troethol *a* 1.尿の 2.泌尿器の

trofa (-fâu, -feydd) *f* (道・川などの) 曲がり, 屈曲, 湾曲 (部), カーヴ: dilyn ~ カーヴを曲がる

trofan (-nau) *m* 1.[地理] 回帰線: T~ Capricorn 北回帰線, 夏至線; T~ yr Afr 南回帰線, 冬至線 2.[pl] 熱帯地方 3.[天文]

trofannol（天の）回帰線

trofannol *a* 1.熱帯（地方）の 2.熱帯的な, 酷暑の 3.回帰線の

trofanoli *t* 熱帯地方風にする

trofwrdd (-fyrddau) *m* 1.［鉄道］転車台 2.［自動車］回転台 3.（レコードプレーヤーの）回転盤, ターンテーブル

trogen (trogod) *f*［動物］ダニ

trogylch (-oedd) *m*［自動車］環状［円形］交差路, ロータリー

troi *t* 1.（鍵・ねじ・車輪・独楽などを）回す, 回転させる: ~ top 独楽を回す; ~ allwedd mewn clo 鍵を錠に入れて回す; ~'r gyllell yn y briw 傷に塩を塗る, 嫌なことに追い打ちをかける 2.（天体・人工衛星などが…の回りを）軌道に乗って回る 3.（人工衛星などを）軌道に乗せる 4.（器具の）調整用つまみを回して…にする: ~ golau yn is, ~ golau i lawr 明かりを弱める 5.（ページを）めくる: ~ dalen/tudalen ページをめくる 6.ひっくり返す, 転覆させる, 逆さ［裏返し, あべこべ］にする: ~ car drosodd 車をひっくり返す; ~ popeth â'i wyneb i waered 何もかもひっくり返す; ~ dilledyn o chwith 衣服を裏返しにする 7.（衣服を）裏返して仕立て直す 8.（視線・顔・背などを人などの方へ）向ける: ~ cefn ar rn（怒り・軽蔑で）人に背を向ける［を無視する］; ~'r rudd arall［聖書］（攻撃されても）報復しない, 甘んじている (cf *Matt* 5:39) 9.（話題・注意などを…に）向ける: ~ から）逸らす, 引き離す 10.（目的・用途に）向ける 11.（問題などを）思い巡らす, 思案［熟考する］ 12.（胃を）むかつかせる,（胃腸を）こわす: mae myau'n ~ arnaf i 卵は私の胸を悪くする; ~ ar stumog 胃をむかつかせる 13.（打撃・弾丸などを）逸らす: ~ ergyd heibio 打撃をかわす 14.（…の方向に）変える,（ある方向へ）向かわせる: ~'ch traed 足を向ける 15.（角などを）回る, 曲がる: ~ cornel 角を回る 16.（年齢・時・額などを）越す, 過ぎる: mae wedi ~'r deugain 彼は40になった 17.（性質・形状などを）変える, 変形させる: ~ dŵr yn wyn 水をぶどう酒に変える 18.（人・物を）…にする: ~ llaeth 牛乳を酸っぱくする 19.（編物に）丸みを付ける, 丸く編む: ~ sawdl 丸く編む 20.変える, 転換させる: ~ syniadau yn weithredoedd アイディアを行動に移す 21.（土地を）鋤く, 鋤き返す, 耕す: tir newydd ei droi 鋤き返された土; ~'r tywod 無駄骨を折る 22.［宗教］改宗させる

i 1.回る, 回転する 2.向きを変える; 寝返りを打つ: ~ a throsi 寝返りを打つ 3.（性質・外観などが）変わる, 変化する: ~'n sosialydd 社会主義者になる; ~ ar eich sawdl, ~'n sydyn 短くなる 4.（顔・目が）向く; 振り向く; 顔を背ける 5.（ある方向へ）向かう 6.（考え・注意などが）向かう 7.（助力などを）頼る: ~ at rn 人に頼る 8.（潮・風などが）変わる: mae'r llanw'n ~ 潮

が変わっている 9.（運・形勢などが）一変［一転］する 10.敵対［反抗］する 11.（容器をひっくり返して中味が）こぼれる, 散乱する 12.（ボート・車などが）ひっくり返る, 転覆する

trol (-iau) *f* 1.（馬・ロバなどが引く二輪または四輪の）荷車: rhoi'r drol o flaen y ceffyl 前後を誤る, 本末を転倒する 2.（一頭立て二輪の）軽装馬車 3.手押し車

trolaid (-eidiau) *m* 1.荷馬車一台分（の荷物） 2.大量

troli (-ïau) *m* 1.手押し車 2.（料理などを運ぶ）ワゴン, 手押し車 3.［鉄道］トロリー, トロリー: polyn (polion)（*m*）～（電車の屋根の上に立っている）触輪棒, トロリーポール: les（*f*）～ トロリーレース（太糸で模様の輪郭を取った英国製のボビンレース）

trolian : trolo *t* = **rholian, rholio**

trolibws (-bysiau) *m* トロリーバス, 無軌道電車

trolif (-au) *m*（水・煙などの）渦巻

troliwr (-wyr) *m* 荷（馬）車屋

trombôn (-bonau) *m*［音楽］トロンボーン（金管楽器）

trombonydd (-wyr) *m*［音楽］トロンボーン吹奏者

trondol : trontol (-au, -ion) *f*（カップ・水差し・ドア・手桶などの）取っ手, 柄

trôns (tronsiau, tronsys) *m*（男性用）ズボン下

tropedd (-au) *m*［生物］向性, 屈動性

troposffer (-au) *m*［気象］対流圏

troposfferig *a*［気象］対流圏の

tros *prep* 1.（離れた真上の位置）…の上方に［の］, …の頭上［真上］に［の］: y bont ~ yr afon 川に掛けてある橋 2.（接触した位置）…の上を覆って: taenu lliain ~ rth 布を物の上に掛ける 3.（場所）一面に, …の全部を, …の隅々まで: ~ Gymru i gyd ウェールズ中いたる所に 4.（海・川・境界・通りなどの）向こう側に［の］: ~ y ffin 境界の向こうに 5.［数量・程度］…を越えて, …より多く: ~ ganpunt 100ポンド以上の 6.［時期］…中, …の間, …の終りまで 7.［代理・代用・代表］…の代わりに［に代わって］; …を代表して 8.［利益・影響］…のために

trosadwy *a* 1.変えられる, 改造［改装］できる 2.［自動車］幌が畳み込める, コンヴァーティブル型の

trosaidd *a* 1.［数学］推移的な 2.［論理］推移［移項］的な

trosben (-nau) *m*［体操］宙返り

trosbennu *i*［体操］宙返りする

trosbwytho *t*（二枚の布などを）縫い［継ぎ］合わせる

trosedd (-au) *mf* 1.違反, 反則: ~ yn erbyn y gyfraith 法律違反 2.犯罪: ymchwydd（*m*）

troseddau 犯罪の波(犯罪数の急増現象)
3.(宗教・道徳上の)罪: ~ annaturiol[法律]
自然に反する罪(獣姦など不自然な性行為)

troseddeg *f* 犯罪学

troseddegol *a* 犯罪学の

troseddegwr : troseddegydd (-wyr) *m*
犯罪学者

troseddol *a* 1.犯罪の 2.犯罪的な 3.非行の
4.違反しやすい, 犯しがちな

troseddu *t* (法律・規則などを)破る, 犯す
i 1.罪を犯す 2.(礼儀などに)背く

troseddwr (-wyr) *m* : **troseddwraig
(-agedd)** *f* [法律] 1.犯罪者, 犯人: ~
cyson/gwastadol 常習犯 2.違反[反則]者

trosffordd (-ffyrdd) *f* (立体交差の)高架道
路, 歩道橋; 跨線橋

trosgais (-geisiau) *m* [ラグ]トライ後のゴール
キックが成功すること

trosglwyddadwy *a* 1.[法律]譲渡できる 2.移
すことが[伝達]できる

trosglwyddiad (-au) *m* 1.移転, 移動; 転任
2.[法律](不動産・権利などの)譲渡(証書)
3.[法律]譲渡証書作成 4.[金融]為替, 振替
5.[証券]名義書換え 6.[精分]転移 7.[フボ]
(選手の)移籍[トレード]

trosglwyddo *t* 1.移す, 動かす, 運ぶ, 渡す; 転
任[転校]させる 2.(慣習・伝統などを)伝える
3.(品物などを)送る, 渡す 4.(病気などが)媒介
する, 伝染させる 5.(音・熱・電気・光などを)
伝える, 伝導する 6.[銀行](預金などを)移す
7.[法律](財産・権利などを)譲渡する 8.[通信]
(電波を)送波する; (電波で信号を)送る; 放送
する 9.[医学]輸血する 10.[フボ](選手を)移
籍させる

trosglwyddwr (-wyr) *m* [医学](感染の)伝
播者

trosglwyddydd (-ion) *m* 1.[電話]送話器
2.[通信]送信機

trosgyfeiriad (-au) *m* 1.純化, 理想化 2.[心
理]昇華

trosgyfeirio *t* 1.純化[理想化]する 2.[心理]
昇華する

trosgynnol *a* [ス哲]超越的な; [カ哲]経験を
超越した

trosgynoliaeth *f* [哲学](カントの)先験哲学;
(エマソンの)超絶論

trosgynolwr : trosgynolydd (-wyr) *m* [哲
学]先験論者; 超絶主義者

trosi *t* 1.(他の言語に)翻訳する 2.(物・形を)
変える; 改造[改装]する 3.(速記・外国文字
などを)普通の字に直す, 他の文字・発音記号
などに書き換える, 転写する 4.[生物]翻訳[転
写]する 5.[ラグ](トライ後)コンヴァート[追加
得点]する

trosiad (-au) *m* 1.翻訳 2.翻訳物 3.調節, 調
整 4.(速記・外国文字などの)転写 5.[音声]

抑揚 6.[修辞]隠喩, 暗喩, メタファー 7.[音
楽]転調 8.[生物]翻訳 9.[ラグ]トライ後キック
により2点追加得点すること

trosiadol *a* 1.[言語]翻訳(上)の 2.隠喩の;
比喩的な 3.[生物](遺伝情報の)転写に関す
る, 翻訳の

trosiadur (-on) *m* [電工]変調器

trosiant (-nnau) *m* 1.[商業](資金などの)回
転(率); (一定期間の)取引高 2.(労働者の)
転職率

troslun (-iau) *m* [石画・陶芸]転写画, 写し絵

troslunio *t* [石画・写真](模様などを)写す, 転
写する

trosodd *ad* 1.繰返して: ~ a throsodd 何度も
何度も 2.離れた所に, あちら[こちら]に:
edrych ~ i ardd 庭を覗き込む 3.上から下へ;
突き出て, 寄り掛かって: plygu drosodd 体を乗
り出す 4.(数量を)超過して; 余分に, 余って:
plant dengmlwydd oed a throsodd 10人以
上の子供たち 5.ひっくり返して, 逆さまに 6.一面
に

trosol (-ion) *m* [機械](かな)てこ, バール, レ
ヴァー; 組立式かなてこ(強盗用具)

trosoledd (-au) : trosoliad (-au) *m* てこの
作用; てこ装置

trosoli *i* てこを使う

trostir (-oedd) *m* [地理]陸地

troswisg (-oedd) *f* (医師・婦人・子供などが
衣服の上に着る)上っ張り, 仕事着

troswr (-wyr) *m* : **troswraig (-agedd)** *f*
1.訳者, 翻訳家 2.(速記・外国文字などを)転
写する人 3.[ラグ]コンヴァートする選手

troswydriad ; troswydryn *m* [窯業]上釉

troswydro *t* [窯業](陶器に)上釉をかける

troswydrol *a* [窯業]仕上げ釉の

tro-sychu *t* = troell-sychu

trot (-iadau, -iau) *m* 1.[馬術](馬の)速歩,
だく足 2.(人の)急ぎ足 3.[pl]下痢

trotian : trotio *t* [馬術](馬を)速歩で駆けさ
せる
i (馬が)速歩で駆ける; (騎手が馬に)だく足を
踏ませて行く

trothwy (-au, -on) *m* 1.(ドアの)敷居; 入口
croesi'r ~ 敷居をまたぐ, 家に入る 2.(物事の)
初め, 発端: ar drothwy bywyd 人生の門出
の 3.[生理]閾(値) 4.[心理]閾 5.[物理]閾
値

tröwr (trowyr) *m* 1.物を回す人 2.不正直者,
ごまかす人 3.料理用返しべら 4.(ロープなど
の)撚り[ない]手

trowsus (-au) *m* [服飾]ズボン; スラックス

trowynt (-oedd) *m* [気象]トルネード, 大竜巻;
大旋風, つむじ風

truan *a* 哀れ[不幸, 惨め, 気の毒, 可哀想]な:
beth am yr aderyn ~ 'ma? この哀れな鳥はど
うしたのかね?

truan (trueiniaid) *m* : **truanes (-au)** *f* 哀れ
な[可哀想な]人: druan ag ef!, druan ohono/
ohoni!, druan bach! 可哀想な人

trueni *m* 1.(生活状況などが)悲惨, 困窮, 貧
苦 2.残念[気の毒]な事, 遺憾な事実: ~! 何と
気の毒[残念]なことだろ! 何てひどいことだ!;
~ o'r mwyaf nad oeddech yno 君がそこにい
なかったのは残念[遺憾千万]だ 3.哀れみ, 同
情

truenus *a* 1.(人が)惨め[不幸]な 2.(状況が)
みすぼらしい, 貧窮の 3.(質の)悪い, 粗末な

truenusrwydd *m* 1.(生活状況などが)悲惨,
困窮, 貧窮 2.(仕事・演技などが)下手, 拙劣

trugaredd *m* 1.(罪人などに対する)慈悲, 情
け, 容赦: o drugaredd お願いですから, 後生
だから 2.[驚き・恐怖を表す感嘆詞として]お
や!, まあ!, こりゃ驚いた! 3.幸運, 恵み 4.同情, 哀
れみ 5.[*pl*]古物, 骨董品

trugareddfa *f*[ユ教]神の座

trugarhau *t* 1.(人を)可哀想[気の毒]に思う
2.(人に)慈悲を垂れる, 情けをかける

trugarog *a* 慈悲[情け, 哀れみ]深い

trugarowgrwydd *m* 慈悲, 情け, 情け容赦

trulliad (-iaid) *m* (宮廷・貴族などの宴席で
の)酌人, 酌取り

trum (-iau) *mf* 山頂; 山の背, 尾根

trumbren (-nau) *m*[航空]竜骨

truth *m* 1.お世辞, お追従 2.下らない長話
3.形式的で下らない手紙

truthio *t*(人に)お世辞を言う, 媚びへつらう

truthgar *a* お世辞[へつらい]の

truthiwr (-wyr) *m* おべっか使い, お世辞を言
う人

trwblo : trwblu *t* 1.(人を)煩わす, (人に)手
数[迷惑, 厄介]をかける: mae'n ddrwg gen
i'ch trwblu chi ご面倒をかけて済みません 2.(幽
霊などがある場所に)出る, 出没する: ~ tŷ 家に
幽霊が出る

trwblus *a* 1.不安[心配]な, 困った 2.(世相な
ど)乱れた, 騒然とした 3.(風・波・海など)嵐
の, 荒れ狂う, 時化の

trwbwl *m* 1.困った事, 問題点; y > yw…困っ
た事には… 2.困難, 苦労 3.もめ事,悶着, ごた
ごた: fe gewch chi drwbwl gydag ef 君は彼
ともめるでしょう

trwch *m* 1.厚さ: 太さ 2.(髪の)濃さ 3.(液体
の)濃厚 4.(霧などの)深さ, 濃さ 5.(森林など
の)繁茂 6.(人口の)密度

trwchus *a* 1.(人など)密集した, 込んだ: tyrfa
drwchus 非常な人込み 2.(壁・本など)(分)
厚い, 厚さ…の 3.(形・書体・活字など)大き
い, 太い, 肉太の: strôc drwchus (stROciau
~) *f* 肉太の書体 4.(森林・髪・顎鬚など)繁茂
した, 茂った, 濃い: gwallt ~ *m* 濃い髪の毛
5.(液体など)濃い, 濃厚な: cawl ~[料理]濃
いスープ 6.(霧・煙など)濃い, 深い

trwm *a* (*f* **trom**, *pl* **trymion**) 1.(パン・ケー
キなど)膨れ損ねた, 生焼けの 2.重い: ~ fel
plwm 極めて重い 3.激しい, 猛烈な: ergyd
drom (ergydion trom/trymion) 激しい打撃,
猛打; tanio ~[軍事]猛烈な砲火, 猛射
4.(歩き振り・動作など)重々しい, のろのろした:
troediad/cerddediad ~ 重い足取り 5.(形・
書体・活字など)大きい, 太い, 肉太の: llinell
drom (llinellau trymion) 太い線 6.(天候・
空が)曇った, どんよりした, 重苦しい 7.(仕事な
ど)辛い, 苦しい, 耐え難い, 負担になる; ひどい:
gwaith ~ *m* 困難な連行, 厳しい[骨の折れ
る]状況, 難航 8.(金額など)大きい, 巨額の:
gwario ~ 巨額の支出 9.(音・声など)大きくて
低い: metel ~ *m* ヘヴィメタル(重いビートと電
子装置による金属音を特徴とするロック音楽)
10.(沈黙・眠りなど)深い 11.(地面・土が)粘
つく, 耕作に骨が折れる; (道路が)ぬかる, 歩き
にくい: pridd/tir ~ 粘つく土 12.[演劇]真面目
[荘重, 悲劇的]な: rhannau trymion 敵役
13.[化学](同位元素が)より大きな原子量を持
つ, 重…: dŵr ~ *m* 重水 14.[電気]強い:
cerrynt ~ 強[大]電流 15.[軍事]重装備の:
cafalri ~, marchoglu ~ 重騎兵

trwmped (-au) *m*[音楽]トランペット

trwnc *m* = **troeth**

trwnc (trynciau) *m* 1.(体の)胴, 胴体 2.(象
の)鼻

trwodd *ad* 1.全く, 徹底的に: ~ draw 全く, 徹
頭徹尾 2.(ある時間)中ずっと 3.初めから終り
まで 4.通して, 貫いて 5.(首尾よく)終わって,
済んで 6.[電話]つながって: dyna chi (~/
drwodd) お出になりました

trwper (-s) *m* 同僚

trwsgl *a*(人・動作など)ぎこちない, 不器用[無
様, 下手]な, 動きの鈍い: brawddeg drwsgl ぎ
こちない文

trwsgleiddiwch *m* ぎこちなさ, 不器用さ

trwsglyn (trwsgliaid) *m* 不器用者, へまをや
る人, へまな職人

trwsiad (-au) *m* 1.(ワンピースの)ドレス, 婦人
服: 子供服 2.修理, 修繕 3.修理個所, 繕い穴

trwsiadus *a*(服装など)こざっぱりした, 粋[ス
マート]な, 身なりのきちんとした

trwsiadwy *a* 修繕ができる

trwsio *t* 1.(衣服などを)繕う 2.(時計・車など
を)修理[修繕]する

trwsiwr (-wyr) *m* 修繕[修理]する人, 修理
工, 改善[改良]者

trwst *m* 騒音, 物音: mwya'u ~, llestri
gweigion[諺]空の入れ物ほど音が大きい, 頭
の空っぽな人ほどよくしゃべる

trwstan *a* 1.(人・動作など)ぎこちない, 不器用
[へま]な 2.不幸な, 運が悪い

trwstaneiddiwch *m* = **trwsgleiddiwch**

trwy *prep* 1.[貫通・通過]…を通って[貫いて]:

trwyadl 574 **trychineb**

~ glawdd 垣根をくぐって; edrych ~ ffenestr 窓から見る[覗く] 2.[通行・通過]…の中を通って;(赤信号などを)無視して: mynd ~ olau coch[自動車]赤信号を無視して行く 3.[場所]…中を[に], …をくまなく chwilio/mynd ~ bocedi rhn 人のポケットをくまなく調べる 4.[時間・期間]…中に: ~ gydol ei oes/fywyd 彼は一生ずっと 5.[経過・終了・完了]…を経て, …を終了して;(試験に)パスして: fe aeth ~ ei arholiad 彼は試験にパスした 6.[手段・方法・媒介]…(すること)によって[で]: talu ~ siec 小切手で支払う; ~ chwys dy wyneb 額に汗して(cf Gen 3:19); ~ deg neu drwy dwyll, ~ deg neu drwy hagr 何とかして 7.[原因・理由]…のために: ~ anwybodaeth 知らない[無知の]ために 8.[仲介者]によって: ~ ddirprwy 代理で, 代理人として

trwyadl a 1.完全[徹底的]な: Polisi T~/Trylwyr m[英史]徹底的な弾圧政策(17世紀Charles一世時代にStrafford伯とLaud大主教の採った圧制政策) 2.全くの

trwyadledd m 徹底的なこと, 完全

trwyborth (-byrth) f 1.倉庫 2.通過港[集散地], 中央市場

trwydded (-au) f[行政]免許状[証], 許可証, 鑑札: ~ i aseinio[法律]譲渡ライセンス; ~ deledu(trwyddedau teledu)テレヴィ受信権; ~ yrru(trwyddedau gyrru)運転免許証; ~ deithio(trwyddedau teithio)旅券, パスポート

trwyddediad (-au) m ライセンス供与, 使用許可

trwyddedig a 許可された, 免許を受けた;(特に)酒類販売の免許を受けた: tafarn drwyddedig(tafarnau ~)f 酒類販売免許の店(飲食店・ホテルなど)

trwyddedig (-ion) mf 免許[認可, 鑑札]を受けた人;(特に)酒類煙草販売免許者

trwyddedu t 1.認可する, 免許を与える 2.興行[出版]を認可する: ~ drama 劇の興行を許可する

trwyddedwr (-wyr) m 免許を与える人, 許可[認可]者

trwyn (-au) m 1.鼻: ~ smwt/pwt 獅子鼻;(大酒飲みの)大きい赤鼻; ~ troi i fyny, ~ pica上を向いた鼻; dal eich ~(臭いので)鼻をつまむ; chwythu'ch ~(往々涙を隠すため)鼻をかむ 2.(好奇心・おせっかいの象徴としての)鼻: gwthio'ch ~ i fusnes rhn 他人の事に干渉する[口を出す] 3.嗅覚 4.(道具などの)突出部(管・筒などの)先, 筒口, 樋口; 船首;(飛行機の)機首;(自動車の)先端, 前部 5.(人の特に大きくグロテスクな)鼻 6.(豚・牛などの)突き出た鼻 7.[地理](しばしばT~で地名に用いて)突端, 岬: T~ Abermenai アベルメナイ岬(ウェールズのアングルシー島の南東にある)

trwynbwl a[建築]先端が丸くなった

trwynlwch m 嗅ぎ煙草

trwyno t 臭いを嗅ぐ

trwynol a 1.鼻の 2.鼻声の 3.[音声]鼻音の

trwynoldeb m[音声]鼻音性

trwynoli t[音声]鼻音化する

trwynoliad (-au) m[音声]鼻音化

trwynsur a 1.(人が)意地の悪い, ひねくれた, 不機嫌な, 気難しい 2.鼻であしらう, 高慢な

trwyth (-au, -i) m 1.煎じ出し 2.(薬・茶などの)煎じ汁[液] 3.[薬学]チンキ(剤)

trwythedig a[化学]飽和した

trwythiad m 1.煎じ出し 2.[化学]浸出

trwytho t 1.(茶を)煎じる 2.(液に)浸す, 浸ける 3.(薬草などを)水[湯]に浸す, 振出す, 煎じる, 煮出す 4.(人に教義などを)教え込む, 吹き込む 5.(研究題目などに)没頭させる 6.[化学](水洗い・浸出によって固体混合物から)可溶物質を抽出する;漉す; 浸出する 7.[化学・物理](電流・溶液・化合物などを)飽和させる

trwythol a 飽和する

trwytholch (-ion) m 濾過液, 漉し灰

trwytholchi t 1.[地質](鉱石などを)漉し水に浸す 2.(可溶物を)漉し取る
i 濾過によって分離する

trwytholchiad m 1.漉すこと 2.[化学]浸出

trwytholchwr : trwytholchydd (-wyr) m 濾過者

trwythwr (-wyr) : trwythydd (-ion) m 1.注入器, 茶篭 2.飽和剤

trybedd (-au) f 1.三脚台, 三脚床几 2.(食卓用)三脚台 3.(鉄製三脚の)五徳 4.[写真](カメラの)三脚

trybini m 骨折り, 困難

tryblith m 1.混乱, 無秩序; 取散らかし 2.(頭の)混乱, 当惑 3.(論旨の)支離滅裂 4.(天地創造以前の)混沌

trybola (-âu) m(動物が)転び回る泥地[窪み]

trỳc (tryciau) m 1.[鉄道]無蓋貨車 2.[演劇]引枠(小さな車輪を持った平台; 大きな張物の移動に用いる): ~ llwyfan 引枠

trychedig a 1.先端を切った 2.[幾何](図形が)切頭の: con(conau) ~ 切頭円錐 3.[生物](葉が)先端を切ったような形の, 截形の

trychedig (-ion) mf(手術で)手[足]などを失った人

trychfa (-feydd) f 1.[外科・解剖]切断手術, 切開 2.[土木](道路などの)切通し 切取り

trychfilyn (-filod) m[動物]昆虫

trychiad (-au) m 先[端]を切ること, 切頭, 截断

trychineb (-au) mf 1.災害, 災難, 不幸 2.大惨事[災害]: ardal(f) ~(ardaloedd ~)被災地 3.大失敗 4.[地質](地殻の)激変

trychinebedd *m* 1.不幸[悲惨]な状態 2.[地質]激変[天変地異]説

trychinebus *a* 1.災難[災害, 惨事]を引き起こす 2.破滅[壊滅]的な, 悲惨な, 痛ましい

trychinebydd (-ion) *m* [地質]激変[天変地異]説論者

trychlun (-iau) *m* 断面図

trychu *t* 1.(樹木・円錐などの)先[端, 頭]を切る 2.[医学](手足などを手術で)切断する 3.[フェ]カットする: ~ at ystlys 脇腹をカットする, 斬る

trychwr (-wyr) *m* 切る人; 切断手術者

trydan *m* 1.電気 2.電流, 電力 3.電車;電気自動車 4.電灯 5.強い興奮, 熱情
a 1.電気の: pwynt (-iau) (*m*) ~ コンセント; cadair drydan (cadeiriau ~)[法律](米)(死刑用)電気椅子 2.電気を起こす, 発電の: rhaien drydan (rhaiod ~) *f* [魚類]シビレエイ 3.電動の

trydaneg *f* 電気学

trydaniad (-au) *m* 1.帯電, 感電 2.(鉄道・家庭などの)電化 3.強く感動させること

trydanol *a* 1.電気の 2.電気に関する 3.電気を用いた: llysywen drydanol (llysywod ~)[魚類]デンキウナギ 4.電撃的な 5.感激的な, わくわくさせる, スリル満点の 6.身の毛のよだつような, ぞっとする

trydanu *t* 1.電気を通じる, 帯電させる 2.(人を)感電させる 3.(鉄道・家庭などを)電化する 4.(人に)衝撃を与える, ぎょっとさせる

trydanwr : trydanydd (-wyr) *m* 電気技師; 電気工

trydar *m* 1.(バッタ・キリギリスなどの)チリッチリッ[キリッキリッ]鳴く声 2.(鳥・猿などの)チュッチュッ[キーキー, キャッキャッ, ギャーギャー]鳴く声

trydar *i* (虫・鳥・猿などが)チリッチリッ[チュッチュッ, キャッキャッ]鳴く

trydarthiad (-au) *m* [植物生理]蒸散

trydarthol *a* [植物・生理]蒸散の

trydedd *f* : **trydydd** 1.第3;第3位, 3番;第3号;第3部;第3世: Edward y T~ エドワード3世; daeth ef yn ~ 彼は3番[位]になった 2.(月の)3日 3.3分の1 4.[音楽]三度(音程)

trydydd *a* (*f* **trydedd**) 1.第3(番目)の: ~ dyn 第3の男; y drydedd ferch 3番目の娘; ~ person[文法]3人称;[法律]第三者; y ~ o Ebrill, Ebrill y ~ 4月3日 2.(順位などが)3等の 3.3分の1の

trydyddol *a* 1.第3の, 3位の 2.[医学・病理](火傷が)3度の;(梅毒が)第3期の 3.[鳥類]三列[後列]の

tryddiferiad *m* 浸出, 浸潤

tryddiferu *i* (液体が)滲み出る, 滲出する

tryfalu *t* [木工](木材を)蟻継ぎにする

tryfer (-i) *mf* [漁業]1.(大きな魚を引き上げる時に使う)魚鉤, 鉤竿 2.(捕鯨用の)銛 3.(魚を突くための)やす, 三叉のやす: ~ lysywod (tryferi llysywod)ウナギ突き用のやす

tryferu *t* 1.(鯨に)銛を打ち込む 2.(魚を)鉤竿で引き上げる 3.(魚を)やすで刺す[捕える]: ~ pysgodyn 魚をやすで刺す

tryferwr (-wyr) *m* (鯨に)銛を打ち込む人, 捕鯨砲手

tryfesur (-au) *m* [数学]直径

tryfesurol *a* [数学]直径の

tryffin (-iau) *m* [外科](穿頭用)冠状のこぎり

tryffinio *t* [外科]冠状のこぎりで手術する

trylededd *m* (光の)拡散性

trylediad (-au) *m* [物理]拡散(作用)

tryledol *a* 拡散した, 広がった

tryledu *t* [物理](気体・溶液を)拡散させる

tryledwr (-wyr) *m* 散光器

tryleu *a* [物理]半透明の

tryleuder *m* [物理]半透明

trylifiad (-au) *m* 濾過, 浸出

trylifo *i* (液体が)にじみ出る

tryloyw (-on) *a* 透明な, 透き通っている

tryloywder : tryloywedd *m* 透明, 透明性[度]

tryloywi *t* 透明にする

tryloywlun (-iau) *m* 透明陽画, スライド

trylwyr *a* 1.[経済・農業]集約的な: ffermio ~ 集約農業 2.強い, 激しい 3.徹底的な

trylwyredd *m* 1.強さ, 強度 2.強烈, 猛烈, 激しい特性 3.熱烈 4.徹底的なこと 5.完全

trymaidd *a* 1.(天気・天候が)蒸し暑い, うだるような, 暑苦しい, 鬱陶しい 2.(動作など)のろのろした, 重々しい, 軽快さのない 3.悲しい

trymder (-au) : trymedd *m* 1.蒸し暑さ 2.重苦しさ 3.悲しみ, 悲嘆, 悲哀

trymhau *t* 1.重みを付加する, もっと重くする 2.[織物](織物に)混ぜ物をして重くする
i ますます重くなる

trymllyd *a* = **trymaidd**

trynewid *t* 1.順序を変える 2.[数学]並べ替える

trynewidiad (-au) *m* 1.変換, 置換 2.[数学]順列

tryryw *a* (動物, 特に馬・犬が)純血種の

trysgli *f* [獣医]蹄叉腐爛, 腐叉

trysiad (-au) *m* [園芸]果房

trysor (-au) *m* 1.宝物, 財宝;秘宝: trysorau celfyddyd 貴重な美術品; helfa (*f*) drysor (helfau/helfeydd trysorau)宝探し(遊戯); Ynys (*f*) y T~[文学]「宝島」(R.L. Stevensonの冒険小説(1883))2.貴重[重宝]な人, かけがえのない人: mae hi'n drysor 彼女はかけがえのない人です

trysoradwy *a* 秘蔵に値する, 貴重な

trysordy (-dai) *m* : trysorfa (-feydd) *f* 1.宝庫, 宝物庫: trysorfa haeddiant[カト]功徳[教会, 聖徒]の宝蔵 2.(知識などの)宝庫;

trysori 576 **tunnel**

（書名に用いて）宝典, 珠玉集: trysorfa o gorddi 名詩集 3.資金, 基金, 基本金; 資本金 4.[pl] 財源 5.国債, 公債 6.国庫; 公庫

trysori t 1.（価値ある物を）秘蔵する;（将来のために）取っておく 2.（教訓などを）心に銘記する

trysorlys m 1.（知識などの）宝庫 2.国庫; 公庫 3.[T~][政治・行政]（英国の）大蔵省: Canghellor (m) y T~ 大蔵大臣; bil (-iau) / papur (-au) (m) T~ 大蔵省証券

trysorydd (-ion) m 会計係, 収入役

trysoryddiaeth (-au) f 会計係[収入役]の職

trystau pl 雷, 雷鳴

trystfawr a 騒々しい, やかましい

trystio t（人・物事を）信用［信頼］する

trystiog a = trystfawr

trystiogrwydd m 騒々しさ

trythyll a（人・考えなど）淫ら［好色, 淫乱, 浮気, 多情, 不貞］な

trythyllwch m 1.浮気, 多情, 不貞 2.猥褻 3.色欲, 肉欲性

trythyllwr (-wyr) m 好色家

trywaniad (-au) m 1.突き刺すこと;（槍などの）刺し貫き 2.刺し傷

trywanu t（槍・尖った物で）刺す, 突く, 突き刺す: ~ rhn i farwolaeth 人を刺し殺す

trywanwr (-wyr) m 刺す人, 刺客

trywel (-i) mf 1.（左官の使う）こて 2.（園芸用の）移植ごて

trywelu t 1.こてで塗る 2.移植ごてで掘る

trywelwr (-wyr) m 1.こてで塗る人 2.移植ごてで掘る人

trywydd (-au) m（獣の）臭跡; 足跡: ~ ffug 方向を迷わせるためにわざと仕掛ける臭跡

tsar (-iaid) m [歴史]（帝政時代の）ロシア皇帝, ツアー

Tsieina f [地理] 中国, 中華人民共和国(China)（首都北京 (Peking, Beijing)）

Tsieinead (-aid) m 中国人

Tsieineaidd a 中国(人, 製, 産)の

Tsieinëeg mf 中国語
　a 中国語の

tsieni m 磁器, 陶磁器

tsiêt (tsietiau) f ディッキー（取外しできるワイシャツの胸当て）

tswnami (-iau) f [地理] 津波

tu (-oedd) m 1.（上下・左右・前後・東西などの）側, 方;（内外・表裏などの）面: ~ isaf 下側; y ~ clytaf m 風下側; o'r ~ deheuol 南側に; (y) ~ uchaf 上［表］面; (y) ~ mewn 内側, 内面; (y) ~ chwith/chwithig allan（衣服の）裏返し; mae y ~ clytaf i'r deugain 彼はまだ40歳前だ 2.（前後・上下以外の）側面: ar bob ~, o bob ~ 四方八方［至る所］に 3. (y) ~ hwnt ad（はるか）向こうに; 他に; それ以上

tua : tuag prep 1.[位置の方向]…の方を向いて 2.[運動の方向]… の方へ: (tuag) at y

dref 町の方へ; tua'r dwyrain 東の方へ 3.[感情・態度の対象]…に対して［に向かって］: ei deimladau (tuag) ataf i 私に対する彼の感情; caredig tuag at bawb 全ての人に親切で 4.[時間]…近く［頃]: tua thri o'r gloch 3時頃; tua'r Nadolig クリスマス季節頃に 5.[貯金・献金]…のために[の助けとなるように]: cynilo tuag at wyliau 旅行するために貯金する 6.[数詞を伴って]およそ, 約: tua daw ddwsin およそ2ダース; tua chant およそ100

tuchan i ぶうぶう［ぶつぶつ］不平を言う

tuchanllyd a 不平をこぼす

tuchanwr (-wyr) m : **tuchanwraig (-agedd)** f 不平を言う人

tudalen (-nau) mf 1.（本の）ページ, 頁 2.（印刷物表裏の）一葉（2ページ分）: proflen (-ni) (f) ~ [印刷] まとめ（組み）校正刷り, （新聞の）大刷り; cymryd dalen o lyfr rhn 人の本から一葉引きちぎる

tudalennu t ページ数を付ける

tudded (-au, -i) f（クッション・枕などの）カヴァー, おおい, 枕カヴァー

tuedd (-iadau) f 1.（…への）性向, 傾向 2.（…する）傾向, 気質, 性質; 体質: mae ~ i'r tlodion fynd yn dlotach 貧しい人達はもっと貧しくなる傾向がある; mae ~ i ddwyn ynddo 彼には物をくすねる性癖がある; ~ at/i yfed 飲酒をする傾向［性癖］; ~ ganolog [統計] 中心傾向

tuedd (-au) m 1.（行政・教育などの目的で区分した）地区, 管区 2.（ある特色を持った）地域, 地方

tueddfryd : tueddiad (-au) m（通例望ましくない行動をする生まれつきの）傾向, 性質, 性癖: ~ cryf i godi [商業] 強気の上向き傾向

tueddol a（…する）傾向［性癖］がある, （…）仕勝ちで

tueddu t（…したい）気にさせる, （…の）傾向を持たせる
　i 1.（…したいと）思う, （…する）傾向がある, （…）仕勝ちである 2.（道・進路などが…の方へ）向かう, 至る, 行く: athrawiaeth sy'n ~ at socialaeth 社会主義へ向かう理論

tueddwr (-wyr) m（…する）傾向のある人

tugel (-ion) m 1.[政治]（無記名）投票用紙 2.無記名投票

tulath (-au) f（屋根の）梁, 桁; 角材

tun (-iau) m 1.[化学] スズ, 錫: gwydredd (m) ~ [窯業] スズ釉 2.スズ製容器［缶], （缶詰の）缶

tunelledd (-au) m [海事]（船舶の）積量, 容積トン数: ~ dadleoliad 排水トン数

tunio t 1.スズめっきをする 2.（イワシなどを）缶詰にする

tunnel (tunelli) f 1.[度衡] トン（重量単位; = 20 hundredweight): ~ hir (tunelli hirion)

tunplat 577 **Twrcaidd**

英トン, 大トン (long/gross ton) (2240 pounds, 1016.1kg; 主に英国で用いる); ~ fer (tunelli byrion) 米トン, 小トン (short/net ton) (2000 pounds, 907.2kg; 主に米国・カナダ・南アフリカで用いる); 仏トン (1000kg) **2.** [度衡] 容積トン (容積単位): ~ fesur (tunelli mesur) (船貨の) 容積単位; milltir (*f*) dunnell (milltiroedd ~) トンマイル (トン数とマイル数との積で鉄道・航空機の一年間の輸送量を示すのに用いる) **3.** [通例*pl*] 多量, 多数; 大金

tunplat (-iau) *m* ブリキ

tunplatio *t* **1.** (鉄板などに) スズめっきをする **2.** (スズめっきをして) ブリキにする

turio *i* 土 [穴] を掘る

turiwr (-wyr) *m* **1.** 土 [穴] を掘る人 **2.** 鉱夫 **3.** 穴を掘ってそこに住む動物 (ウサギ・キツネ・モグラなど)

turiol *a* 穴を掘る

turn (-iau) *mf* : **turnen (-nau)** *f* [道具] [機械] 旋盤: ~ peiriant/beiriant (turniau peiriant) 動力旋盤

turnio *t* 旋盤にかける, (テーブルの脚などを) 旋盤 [ろくろ] にかけて作る

turniwr (-wyr) *m* 旋盤工, ろくろ師

turnoriaeth *f* 旋盤 [ろくろ] 細工 (法)

turs (-iau) *m* = **trwyn**

turtur (-od) *f* [鳥類] コキジバト

tusw (-au, -on) *m* **1.** (花などの) 束, 花束 **2.** (薬・干草などの) 小束 **3.** (毛髪の) 房

tuth (-iadau, -iau) *m* = **trot**

tuthfarch (-feirch) *m* ダクを踏む馬, 速歩で駆ける馬; (特に) 繋駕速歩レース用の馬

tuthio *i* = **trotian, trotio**

tuthiwr (-wyr) *m* **1.** ダクを踏む馬 **2.** 早足で行く人 **3.** 活動家

twb (tybiau) : **twba (twbâu)** : **twbyn (tybiau)** *m* **1.** 桶, たらい **2.** 浴槽 **3.** (洗濯機の) 槽 **4.** [商業] (アイスクリームなどの) タブ型容器 **5.** [鉱山] 鉱車; (鉱石を運び上げる) 立て [吊り] 桶 **6.** [家具] cadair (*f*) dwb (cadeiriau ~) (英国製の) 背が半円形で広い袖の付いた安楽椅子

twbercwlin (-au) *m* [医学] ツベルクリン注射液

twbercwlosis *m* [病理] **1.** 結核 **2.** 肺結核

twc (tyciau) *m* [服飾] タック, 揚げ, つまみ縫い: ~ pin ピンタック

twca (-od, twceiod) *m* レピアー (細身の両刃の剣)

twcio *t* [服飾] (衣服に) 縫い揚げをする, 襞を取る

twf *m* **1.** 成長, 生長, 成育, 発育, 発達: diwydiant (-iannau) (*m*) ~ [経済] 成長産業; hormon (-au) (*m*) ~ [植物] 成長ホルモン **2.** 増加, 増大, 拡張, 伸張

twff (tyffau) *m* [岩石] 凝灰岩

twffyn (twffiau) *m* **1.** (糸・羽毛・髪などの) 房 **2.** (ボンネットなどの) 房

twil *m* [織物] 綾織り

twist *m* **1.** [ダンス] ツイスト **2.** 二種類の酒を混ぜた混合酒: jin-~ *mf* ブランデーとジンの混合酒

twlc (-iadau) : twlciad (-au) *m* (雄牛などの) 頭突き

twlc : twlcyn (tylciau) *m* **1.** (屋根だけで囲いのない) 物置, 家畜小屋: twlc mochyn (tylciau moch) 豚小屋 **2.** 掘っ建て小屋

twlcio *t* **1.** (人・物などを) 頭で押す, 角で突く **2.** (雄牛・猪などが) 頭 [角] で突く [突き刺す]

twlciog *a* 角で突く癖のある: tarw ~ 角で突く癖のある雄牛

twll (tyllau) *m* **1.** (壁・屋根などの) 穴: ~ yn y clawdd/wal 壁の穴 **2.** (衣類・靴下などの) 破れ穴: hosanau llawn tyllau 穴だらけのストッキング **3.** (井戸などの) 穴 **4.** 窪み **5.** [医学] 痘痕, あばた **6.** (自動車修理所などの) ピット: ~ archwilio 検査ピット **7.** (炭坑の) 穴

twmfar (-rau) *m* [機械] 回り柄, かんざしスパナ

twmp (tympiau) : twmpath (-au) : twmpyn (tympiau) *m* 丘, 小丘, 小山, 塚, 土饅頭

twmpathog *a* **1.** 小山 [丘, 塚, 古墳] の **2.** 塚 [古墳] がある, 塚の多い

twmplen (-ni, twmplins) *f* **1.** [料理] ダンプリング: 肉入りゆでで [蒸し] 団子; (リンゴなどの) 果物を丸ごと練り込みパイ生地で包んで焼いたデザート: ~ afalau リンゴをパイ生地で包んで焼いたデザート **2.** (可愛い) 女の子

twmwlws (twmwli) *m* 塚, 古墳, 土饅頭

twndis (-iau) *m* 漏斗

twndra (-âu) *m* [地理] 凍土帯, ツンドラ

twnelu *t* トンネルを掘る: ~ trwyli fryn 山を貫いて [の中へ] トンネルを掘る

twnelwr (-wyr) *m* トンネルを掘る人

twnnel (-au, -i) *m* トンネル: ~ gwynt [航空] 風洞; dwnnel (*f*) dwnnel (rhwydi/rhwydau ~) (魚を捕える) 口が広く裾が細くなった網

twp *a* 頭の鈍い, 愚鈍 [愚か, 馬鹿] な

twpdra *m* 愚鈍, 馬鹿

twpo *t&i* (牛などが) 頭 [角] で押す [突く]

twpsen *f* 愚かな女の子

twpsyn (-sod) *m* 愚かな男

twr (tyrau) *m* [建築] 塔: Y T~ Gwyn, T~ Llundain ロンドン塔

twr (-s) *m* 周遊, 観光旅行, ツアー

twr (tyrrau) *m* **1.** 群, 群衆, 集団: yn dyrrau 群をなして, 三々五々 **2.** 多数, 大勢

twrcen (-nod) *f* [鳥類] 雌のシチメンチョウ [七面鳥]

Twrc (Tyrciaid) *m* トルコ人

Twrcaidd *a* トルコ (人) の: melysyn (*m*) Twrci トルコのゼリー菓子; coffi (*m*) Twrci ト

T

twrci (-ïaid, -ïod, tyrcwn) *m* [鳥類]シチメ
ンチョウ

Twrci *f* [地理]トルコ (Turkey) (ヨーロッパ南東
部黒海と地中海に臨む共和国; 首都Ankara):
carped (-i) (*m*) ~トルコ絨毯

twrch (tyrchod) *m* (食用の) 去勢した雄豚: ~
(tyrchod) daear [動物]モグラ

twrf *m* 騒音, 雑音, 物音

twrist (-iaid) *mf* 観光旅行者, 観光客, 旅行
家

twristaidd *a* 1.観光客の [のための, に適した]
2.ツーリストクラスの

twristiaeth *f* 1.観光旅行 2.観光事業

twrnai (-eiod) *m* [法律]1.代理人 2.弁護士:
T~ Gwladol (英) 法務長官

twrnamaint (-eintiau) : twrneimant (-au)
m トーナメント, 勝抜き試合, 選手権争奪戦

twrw *m* (雷・大砲などの) とどろき, 轟
音; 凄まじい音: gwneud ~騒ぐ

twt *int* ちっ!, ちぇっ! (軽蔑・非難・困惑などの
舌打ち; 通例二つ重ねて言う): ~, ~! ちぇっ!

twt *a* 1.(服装など) 身なりのきちんとした, さっぱり
した, 端正 [上品, スマート] な: ei ddillad ~彼
の上品な服装 2.(人が) 綺麗好きな, 身だしな
みのよい 3.(部屋など) きちんとした

twtio *t* (家・部屋などを) 綺麗に [きちんと] する,
片付ける, 整頓する

twtrwydd *m* 小綺麗さ, 整然

twtsh (-is) *m* 触れる [触る] こと, 接触

twtsiad : twtsio *t* (手などで) 触れる, 触って
みる

twyll *m* 1.言い抜け, ごまかし, 詭弁 2.詐欺, 欺
瞞, ぺてん, いかさま; 策略 3.詐欺行為

twyllo *t* 1.(人を) 騙す, 欺く 2.(人から物を) 騙
し取る, 詐取 [横領] する; (人を) 騙して…させ
る
i 騙す, ごまかし [不正] をする: ~ wrth
chwarae cardiau トランプでいかさまをする

twyllodrus *a* 1.(人が) 人を騙す [ごまかす],
詐欺 [不正, ぺてん] の; 詐欺で手に入れた; 偽
りの 2.(人が) 不誠実な, 不貞の: cyfaill ~不
信の友 3.(外見など) 人を誤らせやすい

twyllresymeg *f* 誤った考え, 誤信

twyllresymiad (-au) *m* 1.詭弁, こじつけ 2.詭
弁法

twyllwr (-wyr) : twyllwraig (-agedd)
f 詐欺 [ぺてん, いかさま] 師

twym *a* 1.熱い, 高温の; 暑い: ffynnon dwym
温泉 2.(天候・風など) 暖かい, 温暖な 3.(部
屋・風呂など人を為的に熱して) 暖 [温] かい
4.思いやりのある, 心からの: calon dwym 温か
い心 5.[狩猟] (遺臭が) 生々しい, 新しい, 強
い: trywydd ~生々しい遺臭

twymder : twymdra *m* 1.暖かさ, 温暖, 暖
気 2.暑さ, 暑気; 熱さ

twymgalon *a* 思いやりのある, 心の温かい

twymo *t* 熱する, 暖める; 体を暖める
i (水・物などが) 熱くなる, 暖まる, 暖かくなる

twymwr (-wyr) *m* 1.暖める人 2.加温 [保温]
器: ~ traed 足温器 3.発熱 [加熱, 電熱] 器,
ヒーター; 暖房装置: stôr-dwymwr 蓄熱ヒー
ター; ~ tanddwr 投入電熱器

twymydd (-ion) *m* = **twymwr** 3: ~ tanbaid
輻射暖房器

twymyn (-au) *f* 1.[病理] 熱, 発熱: ~
ysbeidiol/donnol 間欠熱 2.熱病: y dwymyn
goch 猩紅熱; y dwymyn doben おたふく風
邪, 流行性耳下腺炎 3.興奮, 熱狂, フィーヴァー

twymynol *a* 熱のある, 熱病の

twyn (-i) *m* 1.(海浜などの低い) 砂丘: ~ seiff
尖った山頂がある長くて高い砂丘 2.低木 3.小
山, 丘

twyndir (-oedd) *m* [地理] 傾斜牧草地

tŷ (tai, eiau) *m* 1.家, 住宅, 家屋: ~ sengl (独
立した) 一軒家, 独立住宅: ~ pâr 二軒連続住
宅; ~ teras (英) テラスハウス (何軒もつながっ
た同型の連続住宅; chwarae ~ bach ままごと
をする 2.(特定の目的のための教団員の) 建物
3.議事堂, 議院: 下 [上] 院: T~'r Cyffredin
(英国の) 下院 4.商社, 会社 5.[T~] ロンドン
株式取引所 6.家庭, 家族 7.旅館 8.(競技など
のために生徒を分けた) 組 9.[演劇] 劇場, 演
芸場; 興行; [集合的] 観衆, 聴衆: llond (*m*)
相当な入り; ~ llawn 満員の劇場, 大入り満員
10.[占星] (天を12分した) 十二宮の一つ

tyaid (-eidiau) *m* 家一杯

tyb (-iadau, -iau) *mf* 1.推量, 推測 2.意見, 見
解: yn fy nhyb i 私の考えでは 3.仮定, 仮説

tybaco *m* (刻み) たばこ: calon (*f*) dyfaco [病
理] 喫煙者心臓病

tybed *ad* 1.[独立した疑問文の後に添えて] …
かしら 2.どうだか (怪しいものだ)

tybiad (-au) *m* 推定, 仮定

tybiadwy *a* 推定 [仮定] できる

tybiaeth (-au) *f* 1.仮定, 仮説; 前提 2.推量,
推定, 推測, 憶測

tybiaethol *a* 1.仮定の, 推定的な 2.僭越 [出
しゃばり] な

tybied : tybio *t* 1.仮定 [想定] する: tybio'r
gwaethaf 最悪の事態を想定する 2.(判断の
根拠が薄い形で本当だと) 思う, 考える 3.推量
[推測] する
i 思う, 考える

tybiedig *a* 1.仮定 [仮説, 仮想] の 2.推測的な,
憶測上の 3.推測 [憶測] 好きな 4.[論理] 仮定
の

tybiwr (-wyr) *m* 推量 [推測] 者

tycio *t* (人に) 役立つ
i (物事が) 役に立つ, 用が足りる

tydi *pron* 汝 [そなた] (は): ~ (a) wyddet 御身
は知り給うた

tyddyn (-nau, -nod) *m* 1.(英)(屋敷続きの)小さな畑, 小自作農地, 小農場 2.(特にスコットランドの)小作地

tyddynnwr (tyddynwyr) *m*(英)小自作農;(特にスコットランドの)小作人

tyfadwy *a* 成育[生長]させることができる, 栽培できる

tyfiant (-nnau) *m* 1.成長, 生長, 成育 2.(草木・髭・髪・爪などの)生長物: ~ wythnos o farf 一週間伸ばしたままの顎鬚 3.[病理](細胞・組織の)腫瘍

tyfu *t* 1.(植物・作物などを)育てる, 栽培する 2.(菌などを)培養する
  i 1.(生物などが)成長する, 伸びる;(草木が)生える, 育つ, 生長する: 'dyw arian ddim yn ~ ar goed cwsberis 金は木に生らない 2.(人が)成長[発達]する: ~'n ŵr 大人になる; ~ trwy'ch dillad 成長して服が着られなくなる 3.(群衆などが)増加する 4.(数量などが)増える, 増加[増大]する

tyfwr (-wyr) *m* : **tyfwraig (-agedd)** *f*(花・果物などの)栽培者

tynged (tynghedau, tynghedion) *f* 1.運命, 宿命, 凶運: 'roedd ei dynged yn anochel 彼の運命は決まった; gŵr (gwŷr) tynghedus *m* 運命を支配する人 2.[ギ神] y Tynghedau 運命の三女神

tyngedfennaeth *f*[哲学]運命[宿命]論

tyngedfennol *a* 1.不吉な, 差し迫る破滅[悲運]を暗示[予告]する 2.(日時・決定など)運命を決する, 決定的な 3.宿命的な, 避けられない, 免れ難い 4.重大な

tyngedfennu *t*(通例悪く)運命づける

tyngedfennydd (tyngedfenyddion) *m*[哲学]運命[宿命]論者

tyngedfenyddol *a*[哲学]宿命(論)的な, 宿命論者の

tynghedfen (tyngedfennau) *f*(通例悪い)運命, 凶運, 破滅, 死

tynghediaeth *f* = **tyngedfennaeth**

tynghedlon *a* 1.運命の決まった 2.(…するように)運命づけられて 3.(…ということが)運命づけられている

tynghedu *t* 1.あらかじめ運命づける: 'roedd wedi ei dynghedu i'w chyfarfod hi 彼は彼女と出会うように運命づけられていた 2.(人・物を目的・用途に)予定する, 運命づける 3.(通例悪く)運命づける

tynghedus *a* 1.(日時・決定など)運命を決する, 決定的な 2.不吉な, 縁起の悪い 3.重大な

tyngu *t* 1.誓う, 宣誓する: ~ anudon 偽りの誓を立てる; ~ rhth ar y Beibl 聖書にかけて[手を置いて]何かを誓う 2.(証人に)宣誓させる;(人を)宣誓の上で就任させる 3.宣誓して(人を)告訴する 4.断言する
  i 1.誓う, 宣誓する 2.罰当たりなことを言う; 口汚

くののしる, 悪態をつく, 罵る: ~ a rhegi 悪口雑言する 3.呪う

tyngwr (-wyr) *m* : **tyngwraig (-agedd)** *f* 1.宣誓者 2.ののしり言葉を使う人

tyle (-au) *mf*(道路の)坂(道)

tyliniad (-au) *m* マッサージ, 按摩, 揉み療治

tylino *t* 1.(練粉・粘土などを)こねる, 練る;(パン・陶器を)こねて作る 2.[医学](筋肉などを)揉む, マッサージをする

tylinwr (-wyr) *m* : **tylinwraig (-agedd)** *f* マッサージ師, 按摩

tylwyth (-au) *m* 1.家族, 世帯, 一家 2.[集合的]親族, 親戚縁者 3.家系, 血統 4.[論理]類 5.[生物]属 6.~ teg *m* 妖精

tylwythol *a*[生物]属の, 属に特有な

tyllfedd (-au) *f*(銃の)口径

tyllog *a* 穴のある[多い], 穴の開いた

tyllu *t* 1.穴を開ける 2.(井戸・トンネルなどを)掘る, くり[掘り]抜く 3.(紙に)ミシン目を入れる;(切手に)目打ちを入れる 4.(錐などで)貫通する
  i 穴を開ける: ~am olew 石油を試掘する

tylluan (-od) *f*[鳥類]フクロウ, 梟

tylluanaidd *a* フクロウに似た

tyllwr (-wyr) : **tyllydd (-ion)** *m* 1.穴を開ける人 2.目打ち機, 穴開け器, 穿孔機 3.切符切り鋏 4.[昆虫]穿孔虫

tymer (-heroedd) *f* 1.気質, 気性 2.気分, 機嫌 3.癇癪, 短気, 怒気: ~ ddrwg, drwg dymer 短気; colli'ch ~ 癇癪を起こす 4.沈着, 平静: cadw'ch ~ 怒りを抑える, 我慢する 5.[冶金](鋼鉄などの)鍛え; 硬度, 弾性

tymeradwy *a* 1.和らげられる, 調和できる 2.鍛えられる

tymerusrwydd *m*(気候などの)温和

tymestl (-hestloedd) *f* 1.大嵐, 暴風雨[雷] 2.[気象]暴風 3.大騒ぎ[騒動]: Y Dymestl [文学]「大嵐」(The Tempest)(Shakespeare作のロマン劇(1611))

tymheraidd : tymherus *a*(気候・季節などが)温和[温暖]な: cylchfa dymherus (cylchfeydd/cylchfaoedd/cylchfâu ~) *f*[地理]温帯

tymheredd (tymereddau) *m* 1.温度, 気温 2.体温: ~ y corff 体温; mesur ~ rhn 人の体温を計る 3.(感情・関心などの)強さ,度合

tymheru *t* 1.(粘土・漆喰などを)練る, こねる 2.(酒・激情などを)調節[緩和]する, 和らげる 3.(鋼鉄などを)鍛える

tymhestlog *a* 1.嵐[しけ]の, 大嵐の, 暴風雨[雪]の: môr ~ 荒れる海 2.(感情・言動・人生など)嵐のような, 荒れ狂う, 激しい,論争的な: bywyd ~ 波乱万丈の生涯

tymhoraidd : tymhorol *a* 1.季節の, 季節的な, 時節柄の, 季節に相応しい; 周期的な: gweithiwr ~ 季節労働者 2.特定の季節だけ

tymor (-horau) *m* 1.(一定の)時期, 期間, 期限; 任期: yn y ~ hir, yn yr hirdymor 長期で 2.(ある決まった)期日, 定刻 3.[教育](学校・大学の三学期制度の)学期 4.[法律](裁判所の)開廷期 5.季節, 季(四季の一つ); 時候: cyfarchion y ~ 時候の挨拶 6.[通例修飾語を伴って]季節, 時節, 時期:~ y glawogydd 雨[梅雨]期,~ y gwyliau 休暇期 7.(果実・魚介などの)出盛り時, 旬 8.(社交・演劇・スポーツなどの)活動期, シーズン: ~ (y boneddigion) ロンドン社交期 9.(奉公の)年季: bwrw'ch ~ fel prentis 徒弟[見習]の年季を勤め上げる 10.定期券: tocyn-(nau)(*m*)~ 定期券

tymp *m* [生物]懐妊期; 分娩期: mae hi'n agos i'w thymp 彼女はお産が近い

tympan (-au) *f* 1.[音楽]ティンパニ, ケトルドラム 2.[解剖](耳の)中耳; 鼓膜

tympanwr (-wyr) *m* : **tympanwraig (-agedd)** *f* ティンパニ[ケトルドラム]奏者

tyn (-ion) : **tynn (tynion)** *a* 1.(継目, 結び目など)堅く結んだ, 堅い, きつい 2.(ねじ・栓など)しっかり固定した 3.(衣服・靴など)きつい, 窮屈な: mae f'esgidiau yn rhy dyn (n) 私の靴はきつすぎる 4.(競走・試合など)ほとんど互角の: ras dyn (n) 接戦 5.(袋・予定など)一杯になった, ぎっしり詰まった: rhaglen dyn (n) ぎっしり詰まった予定 6.金詰まりの: mae hi dipyn yn dyn (n) arna' i am arian 私はちょっと金詰まりです 7.酔った 8.(筋肉・神経など)緊張した, 張りつめた 9.[病理](胸・胃の感じなど)締め付けられるような 10.(索・帆など)ぴんと張られた

tynder (-au) : **tyndra (-âu)** *m* 1.(ロープ・紐衣服などの)緊張, 張力, 引張り, 窮屈 2.(筋肉・神経の)緊張 3.(情勢・関係などの)切迫, 緊張 4.[病理]胸の苦しさ, 締め付けられる感じ

tyndro (-eon) *m* [道具]レンチ: ~ tap タップ回し

tyndroad (-au) *m* (激しい)ねじり, ひねり, よじり

tyndroi *t* (物を)ねじ[もぎ]取る

tyner *a* 1.(人間の肉が)柔らかい 2.触ると痛い 3.敏感な: calon dyner 感じやすい心 4.(人・性質・言動など)温厚[温和, 穏やか]な, 優しい, 思いやりのある 5.(気候・天候など)穏やか[静か]な: awel dyner *f* そよ風 6.(動植物が寒暑に)痛みやすい

tyneru *t* [料理](肉などを)柔らかくする

tynerwch *m* 1.(皮膚の)柔らかさ, 柔軟さ 2.温厚, 穏やかさ, 優しさ, 思いやり, 親切, 寛大さ 3.(植物などの)痛みやすさ

tynerwr (-wyr) : **tynerydd (-ion)** *m* : **tynfa (-feydd)** *f* 食肉軟化剤

tynfa (-feydd) *f* 1.引くこと, 引き, 一引き, 引張り; 引く力: ~ magned 磁石 2. 人を引付ける人[物]

tynfad (-au) *m* 引き船, タグボート

tynfaen (-feini) *m* [鉱物]天然磁石, 磁鉄鉱; 磁石

tynhad *m* (結び目など)堅い締まり[め]

tynhau *t* 1.(ねじ・ロープ・索・結び目など)しっかりと締める, 堅くする, ぴんと張る: ~ rhafft ロープをぴんと張る; ~'ch belt ベルトをきつくして空腹を紛らす 2.(統制・政策などを)強化[厳しく]する: ~ gwarchae 封鎖を強化する 3.緊張させる 4.(無理な使い方をして背中などを)痛める: ~'ch cefn 背中を痛める *i* 1.しっかりと締まる, 固くなる, ぴんと張る: tynhaodd ei webusau 彼の口元が固く引き締まった 2.(ロープなどを)引っ張る: ~ ar raff ロープを引っ張る; ~ ar dennyn (猟犬が)あせって革紐を引っ張る; 自由を渇望する 3.(統制・政策などが)厳しくなる, 強化される

tynhäwr (tynhawyr) *m* 締め具

tyniad (-au) *m* 1.(力一杯)引くこと, 牽引(力) 2.[数学]引き算

tyniant (-nnau) *m* 1.引くこと, 牽引(力) 2.[機械]引張り装置: chwerfan (*f*) dyniant (chwerfanau ~), pwli (pwliau)(*m*)~ テンションプーリー, 張り車 3.[医学](脱臼・骨折治療などの)牽引: coes dan dyniant 牽引している脚

tynlath (-au) *f* [建築]つなぎ梁

tynnol *a* 1.[数学]減じる, 引き去る 2.緊張[張力]の: diriant (-nnau) ~ *m* [物理]引張り内力

tynnu *t* 1.強く[ぐいと]引く, 引張る, 引き寄せる: ~ (yn) eich mwstash 口髭を引張る 2.(オールを)引く,(ボートを)漕ぐ,(人を)漕いで運ぶ: ~'ch pwysau(ボートで)体重に比例した漕ぎ方をする, 一人前の働きをする, 務めを果たす 3.(腱・筋肉などを)張り過ぎて痛める: ~ cyhyr 筋肉を痛める 4.(様々な顔を)する: ~ wyneb しかめ面をする 5.[印刷](校正刷りなどを)刷る: ~ proflen ゲラを刷る 6.[野球・ゴルフ・クリ](ボールを)引張って打つ: ~ pêl ボールを引張って打つ 7.[競馬](勝たないように故意に馬を)制する: ~ ceffyl yn ei ôl 馬を制する 8.[数学]減じる, 引く, 引き去る 9.(注意・興味などを)引く, そそる: ~ sylw 注意を引く 10.(カーテンなどを)引く, 引張る, 引き寄せる:~'r llenni カーテンを開ける[閉める]; ~ rhwyd 網をたぐる; ~ bwa 弓を引く; ~ mewn bwa ar amcan [聖書]当て推量で言う(cf *1 Kings* 22:34); trên ag injan yn ei ~ 機関車に引かれる列車 11.(籤を)引く, 引き当てる: ~ blewyn cwta, ~ cwtws; ~ dob 籤を引く 12.(拳銃・ナイフなどを)抜く, 抜いて構える: ~ gwn allan 拳銃を抜く 13.(涙・笑い・非難などを)誘う, 引き出す: ~ dagrau o lygaid rhn 人の涙を誘う; ~

tynnwr 581 **tywydd**

dannedd rhn, ~ colyn rhn 人を無力[骨抜き]にする 14.(酒・水などを)汲み上げる[出す], (容器から液体を)出す: ~ gwin o gasgen 樽からぶどう酒を出す 15.(結論・情報などを)引き出す 16.(図・線を)引く(絵を)描く: ~ map 地図を描く 17.(比較・区別を)設ける 18.(帽子・衣服などを)脱ぐ, はずす 19.(物を)取り去る, 取除く: ~ rhwymyn 包帯を取除く 20.写真を撮る, 撮影する: ~ llun rhn 人の写真を撮る 21.(動物などの)内臓を抜き出す: ~ ffowlyn, ~ perfedd ffowlyn 鳥のはらわたを出す 22.(金属を)圧延加工する,(金属線を)引抜き加工する 23.[海事](船が)喫水(…フィート)である: ~ ugain troedfedd o ddŵr 喫水が20フィートである
i 1.引く, 引張る 2.(乗物が)動く, 進む 3.ボートを漕ぐ 4.(時などが)近づく, 迫る 5.(煙突・パイプなどが)通る; 風を通す 6.写真を撮る, 撮影する 7.(帆が)張る,(風をはらんで)膨らむ 8.ボールを引張って打つ

tynnwr (tynwyr) *m* 1.強く引く人 2.激しく争う人

tyno (-au) *m* [木工] ほぞ: uniad (-au) (*m*) mortais (-eisia) (*mf*) a thyno ほぞ穴接合; ~ pwt 突込みほぞ

tynrwyd (-au, -i) *f* [漁業] 地引き網, 底引き網

tyrbin (-au) *m* [機械] タービン (ガス・蒸気などの力で回転する原動機): ~ adwaith 圧力タービン

Tyrceg *mf* トルコ語

tyrchfa (-feydd) *f* (ウサギなどの掘った)穴

tyrchio : tyrchu *t* 穴を掘る, 穴に住む

tyrchwr (-wyr) *m* 1.穴を掘る動物;(特に)穴を掘ってそこに住む動物(ウサギ・キツネ・モグラなど)2.モグラを捕える人

tyred (-au, -i) *m* 1.[建築](建物・城などの角から張出した)小塔 2.[機械] タレット台

tyredog *a* [建築] 小塔のある

tyrfa (-oedd) *f* 1.群衆, 大勢; 人込 2.民衆, 大衆 3.[演劇・映画] 観客, 聴衆

tyrfau *pl* 雷, 雷鳴(の一鳴り): ~ a lluched 雷電, 雷鳴と電光

tyrfedd *m* 1.[航空] 乱気流 2.[気象](大気の)乱動, 乱気流

tyrfell (-au) *f* [洗濯] 攪拌器

tyrfwr (-wyr) *m* : **tyrfwraig (-agedd)** *f* 扇動者, 運動員

tyrfo *t* 怒鳴って(大声で)言う
i 1.雷が鳴る 2.怒鳴る; 非難する

tyrfol : tyrfus *a* 1.[航空] 乱気流の: llif (-oedd) ~ *m* 乱気流 2.[気象] 乱流の

tyrnsgriw (-iau) *m* ねじ回し, ドライヴァー

tyrpant *m* 1.テルペンチン(マツ科植物の含油樹脂)2.テレピン油

tyrpeg (-au) *m* [歴史](昔の)通行料取立門: ffordd (*f*) dyrpeg (ffyrdd ~) 有料高速道路

tyrpentinaidd : tyrpentinig *a* テルペンチンの

tyrru *i* (人などが)群がる, 寄り集まる; 押し寄せる, 殺到する

tyst (-ion) *m* 1.目撃者: llygad-dyst (-ion) *m* 2.[法律] 証人: ~ arbenigol 鑑定人

tysteb (-au) *f* 功労表彰の贈物

tystio *t* 1.目撃する 2.証明する
i 証言をする: ~ yn erbyn rhn 人に不利な証言をする

tystiolaeth (-au) *f* : **tystiolaethiad (-au)** *m* 1.[法律](法廷で行う)宣誓証言: dwyn camdystiolaeth [聖書] 虚偽の証言をする(cf *Exod* 20:16; *Matt* 19:18) 2.証拠: mewn ~ 証拠として; ~ amgylchiadol [法律] 状況[間接] 証拠; ~ achlust, ~ ail law 伝聞証拠

tystiolaethol *a* 1.証明書の 2.感謝[表彰]の

tystiolaethu *i* = **tystio**

tystiwr (-wyr) *m* : **tystwraig (-agedd)** *f* 証言[立証, 証明]者, 証人

tystlythyr (-au, -on) *m* (人物・資格などの)証明書; 推薦状

tystysgrif (-au) *f* 証明書: ~ geni 出生証明書; ~ marwolaeth 死亡証明書; T~ Gyffredinol Addysg Uwch (TGAU) (英)一般中等教育資格試験(合格証明書)(15~16歳で受ける)

tywallt *t* 1.(液体などを)注ぐ, つぐ, 流す 2.(血・涙などを)流す 3.(金などを)つぎ込む 4.(感情・物語などを)吐露する
i 1.(液体などが)流れ出る, 注ぐ 2.(雨が)土砂降りに降る雨が車軸を流すように降っている 3.殺到する, 押し寄せる

tywalltiad (-au) *m* 1.流出(物)2.土砂降り, 豪雨 3.[金加](鋳造型の)注入口;(溶解金属の)1回の注入量

tywalltwr : tywalltydd (-wyr) *m* 1.注ぐ[流す]人 2.注ぐ器具 3.(瓶の口などに付ける)注ぎ口

tywarchen (tyweirch, tywyrch) *f* 1.芝地: dan y dywarchen 土に葬られて 2.(移植用に四角に切取った)芝土

tywarchu *t* (土地を)芝生で覆う

tywel (-i, -ion) *m* タオル, 手ぬぐい, 布巾: rheilen (*f*) dyweli (rheiliau tyweli)(棒を壁に平行に取付けた)タオル掛け

tywod (-ydd) *m* 砂: ofer cuddio'ch pen yn y ~ 現実を回避しても無駄です, 知らない振りをしても役に立たない

tywodfaen (-feini) *m* [地質] 砂岩

tywodfryn (-iau) *m* 砂山, 砂丘

tywodliw *a* (頭髪が)砂色の, 薄茶色の

tywodlyd : tywodog *a* 砂の; 砂地の; 砂だらけの

tywodyn *m* 砂粒

tywotir (-oedd) *m* 砂地

tywydd *m* 1.天気, 天候, 気象: ~ teg, ~ braf,

tywyll 〜 ffein 晴天, 上天気; os bydd y 〜 yn caniatáu 天候[天候]がよければ 2.[*pl*](英) iroいろんな天気[天候]: ym mhob 〜, ar bob 〜 どんな天気でも 3.悪天候, 荒天: oherwydd y 〜 荒天のために, 時化で

tywyll *a* 1.(薄)暗い, 闇の; 暗がりの 2.(意味・内容など)不明瞭な, 曖昧な, 理解し難い 3.(人が)世に知られない, 無名の: beirdd 〜 無名の詩人 4.盲目の, 目の不自由な 5.(色彩が)黒ずんだ: glas 〜 暗青色 6.(知的・道徳的に)暗黒の, 無知無学な:y Cyfandir T〜 *m* 暗黒大陸; yr Oesoedd/Oesau T〜 暗黒時代(およそ紀元476年から1000年頃までのヨーロッパ) 7.[音声](母音が)曖昧な; 曖昧母音の: llafariad dywyll *f* 曖昧母音;([l]音が)暗い 8.[電気]暗電流の

tywyllu *t* 1.暗くする: tywyllodd cwmwl yr haul 雲で太陽が暗くなった; 〜 cyngor (忠告などして)事を一層混乱させる, 問題の焦点をぼかす; paid â thywyllu drws fy nhŷ i eto 二度と再び私の家の敷居をまたいでくれるな 2.(発音などを)不明瞭[曖昧]にする 3.黒ずませる 4.(顔・心などを)陰気[陰鬱]にする *i* 1.暗くなる 2.(色調が)黒ずむ 3.(顔などが)陰気になる 4.曖昧[不明瞭]になる

tywyllwch *m* 1.暗さ, 暗闇, 暗がり: 〜 y lleuad [天文]一ヶ月のうち月が見えない期間; mae arni ofn y 〜 彼女は暗がりを怖がる 2.曖昧, 不明瞭(な言葉)3.(肌の)浅黒さ: 〜 pryd 浅黒い顔の肌 4.無名 5.無知: yn y 〜 知らずに, 分からずに; nid gwaeth du na gwyn yn y 〜 [諺]見えない物には影響されない 6.[音声]([l]音の)暗さ

tywyn *m* 白熱[赤熱]光

tywyniad *m* 輝き, きらめき

tywynnol *a* 1.光り輝く, きらめく 2.華麗[きらびやか, 目もあや]な

tywynnu *i* 1.(太陽・星・宝石・ランプなどが)光る, 輝く, きらめく, 照る: mae'r lleuad yn 〜 月が輝いている 2.きらびやかである, 人目を奪う

tywys : tywysu *t* 1.(人を)導く, 案内する, 先導する 2.(人・動物を)連れて行く;(綱などを付けて)引いて行く: 〜 ceffyl 馬を引いて行く;(人の手を)引く: 〜 rhn gerfydd ei drwyn 人を思うように操る[牛耳る]3.[スポ]リードする

tywysen (-nau, tywys) *f*(麦・とうもろこしなどの)穂, 実: gwenith yn tywysennu 穂が出ている麦

tywysennu *i*(麦が)穂を出す

tywysiad *m*(宇宙船・ミサイルなどの)誘導

tywysog (-ion) *m* 王子, 皇子, 親王: T〜 Cymru プリンスオヴウェールズ(英国皇太子の称号); 〜 cydweddog *m* 女王の夫君

tywysogaeth (-au) *f* 1.公国 2.王子の地位[権力, 領地]3.[T〜]ウェールズ

tywysogaidd *a* 1.王子[皇子, 王侯]の 2.王侯[王侯]らしい; 威厳のある 3.(贈物・金額など)気前のよい, 豪勢な, たっぷりした

tywysoges (-au) *f* 王女, 皇女, 内親王: T〜 Cymru プリンセスオヴウェールズ(英国皇太子妃の称号)

a[服飾](婦人服が)プリンセスラインの(ウエストラインに縫い目を入れないで裾を広げ, しかも体にぴったりさせた服に言う)

tywyswr (-wyr) : tywysydd (-ion, -wyr) *m* :**tywyswraig (-agedd)** *f* 1.(受付の)案内係 2.(観光旅行団の)案内人, ガイド, 添乗員:tywyswr Alpaidd アルプスの山岳ガイド

TH

TH, th *f* (発音eθ)

thalidomid *m* [薬学] サリドマイド (催眠薬)

thalws (thali) *m* [植物] 葉状体

theatr (-au) *f* 1.劇場: ~ arena 円形劇場; ~ bypedau (theartau pypedau) 人形劇場 2.(病院の) 手術室

theatr *m* 劇, 演劇: ~ cwmni レパートリー劇; mynychwr (-wyr) (*m*) ~, mynychwraig (*f*) ~ 芝居の常連, 芝居通, 好劇家

theatraeth *f* : **theatredd** *m* 1.劇演出の仕方, 劇的表現法 2.芝居がかり [もどき]

theatraidd : theatrig *a* 1.劇の, 演劇的な 2.劇場の 3.(言行が) 芝居染みた

theatreiddio *t* 1.劇化する 2.芝居がかりにする

theistiad (-iaid) *m* [宗教] 有神論者

theistiaeth *f* [宗教] 有神論; 一神論

theistig *a* 有神論 (者) の

thema (-âu) *f* 1.主題, 題目, テーマ: parc (-iau) (*m*) ~ テーマパーク 2.[音楽] 主題, テーマ, 主旋律

thematig *a* 主題 [論題] の

theocrat (-iaid) *mf* 1.神権政治家 2.神政主義者

theocrataidd : theocratig *a* 神政 (主義) の

theocratiaeth (-au) *f* 1.神政 2.新政国家 3.聖職政治

theodiciaeth *f* [キ教] 神義論, 弁神論

theodolit (-au) *m* [測量] 経緯儀

theoffani (-iau) *m* 1.神の顕現 2.顕現した神

theogoni (-iau) *f* [神話] 神々の起源 [系譜]; 神統紀

theorem (-au) *f* 1.[数学・論理] 定理 2.(一般) 原理, 原則

theori (-ïau) *f* 1.(学問の) 理論 2.(実際に対して) 理論, 学理: ~ gemau ゲームの理論 3.学説

theosoffi *m* 神知学, 接神論

theosoffydd (-ion) *m* 神知学者, 接神論者

therapi (-ïau) *m* 療法: ~ lleferydd 言語療法

therapiwteg *f* 治療学, 療法論

therapiwtig *a* [医学] 治療上 [法, 学] の

therapydd (-ion) *m* [医学] 療法士, セラピスト

therm (-au) *m* [度衡] [物理] サーム (熱量の単位)

thermal (-au) *m* [気象] 上昇暖気流

thermodynameg *f* [物理] 熱力学

thermo-electrig *a* [物理] 熱電気の

thermol *a* [物理] 熱 [温度] の: rhwystr (-au) ~ *m* [航空・宇宙] 熱障壁; cyhydedd (-au) ~ *m* [気象] 熱赤道; uned (-au) ~ *f* [物理・化学] 熱量単位

thermomedr (-au) *m* 温度 [寒暖] 計: 'roedd y ~ ar 100 gradd; dangosai'r ~ gan gradd 温度計は100度になっていた

thermometreg *f* 1.温度測定 2.[物理] 温度測定学

thermometrig *a* [物理] 温度計上の; 温度測定の

thermoniwclear *a* [物理・原子] 高温による原子核融合反応の

thermoplastig (-au) *m* [化学] 熱可塑性物質
a 熱可塑性の

Thermos (-au) *mf* [商標] サーモス (魔法瓶)

thermostat (-au) *m* [電気] サーモスタット, 温度調節器

thesis (-au, theses) *m* [教育] 学位 [卒業] 論文

thoracs (-au) *m* 1.[解剖・動物] 胸, 胸部, 胸郭 2.[昆虫] 胸部

thrombosis (-au) *m* [病理] 血栓症; 冠状動脈血栓症

thrombws (-bysau) *m* [病理] 血栓

throtl (-au) *mf* [機械] 機関の絞り弁, レヴァー, スロットペダル

throtlo *t* [機械] (機関を) 減速する

thus *m* 乳香

thuser (-au) *f* [教会] (宗教儀式で手に提げて振って用いる) 堤香炉, 吊り香炉

thuserwr (-wyr) *m* [教会] (儀式の際の) 香炉持ち

thymws (thymysau) *m* [解剖] 胸腺

thyroid : thyroidaidd *a* [解剖] 甲状腺の

U

U, u (-au) *f*（発音iː）: U gwpan U字形カップ; U bedol U字形蹄鉄; U am Uwd［電法］（通信で）UはUncleのU; y D.U.（y Deyrnas Unedig）連合王国

ubain *i* 1.（犬・狼などが）遠吠えする 2.（人が）泣きわめく, 怒号する; 大笑いする 3.（風などが）唸る, ひゅうひゅう音を立てる

uchaf *a* 1.（地位・権力など）最も高い, 最高位の: y Goruchaf *m*［宗教］神 2.一番上の: y dosbarth ～ *m* トップクラス, 上流階級; y llawr ～ *m* 最上階 3.最高の; 最も重要な: cyflymder/cyflymdra ～ 最高速度; gêr ～ *f*［自動車］トップ［最高速］ギヤ 4.首席の 5.最大［最高］の（位置などが）上の［高い］方の, 上部の: awyr ～ *f*［気象］高層大気; llawr ～ 二階, 上階; y cylch ～ *m*［演劇］（劇場の）三階桟敷 7.（対または組になっている物の中で）上の方の: y wefys ～ *f* 上唇; lledr(-au) ～ *m*［製靴］（靴の）甲革 8.上手［上流, 奥地］の 9.（等級・地位・身分など）上位［上級］の 10.［教育］上級［高等］の: rhan(*f*)～ yr ysgol(英)上級中学

uchafbwynt (-iau) *m* 1.（劇・事件などの）絶頂, 最高潮; 最高［極］点 2.頂点, 極点, 絶頂 3.［数学］最大値 4.［音楽］クライマックス 5.［医学］性的快感の絶頂, オルガスム 6.［生態］（動植物群落生活の）極相, 極盛期: ～ rhewliol［地理］最終氷期最盛期［極大期］

uchafiaeth *f* 1.至高, 至上, 最高; 最高位 2.主権; 最上権, 覇権, 支配権 3.優越 4.（身体の左右一対の器官の）機能的不均斉 5.［生物］（遺伝形質の）優性: ～ lllygad chwith 左眼優位性

uchafrif (-au) : uchafswm (-symiau) *m* 1.最高点, 最大限［量］, 極限 2.［数学］極大

uchafu *t* 1.最大限度にする, 極大化する 2.最大限に活用する 3.［数学］最大化する

uchder (-au) : uchdwr *m* 1.高いこと; 高さ; 身長: wal chew throedfedd o ～ 高さ6フィートの壁; ～ teip［印刷］活字の高さ 2.高値 3.高地, 高台, 丘 4.［航空］（航空機などの）高さ, 高度 5.［地理］高度, 海抜, 標高: ～ uwchben lefel y môr, ～ uwch ben y môr 海抜 6.［天文］高度

uchderol *a* 高い, 高度の（ある）

uchel *a* 1.（高さが）高い: cadair ～ *f*（食事用）子供椅子 2.（地面などから離れて）高い: y rhaff ～ *f*（綱渡りの）高張り網 3.（身分・地位などの）高い, 高貴な: swyddog (-ion) ～ *m* 高官 4.（学問・文化程度の）高等な, 高度に進んだ: celfyddyd ～ *f* 純芸術 5.（物価・料金・値段など）高い, 高価な 6.（声・音などが）高い, 大きい: sŵn ～ 大きな物音 7.（温度など）高い, 過度に高めた 8.（信仰・主義・意見・感情など）激しい, 強烈極端: ～-Dori *m* 極端な保守党員 9.主な, 主要な; 重大［重要］な: ～ frad *m* 大（反）逆罪 10.（人・行為など）傲慢［横柄］な 11.（思想・気品など）高尚［高潔］な, 気高い 12.意気盛んな 13.一杯機嫌の 14.［英・大学］ハイテーブル（食堂の学生用より一段高い学長・教授用食卓）15.［U～］高教会派の: yr Eglwys U～, yr U～ Eglwys *f* 高教会派

uchelarglwyddiaeth (-au) *f*［歴史］（多くの荘園を含む）大領地

uchelder (-au) *m* 1.高地, 高台, 丘 2.［U～］（皇族に対する敬称呼掛けに用いて）殿下: Ei U～ Brenhinol 殿下

ucheldir (-oedd) *m* 1.高地, 山地, 丘 2.［*pl*; U～］スコットランド高地地方: yr Ucheldiroedd, Ucheldiroedd yr Alban スコットランド高地地方

ucheldirol *a* 1.高地の 2.［U～］スコットランド高地地方の

ucheldirwr (-wyr) *m* 1.高地人 2.［U～］スコットランド高地人

ucheldrem *a*（人・行為など）傲慢［横柄］な

uchelfan (-nau) *f*［聖書］古代セム族の丘の上の神殿［祭壇］（cf *1 Kings* 3:4)

uchelfar *m*［植物］ヤドリギ, 寄生木（クリスマスの装飾用）

uchelfraint (-freintiau) *f* 特権, 特典; 大権

uchelfreiniol *a* 特権［大権］の, 特権のある

uchelfryd : uchelfrydig *a*（人が）気高い, 高潔な

uchelfrydedd *m* 高潔, 高尚

uchelgaer (-geyrydd) *f*（市街を見下ろして守護する）砦, 城砦

uchelgais (-geisiau) *mf* 1.大望, 野心, 野望 2.野心の的

uchelgeisiol *a* 大望［野心］のある

uchelgyhuddiad (-au) *m* 1.非難; 告訴, 告発 2.［法律］弾劾

uchelgyhuddo *t*［法律・政治］1.（人を）告発［告訴］する 2.弾劾する

uchelseinydd (-ion) *m* 拡声器

uchelwr (-wyr) *m* : **uchelwraig (-agedd)** *f* 高貴の生まれの人; 貴族

uchelwrol *a* 1.貴族の 2.貴族的な 3.貴族政治［主義］の

uchelwydd *m* = **uchelfar**

uchelwyl (-iau) *f* 典礼を好む教会の祝祭

uchgapten (-teiniaid) *m*［陸軍・米海兵・米空軍］少佐

uchod *ad* 1.上方に［へ］; 階上に: llais oddi ~ 上からの声 2.上述［前述］の 3.上流に 4.上位に

udain *i* = **ubain**

udiad (-au) *m* 1.(犬・狼などの)遠吠えの声 2.呻き［わめき］声 3.大笑い 4.［通信］ハウリング

udo *t*(言葉などを)わめきながら言う
i 1.(犬・狼などが)遠吠えする 2.(人が)泣きわめく, 怒号する 3.(風などが)唸る, ヒューヒューいう

ufudd *a* 従順［素直］な

ufudd-dod *m* 従順, 服従

ufuddhau *t*(人・命令などに)従う, 服従する
i 服従する

ufuddhäwr (-hawyr) *m* 服従者

uffern (-au) *f* 1.地獄: pyrth ~ 地獄の門 2.この世の地獄, 修羅場: mae'n ~ bach それはこの世の地獄だ 3.［怒りなどを表す間投詞］畜生: ~ dân!, ~ ddiawll, myn ~ i! 畜生!

uffernol *a* 1.地獄の(ような) 2.極悪非道な 3.不愉快な, 実に嫌な

ugain (ugeiniau) *m* 1.20; 20の記号 2.20個［人, ポンド(など)］ 3.20歳 4.［*pl*］(世紀の)20年代;(年齢の)20代: mae hi yn ei hugeiniau 彼女は年齢が20代です
a 1.20［個, 人］の: ~ geneth, ~ o enethod 20人の女の子たち; ~ mlynedd 20年 2.20歳で: ~ (mlwydd)oed 20歳

ugeinfed (-au) *mf* 1.第20 2.(月の)第20日: Mawrth yr ~ 3月20日 3.20分の1
a 1.第20(番目)の: yr ~ ddafad 20番目の羊 2.20分の1の

ugeinplyg *a* 1.20倍［重］の 2.20部分［要素］のある

ugeinwaith *ad* 20倍［重］に

ulw *m* 1.(石炭などの)燃え殻, おき, 灰; 石炭殻: llosg'in ~ 黒焦げにする 2.［地質］噴石: côn (conau) (*m*) lludw 噴石丘

un (-au) *m* 1.一人, 一つ, 1個: â dau ~ yr ysgrifennir ~ ar ddeg 11は2つの1で書かれる; tri yn ~ 三位一体; rhif ~ 第1番［号］; fesul ~ a dau 一つ二つ［一人二人］ずつ(ぽつぽつ, ぽつりぽつり); ~ o'r gloch 1時 2.1の数字［記号］3.1時; 1歳; 1ポンド［ドル］紙幣 4.一撃, 一発, 一杯(の酒): mi ges i ~ bach/ fach sydyn yn y dafarn 私はパブできゅっと

一杯ひっかけた; ~ bach/fach 最後の一杯
pron 1.［指示代名詞］(特定または非特定の)人, 物: pa ~? どちら?; yr ~ (sydd) ar y bwrdd テーブルの上にある物 2.［修飾語を伴って］(特定の)人, 物: dyna ~ dda! そりゃ嘘もいいところだ!, 何という嘘だ! 3.［特定の人・物の中の］一人, 一つ, 1個:; ~ ohonynt hwy 彼らの中の一人; mae'n ~ o'r teulu 彼は家族の一員です 4.［驚きを表して］変わった［面白い］人: ~ glas wyt ti!, ~ da wyt ti! 君は変わった人だ! ~ ac oll だれもかれも
a 1.1［1個, 一人］の: ~ bachgen 一人の少年; ~ bunt ar hugain 21ポンド; cant ac ~ o bethau 101個の物; ~ dyn, ~ bleidlais 一人一票; y Mil ac U~ Noswaith , y Fil Noswaith ac U~「千一夜物語」 2.1点で 3.唯一(無二)の: ~ yw Duw 神は一つなり 4.同じ, 同一の: yr ~ 同じ, 同一の; aeth pawb i'r ~ cyfeiriad 全ての人々が同一方向へ行った 5.［過去の日時に付けて］ある:~ diwrnod ある日

unawd (-au) *mf* 1.［音楽］ソロ, 独唱［奏］; 独唱［奏］曲: ~ i ffidil ヴァイオリン独奏 2.［トラ］ソロ

unawdwr : unawdydd (-wyr) *m* : **unawdwraig (-agedd)** *f*［音楽］独唱奏家

unben (-iaid) *m* 1.［政治］独裁者, 専制君主: ~ tadol［歴史］啓蒙専制君主 2.暴君

unbenaethol *a* 1.独裁者の 2.専制［独裁］的な 3.横暴な

unbennaeth (unbenaethau) *f*［政治］1.専制政治, 独裁制 2.独裁［専制］国家 3.独裁者の職［任期］; 独裁権

uncorn (-cyrn) *m*［伝説］一角獣

undeb (-au) *m* 1.(二つ以上のものを一つに)結合(すること) 合体; 合同; 団結オックスフォードユニオン主にオックスフォード大学から会員を集める弁論団体 2.(特に国と国との関係の)連合, 合併 3.［しばしばU~］連合国家, 連邦: Jac (*m*) yr U~ (Jaciau'r U~) 英国国旗, ユニオンジャック; yr U~ Sofietaidd, U~ y Sofietau［歴史］ソ連邦 4.(共同目的で結合した)同盟, 連合: ~ tollau 関税同盟; ~ llafur 労働組合; U~ Cenedlaethol yr Athrawon イギリス全国教員連合 5.(英)救貧区連合; 救貧院連合: ~ deddfau'r tlodion 救貧区連合

undebaeth *f* 労働組合主義: ~ lafur 労働組合主義［運動］

undebol *a* 労働組合の

undeboliaeth *f*［英・政治］(19世紀末の)連合［統一］主義(大ブリテンとアイルランドとの統合を支持した政治運動)

undebwr (-wyr) *m* : **undebwraig (-agedd)** *f* 労働組合主義者; 労働組合員

undod (-au) *m* 1.(感情・気分などの)一致(団結), 調和, 和合: byw mewn ~ 和合して

Undodaidd 586 **unig**

生活する 2.[演劇](時・場所・行動の)三統一 [三一致](の法則): yr undodau dramatig 三統一（の法則）

Undodaidd a ユニテリアン派の

Undodiaeth f [宗教]ユニテリアン派の教義

Undodwr (-wyr) m : **Undodwraig (-agedd)** f [宗教]ユニテリアン派の信奉者

undon : un-don f 1.(話し方・読み方などの)単調 2.(色彩・文体などの)単調 3.[音楽]単調音

undonedd m 1.単調さ, 一本調子; 退屈 2.[音楽]単音, 単調

undonog a 1.単調な, 一本調子の; 退屈な 2.(声・音が)単調な

undonogi t 単調にする

undydd a 一日の

undyn a 一人だけの, 個人の; 一人だけでする

uned (-au) f 1.(それ自身で完全な)単一体, 1個, 一人; 一団: pris (m) ~ 単価 2.(度量衡・通貨などの)単位: ~ ariannol [金融]通貨単位; ~ màs (unedau màs)[物理]質量単位 3.[数学](数の単位としての)1; 1位の数 4.(全体の一構成分子を成す)編成 [構成]単位, ユニット: ~ gofal arbennig [医学]集中治療部[病棟] 5.(特定の機能を持つ)設備, 装置: ~ fewnbwn/allbwn (unedau mewnbwn/allbwn)[電算]入力[出力]装置 6.(ユニット式家具などの)一点: ~ gegin (unedau cegin)キッチンユニット 7.[経済]ユニット型投資信託の最小単位シェア: deiliad (deiliaid) (mf) unedau [証券]ユニットトラストの受益者 8.[軍事]部隊

unedig a 1.(同じ目的に)協力[団結]した 2.(国など)合併[連合]した: y Deyrnas U~/Gyfun 連合王国; y Cenhedloedd U~ 国際連合; Corff (m) Addysgol, Gwyddonol, a Diwylliannol y Cenhedloedd U~ ユネスコ, 国連教育科学文化機関

unedol a 1.単一の: gwladwriaeth (-au) ~ f 単一国家 2.単位の 3.[数学]一元の 4.[哲学]一元論の 5.[政治]単一政府制の

unfalensi m [化学]一価

unfalent a 1.[化学]一価の 2.[生物・遺伝](染色体が)一価の

unfarn a 1.同意見で, 合意して 2.(投票・決定など)満場[全員]一致の, 異口同音の

unfath a 1.全く同じ[同一]の 2.(別個のものが)同じ, 等しい; 一致して 3.[数学]同一[恒等]の 4.[外交](文書が)同文の

unfathiant m [数学]恒等(式); 恒等関数; 単位元: elfen (-nau) (f) ~ 単位元

unfathrwydd m 全く同じであること, 同一(性), 一律

unfed a (複合数で)第一(番目)の: ~ ar hugain 21番目の

unflwydd a [植物]一年生の

unflwyddiad (-iaid) m [植物]一年生植物: blodyn unflwydd caled 耐寒性の[霜に強い]一年生植物

unfryd : unfrydol a = **unfarn**

unfrydedd m 満場一致, 全員の合意

unffordd a 1.一方(通行)の 2.(切符が)片道の 3.(感情・会話など)一方的な

unffurf a 1.同じ形式[形状, 型, 色]の; 同様の: costiad (-au) (m) ~ [商業]統一原価見積; teitl (-au) ~ m [図書]統一表題 2.(行動・意見など)一定不変の 3.[数学]一様な

unffurfedd (-au) m : **unffurfiaeth (-au)** f 1.一様, 同様 2.一定不変, 一貫性: Deddf Unffurfiaeth [英史](礼拝)統一法, 統一令 (1549~1552年(Edward六世), 1559年 (Elizabeth一世), 1662年(Charles二世)に制定された)3.均一, 画一, 一律 4.[数学]一様(性)

unffurfwisg (-oedd) f [軍事・教育]軍服, 制服

ungell : ungellog a [生物]単細胞の

unglust a 単一の耳を持つ

ungoes a 一本足[片足]の

ungorn (-gyrn) m = **uncorn**: môr-~ (~-ungyrn), morfil (-od) (m)~ [動物]イッカク, 一角

uniad (-au) m 1.統一, 単一化 2.結婚 3.(二つ以上の物を一つに)結合(すること), 合体; 団結 4.(政党・党派などの)連合, 合同, 提携 5.[木工](木材の)差し口, 仕口; 接合個所, 継目: ~ cynffonnog 蟻継手; ~ bocs 噛み合せ留め 6.[機械]ユニオン継手

uniaeth (-au) f 1.同一人[本人]であること; 正体, 身元 2.同一であること, 一致: [論理]同一律

uniadu t [木工](継目で)接合する, 継ぎ合せる

uniadwr (-wyr) m 接合工

uniaethiad m [社会学]同一[帰属]化, 一体感

uniaethu t 1.(人・物を…と)同一であると見なす, 同一視する 2.(政党・政策などで)提携する; 関係[共鳴]する 3.[精分](自己と他人を)同一化する

uniaethwr (-wyr) m 確認者, 鑑定人

uniaith a 一種類の言語だけを話す

uniawn a (人・行為など)正しい, 公正[公平]な

unig a 1.唯一の, たった一人[一つ]の: yr ~ etifedd たった一人の相続人; ~ fab 一人息子; ei ~ obaith 彼の唯一無二の希望 2.一人(ぼっち)の, 孤独な: blaidd (bleiddiaid) ~ [動物]一匹で行動する狼; mae'n aderyn ~ 彼は一匹狼[一人で行動する人]だ; colofn (-au) (f) pobl ~ (新聞の)独り者のための欄 3.単独[一手]の, 独占的な 4.単独で働く, 単力の: ~ berchenogaeth f 単独所有権 5.(場

所など) 人里離れた, 人跡まれな; 寂しい

unigedd (-au) *m* 1.孤立, 孤独, 独居; 寂しさ: byw mewn unigrwydd 一人で孤独に暮す 2.隔離, 隔絶 3.寂しい[人里離れた]場所

unigo *t* [化学] 単離 [遊離] させる

unigol (-ion) *m* [文法] 単数 (形), 単数形の名詞
a 1.単一 [一個, 個々, 各個, 別々, それぞれ] の: premiwn (premiymau) ~ *m* [保険] 一時払い保険料 2.[文法] 単数 (形) の

unigolaidd : unigoledig *a* 個別化された

unigoleiddio : unigoli *t* 個性を発揮させる [与える]

unigoliaeth *f* : **unigolrwydd** *m* 1.個性 2.個人, 個体, 単一体 3.個人的特徴, 特質,特性, 特異性 4.個人主義

unigolydd (-ion, -wyr) *m* 個人主義者

unigolyddiaeth *m* 個人主義

unigolyddol *a* 1.個人の, 個人的な: dysgu ~ 個別学習 2.個人主義 (者) の

unigolyn (unigolion) *m* 1.(集団の一員としての) 個人 2.[修飾語を伴って] 人, 人間 3.(物の) 一単位 4.[哲学・論理] 個体, 個物 5.[生物] 個体

unigrwydd *m* = **unigedd**

unigryw *a* 1.独特 [ユニーク] な, 独自の 2.唯一 [一意] の 3.[数学] 一意的な: parth (*m*) ffactoriad ~ 素分解整域 [環], 一意分解環

unigrywiaeth *f* 1.比類ないこと, 独特, 独自性 2.[数学] 一意性

unigyn (unigion) *m* 孤独者, 隔離集団

union *a* 1.(行為・描写・知識など) 正確 [的確] な: copi ~ o ddogfen 文書の正確な写し 2.精密 [厳密] な 3.(時間・数量など) 正確な, ちょうどの 4.(法律・命令など) 厳重 [厳格] な 5.(人が) 几帳面な 6.まさにその: yr ~ air まさにその言葉 7.正しい, 正確な 8.真っすぐな, 一直線の: llinell (-au) ~ *f* 直線 9.(柱など) 直立した, 真っすぐな: mor ~ â saeth 直立した, 堅苦しい 10.整頓 [きちんと] した 11.[電気] 整流した

unionadwy *a* 正す [直す] ことができる

uniondeb : unionder *m* 1.真っすぐなこと, 一直線 2.正直, 清廉 3.正義, 公平, 公正 4.(判断・方法などの) 直線-gred

uniongred : union-gred *a* 1.正統の, 正しいと認められた, 是認された 2.[宗教] 正統派の 3.[U~] [キ教] 東方正教会の

uniongrededd *m* 1.正統派の信仰 [学説] 2.正統派の慣行

uniongyrchol *a* 1.直接の: achos ~ *m* 直接的原因; cost ~ *f* [経済] 直接費 2.正系 [直系] の: disgynnydd ~ 直系の子孫, 直系卑属 3.先祖伝来の 4.線 (状) の 5.真っすぐな, 直進の: y ffordd ~ *f* 真っすぐな道, 一本道, 最短路 6.(人・行動など) 率直な, 単刀直入の: ateb ~ 直答 7.[文法] 直接の: araith ~ *f* 直接話法

8.[音楽] 並行の 9.[電気] 直流の: cerrynt ~ 10.[天文] (惑星など) 順行の

uniongyrchedd *m* 1.(返答など) 率直 2.一直線

unioni *t* 1.(誤り・人などを) 改正 [修正, 訂正, 矯正] する, 直す: ~ cam/camwedd 不正を正す 2.正しい位置に戻す, 真っすぐにする 3.整頓する 4.[幾何] 直線に直す; (弧・曲線の) 長さを求める, 求長する 5.[印刷・活字] 行間 [字間] を整える, 調節する 6.[電気] 整流する

unioniad *m* 1.[幾何] 求長法 2.[電気] 整流

unionlin *a* 1.線 (状) の, 直線の [で囲まれた]: cloddwaith ~ *m* [考古] 線形土工; rhaglen ~ *f* [教育] 線形計画 2.直線に進む 3.直系 [正統] の 4.[数学] 一次の: hafaliad (-au) (*m*) ~ unradd/llinellol 一次方程式 5.[物理] 線形の: cyflymydd ~ *m* 線形加速器

unionlinedd *m* 直系であることの質または特徴

unionsgwar *a* 1.垂直の, 直立した 2.直角を成す 3.(坂・山など) 切り立った, 非常に険しい 4.[しばしばU~] [建築] 垂直様式の

unionsyth (-ion) *a* 1.(柱・人など) 真っすぐな, 垂直の, 直立した: sefyll yn ~ 直立する 2.(幅より縦が長い) 竪型の: piano (-s) ~ *mf* 竪型ピアノ 3.頂上 [天頂] にある 4.[幾何] 180度の: ongl (-au) ~ *f* 平角, 二直角 5.(弾道が) 垂直の 6.[航空] 垂直上昇 [下降] の: esgyniad ~ *m* 垂直上昇; glaniad ~ *m* 垂直着陸

unionsythder *m* 垂直, 直立

unionwr : unionydd (-wyr) *m* 1.改正 [修正, 矯正] 者 2.矯正機 3.[電気] 整流器; 整流素子

unllaw *a* 1.片手しかない; 片手利きの 2.片手で使う

unlliw *a* [美術] 単色 [単彩] の

unllygeidiog *a* 1.一つ目 [一眼, 片目] の 2.視野の狭い, 偏狭な

unman *ad* [否定文に用いて] どこにも [どこへも] (…ない): yn ~ どこにも…ない; 'rwyfyn methu cael hyd iddo yn ~ 私はそれをどこにも見つけ出すことができません

unnos *a* 一夜だけの: sioe (-au) (*f*) ~, perfformiad (-au) (*m*) ~ 一夜興行 [公演]

uno *t* 1.接合 [結合] する, つなぐ: ~ â rhn 人と手をつなぐ 2.(結婚・友情・同盟などで) 結合 [連合, 合体, 結婚] させる: ~ dau mewn glân briodas 二人を教会で結婚させる; ~ gŵr a gwraig 男性と女性を結婚させる; ~ dwy wlad, ~ un wlad â gwlad arall 一つの国を他の国と合併させる 3.兼備 [兼職, 兼務] する *i* 1.行動を共にする; 参加する 2.結合 [連合, 合体] する, 一体になる

unochrog *a* 1.一方の, 片側だけの; 一方的な: datganiad (*m*) ~ o annibyniaeth (他国の支配化にある国の) 一方的独立宣言 2.一方に偏

unol — **utganwr**

した, 偏見のある, 不公平な 3.[法律]片務的な

unol *a* 一つにする, 統合的な; 団結[結束]した; 合併[連合]した; 統一[統合, 一体化,単一化, 一元化]された: yn ~ â rhn 人と一致して

unoli *t* 一つ[一体, 一様]にする, 統一[統合]する

unoliaeth *f* 1.単一[同一]性 2.一致, 調和

unplyg *a* 1.(一つの目的に向かって)ひた向きの, 一意専心の 2.誠実[正直]な

unplygrwydd *m* 1.専念 2.正直, 誠実

unrhyw *a* 1.[疑問文・条件節で名詞の前に用いて]幾らかの[何人かの]…: a oes ~ obaith? 望みがありますか?; ychydig sydd os oes ~ un, os oeas ~ rai たとえあるとしても少ない, 何か[どれか]一つの, 誰か一人の 2.[否定文で名詞の前に用いて]少しも(…ない), 何も(…ない), 誰も(…ない); 何か一つの(…もない), 誰か一人の(…もない): nid oes ganddo ~ achos cwyno 彼には不平を言う理由はない 3.[肯定文で]どんな…でも, どれでも…, 何[誰]でも…: fe ddywed ~ feddyg hynny どんな医者でもそう言うでしょう; caiff ddod ~ bryd a fynno 彼はいつでも好きな時に来れる; ar ~ adeg/awr 昼夜を問わず 4.同種[質, 性]の, 等[均]質的な 5.[数学]同次の

unrhywbeth *pron* 1.[肯定文で]何でも 2.[疑問文で]何か~ arall? 他に何か?

unrhywdod : unrhywedd *m* 1.男性女性の区別のつかない様相[外見] 2.[生物]単性

unrhywiaeth *f* 1.同種, 同質, 同性, 同一 2.等質, 均一 3.[数学]同次性

unrhywiol *a* 1.男性女性の区別のつかない 2.[生物]単性の

unsain (-seiniau) *f* 1.[音楽]同音, ユニゾン; 斉奏[唱] 2.調和, 一致, 和合
a 1.[音楽]同音の 2.斉奏[唱]の 3.一致[和合]する

unsill : unsillaf : unsillafog *a* 1.(語が)単音節の 2.単音節語を使う 3.(言葉が)短く素っ気ない

unsillaf (-au) *f* 単音節語

untrac *a* [鉄道]単線の

untrew *m* くしゃみ

unwaith *ad* 1.一回, 一度: ~ yr wythnos 週に一回; ~ eto もう一度 2.昔(ある時), かつて, (童話の最初に用いて)昔々 3.[条件・時の副詞節中で]いったん(…すれば) 4.[否定文で]ただの一度も(…ない) 5.ar ~ すぐに, 直ちに
conj ひとたび[いったん]…すると, …してしまえば: ~ bod y llong wedi mynd, bydd y lle 'ma'n tawelu ひとたびその船が去ってしまえば, ここは静かになります

unwedd *a* 1.(外見・量など)同様な, 類似の, 等しい 2.(二つ以上のものが)似ていて 3.…のような

ad 1.同様に, 同じように 2.なおまた, その上 3.[同意を表して](私も)同様[同感]です

unwerth *a* [数学]一価の

urdd (-au) *f* 1.[*pl*][教会]聖職: urddau cysegredig/eglwysig 牧師[司祭]の階級; prif ~ [カト]上級聖職階(上から司祭, 助祭, 副助祭の職階); [通例*pl*]聖職叙任 2.(カトリックなどの)修道会: ~ fynachaidd 修道会 3.[しばしばU~](英)勲章, 勲位: U~ y Gardas Aur ガーター勲章[勲位](勲爵士(knight)の最高勲位; 受勲者は24人に限定); U~ Teilyngdod メリット勲章[勲位](文武に功績のあった24人に限り与えられる名誉勲位) 4.(中世の)ギルド: sosialaeth (*f*) ~ ギルド社会主義; neuadd (-au) (*f*) ~ 中世ギルドの集会場, ギルド会議所 5.[生物](動植物分類上の)目

urddas *m* 1.(人格などの)尊さ, 尊厳 2.(風采・態度などの)威厳, 荘重 3.高位: 位階, 爵位

urddasog (-ion) *mf* 高位[高官]の人;(特に)高僧

urddasol *a* 1.高位[高官]の 2.威厳[品位]のある 3.(記念碑など)堂々とした, 壮大な

urddasoli *t* 1.威厳をつける, 高貴にする 2.(誇称的に)もったいをつける, 偉そうな名で呼ぶ

urddasolyn (-olion) *m* = **urddasog**

urddiad (-au) *m* [キ教]聖職叙任(式); 叙階[叙品](式)

urddo *t* 1.[キ教](人を)牧師[司祭]に任命する 2.(人にナイト爵位などに)授与する

urddoliaeth (-au) *f* 1.[集合的]貴族階級 2.貴族の地位[身分]

uurddolyn (-olion) *m* [英]貴族

urddwisg (-oedd) *f* 法衣, 祭服

uslyd : usog *a* 1.籾殻の多い[のような] 2.つまらない

ust *int* しっ!, 静かに!

ust *m* 静けさ

ustus (-iaid) *m* 1.(司法権を持つ)行政長官 2.[法律]治安判事, 微罪裁判官

usuriaeth *f* 1.高利で金を貸すこと, 高利貸し 2.法外な高利

usuriaidd *a* 高利貸しの

usurieiddiwch *m* 法外な利子の高さ

usuriwr (-wyr) *m* : **usurwraig (-agedd)** *f* 高利貸し

usyn (us) *m* 1.[植物]頴(苞), はかま 2.[*pl*]籾殻

utgannol *a* (象・白鳥など)トランペット[らっぱ]のような鳴声を出す: alarch (elyrch) ~ *m* [鳥類]ナキハクチョウ

utganu *i* 1.トランペット[らっぱ]を吹く 2.(象が)トランペットのような高い声で鳴く 3.(白鳥が)響き渡るような声で鳴く

utganwr (-wyr) *m* 1.トランペット奏者; らっぱ手 2.吹聴者, 提灯持ち 3.[鳥類]ラッパチョウ

utgorn | 589 | **uwd**

4.[魚類]オーストラリア・ニュージーランド産銀色の27~36kgに達する食用海産魚

utgorn (utgyrn) *m* [音楽]トランペット

uwch *a* 1.[教育]進歩した, 高等の: gradd (-au) ~ *f* 高級学位(修士号・博士号); Lefel U~ *f* (英)(一般教育証明書(G.C.E.)試験の)上級課程; uwchefrydiau 高等学術研究; uwchfeirniad(-iaid) *m* 高等批評家 2.(位置・階級が)上位[上級, 高級]の: yr ~-gylch *m* [劇場]三階桟敷; ~-ddarlithydd (~-ddarlithwyr) *m* (大学の)上級講師; llys (-oedd)~ *m* 高等[上位]裁判所 3.先輩[先任, 古参]の: athro(athrawon)~, uwchathro (uwchathrawon) *m* 古株の教師 4.(質・程度など)優秀な, 上等[上質]の: plentyn o radd ~ 優秀な子供 5.上流の 6.地上の 7.[印刷]上[肩]付きの: uwchlythyren (-lythrennau)上付き文字 8.[解剖・動物]他の器官の上に付いた 9.[生物](動植物分類上)一層包括的な 10.[天文](惑星が)地球の軌道外に軌道を持つ: uwchblaned (-au) *f* 外惑星(火星・木星など地球軌道の外側を運行する惑星)

prep 1.[離れた位置]…の上方[頭上, 真上]に: bargodi ~ rhth 何かの上に突き出る 2.[支配・地位・優位]…を支配して; …の上位に; …に勝って: mae'n ~ na mi; mae ~ fy mhen 彼は私の上司[上役]です 3.[数量・範囲]…を越えて

uwchallgyrchol *a* 超遠心分離機の

uwchallgyrchu *t* 超遠心分離機にかけて分離する

uwchallgyrchydd (-ion) *m* [物理・化学]超遠心分離機

uwchben *prep* 1.[方向・場所]…より上に[へ], …より高く[い]; …の真上[頭上]に: mae ei ~ y drws 彼の名前はドアの上にある 2.(物が覆いかかるように)…の上へ[にのしかかるように: plygai ~ ei waith 彼は屈み込んで仕事をしていた 3.[地位・身分]…より上位の[に], …に優って: ~ eich digon 思い上がって, 自惚れて

ad 1.天[空]に: y nef ~ 頭上の空 2.上の方に[へ]; 階上に: y fflat ~ 階上のフラット

uwchblyg (-iadau) *m* [地質]背斜(褶曲)

uwchbridd (-oedd) *m* 表土

uwchbrisiant *m* [会計](資産の)評価引上げ, (法人資産の)過大評価

uwchdir (-oedd) *m* 高地, 高台

uwchdon (-au) *f* [物理]上音

uwchdonydd (-ion) *m* [音楽](音階の)第二音, 上主音

uwch-ego (-au) *m* [精分]超自我

uwchfarchnad (-oedd) *f* スーパーマーケット

uwchfioled *a* 1.紫外(線)の 2.紫外線を出す[用いる]

uwchganolbwynt (-iau) *m* [地震]震央

uwchganolbwyntiol *a* [地震]震央の

uwchgapten (-teiniaid) *m* = uchgapten

uwchlaw *prep* 1.[方向・場所]…より上に[へ], …より高く[い]; …の真上[頭上]に; …より上の階に 2.[数量・程度]…を越えて[て]: byw ~ch moddion 収入以上の生活をする; ~ popeth とりわけ, 就中 3.…の先[向こう]に: mae mynydd yn codi ~'r llyn 山は湖の向こうに聳えている 4.(音が)…よりひときわ高く: clywid ei lais ~'r twrw 彼の声は騒音の中でも聞き取れた 5.(人が高潔で)…するようなことはしない: mae ef ~ dweud celwydd 彼は嘘をつくような人ではない

uwcholwg (-olygon) *m* 図面, 平面図; 設計図

uwchradd : uwchraddol *a* 1.[位置・階級]上位[上級, 高位]の 2.中等学校[教育]の: addysg uwchradd *f* 中等教育 3.(学問・文化程度の)高度に進んだ, 高等: ysgol (-ion) uwchradd *f* 高等学校 4.上流階級(独特)の 5.(米)(高校・大学の)上級生の

uwchraddio *t* 1.(職員などを)格上げする, 昇格させる 2.(製品などの)品質をよくする 3.[電算]アップグレードする

uwchraddoldeb *m* 優越, 卓越, 優勢

uwchsain (-seiniau) *f* [音楽]倍音(上音の一種)

uwchseinaidd : uwchsonig *a* 1.超音速の 2.[航空]超音速で運行する 3.[物理]超音波の

uwchseineg : uwchsoneg *f* [物理]超音波学

uwchsonig (-ion) *mf* 超音波

uwd *m* ポリッジ(オートミールに牛乳または水を入れて煮た粥; 朝食用)

V | 590 | weiren

V

V, v f (vi: (fi:), pl -au): V am Victor [電法] V
はVictorのV; toriad (-au) (m) V [木工] Vカッ
ト造作材; gwddf (gyddfau) (m) V [洋裁] V
ネック; ffrog (f) wddf V Vネックのドレス

W

W, w f (発音u:, pl wau); W am Wil [電法] W
はWillyのW

wab (-iau) m (平手などで) ピシャリと打つこと

wad (-iau) mf 1. (綿・毛などの) 小さな塊 2. (柔
らかい物を丸めた) 詰め [当て] 物 3. パン, サン
ドウィッチ

wadi (-ïau) mf [地理] ワジ, 涸谷 (アラビア・北
アフリカ地方の雨季以外は水のない河床)

wado t 打つ, 連打する, 叩く, 打ちのめす, 鞭打
つ

waffer (-i, -s) f [料理] ウエファース (薄い軽焼
き菓子)

waffl (-au) mf [料理] ワッフル

wagen (-ni) f 1. (通例2頭以上の馬が引く) 四
輪大型荷馬車: ~ do (wagenni to) 幌馬車
2. [鉄道] (英) 無蓋貨車 3. (米) トラック, 貨物
自動車 4. 荷物運搬車: ~ fforch godi フォークリ
フトトラック (フォークリフトの付いた荷物昇降運
搬車); ~ wartheg (wagenni gwartheg) 牛
輪送用トラック

wagenwr (-wyr) m (荷馬車の) 御者

wal (-iau, welydd) f 1. (建造物の) 壁, 内壁, 外
壁; 仕切壁: ~ gydrannol (waliau cydrannol)
(隣接地・隣接家屋との) 境界 [共有, 仕切] 壁
2. (石・煉瓦などの) 塀: ~ gerrig (waliau cerrig)
石垣; ni waeth i mi siarad â'r ~ ddim 私は
聞く耳を持たない人に話したほうがいい 3. [通例
pl] 防壁, 城壁: ~ amgylchynol 囲壁城壁

walblad (-iau) f [建築] 敷桁

walbon m 鯨のひげ: morfil (-od) (m) ~ [動
物] ひげ鯨

waldio t 1. (拳骨・棒などで) ゴツン [ドン] と打
つ, 打据える, 叩く, 連打する 2. (物を) ゴツン [ド
ン] とぶつける

waled (-i) f 1. (通例折畳式革製の) 札 [紙] 入
れ 2. (革製の) 書類入れ

wanws m 荷馬車置場

wâr f 1. [集合的] [通例pl] 商品 2. [通例複合
語の第2構成素として] (材料を表す名詞に付
けて) 製品; (料理をする場所を表す名詞に付
けて) 用品; (産地名を付けて) 陶器

warant (-au, -oedd) f 1. 保証 2. [法律] (逮
捕・拘引などの) 令状

warantî (-ïau) f [商業] (商品の品質などの)
保証書: ~ ddatganedig [法律] 明示的保証;
~ oblygedig (warantiau goblygedig) 黙示
の保証

warws (warysau) mf 倉庫

wasier (-i) f [機械] (ボルトの) 座金, ワッシャー

watsh (-is) f (携帯用) 時計: ~ arddwrn 腕時
計

watt (-iau) mf [度衡] [電気] ワット (電力の単
位): ~-awr (~-oriau) f ワット時 (1時間1ワット
の電力)

wattedd (-au) m [電気] ワット数

wbwb mf 1. ガヤガヤ (いう騒音) 2. 騒ぎ

wdward (-iaid) m (英) 森林管理人

webin (-au) m (吊り革・ベルト・馬の腹帯用な
どの) 革組

wedi prep 1. (時間が) …を過ぎて; (何時何分)
過ぎ: chwarter ~ pedwar 4時15分過ぎ 2. (年
齢など) …を越して [過ぎて]: mae ~ gweld ei
bedwar ugain 彼は80歳を越えている 3. [時]
…の後に: ~ tridiau 3日後に; ~'r cwbl, ~'r
cyfan (文頭で) 何といっても, だって; (文尾で) 結
局, やはり

wedyn ad [時] 後で [に], のちに; それからそ
の後, 以後: yn fuan ~ すぐ後に; ymhell ~
ずっと後に; a ~ それから

weiar (-s) f 針金; 電線: brwsh (-is) (m) weiars
ワイヤーブラシ; matres (-i) (f) weiars 金網の
枠で補強したマットレス

weiren (weirs) f 1. 針金; 電線: nod (-au) (m) ~
[製紙] (紙の) ワイヤーマーク (抄き網の網目のあ
と); ~ gaws (weirs caws) チーズ切り用のワイ
ヤー付き台所用品 2. 電信: ~ delegraff (weirs

telegraff)電信線 3.電報

weiriad *m* 架線［配線］（工事）

weirio *t* 1.針金で止める［結び付ける］2.（家に）電線を引く: ~ tŷ 家に電線を引く 3.有刺鉄線をめぐらす

weithian *ad* 今, 現在, 今では（もう）, 目下の事情では

weithiau *ad* 時々, 時には

wel *int* 1.［用件を切り出したり会話をまた続ける時］さて, ところで 2.［譲歩］そうだね, それじゃ, そうだとして: ~, o'r gorau じゃ来たければ来なさい 3.［驚き］まあ!, おや!, えっ!

weld (-iau) *mf* : **weldiad (-au)** *m* 1.溶接点 2.溶接（作業）

weldiadwy *a* 溶接できる

weldiedig *a* 溶接された

weldio *t*［金加］（金属を）溶接する
i 溶接される

weldiwr (-wyr) *m* 1.溶接工 2.溶接機

wele *int* 見よ!, そら!

well *ad* 1.首尾［都合］よく: henffych ~! 都合良く会った! 2.一層大いに, もっと: mae'n ~ arna' i 私は一層暮らし向きがよい; mae'n ~ ichi aros 君はとどまる方がよい; mae'n gen i win na dwr 私は水よりぶどう酒の方が好きだ

wermod *f*［植物］ニガヨモギ

wfft *int*（軽蔑・不快・非難などを表して）まあ!, これ!, ちぇ!: 恥を知れ!, みっともない!, けしからん!

wfftio *t* 侮辱する, 馬鹿にする

wfftiwr (-wyr) *m* 軽蔑［侮辱］者

wic (-iau) *mf* 1.（ロウソク・ランプの）芯 2.［外科］傷口にはめ込むガーゼ

wiced (-i) *f*［クリ］三柱門, ウィケット: cadw ~ 三柱門の後ろで守備する, 捕手を務める; wrth y ~ 打撃中で

wicedwr (-wyr) *m*［クリ］ウイケットキーパー, 三柱門守備者, 捕手

widw (-ŵod) *f* 未亡人, 寡婦

winc (-iau) *f* 1.またたき, まばたき 2.目配せ: atebodd gyda ~ 彼は目配せで答えた 3.［通例否定文で］一まばたきの時間, 一瞬時: ni chysgais i'r un ~ 私は一睡もしなかった 4.［*pl*］短い眠り

wincian : wincio *t* 1.（目を）まばたきさせる 2.（涙・塵などを）まばたきして払う 3.まばたきして合図する: atebodd gyda ~ 同意したことを目配せで知らせる 4.（英）（明かりを）点滅させて合図する
i 1.まばたきする 2.目配せする; ウインクする 3.明かりで合図する 4.見て見ぬ振りをする

winciog *a* まばたきする

winciwr (-wyr) *m* まばたき［目配せ］する人

winionaidd : winionllyd *a* 玉ねぎの味のする［で味を付けた］: corwinwnsyn (corwinwns) *m* 完全に成育する前に採取されて漬物や料理の添え物として用いられる玉ねぎ

winionyn (winwyn) : winwnsyn (winwns) *m* 玉ねぎ

winsh (-is) *f*［機械］ウインチ, 巻揚げ機

winsio *t* ウインチで巻揚げる

witsh (-is) *f* = **dewines**

wlser (-au, -i) *m*［病理］1.潰瘍 2.病弊, 弊害

wlseriad (-au) *m*［病理］潰瘍化［形成］

wlserog *a* 潰瘍化した

wltrabasig *a*［岩石］超塩基性の

wmbredd *m* 豊富; 多数, 多量

wobliad (-au) *m* 1.（車輪などの）ぐらつき, 揺れ, よろめき 2.（声の）震え

woblo *i* ぐらぐら［動揺］する

woblog *a* ぐらぐら［よろよろ］する

woblogrwydd *m* 不安定であること, ぶらつき

wraniwm *m*［化学］ウラニウム: ~ brasach/puredig *m* 濃縮ウラン

wrbân *a* 都会風の, 上品な, 洗練された

wrbaneiddiwch *m* : **wrbaniaeth** *f* 都会風, 上品, 優雅

wrig *a*［医学］尿の; 尿から得た

wrin *m* 尿, 小便

wrn(yrnau) *m* 1.壷; 骨壷: ~ claddu 骨壷 2.（その まま食卓に出す蛇口付きの）コーヒー［紅茶］を温める器具: ~ te 湯沸かし

wrth *prep* 1.［位置・場所］…のそば［傍ら, 手元］に: ~ y drws 戸口で; ~ y ford/bwrdd 食卓について; eistedd ~ y tân 炉火のそばに坐る 2.［手段・方法・媒介］…で［によって］, …することによって: ~ wneud hynny byddwch yn ei ddigio あなたはそれをすることによって彼を怒らせるでしょう; pwyso ar ffon ~ gerdded 杖をついて歩く 3.［度量・単位］…に従って［を単位にして］: gwerthu rhth ~ y pwys 1ポンド幾らで物を売る 4.［乗除・寸法］…で: dwy droedfedd ~ bump 長さ2フィート幅5フィート 5.［尺度・標準］…によって［従って］: nid ~ ei big y mae prynu cyffylog［諺］人を外見によって判断すべきではない 6.［名前・標示］…で: beth ydych chi'n ei olygu ~ hynny, ddweud hynny? それはどういう意味ですか? 7.［関係］…に関して言えば［は, の点では］: twrnai yw ~ ei alwedigaeth/waith 彼は職業は弁護士です; groser yw ~ ei waith 彼は商売は雑貨商です; 'rwy'n ei adnabod ~ ei olwg（交際はないが）彼の名前は知っている 8.［対向］…に向かい合って［相対して］: cefn ~ gefn 背中合わせに; penelin ~ benelin（肘と肘を突き合わせて）すぐ隣で 9.［行為・作用の対象］…に対して［のために, にとっては］: caredig ~ bawb 全ての人に親切で; gwylltio/digio ~ rn 人に対して腹を立てる; cas ~ rn 人に対して卑劣な［意地の悪い］10.［接触・結合・付着・付加］…に［へ, の上に, に加えて］: 'roedd y ci'n sownd ~ y gadair; 'roedd y ci wedi ei glymu ~ y gadair その犬は椅子

wstid 592 **wynebu**

につながれていた **11.**[感情・原因]…を見て[聞いて, 考えて]: synnu ~ weld rhn 人を見て驚く **12.**[従事・従事の対象・活動]…に従事中で[の], …して: mae hi ~ ei gwaith 彼女は働いている; ~ groesi'r afon 川を渡って **13.**[割合・程度]…につき: ~ y dwsin ダースで; ~ y cannoedd 幾百となく **14.**[適合・一致]…に合わせて, …通りに[の]: nid wyf yn gallu ei wneud ~ ei fodd 私はそれを彼が気に入るようにはできません **15.**[慣用句] ~ gwrs 勿論, 当然; ~ natur 生まれつき; ~ lwc 運よく; 幸運にも *conj* **1.**[時]…している時: ~ imi agor y drws 私が戸を開けていた時 **2.**…する間[するうち]: euthum i gysgu ~ ddarllen 私は読書中眠り込んだ **3.**[省略構文]…する時に: ~ ysgrifennu, byddafyn blino私は書き物をする時, 疲れます; bydd yn taro i mewn ~ fynd heibio 彼は通りすがりに立ち寄ります

wstid *m* [織物] **1.**梳毛糸 **2.**ウーステッド, 梳毛織物
a ウーステッド(製)の

wtra (wtreydd) *f* (農場への)小道, 細道

ŵy (wyau) *m* 卵; 鶏卵~ caetsh バタリーによる卵; ~ maes/buarth 放し飼いにした卵; ~ (mewn) sosej/selsig スコッチエッグ型(ゆで卵をひき肉でくるんでパン粉を付けて揚げた料理); gwynnwy (-au) *m* 卵白; melynwy (-au) *m* 卵黄

wybr (-au) : wybren (-nau, -nydd) *f* 空, 大空, 天, 天空: wybrennau Turner [美術] (英国の風景画家)ターナーの描いた空

wybrennol *a* **1.**天の, 大空の; 天体の: pelen (-nau, -ni) ~ *f* [天文] 天球 **2.**[航空] 天文航法の: llywio (*vn*)~ 天文航法 **3.**天界の(ような), 神聖な; 絶妙な

Wyddfa, Yr *f* スノードン(ウェールズ北西部, グイネッズ(Gwynedd)州にあるウェールズで最も高い山Snowdon(1,085m))

Wyddgrug, Yr *f* [地名] モールド(クルーイド(Clwyd)州の首都で賑やかな市の立つ町Mold)

wyf *i* [動詞bodの一人称・単数・現在形] (私は…)です

wyfa (-oedd, wyfeydd) *f* **1.**[解剖] 卵巣 **2.**[植物] 子房

wyfaol *a* **1.**[解剖] 卵巣の **2.**[植物] 子房の

wyffurf (-iau) *f* **1.**卵形 **2.**卵形[長円形] 物 **3.**(長円形の)スタジアム, 競技場, 競走路 **4.**(ラグビー用の)ボール
a 卵形の; 長円[楕円] 形の

wyffurfedd *m* **1.**卵形であること; 卵形度 **2.**[金属加工] 歪度, 楕円率

wygell (-oedd) *f* = wyfa

wylo *t* **1.**大声で叫ぶ[言う, 怒鳴る] **2.**泣いて…する: ~ dagrau'n lli 目もつぶれるほど激しく泣く; ~'n hidl 胸が裂けるほど激しく泣く **3.**(涙を)

流す: ~ dagrau o lawenydd 喜びの涙を流す **4.**嘆き悲しむ
i **1.**大声で叫ぶ **2.**(…を求めて)叫ぶ[泣く]: ~ i gael rhth 大声で物を求める **3.**(涙を流して)泣く~ o/gan lawenydd うれし泣きに泣く; yr Iesu a wylodd [聖書] イエスは嘆き悲しまれた (cf *John* 11:35)

wylofain *i* **1.**泣き叫ぶ **2.**嘆き悲しむ **3.**(風が)むせぶ

wylofain *m* 嘆き, 悲嘆: Mur (*m*) yr W~, Wal (*f*) yr W~ 嘆きの壁

wylofus *a* **1.**泣き叫ぶ **2.**嘆き悲しむ **3.**涙を流す, 涙ぐんだ **4.**悲しい, 悲しげな憂いに沈んだ, 陰鬱な **5.**(木が)枝垂れる:helygen ~ (helyg ~) [植物] シダレヤナギ,枝垂柳

wylwr (-wyr) *m* **1.**泣く[悲しむ] 人 **2.**(葬儀の)泣男[女] **3.**墓碑などに浮彫された喪主を表す小像

ŵyna *i* (雌羊が)子羊を産む

wyneb (-au) *m* **1.**顔: ~ yn ~ â rhn 人と差し向かいで; dal blawd ~ それを大胆に押し切る, それに対して平然としている **2.**顔色, 顔付, 表情:[しばしば*pl*]しかめ面, 渋面: tynnu ~ しかめ面をする **3.**厚かましさ, 厚顔, 図々しさ **4.**面目, 面子: colli ~ 面目[面子] を失う, 顔を潰す **5.**外見, 外観, うわべ, 見掛け: 'roedd popeth yn iawn ar yr ~ うわべは何もかも申し分がなかった **6.**落着き: cadw ~ syth (rhag chwerthin) 平然とする[澄まして, 笑わないで] いる; newid ~ 顔色を変える **7.**(地面・物の)表面, 外面; 水面: dod i'r ~ (秘密など) 露見[表面化] する;(水面に) 浮き出る **8.**(時計などの)文字盤;(貨幣などの) 表;(建物などの) 正面, 表, 前面 **9.**(書類などの) 文面;(株券などの) 券面;(トランプの) 表 **10.**(器具・道具などの)使用面;(ゴルフクラブの) 打つ面 **11.**[印刷](活字・版の)面, 字面 **12.**[鉱山] 切羽: ~ gwaith 切羽

wynebedd (-au) *m* 面積

wynebgaled *a* 鉄面皮な, 厚かましい, 図々しい

wynebgaledwch *m* 鉄面皮, 厚かましさ, 図々しさ

wynebiad (-au) *m* **1.**張り板, 化粧張り **2.**[建築](壁などの)化粧(仕上げ); 化粧材

wyneblun (-iau) *m* [印刷] (本の)口絵

wynebu *t* **1.**(物の前面が…に)面する, 向かう: ffenestri yn ~'r stryd 通りに面している窓 **2.**(人が…に)向く, 顔を向ける **3.**(困難・問題などが人に)迫る, 直面する **4.**(危険・災難・死などに)直面する, 敢然と立ち向かう, 対抗する: ~'r canlyniadau/gosb ひるまずに難局に当たる; 報いを甘んじて受ける; ~ perygl 危険にひるまず立ち向かう **5.**(人と)対面[対決] する;(人に証拠などを)突きつける: ~ rhn a thystion 人と目撃者[証人] たちを対決させる

wynebwr

6.(壁などに)上塗りをする, 化粧張りをする: ~ mur 壁に上塗りをする
i 1.(建物などがある方角に)向く, 面する 2.[軍事](隊列が)正面を向く

wynebwr (-wyr) *m* 1.化粧仕上げをする人 2.(衣類の)縁取を縫う人

wynebyn (-nau) *m*[地理](泉・川・谷などの)奥; 水源

wynepclawr *a* 平べったい顔をした

wynepryd *m* = **wyneb**

ŵyr (wyrion) *m*(男の)孫; 孫息子: gor-ŵyr (~-wyrion) *m* 男の曾孫, 曾孫息子

wyres (-au) *f*(女の)孫; 孫娘: gorwyres (-au) *f* 女の曾孫, 曾孫娘

wysg *m* 通り道, 通路: yn ~ eich cefn 後方に; 後ろ向きに; cerdded ~ eich cefn 後ずさりする, 後ろ向きに歩く

wystrysen (wystrys) *f*[貝類]カキ, 牡蠣: Japan マガキ; magwrfa(-feydd)(*f*)wystrys, wystrysfa(-feydd)*f* 牡蠣養殖場

wystryswr (-wyr) *m* 牡蠣取り, 牡蠣養殖業者; 牡蠣売り

wyth (-au) *m* 1.(基数の)8; 8の記号 2.8歳; 8時; 8ポンド[ドル, ペンス, セント(など)] 3.8人[個]一組 4.エイト(8本オールのボート); [スポ](Oxford大学とCambrifge大学の)エイトの学寮対抗ボートレース: Wythnos(*f*)y Rasys Cychod/ Badau学寮対抗ボートレース週間 5.[トラ]8 6.[ビリ]8: pêl(peli)(*f*)~ エイトボール
a 8(個, 人)の: ~ dyn, ~ o ddynion 8人の男;

~ tŷ 8軒の家; ~ bunt, wythbunt 8ポンド(金); ~ bwys, wythbwys 8ポンド(重量); ~ mlynedd 8年; ~ niwrnod/ diwrnod 8日

wythawd (-au, wythodau) *f*[詩学]8行詩; (特に)8行連句

wythdroed (-iaid) *m*[動物]タコ, 蛸

wythblyg : wythplyg *a* 1.8倍[重]の 2.8部分[要素]のある 3.八つ折(判)の

wythfed (-au) *mf* 1.第8(番目): Harri'r W~ ヘンリー八世; (月の)8日: yr ~(*m*)o Fai, Mai'r ~ 5月8日 2.[数学]8分の1 3.[音楽]オクターヴ; 8度音程, 第8音
a 1.第8(番目)の: yr ~ dydd 第8番目の日; yr ~ ferch 第8番目の女の子: fy ~ pen blwydd 私の8回目の誕生日 2.[数学]8分の1の

wythnos (-au) *f* 1.週: o ~ i ~, ~ ar ôl ~ 毎週毎週; W~ y Pasg 復活祭週間 2.一週間 3.(英)一週間前[後]の(明日[昨日]など): ~ i ddydd Mawrth 先週[来週]の火曜日 4.[W~](特別の催しのある)週間

wythnosol *a* 1.(給料など)毎週の, 1週の, 1週1回の 2.(仕事など)1週間にする[した]

wythnosolyn (-olion) *m* 週刊誌, 週報(新聞・雑誌)

wythol *a* 8の; 8から成る

wythongl (-au) *f*[幾何]八角[辺]形

wythonglog *a*[幾何]八角[辺]形の

wythwaith *ad* 8倍[重]に

wythwr (-wyr) *m* 1.8本オールボートの乗員 2.(ラグビーの)ナンバーエイト

X

X, x *f*(発音eks(ecs), *pl* -iau, -ys) 1.エックス 2.(ローマ数字の)10 3.Xの記号 4.(地図・図表などの)特定の地点を示す印: mae croes (*f*)yn dynodi'r fan xは(その)場所を示す 5.(手紙などの最後に付ける)キスの印 6.未知の人[事物]: pelydr (-au)(*m*)x/ecs[物理]エックス[レントゲン]線 7.[数学]第一未知数[量] 8.[映画]成人指定の: ffilm (-iau)(*f*)X, llun (-iau)(*m*)X 18歳未満お断りの映画, 成人映画 9.[印刷]xに代表される字で用いられる高さ(上から下までの部分)

Y 594 **y**

Y

Y, y *f* (発音ə, *pl* yau)：Y am Ysgol［電法］Y
はYellowのY; cyfesuryn (-nau)(*m*) y［数学］
y座標

y : yr *conj*［子音の前ではy, 母音の前ではyr］
［目的語としての名詞節を導いて］…ということ
を: dywed y bydd yno 彼はそこへ行くだろうと
言う; mae'n gwadu yr aiff hi 彼女は行かない
と言う; dw i'n meddwl y bydd hi gartre 私
は彼女が家にいるだろうと思う; gwn fod y dyn
yn hen 私はその人が年取っていることを知って
います; gwn yr arferai fynd yno 私は彼が以
前よくそこへ行ったことを知っています

y : yr *rel pron*［制限用法の関係代名詞］［先行
詞が人・物］(…する［である］)ところの: y
ferch y soniaist amdani 君が言っていた女の
子;［先行詞が時・場所を表す名詞］y lle y
gwelaist ti hi (ynddo) あなたが彼女を見た場
所; y noson yr aethom i'r theatre 私たちが劇
場へ行った夜

y : yr *part*［小詞］［bodの現在・未完了時制の
前に置かれる］y mae (単数・複数の現在形)；
yr oedd (単数・複数の過去形)

y : yr : 'r *art*［定冠詞］① ［限定用法］［特定の
人・物を指して］その, 例の, 問題の **1.**［名詞
が子音で始まる場合］y+名詞: y rhaw その踏
鋤; y bobl その人々; y tad a'r fam その父と
母 (定冠詞の繰返し); y ddau ddyn その二
人の男たち; y ddwy eneth その二人の女の
子たち; ar y dydd Llun その月曜日に; yn y
flwyddyn 1938 1938年に; y Jonesiaid 隣人,
近所の人達; y brodyr Morris モリス兄弟;
pen y llew そのライオンの頭 (penllew ライオ
ンの頭) **2.**［名詞が母音またはhで始まる場合］
yr+名詞 (但しhを除く): yr afr そのヤギ (山
羊); yr hanes その話 **3.**［定冠詞のすぐ前に
ある単語が母音で終わる場合］(直前の単語と
定冠詞が結び付く)…'r+名詞: i'r tŷ その家
へ; i'r ysgol その学校へ **4.**to'r tŷ その家の屋
根 (to tŷ 家の屋根); yn y tŷ hunnw あの家
では; pwnc addysg, y pwnc o addysg 教育問
題; y sefydliad o brifysgol 大学の創設 **5.**［尊
称・称号・爵位・肩書］y Doethur Griffiths グリ
フィスス博士; y Doctor/Meddyg Griffiths グリ
フィスス医師; y Tad Harris ハリス神父; y
Tywysog Siarl チャールズ王子; y Frenhines
Elizabeth エリザベス女王; y Chwaer Mair
メアリー修道女; y Santes Fair 聖母マリア
(Dewi Sant 聖デイヴィッド); yr Athro

Thomas トマス教授; yr Arglwydd Cledwyn
クレッドウィン卿 (Arglwydd Maeror マイロル
卿); Harri'r Wythfe ヘンリー八世 **6.**［唯一無
二の名詞］y Nef/Nefoedd 天帝, 上帝, 神; y
Sur 日曜日; y gofod 宇宙空間; y Ddaear/
byd 地球; 世界 **7.**［国］yr Affrig アフリカ; yr
Eidal イタリア; yr Aifft エジプト; yr America
アメリカ; yr Alban スコットランド; y Werddon,
yr Ynys Werdd アイルランド **8.**［都市・町］y
Ddinas (ロンドンの) シティー; y Rhyl リル (北
ウェールズの海岸避暑［避寒］地); y Bala バラ
(ウェールズの北部中央バラ湖北端の町); y
Wyddgrug モルド (北ウェールズのClwyd州
首都) **9.**［山・山脈］yr Wyddfa スノードン
(ウェールズ北西部にあるウェールズ最高の山
(1085m)); yr Alpau アルプス山脈 **10.**［季
節］y Gwanwyn 春; yr Haf 夏; yr Hydref
秋; y Gaeaf 冬; y Nadolig クリスマス; y Pasg
復活祭, イースター **11.**［海・海峡・砂漠］y
Canolfor, Mor y Canoldir 地中海; yr
Iwerydd/Atlantig 大西洋; y Fenai メナイ海
峡 (ウェールズ北西部とAnglesea島との間の
海峡(24km); y Sahara サハラ砂漠 (アフリカ
北部にあり世界で最大) **12.**［場所の機能］yn
y gwely 床に就いて, 寝て; yn yr eglwys 教
会で礼拝中で; yn yr ysbyty 入院して; yn y
carchar 入獄して; yn yr ysgol 在学中; yn y
brifysgol 大学在学中 **13.**［時を表す名詞に付
けて］y tro hwn/yma この時; y dyddiau
hynny あの頃; y dyddiau hyn この頃, 当節
14.［年齢］mae hi tua'r deugain oed 彼女は
40歳くらいです **15.**［軽蔑語］y cythrul!, yr
hen gythrul(iddo)!, y cythraul ag e! この
豚野郎!; yr(hen) ast (iddi)! この売女! **16.**［強
調的に用いて］無類［最高, 真, 超一流］の, あ
の有名な: yr enwog Athro X yw ei thad 彼
女の父親はあの有名なX教授です; siop
Burton yw'r un orau am ddillad; siop
Burton yw y siop am ddillad バートンは超一
流の洋服店です
② ［総称用法］**1.**［単数形の普通名詞の前に付
けて, その種類全体を指して］…なるもの［という
もの］y ci yw'n ffrind gorau 犬は私達の最良
の友である; mae'r dylluan yn gweld yn dda
yn y nos フクロウは夜でもよく目が見える **2.**［形
容詞の前に付けて, 抽象名詞の代用として］y
prydferth/cain *m* 美; yr arddunol/aruchel
m 崇高;［普通名詞の代用として; 通例*pl*扱

い]y tlodion 貧しい人々; y cyfoethogion 金持 **3.**[割合を表す計量単位名に付けて]…に付き[毎に]cyflogir ef yn ôl y dydd 彼は一日幾らで[日当]で雇われている; pum milltir ar hugain y galwyn, i'r galwyn 1ガロンで125マイル; wrth y dwsin 1ダース幾らで, ダース単位で; gwerthu rhth wrth y pwys 1ポンド幾らで物を売る **4.**[単位を表す語に付けて]…に付き, 各, 毎: swllt y llath ヤード1シリング; dwywaith y mis 月に2回 **5.**[病名に付けて]y frech goch[病理]麻疹, はしか; y ddannoedd 歯痛; y felan[精医]鬱病, メランコリーを引く **6.**[楽器名に付けて]canu'r delyn ハープを弾く

ych (-en) *m* 雄牛; (特に労役用または食用の) 去勢雄牛

ychwaith *conj*[否定の文節の後に用いて]…もまた…ない: ni wn i ddim, ac ni allaf ddyfalu ~ 私は知らないし, 推測することもできません

ychwaneg *m* 一層多くの数[量, 程度, 人, 物] *a* (数量・程度など) もっと多数[多量]の: mae angen ~ o arian もっと多くの金が必要です

ychwanegadwy *a* 加えうる, 増加しうる

ychwanegiad (-au) *m* **1.**補充, 補給 **2.**(食物の) 補充物 **3.**付加, 追加, 増加, 増大 **4.**加わった人; 追加[付加]物: ychwanegiadau i'r staff スタッフに加わった人達; rhestr (*f*) ychwanegiadau[図書]追加図書のリスト

ychwanegol *a* **1.**補う, 補充[補足]の **2.**追加[付録]の, 付加的な: 補遺の **3.**[数学]補角[補弧]の

ychwanegu *t* **1.**(数量・程度などを) 増す, 増やす, 増加[増大]させる **2.**補う, 補足[追加]する: ~ (rhth) at eich incwm 収入を補う **3.**(言葉を) 付け加える: "diolch", ychwagnegodd 「有難う」と彼は言い添えた **4.**[数学](数を) 足す, 加える; 合計する: ~ chwech at wyth 8に6を加える
i **1.**増す **2.**[数学]足し算[加算]をする

ychwanegwr (-wyr) *m* **1.**補充[補給]者; 増大する物[人] **2.**[航空・宇宙]推力増強装置

ychwanegyn (-wanegion) *m* **1.**(食品などの) 補充[添加]物 **2.**[化学](ガソリンなどの) 添加剤

ychdig *a* **1.**[否定的用法](数量・程度の) 少ししか[ほとんど]ない: ~ (o) arian 少ししかない金; ~ o arian sydd ganddo 彼はお金が少ししかない; gydag ~ eithriadau ほとんど例外はなく **2.**[肯定的用法]少しはある, 幾らか, 多少の: ~ o arian 多少の金; mae ganddo ~ (o) arian; mae ganddo ryw ~ o arian 彼はお金を多少持っている; am ~ amser 暫くの間; ~ (o) eiriau 数語; mewn ~ funudau 数分間で **3.**数が少ない, ほんの少数で
ad **1.**[否定的]ほとんど[全く]…しない: ~

dros awr yn ôl ほんの1時間ほど前 **2.**[肯定的]少し (は)

ychydig *m* **1.**[否定的](数量・程度が) ほんの少し (は…ない): bwyta ~ neu ddim, bwyta ~ onid dim ほとんど食べない; rhyw ~ 少数 **2.**[肯定的の](量・程度が) 少し (はある): fe fwytaodd hi ~ 彼女は少し食べた **3.**(時間が) 少しの間, 暫く

ŷd (ydau) *m*[集合的]穀物(類): y Deddfau (*pl*) Ŷd[英史]穀物法; ~ twysennog, ~ yn y dywysen, ~ yn ei hosan 穂の出た穀物

ydlan (-nau, -noedd) *f* 干草積み場[庭, 畑]

ydys *i* それは (…) です

ydyw *i*[動詞bodの3人称・単数・現在形](どこに) いる, ある: a ~ hi yma? 彼女はここにいますか?; ~, y mae hi はい, います, nac ~ いいえ, いません

yfadwy *a* 飲める

yfadwyedd *m* 飲みやすさ, 飲用性

yfed *t* **1.**(液体を) 飲む **2.**(給料などを) 酒に消費する **3.**酒を飲んで (ある状態に) 陥らせる: ~ hyd at feddwdod/feddwi, ~ nes meddwi 酒を飲んで酔っ払う **4.**祈って[祝って]乾杯する: ~ i lwyddiant rhn 人の成功を祈って乾杯する
i **1.**(飲物を) 飲む: ~ (yn syth) o'r botel 瓶から飲む **2.**(常習的に) 酒を飲む: ~ yn drwm 大酒を飲む **3.**(…のために) 乾杯する

yfory *m* あす, 明日: bore ~ 明日の朝; dydd ~'n ddiwrnod arall; gŵr dieithr yw ~[諺]明日は明日の風が吹く, 明日のことは明日考えよう; ~ Siôn Grydd 決してやって来ない日
ad あす, 明日

yfwr (-wyr) *m* : **yfwraig (-agedd)** *f* **1.**飲む人 **2.**酒飲み **3.**[昆虫]ヨシカレハ

yfflyn (yfflon) *m* 壊れた破片[断片]

yng *prep* **yn**の鼻音化形

yngan : **ynganu** *t* **1.**(声・言葉・溜息などを) 口から出す, 発する: edrychodd arnaf heb ~ gair 彼は何も言わないで私を見た; ~ gair 一言発する **2.**(語をはっきり) 発音する
i 発言する

ynganadwy *a* 発言[発音]しうる

ynganiad (-au) *m* **1.**発声, 発話, 発音 **2.**話し方, 発声法

ynghlwm *a* 慕って, 愛情を抱いて: maent ~ wrth ei gilydd 彼らはお互いを熱愛している

ynghyd *ad* 共に, 一緒に, 連れ立って: ~ â rhn 人と一緒に

ynghylch *prep* …に関する, …について (の): llawer o helynt/ffwdan ~ dim; llawer o fyd ~ dim から騒ぎ

ym *prep* 前置詞**yn**の鼻音化形

ym- *pref* **1.**…以前の, あらかじめ: ymbaratoi *i* 準備する **2.**…の前部にある **3.**上位の, 優れた **4.**予備の **5.**自分[自身]を: ymolchi *t* 体を洗う

6.相互的な

yma *ad* [場所・方向] ここに [で, へ], こちらに [で, へ]: ~ a thraw, ~ ac acw あちこちに [へ], ここかしこに; oddi ~ hyd yno ここからそこへ; aros (arhoswch) ~! ここにいなさい!, ここで待っていなさい!; ar ddaear 'ma この世 *int* (点呼に対する返事) はい!

ymadael : ymado *i* 死ぬ, 死去する: ~ a'r fuchedd hon この世を去る, 死去する

ymadawedig (-ion) *mf* 故人, 死者
a 1.(栄光など) 過去の 2.死んだ, 死去した, 故 [亡]…

ymadawiad (-au) *m* [法律] 死去, 死亡

ymadawol *a* (友人などとの) 別れの, 告別の; 最後の; 臨終の

ymadfer *i* (病後など) 健康を回復する, 快方に向かう

ymadferiad *m* (病後) 快方に向かうこと; 回復(期)

ymadwaith (-weithiau) *m* 相互作用 [影響]

ymadweithiol *a* 相互作用の

ymadrodd (-ion) *m* 1.言った言葉, 言説 2.(言葉の) 言回し, 言葉遣い, 表現, 語法 3.発言, 話し方: ffigur (-au) (*m*) ~ [修辞] 修辞的表現法; 言葉の綾, 比喩的表現; rhan (-nau) (*f*) ~ [文法] 品詞 4.[文法] 句, 熟語, 慣用句: llyfr (-au) (*m*) ymadroddion (海外旅行者用などの) 慣用表現集

ymaddasiad (-au) *m* 1.[心理・社会] 順応, 適応: diffyg (*m*) ~ 不適応 2.[生物] 適応

ymaddasol *a* [生物] 適応性のある

ymaddasu *t* (新しい環境・境遇などに) 順応する

ymaelodi *t* (会などに) 加入する, 加わる: ~ mewn cymdeithas 会に入る, 会員になる

ymaflyd *i* 1.レスリングをする 2.取っ組み合う: ymaflwr (-wyr) (*m*) codwm レスリング選手; 組み打ちする人

ymagor *i* 1.(ドアなど) 開く, あく 2.(窓・部屋などが…に) 通じる, 面する 3.(景色などが) 開けてくる, 展開する 4.(人が) 打ち解ける, 愛想よくなる 5.(蕾などが) 膨らむ, 開く

ymagwedd (-au) *f* : **ymagweddiad (-au)** *m* 心的態度, 心構え

ymagweddu *i* 気取った態度を取る [で言う, 書く]

ymagweddwr (-wyr) *m* : **ymagweddwraig (-agedd)** *f* 気取った態度を取る人, 気取り屋

ymaith *ad* 1.[移動・方向] あちらへ, 去って: mynd (~) 立去る; rhedeg ~ 逃げる, 逃走する 2.[命令法で] さっさと, ためらわずに: ~ â thi (chwi)! そこのけ!, 立去れ!, 失せろ!

ymarfaethiad *m* 自己決定, 自力本願

ymarfer (-ion) *mf* : **ymarferiad (-au)** *m* 1.(精神力・器官などを) 働かすこと, 使用 2.(職務・権限などの) 行使: pris (-iau) (*m*) ~ [商業]

権利行使価格 3.練習, 稽古, 演習, 実習, 訓練: ymarfer corff 身体訓練; dechrau ymarfer [スポ] 練習を始める 4.実施, 実施, 実戦 5.(課題などに基づく) 勉強, 練習; 練習問題: llyfr (-au) (*m*) ymarferion 練習帳 6.(医者・弁護士などの) 開業; 業務, 営業 7.(体の) 運動: gwneud ymarferion 運動をする; ~ dorrol/ torrol 腹筋運動

ymarfer *t* 1.実行 [実践] する 2.(権力などを) 行使する 3.(影響・力などを) 及ぼす, 振るう 4.反復練習 [稽古] する: ~ côr 聖歌隊の練習をする; ~ trawiad [スポ] (テニス・ゴルフなどの) ショット [投げ, 打ち, 蹴り] の練習をする 5.(手足を) 動かす; (人・犬・馬などを) 運動させる 6.(兵などを) 訓練する; (人に…の) 練習をさせる 7.(医術・法律などを) 業とする 8.[演劇] (劇の) 下稽古をする
i 1.常に行う, 実行する 2.練習 [稽古, 運動] する: ~ canu piano ピアノの練習をする 3.(医者・弁護士などを) 開業する [している]

ymarferol *a* 1.実際的 [実践的] な 2.実用的な, 実際の役に立つ 3.(人が) 実地を踏んだ, 経験に富んだ 4.実質 [事実] 上の 5.(計画などまだ試みてはいないが) 実行できる, 実行性のある 6.(道路・橋など) 使用 [通行] できる 7.[演劇] (小道具など) 実際に使用できる: gêr ~ 実際に使用できる小道具

ymarferoldeb *m* 1.実際的なこと, 実用性 2.実用 [実際] 的な事柄, 実地の問題

ymarferwr : ymarferydd (-wyr) *m* : **ymarferwraig (-agedd)** *f* 1.練習者 2.運動 [体操] する人 3.開業医, 弁護士 4.馬を運動させる馬丁

ymarweddiad (-au) *m* 振舞, 態度; 行動, 行為; 行儀, 行状, 品行

ymarweddu *t&i* 身を処する, 振舞う

ymarweithio *i* 相互に作用 [影響] する

ymarweithiol *a* 相互作用する

ymasiad (-au) *m* [物理] 原子核の融合 [結合]: ~ niwclear 核融合

ymatal *t&i* 1.我慢する, 慎む, 止める, 控える; 自制する: ni allai ~ rhag gwenu 彼は微笑せずにはいられなかった 2.[政治] (投票を) 棄権する

ymatalgar *a* 自制 [節制] する

ymataliad (-au) *m* 1.慎むこと, 慎み, 自制 2.(投票の) 棄権

ymtaliwr : ymtalydd (-wyr) *m* 自制者, 節制家, 自制 [節制] 主義者

ymateb *t* (目的・要件などに) かなう, 役立つ: ~ i'r llyw (船が) 舵のままに動く
i 1.(質問などに) 返答 [応答] する 2.(治療・薬などに) 好ましい反応を示す 3.(提案・要求などに) 応じる, 応酬する 4.(刺激などに) 反応する 5.(ある作用に) 反作用する 6.反対 [反抗] する 7.[物理・化学] 反応する

ymateb (-iadau, -ion) : ymatebiad (-au) *m* 1.返事, 返答, 応答: amser (*m*) ~ 応答時間 2.反応, 感応, 反響;(刺激に対する)反応 3.反作用 4.反抗, 反発

ymatebol *a* 1.応答する 2.反応する

ymbalfalu *i* 1.手探りする 2.手探りで捜す, 暗中模索する

ymbalfalus *a* 手探りしている, 暗中模索的な

ymbalfalwr (-wyr) *m* 手探りする人

ymbarél (-s, ymbarelau, ymbareli) *mf* 傘, こうもり傘, 雨[日]傘

ymbarelog *a* 傘で覆われた

ymbelydredd (-au) : ymbelydriad (-au) *m* [物理・化学]放射線[能, 熱, 性]: cemeg (*f*) ~ 放射線化学; salwch (*m*) ~ [病理]放射能宿酔

ymbelydrol *a* 1.(光などを)放つ 2.[物理・化学]放射能[性]の(ある)

ymbelydru *t* [物理]放射性にする, 放射能を帯びさせる

i (光・熱などが)放出[射出]する

ymbil : ymbilio *t* 1.(金・食物などを)請い求める 2.(許可・慈悲・恩恵などを)嘆願[懇願]する: ymbil am faddeuant rhn 人の許しを請う 3.(人に…して欲しいと)頼む: ymbil ar rn i wneud rhth 人に何かをして欲しいと頼む

i 嘆願[哀願, 懇願]する

ymbil (-iau) *m* 嘆願, 哀願, 懇願

ymbilgar *a* 嘆願[哀願, 懇願]の[するような]

ymbilwr (-wyr) *m* : **ymbilwraig (-agedd)** *f* 嘆願[哀願, 懇願]者

ymbincio *t* きちんと身支度する

ymblaid (-bleidiau) *f* (政党内の)党派, 派閥

ymboeni *i* 骨を折る, 苦労する

ymborth *m* 1.食物; 常食, 日常の飲食物 2.(家畜などの)食料, 飼料 3.(精神的)かて, 糧: ~ meddyliol 心のかて(書籍など)

ymbortheg *f* 栄養学

ymborthegwr : ymborthegydd (-wyr) *m* 栄養学者, 栄養士

ymborthi *i* (動物が草などを)食べる, 餌にする

ymborthol *a* 1.飲食(物)の 2.規定食の: cyfraith (-reithiau) ~ *f* [ユダヤ教]食物規定(cf *Lev* 11) 3.栄養(学)の

ymbriodas *f* 1.異なる人種・階級・宗教間の結婚 2.近親結婚

ymbriodi *t* 1.(異人種などが)結婚する 2.(花嫁・花婿が)結婚する 3.近親結婚をする

i 結婚する

ymchwil *f* 1.探究, 研究, 追究: traethawd (-odau) (*m*) ~ 研究論文 2.学術研究[調査] 3.捜索, 追求: mewn ~ am rth 何かを捜して[求めて] 4.検査, 調査 5.(中世騎士の)探索[探究]の旅, (特定の物を求める)遠征: yr Y~ am y Seint Greal 聖杯の探索

ymchwilgar *a* (目付き・質問などが)鋭い

ymchwiliad (-au) *m* 1.探求, 追求 2.捜索 3.[法律](犯罪などの)調査, 取り調べ, 尋問: ~ cyhoeddus 公式の調査; cynnal ~ 調査する

ymchwiliadol : ymchwiliol *a* 1.調査[取り調べ]の; 宗教裁判所の(ような) 2.調査[研究]の[に関係する] 3.研究的な

ymchwilio *t&i* 研究[調査]する

ymchwiliwr : ymchwilydd (-wyr) *m* **ymchwilwraig (-agedd)** *f* 1.調査[捜索]者, 捜査員: ymchwilydd preifat 私立探偵 2.研究者[員]

ymchwydd (-iadau) *m* 1.(群衆などの)殺到: ~ torf 押し寄せる群衆 2.(音声などの)高まり 3.(借金・数量などの)増加, 増大, 膨張 4.(胸などの)膨らみ, 隆起 5.(樽などの)胴 6.(柱などの)膨らんだ部分 7.(風船・気球などの)膨張 8.(河川などの)増水 9.[商業](商売などの)にわか景気, ブーム 10.[海事]大波, うねり 11.[電気]動揺, サージ

ymchwyddo *t* 膨らませる

i 1.(群衆などが)殺到する 2.(手足などが)腫れ(上が)る 3.(河川などが)増水する 4.(気球などが)膨れる, 膨張する 5.(帆などが)膨らむ 6.[海事](海が)波打つ, (大波などが)うねる; (潮が)差す 7.[電気](電流・電圧などが)急に増す, ひどく動揺する

ymchwyddol : ymchwyddus *a* 1.膨らんだ 2.(音声が)高まる 3.[海事]大波の打つ; (潮が)高まる

ymdaith (-deithiau) *f* 1.(主に陸上の)旅, 旅行 2.巡幸, 行幸 3.[軍事]行進, 行軍, 進軍: yr Y~ Faith [歴史](毛沢東の)長征

ymdaro *i* 何とか自活する, 自分でやり繰りする

ymdebygu *i* (外観・性質などが)似ている

ymdeimlad (-au) *m* 1.感覚: ~ a rhythm [音楽]リズム感, 感動 3.感受性

ymdeithgan (-au) *f* 音楽行進曲, マーチ: angladdol 葬送行進曲

ymdeithio *i* 1.旅をする, 旅行する 2.[軍事](軍隊などが)行進[行軍]する

ymdeithiwr : ymdeithydd (-wyr) *m* : **ymdeithwraig (-agedd)** *f* 1.(徒歩)行進者 2.デモ参加者 3.[軍事]僅かな武装で, 徒歩で戦う兵士

ymdoddedig *a* [化学](熱で)溶けた, 溶解した

ymdoddi *i* 1.(熱で)溶ける, 溶解する 2.次第に(…に)移り変わる[溶け込む]

ymdoddiad (-au) *m* (熱による金属の)溶解

ymdonni *i* 1.(畑の穀物などが)風にさらさらと揺れる[ゆらめり波打つ] 2.(海が)大波を立てる, うねる

ymdopi *i* = ymdaro

ymdrech (-ion) *mf* 1.努力, 奮闘, 試み, 企て

2.[心理]コーネーション; 意欲感[活動]3.[哲学]自然の傾向, 推進力; 自然性

ymdrechu *i* (…しようと[を求めて])努力する, 励む: ~ i gael rhth 何かを求めて努力する

ymdrechwr : ymdrechydd (-wyr) *m* 1.奴隷のようにあくせく働く人, 働き中毒 2.競争者

ymdreiddiad (-au) *m* 1.浸透, 浸入 2.(組織・敵陣などへの)潜入(行動)3.[病理]浸潤

ymdreiddiedig *a* 浸み込んだ, 浸透した

ymdreiddio *i* 浸み込む, 浸透する

ymdreiddiol *a* 浸み込ませる, 浸透[浸潤]する; 浸潤性の

ymdreiglfa (-feydd) *f* (動物などの転げ回る)池, 窪み

ymdreiglo *i* 1.(子供・動物などが泥・水の中などで)転がる, 転げ回る: ~ ar y llawr (馬が)仰向けになって脚を蹴り上げる 2.(歳月が)過ぎ去る 3.(波などが)うねる, 波動する 4.(船などが)横揺れしながら進む: ~ yn y dwr (船が)水上で揺れながら進む 5.(酒色・贅沢などに)耽る, 溺れる

ymdrin *i* (書物などが問題を)扱う, 説く, 論じる: ~ â phwnc ある問題を論じる

ymdriniaeth (-au) *f* (問題の)扱い方, 論じ方

ymdriniwr (-wyr) *m* 交渉人

ymdrochfa (-feydd) *f* (川・海・プールなどでの)水浴

ymdrochi *i* 1.(人・動物が泥・砂・水中などを)転がり回る, ごろごろする, のたうつ 2.入浴する 3.海水浴をする

ymdrochwr (-wyr) *m* : **ymdrochwraig (-agedd)** *f* 水浴者, 海水浴客

ymdroi *i* 1.ぶらぶらして時を過ごす, のらくら[ぶらぶら]する, ぶらつく 2.のろのろ歩く[進む] 3.遅れる

ymdröwr (ymdrowyr) *m* ぶらぶらする人; 遊んで暮す人

ymdrybaeddu *i* = **ymdrochi** : ~ mewn hiraeth 郷愁に耽る

ymdrybaeddwr (-wyr) *m* (泥・水の中などで)転がる人[動物]

ymdwymo *t* 暖める

i 暖まる, 暖かくなる

ymdyrru *t* 群がる, 殺到する

ymddangos *i* 1.見える 2.現れる 3.[法律](法廷などに)出頭[出廷]する: ~ dros rn, ar ran rhn 弁護士として出廷する 4.(俳優などが)出演[出場]する: ~ ar y llwyfan 舞台に立つ, 出演する 5.(書物・記事などが)出る 6.(…と)思われる: mae'n ~ na fynnai fynd 彼は行かないように思われる 7.(…である[する])らしい: felly y mae hi'n/mae'n ~ そうらしい, そのようだ; ymddengys fod llawer ffrindiau ganddo 彼には友人がたくさんいるらしい; "~", madam! nid adwaen i ~! そうですね, 奥様! いや, そうです (cf *Hamlet* I. 2. 77); mae'n ~ bod …

…のようだ[らしい]

ymddangosiad (-au) *m* 1.出現; 出席; 出場, 出演; 出頭: ~ cyntaf actores 女優の初出演 2.(人・物の)外観, 外形, うわべ, 表面, 装い, 見せかけ

ymddangosiadol *a* 外見上[見掛け, うわべ, 見せかけ]の: gyda charedigrwydd ~ さも親切そうに

ymddangosol *a* [物理]見掛けの

ymddarostwng *t* 1.謙虚に[謙遜]する 2.服従[甘受]する

ymddarostyngiad (-au) *m* 服従, 降伏

ymddarostyngol *a* 服従する, 柔軟な

ymddatod *i* 1.分解[崩壊]する 2.(会社など)清算[破産]する

ymddatodiad (-au) *m* 1.分解, 崩壊, 分離 2.(会社などの)清算, 破産, 整理: ~ gwirfoddol 自発的解散

ymddatodol *a* 分解[崩壊]する

ymddeol *i* (職などから)退職[引退]する

ymddeoledig (-ion) *mf* (職などから)引退した人, 退職者
a (労働者など)退職[引退]した

ymddeoliad (-au) *m* 1.(職などからの)引退, 退職, 退役: pensiwn (-iynau) (*m*) ymddeol (英)国民保険の)退職年金 2.[軍事](計画的)撤退

ymddeolwr (-wyr) *m* : **ymddeolwraig (-agedd)** *f* 退職者

ymddial *t* 復讐する

ymddiddan *i* 話す, 対話を交わす

ymddiddan (-ion) *m* 会話, 談話, 対話, 座談: darlun (-iau) (*m*) ~ [美術]風俗[団欒]画

ymddiddangar *a* (人が)話好きな

ymddiddanol *a* 会話[談話]の, 座談風の

ymddiddanwr (-wyr) *m* :
ymddiddanwraig (-agedd) *f* 話好き[上手]な人

ymddieithriad *m* 疎遠, 離間, 仲違い

ymddieithrio *t* (人と)疎遠になる, 仲違いする

ymddogrifo *i* 大喜びする, 楽しむ

ymddigrifwr (-wyr) *m* 大いに喜ぶ[楽しむ]人

ymddihatru *t* (人の)衣服を脱がせる; 衣類を脱ぐ

ymddiheuriad (-au) *m* 謝罪, 陳謝

ymddiheuro *i* 詫びる, 謝る, 謝罪[陳謝]する

ymddiheurol *a* 1.謝罪の 2.詫びて, 誤って

ymddiheurwr (-wyr) *m* ymddiheurwraig (-agedd)** *f* 謝罪者 詫びる人

ymddinoethi *i* 人が衣服を脱ぐ裸になる

ymddiosg *t* (人の)衣服を脱がせる; 衣類を脱ぐ

i 衣服を脱ぐ, 裸になる

ymddiried *t* 1.(人・物事を)信用[信頼, 信

ymddiried

任]する 2.(信用して物事を)任せる,(受託者に)委託する 3.(人を)信頼して(…)させる
i 1.(人・本能などを)信用[信頼]する,信じる: ~ yn rhn 人を信用する; ~ yn Nuw 神を信じる 2.(運・本能などに)頼る,当てにする,任せる: ~ mewn ffawd 運を天に任せる

ymddiriedaeth *f* 信用,信頼: paid (peidiwch) ag ~ gormod yn yr hyn a ddywed y papurau newydd 新聞の報道をあまり信用するな

ymddiriedolaeth (-au) *f* 1.保管: dal rhth mewn ~ 物を保管している 2.[商業]信用貸し,掛け売り,クレジット 3.[法律]信託; 信託物件: yr Y~ Genedlaethol (英)ナショナルトラスト (1895年に設立されたイングランド・ウェールズ・北アイルランドの史跡・自然美保存のための民間団体); ~ fuddsoddi (ymddiriedolaethau buddsoddi)[株式取引]投資信託会社 4.受託者の職[地位,任期] 5.(国連によってある国に委任される領土の)信託統治; 信託統治領[地域]

ymddiriedolwr (-wyr) *m*:
ymddiriedolwraig (-agedd) *f*[法律]被信託人,受託者,保管人: yr Ymddiriedolwr Gwladol(英)公認受託者

ymddiriedwr (-wyr) *m*: **ymddiriedwraig (-agedd)** *f* 1.信用[信頼]する人 2.[ス法]信託設定者

ymddiswyddiad (-au) *m* 1.辞職,辞任 2.辞表: cynnig eich ~ 辞表を出す

ymddiswyddo *t*(地位・官職などを)辞職[辞任]する

ymddoleniad (-au) *m*(川の)曲がりくねり,曲折

ymddolennu *i*(川が)曲がりくねって流れる

ymddwyn *t*(劇の人物に)扮する,(役を)演じる: ~ yn fonheddig 紳士の役を演じる
i(ある仕方で)振舞う,身を処する: ~ yn dda 立派に振舞う; ~ yn camymddwyn だらしなく振舞う

ymddygiad (-au) *m* 1.振舞,態度; 行動,行為; 行儀,品行: therapy (*m*) ~[精医]行動療法 2.[心理](生物の)行動,習性: gŵyr-~ (常軌・規範を)逸脱した行動

ymddygiadaeth *f*[心理]行動主義

ymddygiadol *a* 行動の[に関する]; 行動主義(者)の

ymddygiadwr (-wyr) *m* 行動主義者

ymddygwr (-wyr) *m*: **ymddygwraig (-agedd)** *f* 振舞う人

ymddyrchafu *i*(城などが)聳え立つ

ymeffaith *f* 1.相互関係; 交互作用; 交換 2.[商業]互恵主義

ymeffeithiol *a* 1.[文法]相互的な 2.[数学]相反[逆]の

ymegnïad *m* 努力,尽力

ymegnïo *t* 努力する,励む

ymegnïol *a* 努力する

ymehangu *i* 拡大する

ymelwa *t*(労働者などを)搾取[食い物に]する

ymelwad *m* 開発,開拓

ymelwr (-wyr) *m* 利用者

ymennydd (ymenyddiau) *m* 1.[解剖]脳(髄): marwolaeth (*f*) yr ~[病理]脳死 2.(知性の中心としての)頭脳,知力: ymfudiad (*m*)~ 頭脳流出

ymenyddfawr *a* 脳が大きい

ymenyn *m* バター

ymerawdwr (-wyr) *m* 皇帝,天皇: yr Y~ Glân Rhufeinig 神聖ローマ皇帝

ymerodraeth (-au) *f* 帝国: yr Y~ Rufeinig, Y~ Rufain ローマ帝国

ymerodraethol *a* 帝国主義の[的な]

ymerodres (-au) *f* 1.女帝 2.皇后

ymerodrol *a* 1.帝国の 2.[しばしばY~]大英帝国の: blaenoriaeth (*f*) i'r ymerodraeth, ffafriaeth (*f*) i'r ymerodraeth 英連邦内特恵関税 3.皇帝[皇后]の; 皇室の: pengwin (*m*) ~[鳥類]エンペラー[コウテイ]ペンギン

ymerodrolwr (-wyr) *m* 1.皇帝支持者 2.帝国主義者

ymesgusodi *t* 言い訳をする,弁解する

ymesgusodol *a* 1.弁解[謝罪]の 2.謝って,詫びて 3.(態度など)申し訳なさそうな

ymesgusodwr (-wyr) *m* = **ymddiheurwr**: **ymesgusodwraig (-agedd)** *f* = **ymddiheurwraig**

ymestyn *t* 1.(範囲・大きさなどを)拡大[拡張]する 2.(ゴム紐などを)引き伸す,引張る 3.(手足などを)伸ばす; 伸びをする; 大の字になる: ~ eich coesau(長い間坐っていた後などで)脚を伸ばす; 散歩する 4.(言葉・法律などを)無理に拡大解釈する; こじつける,誇張する
i 1.(土地などが)広がる,伸びる; 達する,届く: mae'r dyffryn yn ~ i'r de 渓谷は南方へ広がっている 2.(時間が)継続する,わたる 3.(ゴムなどが)伸びる 4.(知能が)伸長する,発展する

ymestynadwy *a* 1.伸張できる 2.膨張しうる 3.発展性のある 4.広げることのできる

ymestyniad (-au) *m*(特に体を)伸ばすこと,伸び,伸張,張り

ymestynnedd *m* 1.伸張力[性] 2.膨張力[性] 3.発展力[性] 4.広がり,範囲 5.[心理](感覚の)拡がり

ymestynnol *a* 1.伸び広がっていく; 伸ばした,広がった 2.拡大[膨張]していく

ymfalchïo *t* 自慢する,誇る

ymfudiad (-au) *m*(他国への)移住

ymfudo *i*(他国へ)移住する

ymfudol *a* 1.(他国へ)移住する 2.移住(民)の

ymfudwr (-wyr) *m*: **ymfudwraig (-agedd)** *f*(他国への)移民,移住者

ymfyddino *i* (戦時に軍隊などが) 動員される

ymfflamychol *a* 1.燃えやすい, 可燃性の 2.激[興奮]しやすい, 激昂させる 3.(演説など) 扇動的な

ymfflamychu *t* 1.(人・感情などを) 興奮させる, 煽る 2.(怒りなどで顔を) 真っ赤にする

ymffrost *m* 1.自慢, 誇り 2.自慢の種

ymffrostgar *a* 1.自慢げな, 自画自賛の 2.自慢して 3.高慢[横柄]な

ymffrostio *i* 自慢する. 誇る: mae'n ~ yn ei gyfoeth 彼は自分の財産を自慢する

ymffrostiwr (-wyr) *m* : **ymffrostwraig (-agedd)** *f* 自慢屋, 法螺吹き

ymgadw *t* 世間から遠ざかる

ymgais (-geisiau) *mf* 1.試み, 企て 2.努力, 奮闘

ymgaledu *i* (物が) 堅くなる, 硬化する

ymgasglu *t* 1.(人などが) 集まる 2.(軍隊が) 動員される

ymgecru *i* 口論する, 言い争う

ymgeisiaeth (-au) *f* 立候補

ymgeisio *t* (…) するように努める[しようとする]: ~ i wneud rhth 何かをしようとする *i* 申し込む, 出願[志願, 志望]する: ~ am swydd 職を申込む

ymgeisydd (-wyr) *m* 1.志願[志望]者 2.候補者 3.(特にスポーツでの) 競争者 4.出演者

ymgeisyddiaeth (-au) *f* = **ymgeisiaeth**

ymgeledd *m* 救助, 援助

ymgeleddu *t* (困っている人などを) 助ける, 救う, 援助する

ymgeleddwr (-wyr) *m* 援助者

ymgiprys *i* 1.優劣を争う, 競う, 競争する, 張り合う 2.(困難などと) 戦う

ymglymiad *m* 巻込むこと, 掛かり合い

ymgnawdoli *t* 1.(…に) 肉体[姿]を与える 2.(観念などを) 具体化する

ymgnawdoliad (-au) *m* 1.肉体を与えること, 人間化 2.(観念などの) 具体化, 権化, 化身 3.(人・事物の変化・転変における) ある時期 4.[Y~][カトリック]托身;[プロテスタント]受肉

ymgodi *i* 1.(城・高山など) 聳える, 聳え立つ 2.(上方に) 登る, 上がる 3.盛り[持ち] 上がる, 高くなる; (特に土地が) 隆起する 4.(胸が) 波打つ

ymgodiad (-au) *m* 1.隆起 2.[地質] (地殻の) 隆起

ymgodol *a* 隆起した: lledwastad ~ 隆起した平原

ymgodymiad (-au) *m* 1.組み打ち; レスリング 2.奮闘, 苦闘

ymgodymu *i* 1.(苦境にあって) もがく, あがく, じたばたする 2.(病気・難問・誘惑などと) 戦う, 争う, 苦闘する, 取組む: ~ a llyfr abodd しい本と取組む; ~ ag anawsterau 難事と取組む 3.組み打ちする, 取っ組み合う; レスリング

をする

ymgodymwr (-wyr) *m* : **ymgodymwraig (-agedd)** *f* 1.組み打ちする人 2.レスラー

ymgom (-ion) *f* 会話, 談話, 雑談, 世間話, おしゃべり

ymgomio *i* (人と) 話をする, 雑談[談笑]する

ymgomiol *a* 1.会話(体)の, 座談風な 2.(人が) 話好きな

ymgomiwr (-wyr) *m* : **ymgomwraig (-agedd)** *f* 話す人, 談話者, 話し上手, 座談家

ymgomwest (-au) *f* (文芸・学術などの話題で会話を楽しむ社交的な) 座談[談話, 懇談]会

ymgorfforedig *a* (会社など) 法人組織の

ymgorffori *t* 1.(精神に) 形体を与える, 肉体化する 2.(思想・感情などを作品・言葉などで) 具体化[具現]する 3.(会社などを) 合体させる, 統合[合併]する 4.(人を) 加入させる *i* (会社などが) 法人組織になる

ymgorfforiad (-au) *m* 1.具体化, 具現, 体現 2.(性質・感情などの) 具体化されたもの, 権化, 化身 3.結合, 合同, 合併, 編入 4.結社, 会社

ymgorfforol *a* 合体[合同, 結合]的な

ymgorfforwr (-wyr) *m* : **ymgorfforwraig (-agedd)** *f* 1.具体化[具現]する人 2.合同[結合]者 3.(英) 他大学にも籍を置く大学生

ymgosbaeth *f* 1.禁欲主義[生活] 2.[宗教] 苦行 3.[カトリック] 修徳(主義)

ymgosbol *a* 1.禁欲的な, 禁欲生活の 2.(風貌など) 行者のような

ymgosbwr (-wyr) *m* 禁欲主義者; 苦行者

ymgreiniad (-au) *m* 平伏

ymgreinio *t* (人を) ひれ伏させる; 身を伏せる, 平伏する *i* 1.(服従してまた恐怖などで) 腹這う 2.(権威などの前に) ひれ伏す, 屈服する; 卑下する

ymgreiniol *a* 1.腹這いする 2.卑屈な

ymgreiniwr (-wyr) *m* : **ymgreinwraig (-agedd)** *f* 1.這う人 2.卑屈な人, おべっか使い

ymgresi *t* (祈り・誓言の時など) 十字を切る *i* 1.(道路・品種などが) 交差する 2.(動植物が) 交配する

ymgrymiad (-au) *m* お辞儀, 敬礼: â moesymgrymiad 頭を下げて, 会釈して

ymgrymu *t* 会釈して案内する: hebrwng rhn i mewn gan ~ 会釈して人を迎え入れる *i* (挨拶・服従・礼拝などで) 腰を屈める, お辞儀[敬礼]する

ymgrynhoi *t* 身を引き締める, 気を落着かせる *i* (物が) 集まる

ymguddio *i* 隠れる, 潜伏する: wyddwn i ddim ble i ~ 私はどこに隠れたらいいのか分からなかった

ymguddiwr (-wyr) *m* : **ymguddwraig**

(-agedd) *f* 隠匿者

ymgydiad (-au) *m* 1.性交 2.交尾

ymgydiol *a* 性交[交尾]の

ymgurio *i* やつれる

ymgydio *i* 1.(人が)性交する 2.(動物が)交尾する

ymgyfarfyddiad (-au) *m* 1.(人との偶然の)出会い 2.(危険・困難などとの)遭遇

ymgyfarwyddiad *m* 慣れ親しませる[熟知させる,馴染ませる]こと

ymgyfnerthu *i* 強く[丈夫に]なる,強まる,増強する

ymgyfoethogi *i* 金持になる

ymgyfreitha : ymgyfreithio *i* 訴訟を起こす

ymgyfreithiad *m* 訴訟

ymgyfreithiol *a* 訴訟している,係争中の

ymgyfreithiwr (-wyr) *m* 訴訟当事者(原告または被告)

ymgynghoradwy *a* 相談できる

ymgynghori *t* (専門家に)意見を聞く,助言を求める
　i (人と)相談[協議]する

ymgynghoriad (-au) *m* (専門家にする)相談,協議; 諮問; 診察

ymgynghoriaeth (-au) *f* 顧問医師の仕事[職]

ymgynghorol *a* 1.相談[協議]の 2.諮問[顧問]の

ymgynghorwr : ymgynghorydd (-wyr) *m* 1.相談する人 2.(専門的な)相談相手,顧問,コンサルタント

ymgymeriad (-au) *m* 1.(引き受けた)仕事;事業,企業 2.約束,保証,請け合い

ymgymerwr (-wyr) *m* 1.引受[請負]人; 企業家 2.[歴史]16～17世紀アイルランドにおける没収地の所有権を得た英国人; 17世紀の英国で特に国王への物資を確保するため議員達に働きかけることを請負った政界の指導者

ymgymryd *t* 1.(仕事・義務・責任などを)引き受ける,請け負う: ～ a thasg 仕事を引き受ける; ～ â chyfrifoldeb 責任を負う 2.(…すると)約束する

ymgymysgu *i* 混ざる,混合する

ymgynefiniad *m* 慣れ親しませる[習熟させる]こと

ymgynefino *t* 慣れ[習熟]させる; 慣れる,習熟する

ymgynnal *t* 養う,扶養する; 自活する

ymgynnull *i* (人が)集まる,集合[会合]する

ymgynnullfan (-nau) *mf* 集会の場所

ymgynnulliad (-au) *m* (人の)集まり,集会,集合

ymgyrch (-oedd) *mf* 1.(社会・政治・選挙などの)運動,キャンペーン: ～ werthu (ymgyrchoedd gwerthu) 大売り出し 2.(一連の)戦闘,戦役; 出征 3.[軍事]遠征

ymgyrchol *a* [軍事]遠征の: byddin～ 遠征軍

ymgyrchu *i* (…反対[推進]の)運動をする

ymgyrchwr : ymgyrchydd (-wyr) *m* :
　ymgyrchwraig (-agedd) *f* (社会・政治などの)運動家

ymgysegriad (-au) *m* 1.献身,傾倒; 愛情 2.(宗教的な)信心,帰依 3.[*pl*]祈禱 4.献納,奉献

ymgysegru *t* (ある目的・用途に生涯などを)捧げる,専念する,一身を捧げる: ～ i waith 仕事に一生を捧げる

ymgysgodi *i* 避難する,隠れる,日[雨,風(など)]を避ける

ymgysylltu *i* (人と)交際する

ymhalio *t* 体を持ち上げる

ymhel *i* 1.干渉する,おせっかいを焼く 2.(他人の物を)いじくり回す 3.道楽半分に手を出す,ちょっとやってみる

ymhelaethu *i* 1.広がる,大きくなる 2.詳述する: ～ ar bwnc ある問題を詳しく述べる

ymheliwr (-wyr) *m* 道楽半分に事をする人,下手の横好き

ymhell *ad* [距離・空間]遠くに[へ],遥かに: mynd ～ 遠くに行く

ymhellach *ad* 1.[距離・空間・時間]さらに遠く,もっと先に: ～ ymlaen もっと先に 2.[程度]さらに進んで 3.なおその上に,さらにまた

ymherodr (ymerodron) *m* = **ymerawdwr**

ymhidliad *m* [化学]浸透,浸入

ymhlith *prep* 1.(通例三者以上の場合に用いて)(…の)中で[間に],(…に)囲まれて 2.(仲間・同類)の中の一人[一つ]で 3.(…の)間で(協力して)

ymhlyg *a* 暗黙の,暗に含まれた,言外の

ymhlygiad (-au) *m* 包含,含蓄,含み,言外の意味; 含まれるもの,関連物

ymhlygu *t* 1.含む,包む 2.(人を犯罪などに)関係させる,巻込む

ymhoelyd *t* 1.ぐらつかせる,倒す 2.(政府などを)転覆させる
　i ぐらつく,倒れる

ymholi *i* 質問をする尋ねる

ymholiad (-au) *m* 質問,問い合せ,照会: "ymholiadau"[掲示]御用の方は中へどうぞ; swyddfa (-feydd) (*f*) ymholiadau (英)(駅・ホテルなどの)案内所

ymholwr (-wyr) *m* : **ymholwraig (-agedd)** *f* 尋ねる人,照会者; 調査[探求]者

ymholltedd *m* [物理]核分裂性

ymhollti *i* 1.小部分に分裂する 2.[物理]核分裂する

ymholltiad (-au) *m* 1.分裂 2.[物理]核分裂 3.[生物]分裂,分体

ymholltol *a* 1.裂けやすい 2.[物理]核分裂性の

ymhongar *a* 1.もったいぶった, 自惚れた, 気取った 2.見栄を張る; 偽りの

ymhongarwch *m* 気取り, もったいぶり

ymhoniad (-au) *m* 1.見せかけ, 振り, 気取り, てらい 2.自任, 自負 3.(しばしば不当な権利・資格などの)主張, 要求; 権利

ymhonni *i* 1.自任[自負]する: ~'n ddeallus 知性をもって自任する 2.(偽って)要求[主張]する

ymhonnwr (ymhonwyr) *m* : **ymhonwraig (-agedd)** *f* 振りをする[装う]人; 詐称者

ymhŵedd *t* 1.(許し・慈悲などを)懇願[嘆願, 哀願]する 2.(人に…するように)懇願する: ~ ar rn i wneud rhth 人に何かをして欲しいと頼む

ymhyfrydu *i* 大いに喜ぶ, 楽しむ

ymhyfrydwr (-wyr) *m* 大喜びする人, 大いに楽しむ人

ymiachau *i* (傷が)癒える, 直る

ymlaciad *m* 1.(心身の緊張などの)弛緩; 軽減, 緩和 2.休養, 骨休め, くつろぎ 3.気晴らし, 娯楽: ~ drwy ddallen llyfrau 本に気晴らしを求める

ymlaciedig *a* くつろいだ, リラックスした

ymlacio *i* 1.(筋肉・力などが)緩む: ymlaciodd ei wyneb yn wên 彼の顔が緩んで笑顔になった 2.精神的緊張を解くくつろぐ, リラックスする

ymlaciol *a* 1.(人を)リラックスさせる, 落着かせる 2.(気候など)体をだるくするような, 気だるい

ymlaciwr (-wyr) *m* [医学]弛緩薬;(特に)筋弛薬

ymladd *a* 戦う, 戦闘に臨む

ymladd *t* 1.(敵・病気などと)戦う 2.(戦いを)交える: ~ brwydr 一戦を交える 3.戦って獲得する 4.(訴訟事件などを)争う: ~ achos 訴訟事件を争う 5.[政治・スポ](議席・勝利・賞などを)争う: ~ am sedd yn y Senedd, ~ sedd Seneddol 議席を争う 6.(選挙の)結果に異議を唱える: ~ etholiad 選挙の結果に異議を唱える 7.苦労しながら進む 8.(ボクサー・闘鶏・犬などを)戦わせる

i 1.争う, 競う 2.奮闘する 3.論争する 4.(敵・病気などと)戦う: ~ (ag) afiechyd 病気と戦う; ~ temtasiwn 誘惑と戦う 5.(祖国・正義などのために)戦う

ymladd (-au) *m* 1.戦い, 戦闘, 合戦, 会戦 2.闘争, 格闘, 組み打ち, 乱闘; 論争 3.ボクシングの試合

ymlâdd *t* 疲れさせる; 疲れ切る, くたくたになる: wedi ~ へとへとに疲れて

i 1.疲れる, くたびれる 2.飽きる

ymladdfa (-feydd) *f* 1.戦い, 戦闘: ffug ~ *f* 模擬戦; 軍事演習 2.闘争, 格闘, 組み打ち: ~

gyffrodinol *f* 大乱戦[乱闘, 混戦]; ~ deg (ymladdfeydd teg)(特にボクシングでの)激しい打ち合い 3.大論戦

ymladdgar *a* 1.喧嘩好きな 2.戦う 3.闘争的な; 好戦的な 4.侵略[攻撃]的な

ymladdgarwch *m* 喧嘩好きな; 闘争[戦闘]的なこと; 好戦的なこと

ymladdol *a* 戦う, 戦闘に臨む; 好戦的な

ymladdwr (-wyr) *m* : **ymladdwraig (-agedd)** *f* 1.戦士, 闘士 2.(選挙の)競争候補者 3.[軍事]戦闘員

ymlaen *ad* 1.[動作の方向]前方[先]へ, 向かって: mynd ~ 先へ進む;(時間が)進んで: yn nes ~ 後で; o yfory ~ 明日以後, (時計を)進めて 2.[動作の継続]どんどん, 絶えず 3.[進行・予定]行われて, 出演して, 上演[上映, 開催]して: ~ a'r sioe! ショーを始めな(続けよ)!; beth sydd ~? 何事が起こったのですか? 4.[作動中](水道・ガス・電気など)通じて, 出て: rhoi'r golau ~ 明かりをつける,(テレヴィ・ラジオなど)かかって, オンになって 5.[督促・懇願]さあ(来い), さあさあ, お願い 6.[命令法]~ â thi (chi)! すぐ行け!, やれっ!, 進めっ!(相手を促して]さあどうぞ!; [許可を求める願いに答えて]どうぞ!; [電話]お話し下さい; [海事]ゴーヘー!, 前進!

a 1.前方への 2.前進的な, 向上する

ymlaesu *i* 休む, 休憩する

ymlafnio *i* 努力する, 励む; 骨折る, 骨折って働く

ymlafniwr (-wyr) *m* 苦労して[骨折って]働く人

ymlawenhau *i* 喜ぶ, うれしがる

ymlediad *m* 1.拡大, 拡張, 発展 2.膨張 3.伸張, 展開 4.(教育・病気などの)普及, 流布; 蔓延 5.[射撃](弾丸の)一斉射撃 6.[物理](熱の)分散

ymlediaeth *f* 拡張論[政策]

ymledol *a* 1.伸び広がっていく 2.膨張[拡大]していく 3.広く散った, 普及した; 拡散した 4.散布的な, 普及しやすい, 普及力のある 5.拡散性の, 散漫[冗漫]な;(お世辞など)くどい 6.[食物]地を這う, 匍匐性の

ymledolrwydd *m* 普及しやすさ; 散布していること; 拡散性; 散漫であること

ymledu *i* 1.広がる, 拡大する: yn y fan hon mae'r afon yn ~ 川はここで広がっている 2.(空間的に)広がる, 延びる, 及ぶ; 展開する 3.(知らせ・噂・病気などが)広まる, 流布する, 蔓延する: mae'r tân yn ~ 火事は燃え広がっている 4.(蕾・花が)開く, 咲く 5.(散弾が)広がる 6.[物理]拡散する

ymlenwi *i* (風船・帆などが)膨らむ

ymlid *t* (獲物・犯人などを捕まえたり殺すために)追う, 追跡する, 狩る

ymlid (-iau) *m* (逃亡者などの)追跡, 追撃

ymlidiwr : ymlidydd (-wyr) *m*（逃亡者などの）追跡者

ymlonyddu *i* 1.（人が）落着く 2.（海・嵐・怒りなどが）静まる, 和らぐ

ymlosgiad (-au) *m* 燃焼: ~ digymell 自然発火

ymlosgol *a* 燃焼性の

ymlusgiad (-iaid) *m* 爬虫類の動物

ymlusgiad (-au) *m* 蛇などが這うこと

ymlusgo *i* 1.這う, 這って行く: ~ ar eich pedwar 四つん這いになって這う 2.のろのろ進む 3.（蛇などが）這う 4.（植物が）這う, 絡み付く 5.［水泳］クロールで泳ぐ

ymlusgol *a* 1.這う 2.（蛇などが）這う, 爬行する 3.（植物が）這う, 這い広がる

ymlusgwr (-wyr) *m* 1.這う人 2.［水泳］クロール泳者

ymlwybro *i*（場所などへさらに）進む, 行く, 赴く: ~ tua rhywle ある場所へ行く; ~ tuag at Fangor さらにバンガへ行く

ymlyniad *m* 1.愛情, 愛着, 愛慕 2.忠実, 忠誠, 忠節, 忠義 3.固守, 執着 4.［生物］合生; 側生

ymlynol *a* 1.（テープなど）粘着性の 2.［生物］合生の; 側生の

ymlynu *i* 1.（物が）付着［粘着, 密着］する 2.（人が計画・約束・主義などを）固守［固執, 執着］する 3.（人・宗教などを）支持［信奉］する: ~ wrth blaid ある党を支持する 4.（党などに）加入する

ymlynwr : ymlynydd (-wyr) *m* 信者

ymneilltuad *m*［スポ］（レースなどから）退場

ymneilltuaeth *f*［しばしばY~］（英）1.国教を遵法しないこと, 非国教主義, 国教反対 2.［集合的］非国教徒

ymneilltuo *i* 1.（場所へ）退く, 立去る 2.（英）国教に反対する

ymneilltuol *a*（英）1.国教に反対する 2.非国教徒の

ymneilltuwr (-wyr) *m* : **ymneilltuwraig (-ageddd)** *f*［通例Y~］（英）国教反対者; 非国教徒

ymochel *i* = **ymgysgodi**: ~ rhag y glaw 雨宿りする

ymochredd *m*［政治］提携, 団結

ymochri *t*（国・団体などを）提携［団結］させる

ymochrol *a* 提携した

ymofyn *t* 1.（名前・値段などを）尋ねる, 問う 2.（仕事・忠告・援助などを）求める 3.（行って）人を連れて［呼んで］くる

ymofyngar : ymofynnol *a* 1.問いかけるような, 怪訝そうな 2.詮索好きな

ymofynnwr (-ofynwyr) *m* 行って連れて［持って］来る人

ymofynnydd (-ofynwyr, -ofynyddion) *m* : **ymofynwraig (-agedd)** *f* 1.尋ねる人

2.探す人, 探求［調査］者

ymolch : ymolchi *t* 入浴させる, 体を洗う, 水で洗う: ymolchi'ch wyneb 顔を洗う; basn (-au) (*m*) ymolchi 洗面器

ymolchdy (-dai) *m* : **ymolchfa (-feydd)** *f* 1.洗面所; 便所 2.（英）（兵舎・船舶などの）浴室（浴場と便所の両施設がある）

ymolchiad (-au) *m* 沐浴; 体［顔・手］などを洗うこと

ymolchiadol *a* 洗浄（式）の

ymollwng *i*（椅子などにぐったりと）腰を下ろす: ~ i gadair 疲れて身を投げかけるように椅子に坐る

ymorol *t* 1.（…の）世話をする［に仕える］2.（…に）注意する, 気を付ける 3.（問題などを）処理［処置］する, 取り計らう: ~ gofalu am bopeth 万事引き受ける 4.（仕事などに）精を出す, 専心する: ~ am eich pethau 自分の仕事に専心する

ymosod *t* 1.（人・行為・陣地などを）攻撃［猛攻］する 2.（人を質問・非難などで）攻め［責め］立てる 3.（疑惑・恐怖などが人・心を）襲う, 悩ます 4.（病気が人を）襲う 5.［法律］（人に）暴行する: ymosodwyd arno 彼は襲われた;（女性を）強姦する, 襲う
i 攻撃する

ymosodedd *m*［心理］攻撃

ymosodiad (-au) *m* 1.攻撃, 襲撃 2.（言葉・文章などによる）攻撃, 非難 3.［法律］暴行;（女性に対する）暴行, 強姦: ~ a churo/ tharo 暴行殴打; ~ anweddus 強制猥褻行為［罪］4.（競技などでの）攻撃 5.［病理］発病; 発作: ~ ar y gallon 心臓発作 6.［軍事］急襲, 強襲, 襲撃, 奇襲: meddiannu tref trwy ~ 強襲して町を攻略する

ymosodol *a* 1.攻撃［侵略］的な 2.積極［意欲］的な 3.［心理］襲撃しそうな 4.［軍事］攻撃的な, 攻撃用の: arf ~ 攻撃用兵器

ymosodoldeb *m* 1.攻撃［侵略］性 2.積極性

ymosodwr (-wyr) *m* : **ymosodwraig (-agedd)** *f* 1.攻撃［襲撃］者 2.侵略者［国］

ymostwng *t* 身を伏せる, 平伏する
i 1.服従［黙従, 甘受］する: ~ i ddyfarniad ［法律］判決に服する 2.身を落として［恥を忍んで］（…）する: 'rwy'n gwrthod ~ i wneud y fath beth 私は節を曲げてまでそんな事はしない 3.［軍事］（通例条件付きで）降参［降伏］する

ymostyngar : ymostyngol *a* 服従する, 従順な

ymostyngiad (-au) *m* 1.降伏: nid ymostyngwn! どんな事があっても降伏するな! 2.服従, 従順

ymostyngoldeb *m* 従属的であること, 従順さ

ymostyngwr (-wyr) *m* 1.降伏者 2.服従者

ymotbren (-nau) *m*［料理］（飲物を掻き混ぜ

ympryd 604 **ymwacâd**

るための長い柄の先にスプーンの付いた)攪拌棒

ympryd (-au) *m* (主に宗教上の) 断食, 絶食: torri ~ 断食を止める; dydd (-iau)(*m*)~ 断食日

ymprydio *i* 断食[絶食]する

ymprydiwr (-wyr) *m* : **ymprydwraig (-agedd)** *f* 断食する人

ymrafael (-ion) *m* 口論, 口喧嘩, 論争, 論戦

ymrafael : ymlafaelio *i* 口論[口喧嘩]する, 言い争う

ymrafaelgar *a* 口論[口喧嘩]好きな, 喧嘩っ早い

ymrafaelgarwch *m* 喧嘩好きなこと, 喧嘩っ早さ

ymrain *i* = cydio, ymgydio

ymranedig *a* 分離した; 反目している

ymraniad (-au) *m* 1.(意見などの) 分裂, 不一致, 不和 2.[政治](英)(議場で賛否両派に分かれる) 採決 3.分割, 分配 4.[生物] 分裂: ~ celloedd *m* 細胞分裂

ymrannu *i* 1.(人と) 別れる, 離れる 2.(物が) 分かれる, 割れる, 裂ける 3.(道などが二つ以上に) 分かれる 4.(党などが) 分裂する 5.[数学](ある数が他の数で) 割り切れる 6.[議会](英) 採決する

ymread (-au) *m* = ymgydiad

ymreol *a* 1.性交の 2.交尾の

ymreolaeth *f* [政治] 1.自治(権) 2.内政[地方] 自治

ymreolus *a* (国などが) 自治の

ymreolwr (-wyr) *m* : **ymreolwraig (-agedd)** *f* 内政自治論者

ymrestriad (-au) *m* 1.兵籍編入; 入隊 2.兵籍期間

ymresymiad (-au) *m* 論法; 立論; 議論: dilyn ~ rhn 人の議論についていく

ymresymiadol *a* 1.理性のある 2.推論[推理]する

ymresymu *i* 推論[推理]する: ~ ar sail rhagosodiadau 前提から推論する

ymrithio *t* 変装する

ymroad *m* 専念, 精励, 勤勉

ymroddedig *a* 1.(人が) 勤勉[精励]な 2.専念して, 熱心な

ymroddi : ymroi *t* (研究・人などに) 一身を捧げる, 専念する

ymroddiad (-au) *m* 1.専念, 精励, 勤勉 2.献身, 傾倒

ymron *ad* ほとんど, ほぼ

ymrwyfo *i* (…しようと) 一生懸命になる, 努力する

ymrwygo *i* (タイヤなどが) 破裂する

ymrwymiad (-au) *m* 1.(会合などの) 約束; 契約: oherwydd ~ cynharach 先約のために 2.責任, 掛かり合い 3.(作家などの) 政治参加

ymrwymo *t* 1.(…することを) 約束する: ~ i wneud rhth 何かをすることを約束する 2.束縛[拘束] される; 誓う; 保証する

ymryson *i* 1.競う, 競争する 2.(困難などと) 戦う

ymryson (-au) *m* 1.競技, 試合, コンテスト: ~ (y) beirdd, ~ barddol (特にウェールズのアイステズヴォド (芸術祭) での) 詩人のコンテスト 2.競争, 対抗, 敵対 3.口論, 論戦 4.争い, 戦闘; 闘争, 格闘

ymrysonfa (-feydd) *f* 競技試合場

ymrysongar *a* 1.競争好きな 2.(発言など) 論争的な, 議論がましい 3.(人が) 議論好きな, 理屈っぽい

ymrysongarwch *m* 1.議論[論争] 好き 2.理屈っぽさ, 論争性, 議論がましさ 3.闘争[戦闘] 的なこと, 喧嘩好きなこと

ymrysonwr : ymrysonydd (-wyr) *m* : **ymrysonwraig (-agedd)** *f* 1.(競技会・クイズ番組などの) 出場[参加] 者 2.競争者[相手] 3.異議申立て者

ymsefydlu *t* 1.(人を土地に) 定住させる, 移住[植民] させる 2.(名声・学説などを) 確立する: ~ fel ysgolhaig 学識があるという評判を確立する 3.(場所・地位・職業などに) 落着かせる, 身を立てる: ~ mewn busnes 商売で身を立てる

ymsefydlwr (-wyr) *m* 植民者, 移民

ymsolido *t* 1.凝固させる 2.結晶させる *i* 1.凝固する 2.結晶する

ymson *i* 1.独り言を言う, 独語する 2.[演劇] 独白する

ymson (-au, -ion) *m* 1.独り言, 独語 2.[演劇] 独白

ymsonol : ymsonus *a* 1.独り言を言っている 2.独白の, 独白的な

ymsonwr : ymsonydd (-wyr) *m* 1.独語する人 2.[演劇] 独白者

ymsuddiad : ymsuddiant *m* 鎮静, 減退

ymsuddo *i* 1.(眠り・絶望などに) 陥る: ~ i gwsg 眠りに陥る 2.(土地などが) 沈下[陥没] する 3.(澱などが) 沈澱する

ymsymud *i* 動く, 移動する; 進む

ymsymudiad (-au) *m* 1.移動, 移行 2.移動力

ymsymudol *a* 1.移動[移行] する 2.運転力のある

ymuno *t* 1.(力などを) 合わせる 2.(人・クラブ・会などに) 加入する, 加わる, (…の) 仲間になる: ~ â chymdeithas 会に加入する 3.(軍隊に) 入る, 入隊する: ~ â'r fyddin 入隊する 4.(支流・小道などが本流・大道などと) 合流する *i* 1.(主義・行動などで) 結束[協力] する 2.(会話などに) 参加する, 行動を共にする: ~ â phrotest 抗議に加わる 3.(川などが) 合流する

ymwacâd *m* [神学](キリストのIncarnationにおける) 神性放棄

ymwadiad (-au) *m* 1.拒絶, 拒否 2.放棄 3.克己, 自制

ymwadu *t* 1.(条約・信仰などを) 破棄 [放棄] する, 捨てる: ~ â'r byd 世を捨てる; 修道生活に入る 2.(関係を) 絶つ, 絶交 [勘当] する 3.(飲食・快楽などを) 断つ, 控える: ~ â rhth 物を断念する

ymwadwr (-wyr) *m* : **ymwadwraig (-agedd)** *f* 1.拒絶者 2.放棄者 3.絶縁者

ymwahanol *a* 分離主義(者)の, 独立派の

ymwahanu *t* 引き [切り] 離す: ~ â rhn 人と別れる, 絶交する
i (人が友などと) 別れる

ymwahanwr (-wyr) *m* : **ymwahanwraig (-agedd)** *f* [政治] 分離 [独立] 主義者

ymwared *m* 1.解放, 釈放 2.救助, 救出

ymwasgu *t* 1.(歩行者などが道路の縁などに) 接近して [くっつようにして] 進む: ~ at y wal 壁に沿って進む 2.[海事] (船が岸に) 沿って航行する: ~ at y tir 海岸に沿って航行する

ymweithydd (-ion) *m* 1.[電気] リアクター 2.[原物] 原子炉

ymweladwy *a* 訪問できる

ymweld *t* 1.(人を) 訪問する: ~ â rhn 人を訪問する 2.(医師・看護婦などが患者に) 付き添う, (患者の) 看護 [治療] をする: ~ â chlaf 患者を看護する 3.[商業] (仕事で) 訪れる: ~ â chwsmer 顧客を訪問する 4.(場所を) 訪れる, 見物に行く: ~ â man y trosedd [法律] 犯罪の現場を訪れる 5.(役人が) 視察に行く, 巡視する 6.(人の罪などを) 罰する 7.[文語・聖書] (人に苦痛・罰を) 加える, (災難を) 被らせる

ymweliad (-au) *m* 1.訪問: ~ o ran cwrteisi 儀礼訪問; ~ gwib/gwibiol (â rhn) 慌ただしい訪問 2.(医師・看護婦による) 手当, 治療, 看護, 往診 3.(役職上・職業上の) 訪問, 巡回, 視察: (~) â chartref [法律] 家宅捜索 4.(主に客としての) 滞在, 逗留: ar ei ail ~ â Chymru 彼の二回目のウェールズ滞在中 [観光旅行中] 5.(高官・聖職者などの) 公式訪問, 信徒訪問: ~ ar claf 病気の信者に対する牧師の訪問 [見舞い] 6.[キ教] Gŵyl (*f*) yr Y~ 聖母訪問の祝日 (7月2日) 7.(神などの慰め・助け・苦痛・罰をもった) 訪問; 天恵, 祝福; 天罰, 災い

ymweliadol *a* 1.訪問の 2.訪問し合うほどの 3.[スポ] 遠征(中)の 4.巡回 [視察] する 5.(職務的) 巡視の, 巡回(者)の, 臨検(者)の 6.巡視 [臨検] 権のある

ymwelwr (-wyr : ymwelydd (-wyr) *m* 1.訪問者, 来客; 見舞客 2.(行楽地・ホテル・美術館などの) 来遊者, 観光客 3.(英) (家庭を訪問する) 巡回保健員 4.(英) (大学などの) 視察員, 巡視官 5.[*pl*] [スポ] 遠征軍: tim (*m*) yr ymwelwyr (timau'r ymwelwyr, yr ymwelwyr) 遠征軍 [チーム]

ymwhanedig *a* = **ymranedig**

ymwneud *i* 1.(人・問題を) 扱う, 処理する 2.(人に対し) 振舞う, 行動する 3.(…に) 従事 [関係] する

ymwroli *i* 勇気を出す, 大胆に乗り出す, 必要な事を思い切ってする

ymwrthedd *m* 1.(細菌・病気などに対する) 耐性 2.[電気] 抵抗

ymwrthiannol *a* [電気] 抵抗の

ymwrthod *t* 1.捨てる 2.否定する 3.(飲食物などを) 慎む, 止める; 禁酒する: ~ â diod 飲酒を控える

ymwrthodiad (-au) *m* 1.慎み, 節制, 禁欲, 禁酒: llwyrymwrthodiad *m* 絶対禁酒 2.拒絶, 拒否 3.放棄 4.克己, 自制

ymwrthodol *a* 慎む, 節制する

ymwrthodwr (-wyr) *m* : **ymwrthodwraig (-agedd)** *f* 1.節制家 2.禁酒家: llwyrymwrthodwr (-wyr) (*m*): llwyrymwrthodwraig (-agedd) *f* 絶対禁酒家 3.拒絶者 4.放棄者

ymwthgar *a* 1.押しの強い, 出しゃばりな 2.独断的な 3.意欲的な

ymwthgarwch *m* 強引さ

ymwthiad (-au) *m* 1.(意見などの人への) 押しつけ 2.出しゃばり 3.[音楽] 嵌入, 割り込み 4.[地質] (岩脈などの) 進入

ymwthiwr (-wyr) *m* : **ymwthwraig (-agedd)** *f* 1.(会話などの) 邪魔をする人, 出しゃばり, おせっかい 2.潜りの商人

ymwybod (-au) *m* 1.意識, 知覚, 自覚: colli ~ 意識を失う 2.(漠然とした) 感づき, 意識: llif (*m*) ~ [文学] 意識の流れ 3.[心理・哲学] 意識, 心象: trothwy (*m*) ~ [心理] 意識閾, 識閾

ymwybodol *a* 1.意識 [知覚, 理性] のある 2.気付いて, 自覚 [意識] して: yr oeddwn yn ~ ei fod in edrych arnaf 私は彼が私を見ていることに気が付いた 3.意識的な 4.自意識の強い, 人前を気にする 5.[複合語の第2構成素として] (…の) 意識の強い: ~ o'r ffasiwn 流行に敏感な

ymwybyddiaeth (-au) *f* 意識, 知覚

ymyl (-au, -on) *mf* 1.縁, へり, 端, 周辺: ymylon aur, eurymylon (書籍などの) 金縁 2.(草・芝生などの生えた道の) 端 3.(花壇などの) 縁, へり, 取り 4.境界, 間際, 限界: yn ~ dagrau 今にも泣き出しそうになって 5.[織物] 織べり; 織物の耳 6.(ページの) 欄外, 余白, マージン: ar yr ~ 余白 [欄外] に; ~ rhwymo [製本] 綴じ代 7.(町・森などの) へり, きわ 8.(岩などの) 尖った角 9.yn ~ すぐ近くに

ymyled (-au) *mf* [海事] 縁材

ymylnod (-au) *m* 傍注

ymylog *a* 縁取った

ymylol *a* 1.へり [縁, 端] の 2.(土地が) 生産力

ymylu が (ほとんど) ない: tir ~ 不毛の地 3.境界の; 境界地方に住む: dyn (-ion) ~ *m* 境界人 4.傍注の 5.(資格・能力など) 限界に近い, ぎりぎりの 6.[経済] かろうじて収支の償う: costau [経済・会計] 限界費用 7.(英)(国会の議席・選挙区など) 僅かな得票差で得た: sedd (-au) ~ *f* [政治] 僅少の得票差で得た国会の議席

ymylu *t* 1.(…に) 縁を付ける, 縁取る 2.(ページに) 欄外の注を付ける: ~ tudalen ページの余白に注を付ける
i 1.(…に) 近似する[近い], まるで(…の) 状態である: ~ ar wallgofrwydd 狂気に近い 2.(土地・建物などが) 接する, 隣接する 3.(…の状態に) 近づく, 今にも(…に) なろうとする

ymyluniad (-au) *m* [建築] へり継手

ymylwe (-oedd) *m* 織端, 織物の耳

ymyrgar *a* 干渉する[好きな], お節介な, 邪魔をする

ymyrgarwch *m* お節介[干渉的] なこと

ymyriad (-au) *m* 1.干渉, 介入, 口出し, お節介: ~ gwladol, ~ y wladwriaeth 国家の干渉[介入] 2.邪魔, 妨害 3.[電算] 割り込み

ymyriadol *a* 1.邪魔[中断] する, 妨害的な 2.[物理] (光など) 干渉の

ymyrraeth *f* 干渉

ymyrraeth : ymyrru : ymyrryd *t* 1.(話などの) 腰を折る, 邪魔をする 2.(仕事などを) 中断[妨害] する
i 1.(人・私事などに) 干渉[介入, 口出し] する: ymyrryd â thyst [法律] 証人に干渉する 2.[法律] (第三者が) 訴訟に参加する 3.[物理] (光波・音波・電波などが) 干渉する 4.[通信] 混信する

ymyrrwr (ymyrwyr) *m* : **ymyrwraig (-agedd)** *f* 1.干渉者, お節介屋 2.邪魔する人 3.[法律] 訴訟参加人

ymysg *prep* = **ymhlith**

ymysgaroedd *pl* 1.[解剖] [通例*pl*] 腸, はらわた 2.[*pl*] 同情, 哀れみの心の宿る所: ~ tosturi 同情心

ymysgwyd : ymystwyrian *t* 奮起[活躍] する, ぐずぐずせずに動く

yn *prep* 1.[場所・位置] …で[に, において]: ~ y pellter 少し離れた所に; yng nghanol yr ystafell 部屋の中心に; ~ Lloegr イングランドで; ~ Rhydychen オックスフォードで; ym Mryste ブリストルで; ~ y Bala バラで; yng Nghaerdydd カーディフで; ~ Nhonypandy トナパンディで; ym Mangor バンガで; ~ Ninbych デンビで; yng Ngwent グウェントで; ym Mharis パリで 2.[行為・従事・従事の対象] ~ yr eglwys (教会に行って) 礼拝中; ~ yr ysgol (学校に行って) 授業中; ~ y gwaith 仕事をして; ~ y gwely 寝て, 床に就いて 3.[停止・休止] ~ sefyll ~ stond, ~ ddisymud, ~ llonydd ぴたりと止まって; ~ gorffwys 休息し

て 4.[時・時間・年齢] …の間[中], …(のうち) に, …たてば[の後に]: ~ drigain oed 60 歳の時に; mae hi ~ ei thrigeiniau 彼女は60 代です; ~ ystod y nos 夜に; ~ y bore 午前に; ~ yr Haf 夏に; ym mis Awst 8月に; ~ y man 間もなく; ~ ystod teyrnasiad Victoria, ~ nheyrnasiad Victoria ヴィクトリア女王の御代に 5.[数量・代価・費用] …で(売買する), …と(見積る): ~ rhad 安値で 6.[方向・目標・目的] …を(狙って), …に(向かって): cydio/gafael ~ rhth 物を掴もうとする; mae hi ~ ei ben byth a hefyd 彼女はいつも彼にうるさくせがんでいる 7.[平和・不和] …で, …に; ~ benben 敵意を抱いて, にらみ合って, 反目して 8.[商店・家] …で: ~ y siop fara パン屋で; ~ y siop gig 肉屋で; ~ y tŷ 家の中で[に], 在宅して; ~ nhy tŷ nhad 私の父の家の中で 9.[変化・結果] …に(する, なる): newid/troi rhth ~ rhth 何かを何かに変える; trodd y tywysog ~ llyffant 王子は蛙に変わった; troi gwellt ~ aur 藁を金に変える; torri rhth ~ ddwy (ran), ~ ddau hanner; rhannu rhth ~ ddwy (ran) 何かを二つ[半分] に切る[分ける] 10.[範囲] …内で(において): ~ fy marn i 私の意見では 11.[特定の部分] …の[に関して]: dall ~ un llygad 片盲で 12.[割合・程度] …につき: unwaith ~ y pedwar amser 時々 13.[状態] …の状態に[で]: 'roedd e wedi cael diferyn ~ ormod; 'roedd ~ ei ddiod 彼は酒に酔っていた; ~ alltud (-ion) 追放されて, 流浪の身で 14.[環境] …の中で[を]: mynd allan ~ y glaw 雨中外出する; ~ y tywyllwch 暗がりに 15.[所属・職業] …して[に]: mae'n gweithio ~ y diwyydiant ceir 彼は自動車工業関係の仕事をしている 16.[理由・動機] …の理由で[として(の)]: ~ ateb 答として 17.[方法・形式] …で[をもって]: ~ y dull Ffrengig フランス様式で 18.[道具・材料・表現様式] …で(作った): siarad ~ Gymraeg ウェールズ語で話す 19.[配置・形状] …をなして[になって]: ceredded ~ ddeuoedd a thrioedd 二三人ずつ歩く; sefyll ~ rhes 一列に並んで立つ 20.[性格・素質・能力] (人の) 中に, …には: cefais Mair ~ ffrind 私はメアリーという友を見出した (メアリーを友にした) 21.[内部へ向かう運動・方向] …(の中) に[へ] 22.[衝突] …にぶつかって[突き当たって]: rhedeg ~ erbyn wal 壁に衝突する 23.[興味・関心] …に関心を持って: Zen y mae ei ddiddordeb 彼は禅に関心を持っている 24.[代理・代用・代表] …の代わりに: gweithredu ~ lle rhn 人の代理を勤める 25.[意図・用途] …用の[のために]: ~ bwdin デザートに 26.[利害] …のために: mae hwn ~ dda at annwyd これは風邪によい 27.[基準] …としては[の割には]: mae'n siarad

yn / **ysbarduno**

607

Cymraeg ~ dda iawn o Sais 彼はイングランド人としてはウェールズ語をとても上手に話す

yn *part*［小詞］**1.**［この小詞ynはbod構文のverbnounの前に置く: bod+yn+verbnoun］…する［している］: mae Sioned ~ darllen ジャネットが読む; ydy hi'n bwrw glaw? 雨が降っていますか?; mae hi'n bwrw 雨が降っている; dyw hi ddim ~ bwrw glaw 雨は降っていません **2.**［叙述用法のyn: bod構文の名詞・形容詞の前に置く］: bod+主語+yn+名詞: mae'r trên ~ mynd 列車が走っている; bod+主語+yn+形容詞: mae'r trên ~ fawr その列車は大きい

yna *ad*［会話ではしばしばna］**1.**それから, その後で［は］: ~ aethon ni i'r traeth それから私たちは浜辺へ行った **2.**［場所・方向］そこに［で, へ］, あそこに［で, へ］: mae hi ~ o hyd 彼女はまだそこにいます; pwy sy 'na? そこにいるのは誰ですか? **3.**［名詞・代名詞の後に置いて, しばしば強調的に］そこの: y dyn ~ あそこにいる男 **4.**［名詞的］そこ, あそこ: oddi ~ そこから **5.**［存在; 強勢も場所の意味もない］(y) mae ~ fuwch yn y cae 野原に雌牛がいる

ynad (-on) *m* : **ynades (-au)** *f* **1.**（司法権を持つ）行政長官 **2.**［法律］治安判事, 微罪判事［裁判官］, 警察裁判所判事, 高等法院判事: ~ cyflog/cyflogedig（英）（地方の無給の治安判事に対して都市の）有給治安判事; Y~ Heddwch 治安判事

ynadaeth (-au) *f* 長官［裁判官, 治安判事］の資格［地位, 職, 任期］

ynadol *a* 行政長官［治安判事］の

ynfyd *a* **1.**愚かな **2.**狂気［狂乱］の, 怒り狂って

ynfydrwydd *m* **1.**愚かさ **2.**狂気

ynfydu *i* **1.**気が狂う **2.**（狂人のように）うわ言を言う（狂ったように）怒鳴る, わめく

ynfytyn (-fydion) *m* **1.**馬鹿, 間抜け **2.**［心理］白痴の人: ~ dawnus［精医］天才白痴

ynni *m* **1.**精力, 気力, 元気 **2.**力, 勢い: ~ symudol 電力 **3.**［物理］エネルギー

yno *ad* **1.**そこに［で］: fues i erioed yn Efrog Newydd, ond mae gen i ffrindiau ~ 私はニューヨークへ行ったことはないけれどそこに友人がいます; can milltir ~ ac yn ôl 往復で100マイル **2.**あちら［そちら］へ

yntau *pron* **1.**［三人称単数男性主格; 接続的語形］そして彼は［が］, 彼もまた: os methaf i, fe fetha ~ もし私が失敗すれば, 彼もまた失敗するでしょう **2.**［目的格］そして彼を, また彼を: mae ef yn ei charu hi a hithau'n ei garu ~ 彼は彼女を愛している, そして彼女は彼を愛している

ynteu *conj* **1.**［二つの選択すべき語・句・節を同格的に結合して; 疑問文で］または, あるいは, … か…: te ~ coffi gymeri di?, a gymerwch chi de, ~ coffi? お茶かコーヒーを召し上がりませんか? **2.**そこで, それで, それでは, 従って

yntred (-au) *f* **1.**［英教］聖餐式前に歌う聖歌, 参入唱 **2.**［カト］入祭文［唱］

Ynyd *m*［キ教］懺悔季節（3日間）: Nos (*f*) Y~ 懺悔季節; (Dydd) Mawrth (*m*) Y~ 懺悔火曜日

ynydiad (-au) *m* 加入［入会, 入門］（式）

ynydol *a* 入会［入門, 入党］の

ynydu *t*（人を会などに）入会［加入］させる

ynys (-oedd) *f* **1.**島: Y~ Brydain/Prydain（大）ブリテン島; Y~ Wyth ワイト島; Y~ Manaw マン島; Ynysoedd Prydain 英国諸島; Y~ Afallon［ケ伝］アヴァロン島（Arthur王とその部下が死後運ばれたという西方楽土の島）; yr Ynysordd Dedwydd［ギ神］極楽島 **2.**（路上の）安全地帯: ~ groesi(ynysoedd croesi)（街路上の）交通島

ynysadwy *a* 隔離できる, 孤立させられる

ynysedig *a* **1.**隔離された, 孤立させられた **2.**［電気］絶縁された

ynysfor (-oedd) *m*［地理］**1.**群島 **2.**多島海

ynysforol *a* 列島の［に関する］

ynysiad (-au) *m* 隔離, 孤立

ynysig (-au) *f* 小島

ynysog *a* 島のある

ynysol *a* **1.**島［島民］の **2.**島国根性の, 狭量な **3.**絶縁［断熱］する

ynysoldeb *m* **1.**島国であること, 島国性 **2.**島国根性, 狭量

ynysu *t* **1.**島にする **2.**隔離する, 孤立させる **3.**（伝染病患者などを）隔離する **4.**断熱［防音］する: bwrdd (byrddau) (*m*) ~［建築］断熱板 **5.**［電気］絶縁する **6.**［化学］単離［遊離］させる **7.**［細菌］（細菌などを）分離する

ynyswr (-wyr) *m* : **ynyswraig (-agedd)** *f* 島の住民, 島民, 島国民

ynysydd (-ion, ynyswyr) *m* **1.**隔離者 **2.**［電気］絶縁体［材, 物］

yrwan *ad* = **'nawr**: ~ amdani! 今でなければ駄目なのだ!; ~ hyn 今すぐ, たった今; 今（の所）は

ysbaddu *t* 去勢する

ysbaddedig (-ion) *m* 去勢された人

ysbaddiad (-au) *m* 去勢

ysbaddol *a* 去勢の

ysbaid (-beidiau) *mf* **1.**（時の）間, 時間; 暫くの間: am ~ 暫くの間 **2.**（時間の）間隔, 合間 **3.**中断, 休止

ysbail *mf*［通例*pl*］戦利［略奪］品, 獲物: y system ~（米）スポイルズシステム, 猟官制度

ysbardun (-au) *mf* **1.**拍車 **2.**（自動車などの）加速装置, アクセル

ysbarduno *t* **1.**（車などを）加速する **2.**（馬に）拍車を当てる: ~ ceffyl 馬に拍車を当てる **3.**（人を）鼓舞［激励］する **4.**（闘鶏などが）蹴爪で蹴

Y

る

ysbawd (-bodau) f [料理] 肩肉

ysbeidio i [医学] (脈拍が) 結滞する

ysbeidiol a 1.断続する 2.[病理] 間欠性の: twymyn ~ 間欠熱, マラリア熱

ysbeidioldeb m 断続

ysbeiliedig a (人が物を) 強奪 [略奪] された

ysbeilio t 1.(都市などを) 略奪する 2.(人・場所から物を) 奪う, 略奪する: ~ rhn o rhth 人から物を奪う

ysbeiliwr (-wyr) m : **ysbeilwraig (-agedd)** f 略奪 [強奪] 者, 強盗

ysbiendddrych (-au) m 双眼鏡

ysbignardd m 1.[化粧] 甘松香 2.[植物] カンショウ, 甘松

ysbinagl m [病理] 扁桃膿瘍

ysbïo t 1.(人などを) 秘かに探る 2.(地勢などを) こっそり調べる: ~'r tir 土地を秘かに調査する; 情勢を探る
i 1.(人などを) こっそり見張る 2.こっそり調べる

ysbïwr (ysbïwyr) m : **ysbïwraig (ysbiwragedd)** f スパイ, 探偵

ysbïwriaeth f (特に他国・他企業などに対する) スパイ活動

ysblander (-au) m 1.輝き, 光輝 2.華麗, 壮麗, 壮大, 荘厳

ysblennydd a 1.(行為など) 輝かしい, 立派な, 見事な; 栄光 [栄誉] のある, 名誉の 2.(建物・光景など) 華麗 [壮麗] な 3.(表現・思想など) 崇高な, 格調の高い 4.素晴らしい, 素敵な 5.愉快な, 楽しい

ysbonc (-iau) f 跳び, 跳躍

ysboncio i (人・動物が) 跳ぶ, 跳躍する, はねる

ysbrigyn (ysbrigau) m 小枝, 細枝

ysbryd (-oedd) m 1.(人間の霊的な) 心, 精神: byddaf gyda chwi yn yr ~ 私は心の中ではあなたと一緒です; gwyn eu byd y tlodion yn yr ~ [聖書] 心の貧しい人達は幸いである 2.(人体から離れた) 霊魂;[通例Y~](神の) 霊, 神霊;[Y~] 聖霊: yr Y~ Glân 聖霊 3.亡霊, 幽霊;(天使・悪魔などの) 超自然的存在: ysbrydion aflan/drwg 悪魔;dyfyn-ysbryd (-ion) m (魔女などに仕えると信じられている動物の形をした) 使いの精 4.(時代などの) 精神, 傾向: ~ yr oes 時代精神 5.気分, 機嫌, 元気: yn isol eich ~/ysbrydoedd 意気消沈して

ysbrydegaeth f 1.心霊論, 降霊説 2.降霊術 3.[哲学] 唯心 [観念] 論

ysbrydegol a 1.降霊術の 2.唯心論的な

ysbrydegwr : ysbrydegydd (-wyr) m : **ysbrydegwraig (-agedd)** f 1.降霊術者 2.唯心論者

ysbrydol a 1.精神的な 2.霊的な; 宗教的信仰の: bywyd (-au) ~ m 信仰生活 3.[しばしば

名詞の後に置いて] 宗教上の; 教会の: Arglwyddi ~ a thymhorol (英) 聖職上院議員と世俗上院議員

ysbrydoledig a 1.霊感の [を与える] 2.霊感を受けた 3.鼓舞する, 奮い立たせる 4.(報道・記事など) 他から吹き込まれた, 内意を受けた

ysbrydoli t 1.(人を) 鼓舞する, 激励する 2.(人を) 鼓舞して (…する) 気にさせる: ~ rhn i wneud rhth 人を鼓舞して何かをする気にさせる

ysbrydoliaeth f 1.霊感, インスピレーション 2.[キ教] (神の) 霊感, 神霊感応: ~ lawn/gyflawn [神学] 十全霊感

ysbrydolwr (-wyr) m : **ysbrydolwraig (-agedd)** f 鼓舞する人

ysbwriel m ごみ, 廃物; 家庭ごみ: bin (-iau) (mf) ~ (英) 屋内用屑入れ

ysbyty (-tai, -tyau) m 1.病院: ~ cyffredinol 総合病院: gwneud yr ysbytai, cerdded yr ysbytai (医学生が) 病院に実習勤務する, インターンとして勤務する 2.(英) ホスピス 3.(宗教団体などの経営する巡礼者・参拝者などのための) 旅人休息 [宿泊] 所

yabytyeiddio t (人を) 入院させる

ysbytywr (-wyr) m [英史] 救護院団員 (昔, 慈善施設に住んで老人・病人・貧困者・旅人などの救護に当たった人)

ysfa (-feydd) f 1.熱望, 切望 2.熱狂, 夢中 3.衝動: ~ (i) ysgrifennu 書きたいという衝動

ysgadenyn (ysgadan) m [魚類] ニシン, 鯡

ysgafala a 心配 [気苦労] のない, 呑気 [気楽] な

ysgafell (-au, -i) f 1.(壁・窓から突き出た) 棚 2.(岩壁の側方の) 岩棚: ~ gyfandirol [地理] 大陸棚 3.[建築] (太い) 横桟

ysgafellog a 1.棚 [出張り] のある 2.[建築] 太い横桟を打った

ysgafn (ysgeifn) a 1.軽い: mor ~ â phluen/gwawn 羽のように軽い 2.(土壌が) 砕けやすい, ぼろぼろの 3.(風が) 弱い, 軽風の: awyr ~ f [気象] 至軽風 4.(酒類が) アルコール分の少ない: gwin ~ m ライトワイン (食卓用の軽いワイン) 5.[軍事] (軍人が) 軽装備の: marchoglu ~ 軽騎兵 6.[印刷] 肉細の: wyneb ~ 肉細活字 (体) 7.軽荷用の; 積載量の少ない 8.(眠りが) 浅い 9.(罰・規則など) 厳しくない, 寛大な: cosb ~ f 軽い罰 10.(仕事・職務など) 楽な, 容易な 11.(読み物・音楽など) 肩の凝らない: llenyddiaeth ~ f 軽い読み物
ad 1.荷物を持たずに, 軽装で: teithio'n ~ 身軽に旅行する 2.(眠りの程度が) 浅く:cysgu'n ~ 浅い眠りをする

ysgafnder m 1.軽いこと, 軽さ 2.(心・態度などの) 陽気 [気楽] さ 3.軽卒, 不謹慎, 気まぐれ 4.(色の) 薄い [淡い] こと, 薄白さ

ysgafnhau : ysgafnu t 1.(重量・荷を) 軽く

ysgafnwr

する 2.(苦痛・悲しみ・税などを)緩和[軽減]
する, 和らげる 3.(悲痛を)軽減する 4.(心・気
分などを)元気づける, 喜ばせる
i 1.(船・積荷などが)軽くなる 2.(気・心が)
楽になる: ysgafnhaodd fy nghalon 私の心が
軽くなった

ysgafnwr : ysgafnydd (-wyr) *m* 1.軽くする
人 2.元気づける人

ysgallen (ysgall) *f* : **ysgellyn (ysgall)** *m*
[植物]アザミ(Scotch thistleはスコットランドの
象徴で国花): Urdd (*f*) yr Ysgallen (英国
の)あざみ勲位[勲章]; ~ gotymog (ysgall
citymog) オオヒレアザミ

ysgaprwth *a* 不器用な, 動きの鈍い

ysgar : ysgaru *t* 1.(夫婦を)離婚させる, (夫・
妻と)離婚する 2.(家族などを)引き離す, 別居
させる

ysgaredig (-ion) *mf* 離婚した男[女]

ysgariad (-au) *m* [法律]離婚: Llys (-oedd)
Ysgar 離婚裁判所

ysgarlad *m* 緋色, 深紅色
a 緋色の, 深紅色の: y frech ~ *f* [病理]猩紅
熱; y wraig ~ *f* [聖書]緋色の女 (cf *Rev* 17:
1~5に記載された淫婦)

ysgarmes (-au, -oedd) *f* 1.[軍事]小戦, 軽
戦 2.小競り合い 3.小論争 4.激しい論戦 5.乱
闘, 混戦 6.混雑, 混乱

ysgarthiad (-au) *m* [生理]1.排泄(作用)2.排
泄物

ysgarthion *pl* [生理]排泄物(糞便・尿・汗な
ど)

ysgarthu *t* [生理]排泄する

ysgarthol *a* 排泄の

ysgarthwr (-wyr) *m* 排泄者

ysgawen (ysgaw) *f* [植物]ニワトコ, 接骨木

ysgegfa (-feydd) *f* : **ysgegiad (-au)** *m*
1.振ること 2.ぐいと押す[引く]こと 3.震動, 動揺,
揺れ, 急激な上下動 4.(精神的)動揺, ショック,
衝撃 5.(強い酒などの)一口, 一飲み

ysgegiad (-au) *m* 振ること, 振動

ysgegio *t* 1.振る, 振り動かす, 揺すぶる 2.(ロー
プなどを)ぐいと引く, ぐいと押す[突く]3.(急激
に)揺すぶる 4.(乗物が乗客などを)揺すぶりな
がら揺さぶる 5.(人に)ショックを与える
i 1.揺れる, 震動する 2.(乗物が)がたがた揺
れる, 揺れながら行く

ysgeler *a* 1.(人・言行など)邪悪[不正]な 2.悪
意のある 3.悪名の高い 4.悪人[悪党]の 5.(犯
罪など)凶悪[極悪]な

ysgelerder (-au) *m* 1.邪悪, 不正 2.悪意 3.醜
行, 非行 4.極悪, 残虐, 非道 5.残虐行為, 凶
行

ysgithr (-au, -edd) *m* (象・猪などの)牙

ysgithrog *a* 1.牙のある 2.(岩が)ごつごつし
た, 岩だらけの

ysgythru *t* 牙で噛む[突く, 掘り返す]

ysgiw (-ion) *f* [家具]木製の長椅子(肘掛付
きで背部が高く座席の下が箱になっている)

ysglyfaeth (-au) *f* 1.(他の動物の)餌食 2.(環
境・悪人などの)食い物, 犠牲(者): syrthio'n
~ i demtasiwn 誘惑の犠牲になる 3.捕食(す
る習性)猛禽

ysglyfaethus *a* 1.強欲な 2.強奪[略奪]する
3.腐肉のような 4.[動物]肉食の, 腐肉を食べる

ysglyfaethwr (-wyr) *m* 1.略奪者 2.捕食[肉
食]動物, 猛禽

ysglyfgar *a* [動物]肉食の

ysglyfio *i* (動物が)捕食する

ysglyfiol *a* 動物を捕食する, 肉食の

ysgogi *t* 1.(反乱などを)扇動する, 駆立てる
2.(人を)奮起させる, 刺激する 3.(感情・好奇
心などを)起こさせる: ~ casineb 憎悪をかき立
てる 4.(機械などを)作動させる

ysgogiad (-au) *m* 1.(物理的な)衝撃, 推進
力 2.(外部からの)刺激, 鼓舞 3.(心の)衝動,
一時の感情, 弾み, 出来心 4.[生理]衝動, 欲
求: ~ rhywiol 性衝動

ysgogydd (-wyr) *m* 活動的にする人

ysgogyn (-nod) *m* しゃれ男, めかし屋, ダン
ディー

ysgogynnaidd *a* おしゃれな, めかし屋の

ysgol (-ion) *f* 梯子: ~ raff (ysgolion rhaffau)
縄梯子

ysgol (-ion) *f* 1.学校: ~ feithrin (ysgolion
meithrin)(英)保育学校(義務教育以前の
2~5歳の幼児のための学校); ~ gynradd
(ysgolion cynradd), ~ elfennol 小学校; ~
gyfun (ysgolion cyfun) 総合中等学校; ~
breifat, ~ fonedd (ysgolion bonedd) パブリッ
クスクール; ~ Sul 日曜学校; adroddiad (-au)
(*m*) ~ 成績表, 通信簿 2.(美術・音楽など特
殊技能を教える)学校, 養成所: ~ haf 夏期学
校[講習会]; ~ foduro (ysgolion moduro) 自
動車(運転)教習所 3.(大学の)学部 4.(学
問・芸術などの)流派, 学派, 一門: Y~ Platon
[哲学]プラトン学派 5.(学校教育の意味で
の)学校, 就学: mynd i'r ~ 通学[就学]する
6.授業

ysgolaidd *a* (中世の)スコラ哲学の

ysgoldy (-dai) *m* (特に田舎の小学校の小さ
な)校舎; 教室: tŷ'r ~ (英)校長宿舎

ysgolfeistr (-i) *m* : **ysgolfeistres (-i)** *f* (英)
(小・中・高校の)男性教員, 女性教員

ysgolhaig (-heigion) *m* 学者; 学識者

ysgolheictod *m* 学識, 博学; 学問

ysgolheigaidd *a* 1.学者[学究]的な 2.学問
[学術]的な 3.学者ぶった, 衒学的な

ysgoliaeth *f* (中世の)スコラ哲学

ysgolor (-ion) *m* 1.学者; 学識者 2.奨学金受

領者, 給費生

ysgoliaeth (-au) *f* [教育] 奨学金

ysgolwr (-wyr) *m* (中世の) スコラ哲学者

ysgon *a* = ysgafn

ysgor (-au) *f* = caer, castell

ysgôth *m* [獣医] (家畜の) 下痢

ysgothi *t* [獣医] (下痢などで家畜の) 腸を下す, 洗浄する

ysgraff (-au) *f* フェリー (ボート), 渡し船, ボート, 艀, 平底の荷船, 遊覧船

ysgraffell (-i, -od) *f* [道具] (色々な) 削り [擦り, 掻き] 道具; 馬櫛

ysgraffellu *t* (馬に) 馬櫛をかける, (馬を) 櫛で手入れする

ysgraffiniedig *a* (皮膚を) 擦り剥いた

ysgraffinio *t* 1. (皮膚などを) 擦り剥く 2. [外科] (皮膚を) 乱切する

ysgraffiniwr (-wyr) *m* 1. 乱切者 2. [外科] 乱切器 3. 研削 [研磨] 器 [機]

ysgraffwr (-wyr) *m* 1. 艀 [遊覧船] の船頭 [船員] 2. 渡船業者; 渡し守, 渡船夫 3. ボートの漕ぎ手 4. 貸しボート屋の主人

ysgrech (-iadau) *f* 悲鳴, 金切り声

ysgrechian *t* 金切り声で言う
i きゃっと言う [叫ぶ, 笑う], 金切り声を出す: ~ chwerthin きゃっきゃっと笑う

ysgrepan (-au) *f* (緊急時に発行される) 臨時紙幣; (占領軍の) 軍票

ysgrif (-au) *f* 随筆, エッセイ, 小論文, 評論

ysgrifaidd : ysgrifol *a* 1. 随筆 (風) の 2. 論文調の 3. 説明的な

ysgrifbin (-nau) *m* ペン: ~ llenwi/llanw 万年筆

ysgrifen *f* 1. 書くこと; 執筆, 著述 2. 書写; 筆跡, 手跡 3. 筆致, 書き方: mae ei ~ yn aflêr 彼の書き方は下手だ 4. 手書き;肉筆: mae'r ~ ar y mur 不吉な前兆が見られる (cf *Dan* 5:5) 5. 書面, 文書: mewn ~ 書面で

ysgrifenedig *a* 1. 書いた, 書面にした 2. 手書き [肉筆] の 3. 文語の 4. 成文の

ysgrifennu *t* 1. (文字・文章・本などを) 書く 2. (人に) 手紙を (ペンで) 書く
i 文字 [文章,手紙 (など)] を書く

ysgrifennwr (-enwyr) *m* : **ysgrifenwraig (-aged)** *f* 1. (文書・原稿などの) 筆者 2. 作家, 著述家: cramp (*m*) ~ [病理] 書痙, 指の痙攣

ysgrifennydd (-enyddion) *m* :
ysgrifenyddes (-au) *f* 1. (印刷術発明前の) 写本専写者 2. 筆記者, 代書人, 書記 3. [ユ教] (律法書の) 書士 4. (個人の) 秘書: ~ preifat/personol *m* 個人秘書 5. (団体・協会の) 書記; (官庁の) 秘書 [書記, 事務官]: Y~ Seneddol Preifat (英) 議員私設秘書 6. (英) 大臣; (米) 長官: Y~ Gwladol (英) 所管大臣;(米) 国務長官 (他国の外務大臣に当たる); Y~ (Gwladol)

Cymru ウェールズ大臣

ysgrifenyddiaeth (-au) *f* 1. 秘書 [書記, 長官, 大臣] の職 [任期] 2. [集合的] 秘書課職員 (全部)

ysgrifenyddol *a* 1. 秘書 [書記 (官)] の 2. [Y~] (英) 大臣の;(米) 長官の

ysgrifrwym (-au) *m* 保税輸出免状

ysgrifwr (-wyr) *m* : **ysgrifwraig (-agedd)** *f* 随筆家, エッセイスト

ysgrîn (ysgriniau, ysgrinoedd) *f* (聖人の遺骨・遺物などを祭った) 聖堂; 廟, 社

ysgryd (-ion) *m* 1. 震え, 身震い: 'roedd ~ arnaf 私は寒さでぶるぶる震えた 2. 寒け, 悪寒; 戦慄: cael (yr) ~ ぞっとする

ysgrydio : ysgrytian *i* (寒さなどで) 震える, 身震いする: ~ gan oerfel 寒さに震える

ysgrythur (-au) *f* 1. [Y~] 聖書: yr Y~ (lan) *f*, yr Ysgrythurau *pl* 聖書 (新約・旧約の双方またはその一方を指す) 2. [しばしば Y~] (キリスト教以外の) 聖典, 経典 3. [Y~] 聖書の用語索引 [コンコーダンス]: gall diawl ddyfynnu 'Sgrythur at ei bwrpas 悪魔も聖書の句を引用することができる「味方の武器は敵の武器」 (cf Shak *Merch* V l. 3.99)

ysgrythuriaeth *f* 聖書 (本位) 主義

ysgrythurol *a* 聖書の [に基づく]

ysgrythuroldeb *m* 聖書 (本位) 主義性

ysgrythurwr : ysgrythurydd (-wyr) *m* : **ysgrythurwraig (-agedd)** *f* 1. 聖書 (本位) 主義者 2. 聖書研究家 [学者]

ysgub (-au) *f* 1. (穀物を刈った) 束: rhwymymdd (rhwymwyr) (*m*) ysgubau 束にする機械 [器具] 2. 箒; 枝箒: glân yr ysguba'r ~ newydd [諺] 新任者は改革に熱心なものだ

ysgubell (-au, -i) *f* 箒; 枝箒

ysgubiad (-au) *m* 1. 掃除 2. (腕などの) 一振り 3. [電工] (ブラウン管の) 掃引 4. [軍事] 掃射

ysgubo *t* 1. (箒で場所を) 掃く, 掃除する 2. (衣服の裾などが床などの) 上をすっと引きずる: mae'r wisg yn ~'r llawr ドレスの裾が地面の上をすっと引きずる 3. (塵・埃などを) 払う, 掃きのける: ~ popeth 何もかも自分のもとに取り込む; ~ nerth dan y carped (何かを) [事] を隠す [秘密にする] 4. (波・急流・雪崩・風などが) 押し [洗い] 流す, 吹き飛ばす: ~ yn eich blaen, ~ popeth o'ch blaen 破竹の勢いで進む 5. (嵐などが場所を) 吹きまくる (通る, 渡る): ysgubodd storm trwy'r dref 嵐が町を吹き渡った 6. (地域の) 選挙に大勝する: ~ trwy etholaeth 選挙区で大勝する 7. [陸軍] (砲列・砲台などがある区域を) 掃射する: ~ dros stryd 通りを掃射する
i 1. 掃く, 掃除する, 払う 2. (平野・海岸・道などが) 広がる, 伸びる: mae Hafren yn ~/treiglo i lawr i'r môr セヴァン川は遥か海まで伸びて

ysgubol いる 3.(風・大波・伝染病などが) 襲う, 吹きまくる, 荒れる: ysgubodd y pla dros Ewrop ペストがヨーロッパ中を襲った 4.(人・車などが) さっと行く(通る, 通り過ぎる): ysgbodd y car rownd y tro その車は町角をさっと回って行った 5.(目が) 届く, 見渡す: mae ei lygaid yn ~ o'r dde i'r chwith 彼の視線が右から左へ動く

ysgubol a 1.(流れが) 大きなカーヴを描いて動く 2.(身振りなど) さっと掃くような 3.包括的[大雑把]な: datganiad (-au) ~ m 大雑把な所説 4.完全な: buddugoliaeth ~ 完勝

ysgubor (-iau) f 1.(農家の) 納屋, 物置: ~ ddegwm (ysguboriau degwm) (昔の) 十分の一税の穀物を貯蔵した納屋; drws (m) ~ (drysau ~/ysguboriau) 納屋の大きな開き戸; tylluan ~ メンフクロウ 2.(脱穀後の) 穀物貯蔵所, 穀(物)倉

ysgubwr (-wyr) : ysgubydd (-ion) m : **ysgubwraig (-agedd)** f 1.掃除人: ~ simneiau 煙突掃除人; ~ strydoedd 道路掃除人 2.(手動の) 掃除機: ~ carped 絨毯掃除機 3.[海事] 長柄のオール 4.[フボ] スウィーパー(ゴールキーパーのすぐ前で守備する選手)

ysgutorol a 遺言執行者の

ysgùm m 1.(煮沸または発酵の際に生じる) 浮き滓[泡], 薄皮 2.[冶金] (溶けた金属の上に生じる) 浮き滓

ysgutor (-ion) mf : **ysgutores (-au)** f [法律] (遺言中で指定された) 遺言執行者

ysgutoriaeth (-au) f 遺言執行人の資格[職務]

ysguthan (-od) f [鳥類] モリバト(欧州産): ~ glai (ysguthauod clai) [射撃] 土鳩, クレー(クレー射撃の標的に用いる粘土製の円盤)

ysgẇd mf ぐいと押すこと, 一押し, 突き

ysgwier(-iaid) m (通例Ysw)(英)…殿[様]: John Jones, Ysw. ジョンジョーンズ殿

ysgwyd t 1.(体の部分などを上下・前後・左右に) 振る, 振り動かす, 揺する, 揺さぶる: ~ eich pen 首を横に振る(不承知・不賛成・非難・失望・嘲りなどの身振り): ~ ei gynffon 犬が尾を振る 2.(人体の一部を掴んで) 揺する:~ llaw (â) rhn 人と握手する; ysgwydwch law! お手!(犬に向かって言う表現) 3.(信念・自信などを) 動揺させる, ぐらつかせる 4.(ある状態から) 覚醒させる 5.振り払う[落す](中味を) 振って出す 6.(瓶などを) 振って(内容物を) 混ぜる 7.(枕・クッションなどを) 振って形を直す 8.(旗などを) はためかす 9.(鳥などが羽を) 動かす, 羽ばたかせる
i (建物・地面などが) 揺れる, 震動する

ysgwydadwy a 動揺させる[ぐらつかせる]ことができる

ysgydwr (-wyr) m [料理] (塩・胡椒などの卓上用) 振出瓶, 薬味入れ

ysgwydd (-au) f 1.肩: bag (-iau) (m) ~ ショルダーバッグ; pont (f) yr ~ [解剖] 鎖骨; taro'n syth o'r ~ 嫌というほど激しく(あちこち) 打つ; sefyll ben ac ysgwyddau uwchben y lleill 他の者より頭と肩だけ[ずば抜けて] 高い[優秀だ] 2.[料理] 肩肉: ~ flaen (ysgwyddau blaen) 子羊の肩肉 3.(道路の): ~ galed (ysgwyddau caled) [土木] (高速道路の) 硬路肩

ysgwyddo t 1.かつぐ, 肩に負う: ysgwyddwch arfau! [軍事] 担え銃! 2.(責任・責めなどを) 負う: ~'r cyfrifoldeb am rth 何かの責任を負う

ysgyfdwad (-au) m 握ること; 握手: ~ llaw 握手

ysgyfant (-aint) f 1.[解剖] 肺(臓): un o'r ysgyfaint 片肺; cynhwysedd (m) yr ysgyfaint 肺活量; ysgyfaint haearn [医学] 鉄の肺; ysgyfaint dalennog [ク綱] 書肺 2.[料理] 家畜の肺臓(犬・猫などの食物)

ysgyfarnog (-od) f [動物] ノウサギ, 野兎: hela ysgyfarnogod 野兎狩りをする; stiw (m) ~ (英) (陶製の器でワイン・調味料と共に) 煮込んだ兎肉料理; cyn wilted ag ysgyfarnogod ym Mawrth (3月の交尾期のウサギのように) 狂気じみた, 気まぐれな, 乱暴な

ysgyfeinio t (馬などが) 腺疫にかかる

ysgyfeinwst m [獣医] (馬などの) 腺疫, 伝染性熱病

ysgymun : ysgymunedig a [キ教] 破門された

ysgymunedig (-ion) mf [キ教] 破門された人

ysgymuniad (-au) : ysgymundod (-au) m [キ教] 破門

ysgymuno t [キ教] 破門する

ysgymunol a 破門(上)の, 破門宣告の

ysgyren (ysgyrion) f (木・骨などの長いギザギザの) 破片, 木っ端

ysgyrnygiad (-au) m 1.ののしり声 2.(犬の) 唸り

ysgyrnygu i 1.歯ぎしりする 2.(怒りまたはいらいらして) がみがみ言う, 怒鳴る 3.(怒った犬などが歯を剥いて) 唸る

ysgyrnygus a (犬の) 唸る, 唸っている

ysgyryn (ysgyrion) m (木などの) 破片, 粉微塵

ysgytiad (-au) : ysgytwad (-au) m 1.(精神的な) 衝撃, ショック; 驚き 2.震動, 動揺, 揺れ

ysgytian : ysgytio t (人に) ショックを与える, びっくり仰天させる

ysgytiedig a 衝撃を受けた

ysgytiol a ショックを与える, びっくりさせる

ysgytlaeth (-au) m [料理] ミルクセーキ

ysgythriad (-au) m 1.彫刻(術), 彫版術 2.(銅版・木版などの) 彫版, 木版 3.(エッチングによる) 銅版画[図, 印刷物]: nodwydd (-au) (f)

ysgythru エッチング針

ysgythru t 1.(ガラス・ダイヤモンドなどに)掻き傷をつける 2.(金属・石などに文字・図案などを)彫る; (銅板などに)食刻する, エッチングをする

i エッチングをする

ysgythrwr (-wy) m 1.彫刻師, (特に, 銅版・木版などの)彫版工 2.(エッチングによる)銅版画工; エッチング画家

ysig a (手足などを)くじいた, 捻挫した; 打傷をつけた: corsen ~ 折れた葦(いざという時頼りにならない人・物)(cf Matt 12:20, Isa 36:6, 42:3, 2 Kings 18:21)

ysigiad (-au) m 1.(屋根などの)たるみ, 垂下 2.捻挫

ysigo t 1.(足首などを)捻挫する 2.[聖書](植物に)傷をつける; 折る

ysmala a 面白い, おかしい, 滑稽[ひょうきん]な, おどけた: mae'n fachgen smala 彼はひょうきんな人だ

ysmaldod m 1.滑稽, おどけ, 道化 2.ひょうきんな所作 おどけた挙動

ysmotyn (ysmotiau) m 点, 斑点, まだら:~ dall/tywyll[解剖](目の網膜の)盲点

ysmudiad (-au) m 感動, 感激

ysmudiadedd m 感動性

ysmudiadol a 感情に訴える, 感動的な

ysmygadwy a 喫煙に適する

ysmygu t (煙草を)吸う: ~ baco 煙草を吸う
i 煙草を吸う, 喫煙する: wyt ti'n ~? あなたは煙草を吸いますか?

ysmygwr (-wur) m : **ysmygwraig (-agedd)** f 煙草を吸う人, 喫煙家

ysnoden (-ni) f リボンの束

ysol a 1.(火災が)焼き尽す 2.(欲望が)使い尽くす

ystad (-au) f 1.(人生の)時期, 状態: ~ sanctaidd priodas, glân ~ peiodas 夫[妻]のある身分 2.[歴史](政治上・社会上の)身分, 階級: y Drydedd Y~ 平民 3.[法律]財産: ~ am oes 生涯不動産 4.[法律](死者の)遺産 5.(大きな)地所 6.(英)(住宅・工場)団地: ~ (o) dai 住宅団地

ystadegol a 統計(学上)の, 統計的な

ystadegyn (-egau) m 統計値[量]: ystadegau disgrifiol/disgrifiadol 記述統計学

ystadegwr : ystadegydd (-wyr) m 統計学者[家]

ystaden (-nau, -ni) f [度衡]ファーロング(長さの単位; 220 yards)

ystafell (-oedd) f (家の中の)部屋, 室; (特に)寝室: ~ wely (ystafelloedd gwely) 寝室; ~ fyw (ystafelloedd byw) 居間; ~ ddiogel (ystafelloedd diogel)(銀行などの)金庫[貴重品]室; gwasanaeth (m) ~ ルームサーヴィス

ystafellaid (-eidiau) f 1.部屋一杯 2.[集合的]満座[列席]の人々; 部屋一杯の品物

ystafellwr (-wyr) : ystafellydd (-ion) m 1.(宮廷の)式部官, 侍従 2.(王・貴族の)家令 3.(英)(市町村の)収入役, 会計係

ystarn (-au) f (馬の)荷鞍

ystatud (-au) f 1.[法律]制定法; 法令, 法規: ystatudau cyfan/gwreiddiol 法令集, 制定法規集 2.(大学などの)規則

ystatud : ystatudol a 法定[法令]の: milltir (-oedd) ystatudol 法定マイル

ystelcian i 1.ぶらつく, 道草を食う 2.(仕事などに)手間取る, ぐずぐずする

ystelciwr (-wyr) m ぶらつく人; のらくら者

ystên (ystenau) f 1.水差し 2.(寝室での洗面用広口の)水差し

ystent (-i, -iau) mf[英法]1.(課税のための土地の)評価 2.差押え令状 3.(令状による)差押え執行, (土地などの)差押え

ystinos m 石綿, アスベスト

ystlum (-od) : ystlumyn (ystlumod) m[動物]コウモリ, 蝙蝠

ystlys (-au) f 1.(人・動物の)横腹, 脇腹: draenen yn eich ~ 苦労, 心配, 悩みの種(cf 2 Cor 12:19, Judg 2:3) 2.[料理](豚・牛の)脇腹肉[肋肉]の切身: ~ o gig moch 豚の肋肉ベーコン; ~ mochyn (ystlysau moch) 豚の脇腹肉のベーコン 3.(山・建物などの)側面 4.[海事]船側 5.[軍事](隊形の)側面, (左右の)翼: ymosod ar ~ y gelyn 敵の側面を衝く 6.[ラグ]タッチ(タッチライン上とその外側の部分): llinell (f) ~ (llinellau ~/ystlysau)[ラグ・サッ]タッチライン, 側線

ystlys : ystlysol a 1.脇[横, 側面]の: drws (drysau) (m) ~ (横手の)通用[勝手]口 2.従[副]の

ystlyswr (-wyr) m 1.(英国国教会の)教会世話役 2.[ラグ・テニス]線審, ラインズマン

ystod (-au, -ion) f 1.(牧草・麦などの)一列の刈り取り, 刈り倒された牧草の列 2.持続[存続]期間: ~ y Senedd[政治]議会の存続期間; (時の)間, 時間: yn ~ blwyddyn 一年間に

ystof (-au) mf[織物]経糸: ~ ac anwe 経糸と緯糸

ystofi t [紡織](糸を)経糸に仕掛ける, 整経する: ~ denfydd 布の整経をする

ystofiwr (-wyr) m : **ystofwraig (-agedd)** f [紡織]経糸仕掛人, 整経手

ystor m 樹脂, 松やに

ystordy (-dai) m : **ystorfa (-feydd)** f 倉庫: ystorfa'r tollau 保税倉庫

ystrad (-au) m 1.谷間 2.渓谷地域 3.[スコ]広い谷: Y~ Clud[スコ][地名]ストラスクライド(スコットランド西部の州)

ystrêd (ystredau) f [法律](罰金・科料言い渡しなどの裁判記録の)副本, 抄本

ystredu *t* [法律] 1.(告発のために罰金・科料言い渡しなどの)裁判記録の副本[抄本]を取る 2.(罰金・科料を)取り立てる

ystrodur (-iau) *f* = **ystarn**

ystrydeb (-au) *f* 決まり[月並みな]文句, 陳腐な表現

ystrydebol *a* 紋切り型の, 陳腐な

ystrydebu *t* 平凡[陳腐]にする

ystryw (-iau) *mf* 1.戦略 2.計略, 策略, 企み

ystrywgar *a* ずるい, 悪賢い, 狡猾な

ystum (-iau) *mf* 1.(体の)姿勢:(モデルなどの)ポーズ, 姿勢 2.身振り, 手真似 3.しかめ面 4.(川の)曲がり[くねり, 曲折, 湾曲部 5.(材木などの)反り, 歪み, 曲がり,ねじれ

ystumiad (-au) *m* 1.歪めること, 歪み, ねじれ, たわみ, 屈曲 2.(事実・意味などの)歪曲, 曲解 3.[テレ](画像の)歪み 4.[電気]歪み 5.[光学]歪曲 6.[解剖](手足・関節の)屈曲 (運動)

ystumiau *t* 身振り[手振り]を使う

ystumiedig *a* 1.歪んだ, 歪められた, ねじれた, 曲がりくねった 2.(事実など)曲解された

ystumio *t* 1.(自然の形を)歪める, ねじる 2.(事実・真理言葉意味などを)曲げる, 歪める, こじつける, 曲解する: ~'r gwir 真実を歪曲する 3.[テレ・ラジオ](画像・音を)歪ませる *i* 1.反る, 曲がる, 歪む 2.身振り[手真似]をする [で話す] 3.(川が)曲がりくねって流れる

ystumiol *a* 1.歪める 2.曲解する

ystumiwr (-wyr) *m* : **ystumwraig (-agedd)** *f* 1.(自然の形を)歪める人 2.(事実などの)曲解者 3.身振り[手振り]を使う人; 顔をしかめる人

ystwffwl (ystyffylau) *m* U字形の釘

Ystwyll *m* [キ教] 1.(東方の三博士来訪によって象徴される)救世主の顕現, 公現 2.御公現の祝日, 顕現日(1月6日): dydd (*m*) gŵyl Y~ 顕現日

ystwyrian *t* 1.伸びをする; 大の字になる 2.(風などが)動かす *i* 1.動く 2.(落着きのない子供が)もがく, のたうつ

ystwyth *a* (物が)曲げやすい, しなやか[柔軟]な: clawr (cloriau) ~ *m* [製本]柔軟背製本

ystwythder *m* 曲げやすさ, しなやかさ, 柔軟さ, 柔軟性

ystwytho *t* 1.しなやか[柔軟]にする 2.(筋肉・関節を)曲げる: ~'ch cyhyrau 筋肉を曲げる *i* しなやか[柔軟]にする

ystyfnig *a* 1.頑固[強情]な 2.(問題など)扱いにくい, 手に負えない: hen bethau ~ yw ffeithiau [諺]事実は理屈通りに行かぬものだ 3.(病気が)難治の

ystyfnigo *i* 頑固[強情]である[になる]

ystyfnigrwydd *m* 1.頑固, 強情さ 2.(病気の)難治

ystyr (-on) *mf* 1.(文脈または辞書に定義された)意味, 語義: beth ydy ~ y gair 'ma? この単語はどういう意味ですか?; yn yr ~ lythrennol 字義通りの意味において; yng ngwir ~ y gair その言葉の本当の意味で 2.(話者などにより意図された)意味, 意図, 趣旨

ystyrgar *a* 1.思いやりのある 2.(相手の気持などを)考える

ystyrgarwch *m* 思いやり

ystyriaeth (-au) *f* 1.熟慮, 考慮: cymryd rhth i ~ 何かを考慮に入れる 2.考慮すべき事柄: arian yw'r ~ bwysicaf bob amser 金はいつも考慮すべき主要な事柄だ; 理由, 動機 3.注意, 用心, 留意

ystyried *t* 1.(問題などを)熟慮[熟慮]する 2.(人の気持などを)思いやる, 斟酌する; 考慮に入れる 3.考える, 思う, 見なす: eich ~ eich hun yn hapus 幸せであると思う 4.気を付ける, 注意する

ystyriol *a* 1.注意[用心]深い 2.(約束などを)忘れないで, 心に留めて 3.= **ystyrgar**

ystyrioldeb *m* 思いやり

ystyrlon *a* 1.意味のある, 有意義な, 意義深い 2.意味深長な[ありげな] 3.[言語]有意味な

ystyrlonder : ystyrlonrwydd *m* 意味のあること, 有意義

ysu *t* 1.(火災などが)焼き尽す 2.(飲食物を)食い[飲み]尽くす 3.(嫉妬・憎悪などが人の)心に食い込む: ~ gan nwyd 欲望に燃えている *i* 1.痒い, むず痒い 2.(…したくて)むずむずする: ~ am wneud rhth 何かをしたくてむずむずする; 'roeddwn yn ~ am gael dweud wrthi 私は彼女に話したくてむずむずした

yswain (-weiniad) *m* = **ysgwier**

yswiriant (-nnau) *m* 保険: ~ bywyd/einioes 生命保険

yswirio *t* (人・家などに)保険をかける

yswiriedig (-ion) *mf* 保険契約者; 被保険者 *a* 保険に加入した; 保険付きの

yswiriwr (-wyr) *m* 1.保険業者[会社] 2.保険契約者; 被保険者

yswitiad (-au) *m* (鳥の)さえずり, 鳴声, チューチュー, チーチー, チュッチュッ

yswitian : yswitio *t* (鳥が喜びなどを)さえずりながら表す *i* (鳥が)さえずる, チューチュー[チーチー]鳴く

yswitiol *a* (鳥が)さえずる, チューチュー鳴く

yswitiwr (-wyr) *m* さえずる鳥

yswr (-wyr) : ysydd (-ion) *m* [生態]消費者: ysydd cynradd 一次消費者(草や木を食う小型草食動物で二次消費者に食われる); ~ eilradd 二次消費者(小型肉食動物)

yswywaeth *int* [悲嘆・憂慮などを表して]ああ!, 悲しいかな! *ad* [文全体を修飾して]不幸[不運]にも, あいにく, 一層残念だ

yw *i* [動詞bod] 1. [三人称単数現在形] (…) です: nid ~'r llyfr ar y ddesg その本は机の上にありません; nid ~ aur yn rhad 金は安くないです; pwy ~ hi? 彼女は誰ですか? 2. [三人称複数現在形] (…) です: proffwydi ~ beirdd 詩人は預言者です; nid ~ cathod yn gryf 猫は強くないです

yw *m* イチイ材

ywen (yw) *f* [植物] イチイ, 一位

Z

Z, z *f* (発音sed: zed, *pl* -iau) : echelin (-au) (*f*) z [数学] (空間の) 第3座標軸, z軸

zed (-iau) *f* 1. Z [z] の字 2. Z字形 (のもの)

Zen *f* [仏教] 禅, 禅宗

Zenydd (-ion) *m* : **Zenyddes (-au)** *f* 禅を唱道する人, 禅修行者

Zews *m* [ギ神] ゼウス

zinc *m* [化学] 亜鉛

zincaidd *a* 亜鉛を含む; 亜鉛製の

Zoroastriad (-iaid) *mf* ゾロアスター [拝火] 教徒

Zoroastriaeth *f* ゾロアスター教, 拝火教

Zoroastriaidd *a* ゾロアスター (教) の

zloti (-s) *m* 1. ズウォティ (zloty) (ポーランドの通貨単位) 2. 1ズウォティ硬貨 [紙幣]

Zwlw : Zwlwaidd *a* ズールー族の

Zwlw (-lwaid) *mf* ズールー族の人

Zwlweg *mf* ズールー語

参考文献

1) Awbery, G. M. *The Syntax of Welsh*. Cambridge University Press. 1976.
2) Ball, M. J. (ed.) *The Use of Welsh*. Multilingual Matters Ltd. 1988.
3) Ball, M. J. and Williams, B. *Welsh Phonetics*. The Edwin Mellen Press. 2001.
4) Ball, M. J. & Jones, G. E. (ed.) *Welsh Phonology*. University of Wales Press, Cardiff, 1984.
5) Ball, M. J. and Müller, N. *Mutation in Welsh*. Routledge. 1992.
6) Bell, B. (ed.) *Wales*. APA Publications Ltd. 1989.
7) Clausen, H. & Ipsen, E. J. *Farm Animals in Colour*. Blandford Press Ltd. 1975.
8) Davies, C. *Y Geiriau Bach*. Gwasg Gomer. 1987.
9) Davies, J. *The Welsh Language*. University of Wales Press, Cardiff. 2014.
10) Edwards, D. I. *Welsh Phrasebook*. Geddes and Grosset. 2006.
11) Evans, H. M. *The Dictionary of Modern Welsh*. Hughes. 1981.
12) Evans, H. M. *Llwybrau'r Iaith*. Llyfrau'r Drwy Newydd. 1985.
13) Evans, H. M. and Thomas, W. O. *The Complete Welsh-English English-Welsh Dictionary*. Gwasg Gomer. 1989.
14) Evans, H. M. and Thomas, W. O. *The New Welsh Dictionary*. Dinefwr Press Ltd. 2010.
15) Gove, P. B. (Editor in Chief) *Webster's Third New International Dictionary*. G & C Merriam Company. 1966.
16) Griffiths, B. and Jones, D. G. (ed.) *The Welsh Academy English-Welsh Dictionary*. University of Wales Press, Cardiff. 1995.
17) Gruffudd, H. *Welsh Names for Children*. Y Lolfa. 1989.
18) Gruffudd, H. *The Welsh Learner's Dictionary*. Y Lolfa. 2002.
19) Hayles, L. *Welsh Phrases for Learners*. Y Lolfa. 1997.
20) Jones, T. J. Rhys (ed.) *Living Welsh*. David Mckay Company Inc. 1977.
21) Jones, C. (ed.) *Welsh Grammar*. Bookpoint Ltd. 2013.
22) King, G. (ed.) *The Pocket Modern Welsh Dictionary*. Oxford University Press. 2000.
23) Lewis, E. C. *Essential Welsh Dictionary*. Bookpoint Ltd. 1992.
24) Lewis, H. *The Collins-Spurrell Welsh Dictionary*. Collins Clear-Type Press. 1990.
25) Morris, J. *Wales from the Air*. Barrie & Jenkins Ltd. 1990.
26) Nodine, M. H. *English to Welsh Lexicon*. 1995~1996.
27) Nodine, M. H. *Welsh to English Lexicon*. 1994~1996.
28) Richards, T. (ed.) *A Welsh and English Dictionary*. 1815.
29) Room, A. *Dictionary of Place-Names in the British Isles*. Broomsbury. 1988.
30) Sinclair, J. (Editor in Chief) *Collins Cobuild English Dictionary*. HarperCollins Publishers. 1997.
31) Soper, T. (ed.) *British Birds*. Webb & BowerPublishers Ltd. 1985.
32) Stephens, M. *The Oxford Companion to the Literature of Wales*. Oxford University Press. 1986.
33) Thorne D. A. *A Comprehensive Welsh Grammar*. Blackwell Publishers. 1993.
34) Wells, J. C. *Longman Pronunciation Dictionary*. Pearson Education Ltd. 2008.
35) Williams, J. L. (ed.) *Dictionary of Terms*. University of Wales Press, Cardiff. 1973.
36) *Collins Spurrell Welsh Dictionary*. Fourth Edition. HarperCollins Publishers. 2009.
37) *Longman Dictionary of Contemporary English*. Longman Group Ltd. 1978.
38) *Field Guide to the Wild Flowers of Britain*. The Reader's Digest Association Ltd., London. 1988.
39) *Great Britain Road Atlas 1998*. AA Publishing 1997.
40) *Illustrated Guide to Britain*. Drive Publications Ltd. 1976.
41) The Holy Bible. American Bible Society. 1992.
42) Koine（小稲 義男）（編者代表）研究社 新英和大辞典. 第5版. 研究社. 1980.
43) Ichikawa（市川 繁治郎）（編集代表）新編英和活用大辞典. 研究社 1995.
44) Koine（小稲 義男）, Yamakawa（山川 喜久男）, Takebayashi（竹林 滋）, Yoshikawa（吉川 道夫）編 新英和中辞典. 第5版. 研究社. 1985.
45) Takebayashi（竹林 滋）, Kojima（小島 義郎）, Higashi（東 信行）編 カレッジ ライトハウス英和辞典. 研究社. 1995.
46) Ohtsuka（大塚高信）編 新クラウン英語熟語辞典. 三省堂. 1965.
47) Sadamatu（定松 正）, Toraiwa（虎岩 正純）, Hirukawa（蛭川 久康）, Matsumura（松村 賢一）編. イギリス

文学地名辞典. 研究社. 1992.

48) Nagata（永田 喜文）, Koike（小池 剛史）編 ウェールズ語の基本. 三修社. 2011.

49) 尚学図書編集 国語大辞典. 小学館. 1981.

50) 福武国語辞典. 福武書店. 1989.

51) 現代漢語例解辞典. 小学館. 1992.

52) ベーシック アトラス 世界地図帳. 平凡社. 2006.

著者紹介

石井　淳二（いしい　じゅんじ）
1938（昭和13）年岡山県生まれ。
1961年　広島大学教育学部高等学校教育外国語科卒業。
1976年　University of WalesからDiploma TEFLを取得。
1977年　University of EssexからMAを取得。
1990年　文部省在外研究員としてUniversity of Walesでウェールズ語を研究。
2002年　呉工業高等専門学校名誉教授。

ウェールズ語辞典

2025年 3 月15日　初版発行

著　　　者　石井　淳二

発行・発売　株式会社三省堂書店／創英社
　　　　　　〒101-0051　東京都千代田区神田神保町1-1
　　　　　　TEL：03-3291-2295　FAX：03-3292-7687

印刷・製本　大盛印刷株式会社

©Ishii Junji 2025, Printed in Japan.
不許複製
ISBN978-4-87923-286-1 C0587
落丁・乱丁本はお取替えいたします。
定価はカバーに表示されています。